W0104464

Sailer | Grabener | Matzen

Immobilien-Fachwissen

von A-Z

Grabener Verlag
Fachverlag der Immobilienwirtschaft

Erwin Sailer | Henning J. Grabener | Ulf Matzen

Volker Bielefeld
Thordis Eckhardt
Carmen Fröhlich
Dr. Karina Junghanns
Prof. Dr. Stephan Kippes
Rudolf Koch
Henning von Muellern
Tim Rentsch
Dietmar Wenderoth

mit einem Vorwort von Prof. Dr. Hansjörg Bach

Immobilien-Fachwissen

von A–Z

Das Lexikon mit umfassenden Antworten und Erklärungen auf Fragen aus der Immobilienwirtschaft

9. Auflage

Grabener Verlag
Fachverlag der Immobilienwirtschaft

Bibliografische Information der Deutschen Bibliothek
Die Deutsche Nationalbibliothek verzeichnet diese Publikation in der Deutschen Nationalbibliografie; detaillierte bibliografische Daten sind im Internet über http://dnb.d-nb.de abrufbar.

Grabener – Fachverlag der Immobilienwirtschaft
Niemannsweg 8 I 24105 Kiel
Telefon 0431 . 560 1 560 I Fax: 0431 . 560 1 580
E-Mail: info@grabener-verlag.de
www.grabener-verlag.de

Umschlaggestaltung: Astrid Grabener
Layout: Petra Matzen
Satz: Magda Broda
Fotos: Grabener Verlag I Kiel
Redaktionsleitung: Henning J. Grabener
Hauptautoren sind Erwin Sailer I Henning J. Grabener I Ulf Matzen
Redaktionsschluss: 1.10.2010
Druck: Hansadruck und Verlags-GmbH & Co KG Kiel
Papier: Plano Plus

Die 1. Stichwortsammlung erschien 1996 I Die 1. Auflage 1997

9. Auflage 2010/2011

Preis: 48,00 Euro [D] I 53,00 Euro [A]

ISBN 978-3-925573-439

Vorwort

Prof. Dr.
Hansjörg Bach

Vor drei Jahren erschien die achte Auflage des „Immobilien-Fachwissen von A-Z". Betrachtet man die jetzt vorliegende 9. Auflage, dann kann mit Fug und Recht gesagt werden: Es hat sich zu einem profunden, modernen Lexikon der Immobilienwirtschaft und deren großen interdisziplinären Umfeld weiterentwickelt. Etwa 750 Stichwörter wurden neu eingefügt. Die Zahl der erforderlichen Aktualisierungen und der substantiellen Erweiterung der Stichworterklärungen liegt noch weit darüber.

Das von Verlag beschäftigte Autorenteam um Erwin Sailer, Henning J. Grabener und Ulf Matzen deckt neben den für das Maklergeschäft relevanten Themen alle wichtigen Stichwörter aus den Bereichen der Immobilienberatung, der Wohnungseigentumsverwaltung, der Miethausverwaltung, der immobilienwirtschaftlichen Projektentwicklung, der Finanzierung und der Immobilienbewertung ab. Einbezogen werden die für diese Geschäftsfelder wichtigen Kompetenzfelder des zivilen und öffentlichen Rechts, des Wettbewerbsrechts, des Bauplanungs- und Bauordnungsrechts, des Marketings, der umfangreichen für die Berufsausübung wichtigen steuerlichen Vorschriften und natürlich auch die rasante Entwicklung der Vorschriften über die Energieeinsparung in Richtung Passivhaus.

Wer die Entwicklung der kostenlos abrufbaren Online-Version dieses Werkes mit verfolgt hat, konnte feststellen, dass auf neue Entwicklungen mit Einfügung der entsprechenden Stichwörter Zug um Zug reagiert wurde. Man denke an das neue Erbschaftssteuerrecht, die neuen Vorschriften im Bewertungsgesetz, das neue Erbrecht, die Neuerungen im Baugesetzbuch, das neue EU-konforme Versicherungswesen, das Preisklauselgesetz usw.

Wer in diesem Lexikon sucht, der findet. Seien es die steuerlichen Vorschriften über das häusliche Arbeitszimmer, seien es die Neuentwicklungen im Internetbereich der Social Media, die mietrechtlichen Vergünstigungen für Hartz-IV-Empfänger oder den neusten Stand der Rechtsprechung zu Schönheitsreparaturen. Am Anfang steht nunmehr das Stichwort „1a-Lagen Geschäftskern" und am Ende – wie in der Vorauflage – das „Zyklopenmauerwerk".

Die Neuauflage des Buches ist allen zu empfehlen, die immobilienwirtschaftlich interessiert sind, besonders natürlich allen Immobilienprofis, in welchem Bereich sie auch tätig sein mögen. Es verhilft zu einem Blick über den Zaun und zu tiefgründigen Antworten auf viele Fragen.
Ohne überflüssige Informationen gibt es zielgerichtet präzise Informationen. Wenn es für die Form „Lexikon" eine Zukunft gibt, dann sicherlich in der vorliegenden Form.

Ich bin mir sicher, dass sich der Erfolg bei dieser Auflage, wie auch bei den vorhergegangenen einstellen wird.

Prof. Dr. Hansjörg Bach FRICS
Leiter des Studiengangs Immobilienwirtschaft
der Hochschule Nürtingen
Oktober 2010

... auf ein Wort

Mit dem Lexikon Immobilien-Fachwissen von A-Z gehen wir 2010 in das 14. Jahr. Als 1996 die erste Ausgabe herauskam, reichten zwei Autoren aus, um innerhalb von vier Monaten ein Heftchen mit einer recht begrenzten Anzahl von Stichworten und Erklärungen zu füllen. Als kleine Broschüre mit 120 Seiten startete 1997 die erste echte Auflage, die auch in den Buchhandel ging.
Heute liegt ein umfangreiches, gewachsenes Fachlexikon vor uns. Eine Vielzahl von Autoren hat es geschafft, aus den Anfängen ein echtes Grundlagenwerk für die Immobilienwirtschaft zu entwickeln. Fast alle Schreiber und Mitmacher der ersten Stunde sind noch heute im Team.
Das Lexikon ist für uns in der Redaktion inzwischen der Mittelpunkt unserer Arbeit geworden. Es hat sich gezeigt: Immobilien sind nicht einfach tote Materie. Ihr Umfeld entwickelt sich ständig, sie unterliegen einer Vielzahl von Einflüssen und immer geht es um Menschen. Wurden anfänglich Begriffe ohne großen Kommentar ins Lexikon übernommen, wird heute jede Darstellung geprüft und zur Diskussion gestellt. Dann beginnt die Bewährungsprobe. Die Leser sind aktiv und das Internet macht Reaktionen schnell und unkompliziert. Da wird die eigene Meinung übermittelt, wird auf vermeintlich Falsches oder auch Missverständliches hingewiesen, werden zusätzliche Informationen angeboten, oft mit umfassendem Hintergrundwissen.
Erfreulicherweise ist dieses Lexikon immer mehr Teil der Aus- und Weiterbildung geworden. Nicht selten kommt es zu Auseinandersetzungen über die eine oder andere Formulierung. Wenn dann für zehn Zeilen im Buch eine Leser-Reaktion mit wissenschaftlicher Begründung von rund 40 Seiten und 20 verschiedenen Meinungen eingeht, rauft der Redakteur sich schon mal die Haare. Das bedeutet viel Arbeit, aber auch viel Spaß und schließlich Erfolg für das Lexikon.
Wesentliche Grundlage für dieses Buch ist die Online-Version. Seit 1999 ist sie auf vielen Internetseiten von Firmen, Verbänden, Schulen und Organisationen und natürlich des Grabener Verlags zu finden. Zu Beginn hörten wir oft die Frage, ob denn die parallele Ausgabe als Buch und als Online-Version nicht unklug für den Verlag sei? Nach vielen Jahren guter Erfahrung sind wir sicher, den richtigen Weg gefunden zu haben. Beide Medien ergänzen sich und gleichen ihre Nachteile gegenseitig aus. So kann man das Buch an jedem Ort lesen und bequem darin blättern, während die Online-Version auf dem Bildschirm immer aktuell ist. Denn nach dem Druck eines Buches entwickelt sich das Fachwissen weiter. Neue Urteile, Vorschriften und Gesetze machen oft tägliche Aktualisierungen notwendig. Im Online-Lexikon findet der Leser immer den aktuellen Sachstand. Darüber hinaus werden viele fachliche Darstellungen im Zuge der Entwicklung ergänzt, verändert und angepasst.

Henning J. Grabener

Wie geht es weiter? Ein fertiges Buch heißt für die Redaktion nichts anderes, als sich auf die nächste Auflage vorzubereiten – die 10. Auflage erscheint im Jahr 2013. Bis dahin wird die Online-Ausgabe weiter wachsen. Service und Leistungen in diesem Bereich sollen erhöht, technische Neuerungen genutzt werden.
An dieser Stelle möchte ich es nicht versäumen, mich bei den Autoren zu bedanken. Stellvertretend seien besonders Erwin Sailer, Ulf Matzen und Volker Bielefeld genannt. Mein Dank und meine Hochachtung gelten auch den vielen Autoren aus nah und fern sowie den aufmerksamen Lesern und Spezialisten, die uns mit ihren Zuschriften, Meinungen und Ideen dahin gebracht haben, wo wir heute mit dem Lexikon sind. So möchten wir gern weitermachen. Wir freuen uns auf eine lebendige Zukunft und ein ebensolches Medium zum Nutzen unserer Leser.

Ihr Henning J. Grabener

Redaktionsleiter im Grabener Verlag | Kiel
Oktober 2010

Ein großer Dank unseren Sponsoren

Dass sich dieses Lexikon als Buch von Auflage zu Auflage so gut entwickeln konnte, und dass die Online-Version interessierten Lesern und Internet-Nutzern kostenfrei zur Verfügung gestellt werden kann, verdanken wir besonders der wachsenden Anzahl von Sponsoren. Sie haben es ermöglicht, dass die Redaktion ohne wirtschaftlichen Druck ihre Aufgaben erfüllen kann. Nur mit dieser Hilfe war es möglich, auch teure Recherchen und Befragungen durchzuführen.

An dieser Stelle möchten wir uns vom Verlag und von der Redaktion ganz herzlich bei diesen mehr als hilfreichen Unterstützern bedanken und sie Ihnen kurz vorstellen:

Ein Unternehmen der conwert Immobilien Gruppe

Bahnhofstr. 7 · 74072 Heilbronn
www.altundkelber.de

Akademie der Wohnungs- und Immobilienwirtschaft GmbH

Herdweg 52 · 70174 Stuttgart
www.awi-vbw.de

Industriestr. 31
82194 Gröbenzell

www.3a-makler.net
www.immokarriere.de

BVI

Bundesfachverband der Immobilienverwalter e.V.

Schiffbauerdamm 8
10117 Berlin

www.bvi-verwalter.de

Keltenstr. 6 · 86368 Gersthofen
www.contecta.de

Dachverband Deutscher Immobilienverwalter e.V.

Mohrenstr. 33 · 10117 Berlin
www.ddiv.de

EBZ

EBZ – Europäisches Bildungszentrum der Wohnungs- und Immobilienwirtschaft

Springorumallee 20 · 44795 Bochum
www.e-b-z.de

Maurienstraße 5 · 22305 Hamburg
www.gewos.de

BUNDESVERBAND FREIER IMMOBILIEN-
UND WOHNUNGSUNTERNEHMEN E. V.

BFW Landesverband
Niedersachsen · Bremen e.V.

Am Holzgraben 1
30161 Hannover

www.bfw-nb.de

Diedenhofer Str. 11 · 10405 Berlin
www.immoservice24.net

STADLER GmbH

Schützenstr. 92 · 86316 Friedberg
www.immotopline.de

Kölner Haus- und
Grundbesitzerverein

Hohenzollernring 71 · 50672 Köln
www.koelner-hug.de

LBS IMMOBILIEN GMBH, Potsdam

Am Luftschiffhafen 1
14471 Potsdam

www.lbsi-ost.de

LANZENDÖRFER
IMMOBILIEN

Rheinallee 74 · 53173 Bonn
www.lanzendoerfer-immobilien.de

Fachinstitut für die
Immobilienwirtschaft

Heckkoppel 2 a · 22393 Hamburg
www.ml-fachinstitut.de

Norderney-Immobilien
Jann Ennen

Viktoriastraße 12 · 26548 Norderney
www.norderney-immobilien.de

Wohnungsprivatisierung I Berlin

Lietzenburger Str. 72 · 10719 Berlin
www.wohnungsprivatisierung.de

Herrenstr. 46 · 79098 Freiburg
www.frimmo.de

Detmolder Str. 204 · 33100 Paderborn
www.remax-paderborn.de

Huyssenallee 78-80 · 45128 Essen
www.rdm-essen.de

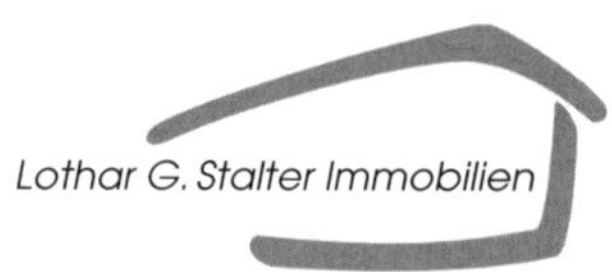

Bahnhofstr. 79 · 45525 Hattingen
www.stalter-immobilien.de

Torstraße 49 · 10119 Berlin
www.strategis.eu

Franz-Josef-Röder-Str. 17
66119 Saarbrücken

www.vdw-saar.de

The Real Estate Corporation

VOW Immobilienmanagement GmbH, Braunschweig
Ein Unternehmen der VOW Unternehmensgruppe

Berliner Platz 1 D · 38102 Braunschweig
www.vow-gruppe.de

Franklinstr. 62
60486 Frankfurt

www.vdwsuedwest.de

Plieninger Str. 58 · 70567 Stuttgart
www.immobilien-weber.com

Rheinland
Westfalen

Goltsteinstr. 29
40211 Düsseldorf

www.vdw-rw.de

Verband der Immobilienverwalter
Baden-Württemberg e.V.

Berliner Str. 19 · 74321 Bietigheim-Bissingen
ww.vdiv.de

Verband der Immobilienverwalter
Rheinland-Pfalz/Saarland e.V.

Schubertstr. 2 · 67061 Ludwigshafen
www.vdiv-rps.de

Verband der Immobilienverwalter
Bayern e.V.

Elisenstr. 3 · 80335 München
www.immobilienverwalter-bayern.de

VERBAND DER
NORDRHEIN-WESTFÄLISCHEN
IMMOBILIENVERWALTER E.V.

Vaalser Straße 148 · 52074 Aachen
www.vnwi.de

Inhalt

Der Inhalt des Lexikons wird laufend aktualisiert.
Zu finden unter www.grabener-verlag.de und dann oben rechts unter Online-Lexikon.

1a-Lagen Geschäftskern

hundred per cent location (of a building) / prime location / prime pitch in the centre of town

1a-Lagen Geschäftskern sind im Stadtzentrum (häufig in Fußgängerzonen) gelegene Ladenlokale und zeichnen sich durch eine sehr hohe Laufkundschaft aus (in München z. B. Weinstraße, Kaufinger- / Neuhauserstraße, in Frankfurt Zeil). Neben den Konsumlagen gibt es Luxuslagen (in München Maximiliansstraße, in Frankfurt Goethestraße).

AAA-Mieter

triple A tenant

Der AAA-Mieter (gesprochen Triple-A-Mieter) ist ein Mieter bzw. Mietinteressent mit einer erstklassigen Bonität und Kreditwürdigkeit. Demzufolge ist es sehr unwahrscheinlich, dass der Mieter mit seinen Zahlungsverpflichtungen in Verzug kommt oder, dass gar Ausfälle zu erwarten sind. Je mehr AAA-Mieter beispielsweise eine Büroimmobilie nutzen, desto höher ist der Immobilienwert. Beispiele für AAA-Mieter: die öffentliche Hand, bestimmte Kreditinstitute, Telekommunikations-, Handels-, Pharma- und Produktionsunternehmen. Die allermeisten so genannten Global-Player sind AAA-Mieter. Im Falle von Global Playern als Mieter besteht allerdings die Gefahr, dass deren standortpolitische Entscheidungen aufgrund der sich schnell verändernden Wirtschaftswelt zu Leerständen führen können. Ein Ranking im Hinblick auf eine Mieterklassifizierung unterliegt einem ständigen Wandel, so dass die Einstufung im Laufe der Zeit hochgestuft oder herabgesetzt werden kann. Hierin liegt das Risiko bzw. die Chance des Vermieters. Im angloamerikanischen Raum entspricht der Begriff den AAA-Anleihen, der aus der Investment-Branche stammt.

Siehe / Siehe auch: Rating, Score-Wert, Bonität, Marketing, Marketingmix

Abberufung (Wohnungseigentumsverwalter)

dismissal

Die Wohnungseigentümer können den Verwalter, der auf unbestimmte Zeit (maximal drei bei Erstbestellung beziehungsweise fünf Jahre bei Zweit- bzw. Wiederbestellung) bestellt worden ist, jederzeit durch mehrheitliche Beschlussfassung abberufen. Für den Beschluss genügt die einfache Mehrheit in der Wohnungseigentümer-Versammlung (§ 26 Abs. 1 Satz 1 WEG). Abweichende Vereinbarungen, die die mehrheitliche Beschlussfassung einschränken oder den Abberufungsbeschluss von der Zustimmung Dritter abhängig machen, sind nichtig. Allerdings kann die Abberufung gemäß § 26 Abs. 1 Satz 3 WEG durch Vereinbarung auf das Vorliegen eines wichtigen Grundes beschränkt werden. Nach vorherrschender Auffassung kann eine solche Beschränkung aber auch im Rahmen des Bestellungsbeschlusses beziehungsweise im mehrheitlich zu beschließenden Verwaltungsvertrag geregelt werden. Als wichtiger Grund, der eine vorzeitige Abberufung rechtfertigen kann, gilt allgemein die Störung des Vertrauensverhältnisses zwischen Verwalter und Wohnungseigentümergemeinschaft.

Von einer solchen Störung ist im Regelfall dann auszugehen, wenn der Verwalter seinen vertraglichen Pflichten nicht oder nur unzureichend nachkommt. Dabei kann es sich um die Nichteinberufung oder ständig verspätete Einberufung der Wohnungseigentümer-Versammlung handeln. Auch die Nichtvorlage oder die wiederholte Vorlage von falschen oder unvollständigen Jahresabrechnungen und Wirtschaftsplänen sowie die Nichtdurchführung von Beschlüssen oder sonstige Pflichtverletzungen können als wichtiger Grund zur sofortigen Abberufung führen. Nach der am 01.07.2007 in Kraft getretenen WEG-Reform liegt gemäß § 26 Abs. 1 Satz 4 WEG ein wichtiger Grund zur Abberufung regelmäßig dann vor, wenn der Verwalter die Beschluss-Sammlung nicht ordnungsmäßig führt. Kommt ein Mehrheitsbeschluss der Wohnungseigentümer über die Abberufung trotz Vorliegen eines wichtigen Grundes nicht zustande, kann auch der einzelne Wohnungseigentümer im Rahmen seines Anspruchs auf ordnungsmäßige Verwaltung gemäß §§ 21 Abs. 4 , 43 Nr. 1 WEG die Abberufung des Verwalters durch das Gericht verlangen. Dem muss allerdings der vergebliche Versuch vorangegangen sein, die Abberufung durch Beschlussfassung in der Wohnungseigentümer-Versammlung durchzusetzen. Verhindert der Verwalter durch eigenes Stimmrecht oder durch ihm übertragene Stimmrechtsvollmachten rechtsmissbräuchlich seine Abberufung, und kommt deshalb ein Mehrheitsbeschluss nicht zustande, ist ein solcher Negativbeschluss anfechtbar und führt bei Vorliegen wichtiger Gründe zur Abberufung durch das Gericht. Die erfolgreiche Abberufung aus wichtigem Grund zieht in der Regel die gleichzeitige außerordentliche Kündigung des Verwaltungsvertrages nach sich.

Erfolgt keine vorzeitige Abberufung aus wichtigem Grund, endet die gemäß Bestellungsbeschluss festgelegte Amtszeit des Verwalters auch ohne gesonderten Abberufungsbeschluss. Es gilt der mit dem Bestellungsbeschluss festgelegte Zeitraum.

Eine Wiederbestellung ist möglich, allerdings frühestens ein Jahr vor Ablauf des Bestellungszeitraums.
Siehe / Siehe auch: Bestellung des Verwalters (WEG), Verwalter (WEG), Beschluss (Wohnungseigentümer), Beschluss-Sammlung, Vereinbarung (nach WEG)

Abbindebeschleuniger
accelerating admixture
Abbindebeschleuniger ist ein Zusatzstoff, der einen Abbindeprozess, beispielsweise das Erhärten von Beton, beschleunigt und damit die Abbindezeit verkürzt. Abbindebeschleuniger werden verwendet, wenn aus bestimmten Gründen ein besonders schnelles Fortschreiten der Baumaßnahmen erforderlich ist.
Siehe / Siehe auch: Abbinden, Abbindeverzögerer, Beton

Abbinden
setting
Abbinden ist die Bezeichnung für den Prozess des Erhärtens von Bindemitteln und Klebstoffen, insbesondere für das Erhärten von Zement, Kalk oder Gips in Verbindung mit Zuschlagstoffen. Der Abbindeprozess kann durch geeignete Zusätze verzögert oder beschleunigt werden.
Siehe / Siehe auch: Abbindebeschleuniger, Abbindeverzögerer, Beton

Abbindeverzögerer
retarding agent
Abbindeverzögerer ist ein Zusatzstoff, der einen Abbindeprozess, beispielsweise das Erhärten von Beton, verzögert und damit die Abbindezeit verlängert. Abbindeverzögerer werden zum Beispiel verwendet, wenn beim Betonieren auf großen Baustellen mit einer vergleichsweise langen Verarbeitungszeit zu rechnen sind und wenn Pump-, Spritz- oder Fertigbeton über längere Strecken bzw. längere Zeit zu transportieren ist. Auch bei vergleichsweise dicht liegenden Bewehrungen ist der Einsatz von Abbindeverzögerern sinnvoll, um eine ausreichend gründliche Verarbeitung des Betons, insbesondere beim Verdichten, zu gewährleisten.
Siehe / Siehe auch: Abbinden, Abbindebeschleuniger, Beton, Moniereisen, Stahlbeton

Abbrandfaktor
combustion factor
Der Abbrandfaktor (m) ist eine dimensionslose Kenngröße, die das Abbrandverhalten von Materialien beschreibt. Er gibt die Menge des je Zeit- und Flächeneinheit verbrennenden Materials an und wird für brandschutztechnische Berechnungen verwendet, beispielsweise um rechnerische Brandbelastungen bzw. die unter Brandschutzaspekten erforderliche Dimensionierung von Bauteilen zu ermitteln.
Siehe / Siehe auch: Abbrandgeschwindigkeit, Brandschutz, Brandwand

Abbrandgeschwindigkeit
burning rate
Die Abbrandgeschwindigkeit gibt an, wie viel Masse beziehungsweise wie viel Volumen eines festen oder flüssigen Stoffes innerhalb einer bestimmten Zeit und bezogen auf einen bestimmten Teil der Verbrennungsoberfläche verbrennt.
Gerät beispielsweise ein bestimmtes Material, dessen Abbrandgeschwindigkeit ein halbes Kilogramm je Minute und Quadratmeter beträgt, auf einer Fläche von zwei Quadratmetern für zehn Minuten in Brand, dann hätte dies insgesamt einen Substanzverlust von zehn Kilogramm des betreffenden Materials zur Folge.
Siehe / Siehe auch: Abbrandfaktor, Brandschutz, Brandwand

Abbruchanordnung
demolition order
In Fällen, in denen eine bauliche Anlage gegen geltendes Baurecht verstößt, kann die Bauaufsichtsbehörde den Abbruch anordnen. Formelle Verstöße liegen vor, wenn eine erforderliche Baugenehmigung nicht erteilt, eine Bauanzeige nicht erstattet oder eine Genehmigung durch Zeitablauf oder Aufhebung unwirksam wurde. Materielle Verstöße, bei denen von vornherein eine Genehmigungsunfähigkeit vorliegt, wiegen schwerer. Eine Abbruchanordnung (auch Abbruchverfügung genannt) ist eine Ermessensentscheidung, bei der auch die Verhältnisse des Betroffenen mit zu berücksichtigen sind. Liegt nur eine Illegalität vor, kommt ein Abbruchgebot nur als äußerste Konsequenz in Frage.

Abbruchantrag
application for demolition
Grundsätzlich muss der Abbruch eines Gebäudes bei der zuständigen Behörde beantragt werden. Das Abbruchvorhaben und die beabsichtigten Abbruchverfahren sind dabei zu erläutern. Gesetzliche Regelungen dazu finden sich in den Landesbauordnungen. Der Antrag muss darüber hinaus den zuständigen Abbruchunternehmer ausweisen.

Dieser muss über die notwendige Sachkunde und Erfahrung verfügen, da in diesem Bereich z. B. erhebliche Kenntnisse über Baustatik, Immissionsschutz und Arbeitsschutz vonnöten sind. Sichergestellt sein muss ferner die Trennung und fachgerechte Verwertung bzw. Entsorgung der beim Abbruch anfallenden Materialien. Viele Gemeinden fordern als Anlagen zum Abbruchantrag die Vorlage eines Lageplans mit Kennzeichnung der Gebäude, Gebäudeteile und baulichen Anlagen, die abgebrochen werden sollen, wenn vorhanden auch Grundrisse, Schnitte und Ansichten sowie Fotos.
Das Genehmigungsverfahren kann von der Region abhängig unterschiedlich lange dauern. Oft geben Gemeinden einen Monat als Bearbeitungszeitraum an. Für eine Abbruchgenehmigung fallen Gebühren an. Beispielsweise liegen diese in Nordrhein-Westfalen abhängig von der Größe des Abbruchgebäudes zwischen 50 und 1.500 Euro. Keine Genehmigung wird benötigt zum Abbruch von Gebäuden unter 300 Kubikmeter Rauminhalt, von Einfriedungsmauern, Schwimmbädern, Stellplätzen, Garagen und anderen untergeordneten baulichen Anlagen.

Abbruchgebot

right (of a public authority) to force demolition

Siehe / Siehe auch: Rückbau- und Entsiegelungsgebot

Abbruchswert

break-up value; demolition value; salvage value

Soll ein wirtschaftlich nicht mehr nutzbares bebautes Grundstück verkauft werden, stellt sich die Frage, welcher Preis hierfür erzielbar ist. Man spricht vom Abbruchswert. Es ist klar, dass der Abbruch Kosten verursacht, die vom Wert dieses Grundstücks, wäre es unbebaut, abgezogen werden müssen. Zu den Freilegungskosten zählen nicht nur die reinen Abbruchkosten, sondern auch die Kosten der Entsorgung und gegebenenfalls bei kontaminierten Gebäuden oder Böden die Kosten der Dekontaminierung sowie etwaige Kosten für Gutachten die aus solchen Anlässen angefertigt werden müssen. Der Abbruchswert wird im sogenannten Liquidationsverfahren ermittelt.

Siehe / Siehe auch: Liquidationswert (Immobilienbewertung)

Abbundzeichen

jointing mark

Abbundzeichen sind von Zimmerleuten verwendete Konstruktionszeichen, mit denen die einzelnen Teile einer Holzkonstruktion – beispielsweise eines Fachwerkgerüstes oder eines Dachstuhles – auf dem Zimmerboden versehen werden. Sie geben an, wie die Teile später auf der Baustelle zusammenzufügen sind, und erleichtern und beschleunigen auf diese Weise den Bauablauf. In der Regel werden die Abbundzeichen durch mit dem Beitel ins Holz geschlagene Kerbstiche erzeugt. Verwendung finden vor allem römische, aber auch arabische Zahlen, graphische Symbole oder Kombinationen der vorgenannten Elemente. Abbundzeichen sind oftmals eine wesentliche Informationsquelle im Rahmen von bauhistorischen Untersuchungen.

Abdichtungen

seal; packing; sealant

Die Anforderungen an Bauwerksabdichtungen ergeben sich aus DIN 18 195. Abdichtungen sollen das Eindringen von Wasser und Feuchtigkeit in Bauwerkskörper verhindern. Zu unterscheiden sind vertikale von horizontalen Abdichtungen. Vertikale Abdichtungen beziehen sich auf Maßnahmen an den Außenwänden. Putz reicht in der Regel nicht aus. Bitumenbasierte Spachtelmasse, mehrlagig aufgetragen, ist heute Standard. Gegen drückendes Wasser kann unterstützend ein Dränagesystem eingesetzt werden, das das Wasser vom Gebäude ableitet. Die horizontale Abdichtung erfolgt durch Horizontalsperren oberhalb der Bodenplatten. Die Abdichtung von Flachdächern erfolgt durch bituminöse Dachbahnen oder Polyethylenfolien. Gegen hohes Grundwasser helfen nur Wannen. Dränagesysteme sind eher schädlich. So genannte weiße Wannen bestehen aus einer Betonmasse, die selbst die Abdichtungsfunktion übernimmt.

Abdingbarkeit

not mandatory; subject to be contracted away; transactionable

Die Möglichkeit, die Anwendbarkeit gesetzlicher Vorschriften durch vertragliche Absprache auszuschließen, nennt man Abdingbarkeit.
Man unterscheidet zwischen zwingenden (unabdingbaren) und nicht zwingenden (abdingbaren) Rechtsvorschriften. Bei letzteren spricht man auch von „dispositivem Recht“. Zur Wahrung des sogenannten Grundsatzes der Privatautonomie werden zivilrechtliche Normen grundsätzlich als abdingbar angesehen. Es gibt jedoch eine Vielzahl von Ausnahmen. Diese haben den Zweck, die Rechtsklarheit zu sichern (z. B. im Sachenrecht) oder auch die wirtschaftlich schwächere Vertragspartei zu schützen (Mietrecht, Arbeitsrecht, Verbraucherschutz).

So sind viele Mieterschutzvorschriften des Bürgerlichen Gesetzbuches ausdrücklich zwingend. Die Unabdingbarkeit einer Vorschrift ist nicht immer ausdrücklich vom Gesetzgeber geregelt. Teilweise ist sie (ggf. vor Gericht) durch Auslegung zu ermitteln. Meist wird Unabdingbarkeit bei Gesetzen angenommen, die den wirtschaftlich schwächeren Vertragspartner schützen sollen.
Siehe / Siehe auch: Abdingbarkeit (Wohnungseigentum), Allgemeine Geschäftsbedingungen im Mietrecht

Abdingbarkeit (Wohnungseigentum)

modifiable; transactionable

Die Wohnungseigentümer können gemäß § 10 Abs. 2 Satz 2 WEG von den Bestimmungen des Wohnungseigentumsgesetzes durch sogenannte Vereinbarungen abweichen, ebenso können sie aber auch Vereinbarungen treffen, die die gesetzlichen Bestimmungen ergänzen. Dies gilt für allerdings nur für Regelungen über das rechtliche Verhältnis der Wohnungseigentümer untereinander, nicht aber für die sachenrechtlichen Regelungen. Aber auch die rechtlichen Beziehungen der Wohnungseigentümer untereinander können nicht uneingeschränkt durch Vereinbarungen abweichend vom Gesetz geregelt werden. Das Wohnungseigentumsgesetz unterscheidet nämlich nach abdingbaren (nicht zwingenden) und unabdingbaren (zwingenden) Vorschriften. Nur von den abdingbaren Vorschriften kann durch eine Vereinbarung im Sinne von § 10 Abs. 2 Satz 2 WEG abgewichen werden. Unabdingbar sind die zwingenden Vorschriften über die Zuordnung und Abgrenzung von Sondereigentum und Gemeinschaftseigentum (§ 1 Abs. 6, § 5 Abs. 1 und 2 WEG).
Auch die Vorschrift über die Begrenzung der Verwalterbestellung auf maximal fünf Jahre beziehungsweise drei Jahre bei Erstbestellung nach Begründung des Wohnungseigentums (§ 26 Abs. 1 WEG) ist unabdingbar. Gleiches gilt für die Bestellung und die Abberufung des Verwalters. Sie dürfen nicht von der Zustimmung Dritter oder von anderen Voraussetzungen abhängig gemacht werden (§ 26 WEG). Ebenso unabdingbar sind die dem Verwalter gesetzlich auferlegten Pflichten (§ 27 Abs. 1 bis 3 WEG) und können deshalb weder beschränkt noch entzogen werden. Ebenfalls unabdingbar sind die neuen Vorschriften zur Änderung der Verteilung der Betriebs- und Verwaltungskosten (§ 16 Abs. 3 WEG) sowie im Einzelfall die Kosten für Instandhaltungs- und Instandsetzungsmaßnahmen (§ 16 Abs. 4 WEG).
Abdingbar sind dagegen unter anderem die Vorschriften über die Kostenverteilung (§ 16 Abs. 2 WEG) oder das Stimmrecht (§ 25 Abs. 2 WEG).
Siehe / Siehe auch: Beschluss (Wohnungseigentümer), Vereinbarung (nach WEG), Kostenverteilung

Abflussprinzip bei Mietnebenkosten

outflow principle for ancillary rental costs

Wie im Einzelnen eine Neben- beziehungsweise Betriebskostenabrechnung im Mietverhältnis zu erfolgen hat, regeln gesetzliche Vorschriften – die §§ 556 ff. BGB, die Betriebskosten- und Heizkostenverordnung. Gelegentlich kommt es jedoch zu Rechtsstreitigkeiten darüber, ob der Vermieter bei verbrauchsabhängigen Nebenkosten nur die Kosten des tatsächlichen Verbrauchs im Abrechnungszeitraum abrechnen darf (sogenanntes Leistungs- oder Zeitabgrenzungsprinzip) oder statt dessen die Kosten, mit denen er selbst während dieses Zeitraumes belastet wird (sogenanntes Abflussprinzip) – darunter gegebenenfalls auch Kosten für den Verbrauch im vorherigen Abrechnungszeitraum. Oft taucht diese Frage auf, wenn der Vermieter selbst nach dem Kalenderjahr abrechnet, sein Versorgungsunternehmen jedoch einen abweichenden Abrechnungszeitraum verwendet.
Der Bundesgerichtshof hat Anfang 2008 grundsätzlich entschieden, dass Vermieter auch nach dem Abflussprinzip abrechnen dürfen. Im verhandelten Fall durfte ein Vermieter damit nicht nur die Kosten für den in 2004 erfolgten Verbrauch von Kaltwasser und Abwasser abrechnen, sondern auch Beträge für das Jahr 2003, die der Versorger ihm erst in 2004 berechnet hatte: Es sei für den Vermieter ein unzumutbarer Aufwand, aus den Abrechnungen des Versorgers mit vom Kalenderjahr abweichendem Abrechnungszeitraum jeweils die auf einzelne Kalenderjahre entfallenden Beträge heraus zu rechnen (Az. VIII ZR 49/07 sowie entsprechend Az. VIII ZR 27/07, Urteil vom 20.02.2008).

Abflussverstopfung in Mietwohnung

plugged-up drain in a rented flat

Kommt es in einer Mietwohnung zu einer Abflussverstopfung, muss der Mieter die anfallenden Kosten für den Rohrreinigungsdienst nur tragen, wenn er das Malheur schuldhaft verursacht hat. Dies muss der Vermieter beweisen. Mietvertragliche Regelungen, nach denen alle Mieter sich anteilig an den Kosten der Beseitigung einer Verstopfung der Hauptabwasserleitung zu beteiligen haben, sind zumindest im Formularmietvertrag unwirksam.

Sie werden als unangemessene Benachteiligung des Mieters angesehen.Entstehen durch die Abflussverstopfung Schäden am Eigentum des Mieters, kann dieser den Vermieter auf Schadenersatz in Anspruch nehmen. Allerdings nur dann, wenn der Vermieter für den Schaden verantwortlich ist oder das Rohr schon vor Mietvertragsabschluss verstopft war. Dies muss der Mieter beweisen. Häufen sich Rohrverstopfungen oder gibt es andere Verdachtsmomente, nach denen sich ein Rohr zugesetzt haben könnte, muss der Vermieter tätig werden. Unternimmt er nichts, muss er sich entstehende Schäden zurechnen lassen. Hauseigentümer sind nach dem Wasserhaushaltsgesetz in Verbindung mit den anerkannten Regeln der Technik, die man einschlägigen DIN-Normen entnimmt, dazu verpflichtet, bis 2015 eine Dichtheitsprüfung ihrer Abwasserrohre zu veranlassen. In Nordrhein-Westfalen existiert eine ausdrückliche landesgesetzliche Regelung.
Siehe / Siehe auch: Allgemeine Geschäftsbedingungen im Mietrecht, Dichtheitsprüfung / Abwasserrohre

Abgabenordnung (AO)

German fiscal code; tax law

Die Abgabenordnung enthält die Grundregeln des deutschen Steuerrechts. Sie besteht aus neun Teilen mit insgesamt über 400 Paragraphen. Sie enthält Begriffsdefinitionen (z. B. Begriff Steuern) und Zuständigkeitsvorschriften, Vorschriften über das Steuergeheimnis, das Steuerschuldrecht (Entstehen von Steueransprüchen), das Verfahrensrecht mit Fristen und Terminen, die Durchführung der Besteuerung (Steuerklärungen), die Steuererhebung mit Regeln über Fälligkeit und Verjährung, sowie Vorschriften über die Vollstreckung, die außergerichtliche Rechtsbehelfsverfahren und Straf- und Bußgeldvorschriften.

Abgasklappe

exhaust flap; flue gas damper

Eine Abgasklappe verhindert das Auskühlen des Heizkessels und sorgt für Energieeinsparungen. Sie dient dazu, bei Stillstand des Brenners die Verbindung zwischen Kessel und Schornstein zu schließen. Bei modernen Heizkesseln schließt sich bei Brennerstillstand automatisch eine Luftklappe. Da keine Außenluft mehr in den Kessel strömt, kühlt dieser langsamer ab. Die Abgasklappe verringert die sogenannten Betriebsbereitschaftsverluste an Heizwärme. Bei geschlossener Abgasklappe kann warme Luft nicht mehr nach außen entweichen, somit wird auch das Auskühlen des Hauses verhindert. Auf diese Weise kann ein Wärmeverlust von bis zu 5.000 Kilowattstunden pro Jahr unterbunden werden. Den Herstellern zufolge soll sich eine Abgasklappe innerhalb von ein oder zwei Jahren amortisieren. Bei alten Kesseln können Abgasklappen nachgerüstet werden. Ältere Kessel sind jedoch nach der Energieeinsparverordnung in vielen Fällen innerhalb bestimmter Fristen durch neue zu ersetzen. Die Energieeinsparverordnung 2009 untersagt mit einigen Ausnahmen den Betrieb von Heizkesseln für flüssige oder gasförmige Brennstoffe, die vor dem 1. Oktober 1978 installiert worden sind.
Siehe / Siehe auch: Energieeinsparverordnung (EnEV)

Abgehängte Decke

suspended ceiling

Eine abgehängte Decke ist die Decke eines Raumes, die in einem Abstand unterhalb der eigentlichen konstruktiven Decke angebracht ist. Der Zwischenraum zwischen der konstruktiven und der abgehängten Decke kann zur Unterbringung von Haustechnik, beispielsweise zum Verlegen von Leitungen oder zur Abluftführung, genutzt werden.
Ein Vorteil abgehängter Decken besteht darin, dass sie durch die Verringerung der Raumhöhe zur Reduzierung der Heizkosten beitragen können. Nachteilig kann sich dagegen auswirken, dass Schäden an der darüber liegenden Bausubstanz, insbesondere an der konstruktiven Decke, länger unbemerkt bleiben können. Zudem wird durch das Abhängen der Decke die Großzügigkeit des Raumeindrucks beeinträchtigt.

Abgeld

discount

Siehe / Siehe auch: Disagio

Abgeltungsklausel

general release clause

Die Abgeltungsklausel ist eine Klausel im Mietvertrag, nach der der Mieter beim Auszug einen Anteil der Kosten für Schönheitsreparaturen laut Voranschlag einer Fachfirma übernehmen muss, wenn die Fristen für Schönheitsreparaturen noch nicht abgelaufen sind. Teilweise wird für derartige Vertragsregelungen auch der Begriff Quotenabgeltungsklausel verwendet.
Beispiel: Liegen zum Zeitpunkt des Auszuges die letzten Schönheitsreparaturen innerhalb der Mietzeit länger als ein Jahr zurück, zahlt der Mieter 20 Prozent der Kosten laut Kostenvoranschlag einer Fachfirma; liegen sie über zwei Jahre zurück

zahlt er 40 Prozent, über drei Jahre 60 Prozent, über vier Jahre 80 Prozent. Abgeltungsklauseln sind grundsätzlich rechtlich nicht zu beanstanden. Allerdings hat der Bundesgerichtshof (BGH) entschieden, dass die vom Mieter zu leistende Beteiligungsquote nicht nur vom Zeitablauf – z. B. von der tatsächlichen Dauer des Vertragsverhältnisses – abhängig sein darf. Eine solche Regelung wäre eine so genannte „starre Abgeltungsklausel", welche die Rechtsprechung als unwirksam ansieht. Auch der wirkliche Zustand der Wohnung und der Zeitabstand zu den letzten Schönheitsreparaturen müssen berücksichtigt werden. Grund: Der Mieter soll aus Sicht des BGH nicht dadurch unangemessen benachteiligt werden, dass er kurz nach einer während des Mietverhältnisses erfolgten Renovierung überflüssigerweise noch einmal renovieren muss, weil er unerwartet – etwa aus beruflichen Gründen – umzieht (BGH, Az. VIII ZR 52/06, Urteil vom 18.10.2006). In einer weiteren Entscheidung betonten die Bundesrichter, dass Abgeltungsklauseln laienverständlich formuliert werden müssten. Sie erklärten eine Klausel für unwirksam, die nach ihrer Ansicht nur ein Jurist hätte verstehen können (Az. VIII ZR 143/06, Urteil vom 26.09.2007).

Siehe / Siehe auch: Schönheitsreparaturen, Endrenovierungsklausel

Abgeltungssteuer

compensation tax on capital gains

Ab 01.01.2009 werden private Kapitaleinkünfte mit einer pauschalen Abgeltungssteuer von 25 Prozent (zuzüglich Solidaritätszuschlag von 5,5 Prozent und ggf. Kirchensteuer) in Form einer Quellensteuer belegt. Die einjährige Spekulationsfrist des § 23 EStG für private Veräußerungsgeschäfte von Kapitalanlagen fällt mit Einführung der Abgeltungssteuer ersatzlos weg, es sei denn, die Kapitalanlagen wurden vor 2009 angeschafft (bestimmte Anlageformen ausgenommen). Dies führt dazu, dass sämtliche Kursgewinne, die bei Verkauf der Anlage realisiert werden, steuerpflichtig sind, wenn die Kapitalanlage nach dem 31.12.2008 angeschafft wurde. Auch die Freigrenze für private Veräußerungsgewinne und die Anwendung des Halbeinkünfteverfahrens bei Erträgen aus Dividenden entfallen. Die Steuerfreiheit des § 23 EStG für private Veräußerungsgeschäfte von Grundstücken (10-jährige Bindungsfrist) bleibt jedoch erhalten. An die Stelle von Sparer-Freibetrag und Werbungskosten-Pauschale für Kapitaleinkünfte tritt der neue Sparer-Pauschbetrag (801 Euro für Einzelperson/1602 Euro für zusammen veranlagte Ehegatten). Der Abzug höherer Werbungskosten ist ausgeschlossen, z. B. von Finanzierungskosten (verfassungsrechtlich höchst umstritten). Erträge aus vermieteten Immobilien unterliegen nicht der Abgeltungssteuer, wohl aber der Zinsertrag z. B. aus der Anlage der Instandhaltungsrücklage. Im Wege einer Günstigerprüfung prüft das Finanzamt, ob die Abgeltungssteuer oder ob der persönliche Steuersatz günstiger für den Steuerpflichtigen ist. Es gibt aber einige wenige Ausnahmen von der Abgeltungssteuer. Für Immobilienfonds gilt ab 01.01.2009: Bei ab 01.01.2009 erworbenen offenen Immobilienfonds unterliegen Zinsen, Mieteinnahmen, Kursgewinne und sonstige laufende Erträge der Abgeltungssteuer. Aus Verkäufen von Bestandsimmobilien erzielte Gewinne sind bei Beachtung der 10-jährigen Haltefrist steuerfrei. Auch Verkaufsgewinne von Fondsanteilen fallen unter die Abgeltungssteuer. Noch im Jahr 2008 erworbene Anteile werden nach altem Recht behandelt: Werden sie mindestens ein Jahr lang gehalten, bleiben erzielte Kursgewinne steuerfrei.

Offene Immobilienfonds, die mit Auslandsimmobilien arbeiten, sind ab 2009 besonders steuergünstig, da ausländische Mieteinnahmen dank Doppelbesteuerungsabkommen meist in Deutschland steuerfrei sind. Bei Auslandserträgen kommt nach dem neuen Recht der Progressionsvorbehalt nicht mehr zum Tragen. Für geschlossene Immobilienfonds ergeben sich durch die Einführung der Abgeltungssteuer keine Änderungen. Es werden Einkünfte aus Vermietung und Verpachtung erzielt, die in der Steuererklärung anzugeben und mit dem persönlichen Steuersatz zu versteuern sind. Die 10-jährige Spekulationsfrist bleibt erhalten.

Abgeschlossenheit / Abgeschlossenheitsbescheinigung

completeness; self-containment / certificate of completeness, required for a flat that can be sold as a self-contained freehold flat

Damit an Räumen rechtlich selbständiges Alleineigentum als Wohnungseigentum (Sondereigentum an Wohnungen) oder als Teileigentum (Sondereigentum an nicht zu Wohnzwecken dienenden Räumen) entstehen kann, müssen die jeweils zugehörigen Räume nach den Vorschriften des Wohnungseigentumsgesetzes abgeschlossen sein (§ 3 Abs. 2 Satz 1 WEG). Als abgeschlossen im Sinne des Gesetzes gelten Wohnungen und nicht zu Wohnzwecken dienende Räumlichkeiten dann, wenn sie baulich vollkommen gegenüber anderen Wohnungen und Räumen abgeschlossen sind. Die Zugänge vom Freien, vom Treppenhaus oder von Vorräumen aus müssen

verschließbar sein. Wohnungen müssen über Wasserversorgung, Ausguss und WC verfügen. Zusätzliche Räume(Keller-, Boden- und/oder Abstellräume), die außerhalb der abgeschlossenen Wohnung liegen, müssen ebenfalls verschließbar sein.
Auch Balkone und Loggien gelten im Allgemeinen wegen ihrer räumlichen Umgrenzung als abgeschlossen. Ebenerdige Terrassen vor Erdgeschosswohnungen gelten dagegen nur dann als abgeschlossen, wenn sie direkt an die Wohnung anschließen und gegenüber der übrigen Grundstücksfläche vertikal durch eine Ummauerung abgegrenzt sind. Stellplätze in einer (Tief-)Garage gelten als abgeschlossen, wenn sie durch Wände oder Geländer abgegrenzt oder auch dauerhaft markiert sind (§ 3 Abs. 2 Satz 2 WEG). Das gleiche gilt für Stellplätze auf einem Garagenoberdeck. Kraftfahrzeug-Stellplätze im Freien und ebenso Carports gelten dagegen grundsätzlich nicht als abgeschlossen.
Die Abgeschlossenheit ist bei der Begründung von Wohnungs- oder Teileigentum durch eine von der zuständigen Baubehörde auszustellende Abgeschlossenheitsbescheinigung gegenüber dem Grundbuchamt nachzuweisen. Für die Ausstellung dieser Bescheinigungen gilt die Allgemeine Verwaltungsvorschrift für die Ausstellung von Bescheinigungen gemäß § 7 Abs. 4 Nr. und § 32 Abs. 2 Nr. 2 des Wohnungseigentumsgesetzes.
Die Ausstellung der Abgeschlossenheitsbescheinigung kann gemäß § 7 Abs. 4 Satz 3 WEG auch durch öffentlich bestellte oder anerkannte Sachverständige für das Bauwesen erfolgen, wenn dies von den Landesregierungen durch Rechtsverordnung so bestimmt wird.
Siehe / Siehe auch: Aufteilungsplan, Teilungserklärung, Sondereigentum, Wohnungseigentum, Teileigentum

Abgrenzungssatzung (Klarstellungssatzung)

German delimitation statute, defining a built-up area of a city under the provisions of the German federal building code (clarification statute)

Um Klarheit darüber zu schaffen, wo die Innenbereichsgrenzen eines Baugebietes beziehungsweise eines im Zusammenhang bebauten Ortsteils im Sinne des § 34 BauGB verlaufen, kann die Gemeinde eine Abgrenzungssatzung beschließen. Die Abgrenzungssatzung legt diese „Grenzziehung" fest. Die Satzung wird auch als Klarstellungssatzung bezeichnet. Sie entfaltet keine Rechtswirkungen, sondern dient nur der Dokumentation des Grenzverlaufs zwischen Innen- und Außenbereich. Die Abgrenzungssatzung gehört zu den so genannten Innenbereichssatzungen.
Siehe / Siehe auch: Ergänzungs- oder Einbeziehungssatzung, Entwicklungssatzung

Ablaufleistung

maturity payment

Bei der Ablaufleistung handelt es sich um den Geldbetrag, den der Versicherungsnehmer einer Kapital-Police am Ende der vertraglich vereinbarten Laufzeit ausbezahlt bekommt. Diese Ablaufleistung ergibt sich, vereinfacht ausgedrückt, aus der garantierten Versicherungssumme sowie aus den Überschüssen, die während der Vertragslaufzeit durch die rentierliche Anlage der vom Versicherungsnehmer gezahlten Beiträge erreicht werden.
Ärgerlich für viele Versicherungsnehmer ist, dass die Überschussbeteiligung in den vergangenen Jahren spürbar reduziert wurde. Mit der Folge, dass die seinerzeit bei Vertragsabschluss hochgerechneten Ablaufleistungen nicht mehr erreicht werden. Eine missliche Situation für zahlreiche Immobilieneigentümer, die vor Jahren ihr selbstgenutztes oder vermietetes Wohneigentum mit Hilfe einer Kapital-Lebensversicherung finanziert haben. Abgeschlossen wurden in der Regel sogenannte endfällige Hypotheken-Darlehen ohne laufende Tilgung. Stattdessen fand oder findet die Rückzahlung des Immobilienkredits auf einen Schlag mit Hilfe der Ablaufleistung einer Kapital-Police statt. In vielen Fällen aber reicht jetzt und auch in den nächsten Jahren das von den Assekuranzen überwiesene Geld nicht mehr zur vollständigen Schuldentilgung aus, eben weil die Überschüsse verringert wurden und die Ablaufleistungen niedriger ausfallen als gedacht. Auch aus steuerlichen Gründen ist der Einbau von Kapital-Policen seit Beginn des vergangenen Jahres nicht mehr sinnvoll. Bei Vertragsabschlüssen nämlich, die nach Silvester 2004 stattfanden, wurde das sogenannte Steuerprivileg von Kapital-Lebensversicherungen weitgehend beseitigt.
Seitdem gilt: Sofern eine Police eine Laufzeit von mindestens zwölf Jahren hat und der Vertrag nach dem vollendeten 60. Lebensjahr des Versicherungsnehmers endet, ist die Hälfte der in jener Ablaufleistung enthaltenen Überschüsse steuerfrei. Hat der Policenkunde hingegen sein 60. Lebensjahr bei Vertragsende noch nicht erreicht, greift das Finanzamt auf sämtliche Überschüsse zu und unterwirft diese dem persönlichen Steuersatz des Fiskuskunden. Weil die Steuerregeln zu Beginn des vergangenen Jahres auf diese Weise verschärft

wurden, lohnt auch bei vermieteten Immobilien das Zins- und Steuer-Differenzgeschäft aufgrund des Einbaus einer Kapital-Police in die Finanzierungsstrategie kaum noch. Wichtig: Bei Versicherungsverträgen, die bis einschließlich Silvester 2004 abgeschlossen wurden, gelten die früheren Steuervorteile von Kapital-Lebensversicherungen nach wie vor. Allerdings kann auch dieses Privileg nichts an der immer noch recht mageren Überschussbeteiligung ändern.
Siehe / Siehe auch: Lebensversicherung, Überschussbeteiligung / Lebensversicherung

Ablaufplan
workflow; procedure diagram
Siehe / Siehe auch: Bauzeitenplan

Ablöse
compensation
Die auch nach der Mietrechtsreform von 2001 weiterhin zulässige „Ablöse" für Einrichtungsgegenstände war mehrfach Gegenstand von Gerichtsverfahren, bei denen um die zulässige Höhe des Kaufpreises für Einbauküchen, alte Schränke etc. gestritten wurde. Nach der Rechtsprechung darf der Preis für die Einrichtungsgegenstände deren tatsächlichen Wert nicht um mehr als 50 Prozent überschreiten – andernfalls ist die Vereinbarung unwirksam.
Beispiel: Der Vormieter verlangt für einige Küchenschränke 1000 Euro. Die Schränke sind aber nur 200 Euro wert. Dazu rechnet man die 50 Prozent, also 100 Euro. Bezahlen müsste der neue Mieter also 300 Euro – und nicht mehr. Alles, was darüber hinaus gezahlt wurde, kann sogar als ungerechtfertigte Bereicherung zurückverlangt werden. Die Verjährungsfrist für diesen Anspruch liegt bei drei Jahren ab dem Endes des Jahres, in dem der Anspruch entstanden ist und der Gläubiger Kenntnis erhalten hat (oder ohne grobe Fahrlässigkeit hätte erhalten müssen).
Der Wert der Einrichtungsgegenstände richtet sich übrigens nach deren tatsächlichem, marktüblichen Zeitwert und deren Zustand. Dabei ist allerdings der Gebrauchswert in der Wohnung, das heißt in zusammengebautem und benutzbarem Zustand, zugrunde zu legen und nicht der mögliche Einzelverkaufspreis auf dem nächsten Flohmarkt.
Hier muss – unter Zugrundelegung des Neupreises – geschätzt werden. Aus einem Urteil des Berliner Kammergerichts (Az. 8 U 314/03) geht hervor, dass der tatsächliche Wert des eingebauten Inventars meist höher anzusetzen ist als der Zeitwert der einzelnen Inventargegenstände auf dem Gebrauchtwarenmarkt. So müssen die vom Nachmieter eingesparten Transport- und Einbaukosten berücksichtigt werden. Nachmieter sollten eine genaue Liste der übernommenen Gegenstände anfertigen und gegebenenfalls den Zustand durch Zeugen bestätigen lassen.
Siehe / Siehe auch: Abstandszahlung

Ablösesumme
key money; amount of redemption
Als Ablösesumme wird der noch nicht getilgte Teil eines bestehenden Darlehens bezeichnet, das im Rahmen einer Umschuldung durch ein anderes Darlehen abgelöst werden soll. Soll beispielsweise ein Darlehen über 300.000 Euro nach zehn Jahren abgelöst werden und sind zu diesem Zeitpunkt bereits 90.000 Euro getilgt, ergibt sich eine Ablösesumme in Höhe von 210.000 Euro.
Siehe / Siehe auch: Bankvorausdarlehen, Umschuldung

Ablösung
redemption; amortisation; discharge (of a debt); liquidation, repayment
Ablösung beschreibt das Ersetzen eines Kredits durch einen anderen Kredit.
Siehe / Siehe auch: Ablösesumme, Bankvorausdarlehen, Umschuldung

Ablösung von Stellplätzen
payment for exemption from obligation to provide parking spaces
Die Landesbauordnungen bzw. Stellplatzordnungen schreiben die Anzahl von Stellplätzen vor, die im Rahmen eines Neubaus errichtet werden muss. Auch eine Maximalzahl kann vorgegeben werden. Will der Bauherr nicht die vorgegebene Anzahl von Stellplätzen oder Garagen errichten, kann er durch die Zahlung eines Geldbetrages pro Stellplatz die Verpflichtung zum Bau von Stellplätzen ablösen.
Beispiel: Die Stellplatzsatzung der Stadt Kronach vom 12.03.2001 sieht einen Ablösebetrag von 2550 Euro pro Stellplatz in der Altstadt vor (wobei dies auch für Gebäude auf den Stadtmauern gilt). Die Stellplatzsatzung von Potsdam von 2005 legt je nach Stadtgebiet Ablösebeträge zwischen 3000 und 8000 Euro pro Stellplatz fest.
Siehe / Siehe auch: Stellplatzverordnung

Abluftanlage
exhaust-air plant
Bei der Abluftanlage handelt sich um eine klimatechnische Anlage, die für ein Abströmen der Luft

eines Raumes (meist nach außen) sorgt. Abluft wird oft oberhalb von abgehängten Decken abgeleitet. Die Abluftanlage funktioniert automatisch auf der Grundlage unterschiedlicher Luftdruckverhältnisse zwischen der Luft in den Räumen und der Außenluft. In Wohnungen werden Abluftanlagen in der Regel in den Küchen, Bädern und den WC's installiert. Sofern die Abluftanlage mit einem Wärmetauscher verbunden wird, kann ein Teil der durch die Entlüftung verloren gehenden Wärme wieder zurück gewonnen werden. Bei einer Lüftungsanlage wird die Innenluft über Ventilatoren nach außen geleitet. Ebenso funktioniert die Belüftung der Räume mit Außenluft.

Abmahnung
reminder

allgemein

Mit einer Abmahnung soll verhindert werden, dass bestimmte Handlungen oder Verhaltensweisen wiederholt oder fortgesetzt werden. Abmahnungen sind bekannt in den Bereichen des Arbeits-, Miet- und Wettbewerbsrechts. Im Gegensatz dazu steht die Mahnung, die sich darauf bezieht, den säumigen Schuldner zu bewegen, eine fällige Leistung zu erbringen, beziehungsweise eine Handlung vorzunehmen, zu der er verpflichtet ist. Eine Abmahnung muss das Fehlverhalten bzw. die „verwerfliche Handlung" bezeichnen und auf die drohenden Folgen hinweisen, die entstehen, wenn sie nicht beachtet wird. Die Abmahnung ist in der Regel Voraussetzung für ein weiteres rechtliches Vorgehen, wenn der oder die Abgemahnte nicht innerhalb einer gesetzten Frist reagiert.

Mietrecht

Im Mietrecht bezieht sich die Abmahnung darauf, einen vertragswidrigen Gebrauch der Mieträume durch den Mieter zu unterbinden. Es kann sich dabei z. B. um eine nicht tolerierte Tierhaltung in der Wohnung, um das Anbringen von Schildern am Hauseingang, um eine Zweckentfremdung der Mieträume oder eine unbefugte Gebrauchsüberlassung (Untervermietung) handeln. Der Mieter wird zur Unterlassung aufgefordert. Ignoriert der Mieter die Abmahnung, kann der Vermieter auf Unterlassung klagen. Gegenstand mietrechtlicher Abmahnung können auch erhebliche Pflichtverletzungen sein, die bei Wohnraummietverhältnissen zu einem berechtigten Interesse des Vermieters zur Kündigung des Mietverhältnisses führen. Eine Abmahnung ist zwar bei besonders schweren Pflichtverletzungen nicht erforderlich, erscheint aber zweckmäßig, etwa bei sich laufend wiederholenden nächtlichen Ruhestörungen und sonstigen den Hausfrieden beeinträchtigenden Handlungen des Mieters. Bei laufend unpünktlichen Mietzahlungen ist eine Abmahnung dann erforderlich, wenn als Folge weiterer Unpünktlichkeiten eine fristlose Kündigung ins Auge gefasst wird.

Mieter können nach dem Bundesgerichtshof nicht separat gegen eine Abmahnung des Vermieters gerichtlich vorgehen, indem sie z. B. auf Beseitigung oder Unterlassung der Abmahnung klagen. Grund: Die Abmahnung soll dem Mieter lediglich sein Fehlverhalten vor Augen führen, hat aber sonst keine Rechtsfolgen. Zwar ist sie in vielen Fällen vor einer Kündigung des Mietvertrages erforderlich. Der Vermieter muss jedoch bei der Kündigung im Fall eines Rechtsstreits trotz Abmahnung das zur Kündigung führende Fehlverhalten des Mieters in jedem einzelnen Fall beweisen. Im Unterschied zur arbeitsrechtlichen Abmahnung verletzt die mietrechtliche Abmahnung den Mieter auch dann nicht in seinen Rechten, wenn sie zu Unrecht erfolgt (Az. VIII ZR 139/07, Urteil vom 20.02.2008).

Arbeitsrecht

Der Arbeitgeber kann den Arbeitnehmer abmahnen, wenn dieser seine Arbeitspflicht (z. B. Bummelei am Arbeitsplatz) oder seine Treuepflicht gegenüber dem Arbeitgeber verletzt. Zu den Treuepflichten zählt z. B. die Verschwiegenheitspflicht, die etwa im Maklergeschäft eine sehr große Bedeutung hat. Die Kündigung eines Arbeitsverhältnisses kann nur ausgesprochen werden, wenn der Arbeitnehmer trotz vorhergehender Abmahnung nicht reagiert und die ihm auferlegten Pflichten weiterhin verletzt. Allerdings muss die vorausgegangene Abmahnung mit einer Kündigungsandrohung verbunden sein. Arbeitnehmer haben bei einer ungerechtfertigten Abmahnung einen Anspruch auf deren Beseitigung bzw. auf ihre Entfernung aus der Personalakte.

Wettbewerbsrecht

Wettbewerbsrechtliche Verstöße berechtigen die davon beeinträchtigten Mitbewerber, aber auch Vereine, deren satzungsgemäßer Zweck in der Förderung des lauteren und Bekämpfung des unlauteren Wettbewerbs besteht, Unterlassungsansprüche geltend zu machen (§ 8 Abs. 3 UWG). Auch Industrie- und Handelskammern und Handwerkskammern können unlauteren Wettbewerb verfolgen. Diese bedienen sich in der Regel jedoch der maßgeblich von ihnen mit getragenen „Zentrale zur Bekämpfung unlauteren Wettbewerbs". Schließlich haben auch noch sogenannte „qualifizierte" Verbraucherschutzverbände eine Anspruchsberechtigung. Dies ist zum Beispiel bei rechtswidrigen Allgemeinen Geschäftsbedingungen der Fall. Mitbewerber können sich zur Abmahnung eines Rechtsanwalts bedienen. Die erforderlichen Aufwendungen des Abmahners sind zu erstatten (§ 12 Abs. 1 UWG).

Das seit Sommer 2004 geltende neue Gesetz gegen den unlauteren Wettbewerb schränkt die Klagebefugnis des Mitbewerbers auf den Fall ein, dass ein konkretes Wettbewerbsverhältnis vorliegt. Dies ist der Fall, wenn ein vergleichbares Angebot an einen sich teilweise überschneidenden Kundenkreis vorliegt. Die Erfahrung seit 2004 mit dem UWG zeigt die gleiche Tendenz wie in der Vergangenheit. Einem kurzfristigen Einbruch bei der Anzahl der Abmahner und Abmahnungen steht in der Regel schon nach einem Jahr ein deutlicher Anstieg der Zahlen gegenüber. Eine wichtige Rolle spielt hier das Internet.

Die gerichtliche Verfolgung unlauteren Wettbewerbs setzt in der Regel die Abmahnung voraus, in welcher der Wettbewerbsverstoß bezeichnet werden muss. Sinn der Abmahnung ist es, die Wiederholungsgefahr auszuräumen. Dies geschieht dadurch, dass der „Wettbewerbssünder" aufgefordert wird, innerhalb einer bestimmten, meist recht kurzen Frist (vier bis zehn Tage) eine Unterlassungserklärung abzugeben, in der für den Wiederholungsfall eine von der Höhe bestimmte – oder auch von unbestimmter Höhe – Vertragsstrafe versprochen wird. Mit der Abgabe der Unterlassungserklärung kommt ein Vertrag zustande, mit dem die Wiederholungsgefahr als ausgeräumt gilt. Für Unterlassungsforderungen weiterer Mitbewerber in der gleichen Angelegenheit entfällt damit das Rechtsschutzinteresse. Allerdings muss der Betroffene jedem weiteren Abmahnenden gegenüber offen legen, z. B. durch Kopien der Abmahnung und der abgegebenen Unterlassungserklärung, dass er bereits eine strafbewehrte Unterlassungsverpflichtung abgegeben hat.

Siehe / Siehe auch: Berechtigtes Interesse, Wettbewerbsrecht, Entziehung (Wohnungseigentum), Hausordnung

Abmahnverein

association to guard against unfair practices

Siehe / Siehe auch: Wettbewerbsrecht

Abmarkung

system of boundary; marks for parcels of land

Als Abmarkung wird das Errichten oder Wiederherstellen fester Grenzzeichen zwischen Grundstücken bezeichnet. Die durch die Grenzzeichen markierten Grenzpunkte sollen den Verlauf der in Kataster und Grundbuch definierten Grundstücksgrenzen vor Ort erkennbar machen. Bevor der Begriff Abmarkung im Jahre 1900 mit dem Paragraphen 919 des Bürgerlichen Gesetzbuches allgemein in die Rechtssprache eingeführt wurde, wurde teilweise auch synonym von „Vermarkung" gesprochen.

Siehe / Siehe auch: Feldgeschworene

Abmeldung / Anmeldung des Mieters

notice of departure / registration of tenant

Wer innerhalb Deutschlands umzieht, muss sich nicht mehr bei der Meldebehörde des alten Wohnortes abmelden. Er muss sich lediglich am neuen Wohnort anmelden. Dies muss innerhalb einer Woche geschehen. Das Einwohnermeldeamt am neuen Wohnort teilt dann der Behörde am bisherigen Wohnort den Wohnortwechsel mit. Die Mitteilung muss seit 01.01.2007 auf elektronischem Wege übermittelt werden. Eine Abmeldung ist nur noch bei Wegzug ins Ausland oder Aufgabe einer Zweitwohnung notwendig. Viele Mietverträge enthalten Klauseln, um den Mieter an seine gesetzliche Meldepflicht zu erinnern.

Auch der Vermieter muss in vielen Bundesländern bei der Ummeldung des Mieters mitwirken. Dies geschieht durch das Ausfüllen einer Anmeldebestätigung. Die Einzelheiten regeln die Meldegesetze der Länder. Viele Bundesländer haben in den letzten Jahren ihre Meldegesetze geändert, um eine Anmeldung über das Internet zu ermöglichen. Die Meldegesetze der Länder beruhen auf den Vorgaben des bundesweit gültigen Melderechtsrahmengesetzes. Die Weitergabe von Melderegisterdaten, z. B. an politische Parteien zu Werbezwecken oder an Privatpersonen, kann eingeschränkt werden, soweit der Meldepflichtige dies bei Anmeldung beantragt. Meldepflichtige, die sich nicht fristgemäß ummelden, begehen eine Ordnungswidrigkeit und riskieren eine empfindliche Geldbuße bis zu 500 Euro. Diese kann auch einem Vermieter oder dessen Beauftragten drohen, der gegenüber der Meldebehörde nicht die vorgeschriebenen Angaben über seine Mieter macht. Der Vermieter hat nach vielen Landesgesetzen als Wohnungsgeber das Recht auf Auskunft über die in seiner Wohnung gemeldeten Personen. Hat er also Zweifel über Anzahl oder Identität der Bewohner, kann er ihre Vor- und Familiennamen und gegebenenfalls ihren akademischen

Grad beim Einwohnermeldeamt erfragen. Der Bundesgerichtshof hat dieses Recht des Vermieters mit Urteil vom 23.01.2008 jedoch eingeschränkt: Danach darf der Vermieter bei vereinbarter Umlage der Betriebskosten nach Personenzahl nicht auf das amtliche Melderegister zurückgreifen, um die Belegung des Hauses bzw. der Mietwohnung festzustellen. Der Bundesgerichtshof begründete das Urteil damit, dass gerade bei größeren Häusern (im Fall: 20 Wohnungen) eine hohe Mieterfluktuation herrsche und das Einwohnermelderegister nach der Lebenserfahrung nur ungenügende Schlüsse auf die wirkliche Bewohnerzahl erlaube. Wolle der Vermieter die Betriebskosten nach Köpfen umlegen, müsse er für bestimmte Stichtage die wirkliche Personenbelegung der jeweiligen Wohnung feststellen. Dass dies in der Praxis schwierig sein kann, ändert aus Sicht des BGH nichts (Az. VIII ZR 82/07).
Siehe / Siehe auch: Meldepflicht

Abnahme
acceptance

Der Begriff der Abnahme bezieht sich auf eine erbrachte Leistung, die vertraglich geschuldet ist und übergeben wird. (Besitzübergang). Der Begriff wird aber auch gebraucht im Zusammenhang mit der Rückgabe einer genutzten Sache an den Eigentümer wie z. B. bei Abnahme einer Mietwohnung zum Zeitpunkt der Beendigung des Mietverhältnisses. Im Regelfall erfolgt die Abnahme in Gegenwart der Vertragsparteien oder deren Vertreter. Je nach Gegenstand der Abnahme knüpfen sich an sie unterschiedliche Rechtskonsequenzen.
Siehe / Siehe auch: Bauabnahme, Beendigung eines Mietverhältnisses, Gebrauchsabnahme

Abnahme Immobilie
certified acceptance of property

Im Rahmen einer Bau-Abnahme wird von der zuständigen Baubehörde die ordnungsgemäße Beachtung und Einhaltung der maßgeblichen Bauvorschriften im Zuge der Herstellung eines Gebäudes oder eines Gebäudeteils überprüft und bescheinigt. Die entsprechende Bescheinigung der Behörde ergeht dann in Form des Abnahmescheins.

Abnahmeprotokoll
certificate of acceptance; certificate of completion (CC)

Beim Abnahmeprotokoll handelt es sich um die Niederschrift über das Ergebnis einer förmlichen Abnahme. Mit Unterzeichnung des Abnahmeprotokolls durch die Parteien wird dieses Ergebnis vom diesen anerkannt. Soweit nicht Beanstandungen oder Vorbehalte ausdrücklich in das Protokoll aufgenommen wurden, erlöschen mit Unterzeichnung gegenseitige Erfüllungsansprüche.
Siehe / Siehe auch: Bauabnahme, Beendigung eines Mietverhältnisses, Gebrauchsabnahme

Abnahmeverpflichtung
commitment to purchase; obligation to accept

Als Abnahmeverpflichtung bezeichnet man die von einem Darlehensnehmer eingegangene Verpflichtung gegenüber dem Darlehensgeber, sich ein Darlehen innerhalb einer vereinbarten Abnahmefrist auszahlen zu lassen.
Siehe / Siehe auch: Darlehen, Nichtabnahmeentschädigung

Abnutzung
wear (and tear); use; depreciation; deterioration; erosion

Siehe / Siehe auch: Übermäßige Abnutzung, Wohnungsabnutzung

Abrechnung (Wohnungseigentum)
settlement (freehold flat)

Siehe / Siehe auch: Jahresabrechnung (Wohnungseigentum), Einzelabrechnung (Wohnungseigentum)

Abrechnungsfrist Betriebskosten
settlement deadline for operating expenses

Das Bürgerliche Gesetzbuch erlegt Vermietern die Pflicht auf, innerhalb von zwölf Monaten nach Ende des Abrechnungszeitraumes über die Neben- bzw. Betriebskosten einer Mietwohnung abzurechnen. War der Abrechnungszeitraum z. B. das Kalenderjahr 2008, muss bis zum 31.12.2009 abgerechnet werden. Genauer: Die Abrechnung muss innerhalb dieser Zeit beim Mieter eintreffen. Es reicht also nicht aus, wenn ein Beauftragter des Vermieters bezeugen kann, den Brief mit der Abrechnung vor dem 31.12.2009 auf der Post abgegeben zu haben (Urteil des Bundesgerichtshofes vom 21.01.2009, Az. VIII ZR 107/08).

Wird die Abrechnungsfrist versäumt, hat dies folgende Konsequenzen:

- Der Vermieter kann keine Nebenkostennachzahlung für den betreffenden Abrechnungszeitraum mehr fordern.
- Überweist der Mieter trotz verspäteter Abrechnung den Nachzahlungsbetrag, kann dieser sogar zurückgefordert werden (die

Verjährungsfrist für derartige Rückforderungen beträgt drei Jahre, vgl. BGH, Urteil vom 18.01.2006, Az. VIII ZR 94/05).

Ausnahmsweise darf der Vermieter dann die Abrechnungsfrist überschreiten, wenn nicht er selbst für die Verzögerung verantwortlich ist. Beispiel: Die Gemeinde schickt den Grundsteuerbescheid zu spät. Beruft sich der Vermieter darauf, dass seine Hausverwaltung zu spät abgerechnet hat, muss der Vermieter eine diesbezügliche Anmahnung der Abrechnung bei der Hausverwaltung nachweisen können. Kann er diesen Nachweis liefern, darf der Mieter auch eine Nachzahlung aus einer verspäteten Abrechnung nicht verweigern.

Siehe / Siehe auch: Betriebskosten, Betriebskosten bei Leerstand, Betriebskostenverordnung, Einwendungsfrist für Betriebskostenabrechnung

Abrechnungsspitze

settlement fraction

Die Wohnungseigentümer sind gemäß § 28 Abs. 2 WEG verpflichtet, dem beschlossenen Wirtschaftsplan entsprechende Vorschusszahlungen an den Verwalter, in der Regel monatlich, zu leisten. Liegen die die tatsächlichen Ausgaben für die Verwaltung des gemeinschaftlichen Eigentums gemäß Jahresabrechnung über den gemäß Wirtschaftsplan gezahlten Hausgeldvorschüssen, ergibt sich ein Differenzbetrag, der als so genannte Abrechnungsspitze bezeichnet wird. Über diese (zusätzliche) Restforderung und deren Verteilung wird im Rahmen der Beschlussfassung über die Jahresabrechnung erstmalig beschlossen. Es handelt sich insoweit nicht um Hausgeldrückstände auf Grund bereits früher erfolgter Beschlüsse über Wirtschaftsplan oder Sonderumlagen. Das führt dazu, dass ein neuer Eigentümer gegebenenfalls auch für Abrechnungsspitzen haftet, die aus früheren Jahresabrechnungen vor seinem Eigentumserwerb stammen, über die aber erst zu einem Zeitpunkt beschlossen wird, zu dem er als Eigentümer im Grundbuch eingetragen ist.

Siehe / Siehe auch: Hausgeld, Hausgeldrückstände

Abrundungssatzung

a special form of -> Abgrenzungssatzung which facilitates a decision to include outlying land into the built-up area of a town or city

Siehe / Siehe auch: Ergänzungs- oder Einbeziehungssatzung, Abgrenzungssatzung (Klarstellungssatzung)

Absäuern

acid treatment

Als Absäuern bezeichnet man die Behandlung von Oberflächen mit Säuren bzw. Säurelösungen. Anwendungsgebiete derartiger Verfahren sind der Betonbau, der Metallbau sowie die Textiltechnik und -veredelung.Im Betonbau dient das Absäuern vor allem zur Entfernung von Kalkablagerungen, Ausblühungen und Verunreinigungen von Betonoberflächen. Verwendet werden dazu verdünnte Säurelösungen, beispielsweise verdünnte Salzsäure. Bei der Herstellung von Sichtbetonflächen lassen sich sandstein-ähnliche Oberflächenstrukturen erzielen, wenn die oberste Zementsteinschicht des Betons durch Absäuern entfernt wird. Darüber hinaus lässt sich durch vorheriges Absäuern stark kalkhaltiger Oberflächen die Haftung von Anstrichen verbessern. Im Metallbau werden verzinkte Oberflächen abgesäuert, um eine bessere Haftfähigkeit von Anstrichen und Lacken zu erreichen; in der Textilindustrie ist das Absäuern ein notwendiger Bestandteil von Färbeverfahren, beispielsweise bei der Färbung mit Reaktiv-, Schwefel- und Naphtol-Farbstoffen.

Siehe / Siehe auch: Beton, Sandstrahlen

Absanden

to sand

Als Absanden wird die Ablösung von Sand oder anderen Zuschlagstoffen von Beton- oder Putzflächen bezeichnet. Darüber hinaus wird der Begriff gelegentlich auch als Synonym für Sandstrahlen verwendet. Das Absanden kann zum einen durch eine geringe Bindung im Materialgefüge, beispielsweise aufgrund eines geringen Bindemittel- bzw. Zementgehalts, verursacht sein. Zum anderen kann es darauf zurückzuführen sein, dass die betroffenen Oberflächen im Laufe des Herstellungsprozesses zu früh ausgetrocknet sind, weil sie nicht ausreichend feucht gehalten wurden oder weil ihnen zu viel Feuchtigkeit entzogen wurde. Letzteres tritt insbesondere dann ein, wenn raues, saugfähiges Schalungsmaterial verwendet wird oder wenn feuchtigkeitssaugende, poröse Putzuntergründe nicht in der erforderlichen Weise vorbehandelt werden. Bei glatten Putzen oder Sichtbetonflächen führt Absanden zu einer Beeinträchtigung des visuellen Erscheinungsbildes und ist daher ggf. als Ausführungsmangel zu werten.

Siehe / Siehe auch: Sandstrahlen

Absatzmarkt

delivery area; outlet market

Aus der Perspektive der Unternehmen, die Produkte und Dienstleistungen anbieten, handelt es sich beim Absatzmarkt um die Gesamtheit der Marktbeziehungen, die sich auf den Vertrieb dieser Produkte und Dienstleistungen beziehen. Bei Bauträgern, Maklern und sonstigen Immobilienanbietern sind dies regelmäßig die Marktbeziehungen zu Interessenten für Kauf- und Mietobjekte. Dieser Markt ist überwiegend durch eine Unternehmer-Verbraucherbeziehung geprägt, weshalb er durch die Makler- und Bauträgerverordnung (MaBV) besonders reguliert ist. Den Makler- und Bauträgerkunden auf der Absatzmarktseite wird dabei unabhängig davon eine Verbraucherfunktion zugewiesen, ob es sich um versierte Kaufleute oder Gesellschaften oder um unerfahrene Privatpersonen handelt.
Dem Absatzmarkt steht der „Beschaffungsmarkt" gegenüber, bei dem in der Regel dem beschaffenden Unternehmen die „Kundenrolle" gegenüber dem Anbieter zukommt. Dies gilt nicht im Maklergeschäft, wo auch der Objektanbieter als Auftraggeber Kunde des Maklers ist.
Siehe / Siehe auch: Beschaffungsmarkt, Marketing

Absatzwege-Politik

policy of channels of distribution, marketing / sales channels

(Vertriebspolitik) Der Kunde schaltet den Makler – abgesehen von den seltenen Fällen, bei denen es nur darum geht, Beratungsleistungen über die Objektgestaltung von ihm abzurufen – ein, wenn er ein Objekt auf dem Markt anbieten oder nachfragen will, weil der Makler über eine breite Marktübersicht verfügt und eine qualifizierte Vertriebs- sowie Kommunikationspolitik anbieten kann. Deshalb muss die Politik der Absatzwege einen hohen Stellenwert innerhalb des auf das derivate Marketing zielenden Instrumentariums des Maklers einnehmen. Stellvertretend für seinen Auftraggeber legt er fest, auf welchem Markt (regional oder überregional) das Objekt anzubieten, wie die Zielgruppe zu definieren und anzusprechen ist und er prüft welcher Zugangsweg zu dieser Zielgruppe zu beschreiten ist (Möglichkeiten und Methoden der Kontaktanbahnung und -pflege). Als Marketingleistung des Maklerunternehmens im Rahmen der Absatzwege-Politik ist vor allem der Fragenbereich der Vertriebsorganisation angesprochen, konkret die Organisation des Außendienstes (angestellte Außendienstmitarbeiter, freie Mitarbeiter, Wege über das Gemeinschaftsgeschäft, Geschäft über einen Maklerverbund usw.).

Siehe / Siehe auch: Marketing

Abschattungseffekt

proximity effect; sheltering effect; shielding effect

Unter Abschattungseffekt versteht man eine Reduzierung der Windleistung durch Hindernisse wie Bäume, Mauern, Gebäude. Dadurch kann die Leistungsfähigkeit von Windkraftanlagen beeinträchtigt werden.

Abschlagszahlung

part payment; instalment; progress payment

Als Abschlagszahlung bezeichnet man generell das teilweise Begleichen einer Gesamtschuld. Später wird dann der Restbetrag bezahlt. Für eine Abschlagszahlung ist grundsätzlich das Einverständnis des Gläubigers erforderlich. Ausnahme: Die Abschlagszahlung wurde zuvor vertraglich vereinbart. Lehnt der Gläubiger die Abschlagszahlung ab, hat der Schuldner den Gesamtbetrag zu begleichen.

Baurechtlich:

Die Abschlagszahlung bezieht sich auf eine nachweislich ausgeführte, eingrenzbare Teilleistung der Gesamtbauleistung. Abschlagszahlungen sind nach § 16 VOB B 2006 auf Antrag in Höhe des Wertes dieser Leistungen einschließlich darauf entfallender Umsatzsteuer innerhalb von 18 Werktagen nach Zugang der Aufstellung über die erbrachten Bauleistungen zu überweisen. Als Leistungen werden dabei auch für die Leistung extra angefertigte Bauteile und die auf der Baustelle angelieferten Stoffe und Bauteile angesehen, wenn dem Auftraggeber nach seiner Wahl entweder das Eigentum an ihnen übertragen oder entsprechende Sicherheit gestellt wurde. Abschlagszahlungen haben keinen Einfluss auf die Haftung des Auftragnehmers; sie werden nicht als Abnahme von Teilen der Bauleistung angesehen.

Mietrechtlich:

Als Abschlagszahlungen oder „Abschläge" bezeichnet man bei den Mietnebenkosten auch die Beträge, die monatlich für Fernwärme, Gas, Strom etc. zu zahlen sind. Sie beruhen auf einer überschlägigen oder auf Erfahrungswerten beruhenden Schätzung des Verbrauches der jeweiligen Wohneinheit. Am Ende des Abrechnungszeitraumes wird mit Hilfe der Messdaten der tatsächliche Verbrauch ermittelt, was zu Nachzahlungen oder einem Guthaben führen kann.
Siehe / Siehe auch: VOB-Vertrag, Werkvertrag,

Vorauszahlungen nach VOB/B, Betriebskosten, Umlage (Mietrecht)

Abschlusserklärung (Wettbewerbsverfahren)

final statement (competition proceedings)

Wer wettbewerbsrechtlich wegen unlauteren Verhaltens oder eines sonstigen Wettbewerbsverstoßes abgemahnt wird und nicht rechtzeitig mit der Abgabe einer strafbewehrten Unterlassungserklärung reagiert, muss mit einer Einstweiligen Verfügung des Abmahners rechnen. Ist sie ergangen, folgt dem nach einiger Zeit ein Hauptsacheverfahren, in dem die Frage endgültig entschieden wird, ob die Abmahnung berechtigt war oder nicht. Wenn der Abgemahnte damit rechnen muss, dass er in der Hauptsacheverhandlung ebenfalls unterliegt, kann er durch eine verbindliche Abschlusserklärung den Wettbewerbsfall erledigen.

Mit Abgabe der Abschlusserklärung entfällt das Rechtsschutzbedürfnis für eine Unterlassungsklage. Die Abschlusserklärung darf grundsätzlich nicht an Bedingungen geknüpft werden. Sie muss also eine Wirkung entfalten, die derjenigen eines Urteils in der Hauptsacheverhandlung entsprechen würde. Allerdings ist ein Kündigungsvorbehalt möglich für den Fall, dass durch Gesetzesänderungen oder die höchstrichterliche Rechtsprechung eine Rechtslage geschaffen wird, die keinen Unterlassungsanspruch mehr rechtfertigen.

Siehe / Siehe auch: Wettbewerbsrecht

Abschlussfreiheit

freedom to contract

Siehe / Siehe auch: Prinzip der Entscheidungsfreiheit des Auftraggebers (Maklergeschäft), Prinzipien des Maklergeschäfts, Alleinauftrag

Abschlussgebühr (Bausparvertrag)

completion fee; sales charge (savings contract with a building society or bank)

Bei Abschluss eines Bausparvertrages wird eine Abschlussgebühr fällig. Sie dient der Deckung der Abschlusskosten, u.a. der Provision des Vermittlers. Die Gebühr wird entweder mit den ersten Sparraten verrechnet oder separat vom Bausparer überwiesen und beträgt je nach Bauspartarif zwischen ein und 1,6 Prozent der Bausparsumme. Die Abschlussgebühr wird bei der Berechnung des effektiven Jahreszinses des Bauspardarlehens nicht berücksichtigt. Die Höhe der Abschlussgebühr sollte nicht das alleinige Entscheidungskriterium für einen Vertragsabschluss sein. Es sollten auch die übrigen Kosten (Kontoführungsgebühren, Darlehensgebühr, Zinsen verglichen werden. Gleiches gilt für das verlockende Angebot, die Abschlussgebühr bei Inanspruchnahme des Darlehens zurückerstattet zu erhalten. Hier sollte man vor allem die Höhe der Guthabenzinssätze im Auge behalten.

Siehe / Siehe auch: Bausparvertrag, Einlage, unverzinsliche (Bausparvertrag)

Abschreibung

write-off; depreciation allowance; depletion; deduction; capital allowance; amortisation

Der Tatsache, dass Bauwerke im Zeitverlauf abgenutzt werden und daher mit einer zeitlich beschränkten Nutzungsdauer gerechnet werden muss, ist in den verschiedenen Teilbereichen der Immobilienwirtschaft Rechnung zu tragen.

Abschreibung bei Mietenkalkulation

Bei Wohngebäuden, die bis 31.12.2001 mit öffentlichen Mitteln nach dem II. WoBauG geförderte wurden, musste die Kostenmiete ermittelt werden. Sie gilt für diesen Wohnraum bis zum Ende des Zeitraums, in dem der Wohnraum als gefördert anzusehen ist. Bei Änderung der Kostenansätze, ist auch in Zukunft die Kostenmiete im Rahmen einer Teilwirtschaftlichkeitsberechnung fortzuschreiben. Das kann – bei werterhöhenden Investitionen – auch die Abschreibung betreffen. Die Mietkalkulation erfolgte im Rahmen der Wirtschaftlichkeitsberechnung nach der II. Berechnungsverordnung. Für die Wohngebäude wurde eine hundertjährige Nutzungsdauer unterstellt, was zu einem linearen Abschreibungssatz von ein Prozent führt. Dieser Satz erhöhte sich für Einrichtungen und Teile, die erfahrungsgemäß in kürzeren Zeitabschnitten erneuert werden müssen. So lagen etwa die Sätze für die Sammelheizung und für Einbaumöbel bei vier Prozent, für Gemeinschaftsantennen oder maschinelle Wascheinrichtung bei zehn Prozent.

Für Wohnraum, der nach dem Wohnraumförderungsgesetz gefördert wurde bzw. künftig gefördert wird, die Antragstellung also nach dem 31.12.2001 erfolgte bzw. erfolgt, ist nicht mehr die nach der II BV berechnete Kostenmiete, sondern die „vereinbarte Miete“ relevant. Die Abschreibung spielt hier keine Rolle mehr. Das Kalkulationsschema der II. BV kann aber als reines Berechnungsschema für jede Art Wohnraum nach wie vor verwendet werden, auch wenn sie ihre rechtliche Bedeutung eingebüßt hat.

Abschreibung bei Wertermittlung

Die WertV kennt den Begriff Abschreibung nicht. Dort wird von Wertminderung gesprochen. Er entspricht jedoch dem, was in der Abschreibung zum Ausdruck kommt, nämlich in der Berücksichtigung der Tatsache, dass die Nutzbarkeit eines hergestellten physischen Gutes u.a. durch den laufenden Nutzungsprozess zeitlich begrenzt ist. Es wird deshalb am Bewertungsstichtag auf die (wirtschaftliche) Restnutzungsdauer abgestellt. Im Ertragswertverfahren ist die sich aus der Restnutzungsdauer ergebende „Abschreibung" Teil des Vervielfältigers, mit dem der Gebäudereinertrag multipliziert wird. Beim Sachwertverfahren wird die der wirtschaftlichen Alterswertminderung entsprechende Abschreibung teils linear, teils nach statistisch-empirischen und teils in Form von mathematisch-theoretischen Ableitungen ermittelt. Sie führt vom ursprünglichen Herstellungswert zum Zeitwert des Gebäudes, sofern aus bestimmten Gründen keine Zu- oder Abschläge erforderlich sind.
Grundsätzlich kann zwischen einem progressiven, linearen und degressiven Wertminderungsverlauf unterschieden werden. Das bedeutet, dass die Abschreibungsquoten im Zeitverlauf steigen, gleich bleiben oder fallen können. Entspricht der Ausgangswert des neu hergestellten Gebäudes einem nachhaltig hohen Gebäudestandard, der auch im längeren Zeitverlauf durch altersbedingte Nutzungsminderungen in hohem Maße marktfähig bleibt, wird eher eine progressive Verlaufsform der Abschreibung unterstellt werden können. Die Abschreibungsquoten sind in den ersten Jahrzehnten gering und werden erst später zunehmend größer. Bei einem durchschnittlichen Zustandsniveau des Gebäudes wird der Abschreibungsverlauf eher linear sein. Die degressive Verlaufsform wird in Fällen zu unterstellen sein, in denen die Nutzungsfähigkeit und -intensität schon im ersten Zeitabschnitt der Gesamtnutzungsdauer stark abnimmt. Auf welche Abschreibungsmethode im Verfahren auch immer zurückgegriffen wird, der Sachverständige muss die Heranziehung der jeweiligen Methode einleuchtend begründen. Die Nachfolgeverordnung der WertV, die ImmowertV, sieht nur noch eine inear anzusetzende Wertminderung vor.

Abschreibung im Rechnungswesen

Im Rechnungswesen bezieht sich die Abschreibung nicht nur auf „Sachanlagen", sondern auch auf Finanzanlagen und Forderungen (insbesondere Mietforderungen). Bei den Abschreibungen auf Anlagevermögen wird zwischen linearer und degressiver Abschreibung einerseits, sowie planmäßiger und außerplanmäßiger Abschreibung andererseits unterschieden. Außerplanmäßige Abschreibungen können wirtschaftlich bedingt sein (z. B. fehlende Anpassung an den technischen Fortschritt, der zu erheblichen Einsparungen im Bereich der Bewirtschaftungskosten führen würde) oder sie sind faktischer Natur (z. B. Zerstörung durch Brand).
Abschreibungen können auch steuerlich von den Einkünften aus Vermietung und Verpachtung oder aus Gewerbebetrieb „abgesetzt" werden. Man spricht hier von „Absetzung für Abnutzung", die in den Einkommensteuerrichtlinien auch mit dem Kürzel „AfA" bezeichnet wird. Daneben kennt das Einkommensteuerrecht auch eine „erhöhte Absetzungen für Abnutzung" bei Gebäuden in Sanierungs- und städtebaulichen Entwicklungsgebieten und bei Baudenkmälern.
Siehe / Siehe auch: Absetzung für Abnutzung (AfA), Baudenkmal, Wirtschaftlichkeitsberechnung (Wohnungswirtschaft)

Absetzung für Abnutzung (AfA)

allowance for wear and tear; tax depreciation

Bei der AfA handelt es sich um einen Begriff des Einkommensteuerrechts. Mit ihm wird der Teil von Werbungskosten bzw. Betriebsausgaben bezeichnet, der sich auf die abnutzungsbedingte Wertminderung eines Wirtschaftsgutes bezieht. Unterschieden wird stets zwischen linearer und degressiver AfA. Im Rahmen der Immobilienwirtschaft gelten folgende Sätze:
Die lineare AfA beträgt zwei Prozent (bei Gebäuden mit Baujahr vor dem 01.01.1925 2,5 Prozent). Berechnungsgrundlage sind die Anschaffungs- oder Herstellungskosten des Gebäudes. Nicht einbezogen wird der Wert des erschlossenen Baugrundes, auf dem das Gebäude errichtet wurde. Bei Gebäuden, die sich im Betriebsvermögen befinden und nicht Wohnzwecken dienen, betrug der AfA-Satz vier Prozent. Dieser wurde mit dem Steuerreformgesetz vom 14.07.2000 zum 01.01.2001 auf drei Prozent gesenkt. Wird das Gebäude verkauft, können Veräußerer und Erwerber die AfA jeweils zeitanteilig geltend machen, wobei für die zeitliche Aufteilung der Tag des Besitzüberganges maßgebend ist.
Aktuell kann eine degressive AfA für neu hergestellte Wohngebäude auf Grund des Ende 2005 beschlossenen Gesetzes „zum Einstieg in ein steuerliches Sofortprogramm" nicht in Anspruch genommen werden. Allerdings ist für Wohngebäude, die vom Steuerpflichtigen auf Grund eines nach dem 28.02.1989 und vor dem 01.01.2006 gestellten Bauantrags hergestellt oder nach dem 28.02.1989

und vor dem 01.01.2006 auf Grund eines rechtswirksam abgeschlossenen obligatorischen Vertrags bis zum Ende des Jahres der Fertigstellung angeschafft wurden, die im Erstjahr in Anspruch genommene degressive AfA über die Laufzeit von 40 bzw. 50 Jahren weiter anzusetzen. Je nach Beginn der degressiven AfA sind die in den einzelnen Jahren anzusetzenden Abschreibungssätze infolge von Änderungen durch die steuerliche Gesetzgebung unterschiedlich. Erhöhte Absetzungen gibt es darüber hinaus bei Gebäuden die in städtebaulichen Sanierungs- und Entwicklungsgebieten liegen und durch bauliche Maßnahmen modernisiert, instand gesetzt oder erneuert wurden. Das gleiche gilt für Herstellungskosten, die durch Baumaßnahmen an Baudenkmälern entstehen. Diese Kosten konnten, sofern die Baumaßnahmen vor dem 01.01.2004 begonnen hatten, innerhalb von zehn Jahren mit je zehn Prozent als Werbungskosten abgesetzt werden. Außerhalb der Absetzung für Abnutzung und Substanzverringerung sind Absetzungen für außergewöhnliche technische und wirtschaftliche Abnutzung möglich. Diese AfA-Sätze wurden zum 01.01.2004 verringert (siehe Tabelle) In den ersten acht Jahren dürfen Eigentümer Modernisierungs- und Instandhaltungskosten über die Sonder-AfA mit nur noch jeweils neun Prozent geltend machen. In den darauf folgenden vier Jahren beträgt der Satz nunmehr jeweils sieben Prozent. Somit verlängert sich die Abschreibungsdauer der Kosten von zuvor zehn auf jetzt zwölf Jahre.
Achtung! Die Summe der steuermindernd geltend gemachten AfA muss in den Fällen, in denen ein Veräußerungsgewinn zu versteuern ist (war), bei Ermittlung des Gewinns wieder addiert werden.

Was Vermieter von den Einkünften aus Vermietung und Verpachtung steuerlich absetzen können

Kauf oder Bau einer neuen Wohnimmobilie – degressive AfA	
Kaufvertrag oder Bauantrag zwischen 28.2.1989 und 31.12.95:	
1. bis 4. Jahr	**je 7%**
5. bis 10. Jahr	**je 5%**
11. bis 16. Jahr	**je 2%**
17. bis 40. Jahr	**je 1,25%**
Kaufvertrag oder Bauantrag zwischen 1.1.1996 und 31.12.2003:	
1. bis 8. Jahr	**je 5%**
9. bis 14. Jahr	**je 2,5%**
15. bis 50. Jahr	**je 1,25%**
Kaufvertrag oder Bauantrag zwischen 1.1.2004 und 31.12.2005:	
1. bis 10. Jahr	**je 4%**
11. bis 18. Jahr	**je 2,5%**
19. bis 50. Jahr	**je 1,25%**
Kaufvertrag oder Bauantrag nach dem 31.12.2005: **ausschließlich lineare AfA mit 2% p.a.**	
Kauf einer Immobilie aus dem Bestand – lineare Normal AfA	
Fertigstellung vor 1.1.1925	2,5%
Fertigstellung nach 31.12.1924	2%
Kauf oder Bau einer neuen Wohnimmobilie in den neuen Bundesländern (Steuervergünstigung lief 1998 aus)	
Kaufvertag oder Bauantrag vor 1.1.1997:	
1. bis 5. Jahr	**50% + Normal-AfA 2% p.a.**
6. bis 50. Jahr	**Rest**
Kaufvertrag oder Bauantrag zwischen 1.1.1997 und 31.12.1998:	
1. bis 5. Jahr	**25% + Normal-AfA 2% p.a.**
6. bis 50. Jahr	**Rest**
Modernisierung von Baudenkmälern und Städtebauliche Sanierungsmaßnahmen (bei Eigennutzung Behandlung wie Sonderausgaben)	
Herstellungskosten für Mod.- und Instandsetzungsmaßnahmen nach 31.12.1996 und vor 1.1.2004:	
1. bis 10. Jahr	**bis zu 10%**
Herstellungskosten für Mod.- und Instandsetzungsmaßnahmen nach dem 31.12.2003:	
1. bis 8. Jahr	**bis zu 9%**
9. bis 12. Jahr	**bis zu 7%**
Bei selbstgenutzten Objekten und Erwerb nach 31.12.2003:	
AfA 10 Jahre	**je 9%**

Siehe / Siehe auch: Baudenkmal, Absetzung für außergewöhnliche Abnutzung, Privates Veräußerungsgeschäft

Absetzung für außergewöhnliche Abnutzung

extraordinary depreciation

Es handelt sich um eine AfA in bestimmten Fällen. Eine solche Absetzung kann in Frage kommen, wenn beispielsweise ein Gebäude abgebrochen wird oder wenn ein Brandschaden entstanden ist. Vorausgesetzt wird immer ein ungewöhnlicher

Umstand, der die wirtschaftliche Nutzbarkeit des Gebäudes in dem Jahr hat sinken lassen, in dem die Absetzung geltend gemacht wird. Weitere Gründe hierfür können eine verkürzte Nutzungsdauer durch einen schlechten Gebäudezustand sein, mangelhafte Pflege oder die nach Beendigung eines Mietverhältnisses nur eingeschränkte Vermietbarkeit eines Objektes, das nach den speziellen Wünschen des vorherigen Mieters errichtet worden war.
Siehe / Siehe auch: Spezialimmobilien

Absichtserklärung

letter of intent (LOI); deed poll; notice of intent

Eine Absichtserklärung, englisch Letter of Intent (LOI), ist eine unverbindliche Erklärung, mit der unter Verhandlungspartnern das weitere Interesse an Verhandlungen und am Abschluss eines Vertrages bekundet wird. Einzelne Absprachen innerhalb einer Absichtserklärung können durchaus bindend sein, etwa Vereinbarungen über Fristen, Zeitpläne oder Vertragsstrafen für den Fall des Verhandlungsabbruches. Die Absichtserklärung, wird häufig beim Kauf oder Verkauf von Unternehmen oder Beteiligungen oder auch bei Softwareerstellungsverträgen verwendet. Ein anderes Einsatzgebiet dieses juristischen Werkzeugs ist der Abschluss von gewerblichen Mietverträgen, wenn zum Beispiel größere Gewerbeobjekte noch errichtet oder an die Bedürfnisse des Nutzers angepasst werden sollen. Die Absichtserklärung kann u.a. enthalten:

- die Bezeichnung der Vertragsparteien
- eine Bekundung des beiderseitigen Interesses an weiteren Verhandlungen
- die Bezeichnung des Vertragszwecks oder beabsichtigten Projektes
- einen Zeitplan
- Bedingungen und Befristungen – z. B. Exklusivitätsfrist, innerhalb der keine Verhandlungen mit anderen möglichen Partnern aufgenommen werden
- Regelungen über den Ersatz möglicher Auslagen
- Gründe, aus denen die Vertragsverhandlungen abgebrochen werden können
- Geheimhaltungsregeln
- einen Hinweis darauf, dass die Absichtserklärung nicht bindend sein soll.

Die Absichtserklärung entstammt dem angelsächsischen Recht und ist nicht mit dem – verbindlichen – deutschen Vorvertrag zu verwechseln.
Im angelsächsischen Recht sind bei Abschluss eines Letter of Intent Anzahlungen, z. B. durch den Käufer, üblich. Bei Abbruch der Vertragsverhandlungen ist die Anzahlung zurückzuzahlen. Im Rahmen der Exklusivitätsregelung kann einem Vertragspartner eine Vertragsstrafe auferlegt werden für den Fall des Abbruchs der Verhandlungen, den nicht der andere Vertragspartner verursacht hat. Meist wird erst nach Abschluss des LOI mit der kostenintensiven Due-Diligence-Prüfung bezüglich des beabsichtigten Projektes begonnen.
Siehe / Siehe auch: Vorvertrag, Mietvorvertrag, Due Diligence

Abstandsfläche

separation area (typically between a building and site boundary or adjoining building)

In den Landesbauordnungen der Bundesländer wird als Abstandsfläche der Mindestabstand bezeichnet, der vor den Außenwänden eines Gebäudes oder Gebäudeteils gegenüber der Grundstücksgrenze oder anderen Gebäuden freigehalten werden muss („Bauwich"). Nach den Bestimmungen der jeweiligen Landesbauordnungen entspricht im Regelfall die Tiefe der Abstandsfläche der Gebäudehöhe. Beträgt die Gebäudehöhe (H) z. B. 10 m, dann muss zur Nachbargrenze ein Abstand von ebenfalls 10 m eingehalten werden. Der Lichteinfallswinkel beträgt damit 45°. Die vorgeschriebenen Mindesttiefen liegen zwischen 2,5 und drei Meter. Stellplätze und sogenannte „Grenzgaragen" sind in Abstandsflächen meist zulässig. Abstandsflächen dürfen auch auf öffentlichen Verkehrs- und Grünflächen liegen, jedoch nur bis zu deren Mitte. Mit Abstandsflächen sollen eine ausreichende Belichtung und Belüftung eines Gebäudes sichergestellt werden. Außerdem dienen sie dem Brandschutz, dem ungestörten Wohnen aber auch dem Nachbarschutz.
Durch das „Gesetz zur Erleichterung von Planungsvorhaben für die Innenentwicklung der Städte" vom 21.12.2006 wird den Gemeinden ermöglicht, vom Bauordnungsrecht abweichende (also auch geringere) Maße der Tiefe der Abstandsflächen festzusetzen. Damit wird der ohnehin schon vorhandenen Tendenz, die Abstandsflächen zu verringern, Rechnung getragen.
Siehe / Siehe auch: Bauordnungsrecht

Abstandszahlung

key money; compensation (e.g. to outgoing tenant); option money

Unter einer Abstandszahlung versteht man eine einmalige Zahlung des neuen Mieters an den Vermieter oder Vormieter. Als Gegenleistung macht der Vormieter die Wohnung frei bzw. der Vermieter lässt den Nachmieter zügig einziehen. Damit nicht

zu verwechseln ist der häufig verwendete Begriff „Ablöse“. Eine Ablöse zahlt der neue Mieter für Einrichtungsgegenstände, die er vom bisherigen Mieter übernimmt. Abstandszahlungen sind seit dem Vierten Mietrechtsreformgesetz nicht mehr zulässig. Durch diese Reform wurde u.a. ein § 4 a in das Wohnungsvermittlungsgesetz eingefügt, der eindeutig regelt:
Eine Vereinbarung, die einen Wohnungssuchenden dazu verpflichtet, ein Entgelt dafür zu zahlen, dass der Vormieter die Wohnung räumt, ist unwirksam.
Ausnahme: Die Erstattung von Umzugskosten für den bisherigen Mieter ist möglich.
Ein Vertrag des Wohnungssuchenden mit Vormieter oder Vermieter, nach dem der Wohnungssuchende Einrichtungsgegenstände oder Inventar der Wohnung kaufen muss, gilt nur, wenn tatsächlich ein Mietvertrag zustande kommt.
Der Kaufpreis für Einrichtungs- oder Inventarteile darf nicht außer Verhältnis zu deren wirklichem Wert stehen.Das früher zum Teil von Vermietern in Gebieten mit Wohnungsnot angewendete Verfahren, sich die Vermietung einer Wohnung durch einen zusätzlichen Geldbetrag „versüßen“ zu lassen, ist damit nicht mehr zulässig. Eine solche Vereinbarung – auch in mündlicher Form – ist schlicht unwirksam. Ebenso dürfen Mieter keine verschleierte Provision dafür verlangen, dass sie einem Nachmieter, den sie mit Zustimmung des Vermieters selbst gesucht haben, die Wohnung überlassen.
Die Erstattung von Umzugskosten des Vormieters darf nicht die Form einer „verkappten Abstandszahlung“ annehmen. Ersetzen muss der Nachmieter auch im Rahmen einer entsprechenden Vereinbarung nur Kosten, die durch Belege nachgewiesen werden können.
Zulässig – wenn auch in der Praxis eher unüblich – sind Vereinbarungen, nach denen der Vermieter dem Mieter einen Geldbetrag als „Abstand“ zahlt, damit dieser vorzeitig die Wohnung räumt. Interessant ist allerdings ein vor dem Bundesfinanzhof verhandelter Fall: Ein Vermieterpaar hatte die Mieter eines Mehrfamilienhauses durch Abstandszahlungen zur vorzeitigen Auflösung des Mietverhältnisses gebracht. Das Objekt wurde renoviert, teils neu vermietet, überwiegend jedoch von den Eigentümern selbst genutzt. Der BFH entschied, dass die Abstandszahlungen für später selbst genutzte Wohnungen nicht als Werbungskosten bei den Einnahmen aus Vermietung und Verpachtung geltend gemacht werden können (Urteil vom 7.7.2005, Az. IX R 38/03).
Siehe / Siehe auch: Ablöse, Umzugskosten

Abtretung

assignment of a claim / debt; assignment; transfer

Der Gläubiger einer Forderung kann diese mittels Vertrag auf einen Dritten übertragen, mit dem Abschluss tritt gemäß § 398 BGB der neue Inhaber der Forderung an die Stelle des bisherigen Gläubigers.
Grundsätzlich können alle Forderungen ohne Mitwirkung des Schuldners übertragen werden. Sie gehören wirtschaftlich und rechtlich zum Eigentum (vergleiche BGH NJW 1980, 2705). Der Abtretungsvertrag hat nur den Übergang der Forderung zum Gegenstand. Daher ist ein weiterer Vertrag erforderlich – das schuldrechtliche Grundgeschäft, das den Rechtsgrund für die Übertragung darstellt. Häufige Grundgeschäfte sind Kauf, Schenkung, Geschäftsbesorgung.
Beispiel: Beim Kauf eines Miethauses tritt der Verkäufer dem Käufer die Mieten ab dem Zeitpunkt des Nutzen- und Lastenübergangs ab, das wird im notariellen Kaufvertrag vereinbart und mit einer Einziehungsvollmacht versehen.
Die Abtretung ist formfrei, und zwar auch dann, wenn das Grundgeschäft formbedürftig ist, wie z. B. der Grundstückskaufvertrag nach § 311 b BGB. Das folgt aus der Unabhängigkeit beider Geschäfte voneinander. Mängel des Grundgeschäfts berühren daher die Wirksamkeit der Abtretung, des Erfüllungsgeschäfts, nicht (Abstraktionsprinzip). Die Vertragsparteien können jedoch zu ihrem eigenen Schutz beide Geschäfte zu einer Einheit zusammenfassen (vergleiche Palandt-Heinrichs § 139 Rd-Nr. 7 bis 9). Es müssen jedoch konkrete Anhaltspunkte gegeben sein. Der wirtschaftliche Zusammenhang ist praktisch immer vorhanden und genügt daher nicht. Die Zusammenfassung beider Verträge in einer Urkunde ist lediglich ein Indiz, reicht aber nicht aus. Anders liegt es bei der Sicherungsabtretung (vergleiche BGH NJW 1982, 275). Der Schuldner kann zwar die Abtretung nicht verhindern, doch schutzlos ist er nicht. Nach § 404 BGB kann er dem neuen Gläubiger die Einwendungen entgegensetzen, die er zur Zeit der Abtretung der Forderung gegen den bisherigen Gläubiger hatte.
Siehe / Siehe auch: Grundstückskaufvertrag

Abwägung / Abwägungsbeschluss

consideration (thought); assessment; trade-off / considered court ruling

An der Bauleitplanung müssen die Gemeinden durch öffentliche Auslegung die Öffentlichkeit (Bürger) und durch „Inkenntnissetzen“ bestimmte Behörden und sonstige Träger öffentlicher Belange

beteiligen. Diese können nach Fertigstellung des Entwurfs Anregungen und Stellungnahmen abgeben und Bedenken äußern, mit denen sich die Gemeinde auseinandersetzen muss. Die Gemeinde muss private und öffentliche Belange gegeneinander und untereinander gerecht abwägen (§ 1 Abs. 8 BauGB). Diese Abwägung findet Eingang in einen Abwägungsbeschluss. Ist danach eine Änderung oder Ergänzung der Planung erforderlich, erfolgt eine Überarbeitung des Entwurfs. Dieser wird erneut ausgelegt und die betroffenen Behörden und sonstigen Träger öffentlicher Belange werden um Stellungnahme gebeten. Wenn durch die Änderung die Grundzüge der Planung nicht berührt werden, kann auf dieses Procedere verzichtet werden.
Siehe / Siehe auch: Träger öffentlicher Belange / Behörden

Abwälzung der Provision

to shift/pass on commission to another

Hierunter ist das vom ursprünglichen Provisionsschuldner angestrebte Ziel zu verstehen, diese Verpflichtung dem anderen Vertragsteil des Kaufvertrages aufzubürden. Dem dienen verschiedene vertragliche Regelungen zwischen den Kaufvertragsparteien. Zumeist wird gleichzeitig ein Ausgleich bei der Höhe des Kaufpreises getroffen. Je nachdem, wie diese Regelung aussieht, kann die Position des Maklers gestärkt sein oder ein bereits durch Maklervertrag gegenüber dem Auftraggeber begründeter Anspruch gefährdet werden.
Ziel sollte es sein, dass der bereits begründete Provisionsanspruch bestehen bleibt und zusätzlich ein neuer Anspruch entsteht. Dies wird durch die Maklerklausel erreicht, durch die eine Kaufvertragspartei sich gegenüber der anderen im Wege eines Vertrages zugunsten Dritter gemäß § 328 BGB verpflichtet, an den Makler Provision zu zahlen. Dieser erhält daraus einen direkten Anspruch gegen den Versprechenden. Da zuvor ein Maklervertrag mit der anderen Partei des Kaufvertrages, dem Auftraggeber, geschlossen wurde, stellt die Maklerklausel innerhalb des Kaufvertrages nicht einen Fremdkörper dar und ist somit als dessen Vertragsbestandteil wirksam. Diese Vorgehensweise ist für den Makler am günstigsten: Er hält sich zwar, freiwillig, zunächst an den Versprechenden, behält aber seinen ursprünglichen Anspruch gegen den Auftraggeber. Selbst wenn der Kaufvertrag nachträglich durch Vereinbarung aufgehoben wird, geht die Forderung aus dem Maklervertrag nicht automatisch unter.
Problematischer für den Makler ist die Abwälzung durch Schuldübernahme gemäß § 415 BGB. Sie ist die Wunschlösung für den Auftraggeber, da er hierdurch von der Provisionsverpflichtung aus dem Maklervertrag endgültig frei wird. An seine Stelle tritt der Übernehmer. Dies läuft den Interessen des Maklers entgegen, zumindest dann, wenn er über die finanzielle Situation des Übernehmers nicht genau informiert ist. Die Schuldübernahme zwischen dem Provisionsschuldner (Auftraggeber) und dem Kaufvertragspartner als Übernehmer muss der Makler als Gläubiger genehmigen. Diese Genehmigung ist formfrei. Sie kann durch schlüssiges Handeln erklärt werden. Beispiel: Der Makler übersendet dem Übernehmer seine Provisionsrechnung. Zur Klarstellung sollte auf die Übernahmevereinbarung Bezug genommen werden. Voraussetzung für die Wirksamkeit der konkludenten Genehmigung ist, dass der Makler den Auftraggeber tatsächlich aus der Provisionspflicht entlassen will. Daher muss er den Text der Vereinbarung kennen. Sie ist häufig im Kaufvertrag enthalten.
Siehe / Siehe auch: Fremdkörperrechtsprechung, Schuldübernahme, Vertrag zu Gunsten Dritter (Provisionsabsicherung)

Abwasser

waste water; sewage; foul water; (industrial) effluents

Beim Abwasser handelt es sich um Wasser, das im Haushalt gebraucht und verunreinigt in das kommunale Abwassersystem abgeleitet wird. Bevor es in den natürlichen Gewässerhaushalt zurückgeführt wird, muss das Abwasser in Kläranlagen vorgeklärt, biologisch gereinigt und schließlich nachgeklärt werden. Früher wurde auch das Niederschlagswasser (z. B. Regen, Schnee auf überbauten oder befestigten Grundstücksflächen) in den Kanal eingeleitet. Heute wird großer Wert darauf gelegt, die Abwassermengen dadurch zu verringern, dass Niederschlagswasser direkt in den entsiegelten Boden gelangt. Werden Schmutz- und Regenwasser getrennt abgeleitet, spricht man vom so genannten Trennsystem. Für die Einleitung von Abwasser in die öffentliche Kanalisation wird von der Gemeinde eine Entwässerungsgebühr verlangt.

Abwassersatzung / Entwässerungssatzung

Articles regarding municipal waste water

In einer Abwasser- oder Entwässerungssatzung regeln die für die Abwasserbeseitigung zuständigen Gemeinden die Modalitäten für die Benutzung der Kanalisation. Dazu gehört etwa ein Anschluss- und Benutzungszwang, der Hauseigentümer zum

Anschluss an die Kanalisation verpflichtet. In den Satzungen wird auch die Entscheidung darüber getroffen, ob eine Trennkanalisation vorgesehen ist. Die Satzungen enthalten auch die Gebühren für die kommunale Abwasserentsorgung. Geregelt werden kann zusätzlich, welche Stoffe nicht ins Abwasser gelangen dürfen. Die Palette dieser Stoffe kann von Küchenabfällen bis hin zu Abwässern von Chemieunternehmen reichen. Auch das Autowaschen auf Privatgrundstücken kann durch die Abwassersatzung verboten werden. Ein Verstoß gegen die Satzungsregelungen ist eine Ordnungswidrigkeit und kann mit einem Bußgeld geahndet werden.
Siehe / Siehe auch: Autowäsche, Trennkanalisation

Abwicklungsgebühr (Agio)

transaction costs (premium)

Unter Abwicklungsgebühr versteht man das Aufgeld, das der Anleger bezahlen muss. Mit dieser Gebühr wird ein Teil der Vertriebskosten abgedeckt.
Siehe / Siehe auch: Agio

Abzinsung

discounting; discounting process

Soll der Gegenwartswert zukünftig anfallender Erträge oder eines künftigen Kapitalbetrags ermittelt werden, müssen sie auf den Gegenwartszeitpunkt abgezinst werden. Man erhält damit den sogenannten Barwert. Die Höhe dieses Barwertes hängt von der Höhe des für die Abzinsung verwendeten Zinssatzes und von der Anzahl der zu berücksichtigenden Zinsperioden ab.

Je höher der Zinssatz und je mehr Zinsperioden der abzuzinsende Zukunftswert entfernt sind, desto niedriger ist deren Barwert. Die Abzinsung erfolgt durch Multiplikation des nominalen Zukunftswertes mit dem finanzmathematisch zu ermittelnden Abzinsungsfaktor.

Soll der Zukunftswert eines in der Gegenwart angelegten Kapitals ermittelt werden, muss er aufgezinst werden. Es handelt sich dabei um einen umgekehrten Rechenvorgang.
Siehe / Siehe auch: Rentenbarwertfaktor

Achsen (Raumordnung)

axes (pl.; singular: axis) transport axes, road axes, transportation corridors, transport(ation) connections, transport(ation) links; (major) arteries

Teil der Landes- und Regionalplanung ist die Festlegung von gebündelten Verkehrssträngen im Rahmen des Zentrale-Orte-Systems zwischen Siedlungsschwerpunkten. Dargestellt werden Verkehrsstränge (Achsen) in Form eins Punkt-axialen Systems, aus denen der Zentralisationsgrad der Punkte (Ober-Mittel-Kleinzentrum) einerseits und die Bedeutung der sie verbindenden Verkehrsachsen deutlich wird. Aus der Planungsperspektive wird heute eine dezentrale Konzentration angestrebt. Sie soll eine optimale Versorgungssicherheit der in ländlichen Räumen lebenden und arbeitenden Menschen gewährleisten, ohne dass sich das Verkehrsaufkommen entsprechend erhöht. Zu diesem Zweck sollen Mittel- und Kleinzentren dort in ihrer Versorgungsfunktion für den ländlichen Raum gestärkt werden. Der Verkehr zu weiter entfernten Zentren wird dadurch eingedämmt. Für ihre Vernetzung sorgen kleinräumige Siedlungsachsen.

Durch Bündelung von Siedlungsachsen insbesondere im Bereich des öffentlichen Personen-Nahverkehrs (ÖPNV) soll erreicht werden, dass die Durchschnittszeiten der Streckenüberwindung verringert werden. Man geht von folgenden Kennziffern aus: Strecken bis zu 1 km werden zu Fuß, bis zu 3 km mit dem Fahrrad und von über 3 km mit dem Pkw oder einem öffentlichen Nahverkehrsmittel zurückgelegt. Im Schnitt legen die erwerbstätigen Deutschen pro Tag 22 km zurück.

Andere Akzente werden gesetzt bei der großräumigen Infrastruktur. Hier sollen Wachstumsräume mit starken „Agglomerationstendenzen“ durch gezielten Ausbau von großräumigen, überregionalen Entwicklungs- und Verbindungsachsen gefördert werden. Teile dieser Achsen gehören zum transeuropäischen Verkehrsnetz (TEN-V) und zum Europastraßennetz, die vor allem in Deutschland durch seine geographische Mittelposition hohe Bedeutung haben. Zum TEN-V gehören neben Schienen- und Straßenverbindungen auch schiffbare Flüsse und andere Seewegverbindungen. Jeder Regionalplan enthält eine Karte, aus der sich die durch die Region ziehende Verkehrsachsenstruktur ergibt.
Siehe / Siehe auch: Zentrale Orte, Agglomerationsräume

Adventskranz

Advent wreath

Der Adventskranz wurde im Jahr 1839 von dem evangelisch-lutherischen Theologen und Erzieher Johann Hinrich Wichern (1808 bis 1881) erfunden und diente der vorweihnachtlichen Dekoration des von Wichern gegründeten sogenannten Rauhen Hauses in Hamburg, einer Wohn- und Erziehungsstätte für Waisen und Kinder aus ärmlichen Verhältnissen.

Mietrechtlich ist der Adventskranz besonders als Auslöser von Bränden von Bedeutung. Lässt der Mieter Kerzen auf einem Adventskranz in Abwesenheit brennen, handelt er grob fahrlässig. Er haftet dem Wohnungseigentümer für alle entstandenen Schäden. Die Hausratsversicherung des Mieters muss bei grob fahrlässigem Handeln den Schaden nicht begleichen, sie ist leistungsfrei. Versicherungsleistungen gibt es bei grober Fahrlässigkeit allenfalls von der Privathaftpflichtversicherung des Mieters, sofern der Versicherungsvertrag keine speziellen Ausschlüsse enthält.

Das Amtsgericht St. Goar entschied einen Fall, in dem der Mieter für ein Gespräch im Hof die Wohnung zehn Minuten lang verlassen hatte. Der Adventskranz wurde während dieser Zeit von einer jungen Katze heruntergerissen und setzte eine Couch in Brand. Die Hausratsversicherung lehnte eine Begleichung des Schadens ab, da grobe Fahrlässigkeit vorliege. Das Gericht bestätigte dies und sah es als besonders leichtsinnig an, zusätzlich zu den brennenden Kerzen auch noch eine verspielte Katze in der Wohnung zu lassen (Urteil vom 13.11.1997, Az. 3 C 278/97).

Als grob fahrlässig wird es auch angesehen, wenn der Wohnungsinhaber (hier: Eigentümer) noch im Juni täglich die Kerzen auf einem vertrockneten Adventskranz aus dem Dezember anzündet und die Wohnung verlässt, obwohl er nicht sicher ist, die Kerzen gelöscht zu haben. Die Feuerversicherung musste hier einen Schaden von 35.000 DM nicht bezahlen (OLG Oldenburg, Urteil vom 17.01.2001; Az. 2 U 300/00).

Nicht für grob fahrlässig hingegen beurteilten die Richter des OLG Düsseldorf das Verhalten eines Mannes, der morgens beim Vorbereiten des Frühstücks die Kerzen auf dem Adventskranz entzündet hatte. Beim Versuch, seine Partnerin zu wecken, wurde er von deren körperlichen Reizen abgelenkt und blieb für eine weitere Stunde im Schlafzimmer. Den entstehenden Brand konnte er zwar selbst löschen, es entstand in dem Mehrfamilienhaus jedoch ein Rußschaden von 64.000 DM. Zwar sah das Gericht es an sich als grob fahrlässig an, den Adventskranz auch nur für eine halbe Stunde allein zu lassen. Der Mann habe hier aber nicht vorgehabt, lange abwesend zu sein – er hatte nachweislich den Frühstückskaffe schon eingeschenkt. Ein gesteigertes Verschulden in persönlicher Hinsicht liege daher nicht vor (OLG Düsseldorf; Urteil vom 21.09.1999; Az. 4 U 182/98).

Siehe / Siehe auch: Hausratversicherung (Hausratsversicherung), Katzen in der Mietwohnung, Feuerversicherung (Brandversicherung), Feuerwehreinsatz, Kosten

Änderung des Mietvertrages

amendments to a tenancy agreement

Mietverträge können nach Unterzeichnung nur durch beide Vertragspartner gemeinsam abgeändert werden. Grundsätzlich kann dies auch formlos, d. h. mündlich erfolgen – was jedoch aus Beweisgründen nicht ratsam ist. Ausnahme: Ein Mietvertrag kann einseitig abgeändert werden, wenn dies bei Vertragsschluss ausdrücklich so vereinbart wurde (Beispiel: Mieterhöhung bei Gewerbemietvertrag) oder, wenn das Gesetz eine einseitige Abänderungsmöglichkeit einräumt (Beispiel: Mieterhöhung wegen Modernisierung, Betriebskostenerhöhung, Mieterhöhung zur ortsüblichen Vergleichsmiete bei Wohnraummietvertrag).

Verträge können nicht nur durch ausdrückliche mündliche oder schriftliche Vereinbarung, sondern auch stillschweigend bzw. konkludent (also durch schlüssiges Handeln) abgeändert werden. Eine solche Vertragsänderung liegt vor, wenn Mieter und Vermieter über einen längeren Zeitraum in gegenseitigem Einverständnis etwas abweichend vom Mietvertrag handhaben – z. B. überlässt der Vermieter dem Mieter die Nutzung eines Gartens oder von Nebenräumen, der Mieter hält über längere Zeiträume mit Duldung der Vermieters ein Haustier, der Mieter führt in seiner Wohnung eine gewerbliche Tätigkeit aus, die über einen längeren Zeitraum geduldet wird. Keine Vertragsänderung findet mit dem Eigentümerwechsel des Mietobjekts statt. Der neue Eigentümer tritt hier auf Vermieterseite in den bisherigen Mietvertrag ein.

Siehe / Siehe auch: Formularmietvertrag, Mietvertrag

Ärztehäuser

medical centres

Ärztehäuser sind Gebäude, die konzeptionell so gestaltet sind, dass sich Ärzte verschiedener Fachrichtungen dort niederlassen können. Durch Zurverfügungstellung eines Personalpools einschließlich einer zentralen Empfangsstation und der Möglichkeit teure Apparate gemeinsam nutzen zu können, werden oft erhebliche Synergieeffekte generiert. Teilweise gehört zu einem Ärztehaus auch ein ambulantes Operationszentrum. Angeschlossen sind Cafés beziehungsweise Bistros zur Überbrückung der Wartezeiten. Zu den Komplementär-Einrichtungen gehören in der Regel eine Apotheke zur unmittelbaren Versorgung der Patienten mit den verschriebenen Medikamenten sowie gelegentlich ein Sanitätshaus. Ärztehäuser sind moderne Gegenstücke der früheren Polykliniken. Sie haben unterschiedliche Größen, in denen zwischen 15 bis 75 Allgemein- und Fachärzte, Psychologen usw. Platz finden. Innerhalb des Ärzteteams werden Gemeinschaftspraxen von Ärzten gleicher Fachrichtungen implementiert umso eine gegenseitige Vertretung zu ermöglichen. Betreiber von Ärztehäusern bieten ihre Räume zur Miete beziehungsweise Pacht an und stellen zur Entlastung der Ärzte von Verwaltungsarbeiten einen entsprechenden Dienstleistungsservice einschließlich Reinigungsservice bereit. Teilweise werden Ärztehäuser auch in Teileigentumseinheiten aufgeteilt, die zum Kauf angeboten werden. Mit Hilfe von Spezialunternehmen, die sich mit der Vermittlung und Bewertung von Arztpraxen beschäftigen, wird beim Ausscheiden eines Arztes beziehungsweise einer Ärztin für eine rasche Komplettierung des Ärzteteams gesorgt.

Ästhetische Immissionen

visual nuisance from neighbouring property

Als ästhetische Immissionen bezeichnet man optische Eindrücke außerhalb des Grundstücks, die das ästhetische oder geschmackliche Empfinden des Grundstückseigentümers bzw. - bewohners stören. Über die Rechtmäßigkeit sagt der Begriff noch nichts aus. Eine solche Immission kann ein vor dem Wohnzimmerfenster angelegter Schrottplatz sein – oder ein Gartenzwerg mit heruntergelassener Hose. Meist kann mit dem gängigen nachbarrechtlichen Abwehranspruch aus §§ 1004, 906 BGB nicht gegen ästhetische Immissionen eingeschritten werden, da das störende Objekt nicht – wie z. B. eine Geräusch – oder Geruchsimmission – auf das Grundstück des Klägers gelangt. Eine Beeinträchtigung seines Eigentums wird in vielen Fällen abgelehnt, selbst wenn eine Wertminderung im Raum steht.

Bei der rechtlichen Beurteilung wird z. B. berücksichtigt, ob der störende Anblick auf einer ordnungsgemäß genehmigten Gewerbetätigkeit des Nachbarn beruht (Schrottplatz) oder ob dieser womöglich den störenden Anblick extra geschaffen hat, um den Grundstückseigentümer zu ärgern (Gartenzwerg). Ist eine derartige Absicht nachweisbar, können Ansprüche aus den Vorschriften des Bürgerlichen Gesetzbuches über unerlaubte Handlungen in Verbindung mit dem so genannten „Schikaneverbot" hergeleitet werden (§§ 823 Abs.2, 226 bzw. 826 BGB). Das erste bekannte Gerichtsurteil zum Thema „Frustzwerge" fällte das Amtsgericht Grünstadt 1994.

Gemeint sind dabei selbst hergestellte Gartenzwerge, die gegenüber dem verfeindeten Nachbarn eindeutig beleidigende, herabsetzende oder bedrohliche Gesten („Scharfrichter-Zwerg", erhängter Zwerg) darstellen. Das Gericht sah eine Beeinträchtigung des allgemeinen Persönlichkeitsrechtes des Nachbarn als gegeben an (AG Grünstadt, Az. 2a C 334/93, Urteil vom 11.02.1994).

Unzulässig sind auch exhibitionistische Gartenzwerge (mit geöffnetem Mantel). Dies entschied das Amtsgericht Essen (Az. 19 II 35/99). Innerhalb einer Wohnungseigentümergemeinschaft kann es einfacher sein, gegen derartige Störungen vorzugehen – wenn nämlich der Nachbar und Miteigentümer das Gemeinschaftseigentum in unzulässiger Weise nutzt. Handhabe bietet hier § 14 Nr.1 und Nr.3 WEG, nach dem die Nutzung des Gemeinschaftseigentums nur ohne Nachteile für andere Eigentümer erfolgen darf (z. B. OLG Hamburg, NJW 1988, 2052, Gartenzwerge).

Siehe / Siehe auch: Gartenzwerge

After-Sales-Selling

after-sales selling

Siehe / Siehe auch: After-Sales-Service

After-Sales-Service

after-sales service

After-Sales-Service (auch: After-Sales-Selling, Post-Sale-Selling) ist die Kunden-Nachbetreuung, findet also nach der Abwicklung des eigentlichen Geschäfts statt und dient der Kundenbindung sowie der Imagebildung. Die Kunden sollen weiterhin, d.h. auch nach dem Kauf bzw. Verkauf der Immobilie an das Unternehmen gebunden werden, so dass der Kontakt zwischen den Kunden und dem Immobilienunternehmen aufrecht gehalten wird. Der After-Sales-Service stellt ein hohes Maß an Kundenorientierung dar, denn es ist das aktive Bemühen um den Kunden und stellt die Service-Qualität des Immobilienunternehmens dar. Die Zufriedenheit des Kunden soll durch die Nachbetreuung sichergestellt werden, da ein zufriedener Kunde die beste Werbung für ein Immobilienunternehmen ist und der Kunde bei zukünftigen Immobilientransaktionen wieder eine Dienstleistung benötigen könnte. Auch eine Rückfrage des Immobilienmaklers, ob sich der Käufer in der neuen Umgebung wohl fühlt, Grußkarten zu bestimmten Anlässen oder die Zusendung von Unternehmens-Zeitungen bringen das Unternehmen immer wieder in das Gedächtnis des Kunden.

Agenda 21
Agenda 21

Die Agenda 21 (21. Jahrhundert) ist eines von fünf Dokumenten, die auf der Konferenz der Vereinigten Nationen für Umwelt und Entwicklung im Juni 1992 in Rio de Janeiro von über 170 Teilnehmerstaaten (darunter auch Deutschland) verabschiedet wurde. Sie enthalten Grundprinzipien, Strategieelemente und Maßnahmen, die sich auf den Schutz und die Entwicklung der bedrohten Umwelt zur Erhaltung der menschlichen Existenz beziehen. Unter den fünf Dokumenten ist die Agenda 21 ist das „Aktionspapier" (Agenda kommt von agere = agieren). Es enthält detaillierte Handlungsaufträge, um einer weiteren Verschlechterung der globalen Umweltbedingungen entgegenzuwirken und schrittweise eine Verbesserung zu erreichen. Die Umsetzung soll auf breiter Basis unter besonderer Einbeziehung von Nichtregierungsorganisationen (NRO) erfolgen, wobei auf der untersten Ebene die Initiativen von den Kommunen ausgehen sollen („Lokale Agenda 21"). Die Kommune sucht dabei den Dialog mit den Bürgern und örtlichen Organisationen. Diese bieten ihr Fachwissen an, wirken als Multiplikatoren und sollen eine kontrollierende und bewertende Funktion hinsichtlich der von den Kommunen initiierten Programme zur Verwirklichung der Lokalen Agenda 21 übernehmen.

Die Agenda 21 enthält u.a. auch ein Kapitel über die Förderung einer nachhaltigen Siedlungsentwicklung, ein Aspekt, der auf der „HABITAT II" (Weltsiedlungskonferenz der Vereinten Nationen) in Istanbul vertieft wurde. Die Beratungen wurden von der Erkenntnis getragen, dass im 21. Jahrhundert weltweit ein Verstädterungsprozess stattfindet und es vor allem in den Entwicklungsländern vermehrt zu Verslumungserscheinungen kommen wird. 27 der derzeit insgesamt 33 „Megastädte" (Städte jeweils mit über 8 Millionen Einwohner) liegen in den Entwicklungsländern. 600 Millionen Menschen der Stadtbevölkerung leben heute bereits in Slums am Rande von Großstädten. Nach der Erklärung von Istanbul geht es um die Entwicklung globaler Aktionspläne für lebenswerte Städte durch Stärkung der kommunalen Selbstverwaltung, einer entsprechenden Finanzausstattung und Förderung des Selbsthilfegedankens in einem Zeitrahmen von 20 Jahren. Zur Umsetzung der Agenda 21 auf kommunaler Ebene in Europa wurde im Mai 1994 in Dänemark die „Charta von Aalborg" verabschiedet. In diesem Rahmen können sich die Gemeinden verpflichten, in Lokale-Agenda-21-Prozesse einzutreten. Im März 2001 wurde ermittelt, dass über 1892 Gemeinden in Deutschland, vor allem Großstädte, eine lokale Agenda 21 erstellt haben oder dabei sind sie zu erstellen. Der Anstoß zu Agenda 21-Prozessen in den Gemeinden kommt nicht selten von privaten Organisationen, bevor sie in eine Gemeindeinitiative umschlagen. Hessen, Nordrhein-Westfalen, das Saarland und Bayern spielen dabei eine Vorreiterrolle. Viele Agenda 21-Initiativen werden im Internet dokumentiert. Konkret können Agenda 21-Prozesse ihren Niederschlag in auch in Flächennutzungs- und Bebauungsplänen unter den Gesichtspunkten der flächensparenden Siedlungsentwicklung und der Verkehrsvermeidung finden.

Siehe / Siehe auch: HABITAT

Agglomerationsräume
agglomeration areas

Agglomerationsräume (als Planungsregionen) werden in drei Typenprägungen eingeteilt: Regionstypen, Kreistypen und Gemeindetypen. In jedem der drei Typen von Agglomerationsräumen werden die betreffenden Regionen noch durch weitere Merkmalsschwerpunkte differenziert.

Beim Regionstypus liegt der Fokus auf dem hohen Verdichtungsgrad (Bevölkerungs- und Arbeitsplatzverdichtung) oder die Region verfügt über ein oder mehrere herausragende Zentren. Weist die Agglomerationsregion einen Kreistypus auf, dann unterscheidet man hier zwischen Kernstädten, hochverdichteten Kreisen, verdichteten Kreisen und – soweit vorhanden – ländlichen Räumen, die zu dieser Region gehören. Gemeindegeprägte Agglomerationstypen können bestehen aus Kernstädten (über und unter 500000 Einwohner), hoch verdichteten Kreisen, verdichteten oder ländlichen Kreisen mit Ober- und Mittelzentren (und sonstigen Gemeinden). Neben Regionen, die zu den Agglomerationsräumen gerechnet werden, gibt es Regionen, die dem Bereich der verstädterten Räume angehören und schließlich die Regionen der ländlichen Räume. 51 Prozent der deutschen Bevölkerung wohnt in Agglomerationsräumen, 34 Prozent in den verstädterten Räumen aller Art und die restlichen 15 Prozent in den ländlichen Räumen.

Siehe / Siehe auch: Ländliche Räume, Entwicklung ländlicher Räume

Agio
premium

„Aufgeld beim Wertpapierkauf, das sich bei der Wertpapieremission als Differenz zwischen dem Nennwert und dem tatsächlich zu zahlenden Preis darstellt. Auch bei geschlossenen Immobilienfonds

findet man die Bezeichnung Agio. Es handelt sich um eine Provision, die direkt an den Initiator oder die Vertriebsgesellschaft bezahlt wird. Bei offenen Immobilienfonds und anderen Investmentfonds wird von "Ausgabeaufschlag" gesprochen, der in den jeweiligen Ausgabepreis einbezogen wird. Er entspricht der Differenz zwischen dem Ausgabe- und dem Rücknahmepreis. Aus dem Ausgabeaufschlag wird u.a. die Vertriebsprovision an den Berater bezahlt. Bei sog No-load-Fonds gibt es keinen Ausgabeaufschlag und damit auch keine Beratung. Die Höhe des Agios oder des Ausgabeaufschlages liegt zwischen drei und 5,5 Prozent.
Im Gegensatz zum Agio beim Erwerb von Forderungen in Form von Wertpapieren wird bei Schuldverschreibungen oder Darlehen häufig ein Disagio (Abgeld) vereinbart."
Siehe / Siehe auch: Disagio, Immobilienfonds

Agrarland
agricultural land; farmland
Unter Agrarland versteht man jegliche Art landwirtschaftlich genutzter Bodenflächen. Agrarland stellt in der Bewertung nach Entwicklungszuständen hinsichtlich einer baulichen Nutzung den untersten Entwicklungsstand dar. Die Bewertung erfolgt ausschließlich auf der Grundlage der landwirtschaftlichen Ertragsfähigkeit des Bodens. Liegt eine landwirtschaftlich genutzte Bodenfläche im Einzugsbereich eines Siedlungsgebietes und bestehen in der Gemeinde Tendenzen zur Erweiterung dieses Gebietes auf dieses Agrarland, spricht man von Bauerwartungsland. Ein Indiz dafür ist die Ausweisung dieses Gebietes im Flächennutzungsplan als Baufläche.Begünstigtes Agrarland zeichnet sich dadurch aus, dass aufgrund seiner „Lagegunst" zwar keine bauliche, aber doch eine höherwertige Nutzung als eine rein agrarische möglich erscheint. Beispiel: Eine Nutzung als Golfplatz.
Siehe / Siehe auch: Bauerwartungsland, Begünstigtes Agrarland

AIDA-Technik
AIDA technique
Die AIDA-Technik wird als Vorgabe und Prüfmethode in der Werbung genutzt. Sie setzt sich aus vier grundsätzllichen Funktionen zusammen, die eine Werbeaktivität erfüllen sollten: Attract (Aufmerksamkeit gewinnen), Interest (Interesse des Lesers an der Anzeigenbotschaft wecken), Desire (systematisches Wecken eines Kundenwunsches) und Action (Handlungsaufforderung). Die beste Anzeige hilft letztendlich nichts, wenn sie nicht mit einer klaren und kraftvollen Handlungsaufforderung an den potentiellen Kunden verbunden ist.

Akquise
acquisition
Akquisition bezeichnet die Beschaffung von Aufträgen, in der Immobilienwirtschaft also den Immobilieneinkauf, mit dem Ziel, die ins Angebot aufgenommenen Objekte zu vermitteln. Zu unterscheiden ist zwischen passiver und aktiver Akquise, der sog. Kaltakquise. Die Begriffe lassen sich aus der Art der Beschaffung ableiten: Bei der passiven Akquise kommt der Immobilienverkäufer auf den Immobilienmakler zu, mit der Bitte sein Objekt am Markt zu platzieren und zu verkaufen. Geschieht die Kontaktaufnahme durch den Immobilienmakler, so ist das der aktive Akquisitionsweg. Durch die aktive Akquisition kann ein Immobilienmakler die Qualität seines Angebots erhöhen und Angebotsdefiziten vorbeugen. Als rechtliche Grundlage für die Entstehung des Lohnanspruchs bei der aktiven Akquisition dient der § 652 BGB.
Der Nachteil der aktiven Akquisition liegt darin, dass der potentielle Auftraggeber die Beauftragung eines Maklers möglicherweise bisher gar nicht erwogen hatte, Misstrauen gegenüber Maklern besitzt oder dass sich die Provisionsvorstellung negativ verfestigt hat. Zum anderen bewerben sich auch andere Makler um einen Auftrag, und so kann es sein, dass der potentielle Auftraggeber bereits einen anderen Makler beauftragt hat. Die Vorteile der aktiven Akquisition liegen in der Bereitschaft des Maklers, sich um den Kunden zu bemühen, ihn bestmöglich zu beraten und eventuell durch schnelle Reaktion Wettbewerbsvorteile zu erreichen.
Siehe / Siehe auch: Akquisition, Aktive Auftragsakquisition (Maklergeschäft), Passive Auftragsakquisition (Maklergeschäft), Auftragsakquisition (Maklergeschäft)

Akquise-Gespräch / Qualifizierungsgespräch
sales talk / meeting to determine (basic) qualifications
Der Makler muss bei seiner Akquise der Vermittlungsaufträge im Akquise-Gespräch / Qualifizierungsgespräch mit dem Eigentümer verschiedene Hintergrundinformationen erheben. Die wichtigsten sind:
Wie groß ist das Zeitfenster für die Vermarktung? Wie dringlich müssen die finanziellen Mittel liquide dem Eigentümer zur Verfügung stehen? Was ist der Veräußerungsgrund (z. B. Erbfall, Scheidung,

Geldnot)? Hier muss eine Einstufung der Gründe erfolgen, weil das Risiko besteht, dass Eigentümer nicht notwendigerweise verkaufen müssen, den Markt austesten möchten und dem Makler damit unnötig viel Zeit und Kosten aufbürden.
Welcher Veräußerungspreis schwebt dem Eigentümer vor? Wie kommt dieser Preis zustande? Liegt eine professionelle Wertermittlung zugrunde? Welches sind sonstige Gründe, diesen Preis zu fordern? Ist der Preis realistisch und erzielbar? Wofür sollen die Mittel anschließend verwendet werden?
Wie viel Erfahrung hat der Eigentümer bisher mit der Vermarktung seiner Immobilie gemacht? Gegen vorausgegangene, mäßige Selbstvermarktungsmaßnahmen ist nichts einzuwenden, da sich ohnehin viele Privateigentümer zuerst an einer in Eigenregie durchgeführten Vermarktung versuchen. Wenn allerdings schon sehr umfangreiche Aktionen und häufige Anzeigenschaltungen erfolgten, ist zur Vorsicht zu raten. Ungünstige Anzeigengestaltung, Wahl der falschen Printmedien etc. können Gründe des Misserfolgs sein. Die grundsätzliche Gefahr besteht jedoch, dass sich das Objekt bereits totgelaufen hat und als Ladenhüter gebrandmarkt sein könnte. Dann empfiehlt es sich – soweit möglich – eine Vermarktungspause einzulegen oder zumindest das Konzept grundlegend zu ändern.
Welche Vorstellungen hat der Eigentümer von seiner Zukunft? Es gilt festzustellen, wie verhaftet der Eigentümer noch mit seiner Immobilie ist und ob er überhaupt hinter einem Verkauf steht. Jemand, der gar nicht unbedingt verkaufen möchte, hat geringere Vorstellungen davon, wo er sich in Zukunft sieht, als jemand, der sich planvoll und zielgerichtet auf einen Verkauf konzentriert, vorbereitet und sich damit schon emotional getrennt hat. Außerdem kommt hinzu, dass jemand, der ungern verkauft, nicht sonderlich kooperativ in Vermarktungsangelegenheiten sein könnte, zum Beispiel im Hinblick darauf, das Objekt marktfähig zu machen (z. B. Säuberung, Entrümpelung, kleine Reparaturen, Schönheitsreparaturen). Mit den gesammelten Informationen stuft der Makler den Eigentümer und potenziellen Auftraggeber ein, ob er den Vermittlungsauftrag annehmen möchte, weil er gute Aussicht auf Erfolg sieht, oder ob Vermittlungrisiken schon im Eigentümer selbst liegen. Dies resultiert aus den Antworten, dem Objekt, den Preisvorstellungen und auch aus einem gewissen Bauchgefühl. Fehlentscheidungen in dieser Phase sind mit hohen Kosten und viel Zeitaufwand verbunden, die gar keine oder nur geringen Rückflüsse (z.B. nur durch Aufwandsentschädigungen) zur Folge haben.

Siehe / Siehe auch: Akquisitionsstrategien, Akquisitionsprospekt (Maklergeschäft), Auftragsakquisition (Maklergeschäft)

Akquisition
acquisition

Akquisition bedeutet „Kundenwerbung". Der Akquisiteur ist demzufolge diejenige Person, die für die Kundenwerbung zuständig ist. Oft erfolgt die Kundenwerbung auch telefonisch oder in elektronischer Form. Dabei ist zu beachten, dass Telefonwerbung ohne vorheriges Einverständnis des Beworbenen wettbewerbsrechtlich nicht zulässig ist. Bei der telefonischen Akquisition gegenüber Endverbrauchern darf seit August 2009 die Telefonnummer des Akquirierenden nicht unterdrückt werden. Ähnlich wie beim „Haustürgeschäft" steht dem Angeworbenen bei einem durch Telefonwerbung zustande gekommenen Vertrag über eine Dienstleistung innerhalb eines Monats ein Widerrufsrecht zu, über das er aufgeklärt werden muss. Wird nicht aufgeklärt, kann bis zur vollständigen Bezahlung widerrufen werden. Beim Haustürgeschäft beträgt die Widerrufsfrist zwei Wochen.
Telefonische Akquisition ist durch diese Bestimmungen nunmehr erheblich eingeschränkt. Dies muss vor allen von jenen beachtet werden, die auf „Kalt-Akquise" setzen. Soll mit der Akquisition auch die Hereinholung von Aufträgen verbunden werden, spricht man von Auftragsakquisition. Auftragsakquisition hat im Rahmen des Beschaffungsmarketing des Maklers eine große Bedeutung. Akquise ist die umgangssprachliche Verkürzung des Begriffs Akquisition.
Siehe / Siehe auch: Akquise, Auftragsakquisition (Maklergeschäft), Passive Auftragsakquisition (Maklergeschäft), Aktive Auftragsakquisition (Maklergeschäft)

Akquisitionsprospekt (Maklergeschäft)
acquisition prospectus (brokerage)

Im Gegensatz zum Exposé, welches das Informationsbedürfnis von Immobilieninteressenten befriedigen soll, werden in Akquisitionsprospekten die Leistungen dargestellt, die ein Makler im Falle der Beauftragung durch den Objektanbieter erbringen wird. Es handelt sich insoweit um ein Leistungsversprechen mit Bindungswirkung.
Dieser Prospekt enthält aber nicht nur die Leistungen, zu deren Erbringung sich der Makler bei Auftragserteilung verpflichtet, sondern auch die Auftragsbedingungen, die der Auftragserteilung

seitens des Maklers zugrunde gelegt und zu denen die dargestellten Leistungen erbracht werden. Die vom Makler angebotenen Leistungen sind entweder Standardleistungen, die auf jeden Fall erbracht werden oder Leistungen, der Makler für den Auftraggeber im Bedarfsfalle abrufbar bereithält.
Das Thema Akquisitionsprospekt wird im Kompendium für Immobilienberufe, 11. Auflage, Stuttgart/ München, 2008 S. 277 näher behandelt.

Akquisitionsstrategien
acquisition strategies

Ganz allgemein wird Akquisition definiert als „Bemühungen, die darauf gerichtet sind, im Interesse der Erzielung von Geschäftsabschlüssen Kontakte anzubahnen beziehungsweise zu festigen“. Mit der Akquisition will ein Unternehmen in der Immobilienbranche sein Angebot an Objekten, welches später an potentielle Käufer weitergeleitet wird, erweitern. So kann das Unternehmen Interessenten ein breites Angebot an Objekten anbieten und die Wahrscheinlichkeit erhöhen, dass Kunden ein passendes Objekt finden. Damit steigen die Chancen eines. In Zusammenhang mit Akquisitionsstrategien muss auch kurz auf die Marktteilnehmer eingegangen werden, sowohl auf die aktuellen als auch auf die potentiellen Marktteilnehmer.
Die aktuellen Marktteilnehmer sind die derzeitigen Anbieter von Objekten und die Nachfrager auf dem Gegenwartsmarkt. Die potentiellen Marktteilnehmer sind die Marktteilnehmer, die mittelfristig entweder einen Bedarf an Immobilien haben werden, oder es sind Marktteilnehmer, die mittelfristig Immobilien verkaufen oder vermieten wollen. Potentielle Marktteilnehmer sind „Marktteilnehmer von morgen“, die derzeit noch nicht am Markt präsent sind mit ihrer Nachfrage oder ihrem Angebot. Sie befinden sich noch im Marktvorfeld, werden jedoch mittelfristig Marktteilnehmer werden. Diese Unterscheidung ist für die Akquisition von besonderer Bedeutung, da der Erfolg der Akquisition abhängig ist, zu welchem Zeitpunkt der Makler auf den potentiellen Objektanbieter zugeht. Potenzielle Marktteilnehmer kann man durch Marktforschung ausfindig machen.
Die Akquisition betrifft sowohl die aktuellen wie auch an die potentiellen Marktteilnehmer. Entscheidend ist, mit welchen Maßnahmen sich Makler an die Marktteilnehmer wenden. Spezielle Akquisitionsstrategien gibt es nicht. Die Maßnahmen, die der Makler anwenden kann, sind das Imagemarketing, das Beziehungsmarketing, das Beschaffungsmarketing und die Strategien aus der Beschaffung, d.h. die genaue Analyse des Marktes. Als Hilfe für die Akquisition kann der Makler jedoch den Marketing-Mix heranziehen. Die Aufgabe des Marketing-Mix besteht darin, herauszufinden, welche der vier klassischen Marketinginstrumente wie, und mit welcher Intensität eingesetzt werden sollen, um die Marketingziele des Unternehmens zu erreichen. Der Marketing-Mix enthält auf der einen Seite das originäre Marketing für den Makler selbst und auf der anderen Seite das derivate Marketing für den Kunden. Die einzelnen Instrumente des Marketing-Mixes können nur sinnvoll eingesetzt werden, wenn sie kombiniert werden. Zwischen den einzelnen Instrumenten besteht eine Wechselbeziehung, da der Einsatz eines Instrumentes Auswirkungen auf ein anderes haben kann. Die Planung des Marketing-Mixes erfolgt zur optimalen Kombination der Marketing-Instrumente. Aus dieser Planung kann der langfristige Marketingplan mit den Marketingstrategien festgelegt werden. Diese Strategien beziehen sich auf die Marktteilnehmer.
Siehe / Siehe auch: Marketingmix

Aktenzeichen
file no.

Das Aktenzeichen ist ein zum Zweck der Unterscheidung einer Akte zugeteiltes individuelles Kennzeichen bei Gerichten und Ämtern. Das Aktenzeichen ist beispielsweise das wichtigste Hilfsmittel, um Einblick in die Objektunterlagen einer zu versteigernden Immobilie zu erhalten. Um Aktenzeichendoppelungen zu vermeiden, ist es erforderlich, einen Aktenplan aufzustellen, denen bestimmte Unterteilungsraster zugrundegelegt werden. Beim Grundbuch gehört mit zum Aktenzeichen der Grundbuch-=Amtsgerichts-Bezirk, die Band- und Blattnummer.

Aktiva
assets

Aktiva sind Vermögenswerte eines Unternehmens, unter anderen bestehend aus Grundstücken, Gebäuden, Maschinen, Anlagen, Beteiligungen, Forderungen. Sie stehen auf der linken Bilanzseite.

Aktive Auftragsakquisition (Maklergeschäft)
active acquisition (brokerage)

Das Hauptmerkmal der aktiven Auftragsakquisition ist eine Strategie, mit deren Hilfe aktuelle Marktteilnehmer (Anbieter von Immobilien) davon überzeugt werden können, den akquirierenden Makler in die Vermarktung des Immobilienobjektes einzu-

schalten. Im Gegensatz zur passiven Auftragsakquisition, bei der ein verkaufswilliger Objekteigentümer von sich aus einen Makler beauftragen will, geht der Makler bei der aktiven Auftragsakquisition auf den Objektanbieter zu und bewirbt sich um einen Auftrag. Man spricht auch von „Kaltakquise". Wichtiges Instrument der aktiven Auftragsakquisition ist ein Akquisitionsprospekt, in dem der Makler sein Unternehmen, seine Kompetenzen und seinen Leistungskatalog vorstellt und gleichzeitig auch die Bedingungen nennt, unter denen er einen Auftrag entgegennimmt. Der Inhalt von Akquisitionsprospekten ist weitgehend auch Bestandteil von Internetpräsentationen auf der Maklerhomepage.
Siehe / Siehe auch: Aktuelle Marktteilnehmer, Akquisitionsprospekt (Maklergeschäft), Passive Auftragsakquisition (Maklergeschäft)

Aktivgeschäft (Kreditinstitute)
loan business; lending business; asset-side business (banks / credit institutes)

Das Aktivgeschäft umfasst alle, das Anlagevermögen eines Kreditinstituts beeinflussenden Geschäfte (Kreditausleihungen, Festgeldanlagen, Erwerb von Wertpapieren, Beteiligungen usw.) Die Refinanzierung dieser Anlagen erfolgt über das Passivgeschäft (Verbindlichkeiten des Kreditinstituts in ihren verschiedenen Ausprägungsformen). Dabei ist auf Fristenkongruenz zu achten. Die Aktiv-Passiv-Steuerung verfolgt den Zweck, einen möglichst hohen Deckungsbeitrag aus dem Zinsgeschäft zu erwirtschaften.

Aktuelle Marktteilnehmer
current market players

Aktuelle Marktteilnehmer sind Anbieter und Nachfrager, die auf dem Gegenwartsmarkt mit Produkten oder Dienstleistungen handeln. Zu unterscheiden ist dabei, ob es sich um permanent aktuelle Marktteilnehmer handelt oder um einmalige oder sporadisch auftretende Marktteilnehmer. Auf der Nachfrageseite sind Konsumenten täglich gebrauchter Güter permanente Marktteilnehmer, auf der Angebotsseite jeder, der z. B. ein Ladengeschäft nicht nur zu vorübergehenden Zwecken eröffnet.
Auf dem Bestandsimmobilienmarkt herrschen auf beiden Marktseiten agierende einmalige oder sporadisch auftretende Marktteilnehmer vor. Sie erscheinen auf dem Markt und verschwinden wieder, wenn das angestrebte Geschäft abgeschlossen oder die Geschäftsabsicht aufgegeben wurde. Auf dem Immobilienmarkt treten Anbieter in den Markt ein, wenn sie erstmals ihr Objektangebot einer Öffentlichkeit durch Inserate, Einstellung ins Internet, Angebotsschilder, Beauftragung eines Maklers oder auf ähnliche Weise bekannt machen. Nachfrager reagieren in der Regel auf Angebote, auf die sie durch die Angebotsaktivitäten der Anbieter aufmerksam werden.
Auf der Angebotsseite stellen für Makler diejenigen aktuellen Marktteilnehmer, die nicht schon von sich aus einen Makler beauftragen (passive Auftragsakquisition), das Auftragspotenzial dar, auf das die aktiven Bemühungen um einen Maklerauftrag gerichtet sind. Die Akquisitionsstrategien gegenüber aktuellen und potenziellen Marktteilnehmern unterscheiden sich erheblich. Im ersten Fall steht die sogenannte „Kaltakquise" im Vordergrund, im zweiten Fall eine Netzwerkstrategie.
Im Gegensatz zu potenziellen Marktteilnehmern (Marktteilnehmer von morgen), die das zukünftige Geschäftsvolumen bestimmen, handelt es sich bei den aktuellen Marktteilnehmern um eine quantitativ genau messbare Größe, bei der Angebot und Nachfrage das aktuelle Preisniveau bestimmen.
Siehe / Siehe auch: Aktive Auftragsakquisition (Maklergeschäft), Passive Auftragsakquisition (Maklergeschäft)

Akustikdecken
acoustic ceilings

Akustikdecken dienen der Verbesserung der Akustik eines Raumes durch Dämmung oder Lenkung des Schalls. Mit Hilfe einer Akustikdecke kann durch gezielten Einsatz von bestimmten Deckenelementen auch die Sprachverständlichkeit erhöht werden (Anwendungsbereiche sind Seminarräume, Konferenzräume, Hörsäle, Konzertsäle Theater). Akustikdecken sind regelmäßig als Unterdecken, ohne Flächenverbindung mit der Hauptdecke des Raumes konstruiert.

Akustikputz
acoustic plaster

Eine mineralische Putzbeschichtung, die durch Oberflächenstruktur und Zusammensetzung schallschluckend wirkt, bezeichnet man als Akustikputz. Der schallschluckende Effekt wird meist durch spezielle Beimengungen erreicht. Die Effektivität hängt von der Stärke der Putzschicht ab. Derartige Putze dienen der Reduzierung von Geräuschen, die in dem verputzten Raum selbst entstehen. Sie können auf glattem Beton ebenso aufgebracht werden wie auf Unterputz oder Putzträgerplatten.
Siehe / Siehe auch: Akustikziegel

Akustikziegel
acoustic tiles
Akustikziegel dienen dem Schallschutz und werden vorwiegend in Schallschutzwänden besonders schallintensiver Gebäude verwendet – z. B. von Fabriken oder Tiefgarageneinfahrten. Die besonderen Schallschutzeigenschaften werden durch eine spezielle quadratische Art und Lage der Lochung verursacht. Der Lochanteil im Ziegel sollte dazu bei 35 Prozent bis 50 Prozent liegen. Eine horizontale Lochführung im Ziegel bringt den bestmöglichen Schallschutz bei Innenwänden, während bei Außenwänden eine schräg nach unten gerichtete Lochführung zu empfehlen ist. Ein besonders hoher Schallschutz lässt sich erreichen, indem man eine zweischaligen Mauer errichtet. Diese besteht dann aus einer Wand aus Akustikziegeln, einer aus normalen Ziegeln und dazwischen einer Schalldämmung z. B. aus Mineralfaserplatten.
Siehe / Siehe auch: Akustikputz, Zweischaliges Mauerwerk

Akzessorietät
accessoriness; dependence (of collateral) on principal debt
Als Akzessorietät bezeichnet man die Verbindung einer persönlichen Forderung mit einem Grundpfandrecht. Sie ist das typische Merkmal einer Hypothek. Bei einer Grundschuld wird die hier fehlende Verbindung erst durch eine Zweckerklärung, auch als Zweckbestimmungserklärung bezeichnet, hergestellt.

Alarmanlage
alarm system
Alarmanlagen dienen der Gebäudesicherung gegen Einbrüche und Beschädigungen. Zu unterscheiden ist zwischen Anlagen, die die Außenhaut des Gebäudes überwachen und raumüberwachenden Anlagen. Die Überwachungssysteme, die sich auf die Außenhaut (Fenster, Hauseingänge) beziehen, lösen den Alarm bereits vor Eindringen in das Gebäude aus. Der Raumüberwachung dienen vor allem Bewegungsmelder innerhalb des Gebäudes, die einen Alarm (Sirene, Blitzleuchter) auslösen. Die Alarmanlage kann auch mit einer Notrufzentrale verbunden werden, die automatisch angewählt wird.

All-Risk-Versicherung
all-risk insurance
Als All-Risk-Versicherung wird eine umfassende Versicherung bezeichnet, welche in einem bestimmten Bereich Schäden aus Gefahren aller Art absichern soll. Es gibt sie als Gebäudeversicherung, aber auch im Industriebereich oder speziell für bestimmte Branchen wie etwa Apotheken. Sie wird auch All-Gefahrenversicherung genannt.
Die in Deutschland relativ neue All-Risk-Versicherung für Wohngebäude deckt mehr Risiken ab als die traditionellen Gebäudeversicherungen (Feuerversicherung, Zusatzdeckung und erweiterte Zusatzdeckung).
Im Gegensatz zu herkömmlichen Versicherungen, die einzeln in der Police aufgelistete Risiken berücksichtigen, schließt die All-Risk-Versicherung nur wenige Schadensfälle aus. Wer eine solche Versicherung abschließt, sollte nicht davon ausgehen, dass jeglicher denkbare Schaden versichert ist. All-Risk-Versicherungen können diverse Risiken ausschließen, die obendrein von Gesellschaft zu Gesellschaft unterschiedlich sind. In einigen Fällen wird für All-Risk-Versicherungen auch mit dem Argument geworben, dass hier eine besonders individuelle Vertragsgestaltung für den jeweiligen Kunden erfolgen könne. In jedem Fall empfiehlt sich eine gründliche Lektüre der Vertragsbedingungen.
Siehe / Siehe auch: Gebäudeversicherung, Verbundene Wohngebäudeversicherung

Allee
avenue; boulevard
Der Begriff Allee stammt aus dem Französischen (Allee = Gang). Als Alleen bezeichnet man Wege und Straßen, die seitlich von aneinander gereihten Bäumen gesäumt sind. Zwar gab es Alleen schon in der Antike und in der Zeit der Renaissance. Sie wurden jedoch erst im 18. Jahrhundert ein wichtiges Element der Landschaftsgestaltung. Die Alleen dienten darüber hinaus der Verkehrssicherheit von Kutschen und Reitern (Schutz der Fahrbahnen). Typische Allee-Bäume waren Weiden, Maulbeer- und Obstbäume. Obstbäume dienten gleichzeitig der Versorgung der Bevölkerung mit Obst.
Im Zuge der Entwicklung neuer Verkehrsmittel (Autos, Eisenbahn) verloren die Alleen ihre Bedeutung. In Westdeutschland sind nach dem II. Weltkrieg viele Alleen verschwunden. Im Osten – vor allem in Brandenburg – blieben viele erhalten. Die Länge der brandenburgischen Alleen (rund 12.000 km) entspricht allein der Länge aller übrigen Alleen in Deutschland. Insgesamt sind zwölf Prozent des heutigen Straßenbestandes Alleen oder Straßen mit einseitigen Baumreihen. Teilweise sind historische Alleen Gegenstand des Denkmal- und Naturschutzes.

Alleineauftrag

sole agency; sole right to sell (or rent); exclusive listing

Der Alleinauftrag, auch Makler-Alleinauftrag oder Exklusivauftrag genannt, ist eine besondere Art des Maklervertrages. Er ist nicht im BGB geregelt. Der Alleinauftrag verleiht dem Makler eine besondere Vertrauensposition gegenüber dem Auftraggeber. Entgegen dem gesetzlichen Recht wird der Makler durch den Alleinauftrag verpflichtet, zur Erreichung des Auftragszwecks tätig zu werden. Eine Verkaufsverpflichtung des Auftraggebers ist mit dem Alleinauftrag jedoch nicht verbunden. Unterschieden wird zwischen dem einfachen und qualifizierten Alleinauftrag.

Einfacher Alleinauftrag:

Beim einfachen Alleinauftrag genießt der Makler während der Auftragsdauer Konkurrenzschutz. Kein anderer Makler darf während der Auftragslaufzeit für den Auftraggeber tätig werden. Solche Verpflichtungen können im Rahmen Allgemeiner Geschäftsbedingungen, also auf Vertragsformularen, vereinbart werden.

Qualifizierter Alleinauftrag:

Beim qualifizierten Alleinauftrag ist der Auftraggeber darüber hinaus verpflichtet, Interessenten, die an ihn herantreten, an den Makler zu verweisen und den Makler zu Verhandlungen mit solchen Interessenten hinzuzuziehen. Damit soll erreicht werden, dass das in Auftrag gegebene Geschäft nur mit Beteiligung des Maklers abgewickelt wird. Im Gegensatz zum einfachen Alleinauftrag ist die in Allgemeinen Geschäftsbedingungen, also formularmäßig vereinbarte Verweisungs- oder Hinzuziehungsvereinbarung unwirksam. Das OLG Hamm hat sogar entschieden, dass der Makler, wenn er solche unwirksamen Vereinbarungen trifft, seinen Provisionsanspruch verwirkt (Az. 18 U 236/99). Im Lichte der neueren Rechtsprechung des BGH dürfte diese Rechtsansicht aber nicht haltbar sein (BGH Az. III ZR 322/04).

Als besonderer, ebenfalls nur individuell auszuhandelnder Typus des qualifizierten Alleinauftrages gilt eine Vereinbarung, nach der ein Makler im Abschlussfall unabhängig davon eine Erfolgsprovision erhält, ob er zum Zustandekommen des beabsichtigten Vertrages einen Beitrag geleistet hat.

Entgegen landläufiger Meinung sichert der qualifizierte Alleinauftrag, den ein Verkäufer erteilt, nicht vor einem Verlust einer etwaigen Käuferprovision. Auch wenn der Verkäufer seine Verweisungs- und Hinzuziehungspflicht erfüllt, muss es dem Makler gelingen, mit dem in Aussicht genommenen Kaufinteressenten eine Provision zu vereinbaren. Verweigert der Käufer ein Provisionsversprechen, darf der Makler nicht versuchen, den sonst möglichen Verkauf zu verhindern. Dies wäre ein Treueverstoß gegenüber dem Alleinauftraggeber und würde gegebenenfalls auch noch zur Verwirkung seines Provisionsanspruches diesem gegenüber führen. Bei Alleinaufträgen ist grundsätzlich zu raten, die Provision ausschließlich mit dem Verkäufer zu vereinbaren, weil dem Makler nur auf diese Weise eine vollständige Markterschließung zugunsten des Auftraggebers gelingen kann.

Siehe / Siehe auch: Maklervertrag, Qualifizierter Alleinauftrag

Alleineigentum

sole ownership; exclusive ownership; sole proprietorship; individual ownership; severalty

Alleineigentum bezeichnet das Eigentum einer Person, dessen Eigentumsrechte an einer Sache ausschließlich in deren Hand liegen. Dabei kann es sich um eine natürliche oder juristische Person handeln. Alleineigentümer können souverän über ihr Eigentums verfügen und sind in ihrer Entscheidung nicht vom Willen anderer abhängig. Ausgenommen von diesem Grundsatz sind alle nicht oder nicht voll geschäftsfähigen Personen und Personen, die in ihren Verfügungsrechten (etwa durch einen Insolvenzverwalter oder Testamentsvollstrecker) beschränkt sind.

Siehe / Siehe auch: Eigentum, Sondereigentum, Wohnungseigentum

Allergien

allergies

Wird durch in der Wohnung vorhandene Stoffe (z. B. Schimmelpilz) eine Allergie beim Mieter ausgelöst, kann dies unter Umständen verschiedene Ansprüche des Mieters auslösen. Schimmelpilz wird bereits ohne allergische oder sonstige Gesundheitsbeeinträchtigungen als erheblicher Wohnungsmangel betrachtet. Dies führt zum Anspruch auf Beseitigung des Mangels und bei weiter bestehendem Mangel auf Mietminderung. Bei einer erheblichen Gefährdung der Gesundheit kann sogar eine fristlose Kündigung durch den Mieter nach § 569 Abs.1 BGB berechtigt sein. Wann eine Gesundheitsgefährdung vorliegt, ist immer eine Frage des jeweiligen Einzelfalles. Die Möglichkeit, dass sich wegen einer Schimmelpilzbildung Sporen in der Wohnungsluft befinden könnten, reicht nicht aus. Einige Gerichte haben eine solche Gefährdung bei großflächiger Schimmelbildung als gegeben ange-

sehen. Welche Gefährdung tatsächlich z. B. durch Schimmelsporen in der Raumluft vorhanden ist, kann nur ein Gutachter oder die (kostengünstigere) Untersuchung durch das Gesundheitsamt feststellen. Eine fristlose Kündigung durch den Mieter wegen erheblicher Gesundheitsgefährdung kann nach dem Bundesgerichtshof erst dann stattfinden, wenn er dem Vermieter zuvor erfolglos eine angemessene Frist zur Beseitigung des Problems gesetzt hat (Az. VIII ZR 182/06, Urteil vom 18.04.2007). Entbehrlich ist eine solche Fristsetzung nur dann, wenn sie offensichtlich keinen Erfolg verspricht, weil etwa eine Beseitigung des Schimmels vom Befallsgrad her nicht mehr möglich erscheint.
Siehe / Siehe auch: Mietminderung, Sachmangel (im Mietrecht)

Allesbrenner

multi-fuel stove

Heizkessel, der verschiedenartige Brennstoffe verwerten kann (z. B. alle Festbrennstoffe). Die Bezeichnung wird für Einzelöfen/Kaminöfen ebenso verwendet wie für Heizkessel mit Anschluss an die Hausheizung. Dem Vorteil der Verwendbarkeit verschiedener Brennstoffe steht der Nachteil gegenüber, dass auf einen bestimmten Brennstoff ausgelegte Öfen meist höhere Wirkungsgrade erzielen. Allesbrenner dürfen nicht als private Müllverbrennungsanlage missverstanden werden. Verbrannt werden dürfen nur geeignete und zulässige Materialien (z. B. unbehandeltes Naturholz, keine Möbelreste oder behandelten Holzteile).
Seit Inkrafttreten der reformierten 1. Bundesimmissionsschutzverordnung (Verordnung über kleine und mittlere Feuerungsanlagen) am 22.3.2010 gelten auch für kleinere Heizanlagen Grenzwerte etwa für die Feinstaubemission und weitere Regelungen. Ältere Öfen müssen abhängig vom Datum auf dem Typenschild innerhalb bestimmter Fristen mit Filtern nachgerüstet oder ausgetauscht werden.
Siehe / Siehe auch: Stirling-Motor, Kleinfeuerungsanlagen-Verordnung

Allgemeine Bausparbedingungen (ABB)

General Saving Contract Terms

In den allgemeinen Bausparbedingungen sind die rechtlichen Grundlagen des Bausparvertrages zwischen Bausparkasse und Bausparer gemäß dem Bausparkassengesetz geregelt. Die Bausparkasse händigt dem Sparer bei Vertragsabschluss die ABB aus. Regelungsinhalte sind insbesondere Höhe und Fälligkeit der Leistungen des Bausparers und der Bausparkasse, die Verzinsung der Bauspareinlagen und der Bauspardarlehen, Zuteilungsvoraussetzungen und Zuteilungsverfahren Auszahlungsbedingungen, die Höhe der Gebühren u.a.

Allgemeine Geschäftsbedingungen (AGB)

General Terms and Conditions

Allgemeine Geschäftsbedingungen sind vorformulierte Vertragsbedingungen, die der Verwender dieser Bedingungen dem Kunden im Geschäftsverkehr „stellen" will. Sie unterliegen einer besonderen Inhaltskontrolle durch die Gerichte. Diese entscheiden im Rechtsstreit darüber, ob bestimmte Bedingungen den Vertragspartner unangemessen benachteiligen oder ob sie zulässig sind. Die Regelungen fanden sich früher in einem eigenen Gesetz, dem ABG-Gesetz, bis sie dann im Zuge der Schuldrechtsreform in teils veränderter Fassung in das BGB übernommen wurden. Im Geschäftsverkehr zwischen Kaufleuten gelten die Vorschriften über AGB nur eingeschränkt. Dabei gelten nur solche vorformulierten Vertragsbedingungen als AGB, die bestimmt sind, in einer „Vielzahl" von Fällen eingesetzt zu werden. Bei vorformulierten Geschäftsbedingungen im Geschäftsverkehr mit Verbrauchern kommt es dagegen nicht auf diesen Bestimmungszweck an. Das Gesetz unterwirft hier bereits die einmalige Verwendung dieser Geschäftsbedingung der gerichtlichen Inhaltskontrolle. Unter die Inhaltskontrolle fallen auch notarielle Verträge. Gerichtlicher Beurteilungsmaßstab dafür, ob eine Geschäftsbedingung den Vertragspartner, der sich ihr unterworfen hat, unangemessen benachteiligt, ist meistens das gesetzliche Leitbild. Eine unangemessene Benachteiligung kann sich unabhängig davon aber auch ergeben, wenn wesentliche Rechte und Pflichten, die sich aus der Natur des Vertrages ergeben, so eingeschränkt werden, dass die Erreichung des Vertragszweckes gefährdet ist.
Beim Maklervertrag ist gesetzliches Leitbild vor allem § 652 BGB, in dem die Voraussetzungen für das Entstehen eines Provisionsanspruchs geregelt sind. Wird in Vertragsbedingungen hiervon wesentlich abgewichen, können diese im Rechtsstreit nicht durchgesetzt werden. Dies gilt z. B. für den qualifizierten Alleinauftrag, der bei einer entsprechenden Konstellation dem Makler auch dann zu einem Provisionsanspruch verhelfen würde, wenn er einen Kunden, mit dem der Vertrag geschlossen wurde, weder nachgewiesen noch mit ihm Verhandlungen geführt hat. Ursprüngliche Allgemeine Geschäftsbedingungen können nachträglich dadurch

wirksam werden, dass sie vom Verwender für den Vertragspartner deutlich erkennbar zur Verhandlungssache erklärt werden. Es genügt dabei nicht, dass nur ihr Inhalt erklärt wird. Vielmehr muss für den Vertragspartner die Möglichkeit bestehen, die Bedingung durch eine andere, von ihm vorgeschlagene Bedingung ersetzen zu können. Ob der Vertragspartner von dieser Möglichkeit Gebrauch macht, ist dabei nicht entscheidend. Eine so zur Disposition gestellte Bedingung wird zur Individualvereinbarung. Im immobilienwirtschaftlichen Geschäftsbereich haben AGB-Fragen besonders auch bei Formularmietverträgen, Darlehensverträgen und Bauverträgen besondere Bedeutung. Sie unterliegen also grundsätzlich der Inhaltskontrolle durch die Gerichte. Wer in seinen Allgemeinen Geschäftsbedingungen oder Formularverträgen unwirksame Bestimmungen verwendet, muss nicht nur damit rechnen, den Prozess zu verlieren (Beispiele: Hinzuziehungsklausel, Verweisungsklausel, Vorkenntnisklausel). Wie bisher nach dem Gesetz über Allgemeine Geschäftsbedingungen, AGBG, kann er nun nach § 1 des Unterlassungsklagengesetzes, UklaG, auf Unterlassung und Widerruf in Anspruch genommen werden.

Siehe / Siehe auch: Alleinauftrag, Individualvereinbarung, Maklervertrag, Verbraucher, Hinzuziehungsklausel / Verweisungsklausel (Maklergeschäft), Unterlassungsklagengesetz (UklaG)

Allgemeine Geschäftsbedingungen im Mietrecht

General Terms and Conditions for the law of tenancy

Allgemeine Geschäftsbedingungen (AGB) müssen strengen gesetzlichen Anforderungen genügen – früher nach dem AGB-Gesetz, heute nach den Vorschriften der §§ 305 ff. BGB. Unter anderem unterliegen sie der Inhaltskontrolle, das heißt sie sind unwirksam, wenn sie den Vertragspartner des Verwenders unangemessen benachteiligen. Sie werden nicht Vertragsbestandteil, wenn sie so ungewöhnlich sind, dass der Vertragspartner mit einer solchen Klausel nicht rechnen muss. Die Folge ist, dass die jeweilige Klausel unwirksam ist, der Vertrag jedoch weiterbesteht. An Stelle der unwirksamen Klausel gilt die jeweilige gesetzliche Regelung. Unklarheiten gehen zu Lasten des Verwenders. Im Mietrecht ist die Unterscheidung zwischen Allgemeinen Geschäftsbedingungen und individuell ausgehandelten Klauseln wichtig. Immer wieder finden sich in Mietverträgen Klauseln, die nach den Regeln der Inhaltskontrolle unwirksam wären. Hier kommt es schnell zum Streit darüber, ob unwirksame AGB oder wirksame individuelle Klauseln vorliegen.

Als Allgemeine Geschäftsbedingungen bezeichnet man alle für eine Vielzahl von Verträgen vorformulierten Vertragsbedingungen, die eine Vertragspartei (Verwender) der anderen Vertragspartei bei Abschluss eines Vertrags vorgibt. Unwesentlich ist, ob die Regelungen einen äußerlich gesonderten Vertragsteil bilden oder in die Vertragsurkunde selbst aufgenommen werden. Auch ihr Umfang, ihre Schriftart und Form sind nicht entscheidend. Nicht als Allgemeine Geschäftsbedingungen gelten Vertragsbedingungen, die zwischen den Vertragsparteien im Einzelnen ausgehandelt sind. Vor Gericht gilt die handschriftliche Einfügung einer Klausel zumindest als Indiz für eine individuell ausgehandelte Regelung, während ein nicht abgeänderter Vordruck z.B. vom Eigentümerverein grundsätzlich als AGB angesehen wird.

„Für eine Vielzahl von Verträgen vorformuliert" bedeutet nach den Gerichten, dass zumindest eine Verwendung in drei Fällen beabsichtigt war (BGH, Urteil vom 27. September 2001 - VII ZR 388/00). Überholt ist dies für Verträge zwischen Unternehmern und Privatleuten. Nach § 310 BGB gelten Regelungen, die von Unternehmern gegenüber Verbrauchern verwendet werden, bereits bei einmaliger Verwendung als AGB. Dies betrifft z. B. Mietverträge von Wohnungsgesellschaften. Bei Gewerbemietverträgen gilt letzteres nicht, da hier kein Verbraucher geschützt werden muss. Viele der Regelungen der §§ 305 ff. BGB gelten nicht für Verträge unter Unternehmern. Einige Beispiele für unwirksame Klauseln:

- „Der Mieter hat die Hausgebühren zu tragen" (unbestimmte Formulierung)
- „Der Mieter zahlt eine Einzugskostenpauschale von...", geregelt in der Hausordnung (überraschend, da an unüblicher Stelle geregelt)
- „Der Mieter hat die Wohnung besichtigt und verzichtet auf jede Mietminderung und Schadenersatzforderung" (u.a. unzulässiger Haftungsausschluss, § 309 Nr. 12 b und Nr. 7 BGB).
- „Kosten, die mit dem Vertragsabschluss zusammenhängen, gehen zu Lasten des Mieters" (überraschende und unklare Klausel)
- Beidseitiger Kündigungsverzicht für fünf Jahre (unangemessene Benachteiligung).

Siehe / Siehe auch: Allgemeine Geschäftsbedingungen (AGB)

Allgemeines Gleichbehandlungsgesetz

General Principle of Equal Treatment

Nach langen Verhandlungen und vielen Nachbesserungen ist am 18.08.2006 das Allgemeine Gleichbehandlungsgesetz (AGG) in Kraft getreten. Das Gesetz setzt vier europarechtliche Richtlinien in deutsches Recht um. Es zielt darauf ab, Benachteiligungen aus Gründen der Rasse, ethnischen Herkunft, des Geschlechts, der Religion oder Weltanschauung, des Alters, einer Behinderung oder der sexuellen Identität zu beseitigen oder ganz zu verhindern. Grundsätzlich ist nach diesem Gesetz die Ungleichbehandlung aus den genannten Motiven untersagt. Wenn ein sachlicher Grund vorliegt, ist jedoch eine Verletzung des Benachteiligungsgebots ausnahmsweise zulässig. Solche Gründe können z. B. die Vermeidung von Gefahren oder das Bedürfnis nach Schutz der Intimsphäre sein.

Das AGG behandelt den Zugang zu:

- Beschäftigung und Beruf
- Waren und Dienstleistungen (einschließlich Wohnraum).

Es findet keine Anwendung bei:

- Familien- oder Erbrecht
- Vertragsbeziehungen, bei denen ein besonderes Nähe- oder Vertrauensverhältnis der Vertragspartner oder ihrer Angehörigen entsteht. Z. B. Mieter und Vermieter beziehungsweise deren Angehörige nutzen Wohnräume auf dem gleichen Grundstück beziehungsweise im gleichen Haus.

Eine Benachteiligung aus Gründen der Rasse oder wegen der ethnischen Herkunft, wegen des Geschlechts, der Religion, einer Behinderung, des Alters oder der sexuellen Identität ist bei der Begründung, Durchführung und Beendigung zivilrechtlicher Schuldverhältnisse unzulässig, wenn es sich um sogenannte „Massengeschäfte" handelt. Dies sind Geschäfte, die „typischerweise ohne Ansehen der Person zu vergleichbaren Bedingungen in einer Vielzahl von Fällen zustande kommen" oder bei denen die betreffende Person nach der Art des Vertragsverhältnisses von nachrangiger Bedeutung ist und derartige Verträge in einer Vielzahl von Fällen zu vergleichbaren Bedingungen zustande kommen. Das Anbieten einer Vielzahl von Wohnungen ist ein Massengeschäft. Unter einer Vielzahl von Wohnungen versteht man in der Regel über 50.

Bei der Vermietung von Wohnraum darf jedoch auch bei Nicht-Massengeschäften keine Benachteiligung aus Gründen der Rasse oder wegen der ethnischen Herkunft stattfinden (§ 19 Abs. 2 AGG). Das bedeutet: Vermietet ein Eigentümer z. B. nur ein oder zwei Wohnungen, darf keine Diskriminierung aus den genannten zwei Gründen stattfinden. Bei einer Vermietung von über 50 Wohnungen ist der gesamte Katalog von Diskriminierungsgründen zu vermeiden.

Bei der Vermietung von Wohnraum erlaubt das AGG andererseits ausdrücklich, Mietinteressenten unterschiedlich zu behandeln, um die Schaffung und Erhaltung sozial stabiler Bewohnerstrukturen, ausgewogener Siedlungsstrukturen und ausgeglichener wirtschaftlicher, sozialer und kultureller Verhältnisse zu gewährleisten. Unter diesen Gesichtspunkten ist also im Einzelfall ausnahmsweise eine Ungleichbehandlung zulässig. Drei Jahre nach Einführung des AGG zeichnet sich ab, dass die befürchtete Klagewelle im Mietrecht ausgeblieben ist. Grund ist unter anderem, dass der Kläger meist erhebliche Schwierigkeiten haben wird, eine Diskriminierung zu beweisen. Gerichtsurteile zum Allgemeinen Gleichbehandlungsgesetz sind eher im Bereich des Arbeitsrechts gefällt worden.

Allgemeines Wohngebiet WA (Bauplanungsrecht)

general residential area

Allgemeine Wohngebiete sind von den vier Wohngebietsarten, die die BauNVO beschreibt, das am häufigsten festgesetzte Wohngebiet. Sie haben nicht den strengen Wohncharakter des reinen Wohngebietes, denn sie dienen nur „vorwiegend" dem Wohnen. Was im allgemeinen Wohngebiet an Bauvorhaben zulässig bzw. ausnahmsweise zulässig ist, ergibt sich aus § 4 BauNVO. Das typische Profil des allgemeinen Wohngebietes ist geprägt durch Wohngebäude, Läden, Gastwirtschaften und nicht störende Handwerksbetriebe. Außerdem können Anlagen für kirchliche, kulturelle, soziale, gesundheitliche und sportliche Zwecke errichtet werden.

Zu den im Ausnahmekatalog stehenden möglichen Vorhaben zählen Betriebe des Beherbergungsgewerbes (ohne Größenbegrenzung), nicht störende Gewerbebetriebe, Verwaltungsgebäude, Gärtnereien und auch Tankstellen. Garagen sind nur für den durch die zugelassene Nutzung verursachten Bedarf zulässig. Beurteilungsprobleme bei allgemeinen Wohngebieten ergeben sich oft, wenn festgestellt werden soll, welcher Gewerbebetrieb nicht störend ist bzw. ab wann von einem störenden Gewerbebetrieb auszugehen ist. Als Immissionsrichtwerte gelten tagsüber 55 Dezibel und nachts 40 Dezibel. Störungsquellen sind aber nicht nur Lärmimmissionen, sondern auch Beeinträchtigungen durch

Geruchsimmissionen z. B. von an das allgemeine Wohngebiet angrenzenden landwirtschaftlichen Nutzungen. Die Verdichtungsgrenzen im allgemeinen Wohngebiet liegen bei 0,4 Gundflächenzahl und 1,2 Geschossflächenzahl.

Siehe / Siehe auch: Wohngebiete (nach BauNVO), Reines Wohngebiet WR (Bauplanungsrecht), Grundflächenzahl (GRZ) - zulässige Grundfläche (GR), Geschossflächenzahl (GFZ) - Geschossfläche (GF)

Allokation
allocation

Unter Allokation bezeichnet man in der Volkswirtschaftslehre das Phänomen des ständigen Wechsels knapper Ressourcen von Produktionen mit abnehmender zu Produktionen mit zunehmender Produktivität beziehungsweise Rentabilität. Hiervon abgeleitet wird in der Immobilienwirtschaft das Anlageverhalten bezeichnet, das zur höchstmöglichen Ergiebigkeit der Gesamtanlage führt. Dabei steht eine gezielte Streuung des Immobilienbesitzes nach Entwicklungschancen Vordergrund.

Altbau / Neubau
old building / new building

Zwischen Alt- und Neubau wird in vielen Rechtsgebieten unterschieden. Sie sind aber allgemeingültig an keiner Stelle genau definiert. Es handelt sich vielmehr um ein Unterscheidungsmerkmal, welches vorwiegend wohnungswirtschaftlich und steuerlich von Bedeutung ist. Je nach Art der Vorschrift sind die Abgrenzungen unterschiedlich:

1. Wohnungswirtschaft

Alle Wohnungen, die nach dem 20.06.1948 (Tag der Einführung der Deutschen Mark) bezugsfertig geworden sind, gelten im Sinne der Neubaumietenverordnung im Rahmen des preisgebundenen Wohnungsbaus als Neubauten. Im Umkehrschluss ergibt sich daraus, dass die vorher fertiggestellten Wohnungen dem Altbau zuzuordnen sind.

2. Steuerrecht – Begriff der Fertigstellung

Bei der steuerlichen Unterscheidung zwischen Alt- und Neubau kommt es in der Regel auf den Zeitpunkt der Fertigstellung an. Ein Objekt gilt als fertiggestellt, wenn alle wesentlichen Arbeiten ausgeführt worden sind und die Wohnung bewohnbar ist. Ob es bereits durch die Baubehörde abgenommen wurde, ist steuerlich unbedeutend. Zieht der Eigentümer bereits in das Haus ein, bevor alle wichtigen Arbeiten abgeschlossen sind, so gilt das Objekt als nicht fertiggestellt. Solche wichtigen Arbeiten sind zum Beispiel Türen oder Fenster, sanitäre Einrichtungen oder der Anschluss an die Versorgungsleitungen. Es muss die Möglichkeit zum Anschluss einer Küche bestehen. Geringfügige Restarbeiten schließen die Bezugsfertigkeit nicht aus. Auch ist für die steuerliche Fertigstellung nicht die endgültige Gesamtfertigstellung (einschl. Außenanlagen) maßgeblich.

2.1. Selbstgenutzte Immobilien

Eine Immobilie galt im Sinne des Eigenheimzulagengesetzes als Neubau, wenn sie spätestens bis zum Ende des zweiten auf das Jahr der Fertigstellung folgenden Jahres angeschafft worden ist. Bei Anschaffung eines Objektes im Jahr 2004 muss für einen Neubau die Fertigstellung somit im Jahr 2002, 2003 oder 2004 erfolgt sein. Ob ein Objekt schon einmal bezogen (= gebraucht) war, war für die Abgrenzung Altbau/Neubau hier unerheblich. Mit Abschaffung des Eigenheimzulagengesetzes ab 01.01.2006 ist diese Unterscheidung irrelevant geworden.

2.2. Vermietungsobjekte

Die Abgrenzung zwischen Alt- und Neubau ist für die Art und Höhe der Abschreibung von Bedeutung. Die attraktiveren Abschreibungen, wie degressive AfA oder erhöhte AfA, konnte bislang der Eigentümer nur für einen steuerlichen Neubau beanspruchen. Ein solcher liegt vor, wenn die Immobilie im Jahr der Fertigstellung angeschafft wird. Ein beispielsweise im Jahr 2001 fertiggestelltes Objekt gilt somit nur dann als Neubau, wenn dieses auch im selben Jahr vom Verkäufer an den Käufer übergeben worden ist. Wird eine bautechnisch neue Immobilie erst im Folgejahr der Fertigstellung angeschafft, dann liegt ein steuerlicher Altbau vor.

Bei erheblichen Sanierungen kann auch bei einer Altimmobilie ausnahmsweise ein steuerlicher Neubau vorliegen, wenn im Zuge der Baumaßnahmen auch die wesentliche Substanz, wie die tragenden Gebäudeteile, erneuert worden ist. Eine stichtagsbezogene Altersunterscheidung ergibt sich bei der normalen AfA, wo zwischen Fertigstellungszeiträumen vor dem 01.01.1925 (2,5 Prozent AfA) und solchen nach dem 31.12.1924 (zwei Prozent AfA) unterschieden wird.

Die Altersstruktur der Wohngebäude in Deutschland nach den Zahlen des Statistischen Bundesamtes sieht wie folgt aus:

(Nach dieser Statistik des Statistischen Bundesamtes gehören nach dem wohnungswirtschaftlichen Einteilungsschema in Westdeutschland nur noch 24 Prozent der Wohngebäude zum Altbau, in Ostdeutschland dagegen noch 42 Prozent.)

Wohneinheiten in Gebäuden mit Wohnraum nach Baujahr 2006

Baujahr	Deutschland	West ohne Berlin	Ost mit Berlin
bis 1918	5.673	3.515	2.157
1919 - 1948	5.389	3.626	1.763
1949 - 1978	18.301	15.680	2.621
1979 - 1990	5.237	4.017	1.220
1991 - 1995	1.630	1.312	318
1996 - 2000	2.023	1.490	534
2001 - 2004	1.061	840	221
ab 2005	237	206	31
insgesamt	**39.550**	**30.686**	**8.864**

Quelle: Destatis, Angaben in Tausend

Altbaumietenverordnung

German ordinance on rents of pre-currency-reform dwellings

Altbaumietenverordnungen legten früher eine Mietpreisbindung für Altbauten fest. Sie galten für Gebäude, die vor dem 28.6.1948 fertig gestellt worden waren und beruhten auf dem Modell der Brutto- oder Inklusivmiete, die die Betriebskosten mit einschloss. Altbaumietenverordnungen legten ferner der Wohnflächenberechnung andere als die heute üblichen Maßstäbe zugrunde. Bekanntes Beispiel ist die Berliner Altbaumietenverordnung, die mit Wirkung zum 1.1.1988 aufgehoben wurde.

Siehe / Siehe auch: Neubaumietenverordnung

Altbaumodernisierung

modernisation/refurbishment of old buildings

Darunter wird meist eine umfassende Erneuerung bestehender Gebäude verstanden. Eines der Hauptziele der Altbaumodernisierung ist die energetische Sanierung, d.h. die Verbesserung der Energiebilanz des Objektes. Durch Wärmedämmung der Fassade und des Daches sowie Einbau einer zeitgemäßen Heizanlage und moderner Fenster lassen sich die Kosten für den Energieverbrauch um bis zu 65 Prozent verringern. Die umfassende Modernisierung eines Altbaus sollte mit der Wärmedämmung der Fassade beginnen. So kann z. B. eine Außendämmung installiert werden, vor die Verblendmauerwerk gesetzt wird. Weniger aufwändig, aber auch weniger effektiv ist eine Innendämmung der Wände. Als nächster Schritt ist das Dach zu dämmen. Erhebliche Energieeinsparungen versprechen Wärmeschutzfenster. Das Entweichen von Wärme nach unten wird durch eine Dämmung der Kellerdecke erreicht. Eine moderne Heizanlage rundet das Energiesparprogramm ab. Bei vielen älteren Häusern ist die Feuchtigkeitsisolierung des Kellers im Laufe der Zeit schadhaft geworden. Hier empfiehlt sich eine Prüfung, ob von außen eine neue Isolierschicht aufgetragen werden muss. Alternativen sind auch hier Innendämmungen oder das Einspritzen von Isoliermaterial in das Mauerwerk. Berücksichtigt werden sollte auch die Erneuerung des elektrischen Systems. In vielen Altbauten finden sich noch Elektrokabel, die modernen Verhältnissen nicht angepasst sind. Folge sind herausgesprungene Sicherungen bei Einschalten mehrerer Elektro-Großgeräte. Wenn alte Leitungen dauerhaft überlastet werden (z. B. durch Hintereinanderhängen mehrerer Mehrfachsteckdosen) besteht Brandgefahr. Nicht vergessen werden sollten auch die Rohrleitungen. Sind Abflussrohre schadhaft, sind noch alte Wasserrohre aus Blei verbaut?

Bei der Altbaumodernisierung helfen spezialisierte Fachbetriebe. Eine qualifizierte Planung des Gesamtprojektes durch einen Fachmann kann Kosten sparen (z. B. Verwendung eines Baugerüstes für mehrere Modernisierungsbereiche). Vor dem Kauf eines zu modernisierenden Altbauobjektes kann ein unabhängiger Bausachverständiger den Umfang der notwendigen Arbeiten ermitteln. Die KfW bietet Förderprogramme an, die Eigentümern von Altbauten beim Modernisieren finanziell unter die Arme greifen können. Weitere Infos: www.kfw-foerderbank.de.

Bauherren sollten ferner prüfen, ob ein Einsatz regenerativer Energieträger in Betracht kommt.

So kann eine solarthermische Anlage in unseren Breiten 60 Prozent des Jahresbedarfs an Trinkwarmwasser für ein Einfamilienhaus erwärmen. Auch Strom kann über Solarzellen erzeugt werden. Verschiedene Heizkonzepte verbinden konventionelle und neuartige Heizmethoden miteinander und helfen Energie sparen – unter Umständen kann auch ins öffentliche Netz eingespeister Strom dazu beitragen, die neue Heizanlage mit zu finanzieren. Auch diesem Bereich gibt es in Fördermittel von der KfW sowie von Bundesländern und Gemeinden. Bei der Altbaumodernisierung müssen u.a. die folgenden gesetzlichen Regelungen beachtet werden:

- Denkmalschutzgesetz
- Energieeinsparverordnung (EnEV)
- Baugesetzbuch (BauGB)
- 1. Bundesimmissionsschutzverordnung (Heizanlage)
- Landesbauordnung
- örtliche Bebauungspläne der Gemeinden

Siehe / Siehe auch: Energieeinsparverordnung (EnEV)

Altengerechtes Wohnen

accommodation designed for the requirements of the elderly

Den speziellen Wohnbedürfnissen alter Menschen sollen Empfehlungen gerecht werden, die unter dem Schlagwort des altengerechten Wohnens vom Bundesministerium für Verkehr, Bau- und Wohnungswesen zusammengestellt worden sind. Sie gehen von einer mit zunehmendem Alter einhergehenden Einschränkung der Bewegungsfähigkeit der älter werdenden Menschen aus. Die Empfehlungen beziehen sich vor allem auf Ausstattungsnotwendigkeiten im Sanitärbereich (Bad, WC, Dusche), in den Küchen und Schlafzimmern, sowie innerhalb des Gebäudes auf Zugänge und Treppen. Mit Hilfe entsprechender Wohnkonzepte soll älteren Menschen eine möglichst lange Zeit ein selbständiges, unabhängiges Wohnen in vertrauter Umgebung ermöglicht werden. Viele Menschen stehen mit zunehmendem Alter vor der Frage, ob sie ihre bisherige Wohnung behalten und ggf. durch bauliche Änderungen anpassen sollen, oder ob ein Umzug in ein bereits von vornherein altersgerecht konzipiertes Wohnobjekt erforderlich ist. Die genannten Empfehlungen können bei dieser Entscheidung helfen. Bei Konzepten des so genannten „Betreuten Wohnens“ ist zu beachten, dass dieser Begriff nicht gesetzlich geschützt ist. Hier sollte also vom Bewohner besonderer Wert darauf gelegt werden, dass auch tatsächlich alle Ausstattungsnotwendigkeiten beachtet wurden und dass gegebenenfalls eine ständige medizinische Versorgung im Haus möglich ist.

Siehe / Siehe auch: Barrierefreiheit, Betreutes Wohnen

Altenheim

retirement home; home for the aged; old people's home

Altenheim oder Altersheim steht in der Umgangssprache für eine Einrichtung, die die Unterbringung von alten Menschen mit Betreuung und Pflege verbindet. In der Praxis gibt es wenige „Altenheime“ die nur dem Wohnen dienen und keine Pflegemöglichkeit bieten. Oft wird von Betreibern versucht, den negativen Klang der Bezeichnung „Altenheim“ durch die Verwendung von Bezeichnungen wie „Seniorenheim“ zu vermeiden. Träger können sowohl Gemeinde- oder Kreisverwaltungen wie auch die Kirche, gemeinnützige Organisationen oder kommerzielle Betreiber sein. In Deutschland, Österreich und der Schweiz existieren gesetzliche Regelungen über die Finanzierung der Kosten für Einrichtungen der Altenhilfe. Aufgrund dieser Regelungen werden behördlicherseits Vergütungssätze pro Tag und Bewohner festgesetzt, die die Kosten für Unterbringung, Betreuung, Essen und Trinken sowie Pflege einschließen. Bezahlt wird diese Vergütung vom Bewohner mit Hilfe seiner Pflegeversicherung bzw. seiner Rentenbezüge.

Zwischen Bewohnern und Heimträger wird ein Heimvertrag geschlossen, der im Einzelnen Leistungen, Vergütungsbeträge und Rechte und Pflichten der Beteiligten regelt. Bedarf ein Heimbewohner der Pflege, wird durch den Medizinischen Dienst der Krankenkassen auf der Grundlage seines körperlichen Zustandes seine Pflegestufe festgesetzt. Es gibt vier Pflegestufen, die Zugehörigkeit zur jeweiligen Stufe wird regelmäßig überprüft. Die Kosten der Pflege steigen von Stufe zu Stufe.

Die gesetzlichen Anforderungen an Altenheime regelt das Heimgesetz (HeimG). Es schreibt unter anderem regelmäßige Überprüfungen durch die kommunale Heimaufsicht vor und ermöglicht eine Mitbestimmung der Bewohner. Nicht jede Wohneinrichtung für Senioren unterliegt allerdings dem Heimgesetz und dieser Kontrolle. Die Voraussetzungen dafür sind, dass die Einrichtung außer Wohnraum auch Betreuung und Verpflegung bereitstellt, unabhängig von der Anzahl der Bewohner existiert und entgeltlich betrieben wird. Das Heimgesetz gilt in der Regel nicht für Einrichtungen, bei denen der Wohnraum schlicht vermietet wird und der Vermieter Serviceverträge für Verpflegung und Pflege mit externen Dienstleisten abschließt. Im Zweifel kann die zuständige Heimaufsicht bei Gemeinde oder Kreis Auskunft darüber geben, ob die Einrichtung ihrer Kontrolle unterliegt. Einrichtungen für „Betreutes Wohnen" gelten in der Regel nicht als Heim im Sinne des Heimgesetzes. Im Zweifel kann die zuständige Heimaufsicht bei Gemeinde oder Kreis Auskunft darüber geben, ob die Einrichtung ihrer Kontrolle unterliegt. Der Heimvertrag zwischen Bewohner und Altenheim war bis September 2009 ebenfalls im Heimgesetz geregelt. Seit 01.10.2009 ist für den Heimvertrag das Wohn- und Betreuungsvertragsgesetz einschlägig. Die Neuregelung soll den Verbraucherschutz verbessern; sie gibt den Bewohnern mehr Rechte. Der Betreiber darf jetzt nur noch aus wichtigen Gründen den Vertrag kündigen.

Neu ist auch, dass für typische Formen des „Betreuten Wohnens" nun ebenfalls das Wohn- und Betreuungsvertragsgesetz gilt. Ausreichend ist, dass sich der Betreiber zum Vorhalten von Pflege- oder Betreuungsleistungen verpflichtet. Zu beachten ist jedoch, dass der Begriff „Betreutes Wohnen" nach wie vor nicht gesetzlich definiert ist. Konstruktionen, bei denen der Anbieter lediglich den Wohnraum zur Verfügung stellt, Serviceeinrichtungen wie Notrufsystem und hauswirtschaftliche Unterstützung anbietet; Pflegeleistungen aber nur vermittelt, werden auch vom Wohn- und Betreuungsvertragsgesetz nicht erfasst. Weitere für Altenheime relevante Rechtsvorschriften:

- Heim-Mindestbauverordnung (HeimMindBauVO): Baurechtliche Anforderungen an Altenheime
- Heim-Mindestpersonalverordnung: Danach muss mindestens die Hälfte des Personals aus ausgebildeten Pflegefachkräften bestehen.
- Altenpflegegesetz: Ausbildung, Erlaubnis und Berufsausübung für Altenpfleger.
- Neuntes Sozialgesetzbuch (SGB IX): Rehabilitation und Teilhabe behinderter Menschen

Siehe / Siehe auch: Altengerechtes Wohnen, Altenheimvertrag, Altenheimvertrag, Vertragsdauer/ Kündigung, Betreutes Wohnen, Heimgesetz, Wohn- und Betreuungsvertragsgesetz (WBVG)

Altenheimvertrag

Retirement Home Contract

Der Altenheimvertrag ist seit 01.10.2009 nicht mehr im Heimgesetz geregelt. Das Heimgesetz gibt es weiterhin, es enthält weiterhin die übrigen Regelungen über Heime (z. B. Mitbestimmung der Bewohner, behördliche Heimaufsicht). Für den Heimvertrag ist nun das Wohn- und Betreuungsvertragsgesetz (WBVG) maßgeblich. Es stärkt die Rechte für die Heimbewohner und erlaubt eine einseitige Vertragskündigung durch den Betreiber nur noch bei Vorliegen eines wichtigen Grundes (z. B. Betriebseinstellung, Fehlen von qualifiziertem Personal). Das Gesetz gilt auch für typische Formen des Betreuten Wohnens, allerdings nicht für das sogenannte Service-Wohnen, bei dem der Anbieter in erster Linie den Wohnraum zur Verfügung stellt und Service- bzw. Pflegeleistungen von Fremdanbietern erbracht und durch den Heimbetreiber nur vermittelt werden.

Der Heimvertrag wird zwischen dem Träger eines Heimes und dem neuen Bewohner abgeschlossen und regelt sowohl das Wohnen im Heim als auch die Betreuung beziehungsweise Pflegeleistungen. Für den Vertrag ist die Schriftform vorgeschrieben. Es sind also eigenhändige Unterschriften erforderlich, ein Vertragsabschluss in elektronischer Form (E-Mail) kann nicht erfolgen. Der Vertrag muss Rechte und Pflichten des Trägers und das vom Bewohner zu zahlende Entgelt regeln. Nach dem Gesetz muss das Entgelt im Vergleich zu den Leistungen angemessen sein und für alle Bewohner nach den gleichen Grundsätzen ermittelt werden. Bewohner haben das Recht, sich bei der zuständigen Behörde (Heimaufsicht der Gemeinde) beraten zu lassen oder sich über mangelhafte Leistungen zu beschweren.

Das Gesetz schreibt vor, dass bei erheblichen Mängeln der vertraglichen Leistungen des Heimes die Bewohner neben zivilrechtlichen Ansprüchen auch eine Kürzung des Heimentgelts für bis zu sechs Monate rückwirkend verlangen können. Nach § 8 WBVG müssen die vertraglichen Leistungen vom Träger soweit möglich an einen erhöhten oder verringerten Betreuungsbedarf des Bewohners angepasst werden. Der Bewohner kann die Anpassung auch nur zum Teil in Anspruch nehmen. Eine entsprechende Änderung des Entgeltes kann verlangt werden. Der Träger darf auch – in angemessenem Rahmen – eine Erhöhung des Entgelts fordern, weil sich die Berechnungsgrundlage verändert hat und die Erhöhung für das Heim betriebsnotwendig ist (§ 9 WBVG). Nach einem Urteil des Bundesverwaltungsgerichts endet der Heimvertrag mit dem Sterbetag des Heimbewohners, wenn dieser stationäre Leistungen der sozialen Pflegeversicherung bezieht. Die nach dem WBVG grundsätzlich bestehende Möglichkeit, die Vertragsdauer über den

Tod hinaus zu verlängern, würde durch das Pflegeversicherungsrecht blockiert. Mögliche Leerstandszeiten seien schon bei der Bemessung der Pflegesätze berücksichtigt worden; der Betreiber könne hier keine zusätzliche Vergütung fordern (Urteil vom 02.06.2010, Az. 8 C 24.09).

Siehe / Siehe auch: Altenheim, Altenheimvertrag, Vertragsdauer/Kündigung, Betreutes Wohnen, Heimgesetz, Wohn- und Betreuungsvertragsgesetz (WBVG)

Altenheimvertrag, Vertragsdauer / Kündigung

Retirement Home Contract, Duration of Contract / Termination

Für den Altenheimvertrag ist seit 01.10.2009 nicht mehr das Heimgesetz, sondern das Wohn- und Betreuungsvertragsgesetz (WBVG) maßgeblich. Altenheimverträge werden nach § 4 WBVG auf unbestimmte Zeit geschlossen; wenn dies im Interesse des neuen Bewohners liegt, ist auch eine befristete Aufnahme möglich.

Kündigung durch Bewohner

Vom Bewohner kann der Heimvertrag spätestens am dritten Werktag eines Kalendermonats für den Ablauf desselben Monats schriftlich gekündigt werden. Abweichend davon kann die Kündigung bei Erhöhung des Heimentgelts jederzeit für den Zeitpunkt stattfinden, zu dem die Erhöhung wirksam werden soll. Die außerordentliche fristlose Kündigung des Heimvertrages ist möglich, wenn dem Bewohner die Fortsetzung bis Ablauf der Kündigungsfrist unzumutbar ist. Falls der Betreiber die zur Kündigung führenden Zustände zu vertreten hat, muss er für den Bewohner eine anderweitige angemessene Unterkunft und Betreuung nachweisen und in gewissem Umfang auch die Umzugskosten ersetzen.

Kündigung durch den Träger

Der Träger kann den Heimvertrag nur aus wichtigem Grund kündigen. Ein wichtiger Grund liegt vor, wenn

- der Unternehmer den Betrieb einstellt, wesentlich einschränkt oder in seiner Art verändert und die Fortsetzung des Vertrags für den Unternehmer eine unzumutbare Härte bedeuten würde,
- der Unternehmer eine fachgerechte Pflege- oder Betreuungsleistung nicht erbringen kann, weil
- der Verbraucher eine vom Unternehmer angebotene Anpassung der Leistungen nicht annimmt oder
- der Unternehmer eine Anpassung der Leistungen aufgrund eines gesetzlich vorgesehenen Leistungsausschlusses nicht anbietet und dem Unternehmer deshalb ein Festhalten an dem Vertrag nicht zumutbar ist,
- der Verbraucher seine vertraglichen Pflichten schuldhaft so grob verletzt, dass dem Unternehmer die Fortsetzung des Vertrags nicht mehr zugemutet werden kann, oder
- der Verbraucher

a) für zwei aufeinander folgende Termine mit der Entrichtung des Entgelts oder eines Teils des Entgelts, der das Entgelt für einen Monat übersteigt, im Verzug ist oder

b) in einem Zeitraum, der sich über mehr als zwei Termine erstreckt, mit der Entrichtung des Entgelts in Höhe eines Betrags in Verzug gekommen ist, der das Entgelt für zwei Monate erreicht.

Eine Kündigung des Vertrages zum Zwecke der Erhöhung des Entgelts ist ausgeschlossen.

Die Kündigung durch den Träger muss begründet werden und schriftlich erfolgen. Wegen ausstehender Zahlungen darf nur gekündigt werden, wenn zuvor eine Abmahnung mit angemessener Zahlungsfrist erfolgt und diese erfolglos verstrichen ist.

Ein gerichtliches Räumungsurteil gegen einen Bewohner, der als Pflegefall im Heim nicht mehr ausreichend versorgt werden kann, kann nach der Rechtsprechung erst erfolgen, wenn das Gericht den Nachweis einer angemessenen anderen Betreuungseinrichtung durch den Heimträger nachgeprüft hat (BGH, Az. III ZR 205/03, Urteil vom 28.10.2004).

Der Heimvertrag endet mit dem Tod der Bewohnerin oder des Bewohners. Vereinbart werden darf eine Fortgeltung des Vertrags bezüglich der Entgeltbestandteile für Wohnraum und Investitionskosten für maximal zwei Wochen nach dem Sterbetag. Für diesen Zeitraum allerdings verringert sich das Entgelt um den Wert der vom Heimträger ersparten Aufwendungen. Allerdings gilt nach einem Urteil des Bundesverwaltungsgerichts, dass Heimverträge mit Bewohnern, die stationäre Leistungen der sozialen Pflegeversicherung erhalten, immer mit dem Sterbetag des Bewohners enden. Eine vertragliche Verlängerung ist hier nicht möglich, entsprechende Vertragsklauseln sind unwirksam. Begründet wurde diese Entscheidung damit, dass die entsprechende Regelung im Pflegeversicherungsrecht dem WBVG vorgeht. Im Rahmen der Verhandlungen

der Pflegesätze seien mögliche Leerstandszeiten der Heimzimmer bzw. Betten bereits berücksichtigt worden, so dass auch unter Kostengesichtspunkten kein Grund für eine Vertragsverlängerung zugunsten des Betreibers vorliege (BVerwG, Urteil vom 2.6.2010, Az. 8 C 24.09).
Siehe / Siehe auch: Altenheim, Altenheimvertrag, Betreutes Wohnen, Heimgesetz, Wohn- und Betreuungsvertragsgesetz (WBVG)

Altenteil

retirement; settlement on retirement; provision for retired farmers

Das Altenteilsrecht bezieht sich auf dinglich gesicherte Nutzungen sowie Sach- und Dienstleistungen aus oder auf einem Grundstück. Zweck des Altenteils ist die leibliche und persönliche Versorgung des Berechtigten im Zusammenhang mit der Übertragung eines in der Regel landwirtschaftlichen Anwesens im Wege der vorweggenommenen Erbfolge. Die Versorgungs- und Pflegeverpflichtung sowie die Einräumung des Wohnungsrechts als Gegenleistung für die Übertragung des Hofes wird als „Leibgeding" bezeichnet. Die dingliche Absicherung erfolgt auf dem übertragenen Anwesen durch Eintragung einer Reallast und – hinsichtlich der Nutzungsrechte – einer beschränkten persönlichen Dienstbarkeit in Form eines Wohnungsrechts.
Siehe / Siehe auch: Reallast, Beschränkte persönliche Dienstbarkeit, Wohnungsrecht

Altersvorsorge

old-age provision

Da die gesetzliche Altersrente aufgrund der sich ständig wandelnden Altersstruktur in Zusammenhang mit dem Generationenvertrag zunehmend zu Anpassungszwängen führt, ist jeder in Deutschland gut beraten, privat für den Lebensabend vorzusorgen. Das bedeutet nichts anderes, als sich möglichst früh für eine langfristig rentable Kapitalanlage zu entscheiden, die im Alter entweder von bestimmten Kosten entlastet oder aber für zusätzliche Einnahmen sorgt. Die optimale Form der privaten Altersvorsorge besteht aus einem ausgewogenen Portfolio, in dem Immobilien einen wertbeständigen Teil darstellen, unabhängig von ihrer Nutzung.
Grundgedanke: Eine schuldenfreie Wohnung oder ein durch Kredite nicht belastetes Haus ersparen in späteren Jahren Mietzahlungen. Instandhaltungsmaßnahmen können beim selbst genutzten Haus, wenn erforderlich, individuell „gestreckt" und vom Kostenvolumen geplant werden. Ein Haus kann nötigenfalls auch „konsumiert" oder im Rahmen des Verkaufes „verrentet" werden. Die Einnahmen aus einem Mietobjekt können nach Steuern und Kosten eine deutliche Aufbesserung der Renteneinnahmen bringen. Aus diesem Grund sollte jeder versuchen, möglichst früh Wohneigentum anzuschaffen. Die private Altersvorsorge wird gefördert. Man spricht von „Riesterförderung". Sie steigt ab Beginn der Renteneinzahlung in vier Schritten an. Neben der Zulage besteht auch die Möglichkeit, die Sparbeiträge steuerlich geltend zu machen.
Seit Januar 2008 kann die Riesterrente auch im Zusammenhang mit dem Kauf, der Errichtung oder Entschuldung von Immobilieneigentum verwendet werden. Man bezeichnet diese Fördermöglichkeit, die als Ersatz für die weggefallene Eigenheimzulage gilt, als „Wohn-Riester". Die staatlichen Zulagen ergeben sich aus nach folgendem Schaubild.

Altersvorsorge

Jahr	Single	Ehepaare*	Kinder**
2004 / 2005	38	76	46
2006 / 2007	76	152	92
2008 / 2009	114	228	138
ab 2009	154	308	185
seit 2008		für neugeborene Kinder	300

Zulage in Euro, * jeder Partner mit eigenem förderungsfähigem Vertrag, ** Zulage zusätzlich zum Kindergeld

Siehe / Siehe auch: Immobilienverrentung, Sofortrente

Alterswertminderung

deduction from (building) value on account of age; percentage reduction in value due to age

Jedes Gebäude hat eine bestimmte Lebens- und Nutzungsdauer. Bei Ermittlung des Sachwertes eines Gebäudes sind einerseits die technische Lebensdauer und andererseits die wirtschaftliche Nutzungsdauer zu berücksichtigen. In der Regel ist die wirtschaftliche Nutzungsdauer (wie lange kann ein Gebäude wirtschaftlich sinnvoll genutzt werden) geringer als die technische Lebensdauer (bedingt durch Alterungs- und Abnutzungserscheinungen). Es kommt somit in der Regel auf die Nutzungsdauer an. Zugrunde gelegt werden eine „übliche" Gesamtnutzungsdauer und eine geschätzte Restnutzungsdauer. Letztere korrigiert die Gesamtnutzungsdauer, wenn Modernisierungsmaßnahmen durchgeführt oder Instandhaltungsmaßahmen unterlassen wurden. Dann geht die Berechnung der Alterswertminderung von einem fiktiven Baujahr aus.

Die Alterswertminderung führt zu einem Abschlag von den ermittelten Gebäudenormalherstellungskosten. Es gibt mehrere Verlaufsformen, die den Prozess der Alterswertminderung nachzeichnen: linear, progressiv (nach Ross), degressiv oder als Kombination von progressiv und degressiv. Die Ross'sche Alterswertminderung zeichnet eine anfänglich geringe Alterswertminderung des Gebäudes nach, die im Laufe der Zeit zunimmt. Vorbild war der Flugverlauf einer von einer Kanone abgefeuerten Granate. Die lineare Alterswertminderung unterstellt einen gleichmäßigen Verlauf, die degressive unterstellt im Verlauf eine anfänglich starke, im Zeitverlauf schwächer werdende Alterswertminderung. Vorschläge haben u. a. auch die TEGOVA, die Arbeitsgemeinschaft der Vorsitzenden der Gutachterausschüsse für Grundstückswerte in Nordrhein-Westfalen (AGVGA)¸ Gerardy, Vogels und Tiemann gemacht.

Siehe / Siehe auch: Sachwert

Althofsanierung

rehabilitation of old farms

Die Althofsanierung bezweckt die Verbesserung der Produktionsgrundlagen landwirtschaftlicher Betriebe. Sie wird von den Landwirtschaftsministerien der Bundesländer aus Mitteln der EU, des Bundes und des Landes gefördert. Die Förderung besteht aus Zinsverbilligungen für Immobilien und Baumaßnahmen. Dabei ist Voraussetzung, dass bestimmte Anforderungen (z. B. bei baulichen Maßnahmen an eine artgerechte Tierhaltung, Mindeststandards in Bezug auf Umwelt und Hygiene) erfüllt werden müssen. Mit der Förderung der Althofsanierung wurde 1955 begonnen. Parallel dazu wurden die Aussiedlung von Betrieben und die landwirtschaftliche Flurbereinigung in Förderprogramme aufgenommen. Seit Einführung der Gemeinschaftsaufgabe zur Verbesserung der Agrarstruktur und des Küstenschutzes wurden etwa 35.000 Althofsanierungen gefördert.

Siehe / Siehe auch: Aussiedlerhof

Altlasten

brownfield site; (suject to) soil contamination; contaminated site; old industrial site

Nach der Definition des Bundes-Bodenschutzgesetzes vom 1.März 1999 gibt es zwei Gruppen von Altlasten, nämlich

1. Stillgelegte Abfallbeseitigungsanlagen und Grundstücke, auf denen Abfälle behandelt, gelagert oder abgelagert worden sind (Altablagerungen).
2. Grundstücke stillgelegter Anlagen und sonstige Grundstücke, auf denen mit umweltgefährdenden Stoffen „umgegangen" worden ist („Altstandorte"). Hierzu zählen nicht Anlagen, deren Stilllegung einer Genehmigung nach dem Atomgesetz bedarf.

Von Altlasten zu unterscheiden sind „schädliche Bodenveränderungen", die die „Bodenfunktionen" insoweit beeinträchtigen, als dadurch aktuelle Gefahren, erhebliche Nachteile oder Belästigungen für den Einzelnen oder die Allgemeinheit ausgehen. Sie entsprechen dem Begriff der „schädlichen Umwelteinwirkungen" nach dem Bundes-Immissionsschutzgesetz. Zur Gefahrenabwehr gegen drohende schädliche Bodenveränderungen sind nur der Grundstückseigentümer bzw. derjenige, der die tatsächliche Gewalt über das Grundstück innehat, verpflichtet. Dagegen erstreckt sich die Sanierungspflicht bei Altlasten (und – falls schädliche Bodenveränderungen eingetreten sind – auch bei diesen) auf einen viel größeren Personenkreis.

Hierzu gehören:

- Der Verursacher und dessen Gesamtrechtsnachfolger
- der aktuelle Bodeneigentümer und
- derjenige, der die tatsächliche Gewalt über das Grundstück ausübt. Dies schließt ein: Mieter, Pächter und jeden, der aufgrund eines notariellen Kaufvertrages Besitz am Grundstück erlangt hat.
- Der frühere Grundstückseigentümer.

Wer von diesen Personen vorrangig zu den Kosten herangezogen wird, legt das Gesetz nicht fest. Alle Sanierungspflichtigen können zur Kostenübernahme für alle im Zusammenhang mit der Sanierung erforderlichen Maßnahmen herangezogen werden. Zum Schutz des Erwerbers altlastenbehafteter Grundstücke oder von Grundstücken mit schädlichen Bodenveränderungen gibt es jetzt bundeseinheitliche Bestimmungen. Der frühere Eigentümer ist danach bei allen Kaufvertragsabschlüssen nach dem 1. März 1999 zur Sanierung verpflichtet, sofern er die Altlast oder schädliche Bodenveränderung kannte bzw. kennen musste. Unabhängig davon sollte in Kaufverträgen dafür gesorgt werden, dass dem Grundstückserwerber das Recht eingeräumt wird, Regressansprüche gegen den Voreigentümer geltend machen zu können, falls die Behörde auf ihn zurückgreift. Der in Grundstückskaufverträgen übliche Sachmängelausschluss kann sonst zu fatalen Folgen für den Erwerber führen. Auch bei bloßen „Verdachtsflächen" ist auf jeden Fall ratsam, ein Bodengutachten erstellen zu lassen.

Der Erwerber eines Altlastengrundstücks kann jedenfalls sein Grundstück erst nutzen, wenn er durch ein Bodengutachten nachweist, dass von den Ablagerungen keine Gefährdung mehr ausgeht. Um das zu erreichen, muss das Grundstück im Zweifel saniert werden. Das Altlastenkataster verzeichnet auf einer geografischen Karte bekannte Altlasten und kann im örtlichen Bauamt eingesehen werden. Eine Garantie auf Vollständigkeit besteht jedoch nicht.
Siehe / Siehe auch: Altlastenkataster, Bodenfunktionen (Bodenschutzgesetz)

Altlastenkataster

register of contaminated sites

Nach Landesrecht sind Altlastenkataster zu führen. Sie dienen der Information über etwa vorhandene Bodenverunreinigungen, die vor einer etwaigen Bebauung beseitigt werden müssen. Auch Verdachtsflächen werden im Altlastenkataster erfasst. Hier muss durch Bodenproben Klarheit geschaffen werden. Das Umweltbundesamt informiert über die in den Bundesländern hierfür zuständigen Stellen.
Für eine Vergleichbarkeit der Statistiken sorgt durch terminologische Festlegungen die Bund-Länderarbeitsgemeinschaft Bodenschutz. In der Altlastenstatistik werden unter Auswertung der Altlastenkataster ausgewiesen:

- die Zahl der altlastenverdächtigen Flächen – getrennt nach Altablagerungen und Altstandorten,
- die Flächen, bei denen die Gefährdungsabschätzung abgeschlossen ist,
- die bestehenden Altlastenflächen,
- die sich in Sanierung befindlichen Flächen,
- die bereits sanierten Flächen (Flächen ohne Gefährdungspotenzial) und
- die Flächen, die im Rahmen der Nachsorge von Sanierungsmaßnahmen überwacht werden.

Das Bayerische Landesamt für Umweltschutz hat mit Sachstand 31. März 2008 beispielsweise 13.418 altlastenverdächtige Flächen festgesellt, wovon sich auf Altablagerungen 2.085 und auf Altstandorte 11.333 Flächen beziehen. Bei 12.310 Flächen war die Gefährdungsabschätzung abgeschlossen. Mit Altlasten kontaminiert waren 1.883 Flächen. In Sanierung befanden sich 623 Flächen. Bei 2.085 Flächen war die Sanierung abgeschlossen. Überwacht wurden 423 Flächen. Die EDV-gestützten Altlastenkataster werden ständig erneuert und erhalten als Informationsgrundlage für Eigentümer und Grundstücksinteressenten ein immer größer werdendes Gewicht.
Siehe / Siehe auch: Altlasten

Amortisation

amortisation; payback; payoff; payout; redemption; repayment

Darunter versteht man die Tilgung einer Schuld nach einem im voraus festgelegten Tilgungsplan.

Amtliches Verzeichnis der Grundstücke

official register of real estate holdings

Das amtliche Verzeichnis der Grundstücke ist nach § 3 der Grundbuchordnung (GO) das Liegenschaftskataster. Im Gegensatz zu den Grundbüchern sind in den Liegenschaftskatastern auch die für Grundbücher buchungsfreien Grundstücke (Flurstücke) erfasst, so dass in ihnen die Gesamtheit der Flurstücke der Erdoberfläche eines Liegenschaftsbezirks (einschl. Flüsse und stehende Gewässer) aufgeführt und hinsichtlich ihrer Nutzungsfunktion (z. B. Gebäude- und Freifläche, Waldfläche usw.) nach einem einheitlichen Schema bezeichnet sind.
Während im Liegenschaftkataster die gesamte Erdoberfläche eines Katasterbezirks erfasst ist, sind für bestimmte Grundstücke keine Grundbücher angelegt, z. B. Seen, Flüsse, Straßen, aber auch Gebäude der öffentlichen Verwaltung müssen nicht „gebucht" sein.
Siehe / Siehe auch: Tatsächliche Flächennutzung, Flächennutzungsplan (FNP), Liegenschaftskataster

Amtsgericht

District Court

Für Streitigkeiten in Wohnungseigentums-Angelegenheiten ist das Amtsgericht Eingangsinstanz. Ausschließlich zuständig gemäß § 43 WEG ist das Amtsgericht, in dessen Bezirk das Grundstück liegt. Es ist zuständig für

- Streitigkeiten über die Rechte und Pflichten der Wohnungseigentümer untereinander,
- Streitigkeiten über die Rechte und Pflichten zwischen der Gemeinschaft der Wohnungseigentümer und den Wohnungseigentümern,
- Streitigkeiten über die Rechte und Pflichten des Verwalters bei der Verwaltung des gemeinschaftlichen Eigentums,
- Streitigkeiten über die Gültigkeit von Beschlüssen,
- Klagen Dritter gegen die Gemeinschaft der Wohnungseigentümer oder gegen die Wohnungseigentümer und
- Mahnverfahren, wenn die Gemeinschaft der

Wohnungseigentümer Antragstellerin ist.
Gegen die Entscheidungen des Amtsgerichts ist die Berufung beim Landgericht zulässig, wenn der Streitwert 600 Euro nicht überschreitet.
Für das Verfahren in der ersten Instanz vor dem Amtsgericht ist eine anwaltliche Vertretung nicht vorgeschrieben, im Berufungsverfahren ist sie jedoch vorgeschrieben.
Siehe / Siehe auch: Landgericht, WEG-Verfahren / ZPO-Verfahren

Amtshaftung

government liability; official responsibility

Unter Amtshaftung versteht man die Haftung des Staates für das pflichtwidrige Verhalten eines Beamten, durch das dem Bürger ein Schaden entstanden ist. § 839 des Bürgerlichen Gesetzbuches macht den Beamten haftbar; Art.34 Grundgesetz legt fest, dass der Staat diese Haftung übernimmt.
Voraussetzung für einen Amtshaftungsanspruch ist, dass der Betreffende (z. B. Beamter oder Angestellter im öffentlichen Dienst, mit öffentlichen Aufgaben betrautes Unternehmen) in Ausübung eines öffentlichen Amtes gehandelt hat. Die den Schaden verursachende Handlung muss direkt bei Wahrnehmung einer hoheitlichen Aufgabe stattgefunden haben. Es muss zu einer Verletzung von dienstlichen Pflichten gekommen sein, die dem Beamten gegenüber Dritten (z. B. einem Bürger) obliegen. Die Dienstpflichtverletzung muss schuldhaft (vorsätzlich oder fahrlässig) erfolgt und für den erlittenen Schaden ursächlich sein.
Unter diesen Voraussetzungen kann Schadenersatz und ggf. auch Schmerzensgeld gefordert werden. Der Amtshaftungsanspruch ist allein auf finanziellen Ausgleich gerichtet. Ausgeschlossen ist der Amtshaftungsanspruch, wenn der Geschädigte es versäumt hat, den Schaden durch Einlegen eines Rechtsmittels abzuwenden.
Nach einem Urteil des Bundesgerichtshofes (Az. III ZR 302/05 vom 11.1.2007) kann ein Amtshaftungsanspruch gegeben sein, wenn eine Grundbucheintragung aufgrund Überlastung des zuständigen Rechtspflegers unzumutbar verzögert wird. Ein Bauträger hatte Eigentumswohnungen errichtet und diese verkauft. Die Kaufpreiszahlung sollte stattfinden, sobald im Grundbuch Auflassungsvormerkungen zu Gunsten der Käufer eingetragen waren. Dieser Vorgang verzögerte sich jedoch um 20 Monate. Der Bauträger ging in Insolvenz, die finanzierende Sparkasse klagte auf Ersatz ihres Zinsschadens. Der Bundesgerichtshof gestand der Sparkasse den Amtshaftungsanspruch grundsätzlich zu. Jede Behörde habe die Amtspflicht, Anträge mit der gebotenen Beschleunigung zu bearbeiten. Sei dies wegen Überlastung des zuständigen Beamten nicht möglich, so hätten nicht nur die zuständige Behörde (Amtsgericht), sondern auch die übergeordneten Stellen (Landgericht, Oberlandesgericht, Justizministerien) im Rahmen ihrer Möglichkeiten Abhilfe schaffen müssen. Der BGH wies auch darauf hin, dass hier außer dem Amtshaftungsanspruch auch ein Anspruch des Grundstückseigentümers auf angemessene Entschädigung für die entgangene Nutzung seines Eigentums aufgrund eines „enteignungsgleichen Eingriffs" in Betracht komme.
Siehe / Siehe auch: Auflassungsvormerkung, Grundbuch

Amtskasse

cash office

Siehe / Siehe auch: Gerichtskasse

Anbietpflicht des Vermieters

landlord's obligation / duty to offer for rent

Bei einer Eigenbedarfskündigung hat der Vermieter nach der Rechtsprechung die Pflicht, dem Mieter vor Ablauf der Kündigungsfrist eine andere ihm zur Verfügung stehende Wohnung als Ersatz anzubieten. Der Bundesgerichtshof hat dazu entschieden: Angeboten werden müssen nur vergleichbare Wohnungen im gleichen Gebäude oder der gleichen Wohnanlage, die bei Ende der Kündigungsfrist frei sind. Eine Wohnung, die mehrere Kilometer von der gekündigten Wohnung entfernt liegt, muss nicht angeboten werden. Ebenso muss eine Wohnung nicht angeboten werden, die erst nach Ausspruch der Eigenbedarfskündigung frei wird. Dadurch will der Bundesgerichtshof vermeiden, dass Mieter nur deshalb unberechtigt nach Vertragsende weiter in der gekündigten Wohnung bleiben oder gar langwierige Gerichtsverfahren vom Zaun brechen, um so möglicherweise eine später frei werdende Ersatzwohnung erhalten zu können. Wird die Anbietpflicht vom Vermieter nicht beachtet, ist die Eigenbedarfskündigung wegen Rechtsmissbrauchs unwirksam (BGH, Urteile vom 09.07.2003, Az. VIII ZR 311/02 und vom 04.06.2008, Az. VIII ZR 292/07).
Siehe / Siehe auch: Eigenbedarf, Wegfall des Eigenbedarfsgrundes

Anchor

anchor

Der Anchor ist der Publikumsmagnet in einem Shopping-Center. Dieser ist für den nachhaltigen

Erfolg des Centers geradezu überlebensnotwendig. Mit dem Ziel die Lauffrequenz im gesamten Center zu erhöhen ist der Anchor häufig im hinteren Teil des Komplexes untergebracht, um die Passantenströme möglichst weit in das Gewerbeobjekt hineinzuziehen. Anchor können große Kaufhäuser, Supermärkte oder bei kleineren Einkaufs-Komplexen ein größeres Textilgeschäft bzw. ein TV-Markt sein. Auch ein Multiplex-Kino, ein großer Food-Court (d.h. ein Gastronomiebetrieb mit zahlreichen unterschiedlichen Essensständen) können eine solche Magnet-Funktion erfüllen. Je nach Dimensionierung des Einkaufskomplexes sind auch mehrere Anchor denkbar, wobei hier die teilweise divergierenden Interessen unter einen Hut gebracht werden müssen. Anchor im Office-Bereich: Der Anchor, also der Hauptmieter, ist im Shopping-Centerbereich ein gängiger Begriff. Er hat allerdings, auch wenn dies vielfach übersehen wird – auch im Büroimmobilienbereich seine Bedeutung, da bei größeren Flächen wichtige Mieter von Großflächen auch weitere Mieter von der Sinnhaftigkeit einer Anmietung überzeugen und es zum anderen Mieter gibt, die in der Nachbarschaft zu diesem Hauptmieter Synergien sehen. Insofern ist etwa ein Ärztehaus eine denkbare Möglichkeit. Auch bei Büroflächen ist also auf den Mieter-Mix zu achten, da bestimmte Vorzeige-Mieter mit ihrem Ansehen das Objekt aufwerten oder andere dem Ansehen eher abträglich sind. So wurde z. B. in Berlin das Haus der Verbände kreiert als speziell für Geschäftsstellen von Verbänden konzipiertes Objekt. Wenn es bei solch einem Objekt gelingt, namhafte Schlüssel-Mieter zu finden, so kann die Vermietung der übrigen Flächen im Idealfall zum Selbstläufer werden.
Ein Beispiel für die Wichtigkeit des Mieter-Mixes auch im Office-Bereich: Ein großes Bürogebäude stand zur Vermietung an. Als Hauptmieter für die obersten zwei Stockwerke konnte eine große international agierende Kanzlei gewonnen werden, die ein relativ hohes Mietniveau akzeptierte. Im Gegenzug dafür musste sich der Vermieter verpflichten, keine weiteren Kanzleien in das Gebäude zu nehmen. Insofern wurde die Chance verschenkt, ausgehend von der Spezialisierung der Kanzlei durch andere Kanzleien hier etwa ein Haus der juristischen Beratungskompetenz oder Anwalts-Haus zu kreieren. bei dem dieses rechtliche Know-how noch durch artverwandte Dienstleister wie etwa international agierende Patent-Anwaltskanzleien ergänzt würde. Stattdessen wurden die Flächen ohne ein weitergehendes Konzept gestreut.

Anderkonto

client(s') account; trust account; escrow account; earnest money account; securities escrow account; third-party account

Unter einem Anderkonto versteht man ein Treuhandkonto, das vom Notar bei der Abwicklung von Immobiliengeschäften zur zwischen-zeitlichen Verwahrung von Fremdgeldern benutzt wird. Ist der Notar von den Vertragsparteien mit der Abwicklung der Kaufpreiszahlungen beauftragt, hält er den vom Käufer entrichteten Kaufpreis so lange auf einem Anderkonto zurück, bis sämtliche Verpflichtungen aus dem Kaufvertrag erfüllt sind. Hierzu können gehören: Löschung der Vorlasten, Eintragung der Auflassungsvormerkung, behördliche Genehmigungen usw.. Für die Führung eines Anderkontos verlangt der Notar eine zusätzliche Gebühr.

Andienungsrecht

right to offer to the official buyer

Als Andienungsrecht wird das einem Vertragspartner eingeräumte Recht bezeichnet, dem anderen Vertragspartner eine bestimmte Sache zum Kauf „anzudienen“. Teilweise wird auch synonym von einer Verkaufsoption gesprochen. In der Regel werden bei derartigen Vereinbarungen auch Festlegungen über den Zeitpunkt bzw. den Zeitraum getroffen, in dem der andere Vertragspartner die betreffende Sache zurückkaufen muss, sofern ihm dies dann von der anderen Vertragspartei angeboten wird. Initiatoren geschlossener Immobilienfonds räumen Fondszeichnern mitunter Andienungsrechte ein. Sie bietet den Anlegern damit die Möglichkeit, ihre Fondsanteile zu einem festgelegten Zeitpunkt und zu einem vorab feststehenden Preis zurückzugeben.

Anfechtung

challenge; rescission; avoidance (e.g. of an agreement); appeal; contestation

Siehe / Siehe auch: Beschlussanfechtung (Wohnungseigentum), Anfechtungsfrist

Anfechtung des Grundstückskaufvertrages

to challenge / contest a real property purchase agreement

1. Form

Die Anfechtung ist die Ausübung eines Gestaltungsrechts. Sie bedarf daher nicht der Form des angefochtenen Vertrages, also z. B. nicht der notariellen Beurkundung gemäß § 311b BGB. Anfechtungsrechte sind nach § 119 BGB der Irrtum, sowie

nach § 123 BGB arglistige Täuschung und widerrechtliche Drohung. Daraus folgt, dass nur die eigene Willenserklärung angefochten werden kann.

2. Irrtum

2.1 Erklärungsirrtum

Ein Erklärungsirrtum liegt vor, wenn der Erklärende sich zwar rechtlich binden, aber eine andere Erklärung abgeben will.

Beispiel: Die Parteien wollen über ein Grundstück keinen Tausch, sondern einen Kaufvertrag abschließen. Wegen der Beurkundung durch den Notar dürfte das kaum praktisch werden.

2.2 Inhaltsirrtum

Ein Inhaltsirrtum, ein so genannter Geschäftsirrtum, ist die praktisch bedeutsamste Form des Irrtums nach § 119 Abs. 1 BGB. Er liegt vor, wenn der Erklärende sich in Inhalt und Tragweite der Erklärung irrt, so dass er sie bei vernünftiger Überlegung nicht abgegeben hätte.

Beispiel: Eine der Parteien will einen Kaufvertrag über das Grundstück mit der Flurbezeichnung A schließen, beurkundet wird aber ein Kaufvertrag über das Nachbargrundstück mit der Flurbezeichnung B. Die Partei kann wegen Inhaltsirrtums anfechten (vergleiche Palandt-Heinrichs § 119 Rd-Nr. 11). Liegt jedoch nur eine falsche Bezeichnung des Grundstücks vor, weil beide Parteien einen Kaufvertrag über das Grundstück A schließen wollen, ist dies unschädlich. Der Kaufvertrag über das Grundstück A ist wirksam.

2.3 Eigenschaftsirrtum

Als Inhaltsirrtum gilt auch der Eigenschaftsirrtum nach § 119 Abs. 2 BGB über die wertbildenden Faktoren. Beispiel: Die Bebauungsfähigkeit des Grundstücks.

Zu den Eigenschaften des Grundstücks gehört dagegen nicht der Wert als solcher. Auch die so genannten mittelbaren Eigenschaften des Grundstücks fallen nicht unter § 119 Abs. 2 BGB (vergleiche Palandt-Heinrichs § 119 Rd-Nr. 27).

Beispiel: Die Zahlungsfähigkeit der Mieter.

2.4 Motivirrtum

Der Motivirrtum berechtigt nicht zur Anfechtung. Es handelt sich hier um intern gebliebene falsche Vorstellungen. Beispiel: Der Kalkulationsirrtum über die Preisgestaltung oder der allgemeine Irrtum über die Rechtsfolgen des Kaufvertrages, etwa den Umfang der Sachmängelhaftung.

Die Anfechtung wegen Irrtums muss nach § 121 BGB unverzüglich, dass heißt ohne schuldhaftes Zögern, nach Kenntniserlangung erklärt werden. Das Anfechtungsrecht erlischt in jedem Fall nach zehn Jahren.

Wer erfolgreich wegen Irrtums angefochten hat, muss dem anderen Teil den Schaden ersetzen, den dieser dadurch erleidet, dass er auf die Gültigkeit der Erklärung vertraut. Das gilt nicht, wenn das Vertrauen auf Fahrlässigkeit beruht.

Achtung: Die Pflicht des Schadensersatzes bei Anfechtung wegen Irrtums wird in der Praxis häufig übersehen.

3. Arglistige Täuschung

Die Anfechtung wegen arglistiger Täuschung nach § 123 BGB setzt voraus, dass der Erklärende zur Abgabe einer Willenserklärung, die mit seinem wahren Willen nicht übereinstimmt, durch Täuschung gebracht wurde. Täuschung ist die Vorspiegelung falscher oder das Verschweigen wahrer Tatsachen trotz bestehender Aufklärungspflicht, wenn hierdurch bei der anderen Partei ein Irrtum erzeugt oder aufrecht erhalten wird. Der Umfang der Aufklärungspflicht ist im Einzelfall festzustellen. Entscheidend ist, ob der andere Teil nach Treu und Glauben gemäß § 242 BGB unter Berücksichtigung der Verkehrsanschauung Aufklärung erwarten darf (vergleiche BGH NJW 1989, 763).

Es besteht keine allgemeine Pflicht zur Offenbarung aller Umstände, die für den Entschluss des anderen Teils von Bedeutung sein können. Ungünstige Eigenschaften des Vertragsgegenstandes müssen nicht ungefragt offengelegt werden (vergleiche Palandt-Heinrichs § 123 Rd-Nr. 5).

Die Aufklärungspflicht des Verkäufers besteht bei wichtigen Umständen auch ohne Nachfrage durch den Käufer (vergleiche BGH NJW 1990, 975).

Beispiele

- Befall mit Hausbockkäfern,
- Verdacht auf Trocken- und Nassfäule,
- Verwendung von fäulnisbefallenen Hölzern,
- Altlasten,
- Ölkontamination,
- vorherige Nutzung als wilde Müllkippe,
- erhebliche Mängel des Abwasserabflusses.

Die Täuschung muss arglistig sein. Arglist erfordert Vorsatz, wobei bedingter Vorsatz genügt. Ausreichend ist, dass der Täuschende die Unrichtigkeit seiner Angaben kennt oder für möglich hält (vergleiche BGH NJW 2001, 2326) und diese noch zum Zeitpunkt des Vertragsschlusses bestehen. Unter den bedingten Vorsatz fallen so genannte Behauptungen wie „ins Blaue hinein" (vergleiche BGH NJW 1998, 302).

4. Widerrechtliche Drohung

Dem Erklärenden wird ein künftiges Übel in Aussicht gestellt, das ihn in eine Zwangslage versetzt. Es genügt jeder Nachteil, sowohl materieller als auch ideeller Art. Es muss beim Bedrohten der Eindruck entstehen, dass der Drohende in der Lage ist, die Drohung wahr zu machen. Widerrechtlich ist die Drohung auch dann, wenn damit ein bestehender Anspruch durchgesetzt werden soll. Dagegen ist eine Klageandrohung zur Durchsetzung eines objektiv unbegründeten Anspruchs in der Regel nicht rechtswidrig (vergleiche BGH WM 1972, 946).

5. Wirkung der Anfechtung

Die schon erwähnte Wirkung der Anfechtung nach § 142 BGB, nämlich die Nichtigkeit des Vertrages, ergreift nur den angefochtenen Grundstückskaufvertrag. Im deutschen Recht gilt das Trennungs- und Abstraktionsprinzip. Das Verpflichtungsgeschäft, der Kaufvertrag, und das Verfügungsgeschäft, nämlich die Übereignung durch dingliches Rechtsgeschäft gemäß § 873 BGB, sind voneinander unabhängig. Folge einer erfolgreichen Anfechtung des Grundstückskaufvertrages ist, dass die Auflassung, soweit sie erfolgte, ohne Rechtsgrund, jedoch wirksam ist. Sie muss, etwa durch Rückauflassung, beseitigt werden. Um die unerwünschten Folgen zu vermeiden, können die Parteien des Kaufvertrages diesen mit der Auflassung ausdrücklich zu einer Einheit im Sinne des § 139 BGB zusammenfassen (vergleiche BGH NJW 1967, 751).

Siehe / Siehe auch: Anfechtung des Mietvertrages

Anfechtung des Mietvertrages

rescission of a tenancy agreement

Unter bestimmten Voraussetzungen kann ein bereits unterschriebener Mietvertrag angefochten werden – mit der Folge, dass er als unwirksam anzusehen ist. Die Anfechtung ist möglich wegen

- Irrtums über wesentliche Eigenschaften einer Sache oder Person, § 119 BGB; darunter fallen auch versehentliche falsche Angaben der Beteiligten oder Verschweigen von Mängeln
- arglistiger Täuschung (§ 123 BGB), absichtliche falsche Angaben einer Vertragspartei mit dem Ziel, den anderen zu täuschen, z. B. über Wohnungsmängel oder das Einkommen des Mieters
- Drohung (§ 123 BGB)
- falscher Übermittlung einer Willenserklärung (§ 120 BGB)

Die Anfechtung kann nur unter Einhaltung bestimmter Fristen erfolgen (vgl. unter „Anfechtungsfrist“). Wer einen Vertrag anficht, muss beweisen, dass die Gründe für eine Anfechtung vorliegen. Und: Er muss dem Vertragspartner unter Umständen den Schaden ersetzen, den dieser durch sein Vertrauen auf das Bestehen des Vertrages erleidet (§122 BGB). Im Mietrecht kommt eine Anfechtung des Mietvertrages durch den Mieter in Betracht, wenn der Vermieter ihm bei Vertragsschluss wesentliche Mängel der Wohnung verschwiegen hat. Dies gilt nicht, wenn der Mieter bei der Besichtigung die Schäden oder Mängel hätte erkennen können.

Umgekehrt kann der Vermieter den Vertrag anfechten, wenn der Mieter ihn z. B. über seine Einkommensverhältnisse getäuscht hat.

Eine Anfechtung ist auch möglich, wenn eine arglistige Täuschung durch Unterlassen stattgefunden hat. Konkretes Beispiel aus dem Gewerberaummietrecht: Ein Unternehmer mietet ein Ladengeschäft, um Bekleidung zu verkaufen. Erst im laufenden Betrieb erfährt der Vermieter, dass Kleidung bestimmter Marken verkauft wird, die mit der rechtsradikalen Szene in Verbindung gebracht werden. Hier hat das Berliner Kammergericht dem Vermieter das Recht auf Anfechtung des Mietvertrages eingeräumt, da der Vermieter eine Schädigung seines Rufes durch die in seinem Laden betriebenen Geschäfte nicht hinnehmen muss: Der Ladenbetreiber hätte hier eine Aufklärungspflicht gegenüber dem Vermieter gehabt (KG, Urteil vom 28.5.2009, Az. 8 U 223/08). Wer als Vermieter von Gewerberäumen ganz sicher gehen will, dass keine von ihm nicht gewünschten Waren ins Sortiment aufgenommen werden, sollte eine entsprechende Formulierung in den Mietvertrag aufnehmen.

Siehe / Siehe auch: Anfechtungsfrist, Gewerbemietvertrag

Anfechtungsfrist

statutory time limit for an avoidance or the lodging of a legal remedy or an appeal

Eine Anfechtung des Mietvertrages wegen Irrtums muss „ohne schuldhaftes Zögern“ erfolgen – juristisch für „sofort, wenn der Irrtum bemerkt wurde“. Allerdings ist eine Anfechtung nur innerhalb von zehn Jahren nach Vertragsschluss beziehungsweise nach Abgabe der Willenserklärung, über die man sich geirrt hatte, möglich (§ 121 BGB).

Die Anfechtung wegen Täuschung oder Drohung kann nur innerhalb einer Frist von einem Jahr erfolgen, beginnend mit dem Zeitpunkt, zu dem der Getäuschte die Täuschung entdeckt hat beziehungsweise der Bedrohte nicht mehr unter Zwang steht. Auch hier ist nach zehn Jahren keine Anfechtung mehr möglich.

Siehe / Siehe auch: Anfechtung des Mietvertrages, Beschlussanfechtung (Wohnungseigentum), Wohnungseigentum

Anfechtungsgesetz

Creditors' Avoidance of Transfers Act

Das Anfechtungsgesetz ist ein Gesetz über die Anfechtung von Rechtshandlungen eines Schuldners außerhalb des Insolvenzverfahrens. Die Regelung ist in Kraft getreten mit Wirkung zum 1.1.1999. Das Anfechtungsgesetz bietet die Möglichkeit, einem Taktieren von Schuldnern zu begegnen, zum Beispiel der Übertragung des eigenen Vermögens an Dritte, etwa die Ehefrau. Kann der Schuldner durch diese Übertragung seine Schulden nicht mehr bezahlen, kann der Gläubiger den Übertragungsvorgang innerhalb bestimmter Fristen anfechten und gegen den Dritten im Wege der Zwangsvollstreckung vorgehen. Die Anfechtung nach dem Anfechtungsgesetz hat mit der Anfechtung wegen Irrtums oder arglistiger Täuschung nichts zu tun. Bei ersterer muss keine Anfechtungserklärung abgegeben werden, sondern es entsteht bei Vorliegen der gesetzlichen Voraussetzungen ein entsprechender Anspruch den Gläubigers gegen den Dritten auf Herausgabe des jeweiligen Vermögensgegenstandes.

Anforderungen in der Meisterprüfung

requirements for the master tradesman's examination

Die Anforderungen an die Meisterprüfung sind bundeseinheitlich geregelt in der AMVO (Verordnung über gemeinsame Anforderungen in der Meisterprüfung im Handwerk und in handwerksähnlichen Gewerben). Diese beschreibt Inhalt, Gliederung und Durchführung der Meisterprüfung. Es gibt die folgenden selbstständigen Prüfungsteile:

- Prüfung der meisterhaften Verrichtung der in dem Handwerk gebräuchlichen Arbeiten (Teil I),
- Prüfung der erforderlichen fachtheoretischen Kenntnisse (Teil II),
- Prüfung der erforderlichen betriebswirtschaftlichen, kaufmännischen und rechtlichen Kenntnisse (Teil III) und
- Prüfung der erforderlichen berufs- und arbeitspädagogischen Kenntnisse (Teil IV).

Grundlage der AMVO sind die §§ 45 bis 51a Handwerksordnung (HwO). Eine weitere wichtige Regelung in diesem Bereich ist die Meisterprüfungsverfahrensverordnung (MPVerfVO). Diese am 17.12.2001 geschaffene Verordnung regelt das Zulassungs- und Prüfungsverfahren bei der Meisterprüfung im Handwerk.

Siehe / Siehe auch: AMVO, AMVOB

Angebot

bid; offer; proposal; proposition; tender

Angebot im Rechtssinne ist die an eine bestimmte Person gerichtete verbindliche Willenserklärung auf Abschluss eines Vertrages. Wird das Angebot zu den genannten Bedingungen angenommen, kommt der Vertrag zustande. Weicht die Annahmeerklärung inhaltlich vom Angebot ab, ist dies als wiederum annahmebedürftiges Gegenangebot zu werten. Bei Grundstücksgeschäften bedarf sowohl das (rechtsverbindliche) Angebot als auch die Annahmeerklärung der notariellen Beurkundungsform nach § 311b BGB. Angebote in einem rein tatsächlichen Sinne sind unverbindlich. So spricht man im Maklergeschäft auch von einem Objektangebot, über das erst Verhandlungen geführt werden müssen, wenn es zu einem rechtswirksamen notariellen Vertragsabschluss kommen soll. Dieser Angebotsbegriff liegt auch der Preisangabenverordnung zugrunde, die vorschreibt, dass beim „Anbieten" von Waren und Leistungen stets der End- und der Grundpreis anzugeben ist.

Siehe / Siehe auch: Grundpreis

Angebotswert

quotation value; contract value

Begriff der Mikroökonomie

Der Angebotswert im mikroökonomischen Sinne charakterisiert die theoretischen Preisansätze für genau definierte reproduzierbare und homogene Wirtschaftsgüter, zu denen zu einem bestimmten Zeitpunkt bzw. Zeitraum eine bestimmte Menge dieser Güter auf einem freien Markt verkauft werden können. Die verschiedenen Angebotswerte werden als Angebotskurve bezeichnet. Sie zeigen auf einem Diagramm den Zusammenhang zwischen Preis und angebotener Menge. Voraussetzung für die Ermittlung von Angebotswerten ist die Homogenität des Wirtschaftsgutes, auf das sich die Angebotskurve bezieht, sowie absolute Markttransparenz. Die Angebotskurve verläuft in der Regel von links unten nach rechts oben. Je steiler die Kurve, desto stärker die Änderungselastizität der angebotenen Menge, je flacher die Angebotskurve, desto geringer die Änderungselastizität. Der Immobilienmarkt als solcher eignet sich wegen der Heterogenität des Gutes Immobilie kaum für solche Analysen. Denkbar aber ist die Darstellung einer Angebotskurve von Immobilien, die einem bestimmten Teilmarkt zugerechnet werden können, z. B. dem Markt für Eigentumswohnungen einer bestimmten Größe in einer bestimmten Region aus dem Bestand.

Hier wird man feststellen, dass die Angebotskurve relativ flach verläuft, weil die Anbieter auf Nachfrageänderungen kaum reagieren. Die Angebotsmotive werden durch Nachfrageänderungen in der Regel nicht beeinflusst. Wird z. B. eine Eigentumswohnung aus Gründen der Ehescheidung oder des Wegzuges in eine andere Region angeboten, spielt die aktuelle Nachfragesituation für die Verkaufsentscheidung keine Rolle. Ein Angebotswert für Immobilien schlechthin kann in diesem Sinne wegen ihrer Heterogenität nicht angesetzt werden.

Betriebswirtschaftlicher Begriff

Der Begriff Angebotswert wird aber auch in einem anderen Zusammenhang verwendet. Er bezeichnet den Wert, der einem Angebot, bestehend aus all seinen Bestandteilen, als Gesamtwert vom Anbieter zugemessen wird und der als Preis (ohne Mehrwertsteuer) realisiert werden soll. Transaktionskosten des Erwerbers werden dabei nicht berücksichtigt. Beim Immobilienangebot ist der Angebotspreis der Immobilie einschließlich des Zubehörs und sonstiger mit zu verkaufender beweglicher Gegenstände identisch mit dem Angebotswert.

Angehörige

relatives

Angehörige im zivilrechtlichen Sinne sind nicht nur Familienangehörige, sondern auch in gerader Linie Verwandte und Verschwägerte sowie adoptierte Personen. Im Sinne der Abgabenordnung und damit im steuerrechtlichen Sinne zählen auch Verlobte, geschiedene Ehegatten sowie Pflegeeltern und Pflegekinder - auch wenn die häusliche Gemeinschaft nicht besteht - zu den Angehörigen. Sie haben im Besteuerungsverfahren ein Auskunftsverweigerungsrecht.

Angehörige des Mieters

tenant's relatives

Nahe Familienangehörige (Ehegatte, Kinder, Eltern) sowie Hausangestellte oder Pflegepersonal dürfen vom Mieter dauerhaft in die Mietwohnung aufgenommen werden. Der Mieter muss dazu nicht die Erlaubnis des Vermieters einholen. Er sollte den Vermieter jedoch zumindest über den Zuwachs informieren – dies ist zwecks Berücksichtigung der korrekten Personenanzahl bei der Nebenkostenabrechnung erforderlich.

Eine Überbelegung der Wohnung darf der Vermieter untersagen. Soll ein nichtehelicher Lebensgefährte in die Mietwohnung aufgenommen werden, ist die Genehmigung des Vermieters erforderlich. In der Praxis hat der Vermieter vor Gericht jedoch kaum Chancen, mit einer Untersagung des Einzugs durchzukommen. Wird die Mietwohnung in Wohneigentum umgewandelt und verkauft, gelten nicht nur für den Mieter selbst bestimmte Kündigungsschutzfristen, sondern auch für seine Angehörigen. Der Bundesgerichtshof entschied so in einem Fall, bei dem die Tochter der Mieterin bereits seit Jahren mit in der Wohnung ihrer Mutter gelebt hatte. Nach deren Ableben wurde die Wohnung veräußert.

Der neue Eigentümer forderte den Auszug der Tochter, da diese bei Umwandlung keine Mieterin gewesen sei. Der BGH entschied, dass die Tochter durch den Tod ihrer Mutter per Gesetz in das Mietverhältnis eingetreten sei und damit in den Genuss der dreijährigen „Schonfrist" des § 577 a BGB vor Eigenbedarfskündigungen komme (Az.: VIII ZR 26/03).

Siehe / Siehe auch: Verbilligte Vermietung, Vermietung an Angehörige

Angehörigendarlehen

loan given by relative

Immobilien-Darlehen von Verwandten. Damit das Finanzamt keine verdeckte Schenkung vermutet, auf die Schenkungsteuer zu entrichten ist, darf das Darlehen nicht zinslos sein. Am sichersten ist ein schriftlicher Darlehensvertrag mit Konditionen, die normalerweise auch unter Dritten, z. B. Freunden, üblich sind.

Angemessene Miete

adequate / fair / reasonable rent

Ist ein Mieter Bezieher des Arbeitslosengeldes II (ALG II), erhält er vom Staat Leistungen für Unterkunft und Heizung „soweit diese angemessen sind". Rechtsgrundlage ist § 22 SGB II (Zweites Sozialgesetzbuch). Kommt die Arbeitsagentur zu dem Ergebnis, dass der Mieter über seine Verhältnisse wohnt, werden sie als Bedarf nur so lange berücksichtigt, wie es dem Betroffenen unmöglich oder unzumutbar ist, die Kosten durch Wohnungswechsel oder andere Maßnahmen zu senken. Über sechs Monate hinaus erstreckt sich diese Duldung jedoch meist nicht.

Die Kostensenkung muss nicht notwendigerweise durch Umzug stattfinden. Es kann auch ein Teil der Wohnung untervermietet werden. Kann der Mieter innerhalb der sechs Monate trotz Bemühung keine Kostensenkung erreichen, ist eine ausführliche Einzelfallprüfung der Behörde angesagt. Unternimmt der Mieter innerhalb der Frist nichts, verringert die Arbeitsagentur seine Wohnkostenzuwendungen.

Die Differenz zwischen wirklichen und angemessenen Kosten muss dann vom Mieter selbst gezahlt werden. Die Kriterien, nach denen die Angemessenheit festgestellt wird, sind nicht durch ein Bundesgesetz geregelt, sondern werden auf kommunaler Ebene festgelegt und sind daher überall unterschiedlich. Beispiele aus Berlin: Richtwerte für angemessene Brutto-Warmmiete:

1-Personen-Haushalt: 360 Euro
2-Personen-Haushalt: 444 Euro
3-Personen-Haushalt: 542 Euro
4-Personen-Haushalt: 619 Euro
5-Personen-Haushalt: 705 Euro

Für jede weitere Person im Haushalt erhöht sich der Richtwert um 50 Euro. Findet der Mieter eine billigere Wohnung, muss er vor Vertragsabschluss die Zusicherung der Behörde über die Kostenübernahme einholen. Diese wird nur bei angemessenen Kosten erteilt. Das Bundessozialgericht hat entschieden, dass die zuständige Behörde Mieter nicht wegen angeblich unangemessener Wohnkosten zum Umzug in eine andere Gemeinde zwingen darf. Anspruch besteht auf einen Ausstattungsstandard im unteren Preissegment. Dabei ist als Vergleichsmaßstab der Wohnungsstandard am konkreten Wohnort heranzuziehen. Gibt es in einer Stadt auch im unteren Preissegment nun einmal keine günstigeren Wohnungen, muss die Behörde die Wohnkosten in tatsächlicher Höhe übernehmen (Bundessozialgericht; Az B 7b AS 10/06 R, Urteil vom 07.11.2006). In einem weiteren Urteil betont das Bundessozialgericht, dass auch Empfänger von ALG-II im Rahmen der vom Grundgesetz gewährten Freizügigkeit ihren Wohnort frei wählen dürfen. Will also ein ALG-II-Empfänger aus Erlangen / Bayern nach Berlin ziehen, weil er hofft, dort als Musiker tätig zu werden, muss die Behörde bei entsprechendem Bedarf die höheren Berliner Wohnkosten bezahlen. Die Angemessenheit richtet sich damit nach der ortsüblichen Miete an dem Ort, an dem der Empfänger wohnen will (Urteil vom 1.6.2010, Az. B 7 AS 60/09 R).

Siehe / Siehe auch: Angemessenheit der Wohnkosten / ALG II, Hartz-IV und Miete, Untermiete

Angemessene wirtschaftliche Verwertung / Mietwohnung

appropriate commercial exploitation / rented flat

Ein Mietvertrag kann vermieterseitig mit ordentlicher Kündigung nur dann beendet werden, wenn der Vermieter ein berechtigtes Interesse an der Vertragsauflösung hat. Dies ist z. B. der Fall, wenn der Vermieter durch die Fortsetzung des Mietverhältnisses an einer angemessenen wirtschaftlichen Verwertung des Grundstücks / Gebäudes gehindert würde und wenn ihm dadurch erhebliche wirtschaftliche Nachteile entstehen würden (z. B.: das Gebäude ist baufällig, eine Sanierung lohnt sich nicht mehr, es soll durch einen modernen Neubau ersetzt werden). Allerdings muss das Interesse des Vermieters an der angemessenen Verwertung gegen das Interesse des Mieters am Verbleiben in seiner gewohnten Wohnung abgewogen werden. Die Kündigung ist zulässig, wenn das Vermieterinteresse deutlich überwiegt und dem Vermieter kein willkürliches Handeln vorzuwerfen ist.

Siehe / Siehe auch: Beendigung eines Mietverhältnisses

Angemessenheit der Wohnkosten / ALG II

adequacy of accommodation costs / ALG II unemployment compensation

Empfänger von ALG II („Hartz IV“) erhalten neben den Regelsätzen der ALG II- Bezüge laut § 22 SGB II Leistungen für die Kosten von Unterkunft und Heizung. Diese werden im tatsächlich angefallenen Umfang erstattet, soweit dieser angemessen ist. Die Meinungen darüber, was angemessen ist, gehen auseinander. Eine bundeseinheitliche Regelung gibt es nicht – berechtigtermaßen, da die Mieten nicht überall gleich hoch sind. Meist wird von den Behörden (ARGEn) bei Alleinstehenden eine Wohnungsgröße von 45 Quadratmeter für angemessen gehalten – für jede weitere Person werden 15 Quadratmeter dazugerechnet. Eine wichtige Rolle spielt jedoch auch die Höhe der Miete. Die früher oft herangezogenen Mietobergrenzen des Wohngeldgesetzes werden heute nur noch im Ausnahmefall verwendet. Nach einem Urteil des Bundessozialgerichts sind die ortsüblichen Mieten zu berücksichtigen (Az. B 7b AS 18/06 R, Urteil vom 07.11.2006). In Städten mit hohem Mietniveau dürfen daher keine Unterkunftssätze wie auf einem Dorf gezahlt werden.

Nach einem Urteil des Bundessozialgerichts (Az. B 4 AS 30/08 R, Urteil vom 19.02.2009) dürfen auch bei der Angemessenheit der Wohnungsgröße in Großstädten (hier: München) keine anderen Maßstäbe angelegt werden als auf dem Land. Sei nach den Gesetzen eines Bundeslandes eine 50 Quadratmeter große Wohnung für einen Alleinstehenden angemessen, dürfe in Großstädten mit höherer Miete kein Umzug in eine kleinere Wohnung gefordert werden. Immer sei der Verhältnismäßigkeitsgrundsatz zu wahren – besonders wenn schulpflichtige Kinder vorhanden seien. Das Landessozialgericht Nordrhein-Westfalen (Az. L 19 B 21/05 AS) verwendet die Formel „angemessene Wohnfläche mal ortsübliche Miete". Das Bundessozialgericht hat diese Berechnungsart gebilligt. Beispiel: Angemessene Wohnungsgröße für einen Alleinstehenden maximal 45 Quadratmeter, örtlich angemessene Miete 7 Euro/Quadratmeter, angemessene Miete 45 x 7 = 315 Euro. Gibt es keinen örtlichen Mietspiegel, kann nur auf die im Wohngeldgesetz geregelten Miethöchstbeträge zurückgegriffen werden. In einem Urteil vom 24.04.2007 wurden demnach für einen Einpersonen-Haushalt in Hannover 385 Euro (einschließlich kalter Nebenkosten) als Höchstgrenze angesehen (LSG Niedersachsen-Bremen, Az. L 7 AS 494/05). Die Behörde darf nicht vom ALG-II-Empfänger verlangen, auf das Land zu ziehen, weil in der Stadt die Mieten zu hoch sind (Hessisches Landessozialgericht, Az. L 9 AS 260/06, Urteil vom 12.03.2007).

Heizkosten

Neben der Grundmiete und den „kalten" Nebenkosten müssen auch die Heizkosten in angemessenem Umfang übernommen werden. Nach einem Urteil des Sozialgerichts Dortmund (Az. S 29 AS 498/05, Urteil vom 05.03.2007) dürfen Gemeinden keine Pauschalen für ihrer Meinung nach angemessene Heizkosten festsetzen. Angemessen ist das, was das Versorgungsunternehmen tatsächlich verlangt – es sei denn, es liegen konkrete Anhaltspunkte für verschwenderisches Heizverhalten des Mieters vor.

Eigenheim

Auch eigene Wohnräume müssen von der Größe her angemessen sein. Wohnt ein Hartz-IV-Empfänger in einer eigenen Immobilie, die die Behörde als zu groß ansieht, muss diese nicht zwingend verkauft werden. Möglich ist auch die Vermietung eines abtrennbaren Hausteils (Sozialgericht Stade, Az. S 17 AS 230/06, Urteil vom 30.01.2007). Die Mieteinnahmen werden jedoch als Einkommen angerechnet. Für Hauseigentümer gibt es im Sozialgesetzbuch II noch einen Rettungsanker: Nach § 23 Abs. 5 können ALG-II-Leistungen auch als Darlehen gewährt werden. Voraussetzung: Die Verwertung vorhandener Vermögensgegenstände würde eine besondere Härte darstellen. Das Darlehen kann an die Bedingung geknüpft werden, dass eine dingliche Sicherung stattfindet (Grundbucheintragung der Behörde). Diese Ausnahmeregelung zielt besonders auf ältere Hauseigentümer ab, die vorübergehend in eine finanzielle Notlage geraten sind.

Siehe / Siehe auch: Angemessene Miete, Betriebskosten, Heizkostenverordnung, Wohngeld

Ankaufsrecht

option to purchase; right to acquire; right to purchase

Das Ankaufsrecht (Optionsrecht) gibt dem Berechtigten die schuldrechtliche Befugnis, das Grundstück zu erwerben, wenn bestimmte vertraglich vereinbarte Voraussetzungen eingetreten sind. Dem Ankaufsrecht entspricht eine Veräußerungspflicht des Eigentümers. Zu seiner Wirksamkeit bedarf es der notariellen Beurkundung. Die grundbuchliche Absicherung kann nur über eine Auflassungsvormerkung erfolgen.

Siehe / Siehe auch: Auflassungsvormerkung

Ankaufsverpflichtung

obligation to purchase; acquisition commitment

Gibt der Kaufinteressent auf Veranlassung des Maklers in schriftlicher Form eine Erklärung ab, worin er sich verpflichtet, das Objekt zu erwerben, andernfalls an den Makler eine Pauschale zu zahlen, hängt die Wirksamkeit dieser Willenserklärung davon ab, ob der Kunde glaubte, diese Verpflichtung sei rechtswirksam. In diesem Fall hätte der Makler ihn unter Verletzung seiner Aufklärungspflicht nicht darüber informiert, dass hier eine wirksame Erklärung nicht vorliegt. Die Verpflichtung, ein Grundstück zu erwerben, muss, um formwirksam zu sein, nach § 311 b BGB notariell beurkundet werden. Hat der Makler dies verschwiegen, um wenigstens im Fall des Nichtabschlusses die Pauschale zu verdienen, verstößt er gegen seine Treuepflicht, die Ausfluss des Maklervertrages ist. Er verwirkt daher seinen Provisionsanspruch nach § 654 BGB, d.h. er kann Provision auch dann nicht verlangen, wenn sämtliche Voraussetzungen des Provisionsanspruchs vorliegen. Selbst wenn der Makler diese Aufklärung aus eigener Unkenntnis unterlässt, spricht ihm die Rechtsprechung unter Anwendung des § 654 BGB den Provisionsanspruch ab. Begründung: Ein Makler, der diese grundlegenden Kenntnisse nicht hat, ist seines Lohnes ebenfalls unwürdig.

Siehe / Siehe auch: Maklervertrag, Verwirkung

Ankermieter

puller tenant; key tenant; anchor tenant; magnet store

Siehe / Siehe auch: Anchor

Anlageberater

investment adviser/consultant

Anlageberater sind Personen, die im Auftrag der Anbieter von Finanzprodukten Interessenten beraten und Abschlüsse vermitteln. Es handelt sich entweder um angestellte oder freie Mitarbeiter von Kredit- und anderen Finanzdienstleistungsinstituten oder um selbständige, von Kreditinstituten unabhängige Unternehmen. Der Begriff des Anlageberaters ist – im Gegensatz zum Versicherungsberater – weder legal definiert noch geschützt, so dass dieser Begriff auch von Personen verwendet werden kann, die über keine Beraterqualifikation verfügen. Soweit Anlageberater für erfolgreich vermittelte Verkäufe von der Anbieterseite Provisionen (Innenprovisionen) erhalten, sind sie verpflichtet, dies dem Kunden gegenüber ungefragt offen zu legen. Das gilt insbesondere für Wertpapiere und Fondsanteile (BHG XI ZR 56/05). Eingeschränkt gilt es für geschlossene Fonds. Die ungefragte Offenlegungspflicht trifft den Anlageberater nur dann, wenn sich auf dem Prospekt kein Hinweis auf die Provision findet und diese 15 Prozent übersteigt, so der BGH in einem anderen Urteil (XI ZR 320/06). Dabei spielt es keine Rolle, ob der Begriff Provision genannt oder ein anderer Begriff verwendet wird, der von den Kunden als erfolgsabhängige Vergütung verstanden würde. Unabhängige Anlageberater, die mit dem Kunden ein erfolgsunabhängiges Honorar vereinbaren, dürfen sich als reine Vertreter der Interessen des Beratenen ebenso wenig wie ein beratender Rechtsanwalt von der anderen Seite eine Provision geben lassen.

Siehe / Siehe auch: Innenprovision, Versicherungsberater

Anlageberatung

investment advisory service; investment management/advice; counselling service; portfolio management

Gegenstand der Anlageberatung sind Vermögensbestände. Die Beratung bezieht sich darauf, das von einer Person (einem Investor) gehaltene Vermögen zu optimieren. Dabei wird je nach der durch den Investor zum Ausdruck gebrachten Risikoneigung das Vermögensportfolio so zusammengestellt, dass die Risikoklasse dieser Risikoneigung entspricht. In der Regel wird eine Mischung aus verschiedenen Asset-Klassen und auch Anlagen aus verschiedenen Regionen bzw. Ländern entsprechend den geäußerten Anlagepräferenzen des Investors angestrebt. Erreicht werden soll eine Reduktion des Risikos bei möglichst hoher Rendite. Theoretische Grundlage der Anlageberatung ist die Portfoliotheorie, die auf den amerikanischen Nationalökonomen Markowitz zurückgeht. Zu den für die Anlageberatung bedeutsamen Hauptasset-Klassen zählen Termingelder, Geldmarktpapiere (bis zu zwölf Monaten Laufzeit), festverzinsliche Wertpapiere (über zwölf Monate Laufzeit), Aktien, Immobilien sowie Edelmetalle (vor allem Gold und Silber). Diese Hauptasset-Klassen können noch weiter unterteilt werden.

Die Anlageberatung ist erlaubnisabhängig. Die Erlaubnis wird für Personen, die Finanzdienstleistungen erbringen, vermitteln oder über Finanzinstrumente beraten durch die Bundesanstalt für Finanzdienstleistungen erteilt (§§ 32 KWG Abs. 1 i.V.m. § 1 Abs. 1a Satz 1). Gewerbetreibende dagegen, die ausschließlich Investmentanteile vermitteln oder hierüber beraten, müssen im Besitz einer Erlaubnis nach § 34 c GewO sein. Erlaubnisbehörde ist die Gewerbebehörde auf Kreisebene. Für Vermittlung und Beratung muss seit 2007 jeweils eine eigene Erlaubnis beantragt werden.

Siehe / Siehe auch: Anlageberater, Portfoliomanagement (Assetmanagement), Bundesanstalt für Finanzdienstleistungsaufsicht (BAFin)

Anlagemix

investment mix

Anlagekonzepte umfassen oft eine Mischung aus spekulativen und sicheren Investments. Ein „klassisches" Anlagemix könnte so aussehen: zehn Prozent liquide Mittel (etwa als Geldmarktpapiere) 30 Prozent Aktien, 30 Prozent festverzinsliche Wertpapiere und – als sicheres Element – 30 Prozent Immobilien. Je nach Größe des Portfolios kann es sich bei den Immobilien um ganze Gebäude, einzelne Wohnungen oder auch Anteile an geschlossenen Immobilienfonds handeln.

Siehe / Siehe auch: Immobilienfonds - Offener Immobilienfonds

Anlagevermittler

investment broker

Die reine Anlagevermittlung beschränkt sich, im Gegensatz zur qualifizierten Anlageberatung, weitestgehend auf die Erteilung von Auskünften zu einem bestimmten Anlageobjekt. Nicht erwartet werden sollten dagegen von einem reinen Anlagevermittler die qualifizierte Be- und Auswertung der erteilten Auskünfte. Dennoch ist auch der reine Vermittler verpflichtet, alle wesentlichen, entscheidungsrelevanten Tatsachen zutreffend und vollständig darzulegen. Damit bei einem reinen Anlagevermittler die Haftung im Vergleich zu einem Anlageberater eingeschränkt ist, muss der Anlagevermittler dem Kunden klar zu erkennen geben, dass es sich nur um eine reine Anlagevermittlung handelt.

Anlagevorschriften

investment rules/ regulations

Offene Immobilienfonds:

Die gesetzlichen Regelungen für die Anlagen von Immobilienfonds finden sich im Investmentgesetz. Mit den Anlagevorschriften sollen vor allem die Kleinanleger als Investoren bei Investmentfonds geschützt werden. Die Liquiditätsvorschriften, die sich auf offene Immobilienfonds beziehen, sind kurz folgende: Mindestens fünf Prozent ihres Sondervermögens müssen die Fondsmanager flüssig halten. Die liquide Reserve darf maximal 49 Prozent betragen. Dadurch kommen die Verwalter insbesondere kleinerer Fonds dann in Verlegenheit, wenn die Grenze nahezu erreicht, ein lohnendes Objekt jedoch nicht in Sicht ist. Außerdem wirkt sich der Grad der Liquidität auf die Wertentwicklung der Fondsanteile aus, da am Markt oft nicht mehr als fünf Prozent Verzinsung für liquide Mittel (Bankguthaben, festverzinsliche Wertpapiere, Geldmarkttitel) erzielt werden können. Neben den Vorschriften zur Liquidität gibt es qualitative Regeln. So müssen sich „offene Immobilienfonds" von vornherein auf den Kauf solcher Objekte beschränken, die einen Gewinn erwarten lassen. Spekulative Anlagen wie Bauerwartungsland sind demnach ausgeschlossen. Erwerben dürfen die Fonds Mietwohn- und Geschäftsgrundstücke, sowie gemischt genutzte und Grundstücke im Zustand der Bebauung. Die Fonds können unter bestimmten Bedingungen auch Erbbaurechte erwerben. Bis zu 20 Prozent des Sondervermögens dürfen in unbebaute Flächen investiert werden, sofern eine eigene Bebauung vorgesehen ist. Zudem darf jedes Objekt im Verkehrswert höchstens 15 Prozent des Fonds-Sondervermögens ausmachen. Seit 1. Juli 2002 können bis zu 30 Prozent des Fondssondervermögens außerhalb der Europäischen Union angelegt werden.

Das Sondervermögen von offenen Immobilienfonds kann auch aus Beteiligungen an Immobiliengesellschaften bestehen, soweit diese bestimmte Voraussetzungen erfüllen und die Kapitalanlagegesellschaft einen bestimmenden Einfluss auf die Geschäftsstrategie nehmen kann (insbesondere Stimmenmehrheit für Satzungsänderungen).

Außerdem haben die Kapitalanlagegesellschaften eigene Regeln erlassen, die etwa eine Obergrenze bei der Kreditaufnahme festlegen.

Siehe / Siehe auch: Immobilienfonds, Immobilienfonds - Offener Immobilienfonds, Finanzmarktförderungsgesetze

Anleger

investor

Anleger ist der Erwerber von Vermögensanlagen jeglicher Art. Es handelt sich dabei im Wesentlichen um Wertpapiere, Gold und Immobilien. Bei den Immobilienanlagen wird noch unterschieden zwischen direkten und indirekten Anlageformen. Bei den direkten Immobilienanlagen steht der Anleger als Eigentümer im Grundbuch, bei den indirekten ist er an einer Gesellschaft oder einer Vermögensmasse (Sondervermögen) beteiligt.

Bei einem Anlagepotenzial, das die Möglichkeit einer Anlagemischung bietet, sollte der Anleger zum Zweck der Risikominimierung auf eine optimale Anlagestreuung Wert zu legen. Mit diesem Fragenbereich befasst sich die Portfoliotheorie.

Siehe / Siehe auch: Institutioneller Anleger, Asset Allocation, Portfoliomanagement (Assetmanagement)

Anliegergebrauch

use by adjacent owners

Öffentliche Straßen stehen im Gemeingebrauch und können im Rahmen der gesetzlichen Vorschriften von jedem benutzt werden. Zusätzliche Rechte für Grundstückseigentümer gewährt der Anliegergebrauch. Dieser wird aus der Eigentumsgarantie des Art.14 Grundgesetz abgeleitet. Er ist keine Sondernutzung und auch nicht genehmigungsbedürftig. Der Anliegergebrauch umfasst alle Nutzungen der öffentlichen Straße, die im Rahmen der angemessenen Nutzung des eigenen Grundstücks stattfinden. Davon umfasst sind z. B.:

- Werbung im Luftraum per Firmenschild
- Fahrradständer
- Bauzaun ohne Reklame
- PKW-Parken am Straßenrand, mehrtägiges Abstellen von Wohnwagen.

Nicht davon umfasst sind z. B.:

- Werbung im Luftraum für Produkte
- Schaffung zusätzlicher Zugänge zur Straße
- Verkaufsstände auf Straße bzw. Gehweg.

Siehe / Siehe auch: Sondernutzung von Straßen

Anliegergebühren

municipal development charges (for properties next to public streets)

Siehe / Siehe auch: Erschließung / Erschließungsbeitrag

Anmietrecht

right of first refusal on letting

Das Anmietrecht besteht darin, dass der Verpflichtete (Vermieter) dem Berechtigten (Mietinteressent) die Mietsache zur Miete anbieten muss, bevor er sie an einen anderen vermietet. Die näheren Bestimmungen werden erst dann getroffen, wenn der Hauptvertrag geschlossen wird.
Das Anmietrecht kann formlos vereinbart werden. Es verpflichtet den Berechtigten nicht zur Anmietung der Wohnung. Der Vermieter bleibt weiter frei in seiner Entscheidung, an wen er zu welchen Bedingungen vermieten will.
Siehe / Siehe auch: Mietoption, Mietvorvertrag, Vormietrecht

Annuität

annuity; annual payment

Der Begriff Annuität leitet sich ab vom lateinischen Wort für Jahr („annus") und bezeichnet den Betrag, den ein Schuldner jährlich für Zinsen und Tilgung eines Darlehens an den Gläubiger zu zahlen hat.
Ist eine konstante Annuität vereinbart, so zahlt der Schuldner jedes Jahr den gleichen Betrag. Dabei nimmt der Zinsanteil an der Annuität sukzessive ab, weil sich infolge der Tilgung der Darlehensstand und damit auch die Zinslast verringert. Umgekehrt bedeutet dies, dass der für die Tilgung des Darlehens zur Verfügung stehende Anteil an der Annuität stetig zunimmt.
Bei variabler Annuität wird die Zahlung konstanter Tilgungsbeträge zuzüglich der jeweils anfallenden Zinsen vereinbart. Mit dem Rückgang der Zinslast wird daher in diesem Fall auch die auch die Annuität geringer.
Siehe / Siehe auch: Annuitätendarlehen, Tilgung

Annuitätendarlehen

annuity loan; self-amortising loan / mortgage; level-payment mortgage; constant payment loan

Beim Annuitätendarlehen (auch Tilgungsdarlehen) handelt es sich um ein Immobiliendarlehen, für das gleichbleibende Jahresraten an Zins- und Tilgungsleistungen zu zahlen sind. Die jährliche Belastung (Annuität) setzt sich zusammen aus dem für das Darlehen vereinbarten Zinssatz sowie der Darlehenstilgung, die sich um den geringer werdenden Zinsbetrag jeweils erhöht. Dieser Effekt führt dazu, dass z.B. ein Darlehen mit einem Zinssatz von sechs Prozent und ein Prozent Tilgung in 33,5 Jahren, bei zwei Prozent Tilgung in 24 Jahren getilgt ist. In der Regel wird eine bestimmte Zinsbindungsdauer vereinbart. Nach Ablauf der Zinsbindung kann sich durch Änderung der Zinsanteils an der (gleich bleibenden) Annuität die Laufzeit verkürzen (bei niedrigerem Folgezinssatz) oder erhöhen (bei höherem Folgezinssatz). Während sich die Laufzeit des Annuitätendarlehens durch die Zins- und Tilgungsbedingungen bestimmt, besteht auch die Möglichkeit, eine bestimmte Laufzeit, z. B. 15 Jahre bei einem bestimmten Zinssatz zu vereinbaren. Daraus errechnet sich dann die Höhe des Tilgungsanteils an der Annuität. Man spricht in diesem Fall von Volltilgungsdarlehen. Die Raten bleiben dann für die Gesamtlaufzeit konstant.

Laufzeit von Annuitätendarlehen in Jahren

Tilgung	Zinszahlung (Nominalzins) pro Jahr					
	5,0%	7,0%	7,5%	8,0%	9,0%	9,5%
1%	33,4	30,7	29,6	28,5	27,6	26,7
2%	23,8	22,2	21,5	20,9	20,3	19,7
3%	18,8	17,8	17,3	16,8	16,4	16,0
4%	15,7	14,9	14,6	14,2	13,9	13,6
5%	13,5	12,9	12,6	12,4	12,1	11,9
6%	11,9	11,4	11,2	11,0	10,8	10,6
7%	10,6	10,2	10,0	9,9	9,7	9,6
8%	9,6	9,3	9,1	9,0	8,8	8,7
9%	8,8	8,5	8,3	8,2	8,1	8,0

Anpflanzungen

cultivation; planting

Anpflanzungen sind Bäume, Sträucher und Hecken auf einem Grundstück. Dabei spielt es keine Rolle, ob diese Pflanzen auch ohne menschliches Zutun gewachsen sind. Nicht dazu gehören Stauden, (z. B. Sonnenblumen), Bäume, die Bestand eines Waldes sind, und Hecken, die als Grundstückseinfriedung an die Grenze gepflanzt worden sind. Für Anpflanzungen gelten nach dem Nachbarrechtsgesetz eines Landes bestimmte Grenzabstände. Bebauungspläne enthalten vielfach Pflanzgebote.
In Wohnungseigentumsanlagen sind Anpflanzungen auf dem Grundstück der Anlage dem Gemeinschaftseigentum zuzuordnen. Dies gilt auch für Bäume und Sträucher, die von einem Sonder-Nutzungsberechtigten auf seiner Terrassen- oder Gartenfläche bei Erwerb übernommen oder später gepflanzt wurden. Ausgenommen sind einjährige sowie nicht im Erdreich verwurzelte Pflanzen und Gewächse (Gewächse in mobilen Blumenkübeln und Pflanztrögen) auf Sondernutzungsflächen.

Die gärtnerische Pflege der im gemeinschaftlichen Eigentum stehenden Anpflanzungen (Zurückschneiden und Auslichten von Bäumen und Sträuchern, Austausch und Ersatz abgestorbener Pflanzen, aber auch Rasenpflege) fällt unter die ordnungsgemäße Instandhaltung und Instandsetzung des gemeinschaftlichen Eigentums und obliegt der Gemeinschaft. Die dafür aufzuwendenden Kosten sind gemäß § 16 Abs. 2 WEG im Verhältnis der Miteigentumsanteile auf alle Eigentümer zu verteilen, sofern keine abweichende Kostenverteilung in der Teilungserklärung, Gemeinschaftsordnung oder durch mehrheitliche Beschlussfassung gemäß § 16 Abs. 3 WEG getroffen wurde.
Sind einem Sonder-Nutzungsberechtigten die gärtnerische Gestaltung und Pflege der ihm zugewiesenen Terrassen- oder Gartenflächen und die dabei entstehenden Kosten durch Vereinbarung oder Beschluss übertragen, bedeutet das aber nicht zwangsläufig, dass er auch die Kosten für das notwendige Fällen eines auf seiner Sondernutzungsfläche stehenden Baumes zu tragen hat.
Das vollständige Entfernen von Sträuchern oder das Fällen von Bäumen bedarf im Regelfall, auch auf Sondernutzungsflächen, der Zustimmung aller Eigentümer, vorbehaltlich der öffentlich-rechtlichen Genehmigung aufgrund örtlicher Baumschutzsatzungen.
Siehe / Siehe auch: Kostenverteilung, Betriebskosten, Sondernutzungsrecht

Anrechnungsmethode

method of calculating credit in tax treaties

Wurde in einem Doppelbesteuerungsabkommen die Besteuerung nach der Anrechnungsmethode vereinbart, so werden die im Ausland erzielten Einkünfte sowohl in dem betreffenden Staat als auch in Deutschland besteuert. Die im Ausland gezahlten Steuern werden jedoch auf die in Deutschland anfallende Steuerlast angerechnet.
Siehe / Siehe auch: Doppelbesteuerungsabkommen, Freistellungsmethode

Anreize

inducements; incentives

Anreize als Ansporn, Gegenleistung oder Prämie kommen in der Immobilienwirtschaft in verschiedenen Facetten vor. Zum Beispiel. bietet der Staat traditionell Anreize, um bestimmte Verhaltensweisen und Maßnahmen zu fördern. Dies können steuerliche Anreize sein (Steuerersparnisse durch erhöhte Abschreibungen) oder direkte Leistungszuzahlungen (frühere Eigenheimzulage, Wohn-Riester, Aufwendungszuschüsse bei Vermietung an Bedürftige, verbilligte Darlehen für ökologisch geförderte Maßnahmen). Aber auch zwischen Immobilienanbietern und Immobiliennachfragern gibt es bestimmte Anreize, die gesetzt werden, um den Geschäftserfolg anzukurbeln. Hierzu gehören Kaufanreize, Vermietungsanreize und sonstige Anreize, um Geschäftsabschlüsse zu erzielen.
Siehe / Siehe auch: Wohn-Riester, Absetzung für Abnutzung (AfA), Abschreibung, Eigenheimzulage, Aufwendungsdarlehen und Aufwendungszuschüsse, Wohnraumförderungsgesetz, Wohnberechtigungsschein, Incentives

Anschaffung (steuerlicher Begriff)

procurement; acquisition; purchase (fiscal term)

Im steuerlichen Sinne gelten Immobilien als „angeschafft“, wenn der Besitzübergang erfolgt ist. Dies ist der Tag, an dem laut Kaufvertrag Nutzen, Lasten und Gefahr auf den Käufer übergehen.
Für die Berechnung der 10-jährigen Spekulationsfrist nach § 23 EStG und die Beurteilung der Fälle des gewerblichen Grundstückshandels rechnet das Finanzamt anders. Hier zählt das Beurkundungsdatum des Kaufvertrages.
Siehe / Siehe auch: Gewerblicher Grundstückshandel

Anschaffungskosten

book cost; acquisition costs; cost of purchase

Die für die Berechnung der AfA (Absetzung für Abnutzung) relevanten Anschaffungskosten beziehen sich beim Immobilienerwerb auf den Kaufpreis ohne den Wertanteil des erschlossenen Bodens. Die Aufteilung des Kaufpreises in Boden- und Gebäudeanteil erfolgt in der Regel durch Feststellung des

Verkehrswertes des Bodenanteils (Bodenrichtwert) der vom Kaufpreis abgezogen wird. Im Verhältnis Boden- / Gebäudewertanteil werden auch die Erwerbsnebenkosten (Notar- und Gerichtsgebühren, Maklerprovision, Grunderwerbsteuer) aufgeteilt in einen zum Bodenwert gehörenden Anteil und einen für die AfA relevanten Teil. Kosten der Finanzierung (einschließlich der Notar- und Grundbuchkosten für die Grundschuldbestellung) zählen nicht zu den Anschaffungs-, sondern zu den Werbungskosten.
Siehe / Siehe auch: AfA, Absetzung für Abnutzung (AfA), Herstellungskosten

Anschaffungsnaher Aufwand
asset-related expense

Der anschaffungsnahe Aufwand (auch Herstellungsaufwand bzw. – aus der Gegensicht – Erhaltungsaufwand) bezeichnet die steuerlich relevante Grenze des Erhaltungsaufwandes für eine Immobilie nach der Anschaffung. Wer eine Immobilie erworben hat, hat darauf zu achten, dass er innerhalb der ersten drei Jahre nach Anschaffung nicht mehr als 15 Prozent des Gebäudewertes für Erhaltungsaufwand investiert. Maßgeblich sind hier die Nettorechnungsbeträge ohne Mehrwertsteuer-Kosten für jährlich wiederkehrende Maßnahmen zählen nicht mit. Der Bundesfinanzhof hat mit zwei grundlegenden Entscheidungen aus 2001 und 2003 die frühere Handhabung der Finanzämter modifiziert. Für die Frage der sofortigen Abzugsfähigkeit des Erhaltungsaufwandes oder seiner Aktivierung folgt er nunmehr § 255 HGB. Danach sind nach Erwerb einer nicht genutzten Immobilie alle Aufwendungen, die dazu dienen, sie in einen „betriebsbereiten Zustand" zu versetzen, Anschaffungskosten. Werden die Immobilien zum Zeitpunkt des Erwerbs genutzt, ist von einem betriebsbereiten Zustand auszugehen. Allerdings sind alle innerhalb des oben genannten Zeitraumes erfolgten Instandsetzungen und Modernisierungsmaßnahmen Herstellungsaufwand, wenn sie in ihrer Gesamtheit eine wesentliche Verbesserung der Immobilie darstellen. Auch Aufwendungen für die Beseitigung versteckter Mängel können den Nutzungswert des Gebäudes steigern und zu Anschaffungs- oder Herstellungskosten im Sinne des § 255 HGB führen. (BFH v. 22.1.2003, BStBL II.S. 596) Ist die kritische 15 Prozent-Grenze überschritten, wird der Aufwand wie Herstellungskosten behandelt.

Anschaffungsnaher Erhaltungsaufwand
asset-related maintenance expenditure

Siehe / Siehe auch: Anschaffungsnaher Aufwand

Anschaffungswert
net cash outflow; acquisition value; cost value; prime cost

Der Anschaffungswert setzt sich zusammen aus der Summe der Anschaffungskosten im Sinne des § 255 Abs. 1 HGB. Danach zählen dazu alle Aufwendungen, die erforderlich sind, einen Vermögensgegenstand zu erwerben und ihn in einen betriebsbereiten Zustand zu versetzen. Sie müssen im Einzelnen dem Vermögensgegenstand zugeordnet werden können, z. B. die Transportkostenanteile für die Anlieferung.
Hinzu kommen auch alle sonstigen Erwerbsnebenkosten. Skonti und Rabatte sind abzusetzen. Der Anschaffungswert von Immobilien setzt sich aus dem Kaufpreis zuzüglich aller darüber hinaus gehenden Leistungen und dem Verkäufer vorbehaltenen Nutzungen sowie aller vom Käufer zu tragenden Erwerbsnebenkosten (Notarkosten, Grunderwerbsteuer usw.) zusammen.
Siehe / Siehe auch: Grunderwerbsnebenkosten

Anschlussdisagio
follow-up premium

Wenn die Zinsfestschreibung eines Darlehens in Verbindung mit einem Disagio ausläuft, und für die Anschlussfinanzierung ein erneutes Disagio vereinbart werden soll, so wird dies als Anschlussdisagio bezeichnet. Diese Absicht ist in der Regel sehr kritisch zu betrachten, da dadurch die laufenden Ausgaben zur Darstellung einer höheren Ausschüttung gedrückt werden sollen.
Der Effekt für den Fonds ist bei einer ohnehin schon relativ hohen Innenfinanzierung besonders bedenklich, da die Darlehensschuld aufgrund in der Regel sehr niedriger oder keiner Tilgung nicht weniger, sonder unter Umständen sogar mehr wird. Im Sinne vorsichtiger Kalkulationen sollte eine solche Vereinbarung nur dann geduldet werden, wenn ein wirtschaftlicher Grund dafür vom Initiator nachgewiesen werden kann.
Siehe / Siehe auch: Disagio

Anschlussfinanzierung
follow-up financing

Die Anschlussfinanzierung ist eine Finanzierung zu neu verhandelten Konditionen, die nach dem Auslaufen der Zinsbindung bei einem Darlehen gelten sollen. Je nach Zinsentwicklung kann die Anschlussfinanzierung mit höheren oder niedrigeren

Zinsbelastungen verbunden sein.
Bei der Prüfung von Investitionsvorhaben oder im Rahmen von Prognosen in den Prospekten geschlossener Immobilienfonds sollte – auch in Niedrigzinsphasen – aus Gründen der kaufmännischen Vorsicht für Anschlussfinanzierungen stets mit einem Zinssatz gerechnet werden, der mindestens dem langfristigen Durchschnittswert für vergleichbare Finanzierungen entspricht.

Anschlussgebühren

connection fee; follow-up fee

Siehe / Siehe auch: Anschlusskosten und Benutzungsgebühren

Anschlusskosten und Benutzungsgebühren

connection charge and utilisation fee

Anschlusskosten sind Aufwendungen, die der Gemeinde bei Herstellung, Erneuerung, Veränderung und Beseitigung sowie durch die Unterhaltung eines Haus- oder Grundstücksanschlusses an Versorgungsleitungen und Abwasserbeseitigungsanlagen entstehen und vom Hauseigentümer zu ersetzen sind. Es handelt sich um einen reinen Kostenersatz. Für Bauherren besteht im Rahmen einer Gemeindesatzung Anschluss- und Benutzungszwang. Energieversorgungsunternehmen sind im Gegenzug auch ihrerseits verpflichtet, alle im Versorgungsgebiet befindlichen Anwohner an ihr Versorgungssystem anzuschließen. Die Regelungen hierüber finden sich in den länderunterschiedlichen Kommunalabgabegesetzen. Zu unterscheiden sind solche reinen Anschlusskosten vom Erschließungsbeitrag, den die Kommune zur Deckung des Aufwandes zur Herstellung ihrer Erschließungsanlagen (Kanal, Wasserleitungen usw.) erhebt. Die Anschlusskosten können jedoch durch Gemeindesatzung in den Erschließungsbeitrag einbezogen werden. Die Kosten werden in tatsächlich entstandener Höhe oder nach Durchschnittssätzen errechnet. Die Benutzungsgebühren für die Wasserversorgung und den Kanal hängen vom Wasserverbrauch ab. Über sie wird auch der Aufwand für die laufende Unterhaltung und Instandsetzung abgedeckt.
Gemeinden können aber auch beschließen, die Anschlusskosten nicht gesondert zu erheben, sondern sie in die laufenden Benutzungsgebühren einzurechnen.
Siehe / Siehe auch: Erschließung / Erschließungsbeitrag

Anschlussvermietung

renewed rental contract; renewed lease

Als Anschlussvermietung wird die erneute Vermietung von Immobilien nach dem Auslaufen eines Mietvertrages oder nach Ausfall eines Mieters bezeichnet. Für den Eigentümer bzw. Investor kommt es bei der Anschlussvermietung darauf an, wie schnell und zu welchen Konditionen sie gelingt.
Bei der Beurteilung möglicher Investitionen oder von Prognoserechnungen geschlossener Immobilienfonds sollte stets kritisch geprüft werden, inwieweit es realistisch ist, dass eine Anschlussvermietung zu den gleichen Konditionen erfolgen kann, wie sie mit dem Vormieter vereinbart waren. Hier sind vor allem eventuelle Indexierungen der Mieten zu berücksichtigen. Abweichungen von diesen Konditionen wirken sich – positiv oder negativ – auf die Rendite des Investments aus. Darüber hinaus ist zu bedenken, dass Anschlussvermietungen häufig nur dann möglich sind, wenn vom potenziellen neuen Mieter gewünschte Anpassungen, Umbauten o. ä. vorgenommen werden. Diese können erhebliche Kosten verursachen, die in die Berechnungen einbezogen und durch Bildung entsprechender Rückstellungen abgesichert werden sollten.

Anspargrad

percentage of amount already saved in a savings contract in relation to total amount to be saved

Anspargrad ist der Prozentsatz des bereits eingezahlten Bausparguthabens im Vergleich zur Bausparsumme. Sobald der Bausparer das vereinbarte Mindestguthaben angespart hat und eine ausreichende Bewertungszahl erreicht ist, erfolgt die Zuteilung des Bauspardarlehens.
Siehe / Siehe auch: Bewertungszahl (Bausparen)

Anteilsfinanzierung

proportional financing

Als Anteilsfinanzierung werden Kredite bezeichnet, die ein Anleger aufnimmt, um Anteile an geschlossenen Immobilienfonds zu erwerben.
Im Hinblick auf die Regelungen des Paragraphen 2b EStG („Fallenstellerparagraph“) ist zu beachten, dass ein eventuelles negatives steuerliches Ergebnis in der Anfangsphase für den Anleger nicht zu einer Steuerermäßigung führt, die das vom Anleger eingebrachte Eigenkapital ohne Berücksichtigung modellhaft fremdfinanzierter Eigenkapitalanteile übersteigt. Anderenfalls wird unterstellt, dass die Erzielung des steuerlichen Vorteils im Vordergrund stand. Für diese Fälle gilt die Verlustausgleichsbeschränkung nach Paragraph 2b EStG, so dass das

negative steuerliche Ergebnis nicht im Rahmen des vertikalen Verlustausgleichs mit positiven Ergebnissen aus anderen Einkunftsarten verrechnet werden darf.
Siehe / Siehe auch: Fallenstellerparagraph

Anteilwert
unit value

Wer Anteile an Investmentfonds besitzt, kann diese zum jeweiligen Anteilwert („Nettoinventarwert") an die Kapitalanlagegesellschaft zurückgeben. Dieser Wert errechnet sich aus der Teilung des Fondsvermögens (Sondervermögens) durch die Zahl der ausgegebenen Anteilscheine. Der Anteilwert ändert sich durch die Rückgabe von Zertifikaten naturgemäß nicht, da nur ein Tausch Anteil gegen Geld stattfindet. Zum Fondsvermögen gehören die darin enthaltenen Wertpapiere zzgl. Dividenden oder Zinsen. Die täglich veröffentlichten Ausgabe- und Rücknahmepreise unterscheiden sich durch die Höhe des „Ausgabeaufschlags". Bei Immobilienfonds errechnet sich das Vermögen aus dem Wert der Immobilien und den liquiden Mitteln. Die Übertragung des Eigentums an einem Anteil erfolgt durch Übergabe des Anteilscheines.

Anti-Graffiti-Gesetz
anti-graffiti law

Am 1. Sept. 2005 beschloss der Bundestag eine Ergänzung der §§ 303 und 304 des Strafgesetzbuches, mit der eine nicht unerhebliche oder nicht nur vorübergehende Veränderung des Erscheinungsbildes einer fremden Sache strafrechtlich geahndet wird. Dieser Tatbestand wird jetzt wie eine Sachbeschädigung behandelt und mit einer Freiheitsstrafe von bis zu zwei Jahren oder mit Geldstrafe bestraft.
Noch härter (mit einer Freiheitsstrafe bis zu drei Jahren) wird bestraft, wer das Erscheinungsbild von Gegenständen oder Sachen der religiösen Verehrung, Grabmäler, Denkmäler, Naturdenkmäler Gegenstände der Kunst und der Wissenschaft usw. nicht nur unerheblich oder nur vorübergehend verändert. Mit diesen Vorschriften will der Gesetzgeber Graffitisprayern das Handwerk legen. Ob dies das Ende der „Street-Art" bedeutet, bleibt abzuwarten. Immerhin lebt mittlerweile eine ganze Antigraffiti-Industrie von der Graffitibeseitigung.
Siehe / Siehe auch: Graffiti, Entfernung, Vandalismus

Antrag und Bewilligung (Grundbuch)
application and consent (Land Register)

Das Grundbuchamt wird nur auf Antrag tätig. Ausnahmsweise erfolgen Rechtsänderungen im Grundbuch auch von Amts wegen (etwa Anlage von Wohnungsgrundbüchern aufgrund einer Teilungserklärung). Anträge können sich auf Eintragungen, Löschungen aber auch auf Vermerke beziehen. Werden Rechte Dritter oder des Grundstückseigentümers berührt, müssen diese die Änderung im Grundbuch bewilligen. So ist etwa zur Löschung einer Grundschuld die Bewilligung des Grundschuldgläubigers erforderlich, zur Eigentumsübertragung auf den Erwerber die Bewilligung des bisherigen Eigentümers, der sein Eigentumsrecht aufgibt. Antrag und Bewilligung muss inhaltlich deckungsgleich sein („Konsensprinzip"). Überwiegend werden Antrag und Bewilligung in einer Urkunde zum Ausdruck gebracht. Die häufig anzutreffende Formulierung des Notars lautet in solchen Fällen etwa: „Die Parteien beantragen und bewilligen die Rechtsänderung im Grundbuch."

Anwaltszwang
mandatory representation by a lawyer

Beim Amtsgericht kann – abgesehen von Ausnahmefällen – jeder Bürger seine Rechte selbst wahrnehmen. Ein Zwang zur Einschaltung eines Anwalts besteht dagegen nach § 78 der Zivilprozessordnung bei Verfahren vor dem Landgericht und den höheren Instanzen, wenn also die Eingangsinstanz das Landgericht ist oder gegen ein Urteil Berufung bzw. Revision eingelegt wird. Das Amtsgericht ist u. a. zuständig für:

- Ansprüche, deren Wert in Geld fünftausend Euro nicht übersteigt, sowie ohne Rücksicht auf den Streitwert:
- Streitigkeiten über Ansprüche aus einem Mietverhältnis über Wohnraum oder über den Bestand eines solchen Mietverhältnisses.
- Streitigkeiten nach § 43 Nr. 1 bis 4 und 6 des Wohnungseigentumsgesetzes
- Ansprüche „aus einem mit der Überlassung eines Grundstücks in Verbindung stehenden Leibgedings-, Leibzuchts-, Altenteils- oder Auszugsvertrages"

Für alle anderen zivilrechtlichen Verfahren ist grundsätzlich das Landgericht Eingangsinstanz – und damit ein Rechtsanwalt erforderlich.Wenn eine Partei gegen den Anwaltszwang verstößt, also ohne Anwalt vor einem entsprechenden Gericht erscheint, gilt sie als nicht wirksam vertreten und kann keine relevanten Willensäußerungen vornehmen. Damit entsteht eine Situation, als wäre sie gar nicht anwesend. Im Verwaltungsgerichtsverfahren besteht vor den Oberverwaltungsgerichten und dem

Bundesverwaltungsgericht Anwaltszwang.
Vor dem Arbeitsgericht ist keine anwaltliche Vertretung vorgeschrieben. Anwaltszwang besteht aber vor dem Landes- und Bundesarbeitsgericht. Ehescheidungen vor dem Familiengericht erfordern ebenfalls die Beteiligung eines Rechtsanwalts.

Anwenderbericht

success story

Ein Anwenderbericht, auch Success Story genannt, ist ein Instrument der Öffentlichkeitsarbeit. Es handelt sich um einen journalistisch aufbereiteten Artikel, in dessen Fokus der Kunde mit seinem Produkt bzw. der Anwendung steht. Inhaltlich berichtet er über die Erfahrungen, die er im täglichen Umgang mit dem Produkt aus der Immobilienwirtschaft erlebt. Bei den Produkten kann es sich um eine Software für die Objektverwaltung, eine Mietabrechnung oder Buchhaltung handeln oder um Mieter, Investoren und Geschäftspartner, die über die Zusammenarbeit mit Wohnungsunternehmen oder Immobilienmakler berichten. Auftraggeber eines immobilienwirtschaftlichen Anwenderberichtes sind zumeist Wohnungs-, Software- oder Maklerunternehmen, die den Kundenbericht entweder selbst verfassen oder bei Journalisten und PR-Agenturen in Auftrag geben. In seltenen Fällen nehmen Medien mit dem Immobilienunternehmen direkt Kontakt auf, um einen Produkttext im eigenen Haus zu verfassen. Der Anwenderbericht wird in Fachmedien, auf der Unternehmenswebsite oder als Sonderdruck veröffentlicht. Er stellt eine Kundenreferenz dar und findet Einsatz als Marketing- und Kundenbindungsinstrument.

Anwesenheitsliste (Wohnungseigentümer-Versammlung)

attendance list; register (freehold flat owners' meeting)

Die Wohnungseigentümer-Versammlung ist nur beschlussfähig, wenn die erschienenen (und vertretenen) stimmberechtigten Wohnungseigentümer mehr als die Hälfte der Miteigentumsanteile, berechnet nach der im Grundbuch eingetragenen Größe dieser Anteile, vertreten (§ 24 Abs. 3 WEG).
Zur Dokumentation und zum Nachweis der Beschlussfähigkeit – wichtig bei Beschlussanfechtung – ist vom Verwalter eine Anwesenheitsliste zu führen, in der die Wohnungseigentümer namentlich unter Angabe der ihnen gehörenden Wohnung/en und der für sie eingetragenen Miteigentumsanteile aufzuführen sind. Diese Angaben sind zur Ermittlung der Stimmrechte (Kopf-, Wert- und Objektprinzip) und des Beschluss-Ergebnisse von Bedeutung.
Die Anwesenheit ist durch eigenhändige Unterschrift nachzuweisen. Wird der Wohnungseigentümer durch einen Dritten vertreten, hat sich der Vertreter unter Vorlage einer entsprechenden Vertretungsvollmacht auszuweisen und in die Anwesenheitsliste durch eigenhändige Unterschrift einzutragen. Die Vertretungsvollmacht kann, sofern keine abweichende Regelung in der Teilungserklärung oder in der Gemeinschaftsordnung getroffen wurde, auch nachgereicht werden. Da die Beschlussfähigkeit zu jedem Tagesordnungspunkt gegeben sein muss, sind bei vorzeitigem Verlassen der Versammlung die betreffenden Wohnungseigentümer als nicht mehr anwesend auszutragen.
Für namentliche Abstimmungen empfiehlt sich gegebenenfalls die Führung einer weiteren Anwesenheitsliste. Die Anwesenheitsliste ist der Niederschrift über die Versammlungsbeschlüsse als Anlage beizufügen und mit dieser unbefristet aufzubewahren.
Siehe / Siehe auch: Beschlussfähigkeit (Wohnungseigentümer-Versammlung), Stimmrecht (Wohnungseigentümer-Versammlung), Vertretung (Wohnungseigentümer-Versammlung), Niederschrift (Wohnungseigentümer-Versammlung)

Anzeigen (Inserate)

advertisements; adverts; ads

Anzeigen in Zeitungen und Zeitschriften sind wichtige Werbemittel im Maklergeschäft. Unterschieden werden Objektangebots- Such- und Imageanzeigen.

- **Objektangebotsanzeigen:**

Durch Objektangebotsanzeigen lenkt der Makler die Aufmerksamkeit der Leser auf die von ihm angebotenen Immobilienangebote. Diese Anzeigen können als Sammelanzeigen (Darstellung mehrerer Objektangebote) oder als Einzelanzeige (Darstellung eines Objektangebots) veröffentlicht werden. Bei der Gestaltung der Anzeige ist auf das Leseverhalten einerseits und die Rubrizierung des Inserateteils des Werbeträgers andererseits Rücksicht zu nehmen. Sammelanzeigen sind deshalb nur dann sinnvoll, wenn damit Objekte einer Objektart dargestellt werden und der Werbeträger (die Zeitung) nur eine flache Rubrikstruktur anbietet.
Im Hinblick auf das Leseverhalten sollte bei Sammelanzeigen eine Anordnung in aufsteigender Größenreihenfolge (z. B. von 2-Zimmer zur 5-Zimmereigentumswohnung) angestrebt werden. Kundennutzen kann in Sammelanzeigen nur in gerin-

gem Ausmaße vermittelt werden.
Im Vordergrund stehen daher Einzelanzeigen. Reine Maklerunternehmen geben für Angebotsanzeigen im Schnitt zwischen 15 Prozent und 20 Prozent ihrer Provisionseinnahmen aus. Es ist daher notwendig, in bestimmten Abständen durch Werbeerfolgskontrollen die Effizienz der Angebotsanzeigen zu ermitteln. Objektangebotsanzeigen werden der „Objektwerbung" des Maklers zugerechnet. Zu den Werbestrategien gehört es dabei, den Kundennutzen des angebotenen Objektes für die angesprochene Zielgruppe über die Headline in den Vordergrund zu stellen. Besondere Bedeutung kommt der ersten Objektanzeige zu, die zu den relativ häufigsten Erstleserkontakten führt. Bei der zweiten und dritten Schaltung nimmt tendenziell der Anteil der Zweit- und Drittleser zu und der Anteil der Neuleser ab. Zu häufige Schaltung mindert das „Objektansehen" was sich besonders auf den erzielbaren Preis auswirkt.

• **Suchanzeigen**

Mit Suchanzeigen wendet sich der Makler an Anbieter von Immobilienobjekten. Sie werden nur dann als sinnvoll angesehen, wenn für den Leser kenntlich wird, dass der Makler über konkrete Interessenten verfügt. Es ist daher wichtig in der Suchanzeige ein Kurzprofil des/der Interessenten mitzuliefern. Dass ein Makler „laufend" Objekte sucht, ist selbstverständlich und braucht nicht erst mitgeteilt zu werden.

• **Imageanzeigen**

Imageanzeigen werden der Firmenwerbung des Unternehmens zugerechnet. Über sie soll der (positive) Bekanntheitsgrad und das spezifische Profil des Unternehmens in der Öffentlichkeit oder bei speziellen Zielgruppen gesteigert werden. Speziell für Maklerunternehmen ist ein Positivimage wichtig, da die Art des Maklergeschäftes einen großen Vertrauensvorschuss der Auftraggeber erfordert.
Mit Imageanzeigen wendet sich das Unternehmen vor allem an potentielle Auftraggeber (Auftraggeber von morgen). Sie sichern das „Geschäft der Zukunft" ab. Imageanzeigen sind deshalb bedeutsam für die passive Auftragsakquisition.
Während eine zu häufige Schaltung ein und derselben Objektangebotsanzeige sich für das Objekt eher schädlich auswirkt, gewinnt die auf Verfestigung des Erinnerungswerts basierende Imageanzeige mit zunehmender Wiederholung eine nachhaltige Wirkung. Allerdings ist die Imageanzeige nur eine von mehreren Möglichkeiten der Imagewerbung. Bei einer inhaltlichen Verbindung von Objekt- und Imagewerbung in einer Zeitungsanzeige im Rahmen des Immobilieninseratenteils sollte in den Hervorhebungen jedenfalls das Objekt im Vordergrund stehen. Der durchschnittliche Zeitungsleser sucht zunächst nicht einen Makler, sondern ein Objekt. Der Weg muss also erst vom Objekt zum Makler führen.
Siehe / Siehe auch: Auftragsakquisition (Maklergeschäft)

Anzeigengestaltung
ad layout

Im Gegensatz zu Fließtextanzeigen handelt es sich bei „gestalteten Anzeigen" um größere, häufig mit Rahmen, grafischen Elementen und Bildern versehene Anzeigen. Derart gestaltete Anzeigen werden insbesondere bei teueren Immobilien oder bei Bauträgerobjekten geschaltet, bei denen zugleich mehrere Objekte angeboten werden und ein höheres Werbebudget zur Verfügung steht. Ein Vorteil der gestalteten Anzeige gegenüber einem Fließsatztext besteht darin, dass über die Gestaltung stärker die emotionale Tiefenschicht der ausgewählten Zielgruppe angesprochen werden kann.Hilfsmittel bei der Gestaltung von Anzeigen können in einer Datei gespeicherte Textblöcke sein, die im Laufe der Zeit nach Objektspezifika geordnet angesammelt werden oder auch andere Anzeigen-Organizer wie z. B. der „Immo-Profitexter" von Kippes.

Anzeigentexte in der Immobilienwerbung
ad copy in real estate advertising

Werbeanzeigen in Zeitungen, Zeitschriften und Magazinen sind teuer und sie sollen Wirkung zeigen. Denn Anzeigen leiten den Verkauf oder die Vermietung einer Immobilie ein oder sie dienen der Suche nach einem gewünschten Objekt.
Die deshalb gebotene kurze Darstellung veranlasst die Texter häufig dazu, Signalwörter oder Umschreibungen zu verwenden, die der Fachmann versteht, die für den durchschnittlichen Leser aber mit Überraschungen verbunden sein können. Diese Übersicht ist durchaus mit Humor zu sehen – dem Autor hat es Spaß gemacht, die Sammlung aus verschiedenen Quellen zusammenzustellen.
Nachfolgend einige Beispiele von Werbeaussagen oder von fehlenden Angaben und was sie bedeuten können.
Quellen: Die Welt, Focus, Haus + Grund, Buch: Michael Orth, Mit Kleinanzeigen erfolgreich Immobilien verkaufen

Das steht in der Anzeige	Das kann gemeint sein
keine Angabe des Baujahrs	Weder echter Altbau noch Neubau jüngeren Datums mit entsprechendem Komfort.
denkmalgeschützt	Bauliche Änderungen sind kaum möglich
DIN-Normen als Qualitätsangabe	Die qualitativen Mindestanforderungen an die Bauleistungen sind erfüllt
Keine Angabe der Anzahl der Wohneinheiten bei Eigentumswohnungsanlagen	Hochhaus mit 20 oder mehr Parteien
Erhaltungszustand nicht beschrieben	Bauruine, die hohe Sanierungskosten verschlingt
Grundstücksgröße fehlt bei Hausanzeige	Grundstück sehr klein oder ungünstig geschnitten
Liebhaberobjekt	Stark renovierungsbedürftiges Objekt mit entsprechenden Folgekosten
Notverkauf	Vorsicht ist geboten – gerade in der Not verschenkt niemand etwas
ruhige Lage	keine oder schlechte Verkehrsanbindung
aufwändig/luxuriös saniert	Rechtfertigungsversuch für einen überhöhten Preis
Schnellverkauf / für Schnellentschlossene	seit langem unverkäuflich
seriöses Umfeld	keine Wohngegend, sondern Bankenviertel ohne nahe gelegene Einkaufsmöglichkeiten
verkehrsgünstige / zentrale Lage	Lage an einer stark frequentierten Straße oder in Autobahnnähe
Wohnlage mit Zukunft / Lage in aufstrebendem Viertel	Neubaugebiet, bei dem jahrelange Bauarbeiten mit Lärm und Dreck zu befürchten sind
individuelle Bauweise	Das Objekt ist vermutlich auf spezielle Bedürfnisse zugeschnitten. Das bedeutet entweder eine eingeschränkte Nutzbarkeit oder hohe Umbaukosten
gut erhalten	Bei diesem Objekt muss noch Geld für Renovierungsarbeiten einkalkuliert werden.
Lage in unberührter Natur	Hier sagen sich die Füchse gute Nacht. Ohne Auto läuft gar nichts. Arbeitsplätze dürften in der näheren Umgebung Mangelware sein, weshalb ein späterer Wiederverkauf schwierig werden könnte.
versetzte Wohnebenen	Nichts für Fußkranke und ältere Menschen. Denn gleichgültig wo sich das Haus befindet, Treppensteigen gehört dazu.
Flachdachbungalow	Vor allem bei älteren Objekten sind hier Wasserschäden oft programmiert. Abhilfe bringt nur eine teure Sanierung.
unverbaute Lage	Das muss nicht immer so bleiben, denn unverbaut heißt nicht unverbaubar.
mit frei werdender Einliegerwohnung	Wer die gesamte Immobilie selbst nutzen möchte, sollte vorher den Mieter fragen, ob der damit auch einverstanden ist.
teilrenoviert	Möglicherweise ist außer einem neuen Anstrich noch alles zu machen.
nur 20 Autominuten bis zur City	Die Immobilie liegt 15-20 km außerhalb der Stadt, Bus- und Bahnverbindungen fehlen.
Umgebung mit hohem Freizeitwert	Am Wochenende fallen Scharen von Wochenendausflüglern ein, sorgen für Lärm und zugeparkte Straßen.
gute Einkaufsmöglichkeiten direkt vor der Tür	In unmittelbarer Nähe liegt ein Supermarkt oder eine Einkaufsstraße. Von Ruhe keine Spur. Beginnend mit dem morgendlichen Lieferverkehr dürfte hier den ganzen Tag viel los sein.
traumhafter Blick über Pferdekoppeln und Weideland	Von Straßen kann keine Rede sein. Glück hat, wer über einen Geländewagen verfügt.
jugendliches Ambiente	Kneipenviertel – vor dem Morgengrauen kriegt man hier kein Auge zu.
idyllische Hanglage	Hier ist mit Feuchtigkeit zu rechnen.
zentrale Lage	laut und schmutzig, meistens an einer Hauptverkehrsstraße gelegen

gemütlicher Blick zum Innenhof	Hier bekommt jeder das Freizeitleben des anderen mit.
großes Parkgrundstück	hohe Kosten für Garten- und Rasenpflege
zauberhaftes Jugendstilhaus	von moderner Technik keine Spur
begehrte Lage	Jetzt ist alle teuer, weil alle dorthin ziehen; in ein paar Jahren sinkt der Grundstückswert.

Anzeigepflicht
duty of disclosure; obligation to give notice

• gewerberechtlich

Ein Betrieb, der den Vorschriften der Makler- und Bauträger-Verordnung unterliegt, ist nach § 9 MaBV verpflichtet, personelle Änderungen in der Leitung des Betriebes oder einer Zweigstelle der Gewerbebehörde unverzüglich anzuzeigen – bei juristischen Personen sind das diejenigen, die nach der Satzung das Unternehmen vertreten. Damit soll die Behörde in die Lage versetzt werden, prüfen zu können, ob bei den neuen Personen die Voraussetzungen für die Erlaubnis nach § 34c GewO gegeben sind. Ein Unterlassen der Anzeige stellt eine Ordnungswidrigkeit dar und wird mit Bußgeld geahndet.

• baurechtlich

Baurechtliche Anzeigepflichten beziehen sich auf die beabsichtigte Ausführung kleinerer Baumaßnahmen, für die eine Genehmigung nicht erforderlich ist. Diesbezügliche Einzelregelungen sind Ländersache.

• nach dem Geldwäschegesetz

Jeder Makler ist im Zusammenhang mit Immobiliengeschäften verpflichtet, der Staatsanwaltschaft oder der Zentralstelle für Verdachtsanzeigen beim Bundeskriminalamt zu melden, wenn er Barbeträge, Wertpapiere oder Edelmetalle annehmen soll, die den Wert von 15.000 Euro überschreiten. Dies gilt, wenn gleichzeitig Verdachtsmomente gegeben sind, die darauf hindeuten, dass dies im Zusammenhang mit einer beabsichtigten Straftat geschieht. Er ist außerdem zur Identifizierung des Kunden (Vorlage des Personalausweises) verpflichtet.
Die Regelungen zum Thema Geldwäsche wurden – auch im Hinblick auf die Terrorismusbekämpfung – durch das Geldwäschebekämpfungs-Ergänzungsgesetz vom 13.08.2008 verschärft. Die 15.000 Euro-Grenze ist geblieben, jedoch müssen auch unabhängig vom Geschäftsumfang verdächtige Vorgänge (insbesondere bei Verdacht auf Terrorismusfinanzierung oder Geldwäsche) gemeldet werden.

• nach dem Gesetz über den Versicherungsvertrag

Wer eine Versicherung abschließen will, muss dem Versicherer alle ihm bekannten Umstände anzeigen, die zur Beurteilung des Versicherungsrisikos wichtig sind. Gefahrenerheblich sind solche Umstände, die geeignet sind, den Vertrag nicht zu schließen oder nur zu anderen Bedingungen. Wird die Anzeigepflicht verletzt, kann die Versicherungsgesellschaft den Vertrag anfechten. Vor allem bei Haftpflichtversicherungen spielt die Anzeigepflicht eine größere Rolle.

• mietrechtlich

Im Rahmen seiner mietvertraglichen Pflichten muss jeder Mieter gegenüber dem Vermieter Schäden oder Mängel anzeigen, die an der Wohnung oder am Gebäude entstanden sind und womöglich zu weiteren Schäden oder Gefahren führen können. Wenn Maßnahmen zum Schutz gegen eine unvorhergesehene Gefahr für die Mietsache notwendig werden, muss er den Vermieter darauf hinweisen. Beispiele: Feuchtigkeitsschaden bei Mietwohnung durch undichte Kellerwand; morscher Baum auf Mietgrundstück droht, auf die Straße zu fallen; Dachstuhl ist massiv vom Holzwurm befallen etc. Der Mieter muss dem Vermieter ebenfalls mitteilen, wenn ein Dritter sich Rechte an der Mietsache anmaßt. Falls in allen diesen Fällen keine Anzeige (= Information) beim Vermieter erfolgt, macht sich der Mieter schadenersatzpflichtig. Er muss für alle Schäden aufkommen, die infolge seines Schweigens entstanden sind. Obendrein verliert der Mieter seine Rechte auf Mietminderung oder Schadenersatz wegen Mängeln und auf fristlose Kündigung wegen Verletzung des Mietvertrages durch den Vermieter. (§ 536c BGB).
Die Anzeigepflichten des Vermieters werden als Mitteilungspflichten bezeichnet. So besteht u. a. die Pflicht, drei Monate vor einer Modernisierung den Mieter über die geplanten Arbeiten zu informieren.
Siehe / Siehe auch: Geldwäschegesetz (GwG), Meldepflicht, Mitteilungspflichten des Vermieters

Apotheken, Miete und Pacht
Pharmacies, Rent and Lease

Für Miet- oder Pachtverträge über Apotheken gelten Besonderheiten nach dem Apothekengesetz (ApoG). So sind am Umsatz oder Gewinn ausgerichtete Gewerbemietverträge bei Apotheken unzulässig. Pachtverträge sind von dieser Regelung nach § 8 S. 3 ApoG ausgenommen. Allerdings ist die Verpachtung einer Apotheke nach § 9 ApoG nur unter engsten Voraussetzungen gestattet: Wenn und solange der Verpächter eine Apothekenerlaubnis besitzt und die Apotheke aus wichtigen persönlichen Gründen nicht mehr selbst betreiben kann oder wenn seine Erlaubnis widerrufen oder durch Widerruf seiner Approbation erloschen ist.
Die erbberechtigten Kinder können nach dem Tod eines Apothekers seine Apotheke verpachten, bis das jüngste Kind das 23. Lebensjahr vollendet. Ergreift ein Kind vor Ende des 23. Lebensjahres die Apothekerlaufbahn, ist eine Verlängerung möglich, bis das Kind die Erlaubnisvoraussetzungen erfüllt. Beim Tod des Erlaubnisinhabers kann auch der erbberechtigte Ehepartner oder Lebenspartner die Apotheke verpachten – bis zur Wiederheirat oder neuen Lebenspartnerschaft (wenn er nicht selbst Erlaubnisinhaber ist). In den genannten Fällen ändert ein Umzug der Apotheke innerhalb des Ortes oder in angrenzende Stadtbezirke nichts an der Verpachtungsmöglichkeit. Stirbt der Verpächter vor Vertragsende, kann die zuständige Behörde die Fortsetzung des Pachtverhältnisses mit dem Erben für höchstens zwölf Monate erlauben. Apothekenpächter benötigen eine Apothekenerlaubnis nach § 1 ApoG. Der Pachtvertrag darf nicht die Eigenverantwortlichkeit und Entscheidungsfreiheit des Pächters einschränken.
Siehe / Siehe auch: ApoG, Umsatzmiete

Apothekengesetz (ApoG)
German pharmacy law
Das Gesetz über das Apothekenwesen (Apothekengesetz) enthält die gesetzlichen Regeln für den Betrieb von Apotheken, einschließlich der Vorschriften über die für den Betreiber notwendige Erlaubnis, den Betrieb mehrerer Apotheken durch einen Betreiber, sowie Miete und Pacht von Apotheken.
Siehe / Siehe auch: Apotheken, Miete und Pacht

Arbeitgeberdarlehen
loan by employer to employee
Das Arbeitgeberdarlehen zählt zu den freiwilligen Sozialleistungen vieler Unternehmen. Es ist oft – besonders in Hochzinszeiten – günstiger als ein Baudarlehen von Sparkassen und Banken. Die soziale Komponente eines solchen Kredits besteht darin, dass der Arbeitgeber eben einen Zinssatz berechnet, der zum Teil deutlich niedriger ist als die aktuellen Marktkonditionen. Der finanzielle Vorteil für den Arbeitnehmer, den Darlehensempfänger, besteht in der Zinsdifferenz. Der vom Firmenchef subventionierte Darlehenszins darf aus steuerlichen Gründen allerdings eine bestimmte Grenze nicht unterschreiten.Falls er dies doch tut, gilt der Zinsvorteil als sogenannter Sachbezug, den der Darlehensnehmer und Arbeitnehmer versteuern muss. Ein steuerlich relevanter Zinsvorteil liegt vor, wenn der Effektivzins des Arbeitgeberdarlehens niedriger ist als fünf Prozent. Tipp: Derzeit (Stand: März 2006) sind Arbeitgeberdarlehen zumindest aus steuerlichen Gründen wenig attraktiv. Denn Baukredite mit einer zehnjährigen Zinsbindung kosten nur wenig mehr als vier Prozent effektiv, so dass die steuerlich relevante Grenze bei Firmendarlehen um rund einen Prozentpunkt darüber liegt.

Arbeitnehmerähnliche Selbstständige
self-employed with a status similar to that of employees
Viele Handelsvertreter sind arbeitnehmerähnliche Selbständige, insbesondere, wenn sie nur für einen Auftraggeber dauerhaft tätig werden und selbst keine Angestellten beschäftigen, die mehr als 400 EURO verdienen. Sie unterliegen der Verpflichtung zur Abführung von Sozialversicherungsbeiträgen. Eine Befreiung von der Versicherungspflicht ist jedoch in folgenden Fällen möglich:

- wenn er erstmals Existenzgründer ist. Die Befreiung gilt für die ersten drei Jahre. Sie wirkt fort, wenn aus dem arbeitnehmerähnlichen Selbstständigen ein richtiger Selbständiger wird;
- bei einem Selbständigen, der in einer völlig anderen Sparte in einem zweiten Anlauf eine neue Existenz aufbauen will, ebenfalls wieder für die ersten drei Jahre;
- wenn der arbeitnehmerähnliche Selbständige das 58. Lebensjahr vollendet hat und erstmals versicherungspflichtig würde;
- bei einem Selbständigen, der am 31.12.1998 eine selbständige, nicht versicherungspflichtige Tätigkeit ausgeübt hat, wenn er vor dem 2.1.1949 geboren ist oder vor dem 10.12.1998 über eine Lebens- und Rentenversicherungsvertrag verfügte.

Im diesem Fall muss der Vertrag so ausgestaltet sein, dass Leistungen für den Fall der Invalidität und des Erlebens des 60. Lebensjahres sowie im Todesfall

Leistungen an Hinterbliebene erbracht werden und für die Versicherung mindestens ebenso viel Beiträge aufzuwenden sind, wie Beiträge zur deutschen Rentenversicherung zu zahlen wären.
Der arbeitnehmerähnliche Selbständige ist verpflichtet, sich mit Beginn seiner Tätigkeit beim zuständigen Rentenversicherungsträger anzumelden und die vollen Beiträge zu bezahlen.
Siehe / Siehe auch: Scheinselbstständigkeit, Handelsvertreter

Arbeitnehmersparzulage

employee savings bonus

Die Arbeitnehmersparzulage ist eine staatliche Förderung der Vermögensbildung von Arbeitnehmern auf der Grundlage der Neuregelung des Vermögensbildungsgesetzes zum 1.1.1999. Voraussetzung für die Gewährung der Arbeitnehmersparzulagen sind bestimmte Einkommensgrenzen, die nicht überschritten werden dürfen. Danach darf das zu versteuernde Einkommen ab 1999 nicht mehr als 17.900 bzw. 35.800 Euro bei Alleinstehenden bzw. Verheirateten betragen. Wer die vermögenswirksamen Leistungen in Bausparverträge anlegt oder zum Bau, Erwerb, Ausbau, Erweiterung oder zur Entschuldung seines Wohneigentums verwendet, erhält seit dem 1 Januar 2004 9 Prozent aus maximal 470 Euro. Gleiches gilt für den Erwerb eines Baugrundstücks für den Bau eines Wohngebäudes. Bei Beteiligungen, die sich auf Anteilsscheine an Aktienfonds, Aktien und Beteiligungen am eigenen Betrieb und ähnliches beziehen, beträgt der Fördersatz 18 Prozent aus einem jährlichen Sparbetrag von maximal 400 Euro. Die beiden Förderungen (Bausparen und Beteiligungssparen) können nebeneinander gewährt werden, so dass der Staat jährlich in der Spitze 114,30 Euro überweist (42,30 Euro für Bausparverträge und 72 Euro für Beteiligungssparen). Die Sperrfrist für Sparverträge über Wertpapiere liegt bei 7 Kalenderjahren. Für Anlagen, die auch im Rahmen des Wohnungsbauprämiengesetzes gefördert werden, gelten die Verwendungsvoraussetzungen des Wohnungsbauprämien-Gesetzes.

Arbeitsgemeinschaft

syndicate; contractual joint venture; consortium

Arbeitsgemeinschaften gehören zu den so genannten Gelegenheitsgesellschaften. Bei einer Arbeitsgemeinschaft handelt es sich um einen Zusammenschluss von rechtlich und wirtschaftlich selbständigen Unternehmen mit dem Ziel, gemeinsam einen bestimmten Auftrag zu erledigen bzw. gemeinsam einen oder mehrere bestimmte Verträge (Werkvertrag, Werklieferungsvertrag) zu erfüllen. Arbeitsgemeinschaften sind vor allem im Baugewebe verbreitet, werden jedoch auch im Zusammenhang mit industriellen Großaufträgen, Forschungs- und Entwicklungsprojekten o. ä. gebildet.
Gründe für die Bildung von Arbeitsgemeinschaften sind in der Regel produktionstechnische oder finanzielle Anforderungen, die die Kapazität eines einzelnen Unternehmens überschreiten oder das Bestreben, die mit einem Großauftrag verbundenen Risiken auf mehrere Unternehmen zu verteilen. Bei Ausschreibungen für größere Projekte der öffentlichen Hand wird zum Teil auch die Bildung von Arbeitsgemeinschaften gefordert.
Rechtlich handelt es sich bei der Arbeitsgemeinschaft üblicherweise um eine Gesellschaft bürgerlichen Rechts, die im eigenen Namen und für eigene Rechnung mit dem Auftraggeber kontrahiert, Leistungen erbringt und abrechnet. Da sie als Außengesellschaft fungiert, bestehen Rechtsbeziehungen nur zwischen der Arbeitsgemeinschaft und dem Auftraggeber, nicht aber zwischen dem Auftraggeber und einzelnen Unternehmen, die der Arbeitsgemeinschaft angehören. Eine Arbeitsgemeinschaft kann einen eigenen Namen sowie eigenes Gesellschaftsvermögen haben.
Arbeitsgemeinschaften bilanzieren selbständig, wobei die entstehenden Gewinne und Verluste anteilig entsprechend der Beteiligungsquote in die Gewinn- und Verlustrechnungen den beteiligten Unternehmen übernommen und dort als Umsatzerlöse ausgewiesen werden. Darüber hinaus können Mitgliedsunternehmen einer Arbeitsgemeinschaft Umsatzerlöse aus Leistungen an die Arbeitsgemeinschaft (z. B. Vermietung von Technik, Dienstleistungen o. ä.) erzielen. Bilanziell wird der Leistungsverkehr zwischen Arbeitsgemeinschaft und Mitgliedsunternehmen unter „Forderungen an Arbeitsgemeinschaften“ bzw. „Verbindlichkeiten gegenüber Arbeitsgemeinschaften“ erfasst.
Neben den echten Arbeitsgemeinschaften werden zum Teil auch „unechte“ Arbeitsgemeinschaften gebildet, die die beschriebenen Merkmale nicht oder nur teilweise aufweisen. Hierzu gehören beispielsweise Konstellationen mit einem Hauptunternehmer und weiteren Nebenunternehmern oder einem Generalunternehmer, der mit einem oder mehreren Subunternehmern eine Innengesellschaft bildet. Die konkrete Beurteilung einer unechten Arbeitsgemeinschaft richtet sich nach den Vertragsverhältnissen im jeweiligen Einzelfall.

Siehe / Siehe auch: ARGE, Gelegenheitsgesellschaft, Generalunternehmer, Konsortium, Subunternehmer

Arbeitsstätte

workplace; place of work

Der Begriff der Arbeitsstätte wird im Arbeitsrecht, Steuerrecht und im Bereich der Statistik verwendet. Die rechtlichen Regelungen hinsichtlich der Arbeitsstätte sind ferner von Bedeutung für Architekten und für Verwalter und Vermieter von Gewerbeobjekten. Eine Arbeitsstätte umfasst einen oder mehrere Arbeitsplätze und befindet sich am Arbeitsort der betreffenden Arbeitnehmer. Im Steuerrecht existiert der Begriff der „regelmäßigen Arbeitsstätte".

Die Arbeitsstättenverordnung definiert Arbeitsstätten als

- Orte in Gebäuden oder im Freien, die sich auf dem Gelände eines Betriebes oder einer Baustelle befinden und die zur Nutzung für Arbeitsplätze vorgesehen sind,
- andere Orte in Gebäuden oder im Freien, die sich auf dem Gelände eines Betriebes oder einer Baustelle befinden und zu denen Beschäftigte im Rahmen ihrer Arbeit Zugang haben.

Zur Arbeitsstätte gehören auch:

- Verkehrswege, Fluchtwege, Notausgänge,
- Lager-, Maschinen- und Nebenräume,
- Sanitärräume (Umkleide-, Wasch- und Toilettenräume),
- Pausen- und Bereitschaftsräume,
- Erste-Hilfe-Räume,
- Unterkünfte,
- sowie weitere Einrichtungen, an die in der Verordnung besondere Anforderungen gestellt werden und die dem Betrieb der Arbeitsstätte dienen.

Die Arbeitsstättenverordnung verpflichtet den Arbeitgeber u.a., die Arbeitsstätte instand zu halten, Mängel und Gefahren zu beseitigen und Reinigungsarbeiten durchzuführen. Es gibt Regelungen über Fluchtwege, Feuerlöscheinrichtungen, Sanitärräume und den Nichtraucherschutz. Anhänge zur Verordnung regeln im Einzelnen die notwendige Beschaffenheit der Arbeitsstätte (u.a. Energieverteilanlagen, Wände und Decken, Fenster, Türen und Verkehrswege). Wichtige Regelungen betreffen auch Beleuchtung, Raumtemperatur, Belüftung und Lärmschutz. Die Arbeitsstättenverordnung bleibt jedoch meist allgemein und nennt oft keine konkret einzuhaltenden Grenz- oder Messwerte.

Für Präzisierung sorgen die Arbeitsstättenrichtlinien (ASR). So regelt etwa die ASR 6/1,3 die in unterschiedlichen Räumen der Arbeitsstätte zulässige Raumtemperatur; die ASR 7/3 betrifft die künstliche Beleuchtung.

Siehe / Siehe auch: Raumtemperatur im Mietobjekt

Arbeitszimmer (außerhäusliches)

office; workroom

Aufwendungen für ein außerhäusliches Arbeitszimmer/Büro unterliegen im Gegensatz zum häuslichen Arbeitszimmer keiner Abzugsbeschränkung.

Zur Definition eines „außerhäuslichen" Arbeitszimmers hat der Bundesfinanzhof im Urteil vom 18. 8. 2005 (AZ VI R 39/04) ausführlich Stellung genommen. Im Entscheidungssachverhalt hatte ein Hochschulprofessor (mit Einkünften aus nebenberuflicher schriftstellerischer Tätigkeit) Aufwendungen für sein Arbeitszimmer geltend gemacht, das sich im Dachgeschoss eines in seinem alleinigen Eigentum stehenden dreigeschossigen Wohngebäudes befand. Die Erdgeschosswohnung wurde von ihm bewohnt, das erste Obergeschoss war fremdvermietet. Zu dieser Konstellation hat der Bundesfinanzhof entschieden, dass als Arbeitszimmer genutzte Räumlichkeiten in einem Mehrfamilienhaus, die nicht zur Privatwohnung des Steuerpflichtigen gehören, im Regelfall aus „außerhäusliches" Arbeitszimmer zu werten sind und damit nicht unter die Abzugsbeschränkung fallen.

Hinweis:

Aus dem Urteil ist – auch für die künftige Rechtslage – insbesondere die Empfehlung abzuleiten, dass Arbeitszimmer in Mehrfamilienhäusern idealerweise immer auf einer anderen Etage als die Privatwohnung liegen sollten.

Siehe / Siehe auch: Arbeitszimmer (häusliches)

Arbeitszimmer (häusliches)

home office; den; study

Die steuerliche Relevanz der Kosten für ein häusliches Arbeitszimmer ist in den vergangenen Jahren immer geringer geworden. Waren die Kosten für ein häusliches Arbeitszimmer bis 1995 noch unbeschränkt als Betriebsausgaben bzw. Werbungskosten abzugsfähig, wurde ab dem Jahr 1996 eine sachliche und betragsmäßige Beschränkung des Abzugs für steuerlich anzuerkennende, ausschließlich beruflich genutzte Arbeitszimmer eingeführt. Die Rechtslage für die Jahre 1996 bis 2006 war wie folgt: Die Aufwendungen für ein häusliches Arbeitszimmer sowie die Kosten der Ausstattung konnten grundsätzlich nicht als Werbungskosten angesetzt werden. Ausnahmen:

1. Die Nutzung des häuslichen Arbeitszimmers stellt den Mittelpunkt der gesamten Tätigkeit dar (klassischer Heimarbeitsplatz). Hier waren weiterhin alle Kosten ohne Einschränkung abzugsfähig.
2. Die betriebliche oder berufliche Nutzung des Arbeitszimmers beträgt mehr als 50 Prozent der gesamten betrieblichen und beruflichen Tätigkeit (Nachweis der Arbeitszeiten durch Terminkalender oder Arbeitszeiten-Buch erforderlich).
3. Es steht für die betriebliche oder berufliche Tätigkeit kein anderer Arbeitsplatz zur Verfügung (z. B. Lehrer, Handelsvertreter ohne eigenen Schreibtisch beim Arbeitgeber).

In den unter 2. und 3. genannten Ausnahmefällen war die Höhe der abziehbaren Aufwendungen auf 1.250 Euro begrenzt. Zu den abzugsfähigen Kosten zählen alle im Zusammenhang mit dem Arbeitszimmer stehenden Kosten. Hierzu zählen vor allem Schuldzinsen, Mietanteil bzw. bei Wohneigentum die anteilig auf den Arbeitsraum entfallende Abschreibung, sowie Kosten für Heizung, Strom, Wasser, Reinigung usw.. Grundsätzlich kann ein Raum nur dann als Arbeitszimmer anerkannt werden, wenn folgende Voraussetzungen vorliegen:

- Es muss sich um einen abgeschlossenen Raum handeln.
- Es darf kein Durchgangszimmer sein, das zwei andere Räume verbindet.
- Die übrigen Wohnräume müssen dem Wohnbedarf der Familie gerecht werden.

Ab dem Jahr 2007 hat der Gesetzgeber die beschränkte Abzugsmöglichkeit von 1.250 Euro abgeschafft. Aufwendungen für ein häusliches Arbeitszimmer konnten ab dem Jahr 2007 nur noch dann steuerlich geltend gemacht werden, wenn es den Mittelpunkt der gesamten betrieblichen und beruflichen Tätigkeit bildet. Lehrer z. B. konnten keine Kosten mehr geltend machen, da der Mittelpunkt ihrer Tätigkeit die Schule ist. Hiergegen hat ein Lehrer vor einem Finanzgericht geklagt. Letztendlich hat das Bundesverfassungsgericht mit Urteil vom 06.07.2010 entschieden, dass das seit 2007 geltende Abzugsverbot verfassungswidrig ist, soweit dem Steuerpflichtigen für die betriebliche oder berufliche Tätigkeit kein anderer Arbeitsplatz zur Verfügung steht. Diese Entscheidung kommt vor allem Lehrern und Außendienstmitarbeitern zugute. Der Gesetzgeber ist nun verpflichtet, rückwirkend auf den 1.1.2007 eine verfassungsgemäße Neuregelung zu schaffen. Wie diese aussieht, ist derzeit nicht absehbar. Es kann sein, dass die bis 2007 geltende Regelung weitergeführt wird, denn das Bundesverfassungsgericht hat die damalige betragsmäßige Beschränkung von 1.250 Euro nicht moniert. Da das Gericht die oben unter 2. bestehende Ausnahmeregelung für verfassungskonform hält, ist zu erwarten, dass nur der Urteilsfall – nämlich: kein anderer Arbeitsplatz wird zur Verfügung gestellt – wieder zum Abzug zugelassen wird. Das Gesetzgebungsverfahren sollte weiter beobachtet werden. Darüber hinaus ist zu beachten, dass vom Abzugsverbot für die Kosten des häuslichen Arbeitszimmers und somit auch von der weiteren gesetzlichen Einschränkung ab 2007 die Aufwendungen für Arbeitsmittel, die sich in dem als Arbeitszimmer genutzten Raum befinden, z. B. Schreibtisch, EDV oder Bücherregal, nicht betroffen sind. Diese Aufwendungen werden vielmehr bei betrieblicher bzw. beruflicher Veranlassung weiterhin steuerlich berücksichtigt.

Siehe / Siehe auch: Arbeitszimmer (außerhäusliches)

Architekt

architect

Neben dem als Architekten betitelt Hochbauarchitekt gibt es noch den Landschafts- und den Innenarchitekt. Aus dem Griechischen abgeleitet bedeutet archós der Anführer oder das Oberhaupt und tékton der Zimmermann oder der Zimmerer. Ab dem 16. Jahrhundert hat sich in der Übersetzung des Wortes Architekt die Bezeichnung Baumeister etabliert.

Die Architektin oder der Architekt wird in Vertretung der Bauherren tätig. Die Aufgabe umfasst im Wesentlichen die Beratung der Bauherren, das Zeichnen der Baupläne, die Eingabe des Bauantrages mit allen notwendigen Formularen bei den Behörden, die Erstellung der Werkpläne, die Ausschreibung, die Vergabe und die Verhandlung mit den Handwerkern und Baufirmen, die Betreuung der Baustelle

und die Abrechnung mit den beteiligten Firmen. In größeren Büros werden diese Leistungen in zwei Bereiche eingeteilt, die des Planers im Büro und die des Bauleiters auf der Baustelle. Diese Leistungen werden in 9 Leistungsphasen der HOAI eingeteilt und vergütet. Der Absolvent einer Fachhochschule oder einer Universität der Architektur erhält eine Urkunde, die ihn als „Diplom Ingenieur" ausweist. Nach wenigstens zweijähriger, nachgewiesener Bautätigkeit kann er sich in die Liste der Architekten- und Ingenieurkammer eintragen lassen. Mit diesem Schritt ist er uneingeschränkt und eigenverantwortlich bauvorlageberechtigt und befugt, die Berufsbezeichnung Architektin oder Architekt zu führen.
Siehe / Siehe auch: Architektur, Architektenkammer, Honorarordnung für Architekten und Ingenieure (HOAI)

Architektenbindung
engagement of a specific architect tied to a building agreement

Eine Vereinbarung in einem notariellen Grundstückskaufvertrag, wonach sich der Erwerber verpflichtet, zur Planung oder Ausführung des Bauwerks die Leistung eines bestimmten Architekten oder Bauingenieurs in Anspruch zu nehmen („Architektenbindung"), ist unwirksam. Sind Architektenleistungen vorher bereits erbracht und werden sie vom Erwerber genutzt, hat der Architekt allerdings Anspruch auf Honorar nach den Mindestsätzen der HOAI.

Architektenhaftpflichtversicherung
architect's liability insurance

Die Architektenhaftpflichtversicherung geht über eine normale Berufshaftpflichtversicherung hinaus. Sie deckt Personen-, Sach- und Vermögensschäden, die aus Fehlern des Architekten bei Planung, Objektüberwachung, Beratung und Begutachtungen entstehen. Abgedeckt werden die daraus resultierenden Schadensersatzansprüche.

Architektenkammer
professional body of architects in Germany; official chamber of architects

Die Architektenkammern (AK) bilden die berufsständischen Vertretungen der Architekten, Innenarchitekten, Landschaftsarchitekten und Stadtplaner. Es handelt sich um Körperschaften öffentlichen Rechts, zu deren Mitgliedern alle in die Architektenliste des jeweiligen Bundeslandes eingetragenen Angehörigen der genannten Berufe zählen. Aufgaben und Tätigkeit der Architektenkammern werden durch die Architektengesetze der einzelnen Bundesländer geregelt. Die Eintragung in die Architektenliste und mithin die Mitgliedschaft in einer Architektenkammer ist Voraussetzung für das Führen der entsprechenden Berufsbezeichnung. Unerheblich ist dabei, ob die betreffende Person ihren Beruf freiberuflich, gewerblich, im Angestelltenverhältnis oder mit Beamtenstatus ausübt.
Siehe / Siehe auch: Bundesarchitektenkammer

Architektenleistungen
architectural services

Das Leistungsbild der Architekten ergibt sich aus der Honorarordnung für Architekten und Ingenieure (HOAI 2009). Von den 11 großen Leistungsbereichen sind für den immobilienwirtschaftlichen Bereich vor allem die in Teil 3 § 33 (Leistungen bei Gebäuden und raumbildenden Ausbauten), und § 38 (Leistungsbild Freianlagen) und die sich darauf beziehenden zusätzlichen Leistungen von Bedeutung. § 3 enthält im Rahmen des Leistungsbildes für Objektplanung bei Gebäuden 9 Grundleistungen. Diese sind in folgende Leistungsphasen zusammengefasst:

- Grundlagenermittlung
- Vorplanung
- Entwurfsplanung
- Genehmigungsplanung
- Ausführungsplanung
- Vorbereitung der Vergabe
- Mitwirkung bei der Vergabe
- Objektüberwachung
- Objektbetreuung, Dokumentation

Besondere Leistungen ergeben sich aufgrund besonderer Anforderungen. Teilweise handelt es sich um Leistungen, die normalerweise zum Aufgabenbereich des wirtschaftlichen Baubetreuers zählen, etwa Aufstellung eines Finanzierungsplanes und Mitwirkung bei der Beschaffung der Finanzierungsmittel, Aufstellen und Überwachen eines Zahlungsplanes, Objektverwaltung. Die „zusätzlichen Leistungen" beziehen sich auf die Entwicklung und Herstellung von Fertigteilen, Rationalisierungsmaßnahmen, die Projektsteuerung und die besonderen Maßnahmen im Zusammenhang mit der Durchführung eines Winterbaus. Bauherr und Architekt können im Rahmen der Vertragsfreiheit ihr Geschäftsverhältnis frei gestalten. Es gilt das Werkvertragsrecht des BGB. Seitens der Architekten werden überwiegend Musterverträge von Architektenkammern und anderen Anbietern verwendet Ein neu gefasster Einheitsvertrag, den die

Interessentenverbände der Architekten durchsetzen wollten, wurde, nachdem er vom Bundeskartellamt bereits veröffentlicht war, wieder zurückgezogen.
Siehe / Siehe auch: Architekt, Architektenbindung, Architektenkammer

Architektenvertrag
architect's contract (of services)

Siehe / Siehe auch: Architektenleistungen

Architektenwettbewerb
architectural competition

Ein Architektenwettbewerb dient dem Finden unterschiedlicher Lösungsalternativen für eine bestimmte Planungsaufgabe und dem Auswählen der geeignetsten Lösung. Die Durchführung von Architektenwettbewerben wird durch die GRW 1995 (Grundsätze und Richtlinien für Wettbewerbe auf den Gebieten der Raumplanung des Städtebaus und des Bauwesens) geregelt. Konkrete Wettbewerbsverfahren sind mit der Architektenkammer des betreffenden Bundeslandes abzustimmen. Treten Bund oder Länder als Bauherren auf, so sind generell Wettbewerbe nach GRW durchzuführen.
Die Vorschriften der GRW für die Durchführung von Wettbewerben beinhalten unter anderem die folgenden Anforderungen an Wettbewerbsverfahren: Entscheidung durch ein unabhängiges Preisgericht, anonyme Abwicklung des Verfahrens, Auslobung von Preisen sowie Verpflichtung des Auslobers, einen oder mehrere Preisträger mit der weiteren Bearbeitung des Projekts zu beauftragen.
Je nach Zielstellung und Art der Planungsaufgabe unterscheiden die GRW mehrere Wettbewerbsarten und -verfahren. So wird zwischen Ideenwettbewerben und Realisierungswettbewerben, einstufigen und mehrstufigen Verfahren sowie zwischen offenen und beschränkten Wettbewerbsverfahren differenziert. Darüber hinaus existieren mit den Kombinierten Wettbewerben und den Investorenwettbewerben noch zwei besondere Verfahren, bei denen es sich nicht um Architektenwettbewerbe im eigentlichen Sinne handelt.
Siehe / Siehe auch: Kombinierter Wettbewerb, Investorenwettbewerb

Architektur
architecture

Der lateinische Begriff architectura bedeutet Baukunst oder Baustil. Doch Architektur bezieht sich nicht nur auf die Errichtung und die Gestaltung von Bauten. Neben der Baukunst wird ein grundlegendes Wissen über Baumaterialen, die Anwendung technischer Methoden und deren Gesellschafts- und Umwelteinflüsse erwartet. Ein Raum wird gestaltet. Hierbei ist es unerheblich, ob es sich bei dem Raum um eine Landschaft, einen städtischen Platz, einen Gebäudekomplex, ein Einfamilienhaus oder einen Innenraum handelt. Architektur hat eine gesellschaftliche Verantwortung, denn der Mensch reagiert unbewusst auf die Einflüsse seiner Umgebung.
Siehe / Siehe auch: Architekt, Baukunst

Architekturmodell
architectural model

Bei Architekturmodellen handelt es sich um maßstabsgerechte Modelle von geplanten Gebäuden, die ihre äußere Wirkung bezogen auf die Umgebungsbebauung erkennen lassen. Es kann sich um ganze städtebauliche Modelle handeln, aber auch um Präsentationsmodelle für ein bestimmtes Objekt. Vielfach wird mit Architekturmodellen im Rahmen von Architektenwettbewerben gearbeitet.

Arenen
stadiums

Derzeit werden auch in Deutschland zunehmend Arenen nach dem Muster amerikanischer Super-Domes konzipiert. Bei dieser Sonderimmobilie findet alles von internationalen Sportveranstaltungen bis zu großen Musik-Happenings statt. Der grüne Rasen des Sports kann mit vernünftigem Aufwand jeweils aufgebracht oder entfernt werden.
Die amerikanischen Super-Domes, die zunehmende hochgradige Kommerzialisierung und Professionalisierung des Spitzensports, speziell des Fußballs und nicht zuletzt die Vergabe der Fußball-WM 2006 an Deutschland haben das Thema Arenen deutlich an Bedeutung gewinnen lassen. Über lange Jahre war das Thema Arenen eine Veranstaltung öffentlicher Stellen, die Stadien vorhielten und letztendlich auch die Verluste berappten. Jetzt wird über

Modelle nachgedacht, bei denen private Betreiber in diesem Segment aktiv werden. Diese Arenen bieten sich aber nicht nur für Freiluftveranstaltungen, sondern ganz speziell auch für Indoor-Events an. Der Erfolg einer Arena ist nur dann möglich, wenn sie sich durch ein hohes Maß an Multi-Funktionalität auszeichnet und eine Vielzahl unterschiedlicher Nutzungen ermöglicht. Nutzungsflexibilität bedeutet bei Arenen nicht nur, dass unterschiedliche Nutzungen grundsätzlich möglich sind, sondern dass ein schneller und effizienter Wechsel hinsichtlich der unterschiedlichen Nutzungsform möglich ist. Oder anders ausgedrückt: Eine Arena hilft nicht viel, wenn es drei Tage dauert, den Fußballrasen abzutragen und das Stadion für eine normale Konzertveranstaltung umzurüsten.

ARGEBAU – Bauministerkonferenz

Working Group of the Ministers and Senators of the Länder Responsible for Building, Housing and Settlement (ARGEBAU)

Die Bauministerkonferenz ist die Arbeitsgemeinschaft der für Städtebau, Bau- und Wohnungswesen zuständigen Minister und Senatoren der 16 Länder der Bundesrepublik Deutschland. Sie tritt nach Bedarf (in der Regel einmal im Jahr) zusammen. Die Leitung obliegt dem Länderministern im Wechsel. Die ARGEBAU fasst Beschlüsse die für die Entwicklung des Städtebaus, des Bau- und des Wohnungswesens in den Bundesländern von Bedeutung sind. Zu den wichtigsten Aufgaben gehört bei der föderalistischen Struktur Deutschlands die Sorge für einheitliche Rechts- und Verwaltungsvorschriften der Länder im Bereich des Wohnungswesens, des Bauwesens und des Städtebaus. Beispielsweise ist die Musterbauordnung ein Produkt von ARGEBAU.

Arglistige Täuschung

deceit; fraudulent misrepresentation; malicious deceit

Arglistige Täuschung ist ein Verhalten, das beim Gegenüber einen Irrtum erzeugt bzw. unterhält und bei dem der Täuschende entweder weiß oder zumindest in Kauf nimmt, dass er gerade durch diese Täuschung Einfluss auf die Willensentscheidung des anderen nimmt. Die Konsequenzen eines solchen Handelns im Zivilrecht regelt § 123 BGB: Nach dieser Vorschrift können Willenserklärungen, die z. B. im Rahmen eines Vertragsabschlusses abgegeben wurden, angefochten werden, wenn ihnen eine arglistige Täuschung oder widerrechtliche Drohung des Geschäftsgegners zugrunde liegt. Folge einer erfolgreichen Anfechtung ist, dass der betreffende Vertrag von Beginn an als nichtig angesehen werden muss.

Beispiele für die arglistige Täuschung aus dem Mietrecht:

Ein Vermieter vermietet Büroräume an ein Unternehmen, obwohl die Räume baurechtlich nicht als Büros genutzt werden dürfen. Hier ist eine Anfechtung des Gewerbemietvertrages selbst nach Nutzungsbeginn mit Wirkung zum Vertragsbeginn möglich (BGH, Urteil vom 6.8.2008, Az. XII ZR 67/06). Der Mieter hat in einer Selbstauskunft dem Vermieter gegenüber behauptet, dass in den letzten fünf Jahren kein Insolvenzverfahren über sein Vermögen eröffnet worden ist. In Wahrheit war dies jedoch der Fall (AG Hamburg, Urteil vom 6.5.2003, Az. 48 C 636/02).

Der Vermietet vermietet ein Ladengeschäft an einen Unternehmer und verschweigt, dass kurz nach Vertragsbeginn eine Fassadenrenovierung mit Wärmeschutz ansteht, so dass die gesamte Gebäudefront über Monate mit Gerüsten und Schutzfolien verdeckt wird (Kammergericht Berlin, Urteil vom 15.4.1999, Az: 8 U 1509/97).

Der Mieter erklärt bei Vertragsabschluss, ein gut verdienender Designer zu sein. In Wahrheit ist er Sozialhilfeempfänger (AG Saarlouis, Urteil vom 17.9.1999, Az. 29 C 739/99).

Siehe / Siehe auch: Täuschung der Hausratsversicherung

Arkade

arcade; colonnade

Arkaden sind auf Säulen ruhende Bogenreihen, die in der Regel als Dachstütze dienen. Die darunter befindlichen Bogengänge spenden Schatten und schützen vor Regen. Vielfach werden diese Bogengänge auch zur Erweiterung von Gastronomiebetrieben außerhalb des Gebäudes genutzt. Arkaden bieten auch für die Geschäfte mit ihren Schaufenstern und Auslagen Vorteile.

Arrondierung

consolidation; plottage; (site) assembly; rounding-off (property by purchase); consolidation of parcels of land which form a closed agricultural or forestry operation; consolidation of small farm-holdings (to create economic units)

Unter Arrondierung (Abrundung) versteht man eine Neuordnung von Grundstücken im Zusammenhang mit der Flurbereinigung. Im Interesse einer effizienten Felderbewirtschaftung soll zersplitterter Grundbesitz durch Flächentausch (Felderregulierung) zu sinnvollen Einheiten zusammengefasst werden. Landwirtschaftliche Flurbereinigungsmaßnahmen sind das Pendant zur städtebaulichen Bodenordnung.

Siehe / Siehe auch: Bodenordnung

Art der baulichen Nutzung

type of structural use

In einem Flächennutzungsplan können Bauflächen dargestellt werden, die die allgemeine Art der baulichen Nutzung bezeichnen (W = Wohnbauflächen, M = gemischte Bauflächen, G = gewerbliche Bauflächen und S = Sonderbauflächen). Es besteht auch die Möglichkeit der Darstellung von Baugebieten. Im Bebauungsplan können nur Baugebiete festgesetzt werden. Sie enthalten nähere Festsetzungen der Nutzungsart. Allerdings ist darauf hinzuweisen, dass auch in Flächennutzungsplänen Baugebiete „dargestellt“, aber nicht „festgesetzt“ werden können. Nach der Baunutzungsverordnung (BauNVO) gibt es 10 verschiedene Baugebiete, darunter vier Wohngebietsarten nämlich Kleinsiedlungsgebiet (WS), reines, allgemeines und besonderes Wohngebiet (WR, WA, WB), drei Mischgebietsarten nämlich Dorfgebiet, „Mischgebiet“, Kerngebiet (MD, MI, MK) und drei gewerbliche Gebietsarten. Zu diesen gehören Gewerbegebiet, Industriegebiet und Sondergebiet (GE, GI, SO). Eine „Nebenart“ des Sondergebiets sind Wochenendhausgebiete. Das eigentliche Sondergebiet bezieht sich auf die Beschreibung eines Baugebietes, in dem besondere bauliche Anlagen errichtet werden können wie Flughäfen, Hochschulen, Großkliniken, Einkaufszentren, Kurgebiete u. dergl. (Beispiel SO KLINIK für ein Sondergebiet, für das der Bau einer Klinik festgesetzt ist.). Jede Baugebietsart wird in einem eigenen Paragrafen beschrieben. Im ersten Absatz steht die Zwecksetzung: z. B. bei § 3 Reine Wohngebiete: „Reine Wohngebiete dienen dem Wohnen“. Es folgt im 2. Absatz jeweils der Katalog der baulichen Nutzung, der zulässig ist und damit die Baugebietsart charakterisiert z. B. bei § 2 Kleinsiedlungsgebiete: „Zulässig sind 1. Kleinsiedlungen einschl. Wohngebäude mit entsprechenden Nutzgärten, landwirtschaftliche Nebenerwerbsstellen und Gartenbaubetriebe sowie 2. die der Versorgung des Gebietes dienenden Läden, Schank- und Speisewirtschaften sowie nicht störende Handwerksbetriebe.“ Der 3. Absatz ist schließlich den zulässigen Ausnahmen gewidmet. So können bei Gewerbegebieten (§ 8) ausnahmsweise zugelassen werden:

- Wohnungen für Aufsichts- und Bereitschaftspersonen sowie Betriebsinhaber und Betriebsleiter.
- Anlagen für kirchliche, kulturelle, soziale und gesundheitliche Zwecke
- Vergnügungsstätten.

Bei der konkreten Gestaltung eines Bebauungsplanes muss sich eine Gemeinde für eine Nutzungsart entscheiden, wobei sie allerdings von den Vorgaben der Verordnung durch Festsetzungen abweichen kann, soweit dadurch der Gesamtcharakter des Baugebietes nicht wesentlich beeinträchtigt wird. Im Übrigen wird die jeweilige Baugebietsbeschreibung der Baunutzungsverordnung Bestandteil des Bebauungsplans. Die festgesetzt Baugebietsart enthält wichtige Informationen für die Lageanalysen von Maklern und Sachverständigen und für Standortanalysen von Projektentwicklern.

Siehe / Siehe auch: Ausnahmen und Befreiungen (öffentliches Baurecht)

Asbestzement

asbestos cement; cement asbestos

Da Asbest ein Mineral mit großer Hitzebeständigkeit ist, wurde es früher vielfach im Baugewerbe eingesetzt. Es wurde zur Herstellung von Asbestzement verwendet. Da freischwebende Asbestfasern, die beim Arbeiten mit Asbestplatten auftreten, in der menschlichen Lunge zu Krebs führen können, wurde der Einsatz in Deutschland mit wenigen Ausnahmen verboten. Die im Rahmen von Asbestsanierungen anfallenden asbesthaltigen Baustoffe dürfen nach entsprechender Vorbehandlung nur von bestimmten sachkundigen Firmen auf ausgewiesenen Asbestdeponien entsorgt werden. Sind in Gebäuden Bauteile mit Astbestzement verwendet worden, kann sich dies erheblich wertmindernd auswirken. Nach einem Urteil des Bundesgerichtshofes vom 27.03.2009 müssen Hauskäufer über eine Asbestbelastung des Kaufobjekts ohne eigene Nachfrage aufgeklärt werden. Wird dies versäumt, bestehen erhebliche Schadenersatzansprüche. Im verhandelten Fall wurde über ein Fertighaus mit einer Fassadenverkleidung aus Asbestzement gestritten. Der BGH entschied, dass ein nur unter gravierender Gesundheitsgefahr zu bewohnendes oder umzubauendes Haus nur eingeschränkt benutzbar sei. Es liege ein offenbarungspflichtiger Sachmangel vor. Dies gelte besonders bei Stoffen, die schon in geringen Mengen krebserregend seien und durch die besonders Heimwerker Gefahren ausgesetzt wären (Urteil vom 27. März 2009, Az. V ZR 30/08).

Asset
asset

Unter einem Asset ist eine Anlageform zu verstehen, die einen Baustein des Vermögensportfolios, beispielsweise Immobilien, Aktien, Fonds, bildet.
Siehe / Siehe auch: Asset Allocation, Asset Management, Portfoliomanagement (Assetmanagement), Vermögensmanagement (Assetmanagement)

Asset Allocation
asset allocation

Aufteilung des Kapitals auf verschiedene Anlageformen. Ziel dieses Anlageverhalten ist der bestmögliche Ertrag des Gesamtvermögensportfolios. Eine gezielte Diversifikation ist die Grundlage dafür.
Siehe / Siehe auch: Asset, Asset Management, Portfoliomanagement (Assetmanagement), Vermögensmanagement (Assetmanagement)

Asset Deal
asset deal

Als Asset Deal wird im Zusammenhang mit Immobilieninvestitionen eine Transaktion bezeichnet, bei der der Investor eine Immobilie direkt erwirbt. Veräußerungsgegenstand ist die dabei Immobilie selbst – im Unterschied zum Share Deal, bei dem lediglich Anteile an einer Objektgesellschaft veräußert werden. Ein Asset Deal ist stets mit einem Grundstückserwerb verbunden. Der Käufer wird an Stelle des Verkäufers unmittelbarer Eigentümer des erworbenen Objekts. Neben dem „klassischen" Immobilienkauf, bei dem der Käufer ein Grundstück mit einem bereits bestehenden Gebäude erwirbt, sind weitere Formen eines Asset Deals möglich. Hierzu zählen Bauträgerverträge, Generalübernehmermodelle, Grundstückskäufe mit Vertragsübernahme und Property Outsourcing durch Sale-and-Lease-back. Auch bei Portfoliotransaktionen kann es sich um Asset Deals handeln, sofern mehrere einzelne Objekte en bloc veräußert werden. Werden dagegen bei einer Portfoliotransaktion statt einzelner Immobilien Anteile an einer Gesellschaft veräußert, die das betreffende Immobilienportfolio hält, handelt es sich um einen Share Deal.
Siehe / Siehe auch: Share Deal

Asset Management
asset management

Siehe / Siehe auch: Vermögensmanagement (Assetmanagement)

Asset-Backed-Securities (ABS)
asset-backed securities (ABS)
System

Bei den Asset-Backed-Securities handelt es sich um eine Finanzierungsform, bei der Unternehmen oder auch Kreditinstitute die Möglichkeit haben, sich von größeren Forderungsbeständen (ab 5 Millionen aufwärts) zu trennen und gegen Liquidität einzutauschen. Der Verkauf erfolgt an eine rechtlich selbständige Zweckgesellschaft. Diese bündelt die erworbenen Schulden und kreiert daraus verzinsliche Wertpapiere, die gegebenenfalls über ein Bankenkonsortium auf dem Kapitalmarkt an Investoren angeboten werden.
Der Schuldenpool dient als Haftungsmasse. Dabei muss Wert darauf gelegt werden, dass die Mischung der erworbenen Forderungen wegen des Risikoausgleichs aus unterschiedlichen Branchen und aus verschiedenen Ländern mit solidem wirtschaftlichem Fundament stammen. Werden Forderungen fällig und eingezogen, fließen diese an die Zweckgesellschaft zurück. Die Forderungsverwaltung und der Einzug verbleiben entweder bei den Unternehmen / Kreditinstituten, die ihre Schulden verkaufen oder werden an einen Service-Agenten übertragen. Mit der Einschaltung des Service Agenten soll gewährleistet werden, dass die zurückbezahlten Schulden zweckentsprechend verwendet werden. Der Service-Agent leitet die bei ihm eingehenden Schuldentilgungs- und Zinszahlungen an einen Treuhänder weiter, der damit wiederum die Wertpapiere bedient. Der Treuhänder ist letztlich Sachwalter der Investoren.
Durch eine Asset-Backed-Finanzierung werden für die Kreditinstitute nicht nur Liquiditätseffekte erreicht. Vielmehr können die Bilanzkennzahlen verbessert und das Kreditausfallrisiko kalkulierbarer gemacht werden. Zudem steigern sie ihr Ratingprofil.

Probleme:
Assed Backes Securities sind im Zusammenhang mit der Finanzkrise (Subprime Krise) in Verruf geraten. Sie sollen in erheblichem Ausmaß zur Verstärkung der Finanzkrise beigetragen haben. Die Finanzierungszweckgesellschaften kauften diese ABS in großen Massen auf, bündelten sie in Form von Wertpapieren erneut zu Portfolios und emittierten zur Refinanzierung eigene, kurz laufende ABS (sog. ABCP, Asset Backed Commercial Paper). Dieser Prozess wurde mehrfach wiederholt, so dass ABS zur Grundlage von ABS wurden, die wieder Grundlage von weiteren ABS wurden. Durch mehrfache Transaktionen war am Ende völlig unklar, welche ABS welchem Kreditnehmer zuzuordnen war. Man verließ sich auf die von Ratingagenturen festgestellten höchsten Ratingstufen, obwohl auch diese kaum mehr einen Überblick haben konnten. Endabnehmer der emittierten Papiere waren zum großen Teil Hedgefonds, die von kurzfristigen Gewinnerwartungen lebten. Der Aufbau dieses außerhalb der Kreditinstitute angesiedelten rollierende System kurzfristig angelegter ABS als Basis für die weitere Kreditfinanzierung der Banken wurde zum Problem, als die Immobilienkrise eintrat und die Hauseigentümer ihre Subprimes nicht mehr bedienen konnten. Hedgefonds mussten sich wieder von ihren ABS-basierten Zertifikaten trennen und teilweise geschlossen werden. Der Vertrauensverlust führte schließlich zum Zusammenbruch des ABS-Marktes und zu erheblichen Einbußen.

Siehe / Siehe auch: Forderungsbesichertes Wertpapier, Subprime-Krise, Hedgefonds

Asymmetrische Information
asymmetric information

Seit 25 Jahren widmet sich die Volkswirtschaftslehre vermehrt einem Phänomen, das amerikanische Wissenschaftler (George Akerlof, Michael Spence und Joseph Stiglitz) erforscht haben und dafür im Jahr 2001 den Wirtschaftsnobelpreis erhielten. Es handelt sich um das Phänomen der asymmetrischen Informationslage zweier Geschäftspartner, die einen Vertrag eingehen wollen. Sie ist mehr oder weniger unterschiedlich und führt dazu, dass Informationsvorsprünge bei Verhandlungen zum eigenen Vorteil genutzt werden. Asymmetrische Informationen liegen in allen wichtigen Märkten vor. Dies gilt insbesondere auch für den Immobilienmarkt, der durch ein hohes Maß an Intransparenz gekennzeichnet ist. Der Anbieter eines Hauses kennt z. B. die „Schattenseiten" eines Hauses wesentlich besser als jeder zufällige Interessent. Auch wenn bis zu einem gewissen Grade die Rechtsprechung für eine Aufklärungspflicht sorgt, bleibt das Grundproblem erhalten. Dies gilt auch in der Beziehung zwischen Objektanbieter und Makler. Andererseits hat der Makler den Vorteil, die Marktsituation besser einschätzen zu können als der Anbieter. Hier gibt es einen Kenntnisvorsprung des Maklers vor dem Verkäufer. Der Wille, diesen Informationsvorsprung im Interesse eines guten Geschäftsabschlusses aufzugeben und den Verkäufer mit allen wichtigen Marktinformationen zu versorgen, wird im Interesse eines Vertragsabschlusses zwar der Regelfall sein (Prinzip der Interessenidentität). Es ist aber auch denkbar, dass ein Makler opportunistisch die Vertrauensseligkeit des uninformierten Objektanbieters nutzt, um zugunsten eines bestimmten Käufers den Preis unter den tatsächlichen Marktwert herunter zu handeln. Diese Ausgangssituation ist dann nicht von der Hand zu weisen, wenn der Makler ausschließlich vom Käufer im Erfolgsfall bezahlt wird. Asymmetrische Informationslagen gibt es natürlich auch in vielen anderen Branchen. Dies gilt besonders im Bereich des so genannten grauen Kapitalmarktes. Man denke an den Vertrieb von Anlageprodukten, die Anleger hinsichtlich ihrer Risikoentwicklung wesentlich schlechter einschätzen können als geschulte Anlageberater.

Versicherungsnehmer können Versicherungsunternehmen Versicherungsfälle vortäuschen, bei denen der Nachweis der Täuschung für das Unternehmen viel zu kostenträchtig wäre. Die Akzeptanz eines solchen Verhaltens, das mit „Moral hazard" umschrieben wird, schlägt sich naturgemäß auf die Versicherungsprämien nieder. Die Quintessenz der Theorie besagt, dass bei asymmetrischen Informationen die Märkte völlig anders reagieren als bei vollkommener Informationssymmetrie. Das bedeutet, dass die Ausgangslagen für Verträge im Interesse des richtigen Funktionierens der Märkte so ausgestaltet werden sollten, dass opportunistische Verhaltensweisen nicht entstehen können. Es gibt zahlreiche Bespiele, die nahezu alle aus Amerika stammen. Hier sei beispielsweise auf den „garantierten Maximalpreisvertrag" hingewiesen. Auch Honorarvereinbarungen mit Architekten auf der Grundlage von Festpreisen nach § 7 Abs. 8 HOAI, die sich auf Kosteneinsparungen beziehen, wirkt einem möglichen opportunistischen Bestreben des Architekten entgegen, möglichst teure Lösungen für das Bauvorhaben anzustreben.

Siehe / Siehe auch: Prinzip der Interessenidentität (Maklergeschäft), Garantierter Maximalpreisvertrag (GMP)

Asymmetrische Kündigungsfristen

asymmetric periods of notice

Der Begriff bezeichnet das seit der Mietrechtsreform vom 1.9.2001 bestehende Ungleichgewicht bei den Kündigungsfristen für Mieter und Vermieter. Während der Mieter abgesehen von wenigen Ausnahmen nun immer eine dreimonatige Kündigungsfrist hat, verlängert sich die Kündigungsfrist für den Vermieter nach einer Wohndauer des Mieters von fünf und acht Jahren um je drei Monate. Der Vermieter darf nur kündigen, wenn einer der gesetzlich genannten Gründe vorliegt. Der Mieter muss keinen Grund angeben.

Siehe / Siehe auch: Beendigung eines Mietverhältnisses

Atmendes Büro

„breathing" office

Das atmende Büro ist ein Bürokonzept, das eine flexible Anpassung an organisatorische Veränderungen ermöglicht. Raumaufteilung und Einrichtung sind so gestaltet, dass sie kurzfristig und relativ unkompliziert an veränderte Bedürfnisse der Nutzer angepasst werden können, beispielsweise durch variable Trennwände o. ä. Synonym wird auch die Bezeichnung Projektwerkstatt verwendet.

Attika / Attikawohnung

attic / attic flat

Das Wort stammt aus dem Griechischen und soll auf den Namen der Stadt Athen zurückzuführen sein (athenisch). Bezeichnet wurde damit ein Kranzgesims mit Inschriften oder Figuren.

Im Klassizismus wurde die Attika ein beliebtes Architekturelement. Heute wird der Begriff Attika im Bereich der Architektur für unterschiedliche Gestaltungselemente verwendet. So wird mit „Attika" die Überdeckung der Dachkante bezeichnet. Man trifft sie häufig in Form von Weißblechverkleidungen der Ränder der Flachdächer (bei Bungalows und mehrstöckigen Häusern mit Flachdächern und Dachterrassen) an, mit denen die Dachkante abgedichtet und verdeckt wird. Die Aufkantungshöhe liegt bei über 10 und 25 Zentimeter. Vermieden wird dadurch der Regenwasserabfluss an den Hauswänden. Aber auch Aufmauerungen, die über die Dachkante hinausragen, werden unter dem Begriff Attika subsumiert.

In der Schweiz bezieht sich der Begriff der Attikawohnung auf eine Wohnung, die auf ein Flachdach aufgebaut ist. Die zurückgesetzte Wohnung ermöglicht auf dem als Terrasse gestalteten Dach einen Rundgang um die Wohnung.

In Deutschland verwendet man hierfür den aus Amerika kommenden Begriff Penthouse-Wohnung.

Siehe / Siehe auch: Bungalow

Aufenthaltsräume

recreation rooms; lounges

Aufenthaltsraum ist ein Begriff des Bauordnungsrechts. Unter Aufenthaltsräume versteht man Räume, die zum dauernden Aufenthalt für Menschen bestimmt sind. Beurteilungskriterien sind die lichte Höhe (zwischen 2,20 Meter und 2,50 Meter je nach Landesbauordnung) und senkrecht stehende Fenster (ausnahmsweise sind geneigte Fenster zulässig).

Für Dach- und Kellergeschosse gelten besondere Regelungen. Beim Dachgeschoß bleiben bei der Berechnung der Nutzfläche solche mit einer lichten Höhe unter 1,50 Meter außer Betracht. Bei Kellergeschossen wird darauf abgestellt, dass ein bestimmter Höchstabstand zwischen dem Kellerboden und der Ebene der natürlichen Geländeoberflächen eingehalten werden muss. Ausnahmen gelten für Gaststätten, Verkaufsräume, Spielräume, Werkräume usw. Diese können in Kellerräumen als Aufenthaltsräume zugelassen werden.

Aufgeld

surcharge; (share or bond) premium; agio

Siehe / Siehe auch: Agio

Aufklärungspflichten (Maklergeschäft)

duty to provide clarification; duty to explain; duty to give advice on proper procedure (broker's business)

Der Makler ist verpflichtet, seinen Auftraggeber über alle ihm bekannten Umstände aufzuklären, die für seine Entscheidung, ob er das angebotene Geschäft abschließen soll, Von Bedeutung sein können. Im Gegensatz zum Immobilienberater trifft den Makler keine Verpflichtung, besondere Erkundigungen einzuziehen, um den Auftraggeber in jeder Hinsicht aufklären zu können. Zu unterscheiden ist zwischen einer allgemeinen Aufklärungspflicht, die grundsätzlich besteht und einer besondere Aufklärungspflicht. So wird der Makler, der ein Baugrundstück anbietet, den Kaufinteressenten über eine das Grundstück beeinträchtigende Bebauungsmöglichkeit des Nachbargrundstücks aufklären müssen. Eine besondere Aufklärungspflicht entsteht dann, wenn der Makler bemerkt, dass sich der Auftraggeber hinsichtlich eines Sachverhalts in einem Irrtum befindet (z. B. über die Höhe der

Erwerbsnebenkosten beim Grundstückskauf) oder bestimmte (auch rechtliche) Zusammenhänge falsch einschätzt (z. B. die Notwendigkeit der notariellen Beurkundung auch von unwichtig erscheinenden Nebenabsprachen im Zusammenhang mit einem Grundstückskaufvertrag).
Siehe / Siehe auch: Immobilienberatung, Makler

Auflassung

conveyance; conveyance by agreement; common assurance on conveyance of land; formal in rem transfer agreement; notarised conveyance of ownership

Auflassung bezeichnet die Einigung zwischen Verkäufer und Käufer über den Eigentumswechsel beim Grundstückskauf. Die Auflassung muss zusätzlich zum Kaufvertrag erfolgen und von beiden Vertragsseiten bei gleichzeitiger Anwesenheit vor einem Notar erklärt werden. Die Vertragsparteien können sich auch vertreten lassen. Anschließend wird der Eigentümerwechsel im Grundbuch eingetragen. Beim Immobilienkaufvertrag wird die Auflassung in der Regel bereits in der Kaufvertragsurkunde erklärt. Existiert das Kaufgrundstück noch nicht als handelbares Gut, weil es erst Vermessen werden muss, kann die Auflassung erst dann erklärt werden, wenn das Grundstück als Rechtsobjekt entstanden ist.

Auflassungsvormerkung

priority notice protecting conveyance of ownership

Die Auflassungsvormerkung sichert den Anspruch des Grundstückserwerbers auf Übertragung des Eigentums am Grundstück. Sie ist üblich, da sich die Auflassung nicht unmittelbar nach der Unterzeichnung des Kaufvertrags vollziehen lässt. Die Auflassungsvormerkung wird in Abteilung II des Grundbuchs eingetragen und Zug um Zug mit der Eigentumsumschreibung wieder gelöscht. Werden später Belastungen, Lasten oder Beschränkungen im Rang nach der Auflassungsvormerkung eingetragen, die den Verkäufer betreffen, z. B. ein Zwangsversteigerungs- oder ein Insolvenzvermerk, entfalten sie keine Wirksamkeit mehr und müssen wieder gelöscht werden.
Siehe / Siehe auch: Auflassung

Aufmaß

measurement(s); bill of quantities

Sofern ein Bauvertrag auf Einheitspreisen (Preise für Leistungseinheiten) beruht, ist es erforderlich, die erbrachte Leistung quantitativ zu erfassen. Dies erfolgt durch das Aufmaß, einem Zählen und Nachmessen der Längen (z. B. Rohre), Flächen (z. B. Wände) und Massen (z. B. Mauerwerk). Zum Aufmaß sollte der Architekt des Bauherrn hinzugezogen werden („gemeinsames Aufmaß").

Aufrechnung

charge; set-off; matching; net settlement

Der Mieter kann gegen Mietforderungen des Vermieters mit eigenen Geldforderungen gegen den Vermieter aufrechnen. Dies geht aus §§ 387 ff. BGB hervor. Beispiel: Der Mieter ist mit einer Monatsmiete von 500 Euro im Rückstand. Der zur Mietwohnung gehörende Elektroherd hat ohne Verschulden des Mieters seinen Dienst eingestellt. Der Mieter hat für 450 Euro einen neuen Herd gekauft. Er erklärt durch Schreiben an den Vermieter die Aufrechnung mit der ausstehenden Miete und schuldet dem Vermieter nur noch 50 Euro.
Die Aufrechnung findet nicht automatisch statt, sondern muss ausdrücklich erklärt werden. Wenn der Vermieter dem Mieter aus irgendwelchen mit dem Mietverhältnis zusammenhängenden Gründen noch Geld schuldet, hat der Mieter überdies ein Zurückbehaltungsrecht (§ 273 BGB). Das heißt, er kann die Zahlung der Miete solange zurückhalten, bis der Vermieter seine Schulden begleicht. Dann allerdings muss der Mieter den ausstehenden Betrag zusätzlich zur laufenden Miete bezahlen.
§ 556 b Abs. 2 BGB stellt klar, dass der Mieter gegen eine Mietforderung mit eigenen Forderungen aus § 536a (Schadenersatz und Aufwendungsersatzanspruch des Mieters wegen Mangel der Mietsache), § 539 BGB (Ersatz sonstiger Aufwendungen auf die Mietsache) oder aus ungerechtfertigter Bereicherung wegen zu viel gezahlter Miete aufrechnen oder ein Zurückbehaltungsrecht ausüben kann – auch wenn dies im Mietvertrag ausgeschlossen wurde. Jede gegenteilige Vereinbarung ist unwirksam.
Allerdings muss der Mieter daran denken, seine Absicht auf Aufrechnung oder Ausübung des Zurückbehaltungsrechts dem Vermieter mindestens einen Monat vor Fälligkeit der Miete, mit der er aufrechnen will, schriftlich, laut Gesetz „in Textform", mitzuteilen.
Siehe / Siehe auch: Textform

Aufrechnungsverbot im Mietvertrag

exclusion of set-off in rental agreement

Unter einer Aufrechnung ist die Verrechnung zweier Forderungen zu verstehen. Ein Aufrechnungsverbot untersagt einem Vertragspartner die Aufrechnung mit einer unbestrittenen bzw. rechtskräftig festgestellten Forderung. Während im gewerblichen Mietrecht Aufrechnungsverbote in Mietverträgen zulässig sind, gibt es im Wohnraummietrecht für sie erhebliche Einschränkungen. Man unterscheidet zwischen generellen und eingeschränkten Aufrechnungsverboten.

Ein generelles Aufrechnungsverbot verbietet jegliche Aufrechnung ohne Einschränkungen. Im Rahmen von Allgemeinen Geschäftsbedingungen bzw. Formularmietverträgen kann ein generelles Aufrechnungsverbot nicht wirksam vereinbart werden (§ 309 BGB). Ein eingeschränktes Aufrechnungsverbot ist grundsätzlich zulässig. So kann z. B. eine Mietvertragsklausel besagen, dass der Mieter mit unbestrittenen oder rechtskräftig festgestellten Forderungen aufrechnen darf, mit allen anderen jedoch nicht. Bei der Frage nach der Zulässigkeit eines eingeschränkten Aufrechnungsverbotes kommt es entscheidend auf die Art des Anspruches an, mit dem aufgerechnet werden soll.

Hat der Mieter Anspruch auf Schadenersatz oder Aufwendungsersatz wegen Mängeln der Wohnung, die er selbst behoben hat, darf er mit der Mietforderung des Vermieters aufrechnen, auch wenn der Mietvertrag dies untersagt. Ein diesbezügliches Aufrechnungsverbot ist unwirksam. Der Mieter muss jedoch den Vermieter einen Monat vor Fälligkeit der Miete in Textform über seine Absicht der Aufrechnung in Kenntnis setzen. Dies regelt § 556b BGB. Ist durch einen Wohnungsmangel indirekt ein Schaden auf Mieterseite verursacht worden (Möbel wurden durch Wasserrohrbruch zerstört) und hat der Vermieter den Schaden anerkannt, sind etwaige Aufrechnungsverbote im Mietvertrag ebenfalls unbeachtlich: Der Mieter kann mit der Mietforderung des Vermieters aufrechnen (vgl. Landgericht Berlin, Urteil vom 11.2.1986, Az: 64 S 365/85). Ein Verbot der Aufrechnung mit einer strittigen oder nicht rechtskräftig festgestellten Forderung kann wirksam vereinbart werden. Dies entschied etwa das Landgericht Nürnberg-Fürth mit Urteil vom 21.10.1992, Az: 7 S 4071/92. In diesem Fall ging es um die Aufrechnung eines vom Mieter behaupteten Nebenkostenguthabens mit der Miete. Nach Rechnung des Vermieters wäre eine Nachzahlung fällig gewesen. Gibt der Mieter die Wohnung nach Vertragsende verspätet zurück, hat der Vermieter weiterhin Anspruch auf die vereinbarte Miete als Schadenersatz, da er nicht neu vermieten kann. Will der Mieter gegen diesen Anspruch mit eigenen Schadenersatzforderungen aufrechnen und bestreitet der Vermieter das Bestehen der Forderung des Mieters, muss der Mieter ein mietvertragliches Aufrechnungsverbot akzeptieren (so etwa das Oberlandesgericht Düsseldorf , Urteil vom 30.4.1997, Az: 10 U 73/96).

Siehe / Siehe auch: Aufrechnung, Inhaltskontrolle der Geschäftsbedingungen

Aufteilungsplan

partition plan; constructional drawing approved by the local building department, certifying the apportionment of individual apartments and common elements of a condominium

Um Wohnungseigentum rechtswirksam durch Anlegung der Wohnungsgrundbücher zu begründen, ist es gemäß § 7 Abs. 4 Nr. 1 WEG erforderlich, der Eintragungsbewilligung neben der Abgeschlossenheitsbescheinung eine von der Baubehörde mit Siegel und Stempel versehene Bauzeichnung beizufügen, die allgemein als Aufteilungsplan bezeichnet und zum Bestandteil der Grundakte wird.

Die Anfertigung des Aufteilungsplanes kann nach neuem Recht gemäß § 7 Abs. 4 Satz 3 WEG auch durch öffentlich bestellte oder anerkannte Sachverständige für das Bauwesen erfolgen, wenn dies die Landesregierungen durch Rechtsverordnung bestimmt haben. In diesem Fall bedarf der als Anlage beizufügende Aufteilungsplan nicht der Form des § 29 der Grundbuchordnung.

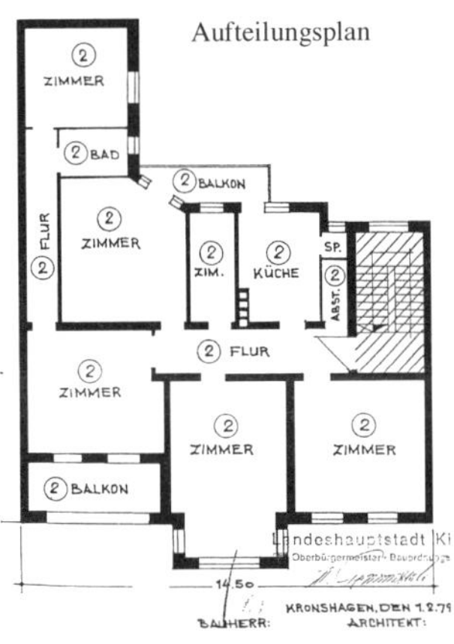

Der Aufteilungsplan soll Aufschluss über die Aufteilung des Gebäudes sowie über Lage und Größe der im Sondereigentum und der im Gemeinschaftseigentum stehenden Gebäudeteile geben. Bei bestehenden Gebäuden muss der Aufteilungsplan grundsätzlich den aktuellen Bauzustand zutreffend wiedergeben. Alle zu demselben Sondereigentum gehörenden Einzelräume sind mit der jeweils gleichen Nummer zu kennzeichnen (§ 7 Abs. 4 Satz 1 Nr. 1 WEG). Zur klaren Abgrenzung von Sonder- und Gemeinschaftseigentum ist erforderlich, dass der Aufteilungsplan nicht nur die Grundrisse, sondern auch Schnitte und Ansichten des Gebäudes enthält. Die Nummerierung der zu einem Sondereigentum gehörigen Räume, einschließlich Balkone, Loggien, Keller-, Boden- und Abstellräume, Garagenstellplätze, muss mit der entsprechenden Nummerierung des Sondereigentums in der Teilungserklärung übereinstimmen. Ist Sondereigentum in der Teilungserklärung und im Aufteilungsplan nicht hinreichend und übereinstimmend ausgewiesen, zum Beispiel bei abweichender oder fehlender Nummerierung, ist Sondereigentum nicht rechtswirksam entstanden. Ebenso sind Sondernutzungsrechte im Aufteilungsplan auszuweisen, also alleinige Gebrauchs- und Nutzungsrechte an gemeinschaftlichen Flächen (Gartenflächen, Kraftfahrzeug-Stellplätze im Freien) und Räumen.

In den Aufteilungsplänen nach Angaben des Architekten eingetragene Nutzungsvorschläge (Wohnzimmer, Kinderzimmer, Arbeitszimmer etc.) haben grundsätzlich nicht die Bedeutung eine Zweckbestimmung mit Vereinbarungscharakter (BGH, Urteil vom 15.1.2010, V ZR 40/90). Das heißt, es handelt sich um unverbindliche Vorschläge, die nicht zwingend sind und deshalb auch andere Nutzungsmöglichkeiten zulassen.

Siehe / Siehe auch: Wohnungsgrundbuch, Sondernutzungsrecht, Sondereigentum, Gemeinschaftseigentum, Abgeschlossenheit / Abgeschlossenheitsbescheinigung

Auftraggeber (Maklergeschäft)

client/customer (brokerage)

Nach allgemeinem Sprachverständnis ist Auftraggeber eine Person, die einer anderen Person einen Auftrag erteilt. Rechtlich kann es sich um einen „Auftrag“ im Sinne des BGB handeln. Umgangssprachlich wird der Begriff weiter gefasst.

Im Maklergeschäft wird schlicht derjenige als Auftraggeber bezeichnet, der mit einem Makler einen Maklervertrag schließt. Dabei kann es sich um einen Objektanbieter handeln, der sein Objekt über einen Makler verkaufen oder vermieten will. Ebenso kann es sich um einen Interessenten für ein Objekt handeln, der den Makler einschaltet, damit er sich bemüht, einen Vertrag mit dem Anbieter zustande zu bringen.

Normalerweise ist die Beauftragung eines Maklers mit einem Provisionsversprechen des Auftraggebers verbunden. Das muss aber nicht sein. So kann der Anbieter eines Objektes zur Bedingung für die Erteilung eines Auftrages machen, dass der Käufer die Provision bezahlen soll. Bei der Wohnungsvermittlung ist dies der Regelfall. Im öffentlich-rechtlichen Bereich der Makler- und Bauträgerverordnung beschränkt sich der Begriff „Auftraggeber“ auf denjenigen, dem die „Verbraucherfunktion“ zukommt, also stets auf den Interessenten für eine Immobilie, Mietwohnung usw. Der Grundgedanke ist der des Verbraucherschutzes, wobei der Anbieter einer Immobilie als Verbraucher ausgeblendet wird.

Siehe / Siehe auch: Makler- und Bauträgerverordnung (MaBV)

Auftragsakquisition (Maklergeschäft)

contract acquisition (broker's business)

Auftragsakquisition im Maklergeschäft kann als Beschaffung von Objektaufträgen zu Bedingungen verstanden werden, die einen positiven Beitrag zum betriebswirtschaftlichen Ergebnis des Maklerbetriebs erwarten lassen.

Die Beschaffung von Interessentenaufträgen zur Objektsuche gehört zwar auch zur Auftragsakquisition. Sie spielt aber im deutschen Maklergeschäft kaum eine Rolle, obwohl sich ein solcher Marktzugang für Makler auch anbieten würde.

Im Rahmen der Auftragsakquisition sind folgende Rahmenbedingungen zu beachten:

- Die Angebotskonditionen für das Objekt müssen marktrealistisch sein.
- Die Maklervertragsbedingungen müssen so beschaffen sein, dass dem Makler auch ein genügend großer Spielraum für den Einsatz von Auftragsbearbeitungskosten bleibt.
- Der Auftraggeber sollte sich zur Provisionszahlung im Abschlussfall verpflichten. (Kippes bezeichnet diese Elemente der Auftragsakquisition als „Zieltriade“ der Auftragsakquisition.)

Kippes bezeichnet diese Elemente der Auftragsakquisition als „Zieltriade“ der Auftragsakquisition. Durch marktrealistische Angebotsbedingungen kann der Makler weitgehend die Auswirkungen des Erfolgsprinzips ausschalten. Marktrealistische Angebotsbedingungen liegen auch im Interesse des Auftraggebers, weil ein zu hoher Preisansatz zu einem sukzessiven Absenken der Preise führen muss.

Dies ruft bei den Interessenten eine „Baissespekulation“ hervor. Das Objekt ist dann nur unter Wert

zu verkaufen. Ziel muss die Erreichung eines Verhandlungspreises mit einem den Marktverhältnissen entsprechenden Verhandlungsspielraum sein. Ein Makler hat in der Regel einen besseren Marktüberblick als der private Direktanbieter, so dass er den erzielbaren Preis für die Immobilie besser einschätzen kann. Dies ist auch einer der Gründe, warum Makler in den Immobilienvertrieb eingeschaltet werden.
Die Maklervertragsbedingungen sollten so gestaltet sein, dass der Makler über seinen Einsatz für den Auftraggeber auf der Ebene einer hohen Erfolgswahrscheinlichkeit agieren kann. Bemühen sich z. B. drei oder vier Makler gleichzeitig um den Verkauf, bestehen aus der Sicht jedes Einzelnen nur noch geringe Erfolgschancen, was den Kosteneinsatzspielraum erheblich reduziert. Als geeignetes Instrument zur Absicherung eines erfolgsorientierten Einsatzes bietet sich der Alleinauftrag an. Durch ihn werden die Auswirkungen des „Prinzips der Entscheidungsfreiheit des Auftraggebers" im Interesse beiden Parteien erheblich reduziert. Die letzte Rahmenbedingung geht von der Überlegung aus: „Wer zahlt, schafft an." Übernimmt der Verkäufer die gesamte Maklerprovision, dann wird der Makler zum ausschließlichen Interessenvertreter des Verkäufers, was sich in der Regel im Gesamtergebnis des vermittelten Vertrages auswirkt.
Siehe / Siehe auch: Erfolgsprinzip (Maklergeschäft), Alleinauftrag

Auftragskalkulation (Maklergeschäft)
job cost estimate; job-order costing (brokerage)

Das Kalkulationsmodell für einen Maklerauftrag setzt voraus, dass folgende statistische Jahresdaten ermittelt werden:

- der Erfolgsquotient (Erfolgsquote)
- der durchschnittlich erzielte Provisionssatz, auf der Grundlage der vereinnahmten Provisionen
- die Auftragsbearbeitungskosten in Prozent der Provisionserlöse (Sie dienen als Orientierungsgröße für das Budget.)
- der anteilige (prozentual stets gleich bleibende) Deckungsbeitrag für die konstanten Kosten (Gehälter und Unternehmerlohn usw.) und den Gewinn. Dabei wird unterstellt, dass diese Kosten auch im Folgejahr in etwa gleich bleiben und sich nicht etwa durch Personalauf- oder -abbau verschieben.
- die durchschnittliche Auftragsbearbeitungsdauer

Mit Hilfe des Erfolgsquotienten wird zunächst aus dem für den Erfolgsfall erwarteten Provisionsbetrag der kalkulatorische Provisionsertrag errechnet. Aus den Auftragsbearbeitungskosten wird durch Multiplikation mit dem Erfolgsquotienten das relative Kostenbudget ermittelt, das für die Auftragsbearbeitung zur Verfügung steht. Der Betrag dieses Budgets und der dem Auftrag zuzurechnende Fixkostenanteil werden vom kalkulatorischen Provisionsertrag abgezogen. Daraus ergibt sich der kalkulatorische Beitrag des Auftrages zum Betriebsergebnis. Diese Größen sowie die bereits ermittelte durchschnittliche Auftragsbearbeitungsdauer sind die unternehmenstypischen Kennzahlen, die für die Kalkulation eines Maklerauftrages im Folgejahr erforderlich sind. Bei der Fortschreibung der letztjährigen Zahlen in das gegenwärtige oder kommende Jahr sind allerdings solche Änderungen zu berücksichtigen, die die Grunddaten der Kalkulation beeinflussen, beispielsweise Änderungen der Fixkosten durch Neueinstellung eines Mitarbeiters.
Andererseits wird der Aktionsspielraum des Maklers durch Vereinbarungen eines Aufwendungsersatzes erheblich erweitert. Der Aufwendungsersatz bezieht sich ja auf Auftragsbearbeitungskosten, wie z. B. die Kosten für die Einstellung des Objektes in ein Immobilienportal, die Kosten für Inserate, Exposés und Prospekte. Im Kalkulationsschema wirkt sich ein vereinbarter Aufwendungsersatz so aus, dass der Makler nur noch mit einem Deckungsbeitrag für die Fixkosten und den angesetzten Gewinn kalkulieren muss. Wird ein Auftrag entgegengenommen, dessen Konditionen naturgemäß nicht den ermittelten unternehmenstypischen Normgrößen entsprechen, sind die jeweiligen Abweichungen von der Norm zu berechnen. Ist das Ergebnis negativ, spricht Einiges dafür, dass bei Annahme und Bearbeitung dieses Auftrages der Beitrag zum Betriebsergebnis ebenfalls negativ sein wird. Das Kalkulationsmodell dient somit als Beurteilungsgrundlage für die Frage, ob ein Maklerauftrag auf der Grundlage der vom Auftraggeber genannten Bedingungen angenommen oder abgelehnt werden sollte.
Zu bedenken ist bei diesem Kalkulationsmodell, dass der Erfolgsquotient statistisch gesehen notwendigerweise eine Wahrscheinlichkeitsgröße darstellt, da der Auftragsgeber des Maklers Herr des Geschäftes bleibt und das Zustandekommen eines Vertrages von dessen nicht kalkulierbaren Willen abgängig ist. Die Kalkulation ist also nur einer von mehreren Beurteilungsmaßstäben, für die Frage, ob ein Maklerauftrag zu bestimmten Maklervertrags-

bedingungen angenommen werden kann. Wegen zu großer Unwägbarkeiten ist das Kalkulationsmodell nicht anwendbar bei Aufträgen ohne Alleinauftragsbindung.
Siehe / Siehe auch: Erfolgsquote (Maklergeschäft)

Aufwendungsbeihilfe

government aid for landlords to assist in covering building expenses

Zuschuss oder Darlehen, das nach den Wohnungsbauförderungsvorschriften der Bundesländer den Vermietern öffentlich geförderter Wohnungen gewährt wird. Ziel ist die Bereitstellung kostengünstigen Wohnraums für die Mieter von Sozialwohnungen. Die Zuschussregelungen ändern sich jährlich. Darlehen, die über längere Zeiträume laufen, verringern sich in regelmäßigen Abständen um ein Drittel der ursprünglichen Darlehenssumme. Für den Vermieter ist dann eine Erhöhung der Miete nach den für öffentlich geförderten Wohnraum einschlägigen Vorschriften (Wohnungsbindungsgesetz) zulässig. Läuft eine derartige Förderstufe ab, prüft die zuständige Behörde meist auch die Wohnberechtigung der Mieter. Stellt sich heraus, dass deren Einkommen die Grenze für das Bestehen der Wohnberechtigung um über fünf Prozent überschreitet, werden die Aufwendungsbeihilfen reduziert. Beträgt die Überschreitung mehr als 40 Prozent, können sie komplett beendet werden.
Siehe / Siehe auch: Fehlbelegung, Kostenmiete, Wohnberechtigungsschein, WoBindG

Aufwendungsdarlehen und Aufwendungszuschüsse

redemption loan and redemption subsidies

Als rückzahlbares Aufwendungsdarlehen werden vom Staat im sogenannten 2. Förderweg für Neubauten gewährte Darlehen bezeichnet, das Bauherren oder Käufern mit niedrigen Einkommen erhalten konnten. Der Bauherr erhielt mehrere Jahre einen bestimmten Darlehensbetrag pro Quadratmeter Wohnfläche, dessen Höhe sich nach der Zahl der Familienmit-glieder richtete. Im Vergleich dazu brauchten Aufwendungszuschüsse nicht zurückgezahlt werden. Sie wurden oft bei Wohnungen, die im 1. oder 2. Förderweg gefördert wurden, von den Bundesländern zusätzlich gewährt. Diese staatliche Förderung richtete sich in ihrer Höhe nach der Wohnfläche. Der Aufwendungszuschuss verringerte sich außerdem alljährlich um einen bestimmten Satz, bezogen auf die Anfangsleistung. Durch die Aufhebung des 2. Wohnungsbaugesetzes zum Ablauf des 31. Dezember 2002, (optional des 31. Dezember 2003) das hierfür die Gesetzesgrundlage war, ist diese Förderung auf dieser Rechtsgrundlage nicht mehr möglich. Heute gilt das Wohnraumförderungsgesetz, das allerdings ähnliche Förderungsmöglichkeiten vorsieht..
Siehe / Siehe auch: Wohnraumförderungsgesetz

Aufwendungsersatz

reimbursement / repayment of expenses

Sofern Makler neben ihrer Erfolgsprovision auch einen Aufwendungsersatz beanspruchen wollen, müssen sie ihn ausdrücklich vereinbaren. Es darf sich nach dem gesetzlichen Leitbild nicht um eine Aufwendungspauschale handeln, sondern um im Zusammenhang mit der Auftragsbearbeitung entstehende nachzuweisende Kosten (siehe § 652 Abs. 2 BGB). Bei selbständigen Hausverwaltern, deren Rechtsbeziehung mit den Hauseigentümern ein Dienstvertrag mit entgeltlicher Geschäftsbesorgung zugrunde liegt, besteht ein Anspruch auf Aufwendungsersatz neben der vereinbarten Vergütung vereinbarungsunabhängig per Gesetz (§ 670 BGB).
Siehe / Siehe auch: Hausverwaltervertrag, Maklervertrag

Aufwendungsersatzanspruch des Mieters

tenant's claim for reimbursement of expenses

In bestimmten Fällen haben Mieter gegen ihren Vermieter einen Anspruch auf Aufwendungsersatz aus dem Mietvertrag. Ein solcher Anspruch kann sich etwa nach § 536a BGB ergeben, wenn ein Wohnungsmangel bei Vertragsschluss bestanden hat oder später entstanden ist und der Vermieter ihn zu vertreten hat. Zusätzlich muss entweder der Vermieter mit der Mängelbeseitigung in Verzug gekommen sein (nach der schriftlichen Mängelanzeige gesetzte Frist zur Mängelbeseitigung ist verstrichen) oder es muss ein die Mietsache gefährdender Notfall vorgelegen haben, der den Mieter zu schnellem Handeln gezwungen hat (z. B. undichtes Dach oder Rohrbruch am Wochenende).
Werden im Mietvertrag die Schönheitsreparaturen nicht – wie heute üblich – auf den Mieter abgewälzt, ist der Vermieter zur Durchführung verpflichtet. Führt trotzdem der Mieter fällige Schönheitsreparaturen durch, kann auch hier ein Anspruch des Mieters auf Aufwendungsersatz bestehen.
§ 539 BGB räumt dem Mieter das Recht ein, unter den zusätzlichen Voraussetzungen der so genannten „Geschäftsführung ohne Auftrag“ auch den Ersatz „sonstiger Aufwendungen“ vom Vermieter

zu fordern. Hier sind jedoch nicht Aufwendungen zur Beseitigung von Wohnungsmängeln gemeint, sondern allein Fälle, in denen der Mieter Einbauten vornimmt, die in erster Linie im eigenen Interesse liegen – etwa die Ausstattung von Küchen und Badezimmern (BGH, Urteil vom 16.1.2008, Az. VIII ZR 222/06).
Der Anspruch des Mieters auf Aufwendungsersatz verjährt nach § 548 Abs. 2 BGB in sechs Monaten nach Ende des Mietverhältnisses. Wird das Mietverhältnis durch Verkauf der Wohnung beendet, beginnt die Verjährungsfrist nach dem Bundesgerichtshof (Urteil vom 28.5.2008, Az. VIII ZR 133/07) erst in dem Moment zu laufen, in dem der Mieter tatsächlich von der Eintragung des Käufers ins Grundbuch erfährt.
Siehe / Siehe auch: Aufwendungsersatz, Betriebskostenabrechnung, Verjährung, Verjährung

Aufzeichnungspflicht im Makler und Bauträgergeschäft

duty for real estate agents and development companies to keep records and accounts

Die Makler- und Bauträgerverordnung (MaBV) schreibt Immobilienmaklern, Darlehensvermittlern, Anlageberatern, Bauträgern und Baubetreuern umfangreiche Aufzeichnungspflichten und – in Verbindung damit – Aufbewahrungspflichten vor. Eine bestimmte Form hierfür ist nicht vorgesehen. Es genügt, wenn Unterlagen aufbewahrt werden, aus denen sich die aufzeichnungspflichtigen Tatbestände ergeben. Dabei wird zwischen den von der MaBV erfassten Gewerbearten unterschieden.
Für alle gemeinsam gelten zum Zeitpunkt der Auftragsannahme Pflichten zur Aufzeichnung über Auftraggeber, vereinbarte Entgelte und Auftragsdauer. Für den Fall, dass die Gewerbetreibenden zur Entgegennahme von Zahlungen oder sonstigen Leistungen ermächtigt sind, erstrecken sich die Aufzeichnungspflichten auch auf die erforderliche Absicherung dieser Vermögenswerte, auf deren Art und Höhe, auf die Bürgschaftsurkunde und / oder den Versicherungsschein, den Tag der Beendigung des Bürgschaftsvertrages oder des Versicherungsvertrages, wenn über Vermögenswerte des Auftraggebers verfügt wurde. Anlagevermittler und Anlageberater i.S.d. § 34 c GewO dürfen allerdings nicht über solche Vermögenswerte verfügen. Weitere aufzeichnungspflichtige Daten beziehen sich auf Nachweise, dass die Gewerbetreibenden ihren Informationspflichten nachgekommen sind.

Speziell für Immobilienmakler:

Immobilienmakler müssen darüber hinaus Aufzeichnungen über die Lage, Größe und Nutzungsmöglichkeit des Grundstücks, Art, Alter und Zustand des Gebäudes, Ausstattung, Wohn- und Nutzfläche, Zahl der Zimmer, Höhe der Kaufpreisforderung einschließlich zu übernehmende Belastungen, sowie Name, Vorname und Anschrift des Objektanbieters machen. Bei Mietobjekten sind deren objektspezifischen Merkmale und Angebotsbedingungen aufzuzeichnen.

Speziell für Bauträger:

Die Aufzeichnungspflichten für Bauträger beziehen sich auf Bauvorhaben, hier insbesondere auf die Lage und Größe des Baugrundstücks, das Bauvorhaben mit den von der Bauaufsicht genehmigten Plänen nebst Baubeschreibung und, sofern das Bauvorhaben nicht genehmigungspflichtig ist, auf die Nachweise, dass mit dem Bau begonnen werden durfte. Ferner sind vom Bauträger aufzuzeichnen: der Zeitpunkt der Fertigstellung, die verkauften Objekte, die Kaufpreise, die Belastungen, die Finanzierung, soweit sie nicht vom Erwerber erbracht werden soll. Bei vom Bauträger erstellten Mietobjekten sind aufzeichnungspflichtig: die Miet- oder sonstigen Forderungen, die darüber hinaus zu erbringenden laufenden Leistungen und die etwaigen einmaligen Leistungen, die nicht zur Vorbereitung oder Durchführung des Bauvorhabens verwendet werden sollen.

Speziell für Baubetreuer:

Baubetreuerspezifische Aufzeichnungen sind: Lage und Größe des Baugrundstücks, das Bauvorhaben mit Plänen und Baubeschreibung, der Zeitpunkt der Fertigstellung, die veranschlagten Kosten, die Kostenobergrenze und die von dem Gewerbetreibenden bei Dritten zu beschaffende Finanzierung. Hier kommen noch Aufzeichnungen über die Vermögenswerte und deren Verwendung durch den Baubetreuer hinzu.

Speziell für Anlagevermittler und Anlageberater:

Bei Anlagevermittlern sind unterschiedliche Geschäftsbereiche zu unterscheiden. Nicht in die Betrachtung einbezogen sind solche, die eine Erlaubnis nach dem Kreditwesengesetz benötigen. Die Aufzeichnungspflichten für Anlagevermittler gelten generell auch für Anlageberater.

Geschäftsbereich inländische Investmentfonds/ Anteile an inländischen und ausländische Investmentgesellschaften:

Bei der Vermittlung von Verträgen über den Erwerb von Anteilen an Investmentvermögen, sind aufzuzeichnen: Firma und Sitz der Kapitalanlagegesellschaft, der Investmentaktiengesellschaft oder der ausländischen Investmentgesellschaft, Inhalte der für den Erwerb bedeutsamen Vertragsbedingungen oder der Satzung, der vereinfachten Verkaufsprospekte sowie der Jahres- und Halbjahresberichte über das Investmentvermögen. Die Aufzeichnungen, auch soweit sie sich aus Unterlagen ergeben, müssen auch im Falle ausländischer Investmentgesellschaften in deutscher Sprache erfolgen.

Geschäftsbereich sonstige Vermögensanlagen / geschlossene Fonds, stille Gesellschaftsanteile:

Auch für die Vermittlung von Verträgen über den Erwerb von sonstigen öffentlich angebotenen Vermögensanlagen, die für gemeinsame Rechnung der Anleger verwaltet werden, sowie über den Erwerb von öffentlich angebotenen Anteilen an einer Kommanditgesellschaft gibt es Aufzeichnungsvorschriften. Sie beziehen sich insbesondere auf geschlossene Fonds. Im Einzelnen müssen aus den Aufzeichnungen hervorgehen:

- die Kosten, die insgesamt jeweils von jeder Zahlung des Erwerbers abgezogen werden;
- die laufenden Kosten, die darüber hinaus jährlich nach den Vertragsbedingungen einbehalten werden;
- ob rechtsverbindlich öffentliche Finanzierungshilfen zugesagt worden sind;
- ob die eingezahlten Gelder von einem Kreditinstitut treuhänderisch verwaltet werden sowie Firma und Sitz dieses Kreditinstituts;
- ob bei einer Kommanditgesellschaft die Kapitalanteile von Kommanditisten als Treuhänder für die Anleger gehalten werden, sowie Name, Vorname oder Firma und Anschrift oder Sitz dieser Treuhänder;
- wie hoch der Anteil der Fremdfinanzierung an der gesamten Finanzierung ist, ob die Kredite fest zugesagt sind und von wem;
- ob ein Kontrollorgan für die Geschäftsführung bestellt ist und welche Befugnisse es hat;
- ob die Haftung des Erwerbers auf die Einlage beschränkt ist;
- ob weitere Zahlungsverpflichtungen für den Erwerber bestehen oder entstehen können;
- Firma und Sitz des Unternehmens, das die angebotene Vermögensanlage verwaltet, oder der Gesellschaft, deren Anteile angeboten werden.

Geschäftsbereich GmbH-Anteile, KG-Anteile, verbriefte Forderungen (Schuldverschreibungen):

Bei Beratung oder Vermittlung von Verträgen über den Erwerb von öffentlich angebotenen Anteilen an einer Kapitalgesellschaft (nur noch GmbH) oder verbrieften Forderungen gegen eine Kapitalgesellschaft oder Kommanditgesellschaft sind aufzuzeichnen:

- Firma, Sitz und Zeitpunkt der Gründung der Gesellschaft;
- ob und an welchen Börsen die Anteile oder Forderungen gehandelt werden;
- ob ein Emissionsprospekt und ein Börsenprospekt vorliegen;
- nach welchem Recht sich die Beziehungen zwischen dem Erwerber und der Gesellschaft richten;
- sämtliche mit dem Erwerb verbundenen Kosten; bei verbrieften Forderungen außerdem Angaben über Zinssatz, Ausgabekurs, Tilgungs- und Rückzahlungsbedingungen und Sicherheiten

Der letzt genannte Geschäftsbereich spielt in der Praxis kaum eine Rolle. Ein großer Teil der aufzeichnungspflichtigen Tatbestände sind gleichzeitig Grundlage für die Erfüllung von Informationspflichten. Für eine ordnungsgemäße Geschäftsabwicklung sind im Übrigen diese Aufzeichnungen bzw. die Bereitstellung entsprechender Unterlagen ohnehin erforderlich.

Aufzinsung

compounding; accumulation; accumulate interest; compound value

Siehe / Siehe auch: Abzinsung

Aufzinsungsdarlehen

compounding loan

Unter einem Aufzinsungsdarlehen bezeichnet man ein Darlehen, bei dem die turnusmäßig fälligen Zinsraten samt Zinseszinsen während der Darlehenslaufzeit auf die Darlehenssumme aufgeschlagen werden.

Sinnvoll sind Aufzinsungsdarlehen für Vor- und Zwischenfinanzierungen von Bauträgermaßnahmen, da sie die Liquidität nicht beeinträchtigen. Die Gewährung solcher Darlehen setzt eine einwandfreie Bonität des Bauträgers voraus.

Aufzugsanlage

elevator equipment; elevator system; lift installation

Aufzüge dienen der vertikalen Beförderung von Personen, Lasten und Gütern meist innerhalb von Gebäuden. Personenaufzüge müssen zur Sicherheit der beförderten Personen eine Fahrkorbtüre besitzen. Lastenaufzüge dienen zum Transport von Waren und Personen. Reine Güteraufzüge dienen ausschließlich der Beförderung von Waren.
Daneben gibt es den „Paternosteraufzug", der ausschließlich der Personenförderung dient. Die miteinander verketteten Kabinen sind offen und werden während des Fahrens betreten. Sie befinden sich in einem ständigen Umlauf. Für die Steuerung der Personenaufzüge gibt es verschiedene Systeme (Handsteuerung, Einzelsteuerung, Sammelrufsteuerung, Zielauswahlsteuerung).
Rechtliche Regelungen befinden sich in der Betriebssicherheitsverordnung (BetrSichV) von 2002 durch die die Aufzugsverordnung aufgehoben wurde. Aufzüge gehören nach dieser Verordnung zu den überprüfungsbedürftigen Anlagen. Die Inbetriebnahme setzt eine Überprüfung durch den TÜV voraus. Auch später muss in periodischen Abständen eine Überprüfung durchgeführt werden. Ein „Aufzugwärter" ist nicht mehr erforderlich. Allerdings muss der Betreiber sicherstellen, dass eine schnelle Befreiung eingeschlossener Personen möglich wird. Wer als Betreiber des Aufzugs (in der Regel der Hauseigentümer) die periodische Überprüfung nicht veranlasst, begeht einer Ordnungswidrigkeit die mit Geldbuße bis zu 25.000 Euro geahndet wird. Bei Personenschäden ermittelt der Staatsanwalt. Weitere Vorschriften über Aufzüge, Fahrschächte, Triebwerksräume, Schalldämmung bei Einbau von Aufzügen finden sich in den Bauordnungen der Bundesländer. In der Regel müssen Aufzüge bei Gebäuden mit mehr als fünf Stockwerken in ausreichender Zahl und Größe eingebaut werden. Mindestens ein Aufzug muss rollstuhltauglich und zur Beförderung von Lasten geeignet sein.

Auktion (Immobilien)
auction (real estate)

Außer der Zwangsversteigerung gibt es die Form der freiwilligen Versteigerung einer Immobilie – auch Auktion genannt. In Niedersachsen hat diese Form der „Vermittlung über einen Auktionator eine lange Tradition. Mit der Gründung eines ersten Auktionshauses in Berlin im Jahre 1985 durch den damaligen Berliner Wirtschaftssenator Hans Peter Plettner begann eine neue Entwicklung. Das Unternehmen existiert heute unter dem Namen Deutsche Grundstücksauktionen AG (DGA). 1992 erfolgte ebenfalls in Berlin die Gründung der Karhausen Immobilien Organisationen GmbH & Co (KIA). Weitere neuere Auktionshäuser für Immobilien sind die Deutsche Haus- und Grundauktionen AG in Stuttgart, Bremen und Düsseldorf, die die Auktionen der EXPO-Pavillions in Hannover übernahm. Zu nennen sind auch Waitz & Richter GmbH in Leipzig sowie Jones Lang LaSalle die mit Engels & Völkers sich um Grundstücksauktionen unter dem Dach des Auktionshauses Sotheby's bemühen.
Die beiden Berliner Versteigerungshäuser zusammen versteigern im Jahresschnitt Objekte im Wert zwischen 45 und 100 Millionen Euro. Die Erfolgsquote bei Versteigerungen liegt relativ hoch. Es wird geschätzt, dass über 90 Prozent der eingelieferten Objekte auch im Versteigerungsverfahren umgesetzt werden. Allerdings liegt in vielen Fällen die Zuschlagsumme nicht oder nicht wesentlich über dem Mindestgebot. Andererseits können hier auch Objekte am Markt untergebracht werden, die bei Verkaufsbemühungen am normalen Markt kaum Chancen haben.
Über den Versteigerungserfolg (Versteigerungserlös im Vergleich zum Mindestgebot) entscheidet auch die Vermarktungsstrategie. Für einen Versteigerungstermin werden oft bis zu 50.000 Objektkataloge versandt. Wichtig ist, dass die Zielgruppenschärfe der Werbemaßnahmen.
Der Versteigerer bedarf einer Erlaubnis nach § 34 b der Gewerbeordnung. Sie wird erteilt, wenn der Antragsteller geordnete Vermögensverhältnisse nachweisen kann, und die das Versteigerergewerbe erforderlich Zuverlässigkeit besitzt. Außerdem muss der Grundstücksversteigerer die erforderlichen Kenntnisse über den Grundstücksverkehr nachweisen. Besonders sachkundige Versteigerer können öffentlich bestellt und vereidigt werden.
Weder der Versteigerer noch seine Angestellten dürfen als Bieter auftreten.
Nähere Regelungen über den Versteigerungsvorgang enthält die Versteigerer-Verordnung (VerstV). In ihr sind unter anderem geregelt Form und Inhalt des Auftragsverhältnisses mit dem Auftraggeber (u.a. das von ihm zu entrichtende „Aufgeld"), die Versteigerungsbedingungen, die der Versteigerer festlegen muss, die etwaige Hinzuziehung eines vereidigten Sachverständigen zur Ermittlung des Verkehrswertes sowie die Anzeigepflicht eines Versteigerungstermins bei der zuständigen Behörde. Wird im Grundstücksversteigerungsverfahren der Zuschlag erteilt, erfolgt in der Regel die notarielle Beurkundung durch den anwesenden Notar. Denkbar ist im Übrigen auch, dass der Notar selbst eine Auktion leiten und den Zuschlag beurkundet.

Zuständig für die Versteigerung ist er „kraft Amtes" etwa dann, wenn er darum ersucht wird, eine freiwillige Versteigerung von Wohnungseigentum durchzuführen, wenn die Wohnungseigentümer rechtsgültig ein Veräußerungsverlangen gegenüber einem Wohnungseigentümer wirksam beschlossen haben. Dieses Verfahren ist in §§ 53 ff WEG geregelt.

Siehe / Siehe auch: Zwangsversteigerung

Aus- und Weiterbildung

further education / training

Unter Ausbildung versteht man die systematische Vermittlung von Kenntnissen, Fertigkeiten und Fähigkeiten, unterschieden wird zwischen akademischer und beruflicher Ausbildung.

• Akademische Ausbildung:

Die akademische Ausbildung findet an Universitäten/Hochschulen und Fachhochschulen statt. Außerdem gehören dazu die Berufsakademien, die einen akademischen Status genießen. Es handelt sich um den sogenannten tertiären Ausbildungssektor, der Träger der akademischen Ausbildung ist.

Im Bereich immobilienwirtschaftlicher Studienmöglichkeiten konzentriert sich die akademische Ausbildung vor allem auf Fachhochschulen und Berufsakademien. Es gibt derzeit elf Fachhochschulen und fünf Berufsakademien in Deutschland, die im Rahmen einer wirtschaftswissenschaftlichen Fakultät Studiengänge oder Studienschwerpunkte mit immobilienwirtschaftlichem Inhalt anbieten.

Während beim in der Regel acht-semestrigen Studium an Fachhochschulen meist zwei praktische Studiensemester vorgesehen sind, in denen die Studenten in Betrieben ihres späteren Berufsfeldes arbeiten und diese Tätigkeit wissenschaftlich begleiten (Themen der Diplomarbeit ergeben sich aus diesem Tätigkeitsspektrum), entspricht das Studium an Berufsakademien einem dualen System. Die Hälfte der Studienzeit verbringen die Studierenden an der Akademie und die andere Hälfte in Partnerbetrieben oder Verwaltungen des öffentlich-rechtlichen Bereichs. So verbinden sich Theorie und Praxis.

Im Universitätsbereich gibt es vier immobilienwirtschaftliche Stiftungslehrstühle, nämlich an der Universität Leipzig, an der European Business School Reichartshausen und zwei an der Universität Regensburg (Immobilienmanagement und Immobilienökonomie). Dort werden noch drei weitere Stiftungslehrstühle eingerichtet, nämlich für Immobilienfinanzierung, Immobilienentwicklung und Immobilienrecht. Die akademische Ausbildung befindet sich derzeit im Umbruch. Viele Fachhochschulen haben sich im Zuge des Bologna-Prozesses zu einer Umstellung von Diplomabschlüssen auf Bachelor- und Masterabschlüsse entschlossen. Der Bachelorabschluss kann nach einem relativ kurzen Studium erreicht werden. Der Masterabschluss entspricht dem akademischen Diplom. Der mit der Unterzeichnung einer entsprechenden Urkunde durch 29 europäische Bildungsminister eingeleitete Bologna-Prozess soll der Vereinheitlichung und damit der größeren Transparenz der europäischen akademischen Abschlüsse dienen. Die Erklärung entfaltet jedoch keine Bindungswirkung, so dass nach wie vor Universitäten und Fachhochschulen am Diplom-Abschluss festhalten. Umgesetzt wurde dieser Prozess durch das Hochschulrahmengesetz, das es den Hochschulen ermöglicht – sie aber nicht dazu verpflichtet – Bachelor- und Masterstudiengänge zu entwickeln bzw. auszuprobieren.

• Berufliche Ausbildung:

Die Berufsausbildung in der Immobilienwirtschaft erfolgte früher nach dem Ausbildungsberufsbild des Kaufmanns/der Kauffrau in der Grundstücks- und Wohnungswirtschaft, das im Zuge der Neuregelung von 2006 in Immobilienkaufmann/Immobilienkauffrau umbenannt wurde. Diese neue, auf dem Berufsbildungsgesetz basierende Verordnung über die Berufsausbildung zum Immobilienkaufmann/zur Immobilienkauffrau, die am 01.08.2006 in Kraft trat, sieht im dritten Ausbildungsjahr fünf Wahlpflichtqualifikationen vor, nämlich Steuerung und Kontrolle im Unternehmen, Gebäudemanagement, Maklergeschäfte, Bauprojektmanagement und Wohnungseigentumsverwaltung. Der Auszubildende muss im sich im dritten Ausbildungsjahr für zwei dieser Wahlqualifikationseinheiten entscheiden. Damit wird Abschied genommen von dem bisherigen Monoberuf des Kaufmanns/der Kauffrau in der Grundstücks- und Wohnungswirtschaft. Die betriebliche Ausbildung wird im Rahmen des dualen Systems durch die Ausbildung an der Berufsschule nach den Vorgaben des Rahmenlehrplanes für Immobilienkaufleute ergänzt. Eine Veröffentlichung von angebotenen Ausbildungsstellen im Internet kann bei der Bundesagentur für Arbeit erfolgen.

• Berufliche Fortbildung:

Unter Weiterbildung versteht man eine Anpassungs- oder Aufstiegsfortbildung von Personen, die bereits in Berufsleben stehen und ihren Berufsbildungsstand entweder dem aktuellen Wissensstand anpassen wollen oder einen Aufstieg in ihrem

Unternehmen anstreben. Die Aufstiegsfortbildung zum geprüften Immobilienfachwirt (IHK)/zur geprüften Immobilienfachwirtin (IHK) ist ebenfalls in einer Verordnung auf der Grundlage des Berufsbildungsgesetzes geregelt. Die frühere Bezeichnung dieses Abschlusses lautete „Fachwirt / Fachwirtin der Grundstücks- und Wohnungswirtschaft. Im Gegensatz zur beruflichen Erstausbildung ist die berufliche Fortbildung eine berufsbegleitende Erwachsenenbildung. Die Regelungen hierzu finden sich in der Verordnung über die Prüfung zum anerkannten Abschluss Geprüfter Immobilienfachwirt / Geprüfte Immobilienfachwirtin vom 25.01.2008.

Im Jahr 2006 boten 46 Institutionen einschließlich einiger Weiterbildungszentren der Industrie- und Handelskammern Lehrgänge an, die zum Abschluss Geprüfter Immobilienfachwirt/Immobilienfachwirtin IHK führen. Beim anderen Abschluss handelt es sich um den funktionsorientierten Fachkaufmann für die Verwaltung von Wohnungseigentum. Rechtsgrundlage hierfür sind Kammerregelungen aufgrund einer Ermächtigung nach § 42 Abs. 2 Berufsbildungsgesetz. Allerdings ist das Interesse an dieser Fortbildungsmaßnahme relativ gering. Es gibt zurzeit zwei Bildungsträger in Deutschland, die entsprechende Lehrgänge anbieten. Einen Überblick über die Anbieter von Lehrgängen der beruflichen Fortbildung erhält man bei der Bundesagentur für Arbeit im Internet.

• Institutionalisierte Berufsbildung:

Neben den auf dem Berufsbildungsgesetz beruhenden staatlichen beruflichen Aus- und Fortbildungsabschlüssen gibt es weitere von privaten Berufsbildungsträgern angebotene immobilienwirtschaftliche Lehrgänge. Sie führen zu institutsinternen Studienabschlüssen. In der Regel werden von diesen Institutionen auch Lehrgänge angeboten, die zu einem nach dem Fachwirtabschluss auf der Grundlage des Berufsbildungsgesetzes beruhen.

Die institutsinternen Abschlüsse setzen überwiegend auf den Fachwirtabschluss oder auf eine vergleichbare Vorausqualifikation auf. Zu den Bildungsträgern, die immobilienwirtschaftliche Kontaktstudiengänge oder Aufbaustudiengänge anbieten, gehören folgende Akademien:

- Deutschen Immobilien Akademie an der Universität Freiburg
- IRE/BS-Immobilienakademie GmbH auf Schloss Reichartshausen in Oestrich-Winkel
- Akademie der Immobilienwirtschaft (ADI) in Stuttgart
- Europäisches Bildungszentrum der Wohnungs- und Immobilienwirtschaft in Bochum
- Südwestdeutsche Fachakademie der Immobilienwirtschaft in Wiesbaden,
- Technische Akademie Südwest e.V. TAS in Kaiserslautern

Ein Überblick über weitere Bildungsträger mit einem immobilienwirtschaftlichen Seminarangebot wird hier angehängt.

• Bedeutung der Berufsbildung in der Immobilienwirtschaft:

Die Bedeutung der beruflichen Aus- und Fortbildung in der Immobilienwirtschaft ergab sich aus einer Umfrage der Immobilien Zeitung im Rahmen der Expo Real im Jahr 2003, an der 91 Unternehmen aus dem Bereich der Immobilienwirtschaft mit insgesamt circa 40.000 Beschäftigten beteiligt waren. Das Ranking der von den Unternehmen bevorzugten berufsbezogenen Abschlüsse ergibt sich aus folgender Übersicht, wobei Mehrfachnennungen möglich waren:

- Immobilienfachwirt (IHK) 38 Prozent
- Kaufmann der Grundstücks- und Wohnungswirtschaft 34 Prozent
- Immobilienökonom/Immobilienwirt 26 Prozent
- Chartered Surveyor 13 Prozent
- Sonstige Abschlüsse zwölf Prozent

Vor diesem Hintergrund ist die Erkenntnis wichtig, dass für 20,8 Prozent der Unternehmen ein Hochschulabschluss zwingend und für 57,1 Prozent wünschenswert ist.

Akademie der Immobilienwirtschaft (ADI)
AFM Akademie für Facility Management
Akademie Langenfeld
AWB Akademie für Wirtschaft und Bildung
Akademie der Immobilienwirtschaft (ADI) GmbH
AWI – Akademie der Wohnungs- und Immobilienwirtschaft Baden-Württemberg GmbH
BBA – Berlin-Brandenburgische Akademie der Wohnungswirtschaft e.V.
Berliner Fachseminare Bernd Heuer Dialog Düsseldorf GmbH
Berufsakademie Mannheim – Fachrichtung Immobilienwirtschaft
Berufsakademie Sachsen
Staatliche Studienakademie Leipzig
Betriebswirtschaftliches Institut der Bauindustrie (BWI-Bau)
Bundesverband Deutscher Sachverständiger und

Fachgutachter e.V. (BDSF)

DIA – Deutsche Immobilien-Akademie – an der Universität Freiburg

ebs IMMOBILIENAKADEMIE GmbH EUROFORUM Deutschland GmbH

Europäische Immobilien Akademie

Europäisches Institut für postgraduale Bildung an der TU Dresden e.V. EIPOS

Fachhochschule Oldenburg / Ostfriesland / Wilhelmshaven – Standort Oldenburg

ewm Wirtschaftssemninare MD GmbH

FH Biberach – Hochschule für Bauwesen und Wirtschaft

FH Lippe Abteilung Detmold - Fachbereich ImmobilienwirtschaftFH Nürtingen – Standort Geislingen

FWI Führungsakademie der Wohnungs- und Immobilienwirtschaft e.V.GBS – Gemeinn. GmbH f. berufsb. Schulen München

gtw Weiterbildung GmbH

Handelskammer Hamburg

Bildungs-Service GmbH

Haufe Akademie

Haus der Technik e.V. – HDT

Akademie Helf Recht-Unternehmerzentrum

Hochschule Anhalt (FH) – Hochschulstandort Bernburg, Fachbereich Wirtschaft

IBS Lippstadt International Business School

IHK Giessen-Friedberg - Geschäftsstelle Friedberg

IHK Hanau-Gelnhausen-Schlüchtern

IHK Rhein-Neckar - Fort- und Weiterbildung

IHK Südthüringen - Weiterbildungszentrum

IHK Südwestsachsen - Chemnitz-Plauen-Zwickau

IHK-Weiterbildungsakademie GmbH

IHK-Zentrum für Weiterbildung GmbH

IMI Immobilien-Institut-Reinhold Pachowsky

immopromot Bernd Eger OHG

Institut für Baubiologie und Ökologie, unabhängige private GmbH

Institut für City- und Regionalmanagement

Ingolstadt e.V. – Fachhochschule Ingolstadt

Institut für deutsches und internationales Baurecht e.V. – an der Humbold-Universität zu Berlin

Internationales Institut für Facility Management

Josef-Humar-Institut e.V. – Institut für Wohnungseigentum und Wohnungsrecht

Klaus Nielen Institut für Immobilienwirtschaft GmbH

MA Management Akademie – Gesellschaft zur Fortbildung von Fach- und Führungskräften

Management Forum Starnberg GmbH

Management GmbH

ML Fachinstitut für die Immobilienwirtschaft

Oldenburgische Industrie- und Handelskammer

PROTEKTOR - Fachschule für Dienstleistungen

RDM-Bayern GmbH – Institut für Immobilienmarktforschung und Berufsbildung

REA – Real Estate Fernakademie

Rudolf Haufe Verlag GmbH & Co. KG SSB Spezial Seminare Bau GmbH

Sächsische Verwaltungs- und Wirtschaftsakademie – VWA

Steintechnisches Institut Mayen-Koblenz im IHK-Bildungszentrum Koblenz e.V.

Südwestdeutsche Fachakademie der Immobilienwirtschaft e.V.

Tasche & Partner Sachverständigen-NetzwerkUniversität Leipzig – Wirtschaftswissenschaftliche Fakultät – Stiftungslehrstuhl Grundstücks- und Wohnungswirtschaft

VDM Verband Deutscher Makler Landesverband Bayern

VDM Verband Deutscher Makler Landesverband Nordrhein-Westfahlen

Verkaufstraining f. d. Immobilienwirtschaft

WAK Wirtschaftsakademie Schleswig-Holstein

WEKA MEDIA GmbH

WF-Akademie

Wirschaftsschule Küster – Gesellschaft für Erwachsenenbildung mbH

Württembergische Verwaltungs- und Wirtschafts-Akademie

Siehe / Siehe auch: Studiengänge (Immobilienwirtschaft), Kaufmann/Kauffrau in der Grundstücks- und Wohnungswirtschaft (IHK), Fachkaufmann für die Verwaltung von Wohnungseigentum, Immobilienfachwirt, Immobilienkaufmann / Immobilienkauffrau

Ausbauhaus

(usually prefabricated) house without finishings, which are left for the purchaser to complete

Haus, das in verschiedenen Ausbaustufen angeboten wird, wobei der Restausbau durch den Bauherrn erfolgt. Insbesondere die Eigenleistungen und damit die Restkosten werden häufig falsch eingeschätzt. Ebenfalls gestaltet sich die Bewertung der Immobilie und damit auch die Beleihung in der Regel nicht einfach.

Ausbietungsgarantie (Zwangsversteigerungsverfahren)

bidding guarantee (forced sale; judicial sale)

Unter Ausbietungsgarantie versteht man ein notariell beurkundetes Versprechen eines Bieters gegenüber dem betreibenden Gläubiger, im Versteigerungstermin ein Gebot in bestimmter Mindesthöhe abzugeben. Die Verpflichtung ist einseitig und daher nicht empfehlenswert. Zumindest sollten die Kosten der Ausbietungsgarantie vom begünstigten Gläubiger getragen werden. Makler können Ausbietungsgarantien vermitteln.

Ausfallbürgschaft

deficiency guarantee; secondary guarantee; ordinary guarantee; simple guarantee

Die Ausfallbürgschaft ist der gesetzliche Normalfall einer Bürgschaft. Beispiel: Ein Mieter zahlt die Miete nicht. Eine dritte Person hat für die mietvertraglichen finanziellen Verpflichtungen des Mieters gebürgt. Bei der Ausfallbürgschaft muss der Vermieter erst alle Mittel ausschöpfen, um die Miete vom Mieter einzutreiben. Erst wenn selbst die Zwangsvollstreckung nicht zur Zahlung geführt hat, kann der ausstehende Betrag vom Bürgen eingefordert werden. Das Gegenteil der Ausfallbürgschaft ist die selbstschuldnerische Bürgschaft. Diese wird in der Praxis häufiger vereinbart, da sie größere Sicherheit für den Gläubiger bietet.

Siehe / Siehe auch: Bürgschaft, Bürgschaft als Mietsicherheit, Selbstschuldnerische Bankbürgschaft

Ausfallrisiko (Kredite)

default risk; credit risk; risk of default (loans)

Das Kreditausfallrisiko bezeichnet die Wahrscheinlichkeit, mit der Kredite vom Kreditnehmer nicht mehr bedient werden können und damit zu entsprechenden Wertberichtigungen bei den betroffenen Kreditinstituten führen. Diese Risiken werden im Bankenbereich – zum Zweck der Unterscheidung von anderen Risiken – als „Adressausfallrisiken" bezeichnet. Kreditinstitute unterliegen einem Ratingsystem, mit dessen Hilfe die Risiken jedes einzelnen Kreditinstituts quantifiziert werden können. Die daraus ablesbare Risikoeinstufung erzwingt eine ihr entsprechende Eigenmittelausstattung. Je höher das Risikoniveau, desto höher die geforderte Eigenmittelausstattung und folglich desto geringer das zulässige Kreditgeschäftsvolumen.

Rechtsgrundlagen für die Umsetzung dieser auf „Basel II" beruhenden Regelungen sind das Kreditwesengesetz und die Solvabilitätsverordnung. Die neuen Regelungen zwingen Kreditinstitute dazu, ihre potenziellen Geschäftspartner, die sie mit Krediten versorgen sollen, sehr genau zu durchleuchten. Dabei spielen nicht nur Einkommens- und Vermögensverhältnisse eine Rolle, sondern auch die persönliche Vertrauenswürdigkeit der Kreditnehmer.

Siehe / Siehe auch: Kreditwesen

Ausführungsplanung

implementation planning

Die Ausführungsplanung ist die 5. Leistungsphase nach § 3 Abs. 4 der HOAI von 2009 (Honorarordnung für Architekten und Ingenieure). Sie wird § 33 HOAI mit 25 Prozent (Gebäude), 24 Prozent (Freianlagen), 30 Prozent (raumbildende Ausbauten) und nach § 38 mit 24 Prozent im Bereich Freianlagen, bewertet, bemessen am gesamten Honorar der Architekten und Ingenieure. In dieser Planungsphase werden die aussagekräftigen und detaillierten Zeichnungen und Objektbeschreibungen für die beteiligten Fachleute und Baufirmen erstellt.

Sämtlichen relevanten Aspekte müssen beachtet werden: Gestaltung, Städtebau, Funktion, Technik, Bauphysik, Wirtschaftlichkeit, energetische und ökologische Wirtschaftlichkeit. Die Ausführungsplanung ist auch die Grundlage für die Ausschreibung und für die Tätigkeit auf der Baustelle.

Siehe / Siehe auch: Ausführungszeichnungen, Ausschreibung, HOAI, Leistungsphasen

Ausführungszeichnungen

construction drawings; working drawings

Auf Grundlage der Ausführungszeichnungen wird auf der Baustelle gearbeitet. Ausgehend von den Bauantragszeichnungen werden Grundrisse, Ansichten und Schnitte im Maßstab 1:50 dargestellt. Die notwendigen Details werden zeichnerisch bis zu einem Maßstab von 1:1 verdeutlicht. Die Berechnung der Baustatik werden hier zeichnerisch umgesetzt und die Positionen benannt. Die Erkenntnisse weiterer Ingenieure und Fachleute (z. B. Licht-, Belüftungs-, Aufzugstechnik) werden dargestellt. Materialien werden festgelegt.

Siehe / Siehe auch: Ausführungsplanung, Baustellenverordnung, Maßstab

Ausgabeaufschlag

issuing premium; initial service charge; front-end and management fee

Siehe / Siehe auch: Agio

Ausgleich für sanierungsbedingte Werterhöhungen (städtebauliche Sanierung)

set-off payment after general improvements to a district that result in an increase in value (urban redevelopment)

Die Kosten der in förmlich festgesetzten Sanierungsgebieten von der Gemeinde durchgeführten Maßnahmen sind von den Eigentümern durch Ausgleichszahlungen zu finanzieren. Dies erfolgt durch die Abschöpfung sanierungsbedingter Wertsteigerungen des Bodens im Sanierungsgebiet. Zur Berechnung dieses Ausgleichsbetrages muss ein sanierungsunbeeinflusster Anfangswert des Bodens und – nach Abschluss der Sanierungsmaßnahme – der Endwert ermittelt werden.

Die Ermittlung dieser Werte verursachte nicht selten Rechtstreitigkeiten und war zudem mit einem hohen Aufwand verbunden. Mit Inkrafttreten des „Gesetzes zur Erleichterung von Planungsvorhaben für die Innenentwicklung der Städte" am 1.1.2007 erhielt die Gemeinde eine alternative Methode zur Ermittlung der Ausgleichszahlungen. Sie kann danach durch Satzung einen bestimmten Prozentsatz des Aufwandes für die Erweiterung und Verbesserung der im Sanierungsgebiet liegenden Erschließungsanlagen (ausschließlich Verkehrsanlagen) verlangen. Was darunter fällt ergibt sich aus § 127 Abs. 2 Nr. 1-3 BauGB. Danach zählen dazu die zum Anbau bestimmten Straßen, Wege und Plätze, Fußwege, Wohnwege und Sammelstraßen, die selbst nicht zum Anbau bestimmt sind. Der Ausgleichsbetrag darf 50 Prozent dieses Aufwandes nicht übersteigen. Voraussetzung für den Erlass einer solchen Satzung sind „Anhaltspunkte" dafür, dass die sanierungsbedingte Erhöhung der Bodenwerte der Grundstücke im Sanierungsgebiet nicht wesentlich über der Hälfte des Erschließungsaufwands liegt. Dafür reicht nach der Begründung dieser Vorschrift eine überschlägige Prüfung aus. Eine ins Einzelne gehende Wertermittlung wird dadurch vermieden.

Die neuen Vorschriften über den Ausgleichsbetrag gelten im Übrigen auch für städtebauliche Entwicklungsgebiete.

Siehe / Siehe auch: Sanierung

Ausgleichsanspruch (Handelsvertreter)

equalization claim (commercial agent / sales representative)

Makler und teilweise auch Bauträger beschäftigen im Außendienst häufig Handelsvertreter – auch freie Mitarbeiter genannt. Handelsvertreter unterhalten Rechtsbeziehungen zum Kunden des Maklergeschäfts. Hier gelten die maklerrechtlichen Vorschriften des BGB (§§ 652 – 654). Zwischen dem Makler bzw. Bauträger und dem Handelsvertreter gelten dagegen die Vorschriften über den Handelsvertretervertrag im HGB. Dort ist in § 89 b die Möglichkeit der Vereinbarung eines Wettbewerbsverbotes des Handelsvertreters nach Beendigung des Handelsvertretervertrages geregelt. Das Wettbewerbsverbot selbst darf nicht länger als zwei Jahre dauern. Es muss sich auf den vereinbarten Tätigkeitsbereich des Handelsvertreters (Objektart/räumlicher Geltungsbereich) beschränken. Wird ein solches Wettbewerbsverbot vereinbart, dann entsteht zugunsten des Handelsvertreters nach § 90a HBG auch ein Ausgleichsanspruch. Der Ausgleichsanspruch besteht in einer Provisionsbeteiligung, wenn nach Ablauf des Handelsvertretervertrages Geschäfte mit dem von ihm akquirierten Kunden zustande kommen. Es handelt sich dabei vor allem um Folgeprovisionen aus weiteren Geschäftsabschlüssen. Der Ausgleichsanspruch entsteht nur bei Beendigung des Vertragsverhältnisses. Die Gründe für die Beendigung sind grundsätzlich irrelevant. Der Ausgleichsanspruch entsteht daher auch bei einvernehmlicher Aufhebung des Vertrages oder bei Tod des Handelsvertreters. Im letzteren Fall steht den Erben der Ausgleich zu.

Da es die Besonderheit des Immobilienmaklergeschäftes mit sich bringt, dass die vermittelten Geschäfte regelmäßig keine Folgegeschäfte nach sich ziehen, gibt es auch Auffassungen, wonach dem Handelsvertreter des Maklers grundsätzlich kein Ausgleichsanspruch zustehe. Auch wenn eine solche Auffassung fraglich ist, wäre zu raten, dass anstelle einer Wettbewerbsverbotsabsprache ein so genanntes Gemeinschaftsgeschäft vereinbart wird, das sich auf alle Kunden bezieht, die der Handelsvertreter während seiner Tätigkeit für den Makler akquiriert hat.

Siehe / Siehe auch: Gemeinschaftsgeschäft, Handelsvertreter

Ausgleichsflächen

compensatory areas

Die im Zusammenhang mit der Aufstellung, Änderung, Ergänzung oder Aufhebung von Bauleitplänen zu erwartende mögliche Versiegelung des Bodens erfordert einen Ausgleich durch Bereitstellung von sogenannte Ausgleichsflächen etwa in Gestalt von Grünflächen (Streuwiesen), Biotopen, extensiv genutzte Wiesen, die einer intensiven landwirtschaftlichen Nutzung entzogen sind. Diese sind in den Flächennutzungsplänen darzustellen und in den Bebauungsplänen festzusetzen.

Die Ausgleichsflächen müssen nicht im räumlichen Zusammenhang mit dem Baugebiet stehen (sogenannte externe Kompensation). Andererseits kann der Ausgleich auch in einer Dachbegrünung des

Gebäudes bestehen, mit dem der Boden versiegelt wird. Grundlage bildet die Eingriffsregelung des Bundesnaturschutzgesetzes und §§ 1 Abs 7, sowie 1a Abs. 3 BauGB.
Die Kosten für die Bereitstellung der Ausgleichsflächen sind nach bestimmten Umlegungsmaßstäben, die sich am Versiegelungsgrad des Bodens durch die Bebauung orientieren (überbaubare Grundstücksflächen, zulässige Grundfläche, zu erwartende Versiegelungsfläche, Schwere des Eingriffs), auf die Eigentümer der Flächen des neuen Baugebietes abzuwälzen. Im Gegensatz zum Erschließungsaufwand werden die Gesamtkosten der Ausgleichsmaßnahmen umgelegt. Beschaffung und Bereitstellung von Ausgleichsflächen können auch durch städtebaulichen Vertrag auf Unternehmen übertragen werden.
Siehe / Siehe auch: Erschließung / Erschließungsbeitrag, Erschließungsvertrag, Ersatzmaßnahme (für Ausgleich), Grundflächenzahl (GRZ) - zulässige Grundfläche (GR), Überbaubare Grundstücksfläche, Versiegelung

Ausgleichsleistungen (Bodenordnung)

compensation payment; equalisation benefit (redistribution of parcels of land)

Im Umlegungsverfahren erhalten die beteiligten Bodeneigentümer für die von ihnen „eingeworfenen" Bodenflächen nach erfolgter Umlegung Flächen nach Abzug eines Flächenanteils für Erschließungsflächen zurück. Da die Flächenzuteilung wert- oder flächenmäßig nicht immer proportional gleich erfolgen kann und darüber hinaus Lagewertunterschiede, bauliche Anlagen in der Einwurfsmasse, und dergleichen berücksichtigt werden müssen, entstehen Ausgleichsansprüche der Eigentümer gegenüber der Gemeinde. Die Ausgleichsleistungen erfolgen in Geld.
Werden Eigentümer (oder Erbbauberechtigte) durch das Umlegungsverfahren gegenüber anderen Eigentümern begünstigt, haben sie ihrerseits Ausgleichsleistungen an die Gemeinde zu erbringen.

Ausgleichsmaßnahmen

compensation measures

Ausgleichsmaßnahmen dienen der Kompensation von Eingriffen in die Natur, die durch die Bebauung von Grundstücken entstehen. Durch solche Eingriffe werden Bodenflächen versiegelt, so dass Regenwasser nicht in den Boden eindringen kann. Zu den Ausgleichsmaßnahmen zählen die Entsiegelung von bisher versiegelten Flächen (direkter Ausgleich), die Zurverfügungstellung von Ausgleichsflächen (indirekter Ausgleich) und Ausgleichszahlungen für den Fall, dass andere Ausgleichmaßnahmen nicht möglich sind Sie können innerhalb des Bebauungsplangebietes erfolgen („interne Kompensation") oder außerhalb („externe Kompensation"). Bei „Bebauungsplänen der Innenentwicklung" im Sinne des neuen §13a BauGB müssen Ausgleichsmaßnahmen nicht durchgeführt werden.
Siehe / Siehe auch: Ausgleichsflächen, Bebauungspläne der Innenentwicklung, Ersatzmaßnahme (für Ausgleich), Versiegelung

Ausgleichszahlung für Sozialwohnungen

set-off / compensation for municipal housing units / council flats / houses

Ausgleichszahlung ist die neue Bezeichnung der „Fehlbelegungsabgabe". Die Ausgleichszahlung wird von den Mietern einer Sozialwohnung erhoben, wenn deren Einkommensverhältnisse sich soweit verbessert haben, dass sie eigentlich keinen Anspruch auf eine Sozialwohnung mehr hätten. Bundesrechtlich ist in § 34 WoFG (Wohnraumförderungsgesetz) geregelt, dass die Länder eine Ausgleichszahlung festlegen können. Die jeweiligen Landesgesetze sind damit in jedem Bundesland unterschiedlich. Grundsätzlich entfällt die „Wohnberechtigung", wenn das tatsächliche Einkommen des gesamten Haushalts 20 Prozent über der jeweiligen Einkommensgrenze liegt. Manche Bundesländer setzen geringere Prozentsätze an. Die Ausgleichszahlung wurde in verschiedenen Bundesländern mittlerweile abgeschafft.
Siehe / Siehe auch: Fehlbelegung, Sozialklausel

Auskunfteien

inquiry / credit agencies; inquiry offices

Auskunfteien sind Unternehmen, die über Personen, Firmen, Verbände und Vereinigungen Informationen sammeln und diese interessierten Nachfragern als Auskünfte gegen Vergütung zur Verfügung stellen. Teilweise übernehmen Auskunfteien auch noch Inkassodienste. Die bekanntesten sind: Schimmelpfeng Inkasso GmbH – dieses Unternehmen wurde 1999 erworben von D & B – Dun und Brandstreet Deutschland GmbH (seit 2001 geht man aber wieder getrennte Wege)Bürgel, Creditreform, Schufa, KSV-Kreditschutz-Vereinigung GmbH. Letztere teilt sich die Arbeit mit der Schufa. Die Schufa bearbeitet Aufträge über Privatpersonen, die KSV Aufträge über Firmen. Für den Versicherungsbereich ist als Auskunftsstelle der „Versicherungsaußendienst e.V.“ zuständig. Wer als Kaufmann ein größeres Geschäft mit einem neuen Kunden abschließen will, möchte unter Umständen dessen Zahlungsfähigkeit prüfen. Wer Kredite vergeben will, muss wissen, wen er als Kunden vor sich hat. Hier bringen Auskünfte mehr Sicherheit. Wer als Kunde keine Kredite bekommt, wer plötzlich aufgefordert wird, seine Außenstände umgehend auszugleichen, sollte prüfen, was die Auskunfteien gespeichert haben. Kaufleute sollten regelmäßig Eintragungen über sich bei den Auskunfteien auf ihre Richtigkeit hin überprüfen.

Auskunftspflicht des Vermieters

landlord's duty of disclosure / obligation to provide information

Beim Abschluss des Mietvertrages haben beide Vertragspartner gegenüber dem jeweils anderen die Pflicht, bestimmte Auskünfte zu erteilen – allerdings nicht unbegrenzt. Eine Aufklärungspflicht ist immer gegeben, wenn ein bestimmter Umstand für die Entscheidung des Vertragspartners wesentlich erscheint, oder dieser ausdrücklich danach gefragt hat. Eine Verletzung der Aufklärungspflichten kann zur Rückgängigmachung des Vertrages führen. Beim Mietvertrag bezieht sich die Aufklärungspflicht des Vermieters ohne ausdrückliche Nachfrage des künftigen Mieters auf alle Umstände, die die Nutzung der Mietsache beeinträchtigen können.

Beispiele:

- Höhe der Nebenkosten / Betriebskosten
- geplantes Geltendmachen von Eigenbedarf
- harmonisches Zusammenleben der Hausgemeinschaft
- geplanter Verkauf des Mietobjekts
- laute Nachbarn
- Bestehen einer Baugenehmigung für das Mietobjekt
- Erlaubnis des Vermieters zur Untervermietung

Auf Fragen zu Nachteilen des Mietobjekts aufgrund seiner Lage muss der Vermieter jedoch nur auf konkrete Nachfrage antworten und auch nur dann, wenn durch diese Gegebenheiten erhebliche Belästigungen entstehen können.

Beispiele:

- Prostitution in der Umgebung
- schlechte Anbindung an öffentlichen Nahverkehr

Fragen hinsichtlich persönlicher Verhältnisse der anderen Mieter muss bzw. darf der Vermieter nicht beantworten.

Beispiele:

- Religionszugehörigkeit
- Beruf

Siehe / Siehe auch: Mieterselbstauskunft, Mitteilungspflichten des Vermieters, Unzulässige Fragen

Ausländer

foreigner

Als Ausländer werden alle Personen bezeichnet, die keine deutsche Staatsangehörigkeit besitzen. Statistisch nicht erfasst werden dabei Mitglieder der Stationierungsstreitkräfte sowie Personen in ausländischen diplomatischen und konsularischen Vertretungen. Die Ausländerquote liegt in Deutschland bei 8,2 Prozent. Davon wohnen etwa ein Drittel der Ausländer schon seit 20 und mehr Jahren in Deutschland. Der Ausländeranteil in den westdeutschen Großstädten liegt bei 15,3 Prozent und in den ostdeutschen Großstädten bei 1,5 Prozent. Ausländer sind nicht zu verwechseln mit Menschen mit Migrationshintergrund. Bei diesen handelt es sich um Personen, die seit 1950 nach Deutschland eingewandert sind. Das entspricht 18,4 Prozent der Bevölkerung. Personen mit Migrationshintergrund sind im Durchschnitt deutlich jünger als jene ohne Migrationshintergrund (33,8 zu 44,6 Jahre).

Auslandsimmobilien

foreign real estate

Auslandsimmobilien werden immer beliebter. Viele Deutsche investieren in Ferienwohnungen oder Altersruhesitze im Ausland. Auch dauerhafte Auswanderer gibt es – meist mit dem Ziel, in einem anderen Land eine bessere Arbeitsmarktlage vorzufinden. Nicht zuletzt dienen Auslandsimmobilien auch als Investition. Beim Kauf von Auslandsimmobilien sind die gesetzlichen Vorschriften des Staates zu beachten, in dem die Immobilie gelegen ist. Diese können erheblich von den deutschen Regelungen abweichen. Einige wichtige Fragen dabei sind:

- Existiert ein Grundbuch und welchen Aussagewert hat es?
- Sind alle Grundstücksbelastungen im Grundbuch eingetragen?
- Ist im jeweiligen Land ein notarieller Kaufvertrag erforderlich?
- Ist die Mitwirkung eines Rechtsanwaltes oder Notars erforderlich?
- Welche in Deutschland unüblichen Steuern und Abgaben sind beim Erwerb und laufend zu bezahlen (z. B.: „Stempelsteuer“ beim Erwerb, Feuerwehrabgabe in Waldbrandge-

bieten, Steuer auf Veräußerungsgewinn bei Verkauf, Besteuerung fiktiver Vermietungseinkünfte bei Wohnungen usw.)?
- Gibt es eine Erbschaftssteuer? Existiert ein Doppelbesteuerungsabkommen explizit bezüglich der Erbschaftssteuer mit Deutschland?
- Wer haftet bei Baumängeln?

Wie bei Immobilienkäufen im Allgemeinen sollte auch bei Auslandsimmobilien eine gründliche persönliche Besichtigung des Kaufobjekts stattfinden. Wichtig ist nicht nur das Objekt selbst, sondern auch seine Lage, die absehbare künftige Entwicklung des jeweiligen Gebietes und nicht zuletzt die Erreichbarkeit. Gerade an touristisch interessanten Zielen sind Erreichbarkeit und Infrastruktur (Restaurants, Hotelbetrieb, öffentliche Verkehrsmittel, Fährschiffbetrieb, medizinische Versorgung) oft saisonabhängig. Hinsichtlich der Erbschaftssteuer müssen Käufer von Auslandsimmobilien beachten, dass sie auch nach einem Wohnsitzwechsel ins Ausland noch fünf Jahre lang in Deutschland erbschaftssteuerpflichtig bleiben (§ 2 Abs. 1 Satz 1 ErbStG). Doppelbesteuerungsabkommen hinsichtlich der Erbschaftssteuer existieren derzeit nur mit den USA, der Schweiz, Schweden und Dänemark. In allen anderen Staaten ist eine Doppelbesteuerung möglich. Es sollte immer der aktuelle Stand der Rechtslage in Erfahrung gebracht werden. Einige Länder (z. B. Spanien, USA) haben eine deutlich höhere Erbschaftssteuer als Deutschland, die ausländische Erbschaftssteuer kann teilweise in Deutschland angerechnet werden. Einige Staaten haben zwar die Erbschaftssteuer abgeschafft (z. B. Portugal, Schweden, Australien), einige besteuern nun aber den Erbfall über eine Grunderwerbssteuer (Österreich).

Informationen über den Erwerb von Auslandsimmobilien bekommt man u.a. bei der Vereinigten Schutzgemeinschaft für Auslandsimmobilien e.V. (www.schutzgemeinschaft-auslandsimmobilien.de) und der Deutschen Schutzvereinigung Auslandsimmobilien e.V. (www.dsa-ev.de).

Siehe / Siehe auch: Erbschaftssteuerreform

Auslandsinvestment

foreign / offshore / international investment; investment abroad; investments in foreign countries

Als Auslandsinvestments werden Kapitalanlagen außerhalb Deutschlands bezeichnet. Im Immobilienbereich erwerben zunehmend insbesondere institutionelle Anleger auch ausländische Büro- und Einzelhandelsobjekte, wobei Großbritannien, die Niederlande, Frankreich, die USA und Spanien derzeit zu den interessantesten Märkten zählen.

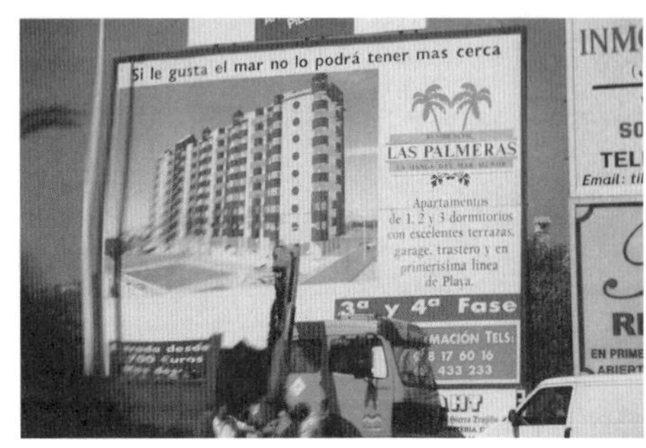

Der Vertrieb ausländischer Investmentanteile ist seit 1.1.2004 im Investmentgesetz (früher im Auslandinvestmentgesetz) geregelt, das insbesondere auch Vorschriften über den Verkaufsprospekt und Antragsvordruck enthält.

Siehe / Siehe auch: Investmentgesetz (InvG), Auslandsimmobilien

Ausnahmen und Befreiungen (öffentliches Baurecht)

exceptions and exemptions (public building law)

Im Bauplanungsrecht sind Ausnahmen in den Rechtsvorschriften geregelt. So können Festsetzungen in Bebauungsplänen Ausnahmeregelungen enthalten, die ein Bauherr für sich in Anspruch nehmen kann. Außerdem finden sich in der Baunutzungsverordnung bei Beschreibung der Baugebietsarten viele Ausnahmetatbestände, die der Gemeinde eine größere Planungsfreiheit einräumen.

Von Befreiungen im Sinne des Bauplanungsrechts (§ 31 BauGB) dagegen spricht man, wenn zugelassen wird, dass der Bauherr von Festsetzungen des Bebauungsplanes abweichen darf. Die Befreiung ist möglich, wenn mit der beabsichtigten Abweichung die Grundzüge des Bebauungsplanes unberührt bleiben und entweder Gründe des Gemeinwohls dies erfordern oder die Abweichung städtebaulich vertretbar ist. Befreiungen sind ferner dann möglich, wenn die Durchführung des Bebauungsplanes zu einer nicht beabsichtigten Härte führen würde. Stets muss dabei abgewogen werden, ob die Abweichung auch mit den öffentlichen Belangen (Interessen) vereinbar ist. Auch in den Landesbauordnungen finden sich Möglichkeiten,

von der Einhaltung zwingender Vorschriften insbesondere im Genehmigungsverfahren befreit zu werden („Dispens"). Bei Befreiungen im Rahmen des öffentlichen Baurechts muss nicht selten auch auf nachbarrechtliche Belange Rücksicht genommen werden.
Siehe / Siehe auch: Art der baulichen Nutzung, Bebauungsplan, Nachbarrecht

Ausnützungsziffer
utilisation factor

Der Begriff Ausnützungsziffer stammt aus der Schweiz. Er entspricht dem „Maß der baulichen Nutzung" aus dem deutschen öffentlichen Baurecht, welches als Grundflächenzahl, Geschossflächenzahl und Baumassenzahl angegeben und berechnet wird.
Siehe / Siehe auch: Geschossflächenzahl (GFZ) - Geschossfläche (GF), Grundflächenzahl (GRZ) - zulässige Grundfläche (GR), Baumassenzahl (BMZ) - Baumasse (BM)

Ausschließliche Wirtschaftszone (AWZ)
exclusive economic zone

Bei den deutschen Gewässern in Nord- und Ostsee unterscheidet man die 12 Seemeilen-Zone („Küstenmeer") und die Ausschließliche Wirtschaftszone (AWZ). Das Küstenmeer gehört zum deutschen Hoheitsgebiet.
Verwaltungsrechtlich liegt es im Zuständigkeitsbereich des jeweils an der entsprechenden Küste gelegenen Bundeslandes. Seewärts der 12 Seemeilen-Grenze bis höchstens 200 Seemeilen Entfernung zur Küste liegt die Ausschließliche Wirtschaftszone. Hinter dieser beginnt der Hochseebereich. In Nord- und Ostsee entsprechen sich die deutsche AWZ und der sogenannte deutsche Festlandsockel, der wiederum aus dem seewärts des Küstenmeeres gelegenen Meeresboden der Unterwassergebiete bis zu einer Entfernung von höchstens 200 Seemeilen zur Küste besteht.
Die AWZ ist in der Ostsee aufgrund der entsprechenden Zonen der Nachbarländer erheblich kleiner als in der Nordsee. Für die Bewirtschaftung der AWZ (z. B. durch Schifffahrt, Fischerei oder Offshore-Windenergie-Nutzung) gibt es spezielle Rechtsgrundlagen, etwa die Verordnung über die Raumordnung in der deutschen Ausschließlichen Wirtschaftszone.
Siehe / Siehe auch: Maritime Raumordnung, Offshore-Windenergie-Anlagen

Ausschreibung
tender; invitation to tender

Unter Ausschreibung versteht man die Aufforderung an Bauunternehmer und Handwerker zur Angebotsabgabe. Grundlage ist die detaillierte Darstellung der gewünschten Bauleistung mit Hilfe eines Leistungsverzeichnisses und einer Leistungsbeschreibung. Die Regeln für die Ausschreibung enthält die VOB Teil A. Sie haben Empfehlungscharakter, soweit nicht die öffentliche Hand Bauherr ist oder das Baugeschehen im Rahmen von PPP-Konstruktionen beeinflussen kann. In diesem Fall ist eine europaweite Ausschreibung vorgesehen, wenn die der Gesamtauftragswert 5 Millionen Euro ohne Umsatzsteuer übersteigt.
Unterschieden wird zwischen folgenden Arten der Ausschreibung:

- Öffentlicher Ausschreibung, z. B. in Tageszeitungen, die umfangreiche Informationen enthalten muss. Sie richtet sich an eine unbeschränkte Anzahl von Unternehmen.
- Beschränkte Ausschreibung an 3-8 Bewerber (wenn die öffentliche Ausschreibung zu keinem Ergebnis oder einem zu hohen Aufwand führt)
- Beschränkte Ausschreibung nach öffentlicher Aufforderung
- Freihändige Vergabe in bestimmten Fällen

Die Ausschreibung dient dazu, die Vergabe von Bauleistungen im Regelfall auf die Grundlage des Wettbewerbs zu stellen.
Siehe / Siehe auch: Public-Private-Partnership-Gesellschaft (PPP-Gesellschaft)

Ausschüttung
distribution; disbursement; dividend; payout

Ausschüttungen aus einem geschlossenem Immobilienfonds oder anderen Beteiligungsmodellen werden regelmäßig aus den vorhandenen Liquiditätsüberschüssen und damit aus den jährlichen Überschüssen der Einnahmen über die entstandenen Ausgaben, getätigt.
Die Einnahmen bestehen hierbei im Wesentlichen aus den monatlichen Mieterträgen sowie zu einem geringeren Teil aus den Zinseinnahmen aus der Anlage der vorhandenen Barmittel. Zu den Ausgaben rechnen vor allem die Zins- und Tilgungsleistungen für eventuelle Darlehensaufnahmen (Innenfinanzierung), die Reservezuführungen zur Instandhaltungsrücklage und zum Mietausfallwagnis, die laufenden Vergütungen für Komplementäre, Treuhänder, Geschäftsführer und -besorger sowie die sonstigen Fondskosten.

Die positive Differenz dieser beiden Einnahmen- und Ausgabenblöcke - vermindert oder vermehrt um eine etwaige Entnahme oder Zuführung zur Liquiditätsreserve - steht schließlich für die Bedienung einer Barausschüttung an die Fondsgesellschafter zur Verfügung. Ein reiner Vergleich von Ausschüttungen verschiedener Fonds ist nur vorsichtig möglich. Je nach Tilgungshöhe, in Verbindung mit Disagio, Zinsvorauszahlung und Währung der Finanzierung sowie Liquiditätszuführungen bzw. -abbau muss die Ausschüttung bereinigt betrachtet werden, um einen Vergleichsmaßstab zu erhalten. Viele Initiatoren verwenden die konzeptionell möglichen Gestaltungsformen, um optisch höhere Ausschüttungen bereits von Anfang an darstellen zu können. Eine nur ebenfalls beschränkt einsetzbare Kennzahl ist die Summe der Ausschüttungen über einen bestimmten Zeitraum, da in diesem Betrag, neben der bereits vorher aufgeführten Bereinigungsnotwendigkeit, der wichtige Zeitfaktor keine Beachtung findet. Nur über eine summierte, bereinigte Barwertausschüttung wäre eine sinnvolle Vergleichsgröße geschaffen, die aber auch wiederum nur unter Beachtung der sonstigen Risikostruktur des Fonds eine Vergleichsmöglichkeit bietet.

Außenanlagen

grounds; exterior features (landscaping, parking, etc.); outdoor facilities

Zu den Außenanlagen gehören nach Anlage 1 der (außer Kraft gesetzten) II BV u.a. Entwässerungs- und Versorgungsanlagen vom Hausanschluss bis zum öffentlichen Netz, Kleinkläranlagen, Brunnen und dergleichen, Befestigungen von Wegen, Höfen, Spielplätzen, Gartenanlagen mit Pflanzungen, Stützmauern, Teppichklopfstangen usw.. Die Kosten für Außenanlagen sind Teil der Baukosten.

Nach der DIN 276 (Kosten im Hochbau) zählen zu den Außenanlagen Arbeiten an Geländeflächen (z.B. Pflanzen, Rasen, Wasserflächen), befestigte Flächen (Wege, Höfe u.s.w.), Baukonstruktionen in Außenanlagen (Einfriedung, Mauern, Rampen usw.), technische Anlagen (z. B. Abwasser- und Wasseranlagen, Fernmelde- und informations-technische Anlagen), Einbauten und sonstige Maßnahmen für Außenanlagen.

Außenbereich (§ 35 BauGB)

white land (planning); outskirts; exterior; unallocated (unzoned) land (Section 35 of the Federal German Building Code)

Zum Außenbereich gehören die Gebiete einer Gemeinde, die nicht im Geltungsbereich eines qualifizierten Bebauungsplanes liegen und nicht unbeplanter Innenbereich sind. Außenbereichsflächen können aber innerhalb des unbeplanten Innenbereiches liegen. Grundsätzlich ist der Außenbereich von einer Bebauung freizuhalten. Allerdings sind Ausnahmen zulässig, nämlich so genannte privilegierte Vorhaben. Dabei handelt es sich um, die Vorhaben, die land- und forstwirtschaftlichen Betrieben, Gartenbaubetrieben, der öffentlichen Versorgung z. B. mit Energie und Entsorgung dienen. Hinzu kommen Anlagen zur Erforschung und Entwicklung oder Nutzung der Windkraft- oder Wasserenergie und der energetischen Nutzung von Biomassen. Kernkraftwerke, die ohnehin nicht mehr zulässig sein sollen, wurden aus dem Katalog gestrichen.Sonstige Vorhaben können im Einzelfall zugelassen werden. Außerdem gibt es „begünstigte Vorhaben“, die eine Folgenutzung, Nutzungsänderungen, Umbau, Wiederaufbau und Erweiterungsmaßnahmen in beschränktem Umfange ermöglichen. Durch eine Außenbereichssatzung kann für überwiegend mit Wohnungen bebaute Bereiche im Außenbereich eine weitere Wohnbebauung ermöglicht werden, aber auch einen Bebauung mit kleineren Gewerbe- und Handwerksbetrieben.

Außendämmung

external insulation

Eine Außendämmung ist an den Außenflächen eines Gebäudes angebrachtes Material zur Dämmung gegen Wärmeverluste oder gegen Lärmbelastung. Die Außendämmung kann bereits während des Baus angebracht worden sein, aber erst nachträglich im Rahmen von Sanierungs- und Modernisierungsmaßnahmen hinzugefügt werden. Eine ausreichende Außendämmung ist eine wesentliche Voraussetzung für das Einhalten der Energieeinsparverordnung (EnEV). Aufgrund erheblich gestiegener Heizkosten, verschärfter gesetzlicher Regelungen und begünstigt durch die Einführung des Energieausweises für Wohngebäude wurden in den vergangenen Jahren viele Wohngebäude mit einer nachgerüsteten Außendämmung versehen. Wird die Gebäudehülle gedämmt und mit neuen Fenstern und Außentüren versehen, muss erheblich mehr gelüftet werden als zuvor, da sonst die Gefahr der Schimmelbildung besteht. Für Modernisierungen in diesem Bereich, sowie für energieeffiziente Neubauten stehen verschiedenartige Fördermöglichkeiten zur Verfügung – u.a. bei der KfW (www.kfw.de) sowie bei Ländern und Gemeinden.

Außendienstorganisation

field organisation; agency plant; sales force

Eine wichtige Größe bei der Außendienstorganisation ist die Anzahl der Objekte, die ein einzelner Mitarbeiter betreut. Hier ist – will er diese sinnvoll bearbeiten und den Eigentümer informiert halten – eine Obergrenze von 20 bis maximal 25 Objekte vorstellbar. Der langjährige Chefredakteur des Branchendienstes Immobilienwirtschaft heute (IWh), Henning Grabener, sieht diese Grenze bei klassischen Maklerunternehmen sogar deutlich niedriger, nämlich bei 10 Objekten. Diese 25-Objekte-Obergrenze ist jedoch nur dann möglich, wenn der Mitarbeiter nicht zu stark in Akquisitionsaktivitäten involviert ist wie z. B. bei Banken, wenn ein großer Anteil der Kunden aus dem klassischen Finanzgeschäft des Instituts kommt. Insofern sollte es ein Alarmsignal sein, wenn einzelne Vertriebsmitarbeiter, wie vom Autor gelegentlich bei Unternehmensberatungen festgestellt, zwischen 70 und 80 Objekten mit insgesamt bis zu 120 Wohneinheiten zu betreuen haben. Die Folge hiervon sind zumeist sehr lange Vermarktungszeiten und mangelhaft betreute Objekte, was sich letztendlich wiederum in einem unglücklichen Objektanbieter niederschlägt. Der Außendienst kann aus angestellten aber auch aus freien Mitarbeitern bestehen. Freie Mitarbeiter sind selbständig und bedürfen für ihre Maklertätigkeit eine eigene Erlaubnis nach § 34c GewO. Die vertragliche Regelung erfolgt über einen Handelsvertretervertrag. Das Vergütungssystem muss anreizorientiert ausgestaltet werden. Der Vorteil des auf Handelsvertreter gestützten Außendienstes besteht darin, dass das Kostenrisiko des Maklerunternehmens stark reduziert wird. Die Beschäftigung eines Handelsvertreters verursacht ja keine zusätzlichen Fixkosten, für die ein Deckungsbeitrag erwirtschaftet werden müsste.

Im Hinblick auf den Außendienst ist zudem wichtig, dass der Kunde trotz der hohen Mitarbeiterfluktuation in der Immobilienbranche nicht ständig mit neuen Ansprechpartnern konfrontiert wird. Die im Vergleich zu anderen Branchen überdurchschnittlich hohe Fluktuation in der Immobilienwirtschaft ist besonders fatal, da die (Service-) Dienstleistungen von Immobilienunternehmen hochgradig personenbezogen sind.

Außenfinanzierung

external / outside financing

Der Begriff der Außenfinanzierung kann in immobilienwirtschaftlichen Zusammenhängen mit zweierlei Bedeutung gebraucht werden. Zum einen wird darunter in einem allgemeinen betriebswirtschaftlichen Sinne die Finanzierung eines Unternehmens verstanden, soweit dabei Kapital von außen zugeführt und nicht durch Umsätze im Rahmen der Geschäftstätigkeit des Unternehmens erwirtschaftet wird. Mögliche Formen der Außenfinanzierung sind die Zuführung von Eigenkapital (Einlagen- bzw. Beteiligungsfinanzierung) oder die Finanzierung über Kredite (Fremdfinanzierung). Zum anderen wird bei Geschlossenen Immobilienfonds von Außenfinanzierung gesprochen, wenn ein Fondszeichner sich die zur Leistung seiner Eigenkapitaleinlage erforderlichen Mittel ganz oder teilweise durch Aufnahme eines Darlehens beschafft. Dabei kann ein solches Darlehen mit dem erworbenen Fondsanteil besichert werden. Dagegen kommt die Fondsimmobilie selbst nicht als Sicherheit in Betracht, weil sie sich im Gesamthandvermögen der Fondsgesellschaft befindet. Daher entstehen durch die individuelle Darlehensaufnahme eines Fondszeichners keine Haftungsrisiken für andere Anleger desselben Fonds.

Außenprovision

estate agent's commission

Außenprovisionen sind Maklerprovisionen, die bei provisionspflichtiger Einschaltung von Maklern von Mietern und Erwerbern von Immobilien bzw. Räumen an Maklern zu bezahlen sind. Steuerlich ist folgendes zu beachten: Erwirbt man eine Immobilie, die zu Einkünften aus Vermietung und Verpachtung oder zu Betriebseinnahmen führen, ist die Provision aufzuteilen in einen auf den Gebäude- und einen auf den Bodenwert betreffenden Anteil. Der Gebäudewertanteil der Provision unterliegt der AfA. Die in Zusammenhang mit der Anmietung von gewerblichen Räumen anfallenden Provisionen sind Betriebsausgaben. Wird eine Wohnung

angemietet, können Maklerprovisionen steuerlich nur dann von Bedeutung sein, wenn ein Umzug aus beruflichen Gründen erforderlich war.
Siehe / Siehe auch: Absetzung für Abnutzung (AfA), Maklerprovision, Innenprovision

Außenwand (eines Gebäudes)

exterior wall; envelope (building); external wall

Die Außenwände eines Gebäudes sind die Wände, die das Gebäude nach allen Seiten abschließen und die Funktionen des Wärme- Schall- und Witterungsschutzes haben. Das Dach des Gebäudes gehört nicht dazu. Der Begriff hat Bedeutung im Rahmen des Fenster- und Lichtrechtes. Die Außenwand ist ferner die Bezugsfläche zur Berechnung der Abstandsflächen.
Siehe / Siehe auch: Abstandsfläche, Fenster- und Lichtrecht

Außenwasserzähler

exterior water metre

Bei der Berechnung der Wassergebühren wird davon ausgegangen, dass die aus der Wasserleitung gezapfte Menge der Menge der in die Kanalisation geleiteten Abwässer entspricht. Dies stimmt nicht in allen Fällen: So verwenden Gartenfreunde im Sommer erhebliche Mengen Leitungswasser zum Bewässern von Rasen und Grünpflanzen.
Eine Bezahlung von Abwassergebühren für diesen Wasserverbrauch lässt sich vermeiden, indem nach Rücksprache mit dem Versorgungsbetrieb / den Stadtwerken ein geeichter Außenwasserzähler angebracht wird. In Fallrohre von Regenrinnen lassen sich zudem Weichen einbauen, mit denen das Regenwasser statt in das Abflussrohr nach Wahl in eine Regentonne umgeleitet werden kann. Damit wird Wasser für den Garten gesammelt, ohne die Wasserrechnung zu strapazieren.
Siehe / Siehe auch: Kaltwasserzähler, Versiegelte Fläche

Außenwerbung (auch: Out-of-Home Media oder Outdoor-Advertising)

outdoor advertising; out-of-home media

Kennzeichen der Außenwerbung sind das sichtbare Bewerben, Anpreisen, Ankündigen und Bekanntmachen von Dienstleistungen, Produkten, Unternehmen und Veranstaltungen im Außenbereich, d.h. mehrheitlich im öffentlichen Raum. Dies geschieht vorzugsweise an Orten, an denen mit erhöhter Aufmerksamkeit (Blickfrequenz) zu rechnen ist. Die Formen und Gestaltung der Außenwerbung sind dabei sehr vielfältig.
Dass die Zielgruppe weder umblättern, aus-/umschalten noch wegklicken kann, macht die Vorteilhaftigkeit von Außenwerbung für den Werbetreibenden aus. Ihre direkte Konfrontation mit dem Betrachter macht sie gewissermaßen unausweichlich. Durch ihre Präsenz und Größe soll Außenwerbung Botschaften verbreiten und damit unübersehbar sein sowie als Impulsgeber zum Handeln auffordern. Dementsprechend soll im Idealfall die Handlung des Betrachters am Ende dieser Kette stehen (siehe: AIDA-Prinzip: Attention, Interest, Demand, Action). Außenwerbung gehört im Marketing-Mix zur Kommunikationspolitik eines Unternehmens, welches umgangssprachlich schlicht unter der weder eindeutigen noch fachmännischen Bezeichnung „Werbung“ klassifiziert wird. Verkehrsknotenpunkte und Stellen mit hoher Blickfrequenz wie Bahnhöfe, Flughäfen, Haltestellen des öffentlichen Personen-Nahverkehrs, Ampeln, Brücken etc. eignen sich durch die hohe Blickfrequenz besonders gut. In der Außenwerbung allgemein stehen Schrift und Motiv in Abhängigkeit zur Fortbewegungsart der ihn passierenden Personen (je schneller, desto weniger, dafür größere Schrift). Nachteile der Außenwerbung sind relativ hohe Kosten für den Entwurf, das Design, den Druck, die Anmietung der Werbeflächen und die Anbringung der Werbeträger und Streuverluste, die je nach Standort variieren können. Manche Standorte werden nur im Paket, also „im Netz“, angeboten. Es gibt jedoch auch kostengünstigere Lösungen, z. B. Plakate im Bereich eigener Projekte. Andererseits kann Außenwerbung auch eine zusätzliche Einnahmequelle für Immobilienunternehmen sein, indem selbst Werbeflächen vermietet werden. Praktische Beispiele, wo, wie und in welcher Form Außenwerbung möglich ist, zeigt folgende Aufzählung:

- Baugerüstwerbung, Bauzaunwerbung, Baukranwerbung
- Brückenwerbung
- Uhrensäulen, Uhrenwerbetafel
- Fahnen (zum Beispiel im Außenbereich oder auf Dächern von Gebäuden)
- Fassadenwerbung, insbesondere an Brandwänden und Brandgiebeln
- Gebäudeverhüllung, Denkmalverhüllung
- Infoscreen, LED-Tafeln
- Vitrinenplaktierung
- City-Light-Poster
- Mega-Light
- Wegweiser
- Stromkästen, Litfasssäule, Ganzsäule, Leuchtsäule

- Verkehrsmittelwerbung, Öffentlicher Personennahverkehr (Busse, Bahnen, Straßenbahnen), Dienstwagen, Taxen, LKW-Werbung, Müllfahrzeuge, Litomobil
- Sitzbänke, Einkaufswagen, Gepäckwagen
- Flughafenwerbung
- Projektionen, Illuminationen
- Heißluftballons, Fesselballons, Standballons, Zeppeline, Bannerflug

Nutzer sollten darauf achten, dass die Außenwerbung mit den jeweiligen öffentlich-rechtlichen Bestimmungen (beispielsweise Landesbauordnungen, Ortssatzungen) konform ist. Es ist durchaus möglich, dass eine Baugenehmigung nach Landesbauordnung für das Anpreisen von und Werben für Sachen und Dienstleistungen erforderlich wird oder dass die Platzierung von Außenwerbung an Hausfassaden an einem Ort untersagt oder nur eingeschränkt zulässig ist! Die zuständige Bauaufsichtsbehörde ist hier in vielen Fällen der passende Ansprechpartner. Kontroverse Diskussionen gibt es im Hinblick auf die Kommerzialisierung öffentlicher Räume, verstärkte Werbeimmunität der Betrachter und ästhetisches Empfinden durch Anzahl und Dichte von Außenwerbung. Fakt ist jedoch, dass sie aus dem öffentlichen Leben nicht mehr wegzudenken ist und dass Formen und Auftreten immer vielgestaltiger werden.

Siehe / Siehe auch: Image, Immobilien-Marketing, Integrierte Kommunikation, Marketing

Aussiedlerhof

farm resited away from a village

Im Zusammenhang mit dem in der Nachkriegszeit beginnenden Konzentrationsprozess landwirtschaftlicher Betriebsstrukturen wurden in einer weiteren Entfernung zu den Dörfern so genannte Aussiedlerhöfe gegründet. Deren Zweck war das Bestreben, die landwirtschaftlichen Arbeitsprozesse zu rationalisieren. Die Gründung von Aussiedlerhöfen war eine Alternative zur Althofsanierung. Voraussetzung war die Konzeption entsprechender Hofstrukturen in Verbindung mit durch die Flurbereinigung geschaffenen zusammenhängenden Flächenarealen um die neuen Höfe. In den 50er Jahren des vergangenen Jahrhunderts wurden damit auch heimatvertriebene Bauern, die einen entsprechenden Besitz in ihrem Ursprungsland nachweisen konnten, entschädigt. Gleichzeitig wurden damit die Immissionslasten der Dörfer, die durch landwirtschaftliche Betriebe entstanden, herabgesenkt.

Die Betreuung der Aussiedlung wurde vielfach von gemeinnützigen Siedlungsunternehmen bzw. „Landgesellschaften“ übernommen. Aussiedlerhöfe waren lange Zeit begehrte Objekte des landwirtschaftlichen Immobilienhandels. Sie stehen auch heute noch im Fokus der bedeutenden Gütermakler. Allerdings hat sich in den letzten zehn Jahren ein Trend zur Umnutzung entwickelt. Aus manchen Aussiedlerhöfen wurden Reiterhöfe oder Gewerbebetriebe. Dennoch werden auch heute noch – wenn ein öffentliches Interesse gegeben ist – Aussiedlerhöfe gefördert, z. B. durch Erschließungszuschüsse. In Bayern beträgt der Zuschuss 21.000 Euro pro Hof.

Siehe / Siehe auch: Althofsanierung

Ausstattung der Mietwohnung

fittings / facilities of a flat

Die Ausstattung einer Mietwohnung gehört zu den Faktoren, die sich entscheidend auf die Miethöhe auswirken. In der gleichen Ortslage kann eine sehr gut ausgestattete Wohnung einen Mietpreis erzielen, der bei einer einfach oder durchschnittlich ausgestatteten Wohnung gleicher Größe undenkbar wäre. Meist differenziert man zwischen einfacher, normaler bzw. durchschnittlicher und guter bzw. gehobener Ausstattung. In den Mietspiegeln der Gemeinden werden Wohnungen anhand eines Punktesystems bewertet. Hier kann es regionale Unterschiede geben. Unter einer einfach ausgestatteten Wohnung versteht man oft eine Wohnung ohne Zentralheizung, mit Einzelöfen und einfach verglasten Fenstern. Für derartige Behausungen kann nur wenig Miete verlangt werden. Von einer Wohnung mit guter Ausstattung spricht man bei Vorhandensein von Zentralheizung, Isolierfenstern, edlem Parkettboden, großem Balkon, modernem Bad, Gäste-WC.

In Anbetracht der auch gesetzlich erforderlichen Nachrüstungen im Heizungs- und Wärmedämmungsbereich kann davon ausgegangen werden, dass moderne Heizsysteme, gedämmte Wärme- und Warmwasserrohre und Isolierfenster sowie gedämmte Außenwände demnächst als durchschnittliche Ausstattung gewertet werden.

Zwischen den drei Ausstattungsklassen gibt es ganz erhebliche Mietpreisunterschiede. Für Vermieter stellt der Mietspiegel ein wichtiges Informationsmittel dar: Hier kann festgestellt werden, wo die zu vermietende Wohnung preislich anzusiedeln ist und bis zu welchem Betrag eine Mieterhöhung erfolgen kann.

Siehe / Siehe auch: Mietspiegel, Energieeinsparverordnung (EnEV)

Austrittsstufe

top step

Die Austrittstufe ist der obere Ansatz einer Treppe, der so genannte Treppenaustritt. Bei Gebäudetreppen ist die Austrittstufe analog zu den anderen Stufen ausgebildet. Doch im Gegensatz zu den Trittstufen befindet sie sich auf dem Niveau des zu erreichenden Geschosses.

Siehe / Siehe auch: Gebäudetreppen, Stufe

Auszahlungsvoraussetzungen

conditions precedent

Die Auszahlung eines Baufinanzierungsdarlehens durch die kreditgewährende Bank ist regelmäßig an das Vorliegen und die Erfüllung bestimmter Auszahlungsvoraussetzungen geknüpft. Hierzu können beispielsweise die Eintragung einer Hypothek oder einer Grundschuld zur dinglichen Besicherung des Darlehens sowie die Vorlage der erforderlichen Baugenehmigung bzw. der Nachweis des tatsächlichen Baufortschritts zählen.

Auszugsgebühr

fee paid by tenant to end a rental agreement

Eine Auszugsgebühr bzw. Bearbeitungsgebühr für die Beendigung des Mietvertrages darf der Vermieter nicht verlangen. Dies sagt zumindest der überwiegende Teil der Gerichte.

Gerichtlich für unwirksam erklärt wurde ebenfalls eine Vertragsklausel, nach der der Vermieter bei einverständlicher Beendigung des Mietvertrages vom Mieter eine Monatsmiete als Kostenpauschale erhalten sollte (OLG Karlsruhe, RE WM 2000, 236). Im Ausnahmefall zulässig sein kann die Auszugsgebühr dann, wenn sie nachträglich vereinbart wird, nachdem der Mieter um die einverständliche Aufhebung des Mietvertrages gebeten hat (OLG Hamburg RE WM 90, 244).

Auch dann dürfen keine pauschalen Beträge (Pauschalbetrag von einer Monatsmiete) in Form von Allgemeinen Geschäftsbedingungen z. B. im Mietaufhebungsvertrag vereinbart werden.

Siehe / Siehe auch: Bearbeitungsgebühr

Autowäsche

washing cars

Das Waschen von Autos auf der Straße ist in den meisten Gemeinden Deutschlands durch Abwasser- oder Entwässerungssatzungen untersagt, da man Umweltbelastungen des Bodens, des Grundwassers und des in den Regenwasserabflusskanälen der Straßen abgeleiteten Wassers vermeiden will. Öl- und Kraftstoffreste sowie aggressive Putzmittel belasten die Umwelt erheblich und können nur durch spezielle Abscheidesysteme entfernt werden. Die Verbote gelten unabhängig davon, ob per Hand mit Schwamm und Eimer oder per Schlauch gewaschen wird. Auch auf unbefestigten Plätzen oder Flächen, deren Abwasser in einen öffentlichen Regenwasserkanal fließt, darf nicht gewaschen werden.

Meist werden Schmutzwasser und Regenwasser in zwei getrennten Abwasserkanälen entsorgt (Trennkanalisation). Das Regenwasser fließt dann ungeklärt ins nächste natürliche Gewässer. Gibt es kein Trennsystem und fließt z. B. das Wasser von einer asphaltierten Hauseinfahrt direkt in einen Abwasserkanal mit Mischwasserableitung, erlauben manche Gemeinden auch die Autowäsche in der eigenen Einfahrt. Gewaschen werden darf dann aber nur mit klarem Wasser ohne chemische Reinigungsmittel. Tabu ist auch die Motorwäsche oder die Arbeit mit einem Hochdruckreiniger. Sobald die Möglichkeit besteht, dass Schmutzwasser in den Boden gelangen kann (z. B. bei einer Kiesdecke) oder wenn es eine getrennte Regenwasserableitung gibt, ist die Autowäsche auf Privatgrund in der Regel untersagt. Der Autobesitzer muss dann eine Waschanlage oder einen Waschboxenplatz aufsuchen, bei denen es einen Wasserablauf mit Ölabscheider gibt.

Das Autowaschen auf dem eigenen Grundstück kann bei Verstoß gegen eine Gemeindesatzung einen Ordnungswidrigkeitentatbestand darstellen. In schweren Fällen kann auch eine Straftat vorliegen. Zur Anwendung kommen können § 324 (Gewässerverunreinigung) oder § 324a (Bodenverunreinigung) des Strafgesetzbuches. Diese Vorschriften sehen bis zu fünf Jahren Freiheitsstrafe oder Geldstrafe für Umweltverstöße vor.

Mietrechtlich ist die Verwendung von Wasser aus dem Wasserhahn der Mietwohnung zum Autowaschen problematisch, da dieses Wasser nur für den normalen persönlichen Gebrauch bestimmt ist. Bei der Umlage der Wasserkosten auf die verschiedenen Parteien eines Hauses wird ein Berechnungsschlüssel verwendet, der außer dem Verbrauch auch die Wohnungsgröße berücksichtigt (z. B.: Warmwasser nach Verbrauch 70 Prozent, nach Wohnfläche 30 Prozent). So können Ungerechtigkeiten entstehen, da andere Mieter für die glänzende Karosse ihres Nachbarn mit bezahlen. Der Vermieter kann das Autowaschen auf dem Gelände einer Wohnanlage untersagen.

Siehe / Siehe auch: Abwassersatzung / Entwässerungssatzung, Betriebskosten, Trennkanalisation

Avalkredit

surety credit / acceptance; credit by way of guarantee; guaranteed credit

Der Avalkredit ist seinem Wesen nach ein Bürgschaftskredit. Das Kreditinstitut übernimmt für seinen Kunden einem Dritten gegenüber eine Bürgschaft oder Garantie. Der Avalkredit beinhaltet ein bedingtes Zahlungsversprechen für den Fall, dass der Kunde seinen Zahlungsverpflichtungen nicht fristgerecht nachkommt.

In der Immobilienwirtschaft ist der Avalkredit ein Mittel für die Bauträgerfinanzierung. Nach § 7 MaBV kann der Bauträger anstelle der in § 3 MaBV vorgesehenen Zahlungsraten Sicherheit für alle von ihm in Anspruch genommenen Vermögenswerte seines Auftragsgebers leisten und sich damit von dem durch § 3 MaBV begrenzten Liquiditätsspielraum befreien. Er muss die Sicherheit bis zur endgültigen Fertigstellung der Baumaßnahme aufrechterhalten. Abgesichert werden alle Rückgewährsansprüche, die dem Auftraggeber im Falle der Nichterfüllung oder der mangelhaften Erfüllung des Bauträgervertrages durch den Bauträger entstehen.

Anwendung findet der Avalkredit auch als Gewährleistungsbürgschaft im Baugewerbe. Sie steht für die Kosten der Beseitigung von Baumängeln ein, die während der Gewährleistungsfrist entstehen, falls das Bauunternehmen nicht mehr dazu in der Lage ist.

Als Gegenleistung für die Übernahme der Bürgschaft verlangt das Kreditinstitut eine Avalprovision, die je nach Kreditrisiko unterschiedlich hoch ist und etwa zwischen ein prozent und 2,5 Prozent der abgesicherten Summe liegt.

Siehe / Siehe auch: Bürgschaft, Makler- und Bauträgerverordnung (MaBV)

Average Room Rate

average room rate

Kennziffer aus der Hotelbranche, die den durchschnittlichen Zimmerpreis angibt. Dieser weicht von den Angaben in der Preisliste eines Hotels insofern ab, als ein Hotelzimmer nicht immer zu denselben Preisen vermietet wird. Für die Zeit von Messen oder zu bestimmten Jahreszeiten mit vergleichsweise hoher Nachfrage werden teilweise höhere Preise berechnet, während es in nachfrageschwächeren Phasen vielfach zu Preisnachlässen und Sonderangeboten kommt.

Die Average Room Rate gibt wichtige Anhaltspunkte zur Beurteilung der Wirtschaftlichkeit von Hotelimmobilien bzw. zum Vergleich mehrerer Hotels untereinander. Sie errechnet sich aus dem mit einem Zimmer erzielten Gesamtumsatz, geteilt durch die Anzahl der belegten Nächte innerhalb der betrachteten Periode.

Bachelor-Studiengänge (Immobilienwirtschaft)

Bachelor courses (real estate management)

Im Zuge des so genannten Bolognaprozesses wurden oder werden die bisherigen Studiengänge, an deutschen Hochschulen, die mit einem Diplom abgeschlossen haben, sukzessive durch Bachelor-Studiengänge ersetzt. Das soll der europaweiten Vergleichbarkeit der akademischen Abschlüsse dienen. Die Studiengänge haben einen modularen Aufbau. Pro Modul werden Leistungspunkte, so genannte credit-points (C.P.) vergeben. Sie werden auch in Abkürzung des „European Credit Transfer Systems" als ECTS bezeichnet. CP bzw. ECTS kennzeichnen die Arbeitsbelastung (= „work load") der Studierenden für eine Lehrveranstaltung oder ein Modul. Es handelt sich also um eine rein quantitative Bewertung. Aber nicht nur Vorlesungen, Übungen und Seminare werden bepunktet, sondern auch der Aufwand für die Prüfungen selbst und in den Studienablauf einbezogene Praktika.

Pro Semester soll eine bestimmte Anzahl von ECTS erworben werden. Ein Leistungspunkt entspricht einem Studienaufwand von ca. 25 bis maximal 30 Zeitstunden. Für den Bachelor sind mindestens 180 Leistungspunkte vorgesehen. Pro Studienjahr (Winter- und Sommersemester) sollen 1800 Zeitstunden für die Erreichung der erforderlichen Punkte nicht überschritten werden.

Wer die jeweils erforderliche Punktzahl erreicht hat, hat das Studium als Bachelor abgeschlossen.

Das Prüfungssystem besteht aus schriftlichen und mündlichen Prüfungen. Außerdem zählt zu den Prüfungen auch das Ergebnis von Hausarbeiten, gehaltenen Referaten und abgefassten Berichten (z. B. über Praktika). Die Lernproduktivität der einzelnen Studierenden, die sich in ECTS-Grades (Noten) ausdrückt, wird am Ende der Studienzeit zusammengefasst. Die Abschlussbewertung der Summe aller Prüfungsleistungen erfolgt nach statistischen Kriterien.

- A (excellent) erhalten die besten zehn Prozent,
- B (very good) die nächstfolgenden 25 Prozent,
- C (good) die nächstfolgenden 30 Prozent,
- D (satisfactory) die darauf folgenden 25 Prozent und unter
- E (sufficent) werden die schlechtesten zehn Prozent eingestuft.
- F (fail) = nicht bestanden.

Die gängigen Abschlussbezeichnungen sind „Bachelor of Arts (B.A.)", „Bachelor of Science (B.Sc.)", „Bachelor of Engeneerings (B.Eng.)" und „Bachelor of Laws (LLB)". Die immobilienwirtschaftlichen Studienabschlüsse sind in der Regel – je nach Hochschulausrichtung – Bachelor of Arts (B.A.), Bachelor of Science (B.Sc.). Wer die wissenschaftliche Ebene erreichen will, kann auf der Grundlage eines abgeschlossenen Bachelorstudienganges einen konsekutiven, d. h. daran anschließenden Masterstudiengang absolvieren. Hier gibt es entsprechende Abschlussbezeichnungen „Master of Arts" (MA), „Master of Science (B.Sc.)", „Master of Engeneerings (B.Eng.)" und „Master of Laws (LLB)". Der Masterabschluss führt in der Regel zur Promotionsberechtigung.

Hinzuweisen ist noch darauf, dass es neben dem konsekutiven Masterstudium auch nicht konsekutive Masterstudiengänge gibt. Sie setzen keinen Bachelorabschluss voraus. Es handelt sich um akademische Fortbildungsmöglichkeiten für Personen mit Berufserfahrung. Dabei muss das gewählte Studium im Hinblick auf die Vorbildung nicht fachbezogen sein. In der Immobilienwirtschaft haben Studiengänge und Studienschwerpunkte in den letzten Jahren einen erheblichen Aufschwung genommen. Die Tatsache, dass höchst unterschiedliche Disziplinen sich zunehmend mit Immobilienwirtschaft befassen führte dazu, dass diese Studienmöglichkeiten unterschiedlich vorgeprägt sind. Sie sind meist an ingenieurswissenschaftlichen und an betriebs- und volkswirtschaftlichen Fakultäten angesiedelt, aber auch bei den Architekten.

Nimmt man alle Studiengänge mit immobilienwirtschaftlichen Bezügen zusammen, gibt es derzeit in Deutschland etwa 70 Angebote an Universitäten, Fachhochschulen und Berufsakademien.

Immobilienwirtschaftliche Studiengänge mit Bachelor-/Masterabschlüssen bieten z. B. die Universitäten an.

- Leipzig, Wirtschaftswissenschaftliche Fakultät, Institut für Immobilienmanagement
- Regensburg, IRE|BS Institut für Immobilienwirtschaft, Wirtschaftswissenschaftliche Fakultät – Lehrstühle für Immobilienmanagement, Immobilienökonomie, Immobilienfinanzierung, empirische Makroökonomie und Regionalökonomie, öffentliches Recht und Immobilienrecht
- Technische Universität Darmstadt Institut für Betriebswirtschaft Fachgebiet Immobilienwirtschaft und Baubetriebslehre
- Karlsruhe (TH), Fakultät für Wirtschaftswissenschaften, Stiftungslehrstuhl Ökonomie

und Ökologie des Wohnungsbaus
- Dortmund, Fakultät Raumplanung
- European Business School Wiesbaden, Real Estate Management Institute

In Fachhochschulen werden immobilienwirtschaftliche Bachelor- und Masterstudiengänge angeboten und zwar in

- Nürtingen/Geislingen Hochschule für Wirtschaft und Umwelt Nürtingen-Geislingen (HfWU)
- Anhalt/Bernburg Fachbereich Wirtschaft – Studiengang Immobilienwirtschaft
- Berlin Fachhochschule für Technik und Wirtschaft, Bachelorstudiengang Immobilienwirtschaft
- Fachhochschule Aschaffenburg, Fakultät Betriebswirtschaft und Recht, Studiengang Betriebswirtschaft, Studiengang internationales Immobilienmanagement
- Holzminden HAWK Hochschule für angewandte Wissenschaft und Kunst, Fakultät Bauwesen, Bachelor Studiengang Immobilienwirtschaft und -management
- Hochschule Zittau-Görlitz, Fachbereich Bauwesen, Studiengang Wohnungs- und Immobilienwirtschaft

Zu den Anbietern auf der Ebene der als Hochschule anerkannten Berufsakademien zählen:

- Berufsakademie Stuttgart, Staatliche Studienakademie – University of Cooperative Education, Studienbereich Wirtschaft
- Berufsakademie Mannheim, Staatliche Studienakademie – University of Cooperative Education, Betriebswirtschaft Studiengang Immobilienwirtschaft
- Fachbereich Berufsakademie, Fachhochschule für Wirtschaft Berlin
- Berufsakademie Sachsen, Staatliche Studienakademie Leipzig, Studienbereich Wirtschaft
- Studiengang: Interdisziplinäres Vermögensmanagement Bank, Immobilien, Steuern Studienrichtung Immobilienwirtschaft

Hinzuweisen ist darauf, dass es neben selbständigen immobilienwirtschaftlichen Studiengängen auch immobilienwirtschaftliche Studienschwerpunkte oder Studienrichtungen innerhalb von Studiengängen gibt. Näheres siehe http://www.studienwahl.de

Siehe / Siehe auch: Studiengänge (Immobilienwirtschaft)

Baden

bathing

Das Rauschen ein- und ablaufenden Wassers gehört zu den Geräuschen, die bei der normalen Nutzung einer Wohnung entstehen. Baden, Duschen oder gar die Nutzung der WC-Spülung können daher nicht per Hausordnung oder Mietvertrag auf bestimmte Tageszeiten begrenzt werden. Derartige Regelungen sind unwirksam. Auch wiederholtes nächtliches Baden trotz Verbot per Hausordnung und Abmahnung ist kein Grund, den Mietvertrag zu kündigen (vgl. Landgericht Köln, Az.: 1 S 304/96, 17.04.1997).

Einige Gerichte ziehen allerdings die Grenze bei langanhaltenden Badevorgängen. So entschied das Oberlandesgericht Düsseldorf (Az.: 5 Ss (Owi) 411/90-(Owi) 181/90), dass nächtliches Baden einschließlich Ein- und Ablaufenlassen des Wassers sich auf 30 Minuten zu beschränken habe. Dieser Fall wurde allerdings nicht nach den Regeln des Mietrechts beurteilt, sondern nach den Vorschriften des Immissionsschutzrechtes – der Badesünder erhielt in diesem Fall ein Bußgeld wegen unzulässiger Geräuschentwicklung.

Siehe / Siehe auch: Hausordnung

Bagatellschäden in der Mietwohnung

trivial / petty / minor / superficial damages in a flat

Als Bagatellschäden bezeichnet man kleinere Schäden in der Mietwohnung, die sich mit verhältnismäßig geringem Aufwand beseitigen lassen.

Beispiel: Tropfender Wasserhahn, defektes Türschloss, klemmender Fenstergriff.

Grundsätzlich sind Bagatellschäden vom Vermieter zu beseitigen. Dieser ist aus dem Mietvertrag verpflichtet, die Wohnung instand zu halten. Üblich ist jedoch ein Abwälzen der Kosten im Rahmen der „Kleinreparaturenklausel“ auf den Mieter. Dieser kann mietvertraglich (in bestimmten Grenzen) zur Kostenübernahme, jedoch nicht zur eigentlichen Durchführung der Reparatur verpflichtet werden. Es bleibt Sache des Vermieters, den Schaden selbst zu beheben bzw. einen Handwerker zu beauftragen.

Zieht man die Rechtsprechung zu den Kleinreparaturenklauseln in Betracht, können Schäden mit einem Schadensbetrag über 75 bis 100 Euro nicht mehr als Bagatellschäden angesehen werden. Im Rahmen einer Kleinreparaturenklausel können die Kosten für die Behebung nur insoweit auf den Mieter abgewälzt werden, als der Schaden Teile der Mietsache betrifft, die der direkten Einwirkung des Mieters ausgesetzt sind (Wasserhahnventil: ja, Wasserrohr unter Putz: nein).

Bahnhöfe
train stations

Bei vielen Einzelhandelsimmobilien werden seitens des Center Managements große Anstrengungen unternommen, eine hohe Lauffrequenz in das Objekt zu bekommen. Ganz im Gegensatz zu den Bemühungen klassischer Shopping-Center, eine signifikante Frequenz im Objekt zu generieren, wird bei der Frequenzimmobilie Bahnhöfe, speziell bei Großbahnhöfen, wo eine hohe Frequenz eigentlich fast zwangsläufig vorhanden wäre, nur sehr wenig getan, um diese auch zu nutzen. Ein Beispiel hierfür sind vielfach auch S- und U-Bahn-Zwischengeschosse. Hier gilt: Attraktive Bahnhöfe generieren einerseits Umsatz im Einzelhandel, andererseits sind sie ein wichtiger Beitrag die Attraktivität des Verkehrsmediums Bahn zu erhöhen und damit das klassische Kerngeschäft der Eisenbahngesellschaft zu stützen.
Siehe / Siehe auch: Spezialimmobilien

Balanced Scorecard
balanced scorecard

Die Balanced Scorecard ist ein „ausbalanciertes Kennzahlen-System", bei dem nicht nur – wie früher – die finanzielle Perspektive eines Unternehmens in Kennzahlen ausgedrückt wird, sondern auch die Kundenperspektive (Messlatte für die Kundenorientierung), die innere Prozessperspektive (Qualität der internen Prozessabläufe) und die Lern- und Entwicklungsperspektive (Qualifizierungs- und Motivationsgrad der Mitarbeiter sowie ihrer Eingebundenheit in den betrieblichen Informations-strom). Zusammengenommen ergeben sie die Kenngrößen, die entscheidend für den Unternehmenserfolg sind.Ausgegangen wird von den strategischen Zielen eines Unternehmens. Die Balanced Scorecard liefert auf den vier genannten Feldern das Gerüst, das die operative Umsetzung ermöglicht. Die Balanced Scorecard gehört zu den Grundlagen des Controlling. Im immobilienwirtschaftlichen Dienstleistungsbereich (Makler, Verwalter, Betreuer) steht in besonderem Maße die Lern- und Entwicklungsperspektive als „Leistungstreiber" im Vordergrund. Neuere Entwicklungen schenken dabei der „HR-Scorecard" ihre besondere Aufmerksamkeit.
Bei den Human Resources werden für die Personalarbeit Kennzahlen für die Soll- und Istkompetenzen der Mitarbeiter verglichen und daraus die erforderlichen Schlussfolgerungen für eine zielgerichtete Personalentwicklung gezogen. Messbar gemacht werden auch die Motivation und der Grad der Identifizierung der Mitarbeiter mit ihrem Unternehmen.

Balkon
balcony

Unter Balkon versteht man eine nach mindestens einer Seite offene, mit einer Brüstung gesicherte, begehbare Fläche in Obergeschossen, die – im Gegensatz zur Loggia – über die Außenwand eines Gebäudes hinausragt. Ist der Balkon von einer Wohnung aus zugänglich, kann die Balkonfläche bis zur Hälfte zur Wohnfläche zählen. Die Bewertung der Fläche hängt vom Stockwerk und der Himmelsrichtung (Süd-/Nordbalkon) ab.
Mieter können den Balkon ihrer Wohnung unbeschränkt nutzen, solange sie dabei nicht Rechte der anderen Mieter oder des Vermieters verletzen.
Es ist bei der Balkonnutzung also darauf zu achten, dass niemand belästigt wird – z. B. durch Lärm, Geruch (Grillen im Sommer) und herabfallende Dinge (Vogelkot von ausufernden Pflanzen). Einige herabfallende Blätter muss der darunter wohnende Mieter jedoch hinnehmen.
Für Instandsetzungsmaßnahmen ist der Vermieter zuständig. Der Balkon darf dabei nicht flächenmäßig verkleinert werden.

Ist durch einen Mieter eigenmächtig eine Balkonverglasung installiert worden, kann der Vermieter deren Beseitigung fordern (Landgericht Berlin, Az. 65 S 152/99, Urteil vom 08.02.2000). Es ist allein Sache des Vermieters, wie er unter Berücksichtigung baulicher Gesichtspunkte das Äußere des Mietobjekts gestaltet. Belästigungen durch Tabakrauch vom Nachbarbalkon müssen Mieter dulden (Landgericht Essen, Az. 10 S 438/01, Urteil vom 07.02.2002).

Bei Eigentumswohnungen zählt der Balkon als zur Wohnung gehöriger „Balkonraum" zum Sondereigentum. Ebenfalls dem Sondereigentum sind der begehbare Fliesen- oder Plattenbelag zugeordnet sowie innenseitig angebrachte Balkonverkleidungen, sofern sie nicht von außen einsehbar sind. Die konstruktiven Bestandteile des Balkons (Balkonplatte, -isolierungsschicht, -brüstung/-gitter) sind dagegen zwingend gemeinschaftliches Eigentum. Sie können auch durch Vereinbarung nicht zum Gegenstand des Sondereigentums erklärt werden.

Daher sind auch die Kosten für die Instandhaltung und -setzung, beispielsweise bei Feuchtigkeitsschäden in der darunter liegenden Wohnung aufgrund schadhafter oder fehlender Balkonisolierungsschicht, von allen Eigentümern gemäß § 16 Abs. 2 WEG im Verhältnis ihrer Miteigentumsanteile zu tragen, sofern keine abweichende Kostenverteilung gemäß § 10 Abs. 2 Satz 2 WEG vereinbart ist oder im konkreten Einzelfall gemäß § 16 Abs. 4 WEG mehrheitlich beschlossen wurde.

Siehe / Siehe auch: Gemeinschaftseigentum, Loggia, Sondereigentum, Instandhaltung / Instandsetzung (Wohnungseigentum)

Bankbürgschaft

bank guarantee; facility letter

Siehe / Siehe auch: Selbstschuldnerische Bankbürgschaft

Bankenhaftung bei geschlossenen Immobilienfonds

bank's liability for a closed property fund

Anleger haben in der Vergangenheit in einer beachtlichen Zahl wegen unzureichender oder gar falscher Information in den Verkaufsprospekten bei geschlossenen Immobilienfonds Vermögen eingebüßt. Da im Fall der Insolvenz des Initiators keine Möglichkeit bestand, den entstandenen Schaden ersetzt zu bekommen, wurde zunehmend versucht, auch Treuhänder oder die finanzierende Bank haftbar zu machen. Zu diesem Fragenbereich gibt es divergierende Auffassungen zwischen dem für Gesellschaftsrecht zuständigen II Senat und dem für Banken zuständigen XI Senat des BGH. Während der II Senat einen „Einwendungsdurchgriff" zwischen der Unterzeichnung des Fondbeitritts des Anlegers und dem damit verbundenen Darlehensvertrag, den der Treuhänder für ihn abschließt, bejahte und damit das Anlagerisiko vollständig auf die Bank verlagerte, sah dies der XI Senat anders.

Nunmehr ist durch mehrere Urteile des Bankensenats vom 25. April 2006 (Urteil - XI ZR 29/05 -, Urteil XI ZR 219/04 -, Urteil XI ZR 193/04 -, Urteil XI ZR 106/05) mehr Klarheit geschaffen worden. Die Meinungsverschiedenheiten zwischen diesem Senat und dem II. Senat sind offensichtlich ausgeräumt. Im Übrigen soll jetzt der Bankensenat künftig für alle Klagen in Sachen geschlossene Immobilienfonds zuständig sein.

Grundsätzlich gilt jetzt, dass die Finanzierung des Erwerbs einer Immobilie mit Hilfe eines durch eine Grundschuld abgesicherten Darlehens kein mit dem Erwerbsvorgang verbundenes Geschäft im Sinne des § 9 Verbraucherkreditgesetz darstellt. Damit entfallen in der Regel auch Ansprüche gegen die finanzierenden Kreditinstitute, die mit Hinweis auf ein verbundenes Geschäft begründet wurden.

Dagegen wird ein verbundenes Geschäft angenommen, wenn sich beide Geschäfte als wirtschaftliche Einheit darstellen und der Kreditvertrag nicht auf Initiative des Erwerbers, sondern durch den für die Veräußerung zuständigen Anlagevertreiber erfolgte.

Chancen hat der Anleger, wenn der Erwerber des Fondsanteils durch falsche Angaben zur Beteiligung am Fonds bewogen wurde und Erwerb und Darlehensaufnahme ein verbundenes Geschäft sind. Der Erwerber kann dann seine Abfindungsansprüche gegen den Anlagevertreiber auch gegen das Kreditinstitut geltend machen. Außerdem kann der Darlehensvertrag wegen Täuschung vom Darlehensnehmer angefochten werden.

Bei einem Haustürgeschäft, das ohne Widerrufsbelehrung abgeschlossen wurde, der Widerruf also nachgeholt werden kann, bewirkt der Widerruf beim verbundenen Geschäft, dass dem Kreditinstitut kein Zahlungsanspruch aus dem Darlehensvertrag gegen den widerrufenden Darlehensnehmer zusteht. Dieser muss sich also an den für die Unterlassung der Widerrufsbelehrung Verantwortlichen mit seinen Ansprüchen wenden.

Bankgeheimnis

banker's discretion / duty of secrecy; bank secrecy

Das Bankgeheimnis beruht auf einer vertraglichen Verpflichtung des Bankkunden mit der Bank zur Verschwiegenheit über alle kundenbezogenen Tatsachen und Wertungen. Durch gesetzliche Vorschriften (Auskunftspflichten) wird das Bankgeheimnis begrenzt. Aber auch der Bankkunde kann die Bank zur Auskunft ermächtigen. Einer unbeschränkten Auskunftspflicht unterliegt die Bank in Strafverfahren und Steuerstrafverfahren. Auch gegenüber dem Nachlassfinanzamt bestehen bestimmte Meldepflichten.
Löchrig wurde das Bankgeheimnis aber auch dadurch, dass die Finanzverwaltung (hier das Bundesamt für Finanzen) seit April 2005 auf die von den Banken seit 2002 geführten EDV-Listen über Konten und Depots zugreifen kann, ohne dass der Steuerpflichtige davon etwas erfährt. Damit soll ihm die Möglichkeit einer rechtzeitigen Selbstanzeige genommen werden. Dabei möchten die Finanzbehörden auch den Fällen auf die Spur kommen, in denen Spekulationsgewinne im Bereich des Wertpapierhandelns bisher nicht erfasst werden konnten.Ein solcher Zugriff soll im Übrigen auch den Behörden erlaubt werden, die für das Arbeitslosengeld II zuständig sind. Ein Effekt des neuen Kontoabfragesystems wurde mittlerweile erkannt. Zunehmend verlagern Deutsche ihre Konten und Depots nach Österreich, wo das Bankgeheimnis bislang noch besteht.

Bankvorausdarlehen
preliminary bank loan
Langfristiges und grundbuchlich abgesichertes Baudarlehen einer Bank, bei dem die Tilgung ausgesetzt wird und als Tilgungsersatz Einzahlungen in einen Bausparvertrag erfolgen. Nach Zuteilung des Bauspardarlehens wird damit das Bankvorausdarlehen abgelöst.

Bannwaldgebiet
protected forest area
Unter einem Bannwald versteht man ein zusammenhängendes Waldgebiet, das wegen seiner besonderen Bedeutung in einem naturnahen Zustand erhalten werden soll. Bannwälder können auf unterschiedliche Weise nützlich sein. Ein im Alpengebiet stehender Bannwald kann z.B. eine Schutzzone bilden. Er schützt dann vor Lawinen und Steinschlag oder begrenzt die hiervon ausgehenden Gefahren. In anderen Gegenden dient er als Sickerboden bei Hochwasser. Ein in Großstadtnähe liegender Bannwald kann für die Luftreinigung der Stadt nützlich sein. Zuständig für entsprechende Reglungen sind im Wesentlichen die Bundesländer. Ein Bannwaldgebiet wird durch Rechtsverordnung auf der Grundlage von Landeswaldgesetzen ausgewiesen. Das Bundeswaldgesetz enthält hinsichtlich der Bestimmung von Waldkategorien ausschließlich Rahmenregelungen für die Landesgesetzgeber. Der Bannwald selbst spielt dort keine Rolle.

Bargebot
cash bid/ offer
(Zwangsversteigerungsverfahren) Als Bargebot wird der Teil des Gebotes bei einer Zwangsversteigerung bezeichnet, der bei Erteilung des Zuschlags zu zahlen ist. Darin nicht enthalten sind die zu übernehmenden Rechte und Lasten. Dabei kann es sich um das jeweils an 1. Rangstelle eingetragene Erbbaurecht handeln, aber auch um ein Altenteil, das nach länderrechtlichen Regelungen selbst dann übernommen werden muss, wenn es im Rang außerhalb des bestrangig betreibenden Gläubigers liegt. (Unter bestimmten Voraussetzungen kann jedoch auch das Altenteil untergehen.) Notwegerechte und Überbaurechte sind bestehen bleibende Rechte.
Belastungen, die im Falle des Zuschlags außerhalb des Bargebots liegen, entfallen. Vom Bargebot nicht abgedeckt, also zusätzlich zu erbringen, sind die Grunderwerbsteuer, die Gebühren für die Erteilung des Zuschlags und für die Umschreibung im Grundbuch. „Bargebot" bedeutet nicht, dass man den Preis bar während des Versteigerungstermins zahlen muss. Von Bietern kann aber sofort eine Sicherheitsleistung in Höhe von zehn Prozent des Verkehrswertes der Immobilie verlangt werden.
Siehe / Siehe auch: Zwangsversteigerung, Notwegerecht, Grunderwerbsteuer

Barrierefreiheit
accessibility; barrier-free (washrooms, etc.)
Barrierefreiheit ist besonders bei Wohnungen für Behinderte oder ältere Mitbürger wichtig.
Barrierefreiheit bedeutet:

- Keine Stufen und Türschwellen in der Wohnung
- bodengleiche Dusche ohne Duschwanne
- ausreichende Bewegungsflächen, z. B. zwischen Bett und Wänden und vor der Küchenzeile
- ausreichende Türbreiten (Innentüren mindestens 80 Zentimeter).

Die DIN 18025, Teil 2) legt noch weitere „Hauptanforderungen" für barrierefreies Wohnen fest.
§554a BGB gewährt dem Mieter einen Anspruch auf Zustimmung des Vermieters zu baulichen

Veränderungen, wenn diese für eine behindertengerechte Nutzung des Mietobjektes erforderlich sind. Der Vermieter kann die Zustimmung nur verweigern, wenn sein Interesse an der unveränderten Erhaltung der Mietsache das Interesse des Mieters überwiegt, wobei die Interessen der anderen Mieter in den Abwägungsprozess einzubeziehen sind.
Siehe / Siehe auch: Altengerechtes Wohnen, Betreutes Wohnen

Barwertkalkulation
discounted cash flow analysis
Die Barwertkalkulation wird im Rahmen der Investitionsrechnung verwendet. Der Barwert einer künftigen Zahlung wird durch Abzinsung auf den Gegenwartszeitpunkt ermittelt. Die Differenz der Summe der Barwerte aller investitionsbedingten Einzahlungen und der Summe der Barwerte aller investitionsbedingten Auszahlungen ergibt den Kapitalwert einer Investition. Wird der Kapitaleinsatz einer möglichen Investition mit den auf den Investitionszeitpunkt abgezinsten Einnahmen aus dieser Investition verglichen, lässt sich daraus ein Schluss auf die Vorteilhaftigkeit bzw. Nachteiligkeit der Investition ziehen.Wenn Investitionen mit Hilfe von Barwertkalkulationen verglichen werden sollen, muss ihnen ein einheitlicher Abzinsungsfaktor zugrunde gelegt werden. Es handelt sich dann um eine Gegenüberstellung aller investitionsbedingten Ausgaben mit den aus der Investition erwarteten Einnahmen. Im angelsächsischen Raum spricht man deshalb auch von der „Discounted-Cashflow-Method".
Siehe / Siehe auch: Investitionsrechnung

Basel II
Basle II
Siehe / Siehe auch: Eigenkapitalrichtlinie (Basel II), Risikomanagement, Risiko

Basiszinssatz
base interest rate
An die Stelle des früheren Diskontsatzes trat mit Übergang der geldpolitischen Befugnisse der Deutschen Bundesbank an die Europäische Zentralbank (EZB) der Basiszinssatz. Er ist u.a. wichtig für die Berechnung der Verzugszinsen. Im Zuge der Schuldrechtsreform am 1.1.2002 wurde er in § 247 BGB mit 3,62 Prozent festgelegt. Der Basiszinssatz soll halbjährlich an die sich ändernde Bezugsgröße des Zinssatzes für längerfristige Refinanzierungsgeschäfte (jeweils festgelegt von der EZB) angepasst werden.
Die Verzugszinsen liegen bei Verbrauchergeschäften um fünf Prozentpunkte, bei Handelsgeschäften um acht Prozent über dem jeweiligen Basiszinssatz. Die bisherige Schwankungsbreite des Basiszinssatzes bewegte sich in den Jahren 2000 bis 2009 zwischen dem Tiefstand im 2. Halbjahr 2004 von 1,13 Prozent und dem Höchststand von 4,26 Prozent. Am 01.01.2009 wurde er von 3,19 Prozent drastisch auf 1,62 Prozent gesenkt. Dies ist Folge der Entwicklung der Leitzinspolitik der Europäischen Zentralbank, an der sich die Bundesbank orientieren musste. Sie hat den für die Geldmengenpolitik entscheidenden Hauptrefinanzierungszinssatz seit September 2008 von 4,25 Prozent auf ein Prozent im Mai 2009 gesenkt.
Der jeweils aktuelle Basiszinssatz wird auf der Internetseite www.bundesbank.de veröffentlicht.
Siehe / Siehe auch: Diskontsatz (Basiszinssatz), Leitzinsen, Fazilität

Basketball
basketball
Basketballspiele erzeugen naturgemäß Lärm und können damit im Umfeld von Mietwohnungen zu Streitigkeiten führen. Grundsätzlich sind auch hier die allgemeinen Ruhezeiten einzuhalten, welche in den Immisionsschutzverordnungen der Bundesländer oder auch von den einzelnen Gemeinden geregelt sind. Im Allgemeinen gilt die Zeit zwischen 22.00 Uhr und 7.00 Uhr als Nachtzeit, während der es unzulässig ist, durch Lärm die Nachtruhe anderer Personen zu stören. An Sonn- und Feiertagen darf ganztägig kein Lärm erzeugt werden.
Manche Lärmschutzregelungen verbieten auch während der Abendzeit von 20.00 Uhr bis 22.00 Uhr laute Geräusche. Außerhalb dieser Zeiten jedoch haben Nachbarn kaum Chancen, die Nutzung eines Basketballkorbs durch spielende Kinder zu unterbinden.
Mieter haben Sport- und Spielgeräusche zu dulden, solange sich diese im Rahmen des Erträglichen und Zumutbaren halten. Ist das zumutbare Maß überschritten und befindet sich die Lärmquelle im Einflussbereich des Vermieters, kann von diesem ein Einschreiten gefordert werden. Andernfalls kann der Mieter ein Recht auf Mietminderung haben. In einem Berliner Fall etwa konnten die Mieter fordern, dass der Vermieter einen von anderen Mietern im Hof installierten Basketballkorb mit Reflexionsplatte zu entfernen hatte. Das Recht des Mieters auf unbeeinträchtigte Nutzung der Mietwohnung kann nach dem Urteil nicht dadurch ausgeschlossen werden, dass die Mieter untereinander Gestattungsver-

träge schließen oder die Hausgemeinschaft Mehrheitsbeschlüsse fasst (AG Schöneberg, Urteil vom 19.11.1991, Az: 11 C 303/91).
Gehört zu einem Kinderspielplatz ein kleiner Bolzplatz mit Basketballkorb, handelt es sich nicht um eine Sportanlage, welche die Vorschriften der Sportanlagenlärmschutzverordnung einhalten müsste. Kann durch die Errichtung eines Ballfangzaunes der Lärm auf ein erträgliches Maß gemindert werden, können Nachbarn nicht die Beseitigung des Bolzplatzes verlangen (Oberverwaltungsgericht Berlin, Urteil vom 22.04.1993, Az: 2 B 6.91).
Siehe / Siehe auch: Bolzplatz, Immission, Lärm, Belästigung durch, Lärmschutz, Mietminderung, Sportanlagenlärmschutzverordnung

Bau- und Kauffinanzierungsinstitute
institutes that provide financing for construction or purchase of building projects

Baugeld können Bauherren und Immobilienerwerber von unterschiedlichen Partnern erhalten. Baufinanzierungsinstitute sind:

- Realkreditinstitute:
  Dazu zählen alle öffentlichen und privaten Pfandbriefbanken (im früheren Hypothekenbankgesetz als „Hypothekenbanken" bezeichnet). Neben reinen Hypothekenbanken gibt es gemischte Pfandbriefbanken und Pfandbriefbanken mit Pfandbriefprivileg. Ihre Hauptaufgabe ist die Gewährung von langfristigen Krediten („Realkredite") in Form von grundschuldgesicherten Darlehen und Kommunaldarlehen. Refinanzierungsmittel sind u.a. Pfandbriefe und Kommunalobligationen.
- Sparkassen:
  Sie haben einen regional bestimmten Geschäftsbereich und sind spezialisiert auf Baudarlehen mit überwiegend kurzer Zinsbindung und mit variabler Verzinsung. Refinanzierungsmittel sind überwiegend Spareinlagen.
- Groß- und Privatbanken:
  Sie agieren überregional und unterhalten ein Filialsystem. Diese Kreditinstitute haben sich in aller Regel auf die Gesamtbaufinanzierung spezialisiert.
- Genossenschaftsbanken (Volksbanken und Raiffeisenkassen):
  Sie haben eine ähnliche Angebotspalette wie Sparkassen. Auch sie bieten in der kurzfristigen Finanzierung und bei Darlehen mit variabler Zinsanpassung attraktive Konditionen, da sie ebenfalls über einen hohen Bestand zinsgünstiger Spareinlagen (Refinanzierungsmittel) verfügen.
- Bausparkassen:
  Im Vordergrund steht das Bauspardarlehen, wobei die für eine wohnungswirtschaftliche Mittelverwendung vorgesehenen Bausparguthaben das bestimmende Refinanzierungsinstrument der Darlehen sind.
- Direktbanken:
  Diese treten in zunehmendem Maße in Erscheinung. Sie wickeln ihre Geschäfte per Internet, telefonisch oder postalisch ab. Auf Wunsch gibt es auch Hausbesuche. Der Verzicht auf die Unterhaltung eines Filialsystems ermöglicht es den Direktbanken, Zinsvorteile zu gewähren, die bei der konventionellen Hausbank nicht möglich sind. Direktbanken bieten auch Baufinanzierungen an. So lag der effektive Zinssatz bei den Direktbanken für ein Darlehen mit einer Laufzeit von zehn Jahren im Frühjahr 2006 bei rund vier Prozent, während die Konditionen der konventionellen Banken bei etwa 4,3 Prozent lagen.
- Versicherungsgesellschaften:
  Versicherungs-Hypotheken sind in ihren Konditionen tendenziell günstiger als Banken und Sparkassen. Andererseits beziehen sich die Zinsen während der ganzen Laufzeit auf die gesamte gleich bleibende Darlehenssumme, während bei Tilgungshypotheken der Kreditinstitute die Zinsen von der durch Tilgungsraten sinkenden Darlehenssumme berechnet werden. Der kapitalisierte Zinsbetrag dürfte deshalb in der Regel bei Versicherungsgesellschaften denjenigen der übrigen Kreditinstitute übersteigen. Die Rückzahlung des Darlehens erfolgt am Ende der Versicherungslaufzeit in einem Betrag durch Tilgungsverrechnung mit der Versicherungssumme bzw. der Ablaufleistung.

Es gibt zwei Varianten einer Lebensversicherungshypothek. Die erste besteht darin, dass die Ausleihung in Höhe der Versicherungssumme erfolgt. Zum Tilgungszeitpunkt wird aber nicht nur die Versicherungssumme ausbezahlt, sondern auch die angefallene Überschussbeteiligung. Kalkuliert man die (mutmaßliche) Überschussbeteiligung bei Darlehnsaufnahme mit ein, kann am Ende – wenn die Überschussbeteiligung zu großzügig kalkuliert wurde – eine Finanzierungsdifferenz entstehen. Sie muss dann entweder durch Umfinanzierung oder durch eine Sondertilgungszahlung vom Darlehensnehmer abgedeckt werden.

Wer finanziert den Wohnungsbau?

Auszahlung von Finanzierungsmitteln 2008 in Milliarden Euro

Sparkassen	34,4
Bausparkassen	40,6
Kreditbanken	21,7
Genossenschaftsbanken	19,8
Hypothekenbanken	11,0
Landesbanken	2,9
Lebensversicherungen	4,0

z. T. geschätzt Quelle: Verband der Privaten Bausparkassen

Siehe / Siehe auch: Bausparkassen, Pfandbrief

Bauabnahme

final building inspection; acceptance of building work (by owner); final approval; final inspection of completed building by appropriate authority

Zu werkvertraglichen Leistungspflicht des Auftragnehmers (Unternehmers) gehört es, dass er dem Auftraggeber die Bauleistung (das Bauwerk) zum Zeitpunkt der Abnahme nach der vereinbarten Beschaffenheit frei von Sachmängeln verschafft. Am besten erfolgt die Bauabnahme mit Unterstützung eines Sachverständigen, der nach erfolgter Abnahme eine Fertigstellungsbescheinigung ausstellt.

Diese Abnahme erfolgt zu dem zwischen Bauherren und Bauunternehmen, bzw. Erwerber und Bauträger vereinbarten Termin. Im Abnahmeprotokoll listet der Bauherr alle Mängel auf, die noch beseitigt werden müssen. Abschließender Akt der förmlichen Bauabnahme ist die Schlüsselübergabe an den Auftraggeber.

Der Bauherr (Auftraggeber) ist stets zur Abnahme der von ihm in Auftrag gegebenen Bauleistungen verpflichtet. Die Abnahme kann nicht verweigert werden, wenn die Bauleistung nur noch unwesentliche Mängel aufweist. Wenn der Auftraggeber zum Abnahmetermin nicht erscheint, kann die Abnahme in seiner Abwesenheit erfolgen. Der Auftraggeber muss das Ergebnis dem Auftraggeber mitteilen, der dann Zeit hat, etwaige weitere Mängel geltend zu machen. Von „fiktiver Abnahme“ im Sinne der VOB 2006/B wird gesprochen, wenn sechs Werktage nach Beginn der Nutzung des Bauwerkes eine Abnahme nicht verlangt wird und beide Parteien vereinbaren, auf eine förmliche Abnahme zu verzichten. Bei der fiktiven Abnahme wird keine Abnahmereife vorausgesetzt. Das BGB kennt die fiktive Abnahme nicht.

Neben der förmlichen Abnahme, die innerhalb von zwölf Tagen nach Aufforderung durch den Auftragnehmer erfolgen muss, gibt es eine stillschweigende, die dadurch zustande kommt, dass der Bauherr durch schlüssiges Verhalten den Bau abnimmt, z.B. dadurch, dass er das Gebäude in Gebrauch nimmt oder die Schlussrechnung vorbehaltlos bezahlt.

Mit der Bauabnahme sind wichtige rechtliche Konsequenzen für den Bauherrn verknüpft: Zum einen beginnt ab diesem Zeitpunkt die Mängelbeseitigungsfrist zu laufen. Darüber hinaus wird – bei fehlerfreier Arbeit – der Anspruch des Unternehmers auf die vereinbarte Vergütung fällig. Außerdem tritt eine Beweislastumkehr ein. Den Beweis dafür, dass später auftretende Schäden „Baumängel“ sind, hat der Bauherr zu führen. Schließlich geht mit der Bauabnahme auch die Gefahr auf den Bauherrn über. Wurde eine Vertragsstrafe für den Verzugsfall vereinbart, muss sie im Abnahmeprotokoll vermerkt werden, da sonst der Anspruch verloren geht.

Siehe / Siehe auch: Gebrauchsabnahme, Fiktive Abnahme, Stillschweigende Abnahme

Bauabzugsteuer

building tax deduction/ debit

Um Umsatzsteuern zu „sparen“ kam es vor, dass Unternehmen Auftraggebern Angebote unterbreiteten, Bauleistungen ohne Berechnung der Umsatzsteuer, also am Finanzamt vorbei, auszuführen. Diese Praxis soll seit 1.1.2002 durch die Bauabzugsteuer unterbunden werden. Es handelt sich um die Verpflichtung des Auftraggebers, 15 Prozent des Rechnungsbetrages direkt an das für den Bauunternehmer zuständige Finanzamt zu überweisen. Wenn der Bauunternehmer eine Freistellungsbescheinigung des Finanzamtes vorlegt, darf dessen Rechnung ohne diesen Abzug beglichen werden. Die Regelung gilt für solche Auftraggeber, die „Unternehmer“ i.S.d. Umsatzsteuergesetzes sind. Hierzu zählen auch Eigentümer von Wohnhäusern,

soweit sie mehr als zwei Wohnungen vermietet haben. Der Steuerabzug kann aber ohne Vorlage einer Freistellungsbescheinigung des Bauhandwerkers unterbleiben, wenn die Gegenleistung im Jahr voraussichtlich 5000 Euro nicht überschreitet (Bagatellgrenze). Bei Vermietern, die ausschließlich umsatzsteuerbefreite Vermietungsumsätze erzielen, erhöht sich die Bagatellgrenze auf 15.000 Euro im Kalenderjahr.
Haftung: Ist der Auftraggeber verpflichtet, den Steuerabzug vorzunehmen und führt er diesen nicht ordnungsgemäß durch, haftet der Leistungsempfänger für den nicht oder zu niedrig abgeführten Abzugsbetrag (§ 48a Abs.3 Satz 1 EStG).

Bauantrag

planning application; application for building licence; application for building permit; application for construction permit

Mit dem Bauantrag leitet der Bauherr das Baugenehmigungsverfahren ein. Ganz gleich, wie die Baugenehmigung im jeweiligen Bundesland geregelt ist, muss der Bauherr in jedem Fall dem Bauantrag einen Lageplan, Bauzeichnungen, eine Baubeschreibung, sowie statische Nachweise beifügen. Es handelt sich um so genannte Bauvorlagen, deren Bestandteile in Bauvorlagenverordnungen geregelt sind. Der Bauantrag ist bei der Gemeinde oder der Kreisbehörde (je nach Länderrecht) einzureichen. Er ist vom Bauherrn und dem Entwurfsverfasser zu unterschreiben. Im vereinfachten Genehmigungsverfahren und in Verfahren, in denen keine Genehmigung eingeholt werden soll, gelten teilweise abweichende Vorschriften. Auch hier ist zu beachten, dass die Länderregelungen unterschiedlich sind.
Siehe / Siehe auch: Bauvorlagen

Bauantragszeichnungen

construction drawings / blueprints that are part of the planning application

Die Bauantragszeichnungen sind Teil des Bauantrages. Üblicherweise werden Grundrisse, Schnitte und Ansichten im Maßstab 1:100 und der Lageplan im Maßstab 1:500 oder 1:1000 erstellt. Diese Zeichnungen sind die Ergebnisse aus den Entwurfsbesprechungen zwischen Bauherren und Architekten. Sie werden dem Bauamt zur Genehmigung vorgelegt. Gleichzeitig werden die Zeichnungen an die anderen Ingenieure, z.B. Statiker, zur Bearbeitung weiter gereicht. Die Statik muss zum Baubeginn vorliegen.
Siehe / Siehe auch: Bauantrag, Maßstab

Bauaufsicht

supervision; building control; construction supervision; supervision of construction work

Die Aufgabe der Bauaufsichtsbehörden ist die staatliche Überwachung der Bautätigkeiten. Hierzu zählen die Erteilung oder das Versagen von Bau- und Teilbaugenehmigungen, bzw. die Prüfung eingereichter Unterlagen bei genehmigungsfreien Verfahren auf baurechtliche Zulässigkeit. Ferner zählen zu den Aufgaben der Bauaufsichtsbehörde die Erteilung von Vorbescheiden auf Bauvoranfragen, Erteilung von Dispensen, Teilungsgenehmigungen i.S.d. Wohnungseigentumsgesetzes, Erlass von Nutzungsuntersagungen, Abbruchanordnungen Stilllegen und Versiegelung von Baustellen usw..
Als Träger hoheitlicher Gewalt kann sie sich Amtspflichtverletzungen zu Schulden kommen lassen, was dann zu Schadensersatzansprüchen führen kann. Die unterste Baubehörde ist auf Kreisebene angesiedelt, die mittlere auf der Ebene der Regierungsbezirke und die oberste auf der Ebene des zuständigen Ministeriums eines Bundeslandes.

Bauausschlussklausel

stipulation excluding disputes arising from building construction in an insurance for legal costs

[Rechtsschutzversicherung]
In Verträgen mit Rechtsschutzversicherungen ist häufig eine Bauausschlussklausel oder eine Baurisikoklausel enthalten. Versicherungsunternehmen wollen damit die Übernahme von Kosten teurer Rechtsstreitigkeiten im Zusammenhang mit dem Bau eines Gebäudes verhindern. Sie berufen sich dabei auf § 4 Abs. 1 k) der ARB 75. Danach bezieht sich der Versicherungsschutz nicht auf die Wahrnehmung rechtlicher Interessen, „die in unmittelbarem Zusammenhang mit der Planung, Errichtung oder genehmigungspflichtigen baulichen Veränderung eines im Eigentum oder Besitz des Versicherungsnehmers befindlichen oder von diesem zu erwerbenden Grundstückes, Gebäudes oder Gebäudeteiles stehen“. Dies führte in der Vergangenheit zu einigen Rechtsstreitigkeiten mit Versicherungsunternehmen. Dabei kam es zu Klärungen. So werden von der Ausschlussklausel keine Rechtsstreitigkeiten aus dem Erwerb eines Baugrundstücks erfasst. (BGH, Az. IV ZR 318/02, Urteil vom 19.02.2003). Ebenso wenig werden Rechtstreitigkeiten zur Baufinanzierung von der Ausschlussklausel erfasst (BGH Az. IV ZR 32/03, Urteil vom 25.06.2003). In beiden Fällen muss also die Versicherung Rechtsschutz gewähren.

Baubeschränkung

restriction on building or development; zoning restriction

Ein Grundstück kann nicht nach dem Belieben des Grundstückseigentümers bebaut werden. Seine „Baufreiheit" wird durch viele Gesetze (Baugesetzbuch, Baunutzungsverordnung, Bauordnungen der Bundesländer, Nachbarschaftsgesetze) eingeschränkt. Diese Einschränkungen werden als Baubeschränkung bezeichnet.

Siehe / Siehe auch: Baugesetzbuch (BauGB), Baunutzungsverordnung (BauNVO)

Baubeschreibung

specification; building description; general construction description; specification (of a building)

Als Teil der Bauvorlage

Die Baubeschreibung ist Teil der Bauvorlagen die bei der Bauaufsichtsbehörde einzureichen ist. Inhalt und Umfang bestimmen sich nach den Bauvorlagenverordnungen der Bundesländer. Zum Inhalt der Baubeschreibung zählen alle Einzelheiten des Bauvorhabens, die sich nicht aus den Bauzeichnungen und dem Lageplan ergeben.

In der Regel gehören dazu die Beschreibung der Baukonstruktion, der Anlagen zur Wärme- und Wasserversorgungsanlagen, der umbaute Raum, die Wohnfläche (Nutzfläche), die Grund- und Geschossflächenzahl usw..

Als Teil des Bauträgervertrages

Die Baubeschreibung des Bauträgers dient dazu, die werkvertraglichen Leistungspflichten des Bauträgers so detailliert darzustellen, dass sie eine vernünftige und sichere Entscheidungsgrundlage für Kaufinteressenten sein können. Dazu gehört die Beschreibung der Beton und Maurerarbeiten mit Angaben zu den Wandstärken, dem Baumaterial, der Art der Decken, die Beschreibung der Ausführungen von Zimmer- Spengler- und Dachdeckerarbeiten, der sanitären und der Elektroinstallationen, der Heizung, der Glas-, Gips- und Fliesenarbeiten, die Schreiner- und Malerarbeiten, die Beschreibung der Bodenbeläge usw.

In den Bauträgerverträgen werden meist auch Abweichungsvorbehalte aufgenommen, die allerdings zu keinen wertmäßigen Beeinträchtigungen führen dürfen. In der Regel wird den Erwerbern eine Auswahl von qualitätssteigernden Sonderwünschen gegen Aufpreis angeboten.

Baubetreuung

construction supervision; project/ building/ construction management

Baubetreuer ist, wer Bauvorhaben im Namen und auf Rechnung des Bauherrn vorbereitet oder durchführt. Dadurch unterscheidet sich der Baubetreuer wesentlich vom Bauträger, der Bauvorhaben in eigenem Namen und auf eigene Rechnung vorbereitet und durchführt.

Beim Baubetreuer ist zu unterscheiden zwischen Teil- und Vollbetreuung.

Die Vollbetreuung umfasst sowohl die wirtschaftliche als auch die technische Betreuung. Die Teilbetreuung bezieht sich entweder auf die wirtschaftliche oder technische Betreuung. Bei der wirtschaftlichen Betreuung schaltet der Baubetreuer im Namen und für Rechnung des Bauherrn den Architekten und die Sonderfachleute ein. Bei der Vollbetreuung übernimmt der Baubetreuer auch die technischen Leistungen entweder durch einen hauseigenen Architekten oder durch einen freischaffenden Architekten, der dann für den Baubetreuer tätig wird.

Das Leistungsbild des Baubetreuers entspricht dem des Bauträgers. Er ist – stellvertretend für den Bauherrn – der Organisator des Baugeschehens. Die Zulassungsvoraussetzungen des § 34c GewO und die einschlägigen Vorschriften der MaBV beziehen sich auf den wirtschaftlichen Baubetreuer. Das bedeutet u. a., dass der Baubetreuer Sicherheit in Höhe der Vermögenswerte des Bauherrn leisten muss, über die er im Zusammenhang mit der Durchführung des Bauvorhabens verfügt. Die Sicherheit kann durch eine Bankbürgschaft erbracht werden, die so ausgestattet ist, dass Bürgschaftszahlungen stets auf erste Anforderung durch den Bauherrn zu leisten sind. Keine Sicherheit muss geleistet werden, wenn der Baubetreuer nur gemeinsam mit dem Bauherrn über das Baukonto verfügen darf.

Der wirtschaftliche Baubetreuer haftet nach dem Auftrags- und Dienstvertragsrecht. Haftungsfälle können sein: Erhebliche Bausummenüberschreitung, fehlerhafte Kostenermittlungen, vorvertragliche Pflichtverletzungen (z. B. Verschweigen der Tatsache, dass der Baubetreuer nicht über eine Erlaubnis nach § 34c GewO verfügt), aber auch die Prospekthaftung spielt eine Rolle. Der Vollbetreuer haftet nach dem Werkvertragsrecht und muss deshalb auch Gewähr für eine mängelfreie technische Planungsleistung übernehmen.

Die Haftung erweitert sich in den Fällen, in denen auf eine Überprüfung der Einhaltung von bauordnungsrechtlichen Vorschriften im Rahmen eines

Baugenehmigungsverfahrens verzichtet und eine der Formen des genehmigungsfreien Bauens (z. B. des „Genehmigungsfreistellungsverfahrens" in Bayern oder des „Kenntnisgabeverfahrens" in Baden Württemberg) gewählt wird.
Siehe / Siehe auch: Bauträger

Baubetreuungsgebühren
construction site management fees

Als Baubetreuungsgebühren werden Vergütungen bezeichnet, die ein Baubetreuer für seine Betreuungsleistungen erhält. Sie werden im Rahmen eines Betreuungsvertrages vereinbart. Grundlage einer Gebührenvereinbarung für die technische Baubetreuung ist die HOAI (Leistungsphase 8 und 9). Für die wirtschaftliche Baubetreuung gibt es keine gesetzliche Grundlage. Anhaltspunkte ergeben sich aus der II. Berechnungsverordnung. Dort werden in § 8 Abs. 3 Ansätze für die Kosten der Verwaltungsleistungen vorgegeben, die bei Vorbereitung und Durchführung von Bauvorhaben nicht überschritten werden sollen. Sie liegen je nach ihrer Höhe zwischen 3,4 Prozent und ein Prozent der Baukosten. Hinzu kommen Zuschläge in bestimmten Fällen, so dass sie bis zu sechs Prozent erreichen können. Da Betreuungsleistungen den Verwaltungsleistungen der II. BV entsprechen, sind Ableitungen hieraus für die Kalkulation von Baubetreuungsgebühren möglich. Fehlt es an einer Vereinbarung, ist nach § 612 (2) BGB die übliche Vergütung als vereinbart anzusehen. Sofern solche nicht feststellbar sind, kann auch ein Gutachten eines öffentlich bestellten und vereidigten Sachverständigen für Gebührenfragen eingeholt werden.
Siehe / Siehe auch: Baubetreuung

Baubetreuungsvertrag (wirtschaftliche Baubetreuung)
construction management agreement

Im Baubetreuungsvertrag werden die Rechte und Pflichten zwischen Bauherrn und Baubetreuer geregelt. Der Baubetreuer ist quasi Stellvertreter des Bauherrn bei der Planung und Durchführung von Baumaßnahmen. Er handelt im Namen und auf Rechnung des Bauherrn. Seiner Rechtsnatur nach ist der Baubetreuungsvertrag, der sich auf die wirtschaftliche Baubetreuung beschränkt, ein Geschäftsbesorgungsvertrag auf Basis eines Dienstvertrags. Übernimmt der Baubetreuer zusätzlich die technische Betreuung, ist er also „Vollbetreuer", schuldet er eine mängelfreie Herstellung des Bauwerks, erhält also werkvertragliche Pflichten. Voraussetzung für den Abschluss eines Vertrages über die wirtschaftliche Baubetreuung ist die genaue Bestimmung der Baumaßnahme: Pläne, beabsichtigte Nutzung, Baubeschreibung, bauplanungsrechtliche Vorgaben. Geregelt werden u.a.

- der Leistungskatalog, der in den Leistungsbereich des wirtschaftlichen Baubetreuers fällt
- die Führung eines Treuhandkontos
- die Vergütung, die der Baubetreuer erhält (meist ein Prozentsatz der Baukosten)
- die Fälligkeit der Vergütung
- die Haftung des Baubetreuers
- die Kündigungsmöglichkeiten des Baubetreuungsvertrages
- Vollmachten, die der Baubetreuer benötigt
- Regelungen zur Bauabnahme
- Schriftformerfordernis für weitere Absprachen
- Erfüllungsort/Gerichtstand

Wird ein Festpreis oder ein Höchstpreis vereinbart, übernimmt der Baubetreuer einen Teil des Bauherrnrisikos. Zu den Nebenpflichten des Baubetreuers zählt, dass er Rabatte und Skonti zugunsten des Bauherrn bei Bezahlung von Rechnungen in Anspruch nimmt, sonst haftet er für den Skonto-/Rabattbetrag gegenüber dem Bauherrn.
Siehe / Siehe auch: Baubetreuung, Nebenpflichten

Baubuch
construction or building book

Nach dem Gesetz über die Sicherung der Bauforderungen ist von denjenigen, die Baugeld empfangen, ein Baubuch zu führen, aus dem sich die Verwendung der für die Durchführung eines Bauvorhabens zur Verfügung gestellten Gelder ergibt. Im Baubuch müssen angegeben werden: Die Namen der Bauunternehmer, die übertragenen Leistungen, die vereinbarten Vergütungen, die Höhe der zugesicherten Mittel und Namen der Geldgeber, die geleisteten Zahlungen sowie etwaige Abtretungen, Pfändungen oder sonstigen Verfügungen über die gewährten Finanzierungsmittel. Das Baubuch dient dem Nachweis dafür, dass die Baugelder ausschließlich für das Bauvorhaben verwendet wurden. Das Baubuch ist fünf Jahre aufzubewahren.

Baucontrolling
construction controlling

Durch das Baucontrolling soll die Qualität der Arbeiten durch das Bauunternehmen kontrolliert werden, um versteckte Mängel durch schlampige Bauausführungen zu vermeiden. Damit das Baucontrolling auch effektiv funktioniert, muss diese

Aufgabe unbedingt durch einen neutralen Dritten durchgeführt werden. Gerade im Bereich der geschlossenen Immobilienfonds, bei denen durch die Anleger regelmäßig keine Kontrollen durchgeführt werden, und zwischen dem Verkäufer oder Generalübernehmer und dem Initiator oftmals personelle und kapitalmäßige Verflechtungen bestehen, sind solche Kontrollen aus Anlegerschutzgesichtspunkten unerlässlich.
Einige seriöse Initiatoren haben deshalb den Technischen Überwachungsverein TÜV als neutrale Kontrollstelle eingeschaltet. Diese Funktion könnte aber auch durch ein Architekturbüro vorgenommen werden, wobei hier wieder besonders auf die Neutralität zu achten ist.
Siehe / Siehe auch: Controlling

Baudenkmal
architectural monument; historic monument; historic structure; listed building

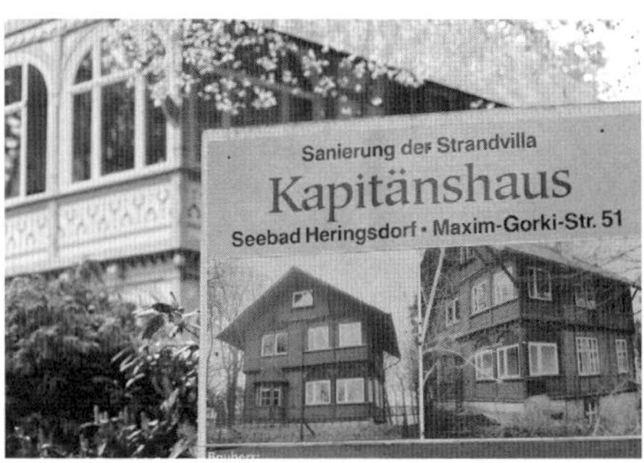

Gebäude bzw. einzelne Bauteile können je nach landesrechtlichen Vorschriften durch einen Verwaltungsakt eine Rechtsverordnung oder schlicht durch Eintrag in ein Denkmalbuch oder eine Denkmalliste die Eigenschaft eines Baudenkmals erhalten. Unterstellt werden muss dabei ein öffentliches Interesse an der Erhaltung und Nutzung des Baudenkmals. Für eine Reihe von Maßnahmen wie Beseitigung, Änderungen am geschützten Gebäude/Gebäudeteil, Nutzungsänderungen bis hin zu Modernisierungen bedürfen der Erlaubnis der zuständigen Denkmalschutzbehörde. Der Eigentümer ist im Rahmen der Zumutbarkeit zur Erhaltung, Instandsetzung und sachgemäßen Behandlung verpflichtet.
Siehe / Siehe auch: Denkmalschutz

Bauen im Bestand
building in an existing context

„Bauen im Bestand" bezeichnet Baumaßnahmen aller Art an bestehenden Gebäuden. Es kann sich um eine energetische Sanierung, um eine Umnutzung, um An- und Ausbau, um Modernisierung oder auch um Revitalisierungsmaßnahmen handeln. Auch die Substanz erhaltende Baumaßnahmen an Baudenkmälern sind unter den Oberbegriff des Bauens im Bestand einzuordnen.
Ein besonderer Akzent des Bauens im Bestand ist die geforderte Nachhaltigkeit und die damit verbundene Werthaltigkeit. Im Hinblick auf die stagnierende Bevölkerungsbewegung gewinnt Bauen im Bestand gegenüber Neubaumaßnahmen zunehmend an Bedeutung. Das Investitionsvolumen beim Bauen im Bestand lag 2004 bei 78 Mrd. Euro, wogegen das Neubauvolumen nur noch 52 Mrd. Euro betrug. 2008 lag der Anteil an Bauinvestitionen, die sich allein auf Maßnahmen der Sanierung, Revitalisierung und Konversion bezog, bei 60 Prozent aller Bauinvestitionen.
Bauen im Bestand unterscheidet sich in vielfacher Hinsicht von Neubaumaßnahmen. Es handelt sich in jedem Fall um eine Einzelmaßnahme die eine genaue Bestandsaufnahme voraussetzt. Diese wiederum ist Grundlage für die Analyse der erforderlichen Maßnahmen und der Vorgehensweise um eine zielgerechte Lösung zu ermöglichen. Bauen im Bestand wird heute an einer Reihe von Hochschulen als Masterstudiengang oder Studienschwerpunk angeboten, z.B. an den Hochschulen in Deggendorf, Heidelberg, Potsdam, Regensburg, Rosenheim und Siegen.

Bauernhof
farm; croft; farmstead

Bauernhöfe zählen zu den landwirtschaftlichen Betrieben. Ihre betriebliche Grundlage ist Ackerbau und Viehzucht. Kleinbetriebe, die nicht als Nebenerwerbstellen geführt werden, widmen sich zunehmend u.a. auch in ihrer Eigenschaft als Ferienhöfe dem Fremdenverkehr.
Siehe / Siehe auch: Landwirtschaftlicher Betrieb, Ferienhöfe

Bauerwartungsland
land earmarked for development; land set aside for building; potential development land; prospective building land; land with hope value

Unter Bauerwartungsland versteht man Flächen, die nach der Definition der Wertermittlungsverordnung nach ihrer Eigenschaft, ihrer sonstigen Beschaffenheit, und ihrer Lage eine bauliche Nut-

zung in absehbarer Zeit erwarten lassen. Indizien dafür können sein eine Darstellung des Gebietes als Baufläche in einem Flächennutzungsplan, ein entsprechendes Verhalten der Gemeinde oder die allgemeine städtebauliche Entwicklung des betroffenen Gemeindegebietes.
Ein „Restrisiko" der Einschätzung bleibt allerdings bestehen, da die Gemeindepolitik nicht immer mit der wünschenswerten Deutlichkeit vorhersehbar ist. Für Bauerwartungsland wird ein spekulativer Preis bezahlt, der die Entwicklungsnähe dieses Gebietes in Richtung Bauland zum Ausdruck bringt.

Baufenster
developable site

Als Baufenster bezeichnet man die planerische Darstellung des Flächenteils eines Baugrundstücks in einem Bebauungsplan, innerhalb der die Gebäude errichtet werden dürfen überbaubare Grundstücksfläche). Baufenster werden begrenzt durch Baugrenzen, Baulinien und Bebauungstiefen. Zu unterscheiden ist die überbaubare Grundstücksfläche von der zulässigen Grundfläche, die sich aus der „Grundflächenzahl" ergibt. Außerhalb des Baufensters können in der Regel Garagen (Grenzgaragen), Carports, Gartenhäuschen und dergleichen errichtet werden. Das Baufenster kann die sich aus der Grundflächenzahl (GRZ) ergebende Bebauungsmöglichkeit einschränken.
Baufenster ist kein baurechtlich definierter Begriff, sondern ein Begriff aus der Baupraxis.
Siehe / Siehe auch: Überbaubare Grundstücksfläche, Grundflächenzahl (GRZ) - zulässige Grundfläche (GR)

Baufertigstellungsversicherung
insurance that covers additional construction costs arising in connection with the construction company's bankruptcy

Sie übernimmt Mehrkosten, die entstehen, wenn ein Bauunternehmen während der Bauphase zahlungsunfähig und ein Insolvenzverfahren eingeleitet wird. Die Mehrkosten ergeben sich aus der Beauftragung eines oder mehrerer anderer Unternehmen zur Fertigstellung.

Baufeste
celebrations in connection with completion of construction

Baufeste sind Feierlichkeiten, die aus Anlass und im Zusammenhang mit der Realisierung von Bauprojekten meist unmittelbar auf dem Baugrundstück, auf der Baustelle beziehungsweise innerhalb eines im Bau befindlichen Gebäudes stattfinden. Üblicherweise markieren sie bestimmte Stufen des Baufortschritts. Gefeiert werden beispielsweise der Erste Spatenstich, die Grundsteinlegung, das Richtfest sowie die Übergabe des fertigen Gebäudes oder die Einweihung beziehungsweise Eröffnung.
Baufeste haben sich zum Teil aus einer Jahrhunderte alten Tradition entwickelt. Heute spielen sie im Rahmen des Baustellenmarketings eine zentrale Rolle und bilden zugleich wichtige Kommunikationsanlässe für die Presse- und Öffentlichkeitsarbeit. Sie eignen sich gut, um Bekanntheit, Akzeptanz und Positionierung eines Projektes, aber auch des Investors oder des Projektentwicklers zu verstärken. Da die Veranstaltung von Baufesten in der Regel ein Ruhen der Arbeiten auf der Baustelle erfordert, sollten sie rechtzeitig im Rahmen der gesamten Projektablaufplanung berücksichtigt werden – idealer Weise bereits durch Ausweisung im Bauzeitplan bei der Ausschreibung.
Siehe / Siehe auch: Baustellenmarketing, Erster Spatenstich, Grundsteinlegung, Richtfest

Baufinanzierung / Kaufpreisfinanzierung
construction finance; financing of building project

Die Baufinanzierung bezieht sich auf die langfristige Finanzierung von Bauvorhaben oder einen Immobilienerwerb mit Hilfe eines oder verschiedener Finanzierungsbausteine. Die klassische Baufinanzierung besteht im Einsatz von erstrangigen Immobiliendarlehen von Banken und Versicherungen und zweitrangigen Bauspardarlehen.
Um eine solide Baufinanzierung zu gewährleisten, sollte die Eigenkapitalquote des Bauherrn oder Käufers 25 bis 30 Prozent des insgesamt für die Anschaffung benötigten Kapitals nicht unterschreiten. Allerdings können die Einkommensverhältnisse und Lebensumstände und Lebensgewohnheiten dessen, der die Finanzierung beansprucht, eine höhere Eigenkapitalquote nahe legen oder auch eine niedrigere ermöglichen.
In bestimmten Fällen (z. B. im sozialen Wohnungsbau) können ergänzende Finanzierungsmittel eingeplant werden. Vor Darlehenszusage muss das Kreditinstitut feststellen, wie hoch die Beleihungsgrenze ist. Wird sie überschritten, muss besonderer Wert auf die Kreditwürdigkeitsprüfung des Bauherrn bzw. Erwerbers gelegt werden. Dabei wird zunehmend auf die individuellen Verhältnisse (z. B. Lebensarbeitszeit, Arbeitsplatzrisiko, Familienstand, Vermögenshintergrund, Entschuldungs-

ziele) des Bauherrn oder Erwerbers abgestellt. Die im Rahmen der Baufinanzierung gewährten Darlehen werden durch Grundschulden abgesichert. Bei der Finanzierung eines Kaufpreises ergibt sich allerdings das Problem, dass der Käufer zur Beschaffung der Finanzierungsmittel noch keine Grundschuld am erworbenen Grundstück eintragen kann, weil er zum Zeitpunkt des Kaufvertragsabschlusses noch nicht Eigentümer ist. Gelöst wird dieses Problem dadurch, dass mit Zustimmung des Verkäufers die Grundschuld im Range vor der Auflassungsvormerkung eingetragen wird. Gleichzeitig werden hinsichtlich des Darlehens die Auszahlungsansprüche gegenüber dem Kreditinstitut an den Verkäufer abgetreten.
Siehe / Siehe auch: Beleihung, Beleihungsauslauf, Beleihungswert

Bauflächen

construction areas; land designated for development; land zoned for development

Bauflächen werden im Flächennutzungsplan nach der vorgesehenen allgemeinen Art ihrer baulichen Nutzung dargestellt. Unterschieden wird dabei zwischen Wohnbauflächen (W), gemischten Bauflächen (M), gewerblichen Bauflächen (G) und Sonderbauflächen (S). Auf der Grundlage dieser Darstellungen werden in den Bebauungsplänen die verschiedenen Baugebiete festgesetzt. Aus Wohnbauflächen können Kleinsiedlungsgebiete, reine Wohngebiete, allgemeine Wohngebiete und besondere Wohngebiete entwickelt werden. Die Darstellung gemischter Bauflächen ist Grundlage entweder für Dorfgebiete, für Mischgebiete oder Kerngebiete.
Aus gewerblichen Bauflächen können Gewerbegebiete und Industriegebiete entwickelt werden. Bei den Sonderbauflächen gibt es Abzweigungen in Richtung Sondergebiete, die der Erholung dienen und die besonders wichtigen sonstigen Sondergebiete (Ladengebiete, Gebiete für Einkaufszentren, für Messen und Ausstellungen, für Hochschulen, Kliniken, Hafenanlagen usw.). Die Charakterisierung der Baugebiete erfolgt in der Baunutzungsverordnung (BauNVO).
Siehe / Siehe auch: Bauleitplanung, Wohngebiete (nach BauNVO)

Baugebiet

building area; building site; construction ground

Jede Gemeinde kann durch Ausweisung von Baugebieten Baurecht schaffen. Voraussetzung ist, dass im Flächennutzungsplan Bauflächen dargestellt sind, aus denen die allgemeine Art der Nutzung deutlich wird. Will die Gemeinde von den Vorgaben des Flächennutzungsplanes abweichen, muss sie vorher oder in einem Parallelverfahren den Flächennutzungsplan entsprechend ändern.
Die Ausweisung eines Baugebietes erfolgt auf der Rechtgrundlage einer Gemeindesatzung. Das Aufstellungsverfahren folgt bestimmten Regeln, in denen sowohl die Beteiligung der Öffentlichkeit (der Bürger) als auch die Beteiligung der von der Planung berührten Behörden und sonstigen Träger öffentlicher Belange vorgesehen ist. Deren Anregungen und Bedenken müssen in einem Abwägungsverfahren behandelt werden. Die Ergebnisse der Abwägung finden Eingang in die Begründung des Bebauungsplanes. Vorzusehen ist auch eine Umweltprüfung, in der die Auswirkungen untersucht werden, die sich aus dem vorgesehenen Bebauungsplan auf die Umwelt ergeben. Auch diese Ergebnisse sind in die Abwägung mit einzubeziehen. Der Umweltbericht bildet einen gesonderten Teil der Begründung.
Im Bebauungsplan selbst muss stets eine bestimmte Art der baulichen Nutzung festgesetzt werden. Nähere Erläuterungen der Baugebietsarten enthält die Baunutzungsverordnung. Geregelt ist dort, welcher Nutzung die jeweilige Baugebietsart dient, was an Bauvorhaben zulässig ist und was ausnahmsweise zugelassen werden kann. Es gibt insgesamt folgende Arten baulicher Nutzung:

- Kleinsiedlungsgebiete (WS)
- reine Wohngebiete (WR)
- allgemeine Wohngebiete (WA)
- besondere Wohngebiete (WB)
- Dorfgebiete (MD)
- Mischgebiete (MI)
- Kerngebiete (MK)
- Gewerbegebiete (GE)
- Industriegebiete (GI)
- Sondergebiete

Bei den Sondergebieten gibt es zwei verschiedene Grundtypen. Der eine Typus bezeichnet Gebiete, die der Erholung dienen. Im anderen Typus (sonstige Sondergebiete) wird auf eine besondere Nutzungsart abgestellt. In Frage kommen vor allem Gebiete für den Fremdenverkehr, den großflächigen Einzelhandel, Gebiete für Messen, Ausstellungen und Kongresse, Hochschulgebiete, Hafengebiete und Gebiete für Anlagen, die der Erforschung oder Nutzung erneuerbarer Energien wie Wind- und Sonnenenergie dienen. Wenn eine Baugebietsart festgesetzt wurde, gelten die entsprechenden Bestimmungen

der Baunutzungsverordnung. Die Gemeinde kann zwar von diesen Festsetzungen abweichen, soweit die vorgegebene allgemeine Zweckbestimmung der Baugebietsart dadurch nicht tangiert wird.
Neben der Art der baulichen Nutzung werden auch deren Maße und die überbaubare Grundstücksfläche sowie die Bauweise festgesetzt. Zu den Maßen, die zwingend festgesetzt werden müssen, gehört die zulässige Grundfläche (Grundflächenzahl – GRZ). Darüberhinaus werden in der Regel Geschossflächenzahl (bei Gewerbe- Industrie- und sonstigen Sondergebieten die Baumassenzahl), die Zahl der Vollgeschosse oder alternativ die Höhe der baulichen Anlage festgesetzt. Der Höhe der baulichen Nutzung kommt wegen der damit möglicherweise bewirkten Veränderung des Stadtbildes besondere Bedeutung zu.
Zur Sicherung des Bebauungsplanverfahrens kann die Gemeinde nach dem Aufstellungsbeschluss eine Veränderungssperre erlassen, um die Durchführung von Vorhaben zu verhindern, die mit dem beabsichtigten Bebauungsplan nicht übereinstimmen.
Siehe / Siehe auch: Wohngebiete (nach BauNVO), Dorfgebiet, Kleinsiedlungsgebiet (BauNVO), Kerngebiet (nach BauNVO), Gewerbegebiet (Bauplanungsrecht), Industriegebiet (Bauplanungsrecht), Mischgebiet, Grundfläche nach DIN 277/1973/87

Baugebot

order to build; building order

Voraussetzung für den Erlass eines Baugebotsbescheides gegenüber einem Grundstückseigentümer ist entweder das Vorliegen eines rechtskräftigen Bebauungsplanes oder ein Grundstück, das sich im Innenbereich befindet. Dem Baugebot entspricht auch ein Anpassungsgebot für bestehende Gebäude, wenn diese den Festsetzungen des Bebauungsplans bzw. der umliegenden Bebauung nicht entsprechen. Allerdings kann die Gemeinde das Baugebot nicht durchsetzen, wenn die festgesetzte Bebauung dem Eigentümer aus wirtschaftlichen Gründen nicht zuzumuten ist. Der Eigentümer kann auch von der Gemeinde die Übernahme des Grundstücks verlangen.
Siehe / Siehe auch: Innenbereich (Bauplanungsrecht), Innenbereichssatzung

Baugefährdung

violation of building rules endangering the safety of others

Die Baugefährdung ist ein Straftatbestand und geregelt in § 319 StGB. Nach dieser Vorschrift wird mit Freiheitsstrafe bis zu fünf Jahren oder Geldstrafe bestraft, wer bei Planung, Leitung oder Ausführung eines Baues oder des Abbruchs eines Bauwerks gegen die allgemein anerkannten Regeln der Technik verstößt und dadurch Leib oder Leben eines anderen Menschen gefährdet.
Die gleiche Strafe haben Personen zu erwarten, die in Ausübung ihres Berufs oder Gewerbes bei Planung, Leitung oder Ausführung eines Vorhabens, technische Einrichtungen in ein Bauwerk einbauen oder eingebaute technische Einrichtungen ändern, dabei gegen die allgemein anerkannten Regeln der Technik verstoßen und dadurch Leib oder Leben eines anderen Menschen gefährden. Die fahrlässige Begehung der Tat wird mit Freiheitsstrafe bis zu drei Jahren oder Geldstrafe geahndet.
Siehe / Siehe auch: Gebäudeeinsturz, Rechtsfolgen

Baugeldkonto

building funds account

Das Baugeldkonto ist ein Kontokorrentkonto, über das der aus einer Baufinanzierung resultierende Geldverkehr abgewickelt wird. Ein Baugeldkonto ist sinnvoll, wenn sich die Finanzierung aus mehreren Bausteinen zusammensetzt und deshalb unterschiedliche Zahlungstermine und -ströme berücksichtigt werden müssen. Für Baubetreuer sind bei Vorbereitung und Durchführung von Bauvorhaben Baugeldkonten als offene Fremdkonten (vom eigenen Vermögen getrennte Vermögensverwaltung) vorgeschrieben.

Baugenehmigung

planning permission; consent; building permit; building permission; building licence

Die Baugenehmigung ist einer Unbedenklichkeitsbescheinigung der Baubehörde für ein Bauvorhaben. Da die Regelung von Baugenehmigungen Ländersache ist, fallen die Baugenehmigungsverfahren je nach Bundesland unterschiedlich aus. Regelungsgrundlage sind die Länderbauordnungen.
Mit Erteilung der Genehmigung entsteht ein Rechtsanspruch auf Durchführung des Bauvorhabens. Die Genehmigungsbehörde übernimmt die Haftung. Genehmigte Bauten genießen Bestandsschutz. Die Geltungsdauer einer Baugenehmigung liegt zwischen drei und vier Jahren. Für Ein- und Zweifamilienhäuser, sowie andere Gebäude (in Bayern und in anderen Bundesländern bis zur Hochhausgrenze) die im Geltungsbereich eines Bebauungsplanes gebaut werden sollen, bieten die meisten Länder vereinfachte Verfahren an.

Der Bauherr muss dabei unter Einreichung der Bauvorlagen lediglich anzeigen, dass er bauen will. (Anzeigeverfahren, Kenntnisgabeverfahren, Genehmigungsfreistellungsverfahren usw.). Erhebt die Behörde gegen sein Vorhaben innerhalb der geltenden kurzen Fristen (überwiegend 2 Wochen) keinen Einspruch, kann der Baubeginn angezeigt und mit dem Bau begonnen werden. Die Haftung für die Einhaltung der Bauvorschriften z. B. über Standsicherheit, Wärmeschutz usw. geht bei diesen Verfahren auf den Architekten über.

Baugesetzbuch (BauGB)

German federal building code

Das Baugesetzbuch (BauGB) ist Rechtsgrundlage für das Bauplanungs- und Städtebaurecht. Im einzelnen regelt das BauGB in vier Kapiteln folgende höchst unterschiedlich gewichtete Teile:

- Bauleitplanung (§§ 1 - 13a)
- Sicherung der Bauleitplanung, (§§ 14 - 28)
- Regelung der baulichen und sonstigen Nutzung, Entschädigungsvorschriften (§§ 29 - 44)
- Bodenordnung (§§ 45 - 84)
- Enteignung (§§ 85 - 122)
- Erschließung (§§ 123 - 135)
- Maßnahmen für den Naturschutz (§§ 135a - 135c)

und im Rahmen des besonderen Städtebaurechts

- Städtebauliche Sanierungsmaßnahmen (§§ 136 - 164b)
- Städtebauliche Entwicklungsmaßnahmen (§§ 165 -171d)
- Vorschriften über den Stadtumbau (§§ 171a - 171c)
- Vorschriften über die Soziale Stadt (§ 171e)
- Private Initiativen (§ 171 f)
- Erhaltungssatzung und städtebauliche Gebote (§§ 172 - 179)
- Sozialplan und Härteausgleich (§§ 180 - 181)
- Miet- und Pachtverhältnisse (§§ 182 - 186)
- städtebauliche Maßnahmen zur Verbesserung der Agrarstruktur (§§ 187 - 191)

sowie Vorschriften über

- Wertermittlung (§§ 192 - 199)
- Zuständigkeiten, Verfahrensvorschriften, Planerhaltung (§§ 200 - 216)
- Verfahren vor Kammern (§§ 217 - 232)
- Überleitungsvorschriften (§§ 233 - 247)

Das BauGB enthält außerdem die Ermächtigungsvorschriften für den Erlass der Baunutzungsverordnung (BauNVO), der Planzeichenverordnung (PlanzV) und der Wertermittlungsverordnung (WertV). Die letzte Änderung erfuhr das BauGB durch das „Gesetz zur Erleichterung von Planungsvorhaben für die Innenentwicklung der Städte" vom 21.12.2006, das am 1.1.2007 in Kraft trat. Die Erleichterung und damit die Beschleunigung des Verfahrens besteht u.a. im Wegfall der Umweltprüfung bei Erstellung von sogenannten „Bebauungsplänen der Innenentwicklung". Die zulässige Grundfläche (i.S.d. BauNVO) darf dabei 20.000 Quadratmeter nicht übersteigen. Bei Grundflächen zwischen 20.000 und 70.000 ist eine überschlägige Prüfung erforderlich, die zu einer Einschätzung von Auswirkungen auf die Umwelt gelangen soll.

Im „beschleunigten Verfahren" kann von Darstellungen im Flächennutzungsplan vorweg schon abgewichen werden. Die Berichtigung des Flächennutzungsplanes muss allerdings nachgeholt werden. Die neuen Regelungen finden sich im neuen § 13a BauGB. Sie sind Ausdruck für das Bemühen um die Entbürokratisierung des Bauplanungsrechts.

Siehe / Siehe auch: Bauleitplanung, Business Improvement District (BID), Strategische Umweltprüfung (SUP), Umweltbericht, Umweltverträglichkeitsprüfung / Umweltprüfung

Baugrenze

building restriction line; required set-back line; edge of developable area (on plan)

Die Baugrenze ist eine Festsetzung im Bebauungsplan. Ein neu zu errichtendes Gebäude darf die Baugrenze nicht überschreiten.

Darstellung im Bebauungsplan:

– – · – – · – – · – – · – –

Siehe / Siehe auch: Baulinie, Bebauungsplan

Baugrunduntersuchung

subsoil testing

Bei der Baugrunduntersuchung wird die Beschaffenheit des Bodens geprüft. Die Tragfähigkeit des Bodens wird in aller Regel anhand von geologischen Karten und durch Probebohrungen festgestellt. Erst nach Abschluss der Baugrunduntersuchung kann das Fundament sachgerecht erstellt werden. Grundwasserstände ergeben sich aus hydrographischen Karten.

Baugrundverhältnisse

subsoil conditions

Baugrundverhältnisse haben eine große Bedeutung für die tatsächliche Bebaubarkeit eines Grundstücks und die zusätzlichen Kosten, die bei Durchführung von Bauvorhaben bei ungünstigen Baugrundver-

hältnissen (z.B. bei Auffüllungen) entstehen. Die Beschaffenheit der Baugrundverhältnisse kann durch Baugrund- oder Gründungsgutachten erforscht werden. Informationen können auch geologischen und hydrologischen Karten entnommen werden. Sogenannte bindige Böden (Lehm, Mergel, Schlick, Torf u.s.w.) sind ungünstiger als nicht bindige, wasserdurchlässige Böden (Sand, Kies, Steine und Fels). Bei bindigen Böden kann Standsicherheit durch Tiefgründungen (Bohr- oder Rammpfähle nach DIN 4026) und Flachgründungen mit unelastischen Bodenplatten erreicht werden. Eine denkbare Lösung ist auch ein Bodenaustausch.
Hohe Grundwasserspiegel zwingen zur Verwendung von wasserundurchlässigem Beton oder spezielle Abdichtungen gegen drückendes Wasser nach DIN 18 195.
Besondere Aufmerksamkeit sollte solchen Grundstücken gewidmet werden, auf denen früher Lager- oder Fabrikationshallen standen, da es sich um sogenannte „Altstandorte“ handeln könnte. Erforderliche Sanierungsmaßnahmen können sehr kostenintensiv sein.
Eine Besonderheit ist in Bergwerksgebieten zu beachten. Durch Bergsenkungen können erhebliche Gebäudeschäden entstehen.
Siehe / Siehe auch: Altlasten

Bauhandwerkersicherungshypothek

builder‘s lien

Bauhandwerker, bzw. Bauunternehmen haben entsprechend § 648 BGB die Möglichkeit, ihre Forderungen aus der Durchführung von Bauleistungen durch Eintrag einer Bauhandwerkersicherungshypothek auf dem Grundstück des Bauherrn absichern zu lassen. Entsprechendes gilt auch für Umbauten und sonstige „wesentliche“ Veränderungen bei Bestandsobjekten.
Voraussetzung für die Geltendmachung dieses Verlangens ist stets, dass es sich um Bauleistungen handelt, die erbracht wurden. Das Liefern von Küchen zum Beispiel, die nicht speziell für das Bauvorhaben zum Einbau angefertigt wurden, lässt einen Sicherungsanspruch noch nicht entstehen. Weigert sich der Eigentümer, die Eintragung zu bewilligen, kann der Handwerker auf Zustimmung klagen. Das Urteil ersetzt dann die Bewilligung.
Alternativ zu dieser etwas unhandlichen und in der Praxis kaum gebräuchliche Absicherungsmethode einer Sicherungshypothek kann auch eine Sicherheitsleistung des Bestellers (Bauherrn) nach § 684a erbracht werden, eine Regelung, die 1993 durch das Bauhandwerkersicherungsgesetz eingeführt wurde. Diese Sicherheit kann durch eine Garantie oder das Zahlungsversprechen eines Kreditinstituts geleistet werden.

Bauhaus

Bauhaus (literally: „Building School“), a style combining crafts and fine arts

Bauhaus ist eine Hochschule für bildende Kunst, die auf eine Gründungsinitiative von Walther Gropius im Jahr 1919 in Weimar zurückzuführen ist. Ziel war es, als künstlerische Beratungsstelle für Industrie, Gewerbe und Handwerk zu fungieren und hierfür alle künstlerischen Gestaltungselemente einzusetzen (Architektur, Bildhauerei, Malerei, Kunstgewerbe). Das breite Lehrspektrum und die ungewohnte Ausrichtung (Synthese von Handwerk und Kunst) führten in der damaligen Zeit politischer Unruhen zu erheblichen Anfeindungen. Fragen der Architektur traten dann immer mehr in den Vordergrund. Unter Mies van der Rohe wurde das Bauhaus in der Zeit zwischen 1930 bis 1933 eine „Hochschule für das Zweitstudium“. Bis zur Machtübernahme durch die Nazis entstanden vorwiegend in Dessau Häuser und Siedlungen u.a. der Architekten Walther Gropius, Carl Fieger, Hannes Meyer, Richard Paulick, Georg Muche. Ein Teil wurde im 2. Weltkrieg zerstört. Die Häuser zeichnen sich durch ihre kubischen Formen aus. Einen bebilderten Überblick über Bauhausbauten aus dieser Zeit findet man unter: http://www.bauhaus-dessau.de
1994 wurde Bauhaus Dessau als gemeinnützige Stiftung neu gegründet. Seit 1999 bietet die Stiftung unter anderem eine berufliche Weiterbildung in den Bereichen Stadtforschung und Stadtgestaltung an und wendet sich dabei an Absolventen unterschiedlicher Disziplinen aus aller Welt an. Das einjährige Studium, das jährlich wechselnde Projekte zum Gegenstand hat, besteht aus zwei Semestern. Dabei stehen einleitend Aspekte der Sozialgeographie, der Soziologie und Anthropologie im Vordergrund. Das zweite Semester widmet sich urbanen Strategien und künstlerischen Konzepten. Das 9. Bauhauskolleg 2007/2008 widmet sich den Grenzstädten im Ostseeraum. Im darauf folgenden Kolleg soll eine Beschäftigung mit der städtebaulichen und architektonischen Moderne der Nachkriegsära im Mittelpunkt stehen.

Bauhelferversicherung

insurance for assistant building labourers

Bei vielen Bauvorhaben werden in erheblichem Umfang Eigenleistungen durch den Bauherrn,

Verwandte oder Freunde erbracht. Für diese Helfer besteht in der Regel Versicherungspflicht. Nur der Bauherr und dessen Ehegatte sind von der Versicherungspflicht befreit.

Eine Versicherungspflicht besteht auch dann nicht, wenn es sich um geringfügige Bauarbeiten handelt und die Gesamtarbeitszeit aller Beschäftigte nicht mehr als 39 Stunden beträgt. Eine preiswerte Möglichkeit, die Helfer gegen Unfälle auf der Baustelle abzusichern, ist der Abschluss einer kurzfristigen Unfallversicherung. Bereits ab ca. 150 Euro können drei Helfer für drei Monate in folgendem Umfang versichert werden:

- Invalidität: 50000 Euro
- Unfalltod: 5000 Euro
- Krankenhaus-Tagegeld: 10 Euro

Auskunftsquelle ist diejenige regional zuständige Bauberufsgenossenschaft, an die auch die vom Gesetz vorgeschriebenen Meldungen der Helfer und deren Arbeitsstunden gehen müssen.

Bauherr

promoter; principal; owner; building owner; construction manager; owner of a building

Wer in eigenem Namen, auf eigene Rechnung und Gefahr und auf eigenem Grundstück ein Bauvorhaben durchführt oder durchführen lässt ist Bauherr. Kennzeichnende Merkmale des Bauherrn sind das Bauherrenrisiko und die Bauherreninitiative. Im Gegensatz zum Bauträger ist der Privatbauherr kein Gewerbetreibender.

Siehe / Siehe auch: Bauträger

Bauherrenhaftpflichtversicherung

insurance against liability of building principal

Die Bauherrenhaftpflichtversicherung deckt Schäden ab, die sich aus der Verletzung der Verkehrssicherungspflicht des Bauherrn ergeben.

Der Bauherr ist immer für die Schäden, die andere Personen aufgrund des Bauvorhabens erleiden, verantwortlich. Er muss dafür sorgen, dass die Baustelle ausreichend beleuchtet und abgesperrt ist, dass Gruben abgedeckt und alle am Bau Beteiligten (Bauunternehmer, Architekten usw.) zuverlässig sind. Unfälle von Handwerkern und anderen an der Durchführung des Baus beteiligte Arbeiter werden über deren Versicherung abgedeckt. Die Prämie für die Bauherrenhaftpflichtversicherung berechnet sich nach der Bausumme.

Bauherrenmodell

developer's model; builder-owner model (scheme for tax-favoured development of residential properties)

Version eines Steuermodells, bei dem durch den Kauf von Grundstücken und die Errichtung eines Gebäudes neben den in Jahresraten absetzbaren Baukosten möglichst hohe Werbungskosten entstehen und dadurch die Einkommensteuerbelastung vermindert wird. In Anspruch genommen wurde diese Art von Steuermodellen – vor allem in den 70er Jahren – durch Kapitalanleger, die zugleich Mieteinnahmen erzielen wollten. Heute sind Bauherrenmodelle aufgrund eingeschränkter Auslegung des Bauherrenbegriffs (Erbauer eines Gebäudes auf eigene Rechnung und eigene Gefahr) und anderer Einschränkungen von steuerlichen Absetzungsmöglichkeiten durch den Bauherrenerlass vom 13.1.1981 praktisch bedeutungslos geworden.

Baujahr

year built; year of construction

Zahlreiche geschlossene Immobilienfonds haben als Fondsimmobilie ein bereits fertig bestehendes Objekt auserwählt. Von erheblicher Bedeutung für den voraussichtlichen Verlauf der Mieteinnahmen ist hierbei das Baujahr des betreffenden Gebäudes. Zum einen werden für Neubauten regelmäßig höhere Mietzinsen realisierbar sein, als für Altbauten. Zum anderen ist für neu errichtete Objekte auf absehbare Zeit mit einem deutlich niedrigeren Reparatur- oder Revitalisierungsaufwand zu rechnen. Allerdings zeichnen sich ältere Gebäude häufig durch einen weitgehend vollen Vermietungsstand aus, was ganz erheblich zur Prognosesicherheit für das Projekt beiträgt.

Baukindergeld

special tax reductions for families with children who buy real estate

Siehe / Siehe auch: Kinderzulage

Baukonjunktur

construction boom; development boom

Die Bauwirtschaft gehört mit rund 2,1 Millionen Beschäftigten im Bauhaupt- und Baunebengewerbe trotz seit 1995 sinkendem Trend immer noch zu den bedeutendsten Wirtschaftszweigen in Deutschland. Die Entwicklung der Baukonjunktur hat deshalb erheblichen Einfluss auf die Entwicklung der gesamten Volkswirtschaft. Die Schrumpfungstendenzen werden an den nachfolgenden Zahlen deutlich.

Die Zahl der Baugenehmigungen auf dem Sektor Wohnungsbau sank drastisch. Im Boomjahr 1996 wurden 576 000 Wohnungen genehmigt. Im Jahr 2000 waren es noch 348.000 Wohneinheiten und 2008 waren es nur noch 174.000. Entsprechend entwickelte sich die Zahl der Baufertigstellungen von 559.000 1996 und 423.000 im Jahr 2000 sanken die Zahl auf 185.000 Wohnungen im Jahr 2007.

Dagegen sanken die gesamten Bauinvestitionen bis 2008 nur noch geringfügig um 9,4 Prozent, (beim Wohnungsbau um 12,7 Prozent und beim Nichtwohnungsbau um 4,9 Prozent).

Entwicklung der Bauinvestitionen

Jahr	Bauvolumen in Mrd. Euro
2000	201,9
2002	198,7
2004	174,7
2006	162,9
2008	170,3

Entsprechend der sinkenden Bauinvestition stiegen die Baupreise in diesen Zeitraum weniger an, als der Verbraucherpreisindex: Der Baupreisindex für Wohngebäude stieg von 2000 (bei einem Basisjahr 2005 = 100) von 97,9 auf 111,8 im Jahr 2008 = 14,2 Prozent. Zum Vergleich: der Verbraucherpreisindex stieg im gleichen Zeitraum von 92,7 auf 107 = 15,4 Prozent. Aus diesen Zahlen lässt sich eine erhebliche Konjunkturempfindlichkeit des Baumarktes ableiten, soweit er sich auf den Wohnungsbau bezieht. Die Bauinvestitionen entwickelten sich seit dem Jahr 2000 wie aus der Grafik ersichtlich.

Baukosten

construction costs; building cost; production costs

Die Baukosten sind ein Teil der Gesamtkosten einer Baumaßnahme. Zu den Gesamtkosten zählen die reinen Baukosten (Kosten der Gewerke), die Kosten für die Außenanlagen, die Baunebenkosten, die Kosten der besonderen Betriebseinrichtung sowie die Kosten des Geräts und besonderer Wirtschaftsausstattung.

Die Baukostenentwicklung wird mit Hilfe des Baupreisindex des Statistischen Bundesamtes Wiesbaden gemessen. Es handelt sich um eine in Prozent ausgedrückte Messzahl auf der Grundlage eines Basisjahres = 100. Basisjahr ist derzeit das Jahr 2005. Der Baupreisindex wird monatlich vom Statistischen Bundesamt in Wiesbaden ermittelt. Im Februar 2009 betrug der Preisindex für Wohngebäude 112,8 und lag um 2,3 Prozentpunkte über dem Wert vom Vorjahresmonat.

Wie sehr die Baukosten über die lange Zeit vor dem 1. Weltkrieg bis heute gestiegen sind, ergibt sich aus den Wiederherstellungswerten der für 1913 erstellten Wohngebäude. Der Index betrug (auf EURO-Basis) im Feb. 2009 12.690. Die Wiederherstellung eines Wohngebäudes würde mit anderen Worten 2009 um mehr als zwölfmal so viel kosten, wie 1913. Bezogen auf das erste Weltkriegsjahr 1914 betrug der Index im Februar 2009 11.882. Allerdings kommt im Baukostenindex auch die Inflationsrate zum Ausdruck, die diese Zahlen stark relativiert.

Aufteilung der reinen Bauleistung in %

Rohbau:	
Erdarbeiten	2,5
Maurer-, Beton- und Stahlbetonarbeiten	38,0
Zimmererarbeiten	4,5
Dachdecker- und Spenglerarbeiten	4,5
Summe Rohbau	**49,5**

Ausbau:	
Sanitärarbeiten	7,0
Heizungsarbeiten	4,5
Elektroarbeiten	4,0
Fenster	6,5
Steinmetzarbeiten	1,0
Putzarbeiten (Innen- und Außenputz)	8,0
Estricharbeiten	3,0
Fliesenarbeiten	3,0
Innentüren	3,5
Schlosserarbeiten	2,0
Bodenbeläge	2,5
Rolläden	1,0
Malerarbeiten	2,5
Dachgeschossausbau	2,0
Summe Ausbau	**50,5**
Gesamtsumme	**100,0**

Bei durchschnittlicher Ausstattung für Wohngebäude teilen sich die Baukosten prozentual in etwa auf, wie in folgender Tabelle wiedergegeben ist. In der Planungsphase können diese Angaben bei der Kalkulation und der Auftragsvergabe hilfreich sein. Die für den Kubikmeter errechneten Baukosten können anteilig auf die einzelnen Gewerke aufgeteilt werden. Dadurch erhält man eine genauere Kostenübersicht bei der Vergabe der einzelnen Bauleistungen, in denen sich die Kosten bewegen dürfen.
Siehe / Siehe auch: Außenanlagen, Baunebenkosten, Besondere Betriebseinrichtungen

Baukostenzuschuss

building cost subsidy; building subsidy; contribution towards network costs; key money; tenant's contribution to building cost

Baukostenzuschüsse können aus öffentlichen Mitteln (z.B. Denkmalschutzprogrammen) oder von privaten Geldgebern (z.B. Mietern) gezahlt werden. Im letzteren Fall wird der Baukostenzuschuss vom Mieter bei Anmietung der Wohnung an den Eigentümer gezahlt und dient der Mitfinanzierung des Mietobjektes.

Ein Baukostenzuschuss kann als so genannter verlorener Zuschuss konzipiert sein. Eine Rückerstattung ist in diesem Fall nur vorgesehen, wenn der Betrag bei Beendigung des Mietverhältnisses noch nicht „abgewohnt" ist. Gesetzliche Grundlage für die Rückforderung ist das Gesetz über die Rückerstattung von Baukostenzuschüssen. In der Praxis kommt es nur zu einer solchen Rückerstattung, wenn der Zuschuss außergewöhnlich hoch war oder der Mietvertrag sehr schnell beendet wurde. Ein Zuschuss in Höhe einer Jahresmiete gilt nach dem Gesetz durch eine Mietzeit von vier Jahren als getilgt. Zum Nachteil des Mieters getroffene Vereinbarungen sind unwirksam. Der Mieter zahlt bei dieser Konstruktion regulär Miete; mit dem Zuschuss „erkauft" er sich den Mietvertrag in einem begehrten Mietobjekt. Bei öffentlich gefördertem Wohnraum darf ein verlorener Baukostenzuschuss nicht vereinbart werden. Ein Baukostenzuschuss kann jedoch nicht nur als verlorener Zuschuss vereinbart werden. Die Vertragspartner können auch vereinbaren, dass der Zuschuss auf die Miete angerechnet wird. Dazu muss vertraglich geregelt werden, dass eine Mietvorauszahlung stattfinden soll und dass der Zuschuss allein für den Bau des Mietobjektes bestimmt ist. Er muss auch tatsächlich entsprechend verwendet werden. Auch ein Käufer des Mietobjektes muss dann akzeptieren, dass die Miete für den vereinbarten Zeitraum durch den Zuschuss abgegolten ist.Wird bei einer solchen Konstruktion das Mietverhältnis vor dem „Abwohnen" des Zuschuss beendet, kann der Mieter den nicht abgewohnten Teil zurückfordern. Steuerlich werden Zuschüsse von Mietern als Einnahmen aus Vermietung und Verpachtung angesehen. Dies gilt für Baukostenzuschüsse in Form verlorener Zuschüsse und in Form von Mietvorauszahlungen. Die Einnahmen sind im Jahr des Zuflusses zu versteuern.

Baukunst

architecture

Baukunst ist das Zusammenspiel von Ästhetik und Technik, um die Konstruktion und den statischen Aufbau der Bauten in Einklang mit seinem äußeren Erscheinungsbild zu bringen.

Dabei spielen technische Neuerungen, aktuelle Baumaterialien und der jeweilige Zeitgeschmack eine große Rolle. Anwendung findet die Baukunst im Hochbau, denn der Tiefbau befasst sich fast ausschließlich mit der bautechnischen Umsetzung der Aufgabe.
Siehe / Siehe auch: Architektur

Bauland

building land; developable land

Bauland bezeichnet im engeren Sinne Flächen, auf denen bauliche Anlagen errichtet werden dürfen („Baugrundstücke"). Baurechte können nach Vorliegen der bauordnungsrechtlichen Erfordernisse (Baugenehmigung) sofort genutzt werden. Die Erschließung muss gesichert sein. In diesem Sinne ist Bauland = baureifes Land. Im weiteren Sinne werden unter dem Baulandbegriff auch Flächen bezeichnet, für die zwar ein Baurecht besteht, das aber wegen fehlender Umlegung („Bruttorohbauland") und mangelnder Erschließungssicherheit noch nicht bebaut werden kann. Als Nettorohbauland bezeichnet man Einzelparzellen, bei denen die Erschließungsanlagen noch nicht vorhanden sind.

Baulandkataster

official listing of areas in a municipality that are available or suitable for development

Gemeinden können auf der Grundlage des § 200 BauGB unbebaute Grundstücke mit Baulandqualität in einer Liste erfassen und kartographisch darstellen, um der interessierten Öffentlichkeit einen Überblick über das vorhandene Bauland zu geben. Eingetragen werden Straße, Flur- und Flurstücksnummer, sowie die Größe.

In Verbindung mit der Angabe von Bodenrichtwerten kann der Baulandkataster eine besondere Informationsqualität bekommen. Eine Veröffentlichung von Grundstücken, die in den Kataster einbezogen sind, bedarf der Zustimmung der betroffenen Grundstückseigentümer. Sie gilt als erteilt, wenn der öffentlich bekannt gemachten Veröffentlichungsabsicht von den betroffenen Grundstückseigentümern nicht innerhalb eines Monats widersprochen wird. Gemeinden haben von dieser Möglichkeit vielfach Gebrauch gemacht, wobei der Kataster vor allem auf die Erfassung der Baulücken fokussiert ist. Man spricht in diesem Fall auch von Baulückenkataster.

Siehe / Siehe auch: Baulückenkataster

Baulast

obligation to construct and maintain (church, school, motorway, etc.); building encumbrance; public land chrage; public obligation; development restriction

Bei der Baulast handelt es sich um eine öffentlichrechtliche Last, die sich aus einer freiwilligen Verpflichtung des Grundstückseigentümers gegenüber der Bauaufsichtsbehörde ergibt. Gegenstände einer solchen Verpflichtung sind nachbarrechtliche Beschränkungen, die sich nicht bereits aus öffentlichrechtlichen Vorschriften ergeben, z. B. Duldung, dass der Nachbar das Grundstück befährt. Der häufigste Fall einer Baulast ist die Einräumung einer Bebauungsmöglichkeit im Grenzabstandsbereich. In diesem Fall muss der Eigentümer des belasteten Grundstücks bei Errichtung eines Gebäudes den nachbarlichen Grenzabstand zusätzlich übernehmen.

Der Grundstückseigentümer muss eine Erklärung über die Einräumung der Baulast gegenüber der Baubehörde abgeben. Mit Eintrag in das Baulastenverzeichnis wird die Baulast eine öffentlich rechtliche Last. Baulastenverzeichnisse werden in Bayern und Brandenburg nicht geführt. Hier wird auf beschränkt persönliche Dienstbarkeiten in den Grundbüchern zugunsten der Gemeinden ausgewichen.

Baulastenverzeichnis

land charges register; registry of public land charges; register of public obligations

Auf der Grundlage der Länderbauordnungen werden von Gemeinden in den Bundesländern mit Ausnahme von Bayern Baulastenverzeichnisse geführt. Seit 1994 wird in Brandenburg das 1991 eingeführte Baulastenverzeichnis ebenfalls nicht mehr weitergeführt. In Baulastenverzeichnisse werden die von Grundstückseigentümern übernommenen Baubeschränkungen (Baulasten) eingetragen. Es handelt sich um nachbarrechtliche Regelungen, die durch die Eintragung ins Verzeichnis öffentlich rechtliche Qualität bekommen. So kann z.B. ein Eigentümer seinem Nachbarn die Möglichkeit einer Grenzbebauung (Bebauung ohne Einhaltung sonst geltender Abstandsflächen) einräumen und übernimmt damit für seine baulichen Anlagen diesen Grenzabstand zusätzlich zu seinem eigenen. Die Eintragung bewirkt dann neben der bestehenden nachbarrechtlichen Regelung eine Verpflichtung gegenüber der Baubehörde.

Das Baulastenverzeichnis wird in der Regel in Loseblattform geführt. Es besteht aus Baulastenblättern. Jedes Grundstück, auf dem erstmals eine Baulast eingetragen wird, erhält ein Baulastenblatt mit einer eigenen Nummer. Das Baulastenblatt wird mit fortlaufenden Seitenzahlen versehen. Die Verpflichtungserklärung muss vom Grundstückseigentümer, bei Erbbaurechten zusätzlich vom Erbbauberechtigten abgegeben werden. Ist im Grundbuch eine Auflassungsvormerkung eingetragen, dann muss auch der Auflassungsberechtigte die Verpflichtungserklärung unterschreiben. Gelöscht wird eine Baulast durch rotes Durchstreichen und Eintragung eines Löschungsvermerks.

Neben dem Baulastenverzeichnis werden Baulastakten geführt, in denen die Verpflichtungserklärung und die Eintragungsverfügung aufbewahrt werden. Ähnlich wie beim Grundbuch setzt der Einblick in das Baulastenverzeichnis und die Baulastakte die Darlegung eines berechtigten Interesses voraus. In Bayern und Brandenburg sichern Gemeinden die von Eigentümern übernommenen Lasten im Grundbuch in Form beschränkter persönlicher Dienstbarkeiten ab.

Siehe / Siehe auch: Baulast, Beschränkte persönliche Dienstbarkeit

Bauleistungen

building work; construction activities; building output

Bauleistungen sind alle Leistungen, durch die eine

bauliche Anlage hergestellt, Instand gehalten, geändert oder beseitigt wird. Bauleistungen sind in der Vergabe- und Vertragsordnung für Bauleistungen (VOB) geregelt. Der neueste Stand bezieht sich auf das Jahr 2006 (VOB 2006).
VOB A enthält Allgemeine Bestimmungen für die Vergabe von Bauleistungen, VOB B Allgemeine Vertragsbedingungen für die Ausführung von Bauleistungen und VOB C das technische Regelwerk für Bauleistungen.
Wird ein Bauvorhaben durchgeführt, basiert es auf einer Baubeschreibung (Beschreibung von Bauleistungen), die Grundlage für ein Bauleistungsverzeichnis ist. Hier werden die Leistungen jeden Gewerkes innerhalb einiger Hierarchiestufen jeweils in einzelne Teilleistungen aufgegliedert.
Erbrachte Bauleistungen in einer im Bau befindlichen Anlage können durch die Bauleistungsversicherung gegen Zerstörung oder Diebstahl versichert werden.
Siehe / Siehe auch: Bauleistungsversicherung

Bauleistungsversicherung

engineering insurance; contractor's all risk insurance

Die Bauleistungsversicherung – früher Bauwesenversicherung – sichert den Bauherrn gegen Schäden am Bau ab. Diese können entstanden sein durch Diebstahl, höhere Gewalt und Elementarereignisse, besondere Witterungseinflüsse (Überflutungen, Sturm, Hagel), Vandalismus usw. Die Versicherung bezieht sich ferner auf Schäden, die durch fehlerhafte statische Berechnungen, Konstruktions- und Materialfehler oder mangelnde Bauaufsicht entstehen. Versichert sind alle Bauleistungen, Baustoffe und Bauteile einschl. der einzubauenden Gebäudebestandteile wir Türen und Fenster, sowie Außenanlagen (aber nicht die Gartenanlagen und Pflanzen). Berechnungsgrundlage für die Prämie sind die Bausumme, die Höhe der Selbstbeteiligung und die Versicherungszeit (max. 24 Monate). Schäden, die durch innere Unruhen, Streik oder Aussperrung entstehen, sind (häufig) ebenfalls versichert mit der Einschränkung, dass diese Teile jederzeit von der Versicherungsgesellschaft gekündigt werden können.
Nicht abgedeckt durch die Versicherung sind hingegen Schäden, die das Ergebnis schlecht ausgeführter Handwerkerarbeiten sind. Beispiel: frisch gegossener Estrich, der nach einem Frosteinbruch im Winter nichts mehr taugt. Da ein versierter Estrichleger einen anderen Zeitpunkt für diese Arbeit hätte wählen müssen, springt die Versicherung nicht ein. Der Bauherr kann allerdings den Handwerker innerhalb der Fristen für Mängelhaftung (früher „Gewährleistung“) zur Nacherfüllung auffordern.

Bauleiter

site manager, construction manager; clerk of (the) works

Siehe / Siehe auch: Bauleitung

Bauleitplanung

town and country planning; land use planning; area development planning; development planning

Bauleitplanung ist der Oberbegriff für die planerischen Darstellungen und Festsetzungen hinsichtlich einer baulichen Nutzung von Flächen der Gemeinden oder gemeindlicher Planungsverbände. Bauleitpläne müssen sich an den Zielen der Raumordnung, d.h. an den Vorgaben der Regionalpläne orientieren. Die Planungshoheit liegt bei den Gemeinden. Die Bauleitpläne benachbarter Gemeinden sind aufeinander abzustimmen, wobei die Auswirkungen auf die zentralen Versorgungsbereiche zu achten ist. Mehrere Gemeinden können sich zum Zweck einer gemeinsamen Bauleitplanung zu Planungsverbänden zusammenschließen. Die Aufstellung von Bauleitplänen ist im Baugesetzbuch, der Baunutzungsverordnung und der Planzeichenverordnung geregelt.
Die Bauleitplanung besteht aus dem Flächennutzungsplan, der sich grundsätzlich auf das gesamte Gemeindegebiet bezieht (vorbereitender Bauleitplan), und dem Bebauungsplan (verbindlicher Bauleitplan) dessen Geltungsbereich räumlich auf bestimmte Gemeindegebiete beschränkt ist. Auf beiden Planungsebenen ist die Beteiligung der Öffentlichkeit und der Behörden vorgesehen. Im Zuge der Änderung des BauGB vom 01. Januar 2007 wurde die Beteiligung der Öffentlichkeit und der Behörden mit dem Gesetz zur Erleichterung von Planungsvorhaben für die Innenentwicklung der Städte gestrafft.
Der Flächennutzungsplan kommt durch einen Feststellungsbeschluss des Gemeinderates zustande und bedarf der Genehmigung. In ihm werden Bauflächen als allgemeine Art der baulichen Nutzung sowie das allgemeine Maß der baulichen Nutzung dargestellt (nicht festgesetzt). Da Baugebiete in einem Bebauungsplan aus den Vorgaben des Flächennutzungsplanes zu entwickeln sind, ist es ratsam, die Darstellungen im Flächennutzungsplan möglichst allgemein zu halten. Der Bebauungsplan wird durch eine Satzung verabschiedet. Erst dieser

Bebauungsplan schafft Baurecht innerhalb der darin getroffenen Festsetzungen.
Siehe / Siehe auch: Baugesetzbuch (BauGB), Bebauungsplan, Flächenmanagement, Flächennutzungsplan (FNP), Raumordnung, Träger öffentlicher Belange / Behörden

Bauleitung

site management; construction management

Die Bauleitung hat eine Person inne, die bei einem Bauvorhaben je nach Vertragsgestaltung den Auftraggeber oder den Auftragnehmer vertritt. Die Bauleitung übernimmt eine Schnittstellenfunktion zwischen Auftraggeber, Auftragnehmer und der Bauaufsichtsbehörden beziehungsweise den Trägern öffentlicher Belange.
Für die Funktion als Bauleiter wird gewöhnlich ein abgeschlossenes (Fach-) Hochschulstudium zum Dipl.-Ingenieur Fachrichtung Architektur oder Hochbau vorausgesetzt. Bei kleineren Bauvorhaben oder in kleineren Betrieben werden auch Handwerksmeister oder staatlich geprüfte Techniker als Bauleiter eingesetzt.
Die Aufgaben der Bauleitung nach dem Leistungsbild Gebäude und raumbildende Ausbauten sowie im Leistungsbild Freianlagen werden im § 3 der HOAI, Leistungsphase 8 (Objektüberwachung (Bauüberwachung) geregelt. Dabei wird zwischen Grundleistungen, die für den Bauleiter obligatorisch sind, und besonderen Leistungen, die separat vereinbart werden können, unterschieden. Zu diesen Leistungen gehören nach Anlage 11 zu § 33 HOAI:

- Überwachen der Ausführung des Objekts auf Übereinstimmung mit der Baugenehmigung oder Zustimmung, den Ausführungsplänen und den Leistungsbeschreibungen sowie mit den allgemein anerkannten Regeln der Technik und den einschlägigen Vorschriften
- Überwachen der Ausführung von Tragwerken auf Übereinstimmung mit den Standsicherheitsnachweis
- Koordinieren der an der Objektüberwachung fachlich Beteiligten
- Überwachung und Detailkorrektur von Fertigteilen
- Aufstellen und Überwachen eines Zeitplanes (Balkendiagramm)
- Führen eines Bautagebuches
- Gemeinsames Aufmaß mit den bauausführenden Unternehmen
- Abnahme der Bauleistungen unter Mitwirkung anderer an der Planung und Objektüberwachung fachlich Beteiligter unter Feststellung von Mängeln
- Rechnungsprüfung
- Kostenfeststellung nach DIN 276 oder nach dem wohnungsrechtlichen Berechnungsrecht
- Antrag auf behördliche Abnahmen und Teilnahme daran
- Übergabe des Objekts einschließlich Zusammenstellung und Übergabe der erforderlichen Unterlagen, zum Beispiel Bedienungsanleitungen, Prüfprotokolle
- Auflisten der Verjährungsfristen für Mängelansprüche
- Überwachen der Beseitigung der bei der Abnahme der Bauleistungen festgestellten Mängel
- Kostenkontrolle durch Überprüfen der Leistungsabrechnung der bauausführenden Unternehmen im Vergleich zu den Vertragspreisen und dem Kostenanschlag

Besondere Leistungen können zwischen Auftraggeber oder Auftragnehmer und der Bauleitung vereinbart werden:

- Aufstellen, Überwachen und Fortschreiben eines Zahlungsplanes
- Aufstellen, Überwachen und Fortschreiben von differenzierten Zeit-, Kosten- oder Kapazitätsplänen
- Tätigkeiten, die auf Grund landesrechtlicher Vorschriften über die Grundleistungen hinausgehen

Grundsätzlich benötigt der Bauleiter eine besondere Vollmacht seines Auftraggebers, um Verträge mit den am Bau Beteiligten im Namen des Auftraggebers zu schließen. In der Praxis ist es oft strittig, ob Nachträge zu den vereinbarten Leistungen zustande gekommen sind, wenn diese auf der Baustelle zwischen beteiligten Unternehmen und der Bauleitung vereinbart wurden.

Bauliche Veränderungen (Mietwohnung)

structural change (rented flat)

Bauliche Veränderungen der Mietsache sind alle Veränderungen, die sich bei Auszug des Mieters nicht ohne weiteres wieder entfernen lassen, die in die Bausubstanz eingreifen, die die optische Einheitlichkeit einer Wohnanlage gefährden oder unerwünschte Folgen für andere Bewohner haben.
Beispiele:

- Herausreißen oder Einziehen von Wänden
- Einbau einer anderen Heizungsanlage
- Ankleben von Styroporplatten (Feuergefahr)

- Austausch der Einbauküche
- Verglasen des Balkons
- Ersetzen der elektrischen Leitungen
- Austausch von Fußböden
- Einbau einer Überwachungskamera durch Einzelbewohner am Haupteingang des Mehrfamilienhauses.

Die meisten Standardmietverträge enthalten eine Klausel, nach der bauliche Veränderungen an der Mietsache nicht ohne Zustimmung des Vermieters durchgeführt werden dürfen. Auch ohne diese Klausel ist dies ohne Erlaubnis unzulässig und kann zu Schadenersatzansprüchen gegen den Mieter führen (Wiederherstellung des alten Zustandes).

Zulässig sind geringfügige Veränderungen, die sich noch im Rahmen des vertragsgemäßen Gebrauchs bewegen. Beispiele: Anbringen neuer Steckdosen, Entfernen von Einbauschränken, Herstellen eines Telefonanschlusses, Dübellöcher (soweit in angemessener Menge und schonend z. B. für Fliesen).

Ebenfalls genehmigungsfrei eingebracht werden können Einrichtungen des Mieters, die wieder entfernt werden können und nur vorübergehend mit der Mietwohnung verbunden sind. Beispiele: Unverklebter Teppichboden, Aufstellen einer transportablen Duschkabine in der Küche, neue Wasserhähne.

Einen Rechtsanspruch auf Genehmigung einer erheblichen baulichen Veränderung hat der Mieter nicht. Ausnahme sind nach § 554 a BGB Einbauten, die ein behinderter Mieter benötigt, um die Wohnung behindertengerecht zu nutzen. Beispiele: Breitere Türen, Türschwellenentfernung, behindertengerechtes Bad. Nach einem Urteil des Bundesverfassungsgerichts kann ein Mieter die Zustimmung zum Einbau eines Treppenliftes im Treppenhaus eines Mehrfamilienhauses verlangen, wenn er ansonsten seine behinderte Lebensgefährtin immer in den zweiten Stock hinauf tragen müsste. Im verhandelten Fall hatte der Mieter angeboten, alle Kosten zu tragen (Az. 1 BvR 1460/99, Beschluss des BVerfG vom 28.03.2000).

Siehe / Siehe auch: Barrierefreiheit, Bauliche Veränderungen (Wohnungseigentum), Behindertengerechte Umbauten

Bauliche Veränderungen (Wohnungseigentum)

structural change (commonhold ownership)

Bauliche Veränderungen und Aufwendungen, die über die ordnungsgemäße Instandhaltung und -setzung des gemeinschaftlichen Eigentums hinausgehen, können gemäß § 22 Abs. 1 WEG von den Wohnungseigentümern beschlossen oder verlangt werden, wenn die Wohnungseigentümer zustimmen, deren Rechte über das nach § 14 WEG bestimmte Maß hinaus beeinträchtigt werden. Auf die Zustimmung kann verzichtet werden, soweit die Rechte eines oder mehrerer bzw. aller Eigentümern nicht beeinträchtigt werden.

Damit hängt das Erfordernis der Zustimmung zu baulichen Veränderungen davon ab, ob und welche Eigentümer im Sinne des Gesetzes von der baulichen Veränderung nachteilig betroffen sind (§ 14 Nr. 1 WEG).

Grundsätzlich kann allerdings davon ausgegangen werden, dass die Zustimmung aller Eigentümer immer dann erforderlich ist, wenn das Grundstück oder das Gebäude gegenüber seiner ursprünglichen Gestaltung baulich optisch verändert wird.

Dies gilt unter anderem bei Balkon- oder Loggiaverglasungen, Errichtung von Wintergärten und bei der Errichtung von zusätzlichen Baulichkeiten wie zum Beispiel beim Anbau von Garagen, bei der Errichtung eines Carports oder von Gartenhäusern auf der gemeinschaftlichen Grundstücksfläche.

Beschließen allerdings die Wohnungseigentümer eine zustimmungsbedürftige bauliche Veränderung nur mit Mehrheit trotz an sich erforderlicher Zustimmung aller Eigentümer, ist ein solcher Mehrheitsbeschluss wirksam und vom Verwalter durchzuführen, wenn er nicht innerhalb Monatsfrist angefochten und durch rechtskräftiges Urteil für ungültig erklärt wird. Die Eigentümer, die diesem Beschluss nicht zugestimmt haben, brauchen sich dann gemäß § 16 Abs. 6 WEG nicht an den Kosten zu beteiligen, dürfen allerdings auch keinen Anteil an den Nutzungen dieser Maßnahmen haben. Um im Nachhinein Streitigkeiten mit den Eigentümern zu vermeiden, die der Maßnahme nicht zugestimmt haben, empfiehlt sich im Zweifelsfall, bei Beschlüssen über bauliche Veränderungen eine namentliche Abstimmung vorzunehmen.

Im Einzelfall können die Eigentümer bei baulichen Veränderungen aber auch durch Mehrheitsbeschluss von drei Viertel aller stimmberechtigten Wohnungseigentümer gemäß § 16 Abs. 4 WEG eine von der gesetzlichen Regelung abweichende Kostenverteilung beschließen, wenn diese Dreiviertelmehrheit (nach Köpfen) gleichzeitig mehr als die Hälfte aller Miteigentumsanteile repräsentiert.

Werden bauliche Veränderungen am gemeinschaftlichen Eigentum durch einzelne Eigentümer ohne die erforderliche Zustimmung der übrigen Eigentümer vorgenommen, kann jeder einzelne Eigentümer oder auch die rechtsfähige Woh-

nungseigentümergemeinschaft bei entsprechender mehrheitlicher Beschlussfassung der Wohnungseigentümer-Versammlung die Beseitigung dieser Baumaßnahme verlangen, auch wenn diese bereits durchgeführt worden ist. Bei einem nachträglichen Beseitigungsverlangen ist allerdings die dreijährige Verjährungsfrist zu beachten, innerhalb derer der Anspruch geltend zu machen ist.
Siehe / Siehe auch: Beseitigungsanspruch (Bauliche Veränderungen), Instandhaltung / Instandsetzung (Mietrecht), Instandhaltung / Instandsetzung (Wohnungseigentum), Instandhaltungsrückstellung (Instandhaltungsrücklage), Kostenverteilung, Modernisierungsmaßnahmen (Wohnungseigentum), Rechtsfähigkeit (Wohnungseigentümer-Gemeinschaft), Modernisierende Instandsetzung

Baulinie

construction line; boundary of developable and undevelopable land

Eine Baulinie ist die im Bebauungsplan festgesetzte Linie, an die gebaut werden muss. Sie kann in roter Farbe dargestellt werden.
Darstellungsform im Bebauungsplan:
– ·· – ·· – ·· – ·· – ··
Siehe / Siehe auch: Baugrenze

Baulückenkataster

land register for empty sites/ empty building lots/ infill building plots

Baulückenkataster werden von Gemeinden angelegt, einerseits mit dem Ziel einer Bestandsaufnahme vorhandener Bauflächen vor allem in den unbeplanten Innenbereichen. Die vorhandenen siedlungspolitischen Entwicklungspotentiale sollen erkannt werden. Andererseits sollen die vorhandenen Baulandreserven im Interesse eines haushälterischen Flächenmanagements „mobilisiert“ werden. Insoweit handelt es sich um ein Informationsinstrument, das Architekten, Maklern, Bauträgern einen Überblick über potenzielle Angebote verschaffen soll.
Es liegt an diesen, mit den Eigentümern Verbindung aufzunehmen, um ihnen einen Verkauf schmackhaft zu machen. Die Eigentümeranschriften sind in kommunalen Baulandkatastern aus datenschutzrechtlichen Gründen nicht erfasst. Bei entsprechendem Interesse können die Eigentümer (teilweise gegen Gebühr) erfragt werden.
Die Baulücken werden in Katasterplänen farblich gekennzeichnet. Die „klassische Baulücke“ ist in der Regel sofort bebaubar. In das Baulückenkataster werden aber auch Flächen aufgenommen, die bauliche Nutzungsreserven aufweisen.
Ebenso können Flächen bezeichnet werden, die aktuell falsch genutzt werden und deren Umnutzung im öffentlichen Interesse liegt. Im Zusammenhang mit Einbeziehungssatzungen werden im Baulückenkataster vielfach auch Flächen gekennzeichnet, die durch Einbeziehung in den Innenbereich Bauflächen werden.
Da es keine speziellen öffentlich rechtlichen Regelungen über das Führen von Baulückenkatastern gibt, führte die Entwicklung zu einer Vielzahl von Ausprägungen. In der Regel werden die Möglichkeiten der geographischen Informationssysteme (GIS) zur Erstellung der Baulückenkataster genutzt.

Baumangel

building defect

Weist die Leistung des Bauunternehmers bzw. Handwerkers nicht die „vereinbarte Beschaffenheit“ auf und weicht sie von den anerkannten Regeln der Technik ab, liegt ein Baumangel vor. Fehlt eine Beschaffenheitsvereinbarung, ist die Leistung mangelfrei, wenn sie sich „für die nach dem Vertrag vorausgesetzte“, bei Fehlen einer vertraglichen Klarstellung „für die gewöhnliche Verwendung“ eignet Es ist immer ratsam, einen solchen Baumangel durch einen Sachverständigen begutachten zu lassen oder vor Anhängigkeit eines Rechtsstreites ein „Selbständiges Beweisverfahren“ – früher wBeweissicherungsverfahren – einzuleiten.
Damit wird auch eine etwa drohende Verjährung unterbrochen. Wird dabei ein Baumangel festgestellt, stehen dem Bauherrn Mängelhaftungsansprüche (früher „Gewährleistung“) nach dem Werkvertragsrecht des BGB oder – wenn vereinbart – nach VOB 2006 zu.
Siehe / Siehe auch: Bauschaden

Baumassenzahl (BMZ) - Baumasse (BM)

cubic density; cubical content of a building per square metre of site area; cubic extent ratio; cubic index - construction mass; cubic content of building; construction dimensions; cubic capacity

Durch die Festsetzung einer Baumassenzahl wird eine Begrenzung der Baumasse (ausgedrückt in Kubikmeter) im Verhältnis zur Grundstücksgröße hergestellt. Sie ist nur in Gewerbe- und Industriegebieten sowie in „sonstigen Sondergebieten“ als Festsetzungsmaß baulicher Nutzung zulässig. Da

sie früher auch in Gewerbegebieten nicht festgesetzt werden konnte und deshalb auf die GFZ ausgewichen wurde, gibt es heute noch viele Bebauungspläne für Gewerbegebiete, die keine BMZ enthalten. In solchen Fällen gilt als Höchstmaß für die zu errichtende Baumasse die GFZ x 3,5. Höchstmögliches Verdichtungsmaß ist eine BMZ von 10,0. Beispiel: Einer GFZ von 1,0 entspricht bei einem 10.000 Quadratmeter großen Baugrundstück einer Baumasse von 35.0003. Alternative Festsetzungsmöglichkeit ist in diesem Fall BM = 35.000.
Darstellung der Baumassenzahl als Planzeichen:

3,0

Baumkataster

register of trees

Das Baumkataster wird von den Städten und Gemeinden üblicherweise bei den Grünflächenämtern geführt. Im Baumkataster sind Angaben zur Gattung, Krone, Wurzel des Baumes, zur Unterhaltspflege, sowie zum Eigentum an den erfassten Bäumen im Gemeindegebiet vermerkt.

Siehe / Siehe auch: Baumschutz, Baumschutzsatzung, Grenzbaum

Baumschutz

protection of trees

In vielen Gemeinden bestehen Baumschutzverordnungen, die das Fällen von Bäumen bestimmter Höhe bzw. Größe untersagen oder von einer Genehmigung abhängig machen. Solche Regelungen können die Bebaubarkeit eines Grundstücks und damit seinen Wert teilweise erheblich beeinträchtigen. Rechtsgrundlage für gemeindliche oder vom Landkreis erlassene Baumschutzverordnungen (auch Baumschutzsatzung genannt) sind die Naturschutzgesetze bzw. Landschaftspflegegesetze der Bundesländer, die wiederum dem Bundesnaturschutzgesetz als Rahmengesetz folgen.

Siehe / Siehe auch: Baumkataster

Baumschutzsatzung

German (municipal) tree protection charter

Viele Gemeinden haben aus Umweltschutzerwägungen heraus so genannte Baumschutzsatzungen geschaffen, die das Fällen von Bäumen einer bestimmten Größe untersagen.
Geschützt sind darin meist:

- Bäume mit Stammumfang von 80 und mehr Zentimetern
- mehrstämmige Bäume, wenn ein Stamm einen Umfang von 50 cm und mehr hat.

Der Umfang wird in einer Höhe von 100 cm über dem Erdboden gemessen. Wenn der Kronenansatz unter dieser Höhe liegen sollte, ist der Stammumfang unmittelbar unter dem Kronenansatz maßgeblich. Obstbäume sind von der Satzung meist ausgenommen, nicht jedoch Walnuss und Esskastanie. Verboten ist die „Entfernung, Zerstörung, Schädigung des Baumes oder wesentliche Veränderung seines Aufbaues. Der Aufbau wird wesentlich verändert, wenn Eingriffe vorgenommen werden, die auf das charakteristische Aussehen erheblich einwirken oder das weitere Wachstum beeinträchtigen."
(Quelle: Satzung zum Schutz des Baumbestandes, Düsseldorf, 1986).
Natürlich sind Ausnahmen vorgesehen – z. B. bei kranken Bäumen oder solchen, von denen Gefahren ausgehen. Auch bei zulässigen Bauvorhaben ist meist eine Ausnahme möglich. Zuständig ist das örtliche Umwelt- und Grünamt oder die städtische Umweltbehörde. Ein Verstoß gilt als Ordnungswidrigkeit, die mit Geldbuße bis zu 50.000 Euro geahndet werden kann. Unterliegt ein Baum der Baumschutzsatzung, sind auch die sonst nach dem Bürgerlichen Gesetzbuch bestehenden Rechte des Nachbarn eingeschränkt: So darf der Nachbar z. B. keine überhängenden Zweige abschneiden (OLG Hamm, Beschluss vom 6.11.2007, Az. 3 Ss OWi 494/07). Aus den Baumschutzregelungen ergibt sich eine Duldungspflicht des Nachbarn. Die Verkehrssicherungspflicht für einen der Baumschutzsatzung unterliegenden Baum hat weiterhin der Eigentümer. Im Schadensfall kann es jedoch auch zu einer Haftung der Umweltbehörde kommen, wenn diese kurz vorher den mit dem Baumzustand begründeten Antrag des Eigentümers auf Genehmigung zur Baumfällung abgelehnt hat. Anspruchsgrundlage: Amtshaftung, § 839 BGB, Art. 34 GG. Dies ergibt sich aus dem Urteil des Oberlandesgerichts Hamm vom 8.1.1993, Az. 9 U 100/92 (NZV = Neue Zeitschrift für Verkehrsrecht, 1994, 27). In dem Urteil betonte das Gericht, dass die Amtspflicht der Behörde sich nicht nur auf das Verhältnis zum Baumeigentümer

beziehe, sondern gerade in derartigen Fällen auch auf den Schutz von Dritten. Im konkreten Fall war das der Besitzer eines vor dem Nachbargrundstück geparkten PKW, der von Dachtrümmern des Nachbarhauses getroffen wurde, auf welches der Baum gestürzt war. Wenn der Eigentümer des Baumes ausdrücklich aufgrund erheblicher Unfall- und Umsturzgefahr die Ausnahmegenehmigung zur Fällung beantragt habe, die Behörde dies aber ablehne, könne der Baumeigentümer seiner Verkehrssicherungspflicht nicht mehr nachkommen. Der Eigentümer könne daher nicht für den Schaden des Autobesitzers verantwortlich gemacht werden – wohl aber die Behörde, die durch ihre Entscheidung eine Beseitigung der Gefahr verhindert habe. Die Behörde könne sich nicht darauf berufen, für Fragen der Verkehrssicherheit nicht zuständig zu sein.
Siehe / Siehe auch: Baumkataster

Baunebenkosten

additional costs of construction; ancillary construction costs; building incidentals; incidental construction expenses; incidentals; incidental (building) costs; soft development costs

Baunebenkosten sind Teil der Gesamtkosten eines Bauvorhabens. Zu ihnen zählen im wesentlichen:

- Kosten für Architekten, Ingenieure und Sonderfachleute
- Kosten der Verwaltungsleistungen des Bauherrn (u.a. auch eine eventuelle Baubetreuungsgebühr)
- Kosten der Behördenleistungen wie Baugenehmigung, Gebrauchsabnahmen
- Kosten der Finanzierungsbeschaffung, Bauzeitzinsen, Bereitstellungszinsen
- Grundsteuern während der Bauphase
- Beiträge zur Bauherrenhaftpflicht und Bauleistungsversicherung

Was Baunebenkosten sind, ergibt sich aus § 8 der mittlerweile außer Kraft gesetzten II Berechnungsverordnung. Zur Ermittlung der Kosten für Architekten und Ingenieure gilt die HOAI. Die Kosten der Verwaltungsleistungen sind in der II BV begrenzt auf ein Prozent bis 3,4 Prozent der Baukosten, zuzüglich etwaiger Zuschläge in besonderen Fällen.
Baunebenkosten sind auch in der DIN 276 unter der Hauptgruppe 700 (7.1.1 – 7.5.9) erfasst. Sie entsprechen in etwa trotz teils anderer Bezeichnung denen der II BV.
Siehe / Siehe auch: Gesamtkosten (eines Bauwerks)

Baunutzungskosten

operating expenses

Unter Baunutzungskosten (von Hochbauten) versteht man die Folgekosten, die nach Fertigstellung eines Gebäudes durch dessen Nutzung entstehen. Es handelt sich um eine Betrachtung aus der Sicht desjenigen, der für die Planung des Gebäudes zuständig ist. Dabei gilt der Grundsatz, dass ein Gebäude, das so geplant ist, dass nach Fertigstellung alle Nutzungsfunktionen aus der Kostenperspektive optimiert sind, zwar mehr Herstellungskosten verursacht, diese aber durch Kosteneinsparungen währen der Nutzungsdauer mehr als kompensiert werden. Die Baunutzungskosten sind in der DIN 18960 definiert. Die einzelnen, darin dargestellten Kosten entsprechen inhaltlich teilweise den Kapital- und Bewirtschaftungskosten der II BV, sind aber anders gegliedert und begrifflich anders gefasst.

Baunutzungsverordnung (BauNVO)

German ordinance on land usage

Die Baunutzungsverordnung stellt eine Ergänzung zum Baugesetzbuch dar. Sie enthält unter anderem Regelungen zur Bestimmung von Art und Maß der baulichen Nutzung, der Bauweise und sowie der überbaubaren Grundstücksfläche. Bei der Aufstellung der Bauleitpläne (Flächennutzungsplan und Bebauungsplan) durch die Gemeinde, sind die Vorschriften der Baunutzungsverordnung zu beachten.
Zu den Arten der baulichen Nutzung zählen vier Wohngebietsarten, drei Mischgebietsarten, zwei Gewerbegebietsarten und zwei Sondergebietsarten. Die Gemeinde kann einzelne Nutzungsarten eines Baugebietes bei der Erstellung des Bebauungsplanes ausschließen. Der Baugebietscharakter der jeweiligen Baugebietsart muss jedoch erhalten bleiben. („Typenzwang"). Die Baugebietsarten und die unbeplanten Innenbereichszonen sollten räumlich so strukturiert werden, dass unverträgliche Nutzungen räumlich voneinander getrennt werden. So wäre es unsinnig, ein reines Wohngebiet neben einem Industriegebiet zu etablieren.
Zu den Maßen der baulichen Nutzung zählen die Grundflächenzahl, die Geschossflächenzahl, die Baumassenzahl, (für Gewerbe- und Industriegebiete sowie sonstige Sondergebiete), die Höhe der baulichen Anlage sowie die Zahl der Vollgeschosse.
Durch Festsetzung der Bauweise (offen, geschlossen) und der überbaubaren Grundstücksfläche (Baufenster), wird besonders der Baugebietscharakter geprägt. Zu beachten ist, dass alte Bebauungspläne nach der zur Zeit ihrer Aufstellung geltenden Baunutzungsverordnung zu beurteilen sind. Es gibt

in diesem Sinne vier Baunutzungsverordnungen, nämlich die von 1962, 1968, 1977 und 1990.
Siehe / Siehe auch: Bauleitplanung, Bebauungsplan, Art der baulichen Nutzung, Bauweise, Flächennutzungsplan (FNP), Maße der baulichen Nutzung, Überbaubare Grundstücksfläche

Bauordnungsrecht

building law; construction code; construction law

Das Bauordnungsrecht hat sich aus früheren baupolizeilichen Vorschriften entwickelt. Es regelt, was bei der Errichtung, Änderung und dem Abbruch baulicher Anlagen zu beachten ist. Neben Begriffsdefinitionen ist u.a. folgendes Regelungsgegenstand des Bauordnungsrechts: Abstandsflächen und Nachbarschutz, Sicherheit am Bau, Standsicherheit einer baulichen Anlage, Tragfähigkeit des Baugrunds. Ferner sind in den Landesbauordnungen formale Verfahren wie Bauantrag, Bauvoranfrage, Baugenehmigung und Genehmigungsfreistellung, sowie materielles Recht wie Ausnahmen und Befreiungen, Baulasten, Vorschriften zur Baueinstellung, Nutzungsuntersagung und anderes geregelt.
Die Bestimmungen finden sich den Landesbauordnungen der einzelnen Bundesländer. Diese sind nicht einheitlich, sodass die bauordnungsrechtliche Beurteilung von Sachverhalten sich nach dem jeweiligen Landesrecht richtet. Eine Musterbauordnung, die von Zeit zu Zeit durch die für das Bauwesen zuständigen Minister der Bundesländer aktualisiert wird (zuletzt im November 2002), dient als Richtschnur für die Gesetzgebung der Bundesländer. Der letzte Stand der Länderbauordnungen ergibt sich aus folgender Übersicht:

- 1.Landesbauordnung Baden-Württemberg (LBO) v. 8.August 1995; zuletzt geändert durch Verordnung vom 25. April 2007
- Bayerische Bauordnung (BayBO) vom 4. August 1997; zuletzt geändert am 14 August 2007
- Bauordnung für Berlin (BauOBln) vom 29. September 2005; zuletzt geändert am 7. Juni 2007
- Brandenburgische Bauordnung (BbgBO) v. 16. Juli 2003; zuletzt geändert am 28. Juni 2006
- Bremische Landesbauordnung (BremLBO) vom 27. März 1995; zuletzt geändert am 8. April 2003
- Hamburgische Bauordnung (HbauO) v. 1. Juli 1986; zuletzt geändert am 14. Dez. 2005
- Hessische Bauordnung (HBO) vom 18. Juli 2002; zuletzt geändert am 28.9.2005
- Landesbauordnung Mecklenburg-Vorpommern (LBauO M-V) vom 18. April 2006
- Niedersächsische Bauordnung (LbauO M-V) vom 14. November 2006
- Bauordnung für das Land Nordrhein-Westfalen (BauO NRW) vom 1. März 2000; zuletzt geändert am 13.3.2007
- Landesbauordnung Rheinland-Pfalz (LbauO) vom 24. November 1998; zuletzt geändert am 4. Juli 2007
- Bauordnung für das Saarland (-LBO) vom 27. März 1996; zuletzt geändert am 22. Juli 2004
- Sächsische Bauordnung (SächsBO) vom 28. Mai 2004
- Bauordnung Sachsen-Anhalt (BauO LSA) 20. Dezember 2005
- Landesbauordnung für das Land Schleswig-Holstein (-LBO) vom 10. Januar 2000; zuletzt geändert am 20. Juli 2007
- Thüringische Bauordnung (ThürBO) vom 16. März 2004; zuletzt geändert am 5. Februar 2008

Durch das „Gesetz zur Erleichterung von Planungsvorhaben für die Innenentwicklung der Städte“ vom 21.12.2006 wurde vom Bund in das Landesrecht insofern eingegriffen, als nunmehr in bestimmt wurde, dass Gemeinden in Bebauungsplänen aus städtebaulichen Gründen vom Landesrecht abweichende Maße der Tiefe der Abstandflächen festsetzen können. Die Regelung zielt im Interesse der Erleichterung der Nachverdichtung von Innenbereichen in den Städten auf eine Verringerung der Abstandsflächen ab.
Siehe / Siehe auch: Abstandsfläche

Bauplanungsrecht

planning law

Das derzeit geltende Bauplanungsrecht fußt auf dem Bundesbaugesetz von 1960 und wurde 1971 durch das Städtebaurecht ergänzt. Zusammengeführt wurden diese beiden Rechtsgebiete 1986 im Baugesetzbuch. Dabei wurden auch Aspekte der Stadtökologie, des Umweltschutzes, des Flächenrecyling erstmals in den Regelungsbereich einbezogen. Seitdem erfuhr das Baugesetzbuch einige Novellierungen. Das für die östlichen Bundesländer gedachte BauGB-Maßnahmegesetz, das Erleichterungen bei der Umsetzung bauplanungsrechtlicher und städtebaurechtlicher Ziele gebracht hat, wurde 1998 in das Baugesetzbuch überführt. Dann wurden zunehmend europarechtliche Normen be-

rücksichtigt. Nach der Änderung des deutschen Bauplanungsrechts durch das Europarechtsanpassungsgesetz 2004 erfolgte nochmals eine Änderung am 27. August 2007 mit der Zielrichtung weiterer Vereinfachungen.
Das Bauplanungsrecht ist Bundesrecht. Es regelt im allgemeinen Städtebaurecht umfassend die gemeindlichen Kompetenzen und Aufgaben im Zusammenhang mit der Bauleitplanung, die Instrumente zu deren Sicherung, die Rechtsgrundlagen der baulichen Nutzung des Bodens, die Bodenordnung und Erschließung sowie die Enteignung.
Gegenstand des Besonderen Städtebaurechts sind Vorschriften über städtebauliche Sanierungs- und Entwicklungsmaßnahmen, Vorschriften zum Stadtumbau und zur Sozialen Stadt, über die Erhaltungssatzung und städtebaulichen Gebote und die im Zusammenhang mit solchen Maßnahmen erforderliche soziale Abfederung (Sozialplan) und die notwendige Aufhebung von Miet- und Pachtverhältnissen im Zuge solcher Maßnahmen.
Einbezogen wurde auch das Wertermittlungsrecht mit der Installation und dem Aufgabenbereich von Gutachterausschüssen. Zum Bauplanungsrecht zählen auch die zugehörigen Verfahrensvorschriften einschließlich der Verfahren vor den Kammern für Baulandsachen.
Siehe / Siehe auch: Baugesetzbuch (BauGB), Baunutzungsverordnung (BauNVO), PlanzVO, Wertermittlungsverordnung (WertV)

Baupreisindex

construction cost index; building price index; building cost index; construction price index

Der Baupreisindex wird verwendet zur Ermittlung des Herstellungswertes eines Gebäudes nach dem Sachwertverfahren (§21ff WertV), um die Normalherstellungskosten auf die Preisverhältnisse zum Wertermittlungsstichtag umzurechnen.
In Deutschland werden die folgenden Indizes vom Statistischen Bundesamt herausgegeben:

- konventioneller Neubau im Hochbau (Wohngebäude, Bürogebäude und gewerbliche Betriebsgebäude),
- Neubau von Einfamiliengebäuden in vorgefertigter Bauart (Fertighäuser),
- Neubau im Tiefbau (Straßen, Brücken, Ortskanäle) und
- Instandhaltung von Mehrfamiliengebäuden

Baupreisindizes

Jahr Gebäudeart	2004	2005	2006	2008	2009 Feb.
Wohnen	99,1	100,0	108,7	111,8	112,8
Büro	99,8	100,0	109,2	112,6	113,8
Betrieb	98,0	100,0	109,6	113,6	115,0
Straßenbau	99,6	100,0	110,5	115,2	117,7
Instandhaltung	98,5	100,0	108,4	111,3	112,9

Bauproduktklassen

construction product classes

Die Bauprodukte (nach DIN 4102-1 „Baustoffe") werden nach Euronorm in nicht brennbar und brennbar eingeteilt. Nicht brennbar sind die Bauprodukte, die der Baustoffklasse A1 und A2 angehören. Die Baustoffe der Klassen B, C, D und E unterscheiden sich hinsichtlich ihres unterschiedlichen Ausmaßes der Entflammbarkeit. Die Katalogisierung berücksichtigt Rauchentwicklung und brennendes Abtropfen. Die Euronorm gilt an Stelle von DIN 4102-1 seit 1.1.2001.

Bauprozess

construction process

(Zivilrecht) Beim Bauprozess stehen Rechtsstreitigkeiten im Mittelpunkt, die im Zusammenhang mit der Errichtung eines Bauwerkes entstehen. Die Risiken des Bauprozesses sind grundsätzlich nicht durch eine Rechtsschutzversicherung abdeckbar. Das finanzielle Risiko, das wegen der meist hohen Streitwerte ebenfalls hoch ausfällt, liegt deshalb zunächst beim klagenden Bauherrn.
Hinzu kommen die Kosten für Gutachter, die in aller Regel eingeschaltet werden müssen. Diese Ausgaben müssen die Prozessparteien ebenfalls selbst tragen. Wer gerichtlich gegen Entscheidungen der Baubehörde vorgehen will, muss den Verwaltungsrechtsweg beschreiten.

Baurechtsanalyse

analysis of construction project based on planning law, building law and land registry law

Ziel der Baurechtsanalyse ist es, zu ermitteln, welches Nutzungspotenzial auf der Grundlage der rechtlichen Gegebenheiten realisierbar ist. Eine Baurechtsanalyse besteht im Wesentlichen aus der Analyse bauplanungsrechtlicher, bauordnungsrechtlicher und grundbuchrechtlicher Merkmalstatbestände. Hinzu kommen Fragen im Zusammenhang mit den Vorschriften zur Energieeinsparung.

1. Bauplanungsrechtliche Analyse:

Informationsgrundlage sind vor allem der bauplanungsrechtliche Entwicklungszustand des Grundstücks, die Interpretation aus der Perspektive des Baugesetzbuches und die Baunutzungsverordnung. Zu ermitteln ist, ob das Grundstück sich im Außen- oder im Innenbereich befindet, ob ein Bebauungsplan besteht, welche bauliche Nutzungsart festgesetzt wurde, welches Bauvolumen hinsichtlich der festgesetzten Maße der baulichen Nutzung realisiert werden kann, welche sonstigen Festsetzungen der Bebauungsplan enthält, ob eine Realisierung des Bauvorhabens auf der Grundlage eines Vorhaben- und Erschließungsplanes möglich ist und vieles mehr. Hinsichtlich des Entwicklungsstadiums ist festzustellen, ob Umlegungsverfahren abgeschlossen sind, die Erschließung gesichert ist, ob etwaige Verfügungs- und Veränderungssperren bestehen, ob Ausgleichsflächen zu berücksichtigen sind usw. Ferner muss festgestellt werden, ob sich das Grundstück, dessen Baurechte zu analysieren sind, sich im Geltungsbereich eines städtebaulichen Entwicklungs- oder Sanierungsgebietes befindet, ob eine Erhaltungssatzung besteht und welche städtebaulichen Gebote gegebenenfalls zu beachten sind.

2. Bauordnungsrechtliche Analyse:

Die bauordnungsrechtliche Analyse bezieht sich auf Vorschriften des Nachbarschutzes, z. B. einzuhaltende Abstandsflächen, auf Vorgaben, die bei einer Baugenehmigung bzw. im Genehmigungsfreistellungsverfahren zu beachten sind, den Inhalt von Bauvoranfragen, etwa bestehende Ausnahmen oder mögliche Befreiungsmöglichkeiten von der Einhaltung bestimmter Vorschriften, bestehende Baulasten usw.

3. Grundbuchrechtliche Analyse:

Im Rahmen der Grundbuchanalyse ist schließlich festzustellen, wer verfügungsberechtigt ist, ob Zustimmungserfordernisse bei Verfügungen über das Grundstück zu beachten sind, welche Lasten und Beschränkungen auf dem Grundstück ruhen und ob, bzw. wie sie sich gegebenenfalls auf die Grundstücksbebauung auswirken.
Siehe / Siehe auch: Bauordnungsrecht, Bauplanungsrecht, Grundbuch

Baureifes Land
land ready (or ripe) for development; development site
Siehe / Siehe auch: Bauland

Baureinigung
building cleaners
Spezielle Reinigungsfirmen kümmern sich um die Reinigung von Neu- oder Umbauten während oder nach der Bauzeit. Während der Bauphase kann mehrfach eine Grob-Baureinigung durchgeführt werden, die groben Schmutz und Staub beseitigt, die Arbeit der nächsten Gewerke erleichtert und nicht zuletzt eine frühzeitige Besichtigung durch Kauf- und Mietinteressenten ermöglicht.
Nach Abschluss der Bauarbeiten erfolgt eine Endreinigung, die das Gebäude bezugsfertig gesäubert hinterlässt. Auch eine Nachreinigung muss in manchen Fällen durchgeführt werden, wenn etwa Nachbesserungen oder die Beseitigung von Baumängeln doch noch einmal für Schmutz und Staub gesorgt haben. Natürlich muss bei den genannten Arbeiten die Einhaltung der gesetzlichen Richtlinien zur Abfallbeseitigung gewährleistet sein.
Siehe / Siehe auch: Endreinigung

Bausachverständigenverordnung
ordinance of building experts/ building surveyors
Die Prüfung von Bauten z. B. im Hinblick auf Standsicherheit, vorbeugenden Brandschutz und sicherheitstechnische Anlagen und Einrichtungen ist in jedem Bundesland durch uneinheitliche Landesvorschriften geregelt. Welche Prüfungen durchzuführen sind, regeln die Landesbauordnungen. Einige Bundesländer haben spezielle Vorschriften zur Anerkennung der Sachverständigen erlassen, die derartige Prüfungen durchführen dürfen. Manche Länder – z. B. Berlin – verzichten auf eine formelle Anerkennung und ermächtigen jede Person mit einer entsprechenden Ausbildung und Sachkunde zur Durchführung von Anlagenprüfungen. Die Verordnungen werden zum Teil als Bausachverständigenverordnung (BauSVO), teils aber auch anders bezeichnet. Die BauSVO Baden-Württemberg z. B. versteht sich als Verordnung über anerkannte Sachverständige für die Prüfung technischer Anlagen und Einrichtungen nach Bauordnungsrecht (BauS-VO). Sie regelt unter anderem die Voraussetzungen für die Anerkennung als Sachverständiger sowie Pflichten und Aufgaben von Bausachverständigen. Im Freistaat Bayern existiert eine vergleichbare Regelung unter der Bezeichnung „Verordnung über die verantwortlichen Sachverständigen im Bauwesen (SachverständigenverordnungBau – SVBau)“ vom 24.09.2001.

Bauschaden

building defect and deficiency; structural damage

Im Gegensatz zum Baumangel, der auf eine mangelhafte Bauausführung zurückzuführen ist, entstehen Bauschäden durch unterlassene Instandhaltungsarbeiten oder durch Einwirkungen von außen (Sturm, Blitz und dergleichen). Bauschäden können aber auch durch einen Baumangel verursacht werden. Etwaige Sachmängelansprüche (Gewährleistungsansprüche) beziehen sich nicht auf Bauschäden, es sei denn es handelt sich um Mangelfolgeschaden, die auf einen Baumangel eng und unmittelbar zurückzuführen sind.

Siehe / Siehe auch: Baumangel

Bausenat

Senate for Housing Development (ministerial portfolio); body in higher court of appeal that decides cases regarding building disputes

Der Begriff Bausenat wird in unterschiedlichen Bedeutungen gebraucht. Zum einen bezeichnet er einen in Bausachen zuständigen Spruchkörper (rechtsprechendes Organ) eines Gerichts. Bausenate bestehen beispielsweise an Oberlandesgerichten und am Bundesgerichtshof, wo Bausachen dem VII. Zivilsenat zugewiesen sind. In den Städten Berlin, Hamburg, Bremen und Lübeck, deren oberste Exekutive Senat genannt wird, werden zudem die für das Bauwesen zuständigen Senatsverwaltungen umgangssprachlich als Bausenat bezeichnet. Des Weiteren wird der Begriff auch auf die für Bauangelegenheiten zuständigen Ausschüsse kommunaler Parlamente angewendet.

Bauspardarlehen

building society loan

Bauspardarlehen sind Darlehen von Bausparkassen, auf die der Bausparer einen Anspruch hat, wenn er die Zuteilungsvoraussetzungen erfüllt hat. Der Bausparzins liegt in der Regel zwischen 4,5 und fünf Prozent. Die Regellaufzeit liegt zwischen zehn und elf Jahren. Die Höhe der Annuität richtet sich nach dem gewählten Tarif und bewegt sich zwischen drei und zehn Promille der Bausparsumme pro Monat. In den Standardtarifen beträgt die Monatsrate, die an die Bausparkasse abzuführen ist, sechs Promille der Bausparsumme. Die für die Zuteilung zu erreichende Bewertungszahl wird nach einem „Zeit-mal-Geld-System" ermittelt. Bauspardarlehen können bis zur Höhe von 15.000 EURO ohne grundbuchliche Absicherung gewährt werden, wenn sich der Darlehensnehmer verpflichtet, einer möglichen Sicherung von Forderungen durch Grundpfandrechte zugunsten anderer oder durch Veräußerung des Grundstücks zu verhindern (§ 7 Abs. 4 Gesetz über Bausparkassen). Es handelt sich um ein „Bauspardarlehen gegen Verpflichtungserklärung". Das Bauspardarlehen muss für wohnungswirtschaftliche Zwecke verwendet werden. Dazu zählen nicht nur der Bau und der Erwerb von Wohnhäusern, sondern auch erhebliche Verbesserungen an Wohnhäusern und auch an Mietwohnungen, Modernisierungen, Einkauf in ein Altenheim mit dem Recht auf dauerhafte Selbstnutzung einer Wohnung usw..

Siehe / Siehe auch: Bausparen

Bausparen

saving for building purposes

Bausparen ist das Einzahlen von Beträgen bei einer Bausparkasse auf der Grundlage eines Bausparvertrages. Die Einzahlungen können regelmäßig, unregelmäßig bis hin zur Einmalzahlung erfolgen. Ziel des Bausparens ist es, später ein zinsgünstiges Darlehen zum Kauf, Bau oder zur Renovierung einer Wohnung bzw. eines Hauses aufnehmen zu können. Die Höhe der Einzahlungen richtet sich nach der Höhe der Bausparvertragssumme. Der Bausparer spart 40 Prozent bis 50 Prozent auf seinem Bausparkonto an (Mindestansparsumme). Erreicht er eine vorgegebene Bewertungszahl – sie richtet sich danach, wie viel der Bausparer eingezahlt hat und wie lange die Einzahlungen zurück liegen – und erfüllt er die Wartezeit, erhält er ein Darlehen, das je nach Bausparkasse normalerweise mit 4,5 bis 5,0 Prozent zu verzinsen ist. Mit der Zuteilung bekommt er ebenfalls sein Bausparguthaben zurück. Das Guthaben enthält die angesparten Raten, die angefallenen Zinsen (üblicher Zinssatz 2,5 bis 3,0 Prozent im Jahr) und etwaige Förderbeträge. Die Tilgung ist relativ hoch, so dass die jährliche Annuität – bezogen auf das Darlehen – über derjenigen von üblichen Baudarlehen liegt. Bausparen wird durch die Wohnungsbauprämie und Arbeitnehmersparzulage staatlich gefördert. Welche der Förderungsmöglichkeiten im Einzelfall in Frage kommen, erläutern Finanzierungsberater und die Bausparkassen. Allerdings ist darauf hinzuweisen, dass die Bausparfinanzierung effektiv teurer sein kann, als eine Bankfinanzierung. Dies kann dann der Fall sein, wenn auf das Bankkonto in der Ansparzeit die gleiche Sparrate einbezahlt und höher verzinslich angelegt wird als bei einer Bausparkasse – selbst wenn später das Bankdarlehen für sich genommen teurer ist. Nur bei relativ niedrigen Bausparvertragssummen, bei denen das

Verhältnis zwischen der Einzahlungssumme einerseits und den staatlichen Förderungsmitteln plus Einlagenverzinsung andererseits zu einer höheren Gesamtverzinsung des Guthabens führt, erscheint Bausparen als geeignetes Restfinanzierungsinstrument attraktiv.
Siehe / Siehe auch: Wohnungsbauprämie, Arbeitnehmersparzulage, Bauspardarlehen, Bausparvertrag

Bausparkassen

building societies; home building and loan associations; housing credit institutions

Bei den Bausparkassen handelt es sich nach dem Bausparkassengesetz von 1973 um Kreditinstitute, auf die das Kreditwesengesetz anzuwenden ist und die der Überwachung durch die Bundesanstalt für Finanzdienstleistungsaufsicht (BaFin) unterliegen. Die ersten Bausparkassen wurden Anfang des 19. Jahrhunderts in England gegründet. In Deutschland folgte nach englischem Vorbild 1868 in Breslau die erste Gründung als Genossenschaft. Durchgesetzt hat sich der Bauspargedanke allerdings erst mit Gründung der Wüstenrot 1924. Heute gibt es 21 private und 13 öffentliche Bausparkassen.
Siehe / Siehe auch: Bausparen

Bausparsumme

targeted amount of savings; building society money

Betrag, über den ein Bausparvertrag abgeschlossen wird. Die Bausparsumme setzt sich aus dem Bausparguthaben und dem Bauspardarlehen zusammen und wird ausgezahlt, wenn der Vertrag die Zuteilungsvoraussetzungen erfüllt.

Bausparvertrag

building loan contract; savings contract with a building society or bank

Der Bausparvertrag ist ein Vertrag, den ein Bausparer mit einer Bausparkasse abschließt. Damit strebt der Bausparer in aller Regel an, ein künftiges Bauvorhaben mit einem zinsgünstigen Darlehen zu finanzieren.Bausparverträge können nicht nur durch den Bausparer, sondern auch durch dessen nahe Verwandte für Bauzwecke genutzt werden. Welche Verwandte hierfür in Betracht kommen, regelt der Gesetzgeber. Einzahlungen auf Bausparverträge werden vom Staat durch Gewährung von Arbeitnehmersparzulage und Wohnungsbauprämie unterstützt. Die Verwendung der Bausparguthaben ist dafür zweckgebunden. Bausparverträge können nur für wohnungswirtschaftliche Zwecke verwendet werden. Hierzu zählen die Finanzierung von Erwerbsvorgängen und die Durchführung von Wohnbauvorhaben, Umbauten und Modernisierungen. Außerdem werden die Auszahlung von Miterben, die Ablösung von Fremdfinanzierungsmitteln (Umschuldungen) soweit jeweils wohnungswirtschaftliche Objekte betroffen sind, sowie die Modernisierung der Mietwohnung durch den Mieter als wohnungswirtschaftlicher Verwendungszweck anerkannt. Eine anderweitige Verwendung des Bausparguthabens vor Ende der siebenjährigen Sperrfrist führt dazu, dass die gewährten Wohnungsbauprämien wieder an den Fiskus zurückerstattet werden müssen.
Verschiedene Banken schließen mit Bausparkassen Bausparverträge ab, die sie selbst besparen und bei Zuteilung ausgewählten Kunden als Finanzierungsmittel anbieten. In Zeiten hoher Zinsen kann dies eine interessante Finanzierungsalternative darstellen. Es handelt sich um sogenannte Bauspar-Vorratsverträge. Neben dem Standard-Bausparvertrag gibt es Schnellsparvarianten und Langsamsparvarianten wobei grundsätzlich einer kurzen/langen Darlehenslaufzeit immer eine kurze/lange Ansparzeit bis zur Zuteilung entspricht. Im Zuge des Wandels der Tariflandschaft mit dem Ziel, den unterschiedlichen Bedürfnissen der Bausparer gerecht zu werden, werden heute auch Bausparverträge angeboten, bei denen ein Bauspardarlehen in Höhe der Bausparvertragssumme gewährt werden. Bei Tarifen mit hohen Guthabenzinsen (z.B. fünf Prozent) werden entsprechend höhere Darlehenszinsen gefordert. Der Variationsreichtum ist mittlerweile außerordentlich groß. Bausparverträge können geteilt, ermäßigt oder erhöht werden. Auch eine Zusammenlegung mehrerer Verträge ist möglich. Bei Übertragung ist darauf zu achten, dass nur Angehörige den bereits entstandenen Anspruch auf Wohnbauprämien mit übernehmen können.
Siehe / Siehe auch: Arbeitnehmersparzulage, Wohnungsbauprämie, Bausparen

Baustellenmarketing

on-site advertising; real estate marketing during the construction phase

Als Baustellenmarketing werden diejenigen Marketingmaßnahmen bezeichnet, die für ein Immobilienprojekt während der Bauphase durchgeführt werden. Dabei kommen grundsätzlich unterschiedliche Elemente des Marketingmix in Betracht. Typische Maßnahmen sind beispielsweise Presse- und Öffentlichkeitsarbeit, Außenwerbung direkt vor Ort an der Baustelle – beispielsweise am Bauzaun – so-

wie Eventmarketing. Ziel ist es, bereits während der Bauphase potenzielle Mieter, aber auch Nachbarn und die Öffentlichkeit auf das betreffende Projekt aufmerksam zu machen, dessen Vermarktung zu unterstützen, Spekulationen über die entstehende Bebauung vorzubeugen und die Akzeptanz für die künftigen Nutzungen an dem betreffenden Standort zu erhöhen.
In zunehmendem Maße werden bei größeren Projekten auch Baustellenführungen angeboten – gegebenenfalls auch in Kooperation mit benachbarten Projekten, um einer breiteren Öffentlichkeit einen Einblick in das Geschehen auf der Baustelle und eine Vorstellung von der künftigen Bebauung zu geben. Eine zentrale Rolle innerhalb des Baustellenmarketings spielen auch die Baufeste.
Siehe / Siehe auch: Baufeste, Marketing, Marketingmix

Baustellenverordnung
Construction Site Ordinance

Im Interesse des Gesundheitsschutzes musste eine EG-Richtlinie in deutsches Recht umgesetzt werden, die im Arbeitsschutzgesetz und insbesondere in der Baustellenverordnung vom Juni 1998 ihren Niederschlag fand. Der Anhang II enthält einen Katalog von „besonders gefährlichen Arbeiten", für die eine Vorankündigungspflicht gegenüber der zuständigen Behörde besteht.Bei solchen Baustellen und bei Baustellen auf denen Beschäftigte mehrerer Arbeitgeber tätig sind, ist ein Koordinator zu bestellen, der einen Sicherheits- und Gesundheitsplan ausarbeiten (lassen) und nach den allgemeinen Grundsätzen des Arbeitsschutzes (Arbeitsschutzgesetz) koordinieren muss. Er hat darauf zu achten, dass die Arbeitgeber/Unternehmen Ihren Pflichten aus der Verordnung nachkommen (insbesondere Instandhaltung der Arbeitsmittel, Vorkehrung zur Lagerung und Entsorgung insbesondere der Gefahrenstoffe, Anpassung der Ausführungszeiten und Zusammenarbeit zwischen Arbeitgebern und Unternehmen ohne Beschäftigte).

Baustoffklasse
building material class

Baustoffe und Bauteile werden in Deutschland in Baustoffklassen eingeteilt. Diese geben Auskunft darüber, wie leicht entzündlich der jeweilige Baustoff ist. Die Baustoffklasse muss auf dem Etikett des Baustoffs angegeben sein. Von der Kennzeichnungspflicht ausgenommen sind Baustoffe, deren Brandverhalten allgemein bekannt ist, z. B. Lehm, Kies, Sand, Zement aber auch Holz mit mehr als 400 kg/m³ Rohdichte und mehr als 2 mm Dicke. Diese Materialien sind in DIN 4102 Teil 4 aufgeführt. Die Einteilung in Baustoffklassen findet sich in der DIN 4102 Teil 1. Dort werden die Baustoffe zunächst grob in nicht brennbare (Baustoffklasse A) und brennbare (Baustoffklasse B) eingeteilt. Innerhalb von Klasse B gibt es wieder Unterteilungen je nach dem Grad der Entflammbarkeit. Die Baustoffklasse A wird ebenfalls noch unterteilt: In A1 (nicht brennbarer Baustoff ohne oder mit äußerst geringen brennbaren Bestandteilen. Beispiele: Granit, Sand, Naturstein, Zement, Kalk, Gips, Beton, Stahlbeton, Spannbeton, Mineralfasern, Ziegel, Keramik, Glas) und A2 (nicht brennbarer Baustoff mit geringfügigen brennbaren Bestandteilen). Die Baustoffklasse B umfasst die Untergliederungen:

- B1: brennbarer Baustoff, aber schwer entflammbar, z. B.: Hartholz, Holzwolle-Leichtbauplatten, PVC-Bodenbeläge auf mineralischem Untergrund.
- B2: brennbarer Baustoff, normal entflammbar, z. B.: Weichholz, Mehrschicht-Leichtbauplatten aus Schaumstoffen und Holzwolle, Dachpappen und Dichtungsbahnen.
- B3: brennbarer Baustoff, leicht entflammbar, ist in Deutschland als Baustoff unzulässig.

Durch den Verbund mehrerer Materialien oder die Bearbeitung – etwa Imprägnierung mit brandhemmenden Stoffen – kann sich die Entflammbarkeit eines Baustoffes verändern.
Siehe / Siehe auch: Dämmstoffe

Bausummenüberschreitung
exceeding total construction cost

Liegen die vorab veranschlagten Kosten unter den tatsächlich vom Bauherrn aufgewendeten Ausgaben, liegt eine Bausummenüberschreitung vor. Der Finanzierungsplan sollte für einen solchen Fall genügend Spielraum vorsehen.
Die Haftung des Architekten, der im Rahmen der Honorarordnung für Architekten und Ingenieure hierzu Feststellungen getroffen hat, beginnt erst, wenn bestimmte, von der Rechtsprechung großzügig bemessene Toleranzgrenzen überschritten werden. Bei Kostenschätzungen betragen sie etwa 30 Prozent, bei Kostenberechnungen 20 Prozent und bei der Zusammenstellung der Kostenanschläge als Ergebnis von Ausschreibungen fünf bis zehn Prozent. Allerdings muss festgestellt werden, dass Rechtslehre und Rechtsprechung hierzu etwas uneinheitlich sind.
Siehe / Siehe auch: Honorarordnung für Architekten und Ingenieure (HOAI)

Bautafel

site notice board (details of development, names of parties, etc.)

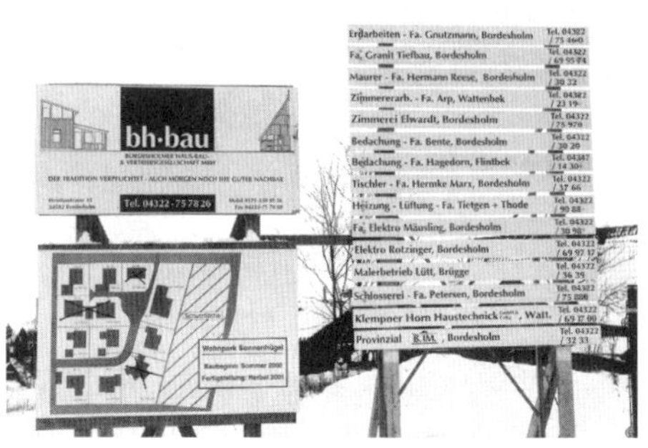

Bautafeln sind an jeder Baustelle anzubringen. Sie informieren über die Art des Bauvorhabens, Name und Adresse des Bauherrn, der Bauleitung, des Architekten und des Statikers.
Die Bautafel muss deutlich lesbar und von der Straße aus gut sichtbar angebracht werden. Bautafeln haben sich aus einer bauordnungsrechtlichen Zwangsmaßnahme längst zu einem Marketinginstrumentarium für den Bauherrn und die am Bau und am Vertrieb beteiligten Unternehmen entwickelt. Schließlich soll auch für das entstehende Objekt geworben werden. Auch künstlerische Aspekte treten bei der Bautafelgestaltung immer mehr in den Vordergrund. Bautafelausstellungen werden organisiert. Bautafelenthüllungen durch Repräsentanten des öffentlichen Lebens treten bei besonderen Bauvorhaben vor allem im öffentlichen Bereich immer häufiger an die Stelle des ersten „Spatenstichs".

Bautagebuch

daily construction records

Das Bautagebuch dient der Aufzeichnung der Vorgänge am Bau. Vor allem werden darin Beginn und Dauer der einzelnen Bauarbeiten, der tägliche Baufortschritt, die angelieferten Materialien usw. dokumentiert, wie auch der Zustand der Baustelle insgesamt und deren äußere Bedingungen. Die Dokumentation kann bei späteren Streitigkeiten mit den Vertragspartnern hilfreich sein. Die Führung des Bautagebuchs gehört zu den Grundleistungen eines Architekten, der damit aber auch einen Bauingenieur oder Baupolier beauftragen kann. Für genehmigungspflichtige Bauten ergibt sich der notwendige Inhalt aus DIN 1045. Eine Verpflichtung zur Führung des Bautagebuches besteht bei privaten Bauvorhaben nicht.

Bautenstandsbericht

buildings development report

Der Bautenstandsbericht eines Immobiliensachverständigen erfüllt gleichzeitig zwei wesentliche Aufgaben im Rahmen des Baucontrollings:
Zum einen enthält er wichtige Informationen über den tatsächlichen Fortgang und Stand ausgeführter Bauarbeiten, zum anderen überprüft er die Einhaltung vorher abgegebener Kostenprognosen und -voranschläge. Ein qualifizierter Bautenstandsbericht ist häufig unabdingbare Voraussetzung für die bankseitige Freigabe von Kreditmitteln zur weiteren Baufinanzierung.

Bauträger

development company; developer; builder; building promoter; commercial developer; property developer

Bauträger führen in eigenem Namen, auf eigene Rechnung und auf eigenem Grundstück Baumaßnahmen durch, die sie am Markt an „Ersterwerber" im Rahmen eines Bauträgervertrages verkaufen. Sofern sich das Objekt beim Verkauf noch in der Bauphase befindet, geht der Bauträger eine Verpflichtung ein zur Fertigstellung nach Maßgabe der Baubeschreibung und der Bauzeichnungen. Der Bauträgervertrag mit dem Ersterwerber ist seiner Rechtsnatur nach ein Werkvertrag. Bedeutsame Folge hieraus sind werkvertragliche Sachmängelansprüche, die erst nach fünf Jahren ab Abnahme verjähren. Die auf neuerdings vier Jahre dimensionierte VOB-Mangelhaftung scheidet innerhalb dieser Rechtsbeziehung zwischen Bauträger und Erwerber faktisch aus. Zum Haftungsrisiko des Bauträgers zählen nicht nur Baumängel, die bei Abnahme nicht entdeckt wurden. Der Bauträger haftet auch für das Baugrundrisiko, wenn etwa Risse am Mauerwerk entstehen, der Baugrund untauglich war oder eine andere statische Berechnungsgrundlage erfordert hätte.
Tritt der Bauträger seine Nacherfüllungsansprüche gegenüber den von ihm beauftragten Unternehmen an die Erwerber seiner Objekte ab, dann verbleibt bei ihm dennoch die Subsidiärhaftung. Sie verpflichtet ihn, für die Beseitigung des Baumangels zu sorgen, wenn dies dem Erwerber nicht gelingt, weil das betroffene Bauunternehmen insolvent wurde oder sich sonst verweigert. Der Bauträger bedarf als gewerbsmäßiger Bauherr einer Erlaubnis nach § 34c GewO und unterliegt zum Schutz der Vermögen-

sinteressen der Erwerber speziellen Vorschriften der Makler- und Bauträgerverordnung. Vom Generalunternehmer und Generalübernehmer unterscheidet sich der Bauträger dadurch, dass er Bauherr ist und auf eigenem Grundstück baut. Generalunternehmer wie Generalübernehmer bauen dagegen auf dem Grundstück des Bauherrn. Sie übernehmen dadurch einen Teil des Bauherrenrisikos, dass sie – gleich wie der Bauträger – Festpreise garantieren. Weder Generalunternehmer noch Generalübernehmer unterliegen wegen Fehlens der gewerblichen Bauherreneigenschaft dem Vorschriftenbereich des § 34c GewO und der MaBV.
Siehe / Siehe auch: Generalunternehmer, Generalübernehmer

Bauträgervertrag

construction contract; development contract; contract for complete development rather than only partial building work

In einem Bauträgervertrag verpflichtet sich der Bauträger dem Erwerber des Bauträgerobjektes gegenüber zur Übertragung des Eigentums an dem erworbenen Grundstück und zur Herstellung des Bauwerkes. Im Vordergrund stehen nicht die kaufrechtlichen, sondern die werkvertragsrechtlichen Verpflichtungen. Neben den zivilrechtlichen Vorschriften des Werkvertragsrechts sind auch öffentlich rechtliche Vorschriften der MaBV zu beachten und in den Vertrag einzubeziehen. Ihr Sinn ist, die Vermögensinteressen der Erwerber von Bauträgerobjekten zu schützen. Der Bauträger darf deshalb nach § 3 MaBV über Baugelder des Erwerbers nur verfügen, wenn

- der mit dem Erwerber abgeschlossene Vertrag rechtswirksam ist und vorbehaltene Rücktrittsrechte des Bauträgers nicht mehr bestehen,
- zugunsten des Erwerbers eine Auflassungsvormerkung im Grundbuch eingetragen ist, (bei Wohnungs- und Teileigentum muss deshalb die Teilung im Grundbuch vollzogen sein)
- etwaige Grundpfandgläubiger, die einen Grundstücksankaufskredit oder andere grundpfandrechtlich abgesicherte Vorfinanzierungsmittel zur Verfügung gestellt haben, eine unwiderrufliche Freistellungserklärung gegenüber dem Erwerber abgegeben haben und
- die Baugenehmigung erteilt ist oder – sofern sie nicht erforderlich ist – eine Bestätigung von der zuständigen Behörde vorgelegt wird, wonach die Voraussetzung für den Baubeginn gegeben ist.

Außerdem dürfen bestimmte Baufortschrittsraten nicht überschritten werden. Für den Abruf der Baufortschrittsraten werden Höchstbeträge genannt, die dem Bauträger jedoch einen gewissen Handlungsspielraum in der Zusammenstellung der Leistungen lassen, für die die Raten fällig gestellt werden.

Bauvertrag

construction contract; building contract; turnkey contract

Siehe / Siehe auch: Werkvertrag, VOB-Vertrag

Bauvoranfrage

outline planning application; request for preliminary planning permission

Will der Bauherr sicher gehen, dass seine Pläne über das Bauvorhaben auch tatsächlich genehmigt werden, kann er vorab beim örtlichen Bauamt einen Vorbescheid erwirken. Dazu muss er eine Bauvoranfrage stellen. Diese ist wesentlich zeit- und kostengünstiger für den Bauherrn als das eigentliche Genehmigungsverfahren. Bei einem späteren Baugenehmigungsverfahren sind die im Vorbescheid von der Baubehörde entschiedenen Punkte für den Zeitraum von 3 Jahren verbindlich.

Bauvorantrag

outline planning application; request for preliminary planning permission

Siehe / Siehe auch: Bauvoranfrage

Bauvorlagen

building documents; building particulars and drawings (to be submitted with application for building consent)

Bauvorlagen sind Unterlagen, die einem Bauantrag beigefügt werden müssen, um das Bauvorhaben genau darzustellen. Fast in allen Bundesländern verlangen die Behörden folgende Unterlagen:
Baubeschreibung mit

- Übersichtsplan (Maßstab 1:2000)
- Lageplan (Maßstab 1:500)
- Bauzeichnungen, Schnitten und Ansichten (Maßstab 1:100)
- Nachweis der Standsicherheit
- Nachweis der Einhaltung der Energieeinsparverordnung
- Angaben zum Schallschutz
- Darstellung zur Grundstücksentwässerung
- Berechnung des umbauten Raums
- Berechnung der Wohn- und Nutzfläche

Die Bauvorlagen sind auch einzureichen, wenn keine Genehmigung beantragt, sondern das Bauvorhaben im Rahmen eines der Verfahren durchgeführt werden soll, bei der der Planverfasser die Verantwortung für das Vorliegen aller gesetzlichen Bauvoraussetzungen übernimmt.
Rechtsgrundlage der Bauvorlagen sind die Bauvorlagenverordnungen der Bundesländer.
Siehe / Siehe auch: Baugenehmigung

Bauweise

design; construction; architectural style; building method; construction method; type of construction

Neben der dem Maß der baulichen Nutzung wird in Bebauungsplänen auch die Bauweise festgesetzt. Dabei wird unterschieden zwischen einer offenen und geschlossenen Bauweise. Die offene Bauweise ist dadurch gekennzeichnet, dass bei den Gebäuden seitliche Grenzabstände einzuhalten sind.
Zur offenen Bauweise zählen neben Einzel- und Doppelhäusern auch Hausgruppen bis maximal 50 m Länge. Garagen und Stellplätze können dabei in der Regel an die Grenze gebaut werden. Die geschlossene Bauweise kennt keine seitlichen Grenzabstände. Die Häuser werden zusammengebaut. Die Grenzwände sind als „Brandwände" bzw. „Gebäudeabschlusswände" zu errichten.
Besondere Formen der geschlossenen Bauweise sind die Blockbebauung und die Kettenbauweise, bei der jeweils Einzelhäuser und Garagen wie an einer Kette aneinandergebaut sind.

Bauwerk

structure; construction; building

Bauwerk ist ein zivilrechtlicher Begriff des BGB, der auch Eingang in das Erbbaurecht gefunden hat. Die Herstellung, Änderung oder Beseitigung eines Bauwerkes wird in einem Werkvertrag geregelt.
Der Begriff „Bauwerk" umfasst nicht nur bauliche Anlagen i.S.d. Bauordnungen der Bundesländer, sondern auch Anlagen des Tiefbaus (z. B. des Straßenbaus).

Bauwirtschaft

building industry; building trade; construction industry

Bei der Bauwirtschaft handelt es sich um einen sehr vielschichtigen Wirtschaftszweig. Einerseits wird unterschieden zwischen den Unternehmen der vorbereitenden Baustellenarbeiten, z. B. Abbruchunternehmen, dem Hoch- und Tiefbau zuzuordnende Unternehmen, den Unternehmen der Bauinstallation und des Ausbaus und der Unternehmen, die Baumaschinen und -geräte mit Bedienungspersonal vermieten. Eine andere Unterscheidung bezieht sich auf das Bauhauptgewerbe und das Ausbaugewerbe. Beim Ausbaugewerbe handelt es sich in der Regel um kleinere Handwerksbetriebe. Nur rund zehn Prozent haben mehr als 10 Beschäftigte. Außerdem wird beim Hochbau unterschieden zwischen Wohnungsbau, Wirtschaftsbau und öffentlichem Bau, beim Tiefbau zwischen gewerblichem Bau und öffentlichem Bau, darunter Straßenbau, der etwa die Hälfte des öffentlichen Tiefbauvolumens beträgt.
Die deutsche Bauwirtschaft unterlag in der Zeit seit der Wiedervereinigung erheblichen Schwankungen. Dies wird aus nach folgenden Zahlen deutlich.
Der Anteil der Bauwirtschaft am Bruttoinlandsprodukt (BIP), der 1991 12,8 Prozent und 1994 14,9 Prozent betrug, ging bis 2004 auf 10,2 Prozent zurück. 2005 betrug der Anteil nur noch 9,1 Prozent um dann bis 2008 auf 10,1 Prozent wieder anzusteigen. Die Bruttowertschöpfung dieses Wirtschaftszweiges schwankte im Laufe der Zeit stark. 1991 lag sie immerhin bei 5,9 Prozent. Sie lag 2003 bei 4,33 Prozent der Bruttowertschöpfung aller Wirtschaftsbereiche, 2004 bei 4,13 Prozent und 2005 nur noch bei 3,85 Prozent, sie stieg bis 2008 wieder auf 4,8 Prozent. Die Bruttowertschöpfung für einen Wirtschaftsbereich entspricht dem Bruttoproduktionswert abzüglich Materialverbrauch und sonstige Vorleistungen.
Entwicklung des Bauhauptgewerbes in Zahlen:
Die Zahl der Beschäftigten im Bauhauptgewerbe streut über ein Jahr erheblich. In den Wintermonaten liegt sie deutlich unter der Zahl in den Sommermonaten. Auf Jahr gerechnet sank die Beschäftigtenzahl von 1.221.000 im Jahre 1997 von auf 705.000 im Jahr 2008. Der Gesamtumsatz im Bauhauptgewerbe betrug 1997 107,5 Mrd. Euro, 2008 nur noch 85.6 Mrd. Euro. Der Wohnungsbau war 1997 noch mit 37,4 Prozent um Umsatz beteiligt, 2008 nur noch mit 30,2 Prozent. Die Zahl der Baubetriebe im Bauhauptgewerbe verringerte sich von 1997 mit rd. 77.000 Unternehmen (nach einem Anstieg bis 2000 auf 81.100) auf 74.500 Unternehmen im Jahr 2008. Im gesamten Bereich des Baugewerbes waren 2008 allerdings 2,1 Millionen Arbeiter und Angestellte beschäftigt. Zahlenquelle: Statistisches Bundesamt
Siehe / Siehe auch: Baukosten, Baupreisindex

Bauzeitende (Fondsobjekte)

end of construction period (for properties owned by an investment fund)

Das vorgesehene Bauzeitende für die Immobilie

eines geschlossenen Immobilienfonds ist von maßgeblicher Bedeutung für den Zeitpunkt der erstmaligen Mieteinnahmen und damit für den möglichen Ausschüttungsbeginn an die Fondsgesellschafter. Um hier unliebsame Überraschungen zu vermeiden, sollten für den Fall von Bauzeitüberschreitungen Vertragsstrafen in Höhe von mindestens den Mietausfällen und sonstigen finanziellen Nachteilen vereinbart sein.

Bauzeitenplan

construction schedule

Im Bauzeitenplan wird der zeitliche Ablauf des Bauvorhabens und der dabei ineinandergreifenden Bauleistungen der verschiedenen am Bau beteiligten Gewerke dargestellt. Darstellungsform ist meist ein auf einen Kalenderbogen projiziertes Balkendiagramm. Teilweise werden auch Liniendiagramme verwendet. Bei Großbauvorhaben bedient man sich für die Bauzeitenplanung teilweise auch der „Netzplantechnik". Der Bauzeitenplan ist ein Steuerungs- und Kontrollinstrument bei der Koordination der am Bauprozess beteiligten Unternehmen. Aus ihm können unmittelbar die Fristen, bis zu denen eine Arbeit fertiggestellt sein soll, abgelesen werden. In der Regel sind ausreichende Pufferzeiten berücksichtigt. Bauzeitenpläne werden sowohl vom Architekten als auch den beteiligten bauausführenden Unternehmen erstellt.

Bauzeitzinsen

interest during construction

Bauzeitzinsen sind Schuldzinsen, die bei Bauvorhaben im Zusammenhang mit einer Vor- oder Zwischenfinanzierung vor der Bezugsfertigkeit des Objektes anfallen.Soll das Objekt vermietet werden, können die Zinsen vom Bauherrn als Werbungskosten abgezogen werden. Kalkulatorisch zählen sie zu den Baunebenkosten.

Siehe / Siehe auch: Baunebenkosten

Bauzustandsanalyse

analysis of structural conditions/state of repair

Die Bauzustandsanalyse ist Sache von Bausachverständigen, die sich als Bauingenieure oder Sonderfachleute am Bau (Fachplaner, Tragwerksplaner, Bauphysiker) auf die Bauzustandsanalyse spezialisiert haben. Bausachverständige können öffentlich bestellt und vereidigt werden.

Bauzustandsanalysen sind erforderlich im Zusammenhang mit der Bewertung von Bauwerken, aber auch als Voruntersuchung vor Modernisierungs- und Sanierungsmaßnahmen und bei größeren Instandsetzungsmaßnahmen vor allem dann, wenn es sich um denkmalgeschützte Gebäude handelt. Solche Maßnahmen setzen Bauzustandsanalysen voraus, damit bei den Planungen der Istzustand als Ausgangsgröße richtig berücksichtigt und kalkuliert werden kann.

Soweit Bauschäden ermittelt wurden, sind auch die Ursachen festzustellen. Dem Augenmerk des Analysten müssen auch etwa vorhandene Schad- und Gefahrenstoffe und Ablagerungen und einem etwaigen Schimmelbefall gelten. Die festgestellten Ergebnisse sind zu dokumentieren, eventuell sind Probeentnahmen erforderlich, die im Labor analysiert werden. Gilt die Bauzustandsanalyse der Ermittlung der Luftdichtheit von Gebäuden, kann mit dem Differenzdruck-Messverfahren (Blower-Door-Test) festgestellt werden, wo sich Lücken bei der Wärmedämmung befinden, die zum Zweck der Energieeinsparung geschlossen werden sollten.

Siehe / Siehe auch: Blower-Door-Test

Bayerisches Oberstes Landesgericht (BayObLG)

Bavarian Supreme Court

Das früher in Bayern für alle WEG-Streitigkeiten zuständige Bayerische Oberste Landesgericht ist auf Beschluss der Bayerischen Staatsregierung aufgelöst worden. An seine Stelle ist 2005 das Oberlandesgericht München getreten.

Bearbeitungsgebühr

service charge; loan fee; handling fee; processing fee

Manche Vermieter verlangen für den Abschluss bzw. die Ausfertigung des Mietvertrages eine Bearbeitungs – oder Vertragsausfertigungsgebühr. Zur Zulässigkeit und zur Maximalhöhe dieser Gebühr urteilen die Gerichte sehr unterschiedlich.

Generell gilt:

- Vertragsklauseln, nach denen - ohne einen konkreten Betrag zu nennen - einfach alle Ausgaben oder Kosten im Zusammenhang mit dem Vertragsabschluss auf den Mieter abgewälzt werden, sind zu unbestimmt und daher unwirksam.
- Ein Makler darf nach dem Wohnungsvermittlungsgesetz eine Courtage oder Provision verlangen (maximal zwei Monatsmieten ohne Nebenkosten plus Mehrwertsteuer), aber keine zusätzliche Bearbeitungsgebühr.
- Ein Vermieter darf keine Maklerprovision verlangen.

- Auch ein Mieter darf von seinem Nachmieter keine Provision oder Vertragsabschlussgebühr fordern.

Nach Ansicht einiger Gerichte darf der Vermieter vom Mieter eine Bearbeitungsgebühr verlangen, um Auslagen des Vermieters z.B. für Anzeigenschaltungen abzugelten, wenn kein Makler eingeschaltet war. Zur Höhe urteilen die Gerichte sehr unterschiedlich. 50 bis 75 Euro sind noch zulässig, 150 Euro nach Meinung der meisten Gerichte nicht mehr. Das Amtsgericht Bochum hielt eine Bearbeitungsgebühr von 300 DM für wirksam vereinbart; der Vermieter hatte tatsächlich Anzeigenkosten in dieser Höhe gehabt (Az. 66 C 531/97).

Eine überhöhte Bearbeitungsgebühr kann vom Mieter nachträglich zurückgefordert werden. Das Amtsgericht Hamburg erklärte Ende 2004 eine Vertragsausfertigungsgebühr von 152 Euro für unzulässig. Eine solche Gebühr sei eine versteckte Maklergebühr, die der Vermieter oder Verwalter laut Wohnungsvermittlungsgesetz nicht verlangen dürfe (Az.: 711 C 36/04).

Auch am 5.3.2009 entschied das Landgericht Hamburg, dass die Vereinbarung einer Vertragsabschlussgebühr in einem Formularmietvertrag über Wohnräume unzulässig ist (Az. 307 S 144/08). Hier waren von einer Wohnungsgesellschaft 130 Euro zuzüglich Mehrwertsteuer verlangt worden. Argument des Gerichts war hier, dass die Gebühr für die Vertragsausfertigung in den Bereich der Verwaltung falle. Verwaltungskosten seien keine Betriebskosten und dürften dem Mieter nicht auferlegt werden.

Siehe / Siehe auch: Auszugsgebühr

Bebaubarkeitsprüfung

inspection for building development/zoning potential

Bevor ein Grundstück mit der Absicht erworben wird, es zu bebauen, ist stets eine Bebaubarkeitsprüfung erforderlich. Sie umfasst die die Prüfung

- der Beschaffenheit des Baugrunds
- des Baurechts
- der rechtlichen Verhältnisse und etwaiger vorhandener Baubeschränkungen
- des Grades der Erschließung und etwa notwendiger Bodenordnungsmaßnahmen
- der Lage

Beschaffenheit des Baugrundes

Die Beschaffenheit des zu bebauenden Bodens kann durch eine Baugrunduntersuchung ermittelt werden. Es geht vor allem um die Ermittlung der statischen Tragfähigkeit des Baubodens. Bodengrundkarten geben darüber hinaus Aufschluss über die hydrologischen Verhältnisse (Grundwasserspiegel). Aus Altlastenkatastern kann entnommen werden, ob sich das Grundstück auf einem „Altstandort" befindet oder ob es altlastenverdächtig ist. Im Zweifel sollte der Architekt mit der Entnahme von Bodenproben beauftragt werden.

Baurecht

Die Prüfung des Baurechts ist der wichtigste Teil der Bebaubarkeitsprüfung. Es gibt drei Bereiche in denen ein aktuelles Baurecht besteht: Im Geltungsbereich eines Bebauungsplanes, im Innenbereich und – sehr beschränkt – im Außenbereich. Der Prüfungsbereich des Bebauungsplanes umfasst Art und Maß der baulichen Nutzung sowie die weiteren dort enthaltenen oft sehr umfangreichen Festsetzungen. Im Innenbereich richtet sich das Baurecht nach der Umgebungsbebauung. Hier kann durch eine Bauvoranfrage Rechtssicherheit geschaffen werden. Bei der Prüfung ist auch zu ermitteln, ob gegebene Baurechte auch tatsächlich genutzt werden können. Zu denken ist an den Grundstückzuschnitt. Ist eine Fläche als Baufläche im Flächennutzungsplan ausgewiesen, kann Baurecht mit Hilfe eines Vorhaben- und Erschließungsplanes geschaffen werden, der dann bei einer Einigung mit der Gemeinde über das geplante Bauvorhaben zu einem vorhabenbezogenen Bebauungsplan führt.

Rechtliche Verhältnisse, Baubeschränkungen

Die Prüfung der rechtlichen Verhältnisse bezieht sich vor allem auf Eintragungen im Grundbuch (z. B. Dienstbarkeiten) oder im Baulastenverzeichnis. Es muss aber auch geprüft werden, ob Verträge mit Pächtern oder Mietern bestehen. Baubeschränkungen können die bauliche Nutzbarkeit des Grundstücks erheblich einschränken.

Grad der Erschließung

Ferner muss geprüft werden, ob und inwieweit Erschließungsanlagen bereits vorhanden sind oder erst hergestellt werden müssen. Beim Grundstück im Geltungsbereich eines Bebauungsplanes ist dies weniger bedeutsam, da die Gemeinde bei Aufstellung eines Bebauungsplanes auch für die Erschließung des Baugebiets sorgen muss. Bei einem vorhabenbezogenen Bebauungsplan oder einer sonstigen Bebauung im Rahmen eines städtebaulichen Vertrages fällt die Durchführung der Erschließung aber in den Pflichtenbereich des Bauherrn. In der Regel werden Baugrundstücke erst angeboten, wenn das

Bodenordnungsverfahren durchgeführt und damit bebaubare Parzellen hergestellt sind, so dass sich Fragen hierzu in der Regel nicht stellen.

Lage des Grundstücks

Zur Bebaubarkeitsprüfung können auch Aspekte zählen, die die Nutzungsphase des beabsichtigten Bauwerks betreffen. Zu denken ist z.B. an die Lageanalyse. Die Lage des Grundstücks ist für die Marktfähigkeit einer Baumaßnahme von entscheidender Bedeutung. Sie kann positiv oder negativ durch externe Faktoren beeinflusst werden. Je nach vorgesehener Nutzungsart ist besonders auf die Analyse der Mikro- oder der Makrolage sowie der harten und weichen Lagefaktoren Wert zu legen.
Siehe / Siehe auch: Altlasten, Altlastenkataster, Baulastenverzeichnis, Bebauungsplan, Bodenordnung, Erschließung / Erschließungsbeitrag, Lage

Bebauungspläne der Innenentwicklung

development plans for redevelopment of an (inner city) area

Es handelt sich um einen besonderen Typ von Bebauungsplänen, für Flächen, die zur Wiedernutzung, Nachverdichtung oder andere Maßnahmen der Innenentwicklung im Innenbereich geeignet sind. Die gesetzliche Grundlage hierfür wurde durch das „Gesetz zur Erleichterung von Planungsvorhaben für die Innenentwicklung der Städte" vom 21.12.2006 geschaffen.
Dieses Gesetz wurde verabschiedet, nachdem das Deutsche Institut für Urbanistik (Difu) unter Beteiligung von sechs Städten Praxistests erfolgreich durchgeführt hatte. Ziel des Gesetzes ist es u. a., durch Einführung eines „beschleunigten Verfahrens" der Baulandausweisung im Innenbereich den in den letzten Jahren schwindenden Standortvorteil der Innenstädte gegenüber Bauinvestitionen „auf der grünen Wiese" zu stärken. Außerdem soll ein Beitrag zur Reduzierung des Flächenverbrauchs geleistet werden. Kennzeichnend für diese Bebauungspläne, die sich auf Innenbereichsflächen beziehen, sind Erleichterungen insbesondere durch den Wegfall der sonst vorgeschriebenen zeit- und kostenaufwendigen Umweltprüfungen. Ein Bebauungsplan im sogenannten „beschleunigten Verfahren" darf danach aufgestellt werden, wenn in ihm eine zulässige Grundfläche im Sinne des § 19 Abs. 2 BauNVO festgesetzt wird von insgesamt

- weniger als 20000 Quadratmeter, wobei die Grundflächen mehrerer Bebauungspläne, die in einem engen sachlichen, räumlichen und zeitlichen Zusammenhang stehen, zusammenzurechnen sind, oder
- 20000 Quadratmeter bis weniger als 70000 Quadratmeter, wenn dadurch voraussichtlich keine erheblichen Umweltauswirkungen zu befürchten sind. Dies muss dann vorweg eingeschätzt werden.

Bei Bebauungsplänen bis zu 20000 Quadratmeter zulässiger Grundfläche entfällt auch die Pflicht zur Kompensation des Eingriffs durch Ausgleichsmaßnahmen im Sinne des § 135 BauGB. Von Darstellungen des Flächennutzungsplanes kann bei diesen beschleunigten Verfahren vorweg schon abgewichen werden, sofern dadurch nicht eine geordnete städtebauliche Entwicklung des Gemeindegebiets beeinträchtigt wird. Eine spätere Anpassung des Flächennutzungsplanes ist dann aber erforderlich. Die Festsetzungen im Bebauungsplan können geringere Abstandsflächen vorsehen, als die in den Länderbauordnungen vorgegebenen.
Im Fokus der Abwägung bei Bebauungsplänen der Innenentwicklung steht die Deckung des Bedarfs an Investitionen zur Erhaltung, Sicherung und Schaffung von Arbeitsplätzen, der Versorgung der Bevölkerung mit Wohnraum oder die Verwirklichung wichtiger Vorhaben in der Infrastruktur.
Siehe / Siehe auch: Ausgleichsmaßnahmen, Grundfläche nach DIN 277/1973/87, Innenbereich (Bauplanungsrecht), Umweltverträglichkeitsprüfung / Umweltprüfung

Bebauungsplan

local plan; development plan; local development plan; land-use plan (legally binding)

Durch den Bebauungsplan werden Baurechte für die Eigentümer der Grundstücke geschaffen, die im Geltungsbereich des Bebauungsplanes liegen. Der „qualifizierte" Bebauungsplan enthält mindestens Festsetzungen über Art und Maß der baulichen Nutzung, überbaubare Grundstücksflächen und die örtlichen Verkehrsflächen. Ein Bebauungsplan, der diesen Mindestfestsetzungen nicht entspricht, gilt als „einfacher" Bebauungsplan.
Dieser enthält in der Regel nur die Festsetzung der Gebietsart und / oder von Baugrenzen bzw. Baulinien. Darüber hinaus richtet sich die Bebauung nach der Umgebung. Einfache Bebauungspläne setzen also einen bestimmten Bebauungsbestand voraus, der Orientierungsgrundlage bei Beurteilung der Zulässigkeit eines Bauvorhabens ist. Sie enthalten häufig noch altrechtliche Bestimmung aus der Ära vor Inkrafttreten des früheren Bundesbaugesetzes,

soweit sie nicht außer Kraft gesetzt wurden.
§ 9 Abs. (1) BauGB enthält 27 verschiedene Festsetzungsmöglichkeiten für einen Bebauungsplan bis hin zu Anpflanzungen mit Bäumen und Sträuchern. Den Bundesländern werden weitere Festsetzungsmöglichkeiten eingeräumt, deren Rechtsgrundlage Länderverordnungen sind. Ein Bebauungsplan gilt für einen genau abgegrenzten Teil des Gemeindegebietes. Der Bebauungsplan besteht aus einem zeichnerischen Teil mit Erklärungen der verwendeten Planzeichen und einer „Begründung". Die Ziele, Zwecke und wesentlichen Auswirkungen des Bebauungsplanes sind dabei zu erläutern. Im Hinblick darauf, dass manche Bebauungspläne in den schriftlichen Ausführungen bis zu 50 Seiten stark geworden sind, gibt es zunehmend Initiativen, die für „schlanke Bebauungspläne" plädieren.
Bebauungspläne sind jeweils mit den benachbarten Gemeinden abzustimmen. Dabei muss der Tatsache Rechnung getragen werden, dass Einrichtungen von benachbarten Gemeinden, die sich aus ihrer zentralörtlichen Funktion ergeben, nicht durch Vorhaben unterlaufen werden, die die Auswirkungen solcher Einrichtungen beeinträchtigen.
Der Bebauungsplan kommt, wie folgt zustande: Nach einem öffentlich bekannt zugebenden Aufstellungsbeschluss wird ein Vorentwurf mit den Bürgern (seit 2004 „Öffentlichkeit") und den Behörden und sonstigen Trägern öffentlicher Belange (TÖB) erörtert. (Dies entfällt bei „beschleunigten Verfahren".) Dabei sich ergebende Erkenntnisse werden erörtert und – wenn mehr dafür als dagegen spricht – im Entwurf des Bebauungsplanes berücksichtigt. Die Gemeinde beschließt dann, diesen Entwurf öffentlich auszulegen. Auch dieser Beschluss ist bekannt zu machen.
Den Bürgern, Fachbehörden und sonstigen Trägern öffentlicher Belange ist damit noch einmal eine Möglichkeit gegeben, Bedenken und Anregungen zu äußern, die in die Abwägung durch den Gemeinderat einfließen. Durch das Europarechtsanpassungsgesetz von 2004 wurde eine Umweltprüfung vorgeschrieben, die mögliche erhebliche Umweltauswirkungen ermittelt und bewertet.
Das Ergebnis fließt in einen Umweltbericht ein. Auch er ist Gegenstand der Abwägung. Der Bebauungsplan wird schließlich durch Satzung beschlossen. Er tritt mit der Bekanntmachung in Kraft. Zur Beschleunigung des Planungsverfahrens hat es sich als zweckmäßig erwiesen, die Beteiligung der Öffentlichkeit dem Aufstellungsbeschluss vorzuziehen („vorgezogene Bürgerbeteiligung"). Es kann dann auf die Erörterung des unter Mitwirkung der Bürger zustande gekommenen Entwurfs verzichtet werden. Welche Bedenken und Anregungen der Öffentlichkeit und der Behörden berücksichtigt, teilweise berücksichtigt oder nicht berücksichtigt wurden, wird in einen Abwägungsbeschluss festgehalten. Der Beschleunigung dient auch die Beteiligung der Behörden und der Träger öffentlicher Belange im so genannten Sternverfahren. Alle von der Planung berührten Institutionen werden dabei unter Fristsetzung gleichzeitig zur Stellungnahme aufgefordert.
In bestimmten Ausnahmefällen ist eine Genehmigung des Bebauungsplanes erforderlich, nämlich immer dann, wenn ein Flächennutzungsplan zum Zeitpunkt der Bekanntmachung des Bebauungsplanes (noch) nicht vorliegt oder der Flächennutzungsplan parallel zur Aufstellung des Bebauungsplanes geändert werden muss. Dies ist immer dann der Fall, wenn die Vorgaben des Flächennutzungsplanes mit den Vorstellungen zum Bebauungsplan nicht übereinstimmen. Überwiegend kann jedoch davon ausgegangen werden, dass Flächennutzungspläne existieren und der Aufstellungsbeschluss über einen Bebauungsplan auf der Grundlage eines bestehenden Flächennutzungsplanes gefasst wird. Seit 1.1.2007 gibt es für Innenbereiche die neue Variante der „Bebauungspläne der Innenentwicklung", die zur Anwendung gelangen können, wenn die entsprechenden Voraussetzungen des § 13 a Bau GB gegeben sind. Es handelt sich um Bebauungspläne, die im „beschleunigten Verfahren" zustande kommen. Dabei entfällt die Notwendigkeit der Umweltprüfung und damit auch eines Umweltberichts. Dies gilt uneingeschränkt für Baugebiete mit einer zulässigen Grundfläche von bis 20.000 Quadratmeter. Bei Bebauungsplangebieten mit einer zulässigen Grundfläche zwischen 20.000 und 70.000 Quadratmeter muss in einer Vorprüfung festgestellt werden, ob der Bebauungsplan erhebliche Umweltauswirkungen nach sich zieht.
Kann dies verneint werden, kann auch hier das beschleunigte Verfahren zum Zuge kommen. Eine zunehmende Bedeutung hat der vorhabenbezogene Bebauungsplan, der auf der Grundlage eines von einem Investor vorgelegten Vorhaben- und Erschließungsplans beruht. Für das vorgesehene Gebiet darf noch kein anderer Bebauungsplan vorliegen. Das geplante Vorhaben muss aber kompatibel mit dem bestehenden Flächennutzungsplan sein.
Seit 1.1.2007 kann sich der vorhabenbezogene Bebauungsplan darauf beschränken, nur die im Durchführungsvertrag mit dem Vorhabenträger konkret vereinbarte bauliche Nutzung als festgesetzt anzusehen.

Siehe / Siehe auch: Bauleitplanung, Bebauungspläne der Innenentwicklung, Vorhabenbezogener Bebauungsplan

Bedarfsbewertung

valuation carried out when required (fiscal, e.g. for death duties)

Bei der Bedarfsbewertung von Grundstücken handelte es sich um die Ermittlung des Grundbesitzwertes im Sinne des Bewertungsgesetzes zum Zwecke der Veranlagung zur Erbschaft- und Schenkungsteuer. Allerdings ist seit 1.1.2009 nicht mehr der durch die Bedarfsbewertung ermittelte Grundbesitzwert Bemessungsgrundlage der Steuer. Dem Grundvermögen ist zwar weiterhin der gemeine Wert zugrunde zu legen. Er findet aber seinen Ausdruck nunmehr im Verkehrswert. Für die Bewertung von Grundvermögen sind ab 1.1.2009 demnach nicht mehr die §§ 68 - 94 BewG, sondern die §§ 176 - 198 BewG maßgebend. Weist der Steuerpflichtige nach, dass der vom Finanzamt ermittelte gemeine Wert der wirtschaftlichen Einheit am Bewertungsstichtag niedriger ist als der nach diesen Vorschriften ermittelte Wert, so ist dieser Wert anzusetzen.

Für den Nachweis des niedrigeren gemeinen Werts gelten grundsätzlich die auf Grund des § 199 Abs. 1 des Baugesetzbuchs erlassenen Vorschriften – also die Wertermittlungsverordnung. Für Bewertungssachverständige ergibt sich hieraus ein zusätzliches Betätigungsfeld.

Siehe / Siehe auch: Grundbesitzwert, Erbschafts- und Schenkungssteuer

Beeinträchtigende Schenkung

gift adversely affecting contractual heir

Siehe / Siehe auch: Erbvertrag

Beendigung eines Mietverhältnisses

termination of a lease

Mietverhältnisse werden entweder durch Zeitablauf, Kündigung oder Mietaufhebungsvertrag beendigt.

Zeitablauf

Beim Wohnungsmietvertrag besteht seit 01.09.2001 keine Möglichkeit mehr, einen sogenannten „einfachen Zeitmietvertrag" zu vereinbaren. Er sah vor, dass dem Mieter das Recht auf Fortsetzung zustand, wenn der Vermieter kein berechtigtes Interesse an einer Vertragsbeendigung geltend machen konnte. Dagegen gibt es nach wie vor den so genannten „qualifizierten Zeitmietvertrag", bei dem schon bei Vertragsabschluss die Gründe für die vereinbarte Beendigung des Mietverhältnisses schriftlich dargelegt werden müssen. Als Gründe kommen nur in Betracht: Eigenbedarf, die Absicht, die Mieträume zu beseitigen oder sie so wesentlich zu verändern beziehungsweise instand zu setzen, dass die Maßnahmen durch die Fortsetzung des Mietverhältnisses erheblich erschwert würden. Schließlich kann auch noch eine vorgesehene anderweitige Vermietung an eine zur Dienstleistung verpflichtete Person als Grund für die Beendigung des Mietvertrages angeführt werden.

Auch beim Gewerberaummietvertrag endet der Zeitmietvertrag mit seinem Ablauf. Besteht zugunsten des Mieters eine Verlängerungsoption und wird sie entsprechend der Vereinbarung geltend gemacht, verlängert sich das Mietverhältnis um den für die Option maßgeblichen Zeitraum.

Kündigung

Die Beendigung des Mietverhältnisses durch Kündigung durch den Vermieter ist bei Wohnraum auf Fälle beschränkt, in denen ein berechtigtes Interesse vorliegt. Eine Kündigung zum Zweck der Mieterhöhung ist unzulässig. Ein berechtigtes Interesse liegt nach § 573 BGB bei schuldhaften erheblichen Vertragsverletzungen des Mieters, bei Eigenbedarf des Vermieters oder wenn der Vermieter durch die Vertragsfortsetzung an einer angemessenen wirtschaftlichen Verwertung des Grundstücks gehindert würde, vor. Stirbt der Mieter, können Angehörige, die mit ihm im gleichen Haushalt gelebt haben, in den Mietvertrag eintreten. Der Vermieter kann das Mietverhältnis innerhalb eines Monats, nachdem er vom Eintritt in das Mietverhältnis erfahren hat, außerordentlich mit gesetzlicher Frist kündigen, wenn in der Person des Eingetretenen ein wichtiger Grund vorliegt (§ 563 BGB). Treten beim Tod des Mieters keine Angehörigen (Ehegatte, Lebenspartner, Kinder) in das Mietverhältnis ein oder wird es nicht mit anderen Mietern fortgesetzt, findet eine Vertragsfortsetzung mit den Erben statt. Dabei können sowohl der Erbe als auch der Vermieter den Vertrag innerhalb eines Monats außerordentlich mit der gesetzlichen Frist kündigen, nachdem sie vom Tod des Mieters und davon erfahren haben, dass kein Eintritt in das Mietverhältnis oder dessen Fortsetzung stattgefunden hat. Der Vermieter muss zum Zeitpunkt der Kündigung im Grundbuch als Eigentümer eingetragen sein, es sei denn, er ist Zwischenmieter.

Die ordentliche Kündigungsfrist des Wohnungsmieters beträgt drei Monate, wobei die Kündigung

spätestens am dritten Werktag des ersten Monats erfolgt sein muss. Eine längere Frist kann nicht vereinbart werden. Die Kündigung bedarf bei Wohnraum stets der Schriftform.
Ein Sonderkündigungsrecht für Mieter besteht beim preisfreien Wohnraum, wenn der Vermieter ein Mieterhöhungsverlangen zur ortsüblichen Vergleichsmiete stellt oder eine Mieterhöhung wegen baulicher Änderungen (Modernisierung) fordert. Innerhalb eines Zeitraumes von zwei Monaten nach Zugang der Erhöhungserklärung (Überlegungsfrist) kann der Mieter das Mietverhältnis außerordentlich zum Ablauf des übernächsten Monats kündigen. Die Mieterhöhung tritt bei Kündigung nicht in Kraft. Die Mieterhöhung tritt bei Kündigung nicht in Kraft. Von dieser Regelung (§ 561 BGB) kann vertraglich nicht zum Nachteil des Mieters abgewichen werden.
Lange umstritten war die Rechtslage bei so genannten Altmietverträgen, die vor der Mietrechtsreform und damit vor dem 01.09.2001 abgeschlossen worden sind. Der Bundesgerichtshof entschied dazu am 18.06.2003, dass mietvertraglich vereinbarte Kündigungsfristen im Sinne der alten Rechtslage (Kündigungsfrist für den Mieter bei Mietdauer von bis zu fünf Jahren – drei Monate, bis zu acht Jahren – sechs Monate, bis zu zehn Jahren – neun Monate und bei über zehn Jahren – ein Jahr) weiterhin Bestand haben sollten (BGH, Az. VIII ZR 240, 324, 339 und 355/02).
Ab 01.06.2005 ist jedoch eine gesetzliche Neuregelung in Kraft. Danach gilt die dreimonatige Frist für Kündigungen durch den Mieter auch für Altmietverträge, in denen die bis 01.09.2001 gültigen gesetzlichen Kündigungsfristen formularmäßig vereinbart worden sind. Seit dem 01.06.2005 können diese Mieter also mit dreimonatiger Frist kündigen. Niedergelegt ist die Regelung in Artikel 229 § 3 Abs.10 des Einführungsgesetzes zum Bürgerlichen Gesetzbuch (EGBGB). Für Vermieter von Wohnraum bei der ordentlichen Kündigung staffeln sich die Kündigungsfristen wie folgt: Drei Monate bei Mietverhältnissen bis fünf Jahre Dauer, sechs Monate bei Mietverhältnissen zwischen fünf und bis acht Jahren Dauer, neun Monate bei Mietverhältnissen von über acht Jahren Dauer. Diese Fristen sind zu Lasten des Mieters nicht veränderbar.
Beim Gewerberaum gibt es keinerlei gesetzlichen Kündigungsschutz. Die gesetzliche Kündigungsfrist beträgt ein halbes Jahr (Kündigung spätestens am dritten Werktag eines Kalendervierteljahres zum Ablauf des nächsten Kalendervierteljahres). Die Frist kann durch vertragliche Vereinbarung geändert werden. Die gesetzliche Regelung findet sich in § 580a Abs. 2 BGB.
Im Übrigen besteht die Möglichkeit, das Kündigungsrecht der Mietvertragsparteien für eine bestimmte Zeit auszuschließen. Der BGH hat in seiner Entscheidung vom 06.04.2005 (Az. VIII ZR 27/04) die Vereinbarung eines Kündigungsverzichts durch einen Wohnungsmieter – auch im Wege einer Allgemeinen Geschäftsbedingung – jedoch auf vier Jahre beschränkt. Er lehnte sich dabei an die Bestimmung an, dass bei einem Staffelmietvertrag dem Mieter ein Kündigungsrecht zum Ablauf des vierten Jahres zustünde. Bei Vorliegen eines wichtigen Grundes können beide Mietvertragsparteien auch außerordentlich fristlos kündigen. Ein solcher Grund liegt vor, wenn dem Kündigenden in der konkreten Situation, unter Berücksichtigung eines Verschuldens der Beteiligten und unter Abwägung ihrer jeweiligen Interessen eine Fortsetzung des Mietvertrages bis zum Ende der normalen Kündigungsfrist nicht zugemutet werden kann. Das Gesetz nennt Beispiele für wichtige Gründe, unter anderem die Verweigerung des Gebrauchs der Mietsache durch den Vermieter und das Unterlassen der Mietzahlung an zwei aufeinander folgenden Terminen durch den Mieter.
Nach einem Urteil des Bundesgerichtshofes kann auch eine mehr als zehn-prozentige Abweichung der tatsächlichen von der vertraglich vereinbarten Wohnfläche einen wichtigen Grund für eine außerordentliche fristlose Kündigung durch den Mieter darstellen. Im Fall war die Wohnfläche um über 22 Prozent kleiner als vereinbart. Im Einzelfall kann nach dem BGH das Recht auf eine außerordentliche fristlose Kündigung jedoch verwirkt sein, wenn z. B. der Mieter schon zu einem früheren Zeitpunkt die Flächenabweichung festgestellt hat, ohne zeitnah eine Kündigung vorzunehmen (Az. VIII ZR 142/08, Urteil vom 29.04.2009).

Mietaufhebungsvertrag

Die Mietaufhebungsvereinbarung ist angesichts der streng regulierten Kündigungsvorschriften bei Wohnraum ein beliebtes Mittel, um im Kompromisswege eine Beendigung des Mietverhältnisses zu erreichen. In der Regel werden in diesem Zusammenhang Ablösevereinbarungen zwischen Vermieter und Mieter getroffen. Der Mieter kann sich nach einer solchen Vereinbarung nicht mehr auf den Mieterschutz berufen.

Rückgabe der Mietsache

In tatsächlicher Hinsicht erfolgt die Beendigung

des Mietverhältnisses nach Räumung durch Schlüsselübergabe vom Mieter an den Vermieter. Damit wird die Mietsache zurückgegeben. Der Mieter gibt seinen Besitz auf. Die Zurücknahme der Wohnung erfolgt in der Regel in Form der Abnahme. Dabei werden der Zustand im Hinblick auf die zuletzt durchgeführten Schönheitsreparaturen der Wohnung überprüft, sowie die Vollständigkeit des gemieteten Inventars, und die Stände der Wasser-, Strom-, Gasverbrauchs-, Wärme- und Warmwasserzähler festgestellt.
Dies und etwaige Schäden, die nicht auf normale Abnutzung zurückzuführen sind, werden im Abnahmeprotokoll festgehalten, das von den Vertragsparteien unterzeichnet wird. Das Abnahmeprotokoll dient damit als Grundlage der privaten Beweissicherung für die spätere Abrechnung der Mietkaution.
Siehe / Siehe auch: Berechtigtes Interesse, Betriebsbedarf, Eigenbedarf, Erleichterte Kündigung, Fristlose Kündigung des Mietverhältnisses, Untermiete

Befreiungen

releases; exemptions

Siehe / Siehe auch: Ausnahmen und Befreiungen (öffentliches Baurecht)

Begründung von Wohnungseigentum

establishment of commonhold/flat ownership

Wohnungseigentum kann durch vertragliche Einräumung von Sondereigentum (§ 3 WEG) oder durch Teilung (§ 8 WEG) begründet werden. Wohnungseigentum kann nur an Gebäuden begründet werden, die sich auf einem einzigen Grundstück (nicht zu verwechseln mit Flurstück) befinden. Ein Grundstück kann aus mehreren Flurstücken bestehen. Befindet sich ein Teil des Gebäudes auf einem fremden Grundstück, ist die Begründung von Wohnungs- oder Teileigentum nicht mehr möglich.
Die Begründung durch vertragliche Einräumung setzt stets zwei oder mehrere Grundstückseigentümer voraus, die im Grundbuch eingetragen sind. Es kann sich z. B. um eine Erbengemeinschaft handeln, die sich darauf einigt, Wohnungseigentum gemäß ihrer jeweiligen Miteigentumsanteile zu begründen. Handelt es sich bei der Erbengemeinschaft um eine Gesamthandsgemeinschaft, muss sie zuerst in eine Bruchteilsgemeinschaft umgewandelt werden, damit die Eigentumsanteile mit Sondereigentum verknüpft werden können. Die Begründung von Wohnungseigentum durch vertragliche Einräumung ist heute ein Ausnahmefall. In der Regel entsteht Wohnungseigentum durch Teilung.
Die Teilungserklärung erfolgt durch den jeweiligen Eigentümer des Grundstücks. Sie muss entweder von einem Notar beglaubigt werden (wobei der Notar nur die Echtheit der Unterschrift bestätigt) oder sie wird notariell beurkundet. Üblich ist heute die Beurkundung. Die Teilungserklärung nimmt hinsichtlich der Sondereigentumseinheiten auf einen Aufteilungsplan Bezug, in dem die einzelnen Wohn- bzw. Teileigentumseinheiten zeichnerisch dargestellt und jeweils mit einer Nummer versehen sind. Da Sondereigentum nur begründet werden kann, wenn die Wohnungen bzw. sonstigen Räume abgeschlossen sind, muss durch eine Bescheinigung die Abgeschlossenheit nachgewiesen werden. („Abgeschlossenheitsbescheinigung").
Gemeinschaftliches Eigentum muss stets mit einem Sondereigentum verbunden sein, wenn Wohnungs- bzw. Teileigentum entstehen soll.

Begünstigtes Agrarland

favoured agricultural land

Der Begriff des begünstigten Agrarlandes bezieht sich auf Flächen, die land- und forstwirtschaftlich genutzt werden, die sich aber darüber hinaus wegen ihrer Lage oder ihrer Nähe zu Siedlungsgebieten für eine andere Nutzung eignen.
Voraussetzung ist, dass eine entsprechende Nachfrage besteht und auf absehbare Zeit die Entwicklung zu einem Bauerwartungsland ausgeschlossen ist. Es handelt sich also nicht um eine Vorstufe des Bauerwartungslandes.
Die Nutzung zu anderen als land- und forstwirtschaftlichen Zwecken ist nur dann bewertungsrelevant, wenn sie bei Verpachtung zu vergleichsweise höheren Erträgen oder beim Verkauf zu höheren Preisen führt. Die ist in der Regel der Fall bei der Nutzung z. B. als Golfplatz, Reiterhof, Baumschule usw.. Die Nutzung als Biotop fällt dagegen nicht unter die Kategorie des begünstigten Agrarlandes.
Siehe / Siehe auch: Landwirtschaft

Behausungsziffer

‚person per house' ratio

Die Behausungsziffer gibt an, wie viele Bewohner durchschnittlich auf ein bewohntes Gebäude entfallen. Es handelte sich im 19. Jahrhundert um eine statistische Kennzahl, die Rückschlüsse auf den Wohnverdichtungsgrad einer Stadt, insbesondere aufgrund von Hausformen, Wohnweise und der Art der Bodenparzellierung ermöglichten. Die Behausungsziffern in den Großstädten erreichten um die

Wende des 19. zum 20. Jahrhundert einen oberen Kulminationspunkt. Beispielhaft seien die Behausungsziffern des Jahres 1905 für verschiedene Städte angeführt, die der 2. Auflage des Handbuchs für Wohnungswesen von Rudolf Eberstadt (1910) entnommen sind.

Bremen spielt hier eine Ausnahmerolle. Die historischen Nachwirkungen zeigen sich bis heute in dem relativ niedrigen Grundstückspreisniveau der Stadt. Beim Vergleich mit ausländischen Städten gibt es zwei höchst unterschiedliche Gruppen von Städten. Hohe Behausungsziffern hatten Wien (50,74) Budapest (41,28) und Prag (40,92), also Städte, die im österreichischen Entwicklungseinfluss lagen. Dagegen waren die Behausungsziffern vor allem in England aber auch in den Niederlanden und Belgien sehr niedrig. London – die größte europäische Stadt damals wie heute – hatte eine Behausungsziffer von 7,89, Birmingham 4,79, Manchester 4,80, Leeds 4,37, Liverpool von 5,57, Antwerpen 8,49, Rotterdam 10,9, Amsterdam 13,4. Auch die amerikanischen Großstädte hatten geringe Behausungsziffern.

Vergleicht man die Situation von damals mit heute, dann ergibt sich auch für Deutschland eine erhebliche Ausdünnung hin zu einer niedrigeren Behausungsziffer. Sie betrug z. B. im Jahr 1999 in Berlin nur noch 11,56. In München betrug sie im gleichen Jahr nur noch 8,3. Einschränkend muss gesagt, dass wegen der Unterschiede der statistischen Erhebungen in den Ländern und teilweise auch zwischen den Städten eines Landes die Aussagekraft der Behausungsziffer relativiert werden muss. Immerhin aber kann eine gegenläufige Parallelität zwischen der Eigentumsquote von heute und den Behausungsziffern von damals festgestellt werden. Die statistischen Erhebungen von Behausungsziffern wurden, wie viele andere Erhebungen, nach dem 1. Weltkrieg gewissermaßen mit dem Auslaufen der historischen Schule der Nationalökonomie vielfach nicht mehr weiter geführt. Sie lassen sich allerdings auf der Grundlage von Basisdaten leicht errechnen.

1905	
Berlin	2.040.148 Einwohner 77,54 Bewohner pro Gebäude
Charlottenburg	239.559 Einwohner 64,78 Bewohner pro Gebäude
Breslau	470.904 Einwohner 51,97 Bewohner pro Gebäude
Hamburg	802.793 Einwohner 36,81 Bewohner pro Gebäude
München	538.983 Einwohner 36,53 Bewohner pro Gebäude
Dresden	516.996 Einwohner 27,69 Bewohner pro Gebäude
Leipzig	503.672 Einwohner 27,64 Bewohner pro Gebäude
Hannover	250.024 Einwohner 20,98 Bewohner pro Gebäude
Dortmund	175.577 Einwohner 20,48 Bewohner pro Gebäude
Düsseldorf	253.274 Einwohner 20,09 Bewohner pro Gebäude
Frankfurt	334.987 Einwohner 18,75 Bewohner pro Gebäude
Köln	428.722 Einwohner 16,41 Bewohner pro Gebäude
Bremen	214.861 Einwohner 7,96 Bewohner pro Gebäude

Siehe / Siehe auch: Stadt

Behindertengerechte Umbauten

rebuilding to meet the needs of the disabled

Die Anpassung einer Mietwohnung an die Bedürfnisse einer Behinderung des Mieters gehört zu den Mietermodernisierungen, für die grundsätzlich die Zustimmung des Vermieters erforderlich ist. Seit der Mietrechtsreform von 2001 haben sich die Verhältnisse für den Mieter verbessert (§ 554 a BGB): Vermieter sind nun verpflichtet, baulichen Veränderungen oder sonstigen Einrichtungen ihre Genehmigung zu erteilen, die für eine behindertengerechte Nutzung der Wohnung oder für eine Erleichterung des Zugangs zur Wohnung nötig sind.

Allerdings gibt es auch hier Ausnahmefälle, in denen der Vermieter nicht mitspielen muss: Wenn nämlich sein Interesse an der Erhaltung des unveränderten Zustandes des Gebäudes – oder das anderer, nichtbehinderter Mieter – größer ist als das Interesse an behindertengerechter Nutzung. Hier ist also eine Interessenabwägung durchzuführen.

Dabei ist in Betracht zu ziehen, wie schwer und welcher Art die Behinderung ist, ob der Umbau notwendig oder sogar dringend ist, ob ein Rückbau durchführbar wäre und ob andere Mieter durch die Veränderungen am Gebäude Nachteile in Kauf nehmen müssen.

Und: Der Vermieter kann seine Zustimmung davon abhängig machen, dass zuvor eine Kaution in Höhe der voraussichtlichen Kosten für den Rückbau gestellt wird. Bei Auszug des Mieters ist er berechtigt, den Rückbau der Umbauten zu verlangen.

Siehe / Siehe auch: Mietermodernisierung

Behörden

administrative / government agencies; public offices / authorities

Behörden sind nach § 1 Abs. 4 des Verwaltungsverfahrensgesetzes (VwVG) Stellen, die Aufgaben einer öffentlichen Verwaltung wahrnehmen. Im Gegensatz zu einem Amt ist die Behörde dadurch gekennzeichnet, dass sie nur mit einer Außenzuständigkeit – also für den Rechtsverkehr mit anderen Behörden oder mit Bürgern – ausgestattet ist. Die Behörde ist also immer Teil eines Amtes. Dem Amt obliegt die interne Organisation einer oder mehrerer Behörden. Wenn sich ein Bürger wegen einer Steuererklärung an das Finanzamt wendet, dann bezieht sich der damit verbundene Geschäftsverkehr mit der Finanzbehörde, die für den Bürger zuständig ist.
Im Bereich der Immobilienwirtschaft wichtige Behörden sind diejenigen, die für die Erlaubniserteilung nach § 34 c GewO zuständig sind (man spricht von Gewerbebehörden). Das Amt, in dem das Liegenschaftskataster geführt wird, ist die „zuständige Behörde" in ihrem Rechtsverkehr mit dem Grundbuchamt. Wird ein Bebauungsplan erstellt, sind vor seiner satzungsmäßigen Verabschiedung die zuständigen Behörden anzuhören beziehungsweise zu beteiligen, die Bauaufsichtsbehörden sind zuständig für die Entgegennahme von Bauanträgen und so weiter. Nicht zu den Behörden zählen Gerichte.

Beiträge

contributions; charges; fees; financial contributions; remunerations; special public charges

Öffentliche Beiträge

Beiträge im öffentlich rechtlichen Sinne sind eine besondere Art von Abgaben. Kennzeichnend hierfür ist die Tatsache, dass für sie eine Gegenleistung gewährt wird. Dabei handelt es sich in der Regel um die Möglichkeit der Ausnutzung öffentlicher Einrichtungen oder besonderer Vorteile.
Ob diese vom Bürger in Anspruch genommen werden, ist unerheblich. Immobilienwirtschaftlich relevant sind vor allem die Erschließungsbeiträge, die im BauGB geregelt sind.

Zivilrechtliche Beiträge

Es handelt sich um Leistungen, die das Mitglied einer Gesellschaft oder Gemeinschaft zur Finanzierung des Geschäftszwecks leistet. Immobilienwirtschaftlich bedeutsam sind insbesondere Beiträge nach dem WEG. §16 Abs. 2 WEG verpflichtet jeden Wohnungseigentümer gegenüber den Miteigentümern zur anteiligen Tragung der Lasten und Kosten. Dieser Beitragsanspruch ist unabhängig davon, ob die Wohnung genutzt wird oder leer steht. Die Höhe des Beitrages richtet sich nach dem in der Eigentümerversammlung beschlossenen Wirtschaftsplan der Eigentümergemeinschaft.

Siehe / Siehe auch: Erschließung / Erschließungsbeitrag

Beitrittserklärung

declaration of accession; enrolment

Die Abgabe einer Beitrittserklärung ist die Voraussetzung dafür, dass ein Anleger Anteile an einem geschlossenen Immobilienfonds erwirbt. In der Regel wird die Beitrittserklärung mittels eines entsprechenden Formulars abgegeben, das auch als Zeichnungsschein bezeichnet wird. Es ist üblicherweise dem Emissionsprospekt eines geschlossenen Fonds beigefügt oder beim Initiator und dessen Vertriebspartnern erhältlich. Der rechtswirksame Beitritt des Anlegers zum Fonds kommt erst mit der Annahme der Beitrittserklärung durch die Geschäftsführung der Fondsgesellschaft zustande. Sie wird dem Anleger durch eine gesonderte, schriftliche Annahmebestätigung mitgeteilt.

Siehe / Siehe auch: Immobilienfonds - Geschlossener Immobilienfonds

Belastung

encumbrance; debit; charge; fee; load; pressure; remuneration

des Eigentümers einer selbstgenutzten Wohnung

Unter Belastung wir die Summe aller regelmäßig wiederkehrenden Ausgaben verstanden, die ein Eigentümer eines selbstgenutzten Hauses oder einer Eigentumswohnung zu tragen hat. Dazu zählen die monatlich, vierteljährlich, halbjährlich oder jährlich zur fristgerechten Bedienung des Darlehens anfallenden Zins- und Tilgungsbeträge.
Hinzuzurechnen sind außerdem wiederholt anfallende Bewirtschaftungskosten (z. B. für die Verwaltung) sowie Betriebskosten (Gebäudeversicherung, Grundsteuer, Heizung, Wartung, Strom etc.). Die Belastung wird mit Hilfe einer Lastenberechnung ermittelt. Das Schema der Lastenberechnung kann der II. Berechnungsverordnung entnommen werden, das für den mit öffentlichen Mitteln nach dem II. WoBauG geförderten Wohnraum Geltung hatte.

des Eigentums an einem Grundstück

Im übertragenen Sinne wird von Belastung auch im Zusammenhang mit auf einem Grundstück ruhenden Grundpfandrechten und den in Abteilung II des Grundbuchs eingetragenen Lasten gesprochen. Hinzukommen die im Baulastenverzeichnis eingetragenen Baulasten.
Siehe / Siehe auch: Baulast, Betriebskosten, Grundbuch, Wirtschaftlichkeitsberechnung (Wohnungswirtschaft)

Belastungsvollmacht

encumbrance authorisation

Um die Durchführung von Grundstückskaufverträgen zu erleichtern, wird häufig in der notariellen Urkunde dem Käufer die Vollmacht eingeräumt, das Grundstück schon vor Eigentumsumschreibung mit Grundpfandrechten zu belasten. Der Zweck wird zunächst auf die Finanzierung des Kaufpreises mit Zinsen angegeben. Ohne diese Vollmacht ist eine Finanzierung des Grundstückskaufs nicht möglich. Der Kredit muss schon ausgereicht werden, bevor der Käufer als neuer Eigentümer im Grundbuch eingetragen werden kann. Die Belegung des Kaufpreises ist Voraussetzung dafür, dass der Notar den Antrag auf Umschreibung des Eigentums im Grundbuch stellt. Hierzu wird er in der Regel in der Kaufvertragsurkunde ausdrücklich angewiesen.
Da der Verkäufer das Grundstück, das noch in seinem Eigentum steht, als Belastungsgegenstand zur Verfügung stellt, muss er dadurch gesichert werden, dass der Käufer seinen Anspruch gegen die finanzierende Bank auf Auszahlung der Kreditsumme bis zur Höhe des Kaufpreises an den Verkäufer abtritt und die Bank unwiderruflich anweist, den Kreditbetrag an den Verkäufer auszuzahlen, sobald die vertraglich festgelegten Voraussetzungen vorliegen. Soll das Grundstück höher belastet werden, etwa für die Finanzierung von Baumaßnahmen, muss die Auszahlung des Kaufpreises an den Verkäufer sichergestellt werden.
Siehe / Siehe auch: Grundstückskaufvertrag, Finanzierung

Belegprüfung (Jahresabrechnung / Wohnungseigentum)

voucher audit (annual settlement of accounts / commonhold ownership); verification of documents

Vor der Beschlussfassung über die Jahresabrechnung in der Wohnungseigentümer-Versammlung soll der Verwaltungsbeirat, wenn ein solcher von der Gemeinschaft bestellt ist, gemäß § 29 Abs. 3 WEG die vom Verwalter jährlich vorzulegende Jahresgesamt- und Einzelabrechnungen prüfen und vor der Beschlussfassung der Versammlung gegenüber den Wohnungseigentümern eine Stellungnahme abgeben. Diese Prüfung durch den Verwaltungsbeirat soll neben der rechnerischen und sachlichen Überprüfung auch durch eine stichprobenartige Überprüfung der Rechnungsbelege erfolgen. Dabei ist zu prüfen, ob die durch Rechnungsbelege ausgewiesenen Lieferungen und/oder Leistungen auch tatsächlich für die Gemeinschaft und nicht etwa für andere vom Verwalter ebenfalls verwaltete Gemeinschaften oder für einzelne Eigentümer erbracht worden sind. Anspruch auf Einsichtnahme in diese Belege hat auch jeder einzelne Wohnungseigentümer. Er kann auch die Anfertigung von Kopien dieser Belege gegen Kostenerstattung verlangen, nicht allerdings die Herausgabe der Originalbelege.
Siehe / Siehe auch: Einsichtsrecht (Wohnungseigentum), Jahresabrechnung (Wohnungseigentum), Verwaltungsbeirat, Betriebsprüfung, Belegprüfung, allgemein

Belegprüfung, allgemein

verification of documents; voucher audit

Das Belegprinzip gehört zur den Grundsätzen ordnungsgemäßer Buchführung. Nach dem Belegprinzip muss jede Buchung auf einem Beleg beruhen, der den zu buchenden Geschäftsvorfall dokumentiert. Die Ordnungsgemäßheit der Belegbuchhaltung ist gegeben, wenn alle Geschäftsvorfälle lückenlos erfasst sind und die sie dokumentierenden Belege nach einem Ordnungsschema abgelegt sind. Die Belegablage muss eine vollständige Belegprüfung ermöglichen. Die Belegprüfung bezieht sich auf die sachliche und rechnerische Richtigkeit der Belege. Sie wird – je nach Zielsetzung – von internen oder externen Rechnungsprüfern, aber auch von Betriebsprüfern des Finanzamtes durchgeführt. Letztere verfügen heute über ein digitales Betriebsprüfungssystem, das es ermöglicht, in kurzer Zeit Schwachstellen und Lücken aufzuspüren, denen sich die Betriebsprüfer dann intensiv widmen können.
Siehe / Siehe auch: Einsichtsrecht (Wohnungseigentum), Jahresabrechnung (Wohnungseigentum), Verwaltungsbeirat, Betriebsprüfung, Belegprüfung (Jahresabrechnung / Wohnungseigentum)

Belegungsbindung (Wohnungsbindung)

occupancy commitment; period of fixed

percentage of occupancy by people with low income

Alle mit staatlichen Mitteln geförderten Wohnungen unterliegen einer Belegungsbindung und einer Preisbindung. Dies gilt für den geförderten Wohnungsbestand aus der Förderungsära des II Wohnungsbaugesetzes (WoBauG) ebenso wie für Wohnraum, der nach den geltenden Vorschriften des Wohnraumförderungsgesetzes (WoFG) gefördert wurde bzw. wird. Wer zum Bezug einer öffentlich geförderten Wohnung berechtigt ist, muss dies durch einen Wohnberechtigungsschein nachweisen.

Die Preisbindung der nach dem II WoBauG geförderten Wohnungen wurde im Wohnungsbindungsgesetz geregelt. Danach gilt für den nach dem II. WoBauG geförderten Wohnraum noch eine Preis- und Belegungsbindung bis zur regulären Rückzahlung der öffentlichen Darlehen nach dem vereinbarten Tilgungsplan. Wird das Darlehen freiwillig vorzeitig zurückgezahlt, wirkt die Bindung weiter und zwar so lange, bis das Darlehn nach dem Tilgungsplan zurückbezahlt worden wäre, höchsten aber 10 Jahre. Man spricht hier von einer Nachwirkungsfrist. Wurde das Darlehen gekündigt, weil der Darlehensnehmer seinen Verpflichtungen (Einhaltung der Bindungsvorschriften) nicht nachgekommen ist, verlängert sich die Nachwirkungsfrist auf zwölf Jahre.

Das novellierte Wohnungsbindungsgesetz in seiner Fassung vom 13. September 2001 regelt die Bindungsvorschriften des nach dem WoFG geförderten Wohnraums. Dabei muss das Wohnungsamt der Gemeinde dem Vermieter drei Mieter mit einem Berechtigungsschein benennen, von denen einer ausgewählt werden muss. In Fällen, in denen der Gemeinde das „Besetzungsrecht" zusteht, kann die Gemeinde in Bezug auf ihre Vermietung über den Wohnraum selbst verfügen.

Siehe / Siehe auch: Sozialer Wohnungsbau, Wohnberechtigungsschein, Wohnraumförderungsgesetz

Belehrungspflicht des Notars

notary public's obligation to instruct

Nach § 17 des Beurkundungsgesetzes soll der Notar im Zusammenhang mit der Beurkundung von Willenserklärungen den Willen der Beteiligten erforschen, den Sachverhalt klären und über die rechtliche Tragweite des Geschäfts aufklären. Den Notar trifft also eine Belehrungspflicht. Dies gilt für den Vertrag über die Gründung einer GmbH ebenso wie für einen Grundstückskaufvertrag oder die Bestellung eines Grundpfandrechts. Die Belehrung erfolgt im Zusammenhang mit der Vorlesung der Vertragsurkunde, zu der der Notar verpflichtet ist. Bestehen Zweifel, ob das Geschäft dem Gesetz oder dem wahren Willen der Beteiligten entspricht, so sollen die Bedenken mit den Beteiligten erörtert werden. Bei Verbraucherverträgen (z. B. Grundstückskaufvertrag zwischen Privatpersonen) ist den Vertragsparteien durch Zusendung der Vertragsurkunde mindestens zwei Wochen vor der Beurkundung die Möglichkeit zu geben, sich mit dem Inhalt zu beschäftigen.

Unabhängig davon wird der Notar bei der Beurkundung des Grundstückskaufvertrags auf Genehmigungserfordernisse, die Unbedenklichkeitsbescheinigung des Finanzamtes und gesetzliche Vorkaufsrechte der Gemeinde hinweisen. Der Notar wird auch die Bedeutung einer Auflassungsvormerkung erläutern und darauf hinweisen, dass das Eigentum erst mit der Eintragung der Eigentumsänderung im Grundbuch erworben wird. Er soll die Parteien auch darauf hinweisen, dass die Kaufvertragsurkunde alle zwischen ihnen abgesprochenen Vereinbarungen enthalten muss, da der Vertrag sonst unwirksam ist. Die Belehrungspflicht wird besonders wichtig, wenn die Parteien besondere Rechtsrisiken einzugehen beabsichtigen, etwa Kaufpreiszahlungen vor Eintrag einer Auflassungsvormerkung. Der Notar wird zu seinem Schutz in einem deklaratorischen Teil der Kaufvertragsurkunde vermerken, worüber er die Parteien belehrt hat.

Siehe / Siehe auch: Grundstückskaufvertrag, Notar, Notarielle Beurkundung

Beleihung

lending; hypothecation; mortgaging

Als Sicherheit für die Vergabe eines Immobilien-Darlehens dient das zu finanzierende Grundstück. Die maximale Kredithöhe richtet sich nach dem Beleihungswert und der Beleihungsgrenze des Objekts. Der Beleihungswert ist nach § 16 des Pfandbriefgesetzes ein durch einen unabhängigen Gutachter festgesetzter Wert, „der sich im Rahmen einer vorsichtigen Bewertung der zukünftigen Verkäuflichkeit einer Immobilie und unter Berücksichtigung der langfristigen, nachhaltigen Merkmale des Objektes, der normalen regionalen Marktgegebenheiten sowie der derzeitigen und möglichen anderweitigen Nutzungen ergibt". Spekulative Elemente dürfen dabei nicht berücksichtigt werden. Er darf den „Marktwert" nicht übersteigen.

Die Ermittlung des Beleihungswerts soll auf der Grundlage der am 1. August 2006 in Kraft getretenen Beleihungswertverordnung erfolgen. Die Beleihungswertverordnung stimmt inhaltlich zu großen Teilen mit der Wertermittlungsverordnung überein. Rechtsgrundlage für die Verordnung ist das Pfandbriefgesetz, das mit Inkrafttreten, das am 19.7.2005 in Kraft getreten ist und das frühere Hypothekenbankgesetz ersetzt hat. Nach § 14 PfandBG beträgt die Beleihungsgrenze für Hypotheken, die auf Pfandbriefbasis beruhen, 60 Prozent des Beleihungswertes.

Das Pfandbriefgesetz gilt für alle Pfandbriefbanken (bisher Hypothekenbanken). Dazu zählen alle Banken, die mit dem Pfandbriefprivileg ausgestattet sind. Deshalb werden sich auch die Landesbanken hinsichtlich ihrer Objektbeleihungen nach diesen Vorschriften richten. Bei Bauspardarlehen, deren dingliche Absicherung üblicherweise nachrangig erfolgt, liegt die Beleihungsgrenze bei 80 Prozent des Beleihungswertes. Die Versicherungsgesellschaften lehnen sich bei der Beleihung an die Beleihungsgrundsätze der Pfandbriefbanken an.

Um die Forderung des Gläubigers dinglich abzusichern, wird das zu beleihende Objekt mit einer Grundschuld belastet, für die als Zweckbestimmung die Darlehenssicherung vereinbart ist. Darlehen von Realkreditinstituten, die die Beleihungsgrenze überschreiten, sind keine Realkredite, sondern „gedeckte" Personenkredite. Bei ihnen spielt die Bonitätsprüfung des Darlehensnehmers eine besondere Rolle.

Siehe / Siehe auch: Verkehrswert, Beleihungswert, Beleihungswertverordnung (BelWertV)

Beleihungsauslauf

(total) loan to value (LTV) / in Germany also: loan to mortgage bank value

Unter Beleihungsauslauf – auch als Beleihungsquote bezeichnet – versteht man das Verhältnis von grundbuchlich gesicherten Darlehen zum Beleihungswert. Beträgt der Beleihungswert z.B. 400.000 Euro und das Darlehen 160.000 Euro, dann beträgt der Beleihungsauslauf 40 Prozent. Er liegt also innerhalb der Beleihungsgrenze, die nach § 14 des Pfandbriefgesetzes 60 Prozent des Beleihungswertes nicht überschreiten darf.

Die gilt sowohl für die Beleihung von Wohn- als auch von Gewerbegrundstücken.

Beleihungsgrenze

lending ceiling; lending limit; limited loan on; marginal loan value

Bei der Beleihung von Immobilien müssen Realkreditinstitute, die ihre Darlehen mit der Ausgabe von Pfandbriefen refinanzieren, darauf achten, dass sie die Beleihungsgrenze nicht überschreiten. Sie liegt nach § 14 des Pfandbriefgesetzes bei 60 Prozent des Beleihungswertes Die Beleihung bis zu dieser Grenze wird als „1a-Hypothek" bezeichnet.

Ist ein Kaufpreis aus einem Grundstückskaufvertrag zu finanzieren, darf der Beleihungswert nicht mit dem Kaufpreis angesetzt werden. Dieser ist vielmehr – wenn er im gewöhnlichen Geschäftsverkehr ausgehandelt wurde, Ausdruck des Verkehrswertes. Der Beleihungswert liegt regelmäßig darunter. Als Faustregel kann gelten, dass der Fremdfinanzierungsspielraum innerhalb der Beleihungsgrenze damit zwischen 50 und 55 Prozent des Kaufpreises angesiedelt ist. Kreditinstitute, die nicht über das Pfandbrief-Privileg verfügen, sind an diese Vorschrift nicht gebunden und verfahren nach eigenen Regeln. Sparkassen lehnen sich in ihrer Beleihungspraxis den bei Realkreditinstituten geltenden Regeln an. Allerdings können sie auf der Grundlage von Bürgschaften den Beleihungsspielraum erhöhen. Bausparkassen bis zu 80 Prozent des Beleihungswertes Bauspardarlehen vergeben. Die Sparkassengesetze sind Ländersachen. Das Bundesland Sachsen-Anhalt hat 2004 bisher als einziges Bundesland zur Bestimmung von Beleihungswerten die „Verordnung über Beleihungsgrundsätze für Sparkassen" erlassen. Diese befasst sich aber nicht mit Beleihungsgrenzen, sondern nur mit Beleihungswerten für verschiedene Objekttypen.

Siehe / Siehe auch: Beleihungswert

Beleihungsquote

lending rate; loan-to-value ratio

Siehe / Siehe auch: Beleihungsauslauf

Beleihungsunterlagen

documents required for an application for a mortgage

Für seine Entscheidung über die Beleihung und deren Höhe benötigt der Kreditgeber verschiedene Unterlagen vom Kreditnehmer.

Dies sind u.a. Grundbuchauszug, amtlicher Lageplan, Kaufvertrag, Fotos vom Objekt, Gesamtkostenaufstellung, bautechnische Unterlagen (Bau- und Lagepläne, Baubeschreibung), Flurkarte, Gebäude- und Feuerversicherungsnachweis, Grenz- und Erschließungsbescheinigung.

Beleihungswert

mortgage lending value; lending value; collateral value; hypothecation value; loan (security) value

Der Beleihungswert ist nach § 3 der Beleihungswertverordnung (BelWertVo) „der Wert der Immobilie, der erfahrungsgemäß unabhängig von vorübergehenden, etwa konjunkturell bedingten Wertschwankungen am maßgeblichen Grundstücksmarkt unter Ausschaltung von spekulativen Elementen während der gesamten Dauer der Beleihung bei einer Veräußerung voraussichtlich erzielt werden kann.“ Dabei kommt es auf die künftige Verkäuflichkeit unter Berücksichtigung der nachhaltig gegebenen Merkmale dieser Immobilie an. Unterstellt werden normale regionale Marktverhältnisse und die aus der gegenwärtigen Perspektive sich ergebenden anderweitigen Nutzungsmöglichkeiten. Der sich daraus ergebende Unterschied zum Verkehrswert liegt in der besonderen Berücksichtigung von denkbaren Veränderungen während der Dauer der Beleihung.
Hinsichtlich der Verfahren, die für die Ermittlung des Beleihungswertes vorausgesetzt werden, gibt es einengende Vorschriften. Im Ertragswertverfahren gehören dazu z. B. eine Mindesthöhe des Bewirtschaftungskostenansatzes (15 Prozent des Rohertrages), Mindestansätze für Kapitalisierungszinssätze (entspricht den Liegenschaftszinsätzen) bei bestimmten Objektarten, eine genaue Bezeichnung der Kriterien, die gegeben sein müssen, wenn der Mindestzinssatz unterschritten werden soll, usw. Beim Sachwertverfahren darf z. B. der Ansatz für die Außenanlagen in der Regel fünf Prozent des Herstellungswertes nicht überschreiten. Der Ansatz der Baunebenkosten ist auf 20 Prozent des Herstellungswertes beschränkt.
Der Beleihungswert ist Bemessungsgrundlage für die Beleihungsgrenze, d.h. den Beleihungsspielraum für Kreditinstitute, der eine dingliche Absicherung von in der Regel erstrangigen Darlehen gewährleistet.
Siehe / Siehe auch: Beleihung, Beleihungswertverordnung (BelWertV)

Beleihungswertverordnung (BelWertV)

German ordinance on the mortgage lending value / lending value / collateral value / loan security value

Am 1. 8. 2006 trat die Beleihungswertverordnung in Kraft. Rechtsgrundlage ist hierfür das Pfandbriefgesetz vom 22. Mai 2005. Die Verordnung gilt seitdem verbindlich für die Ermittlung des Beleihungswertes durch Pfandbriefinstitute. Wertermittlungsmethoden sind demnach das Ertragswertverfahren, das Sachwertverfahren und das Vergleichswertverfahren. Die Vorgehensweise bei den Verfahren ist trotz teils anderer Terminologie zum großen Teil identisch mit denen, die in der Wertermittlungsverordnung vorgegeben sind. Bei der Ermittlung des Beleihungswertes sind bestimmte Regeln einzuhalten. Um zum Beleihungswert zu gelangen, sind z.B. sowohl der Ertrags- als auch der Sachwert getrennt zu ermitteln. Bei Wohnungs- und Teileigentum ist der Vergleichswert als Kontrollwert zusätzlich zu ermitteln. Der Beleihungswert darf den Ertragswert in keinem Fall überschreiten. Weichen Sach- und Vergleichwert mehr als 20 Prozent vom Ertragswert nach unten ab, muss die Nachhaltigkeit der Erträge noch einmal sorgfältig überprüft werden. Bei Ein- und Zweifamilienhäusern genügt die Ermittlung des Sachwertes, um Rückschlüsse auf den Beleihungswert zu ermöglichen. Dabei wird die Eignung der Häuser zu Zwecken der Eigennutzung unterstellt. Für den Wertabschlag aufgrund eines Instandhaltungsrückstaus genügt der Ansatz von Erfahrungssätzen.
Der Beleihungswert muss über ein Gutachten ermittelt werden. Der hierfür beauftragte Gutachter muss nach seiner Ausbildung und beruflichen Tätigkeit über besondere Kenntnisse und Erfahrungen auf dem Gebiet der Bewertung von Immobilien verfügen. Dies wird unterstellt, wenn er von einer staatlichen, staatlich anerkannten oder einer nach DIN EN ISO/IEC 17024 akkreditierten Stelle als Sachverständiger oder Gutachter für die Wertermittlung von Immobilien bestellt oder zertifiziert worden ist. Besonderer Wert wird auf die Unabhängigkeit des Sachverständigen gelegt. Auf die Ermittlung des Beleihungswertes nach der BelWertV kann verzichtet werden, wenn der zu gewährende Darlehensbetrag 400.000 EURO nicht übersteigt und das zu beleihende Objekt überwiegend Wohnzwecken dient. Anstelle des Gutachtens genügt in solchen Fällen eine vereinfachte Wertermittlung. Weitere Vorschriften beziehen sich auf die Frage, in welchen Fällen auf eine Objektbesichtigung verzichtet werden kann und was bei der Ermittlung des Beleihungswertes von im Ausland belegenen Objekten zu beachten ist.
Siehe / Siehe auch: Beleihungswert, Verkehrswert, Wertermittlungsverordnung (WertV)

Bemessungsgrundlage

basis of assessment; taxable basis

Die Bemessungsgrundlage stellt im Steuerrecht einen betragsmäßig bezifferbaren Ausgangswert für die Berechnung einer Steuer dar. So ist für die Ermittlung der Erbschaft- und Schenkungsteuer der sogenannte Grundbesitzwert einer Immobilie die Bemessungsgrundlage. Bei der steuerlichen AfA von Mietobjekten sind die Gebäudekosten die Bemessungsgrundlage, bei der Grunderwerbsteuer in der Regel der „Wert der Gegenleistung".

Benchmarking
benchmarking

Unter Benchmarking versteht man einen sich laufend anpassenden Prozess für die Ermittlung von Kennzahlen, um betriebliche Erfolge in ausgewählten Leistungsbereichen zählbar, vergleichbar bzw. auch bewertbar zu machen. Unternehmen gleicher oder unterschiedlicher Branchenzugehörigkeit versuchen im Rahmen des Know-how-Transfers über solche Zahlensysteme eine interne Vergleichbarkeit herzustellen. Benchmarks sind dabei die Orientierungsgrößen für unternehmerische Zielüberlegungen. Benchmarks können auch Zahlen aus Betriebsvergleichen sein. In der Immobilienwirtschaft befindet sich die Entwicklung hin zum Benchmarking noch in den Anfängen.

Siehe / Siehe auch: Betriebsvergleich

Beratungsvertrag
consultancy contract

Immobilienberatung als Leistung von Immobilienmaklern tritt immer mehr in den Vordergrund. Grundlage einer Immobilienberatung als Hauptleistung immobilienwirtschaftlicher Unternehmen ist ein Beratungsvertrag. Der Beratungsvertrag ist ein Vertrag über eine entgeltliche Geschäftsbesorgung auf der Grundlage eines Dienstvertrags, dessen Regelungsgegenstand die Verpflichtung zur Erbringung von Beratungsleistungen ist. In Fällen, in denen z. B. technische Beratungselemente (z. B. bei der Systementwicklung einer EDV-Anlage) hinzukommen, was über die reine Beratung hinausgeht, kann der Beratungsvertrag werkvertragliche Elemente enthalten.

Der Beratungsvertrag bedarf keiner Form, kann also auch schlüssig zustande kommen. Davon ist auszugehen, wenn sich eine Person als Berater bezeichnet und sein Geschäftspartner Beratungsleistungen von ihm als Berater anfordert. Allerdings darf diese Beratung als Geschäftszweig nicht verwechselt werden mit einer Beratung, die sich als Nebenpflicht aus einer beruflichen Tätigkeit ergibt. Einer solchen Beratung liegt kein Beratungsvertrag zugrunde. In der Immobilienwirtschaft gibt es vielfältige Felder, in denen wegen fehlender Fachkenntnisse eine professionelle Beratung von Personen erforderlich ist. Beispiele hierfür sind Anlageberatung, Finanzierungsberatung, Immobilienberatung und immobilienwirtschaftlich orientierte Versicherungsberatung. Letztere ist gesetzlich separat geregelt.

Grundsätzlich gilt, dass ein Berater von Dritten unabhängig sein muss und nicht von anderweitigen Geschäftsinteressen geleitet werden darf. Bei der Beratung um ein Vorhaben müssen auch die Risiken erläutert werden. Um Klarheit über die Rechte und Pflichten eines Beraters und des Beratenen zu schaffen, empfiehlt sich stets, einen Beratungsvertrag schriftlich abzuschließen. Er enthält unter anderem die genaue Festlegung des Beratungsgegenstandes, die Mitwirkungs- und Informationspflicht des Beratenen und seiner etwaigen Vertreter, eine etwaige Einbeziehung von qualifizierten Mitarbeitern des Beraters in den Beratungsablauf, Ort und Zeit der Beratungstätigkeit, Regelungen zu Reisekosten und Auslagen, Vergütung (pro Stunde oder Tag), eine Verschwiegenheitsklausel, sowie Haftungsregelungen. Der Berater haftet für die Richtigkeit und Geeignetheit seiner Beratungsleistungen.

Es gibt drei Vertragskonstruktionen, mit deren Hilfe eine Vertragsgrundlage im Bereich der immobilienwirtschaftlichen Beratung zur Verfügung gestellt werden kann. Dabei handelt es sich um die projektbezogene Beratung, die zeitlich unbegrenzte Beratung (Dauerberatung) und um die Beratung auf Abruf. Die spezielle Projektberatung ist sachlich und zeitlich durch das Projektziel und die Dimensionen des Projektes begrenzt. Der Projektberatungsvertrag kann aus wichtigem Grund, z. B. bei Aufgabe des Projektes durch den Auftraggeber gekündigt werden. Ansonsten endet der Vertrag mit dem Abschluss des Projektes. Beispiele für die Projektberatung:

- Immobilienobjektanalysen
- Baurechtsanalysen
- Lageanalysen
- Marktanalysen
- Standort- und Marktanalysen (STOMA)

Beratungsleistungen, die sich nicht auf ein Projekt beziehen, deshalb zeitlich unbegrenzt sind und mit deren Hilfe z. B. laufende betriebliche Prozesse eines Unternehmens gesteuert werden sollen, gehören zur zweiten Kategorie der Immobilienberatung. Solche Vertragsverhältnisse können durch Kündigung jederzeit beendet werden.

Schließlich gibt es noch einen reinen Beratungsrahmenvertrag, der den Auftraggeber in die Lage versetzt, Beratung bei Bedarf abzurufen. Auch ein solcher Rahmenvertrag kann durch Kündigung jederzeit beendet werden. Die beiden zuletzt genannten Verträge sind nicht Gegenstand dieser Erläuterung.

Siehe / Siehe auch: Anlageberatung, Marktanalyse, Objektanalyse, Standort- und Marktanalyse, Versicherungsberater

Berechtigtes Interesse
justified interest

Grundbucheinsicht

Wegen des Datenschutzes kann nicht jedermann das Grundbuch einsehen. Vielmehr wird ein berechtigtes Interesse vorausgesetzt (§12 GBO), das „dargelegt" werden muss. Ausgenommen hiervon sind Notare und Behörden, denen die Einsicht jederzeit gestattet ist. Das Einsichtsrecht bezieht sich auch auf die beim Grundbuch geführten Grundakte (§46 GBV). Wer Einsichtsrecht hat, kann auch eine Abschrift des Grundbuchs und der Urkunden aus den Grundakten verlangen. Einsichtsrecht haben auch Makler, sofern sie belegen können, dass sie vom Eigentümer einen Auftrag zum Verkauf des Objektes haben, für das Grundbucheinsicht verlangt wird. Es ist zweckmäßig, sich vom Auftraggeber eine gesonderte Vollmacht ausstellen zu lassen. Da durch Umlegungsmaßnahmen i.S. der Bodenordnung nach dem BauGB nach deren Abschluss bis zur Grundbuchberichtigung das Grundbuch unrichtig wird, kann bei berechtigtem Interesse auch Einblick in den Umlegungsplan genommen werden.

Kündigung eines Wohnungsmietvertrages

Die Beendigung eines Mietverhältnisses über Wohnraum seitens des Vermieters setzt stets ein berechtigtes Interesse voraus. Was berechtigte Interessen sind, ist im BGB abschließend geregelt.
Hierzu zählen:

- Eine nicht unerhebliche schuldhafte Verletzung der Pflichten des Mieters
- Eigenbedarf für den Vermieter, die zu seinem Hausstand gehörenden Personen oder Familienangehörigen
- Behinderung einer angemessenen wirtschaftlichen Verwertung des Grundstücks, soweit dies zu erheblichen Nachteilen des Vermieters führt,
- Schaffung von Wohnraum zum Zwecke der Vermietung. Dabei bezieht sich das Kündigungsrecht auf nicht zum Wohnen bestimmte Nebenräume des Wohnungsmieters, z. B. Speicher im Dachgeschoss, wenn der Vermieter das Dachgeschoss ausbaut oder wenn er aufstocken will. Man spricht von Teilkündigung.

Als berechtigtes Interesse wird nur dasjenige anerkannt, das im Kündigungsschreiben enthalten ist. Wird der Eigenbedarf nur vorgespielt, macht sich der Vermieter gegenüber dem gekündigten Mieter schadensersatzpflichtig. Eine allgemeine Kündigungssperrfrist von drei Jahren gilt für Mietverhältnisse über Wohnungen, die nach Überlassung an den Mieter in Wohneigentum umgewandelt wurden. In Gemeinden oder Gemeindeteilen, in denen die Versorgung der Bevölkerung mit Mietwohnungen zu angemessenen Bedingungen besonders gefährdet ist, erhöht sich die Kündigungssperrfrist bis auf zehn Jahre. Diese Gebiete werden durch eine Rechtsverordnung des jeweiligen Bundeslandes mit einer Höchstgeltungsdauer von zehn Jahren bestimmt. Der Vermieter, der ein berechtigtes Interesse an der Kündigung hat, kann auch in diesem Sonderfall bereits nach Ablauf von drei Jahren kündigen, wenn er dem Mieter Wohnraum vergleichbarer Art, Größe, Ausstattung, Beschaffenheit und Lage nachweist und die Umzugskosten des Mieters übernimmt. Eine vergleichbare Vorschrift gab es vor der Mietrechtsreform 2001 im „Sozialklauselgesetz", das außer Kraft gesetzt wurde.
Die Kündigungssperrfrist beginnt grundsätzlich an Tage der Umschreibung des Eigentums an der Wohnung im Grundbuch auf den Erwerber. Für Makler, die solche umgewandelten Eigentumswohnungen vermitteln, ist wichtig, dass sie sich erkundigen, ob das Mietverhältnis schon vor Umwandlung bestanden hat und ob sich die Wohnung in einem „Wohnungsmangellagegebiet" befindet.
Siehe / Siehe auch: Eigenbedarf, Betriebsbedarf, Erleichterte Kündigung

Bereitstellungszinsen
commitment interest

Kreditinstitute verlangen diese Finanzierungsnebenkosten, wenn das Darlehen nicht innerhalb einer bestimmten Frist abgerufen wird. Die Zeitspannen, wann die Bereitstellungszinsen fällig werden, variieren stark: Einige Kreditgeber verlangen sie bereits nach einem Monat, andere gedulden sich bis zu neun Monate. Da Bereitstellungszinsen nicht in die Effektivzinsberechnung eingehen, können sie besonders für Bauherren, die ihr Darlehen nach Baufortschritt abrufen, teuer werden. Deshalb sollte der Finanzierer über Fälligkeit (möglichst spät nach Darlehenszusage) und Höhe dieser zusätzlichen Kosten, die ebenfalls mit ein bis vier Prozent vom Darlehen erheblich schwanken können, verhandeln.

Bergrecht
mining law

Grundlage des Bergrechts ist das Bundesberggesetz (BBergG). Es befasst sich mit Bodenschätzen. Zweck des Gesetzes ist es u.a. „zur Sicherung der Rohstoffversorgung das Aufsuchen, Gewinnen und Aufbereiten von Bodenschätzen unter Berücksichtigung ihrer Standortgebundenheit und des Lagerstättenschutzes bei sparsamem und schonendem Umgang mit Grund und Boden zu ordnen und zu fördern“ (§ 1 BBergG). Zu den Bodenschätzen zählen alle mineralischen Rohstoffe in festem oder flüssigem Zustand und Gase, die in natürlichen Ablagerungen oder Ansammlungen (Lagerstätten) in oder auf der Erde, auf dem Meeresgrund, im Meeresuntergrund oder im Meerwasser vorkommen.

Das Gesetz unterscheidet zwischen grundeigenen Bodenschätzen und bergfreien Bodenschätzen. Grundeigene Bodenschätze stehen im Eigentum des jeweiligen Grundeigentümers. Dieses Eigentum erstreckt sich jedoch nicht auf bergfreie Bodenschätze. Was im Einzelnen jeweils hierzu zählt, ergibt sich aus § 3 BBergG.

Geregelt wird im BBergG das Aufsuchen, Gewinnen und das Aufbereiten von Bodenschätzen. Wer bergfreie Bodenschätze aufsuchen will, bedarf der Erlaubnis, wer bergfreie Bodenschätze gewinnen will, bedarf der Bewilligung oder er muss Eigentümer des Bergwerks sein. Das Bergwerkseigentum gewährt das ausschließliche Recht zur Aufsuchung und Gewinnung von Bodenschätzen. Wer die Erlaubnis zum Aufsuchen von Bodenschätzen erhalten hat, muss eine jährlich zu zahlende „Feldabgabe“ entrichten. Wer die Bewilligung zur Förderung von Bodenschätzen erhalten hat, muss jährlich eine Förderabgabe bezahlen. Das Aufsuchen, die Gewinnung und Aufbereitung von Bodenschätzen ist sehr detailliert geregelt. Die Bestimmungen erstrecken sich auf Vorschriften über Hilfsbaurechte für Anlagen außerhalb des Bergfeldes, Anzeigepflichten, Anforderungen an den Betriebsplan, verantwortliche Personen bis hin zu Beschäftigungsverboten, grundstücksrechtlichen Fragen und Regelungen zum Bergschadensrecht.

Siehe / Siehe auch: Bergschaden, Bodenschätze, Grundbuch

Bergschaden
coal mining subsidence

Bergschäden können sowohl durch den aktiv betriebenen als auch durch stillgelegten Bergbau entstehen. Die Ursache sind durch den Vortrieb von Stollen erzeugte Bodenbewegungen oder Bodensenkungen durch den Einsturz alter, nicht genügend gesicherter Stollen. Gegen Haftungsansprüche wehren sich Bergwerkseigentümer durch Bergschadenverzichtserklärungen, die im Grundbuch in Form einer Grunddienstbarkeit oder einer beschränkten persönlichen Dienstbarkeit abgesichert werden. Dies ist seit dem Jahr 1900 möglich und gilt vor allem für solche Grundstücke, die sich früher im Eigentum eines Bergwerkeigentümers befanden und an Bauwillige verkauft wurden.

Da nicht alle bergbaulichen Aktivitäten aus der früheren Zeit dokumentiert sind, kann durch mehrere Suchbohrungen festgestellt werden, ob ein oberflächennaher Bergbau betrieben wurde. Man kann mit Hilfe von solchen Suchbohrungen ziemlich sicher feststellen, ob eine Bergschadensgefahr besteht. Sind entsprechende Feststellungen zu treffen, muss der für Siedlungszwecke vorgesehene Bereich saniert werden.

Bergschadensverzicht
waiver of coal mining subsidence

Siehe / Siehe auch: Bergschaden

Berufliche Bildung in der Immobilienwirtschaft
professional training in real estate management

Siehe / Siehe auch: Aus- und Weiterbildung, Immobilienfachwirt, Fachkaufmann für die Verwaltung von Wohnungseigentum, Kaufmann/Kauffrau in der Grundstücks- und Wohnungswirtschaft (IHK), Studiengänge (Immobilienwirtschaft)

Berufsausübung durch Mieter
tenants exercising their profession/ trade in their flat

Beruf oder Gewerbe dürfen in der Mietwohnung grundsätzlich nur mit Zustimmung des Vermieters ausgeübt werden. In bestimmten Fällen wird eine derartige Nutzung jedoch für zulässig angesehen, so dass der Vermieter seine Zustimmung nicht verweigern kann. Dies gilt generell immer, wenn durch die Tätigkeit keine Belästigung der anderen Bewohner des Gebäudes (z. B. durch Lärm, Gestank, Kundenverkehr, Parkplatzprobleme) entstehen kann und die gemeinsam benutzten Teile des Hauses (Eingänge, Treppen, Fahrstühle) nicht beeinträchtigt werden. Eine vom Vermieter erteilte Erlaubnis kann auch widerrufen werden, wenn sich durch eine Änderung von Art und Umfang der Berufsausübung in der Wohnung Belästigungen für die Nachbarn ergeben, die bisher nicht vorlagen – etwa zusätzlicher Kundenverkehr, erhöhte Mitarbeiterzahl oder Geräusche durch Maschinenbetrieb. Einen Zuschlag zur Miete kann der Vermieter wegen der Berufsausübung in der Wohnung nur verlangen, wenn dies von vornherein im Mietvertrag vereinbart war – also nicht nachträglich. Dies wird damit begründet, dass bei einer zulässigen beruflichen Nutzung einer Mietwohnung weder Schäden an der Wohnung entstehen noch Nachbarn durch Geräusche und Kundenverkehr belästigt werden können – sonst wäre die Nutzung nicht zulässig. Auch ein vertraglich vereinbarter Mietzuschlag muss in dem Moment entfallen, in dem der Mieter seine Berufsausübung in der Wohnung beendet (Landgericht Berlin, MM 94, 357).

Der Bundesgerichtshof hat am 14.07.2009 entschieden, dass eine Gewerbeausübung oder freiberufliche Tätigkeit des Mieters in der Mietwohnung vom Vermieter im Einzelfall zu dulden bzw. zu erlauben ist, wenn es zu keinen Störungen anderer Hausbewohner und zu keinen Einwirkungen auf die Mietsache kommt, die höher sind als bei reiner Wohnungsnutzung. Dies gilt unabhängig davon, ob die Tätigkeit mit Kundenverkehr verbunden ist. Die Grenze ist laut BGH jedoch erreicht, wenn der Mieter in der Wohnung Mitarbeiter beschäftigt.

Dies muss vom Vermieter unabhängig vom sonstigen Grad der Beeinträchtigung nicht geduldet werden und stellt einen Kündigungsgrund dar (BGH, Az. VIII ZR 165/08).

Siehe / Siehe auch: Zweckentfremdung, Prostitution in Mietwohnung, Tagesmutter, Sperrbezirksverordnung

Berufsbild des Verwalters / Wohnungseigentums-Verwalters

job description of an estate manager / service agent or administrator of a commonhold ownership

Ein besonderes gesetzlich normiertes Berufsbild bzw. eine entsprechende Qualifizierung als Zugangsvoraussetzung für den Beruf des Hausverwalters oder des Wohnungseigentums-Verwalters gibt es in Deutschland im Gegensatz zu anderen EU-Staaten (z. B. Frankreich) nicht. Als allgemeine Qualifikation wird jedoch die Ausbildung als „Kaufmann/Kauffrau der Grundstücks- und Wohnungswirtschaft" angesehen. Als berufsweiterbeziehungsweise fortbildende Maßnahme kommt die vor den Industrie- und Handelskammern abzulegende Prüfung als „Immobilienfachwirt" oder die Qualifizierung als staatlich anerkannte/r „Fachkauffrau/Fachkaufmann für die Verwaltung von Wohnungseigentum" in Frage.

Neben diesen staatlich anerkannten Qualifizierungen fordern die Berufsfachverbände der Immobilienmakler, Hausverwalter und WEG-Verwalter, wenn auch unterschiedlich, den Nachweis bestimmter Fachkenntnisse und beruflicher Erfahrungen. Auch die WEG-Rechtsprechung hat in jüngster Zeit in einer Vielzahl von Entscheidungen bestimmte fachliche Qualifikationen, insbesondere auch hinsichtlich rechtlicher Kenntnisse, zum Maßstab bei Haftungsfragen des „gewerblichen Verwalters" gemacht.

Zu den Informationspflichten des Verwalters gegenüber den Wohnungseigentümern bei bestimmten Entscheidungen zählt die Rechtsprechung bereits seit längerem die vorherige Aufklärung über tatsächliche und rechtliche Zweifelsfragen (BGH, V ZB 4/94, Beschluss vom 21.12.1995). Umfangreiche Rechtskenntnisse setzt die Rechtsprechung im Übrigen inzwischen im Rahmen der sogenannten konstitutiven Beschlussfeststellung voraus (BGH, V ZB 10/01, Beschluss vom 23.08.2001). Dazu muss der WEG-Verwalter letztlich vor jeder Abstimmung über Beschlussanträge prüfen und feststellen, ob Anträge überhaupt einer Beschlussfassung zugänglich und welche Stimmverhältnisse (Mehrheitsbeschluss oder ein-/ allstimmiger Beschluss) erforderlich sind.

Siehe / Siehe auch: Berufliche Bildung in der Immobilienwirtschaft

Berufsgenossenschaft

professional/ trade association; employees' industrial compensation society

Wer ein Unternehmen führt, ist gesetzlich verpflichtet, zugunsten der Mitarbeiter eine Berufshaftpflichtversicherung abzuschließen. Die gewerblichen Berufsgenossenschaften sind für alle Betriebe, Einrichtungen und Freiberufler zuständig. Arbeitgeber können sich zusätzlich freiwillig mitversichern lassen. Dies gilt ausnahmslos, auch für Unternehmen der Immobilienwirtschaft. Branchenmäßig zugeordnet sind diese der Verwaltungsberufsgenossenschaft. Aufgeführt sind unter der Gefahrentarifstelle 09 (Unternehmen der Immobilienwirtschaft) dabei Baubetreuungen, Baugenossenschaften, Bauträger, Immobilienverwaltungen, Immobilienvermietungen Immobilienbewirtschaftungen, Parkplatzvermietungen, Siedlungsunternehmen und Wohnungsunternehmen.

Hinzu kommen unter der Gefahrentarifstelle 13 (Makelndes und vermittelndes Unternehmen) auch noch Handelsagenturen, Handelsmakler, Handelsvertreter, Immobilienmakler und Versteigerer.

Versichert sind Arbeitsunfälle, die die Beschäftigten in Ausübung ihrer Arbeit oder auf Dienstreisen erleiden. Versichert sind auch Wegeunfälle die auf dem Wege zur Arbeit und zurück nach Hause passieren. Entscheidend ist, dass die Tätigkeit, aus der ein Unfall resultiert, dem Unternehmen und nicht privaten Zwecken dient.
Auch bei Berufskrankheiten springt die Berufsgenossenschaft ein. Hier sind nur solche Krankheiten aufgeführt, die nach gesicherten medizinischen Erkenntnissen durch besondere berufliche Einwirkungen verursacht werden und denen bestimmte Personengruppen durch ihre Arbeit in erheblich höherem Grad ausgesetzt sind als die übrige Bevölkerung. Das Leistungsangebot im Versicherungsfall umfasst:

- die sofort einsetzende notfallmedizinische Erstversorgung,
- die unfallmedizinisch qualifizierte ambulante und stationäre ärztliche Behandlung,
- physikalische Therapien,
- Sprach- und Beschäftigungstherapien,
- orthopädische und andere Hilfsmittel,
- Belastungserprobungen und Arbeitstherapien,
- Pflege und häusliche Krankenpflege.

Der Versicherungsbeitrag wird aus dem den Mitarbeitern zu zahlenden Gehältern errechnet. Um das Unfallrisiko gering halten, gibt es generelle und teils sehr umfangreiche branchenspezifische Unfallverhütungsvorschriften.
Die Beiträge richten sich auch nach der unterschiedlichen Gefahrenklasse in der jeweiligen Branche.

Berufshaftpflichtversicherung / Vermögensschadenhaftpflichtversicherung

professional liability insurance; professional indemnity insurance / pecuniary damage liability insurance

Berufshaftpflichtversicherungen werden von Freiberuflern und Gewerbetreibenden abgeschlossen, damit Schäden, die sich bei Ausübung des Berufes durch ein Versehen ergeben, von einer Versicherungsgesellschaft abgedeckt werden. Im Immobilienbereich sind solche Versicherungen vor allem unerlässlich für Auktionatoren, Notare, Sachverständige, Hausverwalter, Immobilienmakler, Wohnungs- und Baubetreuungsunternehmen. Die wichtigste Form der Berufshaftpflichtversicherung in der Immobilienwirtschaft ist die Vermögensschadenhaftpflichtversicherung. Sie deckt Vermögensschäden ab, die sich aus unzulänglichen Verhaltensweisen, insbesondere falschen Auskünften, falschen Abrechnungen, fehlerhafte Kostenberechnungen, Bewertungsfehlern usw. ergeben. Der Immobilienverband Deutschland (IVD) fordert, wie viele andere Verbände auch, von seinen Mitgliedern eine ausreichende Vermögensschadenhaftpflichtversicherung. Teilweise ist sie gesetzlich vorgeschrieben. Die Versicherung kann auch noch erweitert werden um eine Betriebshaftpflichtversicherung, die zusätzlich Personen- und Sachschäden abdeckt. Diese ist z. B. in die Architektenversicherung einbezogen. Nicht zu verwechseln ist die Berufshaftpflichtversicherung, mit der Vertrauensschadenversicherung.

Siehe / Siehe auch: Vertrauensschadenversicherung

Berufsunfähigkeit des Pächters

tenant's / leaseholder's inability to work / occupational disability

Ein Pächter, der nach den Maßstäben der gesetzlichen Rentenversicherung berufsunfähig wird, hat ein besonderes Kündigungsrecht. Falls der Verpächter seine Zustimmung zur Überlassung der Pachtsache an jemand anderen („Unterverpachtung") nicht gibt, kann der Pächter „außerordentlich mit gesetzlicher Frist" kündigen. Das heißt: Kündigung nur zum Ende eines Pachtjahres mit halbjähriger Frist; Kündigung muss spätestens am dritten Werktag des halben Jahres erfolgen, mit dessen Ablauf der Pachtvertrag enden soll.

Siehe / Siehe auch: Pachtvertrag, Kündigungsfrist beim Pachtvertrag

Berufung

appeal

Durch die Umstellung des Verfahrens in WEG-Streitigkeiten vom Verfahren der Freiwilligen Gerichtsbarkeit (FGG) auf das Verfahren nach der Zivilprozessordnung (ZPO) ist an die Stelle der Sofortigen Beschwerde gegen die amtsgerichtliche Entscheidung die Berufung getreten. Die Berufung ist gemäß § 511 Abs. 2 ZPO nur zulässig, wenn der Wert des Beschwerdegegenstandes 600 Euro übersteigt oder das Amtsgericht die Berufung im Urteil zugelassen hat. Gegen die Entscheidung des Landgerichts als Berufungsinstanz kann die Revision zum Bundesgerichtshof zugelassen werden. Eine Beschwerde gegen die Nichtzulassung der Revision ist erst ab 1 Juli 2010 zulässig.

Siehe / Siehe auch: Wohnungseigentumsverfahren

Beschaffungsmarketing

procurement marketing

Während sich der Begriff des Marketings in der Literatur in der Regel auf die Absatzmärkte bezieht, ist das Beschaffungsmarketing auf den Beschaffungsmarkt („Einkauf") ausgerichtet. Beschaffungsmarketing ist überall dort erforderlich, wo sich Käufer einem beschränkten Gütermarkt gegenübersehen und deshalb eine starke Nachfragekonkurrenz um diese Güter besteht. Dies ist in der Regel auf dem Immobilienmarkt der Fall. Hier wiederum hat sich das Beschaffungsmarketing besonders im Maklergeschäft entwickelt.

Kernbestandteile des Beschaffungsmarketing sind die Akquisitionspolitik, die Preis- bzw. Konditionenpolitik und die Kommunikationspolitik. Zur Akquisitionspolitik zählen nicht nur die Methoden der Auftragsakquisition (aktive / passive Auftragsakquisition), sondern auch die Wege, die zur Ausgestaltung eines Auftrages eingeschlagen werden. Die Gestaltung der Konditionenpolitik zielt auf optimale Maklervertragsbedingungen ab.

Es gilt der Grundsatz, dass sich der Akquisitionserfolg (d.h. die Erreichung eines Vermarktungsauftrages zu marktrealistischen Bedingungen) umso sicherer einstellt, je früher der Geschäftskontakt zum möglichen Auftraggeber zustande kommt. Unterschieden wird in diesem Zusammenhang zwischen aktuellen (d.h. am Gegenwartsmarkt agierenden) und potentiellen (zukünftigen) Auftraggebern. Potenzielle Marktteilnehmer zeichnen sich dadurch aus, dass aufgrund der gegenwärtigen Gegebenheiten eine bestimmte Wahrscheinlichkeit für den künftigen Entschluss eines Immobilieneigentümers spricht, seine Immobilien verkaufen zu wollen. Für den Makler ist es wichtig, schon vor diesem Entschluss eine persönliche Beziehung zum Immobilieneigentümer aufzubauen. Zu dieser Zeit kann der Makler durch seine Beratung den Weg des Eigentümers zum Markteintritt steuernd beeinflussen.

Siehe / Siehe auch: Potenzielle Marktteilnehmer

Beschaffungsmarkt

buying / procurement / input market; (supply) market

Der Beschaffungsmarkt bezieht sich aus der Perspektive von Unternehmen auf die Marktseite, in denen sie die Rolle des Kunden einnehmen. In Bezug auf Fremdkapital sind sie die Kunden von Kreditinstituten, in Bezug auf Ausrüstungs- bzw. Einrichtungsgegenstände Kunden des Handels, in Bezug auf benötigte Räume Kunden der Vermieter usw.. Die Unternehmen stehen dabei in der Regel im Mittelpunkt der Absatzbemühungen dieser Anbieter.

Erscheinen in den Augen die umworbenen Unternehmen die Bemühungen dieser Anbieter unzureichend, kann das Unternehmen in der Regel problemlos auf Alternativangebote ausweichen. Der Beschaffungsmarkt ist relativ unproblematisch. Es gibt aber auch Märkte und Marktsituationen, bei denen sich der sonst umworbene Interessent für ein Produkt oder eine Dienstleistung um den Anbieter bemühen muss. In solchen Fällen wird der Beschaffungsmarkt Gegenstand des Einsatzes von Marketingstrategien des Unternehmens. Vor allem im Bereich des Immobilienmarktes sind solche Situationen regelmäßig gegeben. Anbieter von Immobilienobjekten, werden im Rahmen des Beschaffungsmarketings zu Kunden von Maklern, wie naturgemäß auch Interessenten für Objekte seine Kunden sind. Die Tatsache, dass Makler es sowohl auf der Nachfragerseite, als auch auf der Anbieterseite mit Kunden zu tun hat und seine Marketinganstrengungen beiden Marktseiten gelten muss, kennzeichnet in besonderer Weise das Maklergeschäft.

Siehe / Siehe auch: Absatzmarkt, Marketing

Bescheid

administrative decision; notice; ruling; official reply

Schriftliche Form einer amtlichen Entscheidung von Verwaltungsbehörden. Übliche Bescheide sind zum Beispiel der Steuer- und Gebührenbescheide, aber auch der Bauvorbescheid = Bescheid über ein Bauvoranfrage. Es handelt sich hier um Verwaltungsakte, gegen die Widerspruch eingelegt werden kann. Die Beschreitung des Rechtsweges zum Verwaltungsgericht setzt voraus, dass einem Widerspruch nicht entsprochen wurde. Als Bescheid werden oft auch reine behördliche Auskünfte bezeichnet, die keine Verwaltungsakte sind.

Beschlagnahme

sequestration; seizure; confiscation; arrest

Siehe / Siehe auch: Zwangsvollstreckung

Beschleunigtes Verfahren (Bebauungsplan)

accelerated procedure (development plan)

Während sich das „vereinfachte Verfahren" bei der Bauleitplanung auf die Änderung oder Ergänzung bestehender Bauleitpläne bezieht, bei denen eine Umweltprüfung entfällt, handelt es sich beim „beschleunigten Verfahren" um die Ausweisung eines Bebauungsplanes im unbeplanten Innenbereich,

der der Wiedernutzbarmachung von Altflächen, der Nachverdichtung und anderer Maßnahmen der Innenentwicklung einer Gemeinde dient.
Die Flächen, auf die sich dieses Verfahren bezieht, sind begrenzt. Die zulässige Grundfläche darf 20.000 Quadratmeter nicht übersteigen. Bei Flächen zwischen 20.000 und 70.000 Quadratmeter muss vorgeprüft werden, ob die mit dem angestrebten Bebauungsplan verbundenen Eingriffe erhebliche Umweltauswirkungen nach sich ziehen. Ist dies der Fall, muss eine Umweltprüfung durchgeführt werden. Bei der ortsüblichen Bekanntmachung über die Aufstellung eines solchen Bebauungsplanes ist darauf hinzuweisen, dass es sich um ein beschleunigtes Verfahren handelt, wo sich die Öffentlichkeit über Ziel und Zweck, sowie die Auswirkungen der Planung unterrichten kann. Sie hat dann die Möglichkeit, sich innerhalb einer bestimmten Frist hierzu zu äußern.
Siehe / Siehe auch: Bebauungspläne der Innenentwicklung

Beschleunigungsvergütung

additional remuneration for completion of construction ahead of schedule

Zusätzliche Zahlung für die vorzeitige Fertigstellung des Bauwerks. Die Beschleunigungsvergütung ist – vereinfacht ausgedrückt – das Gegenstück zur Vertragsstrafe. Bauherren können sie mit den Bauunternehmern frei vereinbaren, um einen früheren Abschluss der Bauarbeiten herbeizuführen.

Beschluss (Wohnungseigentümer)

decision; order; determination; court order; ruling (flatholders)

Die rechtlichen und wirtschaftlichen Angelegenheiten der Wohnungseigentümer werden durch Gesetz, Vereinbarung (Teilungserklärung und Gemeinschaftsordnung) und durch Beschluss geregelt. Soweit danach im Einzelfall bestimmte Angelegenheiten nicht rechtlich wirksam geklärt sind, bedarf es gegebenenfalls der Entscheidung durch das Gericht. Vereinbarungen sind erforderlich, wenn die Wohnungseigentümer ihr Verhältnis untereinander abweichend vom Gesetz regeln oder so getroffene Vereinbarungen ändern oder aufheben wollen (§ 10 Abs. 2 Satz 2 WEG). Im Übrigen kann jeder Wohnungseigentümer eine vom Gesetz abweichende Vereinbarung oder die Anpassung einer Vereinbarung verlangen, soweit ein Festhalten an der geltenden Regelung aus schwerwiegenden Gründen unter Berücksichtigung aller Umstände des Einzelfalls, insbesondere der Rechte und Interessen der anderen Wohnungseigentümer, unbillig erscheint (§ 10 Abs. 2 Satz 3 WEG). Geht es dagegen um Angelegenheiten des Gebrauchs des Gemeinschafts- und des Sondereigentums (§ 15 Abs. 2 WEG), die Änderung der Verteilung der Betriebs- und Verwaltungskosten (§ 16 Abs. 3 WEG), die Änderung der Kostenverteilung bei Instandhaltungs- und Instandsetzungsmaßnahmen, bei baulichen Veränderungen und Modernisierungsmaßnahmen (§ 16 Abs. 4 WEG) oder um die Verwaltung des gemeinschaftlichen Eigentums (§§ 20 ff. WEG), erfolgt die Regelung, wenn nicht das Gesetz oder entsprechende Vereinbarungen etwas anderes ausdrücklich bestimmen, durch Beschluss der Wohnungseigentümer. Die durch Beschluss zu regelnden Angelegenheiten werden durch Beschlussfassung in der Wohnungseigentümer- Versammlung (§ 23 Abs. 1 WEG) oder außerhalb der Versammlung durch schriftliche Beschlussfassung geordnet (§ 23 Abs. 3 WEG). Angelegenheiten der ordnungsgemäßen Verwaltung werden durch mehrheitliche Beschlussfassung geregelt § 21 Abs. 3 WEG).
Zu diesen Angelegenheiten zählen gemäß § 21 Abs. 5 WEG unter anderem die Aufstellung der Hausordnung, die ordnungsmäßige Instandhaltung und Instandsetzung, der Abschluss von Versicherungen für das gemeinschaftliche Eigentum, die Ansammlung einer angemessenen Instandhaltungsrückstellung und die Aufstellung eines Wirtschaftsplans. Weiterhin zählen gemäß § 21 Abs. 7 WEG zu diesen mehrheitlich zu beschließenden Verwaltungsmaßnamen Regelungen über die Art und Weise von Zahlungen, der Fälligkeit und der Folgen des Verzugs sowie Kostenregelungen für besondere Nutzungen des gemeinschaftlichen Eigentums und für besonderen Verwaltungsaufwand. Entgegen der früheren Bestimmungen können die Wohnungseigentümer auch über die Änderung der Verteilung von Betriebs- und Verwaltungskosten, Kosten der Instandhaltung und Instandsetzung und über die Kosten von baulichen Veränderungen und Modernisierungsmaßnahmen abweichend von § 16 Abs. 2 WEG mit einfacher bzw. mit qualifizierter Mehrheit beschließen (WEG § 16 Abs. 3 und 4 WEG). Der Beschlusskompetenz durch qualifizierte Mehrheit unterliegen ferner bauliche Veränderungen (§ 22 Abs. 1 WEG) und Modernisierungsmaßnahmen (§ 22 Abs. 2 WEG). Ebenfalls der mehrheitlichen Beschlussfassung unterliegen die Bestellung und die Abberufung des Verwalters (§ 26 Abs. 1 WEG), des Verwaltungsbeirates (§ 29 WEG) und die Beschlussfassung über die Jahresabrechnung und den Wirtschaftsplan. Handelt es sich um Angele-

genheiten, die über einen ordnungsmäßigen Gebrauch des Sonder- und Gemeinschaftseigentums oder die ordnungsgemäße Verwaltung hinausgehen, reicht ein Mehrheitsbeschluss nicht aus.
Erforderlich ist in diesen Fällen die Zustimmung aller Eigentümer in der Form des ein- oder allstimmigen Beschlusses. Gemeint ist in beiden Fällen die Zustimmung aller stimmberechtigten beziehungsweise aller im Grundbuch eingetragenen Eigentümer im Wege der Beschlussfassung. Hier gilt aber eine Besonderheit. Kommt in Angelegenheiten, die an sich einen ein- oder allstimmigen Beschluss erfordern, nur ein Mehrheitsbeschluss zustande, ist auch dieser Beschluss gültig und bindet alle Wohnungseigentümer – auch die, die nicht zugestimmt haben – wenn er nicht innerhalb Monatsfrist bei Gericht angefochten und durch rechtskräftiges Urteil für ungültig erklärt wird (§ 23 Abs. 4 WEG). Voraussetzung ist aber auch hier, dass den Wohnungseigentümern durch gesetzliche Regelung die Beschlusskompetenz eingeräumt ist. Ist keine Beschlusskompetenz gegeben, sind Beschlüsse nichtig.
Siehe / Siehe auch: Beschlussanfechtung (Wohnungseigentum), Beschlussfähigkeit (Wohnungseigentümer-Versammlung), Negativbeschluss, Wohnungseigentümer-Versammlung, Gesetzesändernder / vereinbarungsändernder Mehrheitsbeschluss, Gesetzeswidriger / vereinbarungswidriger Mehrheitsbeschluss, Beschlusskompetenz (Wohnungseigentümer), Vereinbarung (nach WEG)

Beschluss-Sammlung
collection of decisions by flatholders' association

Die mit der Wohnungseigentumsgesetz-Reform ab 01.07.2007 eingeführte Erweiterung der Beschlusskompetenz hat den Wohnungseigentümern die Möglichkeit eröffnet, insbesondere Änderungen der Verteilung von Betriebs- und Instandhaltungskosten sowie von Kosten für bauliche Veränderungen und Modernisierungsmaßnahmen abweichend von der gesetzlichen Regelung gemäß § 16 Abs. 2 durch Beschluss zu entscheiden und darüber hinaus weitere Regelungen über Zahlungspflichten, Verzugsregelungen und Verzugszinsen abweichend vom Gesetz oder einer Vereinbarung durch mehrheitliche Beschlussfassung zu treffen. Da Beschlüsse jedoch nicht in das Grundbuch eingetragen werden, andererseits aber Wohnungseigentümern und vor allem auch Kaufinteressenten eine Möglichkeit gegeben werden muss, sich jederzeit aktuell und umfassend insbesondere über die von gesetzlichen Bestimmungen abweichenden Beschlüsse zu informieren, ist der Verwalter nach § 24 Abs. 7 und 8 WEG verpflichtet, neben der ohnehin gemäß § 24 Abs. 6 WEG anzufertigenden Beschlussniederschrift eine Beschluss-Sammlung zu führen.
In diese Beschluss-Sammlung sind neben den Beschlüssen der Versammlungen auch sämtliche schriftlichen Beschlüsse sowie sämtliche gerichtlichen Entscheidungen, aufzunehmen. Zu dokumentieren ist nur der Beschlusswortlaut, der allerdings auch den Gegenstand beziehungsweise den Inhalt erkennen lassen muss.
Die Sammlung kann in schriftlicher und/oder elektronischer Form erfolgen, dann aber mit der Möglichkeit des Ausdrucks. Laufende Nummerierung, Zeitpunkt und Ort der Versammlung sollen den lückenlosen Nachweis ermöglichen, der auch einem Kaufinteressenten durch Gewährung der Einsichtnahme ermöglicht werden muss. Die Eintragung dieser Angaben hat unverzüglich, also innerhalb einer Woche nach Versammlungstermin zu erfolgen. Um die Bedeutung der Beschluss-Sammlung auch für eine als ordnungsgemäß anzusehende Verwaltung durch den Verwalter hervorzuheben, soll die nicht ordnungsgemäße Führung dieser Sammlung regelmäßig einen Grund darstellen, um den Verwalter aus wichtigem Grund abzuberufen (§ 26 Abs. 1 Satz 4 WEG).
Siehe / Siehe auch: Beschluss (Wohnungseigentümer), Vereinbarung (nach WEG), Beschlussanfechtung (Wohnungseigentum), Niederschrift (Wohnungseigentümer-Versammlung)

Beschlussanfechtung (Wohnungseigentum)
challenging a decision (flatholders' association)

Beschlüsse der Wohnungseigentümer sind gemäß § 23 Abs. 4 Satz 2 WEG nur ungültig, wenn sie innerhalb einer Monatsfrist (§ 46 Abs. 1 Satz 2 WEG) beim zuständigen Amtsgericht angefochten und durch ein rechtskräftiges Urteil für ungültig erklärt werden. Eine „Anfechtung" von Beschlüssen durch mündliche Erklärung in der Versammlung oder durch schriftliche Erklärung gegenüber dem Verwalter entfaltet keine Rechtswirkung.
Die Anfechtungsfrist beginnt mit dem Datum der Beschlussfassung und -feststellung durch den Versammlungsleiter (in der Regel der Verwalter) in der Wohnungseigentümer-Versammlung und endet am gleichen Tag des Folgemonats (Beispiel: Tag der Beschlussfassung ist der 15. Februar, Ende der An-

fechtungsfrist ist der 15. März). Fällt das Fristende auf einen Sonn- oder Feiertag, endet die Frist am darauf folgenden Werktag. Bei schriftlichen Beschlüssen beginnt die Anfechtungsfrist mit der Mitteilung des Beschlussergebnisses durch den Verwalter.

Die Anfechtung hat schriftlich bei dem Amtsgericht zu erfolgen, in dessen Bezirk die Wohnanlage steht. Im Regelfall ist es zweckmäßig, mit der Beschlussanfechtung einen Anwalt zu beauftragen. Die Anfechtungsklage muss innerhalb eines Monats nach der Beschlussfassung erhoben und ist innerhalb von zwei Monaten zu begründen (§ 46 Abs. 1 Satz 2 WEG). Sie ist gemäß § 46 Abs. 1 Satz 1 WEG gegen die übrigen Wohnungseigentümer zu richten, nicht gegen die (teil-rechtsfähige) Wohnungseigentümer-Gemeinschaft. Bei falscher Parteibezeichnung besteht das Risiko, dass die Klage als unbegründet abgewiesen wird.

Anfechtungsberechtigt ist jeder Wohnungseigentümer, einer besonderen Ermächtigung durch die übrigen Wohnungseigentümer bedarf es nicht. Auch der Verwalter ist zur Anfechtung berechtigt, sofern er von dem Beschluss rechtlich betroffen ist. Die Klage des Verwalters ist gegen die Wohnungseigentümer zu richten.

Wird ein Beschlussantrag in der Versammlung von der Mehrheit der Wohnungseigentümer abgelehnt, kann auch ein solcher Negativbeschluss angefochten und mit dem Antrag auf Feststellung eines positiven Beschlussergebnisses verbunden werden (vergleiche dazu BGH, V ZB 30/02, Beschluss vom 19.9.2002; V ZB 10/01, Beschluss vom 23.08.2001).

Gegen die Entscheidung des Amtsgerichts ist die Berufung möglich, gegen die Entscheidung des Landgerichts kann die Revision zum Bundesgerichtshof zugelassen werden. Ist ein Beschluss nichtig, weil den Wohnungseigentümern die Beschlusskompetenz fehlt oder weil der Beschluss gegen Rechtsvorschriften verstößt, auf deren Einhaltung rechtswirksam nicht verzichtet werden kann, bedarf es nicht der Anfechtung. Vielmehr kann sich jeder Wohnungseigentümer jederzeit auf die Beschlussnichtigkeit berufen. Nichtig ist beispielsweise ein Beschluss bei Verstoß gegen die guten Sitten (§ 138 BGB).

Siehe / Siehe auch: Beschluss (Wohnungseigentümer), Beschlussfähigkeit (Wohnungseigentümer-Versammlung), Beschlusskompetenz (Wohnungseigentümer), Wohnungseigentümer-Versammlung, Niederschrift (Wohnungseigentümer-Versammlung), Berufung

Beschlussfähigkeit (Wohnungseigentümer-Versammlung)

quorum; presence of a quorum

Damit eine Wohnungseigentümer-Versammlung rechtswirksame Beschlüsse fassen kann, muss sie beschlussfähig sein. Beschlussfähig ist eine Versammlung nur dann, wenn die erschienenen stimmberechtigten Wohnungseigentümer und von ihnen vertretene Wohnungseigentümer mehr als die Hälfte der für sie im Grundbuch verzeichneten Miteigentumsanteile vertreten (§ 25 Abs. 3 WEG).

Die Beschlussfähigkeit muss zu Beginn der Versammlung anhand der Anwesenheitsliste festgestellt werden. Im Zweifelsfall muss sie im Verlauf der Versammlung, gegebenenfalls zu jedem Beschlusspunkt erneut festgestellt werden, wenn einzelne Eigentümer die Versammlung zeitweilig oder endgültig verlassen haben und deshalb Zweifel an der Beschlussfähigkeit bestehen. Sind einzelne Eigentümer nicht stimmberechtigt, sind deren Miteigentumsanteile nicht mitzuzählen. Von dem so genannten Quorum von „mehr als der Hälfte“ der Miteigentumsanteile kann durch Vereinbarung, also auch in der Teilungserklärung oder der Gemeinschaftsordnung abgewichen werden. Ist eine Versammlung nicht beschlussfähig, hat der Verwalter eine neue Versammlung mit gleicher Tagesordnung einzuberufen, die dann unabhängig von der Höhe der vertretenen Miteigentumsanteile beschlussfähig ist. Hierauf ist in dieser Einladung hinzuweisen. Eine so genannte Eventual-Einladung ist nur zulässig, wenn dies gemäß § 10 Abs. 2 Satz 2 WEG vereinbart ist.

Fasst eine Wohnungseigentümer-Versammlung trotz Beschlussunfähigkeit dennoch entsprechende Beschlüsse, sind diese Beschlüsse wirksam, wenn sie nicht innerhalb einer Monatsfrist angefochten und durch das Gericht für ungültig erklärt werden. Vor Beschlussfassungen in einer beschlussunfähigen Versammlung ist jedoch ausdrücklich zu warnen, da im Falle der Anfechtung der so gefassten Beschlüsse im Regelfall eine Ungültigkeitserklärung durch das Gericht erfolgen wird. Der Verwalter ist jedenfalls verpflichtet, auf die Anfechtbarkeit der Beschlüsse einer beschlussunfähigen Versammlung und das damit verbundene Kostenrisiko des Verfahrens hinzuweisen. In die zur Feststellung der Beschlussfähigkeit zu führenden Anwesenheitsliste haben sich alle erschienenen stimmberechtigten Eigentümer durch persönliche Unterschrift einzutragen. Neben den Namen ist auch die Höhe der Miteigentumsanteile zu verzeichnen. Gehört eine Wohnung mehreren Eigentümern, sind sämtliche

Eigentümer namentlich zu erfassen. Lassen sich einzelne Eigentümer vertreten, sind auch diese Vertreter, die ihre Vertretungsvollmacht nachweisen müssen, in die Anwesenheitsliste aufzunehmen.
Siehe / Siehe auch: Wohnungseigentümer-Versammlung, Anwesenheitsliste (Wohnungseigentümer-Versammlung), Stimmrecht (Wohnungseigentümer-Versammlung), Anwesenheitsliste (Wohnungseigentümer-Versammlung), Wiederholungsversammlung, Eventual-Einladung

Beschlusskompetenz (Wohnungseigentümer)

having the competence to make decisions (flatholders)

Die Verwaltung des gemeinschaftlichen Eigentums obliegt allen Wohnungseigentümern gemeinschaftlich durch Beschlussfassung in der Wohnungseigentümer-Versammlung (§§ 21 Abs. 3, 23 Abs. 1 WEG). Dieser gemeinschaftlichen Verwaltung durch Beschluss unterliegen jedoch nur solche Angelegenheiten, für die das Gesetz oder eine Vereinbarung den Wohnungseigentümern ausdrücklich das Recht zur Beschlussfassung, die so genannte Beschlusskompetenz, einräumt (BGH, V ZB 58/99, Beschluss vom 20.09.2000; V ZB 34 /03, Beschluss vom 02.10.2003).

Fehlt es an dieser ausdrücklichen Beschlusskompetenz, bedarf es entsprechender Regelungen einer Vereinbarung gemäß § 10 Abs. 2 Satz 2 WEG.

Ausdrücklich der Beschlusskompetenz zugewiesen sind:

- Gebrauchsregelungen gemäß § 15 Abs. 2 WEG
- die Entziehung des Wohnungseigentums gemäß § 18 Abs. 3 WEG
- Angelegenheiten der ordnungsmäßigen Verwaltung gemäß § 21 Abs. 3, 5 und 7 WEG
- die Bestellung und Abberufung des Verwalters gemäß § 26 Abs. 1 WEG
- die Beschlussfassung über den Wirtschaftsplan, die Jahresabrechnung und die Rechnungslegung gemäß § 28 Abs. 5 WEG
- die Bestellung des Verwaltungsbeirates gemäß § 29 Abs. 1 WEG

Unter bestimmten Voraussetzungen ist den Wohnungseigentümern nach jetzt geltendem Recht gemäß § 16 Abs. 3 und 4 WEG auch eine Beschlusskompetenz zur Änderung der Kostenverteilung bei Betriebs-, Verwaltungs- und im Einzelfall auch bei Instandhaltungs- und Instandsetzungskosten und bei Kosten für bauliche Veränderungen und Modernisierungsmaßnahmen eingeräumt.

Eine Beschlusskompetenz kann den Wohnungseigentümern allerdings auch durch eine Vereinbarung gemäß § 10 Abs. 2 Satz 2 WEG eingeräumt werden. Danach können beispielsweise Regelungen getroffen werden, wonach die Wohnungseigentümer bauliche Veränderungen grundsätzlich mit einer Mehrheit von zwei Drittel aller stimmberechtigten Eigentümer beschlossen werden können. Die aufgrund einer solchen Öffnungsklausel gefassten Beschlüsse bedürfen gemäß § 10 Abs. 4 Satz 2 WEG nicht der Eintragung in das Grundbuch.

Eine Vereinbarung im Sinne von § 10 Abs. 2 Satz 2 WEG ist dagegen stets dann erforderlich, wenn die Wohnungseigentümer von einer abdingbaren Vorschrift desWohnungseigentumsgesetzes oder von einer Regelung der Teilungserklärung beziehungsweise der Gemeinschaftsordnung abweichen wollen, beispielsweise bei Einräumung eines Sondernutzungsrechts gemäß §§ 13 Abs. 2, 15 Abs. 1 WEG oder auch bei Änderungen des Stimmrechts (§ 25 Abs. 2 WEG).
Siehe / Siehe auch: Beschluss (Wohnungseigentümer), Beschlussanfechtung (Wohnungseigentum), Wohnungseigentümer-Versammlung, Öffnungsklausel

Beschlussniederschrift (Wohnungseigentümer-Versammlung)

minutes of the resolutions passed at a statutory meeting of flat owners

Siehe / Siehe auch: Niederschrift (Wohnungseigentümer-Versammlung)

Beschränkte persönliche Dienstbarkeit

limited personal easement

Das Wesen der beschränkten persönlichen Dienstbarkeit besteht darin, dass es ein auf eine Person bezogenes Nutzungsrecht an einem Grundstück gewährt. Die Absicherung im Grundbuch erfolgt in Abteilung II. Die beschränkte persönliche Dienstbarkeit ist weder vererblich noch sonst übertragbar. Sie kann sich aber auf mehrere Personen beziehen. So kann z. B. ein Wohnungsrecht für Ehegatten bestellt werden. Am besten werden in einem solchen Fall zwei gleichrangige Dienstbarkeiten ins Grundbuch eingetragen. Die Dienstbarkeit kann nicht mit Leistungspflichten des Berechtigten verbunden werden, es sei denn, sie haben eine wirtschaftlich untergeordnete Bedeutung (z. B. Durchführung von Schönheitsreparaturen an der Wohnung durch die Wohnungsberechtigten, Zahlung der Strom-, Wasser-, Heizkosten). Beschränkte persönliche Dienstbarkeiten werden vielfach zugunsten von Versorgungsunternehmen eingetragen, die das belastete Grundstück zur Durchführung einer Leitung, Unterbringung einer Trafostation u.a. benutzen wollen.

Beschreibung der Mietsache

description of rental unit / property

Im Mietvertrag muss der Mietgegenstand genau bezeichnet werden. Die Bezeichnung soll durch beschreibende Merkmale ergänzt werden. Durch die Beschreibung des Mietgegenstandes können insbesondere bei Gewerbeobjekten viele Probleme und Streitigkeiten von Anfang an vermieden werden. Sie ist wichtig für die Entscheidung, ob tatsächlich die geschuldete Mietsache überlassen worden ist und ob sie sich in einem für den vertragsgemäßen Gebrauch geeigneten Zustand befand. Die Definition des Mietgegenstandes ist wichtig für die Beurteilung,

- ob der Mieter von den Mieträumen einen vertragswidrigen Gebrauch macht,
- in welchem Umfang er unter Umständen anteilige Mietnebenkosten zu tragen hat,
- in welchem Umfang er zur Mitbenutzung von Gemeinschaftsflächen berechtigt ist,
- wer das Risiko öffentlich-rechtlicher Hindernisse für die vorgesehene Nutzung der gemieteten Räume trägt und
- in welchem Rahmen sich die Konkurrenzschutzverpflichtung des Vermieters bewegt.

Zur Beschreibung gehören Angaben über Lage und Größe der Mietflächen. Auf genaue Quadratmeter-Angaben muss besonders geachtet werden; bei überhöhten Angaben im Mietvertrag kann der Mieter einen Anspruch auf Mietminderung haben. Bei Handelsobjekten wird vielfach entsprechend der Planung des Mieters gebaut. Grundrisse und Ladenfunktionspläne, sowie Flächenberechnung, Bau und Leistungsbeschreibungen werden dann in der Regel als Anlagen Bestandteil des Mietvertrages. Dabei wird eine Regelung für den Fall getroffen, dass im Laufe der Baumaßnahme Änderungen erfolgen und somit die abschließend festgestellten Flächen über- oder unterschritten werden. Es ist ferner ausdrücklich festzulegen, welche Betriebsvorrichtungen bzw. welches Zubehör zur Mietsache gehört. Flächen oder Objekte (Abstell- und Lagerflächen, Ladezonen, Hofflächen, vor allem aber Pkw-Stellplätze), die außerhalb der Mieträume liegen und dem Mieter überlassen werden, sollten ebenfalls im Vertrag einzeln aufgeführt werden. Insbesondere im Wohnraummietrecht kommt es immer wieder zu Streitigkeiten über den Wohnungszustand beim Auszug im Vergleich zu demjenigen beim Einzug. Oft taucht die Frage auf, ob bestimmte Einbauten schon beim Einzug vorhanden waren, ob Bodenbeläge beschädigt oder verfärbt, Fliesen gesprungen waren oder andersartige Mängel bereits vorgelegen haben. Für alle Beteiligten empfiehlt sich daher nicht nur die möglichst genaue Beschreibung der Mietsache im Mietvertrag selbst, sondern auch eine genaue Beschreibung des Zustands der Mietwohnung im Übergabeprotokoll beim Einzug und im Abnahmeprotokoll beim Auszug. Besonders Vermieter müssen auf eine genaue Zustandsdokumentation achten, da nach Bescheinigung der ordnungsgemäßen Wohnungsrückgabe keine Ansprüche mehr gegen den Mieter geltend gemacht werden können.

Siehe / Siehe auch: Wohnungsabnahmeprotokoll

Beschwerdemanagement

grievances management

Das Beschwerdemanagement ist ein Marketinginstrument, das eingesetzt wird, um Kundenbindung zu erzeugen oder verlorene Kunden zurück zu gewinnen. Wenn anerkannt wird, das Marketing die Kunst ist, das eigene Unternehmen auf der Grundlage von Kundenerwartungen zu führen, kommt dem Beschwerdemanagement besondere Bedeutung zu. In der Regel beschweren sich nur wenige Kunden. Sie sind unzufrieden und kommen nicht mehr wieder. Erste Aufgabe des Beschwerdemanagements ist es deshalb, Kunden zur Beschwerde bzw. zur Kritik zu ermuntern und Ihre Unzufriedenheit gegenüber dem Unternehmen zu äußern. Häufig bezieht sich die Kritik auf Verhaltensfehler von Mitarbeitern des Unternehmens im Umgang mit den Kunden. Dies gilt vor allem in der Dienstleistungsbranche, in der nicht mit physischen Produkten gehandelt wird, die bei Mängeln zurückgegeben und umgetauscht werden können. Vielmehr kommt es hier auf die Qualität des Umganges mit den Kunden an.

Beschwerdemanagement kann institutionalisiert werden, indem Kunden nach einer bestimmten unternehmensinternen Regel angesprochen werden, wobei der Fokus auf die Ermittlung von Kundenwünschen gerichtet ist, verbunden mit der Ermunterung zu Verbesserungsvorschlägen und Kritik. Beschwerdemanagement ist in der Immobilienwirtschaft noch relativ unterentwickelt. Dies ist auch dort zu beobachten, wo man es nicht mit Einmal-Kunden zu tun hat, sondern mit Kundenbeziehungen, die auf Dauer angelegt sind, z. B. im Bereich des Objektmanagements und der Wohnungseigentumsverwaltung. Im Rahmen der Wohnungseigentumsverwaltung lässt sich Beschwerdemanagement gut institutionalisieren, in dem in jedes Einberufungsschreiben zur Eigentümerversammlung unter einem Tagesordnungspunkt „Verschiedenes“ grundsätzlich auch das Stichwort „Kritikpunkte“ eingefügt wird. Gute Verwalter können sich darauf einlassen. Bei der Miethausverwaltung gibt es ein „doppeltes“ Beschwerdemanagement: Einmal gegenüber dem Auftraggeber und einmal gegenüber den Mietern. Beide hängen zusammen, denn unzufriedene Mieter nützen dem Hauseigentümer nichts.

Beseitigungsanspruch (Bauliche Veränderungen)

right to the abatement of a nuisance; right to have something removed (structural changes)

Haben Wohnungseigentümer eine bauliche Veränderung im Sinne von § 22 Abs. 1 WEG eigenmächtig ohne die im konkreten Fall erforderliche Zustimmung der von der Maßnahme beeinträchtigten Miteigentümer vorgenommen, kann jeder der nachteilig betroffenen Eigentümer auch ohne ermächtigende Beschlussfassung der Wohnungseigentümer-Versammlung die Beseitigung des rechtswidrigen und die Wiederherstellung des ursprünglichen ordnungsmäßigen Zustandes verlangen (§ 1004 Abs. 1 S. 1 BGB i.V.m. §§ 14 Nr. 1, 15 Abs. 3 WEG). Nach Zuerkennung der Rechtsfähigkeit kann auch die Wohnungseigentümer-Gemeinschaft den Beseitigungsanspruch durch mehrheitliche Beschlussfassung in der Wohnungseigentümer-Versammlung an sich ziehen. Strittig ist dabei allerdings, ob damit die alleinige Zuständigkeit auf die Gemeinschaft übergeht und der einzelne Eigentümer den Anspruch nicht mehr geltend machen kann. Dabei wird einerseits die Auffassung vertreten, dass der individuelle Anspruch grundsätzlich erhalten bleibt, auch wenn die Gemeinschaft den Anspruch an sich gezogen hat. Dem steht die Auffassung gegenüber, dass durch die Übertragung des Anspruches auf die Gemeinschaft dem einzelnen Wohnungseigentümer die Befugnis zur Verfahrensführung entzogen wird. Eine Ausnahme soll allerdings gelten, wenn der Individualanspruch vor der Übertragung des Anspruchs auf die Gemeinschaft gerichtlich geltend gemacht wurde. Für die rechtswirksame und erfolgreiche Geltendmachung des Beseitigungsanspruchs spielt es grundsätzlich keine Rolle, ob und welche Kosten der betreffende Eigentümer für die Herstellung bereits aufgewendet hat und für die nachträgliche Beseitigung bzw. Wiederherstellung des ursprünglichen Zustandes noch aufwenden muss. Er hat die Kosten insgesamt zu tragen.
Nach früherer Rechtslage war jedoch ein Beseitigungsanspruch verwirkt, wenn ein bestimmter Zeitraum seit Vornahme der baulichen Veränderung vergangen ist (Zeitmoment) und im Übrigen der rechtswidrig handelnde Eigentümer aufgrund des Verhaltens der Wohnungseigentümergemeinschaft davon ausgehen konnte, dass ein Beseitigungsanspruch nicht (mehr) geltend gemacht wird (Umstandsmoment). Nach der Änderung der Verjährungsvorschriften (§§ 194 ff. BGB) gilt nach inzwischen herrschender Rechtsprechung auch für Beseitigungsansprüche bei baulichen Veränderungen gemäß § 195 BGB die Regelverjährungsfrist von drei Jahren. Der Lauf der Verjährungsfrist beginnt mit der Kenntniserlangung beziehungsweise der fahrlässigen Nichtkenntniserlangung des Beseitigungsanspruchs. Spätestens tritt die Verjährung nach zehn Jahren ein. Im Falle eines Eigentümerwechsels hat der neue Eigentümer (als Zustandsstörer) die Beseitigung der vom Voreigentümer vorgenommenen baulichen Veränderungen am gemeinschaftlichen Eigentum zu dulden. Die Kosten gehen zu Lasten der Gemeinschaft, der neue Eigentümer hat sich nur anteilig in Höhe seines Miteigentumsanteils zu beteiligen.
Im konkreten Einzelfall kann aber auch der neue Eigentümer als Zustandsstörer auf eigenen Kosten zur beseitigung der Störung (bauliche Veränderung) verpflichtet sein (BGH, beschluss vom 4.3.2010, V ZB 130/09).
Siehe / Siehe auch: Bauliche Veränderungen (Wohnungseigentum), Verjährung, Verwirkung

Besenrein

swept clean (in clean and tidy condition but not redecorated)

Besenrein bedeutet, dass der Mieter beim Auszug die von ihm gemieteten Räume in gesäubertem Zustand übergeben muss. Gesäubert bedeutet dabei ausgeräumt und ausgefegt. Grobe Verschmutzungen sind zu beseitigen. Wenn nichts anderes vertraglich zwischen Vermieter und Mieter vereinbart wurde, ist er zu mehr – insbesondere zur Durchführung von Schönheitsreparaturen – nicht verpflichtet.
Auch Klauseln wie:

- „der Mieter muss den ursprünglichen Zustand wiederherstellen“
- „die Räume müssen in bezugsfertigem Zustand zurückgegeben werden“ oder
- „die Mietsache ist wie übernommen zurückzugeben“

verpflichten nicht zu Schönheitsreparaturen, son-

dern allenfalls zur besenreinen Übergabe. Die Herstellung des ursprünglichen Zustandes erfordert allerdings zusätzlich den Rückbau von Einbauten oder vom Mieter vorgenommen Veränderungen der Wohnung. „Bezugsfertig“ bedeutet nur, dass der neue Mieter jederzeit einziehen können muss. „Wie übernommen“ bedeutet, dass die Wohnung sich im gleichen Zustand wie beim Einzug befinden muss.
Siehe / Siehe auch: Schönheitsreparaturen

Besichtigung einer Immobilie
viewing / inspecting real estate

Die wichtigste Informationsquelle für die Kauf- oder Mietentscheidung des Interessenten für eine Bestandsimmobilie ergibt sich aus ihrer Besichtigung. Da üblicherweise bei Bestandsimmobilien im Kaufvertrag Gewährleistungsansprüche ausgeschlossen werden, wird die Immobilien „gekauft wie besichtigt“. Bei Mietobjekten wird nach Abschluss einer Besichtigung im Falle einer Anmietung ein Übergabeprotokoll erstellt. Wer ein Objekt anbietet oder als Makler mit der Objektvermittlung beraut ist, dem stellt sich die Frage, wie eine Besichtigung organisiert werden soll.

Voraussetzung für jede Besichtigung, die nicht von vorneherein nutzlos sein soll, ist eine Grundvorstellung des Interessenten über das Objekt, das er besichtigen will. Sie muss im Wesentlichen dem entsprechen, was der Interessent erwartet. Die Besichtigungsvorbereitung besteht deshalb darin, dem Interessenten bebilderte Informationen in Form von Exposés oder Objektpräsentationen im Internet zu liefern. Die Angaben müssen mit den tatsächlichen Objektmerkmalen übereinstimmen und dürfen nicht zu falschen Vorstellungen führen. Aber auch für den Objektanbieter ist es wichtig, zum Besichtigungstermin das Objekt vorab besichtigungsreif zu machen, um damit zu einer angenehmen Besichtigungsatmosphäre beizutragen. Der Objektanbieter muss also auch genügend Zeit haben sich auf die Besichtigung vorbereiten können. Eine bewohnte Wohnung muss aufgeräumt sein. War sie längere Zeit nicht benutzt, muss vorher auf jeden Fall gelüftet werden. Bei Vereinbarung eines Besichtigungstermins ist darauf zu achten, dass der Besichtigungsvorgang nicht unter Zeitnot einer der Beteiligten gerät. Handelt es sich um ein leer stehendes Objekt, sollte für eine qualitätsadäquate Minimalausstattung (Stühle, Tisch, Spiegel, Lampen, Vorhänge) gesorgt werden, um eine reale Wohnatmosphäre zu erzeugen und Sitzgelegenheit zu bieten. Ausgeführte Schönheitsreparaturen (auch wenn sie steuerlich irrelevant sein sollten) schützen beim Verhandeln vor unverhältnismäßigen Preisabschlägen. Die Besichtigung erfolgt in der Regel von außen nach innen. Gehört zum Haus ein Garten, dann geht man vom Haus in den Garten. Bei der Besichtigung selbst ist darauf zu achten, dass Hinweise auf Aspekte gegeben werden, die nicht ohne Weiteres im Blickfeld liegen. Nützlich ist es manchmal, etwas zur Hausgeschichte zu sagen, über freundliche Nachbarn (wenn es stimmt!) und die Nähe eines Weihers (wenn es ihn gibt). Werden vom Interessenten kritische Fragen gestellt – ein Zeichen für Interesse – sollte nichts schön geredet werden.
Siehe / Siehe auch: Exposé

Besichtigungsprotokolle
survey report; mutual record of inspection

Grundlage für Kauf- und Mietentscheidungen im Immobilienbereich sind Eindrücke, die der Interessent durch die Besichtigung des angebotenen Objektes bekommt. Wird ein Objekt in Abwesenheit des Anbieters besichtigt, empfiehlt sich die Anfertigung eines Besichtigungsprotokolls durch den Makler. Darin sollten der Zeitpunkt, die besichtigenden Teilnehmer und die Feststellungen, die im Laufe der Besichtigung gemacht werden, schriftlich festgehalten werden.

Das Besichtigungsprotokoll ist nicht nur ein Tätigkeitsnachweis des Maklers, sondern übermittelt dem Anbieter des Objektes auch Informationen, aus denen er unter Umständen für den Verkauf bzw. die Vermietung wichtige Informationen erhält. Der Makler sollte während der Besichtigung feststellen, ob das besichtigte Objekt ein zu beachtendes Interesse erweckt hat (Der Interessent zeigte sich sehr interessiert, interessiert, bedingt interessiert, nicht interessiert, usw.). Vor allem sollten objektkritische Äußerungen, z. B. Beanstandung von Mängeln, wenn sie die Entscheidung des Interessenten beeinflussen, vermerkt werden. Der Objektanbieter hat dann die Möglichkeit, zu entscheiden, ob er diese Mängel behebt oder, wenn das nicht möglich ist, dem Interessenten von sich aus einen Preisnachlass anzubieten. Mit solchen Reaktionen kann die Entscheidung positiv beeinflusst werden. Besichtigungsprotokolle bieten sich vor allem auch bei der Besichtigung komplexer Immobilienanlagen an, wenn grundsätzliches Interesse des Investors festgestellt wird. Sie können dann Informationsgrundlage für weitere Verhandlungen sein.

Besichtigungsrecht des Vermieters
landlord's right of inspection

Der Vermieter hat – in Grenzen – das Recht zur Besichtigung einer vermieteten Wohnung. Mit Abschluss des Mietvertrages hat der Mieter ein Recht auf deren ungestörte Nutzung. Eine Besichtigung darf nur aus begründetem Anlass mit rechtzeitiger vorheriger Ankündigung (mindestens 24 Stunden) und in Anwesenheit des Mieters stattfinden. Der Termin muss zu üblichen Tageszeiten vereinbart werden (werktags 10 bis 13 Uhr und 15 bis 18 Uhr, nicht Sonn- oder Feiertags, berufstätiger Mieter kann auf Samstags-Termin bestehen). Begleitpersonen des Vermieters (außer Handwerkern, Miet- und Kaufinteressenten) müssen keinen Zutritt zur Wohnung erhalten. Handwerker im Vermieterauftrag brauchen nur bei konkret vorhandenen Wohnungsmängeln oder bei vom Mieter zu duldenden, angekündigten Modernisierungsarbeiten in die Wohnung gelassen zu werden. Zu unterscheiden sind Mietverträge mit und ohne Besichtigungsklausel. Mietvertrag mit Besichtigungsrecht: Der Mieter muss den Zutritt zur Wohnung erlauben, wenn:

- der Vermieter den Besuch 24 Stunden zuvor anmeldet.
- er einen konkreten Grund für die Besichtigung angibt (z. B. geplanter Verkauf der Wohnung, Mängelanzeige des Mieters, Besichtigung mit Mietinteressenten).
- Die Klausel ist nur wirksam, wenn das Zutrittsrecht von einer vorherigen Terminabsprache abhängig gemacht wird.

Als unwirksam beurteilen die Gerichte eine Mietvertragsklausel, die vorsieht, dass der Vermieter die Wohnung jederzeit unangekündigt besichtigen kann. So entschied etwa das Amtsgericht Hamburg (Az. 49 C 513/05, Urteil vom 23.02.2006). Nach dem Gericht verstößt der Vermieter gegen das Gebot schonender Rechtsausübung, wenn er wegen einer Mehrzahl von Besichtigungsgründen in kurzer Folge immer wieder neue Besichtigungen fordert.
Wenn es keine solche Klausel gibt, gilt:
Der Vermieter darf die Wohnung nur bei Gefahr oder in besonders dringenden Fällen betreten (z. B. Wasserrohrbruch in Abwesenheit des Mieters). Er läuft sonst Gefahr, sich wegen Hausfriedensbruchs strafbar zu machen. Strafbar ist es in jedem Fall, sich gewaltsam Zutritt zur Wohnung zu verschaffen.
Eine Zutrittsverweigerung des Mieters ist kein Kündigungsgrund. Der Vermieter muss in solchen Fällen vor Gericht gehen. Er hat jedoch die Möglichkeit, eine einstweilige Verfügung auf Gewährung des Zutritts gegen den Mieter zu erwirken. Unzulässig ist es, bei einer Wohnungsbesichtigung ohne Erlaubnis des Mieters in der Wohnung zu fotografieren oder eine Videoaufzeichnung durchzuführen, um den Wohnungszustand zu dokumentieren (AG Frankfurt, Az. 33 C 2515/97 – 67, 33 C 2515/97, Urteil vom 16.01.1998). Auch ohne Besichtigungsklausel sehen die Gerichte eine Besichtigung zur Überprüfung des Zustandes des Mietobjektes alle ein bis zwei Jahre an einem Werktag als zulässig an (Landgericht Berlin, Az. 67 S 254/03, Urteil vom 24.11.2003).
Siehe / Siehe auch: Besucher, Duldungspflicht des Mieters für Modernisierung

Besitz

property; possession; ownership; occupation; occupancy; holding; plant and equipment; tenure; seisin

Besitz ist die tatsächliche Herrschaft einer Person über eine Sache – sei sie beweglich oder unbeweglich. So ist der Mieter Besitzer der von ihm gemieteten Wohnung. Man unterscheidet mittelbaren und unmittelbaren Besitz. Im Mietverhältnis übt der Mieter die unmittelbare Sachherrschaft über die Wohnung aus und ist insofern unmittelbarer Besitzer der Mietwohnung. Als solcher ist er z. B. Inhaber des Hausrechtes. Mittelbarer Besitzer ist derjenige, der den Besitz nicht selbst ausübt, sondern durch einen anderen ausüben lässt. Man spricht hier von einem Besitzmittlungsverhältnis. Der Eigentümer der Wohnung übt die unmittelbare Sachherrschaft nicht selbst aus, sondern überlässt sie seinem Mieter. Als Vermieter ist er damit mittelbarer Besitzer. Das Hausrecht an der Wohnung kann er damit nicht mehr ausüben.
Der Eigentümer hat jedoch das verfassungsmäßig garantierte Recht, in jeder anderen Hinsicht über die Wohnung zu verfügen – z.B. durch Abriss, Verkauf oder Vermietung. Dabei sind allerdings die Einschränkungen des Mieterschutzes zu beachten.
Siehe / Siehe auch: Besucher, Hausrecht

Besitzeinweisung

allocation of property; grant of possession

Die Besitzeinweisung ist eine behördliche Anordnung, mit der dem Begünstigten der Besitz eines Grundstücks übertragen wird. Die Besitzeinweisung wird im Rahmen von Umlegungs- und Enteignungsverfahren durchgeführt. Mit der Besitzeinweisung findet der Besitzerwechsel statt. Bei der Umlegung erfolgt die Besitzeinweisung mit der Bekanntmachung des Umlegungsplanes. Wenn es das Allgemeinwohl gebietet, kann die Besitzeinweisung vorzeitig, also schon vor Bekanntmachung des Umlegungsplanes erfolgen („vorzeitige

Besitzeinweisung"). Auch im Rahmen des Enteignungsverfahrens ist eine vorzeitige Besitzeinweisung im Interesse des Gemeinwohls möglich, wenn etwa mit einem bestimmten Bauvorhaben unverzüglich begonnen werden muss. Der begünstigte Antragsteller muss in der Regel Sicherheit leisten. Allerdings muss der Besitzeinweisung die für das Enteignungsverfahren vorgesehene mündliche Verhandlung vorausgehen. Die Anordnung über die Besitzeinweisung ist Voraussetzung für die Entschädigungsleistung durch den Begünstigten und die Grundbuchberichtigung.

Besitzmittlungsverhältnis
bailment

Siehe / Siehe auch: Besitz

Besitzübergang an einer Immobilie
change of possession of property

Kommt es an einer Immobilie zu einem Eigentümerwechsel, stellt sich auch die Frage des Besitzüberganges. In der Regel wird dies in einem Grundstückskaufvertrag oder einem sonstigen Übertragungsvertrag geregelt. Der Besitzübergang bewirkt, dass der Erwerber die tatsächlichen Herrschaftsbefugnisse über die Immobilie erwirbt. Er kann einerseits die Immobilie nutzen, erhält den Anspruch auf die Mieteinnahmen und muss andererseits die Bewirtschaftungskosten tragen. Auch die Gefahr des zufälligen Untergangs des Gebäudes (z. B. durch Brand) oder einer zufälligen Verschlechterung geht auf den Erwerber über. In steuerlicher Hinsicht kann der Erwerber ab dem Zeitpunkt des Besitzüberganges gegenüber dem Finanzamt die AfA jahresanteilig geltend machen. Normalerweise wird der Besitzübergang für den Tag vereinbart, an dem auch der Kaufpreis fällig wird. Erfolgt die Kaufpreiszahlung vor dem vereinbarten Besitzübergang, ist der Käufer zur Verzinsung des Kaufpreises für die Zwischenzeit verpflichtet. Abweichende Vereinbarungen sind natürlich möglich. Erfolgt die Eigentumsumschreibung im Grundbuch vor dem vereinbarten Besitzübergang, erfolgt der Besitzübergang spätestens am Tage der Eigentumsumschreibung im Grundbuch.

Siehe / Siehe auch: Grundstückskaufvertrag

Besondere Betriebseinrichtungen
(special) business equipment

Besondere Betriebseinrichtungen eines Wohngebäudes sind nach Anl. 1 zu § 5 der II. BV:

- Personen- und Lastenaufzüge
- Müllbeseitigungsanlagen
- Hausfernsprecher
- Uhrenanlagen
- gemeinschaftliche Wasch- und Badeeinrichtungen und dergleichen

Die Kosten für diese Einrichtungen zählen zu den Baukosten. Im Bewertungsverfahren und bei der Mietkalkulation gelten für besondere Betriebseinrichtungen wegen ihrer beschränkten Gesamtnutzungsdauer erhöhte Abschreibungssätze.

Siehe / Siehe auch: Gesamtkosten (eines Bauwerks), Zweite Berechnungsverordnung, II. BV

Besonderes Wohngebiet WB (Bauplanungsrecht)
special residential area

Wird ein Teil der als Wohnbaufläche in einem Flächennutzungsplan als besonderes Wohngebiet ausgewiesen, dann handelt es sich um einen Gemeindebereich, der bereits überwiegend bebaut ist. Die Gebietsstruktur ist gekennzeichnet durch unterschiedliche Nutzungen (Läden, Hotels, Gaststätten, Geschäfts- und Bürogebäude, kirchliche Einrichtungen, Anlagen die kulturellen sozialen, gesundheitlichen und sportlichen Zwecken dienen). Mit der Ausweisung als besonderes Wohngebiet soll die Wohnfunktion dieses Gebietes gegenüber anderen Funktionen im Rahmen der Weiterentwicklung des Gebietes erhalten und gestärkt werden. Als Ausnahmen für neue Vorhaben sind allerdings zulässig Verwaltungsgebäude, in beschränkten Umfange Vergnügungsstätten und Tankstellen. In reinen Wohngeboten kann z. B. festgesetzt werden, dass oberhalb eines im Bebauungsplan festgesetzten Geschosses nur Wohnungen zulässig sein sollen oder dass ein bestimmter Mindestanteil der Geschossfläche neu zu schaffender Gebäude der Wohnnutzung vorbehalten sein muss. Mit der Festsetzung besonderer Wohngebiete soll ein Verdrängungsprozess hinsichtlich der Wohnnutzung in innerstädtischen Bereichen verhindert werden. Die Schallgrenzen in besonderen Wohngebieten liegen tagsüber (2 – 22 Uhr) bei 60 Dezibel und nachts bei 45/40 Dezibel. Es handelt sich um Orientierungswerte nach DIN 18005, an die die Gemeinden allerdings nicht gebunden sind. Die Verdichtungsgrenzen im besonderen Wohngebiet liegen bei 0,4 Gundflächenzahl und 1,6 Geschossflächenzahl.

Siehe / Siehe auch: Wohngebiete (nach BauNVO), Baunutzungsverordnung (BauNVO)

Best Value
best value

Mit „Best Value" wird der Wert einer Immobilie

bezeichnet, der am Immobilienmarkt beim Verkauf „bestenfalls" erzielbar wäre. Dabei wird vorausgesetzt, dass im Verkaufsfall für die Vermarktung unter Berücksichtigung der jeweiligen Marktverfassung ein der Objektart angemessener Zeitraum zur Verfügung steht. Bei der Ermittlung des Wertes sind Angebote nicht in Betracht zu ziehen, die einem ganz speziellen, ungewöhnlichen Erwerbsinteresse entspringen. Im Gegensatz zum Verkehrswert als „Wert für jedermann" (aus einer repräsentativen Zielgruppe für das Objekt), entspricht der „Best Value" somit dem Preis, der unter Zugrundelegung eines offenen Marktes in der Regel nur von einem der vielen Interessenten – dem in den Augen des Anbieters besten – bezahlt wird. Der „Best Value" ist mit dem „Market Value" – früher auch als „Open Market Value" bezeichnet – identisch. Die Begriffslogik führt zur Feststellung, dass der „Best Value" regelmäßig über dem Verkehrswert angesiedelt sein muss. Einschränkend muss jedoch gesagt werden, dass dem offenen Markt i.S.d. gewöhnlichen Geschäftsverkehrs unterschiedliche Informationsniveaus der Marktteilnehmer zugrunde liegen, die in der Regel dazu führen, dass der sich aus subjektiven Nutzenvorstellungen und subjektivem Verhandlungsgeschick der Marktparteien ergebende Preis in unterschiedlichem Ausmaß vom „objektiven" Verkehrswert abweicht.
Siehe / Siehe auch: Verkehrswert

Bestandsschutz
protection of existing developments from changes in (e.g. planning) law

In Artikel 14 des Grundgesetzes wird das Recht auf Eigentum gewährleistet. Es handelt sich um eine Eigentumsbestandsgarantie. Besondere Bedeutung hat der Bestandsschutz im Immobilienrecht. Wurde Eigentum legal erworben, legal bebaut und legal genutzt, kann dieser Bestand durch Gesetz nicht mehr rückwirkend in Frage gestellt werden. Das Bundesverfassungsgericht hat sogar das Besitzrecht des Mieters an der gemieteten Wohnung als Eigentum i.S.d. § 14 GG bezeichnet.Es gibt jedoch keinen unbeschränkten Bestandsschutz. So kann der Eigentümer eines Grundstücks, das im Gebiet eines Bebauungsplans liegt, sein Baurecht verlieren, wenn er es nicht innerhalb von sieben Jahren nutzt. Wurde eine Baugenehmigung rechtswirksam erteilt, hat sie Bestand. Aber auch sie ist zeitlich begrenzt. Enteignung von Grundstücken ist aus Gründen des Wohls der Allgemeinheit – als Ultima Ratio – möglich, aber nur gegen eine Enteignungsentschädigung.

Bestandteile
components; constituent (parts); elements; ingredients; parts

Siehe / Siehe auch: Wesentlicher Bestandteil

Bestellbau
order for a building project, for which construction has not yet begun

Unter Bestellbau versteht man im Bauträgergeschäft die Durchführung eines Bauvorhabens, das vom Auftraggeber (Erwerber) beim Bauträger „bestellt" wird. Gegenstand des notariellen Bauträgervertrages sind auf der Grundlage des durch das Bauplanungsrecht und den vom Bauträger angestrebten Bautyp vorgegebenen Rahmens Vorgaben des Erwerbers. Sie können in der Planungsphase berücksichtigt werden.
Voraussetzung für jeden Bestellbau ist also, dass der Bauträger mit dem Bau noch nicht begonnen hat. Bei einer Veräußerung von im Bau befindlichen Grundstücken durch den Bauträger spricht man von Vorratsbau. Der Bestellbau vermindert das Marktrisiko des Bauträgers und ermöglicht dem Erwerber noch einen entscheidenden Einfluss auf die Gestaltung des Hauses. Durch zusätzliche Vereinbarung von Abrechnungspreisen wird beim Bestellbau ein Teil des Bauherrenrisikos des Bauträgers auf den Erwerber verlagert.Sowohl für den Bestellbau als für den Vorratsbau gilt, dass eine nach Beurkundung des Bauträgervertrages getroffene Vereinbarung über eine Änderung der beschriebenen Bauleistung (z. B. die Vereinbarung eines zusätzlichen Sonderwunsches) der notariellen Beurkundung bedarf, es sei denn, der Erwerber ist im Grundbuch bereits als Eigentümer eingetragen.
Siehe / Siehe auch: Bauträger, Bauträgervertrag

Bestellung des Verwalters (WEG)
appointment of an estate manager / service agent

Die Verwaltung des gemeinschaftlichen Eigentums obliegt den Wohnungseigentümern, dem Verwalter und dem Verwaltungsbeirat, sofern ein solcher bestellt wird (§ 20 Abs. 1 WEG). Die Wohnungseigentümer entscheiden, der Verwalter führt die Entscheidungen aus und der Verwaltungsbeirat unterstützt den Verwalter bei der Durchführung seiner Aufgaben. Die Bestellung des Verwalters ist nicht zwingend vorgeschrieben, sie kann aber auch nicht ausgeschlossen werden (§ 20 Abs. 2 WEG). Das bedeutet, dass eine Wohnungseigentümer-Gemeinschaft, wenn sie sich einig ist, auf die Bestellung eines gewerblich tätigen Verwalters verzichten und

die Verwaltung in „Eigenregie“ durchführen kann. Verlangt aber nur ein einzelner Eigentümer im Rahmen seines individuell durchsetzbaren Anspruchs auf ordnungsgemäße Verwaltung die Bestellung eines Verwalters, können sich die übrigen Eigentümer dieser Forderung nicht widersetzen.
Kommt daher ein Beschluss in der Wohnungseigentümer-Versammlung über die Verwalterbestellung nicht zustande, kann jeder Wohnungseigentümer die Bestellung eines Verwalters gemäß § 43 Nr. 1 WEG geltend machen. Die frühere Vorschrift über die Bestellung eines Notverwalters wurde 2007 durch die Reform des Wohnungseigentums-Gesetzes aufgehoben. Für die Bestellung des Verwalters reicht der einfache Mehrheitsbeschluss in der beschlussfähigen Wohnungseigentümer-Versammlung aus. Vereinbarungen, wonach andere Mehrheiten (Zwei-Drittel- oder Drei-Viertel-Mehrheit) erforderlich sind oder die Zustimmung Dritter (Grundpfandrechtsgläubiger) sind nichtig (§ 26 Abs. 1 Satz 5 WEG). Auch eine Übertragung der Verwalterbestellung, beispielsweise auf den Verwaltungsbeirat, ist nicht zulässig.
Die Bestellung darf auf maximal fünf Jahre vorgenommen werden, bei Erstbestellung nach Begründung des Wohnungseigentums auf maximal drei Jahre (§ 26 Abs. 1 Satz 1 WEG). Nach Ablauf dieses Zeitraums endet die Bestellung und damit das Vertragsverhältnis automatisch, das heißt eine Aufhebung der Bestellung oder eine Kündigung des Vertrages ist nicht erforderlich. Eine Wiederbestellung – und zwar dann auf wiederum maximal fünf Jahre – ist grundsätzlich möglich (§ 26 Abs. 2 WEG). Der Bestellungsbeschluss beinhaltet allerdings zunächst nur das Angebot an den bestellten Verwalter, zwischen ihm und der Wohnungseigentümer-Gemeinschaft einen Vertrag zur Übernahme der Verwaltung des gemeinschaftlichen Eigentums abzuschließen. Das Vertragsverhältnis kommt in der Regel durch Abschluss eines schriftlichen Verwaltungsvertrages zwischen dem Verwalter und der rechtsfähigen Wohnungseigentümer-Gemeinschaft zustande. Die Unterzeichnung des Vertrages für die Gemeinschaft erfolgt durch von der Versammlung durch Mehrheitsbeschluss bevollmächtigte Wohnungseigentümer. Aber auch ohne schriftlichen Vertrag begründet die Aufnahme der Verwaltertätigkeit – stillschweigend – das Zustandekommen eines Vertragsverhältnisses.
Siehe / Siehe auch: Abberufung (Wohnungseigentumsverwalter), Verwalter (WEG), Hausverwalter, Zwangsverwalter, Verwalterwechsel, Verwaltervertrag, Verwaltervergütung

Bestimmtheitsgrundsatz

principle that administrative decisions should be precise, clear and unambiguous

Beschlüsse der Wohnungseigentümer müssen so klar gefasst werden, dass zukünftige Auseinandersetzungen oder Streitigkeiten über deren Inhalt vermieden werden. Entspricht ein Eigentümerbeschluss den Anforderungen an die Bestimmtheit (Bestimmtheitsgrundsatz) nicht, ist er im Fall der Anfechtung vom Gericht für ungültig zu erklären.
Siehe / Siehe auch: Beschluss (Wohnungseigentümer), Beschlussanfechtung (Wohnungseigentum)

Besucher

visitor

Das Hausrecht in einer Mietwohnung hat allein der Mieter. Der Vermieter darf daher nicht darüber bestimmen, ob der Mieter Besucher empfangen darf. Auch die Anzahl seiner Besucher bestimmt der Mieter selbst. Ein Besuchsverbot darf auch nicht im Mietvertrag verankert werden bzw. es wäre unwirksam. Die Grenze ist allerdings zu ziehen, wenn es zu einer missbräuchlichen bzw. vertragswidrigen Nutzung der Wohnung kommt. Eine zu Wohnzwecken vermietete Wohnung darf nicht zu einem Gewerbebetrieb mit Kundenverkehr oder gar zum Ausübungsort von Prostitution werden (was nicht heißt, dass – auch häufige – Herrenbesuche bei einer allein lebenden Dame untersagt werden können.
Sittliche Bedenken anderer Hausbewohner sind hier irrelevant). Auch Versammlungen verbotener Organisationen braucht der Vermieter nicht zu dulden.
Ein Hausverbot für einen bestimmten Besucher kann nur im Extremfall ausgesprochen werden, wenn dieser z. B. den Hausfrieden ständig stört, Straftaten begeht etc. In solchen Fällen kann der Vermieter den Mieter auch abmahnen, den betreffenden Besucher nicht mehr einzulassen. Bei Zuwiderhandlung ist eine Kündigung möglich.
Für Wohnungseigentümergemeinschaften entschied am 06.10.2009 das Bundesverfassungsgericht: Die Gemeinschaft kann nicht ohne Weiteres ein Hausverbot gegen einen Besucher (hier: Lebensgefährte einer Eigentümerin) verhängen. Auch bei regelmäßigen nächtlichen Ruhestörungen durch den Betreffenden kommt ein Hausverbot nur als letztes Mittel in Betracht. Zumindest muss vorher durch Abmahnungen versucht werden, die Nachtruhe herzustellen. Wenn diese nichts bewirken kann, ein – gegebenenfalls auf die Nachtstunden beschränktes – Hausverbot in Erwägung gezogen werden (BVerfG, Az. 2 BvR 693/09).

Beton

concrete

Beton ist ein künstlich hergestelltes Steinmaterial. Zur Herstellung von Beton sind Zement, der als Bindemittel dient, sowie Zuschlagstoffe und Wasser erforderlich. Je nach gewünschter Konsistenz werden die einzelnen Bestandteile in unterschiedlichen Mischungsverhältnissen verwendet. Bei den Zuschlagstoffen sind feinere oder gröbere Körnungen möglich; in Frage kommen beispielsweise Sand, Kies, Splitt oder Kombinationen davon. Darüber hinaus können weitere Zusatzstoffe beigemischt werden, um bestimmte Materialeigenschaften zu erhalten oder zu verstärken.

Wichtigste Eigenschaft von Beton ist seine hohe Druckbeständigkeit. Auf Zug ist Beton dagegen nur gering belastbar. Aus diesem Grund werden Betonbauteile oft mit Stahlbewehrungen versehen, die die Zugkräfte aufnehmen können (Stahlbeton). Das Aushärten des Betons ist ein Prozess, der sich nach der Herstellung über mehrere Monate hinweg fortsetzt, so dass die endgültige Festigkeit des Materials nicht sofort, sondern erst zu einem späteren Zeitpunkt erreicht wird. Für die Qualität von Beton existieren Normen; Qualitätsprüfungen werden in Baustofflabors durchgeführt. Erste Indizien für bestimmte Materialqualitäten lassen sich jedoch bereits mit bloßem feststellen. So deutet ein gelblicher Farbton auf einen geringen Zement- bzw. einen höheren Sandanteil hin, während eine kräftige, gleichmäßige Graufärbung auf einen höheren Zementanteil hindeutet. Ungleichmäßige Materialstrukturen – beispielsweise Ansammlungen von Blasen oder Stellen mit auffallend grobkörniger Konsistenz lassen vermuten, dass der Beton während des Herstellungsprozesses nur ungenügend oder ungleichmäßig verdichtet wurde.

Siehe / Siehe auch: Monierbauweise, Moniereisen, Spannbeton, Stahlbeton

Betreiberimmobilien

properties run by (specialist) operating companies (e.g. hotels, leisure)

Bei Betreiberimmobilien handelt es sich um Immobilien, die speziell für die Nutzung durch eine bestimmte Art von Betrieben konzipiert sind. Sie werden vom Eigentümer in der Regel an einen einzigen Betreiber vermietet oder verpachtet, der sie in eigener Regie bewirtschaftet. Beispiele für Betreiberimmobilien sind Sportanlagen, Bäder, Freizeitparks, Kinos, Theater, Hotels, gastronomische Einrichtungen, Parkhäuser, Tankstellen, Kliniken, Rehabilitationseinrichtungen, Seniorenheime, Bahnhöfe oder Flughäfen. Der mit einer Betreiberimmobilie erzielbare wirtschaftliche Erfolg hängt neben den auch für alle anderen Immobilien relevanten Einflussfaktoren maßgeblich von den Qualitäten des Betreibers und seines Konzepts ab.

Ein spezifisches Problem ist die entweder nicht gegebene oder zumindest eingeschränkte Drittverwendungsfähigkeit von Betreiberimmobilien. Sie können bei Ausfall des Betreibers oder nach Auslaufen von Miet- oder Pachtverträgen meist nicht oder nur mit erheblichem Aufwand für andere Nutzungen umgewidmet werden. Eigentümer von Betreiberimmobilien sollten deshalb Rückstellungen in ausreichender Höhe für gegebenenfalls notwendige Umbaumaßnahmen bilden. Zeichner von geschlossenen Immobilienfonds, die in Betreiberimmobilien investieren, sollten kritisch prüfen, ob vom Fondsinitiator entsprechende Rückstellungen gebildet werden.

Siehe / Siehe auch: Drittverwendungsfähigkeit

Betreutes Wohnen

assisted living

Betreutes Wohnen ist eine Wohnform, die – besonders für Senioren – immer gebräuchlicher wird. Meist angeboten in speziellen Wohnanlagen, in denen jeder Bewohner eine eigene, komplett mit Küche und Bad ausgestattete Wohnung zur Verfügung hat. Je nach Bedarf und Gesundheit können oft Zusatzdienste und Pflege in Anspruch genommen werden. Beim Bau sollten die speziellen Anforderungen altersgerechten Wohnens beachtet werden: Z. B. Barrierefreiheit, behindertengerechte Badezimmer und Küchen, Aufzüge, Notrufknöpfe in jedem Raum, Anschlüsse für medizinische Geräte im Schlafzimmer usw.. In vielen Anlagen steht rund um die Uhr medizinisch ausgebildetes Personal bereit, um im Notfall oder Pflegefall helfen zu können. Angeboten werden oft auch Mahlzeiten im gemeinsamen Speiseraum auf Wunsch, Massagen oder medizinische Bäder im Haus, Einkaufsservice, Wäscheservice und andere Dienstleistungen.

Wichtig: „Betreutes Wohnen" ist kein gesetzlich geschützter Begriff. Es gibt daher eine Vielzahl von unterschiedlichen Angeboten, von denen einige wenig mit dem oben beschriebenen Wohnkonzept zu tun haben. So machen Notrufknöpfe nur dann Sinn, wenn tatsächlich im Haus qualifiziertes Personal zur Verfügung steht. Auch mit der behindertengerechten Wohnungsausstattung und der Barrierefreiheit ist es oft nicht weit her. Daher muss sich der Interessent vor Abschluss eines Kauf – oder Mietvertrages über eine solche Wohnung sorgfältig

informieren und Angebote vergleichen. Vertraglich wird meist neben Kauf – oder Mietvertrag ein Betreuungsvertrag abgeschlossen. Miete bzw. Kaufpreis liegen oft über dem ortsüblichen Niveau, was sich – in Grenzen – durch zusätzliche Serviceangebote im Haus rechtfertigen lässt. Einige wichtige Fragen:
Bei Kombinationen mehrerer Anbieter:

- Wer ist Wohnungseigentümer?
- Wer ist für das Gebäude/Mängel/technische Probleme zuständig?
- Wer ist für die medizinische Versorgung verantwortlich?

Mietverträge sollten auf das Betreute Wohnen zugeschnitten sein. Das heißt zumindest:

- Ausschluss der Eigenbedarfskündigung
- Pflegebedürftigkeit kein Kündigungsgrund (sinnvoll soweit Pflege in der Anlage möglich ist)
- Sonderkündigungsrecht des Mieters falls Umzug in Pflegeheim erforderlich.

Die gesetzlichen Regelungen über den sogenannten Heimvertrag galten bisher nur für Altenheime im engeren Sinne. Seit 01.10.2009 sind gesetzliche Neuregelungen in Kraft getreten. Der Heimvertrag ist nun im neuen Wohn- und Betreuungsvertragsgesetz geregelt. Das Gesetz stärkt die Rechte der Bewohner. Die Vorschriften gelten auch für typische Formen des Betreuten Wohnens.
Ausreichend ist, dass sich der Betreiber zum Vorhalten von Pflege- oder Betreuungsleistungen verpflichtet. Die Vorschriften gelten nicht für das sogenannte „Service-Wohnen“, also für Konstruktionen, bei denen der Anbieter nur den Wohnraum zur Verfügung stellt, Serviceeinrichtungen wie Notrufsysteme und hauswirtschaftliche Unterstützung anbietet; Pflegeleistungen aber nur von Drittanbietern vermittelt.
Siehe / Siehe auch: Altengerechtes Wohnen, Barrierefreiheit, Heimgesetz, Wohn- und Betreuungsvertragsgesetz (WBVG)

Betreuungsgericht

adult guardianship court

Das Betreuungsgericht, ist nach dem Gesetz über das Verfahren in Familiensachen und in den Angelegenheiten der freiwilligen Gerichtsbarkeit seit 01.09.2009 bei den Amtsgerichten als Teil der freiwilligen Gerichtsbarkeit eingeführt wurde, hat bestimmte Aufgaben des früheren Vormundschaftsgerichts übernommen. Hierzu zählen die von Amts wegen einzuleitenden Betreuungs- und Unterbringungsverfahren von volljährigen, psychisch Kranken. Die Entscheidungen über solche Anträge obliegen dem Richter oder einem Rechtspfleger. Für die Betreuung wird ein Betreuer bestellt, dessen Aufgabenbereich sich ausschließlich auf die Betreuung beschränken muss. Der Ausgewählte darf erst dann zum Betreuer bestellt werden, wenn er sich zur Übernahme der Betreuung bereit erklärt hat. Der Betreuer hat Wünschen des Betreuten zu entsprechen, soweit dies dessen Wohl nicht zuwiderläuft und dem Betreuer zuzumuten ist. Grundsätzlich gilt für die Betreuung: Stärkung der Autonomie des Betreuten, statt Bevormundung.

Betriebs- und Verwaltungskosten (Wohnungseigentum)

operating and administration expenses (freehold flat)

Jeder Wohnungseigentümer ist gemäß § 16 Abs. 2 WEG verpflichtet, sich an den Lasten des gemeinschaftlichen Eigentums sowie an den Kosten der Instandhaltung und -setzung, der sonstigen Verwaltung und eines gemeinschaftlichen Gebrauchs des gemeinschaftlichen Eigentums im Verhältnis des für ihn eingetragenen Miteigentumsanteils zu beteiligen.
Abweichend von dieser Kostenverteilung können die Wohnungseigentümer jedoch mit einfacher Stimmenmehrheit beschließen, dass die Betriebskosten des gemeinschaftlichen Eigentums oder des Sondereigentums im Sinne des § 556 Abs. 1 BGB und die Kosten der Verwaltung

- nach Verbrauch oder nach Verursachung erfasst

und nach

- diesem oder einem anderen Maßstab

verteilt werden. Voraussetzung ist, dass die abweichend beschlossene Verteilung ordnungsgemäßer Verwaltung entspricht. Was unter Betriebskosten im Sinne dieser Vorschrift zu verstehen ist, ergibt sich aus den Vorschriften der Betriebskostenverordnung. Von diesen gesetzlichen Bestimmungen können die Wohnungseigentümer auch durch eine Vereinbarung nicht abweichen (§ 16 Abs. 5 WEG).
Als Verteilungsmaßstab kommen, wie auch im Mietrecht, insbesondere in Frage:

- die Wohnfläche,
- die Anzahl der Wohnungen und
- andere objektbezogene Merkmale.

Der Personenschlüssel ist wegen seiner „Streitbefangenheit“ als Verteilungsmaßstab im Regelfall weniger geeignet.
Siehe / Siehe auch: Kostenverteilung, Öffnungs-

klausel, Betriebskosten, Betriebskostenverordnung, Heiz- und Warmwasserkosten, Instandhaltung / Instandsetzung (Wohnungseigentum), Verwaltervergütung, Wasserkosten

Betriebsausgaben (Einkommensteuer)

business expenses; business-related cost (income tax)

Betriebsausgaben sind nach § 4 Abs. 4 EStG Aufwendungen, die durch den Betrieb veranlasst sind. Sie müssen also in einem wirtschaftlichen Zusammenhang mit dem Betrieb stehen. In der Regel handelt es sich ausschließlich um betriebsbedingte Ausgaben, angefangen von der Büromiete über Personalkosten bis hin zu Tintenpatronen für den Drucker. Die Ausgaben sind in Höhe der verausgabten Geldsumme anzusetzen, beim Tausch mit dem gemeinen Wert des zum Tausch hingegebenen Gutes. Problematisch können solche Ausgaben sein, die teils betrieblich bedingt sind, aber durch teilweise private Nutzungen nicht dem betrieblichen Bereich zugerechnet werden können. Beispiele sind PKW-Kosten, wenn der PKW sowohl betrieblich als auch privat genutzt wird, oder das Arbeitszimmer in der Wohnung. Hier muss eine Zurechnung erfolgen. Ist eine solche Trennung nicht möglich, müssen die Ausgaben insgesamt den Kosten der privaten Lebensführung zugerechnet werden und sind damit steuerlich irrelevant.

Unterschieden werden muss ferner zwischen sofort abzugsfähigen Betriebsausgaben und Ausgaben, die nur in Raten in Form von Abschreibungsbeträgen geltend gemacht werden können. In der Regel fallen darunter z. B. die EDV Hard- und Software, nicht aber z. B. die im Laufe der Zeit zu erneuernden Einzelteile, Druckerpatronen, Reparaturkosten.

Man bezeichnet die Ausgaben, die sich auf langlebige Wirtschaftsgüter beziehen als Anschaffungskosten. Die Höhe der Absetzung für Abnutzung (AfA) hängt, soweit sie nicht vorgeschrieben ist, von der Nutzungsdauer des wirtschaftlichen Gutes ab. Soweit die Anschaffungskosten für langlebige Wirtschaftsgüter 150 EURO nicht überschreiten, können sie sofort als Betriebsausgabe geltend gemacht werden. Erwirbt man Verbrauchsmaterial auf Vorrat, muss der Kaufpreis aufgeteilt werden bis zu dem Jahr, an dem der Vorrat aufgebraucht wird.

Siehe / Siehe auch: Anschaffungskosten

Betriebsbedarf

operational requirements

Auch ein Betrieb kann als Eigentümer und Vermieter einer Wohnung auftreten. Da ein Unternehmen nicht wie ein normaler Vermieter in eine Wohnung einziehen kann, ist hier keine Eigenbedarfskündigung möglich. Allerdings sind Fälle denkbar, in denen ein Unternehmen eine Wohnung auf dem freien Wohnungsmarkt angeboten hat, die es mittlerweile selbst – z. B. für einen neuen Mitarbeiter – benötigt. Hier kann als Kündigungsgrund der „Betriebsbedarf“ herangezogen werden. Dies gilt, wenn:

- die Wohnung an einen bestimmten Betriebsangehörigen vermietet werden soll
- diese Vermietung aus betrieblichen und wirtschaftlichen Gründen notwendig erscheint.

Die Notwendigkeit ist immer dann gegeben, wenn man annehmen kann, dass der neue Mitarbeiter dem Betrieb förderlich sein wird. Insbesondere bei Werkswohnungen ist dieser Kündigungsgrund zulässig. Er kann aber auch herangezogen werden, wenn es sich nicht um eine Werkswohnung handelt. Auch bei Beendigung des Arbeitsverhältnisses des Mitarbeiter-Mieters ist eine Kündigung wegen Betriebsbedarfs möglich. Es gelten besondere Kündigungsfristen nach § 576 BGB.

Eine solche Kündigung wird jedoch nach dem Amtsgericht Schöneberg (Az. 19 C 346/93, Urteil vom 18.03.1994) nicht anerkannt, wenn:

- Das Arbeitsverhältnis des gekündigten Mieters nur nebenberuflich oder auf gelegentlicher Basis bestand (z. B. geringfügige Hauswartstätigkeit)
- Zwischen der Beendigung des Arbeitsverhältnisses und des Mietvertrages mehrere Monate liegen (kein konkreter Betriebsbedarf).

Nach einem Urteil des Amtsgerichts Schöneberg ist auch eine Hauswartswohnung als Werkmietwohnung anzusehen. Es kommt dabei nicht darauf an, ob Mietvertrag und Arbeitsvertrag in einem oder zwei Dokumenten verfasst worden sind. Die Kündigung nach § 576 BGB stellt nach dem Urteil eine ordentliche Kündigung dar, die nach § 573 Abs. 3 BGB eine Begründung erfordert. Dies gilt auch dann, wenn im Arbeitsvertrag steht, dass der Mietvertrag mit Ende des Dienstverhältnisses ebenfalls beendet sein soll. Durch eine solche Regelung kann nicht im Voraus ein bestehender Betriebsbedarf festgestellt werden; der Mietvertrag ist also gesondert zu kündigen und damit zu begründen, dass die Wohnung für den neuen Hauswart gebraucht wird (Az. 103 C 425/07 , Urteil vom 09.07.2008).

Siehe / Siehe auch: Beendigung eines Mietverhältnisses, Betriebsrat, Eigenbedarf

Betriebsgrößenklasse / Unternehmensgrößenklasse

size of a company / corporation

Die Einteilung von Unternehmen in Betriebsgrößenklassen erfolgt nach Maßgabe unterschiedlicher Kriterien. Solche Kriterien sind Bilanzsumme, Umsatzerlöse und Anzahl der Arbeitnehmer. Nach § 267 HGB zählen z.B. zu den kleinen Kapitalgesellschaften solche mit einer Bilanzsumme von bis zu 4,015 Mio. EURO, von Umsatzerlösen bis zu 8,030 Mio. EURO oder eine Zahl der Arbeitnehmer bis zu 50. Voraussetzung ist, dass mindestens zwei dieser Merkmale nicht unterschritten werden dürfen. Mittlere Unternehmen können hinsichtlich der Bilanzsumme und Umsätze bis zu viermal größer sein, hinsichtlich der Beschäftigtenzahl bis zu fünfmal. Der Rest zählt zu den großen Kapitalgesellschaften. Im Bereich der Wohnungswirtschaft kommt es auch auf die Zahl der Wohnungseinheiten an, die sich im Eigentum der Gesellschaft befinden. Danach haben kleine Wohnungsunternehmen bis zu 100 Wohneinheiten, mittlere bis zu 1000 Wohneinheiten, größere bis zu 5000 und große mehr als 5000 Wohneinheiten. Entsprechendes gilt für Verwaltungsunternehmen.

Das Institut für Mittelstandsforschung in Bonn hat bei einer Einteilung der KMU (Kleine und mittlere Unternehmen) folgende Größenraster verwendet: Kleine Unternehmen beschäftigen bis zu 20 Arbeitnehmer, kleine bis mittlere Unternehmen bis zu 200 Arbeitnehmer, mittlere bis große Unternehmen 200 bis 2000 Arbeitnehmer und große Unternehmen mehr als 2000 Arbeitsnehmer. Aus den Untersuchungen des Instituts ergaben sich folgende Proportionen: Kleine Unternehmen beschäftigten im Jahr 2001 24,7 Prozent aller sozialversicherungspflichtigen Arbeitnehmer, kleine bis mittlere Unternehmen 32,7 Prozent mittlere bis große Unternehmen 22,3 Prozent und große Unternehmen (nur) 20,3 Prozent. Im Maklergewerbe überwiegen die Kleinst- und Kleinunternehmen bei weitem. Hier ist an eine Größenklassifizierung wie folgt zu denken: Kleinstunternehmen haben bis zu 3 Mitarbeiter, Kleinunternehmen zwischen 4 und 10, mittlere Unternehmen zwischen 11 und 20, größere Unternehmen zwischen 21 und 50 Mitarbeiter. Großunternehmen liegen hinsichtlich der Mitarbeiterzahl über 50.

Zu bedenken ist dabei, dass die Zahl der Mitarbeiter aller Franchisenehmer eines Franchisesystems bei Größenberechnungen nicht berücksichtigt werden können, da jeder Franchisenehmer selbständig ein Unternehmen führt und es damit auf dessen Größe ankommt.

Betriebskosten

operating expenses; operating costs; operational costs; overhead expenditure; running costs

Betriebskosten sind die Kosten, die dem Eigentümer durch das Eigentum am Grundstück oder durch den bestimmungsmäßigen Gebrauch des Gebäudes, der Nebengebäude, Anlagen, Einrichtungen und des Grundstücks laufend entstehen. Neben der „Grundmiete" sind die Betriebskosten die laufend anfallenden Kosten einer Mietwohnung. Man unterscheidet zwischen verbrauchsabhängigen (z. B. Heizkosten) und nicht verbrauchsabhängigen Betriebskosten (z. B. Grundsteuer). Ferner werden die „warmen Betriebskosten" (Kosten für Heizung und Wassererwärmung) von den „kalten Betriebskosten" (z. B. Kaltwasser, Abwasser, Grundsteuer) unterschieden. Was Betriebskosten sind, ist in der Betriebskostenverordnung gesetzlich definiert. Nur die dort genannten Betriebskostenarten darf der Vermieter anteilig auf die Mieter verteilen („umlegen"). Derzeit gibt es drei gesetzlich zulässige Arten von Betriebskostenvereinbarungen im Mietvertrag:

- Betriebskostenvorauszahlung/Umlage: Der Mieter zahlt einen per Umlageschlüssel errechneten monatlichen Anteil an den Betriebskosten des Gebäudes. Der Vermieter muss eine jährliche Abrechnung über die Betriebskosten erstellen. Je nach Ergebnis muss der Mieter eine Nachzahlung leisten oder der Vermieter ein Guthaben auszahlen.
- Betriebskostenpauschale: Der Mieter zahlt seinen Betriebskostenanteil als monatliche Pauschale, mit der dann alle Betriebskosten abgegolten sind. Eine Jahresabrechnung oder Nachzahlungen/Guthaben-Erstattungen finden nicht statt.
- Teilinklusivmiete: Die Betriebskosten gelten teilweise als abgegolten mit der Miete. Eine derartige Vereinbarung kann heute nicht mehr die Heiz- und Warmwasserkosten einbeziehen, da diese laut Heizkostenverordnung verbrauchsabhängig abzurechnen sind. Meist werden daher die nicht verbrauchsabhängigen Betriebskosten in die Teilinklusivmiete eingeschlossen und die verbrauchsabhängigen Kosten getrennt abgerechnet.

Ist mietvertraglich vereinbart, dass die Betriebskosten nicht verbrauchsabhängig umgelegt werden sollen, kann der Vermieter nach § 556a BGB einseitig durch Erklärung in Textform festlegen, dass die Betriebskosten künftig ganz oder teilweise nach erfasstem Verbrauch oder erfasster unterschiedlicher

Verursachung durch die Mieter verteilt werden. Eine solche Erklärung darf der Vermieter nur für den noch nicht begonnenen Abrechnungszeitraum abgeben. Waren die Betriebskosten bis dahin in der Miete enthalten, ist die Miete (Bruttomiete) nun entsprechend zu verringern und zur Grundmiete der neue Betriebskostenbetrag (Vorauszahlung) hinzuzurechnen.
Besteht keine anderweitige mietvertragliche Vereinbarung, sind verbrauchsunabhängige Betriebskosten „vorbehaltlich anderer Vorschriften" nach dem Anteil der Wohnfläche umzulegen. Betriebskosten, deren Höhe verbrauchs- oder verursachungsbedingt im Rahmen der Nutzung der Mieträume durch den Mieter entstehen, sind nach einem Maßstab umzulegen, der dem unterschiedlichen Verbrauch oder der unterschiedlichen Verursachung Rechnung trägt.
Nach Wohnfläche umlagefähig sind: Grundsteuer, Kosten der Straßenreinigung, der Müllentsorgung, des Aufzugbetriebes, der Hausreinigung und Ungezieferbekämpfung. Außerdem zählen hierzu die Kosten der Gartenpflege, der Außen-, Treppen- und Flurbeleuchtung, der Schornsteinreinigung, Prämien bestimmter Versicherungen (Wohngebäudeversicherung, Haftpflichtversicherung für Grundbesitzer usw.), Hausmeisterlöhne (mit Ausnahme von Lohnanteilen, die sich auf Reparaturarbeiten und die Verwaltung beziehen). In der Regel können auch noch Kosten des Betriebs einer Gemeinschaftsantennenanlage sowie bestimmte sonstige Betriebskosten (z. B. für Gemeinschaftseinrichtungen wie Sauna oder Schwimmbad) nach Wohnfläche umgelegt werden. Verbrauchs- oder verursachungsbedingt abzurechnen sind die Kosten der Wasserversorgung und (sofern daran gekoppelt) die Kosten der Entwässerung, die Heiz und Warmwasserkosten sowie die Kosten einer Gemeinschaftswaschmaschine. Bei den „sonstigen Betriebskosten" muss analysiert werden, ob sie wohnflächen- oder verbrauchs- bzw. verursachungsbezogen abgerechnet werden können. Der Vermieter kann nach der gesetzlichen Neuregelung einen vereinbarten Umlageschlüssel durch eine einseitige Erklärung dem Mieter gegenüber anpassen.
Enthält der Mietvertrag eine Regelung, nach der in einem Mehrfamilienhaus die Betriebskosten nach dem Verhältnis der Wohnfläche der jeweiligen Wohnung zur Gesamtwohnfläche des Gebäudes umgelegt werden sollen, kann bei Leerstand einzelner Wohnungen keine Umlage der Betriebskosten unbenutzter Wohnungen auf die verbleibenden Mieter stattfinden (Bundesgerichtshof, Az. VIII ZR 159/05, Urteil vom 31.05.2006).

Entwicklung der Wohnnebenkosten

2008 gegenüber 2003 (Veränderungen in %)

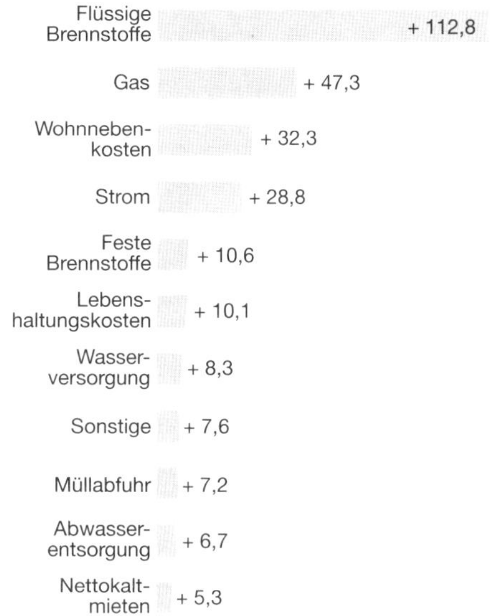

Quellen: ifs Institut für Städtebau, Wohnungswitschaft und Bausparwesen e. V., Berlin, Statistisches Bundesamt

Die unberechtigte Kürzung der Betriebskosten durch den Mieter kann ein Kündigungsgrund sein. Voraussetzung: Der Fehlbetrag erreicht die Höhe von zwei Monatsmieten. Nach einem Urteil des BGH entschuldigt ein Beratungsfehler des Mietervereins den Mieter in solchen Fällen nicht (BGH, Az. VIII ZR 102/06, Urteil vom 25.10.2006).
Die Betriebskostenabrechnung muss dem Mieter innerhalb von 12 Monaten nach Ende des Abrechnungszeitraumes zugehen, sonst können etwaige Nachforderungen nicht mehr geltend gemacht werden. Ausnahme: Der Vermieter ist nicht selbst für die Verspätung verantwortlich zu machen. Dies ist beispielsweise der Fall, wenn ein Versorgungsunternehmen zu spät abgerechnet hat.
Dann kann innerhalb von drei Monaten nach Eingang der fehlenden Unterlagen eine Nebenkostennachforderung beim Mieter erfolgen. (BGH, Az. VIII ZR 220/05, Urteil vom 05.07.2006). Ein rechtzeitiges Abschicken der Abrechnung ist nicht ausreichend, entscheidend ist der Zugang beim Mieter (Bundesgerichtshof, Urteil vom 21.01.2009, Az. VIII ZR 107/08). Auch bei Gewerbemietverträgen sollte die Abrechnungsfrist von 12 Monaten einge-

halten werden. Zwar ist diese Frist nach Ansicht einzelner Gerichte beim Gewerbemietvertrag unbeachtlich (OLG Köln, Az. 1 U 12/06); eine Entscheidung des Bundesgerichtshofes ist dazu jedoch noch nicht ergangen. Für die Abrechnung der Heiz- und Warmwasserkosten gilt zusätzlich die Heizkostenverordnung.

Das kontinuierliche Ansteigen der Betriebskosten führte zu der Bezeichnung „zweite Miete“. Drastisch lässt sich dieses Ansteigen an unten stehenden Zahlen darstellen. Der Bundesgerichtshof hat in einer Entscheidung vom 28.05.2008 darauf hingewiesen, dass sich der Abrechnungszeitraum formal auf ein Jahr erstreckt. Auf diesen Zeitraum bezogen muss die Abrechnung nachvollziehbar sein – nicht unbedingt im Vergleich mit anderen Zeiträumen. Ändern sich also die Flächenangaben einer Mietwohnung in der Abrechnung (nicht: in der Realität) von Jahr zu Jahr, ändert dies nichts an der formellen Ordnungsmäßigkeit der Abrechnung und am Fälligwerden der Nachzahlungsforderungen. Trotzdem können nach dem BGH derartige Schwankungen berechtigten Anlass zur gerichtlichen Prüfung der Frage geben, welche Werte denn nun die richtigen sind (Az. VIII ZR 261/07).

Siehe / Siehe auch: Betriebskostenpauschale, Heiz- und Warmwasserkosten, Nebenkosten (mietrechtliche), Abflussprinzip bei Mietnebenkosten, Betriebskostenabrechnung, Verjährung, Bruttomiete, Nettokaltmiete, Betriebskosten bei Leerstand

Betriebskosten bei Leerstand

operational costs when vacant

Die Betriebskosten einer leer stehenden Mietwohnung sind in der Regel vom Vermieter zu tragen. Sie dürfen nicht auf die im Haus verbliebenen Mieter umgelegt werden.

Der Bundesgerichtshof hatte am 31.05.2006 einen Rechtsstreit zu entscheiden, in dem es um ein Mehrfamilienhaus mit 35 Parteien ging. Der Vermieter wollte den Abrechnungsschlüssel so abändern, dass bestimmte Betriebskostenanteile einiger leer stehender Wohnungen (es ging um Wasser, Hausbeleuchtung, Fahrstuhlstrom und Müllabfuhr) auf die verbliebenen Mieter umgelegt würden. Laut Mietvertrag waren die „kalten“ Betriebskosten nach dem Wohnflächenanteil umzulegen. Nach dem Bundesgerichtshof hatte der Vermieter das Leerstandsrisiko selbst zu tragen. Wenn die Betriebskosten nach dem Verhältnis der Wohnungsfläche zur Gesamtwohnfläche des Hauses umzulegen seien, könne eine Umlage der Kosten leer stehender Wohnungen nicht vorgenommen werden. Dies gelte für verbrauchsunabhängige Nebenkosten wie auch für verbrauchsabhängige Kosten, die nur aufgrund fehlender Zähler (hier: Kaltwasser) nicht einzeln gemessen werden könnten.

Eine ausdrücklich vom BGH genannte Ausnahme besteht dann, wenn die Abrechnung nach der Wohnfläche für den Vermieter wegen erheblicher Leerstände nicht mehr zumutbar ist. Um dies zu belegen, muss der Vermieter einen ständigen Leerstand in erheblichem Maße nachweisen können. Im Entscheidungsfall hatten nur ein bis zwei Wohnungen von 35 leer gestanden – dies war laut BGH kein erheblicher Leerstand (BGH, Urteil vom 31.05.2006, Az. VIII ZR 159/05).

Auch bei hohen außergewöhnlichen Kosten kann meist keine Umlage auf die verbliebenen Mieter stattfinden. Das Amtsgericht Weißenfels entschied gegen einen Vermieter, der nach einem Wasserrohrbruch in einer unvermieteten Wohnung die zusätzlichen Kaltwasserkosten auf die übrigen Mieter umlegen wollte. Laut Gericht war hier die Änderung des Umlageschlüssels nicht zulässig (Az.: 1 C 127/03).

Siehe / Siehe auch: Leerstand, Betriebskosten, Umlage (Mietrecht)

Betriebskostenabrechnung, Verjährung

overhead cost account / Council Tax, period of limitation

In vielen Internetforen wird über die Verjährung der Betriebskostenabrechnung diskutiert. Dabei kommt es oft zu einem folgenschweren Irrtum: Die 12-monatige Frist, innerhalb der der Vermieter die Abrechnung zu erstellen hat, wird mit einer Verjährungsfrist verwechselt. Vermieter glauben deshalb teilweise, dass der Mieter nach Fristablauf kein Recht mehr auf Abrechnung hat. Mieter glauben oft, dass sie nach Fristablauf ohne Abrechnung alle Betriebskosten-Vorauszahlungen zurückfordern können. Beides ist nicht richtig.

Der Vermieter ist nach § 556 BGB verpflichtet, innerhalb von 12 Monaten nach Ende des Abrechnungszeitraumes eine Betriebskostenabrechnung zu erstellen. Es handelt sich hier nicht um eine Verjährungsfrist; der Mieter kann nach Ablauf der 12 Monate noch die Abrechnung – und ggf. die Überweisung eines Guthabens – fordern. Rechtsfolge der Fristversäumnis ist, dass der Vermieter keine Betriebskosten-Nachforderungen mehr gelten machen kann (außer er kann tatsächlich nachweisen, dass die Fristversäumnis nicht seine Schuld war).

Der Anspruch auf Abrechnung verjährt nach § 195 BGB in 3 Jahren. Diese Verjährungsfrist beginnt nach § 199 Abs. 1 BGB mit dem Ende des Jahres zu laufen, in dem die Forderung entstanden – also fällig geworden – ist.
Beispiel: Für den Abrechnungszeitraum Kalenderjahr 2002 muss bis zum 31.12.2003 abgerechnet werden. Am 1.1.2004 tritt die Fälligkeit der Leistung ein: Sie kann nicht mehr hinausgeschoben werden bzw. der Gläubiger (Mieter) kann nun ihre Durchführung auch gerichtlich fordern. Mit dem Ende des Kalenderjahres 2004 beginnt daher nach § 199 Abs. 1 BGB die Verjährungsfrist zu laufen. Diese beträgt drei Jahre und läuft bis Ende 2007. Erst nach dem 31.12.2007 kann sich der Vermieter daher auf Verjährung berufen und braucht nicht mehr abzurechnen. Allerdings kann eine Verjährungsfrist auch gehemmt, d.h. angehalten werden, beispielsweise durch eine Klage des Mieters vor Gericht. Der Mieter hat gegen den Vermieter ein Druckmittel: Rechnet der Vermieter nicht innerhalb der 12-monatigen Frist ab, hat der Mieter ein Zurückbehaltungsrecht bezüglich der Betriebskostenvorauszahlungen. „Zurückbehalten" bedeutet aber nicht „behalten können". Vielmehr dürfen die Beträge nur vorläufig einbehalten werden, solange keine Abrechnung erfolgt. Findet diese statt, müssen die ausstehenden Betriebskostenvorauszahlungen für den gesamten Zeitraum beglichen werden.
Dies gilt aber wiederum nur dann, wenn das Mietverhältnis noch besteht. Ist es bereits beendet, kann der Mieter kein Zurückbehaltungsrecht mehr geltend machen, da er ja keine Betriebskostenvorauszahlungen mehr leistet. Die Gerichte gestehen ehemaligen Mietern daher das Recht zu, nach ergebnislosem Ablauf der 12-monatigen Abrechnungsfrist die Betriebskostenvorauszahlungen für den betreffenden Abrechnungszeitraum in voller Höhe zurückzufordern. Die Rechtsprechung hält es nämlich für unangemessen, wenn der Mieter erst einmal auf Abrechnung klagen muss, um dann nach deren Erhalt ein zweites Mal wegen der Auszahlung eines eventuellen Guthabens vor Gericht zu ziehen. So soll letztlich auch unnötige Arbeitsbelastung der Gerichte vermieden werden (Bundesgerichtshof, Az. VIII ZR 57/04, Urteil vom 9.3.2005).
Eine nach Ende der Abrechnungsfrist vom Vermieter erstellte Abrechnung bzw. berichtigte Abrechnung kommt auch dann zu spät, wenn der Mieter zuvor die Entrichtung der Nachzahlung zugesagt hat. Der Vermieter kann nach Ende der Abrechnungsfrist keine Betriebskosten-Nachzahlungen mehr fordern und die Frist beginnt durch die Zusage des Mieters nicht neu zu laufen (BGH, Urteil vom 9. 4.2008, Az. VIII ZR 84/07).
Siehe / Siehe auch: Betriebskosten, Abflussprinzip bei Mietnebenkosten

Betriebskostenbelege – Einsichtsrecht des Mieters

supporting documents/receipts for operating expenses/overhead expenditure - tenant's right to inspect books and records

Der Mieter hat grundsätzlich die Möglichkeit, die Richtigkeit einer Betriebskostenabrechnung des Vermieters zu überprüfen. Er kann zwar nicht verlangen, dass ihm Kopien der Betriebskostenbelege zugesandt werden. Dies gilt selbst dann, wenn der Mieter bereit ist, die Kopierkosten zu tragen. Der Vermieter (wie auch der Miethausverwalter) muss dem Mieter aber Gelegenheit geben, in seinen Räumen Einblick in die Betriebskostenbelege zu nehmen. Dies entschied der Bundesgerichtshof am 08.03.2006 (BGH, Az: VIII ZR 78/05). Eine Ausnahme gilt nach dem Urteil allerdings dann, wenn die Einsichtnahme in die Belege in den Geschäftsräumen des Vermieters dem Mieter nicht zugemutet werden kann (etwa wegen Krankheit oder wegen weiter räumlicher Entfernung zwischen Mietwohnung und Geschäftssitz des Vermieters in einer anderen Stadt).
Siehe / Siehe auch: Betriebskosten

Betriebskostenpauschale

operating cost allowance

Unter einer Betriebskostenpauschale versteht man einen festen Betriebskostenanteil, den der Mieter zusätzlich zur Grund- bzw. Kaltmiete zu entrichten hat. Anders als bei der Betriebskostenvorauszahlung / Umlage findet bei der Pauschale keine Jahresabrechnung statt. Mit der Zahlung der Pauschale sind die Betriebskosten abgegolten. Der Vermieter trägt das Risiko, dass er die Pauschale zu gering angesetzt hat. Eine Nachzahlung oder die Auszahlung eines Guthabens erfolgen nicht.
Da die Heizkostenverordnung eine verbrauchsabhängige Erfassung und Abrechnung der Kosten für Heizung und Warmwasser vorschreibt, kann eine Pauschale nur noch für die „kalten Betriebskosten" wie etwa Grundsteuer, Versicherungen, Abfallentsorgung usw., aber nicht für Heizung und Warmwasserkosten vereinbart werden. Steigen die Betriebskosten, kann der Vermieter die Betriebskostenpauschale nur dann anheben, wenn dies ausdrücklich im Mietvertrag vereinbart ist. Die Erklärung der Erhöhung muss erläutert und begründet

werden. Verringern sich die Betriebskosten, muss der Vermieter die Pauschale herabsetzen. Die gesetzliche Regelung zur Betriebskostenpauschale findet sich in § 560 BGB.
Siehe / Siehe auch: Betriebskosten, Umlage (Mietrecht)

Betriebskostenverordnung
German regulations on operating costs

Gemäß § 16 Abs. 3 WEG können die Wohnungseigentümer abweichend von § 16 Abs. 2 WEG die Verteilung der Betriebskosten durch einfachen Mehrheitsbeschluss ändern.
Die gesetzliche Regelung stellt dabei gemäß § 556 Abs. 1 BGB auf den mietrechtlichen Betriebskostenbegriff ab. Was zu den Betriebskosten im Einzelnen zählt, ist in der Betriebskostenverordnung (BetrKV) vom 25.11.2003 geregelt.
Die dort aufgelisteten insgesamt 17 Einzelpositionen entsprechen im Wesentlichen den in § 16 Abs. 2 WEG genannten Lasten des gemeinschaftlichen Eigentums und den Kosten des gemeinschaftlichen Gebrauchs des gemeinschaftlichen Eigentums.
Strittig ist allerdings derzeit noch, ob die mietrechtlich zu den Betriebskosten zählenden Wartungskosten und Kosten der Gartenpflege nach der jetzt geltenden Bestimmung des § 16 Abs. 3 WEG uneingeschränkt zu den Betriebskosten zählen oder – wie nach bisheriger Auffassung – wohnungseigentumsrechtlich den Kosten der Instandhaltung und -setzung zuzuordnen sind. Vorherrschend wird die Zuordnung zu den Betriebskosten bejaht.
Siehe / Siehe auch: Betriebskosten, Betriebs- und Verwaltungskosten (Wohnungseigentum), Heizkostenverordnung, Kostenverteilung, Umlage (Mietrecht)

Betriebsorganisation (Maklerbetrieb)
business/company organisation; operational entity (brokerage firm)

Die Maklertätigkeit ist „Feldarbeit". Die entscheidenden Leistungsprozesse finden nicht im Maklerbüro, sondern bei den Kunden, den Ämtern, Notaren und den Objekten vor Ort statt. Diese Leistungen werden vom Außendienst erbracht. Dem gegenüber spielt der Innendienst neben der Erledigung der Verwaltungsgeschäfte im Wesentlichen die Rolle einer Koordinierungsstelle für den Außendienst. Er koordiniert die auf Auftragsakquisition und auf die Erbringung von Vermittlungsleistungen gerichteten Aktivitäten des Außendienstes. Mit Einführung des Mobiltelefons hat sich diese Koordinationsfunktion verstärkt. Der Außendienstler ist – an welchem Ort auch immer – stets erreichbar. Makler müssen am Markt agieren und mit den Kunden kommunizieren. Neben dem „Handy" hat sich die Kommunikation via Internet erheblich verstärkt. Die Tatsache, dass gute Maklerfirmen quasi Tag und Nacht erreichbar sind, dass ihre in den Immobilienportalen und der eigenen Web-Seite eingestellten Objekte jederzeit abrufbar sind, vereinfachte die Kommunikationsebenen des Maklerbetriebes enorm. Die Betriebsorganisation, deren Hauptzweck die Ermöglichung und Sicherstellung von Kommunikation ist, benötigt natürlich auch eine EDV-Ausstattung in Form einer leistungsfähigen Computerhardware und transportablen Notebooks und einer effiziente Maklersoftware. Die Wahl des Betriebssystems hängt natürlich auch von den Fähigkeiten im Umgang mit dem Computer und von der Größe des Maklerunternehmens (Ein- oder Mehrplatz-Systeme) ab. Weitere wichtige Ausstattungselemente eines Malerbetriebes sind Digitalkameras, Farblaserdrucker und als Kommunikationsmittel auch im Rahmen des Internet eine ISDN-Telefonanlage mit großen Übertragungsgeschwindigkeiten. Nützlich sind ferner Scanner und Faxgeräte, sofern sie nicht schon in einem Drucker integriert sind.
Zunehmend geringere Bedeutung bekommen Aktenordner. Die meisten Schriftstücke stecken ja im Computer und sind bei Anlage eines übersichtlichen „Ordnersystems" schneller abrufbar als in konventionellen Aktenordnern.
Siehe / Siehe auch: Außendienstorganisation

Betriebspflicht
contractual obligation to use, open or operate (e.g. of tenants in shopping centres)

Grundsätzlich ist ein Vermieter / Betreiber eines Shoppingcenters gut beraten, mit den Mietern eine Betriebspflicht zu vereinbaren, damit der Umsatz nicht durch eine zu kurze wöchentliche Öffnungszeit des Ladenlokals geschmälert wird. Der Vermieter muss hierbei die Berechnungsgrundlage der Umsatzmiete genau kontrollieren können.
Eine Betriebspflicht sollte auch aus marketingstrategischen Gründen grundsätzlich bei größeren Laden-Agglomerationen vereinbart werden, da es einen sehr schlechten, Käufer abschreckenden Eindruck macht, wenn z. B. in einem Shoppingcenter nur ein Teil der Läden geöffnet ist, während bei anderen schon die Rollgitter heruntergelassen sind. Insofern ist es notwendig, bereits im Gewerbemietvertrag die Betriebszeiten genau festzulegen. Durch geschlossene Läden werden außerdem auch die übrigen, noch geöffneten Läden geschädigt, da die ge-

samte Kundenlauffrequenz leidet. Außerdem sollte das Sortiment abgegrenzt werden, und zwar so, dass es Kunden anzieht. D.h. eine Betriebspflicht bringt dem Shoppingcenter letztendlich nicht viel, wenn das Sortiment uninteressant ist. Noch mehr Schaden entsteht für das Shoppingcenter, wenn der Ladenmieter sein Geschäft zeitweise ganz schließt, während der Mietvertrag noch läuft. Dadurch entsteht für Kunden und neue Mietinteressenten schnell ein negativer und abschreckender Eindruck. Um dies zu verhindern, kann im Mietvertrag eine Vertragsstrafe vereinbart werden.
Siehe / Siehe auch: Umsatzmiete

Betriebsprüfung

company audit; tax examination

Gewerbebetriebe und Freiberufler müssen damit rechnen, dass das Finanzamt Überprüfungen vornimmt. Sie erfolgen bei Großbetrieben turnusmäßig und bei Mittelbetrieben häufiger als bei Klein- und Kleinstbetrieben. Der Prüfungszeitraum bezieht sich in der Regel auf die letzten drei Besteuerungszeiträume. Die Außenprüfung muss angemeldet werden. Sie kann auf Antrag des zu überprüfenden Betriebes auch in der Kanzlei des Steuerberaters durchgeführt werden. Bestimmte Regularien sind einzuhalten (Bereitstellung eines Arbeitsplatzes für den Prüfer und Stellung einer Auskunftsperson, die dem Prüfer „zur Seite“ steht). Wird im Prüfungsbericht eine Steuernachzahlung gefordert, kann über sie verhandelt werden.
Möglicher Vorteil der Prüfung: Der Prüfer muss auch solche während des Prüfungsverfahrens festgestellte Sachverhalte berücksichtigen, die zu einer steuerlichen Entlastung führen.

Betriebsrat

works council; staff committee

Werkmietwohnungen unterliegen dem Mitbestimmungsrecht des Betriebsrates bzw. des Personalrates beim öffentlichen Dienst (vgl. § 87 Abs. 1 Nr. 9 BetrVG, § 75 Abs. 2 Nr. 2 BPersVG). Dies bezieht sich auf die Vergabe der Wohnungen an Mitarbeiter, auf die Nutzungsbedingungen von an Mitarbeiter vermieteten Wohnungen und auf die Kündigung. Eine Werkmietwohnung darf vom Vermieter ohne Zustimmung des Betriebsrates nicht gekündigt werden – außer der Arbeitsvertrag wird ebenfalls gekündigt.
Siehe / Siehe auch: Betriebsbedarf, Mitbestimmung im Mietrecht, Werkmietwohnung

Betriebsübergabe

transfer of a business

Betriebsübergabe landwirtschaftlicher Betriebe bei der Landpacht. Wenn ein Betrieb bei Durchführung der vorweggenommenen Erbfolge den Eigentümer wechselt, tritt der neue Landwirt anstelle des bisherigen in die bestehenden Pachtverträge von dazugepachteten Grundstücken bzw. Feldern ein. Er ist verpflichtet, den Verpächter sofort von der Betriebsübergabe zu benachrichtigen. Wenn eine ordnungsgemäße Bewirtschaftung der gepachteten Flächen durch den Übernehmer nicht gewährleistet ist, darf der Verpächter den Pachtvertrag außerordentlich mit gesetzlicher Frist kündigen (zum Ende eines Pachtjahres, spätestens am dritten Werktag des halben Jahres, mit dessen Ablauf der Pachtvertrag beendet sein soll).
Siehe / Siehe auch: Kündigungsfrist beim Pachtvertrag, Pachtvertrag

Betriebsveräußerung / Betriebsaufgabe

transfer of a business as a whole; sale of a business / termination of a business; closing down of an enterprise; relinquishment of a business

Wer seinen Betrieb aufgibt oder veräußert, kann einen Betrag von 45.000 Euro als Freibetrag auf den privaten Vermögenszuwachs bzw. Veräußerungsgewinn bei der Einkommensteuer geltend machen. Allerdings ermäßigt sich dieser Betrag im gleichen Ausmaß, in dem der Veräußerungsgewinn 136.000 Euro übersteigt. Er kann sich also bei entsprechend hohem Veräußerungsgewinn auf null reduzieren.
Bis zu 5 Millionen Euro ist der Veräußerungsgewinn allerdings nur mit 56 Prozent des regulären Steuersatzes zu versteuern, mindestens aber mit 16 Prozent. Diese Vergünstigung kann der veräußernde Betriebsinhaber erst nach Erreichung des 55. Lebensjahres und auch nur einmal geltend machen. Mit dieser Regelung soll die Altersabsicherung des Unternehmers erleichtert werden.

Betriebsvergleich

intercompany comparative analysis; inter-factory comparison

Der Betriebsvergleich dient der Lieferung von Kennzahlen, die zuverlässige Aussagen über betriebliche Strukturen, Abläufe, Entwicklungen und Ergebnisse zulassen. Es gibt zwei verschiedene Grundformen des Betriebsvergleiches, den betriebsinternen Vergleich und den zwischenbetrieblichen Vergleich. Jede der beiden Grundformen

dient heute dem Controlling. Der Überblick über die betriebswirtschaftlichen Ergebnisse vergleichbarer Immobilienunternehmen in einem Geschäftsjahr kann als Benchmark für das eigene Unternehmen dienen (Abweichungsanalyse vom Durchschnitt).
In Deutschland werden für verschiedene Branchen des Groß- und Einzelhandels und des Dienstleistungsgewerbes vom Institut für Handelsforschung an der Universität Köln Betriebsvergleiche seit langer Zeit durchgeführt.
Seit 1975 finden im Auftrag des Ring Deutscher Makler an diesem Institut entsprechende Erhebungen bei den Mitgliedern des RDM statt. Erfasst werden Strukturdaten (Zahl der Betriebe, der jeweils beschäftigten Personen, der Bürofläche und eine Aufgliederung des Umsatzes nach Geschäftsbereichen), Nettoumsätze, Kosten und steuerliches und betriebswirtschaftliches Ergebnis. Die Beteiligung liegt zwischen 300 und 350 Personen pro Jahr. Neben den Auswertungen, die die am Betriebsvergleich Beteiligten erhalten gibt es Zusammenfassungen für Gruppen, bei denen eine Sparte mit mehr als 50 Prozent am Umsatz dominiert (Sparten sind Kaufvertragsvermittlung, Mietvertragsvermittlung und Hausverwaltung) sowie die Restgruppe, bei denen keine diese Sparten dominiert. Eine Unterteilung erfolgt nach Personengrößenklassen.
Eine Sonderauswertung sortiert nach Bundesländern, nach Ortsgrößenklassen, nach Personengrößenklassen und nach Umsatzgrößenklassen. Aus dem Betriebsvergleich lassen sich auch allgemeine Schlüsse auf die Entwicklung und die optimale Struktur von Immobilienunternehmen ableiten.
So kann z.B. festgestellt werden, dass Unternehmen der Größenklasse vier bis sechs Beschäftigte, was das betriebswirtschaftliche Ergebnis angeht, gegenüber Betrieben, die anderen Personengrößenklassen zugehören, sich langfristig im Schnitt am besten positioniert haben. Nach Verschmelzung des RDM mit dem VDM zum IVD wird diese Praxis fortgeführt.

Institut für Handelsforschung an der Universität zu Köln

Betriebsvergleichsergebnisse der Immobilienmakler für die Jahre 2008, 2007 und 2006

Vergleichspositionen	Gesamtdurchschnitt aller beteiligten IVD-Betriebe	Zum Vergleich	
	2008	2007	2006
A. Struktur			
Zahl der beschäftigten Personen	7,8	6,9	7,1
B. Umsatz und Personalleistung			
1. Umsatz* in Euro	650.750	596.876	586.965
2. Umsatzentwicklung (Vorjahr=100)	105	103	111
3. Prozentuale Aufgliederung der Umsätze			
a) Kaufvertrag über Grundstücke, Eigentumswohnungen, Grundstücksrechte	48	48	51
b) Miet- und Pachtverträge	13	13	12
c) Hausverwaltungen	31	31	25
d) Sonstige Umsätze	8	8	12
4. Umsatz* je beschäftigte Person in Euro	73.220	74.117	75.556
C. Aufgliederung der Kosten (Kosten in % des Umsatzes*)			
1. Personalkosten einschl. Unternehmerlohn	53,1	53,3	51,6
2. Raumkosten (einschl. Nebenkosten)	6,4	6,6	6,2
3. Gewerbesteuer	nicht ermittelt	1,8	1,7
4. Reisekosten	0,8	0,7	0,6
5. Kraftfahrzeugkosten (ohne Abschreibungen und Personalkosten)	5,0	4,8	4,6
6. Porto- und Telekommunikationskosten)	2,2	2,4	2,4
7. Inseratekosten (Zeitungen und Internet)	7,9	7,9	7,7
8. Sonstige Werbekosten	1,7	1,6	1,4
9. Abschreibung auf Inventar, KFZ, Forderungen	2,9	2,9	2,7
10. Zinsen für Fremd- und Eigenkapital	2,0	2,0	2,0
11. Allgemeine Bürokosten	3,2	3,2	3,1
12. Sonstige Verwaltungskosten	2,9	2,8	2,6

13. Alle übrigen Kosten	5,3	4,9	4,8
14. Gesamtkosten (Summe 1 bis 13)	93,2	94,8	91,6
D. Betriebswirtschaftliches Ergebnis in % des Nettoumsatzes	6,8	5,2	8,4

*Provisionen plus sonstige Umsätze minus Provisionsschmälerungen, ohne MwSt
Quelle: AIZ , Ausgabe 1-2/10

Betriebsvermögen

business property; assets used in the business; idle assets

Der Gesetzgeber unterscheidet im Steuerrecht zwischen Betriebsvermögen und Privatvermögen. Für Immobilieneigentümer ist vor allem wichtig, dass sie sich durchweg einer schärferen Besteuerung unterziehen, falls ihr Eigentum dem Betriebsvermögen zuzurechnen ist. Gegebenenfalls wird nämlich Gewerbesteuer fällig. Negativ ist auch, dass der Gesetzgeber für Immobilien im Betriebsvermögen keine Spekulationsfristen kennt. Dies bedeutet:
Selbst wenn ein Haus oder eine Eigentumswohnung im Betriebsvermögen nach der Spekulationsfrist von zehn Jahren ab Erwerb wieder verkauft wird, muss der dabei erzielte Gewinn versteuert werden.

Beurkundungsgesetz

German recording act

Das Beurkundungsgesetz enthält die Rechtsgrundlagen für die öffentliche Beurkundung von Willenserklärungen durch den Notar. Das Gesetz ist in fünf Abschnitte gegliedert. Der erste Abschnitt enthält allgemeine Vorschriften. Der zweite Abschnitt enthält wichtige Vorschriften über die Beurkundung. Darin enthalten sind Regelungen über den Inhalt von Niederschriften, von Verhandlungen über Willenserklärungen, die Feststellung zur Peron der Beteiligten und ihre Geschäftsfähigkeit, Nachweise für Vertretungsberechtigungen, Notwendigkeit der Übersetzung der Urkunde, wenn ein Beteiligter der deutschen Sprache nicht mächtig ist, sowie über das Vorlesen, Genehmigung durch die Beteiligung und die Unterschriften unter die Urkunde. Geregelt werden ferner die Prüfungs- und Belehrungspflichten des Notars, die erforderliche Grundbucheinsicht, die Vorgehensweise, wenn hör-, seh- oder sprachbehinderte Personen zu den Beteiligten gehören.
Besondere Vorschriften beziehen sich auf die Beurkundung von Verfügungen von Todes wegen, Besonderheiten beim Erbvertrag und die Verschließung und Verwahrung der sich darauf beziehenden Urkunden. Auch die Beglaubigung von Unterschriften, der Zeichnung einer Firma und von Abschriften ist eingehend geregelt. Die Urschrift einer notariellen Urkunde wird beim Notar verwahrt und kann in der Regel nicht ausgehändigt werden. Die Ausfertigung der Urkunde vertritt die Urschrift im Rechtsverkehr. Ein weiteres Unterkapitel des zweiten Abschnittes des Beurkundungsgesetzes befasst sich mit der Verwahrung.
Im dritten Abschnitt werden alle sonstigen Beurkundungen (Inhalt, Eide, eidesstattliche Versicherungen, Zeugnisse, Beglaubigungen u.dergl.) behandelt. Der vierte Abschnitt ist der Behandlungen von Urkunden (Urschrift, Ausfertigung, vollstreckbare Ausfertigungen) gewidmet. Der fünfte Abschnitt enthält die Regelungen über die Verwahrung von Urkunden. Im sechsten Abschnitt befinden sich die Schlussvorschriften einschließlich der Bezüge zu landesrechtlichen Vorschriften.
Siehe / Siehe auch: Notarielle Beurkundung

Beurkundungspflichtige Maklervertragsabsprachen

agreements in a brokerage contract that are subject to mandatory notarisation

Absprachen zwischen einem Makler und dessen Auftraggeber bedürfen der notariellen Beurkundung, wenn sich der Auftraggeber darin zum Erwerb oder zur Veräußerung einer Immobilie verpflichtet. Dies gilt auch dann, wenn die Verpflichtung nicht expressis verbis zum Ausdruck gebracht wird, sondern auch bei Fallgestaltungen, bei denen die getroffene Vereinbarung den Entscheidungsspielraum des Auftraggebers so sehr eingeschränkt, dass der Nichterwerb bzw. die Nichtveräußerung einer Immobilie mit erheblichen Sanktionen verbunden wäre. Der Bundesgerichtshof ging dabei so weit, schon eine Beurkundungspflicht zu unterstellen, wenn der Makler einen pauschalen Aufwendungsersatz für den Fall der Nicht-Beurkundung vereinbart hat, der oberhalb von zehn bis 15 Prozent der im Erfolgsfall zu zahlenden Provision angesiedelt ist (Bundesgerichtshof, Az. IV a ZR 141/78, Urteil vom 06.02.1980). Ähnliches gilt für eine überhöhte Reservierungsgebühr.
Siehe / Siehe auch: Aufwendungsersatz

Bevölkerungsbewegung

population movement

Die Bevölkerungsbewegung ist ein wesentlicher Bestimmungsgrund der Wohnungsnachfrage und einer der Bestimmungsgründe des Wohnungsangebots. Zu unterscheiden ist dabei zwischen der Wanderungsbewegung und der natürlichen Bevölkerungsbewegung.

Wanderungsbewegung

Nimmt die Bevölkerung bei konstanter Haushaltgröße zu, steigt die Nachfrage, nimmt sie ab, sinkt die Nachfrage. Unmittelbaren Einfluss auf die Wohnungsnachfrage hat dabei der Teil der Bevölkerungsbewegung, der auf Wanderungen zurückzuführen ist. Von ganz geringen Ausnahmen abgesehen, ist jeder von außerhalb der Grenzen eines Raumes zuwandernde Haushalt und jeder innerhalb der Grenzen des Raumes umziehende Haushalt Ausdruck einer befriedigten Wohnungsnachfrage. Bei Wanderungen innerhalb eines Ortes spricht man von „Umzügen". Es gilt allerdings nicht der Umkehrschluss. Nicht jeder fortziehende Haushalt ist Ausdruck eines entstehenden Wohnungsangebotes. Haushaltsgründungen, die sich aus der Teilung vorhandener Haushalte ergeben (Eheschließungen, Ehescheidungen), sind in der Regel nur auf der Nachfrageseite des Wohnungsmarktes aktiv.

Natürliche Bevölkerungsbewegung

Die natürliche Bevölkerungsbewegung, die sich aus den Geburten und Sterbefällen innerhalb eines Raumes ergeben, wirken sich nur teilweise unmittelbar auf den Wohnungsmarkt aus. Dies ist der Fall beim Tod von Einzelpersonen, die einen Einpersonenhaushalt geführt haben. Die frei gewordene Wohnung wird in der Regel am Wohnungsmarkt wieder angeboten. Dagegen führt die Geburt eines Kindes, wenn überhaupt, dann nur mittelbar zu einer Wohnungsnachfrage. Dies ist der Fall, wenn der aktuelle Wohnflächenbedarf durch die Haushaltsvergrößerung wächst. Dies wirkt sich dann entweder bereits im zeitlichen Vorlauf aus – wenn im Hinblick auf die Familienplanung bereits eine größere Wohnung gemietet oder gekauft wurde – oder mit zeitlicher Verzögerung, wenn der Bedarf nach mehr Wohnfläche erst akut wird.

Bevölkerungsstatistik

In Deutschland sinkt die Bevölkerung im Bereich der natürlichen Bevölkerungsbewegung seit Jahren. Trotz zunehmenden Durchschnittsalters sterben mehr Menschen als geboren werden. Die aus der natürlichen Bevölkerungsbewegung ausgehenden unmittelbaren Impulse auf die Wohnungswirtschaft sind deshalb relativ gering. Wesentlich größere Bedeutung haben dagegen Wanderungsbewegungen, die überwiegend auf wirtschaftliche Ursachen zurückzuführen ist. Nachfolgend werden die Entwicklungen in Deutschland in den letzten 4 Jahren nach den Zahlen des Statistischen Bundesamtes dargestellt. Die Zahlen verstehen sich jeweils in Tausend. Bei den Wanderungen sind nur die Aus- und Einwanderungen berücksichtigt.

Bevölkerungsprognose

Neuere Bevölkerungsprognosen gehen davon aus, dass künftig europaweit die angestammte Bevölkerung abnimmt. Das Institut für Bevölkerungsforschung und Sozialpolitik an der Universität Bielefeld hat in einem vom Verband der Hypothekenbanken in Auftrag gegebenen Gutachten prognostiziert, dass die deutsche Bevölkerung bis 2050 von 82 auf 62 Millionen Menschen schrumpft. Nicht berücksichtigt dabei ist ein etwaiger positiver Wanderungssaldo. Die Bevölkerung der Europäischen Union würde unter der gleichen Voraussetzung von derzeit 380 Millionen um 73 Millionen auf 307 Millionen Menschen zurückgehen. Die relativ stärkste Abnahme ist für Spanien, gefolgt von Italien prognostiziert. Deutschland nimmt Platz 3 ein, während Frankreich sich mit einer Bevölkerungsabnahme von 4 Millionen auf 55 Millionen im Jahr 2050 noch relativ stabil zeigt.

Entwicklung und Prognose der Bevölkerungszahlen

1990	2000	2010	2020	2030
Bevölkerung am 31.12. (Angabe in Mio.)				
79.753	82.260	81.545	79.914/ 80.437*	77.350/ 79.025*
Natürliche Bilanz (aus Geburten und Sterbefällen)				
-15.800	-71.800	-200.000	-180.000/ -281.000*	-409.000/ -388.000*
Wanderungsbilanz (aus Zu- und Fortzügen)				
	167.100	10.000	100.000/ 200.000*	100.000/ 200.000*
Gesamtbilanz				
	96.000	-190.000	-188.000/ -81.000*	-309.000/ -188.000

* Untergrenze/Obergrenze

Quelle: Bundesinstitut für Bevölkerungsforschung

Bevölkerungsprognose

population forecast

Siehe / Siehe auch: Bevölkerungsbewegung

Bewachungskosten Mietobjekt

cost for guarding rented property

Die Rechtsprechung zur Umlage von Bewachungskosten (Kosten für Concierge, Doorman, Pförtner oder ein Sicherheitsunternehmen) ist uneinheitlich. Unter bestimmten Voraussetzungen ist die Umlage von Bewachungskosten auf die Mieter als „Sonstige Betriebskosten" möglich. Es muss sich damit um regelmäßig anfallende und nach § 1 Betriebskostenverordnung umlagefähige Kosten handeln, für deren Umlage eine mietvertragliche Vereinbarung besteht. Laut Bundesgerichtshof hängt die Möglichkeit der Umlage auf die Mieter vom Einzelfall ab (Beschluss des BGH, 05.04.2005, Az. VIII ZR 78/04). Nach einem Urteil des Landgerichts Berlin (Urteil vom 04.01.2007, Az. 67 S 287/06) können Kosten für einen Doorman auch per Formularmietvertrag auf die Mieter umgelegt werden, wenn ständig die Gefahr besteht, dass hausfremde Personen sich Zutritt verschaffen und der Doorman auch andere Aufgaben wahrnimmt (Annehmen von Post- und Paketsendungen, Wahrnehmen von Ableseterminen, Aufbewahrung von Schlüsseln).

Handelt es sich um die Kosten für einen Doorman bzw. Pförtner in einer Wohnanlage, verlangen einige Gerichte, dass die Bewachung in erster Linie zum Schutz der Mieter und nicht nur zum Schutz des Eigentums des Vermieters erforderlich ist (Amtsgericht Berlin-Mitte vom 23.6.2006, Az. 11 C 84/06).

Unzulässig ist es in jedem Fall, die Bewachungskosten unter anderen Kostenpositionen der Betriebskostenabrechnung zu verstecken und sie z.B. als Hauswartskosten auszuweisen. Unzulässig ist ferner die Umlage der Kosten für ein Bewachungsunternehmen, wenn im Mietvertrag die Kostenumlage für einen Pförtner vereinbart wurde (AG Charlottenburg, Urteil vom 30.01.2007, Az. 224 C 276/06).

Siehe / Siehe auch: Betriebskosten, Umlage (Mietrecht)

Beweislast (Beweismittel)

burden of proof (exhibit; evidence; proof)

Die Partei eines Rechtsstreites, die bei Gericht einen Anspruch geltend macht, muss die Klage nicht nur durch Vortrag aller Tatsachen begründen, sondern diese Tatsachen – falls sie von der Gegenseite bestritten werden – auch beweisen. Erst danach ist die Gegenseite gehalten, gegebenenfalls den Gegenbeweis zu führen. So muss der Vermieter im Mieterhöhungsrechtsstreit beweisen, dass der ortsübliche Mietzins für vergleichbare Wohnungen tatsächlich um den begehrten Betrag gestiegen ist. Erst dann kann der Mieter versuchen, den Gegenbeweis anzutreten, nach dem z. B. die Vergleichswohnungen mit seiner Wohnung gar nicht zu vergleichen sind. Auch ein Makler, der seinen Provisionsanspruch geltend macht, muss im Falle des Bestreitens beweisen, dass ihm diese Provision versprochen wurde und dass er die vereinbarte Vermittlungsleistung erbracht hat. Teilweise gibt es aber auch gesetzliche Beweislastregeln, die die Beweislast anders, als im Grundsatz dargestellt, verteilen. Demjenigen, den die Beweislast trifft, stehen folgende Mittel zur Verfügung: Zeugen (dazu gehören auch Familienangehörige und sachverständige Zeugen), Sachverständige, Urkunden und richterlicher Augenschein. Die Beweismittel müssen so gut sein, dass sie jeden vernünftigen Zweifel des Gerichtes an der Richtigkeit der behaupteten Tatsache ausräumen. Dann ist der Vollbeweis erbracht. Dieser ist zu unterscheiden von dem Indiz und der Glaubhaftmachung.

Eine Ausnahme von den üblichen Beweislastregeln stellt die Beweislastumkehr dar. In einigen Fällen wird sie durch gesetzliche Regelungen vorgeschrieben. So wird z. B. nach § 476 BGB davon ausgegangen, dass Schäden, die innerhalb von sechs Monaten nach dem Gefahrübergang an einer gekauften Sache auftreten, schon vor dem Kauf bestanden haben. Kommt es also innerhalb dieser sechsmonatigen Frist zu einer Reklamation, muss nicht der Anspruchsteller (Käufer) sein Vorbringen beweisen, sondern der Verkäufer muss beweisen, dass die Sache bei Übergabe frei von Mängeln war.

Auch in der Rechtsprechung hat sich in einigen Bereichen eine Beweislastumkehr eingebürgert – z. B. bei der Arzthaftung oder bei der Produkthaftung. Eine gesetzliche Beweislastumkehr findet sich auch im Mietrecht: Nach § 543 Abs.4 BGB muss im Falle einer fristlosen Kündigung durch den Mieter wegen Nichtgewährung des Gebrauchs der Mietwohnung im Streitfall der Vermieter beweisen, dass er rechtzeitig den Gebrauch der Mietwohnung ermöglicht hat. Im Mietrecht liegt die Beweislast dafür, dass ein Wohnungsmangel nicht vom Vermieter zu vertreten ist, zunächst bei diesem selbst.

Siehe / Siehe auch: Beweislast im Mietrecht

Beweislast im Mietrecht

burden of proof under German law of tenancy

Die deutschen Gerichte sehen die Beweislast in

Mietrechtsfällen in der Regel bei dem Vertragspartner, in dessen Verantwortungs- bzw. Herrschaftsbereich der jeweilige Schaden fällt. Wird über einen Sachmangel der Mietwohnung gestritten, muss zunächst einmal der Vermieter darlegen und beweisen, dass der Mangel nicht durch einen Umstand verursacht wurde, der in seinen Verantwortungsbereich fällt. Dann muss der Mieter beweisen, dass er den Mangel nicht verursacht hat (BGH, Urteil vom 15.3.2000, Az. XII ZR 81/97). Trägt der Mieter im Prozess vor, dass die Wohnung nach Reparaturversuchen des Vermieters immer noch mangelhaft sei, muss der Vermieter den Erfolg seiner Mängelbeseitigungsmaßnahmen beweisen (BGH, Urteil vom 1.3.2000, Az: XII ZR 272/97).

Dies bedeutet jedoch nicht, dass der Vermieter immer dann haftet, wenn sich nicht klären lässt, wer den Schaden verursacht hat oder in wessen Verantwortungsbereich die Entstehung des Mangels fällt. In einem Fall des sogenannten „Fogging“ (Schwarzstaubablagerungen) entschied der BGH, dass der Mieter die Beweislast zu tragen habe. Der Vermieter sei nur dann beweispflichtig, wenn feststehe, dass die Ursache des Schadens in seinem Verantwortungs- und Einflussbereich liege (Beschluss vom 25.1.2006, Az. VIII ZR 223/04).

Beispiel: Ein Fenstergriff bricht ab. Grundsätzlich ist der Vermieter dafür beweispflichtig, dass der Schaden nicht durch eine normale Abnutzung bzw. Materialermüdung durch Gebrauch verusacht wurde, sondern durch unsachgemäße Handhabung seitens des Mieters: Der Fenstergriff gehört zur Wohnung, deren täglicher, normaler Gebrauch gerade Vertragsbestandteil des Mietvertrages ist. Kann der Vermieter beweisen, dass der Griff in einer Weise verbogen ist, die nur durch unsachgemäßen Krafteinsatz möglich war, ist der Mieter an der Reihe, zu beweisen, dass er selbst bzw. seine Mitbewohner und Besucher den Schaden nicht verursacht haben.

Bei Schimmelbefall gilt:

Ist umstritten, in wessen Einflussbereich die Ursache des Schadens liegt (Baumangel oder falsches Heizen bzw. Lüften), ist zunächst der Vermieter beweispflichtig. Hat er nachgewiesen, dass keine Baumängel vorliegen, muss der Mieter beweisen, dass er den Schaden nicht durch falsches Heizen und Lüften verursacht hat (BGH, Urteil vom 1.3.2000, Az. XII ZR 272/97). Für Schimmelbefall kann es eine ganze Reihe von Ursachen geben. Hier hilft oft nur ein Sachverständigengutachten. Gerichtsverfahren in diesem Bereich sind oft teuer und für beide Seiten mit einem hohen Prozessrisiko verbunden. Eine gütliche Einigung kann hier helfen, Kosten zu sparen.

Siehe / Siehe auch: Fogging, Sachmangel (im Mietrecht), Schimmelbefall / Mietwohnung

Beweissicherungs- und Feststellungsgesetz

preservation of evidence and declaratory judgment act

Das Beweissicherungs- und Feststellungsgesetz, zuletzt geändert durch Art. 15 des Gesetzes vom 17. Dezember 1990, ist mit Wirkung vom 31. Juli 1992 aufgehoben worden. Zweck des Gesetzes war es, Vermögensschäden in der sowjetischen Besatzungszone Deutschlands und im Sowjetsektor von Berlin festzustellen oder durch ein besonderes Beweisverfahren Beweise über solche Schäden zu sichern. Die nach diesem Gesetz ermittelten Ersatzeinheitswerte von Grundstücken können bei Entschädigungsangelegenheiten auch heute noch Bedeutung haben.

Siehe / Siehe auch: BaROV, Entschädigungsgesetz

Bewertung von Immobilien (allgemein)

valuation of real estate (general)

Bei Immobilien werden mehrere Wertbegriffe unterschieden. Der Verkehrswert ist der zum Bewertungsstichtag zu ermittelnde fiktive Preis, der im gewöhnlichen Geschäftsverkehr unter Außerachtlassung persönlicher oder ungewöhnlicher Umstände zu erzielen wäre.

Dabei sind Grundstücksbeschaffenheit, rechtliche Gegebenheiten und die Lage auf dem Grundstücksmarkt zu berücksichtigen. Für die Ermittlung des Verkehrswertes einer Immobilie werden drei alternative Verfahren herangezogen, nämlich das Vergleichswert-, das Sachwert- und das Ertragswertverfahren. Zu Zwecken der Beleihung wird der Beleihungswert ermittelt, der vom Verkehrswert abgeleitet werden kann. Neben dem Verkehrs- und Beleihungswert einer Immobilie spielen noch der Einheits- und der Grundbesitzwert eine Rolle. Der Einheitswert ist weiterhin Bemessungsgrundlage für die Berechnung der Grundsteuer. Die Bewertung des Grundstücks erfolgt zum Hauptfeststellungszeitpunkt. Der Grundbesitzwert ist Bemessungsgrundlage für die Erbschaft- und Schenkungsteuer bei der Immobilienübertragung und in Sonderfällen auch für die Grunderwerbsteuer. Die Bewertung erfolgt zum Zeitpunkt des Erbanfalles. Im Bereich der Versicherungen wird von Ersatzwert gesprochen.

Dabei ist zwischen dem Ersatzwert als Neuwert (Wiederherstellungswert) und dem Ersatzwert als Zeitwert zu unterscheiden. Letzterer ist der um die Alterswertminderung verminderte Neuwert.
Siehe / Siehe auch: Verkehrswert, Grundbesitzwert, Beleihung, Einheitswert

Bewertungsgesetz

German tax valuation act

Das Bewertungsgesetz enthält die Vorschriften über die Bewertung von Vermögen aller Art für steuerliche Zwecke. Bewertet werden wirtschaftliche Einheiten. Bewertungsgrundsatz ist die Ermittlung des „gemeinen Wertes". Für Land- und forstwirtschaftliches Vermögen, für Grundvermögen und für Betriebsvermögen gelten jeweils besondere Bewertungsvorschriften. Beim Grundvermögen wird zwischen unbebauten und bebauten Grundstücken unterschieden.
Der für ein bebautes Grundstück anzusetzende Wert darf nicht geringer sein als 50 von Hundert des Wertes, mit dem der Grund und Boden allein als unbebautes Grundstück zu bewerten wäre. Die bebauten Grundstücke werden eingeteilt in

- Mietwohngrundstücke,
- Geschäftsgrundstücke,
- gemischt genutzte Grundstücke,
- Einfamilienhäuser,
- Zweifamilienhäuser und
- sonstige bebaute Grundstücke

Je nach dem Zweck der Bewertung sind unterschiedliche Verfahren vorgesehen.

Grundsteuer

Für die Grundsteuer gelten die auf der Jahresbasis von 1935 festzustellenden Einheitswerte.

Grunderwerbsteuer

Für die Bewertung von Grundbesitz für die Grunderwerbsteuer (Ausnahmefälle) werden ab 01.01.1997 Grundbesitzwerte ermittelt.

Erbschaft- und Schenkungsteuer

Für die Bewertung von Grundbesitz für die Erbschaftsteuer gilt aus verfassungsrechtlichen Gründen seit 01.01.2009 der „Gemeinen-Wert" im Sinne des § 9 BewG. Zu ermitteln ist er nach den Vorschriften der §§ 179 – 182 BewG. Bei unbebauten Grundstücken sind die von den Gutachterausschüssen ermittelten Bodenrichtwerte Orientierungsgrundlage.
Die Bewertungsverfahren bebauter Grundstücke entsprechen im Wesentlichen denen, die die WertV (ImmoWertV) vorschreibt. Für die Ermittlung bebauter Grundstücke ist das Vergleichswertverfahren (bei Wohneigentum, Teileigentum, Ein- und Zweifamilienhäusern) heranzuziehen. Das Ertragswertverfahren ist bei Mietwohngrundstücken Geschäftsgrundstücken und gemischt genutzten Grundstücken zu verwenden, soweit sich daraus Mieterträge ableiten lassen. Ansonsten gilt das Sachwertverfahren. Die Verfahren selbst sind in den §§ 183 – 197 geregelt.
Für den Steuerpflichtigen besteht nach § 198 BewG die Möglichkeit, einen niedrigeren als den vom Finanzamt ermittelten Wert nachzuweisen, der dann Grundlage für die Berechnung der Erbschaftsteuer ist. Für den Nachweis des niedrigeren gemeinen Wertes gilt grundsätzlich die auf der Grundlage des § 199 Abs. 1 des Baugesetzbuches erlassene Verordnung, also die Verfahren der WertV (ImmoWertV), die zum Verkehrswert im Sinne des § 194 BauGB führen.
Siehe / Siehe auch: Erbschafts- und Schenkungssteuer, Gemeiner Wert, Verkehrswert

Bewertungsstichtag

valuation date; date of valuation; date of appraisal; appraisal date; fixed date of valuation

Bausparen

Als Bewertungsstichtage gelten die Termine, zu denen Bausparkassen die für die Zuteilung relevanten Bewertungszahlen ermitteln. Bei den meisten Bausparkassen erfolgt dies zwei oder viermal jährlich. Einige wenige Bausparkassen ermitteln die Bewertungszahlen monatlich. Für Bausparer ist es vorteilhaft, wenn die Bausparkasse möglichst häufig im Jahr die Bewertungszahlen ermittelt.

Wertermittlung

Für die Ermittlung des Verkehrswertes ist die Bestimmung des Bewertungsstichtages von wesentlicher Bedeutung. Liegt er weit zurück, dürfen nur die damals vorhandenen Erkenntnisquellen für die Bewertung benutzt werden. Dies gilt z.B. auch für die zum Bewertungszeitpunkt geltende Gesetzeslage, soweit sie für die Bewertung relevant ist. Man denke dabei an unterschiedliche Fassungen der Baunutzungsverordnung oder der Mietrechts.
In bestimmten Fällen muss bei der Grundstückswertermittlung zwischen dem Bewertungsstichtag und dem „Zustandsstichtag" bzw. „Qualitätsstichtag" unterschieden werden. Wird am Bewertungsstichtag ein vor oder nach ihm liegender „Zustand" unterstellt, sind die Zustandsmerkmale zum Bewer-

tungsstichtag irrelevant. Bei Bewertung von Grundstücken, die in einem Sanierungsgebiet liegen, ist z.B. der sanierungsunbeeinflusste Wert der in das Sanierungsgebiet einbezogenen Grundstücke zu ermitteln. Es wird so getan, als sei die Werterhöhung, die durch Bekanntwerden der Sanierungsabsicht im Allgemeinen entsteht, nicht gegeben. Es wird der Zustand vor Bekanntwerden der Sanierungsmaßnahme unterstellt. Bei Bewertung von erst in der Zukunft realisierten Projekten weicht der Bewertungsstichtag ebenfalls vom Zustandsstichtag ab. Der Zustands- / Qualitätsstichtag ist nicht kalendarisch zu definieren, sondern gilt allgemein als der Tag, an dem der definierte Zustand (die definierte Qualität) eintritt bzw. eingetreten ist. Dieser wird sodann als maßgeblich für den Bewertungsstichtag unterstellt.

Der Qualitätsstichtag kann auch bei Bewertungen im Zusammenhang mit einem Erbfall eine Rolle spielen, wenn nämlich festgestellt werden muss, welcher Wertanteil bei einer Immobilien als ein in die Ehe eingebrachtes Vorbehaltsgut auf den während der Ehe entstandenen Zugewinn entfällt.

Bewertungszahl (Bausparen)

valuation score (saving for building purposes)

Für jeden Zuteilungszeitraum wird von den Bausparkassen eine Bewertungszahl festgelegt. Sie zu erreichen ist Voraussetzung für die Zuteilung eines Bauspardarlehens. Nach dieser Bewertungszahl richtet sich die Reihenfolge der Zuteilung. Sie errechnet sich aus dem vorhandenen Sparguthaben und der dafür benötigten Ansparzeit (Geld-mal-Zeit-Prinzip).

Die Ermittlung der Bewertungszahl erfolgt zu den Bewertungsstichtagen. Die Bewertungszahl wird dem Bausparer jeweils auf dem Jahreskontoauszug mitgeteilt.

Siehe / Siehe auch: Bewertungsstichtag

Bewirtschaftung (Immobilien)

control; running (e.g. of real estate); management (real estate)

In der Immobilienwirtschaft wird der Begriff der Bewirtschaftung verwendet, um damit eine nach Wirtschaftlichkeitsgrundsätzen betriebene Verwaltung von Haus- und Grundbesitz zu charakterisieren. Man spricht deshalb auch von (Miet)-Hausverwaltung, Gebäude- oder Immobilienmanagement oder neuerdings auch von „Property-Management".

Über den Begriff der Bewirtschaftung hinaus greift derjenige des „Facility Management", der einerseits die Zeitdimension der Lebenszyklusbetrachtung und andererseits neben den Gebäuden alle Betriebseinrichtung mit umfasst. Während Bewirtschaftung auf Sicherung der Wirtschaftlichkeit eines Objektes im Bewirtschaftungszeitraum abzielt, steht beim Facility Management die Optimierung der von den Gebäudenutzern zu steuernden Ablaufprozesse in den Gebäuden im Vordergrund.

Bei der Bewirtschaftung wird unterschieden zwischen Eigen- und Fremdbewirtschaftung. Wenn Eigentümer sich professioneller Objektbetreuer für die Hausbewirtschaftung bedienen, übernehmen diese bei ihren Tätigkeiten die Rolle eines Stellvertreters des Eigentümers. Dessen Zuständigkeiten werden in einem Hausverwaltervertrag festgelegt und begrenzt.

Fachspezifisch wird zwischen der kaufmännischen, einschließlich der finanziellen Seite der Bewirtschaftung und der technischen Seite unterschieden. Daneben ist der Hausverwalter auch für das Flächenmanagement zuständig.

Die Kosten der Bewirtschaftung werden konventionell eingeteilt in Abschreibung, Verwaltungskosten, Instandhaltungskosten, Mietausfallwagnis und Betriebskosten. Die möglichen Kosteneinsparungspotenziale bei gleichzeitiger Sicherung der Ertragsfähigkeit systematisch zu nutzen gehört zum kaufmännischen Bereich der Bewirtschaftung. Maßnahmen der Sicherung und Steigerung der Ertragsfähigkeit verursachen in der Regel über die genannten Bewirtschaftungskosten hinausgehende Kosten der Modernisierung, Sanierung, Energieeinsparung und der Objektimagepflege.

Siehe / Siehe auch: Bewirtschaftungskosten, Facility Management (FM), Flächenmanagement, Hausverwalter, Hausverwaltervertrag

Bewirtschaftungskosten

management costs; management and maintenance costs; cost of management and upkeep

Bewirtschaftungskosten sind regelmäßig und nachhaltig anfallende Kosten, die sich aus der laufenden Bewirtschaftung einer Immobilie ergeben. Hierzu zählen sowohl nach der II. BV als auch nach der WertV die Abschreibung, die Verwaltungs- und Instandhaltungskosten sowie das Mietausfallwagnis. Soweit Betriebskosten durch Umlagen auf die Mieter gedeckt werden, bleiben sie unberücksichtigt. Bewirtschaftungskosten sind Teil der laufenden Aufwendungen bei der Ermittlung der Kostenmiete. Die Ansätze für einzelne durchschnittliche Bewirtschaftungskosten dienen auch zur Ermittlung des

Reinertrages im Zusammenhang mit der Ermittlung des Ertragswertes einer Immobilie. Die Bewirtschaftungskosten werden nach Anlage 3 der Wertermittlungsrichtlinien 2006 wie folgt angesetzt.

Die Verwaltungskosten betragen jährlich:

- je Wohnung und je Eigenheim bis 230 Euro
- bei Eigentumswohnungen bis 275 Euro
- bei Garagen bis 30 Euro

Instandhaltungskosten werden je Quadratmeter jährlich wie folgt angesetzt:

- Objekt als 33 Jahre und älter 11,50 Euro
- Objekt zwischen 22 und 33 Jahre alt 9,00 Euro
- Objekt weniger als 22 Jahre alt 7,10 Euro
- Pro Garage oder Einstellplatz pauschal im Jahr 68,00 Euro

Durch Abschläge ist zu berücksichtigen, wenn Mieter Kleinreparaturen übernimmt. Zuschläge sind erforderlich, wenn Aufzug vorhanden ist und wenn der Vermieter die Schönheitsreparaturen ausführt.

Das Mietausfallwagnis berechnet sich aus Nettokaltmiete für:

- vermietete Wohn- und gemischte Objekte mit zwei Prozent
- Geschäftsgrundstücke mit vier Prozent

Durch Interpolation können die Kalkulationssätze für Instandhaltungskosten dem jeweiligen Alter der Immobilien angepasst werden.

Bewirtschaftungskostenrelation

ratio of management costs

Die prozentualen Bewirtschaftungskosten eines geschlossenen Fondsprojektes sind definiert als das Verhältnis der Bewirtschaftungskosten ohne die Rückstellungen für Instandhaltungen und für das Mietausfallwagnis zu den Gesamteinnahmen des geschlossenen Fonds (Mieteinnahmen und Zinserträge aus der Liquiditätsreserve).

Diese Bewertungskennziffer bringt zum Ausdruck, welcher prozentuale Anteil der Fondseinnahmen bereits für die laufende Bewirtschaftung des Fondsobjektes verloren geht. Zu den Bewirtschaftungskosten gehören beispielsweise:

Vergütungen für Komplementäre, Treuhänder, Steuerberater, Geschäftsführer und -besorger. Die Vergütungen sind tatsächlich von der Fondsgesellschaft zu verausgabende Kostenpositionen. Rücklagen für Instandhaltungen oder für das Mietausfallwagnis sind keine echten Bewirtschaftungskosten. Die aufgezählten Rücklagen werden zunächst nur vorsichtshalber als Sicherheitspolster zurückgestellt und damit dem unmittelbaren Ausschüttungspotenzial an die Anleger entzogen. Ein tatsächlicher Anfall dieser Kosten ist aber sowohl dem Grunde als auch der Höhe nach ungewiss. Bei der Ermittlung der Bewirtschaftungskostenrelation bleiben diese gedachten Aufwendungen daher zunächst außer Ansatz. Eine Bewirtschaftungskostenrelation von rund acht Prozent sollte nicht überschritten sein. Bei einer Bewirtschaftungskostenrelation von unter fünf Prozent ist die Gefahr der Subventionierung gegeben. Zur endgültigen Beurteilung der Angemessenheit der Bewirtschaftungskostenrelation müssen aber auch die Nebenkostenregelung, die Mindestzeichnungssumme und die Anzahl der Objekte und Mieter berücksichtigt werden.

Hohe Mindestzeichungssummen in Verbindung mit einer geringeren Anlegerzahl verursachen einen geringeren Kostenaufwand, wodurch eine Bewirtschaftungskostenrelation von unter fünf Prozent noch nicht unbedingt auf eine Subventionierung hindeuten muss. Ein großes Objekt mit nur einem Mieter verringert ebenfalls den Objektverwaltungsaufwand. Nicht vergessen werden darf bei diesen Überlegungen die Fremdkapitalquote. Bei einem hohen Fremdkapitalanteil, das ja nur einen geringen Arbeits- und damit Kostenaufwand produziert, wird die Bewirtschaftungskostenrelation ebenfalls entlastet. Die durch das geringe, arbeitsintensive Eigenkapital verursachten Kosten verteilen sich auf die hohen Einnahmen des Gesamtfonds.

Sollte aber unter Berücksichtigung der Einflussparameter eine Subventionierung wahrscheinlich sein, besteht die Gefahr, dass bei einem Konkurs der Verwaltungsgesellschaft, bzw. der Kündigung des Verwaltungsauftrages durch die Verwaltungsgesellschaft, ein neuer Verwalter gesucht werden muss, der die Verwaltung nur zu einem deutlich höheren Honorar übernimmt. Die Prognoserechnung würde durch die dadurch entstehende Kostenerhöhung in Mitleidenschaft gezogen werden.

Bewirtschaftungsphase

running/ management phase

Im Lebenszyklus einer Immobilie ist die Bewirtschaftungsphase der Teil des Zyklus, während der die Immobilie wirtschaftlich genutzt werden kann. Ziel der Bewirtschaftung ist es in der Regel, einen Ertragsüberschuss über die Summe der Investitions- und Bewirtschaftungskosten zu erzielen. Dabei wird auf die zum Zeitpunkt des Investitionsbeginns diskontierten Beträge abgestellt. Bei einem geschlossenen Immobilienfonds handelt es sich um den Zeitraum zwischen dem Abschluss der Investitionsphase und der Auflösung des Fonds. Während der Bewirtschaftungsphase sollen mit dem betref-

fenden Investitionsobjekt bei planmäßigem Verlauf die prospektierten Erträge erwirtschaftet werden.
Siehe / Siehe auch: Investitionsphase, Immobilienfonds - Geschlossener Immobilienfonds

Beziehungsmarketing
relationship marketing
Der Aufbau langfristigen Beziehungen zu möglichen Kunden durch gesellschaftliche Engagements des Immobilienmaklers bzw. Immobilienunternehmens, z. B. in der Kommunalpolitik, in Verbänden oder Vereinen, gehört zum Wesen des sogenannten Beziehungsmarketings. Die Hauptaufgabe des Beziehungsmarketings liegt im Aufbau eines Beziehungsgeflechts zwischen den potenziellen Anbietern von Immobilien und dem Makler, um damit künftige Geschäftsmöglichkeiten zu erschließen. Dabei spielt bei diesen Engagements die Zielgruppenausrichtung eine wichtige Rolle. Es muss sich bei den in die Beziehungsstruktur eingebundenen Personen um potenzielle Immobilienanbieter oder Immobilieninteressenten aus seinem Geschäftsfeldbereich handeln. Die meisten Kunden geben ihre schlechten Erfahrungen in der Regel weiter, positive Erfahrungen hingegen werden jedoch nur von wenigen Kunden weitererzählt. Das macht deutlich, wie wichtig das Beziehungsmarketing bei der Akquisition ist. Der Aufbau und die Pflege der Kundenbeziehungen erfordert mehr Engagement als der Verkauf. Makler und künftiger Kunde lernen sich durch das Beziehungsmarketing kennen, bevor der potenzielle Kunde ein aktuelles Immobiliengeschäft plant. Wird dies dann aktuell, kennt der Kunde den Makler bereits als vertrauenswürdige Person, dem er die Verkaufsvermittlung viel leichter überträgt als einem Makler, dem er vorher niemals begegnet ist. Das Kundenvertrauen ergibt sich aus den positiven Erfahrungen während der Dauer der vorgeschäftlichen Beziehung.
Beziehungsmarketing ist auch eine Methode der sogenannten passiven Auftragsakquisition. Ein Sekundäreffekt des Beziehungsmarketings besteht darin, dass die in dieses Beziehungsgeflecht eingebundenen Personen den Makler auch weiterempfehlen, woraus weitere Geschäftsmöglichkeiten generiert werden können.
Siehe / Siehe auch: Beschaffungsmarketing, Marketing

Bezirksbevollmächtigter
authorised agent for a chimney sweep's district
Im Zuge der Reform des Schornsteinfegerwesens war beabsichtigt, den Begriff „Bezirksschornsteinfegermeister“ durch „Bezirksbevollmächtigter“ zu ersetzen. Der Deutsche Bundestag hat in seiner 173. Sitzung am 27.06.2008 den Gesetzentwurf unter verschiedenen Änderungen angenommen. Der Begriff „Bezirksbevollmächtigter“ wurde dabei durch „bevollmächtigter Bezirksschornsteinfeger“ ersetzt. Maßgebliche Regelungen sind das (geänderte) Schornsteinfegergesetz und das neue Schornsteinfeger-Handwerksgesetz. Das bisherige Schornsteinfegergesetz tritt am 31.12.2012 außer Kraft und wird dann endgültig durch das Schornsteinfeger-Handwerksgesetz abgelöst.
Siehe / Siehe auch: Bezirksschornsteinfegermeister, Kehrmonopol, Schornsteinfegergesetz

Bezirksschornsteinfegermeister
master chimney sweep for a particular district
Nach § 3 des Schornsteinfegergesetzes wird der Bezirksschornsteinfegermeister von der zuständigen Verwaltungsbehörde für einen bestimmten Kehrbezirk bestellt. Er ist Gewerbetreibender und gehört dem Handwerk an. Im Rahmen der Feuerstättenschau, der Bauabnahme sowie von Tätigkeiten des Immissionsschutzes und der rationellen Verwendung von Energie übernimmt er als so genannter beliehener Unternehmer öffentliche Aufgaben.
Ganz Deutschland ist in Kehrbezirke aufgeteilt. Wer überprüfungspflichtige Anlagen laut Kehr- und Überprüfungsverordnung betreibt (z. B. Schornsteine, Rauchableitungen, bestimmte Lüftungsanlagen) muss diese beim Bezirksschornsteinfegermeister anmelden und eine jährliche Überprüfung und gegebenenfalls auch Schornsteinreinigung dulden. Hauseigentümer müssen dem Schornsteinfeger Zutritt zum Gebäude gewähren, soweit dies für seine Arbeit erforderlich ist. Sie müssen ihm nach der auf Landesebene erlassenen Gebührenordnung eine Vergütung bezahlen. Aufgrund eines von der Europäischen Kommission eingeleiteten Vertragsverletzungsverfahrens gegen die Bundesrepublik Deutschland ändern sich die Regelungen über das Schornsteinfegerwesen in mehreren Stufen. Das bisherige Schornsteinfegergesetz wurde geändert und wird am 31.12.2012 vom Schornsteinfeger-Handwerksgesetz (SchfHwG) abgelöst. Ab 01.01.2010 gelten für den Bezirksschornsteinfeger die §§ 9 und 10 des neuen Schornsteinfeger-Handwerksgesetzes entsprechend. Danach ist die Tätigkeit von der zuständigen Behörde öffentlich und europaweit auszuschreiben. Bewerben kann sich, wer die dort genannten Qualifikationen erfüllt; auch Bewerber aus anderen EU-Staaten können sich bei entsprechender

Qualifikation beteiligen. Die Bestellung als bevollmächtigter Bezirksschornsteinfeger ist auf sieben Jahre befristet. Wiederbestellungen sind nach neuer Ausschreibung möglich. Nach dem 31.12.2012 gilt im Schornsteinfegerhandwerk freier Wettbewerb, allerdings mit der Ausnahme der Bereiche Bauabnahme, Feuerstättenschau, Datenverwaltung und umweltschutzrechtliche Messung nach der 1. Bundesimmissionsschutzverordnung (auch: Verordnung über kleine und mittlere Feuerungsanlagen); hier bleibt der Bezirksschornsteinfegermeister allein zuständig, der dann „bevollmächtigter Bezirksschornsteinfeger" heißt. Er führt alle drei Jahre die Feuerstättenschau durch und erteilt einen Feuerstättenbescheid. Andere Schornsteinfegerarbeiten können ab 2013 alternativ durch einen nach SchfHwG registrierten Fachbetrieb des Schornsteinfegerhandwerks durchgeführt werden. Die bisherige Einteilung der Kehrbezirke bleibt auch nach der gesetzlichen Neuregelung bestehen.
Siehe / Siehe auch: Bezirksschornsteinfegermeister, Kehr- und Überprüfungsverordnung, Kehrmonopol, Schornsteinfegergesetz, Bezirksbevollmächtigter

Bezugsfertigkeit
ready for occupation

Bezugsfertigkeit von Gebäuden und einzelnen Wohnungen setzt ihre zweckentsprechende Nutzungsfähigkeit voraus. Die Nutzung muss zumutbar sein. Wann konkret der Zeitpunkt der Bezugsfertigkeit eintritt, ist eine Frage der Verkehrsanschauung. Klar ist, dass Bezugsfertigkeit nicht bedeutet, dass eine Baumaßnahme endgültig fertig gestellt sein muss. So ist es nicht erforderlich, dass z. B. die Außenanlagen bereits den vereinbarten Zustand haben müssen. Andererseits ist ebenso klar, dass die Funktionsfähigkeit der Versorgungsanschlüsse (Strom, Wasser, ggf. Erdgas) sowie Entsorgungsanlagen (Kanalisation) gegeben sein muss. Die Malerarbeiten in den Räumen müssen durchgeführt sein. Bezugsfertigkeit bedeutet andererseits nicht Baumängelfreiheit. Die bei Bezugsfertigkeit bestehenden Baumängel werden im Abnahmeprotokoll festgehalten. In der Regel wird bei der Endabnahme eines Hauses oder einer Wohnung durch den Bauherrn bzw. den Ersterwerber Bezugsfertigkeit vorausgesetzt. In Bauträgerverträgen wird nach § 3 MaBV die Zahlung der vorletzten Kaufspreisrate (15 Prozent der Bausumme) von der Bezugsfertigkeit Zug um Zug gegen Besitzübergabe des Hauses oder der Wohnung abhängig gemacht. Es handelt sich hierbei um einen Höchstansatz, von dem je nach Fertigkeitszustand nach unten abgewichen werden kann.
Siehe / Siehe auch: Abnahmeprotokoll, Abnahme, Bauabnahme, Baumangel, Bauträgervertrag

BGB-Informationspflichten-Verordnung (BGB-InfoV)
Duty to Supply Information Ordinance of the German Civil Code [BGB-Informationspflichten-Verordnung / „BGB-InfoV"]

Die Verordnung vom 05. August 2002 ist auf Grund von EU-Richtlinien erlassen worden. Der Inhalt wird, soweit für den Immobilienbereich von Belang, kurz dargestellt. § 2 BGB InfoV legt in Ergänzung zu § 482 BGB die Informationspflichten des Unternehmers bei dem Angebot von Teilzeitwohnrechteverträgen und deren Inhalt fest. Unter anderem sind folgende Angaben vorgeschrieben: genaue Angaben zum Unternehmen, zum Objekt, auch wenn es sich in Planung befindet, die genaue Beschreibung des Nutzungsrechts nebst Hinweisen auf die Voraussetzung der Nutzung in fremden Staaten, die Angabe, ob der Verbraucher Teilzeiteigentum erwirbt, das Recht zum Widerruf gemäß §§ 485, 355 BGB. § 14 BGB, InfoV, bestimmt die Form der Widerrufs- und Rückgabebelehrung. Das Widerrufs- und Rückgaberecht ist in §§ 355 ff. BGB geregelt. Daher nimmt § 14 auf diese Vorschriften Bezug. Er stellt eine Hilfe in Gestalt je eines Musters als Anlage 2 (Widerrufsbelehrung) und Anlage 3 (Rückgabebelehrung) zur Verfügung. Die Muster müssen nicht verwendet werden, der Inhalt der Belehrungen sollte jedoch dem des jeweiligen Musters entsprechen. Da die geforderten Angaben sowohl umfangreich als auch schwierig sind, ist hier sorgfältige rechtliche Beratung erforderlich.
Siehe / Siehe auch: Teilzeit-Wohnrechtevertrag

BGB-Vertrag (Baurecht)
contract based on the German Civil Code (building law)

Siehe / Siehe auch: Werkvertrag

Bieterverfahren
bidding procedure

Der klassische Verkauf von Immobilien durch Vermittlung von Maklern erfolgt in der Regel dadurch, dass mit akquirierten Interessenten Einzelbesichtigungstermine vereinbart werden. Die Interessenten werden mit einem Preisangebot konfrontiert. Nach der Besichtigung ergibt sich dann, ob ein Kaufinteresse besteht oder nicht.
Das Bieterverfahren überlässt es dagegen dem Inte-

ressenten, ein Preisangebot zu unterbreiten. Um zu einem guten Ergebnis zu kommen, organisiert der beauftragte Makler Besichtigungsveranstaltungen, auf denen zum gleichen Zeitpunkt mehrere Interessenten durch das Objekt geführt und Fragen von Interessenten beantwortet werden. Ähnlich wie bei einer Auktion werden am Ende Angebote entgegengenommen und notiert. Im Gegensatz zur Auktion, bei der ein Notar die Beurkundung des Kaufvertrages zwischen den am meisten bietenden Interessenten und der Eigentümer vornimmt, ist Annahme des besten Angebots durch den Verkäufer unverbindlich. Der Makler bereitet die Beurkundung des Kaufvertrages in der Folgezeit vor und vereinbart mit den beiden Parteien den Beurkundungstermin.

Bildersuchmaschinen

Mit diesen Suchmaschinen können im Internet Bilder anhand ihrer Dateinamen oder anhand ihres Bildinhaltes gesucht werden. Die Suchergebnisse sind in der Regel urheberrechtlich geschützt und dürfen deshalb nicht ohne Zustimmung des Rechteinhabers für eigene Zwecke verwendet werden. Es gibt jedoch spezielle Bilddatenbanken, die lizenzfreie Bilder anbieten, welche kostenlos genutzt oder für eine geringe Gebühr erworben werden können. Beispiele sind pixelio.de, photocase.com, fotolia.com oder istockphoto.com.

Bindungsfrist

commitment / blocking period

(wohnungswirtschaftliche Begriffs-Verwendung beim Bausparvertrag)

Siehe / Siehe auch: Bausparvertrag

Binnenschifffahrt

inland waterway transport / inland navigation

Die Binnenschifffahrt ist eine Verkehrsalternative zur Straße und zum Schienenverkehr: Sie ist gegenüber dem Transport von Gütern auf der Straße umweltfreundlich was die CO^2 Emissionen anlangt. Außerdem wird die Lärmemission gemindert. Das Binnenschiff bietet außerdem eine hohe Sicherheit bei Gefahrguttransporten und ist nach einer Studie der Friedrich Ebert Stiftung umweltverträglicher (keine Flächenversiegelung, geringerer Flächenverbrauch).

Die Gütertransportleistung der Binnenschifffahrt nahm zwischen 1991 und 2006 von 56 Mrd. tkm (Tonnen pro Kilometer) auf 63,4 Mrd. tkm, also um 13 Prozent zu. Die Transportleistung auf der Schiene schaffte in dieser Zeit einen Zuwachs von 82,2 tkm auf 105,8 tkm (+ 29 Prozent). Allerdings ist die Konkurrenz der Straße beim Gütertransport erheblich. Im Zeitraum zwischen 1991 und 2006 stieg hier die Gütertransportleistung von 245,7 tkm auf 434,1 tkm. Das ist ein Anstieg um 77 Prozent. (Quelle: DIW).

Die Schaffung von Rahmenbedingungen für eine größere Verlagerung von Gütertransporten von der Straße auf den Wasserweg ist ein Themenschwerpunkt der europäischen und der Verkehrspolitik des Bundes und der davon betroffenen Bundesländer. Dazu dienen Kontaktstellen, die die mit dem Gütertransport befassten Stellen, Unternehmen und Personen, vor allem Verlader und Spediteure, behilflich sind, die bestehenden Informationsdefizite abzubauen. In Deutschland befasst sich damit das im Juli 2001 gegründete ShortSeaShipping Inland Waterway Promotion Center (SPC). Hier werden Logistikkonzepte unter Einbeziehung der europäischen Wasserstraße erarbeitet und Informationen bereitgestellt. An dem Trägerverein von SPC sind neben dem Bundesministerium für Verkehr, Bau und Stadtentwicklung und den Bundesländern Bremen, Hamburg, Mecklenburg-Vorpommern, Niedersachsen, Nordrhein-Westfalen, Schleswig-Holstein auch Reedereien, Spediteure, Hafenumschlagbetriebe, Häfen, Schiffsmakler beteiligt.

Binnenwanderungen

internal migration

Unter Binnenwanderungen versteht man Wanderungen innerhalb eines geografischen Raumes. Die Bundesstatistik weist jährlich die Wanderungssalden der Wanderungsbewegung zwischen den Bundesländern aus. Daneben gibt es eine Statistik, die alle Wanderungsbewegungen über die Gemeindegrenzen hinaus erfasst und zwar sowohl bundesweit als auch innerhalb der jeweiligen Bundesländer.

Die Richtungsbewegung der Wanderungssalden zwischen den Bundesländern gilt im Allgemeinen als Indikator für die Verschiebungen der immobilienwirtschaftlichen Raumgewichte zwischen den Bundesländern, soweit es sich um Flächenstaaten handelt. Deutlich wurde in den letzten fünfundzwanzig Jahren eine Wanderungsbewegung von Nord nach Süd, was hinsichtlich der Immobilienpreise zur Umkehrung des ursprünglichen Nord-Süd-Gefälles in den Nachkriegsjahren in ein Süd-Nord-Gefälle führte. Seit der Wiedervereinigung gibt es zusätzlich eine Wanderungsbewegung von Ost nach West. Allein in der Zeit zwischen 1991 und 2001 betrug der Wanderungssaldo zu Lasten Ostdeutschlands 620.000 Personen. Der wanderungsbedingte Bevölkerungsverlust belief sich im

Osten zwischen 5,7 Prozent (Thüringen) und 7,4 Prozent (Sachsen Anhalt). Die Wanderungsbewegung von Ost nach West hält nach wie vor an. So lag der negative Wanderungssaldo im Jahr 2007 immer noch bei 56.000.

Binnenwanderungssaldo der Länder 1991-2006

Niedersachsen	- 454
Sachsen	- 263
Sachsen-Anhalt	- 261
Thüringen	- 173
Mecklenburg-Vorp.	- 154.
Berlin	- 134
Bremen	- 23
Saarland	- 16
Brandenburg	0
Hamburg	30
Schleswig-Holstein	67
Hessen	138
Nordrhein-Westf.	198
Baden-Württemberg	208
Rheinland-Pfalz	225
Bayern	595

Angaben in Tausend
Quelle: Statistisches Bundesamt

Biogasanlage

biogas plant; fermentation plant

Eine Biogasanlage erzeugt Biogas aus Biomasse. Meist werden diese Anlagen im landwirtschaftlichen Bereich eingesetzt, wo Pflanzensilage oder Gülle vergoren werden. Bei diesem Prozess entsteht ein Gärrest, der als Düngemittel verwendet werden kann. Das produzierte Biogas kann an Ort und Stelle in einem Blockheizkraft zur Erzeugung von Strom und Heizwärme verwendet werden. Verwendet werden meist Gülle oder Silage aus Mais oder Gras. Stroh ist ungeeignet. Das EEG (Erneuerbare-Energien-Gesetz) legt Vergütungen für die Verwendungen von bestimmten Biomassearten fest.

Es gibt ein- und mehrstufige Biogasanlagen. Die Steuerung des Gärprozesses ist schwierig, da das Zusammenspiel der beteiligten Bakterien noch weitgehend unerforscht ist. Es gibt Anlagen mit Nass- und mit Trockenvergärung. Bei der Nassvergärung muss ein relativ hoher Anteil der Abwärme aus der Stromerzeugung in die Aufrechterhaltung der Gärtemperatur fließen – was die Heizwärmeproduktion verringert. Abwärmenutzung und Temperaturregelung spielen bei der Steuerung der Gärprozesse eine Hauptrolle.

Zur Strom- und Wärmeerzeugung in Blockheizkraftwerken (Kraft-Wärme-Kopplung) muss das Gas getrocknet und entschwefelt werden. Dies kann etwa durch Beimischen von etwas Frischluft geschehen. Anschließend wird das Gemisch in einem Verbrennungsmotor verbrannt und treibt einen Generator an. Als Motoren kommen teils Gas-Ottomotoren, teilweise auch so genannte Zündstrahlaggregate zum Einsatz. Der hergestellte Strom kann ins Stromnetz eingespeist werden, was Einspeisevergütungen nach dem EEG einbringt. Aus Abgasen und Kühlwasser wird über Wärmetauscher Abwärme gewonnen. Ein Teil dieser Wärme muss für die Beibehaltung des Gärprozesses verwendet werden. Die restliche erzeugte Wärme kann der Gebäudeheizung dienen – oder auch z.B. dem Trocknen von Getreide. Biogas wird inzwischen auch gereinigt und in das Erdgasnetz eingespeist oder als Fahrzeugtreibstoff genutzt.

Siehe / Siehe auch: Biomasse, Erneuerbare-Energien-Gesetz, Energieeinsparverordnung (EnEV), Wärmegesetz, Zündstrahlaggregat

Biomasse

biomass

Als Biomasse bezeichnet man alle durch Lebewesen produzierten Stoffe – ob es sich dabei um Verdauungsprodukte oder um Holz und Pflanzenteile handelt. Dieser Begriff ist in Deutschland wie so vieles gesetzlich definiert – in der Biomasseverordnung. Dort heisst es unter anderem: Biomasse im Sinne dieser Verordnung sind Energieträger aus Phyto- und Zoomasse. Hierzu gehören auch aus Phyto- und Zoomasse resultierende Folge- und Nebenprodukte, Rückstände und Abfälle, deren Energiegehalt aus Phyto- und Zoomasse stammt.

Fossile Energieträger wie das Erdöl sind zwar auch aus organischen Stoffen entstanden, werden aber nicht zur Biomasse gerechnet. Die Biomasse wird daher als erneuerbarer Energieträger betrachtet. Sie stellt einen Speicher für Sonnenenergie dar, die von Pflanzen und schließlich von Tieren in organische Stoffe umgesetzt wird. Die Biomasse gewinnt heute als Energieträger erhebliche Bedeutung. So gibt es eine Vielzahl von Heizkonzepten, die auf der Verwendung von Biomasse basieren: Hausfeuerungsanlagen für Holzpellets, Holz-Hackschnitzel, Scheitholz, Biogasanlagen zur Verbrennung von Gas aus organischen Abfallstoffen, Anlagen zur Verbrennung von Pflanzenöl, Biomassekraftwerke. Man unterscheidet flüssige, gasförmige und feste Biomasse. Gesetzlich spielt der Begriff u.a. eine Rolle im Wärmegesetz (EEWärmeG), in der Energieeinsparverordnung (EnEV) und im EEG (Erneuerbare-Energien-Gesetz).

Siehe / Siehe auch: Biogasanlage, Erneuerbare-Energien-Gesetz, Energieeinsparverordnung (EnEV), Wärmegesetz, Zündstrahlaggregat

Blankodarlehen

unsecured / open / uncovered / blank / clean credit; blank advance; uncovered loan

Die Bausparkassen haben die Möglichkeit, kleinere Bauspardarlehen (i.d.R. bis 10.000 Euro) ohne Stellung von dinglichen Sicherheiten an den Bausparer auszubezahlen. Dies erspart das aufwendige Bestellen von Grundschulden. Unabdingbare Voraussetzung derartiger Darlehen ist jedoch die Bonität des Schuldners.

Bleirohre

lead pipes

In einigen Gegenden Deutschlands fließt Trinkwasser immer noch durch Bleirohre. Betroffen sind hauptsächlich Nord- und Ostdeutschland. Z.B. in Berlin und Hamburg sind noch in großem Umfang Bleirohre in Betrieb. Sie wurden bis 1973 noch verbaut, da man der Meinung war, dass durch härteres Wasser verursachte Kalkablagerungen in den Leitungen eine Anreicherung des Wassers mit Blei verhinderten. Diese Annahme erwies sich als falsch. Blei im Trinkwasser ist gesundheitsschädlich. Die ständige Aufnahme von Kleinstmengen beeinträchtigt Blutbildung, Intelligenzentwicklung und Nervensystem bei Ungeborenen, Säuglingen und Kleinkindern. Bei Erwachsenen wird Blei entweder ausgeschieden oder in den Knochen eingelagert, kann aber von dort in Zeiten erhöhter Stoffwechselfunktionen (z. B. Schwangerschaft) zurück ins Blut gelangen. Neben Kindern müssen junge oder schwangere Frauen vor einer Bleibelastung geschützt werden.

Bleirohre sind weicher als solche aus Kupfer oder verzinktem Stahl. Sie sind silbergrau und lassen sich mit einem Messer einritzen. Eine Untersuchung durch ein Labor kostet ab 50 Euro. Auch manche Wasserwerke und die Stiftung Warentest führen Untersuchungen durch.

Grenzwerte nach der Trinkwasserverordnung:

Derzeit gültig: 0,025 mg/l = 25 Mikrogramm / l

Ab 1.12.2013: 0,010 mg/l = 10 Mikrogramm / l.

Letzterer Grenzwert macht ab 2013 die Verwendung von Bleirohren unzulässig; bis zu diesem Zeitpunkt muss daher in jedem Falle ein Austausch erfolgen. Hauseigentümer können dafür Fördermittel bei der KfW beantragen. Eine Filterung des Wassers mit handelsüblichen Wasserfiltern hilft nicht. Sichere Abhilfe ist nur durch Austausch der Rohre möglich.Wird – z.B. durch eine Laboruntersuchung – eine erhöhte Bleikonzentration festgestellt, muss zunächst geprüft werden, welche Rohre betroffen sind.

Nicht immer sind die Wasserleitungen innerhalb des Hauses schuld; bei Bleirohren vor dem Hauptwasserzähler sind die Versorgungsbetriebe für den Austausch zuständig. Für Rohre hinter dem Zähler ist der Hauseigentümer in der Pflicht. Eine Bleibelastung kann ihre Ursache auch darin haben, dass Blei lediglich an Verbindungsstellen von Rohren aus anderem Material verwendet wurde.

Ein Notbehelf kann sein, das Leitungswasser vor der Verwendung für die Küche erst einmal ca. 2 Minuten laufen zu lassen. Das in der Leitung abgestandene stärker belastete Wasser kann für andere Zwecke (Blumengießen oder Putzen) gesammelt werden. Bei starker Belastung ist für Nahrungszwecke grundsätzlich die Verwendung von kohlensäurefreiem Mineralwasser zu empfehlen. Für Babynahrung darf kein bleihaltiges Wasser verwendet werden. Nicht jede Bleibelastung gibt dem Mieter einen Anspruch auf Austausch der Leitungen. Ein Wohnungsmangel liegt vor, wenn der Grenzwert der Trinkwasserverordnung regelmäßig nicht unerheblich überschritten wird. Dann muss der Vermieter die Rohre austauschen lassen. So entschied das Landgericht Hamburg am 5.2.1991 (Az. 16 S 33/88). Bis zum Austausch ist eine Mietminderung berechtigt. Ist die Belastung allerdings so gering, dass der Mieter durch sekundenlanges Ablaufenlassen zu sauberem Wasser kommen kann, ist dies nicht der Fall. Ist nach einem Ablaufenlassen von mehreren Sekunden Dauer noch eine Konzentration oberhalb des Grenzwertes messbar, ist eine fünfprozentige Mietminderung angemessen (Amtsgericht Hamburg, 23.8.1991, Az.: 43 b C 2777/86). Die zuweilen bereits auftauchenden Klauseln in Mietverträgen, nach denen Bleirohre oder sogar Gesundheitsschäden vom Mieter als mietvertragsgemäß anerkannt werden, dürften schlicht unwirksam sein. Eine vertragliche Einwilligung des Mieters in Gesundheitsschäden ist sittenwidrig.

Siehe / Siehe auch: Trinkwasserverordnung

Blind Pool

blind pool

Beim Blind Pool handelt es sich um ein Beteiligungsmodell, bei dem zum Beteiligungszeitpunkt weder das Anlageobjekt, in das investiert werden soll, noch die Anlagesumme feststehen. Erst nach Schließung des Fonds nach Einzahlung des prospektierten Fondkapitals entscheidet das Fondsmanagement über die Anlage. Bis dahin können die verzinslich angelegten Einlagen mit vierteljährlicher Kündigungsfrist gekündigt werden. Scherzhaft wird ein Blind Pool als „Pool für Verrückte" bezeichnet.

Blitzschutzanlage

high-voltage fuse protector system

Mit Blitzschutzanlagen („Blitzableiter") soll Gebäudeschäden durch Blitzeinschläge vorgebeugt werden. Jährlich gehen in Deutschland immerhin etwa 2 Millionen Blitze nieder. In welchen Fällen Blitzschutzanlagen erforderlich sind, ergibt sich aus den Länderbauordnungen. So müssen nach der Bayerischen Bauordnung bauliche Anlagen eine Blitzschutzanlage erhalten, bei denen nach Lage; Bauart oder Nutzung Blitzeinschlag leicht eintreten oder zu schweren Folgen führen kann. Zu solchen Anlagen zählen Gebäude und Lagerstätten die die Umgebung wesentlich überragen (Hochhäuser, Türme) die besonders brand- und explosionsgefährlich sind und solche, die auf Grund ihrer Nutzung zu größeren Menschansammlungen führen (Kirchen, Sporthallen, Kaufhäuser usw.. Zu unterscheiden ist zwischen zündenden und nicht zündenden Blitzschlägen. Zündende Blitzeinschläge führen, wenn sie nicht in die Erde abgeleitet werden zu Brandschäden. Nicht zündende Blitzschläge führen vor allem an elektrischen Geräten, Fernseher, Computer zu Schäden. Es handelt sich um Auswirkungen die aus einer Überspannung aufgrund eines entfernteren Blitzeinschlages resultieren. Blitzschutzanlagen sollten regelmäßig durch den TÜV oder andere Sachverständige überprüft werden.

Blockhaus

log cabin

Ein Blockhaus wird aus Blockbohlen errichtet. Bei diesen handelt es sich um Rundstämme, Vierkanthölzer oder mehrschichtig verleimte Holzlamellen. Die Blockbohlen werden übereinander angebracht. In den Kreuzungspunkten werden die Wände untereinander stabilisiert und durch feste Verbindungen gegen Wind versteift. Zwischen den Bohlen bringt man zwecks Dichtigkeit Dämmstoffe an: früher Moos, heute moderne Materialien wie etwa Blockhausdichtbänder. Blockhäuser werden heute zunehmend energiesparend ausgelegt – mit zweischaligen Wandkonstruktionen bzw. Innendämmung plus Innenverkleidung. In Deutschland sind Blockhäuser aus massiven Blockbohlen selten, während sie in Nordamerika und Skandinavien bereits eine lange Tradition haben. Man unterscheidet Wohnblockhäuser von solchen für eine reine Feriennutzung. Bei Wohnblockhäusern ist auf eine effektive Wärmedämmung zu achten. Empfohlen werden bei Wohnblockhäusern mit zweischaliger Bauweise Wandstärken von 100 bis 180 mm. Blockhäuser gibt es auch als Bausatz. Interessierte Bauherren sollten jedoch bedenken: Bis zu 1.000 Stunden Arbeit können hier erforderlich sein. Montage und Haustechnik (Heizung, Sanitär) sind meist nicht im Preis enthalten. Zusätzliche Kosten fallen oft für die Dacheindeckung ein, ebenso z.B. für das Fundament und die Ver- und Entsorgungsanschlüsse.

Blockheizkraftwerk

total energy unit; block heat and power plant

Blockheizkraftwerke sind kleine Kraftwerke, die Wärme und Strom gleichzeitig am Verbrauchsort produzieren. Auf diese Weise entfallen Energieverluste beim Leitungstransport. Gerne verwendet werden sie insbesondere bei größeren Wohnanlagen, Hotelkomplexen oder Krankenhäusern. In den meisten Fällen werden sie mit Erdgas betrieben, seltener mit Heizöl, Diesel oder Rapsöl.

Die erzeugte Heizenergie entsteht genau genommen als Abwärme bei der Erzeugung von Strom – dieses Konzept bezeichnet man auch als Kraft-Wärme-Kopplung. Es ist weit effizienter als die übliche getrennte Erzeugung von Strom und Wärme mit Leitungstransport des Stroms über weite Entfernungen (Wirkungsgrad bei herkömmlicher Stromerzeugung: 35 Prozent. Bei Kraft-Wärme-Kopplung: bis zu 90 Prozent). Nicht benötigter Strom kann in das allgemeine Stromnetz eingespeist werden, was dem Betreiber Einspeisevergütungen einbringt. Bei Ein- und Zweifamilienhäusern kommen Blockheizkraftwerke in der Kleinstversion zum Einsatz. Sie werden umgangssprachlich als Mini-Blockheizkraftwerke bezeichnet.

Wirtschaftlich gehören Gebäude und Heizanlage zusammen; meist kümmert sich der Vermieter um den Betrieb der Heizung und kauft den nötigen Brennstoff ein. Die Heizkosten und die Betriebs- und Wartungskosten der Anlage werden nach der Heizkostenverordnung auf die Mieter umgelegt.

Es gibt jedoch auch vertragliche Konstruktionen,

bei denen das Blockheizkraftwerk vom Vermieter an einen anderen Betreiber verpachtet oder von vornherein durch einen externen Betreiber errichtet wird – das sogenannte Wärme-Contracting.
Siehe / Siehe auch: Contracting, Direktlieferungsvertrag Heizwärme, Energieeinsparverordnung (EnEV), Etagenheizung, Heiz- und Warmwasserkosten, Sammelheizung

Blockrahmen
block frame
Der Blockrahmen ist ein bündig zur Wandfläche eingebauter Fenster- oder Türrahmen.
Siehe / Siehe auch: Leibung / Laibung, Türen, Türblatt / Türflügel, Türdichtung, Türfüllung, Türfutter / Türbekleidung, Türzarge, Zarge

Blower-Door-Test
blower door test
Durch den Blower-Door-Test („Differenzdruck-Messverfahren") wird die Luftdichtheit von Gebäudehüllen gemessen. Luftdichte Gebäude dienen der Einsparung von Heizenergie. Luftdichtheit an den Wänden wird durch die so genannte Funktionsschicht hergestellt. Beim Mauerwerk handelt es sich um den Innenputz. Dabei dürfen keine Stellen ausgespart werden. Besonderes Augenmerk ist zu richten auf Fenster, die häufig mit Bauschaum montiert werden. Aber auch Kamine und der Übergang von der Giebelwand zur Dachkonstruktion sind Quellen für Luftdurchlässigkeit. Der Blower-Door-Test wird bei geschlossenen Türen und Fenstern mit Hilfe eines Ventilators durchgeführt, der die Raumluft nach außen bläst. Dadurch wird ein konstanter Unterdruck erzeugt, der zum Luftaustausch führt. Bei dieser Gelegenheit werden etwaige Lecks am Gebäude festgestellt, durch die die Luft entweicht. Es wird zugleich eine „Luftwechselzahl" ermittelt. Aus ihr ergibt sich, das Wievielfache des Raumluftinhaltes innerhalb einer Stunde ausgewechselt wird. Bei Gebäuden mit Lüftungsanlagen darf der Kennwert dieser Zahl nach der Energieeinsparungsverordnung 1,5 nicht überschreiten, bei Gebäuden ohne Lüftungsanlagen liegt der Grenzwert bei 3.
Siehe / Siehe auch: Energieeinsparverordnung (EnEV)

Blue Book
Blue Book
Im Bestreben, zu einer europäischen Vereinheitlichung der Immobilienbewertung in den Mitgliedsländern der EU zu gelangen, wurden von der TEGOVA (The European Group of Valuers-Associations), im Blue Book europäische Bewertungsstandards und Begriffsdefinitionen zusammengefasst. Es handelt sich um die „European Valuation Standards" (EVS). Sie sind 2003 in fünfter Auflage erschienen.
Das Blue Book könnte man mit großen Abstrichen mit den deutschen Wertermittlungsrichtlinien vergleichen, die allerdings auf einer gesetzlichen Grundlage der Wertermittlungsverordnung und der Verkehrswertdefinition des BauGB aufbaut, was bei European Valuation Standards nicht der Fall ist. Diese erlangen ihre Anerkennung durch eine entsprechende Verkehrsgeltung in den EU-Staaten.
Siehe / Siehe auch: TEGOVA (The European Group of Valuers Associations)

Blueprinting
blueprinting
Blueprinting ist ein Verfahren, bei dem letztendlich die Kontakte des Kunden mit dem Unternehmen im Zeitablauf, d.h. sequentiell, abgebildet werden. Damit ergibt sich eine Line of Visibility; dies sind die Punkte, bei denen das Immobilienunternehmen jeweils von seinen Kunden wahrgenommen wird.

Blumen / Pflanzen
flowers / plants
Mieter dürfen in der Mietwohnung Blumen und Pflanzen in beliebiger Anzahl halten. Die Grenze ist dann zu ziehen, wenn die Mietwohnung in ihrer Substanz gefärdet ist. Dies kann z.B. der Fall sein, wenn eine extreme Luftfeuchtigkeit entsteht, die durch normales Lüften nicht mehr entfernt werden kann. Dann besteht die Gefahr der Schimmelbildung sowie ggf. der Durchfeuchtung und dadurch bedingte Wirkungslosigkeit von Dämmstoffen.
Außerhalb der Mieträume – etwa im Hausflur oder Treppenhaus – dürfen Pflanzen nur mit Zustimmung des Vermieters aufgestellt werden. Ein Anspruch darauf besteht nicht. Einzelne Mieter haben nicht das Recht, über die Dekoration von Gemeinschaftsräumen alleine zu entscheiden.
Auch auf Balkonen dürfen Mieter ohne Zustimmung des Vermieters grundsätzlich pflanzen, was sie wollen. Allerdings darf die Sicherheit von Gebäude und Passanten nicht gefährdet werden. Zentnerschwere Blumenkübel und schlecht gesicherte Blumenkästen auf der Außenseite sind zu vermeiden. Kommt es aus derartigen Gründen zur Beschädigung des Balkons oder zur Verletzung von Passanten, haftet der Verursacher und damit der Mieter. Zu vermeiden sind auch wasserdurchlässige Blumenkästen auf der Außenseite des Balkons,

durch die Schmutzwasser auf Passanten und darunter liegende Balkone tropfen kann. Der Vermieter hat keinen Anspruch gegen seine Mieter auf eine einheitliche Balkonbepflanzung oder die Kostenübernahme für eine solche. Außenfensterbänke werden von einigen Gerichten nicht als Teil der Mietwohnung angesehen. Das Anbringen von Blumenkästen auf diesen ist daher nur mit Zustimmung des Vermieters zulässig – es sei denn, es sind bereits bauseitig Einrichtungen zur Aufnahme von Blumenkästen vorhanden (AG Lichtenberg, Urteil vom 15.11.2005, Az. 14 C 384/05).
Siehe / Siehe auch: Cannabis-Pflanzung, Treppenhaus und Hausflur

Boardinghouse
boarding house

Beim Boardinghouse handelt es sich um eine Mischform zwischen Appartementhaus und Hotel. Insbesondere Gäste mit längerer Verweildauer sind Zielgruppe eines Boardinghouse, dessen Betreiber ein vielfältiges Angebot an Dienstleistungen wie Grundreinigungs- und Wäscheservice, Telefonzentrale und Einkaufsservice bieten.
Auf kostenträchtige Einrichtungen wie Schwimmbad oder Restaurant wird meist verzichtet. Falls Langzeitgäste ausfallen, kann das Haus in den wachstumsträchtigen 2-Sterne-Hotelmarkt ausweichen. Ein Boardinghouse ist vielfach Anlageobjekt für institutionelle Investoren wie Versicherungen und Pensionskassen, aber auch für private Anleger im Rahmen geschlossener Immobilienfonds.
Siehe / Siehe auch: Immobilienfonds - Geschlossener Immobilienfonds

Bodenerhöhung
mound; earth deposit; aggradation

Künstliche Hügel, Terrassen, Dämme, Bodenaufschüttungen und/oder Erdwälle zu Einfriedungszwecken nicht nur vorübergehender Art, wie z.B. Aufschüttungen aus dem Aushub von Baugruben, bezeichnet man als Bodenerhöhungen.
Diese müssen so angelegt sein, dass Schädigungen der Nachbargrundstücke, z.B. durch Abrutschen des Bodens, ausgeschlossen sind. Der Grundstückseigentümer hat eine Sicherungspflicht, deren Verletzung einen Schadensersatzanspruch des Nachbarn nach sich zieht.

Bodenfunktionen (Bodenschutzgesetz)
uses of the soil (German soil protection act)

Das Bodenschutzgesetz bezweckt die nachhaltige Sicherung oder Wiederherstellung der Funktionen des Bodens. Es sollen schädliche Bodenveränderungen abgewehrt, der Boden von Altlasten und Gewässerverunreinigungen befreit und Vorsorge gegen nachteilige Einwirkungen auf den Boden getroffen werden. Bei Einwirkungen auf den Boden sollen Beeinträchtigungen seiner natürlichen Funktionen sowie seiner Funktion als Archiv der Natur- und Kulturgeschichte soweit wie möglich vermieden werden. Unterschieden wird dabei zwischen den drei Hauptfunktionen:

- Natürliche Funktionen als Lebensgrundlage für Menschen Tiere und Pflanzen, als Bestandteil des Naturhaushalts und als Filtermechanismus zum Schutz des Grundwassers
- Funktionen als Archiv der Natur- und Kulturgeschichte
- Nutzungsfunktionen als Rohstofflagerstätte, Fläche für Siedlung und Erholung, Standort für die land- und forstwirtschaftliche Nutzung, Standort für sonstige wirtschaftliche und öffentliche Nutzungen, Verkehr, Ver- und Entsorgung.

Anliegen des Gesetzes ist es u.a., den beiden erstgenannten Funktionen gegenüber den wirtschaftlichen Nutzungsfunktionen einen gleichrangigen Stellenwert zu verleihen.
Siehe / Siehe auch: Altlasten, Bundesbodenschutzgesetz

Bodeninformationssysteme
soil information systems

Siehe / Siehe auch: Grundstücks- und Bodeninformationssystem

Bodenmanagement
land management

Bodenmanagement ist Teil des Immobilienmanagements. Es umschreibt die Steuerungsprozesse, die darauf abzielen, im Rahmen des Gebotes des sparsamen und schonenden Umganges mit Grund und Boden vorhandenes Bauland für den vorgesehenen städtebaulichen Bedarf verfügbar zu machen und erforderlichen Baulandausweisungen vorzunehmen.
Zum Bodenmanagement gehören neben Aufstellung von Bebauungsplänen die amtlichen und freiwilligen Umlegungsmaßnahmen, die Durchführung der Erschließung, Maßnahmen der Bodensanierung und die Herstellung der infrastrukturellen Einrichtungen, die im Rahmen der künftigen Bodennutzung als Wohn- oder Gewerbestandorte erforderlich sind.
Im Vordergrund steht dabei im Sinne eines haushälterischen Bodenmanagements die Wiederverwendung alter aufgegebener Standorte (Recyclingflächen, Konversionsflächen) vor allem innerhalb alter Siedlungsgebiete (Flächenressourcen-Management). Diese Flächen sollen bevorzugt einer neuen Standortnutzung zugeführt werden, bevor neues Bauland ausgewiesen wird. Da den Gemeinden das „Produktionsmonopol" für Bauland zusteht, kommt es entscheidend darauf an, wie und in welchem Umfange seitens der Gemeindeverwaltungen Bereitschaft besteht, dem Siedlungsdruck gerecht zu werden. In der Regel werden Gewerbegebiete gerne ausgewiesen. Bei Wohnbaugebieten besteht dagegen oft vornehme Zurückhaltung.
Eine beliebte Strategie des gemeindlichen Bodenmanagements besteht darin, Flächen zu erwerben, die noch nicht Bauerwartungsland sind, später aber im Flächennutzungsplan als Bauflächen ausgewiesen werden. Dies ist dann die Grundlage für die Schaffung von Baurechten im Rahmen von Bebauungsplänen. Mit dem Verkauf an spätere Bauherrn und Investoren können „Planungsgewinne" ganz oder teilweise abgeschöpft werden.
Soll billiges Bauland bereitgestellt werden, wird die Gemeinde auf die Abschöpfung von Planungsgewinnen verzichten.Eine andere Strategie besteht darin, keine eigenen Haushaltmittel der Gemeinde einzusetzen und die Baulandproduktion (Beplanung, Erschließung, Zurverfügungstellung von Ausgleichsflächen) nach den Vorgaben der Gemeinde durch Einschaltung von Investoren im Rahmen von Vorhaben- und Erschließungsplänen abwickeln zu lassen. Auch Public-Private-Partnership Gesellschaften, an denen die Gemeinde beteiligt ist, können als Instrumente des Bodenmanagements genutzt werden.

Bodennutzung - geplante

(planned) land utilisation

Im Turnus von vier Jahren wird vom Statistischen Bundesamt die geplante Bodennutzung auf der Grundlage der Flächennutzungspläne erfasst. Sie gliedert sich in folgende Grundpositionen:

- 100 Bauflächen
- 200 Flächen für den Gemeinbedarf
- 300 Flächen für den überörtlichen Verkehr
- 400 Flächen für die Ver- und Entsorgung
- 500 Grünflächen
- 600 Flächen der Land- und Forstwirtschaft
- 700 Wasserflächen
- 800 Flächen für Abgrabungen und Aufschüttungen und
- 900 Sonstige Flächen

Wegen der verschiedenartigen Erhebungsgrundlagen ist diese Statistik mit der der tatsächlichen Bodennutzung nur beschränkt vergleichbar.
2001 betrugen die Wohnbauflächen in Deutschland nach dieser Statistik 1.278.935 ha (entspricht 3,6 Prozent der Fläche des Bundesgebietes). Die gemischten Bauflächen betrugen 69.200 ha (= 1,9 Prozent der Bundesfläche) und die Gewerbebauflächen (Gewerbegebiete und Industriegebiete) 511.258 ha, das sind 1,4 Prozent der Fläche des Bundesgebietes. Alle Bauflächen (Wohnbauflächen, Gewerbebauflächen, gemischte Bauflächen und Sonderbauflächen) umfassten 7,6 Prozent der Gesamtfläche.

Bodennutzung - tatsächliche

(actual) land utilisation

Bei den Katasterämtern, die alle Grundstücke ihres Katasterbezirks im Liegenschaftsbuch und der Liegenschaftskarte erfasst haben, wird die Art der Bodennutzung bundeseinheitlich mit den gleichen Begriffen bezeichnet. Diese Begriffe finden seit einigen Jahren auch Eingang in die Spalte „Wirtschaftsart" der Bestandsverzeichnisse der Grundbücher. Zu den Hauptnutzungsarten gehören:

- Gebäude- und Freiflächen
- Verkehrsflächen
- landwirtschaftliche Flächen
- Waldflächen
- Wasserflächen
- Betriebsflächen (unbebaute Abbauflächen)
- Erholungsflächen
- Flächen anderer Nutzung einschließlich Unland

Für die Definition der Flächennutzungsarten ist die Arbeitsgemeinschaft der Vermessungsverwaltungen der Bundesländer zuständig. Sie haben die verschiedenen Nutzungsarten in ein bundesweit einheitliches Nutzungsartenverzeichnis aufgenommen. Das Statistische Bundesamt veröffentlicht in Abständen von vier Jahren die Flächennutzungsstruktur Deutschlands (siehe Zusammenstellung). Gebäude- und Freifläche zusammen mit Verkehrsfläche, Erholungsfläche und einem Teil der Betriebsfläche werden als „Siedlungs- und Verkehrsfläche" bezeichnet. Diese nahm im Jahr 2000 um 129 ha zu. Allerdings schwächt sich die Zunahme ab. So betrug der Zuwachs 1991 täglich 117 ha und im Jahre 2002 nur noch 105 ha pro Tag. Mit einem weiteren Schwund des Siedlungsflächenwachstums wird bei stagnierender oder gar abnehmender Bevölkerungszahl gerechnet.

Bodenflächen nach Art der tatsächlichen Nutzung

Nutzungsart	2004	2008
Gebäude und Freifläche	23.938	24.416
Betriebsfläche	2.518	2.456
darvon Abbauland	1.764	1.669
Erholungsfläche	3.131	3.787
Verkehrsfläche	17.446	17.790
Landwirtschaftsfläche	189.324	187.646
Waldfläche	106.488	107.349
Wasserfläche	8.279	8.482
Flächen anderer Nutzung	5.925	5.185
Siedlungs- und Verkehrsfläche **	45.621	47.137

Angaben in km^2, Stichtag jeweils 31.12. des Vorjahres,
** Summe aus den Nutzungsarten: Gebäude- und Freifläche, Betriebsfläche (ohne Abbauland), Erholungsfläche, Verkehrsfläche, Friedhof. „Siedlungs- und Verkehrsfläche" und „versiegelte Fläche" können nicht gleichgesetzt werden, da in die Siedlungs- und Verkehrsfläche auch unbebaute und nicht versiegelte Flächen eingehen.

Quelle: Statistisches Bundesamt 2010

Siehe / Siehe auch: Bodennutzung - geplante

Bodenordnung

land order; real estate regulations; rearrangement of parcels of land; redistribution of parcels of land

Unter Bodenordnung versteht man Maßnahmen der Umlegung im Zusammenhang mit der Erstellung eines Bebauungsplanes (Neuerschließungsumlegung) oder städtebaulichen Sanierungs- und Entwicklungsmaßnahmen (Neuordnungsumlegung).
Möglich ist auch eine Umlegung im Bereich der im Zusammenhang bebauter Ortsteile (Innenbereich). Zweck der Umlegung ist es, die Grundstücke nach den Vorgaben des Bebauungsplanes oder der geplanten Neuordnungsmaßnahme so zu ordnen, dass bebaubare Parzellen entstehen bzw. optimiert werden. Die Umlegung kann von Amts wegen oder freiwillig durchgeführt werden.
Im Umlegungsgebiet werden alle Grundstücke zunächst zu einer rechnerischen Gesamtmasse vereinigt (Umlegungsmasse). Nach Abzug der Erschließungsflächen verbleibt die Verteilungsmasse. Die Zuteilung der neu entstandenen Grundstücke erfolgt nach Maßgabe der Werte, die der jeweilige Grundstückseigentümer mit Einwurf seines Grundstücks beigetragen hat, oder nach Flächen. Die Verteilung soll so erfolgen, dass die erforderlichen Ausgleichszahlungen möglichst gering gehalten werden. Erfolgt die Verteilung nach Flächen, darf der Abzug von der Einwurfsmasse für Erschließungsanlagen bei der Neuerschließungsumlegung 30 Prozent und bei der Neuordnungsumlegung zehn Prozent im amtlichen Verfahren nicht überschreiten. Findet eine Umlegung „Wert gegen Wert" statt, ist keine Begrenzung vorgesehen.
Mit Bekanntgabe des Umlegungsbeschlusses tritt eine Verfügungs- und Veränderungssperre in Kraft, die in den Grundbüchern der betroffenen Eigentümer durch Eintrag eines Umlegungsvermerks ihren Niederschlag findet. Der Verkauf von Grundstücken ist ebenso wie die Durchführung wertbeeinflussender Veränderungen genehmigungsbedürftig.
An die Stelle der früheren Grenzregelung trat im Zuge der Novellierung des Baugesetzbuches im Jahr 2004 das „vereinfachte Umlegungsverfahren" (§ 80 BauGB). Es kommt nur dann in Betracht, wenn nicht selbstständig bebaubare Grundstücke untereinander getauscht oder Grundstücke oder Grundstücksteile einander einseitig zugeteilt werden können. Makler, die sich mit der Vermittlung von Baugrundstücken befassen, sollten sich im Zweifel vor Entgegennahme von Aufträgen vergewissern, wie weit der Stand des Umlegungsverfahrens gediehen ist, um nicht Grundstücke anzubieten, die noch zur „Einwurfsmasse" zählen. Zuständig für die Umlegung ist die jeweilige Gemeinde, die einen Umlegungsausschuss bildet. Die Umlegung wird von der Gemeinde aber häufig übertragen auf die staatlichen Vermessungs- und Katasterämter, oder, wo Flurbereinigungsbehörden vorhanden sind, auch auf diese.
Literaturhinweis: Diedrich, Hartmut | „Baulandumlegung" | München

Siehe / Siehe auch: Flächenmanagement, Freiwillige Umlegung

Bodenpreisindex

index of land prices

Der Bodenpreisindex drückt das Verhältnis von durchschnittlichen Bodenpreisen eines bestimmten Entwicklungszustandes zu unterschiedlichen Zeitpunkten an einem bestimmten Ort in Form eine Index aus. Bodenpreisindexreihen lassen sich aus der Entwicklung von Bodenrichtwerten ableiten. Sie sind ein Indiz zur Beurteilung der Entwicklung eines Raumes. Indexreihen verschiedener Orte lassen deren unterschiedliche Entwicklung erkennen. Mit der Ermittlung von Bodenpreisindices befassen sich vor allem Gutachter-Ausschüsse. Grundlage hierfür sind Kaufpreissammlungen.

Siehe / Siehe auch: Bodenrichtwert

Bodenpunkt

point on the ground

Der Begriff taucht mit unterschiedlichem Inhalt im Vermessungswesen und im Pachtrecht auf.

Bei Vermessungen wird der Theodolit (Fernrohr mit Fadenkreuz auf Stativ) über einem Bodenpunkt aufgestellt. Bezugspunkte sind markierte andere Bodenpunkte oder Hochpunkte (unzugängliche Stellen), zwischen denen Strecken- und Winkelmessungen durchgeführt werden. Bei der Landpacht gibt die Anzahl der Bodenpunkte die Ertragsfähigkeit von Acker- bzw. Grünland an. Mit Hilfe der Bodenpunkte lassen sich Vergleiche unter regional unterschiedlichen Bodenqualitäten hinsichtlich Kaufpreis und Pacht anstellen. Für das Bundesland Sachsen liegt die durchschnittliche Bodenpunktzahl z.B. bei 46.

Auch für die Höhe mancher Fördergelder (z.B. Flächenstilllegung bei Grünland) spielt die Bodenpunktzahl eine Rolle.

Siehe / Siehe auch: Flächenstilllegung

Bodenrichtwert

standard ground value; publically registered land value

Bodenrichtwerte sind Wertkonstrukte, die unter Berücksichtigung der Entwicklungszustände (Bauland, Bauerwartungsland usw.) aus Grundstückskaufpreisen abgeleitet werden. Sie werden vom Gutachterausschuss für ein Gemeindegebiet ermittelt und veröffentlicht.

Einem Bodenrichtwert liegt meist eine bestimmte bauliche Nutzungskennzahl (GFZ) zugrunde. Bei gleichwertiger Lage können aus Bodenrichtwerten Verkehrswerte von unbebauten Grundstücken oder Bodenwertanteile von bebauten Grundstücken auch dann abgeleitet werden, wenn die zugelassene bauliche Nutzungsintensität kleiner oder größer ist als diejenige, die dem Wert des ideellen Bezugsgrundstücks zugrunde liegt. Hilfsmittel hierbei sind Umrechnungskoeffizienten.

Bodenrichtwerte werden von Gutachterausschüssen auf der Grundlage ihrer Kaufpreissammlung errechnet und in Bodenrichtwertkarten dargestellt. Der Bodenrichtwert ist eine bedeutsame Größe im Rahmen der Ermittlung von Verkehrswerten für bebaute und unbebaute Grundstücke. Er dient auch als Bemessungsgrundlage für die Ermittlung der Erbschaft- bzw. Schenkungsteuer, wenn ein Grundstück übertragen wird. Der hierbei in der Vergangenheit erfolgte Abschlag von 20 Prozent ist zum 01.01. 2009 entfallen. Ferner findet der Bodenrichtwert Eingang in die Berechnung des (abschreibungsfähigen) Gebäudewertanteils bei Hausverkäufen, in dem vom Kaufpreis der sich am Bodenrichtwert orientierende Bodenwert abgezogen wird.

Siehe / Siehe auch: Bodenwert

Bodenrichtwertkarte

standard ground value map; -> Bodenrichtwert

Die von den Gutachterausschüssen ermittelten Bodenrichtwerte werden in sogenannte Bodenrichtwertkarten dargestellt. Dazu werden die Symbole der den Werten zugrundeliegenden Nutzungsarten und Nutzungskennzahlen, sowie die Begrenzungslinien der Bodenrichtwertzonen eingetragen. 1,2 bedeutet z. B. eine Geschoßflächenzahl von 1,2, MI bedeutet Mischgebiet usw.

Bodenrichtwertkarten können als Kartenmaterial teilweise aber auch auf CD oder via Internet gegen eine bestimmte Gebühr bei den Gutachterausschüssen bezogen werden. Neben Bodenrichtwertkarten für Bauland gibt es auch solche für landwirtschaftlich genutzte Flächen.

Siehe / Siehe auch: Bodenrichtwert, Gutachterausschuss

Bodenrisiko

foundation risk or any other risk connected to the ground conditions

Bauherren und Eigentümer eines Grundstücks tragen grundsätzlich das Risiko für unvorhergesehene Boden- und Wasserverhältnisse des Grundstücks. Allerdings muss sich der mit der Planung beauftragte Architekt im Rahmen eines gesonderten Auftrags zur Baugrundbeurteilung aufgrund von Bodenproben ein verlässliches Bild über die Bodenbeschaffenheit machen. Informationen über die Bodenbeschaffenheit können sog. Baugrundkarten,

hydrographischen Karten und dem Altlastenkataster entnommen werden. Im Altlastenkataster sind allerdings (noch) nicht alle mit Altlasten behaftete oder altlastenverdächtige Böden erfasst.
Siehe / Siehe auch: Altlastenkataster

Bodenschätze

mineral resources

Nach deutschem Recht gehören zu den Bodenschätzen alle mineralischen Rohstoffe im festen, flüssigen oder gasförmigen Zustand, die sich in Lagerstätten in oder auf der Erde, auf dem Meeresgrund, im Meeresuntergrund oder im Meerwasser befinden. Wasser selbst gehört nicht dazu. Unterschieden wird zwischen bergfreien und grundeigenen Bodenschätzen. Zu den bergfreien Bodenschätzen zählen 54 Arten von Metallen. (z. B. Aluminium, Blei, Bor, Chrom, Cobald, Eisen, Gold, Kupfer, Quecksilber, Silber, Titan, Zink und Zinn), Kohlenwasserstoffe, Stein- und Braunkohle, Stein- und Kalisalze, Flussspat, Quarz u.a. Sie fallen unter das Bundesberggesetz (§ 3 Abs. 3 BBergG).
Das „Aufsuchen“ von bergfreien Bodenschätzen muss beantragt und hierfür eine schriftliche Erlaubnis eingeholt werden. Aufsuchen bedeutet Entdeckung und Feststellung der Ausdehnung von Bodenschätzen. Die Gewinnung von Bodenschätzen bedarf zudem der schriftlichen Bewilligung. Wer die Bewilligung beantragt, muss u.a. ein Arbeitsprogramm vorlegen, aus dem insbesondere hervorgeht, dass die technische Durchführung der Gewinnung und die danach erforderlichen Einrichtungen unter und über Tage ausreichend sind.
Die letzte Phase zum Erwerb des Eigentums des Bergwerks ist die amtliche Verleihung in einer „Berechtsamsurkunde“, die dem Antragsteller zugestellt werden muss. Auf Initiative der Behörde wird das Bergwerkseigentum im Grundbuch eingetragen. Es umfasst allerdings nicht das Eigentum am Grundstück selbst.
Grundeigene Bodenschätze sind solche, die nicht zu den bergfreien Bodenschätzen gehören. Hierzu zählen insbesondere Feldspate, Quarz und Dachschiefer. Das Eigentum an diesen Bodenschätzen ist Bestandteil des Eigentums am Grundstück.
Der Betrieb, der sich mit der physischen Förderung von Bodenschätzen befasst, unterliegt einer strengen Reglementierung in Bezug auf Betriebssicherheit, Arbeitsschutz, Schutz der Oberfläche, usw. Die Betriebspläne des Betriebs müssen genehmigt werden. Eine Variante des Genehmigungsverfahrens besteht in der Durchführung eines Planfeststellungsverfahrens mit Umweltprüfung auf der Grundlage eines Rahmenbetriebsplanes.
Zudem ist eine Reihe weiterer Vorschriften u.a. des Wasserrechts, des Immissionsschutzrechts, des Naturschutz- und Bodenschutzrechts zu beachten.
Siehe / Siehe auch: Grundbuch, Planfeststellungsverfahren, Umweltverträglichkeitsprüfung / Umweltprüfung

Bodenschätzung

soil appraisal; appraisal of farm land

Die Bodenschätzung bezieht sich auf landwirtschaftliche Böden. Grundlage ist das Bodenschätzungsgesetz (BodSchätzG vom 16. 10. 1934).
Nachgewiesen wird das Vorkommen der verschiedenen Böden, ihre genaue Kennzeichnung und Beschaffenheit sowie ihre Ertragsfähigkeit.
Grundsätzlich wird zwischen Acker- und Grünlandboden unterschieden. Beim Ackerland spielen Bodenart (z. B. stark lehmiger Sand), Zustand des Bodens („Noten“ 1 – 7), Entstehungsart (z. B. Verwitterungsböden) und Wertzahl, welche die Werteinstufung auf der Grundlage von Bodenart, Zustand und Entstehungsart wiedergibt, eine Rolle.Ähnlich wird bei der Ermittlung der Wertzahl von Grünland verfahren. Die Ergebnisse der Bodenschätzung werden in Bodenschätzkarten eingetragen, die bei den Liegenschaftsämtern geführt werden.
Diese Ergebnisse sind Grundlage für die Bewertung land- und forstwirtschaftlichen Vermögens nach dem Bewertungsgesetz.

Bodenschutz

soil conservation; soil protection

Der Umweltschutz ist in einer Fülle von Gesetzen geregelt. Er bezieht sich auf den Naturschutz, Tierschutz, Gewässerschutz, Immissionsschutz und Bodenschutz. Hinzu kommen umfangreiche Gesetze und Verordnungen zur Vermeidung, Verwertung und Beseitigung von Abfällen, zur Energieeinsparung und dem Schutz vor gefährlichen Stoffen. Das Bodenschutzgesetz vom 17. März 1998 führte zu einer bundeseinheitlichen Regelung des Bodenschutzes mit nunmehr einheitlichen Begriffsbestimmungen zu Bodenfunktionen und die diese Funktionen beeinträchtigenden schädlichen Veränderungen, zu Altlasten und Verdachtsflächen. Auch das Baugesetzbuch enthält in § 1a eine so genannte Bodenschutzklausel. Sie gebietet im Interesse des Umweltschutzes, dass mit Grund und Boden sparsam umgegangen werden muss (Bodenschutzklausel). Im Vordergrund steht dabei die Priorität u.a. der Wiedernutzbarmachung brachlie-

gender Fläche, die Nachverdichtung und stärkere Nutzungsmischung vor einer etwaigen Neuausweisung von Baugebieten. Außerdem wurde bestimmt, dass zum Ausgleich für neue Bodenversiegelungen naturnahe Ausgleichsflächen geschaffen werden müssen.
Siehe / Siehe auch: Altlasten, Bodenfunktionen (Bodenschutzgesetz), Verdachtsflächen, Ausgleichsflächen

Bodensonderung

land demarcation

Die Bodensonderung ist eines der wichtigsten Verfahren zur Regelung der Eigentumsverhältnisse an Grundstücken in den neuen Bundesländern. Sie beruht auf dem Bodensonderungsgesetz.
Anwendung bei:

- Bestimmung der Reichweite des Eigentums an unvermessenen Grundstücken bzw. „Anteilen am ungeteilten Hofraum"
- Bestimmung von Nutzungsrechten an Grundstücken nach DDR-Recht, über deren örtliche Lage und Reichweite Unsicherheit besteht
- Fälle, in denen für den Wohnungsbau in der DDR ohne Enteignung oder Entschädigung private Grundstücke verwendet wurden.

Die Sonderungsbehörde (Katasteramt oder Gemeinde) legt durch einen Sonderungsbescheid einen Sonderungsplan fest, aus dem die Reichweite der jeweiligen Rechte hervorgeht. Der Sonderungsplan besteht aus einer Grundstückskarte und einer Grundstücksliste und gilt bis zur Übernahme ins Liegenschaftskataster als amtliches Verzeichnis im Sinne der Grundbuchordnung. Bei der Erstellung der Karte werden vorhandene Karten, Pläne und Luftbilder verwendet und es wird weitgehend auf Vermessungen verzichtet – was das Verfahren schneller und billiger macht.Bei unvermessenem Eigentum werden die bestehenden Rechte nach Einigung der Eigentümer festgelegt. Kommt keine Einigung zustande, richten sich die Rechte nach dem jeweiligen Besitzstand laut Unterlagen.
Siehe / Siehe auch: Hofraumverordnung, Sonderungsplan

Bodensonderungsgesetz

Land Demarcation Act

Nach dem BoSoG vom 20.9.1993 kann für Grundstücke in den neuen Bundesländern durch einen per Sonderungsbescheid festgelegten Sonderungsplan die Reichweite von anderweitig nicht nachweisbaren Eigentumsrechten festgelegt werden. Dies ist z.B. bei unvermessenen Grundstücken, z.B. sog. Anteilen am ungeteilten Hofraum, notwendig.
Siehe / Siehe auch: Bodensonderung, Hofraumverordnung, Sonderungsplan, Ungeteilter Hofraum

Bodenübersichtskarten

general land maps

Bodenübersichtskarten (BÜK) werden von den Geologischen Ämtern der Bundesländer in verschiedenen Maßstäben erstellt. Sie informieren unter Verwendung differenzierter Legenden zusammen mit tabellarischen Übersichten u.a. über Bodentypen, Bodenreliefe, Bodenarten, Bodenprofile usw.

Bodenuntersuchung

soil investigation

Siehe / Siehe auch: Bodenrisiko, Baugrunduntersuchung

Bodenversiegelung

soil sealing

Eine Bodenversiegelung liegt vor, wenn Teile der Erdoberfläche mit einer wasserundurchlässigen Schicht überdeckt werden. Dies geschieht vor allem beim Straßenbau und der Bebauung des Bodens mit Gebäuden. Der Versiegelungsgrad kann vermindert werden, wenn z. B. bei der Gestaltung von Parkplätzen und Garagenzufahrten am eigenen Haus wasserdurchlässiges Befestigungsmaterial verwendet wird, so dass ein Grasbewuchs in den nichtversiegelten Zwischenräumen noch möglich ist.
Um der unbegrenzten Bodenversiegelung entgegenzuwirken, wurde bei der Grundflächenzahl eine „Kappungsgrenze" eingeführt, die dazu führt, dass auch bei einer dichten Bebauung ein unversiegelter Rest von mindestens 20 Prozent verbleibt. Eine Ausnahme ist in Kerngebieten zulässig, bei der die Grundflächenzahl 1,0 (gleich 100-prozentige Versiegelung) betragen kann.
Siehe / Siehe auch: Grundflächenzahl (GRZ) - zulässige Grundfläche (GR), Kappungsgrenze

Bodenwert

land value

Der Bodenwert ist der kapitalisierte Betrag der „Grundrente". Dabei ist zwischen der „absoluten" Bodenrente (Knappheitsrente) und den Differentialrenten, die sich aus der unterschiedlichen Lage, Qualität und möglichen Nutzungsintensität der Böden ergeben zu unterscheiden.Bodenwerte werden heute entweder mit Hilfe von Bodenrichtwerten (indirekte Bodenwertermittlung) oder von Preisen vergleichbarer Grundstücke (direkte Bodenwertermittlung) ermittelt. Soweit diese Ausgangsgrößen von dem zu bewertenden Bodengrundstück abweichen, ist dies durch Zu- oder Abschläge oder durch Umrechnungskoeffizienten (bei unterschiedlicher Nutzungsintensität) und/oder Indexreihen (wenn die Preise der Vergleichsgrundstücke sich in unterschiedlichen Zeiten gebildet haben) zu berücksichtigen. Ebenso sind Bodenwertanteile bebauter Grundstücke im Rahmen der Bewertungsverfahren (Vergleichs- Ertrags- und Sachwertverfahren) zu ermitteln. Die Ermittlung des Bodenwertes durch den direkten Vergleich mit Kaufpreisen anderer Bodengrundstücke setzt eine größere Zahl von vergleichbaren Bodengrundstücken voraus, damit Ausreißer leichter identifiziert und ausgeschieden werden können. Die Standardabweichung wird auf diese Weise verringert.

Siehe / Siehe auch: Grundrente (Bodenrente), Bodenrichtwert

Bodenwertanteil (Erbbaurecht)

proportion of value attributable to the land (heritable building right)

Bedingt durch die Tatsache, dass die Bodenwerte in der Regel schneller steigen als die Barwerte der Erbbauzinsen (die nicht den jeweils aktuellen Bodenwerten angepasst werden können), fließt den Erbbauberechtigten mit zunehmender Laufzeit des Erbbaurechts ein Bodenwertanteil zu.

Bei Verkauf des Erbbaurechts bezahlt der Käufer in der Regel nicht nur das Gebäude, das auf dem Erbbaugrundstück steht, sondern auch diesen Bodenwertanteil. Allerdings wird die Entwicklung des Bodenwertanteils durch Einflüsse gebremst, die sich als Nachteile für den Erbbauberechtigten im Vergleich zum normalen Hauseigentümer niederschlagen (Zustimmungserfordernisse des Grundstückseigentümers bei Veräußerung und Belastung, Gebäudeänderungen usw. Heimfallansprüche).

Der Bodenwertanteil wird deshalb niedriger sein als die ermittelte Differenz zwischen dem Barwert des Erbbauzinses und dem Wert des unbelasteten Grundstücks. Dem wird bei der Bewertung des Bodenwertanteils durch einen Wertfaktor Rechnung getragen. Dieser lag nach der in den WertR 2002 zum Ausdruck gebrachten Auffassung zwischen 0,3 (bei sehr starker Beeinträchtigung) und 0,9 (bei geringer Beeinträchtigung). Praktiker schätzen diese Wertfaktoren vielfach als zu hoch gegriffen ein. In den WertR 2006 sind diese Wertfaktoren nicht mehr enthalten.

Siehe / Siehe auch: Wertermittlungsrichtlinien (WertR 2006)

Bodenwertzahl

agricultural land grade; measure of the productivity of agricultural land

Die natürliche Ertragskraft des Bodens und damit der Bodenwert finden ihren Ausdruck in so genannten Bodenwertzahlen. Sie reichen von 1 – 100. Die Erfassung der Bodenqualität erfolgt mit Hilfe von Grablöchern. Die aus einem Grabloch gewonnene Erde wird nach ihrer Zusammensetzung analysiert. Der fruchtbarste Boden erhält die Bewertungszahl 100. Bodenwertzahlen finden Verwendung für die Besteuerung landwirtschaftlich genutzter Böden aber auch bei der Flurbereinigung (Tausch möglichst gleichwertiger Grundstücke). Bodenwertzahlen sind auch wichtige Orientierungsmaßstäbe bei der Bildung von Preisen für landwirtschaftliche Böden.

Bolzplatz

playing field

Bolzplätze sind von der Gemeinde zur Verfügung gestellte, mit Einrichtungen wie Toren, Bodenbelag und Ballfangzaun ausgestattete Plätze zum Fußballspielen für Kinder. Der von diesen Plätzen ausgehende Lärm sorgt immer wieder für Beschwerden von Anwohnern und für gerichtliche Auseinandersetzungen. Während Gerichte meist keine nachbarlichen Einwände gegen Spielplätze für Kinder akzeptieren, wird bei Bolzplätzen oft strenger geurteilt. Hier einige Beispiele:

Grundsätzlich sind Spielplätze für Kinder bis 14 Jahren in Wohngebieten zulässig. Kinder sollten sich viel im Freien aufhalten und im Spiel Sozialverhalten erlernen. Dies sollte sinnvollerweise in der Nähe ihrer Wohnung und mit Nachbarskindern erfolgen können. Den entstehenden Lärm müssen Nachbarn in der Regel hinnehmen. Nur im Ausnahmefall, etwa bei unmittelbarer Nähe von Wohnräumen, können solche Plätze unzulässig sein.

Dies entschied das Bundesverwaltungsgericht 1991 (Az. 4 C 5/88).

Das Bundesverwaltungsgericht hat auch entschieden, dass von Kindern bis 14 Jahren genutzte Bolz- und Skateplätze nicht ohne weiteres unter die Sportanlagenlärmschutzverordnung fallen. Deren strenge Richtwerte können jedoch im Einzelfall entsprechend anzuwenden sein (Beschluss vom 11.02.2003, Az. 7 B 88.02).

Wird ein Bolzplatz im Wohngebiet permanent außerhalb der Öffnungszeiten durch Jugendliche und Erwachsene genutzt, die in Mannschaftsstärke über den Zaun klettern, und liegen die Lärmimmissionen in der Wohnung des Anwohners oberhalb der Richt-

werte der Sportanlagenlärmschutzverordnung, kann der Rückbau des Platzes verlangt werden (Verwaltungsgericht Berlin, Az. 10 A 239.05).
Ist eine Fläche im Bebauungsplan als „öffentliche Grünfläche, Dorfplatz" ausgewiesen, darf dort kein Bolzplatz errichtet werden. Die Regeln für Spielplätze sind nur anwendbar, wenn es auch Spielgeräte gibt (Verwaltungsgericht Köln, Az. 13 K 403/08). Gehört zu einem Kinderspielplatz ein kleiner Bolzplatz mit Basketballkorb, ist dies keine Sportanlage im Sinne der Sportanlagenlärmschutzverordnung. Kann durch die Errichtung eines Ballfangzaunes der Lärm auf ein erträgliches Maß gemindert werden, können Nachbarn nicht die Beseitigung des Bolzplatzes verlangen (Oberverwaltungsgericht Berlin, Urteil vom 22.04.1993, Az: 2 B 6.91).
Siehe / Siehe auch: Basketball, Kinderspielplatz, Lärmschutz, Lärm, Belästigung durch, Sportanlagenlärmschutzverordnung

Bonität
creditworthiness; credit standing
Unter Bonität versteht man die Kreditwürdigkeit eines Darlehensnehmers. Vor Darlehenszusage für ein Immobiliendarlehen werden nicht nur die Beleihungsunterlagen angefordert und geprüft („Beleihungsprüfung"). Die Zusage wird auch abhängig gemacht vom Ergebnis einer Kreditwürdigkeitsprüfung des Darlehensnehmers. Die Prüfung erstreckt sich auf Einkommens- Vermögens- und Familienverhältnisse des Darlehensnehmers. Bei einem entsprechend guten Ergebnis kann sogar eine „Vollfinanzierung" gewährt werden. Mit Einführung der neuen Eigenkapitalvorschriften für Kreditinstitute durch Basel II kommt der Bonitätsprüfung der Firmenkunden der Bank eine besondere Bedeutung zu. Diese müssen sich einem „Rating" entweder durch das Kreditinstitut oder durch eine Ratingagentur unterziehen. Vom Ergebnis hängen die Konditionen ab, zu denen ein Kredit gewährt wird.
Siehe / Siehe auch: Basel II, Vollfinanzierung

Brainstorming
brainstorming
Siehe / Siehe auch: Moderation / Moderator

Brand Lands
brand lands
Automobilhersteller versuchen der zunehmenden Erlebnisorientierung der Kunden bei der Gestaltung von Verkaufslokalitäten Rechnung zu tragen. Ein besonders weitgehender Ansatz sind hier die Brand Lands. Diese sind als ein vom Automobilhersteller betriebenes Marken spezifisches Erlebniszentrum zu verstehen, in dem neben der Darstellung des Unternehmens und seiner Produkte primär eine ganzheitliche Präsentation der Marke angestrebt wird. Ziel ist dabei eine direkte Kundenansprache. Das Spektrum von Brand Lands ist sehr breit:
Es reicht von den klassischen Kundenzentren der Herstellerwerke, zur Auslieferung von Fahrzeugen, über Kundenkontaktpunkte in innerstädtischen Lagen bis hin zu Erlebnisparks mit produktübergreifenden Themen-Arrangements." (Diez, W., 2000, Automobilmarketing)
Angesichts des Bestrebens der Automobilhersteller im Marketing neue Wege zu gehen und ihre Absatzkanalstruktur zu optimieren, dürfte sich dieser Objekttyp in der Wachstumsphase befinden. Diese wird allerdings dann sehr schnell in die Reife- und Sättigungsphase übergehen, wenn jeder der deutschen Automobilkonzerne über ein eigenes Brand Land verfügt, da speziell vor dem Hintergrund der damit verbundenen Kosten nicht davon auszugehen ist, dass pro Konzern eine größere Anzahl dieser Brand Lands entstehen wird.

Brandabschnitt
fire compartment
Um im Brandfalle die Ausbreitung des Feuers zu verhindern oder zumindest zu erschweren, sind größere Gebäude durch Brandwände und Brandschutztüren in so genannte Brandabschnitte zu unterteilen. Der Abstand zwischen den Brandwänden darf dabei 40 Meter nicht überschreiten, woraus sich eine maximal zulässige Größe eines Brandabschnitts von 1.600 Quadratmetern ergibt. Sind aus betrieblichen Gründen größere Brandabschnitte erforderlich, so sind diese in Brandbekämpfungsabschnitte zu unterteilen (vgl. DIN 4102).
Siehe / Siehe auch: Brandschutz, Brandwand

Branding
branding
Brand oder Branding bezeichnete ursprünglich die Kennzeichnung von Viehherden. Das Zeichen des Besitzers wurde dem Vieh auf die Haut gebrannt, damit es unzweifelhaft zuzuordnen war. In der Wirtschaft bezieht sich der Begriff auf die Bildung einer Marke durch Unternehmenskommunikation mit Mitteln des Corporate Branding.
Die Marke umfasst den Namen, einen Ausdruck, ein Symbol oder eine Kombination von diesen. Durch Markenbildung soll das Produkt- oder Leistungsangebot eines Anbieters erkennbar und unverwechselbar sein, um sich von der Konkurrenz abzuheben.

Man unterscheidet Herstellermarken, die vom Erzeuger vergeben werden, und Handelsmarken, die von Handelsunternehmen geprägt werden, sowie Generika, die lediglich unter der Produktbezeichnung angeboten werden.
In der Immobilienwirtschaft bedeutet Branding den Versuch durch Markenbildung Wettbewerbsvorteile zu erlangen. Das kann für ein bestimmtes Immobilienobjekt sein oder eine Produktreihe, zum Beispiel bei Fertighausherstellern.
Siehe / Siehe auch: Handelsmarken, Branding, Einsatzfelder

Branding, Einsatzfelder

branding; areas of application

Branding kommt in der Immobilienwirtschaft insbesondere in folgenden Bereichen zum Tragen:
bei besonders exklusiven Einzelobjekten im gehobenen bis ganz exklusiven Wohnimmobilien-Bereich

- bei mittleren und größeren Bauträger-Projekten
- bei größeren Shopping-Einheiten
- bei Sonder- und Spezialimmobilien
- bei mittleren und größeren Bürokomplexen

Am größten dürfte derzeit die Bedeutung von Branding bei Bauträger-Objekten, bei Büroimmobilien sowie auch bei Sonder- und Spezialimmobilien sein. Branding-Themenkomplexe umfassen die folgenden Fragen:
Welcher Name bzw. welche Identität soll für die Immobilie bzw. für das Projekt, das aus einer ganzen Reihe von Immobilien besteht, kreiert werden?
Wie kann dieser Name bzw. die dahinter stehende Identität in möglichst effizienter und positiver Form gegenüber der jeweiligen Zielgruppe vermittelt werden.
Siehe / Siehe auch: Branding

Brandmeldeanlage

fire alarm system

Brandmeldeanlagen sind nicht mit den herkömmlichen Einzelrauchmeldern zu verwechseln. Erstere sind nur für bestimmte Gebäude vom Gesetzgeber vorgeschrieben, etwa für Gewerbebetriebe, Kindergärten und Schulen, Betriebe des Gastgewerbes, Krankenhäuser, Seniorenheime. In Privatwohnungen sind sie nicht vorgeschrieben; hier besteht abhängig vom Bundesland gegebenenfalls eine Rauchmelderpflicht.
Eine Brandmeldeanlage besteht aus verschiedenen Geräten, die über Kabel miteinander vernetzt sind. Dazu können spezielle kabelvernetzte Rauchmelder gehören, aber auch Hitzemelder und andere Messgeräte sowie manuelle Alarmknöpfe unter Glas. Die Brandmeldeanlage wird in der Regel elektrisch betrieben; ihre Komponenten verfügen über Notbatterien. Die verschiedenen Komponenten sind mit einer Alarmzentrale im Gebäude und über diese teils direkt mit der Feuerwehr verbunden. Die Kombination herkömmlicher Einzelrauchmelder mit einer Brandmeldeanlage ist unzulässig.
Siehe / Siehe auch: Feuerwehreinsatz, Kosten, Rauchmelder, Rauchmelder-Wartung, Rauchmelder in der Mietwohnung, Druckbelüftungsanlage

Brandschutz

fire protection; fire prevention and protection; fire protection requirements

Zum Brandschutz gehören alle baulichen Maßnahmen, die getroffen werden, um die Ausbreitung von Feuer, Rauch und Strahlung zu verhindern. Regelungen finden sich in DIN 4102 (Brennbarkeitsklasse) und DIN 18230 (Lagerungsdichte, Abbrandfaktor und Heizwert). Verwendete Bauteile und Baustoffe müssen, was Brennbarkeit und Feuerwiderstandsdauer (DIN 4102 T. 1) anbelangt, im Interesse des Brandschutzes einer bestimmten Bauproduktklasse (Baustoffklasse) angehören.
Die Feuerwiderstandsklasse (F30–F180) bezeichnet die Feuerwiderstandsdauer (0–180 Minuten). In bestimmten Fällen sind Brandschutzfenster und Brandschutztüren vorzusehen. Bestimmte Gebäude sind mit Rettungswegen, Fluchtfenster, Nottreppen und –leitern auszustatten. Zum Brandschutz gehören auch Zufahrtsmöglichkeiten für Rettungs- und Feuerwehrfahrzeuge.
Jedes Jahr verzeichnen die Feuerwehren durchschnittlich 50.000 Brände allein in Privathaushalten. Besonders gefährdet sind:

- Altbauten mit veralteten Elektroanlagen und brennbaren Baumaterialien
- Häuserblocks aus den 50er und 60er-Jahren, in denen die einzelnen Wohnungen durch Versorgungsschächte verbunden sind (Wasser und Stromleitungen im gleichen Schacht – Kurzschlussgefahr, leichtere Ausbreitung des Feuers).
- Für Rauchmelder haben erste Bundesländer eine Ausstattungspflicht eingeführt. Feuerlöscher sollten ca. alle zwei Jahre überprüft werden.

Nach der Rechtsprechung kann ein Vermieter das Mietverhältnis fristlos kündigen, wenn der Mieter trotz Abmahnung beharrlich größere Mengen brennbarer Stoffe im Mietobjekt einlagert (Land-

gericht Coburg, Az. 33 S 96/01 v. 07.09.2001, gewerbliches Mietobjekt).
Siehe / Siehe auch: Bauproduktklassen, Rauchmelder, Verband der Sachversicherer / VdS

Brandversicherung

fire insurance

Siehe / Siehe auch: Feuerversicherung (Brandversicherung)

Brandwand

firewall; fire-resisting wall

Die Brandwand ist eine Wand, die im Brandfall die Ausbreitung des Feuers innerhalb eines Gebäudes oder das Übergreifen des Brandes auf angrenzende Gebäude verhindern soll. Bereits in historischen Bauordnungen galten für die Ausführung von Brandmauern spezielle Vorschriften bezüglich des Materials und der Wandstärke. Synonym verwendete Begriffe sind Brandmauer, Feuermauer oder Nachbarmauer.

BRAO / Anwaltsordnung

Rules and Regulations for the German Bar

Die Bundes-Rechtsanwalts-Ordnung (BRAO) regelt das Berufsrecht der Rechtsanwälte. Sie stammt von 1959 und wurde seither mehrfach geändert. Sie ist nicht zu verwechseln mit der 2004 außer Kraft getretenen BRAGO (Bundes-Rechtsanwalts-Gebührenordnung; heute: Rechtsanwaltsvergütungsgesetz). Themen der BRAO sind u.a. die Zulassung zum Anwaltsberuf, Rechte und Pflichten eines Rechtsanwaltes und die Organisation der Anwaltskammern. Im Jahr 2007 wurde das Berufsrecht der Rechtsanwälte grundlegend reformiert.
Am 1.6.2007 trat das Gesetz zur Stärkung der Selbstverwaltung der Rechtsanwaltschaft in Kraft, das die BRAO abänderte. Wichtige Neuerungen sind unter anderem, dass die Anwaltszulassung und ihre Rücknahme nun von den Anwaltskammern selbst vorgenommen werden.
Neue Rechtsanwälte werden nicht mehr durch die Gerichte, sondern durch die Anwaltskammern vereidigt. Jeder Rechtsanwalt darf vom Tag seiner Zulassung an vor Oberlandesgerichten auftreten, ohne erst – wie bisher – fünf Jahre warten zu müssen. Die bei den Gerichten bisher geführten Anwaltslisten werden durch ein kostenloses, online einsehbares Anwaltsverzeichnis der Bundesrechtsanwaltskammer ersetzt. Will ein Klient seinen Anwalt nach fehlgeschlagenem Prozess haftbar machen, dürfen die Anwaltskammern dem Klienten die Berufshaftpflichtversicherung des Anwalts nennen.
Eine weitere wichtige Neuerung: Rechtsanwaltskanzleien dürfen künftig Zweigstellen eröffnen.

Breitbandkabel

broad-band cable

Das Breitbandkabel verbindet private Haushalte und Betriebe mit Dienstanbietern. Sein bisheriger Hauptzweck war das Kabelfernsehen sowie auch die Übertragung von Radiosendungen. Neue Breitbandkabel lassen sich zusätzlich jedoch auch für die Anbindung ans Internet sowie das Telefonieren nutzen. Grund ist, dass es sich hier um so genannte bidirektionale Netze handelt, die über eine Rückkanalfähigkeit verfügen.
Die Breitbandkabelnetze wurden zunächst durch die Deutsche Bundespost, die spätere Deutsche Telekom, in den 80er Jahren bereit gestellt. Mittlerweile sind sie an andere kommerzielle Netzbetreiber veräußert worden.
Für das Kabelfernsehen fallen Grund- oder Anschlussgebühren sowie eine monatliche Abonnements-Gebühr an.
Man unterscheidet zwischen analogem und digitalem Kabelfernsehen. Digitales Kabelfernsehen kann nur mit Hilfe eines Digitalreceivers (auch: Set-Top-Box), eines entsprechend ausgestatteten digitalen Fernsehgerätes oder eines Computers mit TV-Karte empfangen werden. Für das Jahr 2010 ist europaweit die Abschaltung aller analogen Radio- und Fernsehprogramme geplant.
Siehe / Siehe auch: Triple Play

Brennwertkessel

condensing boiler; condensing value boiler; calorific value boiler

Ein Brennwertkessel ist ein Heizkessel, der den Energieinhalt des Brennstoffs zu fast 100 Prozent ausnutzt. Bei älteren Heizkesseln sind geringere Wirkungsgrade anzutreffen. Dadurch werden bei Brennwertkesseln Heizkosten eingespart. Brennwertkessel sind seit den 1990er Jahren Stand der Technik. Sie werden für kombinierte Heizungs- und Warmwassererhitzungssysteme verwendet und können entweder mit Öl oder mit Gas betrieben werden. Die technische Neuerung gegenüber den konventionellen Heizkesseln besteht darin, dass bei Brennwertkesseln auch die Kondensationswärme des in den Abgasen enthaltenen Wasserdampfes genutzt wird. Dies bedeutet aber auch, dass Kessel und Abgasrohr unempfindlich gegen Feuchtigkeit (Kondensat) sein müssen.
Öl-Brennwertkessel haben einen etwas geringeren Wirkungsgrad als Gas-Brennwertkessel. Bei Ölkes-

seln muss zudem für eine Neutralisation des Kondensats gesorgt werden, was bei Gasbrennwertkesseln bis 25 KW Leistung nicht erforderlich ist.
Soll ein konventioneller Heizkessel gegen einen neuen Brennwertkessel ausgetauscht werden, ist auf die richtige Dimensionierung des Kessels zu achten: Früher wurden Heizkessel oft erheblich über dem eigentlichen Bedarf ausgelegt. Bei Mehrfamilienhäusern ist für die Größe des Kessels die berechnete maximale Heizlast des Hauses maßgeblich (DIN 4701 oder VDI 3808). Bei der Nachrüstung eines Brennwertkessels ist u.a. darauf zu achten, ob die Heizanlage einschließlich der Abgasrohre auch für einen derartigen Heizkessel geeignet ist. Soll Kondensat in das Abwassersystem eingeleitet werden, sind ggf. örtliche Vorschriften zu beachten, auch das hauseigene Abwassersystem muss aus kondensatbeständigen Werkstoffen bestehen. Der Einbau von Brennwertkesseln wird teilweise durch öffentliche Förderprogramme unterstützt.
Siehe / Siehe auch: Energetische Gebäudeoptimierung, Niedrigenergiehaus

Briefkasten
mailbox

Zur Gewährleistung des vertragsgemäßen Zustandes einer Mietwohnung gehört das Anbringen eines Briefkastens durch den Vermieter. Der Mieter muss wichtige Postsendungen jederzeit erhalten können. Dass der Briefkasten mit dem Namen des Mieters beschriftet werden darf, versteht sich von selbst.
Der Mieter darf ein Schild mit dem Hinweis „Keine Werbung“ am Briefkasten anbringen. Nach Ansicht einiger Gerichte stellt ein Briefkasten, in den keine Zeitschriften im DIN-A4 Format ohne Knick hinein passen, einen Mangel dar. Eine Mietminderung um 0,5 Prozent ist dann gerechtfertigt (vgl. Landgericht Berlin, Urteil v. 11.5.1990, Az. 29 S 20/90).
Ist ein Briefkasten nicht mehr funktionsfähig (z. B. Blech verbogen, Klappe defekt, nach oben offen, so dass es hineinregnet) kann der Mieter nach Ansicht mehrerer Gerichte eine Mietminderung von ein Prozent geltend machen – bis der Vermieter Abhilfe schafft (so das Oberlandesgericht Dresden, Az.: 1 U 696/96, Amtsgericht Mainz, Az. 8 C 98/96).
Siehe / Siehe auch: Unerwünschte Werbesendungen

Bruchsteinmauerwerk
dry-stone masonry; quarry stone masonry

Bruchsteinmauerwerk ist ein Natursteinmauerwerk, das aus mit Mörtel vermauerten Bruchsteinen besteht. Läufer- und Binderschichten folgen im Wechsel aufeinander. Jeweils nach 1,50 Metern Höhe muss ein Abgleich des Mauerwerks durch eine über die gesamte Mauerlänge durchgehende Lagerfläche erfolgen. Die verwendeten Steine sind wenig bearbeitet, weisen aber in der Regel zumindest zwei weitgehend parallele Seiten auf. Die sich ergebenden Fugen sind relativ unregelmäßig und müssen voll mit Mörtel ausgefüllt werden. Heute wird Bruchsteinmauerwerk nur noch sehr selten im Hochbau eingesetzt, wird jedoch gern im Garten- und Landschaftsbau verwendet.
Siehe / Siehe auch: Quadermauerwerk, Schichtmauerwerk, Trockenmauerwerk, Zyklopenmauerwerk

Bruchteilseigentum
tenancy in common

Das Eigentum an einem Grundstück kann mehreren Personen zustehen. Sofern nicht ausnahmsweise eine Gesamthandsgemeinschaft gegeben ist, steht das Miteigentum mehreren zu Bruchteilen zu, dass heißt jedem Miteigentümer gehört ein bestimmter, ideeller (nicht realer) Anteil an dem Grundstück. Das Bruchteilseigentum entsteht durch Rechtsgeschäft oder kraft Gesetzes. Die Bruchteilsgemeinschaft kann nur in gegenseitigem Einvernehmen oder mittels Teilungsversteigerung aufgelöst werden.
Das Bruchteilseigentum wird teilweise zur Vermeidung der Konsequenzen der Umwandlung genutzt: Bei einer Umwandlung von Mietwohnungen in Eigentumswohnungen besteht für Mieter Kündigungsschutz innerhalb der Sperrfrist von drei Jahren. Wenn jedoch statt des Verkaufs der Wohnungen an Einzeleigentümer im Rahmen der Umwandlung Bruchteilseigentum begründet wird, greift diese Regelung nicht. Eine Eigenbedarfskündigung derjenigen Wohnung, an welcher der betreffende Eigentümer das Nutzungsrecht innehat, wäre möglich. Anzuraten ist diese Konstruktion trotzdem nicht, da sie für den Wohnungseigentümer erhöhte finanzielle Risiken birgt: Auch bei der Finanzierung werden die Wohnungen nicht als getrennte Einheiten angesehen. Finanzielle Schwierigkeiten eines Eigentümers treffen daher alle Beteiligten. Schlimmstenfalls kann dies zur Versteigerung des Hauses führen.
Siehe / Siehe auch: Eigenbedarf, Umwandlung, Gesamthandsgemeinschaft, Wohnungseigentümer-Gemeinschaft

Bruchteilsgemeinschaft
joint ownership (association)

Steht das Eigentum mehreren gemeinschaftlich zu, besteht in der Regel eine Gemeinschaft nach Bruchteilen. Gesetzliche Grundlage der Gemeinschaft sind die §§ 741 bis 758 BGB.
Jedem Bruchteilseigentümer steht gemäß §§ 742, 743, 748 BGB ein quotenmäßiger Anteil am Gesamteigentum zu (ideeller Bruchteil), über den er frei verfügen kann (§ 747 Abs. 1 BGB) und der rechtlich selbstständig ist. Die Verwaltung des gemeinschaftlichen Eigentums steht den Teilhabern in ihrer Gesamtheit zu. Jeder von ihnen ist berechtigt, die zur Erhaltung der Sache notwendigen Maßnahmen ohne Zustimmung der anderen zu treffen. Nach § 745 BGB kann durch Stimmenmehrheit eine ordnungsgemäße Verwaltung und Benutzung des Gegenstandes beschlossen werden.
Über die Gemeinschaft im Ganzen können die Teilhaber aber nur gemeinschaftlich verfügen (§ 747 BGB). Jeder Teilhaber kann jederzeit die Aufhebung der Gemeinschaft fordern, sofern nicht anders vereinbart. Bei Vorliegen eines wichtigen Grundes kann in jedem Fall nach § 749 BGB die Aufhebung verlangt werden. Soweit möglich, erfolgt die Aufhebung nach §753 BGB durch Teilung in Natur, sonst durch Verkauf des gemeinschaftlichen Eigentums, soweit es sich um ein Grundstück handelt, durch Teilungsversteigerung mit anschließender Aufteilung des Erlöses. In der Praxis liegt bei Wohnungseigentum eine Bruchteilsgemeinschaft vor. Hinsichtlich des Gemeinschaftseigentums ist jeder Wohnungseigentümer Eigentümer eines Bruchteils zu der in der Teilungserklärung festgelegten Quote.
Siehe / Siehe auch: Wohnungseigentum, Teilungsversteigerung

Brunnen
wells

Brunnen bestehen aus Schächten, die von der Erdoberfläche bis zum Grundwasser hinabreichen. Zum Brunnenbau werden in der Regel Fertigschachtringe aus Beton verwendet. Man kann damit bei einem Durchmesser von 1,5 Metern Tiefen bis zu 10 Meter erreichen. Mit Hilfe eines Stahlrohrs, das bis zur wasserführenden Schicht hinabgeführt wird, kann das Wasser nach oben gepumpt werden. Für die Anlage eines Brunnens ist eine wasserrechtliche Genehmigung erforderlich, die allerdings widerrufen werden kann.Sofern das Wasser als Trinkwasser verwendet wird, ist eine regelmäßige Qualitätskontrolle erforderlich.
Auf Mietgrundstücken gilt: Ist der Garten mit vermietet, darf der Mieter des Wohnobjekts auch einen im Garten befindlichen Brunnen nutzen. Der Vermieter darf die Nutzung des Brunnens weder verweigern noch den Brunnen verschließen. Dies entschied das Amtsgericht Görlitz (Urteil vom 26.04.2004, Az. 2 C 0727/03).

Brutto- / Nettoflächen
gross / net areas

Um die Unterscheidung von Berechnungen genauer zu definieren, wird oft der Zusatz „netto" oder „brutto" verwendet. Netto bezeichnet die lichte Raumfläche (Quadratmeter) oder den lichten Rauminhalt (Quadratmeter). Hierbei werden die aufsteigenden Bauteile wie Innen- und Außenwände, Stützen etc. nicht berücksichtigt. Die Summe aus den Bauteilen und dem lichten Raum (netto) ergibt dann brutto.
Dies trifft bei der Berechnung der Grundflächen nach DIN 277 zu: Aus der Summe von Nettogrundfläche (NGF) und der so genannten Konstruktionsgrundfläche (KGF) ergibt sich die Bruttogrundfläche (BGF). Anders verhält es sich bei der Geschossfläche (GF) nach der Baunutzungsverordnung (§ 20 Ziffer 3 BauNVO). Die GF ist die Summe aller Vollgeschosse in ihren Außenmaßen. Die Geschossfläche ist ein benötigter Wert, nach dem die Geschossflächenzahl (GFZ) errechnet wird, die wiederum die Bebauungsdichte in einem Bebauungsplan angibt.
Irrtümlicherweise wird gelegentlich der Begriff „Bruttogeschossfläche" verwendet. Da es sich bei der Geschossfläche grundsätzlich um die Summe aller Vollgeschosse inklusive der Konstruktionsbauteile und der baulichen Begrenzung handelt, ist eine Unterscheidung in netto und brutto überflüssig.
Siehe / Siehe auch: Bebauungsplan, Bruttogrundfläche (BGF) nach DIN 277, Flächennutzungsplan (FNP), Geschossflächenzahl (GFZ) - Geschossfläche (GF), Grundfläche nach DIN 277/1973/87, Konstruktionsgrundfläche (KGF), Nettogrundfläche (NGF)

Bruttogrundfläche (BGF) nach DIN 277
gross floor space in accordance with standards regulation DIN 277

Siehe / Siehe auch: Grundfläche nach DIN 277/1973/87

Bruttokaltmiete
gross rent (excluding heating expenses, etc.)

Siehe / Siehe auch: Bruttomiete

Bruttomiete

gross rent; gross residential rent

Die Bruttomiete setzt sich aus dem eigentlichen Mietzins sowie den anfallenden Betriebskosten und etwaigen Mietzuschlägen zusammen. Verwendet werden auch die Begriffe „Bruttowarmmiete" und „Bruttokaltmiete". Ist in einem Mietvertrag die Zahlung einer Bruttowarmmiete oder Inklusivmiete vereinbart, sind die Betriebskosten mit der Bruttowarmmiete komplett abgegolten. Eine jährliche Abrechnung über die Betriebskosten findet bei vereinbarter Bruttowarmmiete nicht statt. Der Vermieter kann somit keine Betriebskostennachzahlung verlangen und der Mieter keine Auszahlung eines Betriebskostenguthabens fordern.

Die Bruttomiete kann jedoch heute nur noch als Bruttokaltmiete (Grundmiete plus Anteil an den „kalten" Betriebskosten) vereinbart werden, da die „warmen Betriebskosten" (Heiz- und Warmwasser-Kosten) nach der Heizkostenverordnung vom 20.01.1989 nach dem gemessenen Verbrauch abzurechnen sind.

Steigen die Betriebskosten, kann der Vermieter keine einfache bzw. isolierte Betriebskostenerhöhung durchsetzen. Er muss stattdessen die Bruttomiete insgesamt erhöhen und die gesetzlichen Vorgaben für eine Mieterhöhung bis zur örtlichen Vergleichsmiete beachten. Damit ist der örtliche Mietspiegel zu verwenden, was meist Probleme bereitet, da dieser in der Regel nur Nettokaltmieten (Mieten ohne Betriebskosten) ausweist. Der Bundesgerichtshof (Az. VIII ZR 41/05, Urteil vom 26.10.2005) erlaubt zwei Berechnungsverfahren zur Erhöhung einer Bruttokaltmiete:

- Die zum Zeitpunkt der Mieterhöhung auf die jeweilige Wohnung entfallenden Betriebskosten werden zur ortsüblichen Vergleichsmiete laut Mietspiegel addiert.
- Der Betriebskostenanteil wird aus der bisherigen Bruttokaltmiete herausgerechnet, um die Nettokaltmiete ohne Betriebskosten zu erhalten. Diese wird dann mit der Nettokaltmiete laut Mietspiegel verglichen und entsprechend erhöht.

§ 558 Abs. 3 BGB schreibt vor, dass Mieten innerhalb von drei Jahren nicht um mehr als 20 Prozent erhöht werden dürfen („Kappungsgrenze"). Bei Bruttokaltmieten ist hier nicht der Betrag der herausgerechneten Nettokaltmiete maßgeblich, sondern der Gesamtbetrag der Bruttokaltmiete (BGH, Az. VIII ZR 160/03, Urteil vom 19.11.2003).

Die Heizkostenverordnung schreibt die Ermittlung des Heizenergieverbrauchs durch Messung sowie eine verbrauchsabhängige Abrechnung der Heizkosten vor. Eine Ausnahme besteht für Gebäude mit bis zu zwei Wohnungen, von denen eine der Vermieter selbst bewohnt (§ 2 Heizkostenverordnung); einige Vorschriften der Heizkostenverordnung sind zudem für weitere Gebäudearten nicht anwendbar (§ 11 HeizKV). Bruttowarmmieten sind damit nur noch im Ausnahmefall zulässig. Bei bestehenden Mietverträgen muss eine Vertragsänderung der Bruttowarmmiete in eine Bruttokaltmiete mit getrennter verbrauchsabhängiger Abrechnung der Heizungs- und Warmwasserkosten stattfinden (BGH, Az. VIII ZR 212/05, Urteil vom 19.07.2006).

Der Begriff der Bruttomiete spielt auch beim Thema der Mietminderung eine Rolle. Diese ist immer nach der Bruttomiete zu berechnen – wobei hier einfach nur der Gesamtbetrag von Kaltmiete und Betriebskosten gemeint ist (Bundesgerichtshof, Az. XII ZR 225/03, Urteil vom 06.04.2005).

Siehe / Siehe auch: Nettokaltmiete, Betriebskosten, Mietminderung, Betriebskostenpauschale, Heizkostenverordnung, Mietzuschlag bei unwirksamer Schönheitsreparaturen-Klausel, Untermietzuschlag

Bruttorauminhalt

gross volume

Bruttorauminhalt ist in DIN 277 aus 1973 und 1987 definiert. Es handelt sich um den Rauminhalt eines Baukörpers, der nach unten von der Unterfläche der konstruktiven Bauwerkssohle und im Übrigen von den äußeren Begrenzungsflächen des Bauwerks umschlossen wird. Bei Berechnung des Bruttorauminhaltes eines Geschosses ist die Höhe maßgeblich, die sich aus dem Abstand zwischen der Oberfläche des Fußbodens und der Oberfläche des Fußbodens des darüberliegenden Geschosses ergibt. Bestimmte Bauwerksteile wie Mauervorsprünge, Außentreppen, Außenrampen und dergleichen bleiben unberücksichtigt. Die Faktoren zur Berechnung des Nettorauminhaltes sind einerseits die Nettogrundrissflächen (Bezeichnung aus der DIN 277 von 1973) bzw. Nettogrundfläche (Bezeichnung der DIN 277 von 1987) und die lichten Höhen der Räume andererseits.

Bruttorohbauland

gross area of (potential) building land (i.e. not subdivided and including areas for roads and service installations, etc.)

Siehe / Siehe auch: Rohbauland

Buchführungspflicht

compulsory bookkeeping; record-keeping duty

Siehe / Siehe auch: Aufzeichnungspflicht im Makler und Bauträgergeschäft

Buchwert

book/asset value

Buchwerte sind die in der Bilanz eines Unternehmens auf der Aktiv- und Passivseite ausgewiesenen Beträge, die sich auf der Aktivseite aus Anschaffungs- bzw. Herstellungskosten ableiten. Sie stimmen in der Regel nicht mit den tatsächlichen Zeitwerten überein, da die ursprünglichen Ansätze schematisch durch handels- und steuerrechtlich zulässige Abschreibungssätze verändert werden. Beim Verkauf des Unternehmens entstehen dann Buchgewinne oder Buchverluste, je nachdem, ob zuviel oder zu wenig abgeschrieben wurde. Bei Immobilien beträgt der steuerlich zulässige Abschreibungssatz zwei Prozent.

Bündelungsinitiative der Deutschen Immobilienwirtschaft

Bundling initiative of the German property industry

Der offizielle Name des Vereins lautet „Mit einer Stimme“ – Bündelungsinitiative in der Deutschen Immobilienwirtschaft. Er hat seinen Sitz in Berlin und verfügt über Mitgliedsunternehmen aus dem Bereich offener und geschlossener Immobilienfonds, Immobilienaktiengesellschaften und Projektentwicklern. Nach eigenem Bekunden will er als Sprachrohr für die gesamte Immobilienwirtschaft agieren und die Anliegen der Einzelverbände unterstützen.

Näheres siehe: http://www.miteinerstimme.de

Siehe / Siehe auch: Maklerverbände

Bürgschaft

surety; guarantee; security; sponsorship; suretyship; warranty obligation

Die Bürgschaft ist eine Verpflichtungserklärung des Bürgen einem Gläubiger gegenüber, für die Verbindlichkeiten eines Dritten einzustehen. Die Bürgschaft bedarf der Schriftform. Eine elektronische Form genügt nicht. Allerdings wird der Formmangel geheilt, wenn der Bürge die Hauptverbindlichkeit erfüllt.

Die Bürgschaft setzt voraus, dass eine Hauptverbindlichkeit, für die gebürgt wird, auch besteht.

Grundsätzlich kann der Bürge die Erfüllung der Verpflichtung verweigern, solange dem Gläubiger das Recht zusteht, das Rechtsgeschäft anzufechten, das der Hauptverpflichtung zugrunde liegt. Er kann die Erfüllung der Verpflichtung auch davon abhängig machen, dass der Gläubiger eine Zwangsvollstreckung versucht und diese ergebnislos verläuft. Ihm steht also die „Einrede der Vorausklage“ zu.

Vielfach verlangen Kreditinstitute bei Immobiliendarlehen, die über die Beleihungsgrenze hinausgehen, die zusätzliche Bürgschaft des Ehegatten oder bei Darlehen an eine Kapitalgesellschaft die Bürgschaft der Gesellschafter / Geschäftsführer. Teilweise werden Bürgschaften auch vom Staat als Förderinstrument eingesetzt. In solchen Fällen erfolgt die nachrangige Beleihung ohne zusätzliches Risiko für das Kreditinstitut mit der Folge risikobefreiter, also niedrigerer Zinsen. Auch im Rahmen des Baubetreuungs- und des Bauträgergeschäftes spielen Bürgschaften eine Rolle. Der Baubetreuer muss den Bauherrn entweder durch Abschluss einer Vertrauensschadenversicherung oder durch Stellung einer Bürgschaft in Höhe der zur Verfügung gestellten Baugelder absichern.

Ein Bauträger kann sich durch eine Bürgschaft von der Begrenzung der sonst vorgesehenen Baufortschrittsraten, die der Erwerber zu leisten hat, befreien. Als Bürgen kommen Kreditinstitute, Körperschaften des öffentlichen Rechts oder Versicherungsgesellschaften in Frage, die eine Erlaubnis zum Betrieb einer Bürgschaftsversicherung haben.

Bürgschaften, die im Rahmen der Makler- und Bauträgerverordnung gewährt werden, müssen den Verzicht auf die Einrede der Vorausklage des Bürgen enthalten. Man bezeichnet sie auch als „selbstschuldnerische Bürgschaften“. Die Leistungspflicht des Bürgen kann noch weiter verschärft werden, wenn vereinbart wird, dass die Zahlung aus der Bürgschaft bereits „auf die erste Anforderung“ des Gläubigers hin zu leisten ist.

Bürgschaft als Mietsicherheit

surety/guarantee/security as security for rent

Als Mietsicherheit kann nicht nur eine Kaution hinterlegt, sondern auch eine Bürgschaft gestellt werden. In Frage kommen dafür die Bankbürgschaft oder die Bürgschaft durch eine bestimmte, meist dem Mieter nahe stehende Person. Eine Bürgschaft ist eine Vereinbarung, nach der sich der Bürge gegenüber dem Gläubiger verpflichtet, für die Verbindlichkeiten eines anderen einzustehen – in diesem Fall für die Mietschulden und mögliche Schadenersatzansprüche des Vermieters aus dem Mietverhältnis. Der Bürge haftet auch für die Kosten für Gericht, Rechtsanwalt und Zwangsvollstre-

ckung hinsichtlich der Rechtsverfolgung der von der Bürgschaft umfassten Forderungen. Eine Bürgschaft muss schriftlich ausgefertigt werden.
Grundsätzlich muss der Gläubiger zunächst versuchen, seine Forderung vom eigentlichen Schuldner – hier vom Mieter – einzutreiben. Diesen Fall bezeichnet man auch als Ausfallbürgschaft. Verzichtet der Bürge auf die sogenannte Einrede der Vorausklage – also auf den Einwand, dass noch keine Zwangsvollstreckung beim eigentlichen Schuldner versucht wurde – kann der Gläubiger ohne Umwege gegen den Bürgen vorgehen. Diese Situation ist insbesondere dann gegeben, wenn der Bürge sich als Selbstschuldner, also als selbst haftend, verbürgt hat. Laut § 551 BGB darf eine Mietsicherheit maximal drei Netto-Monatsmieten betragen. Wird im Mietvertrag eine höhere Sicherheit vereinbart, ist die Klausel nicht insgesamt unwirksam. Statt dessen wird die Mietsicherheit auf die zulässige Höhe begrenzt und der Mieter ist dazu berechtigt, den darüber hinaus gehenden Betrag zurückzufordern.
Von einer Übersicherung spricht man auch, wenn zusätzlich zu einer Barkaution von drei Monatsmieten noch eine Bürgschaft abgegeben wurde. In einem solchen Fall bleibt die Vereinbarung über die Barkaution wirksam; die Bürgschaftsvereinbarung ist unwirksam und der Mieter hat ein Recht auf Herausgabe der Bürgschaftserklärung. Dies hat der Bundesgerichtshof mit Urteil vom 30.06.2004 bestätigt (Az. VIII ZR 243/03).
Siehe / Siehe auch: Bürgschaft, Selbstschuldnerische Bankbürgschaft

Büro
office

Büros sind Räume, die den im Dienstleistungssektor Beschäftigten als Arbeitsplatz dienen. Zu unterscheiden sind Großraumbüros, Gruppenbüros, Zellenbüros und Kombibüros. Darüber hinaus gibt es Formen von so genannten nonterritorialen Büros, die sich dadurch auszeichnen, dass die Beschäftigten keinen dauerhaft zugewiesenen Arbeitsplatz besitzen (z. B. beim Desk-Sharing, bei dem sich mehrere Mitarbeiter einen Arbeitsplatz teilen.). Diese aus Skandinavien stammende Entwicklung verläuft in Richtung Business-Center.
Großraumbüros gehören weitgehend der Vergangenheit an. Allerdings sind sie wieder in Call-Center anzutreffen. Neuere Entwicklungen gehen in Richtung „Bürolandschaft“ mit Pflanzkübeln, kleinen „Inseln“, was aber zu zusätzlichem Flächenbedarf führt. Großraumbüros verfügen über mindestens 400 Quadratmeter und höchstens 5.000 Quadratmeter Bürofläche. Gewollt ist eine Förderung der Teamarbeit. Schwächen des Großraumbüros sind Lärmstörungen und klimatische Unzulänglichkeiten. Auch die Beleuchtung kann individuellen Bedürfnissen nicht angepasst werden. Konzentriertes Arbeiten wird erschwert.
Man benötigt pro Arbeitsplatz mehr Fläche als beim Zellbüro. Je größer der Raum, desto breiter müssen die „Verkehrswege“ sein. Der Flächenbedarf pro Bildschirmarbeitsplatz wird mit 15 Quadratmeter kalkuliert. Die Investitionskosten sind relativ hoch.
Gruppenbüros sollen der Förderung der Kommunikation dienen. Sie umfassen zwischen 3 und 20 Arbeitsplätzen. Lärmstörungen lassen sich durch Raumgestaltung (Trennwände für bestimmte Zonen z. B. für Teambesprechungen, Gespräche mit Kunden) leichter bewältigen als bei den Großraumbüros. Dennoch wird konzentrierte Arbeit erschwert.
Zellbüros sind Büroeinheiten für ein oder zwei Personen. Es handelt sich um den vorherrschenden Bürotyp bei kleineren Flächeneinheiten in älteren Gebäuden. Zellbüros ermöglicht ungestörtes Arbeiten (bei zwei Arbeitsplätzen bereits problematisch), erschwert aber innerbetriebliche Kommunikation. Einen Bildschirmarbeitsplatz berechnet man mit 10 Quadratmeter. Nachteilig wirkt sich der geringe Bewegungsspielraum aus.
Kombibüros sind Einzelbüros („Arbeitskojen“) in Verbindung mit Gemeinschaftsräumen. Die Nachteile von Großraum- und Zellbüros sollen durch diese Kombination ausgeglichen werden. Die Arbeitskojen liegen an der Fensterfront, die Gemeinschaftsräume innen – getrennt durch eine verglaste Wand. Gemeinschaftsräume können Besprechungsräume aber auch Multifunktionszonen für Kopiergeräte, Drucker, Telefaxgeräte sein.
Akustische Störungen in den Arbeitskojen gibt es nicht. Tageslicht in Verbindung mit Sonnenschutzvorrichtungen wirken sich positiv aus.
Siehe / Siehe auch: Business Center

Bürobestuhlung
office chairs

Legt ein Vermieter Wert darauf, dass in vermieteten Gewerberäumen bzw. Büros keine Bürodrehstühle mit Rollen verwendet werden, muss er dies individualvertraglich vereinbaren. Grundsätzlich dürfen Bürostühle mit Rollen verwendet werden, auch wenn sie das Parkett beschädigen.
Das Amtsgericht Leipzig (Az. 167 C 12622/03) sah auch drei Millimeter tiefe Rillen im edlen Parkett nicht als Grund an, den Mietern das „Rollen“ zu verbieten.

Siehe / Siehe auch: Gewerbemietvertrag

Bürogebäude

office building; office block

Gebäude, das überwiegend von Unternehmen der Dienstleistungsbranche oder der öffentlichen Verwaltung genutzt wird. Aufgrund der vergleichsweise einfachen Verwaltung ist die Büroimmobilie bei privaten und institutionellen Kapitalanlegern gleichermaßen beliebt. Allerdings sind gerade in den letzten Jahren die Qualitätsansprüche an solche Objekte sehr stark gestiegen, was in älteren Gebäuden zu ansteigenden Leerstandsraten geführt hat. Die Renditen schwanken zwischen etwa fünf Prozent und maximal neun Prozent. Die Marktgängigkeit von Büroobjekten hängt nicht nur von der Raumflexibilität, dem Grad der Gebäudeautomation, dem Versorgungsstandard hinsichtlich der Kommunikationsleitungen, der verkehrsmäßigen Infrastruktur und der Abstellmöglichkeiten für Pkws ab, sondern auch von „weichen Lagefaktoren" („Adresse") und der großräumigen Lagestruktur. Die Streubreite der erzielbaren Mieten ist außerordentlich hoch. Zur Flächenberechnung bei Büroobjekten wurde ein eigenes Regelwerk entwickelt.

Siehe / Siehe auch: Business Center, Flächendefinition (außerhalb DIN und II BV)

Büroserviceunternehmen

company providing office services

Büroserviceunternehmen bieten voll eingerichtete, funktionsfähige Büros zur zeitweisen Nutzung an. Im Angebot enthalten sind dabei in der Regel auch verschiedene Dienste (Dolmetscher-, Sekretariats-, Telefon-, Post-, Botendienste, Cateringservice und dergleichen. Büroserviceunternehmen unterhalten in der Regel ganze Business Center.

Siehe / Siehe auch: Business Center

Bundesamt für Bauwesen und Raumordnung (BBR)

Federal Office for Building and Regional Planning

Das Bundesamt für Bauwesen und Raumordnung ist dem Geschäftsbereich des Bundesministeriums für Verkehr, Bau- und Stadtentwicklung zugeordnet. Es entstand durch Fusion der Bundesbaudirektion (BBD) und der Bundesforschungsanstalt für Landeskunde und Raumordnung (BfLR).

Seit 01.01.2006 wurden auch die Bundesbauämter I und II und die Oberfinanzdirektion Berlin dem BBR unterstellt. Der Aufgabenbereich des BBR ist vielfältig. Bedeutsam ist der Forschungsbereich (Betrieb eines räumlichen Informationssystems das auch Prognosen für die künftige Raum- und Stadtentwicklung erstellt. Bedeutsam sind die jährlich erscheinenden Immobilienmarktberichte. Das BBR unterstützt und begleitet die Umsetzung bundesrechtlicher Regelungen des Städtebaus unter Berücksichtigung eines haushälterischen Bodenmanagements und begleitet innovative Modellvorhaben, die den Erfahrungshintergrund für die rechtliche Fortentwicklung im Bereich des Städtebaus darstellen.Fördergrundlagen für Maßnahmen des Städtebaus und für eine effiziente Strukturpolitik im Kontext zu Entwicklungen innerhalb der Europäischen Union werden ebenfalls vom BBR erarbeitet. Ein weiterer Bereich bezieht sich auf die Umsetzung der Verkehrs- und Umweltpolitik, sowie die ständige Raum- und Stadtbeobachtung auf der Grundlage hierfür eigens generierter Informationssysteme.

Das BBR verfügt über einen wissenschaftlichen Dienst der zahlreiche Fachveröffentlichungen betreut und eine umfangreiche Fachbibliothek unterhält. Fachbezogen widmet sich das BBR dem Wohnen (Wohnungsmarkt, wohnungspolitische Analysen und Berichte, Kostenentwicklung) der Bautechnik und der Architektur. Von der früheren Bundesbaudirektion wurde der Aufgabenbereich der betreuenden Durchführung von Bundesbauten im Ausland übernommen. Das Bundesamt ist ferner zuständig für Bundesbauten in Berlin.

Bundesamt für offene Vermögensfragen

Federal Office for Open Property Issues

Siehe / Siehe auch: Bundesamt für zentrale Dienste und offene Vermögensfragen

Bundesamt für Wirtschaft und Ausfuhrkontrolle

Federal Office for Economy and export control

Das Bundesamt für Wirtschaft und Ausfuhrkontrolle ist eine Institution, die beim Bundesministerium für Wirtschaft und Technologie angesiedelt ist. Das Bundesamt war für die Erteilung von Genehmigungen von Wertsicherungsklauseln nach der Preisklauselverordnung zuständig. Die Verordnung trat mit Inkrafttreten des Preisklauselgesetzes außer Kraft. Für Preisklauseln ist künftig keine Genehmigung mehr einzuholen, so dass das Bundesamt nunmehr von diesem Aufgabenbereich entlastet ist. Internet: www.bafa.de

Bundesamt für zentrale Dienste und offene Vermögensfragen

Federal Office for Central Services and the Settlement of Open Property Issues

In der zum 1.1.2006 ins Leben gerufenen neuen Behörde (Abkürzung: BADV) sind das Bundesamt zur Regelung offener Vermögensfragen (BARoV) und der Dienstleistungsbereich des Bundesamtes für Finanzen aufgegangen. Aufgaben:

- Klärung offener Vermögensfragen
- Verwaltung des bundeseigenen Kunstbesitzes
- Personalleistungen und Personalnebenleistungen
- Familienleistungsausgleich

Dienstsitze bestehen in einer Reihe von Städten, darunter Berlin, Bonn, Chemnitz, Cottbus, Erfurt, Frankfurt/Oder. Im Rahmen der Klärung offener Vermögensfragen ist das BADV auch für die einheitliche Durchführung des Vermögensgesetzes in Bund und Ländern sowie für Anträge auf Rückübertragung bzw. Entschädigung hinsichtlich zwischen 1933 und 1945 enteigneter Vermögenswerte zuständig. Ehemals volkseigenes DDR-Vermögen soll heutigen Eigentümern zugeordnet werden.

Ziel der Neuorganisation der Behörde ist u.a. verbesserter Service.Das Bundesamt für zentrale Dienste und offene Vermögensfragen hat seinen Sitz in Berlin.

Bundesanstalt für Finanzdienstleistungsaufsicht (BAFin)

Federal Financial Supervisory Authority

Am 1. Mai 2002 ist das Bundesaufsichtsamt für das Kreditwesen mit den Bundesaufsichtsämtern für das Versicherungswesen und den Wertpapierhandel in der Bundesanstalt für Finanzdienstleistungsaufsicht (BAFin) verschmolzen worden. Das frühere Bundesaufsichtsamt für das Kreditwesen (BAKred) ist jetzt identisch mit dem Bereich Bankenaufsicht der neuen Bundesanstalt. Es hat die Aufsicht über Kreditinstitute, Finanzdienstleistungsinstitute, Finanzholdinggesellschaften und Finanzunternehmen in Deutschland. Diese Unternehmen werden nach dem Kreditwesengesetz über ihre Geschäftstätigkeit definiert. Wer im Einzelnen dazu zählt, kann via Internet www.bafin.de abgerufen werden.

Kreditinstitute sind Unternehmen, die gewerbsmäßig Bankgeschäfte betreiben. Hierzu gehören u.a. das Einlagegeschäft, das Kreditgeschäft, das Diskontgeschäft (Wechselgeschäft), der Handel mit Wertpapieren, Geldmarktpapieren, Devisen in eigenem Namen für fremde Rechnung, das Depotgeschäft, das Investmentgeschäft, die Übernahme von Bürgschaften, das Girogeschäft, das Emissionsgeschäft, das Geldkartengeschäft und das Netzgeldgeschäft.Finanzdienstleistungsinstitute sind Unternehmen, die Finanzdienstleistungen für andere gewerbsmäßig erbringen.

Hierzu gehören u.a. die Anlagevermittlung auf der Grundlage von Maklerverträgen, der Abschluss von Kaufverträgen über Finanzinstrumente (Wertpapiere Devisen u. dergl.) in fremden Namen und für fremde Rechnung („Abschlussvermittlung"), die Finanzportfolioverwaltung, der Eigenhandel mit Finanzinstrumenten. Finanzholdinggesellschaften sind Unternehmen, deren Tochtergesellschaften Institute, also Banken und Finanzdienstleister sowie Finanzunternehmen sind. Finanzunternehmen sind im Gegensatz zu Kreditinstituten und Finanzdienstleistungsinstituten keine „Institute".

Deren Geschäfte bestehen u.a. im Erwerb von Beteiligungen und Geldforderungen, im Abschluss von Leasingverträgen, in der Ausgabe und Verwaltung von Kreditkarten, im Handel mit Wertpapieren und Devisen sowie in der Anlageberatung und im Geldmaklergeschäft.Die bedeutendste Gruppe sind die Kreditinstitute mit ca. 3.200 Banken. Daneben gibt es derzeit etwa 1.2000 Finanzdienstleistungsinstitute. Am 1. Juli 2005 wurde der BAFin auch die Aufsicht über geschlossene Immobilienfonds übertragen. Auf diese Weise werden auf diesem Sektor nicht nur die Transparenz für Anleger vergrößert, sondern auch die Konstruktionselemente der neu aufzulegenden Fonds einer Überprüfung unterzogen. Die BAFin, Bereich Banken, ist als Aufsichtsbehörde auch zuständig für die Erteilung der Erlaubnis zum Geschäftsbetrieb.

Bundesanstalt für Immobilienaufgaben

Federal Office for (Government) Real Property Administration

Die am 1.1.2005 gegründete Bundesanstalt für Immobilienaufgaben hat unter anderem die Aufgaben der früheren Bundesvermögensverwaltung übernommen. Allerdings soll sich die Bundesanstalt nach eigenen Vorgaben zu einem modernen Immobiliendienstleister entwickeln. Im Mittelpunkt der neuen Strategie soll die Errichtung eines wert- und kostenoptimierten Einheitlichen Liegenschaftsmanagements (ELM) des Bundes stehen.

Zu den Aufgaben zählen

- Verwertung von Grundstücken, an die der Bund zur Erfüllung seiner Aufgaben nicht mehr gebunden ist
- Verwaltung des eigenen Portfolios sowie der

Dienstliegenschaften des Bundesfinanzministeriums
- Deckung des Grundstücks- und Raumbedarfs für Bundeszwecke
- Wahrnehmung der Bauherreneigenschaft des Bundes bei Neubauten
- Verschiedene Verwaltungsaufgaben, wie z. B. Wahrnehmung der Grundstücksinteressen der Gaststreitkräfte, Zahlung von Fluglärmentschädigungen, Entschädigungen nach dem Allgemeinen Kriegsfolgengesetz (AKG)
- Forstliche Bewirtschaftung und naturschutzfachliche Betreuung der Bundesliegenschaften

Die Bundesanstalt ist in mehrere Geschäftsbereiche gegliedert. Der große Geschäftsbereich Verkauf agiert nicht nur über die Zentrale in Bonn, sondern über 48 Nebenstellen (also vor Ort). Das Angebotsportfolio umfasste Anfang 2006 37.000 Liegenschaften sowie 60.000 Wohnungen der verschiedensten Art. Daneben gibt es weitere Geschäftsbereiche. Der Geschäftsbereich Facility Management kümmert sich um die Beschaffung notwendiger Immobilien, die Liegenschaftsbewirtschaftung, übernimmt Bauherrenaufgaben und unterhält einen Ausschreibungsservice. Im Geschäftsbereich Portfoliomanagement werden die Verkehrswerte der Immobilien ermittelt, die verkauft werden sollen. Im Geschäftsbereich Verwaltungsaufgaben werden unter anderem die Liegenschaften der ausländischen Streitkräfte verwaltet.

Außerdem handelt es sich um eine Wohnungsvergabestelle für Bundesbedienstete. Die Bundesforstverwaltung als weiterer großer Geschäftsbereich betreut und bewirtschaftet die Forstgebiete und die landwirtschaftlichen Flächen des Bundes auch unter ökologischen Aspekten und übernimmt die Wertermittlung für land- und forstwirtschaftliche Flächen. Immobilienangebote der Bundesanstalt können Interessierte durch eine Suchanfrage ermitteln.

Siehe auch: http://www.bundes-immobilien.de/

Bundesarbeitsgemeinschaft der Deutschen Immobilienwirtschaft

Federal Working Committee of the German Real Estate Industry

Die Bundesarbeitsgemeinschaft der Deutschen Immobilienwirtschaft (BAG) wurde am 4.4.2003 gegründet. Sie besteht aus den nunmehr vier Spitzenverbänden der deutschen Wohnungs- und Immobilienwirtschaft:

- BFW Bundesverband Freier Immobilien- und Wohnungsunternehmen
- GdW Bundesverband deutscher Wohnungsunternehmen,
- Haus & Grund Deutschland
- IVD (früher RDM und VDM)

Außerordentliche Mitglieder sind der Dachverband Deutscher Immobilienverwalter DDIV und der Verband deutscher Hypothekenbanken VDH. Damit ist die Bundesarbeitsgemeinschaft der Deutschen Immobilienwirtschaft die größte Interessenvertretung der Branche in Deutschland. Sie umfasst sowohl privatwirtschaftliche, kommunale und genossenschaftliche Wohnungs- und Immobilienunternehmen, wie auch Einzeleigentümer, Projektentwickler, Bauträger, Makler und Immobilienfonds. Ziel der BAG ist es, die politischen, rechtlichen und steuerlichen Rahmenbedingungen der deutschen Immobilienwirtschaft entsprechend ihrer herausragenden volkswirtschaftlichen Bedeutung zu verbessern. Die BAG koordiniert die interessenpolitische Arbeit der Spitzenverbände in Berlin und Brüssel, um in Fragen, die die Wohnungs- und Immobilienwirtschaft in ihrer Gesamtheit betreffen, einheitliche Stellungnahmen gegenüber der Politik abgeben zu können. Umgekehrt findet die Politik in der BAG den wichtigsten und immobilienwirtschaftlich bedeutendsten Ansprechpartner in allen Branchenangelegenheiten. Geplant ist, auf Länderebene Landesarbeitsgemeinschaften der Deutschen Immobilienwirtschaft zu gründen.

Siehe / Siehe auch: Maklerverbände

Bundesarchitektenkammer

Federal Chamber of German Architects

Die Bundesarchitektenkammer e.V. (BAK) vertritt die Interessen der deutschen Architekten aller Fachrichtungen gegenüber der Politik und der Öffentlichkeit sowohl auf nationaler als auch auf internationaler Ebene. Ihre Mitglieder sind die sechzehn Architektenkammern der einzelnen Bundesländer.

Siehe / Siehe auch: Architektenkammer

Bundesbodenschutzgesetz

German federal soil protection act

Das Bundesbodenschutzgesetz (BBodSchG) gehört zum besonderen Umweltverwaltungsrecht, in dessen Regelungsbereich auch das Bundesnaturschutzgesetz, das Bundeswaldschutzgesetz und das Tierschutzgesetz gehören. Zweck des Gesetzes ist es, nachhaltig die Funktionen des Bodens zu sichern oder wiederherzustellen. Durch das Gesetz wird jeder Bürger, der auf den Boden einwirkt, verpflichtet, sich so zu verhalten, dass schädliche Bodenveränderungen nicht hervorgerufen werden. Grund-

stückseigentümer und Grundstücksbesitzer sind verpflichtet, Maßnahmen zur Abwehr drohender schädlicher Bodenveränderungen zu ergreifen.
Zum Regelungsbereich des Gesetzes gehört der Umgang mit Altlasten, das Gebot der Entsiegelung von dauerhaft nicht mehr genutzten Flächen, wobei die Detailregelungen und die Durchsetzung auf die Bundesländer übertragen wurden. Die Vorsorgepflicht der Bodeneigentümer und der Inhaber der tatsächlichen Gewalt (z. B. Pächter) erstreckt sich auch auf den landwirtschaftlichen Nutzungsbereich, wobei hier die nachhaltige Sicherung der Bodenfruchtbarkeit und Leistungsfähigkeit des Bodens als natürliche Ressource im Fokus steht.
Siehe / Siehe auch: Altlasten, Altlastenkataster, Bodenfunktionen (Bodenschutzgesetz), Gute fachliche Praxis

Bundesgerichtshof

German federal high court of justice; federal supreme court

Bei Streitigkeiten in Sachen des Wohnungseigentums ist der Bundesgerichtshof in dritter Instanz zuständig, wenn das Landgericht als Berufungsgericht die Revision zum Bundesgerichtshof zulässt.
Gegen die Nichtzulassung der Revision durch das Berufungsgericht kann gemäß § 544 ZPO die Nichtzulassungs-Beschwerde eingelegt werden.
Diese Nichtzulassungs-Beschwerde ist jedoch bis zum 01.07.2012 ausgeschlossen, um nach der Verfahrensumstellung vom FGG-Verfahren auf das ZPO-Verfahren eine Überlastung des Bundesgerichtshofes zu vermeiden.
Siehe / Siehe auch: Amtsgericht, Landgericht, WEG-Verfahren / ZPO-Verfahren, ZPO, FGG

Bundeskartellamt

Federal Cartel Office

Das Bundeskartellamt ist eine Bundesbehörde im Geschäftsbereich des Bundesministeriums für Wirtschaft und Technologie und hat seinen Sitz in Bonn.
Seine Gründung ist auf die Initiativen der ordoliberalen (neoliberalen) Nationalökonomen aus dem Bereich der „Freiburger Schule“ zurückzuführen. Deren Grundidee bestand darin, dem Staat aufzuerlegen, einen Ordnungsrahmen für die Wirtschaft schaffen, mit dem der Wettbewerb geschützt und Kartell- bzw. Monopolbildungen verhindert werden sollten.
Rechtsgrundlage des Bundeskartellamtes ist das Gesetz gegen Wettbewerbsbeschränkungen (GWB), auch Kartellgesetz genannt, das zum 01.01.1958 in Kraft trat und seither siebenmal überarbeitet wurde.
Die letzte Novelle erfolgte 2007.
Die Verfahren beim Bundeskartellamt finden in verschiedenen Beschlussabteilungen statt, die durch die Grundsatzabteilung unterstützt wird. So wurden z. B. 2008 und 2009 mehrere Verfahren gegen Stadtwerke wegen missbräuchlich überhöhter Gaspreise durchgeführt. Viele Verfahren spielen sich im Rahmen der Fusionskontrolle ab, in denen geprüft wird, ob durch Fusionen marktbeherrschende Stellungen von Unternehmen entstehen. Sie führen zur Untersagung oder Freigabe von Fusionen.
Die Überwachung der Vergabe von öffentlichen Aufträgen ist Sache der drei Vergabekammern des Bundeskartellamtes. Anträge auf Einleitung eines Nachprüfungsverfahrens können insbesondere von nicht berücksichtigten Bietern gestellt werden, um die Verletzung von Vergabevorschriften geltend zu machen.
Der Wettbewerbskontrolle unterliegen auch Wettbewerbsregeln von Verbänden und anderen Vereinigungen. Sofern sie genehmigt werden, finden sie Eingang in das vom Kartellamt geführte Register für Wettbewerbsregeln. So hat das Kartellamt z. B. die Wettbewerbsregeln des IVD Bundesverbandes anerkannt und am 12.10.2006 im Bundesanzeiger veröffentlicht.
Siehe / Siehe auch: Wettbewerbsrecht, Ordoliberalismus

Bundesmietengesetz

Federal German Rents Act

Das erste Bundesmietengesetz (BMietenG) wurde 1955 erlassen. Anlass war die Knappheit von Wohnraum im Deutschland der Nachkriegszeit. Das Gesetz enthielt eine strikte Mietpreisbindung. Das BMietenG wurde 1960 aufgehoben. Neben dem Bundesmietengesetz existierten noch bis in die 60er und teilweise die 70er Jahre Landesgesetze, die ähnliche Ziele verfolgten und spezielle Mieterschutzregelungen enthielten.
Mittlerweile sind alle derartigen Regelungen aufgehoben. Das Mietrecht ist bundeseinheitlich im Bürgerlichen Gesetzbuch geregelt (§§ 535 ff.). Eine Variante der Mietpreisbindung ist im Bereich des sozialen Wohnungsbaus erhalten geblieben. Die Regelungen zu Förderprogrammen im Wohnungsbau sind Ländersache und unterscheiden sich teilweise von Bundesland zu Bundesland erheblich.
Siehe / Siehe auch: Mietpreisbindung

Bundesnetzagentur

Federal German Network Agency

Die Bundesnetzagentur ist eine Bundesbehörde im Geschäftsbereich des Bundesministeriums für

Wirtschaft und Technologie und hat ihren Sitz in Bonn. Sie unterhält eine Reihe von Außenstellen. Sie ist dafür zuständig durch Liberalisierung und Deregulierung für die weitere Entwicklung auf dem Elektrizitäts-, Gas-,Telekommunikations-, Post- und seit dem 01.01.2006 auch auf dem Eisenbahn-Infrastrukturmarkt zu sorgen. Zur Durchsetzung der Maßnahmen, die dafür erforderlich sind, stehen ihr Sanktionsmöglichkeiten zur Verfügung. Der Handlungsspielraum der Bundesnetzagentur kann wie folgt dargestellt werden: Die Bundesnetzagentur kann in den Bereichen Elektrizität, Gas, Telekommunikation und Post Entscheidungen fällen. Zuständig sind hierfür Beschlusskammern. Die unmittelbar betroffenen Unternehmen können sich an den Beschlusskammerverfahren beteiligen. Die vom Verfahren berührten Wirtschaftskreise können beigeladen werden. Die Entscheidungen der Beschlusskammern können im Falle eines Rechtsstreits von der Aufsichtsbehörde, dem Bundesministerium für Wirtschaft und Technologie (BMWi), nicht aufgehoben werden. Eine so genannte Ministerentscheidung ist, abweichend von den Regelungen im Gesetz gegen Wettbewerbsbeschränkungen (GWB), nicht vorgesehen.

Gegen die Entscheidungen der Beschlusskammern kann unmittelbar vor den Verwaltungsgerichten in den Bereichen Post und Telekommunikation und vor den Zivilgerichten im Bereich Energie geklagt werden. Ein Widerspruchsverfahren findet nicht statt. Klagen im Hauptsacheverfahren haben keine aufschiebende Wirkung. Die Entscheidungen der Bundesnetzagentur basieren auf dem Telekommunikationsgesetz, dem Postgesetz und dem Energiewirtschaftsgesetz und sind rechtlich überprüfbar.

Die Bundesnetzagentur unterstützt Verbraucher, die Probleme mit einem Versorgungsunternehmen bzw. bei den Bemühungen zum Wechsel der Versorgungsunternehmen haben. Sie ist unmittelbarer Ansprechpartner. Sie veröffentlicht interessante Berichte über Spezialgebiete z. B. über den Strom- und Gasmarkt, ebenso Jahresberichte in dem auch die Entscheidungen der verschiedenen Beschlusskammern aufgeführt sind. Dem Jahresbericht für 2008 ist z. B. zu entnehmen, dass die Wettbewerber der Telekom auf dem Telekommunikationsmarkt Mit einem Umsatz von 34,1 Milliarden Euro die Telekom mit einem Umsatz von 28,9 Milliarden Euro überholt haben. Im Strombereich betrug die Wechselquote im Jahr 2007 10,03 Prozent, im Gasbereich dagegen nur 3,79 Prozent.

Die Preise für Elektrizität für Haushaltkunden setzten sich 2008 nach diesem Jahresbericht wie folgt zusammen: 27,4 Prozent Netzentgelte (Leitungskosten), 34,2 Prozent Kosten der Energiebeschaffung und des Vertriebs, 24,4 Prozent Steuern, 13,0 Prozent staatlich veranlasste Abgaben (unter anderem Abgaben nach dem Erneuerbare-Energie-Gesetz zur Förderung erneuerbarer Energien und dem KWK Gesetz – novelliert 2009 – mit Abgaben zur Förderung der Kraft-Wärme-Koppelung. Bei den Gaspreisen ergab sich 2008 folgende Zusammensetzung: 18,3 Prozent Netzentgelte 54,2 Prozent Kosten der Energiebeschaffung und des Vertriebs, 23,6 Prozent Steuern, 3,9 Prozent staatlich veranlasste Abgaben.

Weitere Informationen sind der Homepage der Bundesnetzagentur zu entnehmen:
http://www.bundesnetzagentur.de

Siehe / Siehe auch: Erneuerbare Energie, Energieverbrauch privater Haushalte, Erneuerbare-Energien-Gesetz

Bundesumweltamt

Federal Office of Environment

Siehe / Siehe auch: Umweltbundesamt

Bundesverband der Deutschen Immobilienwirtschaft e.V.

Federal Association of the German Real Estate Industry, a registered association

Siehe / Siehe auch: Bündelungsinitiative der Deutschen Immobilienwirtschaft

Bundesverband öffentlich bestellter und vereidigter sowie qualifizierter Sachverständiger e.V. (b.v.s.)

German federal association of publically appointed and sworn-in as well as qualified appraisers, a registered association

Beim bvs handelt es sich um einen Dachverband der Sachverständigen, in dem etwa 4.000 Sachverständige aus 200 Fachbereichen sowie 12 Fachverbände organisiert sind. Der größte Teil der deutschen Immobiliensachverständigen, die in Landesverbände gegliedert sind, sind dort Mitglied.

Näheres siehe unter: http://www.bvs-ev.de

Bundesvereinigung Spitzenverbände der Immobilienwirtschaft (BSI)

confederation of key German organisations for real estate management

Die Bundesvereinigung Spitzenverbände der Immobilienwirtschaft (BSI) vertritt als Zusammenschluss der Interessenverbände aus der Wohnungs- und Immobilienbranche gemeinsame Positionen

gegenüber Politik und Öffentlichkeit mit dem Ziel, die volkswirtschaftliche Bedeutung der Immobilie in Deutschland in Politik und Öffentlichkeit zu festigen sowie die Rahmenbedingungen der deutschen Immobilienwirtschaft zu verbessern.
Der Bundesvereinigung Spitzenverbände der Immobilienwirtschaft gehören derzeit an:

- Bundesverband Freier Immobilien- und Wohnungsunternehmen (BFW)
- GdW Bundesverband deutscher Wohnungs- und Immobilienunternehmen
- Haus & Grund Deutschland
- Immobilienverband Deutschland IVD Bundesverband der Immobilienberater, Makler, Verwalter und Sachverständigen (Der IVD ist 2004 als Zusammenschluss aus dem Ring Deutscher Makler (RDM) und dem Verband Deutscher Makler (VDM) entstanden.)
- Bundesfachverband Wohnungs- und Immobilienverwalter (BFW)
- Dachverband Deutscher Immobilienverwalter (DDIV)
- Verband deutscher Pfandbriefbanken (vdp)
- Verband Geschlossene Fonds (VGF)

Bungalow

bungalow

Der Bungalow ist ein freistehendes eingeschossiges geräumiges Einfamilienhaus mit einem Flachdach oder einem flach geneigtem Dach. Seine Ursprünge stammen aus der britischen Kolonialzeit in Indien. Eine besondere Art waren Rasthäuser für Reisende („Dak-Bangla"). Bungalows werden vielfach in südlichen Fremdenverkehrsgebieten und auf Inseln als Feriendomizile für Touristen am Meer von Hotelketten angeboten. Dabei handelt es sich allerdings um relativ kleine Einheiten, die sich in diesem Punkt vom ursprünglichen Bungalow unterscheiden.

In größerem Umfange breitete sich der Bungalowstil als Einfamilienhaus in Westdeutschland nach dem 2. Weltkrieg aus. Man findet sie in bevorzugten Wohngebieten. Neben freistehenden Bungalows gibt es aneinander gebaute Reihenbungalows in L-Form oder vom Baukörper voll umschlossene, atriumförmige Bungalows.
In Ostdeutschland wurden zur DDR-Zeit Sommer-Wochenendhaus-Gebiete (im Einigungsvertrag „Erholungsgebiete" genannt) zur Bebauung mit kleinen Bungalow-ähnlichen Gebäuden („Datschen") ausgewiesen. Wegen der relativ hohen zu überbauenden Grundstücksfläche wird eine Bebauung im Bungalowstil (mit nicht nutzbarer Dachfläche) in Bebauungsplänen nur noch selten festgesetzt.
Siehe / Siehe auch: Dachformen, Datscha / Datsche

Business Center

Business Centre

Das Business Center ist ein Bürokonzept, nach dem an Unternehmen jeder Branche und Größe für vertraglich zu definierende Zeiträume kurzfristig möblierte, voll ausgestattete Büroräume vermietet werden. Es bietet Büro-Dienstleistungen wie Sekretariatsservice, Nutzung von Bürotechnik und Videokonferenzräumen an. Ein Teil der Dienstleistungen ist mit der Miete abgegolten. Andere sog. Wahlleistungen werden gesondert abgerechnet.
Der Bundesverband Büro- und Service hat im November 1999 festgestellt, dass 1999 für Business Center 161.774 m² Flächen zur Verfügen standen, die sich auf 4.087 Büroeinheiten verteilten. Als Marktführer gilt die Regus Business Center Gruppe, die an 230 Standorten in 40 Ländern Business Center unterhält.
Bei einem Preisvergleich zwischen einer konventionellen Büronutzung und der Nutzung im Rahmen eines Business Centers zeigt sich, dass die Kostenersparnis um so größer ist, je kürzer die Mietdauer und je geringer die Zahl der benötigten Büroplätze ist. Typische Nutzer sind Existenzgründer, temporäre Nutzer (Ausweichstandort, weil das eigene Bürohaus umgebaut wird), Handelsvertreter und internationale Nutzer. Business Center befinden sich überwiegend in den besten Lagen in Großstädten, vor allem in Landeshauptstädten. So gibt es in München 16 Standorte mit 642 Büroeinheiten, in Berlin 12 Center mit 516 Büroeinheiten und Hamburg 11 Center mit 350 Büroeinheiten.
Eine Variante des Business Centers bildet das Office Center, das für bestimmte Kunden nach deren Anforderungsprofil, eingerichtet wird. Hier wird

der Bürobedarf von Unternehmen für zeitlich begrenzte Projekte befriedigt. (Beispiel Siemens Real Estate Office Center am Flughafen München). Die Mindestlaufzeit des Mietvertrags liegt bei Office Centern bei drei Jahren.

Business Club

Business Club

Der Business Club ist ein Bürokonzept, das unterschiedliche Funktionsbereiche miteinander kombiniert und daher multifunktional genutzt werden kann. Zur Ausstattung gehören beispielsweise ein durchgehend besetztes Sekretariat, Büroarbeitsplätze, Besprechungsräume und eine gemeinsam genutzte Infrastruktur wie Garderoben, Gepäckschließfächer, Postfächer, Materialdepots sowie die entsprechende Büro- und Kommunikationstechnik.

Business Improvement District (BID)

Business Improvement District (BID)

Ein Business Improvement District (BID) ist ein innerstädtischer Bereich, in dem Grundstückseigentümer zeitlich begrenzte Maßnahmen zur Verbesserung des Umfeldes und der Attraktivität des Bereiches finanzieren und durchführen. BIDs wurden in nordamerikanischen Innenstädten als Reaktion auf die wachsende Konkurrenz durch Einkaufszentren entwickelt.
Das erste BID, Bloor West Village, wurde 1970 in Toronto (Kanada) eingerichtet und gilt heute als eine der BID-Erfolgsgeschichten. In Deutschland wurde das erste BID im Februar 2005 in Hamburg-Bergedorf beantragt. Maßnahmen zur Umfeldverbesserung, z. B. Reinigung von Graffiti, Verbesserung der Sauberkeit oder Ersatz von Material sind typische Handlungsfelder eines BID.
Aber auch Investitions- und Marketingmaßnahmen sind im Rahmen eines BID möglich. Ein BID ist ein Beispiel einer Öffentlich-Privaten Partnerschaft (PPP), in der öffentliche Rechtssetzungsbefugnis und private Initiative zusammen wirken. Mit der Änderung des Baugesetzbuches trat am 01. Januar 2007 das Gesetz zur Erleichterung von Planungsvorhaben für die Innenentwicklung der Städte in Kraft. Mit dem neu eingefügten § 171f bietet es erstmals Regelungen für BIDs an, die auf dieser Basis die Stärkung bestimmter Innenstadtbereiche, Stadtteilzentren, Wohnquartiere oder Gewerbegebiete zum Ziel haben.
Siehe / Siehe auch: Baugesetzbuch (BauGB), Public Private Partnership (PPP)

Business Improvement Districts (BIDs)

Business Improvement Districts (BIDs)

Siehe / Siehe auch: Immobilien- und Standortgemeinschaften (ISG)

Business to Business

business-to-business (B2B)

Der Begriff Business to Business (B2B) bezeichnet Transaktionen, Leistungsaustausch und Vorgänge zwischen Geschäftspartnern sowohl innerhalb eines Unternehmens als auch zwischen verschiedenen Unternehmen. Je nach Markt tritt ein Unternehmen als Anbieter oder Nachfrager auf. Informationen, die an Geschäftspartner übermittelt werden, sind ein Teil der Transaktionen der Geschäftspartner.
Diese können z. B. die Übersendung von Angeboten, Katalogen, Preislisten oder auch Einkäufe und Verkäufe sein. Im Zusammenhang mit dem Begriff Franchise bedeutet Business-to-Business, dass der Franchise-Geber seine Lizenz nicht an Existenzgründer vergibt, sondern sich als neue Franchise-Nehmer bereits am Markt bestehende Unternehmen wünscht.
Siehe / Siehe auch: Business to Consumer

Business to Consumer

Business to Consumer

Business to Consumer (B to C) ist ein Begriff aus dem Marketing, auch B2C, der die Zielansprache eines Unternehmens an Kunden bezeichnet.
Siehe / Siehe auch: Business to Business

Businessplan

business plan

Unter Businessplan versteht man den Geschäftsplan eines Unternehmens, in dem die Vorhaben, die Ziele und die Wege, um diese zu erreichen, aufgeführt und quantifiziert sind. Er ist somit die schriftliche Fixierung der Unternehmensplanung zur betriebswirtschaftlichen Absicherung von Chancen und Risiken bei einer Neugründung oder Unternehmenserweiterung. Neben den Daten aus der Marktforschung enthält er auch Informationen zum Wettbewerbsabgrenzung, Zielformulierungen für den Einsatz der einzelnen Produktionsfaktoren und klare Aussagen zur Strategie des Unternehmens in allen Einzelbereichen.

Bußgeld

fine; monetary fine

Wer Ordnungsvorschriften verletzt und damit „ordnungswidrig“ handelt, wird mit Bußgeld bedroht.

Eine Ordnungswidrigkeit kann, muss aber nicht geahndet werden. Es handelt sich dabei nicht um eine Geldstrafe im strafrechtlichen Sinne. Vielmehr wird ein Bußgeld von der zuständigen Verwaltungsbehörde verhängt. In der Immobilienwirtschaft gibt es eine fast unüberschaubare Anzahl von Ordnungsvorschriften, die von Unternehmen und sonstigen Zugehörigen zu diesem Wirtschaftszweig zu befolgen sind. Es handelt sich vor allem um Vorschriften aus dem Bauordnungsrecht und dem Gewerberecht.

Buying Center

buying centre

Im klassischen Wohnimmobilien-Bereich hat es der Makler meist mit Familien zu tun. Gewerbeimmobilien werden demgegenüber in den meisten Fällen nicht von einem einheitlichen Entscheidungsträger gekauft bzw. angemietet, sondern von einer ganzen Personengruppe, in der es durchaus unterschiedliche Gewichtungen und Interessen geben kann. Für die erfolgreiche Vermarktung von Immobilien ist es daher essentiell herauszufinden, wer in diesen Gruppen welche Funktion hat, bzw. welche formelle oder informelle Rolle er spielt. Ein Ansatz hierfür ist der sogenannte Buying Center-Ansatz, der sich gut auf die Immobilienwirtschaft übertragen lässt. Hierbei werden jeweils verschiedene Rollen differenziert. Und zwar: Benutzer, Einkäufer, Entscheidungsträger, Einflussagenten und Gatekeeper.

Bei Gewerbeimmobilien wird die Situation dadurch erschwert, dass ein Teil der Aktoren im Ausland sitzt. Bei den Start-Ups war dies etwa in den früheren Boom-Zeiten des Neuen Marktes in den unterschiedlichsten Konfigurationen zu beobachten. Nutzer und Einflussträger, letztere häufig Form der zukünftigen Geschäftsführer, waren in Deutschland vor Ort, während die Entscheider etwa in den USA weilten. Wer bei Verkaufs- bzw. Vermietungsverhandlungen, in denen Personengruppen auftreten, nicht systematisch zwischen diesen fünf unterschiedlichen Aktoren im Buying Center unterscheidet und seine Verkaufsargumente nicht gruppengerecht formuliert, wird sich einer undurchsichtigen Vielzahl von Akteuren gegenübersehen, deren letztendliches Entscheidungsverhalten er nur sehr bedingt nachvollziehen kann. Daher ist es wichtig herauszufinden, wer im Aushandlungsprozess welche Funktion und damit verbunden auch welche weitergehenden Interessen hat.

BVI Bundesverband Investment und Asset Management e. V.

German federal association for investment and asset management, a registered association

Der BVI Bundesverband Investment und Asset Management e. V. versteht sich als zentrale Interessenvertretung der Investmentbranche in Deutschland. Der Verband wurde 1970 unter dem Namen BVI BundesverbandDeutscherInvestmentgesellschaften e.V. von sieben Unternehmen gegründet und zählt inzwischen mehr als 70 Kapitalanlagegesellschaften, darunter auch Anbieter von Offenen Immobilienfonds, zu seinen Mitgliedern. Seit 31.10.2002 führt der Verband den Namen BVI Bundesverband Investment und Asset Management e.V.

Der BVI vertritt nach eigenen Angaben 99 Prozent des von deutschen Investment-Gesellschaften verwalteten Fondsvermögens. Er veröffentlicht regelmäßig Statistiken zu Publikumsfonds und Spezialfonds in Deutschland, unter anderem zur Entwicklung der Mittelzuflüsse und der Fondsvolumina.

Siehe / Siehe auch: Immobilienfonds - Offener Immobilienfonds

Call Center
call centre
Call Center ist ein multifunktionales System, das eine interaktive Beziehungsebene per Telefon zwischen Kunden und Unternehmen schafft. Es gilt heute als Marketinginstrument der Zukunft. Call Center können als externe Dienstleister eingesetzt oder in den Betrieb implementiert werden. Die Einsatzbereiche sind vielfältig und reichen beispielsweise vom Direktmarketing, der Ermittlung spezieller Bezugsquellen, der Veranstaltungsorganisation über das Beschwerdemanagement bis hin zur telefonischen Rechtsauskunft.
Die Technik besteht darin, ankommende Anrufe beim 24-Stunden durchgehend empfangsbereiten Call Center durch ein ACD-System (Automatic Call Distribution) nach bestimmten Kriterien an solche „Agenten" zu vermitteln, die über eine entsprechende fachliche Gesprächspartnerqualifikation verfügen. Die eingehenden Anrufe können auch mit einer Datenbank verknüpft werden (Computer Thelephone Integration Technologie), die den Agenten in die Lage versetzt, sich während des Telefongespräches sachbezogene Informationen anzeigen zu lassen. In Spitzenzeiten werden sprachgesteuerte Computersysteme eingesetzt, die eine automatische Anrufbeantwortung und -steuerung ermöglichen.
Der Versuch, über ein Call Center Immobilien zu vertreiben, wird von der Metro Holding und der Deutschen Bau- und Bodenbank mit einigen EDV und Marketingspezialisten in Berlin unternommen. Die Immobilien Scout GmbH versendet die bei ihr von Privatanbietern Maklern, Verwaltern und Wohnungsunternehmen hereingegebenen Angebote (von Mietwohnungen bis zum Einfamilienhaus) an Interessenten, die sich dort melden. Die Anbieter zahlen für jedes ausgedruckte und versandte Exposé zwischen 2,50 und 15,- Euro.

Cannabis-Pflanzung
planting cannabis
Deutsche Gerichte sehen den Cannabis-Anbau in einer Mietwohnung oft als Grund für eine fristlose Kündigung des Mietverhältnisses an. Hier kommt es jedoch entscheidend auf den Umfang des Cannabis-Anbaus an. Ein bis zwei Pflänzchen auf dem Balkon rechtfertigen keine fristlose Kündigung (AG Köln, Urteil v. 28.03. 2003, Az. 208 C 141/02). Entfernt der Mieter nach Abmahnung die Pflanzen, gibt es keinen Kündigungsgrund. Wird jedoch im Keller eine ganze Plantage entdeckt, ist dem Vermieter eine Fortsetzung des Mietverhältnisses bis zum Ablauf der Kündigungsfrist nicht mehr zumutbar (z. B. AG Hamburg-Blankenese, Az. 518 C 359/07). Im Hamburger Fall waren 13 Pflanzen mit einer Höhe bis 1,10 m sowie 43 Blumentöpfe mit Reststängeln gefunden worden. Das Gericht erklärte die fristlose Kündigung für wirksam.
Zwei Aspekte sind wichtig:

- Cannabis gilt als sogenannte weiche Droge. Der Besitz in jeglicher Form ist in Deutschland dennoch verboten und strafbar. Inwieweit bei Kleinmengen zum persönlichen Gebrauch eine Strafverfolgung stattfindet, ist in jedem Bundesland unterschiedlich.
- Die zitierten Urteile sind nicht allgemeingültig. Jedes andere Amtsgericht kann zu einer entsprechenden Frage durchaus ein abweichendes Urteil fällen.

Siehe / Siehe auch: Drogenhandel durch Mieter

Cap-Darlehen
loan with an interest-rate cap
Cap-Darlehen sind Darlehen mit variabler Verzinsung. Bei diesem Darlehen ist für eine bestimmte Laufzeit eine Obergrenze des variablen Zinssatzes im Voraus festgelegt. Bei einem Darlehen mit variablem Zinssatz richtet sich das Kreditinstitut nach der Entwicklung des sogenannten EURIBOR als Referenzzinssatz, zudem gewähren Kreditinstitute untereinander Kredite. Beim Cap-Darlehen sinkt durch die Obergrenze die Zins- bzw. Gewinnmarge des Kreditinstituts, wenn der EURIBOR eine bestimmte Höhe überschreitet.
Da diese Grenzen nicht überschritten werden, ist für den Kreditnehmer das Risiko, das üblicherweise mit einer variablen Verzinsung einhergeht, eingeschränkt. Die Vorteile bestehen darin, dass einerseits eine bestimmte Kalkulationssicherheit beseht, andererseits aber Sondertilgungen möglich sind. Man kann in Zeiten niedriger Zinssätze jederzeit auch auf ein günstiges langfristiges Darlehen umsteigen. Allerdings ist ein Cap-Darlehen nicht umsonst zu haben. Das Kreditinstitut verlangt eine sogenannte „Cap-Gebühr", eine Bearbeitungsgebühr, die vor allem bei schneller Rückzahlung das Darlehen verteuert.

Cap-Floor-Darlehen (Collar)
loan with an interest-rate cap and an interest-rate floor (collar)
Eine Cap-Floor-Vereinbarung legt im Rahmen einer Immobilienfinanzierung einen Korridor fest, innerhalb der sich variable Darlehenszinsen bewegen können. Übersteigt der Zins die durch den Cap

bezeichnete Obergrenze, übernimmt das Institut, mit dem die Vereinbarung getroffen wurde, den Differenzbetrag. Unterschreitet der Zinssatz die untere Grenze (Floor), dann muss der Differenzbetrag an das Institut abgeführt werden. Das Institut erhält zu Beginn der Vereinbarung eine einmalige Prämie, deren Höhe laufzeitabhängig ist. Da für das Institut das Risiko durch die Floor-Vereinbarung begrenzt ist, liegt sie unterhalb einer reinen Cap-Prämie.
Siehe / Siehe auch: Cap-Darlehen

Carport
carport
Allseitig offener oder nur zum Teil geschlossener aber überdachter Kraftfahrzeugunterstellplatz.
Für Fundamente und Konstruktion sind statische Nachweise erforderlich. Es gibt auch Fertigteilcarports oder als Bausatz zum Selbstbau lieferbare Carports.

Case Szenarios
case scenarios
Im Zusammenhang mit der Prüfung einer möglichen Unternehmensbeteiligung werden unterschiedliche Fallszenarien durchgespielt, wie die Entwicklung in der Zukunft aussehen kann: Ein pessimistisches Szenario für eine negative Entwicklung, ein optimistisches Szenario für die günstigste Entwicklung und ein „most likely Szenario" für die am wahrscheinlichsten gehaltene Entwicklung.

Cashflow
cash flow
Cashflow ist die Kennzahl für die Bewertung von Unternehmen. Ausgangspunkt für die Ermittlung des Cashflow ist der Bilanzgewinn der Periode, auf die sich die Cashflow-Analyse bezieht, bereinigt durch den Saldo zwischen Auflösung und Zuführung bei den Rücklagen, plus Abschreibungen. Weiterhin sind die Zu- bzw. Abgänge bei Wertberichtigungen und Pensionsrückstellungen zu berücksichtigen. Bei der Analyse von Aktiengesellschaften werden als Cashflow-Kennzahlen einerseits der Quotient aus Cashflow und Anzahl der Aktien und andererseits der Quotient aus dem Kurs der Aktie und dem Cashflow pro Aktie herangezogen.

Center Management
centre management
Verwaltung von Centern, die insbesondere das professionelle Management des Centers und Marketing für dieses beinhaltet. Siehe Center Manager.
Siehe / Siehe auch: Center Manager

Center Manager
centre manager
Kernaufgabe des Center Managers ist es, für ein zentral gesteuertes professionelles Management insbesondere bei Gewerbeparks, Einkaufs- oder Shoppingcenter zu sorgen. Der Center Manager verfügt über weitreichende Kompetenzen. Zu seinen Detailaufgaben gehören die technische Verwaltung, das kaufmännisch-wirtschaftliche Management der Immobilien sowie die Steuerung der wirtschaftlichen Entwicklung des Centers.
Diese umfasst die Durchführung von Kundenanalysen, Herstellung und Pflege von Kontakten zu potenziellen Mietern, Aufbau und Leitung der Mieter- bzw. Werbegemeinschaft, Kontaktpflege zur regionalen Presse und Fachpresse sowie Motivation der Centermieter zur Erhöhung ihrer Betriebsergebnisse. Er ist zuständig für die Imagepflege des von ihm betreuten Centers.

Charta von Athen
Athens Charter
1933 fand in Athen ein Architektenkongress mit Teilnehmern aus 20 Ländern statt, auf dem eine Resolution verabschiedet wurde, die später als Charta von Athen in die Geschichte des Städtebaus einging. Maßgeblich daran war der französische Architekt Le Corbusier beteiligt. Die Charta besteht aus drei Teilen. Im ersten wird die Bedeutung der Stadt hinsichtlich ihrer ökonomischen, sozialen, geographischen Aspekte erläutert und festgestellt, dass das „Maschinenzeitalter" ein jahrtausende altes Gleichgewicht zerstört habe.
Im 2. Teil werden Untersuchungsergebnisse von 33 Städten dargestellt und daraus Forderungen an den Städtebau begründet. Im 3. Teil werden die abschließenden Schlussfolgerungen gezogen. Ausgehend von der Erkenntnis, dass der Mensch der Maßstab für alle Größenbestimmungen im Plan der Stadt sein müsse, wurde die Vorstellung von der funktionalen Stadt entwickelt. Die Schlüssel zum Städtebau lägen in den vier Funktionen: Wohnen, Arbeiten, sich Erholen (Freizeit) und sich Bewegen (Verkehr). Ein großer Teil der Forderungen aus der Charta von Athen floss in der Folge in die städtische Siedlungspolitik ein. Während nach der Charta eine räumliche Trennung von Wohnen und Arbeiten angestrebt wurde, wird heute einem Mit- und Nebeneinander im Interesse der Reduzierung des Verkehrsaufkommens das Wort geredet.

Chartered Surveyor
chartered surveyor

Ein Chartered Surveyor ist Mitglied der traditionsbewussten Royal Institution of Chartered Surveyors (RICS), eines staatlich anerkannten, weltweit tätigen Fachverbandes von Immobiliensachverständigen, der 1868 in London gegründet wurde. Mitglieder führen die Bezeichnungen MRICS (Member of the Royal Institution of Chartered Surveyors) und FRICS (Fellow of the Royal Institution of Chartered Surveyors).
Siehe / Siehe auch: Royal Institution of Chartered Surveyors (RICS)

Charts
charts
Charts sind die für Analysen verwendeten graphischen Darstellungen. Charts werden insbesondere eingesetzt, um Verläufe darzustellen z.B. indizierte Branchenkennzahlen und Wertpapierentwicklungen. Aus typischen Verlaufsformen können Prognosen abgeleitet und visualisiert werden.

Checkliste
checklist
Mit Checklisten wird versucht, interessierten Anlegern eine einfache, erste Möglichkeit zu geben durch das Abhaken einiger zentraler Analysepunkte eine Fondsbeteiligung zu beurteilen. Da es sich bei geschlossenen Fonds jedoch um sehr komplexe und immer individuell gestaltete Konzeptionen handelt, ist eine solche Checkliste nur sehr eingeschränkt einsetzbar.
Es können daher nie alle für die Beurteilung einer Beteiligung notwendigen Komponenten erfasst werden. Zudem ist auch umfangreiches Hintergrundwissen notwendig, um die Angemessenheit von Kennzahlen und die Haltbarkeit der rechtlichen, steuerlichen und wirtschaftlichen Aussagen beurteilen zu können.

Chiffre-Anzeigen
box number advertisement
Chiffre-Anzeigen sind ein Immobilienangebotsinserat, das anstelle von Namen und Anschrift des Inserenten eine Chiffrenummer erhält. Der Leser des Inserats kann sich nur schriftlich über den Zeitungsverlag mit dem Aufgeber des Inserates in Verbindung setzen. Der Verlag ist verpflichtet, eingehende Schreiben von Interessenten an den Aufgeber des Inserates weiterzuleiten.
Dies gilt auch für „allgemeine Anpreisungen" und Maklerschreiben. Maklern ist es aus Wettbewerbsgründen untersagt, Chiffreanzeigen aufzugeben.

CIM-Prozess
CIM process
Um eine Unternehmenspersönlichkeit zu entwickeln, durchläuft das Unternehmen den sogenannten CI-Management-(CIM-)Prozess. Zunächst müssen Sie das gemeinsame Selbstverständnis Ihres Unternehmens analysieren. Welche Persönlichkeit hat Ihr Unternehmen bereits? Gibt es Wünsche und Erwartungen Ihrer Bezugsgruppen, die Sie hier einfließen lassen können? Muss sich an Ihrem Selbstverständnis etwas ändern? Letztlich entwickeln Sie Ihr Alleinstellungsmerkmal, Ihre USP (Unique Selling Proposition). Die Botschaft, die Sie senden wollen, ist häufig eine andere als die, die der Kunde versteht.

City
(inner) city; city centre
City ist ein englischer Begriff lateinischen Ursprungs. Im Deutschen hat sich der Citybegriff quasi verselbstständigt. Unter dem Begriff City, wie er hier gebraucht wird, versteht man in der Regel den historisch gewachsenen Stadtkern einer Großstadt. Zur City Bildung kam es im Verlauf des Städtewachstums ab Mitte des 19. Jahrhunderts. Historische Lageanknüpfungspunkte für die Herausbildung einer Citystruktur waren zentrale Plätze, wo noch heute die Dome, Münster und historischen Rathäuser stehen. Diese Bauwerke verleihen mancher City ihr besonderes, unverwechselbares Gepräge.
Als Stadtmittelpunkt wurde die City einerseits zum Kulminationspunkt des umfassenden Warenangebots. Das frühere Marktgeschehen unter freiem Himmel verlagerte sich zunehmend in Kaufhäuser und Einzelhandelsgeschäfte. Kennzeichnend hierfür ist die Herausbildung von „Lauflagen", aus denen später „Fußgängerzonen" wurden. Die Erreichbarkeit der City wurde zunehmend durch ein unterirdisches Verkehrsnetz (U-Bahnen) gesichert. Gleichzeitig stieg die Versorgungsreichweite der City selbst. Bezeichnungen wie „Innere Stadt", „Zentraler Bezirk" oder „Stadtbezirk Mitte" als Stadtbezirksname signalisieren, dass sich dort das Geschäfts- und kulturelle Leben abspielt. Hier begründeten auch andere städtische Verwaltungsorgane ihren Sitz. Es entstanden zentrale Kultureinrichtungen, „Bankenviertel", Hotels und Gaststätten. Im Gefolge des Städtewachstums und der Vereinigung von benachbarten Städten zu einer Stadt entstanden auch Nebenzentren. In den Hauptstädten konzentrierten sich in oder neben der City im Rahmen der sich herausbildenden Lobbystruktur

Firmensitze, aber auch Botschaften des Auslands. Dort ließ sich auch das Großbürgertum nieder. Die Entwicklung einer City führt zur Herausbildung hoher „Lagewerte". Man spricht von Citylagen, wenn von I a Lagen die Rede ist. Wichtigste Kennziffer für die Lageeinschätzung ist die sogenannte „Passantenfrequenz".

Siehe / Siehe auch: Fußgängerzone, Stadt

Clearinghaus

clearing house; clearinghouse (bank)

1. Funktion an der Terminbörse:

Clearinghaus (clearing house) ist eine Stelle, an die die lizenzierten Clearing-Mitglieder eines Clearingsystems täglich ihre getätigten Transaktionen auf der Terminbörse melden. Das Clearinghaus übernimmt damit eine Transparenzfunktion für die Terminbörse. Es garantiert seinerseits die korrekte Erfüllung eines begründeten, aber noch nicht durchgeführten Termingeschäfts.

2. Clearinghaus im immobilienwirtschaftlichen Sinne:

Bei Clearinghäusern handelt es sich um Aufenthaltseinrichtungen für Personen, deren Herkunft unklar ist. Die Aufgabe besteht in der Betreuung und Abklärung der Aufenthaltsrechte. So hat das SOS-Kinderdorf Clearinghäuser für minderjährige Flüchtlinge eingerichtet. Die Minderjährigen erhalten eine Grundversorgung, sozialpädagogische, medizinische und psychologisch Hilfe. Ziel ist es, sie fit für ein selbständig geführtes Leben zu machen. Unterstützt werden diese Vorhaben u.a. auch durch den Europäischen Flüchtlingsfonds.

Seit einiger Zeit wird der Begriff Clearinghaus auch für Wohnobjekte in gemeindlicher Trägerschaft verwendet. In flexibel gestaltbaren Sozialwohnungen wird Personen, die akut wohnungslos geworden sind, auf die Schnelle aber keine geeignete Ersatzwohnung finden konnten, eine vorübergehende Unterkunft angeboten. Der Aufenthalt beschränkt sich auf den Zeitraum, bis auf dem Markt eine geeignete Wohnung gefunden wurde. Bei dem aufzunehmenden Personenkreis darf es sich nicht um Menschen handeln, die unter Alkohol- oder Drogenprobleme leiden, oder psychisch krank sind.

Clienting (auch Kunden- oder Customer-Service)

clienting (also: customer service)

Die Kernüberlegung, die hinter Clienting steht, ist folgende: Es ist einfacher, mit einem ehemaligen Kunden wieder eine Immobilientransaktion durchzuführen oder durch seine Empfehlung ein neues Geschäft vermittelt zu bekommen, als mühsam neue Kunden zu suchen. Das bedeutet, dass die Makler-Kundenbeziehung auch nach Abschluss des vom Makler vermittelten Vertrages fortgeführt und aktiv gestaltet werden sollte. Clienting ist ein in hohem Maße kundenorientiertes strategisches Instrument der Kundenbindung. Ein Nebeneffekt ergibt sich daraus, dass sich aus der Kundenbindung und der damit verbundenen Kontaktpflege durch Empfehlung neue Geschäftsbeziehungen ergeben können.

Unter Umständen muss beim Clienting darauf verzichtet werden, dem Kunden ein bestimmtes Objekt verkaufen zu wollen. Es kann besser sein, auf das gegenwärtige Geschäfts zu verzichten, dafür aber eine dauerhafte Kundenbeziehung aufzubauen und die daraus sich ergebenden Geschäftspotentiale auszuschöpfen. Im Übrigen funktioniert Clienting nur, wenn Aufdringlichkeit bei der Kontaktpflege vermieden wird.

Cocooning

cocooning

Der aus dem Englischen stammende Begriff bedeutet in etwa „sich in einen Kokon einspinnen." Im Zusammenhang mit den Trends der modernen Gesellschaft ist damit der Rückzug aus der Gesellschaft bzw. Öffentlichkeit ins Privatleben gemeint. Man könnte hier auch von einem Rückzug in die eigenen vier Wände verbunden mit einer Reduzierung sozialer Kontakte sprechen. Verwendet wird der Begriff seit den 1980er Jahren. Trendforscher wollen eine entsprechende Entwicklung in den USA nach den Anschlägen vom 11. September 2001 oder auch in anderen Staaten als Folge der Wirtschafts- und Finanzkrise beobachtet haben. Das auf das gemütliche, geschützte, eigene Heim konzentrierte Lebensgefühl war zuvor mit dem Begriff „Cosy Home" bezeichnet worden. Auch in Deutschland soll sich Cocooning verbreiten – so wurde es 2010 vom Verband der Garten-, Landschafts- und Sportplatzbauer als Ursache von in Krisenzeiten steigenden Branchenumsätzen angeführt.

Siehe / Siehe auch: Homing

Computer Aided Design (CAD)

CAD (computer-aided design)

Unter CAD versteht man EDV-Programme u.a. für Architekten und Bauzeichner. CAD ist vielfältig vor allem in den Bereichen maßstabsgerechter Entwurfs- Genehmigungs- und Ausführungsplanung einsetzbar. Die Gebäude können zwei- und dreidimensional dargestellt werden. Den Bauteilen können Materialeigenschaften zugewiesen werden.

Daraus lassen sich Raumbücher erstellen und Leistungsverzeichnisse generieren. Daneben besteht häufig die Möglichkeit, digitalisierte Papierpläne und Fotos zu bearbeiten, was vor allem bei Altobjekten von Vorteil ist.

Concierge
concierge

Das Wort Concierge stammt aus dem Französischen und bedeutet Hausmeister oder Portier, auf Englisch auch Doorman, weil am Eingang der Gebäude ein Bereich für den Concierge / Doorman eingerichtet ist. Das moderne Konzept des Doormans stammt aus den USA. Ursprünglich diente es in Deutschland in problematischen Wohnanlagen zur Überwachung von Fluren und Gängen, um Vandalismus entgegenzuwirken, zum Beispiel in Berlin Marzahn. Der Concierge-Service wurde von Projektentwicklern aufgegriffen, um eine Immobilie für bestimmte Zielgruppen interessant zu machen. Als 24-Stunden-Dienst erledigt er Bewohner-Wünsche, organisiert die Sicherheit und sorgt für Privatsphäre. Alle angebotenen Dienstleistungen werden vom Doorman-Desk bzw. Concierge-Desk organisiert. Postpakete können ebenso abgegeben werden wie per Internet bestellte Einkäufe von Lebensmitteln oder auch Lieferungen einer Reinigung.

Weitere Dienstleistungen können z. B. Wohnungsreinigungen, Wäsche-Service, das Auffüllen des Kühlschrankes, Botendienste, Reparaturservice, Sekretariats- oder Butlerservice sein oder die Bereitstellung von modernen Kommunikationsmitteln. Die Kosten für die Inanspruchnahme der einzelnen Leistungen werden separat abgerechnet, Dienste für die Allgemeinheit, wie z. B. die Bewachung der Wohnanlagen, werden anteilig auf die Eigentümer umgelegt.

Content Management System (CMS)
Content Management System (CMS)

Als Content bezeichnet man die Informationen, die auf einer Website zur Verfügung stehen. Der Content ist also der Inhalt einer Website, der sich aus unterschiedlichen Komponenten zusammensetzt. Diese Komponenten können Texte, Bilder, Grafiken, Links zu anderen Sites, Dateien etc. sein. Man kann also sagen, dass ein CMS nichts anderes ist als ein Inhaltsmanagementsystem.

Ein CMS trennt Layout und Inhalt streng voneinander. Durch die Trennung von Inhalt und Layout können Mitarbeiter des Unternehmens, zu dem die Website gehört, Inhalte im CMS bearbeiten. Diese Mitarbeiter benötigen keine speziellen Programmierkenntnissen, und das Unternehmen ist unabhängiger von der Internetagentur. Damit wird ein Großteil der Kosten für Wartung und Pflege eingespart.

Contracting
contracting (out)

Contracting ist eine besondere Form des Outsourcing. Man versteht darunter die vertraglichen Vereinbarungen zwischen Gebäudeeigentümer und einem Contractor, einem auf Energieeinkauf, Energieanlagen und dem Anlagenbetrieb spezialisiertes Unternehmen. Im dem Vertrag verpflichtet sich der Contractor, die Investitionskosten zu übernehmen, die im Zusammenhang mit der Herstellung, der Modernisierung, Sanierung oder dem Austausch der Energie- und/oder Wasserversorgungsanlagen eines Gebäudes entstehen.

Er erwirbt an diesen ein dinglich abgesichertes Nutzungsrecht oder er pachtet diese Anlagen. Gleichzeitig übernimmt er den Reparaturdienst und stellt zudem einen Not- und Stördienst zur Verfügung. Er betreibt die Anlage und ist für die Energie- und Wärmeversorgung der Nutzer zuständig. Der Contractor erstellt meist unmittelbar gegenüber den Nutzern die Jahresabrechnung für die Heiz- und Warmwasserversorgung. Über den Energieverkauf refinanziert der Contractor seine Investitions- und Betriebskosten. Dabei nutzt er aufgrund seiner fachlichen Kompetenz die in der Anlage steckenden Energieeinsparungspotentiale ebenso aus wie die Preisvorteile, die ihm als Energiegroßabnehmer zufließen. In der Praxis wird zwischen dem Anlagencontracting und dem Einsparcontracting unterschieden. Beim Anlagencontracting steht die mit dem Ziel der Effizienzsteigerung zu entwickelnde Konzeption der Energie- und Wärmeversorgungsanlagen eines Gebäudes im Vordergrund. Beim Einsparcontracting liegt das Hauptaugenmerk auf der Erschließung und Ausschöpfung aller Energieeinsparungspotenziale.

Der Begriff „Fullcontracting“ wird verwendet, wenn der Mieter alleiniger Vertragspartner des Wärmeversorgers ist, der direkt mit ihm abrechnet. Für den Gebäudeeigentümer (dem „Contractnehmer“) entstehen durch Contracting eine Reihe von Vorteilen:

- Entlastung von eigenen Investitionskosten und Instandhaltungskosten, den Verwaltungsarbeiten und der Verantwortung für die Anlagen,
- Einnahmen aus dem Verkauf des Nutzungsrechtes, bzw. Pachteinnahmen,

- Senkung der Energiekosten,
- Notdienst für die Nutzer.

Umstritten und häufiger Gegenstand von Gerichtsverfahren ist das Contracting, da es je nach Konzeption für den Heizungsnutzer zu Nachteilen führen kann:

Es kann zu einer finanziellen Doppelbelastung des Mieters führen, wenn die Kosten für die Modernisierung der Heizanlage bereits als Mieterhöhung wegen Modernisierung auf den Mieter umgelegt worden sind und dann noch einmal vom Contractor dem Mieter anteilig im Rahmen der Heizkostenabrechnung ein zweites Mal berechnet werden. In den meisten Fällen erhöht sich generell die Kostenbelastung des Nutzers, da nunmehr nicht nur die angefallenen Heizkosten einschließlich der Kosten des Betriebs der Heizanlage zu bezahlen sind, sondern auch unternehmerische Kosten des Contractors, die normalerweise nicht als Betriebskosten im Sinne der Betriebskostenverordnung auf den Mieter umgelegt werden dürften (Unternehmergewinn, Instandhaltungsrücklagen, Kosten für Kredite für die Anschaffung der Heizanlage etc.) sowie die an den Vermieter zu zahlende Pacht. Nicht immer wird diese Kostensteigerung durch Energieeinsparungen ausgeglichen.

Der Begriff des Contracting ist bisher nicht gesetzlich definiert. So ist auch ein Contracting denkbar, bei dem nicht Effizienzsteigerung und Energieeinsparung im Vordergrund stehen, sondern ein reiner Mehrverdienst von Vermieter (über die Pacht) und Contractor – etwa über die Verpachtung einer unmodernen Heizanlage ohne jede Modernisierung.

Der Bundesgerichtshof hat sich in mehreren Urteilen zu dieser Problematik geäußert. Nach dem Urteil vom 6.4.2005 (Az. VIII ZR 54/04) dürfen höhere Kosten durch das Contracting nur dann auf den Mieter umgelegt werden, wenn dies mietvertraglich vereinbart ist.

Auch im Urteil vom 1.6.2005 betonte der BGH, dass der Vermieter nicht einseitig die mietvertragliche Festlegung – Heizwärmeversorgung durch den Vermieter und Umlage nach Heizkostenverordnung – ändern und die Versorgung ohne Zustimmung der Mieter einem Contractor übertragen könne (Az. VIII ZR 84/04). Ebenso betont das Urteil vom 15.3.2006, dass ohne Zustimmung des Mieters zur Umstellung auf Wärme-Contracting keine Abrechnung der erhöhten Kosten stattfinden kann (Az. VIII ZR 153/05).

Im Urteil vom 22.2.2006 befasst sich der BGH (Az. VIII ZR 362/04) mit der Argumentation, dass der Mieter bei einer umfassenden Modernisierung der Heizanlage durch den Contractor die bei einer Modernisierung durch den Vermieter erfolgende Mieterhöhung um jährlich elf Prozent des Investitionsbetrages einspare. Diese Rechnung geht nach dem BGH nicht auf, da der Contractor Kosten berechnet, die der Vermieter nicht umlegen kann – etwa kalkulatorische Kosten für Instandhaltungen, Abschreibungen, Kapital und Gewinn. Diese können nach dem BGH nur mit ausdrücklicher Zustimmung des Mieters abgerechnet werden.

Ein Urteil zugunsten des Contracting hat der BGH am 27.06.2007 gefällt (Az. VIII ZR 202/06). Dabei ging es um die Umstellung der Wärmeversorgung auf Fernwärme während des laufenden Mietverhältnisses. Der BGH entschied, dass im Mietvertrag ein allgemeiner Verweis auf § 2 Betriebskostenverordnung oder, bei älteren Verträgen, auf Anlage 3 zu § 27 der Zweiten Berechnungsverordnung als eine ausreichende mietvertragliche Vereinbarung gilt, mit der sich der Mieter mit der Umstellung der Wärmeversorgung einverstanden erklärt hat. Voraussetzung: Die jeweilige gesetzliche Vereinbarung sah bereits eine solche Umstellung vor. Mietverträge von vor dem 01.03.1989 erlauben mit ihrem Hinweis auf die Anlage 3 zu § 27 II. BV nur eine Umstellung auf Fernwärme. Soll ein Contracting durchgeführt werden, gibt es dafür zwei rechtlich mögliche Wege:

- Vereinbarung im Mietvertrag von Anfang an (ggf. über Verweis auf gesetzliche Regelungen).
- Zustimmung des Mieters während des laufenden Mietverhältnisses.

Gebäudeeigentümer sollten Contracting-Verträge genau daraufhin prüfen, ob das von ihnen bezweckte Vertragsziel auch erreicht wird, ob z. B. der Contractor tatsächlich zur Modernisierung der Heizanlage verpflichtet ist. Generell ist bei der Umlage von Betriebskosten das Wirtschaftlichkeitsgebot zu beachten, dies gilt auch beim Abschluss eines Contracting-Vertrages. Ist der Vertrag z.B. durch überhöhte Unternehmensgewinne des Contractors unwirtschaftlich, müssen die Mieter die erhöhten Kosten u.U. nicht akzeptieren. Auch nach dem Urteil des BGH vom 27.06.2007 ist es unzulässig, die Kosten für eine Erneuerung der Heizanlage einerseits als Modernisierungsaufschlag auf die Miete und dann noch einmal über die Heizkostenabrechnung des Wärmelieferanten abzurechnen.

Siehe / Siehe auch: Betriebskosten, Blockheizkraftwerk, Mieterhöhung bei Modernisierung, Direktlieferungsvertrag Heizwärme, Heiz- und Warmwasserkosten, Sammelheizung

Controlling

controlling

Unterschieden wird zwischen dem strategischen Controlling und dem operativen Controlling. Im Fokus des strategischen Controlling stehen langfristige Entwicklungen, es sorgt für ein „Frühwarnsystem", operatives Controlling begleitet die kurz- / mittelfristigen Entwicklungen mit Hilfe entsprechender Erfolgsrechnungen (Monats- und Quartalszahlen). Die nachfolgenden Betrachtungen beziehen sich auf das operative Controlling.
Controlling steckt als Instrument zur Planung, Koordinierung Steuerung und Überwachung von Leistungsprozessen in der Immobilienwirtschaft noch in den Anfängen, obwohl es viele Bereiche gibt, in denen schon seit langem Controlling unter anderem Namen praktiziert wird. Beispiele sind Projektsteuerung, Baustellenüberwachung usw. Controlling kreiert betriebs- oder branchentypische Kennzahlensysteme. Diese stammen nicht nur aus dem Rechnungswesen, sondern aus allen betrieblichen Bereichen, vorwiegend aus solchen, hinter denen sich die größten Risiko- und Kostenpotenziale verbergen.
Controlling setzt eine betriebliche Zielsetzung voraus, wobei die Ziele quantifiziert werden müssen, damit gemessen werden kann, ob oder in wieweit sie erreicht wurden (Soll-Ist-Abweichungsanalysen). Wenn sich z. B. ein Maklerunternehmen das Ziel vorgibt, die Zahl der Mietvertragsvermittlungsfälle um 20 Prozent im kommenden Jahr zu erhöhen, dann muss zunächst der Weg zur Zielerreichung bestimmt werden. Er kann darin bestehen, durch PR Aktionen Miethauseigentümer als potenzielle Geschäftspartner anzusprechen. Am Jahresende kann dann festgestellt werden, ob das Ziel erreicht wurde bzw. wie weit davon abgewichen wurde.
Im Bereich der Maklerbetriebe sind Kennzahlen der Erfolgsquotient pro Abteilung, Objektart, Außendienstmitarbeiter, sowie die Ergebnisse der Werbeerfolgskontrolle (Beitrag von Inseraten und Exposé und Internetpräsentationen zum Erfolg). Aber auch die „Misserfolgsanalysen" können zu Ergebnissen führen, die Entscheidungsgrundlage für Verbesserungsmaßnahmen im betrieblichen Ablauf sein können. Gemessen werden können auch die Auswirkungen des Erfolgsprinzips und des Prinzips der Entscheidungsfreiheit des Auftraggebers, als unterschiedliche Ursachen für den „Nichterfolg". Zum Controlling gehört auch die Auswertung von Zahlen des RDM-Betriebsvergleiches und von Benchmarkingkonferenzen miteinander kooperierender (Makler-) Unternehmen.

Siehe / Siehe auch: Erfolgsprinzip (Maklergeschäft), Prinzip der Entscheidungsfreiheit des Auftraggebers (Maklergeschäft), Baucontrolling, Projektcontrolling (Bauprojekte)

Cookies

Cookies sind Informationen, die von einem Webserver an einen Webbrowser gesendet und dort gespeichert werden. Mit Hilfe dieser Cookies können beispielsweise persönliche Voreinstellungen wie Kundendaten, E-Mail-Adressen und virtuelle Warenkörbe zwischengespeichert werden, damit Sie bei einem erneuten Besuch der Website nicht neu eingegeben werden müssen.

Coop-Housing

co-op housing

Unter Coop-Housing ist eine kooperative Form des Wohnens zu verstehen, wie es sich in Skandinavien und vor allem in Kanada eingebürgert hat. Dort leben 250.000 Personen in den insgesamt 2.200 Coops. Vergleichbar ist Coop-Housing mit einer genossenschaftlichen Art des Wohnens. Die Familien sind Miteigentümer des Hauses. Sie kommen für den Unterhalt gemeinsam auf und entscheiden – ähnlich wie eine Wohnungseigentümergemeinschaft – mit Stimmenmehrheit. Die Coopgemeinschaft lebt von der freiwilligen Mitarbeit der Bewohner. Größere Coops bilden für die verschiedenen Verwaltungsbereiche eigene Komitees. Jeder kann (und soll) sich dort einbringen, wo er am nützlichsten ist. Die Eigentümerstellung ist an die Mitgliedschaft gebunden, die mit Auszug aus der Wohnung zu Ende ist. Über die Vergabe der frei werdenden Wohnung entscheiden wiederum die Mitglieder. Die Coops bestehen im Schnitt aus 40-80 Wohneinheiten.

Corporate Behaviour

corporate behaviour

Als Corporate Behaviour (CB) wird das wahrnehmbare Verhalten eines Unternehmens in der Öffentlichkeit beschrieben. Es drückt sich vor allem im Kommunikationsverhalten von Management und Mitarbeitern gegenüber seiner Umwelt sowie in der Angebots- und Preispolitik des Unternehmens in Bezug auf seine Stakeholder aus.
Corporate Behaviour äußert sich in immobilienwirtschaftlichen Unternehmen beispielsweise im Service- und Kulanzverhalten von Sachbearbeitern gegenüber Miet- und Mieterangelegenheiten, in der telefonischen Erreichbarkeit während der Kernarbeitszeiten und am Wochenende oder auch in der

kommunikativen Transparenz der Geschäftsführung gegenüber Medien und Aktionären. Gleichzeitig wirkt CB auch nach innen. Es beeinflusst das Verhalten von Mitarbeitern und Führungskräften durch intern verbindlich festgelegte Führungsleitsätze, Verhaltensregeln, Normen und Denkhaltungen. Corporate Communications ist ein Teilbereich der Corporate Identity.
Siehe / Siehe auch: Corporate Identity, Corporate Communications

Corporate Communications

corporate communications

Unter Corporate Communications (auch Unternehmenskommunikation genannt) wird die Gesamtheit alle Kommunikationsaktivitäten eines Unternehmens verstanden, die sich in ihrer Wirkung nach innen (Interne Kommunikation) und nach außen (Externe Kommunikation) richten. Ziel der Arbeit ist es, Vorstellungen, Meinungen und Einstellungen von Stakeholdern im Sinne des Unternehmens zu beeinflussen und ggf. zu ändern.
Siehe / Siehe auch: Unternehmenskommunikation

Corporate Design

Corporate Design

Das Corporate Design (CD) stellt das optische Erscheinungsbild eines Unternehmens dar. Es ist durch eine festgelegte und wieder erkennbare Farb-, Schrift- und Bilderwelt gekennzeichnet, die sich in allen Kommunikationsmedien – vom Logo über die Broschüre bis hin zur Homepage – widerspiegelt. Das Corporate Design ist die sichtbar gewordenen Identität eines Unternehmens, die sich in einem einheitlich gestalteten Gesamtauftritt äußert. Neben den Kommunikationsmedien ist das Corporate Design auch in der Architektur eines Immobilienunternehmens, an der Firmenkleidung, am Messeauftritt oder an der Fassadengestaltung erkennbar. Die eindeutige optische Identifizierung eines Unternehmens oder Produktes kann seinen Markenwert erhöhen. Corporate Design ist ein Teilbereich der Corporate Identity.
Siehe / Siehe auch: Corporate Identity, Corporate Real Estate Management (CREM)

Corporate Design-Manuals

Corporate Design manuals

Die CD-Manuals, auch Handbücher genannt, enthalten alle grundsätzlichen Bestandteile des Corporate Designs (CD) eines Unternehmens. In einem CD-Manual werden unter anderem die Unternehmensidee sowie das Unternehmenskonzept ausführlich dargelegt. Des Weiteren beinhalten die Manuals exakte Angaben zum Geschäftstyp, zur CD, zur Unternehmensphilosophie sowie exakte Anweisungen zur Erledigung von Aufgaben im Arbeitsprozess. Im Allgemeinen gliedern sich CD-Manuals in:

- Die Definition der Unternehmensphilosophie mit Beschreibung der Aufgabenfelder, die Dokumentation der Corporate Identity sowie die Darstellung der Unternehmensmethoden
- Die Gebrauchsanweisung mit einer Anleitung für den täglichen Geschäftsbetrieb, einer Anleitung für Allgemeines und einer Darstellung der Situation für die Mitarbeiter des Unternehmens.
- Die Verkaufs- und Vertriebsförderung durch das Marketing, die Werbung, die Verwaltung und technische Anleitungen
- Das Organisationsverzeichnis mit speziellen Anleitungen für die einzelnen aber speziellen Unternehmensbereiche (z. B. spezielle Anleitungen für die Immobilienwirtschaft)

Das Manual ist das Nachschlagewerk und gleichzeitig der Leitfaden mit detaillierten Arbeitsanweisungen für die Mitarbeiter. Beschrieben werden im Handbuch das Marketing-Konzept und dessen Umsetzung aber auch Hinweise zur Personalbeschaffung, zum Aufbau des Geschäftes, Organigramme, Richtlinien und Bestimmungen, Musterverträge und -formulare sowie Formblätter, Bestellformulare, usw.. Ein Manual trägt durch das Setzen von Standards dazu bei, den Erfolg eines Unternehmens zu sichern. Der Wiedererkennungswert eines Unternehmens wird durch die einheitliche und konsequente Verwendung erhöht und gleichzeitig stellt es die Seriosität des Unternehmens dar. Als Grundlage für die Erarbeitung eines Manuals ist eine verständlich strukturierte und detaillierte Gliederung die Voraussetzung. Die ausführlichen Informationen eines Manuals umfassen unter anderem:
die Marktsituation, den Geschäftstyp, die Wettbewerbsvorteile, die verschiedenen Leistungen. Weiter können in den verschiedenen Manuals folgende Punkte beschrieben werden: das Unternehmens-Konzept, Gebrauchsanweisung für das Manual, die Darstellung des Marktes, das Kundenpotential, die Kundenstruktur sowie die Kundenanforderungen, das Marketing-Konzept, das Corporate Design und damit verbunden die Corporate Identity, die Werbung, die Kommunikation. Von ganz besonderer Bedeutung sind die Manuals im Zusammenhang mit einem Franchise-Unternehmen.

Siehe / Siehe auch: Corporate Design, Corporate Identity, Corporate Real Estate Management (CREM)

Corporate Governance Kodex der deutschen Immobilienwirtschaft

corporate governance code of the German real estate industry

Der Corporate Governance Kodex der deutschen Immobilienwirtschaft setzt auf den sog. „Cromme-Kodex" auf, der von der Cromme-Kommission des Bundesjustizministeriums für Aktiengesellschaften verabschiedet wurde. Zusätzlich werden die Besonderheiten der Immobilienwirtschaft berücksichtigt.

Die „Initiative Corporate Governance Kodex der deutschen Immobilienwirtschaft" verfügte 2008 über 59 Mitglieder. Sie hat sich zum Ziel gesetzt, durch Herstellung erhöhter Professionalität und Transparenz die internationale Wettbewerbsfähigkeit der deutschen Immobilienwirtschaft zu stärken. Bei den Mitteln zur Erreichung dieses Zweckes stehen vor allem aktuelle Immobilienbewertungen, Regelung von Interessenskonflikten und wachsende Fachqualifikatino im Vordergrund. Reagiert wird damit auf die Fehlentwicklungen von Aktiengesellschaften mit großem Immobilienbestand, die insbesondere dadurch entstanden sind, dass die Immobilien mit unrealistischen Werten in der Bilanz standen. Erhebliche Wertberichtigungen waren die Folge. Den Schaden trugen die Aktionäre.

Der Corporate Governance Kodex der deutschen Immobilienwirtschaft enthält Sollbestimmungen, die den sich ändernden Unternehmensbedingungen in regelmäßigen Abständen angepasst werden. Im Focus stehen dabei deutsche börsennotierte oder zur Börsennotierung vorgesehene Immobilienaktiengesellschaften. Die Anwendung wird aber auch anderen Unternehme empfohlen, die Immobiliengeschäfte betreiben. Es bestehen spezifische Kodizes für Kapitalgesellschaften, Kapitalanlagegesellschaften, für Treuhandvermögen, Wertemanagement. Auf sie beziehen sich jeweils eigens formulierte Selbstverpflichtungserklärungen.

Besonderer Wert wird auf die Qualifikation von Vorstand und Aufsichtsrat gelegt. Der Aufsichtsrat bzw. ein von ihm bestimmter Ausschuss soll mit der Bewertung der Immobilien befasst werden. Eine angestrebte grundlegende Änderung von Bewertungsverfahren wird von der Zustimmung durch den Aufsichtsrat abhängig gemacht. Der Geschäftsbericht soll die Marktwerte der unternehmenseigenen Immobilien enthalten. Neben dem Kodex wurden 10 „Grundsätze ordnungsgemäßer und lauterer Geschäftsführung der Immobilienwirtschaft" entwickelt. Einer dieser Grundsätze bezieht sich auf die Notwendigkeit der Einrichtung und Fortentwicklung eines Systems der Risikosteuerung. Die Grundsätze und Kodizes sind abrufbar unter: http://www.immo-initiative.de/

Corporate Identity

Corporate Identity

Mit Corporate Identity (CI) wird die Persönlichkeit bzw. Identität eines Unternehmens beschrieben. Sie drückt das Selbstverständnis aus, nachdem eine Organisation denkt, handelt und kommuniziert. Ziel ist es, in allen Kommunikationsmaßnahmen und Handlungsinstrumenten ein authentisches, einheitliches und wieder erkennbares Erscheinungsbild des Unternehmens nach innen (Interne Kommunikation) und nach außen (Externe Kommunikation) zu vermitteln und schließlich ein positives Image aufzubauen.

In der Praxis wird Corporate Identity über die operativen Felder Unternehmensverhalten (Corporate Behaviour), Unternehmenskommunikation (Corporate Communications) und Unternehmensdesign (Corporate Design) umgesetzt. Strategisch geplant und eingesetzt, stellt die CI ein wichtiges Kommunikations-, Steuerungs- und Kontrollinstrument der Unternehmensführung dar.

In der Immobilenwirtschaft spielt die Corporate Identity eine zunehmend größere Rolle. Makler, Wohnungsunternehmen und Dienstleister der Branche legen in den vergangenen Jahren verstärkt Wert auf eine professionalisierte Außendarstellung ihres Unternehmens in Form eines einheitlichen Designs – vom Logo im Internetauftritt über die wieder erkennbare Farb- und Bilderwelt-Gestaltung in Unternehmensbroschüren, Mieterzeitungen, Messeauftritten und Kundenveranstaltungen. Die Umsetzung der Corporate Behaviour und Corporate Communications hingegen reduziert sich in vielen Unternehmen zumeist auf singulär durchgeführte Maßnahmen, die eine strategische, an den Unternehmenszielen ausgerichteten Planung und Realisation i. R. vermissen lassen.

Die Einrichtung einer eigenen Stabstelle für Corporate Communications würde den Stellenwert von Kommunikation im Unternehmen erhöhen und zu konstanten und ökonomisch messbaren Ergebnisse führen.

Siehe / Siehe auch: Corporate Design-Manuals, Corporate Design, Corporate Behaviour, Unternehmenskommunikation

Corporate Real Estate Management (CREM)

Corporate Real Estate Management (CREM)

Corporate Real Estate Management (unternehmerisches Immobilienmanagement) bezieht sich auf die Ökonomisierung betrieblicher Immobilien. Es geht dabei um die Ausschöpfung der ökonomischen Potentiale der unternehmerischen Liegenschaften. Dazu zählen die Entwicklung, Beschaffung, Betreuung und Verwertung aus dem Blickwinkel der Unternehmensstrategie. Corporate Real Estate Management spielt bei großen Unternehmen mit umfangreichen Liegenschaften eine zunehmende Rolle. Vielfach werden zum Zweck des CREM eigene Tochtergesellschaften gegründet, die Aufgaben aus dem Bereich des Facility Managements, Vermarktungs- und Projektentwicklungsaufgaben wahrnehmen und zunehmend auch Betreuungsleistungen für andere Immobilieneigentümer übernehmen.

Cost plus Fee-Vertrag

cost-plus-fee contract

Beim Cost plus Fee-Vertrag handelt es sich um eine moderne erweiterte Art des Selbstkostenerstattungsvertrags im Zusammenhang mit der Vergabe von Bauleistungen. Der Grundgedanke besteht darin, dass für beide Vertragspartner (Unternehmer und Bauherr) Kostentransparenz auf der Grundlage eines definierten Leistungspakets entstehen soll. Dies geschieht dadurch, dass der Bauherr, ähnlich wie beim garantierten Maximalpreisvertrag (GMP) in die Planung und die kostenrelevanten Entscheidungen mit einbezogen wird. Auf die ermittelten Selbstkosten erhält der Unternehmer einen Zuschlag entweder in Form eines Prozentsatzes oder in Form eines Fixbetrages.

Siehe / Siehe auch: Garantierter Maximalpreisvertrag (GMP)

Cost-Average-Effekt

cost average effect

Mit dem Begriff Cost-Average-Effekt (Durchschnittskosteneffekt) wird das Phänomen beschrieben, dass ein Anleger der regelmäßig einen bestimmten, gleich bleibenden Betrag in einen Investmentfonds investiert, insgesamt einen günstigeren durchschnittlichen Preis je Fondsanteil bezahlt als beim regelmäßigen Kauf einer bestimmten Anzahl von Anteilen. Der Effekt beruht darauf, dass bei gleich bleibenden Einzahlungen über einen längeren Zeitraum hinweg bei hohen Anteilspreisen relativ wenige und bei niedrigen Preisen relativ viele Fondsanteile erworben werden.

Je länger die Dauer der Einzahlungen und je stärker die Schwankungen der Anteilspreise, desto stärker wirkt sich der Cost-Average-Effekt aus. Während der Cost-Average-Effekt im Rahmen von Sparplänen (z. B. bei Aktienfonds, Rentenfonds, Offenen Immobilienfonds) eine Möglichkeit darstellt, Preisschwankungen vorteilhaft zu nutzen, kehrt sich der Effekt bei Entnahmeplänen um. Hier würden bei regelmäßigen Auszahlungen eines bestimmten Betrages zu hohen Rücknahmepreisen nur wenige, bei niedrigen Rücknahmepreisen dagegen viele Anteile verkauft. Die Vereinbarung von Entnahmeplänen mit festen Auszahlungsbeträgen ist daher unter diesem Aspekt für den Anleger nicht sinnvoll.

Cost-plus-incentive-fee-Vertrag

cost-plus-incentive-fee contract

Ähnlich wie beim Garantierten Maximal-Preis-Vertrag handelt es sich beim Cost-plus-incentive-fee-Vertrag um ein anreizorientiertes Vertragskonzept, das als Vertrag zwischen Bauträger und Generalunternehmer angewandt werden kann. Ausgangspunkt ist die Überlegung, dass die asymmetrische Informationsverteilung zwischen diesen Vertragspartnern zur einseitigen Nutzung von Vorteilen durch den gut informierten Auftragnehmer führen kann. Der Generalunternehmer (oder sonstige Bauunternehmer) soll durch eine Gewinnbeteiligung belohnt werden, wenn die anvisierten „Zielkosten" nicht überschritten werden. Gemindert wird die Gewinnbeteiligung bei Terminüberschreitungen.

Courtage

brokerage; broker's fee (or commission)

Siehe / Siehe auch: Maklerprovision

Cross Docking Center

cross-docking centre

Cross Docking Center gehören zu den Logistikimmobilien. Es handelt sich um Warenumschlagzentren, in denen ankommende Sendungen von verschiedenen Absendern eingehen und ohne Zwischenlagerung zu Sendungen für verschiedene Empfänger neu zusammengestellt werden. Da Cross Docking Center lediglich dem Warenumschlag, nicht aber der Lagerung dienen, werden sie auch als „bestandslose Umschlagpunkte" bezeichnet.

Beim Cross Docking im engeren Sinne sind die ankommenden Sendungen in der Regel bereits von den Lieferanten empfängerbezogen vorkommissioniert worden, so dass sie im Terminal des Cross Docking Centers nur noch empfängerbezogenen Sendungen zusammengefasst werden müssen.

Beispielsweise könnten in einem Cross Docking Center Waren unterschiedlicher Hersteller von Käse, Schokolade und Kosmetikprodukten eintreffen, die bereits entsprechend den Bestellungen einzelner Supermärkte abgepackt sind. Aus diesen einzelnen Teillieferungen werden die Lieferungen für die Supermärkte zusammengestellt und an diese versandt.
Siehe / Siehe auch: Logistikimmobilien, Transshipment Center

Cross-Compliance

cross-compliance

Unter dem Begriff „Cross-Compliance" fasst man verschiedene Vorschriften zusammen, die seit dem 1.1.2005 von Landwirten beachtet werden müssen, um Direktzahlungen zu erhalten. Die Regelungen betreffen z. B. die Wahrung von Grundanforderungen an die Betriebsführung hinsichtlich der Gesundheit von Mensch, Tieren und Pflanzen, die Erhaltung eines guten landwirtschaftlichen und ökologischen Flächenzustandes und die Erhaltung von Dauergrünland. Die Einhaltung der Vorschriften wird kontrolliert. Im Rahmen von Vor-Ort-Kontrollen wird z. B. die Einhaltung von Vorschriften hinsichtlich der Tierkennzeichnung, über Klärschlamm, Vogelschutz oder Grundwasserreinhaltung überprüft.
Bei Verstößen gegen die festgelegten Verpflichtungen werden je nach Schwere, Ausmaß, Dauer und Häufigkeit des Verstoßes die Beihilfezahlungen an den Landwirt um bis zu 100 Prozent herabgesetzt. Dies kann sogar für mehrere Kalenderjahre erfolgen. Für Behörden und Landwirte haben die Regelungen der Cross-Compliance eine erhebliche Mehrbelastung hinsichtlich des Verwaltungs- und Kontrollaufwandes mit sich gebracht. Landwirte sind umfangreichen zusätzlichen Dokumentationspflichten unterworfen. Bei der Bewältigung der Anforderungen der Cross-Compliance helfen Broschüren, die von den Landwirtschaftskammern bereitgehalten werden.
Siehe / Siehe auch: Entwicklung ländlicher Räume, Flächenstilllegung

Cross-Selling

cross-selling

Die im Marketing eines Immobilienunternehmens wichtige Frage zur Produktpolitik lautet: „Welche Dienstleistung kann ich meinen Kunden noch anbieten?" Für den Makler gibt es etwa neben dem klassischen Einstiegsprodukt der Objektvermittlung die Möglichkeit als Cross-Selling-Potential dem Kunden Zusatzprodukte z. B. Versicherungen, Gutachten, Hausverwaltungstätigkeiten und u.U. sogar Bauträgeraktivitäten oder aber im Rahmen eines Trading-up über das ursprüngliche Einstiegsprodukt hinausgehende, wesentlich umfassendere Dienstleistungspakete anzubieten.

Crossmedia-Marketing

cross-media marketing

Crossmedia-Marketing ist eine Form der Immobilienvermarktung, die sich nicht auf ein Werbemedium, etwa Print-Werbung in Form von Anzeigen beschränkt, sondern andere Werbeschienen nutzt wie Internet-Marketing durch Einstellen der Objekte ins Internet, Verkaufsschilder, Mailing etc. Durch den kombinierten Einsatz gelingt es, nicht immer wieder die gleichen Personen zu erreichen, sondern zusätzliche Zielpersonen.

Customer Recovery

customer recovery

Customer Recovery umfasst Maßnahmen zur Kundenrückgewinnung. In diesem Zusammenhang ist ein fünfstufiges Customer Recovery-Programm denkbar. Es beginnt bei der Identifikation verlorener Kunden, geht weiter auf die Analyse der Abwanderungsursachen ein, beschäftigt sich mit Problemlösungen der anschließenden Rückgewinnung und – ganz wichtig – der Nachbetreuung der zurück gewonnenen Kunden.

Customer Relationship Management (CRM)

Customer Relationship Management (CRM)

Ein gutes Kundenmanagement ist das A und O, um erfolgreich Marketing zu betreiben. Während der Konzeptionsphase ist auch der Faktor Zeit wichtig. Ein effektives Kundenmanagement bietet eine Zeitersparnis von bis zu 40 Prozent. Im heutigen Sprachgebrauch sprechen wir von Customer Relationsship Management (CRM) oder auch Kundenbeziehungs- und Prozessmanagement.
Die Zeiten, in denen das Programm Outlook als Kontaktmanager, E Mail-Programm und Terminmanager in einem mittelständischen Unternehmen ausreichend war, sind vorbei. Lange schon haben die Softwarehersteller reagiert und bezahlbare Lösungen speziell für die Bedürfnisse der Immobilienverwalter entwickelt.
Vorteile des CRM

- Steigerung der Mitarbeiterproduktivität
- Transparenz zur Steigerung der Kundenzufriedenheit

- Mehr Zeit für Ihre Eigentümer
- Reibungslose Prozessabläufe
- Steigerung der Wettbewerbsfähigkeit

Customer-Service

customer service

Siehe / Siehe auch: Clienting (auch Kunden- oder Customer-Service)

Dach und Fach

signed, sealed and delivered; home and dry; cut and dried; settled; arranged; all wrapped up and in a bag

Bei dem Begriff handelt es sich um eine alte Wendung, deren genauer Sinn vor allem wegen des mehrdeutigen Wortes „Fach" nicht leicht zu bestimmen ist. Etymologisch scheint das Wort mit „Fangen" zusammenzuhängen, was für Umfangen, Einfassung, Abgrenzung als ursprüngliche Bedeutung sprechen könnte.

Als architektonischer Begriff bezeichnet es neben „Wand, Mauer, Abteilung in Häusern" auch das Fachwerksgebälk der Wände und sowohl die leeren Räume dazwischen als auch die Füllung. Eine Beschränkung auf Außenmauerwerk lässt sich nicht feststellen. Letztlich kann man unter „Dach und Fach" auch „Wohnung und Gebäude" verstehen, zumindest deren wesentliche Substanz. Anders als vielleicht zu der Zeit, aus der die Wendung stammt, gehören heute auch dazu Leitungssysteme, wenn sie unter Putz in der Wand verlegt sind. Generalisierend sollte man feststellen, dass zu den Arbeiten an Dach und Fach alle Verrichtungen zählen, die der Erhaltung der Gebäudesubstanz dienen.

Dachbegrünung

rooftop grassing

Dachbegrünungen sind schon seit langer Zeit in den skandinavischen Ländern üblich. In Deutschland gewinnen sie unter ökologischen Gesichtspunkten an Bedeutung. Zu unterscheiden sind Dachbegrünungen nach der Intensität der Bepflanzung. Eine extensive Begrünung erfolgt durch Kräuter, Moose, Trockengräser und Rasen. Eine künstliche Bewässerung ist hier nicht erforderlich. Solche Dachbegrünungen werden dort vorgenommen, wo keine anderweitige Dachnutzung erfolgt.

Eine andere Intensität der Dachbegründung ist die Anlage eines Dachgartens mit Stauden, Sträuchern und Bäumen. Eine solche Dachbegrünung erfordert in der Regel eine künstliche Bewässerung und bedarf einer entsprechenden Pflege. Für eine Dachbegrünung spricht die Rückgewinnung von Grünflächen, Speicherung des Regenwassers, Wärme- und Schalldämmung sowie Verbesserung des Mikroklimas durch erhöhte Luftfeuchtigkeit.

Dachbelichtung

rooflight

Der Begriff der Dachbelichtung bezieht sich auf Fenster, über die Tageslicht in den Dachraum eines Hauses gelangt. Die Frage der Dachbelichtung stellt sich, wenn Dachraum zu Wohn- oder anderen den dauernden Aufenthalt von Hausbewohnern ermöglichenden Zwecken ausgebaut werden soll. Das Bauordnungsrecht der Bundesländer schreibt eine bestimmte Mindestbelichtung vor. Die Fensterlichtflächen sollen zwischen zehn Prozent und 12,5 Prozent der Grundfläche des Dachraums betragen. Dies kann z. B. erreicht werden durch großflächige Giebelfenster. Meist sind aber wegen der Raumeinteilung weitere Dachfenster erforderlich. Der Dachbelichtung dienen vielfach in Dachgauben eingebaute Fenster oder auch Dacheinschnitte, die eine Benutzung als Dachloggia zulassen.

Bei nicht ausgebauten Dachgeschossen genügen einfache Dachfenster, die einen Austritt auf das Dach ermöglichen.

Siehe / Siehe auch: Dachflächenfenster

Dachdämmung

roof insulation

Ein Teil der energetischen Gebäudesanierung wird durch Dachdämmung erreicht. Die Dämmung von Steildächern ermöglicht eine energiesparende Erwärmung des Dachraums im Winter und verhindert im Sommer eine zu starke Aufheizung durch Sonneneinstrahlung. Es gibt mehrere Möglichkeiten der Steildachdämmung. Zum einen kann die Dämmschicht von außen auf die Dachsparren aufgebracht werden („Aufsparrendämmung"). Darauf folgt die Dachdeckung. Das Dämmmaterial muss ausreichend belüftet werden.

Im Gegensatz zur Außensparrendämmung wird bei der Untersparrendämmung das Dämmmaterial von innen auf eine Ausgleichslattung aufgebracht. Da eine Dämmung zwischen den Sparren alleine nicht ausreicht, um den vorgeschriebenen Dämmeffekt zu erzielen, muss zusätzlich noch Dämmmaterial unterhalb der Sparren aufgetragen werden.

Bei der Zwischensparrendämmung wird die Dämmschicht zwischen die Sparren eingebracht. Dabei muss allerdings beachtet werden, dass die Dämmstoffe mindestens 16-18 cm, und beim Niedrigenergiestandard mindestens 30 cm dick sein müssen um den Anforderungen der Energieeinsparverordnung zu genügen. Das bedeutet, dass bei geringerer Sparrendicke noch unterhalb der Sparren eine weitere Dämmschicht aufgetragen werden muss.

Die Dämmung der Giebelwand erfolgt entweder von außen oder von innen. Bei der Außendämmung kann die Raumluft durch die Heizung schneller erwärmt werden als bei der Innendämmung. Zu bedenken ist auch, dass durch die Innendämmung Raum verloren geht.

Flachdächer sind oft als Kaltdächer konstruiert. Sie sind zweischalig und ermöglichen zwischen den Schichten eine Durchlüftung. Zur Wasserableitung ist ein kleines Gefälle von ca. drei Prozent erforderlich. Die nachträgliche Kaltdachdämmung kann durch Einblasen von Dämmmaterialien (Steinwolle, Perlite, Zellulose usw.) erfolgen. Der Vorteil besteht in einer vollständigen Ausfüllung aller Nischen und Fugen mit dem Dämmstoff.
Siehe / Siehe auch: Dachsanierung

Dachflächenfenster
skylight window; velux window

Das Dachflächenfenster wird zwischen die Sparren des Daches gesetzt, und ist somit ein günstiges und einfaches Verfahren, um die notwendige, natürliche Belüftung und Belichtung im Dachgeschoss zu gewährleisten.
Es gibt sie in verschiedenen Ausführungen, die sich in ihrer Größe, ihrer Ausstattung und ihrem Öffnungsmechanismus unterscheiden. Ist das gewünschte Fenster größer als der Sparrenabstand, so wird der störenden Sparren gekürzt und seine Last von einem quer liegenden Balken, dem sogenannten Wechsel, aufgenommen. Im Zweifelsfall ist der Einbau von Dachflächenfenstern genehmigungspflichtig.
Siehe / Siehe auch: Fenster

Dachfonds
fund of funds

Dachfonds sind Investmentfonds, die ihr Fondsvermögen in andere Zielfonds investieren. Ein Dachfonds darf allerdings zehn Prozent der Anteile an einem Zielfonds nicht übersteigen. Andererseits gibt es auch Beschränkungen des Zielfonds, der nicht mehr als 20 Prozent seines Gesamtvermögens an Dachfonds halten darf.

Dachformen
roof profiles; roof shapes

Das Dach dient dem Schutz eines Gebäudes vor Witterungseinflüssen (Sonne, Regen, Schnee Hagel). Es bestimmt zudem dessen optischen und gestalterischen Gesamteindruck mit. Neben dem Flachdach kommen Satteldach, Walmdach, Zeltdach, Pultdach oder Sheddach als mögliche Dachformen in Frage. Das Satteldach ist die einfachste Dachform, da es relativ billig im Unterhalt ist und wenige Reparaturen erfordert. Bei Dachneigungen unterscheidet man zwischen Flachdach bis max. 5° mäßig steiles Dach 5°-40° und Steildach über 40°.

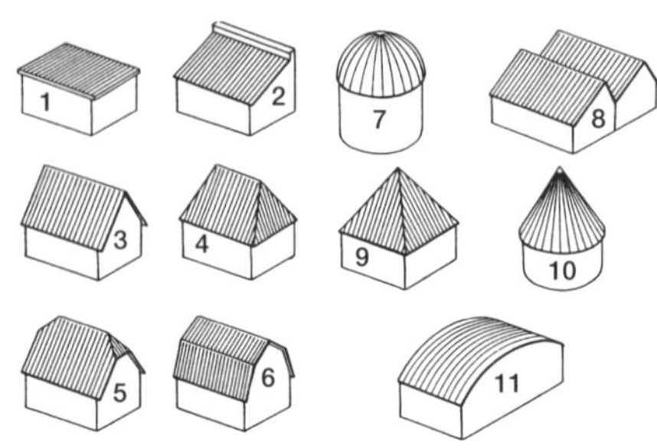

Bildbeschreibung:
1 Flachdach, 2 Pultdach, 3 Satteldach, 4 Walmdach, 5 Krüppelwalmdach, 6 Mansardendach, 7 Kuppeldach, 8 Sheddach, 9 Zeltdach, 10 Kegeldach, 11 Bogendach

Siehe / Siehe auch: Bungalow, Reetdach

Dachgaube
lucarne; dormer

Die Dachgaube ist ein Dachausbau, der mit einem Fenster ausgestattet ist und einer Erweiterung der Nutzung des Dachgeschosses dient. Es gibt eine große Zahl von Dachgaubenformen (Fledermausgaube in Bogenform, Schleppgaube, Giebelgaube, Fenstererker usw.). Ein nachträglicher Dachgaubenaufsatz bedarf der Genehmigung des zuständigen Bauordnungsamtes.

Dachgeschossausbau
finishing / fitting-out the attic / top floor

Soweit das Baurecht den Dachgeschossausbau ermöglicht, ergeben sich hier Möglichkeiten, die Gesamtrentabilität eines Objektes zu verbessern. Allerdings muss in der Regel entweder ein Stellplatz zusätzlich zur Verfügung gestellt oder, wenn dies nicht möglich ist, gegenüber der Gemeinde

„abgelöst" werden. Die Höhe der Ablöseforderung kann allerdings die Rentabilitätsvorteile wieder zunichte machen.
Siehe / Siehe auch: Stellplätze, Kinderzulage

Dachgeschosswohnung (Vermietung)

penthouse; roof-top apartment

Ein ausgebautes Dachgeschoss wirft bei der Vermietung spezielle Fragestellungen und Probleme auf. Für den Ausbau ist regelmäßig eine Baugenehmigung erforderlich. Lag keine Genehmigung vor und dürften die Dachgeschossräume somit baurechtlich nicht zum Wohnen genutzt werden, kann dies zu einer behördlichen Nutzungsuntersagung führen. Wird der ausgebaute und mit vermietete Dachboden eines Einfamilienhauses von Mietern genutzt, obwohl dies baurechtlich nicht zulässig ist, besteht darin allerdings kein Grund für eine Mietminderung. Anlass für eine solche gibt es erst, wenn die Baubehörde tatsächlich einschreitet (BGH, Az. VIII ZR 275/08, Urteil vom 16.09.2009).
Soll ein Dachboden in einem Mehrfamilienhaus ausgebaut werden, besteht meist das Problem, dass dieser von den bisherigen Mietern genutzt wird (Dachbodenabteile). Handelt es sich um mit vermietete Nebenräume außerhalb der eigentlichen Wohnungen, können diese nicht einfach geräumt oder ihre Rückgabe gefordert werden. Es ist vielmehr eine schriftliche Teilkündigung der Nebenräume mit dreimonatiger Frist erforderlich.
Ohne ausreichende Wärmedämmung entstehen in Dachgeschosswohnungen maßgeblich höhere Heizkosten als in vergleichbaren Mittelgeschosswohnungen. Die Gefahr der Entstehung von Wärmebrücken und Lücken in der Wärmedämmung ist hier besonders groß, da diverse Bauteile wie Dachbalken, Dachfirst, Übergänge vom Dach zum Fußboden, Schornsteine und Dachgaubenfenster eine luftdichte und lückenlose Verlegung der Dämmstoffe und Dampfsperren erschweren.
Eindringende Feuchtigkeit führt meist zu Schimmel sowie zur Unwirksamkeit der Dämmung. Insbesondere unsachgemäß eingebaute Dachfenster gelten als klassische Ursache für Schimmelbefall. Mietrechtlich besteht dadurch die Gefahr, dass es zu Mietminderungen wegen Baumängeln und ihren Folgen kommt.
Beim Trittschallschutz sind die jeweils geltenden Regeln der Technik zu beachten. Je nach vertraglicher Vereinbarung im Bauvertrag kommen dabei heutzutage die Vorgaben nach Ziffer 3.1 des Beiblattes 2 zur DIN 4109 (Schallschutz im Hochbau) oder die VDI-Richtlinie 4010 in der Schallschutzstufe II in Betracht. Nach dem Bundesgerichtshof kann der Mieter einer Altbauwohnung ohne entsprechende vertragliche Regelung grundsätzlich nicht verlangen, dass der Vermieter nachträglich einen baulichen Zustand herstellt, der dem Stand der Technik bei Abschluss des Mietvertrages entspricht. Nimmt der Vermieter allerdings bauliche Änderungen vor, die zu Lärmimmissionen führen, kann der Mieter Lärmschutzmaßnahmen verlangen, die dem zur Zeit des Umbaus üblichen Stand der Technik entsprechen (BGH, Az. VIII ZR 355/03, Urteil vom 06.10.2004).
Bei der Ermittlung der Wohnfläche einer Dachgeschosswohnung sind die Dachschrägen zu berücksichtigen. Nach der Wohnflächenverordnung gilt: Flächen mit einer Deckenhöhe unter 1 Meter werden nicht berücksichtigt. Flächen unter einer Dachschräge mit Deckenhöhe zwischen 1 und 1,99 Meter werden mit 50 Prozent berücksichtigt. Erst ab 2 Meter Deckenhöhe findet eine 100-prozentige Anrechnung der Wohnfläche statt. Schornsteine, Säulen oder Pfeiler, die höher als 1,50 Meter sind und deren Fläche größer als 0,1 Quadratmeter ist, sind nicht in die Wohnfläche einzurechnen. Bei einer mehr als zehn-prozentigen Abweichung der tatsächlichen von der im Vertrag genannten Wohnfläche kann der Mieter die Miete mindern. Erhebliche Flächenabweichungen können auch einen Kündigungsgrund darstellen.
Siehe / Siehe auch: Teilkündigung des Vermieters, Wohnfläche

Dachlawine

roof avalanche

Als Dachlawine bezeichnet man Schnee, der von einem Hausdach herabrutscht und – schlimmstenfalls – Sachschäden z. B. an geparkten Autos oder Verletzungen von Personen verursacht.
Schadenersatzansprüche gegen den Eigentümer des Gebäudes bestehen, wenn diesem eine Sorgfaltspflichtverletzung nachzuweisen ist. In schneereichen Gegenden können z. B. per Gemeindesatzung Schneefang-Gitter vorgeschrieben sein, deren Nichtanbringung eine Pflichtverletzung darstellt. Bei konkreter Gefahr (z. B.: Lawine sammelt sich bereits sichtbar an) kann der Eigentümer verpflichtet sein, Warnschilder aufzustellen, den Schnee vom Dach zu entfernen oder den Gefahrenbereich unterhalb des Daches abzusperren. Solange nur die allgemeine Gefahr einer Schneeansammlung besteht, muss jeder Passant auf seine eigene Sicherheit selbst achten.

Auch Autofahrer müssen ihr Fahrzeug grundsätzlich außerhalb der Gefahrenzone von Dachlawinen parken (Oberlandesgericht Hamm, Urteil vom 23.7.2003, Az. 13 U 49/03). Der Abschluss einer Haftpflichtversicherung kann hier vor unerwünschten Risiken schützen. Wer selbst im eigenen Haus wohnt, wird in der Regel durch eine Privathaftpflichtversicherung ausreichend geschützt. Bei vermieteten Objekten oder Mehrfamilienhäusern ist eine spezielle Hauseigentümer-Haftpflichtversicherung erforderlich.

Siehe / Siehe auch: Verkehrssicherungspflicht

Dachrinnenreinigung

roof gutter, cleaning

Herbstlicher Laubfall sorgt an vielen Gebäuden für die Verstopfung der Dachrinne. Der Gebäudeeigentümer muss hier für regelmäßige Kontrollen sorgen, damit nicht Regen- oder Schmelzwasser unkontrolliert außen am Gebäude herunterlaufen und Feuchtigkeitsschäden verursachen. Im Mietverhältnis ist zu beachten, dass die Kosten für die Reinigung von Dachrinnen nur als so genannte sonstige Betriebskosten im Sinne der Betriebskostenverordnung auf den Mieter umgelegt werden können, wenn sie im Mietvertrag ausdrücklich als Kostenart bei den umlagefähigen Betriebskosten erwähnt werden und wenn sie regelmäßig anfallen. Die Kosten für die einmalige Reinigung einer verstopften Dachrinne sind nicht umlagefähig (Bundesgerichtshof, Az. VIII ZR 167/03, Urteil vom 7.4.2004).

Siehe / Siehe auch: Betriebskosten

Dachsanierung

roof renovation(s)

Dächer setzen im Laufe der Jahre eine Patina sowie Bewuchs aus Moosen, Algen und Flechten an. Hauseigentümer befürchten oft, dass sich neben einer ästhetischen Verschlechterung auch noch die Qualität des Daches verringert oder der Zeitpunkt für eine Neueindeckung näher rückt. Unter einer Dachsanierung kann entweder die Neueindeckung des Daches verstanden werden – sinnvollerweise mit zeitgemäßer Wärmedämmung – oder auch die Reinigung per Hochdruckstrahler mit anschließender Beschichtung oder Versiegelung.

Heimwerker sollten von Dacharbeiten in jedem Fall Abstand nehmen: Hier sind nicht nur spezielle Kenntnisse gefragt, sondern es besteht auch erhöhte Unfallgefahr. Mit einer Dachsanierung im Sinne von Reinigung und Beschichtung soll eine längere Haltbarkeit des Daches erzielt und eine teurere Neueindeckung hinausgezögert werden.

Vor einem solchen Schritt sollten sich Hauseigentümer jedoch genau informieren. Die Hamburger Verbraucherzentrale etwa hat vor dem beschriebenen Sanierungsverfahren gewarnt: Es erbringe nicht den gewünschten Effekt und sei reine „Kosmetik". Patina, Moose und Flechten beeinträchtigten die Qualität oder die Dichtigkeit nicht. Eine Hochdruckreinigung könne besonders bei älteren Dächern Schäden anrichten, da gelöster Schmutz in Falze und Ritzen der Dachpfannen gedrückt werde und für spätere Undichtigkeiten sorgen könne.

Viele Beschichtungen hätten nur eine geringe Lebensdauer, da bei der vorangehenden Reinigung nur die äußerlich zugänglichen Teile der sich überlappenden Pfannen erreicht würden, so dass sich die Beschichtung nach und nach wieder ablöse.

Gewarnt werden muss auch vor den Geschäftspraktiken mancher – sicher nicht aller – Beschichtungs-Dachsanierer. In diesem Bereich existieren herumreisende Betriebe, die ihre Dienste an der Haustür anbieten und deren Erreichbarkeit im Reklamationsfall zweifelhaft ist. Aufwändige Internetseiten können sehr schnell nicht mehr aufrufbar sein. Teilweise wird die Gesellschaftsform der englischen Ltd. verwendet (Haftungskapital: 1 engl. Pfund). Angebote sollten daher in jedem Fall genau geprüft und mit denjenigen anderer Betriebe verglichen werden.

Siehe / Siehe auch: Dachformen, Dachgeschossausbau, Umkehrdach

Dachterrasse

(roof-) deck; roof terrace

Bei einer Dachterrasse handelt es sich um eine vom obersten Stockwerk eines Wohn- oder Geschäftsgebäudes zugängliche Terrasse. In der Regel ist sie einer Wohnung oder einer gewerblichen Raumeinheit zugeordnet und findet deshalb in der Flächenberechnung Berücksichtigung. Nach der veralteten DIN 283 ist sie mit 25 Prozent, nach der Wohnflächenverordnung höchstens bis zur Hälfte anzurechnen.

Beim nachträglichen Einbau einer Dachterrasse sind zu beachten:

- die Lage haustechnischer Einrichtungen (z. B. Schornsteine, Fahrstuhlschächte)
- die Tragfähigkeit der bestehenden Deckenkonstruktion (Auslegung für das Gewicht einer Vielzahl von Personen, z. B. bei einer Party)
- ausreichende Wärmedämmungsmaßnahmen um eine Auskühlung der darunter liegenden Räume zu vermeiden.

Aufbau einer Dachterrasse:

- Auf der Decke der bestehenden Räume wird eine Wärmedämmung installiert.
- Auf der Dämmung ist ein so genannter Flachdachausbau anzubringen, der ein Eindringen von Wasser verhindert. Dabei wird entweder auf oder unter der Dämmung eine Dichtungsbahn aus Bitumen oder Kunststofffolie aufgebracht.
- Sowohl Bitumen-Schweißbahnen als auch Kunststofffolien müssen durch Bautenschutzmatten vor mechanischer Belastung geschützt werden. Auf die Bautenschutzmatten schließlich kommt der Terrassenbelag.

Dachterrassen sind nicht selten Quelle von Schadensbildungen. Folienabdichtungen können trotz der darauf aufgebrachten Beläge verspröden und werden wasserdurchlässig. Wenn das Gefälle zu gering ist oder die Entwässerungseinläufe zu hoch liegen kann Wasser nicht abfließen, was bei intensiver Nutzung auf Dauer durch sich bildende Humussäuren ebenfalls zu Leckage führen kann.

Siehe / Siehe auch: Umkehrdach

Dachtraufe

roof gutter

Die Dachtraufe, auch als Dachfuß bezeichnet, ist die Unterkante einer geneigten Dachfläche. Sie reicht über die Mauer hinaus, um das Dach hinunterlaufendes Regenwasser nicht ins Mauerwerk eindringen, sondern vor der Mauer abtropfen zu lassen. Heute ist die Dachtraufe üblicherweise mit einer Dachrinne versehen, um das Regenwasser zu sammeln und über Fallrohre nach unten abzuleiten.

Siehe / Siehe auch: Traufständiges Haus

Dachverband Deutscher Immobilienverwalter e.V. (DDIV)

association of German property managers, a registered association

Der Dachverband Deutscher Immobilienverwalter e.V. (DDIV) Ist der älteste und größte Verwalterverband in Deutschland. Er hat 11 eigenständige, regional tätige Verwalterverbände in Deutschland mit zurzeit 960 hauptberuflich tätigen Immobilienverwaltern beziehungsweise Immobilienverwaltungsunternehmen. Die Mitglieder aller 16 Bundesländer werden von Landesverbänden betreut.

Anforderungen: Mitglieder müssen hauptberuflich und selbstständig die Geschäfte der treuhänderischen Immobilienverwaltung betreiben. Die Verbände sehen 300 bis 400 verwaltete Wohnungen pro Person als Existenzminimum an.

Kenndaten der Mitgliedsunternehmen:

- Verwaltete Einheiten: circa 1.300.000
- Wert der Einheiten: circa 120 Milliarden Euro
- Bewirtschaftungskostenumsatz per anno: circa 1,8 Milliarden Euro
- Instandhaltung, Modernisierung, Sanierung per anno: circa 2 Milliarden Euro
- Anzahl bewirtschafteter Wohn-/Nutzfläche: 78.000.000 Quadratmeter

Dämmstoffe

insulating material

Dämmstoffe werden im Handel in Form von Matten, Filzen, Platten und Schüttungen angeboten. Es gibt eine erhebliche Anzahl unterschiedlicher Dämmstoffe. Aber nicht alle sind für jeden Einsatzzweck geeignet. Man kann pflanzliche, tierische, mineralische und synthetische Dämmstoffe unterscheiden. Zu den pflanzlichen Dämmstoffen gehören z.B. Flachs, Hanf und Kokosfasern, Kork, Schilfrohr, Holzfasern, Zellulose, Getreide. Diese Materialien werden vorbehandelt, um ihre Entflammbarkeit zu verringern und die Haltbarkeit zu gewährleisten (etwa mit Borsalz). Ein tierischer Dämmstoff ist Schafwolle. Mineralische Dämmstoffe sind z. B. Schaumglas, Perlite, Mineralschaum und Kalzium-Silikate. Zu den synthetischen Dämmstoffen zählen Polyesterflies, Polyurtehan und Polystyrol. Auch Kombinationen aus mineralischen und synthetischen Produkten sind möglich: Etwa künstliche Mineralfaserflocken.

In der DIN 4108 Teil 10 finden sich Kurzbezeichnungen für Dämmstoffe, aus denen man auf das angemessene Einsatzgebiet des Materials schließen kann. Danach bedeutet etwa DAD:

Außendämmung von Dach oder Decke, vor Witterung geschützt, Dämmung unter Decken. WAB bedeutet „für die Außendämmung einer Wand hinter Verkleidung" geeignet und ein Material mit dem Zeichen „WI" empfiehlt sich für die Innendämmung einer Wand. Auch die Druckbelastung einzelner Baustoffe – interessant z. B. für den Architekten – ist mit Hilfe der DIN 4108-10 aus einer Tabelle mit Kurzzeichen ersichtlich (z.B. dm = mittlere Druckbelastbarkeit, dx = extrem hohe Druckbelastbarkeit).

Darüber hinaus werden alle Dämmstoffe je nach ihrer Entflammbarkeit in Baustoffklassen eingeteilt. Wichtige Kriterien bei der Auswahl eines Dämmstoffes sind etwa:

- Wärmeleitfähigkeit
- Wärmespeichervermögen

- Reaktion auf Feuchtigkeit (bleibt Dämmwirkung erhalten?)
- Auskühlzeit
- Primärenergieverbrauch (unter Einberechnung des Erzeugungsaufwands)
- Energetische Amortisationszeit (Anzahl der Monate, nach denen die zur Herstellung erforderliche Energie durch Einsparungen ausgeglichen ist)
- Dampfdurchlässigkeit
- Entzündlichkeit

Besonders von synthetischen Dämmstoffen, die als Fasern verarbeitet werden, können Gesundheitsgefahren ausgehen. Bei der Verarbeitung muss auf besondere Schutzmaßnahmen und die Vermeidung von Staubbildung geachtet werden. Bestimmte Dämmstoffe können auch nach der Verarbeitung gesundheitsschädliche Fasern an die Raumluft abgeben, sofern sie nicht durch entsprechende fachgerechte Umhüllungen von der Raumluft abgeschottet werden.

Siehe / Siehe auch: Baustoffklasse, Energetische Gebäudeoptimierung

Damnen

losses; debt discounts -> Disagio

Mehrzahl von Damnum

Siehe / Siehe auch: Disagio

Damnum

loss; debt discount -> Disagio

Siehe / Siehe auch: Disagio

Dampfsperre

vapour barrier

Eine Dampfsperre verhindert das Eindringen von Wasserdampf bzw. Luftfeuchtigkeit in Bauteile eines Gebäudes. Fehlt sie, kann es zu einem ungesunden Raumklima, höherem Energieverbrauch und Bauschäden wie Schimmelpilzbildung kommen. Im Gegensatz zu einer Dampfbremse wird bei der Dampfsperre das Eindringen von Feuchtigkeit in die Wandkonstruktion nicht nur verringert, sondern ganz unterbunden.

Wasserdampf kann in Bauteile eindringen und in deren Innern kondensieren. In von Menschen bewohnten Innenräumen entsteht hohe Luftfeuchtigkeit z. B. durch den Atem, durch Duschen, Wäschewaschen, Zimmerpflanzen, Aquarien usw. Auf kalten Flächen oder Bauteilen kondensiert die Feuchtigkeit. So kann es in einer feuchtigkeitsdurchlässigen Wandkonstruktion zu Feuchtigkeitsschäden kommen. Ohne ausreichende Trocknung sammelt sich immer mehr Feuchtigkeit an. Die in derartigen Fällen anzubringende Dampfsperre wird auf der „warmen" Seite der Dämmschicht der jeweiligen Wand angebracht. Sie besteht meist aus einer Alu- oder Kunststofffolie. Dringend anzuraten ist diese Maßnahme bei zusätzlichen Wärmedämmschichten auf der Zimmerseite von Betonwänden und bei einer Wärmedämmschicht, die sich innen in Räumen mit ständiger hoher Luftfeuchtigkeit befindet (Badezimmer). Bei Dampfsperren und -bremsen muss darauf geachtet werden, dass diese tatsächlich dicht sind und keine Lücken (etwa am Dachfirst bei der Dachdämmung) offen lassen. Im Übrigen müssen die verwendeten Materialien aufeinander abgestimmt werden. So darf z. B. bei einer dampfdurchlässigen Innendämmung außen auf der Wand kein dampfundurchlässiger Putz oder Anstrich aufgebracht werden.

Siehe / Siehe auch: Einschaliges Mauerwerk, Energieeinsparverordnung (EnEV), Kerndämmung, Umkehrdach, Zweischaliges Mauerwerk

Darlehen

loan; credit; advance (bank)

Zu unterscheiden ist zwischen einem Gelddarlehen und einem Sachdarlehen. Durch den Sachdarlehensvertrag wird der Darlehensgeber verpflichtet, dem Darlehensnehmer eine einfache, vertretbare Sache zu überlassen. (§ 607 BGB). Der Darlehensnehmer ist zu Zahlung eines Entgelts hierfür verpflichtet und muss bei Fälligkeit die Sache gleicher Art, Güte und Menge zurückerstatten. In der Praxis spielt jedoch nur der Darlehensvertrag eine Rolle, der die Überlassung von Geld zum Inhalt hat. Dieser Darlehensvertrag ist in der §§ 488 ff BGB geregelt. Inhalt des Darlehensvertrages ist die Verpflichtung des Darlehensnehmers zur Überlassung eines bestimmten Geldbetrages. Der Darlehensnehmer ist zur Zahlung des vereinbarten Zinses und zur Rückzahlung des Darlehens bei Fälligkeit verpflichtet.

Das Kündigungsrecht des Schuldners kann nicht ausgeschlossen oder – gegenüber den gesetzlichen Bestimmungen – erschwert werden. Kündigen kann der Schuldner ein Darlehen mit variablem Zinssatz jederzeit unter Einhaltung einer Dreimonatsfrist. Ist eine Zinsbindung für eine bestimmte Frist vereinbart, kann der Schuldner das Darlehen unter Einhaltung einer Monatsfrist zum Ablauf der Zinsbindung kündigen. Wer kein Recht auf Sondertilgung ausdrücklich im Darlehensvertrag vereinbart hat, kann ein Festzinsdarlehen auf jeden Fall nach zehn Jahren kündigen, auch wenn ein Festzins für mehr

als zehn Jahre vereinbart worden ist. Bei einer Zinsbindung von 15 Jahren können also nach dem 10. Jahr jederzeit mit Sechsmonatsfrist beliebige Teile des Kredits zurückgezahlt oder sogar der gesamte Darlehensbetrag gekündigt und getilgt werden.
Für den Fall, dass der Darlehensschuldner sich vorzeitig aus dem Darlehensvertrag lösen will, berechnen Kreditinstitute eine Vorfälligkeitsentschädigung, die die Differenz zwischen dem entgangenen Zins für das Darlehen und den Zinsen ausgleicht, die sie aktuell bei Anlage der Darlehenssumme in Pfandbriefen, Kommunalobligationen oder sonstigen Anleihen öffentlich rechtlicher Schuldner erzielen würden. Da die Renditen von Pfandbriefen und öffentlichen Anleihen oft nicht übereinstimmen, muss die Bank nach einer neueren Entscheidung des BHG (7.11.2000) den für den Darlehensnehmer günstigeren Wiederanlagesatz der Schadensberechnung zugrunde legen. Das gleiche gilt für die „Nichtabnahmeentschädigung", wenn ein von der Bank geschuldetes Hypothekendarlehen vom Darlehensnehmer nicht abgenommen wird.
Die genauen Vereinbarungen zwischen Darlehensnehmer und -geber werden in einem Darlehensvertrag festgelegt. Dieser ist die rechtliche Grundlage für Finanzierungen jeder Art, u.a. auch einer Baufinanzierung. Anstelle von Darlehen wird auch häufig der Begriff Kredit verwendet. Für Verbraucherdarlehen gelten besondere Vorschriften, insbesondere die Schriftform und die Aufnahme bestimmter Vertragsinhalte in den Darlehensvertrag z. B. des „effektiven Jahreszinses".
Siehe / Siehe auch: Effektiver Jahreszins, Nichtabnahmeentschädigung, Vorfälligkeitsentschädigung

Darlehen - variable
variable interest-rate loan

Darlehen ohne Zinsfestschreibung. Die Zinshöhe wird den jeweiligen Verhältnissen auf dem Refinanzierungssektor angepasst. Der Abschluss eines variablen Immobiliendarlehens ist in Zeiten hoher Kapitalmarktrenditen sinnvoll, falls Aussicht auf Zinssenkung besteht. Die Kündigungsfrist durch den Schuldner beträgt nur drei Monate, so dass sich Darlehen mit variabler Verzinsung auch dann als Finanzierungsbaustein eignen, wenn der Bauherr Sondertilgungen vornehmen möchte.

Darlehensbewilligung
granting of a loan

Nach positivem Ergebnis der Beleihungs- und Kreditwürdigkeitsprüfung erfolgt seitens des finanzierenden Kreditinstituts die Darlehensbewilligung. Das Bewilligungsschreiben enthält das Darlehensangebot. Wird vom Darlehensnehmer die beigelegte Einverständnis- oder Annahmeerklärung unterzeichnet und zurückgeschickt, kommt damit der Darlehensvertrag zustande.

Darlehensgeber
lender

Ein Darlehensgeber leiht einer anderen Person oder Gesellschaft gegen entsprechende Sicherheiten, einen bestimmten Geldbetrag für eine bestimmte Laufzeit und gegen Bezahlung eines Zinses.
Die Rückzahlung kann in regelmäßigen Raten (Tilgung) und in einem oder mehreren Teilbeträgen erfolgen. Die genaue Ausgestaltung der Darlehensmodalitäten ist im Darlehensvertrag verankert.
Siehe / Siehe auch: Darlehensnehmer

Darlehensgebühr (Bauspardarlehen)
arrangement fee (building loan)

Sobald die Bausparkasse das Bauspardarlehen zur Verfügung stellt, wird in der Regel eine Darlehensgebühr in Höhe von zwei bis drei Prozent der Darlehenssumme fällig. Sie wird dem Darlehen zugeschlagen, d.h. dem Darlehenskonto belastet und mit den vereinbarten Zins- und Tilgungsraten bezahlt. Manche Bausparkassen verzichten inzwischen vollkommen auf die Darlehensgebühr – hier lohnt sich ein Vergleich.
Siehe / Siehe auch: Bausparvertrag

Darlehenskosten
loan charges

Unterteilen sich in laufend zu zahlende Zinsen sowie einmalige Kosten. Zu diesen zählen Darlehensgebühr, Bearbeitungskosten, Disagio, Schätzkosten, Bereitstellungszinsen, Teilauszahlungszuschläge und Kontoführungsgebühren, soweit sie vom Kreditgeber verlangt werden.
Ein Teil der Darlehenskosten ist bei Berechnung des siehe effektiven Jahreszinses einzurechnen.
Siehe / Siehe auch: Effektiver Jahreszins

Darlehenskündigung
termination of a loan

Siehe / Siehe auch: Darlehen

Darlehensnehmer
borrower

Der Darlehensnehmer leiht sich von einer Person oder Gesellschaft, in der Regel ein Kreditinstitut, gegen Bezahlung von Zinsen einen bestimmten

Geldbetrag. Die Rückzahlung kann in regelmäßigen Raten (Tilgung) und in einem oder mehreren Teilbeträgen erfolgen. Die genaue Ausgestaltung der Darlehensmodalitäten ist im Darlehensvertrag verankert.
Siehe / Siehe auch: Darlehensgeber

Darlehenssicherung
loan security

Ein langfristiges Darlehen, wird regelmäßig durch eine Grundschuld betragsmäßig und bis zu einem bestimmten Zinssatz abgesichert. Die Grundschuld ist abstrakt. Deshalb muss durch eine Zweckbestimmungserklärung des Schuldners klar gestellt werden, dass die Grundschuld der Sicherung dieses bestimmten Darlehens und der sich daraus ergebenden Zinsforderungen dient.

Zusatzsicherungen können insbesondere dann erforderlich sein, wenn die Beleihungsgrenze des beliehenen Objektes überschritten wird. Hier bieten sich an: Bürgschaften von Banken, Arbeitgebern, Abtretung von Ansprüchen aus Kapital- und Risikolebensversicherungen sowie Bausparverträgen und schließlich die Verpfändung von Bankguthaben und Wertpapieren.

Siehe / Siehe auch: Bauspardarlehen, Bausparvertrag, Beleihung, Bürgschaft, Kapital-Lebensversicherung, Risiko-Lebensversicherung

Darlehensvermittlung (Verbraucherschutz)
loan procurement

Wer Darlehen vermitteln will, bedarf der Erlaubnis nach § 34 c der Gewerbeordnung (GewO). Dies gilt nicht für Kreditinstitute und solche Finanzdienstleister, die einer Erlaubnis nach § 32 Abs. 1 des Kreditwesengesetzes bedürfen. Ausgenommen sind auch Gewerbetreibende, die lediglich zur Finanzierung der von ihnen abgeschlossenen Warenverkäufe oder zu erbringenden Dienstleistungen den Abschluss von Verträgen über Darlehen vermitteln.

Nach der Makler-Bauträgerverordnung (MaBV) sind Gewerbetreibende, die als Versicherungs- oder Bausparkassenvertreter im Rahmen ihrer Tätigkeit für ein der BAFin unterliegendes Versicherungs- oder Bausparunternehmen den Abschluss von Verträgen über Darlehen vermitteln oder die Gelegenheit zum Abschluss solcher Verträge nachweisen, vom Anwendungsbereich der MaBV ausgeschlossen. Sie bedürfen zwar, wie auch die Miethausverwalter, einer Gewerbeerlaubnis, müssen aber die Berufsausübungsregelungen der MaBV nicht beachten.

Für die übrigen Darlehensvermittler gelten die Vorschriften der MaBV, z. B. jene über die Sicherheitsleistung, wenn sie zur Verfügung über Vermögenswerte des Auftraggebers (Darlehensnehmers) ermächtigt sein oder Darlehensauszahlungen über den Vermittler erfolgen sollen. Der Darlehensvermittler muss Gelder des Auftraggebers getrennt von seinem Vermögen halten. Er unterliegt der Rechnungslegungspflicht und muss der Behörde einen Wechsel und der Leitung seines Betriebes anzeigen. Von der Verpflichtung, jährlich einen Prüfbericht vorzulegen, sind Darlehensvermittler ebenso wie Immobilienmakler befreit.

Die Vorschriften über die Buchführungs- und Informationspflichten des Darlehensvermittlers wurden im Zusammenhang mit der Verabschiedung des Verbraucherkreditgesetzes gestrichen. Dieses Gesetz wurde jedoch im Zuge der BGB-Reform aufgehoben. Die entsprechenden Vorschriften befinden sich jetzt im BGB. Sie haben einen rein zivilrechtlichen Charakter und schreiben im Wesentlichen folgendes vor: Der Darlehensvermittlungsvertrag mit einem Verbraucher muss nach § 655b BGB schriftlich abgeschlossen werden. In den Vertrag ist die vereinbarte Provision aufzunehmen und zwar auch diejenige, die der Darlehensvermittler vom Darlehensanbieter bekommt. Mit dem Vermittlungsauftrag darf kein Darlehnsantrag verbunden sein. Er ist sonst ebenso wie der Darlehensantrag selbst unwirksam.

Im Gegensatz zum Immobilienmakler, bei dem der Provisionsanspruch bereits entsteht, wenn ein von ihm vermittelter wirksamer Vertrag zustande gekommen ist, kann der Darlehensvermittler seine Provision erst dann verlangen, wenn der Darlehensnehmer das Darlehen erhalten hat und kein Widerrufsrecht mehr besteht. Außer den Ersatz von Auslagen darf der Darlehensvermittler keine Vergütungen für etwa von ihm erbrachte Nebenleistungen verlangen. Im Übrigen ist noch darauf hinzuweisen, dass auf die Provision, die für ein vermitteltes Darlehen gezahlt wird, ebenso wenig eine Umsatzsteuer anfällt, wie auf Darlehen und Zinsen. Die Vorschriften über den Darlehensvermittlungsvertrag mit einem Verbraucher sind unabdingbar.

Der Darlehensvermittlungsvertrag zwischen einem Verbraucher (§ 13 BGB) und einem Unternehmer (§ 14 BGB) ist im Sinne des Verbraucherschutzes geregelt. Ein Verstoß gegen die Vorschriften der §§ 655 a BGB kann auch Unterlassungsansprüche nach dem Unterlassungsklagengesetz, UklaG, zur Folge haben. Beispiel: Der Darlehensvermittler hat neben der ihm zustehenden Provision nach § 655

c BGB ein Nebenentgelt (Bearbeitungspauschale) vereinbart. Damit verstößt er gegen § 655 d BGB.
Siehe / Siehe auch: Makler- und Bauträgerverordnung (MaBV), Darlehen, Bundesanstalt für Finanzdienstleistungsaufsicht (BAFin), Wettbewerbsrecht, Unterlassungsklagengesetz (UklaG)

Darlehenszusage
loan commitment
Die Darlehenszusage des Kreditinstituts führt zum Zustandekommen des Darlehensvertrages. Sie ist gleichzusetzen mit der Annahme eines Antrages auf Abschluss eines Vertrages. Sie basiert auf einem Darlehensantrag des potentiellen Darlehensnehmers. Die von einem Kreditinstitut allgemein angebotenen Darlehen sind selbst noch kein Angebot auf Abschluss eines Darlehensvertrages. Die Darlehenszusage für eine Objektbeleihung setzt eine Beleihungsprüfung des Objektes und eine Kreditwürdigkeitsprüfung des Darlehensnehmers voraus. Bei Personaldarlehen kommt es ausschließlich auf das Ergebnis der Kreditwürdigkeitsprüfung an.

Database Marketing
database marketing
Database Marketing ist eine Form des Mailings, bei der das Adressmaterial noch um andere kundenspezifische Informationen erweitert wird. Ein solches Database Marketing greift auf Zusatzinformationen z. B. soziodemographische Daten, bisheriges Kaufverhalten, Hobbys, sonstige Kundeninteressen etc. zurück und ermöglicht somit einen noch genaueren Einsatz des Datenmaterials. Die meisten heute eingesetzten Mailingdateien können dem Bereich des Database Marketing zugerechnet werden.
Database Marketing wurde erst möglich, nachdem Anfang der 80-er Jahre neue EDV-Techniken die Voraussetzungen schufen, große Mengen an Adressenmaterial und zusätzliche Informationen zu sammeln, die mit geringem Aufwand nach bestimmten Kriterien ausgewertet und weiter verdichtet werden können.

Datenschutz
data protection
Auch Vermieter und Hausverwaltungen unterliegen datenschutzrechtlichen Bestimmungen. § 28 Bundesdatenschutzgesetz (BDSG) schränkt die Art der zulässigerweise zu erhebenden Daten auf das ein, was zur Durchführung des mit dem Betreffenden bestehenden Vertragsverhältnisses erforderlich ist. Ein Vermieter darf daher z. B. keine Datensammlung über die politischen Ansichten seiner Mieter oder z. B. deren Gesundheitszustand aufbauen – genauso darf eine Krankenversicherung keine Informationen über Mietrückstände der Versicherten sammeln. Eine Übermittlung oder Nutzung personenbezogener Daten darf allerdings ausnahmsweise zum Zweck der Abwehr von Gefahren für die staatliche oder öffentliche Sicherheit oder zur Verfolgung von Straftaten durchgeführt werden, wenn kein Grund zu der Annahme besteht, dass der Betroffene ein schutzwürdiges Interesse am Datenschutz hat.
Zum Zweck der Werbung oder des Adresshandels dürfen personenbezogene Daten verarbeitet oder genutzt werden, soweit der Betroffene eingewilligt hat. Darüber hinaus ist eine solche Nutzung bei listenmäßig zusammengefassten Daten über Angehörige einer Personengruppe erlaubt – allerdings nur für Daten über die Zugehörigkeit zu dieser Gruppe, die Berufs-, Branchen- oder Geschäftsbezeichnung der Personen, ferner Namen, Titel, akademische Grade, Anschriften und Geburtsjahre. Das Datenschutzgesetz nennt diverse Einschränkungen und Voraussetzungen für diese Art der Datennutzung.
Ein privat-wirtschaftliches Unternehmen, in dem personenbezogene Daten (z. B. Arbeitnehmer- oder Kundendaten) automatisiert verarbeitet werden, muss einen Datenschutzbeauftragten bestellen, wenn mindestens 10 Personen im Betrieb mit der Verarbeitung dieser Daten beschäftigt sind oder Zugriff darauf haben. Findet keine automatisierte Datenverarbeitung statt, greift die Vorschrift erst ab 20 Mitarbeitern. Teilzeitkräfte zählen dabei voll. Unabhängig von der Mitarbeiterzahl muss ein Datenschutzbeauftragter bestellt werden, wenn automatisierte Verarbeitungen stattfinden, die einer Vorabkontrolle unterliegen oder wenn personenbezogene Daten geschäftsmäßig zum Zweck der Übermittlung verarbeitet werden.
Der Datenschutzbeauftragte hat Schulungen zu veranstalten und sich darum zu kümmern, dass die Vorschriften des Bundesdatenschutzgesetzes eingehalten werden. Es muss sich dabei um jemanden handeln, der die erforderlichen Grundkenntnisse besitzt – in juristischer Hinsicht und im Hinblick auf die Bedienung der EDV. Er/Sie muss weisungsfrei arbeiten können und darf nicht mit dem Inhaber oder Geschäftsführer identisch sein. Der Datenschutzbeauftragte darf wegen seiner Aufgabe nicht benachteiligt werden und genießt nach § 4f Abs. 3 Bundesdatenschutzgesetz einen besonderen Kündigungsschutz. Die Datenschutzregelungen müssen auf Anforderung hin jedem betroffenen Dritten (Wohnungseigentümer, Beiräte, Mieter) verfügbar

gemacht werden. Die Personen, deren Daten gespeichert werden, haben unter anderem Rechte auf:

- Benachrichtigung (bei erstmaliger Speicherung ohne Wissen des Betroffenen)
- Auskunft darüber, was gespeichert ist, zu welchem Zweck, woher die Daten kommen und wohin sie weitergemeldet werden
- Berichtigung falscher Angaben
- Löschung unzulässiger oder falscher Daten
- Löschung von Daten, deren Speicherung für den eigentlichen Zweck nicht mehr nötig ist
- Sperrung von Daten, deren Richtigkeit der Betreffende bestreitet, wenn sich nicht feststellen lässt, ob die Daten stimmen
- Sperrung, wenn die Löschung z. B. wegen einer gesetzlichen Aufbewahrungsfrist unmöglich ist.

Siehe / Siehe auch: Mieterselbstauskunft, Schufa-Selbstauskunft, Unzulässige Fragen

Datscha / Datsche

dacha; cottage

Unter dem Begriff Datscha (russisch), auch: Datsche, versteht man ein kleines Sommerhaus auf dem Lande. Der Begriff stammt aus den osteuropäischen Ländern. In Deutschland sind Datschen häufiger in den neuen Bundesländern zu finden (Mehrzahl: Datschen).

Die heute als „Erholungsgrundstücke" bezeichneten Objekte wurden in früheren Zeiten mittels spezieller Überlassungsverträge an ihre Bewohner vergeben. Die Rechtslage für diese Grundstücke richtet sich nun nach dem Schuldrechtsanpassungsgesetz. Seit 01.01.1995 ist auf derartige Verträge daher grundsätzlich das Miet- beziehungsweise Pachtrecht des Bürgerlichen Gesetzbuches anwendbar. Das Schuldrechtsanpassungsgesetz enthält jedoch für Altverträge einige spezielle Regelungen. Liegt das Grundstück in einer Kleingartenanlage, hat das Bundeskleingartengesetz Vorrang.

Eine der Folgen aus der Anwendbarkeit des Schuldrechtsanpassungsgesetzes ist, dass das Grundstück, auf dem die Datscha steht, nicht gegen den Willen des Grundeigentümers gekauft werden kann. Vorkaufsrechte gibt es nur im Ausnahmefall einer Rückübertragung. Für Datschen gelten während einer Übergangszeit (bis 04.10.2015) verschärfte Kündigungsschutzregeln. Erst ab diesem Termin ist die Kündigung nach den BGB-Vorschriften möglich. Hatte ein Datschen-Nutzer am 03.10.1990 das 60. Lebensjahr vollendet, darf ihm nicht mehr gekündigt werden. Ausnahmen gibt es im Rahmen der Teilkündigung bei Grundstücken mit einer Fläche von über 1.000 Quadratmetern. Hier kann der Eigentümer eine Teilkündigung vornehmen, wenn der Nutzer zumindest 400 Quadratmeter behält. Auch der Nutzer kann die Teilkündigung aussprechen oder den Eigentümer dazu auffordern, dies zu tun. Der Kündigungsschutz wird jedoch schrittweise gelockert. So darf der Eigentümer seit 01.01.2005 kündigen, wenn:

- er das Grundstück zum Bau eines Ein- oder Zweifamilienhauses als Wohnung für sich selbst oder seine Angehörigen benötigt
- er das Grundstück selbst für kleingärtnerische Zwecke, zur Erholung oder Freizeitgestaltung benötigt und ihm ein Verzicht auf die Kündigung aufgrund seiner berechtigten Interessen auch im Vergleich zu den Interessen des Nutzers nicht zumutbar ist.

Wer als Dauerbewohner in eine dafür geeignete Datscha eingezogen ist, kann einer Kündigung widersprechen, wenn der Auszug für ihn oder seine Familie eine unzumutbare Härte bedeuten würde (Sozialklausel). Dies gilt aber nur, wenn der Einzug auf Dauer und die Kündigung der Hauptwohnung vor dem 20.07.1993 erfolgt sind. § 20 Schuldrechtsanpassungsgesetz regelt, dass der Eigentümer des Erholungsgrundstückes vom Nutzer ein Nutzungsentgelt fordern kann. Dessen Höhe richtet sich nach der Nutzungsentgeltverordnung (NutzEV).

Siehe / Siehe auch: Kleingarten / Schrebergarten, Schuldrechtsanpassungsgesetz, Sozialklausel, Nutzungsentgeltverordnung (NutzEV)

Daueraufnahme in Mietwohnung

permanent occupancy in a flat

Mieter sind grundsätzlich dazu berechtigt, bestimmte nahestehende Personen auf Dauer in ihre Wohnung aufzunehmen. Sie sind jedoch dazu verpflichtet, dies dem Vermieter gegenüber anzuzeigen. Für den Vermieter kann dies z. B. dann von Bedeutung sein, wenn bei einzelnen Nebenkostenarten eine Umlage auf Basis der Personenzahl pro Wohnung erfolgt. Davon umfasst werden Familienmitglieder des Mieters, Ehepartner, minderjährige Kinder und Pflegekinder, Hausangestellte, Pflegepersonal. Natürlich ist die Aufnahmekapazität jeder Wohnung begrenzt. Der Vermieter darf eine Überbelegung untersagen.

Nichteheliche Lebensgefährten dürfen nur mit Erlaubnis des Vermieters einziehen. Der Mieter hat auf diese Erlaubnis jedoch einen Anspruch. Heute dürfte kaum ein Gericht im Ernstfalle einsehen, dass die Erlaubnis verweigert werden musste – es sei denn, objektive wichtige Gründe in der Person

des Einzugswilligen stehen der Erlaubnis entgegen (z. B. Störungen des Hausfriedens in der Vergangenheit). Von der dauerhaften Aufnahme in die Wohnung ist ein längerer Besuch abzugrenzen. Dauert ein Besuch länger als sechs Wochen, geht die Rechtsprechung von einem dauerhaften Mitbewohner aus. Für einen Besuch ist keine Erlaubnis des Vermieters erforderlich. Eine unentgeltliche Aufnahme von Personen ist von der Untervermietung abzugrenzen. Für diese existieren genaue gesetzliche Regelungen, die wiederum zwischen der Untervermietung von einzelnen Zimmern und der einer ganzen Wohnung unterscheiden.
Siehe / Siehe auch: Betriebskosten, Untermiete

Dauerkleingarten

permanent allotment (garden); permanent garden plot

Kleingärten, die sich auf einer im Bebauungsplan als Kleingartenfläche ausgewiesenen Fläche befinden. Verträge über die Nutzung derartiger Kleingärten gelten auf unbestimmte Zeit und enden nicht durch Ablauf der Vertragsdauer. § 9 Abs.1 Nr. 5 und 6 Bundeskleingartengesetz nennt Kündigungsgründe für Dauerkleingärten (z.B. Fläche soll einer im geänderten Bebauungsplan festgesetzten neuen Nutzung zugeführt werden). Nach § 14 Abs.1 BKleingG muss die Gemeinde bei Kündigung eines Dauerkleingartens Ersatzland bereitstellen. Wertunterschiede zwischen altem und neuem Land müssen jedoch ausgeglichen werden.
Siehe / Siehe auch: Kleingarten / Schrebergarten, Kleingartenpacht, Beendigung, Kleingarten, Pachtbetrag

Dauermietvertrag

permanent tenancy agreement; permanent rental agreement

Ein Dauermietvertrag ist dadurch gekennzeichnet, dass das ordentliche Kündigungsrecht des Vermieters (z. B. Kündigung wegen Eigenbedarf) ausgeschlossen ist. Eine außerordentliche Kündigung – etwa wegen Nichtzahlung der Miete für zwei aufeinander folgende Termine – bleibt jedoch möglich. Dauermietverträge wurden seit 1953 von (früher gemeinnützigen) Wohnungsunternehmen abgeschlossen. Aber auch Wohnungsbaugenossenschaften bieten ihren Mitgliedern Dauermietverhältnisse an. Diese sind regelmäßig mit dem Erwerb von Genossenschaftsanteilen verbunden. Bei einem Verkauf der Wohnung muss der Käufer als künftiger Vermieter in diesen Mietvertrag eintreten (OLG Karlsruhe RE WM 85, 77).
Der Dauermietvertrag bietet den Mietern einen optimalen vertraglichen Kündigungsschutz, der weit über den des gesetzlichen Mieterschutzes hinausgeht.
Siehe / Siehe auch: Beendigung eines Mietverhältnisses, Mietvertrag, Zeitmietvertrag

Dauernde Last (Einkommensteuer)

standing charges; permanent burdens (income tax)

Dauernde Lasten sind wiederkehrende Leistungen, z. B. monatliche Versorgungsleistungen, die meist im Zuge der vorweggenommenen Erbfolge mit einer Schenkung von Vermögenswerten (z. B. Immobilien) als Gegenleistung vereinbart werden. Die Zahlung wird entsprechend den Bedürfnissen des Versorgungsempfängers in ihrer Höhe angepasst. Das besondere Merkmal einer Dauernden Last im Gegensatz zur Rente ist die unbestimmte Höhe. Der von der Schenkung Begünstigte darf diese Dauernde Last in voller Höhe als Sonderausgaben im Rahmen der Einkommensteuer geltend machen. Der Schenker selbst muss die ihm zufließenden Zahlungen vollständig als Einnahme versteuern. Die Vereinbarung einer Dauernden Last lohnt immer dann, wenn der Versorgungsempfänger keine oder kaum andere steuerpflichtige Einkünfte hat und der Zahlende im Gegenzug zu den Hochbesteuerten gehört.
Der Steuervorteil wird allerdings nur gewährt, wenn die Erträge, die mit dem übertragenen Vermögen erzielt werden, höher sind als die gezahlte Dauernde Last. Gegenüber der Dauernden Last ist eine Leibrente, die als Gegenleistung für die Veräußerung eines Grundstücks vereinbart wurde, vom Leibrentenempfänger nur mit ihrem Ertragsanteil zu versteuern. Durch das Jahressteuergesetz 2008 wurde das Rechtsinstitut der Vermögensübertragung gegen Unterhaltsleistungen eingeschränkt. Die Übertragung eines Mietshauses, einer selbstgenutzten Immobilie oder von Wertpapieren ist nicht mehr begünstigt. Die Neuregelung gilt erstmals für Übertragungen aufgrund von Verträgen nach dem 31.12.2007.

Dauerwohnrecht

permanent right of residence

Als Alternative zum Wohnungs-/Teileigentum gemäß § 1 WEG enthält das Wohnungseigentumsgesetz Bestimmungen über das so genannte Dauerwohnrecht. Es handelt sich hierbei um ein als Belastung eines Grundstücks eingetragenes Recht, eine bestimmte Wohnung in einem Gebäude zu bewohnen oder in anderer Weise zu nutzen

(§ 31 Abs. 1 WEG). Um ein Dauernutzungsrecht handelt es sich bei dem Recht Nutzung von Räumen, die nicht Wohnzwecken dienen (§ 31 Abs. 2 WEG). Die Räume müssen wie beim Wohnungs- oder Teileigentum abgeschlossen sein (§ 3 Abs. 3 WEG). Der Inhaber kann sein Dauerwohn-/ Nutzungsrecht verkaufen, vererben und vermieten §§ 33, 37 WEG). Die Vorschriften über die Pflichten des Wohnungseigentümers gemäß § 14 WEG sind entsprechend anzuwenden. Im Übrigen können Vereinbarungen getroffen werden unter anderem über Art und Umfang der Nutzung, über die Instandsetzung und -haltung, zur Lastentragung und zur Versicherung usw. (§ 33 Abs. 4 WEG). Neben Veräußerungsbeschränkungen kann ein so genannter Heimfallanspruch vereinbart werden, wonach der Dauerwohnberechtigte verpflichtet ist, unter bestimmten Voraussetzungen sein Dauerwohnrecht auf den Grundstückseigentümer oder auf einen von ihm bezeichneten Dritten zu übertragen. Nicht im Wohnungseigentumsgesetz geregelt ist ein auf eine Mietpartei bezogenes „Dauerwohnrecht", das auf der Grundlage eines Dauermietvertrages entsteht. Das Dauermietrecht schließt eine ordentliche Kündigung aus. Auch nach einem Verkauf der Wohnung ändert sich daran für den neuen Eigentümer nichts.
Siehe / Siehe auch: Dauermietvertrag, Heimfallanspruch

Dave
joint venture of owner-operated real-estate firms in Germany

Dave steht für „Deutscher Anlage-Immobilienverbund" und ist ein Verbund aus inhabergeführten, regional orientierten Immobilien-Maklerfirmen, die durch Zusammenarbeit überregional Serviceleistungen rund um die Anlage Immobilie anbieten. Der Verbund hat sich auf mittlere und große Anlagekunden sowie vermögende Privatpersonen spezialisiert. Zu Dave gehören:

- Hans Schütt Immobilien, Kiel
- W. Johannes Wentzel Dr. Nfl. Consulting, Hamburg und Schwerin
- Delta Domizil, Hannover
- Limbach Immobilien, Bonn,
- Schnorrenberger Immobilien, Düsseldorf
- Rohrer Immobilien, München, Nürnberg und Berlin

DCF-Verfahren
discounted cash flow method; DCF method

Siehe / Siehe auch: Discounted-Cashflow-Verfahren

Decisive Space
decisive space

Decisive Space nennt man ein Chefbüro, das von den übrigen Büroarbeitsplätzen (in einem Großraumbüro) abgeteilt ist.
Siehe / Siehe auch: Großraumbüro

DEIX Deutscher Eigentums-Immobilien-Index
German real estate price index

Das ifs Institut für Städtebau, Wohnungswirtschaft und Bausparwesen e.V. erfasst seit 1989 auf der Grundlage eines Zeitreihenindex die Wertentwicklung von Einfamilienhäusern und Eigentumswohnungen. Die Daten beruhen dabei auf jährlichen Preiserhebungen von GEWOS, Institut für Stadt-, Regional- und Wohnforschung, Hamburg, das wiederum seine Informationen von rund 500 Gutausschüssen der Städte und Gemeinden erhält. Sie basieren somit auf tatsächlichen Immobilienumsätzen. Die Indizes geben sowohl die zusammengefasste Wertentwicklung (Einfamilienhäuser und Eigentumswohnungen) als auch getrennte Wertentwicklungen wider. Sie werden berechnet für Ost- und Westdeutschland, jedes Bundesland, sowie für die umsatzstärksten Ballungsgebiete.
Im Jahr 2007 wurden für das Jahr 2006 z. B. 470.000 Verkaufsvorgänge erfasst. Der Unterschied zwischen dem IVD Preisspiegel für Wohnimmobilien und dem DEIX liegt in den unterschiedlichen Erhebungsgrundlagen. Während der DEIX – wie schon bemerkt – tatsächliche Preise des Vorjahres in die Berechnung einbezieht, bezieht sich der IVD-Preisspiegel auf Preise des Erhebungsjahres, die von den IVD-Marktberichterstattern auf der Grundlage der Bewertung von Normobjekten geliefert werden. Der „Warenkorb" des DEIX ist quasi variabel. In ihn fließen Wohnwert- und Wohngrößenverschiebungen, die sich im Laufe der Jahre einstellen, ein. Der „Warenkorb" des IVD Preisspiegels ist konstant. Dessen Zeitreihenindex liegen gleich bleibende, definierte Wohnwerte und Objektgrößen zugrunde.

Demographie
demographics

Die Demographie beschreibt die Altersstruktur der männlichen und weiblichen Bewohner eines Landes. Die Darstellung erfolgt durch Aufschichtung der Altersklassen pro Altersjahr, beginnend mit den bis Einjährigen, endend mit den über 99-Jährigen.

Wegen seiner typischen Verlaufsform wurde früher von einer „Alterspyramide“ gesprochen. Unter www.destatis.de/basis/d/bevoe/bevoegra2.php des Statistischen Bundesamtes findet sich eine interaktive Grafik des Altersaufbaus für die Jahre 1950, 1975, 2000, 2025 und 2050. Daraus ist die Veränderung der demographischen Entwicklung gut zu erkennen. Bedingt durch die höhere Lebenserwartung überwiegt der weibliche Anteil der Bevölkerung. Die steigende Lebenserwartung führt bei Abnahme der Zahl der ins Erwerbsleben eintretenden Personen zu einer Erhöhung des sog. Altersquotienten, d.h. des Anteils der ins Rentenalter eintretenden Personen im Vergleich zu den erwerbstätigen Personen. Er betrug 1995 35 (auf 35 Rentner entfallen 100 Erwerbstätige). Er stieg nach Ermittlungen des Statistischen Bundesamtes im Jahr 1999 auf 41 und im Jahr 2001 auf 44 an.Nach Schätzungen des Statistischen Bundesamtes unter Zugrundelegung einer Nettozuwanderung von jährlich 200.000 Personen wird der Altersquotient 2030 bei 71 liegen. Entgegengewirkt werden kann dieser Entwicklung durch eine sukzessive Erhöhung des Renteneintrittsalters und / oder Senkung des Eintrittsalters der Jugendlichen bzw. jungen Erwachsenen in das Erwerbsleben. Mittlerweile übertrifft bereits die Zahl der Rentner die Zahl der Kinder und Jugendlichen bis 18 Jahren.

Denkerzelle

think tank

Denkerzelle ist die Bezeichnung für einen einzelnen, abgeteilten Büroarbeitsplatz innerhalb eines Kombibüros. Hier sind die so genannten Denkerzellen meist um den zentralen Kommunikations- und Technikbereich herum angeordnet. Es handelt sich in der Regel um kleine Zellenbüros, die eine Rückzugsmöglichkeit für ungestörtes, konzentriertes Arbeiten bieten sollen.

Siehe / Siehe auch: Großraumbüro, Gruppenbüro, Kombibüro, Zellenbüro

Denkmalgeschützte Gebäude

protected building; listed building

Denkmalgeschütze Gebäude sind nicht nur schön und repräsentativ, sondern auch steuerlich interessant.

Steuerersparnis für Kapitalanleger

- Die Modernisierungskosten können acht Jahre lang mit jeweils neun und vier weitere Jahren lang mit jeweils sieben Prozent steuerlich geltend gemacht werden
- neben den Modernisierungskosten können auch die Anschaffungskosten von der Steuer abgesetzt werden: 40 Jahre lang 2,5 Prozent (bis Baujahr 1924); 50 Jahre lang zwei Prozent (ab Baujahr 1925)
- Objekte mit geringen Anschaffungs- aber hohen Modernisierungskosten sind für Anleger wegen der üppigen Modernisierungs-Abschreibung besonders interessant.

Steuerersparnis für Selbstnutzer

Auch wer ein Denkmalobjekt selbst bezieht, darf die denkmaltypischen Modernisierungskosten Steuer sparend geltend machen, und zwar als sogenannte Sonderausgaben. Im Gegensatz zu Vermietern bzw. Kapitalanlegern dürfen diese Ausgaben jedoch nicht in voller Höhe, sondern lediglich zu neunzig Prozent mit dem Finanzamt abgerechnet werden. Und zwar über zehn Jahre mit jeweils neun Prozent. An den Anschaffungskosten der Gebäudesubstanz indes beteiligt sich das Finanzamt nicht über die Gebäude-Abschreibung (AfA).

Wichtig: Die Denkmalschutzimmobilie kaufen und gleich loslegen ist jedoch nicht empfehlenswert. Erst wenn die Bescheinigung vorliegt, kann mit der Sanierung begonnen werden. Denn erst dann fließen Steuergelder. Nicht immer steht das gesamte Gebäude als Einzeldenkmal unter Denkmalschutz, sondern lediglich die Fassade als Teil einer Gebäudegruppe. Dann können nur die Kosten von der Steuer abgesetzt werden, die das äußere Erscheinungsbild des Hauses betreffen.

Wer sich für eine Denkmalschutz-Immobilie interessiert, sollte aber nicht nur auf die Steuervorteile achten. Die Sanierung kann bisweilen teurer als der Kaufpreis werden. Günstige Schnäppchen sind bei alten schützenswerten Objekten meist rar gesät. In der individuellen Kalkulation sollten alle anfallenden Kosten erfasst werden, um nicht später finanziell ein böses Erwachen zu erleben.

Siehe / Siehe auch: Baudenkmal

Denkmalschutz

protection of ancient (or historic) monuments

Da das Denkmalschutzrecht Landesrecht ist, gibt es keinen einheitlichen Begriff des Denkmals. Unterschieden wird häufig zwischen Baudenkmälern, bewegliche Denkmälern und Bodendenkmälern. Als Oberbegriff wird meist der des Kulturdenkmals verwendet. Denkmäler werden zum Zweck der Inventarisierung in eine Denkmalsliste oder ein Denkmalsbuch eingetragen. Da allgemein ein öffentliches Interesse an der Erhaltung und

Nutzung eines Denkmals unterstellt wird, führt dies zu einem Regelungsbedarf. Bauliche Maßnahmen an Baudenkmälern unterliegen ebenso der Erlaubnispflicht wie deren Beseitigung. Hinzu kommt, dass Eigentümer auch in zumutbarem Umfange zur Instandhaltung und Instandsetzung verpflichtet werden können. Für Maßnahmen an Denkmälern werden öffentliche Zuwendungen bereitgestellt.
Ein Rechtsanspruch auf sie besteht nicht. Steuerlich verringern Aufwendungen im Zusammenhang mit Baudenkmälern durch eine erhöhte AfA (acht Jahre lang je neun Prozent und vier Jahre lang je sieben Prozent) die Einkünfte aus Vermietung und Verpachtung. Bei zu eigenen Wohnzwecken genutzten Baudenkmälern können die entsprechenden Aufwendungen, beginnend im Jahr des Abschlusses der Baumaßnahme, zehn Jahre lang mit jeweils neun prozent wie Sonderausgaben geltend gemacht werden. Voraussetzung für die steuerliche Förderung ist jeweils eine Bescheinigung der Denkmalschutzbehörde.

Deponien

refuse tip; waste disposal site; landfill site

Deponien dienen der Abfallentsorgung im weitesten Sinne. Angestrebt wird, dass auf Deponien nur nicht mehr verwertbare oder nur vorbehandelte Abfälle mit geringem Emissionspotential abgelagert werden.
Man unterscheidet zwischen Werkdeponien, auf denen industrie- und gewerbespezifische Abfälle gelagert werden, Mineralstoffdeponien für Bauschutt und Bodenablagerungen, umfassende Siedlungsabfalldeponien für die Ablagerung von Hausmüll, hausmüllartiger Gewerbemüll, Bauschutt, Schlemme und Schlacken sowie Sonderabfalldeponien, auf denen schadstoffbehaftete Reststoffe gelagert werden. Neu angelegte Deponien müssen nach unten durch ein Barrieresystem abgedichtet werden. Stillgelegte Deponien erhalten eine Oberflächenabdichtung. Rechtsgrundlage sind auf der Grundlage von EU-Richtlinien und Rahmenvorschriften des Bundes-Abfallwirtschaftsgesetzes vor allem Deponieverordnungen der Bundesländer. Ihre Zielrichtung geht in Richtung Abfallvermeidung, Schadstoffverminderung, stoffliche Abfallverwertung, Abfallbehandlung und letztlich Abfallablagerung. Im Vordergrund der Bemühungen steht der Gewässerschutz in den Bereichen von Grundwasser, Sickerwasser und Oberflächenwasser.

Depotbank

depository/ custodian bank; deposit company

Die Bank, bei der ein Kunde ein Wertpapierkonto unterhält. Einmal im Jahr erstellt die Depotbank einen Auszug, aus dem die einzelnen Posten des Depots ersichtlich werden. Für diese Leistung und für die Aufbewahrung der Wertpapiere berechnet das Geldinstitut Depotgebühren. Oft übernimmt die Hausbank die Funktion der Depotbank; in letzter Zeit nimmt jedoch der Marktanteil der kostengünstigen Discount- oder Direktbanken stetig zu.

Deregulierungsgesetz

law on deregulation

Im Zusammenhang mit den Bemühungen um den Bürokratieabbau in verschiedensten Bereichen des Lebens wurde das „Gesetz zur Umsetzung von Vorschlägen zu Bürokratieabbau und Deregulierung aus den Regionen" (Deregulierungsgesetz) von Bundestag und Bundesrat beschlossen. Artikel 10 des Gesetzes befasst sich mit der Änderung der Makler- und Bauträgerverordnung. Danach sind mit Inkrafttreten dieses Gesetzes am 1. Juli 2005 Maklerbetriebe von der Pflicht entbunden worden, Inserate und Prospekte in der Reihenfolge des Erscheinens bzw. ihrer Verwendung zu sammeln.
Außerdem entfiel die jährliche Pflichtprüfung.

Siehe / Siehe auch: Makler- und Bauträgerverordnung (MaBV)

Derivates Marketing

derivative marketing

Siehe / Siehe auch: Marketing

Desksharing

desk sharing

Desksharing ist ein Büro-Nutzungskonzept, das auf eine Zuordnung persönlicher Arbeitsplätze verzichtet. Stattdessen arbeiten die einzelnen Beschäftigten jeweils an einem gerade verfügbaren Schreibtisch. Die einzelnen Büroarbeitsplätze sind dabei nach einem einheitlichen Standard gestaltet und ausgestattet. Persönliche Unterlagen und Arbeitsmaterialien werden nicht an den Arbeitsplätzen aufbewahrt, sondern beispielsweise in Rollcontainern („Caddies"), die jeweils an den gerade genutzten Arbeitsplatz mitgenommen werden.

Siehe / Siehe auch: Kombibüro, Nonterritoriales Büro

Deutsche Immobilien Akademie (DIA)

German Real Estate Academy (DIA)

Die Deutsche Immobilien Akademie an der Universität Freiburg – eine gemeinnützige GmbH – ist

eine der größten überregionalen Weiterbildungsinstitute für die Immobilien- und Finanzwirtschaft in Deutschland. An ihr ist je zur Hälfte der Immobilienverband Deutschland und die Verwaltungs- und Wirtschaftsakademie für den Regierungsbezirk Freiburg beteiligt.
Sie ist als „Institut an der Universität Freiburg" mit deren wirtschaftswissenschaftlichen Fakultät verbunden. Im Bereich der Studiengänge werden angeboten:

Immobilienwirtschaft

Studiengang für die Immobilienwirtschaft mit Abschluss Geprüfte/r Immobilienfachwirt/in (IHK). Hier gelten die Vorschriften der „Verordnung über die Prüfung zum anerkannten Abschluss geprüfter Immobilienfachwirt/geprüfte Immobilienfachwirtin" vom 25.01.2008. Alternativ oder zusätzlich kann die Prüfung zum „Immobilienwirt/in DIA" abgelegt werden. Studiendauer: 4 Semester je 100 Stunden Kontaktstudiengang für die Immobilienwirtschaft aufbauend auf dem Studiengang Immobilienwirtschaft mit Abschluss Dipl. Immobilienwirt/in DIA (2 Semester je 100 Stunden)

Immobilienbewertung

Studiengang zum Immobilienbewerter mit Abschluss „Immobilienbewerter/in DIA (2 Semester je 100 Stunden) zusätzlicher Studienort Hamburg
Kontaktstudiengang Sachverständigenwesen aufbauend auf den Studiengang zum Immobilienbewerter mit Abschluss Dipl. Sachverständige/r für die Bewertung von bebauten und unbebauten Grundstücken, für Mieten und Pachten DIA (2 Semester je 100 Stunden) zusätzlicher Studienort Hamburg.
Dieser Studiengang schafft die Zusatzqualifikation für die Vertiefungszertifizierung nach dem Normativen Dokument (2005) der Trägergemeinschaft für Akkreditierung (TGA) und der internationalen Norm ISO 17024. Die akkreditierte Zertifizierungsstelle der DIA Consulting AG bietet eine entsprechende Zertifizierung an. Aufbaustudiengang Internationale Immobilienbewertung mit Abschluss International Appraiser DIA, (1 Semester mit 90 Stunden – mit Ländermodulen Frankreich, Russland, Niederlande, Österreich, Schweiz, Spanien, USA).

Bauschadensbewertung

Aufbaustudiengang Bewertung von Bauschäden, mit Abschluss Bauschadensbewerter/in DIA bzw. Dipl. Sachverständiger DIA für die Bewertung von bebauten und unbebauten Grundstücken, für Mieten, Pachten und Bauschäden" (2 Semester je 100 Stunden)

Asset Management

Aufbaustudiengang Certified Asset Management, mit Abschluss zum Certified Real Estate Asset Manager (2 Semester je eine Woche)

Finanzwirtschaft

Aufbaustudiengang Finanzwirtschaft mit Abschluss Fachberater für Finanzdienstleistung (IHK) (nach 2 Semestern), Fachwirt für Finanzberatung (IHK) nach 4 Semestern und Diplom Finanzdienstleister DIA nach 6 Semestern.

Vermögensmanagement

Kontaktstudiengang Vermögensmanagement mit Abschluss zum Dipl. Vermögensmanager DIA (2 Semester je 100 Stunden). Die Lehrgänge finden in den Hörsälen der Freiburger Universität und in den Räumen des Hauses der Akademien der DIA in Freiburg statt.

Akademische Studiengänge

Seit 2008 werden akademische Studiengänge angeboten und zwar über das Center for Real Estate Studies (CRES), einer Gründung der Deutschen Immobilien Akademie und der School of Management and Innovation (SMI). Dabei können durch die Steinbeis-Hochschule Berlin (SHB) staatlich anerkannte Bachelor- und Masterabschlüsse erworben werden. Die SHB ist Deutschlands größte private Universität und besitzt das Promotionsrecht.
Neben der beruflichen Weiterbildung wird sich das Center for Real Estate Studies (CRES) auf dem Gebiet der immobilienwirtschaftlichen Forschung engagieren. Abschlüsse sind Bachelor of Arts (BA) in Real Estate und als postgraduiertes Studium der Master of Art (MA) in Real Estate.

Weitere Aktivitäten der DIA

Die DIA unterstützt die immobilienwirtschaftliche Grundlagenforschung, betreut Diplom- und Doktorarbeiten der wirtschafts- und verhaltenswissenschaftlichen Fakultät. Sie unterhält in den Räumen der Universitätsbibliothek eine immobilienwirtschaftliche Spezialbibliothek und vergibt jährlich einen Forschungspreis in den Kategorien Dissertationen, Habilitationen und Diplomarbeiten.
Die Weiterbildungsmaßnahmen erstrecken sich auf der unteren Ebene auf Zertifikatslehrgänge in den Bereichen Makler, Wohnungseigentumsverwalter,

Sachverständige, Bauträger und Immobilien- und Finanzdienstleister. Die Durchführung dieser Lehrgänge liegt seit 2001 bei der DIA-Consulting AG. Außerdem wird dort ein Fernlehrgang als Vorbereitung auf die Prüfung zum Erwerb eines IHK-Immobilienzertifikats angeboten.

Anschriften: Deutsche Immobilien Akademie an der Universität Freiburg, Eisenbahnstraße 56, 79098 Freiburg, Tel. 0761/20755-0, Fax 0761/20755-33. Die Niederlassung in Berlin befindet sich im Haus der Verbände in der Littenstraße 10, 10179 Berlin beim IVD. Homepage: http://www.dia-freiburg.de

Siehe / Siehe auch: DIA, DIA Consulting AG

Deutsche Immobilien Datenbank

German property database

Die Deutsche Immobilien Datenbank (DID) in Wiesbaden ermittelt unter anderem jedes Jahr den DIX Deutscher Immobilien Index, der die Marktperformance aller Bestandsgrundstücke von insgesamt 23 Großinvestoren in Deutschland abbildet. Dazu zählen institutionelle Anleger wie Versicherungen, Offene Immobilienfonds und Pensionskassen aber auch ausländische Investoren. Für die Performancemessung der eigenen Bestände, die sich zur Marktperformance aller Immobilienportfolios in Beziehung setzen lässt, liefern diese Investoren Millionen von Einzeldaten.

Die DID-Kunden repräsentieren einen Bestand von gut 2000 Liegenschaften mit einem Verkehrswert von über 35 Mrd. Euro. Das sind nach DID-Aussage etwa 38 Prozent des relevanten, institutionell gehaltenen Immobilienvermögens in Deutschland.

Deutsche Public Relations Gesellschaft (DPRG)

German Public Relations Association (DPRG)

In der Immobilienwirtschaft kommt der Öffentlichkeitsarbeit (Public Relations) wegen der hochwertigen Güter, die dort am Markt gehandelt werden, eine besondere Bedeutung zu. Dass dieser hochkomplexe Immobilienmarkt funktioniert, hängt auch von der Art und der ethischen Grundausrichtung der Öffentlichkeitsarbeit ab, die dort betrieben wird. Orientierungsgrundlage kann hierfür die Deutsche Public Relations Gesellschaft (DPRG) bieten. Sie wurde 1958 von Prof. Carl Hundhausen und von Prof. Albert Ockl gegründet. Die DPRG wendet sich nicht nur an die gesamte PR-Branche sondern auch an Mitarbeiter von PR-Agenturen und Hochschulen. Die DPRG selbst gehört als Organ der freiwilligen Selbstkontrolle dem Deutschen Rat für Public Relations an. Dort ist auch die Gesellschaft Public Relations Agenturen e. V. (GPRA), die Deutsche Gesellschaft für Politikberatung und der Bundesverband der deutschen Pressesprecher vertreten.

Allen vier Organisationen ist gemeinsam, dass deren Mitglieder ihren Fokus nicht nur auf Unternehmen, sondern auch auf Verbände, Gemeinden und Instanzen der Landes- und Bundespolitik aus Sport und Kultur mit unterschiedlicher Gewichtung richten. Die DPRG verpflichtet ihre Mitglieder zur Einhaltung der international vereinbarten Ethik-Kodizes („Code de Lisbonne" und „Code des Athen").

Nach der DPRG wird PR wie folgt definiert:

- „Öffentlichkeitsarbeit/Public Relations vermittelt Standpunkte und ermöglicht Orientierung, um den politischen, den wirtschaftlichen und den sozialen Handlungsraum von Personen oder Organisationen im Prozess öffentlicher Meinungsbildung zu schaffen und zu sichern."
- „Öffentlichkeitsarbeit/Public Relations plant und steuert dazu Kommunikationsprozesse für Personen und Organisationen mit deren Bezugsgruppen in der Öffentlichkeit."
- „Ethisch verantwortliche Öffentlichkeitsarbeit/Public Relations gestaltet Informationstransfer und Dialog entsprechend der freiheitlich-demokratischen Wertordnung und im Einklang mit geltenden PR-Kodizes."
- „Öffentlichkeitsarbeit/Public Relations ist Auftragskommunikation. In der pluralistischen Gesellschaft akzeptiert sie Informationsgegensätze."
- „Sie vertritt die Interessen ihrer Auftraggeber im Dialog informativ und wahrheitsgemäß, offen und kompetent."
- „Sie soll Öffentlichkeit herstellen, die Urteilsfähigkeit von Dialoggruppen schärfen, Vertrauen aufbauen und stärken und faire Konfliktkommunikation sichern."
- „Sie vermittelt beiderseits Einsicht und bewirkt Verhaltenskorrekturen.
  Sie dient dem demokratischen Kräftespiel."

Ausschließlich auf Unternehmen bezogene Public Relations wird als Unternehmenskommunikation bezeichnet. Allerdings ist dies nur eine von vielen Gleichsetzungen von PR mit anderen Begriffen. Häufig gibt es Überschneidungen mit dem Begriff Werbung, wenn z. B. von Imagewerbung die Rede ist. Aber auch eine Gleichsetzung der internen Public Relations mit Human Relations ist in er Literatur zu finden. Wichtig bei all den Unklarheiten bleibt, dass PR nicht in die Nähe eines

Instruments gerückt wird, dessen Nützlichkeit sich in einer betrieblichen Kosten-/Nutzenrechnung oder Deckungsbeitragsrechnung zu erweisen hat. PR hat vielmehr eine, das eigene Unternehmen übergreifende gesellschaftliche Dimension.
Nähere Informationen unter www.dprg.de
Siehe / Siehe auch: Public Relations

Deutscher Aktienindex (DAX)

DAX, German stock index

Beim DAX handelt es sich um eine Mischung der Kurse von 30 ausgewählten Aktiengesellschaften, die an der Frankfurter Wertpapierbörse notiert werden. Auswahlkriterien sind eine mindestens dreijährige Zugehörigkeit zum amtlichen Handel, eine besondere Umsatzstärke, das Ergebnis der Börsenkapitalisierung, das Vorhandensein früherer Eröffnungskurse und eine gewisse Branchenrepräsentanz. Die durch Börsenkapitalisierung ermittelten Unternehmenswerte der DAX-Unternehmen liegen derzeit zwischen 3 Mrd. EURO (TUI) und 56 Mrd. EURO (Deutsche Telekom)

Deutscher Immobilien Index - DIX

DIX, German investment property index

Ein nach dem Vorbild des DAX (Deutscher Aktienindex) konstruierter Indikator für die Wertentwicklung von Immobilien. Träger ist die Deutsche Immobiliendatenbank GmbH, an der die Investment Property Datenbank London zu 50 Prozent beteiligt ist.

Ergebnisse in Prozent

	2005	2006	2007	2008	2009
Total Return					
alle Bestandsgrundstücke	0,5	1,3	4,5	3,5	2,5
Handel	4,1	5,4	6,8	4,5	2,6
Büro	-0,7	-0,9	3,3	2,8	2,0
Wohnimmobilien	2,8	6,5	6,0	4,4	5,3
Netto-Cash-Flow-Rendite					
alle Bestandsgrundstücke	4,6			5,0	5,2
Handel	5,7			5,8	5,6
Büro	4,5			4,9	5,1
Wohnimmobilien	4,3			3,7	4,2
Immobilien und andere Kapitalanlagen - Total Return					
Aktien (DAX)	27,1			-40,4	23,8
Immobilien-AGs (E&G-DIMAX)	38,4			-49,7	20,2
Festverzinsliche Wertpapiere (REXP)	4,1			10,1	4,9
Inflationsrate	2,0			1,1	0,9

Quelle: ipd

Beim DIX sind Bestandsobjekte vorwiegend aus offenen Immobilienfonds und sonstigen institutionellen Anlegern einbezogen. Der DIX ist aber deshalb nicht mit dem DAX vergleichbar, weil die konstatierte Immobilienwertentwicklung sich nicht am Markt vollzieht, sondern Ergebnis der jährlich einmal vorgenommenen Messung von Erträgen und Aufwendungen und der im Ertragswertverfahren festgestellten Wertänderungen darstellt. Um die Werte zeitnaher zu dokumentieren ist vorgesehen, die Bewertung halbjährlich durchzuführen. Schwachstelle des DIX ist es, dass er nicht den Immobilienmarkt als Ganzes repräsentieren kann, weil der Hauptumsatzträger, nämlich der überwiegende Teil des Wohnimmobilienmarktes nur marginal im DIX vertreten ist.
Außerdem sind nur Immobilien solcher Investoren vertreten, die freiwillig die entsprechenden Daten liefern.
Siehe / Siehe auch: Normobjekt

Deutscher Immobilienaktien Index (DIMAX)

share price index established by Bankhaus Ellwanger & Geiger that has documented the development of all listed German property companies since 1988

DIMAX ist der Deutsche Immobilienaktienindex, der vom Bankhaus Ellwanger & Geiger zusammengestellt wurde. In ihm sind die Aktien von 59 Gesellschaften (Stand 2006) registriert, deren Haupterträge sich aus der Entwicklung bzw. Bewirtschaftung von Immobilien ergeben. Zu den „Großen" zählen hier die WCM-Beteiligungs- und Grundbesitz AG, die IVG-Holding AG, die RSE-Grundbesitz AG und die Bayerische Immobilien AG. Der Begriff der Immobilien Aktiengesellschaft ist nicht definiert, so dass sich darunter z.B. auch Brauereien und Industrieunternehmen befinden, deren Bedeutung allerdings heute in ihrem immobilienwirtschaftlichen Engagement liegt.

Deutscher Städte- und Gemeindebund

German Association of Towns and Municipalities

Der Deutsche Städte- und Gemeindebund (DStGB) hat sich als kommunaler Spitzenverband das Ziel

gesetzt, die Interessen kreisangehöriger Städte und Gemeinden in Deutschland und Europa zu vertreten. Dies geschieht durch Kontaktpflege bei Bundestag, Bundesrat, EU und weiteren Institutionen. Auch der permanente Erfahrungsaustausch zwischen den Mitgliedsverbänden spielt eine wichtige Rolle.Im DStGB sind auf freiwilliger Basis kommunale Verbände organisiert, die mehr als 12.500 deutsche Städte und Gemeinden repräsentieren. Der DStGB ist von Parteien unabhängig und erhält keine staatlichen Zuschüsse. Er entstand 1973 durch den Zusammenschluss verschiedener Verbände. Seit 1998 existiert die Hauptgeschäftsstelle des Verbandes in Berlin.
Siehe / Siehe auch: Deutscher Städtetag (DST), Nachbarschaftsverband

Deutscher Städtetag (DST)

Association of German Municipal Corporations

Der Deutsche Städtetag ist mit 4.700 Städten und Gemeinden der größte kommunale Spitzenverband Deutschlands. Er repräsentiert 51 Millionen Einwohner. Daneben gibt es den Deutschen Städte und Gemeindebund und den Deutschen Landkreistag. Die drei Verbände haben als Dachorganisation die Bundesvereinigung der kommunalen Spitzenverbände gegründet.
Beim Deutsche Städtetag handelt es sich um einen eingetragenen Verein. Die Mitgliedschaft der kreisfreien und kreisangehörigen Städte ist freiwillig. Er vertritt die Interessen der Städte gegenüber dem Bund und der europäischen Union. Der Deutsche Städtetag verfügt über 16 Landesverbände.Die aus 900 Delegierten bestehende Hauptversammlung, die alle zwei Jahre stattfindet, ist das oberste Organ des DST. Das 34-köpfige Präsidium tagt fünf Mal im Jahr.
Im Hinblick auf die teils gewaltigen Schulden der Städte setzt sich der DST für die Erhaltung bzw. Wiederherstellung einer tragfähigen finanziellen Basis (insbesondere durch den Erhalt und Ausbau der Gewerbesteuer) ein.
2005 feierte der Deutsche Städtetag sein 100-jähriges Jubiläum. Näheres siehe: http://www.staedtetag.de/10/wir/aufgaben/index.html

Deutscher Verband Chartered Surveyors (DVCS)

German association of chartered surveyors

Der DVCS ist die deutsche Niederlassung der Royal Institution of Chartered Surveyors. Sie wurde 1993 in Frankfurt gegründet. Organisiert sind in diesem Verband deutsche Mitglieder der RICS, die nach Absolvierung eines fachbezogenen Studiums an einer bei RICS akkreditierten deutschen Hochschule oder Berufsakademie als Mitglied aufgenommen wurden.
Siehe / Siehe auch: Royal Institution of Chartered Surveyors (RICS)

Deutscher Verband für Wohnungswesen, Städtebau und Raumordnung e.V.

German association for housing, urban and regional development, a registered association

Der 1946 gegründete Verband ist eine Plattform für einen überparteilichen Erfahrungs- und Gedankenaustausch. Getragen wird er sowohl Persönlichkeiten aus der Wissenschaft, der Immobilienwirtschaft, der immobilienwirtschaftlichen Verbände, Unternehmen, Kreditinstitute, als auch von vielen Städten und Institutionen. Er führt selbst Projekte in den Bereichen Wirtschafts-, Immobilien- und Stadtentwicklung auf nationaler und europäischer Ebene durch und veranstaltet Symposien in den Bereichen Wohnungswesen, Städtebau und Raumordnung. Beim Deutschen Verband angesiedelt ist das Deutsche Seminar für Städtebau und Wirtschaft (DSSW), eine Initiative der deutschen Bundesregierung. Darüber hinaus begleitet er eine Reihe europäischer Projekte.
Näheres siehe: www.deutscher-verband.org

Deutsches Institut für Normung (DIN)

German Institute for Standardisation

Bei diesem Institut handelt es sich um einen eingetragenen Verein mit Sitz in Berlin. Es vertritt deutsche Normungsinteressen in Europa und weltweit und bringt diese mit den Europa-Normen (EN) und den Normen der International Organization for Standardization (ISO) in Übereinstimmung. Wenn solche Übereinstimmungen bestehen, finden sich bei der Normnummer nach DIN die Bezeichnungen EN ISO bzw. EN oder ISO. Grundsätzlich haben die internationalen bzw. europäischen Normen Vorrang vor einer nationalen Normung und gelten, wenn sie verabschiedet sind, auch als nationale Norm. Das Institut befasst sich mit der Formulierung von Regeln und Definitionen vor allem im Bereich der Produktion, der Technik, die auf freiwilliger Basis angewendet werden. DIN-Normen bilden eine unerlässliche Verständigungsgrundlage im Geschäftsverkehr. Jeder weiß heute, was DIN A 4 für ein Papierformat ist. Neben VOB gibt DIN u.a. Regeln für das Bauwesen heraus.

Bekannte DIN-Normen sind die DIN 276/1993 (Kosten im Hochbau), DIN 277 von 2005 (Nutzflächendefinitionen und umbauter Raum) und die DIN 283 (Berechnung der Wohn- und Nutzflächen – außer Kraft gesetzt, aber dennoch angewendet). Auch die von der Gesellschaft für immobilienwirtschaftliche Forschung (gif) initiierten MF-B und MF-H und die heute geltende MF-G ist unter Mitwirkung des Instituts entstanden.
Siehe / Siehe auch: Flächendefinitionen nach MF-G (Mietfläche für den gewerblichen Raum)

Dezentrale Konzentration

decentralized concentration

Die dezentrale Konzentration steht für ein raumordnerisches Leitbild, das einerseits Abschied von einer Politik der durchgehenden Nivellierung der Lebensbedingungen in allen Teilräumen nimmt, wie sie meist im Vordergrund der Landesplanung stand. Andererseits soll einer Überfrachtung und zunehmenden Reichweitenausdehnung der Versorgungsaufgaben der Oberzentren entgegenwirkt werden. Die Orientierung am Leitbild der dezentralen Konzentration begann in den 90er-Jahren des vergangenen Jahrhunderts.
Dezentrale Konzentration bevorzugt die gezielte Stärkung von ausgewählten regionalen Entwicklungszentren um die Metropolen herum (großräumige Dezentralisierung – kleinräumige Zentralisierung). Dabei sollen die unterschiedlichen Entwicklungspotenziale gezielt ausgeschöpft werden. Die „Stadt vor der Stadt" soll auch außerhalb der Verkehrsachsen zwischen den Oberzentren ihr eigenständiges Gewicht erhalten.
Die dezentrale Konzentration führt einerseits zu funktionsräumlichen Schwerpunktbildungen und Eigenständigkeiten und andererseits zur Verkehrsentlastung.
Siehe / Siehe auch: Raumordnung

DIA Consulting AG

- n.a. -

Die DIA Consulting AG, Freiburg, ist eine Aktiengesellschaft, deren Aktionäre sich überwiegend aus Professoren der Universität Freiburg, sowie Dozenten und Professoren an der Deutschen Immobilien Akademie zusammensetzen. An der DIA Consulting AG ist auch der Bundesverband des RDM beteiligt.
Geschäftsbereiche sind

- die Zertifizierung von Grundstücks-Sachverständigen nach DIN EN 45013, akkreditiert bei TEGOVA unter TGA-ZP-09-00-73 - DIA-Zert) sowie von Vermögensmanagern der DIA, von Finanzwirten und -ökonomen
- die Bewertung von komplexen immobilienwirtschaftlichen Maßnahmen einschließlich Investitionsrechnung, Prospektprüfung und -beratung bei Fondsprodukten
- Erstellung von Wertentwicklungsgutachten für Immobilien- und Finanzanlagen nach ökonometrischen Modellen, sowie
- Research mit den Schwerpunkten Immobilienmarktforschung, Finanzanalysen und Kapitalmarktmodelle
- Zertifikatslehrgänge (sowohl Präsenz- als auch Fernlehrgänge) zum Erwerb von Zertifikaten der IHK Südlicher Oberrhein.

Siehe / Siehe auch: Deutsche Immobilien Akademie (DIA), TEGOVA (The European Group of Valuers-Associations)

Dichtheitsprüfung / Abwasserrohre

leak test for sewage pipes

§ 61a des Landeswassergesetzes von Nordrhein-Westfalen schreibt eine Dichtheitsprüfung für Abwasserkanäle (alle Schächte und Rohre) vor, die von allen Hauseigentümern durchgeführt werden muss – bei Neubauten generell und bei bestehenden Gebäuden bis zum Stichtag 31.12.2015. Die Dichtheitsprüfung ist in Abständen von höchstens 20 Jahren zu wiederholen. Die Gemeinden können abweichende Termine für die erste Prüfung festlegen. Die Gemeinden sind dazu verpflichtet, die Grundstückseigentümer über die Durchführung der Dichtheitsprüfung zu unterrichten und zu beraten.
Bundesweite Rechtslage:
In § 60 der Neufassung des Wasserhaushaltsgesetzes vom 31.07.2009 ist vorgeschrieben, dass Abwasseranlagen nur nach den allgemein anerkannten Regeln der Technik errichtet, betrieben und unterhalten werden dürfen. Entsprechen Abwasseranlagen nicht diesen Anforderungen, müssen innerhalb angemessener Fristen geeignete Maßnahmen durchgeführt werden.
Die anerkannten Regeln der Technik sind in den Normen DIN 1986 Teil 30 und EN 1610 niedergelegt. Nach der DIN 1986 Teil 30 muss bei Grundstücksentwässerungsanlagen, in denen häusliches Abwasser oder Mischwasser abgeleitet wird, eine Dichtheitsprüfung durchgeführt werden, und zwar

- bei wesentlichen baulichen Veränderungen und / oder Sanierungen bzw. Totalumbau des Gebäudes (über 50 Prozent) im Zuge der Baumaßnahme,
- wenn bei Anlagen wegen An- oder Umbauten

nur Teilstrecken der Entwässerungsanlage betroffen sind (unter 50 Prozent) im Zuge der Baumaßnahme,
- sonst alle Hausentwässerungen bis 31.12.2015.

Die Prüfung ist nach 20 Jahren zu wiederholen. Der Prüfungsnachweis muss aufbewahrt werden. Für gewerbliche Abwasseranlagen gelten Sonderregeln (umgehende Überprüfung). In Wasserschutzgebieten ist die Prüfung bereits bis Ende 2009 durchzuführen. Hier gelten abweichende Wiederholungsabstände (meist fünf Jahre). Für die Prüfung ist eine Kamerabefahrung der Rohre ausreichend. Dafür ist zunächst eine Rohrreinigung erforderlich, da man ohne diese auf dem Monitor der Kamera nichts sieht. Es kann auch ein aussagekräftigerer Drucktest mit Wasser durchgeführt werden.

Eine Dichtheitsprüfung ist auch generell z. B. vor dem Kauf eines älteren Hauses zu empfehlen. Durch Defekte an den Abwasserrohren können später erhebliche Kosten entstehen. Ein undichtes Rohr kann nicht nur die Durchfeuchtung der Haus- bzw. Kellerwände verursachen, sondern auch zur Unterspülung der Rohrleitung und damit zu einem unterirdischen Rohrbruch führen. Viele Wohngebäudeversicherungen versichern Schäden durch Bruch von Abwasserrohren auf dem Grundstück nicht mehr bzw. nur noch gegen spezielle Vereinbarung und Aufpreis sowie bei Vereinbarung diverser Ausschlüsse z. B. Schäden durch Baumwurzeln, Bauarbeiten, Höhenversatz der Rohrstücke usw.

In Anbetracht der erheblichen Anzahl zu erwartender Aufträge im Bereich der Kanalüberprüfung und -Sanierung beschäftigt sich eine Vielzahl unseriöser Unternehmen mit diesem Tätigkeitsbereich. Diese kommen meist direkt an die Haustür und geben sich teilweise als Mitarbeiter von Wasserversorgungsunternehmen oder Behörden aus. Möglicherweise werden dann überteuerte Überprüfungen angeboten, bei denen angebliche Schäden gefunden werden, für deren Behebung Fantasiepreise verlangt werden.

Derartige Arbeiten dürfen nur von zugelassenen Unternehmen durchgeführt werden. In vielen Fällen können Hauseigentümer Listen mit zertifizierten Betrieben bei der für die Abwasserentsorgung zuständigen Behörde erhalten. Aufträge sollten nicht übereilt erteilt werden; ein Preisvergleich ist immer zu empfehlen. Generell ist es empfehlenswert, niedergelassene Betriebe aus der Region zu beauftragen. Einträge in Firmen- oder Telefonverzeichnissen sollten daraufhin überprüft werden, ob der Betrieb tatsächlich unter einer Adresse vor Ort existiert. Eine Dichtheitsprüfung kostet bei einem seriösen Anbieter ca. 300 bis 500 Euro (Einfamilienhaus mit herkömmlichem Anschluss, ca. 6 – 7 m Rohrleitung).

Dienendes Grundstück

subservient property

Als dienendes Grundstück wird ein mit einer Grunddienstbarkeit belastetes Grundstück bezeichnet. Kennzeichen der Grunddienstbarkeit ist es, dass sie dem jeweiligen Eigentümer eines anderen Grundstücks bestimmte Rechte gewährt, deren Ausübung zu einer mehr oder weniger ins Gewicht fallenden Beeinträchtigung der Grundstücknutzung durch den Eigentümer des dienenden Grundstücks führt. Solche Rechte können z. B. ein Geh- und Fahrtrecht durch das belastete Grundstück sein, ein Konkurrenzverbot oder die Duldung einer Verringerung des Grenzabstandes bei Durchführung eines Bauvorhabens. Die Grunddienstbarkeit besteht ewig, wenn sie zeitlich nicht beschränkt wird.

Im Grundbuch des dienenden Grundstücks ist die Grunddienstbarkeit als Last in Abteilung II einzutragen. Ihre Löschung muss vom Berechtigten bewilligt werden.

Wenn das dienende und das herrschende Grundstück den gleichen Eigentümer gehören, handelt es sich bei der eingetragenen Grunddienstbarkeit um eine sogenannte „Eigentümergrunddienstbarkeit".

Siehe / Siehe auch: Grunddienstbarkeit

Dienstbarkeit (Grundbuch)

easement; subserviency (land register)

Bei Dienstbarkeiten handelt es sich Nutzungsrechte, die zu Gunsten eines Dritten in Abteilung II des Grundbuchs des belasteten Grundstücks als dingliche Rechte eingetragen sind. Sie entstehen mit der Eintragung im Grundbuch. Die Eintragungen genießen öffentlichen Glauben. Unterschieden werden drei Arten, nämlich die Grunddienstbarkeit, die beschränkte persönliche Dienstbarkeit und der Nießbrauch an Grundstücken.

Die Grunddienstbarkeit endet mit Aufgabe des Nutzungsrechts, die beschränkte persönliche Dienstbarkeit und der Nießbrauch mit dem Tod des bzw. der jeweils Berechtigten. Eine besondere Form der beschränkten persönlichen Dienstbarkeit ist das Wohnungsrecht. Wird zugunsten einer juristischen Person des öffentlichen Rechts, z. B. einer Gemeinde eine beschränkte persönliche Dienstbarkeit eingetragen, endet diese nur mit Aufgabe des Rechts.

Dienstbarkeiten führen beim belasteten Grundstück zu einer mehr oder weniger großen Beeinträchti-

gung der Eigentümernutzung. Dies wirkt sich entsprechend auf den Marktwert des Grundstücks aus.
Siehe / Siehe auch: Grunddienstbarkeit, Nießbrauch (Wohnungseigentum), Grundbuch, Beschränkte persönliche Dienstbarkeit

Dienstleistungs- und Informationspflichten Verordnung (DL-InfoV)

German ordinance on a service provider's obligation to provide information

Die Dienstleistungs- und Informationspflichten Verordnung vom 12. März 2010 (in Kraft seit 17. Mai 2010) dient der Umsetzung der Dienstleistungsrichtlinie der EU in nationales Recht. Sie findet Anwendung für alle im Inland ansässigen Dienstleister, nicht aber für im Ausland ansässige Dienstleister, wenn sie grenzüberschreitend auch im Inland tätig werden.

Zu den nach dieser Verordnung dem Dienstleistungsempfänger von sich aus zur Verfügung zu stellenden Informationen gehören:

- Familien- und Vorname des Dienstleisters, bei rechtsfähigen Personengesellschaften und juristischen Personen die Firma mit Angabe der Rechtsform
- die Anschrift, ersatzweise eine ladungsfähige Anschrift und Angaben, die den Dienstleistungsempfänger in die Lage versetzen, schnell und unmittelbar in Kontakt mit dem Dienstleister zu treten, insbesondere Telefon- / Telefaxnummer und E-Mailadresse
- gegebenenfalls ein Eintrag ins Handels- Vereins- Partnerschafts- oder Genossenschaftsregister unter Angabe von Registergericht und Registernummer
- bei erlaubnispflichtigen Tätigkeiten (z. B. Makler nach § 34 c GewO) die zuständige Behörde
- gegebenenfalls die Umsatzsteueridentifikationsnummer
- soweit zutreffend verwendete Allgemeine Geschäftsbedingungen einschließlich Hinweise auf das anzuwendende Recht oder über den Gerichtstand
- etwaige über das gesetzliche Gewährleistungsrecht hinausgehende Garantien
- die wesentlichen Merkmale der Dienstleistung (z.B. Leistungspflichten des Maklers bei Entgegennahme eines Alleinauftrages)
- ein Hinweis auf eine etwa bestehende Berufshaftpflichtversicherung

Da die Ausübung immobilienwirtschaftlicher Gewerbe nicht abhängig von einer nachzuweisenden Berufsqualifikation ist, brauchen deren Dienstleister – im Gegensatz zu einer von einer Berufsqualifikation abhängigen Berufsausübung – nicht über die zuständige Kammer oder die Zugehörigkeit zu einem Berufsverband zu informieren. Es ist dennoch ratsam, auf gegebene Qualifikationsmerkmale hinzuweisen. Insbesondere sollte auf das Qualifikationsmerkmal eines vereidigten oder zertifizierten Sachverständigen, eines zertifizierten Maklers und auf eine etwa gegebene Mitgliedschaft im Immobilienverband Deutschland oder einem Verwalterverband hingewiesen werden.

Neben diesen von jedem Dienstleister von sich aus zur Verfügung zu stellenden Informationen kann der Dienstleistungsempfänger weitergehende Informationen vor Abschluss eines Vertrages vom Dienstleister verlangen. Dies bezieht sich insbesondere auf Angaben über die ausgeübten Tätigkeiten, wenn sie in Zusammenhang mit multidisziplinären Gemeinschaften erbracht werden, um etwaige Interessenkonflikte zu erkennen. Dazu gehören auch Informationen über Verhaltenskodizes, denen sich der Dienstleister unterworfen hat (z.B. Inhalt der Standesregeln bei einem IVD-Makler). Auch Auskünfte über den vom IVD zur Verfügung gestellten Ombudsmann und dessen Funktionen können vom Auftraggeber eines IVD-Mitglieds abgerufen werden. Alle die abrufbaren Informationen können auch im Rahmen einer Homepage des Dienstleisters im Internet zur Verfügung gestellt werden. Es besteht dabei auch die Möglichkeit durch Links auf Seiten hinzuweisen, die die entsprechenden Informationen enthalten.

Die von der Dienstleistungs- und Informationspflichten Verordnung erfassten Informationserfordernisse eines Dienstleisters ergeben sich im Übrigen auch aus einer Reihe von anderer Vorschriften, z.B. dem Telemediengesetz, aber auch aus wettbewerbsrechtlichen Vorschriften. Die Verordnung kann als eine Art Zusammenfassung von Informationspflichten, die nach anderen Rechtsvorschriften bestehen, aufgefasst werden.
Siehe / Siehe auch: Impressum (Pflichtangaben auf der Homepage), Ombudsmann / Ombudsfrau, Telemediengesetz (TMG), Wettbewerb

Dienstleistungsmarketing

service marketing

Im Vergleich mit dem Konsumgütermarketing hat das Dienstleistungs- oder Servicemarketing mit zwei Problemen zu kämpfen:

a) Die Leistung des Anbieters ist nicht greifbar und muss daher möglichst klar und in ihren Vorzügen verdeutlicht werden. b) Der Kunde ist in einer Weise beteiligt, die etwa über den Kauf eines Produkts hinausgeht. Immobilienmakler, Finanzierer oder Hausverwalter müssen also ihren Kunden klar machen, dass sie ihnen Arbeit abnehmen und damit mehr Zeit zur Verfügung stellen. Schwierigkeiten bereitet beim Dienstleistungsmarketing die Vermittlung von Kompetenz bzw. Qualitätsstandards.

Dienstwohnung

company flat; official residence

Als Dienstwohnung bezeichnet man umgangssprachlich Wohnraum, der mit Rücksicht auf das Bestehen eines Dienstverhältnisses überlassen wird. Streng genommen ist mit dem Begriff „Dienstwohnung" (oder „Werkdienstwohnung") eine Wohnung gemeint, die Mitarbeitern des öffentlichen Dienstes als Inhaber bestimmter Posten ohne Mietvertrag aus dienstlichen Gründen vom Arbeitgeber zugewiesen wird. Im Unterschied zu der im BGB geregelten Werkmietwohnung für Mitarbeiter von nichtstaatlichen Betrieben ist die Überlassung der Dienstwohnung unmittelbarer Bestandteil des Arbeitsvertrages. Ihre Überlassung wird als Teil der Vergütung angesehen. Teilweise kann sogar bei Überlassung einer Dienstwohnung ein Teil des Gehalts als Dienstwohnungsvergütung einbehalten werden. Gesetzliche Grundlage für die Zuweisung einer Dienstwohnung an Bundesbeamte ist § 72 Bundesbeamtengesetz. Die Zuweisung einer im Haushaltsplan ausgewiesenen Dienstwohnung an einen Beamten ist als Verwaltungsakt anzusehen (BVerwG, Az. 2 C 5.99, Urteil vom 21.09.2000).

Es gehört zur Fürsorgepflicht des Dienstherrn gegenüber dem Bediensteten beziehungsweise Beamten, die Dienstwohnung in ordnungsgemäßem Zustand zu übergeben und zu erhalten. Eine gefahrlose Benutzung durch den Beamten und seine Familie muss gewährleistet sein (auch: BVerwGE 25, 138). Wenn der Beamte infolge eines vom Dienstherrn zu vertretenden mangelhaften Wohnungszustandes einen Dienstunfall erleidet beziehungsweise er oder ein Familienmitglied erkrankt, muss der Dienstherr Dienstunfallversorgung gewähren. Denkbar ist auch ein Schadenersatzanspruch wegen einer Verletzung der Fürsorgepflicht, was jedoch ein Verschulden voraussetzt (BVerwG, Az. 2 C 5.99, Urteil vom 21.09.2000).

Jeder öffentliche Arbeitgeber (Bundesländer; Gemeinden) hat eine eigene Regelung hinsichtlich der Dienstwohnungen. Berufsgruppen, bei denen die Zuweisung einer Dienstwohnung üblich ist, sind z. B. Schulhausmeister, Pförtner, Heimleiter, Förster, Wasser- und Klärwerksmitarbeiter mit Bereitschaftsdienst. Die Vorschriften über Dienstwohnungen sind auf Werkmietwohnungen privatwirtschaftlicher Unternehmen nicht anzuwenden, ebenso wenig gelten die Vorschriften des BGB-Mietrechts für Dienstwohnungen.

Siehe / Siehe auch: Beendigung eines Mietverhältnisses, DienstwohnungsVO, Werkmietwohnung, Widerspruchsrecht bei Werkmietwohnungen

Differenzdruck-Messverfahren

procedure for measung the pressure difference/ differential

Siehe / Siehe auch: Blower-Door-Test

Digitale Signatur

digital signature

Die Digitale Signatur ist eine elektronische Unterschrift unter einer E-Mail, die Rechtsverbindlichkeit verleiht. Die elektronische Signatur muss nach § 126a BGB bei Willenserklärungen den Anforderungen des Signaturgesetzes genügen. Der Anschein der Echtheit einer in elektronischer Form vorliegenden Willenserklärung, der sich auf Grund der Prüfung nach dem Signaturgesetz ergibt, kann nach § 292a ZPO nur durch Tatsachen erschüttert werden, die ernstliche Zweifel daran begründen, dass die Erklärung mit dem Willen des Signaturschlüssel-Inhabers abgegeben worden ist.

Digitales Fernsehen

digital television

Die Einführung des digitalen Fernsehens soll die Qualität der Medienversorgung in Deutschland verbessern. Die Ausstattung von Wohngebäuden mit entsprechenden Anschlüssen ist ein nicht zu unterschätzendes Qualitätsmerkmal. Versorgungsgrundlage mit DVB-C (Digital Video Broadcasting Cable), alternativ DVB-T (Digital Video Broadcasting Terrestrial) und DVB-S (Digital Video Broadcasting Satellite) sind europäische Standards des European Telecommunications Standards-Institute. Für Wohnungsunternehmen, Wohnungseigentumsverwalter und Miethausverwalter stellt sich die Aufgabe, das Angebot der Kabelnetzbetreiber, aber auch der alternativen Empfangssysteme gegenüber den Wohnungseigentümern und Mietern so zu kommunizieren, dass Entscheidungen über die Einführung (bei Wohnungseigentümern durch Beschluss) aufgrund von alternativen Angeboten getroffen werden können. Mit den Betreibergesellschaften bzw. Anbietern muss das für die Anlage (Größe, Lage, Umrüstungskosten bei der gegebenen Gebäudestruktur) optimale Leistungspaket ausgehandelt werden. Die bisherigen analogen Systeme sollen nach den Vorgaben der Bundesregierung bis 2010 abgeschaltet werden.

Dipl. Immobilienwirt DIA an der Universität Freiburg

graduate real estate manager, awarded only by the German Real Estate Academy at the University of Freiburg

Offizielle, geschützte Bezeichnung für den Abschluss eines Studiengangs an der Deutschen Immobilien Akademie an der Universität Freiburg (DIA = ein sog. „An-Institut"). Zugelassen zu dem 200 Stunden umfassenden Kontaktstudiengang sind Diplom Kaufleute und Diplom Volkswirte, Dipl. Ingenieure, Inhaber juristischer Staatsexamen oder in der Immobilienwirtschaft tätige Personen, die über einen Abschluss als Immobilienkaufmann bzw. Immobilienkauffrau, Fachwirt der Grundstücks- und Wohnungswirtschaft, Immobilienfachwirt, Immobilienwirt VWA verfügen.

Wer diese Voraussetzungen nicht erfüllt, kann durch einen Zugangstest nachweisen, dass er über die fachlichen Grundvoraussetzungen verfügt, die für das Studium erforderlich sind.

Direktanbieter / Direktnachfrager

direct providers/ direct demanders

Der Direktanbieter / Direktnachfrager ist vor dem Hintergrund der Produktpolitik des originären Marketings ein Hauptkonkurrent des Maklers. Man schätzt, dass der Anteil der Direktanbieter / Direktnachfrager beim Verkauf von Wohnimmobilien bei etwa 50 Prozent liegt.

Dies zeigt: Nicht der Maklerkonkurrent ist das Hauptproblem, sondern die Direktanbieter / Direktnachfrager. In der Maklerpraxis wird dies oft noch nicht so gesehen, dadurch werden die Werbeaktivitäten vielfach falsch ausgerichtet.

Direktkommanditist

limited partner

Als Direktkommanditisten werden bei geschlossenen Immobilienfonds diejenigen Anleger bezeichnet, die der Fondsgesellschaft direkt, d. h. ohne Einschaltung eines Treuhänders, beitreten. Sie werden namentlich ins Handelsregister eingetragen.

Siehe / Siehe auch: Immobilienfonds - Geschlossener Immobilienfonds

Direktlieferungsvertrag Heizwärme

contract for direct delivery of heating

Seit 1989 dürfen für alle Arten von Heizungen so genannte Direktlieferungsverträge abgeschlossen werden. Das bedeutet, dass zwischen Mieter und gewerblichem Wärmelieferanten ein direkter Vertrag zustande kommt. Der Vermieter ist dann für die Beheizung der Wohnung nicht mehr verantwortlich. Der gewerbliche Lieferant erstellt die Abrechnungen. Dem Mieter werden dabei nicht nur wie sonst üblich die Brennstoffkosten berechnet. Der kalkulierte Preis enthält auch Unternehmergewinn, Rücklagen für Instandsetzungen usw..

Die Umstellung bestehender Mietverträge auf Direktlieferung von Wärme erfordert eine Änderung des Mietvertrages und somit die Zustimmung des Mieters. Die Vertragskonstruktion wird auch als Contracting oder Wärmecontracting bezeichnet.

Siehe / Siehe auch: Blockheizkraftwerk, Contracting, Energieeinsparverordnung (EnEV), Etagenheizung, Heiz- und Warmwasserkosten, Sammelheizung

Direktversicherer

direct / original insurer / underwriter

Direktversicherer vertreiben ihre Versicherungsprodukte „direkt" ohne Einschaltung eines Außendienstes. Bei solchen Versicherungsunternehmen ist der Versicherungsschutz zwar preiswerter, als bei Versicherungen mit Außendienst. Dafür muss der Kunde auf eine Beratung verzichten.

Disagio

discount (deducted from the loan principal)

Als Disagio, Abgeld oder Damnum wird die Differenz zwischen der nominalen Darlehenssumme und einem niedrigeren Auszahlungsbetrag bezeichnet. Bei einem Disagio handelt es sich um eine Zinsvorauszahlung oder Kreditbearbeitungsgebühren. Üblicherweise wird das Disagio oder Damnum in Prozent der Darlehenssumme angegeben. Ein Damnum von fünf Prozent bedeutet beispielsweise, dass von einem Darlehen nur 95 Prozent der nominalen Darlehenssumme ausgezahlt werden, aber 100 Prozent zurückzuzahlen sind. Bei der Finanzierung selbst genutzter Immobilien lohnt sich die Vereinbarung eines Damnums im Darlehensvertrag in der Regel nicht, da die Darlehenszinsen hier nicht steuerlich absetzbar sind.

Das Disagio kann daher in diesen Fällen keine steuerliche Wirkung entfalten. Werden dagegen vermietete Objekte mit einem Darlehen finanziert, kann das Damnum bei den Einkünften aus Vermie-

tung und Verpachtung als Werbungskosten geltend gemacht werden.
Durch den sogenannten fünften Bauherrenerlass, veröffentlicht als Schreiben des Bundesministeriums der Finanzen vom 20. Oktober 2003, wird die Höhe des zum Zeitpunkt der Zahlung abzugsfähigen Damnums jedoch begrenzt. Als marktüblich und damit sofort abzugsfähig gilt ein Damnum nur noch dann, wenn es bei einem Darlehen mit mindestens fünfjähriger Zinsfestschreibung maximal fünf Prozent der Darlehenssumme beträgt.
Außerdem darf es nicht mehr als drei Monate vor der Auszahlung von mindestens 30 Prozent der Brutto-Darlehenssumme gezahlt werden. Andernfalls wird das Damnum den Anschaffungs- und Herstellungskosten zugerechnet und ist über die gesamte Nutzungsdauer hinweg abzuschreiben. Übersteigt das Damnum fünf Prozent der Darlehenssumme, so kann es nur noch dann steuerlich abgesetzt werden, wenn nachgewiesen wurde, dass es sich um ein Damnum in marktüblicher Höhe handelt. Betroffen von dieser Regelung sind Immobilienfonds ebenso wie Bauherren oder Erwerber.
Wird das Darlehen vor Ablauf der Zinsbindungsdauer zurückgezahlt, so ist das Damnum noch nicht „verbraucht" und wird anteilig rückvergütet. Der rückvergütete Betrag unterliegt der Einkommensteuer.

Disagiosplitting
distribution of processing fee

Aufteilung eines Disagios in einen ausgewiesenen Teil und eine Bearbeitungsgebühr. Der Vorteil dieser Berechnungsmethode für das Kreditinstitut:
Während das Disagio lediglich auf die Zinsbindungsfrist (z. B. zehn Jahre) verteilt wird, kann die Bearbeitungsgebühr über die gesamte Kreditlaufzeit (zwischen 25-30 Jahre) verteilt werden. Im Ergebnis fällt der Effektivzins beim Splitting also deutlich niedriger aus. Die Kostenbelastung für den Bauherrn bleibt jedoch gleich hoch.

Discounted-Cashflow-Verfahren
discounted cash flow method

Das Discounted-Cashflow-Verfahren (DCF-Verfahren) ist ein aus der Investitionsrechnung entwickeltes Verfahren zur Bewertung von Unternehmen. Dort liegt auch das Hauptanwendungsgebiet des Verfahrens. Aus ihm wurde auch ein Verfahren für die Immobilienbewertung entwickelt. Über die Tauglichkeit dieses Verfahrens zur Immobilienbewertung gehen die Meinungen allerdings auseinander. Das Discounted-Cashflow-Verfahren soll bei der Bewertung von Immobilien eine Alternative zum Ertragswertverfahren nach der Wertermittlungsverordnung sein. Die künftigen Reinerträge werden hier – wie beim Ertragswertverfahren – auf den Bewertungszeitpunkt abgezinst.
Allerdings wird dabei eine prognostizierte Reinertragsentwicklung innerhalb eines bestimmten zeitlichen Horizonts berücksichtigt. Der Diskontierungszinssatz ist nicht der Liegenschaftszinssatz sondern ein aus dem Markt für Anleihen abgeleiteter Zinssatz. Während beim Ertragswertverfahren versucht wird, zu einem „objektiven" Wert zu gelangen, liefert das Discounted-Cashflow-Verfahren eine Entscheidungsgrundlage für einen bestimmten Investor, der den Investitionszeitraum vorgibt. Das Problem des Discounted-Cashflow-Verfahrens liegt in der Prognoseunsicherheit, die mit länger werdendem Investitionszeitraum erheblich zunimmt.
Siehe / Siehe auch: Ertragswert

Diskontsatz (Basiszinssatz)
discount rate (base interest rate)

Als Diskontsatz bezeichnete man den Zinssatz, zu dem die Deutsche Bundesbank Wechsel von den Kreditinstituten bis 23.12.1998 angekauft hat. Durch Einführung des EURO wurde der Diskontsatz im Diskontsatz-Überleitungsgesetz für die Übergangszeit bis 31.12.2001 durch einen Basiszinssatz der EZB ersetzt. Soweit auf den Diskontsatz in Verträgen Bezug genommen wird, gilt nunmehr der Basiszinssatz. Diese gesetzliche Änderung begründet keinen Anspruch auf Vertragskündigungen.
Siehe / Siehe auch: Basiszinssatz, Zahlungsverzug, Fazilität

Diskriminierung
discrimination

Nach Artikel 3 des Deutschen Grundgesetzes vom 23. Mai 1949 sind alle Menschen vor dem Gesetz gleich. Niemand darf wegen seines Geschlechtes, seiner Abstammung, seiner Rasse, seiner Sprache, seiner Heimat und Herkunft, seines Glaubens, seiner religiösen oder politischen Anschauungen benachteiligt oder bevorzugt werden. Niemand darf wegen seiner Behinderung benachteiligt werden. Dieses Grundrecht bezieht sich auf das Verhältnis der Bürger zu den Trägern öffentlicher Gewalt und nicht auf den Rechtsverkehr der Bürger untereinander. Auf der Grundlage von vier Richtlinien der EG wurde 2006 das Allgemeine Gleichbehandlungsgesetz beschlossen. Es verbietet eine Diskriminierung wegen der Rasse, der ethnischen Herkunft, der Religion, der Weltanschauung, der Behinderung, des

Alters, der sexuellen Identität und der Geschlechts. Das Diskriminierungsverbot bezieht sich vor allem auf Arbeitsverhältnisse (Einstellungsbedingungen, Beschäftigungsbedingungen, Aus- und Weiterbildung), auf den Sozialschutz z. B. im Gesundheitsbereich, auf den privaten Rechtsverkehr und auf die Öffentlichkeit (z. B. Verletzung der Würde der Person, Einschüchterungen usw.).
In der Immobilienwirtschaft ist das allgemeine Gleichbehandlungsgesetz vor allem im Zusammenhang mit der Vergabe von Wohnraum bedeutsam. Betroffen sind Privatvermieter und Wohnungsunternehmen, Wenn sie über mehr als 50 Wohnungen besitzen. Nicht verboten ist allerdings bei der Vermietung von Wohnungen die Nichtberücksichtigung von vorbestraften Personen. Der Vermieter wird nicht daran gehindert, von den Personen, die sich um eine Wohnung bewerben, eine Selbstauskunft zu verlangen. Die Nichtbeibringung einer solchen Selbstauskunft kann ein objektiver Ablehnungsgrund sein. Außerdem erlaubt § 19 Abs. 3 eine unterschiedliche Behandlung bei der Vermietung von Wohnraum, wenn es um die Schaffung und Erhaltung sozial stabiler Bewohnerstrukturen und ausgewogener Siedlungsstrukturen sowie ausgeglichener wirtschaftlicher, sozialer und kultureller Verhältnisse geht. Der Diskriminierte muss im Falle einer Diskriminierung Indizien vorlegen, mit denen er die Diskriminierung glaubhaft machen kann. Er kann sich aber auch an die Antidiskriminierungsstelle des Bundes wenden, die informieren, beraten und vermitteln kann.
Siehe / Siehe auch: Allgemeines Gleichbehandlungsgesetz

Diversifizierung
diversification

Der Begriff der Diversifizierung bezeichnet in den Wirtschaftwissenschaften eine Politik, die darauf abzielt, durch Verbreiterung der Leistungen (Produktpalette) einen Risikoausgleich herbeizuführen. In Maklerbetrieben kann z. B. ein betrieblicher Risikoausgleich dadurch stattfinden, dass die reine (risikoreiche) Maklertätigkeit durch eine ergebniskonstante Hausverwaltungsabteilung abgesichert wird. Im Rahmen des Vermögensmanagements zielt Diversifizierung darauf ab, die Vermögensanlagen so zu streuen, dass die in den verschiedenen Vermögensarten liegenden Risiken sich gegenseitig ausgleichen. Es geht z. B. um eine richtige Mischungen von Aktien, festverzinslichen Wertpapieren, Gold und verschiedenen Immobilienanlageprodukten. Die Grundidee beruht auf der Portfoliotheorie von Henry Markowitz, der hierfür den Wirtschaftsnobelpreis erhielt. Die Qualität einer unabhängigen Vermögensberatung hängt davon ab, inwieweit es ihr gelingt, für die Rat suchenden Anleger das risikoadäquate Streuungsoptimum zu erreichen. Bei Immobilien kommt hinzu, dass nicht nur die Immobilienanteilsarten (Direktinvestition, Beteiligung) berücksichtigt werden, sondern auch die langfristigen räumlichen Entwicklungstrends, in die Immobilien eingebunden sind.
Siehe / Siehe auch: Vermögensmanagement (Assetmanagement)

Dividendenrendite
(dividend) yield; dividend return/ price ratio

Die Dividendenrendite ist eine Kennzahl bei der Bewertung eines Aktieninvestments und kann daher auch als Vergleichsmaßstab für eine Anlageentscheidung gelten. Dabei wird die zuletzt gezahlte Dividende (einschließlich der gutgeschriebenen Körperschaftsteuer) einer Aktie ins Verhältnis zum aktuellen Kurs des Papiers gesetzt. Der errechnete Wert gibt Aufschluss darüber, welche Verzinsung des eingesetzten Kapitals das entsprechende Papier erwarten lässt.
Siehe / Siehe auch: Cashflow

Domizil-Adresse
domicile/mail service address

Unter einer Domizil-Adresse versteht man eine Geschäftsanschrift, die für die Gewerbeanmeldung und die Geschäftspost verwendet wird, obwohl am angegebenen Ort gerade keine Gewerbeausübung stattfindet. Oft besteht das Ziel des Adressinhabers darin, seinen wahren Wohn- oder Geschäftssitz vor Kunden oder Finanzbehörden zu verschleiern. So sind auch Domizil-Adressen im Ausland denkbar.
Büroserviceanbieter stellen ihren Kunden oft eine Domizil-Adresse gegen monatliche Mietzahlung zur Verfügung – oft in Kombination mit der Möglichkeit, einen Post- oder Telefonservice sowie bei Bedarf Konferenzräume oder Schreibdienste in Anspruch zu nehmen. Die Verwendung einer Domizil-Adresse ist nicht illegal. Sie kann ein wichtiges Hilfsmittel für Existenzgründer und Kleinunternehmer sein. Zu beachten ist jedoch, dass in vielen Fällen die Verwendung einer ladungsfähigen Anschrift vorgeschriebenen ist (z. B. Impressum einer gewerblichen Internetseite). Als solche kann die Domizil-Adresse allenfalls gelten, wenn tatsächlich auch Postzustellungsurkunden und Übergabeeinschreiben durch bevollmächtigtes Personal angenommen und umgehend weitergeleitet werden.

Gerichtsentscheidungen dazu liegen noch nicht vor. Die schnelle Weiterleitung der Post ist für Gewerbetreibende schon wegen der bei wettbewerbsrechtlichen Abmahnungen üblichen kurzen Antwortfristen wichtig. Für Finanzbehörden stellt die Verwendung einer Domiziladresse in Deutschland durch deutsche Inhaber meist kein Hindernis dar, da der Servicebetreiber durch entsprechende Verfügungen zur Kooperation angehalten werden kann.
Siehe / Siehe auch: Ladungsfähige Anschrift, Postfach

Doorman
doorman
Siehe / Siehe auch: Concierge

Doppelbesteuerungsabkommen
double taxation treaty / convention
Deutschland hat mit zahlreichen Staaten Abkommen zur Vermeidung der Doppelbesteuerung – kurz als Doppelbesteuerungsabkommen (DBA) bezeichnet – geschlossen. Sie regeln die Besteuerung von Einkünften, die deutsche Steuerbürger in dem jeweiligen Staat beziehen, mit dem das Abkommen geschlossen wurde.
Die Regelungen der Abkommen differieren im Detail, doch lassen sich grundsätzlich zwei wichtige Verfahrensweisen unterscheiden, die in den Abkommen vereinbart sein können: die Freistellungs- und die Anrechnungsmethode. Im Bereich der Immobilieninvestitionen sind die DBA z. B. für Anleger relevant, die sich an geschlossenen Auslandsimmobilienfonds beteiligt oder ausländische Immobilien direkt erworben und vermietet haben. Je nachdem, um welches Land es sich handelt, können die betreffenden Anleger von niedrigeren Steuersätzen profitieren oder Steuerfreibeträge in Anspruch nehmen. Auch der steuerfreie Anteil an den Erträgen offener Immobilienfonds resultiert teilweise aus DBA-Regelungen. Unter dem Strich profitieren Anleger mit Hauptwohnsitz in Deutschland, die im Ausland Immobilien erwerben von der geringeren Besteuerung und den Freibeträgen im jeweiligen Ausland. Die im Ausland erzielten Erträge, also direkte Mieteinnahmen oder Ausschüttungen geschlossener Immobilienfonds sind in Deutschland steuerfrei. Die Einkünfte unterliegen im Inland lediglich dem Progressionsvorbehalt. Progressionsvorbehalt bedeutet, dass die ausländischen Einkünfte lediglich zur Berechnung des Steuersatzes herangezogen werden. Der erhöhte Steuersatz ist nur auf die inländischen Einkünfte anzuwenden. Das hat zur Folge, dass Investoren, die sowieso schon den Spitzensteuersatz von derzeit 42 Prozent (plus Solidaritätszuschlag und ggf. Kirchensteuer) zahlen, tatsächlich durch die ausländischen Einkünfte keine Erhöhung der Steuer eintritt.
Siehe / Siehe auch: Anrechnungsmethode, Freistellungsmethode, Progressionsvorbehalt

Doppelhaus
(pair of) semi-detached houses(s)
Siehe / Siehe auch: Zweifamilienhaus, Einfamilienhaus

Doppelmakler
agent acting for both parties in a transaction
Siehe / Siehe auch: Makler

Doppelte Haushaltsführung
double housekeeping; maintenance of two households
Doppelte Haushaltsführung ist ein Begriff aus dem Steuerrecht. Die Kosten einer doppelten Haushaltsführung können als Werbungskosten von der Einkommenssteuer abgesetzt werden. Doppelte Haushaltsführung liegt vor, wenn ein Steuerpflichtiger eine Zweitwohnung an einem anderen Ort unterhält, um dort seiner Berufstätigkeit nachzugehen, aber seine bisherige Wohnung am Hauptwohnsitz beibehält.
Die Anerkennung einer doppelten Haushaltsführung durch das Finanzamt ist an verschiedene Voraussetzungen geknüpft. Zunächst muss der Bezug der Zweitwohnung beruflich veranlasst sein – etwa durch eine neue Arbeitsstelle in einer anderen Stadt. Zweitens muss sich der so genannte Lebensmittelpunkt des Betreffenden – also der Ort, an dem sich sein Privatleben überwiegend abspielt – immer noch am Ort der Hauptwohnung befinden. Und natürlich muss am Ort der Hauptwohnung ein eigener Hausstand geführt werden – also ein eingerichteter Haushalt in einer normalen Wohnung mit Bad, Kochgelegenheit etc., dessen Haushaltsführung vom Steuerpflichtigen bestimmt oder mitbestimmt wird. Gelegentliche Besuche begründen keinen eigenen Hausstand. Ein einzelnes Zimmer im Haus der Eltern zählt nicht als Hauptwohnung.
Bis 1994 wurde die doppelte Haushaltsführung nur bei Verheirateten oder Familienvätern anerkannt. Seitdem können die Kosten auch von Alleinstehenden (Ledigen, Geschiedenen, getrennt Lebenden, Verwitweten) abgesetzt werden – allerdings unter engeren Voraussetzungen. So entschied der Bundesfinanzhof im Jahr 2007, dass gerade bei Alleinstehenden, die längere Zeit zwei Wohnungen

halten und doppelte Haushaltsführung in Anspruch nehmen, geprüft werden muss, ob sich der Lebensmittelpunkt tatsächlich noch am Ort des Hauptwohnsitzes befindet. Dieser könne sich nämlich inzwischen auf den Arbeitsort verlagert haben (BFH, Az. VI R 10/06, Urteil vom 09.08.2007).

Bis 01.01.2003 galt, dass die Kosten für die doppelte Haushaltsführung maximal zwei Jahre lang abgesetzt werden konnten. Mittlerweile ist diese Begrenzung entfallen. Für Alleinstehende gilt jedoch die oben dargestellte Einschränkung. Es können gegebenenfalls Beweise dafür verlangt werden, dass der Lebensmittelpunkt sich am Hauptwohnsitz befindet. Indizien dafür können etwa eine Beziehung, Hobbys, Freunde oder Vereinsmitgliedschaften sein. Erkennt das Finanzamt die doppelte Haushaltsführung grundsätzlich an, können eine Reihe von Kosten abgesetzt werden:

- Umzugskosten/Rück-Umzugskosten, Wohnungssuche, Renovierungskosten,
- Maklerprovisionen,
- Wohnungseinrichtung,
- Fahrtkosten für Wochenendheimfahrten (einmal pro Woche, Kilometerpauschale),
- Verpflegungsmehrkosten (Pauschale) für drei Monate,
- Miete und Nebenkosten der Zweitwohnung,
- ohne wöchentliche Familienheimfahrt: erhöhte Telefonkosten.

Auch eine Eigentumswohnung kann als Zweitwohnung dienen. Bei einem ledigen Steuerpflichtigen besteht jedoch bei einem Wohnungskauf besonders schnell der Verdacht, dass sich der Lebensmittelpunkt an den Ort der Zweitwohnung verlagert hat. Zieht der Ehe- beziehungsweise Lebenspartner während der Woche aus beruflichen oder privaten Gründen mit in die Zweitwohnung ein und bleibt die Hauptwohnung erhalten, wird die doppelte Haushaltsführung trotzdem anerkannt. Die Kosten für die Zweitwohnung dürfen jedoch nicht unverhältnismäßig ausfallen. Obergrenze ist die ortsübliche Miete für eine 60-Quadratmeter-Wohnung (BFH, Az. VI R 10/06, Urteil vom 09.08.2007) am Beschäftigungsort. Auch beim Kauf einer Eigentumswohnung ist die Miete für eine 60 Quadratmeter große Wohnung die Obergrenze, bis zu der Finanzierungskosten und laufende Kosten der Eigentumswohnung abgesetzt werden können. Wer eine Zweitwohnung in einer anderen Stadt beziehen will, sollte sich zuvor darüber informieren, ob die jeweilige Gemeinde eine Zweitwohnungssteuer erhebt.

Zwei Urteile von 2009 bringen Vorteile für Berufspendler, die nicht am Arbeitsort eine Zweitwohnung begründet haben, sondern vielmehr aus privaten Gründen ihren Hauptwohnsitz in eine andere Stadt verlegt und die alte Hauptwohnung als Zweitwohnung am Arbeitsort behalten haben. Beispiel: Ein Arbeitnehmer zieht in einer anderen Stadt als dem Arbeitsort mit einer neuen Partnerin zusammen, behält aber die bisherige Wohnung am Arbeitsort aus beruflichen Gründen. Bisher wurde diese Konstellation nicht als doppelte Haushaltsführung anerkannt, da der Hauptwohnsitz aus privaten Gründen verlegt worden sei. Nach der neuen Rechtsprechung ist auch bei Wegverlegung des Hauptwohnsitzes eine doppelte Haushaltsführung anzuerkennen: Entscheidend ist nur, dass am Arbeitsort aus beruflichen Gründen eine weitere Wohnung unterhalten wird. Bei dieser muss es sich nicht um eine neu bezogene Wohnung handeln (BFH, Az. VI R 23/07 und Az. VI R 58/06, Urteil vom 05.03.2009).

Siehe / Siehe auch: Zweitwohnungssteuer

Doppelte Provisionszahlung

double payment of estate agent's commission

Nach § 652 BGB steht einem Makler dann Provision zu, wenn infolge seiner Maklertätigkeit ein Vertrag zustande kommt. Dabei kann diese Tätigkeit sowohl im Nachweis einer Vertragsabschlussgelegenheit, als auch in der Vertragsvermittlung bestehen. Daraus kann sich für den Auftraggeber eine prekäre Situation ergeben. Lässt er sich nämlich gegen Provisionsversprechen eine Kaufimmobilie nachweisen und nimmt er in der Folge die Dienste eines anderen Maklers in Bezug auf diese Immobilie ebenfalls gegen Provisionsversprechen in Anspruch, dann erwerben beide Makler einen Provisionsanspruch, wenn es zum Vertragsabschluss kommt. Der Kunde muss zweimal zahlen. Beide Makler haben durch ihre jeweilige Leistung zum Vertragsabschluss beigetragen. Nach der Rechtsprechung muss die Maklertätigkeit nicht allein ursächlich sein. Mitursächlichkeit genügt. Zwar versuchen Makler im Rahmen ihrer Geschäftsbedingungen die Einschaltung eines zweiten Maklers auszuschließen. Dies wird aber nicht immer beachtet. Der Immobilienverband Deutschland (IVD) will deshalb versuchen, in seine Verbandsregeln eine Bestimmung von der Mitgliederversammlung beschließen zu lassen, nach der in einem solchen Fall die beteiligten Makler sich verpflichten, nachträglich ein Gemeinschaftsgeschäft zu vereinbaren. Damit soll ein Beitrag zum Verbraucherschutz ge-

leistet werden. Allerdings sind nicht alle Makler im IVD organisiert. Wer nicht Mitglied ist, braucht sich an die Bestimmung nicht zu halten.
Siehe / Siehe auch: Maklervertrag

Doppeltes Marketing (Maklergeschäft)

double marketing (brokerage / broker's business)

Siehe / Siehe auch: Marketing

Doppelvermietung

double letting of (a room or flat) to different parties

Auch im Mietrecht gibt es – wenn auch seltener – das Problem der „Überbuchung": Ein Vermieter möchte auf Nummer sicher gehen und schließt mit zwei Mietinteressenten Verträge ab. Die Rechtslage in einem solchen Fall ist eindeutig: Der Vermieter kann sich aussuchen, wen er am Ende einziehen lässt. Beide Mietverträge sind wirksam und gleichrangig. Allerdings sollten Vermieter sich trotzdem vor solchem Geschäftsgebaren hüten: Eine Doppelvermietung kann zu Schadenersatzansprüchen des verhinderten Mieters nach §§ 536 Abs.3, 536 a BGB führen. Der Mieter muss natürlich für die Wohnung, die er wegen Vertragsabschluss mit einem anderen Mieter nicht beziehen kann, auch keine Miete bezahlen – er kann und sollte eine Mietminderung um 100 Prozent erklären. Dies gilt unabhängig davon, was im Kleingedruckten des Mietvertrages steht.

Dorf

village

Beim Dorf handelt es sich um eine landwirtschaftlich vorgeprägte politische Gemeinde bzw. einen landwirtschaftlich vorgeprägten Teil einer politischen Gemeinde. Bauplanungsrechtlich dient das Dorfgebiet vor allem land- und forstwirtschaftlichen Betrieben und dem Wohnen. Hinzu treten Kleinsiedlungen und landwirtschaftliche Nebenerwerbstellen. Charakteristisch für ein Dorfgebiet sind aber auch Betriebe zur Verarbeitung und Sammlung land- und forstwirtschaftlicher Erzeugnisse (Molkereien und Mühlen), Einzelhandelsbetriebe, Dorfwirtschaften, Handwerksbetriebe und Gartenbaubetriebe. Es gibt unterschiedliche Siedlungsstrukturen. Das Reihendorf findet man entlang von Straßen und in Tälern. Es hat keine Seitenausläufer. Die Äcker beziehungsweise Wiesen schließen an die Höfe an. Im Gegensatz zum Zeilendorf weist das oft sehr weit reichende Reihendorf Siedlungslücken auf und ähnelt einer Streusiedlung, mit der Einschränkung, dass sie in einer Richtung verläuft. Die strengste Form linear angelegter Dorfsiedlungen zeigt sich im Liniendorf mit seiner einheitlichen Bauweise. Im Gegensatz zum einreihig angelegten Zeilendorf sind Straßendörfer doppelzeilig angelegte Dörfer.
Im Gegensatz dazu steht das Platzdorf, dessen Kennzeichen der zentral gelegene Dorfplatz mit der Kirche als Mittelpunkt ist. Ähnlich angelegt sind auch Haufendörfer, die sich aus einem Einzelhof über einen Weiler durch Zubauten oder Zusammenwachsen von zwei oder drei Weilern entwickelt hat und unregelmäßige Gebäudegrößen aufweist.
Die soziale Schichtung eines Dorfes hat sich im letzten Jahrhundert stark verändert. Von einer ausgeprägten Rangordnung der Bauern nach Hofgröße (vom Großbauern bis hinab zum Kleinhäusler) vor noch hundert Jahren entwickelte sich durch das Aussterben des Hofgesindes, die geringer gewordene Attraktivität bäuerlichen Erwerbslebens und dem Einzug hoch entwickelter Techniken eine individualistische Dorfgesellschaft mit weniger Reibungsflächen und einem ausgeprägten Gemeinsinn. Der Bauernanteil an der Bevölkerung hat sich zudem kontinuierlich verringert.

Dorfgebiet

village zone (planning); village area

Dorfgebiet bezeichnet eine der Baunutzungsarten des Bauplanungsrechts, die im Rahmen der Bauleitplanung von der Gemeinde dargestellt oder festgesetzt werden können. Wird durch einen Bebauungsplan ein Dorfgebiet festgesetzt, muss jeder, der im Geltungsbereich des Bebauungsplanes ein Baugrundstück erwerben will, davon ausgehen, dass es neben der Wohnnutzung vor allem auch der Unterbringung von land- und forstwirtschaftlichen Betrieben dient. Auf deren Belange ist besondere Rücksicht zu nehmen. Die Bewohner müssen also in Kauf nehmen, dass sich aus dieser Nutzungsart für Landwirtschaftsbetriebe typische Geruchsimmissionen im Bereich der Viehzucht ergeben können. Insoweit ist der Schutz des Wohnens stärker eingeschränkt als in Wohngebieten. Im Einzelnen sind neben land- und forstwirtschaftlichen Betrieben und Wohngebäuden auch Kleinsiedlungen mit Nutzgärten und landwirtschaftlichen Nebenerwerbsstellen, zulässig. Ebenso sind zulässig Betriebe, die land- und forstwirtschaftliche Erzeugnisse verarbeiten, Einzelhandelsbetriebe, Gartenbaubetriebe, Schank und Speisewirtschaften, Gasthäuser zur Beherbergung, sonstige Gewerbebetriebe sowie Tankstel-

len. Hinzu kommen Gebäude bzw. Anlagen der örtlichen Verwaltung, Kirchen, kulturelle Einrichtungen und Anlagen für soziale, gesundheitliche und sportliche Zwecke. Ausnahmsweise können auch Vergnügungsstätten (z.B. Diskotheken) zugelassen werden.
Bebauungspläne für Dorfgebiete werden heute nur noch in Gegenden mit starkem Wachstum ausgewiesen. In der Regel begnügen sich die Dorfgemeinden mit der Ausweisung von Mischbauflächen im Flächennutzungsplan. Es handelt sich dann um Flächen des Innenbereichs, für deren Bebauung als Orientierungsgrundlage die Umgebungsbebauung dient. Insofern kann man auch von einem „faktischen Dorfgebiet" sprechen.
Siehe / Siehe auch: Bebauungsplan, Dorf, Flächennutzungsplan (FNP)

Drahtputzwand
wire plaster wall
Die Drahtputzwand ist eine Wandkonstruktion, die häufig bei leichten Trennwänden anzutreffen ist. Drahtputzwände bestehen typischerweise aus einem Traggerüst aus kreuzweise verlegtem Rundstahl mit einem daran befestigten Drahtgewebe, das als Putzträger dient. Eine der bekanntesten Arten der Drahtputzwand ist die Rabitzwand.
Siehe / Siehe auch: Rabitzwand, Scheidewand, Trennwand

Drainage
drainage
Drainage (Dränung) bezeichnet die Entwässerung von Bodenschichten durch ein meist in 80 bis 180 cm Tiefe verlegtes System von Rohren mit 4 bis 20 cm Durchmesser. Sie leiten das Sickerwasser in das Kanalsystem ein.
Es handelt sich dabei um gelochte Betonrohre oder geschlitzte Kunststoff-Dränrohre. Dränleitungen müssen ein bestimmtes Gefälle haben und kontrollier- und spülbar sein.

Drehfenster, -flügel
side hung (e.g. door, gate or window); casement window; pivoted sash, side-hung window
Der Drehfensterflügel ist seitlich am Fensterrahmen angeschlagen. Beim Öffnen wird der Fensterflügel vertikal gedreht.
Siehe / Siehe auch: Drehkippfenster, -flügel, Fensterflügel, Kippfenster, -flügel

Drehkippfenster, -flügel
tilt-turn window; pivot window; centre-hung window; tilt and turn window; tip and turn sash
Bei einem Drehkippfenster werden zwei Öffnungsarten vereint: der Dreh- und der Kippmechanismus. Der Drehkippfensterflügel ist an drei Punkten am Fensterrahmen angeschlagen: unten an zwei und seitlich an einem Punkt. Diese drei Befestigungspunkte werden um den Schließmechanismus an der vierten Seite ergänzt, dem Fenstergriff. Durch die veränderte Stellung des Fenstergriffes lässt sich der Drehkippfensterflügel sowohl vertikal drehend oder von oben horizontal in den Raum kippend öffnen. Die gängigsten Isolierfenster sind Drehkippfenster.
Siehe / Siehe auch: Drehfenster, -flügel, Fensterflügel, Kippfenster, -flügel

Drehtür
revolving door
Drehtüren werden gern in öffentlichen Gebäuden als Windschleuse eingesetzt. Vier kreuzförmige (oder zwei durchgängige, miteinander gekreuzte) Türblätter, verbunden mit einer mittleren Drehachse drehen sich in einem passgenauen, zylinderförmigen Bau. Die Türblätter riegeln die zwei gegenüberliegenden Durchgänge voneinander ab, so dass keine Zugluft in das Gebäude dringen kann.
Siehe / Siehe auch: Türen

Drei-Objekte-Grenze
sale restricted to three pieces of property
Immobilienanleger, die innerhalb von fünf Jahren mehr als drei Immobilien ab dem Anschaffungszeitpunkt am offenen Markt verkaufen, werden als „gewerbliche Grundstückshändler" eingestuft, wenn ein enger zeitlicher Zusammenhang zwischen Errichtung, Erwerb oder einer etwaigen Modernisierung und dem Verkauf besteht. Wenn ein derartiger Zusammenhang nicht besteht, muss immer noch darauf geachtet werden, dass der Verkauf weiterer Objekte nach Ablauf der fünf Jahre bis zu insgesamt zehnx Jahre zum Umschlag von der privaten Vermögensverwaltung in den gewerblichen Grundstückshandel führen kann. Wichtig ist dabei die Frage, ob in einem solchen Fall der Schluss gezogen werden kann, dass zum Zeitpunkt des Erwerbs, der Errichtung oder Modernisierung die Veräußerungsabsicht bereits bestand. Die Beurteilung der Gewerblichkeit setzt allerdings nicht beim Erwerb, sondern bei der Veräußerung an. Allein der Erwerb führt nie zum gewerblichen Grundstückshandel. Die fatale Folge eines Umschlages von der privaten

Vermögensverwaltung in den gewerblichen Grundstückshandel ist die, dass die Verkaufserlöse einkommensteuerlich wie Einnahmen aus dem Gewerbebetrieb behandelt werden und darüber hinaus die erzielten Gewinne der Gewerbesteuer unterliegen. Zu den Objekten, die das Finanzamt berücksichtigt, zählen Häuser, Wohnungen und Grundstücke aber auch Garagen und Stellplätze sowie Miteigentumsanteile an Immobilien.

Als Objekte gelten auch Beteiligungen an Grundstücksgesellschaften, wie z. B. geschlossenen Immobilienfonds. Voraussetzung hierfür ist jedoch, dass der Gesellschafter an der jeweiligen Fondsgesellschaft zu mindestens zehn Prozent beteiligt ist oder der Verkehrswert des Fondsanteils oder des Anteils an der veräußerten Fondsimmobilie (bei Veräußerungen durch die Fondsgesellschaft) bei einer Beteiligung von weniger als zehn Prozent mehr als 250.000 Euro beträgt. Werden drei Objekte an einen Interessenten in einem Akt verkauft, ist damit die Drei-Objekte-Grenze bereits erreicht. Da die Materie für den Laien schwer durchschaubar ist, sollte vor jedem Verkauf eines dritten Objektes innerhalb des Fünfjahres-Zeitraumes ein versierter Steuerberater konsultiert werden.

Siehe / Siehe auch: Gewerblicher Grundstückshandel

Drempel / Kniestock

sill; knee wall; mitre sill

Als Drempel (oder „Kniestock") wird die Außenwandhöhe zwischen der obersten Geschossdecke und dem zur Vergrößerung des Dachraumes angehobenen Dach bezeichnet. Wie hoch dieser Abstand sein darf, ist vielfach in einem Bebauungsplan vorgeschrieben oder durch die umliegende Bebauung vorgegeben. Allerdings besteht häufig die Möglichkeit, im Wege der Befreiung eine Erhöhung des Drempels zu erreichen. Der besondere Vorteil besteht darin, dass bei einem ausbaufähigen Dachgeschoss auf diese Weise ohne große Zusatzkosten eine Erweiterung der Wohnfläche erreicht werden kann. Ohne einen Drempel trifft das Dach direkt auf die Obergeschossdecke, was die Wohnfläche reduziert. Der Flächengewinn ist umso größer, je höher der Drempel und je steiler die Dachschrägen sind. Bei der Berechnung der Wohnfläche werden die Flächenteile, bei denen die lichte Höhe weniger als ein Meter betragen, gar nicht gerechnet und bei lichten Höhen zwischen einem und zwei Metern zur Hälfte. Erst Raumteile mit lichten Höhen ab zwei Meter werden voll in die Wohnflächenberechnung einbezogen.

Siehe / Siehe auch: Wohnfläche, Ausnahmen und Befreiungen (öffentliches Baurecht)

Drittverwendungsfähigkeit

adaptability for use by third parties

Als Drittverwendungsfähigkeit wird die Eigenschaft einer Immobilie bezeichnet, nach Ausfall eines Mieters ohne größere Veränderungen von einem anderen Mieter genutzt werden zu können.

Die Drittverwendungsfähigkeit hängt in starkem Maße mit der Nutzungsart zusammen. Je mehr eine Immobilie auf die spezifischen Bedürfnisse eines bestimmten Nutzers zugeschnitten ist, desto geringer ist normalerweise ihre Drittverwendungsfähigkeit. Büroimmobilien haben beispielsweise eine relativ große Drittverwendungsfähigkeit, weil sich frei werdende Flächen meist ohne weiteres oder mit relativ geringem Aufwand an andere Nutzer vermieten lassen. Dagegen sind Spezial- oder Betreiberimmobilien – wie etwa eine Schwimmhalle oder ein Seniorenheim – in der Regel nur bedingt drittverwendungsfähig. Eine geringe Drittverwendungsfähigkeit ist mit Risiken verbunden, die zum einen aus Sicht eines Investors höhere Anforderungen an die Rendite begründen und zum anderen durch entsprechende Rückstellungen abgesichert werden sollten.

Siehe / Siehe auch: Betreiberimmobilien

Drogenhandel durch Mieter

drug trafficking by tenants

Handelt ein Mieter im Hausflur mit harten Drogen, stellt dies einen Grund für eine fristlose Kündigung des Mietverhältnisses dar. Das Amtsgericht Pinneberg entschied am 29.08.2002, dass durch den Handel eines Mieters mit Heroin die Interessen der gesamten Hausgemeinschaft verletzt würden.

Seine Aktivitäten machten das Haus zu einem Anziehungspunkt für die Drogenszene und gefährdeten insbesondere im Haus wohnende Jugendliche. Weder der Vermieter noch die übrigen Mieter müssten dies hinnehmen (Az. 68 C 23/02).

Siehe / Siehe auch: Cannabis-Pflanzung

Druckbelüftungsanlage

pressure ventilation system

Eine Druckbelüftungsanlage dient dazu, im Brandfall Rauch aus Fluchtwegen wie Fluren und Treppenhäusern zu entfernen, damit sich Menschen in Sicherheit bringen können. Sie erzeugt in bestimmten Räumen insbesondere bei Hochhäusern (Sicherheitstreppenhäusern, Schächten und Vorräumen von Feuerwehraufzügen) einen Überdruck,

der den Rauch abhält. Die Auslösung der Druckbelüftungsanlage wird in der Regel automatisch durch eine Brandmeldeanlage vorgenommen. Der Brandschutz bei Hochhäusern ist in verschiedenen Bundesländern in Hochhaus-Richtlinien geregelt. Es gibt dazu eine Muster-Hochhaus-Richtlinie, die in einigen Ländern übernommen wurde.
Siehe / Siehe auch: Brandmeldeanlage, Rauchmelder

Due Diligence

due diligence

Ursprünglich war die Due Diligence eine aus der Unternehmenstransaktionspraxis (An- und Verkauf von Unternehmen) hervorgegangene Methode, die zuerst im angelsächsischen Raum und zunehmend auch in Deutschland auf andere Wirtschaftsbereiche, insbesondere bei Immobilien- transaktionen adaptiert wurde. Dabei spielten grenzüberschreitende internationale Transaktionen und Investitionen, die zu einer Internationalisierung von Investmentmethoden führten, eine gewichtige Rolle.
Sie ist ein modulares Analyseinstrument, in deren Prozess Informationen über die öffentlich-rechtlichen, privatrechtlichen, steuerrechtlichen, baulichen, gebäudetechnischen, umwelttechnischen und wirtschaftlichen Eigenschaften der betreffenden Immobilien eingeholt werden. Nach den Kriterien einer ordentlichen Geschäftsführung müssen unter Berücksichtigung des zeitlichen Rahmens, gewisser Informationspräferenzen und der Personal- und Opportunitätskosten gezielt diejenigen Informationen gesammelt werden, die nach Analyse und Abwägung der objektimmanenten Chancen und Risiken, der Stärken und Schwächen maßgeblich für eine Kaufpreisfindung notwendig sind. Sie bietet die Möglichkeit einer objektivierten Entscheidungsgrundlage.
Die Due Diligence Real Estate erleichtert nicht nur die Kaufpreisverhandlungen mittels Analyse bestehender Probleme, Schließung von Informationslücken und Verminderung von Informationsasymmetrien, sie ist auch eine sehr gute Grundlage, um bestehende Risiken durch vertragliche Garantievereinbarungen abzusichern, den Transaktionsgegenstand durch die gestiegene Informationslage in die eigene Unternehmensgesellschaft einzugliedern sowie die Notwendigkeit postvertraglicher gerichtlicher Auseinandersetzungen zu minimieren.
Siehe / Siehe auch: Immobilienfonds

Duldung der Modernisierung (Mietrecht)

tolerating modernisations / upgrades (law of tenancy)

Plant der Vermieter eine erhebliche Modernisierung der Mietwohnung, muss er dies dem Mieter spätestens drei Monate vor Beginn der Arbeiten mitteilen. Die Mitteilung muss folgende Angaben enthalten:

- Art und Umfang der Maßnahme
- geplanter Beginn der Arbeiten
- voraussichtliche Dauer
- zu erwartende Mieterhöhung.

Der Mieter muss Modernisierungsmaßnahmen, die zur Erhaltung der Mietsache erforderlich sind, grundsätzlich dulden. Das Gesetz nennt insbesondere Maßnahmen zur Verbesserung der Mietsache, zur Einsparung von Energie oder Wasser oder zur Schaffung neuen Wohnraums. Der Mieter hat aber ein Sonderkündigungsrecht: Er kann bis zum Ablauf des Monats, der auf den Zugang der Mitteilung folgt, außerordentlich zum Ablauf des nächsten Monats kündigen. Das Sonderkündigungsrecht besteht nicht bei Maßnahmen, die nur mit einer unerheblichen Einwirkung auf die vermieteten Räume verbunden sind und die nur zu einer geringfügigen Erhöhung der Miete führen.
Ausnahmsweise nicht dulden muss der Mieter Modernisierungsmaßnahmen, die für ihn selbst, seine Familie oder andere Haushaltsangehörige auch bei Berücksichtigung der Interessen von Vermieter und anderen Mietern eine unzumutbare Härte bedeuten würden. Dabei kommt es im Einzelfall auf die Art der Arbeiten, bauliche Folgen, frühere Investitionen des Mieters und auf die anstehende Mieterhöhung an. Nicht beschweren kann der Mieter sich, wenn die Wohnung auf den allgemein üblichen Standard gebracht werden soll.
Siehe / Siehe auch: Mieterhöhung bei Modernisierung, Mietermodernisierung, Wohnwertverbesserungen (Mietrecht)

Duldungspflicht des Mieters für Modernisierung

tenant's duty to tolerate improvements / modernisation

Maßnahmen, die zur Erhaltung der Mietwohnung erforderlich sind, hat der Mieter grundsätzlich zu dulden (Beispiel: Dachsanierung wegen Undichtigkeit). Zusätzlich muss der Mieter auch Maßnahmen dulden, die der Verbesserung der Mietsache oder der Einsparung von Energie, Wasser oder zur Schaffung neuen Wohnraums dienen (z.B. Wärmedämmung, neue Heizung, Dachgeschossausbau). Ausnahme: Für den Mieter, seine Familie oder andere Haushaltsmitglieder liegt ein auch in Anbetracht der berechtigten Interessen des Vermieters und anderer Mieter nicht zu rechtfertigender Härtefall vor. Dabei sind die Art der vorzunehmenden Arbeiten, ihre baulichen Folgen, vorherige Aufwendungen des Mieters (z. B. Einbau eines modernen Heizofens auf eigene Kosten, Vermieter will nun Zentralheizung installieren) und eine zu erwartende Mieterhöhung in Betracht zu ziehen. Die Mieterhöhung wird nicht als unzumutbare Härte angesehen, wenn die Wohnung lediglich in einen Zustand versetzt wird, wie er allgemein üblich ist. Beispiele für Härtefälle: In eine Zweizimmer-Wohnung wird neues Bad eingebaut, dadurch wird sie zur Einzimmer-Wohnung; Wohnung ist wochenlang nicht nutzbar, Hotelaufenthalt wird erforderlich; Miete verdoppelt sich und beträgt mehr als die Hälfte des Mieter-Einkommens.

Geht es nicht um eine Erhaltungsmaßnahme, sondern um die Verbesserung des Wohnwertes, die Einsparung von Energie oder Wasser oder die Schaffung neuen Wohnraums, muss der Mieter die Maßnahme nur dulden, wenn sie ihm rechtzeitig vom Vermieter mitgeteilt wurde. Das bedeutet: Der Vermieter muss dem Mieter spätestens drei Monate vor Arbeitsbeginn die Art der Maßnahme, ihre voraussichtliche Dauer, den geplanten Umfang und Beginn sowie ggf. die zu erwartende Mieterhöhung in Textform mitteilen. Dies gibt dem Mieter allerdings ein Sonderkündigungsrecht: Er kann bis zum Ende des Monats, der auf den Zugang der Mitteilung folgt, außerordentlich zum Ablauf des nächsten Monats kündigen. Kein Sonderkündigungsrecht hat der Mieter bei Maßnahmen, die sich kaum auf die Mietwohnung auswirken oder die nur zu einer geringen Mieterhöhung führen.

Sind dem Mieter für von ihm zu duldende Erhaltungs- oder Modernisierungsmaßnahmen Auslagen entstanden (z.B. Reinigung der Wohnung, Einlagerung von Möbeln), ist der Vermieter zum Ersatz verpflichtet. Es kann ein Vorschuss gefordert werden. Von der hier beschriebenen gesetzlichen Regelung abweichende vertragliche Vereinbarungen sind unwirksam.

Der Bundesgerichtshof hat am 4.3.2009 entschieden (Az. VIII ZR 110/08), dass der Mieter auch zur Duldung von baulichen Maßnahmen verpflichtet ist, die der Vermieter aufgrund einer behördlichen Anordnung oder rechtlichen Verpflichtung durchführen muss. Im verhandelten Fall hatte der Bezirksschornsteinfeger festgestellt, dass die Gaseinzelöfen in den Wohnungen eines Mehrfamilienhauses nicht mehr die Abgasgrenzwerte einhielten. Die zuständige Behörde forderte den Vermieter zum Einbau einer neuen Heizanlage auf. Der Vermieter kam dem nach. Eine Mietpartei verweigerte jedoch den Anschluss an die neue Zentralheizung und verweigerte den Handwerkern den Zutritt. Der BGH entschied, dass bei Baumaßnahmen aufgrund behördlicher Anordnungen nicht die oben dargestellte Mitteilungspflicht beachtet werden muss. Die Duldungspflicht des Mieters ergibt sich hier nicht aus der üblichen Vorschrift des Mietrechts (§ 554 BGB) sondern aus dem Grundsatz von Treu und Glauben. Wie lange vorher der Vermieter die Maßnahme ankündigen muss, hängt nach dem Gericht vom Einzelfall ab – etwa von der Dringlichkeit der Arbeiten. Die Mieter hatten im vorliegenden Fall einen Grundriss mit genauer Lage der neuen Heizungsrohre erhalten und die Möglichkeit gehabt, selbst einen Termin für die Arbeiten in ihrer Wohnung vorzuschlagen. Dies hatten sie bis zur Klage knapp ein Jahr lang verweigert.

Siehe / Siehe auch: Mietminderung, Mieterhöhung bei Modernisierung, Textform

Dunstabzugshaube

exhaust hood

Eine Dunstabzugshaube entfernt beim Kochen entstehende Gerüche. Es gibt zwei unterschiedliche Gerätetypen: Umluftsysteme und Abluftsysteme. Beim Umluftsystem wird die Raumluft im Gerät gefiltert und dann wieder in den Raum geleitet. Beim Abluftsystem wird die geruchsbelastete Luft nach draußen abgeleitet, wobei jedoch Fettpartikel ausgefiltert werden. Bei letzterem System ist ein Mauerdurchbruch erforderlich. Der Vorteil einer Dunstabzugshaube gegenüber dem herkömmlichen Lüften besteht darin, dass Fettpartikel auf kürzestem Wege beseitigt werden, ohne sich auf dem Weg zum Fenster an Wänden und Mobiliar festsetzen und einen Schmierfilm bilden zu können. Moderne Dunstabzugshauben enthalten einen Edelstahlfilter, der in der Spülmaschine gereinigt werden kann. Bei älteren Geräten ist ein Filteraustausch erforderlich. Eine vermieterseitige Pflicht zur Ausstattung der Mietwohnung mit einer Dunstabzugshaube besteht nicht. Ebenso muss der Vermieter – zumindest bei Vorhandensein eines Fensters – nicht dafür sorgen, dass Mauerdurchbrüche oder Steckdosen an bestimmten Stellen geschaffen werden. Mieter dürfen grundsätzlich ihre Küche mit allen notwendigen Geräten ausstatten. Ist bei einer Dunstabzugshaube aber ein Mauerdurchbruch erforderlich, muss die Zustimmung des Vermieters eingeholt werden, da es sich um eine bauliche Veränderung handelt.

Der Einbau einer Dunstabzugshaube zählt zu den Modernisierungsmaßnahmen, die den Wohnwert einer Wohnung nachhaltig erhöhen. Die entstehenden Kosten können daher im Rahmen einer Mieterhöhung wegen Modernisierung anteilig an den Mieter weitergegeben werden. Die Abluftöffnung einer Dunstabzugshaube direkt in einem gemeinschaftlich von zwei Wohnungseigentümern genutzten Durchgang zu installieren, ist nach dem Bayerischen Obersten Landesgericht unzulässig (Urteil vom 12.8.2004, Az. 2 ZBR 148/04).
Ob eine Eigentümerversammlung per Mehrheitsbeschluss den Eigentümern gestatten kann, Mauerdurchbrüche mit Entlüftungsöffnungen bzw. Lüftungsgittern für Dunstabzugshauben zu schaffen, beurteilt die Rechtsprechung uneinheitlich.
So wurde in einem Urteil des OLG München in der unregelmäßigen Anbringung von Lüftungsgittern an der Frontfassade eine Verschandelung der Fassade gesehen. Zusätzlich würden andere Eigentümer durch Küchengerüche belästigt. Der Beschluss sei ungültig (Urteil vom 4.7.2005, Az. 32 Wx 43/05). Das Oberlandesgericht Celle hat dagegen einige Jahre zuvor entschieden, dass eine derartige Mehrheitsentscheidung der Eigentümer nicht zu beanstanden sei. Mauerdurchbrüche in der Größe eines halben Klinkersteins würden das Aussehen der Fassade nicht beeinträchtigen; Küchengerüche würden auch bei geöffnetem Fenster nach oben hin abziehen und seien von den Nachbarn hinzunehmen (Urteil vom 8.10.1998, Az. 4 W 152/98).
Siehe / Siehe auch: Mieterhöhung bei Modernisierung

Durchlauferhitzer

instantaneous water heater; flow heater

Elektrisch betriebenes Gerät zur Wassererhitzung. Man unterscheidet hydraulisch und elektronisch gesteuerte Durchlauferhitzer. Es gibt Geräte für mehrere Abnahmestellen oder Kompaktgeräte für ein Waschbecken oder die Küchenspüle. Anders als Warmwasserspeicher oder auch die als Heißwasserbereiter bezeichneten Boiler, welche das Wasser vor dem Gebrauch erhitzen, arbeitet der Durchlauferhitzer erst dann, wenn tatsächlich heißes Wasser benötigt wird. Für die Bereitung von kochendem Wasser sind Durchlauferhitzer wenig geeignet.
Durchlauferhitzer zeichnen sich durch eine besonders hohe Leistungsaufnahme aus. In vielen Altbauten ist zunächst ein Austausch der Wohnungs- oder Hausanschlussleitung am Stromnetz notwendig. Ungeeignete Leitungen können zu Schwelbränden führen. Besonders riskant ist der schlichte Einbau belastbarerer Sicherungen, die damit ihre Funktion verlieren. Da elektronische Durchlauferhitzer erheblich weniger Strom verbrauchen, empfiehlt sich ein Austausch von Altgeräten. In einigen Orten wird der Austausch sogar von den Stadtwerken finanziell bezuschusst.
Der Durchlauferhitzer muss in einer Mietwohnung durch den Vermieter funktionsfähig gehalten werden. Hat der Mieter allerdings das Gerät beschädigt und der Vermieter kann dies beweisen, trägt der Mieter die Reparatur – oder Ersatzkosten. Etwaige Kosten für Reinigung und Wartung kann der Vermieter als Betriebskosten auf den Mieter umlegen. Eine pauschale Umlage (ohne konkrete Nennung und Begrenzung der Kosten) darf nach der Rechtsprechung im Mietvertrag nicht erfolgen (vergleiche BGH WM 92, 355).
Siehe / Siehe auch: Betriebskosten

Durchschneidungsschaden

damage caused by transecting/fragmenting a landscape

Im Falle der Durchschneidung von Waldbeständen bzw. Forstbetrieben, Obstbaubetrieben, landwirtschaftlichen Liegenschaften oder Grünland durch Trassen (Straßen, Schienenwege, Leitungen) können vielfältige Schäden auftreten, die letztlich zu Einkommensminderungen beim Eigentümer führen. Zu denken ist an Randschäden, Schäden durch Anlegung von Umwegen, Bewirtschaftungserschwernisse in angrenzenden Beständen, Minderung des Jagdwertes usw.. Werden Grundstücke veräußert, die von einer geplanten Durchschneidung betroffen werden, haftet der Verkäufer, wenn er von der kommenden Durchschneidung wusste und es dem Erwerber verschwieg. Der Schaden besteht in der Differenz des Verkehrswertes zwischen einem nicht durchschnittenen und dem durchschnittenen Zustand. Die Verkehrswertminderung wird durch das Differenzwertverfahren ermittelt. Der Schaden bei mittiger Durchschneidung ist in der Regel am höchsten, bei einer Randdurchschneidung relativ gering.
Siehe / Siehe auch: Straßen

DWE / Der Wohnungseigentümer

„The Flat Owner" (journal)

DWE „Der Wohnungseigentümer" ist eine vierteljährlich erscheinende Fachzeitschrift für Wohnungseigentümer mit Berichten und Beiträgen zu einzelnen Rechtsfragen und aktuellen Entscheidungen in Bezug auf das Wohnungseigentumsgesetz sowie anderer wichtiger Informationen für Wohnungseigentümer.

E-Mail-Newsletter
e-mail newsletter

E-Mail-Newsletter gewinnen in der Immobilienbranche zunehmend an Bedeutung. Eine Studie aus dem Jahr 2003 ergab, dass lediglich zwölf Prozent der Empfänger die Nachricht ungelesen löschen und immerhin 50,7 Prozent den Newsletter überfliegen. Ein weiterer Vorteil ist der Kostenfaktor. E-Mail-Marketing ist im Vergleich zu anderen Werbemitteln sehr kostengünstig, da außer für die Gestaltung, den Provider und die Arbeitszeit der Mitarbeiter keine weiteren Kosten anfallen. Das macht deutlich, dass E-Mail-Newsletter ein probates Mittel zur Kundenkommunikation sind. Durch den regelmäßigen Informationsfluss zu seiner Hauptzielgruppe baut das Unternehmen Vertrauen auf und schafft eine solide Grundlage für sein Beziehungsmanagement.

ebs-Immobilienakademie
ebs Real Estate Academy

Siehe / Siehe auch: IRE I BS Immobilienakademie

Efeu
ivy

Efeu wird oft zur großflächigen Begrünung von Hauswänden eingesetzt. Bei glatten Betonwänden kann dazu eine Rankhilfe notwendig sein. Im Fachhandel sind Bausätze dafür erhältlich. Verschiedene Efeuarten wachsen unterschiedlich schnell. Efeu bildet Haftwurzeln, die sich am Gebäude anheften. Die Pflanze ist ein sogenannter Selbstklimmer. Sie blüht im September und bildet im Winter Früchte, die zwar Vögeln als Nahrung dienen, für Menschen aber giftig sind. Bauschäden kann Efeu verursachen, wenn Putz und Mauerwerk rissig oder vorgeschädigt sind. Die Wurzeln können sich in kleine Spalten zwängen und diese erweitern. Gesundes Mauerwerk wird jedoch von Efeu meist nicht geschädigt. Vorsicht ist geboten, wenn Efeu über das Dach eines Gebäudes wächst. Hier sollte rechtzeitig zurückgeschnitten werden.

Das Entfernen von Efeu ist arbeitsaufwändig. Die Haftwurzeln lassen sich nicht von der Wand abreißen; sie müssen meist abgeflammt werden, danach kann ein neuer Fassadenanstrich fällig sein. Eine Vorbeugungsmaßnahme sind horizontale „Klettersperren" in Form überstehender Gesimse oder Bleche, die den Efeu auf einer bestimmten Höhe am Weiterklettern hindern, zumindest bis der nächste Zurückschnitt stattfindet. Nach einer Entscheidung des Amtsgerichts München muss über eine Grundstücksgrenze wachsender Efeu vom Grundstückseigentümer entfernt werden, wenn er Schäden am Mauerwerk des Nachbarn verursacht. Der Nachbar darf in diesem Fall das Grundstück im Zuge von Sanierungsarbeiten oder der Aufstellung von Baugerüsten betreten (Az. 241 C 10407/05).

Effektiver Jahreszins
annual percentage rate

Nach der Preisangabenverordnung sind Anbieter von Krediten verpflichtet, unaufgefordert neben den Darlehenskonditionen den „effektiven Jahreszins" bzw. – bei Darlehen, bei denen der Zinssatz nicht für die gesamte Laufzeit festgelegt ist – den „anfänglichen effektiven Jahreszins" sowie die Zinsbindungsdauer zu nennen.

Der Zins ist auf zwei Stellen hinter dem Komma (mit Auf- bzw. Abrundung der dritten Stelle) anzugeben. Er besagt, wie viel ein Darlehen tatsächlich kostet. Beim Effektivzins müssen durch den Kredit entstandene Kosten wie Darlehens-/Bearbeitungsgebühr oder Disagio eingerechnet sein. Dadurch liegt der Effektivzins immer über dem Nominalzins. Die Berechnung des Effektivzinssatzes erfolgt über eine im Anhang der Verordnung dargestellte Formel. Der Effektivzins weist für den Bauherrn oder Käufer gewisse Mängel auf, da bestimmte Nebenkosten des Kredits (Schätzkosten, Bereitstellungszinsen, Teilauszahlungszuschläge, Kontoführungsgebühren) nicht bei seiner Berechnung berücksichtigt werden.

Ebenso wenig fließen Kosten der Darlehensabsicherung (etwa für die Grundschuldbestellung) in die Berechnung ein. Dennoch ist er neben der Restschuldfeststellung nach dem Ende der Zinsbindung der beste Vergleichsmaßstab für Darlehensangebote der Banken oder Versicherungen.

Effizienzzuwachs (Maklergeschäft)
efficiency gain (brokerage)

Bei Maklergeschäft gibt es ein Phänomen, das als „Gesetz des abnehmenden Effizienzzuwachses" bezeichnet werden könnte. Es kann nämlich empirisch festgestellt werden, dass trotz konstanter Bearbeitung eines Maklerauftrages der Effizienzzuwachs der Auftragsbearbeitung von einem bestimmten Zeitpunkt an sinkt. Dies kann verschiedene Ursachen haben. So kann der angesetzte Angebotspreis einem sinkenden Marktpreis hinterherhinken. Das für das Objekt geeignete Marktpotential erschöpft sich zunehmend. Die Preiselastizität des Objektanbieters ist bei Verhandlungen zu gering.

Der Erfolgsoptimismus von Makler und Auftraggeber in Bezug auf das angebotene Objekt sinkt usw.. Mittel gegen diese Erscheinung ist eine vernünftige

Beschränkung der Auftragslaufzeit insbesondere bei Alleinaufträgen, die ja eine Verpflichtung zur sachgerechten Auftragsbearbeitung enthalten.

Ehescheidung im Mietrecht

divorce in the law of tenancy

Eine Scheidung hat gravierende Folgen – nicht nur für das Leben und die Finanzlage der Ehepartner, sondern auch für deren Wohnsituation. Mit der Scheidung oder Trennung wird nicht automatisch ein Ehepartner aus dem Mietvertrag entlassen. Hier gilt nur, was im Vertrag steht. Wer unterschrieben hat, muss Miete zahlen, egal ob er noch in der Wohnung wohnt oder nicht. Und wenn der in der Wohnung verbliebene Partner nicht mehr zahlungsfähig ist, kann sich der Vermieter problemlos für die gesamte Miete an den geschiedenen und/oder aus der Wohnung ausgezogenen Partner wenden – beide sind juristisch gesehen „Gesamtschuldner".

Der Vermieter kann sich also unter den Mietern seinen Schuldner aussuchen. Beide Mieter schulden ihm nicht etwa je die halbe Miete, sondern den vollen Betrag (den er natürlich für den jeweiligen Monat nur einmal einfordern kann). Es gibt jedoch unter den Mietern zeitlich begrenzte Ausgleichsansprüche (siehe auch: Miete und Unterhalt). Die Pflicht zur Mietzahlung gegenüber dem Vermieter endet erst dann, wenn der Mietvertrag nicht mehr besteht. Im Trennungsfall gibt es drei Möglichkeiten zur Auflösung des Mietverhältnisses für den aus der Wohnung ausgezogenen Ehegatten:

- Einverständliche Vertragsänderung/Mietvertrag mit einem Ehepartner,
- gemeinsame Kündigung,
- Wohnungszuweisung durch das Gericht.

Bei der einverständlichen Vertragsänderung schließt der Vermieter mit dem ausziehenden Partner einen Auflösungsvertrag ab und vereinbart mit dem verbleibenden Partner die Fortsetzung des Mietverhältnisses bei voller Mietzahlung. Der Vermieter sollte in derartigen Fällen darauf achten, dass der verbleibende Mieter ausreichend zahlungskräftig ist. Bei der gemeinsamen Kündigung beenden beide Mieter den Vertrag einverständlich gemeinsam. Nach Ablauf des ersten Trennungsjahres oder Einreichen des Scheidungsantrages kann der aus der Wohnung ausgezogene Partner den darin verbliebenen auch auf Kündigung des Mietvertrages verklagen. Ausnahmen kann es geben, wenn der verbliebene Partner mit den gemeinsamen Kindern weiterhin in der Ehewohnung wohnen möchte. Bei der Wohnungszuweisung ist zwischen einer Zuweisung unter Getrenntlebenden und einer Zuweisung im Fall der Scheidung zu differenzieren. Bei Getrenntlebenden (oder bei Bestehen eines solchen Wunsches) kann ein Ehegatte zur Vermeidung einer unbilligen Härte (insbesondere wenn im Haushalt lebende Kinder benachteiligt würden) verlangen, dass ihm der andere die gemeinsame Wohnung ganz oder zum Teil überlässt. Zu berücksichtigen sind die Belange des Partners sowie die Eigentumsverhältnisse an der Wohnung und etwaige Nutzungsrechte (z. B. Nießbrauch). Hat ein Ehegatte den anderen vorsätzlich körperlich verletzt, bedroht oder in seiner Freiheit verletzt, hat dieser Anspruch auf eine Überlassung der Wohnung zur alleinigen Nutzung (§ 1361b BGB). Anlässlich der Scheidung kann ebenfalls die Überlassung der Wohnung gefordert werden, wenn einer der Ehepartner auf deren Nutzung unter Berücksichtigung des Wohles im Haushalt lebender Kinder und der Lebensverhältnisse der Ehegatten stärker angewiesen ist als der andere oder die Überlassung aus anderen Gründen angemessen erscheint. Nur in besonderen Härtefällen kann die Überlassung einer Wohnung gefordert werden, die dem anderen Ehepartner gehört.

Bei einer Mietwohnung tritt der Ehegatte, dem die Wohnung überlassen wird, mit Zugang der Mitteilung der Ehegatten über die Überlassung an den Vermieter oder mit Rechtskraft der Entscheidung im Wohnungszuweisungsverfahren anstelle des anderen in einen von diesem geschlossenen Mietvertrag ein beziehungsweise setzt das gemeinsame Mietverhältnis allein fort. Der Vermieter darf das Mietverhältnis innerhalb eines Monats, nachdem er vom Eintritt in das Mietverhältnis erfahren hat, außerordentlich mit gesetzlicher Frist kündigen, wenn es dafür in der Person des neuen Einzelmieters einen wichtigen Grund gibt. § 1568 a BGB regelt weitere Einzelheiten.

Tritt der in der Wohnung verbleibende Ehepartner, der den Mietvertrag nicht mit unterschrieben hat, jahrelang gegenüber der Hausverwaltung wie ein Mieter auf (Mietzahlungen, Briefverkehr hinsichtlich Vertragsverlängerung usw.) und wird dies von der Vermieterseite auch stillschweigend akzeptiert, kommt es zu einem Vertragsbeitritt durch einverständliches („konkludentes") Verhalten. Für den Mieter bedeutet dies allerdings auch, dass er beim Auszug die üblichen Mieterpflichten hat (Schönheitsreparaturen). Der Vermieter kann sich mit seinen Forderungen in diesem Fall an beide Ehepartner halten, soweit beide noch Mietvertragspartner sind (BGH, Az. VIII ZR 255/04, Urteil vom 13.07.2005). Wichtig für Vermieter: Solange noch beide Ehepartner Vertragspartner des Mietvertrages

sind, müssen alle Erklärungen (z. B. vermieterseitige Kündigung, Betriebskostenabrechnung usw.) an beide Mieter verschickt werden.
Siehe / Siehe auch: Ehewohnung, Konkludentes Handeln (Mietrecht), Lebenspartner, Wohnungszuweisung, Miete und Unterhalt

Ehewohnung
marital home

Wird eine Mietwohnung von einem Ehepaar bewohnt, bezeichnet man sie als Ehewohnung. Für den Vermieter bedeutet dies, dass er im Trennungs- beziehungsweise Scheidungsfall den in der Wohnung verbleibenden Ehepartner auf gerichtliche Anordnung als Mieter in den Mietvertrag aufnehmen oder mit ihm/ihr einen Einzel-Mietvertrag unterzeichnen muss, auch wenn er oder sie ursprünglich nicht mit unterschrieben hat. Dies regeln § 1361b BGB (Trennung) und § 1568a BGB (Scheidung). Der Vermieter hat jedoch ein Sonderkündigungsrecht, wenn in der Person des Ehepartners, der den Mietvertrag übernimmt, ein wichtiger Grund vorliegt.
Im Falle einer Trennung bei einer eingetragenen Lebenspartnerschaft bestimmt § 14 LPartG (Gesetz über eingetragene Lebenspartnerschaften), dass unter entsprechenden Voraussetzungen wie für Ehepaare in Trennung (§ 1361b BGB) eine Überlassung der Wohnung durch einen der Partner verlangt werden kann.
Bei der gemieteten Ehewohnung müssen zwei Rechtsverhältnisse unterschieden werden: Das Verhältnis der Mieter zum Vermieter (Außenverhältnis) und das der beiden Eheleute als Mieter untereinander (Innenverhältnis). Während im Außenverhältnis grundsätzlich während der Vertragslaufzeit alle Mieter, die den Vertrag unterschrieben haben, zur Mietzahlung verpflichtet sind, können die Mieter untereinander während des Trennungsjahres beziehungsweise vor Einreichen des Scheidungsantrages Ausgleichsansprüche hinsichtlich der Miete haben.
Siehe / Siehe auch: Ehescheidung im Mietrecht, Lebenspartner, Wohnungszuweisung, LPartG, Miete und Unterhalt, Schönheitsreparaturen

Eichpflicht
obligatory calibration

Damit die Ergebnisse allen Messens, Wiegens, Zählens, also des quantitativen Erfassens von Größen vertrauenswürdig sind, muss eine Übereinstimmung bestehen, dass die hierfür eingesetzten Geräte bestimmten gleichen Regeln unter Zugrundelegung gleicher Messeinheiten funktionieren. Um dies zu gewährleisten, besteht eine Eichpflicht für alle Messgeräte. Gesetzliche Grundlage hierfür bietet das Eichgesetz, das in den verschiedenen Bereichen durch zahlreiche Verordnungen ergänzt wurde. Das Eichgesetz schützt einerseits den Verbraucher beim Erwerb messbarer Güter und Dienstleistungen und trägt andererseits auch zu einem lauteren Handelsverkehr bei. In der Immobilienwirtschaft, insbesondere bei der Bewirtschaftung von Gebäuden werden vielfältig „geeichte" Erfassungsgeräte eingesetzt, z. B. Gas- und Stromzähler, Wasserzähler, Wärmeverbrauchszahler. Sie alle unterliegen der Eichpflicht. Hauseigentümer – und damit auch Hausverwalter – sind verpflichtet, ihre Zähler in bestimmten vorgeschriebenen zeitlichen Abständen nachzueichen. Bei Wohnungseigentumsverwaltern zählt dies zur „ordnungsgemäßen Verwaltung".
Kaltwasserzähler sind z. B. alle sechs Jahre, Warmwasserzähler und Wärmemengenzähler alle fünf Jahre nachzueichen. Da es sich um zwingende Vorschriften handelt, können die Fristen auch nicht durch Beschluss verlängert werden.
Die Eichung erfolgt durch die Eichbehörde. Bei Wasserzählern kann anstatt der Eichung auch eine Beglaubigung durch eine staatlich anerkannte Prüfstelle durchgeführt werden Derartige Prüfstellen gibt es bei Versorgungsunternehmen und Zählerherstellern. Der jeweilige Eigentümer des Messgeräts muss sich selbst um die rechtzeitige Eichung kümmern. Bei gemieteten Zählern übernimmt dies das Versorgungsunternehmen. Bei Zählern im Eigentum des Hauseigentümers muss dieser selbst rechtzeitig für Ausbau, Reinigung und Vorlage der Geräte bei der Prüfstelle sorgen (Bringpflicht). Eine Alternative wäre der Einbau eines neuen geeichten Zählers durch eine Fachfirma oder ein Versorgungsunternehmen. Zuständige Stelle für die Zulassung von Mess- und anderen Erfassungsgeräten (z.B. Geräten die der Geschwindigkeitsmessung, der Schallmessung, Zeitmessung usw. dienen) ist die Physikalisch-Technische Bundesanstalt und Braunschweig und Berlin.
Siehe / Siehe auch: Betriebskosten

Eidesstattliche Versicherung
statutory declaration / affirmation in lieu of an oath

Erklärung eines Schuldners an Eides Statt vor Gericht, dass er zahlungsunfähig ist. Über seine Vermögensgegenstände wird ein Vermögensverzeichnis angelegt. In dieses werden unter anderem auch die entgeltlichen Veräußerungen der letzten zwei Jahre an nahestehende Personen und die unentgeltlichen Leistungen (ohne gebräuchliche

Gelegenheitsgeschenke) der letzten vier Jahre vor Stellung des Insolvenzantrages aufgenommen. Der Schuldner muss an Eides statt versichern, dass die in dem Verzeichnis aufgenommenen Gegenstände sein gesamtes Eigentum darstellen. Eine falsche Eidesstattliche Versicherung wird bestraft. Die neue Insolvenzordnung sieht vor, dass bereits bei Beantragung des Insolvenzverfahrens der Schuldner eine Restschuldbefreiung beantragen kann, die ihm bei entsprechendem Wohlverhalten und Erfüllung der Auflagen nach Ablauf von sieben Jahren nach Beendigung des Verfahrens gewährt wird.

Eigenbedarf

one's own requirements; personal requirements; personal use

Eigenbedarf ist der wohl bekannteste Kündigungsgrund. Der Vermieter muss heutzutage ein berechtigtes Interesse an der Kündigung haben, um seinen Mieter vor die Tür zu setzen. Bei Eigenbedarf ist ein solches Interesse gegeben. Genauer: Der Vermieter muss die Wohnung für sich, seine Familienangehörigen oder Mitglieder seines Haushalts (auch nichteheliche Lebenspartner oder Hausangestellte) benötigen. Benötigen bedeutet, dass der Vermieter vernünftige und nachvollziehbare Gründe hat, warum er die Wohnung für sich bzw. seine Angehörigen nutzen will. Solche Gründe können z. B. berufsbedingt sein (Ortwechsel), gesundheitsbedingt (Aufnahme einer Pflegekraft), bedingt durch Änderungen der Lebenslage (neue Lebensgemeinschaft, Familienzuwachs, Scheidung). Auch wirtschaftliche Gründe können eine Rolle spielen (Arbeitsplatzverlust, bisherige Mietwohnung des Vermieters muss aufgegeben werden).

Nach einer Entscheidung des Bundesgerichtshofes vom Januar 2010 kommen als Familienangehörige, zu deren Gunsten eine Eigenbedarfskündigung durchgeführt werden kann, auch Kinder von Geschwistern des Eigentümers in Betracht – also Nichten und Neffen. Deren Verwandtschaftsgrad ist nach Auffassung des Gerichtshof noch so nah, dass keine besondere persönliche Bindung oder Beziehung erforderlich ist. Im verhandelten Fall hatte eine 85-jährige Frau, die nach dem Umzug ins Seniorenheim ihre Wohnung vermietet hatte, zugunsten ihrer Nichte gekündigt. Diese sollte im Gegenzug Pflegeleistungen übernehmen und ihr den Haushalt führen (Urteil vom 27.01.2010, Az. VIII ZR 159/09). Die Wohnung muss für den Bedarf des Einzugswilligen geeignet sein. Ein überhöhter Wohnbedarf darf nicht geltend gemacht werden. Der Vermieter kann eine Ein-Zimmer-Studentenwohnung kündigen, weil seine Tochter in der betreffenden Stadt ihr Studium anfangen wird und die Wohnung braucht. Er kann aber kaum behaupten, mit seiner fünfköpfigen Familie dort selbst einziehen zu wollen. Ein allein stehender Vermieter, der in einer Zwei-Zimmer Wohnung wohnt, wird meist kaum Chancen haben, ein an eine Familie vermietetes 200 Quadratmeter Einfamilienhaus zu kündigen. Falls er heiraten und eine Familie gründen möchte, sieht dies natürlich anders aus.

Vorsicht: Vorgeschützte Begründungen können zu Schadenersatzansprüchen führen, wenn der Mieter im Nachhinein feststellt, dass keine Familiengründung stattgefunden hat und das Haus nur teurer vermietet wurde. Der Mieter kann Ersatz der Umzugskosten und ggf. einer Mietdifferenz verlangen. Seit der Mietrechtsreform vom September 2001 muss der Vermieter sein berechtigtes Interesse an einer Kündigung schriftlich darlegen, also erläutern. In den neuen Bundesländern gilt nach Art. 232 § 2 EGBGB (Einführungsgesetz zum Bürgerlichen Gesetzbuch) auch für vor dem Beitritt geschlossene Mietverträge das BGB. Eine Eigenbedarfskündigung ist damit möglich. Fallstricke lauern bei Seniorenwohnungen im allseits beliebten „Betreuten Wohnen“: Hier kommt es vor, dass Bauträger Objekte errichten, sich als Betreiber präsentieren und nach Vermietung den Verkauf an Einzeleigentümer betreiben. Diesen kann natürlich nach einigen Jahren einfallen, dass die eigene Mutter in der Seniorenwohnung ganz gut aufgehoben wäre – so wird der Ruhesitz zum Schleudersitz. Einzige Möglichkeit für den Mieter ist eine rechtzeitige schriftliche Vertragsergänzung mit dem Wohnungskäufer, nach der die Eigenbedarfskündigung ausgeschlossen ist. Zur Eigenbedarfskündigung durch Personengesellschaften hat der Bundesgerichtshof in den letzten Jahren mehrere wichtige Entscheidungen getroffen: Eine Kommanditgesellschaft (KG) kann keinen Eigenbedarf geltend machen, da sie als juristische Person nicht selbst einziehen kann. Allenfalls kann sie Betriebsbedarf geltend machen, wenn sie die Wohnung für einen neuen Mitarbeiter benötigt. Die Maßstäbe entsprechen jedoch dem Eigenbedarf. Es muss gerade diese Wohnung aus betrieblichen Gründen für genau diesen Mitarbeiter benötigt werden. Dem Mitarbeiter eine weite Anfahrt und Kosten ersparen zu wollen, ist nicht ausreichend (Az. VIII ZR 113/06, Urteil vom 23.5.2007). Eine Gesellschaft bürgerlichen Rechts (GbR), deren Zweck lediglich die Bewirtschaftung eines einziges Hauses ist, darf einem Mieter wegen Eigenbedarfs kündigen, wenn einer der Gesellschafter

die Wohnung für sich selbst benötigt (hier: Erdgeschosswohnung, gehbehinderter Gesellschafter). Voraussetzung: Der Gesellschafter war bereits bei Mietvertragsabschluss Gesellschafter (Az. VIII ZR 271/06, Urteil vom 27.6.2007).
Eine Gesellschaft bürgerlichen Rechts (GbR) kann einem Mieter auch dann für einen ihrer Gesellschafter wegen Eigenbedarfs kündigen, wenn die Gesellschaft gerade erst durch Erwerb des Mehrfamilienhauses in den Mietvertrag eingetreten ist. Auch die geplante spätere Umwandlung der Mietwohnungen in Wohneigentum ist kein Hindernis. Die sonst üblichen Kündigungssperrfristen von drei bis zehn Jahren werden nach Ansicht des BGH nicht umgangen, wenn zum Zeitpunkt der Kündigung noch keine Umwandlung stattgefunden hat. Es müssen jedoch in Bezug auf den jeweiligen Gesellschafter die Voraussetzungen des Eigenbedarfs vorliegen (Urteil vom 16.07.2009, Az. VIII ZR 231/08).
Ist der Vermieter Eigentümer mehrerer Wohnungen im selben Haus oder in einer Wohnanlage, ist er nach der Rechtsprechung verpflichtet, bei einer Eigenbedarfskündigung dem betreffenden Mieter eine ggf. zufällig frei werdende andere Wohnung in diesem Objekt anzubieten (BGH, Urteil vom 9.6.2003, Az. VIII ZR 311/02). Diese Anbietpflicht hat jedoch zeitliche Grenzen. Wird z. B. die Alternativwohnung erst einen Monat nach dem Termin frei, zu dem der gekündigte Mieter von Rechts wegen hätte ausziehen müssen, kann kein Anbieten mehr verlangt werden (BGH, Urteil vom 4.6.2008, Az. VIII ZR 292/07). Auch die Eigenbedarfskündigung kann dann nicht mit dem Argument angefochten werden, dass der Vermieter die Anbietpflicht verletzt habe.
Siehe / Siehe auch: Anbietpflicht des Vermieters, Beendigung eines Mietverhältnisses, Berechtigtes Interesse, Betriebsbedarf, Wegfall des Eigenbedarfsgrundes

Eigenheimrentengesetz
Home Ownership Pensions Act
Siehe / Siehe auch: Wohn-Riester

Eigenheimzulage
private home allowance; home owner's allowance
Die Eigenheimzulage war eine staatliche Förderung, mit der die Eigentumsquote in Deutschland erhöht werden sollte. Geld vom Staat erhielten vor allem die sogenannten Schwellenhaushalte, Familien mit Kindern und vergleichsweise geringem Einkommen. Die Förderung selbstgenutzten Wohneigentums, wozu neben der Eigenheimzulage auch die Kinderzulage gehört, wurde zum 1. Januar 2006 abgeschafft. Dies bedeutet: Wer nicht bis spätestens Silvester 2005 einen Bauantrag eingereicht oder aber einen notariellen Kaufvertrag unterschrieben hat, der erhält ab sofort keine Zulage mehr.
Wichtig: Alle Altfälle, also Erwerbe von selbstgenutztem Wohneigentum vor dem 1. Januar 2006, sind von der Abschaffung der Eigenheimzulage nicht betroffen. Dies bedeutet: Jeweils zum 10. März eines Jahres erhalten Bauherren, sofern sie die rechtlichen Vorgaben erfüllen, maximal 1.250 Euro Grundförderung (= Eigenheimzulage) sowie 800 Euro Kinderzulage je Sprössling. Der Förderzeitraum beträgt insgesamt acht Jahre. Dies bedeutet: Eine vierköpfige Familie hat in der Spitze Anspruch auf insgesamt 22.800 Euro Geld vom Staat für die eigenen vier Wände. Sobald sämtliche „Altfälle" bei der Förderung selbstgenutzten Wohneigentums abgearbeitet sind, soll die Ersparnis für den Staat rund zehn Milliarden Euro jedes Jahr betragen.

Eigenkapital (Baufinanzierung)
net worth; equity (capital); capital at risk; net total assets; proprietary capital; shareholders' equity (building financing)
Unter Eigenkapitel sind die vom Bauherrn angesparten liquiden Mittel zu verstehen, die zur Finanzierung beim Hausbau oder Hauskauf eingesetzt werden können. Als Eigenkapitalersatz gelten Darlehen von Verwandten, Arbeitgeberdarlehen und bestimmte öffentliche Mittel wie z. B. Familienzusatzdarlehen. Um ein Haus finanzieren zu können, erwartet die Bank meistens ein Eigenkapital von 20 bis 30 Prozent. Auch bereits vorhandenes unbelastetes Immobilieneigentum oder verpfändbare Wertpapiere können durch Beleihung bzw. Verpfändung eine Eigenkapitalfunktion in Bezug auf das zu finanzierende Objekt übernehmen.
Das Eigenkapital wird auch als Risikokapital im Zusammenhang mit einer Finanzierung bezeichnet, weil es gegenüber dem abgesicherten Fremdkapital in aller Regel die letzte Rangstelle einnimmt. Das bedeutet, dass in den Eigenkapitalzinssatz eine relativ hohe Risikoquote einzukalkulieren ist.

Eigenkapitalfonds
equity fund
Bei dieser Fondsvariante reichen die von den einzelnen Anlegern zu erbringenden Eigenkapitaleinlagen zur Finanzierung des gesamten Investitionsvolumens aus. Eine zusätzliche Fremdfinanzierung auf Fondsebene gibt es nicht. Aufgrund der fehlenden

Zahlungsverpflichtungen aus Zins und Tilgung sind diese Fonds als sicherer zu betrachten, als ein Fonds mit Fremdkapitalanteil. Einnahmefälle, die oft für Zahlungsschwierigkeiten von Fonds verantwortlich sind, wirken sich bei Eigenkapitalfonds nur über ein Ausschüttungsreduzierung oder einen Ausschüttungsausfall aus. Die bei diesen Fonds auch anfallenden Verwaltungskosten müsste einige Zeit auch aus der Liquiditätsreserve bestreitbar sein.

Eigenkapitalquote

equity ratio

Die Eigenkapitalquote ist der Anteil des Eigenkapitals am Gesamtkapital. Bei der Eigenkapitalquote wird das Eigenkapital in Relation zur Gesamtinvestition gesetzt. Eine niedrige Eigenkapitalquote hat aufgrund des Leverage-Effektes ein hohes Risiko für den Anleger zur Folge. Das geringste Risikopotential aus dem Bereich der Innenfinanzierung beinhaltet der reine Eigenkapitalfonds, bei dem der Finanzierungsplan nur aus Eigenkapital der Anleger besteht.

Eigenkapitalrichtlinie (Basel II)

Capital Requirements Directive (Basle II)

Sinn und Zweck der Eigenkapitalrichtlinie

Sinn der Eigenkapitalrichtlinie ist es, die dem Bankgeschäft innewohnenden Risiken und die damit verbundenen Wertberichtigungsnotwendigkeiten zu begrenzen. Bankspezifische Risiken sind

- Kreditausfallrisiken – Im Fachjargon Adressausfallrisiken – (Kredite und Kreditzinsen können von den Kreditnehmern nicht mehr oder nur noch zum Teil zurückbezahlt werden),
- sogenannte operationelle Risiken, die sich aus einem unzureichenden Management (insbesondere Risikomanagement) ergeben sowie
- Marktrisiken

Das Geldschöpfungssystem des Bankenwesens führt dazu, dass die Banken in der Lage sind, ein Vielfaches ihres Eigenkapitals auf der Grundlage einbezahlter Kundengelder als Kredite zu vergeben. Begrenzt wird dieser Geldschöpfungsprozess durch die Notwendigkeit, mindestens soviel Eigenkapital vorzuhalten, als erforderlich ist, die Ausfallrisiken abzudecken und somit nicht direkt zu Lasten der Kunden gehen.

Lösungsversuch durch Basel I

Schon im Jahr 1988 hatte der Baseler Ausschuss – eine Institution der nationalen Zentralbanken von mehreren europäischen Ländern, den USA und der nationalen Bankaufsichtsbehörden – beschlossen, das Kreditvolumen der Kreditinstitute generell auf eine Eigenkapitalunterlegung von mindestens acht Prozent zu beschränken. Diese nicht bindende Vorgabe wurde durch die nationalen Regierungen in Rechtsvorschriften umgesetzt und damit verbindlich gemacht.

Neuer Anlauf durch Basel II

Die Regelung erwies sich als höchst lückenhaft. Es wurde keine Rücksicht auf die Risikostruktur der Ausleihungen der Kreditinstitute genommen, so dass sich der Baseler Ausschuss seit 1999 nochmals um differenziertere Reglungen bemühte (Basel II). Auf der Grundlage dieser Vorarbeiten wurden am 14.06.2006 für die Mitgliedstaaten der EU durch den Europäischen Rat und das Europaparlament Regelungen in Form der Richtlinien 2006/48/EG und 2006/49/EG erlassen.
Ihr folgten weitere Richtlinien. Die Umsetzung in Deutschland erfolgte u. a. durch Änderung des Kreditwesengesetzes und durch darauf aufbauende Verordnungen des Bundesfinanzministeriums (Solvabilitätsverordnung vom 16.12.2006) und der Bundesanstalt für Finanzdienstleitungsaufsicht, die hierzu eigens ermächtigt wurde.

Anforderungen an Risikomanagement der Institute

Die Beherrschung des Risikos ist nur möglich, wenn bestimmte Kriterien im Rahmen des Risikomanagements beachtet werden. Es gibt deshalb eigene Vorschriften und Meldepflichten der Bundesanstalt für Finanzdienstleistungsaufsicht, die vom Bankenmanagement zu beachten sind. Es handelt sich um die neu gefassten Mindestanforderungen an das Risikomanagement (MaRisk). Erwartet wird, dass bei Beachtung dieser Vorschriften das Kreditausfallrisiko auf durchschnittlich 0,1 Prozent begrenzt wird. Die neuen Rechtsgrundlagen (KWG-Novelle, Solvabilitätsverordnung, MaRisk) traten in Deutschland fristgerecht zum 01.01.2007 in Kraft. In den USA ist die Umsetzung von Basel II zum 01.01.2009 angekündigt.

Was sind Eigenmittel, wie werden ihre Bestandteile berücksichtigt?

Geregelt werden musste in diesem Zusammenhang zunächst im Kreditwesengesetz (§§ 10 und 10a KWG) was als Eigenmittel und Eigenkapital gilt und wie ihre einzelnen Bestandteile bei der Berechnung des haftenden Eigenkapitals zu berücksichtigen sind. Die Eigenmittel setzen sich danach zusammen aus dem Kernkapital (dauerhaft zur Verfügung stehende Kapital samt einbehaltenen Gewinnen), zwei Klassen des Ergänzungskapitals und sogenannten Drittrangmitteln. Ergänzungskapital wird nur bis zu 100 Prozent des Kernkapitals berücksichtigt und darf auch nur bis zu 50 Prozent des Kernkapitals aus längerfristigen nachrangigen Verbindlichkeiten und dem Haftsummenzuschlag bestehen. Nach einigen Abzügen kommt man zu den anrechenbaren Eigenmitteln die nach der Solvabilitätsverordnung zur Ermittlung der jeweils angemessenen Eigenkapitaldeckung von Adressenausfallrisikopositionen, den operationelle Risiken und den Marktrisiken zugrunde gelegt werden.

Wer ermittelt das Risikoprofil eines Kreditinstituts?

Bei der Solvabilitätsverordnung (Verordnung über die angemessene Eigenmittelausstattung von Instituten, Institutsgruppen und Finanzholding-Gruppen), handelt sich um ein höchst komplexes und voluminöses Rechtsgebilde. Die Bewertung des Risikos der Kreditinstitute erfolgt entweder durch externe, von der BAFin anerkannten Ratingagenturen oder – sofern hierfür eine Zulassung durch die BAFin vorliegt – durch internes Rating. Grundlage für das externe Rating ist ein sehr differenziert geregelter „Kreditrisiko-Standardansatz“ (KSA).

Kreditrisiken im Immobilienbereich

Bei dessen Anwendung wird unterscheiden zwischen 15 verschiedenen Forderungsklassen. Hierzu zählt die für die Immobilienbeleihung wichtige Forderungsklasse 10: durch Immobilien besicherte Positionen. Das Risikogewicht wurde hier mit 35 Prozent festgelegt, soweit Darlehen vollständig durch Grundpfandrechte an Wohnimmobilien gesichert sind und sie vom Eigentümer gegenwärtig oder künftig selbst bewohnt oder zu Wohnzwecken vermietet sein sollen. Es steigt auf 50 Prozent, wenn diese vollständig durch Grundpfandrechte an Gewerbeimmobilien im Inland oder auf dem Gebiet eines anderen Staates des Europäischen Wirtschaftsraums gesichert sind. Bei Bauspardarlehen liegt das Risikogewicht bei 50 Prozent, ebenso bei Vor- und Zwischenfinanzierungen, wenn mindestens 60 Prozent dieser Darlehen unter Einhaltung der Beleihungsgrenzen grundpfandrechtlich gesichert sind. Wie sehr sich das Risikogewicht nach oben verschieben kann, zeigt der Ansatz bei der Forderungsklasse 15: überfällige Positionen. Es liegt generell bei 150 Prozent.

In den oben genannten Fällen (besicherte Wohnimmobilie) steigt es von 35 auf 50 Prozent, wenn die erforderliche Einzelwertberichtigung für diese Position mindestens 25 Prozent der Bemessungsgrundlage beträgt, sonst bei 100 Prozent. In den Fällen, in denen der Schwellenwert von 100 Prozent überschritten wird, mindert dies den Anteil der Risikopositionen, die unterhalb von 100 Prozent liegen. Insgesamt kann jedoch gesagt werden, dass dem Umstand der Absicherung eines Darlehens durch ein Grundpfandrecht bei der Anwendung des Kreditrisiko-Standardansatzes Rechnung getragen wird.

Auswirkungen auf die Bankkunden

Aus dem Gesagten ergibt sich, dass bei höherem Risiko eine höhere Eigenkapital-Unterlegungsquote gefordert wird, bei niedrigerem Risiko eine entsprechend niedrigere. Nach dem der Bewegungsspielsraum der Kreditinstitute für Kreditgeschäfte dadurch entweder verringert oder erhöht wird, folgt als Konsequenz, dass sie risikoreiche Engagements eher meiden werden. Quasi parallel zum Rating der Kreditinstitute erfolgt deshalb ein Rating der potentiellen Darlehensnehmer. Dabei kann sowohl der Bankkunde selbst durch Beauftragung einer Ratingagentur für Klarheit sorgen.
Andernfalls übernimmt die Rolle des Raters das Kreditinstitut selbst. Beim Rating kommt es neben der tatsächlichen Risikostruktur des Geschäftes entscheidend auf die Unternehmenstransparenz und die Kooperationswilligkeit und -fähigkeit an, die der Unternehmer bzw. dem Darlehensnehmer dem Kreditinstitut entgegenbringt.
Siehe / Siehe auch: Bundesanstalt für Finanzdienstleistungsaufsicht (BAFin), Risiko, Risikomanagement, Rating, Ratingagenturen

Eigenleistungen

internal labour; personal contribution; borrower's own funding

Finanzierung

Neben dem Eigenkapital kommen als Eigenleistungen bei der Finanzierung von Bauvorhaben eigene Sach- und Arbeitsleistungen („Muskelhypothek“) des Bauherrn und seiner Angehörigen sowie die Einbringung des eigenen Baugrundstücks in Betracht. Eigenleistungen werden im Finanzierungsplan berücksichtigt.
Der aus eigenen Arbeitsleistungen bestehende Finanzierungsbeitrag kann steuerlich nicht in Ansatz gebracht werden. Ist die Immobilie vermietet, dann

kann der bei einer Renovierung entstandene Materialaufwand steuerlich zu den Werbungskosten hinzugerechnet werden.

Mängelbeseitigung an Bauwerken

Bei diesen Eigenleistungen („Ersatzvornahme") handelt es sich um Aufwendungen des Bauherrn zur Beseitigung eines Baumangels. Für die Eigenleistung kann der Bauherr vom Bauhandwerker bzw. Bauunternehmer den Ersatz der Aufwendungen fordern, wenn dieser mit der Mangelbeseitigung in Verzug geraten ist. Beim VOB-Vertrag tritt der Verzug erst ein, wenn der Bauherr den Bauunternehmer zur Mängelbeseitigung unter Setzung einer angemessenen Frist auffordert, und die gesetzte Frist ergebnislos verstrichen ist.
Siehe / Siehe auch: VOB-Vertrag

Eigenleistungsausfallversicherung

insurance against risks arising from inability to provide a personal contribution when building one's own house

Der Privatbauherr, der die Finanzierung seines Hauses durch Erbringung von Eigenleistungen ergänzen will, kann sich für Fälle, in denen er unverschuldet arbeitslos wird oder durch Unfall, Krankheit oder Tod die Eigenleistungen nicht mehr erbringen kann, durch Abschluss einer Bauherrn-Eigenleistungsausfallversicherung absichern.

Eigentümergrundschuld

land charge in favour of the landowner

Jeder Grundstückseigentümer kann auf seinem Grundstück für sich selbst eine Grundschuld eintragen lassen. Dabei kann er aber nicht selbst die Zwangsvollstreckung in sein eigenes Grundstück betreiben und Zinsen nur dann verlangen, wenn ein anderer die Zwangsverwaltung betreibt. Sinn einer Eigentümergrundschuld ist z. B. deren Abtretung an eine Bank (Kreditsicherung). Dadurch wird der Darlehensgeber aus dem Grundbuch nicht erkennbar. Eine Eigentümergrundschuld entsteht automatisch auch dann, wenn ein Hypothekendarlehen zurück bezahlt wird. In der Regel vereinbaren Gläubiger von nachrangig im Grundbuch eingetragenen Grundpfandrechten mit dem Grundstückseigentümer eine Verpflichtung zur Löschung, was für diesen Gläubiger mit einer Rangverbesserung verbunden ist. Der Anspruch wird durch eine Löschungsvormerkung gesichert.

Eigentümerliste

list of owners

Die Erstellung einer aktuellen Eigentümerliste gehört zu den Angelegenheiten einer ordnungsmäßigen Verwaltung, auf die jeder einzelne Wohnungseigentümer einen gegebenenfalls auch gerichtlich durchsetzbaren Anspruch hat.
Die Anfertigung der Liste obliegt dem Verwalter. In dieser Liste sind sämtliche im Grundbuch eingetragenen Eigentümer mit vollständigem Namen und vollständiger Anschrift zu erfassen. Auf die Namen der Familien- oder Haushaltsangehörigen kommt es hierbei nicht an. Befindet sich das Wohnungs- oder Teileigentum im Eigentum mehrerer Eigentümer, sind allerdings sämtliche Eigentümer zu erfassen, beispielsweise dann, wenn das Wohnungs-/Teileigentum Eheleuten jeweils zur (ideellen) Hälfte gehört. Weitergehende Angaben, beispielsweise zur grundbuchmäßigen Bezeichnung, sind nur dann erforderlich, wenn dies im konkreten Fall zur ordnungsmäßigen Verwaltung erforderlich wäre.
Die Eigentümerliste dient dem Verwalter unter anderem zur ordnungsgemäßen Einladung zur Wohnungseigentümer-Versammlung, zur Erstellung der Jahresgesamt- und Einzelabrechnungen sowie zur gerichtlichen Geltendmachung von Hausgeldforderungen. Im Übrigen ist sie einmal jährlich dem kontoführenden Kreditinstitut vorzulegen.
Dem Wohnungseigentümer dient die Eigentümerliste in erster Linie bei Beschlussanfechtungen, die gemäß § 46 Abs. 1 WEG stets gegen die „übrigen Wohnungseigentümer"zu richten ist. Dabei hat die namentliche Bezeichnung spätestens bis zum Schluss der mündlichen Verhandlung zu erfolgen.
Der Verwalter kann die Herausgabe der Eigentümerliste nicht mit dem Hinweis auf das Datenschutzgesetz verweigern. Dessen Bestimmungen sind im Verhältnis der Wohnungseigentümer untereinander nicht anzuwenden.
Siehe / Siehe auch: Datenschutz, Kontoführung

Eigentümerversammlung (Wohnungseigentum)

owners' meeting (freehold flat)

Siehe / Siehe auch: Wohnungseigentümer-Versammlung, Einberufung der Wohnungseigentümer-Versammlung, Wiederholungsversammlung

Eigentümerwohnung / Mieterwohnung

freehold flat / rented flat

Eigentümerwohnung ist ein Begriff der Statistik. Er darf nicht mit dem Begriff Eigentumswohnung verwechselt werden. Eigentümerwohnungen sind solche, die vom Eigentümer bewohnt werden.

Es kann sich um eine Wohnung im eigenen Mietshaus handeln, aber auch um das selbst genutzte Einfamilienhaus oder um die selbst genutzte Eigentumswohnung. Aus den statistischen Erhebungen ergibt sich die so genannte Eigentumsquote. Die Grundgesamtheit bilden dabei alle Eigentümer- und Mieterwohnungen. Unberücksichtigt bleiben die so genannten Unterkünfte.
Auf einen wesentlichen Unterschied zwischen den Mieter- und den Eigentümerwohnungen sei hingewiesen. Er liegt in der Wohnfläche. Wegen des großen selbst genutzten Einfamilienhausanteils liegt die Durchschnittsgröße der Eigentümerwohnung derzeit bei 115,7 Quadratmeter, die der Mieterwohnungen dagegen nur bei 70 Quadratmeter.
Siehe / Siehe auch: Unterkunft

Eigentum
property; title; ownership

öffentlich rechtliche Position

Das Eigentum ist durch Artikel 14 des Grundgesetzes öffentlich rechtlich gewährleistet. In diesem Sinne bezieht sich das Eigentum nicht nur auf Sachen, sondern auch auf Forderungen und Rechte, z. B. Urheberrechte, unwiderrufliche Konzessionen und dergleichenZusätzlich gestützt wird die Eigentumsgarantie durch die Gewährleistung des Erbrechts. Inhalt und Schranken des Eigentums werden durch Gesetze bestimmt. Der Entzug von Eigentum ist nur zum Wohl der Allgemeinheit, auf Grund eines Gesetzes und nur gegen Entschädigung zulässig. Innerhalb dieser durch Gesetz gezogenen Grenzen darf der Eigentümer mit seinem Eigentum nach Belieben verfahren, d. h. es benutzen, verbrauchen, belasten, veräußern. Das Grundgesetz schränkt jedoch das Eigentumsrecht noch durch das Sozialstaatsprinzip ein. „Eigentum verpflichtet“!
Hieraus ergeben sich vor allem Einschränkungen im Wohnungsmietrecht und im Baurecht. Die Substanz des Eigentums darf durch Gesetze nicht angetastet werden. Daher verstoßen Steuern mit konfiskatorischem Charakter gegen das Grundgesetz. In einem gewissen Widerspruch zur Eigentumsgarantie steht im Übrigen Artikel 15 des Grundgesetzes, nach dem die Sozialisierung von Grund und Boden, sowie Naturschätzen und Produktionsmitteln gegen Entschädigung möglich ist.

zivilrechtliche Position

Zivilrechtlich bezieht sich das Eigentum nur auf bewegliche und unbewegliche Sachen, nicht aber auf Sachgesamtheiten wie z. B. einen Betrieb.
Vom Besitz unterscheidet sich das Eigentum dadurch, dass dem Eigentümer die Sache rechtlich gehört, während der Besitzer lediglich die tatsächliche Herrschaft über den Gegenstand, der sich im Eigentum eines anderen befinden kann, ausübt.
So ist der Mieter unmittelbarer Besitzer der von ihm angemieteten Räume (beim Eigentümer verbleibt der mittelbare Besitz.). Unterschieden wird zwischen Alleineigentum (ausschließliches Verfügungsrecht durch den Alleineigentümer), Bruchteilseigentum (Verfügungsrecht bezieht sich nur auf den Bruchteil) und Gesamthandseigentum (nur gemeinschaftliches Verfügungsrecht über das gemeinschaftliche Vermögen). Gesamthandseigentum ist bei einer BGB-Gesellschaft, bei einer Gütergemeinschaft zwischen Eheleuten und einer ungeteilten Erbengemeinschaft gegeben.

volkswirtschaftliche Bedeutung

Breit gestreutes Eigentum gilt als gesellschaftlicher Stabilitätsfaktor und in Verbindung mit dem natürlichen Eigentümerinteresse an der Erhaltung eigener Vermögenswerte als volkswirtschaftliche Grundlage eigenverantwortlicher Alterssicherung. Verstärkt ins Bewusstsein tritt die Tatsache, dass in Ländern in denen der Eigentumserwerb einerseits durch staatliche Überreglementierung und andererseits durch fehlende Rechtssicherheit faktisch erheblich erschwert wird und die Verfügungsrechte des Eigentümers oftmals ausgehebelt sind, die wirtschaftliche Entwicklung außerordentlich beeinträchtigt ist. Dies zeigt sich vor allem in dem Übergangsstadium, in dem sich die Nachfolgestaaten der Sowjetunion befinden, wo Grund und Boden früher ausschließlich Volkseigentum war und der Umgang mit dem Privateigentum noch schwer fällt.
Aber auch illegale Slums z. B. in Rio de Janeiro sind oft nicht Folge sozialer Klassenunterschiede, sondern der fehlenden Möglichkeit, Grundeigentum zu erwerben. Auch in Entwicklungsländern verpufft häufig die gewährte Entwicklungshilfe wegen der Unklarheit der Bodeneigentumsverhältnisse.
Siehe / Siehe auch: Wohnungseigentum

Eigentumserwerb an Grundstücken
acquisition of property

Der Eigentumserwerb an Grundstücken erfolgt in der Regel durch Eintragung des Erwerbers als Eigentümer in Abteilung I des Grundbuchs. In einigen Ausnahmefällen findet der Eigentumserwerb vor der Umschreibung im Grundbuch statt, z. B. beim Erwerb per Zuschlag im Zwangsversteigerungsverfahren oder beim Erwerb eines im Rahmen des

Bodenordnungsverfahrens (Umlegung) zugeteilten neu entstandenen Grundstücks. Auch im Erbfall wird der jeweilige Erbe bzw. die Erbengemeinschaft mit Erteilung des Erbscheines Eigentümer. Der Erbschein genießt öffentlichen Glauben. Erbe bzw. Erbengemeinschaft können mit Aushändigung des Erbscheins über das Grundstück verfügen. Die Vorlage des Erbscheins ist auch Grundlage für die Eintragung des/der Erben im Grundbuch.

Eigentumsquote

owner-occupied housing

Siehe / Siehe auch: Wohneigentumsquote

Eigentumsverhältnisse

distribution of property; proprietorship

Der Stand und die Gewissheit über die tatsächlichen Eigentumsverhältnisse spielt vor allem bei Objekten in den neuen Bundesländern eine große Rolle. Hierbei ist vorrangig auf die Eintragung des Verkäufers im Grundbuch zu achten. Eine abschließende Garantie gegen etwaige, spätere Rückübertragungsansprüche seitens eines Alteigentümers bietet aber auch das nicht. Daher sollte zumindest eine Bestätigung von dem zuständigen Amt für Vermögensfragen darüber eingeholt werden, dass für das betreffende Objekt kein derartiger Rückübertragungsantrag gestellt wurde.

Eigentumswohnung

freehold flat; flat ownership; commonhold flat

Während man umgangssprachlich regelmäßig von der „Eigentumswohnung“ spricht und damit die im Einzeleigentum befindliche Wohnung in einem Mehrfamilienhaus meint, auch als „Eigenheim in der Etage“ bezeichnet, verwendet das Wohnungseigentumsgesetz diesen Begriff nicht, sondern spricht ausschließlich vom Wohnungseigentum. Gemeint ist damit das Sondereigentum als Alleineigentum an einer Wohnung, verbunden mit einem Miteigentumsanteil am Gemeinschaftseigentum. Eine gesetzliche Definition für den Begriff „Eigentumswohnung“ fand sich im früheren und inzwischen aufgehobenen Zweiten Wohnungsbaugesetz. Danach liegt der Unterschied in den Begriffen „Wohnungseigentum“ und „Eigentumswohnung“ darin, dass mit der Eigentumswohnung das „Objekt“ und mit Wohnungseigentum der „rechtliche Inhalt“ an diesem Objekt gemeint ist.

Siehe / Siehe auch: Sondereigentum, Gemeinschaftseigentum, Teileigentum, Wohnungseigentum

Einbauküche in der Mietwohnung

built-in kitchen in a flat

Ist eine Mietwohnung noch nicht mit einer Einbauküche ausgestattet, stellt ihr Einbau eine Verbesserung des Wohnwertes und damit eine Modernisierungsmaßnahme dar. Der Vermieter kann eine Mieterhöhung wegen Modernisierung vornehmen.

Aber: Mieter sind nach der Rechtsprechung nicht verpflichtet, den Einbau einer neuen Standard-Einbauküche anstelle einer 20 Jahre alten, hochwertigeren Küche zu dulden (Landgericht Hamburg, 311 S 101/02). Generell stellt die Erneuerung einer vorhandenen Einbauküche keine Modernisierungsmaßnahme dar. Der Vermieter kann in diesem Fall keine Mieterhöhung wegen Modernisierung vornehmen. Grund: Der Gebrauchswert der Wohnung wird nicht maßgeblich erhöht. Einem Urteil des Landgerichts Berlin zufolge gelten Einbauküchen nach 25 Jahren Nutzungsdauer als „verbraucht“. Beschädigt oder entfernt der Mieter eine solche alte Einbauküche, kann der Vermieter keinen Schadenersatz fordern (Az: 62 S 13/01).

Siehe / Siehe auch: Mieterhöhung bei Modernisierung

Einberufung der Wohnungseigentümer-Versammlung

summons to/ convening of a meeting of freehold flatowners

Der Wohnungseigentumsverwalter ist verpflichtet, mindestens einmal im Jahr zu einer Wohnungseigentümer-Versammlung einzuladen, und zwar unter Einhaltung einer Mindestfrist von zwei Wochen (§ 24 Abs. 1 und 4 WEG) und Beifügung der Tagesordnung (§ 23 Abs. 2 WEG). Darüber hinaus kann die Einberufung einer Versammlung auch von mindestens einem Viertel der Wohnungseigentümer (gerechnet nach Köpfen) unter Angabe des Zwecks und der Gründe verlangt werden. Diesem Verlangen kann sich der Verwalter nicht widersetzen (§ 24 Abs. 2 WEG). Fehlt ein Verwalter oder weigert er sich pflichtwidrig, kann die Wohnungseigentümer-Versammlung auch vom Vorsitzenden des Verwaltungsbeirates oder bei dessen Verhinderung von seinem Stellvertreter einberufen werden (§ 24 Abs. 3 WEG). Ein einzelner Wohnungseigentümer ist nur aufgrund gerichtlicher Ermächtigung befugt, eine Versammlung einzuberufen. Dies kann insbesondere dann der Fall sein, wenn sich der Verwalter weigert, eine Versammlung einzuberufen, ein Verwaltungsbeirat nicht bestellt ist und von den übrigen Eigentümern ein Anspruch nicht geltend gemacht wird.

Grundsätzlich gilt aber, dass auch Beschlüsse einer Wohnungseigentümer-Versammlung, die von einem Unbefugten (abberufener oder nicht mehr im Amt befindlicher Verwalter, nicht ermächtigter Wohnungseigentümer) einberufen wurde, nicht nichtig sind, sondern Rechtskraft erlangen, wenn sie nicht innerhalb einer Monatsfrist angefochten und durch das Gericht für ungültig erklärt werden.

Die Einladung ist gemäß § 24 Abs. 4 WEG in Textform vorzunehmen, setzt aber nicht mehr wie früher die eigenhändige Unterzeichnung durch den Verwalter voraus. Das bedeutet, dass sie in Kopie oder EDV-gefertigter oder anderer vervielfältigter Form erfolgen kann. Sie muss aber in jedem Fall Adressat und Absender enthalten. Die Einladung in Fax-Form oder auch als E-Mail ist dabei zwar grundsätzlich zulässig, setzt allerdings derzeit noch die Zustimmung aller Eigentümer voraus. Inhaltlich muss die Einladung den Termin und den Ort angeben sowie die Tagesordnung ausweisen.

Siehe / Siehe auch: Tagesordnung (Wohnungseigentümer-Versammlung), Wohnungseigentümer-Versammlung, Rederecht (Wohnungseigentümer-Versammlung), Redezeit (Wohnungseigentümer-Versammlung), Textform

Einbeziehungssatzung

articles of incorporation

Siehe / Siehe auch: Ergänzungs- oder Einbeziehungssatzung

Einfacher Bebauungsplan

rudimentary local development plan; simple building plan; simple development plan; simplified local development plan

Siehe / Siehe auch: Bebauungsplan

Einfamilienhäuser als Kapitalanlage

detached houses as a financial / capital investment

Unter Langfristperspektiven betrachtet rangiert das Eigenheim im Kapitalanlageranking an zweiter Stelle nach den Aktien. Dies ergibt sich aus einer Studie von GEWOS. Die Performancemessung erstreckt sich auf den Zeitraum zwischen 1970 und 2004. Danach warfen Aktien eine Durchschnittsrendite von 8,31 Prozent pro Jahr, Eigenheime von 7,38 Prozent ab, dicht gefolgt von Rentenpapieren mit 7,36 Prozent. Die Anlage in Gold rentierte sich im Durchschnitt pro Jahr mit 4,68 Prozent. Abgeschlagen waren Spareinlagen mit 4,31 Prozent. Der Renditeberechnung der GEWOS bei den Einfamilienhäusern lagen geschätzte Mieten unter Zugrundelegung einer 120 Quadratmeter umfassenden Wohnfläche zugrunde. Es darf allerdings nicht außer Betracht gelassen werden, dass sich die Entwicklung in den letzten zehn Jahren nach unten abgeflacht hat. 1995 hatte die Durchschnittsrendite bei Eigenheimen noch 8,5 Prozent erreicht.

Renditebringer sind bei Einfamilienhäusern vor allem die Wertsteigerungen. Ausgeblendet wurde bei den Berechnungen die Inflation. Bei der Beantwortung der Frage, was nach 30 Jahren Geldanlage in einem Einfamilienhaus bei Verkauf mit dem dann erzielten Preis erworben werden kann, relativiert sich die Rechnung erheblich. Außerdem ist zu berücksichtigen, dass die Durchschnittsrendite bei Einfamilienhäusern höchst unterschiedlich ausfallen kann, je nachdem, ob sie sich in einer strukturschwachen oder in einer stark wachstumsorientierten Region befinden. Wirft man einen Blick auf die Liegenschaftszinssätze bei Einfamilienhäusern, dann erkennt man rasch, dass sie im Vergleich zur klassischen Kapitalanlage der Miethäuser relativ weit unten angesiedelt sind. Das bedeutet, dass sich Einfamilienhäuser als Kapitalanlagen am Immobilienmarkt nur gering verzinsen.

Die Finanzkrise 2008 / 2009 dürfte allerdings den Trend zur Immobilie und damit die Renditechancen auch für Einfamilienhäuser wieder etwas verstärken. Die Hauptbedeutung des Einfamilienhauses wird nach wie vor in der Selbstnutzung durch Eigentümer und nah Verwandte liegen.

Siehe / Siehe auch: Einfamilienhaus

Einfamilienhaus

(detached) single-family house; single-family residence; single family home; one-family house; single occupancy house; self-contained house

Das Einfamilienhaus ist ein Haus, das eine Wohnung enthält. Es kommt in mehreren Gestaltungsformen vor. Der Typ des freistehenden Einfamilienhauses ist am beliebtesten. Daneben gibt es als Grundtypen das Doppelhaus (zwei aneinander gebaute Einfamilienhäuser) und das Reiheneinfamilienhaus als Reihenmittel- oder Reiheneckhaus. Das Atriumhaus ist durch einen geschlossenen Innenhof bzw. Innengarten gekennzeichnet.
Es handelt sich um eine besondere Form des Bungalows, der über kein Obergeschoss verfügt. Typische Dachformen des Bungalows und des Atriumhauses sind Flachdächer oder nur ganz leicht geneigte Dächer. Auf Qualitätsunterschiede weisen Begriffe wie Siedlungshaus (meist eineinhalbstöckige freistehende Häuser mit großen Nutzgärten) oder „Villa" hin, wobei der Begriff der Villa als Domizil für einen betuchten Eigentümer sicher nicht in Vergleich gesetzt werden kann mit einer altrömischen Villa." Landhäuser" sind in der Regel Einfamilienhäuser auf dem Lande, die in einer gewissen Distanz zur Stadt gelegen sind, aber im Gegensatz zu „Ferienhäusern" (die keine Einfamilienhäuser sein müssen) von freiheits- und naturliebenden Eigentümern oder Mietern ständig bewohnt werden. Nicht zum Typ der Einfamilienhäuser gehört das Wochenendhaus, das normalen Wohnansprüchen in der Regel nicht genügt.
Siehe / Siehe auch: Zweifamilienhaus, Doppelhaus

Einheimischenmodell

local (residents) model

Mit Hilfe eines Einheimischenmodells will die Gemeinde den Baulandbedarf für die ortsansässige Bevölkerung sichern. Gesetzliche Grundlage ist § 11 Abs. 1 Nr. 2 BauGB. Die Gemeinde kann sich bei Konzeption und Verwirklichung eines Einheimischenmodells eines städtebaulichen Vertrages mit den Grundstückseigentümern bedienen. Solche Vereinbarungen werden in der Regel im Vorfeld der Bauleitplanung getroffen. Der Grundstückseigentümer wird verpflichtet, die späteren Baugrundstücke an „Einheimische", die bestimmte Merkmale erfüllen, zu veräußern.
Überwiegend aber erwirbt die Gemeinde selbst die Grundstücke zu Preisen unterhalb des Verkehrswertes, um sie dann in einem bestimmten Verfahren zu „vergeben". Es wird teilweise auch mit verbindlichen Ankaufsrechten der Gemeinde gearbeitet, die durch Auflassungsvormerkungen abgesichert sind. In den beiden letzten Fällen handelt es sich um zivilrechtliche Vertragsgestaltungen. Damit die Absichten der Gemeinde von den späteren Einheimischen nicht unterwandert werden, müssen sich diese verpflichten, innerhalb einer bestimmten Frist das Grundstück zu bebauen. Außerdem wird ein Veräußerungs- und Vermietungsverbot mit dem Einheimischen vereinbart. Bekannt geworden sind schon vor Einführung entsprechender Regelungen im BauGB zwei Einheimischenmodelle, nämlich das Weilheimer Modell und das Traunsteiner Modell. Beim Weilheimer Modell wird die Aufstellung eines Bebauungsplanes von der Einräumung eines Ankaufrechts der Gemeinde abhängig gemacht. Die Gemeinde kann es innerhalb eines 10-Jahreszeitraums in dem Fall ausüben, dass der Grundstückseigentümer sein Grundstück an einen Dritten zu einem Preis veräußert, der über dem mit der Gemeinde vereinbarten Preis liegt. Das Traunsteiner Modell ist durch einen Genehmigungsvorbehalt der Gemeinde gekennzeichnet.
Die Genehmigung kann bei Überschreitung einer bestimmten Preisgrenze verweigert werden. Mittlerweile gibt es eine Vielfalt von Konstruktionsformen des Einheimischenmodells.

Einheitspreisvertrag

unit price contract; flat-rate contract

Der Einheitspreisvertrag nach VOB ist die bevorzugte Preisvereinbarung zwischen Auftraggeber (Bauherr) und Auftragnehmer (Bauunternehmen). Vereinbart wird dabei der Preis pro Leistungseinheit für jede Leistungsposition. Die Leistungseinheit kann sich auf laufende Meter, Quadratmeter, Stückzahlen usw. beziehen.

Die Berechnung erfolgt nach folgender Formel: Einheitspreis x Menge = Positionspreis + MwSt. Wenn die der Vereinbarung zugrunde gelegten Mengen nur in geringem Umfange von den tatsächlich erforderlichen Mengen abweichen (+/- zehn Prozent), ist die Forderung eines Differenzausgleiches nicht zulässig, da Einheitspreise Festpreise sind. Das bedeutet auch, dass etwaige Lohnerhöhungen oder Verteuerungen des Materials nicht zu einer Anpassung des vereinbarten Preises führen, es sei denn, dies ist durch eine Lohn- oder Materialgleitklausel vereinbart. Die Abrechnung erfolgt bei einem Einheitspreisvertrag nach dem Ergebnis des Aufmaßes, das von Auftragnehmer und Auftraggeber bzw. dessen sachundigen Vertreter gemeinsam vorgenommen werden sollte.

Siehe / Siehe auch: Pauschalpreisvertrag, Aufmaß

Einheitswert

taxable value; rateable value (net annual value); assessment unit value of real estate; charged value; site value; standard value; taxation value

Der Einheitswert ist der steuerliche Wert für inländischen Grundbesitz und dient heute noch ausschließlich als Bemessungsgrundlage für Betriebe der Land- und Forstwirtschaft, für Grundstücke und für Betriebsgrundstücke.

Die Einheitsbewertung von Grundvermögen wurde letztmals zu den Wertverhältnissen des 01.01.1964 (Hauptfeststellungszeitpunkt) durchgeführt. Für Grundstücke in den neuen Bundesländern gelten die Einheitswerte vom 01.01.1935 (erster Hauptfeststellungszeitpunkt).

Für vor 1991 entstandene Mietwohngrundstücke und Einfamilienhäuser in den neuen Bundesländern gilt als Ersatzbemessungsgrundlage die Wohn- und Nutzfläche. Das Bewertungsgesetz unterscheidet zwischen unbebauten und bebauten Grundstücken. Unbebaute Grundstücke werden nach dem gemeinen Wert bewertet (§ 9 BewG). Bei den bebauten Grundstücken wird zwischen sechs Arten unterschieden, nämlich:

- Mietwohngrundstücke (mehr als 80 Prozent der Fläche sind Wohnflächen)
- Geschäftsgrundstücke (mehr 80 Prozent der Flächen sind gewerblich genutzt)
- gemischt genutzte Grundstücke, deren Flächen teils Wohnzwecken und teils gewerblichen/öffentlichen Zwecken dienen ohne Wohn- oder Geschäftsgrundstücke zu sein
- Einfamilienhäuser,
- Zweifamilienhäuser
- sonstige bebaute Grundstücke

Die Ermittlung des Einheitswertes der bebauten Grundstücke erfolgt über das Ertragswertverfahren. Zugrunde gelegt werden Jahresrohmieten einschließlich Betriebskosten, bei selbst genutzten Räumen werden entsprechende Mietwerte angesetzt. Die Vervielfältiger mit dem die Jahresrohmieten multipliziert werden, sind den Anlagen drei bis acht des Bewertungsgesetzes zu entnehmen. Unterschieden wird dabei zwischen unterschiedlichen Bauausführungen, Altersgruppen und Gemeindegrößenklassen.

Das Sachwertverfahren (eine Ausnahme) wird bei den „sonstigen bebauten Grundstücken"und bei bebauten Grundstücken angewandt, deren Merkmale nicht hinreichend durch eine Grundstücksbeschreibung mit der Vervielfältigertabelle des Bewertungsgesetzes erfasst werden können.

In Fällen, in denen der durch das Ertragswertverfahren ermittelte Einheitswert unter dem gemeinen Wert des unbebauten Grundstücks liegt, gilt als Mindestwert der Wert des Baugrundstücks, gegebenenfalls abzüglich Abbruchkosten.

Der Einheitswert ist der Ausgangswert für die Grundsteuer.

Siehe / Siehe auch: Bedarfsbewertung, Gemeiner Wert, Grundbesitzwert, Hausgeldrückstände, Entziehung (Wohnungseigentum)

Einkaufsfaktor für den Fonds

purchase factor for the fund

Der Einkaufsfaktor einer Immobilie für die Fondsgesellschaft errechnet sich aus dem Verhältnis der gesamten Anschaffungskosten bestehend aus Kaufpreis und Erwerbsnebenkosten im Verhältnis zu der anfänglichen Jahresmiete. Gerade bei Gewerbeimmobilien wird dieses Ertragswertverfahren angewandt. Diese Kennziffer bringt zum Ausdruck, ob das betreffende Objekt günstig oder teuer erworben wurde.

Hierzu ist allerdings ein Vergleich mit der entsprechenden Kennziffer vergleichbarer Immobilien beispielsweise nach Nutzungsart, Größe, Region, Standort unter Beachtung der Angemessenheit der Mietansätze vorzunehmen. Die alleinige Betrachtung der isolierten Kennzahl ist nur wenig aufschlussreich.

Siehe / Siehe auch: Einkaufsfaktor für Immobilien, Einkaufsfaktor für den Zeichner

Einkaufsfaktor für den Zeichner

purchase factor for the subscriber

Der Einkaufsfaktor der Immobilie für den Zeichner/Fondsgesellschafter stellt eine gewisse Weiterentwicklung des Einkaufsfaktors für den Fonds dar. Während der Einkaufsfaktor der Immobilie für den Fonds nur auf den reinen Objektkaufpreis inklusive der Nebenkosten abstellt, errechnet sich der Einkaufsfaktor der Immobilie für den Zeichner aus der Relation der Gesamtinvestition (ohne eine eventuell gebildete Liquiditätsreserve) zu der erwarteten Jahresmiete. Die Einbeziehung der sonstigen Fondskosten wie Kosten für Konzeption, Garantien, Kapitalvermittlung in die Gesamtinvestition führt – im Gegensatz zu der reinen Kaufpreisbetrachtung im Rahmen des Einkaufsfaktors für den Fonds – zu einem mehr oder minder stark ausgeprägten Anstieg dieser Kennziffer.

Dies trägt zutreffend dem Umstand Rechnung, dass der Fonds als solcher zunächst lediglich den Kaufpreis für die Immobilie zu entrichten hat, während der dahinter stehende Gesellschafter zusätzlich auch die gesamten Fondskosten zu finanzieren hat.

Siehe / Siehe auch: Einkaufsfaktor für den Fonds, Einkaufsfaktor für Immobilien

Einkaufsfaktor für Immobilien

purchase factor for real estate

Der Einkaufsfaktor gibt an, wie vielen Jahresnettomieten der Kaufpreis einer Immobilie entspricht. Er wird errechnet, indem der Kaufpreis (zuzüglich Erwerbsnebenkosten) durch die anfängliche Netto-Jahresmiete geteilt wird. Ein niedriger Einkaufsfaktor deutet auch eine vergleichsweise preisgünstige Immobilie hin; ein hoher Einkaufsfaktor bedeutet dagegen, dass die Immobilie relativ teuer ist.

Der Vergleich mehrerer Objekte allein anhand des Einkaufsfaktors ist jedoch wenig aussagekräftig, sofern nicht wesentliche Einflussfaktoren für den Wert von Immobilien wie Lage oder Gebäudequalität und das Verhältnis der Mieten zur aktuellen Marktmiete mit berücksichtigt werden. So liegen in besonders gefragten Lagen die Einkaufsfaktoren generell höher, während sie in einfacheren Lagen niedriger sind.

Siehe / Siehe auch: Einkaufsfaktor für den Fonds, Einkaufsfaktor für den Zeichner, Verkaufsfaktor

Einkaufszentrum

shopping centre

Ein Einkaufszentrum besteht aus mehreren Einzelhandelsbetrieben in einem Gebäudekomplex, der auf der Grundlage einer einheitlichen Planung errichtet wurde und durch einen vom Investor eingesetzten Centermanager verwaltet wird.

Es dient dem Verkauf von Lebensmitteln und Waren des täglichen Bedarfs. Das Bauplanungsrecht ermöglicht die Begrenzung der Verkaufsflächen für bestimmte Warengruppen, z.B. Haushaltgeräte, Geräte der Unterhaltungselektronik usw.. Einkaufszentren sind nach der BauNVO nur in Kerngebieten und in Sondergebieten zulässig. Ähnliches gilt in der Regel für einen großflächigen Einzelhandelsbetrieb. Dessen Mindestverkaufsfläche liegt hier bei 700 Quadratmeter.

Einkommensteuergesetz (EStG)

German income tax act

Das Einkommensteuergesetz (EStG) bietet mit der Einkommensteuer-Durchführungsverordnung (EstDV) die Rechtsgrundlage für die Besteuerung von Einkommen. Das EStG unterscheidet sieben Einkunftsarten. Die Einkunftsquellen sind Gewinneinkünfte (Land- und Forstwirtschaft, Gewerbebetrieb, selbstständige Arbeit) und Überschusseinkünfte (nichtselbstständige Arbeit, Kapitalvermögen, Vermietung und Verpachtung sowie sonstige Einkünfte). Berücksichtigt werden zunächst – soweit zutreffend – der Altersentlastungsbetrag und die an das Ausland bezahlten Steuern im Rahmen bestehender Doppelbesteuerungsabkommen. Die Addition der Einkünfte aus den sieben Einkunftsarten führt zum Gesamtbetrag der Einkünfte.

Hiervon werden Sonderausgaben und Ausgaben auf Grund von außergewöhnlichen Belastungen abgezogen. Unter weiterer Berücksichtigung von etwaigen Kinderfreibeträgen, eines etwaigen Haushaltsfreibetrages gelangt man dann zum zu versteuernden Einkommen. Personenunternehmen, die Einkünfte aus Gewerbebetrieb erzielen, werden zusätzlich dadurch entlastet, dass bei ihnen ein Anteil der bezahlten Gewerbesteuer in Höhe des 1,8-Fachen des Gewerbesteuermessbetrages auf die zu bezahlende Einkommensteuer angerechnet wird. Der Rest kann – wie bisher – im Rahmen der Betriebsausgaben

geltend gemacht werden. Die Einkommensteuertarife wurden durch das Steuerreformgesetz vom 14.07.2000 neu gestaltet. Die für 2003 geplante Verringerung des Eingang- und Höchststeuersatzes wurde später auf 01.01.2004 verschoben. Durch das Haushaltssicherungsgesetz vom Dezember 2003 ergibt sich eine weitere Änderung. Der Solidarzuschlag bleibt weiter bestehen.
Das Steueränderungsgesetz 2007 führte einen Zuschlag zur Einkommensteuer eingeführt. Ab einem zu versteuernden Einkommen in Höhe von 250.000 Euro beziehungsweise bei Zusammenveranlagung von Ehegatten ab 500.000 Euro wird von 2007 an ein Zuschlag zur Einkommensteuer in Höhe von drei Prozentpunkten erhoben, so dass sich der Spitzensteuersatz auf 45 Prozent (zuzüglich Solidaritätszuschlag und gegebenenfalls Kirchensteuer) erhöhte (so genannte „Reichensteuer"). Für Gewinneinkünfte, also Einkünfte aus Gewerbebetrieb, aus Land- und Forstwirtschaft und aus selbständiger Tätigkeit (vor allem Freiberufler), wurde bis zum Inkrafttreten der Unternehmenssteuerreform am 01.01.2008 ein Entlastungsbetrag gewährt, mit der Folge, dass für diese Einkünfte im Ergebnis keine Erhöhung der Steuerbelastung eintrat.
Die wichtigsten Tarifreformschritte:

Die wichtigsten Einzelheiten

1.1.2000	1.1.2001	1.1.2004	1.1.2005	1.1.2010
Grundfreibetrag				
6.902 €	7.206 €	7.664 €	7.664 €	8.004 €
Eingangssteuersatz				
22,9%	19,9%	16%	15%	14%
Höchststeuersatz				
51%	48,5%	45%	42%	42%
			ab 250.731 €	45%

Angaben für Ledige / Der Solidarzuschlag bleibt bestehen
Quelle: Bundesministerium der Finanzen

Einkünfte aus Vermietung und Verpachtung

rental income

„Einkünfte aus Vermietung und Verpachtung" (Anlage V zur Einkommensteuererklärung) ist eine der insgesamt sieben Einkunftsarten, die das Einkommensteuergesetz kennt. Es handelt sich um Überschusseinkünfte, die sich aus der Saldierung von Einnahmen und Werbungskosten ergeben und die aus Grundstücken, Gebäuden, Wohnungen und anderen Immobilien (z. B. Anteilen an geschlossenen Immobilienfonds) stammen, soweit sie nicht Bestandteil des Betriebsvermögens sind.
Siehe / Siehe auch: Immobilienfonds - Geschlossener Immobilienfonds

Einkünfteerzielungsabsicht beim Vermieter

landlord's intention to make a profit

Die Absicht, mit einer Tätigkeit dauerhaft Einkünfte zu erzielen. Das Vorliegen der Einkünfteerzielungsabsicht ist die Grundvoraussetzung dafür, dass der Vermieter die mit der Vermietung verbundenen Aufwendungen oder auch Verluste steuerlich geltend machen kann. Bei einer auf Dauer angelegten Vermietungstätigkeit gehen Finanzgerichte und Finanzämter grundsätzlich ohne besondere Prüfung davon aus, dass eine Einkünfteerzielungsabsicht besteht. Problematisch wird es, wenn besondere Umstände vorliegen, die dies in Frage stellen.
Solche Umstände können sein:

- Verbilligte Vermietung (z. B. an Angehörige)
- Befristete Vermietung oder kurzfristig angelegte Fremdfinanzierung
- Vorübergehende Vermietung wegen Beteiligung an Mietkauf- oder Bauherrenmodellen (Ausnahme: Überschuss während der Beteiligungszeit)
- Vermietung besonders aufwändig gestalteter Wohnobjekte (BFH, Az. IX R 30/03, Urteil vom 06.10.2004)

Nach einem Urteil des Bundesfinanzhofes ist grundsätzlich auch vom Vorliegen der Einkünfteerzielungsabsicht auszugehen, wenn zu Beginn der Vermietungsphase besonders hohe Verluste anfallen, weil der Eigentümer alle Anschaffungs- und Herstellungskosten für das Mietobjekt komplett fremdfinanziert hat und die Tilgung durch gleichzeitig abgeschlossene Lebensversicherungsverträge erfolgt (Az. IX R 10/04, Urteil vom 19.04.2005). Das Gericht sah auch die Tatsache, dass es sich im Streitfall um eine denkmalgeschützte Windmühle handelte, nicht als Indiz für das Vorliegen einer Liebhaberei an. Schließlich war das Objekt bereits regulär vermietet.
Gegen eine Einkünfteerzielungsabsicht spricht nach dem Urteil jedoch eine Finanzierungsvereinbarung, nach der bei Ablösung des Darlehens eine Übertragung des Vermietungsobjekts stattfindet, so dass der bisherige Vermieter dann keine Vermietungsgewinne mehr erwirtschaften kann.
Siehe / Siehe auch: Ferienwohnung, Vermietung und Verpachtung

Einkunftsarten (Einkommensteuergesetz)

types of income (German income tax act)

Das Einkommensteuergesetz kennt sieben Einkunftsarten. Sie werden in Gewinneinkünfte und Überschusseinkünfte eingeteilt. Zu den Einkunftsarten, bei denen Einkünfte aus Gewinnen ermittelt werden, gehören die Einkünfte aus:

- Land- und Forstwirtschaft (§§ 13 – 14a EStG)
- Gewerbebetrieb (§§ 15 – 17 EStG)
- Selbständiger Arbeit (§ 18 EStG)

Zu den Einkunftsarten, bei denen die Einkünfte aus der Ermittlung von Überschüssen berechnet werden, gehören Einkünfte aus:

- Nichtselbstständiger Arbeit
- Kapitalvermögen
- Vermietung und Verpachtung
- sonstige Einkünfte

Siehe / Siehe auch: Gewinnermittlung

Einläufige Treppe

one-flight staircase

Siehe / Siehe auch: Treppenlauf

Einlage, unverzinsliche (Bausparvertrag)

non-interest-bearing deposit (building loan contract)

Einige Bausparkassen bieten Tarife an, bei denen anstelle einer Abschlussgebühr eine Einlage auf ein unverzinsliches Sonderkonto einbezahlt wird.

Diese Einlage wird

- bei Verzicht auf das Bauspardarlehen an den Bausparer zurückbezahlt, oder
- bei Darlehensauszahlung von der Bausparkasse vereinnahmt.

Diese Verfahrensweise ist besonders für Bausparer interessant, die bei Abschluss noch nicht genau wissen, ob sie den Vertrag zum Bauen verwenden werden.

Einlagensicherungsfonds

deposit guarantee fund

Der Einlagensicherungsfonds ist ein bankeninternes Sicherungssystem der deutschen Privatbanken, mit dem das Geld der Kunden vor einem möglichen Vermögensverfall der Bank geschützt wird. Der in den 70er Jahren vom Bundesverband Deutscher Banken geschaffene Fonds, haftet jedem Kunden gegenüber mit maximal 30 Prozent des Eigenkapitals des jeweiligen Geldinstituts. Die Mittel für den Fonds werden von den beteiligten Privatbanken nach Maßgabe ihrer Größe aufgebracht. Maßgeblich ist dabei das Eigenkapital, das im letzten veröffentlichten Jahresabschluss der Bank ausgewiesen ist. Der Schutz umfasst alle Sicht-, Termin- und Spareinlagen und auf den Namen lautende Sparbriefe. Inhaberpapiere sind nicht geschützt. Für Wertpapierdepots – also auch für Anteile an offenen Immobilienfonds – ist der Einlagensicherungsfonds nicht notwendig, da diese Titel auch bei einer Insolvenz im Eigentum des Anlegers bleiben.

Ein weiteres gesetzliches Sicherungssystem ist seit 1998 die „Entschädigungseinrichtung deutscher Banken GmbH" mit einer Sicherungsgrenze von höchsten 20000 Euro und einem Selbstbehalt von zehn Prozent. Der Einlagensicherungsfonds übernimmt subsidiär die darüber hinaus gehende Sicherung.

Siehe / Siehe auch: Immobilienfonds - Offener Immobilienfonds

Einliegerwohnung

granny flat; self-contained flat in or attached to a house

Einliegerwohnung ist die Bezeichnung für vermietete Wohnungen in Eigenheimen, besonders in Dach- oder Kellergeschossen.

Steuerlich

Für die Einliegerwohnung gelten die steuerlichen Bestimmungen für vermietetes Wohneigentum, wenn bestimmte Voraussetzungen erfüllt sind. Mögliche Steuervorteile können darin liegen, dass Bauherren / Hauskäufer den als Einliegerwohnung vermieteten Teil ihres Wohnhauses abschreiben und zusätzlich die für die Finanzierung von Bau oder Kauf der Einliegerwohnung anfallenden Zinsen als Werbungskosten von der Steuer abziehen können. Der Bundesfinanzhof hat diese Möglichkeit am 25.3.2003 bestätigt (Az. IX R 22/ 01). Das Finanzamt erkennt die Räumlichkeiten nur als Wohnung

an, wenn es sich um mehrere Räume handelt, die das Führen eines selbstständigen Haushalts ermöglichen. Die Räume müssen demnach baulich abgeschlossen sein, einen eigenen Zugang haben und über notwendige Nebenräume, wie mindestens einen Raum mit Kochgelegenheit, ein Bad oder eine Dusche und eine Toilette verfügen.
Eine Einliegerwohnung setzt voraus, dass es nur zwei Wohnungen im Haus gibt und dass die zweite Wohnung vom Vermieter bewohnt wird. Anschaffungs- oder Herstellungskosten können nur dann steuerlich geltend gemacht werden, wenn sie eindeutig den beiden Gebäudeteilen zuzuordnen sind. Dies kann gesonderte Finanzierungen des Kaufpreises für beide Gebäudeteile erfordern. Bauleistungen für den zu vermietenden Gebäudeteil sollte der Eigentümer von den Bauunternehmen beziehungsweise Handwerksbetrieben separat abrechnen lassen. Bewertungsrechtlich ist eine Einliegerwohnung dann Bestandteil eines Zweifamilienhauses.

Mietrechtlich

Für die Kündigung des Mietvertrages gelten einige Besonderheiten.Der Vermieter kann den Mietvertrag für die Einliegerwohnung mit der gängigen dreimonatigen Frist kündigen, wenn er dies auf einen gesetzlich zulässigen Kündigungsgrund stützt (z. B. Eigenbedarf), der ihm ein berechtigtes Interesse an einer Vertragsbeendigung gibt.
Zusätzlich hat er aber auch die Möglichkeit, ohne einen solchen Grund zu kündigen. Die Kündigungsfrist verlängert sich dann auf insgesamt sechs Monate. Im Kündigungsschreiben ist anzugeben, dass es sich um eine Kündigung ohne Vorliegen eines berechtigten Interesses handelt, die eben wegen des besonderen Mietverhältnisses zulässig ist.
Diese erleichterte Kündigungsmöglichkeit nach § 573a BGB gilt nämlich generell nur für Häuser mit zwei Wohnungen, von denen eine der Vermieter bewohnt. Keine Voraussetzung ist hier jedoch, dass das Gebäude so gestaltet ist, dass Vermieter und Mieter sich ständig begegnen müssen: So bestätigte der Bundesgerichtshof die Möglichkeit der erleichterten Kündigung für ein Gebäude mit zwei Wohnungen (Vermieterin und Mieter), einem von der Vermieterin betriebenen Gewerbebetrieb im Erdgeschoss und weiteren Räumen, die früher als Wohnung genutzt worden waren (Urteil vom 25.6.2008, Az. VIII ZR 307/07). Diese Kündigungsregeln können nicht zum Nachteil des Mieters vertraglich geändert werden.
Siehe / Siehe auch: Beendigung eines Mietverhältnisses, Eigenbedarf

Einnahme-Überschussrechnung (EÜR)

net income method; cash receipts and disbursement method; statement of excess of receipts over expenditure

Im Gegensatz zu den Jahresabschlüssen von Kaufleuten, in der kalkulatorische Kostenelemente und Rechnungsabgrenzungen bei der Gewinnermittlung einfließen, handelt es sich bei der Einnahme-Überschussrechnung um eine Rechnung, in der nur Zahlungsströme (Einzahlungen und Auszahlungen) erfasst werden.
Es gilt das Zufluss- und Abflussprinzip. Eine doppelte Buchhaltung zur Erfassung der Zahlungsströme ist nicht erforderlich. Eine solche Einnahme-Überschussrechnung ist geeignet für Freiberufler und Vereine. Auch die Jahresabrechnung von Wohnungseigentümergemeinschaften basieren auf der Einnahme- Überschussrechnung.
Besondere einkommensteuerliche Vorschriften gelten für die Einnahme-Überschussrechnung bei der Gewinnermittlung durch Steuerpflichtige mit einem Jahresumsatz von 350.000 EUR und darunter oder einem Gewinn von 30.000 EUR und darunter und für Freiberufler. Hier sind Absetzungen für Abnutzung bzw. Abschreibungen zu berücksichtigen.

Einschaliges Mauerwerk

single-wall construction

Das einschalige Mauerwerk ist ein Mauerwerk, bei dem nur eine Schicht Mauersteine verwendet wird. Bei Innenwänden ist die Verwendung aller Steinarten in beliebiger Wanddicke möglich. Für Außenwände empfiehlt sich jedoch die Verwendung frostbeständiger Steine. Eine Mauerschicht besteht mindestens aus zwei gleich hohen Steinreihen. Dazwischen gibt es eine 2 cm breite Längsfuge, die schichtweise versetzt angebracht wird. Die durchgehende Fuge wird mit Mörtel ausgegossen und dient dem Schutz vor Schlagregen.
Meist kommen großformatige Steine aus Ton, Leichtbeton oder Gasbeton zum Einsatz. In diesen Materialien sind Luftbläschen eingeschlossen, was zu einer Verbesserung der Wärmedämmungseigenschaften führt.
Die Wand kann auf der Außenseite durch einen Außenputz vor Wettereinflüssen geschützt werden. Innen und außen können zusätzliche Dämmschichten aufgebracht werden. Seit Einführung der Energieeinsparverordnung sind ungedämmte Außenwände nicht mehr üblich.
Siehe / Siehe auch: Zweischaliges Mauerwerk

Einsichtsrecht (Wohnungseigentum)

right to inspect books and records (freehold flat)

Jedem Wohnungseigentümer steht grundsätzlich das Recht zu, Einsicht in sämtliche Verwaltungsunterlagen zu nehmen, insbesondere in die Abrechnungsunterlagen und – insoweit besteht auch das gesetzlich verbriefte Recht – in die Niederschriften über die Beschlüsse der Wohnungseigentümer (§ 24 Abs. 6 WEG) und in die Beschluss-Sammlungen (§ 24 Abs. 7 WEG). Nicht-Wohnungseigentümern steht ein solches Recht nur dann zu, wenn sie von einem Eigentümer hierzu bevollmächtigt sind. Dies gilt insbesondere für Kaufinteressenten. Diesem Einsichtsrecht stehen keine datenschutzrechtlichen Bestimmungen entgegen.

Das Einsichtsrecht ist regelmäßig am Ort der der Verwaltung des Wohnungseigentums, also im Büro des bestellten Verwalters, wahrzunehmen, allerdings im Rahmen der üblichen Bürozeiten und nach entsprechender Absprache mit dem Verwalter.

Ein Anspruch auf Herausgabe von Originalen der Verwaltungs- oder Abrechnungsunterlagen besteht nicht, wohl aber ein Anspruch auf Anfertigung und Aushändigung von Kopien gegen Kostenerstattung (in der Regel etwa 50 Cent pro Kopie).

Siehe / Siehe auch: Beschluss-Sammlung, Jahresabrechnung (Wohnungseigentum), Niederschrift (Wohnungseigentümer-Versammlung)

Einspeisevergütung

feed-in tariff

Als Einspeisevergütung bezeichnet man den Geldbetrag, den der Betreiber eines Stromnetzes an einen Energieerzeuger entrichten muss, welcher elektrischen Strom in sein Netz einspeist. Das am 01.04.2000 in Kraft getretene Erneuerbare-Energien-Gesetz (EEG) regelt die Voraussetzungen und die Höhe der Einspeisevergütungen, die für Strom aus erneuerbaren Energieträgern zu bezahlen sind. Die Netzbetreiber haben diesbezüglich eine Abnahmepflicht. Sie müssen jedoch keine unverhältnismäßig hohen Investitionen vornehmen, um eine Einspeisung zu ermöglichen.

Die Einspeisevergütung bleibt für die einzelne Anlage für 20 Jahre gleich. Ihre Höhe hängt davon ab, inwieweit die Förderung des jeweiligen Energieträgers politisch gewünscht bzw. energiewirtschaftlich für notwendig erachtet wird. Das EEG enthält auch Vorschriften über eine regelmäßige Degression der Einspeisevergütungen: Abhängig vom Jahr der Inbetriebnahme der Anlage sinkt die Vergütung in gesetzlich festgelegten Schritten. Der Betreiber erhält also für 20 Jahre eine um einen bestimmten Prozentsatz niedrigere Vergütung, als wenn er die Anlage z.B. ein Jahr früher in Betrieb genommen hätte. Außerplanmäßige Absenkungen der Einspeisevergütungen kommen selten vor, Mitte 2010 gab es eine diesbezügliche Diskussion um eine 16-prozentige Reduzierung der Einspeisevergütung für Solaranlagen auf Hausdächern. Der Bundesrat hat dazu den Vermittlungsausschuss angerufen.

Für jeden Energieträger sind neben der Grundvergütung noch Boni für bestimmte Erzeugungsmethoden vorgesehen (z. B. bei Windanlagen für neue, effiziente Anlagen, die im Rahmen des sogenannten Repowering veraltete Geräte ersetzen).

Siehe / Siehe auch: Erneuerbare-Energien-Gesetz, Energieeinsparverordnung (EnEV)

Einstweilige Verfügung / Eilverfahren

injunction; provisional (or interdict; restraining order/ summary proceedings

Justitia braucht für ihre Entscheidungen oft viel Zeit. Gerade im Mietrecht kommt es immer wieder vor, dass der Betroffene diese Zeit nicht hat. Beispiel: Der Vermieter möchte dringende Reparaturen an den elektrischen Leitungen durchführen lassen, der Mieter lässt den Monteur nicht in die Wohnung. In solchen Fällen kann der Mieter mit Hilfe einer einstweiligen Verfügung dazu gezwungen werden, dem Vermieter – bzw. seinem Monteur – Zugang zu gewähren.

Voraussetzungen der einstweiligen Verfügung:

- Es besteht ein Rechtsanspruch des Antragstellers
- Es ist zu befürchten, dass dieser Anspruch durch bevorstehende Veränderungen vereitelt wird.
- Der Antragsteller muss die beiden ersten Voraussetzungen glaubhaft machen.

Die Voraussetzungen sind z.B. erfüllt, wenn durch eine für das Gebäude bestehende Gefahr schwere Schäden oder Werteinbußen zu befürchten sind, die nur durch ein sofortiges Einschreiten verhindert werden können. Bei einer Brandgefahr wegen Leitungsschäden wäre dies der Fall.

Eine Räumung kann auf diese Weise allerdings nicht erzwungen werden – es sei denn in Fällen verbotener Eigenmacht („Hausbesetzung") oder bei Gefahr für Leib und Leben der Bewohner.

Die gesetzliche Regelung findet sich in den §§ 935 ff. der Zivilprozessordnung.

Siehe / Siehe auch: Wettbewerbsrecht

Einwendungsfrist für Betriebskostenabrechnung

deadline for objecting against statement of overhead costs

Nach Erhalt der jährlichen Betriebskostenabrechnung hat der Mieter eine Einwendungsfrist von 12 Monaten. Innerhalb dieses Zeitraums kann er noch Einwände gegen die Abrechnung geltend machen, danach nicht mehr (§ 556 Abs.3 BGB). Diese Ausschlussfrist bedeutet jedoch nicht, dass der Mieter mit der Nachzahlung grundsätzlich ein Jahr warten darf. Für die Prüfung der Abrechnung wird üblicherweise ein Zeitraum von vier Wochen als akzeptabel angesehen. Bestehen keine Einwendungen gegen die Abrechnung, hat der Mieter den Nachzahlungsbetrag nach Ablauf dieses Zeitraumes zu entrichten. Klare Verhältnisse können Vermieter hier durch eine entsprechende Klausel im Mietvertrag schaffen.

Überweist ein Mieter stillschweigend die Nachzahlung, akzeptiert er damit die Abrechnung des Vermieters. Zumindest wegen offensichtlichen und erkennbaren Fehlern der Abrechnung kann er dann den überwiesenen Betrag nicht mehr zurückfordern (z.B. OLG Hamburg WM 91, 598; AG Ludwigshafen, WM 91, 504). Anders kann es aussehen, wenn der Fehler nur durch einen Fachmann festgestellt werden kann. Vor einem Gerichtsverfahren in diesem Bereich sollte eine gründliche Abschätzung von Chancen und Risiken erfolgen: Wegen der Erforderlichkeit von Gutachtern können die Verfahrenskosten erheblich sein. Nach einem Urteil des Bundesgerichtshofes ist die zwölfmonatige Frist auch dann einzuhalten, wenn der Mieter den gleichen Einwand bereits bei früheren Abrechnungen vorgebracht hat. Grund: Die Frist dient dazu, Klarheit über die Ansprüche aus der Betriebskostenabrechnung für ein bestimmtes Jahr zu erhalten (Urteil vom 12.5.2010, Az. VIII ZR 185/09). Was in den vorherigen Jahren stattgefunden hat, interessiert in diesem Zusammenhang also nicht.

Siehe / Siehe auch: Betriebskosten, Betriebskostenverordnung, Betriebskosten bei Leerstand

Einwertungsgewinne

remeasurement gains on initial recognition

Als Einwertungsgewinn wird die Differenz zwischen dem von Sachverständigen für eine bestimmte Immobilie bei ihrer Aufnahme in einen Offenen Immobilienfonds ermittelten Wert und einem niedrigeren von der Fondsgesellschaft gezahlten Kaufpreis bezeichnet. Kritiker verweisen darauf, dass es in der Regel eher zu Einwertungsverlusten kommen müsse, weil Kaufpreis und Verkehrswert sich nur geringfügig unterschieden und vom Verkehrswert die Erwerbsnebenkosten abzuziehen seien.

Einwirkung

impact; effect; influence

Siehe / Siehe auch: Immission

Einwohnerdichte

population density

Die Einwohnerdichte ist ein Verteilungsmaß der Bevölkerung eines bestimmten Raumes oder eines Raumtyps. Berechnungsgrundlage ist die Zahl der Einwohner pro km². In Deutschland liegt die Einwohnerdichte bei ca. 230 (in Westdeutschland 264 und in Ostdeutschland 154). Ändert sich die Bevölkerungszahl eines Raumes ändert sich entsprechend die Einwohnerdichte. Die am dichtesten besiedelte Großstadt in Deutschland ist München mit 4.170 vor Berlin mit 3.820.

Einzelabrechnung (Wohnungseigentum)

individual billing (freehold flat)

Neben der Gesamtjahresabrechnung hat der Verwalter für jedes Wohnungs- oder Teileigentum eine Einzelabrechnung zu erstellen, die alle anteilig auf den jeweiligen Eigentümer entfallenden Einnahmen und Ausgaben für die Verwaltung des gemeinschaftlichen Eigentums ausweist. Dazu gehört auch der Ausweis der anteilig gezahlten Zinsen auf den anteiligen Betrag an der Instandhaltungs-Rückstellung, die der Wohnungseigentümer im Rahmen seiner jährlichen Einkommenssteuererklärung ebenso wie andere Zinseinnahmen anzugeben hat. Mit der Neuregelung zu § 35a EStG sind auch die anteilig auf den einzelnen Eigentümer entfallenden haushaltsnahen Dienstleistungen und Handwerkerleistungen auszuweisen, sofern dies von den Wohnungseigentümern mehrheitlich bei entsprechender Sondervergütung für den Verwalter beschlossen wird.

Aus der Einzelabrechnung ergibt sich der insgesamt zu leistende anteilige Beitrag als Saldo der anteiligen Einnahmen und Ausgaben. Abzüglich der bereits geleisteten Hausgeldvorauszahlungen ergeben sich Nachzahlungen oder aber auch Erstattungsbeträge, wenn die Vorauszahlungen höher ausfielen als die tatsächlichen Ausgaben. Über die Einzelabrechnungen haben die Wohnungseigentümer ebenso durch Mehrheitsbeschluss abzustimmen wie über die Gesamtabrechnung. Ohne eine Beschlussfassung entsteht keine Zahlungsverpflichtung. Aus der Verpflichtung, über die Gesamtabrechnung und sämtliche Einzelabrechnungen zu beschließen, ergibt sich auch das Recht, in die Abrechnungen aller übrigen Miteigentümer Einsicht zunehmen. Dies auch deshalb, um feststellen zu können, ob alle Miteigentümer ihren Zahlungsverpflichtungen nachgekommen sind. Datenschutzrechtliche Bestimmungen stehen diesem Einsichtsrecht nicht entgegen.

Siehe / Siehe auch: Belegprüfung, allgemein, Belegprüfung (Jahresabrechnung / Wohnungseigentum), Einsichtsrecht (Wohnungseigentum), Gesamtschuldnerische Haftung (Wohnungseigentümer), Jahresabrechnung (Wohnungseigentum)

Einzelrechtsnachfolge

individual succession

Der Einzelrechtsnachfolger erwirbt das Eigentumsrecht an einer einzelnen Sache, z.B. einer Immobilie und wird in Bezug auf diese Sache Rechtsnachfolger des Erblassers bzw. Schenkers. Er tritt in alle Rechte und Verpflichtungen seines Vorgängers ein. So kann er z.B. bei einer Immobilie die lineare Abschreibung des Rechtsvorgängers weiterführen, muss andererseits am Tage des Erbanfalls noch nicht bezahlte öffentliche Abgaben übernehmen.

Einzelwirtschaftsplan

individual budget

Der Verwalter ist gemäß § 28 Abs. 1 WEG verpflichtet, jeweils für ein Kalenderjahr einen Wirtschaftsplan aufzustellen, über den die Wohnungseigentümer in der Wohnungseigentümer-Versammlung gemäß § 28 Abs. 5 WEG mit Mehrheit beschließen. Ohne Beschlussfassung ist kein Wohnungseigentümer verpflichtet, die gemäß Wirtschaftsplan beschlossenen Vorschüsse (Hausgeldvorauszahlungen) an den Verwalter zu zahlen.

Der nach § 28 Abs. 1 WEG vorzulegende Wirtschaftsplan umfasst den Gesamtwirtschaftsplan mit den insgesamt zu erwartenden Einnahmen und Ausgaben bei der Verwaltung des gemeinschaftlichen Eigentums.

Zu den unverzichtbaren Bestandteilen des Wirtschaftsplans im Sinne der Vorschrift des § 28 Abs. 1 WEG gehören jedoch neben dem Gesamtwirtschaftsplan auch die Einzelwirtschaftspläne, aus denen sich die jeweiligen Hausgeldvorauszahlungen für jeden einzelnen Wohnungseigentümer ergeben. Auch über diese Einzelwirtschaftspläne hat die Wohnungseigentümer-Versammlung mit Mehrheit zu entscheiden. Die Genehmigung eines Wirtschaftsplanes ohne Beschlussfassung auch über die Einzelwirtschaftspläne ist auf Anfechtung hin durch das Gericht für ungültig zu erklären (BGH, V ZB 32/05, Beschluss vom 02.06.2005). Erfolgt allerdings keine Anfechtung, ergibt sich die Zahlungsverpflichtung aus dem Gesamtwirtschaftsplan. Der Verwalter ist im Übrigen verpflichtet, die Einzelwirtschaftspläne für alle Eigentümer der Gemeinschaft vor der Beschlussfassung in der Versammlung allgemein zur Einsichtnahme zur Verfügung zu stellen.

Diese Verpflichtung ist in der Rechtsprechung derzeit umstritten, dem Bundesgerichtshof liegt daher diese Rechtsfrage derzeit zur Prüfung vor. Datenschutzrechtliche Bestimmungen stehen dem Anspruch und dem Recht auf Einsichtnahme nicht entgegen. Dritten, z. B. Mietern, steht dieser Anspruch allerdings nicht zu.

Siehe / Siehe auch: Einsichtsrecht (Wohnungseigentum), Wirtschaftsplan

Einzugsermächtigung (Mietvertrag)

direct debiting authorisation (rental agreement)

Häufig wird vereinbart, dass der Mieter dem Vermieter eine Einzugsermächtigung erteilt, damit Miete und Nebenkosten nicht einzeln überwiesen werden müssen.

Eine solche Vereinbarung ist nur wirksam, wenn sie im Mietvertrag niedergelegt wird. Ferner muss für den Mieter die Höhe der Geldbeträge absehbar sein; es muss sich um regelmäßige Zahlungen handeln.

Einzugsermächtigungen, die ohne mietvertragliche Vereinbarung gegeben wurden, kann der Mieter jederzeit widerrufen. Ansonsten ist dies nur bei Vorliegen eines wichtigen Grundes möglich. Dies ist z. B. der Fall, wenn der Vermieter trotz schriftlicher Mietminderung aufgrund von Wohnungsmängeln weiter die volle Miete einzieht.

Eine Einzugsermächtigung wird beendet, indem der Kontoinhaber dem Vertragspartner einen schriftlichen Widerruf zukommen lässt. Beachtet dieser den Widerruf nicht und zieht weiter ein, gibt es zwei Möglichkeiten: Widerspruch beim Geldinstitut (solange Zahlung noch nicht vom Kontoinhaber genehmigt, innerhalb von sechs Wochen meist unproblematisch). Antrag auf einstweilige Verfügung gegen den Zahlungsempfänger beim zuständigen Amtsgericht.

Siehe / Siehe auch: Einstweilige Verfügung / Eilverfahren

Einzugsermächtigung (Wohnungseigentum)

direct debiting authorisation (freehold flat)

Zur Erleichterung des Zahlungs- und Rechnungsverkehrs in der Wohnungseigentümer-Gemeinschaft empfiehlt es sich, im Rahmen der Beschlussfassung über den Wirtschaftsplan gleichzeitig durch mehrheitliche Beschlussfassung zu regeln, dass jeder Wohnungseigentümer dem Verwalter eine Einzugsermächtigung für die gemäß Wirtschaftsplan beschlossenen monatlichen Hausgeldvorauszahlungen zu erteilen hat.
Einer mehrheitlichen Beschlussfassung zugänglich ist gemäß § 21 Abs. 7 WEG eine Regelung, nach der bei Nichtteilnahme am Lastschriftverfahren den insoweit betroffenen Wohnungseigentümern wegen eines besonderen Verwaltungsaufwandes im Sinne dieser Bestimmung eine gesonderte Gebühr in Rechnung gestellt werden kann.
Siehe / Siehe auch: Wirtschaftsplan

Eisenskelettbauweise

iron frame construction

Die Eisenskelettbauweise ist eine Bauweise, bei der alle tragenden Elemente aus Eisen hergestellt sind. Die Gefache können ausgefüllt sein, beispielsweise mit Ziegelmauerwerk oder Glas. Eines der bekanntesten Beispiele für einen Eisenskelettbau ist der Eiffelturm in Paris. In Eisenskelettbauweise wurden Gebäude unterschiedlichster Art wie Ladenpassagen, Galerien, Kaufhäuser, Bibliotheken oder Bürohäuser errichtet.

Elektrocheck / E-Check

Electro Check

Als Elektrocheck oder E-Check bezeichnet man die regelmäßige Kontrolle einer elektrischen Anlage durch einen dafür geschulten Elektriker. Beim E-Check werden alle elektrischen Anlagen, Schutzeinrichtungen und Geräte auf ihre Sicherheit und Funktionstauglichkeit im Rahmen der gültigen VDE-Regeln hin überprüft. Ihr einwandfreier Zustand wird durch eine Prüfplakette bescheinigt. Es wird ein Prüfprotokoll erstellt, das ggf. auch Mängel auflistet. Der E-Check wird seit einigen Jahren vom Elektrohandwerk verstärkt beworben, wobei auf Rechtspflichten zur Durchführung regelmäßiger Überprüfungen von elektrischen Anlagen hingewiesen wird. Bei Wohngebäuden wird hier auf die Norm DIN VDE 105-100 sowie für die Unfallverhütungsvorschriften für Betriebe verwiesen. Eine Überprüfung soll danach alle vier Jahre erforderlich sein.
Eine verbindliche rechtliche Verpflichtung zur Überprüfung der gesamten elektrischen Anlage von Wohngebäuden innerhalb fester Zeitabstände existiert jedoch nicht. VDE-Normen sind kein Gesetz, sondern ein Maßstab für einwandfreies technisches Vorgehen. Vor Gericht wird davon ausgegangen, dass diese Normen anerkannte Regeln der Technik sind. Werden sie missachtet, kann dies im Schadensfall zu einer Haftung führen. Die Rechtsprechung ist jedoch uneinheitlich. Lediglich ein Urteil des Oberlandesgerichts Saarbrücken verlangt von Vermietern die Einhaltung eines vierjährigen Prüfungsturnus (4.6.1993, Az. 4 U 109/92). Andere Urteile in diesem Sinne sind nicht bekannt.
Der Bundesgerichtshof (BGH) hat im Gegenteil am 15.10.2008 sogar entschieden, dass die Verkehrssicherungspflicht des Vermieters keine regelmäßige Generalinspektion von Elektroleitungen und elektrischen Anlagen (hier: Dunstabzugshaube) beinhaltet. Der Vermieter muss nach dem Urteil nur die Wohnung insgesamt in einwandfreiem und verkehrssicherem Zustand halten und Gefahren, die ihm bekannt werden, unverzüglich beheben. Wiederholte Störungen können z.B. eine Pflicht des Vermieters begründen, eine Generalinspektion der Elektroinstallationen durchführen zu lassen (BGH, Az. VIII ZR 321/07). Kommt es „ohne Vorwarnung" etwa zu einem Brand durch Kurzschluss, haftet der Vermieter nach dem BGH nicht.
Will der Vermieter auf freiwilliger Basis Bränden oder anderen Schäden durch mangelhafte Leitungen etc. vorbeugen, darf er nach einem Urteil des Bundesgerichtshofes die Kosten für einen im Vierjahresrhythmus durchgeführten Elektrocheck auf den Wohnungsmieter umlegen (Urteil vom 14.2.2007, Az. VIII ZR 123/06). Voraussetzung ist eine ausdrückliche Aufführung dieser Kosten als sonstige Betriebskosten im Mietvertrag. Nicht umlegen darf der Vermieter allerdings die Kosten für die Reparatur von Mängeln, die im Rahmen der turnusmäßigen Überprüfung festgestellt werden. Bei diesen handelt es sich nicht um umlagefähige Kosten im Sinne der Betriebskostenverordnung.
Siehe / Siehe auch: Verkehrssicherungspflicht, Betriebskostenverordnung

Elektronische Kommunikation

electronic communication

Die Elektronische Kommunikation beschreibt den Informationsfluss über den Weg der elektronischen Medien. Sie stellt eine von drei Kommunikationswegen dar, derer sich die Unternehmenskommunikation (siehe Corporate Communications) bzw.

Public Relations (siehe Public Relations) in ihrer operativen Umsetzung bedient. Ursprünglich auf das Medium „Telefon" konzentriert, umfasst die moderne Kommunikationstechnologie heute Instrumente wie das World Wide Web mit seinen Anwendungen wie E-Mails, elektronische Newsletter, Homepages, Weblogs, Twitters, Social Networks wie Xing, Linkedin und Facebook, RSS-Feeds, Conference- und Video-Calls oder auch mobile Endgeräte und innovative, neue Speichertechnologien wie CD-ROMs oder USB-Sticks.
Die Vorteile der Elektronischen Kommunikation liegen in ihrer medialen Schnelligkeit, in ihrer hohen Reichweitenpräsenz und in der zielgruppengenauen Ansprache. Informationen und Botschaften werden über mehrkanalige und multilaterale Kommunikationswege in Sekundenschnelle weltweit verbreitet. Sie erreichen z. B. Mieter, Fach- und Wirtschaftsmedien oder auch die breite Öffentlichkeit mit einem Minimum an Aufwand. Das spart Kosten und ist zeit- und ortsunabhängig aktualisierbar. Vorteile, die über herkömmliche Print- und Face-to-Face-Kommunikation inhaltlich, umfänglich und zeitlich nur selten zu realisieren sind.
Die elektronische Kommunikation eignet sich entsprechend zur spezifischen Informationsvermittlung an die breite Zielgruppe internetaffiner Mieter und Kunden, der Presse und der Öffentlichkeit. Sie stellt eine sinnvolle Ergänzung zu den klassischen Instrumenten der Public Relations dar.
Der Einsatz der modernen elektronischen Kommunikationsformen wird in der Immobilienwirtschaft bislang vernachlässigt. In der Zukunft wird ihre Relevanz und Anwendung jedoch steigen und zu einem wichtigen Wettbewerbsfaktor im Markt und in der Branche werden.
Siehe / Siehe auch: Corporate Communications, Unternehmenskommunikation, Public Relations

Elektrosmog
electronic smog

Elektrosmog ist ein Begriff der sich aus den Wörtern Elektro und Smog zusammensetzt. Er bezeichnet ganz allgemein die durch elektrische Geräte, Leitungen und Sender erzeugte elektromagnetischen Strahlungen und Felder. Diese messbaren Felder werden von allen Elektrogeräten erzeugt und besonders stark von Hochspannungsleitungen, Transformatoren oder Mobilfunk-Sendeantennen.
Elektrosmog steht unter dem Verdacht, verschiedene Gesundheitsschäden zu verursachen oder zu fördern (Herzrhythmusstörungen, hormonelle Erkrankungen, Schlafstörungen, Krebs usw.). Obwohl gesicherte Erkenntnisse dazu noch nicht vorliegen, enthält die 26. Bundesimmissionsschutzverordnung Grenzwerte der höchstzulässigen elektromagnetischen Belastung. Die Grenzwerte sind allerdings in der Kritik, da sie erst relativ hohe Werte als schädlich ansehen, bei denen eine Erwärmung menschlicher Körperzellen stattfindet.
Mietrecht: Als Mangel, der eine Mietminderung rechtfertigt, wird Elektrosmog meist nur bei Überschreitung der Grenzwerte angesehen. Solange die Elektrosmogbelastung in einer Wohnung nicht das Maß der normalen Hintergrundbelastung durch elektrische Geräte überschreitet, wird kaum ein Gericht dem Mieter eine Mietminderung zugestehen.
Bei der Aufstellung mehrerer Antennen kann dies anders aussehen: Allein wegen der ständigen Angst vor möglichen Gesundheitsschäden hielt ein Münchner Gericht bei einer Familie, die direkt unter einer Mobilfunk-Sendeanlage mit sechs Antennen wohnte, eine Mietminderung um 20 Prozent für gerechtfertigt (AG München, WM 99, 111). Der Bundesgerichtshof hat am 15.03.2006 jedoch entschieden, dass ein Dachgeschossmieter – auch als Träger eines Herzschrittmachers – keinen Anspruch auf Unterlassung gegen seinen Vermieter hat, der das Hausdach als Standort für eine Mobilfunkantenne vermieten will (Az. VIII ZR 74/05). Voraussetzung war auch hier, dass die Grenzwerte nicht überschritten wurden.
Siehe / Siehe auch: Mietminderung, Sachmangel (im Mietrecht)

Elementarschadenversicherung
insurance coverage against damage by natural forces

Die Elementarschadenversicherung gewährt zu den durch die Wohngebäudeversicherung abgedeckten Schäden durch Feuer, Sturm, Hagel zusätzlichen Versicherungsschutz vor den Folgen von Naturereignissen wie Erdbeben, Erdrutsch, Lawinen, Hochwasser usw. Dieser Schutz ist in der normalen Wohngebäudeversicherung nicht enthalten und muss deshalb zusätzlich vereinbart und bezahlt werden. Als problematisch erweist sich der Versicherungsschutz gegen Überschwemmungen bei Wohngebäuden, die in gefährdeten Zonen, so genannten E 3-Zonen liegen, die nach Postleitgebieten geordnet sind. Wohnhäuser in E 3-Zonen sind nicht oder nur sehr schwer versicherbar, Wohnhäuser in E 2-Zonen können nur gegen eine erhöhte Versicherungsprämie gegen Hochwasser versichert werden. E 1-Zonen sind kaum hochwassergefährdet, so dass jederzeit Versicherungsschutz gewährt wird.

Welche Postleitbereiche in E 3 und E 2-Zonen liegen, kann vom Bund der Versicherte (E-Mail: gruppenvers@bundderversicherten.de) abgerufen werden. Die E 3-Zonen liegen vor allem im südöstlichen Baden-Württemberg und im Raum Altenburg - Gera - Klingenthal.

Ellwood-Verfahren

Ellwood technique

Das Ellwood-Verfahren ist eine Methode, Ergebnisse von Immobilienbewertungen zu plausibilisieren. Seinen Namen verdankt das Verfahren dem Amerikaner L. W. Ellwood. Er betrachtete Immobilienanlagen von der Finanzierungsseite her in einer Kombination von Eigen- und Fremdkapital. Ausgegangen wird von der Vorstellung, dass üblicherweise der Ankauf von Immobilien teils fremd- und teils eigenfinanziert wird. Dabei müssen Annahmen über den Fremdkapitalzinssatz, die Laufzeit des Fremdkapitals und die Fremdkapitalquote getroffen werden. Durch plausible Annahmen über die aus der Verzinsung von Eigen- und Fremdkapital resultierenden Barwerte lassen sich Schlussfolgerungen darauf ziehen, ob ermittelte Verkehrswerte (Marktwerte) am gewöhnlichen Immobilienmarkt erzielbar wären. Bedingung ist, dass für Eigen- und Fremdkapital marktübliche Zinssätze zugrunde gelegt werden. Festzustellen ist, wie sich während eines Prognosezeitraums (in der Regel von 10 Jahren) bei einer geforderten Eigenkapitalverzinsung der Wert der Immobilie – ausgehend vom ermittelten Verkehrswert – entwickelt. Etwaige Inflationsraten bleiben dabei unberücksichtigt. Liegt der ermittelte Verkehrswert über der Summe der Barwerte von Eigen- und Fremdkapital, ist dies ein Indiz dafür, dass die Immobilie zu einem Preis, der diesem Wert entspricht, nicht finanzierbar, also im gewöhnlichen Geschäftsverkehr nicht verkäuflich wäre. Liegt umgekehrt der Verkehrswert unterhalb dieser Barwertsumme, ist dies ein Zeichen dafür, dass er zu niedrig eingeschätzt wurde.

Siehe / Siehe auch: Verkehrswert

Emerging Markets

emerging markets

Unter diesem Begriff sind Schwellenländer zu verstehen. Also Länder, die bereits erhebliche Entwicklungsfortschritte erzielt haben und sich durch eine hohe Wachstumsdynamik auszeichnen. Als Beispiele können Korea, Taiwan und Malaysia in Südostasien; Brasilien, Chile, Mexiko in Lateinamerika, sowie einige Länder in Mittel- und Osteuropa gelten.

Empirica

- n.a. -

Empirica ist ein 1990 gegründetes wirtschafts- und sozialwissenschaftliches Beratungsunternehmen mit Niederlassungen in Berlin, Bonn und Leipzig. Tätigkeitsfelder sind nach eigener Darstellung:

Wirtschaftsforschung und Wirtschaftspolitik

- Demographischer Wandel
- Evaluationen (Förderbudgets, Infrastrukturprojekte)

Vermögensbildung und Konsumforschung

- Altersvorsorge
- Sozialberichterstattung

Wohnungsmärkte und Wohnungspolitik

- Wohnungsmarktanalysen
- Stadtumbaukonzepte

Risikoanalysen und Immobilienfinanzierung

- Kreditrisikoanalysen
- Bank- und Bausparkassenberatung

Standortgutachten und Nutzungskonzepte

- Büromarkt, Einzelhandel
- Auslandsimmobilien

Regional- und Stadtentwicklung

- Evaluation von Flächennutzungsplänen
- Erarbeitung von Stadtentwicklungsstrategien

Soziale Stadt und überforderte Nachbarschaften

- Programmbegleitung
- Qualitative Marktforschung

Seniorenimmobilien und neue Wohnformen für Ältere

- Standortbewertung
- Konkurrenzanalysen

Zu den Auftraggebern zählen internationale Organisationen, Bundes- und Länderministerien, Groß- und Mittelstädte und Unternehmen aus der Kredit- und Immobilienwirtschaft. Näheres siehe: http://www.empirica-institut.de

Endenergiebedarf

ultimate energy demand

Der Endenergiebedarf gibt die nach technischen Regeln berechnete, jährlich benötigte Energiemenge für Heizung, Lüftung und Warmwasserbereitung an. Er ist ein Maß für die Energieeffizienz eines Gebäudes und seiner Anlagentechnik und wird unter Standardklima- und Standardnutzungsbedingungen errechnet. Der Endenergiebedarf bezeichnet die Energiemenge, die dem Gebäude bei standardisierten Bedingungen und unter Berücksichtigung der Energieverluste zugeführt werden muss, damit die standardisierte Innentemperatur, der Warmwasserbedarf und die notwendige Lüftung sichergestellt

weden können. Ein geringer Bedarf und damit eine hohe Energieeffizienz werden durch kleine Werte angezeigt.
Siehe / Siehe auch: Primärenergiebedarf, Primärenergiekennwert

Endreinigung

final clean-up

Der Begriff wird in unterschiedlichem Zusammenhang für abschließende Reinigungsarbeiten verwendet.

Endreinigung bei Mietwohnungen:

Enthält der Mietvertrag keine Schönheitsreparaturen-Klausel, sondern nur die Regelung „Wohnung ist besenrein zu übergeben" muss der Mieter (nach Entfernung aller eigenen Gegenstände, Möbel, Sperrmüll, Abfall, Werkzeug etc.) die Wohnung grob säubern - d.h. ausfegen, wischen und größere Verschmutzungen beseitigen.
Eine professionelle Reinigung auf Hochglanz kann hier nicht gefordert werden. Fachgerechte Ausführung ist jedoch bei Schönheitsreparaturen gefragt, die mit Malerarbeiten einhergehen.

Endreinigung bei Ferienwohnungen:

Wer eine Ferienwohnung mietet, muss diese unmittelbar vor dem Auszug endreinigen. Diese Pflicht wird meist im Mietvertrag verankert. Wichtig: Hat der Mieter laut Vertrag die Kosten der Endreinigung zu tragen, ohne dass er die Möglichkeit hat, diese selbst durchzuführen, muss die Endreinigung im Gesamtpreis der Ferienwohnung eingeschlossen sein (BGH, 6.6.1991, Az. I ZR 291/89). Die Kosten für die Endreinigung richten sich nach der Wohnungs- bzw. Hausgröße. Sie bewegen sich meist zwischen 25 und 100 Euro. Führt der Mieter absprachewidrig keine Endreinigung durch, kann der Vermieter ihm diese in Rechnung stellen und die Kosten ggf. von einer hinterlegten Kaution abziehen. Die vom Mieter mit der Miete bezahlte Endreinigung durch die Vermieterseite umfasst laut Vertrag oft nur das Säubern von Möbeln, Bodenbelägen, Fenstern, Sanitäranlagen und Küchengeräten – aber nicht tägliche Routinearbeiten wie Geschirrspülen, Aufräumen, Säubern des Gartengrills. Diese muss der Mieter am letzten Urlaubstag trotz bezahlter Endreinigung selbst durchführen.

Endreinigung bei Neubauten:

Auch ein Neubau muss vor Bezug gereinigt werden. Hierfür existieren Spezialfirmen, die eine Reinigung in mehreren Schritten anbieten.
Zuletzt erfolgt eine Endreinigung, die die Spuren der Bauarbeiten gründlich beseitigt.
Siehe / Siehe auch: Baureinigung, Schönheitsreparaturen

Endrenovierungsklausel

provision regarding necessary repairs, maintenance and / or redecoration when a tenant moves out

Als Endrenovierungsklauseln bezeichnet man Mietvertragsklauseln, nach denen der Mieter am Ende des Mietverhältnisses die Schönheitsreparaturen vornehmen muss. Obwohl die Renovierung am Ende der Mietzeit in der Praxis häufig vorkommt, sind derartige Klauseln oft rechtlich problematisch. Werden sie mit einer gängigen Schönheitsreparaturen-Klausel kombiniert (z. B. im Allgemeinen zu beachtender Renovierungs-Fristenplan für die einzelnen Räume) so sind beide unwirksam, da der Mieter unabhängig vom Wohnungszustand und vom Zeitabstand zur letzten Renovierung gegebenenfalls bei Auszug eine tadellose Wohnung noch einmal renovieren muss. Dies sehen die Gerichte als unangemessene Benachteiligung des Mieters an (BGH, Az. VIII ZR 308/02, Urteil vom 14.05.2003).
Als isolierte Endrenovierungsklausel bezeichnet man eine Endrenovierungsklausel, die im Vertrag als einzige Regelung etwas zu den Schönheitsreparaturen aussagt. Der Mieter muss danach nur beim Auszug und nicht während des Mietverhältnisses renovieren. Auch derartige Regelungen können unwirksam sein, wenn sie pauschal auf das Ende des Mietverhältnisses abstellen und die Renovierungspflicht nicht vom tatsächlichen Zustand und vom Zeitabstand zur letzten Renovierung abhängig machen (BGH, Az. VIII ZR 316/06, Urteil vom 12.09.2007).
Das oben Gesagte gilt für Formularmietverträge. Ausgehandelte Individualvereinbarungen zwischen Mieter und Vermieter können abweichende Regelungen treffen, da dabei nicht die strengen Maßstäbe gelten, an denen Allgemeine Geschäftsbedingungen gemessen werden. Dies zeigte sich insbesondere im Urteil des Bundesgerichtshofes vom 14.01.2009, dem zufolge eine im Wohnungsübergabeprotokoll festgehaltene individuelle Endrenovierungsvereinbarung wirksam sein kann, obwohl der Mietvertrag selbst eine unwirksame Schönheitsreparaturen-Klausel mit starrem Fristenplan enthält (Az. VIII ZR 71/08). Hat der Mieter im Glauben an eine wirksame Endrenovierungsklausel vor Auszug renoviert und stellt sich dann heraus, dass die Klausel unwirksam war, kann der Mieter einen Anspruch

auf Schadenersatz haben. Rechtlich begründet wird dies mit einer „ungerechtfertigten Bereicherung“ c (§ 812 BGB) durch eine ohne Rechtsgrund erhaltene Leistung. Dies geht aus einem Urteil des Bundesgerichtshofes vom 27.5.2009 hervor (Az. VIII ZR 302/07).
Siehe / Siehe auch: Abgeltungsklausel, Schönheitsreparaturen

Energetische Gebäudeoptimierung
energetic optimisation of buildings

Unter einer energetischen Gebäudeoptimierung versteht man einen Prozess, bei dem ein Haus in jeglicher für die Energieeffizienz relevanten Hinsicht auf den bestmöglichen Stand gebracht wird – soweit das Gebäude es zulässt und der Aufwand in einem vernünftigen Verhältnis zur erzielbaren Energieeinsparung steht. In keinem Betriebskostenbereich gibt es größere Einsparungspotenziale als bei den Kosten für Energie. Ziel der energetischen Gebäudeoptimierung ist die Verringerung des CO^2-Ausstosses zu Zwecken des Klimaschutzes. Mittel der energetischen Gebäudeoptimierung sind z. B.:

- Verbesserung der Wärmedämmung an Außenbauteilen und gegebenenfalls Rohrleitungen,
- Modernisierung der Heizanlage (z. B. Brennwerttechnik),
- Verwendung regenerativer Energieträger (Sonne, Wind, Erdwärme, gegebenenfalls Heizen mit Holz).

Bei Dämmstoffen und generell bei Außenbauteilen sollte man darauf achten, dass die Bauteile eine gute Wärmespeicherfähigkeit besitzen. Bei den Außenwänden und dem Dach ist Luftdichtigkeit anzustreben. Die Ausrichtung des Gebäudes nach den Himmelsrichtungen ist in die Planung auch von Modernisierungsmaßnahmen einzubeziehen: Sind die Fenster an der Südfassade größer als z. B. an der Nordfassade, kommt mehr Sonnenwärme ins Gebäude und es wird Heizwärme eingespart. Im Sommer kann und sollte die Südfassade z. B. durch Pflanzen oder technische Maßnahmen verschattet sein – in Übergangszeit und im Winter sollte sie der Sonneneinstrahlung ausgesetzt werden.
Eine energetische Gebäudeoptimierung sollte vorzugsweise von einem Fachmann geplant werden und verschiedene Modernisierungsmaßnahmen zusammenfassen. So werden nicht nur optimale Resultate erzielt, sondern es können auch Förderungen für das Gesamtprojekt beantragt werden. Bei der KfW-Förderbank kann auch ein Zuschuss für die Baubegleitung durch einen Fachmann beantragt werden (www.kfw-foerderbank.de). Dieser beträgt 50 Prozent der Kosten für die Baubegleitung, maximal 2.000 Euro pro Vorhaben. Weitere Förderungen gibt es von Städten, Ländern und Gemeinden.
Siehe / Siehe auch: Energieeinsparverordnung (EnEV), Energieausweis / Energiepass, Niedrigenergiehaus

Energieausweis / Energiepass
energy pass

Unter einem Energieausweis/Energiepass versteht man ein auf ein Gebäude bezogenes Dokument, aus dem sich Rückschlüsse auf den Energieverbrauch bzw. die Energieeffizienz dieses Gebäudes ziehen lassen. Vom Gesetz her korrekt ist der Begriff „Energieausweis“. Dieser schafft für Immobilienkäufer und Mieter eine Vergleichsbasis und bietet Anreize zur energetischen Sanierung von Gebäuden.

Verspätete Einführung

Nach der europäischen Energieeffizienzrichtlinie hätten alle EU-Mitgliedsstaaten bis Anfang 2006 für alle Gebäude Energieausweise einführen müssen. In Deutschland erfolgte die Umsetzung verspätet: Die zuständigen Ministerien haben erst im Oktober 2006 Einigung über die Einführung des Energieausweises für bereits bestehende Gebäude erzielt. Für Neubauten sind Energieausweise mit Einführung der Energieeinsparverordnung von 2002 vorgeschrieben worden.
Am 27.06.2007 hat die Bundesregierung unter Berücksichtigung einiger vom Bundesrat angeregter Änderungen die neue Energieeinsparverordnung (EnEV 2007) beschlossen, welche die stufenweise Einführung von Energieausweisen auch für bestehende Gebäude vorschrieb.

Rechtliche Grundlage

Das EnEG (Energieeinsparungsgesetz) ermächtigt die Bundesregierung, mit Zustimmung des Bundesrates im Wege einer Rechtsverordnung Inhalt und Verwendung von Energieausweisen für Gebäude festzulegen. Diese Regelungen finden sich in der EnEV (Energieeinsparverordnung). Die Energieausweise für bestehende Gebäude wurden nach Vorgabe der EnEV 2007 schrittweise je nach Gebäudeart und -Alter eingeführt. Im Jahr 2009 wurden EnEG und EnEV verschärft, die neue EnEV gilt seit 01.10.2009.

Übergangsfristen

Eigentümer von Wohngebäuden, die bis 1965 fertig gestellt wurden, müssen seit 01.07.2008 einen

Energieausweis vorweisen können. Für neuere Wohngebäude muss er seit 01.01.2009 vorhanden sein. Eigentümer von Nichtwohngebäuden benötigen den Energieausweis seit 01.07.2009. In öffentlichen Gebäuden mit Publikumsverkehr und mehr als 1000 Quadratmeter Nutzfläche muss ebenfalls seit 01.07.2009 ein Energiepass ausgehängt werden.

Wer benötigt einen Energieausweis?

Einen Energieausweis braucht, wer seine Immobilie (Wohn- und Nichtwohngebäude) vermieten, verpachten oder verkaufen will: Der Ausweis ist Miet- und Kaufinteressenten auf Verlangen unverzüglich vorzulegen. Wer dies unterlässt, riskiert ein Bußgeld. Selbstnutzende Eigentümer benötigen ihn nicht, zumindest solange derartige Schritte nicht anstehen.

Der Eigentümer kann dem Interessenten auf freiwilliger Basis eine Kopie des Energieausweises aushändigen. Von der Pflicht zur Vorlage eines Energieausweises werden Baudenkmäler und kleine Gebäude (bis 50 Quadratmeter Nutzfläche) nicht erfasst. In öffentlichen Gebäuden mit über 1.000 Quadratmeter Nutzfläche, in denen Behörden oder sonstige Einrichtungen öffentliche Dienstleistungen erbringen und die von vielen Menschen besucht werden, muss der Energieausweis öffentlich ausgehängt werden. Seit Inkrafttreten der EnEV 2009 gilt dies jedoch nicht für denkmalgeschützte öffentliche Gebäude.

Verbrauchs- und bedarfsbasiert

Es gibt zwei Arten von Energieausweisen: Den verbrauchsbasierten und den bedarfsbasierten. Der verbrauchsbasierte Ausweis wird auf der Basis des Verbrauchs der aktuellen Bewohner erstellt. Er kann gleichzeitig mit einer Jahres-Heizkostenabrechnung relativ kostengünstig angefertigt werden. Sein Nachteil ist jedoch, dass er keine Bewertung des vom Bauzustand des Gebäudes abhängigen Wärmeverlustes erlaubt:

Hat der Mieter sparsam geheizt, sind die Werte günstig. Hat der Mieter „Treibhaustemperaturen" bevorzugt, schlägt sich dies ebenfalls im Energieausweis nieder. Mangelhafte Dämmungsmaßnahmen oder Heizanlagen bleiben unerwähnt.

Aufwändiger ist die Erstellung des bedarfsbasierten Energieausweises. Dieser bewertet den Primärenergiebedarf des Gebäudes. Dazu werden die Wärmedurchgangswerte der verwendeten Baumaterialien herangezogen sowie die bestehende Anlagentechnik hinsichtlich Heizung, Warmwasserversorgung und Lüftung analysiert, um den Wärmebedarf unabhängig vom jeweiligen Nutzer zu ermitteln.

Modernisierungsempfehlungen

Sind wirtschaftlich sinnvolle Verbesserungen der Energieeffizienz des Gebäudes möglich, muss der Aussteller Modernisierungsempfehlungen abgeben. Diese sind unverbindlich. In Einzelfällen sollen Aussteller behauptet haben, dass vor Erteilung eines Energieausweises zunächst zwingend eine Modernisierung des Gebäudes durchgeführt werden müsse – vorzugsweise durch einen befreundeten Betrieb. Derartige Vorgehensweisen sind unredlich. Der Energieausweis erfordert keine vorherige Modernisierung.

Wahlrecht

Ein Wahlrecht zwischen verbrauchs- und bedarfsbasiertem Ausweis besteht bei:

- Gebäuden mit mehr als vier Wohneinheiten
- Gebäuden mit bis zu vier Wohneinheiten, die seit Fertigstellung oder durch nachträgliche Sanierung dem Standard der Wärmeschutzverordnung vom 01.08.1977 entsprechen
- sowie Nichtwohngebäuden.

Ein Energieausweis auf Bedarfsbasis ist vorgeschrieben für Gebäude

- mit bis zu vier Wohneinheiten, deren Bauantrag vor dem 01.11.1977 gestellt worden ist
- die nicht nachträglich auf den Stand der 1977er Wärmeschutzverordnung gebracht worden sind.

Auch die Gewährung von Fördergeldern hinsichtlich der Finanzierung einer energetischen Sanierung erfordert zum Teil die Vorlage eines nach erfolgreicher Sanierung erstellten Energieausweises auf Bedarfsbasis. Energieausweise für Neubauten werden (zwangsläufig) auf Bedarfsbasis ausgestellt.

Aussteller

Während der Energieausweis für Neubauten durch den Bauvorlageberechtigten erstellt wird, ist nach der EnEV 2007 bei bestehenden Gebäuden eine ganze Reihe von Berufsgruppen zur Ausstellung von Ausweisen und Modernisierungsempfehlungen berechtigt. Es handelt sich dabei sowohl um Personen mit Hochschul- oder Fachhochschulabschluss (z. B. Architekten, Bauingenieure) als auch um verschiedene Handwerksberufe. Die Aufzählung der EnEV ist abschließend. Eine zusätzliche Zertifizierung der Aussteller ist nicht vorgesehen. Auch Energieberater (z. B. aus der Baustoffindustrie), die vor dem 25.04.2007 ihre Aus- oder Weiterbildung begonnen

haben, dürfen den Energieausweis für bestehende Wohngebäude ausstellen, sowie Fachleute, die durch Landesgesetze dazu ermächtigt werden. Die EnEV 2009 hat die Anforderungen an Aussteller von Energieausweisen präzisiert. Als Qualifikation von Personen mit Studium werden nun keine bestimmten Diplome mehr verlangt, sondern ein „berufsqualifizierender Hochschulabschluss".
Auch ein Staatsexamen kann bei einem entsprechenden Studiengang als solcher gelten. Physiker können nun unter den gleichen zusätzlichen Voraussetzungen wie Hochschulabsolventen anderer Fächer Energieausweise ausstellen.

Verantwortliche Personen

Nach der EnEV 2009 ist der Hauseigentümer dafür verantwortlich, dass die für die Erstellung des Energieausweises gelieferten Daten korrekt sind. Der Aussteller darf diese Daten jedoch nicht benutzen, wenn er berechtigte Zweifel an ihrer Richtigkeit hat. Ermittelt er die Daten selbst, ist er auch für deren Richtigkeit verantwortlich. Die Übermittlung falscher Daten an den Aussteller und die unkorrekte Ermittlung von Daten durch diesen selbst sind eine Ordnungswidrigkeit.

Kosten

Ein einheitlicher Preis für die Erstellung eines Energieausweises existiert nicht. Die üblichen Beträge liegen zwischen 25 und 450 Euro (ohne Hausbegehung). Der genaue Betrag hängt von dem im Einzelfall notwendigen Aufwand und der Version als Verbrauchs- oder Bedarfsausweis ab. Die EnEV erlaubt eine Erstellung des Ausweises auf Basis von Unterlagen über das Gebäude, also ohne Hausbegehung durch einen Experten. Insbesondere hinsichtlich der Abgabe von Modernisierungsempfehlungen kann eine Gebäudebegehung jedoch sinnvoll sein.
Im Internet werden Energieausweise – insbesondere solche auf Verbrauchsbasis – zum Billigpreis ab 15 Euro angeboten. Diese werden oft in einem vollautomatischen Verfahren erstellt: Der Kunde beantwortet einige Fragen, setzt seine Verbrauchsdaten in ein Online-Formular ein, gibt seine Rechnungsadresse an – und bekommt sofort seinen Energieausweis mit Unterschrift und Stempel des Ausstellers als PDF-Datei zum Herunterladen. Dieses Verfahren wird häufig kritisiert: Bei einigen Anbietern werden so wenige Daten abgefragt, dass damit kaum ein Energieausweis nach Maßgabe der EnEV erstellt werden kann. Ferner geht die EnEV davon aus, dass der Aussteller zumindest eine Plausibilitätsprüfung der angegebenen Daten vornimmt. Hier entfällt aber jegliche persönliche Beschäftigung des Ausstellers mit den Daten, so dass auch reine Fantasiezahlen eingegeben werden können. Nutzt ein Vermieter oder Verkäufer dies zur Erstellung eines geschönten Energieausweises, kann er sich späteren Schadenersatzansprüchen oder Bußgeldverfahren aussetzen.

Geltungsdauer

Beide Versionen des Energieausweises haben eine Gültigkeitsdauer von zehn Jahren. Nach energetischen Sanierungsmaßnahmen empfiehlt sich jedoch eine Neuausstellung, um die vorteilhafteren Werte korrekt abzubilden und sie in der Vermarktung der Immobilie nutzen zu können. Bei bestimmten Änderungen am Gebäude (z. B. Austausch der Fenster) ist eine Neuausstellung vorgeschrieben. Vor den offiziellen Einführungsterminen erstellte Energieausweise (nach älteren Fassungen der Energieeinsparverordnung oder der früheren Wärmeschutzverordnung) behalten ihre Gültigkeit für zehn Jahre ab Ausstellungsdatum. Nach der Energieeinsparverordnung 2009 verliert ein Energieausweis seine Gültigkeit, wenn am Gebäude erhebliche Veränderungen der Außenbauteile beziehungsweise der an unbeheizte Räume angrenzenden Bauteile vorgenommen werden beziehungsweise wenn es um über 50 Prozent der Nutzfläche an beheizten oder gekühlten Räumen vergrößert wird und dabei für dieses Gebäude Berechnungen des Jahresprimär-Energiebedarfs durchgeführt werden. In diesen Fällen ist ein neuer Energieausweis auszustellen.

Muster

Die Anlagen zur EnEV enthalten Muster der unterschiedlichen Versionen des Energieausweises. Der Aussteller hat sich inhaltlich an diesen Mustern zu orientieren. Mit Einführung der EnEV 2009 hat sich das Muster des Energieausweises in einigen Punkten geändert. Es enthält nun unter anderem auch Angaben zur Nutzung alternativer Energien und zur Einhaltung der Vorgaben des Wärmegesetzes.

Bußgelder

Die Bußgeldregelungen der EnEV wurden mit der EnEV 2009 verschärft. Als Ordnungswidrigkeit gilt es nun unter anderem, wenn:

- der Energieausweis vorsätzlich oder leichtfertig Miet- oder Kaufinteressenten nicht unverzüglich auf Anfrage vorgelegt wird,
- der Hauseigentümer dem Aussteller des

Ausweises vorsätzlich oder leichtfertig falsche Daten zur Verfügung stellt,
- dieser ohne Prüfung unplausible Daten einfach übernimmt,
- Energieausweise oder Modernisierungsempfehlungen ohne Berechtigung ausgestellt werden.

Die Höhe der Bußgelder richtet sich nach dem im Jahr 2009 neu gefassten EnEG (Energieeinsparungsgesetz). Die Geldbuße nach dem EnEG kann grundsätzlich bis zu 50.000 Euro betragen; die Geldbuße für die Missachtung der Vorschriften der EnEV über Energieausweise kann mit bis zu 15.000 Euro Bußgeld geahndet werden.

Rechtslage ab 2012

Am 19.5.2010 wurde die neue EU-Richtlinie zur Gesamtenergieeffizienz von Gebäuden verabschiedet (Zeitpunkt des Inkrafttretens: 8. Juli 2010). Die Mitgliedsstaaten werden diese innerhalb von zwei Jahren in nationales Recht umsetzen müssen. Für den Energieausweis zeichnen sich schärfere Regelungen ab. Unter anderem wird mit folgenden Änderungen gerechnet:
- In Wohnungsanzeigen (Verkauf/Vermietung) muss künftig immer der energetische Kennwert des Gebäudes laut Energieausweis genannt werden.
- Bei Abschluss eines Kauf- oder Mietvertrages muss der Verkäufer/Vermieter dem Vertragspartner zwingend eine Kopie des Energieausweises aushändigen.

Voraussichtlich wird 2012 eine Neufassung der Energieeinsparverordnung verabschiedet werden. Diese muss die Vorgaben der EU-Richtlinie berücksichtigen. Beabsichtigt ist, die energetischen Anforderungen an Bestandsgebäude gegenüber der EnEV 2009 noch einmal um 30 Prozent zu verschärfen.

Siehe / Siehe auch: Biomasse, Erneuerbare-Energien-Gesetz, Energieeinsparverordnung (EnEV), Offshore-Windenergie-Anlagen, Wärmegesetz, Windpark, Unternehmererklärung

Energieeffizienz-Richtlinie
Energy Efficiency Directive

Die europäische Energieeffizienz-Richtlinie (auch: Richtlinie über die Gesamtenergieeffizienz von Gebäuden) hat zum Ziel, die Gesamtenergieeffizienz von Gebäuden zu verbessern und somit Heizenergie zu sparen, wobei lokale Bedingungen (wie das örtliche Klima) mit einbezogen werden. Die Richtlinie sollte ursprünglich bis zum 04.01.2006 in deutsches Recht umgesetzt werden. Dieser Termin wurde – insbesondere aufgrund der Diskussionen über den Gebäudeenergieausweis – nicht eingehalten. Umgesetzt wurde die Richtlinie in Deutschland durch die Reform der Energieeinsparverordnung (EnEV). Diese ist am 01.10.2007 in Kraft getreten. Seit 01.10.2009 gilt eine abermals reformierte Version, die für noch größere Energieeinsparungen im Gebäudebereich sorgen soll (EnEV 2009). Eine weitere Reform der EnEV mit verschärften Anforderungen an die Energieeffizienz von Gebäuden wird für 2012 erwartet. Diese wird die am 8.7.2010 in Kraft getretene neue EU-Richtlinie über die Gesamtenergieeffizienz von Gebäuden in deutsches Recht umsetzen. Erwartet werden unter anderem Neuerungen zum Gebäudeenergieausweis.

Siehe / Siehe auch: Energieeinsparverordnung (EnEV), Energieausweis / Energiepass, Erneuerbare-Energien-Gesetz, KfW-Effizienzhaus

Energieeinsparungsgesetz (EnEG)
Energy Conservation Act

Das Energieeinsparungsgesetz (EnEG) enthält Vorschriften über energieeinsparenden Wärmeverbrauch bei Neubauten und bestehenden Gebäuden. Das wichtigste an diesem Gesetz sind die Ermächtigungen der Bundesregierung zum Erlass mehrerer Verordnungen, in denen die Einzelheiten geregelt werden, wie die im Gesetz vorgeschriebenen energieeinsparenden Maßnahmen umgesetzt werden sollen. Das Energieeinsparungsgesetz vollzieht u.a. die EU-Richtlinien 2002/91 (Energieeffizienzrichtlinie) und 2006/32/EG. Die ursprüngliche Fassung des Gesetzes stammt aus 1977, die aktuelle (dritte) Fassung vom 28.3.2009. Diese Fassung war Voraussetzung für eine Verschärfung der Anforderungen, die die Energieeinsparungsverordnung umsetzen soll. Diese neu Energieeinsparungsverordnung wurde verabschiedet und gilt ab 1. Oktober 2009.

Die Vorschriften des EnEG beziehen sich im Einzelnen auf
- Energiesparenden Wärmeschutz bei zu errichtenden Gebäuden
- Energiesparende Anlagentechnik bei Gebäuden
- Energiesparenden Betrieb von Anlagen
- Verteilung der Betriebskosten
- Sonderregelungen und Anforderungen an bestehende Gebäude
- Energieausweise
- Bußgeldvorschriften

Der für den Geschäftsverkehr mit Immobilien wichtige Regelungsbereich um die Energieausweise enthält detaillierte Vorgaben für den Verordnungsgeber. Die Vorgaben können sich beziehen auf

- die Arten der betroffenen Gebäude, Gebäudeteile und Anlagen oder Einrichtungen
- die Zeitpunkte und Anlässe für die Ausstellung und Aktualisierung von Energieausweisen
- die Ermittlung, Dokumentation und Aktualisierung von Angaben und Kennwerten
- die Angabe von Referenzwerten, wie gültige Rechtsnormen und Vergleichskennwerte
- begleitende Empfehlungen für kostengünstige Verbesserungen der Energieeffizienz
- die Verpflichtung, Energieausweise Behörden und bestimmten Dritten zugänglich zu machen
- den Aushang von Energieausweisen für Gebäude, in denen Dienstleistungen für die Allgemeinheit erbracht werden
- die Berechtigung zur Ausstellung von Energieausweisen einschließlich der Anforderungen an die Qualifikation der Aussteller sowie
- die Ausgestaltung der Energieausweise

Das Gesetz ermächtigt die Landesregierungen auch, private Fachbetriebe zu verpflichten, für die von ihnen durchgeführten Arbeiten an zu errichtenden Gebäuden zu bestätigen, dass die sich aus der Rechtsverordnung ergebenden Anforderungen über den energieeinsparenden Wärmeschutz eingehalten wurden. Die in der Rechtsverordnung zu regelnden Bußgeldvorschriften beziehen sich auch auf den Gebäudeenergiepass.

Siehe / Siehe auch: Energieeffizienz-Richtlinie, Energieeinsparverordnung (EnEV)

Energieeinsparverordnung (EnEV)
German Energy Saving Regulation

Energieeinsparverordnung 2009 (EnEV 2009) / Regelungsstand EnEV 2007

Die bisher erlassenen Energieeinsparverordnungen von EnEV 2002 bis EnEV 2007 regelten bisher im Wesentlichen

- die Einführung von Energieausweisen für bestehende Gebäude
- energetische Mindestanforderungen für Neubauten, Modernisierungs-, Umbau- Ausbau und Erweiterungen von bestehenden Gebäuden
- Mindestanforderungen an heizungs-, kühl- und raumlufttechnischen Einrichtungen sowie an die Warmwasserversorgung,
- energetische Inspektion von Klimaanlagen

Zu errichtende Gebäude müssen nach der EnEV so ausgeführt werden, dass der sogenannte Jahres-Primärenergiebedarf und der Transmissionswärmeverlust der Umfassungsfläche der Gebäude bestimmte Höchstwerte nicht überschreiten.

Die Umfassungsfläche (Außenabmessung muss nach dem Stand der Technik dauerhaft luftundurchlässig abgedichtet werden. Ein bestimmter Mindestluftwechsel muss im Interesse der Gesundheit jedoch gewährleistet werden. Für zu errichtende Gebäude sind Energiebedarfsausweise auszustellen, aus denen sich alle wichtigen Kennwerte ergeben.

Bei bestehenden Gebäuden sind Änderungen bei Außenwänden einschließlich Fenster und anderen Außenbauteilen ebenfalls so auszuführen dass bestimmte Wärmedurchgangskoeffizienten nicht überschritten werden. Entsprechendes gilt für Erweiterungsbauten. Auch für solche wesentlich geänderten Gebäude sind Energiebedarfsausweise auszustellen, sofern die erforderlichen Berechnungen hierfür erfolgten. Anderenfalls können die Eigentümer von Wohngebäuden, die zur Heiz- und Warmwasserkostenabrechnung verpflichtet sind, den Käufen und Mietern den Energieverbrauchskennwert mitteilen. Es handelt sich um die witterungsbereinigten Energieverbräuche für die Raumheizung in Kilowattstunden pro Quadratmeter.

Baudenkmäler und Gebäude mit sonstiger besonders erhaltenswerter Bausubstanz können von der Anwendung der EnEV ausgenommen werden. Darüber hinaus gibt es auch die Möglichkeit, sich von der Anwendung der Verordnung befreien zu lassen, wenn die Einhaltung zu einem unangemessenen Aufwand oder einer unbilligen Härte führen würde. Öl- und gasbefeuerte Heizkessel, die vor dem 01.10.1978 eingebaut wurden, mussten nach der Vorgängerverordnung bis 31.12.2008 erneuert werden. Ungedämmte zugängliche Wärmeverteilungs- und Warmwasserleitungen in nicht beheizten Räumen mussten schon bereits bis 31.12.2006 gedämmt worden sein. Seit 01.07.2008 kann ein Mieter oder Käufer eines Hauses bzw. einer Wohnung vom Anbieter die Einsicht in einen Energieausweis verlangen.

Neuerungen der EnEV 2009

Die EnEV 2009 verschärft die Anforderungen an Energieeffizienz der Gebäude und Anlagen weiter. Dies bezieht sich insbesondere auf folgende Bereiche:

- Beim Neubau wird der Primärenergiebedarf um 30 Prozent gesenkt und die Wärmedämmung der Gebäudehülle um 15 Prozent erhöht.
- Bei größeren Umbaumaßnahmen von Altbauten werden die Anforderungen an die Gebäudehülle um 30 Prozent verstärkt oder (als Alternative) der Jahresprimär-Energiebedarf des Gebäudes um 30 Prozent gesenkt bei gleichzeitiger Verstärkung der Dämmung um 15 Prozent.

Im Rahmen einer Nachrüstungspflicht wird eine Wärmedämmung des Daches beziehungsweise eine Wärmedämmung oberster begehbarer Geschossdecken eingeführt. Vorhandene Klimaanlagen müssen automatisch nachgerüstet werden.

Weitere neue Bestimmungen beziehen sich auf die Heizungserneuerung. Die Überwachungsmaßnahmen beziehen sich auf

- die Einführung einer Bestätigung des Unternehmers gegenüber dem Eigentümer, dass die EnEV bei der baulichen oder anlagentechnischen Modernisierung von Altbauten eingehalten wurde;
- die Pflicht zur Vorlage der Unternehmererklärung auf Verlangen der zuständigen Behörde; die Nichtausstellung einer Unternehmererklärung ist eine Ordnungswidrigkeit;
- die Beauftragung der Bezirksschornsteinfegermeister mit der Durchführung von Sichtprüfungen an heizungstechnischen Anlagen (z. B. Prüfung, ob alter Heizkessel pflichtgemäß ausgetauscht wurde) und die Einführung von Ordnungswidrigkeiten für vorsätzliche und grob fahrlässige Verstöße gegen bestimmte Neubau- und Modernisierungsanforderungen der EnEV sowie bei Verwendung falscher Gebäudedaten bei Ausstellung von Energieausweisen.

Mit einer Neufassung der Energieeinsparverordnung wird 2012 gerechnet. Beabsichtigt ist dabei eine weitere Verschärfung der Anforderungen an die Energieeffizienz von Gebäuden – für Bestandsgebäude um 30 Prozent. Voraussichtlich ist bei dieser Reform auch eine Neufassung der EU-Richtlinie zur Gesamtenergieeffizienz von Gebäuden zu berücksichtigen. Diese wird unter anderem Änderungen hinsichtlich des Energieausweises für Gebäude enthalten.

Die energetische Gebäudesanierung wird unter anderem von der Kreditanstalt für Wiederaufbau (KfW), dort die KfW-Förderbank durch zinsverbilligte Darlehen und durch Zuschüsse gefördert. Die Beantragung muss über die Hausbank des Haus- beziehungsweise Wohnungseigentümers erfolgen, der die Maßnahme durchführen lassen will. Hierzu ist allerdings zu vermerken, dass manche Kreditinstitute solchen Anliegen nicht besonders aufgeschlossen gegenüberstehen, so dass nachdrückliches Verhandeln erforderlich ist. Näheres zur Förderung durch die KfW-Förderbank unter: http://www.kfw-foerderbank.de

Siehe / Siehe auch: Energieausweis / Energiepass, Niedrigenergiehaus

Energieverbrauch privater Haushalte

energy consumption

Der Energieverbrauch der deutschen Haushalte teilte sich nach einer Erhebung des Verbandes der Elektrizitätswirtschaft (VDEW) im Jahr 2003 wie folgt auf:

- Heizung: 75,7 Prozent
- Warmwasser: 11,4 Prozent
- Hausgeräte: 11,48 Prozent (davon 1,4 Prozent für Kommunikation und Information)
- Beleuchtung: 1,4 Prozent

Die Anteilsverhältnisse dürften sich im Jahr 2005 wegen der gestiegenen Heizölpreise nicht unerheblich ändern. Das Bundesministerium für Wirtschaft und Technologie kam für das Jahr 2005 zu einer ähnlichen Verbrauchsstruktur:

- Heizung: 78 Prozent
- Warnwasser: elf Prozent
- Kühlen / Gefrieren drei Prozent
- Waschen, Kochen, Spülen 2,5 Prozent
- Sonstige Geräte 4,5 Prozent
- Beleuchtung: ein Prozent

Mit der Studie waren beauftragt das Rheinisch-Westfälische Institut für Wirtschaftsforschung (RWI Essen) und forsa Gesellschaft für Sozialforschung und statistische Analysen mbH. Neuere Untersuchungen über die Verbrauchsstruktur liegen nicht vor.

Bei den Ausgaben privater Haushalte für Wohnenergie lag 2007 der Anteil von Strom mit 29,1 Milliarden EURO an der Spitze, gefolgt von Erdgas mit 19,2 Milliarden EURO. Für Heizöl wurden 7,8 Milliarden EURO ausgegeben, für feste Brennstoffe 1,14 Milliarden EURO und für Fernwärme 3,3 Milliarden EURO. Im Rahmen des Verbraucherpreisindex (2005 = 100) führte Erdgas mit 121,0 im Jahr 2007 die Teuerung an, gefolgt von Strom mit 111,1 und Erdöl mit 109,3. Dies obwohl der Erdgasverbrauch am stärksten sinkt. Zurückzuführen ist dies wohl auf die monopolartigen Strukturen der Erdgaslieferanten, die sich durch Schwierigkeiten beim Wechsel dieser Lieferanten verfestigen.

Energiewald

energy forest

Unter einem Energiewald versteht man die Anpflanzung von Bäumen oder Sträuchern zur Brennholzgewinnung. In der heutigen Zeit gewinnt Brennholz durch Heiztechniken wie Pelletheizungen oder das Heizen mit Holz-Hackschnitzeln immer mehr an Bedeutung. Man besinnt sich daher wieder auf ein Verfahren aus alter Zeit: Die Anpflanzung von schnell wachsenden Holzarten, welche relativ kurzfristig geerntet und zu Brennstoff verarbeitet werden können.

Im Gegensatz zur früheren Niederwaldbewirtschaftung werden heute in Energiewäldern meist besondere Sorten von Weiden und Pappeln angepflanzt, z. B. Hybridformen von Balsam- und Schwarzpappeln. Die Anpflanzung wird durch Einsetzen von Steckhölzern vorgenommen, die dann austreiben. Beim Abholzen verbleiben Wurzelstock und Stammansatz im Boden und treiben neu aus. Dieser Vorgang kann mehrfach wiederholt werden.

Energiewälder werden im Kurzumtriebsverfahren bewirtschaftet. Der Umtrieb ist in der Forstwirtschaft der Zeitraum zwischen Bestandsbegründung und Holzeinschlag. Die Ernte erfolgt alle drei bis zehn Jahre mit speziellen Erntemaschinen. Ein Energiewald kann etwa 10 bis 20 Tonnen Holz pro Jahr und Hektar produzieren. Nach etwa 20 Jahren muss aufgrund nachlassender Produktionskraft der Pflanzen eine Neuanlage stattfinden.

Probleme bei Energiewäldern sind neben der Auswahl der richtigen Pflanzen der Befall mit Schädlingen wie Wühlmäusen oder auch Rotpilz, Schäden durch Schneedruck oder Überwucherung durch wildwachsende Konkurrenzpflanzen. Energiewälder werden in der Regel auf stillgelegten landwirtschaftlichen Flächen angelegt. Für Landwirte sind sie nicht nur als zusätzliche Einnahmequelle im Rahmen des Holzverkaufs interessant, sondern auch zur Herstellung von Brennstoff für die eigene Holzheizung als Alternative zum teuren Heizöl.

Probleme bereitet ferner die rechtliche Einordnung von Energiewäldern: Handelt es sich bei ihnen um Wälder im Sinne des Bundeswaldgesetzes, ist ihre Anpflanzung genehmigungsbedürftig. Landesrechtliche Regelungen sehen oft ein Kahlschlagverbot für Wälder vor.

Eine Rückumwandlung in landwirtschaftliche Flächen scheidet aus. Gesetzesänderungen wurden bisher schon geplant, aber noch nicht umgesetzt. Das „Gesetz zur Gleichstellung stillgelegter und landwirtschaftlich genutzter Flächen“ von 2006 räumt jedoch die Möglichkeit ein, im Rahmen der Flächenstilllegung Flächen für Kurzumtriebswälder auszuweisen. Hier ist sogar eine öffentliche Förderung möglich.

Siehe / Siehe auch: Pelletheizung, Holzpellets

ENPlus

ENplus (new European pellet quality certification system)

Das Zertifikat ENPlus erlaubt vom ersten Quartal 2010 an eine bessere Einschätzung der Qualität von Holzpellets durch den Verbraucher. Mit seiner Einführung wird die europäische Norm für Holzpellets EN 14961-2 umgesetzt. Vergeben wird das Qualitätszeichen durch das Deutsche Pelletinstitut DEPI. Anders als vorherige Qualitätssiegel wird bei ENPLus die gesamte Produktionskette in die Bewertung einbezogen. Identifikationsnummern auf jeder Lieferung sollen die Möglichkeit zur Rückverfolgung zum Hersteller sicherstellen.

Europaweit werden Holzpellets ab 2010 in drei Qualitätsklassen eingeteilt. Empfehlenswert ist die Verwendung von Pellets der Produktklasse A1: Hier ist der Aschegehalt am Geringsten. Verbraucher finden das ENPLus-Zeichen ab 2010 auf Lieferscheinen und Verpackungen von Holzpellets.

Siehe / Siehe auch: Energetische Gebäudeoptimierung, Holzpellets, Holzpellets und Umwelt, Pelletheizung

Enteignung

compulsory purchase; dispossession; expropriation

Das Eigentum an einer Sache oder einem Grundstück ist ein Grundrecht, begründet in Art. 14 GG. Eine Enteignung ist nur zum Wohle der Allgemeinheit aufgrund einer gesetzlichen Basis möglich. Zur Verwirklichung eines Bebauungsplanes, zur Realisierung der städtebaulichen Ordnung oder zum Bau wichtiger Infrastrukturprojekte hat der Gesetzgeber die Möglichkeit zur Enteignung vorgesehen. Nach §85 BauGB kann nur enteignet werden, um ein Grundstück entsprechend den Festsetzungen des Bebauungsplanes zu nutzen oder eine solche Nutzung vorzubereiten. Nach dem BauGB ist es außerdem möglich, unbebaute oder geringfügig bebaute Grundstücke, die nicht im Bereich eines Bebauungsplanes, aber im Zusammenhang bebauter Ortsteile belegen sind, einer baulichen Nutzung zuzuführen oder Baulücken zu schließen. Bevor einem Grundstückseigentümer das Eigentum entzogen wird, muss die Gemeinde nachweisen, dass sie sich ernsthaft um den Erwerb des Grundstückes bemüht hat. Das Verfahren der Enteignung wird durch die höhere Verwaltungsbehörde als Enteignungsbehörde durchgeführt. Die Enteignungsbehörde entscheidet nach einer mündlichen Verhandlung und Anhörung des Gutachterausschusses, wenn keine Einigung der Beteiligten zustande kommt. Der Enteignungsbeschluss wird begründet und mit Rechtsmittelbelehrung zugestellt. Entschädigt wird der enteignete Eigentümer grundsätzlich in Geld auf Basis des Verkehrswertes des Grundstückes. Auf Antrag kann die Entschädigung in Land erfolgen, wenn Ersatzland zu beschaffen oder vorhanden ist und der Eigentümer zur Sicherung seiner beruflichen Existenz darauf angewiesen ist.Weitere Rechtsgrundlagen zum Enteignungsrecht im Bundesrecht finden sich z.B. im Landbeschaffungsgesetz, Bundesfernstraßengesetz, Bundesbahngesetz, Bundesnaturschutzgesetz etc.

Enthaftungsklausel / Freizeichnungsklausel

general release clause / non-responsibility clause; hold-harmless clause (US); disclaimer

Der Makler gibt in seinem Exposé i.d.R. die Informationen, die er vom Verkäufer über das Objekt erhalten hat, weiter. Er ist oft gar nicht in der Lage, die Angaben des Verkäufers zu überprüfen, z. B. die Fläche des Grundstücks oder der Wohnung. Dem trägt das Maklerrecht der §§ 652 ff. BGB Rechnung, indem es dem Makler keine Nachprüfungspflicht auferlegt. Auch die Informations- / Auskunftspflicht nach § 11 der Makler- und Bauträgerverordnung, MaBV, erfüllt der Makler durch Weitergabe ungeprüfter Objektangaben. Allerdings verpflichtet der Maklervertrag den Makler zu richtigen Angaben. Sind diese unzutreffend und erleidet der Kunde, der auf ihre Richtigkeit vertraut, einen Schaden, muss der Makler u.U. mit Schadensersatzforderungen rechnen.

Um sich vor solchen Ansprüchen zu schützen, teilt der Makler in seinem Exposé und in den Allgemeinen Geschäftsbedingungen mit, dass die Objektangaben vom Verkäufer stammen und von ihm nicht überprüft wurden. Weiter teilt er mit, dass er für die Richtigkeit nicht haftet. Diese Freizeichnungs- oder auch Enthaftungsklausel ist auch in vielen Allgemeinen Geschäftsbedingungen enthalten.

Achtung: Voraussetzung für die Wirksamkeit solcher vorformulierter Klauseln ist, dass die vom Makler gemachten Angaben ihrer Art nach den Tatsachen entsprechen können. Liegen Anhaltspunkte dafür vor, dass diese Angaben nicht stimmen können und muss dies dem Makler bei nur geringer Aufmerksamkeit auf Grund seiner Orts-und Fachkenntnisse auffallen, kann er sich auf diese Klausel nicht berufen. Beispiel: Der auswärtige Erbe eines schönen Grundstücks, das außerhalb des Flächennutzungsplans liegt, beauftragt den Makler, für das Grundstück einen Investor für einen Hotelneubau zu finden.

Entlastung (Wohnungseigentumsverwalter)

formal approval of the condominium administrator's activities

Dem Verwalter kann durch mehrheitliche Beschlussfassung, meist zusammen mit der Beschlussfassung über die Jahresabrechnung, Entlastung erteilt werden. Der Verwalter kann jedoch keine Entlastung verlangen. Ein gesetzlicher Anspruch besteht insoweit nicht.

Mit der Entlastung billigen die Wohnungseigentümer die Amtsführung des Verwalters für den jeweiligen Zeitraum und bestätigen damit, dass die Tätigkeit des Verwalters den gesetzlichen Bestimmungen, den Regelungen in der Teilungserklärung und der Gemeinschaftsordnung und den vertraglichen Verpflichtungen entsprachen.

Im Umfang der ausgesprochenen Entlastung können Schadensersatzansprüche gegen den Verwalter nicht mehr geltend gemacht werden, mit Ausnahme solcher Fälle, die den Wohnungseigentümern bei Erteilung der Entlastung nicht bekannt waren und auch bei zumutbarer Sorgfalt nicht erkannt werden konnten. Nach der Entlastung wird der Verwalter allgemein nicht mehr als verpflichtet angesehen, Auskunft über die von ihm geführten Geschäfte über den Zeitraum zu erteilen, für den die Entlastung erteilt wurde.

Siehe / Siehe auch: Ordnungsmäßige Verwaltung (Wohnungseigentum), Verwalter (WEG), Verwalteraufgaben / Verwalterbefugnisse (Wohnungseigentum)

Entlüftungsgitter

ventilation grille

Bei einer Eigentumswohnung stellt der Einbau eines Entlüftungsgitters in einen hierzu geschaffenen Durchbruch einer Außenwand oder der Einbau einer Entlüftungsanlage in das Küchenfenster eine bauliche Veränderung dar, die wegen der Verschlechterung des optischen Gesamteindruckes i.d.R. der Zustimmung aller Wohnungseigentümer bedarf. Die Zustimmung kann entbehrlich sein, wenn die Beeinträchtigung geringfügig ist, z. B. wegen ihrer unauffälligen Lage.

Entschädigungsgesetz

German compensation law

Auch: Gesetz über die Entschädigung nach dem Gesetz über die Regelung offener Vermögensfragen, kurz: EntschG.. Regelt die Höhe und Voraussetzungen der Entschädigung, die für unrechtmäßig oder entschädigungslos enteignete Vermögenswerte einschließlich Grundstücke oder Häuser auf dem Gebiet der früheren DDR zu leisten ist.

Die Entschädigung wird gezahlt, wenn die Rückübertragung nicht möglich ist oder sich der Berechtigte an ihrer Stelle für eine Entschädigung entschieden hat. Es wird jedoch nicht einfach eine Geldsumme überwiesen: Die Entschädigung findet durch die Zuteilung übertragbarer Schuldverschreibungen des Entschädigungsfonds statt, die ab 1.1.2004 mit sechs Prozent p.a. verzinst werden. Fällig werden die Zinsen pro Jahr nachträglich, das erste Mal am 1.1.2005. Ab 1.1.2004 werden die Schuldverschreibungen in fünf gleichen Jahresraten durch Auslosung getilgt. Entschädigungsansprüche, die nach dem 31.12.2003 festgesetzt wurden, werden durch Geldleistung erfüllt.

Die Bemessungsgrundlage der Entschädigung richtet sich bei Grundstücken, Gebäudeeigentum und land- und forstwirtschaftlichem Vermögen nach dem vor der Schädigung zuletzt festgestellten Einheitswert (z. B. bei Mietwohngrundstücken mit mehr als zwei Wohnungen das 4,8-fache des früheren Einheitswertes, bei unbebauten Grundstücken das 20fache). Ist dieser Wert unbekannt, kann ggf. der nach dem (früheren) Beweissicherungs- und Feststellungsgesetz ermittelte Ersatzeinheitswert verwendet werden. Diesen übermittelt die Ausgleichsverwaltung an die zuständige Behörde.

Wurde auch dieser Wert nicht ermittelt oder sind zwischen dem Bewertungszeitpunkt und der Schädigung Veränderungen der Verhältnisse des Grundstücks eingetreten, deren Berücksichtigung zu einer Abweichung um mehr als ein Fünftel (mindestens 1.000 Deutsche Mark) führt, kann ein Hilfswert ermittelt werden (nach dem Reichsbewertungsgesetz von 1934 in der Fassung des Bewertungsgesetzes der DDR von 1970). Zuständige Behörde ist das jeweilige Amt oder Landesamt zur Regelung offener Vermögensfragen. Als übergeordnete Bundesbehörde existiert das Bundesamt für zentrale Dienste und offene Vermögensfragen, Berlin.

Die Zahlung von Entschädigungen hängt von der Beachtung bestimmter Antragsfristen ab. Nähere Informationen unter www.badv.bund.de.

Siehe / Siehe auch: BADV, Beweissicherungs- und Feststellungsgesetz

Entsiegelungsgebot

requirement to remove the hard surfaces or structures that are covering the ground

Das neue Bodenschutzgesetz enthält eine Ermächtigung für die Bundesregierung, nach Anhörung der „beteiligten Kreise“ eine Rechtsverordnung über die Entsiegelung nicht mehr genutzter Flächen erlassen zu können. Darin kann die Verpflichtung des Bodeneigentümers näher geregelt werden, „bei dauerhaft nicht mehr genutzten Flächen, deren Versiegelung im Widerspruch zu planungsrechtlichen Festsetzungen steht, den Boden in seiner Leistungsfähigkeit, soweit wie möglich und zumutbar zu erhalten oder wiederherzustellen“.

Dieses Entsiegelungsgebot geht über dasjenige des BauGB (siehe Rückbau- und Entsiegelungsgebot) hinaus, bei dem das Vorhandensein von Missständen oder Mängeln vorausgesetzt wird, die durch Modernisierungs- und Instandsetzungsmaßnahmen nicht mehr behoben werden können.

Siehe / Siehe auch: Rückbau- und Entsiegelungsgebot

Entwicklung ländlicher Räume

development of rural areas

Das Programm zur Entwicklung ländlicher Räume ist eines der finanziell bedeutendsten Förderprogramme der EU. So wurden z. B. dem Bundesland Hamburg für den Zeitraum 2000 bis 2006 140 Millionen Euro an EU-Mitteln zur Verfügung gestellt, die in agrar-umweltpolitische Maßnahmen und Küstenschutzprojekte investiert werden. Die Förderschwerpunkte reichen von Investitionen in landwirtschaftliche Betriebe über Ausgleichszahlungen in Natura 2000-Gebieten bis hin zum ökologischen Landbau.

Im Förderzeitraum 2007 bis 2013 werden die Förderungen über den Europäischen Landwirtschaftsfonds für die Entwicklung des ländlichen Raums (ELER) koordiniert. Dieser ist das neue, zentrale Finanzierungsinstrument der EU in den Bereichen Landwirtschaft und ländlicher Raum. Er vereint mehrere zuvor getrennte Förderfonds und soll zur Förderung der nachhaltigen Entwicklung des ländlichen Raums in der Gemeinschaft beitragen. Die Mittelverwendung ist in den Bundesländern unterschiedlich. So haben einige Länder Förderprogramme zur Entwicklung ländlicher Räume aufgelegt, in die neben EU-Mitteln auch Gelder von

Land und Bund fließen. Die „nachhaltige Entwicklung“ des ländlichen Raumes ist Hauptziel dieser Förderprogramme. So können z. B. mit dem niedersächsischen Programm „Entwicklung typischer Landschaften und der ländlichen Räume“ (ETLR) auch Maßnahmen zur Erhaltung des Orts- und Landschaftsbildes gefördert werden – oder Schritte zur Förderung des ländlichen Tourismus. Land- und forstwirtschaftliche Produktion sollen bei derartigen Programmen meist mit außerlandwirtschaftlichen Erwerbszweigen vernetzt werden.
Das Landwirtschaftsministerium von Mecklenburg-Vorpommern nennt für sein Programm zur Entwicklung ländlicher Räume als Anspruchsberechtigte: Landkreise, Kommunen, Gemeindeverbände, Teilnehmergemeinschaften, deren Zusammenschlüsse nach Landwirtschaftsanpassungs- und Flurbereinigungsgesetz (öffentliche Träger) und natürliche und juristische Personen und Personengemeinschaften des Privatrechts (private Träger).
Siehe / Siehe auch: Ländliche Räume, Natura 2000-Gebiet

Entwicklungsmaßnahme, städtebauliche

development measure, urban

Städtebauliche Entwicklungsmaßnahmen beziehen sich auf die erstmalige Entwicklung eines Ortes oder von Ortsteilen oder auf ihre Entwicklung im Rahmen eines neuen städtebaulichen Konzeptes. Ein solches Konzept kann vorsehen, dass neue Siedlungseinheiten entwickelt und Ortsteile zusammengelegt oder ergänzt werden. Die Gemeinde legt in einer Entwicklungssatzung das Teilgebiet der Gemeinde förmlich fest, in dem die Entwicklungsmaßnahme durchgeführt werden soll. Das Verfahren läuft ähnlich ab wie bei der städtebaulichen Sanierung. Auch hier können immobilienwirtschaftliche Unternehmen als Träger der Maßnahme eingesetzt werden. Für Entwicklungsträger gelten die gleichen Qualifikationsanforderungen wie für Sanierungsträger.
Siehe / Siehe auch: Sanierung, Sanierungsträger

Entwicklungssatzung

development rules; terms of reference for (a) development

Die Gemeinde kann durch Verabschiedung einer Entwicklungssatzung bebaute Bereiche im Außenbereich als im Zusammenhang bebaute Ortsteile festlegen und ihnen damit einen Innenbereichsstatus verleihen. Voraussetzung ist, dass Siedlungsansätze vorhanden sind und die Flächen im Flächennutzungsplan als Bauflächen dargestellt sind.
Diese Satzung, die zum Typus der Innenbereichssatzungen gehört, ermöglicht damit Eigentümern von unbebauten Grundstücken die Bebauung nach den Vorschriften des § 34 BauGB. Das Grundstück muss allerdings erschlossen sein bzw, die Erschließung muss zumindest gesichert sein.
Siehe / Siehe auch: Entwicklungsmaßnahme, städtebauliche

Entwurfsplanung

design planning

Die Entwurfsplanung ist die 3. Leistungsphase nach § 3 Abs. 4 der HOAI 2009 (Honorarordnung für Architekten und Ingenieure). Sie wird mit elf Prozent (Gebäude), 15 Prozent (Freianlagen), 14 Prozent (raumbildende Ausbauten) bewertet, bemessen am gesamten Honorar der Architekten und Ingenieure.
Der mit dem Bauvorhaben beauftragte Architekt erörtert mit dem Bauherrn den Vorentwurf und setzt sie in aussagekräftige Entwurfszeichnungen um. Diese Entwürfe werden optimiert im Maßstab 1:100 dem Bauherren vorgelegt. Gefällt der Entwurf, wird er zu Bauzeichnungen umgearbeitet und zur Genehmigung eingereicht.
Werden mehrere Entwürfe vom Bauherren gefordert, so tritt § 10 der HOAI in Kraft, nach der ein Architekt oder Ingenieur dem Auftraggeber für jede weitere umfassende Entwurfsplanung nach grundsätzlich verschiedenen Anforderungen ein höheres Honorar in Rechnung stellt.
Siehe / Siehe auch: Architekt, Entwurfszeichnungen, HOAI, Leistungsphasen, Vorplanung

Entwurfszeichnungen

design drawings

Die Entwurfszeichnungen sind die optimierten Vorschläge des Architekten auf die vorherige Vorplanung eines Bauherren. Sie werden im Maßstab 1:100 gezeichnet. Üblicherweise werden nach einigen geringfügigen Änderungswünschen des Bauherren die Bauantragszeichnungen erstellt.
Siehe / Siehe auch: Bauantrag, Bauantragszeichnungen, Entwurfsplanung, Vorplanung

Entziehung (Wohnungseigentum)

dispossession (freehold flat)

Unter bestimmten Voraussetzungen können die Wohnungseigentümer bei schweren Pflichtverletzungen von dem störenden Eigentümer die Veräußerung des Wohnungseigentums verlangen.
Dieses Entziehungsrecht fällt gemäß § 18 Abs. 1 Satz 2 WEG als gemeinschaftsbezogenes Recht

in die Ausübungsbefugnisse der teilrechtsfähigen Wohnungseigentümer-Gemeinschaft im Sinne des § 10 Abs. 6 Satz 3 WEG und obliegt nicht mehr den Wohnungseigentümern in ihrer Gesamtheit.
Die Voraussetzungen liegen insbesondere vor, wenn sich der Wohnungseigentümer trotz Abmahnung wiederholt grob gegen die ihm nach § 14 WEG obliegenden Pflichten verstößt, oder wenn der Wohnungseigentümer sich mit der Erfüllung seiner Verpflichtungen zur Lasten- und Kostentragung, also mit seinen regelmäßigen Hausgeldzahlungen, länger als drei Monate in Verzug befindet. Dieser rückständige Betrag muss mehr als drei vom Hundert des Einheitswertes seiner Wohnung betragen. Zum Nachweis dieses Betrages ist der Einheitswertbescheid vorzulegen, dessen Herausgabe vom zuständigen Finanzamt nicht verweigert werden darf.
Über das Verlangen beschließen die Wohnungseigentümer mit Mehrheit. Erforderlich ist eine Mehrheit von mehr als der Hälfte der stimmberechtigten Wohnungseigentümer.
Die vorgesehene Beschlussfassung über die Entziehung muss eindeutig aus der mit der Einladung zur Wohnungseigentümer-Versammlung übersandten Tagesordnung ersichtlich sein. Dem Entziehungsbeschluss muss grundsätzlich eine Abmahnung vorausgehen. Bereits ein einmaliger Verstoß gegen die Abmahnung rechtfertigt den Entziehungsbeschluss.
Siehe / Siehe auch: Einheitswert, Hausgeldrückstände

Erbbaugrundbuch

land register for leasehold interests

Mit Bestellung eines Erbbaurechts an einem Grundstück muss für dieses Recht ein eigenes Grundbuch – das Erbbaugrundbuch – eingerichtet werden.
Es ist ebenso aufgebaut wie das Grundbuch für Grundstücke. Auf dem Deckblatt steht in Klammer das Wort Erbbaugrundbuch.
Ins Bestandsverzeichnis wird ebenfalls die Bezeichnung Erbbaurecht und das belastete Grundstück, der Inhalt des Erbbaurechts einschließlich etwaiger Zustimmungserfordernisse für Belastungen, Veräußerungen und dergleichen durch den Grundstückseigentümer, sowie der Eigentümer des belasteten Grundstücks eingetragen. Abteilung I enthält den Inhaber des Erbbaurechts. Die Eintragungen in den übrigen Abteilungen entsprechen denen des Grundbuchs für Grundstücke.
Siehe / Siehe auch: Erbbaurecht, Erbbauzinsen

Erbbaurecht

ground lease; building lease; hereditary building (lease) right; inheritable building right; long leasehold

Das Erbbaurecht verleiht dem Berechtigten das Recht, auf oder unter fremdem Grundstück ein „Bauwerk" zu haben. Dieses ist wesentlicher Bestandteil des Erbbaurechts. Eine Zerstörung des Gebäudes hat auf das Erbbaurecht keinen Einfluss. Das Bauwerk ist Eigentum des Erbbauberechtigten. Im Normalfall wird es an einem unbebauten Grundstück begründet. Der Berechtigte wird im Erbbauvertrag zur Errichtung eines in seiner Nutzungsart bestimmten Gebäudes verpflichtet.
Weitere Pflichten können sich beziehen auf die Instandhaltung, Versicherung, Tragung der öffentlichen Lasten, Wiederaufbau bei Zerstörung, Heimfallanspruch des Erbbaurechtgebers bei Vertragsverletzung, Laufzeit, Erbbauzins, Vorrecht des Erbbauberechtigten bei Erneuerung des Erbbaurechts nach Ablauf, eine etwaige Verpflichtung des Erbbaurechtgebers zum Verkauf des Grundstücks an den Erbbauberechtigten usw.
Das Erbbaurecht kann auch an einem bebauten Grundstück begründet werden. Auf diese Weise erfolgt eine eigentumsrechtliche Trennung zwischen dem Grund und Boden und dem Gebäude. Außerdem ist die Begründung von Eigentümererbbaurechten möglich. In einem solchen Fall sind Erbbaurechtsgeber und Berechtigter identisch. Von dieser Möglichkeit wird häufig Gebrauch gemacht, um im Zuge der Durchführung eines Bauvorhabens eine einheitliche Verkaufsgrundlage für die zu errichtenden Hauseinheiten vorzubereiten.
Das Erbbaurecht war früher ein Instrument zur Versorgung einkommensschwacher Bevölkerungskreise mit Wohneigentum. Der Vorteil bestand darin, die Kosten für das Baugrundstück nicht aufbringen zu müssen. In neuerer Zeit wird das Erbbaurecht auch im Gewerbeimmobilienbereich eingesetzt. Der vereinbarte Erbbauzins liegt hier in der Regel über dem Wohnzwecken dienenden Erbbaurechten.
Das Erbbaurecht kann auch unentgeltlich vergeben werden. Wird aber ein Erbbauzins vereinbart, erfolgt die Absicherung über eine Reallast, die in Abteilung II des Erbbaugrundbuchs eingetragen wird. Das Erbbaurecht selbst kann im Grundbuch des Erbbaurechtgebers nur an 1. Rangstelle eingetragen werden.
Siehe / Siehe auch: Erbbaugrundbuch, Erbbauzinsen, Heimfallanspruch

Erbbaurechtsgesetz

German law on building leases

Siehe / Siehe auch: Erbbauvertrag

Erbbaurechtsverordnung

German ordinance on building leases

Die Erbbaurechtsverordnung wurde am 30. November 2007 in „Gesetz über das Erbbaurecht" (Erbbaurechtsgesetz - ErbbauRG) umbenannt. Inhaltlich gibt es jedoch keine Änderungen

Siehe / Siehe auch: Erbbauvertrag

Erbbauvertrag

building lease agreement

Wird zu Gunsten eines Dritten an einem Grundstück ein Erbbaurecht begründet, schließt der Erbbaurechtsgeber (Eigentümer des Grundstücks) mit dem Erbbauberechtigten einen Erbbauvertrag. Der Erbbauvertrag muss notariell beurkundet werden. In ihm werden die erforderlichen Eintragungsanträge an das Grundbuch gestellt (Eintragung des Erbbaurechts in Abt. II des Grundstücksgrundbuchs, Begründung des Erbbaurechts durch ein Erbbaugrundbuch, Absicherung des Erbbauzinses durch Eintragung einer Erbbaureallast in Abt. II des Erbbaugrundbuchs). Alle Vereinbarungen des Erbbauvertrages werden Inhalt des Erbbaurechts.

Dieser kann neben gesetzlich zu treffenden auch sonstige Inhalte haben.

Nach § 2 des Erbbaurechtsgesetzes (früher Erbbaurechtsverordnung) sind auf jeden Fall Vereinbarungen zu treffen über

- die Errichtung, die Instandhaltung und die Verwendung des Bauwerkes;
- die Versicherung des Bauwerkes und seinen Wiederaufbau im Falle der Zerstörung;
- die Tragung der öffentlichen und privatrechtlichen Lasten und Abgaben;
- eine Verpflichtung des Erbbauberechtigten, das Erbbaurecht beim Eintreten bestimmter Voraussetzungen auf den Grundstückseigentümer zu übertragen (Heimfall);
- eine Verpflichtung des Erbbauberechtigten zur Zahlung von Vertragsstrafen;
- die Einräumung eines Vorrechts für den Erbbauberechtigten auf Erneuerung des Erbbaurechts nach dessen Ablauf;
- eine Verpflichtung des Grundstückseigentümers, das Grundstück an den jeweiligen Erbbauberechtigten zu verkaufen.

Vereinbart werden kann auch das Erfordernis einer Zustimmung des Grundstückseigentümers zur Veräußerung und Belastung des Erbbaurechts. Wird ein Erbbauzins vereinbart, so wird er wie eine Reallast behandelt. Soll die Möglichkeit eingeräumt werden, den Erbbauzins zu erhöhen, muss die Begrenzung der Erhöhung beachtet werden, wenn das Erbbaurecht Wohnzwecken dient. Die Erhöhung darf in solchen Fällen nicht unbillig sein. Das Erbbaurecht wird für eine bestimmte Zeit vereinbart. Nach Ablauf der Zeit muss der Grundstückseigentümer dem Erbbauberechtigten eine Entschädigung für das bestehen bleibende Bauwerk bezahlen. Die Höhe der Entschädigung ist Vereinbarungssache.

Wenn es zur Befriedigung des Wohnbedürfnisses minderbemittelter Bevölkerungskreise bestellt ist, muss der Entschädigungsbetrag mindestens zwei Drittel des gemeinen Wertes (Verkehrswert) betragen. Eine Alternative ist die Verlängerung des Erbbaurechts.

Siehe / Siehe auch: Erbbaugrundbuch, Erbbaurecht, Erbbauzinsen, Reallast

Erbbauzinsen

ground rent; rent on ground (or building) lease; lease rent

Erbbauzinsen sind die im Erbbauvertrag vereinbarte Gegenleistung des Erbbauberechtigten für das Recht, das Grundstück des Erbbaurechtsgebers baulich nutzen zu können. Der Erbbauzins wird im Grundbuch durch Eintragung einer Reallast („Erbbauzinsreallast") abgesichert. Der Erbbauzins errechnet sich aus dem Wert des Baugrundstücks zum Zeitpunkt der Begründung des Erbbaurechts.

Einer Umfrage des Deutschen Städtetages von 1993 bei den Gutachterausschüssen zufolge betrug der Erbbauzinssatz im Schnitt für Einfamilienhäuser 4,04 Prozent, bei Geschoßhäusern 4,33 Prozent und im Gewerbe 5,95 Prozent.

Erbbauzinserhöhungen aufgrund einer Wertsicherungsklausel können ebenfalls in die Reallast mit einbezogen werden. (Früher konnten Ansprüche auf Erbbauzinserhöhungen nur über eine weitere Vormerkung zur Eintragung einer Reallast abgesichert werden). Dient das Erbbaurecht Wohnzwecken, müssen zwischen den Erhöhungen des Erbbauzinses jeweils mindestens drei Jahre verstreichen.

Die Erhöhung darf auch nicht „unbillig" sein. Sie wäre es, wenn sie über die Änderung der allgemeinen wirtschaftlichen Verhältnisse hinausginge. Maßstab für diese Änderung ist nach der Rechtsprechung einerseits die Änderungsrate beim Preisindex für die Lebenshaltung (heute als Verbraucherpreisindex bezeichnet) und andererseits die Änderung der Löhne bzw. Gehälter der Industriearbeiter und der Angestellten. Aus den beiden prozentualen Än-

derungsraten ist ein Mittelwert zu bilden. Wertsicherungsklauseln sind nach dem Preisklauselgesetz zulässig, wenn der Erbbauvertrag auf mindestens 30 Jahre abgeschlossen wird. Dient das auf Grund eines Erbbaurechts errichtete Bauwerk Wohnzwecken, so kann ein Anspruch auf Erhöhung des Erbbauzinses nur vereinbart werden, wenn dies nicht unbillig ist. Ein Erhöhungsanspruch ist regelmäßig als unbillig anzusehen, wenn und soweit die nach der vereinbarten Bemessungsgrundlage zu errechnende Erhöhung über die seit Vertragsabschluss eingetretene Änderung der allgemeinen wirtschaftlichen Verhältnisse hinausgeht.
Die Rechtsprechung hat präzisiert, was darunter zu verstehen ist, nämlich das arithmetische Mittel der Veränderungsraten aus Verbraucherpreisindex und der Gehälter bzw. Löhne von Arbeitnehmern.
Erbbauzinsen gehören wie Darlehensgebühren, Bausparkassendarlehenszinsen oder Bürgschaftsgebühren zu den Werbungskosten, die das Finanzamt anerkennt, sofern der Erbbauberechtigte aus seinem Erbbaurecht Einkünfte aus Vermietung und Verpachtung erzielt. Erhöhen sich Erbbauzinsen, können sie allerdings im freifinanzierten Wohnungsbau nicht auf Mieter umgelegt werden.
Siehe / Siehe auch: Erbbaugrundbuch, Erbbaurecht

ErbbR

ground lease; building lease; hereditary building (lease) right; inheritable building right; long leasehold

Siehe / Siehe auch: Erbbaurecht

Erbe und Grundbuch

inheritance and land register

Bei Tod des im Grundbuch eingetragenen Eigentümers wird das Grundbuch unrichtig. Der Erbe muss einen Antrag auf Berichtigung stellen. Grundsätzlich muss der Erbe dazu einen Erbschein oder ein bedenkenfreies notarielles Testament vorlegen.
Besteht eine Erbengemeinschaft, die sich noch nicht aufgeteilt hat, so werden diese Erben in ungeteilter Erbengemeinschaft („zur gesamten Hand") als Eigentümer eingetragen. Eine Aufteilung in Bruchteilseigentum muss besonders beantragt werden.

Erbpacht

long (building) lease; hereditary leasehold

Erbpacht ist ein dingliches Recht aus der Zeit vor 1900, das weder in das BGB noch in die Grundbuchordnung übernommen, sondern durch das Einführungsgesetz zum BGB dem landesrechtlichen Regelungsbereich zugeteilt wurde. Die Erbpacht bedeutete eine dauernde Trennung zwischen Eigentum und dem Recht der Bodennutzung durch den Pächter. Das Nutzungsrecht war vererblich und veräußerlich. An den Eigentümer mussten jährlich bestimmte Leistungen (Natural- oder Geldpacht) entrichtet werden. Hinzu kam eine Abgabe aus Anlass der Übertragung der Erbpacht an einen Erwerber oder Erben. Zum Zeitpunkt des Inkrafttretens des BGB am 1.1.1900 gab es noch in Mecklenburg-Schwerin, Braunschweig, Lippe-Schaumburg und in Thüringen Erbpachtverhältnisse.
In Preußen wurden sie schon 1850 durch die zwingende Einführung der Ablösbarkeit der aus der Erbpacht resultierenden Grundlasten bedeutungslos. Erbpachtverträge spielen heute keine Rolle mehr. Der Begriff wird jedoch umgangssprachlich nach wie vor auch für das Erbbaurecht verwendet, was zu Missverständnissen führen kann. Geblieben ist im BGB die rein schuldrechtliche Regelung des Pachtvertrages, der jedoch keine bauliche Nutzung des Pachtgrundstücks vorsieht.
Siehe / Siehe auch: Erbbaurecht, Pachtvertrag

Erbrechtsreform 2009

judicial reform 2009 of the German inheritance law

Am 1. Januar 2010 ist eine Reform des deutschen Erbrechts in Kraft getreten. Die Grundzüge:
Die Gründe, aus denen der Erblasser einem Erben seinen Pflichtteil entziehen kann, sind modernisiert worden. Die Entziehungsgründe werden künftig für Abkömmlinge, Eltern und Ehegatten oder Lebenspartner gleichermaßen angewendet, während es bisher Unterschiede gab.
Besonderen Schutz gibt es nun für Personen, die dem Erblasser besonders nahe stehen – z. B. Kinder, Stief- und Pflegekinder, Ehepartner, Lebenspartner. Begeht ein Pflichtteilsberechtigter diesen gegenüber schwere Straftaten oder trachtet er ihnen gar nach dem Leben, kann ihm der Pflichtteil genauso entzogen werden, als ob er gegen den Erblasser selbst gehandelt hätte.
Der Entziehungsgrund „ehrloser und unsittlicher Lebenswandel" bei Kindern des Erblassers ist entfallen. Nun berechtigt – bei einem erweiterten Personenkreis – eine rechtskräftige Verurteilung zu einer Freiheitsstrafe von mindestens einem Jahr ohne Bewährung zur Entziehung des Pflichtteils. Zusätzlich muss es dem Erblasser unzumutbar sein, dem Verurteilten seinen Pflichtteil zu belassen. Auch die gerichtlich angeordnete Unterbringung in einer Entziehungsanstalt oder einem psychiatrischen

Krankenhaus wegen einer ähnlich schweren, vorsätzlichen Tat ist ein Entziehungsgrund. Wird hauptsächlich ein Eigenheim oder ein Unternehmen vererbt, muss der Erbe oft schnell verkaufen, um Pflichtteile auszahlen zu können. Einen Ausweg bietet eine bereits existierende Stundungsregelung, die jedoch früher nur unter engsten Voraussetzungen dem pflichtteilsberechtigten Erben offen stand. Mit der Reform wurde die Stundung unter erleichterten Voraussetzungen und für jeden Erben durchsetzbar. So kann z. B. der Erbe eines Eigenheims gegenüber dem Pflichtteilsberechtigten eine Stundung der Auszahlung des Pflichtteils verlangen, wenn dies für ihn derzeit eine unbillige Härte darstellen würde. Die Entscheidung über eine Stundung trifft auf Antrag das Nachlassgericht.

Schenkungen des Erblassers in seinen letzten zehn Jahren können zu einem Pflichtteilsergänzungsanspruch führen – d.h. der Pflichtteil wird so berechnet, als ob das Vermögen des Erblassers durch die Schenkung nicht verringert worden wäre. Nun gibt es gleitende Fristen. Die Schenkung wird für die Berechnung des Ergänzungsanspruchs immer weniger berücksichtigt, je länger sie zurück liegt. Beispiel: Schenkung im ersten Jahr vor dem Erbfall: Voll einbezogen. Schenkung im dritten Jahr: Zu 8/10 einbezogen.

Zwei Drittel aller Pflegebedürftigen werden zu Hause gepflegt. Pflegeleistungen werden nun bei der Erbauseinandersetzung besser honoriert. Dies betrifft speziell Fälle, in denen keine testamentarische Ausgleichsregelung getroffen wurde. So gibt es nun auch dann erbrechtliche Ausgleichsansprüche, wenn nicht zugunsten der Pflege völlig auf ein eigenes Einkommen verzichtet wurde.

Die Verjährung familien- und erbrechtlicher Ansprüche wurde an die seit 2001 im Rahmen der Schuldrechtsreform eingeführte Regelverjährung von drei Jahren angepasst. In einigen Fällen blieb jedoch die 30-jährige Verjährung erhalten.

Siehe / Siehe auch: Erbschaftssteuerreform, Immobilienbewertung für Erbschaftssteuer

Erbschafts- und Schenkungssteuer

inheritance tax; death tax; Capital Transfer Tax (CTT) (archaic)

Die Erbschaft- und Schenkungsteuer ist eine Steuer, die bei der Übertragung (Schenkung oder Erbschaft) von Vermögen vom Begünstigten (Erbe oder Beschenkter) zu zahlen ist. Die Höhe der Steuer hängt bei Vererbung bzw. Schenkung von Grundstücken von dessen Grundbesitzwert ab, der sich seit der Erbschaftssteuerreform zum 01.01.2009 am Verkehrswert des Grundstücks ausrichten muss. Zweiter Einflussfaktor ist der Verwandtschaftsgrad zwischen Erblasser und Erben.

Grundsätzlich gilt:

Je geringer der steuerpflichtige Erwerb und je enger der Verwandtschaftsgrad, desto niedriger der Steuersatz (in Prozent des steuerpflichtigen Erwerbs) und somit die Steuerschuld. Die sich aus der Reform ergebende erhebliche Benachteiligung von Geschwistern als Erben wurde mit der Reform der Reform zum 01.01.2010 wieder korrigiert. Die Steuersätze in der Steuerklasse II bewegen sich nun je nach Erbschaftswert zwischen 15 und 43 Prozent. Nach der Reform zum 01.01.2009 waren dies zunächst 30 bis 50 Prozent gewesen.

Siehe / Siehe auch: Bedarfsbewertung, Erbschaftssteuerreform, Immobilienbewertung für Erbschaftssteuer

Erbschaftssteuerreform

inheritance tax reform

Die jüngsten Reformen des deutschen Erbschaftssteuerrechts haben mit Wirkung zum 01.01.2009 und zum 01.01.2010 stattgefunden. Anlass für die erste und umfassendere Reform war ein Urteil des Bundesverfassungsgerichts vom 07.11.2006 (Az. 1 BvL 10/02). Das Gericht forderte darin den Gesetzgeber auf, das Erbschaftssteuersystem bis Ende 2008 zu reformieren. Eine Kernforderung war, dass für alle Erbschaftsgegenstände eine Bewertung nach dem gemeinen Wert bzw. Verkehrswert eingeführt werden soll, um Ungleichbehandlungen zu vermeiden. Insbesondere wurde das bisherige Verfahren bei der Bewertung von Betriebsvermögen, Grundvermögen und Anteilen an Kapitalgesellschaften angegriffen. Diese Erbschaftsgegenstände würden oft weit unter ihrem tatsächlichen Wert angesetzt.

Mit der zum 01.01.2009 eingetretenen Reform des Erbschaftssteuerrechts wurden diese Forderungen umgesetzt. Zum 01.01.2010 erfolgte eine Anpassung der Vorschriften im Rahmen des sogenannten Wachstumsbeschleunigungsgesetzes mit dem Ziel, der Wirtschaftskrise entgegen zu wirken. Im Immobilienbereich wirken sich besonders folgende Änderungen beider Reformen aus:

- Erhöhung der Freibeträge (Ehegatten, eingetragene Lebenspartner: 500.000 Euro, Kinder: 400.000 Euro, Enkel, deren Eltern verstorben sind: 200.000 Euro);
- Weitgehende Gleichstellung eingetragener Lebenspartner mit Ehegatten; Lebenspartner bleiben jedoch in Steuerklasse III, was sich

auf den Steuersatz auswirkt;
- Anhebung der Steuersätze in Steuerklassen II und III;
- Steuerbefreiungen für selbstgenutzte Wohnimmobilien in EU: steuerfrei für Ehegatten und eingetragene Lebenspartner, wenn der Erbe die Immobilie zehn Jahre als Hauptwohnsitz selbst nutzt, ebenso bei Kindern oder Enkeln, deren Eltern nicht mehr leben, mit der Einschränkung, dass nur Immobilien bis zu 200 Quadratmeter Wohnfläche steuerfrei sind. Darüber hinaus gehende Flächen müssen versteuert werden.
- Stundung: Bei vermieteten Wohnimmobilien und selbstgenutzten Ein- und Zweifamilienhäusern sowie Eigentumswohnungen wird Erbschaftssteuer für bis zu zehn Jahre gestundet, wenn ihre Entrichtung den Verkauf der Immobilie nötig machen würde. Für die Dauer der Selbstnutzung kann Stundung bei Ein- und Zweifamilienhäusern und Eigentumswohnungen gewährt werden. Kann auch nach Ende der Selbstnutzung (z. B. durch Vermietung) die Steuer nur durch Verkauf bezahlt werden, kann sogar weiterhin gestundet werden. Zinslos ist die Stundung nur bei Erbschaften, nicht bei Schenkungen (§ 28 ErbStG).
- Beim Erben von Betrieben kann der Steuerpflichtige seit 01.01.2009 zwischen zwei Modellen unwiderruflich wählen. Hier wurden zum 01.01.2010 die Voraussetzungen für Steuererleichterungen abgemildert. Beim 5-Jahres-Modell (vorher: 7-Jahres-Modell) versteuert der Erbe 15 Prozent des Betriebsvermögens sofort. Hält er den Betrieb fünf Jahre lang (zuvor: sieben Jahre lang), bleiben 85 Prozent steuerfrei. Die Lohnsumme darf nicht unter 400 Prozent (zuvor: 650 Prozent) der Ausgangslohnsumme sinken (das ist die durchschnittliche Lohnsumme der letzten fünf Jahre vor dem Erbfall). Ferner darf das Verwaltungsvermögen nicht mehr als 50 Prozent des Betriebsvermögens ausmachen. Auch die restlichen 15 Prozent des Betriebsvermögens bleiben außer Ansatz, sofern das Vermögen nicht mehr als 150.000 Euro beträgt. Bei größeren Vermögen verringert sich dieser sogenannte gleitende Abzugsbetrag anteilig (§ 13a Abs. 2 ErbStG). Beim 7-Jahres-Modell (zuvor: 10-Jahres-Modell) fällt für das gesamte Betriebsvermögen keine Erbschaftssteuer an, wenn der Erbe den Betrieb sieben Jahre (zuvor: zehn Jahre) lang fortsetzt, die Lohnsumme während dieser Zeit nicht unter 700 Prozent (zuvor: 1.000 Prozent) der Ausgangslohnsumme sinkt und das Verwaltungsvermögen zehn Prozent des Betriebsvermögens nicht überschreitet. Werden die Bedingungen nicht eingehalten, findet eine Nachversteuerung statt.
- Steuererleichterung für vermietete Immobilien: Diese werden nach § 13c ErbStG nur mit 90 Prozent ihres Wertes angesetzt.
- Bewertungsverfahren: Geändert wurden die Bewertungsregeln im Bewertungsgesetz und im Baugesetzbuch. Die neuen für jede Immobilienart unterschiedlichen Bewertungsregeln sollen dazu führen, dass der Immobilienwert sich stärker am „gemeinen Wert" bzw. Verkehrswert ausrichtet.

Für im Zeitraum 01.01.2007 bis 31.12.2008 angefallene Erbschaften konnten Erben eine rückwirkende Anwendung der neuen Regelungen beantragen. Dies galt nicht für Freibeträge und Bewertungsvorschriften, sondern ausschließlich für die neuen Verschonungsvorschriften für Betriebsvermögen und vermietete Wohnimmobilien sowie die Steuerbefreiungen für Ehegatten und Kinder bei Selbstnutzung. Im Rahmen des Wachstumsbeschleunigungsgesetzes wurden nicht nur die Voraussetzungen für Steuerbefreiungen für Erben von Betrieben abgemildert, sondern auch die Steuersätze in der Steuerklasse II (z. B. für Geschwister) nach der ursprünglichen Anhebung vom 01.01.2009 wieder gesenkt (von 30 bis 50 Prozent auf 15 bis 43 Prozent).

Siehe / Siehe auch: Erbschafts- und Schenkungssteuer, Immobilienbewertung für Erbschaftssteuer

Erbschaftssteuerwert

value of estate / death duty or inheritance tax for tax purposes

Siehe / Siehe auch: Gemeiner Wert

Erbschaftsteuer / Schenkungsteuer

inheritance tax; death tax; Capital Transfer Tax (CTT) (archaic)

Siehe / Siehe auch: Erbschafts- und Schenkungssteuer

Erbvertrag

contract of succession by inheritance; deed of inheritance

Der Erbvertrag stellt wie auch das Testament eine Möglichkeit dar, den letzten Willen zu regeln.

Im Unterschied zum Testament ist er jedoch keine einseitige Verfügung, die einseitig wieder zurückgenommen werden kann. Der Erbvertrag gewährt dem Begünstigten eine Anwartschaft auf die ihm zugedachten Erbschaftsgegenstände. Er kann auch Auflagen an den Erben enthalten. In vielen Fällen wird der Erbvertrag mit anderen Verträgen verbunden – etwa einer Grundstücksübertragung oder einem Ehevertrag. Abgeschlossen wird der Erbvertrag vor einem Notar. Der Erblasser muss persönlich anwesend sein. Wer nur erben soll, darf sich vertreten lassen. Ehegatten setzen sich in einem Erbvertrag oft gegenseitig zu Erben ein.

Der Erbvertrag ist für den Erblasser insofern bindend, als er keine dem Vertrag widersprechende andere letztwillige Verfügung (Erbvertrag oder Testament) mehr treffen darf. Er kann jedoch zu Lebzeiten weiterhin frei über sein Vermögen verfügen. Nimmt er eine sogenannte beeinträchtigende Schenkung an einen Dritten vor, um den Vertragserben zu benachteiligen, hat der Vertragserbe gegen den Dritten nach dem Ableben des Erblassers einen Herausgabeanspruch. Eine beeinträchtigende Schenkung wird von der Rechtsprechung angenommen, wenn der Erblasser an der Schenkung kein lebzeitiges Eigeninteresse gehabt hat. Er muss also gehofft haben, durch die Schenkung eine Folge auszulösen, von der er selbst noch zu Lebzeiten profitieren könnte – z.B. jemanden an sich zu binden, der dann bei Eintritt der Pflegebedürftigkeit für ihn sorgen würde. Auch eine sittliche Pflicht wie eine Dankessschuld kann ein solches Interesse an einer Schenkung begründen. Es gilt jedoch nicht als lebzeitiges Eigeninteresse, wenn nur für eine Gleichbehandlung der Kinder gesorgt werden soll, wenn also kurz vor dem Todesfall der Erblasser Geld vom Konto abhebt, um es dem Kind zu schenken, welches laut Erbvertrag weniger bekommen sollte (BGH, Urteil vom 29.6.2005, Az. IV ZR 56/04).

Die gesetzliche Regelung des Erbvertrages findet sich in § 1941 und §§ 2274 ff. BGB.

Siehe / Siehe auch: Testamentsvollstrecker, Erbrechtsreform 2009, Testament, Immobilienbewertung für Erbschaftssteuer, Pflichtteil, Restpflichtteil, Vermächtnis

Erdwärmeheizung / Geothermie

geothermal heating system / geothermal energy

Eine Erdwärmeheizung nutzt die in der äußeren Erdkruste gespeicherte Einstrahlungsenergie der Sonne. In 10 bis 20 Meter Tiefe liegt die Temperatur des Erdreichs in Mitteleuropa durchschnittlich bei ca. 13 Grad Celsius, in größeren Tiefen steigt sie an. Um die Erdwärme nutzen zu können, müssen sogenannte Erdwärmekollektoren bzw. -Sonden im Erdreich versenkt werden. Im Prinzip handelt es sich bei den Wärmekollektoren um mit Wasser gefüllte Kunststoffrohre. Diese sind über eine Wärmepumpe mit dem Hausheizkreislauf gekoppelt. Die Wärmepumpe komprimiert über einen Verdichter das Wasser auf einen höheren Druck. Dies hat zur Folge, dass sich die von der Erdwärme bereits erzeugte Temperatur erhöht. Sie erreicht schließlich Werte, die ihre Nutzung zum Heizen ermöglichen.

Der Vorteil von Erdwärmeheizungen ist die Unabhängigkeit von fossilen Energieträgern und Energieversorgern. Nachteil ist, dass die Wärmepumpe Strom benötigt und einen relativ hohen Verbrauch hat. Man geht davon aus, dass die erzeugte Heizenergie zu 75 Prozent aus Erdwärme und zu 25 Prozent aus dem Stromverbrauch der Wärmepumpe stammt. Wieviel Strom eine Wärmepumpe konkret verbraucht, lässt sich schwer sagen, da der Stromverbrauch von vielen Faktoren abhängt. Die Effizienz einer Erdwärmeheizung ist bei einem gut gedämmten Haus besser, da weniger Heizwärme zu erzeugen ist. Die Vorlauftemperatur der Heizanlage sollte möglichst gering sein. Die Vorlauftemperatur ist die Temperatur, die das Heizungswasser hat, wenn es die Heizanlage in Richtung Heizkörper verlässt. Geringe Vorlauftemperaturen von 30 bis 50 Grad Celsius ermöglichen eine Fußbodenheizung. Auch ein älteres Haus mit herkömmlichen Heizkörpern kann durchaus mit einer Wärmepumpe ausgestattet werden. Hier ist jedoch eine speziell ausgelegte Anlage mit höherer Vorlauftemperatur (50 bis 70 Grad Celsius) nötig. Je kleiner die Temperaturdifferenz zwischen Erdreich und Vorlauftemperatur ist, die die Wärmepumpe überbrücken muss, desto höher ist ihre Effektivität. Bei einer Radiatoren-Heizung ist die Effektivität meist geringer.

Siehe / Siehe auch: Dämmstoffe, Energetische Gebäudeoptimierung

Erfolgsabhängige Entlohnung

performance-based compensation

Siehe / Siehe auch: Werkvertrag / Maklervertrag / Auslobung

Erfolgsanalysen für Objektangebotsanzeigen

performance analysis of ads offering objects

Einer der wesentlichen Erfolgsfaktoren im Immobilienvertrieb ist die Objektwerbung. Gleichzeitig handelt es sich bei Maklern um den bedeutendsten

Kostenblock im Rahmen der Auftragsbearbeitungskosten. Aber auch für Bauträger ist es wichtig, den Erfolgsbeitrag der Anzeigen ständig zu beobachten und zu messen. Dabei geht es zunächst darum, die sich auf ein Inserat meldenden Interessenten bestimmten Reaktionsgruppen zuzuordnen. Wer sich auf eine Anzeige als Interessent meldet ist – im schlimmsten Fall – kein Kunde. Er kommt also auch nicht als „Karteikunde" für andere Objekte aus dem Angebotsprogramm in Frage. Die zweite Reaktionsgruppe besteht in Interessenten, die bereits bekannt und vorgemerkt sind, für das Objekt aber nicht in Frage kommen. Wenn diese Gruppe nicht unbedeutend ist, stellt sich die Frage, ob die Zielgruppenausrichtung der Angebotsanzeige falsch war.
Als dritte Reaktionsgruppe kommen Personen in Frage, die bereits bekannt bzw. vorgemerkt sind und die für das angebotene Objekt auch in Frage kommen. Bei dieser Gruppe stellt sich die Frage, warum ihr das Objekt nicht schon vor Aufgabe der Anzeige angeboten worden ist. Bei der vierten Reaktionsgruppe handelt es sich um neue Interessenten, die zwar nicht für das angebotene Objekt in Frage kommen, aber doch für andere Objekte aus dem Angebotssortiment. Dieser Kunde zählt also zu den potentiellen Abschlusspartnern. Die fünfte Reaktionsgruppe ist die interessanteste, weil sie aus möglichen Abschlusspartnern für das angebotene Objekt besteht. Hierauf müssen sich die Verhandlungsbemühungen konzentrieren.
Literaturhinweis: Sailer/Langemaack „Kompendium für Makler, Verwalter, Sachverständige und Bauträger", Stuttgart

Erfolgsfaktoren (Immobilien)

success factors (real estate)

Erfolgsfaktoren sind strategische Faktoren, welche ein erfolgreiches Unternehmen von weniger erfolgreichen Unternehmen unterscheidet. Zu diesen Faktoren zählen sowohl der Standort einer Immobilie als auch bei einzelhandelsgenutzten Immobilien die Gestaltung des Verkaufsraums / Schaufensters oder das Kundenbewusstsein des jeweiligen Unternehmens. Ebenso zählen zu den Erfolgsfaktoren die Kundenorientierung und der darauf abgestimmte Kundenservice und die Immobilie selbst. Die Erfolgsfaktoren der Immobilie liegen in der ansprechenden Straßenfront, welche die Passanten zum Einkaufen einlädt. Zum anderen die Erdgeschosslage mit einem stufenlosen Zugang in den Verkaufsraum, der einen Zutritt mühelos macht und auch für gehbehinderte Kunden keine Barriere darstellt. Auch der ideale Zuschnitt der Verkaufsfläche mit im Verhältnis angemessenen Nebenflächen in Nicht-Erdgeschosslagen und das Verhältnis, wie bereits angesprochen, von Ladengröße und Frontbreite. Weitere Erfolgsfaktoren einer Immobilie sind das gute Umfeld der Immobilie, z. B. 1a-Lage oder Konkurrenzsituation, gleichmäßige Kundenfrequenz und Parkmöglichkeiten. Das bedeutet im Einzelnen, dass schmale, lange Läden weniger vorteilhaft sind als großräumige, möglichst rechteckige Läden mit einer Schaufensterfront von mindestens fünf laufenden Metern. Hier ist zu beachten, dass die Front das Wertvollste jeder Ladeneinheit darstellt. Die Standortentscheidung ist eine der langfristigsten Entscheidungen des Einzelhandelsunternehmens. Da sich in den letzten zwei Jahrzehnten die Einzelhandelslandschaft grundlegend verändert hat, entstanden großflächige Verkaufsstätten, der Grad der Filialisierung stieg.
Zur Erfolgswahrscheinlichkeit einer einzelhandelsgenutzten Immobilie ist eine präzise Untersuchung des Standortes unumgänglich. Wichtige Punkte bei der Untersuchung sind das Standortumfeld, die baurechtliche Situation, die Nachfragesituation und die Bevölkerungsstruktur, die Konkurrenzsituation und die bauliche Konzeption der Immobilie. Diese Faktoren sind alle bezogen auf die Immobilie. Bei der Nachfragesituation und der Konkurrenzsituation ist gemeint: Welche Immobilien werden zurzeit am Markt besonders nachgefragt und wie sieht das Angebot aus? Generell sind für die Standortwahl folgende Kriterien von besonderer Bedeutung: Hohe Bevölkerungsdichte im Einzugsgebiet, gute überregionale Verkehrsanbindung, gute Erreichbarkeit des Standortes, hohe Verkehrsfrequenzen, Käuferverhalten im Einzugsgebiet, hoher Anteil an Familien mit Kindern, Frequentierte, gut sichtbare Lage, hohes Kaufkraftniveau im Einzugsgebiet.
Zu unterscheiden sind innerbetriebliche und außerbetriebliche Erfolgsfaktoren. Zu den innerbetrieblichen Erfolgsfaktoren gehört natürlich hauptsächlich das Marketing, doch auch die Unternehmensstrategie mit der Festlegung der Betriebsgröße, der Finanzierung, der Beschaffung, des Personals, der Organisation und Führung, aber auch der Service und die Ladengestaltung zählen zu den innerbetrieblichen Erfolgsfaktoren. Die außerbetrieblichen Erfolgsfaktoren teilen sich auf in die Wettbewerbssituation, die Nachfrage, d.h. Marktsituation, und die Wahl des Standortes. Es ist zu beachten, dass sich die innerbetrieblichen und die außerbetrieblichen Faktoren gegenseitig beeinflussen können, da interne Faktoren beispielsweise durch die Kun-

den wahrgenommen und durch die Beurteilung durch den Kunden zu externen Faktoren werden. Die internen Faktoren werden auch durch die Wettbewerbssituation beeinflusst.
Ist der Wettbewerb an einem Standort besonders groß, können Innovationen oder Marketingstrategien für eine bessere Kundenbindung sorgen.
Siehe / Siehe auch: Zoning

Erfolgsprinzip (Maklergeschäft)
principle of success (brokerage)

Das Erfolgsprinzip besagt, dass zugunsten des Maklers nur dann ein Provisionsanspruch entsteht, wenn durch seine Maklertätigkeit ein Vertrag wirksam zustande kommt. Gelingt dies dem Makler nicht, hat er keinen Anspruch auf Vergütung oder Aufwendungsersatz. Abgemildert werden können die Auswirkungen dieses Prinzip dadurch, dass mit dem Auftraggeber ausdrücklich ein Aufwendungsersatz für den Nichterfolgsfall vereinbart wird.
Das Erfolgsprinzip gilt auch bei Vereinbarung von Alleinaufträgen und ist jedenfalls im Rahmen von Vertragsformularen nicht abdingbar. Die Wirkungsweise des Erfolgsprinzips führt dazu, dass der Makler aus eigenem Interesse nur Aufträge zu Angebotsbedingungen übernehmen sollte, die am Markt auch durchsetzbar sind.
Siehe / Siehe auch: Prinzipien des Maklergeschäfts, Alleinauftrag

Erfolgsquote (Maklergeschäft)
success rate (brokerage)

Die Erfolgsquote im Maklergeschäft gibt an, wie groß der Anteil der durch den Makler erfolgreich zum Abschluss gebrachten Aufträge gemessen an allen von ihm bearbeiteten Aufträgen ist.
Sie drückt mit anderen Worten die Wahrscheinlichkeit aus, mit der die Bearbeitung eines Maklerauftrages zum Abschluss des angestrebten Hauptvertrages geführt hat.
Die Erfolgsquote wird im Wege einer Erfolgsanalyse ermittelt. Es kann sich dabei um eine Totalanalyse oder um eine Partialanalyse handeln. Gegenstand der Totalanalyse sind alle in einem bestimmten Zeitraum bearbeiteten Makleraufträge. Bei der Partialanalyse werden nur bestimmte Segmente (z. B. alle Alleinaufträge, alle Aufträge die sich auf Mietwohnungen beziehen, alle Aufträge im Bereich der Wohnimmobilien, alle Aufträge mit einem Auftragsvolumen von bis zu 500.000 Euro usw.) der Analyse unterworfen.
Aus den gewonnenen Erkenntnissen ergeben sich für das Maklerunternehmen Umsteuerungsmöglichkeiten (Einschränkung der Geschäftstätigkeit mit niedriger Erfolgsquote, Stärkung der Geschäftsbereiche mit hoher Erfolgsquote.).

Ergänzungs- oder Einbeziehungssatzung
supplementary articles or articles of incorporation

Schon früher hatten die Gemeinden die Möglichkeit, mit Hilfe einer Abrundungssatzung Teile des Außenbereiches in den unbeplanten Innenbereich einzubeziehen und damit ohne Bebauungsplan Baurecht zu schaffen. Allerdings mussten die zusätzlich gewonnenen Flächen ausschließlich der Wohnbebauung dienen. Seit 1.1.1998 ist diese Restriktion fortgefallen. So können seither auch Außenbereichsflächen, die an Gewerbegebiete angrenzen und damit eine entsprechende Vorprägung gegeben ist, in den Innenbereich einbezogen werden.
Sind die Flächen im Flächennutzungsplan als Bauflächen ausgewiesen und wird durch die Einbeziehung dieser Flächen eine Begradigung der Grenzen zwischen Innen- und Außenbereich bzw. eine Vereinfachung der Flächenstruktur an den Rändern des Innenbereichs erreicht, dann gilt Innenbereichsrecht auch für die einbezogenen Flächen. Eine Genehmigung ist dann für die Satzung nicht erforderlich. Man spricht hier auch von einer Erweiterungssatzung. Ist die Satzung nicht aus einem Flächennutzungsplan entwickelt worden, bedarf sie der Genehmigung. In einer solchen Satzung können dann auch die Baugebietsart und einzelne Maße der baulichen Nutzung wie in einem Bebauungsplan festgesetzt werden.

Ergänzungspflichtteil
completion of the compulsory portion (adding equivalent of donations to estate value)

Versucht ein Erblasser, den gesetzlichen Pflichtteil eines seiner Erben zu verringern, indem er sein Vermögen teilweise bereits zu Lebzeiten an jemand anderen verschenkt, hat der pflichtteilsberechtigte Erbe immer noch Anspruch auf den Ergänzungspflichtteil. Das bedeutet: Schenkungen des Erblasser in den letzten zehn Jahren vor dem Erbfall werden dem Nachlass anteilig hinzu gerechnet. Sie erhöhen den Nachlasswert und somit die Höhe des Pflichtteils.
Allerdings ist der Umfang, in dem eine Schenkung dem Nachlasswert hinzugerechnet wird, vom zeitlichen Abstand der Schenkung zum Erbfall abhängig. Wurde die Schenkung zum Beispiel innerhalb des ersten Jahres vor dem Erbfall durchgeführt,

wird sie voll angerechnet. Mit jedem weiteren Jahr Abstand zum Erbfall berücksichtigt man die Schenkung zu einem Zehntel weniger. Nicht mehr berücksichtigt werden Schenkungen, die zum Zeitpunkt des Erbfalls mindestens zehn Jahre zurück liegen. Die Frist läuft von dem Zeitpunkt an, zu dem der Erbschaftsgegenstand Eigentum des Beschenkten geworden ist. Bei Grundstücken ist dies der Moment der Grundbucheintragung. Erhielt ein Ehegatte die Schenkung, beginnt die Frist erst mit Auflösung der Ehe zu laufen. Dies kann der Moment der Scheidung oder der Zeitpunkt des Todes eines Ehegatten sein. Die gesetzliche Regelung des Ergänzungspflichtteils findet sich in § 2325 BGB.

Siehe / Siehe auch: Erbrechtsreform 2009, Erbschaftssteuerreform, Immobilienbewertung für Erbschaftssteuer, Pflichtteil, Restpflichtteil, Testament

Erhaltungsaufwand (Einkommensteuer - Vermietung und Verpachtung)

maintenance cost/ expenditure (income tax - income from rent and lease)

Im Gegensatz zum Herstellungsaufwand wird durch Erhaltungsmaßnahmen lediglich Vorhandenes ersetzt oder verbessert (z. B. alte Holzfenster durch Fenster mit Kunststoffrahmen). Vermieter dürfen den Erhaltungsaufwand grundsätzlich sofort in voller Höhe als Werbungskosten bei ihren Einkünften aus Vermietung und Verpachtung steuermindernd absetzen.

Einschränkungen gibt es hinsichtlich des so genannten anschaffungsnahen Erhaltungsaufwandes: Das Steueränderungsgesetz 2003 schrieb eine frühere Verwaltungsauffassung gesetzlich fest. Es entstand die derzeit gültige Fassung des § 6 Abs.1 Nr.1 a EStG, nach der Aufwendungen (ohne Mehrwertsteuer) zur Instandsetzung und Modernisierung eines Gebäudes als Herstellungskosten anzusehen sind, wenn sie innerhalb von drei Jahren nach Anschaffung 15 Prozent der Anschaffungskosten übersteigen.

Die Vorschrift gilt nicht für Aufwendungen aufgrund üblicher jährlich wiederkehrender Erhaltungsarbeiten oder für Aufwendungen für Erweiterungen gemäß § 255 Abs.2 S.1 HGB. Diese sind bei der Berechnung der 15 Prozent Grenze herauszurechnen. Herstellungsaufwand für Gebäude ist grundsätzlich nach § 7 EStG mit zwei Prozent jährlich über die übliche Nutzungsdauer von 50 Jahren abzuschreiben. Nach den Einkommenssteuer-Richtlinien 2003 ist es allerdings auf Antrag möglich, dass Herstellungsaufwand nicht nach § 7 EStG abgeschrieben, sondern als sofort abziehbarer Erhaltungsaufwand qualifiziert wird – allerdings nur bis zu einer Obergrenze von 2.100 Euro (Rechnungsbetrag ohne Mehrwertsteuer) für die einzelne Baumaßnahme. Hauseigentümer können nach § 82 b EStDV (Einkommenssteuer-Durchführungsverordnung) größere Erhaltungsaufwendungen bei Wohngebäuden gleichmäßig auf zwei bis fünf Jahre verteilen. Diese Regelung gilt für Aufwendungen, die nach dem 31.12.2003 angefallen sind.

Der Bundesfinanzhof hat sich 2001 und 2003 in zwei Grundsatzentscheidungen zu den anschaffungsnahen Aufwendungen geäußert. Dabei wird auf die Kriterien des § 255 HGB zurückgegriffen. Zu den Anschaffungskosten zählen danach auch solche Aufwendungen, die nach dem Erwerb geleistet werden, um das Gebäude erst bestimmungsgemäß nutzen zu können.

Wurde das Gebäude vor Veräußerung bereits genutzt, hängt die sofortige Abzugsfähigkeit von Aufwendungen davon ab, ob der Standard durch die Gesamtheit aller Maßnahmen angehoben (also z.B. von einem einfachen zu einem mittleren Wohnwert) wird oder ob durch die durchgeführten Maßnahmen lediglich der „betriebsbereite Zustand“ erhalten bzw. abgesichert werden soll (BFH vom 12.09.2001, Az. IX R 39/97 und IX R 52/00). Führen die Maßnahmen zu einer wesentlichen Verbesserung der Immobilie, ist von Herstellungsaufwand auszugehen.

Siehe / Siehe auch: Anschaffungsnaher Aufwand

Erhaltungssatzung

maintenance articles

Die Gemeinden können durch Satzung Gebiete bezeichnen, deren städtebauliche Eigenart und Gestalt erhalten werden sollen. Eine solche Satzung wird als Erhaltungssatzung bezeichnet. Derartige Gebiete unterliegen einer Veränderungssperre. Rückbau, Änderung der baulichen Anlagen und deren Nutzung bedürfen damit der Genehmigung.

Durch Rechtsverordnung der Landesregierungen kann bestimmt werden, dass auch die Begründung von Wohnungseigentum i.S.d. WEG an bestehenden Gebäuden („Umwandlung“) der Genehmigung bedarf. Die gesetzliche Regelung dazu findet sich in § 172 Baugesetzbuch. Die Änderung oder der Abbruch einer baulichen Anlage im Geltungsbereich einer Erhaltungssatzung ohne spezielle Genehmigung stellt nach § 213 Abs.1 Nr.4 BauGB eine Ordnungswidrigkeit dar. Nach § 213 Abs.2 BauGB kann diese mit einer Geldbuße bis zu 25.000 Euro

geahndet werden. So musste der Eigentümer eines Mehrfamilienhauses in Wiesbaden eine Geldbuße von 1.300 Euro zahlen, weil er eine frei gewordene Mietwohnung im Geltungsgebiet der Erhaltungssatzung ohne Genehmigung umgebaut und damit verändert hatte. Unter Umbau verstand das mit der Sache befasste Gericht alle Instandsetzungs- und Modernisierungsarbeiten, die über eine bloße Reparatur hinausgehen. Im vorliegenden Fall waren es Grundrissveränderungen, Vergrößerung der Küche, neue Fliesen, Modernisierung der Heizanlage (Oberlandesgericht Frankfurt, Beschluss vom 17.03.2003, Az. 2s OWi 382/2002). Eine besondere Art der Erhaltungssatzung ist die „Milieuschutzsatzung“, die der Erhaltung der Zusammensetzung der Wohnbevölkerung dient. Hierfür gelten zusätzliche Regelungen.
Siehe / Siehe auch: Sanierung, Sanierungsträger, Milieuschutzsatzung

Erlaubnis
permit; licence; authorisation
Siehe / Siehe auch: Gewerbeerlaubnis

Erleichterte Kündigung
facilitated notice of termination
Nach § 573 a BGB kann der Vermieter die so genannte „erleichterte Kündigung“ erklären, wenn er selbst mit in dem Gebäude wohnt und dieses nicht mehr als zwei Wohnungen aufweist. Hier muss der Vermieter nicht wie sonst ein berechtigtes Interesse (z. B. Eigenbedarf) an der Kündigung nachweisen. Allerdings verlängert sich die Kündigungsfrist um weitere drei Monate.
Die erleichterte Kündigung ist auch möglich, wenn der Vermieter Wohnraum innerhalb seiner eigenen Wohnung vermietet hat. Das Kündigungsschreiben muss ausdrücklich darauf hinweisen, dass eine erleichterte Kündigung unter den genannten Voraussetzungen durchgeführt werden soll.
Siehe / Siehe auch: Beendigung eines Mietverhältnisses, Berechtigtes Interesse

Erneuerbare Energie
renewable energy
Kennzeichen der erneuerbaren oder regenerativen Energie ist die Tatsache, dass sie keine Rohstoffquellen benötigt, die in Energie umgewandelt werden können. Die erneuerbare Energie steht unbegrenzt zur Verfügung. Hierzu zählen die Solarenergie, die Windenergie, die Wasserkraft, die Biomasse und die Geothermie, welche die Erdwärme nutzt.
Im Jahr 2007 entfielen nach Angaben des Verbandes der Elektrizitätswirtschaft – VDEW – e.V. bereits 14 Prozent der gesamten Stromerzeugung auf erneuerbare Energie, darunter 6,3 Prozent auf Windenergieanlagen, 3,4 Prozent auf Wasserkraftwerke und die restlichen 4,3 Prozent auf die sonstige erneuerbare Energie (Solarenergie, Biomasse und Geothermie).
Siehe / Siehe auch: Energieverbrauch privater Haushalte

Erneuerbare-Energien-Gesetz
German Act on Granting Priority to Renewable Energy Sources
Das Erneuerbare-Energien-Gesetz wird manchmal auch als Energie-Einspeise-Gesetz bezeichnet. Offiziell heißt es Gesetz zur Neuregelung des Rechts der Erneuerbaren Energien im Strombereich. Es ist seit 01.08.2004 in Kraft.
Geregelt werden die rechtlichen Rahmenbedingungen für Anlagen zur Stromerzeugung mit Hilfe erneuerbarer Energien wie Solarenergie, Windenergie, Biomasse, Geothermie, Wasserkraft. Das Gesetz legt für diese Energieformen Mindest-Einspeisungspreise fest, zu denen die Stromversorger die erzeugte Energie in ihr Stromnetz übernehmen müssen.
Das EEG wurde zum 01.01.2009 geändert. Ziel war unter anderem die zutreffendere Definition verschiedener Begriffe sowie die Anpassung der Einspeisungsvergütungen. Nach § 21 EEG wird die Vergütung von dem Zeitpunkt an gezahlt, zu dem der Generator erstmals Strom komplett aus erneuerbaren Energien oder Grubengas erzeugt und ins Netz eingespeist hat. Die Vergütung wird für 20 Jahre zuzüglich des Inbetriebnahmejahres geleistet. Für bestimmte Wasserkraftanlagen gilt eine 15jährige Vergütungsdauer.
Anfang 2010 wurde auf Betreiben der Bundesregierung eine Kürzung der Vergütung für Solarstrom um 16 Prozent zusätzlich zur Absenkung im Rahmen der gesetzlich geregelten Degression erwogen. Die Gesetzesvorlage scheiterte jedoch im Bundesrat, da diesem die Kürzung zu hoch ausfiel. Der Bundesrat wollte eine außerordentliche Kürzung um maximal zehn Prozent zulassen und rief den Vermittlungsausschuss an. Im Juli 2010 einigten sich Bundestag und Bundesrat auf folgenden Kompromiss: Rückwirkend zum 1. Juli 2010 erfolgte zusätzlich zur regulären Degression eine einmalige Absenkung der Vergütungen. Die Vergütung bei Aufdachanlagen wurde um 13 Prozent verringert, bei Freiflächenanlagen fand eine Reduzierung um zwölf Prozent und bei Anlagen auf zuvor wirt-

schaftlich oder militärisch genutzten Flächen um acht Prozent statt. Zum 1. Oktober 2010 findet eine weitere Senkung der Vergütungssätze um jeweils drei Prozent statt. Anlagen auf Freiflächen werden weiterhin über die Einspeisevergütung gefördert, allerdings nicht, wenn sie auf Ackerflächen errichtet werden. Die nächste Reform des EEG wird zum 31.12.2011 erwartet.

Siehe / Siehe auch: Offshore-Windenergie-Anlagen, Windpark, Biomasse, Energieeinsparverordnung (EnEV)

Ersatzdienstleistungen

substitution service

Dies sind alle Faktoren, die die bisherige Dienstleistung ganz oder teilweise ersetzen können. Als denkbare Substitute für den Einsatz von Maklern sind insbesondere Internet-Systeme bzw. -Immobilienbörsen vorstellbar. In derartigen Börsen, die über das Internet verfügbar gemacht werden, können Immobilienangebote / -gesuche von Anbietern / Nachfragern – ähnlich wie in einer Zeitung – eingestellt werden. Dies scheint z. B. Privatleuten die maklerlose Direktvermarktung zu erleichtern. Angesichts der Komplexität des Gutes Immobilie sind derartige Ersatzdienstleistungen jedoch nur sehr bedingt geeignet, die qualifizierten Maklerdienstleistungen überflüssig zu machen. Hierbei ließe sich darüber diskutieren, ob Internet-Systeme bzw. Immobilienbörsen wirklich Ersatzdienstleistungen sind, oder ob es sich - soweit sie nicht von Maklern selbst genutzt werden - lediglich um weitergehende Instrumente für Direktanbieter / Direktnachfrager handelt.

Siehe / Siehe auch: Direktanbieter / Direktnachfrager

Ersatzmaßnahme (für Ausgleich)

substitute remediation (for equalisation / balance)

Für die durch Baumaßnahmen verursachte Bodenversiegelung müssen nach § 1a Baugesetzbuch in den Bauleitplänen Flächen ausgewiesen werden, die zum Ausgleich für den Eingriff an die Natur zurückgegeben werden sollen. Damit soll im Bereich des Bauplanungsrechts den Zielen des Bundesnaturschutzgesetzes entsprochen werden. Danach sind die Funktionen des Naturhaushalts zu schützen und bei Beeinträchtigungen (z.B. durch Bodenversiegelungen) wiederherzustellen und u.a. die Vielfalt, Eigenart, Schönheit und der Erholungswert der Natur zu sichern. (§1 Bundesnaturschutzgesetz).

Der Ausgleich zielt also auf die Wiederherstellung der beeinträchtigten Funktionen des Naturhaushaltes ab. Der beste Ausgleich für eine Bodenversiegelung ist eine Entsiegelung im gleichen Ausmaß an anderer Stelle. Dies ist allerdings meist nicht möglich. Wenn durch Maßnahmen im örtlichen Nahbereich die erfolgte Beeinträchtigung des Bodens nicht oder nicht ganz ausgeglichen werden kann, kommen Ersatzmaßnahmen in Betracht. Sie unterscheiden sich von direkten Ausgleichsmaßnahmen dadurch, dass der funktionale, örtliche und zeitliche Bezug zwischen der Bodenversiegelung und der erforderlichen Kompensation gelockert wird.

Die Ersatzmaßnahmen sollen für einen gleichwertigen Ersatz für die Beeinträchtigungen sorgen. Werden landschaftliche Freiräume beeinträchtigt, sollten sie an anderer Stelle gestärkt werden. Werden Arten- und Lebensgemeinschaften zerstört, sollte Vorsorge für ein neues Biotop getroffen werden. Wird das Landschaftsbild beeinträchtigt, sind Maßnahmen zur „landschaftsästhetischen Aufwertung“ zu treffen. Soweit Eingriffe nicht kompensierbar sind, können nach den Landesnaturschutzgesetzen die Vorhabenträger, die wegen der Bebauung von Flächen Verursacher der Beeinträchtigung sind, zu Ausgleichszahlungen verpflichtet werden.

Siehe / Siehe auch: Ausgleichsflächen

Ersatzvereinbarung

substitute agreement

Siehe / Siehe auch: Zitterbeschluss (Wohnungseigentümer-Versammlung)

Ersatzvornahme im Mietrecht

substitute performance under the German law of tenancy

Beeinträchtigen erhebliche Sachmängel die vertragsgemäße Gebrauchstauglichkeit der Mietwohnung, hat der Mieter u. a. das Recht auf Selbsthilfe bzw. Ersatzvornahme. Gemeint ist damit die Durchführung von Handlungen, die eigentlich ein anderer (der Vermieter) durchführen müsste. Dies kann durch Reparieren von Mängeln in Eigenarbeit oder durch Beauftragung von Handwerkern geschehen, wobei die entstehenden Kosten dem Vermieter in Rechnung gestellt werden.

Der Mieter darf in der Regel nur dann eine Ersatzvornahme nach § 536a Abs. 2 BGB durchführen, wenn er dem Vermieter zuvor ergebnislos eine angemessene Frist zur Beseitigung der Mängel gesetzt hat. Der Vermieter muss sich also mit einer Leistung in Verzug befinden. Nur bei besonders dringenden Fällen wie etwa einem Wasserrohrbruch ist keine Fristsetzung erforderlich. Das Ge-

setz verlangt für derartige Ausnahmefälle, dass die umgehende Beseitigung des Mangels zur Erhaltung oder Wiederherstellung des Bestands der Mietsache notwendig ist.
§ 556b Abs. 2 BGB gibt dem Mieter das Recht, seine Auslagen für eine Ersatzvornahme mit der Miete zu verrechnen. Voraussetzung: Er muss dem Vermieter seine Verrechnungsabsicht mindestens einen Monat vor Fälligkeit der Miete in Textform angezeigt haben.
Siehe / Siehe auch: Sachmangel (im Mietrecht), Textform

Ersatzwert (Versicherungen)

replacement value (insurance)

Beim Ersatzwert handelt es sich um einen Terminus aus der Versicherungswirtschaft. Definiert wird er als Wert beweglicher oder unbeweglicher Sachen, die im Zeitpunkt des Schadenseintritts versichert sind.Unterschieden wird dabei zwischen dem Neuwert und dem Zeitwert. Wurde im Versicherungsvertrag bei Eintritt des Schadens der Ersatz des Zeitwerts vereinbart, wird der Neuwert abzüglich der Wertminderung durch den Gebrauch und die technische Überalterung ganz (bei Totalschaden) oder teilweise (bei Partialschaden) ersetzt. Der Neuwert eines Gebäudes entspricht dem Neubauwert, der auf den Basiswerten von 1914 beruht und durch Multiplikation mit der aktuellen Richtzahl ermittelt wird (Gleitende Neuwertversicherung). Bei einer Überversicherung, erhält der Versicherungsnehmer im Schadensfall nur den Ersatzwert. Im Fall einer Unterversicherung wird nur eine um das prozentuale Verhältnis zwischen Ersatzwert und Versicherungssumme geminderte Versicherungssumme bezahlt.
Siehe / Siehe auch: Gebäudeversicherung, Gleitende Neuwertversicherung

Ersatzwohnraum

alternative accommodation; replacement housing

Die so genannte Sozialklausel (§ 574 BGB) legt fest, dass der Mieter in begründeten Härtefällen einer Kündigung durch den Vermieter widersprechen darf. Die Beendigung des Mietvertrages muss dabei für den Mieter, seine Familie oder einen anderen Haushaltsangehörigen eine Härte darstellen, die auch unter Berücksichtigung der berechtigten Interessen des Vermieters an der Kündigung nicht mehr zu rechtfertigen ist. Die Regelung gilt nicht bei berechtigter fristloser Kündigung.
Eine solche Härte liegt nach dem Gesetz auch vor, wenn angemessener Ersatzwohnraum zu zumutbaren Bedingungen nicht verfügbar ist.Über die Frage, was „angemessener Ersatzwohnraum" ist, wird oft prozessiert.
Dabei sind auf jeden Fall die wirtschaftlichen und persönlichen Verhältnisse des Mieters einzubeziehen (Einkommen, Familiengröße). Der Ersatzwohnraum muss nicht die gleiche Qualität und Größe haben wie die bisherige Wohnung. Eine gewisse Verschlechterung ist in Kauf zu nehmen.
Eine menschenwürdige Unterbringung muss gewährleistet sein. Die Obdachlosenunterkunft ist nicht angemessen. Faustregel: Für jeden Erwachsenen und je zwei Kinder muss es je ein Wohn- oder Schlafzimmer geben. Zwei Kinder verschiedenen Geschlechts können bis zum 8. Lebensjahr im gleichen Zimmer untergebracht sein, Kinder gleichen Geschlechts bis zum 18. Lebensjahr.
Siehe / Siehe auch: Sozialklausel, Sozialklauselgesetz

Erschließung / Erschließungsbeitrag

infrastructure provision; provision of public services (to enable land to be developed) - recoupment charge for local public infrastructure; charge for the provision of e.g. roads and services; land improvement contribution

Mit Erschließung wird die Herstellung von Erschließungsanlagen bezeichnet, die eine Voraussetzung für die Bebauung von Grundstücken sind. Die Erschließung ist Aufgabe der Gemeinde. Geregelt wird die Durchführung der Erschließung durch eine Satzung.
Erschließungsanlagen im Sinne des BauGB sind u.a. die öffentlichen, zum Anbau bestimmten Straßen, Wege, Plätze, sowie Sammelstraßen innerhalb der Baugebietes, Parkflächen und Grünanlagen. Nach Landesrecht gehören auch Anlagen der Versorgung mit Wasser, Strom, Gas, Anlagen der Entsorgung und Entwässerung zur Erschließung. Regelungen hierzu finden sich in den Kommunalabgabegesetzen der Bundesländer.
Die Versorgungs- und Entsorgungsanlagen werden jeweils bis zur Grundstücksgrenze der „Anlieger" gelegt. Damit gebaut werden kann, muss die Erschließung des Grundstücks gesichert sein. Die der Gemeinde entstehenden Kosten für die Erschließungsanlagen kann sie – soweit sie erforderlich sind – bis zur Höhe von 90 Prozent als Erschließungsbeitrag an die Grundstückseigentümer weiterberechnen.
Maßstäbe für die Verteilung der Erschließungskosten können Art und Maß der baulichen oder

sonstigen Nutzung, die Grundstücksflächen und die Grundstücksbreite der Erschließungsanlage (Straßenfront) sein. Die Beitragspflicht besteht für Grundstücke, die bebaut werden dürfen, selbst wenn mit dem Bau noch nicht begonnen ist, die Erschließungsanlagen aber fertiggestellt sind. Für die Instandhaltung der Erschließungsanlagen sind ebenfalls die Gemeinden zuständig. Mit dem Bau eines Gebäudes darf erst begonnen werden, wenn die Erschließung gesichert ist. Dies gilt generell, nicht nur innerhalb des Geltungsbereiches eines Bebauungsplanes.
Siehe / Siehe auch: Erschließungsvertrag, Ausgleichsflächen, Flächenmanagement

Erschließungsbeitragsfreie Grundstücke

property free of local infrastructure charges

Als erschließungsbeitragsfrei (ebf) bezeichnet man solche Grundstücke, für die bereits alle Erschließungsbeiträge bezahlt worden sind. Hierzu zählen in der Regel die bebauten und solche unbebauten Grundstücke, die bereits voll erschlossen sind.
Im Gegensatz hierzu stehen erschließungsbeitragspflichtige Grundstücke, bei denen Erschließungsbeiträge für Erschließungsanlagen noch nicht erhoben sind. Bei Kauf eines unbebauten Grundstücks zum Zweck der Bebauung muss im Kaufvertrag eine Regelung darüber getroffen werden, welche der beiden Parteien etwaige Erschließungsbeiträge zu bezahlen hat. Sind dem Verkäufer zum Zeitpunkt des Kaufvertragsabschlusses bereits Beitragsbescheide für Erschließungskosten zugegangen, wird in der Regel vereinbart, dass die Zahllast auch bei ihm liegen soll.
Siehe / Siehe auch: Erschließung / Erschließungsbeitrag

Erschließungsbeitragspflichtige Grundstücke

property liable to local development charges

Siehe / Siehe auch: Erschließungsbeitragsfreie Grundstücke

Erschließungsvertrag

contract for the provision of public services; land improvement contract

Die Erschließungslast liegt nach dem Baugesetzbuch bei den Gemeinden. Durch einen Erschließungsvertrag kann die Gemeinde die Herstellung der Erschließungsanlagen für ein Baugebiet auf ein Unternehmen („Erschließungsträger“) übertragen. Beim Erschließungsvertrag handelt es sich um einen städtebaulichen Vertrag. Der Erschließungsträger kann sich darin verpflichten, die Erschließungskosten ganz zu übernehmen. Der Erschließungsträger kann dabei auch zusätzliche Leistungen übernehmen, die allerdings in einem Zusammenhang mit der Erschließung stehen müssen (Beispiel: Bau einer Grundschule, wenn durch Bebauung des Erschließungsgebietes ein Bedarf für eine solche Schule entsteht.). Der Erschließungsvertrag muss schriftlich abgeschlossen werden. Wenn – was überwiegend der Fall ist – der Erschließungsträger Grundstücke erwerben oder veräußern muss, ist die notarielle Beurkundungsform nach § 311b BGB vorgeschrieben. Ist ein von der Gemeinde beschlossener qualifizierter Bebauungsplan rechtskräftig geworden und lehnt sie das zumutbare Angebot eines Erschließungsträgers zur Durchführung der Erschließung ab, ist sie verpflichtet, die Erschließung selbst durchzuführen.
Siehe / Siehe auch: Ausgleichsflächen, Folgekostenverträge, Städtebaulicher Vertrag

Erstattung von Umzugskosten

reimbursement for moving / relocation expenses

Zwischen Vermieter und Mieter bzw. Vormieter und Nachmieter kann vereinbart werden, dass der scheidende Mieter eine Umzugskostenbeihilfe erhält. Diese ist als eine Abstandszahlung zu betrachten, die dazu dient, den Auszug des Altmieters aus der Wohnung zu erleichtern bzw. zu beschleunigen. Anders als die Abstandszahlung im Allgemeinen ist die Umzugskostenbeihilfe noch immer zulässig. Allerdings ist sie Vereinbarungssache, ein Anspruch darauf besteht nicht.
Siehe / Siehe auch: Abstandszahlung, Umzugskosten, Umzugskostenpauschale

Erster Spatenstich

ground-breaking ceremony

Der erste Spatenstich markiert traditionell den Beginn eines Bauprojekts und des Aushebens der Baugrube. Mit einem symbolischen Akt, dem Aufbrechen der Erdoberfläche mittels eines Spatens, wird die Absicht des Bauherrn bekräftigt, an der betreffenden Stelle ein bestimmtes Bauwerk zu errichten. Zugleich dankt der Bauherr bei dieser Gelegenheit üblicherweise all jenen, die dazu beigetragen haben, das Projekt bis zur Baureife zu führen.
Der erste Spatenstich ist in der Regel das erste Ereignis, mit dem ein neues Projekt im Bewusstsein einer breiteren Öffentlichkeit etabliert wird. Häufig, insbesondere bei kleineren Projekten, wird der erste

Spatenstich auch zusammen mit der Grundsteinlegung gefeiert.
Siehe / Siehe auch: Baufeste, Baustellenmarketing, Grundsteinlegung, Richtfest

Ersttermin (Zwangsversteigerung)

initial date (for a compulsory auction / forced sale)

Bei einem Ersttermin in Zwangsversteigerungsverfahren gelten zum Schutz des Schuldners, aber auch zum Schutz von Gläubigern bestimmte Vorschriften. So darf der Zuschlag nicht erfolgen, wenn das höchste abgegebene Gebot unter 50 Prozent des Verkehrswerts einschließlich vorrangiger, bestehen bleibender Rechte und der Verfahrenskosten liegt („geringstes Gebot"). Damit soll sichergestellt werden, dass das Grundstück nicht verschleudert wird. Auf Antrag eines Gläubigers kann die Grenze auf 70 Prozent erhöht werden. Dies dient dem Schutz vor allem nachrangig abgesicherter Gläubiger.
Da Zubehör grundsätzlich mitversteigert wird, muss der vom Sachverständigen zu ermittelnde Verkehrswert auch den Wert des Zubehörs umfassen.
Werden im ersten Termin keine Gebote abgegeben, gelten die Grenzen auch für den nächsten Termin. Wird der Zuschlag im ersten Termin wegen nicht Erreichung der Grenzen versagt, gelten diese im nächstfolgenden Termin nicht mehr.
Siehe / Siehe auch: Zwangsversteigerung

Ertragsanalyse

profit analysis

Ertragsanalysen dienen der Erkenntnis, welche Ertragsquellen für die zukünftige Entwicklung eines Unternehmens vorhanden sind und wie sie positiv beeinflusst werden können. Daraus ergibt sich die Ertragskraft. Eine Messzahl für die Ertragskraft ist die Rentabilität. Ähnliches, nur mit der umgekehrten Zielrichtung gilt für Kostenanalysen, die Kosteneinsparungspotenziale aufspüren sollen.
Im Bereich der Immobilienbewertung dienen Ertragsanalysen der Feststellung, ob und inwieweit aktuelle Erträge langfristiger Natur sind, ob es versteckte nicht ausgeschöpfte Ertragspotenziale gibt und mit welchen Risiken die daraus errechneten Erträge behaftet sind. Die dominierenden Ertragsgrößen von Immobilienobjekten sind die nachhaltigen Mieterträge. Sie und die ermittelten nachhaltigen Mietertragspotenziale sind Ausgangsgrößen für die Ermittlung von Ertragswerten.
Die Analysen beziehen sich auf Roherträge. Hiervon sind die Bewirtschaftungskosten abzuziehen, um zum Reinertrag zu gelangen.
Siehe / Siehe auch: Ertragswert, Reinertrag, Rohertrag (Wertermittlung)

Ertragsanteil (Rente)

income component (pension)

Eine Rentenzahlung besteht aus einem Tilgungs- und einem Ertragsanteil. Getilgt wird der Ansparbetrag, der Ertragsanteil ergibt sich aus der Verzinsung des angesparten und in die Versicherung einbezahlten Betrages. Dabei gilt, dass bei Renten mit kürzerer Laufzeit der Ertragsanteil am Zahlungsbetrag geringer ausfällt und mit längerer Laufzeit entsprechend höher anzusetzen ist. Bei Leibrenten wird der Ertragsanteil durch die statistische Lebenserwartung bestimmt.
Von Bedeutung ist diese Aufspaltung auch für die Versteuerung von Renten. Der Einkommensteuer unterliegt nur der Ertragsanteil. § 22 des Einkommensteuergesetzes enthält eine Tabelle, aus der sich der Ertragsanteil der Rente ergibt. Danach stellen sich die Ertragsanteile seit 01.01.2005 wie folgt dar:

Ertragsanteil

Bei Beginn der Rente vollendetes Lebensjahr des Rentenberechtigen	Ertragsanteil in %
45	34
46 - 47	33
48	32
49	31
50	30
51 - 52	29
53	28
54	27
55 - 56	26
57	25
58	24
59	23
60 - 61	22
62	21
63	20
64	19
65 - 66	18
67	17
68	16
69 - 70	15
71	14
72 - 73	13
74	12
75	11
76 - 77	10

78 - 79	9
80	8
81 - 82	7
83 - 84	6
85 - 87	5
88 - 91	4
92 - 93	3
94 - 96	2
ab 97	1

Ertragswert

capitalised income value; capitalised earning power; capitalised (return) value; earning (capacity) value; income value; productive value of property

Die Definition des Ertragswerts lässt sich aus den Vorschriften über das Ertragswertverfahren in der WertV ableiten. Danach handelt es sich um die Summe aus Bodenwert und Gebäudeertragswert. Das Ertragswertverfahren wird eingesetzt, um den Verkehrswert solcher Immobilienobjekte zu ermitteln, bei denen der Ertrag aus dem Grundstück der wichtigste Wertfaktor ist, z. B. Mehrfamilienhäuser, Geschäftshäuser, gemischtgenutzte Immobilien.

Der Ertragswert wird wie folgt ermittelt:

Zunächst wird der Bodenwert durch Preisvergleiche oder mit Hilfe von Richtwerten ermittelt. Daneben werden vom nachhaltig erzielbaren Rohertrag die Bewirtschaftungskosten mit Ausnahme der Abschreibung und der umlegbaren Betriebskosten abgezogen. Von dem so ermittelten Reinertrag wird der auf den Bodenwert entfallende Liegenschaftszins in Abzug gebracht. Der verbleibende Betrag wird unter Berücksichtigung der Restnutzungsdauer (Abschreibungskomponente) mit einem sich aus dem Liegenschaftszinssatz ergebenden Multiplikator kapitalisiert. Der Multiplikator kann der Vervielfältigertabelle der WertV entnommen werden. Sofern ein Reparaturanstau besteht, ist er zu beziffern und vom Ertragswert abzuziehen.

Stellt sich bei diesem Verfahren heraus, dass vom Reinertrag nach Abzug des Bodenverzinsungsbetrages kein positiver Betrag für die Verzinsung des Gebäudes übrig bleibt, mündet das Ertragswertverfahren in das sog. Liquidationsverfahren. Bei ihm werden vom Bodenwert die Freilegungskosten abgezogen. Dabei werden auch etwaige vertragliche Bindungen und sonstige Umstände berücksichtigt, die einer sofortigen Freilegung entgegenstehen.

Bei langen Restnutzungsdauern kann auf die Aufspaltung zwischen dem Boden- und Gebäudeertragsanteil verzichtet werden. Überschlägig kann der Ertragswert auch durch Multiplikation des Rohertrages mit einem marktüblichen Multiplikator ermittelt werden („Maklermethode“).

Siehe / Siehe auch: Erbschafts- und Schenkungssteuer, Alterswertminderung, Gesamtnutzungsdauer von Gebäuden (Wertermittlung), Ertragswertverfahren, Maklermethode

Ertragswertverfahren

income (capitalisation) approach to valuation

Bei der Bewertung von bebauten Grundstücken für Zwecke der Erbschaft- und Schenkungsteuer ab 2009 ist für Mietwohngrundstücke, Geschäftsgrundstücke und gemischt genutzte Grundstücke, für die sich auf dem örtlichen Grundstücksmarkt eine übliche Miete ermitteln lässt, das Ertragswertverfahren anzuwenden. Beim Ertragswertverfahren wird aus dem Rohertrag (vertragliche Jahreskaltmiete) nach Abzug der Bewirtschaftungskosten und der Bodenwertverzinsung der Gebäudereinertrag ermittelt. Durch Anwendung eines Vervielfältigers, der sich aus dem Liegenschaftszinssatz und der Restnutzungsdauer ergibt, erhält man den Gebäudeertragswert. Der Grundbesitzwert ergibt sich aus diesem durch Addition des Bodenwerts. Der Gesetzgeber hat für die verschiedenen Faktoren pauschalierte Sätze eingeführt.

Siehe / Siehe auch: Ertragswert, Erbschaftssteuerreform, Immobilienbewertung für Erbschaftssteuer, Sachwertverfahren, Vergleichswertverfahren

Erwerberhaftung (Erwerb von Wohnungseigentum)

liability of buyer / purchaser / transferee (purchase of freehold flat)

Grundsätzlich haftet der Erwerber/Käufer einer Eigentumswohnung nicht für Hausgeldvorauszahlungen oder Sonderumlagen, die zu einem Zeitpunkt rechtswirksam beschlossen und fällig gestellt wurden, als der Veräußerer noch als Eigentümer im Grundbuch eingetragen war. Insoweit haftet der Erwerber für Zahlungspflichten gegenüber der Wohnungseigentümer-Gemeinschaft erst ab Eintragung als Eigentümer in das Grundbuch. Zahlungspflichten, die im Kaufvertrag vereinbart werden, „Lasten- und Kostentragung mit Besitzübergang“, begründen eine Verpflichtung nur im Verhältnis Verkäufer-Käufer.

Es kann allerdings eine Vereinbarung beziehungsweise eine entsprechende Regelung in der Teilungserklärung beziehungsweise der Gemeinschaftsordnung getroffen werden, wonach der Erwerber grund-

sätzlich für alle rechtswirksam beschlossenen, aber nicht geleisteten Zahlungen (Zahlungsrückstände) des Voreigentümers haftet. Diese Vereinbarung gilt allerdings nicht bei Erwerb in der Zwangsversteigerung, da in diesen Fällen der Erwerb grundsätzlich lasten- und kostenfrei erfolgt. Gegenüber einem Gläubiger der Wohnungseigentümer-Gemeinschaft haftet der Erwerber gemäß § 10 Abs. 8, 2. Halbsatz WEG jedoch anteilig in Höhe seines Miteigentumsanteils auch für Forderungen, die in einem Zeitraum von fünf Jahren vor seiner Eintragung als Eigentümer entstanden oder fällig geworden sind.
Siehe / Siehe auch: Hausgeld, Kostenverteilung

Erwerbsnebenkosten beim Grundstückskauf

ancillary costs of purchase/ acquisition when purchasing property

Siehe / Siehe auch: Grunderwerbsnebenkosten

Estrich

screed; floor pavement

In Räumen über dem Bodenunterbau aufgetragene Schicht aus Zement, Gips oder Gussasphalt. Er bildet die Trägerschicht für Parkett, Fliesen und Teppichböden. Eine zusätzliche Wärme- und Schalldämmung kann durch sogenannten schwimmenden Estrich erreicht werden, der mit Dämmstoffen aus Faserplatten unterlegt wird.

Etagenheizung

single-storey heating

Eine Etagenheizung erwärmt die Räume einer einzelnen Wohnung bzw. einer Etage. Meist ist sie mit Gas betrieben. Das Heizgerät ist üblicherweise auf der gleichen Etage platziert wie die beheizte Wohnung. Die Abgase gelangen durch einen Abluftkanal in der Gebäudewand nach draußen.
Warmwasser wird ebenfalls über die Etagenheizung erwärmt. Die bei Zentralheizungen gültigen Regeln über die verbrauchsabhängige Heizkostenberechnung (Umlage auf alle Mieter, z. B. Aufteilung 70 Prozent Verbrauch, 30 Prozent nach Quadratmetern der Wohnung) gelten hier nicht, da jeder Mieter nur seinen eigenen Verbrauch bezahlt. Der Mieter kann nach eigenem Bedarf die Heizung an- oder abstellen. Reinigung und Wartung der Heizung muss der Mieter über die Betriebskosten bezahlen, wenn dies im Mietvertrag so vereinbart wurde. Reparaturen sind nicht umlagefähig. Die Heizungsart einer Wohnung gehört zu den Ausstattungsmerkmalen, die bei der Beantragung von Wohngeld und bei Mieterhöhungen relevant werden. Eine Etagenheizung wird dabei wie eine Sammelheizung bewertet.
Die Entwicklung der Heiztechnik hat in den letzten Jahren erhebliche Fortschritte gemacht. Etagenheizungen, die älter als 15-20 Jahre sind, können nur volle Leistung oder überhaupt keine erbringen. Dies führt zu vielen Starts des Brenners mit kurzer Brenndauer und hohem Verbrauch. Neue Geräte verfügen über eine Steuerelektronik, die die Heizleistung dem tatsächlichen Bedarf anpasst und somit Energie und Kosten spart.
Siehe / Siehe auch: Energieeinsparverordnung (EnEV), Heiz- und Warmwasserkosten, Sammelheizung

EU-Vermittlerrichtlinie

EU Directive on Insurance Mediation

Siehe / Siehe auch: Vermittler-Richtlinie

EUREK

European Spatial Development Perspective (ESDP)

Siehe / Siehe auch: Europäisches Raumentwicklungskonzept EUREK

Euribor

European Interbank Offered Rate

Der Euribor (European Interbank Offered Rate) ist ein Zinsderivat, das zur kurzfristigen Immobilienfinanzierung eingesetzt wird. Erhältlich ist der Euribor bei fast allen deutschen Banken. Die Laufzeit beträgt zwischen einem und sechs Monaten, interessant ist der günstige Zinssatz vor allem in einem volkswirtschaftlichen Klima mit tendenziell fallenden Leitzinsen.
Der Zinssatz des Euribor wird täglich ermittelt und in den Wirtschaftsteilen der Tageszeitungen und auf Moneyline Telerate, einem Börseninformationsdienst, veröffentlicht. Banken verlangen für Kredite auf Basis des Euribor einen Aufschlag von 0,5 bis zwei Prozentpunkte.

Eurokredit

euro loan

Dies sind Kredite, die Banken am sog. Euromarkt aufnehmen und an ihre Kunden weiterleiten. Häufig sind diese Kredite besonders zinsgünstig; die Zinsen können jedoch maximal für zwölf Monate festgeschrieben werden. Danach werden die Zinssätze an die neuen Gegebenheiten angepasst. Für Immobilienbesitzer, die mit gleich bleibenden oder fallenden Zinsen rechnen, ist dies eine interessante Zwischenfinanzierungsalternative.

Europa Norm (EN)

European standard

Europa Normen werden vom Europäischen Komitee für Normung (Comité Européen de Normalisation) erlassen. Es wurde 1961 gegründet.
Dem Komitee gehören 28 Mitgliedsorganisationen an. Das deutsche Mitglied ist das Institut für Normung (DIN) e.V.
Siehe / Siehe auch: Deutsches Institut für Normung (DIN)

Europäische Immobilien Akademie e.V. (EIA)

European Real Estate Academy, a registered association

Die Europäische Immobilien Akademie ist als eingetragener Verein eine staatlich anerkannte so genannte Ergänzungsschule, die von Mitgliedern des früheren VDM in Saarbrücken gegründet und vom VDM finanziert wurde. Es werden schulinterne Abschlüsse zum Immobilienwirt (Dipl. EIA), Immobilienbetriebswirt (EIA), Facility Manager (EIA) und Gutachter (EIA) angeboten. Dozenten sollen nach eigenen Angaben u.a. Immobilienmakler, Hausverwalter, Geschäftsführer von Bauträgergesellschaften, Mitarbeiter von Banken und Bausparkassen sein. Seit dem Zusammenschluss des RDM und des VDM führt die EIA auch im Auftrag von IVD-Regionalverbänden Schulungen von Mitgliedern und anderen an immobilienwirtschaftlichen Themen Interessierten Personen durch.

Europäische Wirtschaftliche Interessenvereinigung

European Economic Interest Group (abbreviation: EEIG)

Auch: EWIV. Eine Gesellschaftsform, mit deren Einführung die grenzüberschreitende Zusammenarbeit in Europa gefördert werden sollte. Sie geht auf eine EWG-Verordnung von 1985 zurück. Grundidee war, auf möglichst unkomplizierte Weise eine Kooperation verschiedener Partner aus unterschiedlichen EU-Staaten in einem rechtlichen Rahmen zu ermöglichen, der dem einer Personengesellschaft ähnelt. Gesellschafter einer EWIV können andere Gesellschaften sein, ebenso aber auch Organisationsformen des öffentlichen Rechts oder natürliche Personen, die gewerbliche, kaufmännische, freiberufliche, handwerkliche oder landwirtschaftliche Tätigkeiten in der EU ausüben.
Wichtige Bedingung: Die Gesellschaft muss aus mindestens zwei Mitgliedern aus verschiedenen Mitgliedstaaten bestehen. Der Zweck der EWIV soll sein, durch gegenseitigen Austausch von Informationen und Ressourcen eine effektivere wirtschaftliche Tätigkeit ihrer Mitglieder zu ermöglichen. Mit Hilfe der EWIV können z.B. zwei Gesellschaften aus verschiedenen Mitgliedsstaaten auf relativ einfache Weise eine gemeinsame Handlungsplattform gründen, ohne ihre eigene Identität zu verlieren. Eine EWIV darf keine eigenen wirtschaftlichen Zwecke verfolgen oder Gewinne für sich selbst erwirtschaften. Die EWIV gilt als Handelsgesellschaft im Sinne des HGB. Ihre Gründung erfordert einen Gesellschaftsvertrag und die Eintragung in den Registern der jeweiligen Staaten. Die rechtliche Handlungsfähigkeit der EWIV ist von den Regelungen der einzelnen Mitgliedsstaaten abhängig. In Deutschland sind nach dem EWIV-Ausführungsgesetz die Vorschriften über die offene Handelsgesellschaft entsprechend anzuwenden. Es gilt damit § 124 HGB, wodurch die EWIV Rechtsfähigkeit im Sinne einer Gesamthandsgemeinschaft erlangt.
Alle Mitglieder der EWIV haften gesamtschuldnerisch und unbegrenzt mit ihrem Vermögen für die Verbindlichkeiten der Vereinigung. Die Haftung der Mitglieder ist jedoch subsidiär, d.h. auf die Mitglieder kann erst dann Regress genommen werden, wenn die EWIV nach Aufforderung nicht fristgerecht gezahlt hat. Ein Pflichtkapital muss nicht gestellt werden. Die Vertretung nach außen übernehmen ein oder mehrere durch Beschluss oder Gesellschaftsvertrag dazu bestellte Geschäftsführer.
Wichtige Rechtsgrundlage ist das EWIV-Ausführungsgesetz (EWIVAG) mit Wirkung vom 1.1.1989.
Siehe / Siehe auch: EWIVVO

Europäischer Immobilienaktienindex (EPIX)

European share price index established by Bankhaus Ellwanger & Geiger documenting the development of all listed European property companies

Der europäische Immobilienaktienindex (European Property Stock Index) sind die vom Bankhaus Ellwanger & Geiger 1998 in einem Index zusammengefassten Aktien führender europäischer börsennotierter Immobilienunternehmen. Unterschieden wird dabei zwischen EPIX 30 und EPIX 50. Erstere umfasst die Aktien von Immobilienunternehmen in der EURO Zone. Bei EPIX 50 kommen noch solche europäische Gesellschaften hinzu, deren Sitz sich in Europa, aber außerhalb der EURO-Zone befindet, nämlich Großbritannien, Dänemark,

Schweden, Norwegen, Russland und die Schweiz. In die EPIX werden nur börsennotierte Aktiengesellschaften aufgenommen, bei denen mindestens 75 Prozent von Umsatz und Ertrag aus dem Immobiliengeschäft stammen. Die Gewichtung der einzelnen Titel erfolgt nach der Marktkapitalisierung der Gesellschaften. Der Indexstand wird börsentäglich ermittelt.

Europäischer Installationsbus (EIB)

European Installation Bus (EIB)

Der Europäische Installationsbus ist eines der standardisierten Installationssysteme der Gebäudesystemtechnik, das von der Europäischen Union festgelegt wurde. Er dient der automatischen Steuerung von hausinternen und hausexternen Geräten und Anlagen nach bestimmten Regeln. Er wird eingesetzt sowohl bei Wohnbauten, als auch bei Zweckbauten. Der EIB verbindet mit einem „UTP-Kabel" alle Sensoren (Bewegungsmelder, Temperaturfühler, Brandmelder, Windstärkemesser, Lichtmesser u.dergl) und Aktoren Schalter und Motore eines Gebäudes miteinander. Die EIB Verkabelung kann unterschiedliche Strukturen haben. Insgesamt kann ein System 15 Bereiche und 15 Linien mit jeweils 256 Stationen umfassen.
Die Nutzung von Gebäudesystemtechniken ermöglicht in Zeiten der Abwesenheit automatische Regulierungen, z. B. Abschalten von Beleuchtungen, Herablassen der Jalousien, Senken der Raumtemperaturen, automatisches Lüften usw. Möglich werden auch Steuerungen über das Telefon bzw. das Handy. Wer sich über die Funktionsweise von EIB ein Bild machen will, kann dies vor Ort in einem der zahlreichen Musterhäuser tun (www.eib-home.de).
Siehe / Siehe auch: Gebäudesystemtechnik

Europäisches Raumentwicklungskonzept EUREK

European Spatial Development Perspective (ESDP)

Das europäische Raumentwicklungskonzept zielt innerhalb der Länder der europäischen Union auf die Entwicklung bzw. Stärkung eines ausgewogenen polyzentrischen städtischen Gefüges im Raum der Europäischen Union ab. Es soll eine neue Art der Stadt-Land-Beziehung bewirken. Stadt- und Landbewohner sollen innerhalb der EU einen gleichrangigen Zugang zu den etablierten Wissenszentren erhalten. Gleichzeitig wird die Erhaltung von Natur und kulturellem Erbe angestrebt. Im Rahmen des 1999 verabschiedeten Konzepts wurde für den Siebenjahreszeitraum 2000-2006 ein Strukturfonds zur Finanzierung regionsübergreifender und für regionale Programme bereitgestellt. Die Ausgaben umfassen 1/3 des EU-Haushaltes. Zielgebiete für den Einsatz der Mittel sind solche mit Entwicklungsrückstand und solche mit Strukturproblemen.
Zu den Gebieten mit Entwicklungsrückstand zählt u.a. Ostdeutschland. Aus dem Bereich der regionalen Programme werden im 7-Jahreszeitraum 17,3 Mrd. EURO via Bund nach Ostdeutschland transferiert. Zu den Gebieten mit Strukturproblemen gehören auch Teile der westlichen Bundesländer. Ein weiteres Ziel besteht in der Förderung der nationalen Bildungs-, Ausbildungs- und Beschäftigungspolitiken und -systeme. Ferner werden Projekte zur Stärkung von Grenzregionen (Deutschland/Polen, Deutschland/Tschechien usw.) unterstützt.

Eventual-Einberufung

contingent summons to/ convening of a meeting

Siehe / Siehe auch: Wiederholungsversammlung, Eventual-Einladung

Eventual-Einladung

contingent invitation

Ist eine Wohnungseigentümer-Versammlung nicht beschlussfähig, beruft der Verwalter eine neue Versammlung ein, und zwar mit der gleichen Tagesordnung. Diese Versammlung ist dann unabhängig von der Zahl der anwesenden oder vertretenen Versammlungsteilnehmer und der Höhe der von ihnen repräsentierten Miteigentumsanteile beschlussfähig. Darauf ist bei der Einladung zur „Wiederholungsversammlung" hinzuweisen (§ 25 Abs. 4 WEG). Um eine solche Versammlung zu einem neuen (anderen) Termin zu vermeiden, besteht grundsätzlich die Möglichkeit, durch eine sogenannte „Eventual-Einladung"gleichzeitig mit der Einladung zur ersten Versammlung zu einer neuen Versammlung am gleichen Tage mit gleicher Tagesordnung, lediglich zeitverschoben um eine viertel oder halbe Stunde später, für den Fall einzuladen, dass die Erstversammlung nicht beschlussfähig sein sollte.
Eine solche Eventual-Einladung bedarf jedoch einer Vereinbarung gemäß § 10 Abs. 2 Satz 2 WEG, also einer Regelung, der alle Eigentümer zustimmen müssen und die in das Grundbuch einzutragen ist, damit sie im Falle eines Eigentümerwechsels auch gegenüber den neuen Eigentümern gilt.
Durch mehrheitliche Beschlussfassung kann eine solche Regelung nicht getroffen werden. Es würde sich um einen gesetzesändernden und deshalb nichtigen Mehrheitsbeschluss handeln.

Siehe / Siehe auch: Wiederholungsversammlung, Wohnungseigentümer-Versammlung, Zitterbeschluss (Wohnungseigentümer-Versammlung), Einberufung der Wohnungseigentümer-Versammlung

EWIVAG

EEIG implementing ordinance

Abkürzung: EWIV-Ausführungsgesetz
Siehe / Siehe auch: Europäische Wirtschaftliche Interessenvereinigung

Existing Use Value

existing use value

Beim Existing Use Value handelt sich um den nutzungskonstanten Marktwert einer Immobilie, bei dessen Ermittlung angenommen wird, dass nicht ausgeschöpfte Nutzungspotentiale, die die Immobilie bietet, bei der Bewertung nicht berücksichtigt werden. Solche Nutzungspotentiale können in der Möglichkeit einer Nachverdichtung einer Immobilie bestehen aber auch in einer Änderung der gegebenen Nutzungsart durch mögliche Umwidmungen.

Die Definition des „Marktwertes bei fortbestehender Nutzung" im „Blue-Book" (5. Auflage 2003) der TEGOVA lautet:

„Der Marktwert bei fortbestehender Nutzung ist der Betrag, gegen den ein Immobilienvermögen am Tag der Bewertung zwischen einem kaufbereiten Erwerber und einem Verkaufsbereiten Veräußerer, die beide mit Umsicht und frei von Zwang handeln in einer Transaktion im gewöhnlichen Geschäftsverkehr nach angemessener Vermarktungsdauer und auf der Grundlage der Fortsetzung der bestehenden Nutzung, aber unter der Voraussetzung, dass die Immobilie leer steht, ausgetauscht werden sollte."

Die Annahme der Fortsetzung der bestehenden Nutzung ist ein relativ marktfernes Konstrukt. Der Leerstand der Immobilie zum Zeitpunkt des „Austausches" wird hilfsweise simuliert. Im Gegensatz dazu wird bei der Marktwertdefinition (Verkehrswert) unterstellt, dass eine Immobilie im gewöhnlichen Geschäftsverkehr von Käufern nachgefragt wird, die die in einer Immobilie steckenden Nutzungspotenziale auch nutzt.

Der Existing Use Value eignet sich deshalb auch nur für Bewertungen, bei denen eine Nutzungsänderung durch den jeweiligen Betreiber nicht erwogen wird, also z. B. zum Zweck der Einstellung des Werts in eine Bilanz. Er wird deshalb auch bei der internationalen Rechnungslegung nach den International Financial Reporting Standards (IFRS) angewandt.

Siehe / Siehe auch: Blue Book, International Financial Reporting Standards (IFRS), TEGOVA (The European Group of Valuers-Associations), Verkehrswert

Expo Real

Expo Real

Expo Real ist die seit 1998 zuerst im MOC und später in der Neuen Messe München stattfindende internationale Fachmesse für Gewerbeimmobilien und Projekte. Zu den ursprünglichen Initiatoren von Immobilienmessen gehörte vor allem der frühere RDM-Bayern (heute IVD-Süd). Die Entwicklung von Immobilienmessen, beginnend mit Fürth über Nürnberg nach München bis zum MOC, ist eine Erfolgsgeschichte. Besondere internationale Bedeutung gewann sie im Rahmen der Expo Real auf dem neuen Münchner Messegelände. Zu den Ausstellern gesellen sich zunehmend Städte mit ihren Liegenschaftsverwaltungen, Wirtschaftsförderungsämtern und andere regionale Körperschaften aus vielen Ländern. Zum Ausstellerpublikum zählen Immobilienmakler, Immobilienberater, Immobilienbewertungssachverständige und Unternehmen aus dem Bereich des Corporate Real Estate Managements, Vertreter von Kapitalanlagegesellschaften (Immobilienfonds, Immobilien AGs) Bauträger, Kreditinstitute mit ihren Finanzierungsangeboten, Architekten, Facility Manager und Projektmanager. Naturgemäß gehören zu den Ausstellern auch Fachpresse, Verbände und in zunehmendem Maße auch Institutionen der beruflichen Aus- und Fortbildung.

Zahlenmäßig gab es 2009 einen Rückgang, was die Zahl der Aussteller, die Ausstellungsfläche und die Zahl der Fachbesucher anlangt. Der erwartete Einbruch war allerdings weniger gravierend als auf der MIPIM. Rückläufig war die Beteiligung im Wesentlichen aus Russland, den Golfstaaten und den USA, also Länder, die besonders stark von der Krise betroffen sind. Erstmals dabei waren Aussteller aus der Türkei. Die Entwicklung seit der ersten Ausstellung im Jahr 1998 ist trotz der Abschwächung 2008 und 2009 doch sehr beeindruckend.

Die Zahl der Aussteller stieg von 146 (1998) auf 1.580 (2009). Die Zahl der Fachbesucher stieg von 2.528 (1998) auf rund 21.000 im Jahr 2009. Das waren allerdings 14 Prozent weniger als im Vorjahr. Die Fachbesucher kamen aus 78 Ländern. Aus dem Ausland waren 2009 Aussteller aus 34 Ländern vertreten.

Diese Entwicklung zeigt, dass die EXPO REAL selbst im Krisenjahr 2009 einen Magneten darstellt, das immobilienwirtschaftliche Profis anzieht wie kaum eine andere immobilienwirtschaftliche Veranstaltung. Begleitet wurde die Expo Real 2009 durch insgesamt 38 Experten Foren, die sich zu einer einzigartigen Informationsbörse entwickelt haben. Eines der in den Foren behandelten Themen bezog sich auf die „Wege aus der Krise“. Auch 2009 wurde der Forschungspreis der Deutschen Immobilien-Akademie an der Universität Freiburg vergeben. Ausgezeichnet wurde die Dissertation des Frankfurters Dr. Steffen Sebastian zum Thema: Inflationsrisiken von Aktien-, Renten- und Immobilieninvestments“.

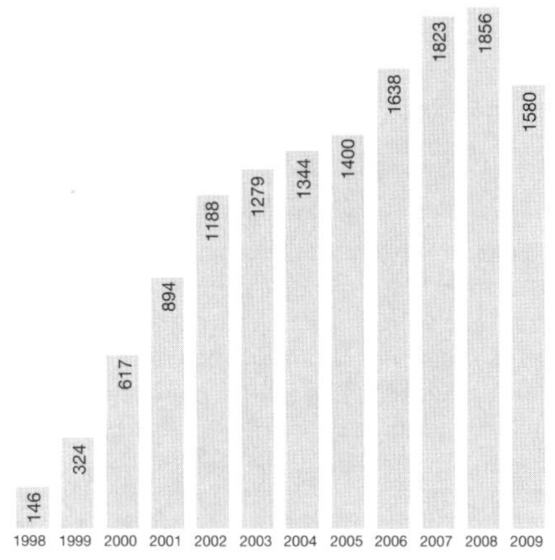

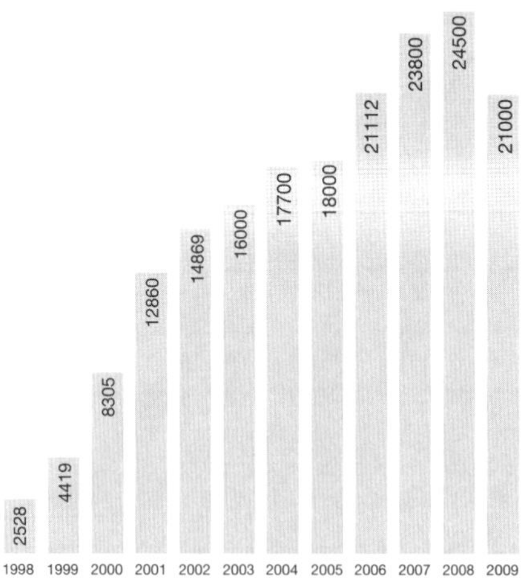

Siehe / Siehe auch: Corporate Real Estate Management (CREM), Immobilienfonds, Deutsche Immobilien Akademie (DIA)

Exposé
sales particulars

Das Exposé ist die Beschreibung eines Objektes, das von einem Makler angeboten wird. Es unterscheidet sich vom Prospekt dadurch, dass sich die Exposéinformationen auf ein bestehendes Objekt beziehen, das der Besichtigungskontrolle unterworfen ist, während ein Prospekt ein Vorhaben beschreibt, das erst durchgeführt wird.

Das Exposé erfüllt folgende Funktionen:

- Mit seiner Hilfe erfüllt der Makler die ihm durch die MaBV auferlegte Informationspflicht gegenüber Kauf- und Mietinteressenten.
- Die Information der Interessenten erzeugt ein Mindestmaß an Markttransparenz.
- Darüber hinaus wird das Exposé als Mittel der Objektwerbung und vielfach auch als Mittel der Firmenwerbung eingesetzt.

Eine Vorschrift über Aufbau und Form des Exposés existiert nicht. Im Allgemeinen enthält es eine Lagebeschreibung, eine Grundstücks- und Gebäudebeschreibung, eine Darstellung der Wert- und Nutzungsdaten sowie die Objektangebotsdaten. Ob in das Exposé auch die Provisionsbedingungen des Maklers aufgenommen werden sollen, ist lediglich im Hinblick auf die Informationsfunktion des Exposés zu bejahen. Eine rechtliche Bedeutung kommt einem solchen Provisionshinweis nicht zu, da das Exposé als faktisches Objektangebot und nicht als Angebot zum Abschluss eines Maklervertrags aufgefasst wird. Unterschieden wird zwischen Kurz- und Langexposés. Kurzexposés dienen im Allgemeinen der Information anderer Makler im Rahmen von Gemeinschaftsgeschäften und einer Vorabinformation von Interessenten.

Langexposés enthalten alle Daten, für die im Allgemeinen auf Kundenseite ein Informationsinteresse besteht. Soweit das Exposé die Funktion eines Mittels der Objektwerbung erfüllt, gilt der Grundsatz, dass es „Spiegelbild der Wirklichkeit“ sein soll und die Daten besonders herauszustellen sind, die für die Zielgruppe von besonderem Interesse sind. Der Makler haftet für die Richtigkeit der Angaben im Exposé, wenn er nicht zum Ausdruck bringt, dass es sich bei den Angaben im Exposé um Angaben des Eigentümers bzw. Dritter handelt. Ein Haftungsausschluss für eigene Angaben des Maklers ist nicht möglich.

Eine besondere Bedeutung gewann das Exposé im Rahmen der Objektpräsentation im Internet und in den Immobilienportalen. Vor allem erhält das Exposé durch die Möglichkeit, die Objektbeschreibung durch viele Bilder zu unterstützen, einen erhöhten Informationswert.
Die Markttransparenz wird durch vorgegebene Suchraster im Vergleich zu den Immobilienteilen der Tageszeitung wesentlich erhöht. Schließlich wird die Kontaktaufnahme eines Interessenten mit dem anbietenden Makler rationalisiert und qualitativ erweitert. Sie ist gleich bedeutend mit der Aufnahme einer maklervertraglichen Beziehung zum Makler.
Siehe / Siehe auch: Objekt, Informationspflichten des Maklers

Exposékontrolle

controlling sales particulars / real estate marketing brochures

Der Makler sollte Risiken ausschließen, die sich aus falschen Informationen in seinen Exposés ergeben können. Für solche Fehlinformationen haftet er. Neben dem Abschluss einer Vermögensschadenhaftpflichtversicherung bietet sich an, den Exposéentwurf vor Verwendung dem Auftraggeber mit der Bitte um Überprüfung zuzusenden. Er sollte auch den Hinweis anfügen, dass er von der Richtigkeit ausgehe, wenn der Auftraggeber bis zu einem bestimmten Datum keine Einwendungen erhebt. In der Regel stammen ja die Informationen, die der Makler im Exposé verarbeitet vom Auftraggeber.
Ansonsten tut der Makler gut daran, den Grundsatz zu berücksichtigen, „alles Wichtige knapp darstellen". Er muss bedenken, dass er mit seinem Exposé in eine Informationskonkurrenz mit den Exposés anderer Makler tritt. Der Kunde wird sich lieber mit kurzen prägnanten Texten befassen als mit langatmigen Beschreibungen. Je länger das Text, desto größer ist im Übrigen das Fehler-Risiko.
Siehe / Siehe auch: Exposé

Externe Effekte

external effects

Bei externen Effekten handelt es sich um wertbeeinflussende Einwirkungen auf Grundstücke eines größeren oder kleineren Gebietes, die nicht über einen Marktpreis ausgeglichen werden. Die Effekte können positiv sein. Beispiel: Der Verkehr durch einen Stadtteil wird über ein neues Tunnelsystem unter der Erde abgeleitet.

Die wesentlich verringerte Lärmimmission führt zu einem Wertzuwachs, ohne dass die Gemeinde von den begünstigten Bewohnern dafür einen Preis verlangen könnte. Ebenso sind negative externe Effekte denkbar. In der Nähe eine Gemeinde wird ein Sportflughafen errichtet, dessen Betrieb starken Fluglärm mit sich bringt. Die Immobilienpreise sinken wegen dieser Beeinträchtigung. Der Flughafenbetreiber muss für diese Beeinträchtigung finanziell nicht aufkommen. Die Werteinflüsse können teilweise enorm sein, wenn es sich um großräumige Entwicklungen handelt wie z. B. bei einer Beendigung des Braunkohleabbaus in einer Region in Verbindung mit einer Rekultivierung der entstandenen „Mondlandschaft".
Literaturhinweis: Sailer in „Spezielle Betriebswirtschaftslehre der Immobilienwirtschaft", Hamburg 2006

Extremwertbereinigung für Mietspiegel

extreme amortisation for rental table

Die Extremwertbereinigung für Mietspiegel ist ein Statistisches Verfahren. Um bei der Erstellung eines Mietspiegels zuverlässige Daten zu ermitteln, müssen Extremwerte (z. B. niedrige Gefälligkeitsmieten oder einzelne überhöhte Mieten) ausgefiltert werden. Dazu findet eine Extremwertbereinigung statt – z. B. durch Kappung von je fünf Prozent oder je zehn Prozent an beiden Enden der Mietpreisskala.
Siehe / Siehe auch: Mietdatenbank, Mietspiegel

Face-to-Face-Kommunikation

face-to-face communication

Face-to-Face-Kommunikation, auch Direktkommunikation genannt, konzentriert sich auf den direkten persönlichen Austausch von Informationen zwischen zwei Akteuren. Das können bilaterale Gespräche innerhalb eines Unternehmens (Interne Kommunikation), Gespräche zwischen Unternehmen und Kunden beziehungsweise der Presse (Externe Kommunikation) sein. Die Face-to-Face-Kommunikation kann aber auch Akteure außerhalb des Unternehmensumfeldes betreffen, also den Informationsaustausch zwischen den einzelnen Mietern einer Immobilie oder eines Wohnungs- oder Maklerunternehmens. Zu den Instrumente der Face-to-Face-Kommunikation zählen unter anderem:

- Tag der offenen Tür,
- Mieterversammlungen,
- Events,
- Messen,
- Journalistengespräche und
- Pressekonferenzen.

Siehe / Siehe auch: Interne Kommunikation

Fachkaufmann für die Verwaltung von Wohnungseigentum

specialised administrator/ manager for freehold flats

Im Rahmen der beruflichen Fortbildung besteht für Wohnungseigentumsverwalter die Möglichkeit, einen Lehrgang zu absolvieren, der zum IHK-Abschluss des Fachkaufmanns für die Wohnungseigentumsverwaltung führt. Der Lehrgang umfasst in der Regel 420 Stunden und vermittelt nach dem vom DIHK verabschiedeten Stoffplan die

- Verwaltungsgrundlagen,
- allgemeine Rechtsgrundlagen und
- spezielle Grundlagen des Wohnungseigentumsrechts,
- Fertigkeiten in der Anwendung von fachorientierten EDV-Programmen, sowie
- betriebs- und volkswirtschaftliche Basiskenntnisse.

Kurse werden von den Verbänden und institutionellen Lehrgangsträgern, etwa dem Europäischen Bildungszentrum der Wohnungs- und Immobilienwirtschaft in Bochum, sowie von einigen Industrie- und Handelskammern angeboten.

Siehe / Siehe auch: Aus- und Weiterbildung, Immobilienfachwirt, Kaufmann/Kauffrau in der Grundstücks- und Wohnungswirtschaft (IHK), Studiengänge (Immobilienwirtschaft), Immobilienkaufmann / Immobilienkauffrau

Fachwerkbau

framework construction; framed building

Der Fachwerkbau ist eine Konstruktion, die auf einem tragenden Gerüst aus untereinander verbundenen, vertikal, horizontal oder schräg angeordneten Hölzern basiert. Die Zwischenräume (Gefache) werden mit Staken, Lehm, Ziegeln oder Bruchsteinen geschlossen.

Siehe / Siehe auch: Massivbauweise, Skelettbauweise

Fachwerkhaus

half-timbered house

Ein Fachwerkhaus besteht aus einer Holzbalkenkonstruktion für die tragenden Wände, wobei die Holzbalken vertikal horizontal und zur Versteifung diagonal miteinander verbunden werden. Die Räume dazwischen sind mit Lehm, Schwemmsteinen oder Ziegelsteinen ausgefüllt. Fachwerkhäuser spielten in früherer Zeit sowohl bei Bauernhöfen in Dörfern als in den Städten als Bürgerhäuser eine große Rolle. Einer Mode folgend wurden vor allem im 16. und 17. Jahrhundert die Fachwerke, soweit sie verputzt waren, bloß gelegt und mit Schnitzereien und Bemalungen verziert. Im 18. und 19. Jahrhundert wurde ein Teil der Fachwerke wegen der erhöhten Brandgefahr wieder verputzt. Fachwerkhäuser sind vor allem in Deutschland (wohl wegen seines hohen Bestandes an Eichenwäldern), Frankreich, Belgien England und in einigen Ländern Osteuropas anzutreffen. Alte Fachwerkhäuser stehen heute in der Regel unter Denkmalschutz. Eine moderne Art des Fachwerkhauses ist heute das Haus in Ständerbauweise, die ebenfalls auf einer Balkenkonstruktion beruht. Es werden aber auch von Fertighausfirmen neue Fachwerkhäuser nach dem alten Stil angeboten.

Facility Management (FM)

Facility Management

Facility Management ist nach der Definition der GEFMA (German Facility Management Association – Deutscher Verband für Facility Management e.V.) eine „Managementdisziplin, die durch ergebnisorientierte Handhabung von Facilities und Services im Rahmen geplanter, gesteuerter und beherrschter Facility Prozesse eine Befriedigung der Grundbedürfnisse von Menschen am Arbeitsplatz, die Unterstützung der Unternehmens-Kernprozesse und die Erhöhung der Kapitalrentabilität bewirkt. Hierzu dient die permanente Analyse und Optimierung der kostenrelevanten Vorgänge rund um bauliche und technische Anlagen, Einrichtungen und im Unternehmen erbrachte (Dienst-)Leistungen, die nicht zum Kerngeschäft gehören."
Soweit sich FM ausschließlich auf Gebäude bzw. Immobilien bezieht, hat sich hierfür der Begriff des „Gebäude Managements" eingebürgert. Begriffsdefinitionen und Leistungsbeschreibungen des Gebäude Managements fanden sich ursprünglich in der VDMA 24196. Sie sind im Jahre 2000 in ihren wesentlichen Teilen als DIN 32736 in den Normenkatalog des Deutschen Instituts für Normen (DIN) übernommen worden.
Dem Facility Management liegt die Erkenntnis zugrunde, dass die Bewirtschaftungskosten eines Gebäudes, die im Laufe seiner Nutzungsdauer entstehen, die ursprünglichen Herstellungskosten oft um das Mehrfache übersteigen. Das bedeutet, dass bereits bei der Planung vorzusehen ist, die späteren nutzungsbedingten Bewirtschaftungskosten so steuerbar zu machen, dass sie in ein optimales Verhältnis zu den Herstellungskosten gebracht werden können. Zur Betrachtung stehen dann nicht nur isoliert die Herstellungskosten an, sondern die Summe aus den Herstellungskosten und den auf den Herstellungszeitpunkt diskontierten Bewirtschaftungskosten. Diese Philosophie ist im Hinblick auf die langen Gesamtnutzungsdauern von Gebäuden sehr spekulativ.
In der Praxis zielt Facility Management darauf ab, dem Nutzer einer Immobilie durch Fernhalten jeglicher Beschäftigungsnotwendigkeiten mit dem Gebäude, seinen Anlagen und Einrichtungen zu ermöglichen, sich auf sein Kerngeschäft zu konzentrieren. Bereit- und vorgehalten wird vom Facility Manager ein kaufmännisches, technisches und infrastrukturelles Organisationspotential, das in der Lage ist, alle Leistungen zu erbringen, die erforderlich sind, dieses Organisationsspektrum bedarfsgerecht zu den richtigen Zeitpunkten an den richtigen Orten zu aktivieren. In der DIN 32736 wird das Flächenmanagement zusätzlich berücksichtigt.
Gebäude und Einrichtungen werden bereits im Planungsstadium mit Hilfe eines CAD-Programms entwickelt und bilden einen Teil der Informationsbasis für die spätere Bewirtschaftungsphase. Dies gilt insbesondere für die Bereiche Verwaltung, Instandhaltungs- und Wartungsmaßnahmen, Überwachung der Gebäudeleittechnik und Gebäudeautomation, für die hausinterne Kommunikationstechnik und das Flächenmanagement. Das Gebäude kann in allen Einzelheiten auf dem Bildschirm abgebildet werden. Die Flächen können nach unterschiedlichen Gesichtspunkten (z.B. differenziert nach dem Flächenraster der DIN 277, nach Zustandsmerkmalen, Instandhaltungsplanphasen und anderen Flächeneigenschaften), visualisiert werden. Im Bereich der Bewirtschaftung gilt es, alle Kosteneinsparungspotentiale insbesondere im Bereich der Energiekosten ohne Beeinträchtigung der Leistungsfähigkeit der energiegespeisten Anlagen auszuschöpfen (Energiemanagement). Im infrastrukturellen Bereich werden nutzerorientierte zentrale Dienste angeboten z.B. Kopierdienste, Konferenzorganisation, Sicherheitsdienste.
Im Bereich der Aus- und Weiterbildung gibt es Lehrgänge die zum Abschluss „Facility Manager Agent (IHK)" und „Fachwirt FM (GEFMA)" führen. Als Studiengang wird FM u.a. am internationalen Institut für Facility Management in Oberhausen, an der Technischen Fachhochschule in Berlin und an den Fachhochschulen in Dessau, Gelsenkirchen und Münster angeboten.
Siehe / Siehe auch: GEFMA - Deutscher Verband für Facility Management e.V., IFMA Deutschland, Gebäudemanagement, Lebenszykluskosten

Factory Outlet Center (FOC)

Factory Outlet Centre

Bei Factory Outlet Centers, handelt es sich um großflächige Verkaufszentren von Fabriken, die in Konkurrenz zum Einzelhandel dem Endverbraucher ihre Produkte direkt anbieten. Die Idee stammt aus den USA, das über etwa 260 FOC's verfügt. Deren Umsatzanteil am Einzelhandel beträgt dort ca. zwei Prozent. Ein FOC führt verschiedene Markenartikelhersteller mit ihrem Angebot unter einem Dach zusammen. Die Tendenz scheint in Amerika allerdings eher rückläufig zu sein. (Weniger FOC's aber mit mehr Fläche). Verschiedene FOC's, die nicht das erwartete Ergebnis brachten, wurden in sogenannte Value Center bzw. Hybrid Center umgewandelt, bei denen der größere Teil der Flächen von Unterhaltungseinrichtungen, Gastronomiebetrieben und dergleichen belegt werden, wobei der

Flächenanteil der Outlet Stores unter 50 Prozent sinkt. Factory Outlet Center sind auch in Europa verbreitet, vor allem in Großbritannien, Frankreich und Spanien. Derzeit soll es in Europa 85 Factory-Outlet-Centers geben. Die Vertriebsmethode der FOC's ist in Deutschland umstritten. Es wird u.a. eine „Verödung der Innenstädte" durch Auskonkurrieren des Einzelfachhandels befürchtet. Damit verbunden sind Arbeitsplatzverluste und eine Erhöhung des Verkehrsaufkommens. In Fachkreisen werden Zweifel ganz anderer Art geäußert. Man verweist dabei auf die Schieflage mancher FOC's in Amerika. Es wird befürchtet, dass es speziell in Deutschland kaum gelingen dürfte, Hersteller renommierter Marken für FOC's zu interessieren, was deren Anziehungskraft verringere.

Andererseits gibt es überwiegend kleinere Gemeinden, die sich von einem FOC ein hohes Gewerbesteueraufkommen versprechen. Die Entwicklung der FOC's verläuft in Deutschland allerdings zögerlich. Die Tatsache, dass unter dem Begriff „Factory-Outlet-Center" auch oft ganz normale Fabrikverkäufe („Factory Outlet") subsummiert werden, die keineswegs den Charakter eines „Einkaufszentrums" im Sinne der Baunutzungsverordnung haben, trägt zur Verwirrung bei.

Immerhin sind rund 600 Hersteller mit Verkaufsflächen in „Factory Outlet" im weitesten Sinne vertreten. Die meisten gehören zur Modebranche, gefolgt von „Essen & Trinken" (vom Schokoladenhersteller bis zur Weinbrennerei), sowie „Haus & Wohnen". Vertreten sind auch die Branchen, die man unter Freizeit & Hobby, Sport, Spiel- und Geschenkartikel subsumieren kann. Einen Überblick über die FOC's ist unter www.factory-outlet-center.biz abrufbar. Sofern sich Vertriebseinrichtungen als Factory Outlet Centers bezeichnen, deren Anbieter nicht unmittelbar Hersteller der angebotenen Waren sind, ist dies allerdings ein irreführender Wettbewerb und damit verfolgbar. Zu den FOC's im engeren Sinne zählen das im brandenburgischen Wustermark, bei Berlin gelegene („B5)" mit 10.300 Quadratmeter Verkaufsfläche, ein FOC für Designer-Waren auf dem ehemaligen Stützpunkt der amerikanischen Airforce in Zweibrücken mit 50 Läden und 15.200 Quadratmeter Fläche. Angestrebt werden bis zum Endausbau 24.000 Quadratmeter. Auch in Ingolstadt (Ingolstadt Village), sowie in Wertheim (in Baden-Württemberg) gibt es FOC's im engeren Sinne. Von den rund 25 geplanten Factory Outlet Centers wurden viele mangels Investor oder wegen rechtlicher Schwierigkeiten nicht weiterverfolgt. Um dem Entstehen nicht nur von Factory Outlets, sondern auch von anderen Einkaufszentren auf der grünen Wiese entgegenzuwirken, wurde im Zuge der Novellierung des BauGB zum 1.1.2007 durch die Einführung der „Bebauungspläne der Innenentwicklung" mit dem sogenannten „beschleunigten Verfahren" ein Instrument geschaffen, mit dem Vorhaben in den Innenbereichen der Städte leichter verwirklicht werden können. Unter bestimmten Voraussetzungen entfällt hier die sonst vorgeschriebene Umweltprüfung.

Unabhängig davon besteht im Rahmen der Landesplanung durch Zuweisung von bestimmten Zentralitätsstufen im Rahmen des Zentrale-Orte-Systems die Möglichkeit, steuernd auf die Entwicklung von Einkaufszentren einzuwirken. Nach § 2 BauGB sind die Gemeinden verpflichtet, ihre Bauleitpläne aufeinander abzustimmen (interkommunales Abstimmungsgebot). Damit kann verhindert werden, dass Gemeinden Vorhaben verwirklichen, mit denen in Versorgungsreichweiten von Gemeinden höherer Zentralitätsstufe eingegriffen wird.

Voraussetzung für die Errichtung eines „Hersteller-Direktverkaufszentrums" ist der Ausweis von Sonderbauflächen im Flächennutzungsplan einer Gemeinde. Große Factory Outlet Centers werden an solchen Standorten – vorwiegend in kleineren Städten – angesiedelt, in deren Einzugsbereich sich mehrere Millionen Einwohner befinden. Wert wird auf einen nahen, wenn möglich direkten Autobahnanschluss gelegt. Kalkuliert wird bei größeren Vorhaben mit bis zu 3 Millionen Besuchern im Jahr. Der Radius des Einzugsbereiches kann bis zu 150 km betragen. Die Gesamtverkaufsfläche liegt zwischen 6.000 und 20.000 Quadratmeter. Sie teilt sich auf in „Läden" mit Flächen zwischen etwa 50 und 200 Quadratmeter. Das Angebotssortiment wird von den beteiligten Fabriken bestimmt. Es ist von der Breite her vergleichbar mit dem Sortiment eines Shopping Centers. Neben hochwertigen Vorsaisonwaren kann es sich auch um Produktionsüberhänge, Zweite-Wahl-Waren, Musterkollektionen, Vorjahres- oder Auslaufmodelle handeln. Gastronomie ist stets mit einbezogen. Die Planungsziele hinsichtlich des Jahresumsatzes liegen im Schnitt zwischen 3.000 und 5.000 Euro je Quadratmeter.

Siehe / Siehe auch: Einkaufszentrum, Shopping Center, Zentrale Orte

Fälligkeit

maturity

Die Fälligkeit bezieht sich allgemein auf den Zeitpunkt, zu dem ein Vertragspartner die von ihm geschuldete Leistung zu erbringen hat. Die Fälligkeit ist im Bauvertragsrecht unterschiedlich geregelt. So wird der Werklohn der Handwerker und Bauunternehmer nach BGB-Vertrag mit der Abnahme der Bauleistung fällig. Sowohl nach BGB-Werkvertrag (§ 632 a) als auch bei einem VOB-Vertrag §16 VOB/B) kann der Vertragspartner gegebenenfalls Abschlagszahlungen für abrechenbare Leistungsabschnitte verlangen. Nach VOB sind diese Zahlungen innerhalb von 18 Tagen nach Zugang der Leistungsaufstellung fällig. Die Schlusszahlung muss binnen zweier Monate, nachdem eine nachprüfbare Rechnung vorgelegt wurde, beglichen werden. Das Architektenhonorar setzt ebenfalls die abnahmefähige Erbringung der Leistung und die Vorlage einer prüffähigen Schlussrechnung voraus. Im Mietrecht wird in der Regel eine Vorfälligkeit hinsichtlich der Mietzahlungen vereinbart (Fälligkeit am Monatsanfang). Dem entspricht beim Wohnungsmietvertrag mittlerweile auch die gesetzliche Vorschrift. Beim Makler wird der Provisionsanspruch fällig, sobald er entstanden ist.

Fälligkeitsprinzip

accrual

Das Fälligkeitsprinzip ist ein 1969 mit der Haushaltsreform eingeführter Grundsatz der Kassenwirksamkeit: Im Haushaltsplan dürfen nur diejenigen Einnahmen und Ausgaben eingestellt werden, zu dem sie wirtschaftlich gehören.

Fahnenstange

flagpole

Extreme Kursreaktionen, ähneln im Chartbild einer Fahnenstange. Eine Fahnenstange kann sowohl nach Kursanstiegen als auch nach Kurseinbrüchen entstehen. Für Charttechniker sind Fahnenstangen gefährliche Formationen, da sie einen Wendepunkt für den Kursverlauf signalisieren: Wenn aus der Fahnenstange charttechnisch eine „bullishe Flagge“ oder ein „bullisher Wimpel“ wird, hat ein Aufwärtstrend eine Chance, sonst droht der Absturz.

Fahrlässigkeit

negligence; carelessness

Ein fahrlässiges Verhalten gegenüber Vertragspartnern kann die Grundlage für Schadensersatzforderungen sein. Man unterscheidet die bewusste und die unbewusste Fahrlässigkeit. Bewusst fahrlässig ist, wer mit dem Eintritt des Schadens rechnet, aber fahrlässig darauf vertraut, dass dieser nicht eintreten wird. Unbewusst fahrlässig ist, wer die Möglichkeit des Schadens nicht erkennt, aber bei gehöriger Sorgfalt hätte erkennen und den Eintritt des Schadens verhindern können. Die verschiedenen Grade der Fahrlässigkeit sind die grobe und die einfache Fahrlässigkeit. Dieser Unterschied wirkt sich in der Praxis dahin aus, dass in Allgemeinen Geschäftsbedingungen nach § 309 Nr.7 b) BGB Klauseln unwirksam sind, die die Haftung für grob fahrlässige Pflichtverletzungen ausschließen. Dagegen ist ein Haftungsausschluss für leichte Fahrlässigkeit in AGB möglich. Die häufig zu findende Klausel „Irrtum vorbehalten“ ist allerdings bedenklich. Sie unterscheidet nicht zwischen leichter (einfacher) und grober Fahrlässigkeit.

Grobe Fahrlässigkeit ist demjenigen vorzuwerfen, der die im Verkehr erforderliche Sorgfalt in besonders schwerem Maß außer Acht lässt. Für den Makler ist die Rechtsfolge grober Fahrlässigkeit die Verwirkung seines Provisionsanspruchs nach § 654 BGB. Entsteht dem Kunden darüber hinaus ein Schaden, so verliert der Makler nicht nur den Provisionsanspruch, sondern er hat den Schaden zu ersetzen. Das heißt, dass bei grob fahrlässiger und erst recht bei vorsätzlicher Treupflichtverletzung der Provisionsverlust auch ohne einen Schaden des Kunden eintritt.

Beispiele: Der Makler klärt seinen Auftraggeber nicht über die ihm bekannte Kreditunwürdigkeit der Gegenseite auf(vgl. BGH DB 1967,505). Der Makler bietet ein Objekt ohne Wissen und Zustimmung des Verfügungsberechtigten an. Der Makler gibt für einen noch zu erstellenden Bungalow einen Bezugstermin an, obwohl zum Zeitpunkt des Kaufvertragsabschlusses weder ein Bebauungsplan noch eine Baugenehmigung vorliegt und das Projekt deshalb erst 17 Monate später fertiggestellt wird (vgl. OLG Köln NJW 1972, 1813).

Siehe / Siehe auch: Nebenpflichten des Maklers

Fahrräder

bicycles

Ein Mietvertrag regelt meist nicht ausdrücklich, wo Fahrräder des Mieters abzustellen sind. Allerdings finden sich in vielen Hausordnungen Regelungen zu diesem Thema. In vielen Wohnanlagen existiert ein gemeinschaftlich genutzter Fahrradkeller. Ist dies nicht der Fall, muss der Mieter seinen Keller nutzen. Solange eine anderweitige Abstellmöglichkeit besteht, ist die Benutzung der Wohnung als Fahrradabstellplatz unzulässig. Ein besonders wertvolles Rennrad darf nach dem Amtsgericht Münster in die Wohnung mitgenommen oder im eigenen Keller des Mieters untergestellt werden, obwohl die Hausordnung ausschließlich den Fahrradkeller als Abstellplatz anordnet (AG Münster, WM 94, 198).

Als Kündigungsgrund reicht ein unzulässiges Abstellen von Fahrrädern in der Regel nicht aus. Das Abstellen von Fahrrädern auf dem Hof einer Wohnanlage darf nach einem Urteil des Amtsgerichts Berlin-Schöneberg (Az. 19 C 532/98) nicht ohne weiteres per Hausordnung vom Vermieter verboten oder mit Gebühren belegt werden. Im Einzelfall hängt dies vom Platzangebot des Hofes ab. Wenn Zugänge, Einfahrten oder gar Zufahrtswege für die Feuerwehr zugestellt werden, werden die Interessen des Radlers zurückstehen müssen.
Siehe / Siehe auch: Hausordnung

Fair Value
fair value
Siehe / Siehe auch: Fairer Preis

Fairer Preis
fair price / fair value
Fairer Preis ist ein Begriff aus dem Optionsgeschäft, mit dem der gerechte Wert einer Option auf Grund eines mathematischen Modells bestimmt werden soll. Zu den beeinflussenden Faktoren zählen Kurs des Basiswerts, Basispreis, Volatilität, Restlaufzeit, Dividenden und Zinssätze. Unter anderen macht die Suchmaschine Derixx Zertifikate untereinander vergleichbar und ermittelt damit den finanzmathematisch fairen Preis, genannt Fair Value.

Fairer Wert (fair value)
fair value
Der faire Wert entstammt dem Bereich der International Accounting Standards (IAS) und bezeichnet den „Betrag, gegen den eine Immobilie zwischen einem aufgeklärten, erwerbsbereiten Käufer und einem aufgeklärten, veräußerungswilligen Verkäufer im gewöhnlichen Geschäftsverkehr ausgetauscht werden kann.“ Der faire Wert entspricht somit dem Verkehrswert.
Siehe / Siehe auch: International Financial Reporting Standards (IFRS)

Faktische Nachlasskollision
de facto conflict of estate
Sofern ein Erblasser Wohnsitze in der Schweiz und in Deutschland hat, kommt es durch die unterschiedlich geregelte Erbfolge nach Schweizer und deutschem Recht oft zu Schwierigkeiten. Zur Vermeidung einer solchen faktischen Nachlasskollision sollte daher im Testament klargestellt werden, dass der Erbfall deutschem Recht unterliegt.

Faktische Wohnungseigentümer-Gemeinschaft
de facto commonhold association
Von einer faktischen Wohnungseigentümer-Gemeinschaft spricht man, wenn sich die Rechtsstellung der werdenden Wohnungseigentümer der von Wohnungseigentümern weitgehend angenähert hat und sich die werdenden Wohnungseigentümer in die Gemeinschaft tatsächlich eingegliedert haben, der Eigentumserwerb aber noch nicht vollendet ist. Eine faktische Wohnungseigentümer-Gemeinschaft besteht bei einer Vorratsteilung nach § 8 WEG in der Zeit zwischen Errichtung der Teilungserklärung und der Eintragung des ersten Erwerbers im Grundbuch als Wohnungseigentümer, also im Gründungsstadium einer Eigentümergemeinschaft.

- Die Voraussetzungen für eine faktische Eigentümergemeinschaft sind:
- der unmittelbare oder mittelbare Besitz des Wohnungseigentümers an der Wohnung, die bewohnbar sein muss
- der Abschluss eines schuldrechtlichen Kaufvertrages
- die dingliche Sicherung des Erwerbers durch Eintragung einer Vormerkung

Der faktische Wohnungseigentümer kann schon vor Eintragung im Grundbuch

- sein Stimmrecht in der Eigentümerversammlung ausüben
- er hat Wohngeldzahlungen zu leisten
- baulichen Veränderungen zustimmen oder die Beseitigung nicht genehmigter baulicher Änderungen verlangen und gerichtlich durchsetzen
- Beschlüsse anfechten

Die faktische Wohnungseigentümer-Gemeinschaft endet durch die Eintragung des ersten Erwerbers als Eigentümer im Grundbuch. Die zu diesem Zeitpunkt bereits existierende Rechtstellung der faktischen Wohnungseigentümer bleibt für diese bestehen.

Faktischer Wohnungseigentümer
de facto flat owner
Siehe / Siehe auch: Wohnungseigentümer

Fallen Angel
fallen angel (bond)
Unter Fallen Angel versteht man eine einst an der Börse gehandelte Hoffnungsaktie, die von der Wolke 7 gefallen ist und bis zu 90 Prozent unter ihrem Rekordniveau notiert.

Fallenstellerparagraph

- n.a. -

Als Fallenstellerparagraphen bezeichnete die Branche den § 2b des Einkommensteuergesetzes. Er wurde im Zuge des Steuerentlastungsgesetzes auf Initiative des damaligen Finanzministers Oskar Lafontaine 1999 in das Gesetz eingefügt. Mittlerweile ist § 2b EStG rückwirkend durch § 15 b EStG (Verl ustverrechnungsbeschränkung) ersetzt worden.

Siehe / Siehe auch: Verlustverrechnungsbeschränkung

Family and Friends-Programm

family-and-friends program

Das Family and Friends-Programm ist ein Aktienkontingent, das von einem Unternehmen im Rahmen eines Börsengangs (IPO) für Verwandte, Bekannte, Geschäftspartner oder Mitarbeiter zur bevorrechtigten Zeichnung – meist unter dem Ausgabepreis – reserviert wird.

Fangnetz / Balkon

guard net / balcony

Mieter dürfen am Balkon der Mietwohnung ein Fangnetz anbringen, damit Katzen oder andere Haustiere nicht entwischen bzw. abstürzen können. Dies entschied das Amtsgericht Köln (Az. 222 C 227/01). Das Gericht hatte zuvor im Rahmen eines Ortstermins festgestellt, dass das Fangnetz an Ständern hing, die mit der Balkonbrüstung nur verschraubt waren, sich also ohne Schwierigkeiten wieder vollkommen entfernen ließen. Auch war das Netz von außen kaum zu sehen und daher keine optische Beeinträchtigung der Fassade. Da weder eine dauerhafte Veränderung der Mietsache noch eine optische Beeinträchtigung stattgefunden hatte, wies das Gericht die Klage des Vermieters gegen die Katzen-Auffang-Installation ab.

Siehe / Siehe auch: Balkon

Fanny Mae

Federal National Mortgage Association (FNMA), commonly known as „Fannie Mae"

Fanny Mae, ursprünglich Federal National Mortgage Association (FNMA), wurde 1938 als staatseigene Bank gegründet und 1968 privatisiert.

Sie war einst die größte Hypothekenbank der USA und der Welt. Zweitgrößte reine Hypothekenbank ist Freddie Mac (Federal Home Loan Mortgage Corporation). Beide haben zur Finanzierung der Hypotheken Anleihen im Wert von 2.400 Mrd. Dollar ausgegeben, wodurch sie zu den größten Schuldnern weltweit gehören.

Die stark rückläufigen Hauspreise in den USA im Herbst 2007 haben die gigantische Kreditpyramide beider Hypothekenbanken zum Einsturz gebracht und damit zu weltweiten Turbulenzen auf den Finanzmärkten geführt. Im Juli 2008 kündigte die US-Regierung an, Fannie Mae und Freddie Mac mit Krediten und Aktienkäufen in Milliardenhöhe zu stützen. Im September 2008 übernahm die zuständige Aufsichtsbehörde Federal Housing Finance Agency (FHFA) die Kontrolle über Fannie Mae.

Farbwahlklausel im Mietvertrag

clause in tenancy agreement regarding choice of colour

Unter einer Farbwahlklausel versteht man eine mietvertragliche Regelung, die dem Mieter für die von ihm durchzuführenden Schönheitsreparaturen die Wahl einer bestimmten Farbgebung z.B. für Wände und Decken vorschreibt. Beispiel: „Die Schönheitsreparaturen sind in neutralen, deckenden, hellen Farben und Tapeten auszuführen."

Die zitierte Klausel wurde vom Bundesgerichtshof am 18.6.2008 für unwirksam erklärt (Az. VIII ZR 224/07). Dem Vermieter stand damit kein Anspruch auf Durchführung von Schönheitsreparaturen mehr zu. Zur Begründung führten die Richter aus, dass die genannte Farbwahlklausel den Mieter unangemessen benachteilige. Sie beziehe sich nämlich nicht nur auf Schönheitsreparaturen bei Beendigung des Mietverhältnisses, sondern grundsätzlich auf alle Schönheitsreparaturen – also auch auf laufende, während des Mietverhältnisses durchzuführende Renovierungen. Zwar habe der Vermieter ein berechtigtes Interesse daran, die Wohnung nach Beendigung des Mietverhältnisses in Farben zurück zu bekommen, die möglichst viele Interessenten akzeptabel fänden. Er habe jedoch kein Recht dazu, den Mietern während des Mietverhältnisses die Farbgebung ihrer Behausung vorzuschreiben.

Übrigens sind auch Klauseln, die dem Mieter vorschreiben, die Wohnung bei Auszug „weiß gestrichen" zurückzugeben, unwirksam (vgl. Landgericht Berlin, Urteil vom 10.01.2006, Az. 64 S 394/05). Eine allgemeine Formulierung (wie im Beispiel), ohne Bezugnahme auf eine bestimmte Farbe, ist dem Vermieter zu empfehlen.

Der Bundesgerichtshof hat auch am 18.2.2009 eine Farbwahlklausel für unwirksam erklärt, bei der im Rahmen der Beschreibung der durchzuführenden Schönheitsreparaturen die Verwendung „neutraler" Farbtöne gefordert wurde. Da der Mieter auch während des Mietverhältnisses Schönheitsreparaturen hätte durchführen müssen, schränkte dies seine

Farbwahl während der Laufzeit des Vertrages zu sehr ein (Az. VIII ZR 166/08). Dementsprechend entschied der BGH am 23.9.2009, dass auch das „Weißen" der Decken und Wände im Rahmen der Schönheitsreparaturen nicht gefordert werden könne. Der Begriff „Weißen" sei nicht gleichbedeutend mit „streichen", sondern sei als „mit weißer Farbe zu streichen" auszulegen. Derartige Festlegungen seien ebenfalls als Farbwahlklausel anzusehen und nur mit direktem Bezug auf den Zeitpunkt der Wohnungsrückgabe wirksam.
Während der Laufzeit des Mietvertrages könne vom Mieter nicht verlangt werden, seine Wohnung nach den Farbwünschen des Vermieters zu dekorieren (Az. VIII ZR 344/08).
Siehe / Siehe auch: Schönheitsreparaturen, Holzklausel

Farming

farming (marketing)

Farming ist eine spezifische Marketing-Vorgehensweise, die speziell in Amerika Verwendung findet. Im Rahmen des Farming wird eine bestimmte Personengruppe oder aber – und dies ist auch häufiger der Fall – ein bestimmter Stadt- oder Ortsteil abgegrenzt und marketingtechnisch besonders intensiv bearbeitet.
Je nach Strategie und Spezialisierung des Unternehmens kann die Farm aber auch großflächig definiert und extensiv „bewirtschaftet" werden.

Fassade

facade; front

Außenfront einer Immobilie an der Straßenseite. Der Fassade kommt insofern eine besondere Bedeutung zu, als sie dem Betrachter den ersten Eindruck vom Gebäude vermittelt und von den Mietern oder Eigentümern häufig zur Unternehmensdarstellung genutzt wird. Zudem hat die Fassade eine klimatechnische Funktion. Manche Häuser verfügen über eine zweite Fassade („Schauseite") an der Gartenseite. An Fassadenelementen lässt sich in der Regel der Baustil ablesen.

Fassadenhai

(literally: „facade sharks") - tradesmen who offer to repair or redo house facades at low cost and then provide poor quality / service and / or charge a higher price

1. Fassadenhai werden umgangssprachlich betrügerische Fassaden-Beschichter genannt. Das Wort bezeichnet Praktiken verschiedener Unternehmen, die zu „besonders günstigen Bedingungen" Beschichtungen von Häuserfassaden anbieten, wobei entweder die Qualität der Leistungen unbefriedigend und / oder der geforderte Preis höher als vereinbart ist.
2. Der Begriff taucht auch im Zusammenhang mit so genannten Pinselsanierern auf, die eine ältere Immobilie günstig einkaufen, lediglich die Fassade streichen und dann überteuert weiterverkaufen.

Faule Kredite

non-performing loans; bad debts

Siehe / Siehe auch: Non-Performing Loans

FAZ

Frankfurter Allgemeine Zeitung, one of the most influential national German daily newspapers

FAZ ist die gebräuchliche Kurzform für die Frankfurter Allgemeine Zeitung, einer bedeutenden überregionalen deutschen Tageszeitung mit einer freitags erscheinenden Schwerpunktseite für die Immobilienbranche.

FAZ-Index

share price index on the German stock market calculated by the Frankfurter Allgemeine Zeitung (FAZ), an influential national German daily newspaper

Der FAZ-Index ist ein seit dem 04.09.1961 eingeführter Aktienindex auf den deutschen Aktienmarkt, der von der Frankfurter Allgemeinen Zeitung (FAZ) börsentäglich berechnet wird.
Er wurde 1987 weitgehend vom Deutschen Aktenindex (DAX) verdrängt, der 30 deutsche Standardwerte repräsentiert.

Fazilität

facility

Zinssätze der Europäischen Zentralbank (EZB) werden als Fazilitäten bezeichnet, vergleichbar

mit dem Vorgänger in Deutschland, den Leitzinsen der Deutschen Bundesbank. Es wird zwischen der Einlagefazilität (früher: Diskontsatz) und dem Spitzenrefinanzierungssatz (früher: Lombardsatz) unterschieden. Die Zinssätze dieser beiden Fazilitäten bilden im Allgemeinen Ober- und Untergrenze des Tagesgeldsatzes (EONIA) im Euro-Raum.
Siehe / Siehe auch: Diskontsatz (Basiszinssatz), Basiszinssatz

Fehlalarmierung der Feuerwehr

false alarm for the fire brigade

Wird die Feuerwehr zu einem regulären Einsatz gerufen, bei dem Leib und Leben von Menschen oder Tieren in Gefahr sind, ist der Einsatz meist für den Geschädigten kostenlos. Ausnahmen regeln die Gemeindesatzungen. So ist in vielen Feuerwehrsatzungen geregelt, dass bei einem durch eine Brandmeldeanlage verursachten Fehlalarm eine Gebühr erhoben werden kann. Rechtlich umstritten ist, ob hiervon auch herkömmliche Einzelrauchmelder umfasst werden: Denn unter einer Brandmeldeanlage versteht man ein vernetztes und meist mit einer Hauszentrale verbundenes System, das im privaten Wohnbereich kaum verwendet wird.

Nach einem Urteil des Verwaltungsgerichts Schleswig sind auch nicht vernetzte Rauchmelder wie Brandmeldeanlagen zu behandeln. Die Kosten für den Einsatz in Folge eines Fehlalarms könnten demnach dem Hauseigentümer in Rechnung gestellt werden (Urteil vom 27.5.2003, Az. 3 A 133/02). Andererseits hat das Verwaltungsgericht Braunschweig entschieden, dass ein Gebäudeeigentümer die Kosten für mehrere Einsätze aufgrund von Fehlalarmen seiner Brandmeldeanlage nicht bezahlen muss: Der Eigentümer hatte einen Wartungsvertrag mit einer Fachfirma für die Anlage; das Gericht war der Ansicht, dass mangels vorsätzlichem oder fahrlässigem Fehlverhalten eine Haftung ausscheide (Urteil vom 28.3.2000, Az. 5 A 5185/98). Auch im Mietverhältnis kann es zu Streitfällen aufgrund von Fehlalarmen kommen, so in einem Fall, den das Amtsgericht Hannover (Az. 537 C 17077/05) zu entscheiden hatte.

Nachbarn hatten die Feuerwehr gerufen, weil der Rauchmelder eines Mieters einen Warnton von sich gab. Die Feuerwehr brach die Wohnungstür auf. Der Rauchmelder hatte jedoch nur den Signalton für schwache Batterien von sich gegeben. Im Streit zwischen Vermieter und Mieter um die Kosten für die Wohnungstür siegte der Mieter: Das Gericht sah bei ihm kein Verschulden. Der von ihm selbst eingebaute Rauchmelder habe das Mietobjekt nicht beeinträchtigt, sondern dessen Schutz gedient. Nachbarn und Feuerwehr hätten den Warnton fehlinterpretiert, und dies sei nicht Schuld des Mieters.
Siehe / Siehe auch: Brandmeldeanlage, Feuerwehreinsatz, Kosten, Rauchmelder, Rauchmelder-Wartung, Rauchmelder in der Mietwohnung

Fehlbelegung

inappropriate occupation of subsidised accommodation

Eine „Sozialwohnung" – das heißt eine preisgebundene Wohnung kann nur bezogen werden, wenn der Mieter einen Wohnberechtigungsschein vorlegt. Diesen erhält er vom Sozialamt, wenn er eine entsprechende Bedürftigkeit nachweisen kann. Wenn sich jedoch die finanziellen Verhältnisse verbessern, wieder Arbeit gefunden wird usw., sind oft die Voraussetzungen für eine Wohnberechtigung nicht mehr gegeben. Der Mieter genießt nun unberechtigt die Vorteile einer subventionierten Miete, die unter der ortsüblichen Miete liegt. Um dem entgegenzuwirken, haben einige Bundesländer Anfang der 1990er Jahre im Rahmen von Gesetzen über den Abbau der Fehlsubventionierung im Wohnungswesen eine Fehlbelegungsabgabe eingeführt. Diese wird mittlerweile als „Ausgleichszahlung für Sozialwohnungen/preisgebundene Wohnungen" bezeichnet. Die Abgabe wird fällig, wenn die maßgebliche Einkommensgrenze des Mieters um mehr als 20 Prozent überschritten ist. In einigen Bundesländern ist der Prozentsatz geringer. Die Ausgleichszahlung beträgt zwischen 0,35 und 3,50 Euro je Quadratmeter. Die genaue Höhe hängt unter anderem von weiteren Ausnahmeregelungen ab, von Höchstbeträgen für bestimmte Wohnungen und von der Anzahl der darin lebenden Personen.

Zur Feststellung, ob die Voraussetzungen für eine Wohnberechtigung noch gegeben sind, finden üblicherweise im Abstand von zwei bis drei Jahren behördliche Überprüfungen statt. Die Prüfung besteht meist im Zusenden eines Formulars, dass der Betreffende auszufüllen hat. Die Fehlbelegungsabgabe wurde von vielen Bundesländern zwischen 2002 und 2008 wieder abgeschafft. Sie wurde als nicht mehr zeitgemäß angesehen, da sie eine gesunde soziale Mischung der Mieterschaft in Gebieten mit vielen preisgebundenen Wohnungen verhindert und Mieter zum Wegzug motiviert, deren finanzielle Situation sich gebessert hat. Auch standen die Einnahmen oftmals in keinem vernünftigen Verhältnis zum Verwaltungsaufwand.
Siehe / Siehe auch: Ausgleichszahlung für Sozialwohnungen

Feindliche Übernahme

hostile/unfriendly takeover

Die feindliche Übernahme bezeichnet den Erwerb von Aktienpaketen zur Übernahme der Kapitalmehrheit an einer Aktiengesellschaft (AG) durch einen Investor, eine Investorengruppe oder ein Unternehmen, ohne vorher die Einwilligung des Übernahmekandidaten, d.h. des Vorstandes, des Aufsichtsrats oder der Belegschaft, eingeholt zu haben. Bei Zustimmung des Übernahmekandidaten spricht man von „freundlicher" Übernahme.

Feinstaub

fine particles; respirable dust

Seit Bekanntwerden der hohen Feinstaubemissionen in einigen deutschen Großstädten wird die Frage diskutiert, wie Feinstaub reduziert werden kann. Er gilt als gesundheitsschädlich, weil die Filterwirkung des Nasen-Rachenraumes nicht ausreicht, um die Feinstaubpartikel zu absorbieren. Feinstaub gerät damit unmittelbar in die Lunge und wird dort nicht mit der erforderlichen Schnelligkeit entfernt. Die Folge sind Atemwegs- und Herzkreislauferkrankungen. Die Mitgliedstaaten der Europäischen Union wurden mit der 1980 beschlossenen Richtlinie 80/779/EWG verpflichtet, dafür Sorge zu tragen. dass ab 1. April 1983 bestimmte Grenzwerte nicht überschritten werden. Hinzu kam 1991 die Verpflichtung, in bestimmter Dichte Messeinrichtungen zu installieren und über Messergebnisse die zuständigen Behörden zu informieren. Ab 2010 werden erhöhte Anforderungen gelten.

Der Feinstaub hat natürliche sowie vom Menschen verursachte Quellen. Zu den natürlichen Quellen zählen u.a. Pollen, durch Erosion von Gesteinen ausgelöster Feinstaub der durch Winde verteilt wird, Saharastaub sowie durch die Land- und Forstwirtschaft entstehende Staubpartikel.

Die menschlichen Ursachenquellen befinden sich u.a. in der Industrie, in den Privathaushalten, im Straßenverkehr einschließlich Dieselruß, Reifenabrieb und Abrieb von Bremsbelägen, den Kraft- und Fernheizwerken. In den Wintermonaten entsteht Feinstaub auch durch Zerreibung von Splitt, der (anstelle von Salz) zur Dämpfung der Rutschgefahr bei Glatteis und Schneeglätte auf den Straßen aufgetragen wird. Die öffentliche Aufmerksamkeit, die diesem Problem zuteil wurde, dürfte dafür sorgen, dass besonders feinstaubbelastete Gebiete, über die ja informiert werden muss, Wertbeeinträchtigungen erfahren. In Deutschland verursachen z.B. die Industrie jährlich 60.000 t, Privathaushalte 33.000 t, Dieselfahrzeuge 29.000 t, Elektrizitäts- und Heizkraftwerke 19.000 t an Feinstaubemissionen. In Innenräumen entsteht Feinstaub durch Zigarettenrauch, Laserdrucker, Kopiergeräte, Kerzen, das Kochen sowie Staubsauger ohne Filter. Studien zeigen, dass sich in Räumen mit glattem Boden mehr Feinstaub in der Luft befindet als in Räumen mit Teppichboden. Maßnahmen zur Feinstaubreduktion sind z.B. in Hinblick auf den Straßenverkehr die Ausrüstung von Dieselfahrzeugen mit Partikelfilter und die Einrichtung von Umweltzonen in Innenstädten. In diese Zonen dürfen dann nur noch Fahrzeuge einfahren, deren Motor lediglich geringe Mengen von Feinstaub emittiert und die durch entsprechende Plaketten gekennzeichnet sind.

Siehe / Siehe auch: Umweltzone

Feldgeschworene

settler of boundary disputes (Bavaria)

Im Freistaat Bayern wirken ortsansässige Bürger als Feldgeschworene ehrenamtlich bei der Vermessung und Abmarkung von Ländereien durch die Vermessungsbehörden mit. Sie setzen z.B. Grenzsteine höher oder tiefer oder wechseln beschädigte Grenzsteine aus.

Mit dem Einverständnis der beteiligten Grundeigentümer erledigen sie auch weitere behördliche Aufgaben im Zusammenhang mit der Abmarkung und tragen zur Lösung von Streitigkeiten bei. Sie werden auf Lebenszeit vom Gemeinderat gewählt. Ihre Wahl, Abberufung und Aufgaben sind in Landesvorschriften geregelt (z.B. Bayerisches Abmarkungsgesetz, Bayerische Feldgeschworenenverordnung).

Historisch entwickelte sich das Feldgeschworenenwesen in den fränkischen Teilen Bayerns im Mittelalter. Hier wurden Liegenschaftsbücher geführt und die verschiedenen Grundstücke durch Grenzsteine oder -säulen gekennzeichnet.

Die Feldgeschworenen unterlegten diese Markierungen mit einem geheimen Zeichen (sog. Siebenerzeichen, Siebenergeheimnis), um ein eigenmächtiges Versetzen der Steine zu unterbinden. Die früher teilweise übliche Bezeichnung der Feldgeschworenen als „Siebener" geht darauf zurück, dass ursprünglich in jeder Gemeinde eine Gruppe von sieben Personen mit diesem Amt betraut wurde.

Heute geht man von einer Mindestzahl von vier Personen aus. Weitere Bezeichnungen für das Amt eines Feldgeschworenen waren Feldrichter, Feldscheider, Steinsetzer oder Untergänger.

Siehe / Siehe auch: Abmarkung

Feldrichter

arbitrator of field disputes

Siehe / Siehe auch: Feldgeschworene

Feldscheider

[term used in Bavaria:] citizen assisting with land surveying

Siehe / Siehe auch: Feldgeschworene

Feng Shui

feng shui

Feng Shui kommt aus dem Chinesischen und heißt wörtlich übersetzt: „Wind - Wasser". Es handelt sich um eine Lebenseinstellung, die darauf abzielt, im Interesse von Wohlbefinden, Leistungsfähigkeit, beruflichen Erfolg, Glück und geistige Frische ein harmonisches Verhältnis zur konkreten Umwelt herzustellen. Dies erstreckt sich vor allem auch auf den Bereich des Wohnens und beginnt mit der Auswahl des Baugrundstücks, der Wohnraumgestaltung und geht bis zur Einrichtung der Räume. In Massing (Niederbayern) wurde ein ganzer Bebauungsplan aus der Perspektive des Feng Shui entwickelt. Kennzeichnend dafür ist das Fehlen von schnurgeraden Straßenzügen, eine Ausrichtung der Häuser mit einer Blickrichtung dorthin wo das Auge ruhen kann. Die Gärten haben Brunnen, breitblättrige Pflanzen Die Wohnungen selbst sind eher spärlich möbliert.

Fenster

window

Fenster sind Wandöffnungen, die der Belichtung und der Belüftung eines Raumes dienen. Das aus dem Althochdeutschen stammende Wort Fenster kommt ursprünglich von dem lateinischen fenestra. Aus dem römischen Reich sind auch die ersten, uns heute geläufigen Fenster, bestehend aus Fensterrahmen mit Festverglasung oder einem beweglichen Fensterglasflügel bekannt. Die bis dahin üblichen Fenster waren lediglich ein Loch in der Wand, so groß wie die Wandkonstruktion dies zuließ.

Noch lange verschlossen unsere Vorfahren ihre Fenster mit einem Holzladen, denn Glasfenster waren ein Luxus, der sich erst allmählich durchsetzte. Noch bis in das 19. Jahrhundert bestand die übliche Verglasung aus Glasstücken in einer Bleifassung. Inzwischen haben sich durch moderne Technologien die Fertigung und die belastbarere Zusammensetzung und damit der Einsatzbereich von Glas stetig verändert. In Kombination mit Skelettsystemen sind verglaste Außenwände bis hin zu einer gesamten Außenhaut aus Glas möglich.

Heute muss das Fenster neben Belichtung und Belüftung weitere Funktionen übernehmen. Zugluft, Wasser oder Feuchtigkeit sollte an keiner Stelle eindringen können. Ebenso müssen Fenster den gesetzlichen Anforderungen an Wärmedämmung, Brand- und Schallschutz entsprechen.

Siehe / Siehe auch: Brandschutz, Fenstergewände, Fensterglas, Fensterleibung, Fensterrahmen, Fenstertür, Leibung / Laibung, Skelettbauweise

Fenster- und Lichtrecht

window rights; (easement of) light; byelaws concerning the right to light

Das Fensterrecht regelt, ob und wie Grundstückseigentümer in oder an der Außenwand eines Gebäudes Fenster anlegen dürfen, sowie die Voraussetzungen, unter denen Fenster, Türen und zum Betreten bestimmte Bauteile (Balkone, Terrassen) angebracht werden dürfen. Das Lichtrecht schützt bestehende Fenster gegen Eingriffe durch den Nachbarn. Geregelt wird die Befugnis des Grundstückseigentümers, dem Nachbarn die Verbauung im Bereich des Lichteinfalls zu verbieten. Geregelt ist das Fenster- und Lichtrecht in den privatrechtlichen Rechtsvorschriften der Nachbarschaftsgesetze der Bundesländer.

Siehe / Siehe auch: Außenwand (eines Gebäudes)

Fensterbank

window sill

Die Fensterbank bildet den unteren horizontalen Abschluss eines Fensterausschnittes. Es gibt eine innere Fensterbank, auch Fensterbrett genannt, und eine äußere, auch Sohlbank genannt. Das Material der Sohlbank orientiert sich an der Gestaltung und am Gebäude. Im Mauerwerk ist sie oft gemauert. An den Anschlusspunkten zur Wand und zum Fensterrahmen wird die Sohlbank von einem Abdeckblech aus Aluminium, Zink oder Blei geschützt. Vor Feuchtigkeit schützen innen liegende Abdichtungen aus Kunststoff.

Siehe / Siehe auch: Abdichtungen, Fenster, Fensterbrüstung, Fensterrahmen, Mauerwerk, Sohlbank

Fensterbrüstung

window parapet

Die Fensterbrüstung ist das Wandstück unterhalb des Fensters und wird mit der Fensterbank nach oben hin geschlossen.

Siehe / Siehe auch: Fenster, Fensterbank

Fensterflügel

(opening) casement; sash

Der Fensterflügel ist der bewegliche Teil eines Fensters und wird mit Fensterbeschlägen am Fensterrahmen angeschlagen. Fensterflügel lassen sich auf die unterschiedlichste Art öffnen: Dreh-, Kipp- oder Drehkippfenster, Schwingfenster an einer mittleren, horizontalen Achse schwingend, Klappfenster, die sich oft nach außen öffnen lassen, horizontale oder vertikale Schiebefenster, die auf Schienen oder Rillen laufen und Lamellenfenster, deren Öffnung mehrere schmale, horizontale Gläser schließt. Fensterflügel werden aus Holz, Aluminium, Stahl oder Kunststoff hergestellt. Auch eine Kombination aus diesen Materialen ist möglich.

Siehe / Siehe auch: Fenster

Fenstergewände

wall or jambstones between two windows

Fenstergewände sind die seitlichen Begrenzungen im inneren Mauerausschnitt. Sie bilden zusammen mit dem oberen Fenstersturz und der unteren Fensterbank den Rahmen in der Wandschnittfläche, in den das eigentliche Fenster eingesetzt wird.

Siehe / Siehe auch: Fenster, Fensterbank, Fenstersturz, Leibung / Laibung

Fensterglas

window glass

Als Fensterglas wird das gezogene Tafelglas für Bauzwecke bezeichnet. Obwohl schon die Römer Glasstücke in ihre Fenster einsetzten, wurde das Gießverfahren von Glasplatten erst im 17. Jahrhundert erfunden.

Siehe / Siehe auch: Fenster, Fensterflügel, Fensterrahmen, Festfenster

Fensterkitt

glazier's putty; back or bedding putty

Mit Fensterkitt wird die Fensterscheibe im Fensterflügel oder Fensterrahmen (Festverglasung) stabilisiert. Der Kitt wird glatt verstrichen und härtet aus, so dass die eingesetzte Scheibe in ihrer Position gehalten wird.

Siehe / Siehe auch: Fensterflügel, Fensterrahmen, Glasleiste

Fensterleibung

embrasure

Siehe / Siehe auch: Leibung / Laibung

Fensterrahmen

window frame; reveal

Ein Fensterrahmen ist der fest an der Leibung der Wand befestigte Rahmen eines Fensters. Er besteht aus zwei vertikalen Pfosten und zwei horizontalen Riegeln. In ihn wird der bewegliche Fensterflügel oder das festverglaste Fenster eingesetzt. Fensterrahmen werden aus Holz, Aluminium, Stahl oder Kunststoff hergestellt. Ebenso ist eine Kombination aus den Materialen möglich.

Siehe / Siehe auch: Fenster, Fensterflügel, Festfenster, Leibung / Laibung, Zarge

Fenstersturz

platband; window lintel; summer

Der Fenstersturz ist der Balken in der Wandebene über der Fensteröffnung. Er soll die Lasten aus den über ihn liegenden Gebäudekonstruktionen wie den Wänden, den Decken oder dem Dach aufnehmen. Im Mauerwerksbau handelt es sich heute in der Regel um einen vorgefertigten Sturz aus Stahlbeton. Im Stahlskelettbau oder Fachwerkbau besteht er aus Stahl oder Holz.

Siehe / Siehe auch: Fachwerkbau, Fenster, Mauerwerk, Stahlbeton

Fenstertür

casement door; French door; glazed door

Einer Fenstertür oder einem französischen Fenster fehlt die Fensterbrüstung. Es handelt sich hierbei um ein Fensterflügelpaar, das als Tür genutzt wird. Vorwiegend führt sie zu einem Balkon oder einer Terrasse.

Siehe / Siehe auch: Balkon, Fenster, Fensterbrüstung, Fensterflügel, Festfenster, Terrasse

Ferienhöfe

holidays on the farm

Ferienhöfe sind Bauernhöfe, die Städtern, vor allem Familien mit Kindern, einen Urlaub auf dem Lande ermöglichen. Teilweise werden die Bauernhöfe komplett, teilweise werden einzelne Wohnungen oder Zimmer im Hof oder in anliegenden Gästehäusern vermietet. Es gibt vielfältige Erlebnisangebote, vom Pony- und Pferdereiten, über das Ritterturnier, bis hin zu Kutschfahrten, Trampolinspringen, Traktorfahrten und Übernachten im Heu. Haus- und Nutztiere stehen meist im Mittelpunkt. Überwiegend können auch eigene Haustiere nach Absprache mitgebracht werden. Angeboten wird auch die Mitarbeit im Hof.

Fahrräder werden für Ausflüge zur Verfügung gestellt. Etwa 1/3 der Höfe bietet Reitmöglichkeiten an. Eine für Jäger attraktive Besonderheit bieten Höfe mit eigener Jagd. Qualitätsstandards mit dem

DLG-Gütezeichen „Urlaub auf dem Bauernhof“ und „Urlaub auf dem Lande“ werden zwischen 2 und 5 Sterne gekennzeichnet.

Ferienparkbetriebsrecht

right to operate holiday flats

Ein Ferienparkbetriebsrecht, nach dem eine Eigentumswohnung nur als Ferienwohnung bewirtschaftet und einem wechselnden Personenkreis zur Erholung zur Verfügung gestellt werden darf und nach dem nur dem Berechtigten (z.B. der Gemeinde) die Verwaltung und Vermietung der Wohnung, die Wärmeversorgung und der Betrieb einer Kabelfernseh- und einer Telefonanlage obliegen, kann Inhalt einer beschränkten persönlichen Dienstbarkeit sein (BGH, 14.3.2003, Az. V ZR 304/02). Das Recht kann somit im Grundbuch eingetragen werden und verhindert, dass der Eigentümer die Wohnung selbst nutzen kann. Käufer müssen darauf achten, dass ihnen das Wohneigentum lastenfrei übertragen wird. Wird die Lastenfreiheit im notariellen Vertrag hinsichtlich einer derartigen Dienstbarkeit ausdrücklich ausgeschlossen, besteht die Dienstbarkeit weiter. Eine Eigennutzung oder eigene Verwaltung der Wohnung kann dann nicht erfolgen.

Siehe / Siehe auch: Ferienwohnung, Ferienwohnung, mangelhafte, Teilzeit-Wohnrechtevertrag

Ferienwohnung

holiday flat

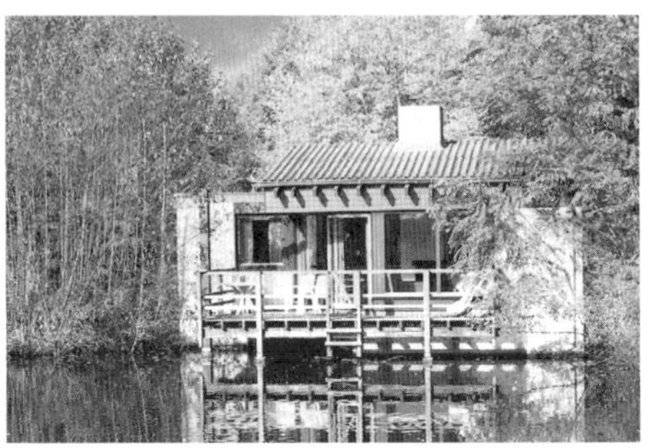

Bei den Ferienwohnungen handelt es sich entweder um vom Eigentümer kurzzeitig genutzte Wohnungen in einem Feriengebiet oder um Wohnungen, die an Feriengäste während der Urlaubszeit vermietet werden. Im Falle der Vermietung liegen Einkünfte aus Vermietung und Verpachtung vor. Sofern das Finanzamt davon zu überzeugen ist, dass keine „Liebhaberei“ vorliegt, können die Kosten für eine Ferienwohnung steuerlich geltend gemacht werden. Eine „Überschusserzielungsabsicht“ und damit keine Liebhaberei liegt immer dann vor, wenn die Ferienwohnung ausschließlich an wechselnde zahlende Gäste vermietet wird und der Eigentümer nie selbst dort übernachtet. Als Nachweis dieser Tatsachen hat es sich eingebürgert, einem in diesem Bereich tätigen Makler oder einer Agentur für Ferienwohnungen die Vermittlung zu übertragen und im Vertrag die Eigennutzung auszuschließen.

Bei ausschließlicher Fremdvermietung sind auch die während der Leerstandszeiten anfallenden Kosten absetzbar. Wird die Wohnung sowohl zur Vermietung als auch privat genutzt, erfolgt eine Aufteilung der Werbungskosten auf den jeweiligen Nutzungszeitraum. Die Finanzämter fordern dann allerdings eine langfristige Vermietungsprognose (30 Jahre) bei der sich unter Einbeziehung der Kosten ein Überschuss aus Fremdvermietung ergeben muss (Bundesfinanzhof, IX R 87/00, Urteil vom 06.01.2001). Es sollte dabei genau belegt werden können, in welchen Zeiträumen eine Vermietung und in welchen eine Selbstnutzung stattgefunden hat. Lässt sich dies nicht zweifelsfrei feststellen, geht das Finanzamt in der Regel von einer 50:50-Aufteilung aus. Die innerhalb der Zeiten des Leerstands angefallenen Kosten werden dann zu 50 Prozent anerkannt.

In vielen Gemeinden, mittlerweile nicht nur in touristisch besonders interessanten Gegenden, verlangen die Gemeinden von den Eigentümern der Ferienwohnungen Zweitwohnungssteuer. Bei einer an wechselnde Gäste vermieteten Ferienwohnung kann die Zweitwohnungssteuer von der Einkommenssteuer im Rahmen der Werbungskosten abgesetzt werden (Bundesfinanzhof, Az. IX R 58/01). Bei durchgängig ganzjähriger Vermietung ohne Möglichkeit der Eigennutzung fällt keine Zweitwohnungssteuer an. Dies ergibt sich schon daraus, dass der Eigentümer dann streng genommen nicht mehr selbst Inhaber der Wohnung ist (sondern seine Mieter bzw. Feriengäste).

Das Bundesverwaltungsgericht hat in seinem Urteil vom 26.9.2001 betont, dass der Inhaber einer Zweitwohnung bei Bestehen einer rechtlich abgesicherten Eigennutzungsmöglichkeit von mindestens zwei Monaten mit der Zweitwohnungssteuer in voller Höhe des Jahresbetrages belastet werden kann. Bei weniger als zwei Monaten ist dann im Umkehrschluss eine Reduzierung der Steuer vorzunehmen. Wird die Zweitwohnung jedoch allein zum Zweck der Kapitalanlage angeschafft und gehalten, kann keine Zweitwohnungssteuer verlangt werden (BVerwG, Az. 9 C 1.01). Rechtlich abgesichert ist die Möglichkeit der Eigennutzung, wenn entsprechende Verträge z. B. mit dem beauftragten Vermittler oder der Touristikorganisation der Gemeinde bestehen. Wird die Ferienwohnung hotelmäßig vermietet (ständig besetzte Rezeption, hotelartige Ausstattung, Vermittlung über Ferienhausagentur; Angebot per Katalog, usw.), können auch Einkünfte aus Gewerbebetrieb und damit Gewerbesteuerpflicht vorliegen. Die Gewerbesteuer kann seit 2008 nicht mehr als Betriebsausgabe von der Einkommenssteuer abgesetzt werden. Bei gewerblicher Vermietung an ständig wechselnde Feriengäste kann Umsatzsteuerpflicht bestehen. Die ansonsten übliche Umsatzsteuerbefreiung für Vermietungseinkünfte bei Wohnnutzung entfällt bei nur kurzfristiger Vermietung.

Vorteil: Der Vermieter kann Vorsteuerbeträge aus den Anschaffungs- beziehungsweise Werbungskosten beim Finanzamt geltend machen. Keine Umsatzsteuerpflicht besteht bei Unterschreitung der Kleinunternehmergrenze (Umsatz zuzüglich der darauf entfallenden Steuer hat im vorangegangenen Kalenderjahr 17.500 Euro nicht überstiegen und wird im laufenden Kalenderjahr 50.000 Euro voraussichtlich nicht übersteigen).

Achtung: In diese Beträge werden alle unternehmerischen Einkünfte des Unternehmers eingerechnet – egal aus welcher Quelle. Besteht also im Rahmen einer anderweitigen Unternehmertätigkeit des Wohnungseigentümers Umsatzsteuerpflicht oder wurde auf die Anwendung der Kleinunternehmergrenze verzichtet, muss auch auf die Vermietungsumsätze der Ferienwohnung Umsatzsteuer entrichtet werden. Auf die Kleinunternehmerregelung kann freiwillig verzichtet werden, um den Vorsteuerabzug in Anspruch nehmen zu können. Der Verzicht ist für fünf Jahre bindend und gilt für alle unternehmerischen Einkünfte. Nach dem Schreiben des Bundesfinanzministeriums an die Finanzbehörden vom 5.3.2010, Geschäftszeichen: IV D 2 - S 7210/07/10003 und IV C 5 – S 2353/09/10008 gilt die im Dezember 2009 verabschiedete Umsatzsteuerermäßigung auf sieben Prozent für Beherbergungsleistungen auch für Ferienwohnungen. Anzuwenden ist der ermäßigte Steuersatz auf alle Umsätze ab 1.1.2010.

Rundfunkgebühren: Stattet der Eigentümer eine Ferienwohnung mit Geräten für den Rundfunk- und Fernsehempfang aus, muss er dafür Gebühren an die GEZ entrichten. Nimmt ein Urlauber in eine nicht mit Empfangsgeräten ausgestattete gemietete Ferienwohnung seine tragbaren heimischen Geräte mit, für die er daheim Gebühren zahlt, muss er keine zusätzlichen GEZ-Gebühren bezahlen. Es handelt sich nämlich nur um eine vorübergehende Nutzung von Zweitgeräten außerhalb der eigenen Wohnung. Anders ist die Rechtslage jedoch, wenn der Urlauber in einer eigenen Ferienwohnung übernachtet: Nach einem Urteil des Bayerischen Verwaltungsgerichtshofes dürfen dann auch für mitgebrachte tragbare Radio- und Fernsehgeräte Rundfunkgebühren erhoben werden (Az. 7 BV 06.1073, Urteil vom 11.02.2007). Dem Gericht zufolge greift die Gebührenbefreiung hier nicht, da es sich um eine andere Wohnung des Gebührenpflichtigen handelt – und die Geräte daher nicht „außerhalb" seiner Wohnung sind. Für Zweitwohnungen fallen zusätzliche GEZ-Gebühren an.

Siehe / Siehe auch: Ferienwohnung, mangelhafte, Ferienwohnung, Mietvertrag, Ferienwohnung, Internet-Portale, Teilzeit-Wohnrechtevertrag, Zweitwohnungssteuer, Kurtaxe, Fremdenverkehrsabgabe

Ferienwohnung im Mietshaus
holiday flat in a tenement

In Großstädten werden immer öfter Mietwohnungen nicht mehr an ständige Mieter, sondern kurzzeitig an Feriengäste vermietet. Insbesondere aus Berlin wird von Rechtsstreitigkeiten berichtet. Meist kommt es zum Streit, weil herkömmliche Mieter und Wohnungsnachbarn der Ferienwohnung sich durch die ungewohnte Nutzung belästigt fühlen. Belästigungen können insbesondere entstehen, weil sich die Gäste bei kurzen Urlaubsaufenthalten nicht an die Hausordnung halten. Ruhezeiten werden dabei in einigen Fällen ebenso missachtet wie Rauchverbote im Treppenhaus. Für weiteren Ärger sorgen falsch geparkte Fahrzeuge, Ein- beziehungsweise Auszugslärm und unsachgemäße Müllentsorgung. Viele Mieter befürchten auch einen Anstieg der Betriebskosten etwa durch höheren Wasserverbrauch. Folge sind oft Mietminderungen. Diese können im Einzelfall bei nachweisbarer Beeinträchtigung der Wohnnutzung des Nachbarn gerechtfertigt sein. Ihre Höhe ist vom Grad der Beeinträchtigung abhängig (Amtsgericht Berlin Mitte, Az. 25 C 174/08, Urteil vom 26.08.2009).

Eine unterschiedliche Behandlung von Miet- und Ferienwohnungen im gleichen Gebäude hinsichtlich der Nebenkosten ist nach der BGH-Rechtsprechung kaum durchsetzbar. Allenfalls bei Gewerbeeinheiten mit stark erhöhtem Verbrauch in bestimmten Bereichen (z. B. erhöhter Wasserverbrauch durch Blumengeschäft) muss der Vermieter die jeweils erhöhte Betriebskostenposition aus der Umlage für das Gesamtgebäude herausrechnen (BGH, Az. VIII ZR 78/05, Urteil vom 08.03.2006). Mieter herkömmlicher Mietwohnungen haben keinen Anspruch gegen den Vermieter auf Unterlassung der Vermietung von Wohnungen als Ferienwohnung. Probleme können sich baurechtlich ergeben, wenn etwa eine städtische Zweckentfremdungsverordnung in Gebieten mit besonderem Mangel an Wohnungen die Zweckentfremdung von Mietwohnungen verbietet. Unzulässig ist jedoch die Vermietung von Sozialwohnungen/preisgebundenen Wohnungen an Feriengäste. Baurechtlich unzulässig kann auch eine gewerbliche Vermietung in hotelähnlichem Maßstab sein. Einerseits kann dies vom Bebauungsplan her in einem reinen Wohngebiet unzulässig sein, andererseits gibt es für Hotels meist besondere baurechtliche Vorgaben z. B. über den Brandschutz und die Fluchtwege. Die Abgrenzung zwischen privater und gewerblicher Vermietung gestaltet sich meist schwierig. Eine hotelähnliche Vermietung kann gegeben sein, wenn sehr kurzfristige Vermietungen erfolgen (nächteweise) und zusätzlich zur Übernachtung weitere Dienstleistungen angeboten werden (Mahlzeiten, Bettwäschewechsel, Reiseversicherungen, Aufenthaltsraum).

Siehe / Siehe auch: Betriebskosten, Ferienwohnung, Teilzeit-Wohnrechtevertrag, Ferienwohnung, Mietvertrag, Gewerbemietvertrag, Ausgleichszahlung für Sozialwohnungen, Zweckentfremdung

Ferienwohnung, Internet-Portale

holiday flat / vacation rental / vacation home, Internet online services

Eine Reihe von Internet-Portalen hilft Eigentümern von Ferienwohnungen bei der Kontaktaufnahme mit zahlenden Gästen und Urlaubern beim Auffinden einer geeigneten Unterkunft. Hier einige Beispiele ohne Anspruch auf Vollständigkeit:

- www.ferienwohnungen.de
- www.FeWo-direkt.de
- www.ferienhausmiete.de
- www.traum-ferienwohnungen.de
- www.fewo24.de

Die Internet-Portale für Ferienwohnungen unterscheiden sich teils erheblich in der Anzahl der eingetragenen Wohnungen. Manche sind eher auf ausländische, manche auf inländische Unterkünfte spezialisiert. Teils werden Gebühren vom Vermieter für die Eintragung erhoben, teils nicht – so können einfache Anzeigen kostenlos, gestaltete Anzeigen aber kostenpflichtig sein. Bei manchen Portalen ist eine Anzeige kostenlos, wenn auf der eigenen Homepage des Vermieters ein Link zum Portal gesetzt wird. Eine erfolgversprechende Anzeige in einem Internetportal sollte mindestens folgende Bestandteile enthalten:

- Möglichst viele und genaue Fotos des Objekts
- Grundriss
- Genaue Beschreibung des Objekts und der Umgebung
- Beschreibung der Ausstattung (auch: Baujahr, letzte Renovierung)
- Angaben zum touristischen Umfeld (Sehenswürdigkeiten, Freizeitangebote, Verkehrsanbindung)
- Anfahrtsbeschreibung (gegebenenfalls auch bei den Buchungsunterlagen)
- Preisangaben mit allen anfallenden Kosten (Endreinigung, Kurtaxe)
- Kontaktadresse beziehungsweise Telefon-Nummern

Hilfreich ist ein aktueller Belegungs-Plan beziehungsweise -Kalender, auf dem Interessenten sofort sehen können, ob die Ferienwohnung im gewünschten Zeitraum noch frei ist.

Siehe / Siehe auch: Ferienwohnung, Ferienwohnung, mangelhafte, Ferienwohnung, Mietvertrag

Ferienwohnung, mangelhafte

holiday flat, defective

Ist eine Ferienwohnung mangelhaft, kann dies den Mieter nach dem BGB-Mietrecht zur fristlosen Kündigung und gegebenenfalls zu einer Mietminderung berechtigen. So entschied das Amtsgericht Cham bereits 1998, dass eine Urlauberin nach den Mietrecht-Vorschriften zur fristlosen Kündigung und zur vorzeitigen Abreise berechtigt gewesen sei, nachdem sie eine ruhige Ferienwohnung für Ferien auf dem Bauernhof gemietet hatte und Räumlichkeiten an einer viel befahrenen Schnellstraße vorfand.

Das Gericht betonte in diesem Zusammenhang, dass die Ausstattung einer Ferienwohnung sich auch im Preis niederschlagen müsse. 70 bis 80 DM pro Tag für Sperrmüll-artig möblierte Räume seien deutlich zu viel (AG Cham, Az. 7 C 005/97). Die Mieterin hatte nur die tatsächlich in der Wohnung verbrachten zwei Tage bezahlt; das Gericht sah hier zusätzlich zu den gezahlten 160 DM keinen Anspruch auf weitere Beträge etwa für eine Endreinigung. Wird eine Ferienwohnung im Rahmen eines Pauschalreisevertrages gebucht, kann der Urlauber

im Falle von Mängeln Ansprüche nach dem Reiserecht geltend machen – z. B. Schadenersatz wegen eines Reisemangels. Insbesondere bei Anwendbarkeit des Reisevertragsrechts (gewerbliche Vermietung, Katalogangebot) halten die Gerichte eine Kündigung des Vertrages wegen bestehender Mängel nur für zulässig, wenn die Mängel erheblich sind und wenn der Urlauber dem Vermieter zuvor erfolglos Gelegenheit zur Abhilfe gegeben hat – mit angemessener Frist. Dies entspricht den Regelungen des Reisevertragsrechts (Amtsgericht Ahrensburg, Az. 41 C 53/99).
Siehe / Siehe auch: Ferienwohnung, Teilzeit-Wohnrechtevertrag, Ferienwohnung, Mietvertrag

Ferienwohnung, Mietvertrag

holiday flat, rental agreement

Nach welchen Rechtsvorschriften sich die Vermietung einer Ferienwohnung richtet, orientiert sich an der Art des Vertragsabschlusses: Wird die Wohnung über einen Reiseveranstalter im Zusammenhang mit anderen Reiseleistungen gebucht (mindestens zwei insgesamt), gilt das Reisevertragsrecht des Bürgerlichen Gesetzbuches. Danach hat der Reisende eine Reihe von Ansprüchen, falls es zu Reisemängeln kommt (z.B. Ungeziefer, Lärm, sonstige Qualitätsmängel). Dazu zählt ggf. auch der Anspruch auf Schadenersatz wegen nutzlos aufgewendeter Urlaubszeit. Wird die Ferienwohnung direkt vom Eigentümer gemietet, gilt das herkömmliche Mietrecht. Auch hier können Ansprüche in Folge von Wohnungsmängeln geltend gemacht werden – etwa Mietminderung. Die speziellen Anspruchsgrundlagen des Reiserechts, wie z. B. der Schadenersatzanspruch wegen nutzlos aufgewendeter Urlaubszeit, fallen weg.
In beiden Fällen können Ansprüche nur geltend gemacht werden, wenn diese bei Bekanntwerden des Mangels beim Reiseveranstalter oder Vermieter gerügt worden sind und der Urlaubsgast noch vor Ort mit angemessener Fristsetzung erfolglos Abhilfe verlangt hat. Im Falle erheblicher Mängel kann ein Reisevertrag auch gekündigt werden – der Reisende darf dann abreisen; der Veranstalter hat lediglich das Recht auf die Bezahlung der bereits in der Ferienwohnung verbrachten Tage. Ein Mietvertrag über eine private Ferienwohnung läuft für den vertraglich vereinbarten Zeitraum; eine ordentliche Kündigung ist nicht möglich. Für die Vermietung privater Ferienwohnungen gilt zwar grundsätzlich das Mietrecht des Bürgerlichen Gesetzbuches, es sind jedoch nicht alle Vorschriften anwendbar. Unanwendbar sind z.B. die Vorschriften über den Zeitmietvertrag (§ 575 BGB). Es entsteht daher kein unbefristetes Mietverhältnis, weil etwa der Vermieter keinen Grund für die Befristung angibt. Auch die Regelungen über den Mieterschutz bei Kündigung (§ 573 BGB) sind nicht anwendbar.
Siehe / Siehe auch: Ferienwohnung, Ferienwohnung, mangelhafte, Sachmangel (im Mietrecht), Teilzeit-Wohnrechtevertrag, Zweitwohnungssteuer

Fernabsatzvertrag

long distance sales contract

Fernabsatzverträge sind Verträge, die zwischen einem Unternehmen und einem Verbraucher unter Verwendung eines Fernkommunikationsmittels zustande kommen.
Zu den Fernkommunikationsmitteln zählen Briefe, Kataloge, Telefon, E-Mails, Radio, Fax, Fernseher und Internet. Regelungen hierüber befinden sich im BGB (§§ 312 b -312 f). Der Unternehmer ist demnach verpflichtet vor Abschluss eines Vertrages unter anderem über folgende Punkte zu informieren:

- Identität und ladungsfähige Anschrift,
- Preis (incl. aller Steuern),
- alle eventuell anfallenden zusätzlichen Liefer- und Versandkosten,
- wesentliche Merkmale der Ware oder der Dienstleistung,
- die Mindestlaufzeit, sofern es sich um wiederkehrende Leistungen handelt (z.B. pay-TV)
- Widerrufs- und Rückgaberecht.

Dem Verbraucher steht ein Widerrufsrecht zu, das er innerhalb von zwei Wochen ausüben kann. Handelt es sich um eine Ware, kann der Widerruf auch durch Rücksendung innerhalb dieser Frist erfolgen. Die Vorschriften über Fernansatzverträge gelten u.a. nicht für Grundstücks- und Baugeschäfte, Teilzeitnutzung von Wohngebäuden, Versicherungen und deren Vermittlung. Auf Verträgen mit Immobilienmaklern sind die Bestimmungen jedoch anzuwenden. Zusätzliche Bestimmungen gelten für den elektronischen Geschäftsverkehr. Hierzu gehören

- Informationen nach dem Telemediengesetz (Impressumspflicht)
- Zurverfügungstellung eines Tools, um Eingabefehler zu verbessern,
- unverzügliche Bestätigung des Eingangs der Bestellung auf elektronischem Wege,
- Abruf und Speichermöglichkeit etwaiger Allgemeiner Geschäftsbedingungen.

Siehe / Siehe auch: Telemediengesetz (TMG), Impressum (Pflichtangaben auf der Homepage)

Fernlehrgänge (immobilienwirtschaftliche)

distance learning courses (real estate management/ economics)

Von verschiedenen Institutionen werden Fernlehrgänge im Bereich der Immobilienwirtschaft angeboten. Im Vordergrund stehen dabei solche Lehrgänge, die auf einen Abschluss im Bereich der beruflichen Fortbildung („geprüfter Immobilienfachwirt IHK") vorbereiten.

Ein solcher Lehrgang muss vom Bundesinstitut für Berufsbildung (BiBB) in Bonn genehmigt werden. Soweit ein Fernlehrgang lediglich auf einen Abschluss vorbereitet, der vom Lehrgangsträger selbst definiert wird, ist Zulassungsstelle die Staatliche Zentralstelle für Fernunterricht (ZfU).

Die Zulassung wird im Interesse des Schutzes der Lehrgangsteilnehmer nur dann erteilt, wenn der Lehrgang fachlich, didaktisch und vom Umfang so gestaltet ist, dass die vom Lehrgangsveranstalter festgelegten Lehrgangsziele auch erreicht werden können. Zu achten ist vom Interessenten aber trotzdem darauf, dass Abschlussbezeichnungen von privaten Fernlehrgangsveranstaltern, die ähnlich lauten, wie die durch Rechtsverordnung geregelten Abschlüsse, in keiner Weise mit deren Inhalten übereinstimmen und deren Bedeutung entsprechen müssen. Einen, die Berufsausbildung zum Immobilienkaufmann / zur Immobilienkauffrau begleitenden Fernlehrgang bietet das Europäische Bildungszentrum der Wohnungs- und Immobilienwirtschaft des GdW in Bochum mit einer Dauer von zwei Jahren an. Einen Fernlehrgang „Immobilienwirtschaft" mit einem IHK Zertifikat bietet die DIA Consulting AG in Freiburg an. Der Umfang beträgt 10 Lehrbriefe. Eine flexible Zeitplanung ist möglich.

Fernwärme

district heat; heat from a district heating network

Fernwärme wird von zentralen Heizkraftwerken erzeugt und per Rohrsystem zum Verbraucher geliefert. Das Heizen mit Fernwärme wird als umweltfreundlich angesehen, weil Fernwärme oft von Kraftwerken erzeugt wird, die mit Kraft-Wärme-Kopplung arbeiten. Früher war für Mieter und Vermieter die Unterscheidung zwischen Fernwärme und herkömmlicher Zentralheizung von Bedeutung, da die Fernwärme nicht nach der Heizkostenverordnung, sondern nach den AVB Fernwärme (Allgemeine Versorgungsbedingungen) abgerechnet wurde. Diese berücksichtigten nur den Verbrauch, aber keinen verbrauchsunabhängigen Kostenanteil. Seit 01.03.1989 wird auch die Fernwärme gegenüber dem Mieter nach der Heizkostenverordnung abgerechnet. Die AVB Fernwärme beziehungsweise die ihnen zugrunde liegende AVB Fernwärme-Verordnung verweisen nun hinsichtlich der Abrechnung auf die Regelungen der Heizkostenverordnung. Danach ist ein bestimmter Anteil der Heizkosten nach Verbrauch, der Rest verbrauchsunabhängig (meist: Quadratmeter-Anteil der Wohnung) abzurechnen. Der Verbrauch ist bei Mietwohnungen nicht mehr mit den zuvor üblichen Wassermengenzählern, sondern mit Heizkostenverteilern zu ermitteln.

Vor dem 30.09.1989 eingebaute Wassermengenzähler dürfen weiterverwendet werden. Die Bestimmungen der AVB Fernwärme sind weiterhin vom jeweiligen Vertragspartner des Fernwärmeversorgers einzuhalten – also dem Vermieter oder bei Direktlieferung beziehungsweise Wärme-Contracting dem Mieter.

Nach bisheriger Rechtsprechung stellte der Austausch einer Gasetagenheizung gegen einen Fernwärmeanschluss keine Modernisierungsmaßnahme dar, weil er nicht zur Verbesserung des Wohnwertes führe. Verglichen mit einer Gasheizung kann Fernwärme durchaus teurer sein. Vermieter konnten demnach aufgrund des Fernwärmeanschlusses keine Mieterhöhung wegen Modernisierung durchführen (LG Hamburg, Az. 316 S 136/01, Urteil vom 08.01.2002).

Der Bundesgerichtshof hat diese Rechtsprechung geändert und in seinem Urteil vom 24.09.2008 betont, dass die Änderung des Heizsystems von einer Gasetagenheizung zum Fernwärmeanschluss als Maßnahme zur Einsparung von Energie gesehen werden kann – und damit eine Modernisierungsmaßnahme ist, die der Mieter zu dulden hat. Voraussetzung ist allerdings, dass die Fernwärme aus einer Anlage mit Kraft-Wärme-Kopplung stammt (Az. VIII ZR 275/07). Somit ist auch eine Mieterhöhung wegen Modernisierung nach § 559 BGB im Bereich des Möglichen.

Nach einer Entscheidung des Bundesgerichtshofes kann ein Vermieter während des Mietverhältnisses eine veraltete Ölheizung durch einen Fernwärmeanschluss ersetzen und die Wärmelieferungskosten auf die Mieter umlegen. Voraussetzung: Im Mietvertrag wird auf die geltenden Bestimmungen über Heizkosten verwiesen. Ferner müssen die bei Vertragsabschluss wirksamen Regelungen (früher: Anlage 3 zu § 27 der II. Berechnungsverordnung, heute: Betriebskostenverordnung) eine Umlage der Kosten für Fernwärmelieferungen vorsehen (BGH, Az. VIII ZR 202/06, Urteil vom 27.06.2007).

Siehe / Siehe auch: Betriebskosten, Betriebskostenverordnung, Kraft-Wärme-Kopplung, Mieterhöhung bei Modernisierung, Contracting, Heizkostenverordnung

Fertighaus

prefabricated house; panelised house; modular home; manufactured home; component building

Das Fertighaus besteht aus normierten Einzelteilen, die nach persönlicher Entscheidung des Käufers innerhalb eines bestimmten Rahmens zu einem Ganzen kombiniert werden. Für den Bau eines Fertighauses werden vorgefertigte Bauteile verwendet. Der Kauf eines Fertighauses bietet dem Käufer einige Vorteile:

- Sichere Kalkulationsgrundlage, die auf Festpreisgarantien beruht,
- relative Terminsicherheit, da die Einzelteile vorproduziert und in verhältnismäßig kurzer Zeit aufgestellt werden können,
- Auswahl zwischen verschiedenen Haustypen wie etwa zwischen einem Ausbauhaus und einem schlüsselfertig hergestellten Haus,
- Reduzierbarkeit der Baukosten durch Eigenleistungen bei einem Ausbauhaus.

Baugenehmigungen im Fertighausbau

Jahr	Baugenehmigungen
2004	20.000
2005	13.000
2006	11.200
2007	8.000
2008	6.500
2009	6.900

Quelle: BDF

Beim Vertrag über ein Fertighaus handelt es sich um einen Werkvertrag, der den Kauf eines Fertighauses zum Gegenstand hat. Der Fertighausvertrag bedarf nur dann keiner notariellen Beurkundung wenn die Lieferung des Hauses nicht in einem rechtlichen Zusammenhang mit dem Baugrundstückserwerb steht. Eine Grunderwerbsteuerpflicht für den Erwerb des Fertighauses besteht auch dann, wenn Grundstück und Haus in getrennten Verträgen erworben werden und zwischen beiden Erwerbsvorgängen ein wirtschaftlicher Zusammenhang gegeben ist. Beim Fertighausvertrieb gibt es keine Standardverträge. Die Vereinbarungen fallen unterschiedlich aus. Ein kundenfreundlicher Kaufvertrag

- kennt keinerlei Vorauszahlungen,
- hält Ratenzahlungen und Bauleistungsstand in einem vernünftigen Leistungsgleichgewicht
- bietet eine Bank- oder Fertigstellungsgarantie,
- nennt klare Fertigstellungstermine.

Die Mängelhaftung entspricht dem Werkvertragsrecht des BGB.

Siehe / Siehe auch: Werkvertrag

Fertigstellungstermin

completion date; completion deadline; completion time; finish date

Dem Fertigstellungstermin einer Immobilie kommt bzw. kam eine besondere Bedeutung zu. Und zwar bei vermieteten Objekten im Hinblick auf die Gebäudeabschreibung, die AfA, und bei selbstgenutztem Wohneigentum hinsichtlich der früheren Eigenheim- und Kinderzulage, die mit Stichtag 1. Januar 2006 abgeschafft wurde. Um die optimale Gebäude-AfA (= höchstmögliche Steuerersparnis) zu nutzen, muss das Objekt im Jahr der Fertigstellung angeschafft worden sein. Vergleichbares galt bei der Förderung selbstgenutzten Wohneigentums. Wenn nämlich dieses im Jahr der Anschaffung nicht auch bezogen wurde, sprach der Volksmund von der sogenannten Neujahrsfalle. Dies bedeutete, dass der Eigenheimer eines von acht Jahren staatliche Förderung verlor.

Der Anschaffungszeitpunkt ist in diesem Falle der Tag des Besitzübergangs. Fertig gestellt ist eine Wohnung dann, wenn sie nach Abschluss der wesentlichen Bauarbeiten bewohnbar ist. Ob sie bereits durch die Baubehörde abgenommen ist, ist steuerlich unerheblich. Zieht der Eigentümer bereits in das Haus ein, bevor wichtige Arbeiten abgeschlossen sind, so gilt das Objekt als nicht fertig gestellt. Solche wichtigen Arbeiten sind z.B. Türen oder Fenster, sanitäre Einrichtungen oder der Anschluss an die Versorgungsleitungen.

Es muss die Möglichkeit zum Anschluss einer Küche bestehen. Geringfügige Restarbeiten schließen die Bezugsfertigkeit nicht aus. Unerheblich ist in diesem Zusammenhang auch, ob die Abgeschlossenheitsbescheinigung bei Eigentumswohnungen schon vorliegt und ob die Teilungserklärung schon abgegeben ist. Durch das Zurückhalten solcher Maßnahmen lässt sich die steuerlich bedeutsame Fertigstellung einer Wohnung nicht hinauszögern.

fest

firm; rising; buoyant

Mit fest wird eine Börsentendenz bezeichnet, wenn die Kursnotierungen erfreulich steigen. Gegenteil: Schwach

Festbetragsdarlehen

fixed-sum loan

Beim Festbetragsdarlehen handelt es sich um ein Darlehen, das am Ende der vereinbarten Laufzeit in einer Summe z.B. aus einer fälligen Lebensversicherung, dem zugeteilten Bausparvertrag oder anderen Mitteln zurückgezahlt wird. Während der Darlehenslaufzeit zahlt der Kreditnehmer nur Zinsen.

Festfenster

non-opening window

Ein Festfenster oder festverglastes Fenster lässt sich nicht zur Belüftung öffnen. Es dient der Belichtung. Als Flügel oder als Glasscheibe wird es unbeweglich in den Fensterrahmen eingesetzt.

Siehe / Siehe auch: Fenster, Fensterflügel, Fensterglas, Fensterrahmen

Festgeld

time/term deposit, fixed-term/fixed deposit

Festgeld ist bei einer Bank eingezahltes Geld mit einem vorab festgelegten Zinssatz und einer festen Laufzeit (mindestens 30 Tage). Die Zinshöhe hängt meist von der Höhe der Einzahlung und der Laufzeit ab. Der Anleger muss meist vor dem Rückzahlungstermin kündigen, da sich die Anlagedauer sonst automatisch verlängert.

Festpreis

firm price; fixed price

Der Festpreis ist ein vertraglich vereinbarter Preis für ein endgültig fertiggestelltes Objekt. Wurde ein Festpreis vereinbart, darf der Bauträger in der Regel keinerlei zusätzlichen Forderungen an den Käufer stellen. Eine Festpreisabsprache in einem Vertrag kann dadurch modifiziert werden, dass bestimmte Bereiche ausgenommen werden z.B. erwartete Erschließungsbeiträge, deren Höhe noch nicht feststeht.

Festschreibung

blocking; fixing; locking-up

Festschreibung bezeichnet die Konditionen eines Kreditvertrages, die für einen bestimmten Zeitraum festgeschrieben werden. Dabei werden die Kreditkonditionen (Zinssatz, Tilgung, usw.) für eine bestimmte Zeit (meist zehn Jahre) festgeschrieben. Gerade bei der Immobilienfinanzierung ist die Festschreibung der Zinsen wichtig, damit der Darlehensnehmer eine feste Kalkulationsbasis hat.

Darlehen mit einem flexiblen Zinssatz passen sich dagegen dem Markt an. Von einer Festschreibung spricht man einerseits bei Krediten und andererseits auch bei Geldanlagen.

Festzinshypothek

fixed-rate mortgage

Festzinshypotheken sind Darlehen, bei denen eine Festschreibung des Zinssatzes für einen bestimmten Zeitraum vereinbart ist. Für den Darlehensnehmer hat eine Festzinshypothek den Vorteil, dass sie bezüglich der Finanzierung und der damit verbundenen Kosten eine hohe langfristige Planungssicherheit bietet. Das Zinsänderungsrisiko ist im Vergleich zu Gleitzinsdarlehen geringer, da der Darlehensnehmer für die Dauer der Zinsfestschreibung gegen einen Anstieg der Zinsen abgesichert ist. Sinken die Zinsen jedoch in der Zeit zwischen dem Abschluss des Darlehensvertrages und dem Ende der Zinsfestschreibung, so profitiert der Darlehensnehmer davon nicht.

Siehe / Siehe auch: Darlehen, Gleitzinsdarlehen, Zinsänderungsrisiko

Feuchtigkeit / Feuchte Wände

dampness; moisture; humidity / damp walls

Siehe / Siehe auch: Schimmelbefall / Mietwohnung

Feuerschalen

braziers

Feuerschalen – also meist auf mehr oder minder festen Standbeinen angebrachte Metallbehälter, in denen ein offenes Feuer brennt – werden immer beliebter. Sie werden auf Terrassen und sogar auf Balkonen verwendet. Gerichtsurteile sind diesbezüglich noch nicht bekannt. Allerdings ist davon auszugehen, dass für Feuerschalen die bisher von den Gerichten für das Grillen ausgearbeiteten Regeln gelten. Schließlich wird bei beiden ein offenes Feuer in einem Metallbehälter betrieben – nur in einem Fall zum Garen von Fleisch und im anderen als Selbstzweck. Die Gerichte urteilen zum Grillen sehr uneinheitlich. Wichtig ist in jedem Fall, dass Rauch und Ruß nicht in benachbarte Wohnungen

ziehen dürfen. Hauseigentümer dürften bei der Nutzung von Feuerschalen im eigenen Garten keine Probleme haben, solange für Nachbarn keine unzumutbare Belästigung besteht.
In Eigentümergemeinschaften ist die Lage komplizierter: Ist das Grillen etwa per Hausordnung untersagt, ist es denkbar, dass Gerichte hier schnell Parallelen zur Feuerschale ziehen. Ähnlich verhält es sich bei Mietwohnungen. Das Grillen kann per Mietvertrag untersagt werden. Ist dies der Fall, sollte auch auf die Verwendung einer Feuerschale verzichtet werden.
Siehe / Siehe auch: Grillen

Feuerversicherung (Brandversicherung)

fire insurance

Bereits der Rohbau kann durch eine Feuerversicherung gegen etwaige Brandschäden versichert werden. Nach Fertigstellung kann die Feuerversicherung in eine verbundene Gebäudeversicherung einbezogen werden. Mit dieser Police sind dann nicht nur Schäden durch Brand, Blitzschlag, Explosion und Flugzeugabsturz abgedeckt, sondern auch Sturm- und Hagelschäden sowie Schäden durch austretendes Leitungswasser.
Eine Feuerversicherung sollte jeder Gebäudeeigentümer abschließen. Bei Vertragsabschluss sollte darauf geachtet werden, dass außer dem eigentlichen Brandschaden am Gebäude auch die Kosten abgedeckt sind, die durch das Abräumen und fachgerechte Entsorgen von Brandschutt und Gebäuderesten entstehen. Hier muss nach heutiger Rechtslage eine fachgerechte Entsorgung durch Spezialbetriebe erfolgen, die ggf. eine Trennung des Brandschutts nach verschiedenen Arten von Sonderabfall erfordert. Die hierfür entstehenden Kosten können erheblich sein.
Bei einer Eigentumswohnanlage gehört der Abschluss einer Feuerversicherung zur „ordnungsmäßigen Verwaltung“, die von jedem einzelnen Eigentümer verlangt werden kann. Versichert sind sowohl Schäden am Gemeinschaftseigentum, als auch Schäden am Sondereigentum. Schäden am Hausrat müssen allerdings durch eine eigene Hausratversicherung abgedeckt werden.
Die Musterbedingungen des Gesamtverbandes der Deutschen Versicherungswirtschaft 2008 für Wohngebäudeversicherungen (VGB 2008) enthalten eine Klausel, nach der der Versicherungsnehmer alle behördlichen oder gesetzlichen Sicherheitsvorschriften einhalten muss. Besteht im jeweiligen Bundesland und für das jeweilige Gebäude Rauchmelderpflicht, müssen Rauchmelder entsprechend der einschlägigen Norm DIN 14676 eingebaut und auch entsprechend gewartet werden. Wird dies vorsätzlich außer Acht gelassen, ist die Versicherung leistungsfrei. Handelt der Versicherungsnehmer grob fahrlässig, kann die Versicherung die Leistung kürzen. Das Nichtvorliegen grober Fahrlässigkeit ist vom Versicherungsnehmer zu beweisen.
Dies ist ein guter Grund, über Wartungsarbeiten an Rauchmeldern und Brandmeldeanlagen schriftlich Buch zu führen.
Siehe / Siehe auch: Feuerwehreinsatz, Kosten, Hausratversicherung (Hausratsversicherung), Brandmeldeanlage, Rauchmelder

Feuerversicherungssumme 1914

fire insurance, sum in 1914 (initial sum)

Bei Abschluss einer Feuerversicherung (in Bayern Brandversicherung) wird der versicherte Gebäudewert grundsätzlich zu Herstellungskosten des Jahres 1914 ermittelt („Stammsumme“). Das Jahr 1914 fungiert dabei als Basisjahr für die Entwicklung eines Baukostenindex des Statistischen Bundesamtes, dem die jeweils aktuelle „Teuerungszahl“ (ein Multiplikator) entspricht.
Stammsumme x Teuerungszahl ergibt den Neuwert, der bei Schadenseintritt (Brand, Schäden durch Löschwasser, usw.) der Berechnung der auszuzahlenden Versicherungssumme zugrunde zu legen ist.

Feuerwehreinsatz, Kosten

fire brigade operation, costs

Feuerwehreinsätze können in bestimmten Fällen zur Erhebung von Gebühren oder zu Kostenerstattungsansprüchen führen. Wann dies der Fall ist, regeln Landesgesetze. Die Gebührenhöhe ergibt sich aus den jeweiligen Gemeindesatzungen. So schreibt z. B. das baden-württembergische Feuerwehrgesetz vor, dass Hilfeleistungen der Feuerwehr bei Bränden und öffentlichen Notständen sowie zur Rettung von Mensch und Tier aus lebensbedrohlicher Lage unentgeltlich erfolgen müssen.
Wird jedoch die Feuerwehr bei anderen Notlagen helfend tätig, können durch den Träger der Feuerwehr Gebühren erhoben werden. Eine Hilfeleistung für Mensch und Tier liegt z. B . nicht vor, wenn nach dem Kenntnisstand zum Zeitpunkt der Alarmierung keine einzelnen Menschen oder Tiere in irgendeiner Form gefährdet waren. Diese Grundsätze hat der Verwaltungsgerichtshof Baden-Württemberg in einem Urteil ausgeführt, in dem die Freiwillige Feuerwehr wegen eines Wasserschadens in einer verschlossenen Wohnung eines

Mehrfamilienhauses alarmiert worden war. Ausgerückt waren ein Rüstwagen, ein Tanklöschfahrzeug und ein Vorrüstwagen mit insgesamt zwölf Mann Besatzung. Es stellte sich heraus, dass ein aus der Badewanne gerutschter Waschmaschinenschlauch etwa 80 Liter Wasser auf den Fußboden gepumpt hatte. Die Feuerwehr saugte das Wasser auf und schickte dem Wohnungseigentümer eine Rechnung. Berechnet wurden eine Arbeitsstunde für acht Personen und die Kosten für zwei Fahrzeuge. Die Klage des Wohnungseigentümers blieb erfolglos, da es hier nicht um die Rettung von Personen oder Tieren, sondern nur um den Schutz privaten Eigentums gegangen sei (VGH Baden-Württemberg, Az. 1 S 397/01, Urteil vom 20.03.2003).

Auch in anderen Fällen werden Kosten für Feuerwehreinsätze geltend gemacht – z. B. wenn die Gefahr oder der Schaden vorsätzlich oder grob fahrlässig verursacht worden sind. Auch wer „wider besseres Wissen“ oder „infolge grob fahrlässiger Unkenntnis der Tatsachen“ die Feuerwehr ruft, muss zahlen. Ferner werden auch bei Fehlalarmen durch Brandmeldeanlagen des Hauseigentümers teilweise Gebühren geltend gemacht.

Es gibt Gerichte, die auch bei Fehlalarmierungen auf Grund von Rauchmelderalarmen in Privatwohnungen eine Kostentragungspflicht des Bewohners bejahen (vgl. Verwaltungsgericht Schleswig, Az. 3 A 133/02, Urteil vom 27.05.2003, siehe aber auch: Verwaltungsgericht Braunschweig, Az. 5 A 5185/98, Urteil vom 28.03.2000).

Siehe / Siehe auch: Feuerversicherung (Brandversicherung), Fehlalarmierung der Feuerwehr, Rauchmelder, Brandmeldeanlage

Feuerwehrfonds

rescue / guarantee fund; deposit protection scheme

Der von Kreditinstituten gebildete Fonds zur Sicherung von Einlagen wird Feuerwehrfonds genannt.

FFH-Gebiet

Special Area of Conservation (SAC)

Siehe / Siehe auch: Flora-Fauna-Habitat-Richtlinie, Natura 2000-Gebiet

FFH-Richtlinie

Flora-Fauna-Habitat Directive

Flora-Fauna-Habitat-Richtlinie, genauer: „Richtlinie zur Erhaltung der natürlichen Lebensräume sowie der wild lebenden Tiere und Pflanzen“, Richtlinie 92/43/EWG vom 21.05.1992, Abl. Nr. L 206, S.7.

Siehe / Siehe auch: Flora-Fauna-Habitat-Richtlinie, Natura 2000-Gebiet

FIABCI Internationaler Verband der Immobilienberufe

International Real Estate Federation

FIABCI ist das französische Akronym für Internationaler Verband der Immobilienberufe. Der Verband hat seinen Sitz in Paris und verfügt über ein weltweites Netz mit Berufsangehörigen aus allen Immobiliensparten. FIABCI ist in 60 Ländern präsent. Der Verband umfasst 3.200 ordentliche Mitglieder (Einzelmitglieder und Firmen), ca. 20 akademische Mitglieder und 100 nationale Berufsverbände, die 1,5 Millionen Immobilienfachleute vertreten. FIABCI hat Landesdelegationen in 47 Ländern. FIABCI ist eine Organisation, die weltweit Tausende von Berufsangehörigen aus allen Bereichen des Immobiliengewerbes verbindet.

Der FIABCI Prix d'Excellence wird jährlich für die weltweit herausragenden Immobilienprojekte vergeben. Die FIABCI vertritt die Immobilienfachleute weltweit bei den Vereinten Nationen durch ihren konsultativen Status Kategorie II und gilt in New York und Genf als „Stimme des Eigentums“. Auch bei HABITAT-Konferenzen wurde die FIABCI zur gestaltenden Mitarbeit eingeladen und deren Arbeit besonders gewürdigt. Mehr Informationen finden Sie unter www.fiabci.de.

Fidelity

Fidelity International

Das 1969 gegründete US-amerikanische Fondsmanagement-Unternehmen Fidelity gehört mit einem betreuten Immobilienvolumen von 142 Milliarden Euro (Stand: März 2009) zu den größten Vermögensverwaltern der Welt.

Fiktive Abnahme

hypothetical / fictitious acceptance

Der Auftraggeber eines Bauwerks ist nach dessen Fertigstellung grundsätzlich zur Abnahme gegenüber dem Unternehmer verpflichtet. Sie erfolgt in der Regel förmlich.

Sowohl das BGB also auch die VOB kennen daneben auch die fiktive Abnahme. Nach § 640 BGB gilt das Bauwerk als abgenommen, wenn der Auftraggeber die Abnahme innerhalb der vom Unternehmer gesetzten angemessenen Frist verweigert. (Mängelansprüche bleiben dennoch bestehen). Wurde VOB B dem Bauvertrag zugrunde gelegt und dabei auf eine förmliche Abnahme verzichtet, muss der Auftraggeber innerhalb von 12 Tagen

nach Fertigstellungsmitteilung die Abnahme verlangen. Unterlässt er dies, gilt das Bauwerk nach Ablauf dieser Frist als abgenommen. Benutzt er das nicht abgenommene Bauwerk, kann er nur noch innerhalb von 6 Tagen Baumängel geltend machen.
Siehe / Siehe auch: Bauabnahme, Stillschweigende Abnahme, VOB-Vertrag

fill or kill

fill or kill

Fill or kill ist der Zusatz zu einem Börsenauftrag: Eine Fill-or-Kill-Order wird entweder sofort vollständig ausgeführt oder gar nicht. Wenn eine vollständige Ausführung nicht möglich ist, wird die Order gelöscht.

Filterpflicht für Holzheizungen

legal requirement for filters for wood-fired heating

Die für 2009 geplante Reform der 1. Bundesimmissionsschutzverordnung (Kleinfeuerungsanlagen verordnung) wird Feinstaub- und Schadstoffgrenzwerte für verschiedene kleine Holzheizungen einführen. Dies schließt Kamine, Kachel- und Pellet-Öfen ein. Notwendig wurde die Änderung, weil immer mehr Bundesbürger mit Holz heizen. Immer preisgünstigere Holzöfen sind im Handel. Allerdings produzieren Holzheizungen erheblich mehr gesundheitsschädlichen Feinstaub als andere Heizmethoden. So entsteht durch Holzheizungen bereits mehr Feinstaub als durch alle Dieselfahrzeuge in Deutschland zusammen. Nach dem Entwurf der neu gefassten Verordnung dürfen neue Einzelraumfeuerungsanlagen für Festbrennstoffe nur noch betrieben werden, wenn eine Herstellerbescheinigung die Einhaltung der Emissionsgrenzwerte und eines Mindestwirkungsgrades beweist. Ausgenommen davon sind Grundöfen und offene Kamine. Allerdings ist für ab 2015 errichtete Grundöfen ein Feinstaubfilter Pflicht. Kamine dürfen nur gelegentlich benutzt werden. Eigene Grenzwerte für Staub und Kohlenmonoxid gibt die Verordnung künftig für Feuerungsanlagen für feste Brennstoffe vor, deren Nennwärmeleistung 4 KW oder mehr beträgt und die keine Einzelraumöfen sind. Für Öl- und Gasfeuerungsanlagen gibt es neue Emissionsgrenzwerte für Stickstoffdioxid. Bestehende Feuerungsanlagen für feste Brennstoffe – abgesehen von Einzelraumfeuerungsanlagen – dürfen nur weiter betrieben werden, wenn bis zu bestimmten Terminen die Einhaltung von Grenzwerten gewährleistet ist. Diese Übergangsfristen sind vom Zeitpunk der Inbetriebnahme der Anlage abhängig:

- Inbetriebnahme bis einschließlich 31.12.1994: Einhaltung der Grenzwerte bis 01.01.2015.
- Inbetriebnahme zwischen 01.01.1995 und 31.12.2004: Einhaltung der Grenzwerte bis 01.01.2019.
- Inbetriebnahme zwischen 01.01.2005 und Tag des Inkrafttretens der Verordnung: Einhaltung der Grenzwerte bis 01.01.2025.

Bis 31.12.2012 stellt der Bezirksschornsteinfeger den Zeitpunkt fest, zu dem die Grenzwerte im Einzelfall eingehalten werden müssen. Für Einzelraumfeuerungsanlagen gilt: Öfen für feste Brennstoffe (Ausnahme: Grundöfen) dürfen weiter betrieben werden, wenn durch Vorlage einer Herstellerbescheinigung oder Messung des Schornsteinfegers die Einhaltung der neuen Grenzwerte nachgewiesen ist. Dieser Nachweis muss bis zum 31.12.2013 geleistet werden; sonst müssen die Anlagen mit Filtern nachgerüstet oder ausrangiert werden.
Folgende Fristen sind zu beachten:

- Anlagen mit Typenprüfung vor 01.01.1975/ zu unbekanntem Zeitpunkt: Nachrüstung oder Außerbetriebnahme bis 31.12.2014.
- Anlagen mit Typenprüfung zwischen 01.01.1975 und 31.12.1984: Nachrüstung oder Außerbetriebnahme bis 31.12.2017.
- Anlagen mit Typenprüfung zwischen 01.01.1985 und 31.12.1994: Nachrüstung oder Außerbetriebnahme bis 31.12.2020.
- Anlagen mit Typenprüfung zwischen 01.01.1995 und Inkrafttreten der Verordnung: Nachrüstung oder Außerbetriebnahme bis 31.12.2024.

Ausgenommen von der Regelung sind privat genutzte Herde und Backöfen unter 15 KW Leistung, offene Kamine, Grundöfen, Einzelraumfeuerungsanlagen in Wohneinheiten, deren Wärmeversorgung ausschließlich mit Hilfe dieser Anlagen stattfindet und vor dem 01.01.1950 installierte Einzelraumfeuerungsanlagen. Kamineinsätze, Kachelofeneinsätze oder ähnliche eingemauerte Ofeneinsätze sind bis zu den oben aufgeführten Nachrüstzeitpunkten abhängig von der Typenprüfung mit Staubfiltern auszustatten. Der Zeitpunkt der Typenprüfung ist vom Bezirksschornsteinfeger festzustellen. Jeder, der eine Einzelraumfeuerungsanlage betreibt, muss dies bis 31.12.2012 veranlassen. Ferner muss er sich bis 31.12.2014 durch den Schornsteinfeger über die sonstigen anfallenden Schornsteinfegerarbeiten beraten lassen. Die Neufassung des 1. BImschV wurde vom Bundestag am 02.07.2009 verabschiedet; die Entscheidung des Bundesrates steht noch aus.

Siehe / Siehe auch: Energieeinsparverordnung (EnEV), Holzpellets und Umwelt, Kleinfeuerungsanlagen-Verordnung

Filtertheorie

Filter Model

Die 1949 von dem Amerikaner Ratcliff entwickelte Filtertheorie erklärt, wie unter weitgehend marktwirtschaftlichen Bedingungen neu entstehende Wohnquartiere auf Dauer dafür sorgen, dass einkommensschwächere Haushalte ihren Wohnbedarf befriedigen können. Es handelt sich um ein Mietpreisphänomen. Mit zunehmender Alterung scheiden diese Quartiere wegen der (relativen) Abnahme des Wohnnutzens aus dem Markt für hochpreisige Wohnanlagen aus und überlassen die betroffenen Wohnungen einer einkommensschwächeren Mieterschicht. Mit weiterer Wohnwertverschlechterung machen nach Ablauf einer weiteren Wohnperiode dieser Mieter noch ärmeren Mietern Platz. Dieser Prozess setzt sich solange fort, bis die Häuser abbruchreif sind und nach Abbruch ein neues „Wohnquartier“ entsteht. Man hat diesen Prozess als „Filtering down Prozess“ bezeichnet. Es kann jedoch auch zu entgegengesetzten Erscheinungen kommen („Filtering up“). Alte Stadtteile werden plötzlich von Investoren entdeckt. Sie führen nach dem Erwerb Modernisierungen („Luxussanierungen“) durch und verleihen dem Wohnquartier ein neues Image. Die bisherigen Mieter, die sich den neu entstandenen sehr guten Wohnwert nicht leisten können, müssen einer neuen einkommensstarken Mieterschicht weichen.
Solche Erscheinungen haben in Deutschland dazu geführt, dass im Baugesetzbuch den Gemeinden durch das Instrument der sog. „Milieuschutzsatzung“ – einer besonderen Art der Erhaltungssatzung – durch Eingriffsmöglichkeiten (Genehmigungsvorbehalte für Modernisierungsmaßnahmen, gemeindliches Vorkaufsrecht) die Mieterverdrängung unterbunden wird. Negativauswirkungen von Milieuschutzsatzungen können jedoch darin bestehen, dass auf Dauer die Altersstruktur in den geschützten Wohnquartieren sich nach oben verschiebt und die Voralterung zu einer Ghettobildung führt.
Siehe / Siehe auch: Sickertheorie, Erhaltungssatzung

Filz

corruption; nepotism; cronyism

Filz bezeichnet ein System auf Gegenseitigkeit beruhender Hilfeleistungen und Gefälligkeiten, das auch Klüngel oder Vetternwirtschaft genannt wird. Nicht selten werden in diesen persönlichen Netzwerken und Beziehungsgefügen gesellschaftliche, politische oder wirtschaftliche Interessen vermischt, so dass sich (z. B. bei öffentlichen Bauvorhaben) einige wenige zu Lasten Dritter (meist die Allgemeinheit) bereichern.

Financial Engineering

financial engineering

(auch: Finanztheorie, Portfolio-Optimierung) Financial Engineering ist die Lehre von der systematischen Darstellung der Möglichkeiten und Auswirkungen des Zusammenspiels mehrerer Finanzprodukte. Ziel ist es, durch eine geschickte Auswahl und Verbindung, die Geldströme und -bestände (Einnahmen, Ausgaben, Vermögen und Krediten) eines Anlegers bzw. Darlehnsnehmers zu optimieren. Financial Engineering ist seit 1980 ein eigener Wissenschaftszweig.
Siehe / Siehe auch: Anlageberatung, Portefeuille/ Portfolio, Portfolio-Analyse

Finanzanalyst

financial analyst

Ein Finanzanalyst bereitet Informationen über die finanzielle Situation von Personen, Unternehmen oder Märkten systematisch auf und erstellt eine Finanzanalyse bzw. eine private Finanzplanung.

Finanzaufsicht

financial supervision

Siehe / Siehe auch: Bundesanstalt für Finanzdienstleistungsaufsicht (BAFin)

Finanzdienstleister

financial service provider

Der Begriff des Finanzdienstleisters ist nicht gesetzlich geschützt. Es können sich also alle Gewerbetreibende so bezeichnen, die etwas mit Finanzierung, Vermögensanlagen oder Vermögensverwaltung zu tun haben. In der Praxis wird oft unterschieden zwischen echten Finanzdienstleistern (Kapitalanlage- und Beteiligungsgesellschaften, Finanzdienstleistungsinstituten sowie Versicherungsgesellschaften) und unechten Finanzdienstleistern. Letztere sind Vermittler. Der Kontrolle der Bundesanstalt für Finanzdienstleistungsaufsicht unterliegen zurzeit etwa 775 Finanzdienstleistungsinstitute im engeren Sinne. Die Definition solcher Finanzdienstleistungsinstitute ergibt sich aus § 1 Abs. 1a des Kreditwesengesetzes. Danach sind Finanzdienstleistungsinstitute Unternehmen, die Finanzdienstleistungen für andere gewerbsmäßig

oder in einem Umfang erbringen, der einen in kaufmännischer Weise eingerichteten Geschäftsbetrieb erfordert, und die keine Kreditinstitute sind.
Finanzdienstleistungen sind:

- die Vermittlung von Geschäften über die Anschaffung und die Veräußerung von Finanzinstrumenten oder deren Nachweis (Anlagevermittlung),
- die Anschaffung und die Veräußerung von Finanzinstrumenten im fremden Namen für fremde Rechnung (Abschlussvermittlung),
- die Verwaltung einzelner in Finanzinstrumenten angelegter Vermögen für andere mit Entscheidungsspielraum (Finanzportfolioverwaltung),
- die Anschaffung und die Veräußerung von Finanzinstrumenten im Wege des Eigenhandels für andere (Eigenhandel),
- die Vermittlung von Einlagengeschäften mit Unternehmen mit Sitz außerhalb des Europäischen Wirtschaftsraums (Drittstaateneinlagenvermittlung),
- die Besorgung von Zahlungsaufträgen (Finanztransfergeschäft),
- der Handel mit Sorten (Sortengeschäft) und
- Ausgabe und Verwaltung von Kreditkarten und Reiseschecks (Kreditkartengeschäft), es sei denn, der Kartenemittent ist auch der Erbringer der dem Zahlungsvorgang zugrunde liegenden Leistung.

Eine fachliche Qualifikation im Bereich der Finanzdienstleistung wird durch Industrie- und Handelskammern, aber auch durch private Bildungsträger angestrebt. Auf der Ebene der beruflichen Fortbildung gibt es die IHK-Abschlüsse Fachberater/ Fachberaterin in Finanzdienstleistung. Darauf setzt der Fachwirt / Fachwirtin für Finanzberatung auf. Auch der Studiengang „Vermögensmanagement" an der Deutschen Immobilien Akademie an der Universität Freiburg gehört in die Kategorie von Fortbildungsmaßnahmen, die auf dem Sektor der Finanzdienstleistung qualifizieren.
Siehe / Siehe auch: Bundesanstalt für Finanzdienstleistungsaufsicht (BAFin), Deutsche Immobilien Akademie (DIA)

Finanzdienstleistung

financial services

Unter den Begriff Finanzdienstleistung fallen alle Dienstleistungen und Hilfestellungen rund um Finanzgeschäfte. Diese werden sowohl von Kreditinstituten, Finanzdienstleistungsinstitute als auch von Versicherungen, Bausparkassen etc. angeboten.

Finanzierung

financing

Unter Finanzierung im engeren Sinne versteht man die Beschaffung von Eigen- und Fremdkapital zur Durchführung von Investitionen und der Aufrechterhaltung der betrieblichen Aktivitäten, die zur Erreichung des Unternehmenszwecks erforderlich sind. Je nach Quelle für die Finanzierungsmittel wird zwischen Eigen- und Fremdfinanzierung unterschieden. Abhängig von der Rechtsform das Unternehmen, kann sich die Eigenfinanzierung aus Eigenmitteln des Unternehmers oder aus Beteiligungsanteilen von Gesellschaftern speisen. Eigenmittel stehen dem Unternehmer unbefristet zur Verfügung.
Ein weiterer Unterschied besteht zwischen der Außen- und Innenfinanzierung. Bei der Außenfinanzierung fließen dem Unternehmen Beteiligungs- oder Fremdmittel von außen zu, während sich die Innenfinanzierung aus dem erwirtschafteten Cashflow, der im Unternehmen verbleibt, ergibt.
Fremdfinanzierungsmittel stehen wegen der Risikogrenzen, die Finanzierungsinstitute beachten müssen, grundsätzlich nur in beschränktem Umfange zur Verfügung. Eigenkapital ist im Verhältnis zum Fremdkapital Risikokapital. Wer Eigenkapital einsetzt, übernimmt erstrangiges unternehmerisches Risiko. In der Immobilienwirtschaft empfiehlt sich, zwischen der Objekt- und der Projektfinanzierung einerseits und der Unternehmensfinanzierung andererseits zu unterscheiden. Im besonderen Fokus steht die Objekt- bzw. Projektfinanzierung. Man spricht auch von Baufinanzierung. Wer eine Immobilie kauft, benötigt dem Kaufpreis und den Erwerbsnebenkosten entsprechende Finanzierungsmittel. Ebenso, wenn auch mit größerem Risiko behaftet, ist die Finanzierung von Bauprojekten. Beiden gemeinsam ist die grundbuchliche Absicherung der Finanzierungsmittel. Bis die Endfinanzierungsmittel auszahlungsreif sind, muss der Finanzbedarf durch Vor- oder Zwischenfinanzierungsmittel gedeckt werden.
Siehe / Siehe auch: Baufinanzierung / Kaufpreisfinanzierung, Vorfinanzierung, Zwischenfinanzierung (Zwischenkredit)

Finanzierungskosten (Kapitalkosten)

financing charges; cost of financing; finance costs (cost of capital)

Zu den Finanzierungskosten gehören Zinsen, Bearbeitungsgebühren, Disagio, Vermittlungsprovisionen des finanzierenden Kreditinstituts, Zuteilungsgebühren, Grundschuldbestellungskosten

beim Notar und Grundbuchamt, Bereitstellungszinsen. Kostenwirksam sind auch vorschüssige Zins- und Tilgungsverrechnungen. Bei Bauspardarlehen ist nur der Teil der Abschlussgebühr für den Bausparvertrag einzubeziehen, der auf die Darlehenssumme entfällt.
Nicht alle Finanzierungskosten fließen in die Berechnung des effektiven Jahreszinses ein. Ausgenommen sind in der Regel Kosten, deren Zahlung nicht gegenüber dem finanzierenden Institut sondern gegenüber Dritten erfolgt, z. B. Kosten des Notars, des Grundbuchamts, und institutsunabhängiger Finanzierungsberater. Ist das Darlehen zwingend mit dem Abschluss einer Risikolebensversicherung verbunden, ist die Versicherungsprämie aber wieder Bestandteil des effektiven Jahreszinses.

Finanzierungsplan

financial plan / schedule

Der Finanzierungsplan besteht in der Zusammenstellung aller Kosten (Gesamtkosten) einer Investition (z. B. Baumaßnahme), der Gegenüberstellung der dafür bereitzustellenden Eigen- und Fremdmittel sowie dem sich hieraus ergebenden jährlichen/monatlichen Kapitaldienst (Belastung aus dem Kapitaldienst). Neuere Finanzierungspläne geben auch einen Überblick über die voraussichtliche Entwicklung der Darlehensstände während der ganzen Finanzierungsphase und die sich hieraus ergebenden Belastungsverschiebungen.
Finanzierungspläne dienen im Rahmen der Finanzierungsberatung auch der Ermittlung, ob und inwieweit die sich daraus ergebenden Belastungen mit den finanziellen Möglichkeiten des Kunden und deren Interessenlagen übereinstimmen.
Siehe / Siehe auch: Baufinanzierung / Kaufpreisfinanzierung, Finanzierung, Finanzierungskosten (Kapitalkosten)

Finanzierungsvermittlung

assistance in arranging financing; financing procurement assistance

Siehe / Siehe auch: Darlehensvermittlung (Verbraucherschutz)

Finanzmarktförderungsgesetze

regulations on the promotion of the financial market in Germany

Die Finanzmarktförderungsgesetze beziehen sich auf die Stärkung des Finanzplatzes Deutschland, insbesondere auf rechtliche Regelungen der Börsen, den Anlegerschutz, das Investmentrecht (auch offene Immobilienfonds), Unterbindung der Geldwäsche usw.. Das vierte Finanzmarktförderungsgesetz hat zu Änderungen beim Gesetz über Kapitalanlagegesellschaften geführt, die auch offene Immobilienfonds betreffen. Das KAGG wurde zusammen mit dem Auslandsinvestmentgesetz (AuslInvestmG) im neuen Investmentgesetz (InvG) von 1.1.2004 zusammengefasst.
Vorher galt schon, dass zum Sondervermögen neben Mietwohngrundstücken, Geschäftsgrundstücken und gemischt genutzten Grundstücken auch Grundstücke im Zustand der Bebauung Baugrundstücke und Erbbaurechte gehören können. Unter strengen Voraussetzungen sind auch die Beteiligungen an einer Grundstücksgesellschaft möglich. Der Wert des einzelnen Grundstücks darf zum Zeitpunkt des Erwerbs 15 Prozent des Gesamten Sondervermögens nicht übersteigen. Neu ist, dass zum Sondervermögen auch außerhalb der Europäischen Union liegende Immobilien gehören dürfen, soweit diese Vermögensanteile 30 Prozent des Wertes des gesamten Sondervermögens nicht überschreitet. Damit soll das Währungsrisiko begrenzt werden. Voraussetzung für den Erwerb ist die Bewertung durch den Sachverständigenausschuss.
Siehe / Siehe auch: Immobilienfonds - Offener Immobilienfonds

Finders Fee

finder‘s fee

Ziel von Immobilienunternehmen ist vielfach der Aufbau eines Netzes aktiver und passiver Kontaktmittler. Hierbei wird für Tipps im Bereich Akquisition/Verkauf teilweise eine Finders Fee, d. h. Tippgeberprovison (häufig zehn Prozent der Provision des Maklers) bezahlt.

Firma

company; business; firm

Firma ist der Name, unter dem ein Kaufmann ein Handelsgewerbe betreibt. Handelsgewerbe ist jeder Gewerbebetrieb, also z.B. auch der Betrieb eines Maklers, Hausverwalters Baubetreuers usw.. Allerdings gilt auch heute, dass Voraussetzung für eine Firmierung die Eintragung ins Handelsregister ist. Seit der Reform des Handelsgesetzbuches haben Gewerbetreibende mehr Möglichkeiten zur Gestaltung ihrer Firma. Die Firma eines Einzelunternehmens muss nicht mehr – wie bisher – eine Namensfirma sein. Es kann auch eine Firmenbezeichnung gewählt werden, die die Unternehmensphilosophie zum Ausdruck bringt, z. B. „Kompetent-Immobilien“, „Ihr Wohnungsmakler“ usw.. Allerdings gilt nach wie vor, dass die Firma nicht irreführend sein

darf. Dies wäre dann der Fall, wenn sich aus ihr eine Bedeutungsgeltung ergeben würde, die faktisch jeder Grundlage entbehrt. Die Bedeutung der Firma besteht darin, dass sie geschützt ist. Kein anderer darf eine Firma mit gleicher Bezeichnung führen. Der positive Bekanntheitsgrad einer Firma durch Firmenwerbung und Öffentlichkeitsarbeit steigert den „Firmenwert“, was bei einem Verkauf der Firma zu Buche schlägt.
Siehe / Siehe auch: Firmenwerbung

Firmenwerbung
company advertising

Bei der Firmenwerbung steht nicht ein Produkt (oder ein „Objekt“), sondern die Firma im Vordergrund der Werbeaktivitäten. Firmenwerbung ist Vertrauenswerbung. In der Firmenwerbung kann die Firmenphilosophie zum Ausdruck gebracht werden. Durch Firmenwerbung soll der Bekanntheitsgrad der Firma gesteigert werden mit dem Ziel, zusätzliche potentielle Geschäftspartner bzw. Kunden anzusprechen. Wer nicht bekannt ist, wird auch nicht angesprochen. Firmenwerbung dient deshalb auch der Absicherung der künftigen Geschäftstätigkeit. Oft wird Firmenwerbung mit Produktwerbung kombiniert. Im Immobiliengeschäft besteht die Kombination aus Firmen- und Objektwerbung.
Siehe / Siehe auch: Imageanzeigen

Fitnessclubs
fitness club; health and fitness club; gym club

Noch in der Wachstumsphase befinden sich derzeit Fitnessclubs. Im Fitnessbereich gibt es hierbei insbesondere zwei Konzeptionen:

- Die klassischen Fitnessclubs in Flachbauten und zumeist auf der grünen Wiese angesiedelt, die häufig eher im unteren oder mittleren Preissegment sind sowie
- eher exklusive Anlagen im gehobenen oder sogar Hochpreissegment in edlen Innenstadtlagen.

Diese Fitnessclubs sind so konzipiert, dass Büroangestellte sie etwa in der Mittagspause nutzen können. Teilweise sind derartige Clubs in den oberen, weil frequenzärmeren und damit mietgünstigeren Stockwerken von Shopping Centern angesiedelt. Beispiele sind das Europa Center in Berlin oder die Post Galerie in Karlsruhe.

Flachdachdämmung
insulation of flat roof

Siehe / Siehe auch: Umkehrdach

Flächendefinition (außerhalb DIN und II BV)
definition of areas (outside DIN and II BV)

Siehe / Siehe auch: Flächendefinitionen nach MF-G (Mietfläche für den gewerblichen Raum), Grundfläche nach DIN 277/2005, Wohnfläche

Flächendefinitionen nach MF-G (Mietfläche für den gewerblichen Raum)
definition of an area according to „rentable square footage for commercial premises“

Die Gesellschaft für immobilienwirtschaftliche Forschung e.V. (gif) hat unter Beteiligung des DIN Normenausschusses im Jahr 1996 Flächendefinitionen für Büroraum („MF-B“) und im Jahr 1998 für Handelsraum („MF-H“) als Richtlinie entwickelt, die dem Praxisbedarf im Zusammenhang mit der Vermietung dieser Räume gerecht werden sollen.
Am 1.11.2004 wurden die Berechnungen der MF-B und MF-H zusammengefasst und zu MF-G weiterentwickelt. Basis der MF-G Richtlinie sind die Flächendefinitionen der DIN 277/2005. Darin werden allerdings keine Mietflächen, sondern Nutzflächen definiert. Die Nettogrundfläche stellt dabei die Differenz zwischen der Bruttogrundfläche und der Konstruktionsfläche dar.
Nicht zur MF-G gehört die MF-G 0. Diese Fläche setzt sich zusammen aus technischen Funktionsflächen (z. B. Heizungs-/Maschinenräume), Verkehrsflächen (etwa feste und bewegliche Treppenläufe) und Konstruktionsgrundflächen (z.B. Außenwände). MF-G 0 sind somit keine Mietflächen. Bei der MF-G selbst unterscheidet man nunmehr zwischen der MF-G 1, die der exklusiven Nutzung durch einen Nutzer dient und die Mitbenutzung durch andere Nutzer ausschließt und der M-FG 2. Das sind Flächen die der gemeinschaftlichen Nutzung durch mehrere Nutzer eines Gebäudes dienen.
Siehe / Siehe auch: Mietflächen für Handelsräume, Mietflächen für Büroräume, Grundfläche nach DIN 277/2005

Flächenmanagement
space management

Der Begriff des Flächenmanagements wird sowohl im Rahmen des Gebäudemanagements als auch im Rahmen der Baulandproduktion verwendet.

Flächenmanagement als Teil des Gebäudemanagements

Ziel des Flächenmanagements im Bereich des Gebäudemanagements ist die wirtschaftliche Optimierung der Flächennutzung durch langfristige Kosteneinsparungen und Ertragssteigerungen. Dieses Flächenmanagement (FLM) umfasst das Management der verfügbaren Gebäudeflächen in den Bereichen

- eines nutzerorientierten Flächenmanagements (Nutzungsplanung, räumliche Organisation von Arbeitsprozessen und Arbeitsplätzen, Wegebeziehungen, Nutzungsoptimierung, flexible Arbeitsplatzbelegung, Einbeziehung ergonomischer Aspekte und Aspekte der Arbeitsplatzsicherheit und des Umweltschutzes usw.)
- eines anlageorientierten Flächenmanagements (flächen- und raumbezogene Analysen von baulichen Anlagen, Baukonstruktion, Netzanschlüsse, Raumklima, Gewährleistung eines bestimmten Maßes an Anlagenflexibilität usw.)
- eines serviceorientierten Flächenmanagements (Zeitmanagement von Raumbelegungen, Catering, Logistik, medien- und konferenztechnischer Service, flächen- und raumbezogene Reinigungs- und Sicherheitsleistungen) sowie der
- Dokumentation.

Flächenmanagement im Rahmen der Baulandproduktion

Die Hoheit für Bauleitplanung, Erschließung, Bodenordnung und die Durchführung städtebaulicher Maßnahmen liegt bei den Gemeinden. Die Durchführung dieser Maßnahmen in eigener Regie (Verwaltungshandeln) kann im Rahmen städtebaulicher Verträge auf Unternehmen übertragen oder im Rahmen von PPP-Gesellschaften gemeinsam mit Unternehmen bewerkstelligt werden. Die im Zusammenhang mit der unternehmerischen Durchführung dieser Maßnahmen entstehenden Managementfunktionen werden dem hier so bezeichneten Flächenmanagement zugeordnet.

Siehe / Siehe auch: Bauleitplanung, Bodenordnung, Erschließung / Erschließungsbeitrag, Public Private Partnership (PPP), Städtebaulicher Vertrag

Flächennutzungsplan (FNP)

land utilisation plan; land-use plan; master plan; zoning plan; preparatory land-use plan; structure plan

Der Flächennutzungsplan ist der „vorbereitende Bebauungsplan“. Er bezieht sich auf das ganze Gemeindegebiet und stellt neben der tatsächlich gegebenen die beabsichtigte Bodennutzung einer Gemeinde dar. Er enthält keine verbindlichen „Festsetzungen“ wie der Bebauungsplan. Dargestellt werden können sowohl Bauflächen (allgemeine Art der Nutzung) als auch Baugebiete (besondere Art der baulichen Nutzung). Darüber hinaus werden die Flächen für den örtlichen und überörtlichen Verkehr, Einrichtungen des Gemeinbedarfs, Flächen für Versorgungsanlagen und Abwasserbeseitigung, Grünflächen, Parkanlagen, land- und forstwirtschaftliche Flächen usw. dargestellt. Manche Flächennutzungspläne enthalten auch Maße der baulichen Nutzung, die allerdings keinen verbindlichen Festsetzungs- sondern ebenfalls nur Darstellungscharakter haben. Zu den Flächennutzungsplänen gehört auch ein Erläuterungsbericht. Flächennutzungspläne haben – im Gegensatz zu Bebauungsplänen – nicht den Charakter einer Satzung. Rechtsansprüche kann der Bürger hieraus nicht ableiten. Flächennutzungspläne müssen jedoch genehmigt werden. Die Genehmigung kann nur aus Rechtsgründen versagt werden.

Werden Flächennutzungspläne erstellt oder geändert, sind die Öffentlichkeit und die betroffenen Behörden frühzeitig zu hören. Vor Änderung des BauGB am 20.10.2004 sprach man von Bürgerbeteiligung und Beteiligung der Träger öffentliche Belange (TÖB). Heute wird von Beteiligung der Öffentlichkeit und von Behördenbeteiligung sowie der Beteiligung sonstiger Träger öffentlicher Belange gesprochen. Zu den Behörden, die gehört werden müssen gehören z.B. Fachbehörden, Gewerbeämter, Industrie- und Handelskammern. Das bedeutet, dass bereits der nach einem Aufstellungsbeschluss angefertigte Vorentwurf zur Diskussion mit der Bürgerschaft gestellt wird. Ein Bebauungsplan ist aus den Vorgaben des Flächennutzungsplanes zu entwickeln. Sollen dort Festsetzungen getroffen werden, die nicht den Vorgaben entsprechen, ist zuvor oder gleichzeitig der Flächennutzungsplan zu ändern. Außerdem ist er den Zielen der Raumordnung (insbesondere den Zielen des Regionalplanes) anzupassen. Der FNP muss von der oberen Verwaltungsbehörde genehmigt werden. Ihm ist eine Begründung beizufügen, in der die Abwägungsentscheidungen begründet werden. (Vor Änderung des BauGB genügte eine Erläuterung.) Zu den Abwägungsgrundlagen gehört unabdingbar ein auf einer Umweltprüfung basierender Umweltbericht. Um erforderlichen Entwicklungsnotwendigkeiten gerecht zu werden, muss die Gemeinde spätestens 15 Jahre nach seiner erstmaligen oder erneuten Aufstellung überprüft werden und – sofern erforderlich – geändert, ergänzt oder neu aufgestellt werden.

Flächennutzungspläne haben auch für Makler und Bauträger einen hohen Informationswert. In vielen Städten und Gemeinden kann er käuflich erworben werden. In den Stadtstaaten Berlin, Bremen und Hamburg sind Flächennutzungspläne auch gleichzeitig Regionalpläne.
Siehe / Siehe auch: Art der baulichen Nutzung, Träger öffentlicher Belange / Behörden, Regionalplan, Flächenmanagement, Landschaftsplan, Grünordnungsplan, Bebauungsplan

Flächenrecycling
land recycling

Unter Flächenrecycling ist der Umwandlungsprozess von Flächen zu verstehen, der eine neue bauliche Nutzung von früher anders genutzten und überwiegend erschlossenen, vom bisherigen Nutzer aber aufgegebenen Flächen zum Ziel hat. Durch Flächenrecycling werden somit neue Bauflächen an aufgegebenen Standorten produziert. Diesem Aufgabenbereich widmen sich vielfach Projektentwicklungsgesellschaften.
Die Probleme des Flächenrecyclings liegen im Bereich der Altlasten.Vielfach handelt es sich um sog. Altstandorte, an denen früher mit umweltgefährdenden Stoffen umgegangen wurde, was zu Bodenverunreinigungen führte. Objekte für Flächenrecycling befinden sich häufig in zentralen Lagen von Städten mit alten Industrien, die durch Standortverlagerungen der früher dort produzierenden Unternehmen entstanden sind.
In anderen Fällen geht es beim Flächenrecycling um die Umnutzung sog. Konversionsflächen, also Flächen, die vorher militärischen Zwecken dienten, für die überwiegend der Bund als Anbieter auftritt.
Siehe / Siehe auch: Altlasten

Flächenstilllegung
set-aside; taking land out of production

Mit der Flächenstilllegung sollte erreicht werden, dass landwirtschaftlich genutzte Flächen zugunsten des Naturschutzes nicht mehr bewirtschaftet werden, so dass sich Pflanzen und Tiere dort ungestört ansiedeln konnten. Ein weiterer beabsichtigter Nutzen lag in der Vermeidung landwirtschaftlicher Überproduktion in der EU. Die 2003 beschlossene Agrar-Reform der EU wurde in Deutschland im Jahr 2005 umgesetzt. Dabei wurden auch die Regelungen zur Flächenstilllegung geändert.
Grundsätzlich unterscheidet man:

- Obligatorische Flächenstilllegung
- Ökonomische Flächenstilllegung
- Ökologische Flächenstilllegung

Seit 2005 galten in Deutschland obligatorische Flächenstilllegungssätze, die sich in jedem Bundesland unterscheiden. Anders als zuvor bezog sich der Flächenstilllegungssatz auf die komplette Ackerfläche des jeweiligen landwirtschaftlichen Betriebes; insbesondere auf Flächen, auf denen Zuckerrüben, Obst und Gemüse sowie Ackerfutter angebaut wurden. Ausgeschlossen waren jedoch Flächen, die 2003 für Dauerkulturen, nicht landwirtschaftliche Zwecke oder Dauergrünland verwendet worden sind. Kleinerzeuger und Ökolandwirte waren von der Stilllegungsverpflichtung befreit. Die Mindeststilllegungsfläche betrug 0,1 Hektar und musste mindestens zehn Meter breit sein. Die Bundesländer konnten diese Werte jedoch auf bis zu 0,05 Hektar Mindestgröße und bis zu fünf Meter Mindestbreite verringern. Beispiele für Stilllegungssätze:

- Bayern 8,17 Prozent
- Hessen 8,81 Prozent
- Niedersachsen 7,57 Prozent
- Thüringen 9,00 Prozent.

Die obligatorische Stilllegung musste in Höhe der dem einzelnen Betrieb zugeteilten Zahlungsansprüche bei Stilllegung vorgenommen werden. Im Jahr 2008 wurde die obligatorische Flächenstilllegung in der EU ausgesetzt, im Jahr 2009 abgeschafft. Grund war eine verstärkte Nachfrage nach landwirtschaftlichen Produkten. Die Reduzierung des Stilllegungssatzes auf null verpflichtet die Landwirte allerdings nicht, die stillgelegten Flächen zu bestellen. Sie können sie weiterhin freiwillig stilllegen und Umweltschutzregelungen anwenden, um bestimmte Förderungen zu erhalten. Eine Flächenstilllegung kann auch aus ökonomischen Gründen erfolgen. Eine Ausgleichszahlung ist bei Beachtung der Cross-Compliance-Vorschriften über die Regelungen der Direktzahlungen-Verpflichtungsverordnung möglich. Eine ökologische Flächenstilllegung kann im Rahmen von verschiedenen Agrarumweltprogrammen freiwillig stattfinden. Der Landwirt kann sich verpflichten, eine Fläche mehrjährig zu Umweltschutzzwecken stillzulegen oder auch umweltfreundliche Anbauverfahren anzuwenden. Eine Förderung erfolgt hier über Ausgleichszulagen beziehungsweise im Rahmen von Kulturlandschafts-, Vertragsnaturschutz-, oder Landschaftspflegeprogrammen durch Bund und Länder. So können z. B. Anbauflächen im Rahmen eines Vertrages zwischen dem Grundeigentümer und der zuständigen Naturschutzbehörde mehrjährig stillgelegt werden.
Siehe / Siehe auch: Bodenpunkt, Cross-Compliance, Entwicklung ländlicher Räume, Flora-Fauna-Habitat-Richtlinie, Natura 2000-Gebiet

Flächentechnik

processing page layouts for ads

Flächentechnik ist ein Begriff aus der Anzeigenwerbung und eine interessante Möglichkeit auf überfüllten Immobilienseiten aufzufallen. Hierbei verteilt das Immobilienunternehmen nach einem exakt vorgegebenen Muster mehrere Anzeigen auf einer bzw. mehreren aufeinander folgenden Immobilienseiten.

Flächenumsatz

absorption (e.g. of office space); take-up

Der Flächenumsatz ist ein quantitatives Maß, das in Marktberichten und Statistiken neben Preisumsätzen aufgeführt wird. Korrelieren Flächen- und Preisumsätze positiv (ein Steigen oder Sinken von Flächenumsätzen geht einher mit einem entsprechenden Steigen oder Sinken der Preisumsätze), lässt dies den Schluss auf eine ausgeglichene Marktlage zu. Korrelieren Flächen und Preisumsätze negativ, haben wir es in der Regel mit unausgeglichenen Marktverhältnissen zu tun. Steigen also die Flächenumsätze bei gleich bleibenden oder gar sinkenden Preisumsätzen und umgekehrt, lässt dies einen Schluss auf ein sinkendes bzw. steigendes Preisniveau zu. Flächenumsätze liegen z.B. der Ermittlung der „Vermietungsleistung" zugrunde.

Flächen- und Preisumsätze von unbebauten Grundstücken werden von den statistischen Landesämtern aber auch von Gutachterausschüssen erfasst. Einschränkend ist zu vermerken, dass Fläche nicht gleich Fläche ist. Um statistisch einwandfreie Preisindizes ermitteln zu können, müssten die Lageunterschiede und die unterschiedlichen Nutzungsmaße berücksichtigt werden, was meist nicht der Fall ist.

Siehe / Siehe auch: Vermietungsleistung

Flora-Fauna-Habitat-Richtlinie

Flora-Fauna-Habitat Directive

Eigentlich: „Richtlinie zur Erhaltung der natürlichen Lebensräume sowie der wild lebenden Tiere und Pflanzen", Richtlinie 92/43/EWG vom 21.05.1992. Die EG-Richtlinie weist sogenannte FFH-Gebiete aus, das sind Gebiete mit besonderem Schutz für Tier- und Pflanzenwelt. Anhang I der Richtlinie enthält verschiedene Typen natürlicher Lebensräume (Habitate), Anhang II Tier und Pflanzenarten „von gemeinschaftlichem Interesse".

Im Rahmen des europäischen Schutzgebietsnetzes „Natura 2000" muss die Bundesrepublik Deutschland solche Schutzgebiete ausweisen. Die wirtschaftliche Nutzung kann darin eingeschränkt sein; Ausgleichszahlungen sind zumindest bei „unzumutbaren" Einbußen (z. B. in forstwirtschaftlichen Gebieten) möglich.

Siehe / Siehe auch: Entwicklung ländlicher Räume, Natura 2000-Gebiet, Vogelschutzgebiet

Flüssig

to be solvent; to have cash on hand

Redewendung: „ nicht flüssig (d.h. zahlungsunfähig) sein", im Moment kein Geld haben, bzw. „flüssig (liquide) sein", d.h. zahlungsfähig sein durch ausreichende Liquidität bzw. Barbestände.

Fluktuationsquote (Wohnungsmieter)

(tenant) turnover rate

Die Fluktuationsquote oder Fluktuationsrate zeigt den prozentualen Anteil der durch Vermietungen bewirkten Wiederbelegungen von Mietwohnungsbeständen eines bestimmten Gebietes im Zeitraum eines Jahres an. Eine bessere Kennziffer wäre der Anteil der ausziehenden Haushalte bezogen auf alle Hauptmieterhaushalte des Wohnungsbestandes. Dieser kann aber statistisch nicht so zuverlässig erfasst werden, wie die Neubelegung von Wohnungen, da von den Einwohnermeldeämtern nur Anmeldungen nicht aber Abmeldungen erfasst werden.

Hohe allgemeine Fluktuationsquoten weisen auf ein Überangebot von Wohnraum hin, niedrige können einen Wohnungsmangel anzeigen. Allerdings können sinkende Fluktuationsraten auch auf einen zunehmenden Zufriedenheitsgrad der Mieter mit ihrer Wohnsituation hinweisen. In Deutschland beträgt die durchschnittliche Wohndauer eines Mieterhaushaltes nach Erkenntnissen der Schader-Stiftung zwölf Jahre. Das entspricht einer Fluktuationsrate von etwa 8. (Von 100 Wohnungen eines Wohnungsbestandes werden in einem Jahr 8 vermietet). Bei Privathauseigentümern liegt die durchschnittliche Wohndauer bei 11 Jahren (Fluktuationsquote = 9). Wohnungsunternehmen behalten ihre Mieter im Schnitt 15 Jahre (Fluktuationsquote = 6,6).

Regional hohe Fluktuationsquoten können bei gleichzeitig hohen Wohnbauaktivitäten auch zu hohen Leerstandsquoten führen. In solchen Fällen findet ein qualitativer Ausleseprozess im Wohnungsbestand statt. Wohnungen der niedrigsten Qualitätsstufe bleiben dann dauerhaft unvermietet. Statistisch wird von Leerstand erst dann gesprochen, wenn eine Wohnung länger als drei Monate unvermietet bleibt.

Siehe / Siehe auch: Mieterfluktuation, Leerstand

Flur
meadow; cadastral section

Flur ist ein abgegrenzter Teil der Erdoberfläche, unter dem im Liegenschaftsbuch die zugehörigen Flurstücke in aufsteigender Nummernfolge aufgeführt sind. Mehrere Flure bilden eine Gemarkung. Gemarkung (Vermessungsbezirke) wie Flure haben auch eine namentliche Bezeichnung. Die Bezeichnung der Flurstücke erfolgt auf der Grundlage der Nutzungsart des Nutzungsartenverzeichnisses, das für alle Bundesländer aus Gründen einheitlicher statistischer Erfassung für gleiche Nutzung gleiche Begriffe verwendet. Im Grundbuch wird die Flurstücksbezeichnung unter der Spalte „Wirtschaftsart" eingetragen.

Siehe / Siehe auch: Bodennutzung - geplante, Flurstück

Flurbereinigung
reallocation (or reallotment) and consolidation of (agricultural) land; land consolidation; consolidation of farmland; land clearance; land rationalisation; land redistribution

Neuordnung landwirtschaftlicher Flächen zum Zweck der Verbesserung der Produktions- und Arbeitsbedingungen sowie zur Förderung der allgemeinen Landeskultur und Landesentwicklung. Grundlage ist das Flurbereinigungsgesetz.

Siehe / Siehe auch: Bodenordnung

Flurbezirke
cadastral units

Die Flurbezirke bezeichnen in der Flächenhierarchie eine Teilfläche einer Gemarkung. Diese Teilflächen haben ebenso wie Gemarkungen entweder einen Namen (Beispiel Neuhausen) oder eine römische Zahl (z. B. Flurbezirk III). Eine Gemarkung kann aber auch nur aus einem Flurbezirk bestehen (Identität von Gemarkung und Flurbezirk). Dies ist häufig bei Stadtteilen oder Stadtvierteln der Fall. Die Flurbezirke teilen sich in Flure auf, die eine bestimmte Ordnungsnummer tragen. Die Flure selbst sind wieder in nummerierte Flurstücke als kleinste Flächeneinheit unterteilt.

Die Flurbezirksgrenzen werden, wie Gemeindegrenzen Gemarkungsgrenzen und Flurstücksgrenzen zeichnerisch in Flurkarten dargestellt.

Flurkarte
cadastre; cadastral map; general parcelling map; land register map

Lässt sich das Kartenbild einer ganzen Gemarkung nicht auf einer Gemarkungskarte darstellen, wird diese auf mehrere Blätter aufgeteilt, die als Flurkarte bezeichnet werden.

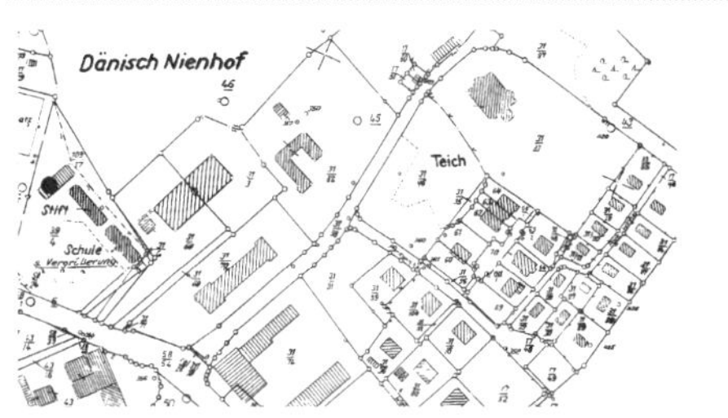

Siehe / Siehe auch: Grundstücks- und Bodeninformationssystem

Flurstück
land parcel; lot; plot

Ein Flurstück ist der Teil einer Flur, der von Linien eingeschlossen und im Kataster mit besonderer Nummer aufgeführt ist. Ein Flurstück darf nicht Flächen aus verschiedenen Grundstücken umfassen. Mehrere Flurstücke können jedoch im Grundbuch ein „Grundstück" bilden. Das Flurstück ist die kleinste im Liegenschaftskataster erfasste Flächeneinheit.

Das Zuflurstück ist eine Teilfläche, die aus einem Flurstück herausgemessen und mit einem anderen verschmolzen wurde. Abtrennung und Verschmelzung werden unmittelbar hintereinander ins Grundbuch eingetragen (Bestandteilszuschreibung).

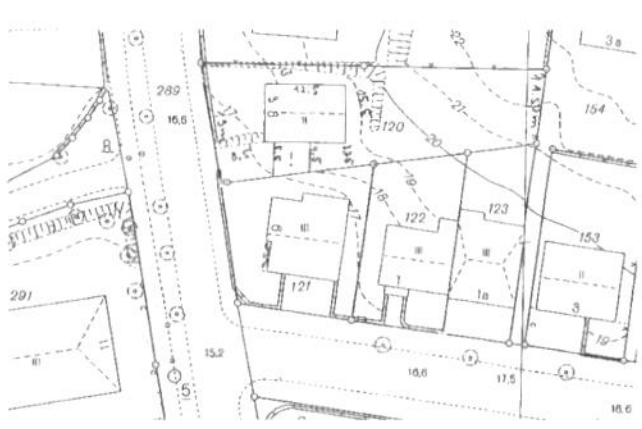

Siehe / Siehe auch: Gemarkung

Förmliche Bauabnahme
formal acceptance of building work

Siehe / Siehe auch: Bauabnahme

Fogging
fogging

Siehe / Siehe auch: Schwarze Wohnungen

Fokussierung
focussing

Der Begriff Fokussierung bezieht sich im Immobilienmarketing auf die gezielte Ausrichtung der Werbung auf bestimmte Marktsegmente bzw. Zielgruppen.

Folgegeschäft (Maklerrecht)

follow-up business; subsequent business (estate agent law)

Kommt es nach Abschluss des vom Makler verursachten Hauptvertrages zum Abschluss eines oder mehrerer weiterer Verträge (Folgegeschäfte), so entsteht hieraus nach herrschender Rechtsauffassung kein weiterer Provisionsanspruch. Der Makler kann nur für Verträge Provision verlangen, die er auf Grund des Maklervertrages herbeigeführt hat. Entscheidend ist daher, ob der ihm erteilte Auftrag nur auf Herbeiführung des ersten oder auch auf die indirekte Herbeiführung der später abgeschlossenen Hauptverträge gerichtet ist. Der erste Maklervertrag muss daher konkret die Objekte benennen, über die später ein Hauptvertrag abgeschlossen wird.
Beispiel: Der Makler hat auftragsgemäß eine Fläche nachgewiesen. Der Auftraggeber kauft jedoch zunächst nur eine Teilfläche. Erwirbt er den Rest jedoch drei Monate später, so entsteht auch für diesen zweiten Kaufvertrag, der im Anschluss an den ersten Kaufvertrag geschlossen wurde, ein Provisionsanspruch (vgl. OLG Zweibrücken, Urteil vom 26.10.1983, 2 U 29/ 83). Da die Erwerberin des ersten Teilgrundstücks für ihr großes Bauvorhaben auch das zweite Teilstück benötigte, bestand an der Kausalität der Maklertätigkeit auch für den zweiten Kaufvertrag kein Zweifel. Im Übrigen genügt die bloße Mitursächlichkeit für den späteren Vertragsabschluss nicht (vgl. Schwerdtner, a.a.O.). Vereinbarungen von Folgeprovisionen sind enge Grenzen gesetzt.
In Allgemeinen Geschäftsbedingungen sind solche Klauseln unwirksam. Sie verstoßen nach der Rechtsprechung gegen wichtige Grundsätze des Maklerrechts. Der Makler erhielte Provision, ohne dass er für den späteren Vertrag Maklertätigkeit ausgeübt hätte (Unwirksamkeit gemäß § 307 BGB, vgl. für § 9 AGBG: BGH NJW 1973,990). In Individualvereinbarungen können Folgeprovisionen, allerdings in bestimmten Grenzen, vereinbart werden. Auch hier ist der Zeitraum entscheidend. Je länger dieser ist, desto geringer wird die Kausalität der Maklerleistung. Die Folgeprovision erhält Schenkungscharakter(vgl. Schwerdtner a.a.O. Rdnr. 304). Der Zeitraum ist auch entscheidend bei Mietverträgen, in denen eine Option auf einen oder weitere Mietverträge vereinbart wird. Hier wird i.d.R. für den Erstvertrag eine Vertragsdauer von mehreren Jahren vereinbart. Aus der Tatsache der Option kann ein Anspruch auf Folgeprovision nicht hergeleitet werden. Eine individuelle Vereinbarung könnte wirksam sein.

Folgekosten

follow-up / consequential costs

Folgekosten sind Kosten nach einer Erstinvestition, um z.B. den Unterhalt, den Betrieb und / oder die Verwaltung einer Unternehmung zu sichern. Zu den „Life-Cycle-Costs“ zählen auch Steuernachzahlungen, Mietnebenkosten, Kreditkosten uvm.

Folgekostenverträge

contracts for follow-up costs / consequential charges

Im Rahmen eines städtebaulichen Vertrages kann sich ein Projektentwickler bzw. Investor der Gemeinde gegenüber verpflichten, für ein Siedlungs- oder anderes Bauvorhaben, neben den gesamten Erschließungskosten auch Kosten für erforderlich werdende städtebauliche Maßnahmen bzw. Einrichtungen zu übernehmen, die sonst der Gemeinde entstünden. Diese müssen allerdings unmittelbar Voraussetzung oder Folge des geplanten Vorhabens sein. Hierzu kann beispielsweise die Errichtung einer Volksschule oder Kindertagesstätte zählen, kaum aber die Kosten für den Bau eines gemeindlichen Gymnasiums. Gesetzliche Grundlage ist §11 Abs. 3 BauGB. Besteht aber aufgrund des planungsrechtlichen Entwicklungszu-standes ohnehin Anspruch auf Genehmigung der Baumaßnahme, ist eine Folgekostenvereinbarung unzulässig.
Solche Verträge werden deshalb meist im Zusammenhang mit einem Vorhaben- und Erschließungsplan oder mit einem Erschließungsträger getroffen.
Siehe / Siehe auch: Erschließungsvertrag, Städtebaulicher Vertrag, Vorhaben- und Erschließungsplan

Folgeobjekt (staatliche Förderung)

follow-up/ subsequent object (government aid)

Dies ist ein Begriff aus dem Bereich der staatlichen Förderung selbstgenutzten Wohneigentums. Wer innerhalb des achtjährigen Förderzeitraums (Eigenheimzulagengesetz) seine selbstgenutzte Immobilie verkauft, der kann die bis dahin nicht abgerufenen Förderbeträge beim Erwerb eines Folgeobjektes beanspruchen. Für dieses Folgeobjekt beträgt der Förderzeitraum erneut acht Jahre, allerdings abzüglich jener Jahre, für die der Eigentümer bereits Förderung für das Erstobjekt bekommen hat. Wichtig: Zum 1. Januar 2006 wurde die staatliche Förderung selbstgenutzten Wohneigentums (Eigenheimzulage und Kinderzulage) abgeschafft. Geld aus der Gemeinschaftskasse gibt es nur noch für die sogenannten Altfälle. Also für jene Eigentümer, die vor dem 1. Januar 2006 selbstgenutztes Wohneigentum erworben haben. Somit muss bis einschließlich Silvester 2005 ein Bauantrag eingereicht oder ein notarieller Kaufvertrag unterschrieben worden sein.

Fonds

fund; (investment or unit) trust

Ein Fonds, bzw. offener Investmentfonds bezeichnet eine Geldsammelstelle für Kapitalanleger zur Geldanlage. Dabei sammelt eine Investmentgesellschaft oder Kapitalanlagegesellschaft (KAG) das Geld der Anleger nach vorher festgelegten Anlageprinzipien ein und investiert es in einem oder mehreren Anlagebereichen z.B. in Aktien, festverzinsliche Wertpapiere, am Geldmarkt und / oder in Immobilien. Das Fondsvermögen wird professionell verwaltet. Die Anteilscheine werden in der Regel börsentäglich gehandelt. Mit dem Erwerb von Anteilen wird der Anleger Miteigentümer am Fondsvermögen und am Gewinn beteiligt. Auch kann er die Anteile zum jeweils gültigen Rücknahmepreis wieder abgeben.

Siehe / Siehe auch: Fondsanleger, Fondsbörsen, Fondsinitiator, Fondspolice, Immobilienfonds - Geschlossener Immobilienfonds, Immobilien-Spezialfonds

Fondsanleger

fund investor

Fondsanleger ist ein Investor, der beim Erwerb zwischen Tausenden von Fonds wählen kann, die meist von Banken, Sparkassen, über Fondsgesellschaften, Börsen oder freie Berater an den Markt gebracht werden. Neu für Fondsanleger:

Beim Kauf von Fondsanteilen werden seit 2009 neben Zinsen und Dividenden auch Gewinne aus dem Verkauf der Fondsanteile grundsätzlich mit 25 Prozent besteuert.

Fondsanteil

unit (or share) in a fund

Fondsanteilscheine sind Wertpapiere, die eine Beteiligung am Vermögen eines Investmentfonds verbriefen, d.h. ein Fondsanteil ist werthaltiger Anteil an einer Fondsgesellschaft, einem Exchange Traded Fund (ETV) oder einem Real Estate Investment Trust (REIT)

Siehe / Siehe auch: Real Estate Investment Trust (REIT), Immobilienfonds

Fondsarten

types of funds

Grundsätzlich wird unterschieden nach der Art der Ertragsverwaltung (thesaurierende Fonds, ausschüttende Fonds), der Anlage in Wertpapiere (Aktien-, Renten-, gemischte Fonds), Immobilienfonds, Spezialitätenfonds (Länderfonds, Geldmarktfonds, Dachfonds) und nach ihrer Zielgruppe. Während Publikumsfonds einem breiten Publikum angeboten werden, haben Spezialfonds einen deutlich kleineren Kreis von – meist institutionellen – Anlegern.

Siehe / Siehe auch: Fonds, Fondsanleger

Fondsbörsen

stock exchange for investment funds

Investmentfonds können über die Fondsbörsen Berlin-Bremen, Düsseldorf, Frankfurt (Xetra), Hamburg, München und Stuttgart wie Aktien gehandelt werden. Der Fondshandel begann in Deutschland 2002 in Hamburg. Wenig später folgte die Frankfurter Börse. Dabei stellen Börsenmakler regelmäßig An- und Verkaufskurse fest. Diese Preise basieren auf dem Rücknahmepreis der Fondsgesellschaft und können im Internet verfolgt werden. Beim Fondserwerb über eine Börse fällt kein Ausgabeaufschlag an. Gleichwohl liegt zwischen An- und Verkaufskurs ein Spread von max. zwei Prozent. Jede Fondsgesellschaft nimmt die Anteile zum Rücknahmekurs (ohne Spread und ohne Orderspesen) zurück. Fonds werden online oft zu geringen Ausgabeaufschlägen angeboten. Anleger sollten daher sorgfältig prüfen, welche Gebühren für welchen Fonds anfallen.

Fondsebene

fund level

Zur Fondsebene zählen z. B. Kosten, die in Zusammenhang mit dem Erwerb von Fondsanteilen anfallen, die einmalige Kaufgebühr und der so genannte Ausgabeaufschlag, sowie die laufenden Kosten auf Fondsebene. Da der Ausgabeaufschlag als prozentualer Aufschlag auf den Rücknahmepreis erhoben wird, ist er bei Investmentfonds meist höher als der Rücknahmepreis. Auf Fondsebene ist zudem noch eine Verwaltungs- oder Managementgebühr fällig. Aus diesem Topf werden die allgemeinen Verwaltungskosten der KAG sowie für die Gehälter der Fondsmanager gezahlt.

Fondseinlagen / Fondsentnahmen

fund deposits / fund withdrawals

Fondseinlagen bzw. -entnehmen sind Kapital, das in einen Fonds geflossen ist oder aus einem Fonds entnommen wurde.

Siehe / Siehe auch: Fonds, Fondsentnahmeplan

Fondsentnahmeplan

self-annuitization

Fondsentnahmepläne sind gut als zusätzliches Einkommen gedacht und bieten eine flexible Auszahlungsmöglichkeit.

In den gewählten Fonds wird ein Einmalbetrag angelegt, der eine bestimmte Rendite erwirtschaftet. Ein Entnahmebetrag, der über der Höhe der Rendite liegt, zehrt das Vermögen auf. Man spricht dann von Kapitalverzehr, im Gegenteil zu Kapitalerhalt. Die Verzinsung und damit der Zeitraum, über den ein bestimmter Betrag entnommen werden kann, sind nicht garantiert. Bei vorzeitigem Tod des Anlegers geht das nicht verbrauchte Kapital an die Erben über.

Unvorhergesehene Kurseinbrüche können das Vermögen schmälern. Die Erträge von Fonds-Entnahmeplänen sind abgeltungssteuerpflichtig, sobald der Steuerfreibetrag ausgeschöpft ist.

Siehe / Siehe auch: Fonds

Fondserlass / Bauherrenerlass

German fund enactment / building owner decree

Der Fonds- bzw. Bauherrenerlass ist ein Verwaltungserlass zur steuerlichen Regelung von Immobilienfonds und Bauherrenmodellen.

Siehe / Siehe auch: Bauherrenmodell, Fondssteuern, Investmentsteuergesetz, Kapitalertragsteuer, Privatvermögen (Steuerrecht)

Fondsgebundene Rentenversicherung

unit-linked pension insurance

Die fondsgebundene Rentenversicherung ist eine Alternative zur privaten Rentenversicherung.

Vorteil: Sie bietet hohe Ertragchancen.

Nachteil: Da die eingezahlten Beträge in verschiedene Investmentfonds fließen, weiß der Anleger nicht, wie viel Geld ihm am Ende der Laufzeit tatsächlich zur Verfügung steht.

Siehe / Siehe auch: Fonds, Fondsanleger, Fondsarten, Fondsentnahmeplan

Fondsgeschäftsjahr

fund‘s fiscal year

Das Fondsgeschäftsjahr ist die Abrechnungsperiode eines Fonds. Das Geschäftsjahr eines Investmentfonds ist nicht immer mit dem Geschäftsjahr der Kapitalanlagegesellschaft identisch.

Siehe / Siehe auch: Fonds, Kapitalanlagegesellschaften

Fondsgesellschaft

investment company

Eine Fonds- oder Kapitalanlagegesellschaft sammelt das Geld der Anleger, bündelt es in einem Sondervermögen – dem Investmentfonds, investiert es in einem oder mehreren Anlagebereichen und managt den Investmentfonds.

Siehe / Siehe auch: Fonds, Fondsanleger, Kapitalanlagegesellschaften

Fondsinitiator

fund initiator

Der Fondsinitiator ist der Ideengeber (Person oder Gesellschaft), der geschlossene Fonds konzipiert und auflegt. Zu den Aufgaben des Initiators zählen neben der Gründung der Fondsgesellschaft, die Auswahl und Realisierung des Fondsgegenstandes, die Koordinierung von Eigenkapital- und Fremdkapitalbeschaffung sowie die Überwachung und Koordinierung des Fondsbetriebes.

Siehe / Siehe auch: Initiator, Immobilienfonds - Geschlossener Immobilienfonds

Fondsmanager

fund manager

Fondsmanager sind Vermögensverwalter, die das investierte Vermögen der Kapitalanleger professionell verwalten und überdurchschnittlich vermehren sollen. Dies gilt für alle Anlageschwerpunkte – unabhängig ob es sich um einen Geldmarktfonds, Rentenfonds, Aktienfonds, Dachfonds oder Mischfonds handelt.

Immer ist der Fondsmanager für die Anlageentscheidungen und Wertentwicklung (Performance) verantwortlich. Gemessen wird der Fondsmanager an einer branchenüblichen Benchmark.

Siehe / Siehe auch: Fonds

Fondspolice

fund / unit-linked policy

Fondspolicen sind eine besondere Form der Lebensversicherung. Bei der klassischen Lebensversicherung wird das Geld der Kunden von Versicherungsunternehmen in Häuser, Grundstücke, Rentenpapiere und / oder Aktienpakete investiert. Bei der Fondspolice hat die Versicherungsgesellschaft dagegen keinen Einfluss auf die Kapitalanlage, da die Spargelder komplett in einen oder in mehrere Investmentfonds fließen. Der Kunde erwirbt also Anteile an einem Investmentfonds kombiniert mit einem Versicherungsschutz.

Fondsrating / Fondsbewertung

fund rating / fund evaluation

Um die Performance, die Qualität und Stabilität mehrerer Fonds vergleichbar zu machen, werden sie benotet. Dabei beurteilen die auf Ratings spezialisierten Agenturen bzw. Finanzverlage in der Regel nur Fonds, deren historische Entwicklung, Kursentwicklung, Alter und Anlagestrategie ähnlich sind. Ratings sagen nichts über die zukünftige Entwicklung des Fonds aus und werden nicht nach einheitlichen Standards erstellt.
Gleichwohl ist AAA immer die beste und BBB die schlechteste Note ist.

Fondssparplan

mutual fund savings plan

Unter Fondssparplan wird ein regelmäßiger, meist monatlicher Erwerb von Fondsanteilen über einen längeren Zeitraum verstanden.
Siehe / Siehe auch: Fonds, Fondsanleger, Fondspolice

Fondssteuern

fund tax

Erträge und Gewinne des in Fonds angelegten Kapital können meist steuerfrei vereinnahmt werden. Dazu zählen Veräußerungsgewinne, die der jeweilige Fonds erwirtschaftet, d.h. Gewinne, die aus dem Verkauf von Wertpapieren hervorgehen, sind im Privatvermögen steuerfrei. Als steuerpflichtige Erträge gelten die vom Fonds erwirtschafteten Zinsen oder bei offenen Immobilienfonds inländische Mieteinnahmen. Diese werden im Rahmen der Einkommenssteuer beim Anleger erfasst.

Fondsvermittler

fund broker

Der Erwerb von Investmentfonds über unabhängige Fondsvermittler im Internet ist meist günstiger als über etablierte Discountbroker und Direktbanken. Fondsvermittler gewähren meist hohe Rabatte auf den Ausgabeaufschlag und ziehen ihren Verdienst als Kundenbetreuer aus den laufenden Bestandsprovisionen. Diese sind Teil der Verwaltungsgebühr und liegen je nach Produkt bei 0,1 bis 0,8 Prozent pro Jahr.

Fondsvermögen

trust fund; asset value; assets of the fund; fund/total assets

Das Fondsvermögen besteht aus den Wertpapieren und Anlagen, die für einen Fonds erworben werden. Dieses Fondsvermögen wird mittels einer Kursfeststellung bewertet; dividiert durch die Zahl der ausgegebenen Fondsanteile errechnet sich der aktuelle Kurswert je Anteilsschein.
Siehe / Siehe auch: Fonds

Fondsvertrieb

distribution of funds; sale of funds

Der Fondsvertrieb bezeichnet alle Plätze und Märkte wo Fondsanteile gekauft und verkauft werden. Dazu zählen Banken, Versicherungen, Fondsvermittler oder Vermögensberater mit Vollmacht, aber in zunehmendem Maße auch Online Depots. Dabei erheben Fondsvermittler meist deutlich geringere Gebühren als beispielsweise eine Bank.
Siehe / Siehe auch: Fonds, Fondsvermittler

Fondszeichner

fund subscriber

Siehe / Siehe auch: Zeichner, Immobilienfonds - Geschlossener Immobilienfonds

Food-Courts

food courts

Food Courts sind großflächige Gastronomie-Einrichtungen, die zumeist im Zusammenhang mit Großbüro-Komplexen und / oder großen Einzelhandels- bzw. unter Umständen auch sonstigen Spezialimmobilien vorzufinden sind und zwar dort wiederum im Untergeschoss, dem Parterre oder auch im Obergeschoss. Letzteres hat den Vorteil, dass es dort Tageslicht gibt. Teilweise ist auch ein Teil der mit Food-Courts verbundenen Sitzplätze im Freien. Das Konzept der Food-Courts ist folgendermaßen: Es gibt eine Vielzahl unterschiedlicher kleiner Gastronomiebetriebe mit Thekenlängen von fünf bis zehn Metern, hinter den Theken werden die diversen Speisen präsentiert und teilweise vor den Augen der Kunden zubereitet. Der Kunde hat die Auswahl zwischen den Angeboten der unterschiedlichen eigenständigen Stände, die in starkem Wettbewerb miteinander stehen, was letztendlich sehr positiv für die Qualität ist. Das Preisniveau der Speisen in diesen Gastronomie-Objekten befindet sich im mittleren bis hin zum etwas gehobenen Segment und liegt zumeist unter den Preisen traditioneller Gastronomie-Einrichtungen wie etwa Speiselokale und über klassischen Kantinen, mit denen sie teilweise in Konkurrenz stehen. Die Food-Courts ermöglichen ihren Kunden ihre Mahlzeit in kurzer Zeit in ansprechendem Ambiente zu sich zu nehmen.

Forderungsbesichertes Wertpapier

asset-backed security

Forderungsbesicherte Wertpapiere sind verzinsliche Wertpapiere, die Zahlungsansprüche gegen eine Zweckgesellschaft verbriefen. Diese Gesellschaft hat den alleinigen Zweck, die Transaktionen mit den forderungsbesicherten Wertpapieren zu ermöglichen. Die Zahlungsansprüche sind durch Forderungen (assets) gedeckt (backed), welche auf die Zweckgesellschaft übertragen werden.

Dabei kann es sich z.B. um Forderungen aus Hypotheken handeln. Sie dienen den Inhabern der forderungsbesicherten Wertpapiere als Haftungsgrundlage. Als Forderungsverkäufer treten meist Banken auf, die die Handelbarkeit ihrer Kreditforderungen erreichen wollen.

Siehe / Siehe auch: Asset-Backed-Securities (ABS), Subprime-Krise, Hedgefonds

Form der Betriebskosten-Abrechnung

required form for invoicing operating costs

Die Betriebskosten-Abrechnung muss den Mietern in Textform zugehen. Das bedeutet: Die Abrechnung muss als Text in einer reproduzierbaren Form den Empfänger erreichen, eine eigenhändige Unterschrift ist nicht erforderlich. In Frage kommen Brief, E-Mail oder Fax als Übermittlungswege. Gibt es keine eigenhändige Unterschrift, muss aus dem Schriftstück zumindest hervorgehen, wer der Aussteller ist.

Ist der Absender eine juristische Person (z. B. eine GmbH), muss für die Wahrung der Textform erkennbar sein, wer genau für diese unterschrieben hat. Zugehen bedeutet, dass die Abrechnung den Empfänger persönlich erreichen muss – ein Aushang im Treppenhaus ist nicht ausreichend.

Die Abrechnung muss für jedermann auch ohne Fachkenntnisse nachvollziehbar sein. Sie muss den Abrechnungszeitraum nennen und die jeweiligen Gesamtbeträge aller Betriebskosten für das Haus als Zusammenstellung aufzeigen. Für die einzelnen Positionen muss der jeweilige Verteilerschlüssel genannt werden, nach dem diese auf die Mieter umgelegt werden, sowie der sich jeweils ergebende Anteil des Mieters an den Kosten. Unentbehrlich ist auch die Angabe der geleisteten Vorauszahlungen.

Siehe / Siehe auch: Betriebskosten

Formblattverordnung

German ordinance on (blank) forms

Siehe / Siehe auch: Verordnung über Formblätter für die Gliederung des Jahresabschlusses von Wohnungsunternehmen (JAbschlWUV)

Formulare

forms; questionnaires

Formulare sind aus der täglichen Praxis des Maklers nicht wegzudenken. Allerdings kommt es entscheidend auf rechtssichere Formulierungen an. Wer unrichtige Formulierungen übernimmt, ist in Gefahr, eines Tages deswegen einen Rechtsstreit zu verlieren. Häufigste Beispiele für gefährliches „Abschreiben" sind Allgemeine Geschäftsbedingungen. Wenn der Makler hier Rechtswirkungen erzielen will, müssen die Formulierungen den AGB-Vorschriften der §§ 305 ff. BGB entsprechen bzw. mit dem Kerngehalt des Maklerrechts der §§ 652 ff.BGB übereinstimmen.

- Der Alleinauftrag soll dem Makler für den festgelegten Zeitraum wirtschaftliches Arbeiten, das heißt ohne Konkurrenz, ermöglichen. Oft wird jedoch versucht, den Auftraggeber durch Klauseln besonders eng zu binden. Dabei ist bekannt, dass solche Klauseln von der Rechtsprechung längst für unwirksam erklärt wurden. Beispiele: Hinzuziehungs- und Verweisungsklauseln, Vorkenntnisklauseln, Besichtigungsklauseln, Vertragsstrafeklauseln, Provisionsverpflichtung bei Erwerb in der Zwangsversteigerung.
- Die Nachweisbestätigung hat für den Makler keinen Wert, wenn sie, wie leider häufig, falsche Formulierungen enthält oder wichtige Textteile fehlen.
- Das kaufmännische Bestätigungsschreiben als einzige Möglichkeit, nach deutschem Recht durch Schweigen des Empfängers einen Vertrag zustande zu bringen, wird selten genutzt. Auch hier ist die Formulierung und die Handhabung von entscheidender Bedeutung.
- Allgemeine Geschäftsbedingungen sind das „Privatgesetz" des Verwenders, das für alle Vertragspartner gelten soll. Die nicht ganz seltene Devise, möglichst viel in die AGB hineinzuschreiben, um dem Kunden Respekt einzuflößen, ist nicht ganz ungefährlich. Unwirksame AGB-Klauseln können nach dem Unterlassungsklagengesetz abgemahnt werden.
- Der Maklervertrag, entsprechend den

Vorschriften der §§ 652 ff. und der 305 ff. BGB formuliert, schafft Rechtssicherheit für den Kunden und damit Vertrauen – das wichtigste Geschäftskapital des Maklers.

Siehe / Siehe auch: Alleinauftrag, Nachweisbestätigung, Allgemeine Geschäftsbedingungen (AGB), Maklervertrag, Kaufmännisches Bestätigungsschreiben

Formularmietvertrag

standard-form rental agreement

Formularmietverträge sind standardisierte rechtliche Mietvertragsformulare, die Haus- und Grundbesitzervereine, immobilienwirtschaftliche Verbände, aber auch verschiedene Verlage zur Verfügung stellen. Es handelt sich um Allgemeine Geschäftsbedingungen und deshalb unterliegen sie der Inhaltskontrolle durch die Gerichte. Selbstverständlich kann jedoch ein Vertrag zwischen Vermieter und Mieter auch individuell ausgehandelt werden. In vielen Fällen werden Formularmietverträge auch durch individuell vereinbarte Regelungen zwischen den Vertragspartnern ergänzt. Individuell können eine Vielzahl von Regelungen getroffen werden, die nach der Rechtsprechung im Formularmietvertrag nicht wirksam vereinbart werden können. Lässt die Auslegung einer Klausel im Mietvertrag in Form einer Allgemeinen Geschäftsbedingung verschiedene Deutungen zu, gilt immer die für den Vertragspartner des Verwenders günstigste Interpretation (§ 305c Abs. 2 BGB). Der Mustermietvertrag des Bundesjustizministeriums ist mittlerweile veraltet und spielt keine Rolle mehr.

Den Mietverträgen des Richard Boorberg Verlages wird dagegen eine Schrittmacherfunktion zugesprochen. Bei der Verwendung von Mietvertragsmustern muss immer darauf geachtet werden, dass diese auf neuestem Stand sind. Aktuelle Muster berücksichtigen die neueste Rechtsprechung zum Mietrecht.

Forschungsverband für Immobilien-, Hypotheken- und Baurecht e.V.

German research association for the laws on real estate, mortgages and building, a registered association

Der 1968 von Mitgliedern des RDM gegründete Forschungsverband für Immobilien Hypotheken- und Baurecht mit Sitz in Berlin hat sich die Aufgabe gestellt, Forschungsaufträge auf dem Gebiet des Immobilien-, Hypotheken- und Baurechts an staatliche und private Institutionen zu vergeben. Kooperationspartner ist der IVD- Bundesverband. Vergeben wurden bisher 14 Forschungsaufträge vorwiegend an Universitätsinstitute. Außerdem hat der Forschungsverband der Deutschen Immobilien Akademie an der Universität Freiburg Mittel zum Ausbau der institutseigenen einer Fachbibliothek zur Verfügung gestellt. Die Mitgliedschaft können an Forschungsvorhaben interessierte natürliche und juristische Personen erwerben sowie – zu ermäßigten Beiträgen – Studenten und Junioren. Näheres siehe unter: http://www.forschungsverband.de/

Forstwirtschaft

forestry

Die Forstwirtschaft ist ein Zweig der Volkswirtschaft, der sich mit der Bewirtschaftung von Waldflächen befasst. Die etwa 11,1 Millionen ha Wald in Deutschland entsprechen etwa 30 Prozent seiner Gesamtfläche. Der überwiegende Flächenanteil (ca. 9 Millionen ha) wird von reinen Forstbetrieben bewirtschaftet, der Rest von landwirtschaftlichen Betrieben. In Privateigentum befinden sich 44,5 Prozent. Der Rest gehört dem Staat (33 Prozent), den Gemeinden (ca. 20 Prozent) und anderen Eigentümern (2,5 Prozent).

Die Forstwirtschaft befasst sich u.a. mit

- dem „Waldbau“, also der Produktion von Holzbeständen für verschiedene Verwendungszwecke. Der Holzeinschlag betrug nach den Zahlen des Statistischen Bundesamt 2005 56.946 Festmeter.
- dem Waldschutz, der nicht nur dem Befall mit Borkenkäfern und anderen Schädlingen vorbeugt, sondern auch sicherstellt, dass der Wald in seiner Funktion als Schutz vor Lawinen, Muren und Hochwasser nicht beeinträchtigt wird und zugleich für viele Tiere, Pflanzen und Pilze einen Lebensraum bietet
- dem Lagern von Stammholz (vor allem nach Sturmschäden)
- Holztransport und Logistik (einschließlich der Pflege und der Erhaltung der Transporttauglichkeit der Waldwege). Der Holztransport erfolgt zunehmend mit Hilfe satellitengestützter Navigationssysteme.
- der Energiegewinnung durch Holz, die eine Alternative zur Energiegewinnung aus Öl, Erdgas und Kohle und CO^2-neutral ist. Hierzu gehören die Produktion von Holzpellets, von sog. „Hackschnitzel“, die beim Fällen von Bäumen anfallen und luftgetrocknetem Scheitholz für Kaminfeuer.
- der Jagd und der Hege und Pflege des Wildbestandes. Dem Eigentümer steht grund-

sätzlich das Jagdrecht zu, wenn das Areal mindestens 75 ha umfasst.

Eine Wissenschaft für sich ist die Bewertung von Waldbeständen, die von einer Vielzahl von besonderen Einflussfaktoren bestimmt wird. Dazu zählen die Beschaffenheit und die Topographie der Geländeoberfläche, die Erschließung durch Waldwege / Straßen, das Alter und der Zustand des Baumbestandes, die Flächengestalt des Waldraumes, die Festsetzungen der zu beachtenden Waldfunktionen (ökologische Festsetzungen, der Wald als Erholungsgebiet usw.). Die Forstbewirtschaftung erfolgt durch ausgebildetes Fachpersonal („Forsttechniker" „Forstwirte").

Auf der akademischen Ebene gibt es mehrere forstwirtschaftliche Fakultäten an Universitäten und Fachhochschulen, die ein forstwirtschaftliches Studium oder Studiengänge anbieten.

Siehe / Siehe auch: Landwirtschaft, Landwirtschaftlicher Betrieb

Fortführungswert

going concern value

Je nachdem, ob der Erwerber eines Unternehmens vorhat, das Unternehmen aufzulösen und „auszuschlachten", wie dies nicht selten von Hedgefonds betrieben wurde, oder ob die Erwerbsabsicht darin besteht, es in der bisherigen Weise fortzuführen, sind die einzelnen Vermögensgegenstände des Unternehmens unterschiedlich zu bewerten.

Im ersten Fall entspricht der Wert des einzelnen Vermögensgegenstandes dem aktuell am Markt erzielbaren Kaufpreis. Im letzten Fall entspricht die Summe aller Teilwerte, die auch als Fortführungswert bezeichnet wird, dem Wert des Unternehmens. Wenn beispielsweise ein Hotel verkauft wird, dann kommt es darauf an, ob der Erwerber beabsichtigt, das Hotel fortzuführen oder es anderweitig zu verwerten, z.B. abzureißen und an diesem Standort ein Kaufhaus zu errichten. Rechtliche Regelungen über den Teilwert finden sich in § 10 des Bewertungsgesetzes.

Der Fortführungswert spielt aber auch in der Insolvenzordnung eine Rolle. Hier ist der Insolvenzverwalter verpflichtet, eine Vermögensübersicht anzufertigen, wobei er keine Bilanzzahlen (Buchwerte) ansetzen darf, sondern Schätzwerte. Fortführungswerte sind dabei neben den Einzelveräußerungswerten (auch als „Zerschlagungswerte", oder „Liquidationswerte" bezeichnet) aufzustellen. Beim Wertansatz mit der Absicht der Zerschlagung ist die Tatsache zu berücksichtigen, dass jeder einzelne zu veräußernde Vermögensgegenstand zwangsweise veräußert wird, also keine normale Marktsituation unterstellt werden kann.

Siehe / Siehe auch: Insolvenz, Teilwert

Forwarddarlehen

forward loan

In Niedrigzins-Phasen bieten Sonderformen wie Forward-, Volltilger- oder Konstantdarlehen gute Chancen zur langfristigen Sicherung günstiger Konditionen. Forwarddarlehen werden häufig kurz vor Auslauf der Zinsfestschreibung einer Hypothek zur Sicherung aktuell günstiger Zinsen für eine zukünftige Umschuldung genutzt. Der Kunde sichert sich die niedrigen Zinssätze, indem er einen geringen Aufschlag auf die aktuell gültigen Konditionen von ca. 0,02 bis 0,03 Prozentpunkten für jeden Monat bezahlt - bis das bestehende Darlehen umgeschuldet wird. Ein Forwarddarlehen lohnt sich, wenn die Zinsen für Baugeld inklusive Aufschlag für das Forwarddarlehen günstiger sind als die Zinsen bei Ablauf der Zinsbindungsfrist für das ursprüngliche Darlehen. Wichtiger Vorteil gegenüber der Kündigung einer Baufinanzierung mit hoher Zinsbelastung:

Der Kunde muss keine Vorfälligkeitsentschädigung zahlen, die oft den Vorteil der günstigeren Zinsen in der Anschlussfinanzierung wieder auffrisst.

Fraktales Büro

fractal office

Das fraktale Büro ist ein Bürokonzept, das auf der Selbstorganisation einzelner Einheiten beruht. Von einzelnen Personen oder von Personengruppen gebildete Büroeinheiten arbeiten dabei weitgehend selbständig und handeln unternehmerisch.

Franchise-Paket

franchise package

Das Franchise-Paket stellt die Systemidee in schriftlicher Form dar, führt die Grundlagen, Ziele und Umsetzung auf und beschreibt die Organisationshilfen. Des Weiteren gehört zum Franchise-Paket die Offenlegung der Pflichten, Rechte, Vorteile und Nachteile der Systempartner. Das Franchise-Paket besteht aus dem Leistungsgegenstand, das sind die gegenseitig vereinbarten Leistungen wie z.B. das Marketing des Franchise-Gebers und die Zahlung von Gebühren des Franchise-Nehmers, aus dem Franchise-Vertrag und dem Franchise-Handbuch (CD- oder CI-Manual). Diese drei Bestandteile bilden das Franchise-Konzept.

Siehe / Siehe auch: Franchising

Franchising
franchising
Unter Franchising versteht man ein Vertriebssystem, bei dem sich ein Unternehmen (Franchisegeber) anderer selbständiger Unternehmen als Vertriebspartner (Franchisenehmer) bedient. Die Idee stammt vermutlich aus Frankreich. Die ersten modernen Franchisesysteme findet man in den USA – z.B. den Nähmaschinenanbieter Singer mit seinem Vertriebsmodell aus dem Jahr 1860. Es gibt weltweit derzeit rund 12.000 Franchisegeber (in Deutschland rund 850, Tendenz stark steigend) und 800.000 Franchisenehmer. Der Begriff Franchise dient als Bezeichnung einer Unternehmensform, der Begriff Franchising ist die Bezeichnung der unternehmerischen Tätigkeit mit Hilfe des Systems.
Franchisenehmer sollen als Existenzgründer eine um ein Vielfaches größere Überlebenschance haben als Existenzgründer ohne die professionelle Wegbereitung durch die Franchisegeber. Die Franchisenehmer – oft Existenzgründer – übernehmen das Corporate Design und das Vertriebskonzept des Franchisegebers, wodurch der Eindruck eines großen Unternehmens entsteht.
Unterstützt werden die Franchisenehmer vom Franchisegeber durch verkaufsfördernde Maßnahmen, PR, zur Verfügungsstellung von Arbeitsgrundlagen. Gegen Gebühr gibt es ein Seminarangebot, das die Franchisenehmer für ihren Beruf fit macht.
Im Immobilienbereich sind in Deutschland mehrere Franchisegruppen entstanden. Aktiv sind RE/MAX, Engel & Völkers, Dahler & Co., ERA Deutschland, Ackon, 3A Blumenauer, immobilienbörse, Volksmakler, offedia, Town & Country Massivhäuser. Die Franchisenehmer bezahlen an den Franchisegeber eine einmalige Abschlussgebühr zwischen 1.000 und 30.000 Euro (in Ausnahmefällen auch mehr). Sie werden am Provisionsumsatz mit etwa acht Prozent bis zehn Prozent beteiligt. Um die höheren Kosten des Franchisebetriebes im Vergleich mit einem anderen Immobilienmakler auszugleichen, muss der Franchisenehmer etwa 15 bis 20 Prozent mehr umsetzen.
Eine oft enge Beziehung im organisatorischen Geschäftsablauf und eine starke faktische wie rechtliche Abhängigkeit der Franchisenehmer vom Franchisegeber führte im Bereich des Franchising in der Vergangenheit zu Problemen mit einer unterstellten Scheinselbständigkeit (Beispiel Eismann).
Viele Franchisenehmer haben sich zum Deutschen Franchise Nehmer Verband e.V. (DFV e.V.) zusammengeschlossen.
Siehe / Siehe auch: Franchise-Paket

Französischer Balkon
French balcony
Ein französischer Balkon ist ein Geländer vor einem bodengleichen Fenster (französisches Fenster), um einen Absturz aus der Höhe zu verhindern.
Siehe / Siehe auch: Balkon, Französisches Fenster, Geländer

Französisches Fenster
French window
Siehe / Siehe auch: Fenstertür

Freibetrag / Freigrenze (Steuersystem)
tax allowance / free quota; tax-free amount; exemption limit (tax system)
Beide, Freibetrag und Freigrenze, sind Fachbegriffe aus dem Steuerrecht. Beim Freibetrag handelt es sich um einen Betrag, der von einer steuerlichen Bemessungsgrundlage abgezogen werden darf. Zu den wichtigsten Freibeträgen im Einkommensteuergesetz zählen der Arbeitnehmer-Pauschbetrag, der Kinderfreibetrag und auch der Sparer-Pauschbetrag bei den Einkünften aus Kapitalvermögen. Auf der Lohnsteuerkarte können Freibeträge für verschiedene Belastungen eingetragen werden. So lassen sich die laufenden Lohnsteuervorauszahlungen vermindern. Bei der Freigrenze hingegen handelt es sich um einen Betrag, bis zu dem keine steuerliche Belastung entsteht. Beim Überschreiten der Freigrenze wird allerdings auf den Gesamtbetrag Steuer fällig. Eine Freigrenze wird im Gegensatz zu einem Freibetrag nicht von der Bemessungsgrundlage abgezogen.

Freiflächenheizung
outdoor area heating; surface heating
Unter einer Freiflächenheizung versteht man eine Außenheizung für Eingangstreppen, Zugangswege zu Hauseingängen und Garageneinfahrten – eben für nicht überdachte Bereiche. Dabei werden Kupferheizdrähte unter dem Bodenbelag oder z. B. im Estrich einer Treppe verlegt. Das System wird über einen von Hand einzustellenden Temperaturregler oder auch einen automatischer Eismelder mit Frostsensoren gesteuert. Die Kosten für derartige Systeme können z. B. bei etwa 480 Euro für eine Außentreppe mit sieben Stufen bzw. bei etwa 1600 Euro für eine Garageneinfahrt von 15 Quadratmetern liegen. Dazu kommen Stromkosten: Die Leistung der Freiflächenheizung liegt bei 300 Watt/Quadratmeter. In einer kalten achtstündigen Winternacht verbraucht eine Treppenheizung mit

480 Watt Leistung 3,84 Kilowattstunden Strom. Klimaschützer und Energieberater sind von der Freiflächenheizung wenig begeistert. Dem Vorteil des bequemen Abtauens vereister Wege, Treppen und Zufahrten steht ein hoher Energieverbrauch entgegen, der buchstäblich den Garten heizt. Strom ist überdies eine eher uneffektive Energieform: Nur etwa 30 Prozent der im Kraftwerk erzeugten Energie kommen in der Steckdose des Verbrauchers an.

Freijahre

redemption-free year; year of grace; grace period

Der Begriff „Freijahre" wird in unterschiedlichen Zusammenhängen verwendet. Bei indexierten Mietverträgen wird damit der Zeitraum bezeichnet, innerhalb dessen der Vermieter auf eine Anpassung der Miete an die Indexentwicklung verzichtet.
Bei festverzinslichen Wertpapieren sind Freijahre diejenigen Jahre, in denen keine Tilgung des Anleihebetrages stattfindet.

Siehe / Siehe auch: Indexklausel und Indexmietvertrag

Freilegungskosten

site clearance costs; site preparation costs

In den Fällen, in denen ein bebautes Grundstück wirtschaftlich nicht mehr nutzbar ist, entstehen zur anderweitigen Nutzbarmachung des Bodens Freilegungskosten. Es handelt sich im Wesentlichen um die Kosten des Abbruchs der Gebäude einschließlich der Fundamente, Demontage von Teilen, die verschrottet werden müssen sowie die Kosten der Entsorgung von Bauschutt. Hinzu kommen etwaige Kosten der Planierung und einer etwa erforderlichen Bodensanierung.
Insbesondere bei vorhandenen Altlasten können die Freilegungskosten wegen der Entsorgung auf Sonderdeponien erhebliche Ausmaße annehmen. Es empfiehlt sich deshalb, vor dem Erwerb von altlastenverdächtigen Abbruchobjekten Bodengutachten anfertigen zu lassen.

Freisitz

open-air seating; outdoor sitting area; terrace; patio

Unter Freisitz versteht man eine mit Bodenplatten befestigte Freianlage zur ebenen Erde, die vom Haus unmittelbar zugänglich ist. Der Teil des Freisitzes, der (z. B. durch einen darüber liegenden Balkon oder eine Loggia) überdeckt ist, kann in die Wohnflächenberechnung bis zu 50 Prozent, in der Regel zu 25 Prozent einbezogen werden.
Im Gegensatz zum Freisitz liegt eine Terrasse erhöht über der natürlichen Erdoberfläche (Beispiel Dachterrasse).

Siehe / Siehe auch: Terrasse

Freistellungsauftrag

exemption order

Jeder private Kapitalanleger kann den Sparer-Pauschbetrag für Kapitaleinkünfte (hauptsächlich Zinsen und Dividenden) direkt nutzen, indem er seinem Kreditinstitut einen Freistellungsauftrag erteilt. Der Sparer-Pauschbetrag beträgt seit 01.01. 2009 801 Euro pro Jahr und Person.

Freistellungserklärung

declaration of exemption; deed of release; hold-harmless agreement

Im Zusammenhang mit der Bauabzugsteuer kann der Bauleistende eine Freistellungserklärung gem. § 48b Abs. 1 S. EStG beim zuständigen Finanzamt beantragen. Durch diese Erklärung entfällt die Pflicht zum Einbehalt der Bauabzugsteuer.

Siehe / Siehe auch: Bauabzugsteuer, Bauträgervertrag, Freistellungsvereinbarung

Freistellungsmethode

method of giving exemption (e.g. from double taxation)

Wurde in einem Doppelbesteuerungsabkommen die Besteuerung nach der Freistellungsmethode vereinbart, so unterliegen die mit Immobilienanlagen erzielten Einkünfte nur der Besteuerung im „Belegenheitsland", d. h. in dem Land, in dem sich die betreffende Immobilie befindet. In Deutschland sind diese Einkünfte steuerfrei, unterliegen allerdings regelmäßig dem so genannten Progressionsvorbehalt.

Siehe / Siehe auch: Anrechnungsmethode, Doppelbesteuerungsabkommen, Progressionsvorbehalt

Freistellungsvereinbarung

exemption agreement

Im notarieller Grundstückskaufvertrag

Ist unklar, ob im Falle eines Kaufvertragsabschlusses über ein Grundstück eine Maklerprovision bezahlt werden muss, und will eine der beiden Parteien den Vertrag nur abschließen, wenn sie sicher sein kann, keine Provision zahlen zu müssen, dann kann in solchen Fällen die andere Vertragspartei im Kaufvertrag eine Freistellungsverpflichtung übernehmen. Es handelt sich um die Übernahme des Zahlungsrisikos. Es gibt aber auch Fälle, bei denen klar ist, dass der Verkäufer zur Zahlung der Maklerprovision verpflichtet ist. Übernimmt der Käufer im notariellen Kaufvertrag dann die Provisionszahlungspflicht des Verkäufers, wird der Provisionsbetrag Preisbestandteil und unterliegt der Grunderwerbsteuer. Der Käufer stellt dann in der Regel den Verkäufer auch von der Zahlungspflicht frei. Das Einverständnis beider Kaufvertragsparteien vorausgesetzt, kann der Makler auch die sich aus einem Maklervertrag ergebende Provisionszahlungspflicht des Käufers (oder Verkäufers) über eine sogenannte Maklerklausel im notariellen Kaufvertrag absichern lassen. Dabei verpflichtet sich der Käufer dem Verkäufer gegenüber zur Zahlung der Maklerprovision. Diese Konstruktion wird meist dann gewählt, wenn zugunsten eines Dritten ein Vorkaufsrecht besteht. Wird von ihm Gebrauch gemacht, muss der Vorkaufsberechtigte auch die Provision übernehmen, denn sie ist Kaufvertragsbestandteil. Fehlt eine solche Provisionsklausel, geht der Makler in einem solchen Fall leer aus, da in der Regel zwischen dem Makler und dem Vorkaufsberechtigten kein Maklervertrag besteht. Der Anspruch auf eine Verkäuferprovision wird durch Ausübung des Vorkaufsrechts nicht berührt.

Als maklervertragliche Vereinbarung

Auch innerhalb eines Maklervertrages kann eine Freistellung von der Verpflichtung zur Zahlung einer Maklerprovision vereinbart werden. Dabei wird der Makler zur Freistellung verpflichtet. Solche Fälle treten auf, wenn unklar ist, ob einem zweiten Makler bei Zustandekommen eines Vertrages ebenfalls Provision zusteht. Dies ist dann der Fall, wenn der Auftraggeber gleichzeitig oder nacheinander zwei Maklern einen Auftrag mit Provisionsversprechen erteilt hat und beide zum Zustandekommen des beabsichtigten Vertrages beigetragen haben. Tritt dieser Fall ein und hat sich ein Makler zur Freistellung verpflichtet, geht dieser leer aus, wenn der andere Makler seinen Anspruch mit Erfolg durchsetzen kann. Vor solchen Freistellungsverpflichtungen muss gewarnt werden, zumal das Risiko einer doppelten Provisionszahlung durch den Auftraggeber vom Makler kaum eingeschätzt werden kann. Dem Makler kann nicht zugemutet werden, gravierende Fehler im gesetzlichen Maklerrecht auszubügeln. Ein Ausweg besteht darin, dass sich die beiden Makler, denen vermutlich ein Provisionsanspruch zusteht, nachträglich auf ein Gemeinschaftsgeschäft einigen oder, dass sich eine Freistellung auf einen Teil der Provision beschränkt. Grundsätzlich ist der Makler verpflichtet, den Auftraggeber auf die Gefahr einer doppelten Provisionszahlung hinzuweisen, wenn sie für ihn offenkundig wird. Ihn trifft aber keine Nachforschungspflicht, um festzustellen, ob eine solche Gefahr besteht.

Siehe / Siehe auch: Freistellungserklärung

Freitreppen

door steps; front steps; flight of outside steps

Freitreppen befinden sich im Außenbereich und sind nicht überdacht. Mit ihnen werden Höhenunterschiede im Terrain und am Gebäudesockel überwunden. Die gängigste Freitreppe ist die Hauseingangstreppe. Sie wird häufig aus Stahlbetonplatten mit oder ohne Fußrost und Stufen vorgefertigt und angeliefert. Gelegentlich werden sie gemauert oder vor Ort aus Beton gegossen und mit einem Belag aus frostsicheren Natursteinplatten oder Keramikfliesen versehen. Im Gegensatz zu heutigen Hauseingangstreppen sind die Freitreppen altehrwürdiger Häuser sehr aufwändig gestaltet. Der Aufstieg einer repräsentativen Freitreppe ist bedachtsam und erhaben. Das hängt mit dem niedrigen Steigungsverhältnis zusammen. Der Auftritt ist länger und die Stufenhöhe ist weniger hoch als im Innenbereich. Ein bekanntes Beispiel ist das Schloss Sanssouci aus dem Deutschen Rokoko, deren großzügige Freitreppen über sechs Terrassen zum eingeschossigen Prunkhaus empor führen.

Als Aufgang mancher repräsentativer Gebäude dient lediglich eine kurzläufige Treppe, zu der eine prunkvolle, mit Kutschen zu befahrene Rampe in das Hochparterre führt. Auch heute noch hat die Freitreppe ein niedrigeres Steigungsverhältnis. Das mag an dem größeren Raumangebot im Freien liegen. Wie bei allen Außentreppen sollte bei der Materialwahl auf Witterungsbeständigkeit geachtet werden. Der Belag sollte rutschfest sein. Die einzelnen Stufen sollten eine leichte Neigung aufweisen, damit Wasser abfließen kann und sich bei stehendem Wasser im Winter kein Eis bilden kann.

Siehe / Siehe auch: Gebäudetreppen, Rampe, Steigungsverhältnis

Freiwillige Gerichtsbarkeit

voluntary jurisdiction; special judicial procedure for mainly private law instances

Nach früherem Recht wurde bei Streitigkeiten in Sachen des Wohnungseigentums im Verfahren der freiwilligen Gerichtsbarkeit (FGG-Verfahren) entschieden. Der Vorteil dieses Verfahrens lag für Wohnungseigentümer insbesondere im so genannten Amtsermittlungsgrundsatz. Das bedeutete, dass das

Gericht die Gründe ermittelte, weshalb unter anderem Beschlüsse wegen Verstoßes gegen die Grundsätze ordnungsgemäßer Verwaltung für ungültig zu erklären sind. Nach der Überführung bei Streitigkeiten in Sachen des Wohnungseigentums vom bisherigen FGG-Verfahrens in das Verfahren nach der Zivilprozessordnung (ZPO-Verfahren) muss der Wohnungseigentümer selbst die Begründung für die Beschlussanfechtung liefern.
Siehe / Siehe auch: Beschlussanfechtung (Wohnungseigentum), WEG-Verfahren / ZPO-Verfahren, ZPO, FGG

Freiwillige Umlegung

voluntary reallocation (of land)

Im Gegensatz zur amtlichen Umlegung erfolgt die freiwillige Umlegung im Rahmen eines städtebaulichen Vertrages. Alle beteiligten Eigentümer müssen mitwirken und sich einigen. In der Regel wird ein Verfahrensträger eingeschaltet. Die beteiligten Bodeneigentümer übertragen das Eigentum an ihrem einzuwerfenden Grundstück entweder an eine Gesellschaft des bürgerlichen Rechts (GbR), an der sie beteiligt sind, oder an den Verfahrensträger als Treuhänder. Der Verteilungsschlüssel für die Zuteilungsmasse wird im Vertrag festgelegt. Der Verfahrensträger ist für die einzelnen Verfahrensschritte zuständig. Er sorgt am Ende für die Anlage der neuen Grundbücher und die Übertragung des Eigentums an die Zuteilungsberechtigten. Der Vorteil der freiwilligen Umlegung liegt in der schnelleren Durchführung. Die Gemeinde ist bei einer Flächenumlegung nicht an die 30 Prozent Grenze gebunden. Sie kann im Verhandlungswege meist einen größeren Flächenanteil für Erschließungsanlagen, aber auch für Ausgleichsflächen von der Umlegungsfläche durchsetzen. Andererseits müssen bei der freiwilligen Umlegung zahlreiche Kauf- bzw. Tauschverträge vor dem Notar abgeschlossen werden, was Notarkosten und Grunderwerbsteuer erzeugt. Im amtlichen Verfahren entfällt dies.
Siehe / Siehe auch: Bodenordnung

Freizeitimmobilie

leisure property; recreational real estate

Der Begriff der Freizeitimmobilie beschreibt ein sehr vielschichtiges Immobilienspektrum. Es reicht von überdimensionalen Erlebnisparks in Las Vegas bis hin zum Campingplatz an der Adriaküste. Im engeren Sinne versteht man darunter Betreiberimmobilien, die bestimmte Freizeitmarktsegmente abdecken. Hierzu zählen Diskotheken, Bäder, Sport- und Wellnesseinrichtungen, Freizeitparks, Multiplexkinos oder „Urban Entertainment“ Centers ebenso wie Festspielhäuser. Freizeitimmobilien unterliegen in großem Umfang modischen Trends, sind aber auch abhängig von der Einkommensentwicklung der potenziellen Konsumenten und der Änderung von gesellschaftlichen Rahmenbedingungen. Bauplanungsrechtlich können Bauvorhaben, die der Freizeitgestaltung dienen, in Sondergebieten durchgeführt werden, die diese Zweckbestimmung erfüllen, aber auch in innerstädtischen Kerngebieten und beschränkterem Umfang auch in Mischgebieten. Sofern man unter Freizeitimmobilien auch naturnahe Erholungsgebiete rechnet, fallen auch Wochenendhausgebiete, Ferienhausgebiete und Campingplätze, die in Bebauungsplänen ausgewiesen werden, unter den Begriff der Freizeitimmobilie.
Siehe / Siehe auch: Spezialimmobilien, Freizeitpark, Indoor-Skipisten, Wellnessimmobilien

Freizeitpark

holiday park

Unter Freizeitparks versteht man großflächige Parks mit vielen Einrichtungen, die der Erholung, Freizeitgestaltung, der Bildung und dem Vergnügen dienen. Der bekannteste Parkt ist wohl der Walt Disney Park in Florida mit seinen 122 Quadratkilometern (etwa der Größe Liechtensteins). Hier gibt es vier große Themenparks, 3 Wasserparks, Hotels und Gaststätten, Golfplätze usw. In Frankreich ist der „Grand Parc Puy du Fou“ in Les Epesses in der Vende besonders bekannt (das Galloromanische Stadion, Nachbau des Kolloseums in Rom). In Deutschland sind Freizeitparks überwiegend themenbezogen und / oder landschaftsbezogen ausgerichtet. In vielen Fällen überwiegen Parks für Kinder und Jugendliche mit Spielplätzen, Rutschbahnen, Achterbahnen, Kleineisenbahnen, Karussells, Abenteuerspielplätzen, einem Gang durch die Märchenwelt usw..

In Deutschland gibt es derzeit 80 Freizeitparks. Besonders bekannt ist Deutschlands größter Freizeitpark, der Europa Park in Rust (Südbaden) mit der längsten Achterbahn und 3,7 Mio Besuchern im Jahr 2005. Zu den Top-Ten der deutschen Freizeitparks gehören daneben die Autostadt Wolfsburg, Movie Park bei Kichhellen (Bottrop) NRW, der Heidepark in der Lüneburger Heide (bei Soltau), das Phantasialand in Brühl bei Köln, der Hansapark an der Ostsee nähe Lübeck, der Holiday Park in der Pfalz bei Hassloch, der Vogelpark bei Walsrode und der Serengeti Park bei Hodenhagen – ein Safari-Park. In Günzburg (Bayern) entstand der Freizeitpark

„Legoland“ der britischen Merlin Entertainments Gruppe, die bisher drei solcher Parks im Ausland errichtet hat. Der Eröffnung fand im Mai 2002 statt. Es wurde mit einer Reichweite zwischen Stuttgart und München gerechnet, die 20 Millionen Menschen umfasst. Die jährliche Besucherzahl wurde mit 1,3 Mio angegeben. Die Investition pro Besucher im Jahr wird mit 75 € veranschlagt.

Fremdenverkehrsabgabe

tourist tax; non-residents'/ non-residence tax

Der Gesetzgeber erlaubt als Kur- und Erholungsort anerkannten Gemeinden die Erhebung einer Fremdenverkehrsabgabe. Diese soll einen Teil der Aufwendungen decken, die durch die Herstellung, Verwaltung und Unterhaltung der zu Kur- und Erholungszwecken dienenden öffentlichen Einrichtungen sowie insbesondere durch die Fremdenverkehrswerbung entstehen. Die Einzelheiten regeln die Gemeinden selbst per Satzung. Die Fremdenverkehrsabgabe muss üblicherweise jährlich entrichtet werden und wird nur im Gemeindegebiet erhoben. Die Einnahmen aus der Abgabe sind zweckgebunden und dürfen nicht für anderweitige gemeindliche Aufgaben verwendet werden. Abgabepflichtig sind alle selbstständigen Personen oder Unternehmen, die aus dem Fremdenverkehr unmittelbare oder mittelbare wirtschaftliche Vorteile ziehen. Die Betreffenden müssen nicht ortsansässig sein, es genügen meist eine Betriebstätte oder die Durchführung der überwiegenden Geschäftstätigkeit auf dem Gemeindegebiet. Nutznießer unmittelbarer Vorteile ist dabei jeder, der mit Feriengästen entgeltliche Geschäfte tätigt; Nutznießer mittelbarer Vorteile ist jeder, der wiederum mit den unmittelbaren Nutznießern Geschäfte macht.

Siehe / Siehe auch: Ferienwohnung, Kurtaxe, Zweitwohnungssteuer

Fremdenverkehrsgebiet

tourist area

Fremdenverkehrsgebiete sind Orte, die wirtschaftlich in erster Linie durch Fremdenverkehr geprägt sind. Hierzu zählen auch Kurorte. Zur Sicherstellung der Fremdenverkehrsfunktion wurde ein städtebauliches Instrumentarium entwickelt, das den Zuzug zu diesen – in der Regel höchst attraktiven – Orten einschränken soll. Instrumente sind die Zweitwohnungssteuer und der Genehmigungsvorbehalt für die Errichtung von Wohnungseigentumsanlagen zur Begründung von Zweitwohnsitzen. Die Genehmigungspflicht kann von der Gemeinde in einer Satzung beschlossen werden. Sie kann aber auch in Bebauungsplänen festgesetzt werden.

Siehe / Siehe auch: Zweitwohnungssteuer

Fremdkapital

borrowed capital; outside capital; loan capital; debt capital; capital from outside sources

Sammelbegriff für Finanzierungsmittel, die der Darlehensnehmer von einem Kreditinstitut, einer Bausparkasse oder einem Lebensversicherungsunternehmen ausleiht. Bei Immobiliendarlehen richtet sich das Ausmaß der Beleihung einerseits nach dem Beleihungswert des Objektes und andererseits nach der Bonität des Darlehensnehmers. Durch Bürgschaften kann die Versorgung mit Fremdkapital erweitert werden. Nicht zum Fremdkapital zählen Bausparguthaben und Eigenleistungen in Form einer „Muskelhypothek“ sowie in Anspruch genommene Barzahlungsskonti und Rabatte, soweit sie in der Baukalkulation nicht ausgewiesen sind.

Siehe / Siehe auch: Muskelhypothek

Fremdkörperrechtsprechung

jurisdiction regarding contractual agreements for the benefit of third parties

Die Fremdkörperrechtsprechung wurde vom Bundesgerichtshof im Zusammenhang mit Provisionsklauseln in Grundstückskaufverträgen entwickelt. In diesen Vereinbarungen verpflichtet sich eine Partei des Kaufvertrages gegenüber der anderen im Wege eines Vertrages zu Gunsten Dritter gemäß § 328 BGB an den von einer oder beiden Parteien beauftragten Makler Provision zu zahlen. Meist gibt der Käufer dieses Versprechen gegenüber dem Verkäufer ab. Beispiel: „Am Zustandekommen dieses Vertrages hat der Makler X-Immobilien mitgewirkt. Der Käufer verspricht dem Verkäufer im Wege eines echten Vertrages zu Gunsten Dritter gemäß § 328 BGB an die genannte Maklerfirma Provision in Höhe von sieben Prozent vom Kaufpreis zuzüglich Mehrwertsteuer zu zahlen. Der Anspruch entsteht und wird fällig mit Abschluss dieses Vertrages.“

Der Vertragsschluss muss natürlich wirksam sein unter Beachtung von § 311b BGB (Notar), und es darf z. B. nicht die Anfechtung erklärt sein oder eine notwendige Genehmigung fehlen. Hier wird nicht gesagt, wer den Makler beauftragt hat. Wäre dies der Verkäufer und hätte er sich vor der Beurkundung in einem Maklervertrag verpflichtet, Provision zu zahlen, so kann er, um die Provisionslast auf den Käufer abzuwälzen, diese Vereinbarung im Kaufvertrag als Schuldübernahme gemäß § 315 BGB gestalten. Auch hier verspricht der Käufer

dem Verkäufer die vereinbarte Provision an den Makler zu zahlen. Die Wirksamkeit dieser Vereinbarung hängt davon ab, dass der Gläubiger, also der Makler zustimmt. Dies kann dadurch geschehen, dass er bei der Beurkundung anwesend ist und, wenn diese Klausel vorgelesen wird, zustimmt. Haben die Parteien des Kaufvertrages die Provisionsverpflichtung als Vertrag zu Gunsten Dritter in den Vertrag aufgenommen (s. o.), hat aber keine der Parteien in einem Maklervertrag vor der Beurkundung dem Makler Provision versprochen, entsteht die Frage, ob Verkäufer oder Verkäufer ein nachvollziehbares Interesse an der Aufnahme dieser Klausel in den Kaufvertrag hatten.
Mit solchen Provisionsklauseln hat sich der BGH mehrfach beschäftigt. In seinem Urteil vom 14.12. 1995, III ZR 34/95, MDR 1996, 250, setzt der BGH die Maklerkosten zu den übrigen Leistungen und Nebenkosten in Relation. Dabei ist es üblich, auch über die Tragung der Nebenkosten zur Vermeidung späterer Streitigkeiten eine Regelung zu treffen. Beispiel: Für die Grunderwerbsteuer sowie für die Gerichts- und Notarkosten haften nach dem Gesetz Verkäufer und Käufer als Gesamtschuldner. Es ist daher sachgerecht, die Tragung dieser Kosten zu regeln. Diese Regelungen gehören, so der BGH, wesensmäßig zum Kaufvertrag. Zu den Provisionsverpflichtungen gemäß § 328 BGB sagt der BGH, dass „Bestimmungen im Kaufvertrag über die Verteilung von Maklerkosten, wenn diese Kosten sich im üblichen Rahmen halten, in der Regel nicht als Fremdkörper im Kaufvertrag angesehen werden; sie gehören vielmehr wesensmäßig zum Kaufvertrag.“ Gerade ein Vergleich zu den Notargebühren zeigt, so der BGH, dass es für die Behandlung von Maklerklauseln unerheblich ist, welche Kaufvertragspartei sich dem Makler vertraglich zur Provisionszahlung verpflichtet hat. Schließlich wird auch der Vorkäufer über § 464 Abs.2 BGB aus einer Maklerklausel gemäß § 328 BGB verpflichtet.
Diese Entscheidung wurde seitdem häufig missverstanden. Die Maklerklausel wurde als abstraktes Provisionsversprechen genutzt. Hier hat der BGH für weitere Klarstellung gesorgt. In seinem sog. Fremdkörper-Urteil vom 11.01.2007, MDR 2007, 641, präzisiert er die Anforderungen an Provisionsklauseln in Kaufverträgen. Es genügt nicht mehr das erstmalige Provisionsversprechen im Kaufvertrag durch den Vertrag nach § 328 BGB. Vielmehr muss schon vorher eine der Kaufvertragsparteien, häufig der Käufer, mit dem Makler einen Maklervertrag geschlossen haben. Die Provisionsklausel im Kaufvertrag muss also die Tragung von Maklerkosten regeln, die vor der Beurkundung entstanden sind. Nur in diesem Fall sind Maklerkosten als echte, wesensmäßig zum Kaufvertrag gehörende Vertragskosten anzusehen. Hat der Makler im Vorfeld der Beurkundung Leistungen ohne Maklervertrag erbracht, muss der Käufer nicht damit rechnen, dass der Makler von ihm Provision verlangt. Für die Vertragsparteien besteht daher kein Anlass, diese Klausel in den Kaufvertrag aufzunehmen. Tun sie es dennoch, gehört diese Regel als Fremdkörper nicht in den Kaufvertrag und ist daher unwirksam.
Siehe / Siehe auch: Maklerklausel im Grundstückskaufvertrag / Mietvertrag

Fremdwährungsdarlehen
foreign currency loan

In unterschiedlichen Ländern sind von den Kreditnehmern unterschiedliche Zinsen zu bezahlen. Besonders die Schweiz und Japan haben bereits seit Jahren ein Zinsniveau, das deutlich unter dem in Deutschland liegt; diesem Zinsvorteil steht jedoch ein Währungsrisiko gegenüber. Es muss deshalb sehr sorgfältig abgewogen werden, ob die Finanzierung durch ein solches Darlehen Vorteile bieten kann. Einige Fremdwährungsdarlehen (z.B. Darlehen auf Basis des Dollars und des Schweizer Franken) können in deutschen Grundbüchern in der jeweiligen fremden Währung abgesichert werden.

Frequenzimmobilien
high-frequency objects

Frequenzimmobilien sind immobilienwirtschaftliche Objekttypen die sich durch besonders hohe Besucherströme auszeichnen. Die Ursachen für diese Besucherströme können entweder natürlich sein, d.h. aus bestimmten vorhandenen Funktionen einer Immobilie resultieren (z. B. Bahnhof, Flughafen mit einer automatisch gegebenen hohen Lauffrequenz) oder auf der spezifischen Konzeption oder Attraktivität (z. B. ein neues Objekt, das als Urban Entertainment Center ausgelegt ist) basieren. Im zweiten Fall handelt es sich eher um eine künstlich geschaffene Lauffrequenz, im ersten Fall um eine – etwa aus der Lage an einem Flughafen – weitgehend natürlich gewachsene Frequenz. Grundlegendes Merkmal bei Frequenzimmobilien ist, dass sie Menschenmassen und Unterhaltung, Information oder Freizeitaktivitäten bieten.
Daher kann eine Vielzahl unterschiedlicher Immobilien-Objekttypen den Frequenzimmobilien zugeordnet werden, wie etwa Bahnhöfe, Einkaufszentren, Ladenpassagen, Flughäfen oder auch Urban Entertainment Center.

Ein weiteres Beispiel von Frequenzimmobilien sind die Arenen, die nach dem Muster amerikanischer Super Domes in Deutschland konzipiert werden.

Fristlose Kündigung des Mietverhältnisses

termination of a rental agreement without notice

Mieter und Vermieter sind bei Vorliegen eines wichtigen Grundes berechtigt, das Mietverhältnis außerordentlich ohne Frist zu kündigen. Ein wichtiger Grund liegt nach dem Gesetz vor, wenn unter Berücksichtigung des Einzelfalles, eines möglichen Verschuldens einer Vertragspartei und unter Abwägung der Interessen beider Vertragspartner dem Kündigenden die Fortsetzung des Mietverhältnisses bis zum Ablauf der regulären Kündigungsfrist nicht zumutbar ist. Um dies zu konkretisieren nennt der Gesetzgeber einige – nicht abschließende – Beispiele. Für den Mieter ist die teilweise oder komplette Nichtgewährung oder Entziehung der Gebrauchsmöglichkeit an der Mietsache ein wichtiger Grund. Nicht auf diesen Grund berufen kann er sich allerdings, wenn er bei Vertragsabschluss davon gewusst hat, dass die Mietwohnung nicht rechtzeitig verfügbar sein würde.
Aus Vermietersicht ist eine erhebliche Gefährdung der Mietsache durch Vernachlässigung von Sorgfaltspflichten oder auch die unbefugte Überlassung an dritte Personen ein wichtiger Kündigungsgrund. Die fristlose Kündigung durch den Vermieter ist insbesondere möglich, wenn der Mieter mit der Mietzahlung in Verzug kommt – mindestens für zwei nacheinander liegende Zahlungstermine mit der Zahlung der ganzen oder eines großen Teils der Miete bzw. in einem längeren Zeitraum mit einer Summe, die insgesamt zwei Monatsmieten erreicht. Wird jedoch die Miete im letzten Moment dann doch bezahlt, ist eine Kündigung wegen Zahlungsverzuges ausgeschlossen. Der Mieter kann seine Schuld auch durch Aufrechnung mit Forderungen gegen den Vermieter tilgen. Soll dem Mieter wegen Verletzung mietvertraglicher Pflichten fristlos gekündigt werden, muss zunächst die Einhaltung dieser Pflichten angemahnt werden. Erst nach erfolglosem Verstreichen einer Frist bzw. erfolgloser Abmahnung darf der Vermieter zur Kündigung schreiten.
Fristsetzung und Abmahnung sparen kann er sich nur, wenn beide im konkreten Fall offensichtlich erfolglos sein werden oder wenn ganz besondere Gründe auch bei Abwägung der beiderseitigen Interessen eine sofortige Kündigung rechtfertigen. Auch der Verzug mit der Mietzahlung kann ohne besondere Abmahnung als Grund zur fristlosen Kündigung dienen. Betont werden muss, dass eine außerordentliche Kündigung wegen Verletzung vertraglicher Pflichten immer auf erheblichen Pflichtverletzungen beruhen muss. Auch Verstöße gegen die Hausordnung können zur Kündigung führen, wenn sie erheblich waren (z. B. zu ernsthaften Beschwerden anderer Mieter geführt haben) und wiederholt stattgefunden haben.
Nach einem Urteil des Landgerichts Bielefeld (Az. 22 S 240/01) ist auch die wochenlange „Überflutung" des Vermieters mit ungerechtfertigten Mängelrügen ein Grund zur fristlosen Kündigung (hier: 174 Schreiben in 14 Wochen, bis zu 12 Briefe pro Woche). Will der Mieter auf Grund einer Gesundheitsgefährdung (Schimmelbefall) fristlos kündigen, muss er zunächst den Vermieter abmahnen und diesem eine Frist zur Mängelbeseitigung setzen. Erst wenn diese erfolglos verstrichen ist, darf eine fristlose Kündigung erfolgen (Bundesgerichtshof, Az. VIII ZR 182/06, Urteil vom 18.4.2007).
Siehe / Siehe auch: Aufrechnung, Beendigung eines Mietverhältnisses

Frösche

frogs

Mancher Gartenbesitzer freut sich an bunten Blumen und grünem Rasen, bringt aber der Tierwelt in keinerlei Sympathie entgegen, sobald sie sich in seinem umzäunten Besitztum manifestiert. Auch Tiere in Nachbars Garten werden oft kritisch beäugt. Dementsprechend hat das Quaken von Fröschen sogar schon den Bundesgerichtshof beschäftigt. Das maßgebliche Urteil stammt von 1992 (BGH, Urteil vom 20.11.1992, Az. V ZR 82/91).
Daraus geht hervor: Legt jemand einen Gartenteich an, in dem sich (auf welche Weise auch immer) Frösche ansiedeln, ist derjenige auch für die entstehende Larmemission verantwortlich. Bei der Beurteilung dieser Lärmemission muss auf „das Empfinden eines verständigen Durchschnittsmenschen" abgestellt werden. Da ein solcher oft nur schwer aufzufinden ist, zog der BGH das Bundesnaturschutzgesetz zu Rate. Dieses unterscheidet zwischen dem allgemeinen Schutz für alle wildlebenden Tiere und dem besonderen Schutz von bedrohten Arten. Nach der heutigen Fassung (§ 41) ist der allgemeine Schutz in Landesregelungen festzuhalten.
Eine typische Regelung enthält § 15 Bayerisches Naturschutz-Gesetz: Wild lebende Tiere dürfen nicht mutwillig beunruhigt, belästigt oder ohne vernünftigen Grund gefangen, verletzt oder getötet

werden. Lebensstätten dürfen nicht ohne vernünftigen Grund beeinträchtigt oder zerstört werden.
Der Bundesgerichtshof hat festgestellt, dass sich der Begriff „wild lebend" auch auf Tiere bezieht, die sich in Gärten ansiedeln (auch wenn die Population durch Einsetzen von Tieren begründet wurde). Grund: Es dürfte in Deutschland schwierig sein, „freie Natur" im Sinne von menschlich unbeeinflussten und unbewirtschafteten Flächen zu finden (außerhalb eines Naturschutzgebietes). Frösche im Gartenteich sind demnach wild lebende Tiere.
Besonders geschützt sind in Deutschland die Rotbauchunke und der Laubfrosch sowie alle Arten von Molchen und Lurchen. Für diese besteht ein ausdrückliches bundesweites Verbot, die Tiere zu fangen, zu töten oder ihre Fortpflanzungs- und Ruhestätten zu zerstören (§ 42 BNatSchG). Landesgesetze stellen in der Regel weitere Froscharten unter besonderen Schutz.
Ausnahmen vom Schutz räumte der Bundesgerichtshof dann ein, wenn eine für den Nachbarn tatsächlich unzumutbare Lärmbelästigung entstanden ist. Dabei wurden die damaligen Lärmschutz-Richtlinien (z. B. TA Lärm) zu Rate gezogen. Gemessen wurden hier 64 dB(A) bei einem Richtwert von 35 dB(A). Es handelte sich um einen Teich von 144 Quadratmetern Fläche. Der BGH stellte fest, dass unter solch extremen Umständen ggf. bei der zuständigen Umweltbehörde eine Ausnahme beantragt werden könne. Ein Anspruch des Nachbarn auf Umsiedlung der Frösche und Zuschütten des Gartenteichs könne allenfalls dann bestehen, wenn die Umweltschutzbehörde die Ausnahme gestatte.
Siehe / Siehe auch: Lärmschutz, Lärm, Belästigung durch, Mietminderung

Frostschaden am Wohngebäude

residential building damaged by frost

Frostschäden an Wohngebäuden sind bei entsprechender Vertragsgestaltung von der Wohngebäudeversicherung des Hauseigentümers abgedeckt. Teilweise muss dies jedoch extra vereinbart und durch einen Prämienzuschlag bezahlt werden.
Ein häufiges Problem stellen jedoch die Kontrollpflichten dar, die die Versicherungsgesellschaft dem Eigentümer auferlegt und deren Missachtung im Schadensfall zu einem Verlust des Leistungsanspruches führen kann.
Der Eigentümer ist nach den „Allgemeinen Wohngebäude-Versicherungsbedingungen" dazu verpflichtet, in der kalten Jahreszeit bei einem leer stehenden Gebäude „genügend häufige Kontrollen" vorzunehmen.
Der Bundesgerichtshof hat sich bereits mit der Frage befasst, wie häufig denn „genügend häufig" ist: Während einer mehrtätigen Frostperiode mit Außentemperaturen von bis zu minus 14 Grad waren in einem leerstehenden Gebäude Heizungsrohre frostbedingt gebrochen; auslaufendes Heizungswasser hatte Wasserschäden verursacht. Erst elf Tage zuvor hatte die letzte Kontrolle des Eigentümers stattgefunden. Die Versicherung forderte bei hohen Minusgraden jedoch ein Kontrollintervall von zwei Kontrollen pro Woche und verweigerte die Zahlung. Ihrer Ansicht nach war eine Kontrolldichte erforderlich, bei der auch bei Ausfall der Heizung ein Frostschaden auf jeden Fall noch zu verhindern sei.
Der BGH sah dies anders: Es sei nicht Sache des Versicherungsnehmers, mit allen Mitteln dafür zu sorgen, dass der versicherte Schaden auf keinen Fall eintrete. Schließlich zahle er Prämien, um ggf. gegen diesen Schaden versichert zu sein. Die in den Allgemeinen Wohngebäude-Versicherungsbedingungen festgehaltene Klausel über die „genügend häufige Kontrolle" bezwecke nur eine ausgewogene Risikoverteilung. Der Versicherungsnehmer müsse das Objekt lediglich beheizen und das ordnungsgemäße Funktionieren der Heizung in zumutbarer und üblicher Weise überwachen. Das notwendige Kontrollintervall hänge vom Einzelfall ab – genauer davon, in welchen Zeitabständen die konkrete Heizanlage üblicherweise kontrolliert werden müsse, um im gewöhnlichen Betrieb ein ordnungsgemäßes Funktionieren sicherzustellen. Die Kontrolle müsse nicht so häufig erfolgen, dass ein Schaden in jedem Fall ausgeschlossen sei (BGH, Urteil vom 25.6.2008, Az. IV ZR 233/06).
Siehe / Siehe auch: Gebäudeversicherung

Früher erster Termin (mündliche Verhandlung im Rechtsstreit)

preliminary hearing (civil case)

Bei einfachen und eiligen Rechtsstreitigkeiten kann das Gericht nach Kenntnis von Klage und Klageerwiderung schnellstmöglich einen Verhandlungstermin anberaumen, um den Rechtsstreit schnell zu erledigen. Häufig wird der frühe erste Termin auch dazu benutzt, mit den Parteien des Rechtsstreites eine vergleichsweise Regelung zu erreichen.

Frustrationsschaden

damages due to frustrated applications

Das ist ein Schaden, der durch das Nutzloswerden von getätigten Aufwendungen entsteht. Seit der Schuldrechtsreform von 2001 kann ein Gläubiger, wenn sein Schuldner die vereinbarte Leistung schuldhaft nicht erbracht hat, wahlweise Schadenersatz statt der Leistung oder Ersatz seiner Aufwendungen verlangen. Die gesetzliche Regelung findet sich in §§ 284 und 311a Abs.2 BGB. Der Frustrationsschaden, also der Wert sinnlos gewordener Aufwendungen, kann sogar bei Fehlen einer Gegenleistung des Gläubigers gefordert werden. Übertragen auf das Mietrecht heißt das: wenn der Vermieter den Mieter an der Nutzung der Mietwohnung hindert, weil er es sich z.B. nach Vertragsschluss spontan anders überlegt hat, kann der Mieter die Kosten von nutzlos getätigten Aufwendungen (z.B. für bereits veranlasste Einbauten in der Wohnung wie Einbauküche oder Laminatverlegung) ersetzt verlangen – nach ihrem Zeitwert. Und zwar auch dann, wenn keine Miete gezahlt wurde. Dies gilt auch während des laufenden Mietverhältnisses, wenn die Nutzung der Wohnung für den Mieter aufgrund von Verletzungen der vertraglichen Pflichten des Vermieters endgültig unmöglich wird.

Fungibilität

fungibility; quality of being capable of exchange

Wertpapiere, insbesondere Investmentzertifikate, sind fungibel – also austauschbar – weil jeder Anteil die gleichen Rechte auf sich vereint. Das gilt zumindest solange, wie Nennwert und Stückelung gleich sind und es sich um Inhaberpapiere handelt. Fungibilität ist eine Grundvoraussetzung für den Handel an Börsen. Das Maß der Fungibilität eines Wertpapiers oder einer Ware wird durch das Maß ihrer Vertretbarkeit bestimmt.

Funkantenne bei Mietwohnungen

radio antenna in a flat

Die Aufstellung oder Anbringung einer Kurzwellen- oder CB-Funkantenne durch Mieter bedarf der Erlaubnis des Vermieters. Zum normalen vertragsgemäßen Gebrauch der Mietsache gehört die Installation derartiger großer Antennen nicht mehr; je nach Gerätegröße und Art der Installation kann auch eine bauliche Veränderung des Gebäudes vorliegen, die in jedem Fall zustimmungsbedürftig ist. Der Vermieter darf die Aufstellung der Antenne jedoch nicht pauschal verweigern. Erlauben muss er sie, wenn sie sicher installiert ist, optisch unauffällig ist, den gesetzlichen Vorschriften für derartige Anlagen entspricht, der TV-und Radioempfang der Nachbarn nicht beeinträchtigt wird und der Mieter für die Antenne eine Haftpflichtversicherung abgeschlossen hat. Letzteres ist wichtig, da es bei Herabfallen der Antenne zu erheblichen Sach- und Personenschäden kommen kann.

Siehe / Siehe auch: Parabolantenne

Funktionsfläche

floorspace occupied by technical and building services installations

Siehe / Siehe auch: Grundfläche nach DIN 277/1973/87

Fußbodenheizung

underfloor heating

Die Fußbodenheizung ist eine Flächenheizung und besteht aus einem Heizestrich, unter dem Heizrohre aus Kunststoff oder Kupfer verlegt sind. In diesen zirkuliert Warmwasser. Erfunden wurde die Fußbodenheizung bereits von den Römern. Eine gleichmäßige Verteilung der Wärme im Raum ist besonders effektiv mit einer schneckenförmigen Verlegung der Heizrohre zu erreichen.

Fußbodenheizungen unterteilt man in Trocken- und Nass-Systeme. Bei Trocken-Systemen wird Trocken-Estrich verwendet; die Rohre werden unterhalb des Bodenbelages verlegt. Beim Nass-System werden die Rohre in den Estrich eingegossen. Beide Systeme erfordern einen Heizkreisverteiler, der eine gleichmäßige Durchflussmenge im gesamten System gewährleistet. Die Temperatur-Regelung erfolgt über Thermostate, die mit Temperaturfühlern im Wohnraum ausgestattet sind. Bei gut gedämmten Häusern ist eine Heizleistung von 50 bis 100 Watt pro Quadratmeter zu erzielen. Es gibt auch Fußbodenheizungen, die nicht mit Warmwasser, sondern mit elektrischem Strom arbeiten. Bei diesen werden statt der Heizrohre Widerstandskabel oder Folien mit eingearbeiteten Heizdrähten verlegt.

Nachteile der Fußbodenheizung sind die langsame Änderung der Raumtemperatur und, dass die meisten Teppichböden nicht nutzbar sind, sondern nur Spezialteppichböden. Maßgebliche Norm für Fußbodenheizungen ist die DIN EN 1264. Die heutige Rechtslage (Energieeinsparverordnung) erfordert die Ausstattung einer Fußbodenheizung mit Thermostaten (Raumtemperatur-Reglern). Wird eine solche Anlage ohne Regler eingebaut, liegt ein Baumangel vor – unabhängig vom Vertragsinhalt (OLG Brandenburg, Az. 12 U 92/08, Urteil vom 02.10.2008). Dies gilt allerdings nur, wenn der Bauherr nicht auf den Rechtsverstoß hingewiesen worden ist. Die Kosten für die Spülung einer Fußbodenheizung werden als nicht auf den Mieter umlegbare Instandsetzungskosten angesehen (Amtsgericht Köln WuM 1999, 235).

Siehe / Siehe auch: Betriebskosten, Energieeinsparverordnung (EnEV), Heizkostenverordnung

Fußgängerzone

pedestrian zone; pedestrian precinct; pedestrian plaza

Bei der Fußgängerzone handelt es sich um eine autofreie Zone in der Innenstadt. Soweit keine entsprechende Ausschilderung oder Markierung gegeben ist, sind diese Zonen auch für den Fahrradverkehr gesperrt. In der Regel handelt es sich um Geschäftskernlagen. Der Wert dieser Lagen wird entscheidend von der Dichte des öffentlichen Verkehrssystems, insbesondere im Bereich der U- und S-Bahnen und Straßenbahnen aber auch durch die Nähe von Zentralbahnhöfen beeinflusst. Je dichter dieses Verkehrsnetz, desto höher die Passantenfrequenz. Ein weiteres Kriterium für die Versorgung dieser Zonen mit Publikum ist das um den Stadtkern angelegte Parkleitsystem, das auch PKW-Nutzern leichten Zugang zu den zentralen Lagen verschafft. Autofreie Zonen erhöhen im Übrigen auch die Lebensqualität der Bewohner dieser Zentren.

FWI - Führungsakademie der Wohnungs- und Immobilienwirtschaft

German Business Academy for Housing and Real Estate Management

Die Führungsakademie der Wohnungs- und Immobilienwirtschaft besteht seit 1992 in Bochum. Sie wird getragen vom GdW Bundesverband deutscher Wohnungsunternehmen e.V., seinen Gliederungsverbänden und Mitgliedsunternehmen.
Sie wurde 1997 in das Europäische Bildungs-, Forschungs- und Informationszentrum der Wohnungs- und Immobilienwirtschaft – einer Stiftung – eingegliedert. Das Studienangebot gliedert sich in drei Stufen:

1. Stufe Immobilienwirt GdW (2 Semester)
2. Stufe FWI Diplom (2 Semester)
3. Stufe BA Immobilienmanagement in Zusammenarbeit mit der FH Gelsenkirchen (2 Semester)

Wer das FWI-Diplom erwirbt, kann sich auch um eine Mitgliedschaft bei den RICS bewerben.
Die FWI veranstaltet ferner Kompaktstudienkurse zu bestimmten Themenbereichen.

Anschrift der FWI:
Führungsakademie der Wohnungs- und Immobilienwirtschaft im Europäischen Bildungs- Forschungs- und Informationszentrum
Springerorumallee 20
44795 Bochum
Tel.: 02 34 / 94 47 - 600
Fax: 02 34 / 94 47 - 666
E-Mail: Kontakt@fwi.de

Gängeviertel

areas of the city of Hamburg, Germany, with particularly dense housing

Als Gängeviertel wurden in Hamburg ursprünglich Stadtbereiche mit besonders enger Wohnbebauung bezeichnet. Die größte Ausdehnung hatten die Hamburger Gängeviertel im 19. Jahrhundert. Die Bebauung bestand meist aus Fachwerkhäusern. Die Bebauungsdichte war so hoch, dass es teils keine regelrechten Straßen, sondern lediglich enge Gänge zwischen den Gebäuden gab. Die Bebauung zeichnete sich zudem durch verwinkelte Hinterhöfe, enge Toreinfahrten und mangelhafte hygienische Zustände aus. In den Gängevierteln lebten vor allem ärmere Bevölkerungsschichten; teilweise waren dort auch kleine Gewerbe- und Handwerksbetriebe ansässig. Ende des 19. Jahrhunderts begannen – auch begründet durch die Ausbreitung von Krankheiten (Cholera-Epidemie 1892) erste Abrissmaßnahmen. Diese sorgten zunächst für eine Verschärfung des Problems: So verloren durch den Abriss des Wohngebietes auf dem Großen Grasbrook zwecks Errichtung der Speicherstadt 24.000 Menschen ersatzlos ihre Wohnungen. Diese siedelten sich teilweise in anderen Gängevierteln an. Im Laufe der Zeit wurden durch Abrissmaßnahmen und Kriegsschäden die Gängeviertel überwiegend beseitigt. Übriggebliebene Fachwerkhäuser in ehemaligen Gängevierteln gibt es noch im Bereich um die St. Michaeliskirche (Krameramtsstuben).

Ist in heutigen Pressemeldungen vom Hamburger Gängeviertel die Rede, ist meist der Bereich Valentinskamp/Kaffamacherreiche/Speckstraße gemeint. Hier gibt es einen zusammenhängenden Komplex mit historischen Gebäuden und Fachwerkhäusern, den Überresten eines früheren Gängeviertels. Um den geplanten Teilabriss mit Sanierung und Umgestaltung eines großen Gebäudekomplexes durch einen niederländischen Investor entstanden öffentliche Diskussionen. Es kam zu Hausbesetzungen durch Künstler. Im August 2009 erlaubte die Kulturbehörde den Künstlern eine einstweilige Nutzung für Kunstausstellungen. Im November 2009 gab es Verhandlungen über einen Rückkauf durch die Stadt Hamburg.

Galileo

European satellite navigation system (GALILEO)

Europäisches System von Satelliten zur Navigation und Position-Bestimmung. Konkurrenz zum US-amerikanischen GPS. Ziel ist die Unabhängigkeit vom NAVSTAR-Satellitensystem des US-Verteidigungsministeriums. Galileo soll nicht vor 2012 einsatzfähig sein. Es stellt ein rein ziviles System dar, das von der Europäischen Weltraumorganisation ESA vorangetrieben wird. Betreiber wird ein Unternehmen mit staatlichen und privatwirtschaftlichen Anteilseignern sein.

Ein weiteres Navigations-Satelliten-System ist das russische „Glonass"

Siehe / Siehe auch: Glonass, Global Positioning System (GPS)

Garage

garage

Eine Garage ist der Abstellraum für Kraftfahrzeuge. Sie muss den bauordnungsrechtlichen Vorschriften der Garagenverordnung des jeweiligen Bundeslandes entsprechen. Unterschieden wird zwischen offenen, mit unmittelbarer verschließbarer Öffnung ins Freie, und geschlossenen Garagen. Im Bauordnungsrecht wird auch unterschieden zwischen Kleingaragen bis 100 m² Nutzfläche, Mittelgaragen über 100 bis 1.000 m² Nutzfläche und Großgaragen mit einer Nutzfläche über 1.000 m². Duplexgaragen sind Garagen, bei denen durch eine Aufzugsvorrichtung eine PKW-Unterbringung auf zwei Ebenen ermöglicht wird. Garagen werden bei der Ermittlung von Geschossflächenzahlen und Baumassenzahlen nicht angerechnet, sofern sich aus dem Bebauungsplan nichts anderes ergibt. Im Rahmen der zulässigen Grundfläche gehören Garagen zu den baulichen Anlagen, die in dem höchstens 50 Prozent betragenden Überschreitungsbereich errichtet werden können. Besondere Überschreitungen der zulässigen Grundfläche durch Garagen sind in § 21a (3) BauNVO geregelt. Ebenso in der BauNVO geregelt ist die Zahl der zulässigen Garagen in den verschiedenen Baugebieten (§ 12 BauNVO). Für Grenzgaragen gelten bauordnungsrechtliche Bestimmungen. Im Allgemeinen gilt, dass sie bis 8 m (teilweise bis 9 m) lang und bis 3 m breit sein dürfen.

Garagen-Mietvertrag

rental agreement for a garage

Das Mieten einer Garage kann im Rahmen des Wohnungs-Mietvertrages oder durch einen eigenen Garagen-Mietvertrag stattfinden. Grundsätzlich kann die Kündigung eines Mietobjekts nicht nur auf einen Teil desselben beschränkt werden. Wenn die Garage also im Rahmen des Wohnungsmietvertrages gemietet wurde, ist keine separate Kündigung möglich. In einigen Fällen haben Gerichte sogar dann ein einheitliches Mietverhältnis angenommen, wenn es für Wohnung und Garage separate Mietverträge mit unterschiedlichen Kündigungsfristen gab, aber die Miete für beides als einheitlicher Betrag überwiesen wurde und alle Garagen einer Wohnanlage an die Mieter vermietet waren. Wollen sich die Vertragspartner die Möglichkeit einer separaten Kündigung offen halten, sollte der Garagenmietvertrag die ausdrückliche Regelung enthalten, dass er unabhängig vom Wohnungsmietvertrag gekündigt werden kann.

Garantiefonds

guarantee fund

Garantiefonds bzw. Investmentfonds garantieren den Anlegern am Ende einer festgelegten Laufzeit die Rückzahlung ihres eingebrachten Kapitals, bzw. eines Prozentsatzes davon (Money-Back-Garantie). Bis dahin profitiert der Anleger am Kursanstieg. Die Garantie schränkt zwar das Verlustrisiko in Börsenschwächephasen ein, verringert aber auch die Ertragschancen. Der Risikoausschluss des Garantiefonds bietet also Sicherheit, kostet aber Rendite.

Siehe / Siehe auch: Fonds

Garantierter Maximalpreisvertrag (GMP)

guaranteed maximum price agreement

Unter dem Begriff „Garantierter Maximalpreisvertrag" (GMV) versteht man eine neue Art einer Baupreisvereinbarung zwischen Auftraggeber (Bauherrn) und Auftragnehmer (Generalunternehmer). Diese Vereinbarungspraxis stammt aus Amerika. Mit ihr soll verhindert werden, dass Bauunternehmer nach Abschluss eines Bauvertrages für im Vertrag ursprünglich nicht vorgesehene oder vergessene, aber notwendige Leistungen zusätzliche Nachforderungen stellen. Nach dem Werkvertragsrecht kann der Auftraggeber hierfür vom Bauherrn eine angemessene Vergütung verlangen. Die Konfliktsituation entsteht meist dadurch, dass Bauunternehmer äußerst knapp, nicht selten unterhalb der Selbstkosten kalkulieren, um den Zuschlag zu erhalten. Sie sind darauf angewiesen, Vereinbarungslücken für solche Nachforderungen zu nutzen, um das Ergebnis aufzubessern. Der GMP-Vertrag ist am besten noch mit einem Pauschalpreisvertrag zu vergleichen, der mit einem Generalunternehmen oder Generalübernehmer abgeschlossen wird. Das neue Preissystem beruht auf der Grundlage der Einbeziehung der Bauunternehmen in die Planungsphase, die damit ihr Know-how einbringen. Der Auftraggeber bezahlt höchstens den garantierten Maximalpreis. Ergibt sich am Ende durch tatsächliche Einsparungen ein Preis, der unterhalb des Maximalpreises angesiedelt ist, teilen sich Auftraggeber und Bauunternehmer diese Differenz. Das Teilungsverhältnis wird im Vertrag vereinbart. Es gibt verschiedene Varianten des GMP. In einem Fall wird nach der Leistungsphase 2 (Vorplanung) das Projekt unter Vorgabe eines Budgets ausgeschrieben. Mit den sich meldenden Unternehmen werden Verhandlungen geführt. Mit einem dieser Unternehmen wird schließlich der garantierte Maximalpreisvertrag geschlossen. Die Projektentwicklung und Ausführungsplanung wird gemeinsam durchgeführt und nach Bauausführung wird abgerechnet. Die Differenz zwischen Budget und den tatsächlich angefallenen Kosten werden nach einem vereinbarten Schlüssel geteilt.

Die zweite Variante unterscheidet sich von der ersten dadurch, dass kein Budget vorgegeben, sondern eine Ausschreibung im Wettbewerb durchgeführt wird. Es sind die Wettbewerber, die einen garantierten Maximalpreis anbieten. Das weitere Procedere entspricht dem des vorher beschriebenen „Budget-Modells". Daneben gibt es zweistufige Modelle, bei denen der in Aussicht genommene GMP-Partner schon zur Grundlagenermittlung als Berater auf Honorarbasis miteingeschaltet wird. Nach Abschluss der Planungsphase (1. Stufe) wird der GMP-Vertrag geschlossen, womit die 2. Stufe beginnt. Der Verteilungsschlüssel für die Differenz zwischen Maximalpreis und tatsächlich entstandene Kosten liegt zwischen 50 zu 50 und 80 zu 20 zugunsten des Auftraggebers. Bei öffentlichen Auftraggebern können GMP-Verträge nur dann zum Zuge kommen, wenn vergaberechtlichen Bestimmungen der VOB Teil A sowie kartellrechtliche Bestimmungen dem nicht entgegenstehen.

Garantierte Maximalpreisverträge setzen ein besondere Maß an Vertrauen zwischen Auftraggeber und Auftragnehmer voraus (Prinzip der gläsernen Taschen bei der Abrechnung). Auftraggeber und Auftragnehmer wirken wie Kooperationspartner zusammen um die angepeilten Kostenziele, die zeitlichen Ziele und Qualitätsziele zu erreichen.

Siehe / Siehe auch: Cost plus Fee-Vertrag, Generalunternehmer, Generalübernehmer, Maximalpreisvertrag

Garten

garden

Unter Garten versteht man ein eingezäuntes bepflanztes Stück Land, das in unterschiedlicher Weise genutzt werden kann.

Hausgarten

Beim Typ des Hausgartens stehen entweder eine kleingärtnerische Nutzung oder die Freizeitnutzung als Erholungs- und Gestaltungsraum im Vordergrund. In Kleinsiedlungsgebieten überwiegt die kleingärtnerische Nutzung zur Selbstversorgung mit der Nahrung dienenden Pflanzen. Bei Ein- und Zweifamilienhäusern steht der Garten in einem unmittelbaren räumlichen Zusammenhang mit der Wohnnutzung des Hauses. Während in der unmittelbaren Nachkriegszeit der Anbau von Nutzpflanzen zur Sicherung des Lebensunterhalts im Vordergrund stand, dienen die Gärten der Ein- und Zweifamilienhäuser heute überwiegend der Erfüllung privater Liebhabereien in einem ästhetisch gestalteten Naturumfeld. Blumen und Kräuter, Sträucher und Bäume sind die herausragenden Gartenbestandteile. Künstliche Gewässer, Swimmingpools, exotische Pflanzen verweisen auf besondere Vorlieben.
Die Gartengestaltung findet bei Ermittlung des Verkehrswerts eines Hauses ihren Niederschlag bei der Bewertung der Außenanlagen. Bevorzugt wird hierbei das Sachwertverfahren, wobei der die Kosten der Pflanzen, die Arbeitskosten, die Zinsen und die Pflegekosten berücksichtigt werden. Der Nachteil dieser Methode besteht darin, dass die „Optik" als eigener Wertfaktor dabei nicht berücksichtigt wird.

Öffentliche Gärten

Öffentliche (meist städtische) Gärten sind gestaltete Gartenflächen, die der Allgemeinheit zu Zwecken der Erholung und für Ruhepausen zur Verfügung stehen („Volksgarten"). Brunnen, Skulpturen und Gewässer zeichnen die größeren Gärten aus. Es kann zwischen verschiedenen Gestaltungsmustern unterschieden werden. Englische Gärten vermitteln den Eindruck nachgebildeter Landschaften mit Wegen und Pfaden. Der größte innerstädtische „Englische Garten" mit einer Fläche von 417 ha liegt in München. Einen Gegensatz hierzu bilden französische „Parks" mit streng geometrischen und symmetrischen Formen. Eine besondere Bedeutung haben botanische Gärten, die auch der Bildung und Unterrichtung dienen und häufig ein angegliederter Teil von Universitätsinstituten sind.
Eine Reihe öffentlicher Parks und Gärten sind als Nachwirkung aus durchgeführten internationalen Gartenbauausstellungen (IGA) und Bundesgartenschauen (BUGA) entstanden, zum Beispiel Planten un Blomen in Hamburg oder die Gestaltung des Westparks in München mit seinem Rosengarten, dem japanischen und dem chinesischen Garten, der Seebühne, die heute zu Open-Air Veranstaltungen (Kinos, Theater) benutzt wird. Ähnliches gilt für den IGA Park in Rostock, der nach wie vor wegen des umfangreichen Veranstaltungsprogramms für Attraktivität sorgt.
Siehe / Siehe auch: Dauerkleingarten, Kleingarten / Schrebergarten, Internationale Gartenbauausstellung (IGA)

Gartennutzung durch Mieter
tenant's use of the garden

Zur Nutzung eines Gartens durch Mieter im Fall eines vermieteten Einfamilienhauses haben sich in der Rechtsprechung folgende Ansichten herausgebildet:

- Wird der zum Mietobjekt gehörige Garten mit vermietet, kann der Mieter diesen grundsätzlich beliebig gestalten. Dies schließt das Anlegen eines kleinen Gartenteiches, von Blumenbeeten oder auch die Aufstellung eines Gartenhauses ein (Landgericht Lübeck, Az. 14 S 61/92, Urteil vom 24.11.1992).
- Ob allein der Mieter zur Nutzung des Gartens berechtigt ist, hängt vom Wortlaut des Mietvertrages ab. Ohne besondere Vereinbarung nehmen die meisten Gerichte bei Einfamilienhäusern an, dass der Garten mitvermietet ist (Oberlandesgericht Köln, Az. 19 U 132/93, Urteil vom 05.11.1993).
- Ist dem Mieter die Nutzung des Gartens gestattet, muss er diesen auch pflegen. Ist im Mietvertrag dazu nichts vereinbart, muss er einfache Arbeiten wie z. B. Unkrautjäten und Rasenmähen durchführen. Zu aufwändigeren Arbeiten – z. B. Beschneiden von Bäumen oder Vertikutieren des Rasens gegen Moosbefall – ist er nicht verpflichtet (Landgericht Detmold, Az. 2 S 180/88, Urteil vom 07.12.1988).
- Der Mieter eines Einfamilienhauses darf im Garten eine Pergola aufstellen – dies liegt im Rahmen des vertragsgemäßen Gebrauchs des Mietobjektes (Amtsgericht Hamburg-Wandsbek, Az. 716 C 293/92, Urteil vom 07.12.1992).

Mieter von Wohnungen in Mehrfamilienhäusern haben bei fehlender Vereinbarung im Mietvertrag nicht das Recht, den Garten mitzubenutzen. Oft wird dies dem Mieter der Erdgeschosswohnung per Mietvertrag zugestanden. Grundsätzlich ist der Vermieter für die Gartenpflege verantwortlich. Eine Kostenumlage erfordert eine Vereinbarung im Mietvertrag.

Kosten der Gartenpflege

- Die Kosten für Rasenmähen, Anlegen von Beeten, Unkrautjäten und die Erneuerung von vorhandenen Pflanzen und Sträuchern können als Betriebskosten auf den Mieter umgelegt werden, solange es sich um regelmäßig anfallende, laufende Kosten handelt. Nicht umlagefähig ist zum Beispiel das Fällen umsturzgefährdeter Bäume (Amtsgericht Gelsenkirchen-Buer, Az. 7 C 109/03, Urteil vom 27.11.2003).
- Eine Umlage der Gartenpflegekosten berechtigt den Mieter nicht zur Nutzung des Gartens. Die Gartenpflege kann auch schon deshalb notwendig sein, weil sie der Aufrechterhaltung eines gepflegten Gesamteindrucks des Grundstücks dient (Landgericht Hannover, Az. 3 S 1268/01-81, Urteil vom 31.01.2002).

Der Vermieter hat kein Weisungsrecht gegenüber dem Mieter über die Art und Weise, wie der Garten zu pflegen oder zu gestalten ist. Anerkannt ist jedoch, dass der Mieter nicht ohne Erlaubnis des Vermieters größere Bäume und Sträucher entfernen darf. Dem können in vielen Städten auch kommunale Baumschutzsatzungen entgegenstehen (ggf. Bußgeldpflicht für den Grundeigentümer, Landgericht Köln, Az. 12 S 185/94, Urteil vom 10.01.1995).

Siehe / Siehe auch: Baumschutzsatzung

Gartenstadt

garden city

Die Gartenstadt ist eine Erfindung des Engländers Ebenezer Howard. Er wollte mit der Gartenstadt den miserablen Wohnverhältnissen der Industriearbeiter entgegenwirken. Sie war bedingt durch das im Zuge der Industrialisierung sich einstellende rasante Wachstum der Großstädte. Howard stellte sich an die Spitze einer Bewegung, die in der „Garden-City-Association“, später „Town and Country Planning Association“ ihr organisatorisches Rückgrat fand. Kombiniert werden sollten die Vorteile der Stadt mit denen des Landes. Heraus kam ein theoretisches Konstrukt. Eine Zentralstadt wird – von landwirtschaftlich genutzten Flächen getrennt – umgeben von mehreren Tochterstädten, die miteinander durch eine Eisenbahnlinie verbunden sind. Die Stadtstruktur zeichnet sich durch konzentrische Kreise aus. Im Zentrum sollte der Stadtpark liegen. Darum sollten sich die hoch frequentierten öffentlichen Gebäude gruppieren. Diese werden außen wiederum eingesäumt von Grünanlagen, an die sich die Wohnhäuser mit einer Mindestbodenfläche anschließen sollten. Die erste Gartenstadt in England wurde 1903 realisiert (Gartenstadt Letchworth). Die Idee der Gartenstadt konnte sich in der von Howard konzipierten Form nicht durchsetzen. Sie führte aber doch zu einem Bewusstseinswandel und gewann auf diese Weise erheblichen Einfluss. Zu vermerken ist, dass schon vor Howard der Deutsche Theodor Fritsch ähnliche Vorstellungen von einer Gartenstadt vertreten hat. In Deutschland knüpfte die Gartenstadtbewegung allerdings an Howard an. Gegründet wurde 1902 die Deutsche Gartenstadt-Gesellschaft (DGG). Allerdings wurden dann keine Gartenstädte nach dem Muster von Howard realisiert. Vielmehr ging es darum Einfamilienhaussiedlungen mit großen Grundstücksflächen und starker Durchgrünung an den Stadträndern („Gartenvorstädte“) zu errichten. Sie waren als eigenständige Siedlungen für 5.000-15.000 Bewohner gedacht.

Beispiele mit Gründungsjahr:

- Margarethenhöhe in Essen (1906 gestiftet von Margarethe Krupp),
- Rüppurr in Karlsruhe (1907),
- Gartenstadt Marga in Brieske Brandenburg (1907),
- Gartenstadt Hellerau in Dresden (1909),
- Gartenstadt Nürnberg (1908)
- Gartenstadt Luginsland in Stuttgart (1911),
- Gartenstadt Staaken in Berlin-Spandau (1914).

Um Gartenstädte zu verwirklichen, wurden überwiegend Baugenossenschaften gegründet. Unterstützt wurden sie teilweise von den Gemeinden und von Industrieunternehmen.

Mittlerweile wird der Begriff der Gartenstadt für viele Ansiedlungen mit offener und durchgrünter Bauweise verwendet.Gartenstädte gibt es auch in vielen anderen Ländern insbesondere aus der englischen Einflusssphäre. (Australien, Neuseeland, USA, Kanada, aber auch in den Niederlanden (Amsterdam), Belgien und in der Schweiz. Einem ganz anderen Kulturkreis entstammen die chinesischen Gartenstädte.

Seit 1997 wird jährlich einmal in fünf Kategorien (A-E aufsteigend nach Bevölkerungszahl) vom internationalen Verband für Park- und Gartenanlagen und Gesundheit die Auszeichnung „Internationale Gartenstadt“ verliehen. Dabei hat China die Nase vorn. Bisher haben sieben chinesische Städte den Ehrentitel „internationale Gartenstadt“ erhalten: Suzhou, Shenzhen, Guangzhou, Xiamen, Hangzhou, Quanzhou und Puyang.

Gartenteich / Haftung

garden pond / liability

Ein Gartenteich ist dekorativ, kann jedoch auch eine Gefahrenquelle darstellen, zum Beispiel für Haustiere oder spielende Kinder. Dies gilt ebenso für einen Swimmingpool. Beispiel: Im Jahr 2000 starben laut DLRG in Deutschland 17 Menschen durch Ertrinken in Gartenteichen oder Swimmingpools. In den meisten Fällen handelte es sich um kleinere Kinder. Die Verkehrssicherungspflicht für einen Gartenteich trifft den Grundeigentümer. Bei einem Mietgrundstück kann der Vermieter per Mietvertrag seine Verkehrssicherungspflichten auf den Mieter übertragen (z. B. auch: Räum- und Streupflicht). Dieser muss dafür sorgen, dass sein Grundstück „verkehrssicher" ist. Der Mieter ist dann zwar verpflichtet, für die jeweiligen Absicherungen zu sorgen, der Vermieter hat jedoch immer noch eine Aufsichtspflicht. Kontrolliert er nicht regelmäßig, ob der Mieter seinen Pflichten nachkommt, haftet im Zweifel auch der Vermieter. Bei Gartenteichen mit spielenden Kindern in der Nachbarschaft geht man von einer gesteigerten Verkehrssicherungspflicht aus, die alle Gefahren umfasst, die Kinder aufgrund ihres Alters noch nicht richtig einschätzen können. Ausnahmsweise haftet der Verkehrssicherungspflichtige hier deshalb sogar, wenn er den Nachbarskindern den Zutritt zum Grundstück verboten hat.

Bezüglich der Haftung bei Gartenteichunfällen hat es vor einigen Jahren einen Wechsel in der Rechtsprechung gegeben: Zunächst war immer davon ausgegangen worden, dass der Verkehrssicherungspflichtige sein Grundstück immer so einzäunen und absichern muss, dass fremde Kinder es nicht betreten und in den Teich fallen können. Ist dies unmöglich, muss er den Teich selbst absichern (Gitter, Zäune, Abdeckungen, Planen). Diese Pflicht besteht ganz besonders, wenn es in der Nachbarschaft kleinere Kinder gibt (OLG Düsseldorf, Az. 22 U 272/92). Die neuere Rechtsprechung misst der Aufsichtspflicht eine erheblich größere Bedeutung zu. Danach müssen Kleinkinder ständig beaufsichtigt werden. Der Gartenteichbesitzer muss nicht damit rechnen, dass eine dritte Person ihre Aufsichtspflicht verletzt und ein Kleinkind unbeaufsichtigt herumlaufen lässt (OLG Hamm, Urteil vom 23.05.2001, Az.: 13 U 253/00; BGH, Urteil vom 30.01.1996, Az.: VI ZR 164/95). Eine sichere Faustregel stellen diese Urteile jedoch nicht dar. Die Aufsichtspflicht ist eine sehr dehnbare Angelegenheit: So hängt es nach der Rechtsprechung von Alter und Reife des einzelnen Kindes ab, wie lange man es allein lassen darf. Jedes Gericht urteilt dabei unterschiedlich. Hat etwa die Tante den frühreifen Fünfjährigen nur fünf Minuten unbeaufsichtigt gelassen, könnte ein Gericht zu dem Ergebnis kommen, dass sie ihre Aufsichtspflicht nicht verletzt hat. Ertrinkt er dann in Nachbars Gartenteich, kann eine Verletzung der Verkehrssicherungspflicht des Nachbarn vorliegen. Dieser haftet dann den Eltern auf Schadenersatz und Schmerzensgeld und hat sich ggf. strafbar gemacht (fahrlässige Körperverletzung, fahrlässige Tötung). Die für Gartenteiche geltenden Erwägungen sind ebenso auf Swimmingpools, Regentonnen etc. zu übertragen.

Siehe / Siehe auch: Verkehrssicherungspflicht

Gartenzwerge

garden gnomes

Geschmäcker sind verschieden. Wiederholt haben sich Gerichte mit dem Phänomen des Gartenzwerges beschäftigen müssen. Herauskristallisiert haben sich folgende Unterscheidungen:

- Standardgartenzwerg (mit Gartengerät bzw. Angel): Die Aufstellung berührt nach dem OLG Hamburg (20.04.1988, Az. 2 W 7/87) Menschen in ihren Gefühlen; Gartenzwerge können „ideologisch überfrachtet" sein. Da es viele Menschen gäbe, die sie für unästhetisch hielten, seien sie im Zweifelsfall zu entfernen.
- Frustzwerg (mit heruntergelassener Hose oder ausgestrecktem Mittelfinger Richtung Nachbargrundstück): Nach dem Amtsgericht Grünstadt (Az. 2 a C 334/93) geschieht dabei nichts anderes, als wenn der Nachbar sich selbst hinstellen würde, um entsprechende ehrverletzende oder beleidigende Gesten zu machen – er nutzt nur einen tönernen Stellvertreter.
- Exhibitionistischer Gartenzwerg (nackt oder mit geöffnetem Mantel): Vor Gericht (Amtsgericht Essen, Az. 19 II 35/99) ebenfalls unwillkommen – insbesondere bei Anbringung über dem gemeinsamen Innenhof einer WEG-Wohnanlage.

Hat der Kläger ehrverletzende Zwerge über drei Jahre geduldet, bestehen vor Gericht schlechte Chancen („Frustzwerg", Landgericht Hildesheim, Az. 7 S 364/99), deren Entfernung durchzusetzen.

Siehe / Siehe auch: Ästhetische Immissionen

Gaststättenlärm und Mietwohnung

disturbance due to excessive noise from inns and public houses; reduction of rent

Lärm von einer Gaststätte kann einen Mangel der Mietwohnung darstellen, der den Mieter zur Mietminderung berechtigt. Dies gilt auch dann, wenn der Vermieter keinen Einfluss auf die Belästigung hat, weil diese etwa von einem Nachbargrundstück ausgeht. In vielen Fällen ist dem Mieter jedoch bei Einzug bereits bekannt, dass sich im gleichen Haus oder im Nachbarhaus eine Gaststätte befindet. In diesem Fall bestehen seitens des Mieters in der Regel keine Ansprüche (§ 536b BGB, vgl. auch Amtsgericht Rudolstadt, Urteil vom 20.05.1999, Az: 1 C 914/98). Ebenso kann er keine Mietminderung geltend machen, wenn er den Mangel seiner Wohnung längere Zeit kommentarlos hingenommen hat.
Ansprüche etwa auf Mietminderung kann der Mieter jedoch geltend machen, wenn er selbst den Mangel grob fahrlässig übersehen hat und der Vermieter das Vorhandensein der Gaststätte arglistig verschwiegen hat. Inwieweit man hier von einer Aufklärungspflicht des Vermieters sprechen kann, hängt sehr stark vom Einzelfall ab. So sah etwa das Landgericht Dortmund keine Aufklärungspflicht in einem Fall, bei dem sich der Mieter an einem einen Kilometer entfernten Swinger-Club störte (Urteil vom 06.12.2001, Az: 11 S 162/01). Wird jedoch während der Laufzeit des Mietvertrages in unmittelbarer Nähe eine Gaststätte neu eröffnet oder hält eine bereits bestehende Gaststätte die gesetzlichen bzw. kommunalen Lärmschutzvorgaben und Ruhezeiten nicht ein, muss dies von Nachbarn bzw. Mietern nicht akzeptiert werden. Hier sind zunächst Beschwerden beim zuständigen Ordnungs- bzw. Gewerbeaufsichtsamt und ggf. auch Mietminderungen denkbar. In einem Berliner Fall hatte der Vermieter den Mieter bei Vertragsabschluss auf die Existenz zweier zeitweilig geschlossener Gaststätten im Haus hingewiesen. Bei deren Wiedereröffnung kam es zu erheblichen Lärmbelästigungen in der Zeit zwischen 22.00 Uhr und 4.00 Uhr. Das Gericht sprach dem Mieter eine Mietminderung in Höhe von 40 Prozent zu. Zusätzlich wurde die fristlose Kündigung durch den Mieter für berechtigt erklärt (Landgericht Berlin, Urteil vom 05.08.2002, Az. 67 S 342/01).
Siehe / Siehe auch: Lärmschutz, Lärm, Belästigung durch, Mietminderung

Gaststättenpacht

lease for a restaurant, inn or public house

Gewerbliche Miet- und Pachtverträge unterliegen nicht dem Wohnraummietrecht des Bürgerlichen Gesetzbuches. Viele mieterschützende Regelungen sind nicht anwendbar.
Ferner besteht bei der Vertragsgestaltung eine erheblich größere Flexibilität u.a. bei Themen wie der Vereinbarung der Kostentragung für ungewöhnliche Betriebskostenarten, für Reparaturkosten am Objekt, für Kautionszahlungen etc.. Ein Vertrag über eine Gaststättenpacht sollte Regelungen über folgende Themen enthalten:

- Vertragspartner
- Vertragsgegenstand
- Vertrags- / Pachtdauer
- Höhe der Pacht
- Nebenkosten
- Vermieter / bzw. Verpächterpfandrecht
- Vormiet- bzw. Vorpachtrecht

Wichtige Regelungsbereiche sind ferner:

- Wer ist für Instandhaltung, Instandsetzung und Reparaturen zuständig?
- Fordert der Verpächter eine bestimmte Art der Werbung (Reklameschilder, meist Brauereiwerbung)?
- Verpflichtung des Pächters, eine Gaststätten-Konzession einzuholen.
- Verpflichtung des Pächters zur Abmeldung der Konzession bei Vertragsende (damit ein neuer Pächter für dieses Objekt zeitnah eine Konzession erhalten kann).
- Untervermietung (meist untersagt, erlaubt sein sollte jedoch die kurzfristige Untervermietung einzelner Räume).
- Verpflichtung zum Getränkebezug bei einer bestimmten Brauerei?
- Eintritt des Pächters in Verträge mit Dritten (z. B. Getränkelieferungsvertrag, Automatenaufstellvertrag, Wartungsvertrag).

Gelegentlich wird über Fälle von Mietwucher bei der Gaststättenmiete oder -pacht berichtet (Oberlandesgericht Karlsruhe, Beschluss vom 26.09.2002, Az. 9 U 13/02). Besteht zwischen Leistung- und Gegenleistung (Pachtobjekt und Preis) bei einem derartigen Vertrag ein auffälliges Missverhältnis, spricht dies laut OLG Karlsruhe für eine verwerfliche Gesinnung des Verpächters.
Eine solche liegt allerdings nur vor, wenn das erhebliche Missverhältnis auch für den Vermieter / Verpächter zu erkennen war. Nur auf diese Art können die erheblichen Abweichungen von Miet- und Pachtpreisen in unterschiedlichen Lagen und Städten berücksichtigt werden.
Siehe / Siehe auch: Gaststättenlärm und Mietwohnung, Gewerbemietvertrag, Mietwucher, Vormietrecht

GBV

German Land Register Regulations

Abkürzung: Grundbuchverfügung

Siehe / Siehe auch: Grundbuchverfügung

GdW Bundesverband deutscher Wohnungs- und Immobilienunternehmen

federal association of German housing and real estate companies, a registered association

Der GdW ist der Interessenverband der deutschen Wohnungsunternehmen und Wohnungsbaugesellschaften. Die historischen Wurzeln des GdW gehen zurück auf die Entwicklung des Genossenschaftsgedankens um die Wende der 19. zum 20. Jahrhunderts, die Heimstättenbewegung und die gesetzliche Normierung der Wohnungsgemeinnützigkeit. Aus der Vereinigung des 1924 in Erfurt gegründeten Hauptverbandes deutsche Baugenossenschaften e.V. mit dem Reichverband der Heimstätten entstand 1938 der „Reichsverband der deutschen gemeinnützigen Wohnungsunternehmen e.V.". In der Nachkriegszeit wurde zuerst in der britischen Besatzungszone der „Gesamtverband gemeinnütziger Wohnungsunternehmen" gegründet, dem sich 1949 die in der amerikanischen und französischen Besatzungszone gegründeten Verbände anschlossen. Die Bundesvereinigung deutscher Heimstätten wurde 1955 außerordentliches Mitglied. 1990 erfolgte die Aufhebung der Wohnungsgemeinnützigkeit, was auch zu einer Neuorientierung des Verbandes führte. Er nannte sich ab 1996 „GdW Bundesverband deutscher Wohnungsunternehmen". Ab 2005 wurde der lange Zeit obsolete Immobilienbegriff in den Namen mit einbezogen („GdW Bundesverband deutscher Wohnungs- und Immobilienunternehmen e.V."). Der GdW, der heute seinen Sitz in Berlin hat, verfügt mit seinen 14 Mitgliedsverbänden aus den einzelnen Bundesländern über 3.200 Mitgliedsunternehmen, die 6,5 Millionen Wohnungen bewirtschaften, in denen rund 15 Millionen Menschen wohnen.

Gebäude

building; structure; ediface

Nach dem Bauordnungsrecht sind Gebäude „selbstständig benutzbare, überdachte bauliche Anlagen, die von Menschen betreten werden können und geeignet sind, dem Schutz von Mensch und Tier zu dienen". Dabei kommt es auf die Umschließung durch Wände nicht an. Die Überdachung allein ist ausreichend. Gebäude müssen jedoch eine selbstständige baukörperhafte Begrenzung aufweisen und für sich benutzbar sein. Als einzelnes Gebäude gilt jedes freistehende Gebäude oder bei zusammenhängender Bebauung, (Doppel-, Gruppen- und Reihenhäuser), jedes Gebäude, das durch eine vom Dach bis zum Keller reichende Brandmauer von anderen Gebäuden getrennt ist, einen eigenen Zugang bzw. ein eigenes Treppenhaus und ein eigenes Ver- und Entsorgungssystem besitzt. Der Höhe nach werden bauordnungsrechtlich folgende Gebäudeklassen unterschieden:

- Gebäude geringer Höhe (Fußboden des obersten oberirdischen Geschosses liegt unter 7 Meter oberhalb der natürlichen oder festgelegten Geländeoberfläche),
- Gebäude mittlerer Höhe (Fußboden des obersten siehe Geschosses liegt zwischen 7 und 22 Meter) und
- Hochhaus (darüber hinausgehende Gebäude).

In der Statistik wird nach der Art der Gebäudenutzung unterschieden zwischen Wohn- und Nichtwohngebäuden. Wohngebäude dienen dem Wohnen. Nichtwohngebäude dienen überwiegend Nichtwohnzwecken. Zu den Nichtwohngebäuden zählen Anstaltsgebäude, Büro- und Verwaltungsgebäude, nichtlandwirtschaftliche Betriebsgebäude, landwirtschaftliche Betriebsgebäude und „sonstige Nichtwohngebäude".

Unter „sonstige Nichtwohngebäude" werden Universitäts- und Hochschulgebäude, Gebäude von Sportanlagen, Theater, Kirchen und Kulturhallen nachgewiesen. Unterscheidungsmerkmale gibt es auch hinsichtlich des Gebäudealters. So wird von Altbau gesprochen bei Gebäuden die bis 1949 fertig gestellt wurden, von Neubauten bei Baufertigstellungsjahren danach. Im sachenrechtlichen Sinne sind Gebäude wesentliche Bestandteile von Grundstücken oder Erbbaurechten. In Ausnahmefällen können Gebäude auch „Scheinbestandteile" sein. Die ist etwa der Fall, wenn auf einem Grundstück auf Grund einer Vereinbarung mit dem Grundstückseigentümer vom Pächter dieses Grundstücks für die Dauer des Pachtverhältnisses (also „vorübergehend") ein Gebäude errichtet wurde. (Beispiele: Speditionsgebäude auf ehemaligem Reichsbahngelände, Kantinengebäude für Bauarbeiter auf einer Großbaustelle). In den östlichen Bundesländern wurde zur Zeit der DDR ein eigenständiges Gebäudeeigentum begründet. Die Überführung in das Sachenrechtssystem der Bundesrepublik erfolgte nach dem Sachenrechtsbereinigungsgesetz entweder durch eine Erbbaurechtslösung oder durch ein Bodenankaufsrecht mit Kontraktionszwang.

Aus Gründen der Rechtssicherheit wurden auch reine Gebäudegrundbücher angelegt."
Siehe / Siehe auch: Hochhaus, Vollgeschoss

Gebäude auf fremdem Grund
building/structure built on third-party real estate
Siehe / Siehe auch: Superädifikat

Gebäude und Freifläche
building/structure and open space/ undeveloped area
Gebäude- und Freifläche ist ein Begriff aus dem Liegenschaftskataster. Sie ist die für die Immobilienwirtschaft bedeutendste Flächennutzung und wichtigster Teil der Siedlungs- und Verkehrsfläche. In die neueren Bestandsverzeichnisse der Grundbücher ist dieser Begriff als Nutzungsbeschreibung der dort gebuchten Hausgrundstücke übernommen.
Siehe / Siehe auch: Tatsächliche Flächennutzung, Siedlungs- und Verkehrsfläche

Gebäudeautomation
building automation
Mit dem Begriff Gebäudeautomation ist die Vernetzung der verschiedenen Anlagen eines Gebäudes mit einem zentralen Computer gemeint, der die Steuerung und Überwachung der gesamten Haustechnik von einem einzelnen Arbeitsplatz aus ermöglicht. Ziele sind die Einsparung von Energie- und Betriebskosten, die Erhöhung der Betriebssicherheit von Anlagen und ein effizienteres Gebäudemanagement. So können beispielsweise in einer Schule die Heizungen klassenzimmerweise angepasst an den Stundenplan an- und abgestellt werden. Zusätzlich können mechanische Thermostate durch energetische Ventile ausgetauscht und mit Raumtemperaturfühlern ausgestattet werden. Nach Unterschreitung einer Solltemperatur wird dann die Heizung eingeschaltet. Die Ausführung der Automation ist genau auf den Bedarf des Kunden abzustimmen: So können etwa für eine Konferenz- oder Messehalle Klimaanlage, Lautsprecher und Beleuchtung über eine einzige Touchscreen geregelt werden. Die Beleuchtung von Räumen kann automatisiert und mit dem Tageslicht abgestimmt werden, um den Stromverbrauch zu senken – sogar Präsenzmelder sind möglich, die in unbenutzten Räumen das Licht abschalten. Mit Hilfe einer Wetterstation kann die Beschattungssteuerung geregelt werden, so dass die Jalousien abhängig von der Sonneneinstrahlung hoch- oder herunterfahren. Auch Alarmsysteme sind in die Gebäudeautomation einzubeziehen. Im Gewerbebau und bei öffentlichen Gebäuden wird diese schon aus Kostengründen künftig eine immer größere Rolle spielen.

Gebäudeeinmessung
cadastrial surveying of buldings
Wird auf einem Grundstück ein Gebäude errichtet oder in seinem Grundriss verändert, muss der Grundstückseigentümer oder Erbbauberechtigte auf seine Kosten das Gebäude, bzw. die Grundrissveränderung des Gebäudes durch die Katasterbehörde oder – soweit in einem Bundesland vorhanden – einen öffentlich bestellten Vermessungsingenieur einmessen zu lassen. Die Regelungen finden sich in den Liegenschaftsgesetzen der Bundesländer.
Auf diese Weise wird es möglich, den Gebäudebestand richtig in den Flurkarten zu erfassen. Der Gebäudeeigentümer erhält dann vom Katasteramt einen Auszug aus der Flurkarte. Anlagen von geringer Größe (z. B. Gartenhäuschen aber auch offene Carports, überdachte Abstellflächen) fallen nicht unter die Einmessungspflicht, wenn sie eine bestimmte Mindestfläche (meist 10 Quadratmeter) nicht überschreiten.
Siehe / Siehe auch: Flurkarte

Gebäudeeinsturz, Rechtsfolgen
collapse of a building, legal consequences
Kommt es im Zuge von Bauarbeiten – auch solchen am Nachbargrundstück – zu einem Gebäudeeinsturz, ist bei der rechtlichen Aufarbeitung zwischen dem strafrechtlichen Aspekt und der zivilrechtlichen Haftung zu unterscheiden. Schwierig gestaltet sich in Fällen wie dem Einsturz des Kölner Stadtarchivs 2009 die Ermittlung der Schadensursachen. Zudem gibt es meist eine Reihe von Beteiligten (Bauherr, Architekt, Bauunternehmer, Subunternehmer usw.). Zur strafrechtlichen Seite hat der Bundesgerichtshof am 13.11.2008 im einem Verfahren hinsichtlich fahrlässiger Tötung folgende Hinweise gegeben (Az. 4 StR 252/08):

- Schafft jemand eine Gefahrenquelle, muss er auch die erforderlichen und zumutbaren Maßnahmen durchführen, um andere vor Schäden zu schützen.
- Bei einem Bauvorhaben ist nicht nur der Hauptauftragnehmer, sondern auch der Subunternehmer für in seinem Bereich entstehende Gefahrenquellen verantwortlich.
- Die verkehrssicherungspflichtigen Beteiligten sind gehalten, sich gegenseitig abzustimmen und zu informieren. Wer für eine Gefahrenquelle verantwortlich ist, hat sich

auch – in zumutbarem Rahmen – darüber zu unterrichten, ob der Sicherungspflichtige seine Aufgaben tatsächlich erfüllt hat.

Im verhandelten Fall ging es um Sanierungsarbeiten an einem Schulgebäude. Beim Abbruch einer tragenden Wand im Erdgeschoss war das Gebäude unzureichend abgestützt worden, ein Flügel stürzte ein. Fünf Arbeiter wurden getötet, fünf weitere verletzt. Das Landgericht Schwerin verurteilte den verantwortlichen Bauunternehmer wegen vorsätzlicher Baugefährdung in Tateinheit mit fahrlässiger Tötung und fahrlässiger Körperverletzung zu einer Freiheitsstrafe. Zwei Mitangeklagte, die im Rahmen eines Subunternehmervertrages mit dem Abbruch der Wand befasst waren, wurden freigesprochen. Für die Mitangeklagten sei die Gefahr nicht offensichtlich gewesen. Der Bundesgerichtshof bestätigte diese Urteile.

„Vertiefung" des Nachbargrundstücks

Im zivilrechtlichen Bereich existieren spezielle Vorschriften über die Haftung bei einem Gebäudeeinsturz. § 909 BGB, „Vertiefung", regelt etwa, dass ein Grundstück nicht derartig vertieft werden darf, dass der Boden des Nachbargrundstücks die erforderliche Stütze verliert – außer es wird für Abstützung gesorgt. Eine Verletzung dieser Vorschrift führt zu einer Haftung auf Schadensersatz (§ 823 Abs. 2 BGB in Verbindung mit § 909 BGB).

Schäden durch Einsturz des Nachbarhauses

Nach § 908 BGB gilt: Droht einem Grundstück die Gefahr, dass es durch den Einsturz eines Gebäudes oder anderer mit dem Nachbargrundstück verbundener Bauteile oder durch die Ablösung von Teilen des Nachbargebäudes beschädigt wird, kann der Eigentümer von dem, der nach § 836 Abs. 1 oder §§ 837, 838 BGB für den Schaden verantwortlich wäre, die Durchführung von Sicherheitsvorkehrungen verlangen. Nach § 836 BGB haftet der Grundstücksbesitzer (im Sinne des Eigenbesitzers, also desjenigen, dem das Grundstück gehört) immer dann, wenn durch den Einsturz seines Gebäudes, von auf seinem Grundstück stehenden Bauwerken oder Bauteilen seines Gebäudes ein Mensch getötet, der Körper oder die Gesundheit eines Menschen verletzt oder eine Sache beschädigt wird. Voraussetzung ist, dass das Ereignis die Folge fehlerhafter Errichtung oder Unterhaltung des jeweils ein- oder abgestürzten Objektes war. Hat der Grundbesitzer nachweislich die verkehrsübliche Sorgfalt zur Gefahrenabwehr walten lassen, kommt er um eine Haftung herum. Auch ein früherer Besitzer haftet für derartige Schäden, wenn der Einsturz innerhalb eines Jahres nach Beendigung seines Besitzes auftritt. Er haftet nicht, wenn er nachweislich die verkehrsübliche Sorgfalt hat walten lassen oder wenn der neue Besitzer durch sorgfältige Sicherheitsmaßnahmen den Vorfall hätte verhindern können. Nach § 837 BGB trifft den Besitzer eines Gebäudes, das auf einem ihm nicht gehörenden Grundstück steht, dieselbe Haftung wie den Grundstücksbesitzer in § 836. Nach § 838 BGB trifft diese Haftung auch den, der die Unterhaltung eines Gebäudes übernommen hat. Gegenüber geschädigten Dritten kommt auch eine Haftung aus dem Deliktsrecht des BGB in Betracht. Bei Beteiligung öffentlich-rechtlicher bzw. kommunaler Institutionen kann es zu einer Amtshaftung kommen (§ 839 BGB).

Bringt eine Baufirma durch unsachgemäßes Handeln das zu errichtende Gebäude zum Einsturz, haftet sie zivilrechtlich natürlich auch dem Bauherrn auf Schadensersatz. Auch Planungsfehler des Architekten oder falsche Statikberechnungen des Statikers können zu einer Haftung dieser Personen führen – sowohl gegenüber Dritten als auch gegenüber dem Bauherrn.

Siehe / Siehe auch: Baugefährdung, Verkehrssicherungspflicht, Amtshaftung

Gebäudeenergiepass

building energy pass

Der Gebäudeenergiepass wurde zum 04.01.2006 in allen EU-Staaten verpflichtend mit der Europäischen Richtlinie über die Gesamtenergieeffizienz von Gebäuden eingeführt. Auf Verlangen muss jeder Vermieter oder Verkäufer einer Immobilie dem Interessenten einen Gebäudeenergiepass vorlegen. Inhalt des Gebäudeenergiepasses ist die energetische Beurteilung von Gebäuden, nach einem einheitlichen Standard. Zur Bewertung des energetischen Zustandes werden Gebäude in Energieeffizienzklassen von A bis I eingeteilt. Damit soll eine Vergleichbarkeit von Immobilien für Mieter und Erwerber geschaffen werden. Man unterscheidet zwischen dem einfachen und dem erweiterten Gebäudeenergiepass. Im erweiterten Gebäudeenergiepass werden zusätzlich Vorschläge zur Sanierung gemacht und die Energieeinsparung nach ausgeführter Sanierung ausgewiesen.

Siehe / Siehe auch: Energieausweis / Energiepass

Gebäudemanagement

property management

Unter Gebäudemanagement versteht man den immobilienwirtschaftlichen Teil des Facility Managements, der sich auf die kosten- und funktionsoptimale Entwicklung und Nutzung von Gebäuden (Liegenschaften) bezieht. Eingeteilt wird das Gebäudemanagement in die Bereiche technisches, infrastrukturelles und kaufmännisches Gebäudemanagement. Ergänzend wurde das Flächenmanagement, das in allen drei Leistungsbereichen Verankerungspunkte hat, berücksichtigt. Die Begriffe und Leistungen des Gebäudemanagements, die früher im Regelwerk der VDMA 24196 definiert waren, sind im August 2000 in die DIN 32736 übergeleitet worden. Mit dem Begriff „Management" soll zum Ausdruck gebracht dass nicht nur eine Routinehausverwaltung gemeint ist. Es sollen auch Führungsleistungen erbracht werden, mit dem Ziel, die Wirtschaftlichkeit einer Immobilie nachhaltig zu optimieren und Ressourcen voll auszuschöpfen.
Siehe / Siehe auch: Facility Management (FM)

Gebäudesanierung
refurbishment of buildings
Siehe / Siehe auch: Sanierung

Gebäudesteuerbuch / Gebäudesteuerrolle
register of property / house tax/rates
Gebäudesteuerbuch und Gebäudesteuerrolle sind ein Relikt aus dem preußischen Landrecht, das jedoch in einigen Gebieten der neuen Bundesländer noch von Bedeutung ist. Im Rahmen der Grundsteuerreform von 1861 sollte eine einheitliche Grundsteuer eingeführt werden. Da eine Vermessung aller Grundstücke zu aufwändig war, sparte man sich diese und ließ anstelle des Grundstückskatasters das Gebäudesteuerbuch / die Gebäudesteuerrolle als amtliches Verzeichnis im Sinne der Grundbuchordnung gelten.
Die Nummer der Gebäudesteuerrolle gehörte zu den ins Grundbuch übernommenen Daten, mit denen ein unvermessenes Grundstück identifizierbar war. Bei bestimmten Grundstücken (Anteilen am ungeteilten Hofraum) ist sie dies immer noch. Probleme aufgrund nicht mehr existierender Gebäudesteuerbücher werden heute durch die Hofraumverordnung und die Bodensonderung gelöst.
Siehe / Siehe auch: Bodensonderung, Hofraumverordnung, Sonderungsplan, Ungeteilter Hofraum

Gebäudesystemtechnik
system engineering for buildings
Im Rahmen der Gebäudeautomation werden heute zunehmend technische Steuerungseinrichtungen für verschiedene Funktionen in ein Gebäude implementiert.
Beispiele: Eine sich auf Witterungseinflüsse einstellende Heizung und Lüftung, Sonnenschutzanlagen die entsprechend dem Sonnenstand geöffnet oder geschlossen werden, automatisches Einfahren von Markisen bei Wind und Regen, automatische Rollladen- und Vorhangsteuerung, automatisches Schließen von Heizkörperventilen bei Öffnen der Fenster, automatisches Senken der Raumwärme beim Verlassen und Abschließen der Räume, automatische Türöffnungen und dergleichen.
Siehe / Siehe auch: Europäischer Installationsbus (EIB)

Gebäudetreppen
building staircases
Eine Treppe wird benötigt, um die Höhenunterschiede von Ebenen zu überwinden. Die ersten bekannten Treppenfunde gab es im Neolithikum. Es handelt sich hierbei um Baumstämme mit stufenartigen Einkerbungen. In der Siedlung Catal Hüyük (heutige Türkei) bestiegen mit Hilfe solcher Baumleitern die jungsteinzeitlichen Menschen ihre unterirdischen Räume. Die aktuelle Definition einer Treppe (in Österreich: Stiege) ist eine regelmäßige Folge von mindestens drei Stufen. Um die verschiedenen Arten zu unterscheiden, werden Treppen nach Konstruktion, Laufrichtung, Grundrissform, Lage (Außen- oder Innentreppe) und Material (Holz, Holzwerkstoff, Stahl, Stahlbeton, Betonwerkstein oder Naturstein, Naturwerkstein) unterschieden. Im Wesentlichen besteht die Treppe aus den tragenden Elementen, wie Laufplatte, Wangen oder Holmen, den Stufen und dem sichernden und abschließenden Geländer mit Handlauf. Bei der Grundrissform wird in ein- oder mehrläufige Treppen und in gewendelte oder gerade Treppen unterschieden.
Die gängigsten Treppen im Geschossbau sind heute die Stahlbetontreppen, die Stahl- und die Holztreppe. Wegen ihrer vielseitigen Formungsmöglichkeit und des hohen Feuerwiderstandes ist die Stahlbetontreppe die am häufigsten eingesetzte Massivtreppe. Die tragende Laufplatte stützt die darauf betonierten Stufen. Bei einer leichteren Treppenkonstruktion wie die Stahl- und Holztreppe werden die Einzelteile von Schweißnähten oder Schrauben zusammen montiert. Um eine bundeseinheitliche Berücksichtigung von Sicherheit und Definition von Treppen zu gewährleisten, sind die

Hauptmaße von Gebäudetreppen in der DIN 18065 und die Treppenbegriffe in der DIN 18064 festgelegt. Die Bauordnungen der Bundesländer geben weitere Forderungen an Konstruktion, Bemaßung und Baustoffe vor.
Siehe / Siehe auch: Freitreppen, Lichte Höhe / Lichtes Maß, Notwendige Treppe, Rampe, Steigungsverhältnis, Treppenkonstruktion, Treppenlauf

Gebäudeversicherung
building insurance
Eine Gebäudeversicherung ist eine Sachversicherung, die sich auf einzelne Gefahrenbereiche bezieht. Umfassenden Versicherungsschutz bietet die „verbundene Wohngebäudeversicherung". Sie deckt Schäden ab, die durch Brand, Blitzschlag, Explosion, Flugzeugabsturz (Zweig Feuerversicherung), ferner Schäden die durch bestimmungswidrige auslaufendes Leitungswasser, Rohrbruch und Frost entstehen (Zweig Leitungswasserversicherung). Hinzukommen Schäden durch Sturmeinwirkung (ab Windstärke 8) und Hagelschäden. Grundsätzlich werden auch die Kosten für Aufräumen der Schadenstätte und die Abbruchkosten, sowie ein etwaiger Mietausfall ersetzt. Einbezogen werden kann auch ein Versicherungsschutz gegen Elementarschäden (Schäden durch Überschwemmung, Erdrutsch, Erdbeben) und Glasschäden. Normalerweise enthält die Gebäudeversicherung keine Glasversicherung. Der bei Eintritt des Versicherungsfalls von der Versicherung zu leistende Ersatz kann sich auf den Zeit- oder den Neubauwert beziehen. Da die Versicherungsprämien der verschiedenen Versicherungsgesellschaften teilweise sehr stark voneinander abweichen, ist es ratsam, einen Versicherungsmakler mit der Suche nach den besten Tarifen zu beauftragen und den Versicherungsvertrag über ihn abzuschließen.
Siehe / Siehe auch: All-Risk-Versicherung, Elementarschadenversicherung

Gebietskategorie (Raumordnung)
area category (regional planning)
Aus dem Blickwinkel der Raumordnung werden die Flächen eines Landes in verschiedene Gebietskategorien eingeteilt. Hierzu zählen z.B. die verschiedenen Raumphänomene, angefangen von den ländlichen Räumen, über verstädtere Räume bis hin zu Metropolregionen. Für die verschiedenen Gebietskategorien gibt es bundeseinheitliche Abgrenzungskriterien, auf die sich die Ministerkonferenz für Raumordnung geeinigt hat.
In ländlichen Räumen herrschen dörfliche und kleinstädtische Siedlungen vor. Zu unterscheiden sind ländliche Räume mit Entwicklungspotential, die im Umland von städtischen Räumen liegen und in deren Entwicklungssog einbezogen sind, von strukturschwachen Räumen, die nicht selten Problemräume sind. Zu den verstädterten Räumen gehören Kernstädte und verdichtete Kreise. Kennzeichen von Verdichtungsräumen sind starke Einwohner- und Arbeitsplatzkonzentrationen sowie eine städtisch geprägte Bebauung und Infrastruktur. Der bei weitem größte Verdichtungsraum in Deutschland ist von der Fläche und Bevölkerungszahl her gesehen das Rhein-Ruhr-Gebiet, gefolgt von Berlin. Von den Verdichtungsräumen haben einige den Rang von so genannten Metropolregionen. Sie zeichnen sich durch einen besonders hohen Verdichtungsgrad aus. Kennzeichnend für die Metropolregionen sind hohes Wirtschaftswachstum und Einrichtungen von internationaler Bedeutung. Bei den Metropolregionen handelt es sich um eine europäische Raumkategorie.
Siehe / Siehe auch: Metropolregionen

Gebot, geringstes (Zwangsversteigerungsverfahren)
bid, lowest (compulsory auction)
Ein vom Rechtspfleger festgesetzter Mindestpreis, den der Bieter bei der Versteigerung einer Immobilie nicht unterschreiten darf, weil er sonst in einem Ersttermin keine Aussicht darauf hat, dass ihm die Immobilie zugeschlagen wird. In einem Wiederholungs- oder Zweittermin liegt das geringste Gebot bei den aufgelaufenen Kosten des Verfahrens und umfasst gegebenenfalls die vom Voreigentümer noch nicht gezahlten Grundsteuern.

Gebrauchsabnahme
acceptance test; inspection and approval
Abnahme eines fertiggestellten Bauwerkes durch die Baubehörde. Sie muss vom Bauherrn beantragt werden. Ergibt die Gebrauchsabnahme, dass das Bauwerk mit dem genehmigten Baugesuch übereinstimmt, wird der Schlussabnahmeschein erteilt, der zur Nutzung des Bauwerks berechtigt.

Gebrauchsgewährung (Mietrecht)
granting the use of something (law of tenancy)
Die Gewährung des Gebrauchs an der Mietsache ist die Hauptpflicht des Vermieters. Die Mietsache muss sich bei der Übergabe in einem zum vertragsgemäßen Gebrauch geeigneten Zustand befinden

und während der Mietzeit vom Vermieter in diesem Zustand gehalten werden. Im Regelfall setzt der Gebrauch voraus, dass dem Mieter der unmittelbare Besitz eingeräumt wird. Dies geschieht normalerweise durch Übergabe der Schlüssel. Die Nichtgewährung des Gebrauchs durch den Vermieter hat folgende Konsequenzen:

- Der Mieter kann die Miete auf null mindern (§ 536 BGB).
- Der Mieter darf den Mietvertrag fristlos außerordentlich kündigen (§ 543 BGB).
- Gegebenenfalls kommen Schadenersatzansprüche in Betracht (z. B. § 536a BGB).

Eine Nichtgewährung des Gebrauchs kann auch vorliegen, wenn die Quadratmeterzahl laut Mietvertrag erheblich von der tatsächlichen Wohnfläche abweicht. Eine erhebliche und damit zur Mietminderung berechtigende Abweichung ist gegeben, wenn die Wohnfläche um mehr als zehn Prozent geringer ist als im Mietvertrag vereinbart.
Der Bundesgerichtshof hat entschieden, dass in solchen Fällen auch eine fristlose Kündigung wegen Nichtgewährung des Gebrauchs in Betracht kommt (Az. VIII ZR 142/08, Urteil vom 29.04.2009). Im verhandelten Fall lag die Abweichung bei über 22 Prozent. Das Kündigungsrecht kann jedoch verwirkt sein, wenn der Mieter von der Abweichung bereits seit längerer Zeit wusste, ohne zu kündigen.
Siehe / Siehe auch: Fristlose Kündigung des Mietverhältnisses, Mietminderung

Gebrauchsregelungen (Wohnungseigentum)

regulations for the use of something (flat ownership)

Die Wohnungseigentümer können gemäß § 15 Abs. 1 WEG den Gebrauch des Sondereigentums und des Gemeinschaftseigentums durch eine Vereinbarung gemäß § 10 Abs. 2 Satz 2 WEG regeln. Erforderlich ist dazu die Zustimmung aller Wohnungseigentümer und die Eintragung dieser Gebrauchsregelungen in das Grundbuch, damit sie im Falle eines Eigentümerwechsels auch gegenüber dem neuen Eigentümer gelten. Ist keine Vereinbarung über den Gebrauch des Sondereigentums und des Gemeinschaftseigentums durch Vereinbarung getroffen, können die Wohnungseigentümer gemäß § 15 Abs. 2 WEG mit einfacher Stimmenmehrheit einen der Beschaffenheit der im Sondereigentum stehenden Gebäudeteile und des gemeinschaftlichen Eigentums ordnungsgemäßen Gebrauch beschließen. Im Übrigen kann jeder Wohnungseigentümer gemäß § 15 Abs. 3 WEG einen Gebrauch des Sondereigentums und des Gemeinschaftseigentums verlangen, der den getroffenen Vereinbarungen oder Beschlüssen entspricht. Bestehen solche Regelungen nicht, richtet sich der Anspruch auf einen Gebrauch, der dem Interesse der Gesamtheit der Wohnungseigentümer nach billigem Ermessen entspricht.
Vereinbarungen über den Gebrauch des Sondereigentums werden beispielsweise bereits in der Teilungserklärung oder in der Gemeinschaftsordnung beispielsweise in der Weise getroffen, dass Teileigentumsräume nur als Laden, Büro oder als Arztpraxen genutzt werden dürfen. Bei abweichenden Nutzungen können Unterlassungsansprüche geltend gemacht werden.Beschlüsse über den Gebrauch des Sondereigentums und des Gemeinschaftseigentums finden regelmäßig ihren Niederschlag in den Hausordnungsregelungen der Wohnungseigentümer-Gemeinschaften.
Siehe / Siehe auch: Gemeinschaftseigentum, Hausordnung (Wohnungseigentum), Sondereigentum, Unterlassungsanspruch, Vereinbarung (nach WEG)

Gebrauchswert

practical value; value in use; use value

Gebrauchswert ist ein subjektiver Wertbegriff. Er bezeichnet den Wert, der einem Gebrauchsgegenstand von einer Person zugemessen wird. Eine solche subjektive Einschätzung ist in der Regel nicht quantifizierbar. Ein für einen solchen Gebrauchsgegenstand bezahlter Preis liegt in der Regel unterhalb des Gebrauchswertes. Wie hoch der Unterschied zwischen Gebrauchswert und Preis ist, lässt sich nicht beziffern. Nicht zu verwechseln ist der Gebrauchswert mit dem Gebrauchtwert.
Siehe / Siehe auch: Gebrauchtwert

Gebrauchtwert

trade-in value; second-hand value

Im Gegensatz zum Neuwert einer Sache, der sich aus den Kosten errechnet, die aufgewendet werden müssen, um eine Sache neu herzustellen, muss beim Gebrauchtwert die durch die Nutzung des Gegenstandes eingetretene Wertminderung zu einem definierten Zeitpunkt berücksichtigt werden. Bei einer Immobilie handelt es sich um den Zeitwert, zu dessen Ermittlung der alters-, gebrauchs- und nutzungsbedingte Abnutzungsgrad des Gebäudes quantifiziert und vom Neuwert abgezogen wird. Beim Gebrauchtwert wird davon ausgegangen, dass er beim Verkauf des Gegenstandes (der Immobilie) als Preis erzielbar wäre. Bei der Immobilienbewertung spielt die Ermittlung des Gebrauchtwertes faktisch keine Rolle. Im Bereich der Sachversicherungen spricht man je nach Versicherungsart teils von Gebrauchtwert (z.B. bei PKW-Versicherungen), teils von Zeitwert. Nicht zu verwechselt werden darf der Gebrauchtwert mit dem Gebrauchswert. Während der Gebrauchtwert als technischer Wertbegriff eine objektive Größe darstellt, handelt es sich beim Gebrauchswert um eine Bewertung eines Gegenstandes hinsichtlich seines Nutzens, den dieser Gegenstand bei seiner Nutzung dem Nutzer stiftet. Dieser Nutzen kann von Nutzer zu Nutzer höchst unterschiedlich sein. So hat ein Rollstuhl für einen körperbehinderten in der Regel einen hohen Nutzungswert, für einen nicht Behinderten keinen.

Siehe / Siehe auch: Gebrauchswert, Zeitwert / Tageswert

Gebühren

charges; fees

Gebühren sind öffentlich rechtliche Abgaben für die Leistung einer Körperschaft des öffentlichen Rechts, die dem Gebührenschuldner gegenüber erbracht wurde. Sie kann in einmaligen oder wiederkehrenden Geldforderungen bestehen. Beispiele für Gebühren, die Hauseigentümer zahlen müssen, sind Straßenreinigungsgebühren, Abwassergebühren, Abfallsbeseitigungsgebühren und dergleichen. Von Gebühren spricht man auch, wenn es sich dabei um „Preise“ für Leistungen handelt, die in einer „Gebührenordnung“ (Beispiel Rechtsanwalts- und Notargebühren) festgelegt sind. Aber auch Maklerprovisionen werden häufig als Maklergebühren bezeichnet, was auf die ursprünglich amtliche Stellung des Maklers hinweist.

Gebündelte / verbundene Versicherungen

combined / comprehensive insurance

Gebündelte und verbundene Versicherungen gehören zu den zusammengefassten Versicherungen mit allerdings unterschiedlichen Auswirkungen. Bei den gebündelten Versicherungen werden mehrere Versicherungen auf einem Versicherungsschein eingestellt. Es wird für jede Versicherung jeweils eine eigene Prämie berechnet. Die Verträge sind einzeln kündbar und berühren die übrigen Versicherungen in der Bündelung nicht. Das Angebot an gebündelten Versicherungen ist vielfältiger als jenes nach verbundenen Versicherungen. So gibt es neben der gebündelten Wohngebäudeversicherung gebündelte Haftpflicht-, Unfall- und Rechtsschutzversicherungen.

Bei der verbundenen (kombinierten) Versicherung werden mehrere Risiken in einem Versicherungsvertrag zusammengefasst. Es wird ein Beitrag bezahlt. Die Kündigung des Versicherungsvertrages kann sich nicht auf einzelne Risikoteile beschränken sondern kann nur für den Gesamtvertrag wirksam ausgesprochen werden. Ein Beispiel ist die verbundene Wohngebäudeversicherung.

Vor Abschluss eines Versicherungsvertrages sollte in den besonderen Versicherungsbedingungen (AVB) genau nachgelesen werden, welche Risiken nicht abgedeckt werden. Daraus ergibt sich, was in eine gebündelte Versicherung möglicherweise noch mit einbezogen werden sollte. Wichtig ist, darauf zu achten, dass es vor allem bei Gebäude- und Hausratversicherungen zu keiner Überversicherung kommt, dass also die Versicherungssumme über dem tatsächlichen Wert der versicherten Sache angesiedelt ist. Die Versicherung zahlt dann im Versicherungsfall nur den Betrag, der sich aus dem tatsächlichen Wert errechnet. Entsprechendes gilt auch für die Unterversicherung.

Gebündelte Geschäftsversicherung

combined insurance for commercial risks

In der gebündelten Geschäftsversicherung werden alle für Gewerbebetriebe möglichen Versicherungen in einem Versicherungspaket zusammengefasst. Es wird nur eine Police ausgestellt. Wird eine Versicherung gekündigt, bleiben die anderen im Paket enthaltenen Versicherungen bestehen.

Die gebündelte Geschäftsversicherung ist in der Prämie in der Regel billiger als die Summe der Prämien aller Einzelversicherungen. Sie bietet Schutz vor Feuer, Explosion, Hagel, Einbruchdiebstahl einschließlich Vandalismus und Raub. Schäden durch Leitungswasser, Sturm und Hagel sind ebenso versichert wie Glasschäden. Eine Betriebsunterbrechungsversicherung kann in das Paket mit aufgenommen werden. Der Vorteil der Bündelung besteht darin, dass man es mit zwei bzw. mehreren Versicherungsverträgen zu tun hat, die einzeln gekündigt werden können.

Siehe / Siehe auch: Verbundene Wohngebäudeversicherung, Gebündelte / verbundene Versicherungen

Geburt eines Kindes / Mietwohnung

birth of a child / flat

Nächste Familienangehörige des Mieters – wie etwa Kinder – gelten nicht als „Dritte“ im Sinne von § 553 BGB (BGH, Urteil vom 15.05.1991, Az. VIII ZR 38/90).

Die Regelung über „Gebrauchsüberlassung an Dritte“ ist damit nicht anwendbar. Eigene Kinder dürfen also grundsätzlich ohne Zustimmung des Vermieters in die Wohnung aufgenommen werden – sei es im Rahmen von Geburt oder Zuzug. Der Vermieter sollte allerdings informiert werden, da (je nach Mietvertrag!) die Abrechnung einiger Betriebskostenpositionen auf Basis der in der Wohnung wohnenden Personenzahl erfolgen kann. Zum nächsten Abrechnungszeitraum ist eine Erhöhung der Betriebskostenvorauszahlung möglich. Die Geburt eines Kindes ist kein Grund für eine Erhöhung der Kaltmiete. Eine Kündigung kann allerdings bei extremer Überbelegung der Wohnung gerechtfertigt sein Beispiel: Dreizimmerwohnung belegt mit zwölf Personen einschließlich Enkel und Schwiegerkinder, AG München, Az: 453 C 11467/02, Vermieter darf kündigen.

Die vorzeitige Kündigung eines Zeitmietvertrages durch den Mieter, weil die Wohnung wegen Familienzuwachses zu klein geworden ist, ist im Gesetz nicht vorgesehen. Der Bundesgerichtshof hat dem Mieter in einem Urteil von 1995 in einem solchen Fall jedoch das Recht zur vorzeitigen Kündigung bei Stellung eines geeigneten Nachmieters eingeräumt Urteil vom 24.03.1995, Az. 13 S 1450/94).

Der Vermieter darf einen unbefristeten Mietvertrag wegen Eigenbedarfs kündigen, wenn er selbst die Wohnung wegen seines Familienzuwachses benötigt (vgl. AG Magdeburg, Urteil vom 21.01.1999, Az: 15 C 3979/98).

Siehe / Siehe auch: Betriebskosten, Kinder in der Mietwohnung, Nachmieter

Gefälligkeitsmiete

rent that is significantly less than the rent that is customary in this place

Unter „Gefälligkeitsmiete“ versteht man die Vereinbarung einer Miete, die erkennbar unterhalb der ortsüblichen Vergleichsmiete angesiedelt ist. Allein diese Vereinbarung schließt die Möglichkeit nicht aus, vom Mieter die Zustimmung zur Erhöhung der Miete zu verlangen, soweit dabei die Kappungsgrenze nicht überschritten wird.

Bei Gefälligkeitsmieten im Rahmen eines Werkmietvertrages, bei dem zwischen Lohn- und Mietvereinbarung ein innerer Zusammenhang besteht, muss bei einer Mieterhöhung der Abstand zwischen ursprünglich vereinbarter und tatsächlicher Vergleichsmiete proportional gewahrt bleiben, wenn dies dem Vertragsabschlusswillen der Parteien entnommen werden kann. Gefälligkeitsmieten können aber auch steuerliche Auswirkungen haben.

Vermietet z.B. ein Hauseigentümer eine ihm gehörende Wohnung an einen ihm Nahestehen z.B. seinen Sohn oder seine Tochter zu einer Vorzugsmiete, die unter 56 Prozent (bis 31.12.2003: 50 Prozent) der ortsüblichen Marktmiete liegt, dann kann er nur den entsprechenden Anteil an Werbungskosten geltend machen. Damit soll verhindert werden, dass dem Vermieter die Vermietung zu Wohnraum zur Gefälligkeitsmiete zu verlustbringenden Gestaltungen gegenüber dem Fiskus nutzt. Der Bundesfinanzhof hatte am 5.11.2002 diese Regelung mit Urteil dahingehend korrigiert, als er die 50 Prozent-Grenze in Frage gestellt hat. Entscheidend sei, ob eine Einkünfteerzielungsabsicht noch bejaht werden könne. Betrage die vereinbarte Miete weniger als 75 Prozent der Marktmiete, sei die Einkünfteerzielungsabsicht anhand einer Überschussprognose zu prüfen. Ist sie negativ, dann müssen die Werbungskosten aufgespalten werden. Abzugsfähig sind dann nur die auf den entgeltlichen Mietteil entfallenden Werbungskosten.

GEFMA - Deutscher Verband für Facility Management e.V.

GEFMA, German Facility Management Association, a registered association

Die GEFMA (German Facility Management Association - Deutscher Verband für Facility Management e.V.) bezeichnet sich als Forum für Anwender, Anbieter, Investoren, Berater und Wissenschaftler aus dem Bereich des Facility Management. Der Verband wurde 1989 gegründet und zählte 2008 etwa 600 Mitgliedsunternehmen einschließlich städtischer und staatlicher Stellen.

Der Verein bezweckt nach seiner Satzung die Zusammenführung und Förderung aller Aktivitäten auf dem Gebiet des Facility Managements in der Bundesrepublik Deutschland, sowie die Zusammenarbeit mit den entsprechenden Vereinigungen im In- und Ausland.

Er verwirklicht seinen Satzungszweck unter anderem durch

- die Definition der Facility Management Standards durch Erfahrungsaustausch der Mitglieder untereinander;
- die Förderung eines hohen Qualifizierungsstandards von Facility Managern durch die Entwicklung von Ausbildungsgängen und Berufsbildern;
- qualifizierte Beratung und Unterstützung der Lehre und Forschung in spezifischen Anwendungsbereichen;

- die Pflege von internationalen Kontakten

Die GEFMA konzentriert ihre Aktivitäten auch darauf, eine effiziente und an den Bedürfnissen der Menschen ausgerichtete Bewirtschaftung von Facilities in privaten Unternehmen und in der öffentlichen Verwaltung zu fördern. Die GEFMA ist seit 1996 dabei, Richtlinien zu entwickeln. Es gibt 9 Richtliniengruppen. Sie beziehen sich auf verschiedene Bereiche wie sich aus den Überschriften ergibt:

- Gruppe 100 Begriffe und Leistungsbilder
- Gruppe 200 Kosten, Kostenrechnung, Kostengliederung, Kostenerfassung
- Gruppe 300 FM-Recht
- Gruppe 400 CAFM (Computer Aided Facility Management)
- Gruppe 500 Ausschreibung und Vertragsgestaltung bei Fremdvergaben von Dienstleistungen
- Gruppe 600 Berufsbilder, Aus- und Weiterbildung im FM
- Gruppe 700 Qualitätsaspekte
- Gruppe 800 Branchenspezifische Richtlinien
- Gruppe 900 Verzeichnisse, Marktübersichten und Sonstiges

An der Verbesserung/Aktualisierung der Richtlinien wird laufend gearbeitet. Die bereits verabschiedeten Richtlinien können bei der GEFMA erworben werden (www.gefma.de).

Siehe / Siehe auch: Facility Management (FM)

Gegensprechanlage

intercom system

Gegensprechanlagen sind in Mehrfamilienhäusern üblich. Bei Modernisierungen werden sie oft nachträglich installiert. Ihr Einbau gilt als Wohnwertsteigerung, so dass der Vermieter elf Prozent der Einbaukosten jährlich auf die Miete aufschlagen kann. Dies gilt jedoch nicht für technisch nicht ausgereifte Modelle, die nicht abhörsicher sind. Hier werden Grundrechte des Mieters verletzt; dieser muss den Einbau daher nicht dulden.

Siehe / Siehe auch: Mieterhöhung bei Modernisierung

Geh- und Fahrtrecht

easement of access

Ein Geh- und Fahrtrecht ist ein im Grundbuch des „dienenden Grundstücks“ in Form einer Grunddienstbarkeit abgesichertes Recht zugunsten des „herrschenden Grundstücks“. Es beinhaltet die Nutzung des belasteten Grundstücks dergestalt, dass es zu Fuß oder mit einem Fahrzeug überquert werden kann. In besonderen Fällen kann dieses Recht auf eine Person beschränkt werden. Als Belastung wird dann eine beschränkte persönliche Dienstbarkeit eingetragen. Die Eintragung setzt eine genaue Bestimmung und Kennzeichnung der Grundstückteile in einem Lageplan voraus, auf dem das Recht ausgeübt werden kann. Der Grundstückseigentümer, der diese Fremdnutzung dulden muss, ist auch verpflichtet, diese Grundstückteile so zu erhalten, dass das Recht faktisch genutzt werden kann. Es kann aber auch vereinbart werden, dass die Instandhaltungslast vom Eigentümer des herrschenden Grundstücks ganz oder teilweise zu übernehmen ist.

Wird statt eines Geh- und Fahrtrechts ein Wegerecht bestellt, ermöglicht es auch die Nutzung zum Parken, Reiten oder zum Durchtreiben von Vieh.

Siehe / Siehe auch: Beschränkte persönliche Dienstbarkeit, Dienendes Grundstück, Grunddienstbarkeit

Gehwegreinigungspflicht für Mieter

tenant‘s duty to clean the pavement

Siehe / Siehe auch: Schneeräumpflicht für Mieter

Geislinger Konvention

Geislinger Konvention, an agreement on the management of operating expenses worked out at the University of Nuertingen / Geisling

Ein Bereich des Risikomanagements ist das Betriebskostenmanagement. Dem Thema widmet sich die Geislinger Konvention. Sie ist eine bundesweite verbandsübergreifende Vereinbarung über die Inhalte und die Struktur der für ein Betriebskosten-Benchmarking verwendeten Daten. Erarbeitet wurde die Geislinger Konvention von einer Arbeitsgruppe, bestehend aus Vertretern von Verbänden, Wohnungsunternehmen und wohnungswirtschaftlichen Dienstleistern unter Federführung von Prof. Hansjörg Bach (von der Hochschule Nürtingen/ Studiengang Immobilienwirtschaft).

Sie soll sowohl die Anforderungen des unternehmensbezogenen als auch des unternehmensübergreifenden Benchmarkings berücksichtigen. Grundlage ist der Betriebskostenkatalog der Betriebskostenverordnung und eine einheitliche DV-gestützte Buchungsstruktur der Betriebskosten. Die Betriebskosten werden mit Gebäudestrukturdaten korreliert, um damit den Besonderheiten der Wohnobjekte gerecht zu werden. Es besteht die Hoffnung, dass die Wohnungsunternehmen sich dieser Konvention anschließen, um zu einer Vergrößerung des branchenspezifischen Datenmaterials zu gelangen. Die Kenntnis der repräsentativen Betriebskosten-

struktur ist Ausgangspunkt für die Möglichkeit, Betriebskosten zu steuern und damit Einfluss auf die Entwicklung der „2. Miete" zu nehmen.
Siehe / Siehe auch: Benchmarking, Betriebskostenverordnung

Geländer

(hand)rail; railing; ban(n)ister(s); parapet; balustrade; guard rail

Ein Geländer ist der nach unten sichernde Abschluss eines Höhenunterschiedes. Höhenunterschiede treten im Außen- und im Innenbereich z.B. bei Aussichtsplattformen, Brücken, Schiffen, Balkonen und Treppen auf. Baurechtlich erforderlich ist das Geländer bei einer Anzahl von 3 Stufen. An der Stufenvorderkante gemessen, muss es mindestens eine Höhe von 90 Zentimeter erreichen. Ab einer Treppenabsturzhöhe von 12 Meter und mehr, muss ein Geländer mindestens 110 Zentimeter betragen. Zur Sicherheit von Kleinkindern sind das Überklettern von Geländern und das Durchstecken des Kopfes zwischen den Bauteilen konstruktiv auszuschließen. Der Abstand zwischen den Geländerstäben darf nicht mehr als 12 Zentimeter betragen.
Die tragenden Elemente eines Geländers sind Pfosten oder Stäbe, die vertikal in einem bestimmten Abstand zueinander angeordnet werden. Verwendet werden sowohl massive aus Beton und Stein oder filigrane Pfosten, z. B. aus Holz, Kunststoffen oder Stahl. Diese Pfosten werden mit vertikalen oder horizontalen Geländerstäben verbunden oder erhalten flächige Geländerelemente aus unterschiedlichen Materialien wie z. B. Draht, Glas, Bleche, usw. Der Handlauf bildet den oberen Abschluss eines Geländers. Normalerweise muss die Dimensionen der Geländerteile statisch errechnet werden. Üblicherweise werden sie aber ohne statischen Nachweis nach Erfahrungswerten von Treppenbauern (z. B. Bauschlossern) angefertigt. Nur bei alten Geländern ist eine gewisse Vorsicht geboten, und sie sollten, wie auch bei Brückengeländern üblich, überprüft werden.
Siehe / Siehe auch: Balkon, Handlauf, Stufe, Gebäudetreppen

Gelder, gemeinschaftliche (Wohnungseigentumsverwaltung)

collective funds (administration of freehold flats)

Siehe / Siehe auch: Gemeinschaftskonto (Wohnungseigentümer-Gemeinschaft)

Geldwäschebekämpfungsgesetz

German anti-money laundering act

Sinn des Geldwäschebekämpfungsgesetzes ist das „Aufspüren von Gewinnen aus schweren Straftaten, insbesondere auch solcher Transaktionen, die der Finanzierung des Terrorismus dienen". Durch Artikel 1 des Geldwäschebekämpfungsgesetzes vom 08.08.2002 wurde das „Geldwäschegesetz" (GwG) erheblich verschärft.
Siehe / Siehe auch: Anzeigepflicht, Geldwäschegesetz (GwG)

Geldwäschegesetz (GwG)

German anti-money laundering act

Im Zuge der Terrorismusbekämpfung sollen illegale Finanzströme „ausgetrocknet" werden. Dem dient das Geldwäschegesetz (Gesetz über das Aufspüren von Gewinnen aus schweren Straftaten). Unternehmen bestimmter Branchen (Banken, Versicherungsgesellschaften, Versicherungsmakler, Immobilienmakler, Vermögensverwalter, Versteigerer aber auch bestimmte freiberufliche Gruppen (Rechtsanwälte, Notare, Steuerberater) werden verpflichtet, die Personalien der Geld anlegenden Kunden zu „identifizieren" und zu prüfen, ob die Identifikationsmerkmale mit dem Kunden übereinstimmen. Dies gilt ab einem Anlagebetrag (gestückelt oder auf einmal) von mindestens 15000 EURO. Die Identifizierungspflicht bezieht sich auch auf Dritte, die im Auftrag des Kunden handeln. Ergibt sich für den Makler ein Verdacht, spielt die Höhe des Geldwäschebetrages keine Rolle mehr.
Die Daten müssen fünf Jahre aufbewahrt werden. Verdächtige Geschäfte sind der Polizei oder der Staatsanwaltschaft zu melden, wovon aber die Betroffenen nicht verständigt werden dürfen. Im Gegenzug wird der meldenden Person eine Freistellung von der Verantwortung zugesichert, es sei denn, sie hat grob fahrlässig oder vorsätzlich gehandelt (§ 12 GwG). Identifizieren im Sinne dieses Gesetzes ist das Feststellen des Namens aufgrund eines Personalausweises oder Reisepasses sowie des Geburtsdatums und der Anschrift, soweit sie darin enthalten sind, und das Feststellen von Art, Nummer und ausstellender Behörde des amtlichen Ausweises. Zu beachten sind interne Sicherungsmaßnahmen, zu denen auch die Bestimmung eines Geldwäschebeauftragten gehört, der als Ansprechpartner fungiert. Von internen Sicherungsmaßnahmen kann ganz oder teilweise bei Maklern abgesehen werden, deren Geschäftszweck den Geldwäschebereich nicht berührt. Zuständig für diese Entlastung ist die Gewerbebehörde.

Gelegenheitsgesellschaft

temporary joint venture; ad hoc consortium; particular partnership

Gelegenheitsgesellschaften entstehen durch den Zusammenschluss mehrerer Unternehmen mit dem Ziel, ein oder mehrere bestimmte Geschäfte auf gemeinsame Rechnung vorzunehmen. In der Regel handelt es sich um Gesellschaften bürgerlichen Rechts. Typische Gelegenheitsgesellschaften sind die insbesondere im Baugewerbe häufig anzutreffenden Arbeitsgemeinschaften, die als Außengesellschaften auftreten, oder Konsortien, beispielsweise von Banken, die lediglich als Innengesellschaften fungieren. Gelegenheitsgesellschaften werden vor allem gebildet, wenn die gemeinsam vorzunehmenden Geschäfte die Kapazitäten eines einzelnen Unternehmens überfordern würden oder wenn Auftragnehmer bzw. Auftraggeber daran interessiert sind, die mit einem bestimmten Auftrag verbundenen Risiken nicht einem Unternehmen allein aufzubürden, sondern auf mehrere Unternehmen zu verteilen.

Siehe / Siehe auch: Arbeitsgemeinschaft, Konsortium

Gemarkung

district (e.g. cadastral)

Das Gebiet einer Gemeinde wird durch die Gesamtheit der Flurstücke, die zu der Gemeinde gehören, festgelegt. Überwiegend besteht das Gemeindegebiet aus mehreren Gemarkungen. Eine Gemarkung kann aber auch Teile von mehreren Gemeindegebieten umfassen.Für die Nummerierung wird eine geschlossene Gruppe von Flurstücken jeweils zu einem Nummerierungsbezirk zusammengefasst. Der Nummerierungsbezirk für die Flurstücke im Kataster ist identisch mit einer Gemarkung. Die Gemarkungen werden nach ihrer geografischen Lage benannt. Als Benennung wird möglichst der Name einer Gemeinde, eines Gemeinde- / Stadtteils oder eines gemeindefreien Gebiets verwendet. Sind derartige Möglichkeiten nicht gegeben, so wird die Benennung aus einer für die betreffende Örtlichkeit gebräuchlichen geografischen Bezeichnung abgeleitet.

Gemeinbedarfsflächen

areas for public purposes (schools, hospitals, etc.)

Als Gemeinbedarfsflächen werden solche Flächen bezeichnet, die in einem Bebauungsplan zur baulichen Nutzung für Einrichtungen vorgesehen sind, die den Gemeinbedarf decken – z.B. Kindergärten, Schulen, Kirchen, Sportanlagen. Nicht dazu zählen Erschließungsanlagen (Straßen, Fußweg, Plätze). Die Art des Gemeinbedarfs muss im Bebauungsplan bezeichnet werden. Dies geschieht im Bebauungsplan durch Verwendung entsprechender Planzeichen. Wird eine Bodenfläche, die sich im Privateigentum befindet, als Gemeinbedarfsfläche ausgewiesen, kann sie zum Vollzug des Bebauungsplanes enteignet werden, wenn sich der Eigentümer weigert, die Fläche an die Gemeinde zu verkaufen oder sie für den vorgesehenen Nutzungszweck zur Verfügung zu stellen. Auf Gemeinbedarfsflächen dürfen wertsteigernde Änderungen vorhandener baulicher Anlagen nur durchgeführt werden, wenn der Bedarfs- und Erschließungsträger dem zustimmt und der Eigentümer auf Ersatz der Werterhöhung schriftlich verzichtet.

Gemeindeordnung (GO)

German municipal code; byelaws

Gemeindeordnungen sind landes-gesetzliche Regelungen, die gewissermaßen als Verfassung der Gemeinden des Bundeslandes angesehen werden können. Die Gemeindeordnungen basieren auf der Selbstverwaltungsgarantie der jeweiligen Landesverfassungen und auf Artikel 28 Abs. 2 des Grundgesetzes. Sie regeln Aufbau, Struktur, Zuständigkeit sowie Rechte und Pflichten der Organe der Kommunalverwaltung (z. B. Gemeindevertretung, Gemeindevorstand, Bürgermeister, Ortsbeirat). Auch die kommunale Finanzwirtschaft und die staatliche Aufsicht über die Gemeinden werden von der jeweiligen Gemeindeordnung geregelt.
Eine einheitliche Deutsche Gemeindeordnung gab es ab 01.04.1935 im Dritten Reich. Diese diente in erster Linie der Entmachtung der bis dahin existierenden Gemeindeorgane. Eine demokratische Wahl der Gemeindeorgane oder die Durchführung von Abstimmungen im Gemeine- oder Stadtrat waren in dieser Gemeindeordnung nicht vorgesehen.

Gemeindeschlüssel

German municipality key

Der amtliche Gemeindeschlüssel (AGS) ist eine Folge von Zahlen zur Bezeichnung einer Gemeinde. Gepflegt wird der Gemeindeschlüssel von den statistischen Landesämtern. Der Gemeindeschlüssel wird aus acht Zahlen zusammengesetzt.
Beispiel:
01061004 Altenmoor in Schleswig-Holstein
Die ersten beiden Ziffern bezeichnen das Bundesland: 01 = Schleswig Holstein
weitere Bundesländer:

01 Schleswig-Holstein
02 Freie und Hansestadt Hamburg
03 Niedersachsen
04 Freie Hansestadt Bremen
05 Nordrhein-Westfalen
06 Hessen
07 Rheinland-Pfalz
08 Baden-Württemberg
09 Bayern
10 Saarland
11 Berlin
12 Brandenburg
13 Mecklenburg-Vorpommern
14 Sachsen
15 Sachsen-Anhalt
16 Thüringen

Die dritte Stelle bezeichnet den Regierungsbezirk. Hat ein Bundesland keine Regierungsbezirke, steht an Stelle 3 eine 0. An Stelle 4 und 5 steht das Kennzeichen für den Landkreis oder die kreisfreie Stadt. 61 = Landkreis Steinburg. Die Stellen 6 bis 8 bezeichnen die Gemeinde. 004 = Altenmoor

Gemeiner Wert

(fair) market value; value on an open sale

Der Begriff des gemeinen Werts wird im Bewertungsgesetz definiert (§ 9 BewG). Danach wird der gemeine Wert durch den Preis bestimmt, der im gewöhnlichen Geschäftsverkehr nach der Beschaffenheit eines Wirtschaftsgutes bei einer Veräußerung zu erzielen wäre. Dabei sind mit Ausnahme von ungewöhnlichen oder persönlichen Verhältnissen alle Umstände zu berücksichtigen, die den Preis beeinflussen. Diese Definition entspricht im Ergebnis der Definition des Verkehrswertes nach § 194 BauGB. Je nach Bewertungszweck sind unterschiedliche Bewertungsverfahren zu berücksichtigen. Als Bemessungsgrundlage für die Grundsteuer gilt der Einheitswert, der auf der Grundlage eines Hauptfeststellungszeitpunktes (derzeit immer noch 1935) zu ermitteln ist. Die Regelungen ergeben sich im Einzelnen aus den §§ 18 bis 94, 122 und 125 bis 132. Sollte eine Bewertung zu Zwecken der Festsetzung einer Grunderwerbsteuer notwendig sein, gilt seit 01.01.1997 der Grundbesitzwert. Dieser war auch für Bewertungen nach der Erbschaftsteuer bis 31.12.2008 heranzuziehen. Der Wert unbebauter Grundstücke bemisst sich hier nach dem Bodenrichtwert abzüglich 20 Prozent. Für bebaute Grundstücke ist das 12,5-fache der zum Besteuerungszeitpunkt vereinbarten Jahresmiete, vermindert um eine Wertminderung wegen Alters anzusetzen (höchstens 25 Prozent).

Als Bemessungsgrundlage für die Erbschaftsteuer wird der gemeine Werte nach den §§ 179 und 182 bis 196 des Bewertungsgesetzes berechnet. Diese Bewertungsvorschriften entsprechen in etwa denen der Wertermittlungsverordnung (WertV). Sie enthalten allerdings zum Zweck der Vereinheitlich der Bewertung feste Pauschalansätze. Steuerpflichtige können einen geringeren Wert nachweisen, der nach den Vorschriften der WertV zu ermitteln ist und dem Verkehrswert im Sinne des § 194 BauGB entspricht.

Siehe / Siehe auch: Bewertungsgesetz, Gewöhnlicher Geschäftsverkehr (Wertermittlung), Gewöhnlicher Geschäftsverkehr (Wertermittlung), Verkehrswert

Gemeinschaft

community; association

Die Gemeinschaft beziehungsweise Gemeinschaft nach Bruchteilen ist ein Begriff aus dem Bürgerlichen Gesetzbuch (vergleiche §§ 741 ff.). Die dort niedergelegten Vorschriften finden Anwendung in allen Fällen, in denen ein Recht mehreren Berechtigten gemeinsam zusteht. Auch eine Wohnungseigentümer-Gemeinschaft ist eine Gemeinschaft in diesem Sinne. Für eine Wohnungseigentümer-Gemeinschaft gelten jedoch zusätzlich die speziellen Regelungen des WEG. Es gibt noch andere Gemeinschaften, auf die diese Vorschriften zutreffen – z. B. die Erbengemeinschaft. Auch wenn mehrere Personen z. B. gemeinsam ein Pferd für Rennen oder Eigennutzung erwerben, entsteht eine Gemeinschaft. Eine der zentralen Regelungen (§ 744 BGB) lautet: Die Verwaltung des gemeinschaftlichen Gegenstandes steht allen gemeinschaftlich zu.

Siehe / Siehe auch: Gemeinschaftsordnung, Vermietergemeinschaft, Wohngemeinschaft, Wohnungseigentümer, Wohnungseigentümer-Gemeinschaft

Gemeinschaftseigentum

common property; common ownership

Das Wohnungseigentumsgesetz unterscheidet zwischen dem Sondereigentum als Alleineigentum und dem Gemeinschaftseigentum, an dem alle Wohnungseigentümer mit einem Miteigentumsanteil beteiligt sind. Zum gemeinschaftlichen Eigentum zählen neben dem Grundstück (§ 1 Abs. 5 WEG) alle übrigen Teile, Anlagen und Einrichtungen sowie die Räume des Gebäudes, die nicht im Sondereigentum oder im Eigentum eines Dritten stehen. Dabei handelt es sich um vor allem um Dach-, Boden- oder Kellerräume.

Zum Gemeinschaftseigentum gehören ferner alle übrigen Gebäudeteile, die dem Bestand und der Sicherheit des Gebäudes dienen, sowie alle Anlagen und Einrichtungen, die dem gemeinschaftlichen Gebrauch aller Wohnungseigentümer dienen (§ 5 Abs. 2 WEG). Zu ersteren zählen alle konstruktiven Gebäudebestandteile wie Dach, Außenwand, Fenster, Haus- und Wohnungstüren, tragende Wände, Decken und Böden, auch wenn sie sich im Bereich des Sondereigentums befinden. Zu letzteren gehören Treppenhaus, Aufzüge, Zentralheizungs- und Warmwasserversorgungs-Anlagen, zentrale Installations- und Ver- beziehungsweise Entsorgungseinrichtungen. Die Verwaltung des gemeinschaftlichen Eigentums obliegt den Wohnungseigentümern, dem Verwalter und – sofern bestellt – dem Verwaltungsbeirat. Die laufenden Betriebs- und Verwaltungskosten des gemeinschaftlichen Eigentums sind von allen Wohnungseigentümern gemäß § 16 Abs. 2 WEG anteilig zu tragen, sofern nicht gemäß § 16 Abs. 3 WEG eine abweichende Regelung beschlossen wurde. Für die Instandhaltung und -setzung des gemeinschaftlichen Eigentums sind alle Wohnungseigentümer gemeinschaftlich verpflichtet und haben gemäß § 16 Abs. 2 WEG die entsprechenden anteiligen Kosten nach Miteigentumsanteilen zu tragen, wenn nicht im konkreten Fall gemäß § 16 Abs. 4 WEG eine abweichende Kostenverteilung beschlossen wurde.

Siehe / Siehe auch: Instandhaltung / Instandsetzung (Wohnungseigentum), Kostenverteilung, Sondereigentum

Gemeinschaftsgeschäft

joint/ syndicate business; business on joint account

Gemeinschaftsgeschäfte bei Maklern gibt es in drei verschiedenen Ausgestaltungsformen. Die erste besteht darin, dass ein Auftraggeber zwei Maklern zusammen einen Auftrag erteilt, die sich dann im Falle eines Vertragsabschlusses unabhängig vom Einzelbeitrag jedes einzelnen zum Abschluss die Provision teilen (sog. „Hamburger Gemeinschaftsgeschäft"). Die zweite Art des Gemeinschaftsgeschäftes besteht darin, dass ein Makler von sich aus einen Untermakler einschaltet, der vor Ort die Bearbeitung übernimmt. Auch er partizipiert auf jeden Fall an den Provisionsansprüchen, die der Hauptmakler geltend macht. Die dritte Art des Gemeinschaftsgeschäftes, die in der Praxis weitaus überwiegt, besteht darin, dass der Makler des Objektauftraggebers mit dem Makler des Interessentenauftraggebers zusammenarbeitet und beide auf einen Abschluss hinwirken. Auch hier wird entweder die Gesamtprovision geteilt oder jeder der beiden Makler erhält von seinem jeweiligen Auftraggeber die Provision.

Die Vereinbarung von Gemeinschaftsgeschäften ist eine alternative zur Vermarktung von Immobilien durch miteinander konkurrierende Makler.

Gemeinschaftsgeschäfte bewirken, dass zusätzliche Vertragsabschlüsse, die sich durch Kooperation mit Kollegen ergeben, trotz ihrer Wettbewerbssituation durchgeführt werden können. Außerdem treten Kostenersparnisse durch Vermeidung von doppelten oder dreifachen Bearbeitungen beim Objektvertrieb ein. Für diese Art von Geschäften gibt es keine gesetzlichen Regelungen. Die Art der Provisionsteilung und andere Vorgaben findet man in den „Geschäftsgebräuchen für Gemeinschaftsgeschäfte (GfG)" des Immobilienverbandes Deutschland (IVD), die im Mai 2006 auf der Mitgliederversammlung des IVD novelliert wurden.

Gemeinschaftskonto (Wohnungseigentümer-Gemeinschaft)

joint account; alternate account; omnibus account; tenancy account (flat owners' association)

Der Verwalter der Wohnungseigentümer-Gemeinschaft ist gemäß § 27 Abs. 4 Satz 1 WEG verpflichtet, Gelder der Wohnungseigentümer getrennt von seinem Vermögen zu verwalten.

Die Geldverwaltung hat deshalb auf einem Konto zu erfolgen, das wegen der Teilrechtsfähigkeit der Wohnungseigentümer-Gemeinschaft und der Zuordnung der Gelder zum Verwaltungsvermögen auf den Namen der Wohnungseigentümer-Gemeinschaft zu führen ist. Die Führung des Gemeinschaftskontos als Treuhandkonto auf den Namen des Verwalters ist – entgegen noch weit verbreiteter Praxis – nach der Zuerkennung der Teilrechtsfähigkeit nicht mehr zulässig. Die Verfügung über die gemeinschaftlichen Gelder kann gemäß § 27 Abs. 4 Satz 2 WEG von der Zustimmung eines Wohnungseigentümers oder eines Dritten abhängig gemacht werden.

Siehe / Siehe auch: Kontoführung

Gemeinschaftsordnung

byelaws for freehold flats; declaration of restrictions

Das Wohnungseigentumsgesetz gestattet es den Wohnungseigentümern, ihr Verhältnis untereinander in der Weise rechtlich zu gestalten, dass sie vom Wohnungseigentumsgesetz abweichende

Regelungen treffen, sofern nicht das Gesetz selbst etwas anderes bestimmt (§ 10 Abs. 2 Satz 2 WEG). Erforderlich ist hierzu eine Vereinbarung, also eine Regelung, die die Zustimmung aller im Grundbuch eingetragenen Wohnungseigentümer erforderlich macht. Damit diese Regelung auch im Fall des Eigentümerwechsels gegenüber dem neuen Eigentümer gilt, bedarf die Vereinbarung als so genannter Inhalt des Sondereigentums – im Gegensatz zum Gegenstand des Sondereigentums – der Eintragung in das Grundbuch (§ 10 Abs. 3 WEG; § 5 WEG). Unterbleibt die Eintragung, gilt die Vereinbarung als so genannte schuldrechtliche Vereinbarung zwar unter denjenigen, die sie getroffen haben, bei Eintritt eines neuen Eigentümers verliert sie jedoch ihre Wirkung nicht nur gegenüber dem neu in die Gemeinschaft eintretenden, sondern auch gegenüber den bisherigen Wohnungseigentümern. Von der Möglichkeit, vom Gesetz abweichende Regelungen in der Form der Vereinbarung zu treffen, wird meist bereits bei der Begründung von Wohnungseigentum Gebrauch gemacht. Vom Gesetz abweichende Vereinbarungen sind jedoch nur zulässig bei den sogenannten abdingbaren gesetzlichen Bestimmungen. Bestimmt das Gesetz selbst, dass von der betreffenden Bestimmung nicht abgewichen werden kann, beispielsweise bei der Verwalterbestellung auf höchstens fünf Jahre beziehungsweise drei Jahre bei erstmaliger Bestellung nach Begründung des Wohnungseigentums (§ 26 Abs. 1 WEG), ist auch eine Vereinbarung unzulässig. So ist auch eine Zuordnung der Fenster zum Sondereigentum, wie sie vielfach in Teilungserklärungen beziehungsweise Gemeinschaftsordnungen vorgenommen worden war, unwirksam (§ 5 WEG).

Die im Regelfall zunächst vom teilenden Eigentümer einseitig getroffenen Vereinbarungen werden in der Gemeinschaftsordnung festgelegt, die teilweise, allerdings fälschlich, auch als Miteigentumsordnung bezeichnet wird. Sie ist meist Bestandteil der Teilungserklärung, wobei die Teilungserklärung in engerem Sinne ausschließlich die rein sachenrechtlichen Regelungen (Abgrenzung und Zuordnung von Sonder-/Gemeinschaftseigentum, Festlegung der Miteigentumsanteile) enthält. Regelungen in der Gemeinschaftsordnung, die die rechtlichen Beziehungen der Wohnungseigentümer untereinander zum Inhalt haben, stehen insoweit den Vereinbarungen gleich. Änderungen der Gemeinschaftsordnung bedürfen stets einer erneuten Vereinbarung, ein Mehrheitsbeschluss ist als vereinbarungsändernder Mehrheitsbeschluss nichtig. Eine Ausnahme gilt nur für den Fall, dass die Vereinbarung einer „Öffnungsklausel" die Abänderbarkeit der Gemeinschaftsordnung durch mehrheitliche Beschlussfassung ausdrücklich regelt. Unter bestimmten Voraussetzungen – grobe Unbilligkeit der bestehenden Regelung – hat die gültige Rechtsprechung darüber hinaus grundsätzlich auch einen gerichtlich durchsetzbaren Anspruch auf Änderung einer Vereinbarung anerkannt, insoweit also auch auf Änderung einer Gemeinschaftsordnung beziehungsweise einzelner Regelungen, beispielsweise die Änderung eines nicht sachgerechten Verteilungsschlüssels. Nach den neuen Bestimmungen des Wohnungseigentumsgesetzes ist jedem Wohnungseigentümer ein gesetzlicher Anspruch eingeräumt, eine vom Gesetz abweichende Vereinbarung oder die Anpassung einer Vereinbarung zu verlangen, soweit ein Festhalten an der geltenden Regelung aus schwerwiegenden Gründen unter Berücksichtigung aller Umstände des Einzelfalles, insbesondere der Rechte und Interessen der anderen Wohnungseigentümer, unbillig erscheint (§ 10 Abs. 2 Satz 3 WEG).

Siehe / Siehe auch: Öffnungsklausel, Teilungserklärung, Vereinbarung (nach WEG), Verteilungsschlüssel (Wohnungseigentum)

Genehmigungsfreies Bauen

building not subject to approval/ exempt from licensing

Siehe / Siehe auch: Baugenehmigung

Genehmigungsplanung

permit planning; approval planning

Die Genehmigungsplanung ist die 4. Leistungsphase nach § 3 Abs.4 der HOAI 2009 (Honorarordnung für Architekten und Ingenieure). Sie wird mit sechs Prozent (Gebäude, Freianlagen) und zwei Prozent (raumbildende Ausbauten) bewertet, bemessen am gesamten Honorar der Architekten und Ingenieure. In dieser Planungsphase geht es um die vom Bauherren beauftragte Auseinandersetzung über das Bauvorhaben mit dem Amt. Der Architekt übernimmt diese Aufgabe und erstellt die erforderlichen Unterlagen und Zeichnungen für den Bauantrag.

Siehe / Siehe auch: Bauantrag, Entwurfsplanung, HOAI, Leistungsphasen

Generalmietvertrag

general lease

Bei einem Generalmietvertrag vermietet der Eigentümer – teils auch der Bauträger – ein komplettes Objekt an einen Generalmieter. Dieser nutzt das Gebäude nicht selbst, sondern vermietet die ein-

zelnen Wohnungen bzw. Gewerbeeinheiten des Gesamtobjektes wiederum an die Endmieter. Dies wird als Zwischenvermietung oder Weitervermietung bezeichnet. Generalmietverträge haben auch Bedeutung für Immobilienfonds.
Der Fonds tritt dabei als Käufer des Objekts auf, hat nur einen Mieter als Vertragspartner und kann mit Vollvermietung und gesicherten Mieteinkünften werben. Risiken für die Anleger können dahingehend bestehen, dass der Zwischenmieter eben doch keine Vollvermietung erzielt oder dass aus anderen Gründen Umsatzeinbußen auftauchen, so dass das gesamte Projekt schließlich unrentabel wird. Mietminderungen des Hauptmieters gegen den Eigentümer sind bei entsprechender Vertragslage nicht ausgeschlossen. Wie bei einer Mietgarantie sollten Anleger auch beim Generalmietvertrag die Höhe der Generalmiete mit der Marktmiete vergleichen. Generalmietverträge werden auch von unseriösen Anbietern genutzt – um den Eindruck höherer Erträge zu erwecken, als in Wahrheit vorhanden. Das Objekt und gegebenenfalls auch die Fondsanteile können damit zu einem überhöhten Preis veräußert werden.
Siehe / Siehe auch: Gewerbliche Weitervermietung

Generalübernehmer

someone taking over an enterprise / company as a whole

Im Baugeschäft ist Generalübernehmer, wer die Vorbereitung und Durchführung eines Bauvorhabens ganz (oder teilweise) in eigenem Namen und auf eigene Rechnung, aber auf dem Grundstück des Bauherrn organisiert.Er selbst erbringt keine Bauleistungen, sondern schaltet hierfür ausschließlich Subunternehmer ein. Erbringt der Generalübernehmer aber Planungsleistungen, spricht man auch von einem Totalübernehmer.
Siehe / Siehe auch: Generalunternehmer, Garantierter Maximalpreisvertrag (GMP)

Generalunternehmer

general contractor; prime contractor; main contractor; master builder

Ein Generalunternehmer ist in der Regel ein Bauunternehmen, das gegenüber dem Bauherrn als einziger Vertragspartner bei der Durchführung eines Bauvorhabens auftritt. Für vom ihm nicht selbst erbrachten Bauleistungen schaltet er auf eigene Rechnung Subunternehmer ein. Dabei übernimmt er durch Vereinbarung eines Festpreises einen nicht unerheblichen Teil des Bauherrenrisikos.
Siehe / Siehe auch: Generalübernehmer, Garantierter Maximalpreisvertrag (GMP), Totalunternehmer

Genossenschaft

association; cooperative; professional body

Siehe / Siehe auch: Wohnungsgenossenschaft

Genossenschaftsförderung

subsidy for cooperatives

Diese war ein Bestandteil der staatlichen Förderung selbstgenutzten Wohneigentums, allgemein auch als Eigenheim- und Kinderzulage bekannt. Da sich der Staat mit Stichtag 1. Januar 2006 aus der Förderung selbstgenutzten Wohneigentums völlig zurückgezogen hat, entfällt auch die Genossenschaftsförderung. Und zwar, wenn der Steuerzahler nach Silvester 2005 einer begünstigten Wohnungsbaugenossenschaft beigetreten ist. Für alle Altfälle gilt: Die Genossenschaftsförderung läuft so lange weiter, bis der achtjährige Förderzeitraum beendet ist.Im Einzelnen bedeutet dies: Seit 1. Januar 2004 erhalten „Genossen“ drei Prozent jährliche Zulage auf maximal 40.000 Euro Genossenschaftsanteil (= 1.200 Euro). Und das über acht Jahre, so dass sich die Höchstförderung auf 9.600 Euro beläuft. Zudem besteht Anspruch auf 250 Euro Kinderzulage jährlich, so dass sich je Sprössling eine Finanzspritze von insgesamt 2.000 Euro ergibt. Die Zulage wurde bei einem Beitritt zur Genossenschaft nach dem 31.12.2003 nur gewährt, sofern der Anspruchsberechtigte spätestens im letzten Förderjahr, also dem achten Jahr nach Beginn, mit der Nutzung der Genossenschaftswohnung zu eigenen Wohnzwecken begonnen hat.

Gentrifizierung

gentrification

Von engl. „Gentrification“, abgeleitet von „gentry“ (=Oberschicht, Adel). Mit dem Begriff ist der Vorgang der sozialen Aufwertung von weniger angesehenen Wohngebieten gemeint. Die Sanierung, Modernisierung und Umwandlung von Miet- in Eigentumswohnungen führen zur Verdrängung der weniger betuchten und Ansiedlung einer finanziell besser gestellten Bevölkerungsgruppe.
Siehe / Siehe auch: Umwandlung, Segregation, Soziales Milieu

Geo-Caching

geocaching

Geo-Caching ist eine Art abgewandelte Schatzsuche oder „Schnitzeljagd“. Dabei begibt sich

eine Reihe von Personen, die sich untereinander nicht unbedingt kennen, mit Hilfe von tragbaren GPS-Navigationsgeräten auf die Suche nach dem „Cache“, einem „Schatz“, bestehend aus einem wetterfesten Behälter. In diesem befinden sich einige Kleinigkeiten oder Gebrauchsgegenstände sowie ein Logbuch. Die GPS-Koordinaten erhalten die Teilnehmer von einer Internetseite. Der „Schatz“ kann dabei an ganz unterschiedlichen Orten versteckt sein – an einem per Pkw zugänglichen Platz, aber auch auf einem Berggipfel oder unter Wasser. Jeder erfolgreiche Finder kann dem Behälter etwas entnehmen, legt selbst wieder einen Gegenstand hinein und trägt sich im Logbuch ein. Der Behälter bleibt am Fundort. Es gibt auch „Rätsel-Caches“ bei denen zunächst bestimmte Aufgaben zu lösen sind. Das in den USA ab dem Jahr 2000 entstandene Geo-Caching wird für immer mehr Personen zu einem Hobby. Problematisch können dabei das Betreten fremder Grundstücke sein (in Deutschland gegebenenfalls als Hausfriedensbruch strafbar) sowie die Schatzsuche in Naturschutzgebieten, in denen bestimmte Schutzzonen nicht betreten werden dürfen.
Informationen zum Geo-Caching in Deutschland finden Sie unter www.geocaching.de.
Siehe / Siehe auch: Global Positioning System (GPS)

Geographisches Informationssystem (GIS)

GIS, geographic information system

Unter einem geographischen Informationssystem („Geoinformationssystem“) versteht man ein rechnergestütztes System, mit dem vermessungstechnische Daten der Erdoberfläche digital erfasst und bearbeitet werden können. Es handelt sich um die Grundlage für unterschiedliche Verwendungsmöglichkeiten z.B. Herstellung von Landkarten, Orts- und Stadtplänen, Verkehrsplänen, Liegenschaftskarten, Flächennutzungsplänen.
Je nach Verwendungszweck gibt es unterschiedlichen Spezialanwendungen für geologische, hydrologische, umweltschutzbezogene, archäologische Zwecke. Erzeugt werden können zwei und dreidimensional erscheinende Flächenabbildungen.
Für die Lagedarstellung von Immobilien können Lagepläne nach unterschiedlichen Gesichtspunkten generiert werden, z.B. Objektlagepläne auch als Luftbild sowie Anfahrt- und Wegebeschreibungen, Darstellungen standortrelevanter Entfernungen und dergleichen. Gutachterausschüsse können Bodenrichtwerte auf Bodenrichtwertkarten farblich darstellen, ebenso Preisniveaus mit Hilfe von Raumindices z. B. des RDM-Preisspiegels.

Geordnete / ungeordnete Vermögensverhältnisse

orderly / disorderly financial circumstances

Für eine Vielzahl von Berufen und Gewerbetreibenden sind geordnete Vermögensverhältnis Zulassungs- bzw. Erlaubnisvoraussetzung. Definiert wird, wer in ungeordneten Vermögensverhältnissen lebt. Wer nicht von dem dabei geltenden Merkmalsraster erfasst wird, lebt in geordneten Vermögensverhältnissen. Ein Vermögensnachweis ist also nicht erforderlich.
In ungeordneten Vermögensverhältnissen lebt, über wessen Vermögen das Insolvenzverfahren eröffnet oder die Eröffnung des Verfahrens mangels Masse abgewiesen wurde. Gleiches gilt für Personen, die in das beim Vollstreckungsgericht geführte Schuldnerverzeichnis eingetragen sind. Wer zu dem Termin zur Abgabe der eidesstattlichen Versicherung nicht erscheint, gegen den ergeht Haftbefehl. Das genügt bereits zum Eintrag in das Schuldnerverzeichnis. Die Höchstdauer einer angeordneten Haft beträgt 6 Monate. Die Rechtsgrundlage über die eidesstattliche Versicherung und die Haft finden sich in §§ 899 - 915h ZPO.
Siehe / Siehe auch: Gewerbeerlaubnis, Insolvenz

Geplante Flächennutzung

planned land use / land allocation

Vom Statistischen Bundesamt werden die in den Flächennutzungsplänen dargestellten Flächennutzungsarten in einer eigenen Statistik (geplante Flächennutzung) auf Bundes- und Landesebene erfasst. Die letzte Flächenerhebung bezog sich auf das Jahr 2004. Danach sind in Deutschland 7,7 Prozent der Gesamtfläche in Flächennutzungsplänen als Baufläche ausgewiesen. Der weitaus überwiegende Teil besteht aus bereits bebauten Grundstücken.
Die Flächen für den Straßenverkehr beliefen sich auf 2,1 Prozent, die Grünflächen (z.B. Parkanlagen) schlagen mit 2,2 Prozent zu Buche. Forstwirtschaftlich genutzte Flächen sind mit 29,5 Prozent und landwirtschaftlich genutzte Flächen mit 53,5 Prozent in der Statistik vertreten. Die Wasserflächen betragen 1,9 Prozent. Die restlichen Flächen beziehen sich auf Flächen für den Gemeinbedarf, Flächen für Ver- und Entsorgung, Flächen für Abgrabungen und Aufschüttungen und sonstige Flächen.
Siehe / Siehe auch: Flächennutzungsplan (FNP), Tatsächliche Flächennutzung

Gerichtskasse

court cashier

Nach der Justizbeitreibungsordnung werden dem Bund und den Ländern zustehende Kosten wie Gerichtskosten, Gerichtsvollzieherkosten, Justizverwaltungsabgaben, Patentamtskosten usw. durch Vollstreckungsbehörden beigetrieben. Bei diesen handelt es sich um die Beitreibungsstellen der obersten Bundesgerichte, die gesetzlich besonders genannten Behörden und im Übrigen die Gerichtskassen, an deren Stelle aber auch andere Behörden bestimmen können, z. B. Amts-, Staats-, Landeskassen.

Gerichtskosten

legal costs

Bei einem Prozess fallen Gerichtskosten an, deren Höhe sich nach dem GKG (Gerichtskostengesetz) richtet. Die Beträge sind vom Streitwert abhängig und deutlich geringer als die nach dem Rechtsanwaltsvergütungsgesetz (RVG) zu berechnenden Rechtsanwaltsgebühren. § 34 GKG regelt in einer Tabelle die Höhe einer „vollen Gebühr".

Bei einem Streitwert bis 300 Euro beträgt diese 25 Euro. Sie erhöht sich z. B. bei einem Streitwert bis 1.500 Euro für jeden angefangenen Betrag von weiteren 300 Euro um zehn Euro. In Anlage 1 des Gesetzes finden sich weitere Tabellen für die verschiedenen vom Gericht erbrachten Dienstleistungen. So kostet ein Verfahren über den Antrag auf Erlass eines Mahnbescheids eine halbe Gebühr, ein allgemeines Prozessverfahren erster Instanz drei volle Gebühren.

Siehe / Siehe auch: ZSEG, BRAGO

Gerichtsstand

venue; jurisdiction; court of jurisdiction; place of jurisdiction

Der Gerichtsstand bezieht sich auf die örtliche Zuständigkeit eines Gerichts für Rechtsstreitigkeiten. Er wird normalerweise durch den Wohnsitz/Geschäftssitz bestimmt. Vom Gesetz abweichende Gerichtsstandsregelungen sind unter Kaufleuten möglich. Im Geschäftsverkehr mit Geschäftspartnern in der Europäischen Union gilt allgemein als Gerichtsstand der Sitz des Schuldners.

Wird von einem ausländischen Unternehmen oder Bürger der Europäischen Union eine Forderung gegen ein Unternehmen oder gegen einen Bürger aus einem anderen EU-Mitgliedsstaat gerichtlich geltend gemacht, orientiert sich also der Gerichtstand am der Wohnsitz der Partei, die verklagt werden soll. Gibt es einen Erfüllungsanspruch aus einem Vertrag, ist der Gerichtsstand des Erfüllungsortes zuständig, der ja nicht identisch mit dem Wohnsitz sein muss.Besondere europäische Vorschriften gibt es noch zum Unterhaltsgerichtsstand, zum Deliktsgerichtsstand, Gerichtsstand von Niederlassungen und dergleichen.

German Council of Shopping Centers e.V. (GCSC)

GCSC, German Council of Shopping Centers, a registered association

Der GCSC ist der deutsche Interessenverband von Unternehmen aus den Bereichen Handelsimmobilien, Handel, Entertainment, der Kreditwirtschaft, dem Marketing, insbesondere dem Management von Einkaufscentern, Galerien, Passagen, Fachmarktzentren Bahnhöfen und dergl. Auch Spezialisten aus der Einrichtungs- und Design-Branche, der auf Handelsimmobilien spezialisierten Makler und Werbeagenturen gehören zu den Mitgliedern.

Der GCSC veranstaltet einmal im Jahr einen Handelskongress. In Deutschland gehören rund 500 Mitglieder dem GCSC an. Der europäische Dachverband mit ca. 2000 Mitgliedern hat seinen Sitz in London. Der International Council of Shopping Centers (ICSC) mit Sitz in New York zählt 38.000 Mitglieder.

Gesamtbaufinanzierung

total construction financing

Gesamtbaufinanzierung wird auch als Finanzierung aus einer Hand bezeichnet. Hierbei muss der Bauherr für verschiedene Finanzierungsbausteine (Bausparvertrag, Bankhypothek usw.) nur noch mit einem Institut verhandeln. Kosten für die Eintragung ins Grundbuch, Schätzkosten usw. fallen damit nur einmal an. In ihr Gesamtbaufinanzierungsangebot beziehen Geschäftsbanken neben eigene, oft kurzfristige Finanzierungsmittel, langfristige Realkredite über Töchter (Realkreditinstitute), Bauspardarlehen über verbundene Bausparkassen und/oder Lebensversicherungs-Darlehen von kooperierenden Versicherungsunternehmen mit ein.

Die Gesamtbaufinanzierung ist zwar komfortabler, aber meistens auch teurer, als die vom Bauherrn selbst zusammengestellte Finanzierung.

Gesamteinkommen (Wohngeld)

gross earnings (rent allowance)

Das Gesamteinkommen ist ein Begriff aus dem Wohngeldgesetz. Seine Berechnung dient der Feststellung, ob Anspruch auf Wohngeld besteht. Es wird im Wohngeldgesetz (WoGG) als Summe der

Jahreseinkommen (§ 14) der zu berücksichtigenden Haushaltsmitglieder abzüglich der Freibeträge (§ 17) und der Abzugsbeträge für Unterhaltsleistungen (§ 18) definiert. Als monatliches Gesamteinkommen bezeichnet das Gesetz ein Zwölftel des Gesamteinkommens.
Siehe / Siehe auch: Jahreseinkommen (Wohngeld), Wohngeld

Gesamthandsgemeinschaft

common ownership; joint tenancy; tenancy in common

Im Gegensatz zur Bruchteilsgemeinschaft kann bei der Gesamthandsgemeinschaft kein Miteigentümer über seinen Anteil verfügen. Jedem Miteigentümer gehört das Ganze, ist aber beschränkt durch die Miteigentumsrechte der jeweils anderen. Zu den Gesamthandsgemeinschaften zählen die Erbengemeinschaften, die Personengesellschaften (oHG, BGB-Gesellschaft) aber auch die ehelichen Gütergemeinschaften. Befinden sich Grundstücke im Eigentum einer Erbengemeinschaft, kann jeder Miterbe jederzeit einen Antrag auf Teilungsversteigerung stellen. Bei einer Personengesellschaft ist Voraussetzung dafür die Beendigung des Gesellschaftsverhältnisses. Dies gilt auch für eine Bruchteilsgemeinschaft. Allerdings gibt es hier noch den Ausweg, dass jeder Miteigentümer seinen Anteil, der ja in einem Bruchteil ausgewiesen ist, auch veräußern kann.

Der Erwerber tritt dann in die Bruchteilsgemeinschaft ein.Erbengemeinschaften ist wegen dieser größeren Flexibilität zu raten, ihre Gesamthandsgemeinschaft in eine Bruchteilsgemeinschaft umzuwandeln.
Siehe / Siehe auch: Bruchteilseigentum

Gesamtkosten (eines Bauwerks)

total cost(s) (of a building)

Zur systematischen Ermittlung der Gesamtkosten eines Bauwerkes gibt es zwei Regelwerke, nämlich die DIN 276 und die II. BV. Letztere war früher ein verpflichtendes Kalkulationsraster für Baumaßnahmen im Rahmen des mit öffentlichen Mitteln geförderten Wohnungsbaues. Seit Aufhebung der II. BV durch das Wohnraumförderungsgesetz handelt es sich um ein Regelwerk, das ähnlich wie die DIN 276 der Verständigung dient.

DIN 276

Die DIN 276 gilt für die Ermittlung und die Gliederung von Kosten im Hochbau und erfasst alle Kosten zur Herstellung, zum Umbau und zur Modernisierung der Bauwerke und die damit zusammenhängenden Aufwendungen (Investitionskosten). Die Kostenermittlung erfolgt auf den vier Stufen Kostenschätzung, Kostenberechnung, Kostenanschlag und Kostenfeststellung. Die letzte Fassung stammt aus 1993 (DIN 276 – 1993 – 06). Die Norm definiert Begriffe und legt Unterscheidungsmerkmale zum Zweck des Vergleichs von Kostenangeboten fest. Voraussetzung für die Kostenermittlung ist die Bauplanung. Die Rubrizierung erfolgt nach einem Ordnungszahlensystem. Dabei werden die Kosten in folgende Obergruppen eingeteilt:

100 Grundstück
200 Herrichten und Erschließen
300 Bauwerk - Baukonstruktionen
400 Bauwerk - Technische Anlagen
500 Außenanlagen
600 Ausstattung und Kunstwerke
700 Baunebenkosten

Die Untergruppierung erfolgt auf zwei Ebenen, auf der ersten Ebene, z.B. bei der Obergruppe 100 nach:

110 Grundstückswert
120 Grundstücksnebenkosten
130 Freimachen

und beispielsweise bei Grundstücksnebenkosten auf der Ebene der zweiten Untergruppe nach:

121 Vermessungsgebühren
122 Gerichtsgebühren
123 Notariatsgebühren
124 Maklerprovisionen
125 Grunderwerbssteuer
126 Wertermittlungen, Untersuchungen
127 Genehmigungsgebühren
128 Bodenordnung, Grenzregulierung
129 Grundstücksnebenkosten, sonstiges

II. BV

Die Gesamtkosten eines Gebäudes nach der II. BV gliedern sich in Kosten des Baugrundstücks und Baukosten.

Zu den Kosten des Baugrundstücks zählen im Wesentlichen der Verkehrswert des Grundstücks oder ein darunter liegender Kaufpreis, Erwerbs-(neben-)kosten, Erschließungskosten und Kosten der Bodenordnung (Umlegung, Grenzregelung).

Die Baukosten gliedern sich in Kosten der Gebäude und Außenanlagen, Baunebenkosten und Kosten besonderer Betriebseinrichtungen, des Gerätes und sonstiger Wirtschaftsausstattungen.
Siehe / Siehe auch: Baunebenkosten, Besondere Betriebseinrichtungen

Gesamtnutzungsdauer von Gebäuden (Wertermittlung)

total useful life of the building; total exploitation duration; total economic life (appraisal/valuation)

Bauinvestitionen basieren gegenüber Ausrüstungsinvestitionen auf einem langen Zeithorizont. Die Einschätzung der wirtschaftlichen Gesamtnutzungsdauer hat sich indes gegenüber früheren Einschätzungen deutlich verringert. Eine Beurteilung der Gesamtnutzungsdauer eines Immobilienobjektes wird im Zusammenhang mit seiner Bewertung im Sachwertverfahren benötigt. Sie hängt einerseits ab von der technischen Nutzungsdauer. Andererseits kommt es auch auf die wirtschaftliche Nutzungsdauer an, die oft zu einem geringeren Ansatz der Gesamtnutzungsdauer führt. Bei der Ermittlung der Gesamtnutzungsdauer wird ein unveränderter Gebäudezustand unterstellt, also ein durch laufende Instandhaltungsmaßnahmen konstanter Zustand. Werden Modernisierungsmaßnahmen an dem Gebäude durchgeführt, die zu einer Anpassung des Objektes an einen neuzeitlichen Nutzungsstandard führt, wird dem dadurch Rechnung getragen, dass ein vorgezogenes fiktives Baujahr angenommen wird, das dem geänderten Zustand entspricht.

Die Gesamtnutzungsdauer minus (fiktives) Alter zum Zeitpunkt der Wertermittlung führt zur Restnutzungsdauer, die beim Ertragswertverfahren für den zu wählenden Vervielfältiger in Verbindung mit dem Liegenschaftszinssatz eine maßgebliche Größe ist. Während laufend durchgeführte Instandhaltungsmaßnahmen die Restnutzugsdauer nicht beeinflussen, führen Modernisierungsmaßnahmen jeweils zu einer neu zu definierenden Restnutzungsdauer. Das Alter des Gebäudes ist bei der Ermittlung von Sachwerten im Kontext zur Gesamtnutzungsdauer der Ausgangspunkt für Ermittlung der Alterswertminderung.

Betrachtet man die durchschnittliche Gesamtnutzungsdauer unter den dargestellten Aspekten, werden heute für Wohnhäuser – je nach Qualitätsstandard zwischen 50 bis max. 100 Jahren angenommen, für Verwaltungs- und Bürogebäude 50 bis 80 Jahre, für Gewerbe- und Industriegebäude 40 bis 60 Jahre für Baumärkte und Einkaufszentren 30 bis 40 Jahre und für Logistikimmobilien 20 bis 30 Jahre. Die Entwicklung der Gesamtnutzungsdauern von Gebäuden muss immer betrachtet werden vor dem Hintergrund der jeweiligen regionalen Entwicklung. In Schrumpfungsgebieten werden sich die durchschnittlichen Gesamtnutzungsdauern tendenziell wohl noch weiter verringern.

Siehe / Siehe auch: Liegenschaftszinssatz, Alterswertminderung

Gesamtrechtsnachfolge

universal succession

Als Gesamtrechtsnachfolge wird der Übergang eines Vermögens mit allen Rechten und Pflichten auf den Gesamtnachfolger bezeichnet. Gesamtrechtsnachfolger sind beispielsweise die Erben. Sie werden Eigentümer des Vermögens des Erblassers. Gehört zum Vermögen auch ein Grundstück, muss das unrichtig gewordene Grundstück berichtigt werden. Der Gesamtrechtsnachfolger kann die steuerliche Abschreibung des Rechtsvorgängers fortführen.Wird eine Kapitalgesellschaft z. B. eine GmbH in eine andere Kapitalgesellschaft z. B. AG umgewandelt, findet auch hier eine Gesamtrechtsnachfolge statt.

Gesamtschuldnerische Haftung (Wohnungseigentümer)

joint and several liability (flat owners)

Da die Wohnungseigentümergemeinschaft nach früherem Recht kein selbständiges Rechtssubjekt war, also weder als natürliche noch als juristische Person handeln konnte, galt danach für Wohnungseigentümer der Grundsatz der gesamtschuldnerischen Haftung. Das bedeutete, dass die Wohnungseigentümer gegenüber Dritten, die für die Gemeinschaft Lieferungen oder Leistungen erbrachten, als Gesamtschuldner hafteten. Jeder einzelne Wohnungseigentümer konnte von einem Gläubiger in voller Höhe der erbrachten Leistung in Anspruch genommen werden, hatte allerdings im Verhältnis gegenüber den übrigen Wohnungseigentümern einen Anspruch auf anteilige Erstattung.

Mit dieser Rechtsauffassung hatte der BGH in einer Grundsatzentscheidung gebrochen (BGH, V ZB 32/05, Beschluss vom 02.06.2005). Nach dieser Rechtsprechung und seit der Reform des Wohnungseigentums-Gesetztes nach geltendem neuen Recht ist die Wohnungseigentümergemeinschaft rechtsfähig, soweit sie bei der Verwaltung des gemeinschaftlichen Eigentums am Rechtsverkehr teilnimmt (§ 10 Abs. 6 WEG). Sie haftet in voller Höhe mit ihrem Verwaltungsvermögen (§ 10 Abs. 7 WEG). Gläubiger der Wohnungseigentümergemeinschaft haben danach, so auch der Heizölhändler, einen Pfändungsanspruch in das Verwaltungsvermögen der Wohnungseigentümer. Verfügt also die Gemeinschaft beispielsweise über eine entsprechende Instandhaltungsrückstellung, kann der Heizöl-Lieferant im Wege der Pfändung seine

Ansprüche aus den Mitteln der Instandhaltungsrückstellung befriedigen. Der einzelne Wohnungseigentümer haftet gemäß § 10 Abs. 8 Satz 1 WEG einem Gläubiger gegenüber nur noch in Höhe seines Miteigentumsanteils für Verbindlichkeiten der Gemeinschaft, die während seiner Zugehörigkeit zur Gemeinschaft entstanden oder während dieses Zeitraums fällig geworden sind. Eine Ausnahme gilt nur für den Fall, dass sich die einzelnen Wohnungseigentümer gegenüber einem Gläubiger der Gemeinschaft klar und eindeutig persönlich zur Zahlung verpflichtet haben. Eine weitere Ausnahme gilt nach jetzt geltender Rechtsprechung dann, wenn nach Landesrecht eine gesamtschuldnerische Haftung der Wohnungseigentümer in ihrer Eigenschaft als Miteigentümer des Grundstücks geregelt ist. Das betrifft die Fälle, in denen beispielsweise die Wohnungseigentümer nach kommunalabgabenrechtlichen Regelungen der einzelnen Bundesländer gesamtschuldnerisch für die Entgelte für Abfallentsorgung und Straßenreinigung haften (BGH, 196/08, DWE 2009, 94, Urteil vom 18.06.2009).

Siehe / Siehe auch: Haftung (Wohnungseigentümer), Rechtsfähigkeit (Wohnungseigentümer-Gemeinschaft)

Geschäftsgebräuche für Gemeinschaftsgeschäfte unter Maklern

business practices for joint business carried out by real estate agents

Der Immobilienverband Deutschland (IVD) Bundesverband der Immobilienberater, Makler, Verwalter und Sachverständigen e.V. hat 2006 die bis dahin geltenden Geschäftsgebräuche für Gemeinschaftsgeschäfte unter Maklern neu gefasst. Es handelt sich um eine freiwillig anzuerkennende Rechtsgrundlage für Gemeinschaftsgeschäfte, in der die Rechte und Pflichten der Gemeinschaftsgeschäftspartner geregelt sind.

Hierzu zählen Regeln über das

- Zustandekommen eines Gemeinschaftsgeschäftes,
- Voraussetzungen eines Gemeinschaftsgeschäftes,
- Inhalte des Angebots zum Gemeinschaftsgeschäft,
- Freiheit zum Abschluss mit eigenen Kunden,
- Bearbeitungsregeln
- Unterrichtungspflichten
- Angebotsprioritäten unter Berücksichtigung unterschiedlicher Angebotsbedingungen
- Provisionsaufteilung und Geltendmachung der Provision
- Regeln zum Kunden- und Objektschutz
- Auslegung der Regeln und abweichende Vereinbarungen
- Verstöße gegen die Geschäftsgebräuche
- Verpflichtung bei Meinungsverschiedenheiten

Vielfach sind diese Regeln von Immobilienbörsen und Maklerkooperationen als Basisregeln übernommen worden, verbunden mit eigenen zusätzlichen Regelvorstellungen für die Zusammenarbeit.

Siehe / Siehe auch: Gemeinschaftsgeschäft, Immobilienverband Deutschland IVD Bundesverband der Immobilienberater, Makler, Verwalter und Sachverständigen e.V., Maklerkooperation

Geschäftsordnung (Wohnungseigentümer-Gemeinschaft)

agenda; rules of operation (flat owners' association)

In Wohnungseigentümer-Gemeinschaften ist es den Eigentümern überlassen, ob sie sich eine allgemeine Geschäftsordnung geben, um ordnungsmäßige Handlungs- und Verfahrensabläufe bei der gemeinschaftlichen Verwaltung und insbesondere in den Wohnungseigentümer-Versammlungen zu gewährleisten. Eine solche Geschäftsordnung kann bereits in der Gemeinschaftsordnung vereinbart oder später mit Mehrheit beschlossen werden. Dabei geht es hauptsächlich um Regelungen über einen verfahrensmäßig geordneten Ablauf der Wohnungseigentümer-Versammlungen.

Die Änderung einer allgemein vereinbarten oder beschlossenen Geschäftsordnung bedarf wiederum einer Vereinbarung oder eines mehrheitlichen Beschlusses und ist in der Tagesordnung zur Wohnungseigentümer-Versammlung anzukündigen. Nicht angekündigte Änderungsbeschlüsse sind anfechtbar, weil die Ankündigung von Beschlüssen gemäß § 23 Abs. 2 WEG Voraussetzung zu deren Gültigkeit ist. Existiert keine allgemeine Geschäftsordnung, können in der Wohnungseigentümer-Versammlung von jedem Wohnungseigentümer jederzeit Anträge zur Geschäftsordnung gestellt werden. Solche spontanen Anträge bedürfen keiner vorherigen Ankündigung in der Tagesordnung.

Dies ergibt sich bereits aus der Tatsache, dass sie sich meist erst aus dem Verlauf der Versammlung ergeben und insofern auch nicht vorhersehbar sind. Diese Spontan-Anträge erstrecken sich allerdings ausschließlich auf die Regelung konkreter Verfahrensabläufe in beziehungsweise während der Versammlung. Der Versammlungsleiter muss über sämtliche gestellten Geschäftsordnungsanträge abstimmen lassen. Im Übrigen kann er jederzeit die Wohnungseigentümer-Versammlung über Geschäftsordnungsmaßnahmen entscheiden lassen. Geschäftsordnungsanträge gehen grundsätzlich den nach der Tagesordnung vorgesehenen Sachanträgen vor, sind also unabhängig und losgelöst von der jeweiligen Tagesordnung zu behandeln. Die Rechtswirkung von Beschlüssen über konkrete Geschäftsordnungsanträge in einer Versammlung entfällt ausnahmslos mit Ablauf der jeweiligen Versammlung. Das bedeutet, dass auch fehlerhafte Geschäftsordnungsbeschlüsse oder Verstöße gegen eine beschlossene Geschäftsordnung nicht der Anfechtbarkeit unterliegen. Etwas anderes gilt nur für den Fall, dass im Rahmen eines allgemeinen Geschäftsordnungsantrages eine Regelung getroffen werden und generell für alle folgenden Versammlungen gelten soll. Beschlüsse über eine solche Geschäftsordnung mit zukunftswirkenden Regelungen sind grundsätzlich entsprechend §§ 46 Abs. 1, 23 Abs. 4 WEG anfechtbar.

Die Nichtanfechtbarkeit von konkreten Geschäftsordnungsbeschlüssen hindert aber nicht die Anfechtung von Beschlüssen, die infolge fehlerhafter Geschäftsordnungsbeschlüsse nicht rechtmäßig zustande gekommen sind. Dass bedeutet, dass ein Wohnungseigentümer, der einen Geschäftsordnungsbeschluss für rechtswidrig hält, zwar nicht diesen rechtsbeeinträchtigenden Beschluss anfechten kann, wohl aber den Beschluss, der dem Geschäftsordnungsbeschluss als Sachbeschluss folgt. Voraussetzung zur Ungültigerklärung dieser „Folge-Beschlüsse" ist allerdings die Kausalitätsvermutung. Das ist dann der Fall, wenn der fehlerhafte Geschäftsordnungsbeschluss im Ergebnis für die nachfolgenden Beschlüsse ursächlich geworden ist und sich insoweit materiell ausgewirkt hat.

Geschäftsordnungsbeschlüsse, die in der konkreten Wohnungseigentümer-Versammlung gefasst werden, sind nicht in die Beschluss-Sammlung aufzunehmen. Etwas anderes gilt für den Fall, dass eine allgemeine Geschäftsordnung beschlossen wird oder dass es sich um Beschlüsse in einer einzelnen Versammlung handelt, durch die beispielsweise einzelne Wohnungseigentümer von der Versammlung oder vom Stimmrecht ausgeschlossen werden.

Siehe / Siehe auch: Beschlussanfechtung (Wohnungseigentum), Rederecht (Wohnungseigentümer-Versammlung), Redezeit (Wohnungseigentümer-Versammlung)

Geschäftsräume

business accommodation; business premises

Beim Mietverhältnis über Geschäftsräume kommt der Gewerbemietvertrag zur Anwendung. Die gesetzlichen Bestimmungen über Mietverträge können in diesem Bereich weitgehend vertraglich ausgeschlossen werden, so dass im Ergebnis kein Mieterschutz existiert. Besonders wichtig sind die genaue Vereinbarung des Geschäftszweckes und der Abgleich mit dem Vertrag. So müssen die Geschäftsräume für den angestrebten Zweck geeignet sein. Der Vermieter haftet für diese Eignung, kann seine Haftung jedoch vertraglich ausschließen. Je nach Vertrag kann eine Veränderung der Geschäftstätigkeit des Mieters / ein Wechsel der Nutzungsart unzulässig sein.

Der Vertragsinhalt ist genau zu prüfen. Formularverträge sind nur von geringem Nutzen, da es keinen Standardmietvertrag gibt, der auf alle unterschiedlichen gewerblichen Nutzungsverhältnisse abgestimmt wäre. Gewerbemietverhältnisse werden oft von darauf spezialisierten Maklern vermittelt.

Siehe / Siehe auch: Gewerbemietvertrag, Gewerbemietvertrag, Betriebskosten, Gewerbemietvertrag, Kündigung

Geschäftsveräußerung im Ganzen (Gewerbeimmobilie)

sale of a business as a whole/ as a going concern (commercial property)

Eine Geschäftsveräußerung im Ganzen liegt nach § 1 Abs. 1a UStG vor, wenn ein Unternehmen oder ein im Unternehmen gesondert geführter Betrieb im Ganzen entgeltlich oder unentgeltlich übereignet oder in eine Gesellschaft eingebracht wird. Der erwerbende Unternehmer tritt dann an die Stelle des Veräußerers.

Dies ist z.B. der Fall, wenn eine verpachtete oder gewerblich vermietete Immobilie veräußert wird und der Erwerber in die bestehenden Verträge eintritt. Solche Geschäfte unterliegen nicht der Umsatzsteuer. Vorsicht: Unter Umständen haftet der Erwerber des Objektes auch für alle umsatzsteuerlichen Forderungen aus der Vergangenheit.

Geschlossene Bauweise

terraced development; continuous development; closed construction

Siehe / Siehe auch: Bauweise

Geschoss

storey; level; floor

Siehe / Siehe auch: Vollgeschoss

Geschossflächenzahl (GFZ) - Geschossfläche (GF)

plot ratio; floor space ratio (FSR); floor-area ratio (FAR); floor space index (FSI) - floor space; floor area

Die Geschossflächenzahl ist eine von mehreren Festsetzungen zur Bestimmung des Maßes der baulichen Nutzung im Rahmen eines Bebauungsplanes. Sie stellt ein Verhältnis zwischen der Summe der Geschossflächen eines Gebäudes und der Größe des Baugrundstücks her. Beträgt sie etwa 1,2, dann bedeutet dies, dass auf einem 1.000 Quadratmeter großen Grundstück 1.200 Quadratmeter Geschossfläche (GF) errichtet werden können. Die Geschossfläche berechnet sich nach den Außenmaßen der Geschosse. Die GFZ streut je nach Baugebietsart zwischen 0,4 (Kleinsiedlungsgebiet) und 3,0 (Kerngebiet). Als Planzeichen im Bebauungsplan wird die GFZ als zulässiges Höchstmaß wie folgt dargestellt:

Andere Darstellungsform: GFZ 1,2

Alternativ zur GFZ kann auch die GF = Geschossfläche in einer absoluten Zahl (z. B. 1.200) festgesetzt werden. Geschossflächenzahlen können auch im Flächennutzungsplan Eingang finden.

Gesellschaft bürgerlichen Rechts (GbR)

civil-law partnership; unincorporated civil-law association

1. Die Gesellschaft ist in den §§ 705 bis 740 BGB geregelt. Sie ist eine auf dem Gesellschaftsvertrag beruhende Vereinigung von mindestens zwei Personen, den Gesellschaftern. Die Gesellschafter verfolgen einen gemeinsamen Zweck. Durch den Gesellschaftsvertrag verpflichten sie sich gegenseitig, diesen Gesellschaftszweck zu erfüllen, insbesondere durch Leistung der vereinbarten Beiträge nach § 705 BGB. Die Gesellschaft kann, anders als die GmbH, nicht mit einem Gesellschafter fortbestehen. Die Gesellschaft besitzt nach heutiger Rechtsauffassung, wenn sie nach außen auftritt, Teilrechtsfähigkeit (vergleiche BGH NJW 2001, 1056). Somit ist sie Unternehmer im Sinne von § 14 Abs. 2 BGB und kann daher Rechte erwerben und Verbindlichkeiten eingehen. Die Gesellschaft kann im Rechtsverkehr einen Namen führen, dem im Hinblick auf die Rechts- und Parteifähigkeit besondere Bedeutung besitzt. Er wird aus den Namen aller oder einiger Gesellschafter gebildet. Namenszusätze, die das Gesellschaftsverhältnis oder den Geschäftsbetrieb bezeichnen, sind zulässig, soweit keine Verwechselungsgefahr mit einem kaufmännischen Unternehmen oder einer Partnerschaft besteht. Unzulässig ist daher die Bezeichnung „und Partner“ oder „Partnerschaft“. Infolge der Rechtsfähigkeit kann die GbR Mitglied einer Juristischen Person oder einer anderen GbR sein (vergleiche BGH NJW 1998, 376), einen GmbH-Anteil erwerben oder als Gründungsgesellschafter einen Anteil am Stammkapital übernehmen (vergleiche BGHZ 78, 311). Die GbR ist ferner scheck- und wechselfähig, sie kann unter ihrem Namen als Mieter oder Vermieter Mietverträge schließen und besitzt Insolvenzfähigkeit. Im Sinne des § 50 ZPO ist die GbR parteifähig. Erscheinungsformen der Gesellschaft können beispielsweise sein:

- Arbeitsgemeinschaften
  Mehrere Unternehmer schließen sich zur Ausführung eines bestimmten Projekts für einen Auftraggeber zusammen (z. B. ARGE in der Bauwirtschaft);
- Bietergemeinschaften
  Bei der Vergabe öffentlicher Aufträge ist die Bietergemeinschaft häufig eine GbR (vergleiche Palandt-Sprau, § 705 Rd-Nr. 37);
- Bauherrengemeinschaft
  Die Bauherrengemeinschaft, die in der Regel eine Innengesellschaft ist, die auf Errichtung eines Bauwerks und Bildung von Wohnungseigentum für den einzelnen Bauherrn gerichtet ist (vgl. BGH-NJW RR 1988,220). Im Außenverhältnis besteht eine Bruchteilsgemeinschaft;
- Publikumsgesellschaften.
  Sie werden aus steuerlichen Gründen als GbR zum Zweck der Kapitalsammlung errichtet. Sie ermöglichen auf der Grundlage eines fertigen Gesellschaftsvertrages den Beitritt einer Vielzahl von Gesellschaftern, die nicht miteinander verbunden sind, z. B. Immobilienfonds, Venture-Capital-Gesellschaften.

Durch den Gesellschaftsvertrag sind die Gesellschafter im Innenverhältnis zu gegenseitiger Treue verpflichtet. Die Treuepflicht gegenüber der Gesellschaft verlangt vom Gesellschafter z. B. im Rahmen der Geschäftsführung den Belangen der Gesellschaft Vorrang einzuräumen und seine Gesellschafterrechte ebenfalls in dieser Weise auszuüben.

Gegenüber den anderen Gesellschaftern besteht die Verpflichtung, deren Belange nicht ungerechtfertigt zu beinträchtigen.
2. Die Geschäftsführung der Gesellschaft steht den Gesellschaftern gemeinschaftlich zu. Für jedes Geschäft ist nach § 709 BGB die Zustimmung aller Gesellschafter erforderlich. Gemäß § 710 BGB kann die Geschäftsführung einem oder mehreren Gesellschaftern übertragen werden. Durch die gesamthänderische Bindung (§ 719 BGB) kann der Gesellschafter nicht über seinen Anteil an dem Gesellschaftsvermögen oder an einzelnen dazu gehörenden Gegenständen verfügen. Er ist nicht berechtigt, Teilung zu verlangen.
3. Für Verbindlichkeiten der Gesellschaft haftet zunächst das Gesellschafts ver mö gen. Vom verbleibenden Rest sind gemäß § 733 BGB die Einlagen zurück zu er stat ten. Reicht das Gesellschaftsvermögen hierzu nicht aus, besteht nach § 735 BGB die Pflicht des Nachschusses der Gesellschafter im Verhältnis ihrer Beteiligung.
4. Die Gesellschaft endet mit Erreichen des Gesellschaftszwecks oder mit Ablauf des vereinbarten Zeitraums. Jeder Gesellschafter kann die Gesellschafter jederzeit kündigen (§ 723 BGB). Sofern im Gesellschaftsvertrag nicht anders geregelt, wird die Gesellschaft nach § 726 BGB durch Tod eines Gesellschafters aufgelöst. Nach Ende der Gesellschaft folgt die Auseinandersetzung (§ 730 BGB).
Siehe / Siehe auch: Gesellschaft mit beschränkter Haftung (GmbH)

Gesellschaft für Immobilienwirtschaftliche Forschung e.V. (gif)

Society of property researchers in Germany, a registered association

Bei der 1993 gegründeten Gesellschaft für Immobilienwirtschaftliche Forschung e.V. (gif) handelt es sich um einen Zusammenschluss von Praktikern und Theoretikern der Immobilienwirtschaft. Ziel der Gesellschaft ist der Aufbau eines Netzwerkes von Marktteilnehmern und das Angebot eines Informations- und Diskussionsforums. Lehre und Forschung auf dem Gebiet der Immobilienökonomie sollen unterstützt werden.
Die rund 600 Mitglieder befassen sich im Rahmen von Arbeitskreisen mit verschiedenen immobilienwirtschaftlichen Problemstellungen (z.B. Flächendefinitionen, Marktwertanalysen und -ermittlungen, Risikomanagement, Flächenrecyling usw. Dort ausgearbeitete Richtlinien und Empfehlungen können von der Geschäftsstelle der gif bezogen werden.
Satzung und Unterlagen zum Erwerb der Mitgliedschaft können unter www.gif-ev.de herunter geladen werden.

Gesellschaft mit beschränkter Haftung (GmbH)

limited liability company; (private) limited company (Ltd.); privately-held corporation; closed corporation

Die GmbH ist eine Kapitalgesellschaft, die teilweise wie eine Personengesellschaft gestaltet ist. Bei einer Kapitalgesellschaft ist die Mitgliedschaft auf die reine Kapitalbeteiligung zugeschnitten, bei einer Personengesellschaft steht die persönliche Mitarbeit der Gesellschafter im Vordergrund. Das Recht der GmbH ist im GmbH-Gesetz (GmbHG) geregelt. Die GmbH hat große praktische Bedeutung erlangt.
Die Gesellschafter haften, anders als bei der GbR, für die Verbindlichkeiten der GmbH nicht persönlich, sondern es haftet die Gesellschaft als juristische Person allein. Die GmbH ist nach § 13 Abs. 3 GmbHG Handelsgesellschaft und nach § 6 HGB Kaufmann ein so genannter „Formkaufmann".

1. Gründung und Anmeldung

Laut § 1 GmbHG kann eine GmbH zu jedem gesetzlich zulässigen Zweck durch eine so genannte Einmann-GmbH oder mehreren Personen gegründet werden. Der Gesellschaftsvertrag (Satzung) muss nach § 2 Abs. 1 GmbHG von einem Notar beurkundet werden. Der Mindestinhalt ist in § 3 GmbHG geregelt:

- die Firma und der Sitz der Gesellschaft,
- der Gegenstand des Unternehmens,
- die Höhe des Stammkapitals,
- die von jedem Gesellschafter zu leistenden Stammeinlage.

Nach § 5 GmbHG hat die Gesellschaft ein Stammkapital von mindestens 25.000 Euro. Jeder Gründungsgesellschafter muss eine Stammeinlage von mindestens 100 Euro übernehmen. Die Höhe des Geschäftsanteils wird nach der Stammeinlage bestimmt.
Nach § 7 GmbHG ist zur Entstehung der GmbH die Anmeldung der GmbH zur Eintragung in das Handelsregister des Amtsgerichts erforderlich, in dessen Bezirk die Gesellschaft ihren Sitz hat. Der Anmeldung müssen nach § 8 GmbHG die zur Eintragung erforderlichen Unterlagen beigefügt sein, z. B. der Gesellschaftsvertrag, die Liste der Gesellschafter. Die Eintragung in das Handelsregister enthält nach § 10 GmbHG neben Firma und Sitz,

Unternehmensgegenstand und Höhe des Stammkapitals den/die Geschäftsführer und die Vertretungsbefugnis. Vor der Eintragung in das Handelsregister wird die Gesellschaft wie eine GbR behandelt. Soweit die Gesellschafter für die Gesellschaft handeln, haften sie persönlich als Gesamtschuldner (§ 11 GmbHG).

2. Geschäftsführer

Die Gesellschaft hat mindestens einen Geschäftsführer. Er ist gesetzlicher Vertreter der GmbH (§ 35 GmbHG). Seine Vertretungsvollmacht nach außen kann nicht beschränkt werden (§ 37 Abs. 2 GmbHG). Der Geschäftsführer wird im Gesellschaftsvertrag oder durch Beschluss der Gesellschafter bestellt. Die Bestellung kann, soweit nicht im Gesellschaftsvertrag anders geregelt, jederzeit widerrufen werden. Zwischen der Gesellschaft und dem Geschäftsführer wird ein Dienstvertrag geschlossen, der Rechte und Pflichten regelt. Bei Widerruf der Bestellung ist der Dienstvertrag zu kündigen. Der Geschäftsführer haftet gegenüber der Gesellschaft für die Sorgfalt im Sinne eines ordentlichen Geschäftsmannes (§ 43 GmbHG). Bei Veränderungen hat er nach § 40 GmbHG eine aktuelle Gesellschafterliste zum Handelsregister einzureichen. Ihm obliegt die Buchführung (§ 41 GmbHG). Er legt den Gesellschaftern den Jahresbericht zwecks Feststellung vor (§ 42a GmbHG). Nach Eintritt der Zahlungsunfähigkeit hat der Geschäftsführer unverzüglich, spätestens drei Wochen nach deren Eintritt, nach § 64 GmbHG Insolvenzantrag zu stellen.

3. Gesellschafterversammlung

In der Gesellschafterversammlung fasst nach § 48 GmbHG die Gesamtheit der Gesellschafter die Gesellschafterbeschlüsse. Die umfassende Zuständigkeit der Versammlung ist in § 46 GmbHG geregelt. Sie umfasst insbesondere die Prüfung und Überwachung der Geschäftsführung sowie die Bestellung, Abberufung und Entlassung der(des) Geschäftsführer(s), schließlich die Feststellung des Jahresabschlusses und die Verwendung der Ergebnisse.

4. Rechte und Pflichten der Gesellschafter

Die Gesellschafter sind nicht nur verpflichtet, ihre eigene Stammeinlage zu leisten. Für nicht geleistete Stammeinlagen anderer Gesellschafter haften die übrigen Gesellschafter nach § 24 GmbHG im Verhältnis ihres Geschäftsanteils. Im Gesellschaftsvertrag kann laut § 26 GmbHG geregelt werden, dass die Gesellschafter durch Gesellschafterbeschluss zur Zahlung von weiteren Einzahlungen (Nachschüssen) im Verhältnis der Geschäftsanteile verpflichtet werden können. Schließlich haben die Gesellschafter eine allgemeine Treuepflicht.
Ein Gesellschafter kann aus der GmbH durch Übertragung seines Geschäftsanteils, durch Einziehung des Geschäftsanteils, durch Gesellschafterbeschluss und aus wichtigem Grund im Wege des Austritts oder Ausschlusses, ausscheiden. Im Gesellschaftsvertrag werden die Ausgleichszahlungen an den ausscheidenden Gesellschafter festgelegt.

5. Auflösung der GmbH

In § 60 GmbHG sind die Auflösungsgründe aufgelistet:

- Zeitablauf,
- Mehrheitsbeschluss (drei Viertel der abgegebenen Stimmen),
- gerichtliches Urteil,
- Eröffnung des Insolvenzverfahrens,
- Ablehnung der Eröffnung mangels Masse und
- Löschung der Gesellschaft wegen Vermögenslosigkeit.

Die Auflösung erfolgt durch die Geschäftsführer oder durch Liquidatoren, die eine Eröffnungsbilanz und einen Jahresabschluss erstellen, die von einem Abschlussprüfer geprüft werden (§ 71 GmbHG). Nach § 72 GmbHG wird das Vermögen der Gesellschaft unter die Gesellschaft nach dem Verhältnis ihrer Geschäftsanteile verteilt.
Siehe / Siehe auch: Gesellschaft bürgerlichen Rechts (GbR), GmbH und Co, Kommanditgesellschaft (KG), Offene Handelsgesellschaft (OHG/ oHG)

Gesetz gegen den unlauteren Wettbewerb

German Act against Unfair Competition
Siehe / Siehe auch: Wettbewerbsrecht

Gesetz über Kapitalanlagegesellschaften

German (capital) investment companies act
Das 1957 in Kraft getretene Gesetz über Kapitalanlagegesellschaften (KAGG) enthielt organisations-, aufsichts-, vertriebs- und steuerrechtliche Regelungen bezüglich der deutschen Investmentgesellschaften. Es bildete damit eine wesentliche Rechtsgrundlage für die Aktivitäten aller Publikums- und Spezialfonds in Deutschland und betraf sowohl Wertpapier- als auch Grundstückssondervermögen.

Vorrangiges Anliegen des Gesetzes war der Schutz der Fondsanleger. So wurden die Fondsgesellschaften zur Einhaltung bestimmter Anlagegrundsätze – beispielsweise der Risikostreuung – verpflichtet. Das KAGG war zuletzt durch das vierte Finanzmarktförderungsgesetz geändert worden und galt bis zum 31. Dezember 2003. Mit dem Inkrafttreten des Investmentmodernisierungsgesetzes am 1. Januar 2004 wurde das KAGG durch die Vorschriften des Investmentgesetzes und des Investmentsteuergesetzes ersetzt.

Gesetzesändernder Mehrheitsbeschluss

majority vote / decision / resolution that amends a law

Siehe / Siehe auch: Vereinbarungsändernder Mehrheitsbeschluss, Gesetzesändernder / vereinbarungsändernder Mehrheitsbeschluss

Gesetzesändernder / vereinbarungsändernder Mehrheitsbeschluss

resolution passed by a majority of the voters that results in an amendment to a law or an agreement

Gesetzes- beziehungsweise vereinbarungsändernde Mehrheitsbeschlüsse beinhalten Regelungen, durch die von den abdingbaren gesetzlichen Bestimmungen beziehungsweise von Vereinbarungen oder ihnen gleichstehenden Regelungen der Teilungserklärung oder der Gemeinschaftsordnung abgewichen wird beziehungsweise durch die diese Regelungen geändert oder aufgehoben werden (BGH, V ZB 58/99, Beschluss vom 20.09.2000).

Diese gesetzes- oder vereinbarungsändernden Mehrheitsbeschlüsse sind wegen fehlender Beschlusskompetenz der Wohnungseigentümer nichtig. Wenn also das Wohnungseigentumsgesetz den Eigentümern nicht ausdrücklich das Recht zur Beschlussfassung in den zu entscheidenden Angelegenheiten einräumt, sind sie auch nicht berechtigt, entsprechende Beschlüsse zu fassen. So reicht beispielsweise ein Mehrheitsbeschluss nicht aus, um das nach § 25 Abs. 2 WEG geregelte Kopfstimmrecht in ein Stimmrecht nach dem Objektprinzip – jede Sondereigentumseinheit gewährt ein Stimmrecht – durch Mehrheitsbeschluss zu ändern. Erforderlich für eine solche Regelung ist vielmehr eine Vereinbarung, also die Zustimmung aller Eigentümer und die Eintragung dieser Vereinbarung in das Grundbuch. Ist eine solche Vereinbarung getroffen, darf auch diese Regelung wiederum nur durch eine neue Vereinbarung geändert werden.

Beschließt die Wohnungseigentümer-Gemeinschaft dennoch eine Änderung des Stimmrechts nur durch mehrheitliche Beschlussfassung, ist dieser Beschluss wegen fehlender Beschlusskompetenz (Beschluss-Unzuständigkeit) nichtig. Ein nichtiger Beschluss gilt als nicht existent und muss nicht angefochten werden, um ihn außer Kraft zu setzen. Eine Ausnahme gilt allerdings für die Fälle, in denen die Teilungserklärung oder die Gemeinschaftsordnung eine Bestimmung enthält, die es den Wohnungseigentümern ausdrücklich gestattet, von bestimmten gesetzlichen Bestimmungen oder entsprechend abweichend getroffenen Vereinbarungen durch Mehrheitsbeschluss abzuweichen. Man spricht in diesen Fällen von so genannten Öffnungsklauseln. Nachträglich können solche Öffnungsklauseln wiederum nur durch Vereinbarungen im Sinne von § 10 Abs. 2 Satz 2 WEG, also nur mit Zustimmung aller Eigentümer und Eintragung in das Grundbuch, eingeführt werden.

Siehe / Siehe auch: Abdingbarkeit (Wohnungseigentum), Beschluss (Wohnungseigentümer), Beschlusskompetenz (Wohnungseigentümer), Gesetzeswidriger / vereinbarungswidriger Mehrheitsbeschluss, Mehrheitsbeschluss, Öffnungsklausel, Vereinbarung (nach WEG), Gesetzesersetzender / vereinbarungsersetzender Mehrheitsbeschluss

Gesetzesersetzender / vereinbarungsersetzender Mehrheitsbeschluss

resolution passed by a majority of the voters that results in a replacement of a law or an agreement

Bei einem vereinbarungsersetzenden Mehrheitsbeschluss handelt es sich um einen Beschluss in Angelegenheiten, die

- den Rahmen des ordnungsmäßigen Gebrauchs im Sinne des § 15 Abs. 2 WEG
- der ordnungsmäßigen Verwaltung im Sinne des § 21 Abs. 3 WEG oder
- der ordnungsmäßigen Instandhaltung und Instandsetzung im Sinne des § 22 Abs. 1 WEG
- überschreiten und zu deren Regelung deshalb eine Vereinbarung oder ein einstimmiger Beschluss erforderlich ist.

In diesem Fall ersetzt aber ein unangefochtener (Nur-) Mehrheitsbeschluss die an sich erforderliche Vereinbarung oder den einstimmigen Beschluss (BGH, V ZB 58/99, Urteil vom 20.09.2000).

Die Rechtswirksamkeit dieser vereinbarungsersetzenden Mehrheitsbeschlüsse ergibt sich daraus,

dass es sich bei den genannten Regelungen um Angelegenheiten handelt, für die das Gesetz den Wohnungseigentümern ausdrücklich die Möglichkeit einer Mehrheitsentscheidung im Rahmen „ordnungsmäßiger Maßnahmen" einräumt, die Beschlusskompetenz damit ausdrücklich vorgegeben ist.
Im Rahmen dieser ordnungsmäßigen Maßnahmen reicht ein Mehrheitsbeschluss aus, wenn eine gesetzliche Regelung oder eine Vereinbarung nicht entgegensteht (§§ 15 Abs. 2, 21 Abs. 3 WEG).
Handelt es sich um Maßnahmen, die über den ordnungsmäßigen Rahmen hinausgehen, ist grundsätzlich ein einstimmiger Beschluss erforderlich.
Da den Wohnungseigentümern aber für beide Fällen die Beschlusskompetenz eingeräumt ist, gilt grundsätzlich die Bestimmung des § 23 Abs. 4 WEG, wonach ein Beschluss nur dann ungültig ist, wenn er innerhalb Monatsfrist angefochten und durch das Gericht für ungültig erklärt wird. Damit gilt, dass für Gebrauchs-, Verwaltungs- und Instandhaltungs- bzw. Instandsetzungsmaßnahmen oder bauliche Veränderungen an der bisherigen Rechtsprechung festzuhalten ist. Danach sind in diesen Angelegenheiten bestandskräftige (= nicht angefochtene und nicht für ungültig erklärte) Mehrheitsbeschlüsse (Ersatzvereinbarung bzw. Zitterbeschlüsse) gültig, auch wenn der Regelungsgegenstand mangels „Ordnungsmäßigkeit" an sich eine Vereinbarung im Sinne von § 10 Abs. 1 Satz 2 WEG oder einen einstimmigen Beschluss erforderlich gemacht hätte.
Vereinbarungsersetzende Mehrheitsbeschlüsse sind daher nicht nichtig, sondern – nur – anfechtbar.
Von besonderer Bedeutung für die Praxis ist die Tatsache, dass für die Aufhebung solcher vereinbarungsersetzenden Mehrheitsbeschlüsse ein einfacher Mehrheitsbeschluss als Beschluss im Rahmen ordnungsmäßiger Verwaltung dann wiederum ausreicht, wenn mit dieser Beschlussfassung die ursprünglich geltende Regelung wiederhergestellt wird (OLG Karlsruhe, 11 Wx 96/00, Urteil vom 31.05.2000).
Nach dieser jetzt herrschenden Rechtsauffassung ist auch ein (nur) mit Mehrheit beschlossenes generelles Tierhaltungsverbot wirksam und bindet alle Wohnungseigentümer, im Falle des Eigentümerwechsels auch den neuen Eigentümer, wenn der Beschluss nicht angefochten und für ungültig erklärt wird. Voraussetzung für eine mehrheitliche Beschlussfassung ist allerdings, dass keine entgegenstehende Tierhaltungsregelung in der Teilungserklärung oder der Gemeinschaftsordnung enthalten ist. Im Übrigen kann das nur mehrheitlich beschlossene Tierhaltungsverbot jederzeit durch mehrheitliche Beschlussfassung als Maßnahme ordnungsmäßiger Gebrauchsregelung wieder aufgehoben werden.
Siehe / Siehe auch: Tierhaltung in Wohnungen, Vereinbarung (nach WEG), Gesetzesändernder / vereinbarungsändernder Mehrheitsbeschluss, Gesetzeswidriger / vereinbarungswidriger Mehrheitsbeschluss

Gesetzeswidriger Mehrheitsbeschluss

illegal / unlawful majority vote / decision / resolution

Siehe / Siehe auch: Vereinbarungswidriger Mehrheitsbeschluss, Gesetzeswidriger / vereinbarungswidriger Mehrheitsbeschluss

Gesetzeswidriger / vereinbarungswidriger Mehrheitsbeschluss

resolution passed by a majority of the voters that is illegal or against the agreement

Von einem gesetzes- oder vereinbarungswidrigen Mehrheitsbeschluss ist dann zu sprechen, wenn mit diesem Beschluss abdingbare gesetzliche Regelungen beziehungsweise Vereinbarungen oder ihnen gleichstehende Regelungen in der Teilungserklärung nicht dauerhaft abgeändert, sondern im konkreten Einzelfall nur fehlerhaft angewendet werden. Diese nur fehlerhaften Beschlüsse sind nicht nichtig, sondern – nur – anfechtbar (BGH, V ZB 58/99, Urteil vom 20.09.2000).
Beschließt danach eine Wohnungseigentümergemeinschaft einen Wirtschaftsplan oder eine Jahresabrechnung, die einen Verteilungsschlüssel enthält, der von der gesetzlichen oder der in der Teilungserklärung vereinbarten Kostenverteilung oder einem gemäß § 16 Abs. 3 WEG mehrheitlich beschlossenen Verteilungsschlüssel abweicht, wird dieser Beschluss bestandskräftig, wenn er nicht innerhalb einer Monatsfrist angefochten und für ungültig erklärt wird. Für den Wirtschaftsplan und die Jahresabrechnung ist den Wohnungseigentümern gemäß § 28 Abs. 5 WEG ausdrücklich die Beschlusskompetenz eingeräumt. Damit haben die Wohnungseigentümer auch das Recht und die Möglichkeit, jeweils im konkreten Fall, aber auch nur beschränkt auf diesen Fall, vom eigentlich vorgeschriebenen Verteilungsschlüssel abzuweichen.
Eine dauerhafte und damit eine auch für künftige Abrechnungen geltende Änderung des Verteilungsschlüssels erfolgt damit nicht. Die Beschlusskompetenz gemäß § 28 Abs. 5 WEG erstreckt sich nur auf den Wirtschaftsplan beziehungsweise die

Jahresabrechnung und die nur in diesem Rahmen vorzunehmende konkrete einmalige gesetzes- oder vereinbarungswidrige Anwendung eines abweichenden Verteilungsschlüssels. Gleiches gilt für die Bestellung des Verwaltungsbeirates. Über seine Bestellung beschließen die Wohnungseigentümer mit Stimmenmehrheit, dass heißt das Gesetz weist den Wohnungseigentümern ausdrücklich die Beschlusskompetenz zu. Bestellen nun die Wohnungseigentümer im konkreten Fall abweichend von der gesetzlichen Regelung nicht drei Wohnungseigentümer, sondern fünf Beiratsmitglieder, und zwar drei Wohnungseigentümer und zwei Mieter, dann wird auch ein solcher Beschluss bestandskräftig, wenn er nicht innerhalb einer Monatsfrist angefochten und durch das Gericht für ungültig erklärt wird.
Im Falle einer Anfechtung muss das Gericht allerdings diesen Beschluss wegen Verstoßes gegen die gesetzliche Bestimmung als gesetzwidrigen Mehrheitsbeschluss für ungültig erklären.
Siehe / Siehe auch: Beschluss (Wohnungseigentümer), Jahresabrechnung (Wohnungseigentum), Gesetzesändernder / vereinbarungsändernder Mehrheitsbeschluss, Mehrheitsbeschluss, Vereinbarung (nach WEG), Verteilungsschlüssel (Wohnungseigentum), Verwaltungsbeirat, Wirtschaftsplan

Gewährleistung (Bauwerksvertrag / Grundstückskaufvertrag)

warranty; guarantee; warranty obligation (building contract / real property purchase agreement)

Innerhalb der Verjährungsfrist für werkvertragliche Mängelansprüche (früher „Gewährleistung") ist der Vertragspartner des Bauherrn (z.B. Handwerker) verpflichtet, auftretende Baumängel kostenlos zu beseitigen.
Die regelmäßige Verjährungsfrist beträgt bei Bauwerken entweder fünf Jahre beim BGB-Vertrag oder vier Jahre beim VOB-Vertrag, gerechnet von der Bauabnahme. Die verkürzte Gewährleistung nach VOB 2006 kann nur vereinbart werden, wenn auch das übrige Regelwerk der VOB im wesentlichen Bauvertragsbestandteil wird. Mängel, die in das Abnahmeprotokoll aufgenommen wurden, begründen die Pflicht zur Nacherfüllung und gehören nicht zu den Baumängelansprüchen. Beim Grundstückskaufvertrag verjähren die Mängelansprüche in zwei Jahren. Die Frist beginnt mit Übergabe (Besitzübergang). In der Regel wird vom Verkäufer jedoch die Geltendmachung solcher Ansprüche durch den Käufer ausgeschlossen. Hiergegen bestehen keine rechtlichen Bedenken.
Siehe / Siehe auch: VOB-Vertrag

Gewaltschutzgesetz

German protection against violence act

Das Gewaltschutzgesetz, auch „Gesetz zur Verbesserung des zivilrechtlichen Schutzes bei Gewalttaten und Nachstellungen sowie zur Erleichterung der Überlassung der Ehewohnung bei Trennung" genannt, ist in Kraft seit 01.01.2002.
§ 1 regelt ganz allgemein mögliche Maßnahmen zum Schutz vor Gewalt und Nachstellungen. Diese setzen nicht voraus, dass Täter und Opfer in einer gemeinsamen Wohnung wohnen. Zumindest bei Wiederholungstaten im Bereich Körperverletzung, Bedrohung, Freiheitsberaubung, „Stalking" etc. kann das zuständige Gericht befristete Schutzanordnungen aussprechen, nach denen der Täter z.B. die Wohnung, den Umkreis der Wohnung oder andere regelmäßige Aufenthaltsorte des Opfers nicht mehr betreten darf oder von jeder – auch telefonischen – Kontaktaufnahme abzusehen hat.
§ 2 behandelt die Überlassung einer bisher gemeinsam genutzten Wohnung an das Opfer. Grundsatz: Wer schlägt, muss gehen. Wer geschlagen wird, darf bleiben. Opfer von Gewalt, Verletzung an der Gesundheit oder Freiheitsberaubung, die mit dem Täter in einem gemeinsamen Haushalt leben, können beim örtlichen Amtsgericht – notfalls über einen Eilantrag oder per einstweilige Verfügung – die Zuweisung der Wohnung zur alleinigen Nutzung beantragen. Eine Ehe zwischen den Beteiligten ist nicht Voraussetzung für diesen Anspruch.
Dauerhaft kann eine Wohnung nur zugewiesen werden, wenn das Opfer Alleinnutzungsberechtigter ist, also einzige/r Mieter/in oder Eigentümer/in. Haben beide Rechte an der Wohnung, kommt nur eine zeitlich begrenzte Zuweisung in Frage. Ist nur der Täter / die Täterin nutzungsberechtigt, darf die Zuweisung an das Opfer für bis zu sechs Monate erfolgen. Eine gerichtliche Verlängerung um weitere sechs Monate ist möglich, wenn das Opfer keine andere angemessene Wohnung findet. Während der Zuweisung darf der Täter die Nutzung der Wohnung durch das Opfer in keiner Weise beeinträchtigen. Das Gewaltschutzgesetz ist so ausgelegt, dass eine Schutzanordnung schnell und einfach zu erwirken ist. Es enthält eine eigene Strafandrohung: Wer einer gerichtlichen Anordnung nach diesem Gesetz zuwiderhandelt, wird mit Freiheitsstrafe bis zu einem Jahr oder Geldstrafe bestraft.Im Zuge der Einführung dieses Gesetzes wurde auch § 1361 b

des Bürgerlichen Gesetzbuches angepasst. Danach kann bei einer Trennung von Ehepartnern ein Ehepartner vom anderen die Überlassung der Ehewohnung zur alleinigen Nutzung verlangen, wenn dies notwendig ist, um eine unbillige Härte für sie/ihn oder für im Haushalt lebende Kinder zu vermeiden. Vor Einführung des Gewaltschutzgesetzes war für ein solches Verlangen die Gefahr einer „schweren" und nicht nur einer „unbilligen" Härte notwendig. Für eingetragene Lebenspartnerschaften gibt es eine entsprechende Regelung im Lebenspartnerschaftsgesetz.Nach Einführung des Gewaltschutzgesetzes haben die meisten Bundesländer ihre Polizeigesetze abgeändert. Die Polizei hat seitdem die ausdrückliche Befugnis, den Gewalttäter sofort aus der Wohnung zu verweisen. Damit wurde die so genannte Schutzlücke bis zum Erlass einer Schutzanordnung durch das Zivilgericht geschlossen. Die gerichtliche Zuweisung der Wohnung ändert nichts an den mietrechtlichen Vertragsverhältnissen.
Das bedeutet:

- Jeder, der im Mietvertrag als Mieter genannt ist, kann als Gesamtschuldner zur Zahlung der Miete herangezogen werden.
- Der Mietvertrag besteht weiter, auch wenn einer der Mieter oder der einzige Mieter die Wohnung verlassen muss.
- Der Täter wird nicht von seiner Pflicht zur Mietzahlung befreit.
- Zwischen zwei Mietern bestehen interne Ausgleichsansprüche.
- Besonderheit: Der/Die der Wohnung verwiesene Täter/in kann vom Opfer einen Mietausgleich verlangen. Die Höhe orientiert sich an der Miete, aber auch an der Situation und Zahlungsfähigkeit des Opfers.

Verschiedene Broschüren zum Thema „häusliche Gewalt" können beim Bundesfamilienministerium heruntergeladen werden: www.bmfsfj.de.

Gewann - Gewannbewirtschaftung

historical term for a part of a small agricultural area; property location without fixed frontiers - cultivation of such a small agricultural area

Gewann ist eine alte Bezeichnung für den Teil einer Flur, der in Form von Ackerstreifen mehreren Bauern eines Dorfes zur Bewirtschaftung zur Verfügung gestellt wurde. Diese mussten aufgrund des Flurzwanges jeweils die gleichen Früchte auf ihrem Streifen anbauen. Den Gewannen wurden Namen zugelegt, die sich meist aus der früheren Nutzung oder der Lage ableiteten. Diese Namen spielen auch heute noch als Flurbezeichnungen eine Rolle. Beispiele für Namen von Gewannen „Vogelsang", „Gänsewiese", „Glockenberg", „Hasenfeld" „Mühlweg" „Hinter der Steige" „Am Roggenfeld" usw.. Heute spielt die Gewannbewirtschaftung in einem anderen Sinne vor allem in Gebieten eine Rolle, die durch kleinräumige Flächenstrukturen gekennzeichnet sind. Eine Flurbereinigung hat hier in der Regel nicht stattgefunden. Da die Bewirtschaftung solcher kleiner Flächen unwirtschaftlich ist, wird unter den Landwirtschaft vereinbart, dass jeder jeweils eine der aus vielen Einzelflächen bestehenden Gesamtfläche eines Gewanns bewirtschaftet.
Jeder Landwirt ist so unabhängig von den realen Besitzverhältnissen für ein Gewann zuständig. Die beteiligten Landwirte ersparen sich gegenüber der alten Bewirtschaftung vieler kleiner weit verstreuter Felder erhebliche Kosten. Solche Ersparnisse ergeben sich nicht nur durch Senkung der Betriebskosten und der Arbeitszeit für lange Wegestrecken, sondern auch durch erhebliche Reduzierung der vielen Randflächen, die sich durch die Flurzersplitterung zwischen den Flurstücken ergeben.
Siehe / Siehe auch: Flur, Flurbereinigung

Gewerbe

trade; business; branch of industry

Unter Gewerbe versteht man eine auf Dauer ausgerichtete, selbstständige, mit Gewinnabsichten verbundene Tätigkeit einer natürlichen oder juristischen Person. Charakteristisch für Gewerbetreibende ist es, dass sie miteinander in einem Konkurrenzverhältnis stehen, in welchem sie ihre Produkte und Leistungen zu Konkurrenzpreisen anbieten. Nicht zu den Gewerbetreibenden zählen die Freiberufler, denen eine Gewinnerzielungsabsicht nicht unterstellt wird, deren Unabhängigkeit aber auf der Grundlage von Gebührenordnungen abgesichert wird. Im Immobilienbereich zählen zu den Gewerbetreibenden z. B. Makler, Bauträger und Baubetreuer. Gegenüber Angestellten grenzt sich der Gewerbetreibende durch seine Selbständigkeit ab. Er ist „Herr seiner Entscheidungen". Dabei befindet sich im Grenzbereich der „arbeitnehmerähnliche Selbstständige", dem allerdings eine Pflicht zum Unterhalt einer Rentenversicherung wie bei einem Arbeitnehmer auferlegt wurde. Nicht zu den Selbstständigen zählen dagegen die so genannten „Scheinselbstständigen". Sie sind in Wirklichkeit Arbeitnehmer, deren Arbeitgeber ihnen den Schein der selbstständigen Gewerbetätigkeit geben, um Sozialversicherungsbeiträge zu sparen. Das grundlegende Gesetz, in dem die Gewerbeausübung geregelt wird, ist die Gewerbeordnung. Sie basiert auf dem Grundsatz der Gewerbefreiheit – dem freien Zugang aller Bürger zu einem Gewerbe. Allerdings ist jeder Gewerbetreibende verpflichtet, sein Gewerbe beim örtlich zuständigen Gewerbeamt anzumelden. Wenn Tatsachen vorliegen, welche die Unzuverlässigkeit des Gewerbetreibenden oder einer mit der Leitung des Gewerbebetriebes beauftragten Person in Bezug auf dieses Gewerbe belegen, kann die Ausübung des Gewerbes untersagt werden.

Verschiedene Gewerbe können nur nach Erteilung einer Erlaubnis ausgeübt werden. Hierzu zählen neben dem Pfandleih- und Bewachungsgewerbe das Versteigerergewerbe (§ 34b GewO u.a. die Grundstücksversteigerung), das Gewerbe der Makler, Anlageberater, Bauträger und Baubetreuer (§ 34c GewO) sowie das Gewerbe der Versicherungsvermittler und Versicherungsberater (§§ 34d und 34e GewO).

Siehe / Siehe auch: Arbeitnehmerähnliche Selbstständige, Gewerbeerlaubnis, Scheinselbstständigkeit

Gewerbeausübung durch Mieter

pursuit of a trade by a tenant

Siehe / Siehe auch: Berufsausübung durch Mieter

Gewerbeerlaubnis

trade licence; licence for the operation of a business

Die Gewerbeordnung sieht für eine Reihe von Gewerbebetrieben als Voraussetzung für den Beginn des Betriebes eine besondere Erlaubnis vor. Betroffen hiervon sind u. a. Makler, wirtschaftliche Baubetreuer, Bauträger und Anlagevermittler. Die Erlaubnis wird erteilt, wenn diese die jeweils vorgeschriebenen Voraussetzungen nach § 34c GewO erfüllen. Hierzu gehören die für deren Betrieb erforderliche Zuverlässigkeit und geordnete Vermögensverhältnissen. Ist dies nicht der Fall, kann die Erlaubnis nicht erteilt werden. Ein Sachkundenachweis muss nicht erbracht werden.

Die für den Betrieb erforderliche Zuverlässigkeit besitzt insbesondere nicht, wer in den letzten fünf Jahren wegen eines Vermögensdeliktes oder eines Verbrechens rechtskräftig verurteilt wurde. Aber auch wiederholte Verstöße gegen gewerberechtliche Ordnungsvorschriften (z. B. gegen die MaBV) sind ein Indiz für Unzuverlässigkeit. In ungeordneten Vermögensverhältnissen befindet sich, über wessen Vermögen das Insolvenzverfahren eröffnet oder die Eröffnung mangels Masse abgewiesen wurde, wer eine eidesstattliche Versicherung über seine Vermögensverhältnisse ableisten musste oder gegen wen bei Verweigerung dieser Versicherung Haftbefehl ergangen ist. (In beiden Fällen erfolgt ein Eintrag in das Schuldnerverzeichnis.) Bei einer juristischen Person wird die erforderliche Zuverlässigkeit an der Person des Geschäftsführers bzw. Vorstandes geprüft, das Vorliegen geordneter Vermögensverhältnisse an der juristischen Person selbst. Der Geschäftsführer (und nicht ein Gesellschafter) ist auch dafür zuständig, den Antrag auf Erteilung einer Gewerbeerlaubnis zu stellen.

Wem eine Erlaubnis nach § 34c erteilt wurde, muss die Vorschriften der Makler- und Bauträgerverordnung beachten. Bei Versteigerern, auch Grundstücksversteigerern gelten nach § 34b GewO dieselben Erlaubnisvoraussetzungen wie in den Fällen des § 34c. Versteigerer können zusätzlich den Antrag auf öffentlichen Bestellung und Vereidigung stellen, wobei dann ein Sachkundenachweis erbracht werden muss. Für Versteigerer gilt die Versteigererverordnung. Für Versicherungsmakler und Versicherungsberater gilt ebenfalls, dass sie neben der persönlichen Zuverlässigkeit und geordneten Vermögensverhältnissen Fachkunde etwa auf dem Niveau des Versicherungsfachwirts nachweisen müssen (§§ 34d und 34e).

Siehe / Siehe auch: Auktion (Immobilien), Baubetreuung, Bauträger, Geordnete / ungeordnete Vermögensverhältnisse, Insolvenz, Makler

Gewerbegebiet (Bauplanungsrecht)

industrial park; business park; commercial area; trade area; trading estate (planning law)

Will eine Gemeinde den Bebauungsplan für ein Gewerbegebiet auswiesen, dann bedeutet dies, dass dort nur „nicht erheblich belästigende Gewerbebetriebe“ zugelassen sind. Zulässig sind ansonsten Gewerbebetriebe aller Art, Lagerhäuser, Lagerplätze und öffentliche Betriebe. Auch Geschäfts- Büro- und Verwaltungsgebäude, Tankstellen und Anlagen für sportliche Zwecke können in Gewerbegebieten errichtet werden. Zu den Ausnahmen, die die Baunutzungsverordnung vorsieht, gehören Wohnungen für Aufsichts- und Bereitschaftspersonal und die Betriebsleiter, wenn sie von untergeordneter Bedeutung sind, aber auch Anlagen für kirchliche, kulturelle, soziale und gesundheitliche Zwecke sowie Vergnügungsstätten können in Gewerbegebieten ausnahmeweise zugelassen werden. Allerdings muss die Gemeinde hier besondere Festsetzungen im Bebauungsplan vorsehen.

Siehe / Siehe auch: Baugebiet

Gewerbeimmobilien
commercial property; commercial real estate

Gewerbeimmobilie ist ein umfassender Begriff für Immobilien, die nicht der wohnungswirtschaftlichen Nutzung dienen. Hierzu gehören etwa Büro- und Verwaltungsgebäude, Kaufhäuser, Einkaufszentren, Lagerhäuser, Ärztehäuser (obwohl Ärzte keine Gewerbetreibenden sind) Freizeitbäder und dergleichen.
Siehe / Siehe auch: Spezialimmobilien

Gewerbemietvertrag
commercial lease agreement

Gewerbemietverträge sind Mietverträge über gewerblich genutzte Räume aller Art. Der Gewerbemietvertrag unterscheidet sich vom Wohnungsmietvertrag hauptsächlich dadurch, dass er kaum gesetzlichen Beschränkungen unterliegt.
Viele gesetzliche Regelungen des Mietrechts, insbesondere Regelungen des Mieterschutzes, können bei Gewerbemietverträgen ausgeschlossen oder abgeändert werden. Wegen des hohen Gestaltungsspielraumes sind Formularmietverträge im gewerblichen Bereich nur eingeschränkt nutzbar. Eine gründliche Prüfung des Vertragsinhaltes – ggf. durch einen Anwalt – ist für beide Vertragspartner zu empfehlen. Nicht zur Anwendung kommen u.a. die gesetzlichen Regelungen über:

- Kündigungsschutz
- Kündigungsfristen für Wohnräume
- Miethöhe (Obergrenze erst beim Mietwucher)
- Räumungsschutz
- Sozialklausel / Widerspruch gegen Kündigung wegen Härtefall.

Vertraglich geregelt werden sollten folgende Punkte:

- Mietobjekt
- Mietzweck
- Mietdauer
- Mietzins
- Kaution
- Kündigungsfrist
- Mietanpassung
- Konkurrenzschutz
- Nebenkosten
- Konsequenzen bei Mängeln der Mietsache
- Wer ist für Schönheitsreparaturen, Instandhaltung und Instandsetzung verantwortlich

Und, je nach Gewerbe:

- Liste von Inventargegenständen, die Mieter ggf. nach Vertragsende ersetzen muss
- Recht auf Außenwerbung
- PKW-Stellplätze
- Recht zur Untervermietung
- Recht zur Aufnahme weiterer Mieter (weitere Gesellschafter)
- Hausordnung (darf der geplanten Nutzung nicht entgegenstehen, z. B. hinsichtlich Untersagung lärmerzeugender Tätigkeiten, Kundenverkehr)

Eine Mieterhöhung kann nur vorgenommen werden, soweit dies im Mietvertrag ausdrücklich vereinbart ist. Kaution: Anders als beim Wohnungsmietvertrag ist eine Vereinbarung von mehr als drei Monatsmieten Kaution zulässig.
Für Instandhaltung, Instandsetzung und Schönheitsreparaturen ist grundsätzlich der Vermieter verantwortlich. Kosten dafür können jedoch komplett auf den Mieter abgewälzt werden. Dies gilt auch für Reparaturen. Die Vereinbarung einer Höchstgrenze im Mietvertrag ist sinnvoll. Eine Mietminderung wegen Mängeln des Mietobjektes kann – anders als im Wohnraummietrecht – vertraglich ausgeschlossen werden. Wird sie nicht ausgeschlossen, gilt die gesetzliche Regelung.
Siehe / Siehe auch: Geschäftsräume, Gewerbemietvertrag, Betriebskosten, Gewerbemietvertrag, Kündigung, Mietwucher, Umsatzsteuer (bei Vermietung), Mietvertrag mit GbR, Mischnutzung

Gewerbemietvertrag, Betriebskosten
commercial lease agreement, operating expenses

Soll der gewerbliche Mieter die Nebenkosten tragen, muss dies ausdrücklich vertraglich geregelt werden. Sollen nicht verbrauchsabhängige Nebenkosten wie Grundsteuer und Versicherungen umgelegt werden, muss dies ebenfalls im Vertrag vereinbart sein. Eine Betriebskostenerhöhung kann nur stattfinden, wenn dies im Mietvertrag festgelegt ist. Im Gewerbemietvertrag können auch Betriebs-

kostenarten auf den Mieter umgelegt werden, die nicht zu den umlagefähigen Betriebskosten des § 2 Betriebskostenverordnung gehören. Dazu zählen z.B. Bewachungskosten sowie Instandhaltungs- und Instandsetzungkosten. Manche Gerichte fordern hier jedoch wegen der Abweichung vom gesetzlichen Grundgedanken eine besonders genaue – und auch höhenmäßig eingegrenzte – Darstellung der Kostenposition im Gewerbemietvertrag.
Beispiel: „Verwaltungskosten“ allein reicht nicht aus. Es muss näher erklärt werden, um welche Verwaltungskosten es sich handelt und in welcher Höhe diese anfallen (Urteil des OLG Rostock, 10.04.2008, Az. 3 U 158/06).
Siehe / Siehe auch: Geschäftsräume, Gewerbemietvertrag, Kündigung, Umsatzsteuer (bei Vermietung), Mischnutzung

Gewerbemietvertrag, Kündigung

commercial lease agreement, termination

Gewerbemietverträge werden oft befristet abgeschlossen. Vertragslaufzeiten von drei, fünf oder zehn Jahren sind keine Seltenheit. Die bei Wohnungsmietverträgen bestehenden Mieterschutzregeln gelten im Gewerberaummietrecht nicht. Bei unbefristeten Verträgen gilt für die ordentliche Kündigung die Frist des § 580a Abs.2 BGB. Danach muss die Kündigung spätestens am 3. Werktag eines Kalendervierteljahres zum Ablauf des nächsten Kalendervierteljahres stattfinden (z.B.: Kündigung spätestens am 3. Werktag des Januar zum 30. Juni). Bei befristeten und unbefristeten Verträgen ist eine außerordentliche fristlose Kündigung bei Vorliegen eines „wichtigen Grundes“ möglich, der eine Fortsetzung des Vertrages unzumutbar macht (z.B. Vermieter: Zahlungsverzug, vertragswidriger Gebrauch, z.B. Mieter: Nichtgewährung des Gebrauchs, Gesundheitsgefährdung). Keine „wichtigen Gründe“ sind die Absicht des Mieters, den Betrieb einzustellen oder wirtschaftliche Probleme. Für derartige Fälle kann allerdings eine Vertragsklausel aufgenommen werden, nach der der Mieter z.B. bei Umsatzrückgang ein Sonderkündigungsrecht hat. Dies kann auch für den Vermieter von Vorteil sein, da keine längerfristigen Mietrückstände auflaufen und das Objekt ggf. an ein erfolgreicheres Unternehmen weitervermietet werden kann. Eine außerordentliche Kündigung mit gesetzlicher Frist (§ 580a Abs.2 BGB) ist besonders bei befristeten Verträgen von Bedeutung.
Sie ist in folgenden Fällen möglich:

- Kündigung durch Erben bei Tod des Mieters
- Vermieter verweigert grundlos Erlaubnis zur Untervermietung (vertraglich ausschließbar)
- Kündigung des Insolvenzverwalters bei Insolvenz des Mieters
- Modernisierung der Mieträume
- Nichtbeachtung der Schriftform des Vertrages (§ 550 BGB)
- Mietvertrag mit Vertragsdauer über 30 Jahre, nach Ablauf von 30 Jahren kündbar.

Eine weitere Beendigungsmöglichkeit stellt der Aufhebungsvertrag dar.
Siehe / Siehe auch: Beendigung eines Mietverhältnisses, Geschäftsräume, Gewerbemietvertrag

Gewerbeparks

business park; industrial estate

Gewerbeparks sind Gewerbegebiete, bei denen die Objekte nach einem einheitlichen Nutzungskonzept errichtet und unter einheitlichem Management verwaltet werden. Dabei stehen den Nutzflächen Grünanlagen – üblicherweise ein Viertel der Gesamtanlage – gegenüber, um den Grundgedanken einer „Parkanlage“ zu unterstreichen. Die Einnahmen entstehen aus Mieteinnahmen und eventuellen Gewinnen der Betreibergesellschaft aus Gebühren. Die im Vergleich zu einzelnen Gewerbeimmobilien etwas höheren Erträge werden durch die Verwaltungskosten meist nahezu ausgeglichen.

Gewerbesteuer

municipal trade tax; trade tax

Die Gewerbesteuer ist eine Gemeindesteuer. Ihr unterliegt jeder inländische stehende Gewerbebetrieb, wobei es eine ganze Reihe von Ausnahmen gibt. Steuerschuldner ist der Unternehmer, auf dessen Rechnung das Gewerbe betrieben wird. Besteuerungsgrundlage ist der Gewerbeertrag. Nicht betroffen von der Gewerbesteuer sind land- und forstwirtschaftliche Betriebe und Personen, die Einkünfte aus selbständiger Tätigkeit beziehen. Ausgangsgrundlage für die Ermittlung des Gewerbeertrages sind die Gewinne, die nach den Vorschriften des Einkommensteuergesetzes bzw. des Körperschaftssteuergesetzes ermittelt werden.
Hinzuzurechnen sind u. a. ein Viertel der Summe folgender Aufwendungen, soweit sie den Betrag von 100.000 Euro übersteigen (Freibetrag):

- Entgelte für Schulden (vor allem Zinsen) zu 100 Prozent
- Renten und dauernde Lasten zu 100 Prozent
- Gewinnanteile stiller Gesellschafter zu 100 Prozent
- Miet- und Pachtaufwendungen von beweglichen Wirtschaftsgütern (z. B. Maschinen)

zu 20 Prozent

- Miet- und Pachtaufwendungen von unbeweglichen Wirtschaftsgütern zu 65 Prozent
- Aufwendung zeitlich befristete Überlassung von Rechten und Lizenzen zu 25 Prozent

Dem so ermittelten Betrag stehen vielfältige Kürzungsmöglichkeiten gegenüber, z. B. 1,2 Prozent des Einheitswertes des Betriebes. Vom verbleibenden Betrag wird ein Freibetrag abgezogen. Er beträgt für natürliche Personen und Personengesellschaften 24500 Euro. Der so für die Berechnung der Steuer maßgebliche Gewerbeertrag wird mit der Steuermesszahl multipliziert. Diese beträgt 3,5 Prozent. Daraus ergibt sich der Steuermessbetrag, auf den der Hebesatz der Gemeinde anzuwenden ist. Der Hebesatz darf 200 nicht unterschreiten.
Da die Gewerbesteuer keine Betriebsausgabe mehr darstellt, kann als Kompensation hierfür eine Steuerermäßigung bei der Einkommensteuer in Höhe des 3,8-fachen Steuermessbetrages gewährt werden, soweit dieser Betrag die Ermäßigung tatsächlich zu zahlende Gewerbesteuer nicht überschreitet.
Siehe / Siehe auch: Einkommensteuergesetz (EStG), Körperschaftsteuer

Gewerbeuntersagung wegen Unzuverlässigkeit

prohibition of further trade activity because of unreliability/untrustworthiness

Hat der Makler nach § 34 c GewO die Erlaubnis zur Ausübung seines Gewerbes erhalten, so kann ihm diese nach § 35 GewO wieder entzogen werden, wenn der zuständigen Erlaubnisbehörde Tatsachen bekannt werden, aus denen sich ergibt, dass die bei der Erteilung vorhandene Zuverlässigkeit nicht mehr gegeben ist. Das gleiche gilt für die mit der Leitung des Gewerbebetriebes beauftragte Person.
Hier sind die Regelfälle des § 34 c Absatz 2 GewO zu nennen, wenn diese nach der Gewerbezulassung eintreten: Das sind rechtskräftige Verurteilung wegen eines Verbrechens, Diebstahls, Unterschlagung, Erpressung, Betrugs, Untreue, Urkundenfälschung, Hehlerei, Wuchers oder einer Insolvenzstraftat; oder wenn der Makler in „ungeordnete Vermögensverhältnisse" gerät, Regelfall: Eröffnung des Insolvenzverfahrens oder Eintragung in das Schuldnerverzeichnis gemäß § 26 Abs.2 InsO.
Nach § 35 Abs.2 GewO kann die Erlaubnisbehörde auf Antrag gestatten, dass der Gewerbebetrieb durch einen Stellvertreter, der die Gewerbeerlaubnis nach § 34 c GewO besitzt, fortgeführt wird.
Siehe / Siehe auch: Gewerbeerlaubnis

Gewerbezentralregister

central German (federal) register of trade and industrial offences

Das Gewerbezentralregister wird seit dem 01.01. 2007 beim Bundesamt der Justiz geführt. In das Gewerbezentralregister werden rechtkräftig gewordene Bußgeldbescheide wegen einer gewerblichen Ordnungswidrigkeit eingetragen, wenn das Bußgeld mindestens 200 Euro beträgt.
Außerdem werden verwaltungsrechtliche Entscheidungen eingetragen, die für die Beurteilung der Zuverlässigkeit eines Gewerbetreibenden bedeutsam sind, z. B. Gewerbeuntersagungen. Eintragungen im Gewerbezentralregister sind in Verbindung mit den Bußgeldakten für die Entscheidung über Anträge auf Zulassung zu einem Gewerbe ebenso von Bedeutung wie für einen etwaigen Widerruf einer erteilten Gewerbeerlaubnis. Eine Eintragung wird nach Ablauf von drei Jahren getilgt, wenn das Bußgeld nicht mehr als 300 Euro betrug. In den anderen Fällen nach Ablauf von fünf Jahren. Auszüge aus dem Gewerbezentralregister müssen bei Beantragung von Gewerbeerlaubnissen, also auch von Erlaubnissen nach § 34 c GewO für Makler, Anlagevermittler, Bauträger und Baubetreuer vorgelegt werden.
Siehe / Siehe auch: Gewerbeerlaubnis

Gewerbliche Weitervermietung

re-letting for commercial purposes

In manchen Mietverträgen ist vorgesehen, dass der Mieter die Wohnung gewerblich einem Dritten weitervermieten soll, der dann darin wohnt. Dieser Zustand wird als gewerbliche Weiter- oder Zwischenvermietung bezeichnet. Diese erfordert ein geschäftsmäßiges Tätigwerden des Hauptmieters, nicht zuletzt auch zum Zwecke der Gewinnerzielung. Die speziellen BGB-Vorschriften über die Wohnraummiete sind auf den Vertrag zwischen Eigentümer und Zwischenmieter dabei nicht anzuwenden, es gelten die Regeln des Gewerbemietvertrages. Die Mietverträge des Zwischenmieters mit den Endnutzern unterliegen bei Wohnraummietverhältnissen dem BGB-Wohnraummietrecht. Werden Geschäftsräume vermietet, unterliegen auch die Verträge mit den Endnutzern dem Gewerberaummietrecht. Nach einem Urteil des Bundesgerichtshofes sind Mängel des Mietobjektes, die die Wohntauglichkeit einschränken, nicht nur im Verhältnis des Zwischenmieters zum Bewohner relevant, sondern auch im Verhältnis des Eigentümers zum Zwischenmieter. Dies kann zu Mietminderungsansprüchen des gewerblichen Zwischenmieters führen.

Voraussetzung ist das Vorliegen erheblicher Mängel. Dieses wird von der Größenordnung des gewerblichen Zwischenmietverhältnisses abhängig gemacht. Im Übrigen gilt ein Fehler, der leicht erkennbar und mit geringen Kosten zu beseitigen ist, als unerheblich (BGH, Az. XII ZR 251/02, Urteil vom 30.6.2004). Eine Mietminderung wegen Mängeln kann im Gewerbemietvertrag allerdings ausgeschlossen werden.

§ 565 BGB sieht vor, dass bei Vertragsende der Vermieter in Rechte und Pflichten des Mietverhältnisses zwischen dem Zwischenmieter und dem Bewohner eintritt. Falls der Vermieter sich dazu entschließt, sich einen neuen Zwischenmieter zu suchen und diesem die gewerbliche Weitervermietung zu gestatten, ist dieser der neue Vertragspartner des Bewohners. Die für die Veräußerung von Wohnraum geltenden Vorschriften über die Mietkaution, Vorausverfügungen und Vereinbarungen über die Miete und die Aufrechnung durch den Mieter gelten auch bei der gewerblichen Weitervermietung. Wenn der Vermieter dem Bewohner fälschlicherweise mitteilt, dass sein Vertragspartner gewechselt hat, so muss er dies gegen sich gelten lassen – und hat ggf. keinen Mietzahlungsanspruch mehr.

Siehe / Siehe auch: Generalmietvertrag, Gewerbemietvertrag, Vorausverfügung über Miete

Gewerbliche Zwischenvermietung

interim letting for commercial purposes

Siehe / Siehe auch: Gewerbliche Weitervermietung

Gewerblicher Grundstückshandel

dealing in real estate as a business (tax purposes)

Gewerblicher Grundstückshandel liegt dann vor, wenn über Grundstücke im Rahmen eines Gewerbebetriebes verfügt wird. Dabei spielen vor allem Kauf und Verkauf eine Rolle. Ein Gewerbebetrieb ist durch Gewinnerzielungsabsicht, selbständige, nachhaltige Tätigkeit und Teilnahme am Geschäftsverkehr gekennzeichnet. Liegt gewerblicher Grundstückshandel vor, unterliegen die erzielten Gewinne sowohl der Einkommen- als auch der Gewerbesteuer. Auch private Immobilienanleger werden als Gewerbebetrieb eingestuft, wenn sie bei ihren Immobilientransaktionen die Drei-Objekt-Grenze überschreiten. Sie ist aber nicht die ausschließliche Beurteilungsgrundlage. Der BFH hat im Urteil vom 18. Sept. 2002 (X R 183/96) auf weitere Merkmale verwiesen, die, wenn sie gegeben sind, für einen gewerblichen Grundstückshandel sprechen, z. B. kurzfristige Projektfinanzierung, Dokumentation der Veräußerungsabsicht während der Bauphase, Schließung von Vorverträgen. Liegen solche Merkmale vor, kann auch bei Unterschreiten der „Drei-Objekte-Grenze" gewerblicher Grundstückhandel angenommen werden.

Siehe / Siehe auch: Drei-Objekte-Grenze, Private Vermögensverwaltung

Gewerk

craft; trade (skill); maintenance group; section of construction

Das Baugewerbe besteht nach der amtlichen Statistik aus insgesamt 22 Gewerken (Bauleistungsbereiche) des Bauhaupt- und Ausbaugewerbes. Die Mehrzahl der Gewerke gehört zum Hochbau.

Es handelt sich im Wesentlichen um

- Rohbauarbeiten (Erdarbeiten, Beton- und Stahlbetonarbeiten, Mauerarbeiten etc.);
- weiterführende Rohbauarbeiten (Zimmerer- und Holzbauarbeiten, Dachdeckungsarbeiten, Klempnerarbeiten etc.); Ausbauarbeiten (Putz-, Estrich-, Schreiner-, Verglasungs-, Anstrich- und Tapezierarbeiten etc.);
- Technischer Ausbau (Sanitär-, Heizungs-, Lüftungs-, Elektroinstallation etc.);
- Außenanlagen und Einrichtung (Sicherheitseinrichtungen, Möblierung, Bepflanzung etc.).

Genaue Leistungsbeschreibungen der verschiedenen Einzelbereiche der Gewerke können dem „Standardleistungsbuch (StLB)" entnommen werden. Teilleistungen in einem Gewerk werden auch als Baulose bezeichnet.

Gewinnermittlung

ascertainment of profits; determination of taxable income

Grundsätzlich gibt es zwei Arten der Gewinnermittlung, nämlich den Betriebsvermögensvergleich und die Einnahmen-Überschussrechnung. Die Gewinnermittlung über den Betriebsvermögensvergleich wird in § 4 Abs. 1 EStG wie folgt definiert: „Gewinn ist der Unterschiedsbetrag zwischen dem Betriebsvermögen am Ende des Wirtschaftsjahres und dem Betriebsvermögen am Ende des vorangegangenen Wirtschaftsjahres, vermehrt um den Wert der Entnahmen und vermindert um den Wert der Einlagen". Diese Art der Gewinnermittlung ist verpflichtend für Kaufleute und Kapitalgesellschaften. Steuerpflichtige, die nicht auf Grund gesetzlicher Vorschriften verpflichtet sind, Bücher zu führen und regelmäßig Abschlüsse zu machen und die auch keine Bücher führen und keine Abschlüsse machen, können als Gewinn den Überschuss der Betriebseinnahmen über die Betriebsausgaben ansetzen. Bei der Einnahme-Überschussrechnung ergibt sich der Gewinn bzw. Verlust aus der Differenz zwischen der Summe der Betriebseinnahmen und der Betriebsausgaben. Bei der Versteuerung der Einkünfte aus Gewerbebetrieb ist die Berechnung unter Verwendung des Formulars EÜR durchzuführen. Im elektronischen Verkehr mit dem Finanzamt werden heute die „Elsterformulare" verwendet, auf denen nach Absendung der Eingang beim Finanzamt angezeigt wird.

Siehe / Siehe auch: Einkommensteuergesetz (EStG)

Gewöhnlicher Geschäftsverkehr (Wertermittlung)

normal course of business (evaluation)

Der Verkehrswert eines Grundstücks ist nach der Verkehrswertdefinition des §194 BauGB aus Preisen abzuleiten, die sich im gewöhnlichen Geschäftsverkehr gebildet haben. Den gewöhnlichen Geschäftsverkehr kennzeichnen insbesondere folgende Kriterien:

1. die Offenheit des Marktes (der Marktzugang darf nicht durch Vorschriften oder Eingriffe beschränkt sein)
2. die Freiheit der Marktteilnehmer, sich für oder gegen eine Grundstückstransaktion entscheiden zu können. (Sie dürfen nicht unter einem zeitlichen, oder wirtschaftlichen Druck oder gar einem rechtlichen Zwang bei ihrer Entscheidung stehen)
3. die Möglichkeit, sich Zugang zu Informationsquellen zu verschaffen, die für die Rationalisierung einer Entscheidung erforderlich sind.

Der Verkehrswert ist identisch mit dem Begriff Marktwert. Ein gewöhnlicher Geschäftsverkehr in diesem Sinne wird auch bei der Ermittlung des „Market Value" unterstellt. Vorausgesetzt werden hier explizit – was selbstverständlich ist – das Vorhandensein von Marktparteien in Form mindestens eines kaufwilligen Käufers und eines verkaufswilligen Verkäufers, die mit Sachkenntnis, Umsicht und ohne Zwang handeln. Der gewöhnliche Geschäftsverkehr ist konkret durch bestimmte Phänomene gekennzeichnet. Auf der Anbieterseite erfolgt der Markzugang durch ein offenes oder chiffriertes Anbieten der Objekte in Zeitungen und anderen „Werbeträgern" oder in Informationsmedien wie das Internet, durch Einschaltung von Maklern zur Interessentensuche oder eine sonstige gezielte Teilnahme am Geschäftsverkehr. Ähnlich verhalten sich im „gewöhnlichen Geschäftsverkehr" die „Interessenten".

Bei Bestandsimmobilien wird die Grundentscheidung der Interessenten in erster Linie vom Ergebnis einer oder mehrerer durchgeführter Objektbesichtigungen abhängig gemacht. Pläne und Exposés werden unterstützend eingesetzt. Die endgültige Entscheidung kommt schließlich in aller Regel nach einem Prozess des Aushandelns der Erwerbsbedingungen zustande. Am Ende wird entweder von einem Kauf Abstand genommen oder das Objekt wird „gekauft wie besichtigt". Ähnlich verhält es sich bei Bauträgerangeboten. Auch hier wird zuerst eine Besichtigung – wenn auch nur der Baustelle und Lage – durchgeführt. Eine größere Bedeutung haben Baubeschreibungen mit den darin eingeräumten Möglichkeiten, Sonderwünsche geltend machen zu können. Allerdings kalkulieren Bauträger – anders als die Anbieter von Bestandsimmobilien – „Festpreise", von denen sie glauben, dass sie sie am Markt durchsetzen können. Nur in Ausnahmefällen stehen diese Preise zur Verhandlungsdisposition. Bei offenen Immobilienfonds als Nachfrager nach Objekten wird die Objektbesichtigung in der Regel auf Sachverständige delegiert, die eine Bewertung des Objektes vornehmen, bevor die Ankaufsentscheidung getroffen wird. Während der Verkehrswert bzw. der Marktwert durch den „Preis" bestimmt wird, der im Verkaufsfall zu erzielen wäre, prädestiniert im Immobilienverkehr zwischen institutionellen Anlagern wie offenen Immobilienfonds in gewissem Umfange der von den Sachverständigen geschätzte Wert den Preis. Institutionelle Anleger benötigen zur Absicherung ihrer Entscheidung Verkehrswertgutachten. Damit wird „der Preis wird durch den Wert bestimmt".

In der Regel kann davon ausgegangen werden, dass Kaufvertragsabschlüsse am Immobilienmarkt, bei denen Interessenten ihre Kaufentscheidung weder auf der Grundlage von Objektbesichtigungen noch

auf der Grundlage eingehender Objektinformationen treffen, nicht dem gewöhnlichen Geschäftsverkehr zuzurechnen sind. (Beispiel: Erwerb von „Steuervorteilen“ mit Hilfe eines Immobilienprojektes, was früher häufig der Fall war).
Siehe / Siehe auch: Verkehrswert

Giebel

gable; pediment(s)

Als Giebel im engeren Sinne wird der seitliche Abschluss eines Satteldaches (Giebeldreieck) bezeichnet. Im weiteren Sinne meint der Begriff den rechtwinklig zur Firstlinie stehenden Querabschluss eines Hauses.
Siehe / Siehe auch: Giebelständiges Haus

Giebelständiges Haus

house with gables facing the street

Ein giebelständiges Haus ist ein Haus, dessen Giebel der Straße zugewandt ist, so dass die Firstlinie rechtwinklig zur Straße verläuft.
Siehe / Siehe auch: Giebel, Traufständiges Haus

Give-Aways

giveaways

Give-aways sind preisgünstige Streuartikel wie z. B. Kugelschreiber und Feuerzeuge und lediglich ein Teil der ganzen Palette der Werbeartikel. Diese in den seltensten Fällen kreativen Werbeartikel können in einzelnen Fällen durchaus Sinn machen. Nehmen wir zum Beispiel die Eigentümerversammlung. Hier bietet es sich an, Kugelschreiber und Blöcke als Give-aways zu verteilen. Der Eigentümer freut sich über die Serviceleistung und hat zudem einen direkten Nutzen. Der zusätzliche Nutzen ist ein wichtiger Aspekt beim Einsatz von Give-aways. Es gilt, sorgfältig abzuwägen, ob die Zielgruppe tatsächlich etwas mit dem Präsent anfangen kann. Ein Schraubenzieher-Set ist für die Zielgruppe Hausmeister bestimmt eine gute Idee, aber der Eigentümer wird in der Regel weniger Nutzen davon haben.

Glasbaustein

glass block

Der Glasbaustein ist ein hohler, aus zwei Hälften zusammengesetzter, lichtdurchlässiger Stein aus Glas. Er wird im Pressverfahren in verschiedenen Formen, Farben und Abmessungen hergestellt. Durch die hohe Eigentragfähigkeit des Glasbausteines wird er als nichttragende Raumbegrenzung oder zum Schließen auch großer Fensteröffnung genutzt. Der Glasbaustein wird entweder in Trockenbaumontage mit Steckverbindungen zusammengesetzt, oder mit Zementmörtel gemauert und verfugt. Die Ausbildung der Mörtelfugen kann unbewehrt oder bei großen Wandflächen bewehrt sein. Der Luftraum im Inneren des Glasbausteines verschafft ihm gute Schall- und Wärmedämmeigenschaften. Er ist widerstandfähig gegen Feuer, einbruchhemmend, schlag- und stoßfest. Die Oberfläche des Steines ist undurchsichtig, klar oder strukturiert. Durch die Strukturierung wird das Licht gebrochen, so dass eine interessante Lichtstreuung oder Lichtlenkung erzielt werden kann. Unterschiedliche Innen- oder Außenbeschichtungen verleihen dem Hohlstein z.B. eine Farbigkeit oder einen Sonnenschutz.

Glasdachziegel / Glasziegel

glass (roof) tile / glass brick

Glasdachziegel oder Glasziegel sind Pressglassteine, die es passend zu fast jeder Dachziegelform gibt. Um unbewohnte Dachgeschosse zu beleuchten, wird statt eines Dachziegels oder Betondachsteins ein Glasdachziegel eingesetzt. Eine entsprechende Einlage oder Innenbeschichtung des Glasdachziegels erhöht den Wärmeschutz.

Glasfalz

crystal / glass groove

Der Glasfalz ist die Aussparung in einem Fensterflügel oder Fensterrahmen (Festverglasung), in den die Glasscheibe eingelegt wird. Zur Wetterseite hin ist er geschlossen, so bietet der Fensterrahmen keine Schwachpunkte in Form von Fugen. Die Aussparung ist dem Rauminneren zugewandt. Hier wird die Glasleiste an die Scheibe gelegt und in die Aussparung gedrückt, um die Fensterscheibe im Rahmen zu fixieren.
Siehe / Siehe auch: Fensterflügel, Fensterrahmen, Glasleiste

Glasfaser

fiberglass; glass fibre

Glasfaser ist ein aus Glasschmelze gewonnenes fadenförmiges Material. Es wird in Form von z. B. Glaswolle, Glasfaserplatten oder Glasfasermatten als Dämmstoff gegen Wärme, Kälte oder Schall eingesetzt. Er ist widerstandfähig gegen chemische und mechanische Einflüsse, schadstoffarm und unverrottbar.

Es ist hochelastisch und damit dimensionsbeständig. Glasfaser brennt nicht, kann aber schmelzen. Die Glasfaser wird zur Armierung von Kunststoffen und zur Überbrückung von Rissen im Mauerwerk eingesetzt. Kabel aus Glasfaser finden wegen ihrer

hohen Übertragungsrate, großen Reichweite und geringer Störempfindlichkeit z. B. in der Datenübertragung Einsatz.
Siehe / Siehe auch: Glasfasergewebe, Glaswatte / Glaswolle

Glasfasergewebe
glass cloth
Glasfasergewebe sind ineinander verwebte Glasfasern, die im Handel in unterschiedlichen Webarten und Anfertigungen erhältlich sind. Es gilt als ideales Material, um zuverlässig geringfügige Bauschäden wie Risse in Wand und Decke zu kaschieren. Nachträglich kann die Kaschierung wie eine Tapete mit Latex- oder Dispersionsfarbe im gewünschten Farbton gestrichen werden. Auf Papier aufgetragenes Glasfasergewebe wird als Glasfasertapete bezeichnet.
Siehe / Siehe auch: Glasfaser

Glasleiste
glass strip
Die Glasleiste stabilisiert die eingesetzte Fensterglasscheibe im Glasfalz. Von innen wird die Glasleiste an die Scheibe gelegt und in den Glasfalz gedrückt. Die profilierte oder glatte Glasleiste besteht aus Holz, Kunststoff oder Metall. Nicht nur in früheren Zeiten wurde statt einer Glasleiste Fensterkitt verwendet.
Siehe / Siehe auch: Glasfalz

Glasmosaik
mosaic glass
Glasmosaike bestehen aus gepressten oder gewalzten Glasblättchen. Mit ihren glänzend farbigen oder opaken Oberflächen schmücken sie Innenwände oder Fußböden z. B. in Nassräumen.
Siehe / Siehe auch: Glasur

Glasur
glaze; glazing
Glasur ist eine glänzende, durchsichtige Beschichtung, die zumeist auf keramische Gebrauchsware getragen wird. Hier wird unterschieden in Erdglasur auf Glasbasis, z. B. auf Hartporzellan, Bleihaltige oder Bleiglasur auf Glasbasis, z. B. auf Steingut, Emailglasur auf Glasbasis auf kunstkeramischen Waren und Salzglasur auf Kochsalzbasis, z.B. auf Steinzeug. Keramische Bauteile wie Fliesen, Dach- oder Mauerziegel erhalten durch eine Glasur Wasserdichtigkeit, Langlebigkeit und zusätzlich eine farbige, glänzende Oberfläche.

Glasversicherung
glass insurance
In Gebäude- oder Hausratversicherungen ist in der Regel keine Glasversicherung enthalten. Dies wird bei Abschluss solcher Versicherungen oft übersehen. Nur in wenigen Hausratversicherungen sind Glasschäden mitversichert. Glasbruchschäden sind die am häufigsten eintretenden Schadenfälle. Es kann sich um Gebäudeglas (z. B. Glasscheiben von Fenstern, Türen, Balkonen, Terrassen) oder um Mobiliarglas (z. B. Glasscheiben von: Bildern, Schränken, Vitrinen, Öfen, Elektro- oder Gasgeräten, Stand-, Wand- oder Schrankspiegel Glasplatten) handeln, das zerbricht. Die Glasversicherung gibt es als Pauschalversicherung pro Haus (Einfamilienhaus, Zweifamilienhaus), pro Wohnung oder nach Wohnfläche, sowie als Einzelversicherung nach Glasart, Scheibengröße usw.

Glaswarze
„glass wort“, ironic term for a conservatory, implying that it is ugly and unnecessary
Der Begriff Glaswarze bezeichnet die häufig gewordene modische Erweiterung eines Hauses um einen Wintergarten und unterstellt etwas ironisch, dass diese Anbauten krank, hässlich und unnötig wirken.
Siehe / Siehe auch: Kängurusiedlung, Heidihaus

Glaswatte / Glaswolle
glass wadding / glass wool; spun glass
Als Glaswatte oder Glaswolle wird der dünne, gewellte Faden der Glasfaser bezeichnet, der auf einer Trägerbahn genäht ist oder als locker zusammengefasste Matte verwendet wird. Glaswatte und Glaswolle finden als Wärme- und Schalldämmung oder als Zusatz zu Putz (Glasfaserputz) Verwendung.
Siehe / Siehe auch: Glasfaser

Gleitende Neuwertversicherung
escalation insurance reinstatement policy
Von einer gleitenden Neuwertversicherung eines Gebäudes spricht man dann, wenn die Versicherungssumme an den gleitenden Baupreisindex und den Tariflohnindex für das Baugewerbe angepasst wird. Beide Indizes werden vom Statistischen Bundesamt geliefert. Der Baupreisindex wird dabei mit 80 Prozent und der Tariflohnindex mit 20 Prozent gewichtet. Als Versicherungssumme wird der Neuwert des Gebäudes entsprechend seiner jeweiligen Größe und Ausstattung sowie seines Ausbaus nach Preisen des Jahres 1914 gebildet. Einzubeziehen sind dabei auch die Architektengebühren sowie

sonstige Konstruktions- und Planungskosten. Die erste Einwertung des Gebäudewerts zum Basisjahr (1914 = 100) erfolgt durch einen Summenermittlungsbogen oder durch ein Wertgutachten. Die Versicherungssumme 1914 wird mit dem gleitenden Neuwertfaktor (auch Richtwert genannt) multipliziert. Daraus ergibt sich der Betrag, den die Versicherung im Falle des Totalschadens zu leisten hat. Die Wertanpassung mit dem gleitenden Neuwertfaktor hat auch eine entsprechende Anpassung der Versicherungsbeiträge zur Folge. Wenn sich durch Aus-, Um- oder Anbaumaßnahmen die Gebäudesubstanz und damit der Gebäudewert erhöhen, muss dies der Versicherung unverzüglich angezeigt werden. Wird dies versäumt, dann kann im Falle eines Schadens eine Unterversicherung vorliegen. Es wird dann nur der anteilige Schaden ersetzt.
Siehe / Siehe auch: Verbundene Wohngebäudeversicherung, Feuerversicherung (Brandversicherung), Feuerversicherungssumme 1914, Unterversicherung

Gleitklausel im Bauwerkvertrag
indexation clause / (automatic) adjustment clause in a building contract

Mit Hilfe einer Gleitklausel kann der Bauunternehmer bzw. Handwerker Änderungen im Tariflohnsystem oder andere Kostenänderungen durch eine Anpassung der Baukosten auf den Bauherrn abwälzen, soweit dies in den Vergabeunterlagen vorbehalten wurde. Ihrem Wesen nach ist diese Klausel eine Kostenelementklausel, die keiner Genehmigung bedarf. Bezugsgrundlage für eine Änderung kann auch ein Baupreisindex sein. Ihrem Wesen nach ist eine solche Klausel eine Kostenelementklausel. Sie ist nach dem Preisklauselgesetz zulässig.
Siehe / Siehe auch: Wertsicherungsklausel, Kostenelementeklausel, Preisklauselgesetz (früher Preisklauselverordnung)

Gleitklausel im Mietvertrag
indexation clause/ (automatic) adjustment clause in a rental agreement

Mit einer Gleitklausel wird schon bei Abschluss eines Mietvertrages eine spätere Mieterhöhung festgelegt. Diese tritt unter bestimmten Voraussetzungen in Kraft. So kann bei der Indexmiete der Mietzins der Höhe nach an eine Steigerung des Verbraucherpreisindex angepasst werden.
Die Gleitklausel ist zu unterscheiden von der Vereinbarung einer Staffelmiete, bei der der genaue Erhöhungsbetrag und -zeitpunkt im Mietvertrag festgelegt sind.
Bei freifinanziertem Wohnraum darf eine Gleitklausel nur im Rahmen der Indexmiete nach § 557 b BGB vereinbart werden. Bei öffentlich finanziertem Wohnraum können Gleitklauseln frei vereinbart werden. Zulässig sind z. B. Gleitklauseln, nach denen die „jeweils gesetzlich zulässige Miete" als vereinbart gilt. Zusätzliche Nebenkostenerhöhungen per Gleitklausel sind nicht wirksam.
Bei Miet- und Pachtverträgen über Gewerberäume sind Gleitklauseln nur dann zulässig, wenn sie die Kriterien des § 3 Abs. 1 des Preisklauselgesetzes erfüllen. Der Vertrag muss danach für die Dauer von mindestens zehn Jahren laufen, gerechnet vom Vertragsabschluss bis zur Fälligkeit der letzten Zahlung, oder der Mieter muss das Recht haben, den Vertrag auf mindestens zehn Jahre zu verlängern. Anpassungsmaßstab muss entweder der Verbraucherpreisindex des Statistischen Bundesamtes oder eines Statistischen Landesamtes sein, oder der harmonisierte Verbraucherpreisindex der Europäischen Union.
Siehe / Siehe auch: Mieterhöhung, Preisklauselgesetz (früher Preisklauselverordnung), Wertsicherungsklausel

Gleitzinsdarlehen
loan with a flexible/ variable interest rate

Gleitzinsdarlehen sind Darlehen, bei denen der Darlehensgeber den Zinssatz jederzeit einseitig ändern kann. Der anfangs zu zahlende Zinssatz gilt nur bis auf weiteres und ist insofern also variabel. Darlehensnehmer, die ein Gleitzinsdarlehen aufnehmen, sollten sich des damit verbundenen Zinsänderungsrisikos bewusst sein und dieses bei ihren Planungen und Entscheidungen hinreichend berücksichtigen.
Siehe / Siehe auch: Umschuldung, Zinsänderungsrisiko

Global Positioning System (GPS)
global positioning system (GPS)

Beim Global Positioning System (auch: NAVSTAR GPS – Navigational Satellite Timing and Ranging – Global Positioning System) handelt es sich um ein globales Satellitennavigationssystem zur Bestimmung exakter Positionen und zur Zeitmessung. Das System wurde vom US-Verteidigungsministerium entwickelt und in den 80er Jahren eingeführt. Seit Juli 1995 ist es voll betriebsfähig. Im Mai 2000 wurde eine bis dahin verwendete selektive Signalverschlechterung abgeschaltet. Von diesem Zeitpunkt an konnte GPS auch für zivile Zwecke mit einer Genauigkeit von etwa 10 Metern Daten zur Ortsbestimmung liefern.

Für spezielle Anwendungen sind größere Genauigkeiten möglich. Die GPS-Satelliten werden schrittweise immer wieder gegen neue Modelle ausgetauscht. GPS ist weltweit das wichtigste Ortungsverfahren. Es wird unter anderem zur Bestimmung der Position von Schiffen, Flugzeugen und Kraftfahrzeugen benutzt. Tragbare GPS-Empfänger können überall eingesetzt werden. Je nach Anwendungsbereich werden GPS-Navigationsgeräte mit unterschiedlichem Kartenmaterial (Stadtpläne, Landkarten, Wanderkarten, Seekarten) ausgerüstet. GPS wird auch zur Diebstahlsicherung genutzt, um etwa ein gestohlenes Kraftfahrzeug zu orten. Als Nachteil bei GPS wird empfunden, dass sich die Satelliten nach wie vor im Eigentum des US-Verteidigungsministeriums befinden. Damit kann das System etwa in Krisenzeiten ohne Weiteres auch abgeschaltet oder eingeschränkt nutzbar gemacht werden, um strategische Vorteile zu erlangen. Konkurrenz-Systeme zum GPS sind das europäische „Galileo" und das russische „Glonass".

Siehe / Siehe auch: Galileo, Glonass, Geo-Caching

Glonass

GLONASS (Russian counter part to GPS)

Russisches Satelliten-System zur Navigation und Position-Bestimmung. Glonass besteht bereits, muss jedoch erneuert werden. Im Jahr 2009 sollte ein Stand von 24 Satelliten mit verbesserter Datenqualität erreicht werden. Betreiber ist das Verteidigungsministerium der russischen Föderation. Die Satelliten nennen sich Uragan (Hurrikan). Für 2012 wird der weltweite Regelbetrieb mit allen erforderlichen, modernen Satelliten angestrebt. Zwischen der ESA und der russischen Raumfahrtagentur Roskosmos existiert eine Zusammenarbeit, in deren Rahmen mit Hilfe von Uragan-Satelliten Technologien für das europäische System Galileo getestet werden.

Siehe / Siehe auch: Galileo, Global Positioning System (GPS)

Glühlampen

incandescent or filament lamps or bulbs

Herkömmliche Glühlampen werden nach nunmehr 130 Jahren abgeschafft. Grund: Sie verbrauchen mehr kostbaren Strom als die mittlerweile verfügbaren Energiesparlampen. Nachteile der Energiesparlampen: Sie brauchen einen Moment, bis sie volles Licht liefern, ihr Licht erscheint oft unangenehm grell, sie enthalten Schadstoffe wie Quecksilber, wodurch sie bei der Entsorgung die Umwelt belasten – und sie sind erheblich teurer. Eine Gefährdung durch giftiges Quecksilber ist bei Zerbrechen der Lampen nicht ausgeschlossen. Eine Untersuchung der Zeitschrift Ökotest bemängelte insbesondere bei preisgünstigen Energiesparlampen, dass sowohl ihre Lebensdauer als auch ihre Helligkeit hinter den Versprechungen der Hersteller zurück blieb.

Die Übergangsregelungen sehen vor, dass ab 1.9.2009 zunächst die 100 Watt-Glühbirnen und alle matten Glühlampen aus dem Handel genommen werden. Ein Jahr darauf wird es keine 75 Watt-Birnen mehr geben, ab 2011 keine mehr mit 60 Watt und ab 2012 auch keine mehr mit 25 Watt. Noch in den Läden vorhandene Lampen können von den Händlern weiter abverkauft werden, Verbraucher können die alten Lampen weiter nutzen.

Über die Lichtfarbe der Energiesparlampen gibt die Kelvin-Angabe auf der Packung Auskunft. Warmweißes Licht für gemütliches Wohnen ist mit 2.700 Kelvin zu erzielen. Tageslichtweißes Licht ist für den Arbeitsplatz optimal, hier sind 6.000 Kelvin angebracht. Auch Zahlencodes geben Auskunft: Der Code 827 etwa steht für warmweißes Licht. Die meisten Leuchten können auch mit Energiesparlampen bestückt werden. Nur für Kristallkronleuchter empfehlen Experten eine Umrüstung auf Halogenlampen.

GmbH und Co

limited partnership with a limited liability company as general partner

Es handelt sich im deutschen Recht um eine Sonderform der Kommanditgesellschaft, die in den letzten Jahren stark an Bedeutung gewonnen hat. Der Komplementär, der üblicherweise persönlich unbeschränkt haftet, ist hier eine juristische Person, z. B. eine Gesellschaft mit beschränkter Haftung. Ziel ist es, das Haftungsrisiko der Kommanditisten und Komplementäre auf das Stammkapital der GmbH (25.000 Euro) zu beschränken. Obwohl die GmbH & Co im Wesentlichen eine Personengesellschaft ist, wird sie in bestimmten Fällen wie eine Kapitalgesellschaft behandelt. Beispiele:

- Nach § 130a HGB ist die GmbH & Co verpflichtet, bei Zahlungsunfähigkeit oder Überschuldung der Gesellschaft die Eröffnung eines Insolvenzverfahrens zu beantragen.
- Nach § 264a HGB gelten die Vorschriften über den Jahresabschluss und den Lagebericht der Kapitalgesellschaften auch für die GmbH & Co.

Siehe / Siehe auch: Gesellschaft bürgerlichen

Rechts (GbR), Gesellschaft mit beschränkter Haftung (GmbH), Kommanditgesellschaft (KG), Offene Handelsgesellschaft (OHG/oHG)

Golfanlagen

golf courses

In der Vergangenheit gab es einen Boom an Golfanlagen, der ein gut konzipiertes Projekt angesichts der großen Nachfrage schon fast zum Selbstläufer werden ließ. Inzwischen kam es zu einer Verschiebung von einer Boom-Situation hin zu einer sukzessiven Marktsättigung, wobei es sicherlich noch Gebiete mit einem entsprechenden Bedarf gibt. Allerdings: In einer Reihe von Regionen gibt es bereits ein Überangebot und einige Golfanlagen haben Probleme. Grund hierfür ist neben dem vermehrten Angebot an Golfanlagen auch die wirtschaftliche Situation, die teilweise potentielle Interessenten zwingt, an Freizeitvergnügen zu sparen. Gleichzeitig wird der erhebliche Landschaftsverbrauch speziell auch von Umweltschützern kritisch gesehen.

Graffiti, Entfernung

graffiti, removal

Die Entfernung von Graffiti an Hauswänden kann bei Mietobjekten nicht auf den Mieter umgelegt werden. Zwar sind die Kosten für Gebäudereinigung umlagefähig (§ 2 Nr.9 BetrKV). Graffiti werden jedoch normalerweise nicht regelmäßig angebracht. Ihre Beseitigung ist daher keine regelmäßig wiederkehrende laufende Aufwendung – nicht einmal dann, wenn die „Künstler“ nach der Entfernung ihr Werk jedes Mal sofort erneuern. Es ist Sache des Eigentümers, die durch Dritte verunstaltete Mietsache wieder in ihren Normalzustand zu versetzen.
Siehe / Siehe auch: Betriebskosten

Green Building

green building

Der Begriff „Green Building“ bezeichnet grundsätzlich ein umweltfreundliches und energieeffizientes Gebäude. Der Bau energieeffizienter Gebäude im Wohn- und Nichtwohnbereich wird international propagiert. In der EU wird mit Hilfe der Richtlinie über die Gesamtenergieeffizienz von Gebäuden und des „Green-Building-Programmes“ für Nichtwohngebäude eine Vereinheitlichung versucht. Letzteres verlangt für Neubauten von Nichtwohngebäuden bei Verwendung traditioneller Materialien eine Verringerung des Primärenergiebedarfs um 25 Prozent. In der Umsetzung der europäischen Vorgaben sind z. B. Deutschland, Dänemark, Österreich und Schweden gut vorangekommen. So wurde in Deutschland im Zuge der Umsetzung der Gebäuderichtlinie die Energieeinsparverordnung geändert und der Energieausweis auch für Bestandsgebäude eingeführt. Im Rahmen der Energieeinsparverordnung 2009 wurden die Regelungen zur Energieeffizienz von Gebäuden weiter verschärft. 2012 wird mit dem Inkrafttreten einer reformierten EU-Gebäuderichtlinie sowie der Energieeinsparverordnung 2012 gerechnet, die abermals verschärfte Bestimmungen, z. B. für die Wärmedämmung und auch über den Energieausweis, enthalten wird.
Untersuchungen zeigen, dass die Umsetzung der Richtlinien über Energieeinsparung und Wärmedämmung in denjenigen Staaten langsamer verläuft, in denen eine stärkere Nutzung der Atomenergie als Weg aus der Energiekostenkrise befürwortet wird – zu nennen sind hier etwa Bulgarien, Ungarn, die Tschechische Republik, die Slowakei und Polen. Die Umsetzung der EU-Richtlinien ist jedoch zwingend. Insbesondere im Hinblick auf die steigenden Energiekosten zeigt sich, dass energieeffiziente Gebäude heute weit bessere Chancen auf dem Immobilienmarkt haben als nicht zeitgemäß gedämmte und beheizte Objekte.
Siehe / Siehe auch: Energieausweis / Energiepass, Energieeinsparverordnung (EnEV)

Grenzabstand

distance from a boundary (e.g. of a building or tree planting) border margin

Siehe / Siehe auch: Abstandsfläche

Grenzbaum

boundary tree

Ein Baum, der von Beginn an oder im Laufe der Zeit durch sein Wachstum die Grundstücksgrenze zum Nachbargrundstück überschreitet ist ein Grenzbaum. Maßgeblich für diese Feststellung ist die Stelle des Baumes, an der er aus dem Boden tritt. Der Baum, der in der Regel wesentlicher Bestandteil des Grundstücks ist, wird zum Bestandteil zweier Grundstücke. Daraus ergibt sich, dass beide Grundstücksnachbarn Miteigentümer des Grenzbaumes sind. Auf die Wurzelverzweigung kommt es nicht an. Da sich viele Bäume bereits oberhalb der Bodenoberfläche nach unten in das Wurzelwerk verzweigen, ist ein eindeutige Bestimmung, ob es sich um einen Grenzbaum handelt oft schwierig. Wurzelanläufe sollen im Gegensatz zu Wurzelausläufen noch zum „Stammfuß“, auf den der Stamm aufsetzt, gerechnet werden. So jedenfalls das OLG München (Urteil vom 10.6.1992 AgrarR 1994, 27). Dabei kommt es nicht darauf an, ob der Baum

durch die Grenzlinie hälftig oder nur marginal durchschnitten wird. Bei der strittig werdenden Frage, ob es sich um einen Grenzbaum handelt oder um den Baum nur eines der beiden Nachbarn entscheidet in Streifragen ein Vermessungssachverständiger.
Für Grenzbäume gilt § 923 BGB. Danach gehören jedem der beiden Grundstücksnachbarn etwaige Früchte des Baumes aber auch der gefällte Baum zur Hälfte. Die Vorschriften sind auch für Sträucher anzuwenden. „Jeder der Nachbarn kann die Beseitigung des Baumes verlangen. Die Kosten der Beseitigung fallen den Nachbarn zu gleichen Teilen zur Last. Der Nachbar, der die Beseitigung verlangt, hat jedoch die Kosten allein zu tragen, wenn der andere auf sein Recht an dem Baume verzichtet; er erwirbt in diesem Falle mit der Trennung das Alleineigentum. Der Anspruch auf die Beseitigung ist ausgeschlossen, wenn der Baum als Grenzzeichen dient und den Umständen nach nicht durch ein anderes zweckmäßiges Grenzzeichen ersetzt werden kann" so Abs. 2.
Zwar muss der Eigentümer, will er einen Grenzbaum beseitigen, die Zustimmung des anderen Nachbarn einholen. Wird sie nicht erteilt, kann auf Zustimmung geklagt werden. Wird ein Grenzbaum ohne Zustimmung des anderen Nachbarn gefällt, besteht nur dann Aussicht, mit einer Schadensersatzklage durchzudringen, wenn die Zustimmung hätte verweigert werden können. Dies ist in der Regel aber nicht der Fall. Soweit die zivilrechtlichen Grundlagen. Öffentlich rechtlich, d.h. durch eine Baumschutzverordnung, kann allerdings die Ausübung des Rechts auf Beseitigung genehmigungsbedürftig sein. Wird die Genehmigung versagt, muss der Baum stehen bleiben. Wird der Baum dennoch gefällt, handelt es sich um eine mit Bußgeld bewehrte Ordnungswidrigkeit. Ein zivilrechtlicher Schadensersatzanspruch zu Gunsten des Nachbarn leitet sich daraus nicht ab. Baumschutzverordnungen gibt es allerdings nicht in allen Gemeinden. Aus der Bestimmung eines Baumes als Grenzbaum ergeben sich einige notwendige Verhaltensweisen, denn beide Nachbarn sind für den Grenzbaum gleichermaßen verantwortlich. Ist der Baum sanierungsbedürftig, haben beide Grundstücksnachbarn die Kosten der erforderlichen Sanierung zu tragen. Die Grundstücknachbarn haben die Standfestigkeit des Baumes zu überwachen. Fällt der Baum etwa auf das Dach des Hauses eines der Nachbarn, muss auch der andere Nachbar einen Teil des Schadens ausgleichen, wenn er nicht vorsorglich auf sein Eigentumsrecht verzichtet hat.
Die Verkehrssicherungspflicht trifft beide Nachbarn gemeinsam.
Siehe / Siehe auch: Baumkataster

Grenzniederschrift

boundary record (survey record)

Bei der flächenmäßigen Veränderung von Flurstücken wird unterschieden zwischen der Teilung (aus einem Flurstück werden zwei), der Zerlegung, (ein Flurstück wird in mehrere Teile zerlegt) und der Verschmelzung (Flurstücke, die örtlich und wirtschaftlich eine Einheit bilden, werden zu einem Flurstück verschmolzen). Über die damit verbundenen Vermessungsvorgänge wird am Ort der Vermessung eine Niederschrift angefertigt, zu dessen Termin alle direkt oder indirekt Beteiligten schriftlich geladen werden. Erscheint ein direkt beteiligter Grundstückseigentümer nicht zu diesem Termin, wird ihm das Vermessungsergebnis schriftlich mitgeteilt. Er kann dem Ergebnis innerhalb von vier Wochen widersprechen. Wird innerhalb dieser Frist kein Widerspruch eingelegt, gilt das Vermessungsergebnis als anerkannt. Ist ein Beteiligter beim Term selbst anwesend, bezeugt er sein Einverständnis durch seine Unterschrift unter die Grenzniederschrift.

Grenzpunkt

boundary point

Die Grenze eines Flurstücks ist die Verbindung zwischen zwei Grenzpunkten. Grenzpunkte müssen nicht zwangsläufig Grenz- oder Marksteine sein. Es kann sich auch, wie in der Stadt meist anzutreffen, um eine Mauerecke handeln. Die Begrenzung eines Grundstücks verläuft in Städten häufig entlang von Hausmauern, bei deren Krümmungen oder Kanten sich Grenzpunkte ergeben. In der amtlichen Flurkarte wird ein Grenzpunkt als offener Punkt, kleiner Kreis oder nur als sichtbarer Knick einer Linie dargestellt. Diese Darstellung setzt nicht automatisch voraus, dass der Grenzpunkt materiell in der Örtlichkeit vorhanden ist. Jedoch ist sie in der Flurkarte ein Nachweis seiner Existenz, wenngleich solche Nachweise keinen öffentlichen Glauben besitzen.

Grenzregelung

adjustment of parcel boundaries; boundary correction; regularisation of boundaries

Siehe / Siehe auch: Bodenordnung

Grenzstein

land mark; boundary stone

Ein Grenzstein (oder Markstein) ist ein steinernes Grenzzeichen, das anzeigt, wo sich an einem

Knickpunkt die Grenze zum Nachbarflurstück befindet. Der Grenzstein muss so weit aus dem Boden ragen, dass er für Landwirte, die die Flur beackern, gut sichtbar ist. Andererseits sollte er mindestens 60 Zentimeter in den Boden eingelassen werden, damit er nicht beim Pflügen herausgerissen werden kann. Grenzsteine werden auch zur Markierung von Landesgrenzen verwendet, die allerdings deutlich von weitem sichtbar sein sollten.
Siehe / Siehe auch: Grenzzeichen

Grenzsteuersatz
marginal tax rate
Der Steuertarif nennt je nach Einkommenshöhe den Grenzsteuersatz. Er liegt zwischen dem Eingangssteuersatz (von 2009 an = 14 Prozent – beginnend mit einer Überschreitung des Grundfreibetrages von 7.834 / 15.668 Euro für Ledige bzw. Verheiratete – und dem Spitzensteuersatz, von 2005 an in der „oberen Proportionalstufe" ab 52.152 / 104.304 Euro (Ledige / Verheiratete) einheitlich 42 Prozent sowie ab 2007 ab 250.001 / 500.001 Euro 45 Prozent. Der Grenzsteuersatz gibt an, wie hoch der letzte verdiente Euro steuerlich belastet wird. Die durchschnittliche Steuerbelastung fällt jedoch immer geringer aus. Der Spitzensteuersatz ist der höchstmögliche Grenzsteuersatz.

Grenzzeichen
landmark; boundary mark
Grenzzeichen dienen zur Markierung von Staats-, Grundstücks- oder anderen Grenzen im Gelände. Üblich sind beispielsweise Grenzsteine oder Grenzpfähle, früher wurden Grenzzeichen teilweise auch in die Rinde von Bäumen geschnitzt. Hinsichtlich ihres Materials und ihrer Ausführung sollten Grenzzeichen so beschaffen sein, dass sie eine möglichst hohe Widerstandsfähigkeit gegen unbeabsichtigte Lageveränderungen, Witterungseinflüsse und mechanische Beanspruchungen aufweisen.
Grenzzeichen wurden bereits sehr früh verwendet. Ihre bedeutende Rolle im Rechtsverkehr wird an entsprechenden Regelungen in historischen Rechtstexten deutlich. So enthielt bereits der im 13. Jahrhundert entstandene Sachsenspiegel Strafbestimmungen für das Entfernen oder Verändern von Grenzzeichen. Das Spektrum der in unterschiedlichen Rechtsordnungen angedrohten Strafmaßnahmen reichte von Geldstrafen über Stockschläge bis hin zum Landesverweis. Die häufig zitierte Strafbestimmung, der zufolge ein Grenzsteinfrevler bis zum Hals eingegraben werden und ihm danach der Kopf mit einem Pflug abgetrennt werden sollte, ist hingegen mit hoher Wahrscheinlichkeit nicht in der Praxis angewandt worden. Heute bedroht § 274 Abs. 1 (3) des Strafgesetzbuches denjenigen mit einer Freiheitsstrafe bis zu fünf Jahren oder mit Geldstrafe, der „einen Grenzstein oder ein anderes zur Bezeichnung einer Grenze oder eines Wasserstandes bestimmtes Merkmal in der Absicht, einem anderen Nachteil zuzufügen, wegnimmt, vernichtet, unkenntlich macht, verrückt oder fälschlich setzt".
Siehe / Siehe auch: Abmarkung, Feldgeschworene, Grenzstein

Grillen
barbecuing
Häufiger Streitpunkt zwischen Nachbarn und Mietvertragsparteien ist das sommerliche Grillen. Sowohl Eigentümer als auch Mieter von benachbarten Wohnungen oder Häusern können sich nämlich mit Hilfe zivilrechtlicher Nachbarschutzvorschriften gegen störende Grillgerüche und Rauchschwaden zur Wehr setzen. Einschlägige Regelungen enthalten auch die Immissionsschutzgesetze der Bundesländer. Es kommt aber auf den Einzelfall an. Bei nur geringfügiger Belästigung muss der Nachbar Grillgerüche tolerieren. Eine Rolle spielt oft, wie im Einzelnen gegrillt wird. Nach Ansicht der meisten Gerichte gehen von einem Elektrogrill weniger Beeinträchtigungen aus als von einem Holzkohlegrill; das Grillgut sollte in Alufolie verpackt werden. Zur Anzahl der generell zulässigen Grillfeste pro Jahr ist die Rechtsprechung uneinheitlich. Beispiele:

- Amtsgericht Bonn: Zwischen April und September einmal im Monat, nur mit Anmeldung bei den Nachbarn 48 Stunden vorher (Az. 6 C 545/96).
- Landgericht Stuttgart: Drei Mal im Jahr (Az. 10 T 359/96).
- Bayerisches Oberstes Landesgericht: Fünf Mal im Jahr (2 Z BR 6/99).

Eine Mietvertragsklausel, die das Grillen auf dem Balkon ganz verbietet, ist zulässig (Landgericht Essen, Az.: 10 S 438/01).
Siehe / Siehe auch: Ästhetische Immissionen

Großflächige Einzelhandelsbetriebe
extensive/ large-scale retail businesses
Unter einem großflächigen Einzelhandelsbetrieb wird ein Betrieb verstanden, der Waren ausschließlich an Letztverbraucher verkauft. Die Großflächigkeit beginnt nach der Rechtsprechung bei etwa 800 Quadratmeter Verkaufsfläche (Urteil des 4. Senats vom 24.11.2005 BVerwG 4 C 10.04).
Solche Betriebe (z. B. Verbrauchermärkte, Bau-

märkte, Fachmärkte, aber auch Warenhäuser) sind nur im beplanten oder unbeplanten Kerngebiet oder in für sie eigens ausgewiesenen „sonstigen Sondergebieten“ zulässig. Mehrere selbstständige (nicht großflächige) Einzelhandelsbetriebe können als ein großflächiger Einzelhandelsbetrieb angesehen werden, wenn diese Betriebe ein einheitliches Nutzungskonzept haben, bei dem die Betriebe wechselseitig voneinander profitieren. Es spricht nach § 11 Abs. 3 BauNVO die Vermutung für „schädliche Umwelteinwirkungen“ solcher Betriebe, wenn sie (nach § 11 Abs. 3 BauNVO) eine Geschossfläche von circa 1200 Quadratmeter haben. Ihre Zulässigkeit setzt voraus, dass die sich aus der Vermutung ergebenden Bedenken ausgeräumt werden und die Betriebe sich nach Größe und Einzugsbereich in das zentralörtliche Versorgungssystem noch einfügen und die Funktionsfähigkeit der Stadtzentren nicht beeinträchtigen. Bei einer Größenordnung von etwa 5000 Quadratmeter Geschossfläche ist eine zusätzliche Umweltverträglichkeitsprüfung erforderlich. Bei der Konzeption von großflächigen Einzelhandelsbetrieben ist die Standortanalyse von besonderer Bedeutung. Dabei sind neben ökonomischen Faktoren insbesondere auch sozio-demographische Faktoren zu erkunden und zu interpretieren, nämlich die Anzahl der Haushalte, ihre soziale Stellung, das Haushaltseinkommen, die Altersstruktur der Haushaltmitglieder, die Konsumgewohnheiten und nicht zuletzt die für den Warenkonsum verfügbare Kaufkraft, die das mögliche Umsatzvolumen bestimmt sowie die Wettbewerber, die am Umsatz partizipieren.

Siehe / Siehe auch: STOMA, Sondergebiete

Großraumbüro

open plan office; landscaped office

Ein Großraumbüro ist ein Büroraum, in dem 20 oder mehr Personen arbeiten und der bis zu mehreren hundert Quadratmetern Fläche umfassen kann. Als Vorteile dieses Bürotyps gelten die Förderung von Kommunikation und Teamarbeit, als Nachteile werden hoher Lärmpegel, akustische und visuelle Ablenkung, fehlende Rückzugsmöglichkeiten für konzentriertes Arbeiten und ein hohes Maß an sozialer Kontrolle genannt.

Siehe / Siehe auch: Gruppenbüro, Kombibüro, Zellenbüro

Grüne Lunge

green lung

Dichte Siedlungsgebiete benötigen zur Luftreinigung und Produktion von Sauerstoff sog. grüne Lungen. Das sind Parks und Wälder die den Staub aus der Luft filtern. Messungen haben ergeben, dass 1 ha Buchenwald jährlich rund 70 t und 1 ha Fichtenwald etwa 30 t Staub aus der Luft herausfiltern können. Die Durchgrünung der Städte sorgt zusätzlich für Sauerstoff.

Grünland

grass land; meadow

Grünland im Sinne der Grünlandlehre ist Grasland, das viele Funktionen erfüllt. Hierzu gehören vor allem Bodenschutz, Kohlenstoffspeicherung, die Beheimatung von Wildtieren und seine Funktion als Weideland. Darüber hinaus dient Grünland in bestimmten Ausprägungsformen auch der Erholung der Bevölkerung. Soweit die ökonomische Qualität von Grünland Betrachtungsgegenstand ist, liefert ein Grünlandschätzungsrahmen eine Beurteilungsgrundlage. Unterschieden wird dabei zwischen verschiedenen Bodenarten (Sand, lehmiger Sand, Lehm, Ton, Moor). Ihnen zugeordnet sind bestimmte Zustandsstufen, sowie Klimastufen (nach durchschnittlicher Jahreswärme) und Wasserstufen, die die Wasserverhältnisse (von sehr trockenen, dürren Lagen bis hin zu nassen, sumpfigen Lagen mit Staunässe) wiedergeben. Aus den Bewertungen durch die Kenngrößen des Grünlandschätzungsrahmens lassen sich, ähnlich wie bei Ackerflächen, Ertragskennzahlen ableiten, die zur Wertermittlung herangezogen werden können. Extensiv genutztes Grünland (z. B. Weideland) kann auch die Funktion einer ökologischen Ausgleichsfläche übernehmen.

Siehe / Siehe auch: Ausgleichsflächen

Grünordnungsplan

green space plan; green space adjunct to a -> Bebauungsplan (local development plan)

Auf der Grundlage von Darstellungen in Landschaftsplänen können Gemeinden als Bestandteil von oder im Zusammenhang mit Bebauungsplänen und für Innenbereichsflächen eine Grünordnungssatzung erlassen, die einerseits der Erhaltung naturräumlicher Flächen dient und andererseits Teilgebiete festlegt, die Anpflanzungen meist mit einheimischen Bäumen und Sträuchern vorsieht. Die Festsetzungen reichen von der genauen Bestimmung von Baumarten über die Begrünung von Vorgärten, Dächern und Fassaden bis hin zur Verwendung umweltverträglicher Lampen bei der Straßenbeleuchtung. Die begrünten bzw. zu begrünenden Flächen werden sowohl zeichnerisch festgehalten als auch in Textform festgesetzt. Erreicht werden soll eine Begrenzung der Belastung

des Naturhaushaltes und der Beeinträchtigung des Landschaftsbildes. Das Plangebiet kann auch über die Baugebiete hinausreichen. Der Grünordnungsplan bezieht sich sowohl auf öffentliche Grünflächen, als auch auf private Grundstücksflächen, für die eine bestimmte Bepflanzung (in der Regel mit einheimischen Bäumen und Sträuchern) vorgesehen ist. Von besonderer Bedeutung sind im Hinblick auf Überschwemmungsgefahren durch frei in die Flüsse abfließendes Regenwasser die Festsetzungen von Wasserrückhaltebecken und Versickerflächen.
Siehe / Siehe auch: Bebauungsplan, Flächennutzungsplan (FNP), Landschaftsplan

Grundbesitzwert

value of real estate; property value

Der Grundbesitzwert ist ein Steuerwert, der nach den §§ 139 und 145-150 BewG für Ausnahmezwecke der Grunderwerbsteuer (bis 2008 auch für Zwecke der Erbschaft- und Schenkungsteuer) und nach §§ 157-198 BewG (ab 01.01.2009 für Zecke der Erbschaft- und Schenkungsteuer) zu ermitteln ist. Während für die Ermittlung eines Grundbesitzwertes für Ausnahmezwecke der Grunderwerbsteuer und der alten Erbschaftsteuer das sogenannte Bedarfswertverfahren anzuwenden ist, wird für Zwecke der Erbschaftsteuer ab 2009 der Grundbesitzwert bei Grundbesitz unter Berücksichtigung der tatsächlichen Verhältnisse und der Wertverhältnisse zum Bewertungsstichtag festgestellt (gemeiner Wert). Er ist nunmehr dem Verkehrswert angenähert.

Für Zwecke der Grunderwerbsteuer und bei der alten Erbschaftsteuer beträgt der Grundbesitzwert eines unbebauten Grundstücks 80 Prozent der Bodenrichtwerte, die vom Gutachterausschuss zu ermitteln und dem Finanzamt mitzuteilen sind. Bei bebauten Grundstücken ist das 12,5-fache der Jahresnettomiete anzusetzen. Bei selbst genutzten Gebäuden ist die übliche Miete anzusetzen. Als Wertminderung wegen Alters ist für jedes Jahr 0,5 Prozent abzusetzen, höchstens jedoch 25 Prozent. Bei Ein- und Zweifamilienhäusern ist ein Zuschlag von 20 Prozent zu dem Wert vorzunehmen, der nach dem oben dargestellten Verfahren ermittelt wurde. Ist der Wert des Grundstücks im unbebauten Zustand höher als der Wert des bebauten Grundstücks, dann ist der Wert des unbebauten Grundstücks anzusetzen. Der ab 2009 gültige Grundbesitzwert für Zwecke der Erbschaft- und Schenkungsteuer wird in einem komplizierten Verfahren ermittelt. Unbebaute Grundstücke werden mit dem Bodenrichtwert ermittelt.

Bebaute Grundstücke werden je nach Grundstücksart im Vergleichswert-, Ertragswert- oder im Sachwertverfahren bewertet.
Siehe / Siehe auch: Bedarfsbewertung, Erbschafts- und Schenkungssteuer

Grundbuch

official real estate register; land register; cadastre

Beim Grundbuch handelt es sich um ein öffentliches Register der im Grundbuchbezirk gelegenen Grundstücke und den mit ihnen verbundenen Rechten (Bestandsverzeichnis). Es dient der Dokumentation der Eigentumsverhältnisse (Abteilung I), der auf den Grundstücken ruhenden Lasten und Beschränkungen (Abteilung II) und der auf ihnen ruhenden Grundpfandrechte (Abteilung III). Für jedes „Grundstück" im Sinne des Grundbuchrechts wird ein Grundbuchblatt angelegt, das sich in die oben beschriebenen Abteilungen gliedert (Grundbuch organisiert als Realfolium). Es kann aber auch für einen Eigentümer, der über mehrere Grundstücke verfügt ein Grundbuchblatt angelegt werden (ein so genanntes Personalfolium), so lange die Übersichtlichkeit nicht darunter leidet. Nicht alle Grundstücke sind „buchungspflichtig". Zu den buchungsfreien Grundstücken zählen Grundstücke der Gebietskörperschaften (Bund, Länder, Gemeinden) sowie Grundstücke der Kirchen und Klöster. Ferner sind Grundstücke, die im Hinblick auf andere Grundstücke nur eine dienende Funktion haben, z. B. Wege, die von Eigentümern mehrerer Grundstücke benutzt werden, nicht buchungspflichtig.

Abteilung I kann unrichtig werden, wenn der eingetragene Eigentümer stirbt. Der Erbe muss dann die Grundbuchberichtigung beantragen. Das Bestandsverzeichnis enthält die Grundstücksdaten des Liegenschaftskatasters wobei häufig Flurstücke unter jeweils einer eigenen Nummer geführt werden. Durch „Zuschreibung" können aber unter einer laufenden Nummer zwei oder mehrere Flurstücke geführt werden. Änderungen ergeben sich aber auch durch Zuschreibung aus anderen Grundbüchern und Abschreibung in andere Grundbücher. Darüber hinaus können „subjektiv dingliche" Rechte des jeweiligen Eigentümers eingetragen werden, z. B. das Wegerecht an einem anderen Grundstück. Ebenso werden hier Miteigentumsanteile an einem anderen Grundstück eingetragen (z. B. an gemeinsamen Zuwegen in einer Reihenhaussiedlung), das in der Regel im Grundbuch nicht erfasst ist, weil es nicht den buchungspflichtigen Grundstücken gehört. Zu den in Abteilung II des Grundbuchs eintragbaren

Lasten zählen Grunddienstbarkeiten beschränkte persönliche Dienstbarkeiten, Nießbrauch, Reallasten und das Erbbaurecht. Beschränkungen sind solche, die das Verfügungsrecht des Eigentümers beschränken etwa bei Eröffnung des Insolvenzverfahrens über das Vermögen des Eigentümers. Eine Reihe von eintragungsfähigen Vermerken können ebenfalls auf Beschränkungen hinweisen, etwa der Umlegungs- und der Sanierungsvermerk. Grundpfandrechte, die in Abt. III eingetragen werden, beziehen sich auf Grundschulden, Hypotheken und Rentenschulden. Hypotheken kommen nur noch selten vor, Rentenschulden fast gar nicht. Sofern ein Grundstück „auf Rentenbasis" verkauft wird, dient als Absicherungsmittel nicht die „Rentenschuld", sondern die Reallast.

Neben dem Grundbuch für Grundstücke gibt es das Erbbaugrundbuch, das Wohnungs- und Teileigentumsgrundbuch sowie das Wohnungserbbaugrundbuch, (bzw. Teileigentumserbbaugrundbuch) und das Berggrundbuch, das dem Nachweis des Bergwerkeigentums dient (einem Recht des Aufsuchens und der Gewinnung von Bodenschätzen). Erbbau- und Berggrundbücher sind Grundbücher für grundstücksgleiche Rechte. Alle Grundbucharten haben die gleiche Einteilungsstruktur. Im Bestandsverzeichnis des Erbbaugrundbuchs ist anstelle des Grundstücks das Erbbaurecht, beim Wohnungsgrundbuch/Teileigentumsgrundbuch der Miteigentumsanteil am gemeinschaftlichen Eigentum, das Grundstück und das dazugehörende Sondereigentumsrecht und dessen Beschränkungen durch die anderen Wohnungsgrundbücher eingetragen.

Zur Sicherung des in der ehemaligen DDR entstandenen Gebäudeeigentums und Nutzungsrechts wurde das Institut des Gebäudegrundbuchs eingerichtet, das dem Erbbaugrundbuch nachgebildet ist. Das Gebäudeeigentum selbst wird im Grundbuch des Grundstücks, auf dem das Gebäude steht, als Belastung eingetragen.

Einsicht in das Grundbuch kann jeder nehmen, der ein berechtigtes Interesse darlegt (etwa auch der Makler, der einen schriftlichen Makler-Verkaufsauftrag vorlegen kann). Das Einsichtsrecht bezieht sich auch auf die Grundakte, in denen die Dokumente enthalten sind, die zu den Eintragungen im Grundbuch gehören (z. B. notarieller Kaufvertrag). Durch Einführung des automatisierten Abrufverfahrens im Rahmen der Datenfernübertragung können mit Genehmigung der Länderjustizverwaltungen Gerichte, Behörden, Notare öffentlich bestellte Vermessungsingenieure und an dem Grundstück dinglich berechtigte Kreditinstitute sich auf einfachem Wege Grundbuchabschriften besorgen.

Siehe / Siehe auch: Grunddienstbarkeit, Beschränkte persönliche Dienstbarkeit, Nießbrauch (Wohnungseigentum), Reallast, Erbbaurecht, Erbbaugrundbuch, Wohnungs- und Teileigentumsgrundbuch, Wohnungserbbaugrundbuch

Grundbuchamt

land registry; registry of deeds

Das Grundbuchamt ist eine Behörde der freiwilligen Gerichtsbarkeit, die die Grundbücher führt. Sie ist beim zuständigen Amtsgericht angesiedelt. In Baden Württemberg obliegt die Führung des Grundbuchs teilweise noch den „Bezirksnotaren". Grundlage für die Führung des Grundbuchs ist die Grundbuchordnung.

Grundbuchberichtigungszwang

mandatory correction of Land Register entries

Der Zwang zur Grundbuchberichtigung besteht für das Grundbuchamt nur dann, wenn die Eintragung des Eigentümers in der ersten Abteilung des Grundbuches durch Rechtsübergang außerhalb des Grundbuches falsch geworden ist, z. B. nach dem Tod des Eigentümers, der im Grundbuch steht. In solch einem Fall kann das Grundbuchamt den Erben durch Verfügung aufgeben, die Berichtigung zu beantragen.

Grundbuchordnung

German Land Registry Act

Die Grundbuchordnung regelt den Inhalt und die Führung des Grundbuches sowie die Tätigkeit der Grundbuchämter. Das Gesetz entstand bereits im Jahr 1897. Nach der Grundbuchordnung kann das Grundbuch gebunden oder als Loseblatt-Sammlung geführt werden. Jedem Grundstück ist ein Grundbuchblatt zuzuteilen; über mehrere Grundstücke des gleichen Eigentümers im gleichen Grundbuchbezirk kann ein gemeinschaftliches Grundbuchblatt geführt werden. Die Bundesländer sind durch § 126 GBO dazu ermächtigt, eigene Rechtsverordnungen zu erlassen, nach denen die Grundbücher als reine EDV-Dateien geführt werden können. Die GBO enthält verschiedene Regelungen zur Führung „maschineller" Grundbücher. Eine ergänzende Regelung zur GBO ist die Grundbuchverfügung (GBV). In §§ 135 ff. GBO finden sich Regelungen über den elektronischen Rechtsverkehr, etwa über Eingang und Form elektronischer Dokumente. Diese können nur unter bestimmten Bedingungen rechtswirksam dem Grundbuchamt zugehen.

Siehe / Siehe auch: Grundbuchverfügung

Grundbuchverfügung

German Land Register Regulations

Die Grundbuchverfügung (GBV) ist eine Verordnung zur Durchführung der Grundbuchordnung (GBO). Die 1995 erlassene bundesweit gültige Regelung definiert u.a. den Begriff der Grundbuchbezirke und legt äußere Form und Aufbau des Grundbuches fest. Nach § 4 der GBV besteht jedes Grundbuchblatt aus der Aufschrift, dem Bestandsverzeichnis und drei Abteilungen.

Der oder die Eigentümer werden neben anderen Angaben in der ersten Abteilung eingetragen. Die Belastungen des Grundstücks mit Ausnahme von Hypotheken, Grundschulden und Rentenschulden, einschließlich der sich auf diese Belastungen beziehenden Vormerkungen und Widersprüche, sowie Beschränkungen des Verfügungsrechts des Eigentümers, sowie das Eigentum betreffende Vormerkungen und Widersprüche finden sich in der zweiten Abteilung.

In der dritten Abteilung werden u.a. Hypotheken, Grundschulden und Rentenschulden einschließlich der sich auf diese Rechte beziehenden Vormerkungen und Widersprüche vermerkt.

Siehe / Siehe auch: Grundbuch, Grundbuchordnung

Grunddienstbarkeit

easement; servitude; real (or land) servitude

Die Grunddienstbarkeit ist das dingliche Absicherungsmittel eines Rechts an einem Grundstück („dienendes Grundstück"), das dem jeweiligen Eigentümer eines anderen Grundstücks („herrschendes Grundstück") zusteht. Das Recht kann ein beschränktes Nutzungsrecht des jeweiligen Eigentümers des herrschenden Grundstücks sein (z.B. Geh- und Fahrtrecht) oder eine Duldungspflicht des jeweiligen Eigentümers des belasteten Grundstücks (z.B. Duldung einer Grenzbebauung) oder der Ausschluss eines Rechts des jeweiligen Eigentümers des belasteten Grundstücks (z.B. des Betriebs eines bestimmten Gewerbes).

Die Grunddienstbarkeit kann ohne Zustimmung des Berechtigten nicht gelöscht werden und muss von einem Grundstückserwerber übernommen werden. In der Regel besteht sie „ewig", wenn nicht eine zeitliche Beschränkung vorgesehen ist. Ein mit einer Grunddienstbarkeit belastetes Grundstück bedeutet eine mehr oder weniger starke Beeinträchtigung und ist bei der Ermittlung des Verkehrswertes wertmindernd zu berücksichtigen.

Siehe / Siehe auch: Verkehrswert

Grunderwerbsnebenkosten

purchaser's costs (e.g. agent's and notary's fees, transfer duty, etc.); additiona lexpenses of a real esatet purchase; accessory costs; attendant expenses (of purchase); basic acquisition extras; incidental costs; incidental expenses of real estate acqui

Beim Grundstückserwerb hat der Grundstückserwerber neben dem Kaufpreis Erwerbsnebenkosten in seine Kalkulation mit einzubeziehen. In der Regel übernimmt der Käufer eines Grundstücks alle Grunderwerbskosten. Man spricht auch von Transaktionskosten. Im Einzelnen zählen dazu

- Notarkosten für die Beurkundung des Grundstückskaufvertrages. Grundlage für deren Berechnung ist die Kostenordnung. Kosten, die für die Beurkundung von Grundpfandrechten entstehen, zählen nicht zu den Grunderwerbskosten, sondern zu den Kosten der Kaufpreisfinanzierung.
- Kosten, die durch die Eintragung und Löschung von Auflassungsvormerkungen im Grundbuch entstehen und die Kosten der Eigentumsumschreibung.
- die Grunderwerbsteuer nach dem GrEStG, die sich auf den Kaufpreis für das Grundstück (ohne Zubehör) beziehen. Einbezogen wird auch der Wert der vom Käufer übernommenen sonstigen Leistungen und der dem Verkäufer vorbehaltenen Nutzungen. Der Grunderwerbsteuersatz beträgt derzeit 3,5 Prozent, in Berlin und Hamburg 4,5 Prozent. Übernimmt der Erwerber eine vom Verkäufer geschuldete Maklerprovision, unterliegt auch diese der Grunderwerbsteuer.
- die Maklerprovision, die der Erwerber zu bezahlen hat. In der Regel beträgt sie drei Prozent des Kaufpreises zuzüglich Umsatzsteuer (in einigen Bundesländern auch fünf Prozent plus MwSt.).
- Kosten die im Zusammenhang mit einer erforderlich werdenden Grundstücksvermessung, wenn sie vertraglich vom Käufer übernommen werden.

Alle Erwerbsnebenkosten zusammen können bis zu neun Prozent betragen. Streng genommen müssten auch alle „Suchkosten" und die für die Objektsuche aufgewendete Zeit zu den Grunderwerbsnebenkosten zählen.

Nicht zu den Grunderwerbsnebenkosten zählen Erschließungsbeiträge, Kosten von Baugrunduntersuchungen oder Kosten, die im Zusammenhang mit der Bodenordnung entstehen.

Siehe / Siehe auch: Grunderwerbsteuer, Grundstück, Zubehör, Erschließung / Erschließungsbeitrag, Bodenordnung, Neue Ökonomie

Grunderwerbsteuer

German transfer tax; stamp duty; real property transfer tax; real estate transfer tax

Die Grunderwerbsteuer ist eine besondere Umsatzsteuer auf Grundstücksumsätze. Erfasst werden Umsatzvorgänge aller Art. Es gibt jedoch Ausnahmen von der Besteuerung, z.B. unentgeltliche Grundstücksüberlassungen und das Vererben von Grundstücken. Bemessungsgrundlage ist regelmäßig der „Wert der Gegenleistung" und nur in wenigen Ausnahmefällen der „Wert des Grundstücks", der dann nach den gleichen Vorschriften berechnet wird, wie der für die Erbschaft- und Schenkungsteuer relevante Grundbesitzwert. Grundstücksverkäufe unterliegen nicht der Umsatzsteuer. Es kann jedoch zur Umsatzsteuer optiert werden. Dann unterliegt die Umsatzsteuer selbst nicht der Grunderwerbsteuer. Der Wert der Gegenleistung ist beim Kaufvertrag der Kaufpreis einschließlich aller dem Verkäufer vorbehaltenen Nutzungen (z.B. weiteres unentgeltliches Wohnungsrecht) und vom Erwerber über den Kaufpreis hinaus zu erbringenden weiteren Leistungen (z.B. Übernahme einer vom Verkäufer geschuldeten Maklergebühr). Die vom Käufer anteilig übernommene Instandhaltungsrücklage gehört nicht zur Bemessungsgrundlage zur Grunderwerbsteuer. Tipp: Es lohnt sich daher eventuell eine Aufteilung des Kaufpreises im Kaufvertrag. Beim Tauschvertrag ist es der Wert der Tauschleistung. Werden zwei Grundstücke getauscht, handelt es sich um zwei Grunderwerbsvorgänge. Weitere grunderwerbsteuerpflichtige Erwerbsvorgänge sind das Meistgebot im Zwangsversteigerungsverfahren, die Vergabe eines Erbbaurechts, die Enteignung von Grundstücken und jede weitere Erwerbsart, die wirtschaftlich einem Grundstücksumsatz gleichkommt. Dazu zählt vor allem die Einräumung von faktischen Verfügungsrechten über Grundstücke, ohne dass damit im rechtlichen Sinne ein Erwerbsvorgang verbunden ist.

Grunderwerbsteuer fällt auch an, wenn in bestimmtem Umfang Anteile an einer Personengesellschaft, zu deren Vermögen inländische Grundstücke gehören, veräußert werden. Innerhalb eines Zeitraums von fünf Jahren müssen dabei mindestens 95 Prozent der Gesellschaftsanteile veräußert worden sein. Behält der ursprüngliche Gesellschafter 5,01 Prozent über die fünf Jahre hinaus, greift die Vorschrift nicht. Diese ist für Veräußerungsfälle nach dem 31. 12. 1996 anzuwenden. Die früher für Grundbesitz haltende Gesellschaften (juristische Personen) geltende Regel, dass sich die Gesellschaftsanteile vollständig in der Hand des Erwerbers vereinigen müssen, wurde mit Wirkung zum 1.1.2000 dahin verschärft, dass es auch hier genügt, wenn mindestens 95 Prozent sich in der Hand des Erwerbers oder in der Hand von herrschenden und abhängigen Unternehmen bzw. Personen allein vereinigen würden. In solchen Fällen ist nicht der Wert der Gegenleistung, sondern der Wert des Grundstücks (Grundbesitzwert und nicht mehr Einheitswert!) Bemessungsgrundlage.

Die Grunderwerbsteuer betrug bis 2006 einheitlich in der Bundesrepublik 3,5 Prozent. Im Rahmen der Föderalismusreform wurde durch Änderung des Grundgesetzes die Hoheit zur Festsetzung des Steuersatzes auf die einzelnen Länder übertragen, so dass die Einheitlichkeit aufgegeben worden ist. Bereits zum 01.01.2007 hat daraufhin Berlin und zum 01.01.2009 Hamburg den Steuersatz auf 4,5 Prozent angehoben. Der für die Grunderwerbsteuer maßgebliche Grundstücksbegriff entspricht der bürgerlich rechtlichen Grundstücksdefinition. Ein mitveräußertes Zubehör unterliegt deshalb nicht der Grunderwerbsteuer. Allerdings ist im Kaufvertrag ein entsprechender Antrag an das Finanzamt zu stellen und der Wert des Zubehörs zu beziffern. Das gleiche gilt für alle mitveräußerten beweglichen Gegenstände, die nicht Zubehör sind. Bei Eigentumswohnungen unterliegt die auf die veräußerte Wohnung entfallende anteilige Instandhaltungsrückstellung ebenfalls nicht der Grunderwerbsteuer. Verkäufer und Käufer sind hinsichtlich der Grunderwerbsteuer dem Finanzamt gegenüber Gesamtschuldner. In der Kaufvertragsurkunde wird aber in der Regel bestimmt, dass der Käufer die Grunderwerbsteuer zu zahlen hat. Wird ein Erwerbsvorgang rückgängig gemacht (z.B. Rücktritt von einem Kaufvertrag) wird auf Antrag eine bereits bezahlte Grunderwerbsteuer zurückerstattet.

Ausgenommen von der Besteuerung sind u. a. Erwerbsvorgänge, die der Erbschaft- und Schenkungsteuer unterliegen, Erwerbsvorgänge zwischen Verwandten 1. Grades und deren Ehegatten, Erwerbsvorgängen zwischen Ehegatten, auch wenn sie geschieden sind und der Erwerb der Vermögensauseinandersetzung dient. Grunderwerbsteuer fällt auch dann nicht an, wenn der Wert der Gegenleistung 2.500 Euro nicht übersteigt.

Siehe / Siehe auch: Grundbesitzwert, Einheitswert, Wohnungsrecht

Grundfläche nach DIN 277/1973/87

surface/ floor/ building area in accordance with DIN 277/1973/87

Siehe / Siehe auch: Grundfläche nach DIN 277/2005

Grundfläche nach DIN 277/2005

surface/ floor/ building area in accordance with DIN 277/2005

Die DIN 277/2005 ist eine Fortentwicklung der DIN 277/1973/87. Die Norm wird für Bauwerke angewendet (nicht zu verwechseln mit der Grundfläche der BauNVO). Ausgegangen wird von der Bruttogrundfläche (BGF) = Summe der Grundflächen aller Grundrissebenen ohne nicht nutzbare Dachflächen. Die Konstruktionsfläche (KGF) bezeichnet den Teil der BGF, der durch „aufgehende Bauteile" (Wände, Pfeiler usw.) überdeckt ist.

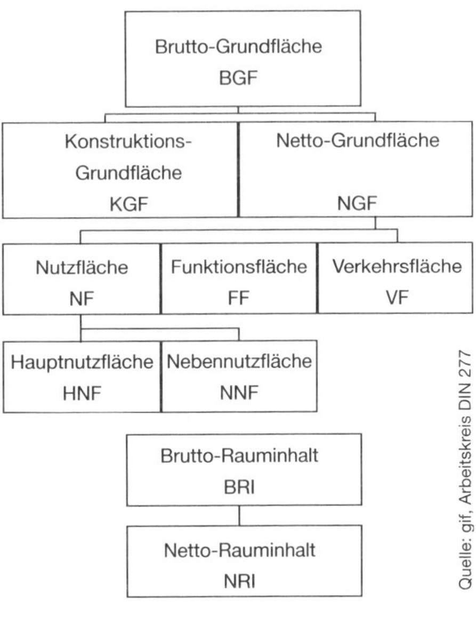

Die Nettogrundfläche (NGF) ist der Flächenrest, der verbleibt, wenn von der BGF die KGF abgezogen wird. Die Nutzfläche ist der Teil der NGF, der der Zweckbestimmung des Bauwerkes dient. Die technische Funktionsfläche stellt den Teil der NGF dar, der der Unterbringung zentraler betriebstechnischer Anlagen dient (zum Beispiel Heizraum). Die Verkehrsfläche dient dem Zugang zu den Räumen und dem Verkehr innerhalb des Bauwerkes einschließlich der Fluchtwege. Hieran anknüpfend wurden speziell für Gewerbeflächen von der Gesellschaft für immobilienwirtschaftliche Forschung (gif) Richtlinien für Mietflächen für Gewerberäume (MF-G) entwickelt, die die Terminologie der DIN 277 – Grundflächen und Rauminhalte – weitgehend übernimmt.

Grundflächenzahl (GRZ) - zulässige Grundfläche (GR)

site coverage index (decimal); site coverage; site occupancy index (as a decimal); land-to-building ratio (decimal) - permissible surface/ floor/ building area

Die Grundflächenzahl ist das Maß der baulichen Nutzung, auf das bei Festsetzungen im Bebauungsplan nicht verzichtet werden kann. Die Grundflächenzahl gibt an, wie viel m² Grundfläche eines Baugrundstücks mit baulichen Anlagen überdeckt werden darf. Beträgt sie etwa 0,4, dann besagt dies, dass von einem 1000 m² großen Grundstück 400 m² überbaut werden dürfen. Für Garagen und Nebenanlagen einschließlich Zufahrten dürften noch weitere 50 Prozent der 400 m² „baulich" genutzt werden. Die durch bauliche Anlagen versiegelte Bodenfläche beträgt in diesem Fall 600 m². Im Interesse der Vermeidung einer zu starken Bodenversiegelung gibt es eine Kappungsgrenze, die bei 80 Prozent liegt. Wenn in dem genannten Beispiel eine GRZ von 0,7 festgesetzt wäre, dann müssen mindestens 20 Prozent des Baugrundstücks von baulichen Anlagen freigehalten werden. Für Garagen und Nebenanlagen stünden dann nur noch 100 m² zur Verfügung.

Die Gemeinde ist bei Festsetzung der GRZ an baugebietsabhängige Höchstmaße gebunden. Sie schwanken zwischen 0,2 für Kleinsiedlungs- und Wochenendhausgebieten und 1,0 in Kerngebieten. Bei reinen und allgemeinen Wohngebieten beträgt das Höchstmaß 0,4, bei besonderen Wohngebieten sowie Dorf- und Mischgebieten 0,6 und bei Gewerbe- und Industriegebieten schließlich 0,8. Von der zulässigen Grundfläche ist die „überbaubare Grundstücksfläche" zu unterscheiden. Siehe hierzu das Stichwort „Baufenster".

Die Grundflächenzahl wird im Bebauungsplan als Planungssymbol einfach als Dezimalbruch dargestellt: 0,4

Andere Darstellungsform: GRZ 0,4.

Alternativ zur GRZ kann auch die zulässige Grundfläche (GR) in einer absoluten Zahl dargestellt werden, z. B. GR = 400.

Siehe / Siehe auch: Bodenversiegelung

Grundlagenermittlung

basic evaluation

Die Grundlagenermittlung ist die 1. Leistungsphase nach § 3 Abs. 4 der HOAI 2009 (Honorarordnung für Architekten und Ingenieure), die mit drei Prozent des gesamten Honorars bewertet wird. Der beauftragte Architekt kümmert sich um die erforderlichen Unterlagen und ermittelt die Wünsche des Bauherrn, um die Bauaufgabe in ihrer Gesamtheit erfassen zu können.Informationen des Katasteramtes oder Vorgaben des Bebauungsplanes müssen eingeholt werden. Ist dieser Prozess abgeschlossen, wird ein Vorentwurf entwickelt, und mit der Vorplanung tritt die zweite Leistungsphase der HOAI ein.

Siehe / Siehe auch: Bebauungsplan, Entwurfsplanung, Leistungsphasen, Vorplanung

Grundlast

base load

Siehe / Siehe auch: Reallast

Grundmiete

basic rent

Als Grundmiete wird derjenige Mietbetrag bezeichnet, der sich ergibt, wenn von der Bruttowarmmiete die auf den Mieter umgelegten Betriebskosten abgezogen werden. Die Grundmiete kann eine Teilinklusivmiete sein, wenn einige Betriebskosten nicht umgelegt werden und damit in der Grundmiete enthalten sind. Grundsätzlich sind bei der Wohn- und Gewerberaumvermietung alle Betriebskosten umlegbar. Die Grundmiete ist unabhängig von ihren „Betriebskostengehalt“ Berechungsgrundlage für die Ermittlung der Kappungsgrenze.

Siehe / Siehe auch: Nettokaltmiete

Grundpfandrecht

mortgage lien; charge by way of legal mortgage

Grundpfandrechte ist der Oberbegriff für dingliche Verwertungsrechte an einem Grundstück. Gesetzlich geregelt in den §§ 1113 - 1203 BGB.
Dazu gehören:

- Hypothek (ein Grundstück wird in der Weise belastet, dass an den, zu dessen Gunsten die Belastung erfolgt, eine bestimmte Geldsumme zur Befriedigung wegen einer ihm zustehenden Forderung aus dem Grundstück zu zahlen ist)
- Grundschuld (ein Grundstück wird in der Weise belastet, dass an den, zu dessen Gunsten die Belastung erfolgt, eine bestimmte Geldsumme aus dem Grundstück zu zahlen ist)
- Rentenschuld (Grundschuld, bei der in regelmäßigen Intervallen eine bestimmte Geldsumme aus dem Grundstück zu zahlen ist).

Ihr Zweck besteht in der Sicherung von Krediten. Der Gläubiger kann den geschuldeten Betrag notfalls im Wege der Zwangsversteigerung aus dem Grundstück zurückbekommen. Inhaber von Grundpfandrechten besitzen dabei eine bevorzugte Stellung. Die Praxis bevorzugt heute die Grundschuld und nicht mehr die Hypothek. Allerdings sind die Rechtsvorschriften zur Hypothek auf die Grundschuld anzuwenden. Alle Grundpfandrechte

- sind dingliche Verwertungsrechte
- belasten das Grundstück unabhängig von dessen Eigentümer
- sind nur mit Grundbucheintragung wirksam
- unterliegen den Grundsätzen über den Rang der Rechte.

Siehe / Siehe auch: Grundschuld, Hypothek, Rentenschuld

Grundpreis

basic price; basic tariff; standard price; standing charge

Nach der Preisangabenverordnung (PangV) ist neben dem Endpreis seit 1. Sept. 2000 beim Anbieten von Waren der Grundpreis anzugeben. Es handelt sich dabei um den Preis für eine bestimmte Mengeneinheit nämlich für 1 Kilogramm, 1 Liter, 1 Kubikmeter, 1 Meter oder 1 Quadratmeter. Die Pflicht gilt auch dann, wenn mit Waren unter Angabe von Preisen geworben wird. Obwohl auch Grundstücke nach der PangV unter den Warenbegriff fallen, ist nach Einschätzung des Bundeswirtschaftsministeriums diese Vorschrift auf Immobilien nicht anzuwenden.

Grundrente (Bodenrente)

ground rent; rent charge

Als Grundrente bezeichnet man den Ertrag des Produktionsfaktors Boden. Die Grundrententheorie geht davon aus, dass der Bodenertrag ein Residuum darstellt, das sich ergibt, wenn von dem Gesamtertrag der Produkte eines Unternehmens der Arbeitslohn, Kapitalzins, die Risikoprämie und der Lohn für den Unternehmer abgezogen wird. Die Grundrententheorie, die von David Ricardo (1772–1823) entwickelt wurde, bezog sich ursprünglich ausschließlich auf landwirtschaftlich genutzte Böden. Der Preis für landwirtschaftliche Produkte bestimmt sich danach durch das Produktionsergebnis, das auf dem Boden erzielt wird, der gerade noch erforderlich ist, damit die Nachfrage nach diesen Produkten (z. B. Getreide) befriedigt wird. Diesem „Grenzboden" fließt keine Grundrente mehr zu. Noch schlechtere Böden werden nicht mehr bewirtschaftet. Bei Böden, die aber im Vergleich zum Grenzboden eine bessere Lage, eine bessere Bodenqualität oder Vorteile bei einer besseren Nutzungsintensität aufweisen, entsteht in unterschiedlich hohem Maße eine Grundrente, die dem Bodeneigentümer zufließt. Böden mit unterschiedlicher Lagegunst führen zu unterschiedlichen Bewirtschaftungsvorteilen, die sich als „Lagebodenrente" niederschlagen. Ähnliches gilt für Böden mit unterschiedlicher Qualität (natürliche Ertragskraft) und Vorteile die sich durch unterschiedliche Intensität der Bewirtschaftung ergeben. Sofern in einer Volkswirtschaft mehr Böden benötigt würden, als vorhanden sind, um mit den erzeugten Produkten die Nachfrage zu befriedigen, würde auch dem Grenzboden eine Rente zufließen, die als absolute Bodenrente (Knappheitsrente) bezeichnet wird. Einer, der deutschen Vertreter der Grundrententheorie, der besonders den Teilbereich der Lagebodenrenten in ein theoretisches Modell gekleidet hat, war Heinrich von Thünen (1783 – 1850). Das Prinzip der Grundrententheorie wurde später auf den städtisch genutzten Boden übertragen (u.a. von Friedrich von Wieser (1851 – 1926). Die besondere Knappheit des städtischen Baubodens führt bereits zu Beginn der Baulandproduktion zu einer absoluten Bodenrente. Unterschiede in der Lage und dem zulässigen Maß der Nutzung führen darüber hinaus zu einer Differenzierung dieser Rente. Je besser die Lage und je höher das Nutzungsmaß, desto größer die Vorteile, die der Boden dem Eigentümer gewährt. Allerdings handelt es sich nicht um Differentialrenten, sondern um objektindividuelle „Aufgelder", die wegen der zunehmenden Knappheit besser werdender Lagen und besser nutzbarer Grundstücke Hauseigentümern zufließen, ohne dass dem Investitionskosten gegenüberstünden. Die qualitative Komponente („Qualitätsbodenrente") schlägt sich positiv im zunehmenden Entwicklungszustand des Bodens (Bauerwartungsland – Rohbauland – Baugrundstück) nieder, wobei allerdings ein Teil dieser Rente in Form von Erschließungsbeiträgen an die Gemeinde abgeführt wird. Andererseits können qualitative Beeinträchtigungen des Baubodens zu einer Reduktion oder gar Eliminierung der Bodenrente führen. Es handelt sich um Böden, die besondere Zusatzinvestitionen im Hinblick auf das zu errichtenden Gebäude erfordern. Beispielhaft seien folgende Fallgestaltungen angeführt:

- Kosten für besondere Fundierungsmaßnahmen, weil der Boden eine geringe Konsistenz aufweist, (z.B. bei Wallaufschüttungen)
- Erhöhte Kosten bei der Sicherung des Kellergeschosses gegen Grundwassereintritt, weil ein hoher Grundwasserpegel gegeben ist,
- Kosten für die Bodensanierung, wenn Altlasten festgestellt werden usw.

Die Grundrententheorie rief in der Vergangenheit vielfältige Kritik am Bodeneigentum hervor. Die Grundrenten gelten als „unverdientes Einkommen", das durch entsprechende Ausgestaltung von Steuern (Wertzuwachssteuer, Grundrentenabgabe, Grundsteuer, usw.) dem Staat zufließen soll. Dem steht die Erkenntnis gegenüber, dass in den sozialistischen Ländern, in denen das Eigentum an Grund und Boden ausschließlich oder teilweise zum „Eigentum des Volkes" erklärt wurde, ein rascher Verfall der volkswirtschaftlichen Immobiliensubstanz wegen des völligen Fehlens eines privaten Eigentumsinteresses einsetzte. So wurden etwa in der früheren DDR die Mieten (als Ausdruck „kapitalistischen Eigentums") eingefroren und damit die Ausschöpfung von Grundrenten für die Erhaltung der Gebäude unterbunden. Die Grundrententheorie gilt heute noch als eine bisher unwiderlegte Erklärungsgrundlage für die Bodenpreisbildung.

Grundriss

plan; layout; floor plan; ground plan; horizontal section

Der Grundriss ist das wichtigste Element der Bauzeichnung, die sich auf die Darstellung eines Geschosses bezieht. Maßstab ist in der Regel 1:100. Daneben gehören zur Bauzeichnung Schnitte (mit Treppenhaus), Ansichten und Lageskizzen.

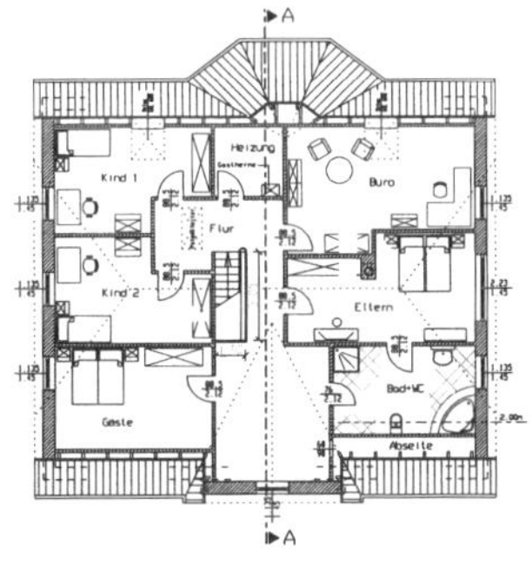

Grundsätze und Richtlinien für Wettbewerbe auf den Gebieten der Raumplanung, des Städtebaus und des Bauwesens (GRW)

Principles and guidelines for competitions in the fields of regional planning, urban development and structural engineering

Die Grundsätze und Richtlinien für Wettbewerbe auf den Gebieten der Raumplanung, des Städtebaus und des Bauwesens (GRW) regeln die Durchführung von Architektenwettbewerben, Kombinierten Wettbewerben und Investorenwettbewerben.

Zurzeit gelten die GRW 1995 in der Fassung vom 22.12.2003. Für die Einhaltung der GRW und Fragen, die in diesem Zusammenhang bei Wettbewerbsverfahren auftreten können, sind die Wettbewerbsreferenten der jeweiligen Architektenkammern zuständig. Wettbewerbsverfahren nach GRW sind mit ihnen abzustimmen.

Siehe / Siehe auch: Architektenwettbewerb, Kombinierter Wettbewerb, Investorenwettbewerb

Grundschuld

land charge

Die Grundschuld ist das heute bei weitem häufigste dingliche Absicherungsmittel für Immobiliendarlehen. Überwiegend handelt es sich dabei um Buchgrundschulden. Ihrem Charakter nach ist die Grundschuld eine Sicherungsgrundschuld. Dabei steht als Sicherungszweck ein Darlehen im Vordergrund. Abgesichert werden aber könnte auch die Erbringung einer Leistung durch den Schuldner. Die Grundschuld muss allerdings betragsmäßig beziffert werden. In einer Zweckbestimmungserklärung gegenüber dem Gläubiger muss der Eigentümer klarstellen, welchen Sicherungszweck die Grundschuld erfüllen soll.

Die Grundschuld gewährt dem jeweiligen Gläubiger das Recht der „Befriedigung aus dem Grundstück“. Das kann geschehen durch Beschlagnahme von Mieten, durch Zwangsverwaltung oder Zwangsversteigerung. Die Befriedigung erfolgt jedoch lediglich „aus“ dem Grundstück. Das heißt, dass der Gläubiger gegen den Schuldner keinen direkten Leistungsanspruch hat, sondern nur das Grundstück dafür haftet, dass die Forderungen gegen den Schuldner aus den Erträgen des Grundstückes oder aus dessen Verwertung beglichen werden. Will der Schuldner eine derartige Verwertung seines Grundstückes vermeiden, muss er die Forderungen aus seinem sonstigen Vermögen begleichen. Der Hauptunterschied zwischen Grundschuld und Hypothek besteht darin, dass die Grundschuld vom Bestand einer schuldrechtlichen Forderung unabhängig (abstrakt) ist. Einer eingetragenen Grundschuld muss nicht einmal eine Forderung zugrunde liegen. So kann sich z. B. der Eigentümer eines Grundstückes durch erstrangige Eintragung einer Eigentümergrundschuld Rangstelle und Kreditschaffungsmöglichkeiten sichern. Eine im Grundbuch eingetragene Grundschuld kann auch wiederholt für Darlehen verwendet werden. Grundschulden können auch in bestimmten ausländischen Währungseinheiten (Dollar, englische Pfund, Schweizer Franken) und natürlich auch in Euro eingetragen werden.

Grundsteinlegung

laying the foundation stone

Die Grundsteinlegung findet in der Regel statt, wenn das Ausheben der Baugrube beendet ist und die eigentlichen Bauarbeiten beginnen. Am Vermauern des Grundsteines beteiligen sich Vertreter des Bauherrn, des öffentlichen Lebens sowie der am Bau beteiligten Gewerke mit symbolischen Hammerschlägen und guten Wünschen für den erfolgreichen Fortgang des Projekts. Die Grundsteinlegung spielt meist eine zentrale Rolle innerhalb des Baustellenmarketings. In den Grundstein wird meist eine so genannte Grundsteinkapsel eingelassen, die mit Zeitzeugnissen aus der Bauzeit gefüllt wird. Dazu zählen neben Urkunden, Plänen und anderen Dokumenten, die sich auf das Projekt beziehen, auch Tageszeitungen oder Münzen. Häufig wird in der Nähe des Grundsteines oder an einer anderen markanten Stelle des neuen Gebäudes eine Tafel oder Plakette angebracht, deren Inschrift an das Datum der Grundsteinlegung und der daran Beteiligten erinnert. Insbesondere bei kleineren Projekten wird die Grundsteinlegung oft auch zusammen mit dem ersten Spatenstich gefeiert.

Siehe / Siehe auch: Baufeste, Baustellenmarketing, Erster Spatenstich, Richtfest

Grundsteuer

land tax; real property tax; realty tax; real estate tax; property tax

Die Grundsteuer ist eine dauernde Abgabe auf Grundbesitz an die Gemeinde. Die Ermittlung der Grundsteuer erfolgt in einem dreistufigen Verfahren. In der ersten Stufe wird der Einheitswert des Grundbesitzes festgestellt. Dieser wird mit der Grundsteuer-Messzahl multipliziert. Auf der Grundlage des so berechneten Steuer-Messbetrages bestimmt die Gemeinde durch eine Satzung, mit welchem Hundertsatz (Hebesatz) sie die Grundsteuer festsetzt. Auf Grund dieses Verfahrens kann die Grundsteuer je nach Wohngemeinde für vergleichbare Objekte unterschiedlich hoch ausfallen.

Beispiel einer Grundsteuerfestsetzung für eine Eigentumswohnung

Einheitswert = 50000 Euro
Grundsteuermessbetrag = 175 Euro
(3,5 Promille von 50000 Euro)
Hebesatz = 310 Prozent
Grundsteuer = 542,50 Euro
(Berechnung: 175 Euro x 310 Prozent)

Die so ermittelte Grundsteuer wird dem jeweiligen Grundstückseigentümer von der Gemeinde jährlich in Rechnung gestellt. Die Grundsteuer ist, mit Ausnahme von Kleinbeträgen, vierteljährlich fällig.
Ist der Ertrag, ausgehend vom „normalen Rohertrag", um mehr als 50 Prozent gemindert, wird die Steuerschuld auf Antrag in Höhe von 25 Prozent erlassen. Beträgt die Minderung des Rohertrags 100 Prozent, ist die Grundsteuer in Höhe von 50 Prozent zu erlassen. Die Ermäßigung kommt nur in Betracht, wenn die Ertragsminderung nicht vom Steuerschuldner zu vertreten ist. Der Erlass ist auf Antrag zu gewähren. Die Antragsfrist bis zum 31.03. des jeweiligen Folgejahres ist zu beachten.
Zur Zeit werden Pläne zur Umgestaltung der bisher ertragsorientierten in eine wertsubstanzorientierte Grundsteuer diskutiert.
Es gibt drei verschiedene Versionen für eine neue Grundsteuer:

- Beschränkung der Grundsteuer auf den reinen Bodenwert (Bodenwertsteuer). Die Grundsteuerlast verschiebt sich dann bei bebauten Grundstücken von Grundstücken mit niedrigem Bodenwertanteil (bisher hoch belastet) auf Grundstücke mit hohem Bodenwertanteil (bisher niedrig belastet). Basis für die Berechnung wären die Bodenrichtwerte der Gutachterausschüsse.
- Vom Deutschen Städtetag favorisiert: Grundsteuer auf den Bodenwert auf der Grundlage der Bodenrichtwerte zuzüglich pauschalierter Gebäudewertsteuer (z. B. Pauschalansatz pro Quadratmeter Wohnfläche).
- Grundsteuer auf einer vom Wert der Grundstücke unabhängigen Bemessungsgrundlage, z. B. Grundstücksfläche bei unbebauten Grundstücken, Wohn-/Nutzfläche bei bebauten Grundstücken. Diese Flächen werden mit jeweils unterschiedlichen Grundsteuerzahlen multipliziert.

Siehe / Siehe auch: Grundsteuermesszahl

Grundsteuermesszahl

basic rate of tax for land tax

Die Grundsteuermesszahl dient der Berechnung des Grundsteuermessbetrags. Dieser ist durch Anwendung eines Tausendsatzes (Steuermesszahl) auf den Einheitswert oder des nach dem Bewertungsgesetz maßgebenden Wertes zu ermitteln. Sie richtet sich nach der Grundstücksart. Nach dem Grundsteuergesetz sind folgende Werte anzusetzen:

- Betriebe der Land- und Forstwirtschaft: 6 Promille
- Bebaute und unbebaute Grundstücke allgemein: 3,5 Promille, davon ausgenommen
- Einfamilienhäuser bis 38.346,89 Euro Einheitswert: 2,6 Promille
- Einfamilienhäuser für den Teil des Einheitswerts, der über 38.346,89 Euro hinausgeht: 3,5 Promille
- Zweifamilienhäuser: 3,1 Promille

Grundsteuernachzahlung des Vermieters

landlord's payment of land tax arrears

Oft kommt es vor, dass Vermieter zu einem Zeitpunkt mit einer Grundsteuernachzahlung belastet werden, zu dem die Nebenkostenabrechnung für den Besteuerungszeitraum längst erfolgt ist. Vermieter müssen zwar grundsätzlich innerhalb von zwölf Monaten nach Ende der Abrechnungsperiode die Nebenkosten abrechnen. Nebenkosten, die sie unverschuldet nicht pünktlich abrechnen können, dürfen jedoch auch nachträglich dem Mieter in Rechnung gestellt werden. So ein Fall liegt bei der Grundsteuer vor, da der Vermieter nicht für die Arbeitsgeschwindigkeit der Steuerbehörden verantwortlich ist. Der Bundesfinanzhof hat allerdings entschieden, dass die Nachberechnung umgehend stattfinden muss: Der Vermieter hat dafür nach Zugang des Steuerbescheides drei Monate Zeit (Az. VIII ZR 220/05). Nach Ablauf dieser Frist kann der Mieter die Nachzahlung auch ablehnen, wenn die Verspätung nicht vom Vermieter verschuldet war.

Siehe / Siehe auch: Grundsteuer, Grundsteuermesszahl

Grundstück

site; property; plot; parcel; lot; real estate; land; tract (of land)

Unter einem Grundstück versteht man im Rechtssinne einen abgegrenzten Teil der Erdoberfläche, der im Grundbuch eine Stelle (Grundbuchblatt) hat oder im Falle von buchungsfreien Grundstücken haben könnte. Es kann aus einem oder mehreren

Flurstücken bestehen. Nicht das Grundbuch, sondern das Liegenschaftskataster ist nach der Grundbuchordnung das amtliche Grundstücksverzeichnis. Veränderungen im Grundstücksbestand werden nach einer entsprechenden Berichtigung des Katasters vom Grundbuch übernommen. Die Nutzungsart ist für die rechtliche Definition des Grundstücks nicht relevant.

Im immobilienwirtschaftlichen Sinne handelt es sich bei Grundstücken dagegen um Standorte für Haushalte, Betriebe und Bauwerke öffentlich rechtlicher Körperschaften. Wesentliche Bestandteile eines Grundstücks sind alle mit ihm festverbundenen Sachen, insbesondere Gebäude, sowie Erzeugnisse des Grundstücks, solange sie mit dem Boden zusammenhängen (§ 94 BGB). Eine Ausnahme bildet das siehe Erbbaurecht. Dieses zählt zu den „grundstücksgleichen" Rechten. Wesentliche Bestandteile eines Gebäudes – und damit des Grundstücks – sind alle damit festverbundenen Einrichtungen bei deren Entfernung das Gebäude beschädigt oder in seinem Wesen verändert würde.

Wurde vom Mieter eines Grundstücks aufgrund einer Vereinbarung mit dem Grundstückseigentümer für die Dauer der Mietzeit ein Gebäude darauf errichtet oder hat ein Bauunternehmer auf dem Baugrundstück des Bauherrn eine winterfeste Bauhütte errichtet, handelt es sich um einen sog. „Scheinbestandteil" (§ 95 BGB). Unterscheidungskriterium für die Beurteilung, ob ein wesentlicher oder ein Scheinbestandteil vorliegt ist die Antwort auf die Frage, ob die feste Verbindung mit dem Boden auf Dauer oder nur vorübergehend gewollt ist.

Dies ergibt sich oft aus Verträgen. Wird ein Grundstück verkauft, gilt im Zweifel das Zubehör als mitverkauft. Beim Zubehör handelt es sich um bewegliche Sachen, die ohne Bestandteil der Hauptsache zu sein, dem wirtschaftlichen Zweck der Hauptsache dienen (§ 96 BGB). Beispiel Mülltonne (wenn sie dem Hauseigentümer gehört), Heizöl im Tank. Bei landwirtschaftlichen Objekten gehört zum Zubehör auch das „lebende und tote Inventar". Was im Einzelnen als Zubehör gilt, richtet sich nach der örtlichen Verkehrsanschauung. Es müssen darüber im Bundesgebiet also keine einheitlichen Auffassungen bestehen. Für den auf den Wert des Zubehörs entfallenden Kaufpreisteil muss keine siehe Grunderwerbsteuer bezahlt werden. Voraussetzung ist, dass das Zubehör im Kaufvertrag bezeichnet und wertmäßig beziffert und auch ein entsprechender Antrag gestellt wird.

Siehe / Siehe auch: Grundbuch, Flurstück, Erbbaurecht, Teilgrundstück

Grundstücks- und Bodeninformationssystem

property and ground information system

Bei vielen Liegenschaftsämtern werden moderne Grundstücks- und Bodeninformationssysteme benutzt. Ein solches System besteht z.B. aus einem „Automatisierten Grundbuch- und Liegenschaftsbuchverfahren" (AGLB) und Digitalen Flurkarten (DFK). Das AGLB-System ist so aufgebaut, dass Änderungen im Grundstücksbestand, die sich beim Vermessungsamt ergeben auf das Bestandsverzeichnis des zuständigen Grundbuchs durch elektronischen Datenaustausch ebenso automatisch „durchschlagen" wie Änderungen der Eigentumsverhältnisse im Grundbuch auf das Eigentümerverzeichnis bei den Vermessungs- bzw. Katasterämtern. Am Tage werden die Änderungen bei beiden Ämtern erfasst und während der Nacht findet der automatische Austausch statt. Dadurch verfügen beide Ämter jeweils am Morgen über einen identischen Datenbestand. Die Digitale Flurkarte enthält parzellenscharfe Darstellungen der Flurstücke und Gebäude. Die Inhalte werden auf verschiedenen Ebenen gespeichert die den unterschiedlichen Anwendungszwecken dienen z.B. Darstellung der Ver- und Entsorgungseinrichtungen (Kanal, Wasserleitungen, Straßenbeleuchtung), Bebauungspläne usw.. Digitale Ortskarten umfassen ein ganzes Gemeindegebiet. Reproduktionen können in verschiedenen Maßstäben hergestellt werden. Standardmaße sind 1:100 für größere Bauvorhaben, 1:1.000 für Lageplan, 1:5.000 für Bebauungsplan, 1:25.000 (und je nach Gebietsumfang andere Maßstäbe) für Flächennutzungsplan.

Grundstückshandel

dealing in real estate

Bestimmendes Merkmal des Grundstückshandels sind Kauf- und Verkaufstransaktionen mit Gewinnerzielungsabsicht. Im Gegensatz zum Grundstücksmakler, der nicht selbst Marktpartei ist, erwirbt der Grundstückshändler Immobilien, um sie bei günstiger Gelegenheit wieder zu veräußern. Der Grundstücks-handel spielte eine erhebliche Rolle in der Zeit zwischen 1870 und 1910. Wegen der hohen Transaktionskosten und den relativ gering gewordenen Wertsteigerungspotential spielt der Grundstückshandel heute kaum mehr eine Rolle.

Grundstückskaufvertrag

real property purchase agreement; contract for deed; estate contract; installment sales contract; land contract; real estate purchase agreement

Im Grundstückskaufvertrag verpflichtet sich der Verkäufer, das Eigentum am Grundstück lastenfrei auf den Käufer zu übertragen, sofern Lasten nicht ausdrücklich übernommen werden. Der Käufer verpflichtet sich im Gegenzug, den vereinbarten Kaufpreis zu bezahlen. Der Grundstückskaufvertrag besteht in der Regel aus einem Verpflichtungsgeschäft, einem Erfüllungsgeschäft und einer Reihe von deklaratorischen Inhalten (Hinweise durch den Notar). Das Verpflichtungsgeschäft enthält neben den oben bereits erwähnten Inhalten Regelungen über

- Kaufpreisfälligkeiten
- Voraussetzungen für die Kaufpreiszahlung
- Unterwerfung unter die Zwangsvollstreckung bei Nichtzahlung des Kaufpreises
- Auflassungsvormerkung
- Besitzübergang
- Verpflichtung zur Eigentumsverschaffung, frei von Rechten Dritter an dem Grundstück, soweit möglich
- Mängelhaftung des Verkäufers (wird meist vertraglich ausgeschlossen)
- Zusicherung von Eigenschaften
- etwaige Übernahme von Lasten oder Grundpfandrechten
- Tragung der Erwerbsnebenkosten
- Provisionsklausel
- Mitwirkung des Verkäufers bei einer etwa erforderlichen Grundpfandrechtsbestellung zur Finanzierung sowie
- etwaige Rücktrittsvorbehalte

Das Erfüllungsgeschäft besteht in der Erklärung der Auflassung mit Stellung des entsprechenden Antrags an das Grundbuchamt. Gemäß § 311b BGB bedürfen alle Verträge, durch welche eine Partei zur Übertragung oder zum Erwerb von Eigentum an Grundstücken verpflichtet werden, der notariellen Beurkundung. Wird mit dem Grundstück auch Inventar verkauft, muss dies mit beurkundet werden. Das Formerfordernis erstreckt sich auf alle Nebenabsprachen, die mit der Grundstücksveräußerung in Zusammenhang stehen. Der notariellen Beurkundungsform unterliegen auch spätere Ergänzungsabreden, es sei denn, der Erwerber ist bereits im Grundbuch eingetragen. So können bei einem Bauträgervertrag Änderungen etwa im Bauvolumen formfrei abgesprochen werden, wenn der Käufer bereits im Grundbuch eingetragen ist.

Ein Grundstückskaufvertrag wird oftmals nicht am Tag der notariellen Beurkundung rechtswirksam, sondern erst dann, wenn alle etwaigen Vollmachten und Zustimmungserklärungen vorliegen und alle Genehmigungen erteilt worden sind. Die Einholung erforderlicher Genehmigungen ist Sache des Notars. Bei Beurkundung eines Kaufvertrages zu anderen als tatsächlich vereinbarten Bedingungen (z. B. niedrigerer Kaufpreis) handelt es sich um ein unwirksames Scheingeschäft. Erfolgt dennoch eine Umschreibung im Grundbuch, wird im Interesse des öffentlichen Glaubens des Grundbuchs der Formfehler wieder geheilt.

Werden nach Abschluss des Grundstückskaufvertrages zwischen den Parteien Vereinbarungen getroffen, die den Inhalt des Kaufvertrages ändern, ist eine notarielle Beurkundung des Kaufvertrages nur erforderlich, solange die Auflassung noch nicht erklärt wurde. Die Rechtswirksamkeit eines Grundstückskaufvertrages kann von der Erteilung erforderlicher Genehmigungen abhängig sein.

Wenn beispielsweise bei einer Vertragspartei ein Minderjähriger beteiligt ist, reicht es nicht, dass der gesetzliche Vertreter ihn vertritt. Vielmehr muss zusätzlich die Genehmigung des Familiengerichtes (früher Vormundschaftsgericht) eingeholt werden.

Im Zusammenhang mit dem Verkauf des Grundstücks stehen die vom Verkäufer noch zu veranlassende Löschungen insbesondere etwa bestehender Grundschulden. Lasten in Abt. II des Grundbuchs müssen in der Regel vom Käufer übernommen werden, es sei denn der Berechtigte stimmt der Löschung zu.

Grundstücksmarkt

property market; real estate market

Siehe / Siehe auch: Immobilienmarkt

Grundstücksmiete

property rent

Das Mietrecht des Bürgerlichen Gesetzbuches differenziert zwischen Mietverträgen über Wohnräume,

Gewerbeobjekte, Grundstücke und bewegliche Sachen. Die anzuwendenden Vorschriften überschneiden sich zum Teil. Auf Mietverträge über Grundstücke sind nicht automatisch alle Regelungen des Wohnungsmietrechts anzuwenden. Nach § 578 BGB sind auf Grundstücke verschiedene mietrechtliche Regelungen entsprechend anwendbar, so zum Beispiel die Vorschriften über:

- Form des Mietvertrages
- Vermieterpfandrecht
- Kauf bricht nicht Miete
- Kaution
- Aufrechnung durch Mieter
- Belastung durch Vermieter.

Grundstückssicherung

securing the property

Im Rahmen der Entwicklung eines Immobilienprojektes ist es meist erforderlich, die Zugriffsmöglichkeit auf das Grundstück, auf dem das Projekt verwirklicht werden soll, während der Planungsphase bis zum Zeitpunkt einer Entscheidung für das Projekt zu sichern. Dies ist auf verschiedene Weise und mit unterschiedlichen Wirkungen möglich.

Überwiegend wird ein befristeter Optionsvertrag geschlossen, der dem Investor ein Ankaufsrecht, verbunden mit einer Auflassungsvormerkung sichert. Die Frist kann durch eine Verlängerungsklausel hinausgeschoben werden. Eine alternative Vertragsgestaltung kann darin bestehen, dass ein Kaufvertrag geschlossen wird, der zugunsten des Investors einen Rücktrittsvorbehalt für den Fall enthält, dass sich die Nichtdurchführbarkeit des Projektes herausstellt. Das Rücktrittsrecht erlischt nach einer bestimmten zu vereinbarenden Frist, wenn nicht auch hier zugunsten des Investors eine Fristverlängerungsmöglichkeit eingeräumt wird. Der Investor kann sich aber auch ein befristetes Kaufangebot vom Eigentümer geben lassen, das die vorgesehenen Kaufvertragsbedingungen enthält. Auch in diesem Fall liegt die Entscheidung für die Annahme des Kaufangebots beim Investor. Oft wird für den Nichtannahmefall eine Abstandszahlung vereinbart.

Eine weitere Variante besteht darin, einen Kaufvertrag mit aufschiebender oder auflösender Bedingung zu schließen. Unter längerfristigen Aspekten kann sich auch die Eintragung eines Vorkaufsrechts im Grundbuch als nützliches Sicherungsinstrument erweisen, vor allem, wenn der Grundstückseigentümer latente Verkaufsneigungen hat. Allerdings liegt die Entscheidungsmacht ausschließlich beim Verkäufer, was den Planungshorizont des Investors erheblich einschränkt. Ein ausschließlich schuldrechtliches Vorkaufsrecht wäre nur in Verbindung mit einer Auflassungsvormerkung sinnvoll.

In allen Fällen der Grundstückssicherung gilt es, die Kostenfolge zu beachten, zumal das Risiko des Nichterwerbs kaum vom Grundstückseigentümer getragen wird. Sofern der Grundstückseigentümer als Mitinvestor in Frage kommt, kann die Grundstückssicherung auch über gesellschaftsvertragliche Regelungen erfolgen.

Grundstücksversteigerer

sale of land by an auctioneer

Siehe / Siehe auch: Auktion (Immobilien)

Grundwasser

ground water; subsoil water

Grundwasser entsteht durch Versickern von Niederschlägen (Regen, Schnee). Dabei wird es durch Deckschichten gefiltert und gereinigt. Es sammelt sich auf wasserundurchlässige Schichten und in Hohlräumen an oder strömt quer durch poröse Schichten. Als Quellwasser tritt es wieder aus der Erdoberfläche. Grundwasser ist das natürliche Trinkwasserreservoir. Es unterliegt aufgrund von Änderungen der Wetterperioden natürlichen Höhenschwankungen. Dass das für die menschliche Existenz notwendige Grundwasser vor Schädigungen geschützt werden muss, liegt auf der Hand. Die europäischen Wasserrichtlinie, das Wasserhaushaltsgesetz des Bundes und die Wassergesetze der Bundesländer enthalten die wesentlichen Bestimmungen zum Oberflächen- und Grundwasserschutz. Zweck des Wasserschutzgesetzes des Bundes ist es, dass „Gewässer, die sich in einem natürlichen oder naturnahen Zustand befinden, in diesem Zustand erhalten bleiben.“ „Nicht naturnah ausgebaute natürliche Gewässer sollen so weit wie möglich wieder in einen naturnahen Zustand zurückgeführt werden“.

Auf der Grundlage von Wassergesetzen der Bundesländer werden Verordnungen erlassen, in denen Wasserschutzgebiete festgesetzt werden. Diese werden in drei Wasserschutzzonen aufgeteilt sind. Die Wasserschutzzone I schützt den eigentlichen Brunnenbereich. Die Wasserschutzzone II schützt den Umgebungsbereich der Wasserschutzzone I. Es gelten Nutzungsbeschränkungen, durch die gewährleistet werden sollen, dass die das Wasser filternden Deckschichten nicht zerstört werden. Es gibt Bebauungsverbote, Düngverbote, Beschränkungen hinsichtlich des Wege- und Straßenbaus. Die Wasserschutzzone III mit seinen Nutzungsbeschränkungen bezieht sich auf den weiteren Einzugsbereich. In den besiedelten Gebieten, in denen gebaut werden darf, kann ein hoher Grundwasserstand das Bauen verteuern. In solchen Fällen muss der Beton für das Kellerfundament eine besondere Qualität aufweisen („Weißbeton").

Gruppenbüro

grouped in offices, generally of 3 to 25

Ein Gruppenbüro ist ein Büroraum mittlerer Größe, der etwa drei bis 25 Büroarbeitsplätze bietet. Gruppenbüros entstanden erstmalig Anfang der 1980er Jahre. Ziel war es, mit diesem Bürotyp die Vorteile von Zellenbüros und Großraumbüros miteinander zu kombinieren und ihre Nachteile weitestgehend zu reduzieren. Als Vorteile eines Gruppenbüros gelten intensive Kommunikation und Kooperation der Beschäftigten, die Nachteile sind denen eines Großraumbüros vergleichbar: hoher Lärmpegel, akustische und visuelle Ablenkung, fehlende Rückzugsmöglichkeiten für konzentriertes Arbeiten und ein hohes Maß an sozialer Kontrolle. Gruppenbüros müssen nicht generell eigenständige Räume sein, sondern können auch innerhalb von Großraumbüros durch Raumteiler oder Trennwände abgeteilt werden.

Siehe / Siehe auch: Großraumbüro, Kombibüro, Zellenbüro

Gütergemeinschaft

community of property (CP) (spouses); joint property; property and profits received by a husband and wife during the marriage

Bei einer ehelichen Gütergemeinschaft, die durch einen Ehevertrag vereinbart werden kann, wird das Eigentum jedes Ehepartners zum Gesamthandseigentum der Gemeinschaft. Soweit Grundeigentum vorhanden ist, muss das Grundbuch entsprechend berichtigt werden. Darüber können dann – ähnlich wie bei einer ungeteilten Erbengemeinschaft – nur noch beide Ehepartner gemeinsam verfügen.

Gutachter

valuer; valuator; surveyor; expert witness; expert; estimator; assessor; evaluator

Gutachter sind Sachverständige, deren kennzeichnende Merkmale eine besondere Sachkunde auf einem Gebiet und Unabhängigkeit sind. Als Gutachter werden auch Personen bezeichnet, die für Gerichte Gutachten erstellen. Im Bankensektor bezieht sich der Begriff des Gutachters auf jene Personen, die nach der Beleihungswertverordnung Beleihungswerte feststellen.

In der Immobilienwirtschaft findet sich der Begriff des Gutachters in § 192 BauGB. Er ist ehrenamtliches Mitglied eines Gutachterausschusses und muss nicht als Sachverständiger öffentlich bestellt oder zertifiziert sein. Als Gutachter kann nicht bestellt werden, wer hauptamtlich mit der Verwaltung von Grundstücken einer Gebietskörperschaft im räumlichen Zuständigkeitsbereich des Gutachterausschusses tätig ist. Für die Ermittlung der Bodenrichtwerte ist ein Bediensteter der zuständigen Finanzbehörde mit Erfahrung in der steuerlichen Bewertung von Grundstücken einzubeziehen.

Die Berufung von Gutachtern in die Gutachterausschüsse erfolgt auf der Grundlage von Gutachterausschussverordnungen der Bundesländer. Als Gutachter werden in Gutachterausschüsse überwiegend durch die Bezirksregierungen Fachleute und Sachverständige aus den Bereichen Bau- und Immobilienwirtschaft, Architektur, Bankwesen, Land- und Forstwirtschaft und dem Vermessungswesen berufen.

Siehe / Siehe auch: Gutachterausschuss, Sachverständige für die Bewertung von Grundstücken

Gutachterausschuss

board of expert valuers; committee of experts; land valuation board; expert committee; official committee of valuation experts; official committee of valuers of fixed assets

Auf Landkreis- teilweise auch auf Gemeindeebene sind nach den Vorschriften des Baugesetzbuches Gutachterausschüsse gebildet worden. Jeder Gutachterausschuss besteht aus jeweils einem Vorsitzenden und ehrenamtlichen Gutachtern, wobei für die Ermittlung der Bodenrichtwerte ein Bediensteter der zuständigen Finanzbehörde vorzusehen ist. Die Mitglieder des Gutachterausschusses dürfen allerdings nicht hauptberuflich mit der Verwaltung von Grundstücken einer Gemeinde befasst sein, für deren Bereich der Gutachterausschuss gebildet ist.

Die Aufgaben des Gutachterausschusses beschränken sich nicht auf die Ermittlung von Verkehrswerten im Zusammenhang mit Maßnahmen des Baugesetzbuches. Der Ausschuss kann auch von Gerichten oder Privatpersonen mit der Erstellung eines Verkehrswert-Gutachtens beauftragt werden. Weitere Aufgaben sind die Führung einer Kaufpreissammlung, die Ermittlung von Bodenrichtwerten auf der Grundlage der Kaufpreissammlung, die Ermittlung von Bodenrichtwerten auf der Grundlage der Kaufpreissammlung, die Ermittlung von Kapitalisierungszinssätzen (Liegenschaftszinssätzen), Sachwertfaktoren, Umrechnungskoeffizienten und

Vergleichsfaktoren (Gebäude- und Ertragsfaktoren). Die Geschäftsstelle des Gutachterausschusses ist in der Regel beim jeweiligen Kataster- oder Vermessungsamt angesiedelt. Die Anschrift des Gutachterausschusses ist bei der jeweiligen Gemeinde oder beim Landratsamt zu erfahren. Die Gutachter werden auf vier Jahre bestellt. In den letzten Jahren werden vermehrt auch erfahrene Makler vor allem in großstädtische Gutachterausschüsse berufen. Die Berufung solcher Makler gilt heute als besonderes Qualitätsmerkmal des Ausschusses.
Siehe / Siehe auch: Gutachter, Sachverständige für die Bewertung von Grundstücken

Gute fachliche Praxis
good farming practice
Dieser Begriff stammt aus dem Bundesbodenschutzgesetz. § 17 regelt die Einhaltung der „Guten fachlichen Praxis" in der Landwirtschaft. Als allgemeiner Grundsatz wird dabei auf die „nachhaltige Sicherung der Bodenfruchtbarkeit und Leistungsfähigkeit des Bodens als natürliche Ressource" verwiesen. Enthalten sind u.a. Regelungen, die Bodenverdichtungen und -abtragungen verhindern sollen. Das Gesetz sieht vor, dass Landwirte sich bei Beratungsstellen über die „Gute landwirtschaftliche Praxis" informieren können, damit dem Bodenschutz genüge getan wird. Hoheitliche Zwangsmaßnahmen sieht die Regelung nicht vor.
Siehe / Siehe auch: Bundesbodenschutzgesetz

Guthabenzins (Bausparvertrag)
interest on a deposit (building loan contract)
Als Guthabenzins wird der Zins bezeichnet, mit dem die von den Bausparern angesammelten Guthaben bei den Bausparkassen verzinst werden. Der Zinssatz beträgt je nach Tarif zwischen zwei und drei Prozent. Je höher der Guthabenzins, umso höher fällt auch der Darlehenszins für das spätere Bauspardarlehen aus. Die Differenz zwischen Guthaben- und Darlehenszins beträgt in der Regel zwei Prozent. Guthabenzinsen aus Bausparverträgen sind Kapitalerträge und unterliegen der Kapitalertragsteuer. Wird der Bausparvertrag etwa im Rahmen der Zwischenfinanzierung bereits für ein Immobilienobjekt verwendet, sind die Guthabenzinsen nicht den Einkünften aus Kapitalerträgen, sondern denen aus Vermietung und Verpachtung zuzuordnen.

HABITAT

UN-HABITAT

Eine erste HABITAT (I) Konferenz der UNO fand bereits 1976 in Vancouver statt. Sie hatte die Einrichtung eines UNO-Zentrums für menschliche Siedlungen (UNCHS) in Nairobi zur Folge. Unter der Bezeichnung HABITAT II wurde von den Vereinten Nationen 1996 in Istanbul eine weitere Weltkonferenz durchgeführt, die sich in Zusammenhang mit dem Übervölkerungsproblem vor allem dem Fragenbereich der menschlichen Siedlungen widmete.

Dabei ging es um zwei Themenschwerpunkte:

- der angemessenen menschenwürdigen Grundversorgung der Weltbevölkerung mit Wohnraum sowie Versorgungs- und Infrastruktureinrichtungen für die Bereiche Wasser, Strom, Straßen, Schulen und Einrichtungen des Gesundheitswesens,
- der nachhaltigen umweltverträglichen Siedlungsentwicklung in einer zur Verstädterung strebenden Welt

In dem nach der Erklärung von Istanbul anzustrebenden Ziel werden Umwelt und Ökonomie auf eine gleiche Ebene gestellt. Es geht um die wirtschaftliche und soziale Entwicklung und den Umweltschutz als sich gegenseitig bedingende und verstärkende Komponenten nachhaltiger Entwicklung. Eine Absichtserklärung geht dahin, dass die Staaten alle Maßnahmen ergreifen sollen, um allen Menschen eine passende Unterkunft zu akzeptablen Preisen zu ermöglichen. Auf ein Individualrecht auf Wohnung konnte man sich nicht einigen.

Deutschland war auf HABITAT II unter der Federführung des Bundesministeriums für Raumordnung, Bauwesen und Städtebau, mit Bundestagsabgeordneten und Vertretern aus den Bundesländern, Gemeinden, Fachverbänden, Unternehmen und Nichtregierungsorganisationen (NRO) vertreten.

Hintergrund der Bemühungen der UNO ist die Tatsache, dass nach einer Studie der Vereinten Nationen bereits 600 Millionen Menschen in Slums an den Rändern von Großstädten leben. Es wird damit gerechnet, dass bis zum Jahr 2025 zwei Drittel aller Menschen in Städten leben.

Von den derzeit 33 Megastädten (Städte mit über 8 Millionen Einwohnern) befinden sich 27 in den Entwicklungsländern.

Literaturhinweis: Sailer in Murfeld (Hrsg.) „Spezielle Betriebswirtschaftslehre der Immobilienwirtschaft", Hamburg 2006, S. 2

Siehe / Siehe auch: Urban 21

Haftpflichtversicherung (Immobilienbereich)

liability insurance; third-party liability insurance; personal liability insurance; (public) liability insurance (for the field of real estate)

Jeder Hausbesitzer ist dafür verantwortlich, dass Gefahrenquellen ausgeschaltet werden, die sich für andere aus seinem Hausgrundstück ergeben. Geschieht dies nicht und entsteht daraus ein Schaden, haftet er nach § 823 BGB. Schäden können z. B. entstehen, weil der Hausbesitzer es unterlässt, nach Schneefall und Eisbildung seiner Räum- bzw. Streupflicht nachzukommen. Schäden können sich aus unzulänglicher oder nicht vorhandener Beleuchtung eines Treppenhauses ergeben. Denkbar sind Schäden aus herabfallenden Gegenständen auf den Bürgersteig (z. B. lose Dachziegel bei Sturm), durch umstürzende Bäume usw. In solchen Fällen übernimmt die Haus- und Grundbesitzerhaftpflichtversicherung die Schadenregulierung. Der Abschluss eine Haftpflichtversicherung durch Hausbesitzer ist nicht verpflichtend aber dringend zu empfehlen.

Wenn sich der Schaden im Bereich eines selbstgenutzten Einfamilienhauses ereignet, kommt auch die Privathaftpflichtversicherung für die Regulierung des Schadens auf, sofern eine solche Versicherung besteht. Bei Schadensfällen im Bereich von betrieblichen Gebäuden wird ein durch Verletzung der Verkehrssicherungspflicht verursachter Schaden durch die Betriebshaftpflichtversicherung gedeckt.

Wer sein Gebäude mit Ölheizung beheizt, sollte zusätzlich eine Gewässerschadenhaftpflichtversicherung abschließen. Sie reguliert Schäden, die durch Eindringen von Heizöl oder anderen gewässerschädlichen Stoffen in das Grundwasser entstehen.

Vergleichbar mit der Haus- und Grundbesitzerhaftpflicht ist die Bauherrenhaftpflichtversicherung. Bei Baustellen ist das Verletzungsrisiko durch eine nicht ausreichend abgesicherte Baustelle besonders hoch. Zwar wird die Verkehrssicherungspflicht bei Baustellen in der Regel auf den Bauleiter übertragen. Doch ergibt sich aus der Überwachungspflicht des Bauherrn ein eigener Haftungstatbestand. Rechtsgrundlage der Haftpflichtversicherung sind die §§ 149 – 158k des Versicherungsvertragsgesetzes (VVG).

Haftungsrisiken entstehen auch bei der Berufsausübung. So haftet ein Hausverwalter für falsche Abrechnungen, die zu einem Vermögensschaden beim Hauseigentümer führt. Gleiches gilt für WEG-Verwalter. Häufige Risikoquellen sind falsche Informationen, die ein Makler über die von

ihm angebotenen Objekte in das Exposé aufnimmt. Solche Haftungsrisiken können durch eine Vermögensschadenversicherung abgedeckt werden.
Siehe / Siehe auch: Bauherrenhaftpflichtversicherung, Berufshaftpflichtversicherung / Vermögensschadenhaftpflichtversicherung, Haustierversicherung

Haftung (Wohnungseigentümer)

liability (flat owner)

Mit der Einführung der Rechtsfähigkeit der Wohnungseigentümer-Gemeinschaft sind auch die haftungsrechtlichen Bestimmungen des Wohnungseigentumsgesetzes grundsätzlich geändert. Gemäß § 10 Abs. 8 WEG haften die Wohnungseigentümer im Außenverhältnis, also beispielsweise gegenüber dem Heizöl-Lieferanten, nicht als Gesamtschuldner, sondern nur noch anteilig in Höhe ihres Miteigentumsanteils. In Höhe dieses Anteils kann jedoch jeder Wohnungseigentümer von Gläubigern der Gemeinschaft in Anspruch genommen werden. Neu gegenüber der vom BGH vertretenen Auffassung ist jedoch die jetzt geltende Regelung insoweit, als der Wohnungseigentümer auch im Innenverhältnis gegenüber der Gemeinschaft ebenfalls nur in Höhe seines Miteigentumsanteils haftet. Ungeachtet dessen haftet allerdings nach bisher vertretener Auffassung der einzelne Wohnungseigentümer nach wie vor für die Verbindlichkeiten der Gemeinschaft dann in voller Höhe, wenn alle übrigen Wohnungseigentümer zahlungsunfähig sind. Insoweit besteht eine unbegrenzte Nachschuss-Pflicht.
Eine Ausnahme von der nur anteiligen Haftung nach § 10 Abs. 8 Satz 1 WEG gilt im Übrigen dann, wenn die Wohnungseigentümer nach kommunalabgabenrechtlichen Regelungen beispielsweise für Abfallentsorgungs- oder Straßenreinigungsgebühren als Miteigentümer des Grundstücks gesamtschuldnerisch in Anspruch genommen werden können. Solchen landesrechtlichen Regelungen steht die Haftungsregelung nach § 10 Abs. 8 Satz 1 WEG nicht entgegen.
Siehe / Siehe auch: Gesamtschuldnerische Haftung (Wohnungseigentümer), Rechtsfähigkeit (Wohnungseigentümer-Gemeinschaft)

Haftung des Maklers

broker's/estate agent's liability

Die Haftung des Maklers kann sich aus der Verletzung der Nebenpflichten ergeben.
Beispiel Informationspflicht: Der Makler informiert den Verkäufer nicht über die Finanzierungsschwierigkeiten des Käufers. Der Makler verschweigt dem Kunden, dass das Grundstück kontaminiert ist oder einen Schwammbefall des Hauses.
Beispiel Beratungspflicht: Der Makler bewertet das Grundstück nur zu 50 Prozent seines Verkehrswertes. Der Makler erklärt dem Kaufinteressenten, dass die Finanzierung des Erwerbs „steht“, obwohl die Unterlagen auf das Gegenteil hinweisen. Der Makler wiegt die Verkäufer eines Einfamilienhauses in der Sicherheit, dass der Kaufpreis einer Eigentumswohnung, die er ebenfalls nachgewiesen hat, mit dem Verkaufspreis des Einfamilienhauses zu finanzieren sei.
Es handelt sich hier um Schadensersatzansprüche wegen Verletzung des Maklervertrages. Die Summen können das Vielfache der Maklerprovision betragen. Entfällt diese nicht durch Verwirkung gemäß § 654 BGB, kann der Kunde aufrechnen.
Siehe / Siehe auch: Immobilienberatung, Maklerpflichten, Verwirkung, Sachmängelhaftung des Immobilienverkäufers

Halbeinkünfteverfahren

half-income system

Im Zuge der Steuerreform des Jahres 2000 wurde das Halbeinkünfteverfahren eingeführt. Der Gesetzgeber senkte ab 1.1.2001 den Körperschaftsteuersatz auf 25 Prozent. Dafür entfiel eine Anrechnung der von einem Unternehmen bezahlten Körperschaftsteuer auf die Ausschüttungen (= Dividenden) an die Anteilseigner (= in der Regel Aktionäre) und seit dem Jahr 2002 mussten Gesellschafter nur noch die Hälfte der ihnen überwiesenen Dividenden versteuern. Dabei war zudem der noch nicht ausgeschöpfte Teil des so genannten Sparerfreibetrags zu berücksichtigen.
Außerdem galt bis 2008 das Halbeinkünfteverfahren auch bei der Besteuerung von Spekulationsgewinnen. Bei Wertpapieren waren diese Spekulationsgewinne steuerpflichtig, sofern zwischen Kauf und Verkauf höchstens zwölf Monate lagen und der gesamte Spekulationsgewinn im Kalenderjahr mindestens 512 Euro überstieg.
Das Halbeinkünfteverfahren im Privatvermögen und die Steuerfreiheit von Veräußerungsgewinnen außerhalb der Spekulationsfrist ist mit Einführung der Abgeltungssteuer weggefallen. Nunmehr sind Erträge aus privaten Kapitaleinkünften (auch Kursgewinne) der Abgeltungssteuer von 25 Prozent zu unterwerfen.
Das Halbeinkünfteverfahren im Betriebsvermögen ist nunmehr nur noch ein Teileinkünfteverfahren, weil nicht mehr 50 Prozent, sondern nur noch 40 Prozent der Erträge steuerfrei sind.

Halbjahresbericht

mid-year review; half-yearly report

Der Halbjahresbericht ist eine im Wechsel mit dem Rechenschaftsbericht halbjährig erscheinende Publikation mit Angaben zur Geschäfts- und Fondsentwicklung bei offenen Immobilienfonds.

Hammerschlags- und Leiterrecht

special right to cross the neighbour's land/ set up a ladder on his land to modify something on one's own land

Das Hammerschlagsrecht beinhaltet die Befugnis, für Bau- oder Instandsetzungsarbeiten am eigenen Haus vorübergehend das Nachbargrundstück zu betreten, um von dort aus Werkzeug besser einsetzen zu können. Das verwandte Leiterrecht berechtigt zum Aufstellen einer Leiter bzw. eines Gerüstes. Diese Rechte sind in den Gesetzen der meisten Bundesländer verankert (Ausnahmen: Bayern, Bremen). Voraussetzung ist, dass die Arbeiten ohne das Betreten des Nachbargrundstücks nicht zweckmäßig oder zu vertretbaren Kosten durchgeführt werden können. Die Unannehmlichkeiten für den Nachbarn dürfen nicht außer Verhältnis zum Vorteil des Grundstückseigentümers stehen. Auch müssen ausreichende Vorkehrungen getroffen werden, um den Nachbarn vor allzu großen Nachteilen und Belästigungen zu schützen. Öffentlich-rechtliche Vorschriften dürfen nicht verletzt werden (vgl. § 24 Nachbarrechtsgesetz NRW).Das Hammerschlags- und Leiterrecht ist so schonend wie möglich auszuüben. Zur Unzeit (z.B. nachts, sonntags) dürfen keine Arbeiten vorgenommen werden.

Handelsimmobilien

commercial (retail) property; retail real estate; retail property

Handelsimmobilie ist der umfassende Begriff für alle Gebäude oder Gebäudekomplexe, die überwiegend und primär dem Handel dienen. Hierzu zählen Kaufhäuser ebenso wie Shopping-Center, Einkaufszentren, Fachhandelsmärkte, Discounter bis hin zu Miniläden. Unterscheidungsmerkmale ergeben sich hinsichtlich der Standorte (vom innerstädtischen Kaufhaus bis hin zum Shopping Center an der Peripherie einer Großstadt. Die Lage ist entscheidend für die langfristigen Entwicklungsperspektiven.

Die Renditen bewegen sich etwa zwischen vier Prozent in Ia-Innenstadtlagen bis acht Prozent in Stadtrandlagen. Die Tendenz der städtischen Einzelhandelsimmobilien in wachstumsorientierten Metropolregionen geht hin zu einer Aufwertung der Ia-Lagen und einer Abwertung von Ib-Lagen. Verursacht wird diese Entwicklung der Konzentration vor allem durch die zunehmende Konkurrenz der Discounter und Fachmärkte, aber auch der Factory-Outlet-Centers an den Verkehrsachsen außerhalb der Städte. Deutschland ist gekennzeichnet durch einen hohen Besatz an Einzelhandelsflächen. In Deutschland nimmt die Zahl klassischer Kaufhäuser ab, während Fachmärkte, Filialbetriebe und Einkaufscenter auf dem Vormarsch sind. Ein leichter Abwärtstrend ist auch beim Einzelfachhandel zu verzeichnen. Für sicherheitsorientierte Kapitalanleger sind – auf Grund des geringeren Risikos – vor allem Mischimmobilien interessant, die Wohnungen und Ladenlokale enthalten.

Literatur Kippes S. „Handelsimmobilien“ in Kippes/Sailer „Immobilienmanagement – Handbuch für professionelle Immobilienbetreuung und Vermögensverwaltung“, München 2005, Seite 51 ff.

Siehe / Siehe auch: Shopping Center

Handelsmarken

(trade) brand/ mark/ name; private brand/ label

Handelsmarken sind ein Versuch von Handelsunternehmen, im Machtkampf mit den Herstellern und klassischen Markenartiklern, die Marktstellung zu verbessern. Insofern haben derartige Handelsmarken, als Gegenstück der klassischen Herstellermarken, in den letzten Jahren stark an Bedeutung gewonnen. Eigentümer der Marken und Markenrechte ist hierbei das Handelsunternehmen, das entsprechende Produkte auf Basis genauer Vorgaben und Qualitätsspezifiaktionen und -kontrollen produzieren lässt bzw. zukauft und anschließend unter eigener Marke anbietet.

Handelsregister

commercial register; trade register

Beim Handelsregister handelt es sich um ein beim Amtsgericht geführtes Verzeichnis der Vollkaufleute eines Amtsgerichtsbezirks. In Abteilung A werden Einzelunternehmen und Personenhandelsgesellschaften eingetragen, in Abteilung B juristische Personen. Das Handelsregister ist ein Organ der freiwilligen Gerichtsbarkeit. Eintragungen und Änderungen erfolgen in der Regel auf Antrag, der öffentlich beglaubigt sein muss. Jede Eintragung wird im Bundesanzeiger und einer hierfür geeigneten Tageszeitung veröffentlicht. Die Eintragung dient u.a. dem Nachweis der Vollkaufmannseigenschaft, der Eigentumsverhältnisse und Vertretungsbefugnisse (z. B. Prokura). Das Handelsregister kann von jedermann eingesehen werden.

Handelsvertreter

commercial agent/ traveller/ representative; sales/ account representative; travelling salesman; agent

Definition

„Handelsvertreter ist, wer als selbstständiger Gewerbetreibender ständig damit betraut ist, für einen anderen Unternehmer Geschäfte zu vermitteln oder in dessen Namen abzuschließen" (§84 HGB). Handelsvertreter haben in der Immobilienwirtschaft als selbstständige Vertriebsorgane für Bauträger und – häufiger noch – bei Maklern als so genannte „freie Mitarbeiter" große Bedeutung.
Vom Makler unterscheidet sich der Handelsvertreter dadurch, dass er ständig für einen „Auftraggeber" (Unternehmer) Verträge vermittelt, während der Makler für wechselnde Auftraggeber tätig wird. Vom angestellten Außendienstmitarbeiter unterscheidet er sich dadurch, dass er „selbstständig" ist, als Handelsvertreter eines Maklers also eine Erlaubnis nach §34c GewO benötigt. Besonders wichtig ist dabei die Beachtung der Selbstständigkeit, dessen Hauptmerkmale in der völlig freien Bestimmung der Arbeitszeit und der Gestaltung der Tätigkeit bestehen. Handelsvertreter arbeiten stets auf der Grundlage des eigenen unternehmerischen Risikos. Sind diese Merkmale nicht gegeben, handelt es sich nicht mehr um einen Handelsvertreter, sondern um einen Angestellten.

Abgrenzung zum Scheinselbstständigen

Diese Abgrenzung wurde in der Vergangenheit oft zu wenig beachtet. Wer heute als Handelsvertreter auf Grund von Dienstanweisungen arbeitnehmertypische Beschäftigungen ausübt oder keine unternehmerische Tätigkeit entfaltet, gilt als „scheinselbstständig" mit den entsprechenden sozial-, arbeits- und steuerrechtlichen Folgen. Eine Beurteilung, ob eine Scheinselbstständigkeit oder eine Handelsvertretereigenschaft vorliegt, erfolgt nicht nur auf der Grundlage des abgeschlossenen Vertrages, sondern anhand der tatsächlichen gegebenen Verhältnisse. Die Vorschriften des Sozialgesetzbuches zur Scheinselbstständigkeit gelten bei Handelsvertretern nicht, dies gilt jedoch nur, wenn die für den Handelsvertreter in § 84 HGB dargestellten Merkmale auch tatsächlich zutreffen. Für das Vorliegen eines Beschäftigungsverhältnisses sprechen insbesondere:

- die uneingeschränkte Verpflichtung, allen Weisungen des Auftraggebers Folge zu leisten
- die Verpflichtung, dem Auftraggeber in regelmäßigen Abständen Bericht zu erstatten
- die Verpflichtung, in den Räumen des Auftraggebers zu arbeiten
- die Verpflichtung, bestimmte EDV-Hard- und Software zu benutzen, sofern damit Kontrollmöglichkeiten des Auftraggebers verbunden sind
- die Verpflichtung, Adresslisten abzuarbeiten
- das Verbot der eigenen Kundenwerbung
- das Verbot Untervertreter einzustellen

Dagegen spricht sehr stark für eine selbstständige Handelsvertretertätigkeit die Beschäftigung eigener versicherungspflichtiger Mitarbeiter. Näheres ergibt sich aus Anlage 2 des „Abgrenzungskataloges über die versicherungsrechtliche Beurteilung von Handelsvertretern", die die Deutsche Rentenversicherung herausgegeben hat.

Handelsvertreter als arbeitnehmerähnlicher Selbstständiger

Wenn klar ist, dass es sich tatsächlich um einen Handelsvertreter handelt, dann fällt er in der Regel in die Kategorie des arbeitnehmerähnlichen Selbstständigen. Dies gilt zumindest bei Handelsvertretern, die in einem Vertragsverhältnis zu einem Makler stehen. Ist ein Handelsvertreter arbeitnehmerähnlicher Selbstständiger, hat dies zur Folge, dass er selbst sozialversicherungspflichtig wird und Beiträge an die Deutsche Rentenversicherung abführen muss. Der Regelbeitrag betrug im Jahr 2009 in Westdeutschland 501,48 Euro/Monat, in Ostdeutschland 424,87 Euro/Monat. Existenzgründer zahlen in den ersten drei Jahren nur die Hälfte. Ob Krankenversicherungspflicht besteht, hängt wie beim Angestellten von der Höhe des Jahresverdienstes dessen ab.

Handelsvertreter von Immobilienmaklern

Handelsvertreter von Immobilienmaklern haben eine doppelte Aufgabe: Sie akquirieren Makleraufträge für das vertretene Maklerunternehmen (insoweit sind sie „Abschlussvertreter" im Hinblick auf die hereingeholten, also von ihnen „abgeschlossenen" Maklerverträge) und/oder sie vermitteln Verträge zwischen den Kunden des vertretenen Maklerunternehmens. Insoweit sind sie selbst Makler, die allerdings im Namen des vertretenen Maklerunternehmens handeln. Die Provisionsbeteiligungsansprüche des Handelsvertreters knüpfen damit entweder an den zustande gekommenen Vertragsabschluss über ein von ihm akquiriertes Objekt an, oder unmittelbar an den durch ihn bewirkten Vertragsabschluss.

Vielfach wird die Beteiligungsprovision auch aufgespalten in eine „Akquisitionsprovision" und eine „Abschlussprovision". In diesem Fall kann der Handelsvertreter beide Provisionsteile verdienen.
Siehe / Siehe auch: Scheinselbstständigkeit, Arbeitnehmerähnliche Selbstständige

Handelsvertretervertrag mit Maklerunternehmen

agency contract with a real estate company

Schaltet ein Makler einen Handelsvertreter im Rahmen seines Außendienstes ein, dann liegt diesem Rechtsverhältnis ein Handelsvertretervertrag zugrunde. Im Vertrag sollten folgende Einzelheiten geregelt werden:

- In einer Ausschließlichkeitsklausel die Verpflichtung des Handelsvertreters, für kein weiteres Unternehmen tätig zu werden,
- die Vertretungsbefugnis: Der Handelsvertreter soll für den vertretenen Makler Makleraufträge in dessen Namen akquirieren und Kauf- oder Mietverträge vermitteln können. Dabei sollten die Bedingungen, zu denen Aufträge akquiriert werden können, genau bestimmt werden,
- die Verpflichtung des Handelsvertreters, eine Erlaubnis nach § 34 c GewO einzuholen,
- die Verpflichtung des Handelsvertreters, die Wettbewerbsregeln einzuhalten,
- der Objektbereich, innerhalb dessen Akquisitions- und Vermittlungsleistungen erbracht werden sollen
- die Führung eines Tagebuches bzw. die Abgabe von periodischen Tätigkeitsberichten
- die Provisionsregelungen (Abschlussprovision, wenn ein Vertrag über ein vom Handelsvertreter akquiriertes Objekt zustande kommt; Vermittlungsprovision, wenn auf Grund der Bemühungen des Handelsvertreters ein Kauf- oder Mietvertrag zustande kommt)
- Pflichten nach Beendigung des Handelsvertretervertrages.

Handelsvertreter als Außendienstler sind insofern für ein Maklerunternehmen interessant, weil Handelsvertreter den Maklerbetrieb nicht oder nur in geringem Grade mit Fixkosten belasten. Auch ein Teil der Auftragsbearbeitungskosten (z. B. Kosten der vom Handelsvertreter organisierten Objektbesichtigungen) werden vom Handelsvertreter getragen. Möglich wäre es, im Vertrag ein Wettbewerbsverbot mit dem Handelsvertreter nach Beendigung des Vertrages zu vereinbaren. Damit zwingend verbunden wäre die Verpflichtung zur Zahlung einer so genannten Karrenzentschädigung. Besser ist es, dem Handelsvertreter eine anschließende eigene Maklertätigkeit zu gestatten und ihm gleichzeitig die Möglichkeit der Weiterbearbeitung von Aufträgen, die der Handelsvertreter für den Makler akquiriert hat, als Gemeinschaftsgeschäft anzubieten.
Siehe / Siehe auch: Handelsvertreter

Handlauf

handrail (support)

Der Handlauf ist zumeist in Höhe der Körpermitte horizontal an einer Wand oder oberhalb eines Geländers befestigt. Im optimalen Fall passt er sich griffig und schmeichelnd der gekrümmten Hand an. Er vermittelt Sicherheit auf Treppen, Fußgängerbrücken, Balkonen oder anderen erhöhten Plattformen im Außen- und Innenbereich. Üblich sind Stangen oder Rohre aus Holz oder Stahl. Im Außenbereich begnügt man sich oft mit einem zwischen Pfosten gespannten Tau oder Stahlseil.
Siehe / Siehe auch: Balkon, Gebäudetreppen

Handlungsbevollmächtigter

authorised agent; proxy; attorney-in-fact

Handlungsbevollmächtigt ist derjenige, der die Vertretungsbefugnis für die Durchführung aller betriebstypischen Geschäfte hat. Ohne eine spezielle Vollmacht/Urkunde gehört dazu aber nicht der An- und Verkauf von Liegenschaften, selbst wenn es sich um ein Unternehmen handelt, bei dem dies zu den typischen Geschäftsbereichen zählt. Der nächsthöhere Rang bei der Vertretungsbefugnis ist der des Prokuristen. Dieser kann auch nicht zum Handelsgewerbe gehörende Geschäfte für sein Unternehmen abschließen.

Handlungsstörer

polluter; person actively responsible for a criminal act

Siehe / Siehe auch: Beseitigungsanspruch (Bauliche Veränderungen)

Handwerksauktion

Internet auction for tradesman's jobs

Die Handwerksauktion ist eine relativ neue Form der Geschäftsanbahnung über das Internet. Ähnlich wie bei den bekannten Warenauktionen werden Handwerkeraufträge versteigert. Will z.B. ein Hauseigentümer Fliesen verlegen oder das Dach neu eindecken lassen, kann er den Auftrag dafür auf einer entsprechenden Versteigerungs-Seite

veröffentlichen. Er kann dort meist genaue Angaben machen und Bilder beifügen. Der Auftraggeber muss ein Startgebot nennen (das sich meist im Bereich des marktüblichen Preises für derartige Arbeiten bewegen muss). Die Handwerksbetriebe können dieses Angebot unterbieten. Diese Rückwärts-Versteigerung läuft über einen festen Zeitraum, oft einen Monat. Den Zuschlag erhält der billigste Bieter. Oft sollen Preisreduzierungen um ca. 20 Prozent erzielt werden.Teilweise ist jedoch als Alternative auch eine „Ausschreibung" vorgesehen, bei der sich der Auftraggeber am Ende aus einer Liste den Handwerker auch unter Qualitätsgesichtspunkten aussuchen kann. Die Internetbörsen nehmen als Bieter nur Handwerksbetriebe mit Gewerbenachweis auf. Eine Garantie für Qualität stellt dies jedoch nicht dar.
Die Teilnehmer erteilen sich nach erledigtem Auftrag eine öffentlich einsehbare Bewertung. Bei einigen Auktionsanbietern kann in verschiedensten Kategorien gesteigert werden - z. B. auch um den neuen Anstrich für die Segelyacht oder die Vermietung von Soundanlagen für Veranstaltungen.

Hartz-IV und Miete

Hartz IV (reform concept for German labour market) and rent

Für Bezieher des Arbeitslosengeldes II (ab 1.1. 2005) richtet sich die Kostenübernahme für Unterkunft (Miete) und Heizung nach §§ 22 des Zweiten Sozialgesetzbuches (SGB II). Leistungen für Unterkunft und Heizung werden dabei in Höhe der tatsächlichen Aufwendungen erbracht „soweit diese angemessen sind." Dabei muss sich auch die Größe des Wohnraumes in angemessenem Umfang bewegen. Als angemessen werden meist 45 m^2 für eine Person und 60 m^2 für zwei Personen angesehen. Für jede weitere Person kommen 15 m^2 dazu, was auch für Säuglinge gilt (LSG Niedersachsen-Bremen, Urteil vom 17.10.2006, Az. L 6 AS 556/06 ER, LSG Baden-Württemberg, Urteil vom 27.9.2006, Az. L 7 AS 4739/05 ER-B). Mietkaution und Umzugskosten gelten als Wohnungsbeschaffungskosten, die bei vorheriger Zusicherung durch die Kommune übernommen werden können. Diese Zusicherung soll die Gemeinde erteilen, wenn ihre Behörde selbst den Umzug veranlasst hat oder dieser aus anderen Gründen notwendig ist und wenn ohne Zusicherung in absehbarer Zeit keine Wohnmöglichkeit besteht. Ist eine zweckentsprechende Verwendung der Zahlungen der Behörde durch den Hilfsbedürftigen selbst nicht gewährleistet, zahlt die Behörde direkt an den Vermieter.

Droht Wohnungslosigkeit und damit Chancenlosigkeit auf dem Arbeitsmarkt, kann (nicht: muss) die Kommune Mietschulden als Darlehen übernehmen. Eine spezielle Regelung gibt es für Personen, die das 25. Lebensjahr noch nicht vollendet haben: Wenn sie umziehen, werden ihnen Wohnungsbeschaffungskosten für die Zeit nach einem Umzug bis zur Vollendung des 25. Lebensjahres nur gezahlt, wenn die Gemeinde dies vor Abschluss des Vertrages über die Unterkunft zugesichert hat. Die Gemeinde ist zur Zusicherung verpflichtet, wenn

- der Antragsteller aus schwerwiegenden sozialen Gründen nicht in der Wohnung der Eltern wohnen kann,
- der Bezug der neuen Wohnung zur Eingliederung in den Arbeitsmarkt nötig ist oder
- ein sonstiger, ähnlich schwerwiegender Grund vorliegt.

Keine Leistungen für Unterkunft und Heizung erhalten Personen, die das 25. Lebensjahr noch nicht vollendet haben, wenn sie vor der Beantragung eigens umgezogen sind, um die Voraussetzungen für die Gewährung der Leistungen herbeizuführen.
Grundsätzlich keinen Anspruch auf Leistungen für Unterkunft und Heizung nach dem SGB II haben Studenten und Auszubildende, die die Möglichkeit besitzen, Bafög zu erhalten. Ausnahme: Wenn sie mit ihren Eltern in einer Bedarfsgemeinschaft leben und die Eltern Hartz-IV-Leistungen bekommen. Dies entschied das Hessische Landessozialgericht (Az. L 9 AS 215/07 ER, Beschluss vom 2.8.2007). Das Gericht berief sich dabei auf § 22 Abs. 7 SGB II: Danach wolle der Gesetzgeber arbeitslose hilfebedürftige Eltern von den Wohnkosten für zu Hause lebende studierende Kinder freistellen. Das Kindergeld werde in diesem Fall nicht in die Rechnung einbezogen. Im Dreipersonenhaushalt mit 600 Euro Warmmiete entfielen auf die Studentin im verhandelten Fall 200 Euro. Davon wurden 44 Euro abgezogen, die bereits durch das Bafög abgegolten worden seien. Die Gemeinde musste damit monatlich rund 156 Euro als Mietzuschuss überweisen.
Zieht ein ALG-II-Bezieher in ein anderes Bundesland um, weil er sich dort berufliche Chancen ausrechnet, darf er Unterkunftskosten geltend machen, die auf Basis der Verhältnisse am neuen Wohnort berechnet werden. Zieht er z. B. von Erlangen nach Berlin und hat dort eine höhere Miete zu zahlen, bekommt er nicht den für Erlangen maßgeblichen Satz ausgezahlt, sondern die Berliner Verhältnisse sind maßgeblich (Az.: BSG, Urteil vom 1.6.2010, Az. B 4 AS 60/09 R).

Siehe / Siehe auch: Angemessene Miete, Mietbeihilfe

Haschisch

hash; hashish

Siehe / Siehe auch: Cannabis-Pflanzung, Drogenhandel durch Mieter

Hauptpflichten (vertragstypische)

principal obligations (typical for the type of contract)

Das Schuldrecht des BGB regelt eine Reihe von Vertragstypen, die im Alltagsgeschäft aber auch bei einmaligen Geschäften von erheblicher Bedeutung sind. Diese Verträge enthalten alle vertragstypische Hauptpflichten. Im Bereich der Immobilienwirtschaft zählen hierzu vor allem der Kaufvertrag (Grundstückskaufvertrag), der Darlehensvertrag, der Mietvertrag, der Dienstvertrag, der Werkvertrag, der Maklervertrag, sowie der Auftrag und Geschäftsbesorgungsvertrag. Jeder dieser Verträge hat ein gesetzliches Leitbild, das auch die Hauptpflichten (vertragstypischen Pflichten) der Vertragschließenden umfasst. Die Hauptpflichten des Kaufvertrages bestehen darin, dass der Verkäufer das Eigentum an der Sache übergeben und ihm das Eigentum verschaffen muss (§ 433 BGB). Beim Grundstückskaufvertrag wird die Übergabe der Sache rechtlich durch eine Vereinbarung zum Besitzübergang unterlegt. Der Eigentumsübergang erfolgt durch Übertragung des Eigentums am Grundstück durch grundbuchlichen Vollzug. Die Hauptpflicht des Käufers besteht darin, die erworbene Sache abzunehmen und den Kaufpreis zu bezahlen.

Beim Darlehensvertrag besteht die Hauptpflicht des Darlehnsgebers darin, den vereinbarten Geldbetrag zur Verfügung zu stellen. Der Darlehensnehmer muss im Gegenzug die vereinbarten Zinsen zu entrichten. Der Darlehensbetrag muss bei Kündigung unter Einhaltung der Kündigungsfristen zurückerstattet werden (§ 488 BGB). Der Mietvertrag über Wohn- und Gewerberäume verpflichtet den Vermieter dazu, dem Mieter den Gebrauch der Mieträume während der Mietzeit zu gewähren und sie in einem gebrauchstauglichen Zustand zu erhalten, während der Mieter die vereinbarte Miete zu entrichten hat (§ 535 BGB). Beim Dienstvertrag (§ 611 BGB) wird derjenige, der die Dienste zusagt, zur Erbringung der Dienste, der andere Teil zur Gewährung der vereinbarten Vergütung verpflichtet. Beim Werkvertrag (§ 631 BGB) wird der Unternehmer zur (mängelfreien) Herstellung des versprochenen Werkes verpflichtet und der Besteller zur Bezahlung der vereinbarten Vergütung. Das Werk kann auch in der Herbeiführung eines Erfolges einer zugesagten Dienstleistung bestehen. Der Maklervertrag zeichnet sich dadurch aus, dass nur derjenige, der einen Maklerauftrag erteilt, eine Hauptpflicht hat, nämlich die Pflicht einen versprochenen Maklerlohn zu bezahlen, wenn der Makler durch Vermittlung oder Nachweis den Vertrag zustande bringt. Den Makler trifft keine Hauptpflicht. Er ist nicht zum Tätigwerden verpflichtet, darum spricht man von einem einseitigen Vertrag. Beim Auftrag verpflichtet sich der Beauftragte, ein ihn vom Auftraggeber übertragenes Geschäft für diesen unentgeltlich zu besorgen. Der entgeltliche Geschäftsbesorgungsvertrag unterscheidet sich darin, dass der Geschäftsbesorger nur gegen Vergütung tätig wird.

Siehe / Siehe auch: Grundstückskaufvertrag, Maklervertrag, Mietvertrag, Vertrag (Zivilrecht)

Hauptvertrag

main / original / primary contract

Der Hauptvertrag ist die dritte Voraussetzung des Provisionsanspruchs nach § 652 BGB. Er ist, im Gegensatz zum Vorvertrag, die endgültige Vereinbarung zwischen den vom Makler zusammengeführten Parteien. Nur der Hauptvertrag löst den Provisionsanspruch aus. Um diesen Anspruch zu begründen, müssen mehrere Voraussetzungen erfüllt sein. Dies wird am Beispiel des Grundstückskaufvertrages erörtert.

1. Formwirksamkeit

Der Grundstückskaufvertrag muss nach § 311 b Abs.1 BGB notariell beurkundet werden. Unterbleibt dies ganz oder wird der Vertrag nur unvollständig beurkundet (Beispiel: Schwarzgeld), ist der gesamte Vertrag unwirksam, mit der Folge, dass der Provisionsanspruch nicht entsteht. Beurkundet werden müssen alle Vertragsbestandteile, die Rechte und Pflichten der Vertragsparteien regeln. Beispiele: Baubeschreibungen, Teilungserklärungen, soweit noch nicht beurkundet. Die Formnichtigkeit wird nach § 311 b Abs.1 Satz 2 durch Auflassung und Eintragung des Käufers als neuer Eigentümer in das Grundbuch geheilt. Folge: In diesem Augenblick entsteht der Provisionsanspruch.

2. Endgültiger Abschluss des Hauptvertrages

Der Hauptvertrag muss nach formwirksamem Abschluss wirksam sein. Bedarf er der Genehmigung, ist er schwebend unwirksam. Bis zur Genehmigung entsteht der Provisionsanspruch nicht. Beispiele:

Der bei der Beurkundung abwesende Miteigentümer muss die für ihn abgegebenen Erklärungen genehmigen. Der Vertrag mit einem Minderjährigen muss durch das Vormundschaftsgericht genehmigt werden. Dieselbe Folge tritt ein, wenn der Kaufvertrag unter einer aufschiebenden Bedingung gemäß § 158 Abs.1 BGB geschlossen wird.
Beispiele: Erteilung der gewünschten Baugenehmigung, Sicherstellung der Finanzierung. Grund: Der Käufer kann das Grundstück nur verwerten, wenn die Bebauung in der gewünschten Weise gesichert ist bzw. wenn die Finanzierung „steht". Dies wird häufig als Rücktrittsvorbehalt formuliert. Text: „Der Käufer behält sich den Rücktritt von diesem Vertrag bis zum 30. September vor, falls bis zu diesem Zeitpunkt die Baugenehmigung nicht erteilt / die Finanzierung nicht gesichert ist." Tritt der Käufer zu dem genannten Zeitpunkt nicht zurück, wird der Kaufvertrag wirksam, auch wenn die Baugenehmigung nicht erteilt / der Kredit nicht bewilligt ist. Entscheidend ist die Nennung eines festen Datums, damit der Rücktrittsvorbehalt wie eine aufschiebende Bedingung behandelt wird.
Wird der Kaufvertrag unter einer auflösenden Bedingung gemäß § 158 Abs.2 BGB geschlossen, ist der Vertrag zunächst wirksam und wird bei Eintritt dieser Bedingung unwirksam, mit der Folge, dass der Provisionsanspruch entsteht und durch die spätere Unwirksamkeit nicht berührt wird (vgl. BGH WM 1971, 905). Der Kaufvertrag darf nicht mit einem anfänglichen Mangel behaftet sein, der eine Vertragspartei zur Anfechtung berechtigt.
Wird der Kaufvertrag, der zunächst wirksam geschlossen wurde, berechtigt angefochten, z.B. wegen Täuschung nach § 123 BGB, wird er gemäß § 142 BGB rückwirkend nichtig. Er war somit in keinem Augenblick wirksam. Der Provisionsanspruch entfällt.

3. Vertragsabschluss mit einem Dritten

Dritter ist der Vertragspartner des Auftraggebers innerhalb des vom Makler herbeigeführten Kaufvertrages. Dieser Vertragspartner darf nicht mit dem Makler identisch sein. Entscheidend ist, ob der Makler und der Dritte jeweils die Fähigkeit zur selbständigen und unabhängigen Willensbildung haben (vgl. BGH NJW 1985, 2473). Wer in Ausübung eines Amtes ein Grundstück veräußert, kann nicht Makler sein. Beispiel: Der Testamentsvollstrecker, der ein zum Nachlass gehörendes Grundstück veräußert (vgl. BGH NJW 2000, 3781). Aber es besteht die Möglichkeit eines unabhängigen Provisionsversprechens, wenn der Käufer diese Tatsache kennt. Es darf keine Verflechtung vorliegen. Eine echte Verflechtung ist gegeben, wenn auf Grund der organisatorischen Regelungen der Dritte auf den Makler entscheidenden Einfluss hat, oder umgekehrt. Es genügt auch eine unechte Verflechtung, bei der der Makler zu dem Vertragspartner seines Auftraggebers in einer Beziehung steht, die bewirkt, dass er sich, unabhängig vom Verhalten im Einzelfall, wegen eines „institutionalisierten Interessenkonflikts" im Streitfall bei regelmäßigem Verlauf auf die Seite des Dritten stellt. Beispiele: Der Makler ist Verwalter einer WE-Anlage, von dessen Zustimmung die Gültigkeit eines Wohnungsverkaufs abhängt (vgl. BGH NJW 1991, 168). Der Makler ist Geschäftsführer der verkaufenden GmbH(vgl. BGH NJW 1975,1215). Persönliche Beziehungen des Maklers zu dem Dritten genügen nicht, um einen Interessenkonflikt zu bewirken, auch wenn der Dritte Ehegatte des Maklers ist (vgl. BVerfG NJW 1987, 2733). Hier müssen zusätzlich konkrete Anhaltspunkte für einen Interessenkonflikt vorliegen.

4. Kongruenz / Gleichwertigkeit

Der vom Makler verursachte Hauptvertrag darf von dem Auftrag des Kunden weder inhaltlich noch persönlich wesentlich abweichen. Andernfalls entsteht der Provisionsanspruch nicht. Inhaltliche Kongruenz ist zu bejahen, wenn sich der abgeschlossene Hauptvertrag mit dem in Auftrag gegebenen Vertrag inhaltlich deckt. Eine vollständige Übereinstimmung ist jedoch nicht erforderlich. Geringfügige Abweichungen schaden nicht. Entscheidend ist, ob der Auftraggeber mit dem abgeschlossenen Vertrag den gleichen wirtschaftlichen Erfolg erzielt. Beispiele: Kongruenz besteht, wenn der Auftraggeber den Kaufvertrag statt mit dem Eigentümer mit einem Verkäufer abschließt, der seinerseits das Grundstück erst erwerben muss (vgl. BGH NJW-RR 1996,123), oder bei Erwerb aller Anteile an einer Grundbesitz-GmbH statt des Grundstücks (vgl. BGH NJW 1998, 2277). Kongruenz besteht nicht bei Tausch statt Kauf, bei Erwerb von Grundstücksteileigentum statt Volleigentum (vgl. BGH WM 1973, 814).
Bei einer Differenz des Kaufpreises gegenüber dem Maklerangebot fallen die Entscheidungen unterschiedlich aus. Bei einem Verkaufspreis von 15 Prozent unter dem im Auftrag vorgesehenen wird die Kongruenz verneint (vgl. OLG Brandenburg, NJW-RR 2000,1505). Weicht der tatsächliche Kaufpreis um zehn Prozent ab, soll Kongruenz gegeben sein (vgl. OLG Hamm, RNZM 1998,271).

Persönliche Kongruenz liegt vor, wenn der Hauptvertrag zwischen dem Auftraggeber und dem Dritten abgeschlossen wird. Von dieser Regel bestehen Ausnahmen bei ausgeprägten wirtschaftlichen Beziehungen zwischen dem Vertragsschließenden und dem Auftraggeber zum Zeitpunkt des Hauptvertragsschlusses. Das Gleiche gilt bei festen Bindungen familienrechtlicher Art. Beispiele: Kongruenz wird bejaht bei Erwerb des einer GmbH nachgewiesenen Grundstücks durch eine zweite GmbH, die später durch denselben Gesellschafter mit identischem Gesellschaftszweck gegründet wird. Der Provisionsanspruch richtet sich gegen die Auftraggeberin, also die erste GmbH (vgl. BGH NJW 1995, 3311). Kongruenz liegt vor, wenn die Auftraggeber Lebenspartner sind, aber nur ein Partner erwirbt (vgl. BGH NJW 1991, 490), bei Auftrag durch den Ehemann und Erwerb durch beide Ehegatten (vgl. OLG Koblenz NJW-RR 1994, 824). Auch bei der Frage, ob persönliche Kongruenz zu bejahen ist, spielt das wirtschaftliche Interesse des Auftraggebers am Zustandekommen des Vertrages mit dem Dritten eine entscheidende Rolle. Der Makler muss, will er seinen Provisionsanspruch sichern, von Anfang an darauf achten, dass der Hauptvertrag die hier dargestellten Voraussetzungen erfüllt.
Siehe / Siehe auch: Provisionsanspruch nach § 652 BGB

Haus und Energie

German magazine, similar to „ecohome" magazine

Zeitschrift mit den Themenschwerpunkten Heizen und Energie-sparen. Verlag: PHOTON Europe GmbH | www.hausundenergie.de

Haus- und Grundstücksbesitzer-Haftpflichtversicherung

liability insurance for household and property owners

Grundstücks- und Gebäudebesitzer haben eine allgemeine Verkehrssicherungspflicht (§ 836 BGB). Danach müssen sie dafür Sorge tragen, dass der Zustand ihres Grundstücks nicht Gefahren in sich birgt, durch die Dritte verletzt oder getötet werden oder eine Sache (z. B. ein PKW) beschädigt wird. Haftungsfälle entstehen z. B. durch Ablösung von Teilen eines Gebäudes oder durch den Einsturz eines Gebäudes. Während bei Eigentümern von selbstgenutzten Einfamilienhäusern und Eigentumswohnungen die normale Privat-Haftpflichtversicherung in solchen Fällen die Haftung übernimmt, müssen Vermieter eine Haus- und Grundbesitzer-Haftpflichtversicherung abschließen, damit sie kein unnötiges finanzielles Risiko eingehen. Dies gilt auch, obwohl sie nicht „Besitzer", sondern Eigentümer sind. Sie sind nämlich mietrechtlich zur Gebäudeinstandhaltung verpflichtet und gelangen deshalb als hierfür Verantwortliche in den Haftungsbereich. Bei Wohnungseigentum haftet jeweils die Wohnungseigentümergemeinschaft. Der Abschluss einer Versicherung gegen Haus- und Grundbesitzerhaftpflicht gehört nach §21 (5) Nr. 3 WEG zur ordnungsgemäßen Verwaltung.
Siehe / Siehe auch: Haustierversicherung

Hausbankenprinzip

principle of close, long-term relationship between bank and customer

Das Hausbankenprinzip besagt, dass ein Unternehmen im Interesse der für Kreditvergaben erforderlichen Transparenz grundsätzlich Kunde einer Hausbank „vor Ort" sein soll, bei der alle Konten geführt werden und wo der gesamte Zahlungsverkehr abgewickelt wird. Besonders wichtig ist das Hausbankenprinzip, wenn Fördermittel der öffentlichen Hand beansprucht werden können. Da die Förderbanken des Bundes und der Länder über keine Filialnetze verfügen, muss die Beantragung und Verwaltung der Fördermittel (Auszahlung, Abwicklung von Förderdarlehen) an die Hausbank übertragen werden, der die Fördermittel erhält. Die Hausbanken übernehmen für die von den Förderbanken gegebenen Mittel auch die Haftung.

Hausboot

houseboat

Hausboote sind Wasserfahrzeuge, die zum längerfristigen Bewohnen gedacht sind. Da ihr Hauptzweck das Wohnen ist, sind sie nicht in Hinblick auf schnelles Vorankommen ausgelegt. In verschiedenen europäischen Städten – u.a. Amsterdam und London – sind Hausboote als dauerhafte Wohndomizile nicht unüblich. Zum Teil handelt es sich um ausgebaute Binnenfrachtschiffe oder Rümpfe alter Flachboden-Segelschiffe. In Hamburg liegen derzeit 40 Hausboote. Eine Vielzahl von Anbietern offeriert Hausboote für den Bootsurlaub in diversen europäischen Ländern. Diese Fahrzeuge sind durchaus auch als Transportmittel ausgelegt und ausreichend motorisiert, um auf Binnengewässern einen geruhsamen Flussurlaub zu verbringen. Wer einen solchen Urlaub plant, sollte sich allerdings gründlich auf dem Boot einweisen lassen. Für einige Gewässer ist ein Sportbootführerschein erforderlich. In Deutschland gibt es verschiedene

Binnengewässer, auf denen dies nicht der Fall ist. Das Hausboot wird mittlerweile als Wohnkonzept wieder entdeckt. So bieten einige Hersteller bereits komfortable schwimmende Häuser an, die auf Pontons gelagert sind und kaum noch Ähnlichkeit mit Wasserfahrzeugen besitzen. Diese heißen dann z. B. „Floating Home“ oder „Aquahaus“. Wie Sportboote können sie an alle Versorgungsleitungen an Land angeschlossen werden.
In mehreren Bundesländern bestehen Projekte zur Ansiedlung von „Floating Homes“. Das bau- bzw. wasserrechtliche Genehmigungsverfahren bereitet jedoch teilweise noch immer Probleme.

Hausfriedensbruch

trespass; illegal entry (of a house); breach of (domestic) peace

Hausfriedensbruch ist eine Straftat im Sinne des Strafgesetzbuches (§ 123).
Strafbar macht sich, wer

- in Wohnung oder befriedetes Besitztum eines anderen (d.h. jeden von der Umgebung abgegrenzten Raum) oder in zum öffentlichen Dienst oder Verkehr bestimmte abgeschlossene Räume widerrechtlich eindringt
- die Aufforderung des Hausrechtsinhabers, die Räume zu verlassen, ignoriert und bleibt.

Strafandrohung: Freiheitsstrafe bis zu einem Jahr oder Geldstrafe. Die Tat wird nur auf Strafantrag des Opfers hin verfolgt. Gewalttätige Menschenmengen, die dieses Delikt begehen, riskieren eine Strafe bis zu zwei Jahren - wegen schweren Hausfriedensbruchs. In der Mietwohnung ist der Mieter Inhaber des Hausrechts. Er bestimmt, wen er einlässt. Ansonsten hat das Hausrecht der die Wohnung bewohnende Eigentümer inne, bei Behörden der Dienststellenleiter.
Auch eine bereits in die Wohnung eingelassene Person muss diese auf Aufforderung des Hausrechtsinhabers verlassen, um sich nicht strafbar zu machen. Der Vermieter hat in gewissen Grenzen das Recht, die Mietwohnung zu besichtigen oder sie mit Miet- und Kaufinteressenten oder Handwerkern zu betreten. Ein gewaltsames Erzwingen dieses Rechts gegen den Willen des Bewohners stellt einen Hausfriedensbruch dar.

Siehe / Siehe auch: Besichtigungsrecht des Vermieters, Hausrecht

Hausgeld

maintenance costs

Als Hausgeld werden üblicherweise die Beiträge bezeichnet, die Wohnungseigentümer in Wohnungseigentumsanlagen für die Aufwendungen zur Verwaltung des gemeinschaftlichen Eigentums aufzubringen haben. Das Hausgeld ist nicht mit dem Wohngeld zu verwechseln, das als staatlicher Zuschuss (Mietzuschuss oder Lastenzuschuss) an sozial schwache Mieter, Eigenheimbesitzer und Wohnungseigentümer) gezahlt wird.
Zum Hausgeld zählen gemäß § 16 Abs. 2 WEG die Beiträge zu den Lasten des gemeinschaftlichen Eigentums und zu den Kosten der Instandhaltung, der Instandsetzung, der sonstigen Verwaltung und eines gemeinschaftlichen Gebrauchs des gemeinschaftlichen Eigentums. Ebenfalls zum Hausgeld zählen die Beiträge zur Instandhaltungsrückstellung, Sonderumlagen sowie gemäß § 21 Abs. 5 Nr. 7 WEG die Kosten für besondere Nutzung des gemeinschaftlichen Eigentums oder für einen besonderen Verwaltungsaufwand. Die Höhe des von dem einzelnen Wohnungseigentümer zu zahlenden Hausgeldes richtet sich gemäß § 16 Abs. 12 WEG nach der Höhe seines Miteigentumsanteils oder nach einem anderen Verteilungsschlüssel gemäß Gemeinschaftsordnung (§ 10 Abs. 2 WEG) oder Beschlussfassung (§ 16 Abs. 3 und 4 WEG). Die Zahlungspflicht und der Zeitpunkt der Fälligkeit der im Regelfall monatlich zu leistenden Vorschüsse wird durch Beschluss über den Wirtschaftsplan und die Jahresabrechnung oder über entsprechende Sonderumlagen begründet. Zahlungsverpflichtet ist der im Grundbuch eingetragene Wohnungseigentümer. Dies gilt auch im Falle des Eigentümerwechsels. Der neue Eigentümer haftet für das an die Gemeinschaft zu zahlende Hausgeld erst mit seiner Eintragung in das Grundbuch.

Siehe / Siehe auch: Abrechnungsspitze, Hausgeldrückstände, Jahresabrechnung (Wohnungseigentum), Kostenverteilung, Lasten (Gemeinschaftseigentum), Miteigentumsanteil, Verteilungsschlüssel (Wohnungseigentum), Wirtschaftsplan

Hausgeldrückstände

arrears in monthly operating and property management expenses

Leistet ein Wohnungseigentümer die beschlossenen Hausgeldzahlungen nicht oder gerät er mit den Vorschusszahlungen auf das Hausgeld in Verzug, kann dies ein Grund sein, dass die Wohnungseigentümergemeinschaft ihm das Wohnungseigentum entzieht und gegebenenfalls die Zwangsversteigerung gegen ihn betreibt. Gemäß § 18 Abs. 2 WEG sind die Voraussetzungen für einen entsprechenden Entziehungsbeschluss unter anderem dann gegeben, wenn

ein Wohnungseigentümer sich mit der Erfüllung seiner Verpflichtungen zur Lasten- und Kostentragung gemäß § 16 Abs. 2 WEG in Höhe eines Betrages von mehr als drei vom Hundert des Einheitswertes seines Wohnungseigentums länger als drei Monate in Verzug befindet. Um den Nachweis der Überschreitung um diesen Betrag zu erbringen, kann die Wohnungseigentümer-Gemeinschaft vom zuständigen Finanzamt die Bekanntgabe des Einheitswertes verlangen. Die Vorschrift über die Wahrung des Steuergeheimnisses gemäß § 30 der Abgabenordnung steht der Mitteilung des Einheitswertes das Finanzamt gemäß § 18 Abs. 2 Nr. 2 WEG nicht entgegen. Kommt es zur Zwangsversteigerung des Wohnungseigentums, sind die Forderungen der Wohnungseigentümer-Gemeinschaft auf rückständiges Hausgeld gemäß § 10 Abs. 2 und 3 ZVG als bevorrechtigte Forderungen zu behandeln, sofern die Rückstände mehr als drei vom Hundert des Einheitswertes übersteigen. Auch in diesen Fällen kann die Wohnungseigentümer-Gemeinschaft als Betreiberin der Zwangsversteigerung die Bekanntgabe des Einheitswertes durch das Finanzamt verlangen. Die Höhe der zu berücksichtigenden Forderungen auf das Hausgeld ist allerdings gemäß § 74a ZVG auf fünf vom Hundert des Verkehrswertes des zu versteigernden Wohnungseigentums begrenzt.
Der Käufer eines Wohnungseigentums in der Zwangsversteigerung haftet im Übrigen nicht für Hausgeldrückstände des Voreigentümers aus rechtswirksam beschlossenen Jahresabrechnungen, Wirtschaftsplänen oder Sonderumlagen. Etwas anderes gilt insoweit nur für Forderungen auf Abrechnungsspitzen aus einer Jahresabrechnung, über die erst zu einem Zeitpunkt beschlossen wird, zu dem der neue Eigentümer durch Zuschlag in der Zwangsversteigerung bereits Eigentümer des betreffenden Wohnungseigentums geworden ist, wird. Eine Vereinbarung, nach denen auch der neue Eigentümer in der Zwangsversteigerung für Hausgeldrückstände haften soll, ist nichtig.
Siehe / Siehe auch: Abrechnungsspitze, Einheitswert

Haushalt
household; budget; housekeeping
Siehe / Siehe auch: Privathaushalt

Haushaltsnahe Beschäftigungsverhältnisse
household-related employment relationships
Nach § 35a EStG können die Kosten für haushaltsnahe Beschäftigungsverhältnisse, die in einem Haushalt des Steuerpflichtigen in der Europäischen Union oder dem Europäischen Wirtschaftsraum ausgeübt werden, die tarifliche Einkommensteuer mindern. Man unterscheidet dabei zwei Gruppen von haushaltsnahen Beschäftigungsverhältnissen:

- Haushaltsnahe Beschäftigungsverhältnisse nach § 35a Abs. 1 EStG, die eine geringfügige Beschäftigung im Sinne des § 8a des Vierten Buches Sozialgesetzbuch darstellen. Dies sind Tätigkeiten, die ausschließlich im privaten Haushalt ausgeübt werden und die für gewöhnlich auch durch Haushaltsmitglieder selbst durchgeführt werden könnten. Bei diesen ermäßigt sich die tarifliche Einkommenssteuer auf Antrag um 20 Prozent der Aufwendungen des Steuerpflichtigen, höchstens aber um 510 Euro. Die Mini-Jobber müssen im Haushaltsscheckverfahren gemeldet sein. Dieses Verfahren kommt bei Vermietern und Wohnungseigentümergemeinschaften meistens nicht in Betracht.
- Nach § 35a Abs. 2 EStG: Anderweitige haushaltsnahe Beschäftigungsverhältnisse sowie haushaltnahe Dienstleistungen, die keine Handwerkerleistungen für Renovierungs- und Erhaltungsmaßnahmen im Sinne von § 35a Abs. 3 sind. Hier mindert sich die tarifliche Einkommensteuer auf Antrag um 20 Prozent der Aufwendungen, höchstens 4.000 Euro. Unter den haushaltsnahen Beschäftigungsverhältnissen sind hier diejenigen gemeint, für die Pflichtbeiträge zur Sozialversicherung entrichtet werden. Dies betrifft oft Pflege- und Betreuungsleistungen.

Die Steuerermäßigung setzt voraus, dass die Leistung im Haushalt des Steuerpflichtigen beziehungsweise bei Pflege- oder Betreuungsleistungen am Aufenthaltsort der gepflegten Person sowie in der EU/im Europäischen Wirtschaftsraum erbracht wird. Die Ausgaben dürfen nicht anderweitig absatzfähig sein – etwa als Betriebsausgaben, Werbungskosten, nach § 9c EStG (Kinderbetreuungskosten) oder als außergewöhnliche Belastung. Der 20-prozentige Ermäßigungsbetrag wird direkt von der Steuerlast abgezogen. Begünstigte Aufwendungen sind allein Arbeitskosten. Von den haushaltsnahen Beschäftigungsverhältnissen sind haushaltsnahe Dienstleistungen – etwa Handwerkerarbeiten, die vom Mieter oder Eigentümer in Auftrag gegeben werden, zu unterscheiden. Auch bei diesen gibt es Steuervergünstigungen.
Siehe / Siehe auch: Haushaltsnahe Dienstleistungen

Haushaltsnahe Dienstleistungen

household services

Nach § 35a Abs. 2 EStG können die Kosten für haushaltsnahe Dienstleistungen zu 20 Prozent, höchstens bis zu 4000 Euro, von der Einkommenssteuer abgezogen werden. Darunter fallen beispielsweise die Arbeiten von Hausmeister-, Reinigungs- und Winterdienstfirmen. Für die Inanspruchnahme von Handwerkerleistungen für Schönheitsreparaturen und sonstige Reparaturen in einem Haushalt des Steuerpflichtigen im Inland oder in der Europäischen Union oder dem Europäischen Wirtschaftsraum gilt nach § 35a Abs. 3 EStG, dass 20 Prozent der Aufwendungen, höchstens jedoch 1.200 Euro, die Einkommenssteuer mindern. Dazu gehören handwerkliche Tätigkeiten, die im Haushalt des Steuerpflichtigen für Renovierung, Erhaltung und Modernisierung rund um die Wohnung erbracht werden. Grundsätzlich zählt hierzu auch das Gemeinschaftseigentum in der Wohnungseigentümergemeinschaft. Die Regelung gilt sowohl für Mieter als auch für Eigentümer, solange es um die Wohnung geht, in der der Steuerpflichtige seinen Haushalt hat. Absatzfähig sind nur die Arbeitskosten, was eine nach Arbeits- und Materialkosten aufgeschlüsselte Rechnung erfordert. Rechnung und entsprechender Kontoauszug sind als Belege beim Finanzamt einzureichen.

Der Bundesfinanzhof hat in einem Urteil vom Januar 2009 festgestellt, dass die Arbeitskosten von Handwerkerleistungen im Haushalt nur für das Veranlagungsjahr abgesetzt werden können, in dem die Arbeiten stattgefunden haben. Die Aufwendungen können nicht in ein anderes Jahr übertragen werden. Zudem wies der BFH darauf hin, dass eine Erstattung voraussetzt, dass der Steuerpflichtige überhaupt Steuern bezahlen muss (BFH, Urteil vom 29.01.2009, Az. VI R 44/08). Soweit Wohnungseigentümer den Aufwand für haushaltsnahe Dienstleistungen im Rahmen der Verwaltung des gemeinschaftlichen Eigentums steuerlich geltend machen wollen, kann der Verwalter durch mehrheitliche Beschlussfassung in der Wohnungseigentümer-Versammlung beauftragt werden, im Rahmen der Jahresgesamt- und Jahreseinzelabrechnung diese Kosten nachzuweisen. Es handelt sich jedoch insoweit um eine vertraglich zu regelnde Sonderleistung, die nicht in den Rahmen der normalen Abrechnungspflichten fällt. Sie ist deshalb auch gesondert zu vergüten. Ohne entsprechende Beschlussfassung – auch über die Sondervergütung – ist der Verwalter nicht verpflichtet, Nachweise über haushaltsnahe Dienstleistungen zu erbringen.

Siehe / Siehe auch: Haushaltsnahe Beschäftigungsverhältnisse, Einkünfte aus Vermietung und Verpachtung, Erhaltungsaufwand (Einkommensteuer - Vermietung und Verpachtung), Leerstand, Sonderleistungen, Sondervergütung

Haushüter / Homesitter

homesitter

Haushüter sind Personen, die während der Abwesenheit der Bewohner ein Eigenheim gegen Bezahlung bewohnen und „behüten". Diese Dienstleistung hat sich in den letzten Jahren so stark etabliert, dass es bereits einen Verband Deutscher Haushüter-Agenturen e.V. (VDHA) gibt. Haushüter (meist Senioren) verhindern durch ihre Anwesenheit Einbrüche, betreuen Haustiere, Pflanzen und Gärten und verständigen gegebenenfalls den Installateur oder – schlimmstenfalls – die Feuerwehr. Die Preise liegen bei 40 bis 50 Euro am Tag. Der Haushüter wird meist über eine Agentur vermittelt, die ihn verpflichtet, das zu beschützende Anwesen nur wenige Stunden am Tag unbeaufsichtigt zu lassen. Der Einsatz eines Haushüters stellt eine haushaltsnahe Dienstleistung dar. Damit kann eine Steuervergünstigung nach § 35a Abs. 2 EStG in Anspruch genommen werden. Dies gilt natürlich nur, wenn ein Haushüter mit angemeldetem Gewerbe beauftragt wird, der eine korrekte Rechnung stellt. Hauseigentümer sollten bei Beauftragung eines Haushüters sicher stellen, dass keine Schwarzarbeit stattfindet und dass der betreffende Betrieb über eine Betriebshaftpflichtversicherung verfügt, falls doch einmal etwas schiefgeht.

Siehe / Siehe auch: Haushaltsnahe Beschäftigungsverhältnisse, Haushaltsnahe Dienstleistungen, Verband Deutscher Haushüter-Agenturen e.V. / VDHA

Hausmeister (Hauswart)

caretaker

Der Hausmeister ist die Person, die haupt- oder nebenberuflich in Mehrfamilienhäusern oder Wohnanlagen regelmäßig anfallende Arbeiten gegen Bezahlung erledigt. Dazu gehören z. B. die Hausreinigung, das Reinigen, Räumen, Schneefegen und Streuen der Gehwege vor und auf dem Grundstück sowie der Zugänge und Zufahrten, die Bedienung der Zentralheizung und die Erledigung kleinerer Reparaturen. Außerdem hat der Hausmeister für die Einhaltung der Hausordnung durch die Hausbewohner zu sorgen. Der Hausmeister ist Arbeitnehmer, so dass dem Eigentümer – vertreten durch den Verwalter – alle Arbeitgeberpflichten treffen (Abführung von Versicherungsbeiträgen, Abschluss einer Versicherung bei der Berufsgenossenschaft, Einbehalt und Abführung der Lohnsteuer). Die Vergütung, die der Hausmeister erhält, ist Teil der umlegbaren Betriebskosten. Erweitert sich der Aufgabenbereich des Hausmeisters auf Bereiche, die der Verwaltung oder der Instandhaltung zuzuordnen sind, kann der auf diese Arbeiten entfallende Teil der Hausmeistervergütung nicht auf die Mieter umgelegt werden. Bei Wohnungseigentumsanlagen wird der Hausmeister von der Wohnungseigentümergemeinschaft, vertreten durch den Verwalter, angestellt. Der Hausmeister unterliegt der Weisungsbefugnis des Verwalters, nicht aber derjenigen eines einzelnen Eigentümers.

Hausnummer

house number (address)

Hausnummern dienen als Orientierungshilfe im modernen Stadtleben und sorgen dafür, dass Besucher, Polizei, Feuerwehr, Post oder Finanzamt jedermann erreichen können. Aus einer Studie des Berliner Kulturhistorikers Markus Krajewski geht hervor, dass in Europa Ende des achtzehnten Jahrhunderts erstmals Straßen und Immobilien vollständig erfasst wurden. Zuvor gaben die Bewohner ihren Häusern lediglich Namen, wie „Brotlaube", „Zum schwarzen Adler" oder „Lindwurm". Natürlich kamen Namen doppelt vor, mit Folgen, die sich jeder denken kann. Wer in alten Zeiten und dunklen Gassen ein Haus ohne Nummer und Straßenname suchte, wird sich so gefühlt haben, wie heute ein Europäer in einer japanischen Stadt.
Der Kaiserin Maria Theresia ist es zu verdanken, dass die Häuser Nummern erhalten haben. Ursprünglich als Maßnahme zur Verbrechensbekämpfung geplant, wollte man schon 1753 gegen den Widerstand der Bewohner die Nummerierung der Häuser einführen. Jedoch erst Heiligabend 1770 setzte die Kaiserin unter Androhung von Strafe die sogenannten „Konskriptionsnummern" durch. Eine Kommission wanderte durch Wien und vergab der Reihe nach die Nummern, die einfach mit schwarzer, in Wien mit roter Farbe auf die Wände oder Türen geschrieben wurden. Die Nummerierung begann beim ersten Haus am Ort, der Hofburg, und endete beim letzten Haus auf dem Weg der Kommission. Das erste veröffentlichte Häuserverzeichnis gab 1343 Häuser an. Der Hintergedanke war vor allem, die Rekrutierung der k.u.k.-Armee und die Steuereintreibung zu erleichtern. Weil die Stadt weiter wuchs, geriet die Zahlenreihe bald in Unordnung. 1795 und 1821 mussten Häuser umnummeriert werden. Der Zusatz Numero, No., Nro. oder cis für tschechisch cisli sollte die Verwechslung mit Jahreszahlen für das Baujahr verhindern. 1862 wurde ein zusätzliches Adressierungssystem notwendig, das die Straßen einbezog. Am ersten und letzten Haus jeder Gasse sollte jetzt auch die Gassenbezeichnung stehen. Es dauerte noch fast hundert Jahre, bis 1862 das heute gebräuchliche Nummerierungssystem eingeführt wurde: Die Häuser jeder Straße werden seither meist stadtauswärts aufsteigend nummeriert, rechts die geraden Zahlen, links die ungeraden. Ausnahmen gibt es bei Plätzen, die im Uhr- oder Gegenuhrzeigersinn durchnummeriert sind oder Straßen, die nur einseitig bebaut sind, dort tragen die Häuser häufig ungerade Nummern.
Eine Besonderheit bietet die ostfriesische Insel Baltrum mit ihren ca. 500 Einwohnern. Dort gibt es wie im alten Wien auch heute keine Straßennamen, sondern eine fortlaufende Nummerierung der Häuser nach ihrem Alter: je niedriger die Hausnummer, desto älter das Haus.
Siehe / Siehe auch: Straßennamen

Hausordnung

house rules

Die Hausordnung enthält objektbezogene Regeln für ein friedliches Zusammenleben der Bewohner und steckt die Grenzen für die Benutzung der gemeinschaftlichen Räume und Anlagen durch Bewohner und Gäste der Bewohner ab. Typische Regelungsinhalte sind

- Einhaltung von Ruhezeiten,
- Verbot der Belästigung der Nachbarn durch überlauten Empfang von Fernseh- und Rundfunksendungen sowie durch Musizieren (maßgeblich ist die „Zimmerlautstärke"),
- Entsorgung des Abfalls in die hierfür vorgesehenen Behälter,
- Einhaltung der Benutzungsregelungen von Waschmaschinen und sonstigen gemeinschaftlich benutzbaren Geräten,
- etwaige Reinigungs- und Streupflichten,
- Einhaltung von Sicherheitsvorschriften (keine Lagerung von feuergefährlichen und leicht entzündbaren Stoffen im Keller oder auf dem Dachboden),
- Regelungen der Haustierhaltung,
- ausreichende Lüftung und Heizung der Mieträume,
- pflegliche Behandlung der Fußböden usw.

Verletzt der Mieter die ihm aus der Hausordnung erwachsenden Pflichten trotz Abmahnung, kann dies ein Grund für die ordentliche Kündigung sein

(wiederholte Störung der Nachtruhe, erhebliche Beeinträchtigung der Bewohner durch übertriebene Tierhaltung usw.). Auch bezüglich der Hausordnung haben die Gerichte im Laufe der Zeit verschiedene Regelungen für unwirksam erklärt.
Beispiele dafür sind:

- Generelles Haustierverbot
- Verbot nächtlicher Benutzung von WC, Bad, Dusche
- Besuchsverbote oder Besuchsregelungen.

Die Haltung gefährlicher Hunde, so genannter Kampfhunde, kann per Mietvertrag oder Hausordnung untersagt werden (Landgericht München I, Az. 13 T 14 638/93).
Siehe / Siehe auch: Hausordnung (Wohnungseigentum)

Hausordnung (Wohnungseigentum)
house rules (flat ownership)

In einer Wohnungseigentumsanlage gehört die Aufstellung einer Hausordnung gemäß § 21 Abs. 5 Nr. 1 WEG zu den Angelegenheiten einer ordnungsgemäßen Verwaltung, über die die Wohnungseigentümer, sofern die Verwaltung nicht durch Vereinbarung geregelt ist, mit einfacher Stimmenmehrheit in der Wohnungseigentümer-Versammlung beschließen.
Die Regelungen betreffen den Gebrauch und die Nutzung des Sondereigentums und der gemeinschaftlichen Anlagen und Einrichtungen. Insoweit sind die Regelungen den Inhalten einer Hausordnung in einem Miethaus vergleichbar. Mehrheitlich beschlussfähig sind aber nur solche Regelungen, die ordnungsgemäßer Verwaltung entsprechen. So kann beispielsweise eine generelles Musizier-Verbot oder ein generelles Hundehaltungs- oder Tierhaltungsverbot nicht mit Mehrheit beschlossen werden. Eine solche Regelung bedarf grundsätzlich einer Vereinbarung gemäß § 10 Abs. 2 Satz 2 WEG.
Nach dem Wohnungseigentumsrecht besteht allerdings die Besonderheit darin, dass dann, wenn beispielsweise die Tierhaltung nicht durch eine Vereinbarung geregelt ist, ein Mehrheitsbeschluss über ein Hundehaltungsverbot wirksam wird, wenn der Beschluss nicht angefochten und durch das Gericht rechtskräftig für ungültig erklärt wird. Ein solche Beschluss kann allerdings jederzeit durch einen weiteren Mehrheitsbeschluss – im Rahmen ordnungsgemäßer Verwaltung – aufgehoben und durch einen anderen Beschluss, beispielsweise über einen generellen Leinenzwang, ersetzt werden.
Siehe / Siehe auch: Gebrauchsregelungen (Wohnungseigentum), Vereinbarung (nach WEG), Tierhaltung in Wohnungen

Hauspreis-Einkommensrelation
housing price-income relation

Das Bundesamt für Bauwesen und Raumordnung hat für alle Stadt- und Landkreise des Bundesgebiets mit Hilfe der Daten der GfK für 2005 / 2006 die Hauspreis-Einkommensrelation ermittelt. Gemessen wurden die erzielten Preise für Einfamilienhäuser zwischen 100 und 150 m² Wohnfläche am Jahresnettoeinkommen der Haushalte. Sie liegen zwischen dem 4,5-fachen Jahreseinkommen (vorwiegend im Norden Deutschlands) und dem mehr als 8-fachen vor allem in Oberbayern, Freiburg, Stuttgart und im Rhein-Maingebiet. Das bedeutet, dass trotz im Schnitt höherer Einkommen in den immobilienwirtschaftlichen „Hochpreisgebieten“ wesentlich mehr Einkommen erwirtschaftet werden muss, um den Preis für das gewünschte Einfamilienhaus zu erreichen als in Niedrigpreisgebieten. Die Einkommensschere klafft in Deutschland weniger auseinander als die Immobilienpreisschere.

Hausratverordnung
German ordinance on the devision of household effects when a marriage is dissolved

Die Hausratverordnung (Verordnung zur Behandlung der Ehewohnung und des Hausrats) war eine gesetzliche Vorschrift auf Bundesebene, die für den Fall einer Trennung von Ehepartnern regelte, was mit deren Hausrat und der gemeinsamen Wohnung zu geschehen hatte. Die Verordnung wurde mit Wirkung zum 01.09.2009 aufgehoben. Viele ihrer Regelungen finden sich nun in anderen Gesetzen, etwa in §§ 200 ff. FamFG (Gesetz über das Verfahren in Familiensachen und in den Angelegenheiten der freiwilligen Gerichtsbarkeit) und in den §§ 1568a und 1568b des Bürgerlichen Gesetzbuches (BGB).
Siehe / Siehe auch: Ehewohnung, Ehescheidung im Mietrecht, Lebenspartner, Wohnungszuweisung

Hausratversicherung (Hausratsversicherung)
household and personal effects insurance; house / residence contents insurance; householder‘s policy / account; householder‘s comprehensive insurance

Eine Hausratversicherung ist für die selbstgenutzte Wohnung zu empfehlen – unabhängig davon, ob man Mieter oder Eigentümer ist. Sie schützt den

Hausrat in der Gesamtheit, also die beweglichen Gegenstände des Haushalts. Vom Schutz erfasst werden z. B. Einrichtungsgegenstände (Bilder, Möbel, Lampen, Teppiche), Gebrauchsgegenstände (Fernseher, Stereoanlage, CDs, Kleidung, Haushaltsgeräte) und Verbrauchsartikel (Nahrungsmittel, Heizmittel, Batterien). Je nach Anbieter kann der Versicherungsschutz unterschiedlich gestaltet sein. So sind oft in bestimmten Grenzen auch Wertsachen wie Schmuck, Bargeld (oft bis 1.000 Euro) und Wertpapiere mitversichert. Selbst das Haustier (=Kleintier) ist eingeschlossen. Dies gilt auch für Fahrräder, Sportgeräte, Autozubehör und die Campingausstattung. Teilweise müssen die letztgenannten Gegenstände jedoch gegen Aufpreis zusätzlich versichert werden, ebenso wie z. B. auch Glasbruchrisiken, Wasserschäden durch Aquarien und Überspannungsschäden durch Blitzschlag. Auch Hotelkosten nach einem Wohnungsbrand oder einer Überschwemmung sind oft abgedeckt, sowie Aufräum- und Reparaturkosten an Bodenbelägen, Innenanstrichen und Tapeten nach einem Leitungswasserschaden. Der Hausrat ist gegen Schäden versichert, die von:

- Feuer,
- Leitungswasser,
- Sturm und Hagel,
- Einbruchsdiebstahl,
- Raub oder
- Vandalismus nach einem Einbruch

verursacht werden.

Die Versicherungssumme kann nach Überschlag ermittelt werden, indem man die Wohnfläche mit einem bestimmten Betrag multipliziert. Je nach Versicherung sind das 600 bis 700 Euro. Bei einer derartigen Berechnung durch den Kunden garantieren dann die Versicherer eine Erstattung ohne Abzug wegen Unterversicherung. Entscheidend ist dabei jedoch die korrekte Angabe der Wohnfläche. Auch eine Addition der Neuwertbeträge aller Hausratgegenstände kommt in Betracht. Sind besondere Wertgegenstände vorhanden, sollte deren Wert der Versicherung ebenfalls mitgeteilt werden. Zu empfehlen ist eine Überprüfung der Versicherungssumme jeweils im Abstand von vier bis fünf Jahren. In neuerer Zeit ersetzen Hausratversicherungen oft den Neupreis der zerstörten Gegenstände und nicht nur den Wiederbeschaffungswert. Wichtig ist, dass der Versicherungsgesellschaft ein Schaden innerhalb von einer Woche zu melden ist. Kommt es zu einem Einbruch oder einer sonstigen Straftat, ist die Polizei hinzuzuziehen. Besonders wichtig ist eine Hausratsversicherung bei aufwändig eingerichteten Wohnungen und immer dann, wenn ein Totalverlust der Wohnungseinrichtung die Gefahr einer finanziellen Überbelastung mit sich bringen würde. Beim Umzug muss daran gedacht werden, der Versicherung den neuen Versicherungsort (Adresse), die neue Wohnungsgröße und neu erworbene wertvolle Einrichtungsgegenstände mitzuteilen.

Siehe / Siehe auch: Täuschung der Hausratsversicherung

Hausrecht

domiciliary right; right as master of the house; power of the keys

Hausrecht ist das Recht, über den Aufenthalt in einem umgrenzten Raum zu bestimmen, d.h. Personen den Zutritt zu erlauben oder zu verbieten. In einer Mietwohnung ist Inhaber des Hausrechts der Mieter. In einer Behörde übt das Hausrecht der Behördenleiter aus. Der Vermieter hat nicht das Recht, generell darüber zu entscheiden, wer Zutritt zur Wohnung des Mieters erhält. Besuche sind (zumindest in einem Zeitrahmen bis zu sechs Wochen) zulässig. Vertragliche Regelungen über zeitliche Einschränkungen („Herrenbesuche nur bis 22 Uhr") sind schlicht unwirksam. Der Vermieter kann einschreiten, wenn Besucher des Mieters gegen die Hausordnung verstoßen oder sonst den Hausfrieden stören. Er kann dann den Mieter auffordern bzw. abmahnen, diese Besucher nicht mehr einzulassen. Der Mieter haftet für Schäden, die seine Besucher in Wohnung oder Haus anrichten. Juristisch muss er sich das Verhalten seiner Besucher wie sein eigenes Verhalten zurechnen lassen.

Siehe / Siehe auch: Hausordnung

Hausschwamm

house fungus; dry rot

Echter Hausschwamm ist ein Pilz, der im feuchten Holz (ab 30 Prozent Feuchtigkeitsgehalt) bei einer Temperatur zwischen 3° und 26° entsteht und sich ausbreitet. Vorausbedingung für das Entstehen sind Bauschäden, durch die sich Feuchtigkeit bilden kann. Häufige Ursachen sind aufsteigende Feuchtigkeit im Mauerwerk, Einbau von nassen Baumaterialien mit der Folge mangelnder Austrocknung, undichte Wasserleitungen, verstopfte Regenwasserabflüsse, undichte Dächer. Da der Hausschwamm gegen Witterungseinflüssen empfindlich ist, verbreitet er sich besonders an geschützten Stelle (unter einem Holzboden, hinter einer Dielenwand usw.). Dadurch wird er oft spät entdeckt. Sein Myzel durchdringt auch das Mauerwerk. Das vom Hausschwamm befallene Holz wird am Ende pulverisiert. Neben dem echten Hausschwamm gibt es weitere Arten (gelbrandiger Hausschwamm, brauner Kellerschwamm und weißer Porenschwamm). Hausschwamm gefährdet nicht nur die Bausubstanz, sondern ist auch gesundheitsschädlich. Er kann nach einer sorgfältigen Analyse des Befalls und der Ursachen nur durch eine grundlegende Sanierung durch eine Fachfirma restlos beseitigt werden.

Haustechnik (Versorgungstechnik)

home automation; mechanical services (supply / utilities engineering)

Zur Haustechnik zählen alle Anlagen und Einrichtungen, die mit dem Gebäude fest verbunden, also wesentliche Gebäudebestandteile sind. Je nach Gebäudenutzungsart gibt es unterschiedliche Anforderungen an haustechnische Einrichtungen. Haustechnik wird auch als Versorgungstechnik bzw. Gebäudetechnik bezeichnet. In Anlehnung an § 51 Abs. 2 HOAI wird in Verbindung mit DIN 276 kann die Gebäudetechnik in folgende Gruppen eingeteilt:

1. Gas-, Wasser-, Abwassertechnik

- Sanitärtechnik mit Wasseraufbereitung und Abwasserbehandlung
- Medientechnik/Druckluft/Staubsauganlagen
- Schwimmbadtechnik
- Löschanlagen (Hydranten-, Sprinkler-, Schaumlösch-, Gaslöschanlagen, u. a.)

2. Wärmeversorgungsanlagen / lufttechnische Anlagen

- Heizung
- Warmwasserbereitungs- und Thermische Solaranlagen
- Wärmepumpen, BHKW
- Klima-, Lüftungs-, Entlüftungs-, Entrauchungsanlagen
- Prozesslufttechnische Anlagen
- Kälte- und Kühltechnik, Kühldecken

3. Starkstrom-/Fernmelde- und informationstechnische Anlagen

- Starkstromanlagen (Mittel- und Niederspannung)
- Eigenstromversorgungsanlagen (Notstrom)
- Niederspannungsschaltanlagen
- Niederspannungsinstallationsanlagen
- Blitzschutz- und Erdungsanlagen
- Beleuchtungs- und lichttechnische Anlagen, Notbeleuchtung
- Fernmelde- und informationstechnische Anlagen („Schwachstrom") darunter fallen insbesondere Nachrichten- und Sicherheitstechnik

4. Informations- und sicherheitstechnische Anlagen

- Haustelefone, Haussprechanlagen
- Lautsprecheranlagen (ELA), Durchsprechanlagen
- Antennenanlagen
- Computernetzwerke (Verbindung PCs – Telefonie)
- Funksysteme zur Gebäudeautomatisierung
- Alarmanlage
- Blitzschutzanlagen
- Brandschutztechnik (im Gegensatz zu baulichem Brandschutz)
- Hausalarm
- Zutrittskontrolle
- Gebäudeautomation

5. Förderanlagen

- Personen- und Lastenaufzüge
- Rolltreppen und Fahrsteige
- Rohrpostanlagen
- Krananlagen und Hebebühnen

6. Nutzungsspezifische Anlagen (NUTZ)

- (Groß-)Küchentechnik
- Wäscherei- und Reinigungsan
- Medizin-, Labor- und badetechnische Anlagen
- Eissportflächen
- Bühnentechnik, Tankstellen- und Waschanlagen
- Müll- und Papierabwurfanlagen

7. Gebäudeleittechnik (GLT)

- Automationssysteme
- Gebäudeautomatisierung
- Leittechnik
- Regelungstechnik
- Schaltschränke und deren Software

Für die Planung solcher Anlage werden in der Regel Fachplaner eingesetzt. Der Architekt steuert den Einsatz der Fachplaner und nimmt deren Leistung ab.

Siehe / Siehe auch: Alarmanlage, Aufzugsanlage, Blitzschutzanlage, Brandschutz, Gebäudeautomation, Abluftanlage, Sprinkleranlage, Wärmepumpen

Haustiere

domestic animal; pet

Das Halten von Haustieren in der Wohnung ist für Mieter grundsätzlich nur nach Genehmigung durch den Vermieter gestattet. Ein generelles Verbot von Haustieren in einem Formularmietvertrag ist nach Auffassung des BGH aus 1993 nicht zulässig. Einem Mieter kann das Halten von Haustieren nicht verboten werden, wenn dadurch die vertragsgemäße Nutzung nicht beeinträchtigt wird. In der Urteilsbegründung von 1993 führte der BGH aus, dass beispielsweise Hamster, Zwergkaninchen oder Aquarien nicht den „vertragsgemäßen Gebrauch" beeinträchtigen. Durch eine Vielzahl von Urteilen hat sich folgende Rechtsauffassung durchgesetzt: Grundsätzlich wird zwischen Tieren unterschieden, die ein Mieter in der Wohnung als Haustier halten darf, ohne vom Vermieter eine Zustimmung einzuholen und denen, die genehmigt werden müssen.

Genehmigungsfrei sind insbesondere kleinere Tiere, wenn von ihnen keine Geruchs- oder Lärmbelästigung ausgeht (z. B. Meerschweinchen, Zwergkaninchen, Hamster). Hunde und Katzen gelten nicht als Kleintiere; will ein Mieter ein solches Tier anschaffen, muss er sich an die Hausordnung und den Mietvertrag halten. Hier ist also grundsätzlich ein mietvertragliches Verbot wirksam. Einen kleinen Hund oder eine Katze kann ein Vermieter allerdings nur mit einer stichhaltigen Begründung ablehnen. Frettchen gelten wegen einer möglichen Geruchsbelästigung als problematisch und werden meist nicht als genehmigungsfrei betrachtet. Über die Haltung von zahmen (Farb-)Ratten wurde bereits des Öfteren prozessiert. Teilweise wurden Ratten nicht als genehmigungsfreie Kleintiere angesehen, da sie bei manchen Menschen Ekel hervorrufen können. In letzter Zeit werden Ratten jedoch zunehmend als gängige Haustiere angesehen, was ein Urteil des Amtsgerichts Hannover zeigt (26.09.2002, Az. 505 C 7715/02). Die Rechtsprechung ist hier uneinheitlich. Das Amtsgericht Köln gestattete einem Vermieter, die Haltung von zwei Hühnern in einer Mietwohnung im Mehrfamilienhaus zu untersagen (Az. 214 C 255/09).

Eine willkürliche oder fadenscheinige Begründung würde vor Gericht nicht standhalten. Die Gestattung der Haltung eines Haustieres kann zu jedem Zeitpunkt widerrufen werden, wenn sich das Tier als störend für die Nachbarschaft herausstellt. Akzeptiert ein Mieter das nicht, kann der Vermieter das Mietverhältnis fristlos kündigen und ein Räumungsurteil gegen den Mieter erwirken. In Eigentumswohnungen ist das Halten von Haustieren ebenfalls nur zulässig, wenn andere Bewohner dadurch nicht gestört werden.

Grundsätzlich regelt die Hausordnung einer Eigentümergemeinschaft das Recht zur Haltung von Haustieren. Das Oberlandesgericht Saarbrücken hat entschieden, dass eine Wohnungseigentümergemeinschaft nicht per Hausordnung ein generelles Haustierhaltungsverbot erlassen kann. Ein solches Verbot verstoße gegen das Wohnungseigentumsgesetz, nach dessen § 13 jeder Eigentümer mit seiner Wohnung nach Belieben verfahren könne. Wohnungseigentümer müssten danach nur dafür Sorge tragen, dass durch ihre Nutzung des Wohnraums den anderen Eigentümern keine Nachteile entstünden, die über das bei geordnetem Zusammenleben unvermeidbare Maß hinaus gingen (OLG Saarbrücken, Az. 5 W 154/06-51, Beschluss vom 02.11.2006).

Siehe / Siehe auch: Katzen in der Mietwohnung

Haustierversicherung

pet and domestic animal insurance

Nicht nur gegen Schadensfälle am Hausrat und Haftungsrisiken gegenüber Dritten können sich Mieter und Eigentümer mit Hilfe von Versicherungen absichern, sondern auch gegen verschiedene Risiken im Zusammenhang mit Haustieren. Spezialisierte Versicherer bieten hier Policen mit unterschiedlicher Zielrichtung an. Hauptgruppen sind die Tierhalterhaftpflicht und die Haustier-Krankenversicherung.

Die Tierhalterhaftpflicht ist vor allem für Halter von Tieren von Bedeutung, von denen Gefahren ausgehen können – etwa für Hunde- oder Pferdehalter. Für deren Handlungen haftet nämlich der Halter. Bereits eine Beißattacke eines Hundes gegen einen anderen Hund kann erhebliche Kosten verursachen. Ein durch ein entlaufenes Pferd verursachter Verkehrsunfall kann den Halter finanziell ruinieren.

Oft können Haustiere und privat gehaltene Nutztiere auch in der gängigen Privathaftpflichtversicherung mitversichert werden. Dies gilt selbst für exotische Tiere wie Schlangen und Vogelspinnen. Hier sind jedoch ausdrückliche Vereinbarungen notwendig und Prämienaufschläge unumgänglich.

Tierkrankenversicherungen gibt es in unterschiedlichen Variationen: Mit oder ohne Selbstbeteiligung, mit speziellen Klauseln für Operationen oder Unfälle und Einschluss von Vorsorgeuntersuchungen. Teilweise wird direkt zwischen Tierarzt und Versicherung abgerechnet.

Siehe / Siehe auch: Hausratversicherung (Hausratsversicherung), Haus- und Grundstücksbesitzer-Haftpflichtversicherung, Haftpflichtversicherung (Immobilienbereich)

Haustrennwand

partition (wall); dividing wall

Zwischen aneinander gebauten Gebäuden (Doppelhäusern, Reihenhäusern, Kettenhäusern) muss eine Haustrennwand eingefügt werden, die vertikal vom Fundament bis zum Dachraum durchgängig ist. Sie besteht aus einer Mineralfaserdämmplatte und füllt den Zwischenraum zwischen den Außenwänden der Anbauseiten der Gebäude aus. Die Haustrennwand dient vor allem der Unterbindung der Schallfortpflanzung zwischen den Häusern. Sie muss auch als Brandwand ausgebildet sein.

Haustür, verschlossene

front/ street/ outer door, locked

Ein beliebter Streitpunkt in Mehrfamilienhäusern ist das nächtliche Abschließen der Hauseingangstür. Viele Bewohner bestehen darauf, dass die Tür von einem bestimmten Zeitpunkt an mit dem Hausschlüssel abgeschlossen werden muss. Andere – insbesondere die Bewohner höher gelegener Stockwerke – sind darüber nicht so erfreut – insbesondere wenn sie abends Besucher oder den Pizzaboten empfangen und dafür jedes Mal trotz elektrischer Schließanlage zum Aufschließen Treppen steigen müssen. Aus rechtlicher Sicht kann der Vermieter per Hausordnung regeln, dass die Haustür von einem bestimmten Zeitpunkt an per Schlüssel abgeschlossen werden soll. Mieter können den Vermieter jedoch nicht per Mietminderung dazu zwingen, diese Regelung als „Abschließzwang" auszugestalten, dessen Einhaltung regelmäßig zu kontrollieren und ggf. gegen „Abschließmuffel" mit Abmahnungen vorzugehen. Derartige Forderungen gehen eindeutig zu weit – dies bestätigte das Amtsgericht Frankfurt am Main (Az. 33 C 1726/04 - 13, Urteil vom 15.4.2005). Das Amtsgericht betonte, dass eine moderne Schnappschlosstür ausreichende Sicherheit gegen ungebetene Gäste biete. Statistiken zufolge fänden die meisten Wohnungseinbrüche nicht nachts, sondern tagsüber statt. Einer geringfügigen Erhöhung des nächtlichen Sicherheitsstandards durch das Abschließen stünde eine erhebliche Erhöhung des Risikos im Brandfall gegenüber, da kaum jeder Hausbewohner in einer Brandsituation sofort einen Hausschlüssel parat haben könne. Bei verschlossener Haustür ist auch daran zu denken, dass Rettungsdienste nicht über den elektrischen Türöffner ins Haus eingelassen werden können. Einzelne Vermieter sind daher bereits dazu übergegangen, ein Abschließverbot in die Hausordnung aufzunehmen. Die in diesem Zusammenhang oft zitierten Brandschutzgesetze tragen wenig zur Lösung des Problems bei: In den meisten Bundesländern ist der Brandschutz Thema der Landesbauordnungen. Die entsprechenden Regelungen befassen sich mit der Berücksichtigung von Fluchtwegen bei der Errichtung von Gebäuden, aber nicht mit dem späteren Verschließen der Hauseingänge.

Haustürgeschäft

door-to-door/doorstep sale

Nach § 312 BGB steht Verbrauchern ein Widerrufsrecht zu, wenn ein entgeltliches Geschäft zwischen einem Unternehmer und dem Verbraucher durch mündliche Verhandlung an seinem Arbeitsplatz oder in seiner Privatwohnung zustande gekommen ist. Es handelt sich um ein so genanntes Haustürgeschäft. Gleiches gilt übrigens für Geschäftsabschlüsse, die im Rahmen von durch den Unternehmer veranlassten Veranstaltungen und durch Ansprechen in Verkehrsmitteln („Kaffeefahrten") zustande kommen. Die Widerrufsfrist beträgt zwei Wochen. Sie beginnt mit dem Tag, an dem der Verbraucher auf sein Widerrufsrecht schriftlich, bzw. in Textform hingewiesen wurde. Wird er erst nach Vertragsabschluss auf sein Recht hingewiesen, dann verlängert sich die Frist auf einen Monat. Es erlischt spätestens sechs Monate nach Abschluss des Vertrages.

Das Widerrufsrecht gilt auch bei Maklergeschäften, wenn ein Auftrag in Form eines Haustürgeschäftes akquiriert wurde. Es findet allerding keine Anwendung, wenn der Geschäftspartner des Unternehmers kein Verbraucher ist oder der Unternehmer vom Verbraucher zum Zweck von Vertragsverhandlungen in die Wohnung bzw. den Arbeitsplatz bestellt wurde. Bei Verstoß gegen § 312 Absatz 2 BGB, wonach die Belehrung über das Widerrufs- und Rückgaberecht auf die Rechtsfolgen des § 357 BGB (Verweis auf §§346 ff.BGB) hinweisen muss, droht die Geltendmachung eines Unterlassungsanspruchs nach dem Unterlassungsklagengesetz, UklaG.

Siehe / Siehe auch: Unterlassungsklagengesetz (UklaG)

Hausverbot

order to stay away; off-limits order

Das Hausverbot ist ein Zutrittsverbot hinsichtlich der Räumlichkeiten, für die derjenige, der es ausspricht, das Hausrecht besitzt. Bei Mietwohnungen besitzt das Hausrecht der Mieter; bezüglich der Gemeinschaftsräume wie Flure und Treppenhäuser des Gebäudes jedoch der Eigentümer beziehungsweise die Eigentümergemeinschaft oder in Vertretung derselben der Hausverwalter.

Ausgesprochen werden kann ein Hausverbot nur dann, wenn eine Person den Hausfrieden nachhaltig stört – z. B. durch wiederholte Ruhestörungen, Beschädigungen in Flur und Treppenhaus, Straftaten. Weigert sich die betreffende Person, das Hausverbot zu beachten, kann die Polizei gerufen werden. Generelle Hausverbote gegen bestimmte Personengruppen sind schwer zu begründen. So erklärte das Amtsgericht Meldorf ein Hausverbot für Mitarbeiter des örtlichen Mietervereins für unzulässig. Der Mieter hatte diese im Zusammenhang mit einer Beratung in einem Streit um Lärmbelästigungen und den Objektzustand um Besichtigung gebeten (Az. 80 C 1631/03). Erlässt eine Wohnungseigentümergemeinschaft ein Hausverbot gegen den Lebensgefährten einer Eigentümerin, weil dieser immer wieder durch Ruhestörungen aufgefallen ist, müssen zunächst alle anderen Mittel zur Herstellung der Ruhe genutzt worden sein. Hier wird nämlich in das Grundrecht der Eigentümerin an der ungestörten Nutzung ihres Eigentums eingegriffen. Nach dem Gericht muss ein möglichst schonender Ausgleich zwischen den jeweiligen Interessen der Beteiligten herbeigeführt werden. Wurden die betreffende Eigentümerin beziehungsweise ihr Lebensgefährte noch nicht einmal wegen Ruhestörung abgemahnt, ist ein Hausverbot unwirksam (Bundesverfassungsgericht, Az. 2 BvR 693/09, Urteil vom 27.10.2009).

Siehe / Siehe auch: Hausrecht

Hausverwalter

household administrator; property manager

Der Hausverwalter ist Betreuer des Hauseigentümers in allen, das Hausgrundstück betreffenden Angelegenheiten (daher der neuere Begriff des Objektbetreuers). Als Betreuer ist er Sachwalter fremden Vermögens.

Bei den Leistungsbereichen ist zwischen

1. regulären Leistungen (Grundleistungen), die der Verwalter ohne gesonderte Absprache mit dem Hauseigentümer erbringt,
2. zustimmungsabhängigen Leistungen und
3. besonderen Verwaltungsleistungen

zu unterscheiden.

Die unter Punkt 1 und 2 zu erbringenden Leistungen sind durch die vereinbarte Hausverwaltergebühr abgedeckt. Für die besonderen Leistungen kann der Verwalter zusätzliche Gebühren verlangen. Zustimmungsabhängig sind in der Regel die Durchführung von Mieterhöhungsverfahren, die sich nicht unmittelbar aus den Mietverträgen ergeben und die Durchführung von Instandhaltungsmaßnahmen ab einem zu bestimmenden Volumen. Gegen gesonderte Gebühr werden vom Hausverwalter u. a. die Feststellung der Einkünfte aus Vermietung und Verpachtung, die Erstellung einer Wirtschaftlichkeitsberechnung, die Vorbereitung, Überwachung und Finanzierung von Um- und Ausbauten, Modernisierungen und großen Instandhaltungsmaßnahmen, übernommen. Sofern der Hausverwalter die hierzu erforderliche Sachkunde besitzt, gehört zu den besonders zu vergütenden Leistungen die Bewertung der verwalteten Immobilie.

Die Aufgabenbereiche des Hausverwalters können nach Gegenfurtner aber auch in folgende Sektoren eingeteilt werden:

1. der kaufmännisch-wirtschaftliche,
2. der bautechnische,
3. der vertraglich-juristische,
4. der zwischenmenschlich-soziale und
5. der architektonische Sektor.

Zum kaufmännisch-wirtschaftlichen Sektor zählen das Vermietungsmanagement und die Pflege der Mietverhältnisse, die Überprüfung und Buchung des Mietzahlungseingangs, Maßnahmen zur Verhinderung/Verringerung von Mietausfällen, das objektbezogene Rechnungswesen mit Zahlungsverkehr, das Versicherungswesen, die Beschäftigung und Überwachung der Hilfskräfte und die Ansammlung und Verwaltung einer Instandhaltungsrücklage. Bei Vermietung frei werdender Mieträume kann sich der Hausverwalter eines Maklers bedienen.

Zum bautechnischen Leistungsbereich gehören die Inspektion, Überwachung von Wartungsarbeiten, Instandsetzung und -haltung, die Abnahme der Handwerkerleistungen, sowie die sachliche Rechnungsprüfung. Dem vertraglich-juristischen Sektor sind der Abschluss von Miet- und Wartungsverträgen, Verträge zur Durchführung von Instandhaltungsarbeiten, usw., zuzuordnen.

Der zwischenmenschlich-soziale Sektor umfasst alle Maßnahmen, die für ein gutes Einvernehmen zwischen den Mietern, den Mietern und dem Hauseigentümer, der Konfliktbewältigung, der Betreuung von Mietern in besonderen Fällen und der Durchführung von Informationsveranstaltungen für Mieter dienen. Schließlich fallen in den architektonischen Sektor die Planung und Durchführung von energetischen Sanierungs- und etwaigen Aus-/Umbaumaßnahmen, sowie eine notwendig werdende Neugestaltung der Außenanlagen. Die Verwaltergebühr wird in der Regel als Prozent-Satz der Mieteinnahmen vereinbart (Schwankungsbereich zwischen 2,5 und acht Prozent der Mieteinnahmen, je nach Größe und Mietniveau.).

Siehe / Siehe auch: Hausverwaltervertrag, Verwalter (WEG)

Hausverwalterverbände
property management associations

- Bundesfachverband Wohnungs- und Immobilienverwalter Berlin e.V. (BFW), Schiffbauerdamm 8, 10117 Berlin, Telefon: 030 / 30 87 29 - 17, Fax: 030 / 30 87 29 - 19
- Dachverband Deutscher Immobilienverwalter e.V. Mohrenstr. 33 10117 Berlin, Telefon: 30 / 3 00 96 79 - 0, Telefax: 30 / 3 00 96 79 - 21 Email:, DDIV@Immobilienverwalter.de
- Immobilienverband Deutschland IVD Bundesverband für Immobilienberater, Makler, Verwalter und Sachverständige e. V. – vordem RDM und VDM

Siehe / Siehe auch: Maklerverbände

Hausverwaltervertrag
property management agreement

Der Hausverwaltervertrag regelt das Vertragsverhältnis zwischen Gebäudeeigentümer und Miethausverwalter. Im Gegensatz zum Verwaltervertrag nach WEG gibt bei der Miethausverwaltung keinen gesetzlich definierten Leistungskatalog. Gesetzliche Grundlage für das Vertragsverhältnis können sowohl die Vorschriften, die sich aus dem Dienstvertragsrecht in Verbindung mit den Vorschriften über die entgeltliche Geschäftsbesorgung (Auftragsrecht) sein, als auch werkvertragliche Vorschriften. Denkbar wäre z. B., dass der Hausverwalter in Bezug auf durchgreifende Sanierungsmaßnahmen an Gebäuden als Generalübernehmer fungiert, der die Sanierungsleistungen in eigenem Namen und gegen Festpreis für den Hauseigentümer erbringt und sich dabei einiger Subunternehmer bedient. Überwiegend werden von Hausverwaltern jedoch keine Leistungen vereinbart, die erfolgsabhängig zu vergüten sind.

Geht man von einem dienstleistungsorientierten Auftragsrecht aus, gelten folgende gesetzlichen Rahmenvorschriften für das Vertragsverhältnis:

1. Der Hausverwalter hat auch dann einen Anspruch auf Vergütung, wenn sie nicht ausdrücklich im Vertrag vereinbart ist. In der Regel gilt sie als stillschweigend vereinbart, in einem solchen Fall ist die „übliche“ Vergütung als vereinbart anzusehen.
2. Die Vergütung ist nach Ablauf der vereinbarten Zeiträume zu bezahlen (keine Vorauszahlung).
3. Die Leistungspflicht des Hausverwalters ist eine „höchstpersönliche“. Sie kann insgesamt nicht auf Dritte übertragen werden, was aber nicht bedeutet, dass der Hausverwalter kein Personal dafür zur Verfügung stellen darf.
4. Für das Vertragsverhältnis kann eine bestimmte Laufzeit vereinbart werden. Im Rahmen der Allgemeinen Geschäftsbedingungen (AGB) kann keine Laufzeit über zwei Jahre hinaus vereinbart werden. Die Verlängerungsklausel bei Nichtkündigung darf nicht zu einer Verlängerung von mehr als einem Jahr führen und die Kündigungsfrist darf nicht länger als drei Monate betragen.
5. Wird keine bestimmte Laufzeit vereinbart, richtet sich die Kündigung nach der Bemessung der Vergütung. Bei monatlicher Vergütung kann spätestens am 15ten eines Monats zum Ablauf dieses Monats gekündigt werden (in der Praxis werden meist Hausverwalter-Verträge mit Laufzeitbestimmung abgeschlossen).
6. Stirbt der Auftraggeber (Hauseigentümer), ist der Verwaltervertrag nicht automatisch beendet. Der Erbe kann jedoch – sofern nichts anderes vertraglich vereinbart ist – kündigen. Stirbt der Hausverwalter, ist der Verwaltervertrag beendet.
7. Bei Vertragsbeendigung hat der Hausverwalter alle das Verwaltungsobjekt betreffenden Unterlagen zurückzugeben.
8. Der Hausverwalter ist zur Rechnungslegung (nach den vereinbarten Zeiträumen und jeweils am Ende des Vertragsverhältnisses) verpflichtet. Da der Hausverwalter im Rahmen seiner Tätigkeit über Vermögenswerte des Eigentümers verfügt, besteht die Rechnungslegung auch in einer belegten Einnahmen-Überschuss-Rechnung.

Der Hausverwalter ist in allen, das Verwaltungsobjekt betreffenden Angelegenheiten der Stellvertreter des Hauseigentümers. Zum Nachweis seiner Vertretungsbefugnis empfiehlt sich nicht nur ein Vertrag, sondern eine gesonderte Hausverwalter-Vollmacht. Sie bezieht sich auch auf die Vornahme einseitiger Rechtsgeschäfte im Verhältnis Hauseigentümer/Mieter nach § 174 BGB. Die Vollmacht sollte auch eine Befreiung von der Vorschrift des § 181 BGB (Verbot von „Insichgeschäften“) enthalten, da er in der Lage sein muss, von betreuten Hauskonten auch seine Verwaltergebühr abzubuchen. Der Hausverwalter ist auch im Rahmen seiner Verwaltungstätigkeit zur Rechtsberatung gegenüber dem Hauseigentümer befugt. Ebenso empfiehlt sich eine Regelung über die Verjährung von wechselseitigen Schadensersatzansprüchen mit in den Vertrag aufzunehmen. Zu den Vereinbarungen über Leistungen und Vergütung des Hausverwalters im Einzelnen siehe Hausverwalter.

Siehe / Siehe auch: Hausverwalter, Verwalter (WEG), Zwangsverwalter, Verwalterwechsel, Verwaltervertrag

Hedgefonds

hedge funds

Hedgefonds sind eine besondere Art von Investmentfonds. Der Begriff leitet sich ursprünglich vom Hedgeing ab, der Absicherung gegen Währungsrisiken. Heutige Hedgefonds haben jedoch nicht die Absicherung zum Ziel, sondern die Erzielung einer möglichst hohen Rendite auch bei einer Abwärtsbewegung des Gesamtmarktes. Vereinfacht ausgedrückt wird bei einem Hedgefonds auf eine bestimmte Entwicklung gewettet: Dies kann z.B. die Entwicklung von Devisenkursen, Aktienmärkten oder Rohstoffpreisen sein. Hedgefonds gelten als sehr spekulativ; es existieren jedoch Modelle mit unterschiedlich hohem Risiko. In Deutschland ist diese Anlageform seit 2004 zugelassen. 2006 sollen weltweit 1,5 Billionen US-Dollar in Hedgefonds angelegt gewesen sein – Tendenz steigend. Eines von mehreren Anlagemodellen bei Hedgefonds nennt sich „Long Short Equity": Wird eine positive Kursentwicklung von Aktien erwartet, werden diese gekauft. Bei negativer Kurserwartung finden Leerverkäufe statt. Dazu leiht sich der Fonds die entsprechenden Wertpapiere von einem Investor und verkauft diese fremden Aktien an der Börse zum aktuellen Kurs. Später erwirbt er die Aktien zurück und gibt sie wieder an den Eigentümer. Sind nun die Kurse erwartungsgemäß gefallen, fällt ein Gewinn an: die Differenz zwischen Verkaufs- und Wiederbeschaffungskurs minus Zinsen für das Entleihen der Aktien.

Hedgefonds finanzieren ihre Anlagen meist über Kredite. Sie verwenden eine Reihe von Finanzinstrumenten und flexiblen Strategien, die anderen Anlageformen verwehrt sind (z.B. Derivate und Leerverkäufe). Dabei unterliegen sie nur sehr eingeschränkt einer staatlichen Aufsicht. Anlagefachleute sehen in den hohen Fremdfinanzierungsbeträgen bei Hedgefonds ein Risiko für die Finanzmärkte, da es bei einer Fehlspekulation zu einem Dominoeffekt kommen kann. Deutsche Hedge-Fonds unterliegen der Aufsicht der Bundesanstalt für Finanzdienstleistungsaufsicht (BaFin). Hierzulande ist auch der Einsatz von Fremdkapital begrenzt. Viele Hedgefonds haben jedoch ihren Sitz in Steueroasen ohne Aufsichtsbehörde. Zur Schließung vieler Hedgefonds kam es im Rahmen der US-Hypothekenkrise. Die Fonds hatten in forderungsbesicherte Wertpapiere investiert – Geldanlagen aus der Verbriefung von Forderungen gegen Hypothekenschuldner mit schlechter Bonität. Diese Investition – wiederum mit Hilfe von Fremdkapital – führte bei massenhafter Zahlungsunfähigkeit der Schuldner zu einem Dominoeffekt, der auch die Kreditgeber der Fonds – etwa Investmentbanken – in Schwierigkeiten brachte. Anlagefachleute raten Geldanlegern, allenfalls einen Teil ihres Vermögens in Hedgefonds anzulegen: Etwa 10 bis 30 Prozent – je nach Risikobereitschaft.

Siehe / Siehe auch: Subprime-Krise, Forderungsbesichertes Wertpapier

Heidihaus

- n.a. -

Der Begriff Heidihaus wurde zuerst von namhaften niederländischen Architekten provozierend für Wohnhäuser verwendet (vgl. SuperDutsch, Neue niederländische Architektur, von Bart Lootsma, DVA München), die heute überwiegend in den Neubaugebieten der Vorstädte gebaut werden und sich in Größe und Stil ähneln. Gemeint sind Häuser, die allseits beliebte Stilmerkmale enthalten, z. B. Sprossenfenster, Erker, Krüppelwalmdach, Alm-Loggien, Friesengiebel usw. und keine eigenständige, charakteristische Architektur aufweisen.

Siehe / Siehe auch: Kängurusiedlung, Glaswarze

Heim-Mindestbauverordnung

minimum building requirements for (old people's/ nursing) homes

Die Heim-Mindestbauverordnung von 1978 regelt die baulichen Mindestanforderungen für Altenheime, Altenwohnheime und Pflegeheime für Volljährige. Ihre Vorschriften gelten für Heime nach der Definition des Heimgesetzes, die in der Regel mindestens sechs Personen aufnehmen.

Beispiele für Regelungen dieser Verordnung sind:

- Wohn- und Pflegeplätze müssen unmittelbar von einem Flur aus erreichbar sein.
- Flure innerhalb eines Geschosses dürfen nicht durch Stufen unterbrochen werden.
- Flure und Treppen müssen beidseitig feste Handläufe aufweisen.
- Ein ausreichend dimensionierter Aufzug darf nicht fehlen.
- Fußbodenbeläge müssen rutschfest sein.
- Treppenhäuser und Flure müssen über eine Nachtbeleuchtung verfügen.
- Räume zur Unterbringung von Pflegepatienten sind mit einer Rufanlage an jedem Bett auszustatten

Behindertengerechte Sanitäranlagen sind Pflicht.

Alle Räume müssen angemessen beheizbar sein.
Siehe / Siehe auch: Altengerechtes Wohnen, Altenheim, Altenheimvertrag, Betreutes Wohnen, Heimgesetz

Heimfallanspruch

right of reversion; reversionary claim; especially of freeholder of a property subject to an -> Erbbaurecht

Erbbaurecht

In Erbbauverträgen werden Heimfallansprüche vereinbart. Sie beziehen sich in der Regel auf Fälle des grob vertragswidrigen Verhaltens des Erbbauberechtigten (etwa Nichtzahlung des vereinbarten Erbbauzinses über einen längeren Zeitraum). Der „Heimfall" wird durch Übertragung des Erbbaurechts auf den Erbbaurechtsgeber bewirkt. Es entsteht dann ein „Eigentümererbbaurecht". Die Übertragung bedarf der notariellen Beurkundungsform. Im Erbbauvertrag kann aber auch geregelt sein, dass der Heimfall zu einer Übertragung des Erbbaurechts an einen Dritten führen soll. Macht der Grundstückseigentümer von seinem Heimfallanspruch Gebrauch, ist an den Erbbauberechtigten zur Abgeltung des Restwerts des Erbbaurechts eine „angemessene" Vergütung zu bezahlen. Darüber kann bereits im Erbbauvertrag eine Vereinbarung getroffen werden. Dient das Erbbaurecht den Wohnbedürfnissen minderbemittelter Bevölkerungskreise, muss die Vergütung mindesten 2/3 des Verkehrswertes des Erbbaurechts betragen. Im Allgemeinen wird davon ausgegangen, dass zu den minderbemittelten Bevölkerungskreisen jene zählen, die Anspruch auf Förderung nach dem Wohnraumförderungsgesetz haben.

Dauerwohnrecht

Nach § 36 WEG kann auch als Inhalt eines eigentumsähnlichen Dauerwohnrechts ein Heimfallanspruch zwischen dem Berechtigten und dem Eigentümer vereinbart werden, wenn bestimmte, im Vertrag genannte Voraussetzungen, zum Beispiel auch Pflichtverletzungen durch den Berechtigten, eintreten. Hierzu gehören auch Regelungen über eine Entschädigung an den Berechtigten, wenn vom Heimfallanspruch Gebrauch gemacht wird.

Heimgesetz

German Homes Act

Das Heimgesetz (HeimG) regelt die rechtlichen Verhältnisse in Altenheimen – dass heißt Wohnen und Pflege, die in einem Altenheimvertrag zusammengefasst werden. Das Gesetz gilt für alle Heime – also entgeltlich betriebene Einrichtungen, in denen ältere, pflegebedürftige oder auch behinderte Volljährige aufgenommen werden, um sie zu pflegen und zu betreuen, ihnen Wohnraum zur Verfügung zu stellen, und deren Bestand von Anzahl und Wechsel der Bewohner unabhängig ist. Nicht unter das Heimgesetz fallen Einrichtungen, bei denen ein Vermieter den Mietern lediglich die Möglichkeit gibt, bestimmte Betreuungsleistungen, z. B. Notrufdienste, in Anspruch zu nehmen oder Dienst- und Pflegeleistungen anderer Anbieter vermittelt. Damit gilt das HeimG nicht für viele Versionen des Betreuten Wohnens. Für Kurzzeitheime und stationäre Hospize gelten seine Vorschriften nur eingeschränkt.
Das HeimG verfolgt den Zweck, die Interessen der Bewohner zu wahren und ihre Selbstständigkeit und Selbstbestimmung soweit möglich zu schützen. Seit dem 01.10.2009 sind die Regelungen über Heimverträge aus dem Heimgesetz ausgegliedert und in das Wohn- und Betreuungsvertragsgesetz übernommen worden. Das Heimgesetz regelt weiterhin alle anderen Aspekte von Altenheimen – etwa die Mitbestimmung durch die Bewohner oder die behördliche Kontrolle. Heime, die dem HeimG unterliegen, müssen bei der zuständigen kommunalen Behörde (Heimaufsicht) registriert sein und werden von dieser überwacht.
Siehe / Siehe auch: Altengerechtes Wohnen, Altenheimvertrag, Betreutes Wohnen, HeimG, Wohn- und Betreuungsvertragsgesetz (WBVG)

Heimstätte

home; homestead

Grundgedanke der Heimstätten war es, Familien mit niedrigem Einkommen ein krisensicheres Eigenheim zu ermöglichen. Verwirklicht wurde der Gedanke im Reichsheimstättengesetz von 1920. Der Schutz bestand vor allem in einem beschränkten Vollstreckungsschutz. Im Grundbuch wurde ein Reichsheimstättenvermerk eingetragen. 1993 wurde das Reichsheimstättengesetz aufgehoben. Die hiervon ausgehenden Schutzwirkungen traten mit Ablauf des Jahres 1998 außer Kraft.

Heiz- und Warmwasserkosten

heating and hot water costs

Nach der Verordnung über die verbrauchsabhängige Abrechnung der Heiz- und Warmwasserkosten (Verordnung über Heizkostenabrechnung – HeizkostenV) ist der Wärme- und Warmwasserverbrauch durch Wärmezähler oder Heizkostenver-

teiler beziehungsweise durch Warmwasserzähler oder andere geeignete Erfassungsgeräte in den mit Wärme und Warmwasser versorgten Gebäuden beziehungsweise Räumen zu erfassen (§ 5 HeizkostenV). Dem erfassten Verbrauch entsprechend sind die Kosten auf die Nutzer (Mieter und Wohnungseigentümer) zu verteilen (§ 6 HeizkostenV). Die Kosten des Betriebes der zentralen Heizungsanlage sind zu mindestens 50 vom Hundert, höchstens 70 vom Hundert zu verteilen. Unter bestimmten Voraussetzungen sind 70 vom Hundert der Heizkosten nach dem erfassten Wärmeverbrauch zu verteilen. Die verbleibenden Kosten sind nach der Wohn- oder Nutzfläche oder nach dem umbauten Raum zu verteilen. Es kann auch die Wohn- oder Nutzfläche oder der umbaute Raum der beheizten Räume zugrunde gelegt werden.
Die Abrechnungsmaßstäbe können vom Gebäudeeigentümer durch einseitige Erklärung beziehungsweise von den Wohnungseigentümern unter bestimmten Voraussetzungen geändert werden, und zwar unter anderem dann, wenn bauliche Maßnahmen durchgeführt werden, die zu einer nachhaltigen Einsparung von Heizenergie führen (§ 6 Abs. 4 HeizkostenV). Wird gegenüber dem Mieter nicht verbrauchsabhängig abgerechnet, steht diesem ein Kürzungsrecht von 15 vom Hundert des auf ihn entfallenden Betrages zu (§ 12 HeizkostenV). Dem Wohnungseigentümer steht dieses einseitige Kürzungsrecht nicht zu (§ 12 Abs. 1 Satz 2 HeizkostenV). Die Vorschrift des § 16 Abs. 3 WEG zur mehrheitlichen Abänderbarkeit der Betriebskostenverteilung ist auf die Heizkostenverteilung nicht anwendbar.
Siehe / Siehe auch: Betriebs- und Verwaltungskosten (Wohnungseigentum), Heizkostenverordnung, Heizkostenverordnung 2009, Heizkosten-Schätzung

Heizkörper

radiator; heating element

Heizkörper sind Bauelemente, die zum Beheizen von Räumen dienen und zu diesem Zweck erzeugte Wärme abgeben. Die Abgabe der Heizwärme erfolgt durch Konvektion und Abstrahlung. Um einen optimalen bauphysikalischen Wirkungsgrad zu erzielen, werden Heizkörper in der Regel unter Fenstern montiert.
Die unterschiedlichen Arten von Heizkörpern werden nach Form und Funktionsprinzip unterschieden, verbreitet sind insbesondere Plattenheizkörper, Konvektoren oder Gliederheizkörper (Radiatoren). Darüber hinaus gibt es weitere Formen von Heizkörpern wie Handtuchradiatoren, Rohrheizkörper, Rippenrohrheizkörper oder Sockelleistenheizkörper.
Siehe / Siehe auch: Radiator

Heizkosten-Schätzung

heating cost estimate

In Ausnahmefällen ermöglicht die Heizkostenverordnung eine Schätzung der Heizkosten eines Mieters durch den Vermieter im Rahmen der Heizkostenabrechnung. Dies ist der Fall, wenn:

- eine Verbrauchserfassung nicht möglich ist, weil die entsprechenden Zähler defekt sind
- andere zwingende Gründe die Verbrauchserfassung verhindern.

Diese zwingenden Gründe liegen insbesondere dann vor, wenn der Mieter nach rechtzeitiger Ankündigung der Ablesung den Ableser dreimal nacheinander nicht in die Wohnung gelassen hat bzw. nicht anwesend war. Die Schätzung kann sich am Verbrauch des Mieters in früheren Abrechnungszeiträumen orientieren, wahlweise aber auch am Verbrauch anderer, vergleichbarer Räume oder Wohnungen im gleichen Gebäude im gleichen Abrechnungszeitraum. Auch eine Schätzung auf Basis des Durchschnittsverbrauchs des Hauses oder der Nutzergruppe ist seit 01.01.2009 zulässig. Allerdings dürfen nur für maximal 25 Prozent der Wohnfläche eines Gebäudes die Heizkosten geschätzt werden. Ist die Fläche, für die keine Verbrauchserfassung durchgeführt werden konnte, größer, so müssen die Wohn- oder Nutzfläche oder der umbaute Raum in Kubikmeter als Umlageschlüssel verwendet werden.
Siehe / Siehe auch: Betriebskosten, Umlage (Mietrecht), Heizkostenverordnung 2009, Heizkostenverordnung

Heizkostenverordnung

German heating cost ordinance

Die Heizkostenverordnung (Verordnung über die verbrauchsabhängige Abrechnung der Heiz- und Warmwasserkosten) stammt von 1981 und wurde seitdem immer wieder geändert. Sie regelt die Kostenverteilung auf die Einzelnutzer in Mehrfamilienhäusern bei zentralen Heizungsanlagen und zentralen Warmwasserversorgungsanlagen sowie bei der eigenständigen gewerblichen Lieferung von Wärme oder Warmwasser. Die Heizkostenverordnung gilt für preisgebundenen und preisfreien Wohnraum. Grundsätzlich geht sie auch vertraglichen Vereinbarungen vor. Ausnahme sind Gebäude mit bis zu zwei Wohnungen, von denen eine der Vermieter bewohnt. Auch auf Wohneigentum ist die

Heizkostenverordnung anzuwenden. § 11 der Heizkostenverordnung zählt eine Reihe von Gebäuden auf, für die die Vorschriften über die Verbrauchserfassung und die verbrauchsabhängige Abrechnung des Wärmeverbrauchs nicht anzuwenden sind: Räume in Gebäuden mit einem Heizwärmebedarf unter 15 Kiowattstunden/(Quadratmeter x a); Wohnräume, bei denen sich die Kosten für Zählereinbau und Verbrauchsabrechnung auch in zehn Jahren durch Einsparungen nicht wieder amortisieren würden; Räume, die vor dem 01.07.1981 bezugsfertig geworden sind und in denen der Nutzer den Wärmeverbrauch nicht beeinflussen kann; Unterkünfte in Studentenwohnheimen, Alters- und Pflegeheimen und ähnlichen Gebäuden; sowie auf Räume in Gebäuden, die hauptsächlich mit Wärme aus Anlagen zur Wärmerückgewinnung oder aus Wärmepumpen- oder Solaranlagen, aus Anlagen der Kraft-Wärme-Kopplung oder aus Anlagen zur Verwertung von Abwärme (sofern kein Wärmeverbrauch des Gebäudes erfasst wird) versorgt werden. Kernpunkte der Heizkostenverordnung sind die Pflichten zur Verbrauchserfassung und zur verbrauchsabhängigen Kostenverteilung. Der Gebäudeeigentümer ist damit gesetzlich verpflichtet, Messgeräte beziehungsweise Zähler für Heizung und Warmwasser zu installieren und anhand des gemessenen Verbrauchs abzurechnen. Die Heizkostenverordnung legt für die Heizungs- und die Warmwasserabrechnung unterschiedliche Regeln fest.

Bei Anlagen, die nur der reinen Wärmeversorgung dienen, müssen 50 bis 70 Prozent der Kosten nach dem gemessenen Verbrauch berechnet werden. Der verbleibende Teil der Kosten wird nach den Flächenanteilen in Quadratmetern oder dem umbauten Raum in Kubikmetern aufgeteilt. Nach der Heizkostenverordnung 2009 sind bei bestimmten Gebäuden mindestens 70 Prozent der Kosten nach dem Verbrauch zu berechnen. Bei Anlagen, die ausschließlich der Warmwassererzeugung dienen, müssen die Kosten zu 50 bis 70 Prozent nach Verbrauch, der Rest nach der Wohnfläche verteilt werden. Bei Verbundanlagen für Heizung und Warmwasser ist die Kostenaufteilung aufwändiger. Die für die Erzeugung von Heizwärme und Warmwasser gemeinsam entstandenen Kosten sind zur Abrechnung in Heiz- und Warmwasserkosten aufzuteilen. § 9 der Heizkostenverordnung enthält Berechnungsformeln für die Ermittlung der Anteile der zentralen Warmwasserversorgungsanlage am Wärme- und Brennstoffverbrauch. Für das Wasser müssen wiederum Brennstoffverbrauch (etwa in Liter Öl oder Kubikmeter Gas) sowie Wärmeverbrauch (Volumen des verbrauchten Wassers in Kubikmeter, mittlere Temperatur des Warmwassers in Grad Celsius sowie der Heizwert des verbrauchten Brennstoffs in Kilowattstunden) auseinandergehalten werden.

Siehe / Siehe auch: Umlage (Mietrecht), Umlageschlüssel im Mietrecht, Heizkostenverordnung 2009, Heizkosten-Schätzung, Heiz- und Warmwasserkosten

Heizkostenverordnung 2009

German heating cost ordinance 2009

Für alle ab 01.01.2009 beginnenden Abrechnungszeiträume gilt eine Neufassung der Heizkostenverordnung. Die wichtigsten Neuerungen:

- Das Ableseergebnis ist dem Nutzer innerhalb eines Monats mitzuteilen, außer er kann es selbst am Zähler ablesen.
- Bestehen sachgerechte Gründe (neue Heizanlage, Wärmedämmung) darf der Verteilerschlüssel wiederholt abgeändert werden.
- 70 Prozent der Heizkosten müssen nach dem erfassten Verbrauch umgelegt werden bei Gebäuden, die nicht die Anforderungen der Wärmeschutzverordnung vom 16.08.1994 erfüllen und die per Öl- oder Gasheizung beheizt werden und in denen die freiliegenden Leitungen der Wärmeverteilung überwiegend gedämmt sind. Alle Voraussetzungen müssen erfüllt sein: Sind die Leitungen ungedämmt, darf der Wärmeverbrauch auch nach anderen anerkannten Methoden bestimmt werden.
- Auf die Mieter dürfen nun auch die Kosten einer Verbrauchsanalyse umgelegt werden.
- Nach der Betriebskostenverordnung erlaubt nun auch die Heizkostenverordnung die Umlage der Kosten für die Eichung von Zählern.
- Der Warmwasserverbrauch soll in Zukunft nicht mehr durch Messung der Warmwassermenge gezählt werden, sondern – ab 31.12.2013 – durch Wärmezähler, die jeder Vermieter zu installieren hat und die den Anteil der Wassererwärmung an den gesamten Heiz- und Warmwasserkosten genau aufzeigen. Umgangen werden kann der Zählereinbau, wenn er unverhältnismäßig hohen Aufwand verursachen würde.
- Eigentümer von Passivhäusern mit einem Wärmeverbrauch unter 15 Kilowattstunden pro Quadratmeter und Jahr müssen keine verbrauchsabhängige Heizkostenverteilung durchführen.

- Bis 31.12.2013 müssen Hauseigentümer unmoderne Zähler – etwa Warmwasserkostenverteiler – durch zeitgemäße Geräte ersetzen.

Siehe / Siehe auch: Betriebskosten, Umlage (Mietrecht), Umlageschlüssel im Mietrecht, Heizkostenverordnung, Heizkosten-Schätzung, Heiz- und Warmwasserkosten

Hellhörigkeit

badly/poorly sound-proofed; poor acoustic insulation

Der Begriff Hellhörigkeit wird umgangssprachlich bei mangelhafter Schall- bzw. Trittschalldämmung von Gebäuden verwendet. Bei Neubauten müssen hinsichtlich der Schalldämmung bestimmte Normen eingehalten werden. Maßgeblich ist hier die DIN 4109 (Schallschutz im Hochbau), Stand 1989. Da die Grenzwerte dieser Norm mittlerweile als veraltet gelten, ist Bauherren die eindeutige vertragliche Vereinbarung strengerer Grenzwerte zu empfehlen (z. B. Richtlinie VDI 4100).

Beim Kauf eines gebrauchten Wohnhauses besteht nach einem Urteil des Bundesgerichtshofes kein Schadenersatzanspruch des Käufers, wenn sich herausstellt, dass das Gebäude besonders hellhörig ist. Ansprüche können allenfalls dann geltend gemacht werden, wenn ein nachweisbarer Baumangel besteht oder im Kaufvertrag zugesichert wurde, dass das Gebäude nicht hellhörig sei oder bestimmte Grenzwerte eingehalten würden. Im verhandelten Fall ging es um eine Doppelhaushälfte. Dem BGH zufolge hätte der Verkäufer den Käufer nur über die Hellhörigkeit aufklären müssen, wenn er davon ausgehen musste, dass diese durch einen Baumangel bedingt war (Urteil vom 12.03.2009, Az. V ZR 161/08). Über bekannte Baumängel muss der Käufer informiert werden.

Siehe / Siehe auch: Trittschallschutz

Herabfallende Dachplatten

falling roof tiles

Entstehen durch herabfallende lockere Dachplatten Schäden an Sachen oder Personen, haftet der Gebäudeeigentümer wegen Verletzung seiner Verkehrssicherungspflicht. Die Gerichte vermuten in solchen Fällen zugunsten des Geschädigten, dass die Platten nicht ordnungsgemäß befestigt waren. Nach einem Urteil des Oberlandesgerichts Köln (12 U 112/03) sind auch Sturmböen bei einem Gewitter keine Rechtfertigung für einen Hauseigentümer. Zumindest solange sich die Windstärke im Rahmen dessen hält, womit bei Stürmen in der jeweiligen Gegend gerechnet werden muss, hat er zu zahlen. Wenn das Dach an einen viel besuchten Parkplatz grenzt, muss häufiger kontrolliert werden. Eine Überprüfung alle zwei Jahre reicht nicht aus. Auch das Alter des Daches kann dabei eine Rolle spielen.

Siehe / Siehe auch: Verkehrssicherungspflicht

Herrschendes Grundstück

dominant tenement (easements, etc.); dominant estate; superior estate

Soll zu Gunsten eines Grundstücks auf einem anderen Grundstück eine Grunddienstbarkeit eingetragen werden, kann der berechtigte Grundstückseigentümer im Bestandsverzeichnis seines Grundstücks einen Herrschvermerk eintragen lassen. Dies hat allerdings nur eine deklaratorische Bedeutung und signalisiert Dritten gegenüber das Bestehen eines solchen Rechts an einem anderen Grundstück. Der Rechtsanspruch zur Ausübung der Rechte aus der Grunddienstbarkeit kann nur durch die Belastung des „dienenden Grundstücks“ in Abteilung II dinglich abgesichert werden.

Siehe / Siehe auch: Grunddienstbarkeit

Herstellermarken

manufacturer's brands

Siehe / Siehe auch: Handelsmarken

Herstellungskosten

manufacturing costs; factory costs; cost of goods manufactured; production costs; cost of production; construction cost(s); building cost(s); cost of building

im einkommensteuerlichen Sinne

Zu den Herstellungskosten eines Gebäudes im einkommensteuerlichen Sinne zählen im Rahmen der Bauerstellung alle Kosten, die nicht Anschaffungskosten für Grund und Boden einschließlich Erschließungsbeiträge sind. Die Summe der Herstellungskosten ist Grundlage für die AfA. Für alle nach Fertigstellung des Gebäudes entstehenden („nachträglichen“) Herstellungskosten können ggf. höhere AfA-Sätze geltend gemachte werden, soweit diese der voraussichtlichen Restnutzungsdauer entsprechen.

Dies gilt z. B. für eine Modernisierungsmaßnahme in einem Altbau, deren Kosten nicht als Erhaltungsaufwand unmittelbar abgesetzt werden können, bzw. die nicht als nachträgliche Herstellungskosten des Altgebäudes gelten.

beim Sachwertverfahren

Die Herstellungskosten setzen sich zusammen aus den Baukosten und den Baunebenkosten. Die Baukosten werden beim Sachwertverfahren zunächst ermittelt auf der Bezugsgrundlage eines Quadratmeters der Bruttogrundfläche oder eines Kubikmeters des Bruttorauminhalts. Beim Kostenansatz handelt es sich um Erfahrungswerte. Sie differieren nach Nutzungsart und Bauqualität. Multipliziert man den Kostenansatz, mit der Zahl der Quadratmeter Bruttogrundfläche bzw. der Kubikmeter des Bruttorauminhalts, erhält man den Herstellungswert. Die Baunebenkosten werden in einem prozentualen Pauschalansatz hinzugerechnet. Da sich die Erfahrungssätze auf ein bestimmtes Basisjahr beziehen (1913, 1995, 2000) muss der Herstellungswert mit Hilfe des Baupreisindex des Statistischen Bundesamtes auf das Jahr bzw. den Monat, zu dem die Bewertung erfolgen soll, umgerechnet werden.
Siehe / Siehe auch: AfA, Absetzung für Abnutzung (AfA), Sachwert

Herstellungswert

objective value; cost value; (depreciated) replacement cost (not an exact equivalent)
Siehe / Siehe auch: Herstellungskosten

Hinterlegung der Miete

deposit/ escrow of rent
Es gibt Fälle, in denen der Adressat der Mietzahlung aus Mietersicht unklar ist (Eigentümerwechsel, Insolvenz, Tod des Vermieters usw.). Es soll auch schon vorgekommen sein, dass die Annahme der Zahlung verweigert wurde. Da all dies den Mieter nicht von seiner Zahlungspflicht befreit, kann er seinen Verpflichtungen auch durch Hinterlegung der Miete bei der Hinterlegungsstelle des örtlichen Amtsgerichts nachkommen.
Der Mieter vermeidet so das Risiko der Zahlung an einen nicht berechtigten Empfänger. Die Miete gilt als gezahlt. Der Vermieter kann sie unter Nachweis seiner Vermietereigenschaft vom Amtsgericht erhalten, muss aber etwaige Kosten der Hinterlegung übernehmen.

Hinzuziehungsklausel / Verweisungsklausel (Maklergeschäft)

consultation clause (brokerage)
Unter einer Hinzuziehungsklausel versteht man eine Geschäftsbedingung in einem Maklervertrag, in der sich der Auftraggeber verpflichtet, den beauftragten Makler stets zu Verhandlungen hinzuzuziehen, die der Auftraggeber mit Personen führt, die sich für die von ihm angebotene Immobilie interessieren. Dabei spielt es keine Rolle, ob der Interessent vom Makler nachgewiesen wurde oder ob es sich um einen Interessenten handelt, der direkt von der Verkäuflichkeit des Objektes erfahren hat (Direktinteressent). Bei der Verweisungsklausel verpflichtet sich der Auftraggeber, direkt an ihn herantretende Interessenten an den Makler zu verweisen. Der Grundgedanke der Hinzuziehungs- und Verweisungsklausel besteht darin, dem Makler die alleinige Verhandlungskompetenz zu übertragen und auszuschließen, dass durch gezielte Weitergabe von Maklerangeboten, die ein Scheininteressent anfordert, der Makler umgangen wird. Die Klauseln sind Bestandteil eines so genannten qualifizierten Alleinauftrages, der nach heutiger Rechtsprechung nur durch eine Individualvereinbarung wirksam vereinbart werden kann. Der Vorteil der Hinzuziehungs- und Verweisungsklauseln für den Auftraggeber besteht darin, dass der Makler seine Verkaufsbemühungen durch offenes Anbieten der Objekte rationalisieren und damit alle Marktchancen ausschöpfen kann.
Siehe / Siehe auch: Alleinauftrag, Individualvereinbarung

Historismus

historism
Unter Historismus werden die Baustile des späten 19. Jahrhunderts bezeichnet, die Stilelemente früherer Epochen, insbesondere der Romanik und Gotik („Neuromanik", „Neugotik"), der Renaissance („Neurenaissance") bis hin zum Neubarock übernommen haben. Der Historismus versteht sich als Abkehr von der rationalistischen Aufklärung und basierte auf romantischen Weltvorstellungen, verbunden mit einer Verklärung des Mittelalters. So wurden Häuser mit Türmchen versehen. Gleichzeitig sollte ein Gegengewicht zur Industriekultur geschaffen werden. Dem Geist des Historismus entsprang auch die sowjetische Architektur in der Stalinära, die allerdings nur auf reine Außenwirkung bedacht war. Siehe hierzu „Zuckerbäckerstil". Auch in Amerika wurden viele alte Stilelemente aus dem alten Europa übernommen, die an vergangene Zeiten erinnern. Abgelöst wurde der Historismus in der Zeit zwischen 1900 und 1920 vom Jugendstil. Es war nicht nur ein Baustil. Vielmehr erfasste der Jugendstil viele Bereiche des Lebens und hielt auch Einzug in die industrielle Produktion.

Hobbyraum

hobby room

Unter Hobbyräumen versteht man Räume, in denen der Besitzer seine private Freizeitbeschäftigung in Nichtwohnräumen ausüben kann. Es handelt sich in der Regel um einen oder mehrere Kellerräume die für die Ausübung des Hobbys entsprechend ausgestattet sind. Hobbyräume haben keinen Wohnraumcharakter im Sinne des Bauordnungsrechts, d.h. sie müssen nicht zum dauernden Aufenthalt einer Person geeignet sein. Es wäre deshalb falsch, die Hobbyraumflächen in die Wohnflächenberechnung mit einzubeziehen. Da ein Hobby keine berufliche Tätigkeit mit Einkunftserzielungsabsicht ist, kann ein Hobbyraum auch nicht als häusliches Arbeitszimmer i.S.d. Einkommensteuerrechts eingestuft werden. In Häusern mit mehreren Wohnungen ist darauf zu achten, dass das ausgeübte Hobby nicht gegen die Hausordnung verstößt oder auf sonstige Weise den Wohnfrieden im Haus gefährdet.
In einer Eigentumswohnanlage kann an Hobbyräumen Sondereigentum begründet werden. Dies setzt voraus, dass sie abgeschlossen sind. Eine räumliche Verbindung zu einer Wohnung muss nicht bestehen. Bei der Berechnung der Miteigentumsanteile eines Hobbyraums sollte allerdings sein Flächenanteil nicht gleich wie eine Wohnfläche behandelt werden. Eine Alternative besteht darin, an Hobbyräumen ein Sondernutzungsrecht zu begründen.
Siehe / Siehe auch: Arbeitszimmer (häusliches), Wohnung, Wohnungseigentum

Hochbau

building construction; structural engineering

Hochbau umfasst die Gestaltung, Planung, Erstellung und Koordination überirdischer Bauwerke, z.B. Kirchen, Wohnhäuser und Industriebauten. Haupt verantwortlich ist der Architekt, der abhängig vom Umfang des Gebäudes weitere Ingenieure und Fachkräfte hinzuzieht. Das Gegenteil des Hochbaus ist der Tiefbau.
Siehe / Siehe auch: Tiefbau

Hochhaus

high building; skyscraper; tower block; multistorey; highrise building; multi-story building

Hochhäuser sind nach deutschem Verständnis Gebäude, bei denen der Fußboden mindestens eines Aufenthaltsraumes mehr als 22 Meter über der Geländeoberfläche liegt. Diese Definitionen finden sich in Hochhausverordnungen beziehungsweise in den Bauordnungen der Bundesländer. Die Vorschriften dienen vor allem den besonderen Anforderungen an den Brandschutz, von der Feuerwehrzufahrt über das feuerbeständige Material von tragenden Wänden und Decken, bis hin zu Feuerlöscheinrichtungen und deren Wartung. Das Bauen in eine unbegrenzte Höhe wurde seit der Erfindung des Fahrstuhls 1852 durch Elisha Graves Otis möglich. Die ersten Hochhäuser, die man als „Wolkenkratzer" bezeichnete, entstanden in den Vereinigten Staaten.

Entwicklung der Höhensteigerungen

- 1913 Woolworth Building, New York: 214 Meter
- 1930 Chrysler Building, New York: 319 Meter
- 1931 Empire State Building, New York: 381 Meter
- 1972 World Trade Center (Zwillingstürme): 417 Meter (Einsturz 11.09.2001 durch Terror-Anschlag)
- 1974 Sears Tower, Chicago: 442 Meter
- 1997 Petronas Towers, Kuala Lumpur: 452 Meter
- 1999 Jin Mao Tower, Shanghai: 421 Meter
- 2004 Taipei101, Taopei (Taiwan): 508 Meter
- 2008 World Financial, Shanghai: 492 Meter
- 2009 Nanjing Greenland Financial, Nanjing: 450 Meter
- 2010 Guangzhou West Tower, Guangzhou: 438 Meter
- 2010 Burj Khalifa, Dubai: 828 Meter

Die höchsten Gebäude in Deutschland befinden sich in Frankfurt (Commerzbank: 259 Meter, Messeturm: 257 Meter, Westendstraße 1: 208 Meter). In Moskau steht das höchste europäische Gebäude: Triumph-Palace mit 264 Meter.
Siehe / Siehe auch: Gebäude

Hochwasser

high tide; flood(s)

Hochwasser entsteht, wenn die Niederschlagsmenge (bzw. die Menge der Schneeschmelze) nicht mehr

vom Boden aufgenommen werden kann und das abfließende Wasser die Abflusskapazitäten der Bäche und Flüsse überschreitet. Die Abflussmenge wird in Kubikmeter pro Sekunde über die Fließgeschwindigkeit gemessen. Der Hochwasserstand wird an Pegelmessstellen meist mit Hilfe eines Schwimmerpegels gemessen. Die Pegelbewegungen (Bewegung der Schwimmkörper) werden in der Regel automatisch aufgezeichnet. Hochwasser entsteht ferner in Küstengebieten durch Sturmfluten. Hochwasserschäden entstehen vor allem durch Überflutungen, Deichbrüche und Zerstörungen durch mitgeführte Baumstämme und andere vom Hochwasser mitgerissene und den Abfluss blockierende Gegenstände sowie durch Unterspülungen von Brückenpfeilern. Die Maßnahmen zum vorbeugenden Schutz vor Hochwasser bestehen in der Anlage von Rückhaltebecken, Uferdämmen, Talsperren, Flutmulden (Ersatzflussbette) und Polder. Vor allem ist darauf zu achten, dass in hochwassergefährdeten Gebieten keine Bauflächen in den Flächennutzungsplänen ausgewiesen werden. Hochwasserschäden sind Vermögens- und Nutzungsausfallschäden.
Gegen Hochwasserschäden kann sich ein Hauseigentümer versichern lassen. Allerdings lehnen Versicherungsgesellschaften in extrem hochwassergefährdeten Lagen den Abschluss von Versicherungsverträgen häufig ab. Das Hochwasserrisiko führt in solchen Fällen zu hohen Wertabschlägen.
Vorbeugender Hochwasserschutz findet zunehmend seinen Niederschlag in Regionalplänen, in denen Überschwemmungsbereiche und vorzusehende Überschwemmungsflächen dargestellt werden. Damit wird Einfluss auf die Bauleitplanung der Gemeinden genommen.
Siehe / Siehe auch: Polder

Höfeordnung

German ordinance regulating entailed succession of agricultural estates

Die Höfeordnung ist eine gesetzliche Regelung in den Bundesländern Schleswig-Holstein, Hamburg, Nordrhein-Westfalen und Niedersachsen. Für landwirtschaftliche Betriebe in diesen Bundesländern, die Höfe nach der Definition der Höfeordnung sind, gelten besondere erbrechtliche Regelungen. Dadurch soll verhindert werden, dass land- und forstwirtschaftliche Betriebe im Erbfall in kleine und kleinste unwirtschaftliche Einheiten zersplittert werden. Nach der Höfeordnung erbt nur eine Person – der „Hoferbe“. Die Höfeordnung regelt auch die Abfindungen für die leer ausgegangenen Geschwister – allerdings sind diese Abfindungen sehr niedrig, da es keinen Sinn macht, den Hoferben durch hohe Zahlungsbelastungen gleich in den finanziellen Ruin zu befördern.
Siehe / Siehe auch: Landwirtschaftsgericht

Höhe der baulichen Anlagen

height of structural works

Im Bebauungsplan wird häufig die Höhe der baulichen Anlagen (H) festgesetzt. Es handelt sich um ein Maß der baulichen Nutzung. Dabei ist zu unterscheiden zwischen der Firsthöhe – FH (z. B. 12,4 m über Gehweg), der Traufhöhe (TH) (z. B. 60,2 m über NN), und der Höhe zur Dachoberkante – OK (z.B. 120,2 m über NN). Die Höhe kann als Höchstmaß oder zwingend vorgeschrieben werden. Die Höhe der baulichen Anlage ist immer dann festzusetzen, wenn ohne ihre Festsetzung das Orts- und Landschaftsbild beeinträchtigt würde. Allerdings kann auch an die Stelle der Höhenfestsetzung die Zahl der Vollgeschosse treten. Als unterer Bezugspunkt kommen neben der mittleren Höhe des Meeresspiegels (NN= Normal-Null) auch Bezugspunkte in Frage, die vom Grundstückseigentümer nicht beeinflusst werden können, z. B. die Höhenlage einer Verkehrsanlage (Weg, Straße).
Siehe / Siehe auch: Maße der baulichen Nutzung

Höhenlinien

contour line

Um die Topographie eines Geländes darzustellen, bedient man sich der Höhenlinienkarten. In ihr sind in der Regel im Höhenabstand von 5 m die Höhenlinien eingezeichnet. Sie basieren in Deutschland auf dem unteren Bezugspunkt, der „Normal Null“– mittlerer Meeresspiegel nach dem Pegel von Amsterdam. Von diesem Pegelstand aus wurden an verschiedenen Stellen in Deutschland Höhenfestpunkte durch Präzisionshöhenmessungen durchgeführt, von denen wiederum Höhenmaße abgeleitet werden können. Der Meeresspiegel erhöht sich im Jahresschnitt um 2 mm. Die Höhenmessungen können mit Hilfe eines Nivelliergerätes millimetergenau durchgeführt werden. Höhenangaben über N.N. werden auch zur Festsetzung der unteren Bezugspunkte der Höhenfestsetzungen von Gebäuden in Bebauungsplänen verwendet.
Siehe / Siehe auch: Höhe der baulichen Anlagen

Hof

courtyard; yard

Nach der Höfeordnung ist ein Hof eine land- oder forstwirtschaftliche Besitzung mit einer zu ihrer Bewirtschaftung geeigneten Hofstelle, die einen bestimmten Wirtschaftswert hat. Die Höfeordnung gilt nur für die Bundesländer Hamburg, Niedersachsen, Schleswig-Holstein und Nordrhein-Westfalen. Die Höfeordnung regelt das Erbrecht bei Höfen. (Weitere vergleichbare landesrechtliche Hoferbenregelungen gibt es in Baden-Württemberg, Hessen, Bremen und Rheinland-Pfalz.) Der Hof befindet sich entweder im Alleineigentum des Hofeigentümers oder im gemeinschaftlichen Eigentum der Ehegatten (Ehegattenhof). Der Hof fällt im Erbfall als Teil der Erbschaft nur einem Erben (Hoferben) zu. Bei Ehegatten ist der jeweils überlebende Ehegatte Erbe. Sie können aber gemeinsam einen Dritten als Erben bestimmen. Die Höfeordnung sieht natürlich auch Regelungen über die Abfindung der Miterben durch den Hoferben vor. Die Besitzung verliert die Hofeigenschaft, wenn die Eigentumsformen (Alleineigentum oder Ehegattenhof) nicht mehr besteht. Im Grundbuch wird ein Hofvermerk eingetragen. Mit Aufhebung des „Reichserbhofgesetzes" durch das Kontrollratsgesetz Nr. 43 wurde das Höfeordnungsrecht mit dem Stand vom 1.1.1933 wieder eingeführt. Die heute geltende Fassung der Höfeordnung stammt vom 26. Juli 1976.

Hoffläche

courtyard

Hoffläche ist eine frühere Bezeichnung für die im Liegenschaftskataster geführte Fläche, die zu einem Gebäude gehört und versiegelt ist. Sie kann im Flächeninnenraum u.a. als PKW-Abstellplatz dienen und als Vorplatz vor Garagen zur Straße hin. Auch andere Nebenanlagen (z.B. Garagen) werden zur Hoffläche gerechnet. Heute gehören die Hausgrundstücke zur Kategorie der „Gebäude- und Freifläche".

Siehe / Siehe auch: Gebäude und Freifläche

Hofraumverordnung

German ordinance regulating farmyards

Die Hofraumverordnung vom 24.09.1993 behandelt die grundbuchmäßige Behandlung von „ungetrennten Hofräumen", das sind nicht vermessene, nicht katastermäßig erfasste Grundstücke in den neuen Bundesländern, die zum Teil mangels konkreter Angaben im Grundbuch nicht als Grundstück gelten. Die Verordnung stellt die formale Grundbuchfähigkeit der Anteile an ungetrennten Hofräumen wieder her, so dass Eintragung, Belastung und Verkauf möglich werden. Nach der Hofraumverordnung kann eine Eintragung im Grundbuch, die sich auf einen bereits dort eingetragenen Anteil am ungetrennten Hofraum bezieht, nicht mit der Begründung abgelehnt werden, dass rechtlich gar kein Grundstück existiere. Nach § 1 Abs. 1 der HofV wird das übliche Kataster durch die alten preußischen Gebäudesteuerbücher ersetzt. Damit sind die Grundstücke nach einem amtlichen Verzeichnis festgelegt. Falls jedoch – wie oft vorgekommen – die Gebäudesteuerbücher nicht mehr existieren, kann auch der letzte Einheitswertbescheid verwendet werden. Falls es keinen gibt, kann auch dieser durch Ersatzbescheinigungen ersetzt werden (Grundsteuerbescheid, Grunderwerbssteuerbescheid, kommunaler Abwassergebührenbescheid). Sobald die erforderlichen Angaben bzw. Ersatzangaben im Grundbuch eingetragen sind, wird der „Anteil am ungetrennten Hofraum" zum Grundstück im Rechtssinne. Probleme hinsichtlich der unsicheren Lage und Fläche der Grundstücke regelt das Bodensonderungsgesetz.

Die Hofraumverordnung tritt am 31.12.2010 außer Kraft. Der Gesetzgeber geht davon aus, dass bis zu diesem Zeitraum keine „ungetrennten Hofräume" mehr existieren.

Siehe / Siehe auch: Bodensonderung, Bodensonderungsgesetz, Sonderungsplan, Ungeteilter Hofraum

Holzklausel

so-called „wood clause" that refers to varnishing wooden objects in a flat

Unter einer Holzklausel versteht man umgangssprachlich eine Klausel im Mietvertrag, die das Lackieren von Holzteilen in der Mietwohnung im Rahmen der Schönheitsreparaturen regelt. Einige in Mietverträgen verwendete Holzklauseln sind umstritten bzw. nach Ansicht der Gerichte unwirksam. Wirksam soll nach dem Bundesgerichtshof (Urteil vom 22.10.2008, Az. VIII ZR 283/07) die folgende im sogenannten Hamburger Mietvertrag (Stand 2006) verwendete Klausel sein: „Lackierte Holzteile sind in dem Farbton zurückzugeben, wie er bei Vertragsbeginn vorgegeben war; farbig gestrichene Holzteile können auch in Weiß oder in hellen Farbtönen gestrichen zurück gegeben werden." Wichtig: Solche Klauseln müssen sich immer auf das Vertragsende beziehen, da ein „Farbzwang" während der Mietzeit dem Mieter nach den meisten Gerichten nicht zuzumuten ist. In einem Urteil von 2010 hat der BGH dies noch einmal betont. Es ist danach unzulässig, dem Mieter während der Laufzeit des Mietvertrages eine bestimmte Farbgebung für die Holzteile (Innentüren, Türrahmen, Holzteile der Fenster) vorzuschreiben. Eine solche unwirksame Farbvorgabe kann dazu führen, dass die gesamte

Schönheitsreparaturen-Klausel im Mietvertrag unwirksam ist und der Mieter keine Schönheitsreparaturen durchführen muss (BGH, Urteil vom 20.01.2010, Az. VIII ZR 50/09). Einige Gerichte sehen die Erstreckung des üblichen Fristenplans auf die Lackierung von Fenstern und Türen (innen) sowie Rohren und Heizkörpern als unwirksam an, wenn im Vertrag nicht ausdrücklich auf die Erforderlichkeit abgestellt wird. Grund: Es wird davon ausgegangen, dass lackierte Teile sich meist nicht so schnell abnutzten oder unansehnlich werden, wie etwa gestrichene Tapeten. Lackarbeiten können daher nur verlangt werden, wenn die betreffenden Teile wirklich renovierungsbedürftig sind (Landgericht Köln, Az. 1 S 63/96; auch Amtsgericht Kiel, Az. 113 C 479/2005 vom 04.01.2006).

Siehe / Siehe auch: Abgeltungsklausel, Endrenovierungsklausel, Farbwahlklausel im Mietvertrag, Mietzuschlag bei unwirksamer Schönheitsreparaturen-Klausel, Nichtdurchführung von Schönheitsreparaturen durch Mieter, Schönheitsreparaturen

Holzpellets
wood pellets

Das Heizen mit Holzpellets wird seit einigen Jahren verstärkt propagiert. Holzpellets sind kleine Presslinge aus Holzschnitzeln. Sie bestehen in der Regel aus Restholz wie Sägespänen, das unter hohem Druck ohne zusätzliche Bindemittel zu Pellets gepresst wird. Diese können in speziellen kleinen Öfen oder großen Pellet-Heizanlagen verbrannt werden. Auch kleine Pellet-Öfen können z. B. neben der Raumheizung zur Wassererwärmung genutzt werden. Pellets gibt es sackweise zu kaufen; man kann sie auch per Tanklastzug liefern lassen. Für größere Heizanlagen ist ein trockener Lagerraum erforderlich, von dem aus die Pellets meist automatisch mit Hilfe einer Förderschnecke zum Heizkessel transportiert werden. Der Heizwert von einem Kilogramm Holzpellets beträgt circa fünf Kilowattstunden und entspricht damit ungefähr demjenigen von einem halben Liter Heizöl. Für die Qualität von Holzpellets gibt es Normen, in Deutschland die DIN 51731, in Österreich die ÖNORM M 7135. Der Asche-Gehalt von Holzpellets ist kleiner als 0,5 Prozent. Ihre Restfeuchtigkeit beträgt unter 10 Prozent. Damit ist ihr Heizwert größer als derjenige vieler anderer Brennstoffe.

Viele Hauseigentümer nehmen vom Erwerb einer Pellet-Heizung Abstand, weil sie einen Preisanstieg beziehungsweise eine Verknappung von Pellets befürchten. Bisher hält sich der Preisanstieg jedoch in Grenzen: Nach einem erheblichen Preisanstieg etwa zwischen August 2006 und Juli 2007 lag der Pellet-Preis im Herbst 2008 wieder auf dem Niveau von 2002 (Preis im August 2008: Holzpellets ca. 180 Euro pro Tonne, entspricht circa 3,6 Cent pro Kilowattstunde, Heizöl circa 8,5 Cent pro Kilowattstunde. Im November 2009 kostete eine Tonne Holzpellets im Bundesdurchschnitt bei Abnahme von sechs Tonnen 223,50 Euro pro Tonne inklusive Mehrwertsteuer. Das waren circa zwei Euro pro Tonne weniger als im Oktober 2009.

Siehe / Siehe auch: Niedrigenergiehaus, Pelletheizung

Holzpellets und Umwelt
wood pellets and the environment

Holzpellets gelten als umweltfreundlich, weil sie eine CO^2-neutrale Heizmethode darstellen. Bei ihrer Verbrennung wird ebenso viel CO^2 erzeugt, wie die verarbeiteten Bäume zu Lebzeiten verbraucht haben. Dies darf nicht darüber hinwegtäuschen, dass es sich trotz allem um einen Verbrennungsprozess handelt, bei dem grundsätzlich klimaschädliches CO^2 erzeugt wird. Ein Problembereich bei Holzheizungen ist die Entstehung von Feinstaub. In Deutschland wird durch Holzheizungen heute bereits mehr gesundheitsschädlicher Feinstaub erzeugt als durch alle Dieselfahrzeuge zusammen (Holz: 24.000 Tonnen im Jahr; Diesel: 21.000 Tonnen im Jahr). Hier sind jedoch veraltete Holzheizungen jeder Art mitgerechnet. Moderne Holzheizungen arbeiten mit elektronischer Steuerung, erhöhten Verbrennungstemperaturen und teilweise mit Brennwerttechnik. Ein moderner Pelletkessel erzeugt circa acht Milligramm Feinstaub pro Megajoule Wärmemenge (ungefähr 29 Milligramm pro Kilowattstunde). Bei Pelletheizungen mit Brennwerttechnik fallen etwa vier Milligramm Feinstaub pro Megajoule an. Einzelöfen – etwa offene Kamine oder Kachelöfen drei Milligramm/MJ.

Die Bundesregierung beabsichtigt, die 1. Bundesimmissionsschutzverordnung zu ändern. Dabei werden Grenzwerte für die Feinstaubemission von neuen Holzheizungen aller Art – auch kleinerer Modelle – festgelegt werden. Ältere Heizanlagen werden nach der Neufassung der Verordnung in einigen Jahren mit Filtern nachgerüstet oder ausgetauscht werden müssen. Die Preise für Holzpellets haben sich in den letzten Jahren immer deutlich unter dem Preis für Erdgas, aber nicht immer unterhalb des Heizölpreises bewegt. Etwa zwischen Juli 2006 und April 2007 kam es zu einem deutlichen Anstieg. Auch Anfang 2009 war der durchschnittliche

Pelletpreis vergleichsweise hoch – circa 4,8 Cent pro Kilowattstunde gegenüber circa 3,8 Cent pro Kilowattstunde im entsprechenden Vorjahreszeitraum. Im Mai 2009 kosteten Pellets etwa 4,1 Cent pro Kilowattstunde, Erdgas schlug mit durchschnittlich 7,5 Cent pro Kilowattstunde zu Buche und Heizöl mit 5 Cent pro Kilowattstunde (Quelle: DEPV/Solar Promotion GmbH).
Siehe / Siehe auch: Holzpellets, Pelletheizung, Kleinfeuerungsanlagen-Verordnung, Filterpflicht für Holzheizungen

Holzstapel

stack of wood

Holzstapel können unter Nachbarn zu gerichtlichen Auseinandersetzungen führen. Nimmt eine Holzablagerung die Ausmaße eines kleinen Gebäudes an, kann der Nachbar dagegen einschreiten. Problematisch ist, dass ein großer Holzstapel ggf. wie ein Bauwerk behandelt werden kann – und dann womöglich gegen die baurechtlich vorgeschriebenen Abstandsregelungen hinsichtlich der Grundstücksgrenze verstößt. Das Oberverwaltungsgericht des Saarlandes hat entschieden (Az. BRS 58 - 1996 -Nr. 175), dass eine Brennholzablagerung in Form aufgeschichteter Holzstöße auf einem Wohngrundstück in einem reinen Wohngebiet eine gemäß Baunutzungsverordnung zulässige Nebenanlage sein kann. Voraussetzung: Das Holz dient ausschließlich zur Beheizung des auf dem Grundstück stehenden Wohngebäudes. Andererseits hat ein Holzstapel „Gebäuden vergleichbare Wirkungen auf die Abstandsflächenfunktionen", wenn er eine Höhe von 2 Metern überschreitet und seine Länge oder Breite – vergleichbar der Ausdehnung von Gerätehütten oder -schuppen – bei drei Metern und mehr liegt (Urteil s.o.). In einem Verfahren vor dem Oberlandesgericht Koblenz (Az.: 5 W 810/98, Beschluss vom 30.11.1998) ging es um einen Holzstapel von beachtlichen 15 Metern Länge und drei Metern Höhe. Das Gericht stellte fest, dass der Eigentümer bei derartigen Ausmaßen auf Beseitigung des Holzes in Anspruch genommen werden könne. Ausnahmen werden jedoch gemacht, wenn der Holzstapel den Grundstückszaun zum Nachbarn nicht überragt.
Siehe / Siehe auch: Abstandsfläche

Holztäfelung, Decken- und Wandvertäfelungen

panelling / wainscoting, panelled ceiling, panelled walls

Ist eine Wohnung mit Holzverkleidungen an Decken oder Wänden ausgestattet, ist der Mieter im Rahmen der Schönheitsreparaturen nicht dazu verpflichtet, diese abzuschleifen, zu grundieren und neu zu lackieren oder zu lasieren. Solche Arbeiten überschreiten das Maß dessen, was noch im Rahmen der Schönheitsreparaturen verlangt werden kann. Eine entsprechende formularmäßige Bestimmung im Mietvertrag ist unwirksam (Landgericht Marburg, Urteil vom 12.04.2000, Az: 5 S 58/00).
Siehe / Siehe auch: Bauliche Veränderungen (Mietwohnung), Wegnahme von Einrichtungen

Home Office

home office

Ein Home Office bietet die Möglichkeit, der Berufstätigkeit nicht in einem Bürogebäude der Firma auf herkömmliche, sondern über entsprechende Kommunikations- und Datenübertragseinrichtungen zu Hause nachzugehen. Der verstärkte Einsatz von Home Offices könnte die Nachfrage nach Büroflächen – zumindest theoretisch – deutlich reduzieren. Zudem ergäben sich erhebliche Auswirkungen auf die Gestaltung von Wohneinheiten die entsprechende Office-Komponenten beherbergen sollen. Bis jetzt spielt das „Home Office" allerdings erst eine sehr untergeordnete Bedeutung; es wurde noch nicht in großem Umfang marktrelevant. Im Unterschied zum Office at Home gilt das Home Office nicht als Betriebsstätte.
Siehe / Siehe auch: Office at Home

Home-Staging

home staging

Home-Staging ist ein Mittel im Marketing, welches das fachmännische Verschönern, Herrichten und Ausgestalten einer Immobilie vor der Veräußerung oder Vermietung bezeichnet. Damit soll auf möglichst viele potenzielle Käufer eine Anziehungskraft ausgeübt werden, die eine möglichst breite Resonanz und letztlich einen stark ausgeprägten Kaufwunsch auslöst. Bei dem Interessenten soll der Eindruck geweckt werden, mit möglichst geringen Eigenleistungen schnell die Räume beziehen zu können. Home-Staging ist Bestandteil des Produktmarketings und ein Mittel, um eine Immobilie marktfähig zu machen. Durch diesen positiven Werbeeffekt sollen eine kürzere Umschlagsgeschwindigkeit erreicht, höhere Erlöse erzielt sowie Aufwendungen gesenkt werden, die durch einen höheren Zeitaufwand und durch laufende Kosten der Immobilie entstehen würden. Der Fokus liegt darauf, mehr Rückflüsse zu erzeugen, als vorher in Form von Zeit und Geld in das Marketing investiert worden ist.

Maßnahmen sind Beleuchtung, Farbgebung und Akzentuierungen (Herausarbeiten von Blickfängen). Einerseits sollen die Immobilie und das Interieur entpersonalisiert und so präsentiert werden, dass es dem Geschmack einer möglichst breiten, potenziellen Käuferschaft entspricht. Andererseits soll die Immobilie dabei dennoch so gestaltet sein, dass eine persönliche Identifikation erreicht wird. Nach gründlicher Entrümpelung, Säuberung und ggf. Demontage zielen klassische Methoden darauf, Flächen optisch zu vergrößern, Helligkeit zu verstärken, sowie eine aufgeräumte, harmonische und behagliche Wohlfühlatmosphäre zu kreieren. Hierzu sollen Stärken hervorgehoben und Schwächen abgemildert werden (Vorsicht bei pflichtwidrig verschwiegenen oder verschleierten Mängeln). Home-Staging stammt ursprünglich aus dem angloamerikanischen Raum und hat dort bereits einen höheren Bekanntheits- und Professionalisierungsgrad erreicht.

Aber auch in Deutschland gibt es erste Ansätze, Home-Staging zu etablieren. Die ersten Ratgeber und Agenturen sind bereits entstanden. Vorbilder sind zum Beispiel die Leitbilder der Freizeitparks („Disney World"), die eine angenehme, befreite, geordnete, saubere, behagliche Atmosphäre schaffen, wo man sich gerne niederlässt und entspannt.

Siehe / Siehe auch: Marketing, Marketingmix, Kommunikationspolitik, Umschlagsgeschwindigkeit

Homepage
homepage

Die Homepage, auch Website, ist ein eigener Auftritt des Immobilienunternehmens im Internet. Die Homepage wirkt wie eine Mischung aus Schaufenster, Laden, Firmenprospekt und Anzeige. Die beste Homepage bringt nicht viel, wenn es nicht gelingt, eine möglichst große Zahl qualifizierter potenzieller, aber auch aktueller Kunden auf diese Seite hinzuführen. Insofern ist es wichtig, dass die eigene Homepage in möglichst vielen Suchmaschinen präsent und vor allem bei den relevanten Suchbegriffen (z. B. „Immobilien", „Immobilienverwaltung", „Mietwohnungen", WEG-Verwalter) immer möglichst weit vorne in den Ergebnislisten auftaucht.

Nach § 6 TDG gibt es die Pflicht, mit einem Verweis auf das Impressum der Homepage hinzuweisen.

Siehe / Siehe auch: Impressum (Pflichtangaben auf der Homepage)

Homing
homing

Der Begriff „Homing" bezeichnet eine Lebensphilosophie, bei der das eigene Heim zum Lebensmittelpunkt wird. Trendforscher unterscheiden die Begriffe „Homing" und „Cocooning".

Anders als beim „Cocooning" findet beim „Homing" keine Verringerung der sozialen Kontakte statt; diese werden statt dessen in den häuslichen Bereich verlegt. So werden beispielsweise Treffen mit Freunden zu Hause durchgeführt und nicht mehr in der Öffentlichkeit, Hobbies werden ebenfalls in den häuslichen Bereich verlegt.

Siehe / Siehe auch: Cocooning

Honorarordnung für Architekten und Ingenieure (HOAI)
regulations for architects' and engineers' fees; fee structure for architects and engineers

Die Honorarordnung für Architekten und Ingenieure und ist eine Rechtsverordnung, die ihre Rechtsgrundlage im Gesetz zur Regelung von Ingenieur- und Architektenleistungen hat.

Nach ihr erfolgt die Berechnung der Entgelte für die Leistungen der Architekten und Ingenieure (Auftragnehmer) soweit sie durch die Leistungsbilder und andere Bestimmungen der Verordnung erfasst sind. Sie wurde neu gefasst und gilt seit 18.08.2009 in der Neufassung.

Die HOAI umfasst 5 Teile

1. Allgemeine Vorschriften (u. a. Leistungen/ Leistungsbilder einschließlich der neun bekannten Leistungsphasen/Honorarzonen)
2. Flächenplanung (u. a. Bauleit- und Landschaftplanung)
3. Objektplanung (u. a. Gebäude, Freianlagen)
4. Fachplanung (Tragwerksplanung, Technische Ausrüstung)
5. Übergangs- und Schlussvorschriften

Die neuen Werte der Honorartafeln wurden um zehn Prozent erhöht. Die Honorare wurden von den Baukosten abgekoppelt. Berechnungsgrundlage sind die anrechenbaren Kosten nach DIN 276 oder – wenn die Ermittlung zu unsicher ist – eine einvernehmliche Festlegung auf (theoretische) Baukosten zwischen Auftraggeber und Architekt. Es gibt keine Höchst- und keine Mindeststundensätze mehr.
Es verblieb bei der Darstellung der HOAI-Leistungsphasen eins bis neun. Es handelt sich bei den Architekten- und Ingenieurleistungen um insgesamt 13 Leistungsbereiche (Leistungsbilder), wobei die „Leistungen bei Gebäuden und raumbildenden Ausbauten", sowie die „Freianlagen" das Tagesgeschäft mit seinen neun Leistungsphasen darstellen. Die Honorartafel sieht fünf Zonen vor, die in aufsteigender Reihenfolge den unterschiedlichen Anforderungen an die zu erbringende Leistung entsprechen. Vorschriften über die Projektsteuerung, Gutachten/Wertermittlung, „sonstige" städtebauliche und landschaftspflegende Leistungen, verkehrsplanerische Leistungen und Leistungen der Bodenmechanik wurden gestrichen. Ein Bewertungssachverständiger, der sich bisher bei seiner Honorarvereinbarung auf die HOAI bezog, muss sich umorientieren.
Siehe / Siehe auch: Architektenleistungen, Sonderleistungen, Sondervergütung

Housing Improvement Districts
housing improvement districts
Siehe / Siehe auch: Immobilien- und Standortgemeinschaften (ISG)

Human Relations
human relations
Human Relations (zwischenmenschliche Beziehungen) in Betrieben und anderen Institutionen waren schon seit den 30er Jahren Forschungsgegenstand. Die so genannten Hawthorne-Experimente ergaben, dass die Leistungen der Mitarbeiter alleine schon dadurch steigen, dass man sich mit ihnen befasst. Außerdem wurde bald danach entdeckt, dass diese Mitarbeiterzufriedenheit in bestimmten Bereichen sich in Kundenzufriedenheit ummünzen lässt. Seitdem wurden Fragen des positiven Betriebsklimas immer wieder thematisiert, das durch die systematische Förderung zwischenmenschlicher Beziehungen in den Betrieben verbessert werden kann.
In den 50er Jahren wurde die Human Relations Betrachtung erweitert um den Aspekt der Notwendigkeit, im Betrieb ein Forum von Mitarbeitern zu sehen, deren Streben nach Selbstverwirklichung Anerkennung findet. Dies war die Basis für die Entwicklung des Human-Ressourcen-Ansatzes, der sich heute mit der Nutzbarmachung aller geistigen und mentalen Potenziale der Mitarbeiter befasst.
Siehe / Siehe auch: Human Resources

Human Resources
human resources
Im Dienstleistungsbereich sind die Human Resources die wichtigsten Erfolgsfaktoren eines Unternehmens. Man versteht darunter die geistigen Potenziale der Mitarbeiter, die für die Entwicklung eines Unternehmens von entscheidender Bedeutung sind. Aus dem Konzept der Balanced Scorecard wurde zu diesem Zweck die „Human-Resources-Scorecard" (HR-Scorecard) entwickelt, in der speziell für die Mitarbeiter Finanz-, Prozess- und Mitarbeiterinnovationsziele formuliert werden. Der Beitrag der Personalentwicklung soll mit Hilfe der Quantifizierung dieser Ziele in Soll-Ist-Vergleichen messbar gemacht werden. Unter anderem werden Kosten gezielter Personalentwicklung den Steigerungsraten ihrer Leistungswerte gegenübergestellt. Daraus abzuleiten ist eine motivierende Beteiligung der Mitarbeiter am Markterfolg. Die Verwirklichung der Ziele der HR-Scorecard legt zudem die Grundlage für eine langfristige Solidarität zwischen Führung und Mitarbeiter. Da die Immobilienwirtschaft sehr stark dienstleistungsorientiert ist, spielen die Human Resources hier eine besondere Rolle. Betriebswirtschaftlich richtig umgesetzt, steigert die Leistungswertentwicklung der Mitarbeiter eines Unternehmens zwangsläufig die Umsätze.
Die Einstellung des Unternehmens zu seinen Mitarbeitern kommt heute in vielen Unternehmensleitbildern zum Ausdruck.
Literatur Sailer, E. „Erfolgsfaktoren" in Kippes/ Sailer „Immobilienmanagement – Handbuch für professionelle Immobilienbetreuung und Vermögensverwaltung", München 2005
Siehe / Siehe auch: Human Relations, Balanced Scorecard

Hurdle Rate
hurdle rate
Unter einer Hurdle Rate versteht man eine Basisvergütung der Investoren. Erst nach Auszahlung dieser Basisvergütung erhält die Managementgesellschaft eine Gewinnbeteiligung.

Hypothek
mortgage

Die Hypothek ist ein heute kaum mehr vorkommendes Grundpfandrecht, das im BGB ausführlich geregelt ist. Geschätzt wird, dass lediglich drei Prozent aller Grundpfandrechte noch Hypotheken sind. Die Kenntnis der Regelungen ist deshalb wichtig, weil sie zum großen Teil auch für die heute überwiegend verwendete Grundschuld gelten. Im Gegensatz zur Grundschuld ist die Hypothek mit einer Forderung verbunden und damit streng „akzessorisch". Dabei steht die Forderung im Vordergrund. Sie ist das „Accessoire", ohne das die Hypothek nicht entstehen kann. Hypotheken- und Forderungsgläubiger müssen identische Personen sein.
Wird eine Hypothek bestellt, fertigt das Grundbuchamt – falls dies nicht ausgeschlossen wird – einen Hypothekenbrief aus. Dies gilt auch für die Grundschuld. In dem Fall erwirbt der Gläubiger die Hypothek erst mit Übergabe des Briefes durch den Eigentümer oder – wie dies überwiegend vereinbart wird – durch das Grundbuchamt. Der Schuldner kann der Geltendmachung der Hypothek widersprechen, wenn der Brief nicht vorgelegt wird. Heute wird in der Regel der Erteilung eines Briefes (auch bei der Grundschuld) ausgeschlossen.
Damit ist die Buchhypothek (Buchgrundschuld) der Regelfall. Die Vorteile des Hypothekenbriefes hat man darin gesehen, dass er in einem schriftlichen Vertrag als Sicherheit an Dritte abgetreten werden konnte, ohne dass dies zu Änderungen im Grundbuch führt. Da heute Privatpersonen als Hypothekengläubiger keine Rolle mehr spielen, hat dieser Vorteil des Briefes weitgehend keine Bedeutung.
Der Normalfall der Hypothek ist die Verkehrshypothek. Es gibt jedoch viele weitere Ausgestaltungsformen. Hierzu zählen die Sicherungshypothek mit den Unterformen der Arresthypothek, der Bauhandwerkersicherungshypothek, der Höchstbetragshypothek und die Zwangshypothek. Diese kann für mehrere Forderungen verschiedener Gläubiger bestellt werden. Sie ist immer eine Buchhypothek. Solange die Forderung noch nicht endgültig festgestellt ist, gilt die Höchstbetragshypothek als vorläufige Eigentümergrundschuld. Bei der Arresthypothek wird der Geldbetrag als Höchstbetrag eingetragen, durch dessen Hinterlegung die Vollziehung des Arrestes gehemmt wird.
Bei der Zwangshypothek handelt es sich um eine Sicherungshypothek. Grundsätzlich muss aber jede Hypothek vom Eigentümer bewilligt werden. Diese Bewilligung wird bei der Zwangshypothek ersetzt durch einen vollstreckbaren zugestellten Schuldtitel. Wenn einmal ein Grundstück mit einer Hypothek belastet ist, muss es auch die Möglichkeit geben, diese Hypothek wieder zu löschen. Grundsätzlich würde eine formlose Erklärung des Gläubigers zur Löschung der Hypothek ausreichen. Die Grundbuchordnung verlangt aber, dass diese Erklärung des Gläubigers zumindest notariell beglaubigt ist und dass der Grundstückseigentümer ebenfalls in beglaubigter Form der Löschung zustimmt. Ist die Hypothek, z. B. von einem Dritten gepfändet, so muss auch noch dieser in beglaubigter Form der Löschung zustimmen. Gibt es keine besondere Vereinbarung, wer die Kosten der Löschung tragen soll, so sind diese vom Eigentümer zu tragen.
Siehe / Siehe auch: Grundschuld

Hypothekenmarktkrise

mortgage market crisis

Siehe / Siehe auch: Subprime-Krise, Forderungsbesichertes Wertpapier

Hypothekenzins

mortgage interest (rate)

Bei einer echten Hypothek ist der Hypothekenzins identisch mit dem vereinbarten Darlehenszins. Heute versteht man in der Praxis unter Hypothekenzins den Zins, der für ein langfristiges, durch eine Grundschuld abgesichertes Darlehen bezahlt wird.Der in die Grundschuldurkunde aufgenommene Zinssatz liegt weit darüber, weil er lediglich den Absicherungsrahmen für einen veränderlichen Darlehenszins darstellt.

Identifizierungspflicht

obligation to identify a client

Makler müssen ebenso wie Notare die Kunden identifizieren, von denen sie Bargeld, Wertpapiere oder Edelmetalle im Wert von über 15.000 Euro annehmen. Dabei kann es sich beim Makler auch um Provisionszahlungen handeln. Die Identifizierung geschieht dadurch, dass er sich Einblick in den Personalausweis oder Reisepass des Kunden verschafft und daraus Vor- und Geburtsname, Geburtsdatum, Geburtsort, Staatangehörigkeit und – soweit hieraus feststellbar – die Anschrift aufzeichnet oder eine Kopie anfertigt. Er muss den Kunden auch fragen, ob er in eigenem oder in fremden Namen handelt. Drängt sich dem Makler der Verdacht auf, dass mit dem Geschäft Geldwäsche verbunden ist, muss er dies der Staatsanwaltschaft und der Zentralstelle für Verdachtsanzeigen beim Bundeskriminalamt melden. Für dieses Handeln ist er per Gesetz von jeder Verantwortung freigestellt.

Identitätserfordernisse (Maklergeschäft)

identification requirements (brokerage)

Ein Makler verdient seine Provision, wenn infolge seines Nachweises einer Vertragsabschlussgelegenheit oder infolge seiner Vermittlungsbemühungen ein Vertrag zustande kommt. Die Maklertätigkeit muss also ursächlich für den Vertragsabschluss sein. Dies wirft Probleme auf, wenn der Auftraggeber des Maklers diese Ursächlichkeit bestreitet.
Eines der Kriterien, aus dem die Ursächlichkeit abgeleitet werden kann, ergibt sich aus der Antwort auf die Frage, ob das vom Makler unverbindlich angebotene Geschäft mit dem tatsächlich zustande gekommenen identisch ist. Die Identität wird geprüft am Vertragsgegenstand, der Art des Vertrages, den Personen, die den Vertrag schließen und bis zu einem gewissen Grade auch an den Vertragsbedingungen. Wurde in einem oder in mehreren dieser Punkte vom Makler etwas anderes nachgewiesen, als dem zustande gekommenen Vertrag entspricht, fehlt es an der Identität zwischen Angebot und Vertrag. Die Ursächlichkeit der Maklertätigkeit wird dann verneint. Dabei gibt es Ausnahmen: Wird zum Beispiel einem Interessenten ein Haus angeboten, der Vertrag kommt aber nicht mit ihm, sondern mit dessen Sohn zustande, wird die Ursächlichkeit bejaht, wenn der Interessent wirtschaftlich an dem Geschäft beteiligt ist (wenn er z.B. den Preis mitfinanziert). Auch Abweichungen zwischen dem ursprünglich vom Makler genannten Kaufpreis und dem Preis, zu dem der Vertrag letztlich zustande kommt, sind unschädlich, solange sich diese Abweichungen im Rahmen normaler Verhandlungszugeständnisse bewegen und das Preisangebot vom Makler nicht als unverhandelbarer Festpreis bezeichnet wurde.

Siehe / Siehe auch: Ursächlichkeit (Maklertätigkeit)

IDW S 4

German evaluation standard for the verification of brochures

IDW S 4 ist die Kurzbezeichnung für den vom Institut der Wirtschaftsprüfer in Deutschland e.V. (IDW) erarbeiteten Standard „Grundsätze ordnungsmäßiger Beurteilung von Verkaufsprospekten über öffentlich angebotene Vermögensanlagen".
Er ist die maßgebliche Grundlage für die Erstellung von Prospektprüfungsgutachten durch Wirtschaftsprüfer und enthält einen Katalog von Anforderungen an die inhaltliche Gestaltung der Prospekte von Beteiligungsangeboten, so unter anderem auch für geschlossene Immobilienfonds.

Siehe / Siehe auch: Institut der Wirtschaftsprüfer

IFMA Deutschland

International Facility Management Association, Germany

Neben der GEFMA war der Deutsche Verband der IFMA (International Facility Management Association), Interessenvertreter der Facility Manager. Der Deutsche Verband wurde 1998 gegründet und zählte über ca. 200 Mitglieder. Hinzu kamen Studenten, die ebenfalls gegen einen geringen Beitrag Mitglied werden konnten. Weltweit verfügt die IFMA über 15.000 Einzelmitglieder (72 Prozent Professionals, 25 Prozent Assoziierte und der Rest Studenten). Die IFMA Deutschland e.V. konnte sich jedoch nicht halten. Sie hat sich mit einem Beschluss der Mitgliederversammlung vom 28.02.2008 selbst aufgelöst.

Siehe / Siehe auch: GEFMA - Deutscher Verband für Facility Management e.V., Facility Management (FM)

ifs Institut für Städtebau, Wohnungswirtschaft und Bausparwesen e.V.

ifs Institute for Urban Development, the Housing Industry and Home Building and Loan Associations, a registered association

Das 1963 gegründete ifs-Institut für Städtebau, Wohnungswirtschaft und Bausparwesen e.V. ist ein Verein, der im Rahmen von Veranstaltungen und durch Herausgabe von wissenschaftlichen Schriften

und Ratgebern aktuelle Fragen des Wohnungs- und Städtebaus, des Bau- und Siedlungswesens, der Bodenordnung und vor allem der Vermögensbildung durch Wohneigentumsbildung aufgreift. Bekannt ist u.a. der zusammen mit GEWOS herausgegebene Deutsche Eigentums-Immobilienindex (DEIX).
Die Veranstaltungen zeichnen sich durch eine hohe Beteiligung von Wissenschaftlern, Politikern und Verbandsvertretern aus. Das ifs will auf diesen Feldern auch einen Beitrag zur Politikberatung leisten. Seit 1963 führt es jährlich die Königsteiner Gespräche im Taunus durch. Seit 2000 wird darüber hinaus das Wohnungspolitische Forum in Berlin veranstaltet. Die Institutsleitung liegt bei einem fünfköpfigen geschäftsführenden Kuratorium und dem Institutsdirektor. Daneben gibt es zahlreiche weitere Kuratoriumsmitglieder vor allem aus dem Bereich der Verbände und Bausparkassen. Es wird zur Unterstützung des Instituts bei seinen Forschungs- und Lehraufgaben von einem Beirat aus Vertretern von Wissenschaft, Praxis und Verwaltung begleitet. Die Finanzierung des Instituts erfolgt durch Mitgliedsbeiträge, Spenden und Erlöse aus Herausgeberhonoraren. Organe des Instituts sind. Die knapp 100 Mitglieder setzen sich zusammen aus Verbänden, Unternehmen aus dem Kreditgewerbe und der Wohnungswirtschaft, wissenschaftliche Institute und einige Einzelpersonen. Außerdem gibt es eine Reihe korrespondierender Mitglieder vor allen aus dem Bereich der Wissenschaft, die die Zwecke des Instituts nicht durch Beiträge sondern durch Mitarbeit und Beratung fördern

Siehe / Siehe auch: DEIX Deutscher Eigentums-Immobilien-Index

Image

image

Der Begriff Image (intuitives Bild) ist eng mit der öffentlichen Wahrnehmung von Produkten und Unternehmen verbunden. Maklerunternehmen z. B. eilt das intuitive Bild eines „Goldkettchen tragenden Porschefahrers" voraus. Baugenossenschaften hingegen haben mit dem Image vom „Spießertum" zu leben. Images bezeichnen in der Regel eine stereotype Vorstellung von Unternehmen oder seinen Produkten. Images lassen sich im Rahmen von Public Relations gestalten und in gewissen Grenzen bewusst verändern. Sie sind das Resultat einer stringent umgesetzten Corporate Identity (siehe auch Reputation). Das Image von Personen, Unternehmen, Institutionen und Wirtschaftsbereichen wird durch die Informationen, die hierüber in der Öffentlichkeit verbreitet sind oder vorherrschen und sich in einer „öffentlichen Meinung" verdichten, bestimmt. Es handelt sich um Bewertungen, unabhängig davon, ob sie sachlich zutreffend sind. Das führt dazu, dass vor allem erfolgsabhängige Institutionen und Unternehmen ihr Image, wenn erforderlich, zu verbessern. Es gilt dabei, verbreitete subjektive Zustandswahrnehmungen objektiven Fakten anzunähern. Imagepflege hat für die Immobilienwirtschaft eine besondere Bedeutung. Dieser Wirtschaftszweig befand sich lange Zeit im Blickfeld ideologisch gespeister Vorurteile, die auch durch Aufklärungsbemühungen nur schwer zu korrigieren waren. Auch wenn sich das Image dieses Wirtschaftszweiges in den letzten Jahrzehnten merklich gebessert hat, ist Imagepflege nach wie vor eine wichtige Aufgabe. Es geht dabei einerseits um die Herstellung eines positiven Kollektivimages des Wirtschaftszweiges, als auch um das Individualimage einzelner Unternehmen, die dem Wirtschaftszweig angehören. Imagepflege von Wirtschaftszweigen ist Aufgabe von Verbänden, für die Imagepflege eines Unternehmens ist dieses selbst zuständig, auch wenn Verbände über Regeln und Verhaltenskodices versuchen, Einfluss auf das Image ihrer Mitglieder zu nehmen.
Öffentlichkeitsarbeit („Public Relations") muss einige Regeln beachten, wenn sie zu einem positiven Imagebeitrag führen soll. Der Hauptgrundsatz besteht darin, dass alle für die Öffentlichkeit bestimmten Informationen wahr sein müssen. Dies gilt auch dann, wenn die Wahrheit Eingeständnisse von Fehlern erzwingt. Lügen lassen sich nicht vertuschen. Wer lügt, dem wird nicht geglaubt. Wem nicht geglaubt wird, hat wird lange sein negatives Image mit sich herumtragen müssen. Öffentlichkeitsarbeit muss auch strikt von der Werbung getrennt werden. Werbung wird niemandem verübelt. Wer aber versucht, Werbung als objektive Information etwa in einem Zeitungsbericht zu verkaufen, wird unglaubwürdig. Die beste und grundlegende Imagestrategie besteht darin, die Öffentlichkeit über Ziele, Leitbild und Vorgänge im Unternehmen wahrheitsgemäß zu unterrichten. Auf diese Weise können unternehmenspolitische Entscheidungen verständlich werden. Die wichtigsten PR-Maßnahmen sind Presskonferenzen und Presseinformationen. Zu den PR-Maßnahmen zählen aber auch periodisch erscheinende Rundschreiben („Newsletter"), die heute überwiegend per E-Mail versandt werden.

Siehe / Siehe auch: Maklerimage, Public Relations, Corporate Identity, Reputation

Imageanzeigen

image ads

Imageanzeigen werden der Firmenwerbung des Maklerunternehmens zugerechnet. Sie versuchen, den Bekanntheitsgrad und das spezifische Profil des Maklerunternehmens in der Öffentlichkeit oder bei speziellen Zielgruppen zu verbessern. Sie haben eine große Breitenwirkung und richten sich an die verschiedensten Zielgruppen. Imageanzeigen kommt insbesondere im Hinblick auf die passive Auftragsakquisition eine große Bedeutung zu.

Siehe / Siehe auch: Firmenwerbung

Immission

air pollution; emission(s)

Als Immission werden schädliche Umwelteinwirkungen bezeichnet, „die nach Art und Ausmaß oder Dauer geeignet sind, Gefahren, erhebliche Nachteile oder erhebliche Belästigungen für die Allgemeinheit oder die Nachbarschaft herbeizuführen" (§ 3 Bundesimmissionsschutzgesetz). Dazu zählen die von einer Anlage ausgehenden Luftverunreinigungen, Geräusche, Erschütterungen, Licht, Wärme, Strahlen und ähnliche Erscheinungen. Luftverunreinigungen ergeben sich durch Gase, Dämpfe, Gerüche, Rauch und Ruß.

Durch vielfältige Vorkehrungen insbesondere Genehmigungserfordernisse, werden schädlichen Umwelteinwirkungen ausgeschlossen oder begrenzt. Die Reichweite, die der Gesetzgeber dem Immissionsschutz zumisst, kann daraus abgeleitet werden, dass auf dieser Gesetzesgrundlage relativ viele Verordnungen erlassen wurden.

Auch im Rahmen des privaten Nachbarrechts bestehen Abwehransprüche gegen unzumutbare Beeinträchtigungen durch Immissionen der genannten Art. Der Eigentümer kann Immissionen aber nicht verbieten, wenn die Einwirkung die Benutzung seines Grundstücks nicht oder nur unwesentlich beeinträchtigt oder wenn die die Immission bewirkende Anlage genehmigt ist. Als unwesentliche Beeinträchtigung gilt stets das Nichtüberschreiten von Grenzwerten, die in Gesetzen oder Verordnungen festgeschrieben sind. Soweit sich Grenzwerte aus VDI-Richtlinien ergeben, sind die Gerichte hieran zwar nicht gebunden. Diese Richtlinien gelten jedoch als Orientierungsrahmen für eine Beurteilung.

Auf der Grundlage des Bundesimmissionsschutzgesetzes (BImSchG) wurde von der Bundesregierung zum Schutz der Bevölkerung auch eine Verordnung über elektromagnetische Felder verabschiedet. Darin werden Grenzwerte für den „Elektrosmog" festgelegt, der durch den zunehmenden Ausbau des Mobilfunks entsteht.

Siehe / Siehe auch: Elektrosmog, Lärmkarten

Immissionsschutz

pollution control; environmental protection

Siehe / Siehe auch: Immission

Immobilie

property; immovable property; immovables; landed property; plant and equipment

Alternative Bezeichnung für Grundstück im umfassenden Sinne.

Siehe / Siehe auch: Grundstück

Immobilie - herrenlos

abandoned / ownerless / derelict property

Eine Immobilie – wie auch bewegliche Sachen – wird herrenlos, wenn der Eigentümer sein Eigentum daran aufgibt, ohne dieses auf eine andere Person zu übertragen. Soll in ein derartiges Grundstück die Zwangsvollstreckung betrieben werden, so bestellt das zuständige Vollstreckungsgericht auf Antrag des Gläubigers einen Vertreter zur Wahrnehmung der sich aus dem Eigentum ergebenden Rechte und Verpflichtungen im Zwangsvollstreckungsverfahren. Dieser Vertreter nimmt dann alle Rechte des Eigentümers wahr und soll wie ein sorgsamer Eigentümer handeln.

Immobilien- und Standortgemeinschaften (ISG)

property / development (business improvement) association

Seit 1.1.2007 sind im BauGB Vorschriften über „Private Initiativen zur Stadtentwicklung in Verbindung mit dem Landesrecht" verankert (§171f BauGB). Zurückzuführen ist dies auf Initiativen, die in einzelnen Bundesländern wie Hamburg, Bremen, Schleswig-Holstein und Hessen zu sogenannten Immobilien- und Standortgemeinschaften (ISG) entstanden sind. Dabei spielte Hamburg eine Vorreiterrolle. Bekannt geworden sind diese Initiativen auch unter dem Namen Business Improvement Districts (BID). Wie der Anglizismus verrät, wurde das Modell in den USA entwickelt. BIDs beziehen sich auf zentrale Geschäftsviertel der Städte, deren Attraktivität gesteigert werden soll. Im Fokus von Housing Improvement Districts (HID) stehen Wohnquartiere (reine und allgemeine Wohngebiete i.S.d. BauNVO), die durch entsprechende Initiativen aufgewertet werden sollen. Unter Neighbourhood Improvement Districts (NID) versteht man

Mischgebiete. Ziel ist es, das Nebeneinander von gewerblichen Niederlassungen und Wohnhäusern durch geeignete Maßnahmen zu stärken – einerseits die Wohn- und Lebensqualitäten, andererseits die Umfeldqualitäten der dort Beschäftigten. Alle District-Arten werden unter dem Oberbegriff „Urban Improvement-Disricts“ zusammengefasst.
Die privaten Initiativen zielen darauf ab, in Innenstädten, Stadtteilzentren und Wohnquartieren Maßnahmen zur Verbesserung des geschäftlichen und städtischen Umfeldes durchzuführen. Initiatoren sind Geschäftsleute und Grundstückseigentümer, die mit Hilfe solcher Maßnahmen ihr Quartier aufwerten wollen. Die Initiatoren von BIDs können sich in eingetragenen Vereinen, BGB-Gesellschaften oder GmbHs zusammenschließen und auf der Grundlage der ihnen zur Verfügung stehenden Finanzierungsmittel Aufträge vergeben. Eine Alternative zu privatrechtlichen Organisationsformen wären Anstalten des öffentlichen Rechts, bei denen die Gemeinden stärkere Einflussmöglichkeiten haben. Der Bezug zum Städtebaurecht führte zu der oben erwähnten Rahmenregelung im BauGB, wobei auf das Landesrecht verwiesen wird. Nach Landesrecht können demnach Gebiete festgelegt werden, in denen die dargestellten Maßnahmen in privater Verantwortung durchgeführt werden können. Dabei wird Wert darauf gelegt, dass die Konzepte mit den städtebaulichen Zielen der Gemeinden abgestimmt werden. Mittlerweile liegen in verschiedenen Bundesländern Gesetzentwürfe vor. Danach sollen alle Ansässigen in einem von der Gemeinde förmlich festgelegten Gebiet eine Abgabe entrichten. Sie wird von der Kommune eingezogen. Befreiungen sind vorgesehen, wenn im BID-Bereich Ansässige von den Aufwertungsmahnahmen offensichtlich nicht profitieren.

Immobilien-Index
property index

Siehe / Siehe auch: DIMAX, Deutscher Immobilien Index - DIX, Raumindex, DEIX Deutscher Eigentums-Immobilien-Index

Immobilien-Leasingfonds
property leasing fund

Sonderform eines geschlossenen Immobilienfonds, bei dem die Beteiligungsgesellschaft mit dem bei ihr angelegten Kapital eine Immobilie erwirbt und diese an einen Mieter verleast. Die Überlassungsdauer liegt üblicherweise bei 20 Jahren. Der Vorteil für den Anleger: Nach Ablauf der Beteiligungsdauer werden die Anteile zu einem bereits beim Erwerb festgelegten Preis zurückgenommen. Damit können Investoren zwar nicht von der Wertsteigerung einer Immobilie profitieren, dafür aber mit den bereits fixierten Ausschüttungen aus Mieteinnahmen rechnen. Unterschieden werden:

a) Vermögensverwaltende Immobilien-Leasingfonds, bei denen die Ausschüttungen als Einkünfte aus Vermietung und Verpachtung behandelt werden und – vor allem in der verlustträchtigen Bauphase – gegen die Einkommensteuer aufgerechnet werden können.

b) Gewerbliche Immobilien-Leasingfonds, bei denen der Anleger Kommanditist einer Gesellschaft mit beschränkter Haftung wurde. Diese Variante wurde besonders für die Vermögensübertragung per Schenkung oder im Erbschaftsfall entwickelt, da für die Bewertung des Objektes der 1,4-fache Einheitswert abzüglich Verbindlichkeiten angesetzt wird. Da nunmehr der Grundbesitzwert für solche Übertragungen maßgeblich ist, hat diese Konstruktion an Attraktivität eingebüßt.

Immobilien-Marketing
property marketing

Strategisches Maßnahmenpaket zur Vermarktung von Immobilien. Das traditionelle Marketing ist auf den Absatz von Konsumgütern ausgerichtet. Im Rahmen des Dienstleistungsmarketings hat das speziell auf die Akquisition und den Vertrieb von Immobilien ausgerichtete Immobilienmarketing sowie Serviceprodukte aus angrenzenden Bereichen (z. B. Finanzierung) eine eigenständige Rolle eingenommen. So wird z. B. an Universitäten und Fachhochschulen, in den DIA-Studiengängen zum Dipl. Immobilienwirt der Bereich Immobilienmarketing in eigenen Veranstaltungen gelehrt. Sie vermitteln neben Grundlagen des Marketings auch Kenntnisse über Marktziele, Möglichkeiten der Marktforschung, Marktstrategien, produktpolitische Entscheidungen, Preis- und Konditionenpolitik sowie Entscheidungen aus den Bereichen Werbung und Vertrieb.

Immobilien-Research
property research

Immobilien-Research (Immobilienmarktforschung, Market Research) befasst sich mit Analysen. Beobachtungen und Prognosen des Immobilienmarktes in seinen verschiedenen Erscheinungsformen. Ziel ist die Herstellung von Transparenz zur Erleichterung der Entscheidung über Immobilientransaktionen. Da Standorteigenschaften einer Immobilie eine besondere Bedeutung für den

Preisbildungsprozess am Immobilienmarkt haben, wird die Marktanalyse meist verbunden mit einer Standortanalyse („STOMA"). Je nach den benutzten Datenquellen wird ferner unterschieden zwischen Primärmarktforschung und Sekundärmarktforschung. Die Primärmarktforschung stützt sich auf Daten, die auf dem Markt unmittelbar durch das Anbieter- / Nachfragerverhalten erfasst werden können. Zur Primärmarktforschung gehören auch Umfragen und Kundenbefragungen. Für die Sekundärmarktforschung sind bereits vorhandene statistisch erhobene Daten Ausgangsgrundlage. Sie spielen eine Rolle zur Beurteilung von Strukturen und Entwicklungen von Einflussfaktoren und Determinanten, die auf das Immobilienmarktgeschehen wirken. Eines der Immobilien-Research-Institute, das regelmäßig Immobilienmarktberichte und Immobilienpreisspiegel für den süddeutschen Raum herausgibt, ist das IVD-Marktforschungsinstitut, das seinen Sitz beim IVD-Regionalverband Süd in München hat. Es stützt sich auf die regelmäßig zweimal im Jahr erhobenen Marktdaten, die von ausgewählten Immobilienmarktberichterstattern erhoben werden. Eine weitere Erkenntnisquelle sind die durch die Sekundärmarkforschung genutzten Daten. Auch der IVD-Bundesverband befasst sich mit Immobilien-Research und gibt einmal im Jahr Immobilienpreisspiegel heraus.

Siehe / Siehe auch: Marktanalyse, Marktbeobachtung (Immobilienmarkt), Marktprognosen (Immobilienmarkt), Standort- und Marktanalyse

Immobilien-Spezialfonds

special property fund

Die Immobilien-Spezialfonds gehören zu den offenen Immobilienfonds. Im Unterschied zu den normalen Publikumsfonds ist bei Immobilien-Spezialfonds die Zahl der Anleger auf zehn juristische Personen begrenzt. Bei diesen Personen handelt es sich um Unternehmen mit umfangreichem Immobilienbesitz, vorwiegend um Versicherungen, Pensionsfonds, Stiftungen usw. die mit dem Einbringen ihres Sondervermögens in einen solchen Fonds ihre „Immobilienquote" innerhalb ihres Anlagespektrums erreichen.

Andere Anleger (z. B. Industrieunternehmen, Banken) können auch eigene Immobilien in solchen Fonds unterbringen. Die Verwaltung obliegt wie beim Publikumsfonds einer Kapitalanlagegesellschaft.

Immobilienaktien

real estate shares

Als Immobilienaktien bezeichnet man Anteile an Aktiengesellschaften, deren Kerngeschäft in der Entwicklung, der Bewirtschaftung, dem Bau oder dem Vertrieb von Immobilien besteht. Es handelt sich um börsennotierte Bauunternehmen, Finanzierer, Entwicklungsgesellschaften oder Immobilienholdings. Kennzeichnend für diejenigen Immobilienaktiengesellschaften, die Eingang in den DIMAX gefunden haben, ist ein Geschäftsfeld, das mindestens zu 75 Prozent aus Immobiliengeschäften besteht. Hierzu zählen Vermietung und Verpachtung, Immobilienverwaltung, Immobilienhandel, Projektentwicklung und Immobilienberatung.

Siehe / Siehe auch: Deutscher Immobilienaktien Index (DIMAX), Immobilienaktiengesellschaften, Real Estate Investment Trust (REIT)

Immobilienaktiengesellschaften

property / real estate companies

Immobilienaktiengesellschaften sind Unternehmen, deren Unternehmenszweck entweder in der Bewirtschaftung eigener Immobilien (Bestandshalter), der Projektentwicklung oder als Erbringer von Leistungen im Bereich des Facility- bzw. Portfolio Management im Rahmen eines eigenen Unternehmensverbundes oder für fremde Unternehmen besteht. Sie entstanden teils durch Ausgliederung des Immobilienbestandes großer Unternehmen mit völlig anderem Unternehmenszweck (verarbeitende Industrien, Bergbau, Brauereien, Bahn und Post) oder durch einen Akt der Emanzipation ehemals großer gemeinnütziger Wohnungsgesellschaften in gewinnorientierte Unternehmen durch den Gang zur Börse. Neugründungen sind selten. Noch nicht im Blickfeld befinden sich in Deutschland (im Gegensatz etwa zu Holland) Immobilienaktiengesellschaften, die aus der Umwandlung von offenen oder geschlossenen Immobilienfonds entstanden sind. Die bei Immobilienaktiengesellschaften nicht abschließend gelöste Frage bezieht sich darauf, wie die oft zutage tretende Wertediskrepanz zwischen dem realen Immobilienvermögen (Summe der Verkehrswerte des Immobilienbestandes) und dem sich aus dem Kurs-Cashflow-Verhältnis ergebenden Werten, zu erklären, bzw. zu überbrücken ist.

Für diejenigen Immobilienaktiengesellschaften, die sich in den ruhigeren Gewässern reiner Bestandshalter bewegen, dürfte das Problem durch Einbeziehung der Verkehrswerte der Immobilien in die Unternehmensbewertung im Rahmen des Net Asset Value (NAV) gelösten werden können. Dieses Bewertungsverfahren wurde für die Bewertung der Real Estate Investment Trusts (REITs) entwickelt.

Siehe / Siehe auch: Immobilienaktien, Immobilienfonds - Offener Immobilienfonds, Real Estate Investment Trust (REIT)

Immobilienberatung

surveying; real estate / property consultation

Zunehmend bezeichnen sich Maklerfirmen als Immobilienberater. Damit geben sie zu erkennen, dass Vermittlungsleistungen durch Beratungskompetenz unterstützt wird. Allerdings erweitern sich damit auch Leistungsumfang und Haftungsrisiko. Einen Makler, der sich auf Immobilienvermittlung beschränkt, treffen keine Nachforschungspflichten, um den Auftraggeber über Risiken und Chancen umfassend aufklären zu können. Bezeichnet sich ein Makler aber als Berater oder erscheint er in den Augen des Kunden als Berater, sind fundierte Kenntnisse in den Bereichen, in denen er berät, unabdingbar. Sind sie nicht gegeben, muss er sie sich verschaffen. Eine Beratung muss umfassend sein, also auch objektiv jene Probleme ansprechen, die gegen einen Geschäftsabschluss sprechen. Ein Verschweigen solcher Probleme führt zu Schadensersatzpflichten, wenn für den Auftraggeber daraus ein Schaden entsteht. Der Beratung sind aber auch Grenzen gesetzt. So bleibt eine steuerliche oder rechtliche Beratung grundsätzlich Steuerberatern und Rechtsanwälten vorbehalten. Beratungsleistungen von Maklern sind in der vereinbarten Provision enthalten. Es gibt allerdings auch Makler, die eine Beratung gegen gesondertes Honorar anbieten. Nicht selten werden Beratungsleitungen auf eine Tochtergesellschaft („Immobilien-Consulting") ausgelagert. Diese Unternehmen sind keine Maklerunternehmen mehr, selbst wenn Maklerleistungen als Nebenleistungen mit angeboten werden. Die Honorierung der Beratungsleistung erfolgt dann meist ähnlich wie bei Wirtschaftprüfern in Form von Tagessätzen.

Siehe / Siehe auch: Leistungsarten (Maklerbetriebe), Aufklärungspflichten (Maklergeschäft)

Immobilienbewertung für Erbschaftssteuer

real estate appraisal for inheritance tax

Anlass für die Erbschaftssteuerreform 2009 war hauptsächlich die laut Bundesverfassungsgericht ungerechte – weil gegen das Gleichheitsgebot verstoßende – Bewertung von Vermögensgegenständen. Nun sollen alle Erbschafts- bzw. Schenkungsgegenstände so bewertet werden, dass das Ergebnis dem „gemeinen Wert", also dem Verkehrswert, zumindest nahe kommt. Da die Marktpreise besonders für Immobilien sich jedoch ständig ändern und von Ort zu Ort unterschiedlich sind, musste dafür ein Berechnungsverfahren geschaffen werden, das für jede Immobiliensparte unterschiedlich ist. Zu unterscheiden ist dabei zunächst zwischen bebauten und unbebauten Grundstücken. Unbebaute Grundstücke sind solche, auf denen sich keine benutzbaren Gebäude befinden. Ist ein Gebäude bezugsfertig, gilt es als benutzbar. Steht auf einem Grundstück ein Gebäude, das wegen Baumängeln vorübergehend unbewohnbar ist, gilt es als bebautes Grundstück. Als unbebaut gilt ein Grundstück, wenn das darauf stehende Gebäude zerstört oder so verfallen ist, dass eine Nutzung dauerhaft ausscheidet. Bei unbebauten Grundstücken orientiert sich die Wertermittlung an ihrer Fläche und den von örtlichen Gutachterausschüssen festgesetzten Bodenrichtwerten (§ 179 Abs.1 BewG, § 196 BauGB). Diese Durchschnittswerte werden für ein Gebiet mit gleichen Lage- und Nutzungsverhältnissen pro Quadratmeter Grundstücksfläche errechnet. Gibt es keinen Bodenrichtwert des Gutachterausschusses, verwendet man einen Bodenwert auf Basis vergleichbarer Flächen.

Bei bebauten Grundstücken ist die Gebäudeart für das Bewertungsverfahren entscheidend. Für Wohneigentum, Teileigentum und Ein- und Zweifamilienhäuser ist das Vergleichswertverfahren maßgeblich. Mietwohngrundstücke, Geschäftsgrundstücke und gemischt genutzte Grundstücke, für die sich auf dem örtlichen Grundstücksmarkt ein üblicher Mietzins feststellen lässt, werden nach dem Ertragswertverfahren bewertet. Das Sachwertverfahren wiederum kommt zur Anwendung für Wohn- und Teileigentum sowie Ein- und Zweifamilienhäuser, wenn kein Vergleichswert vorliegt und für Geschäftsgrundstücke und gemischt genutzte Grundstücke, wenn keine ortsübliche Miete feststellbar ist, ferner für sonstige bebaute Grundstücke.

Siehe / Siehe auch: Erbschafts- und Schenkungssteuer, Erbschaftssteuerreform, Ertragswertverfahren, Sachwertverfahren, Vergleichswertverfahren, Verkehrswert

Immobilienbörsen

real estate bourse; website for property search

Mit Immobilienbörsen wird der formelle Zusammenschluss von Immobilienmaklern bezeichnet, deren Zweck darin besteht, zusätzliche Geschäftsabschlüsse dadurch zu erreichen, dass regelmäßig zwischen beteiligten Maklern ein Objekt- bzw. Interessentenaustausch stattfindet. Sie fördern auf diese Weise das Gemeinschaftsgeschäft unter Maklern. Im Gegensatz zu Maklerverbünden (nicht Maklerverbänden) kann bei Immobilienbörsen jeder Teilnehmer entscheiden, ob und in welchem Umfange er die von ihm akquirierten Objekte seinen Börsenkollegen anbieten will. Er kann auch auf der Grundlage allgemeiner Maklerverträge arbeiten. Bei Maklerverbünden verpflichten sich die Teilnehmer, nur Alleinaufträge zu akquirieren und die Objekte innerhalb eines bestimmten Zeitraums in den gemeinsamen Objektpool des Verbundes einzugeben. Derzeit gibt es etwa 35 Immobilienbörsen, 25 davon sind eingetragene Vereine, eine Immobilienbörse ist eine Institution der Industrie- und Handelskammer Frankfurt.

Immobilienbörse ist kein geschützter Begriff, so dass er heute auch in Firmenbezeichnungen oder zur Kennzeichnung von Immobilienportalen im Internet anzutreffen ist. Teilweise blicken solche Immobilienbörsen auf eine lange Tradition zurück. In Hamburg besteht sie seit 150 Jahren. Ein Gründungsboom setzte bei Immobilienbörsen gegen Mitte der 60er Jahre des vergangenen Jahrhunderts ein. Die Arbeitsgemeinschaft deutscher Immobilienbörsen versuchte die Arbeit der Börsen zu optimieren. Ein wichtiges, wenn auch nicht das wichtigste Motiv dieser Gründungen war die Vorstellung, das Börsenimage für sich nutzen zu können und zu suggerieren, dass man sich in Tuchfühlung mit der angesehenen Berufsgruppe der vereidigten Börsenmakler befand. Allerdings handelt es sich bei Immobilienbörsen im Gegensatz zu Wertpapier- und anderen Börsen um reine Informationsbörsen. Vertragsabschlüsse über Immobilien können dort nicht durchgeführt werden. Während die konventionellen Immobilienbörsen ein Börsenzeremoniell insofern pflegten, als regelmäßig Börsensitzungen abgehalten wurden, auf denen Objektangebote vorgestellt und besprochen wurden, ging die 1968 gegründete Süddeutsche Immobilienbörse einen anderen Weg. Sie war gedacht als überregional agierendes Immobilieninformationszentrum, das die neuen Medien nutzen wollte. Sie hatte den Charakter einer Immobilieninformationszentrums. Es handelt sich wegen ihre überregionalen Einzugsbereichs heute noch um die mitgliederstärkste Immobilienbörse in Deutschland. Heute – im Zeitalter der Immobilienportale haben die traditionellen Immobilienbörsen ihre Bedeutung als Kommunikationsmittel weitgehend eingebüßt. Sie übernehmen teilweise noch die Funktion von geschlossenen Objektdatenbanken, die überwiegend in Immobilienportalen aufgegangen sind.

Siehe / Siehe auch: Gemeinschaftsgeschäft, IMMONET - RDM IMMONET, Immobilienportale

Immobiliendiskussion.de – ID
German Internet discussion forum for real estate firms

Bei der ID handelt sich es um das wohl größte im Internet betriebene Diskussionsforum für gewerblich in der Immobilienwirtschaft tätige Unternehmen, das im Frühjahr 2000 als reine Mailingliste gegründet wurde, jetzt aber als Bulletin-Board betrieben wird. Diese Kommunikationsplattform dient zum kollegialen fachlichen Austausch seiner Teilnehmer und bietet diesen neben verschiedenen Diskussionsforen mit branchenspezifischen Themenstellungen auch eine Kooperationsbörse zur Anbahnung von Gemeinschaftsgeschäften. Die Teilnahme an den Diskussionsforen ist kostenlos, für die Nutzung von Mehrwertdiensten werden zukünftig voraussichtlich Gebühren erhoben. Anmelden kann man sich direkt auf der Internetseite www.immobiliendiskussion.de in der linken Spalte unter „Anmeldung“.

Immobilienentwicklung
property development

Unter Immobilienwicklung ist auf der Grundlage von konkreten Entwicklungszielen die Gesamtheit aller Maßnahmen zu verstehen, die von unbebauten Flächen oder Abbruchobjekten zu wohnwirtschaftlich oder gewerblich nutzbaren Immobilienobjekten führt. Immobilienentwicklung umfasst die städtebauliche Planung, Umlegung, Erschließung und Bebauung des zu entwickelnden Gebietes.

In Deutschland können städtebauliche Entwicklungsmaßnahmen von Gemeinden auch nach den Regelungen des Baugesetzbuches durchgeführt werden. Dabei wird zwischen einer erstmaligen Entwicklung und einer Neuentwicklung im Rahmen einer Neuordnung eines bestimmten Gemeindegebietes unterschieden. Das zu entwickelnde Gebiet wird durch eine Entwicklungssatzung festgelegt. Für das Entwicklungsgebiet sind Bebauungspläne aufzustellen. Die Gemeinde erwirbt die Grundstücke und finanziert mit der aus der Entwicklung resultierenden Erhöhung des Bodenwertes die Entwicklungsmaßnahme. Sofern die Gemeinde die Grundstücke nicht erwirbt, kann sie von den betroffenen Grundstückseigentümern eine Ausgleichszahlung in Höhe der entwicklungsbedingten Bodenwerterhöhung verlangen. Die Gemeinde ist verpflichtet, nach Durchführung der Entwicklungsmaßnahme die neu entstandenen Grundstücke wieder an die früheren Grundstückseigentümer zu verkaufen. Zur Durchführung der Entwicklungsmaßnahme kann auch im Rahmen eines städtebaulichen Vertrages ein Entwicklungsträger eingeschaltet werden.

Immobilienfachwirt

real estate specialist (accredited)

Am 1.Februar 2008 trat die novellierte Fassung der Verordnung über die Prüfung zum anerkannten Abschluss „Geprüfter Immobilienfachwirt" bzw. „Geprüfte Immobilienfachwirtin" in Kraft und die Vorgängerverordnung vom 23. Dezember 1998 außer Kraft. Ursprünglich hieß der Fortbildungsabschluss „Fachwirt / Fachwirtin in der Grundstücks- und Wohnungswirtschaft". Wer auf der Grundlage der Vorgängerverordnung einen Lehrgang besucht, kann bis 31. Dezember 2011 die Prüfung nach der alten Verordnung ablegen. Wer die Prüfung besteht, hat damit nachgewiesen, dass er / sie aufgrund der erworbenen Qualifikationen und Erfahrungen in der Lage ist, eigenverantwortliche Tätigkeiten in Immobilienunternehmen oder als Selbständige(r) auszuüben. Hierzu gehören insbesondere

- die Bewertung immobilienwirtschaftlicher Sachverhalte auf der Basis von volkswirtschaftlichen, betriebswirtschaftlichen, technischen und rechtlichen Zusammenhängen und daraus die Ableitung entsprechender Handlungsschritte
- das teamorientierte Konzipieren und Organisieren von immobilienwirtschaftlichen Projekten unter Anwendung und Berücksichtigung der Instrumente kaufmännischer Steuerung und Kontrolle;
- und schließlich die systematische Bearbeitung komplexer, anspruchsvoller und variantenreicher Problemstellungen in Kerngeschäftsprozessen der Immobilienwirtschaft unter Anwendung von Arbeits- und Problemlösetechniken. Dazu gehört auch die Überprüfung und Entwicklung eigener und fremder Leistungen.

Die Zulassungsvoraussetzungen für die Prüfung wurden durch Verringerung der vorhergehenden Praxiszeiten herabgestuft. Vorausgesetzt wird demnach eine erfolgreiche Abschlussprüfung

- zum Kaufmann in der Grundstücks- und Wohnungswirtschaft oder als Immobilienkaufmann IHK / Immobilienkauffrau IHK und mindestens ein Jahr Berufspraxis
- nach einer 3-jährigen anderen kaufmännische Ausbildung und mindestens zwei Jahre Berufspraxis oder
- in einem nicht kaufmännischen Ausbildungsberuf und danach eine mindestens drei Jahre Berufspraxis.
- Zugelassen wird ferner jeder, der eine mindestens sechsjährige Berufspraxis in der Immobilienwirtschaft nachweisen kann.

Für die Prüfung relevante Handlungsbereiche sind:

- Rahmenbedingungen der Immobilienwirtschaft,
- Unternehmenssteuerung und Kontrolle,
- Personal, Arbeitsorganisation und Qualifizierung,
- Immobilienbewirtschaftung,
- Bauprojektmanagement,
- Marktorientierung und Vertrieb, Maklertätigkeit.

In jedem dieser Bereiche ist eine Aufgabe anzufertigen. Die mündliche Prüfung gliedert sich in eine zehnminütige Präsentation und ein daran anschließendes zwanzigminütiges Fachgespräch. Das Thema der Präsentation wird vom Prüfungsteilnehmer gewählt und dem Prüfungsausschuss bei der ersten schriftlichen Prüfungsleistung eingereicht. In ihr soll eine komplexe Problemstellung der betrieblichen Praxis dargestellt, beurteilt und gelöst werden.

Die Prüfung ist bestanden, wenn in allen schriftlich geprüften Handlungsbereichen und in der mündlichen Prüfung mindestens ausreichende Leistungen erbracht wurden. Eine nicht bestandene Prüfung kann zweimal wiederholt werden. Wer die Prüfung zum Geprüften Immobilienfachwirt/zur Geprüften Immobilienfachwirtin nach dieser Verordnung bestanden hat, ist vom schriftlichen Teil der Prüfung der nach dem Berufsbildungsgesetz erlassenen Ausbilder-Eignungsverordnung befreit.

Im Jahr 2006 haben 1.059 Personen an der Immobilienfachwirteprüfung teilgenommen. Der Frauenanteil betrug 63 Prozent. Bestanden haben die Prüfung auf Anhieb nur 60,1 Prozent. Nach Ablegung einer Wiederholungsprüfung betrug die Erfolgsquote 75,8 Prozent. Die Teilnehmerzahlen sinken seit 2001. Zu unterscheiden ist der Immobilienfachwirt vom „Dipl. Immobilienwirt (DIA)".

Siehe / Siehe auch: Kaufmann/Kauffrau in der Grundstücks- und Wohnungswirtschaft (IHK), Dipl. Immobilienwirt DIA an der Universität Freiburg, Europäische Immobilien Akademie e.V. (EIA), Aus- und Weiterbildung, Fachkaufmann für die Verwaltung von Wohnungseigentum, Studiengänge (Immobilienwirtschaft), Immobilienkaufmann / Immobilienkauffrau

Immobilienfonds

real estate investment trust; property fund; real estate fund; real property fund

Siehe / Siehe auch: Immobilienfonds - Offener Immobilienfonds, Immobilienfonds - Geschlossener Immobilienfonds

Immobilienfonds - Geschlossener Immobilienfonds

real estate investment trust - closed property fund; closed-end real estate fund

Geschlossene Immobilienfonds stellen das Finanzvermögen einer Gesellschaft dar, deren Initiatoren dieses Vermögen zur Entwicklung oder zum Erwerb einer oder mehrerer bestimmter Immobilien vollständig verwendet. Interessierte Investoren kaufen Anteile an dem Fonds, bis die für das Objekt benötigte festgelegte Finanzierungssumme erreicht wird. Dann wird der Fonds „geschlossen". Die jeweiligen Beteiligungszertifikate können in der Regel nicht mehr zurückgegeben werden. Ein Verkauf der Beteiligung setzt voraus, dass ein Interessent dafür auf dem so genannten Zweitmarkt gefunden wird. Zweck geschlossener Immobilienfonds kann entweder die Nutzung von Steuervorteilen oder aber die Gewinnerzielung durch Mieteinnahmen und Wertsteigerungen sein.

Der Anleger wird steuerlich und wirtschaftlich wie ein direkter Immobilieneigentümer behandelt. Die Rechtskonstruktion des Fonds ist entweder eine Kommanditgesellschaft (wobei die im Handelsregister vermerkten Kommanditisten die Anteilseigner sind und der im Grundbuch eingetragene Komplementär in der Regel keine Anteile hält) oder eine Gesellschaft des bürgerlichen Rechts, für die ein Treuhänder im Grundbuch eingetragen ist. Seit Inkrafttreten des Steueranpassungsgesetzes 1999, 2000, 2002 haben steuerorientierte geschlossene Immobilienfonds ihre steuerliche Attraktivität eingebüßt. Mit Inkrafttreten des so genannten 5. Bauherrenerlasses zum 1. Januar 2004 wurden die Steuerspar-Möglichkeiten bei einer Beteiligung an geschlossenen Immobilienfonds weiter begrenzt. Wer nach dem 31.12.2003 Anteile an einem geschlossenen Immobilienfonds gezeichnet hat, durfte die Erwerbsnebenkosten nicht mehr im Erstjahr in voller Höhe steuersparend geltend machen, sondern musste sie auf die voraussichtliche Nutzungsdauer verteilen. Seit dem 10. November 2005 gehören geschlossene Fonds, die überwiegend auf die Erzielung steuerlicher Vorteile auf Seiten des Investors zielen, ganz der Vergangenheit an. Wer ab diesem Tag eine Fondsbeteiligung zeichnete, kann die üblichen Anfangsverluste nicht mehr mit seinem restlichen Einkommen Steuer sparend verrechnen, sondern allein mit den künftigen Erträgen aus dieser Fondsbeteiligung. Die Gesetzesänderung zielte weniger auf geschlossene Immobilien- und Schiffsfonds, sondern in der Hauptsache auf eindeutig steuerinduzierte Beteiligungen, also Medien- und Windpark- sowie so genannte Wertpapierhandelsfonds. Initiatoren von Immobilienfonds, die ausschließlich die Erwirtschaftung von langfristigen Renditen im Auge hatten, haben auch heute noch durchaus Erfolg. Im Focus der neuerer Fondskonzeptionen stehen daneben Objekte, bei denen bewusst auf niedrige Risiken gesetzt wird. Damit soll dem Sicherheitsbedürfnis der Anleger Rechnung getragen werden. Ins besondere Blickfeld geraten aber auch ausländische Liegenschaften vor allem in den Niederlanden, Frankreich und den USA.

Eine Änderung ergab sich für geschlossene Fonds seit 1. Juli 2005 durch das Anlegerverbesserungsschutzgesetz vom 28. Oktober 2004. Es führt zu ihrer Einbeziehung in den Anwendungsbereich des Verkaufsprospektgesetzes. Bevor ein Verkaufsprospekt der Öffentlichkeit zugänglich gemacht wird, muss er der Bundesanstalt für Finanzdienstleistungen (BaFin) übermittelt werden. Diese muss die Veröffentlichung gestatten. Sie überprüft den Prospekt allerdings nur auf Vollständigkeit und formale Richtigkeit. Eine Bewertung des Fonds selbst erfolgt durch die BaFin nicht. Die BaFin kann den Vertrieb von Fondsanteilen untersagen, wenn kein Prospekt veröffentlicht wurde oder der Prospekt unvollständig ist. Mit dieser Unterstellung der Prospektierung geschlossener Fonds unter die BaFin ist ein erster Schritt geschlossener Fonds vom grauen in den regulierten Kapitalmarkt getan.

Siehe / Siehe auch: Bankenhaftung bei geschlossenen Immobilienfonds, Immobilienfonds - Offener Immobilienfonds, Fallenstellerparagraph, Zweitmarkt

Immobilienfonds – Offener Immobilienfonds

real estate investment trust - open-end property fund; open real estate fund

Offene Immobilienfonds sind im Gegensatz zu geschlossenen Immobilienfonds nicht als Immobilieninvestment, sondern als Wertpapieranlage zu betrachten: Eine Kapitalanlagegesellschaft erwirbt aus dem eingezahlten Sondervermögen Immobilien und veräußert diese auch wieder. Die Rendite ergibt sich aus der Wertsteigerung der Immobilien und den Mieteinnahmen. Anleger können jederzeit

Anteile an solchen Fonds erwerben und diese bei Bedarf an die Investmentgesellschaft zurückgeben. Der offene Fonds ist weder in der Zahl der Objekte, noch in der Höhe des Fondsvolumens oder der Zahl der Anleger begrenzt. Die meisten Fonds bieten Stückelungen schon ab Summen unter 50 Euro an. Der Verkauf der Anteile ist banktäglich gemäß den in vielen Zeitungen veröffentlichten Rücknahmekursen möglich. Damit stehen die Initiatoren offener Immobilienfonds miteinander im Wettbewerb, da die Wertentwicklung der Anteile über das Interesse der Anleger und somit über Mittelzu- oder -abflüsse entscheidet. Über Jahre und Jahrzehnte galten offene Immobilienfonds als Horte der Stabilität und als sehr sicheres Investment – auch für Kleinsparer. Doch der Ruf ist mittlerweile arg lädiert. Zurückzuführen ist dies auf die Tatsache, dass offene Immobilienfonds seit dem Jahr 2004 offenbar erhebliche Probleme haben, die deren Rentabilität drückten. Dabei handelte es sich, wie bei einer sehr großen Fondsgesellschaft, zum einen um hausgemachten Stress. Weitaus gravierender für die gesamte Branche war aber die Tatsache, dass die meisten Offenen Immobilienfonds offenbar zu spät die Zeichen der Zeit erkannten und erst mit erheblichem Verzug die in ihren Portfolios nötigen Wertberichtigungen vornahmen.

Die Notwendigkeit nachhaltiger Wertberichtigungen zeichnete sich schon seit Jahren ab. Grund: Offene Immobilienfonds investieren hauptsächlich in Gewerbe- und Büroobjekte. Und sofern sie dies in Deutschland tun bzw. taten, werden die Wertansätze dieser Immobilien durch die schlechte Konjunktur beeinflusst. Das führt zu steigenden Leerständen und erodierenden Mieten, die zwangsläufig zu einer Niedrigbewertung der Objekte führen. Kritisch anzumerken ist, dass die Fondsgesellschaften die erforderlichen Wertberichtigungen zu lange hinaus gezögert haben, so dass offenbar ein Vertrauensverlust bei Privatanlegern entstanden ist. Mittlerweile haben die im Bundesverband Investment und Assetmanagement e.V. (BVI) zusammengeschlossenen Kapitalanlagegesellschaften, die offene Immobilienfonds auflegen, ein Maßnahmenpaket umgesetzt, das bestimmte Konstruktionsfehler beheben und die Transparenz der Fonds steigern soll. Transparenz soll durch Veröffentlichung der Verkehrswerte und der Mieteinnahmen jedes einzelnen im Sondervermögen gehaltenen Objekts in den Jahresberichten hergestellt werden. Die ersten Immobilienfonds stammen aus dem Jahre 1959. Ende Juli 2009 existierten 66 offene Immobilienfonds. Das Fondsvermögen (Publikumsfonds) betrug auf 86,8 Mrd. EURO. In Immobilienspezialfonds waren 24,2 Mrd. EURO investiert. Der Anteil der Immobilienfonds an allen Fonds betrug zwölf Prozent. Über die Situation der einzelnen Fonds kann man sich aus den Halbjahresberichten bzw. Jahresberichten informieren, die Angaben über fondseigenen Objekte und anderen Immobilienbeteiligungen, Vermieterquote, Laufzeit der Mietverträge, aktuellen Mieterträge usw. enthalten.

Die Immobilien werden jährlich von einem unabhängigen Sachverständigengremium nach dem Ertragswertverfahren der WertV bewertet. Bezogen auf die Nutzungsarten gab es 2008 folgende Verteilung: 66,1 Prozent Büroimmobilien, 18,5 Prozent Handelsimmobilien, 3,9 Prozent Hotels, 3,8 Prozent Industrieobjekte, 7,7 Prozent sonstige Immobilien. Nach der geographischen Streuung der Fondsobjekte lagen 30,7 Prozent in Deutschland, 41,6 Prozent im europäischen EURO-Ländern, 6,4 Prozent im sonstigen europäischen Raum und 9,7 Prozent in außereuropäischen Ländern.

Siehe / Siehe auch: Anlagevorschriften, Immobilienfonds - Geschlossener Immobilienfonds

Immobilienkaufmann / Immobilienkauffrau

real estate agent; management assistant in real estate

Die Berufsausbildung erfolgt in Deutschland im dualen System. Es gilt weltweit als vorbildliches nicht akademisches Ausbildungssystem. Darin liegt einer der Gründe, warum ein nicht unbeachtlicher Teil der Abiturienten die berufliche Erstausbildung der akademischen Ausbildung vorziehen.

Im Jahr 2006 begannen im Bereich Industrie und Handel allein 69.529 Abiturienten nach dem dualen System ihre berufliche Ausbildung. Das sind knapp 21 Prozent der neu entstandenen Ausbildungsverhältnisse. Im Bereich der Ausbildung zum Immobilienkaufmann lag der Abiturientenanteil dagegen bei 57,7 Prozent. Das bedeutet, dass das Zugangsniveau zur dieser Ausbildung beachtlich über dem Durchschnitt liegt. Überdurchschnittlich hoch ist auch der Frauenanteil bei den Auszubildenden. Er lag 2006 bei 60 Prozent. Das duale Ausbildungssystem zeichnet sich dadurch aus, dass die betriebliche Ausbildung durch den Fachkundeunterricht an der Berufsschule ergänzt wird. Vorausgesetzt wird für jede Ausbildung, dass das Ausbildungsunternehmen über einen Ausbilder verfügt, der die entsprechende Qualifikation nach der Ausbilder-Eignungsverordnung nachweisen kann. Die Ausbildereignungsqualifikation kann im

Rahmen von Lehrgängen bei einer IHK oder einem sonstigen Lehrgangsträger, der hierfür qualifiziert ist, nach Ablegung einer entsprechenden Prüfung erworben werden. Gegenstand der Prüfung sind die arbeits- und berufspädagogischen Fähigkeiten für die Vermittlung von Ausbildungsinhalten. Dass der Ausbilder außerdem auch fachlich geeignet sein muss, versteht sich von selbst. Der Ausbildungsbetrieb (Ausbildender) muss schließlich die betriebliche Zweckbasis haben, die erforderlich ist, um dem Auszubildenden alle geforderten Qualifikationen zu vermitteln. Ist das nicht der Fall, muss die Ausbildung im Verbund mit anderen Unternehmen erfolgen, die die fehlenden Tätigkeitsfelder im Ausbildungsbereich abdecken können. Bei einer solchen Verbundausbildung muss das Ausbildungsunternehmen, mit dem der Ausbildungsvertrag besteht, mindestens 50 Prozent der Ausbildungsinhalte selbst vermitteln. Die restliche Ausbildung kann auf das kooperierende Unternehmen delegiert werden.
In der Immobilienwirtschaft wird schon seit 1952 nach einem eigenen Berufsbild, das stark wohnungswirtschaftlich geprägt war, im dualen System ausgebildet. Die Ausbildung wurde mehrmals an die veränderten Verhältnisse angepasst. Die letzte Novellierung des Ausbildungsberufsbildes Kaufmann bzw. Kauffrau in der Grundstücks- und Wohnungswirtschaft erfolgte 1996. Diese Ausbildung wurde zum 1. August 2006 abgelöst von der Ausbildung zum Immobilienkaufmann (IHK) / zur „Immobilienkauffrau (IHK).
Der Immobilienkaufmann / die Immobilienkauffrau ist einer von insgesamt 345 staatlich anerkannten Ausbildungsberufen. 2006 gab es nach der Ausbildungsstatistik im Bundesgebiet 5.663 immobilienwirtschaftliche Ausbildungsverhältnisse. Die neue Verordnung über die Berufsausbildung zum Immobilienkaufmann / zur Immobilienkauffrau, ersetzt den bisherigen Monoberuf durch eine zweiteilige Ausbildung. In den beiden ersten Ausbildungsjahren der 3-jährigen Ausbildung werden für alle Auszubildende gleiche Grundqualifikationen vermittelt. Sie beziehen sich auf den Ausbildungsbetrieb, den Bereich Organisation, Information und Kommunikation, den Bereich kaufmännische Steuerung und Kontrolle, sowie die Bereiche Marktorientierung (Marketing), Immobilienbewirtschaftung, Erwerb, Veräußerung und Vermittlung von Immobilien und Begleitung von Baumaßnahmen. Im dritten Ausbildungsjahr kann der Auszubildende zwei von fünf vertiefenden Wahlqualifikationen wählen. Es handelt sich um die Wahlqualifikationseinheiten Steuerung und Kontrolle des Unternehmens, Gebäudemanagement, Maklergeschäfte, Bauprojektmanagement und Wohnungseigentumsverwaltung. Mit dieser Neuorientierung durch Setzung von alternativen Schwerpunkten erhoffen sich die Initiatoren der neuen Verordnung eine Vergrößerung der Basis der Ausbildungsbetriebe. Die (schriftliche) Zwischenprüfung findet wie bisher in der Mitte des zweiten Ausbildungsjahres statt. Die Abschlussprüfung besteht aus einer schriftlichen Prüfung in den Bereichen Immobilienwirtschaft, Kaufmännische Steuerung und Dokumentation sowie Wirtschafts- und Sozialkunde. Die mündliche Prüfung besteht aus einem Fachgespräch, wobei insbesondere die vom Auszubildenden gewählten Wahlqualifikationseinheiten im Mittelpunkt stehen. Unterstützt wird die Berufsausbildung durch den Berufsschulunterricht, der auf der Grundlage eines hoch qualifizierten Rahmenlehrplanes erteilt wird und hohe Anforderungen an das Lehrpersonal stellt.
Siehe / Siehe auch: Aus- und Weiterbildung, Immobilienfachwirt, Fachkaufmann für die Verwaltung von Wohnungseigentum, Kaufmann/ Kauffrau in der Grundstücks- und Wohnungswirtschaft (IHK), Studiengänge (Immobilienwirtschaft)

Immobilienkrise
real estate crisis

Als Immobilienkrise wird eine konjunkturelle Rezession bezeichnet, die ihre Ursache in einem völligen Ungleichgewicht zwischen dem oft zunehmenden Angebot von Immobilien und einer stark rückläufigen Nachfrage hat. Dies führt zu einem Verfall der Preise und/oder Mieten. Besonders stark wirkt sich dies auf Immobilien aus, die hoch beliehen wurden, was durch den Preisverfall zu einer Überbeleihung führt. Können in einer solchen Situation die Kredite durch die Darlehensnehmer nicht mehr bedient werden, bedeutet dies, dass bei Zwangsversteigerungen ein Teil der Kredite abgeschrieben werden muss. Die Immobilienkrise wirkt sich also unmittelbar auch auf die Kreditinstitute aus. Eine Immobilienkrise erweitert sich auf diese Weise sehr schnell zu einer Hypothekenkrise. Diese wiederum wirkt sich wegen der internationalen Verflechtungen der Kreditinstitute und der weltweit angebotenen, auf Immobilienbeleihungen gestützte Anlageprodukte nicht nur im Lande der Verursachung, sondern weit darüber hinaus aus. Einige Immobilienkrisen gab es in Deutschland bereits in der Zeit zwischen 1873 und 1914 die zu vielen Konkursen von Terraingesellschaften (börsennotierte Aktiengesellschaften) führte. Betroffen davon war besonders Berlin. 1873/74 sanken die Kurse börsennotierter Immobilienaktien von Berliner Terraingesellschaften von 155 auf 13! Diese Krise ging in die Geschichte ein unter der Bezeichnung der „große Krach“. Eine neue Krise begann 1893, was 1895 zu einem Rekord an Zwangsversteigerungen führte. Die Zeit zwischen 1907 und 1910 wurde als die Zeit der schwankenden Konjunktur bezeichnet. 1911 schlossen sich bis zum Beginn des ersten Weltkrieges weitere Jahre der Krise und Depression an. Der Immobilienmarkt bekam die hohen Kapitalmarktzinsen zu spüren, die sich durch die hohe Inanspruchnahme des Kapitalmarkts durch die Industrie, vor allem durch die Rüstungsindustrie ergab. Viele Hauseigentümer konnten die stark gestiegene Hypothekenzinslast nicht mehr tragen.

In Erinnerung ist manchen Zeitgenossen noch die Immobilienkrise 1974/75 in der Bundesrepublik, als die Wohnbauzahlen ein Rekordniveau erreichten, die Nachfrage aber ausblieb. Auch die derzeitige US-Hypothekenmarktkrise („Subprime-Crisis“) und die Immobilienkrise in Spanien haben ihre Ursache in einem erheblichen Verfall der zuvor enorm gestiegenen Hauspreise aufgrund des produzierten Überangebots.

(Literaturhinweis: Vilma Cartaus, „Zur Geschichte der Grundstückskrisen in deutschen Großstädten“ Jena 1917)

Siehe / Siehe auch: Subprime-Krise

Immobilienleasing

real estate leasing

Langfristige Nutzungsüberlassung von Betriebs- und sonstigen gewerblichen Gebäuden im Rahmen eines Leasingvertrags. Leasinggeber sind darauf spezialisierte Gesellschaften. Der Nutzer, der als Leasingnehmer bezeichnet wird, hat aufgrund vertraglicher Vereinbarungen in der Regel die Möglichkeit, zu einem späteren Zeitpunkt das Eigentum an der Immobilie zu erwerben oder ein Anschlussmietverhältnis einzugehen. Immobilienleasing setzt die Bonität des Leasingnehmers und die Wiederverwertbarkeit der Immobilie voraus.

Immobilienmakler

real estate agent; property agent; land agent; estate agent; house agent; real estate dealer

Siehe / Siehe auch: Makler

Immobilienmanagement

property management

Der Begriff Immobilienmanagement wird teilweise in einem engeren Sinne („Objektmanagement“ oder „Objektbetreuung“) gebraucht und umfasst die kaufmännische, technische und infrastrukturelle Verwaltung, die den optimalen Betrieb einer Immobilie sichert. Zum professionellen Immobilienmanagement in diesem engen Sinne gehört eine vorausschauende Planung mit dem Ziel einer langfristigen Wertschöpfung der verwalteten Immobilie. In einem weiteren, umfassenden Sinne bezieht sich Immobilienmanagement auf alle Abschnitte des Lebenszyklus einer Immobilie, umfasst alle Führungsmaßnahmen, die erforderlich sind, eine Immobilie zielorientiert zu entwickeln, zu bewirtschaften, zu verwerten und zu vermarkten.

Dabei sind wirtschaftlich-finanzielle, steuerliche, rechtliche, technisch-architektonische, umweltspezifische und soziale Elemente bei der Planung und Ausführung der Leistungen sachgerecht miteinander zu verknüpfen.

Siehe / Siehe auch: Facility Management (FM)

Immobilienmarkt

real estate market; property market

Der Immobilienmarkt ist ein Markt der Standorte. Dabei ist der Nutzungsart nach im Wesentlichen zu unterscheiden zwischen Haushaltsstandorten und Betriebsstandorten. Demgemäß kann der Immobilienmarkt in die entsprechenden Teilmarktgruppen: Wohnungsmarkt und Markt für Immobilien zur betrieblichen Nutzung eingeteilt werden. Eine andere Teilmarktbildung ergibt sich im Hinblick auf unterschiedliche Entwicklungszustände von Immobilien. Dabei steht der Markt von Immobilien in ihrer Funktion als potentielle Standorte (Baugrundstücke, Abbruchgrundstücke) dem Markt der aktuellen Standorte (nutzbare Wohnhäuser, Büros und dergleichen) gegenüber. Eine weitere Marktdifferenzierung ergibt sich aus der Art der Verträge, mit denen marktrelevante Umsätze bewirkt werden. (Mietmarkt, Kaufmarkt, Markt für Leasingobjekte, Markt für Gesellschaftsanteile, deren Gesellschaftszweck Immobilienanlagen sind.) Eine letzte Unterscheidung ist hinsichtlich der räumlichen Struktur der Immobilienmärkte zu treffen. Hier ist zu unterscheiden zwischen den lokalen, regionalen, überregionalen (nationalen und internationalen) Immobilienmärkten. Das wesentliche Unterscheidungskriterium ergibt sich aus den Konkurrenzstrukturen des Angebots. Beim lokalen Grundstücksmarkt treten nur Objektangebote in einem eng begrenzten Raum (z.B. Ladenlokale in 1a-Lagen) mit einander in Konkurrenz. Beim regionalen Immobilienmarkt treten nur Objektangebote innerhalb einer Region in eine Konkurrenzbeziehung zueinander.

Der Wohnungsmarkt gehört überwiegend zum regionalen Markt. Beim überregionalen Immobilienmarkt kann ein Objekt in Berlin mit einem anderen Objekt in München, und beim internationalen Immobilienmarkt ein Objekt in Mailand mit einem Objekt in Kopenhagen in Angebotskonkurrenz zueinander treten. Typische Güter, die auf dem überregionalen Immobilienmarkt gehandelt werden, sind Immobilienanlageobjekte. Aus dem dargestellten Einteilungsraster ergibt sich, dass es „den" Immobilienmarkt nicht gibt. Die Marktszene wird vielmehr von einer schier unüberschaubaren Anzahl von Teilmärkten geprägt. Allein beim Mietwohnungsmarkt sind wieder Wohnungsuntermärkte nach Größe (vom Appartement bis zum Einfamilienhaus, das zur Vermietung ansteht) Qualität und Lage zu unterscheiden.

Immobilienmesse

real estate trade fair

Ausstellung in der Immobilienwirtschaft mit dem Ziel, Branchenteilnehmer auf einer Plattform zusammenzubringen. Die bekanntesten internationalen Messen im Bereich der Gewerbeimmobilien sind die MIPIM in Cannes, Südfrankreich, die MIPIM Asia in Singapur und die MAPIC als Fachmesse für Handelsimmobilien, ebenfalls in Cannes. Im Oktober 1998 fand erstmals die Expo Real in München statt. Daneben findet mit Schwerpunkt Wohnimmobilien die „Immofair" zweimal im Jahr in München statt.

Siehe / Siehe auch: Expo Real

Immobilienportale

real estate portals

Immobilienportale gewinnen als Vertriebsweg für Immobilien via Internet eine zunehmende Bedeutung. Internetnutzer sind besonders interessante (weil entscheidungsfreudige) Geschäftspartner für Immobilienanbieter. Untersuchungen zufolge handelt es sich um einen überdurchschnittlich interessanten Personenkreis (44 Prozent haben Abitur oder studiert) mit relativ hohem Einkommen (ein Drittel verfügt über mehr als 3.000 Euro Monatseinkommen). 44 Prozent sind zwischen 30 und 50 Jahre alt.

Auf der Suche nach Wohnungen sind mittlerweile rund drei Viertel aller Umzugswilligen auch über das Internet unterwegs. Immobilienbörsen machen bereits seit geraumer Zeit der Tageszeitung als Informationsquelle den Rang streitig – fast monatlich neue Kooperationen (auch mit Zeitungsverlagen) weisen den Weg in die Vermittlungszukunft.

Immobilienscout 24 GmbH, Berlin

Gegründet 1999 als Internet-Startup. Marktführer was Nutzerzahlen und Objektdaten betrifft. Der Generalist unter den Anbietern setzt auf größtmögliche Reichweite und starke Kooperationen (T-Online, AOL, GdW, BFW,Wüstenrot). Der beliebteste Wohnimmobilienmarkt im Internet bei Nachfragern.

Adresse: Immobilien Scout GmbH, Magazinstr. 15/16, 10179 Berlin, Tel: 030/24 301 1100, Fax: 030/24 301 1110.

Immowelt AG, Nürnberg

Gegründet 1996. Hervorgegangen aus dem Softwareunternehmen Data Concept. Die hauseigene Software „Makler 2000" ermöglicht vielen Anbietern den einfachen Zugang zur Datenbank. Deshalb am beliebtesten auf der Anbieterseite. Gut visualisiertes und nutzerfreundliches Angebot mit vielen Serviceelementen und eigener Redaktion. Teilhaber Holtzbrinck-Verlag (25,1 Prozent), WAZ-Gruppe und Münchener Zeitungs-Verlag. Weitere Kooperationen bestehen mit Zeitungen wie dem Münchener Merkur, Spiegel online, Quelle Bausparkasse sowie der Versicherungsgruppe Debeka, meinestadt.de (13.500 Städte und Gemeinden) und dem internationalen Ferienimmobilien-Anbieter Interhomes.

Mit der Übernahme von ascado.de im November 2001 als einzige nennenswerte Spezialplattform für Gewerbeimmobilien weiter auf Expansion. Adresse: Immowelt AG, Nordostpark 16, 90411 Nürnberg, Tel.: 0911/520 25-0, Fax: 0911/520 25-25.

Immopool, Kassel

Gegründet 1996. Über die Muttergesellschaft Lagler Spezial-Software GmbH profitiert das Portal vom starken Traffic seiner Softwarekunden. Was Objekt- und Nutzerzahlen betrifft, liegt das Portal hinter Immobilienscout im Spitzenfeld.

Adresse: Lagler Spezial-Software GmbH, Otto-Hahn-Straße 10, 34123 Kassel-Waldau, Tel.: 05 61/95 99 90, Fax: 0561/959 99 99.

Immonet GmbH, Berlin

Gegründet 2002. Der Ring Deutscher Makler (RDM), später IVD (der dann 2006/07 seine Anteile an Springer verkauft hat) und als Hauptgesellschafter der Axel Springer Verlag (74,9 Prozent) betreiben über eine technische Plattform die Portale immonet.de, rdm.de, propertygate.com sowie die der Tageszeitungen „Hamburger Abendblatt", „Berliner Morgenpost", „Bildzeitung" und die

„Welt". Jüngste Kooperationen wurden mit der Ostseezeitung, Schweriner Volkszeitung und Nordkurier sowie der Hamburger Sparkasse und AOL ausgehandelt. Zu den großen Immonet-Partnern zählen ferner BHW, Web.de, Focus/MSN Microsoft sowie Bellevue. Adresse: Immonet GmbH, Brandstwiete 1, 20457 Hamburg, Tel.: 040/347-287 01, Fax:040/347-287 77.

Planet Home AG, München

Gegründet 2000. Ebenfalls nicht bei Null anfangen musste die 100-prozentige Tochter der Münchener HypoVereinsbank. Den Mehrwert für Nachfrager soll eine lückenlose Abbildung des Objektbestandes von 40 deutschen Städten per Video im Netz bringen. Neben Provisionserlösen verdient Planet Home über Vermittlungen von Immobilienfinanzierungen – nicht nur aus dem eigenen Hause – Geld. Hinzu kommt die persönliche Beratung durch mittlerweile 100 Makler an etwa 50 Standorten. Durch die im Jahr 2002 gestartete Kooperation mit der Vereins- und Westbank wächst das Immobilienvermittlungsgeschäft im Norden stetig hinzu. Adresse: Planet Home AG, Münchner Str. 14, 85774 München/Unterföhring, Tel.: 089/76 774-0, Fax: 089/76 774-190.

Bellevue and more AG, Hamburg

Gegründet 2000. Hinter dem Portal houseandmore.de stehen zu je 50 Prozent die Tomorrow Focus AG und die Bausparkasse Schwäbisch Hall (im Verbund der Volks- und Raiffeisenbanken) als Betreiber. Die Vernetzung des Print- und Online-Bereiches hat einen großen Stellenwert. Das Hochglanz-Magazin Bellevue mit exklusiven Immobilien und das Magazin „house and more" der Bausparer wird in Hamburg gemeinsam mit dem online-Auftritt realisiert. Adresse: Bellevue and More GmbH, Alsterufer 1, 20354 Hamburg, Tel.: 040/ 44 11-76 41, Fax: 040-4411-7930.

Weitere Immobilienportale im Internet:

- www.publicimmo.de (Immobilienportal für das Siegerland, Sauerland und Umgebung)
- www.freeimmo.de (Immobilienangebote aus ganz Europa)
- www.immoba.de (Wohnungen und Immobilien in Bamberg)
- www.immo.openindex.de (bundesweite Angebote)
- www.immozentral.de (Immobilien-, Raum- und Ferienwohnungsvermietung)
- www.wohnfinder.de (Angebote für Sachsen, Sachsen-Anhalt und Thüringen)
- www.immozv.de (Immobilien-Versteigerungen und Zwangsversteigerungen)
- www.immobiliensuche.de (bundesweite Angebote mit Schwerpunkt auf München)
- www.immokat.de (bundes- und europaweite Angebote)
- www.immowuerttemberg.de (Angebote im großraum Baden-Württemberg)
- www.nib.de (Angebote aus der Region Nürnberg)
- www.s-immobilien.de (Immobilien der Sparkasse)
- www.my-next-home.de (Immobilien finden und inserieren, bietet zusätzlich Immobilien-Verwaltungssoftware „Immo-agent 4.0"
- www.immobiliensuchen.com (Immobilienportal für Makler und Privatanbieter)
- www.awalto.de (Immobiliensuchmaschine, europaweit)
- www.muenchner-immobilienportal.de (Immobilienangebote in München)
- www.immobilien.de (bundes- und europaweite Angebote)
- www.hamburgimmobilie.de (Gewerbe und Wohnimmobilien in Hamburg)
- www.myimmoworld.de (Suche nach Bundesländern)
- www.immobilien.bamberg.de (Bamberger Immobilienportal)
- www.immobilien-in-sueddeutschland.de (Immobilien in Bayern und Baden-Württemberg)
- www.immobile-brandenburg.de (Immobilien in Brandeburg)
- www.immobilien-markt-nordfriesland.de (Portal für Immobilien im Norden)
- www.wg-gesucht.de (junges Portal für Wohngemeinschaften)
- www.proimmo24.de (sowohl private als auch kommerzielle Anbieter)
- www.homesandmore.de (Immobilienportal für Freiburg und Umgebung)

Siehe / Siehe auch: Immobilienbörsen, Internet

Immobilienportfolio
real estate portfolio

Beim Immobilienportfolio handelt es sich um eine Vermögensanlagestreuung in Immobilien. Dabei spielt für die Anlagenoptimierung eine große Rolle, auf eine richtige Mischung zwischen risikoreichen und ertragssicheren Immobilien zu achten. Neben Rendite und Sicherheit ist auch die Liquidität einer Immobilienanlage eine wichtige Eigenschaft im

Rahmen des Immobilienportfolios. Ebenso kommt es auf eine ausgewogene räumliche Streuung der Objekte an. Auch für Immobilienanlagen gilt der Grundsatz: Mehr Risiko bedeutet mehr Gewinnchancen bzw. mehr Sicherheit geringere Gewinnchancen. Bei größeren Vermögen sollten aber nicht nur Immobilien, sondern auch am Kapitalmarkt gehandelte Papiere ins „Portefeuille".

Siehe / Siehe auch: Portfoliomanagement (Assetmanagement)

Immobilienuhr

Property Clock

Konstrukt des amerikanischen Immobilienunternehmens Jones Lang LaSalle. Sie trägt der Tatsache Rechnung, dass die Immobilienkonjunktur weltweit keinen einheitlichen Verlauf nimmt und auch innerhalb eines Landes verschiedene räumliche Entwicklungstendenzen zeitigt. In der einer Uhr nachempfundenen ziffernblattähnlichen Darstellung wird die Stellung der Entwicklungschancen der Objekte verschiedener immobilienwirtschaftlichen Zentren dargestellt. Im Quartal, das dem Zeitbereich zwischen 0 und 3 Uhr entspricht, entwickeln sich die Büromieten nach unten, zwischen „3 und 6 Uhr" streben sie dem Tiefpunkt entgegen, danach (zwischen „6 und 9 Uhr") kommt es zu zunehmenden Mietsteigerungen, anschließend (bis „12 Uhr") nehmen die Mietsteigerungen ab um dann mit dem konjunkturellen Reigen neu zu beginnen. Die „Uhr" darf allerdings nicht so interpretiert werden, dass alle Immobilienzentren quasi im gleichen Tempo um das Ziffernblatt kreisen, etwa wie der Minutenzeiger. Dies wäre dann eher Astrologie.

Europäische Immobilienuhr
1. Quartal 2009

Quelle: Jones Lang Lasalle

Grafik: Die Uhr zeigt, wo sich die einzelnen Büromärkte nach Einschätzung von JLL im 1. Quartal 2009 innerhalb ihrer individuellen Mietpreis-Kreisläufe befinden. Die Positionen der Märkte beziehen sich auf deren Spitzenmieten.

Immobilienumsatz

return on real estate

Zum bundesweiten Transaktionsgeschehen auf den Immobilienmärkten bestehen keine amtlichen Statistiken. In den von den Gutachterausschüssen für Grundstückswerte erstellten Grundstücksmarktberichten finden sich regionale Informationen auf Basis notariell beurkundeter Kauffälle. Diese dienen als Grundlage für die in der untenstehenden Tabelle aufgeführten Daten zum Immobilienumsatz in Deutschland. Seit über 20 Jahren ermittelt das Hamburger Beratungsinstitut GEWOS alle grundbuchwirksamen Kauffälle auf den Immobilienmärkten in Deutschland auf Ebene der Stadt- und Landkreise und berechnet auf diese Weise die Immobilienumsätze auf den einzelnen Wohn- und Gewerbeimmobilienmärkten anhand real durchgeführter Transaktionen. Näherungswerte für den Immobilienumsatz werden auch aus dem Grunderwerbsteueraufkommen abgeleitet. Die Grunderwerbsteuerstatistik ist allerdings eine Kasseneinnahmestatistik. Zwischen Immobilientransaktionen und Steuerzahlungen bestehen daher zeitliche Abstände, die bei der Dateninterpretation zu beachten sind. Die Grunderwerbsteuerstatistik liefert Globalzahlen. Sie ermöglicht keine Angaben über sektorale Teilmärkte und unterscheidet nicht zwischen gewöhnlichem und ungewöhnlichem Geschäftsverkehr. Ungewöhnlicher Geschäftsverkehr (Zwangsversteigerungen, Erbfälle und Schenkungen usw.) kann aber zu Ausprägungen führen, die nicht auf das Marktverhalten zurückzuführen sind. Der Informationsgehalt ist entsprechend in sektoraler, regionaler und zeitlicher Hinsicht eingegrenzt, da diese Ausprägungen bei der Interpretation nicht übersehen werden dürfen. In den untenstehenden Zahlen wird der Immobilienumsatz um den ungewöhnlichen Geschäftsverkehr (z. B. Zwangsversteigerungen) bereinigt dargestellt. Zudem besteht zwischen Transaktions- und Berichtszeitraum kein zeitlicher Unterschied.

Gesamtimmobilienumsatz

Jahr	in Euro
1990	76 Mrd.

1991	85 Mrd.
1992	120 Mrd.
1993	155 Mrd.
1994	150 Mrd.
1995	142 Mrd.
1996	160 Mrd.
1997	140 Mrd.
1998	150 Mrd.
1999	143 Mrd.
2000	128 Mrd.
2001	125 Mrd.
2002	128 Mrd.
2003	121 Mrd.
2004	110 Mrd.
2005	129 Mrd.
2006	152 Mrd.
2007	161 Mrd.
2008	123 Mrd.

Quelle: GEWOS Hamburg

Immobilienverband

association of real estate agents

Siehe / Siehe auch: Maklerverbände, Immobilienverband Deutschland IVD Bundesverband der Immobilienberater, Makler, Verwalter und Sachverständigen e.V.

Immobilienverband Deutschland IVD Bundesverband der Immobilienberater, Makler, Verwalter und Sachverständigen e.V.

federal association of real estate agents (brokers) in Germany, a registered association

Der Immobilienverband Deutschland IVD Bundesverband der Immobilienberater, Makler, Verwalter und Sachverständigen e.V. ist aus der Verschmelzung des Ring Deutscher Makler RDM und des Verband Deutscher Makler VDM entstanden. Im IVD gingen der Bundesverband des RDM und – von wenigen Ausnahmen abgesehen – die Bezirks- und Landesverbände, sowie der Bundesverband und die Landesverbände des VDM auf. Neben dem IVD Bundesverband gibt es sieben Regionalverbände des IVD, die in der Regel jeweils mehrere Bundesländer umfassen.

Folgende Regionalverbänden existieren:

- IVD Berlin/Brandenburg mit Sitz in Berlin
- IVD Mitte mit Sitz in Frankfurt
- IVD Mitte-Ost mit Sitz in Leipzig
- IVD Nord mit Sitz in Hamburg
- IVD Nord-West mit Sitz in Hannover
- IVD Süd mit Sitz in München
- IVD West mit Sitz in Köln

Die Verschmelzung erfolgte durch Aufnahme der Altverbände in die jeweils vorher gegründeten IVD-Verbände nach den Vorschriften des Umwandlungsgesetzes. Die zahlreichen Altverbände auf Bezirks- Landes und Bundesebene wurden in einen Bundes- und ursprünglich in acht Regionalverbände überführt. Der IVD Schleswig-Holstein ist inzwischen mit dem IVD Nord verschmolzen. Deshalb gibt es jetzt nur noch sieben Regionalverbände. Eine weitere Reduzierung durch Verschmelzung sieht die Satzung vor. Der IVD hat knapp 6000 Mitglieder, diese sind jeweils Mitglied im Bundesverband und dem jeweiligen Regionalverband. Durch eine aktive Presse- und Öffentlichkeitsarbeit unterstützt der IVD das Ansehen der Angehörigen der dienstleistenden Berufe in der Immobilienwirtschaft. Der IVD unterhält unter der Domain www.ivd.net eine eigene Immobilien-Datenbank mit den Angeboten der Verbandsmitglieder und eine – in Deutschland einmalige – Schwerpunktsuche nach den Spezialisierungen der IVD Mitglieder. Das Portal im Internet dient dem berechtigten Verlangen der Verbraucher nach Information über den Immobilienerwerb, dessen Begleitbedingungen und den verschiedenen vertraglichen Konstellationen. Im Internet arbeitet der IVD mit der Immonet GmbH, eine der größten Immobilien-Datenbanken, zusammen. Immonet war ein Gemeinschaftsunternehmen der Axel Springer AG und des IVD. Heute gehört es alleine der Axel Springer AG.

Als eine der auflagenstärksten Zeitschriften im Immobiliensektor gibt der IVD die „AIZ – Das Immobilienmagazin" heraus, ein spezialisiertes Informationsmedium für Entscheider in der Immobilienwirtschaft. Daneben geben die Regionalverbände eigene Zeitschriften heraus. Zweimal im Jahr werden die Preisspiegel durch den IVD Bundesverband für Deutschland herausgebracht. Die Aus- und Weiterbildung in der Immobilienbranche ist dem IVD ein wichtiges – und zugleich in der Satzung des Verbandes verankertes – Anliegen. Der Verband arbeitet mit der Deutschen Immobilien Akademie (DIA) in Freiburg und mit der Europäischen Immobilien Akademie (EIA) in Saarbrücken auf diesem Gebiet zusammen. Auf beiden Akademien werden zusammen im Jahr etwa 1500 Absolventen ausgebildet. Die DIA nimmt einen besonderen Status ein, weil sie neuerdings neben den klassischen Ausbildungsgängen ein Master-Studium als postgraduate Studium anbietet. IVD und DIA tragen damit den gestiegenen Anforderungen an qualifiziertes Perso-

nal in der Immobilienbranche Rechnung. Der seit Jahrzehnten durchgeführte Betriebsvergleich unter Immobilienmaklern und jetzt auch Immobilienverwaltern, der in Zusammenarbeit mit dem Institut für Handelsforschung an der Universität Köln erstellt wird, ist die einzige Datensammlung dieser Art in Deutschland. Das aufbereitete Datenmaterial gibt einen guten Überblick über die Struktur von Immobilien-Dienstleistungsunternehmen in Deutschland. Der IVD bietet Maklern, Immobilienverwaltern, Sachverständigen, Bauträgern und anderen Berufsgruppen aus dem Immobilienbereich einen Verband für die berufsständische Vertretung ihrer Interessen gegenüber Politik, Verbrauchern und anderen Marktteilnehmern und ist damit wichtiger immobilienwirtschaftlicher Kompetenzträger. Der Bundesverband hat seinen Sitz in Berlin. Er ist eine nach Berufsbereichen gegliederte Organisation.
Neben der ordentlichen Mitgliedschaft, die natürliche und juristische Personen erwerben können, sind u. a. auch Mitgliedschaften speziell für Existenzgründer, Junioren und Auszubildende/Studenten vorhanden. Außerdem wurden Fachreferate eingeführt, deren Mitglieder auch externe Kompetenzträger aus dem Immobilienbereich und Wissenschaftler sein können. Lobby- und Öffentlichkeitsarbeit und die Mitgliedschaft in der BSI (Bundesvereinigung Spitzenverbände der Immobilienwirtschaft) spielt neben Beratungsleistungen und neuen Dienstleistungen für die Verbandsmitglieder eine wichtige Rolle für die Positionierung als einer der großen Spitzenverbände der Immobilienwirtschaft. Im Herbst 2008 hat der vom IVD geschaffene Immobilienombudsmann seine Arbeit aufgenommen. Diese vom Verband unabhängige Institution kann von Verbrauchern angerufen werden, wenn diese Probleme mit einem IVD-Mitglied haben. Unter www.ombudsmann-immobilien.net kann man dazu weitere Einzelheiten finden.
Siehe / Siehe auch: Maklerverbände

Immobilienverrentung
annuitisation of real estate

„Immobilien können „verrentet“ werden. Der Grundgedanke besteht darin, dass in einem selbstgenutzten oder vermieteten Immobilienobjekt gebundene Vermögen zur Erzielung einer Leibrente im Alter einzusetzen. Die Entwicklung befindet sich in Deutschland noch in den Anfängen. Zu unterscheiden ist zwischen einer direkten und einer indirekten Verrentung des Immobilienvermögens. Bei der direkten Verrentung wird das Eigentum an der Immobilie an einen Investor übertragen. Beim selbstgenutzten Immobilienobjekt wird dem Verkäufer – je nach Gestaltungswillen – ein unentgeltliches Wohnungsrecht oder ein Nießbrauchrecht (mit Instandhaltungsverpflichtung) – eingeräumt. Der über den kapitalisierten Wert eines solchen Rechts hinausgehende Anteil des Objektwertes wird durch eine monatliche Leibrentenzahlung an den Verkäufer ausgeglichen. Die Dresdner Bauspar AG bezeichnet diese Art der Immobilienverrentung als „Immobilienverzehrplan“. Sofern ein privater Erwerber eines Immobilienobjektes die Leistungen erbringen soll, kann dieser das Verrentungsrisiko durch eine Rückversicherung bei einer Versicherungsgesellschaft ganz oder teilweise ausschalten. Bei vermieteten Immobilien kommt nur eine Verrentung des Kaufpreises in Frage.
Eine rentenähnliche Gestaltungsform ist auch der reine Verkauf von lebenslangen Wohnungsrechten an neu errichteten Wohnhäusern. Stirbt der Berechtigte, kann der Hauseigentümer, z.B. ein Immobilienfonds, das Recht neu verkaufen. Der Erwerb von Wohnungsrechten führt zwar nicht zu Rentenzahlungen, aber zu Mietzahlungseinsparungen. Von einer indirekten Verrentung spricht man, wenn der bei einem normalen Immobilienverkauf erzielte Kaufpreis zum Abschluss einer privaten Rentenversicherung verwendet wird.
Verrentungsähnliche Gestaltungsformen liegen vor, wenn z. B. an einem bestehenden Immobilienobjekt Erbbaurecht begründet und nur das Gebäude verkauft wird. Der Verkäufer erzielt dann für den Grund und Boden, den er behält, für die Laufzeit des Erbbauvertrages eine Rente in Form des Erbbauzinses. Darüber hinaus kann er den für das Gebäude erzielten Kaufpreis unter Einschaltung einer Versicherungsgesellschaft wiederum verrenten.
Verrentung von Immobilien ist in anderen europäischen Ländern z. B, in Großbritannien („home reversion“) und Frankreich schon seit langem bekannt. Der Eigenheimer verkauft dort sein Haus zur Hälfte gegen bar und zur anderen Hälfte gegen eine von einer Versicherungsgesellschaft zu erbringende monatlichen Leibrente an einen Kapitalanleger oder Immobilienfonds. Ein Teil des Barerlöses wird verwendet, um das Haus in einem zeitgemäßen Zustand zu halten. Mit dem Tod des Berechtigten tritt der „Heimfall“ des Nutzungsrechts an den Kapitalanleger ein. Auch in der Schweiz können Objekte an Banken gegen Rentenzahlung verkauft werden. In den USA hat sich die Form des Reverse Mortgage durchgesetzt.“
Siehe / Siehe auch: Wohnungsrecht, Immobilienfonds, Reverse Mortgage

Immobilienverzehrplan
home equity release

Eine Immobilie kann auf unterschiedliche Weise als Instrument der Altersvorsorge herangezogen werden. Eine in Deutschland weniger bekannte Art besteht im Immobilienverzehrplan (home equity release). Es handelt sich um eine umgekehrte Hypothek (Reverse Mortgage). Dabei wird ein Darlehen mit einem Kreditgeber vereinbart, das in einem Betrag oder in Raten abgerufen wird. Beim Ratenplan kann es sich um eine Zeit- aber auch um eine Leibrente handeln. Durch den Zinseszinseffekt steigt die Darlehensschuld überproportional an. So kann es kommen, dass bei einem entsprechenden Lebensalter die Darlehensschuld den Verkehrswert übersteigt. Um eine Überschuldung des Hauseigentümers zu vermeiden, wird vereinbart, dass der Darlehenszuwachs auf den Verkehrswert (oder Beleihungswert) beschränkt wird. Der Kreditgeber übernimmt dabei die Funktion einer Versicherungsgesellschaft. In den USA werden solche Geschäfte unter bestimmten Bedingungen durch Staatsbürgschaften abgesichert. Es gibt mehrere deutsche Konzepte, so z. B. das Konzept „Heim und Rente" von Wolfgang von Nostitz. Ein vergleichbares Konzept haben die Dresdner Bauspar AG und die HBV mit ihrer HBV-Immobilien-Rente sowie das Institut für Finanzdienstleistungen (IFF) in Hamburg erstellt. Die Konzepte stützen sich auf versicherungsmathematische Berechnungen.
Bisher gibt es allerdings keine konkreten Angebote in Deutschland. Dies liegt wohl daran, dass es auch einfacher geht, nämlich über den Verkauf einer bewohnten Immobilie mit dem Vorbehalt eines Wohnungsrechts und der Investition des Kaufpreises in eine Sofortrente.

Siehe / Siehe auch: Altersvorsorge, Immobilienverrentung, Reverse Mortgage, Sofortrente

Immobilienwertermittlungsverordnung (ImmoWertV)
German ordinance on the valuation of property / real estate

Bei der am 1. Juli 2010 in Kraft getretenen Immobilienwertermittlungsverordnung (Verordnung über die Grundsätze für die Ermittlung der Verkehrswerte von Grundstücken) handelt es sich um eine Fortentwicklung der Wertermittlungsverordnung 1988 die zuletzt 1997 geändert wurde. Damit soll der stark veränderten Situation und den veränderten Rahmenbedingungen auf dem Grundstücksmarkt Rechnung getragen werden. Außerdem wurde auch eine Reihe von Erkenntnissen berücksichtigt, die in der Bewertungsliteratur Diskussionsgegenstand waren. Die neue Verordnung gliedert sich in vier Abschnitte:

- Abschnitt 1: Anwendungsbereich, Begriffsbestimmungen und allgemeine Verfahrensgrundsätze
- Abschnitt 2: Bodenrichtwerte und sonstige erforderliche Daten
- Abschnitt 3: Wertermittlungsverfahren mit den Unterabschnitten Vergleichswertverfahren / Bodenwertermittlung, Ertragswertverfahren und Sachwertverfahren
- Abschnitt 4: Schlussvorschriften

Einige Neuerungen im Einzelnen:
Stark betont wird der Qualitätsstichtag, bei dem der Verkehrswert auf der Grundlage eines definierten Grundstückszustandes zu ermitteln ist. Er entspricht dem Wertermittlungsstichtag, es sei denn, dass aus rechtlichen oder sonstigen Gründen der Zustand des Grundstücks zu einem anderen Zeitpunkt maßgebend sein soll (§ 4 Abs. 1 ImmoWertV). Bei der Feststellung der allgemeinen Wertverhältnisse sollen künftig die Wertverhältnisse auf dem Kapitalmarkt sowie die wirtschaftlichen und demographischen Entwicklungen des Gebietes, in dem sich das Bewertungsobjekt befindet, durch Beurteilung der damit einhergehenden Werteinflüsse berücksichtigt werden. Die energetischen Eigenschaften eines Gebäudes gehören jetzt ebenfalls zu den zu berücksichtigenden Merkmalen bei der Wertermittlung. Neu und ausgiebiger geregelt sind die Vorschriften über die Bodenrichtwerte, die jetzt flächendeckend und für alle Entwicklungsstufen zu ermitteln sind. Hier werden Gutachterausschüsse enorm gefordert werden. Indexreihen werden künftig auch für Eigentumswohnungen und Einfamilienhäuser als Informationsquelle von Gutachterausschüssen zur Verfügung gestellt werden müssen.
Es werden ferner die Vorschriften berücksichtigt, die durch die zahlreichen Änderungen des Planungsrechts im Baugesetzbuch für die Bewertung relevant sind (Soziale Stadt, Stadtumbaugebiete, Ausgleichsflächen). Aber auch Aspekte der Bodennutzung für erneuerbare Energien führten zu neue Bewertungsfragen. Durch die Hintertüre wird das in Fachkreisen umstrittene DCF-Verfahren als Variante des Ertragswertverfahrens eingeführt, ohne es beim Namen zu nennen. Damit soll eine Annäherung an internationale Standards bewirkt werden. Allerdings müssen die sich in Zukunft periodisch unterschiedlichen Ertragserwartungen, die dieses Verfahren voraussetzt, nachvollziehbar begründet werden. Den unterschiedlichen Verläufen der Al-

terswertminderung während der Restnutzungsdauer wird eine Absage erteilt. Es gibt faktisch nur noch den linearen Verlauf, also jährlich gleichbleibende Minderungsansätze.

Insgesamt gesehen wird sich die Bewertungslandschaft durch die neue Verordnung nicht unerheblich ändern.

Siehe / Siehe auch: Verkehrswert, Wertermittlungsverordnung (WertV)

Immobilienwirt (Dipl. d. EIA)

graduate in real estate from the European Real Estate Academy

Abschluss an der EIA des VDM

Siehe / Siehe auch: Europäische Immobilien Akademie e.V. (EIA)

Immobilienwirtschaftliche Projektberatung

project counselling in the field of real estate

Im Rahmen immobilienwirtschaftliche Beratungsverträge hat die Projektberatung einen besonderen Stellenwert. Vorab ist zu unterscheiden zwischen der immobilienwirtschaftlichen Projektberatung und Beratungen, die kein Projekt zum Gegenstand haben, deshalb zeitlich unbegrenzt sind und mit deren Hilfe z. B. laufende betriebliche Prozesse eines Unternehmens gesteuert werden sollen.

Solche Vertragsverhältnisse werden durch Kündigung beendet. Eine Projektberatung endet im Gegensatz hierzu mit Vollendung des Projektes. Die Bereiche der Projektberatung können sehr unterschiedlich sein. Es kann sich um die Gründung immobilienwirtschaftlicher Unternehmen handeln (z.B. Entwicklung einer Aufbauorganisation von Maklerbetrieben, Miethausverwaltungen, WEG-Verwaltungen). Sie kann sich auch auf Projekte von Unternehmen und Personen beziehen, die Kunden immobilienwirtschaftlicher Unternehmen sind (z. B. Beratungen im Zusammenhang mit der Optimierung eines Immobilienbestandes, Baufinanzierung, Energetische Sanierungsberatung, Beratung von Erbengemeinschaften.) Einzelgegenstände der Projektberatung können beispielsweise sein:

- Immobilienobjektanalysen
- Baurechtsanalysen
- Lageanalysen
- Marktanalysen,
- Verwertungsanalysen
- Bauzustandsanalysen
- Portfolioanalysen usw.

Voraussetzung für jedes Beratungsangebot sind überdurchschnittliche Fachkompetenzen des Beraters, die sich aus intensiver praktischer Tätigkeit (Erfahrung) und immobilienwirtschaftlich orientierter wirtschaftswissenschaftlicher oder vergleichbarer Fachausbildung (Theorie) ergeben.

Zweckdienlich für eine Beratertätigkeit in der Immobilienwirtschaft wären vor allem auch eine Tätigkeit im Bereich der Immobilienbewertung und – nahezu unabdingbar - Grundlagenkenntnisse der Informations- und Kommunikationstechnik.

Siehe / Siehe auch: Bauzustandsanalyse, Marktanalyse, Portfolio-Analyse, Verwertungsanalyse (Immobilien), Beratungsvertrag

IMMONET - RDM IMMONET

Internet portal established by the former association of real estate agents (brokers) n Germany

RDM IMMONET wurde als Immobilienportal des RDM gegründet und vom debis-Systemhaus entwickelt. Das Portal wurde im Mai 1998 offiziell für die Öffentlichkeit frei geschaltet. Seit 2002 ist der Axel-Springer Verlag an der „IMMONET-GmbH beteiligt. Anfang Dezember 2006 waren über 600.000 Objekte im Angebot. Für die Öffentlichkeit zugänglich ist die Objektdatenbank mit allen aktuellen Objektangeboten sowie weitere Informationsseiten über Geld & Recht (Darlehenskonditionen, Leitsätze von Urteilen im Immobilienbereich), Marktdaten der RDM-Marktforschung, Seminare, Veranstaltungstermine, RDM usw..

Im Jahr 2000 wurde RDM-IMMONET unter der neuen Bezeichnung IMMONET in ein Gemeinschaftsunternehmen mit dem Axel Springer Verlag eingebracht. Im Zusammenhang mit der Verschmelzung von RDM und VDM zum Immobilienverband Deutschland IVD Bundesverband der Immobilienberater, Makler, Verwalter und Sachverständigen e.V. wurde das Vertragsverhältnis mit dem Springer Verlag vom IVD fortgeführt. 2006/07 wurden die IVD-Anteile an den Springer Verlag verkauft.

Impressum (Pflichtangaben auf der Homepage)

imprint

Die Internetpräsenz von Immobilienfirmen unterliegt seit dem 1. März 2007 dem neuen Telemediengesetz TMG (früher Teledienstegesetz TDG). Dieses neue Gesetz setzt u.a. die E-Commerce-Richtlinie der EU in deutsches Recht um. Der § 5 im TMG regelt jetzt, was auf der Website an Pflichtangaben enthalten sein muss. Es sind weitgehend die gleichen Pflichtangaben über den Betreiber der Homepage wie die des alten TDG. Damit wird vorrangig dem Verbraucherschutz gedient. Diese Pflichtangaben für Immobilienfirmen müssen leicht erkennbar, unmittelbar erreichbar und ständig verfügbar vorhanden sein:

- Name und Anschrift, bei juristischen Personen zusätzlich der Vertretungsberechtigte (Angaben wie sie auch beim Briefbogen, Fax und E-Mail erforderlich sind)
- Angaben, die eine schnelle elektronische Kontaktaufnahme und unmittelbare Kommunikation ermöglichen, einschließlich der Adresse der elektronischen Post (Telefon- und Faxnummer, E-Mail-Adresse)
- Angaben zur zuständigen Aufsichtsbehörde, soweit der Teledienst im Rahmen einer Tätigkeit angeboten oder erbracht wird, die der behördlichen Zulassung bedarf (in der Regel die Genehmigungsbehörde der § 34c GewO Erlaubnis, nach einer Sitzverlegung aber die Genehmigungsbehörde für den neuen Geschäftssitz)
- Angaben zum Handelsregistergericht und die Registernummer (soweit eine Eintragung im Handelsregister vorliegt)
- Umsatzsteueridentifikationsnummer (gem. § 27a UStG falls vorhanden; das Bundeszentralamt für Steuern, BZSt, vergibt diese auf Antrag an in Deutschland umsatzsteuerlich registrierte Unternehmen. Wer keine hat, braucht nichts angeben.)

Diese Pflichtangaben fasst man am besten auf einer Seite zusammen, die über einen auf jeder Seite vorhandenem Button (gekennzeichnet mit Impressum / Wir über uns / Kontakt / Pflichtangaben § 5 TMG o.ä.) erreichbar ist. Es ist nicht erforderlich, dass diese Angaben immer sichtbar sind. Der Leser muss sie lediglich ständig erreichen, leicht finden und gut lesen können. Ein Verstoß gegen diese so genannte Impressumspflicht stellt eine Ordnungswidrigkeit dar (Ordnungsgeldrahmen bis 50.000 EUR) und kann in bestimmten Fällen auch von Mitbewerbern abgemahnt werden. Nicht abmahnbar ist die fehlende Nennung der Aufsichtsbehörde, so das OLG Koblenz.

Siehe / Siehe auch: Homepage

Incentives
incentives

Seitdem Immobilienmärkte überwiegend durch Angebotsüberhänge gekennzeichnet und dadurch Mieter- / Käufermärkte entstanden sind, werden im Falle von schwer zu vermarktenden Objekten Incentives immer wichtiger. Sie stellen Anreize verschiedenster Art dar, um Interessenten zu einem bestimmten Verhalten zu bewegen. Im Marketing-Mix sind Incentives Bestandteil der Entgelt- / Preispolitik. Diese schmälern einerseits zunächst die Rendite, sollen andererseits jedoch langfristig für ausreichend Rückflüsse sorgen, die die höheren Anfangsaufwendungen kompensieren. Klassisch sind sie in Form von Vermietungs- / Lettingincentives anzutreffen. Dazu gehören eine Vielzahl von Instrumenten, wobei dem Einfallsreichtum keine Grenzen gesetzt sind, soweit daraus für den Incentive-Geber noch ein vorteilhaftes Geschäft hervorgeht. Hier eine Auswahl an möglichen Incentives:

- mietfreie Zeit / früherer Einzugstermin ohne Entgelt bis zum Vertragsbeginn
- vermieterseitige Renovierung ohne Aufpreis / Renovierungskostenzuschuss für den Mieter
- Belohnung in bar
- Produkte der Unterhaltungs- / Elektroindustrie (Flachbild-TV, Pay-TV-oder Zeitungsabonnement)
- ein Jahr sonntags frische Brötchen
- Gutschein für Geschäftspartner (Möbel- / Einrichtungshäuser, Bau- und sonstige Fachmärkte)
- für den Mieter kostenlose Umbauten (z. B. nichttragende Wand wird für einziehenden Mieter entfernt) oder Beseitigung von Mängeln
- Erneuerungen (neue Badewanne, Waschbecken, Herd, Spüle, Bodenbelag)
- Mieter-werben-Mieter

Sicherlich müssen Art und Umfang des in Aussicht gestellten Incentives je nach Einzelfallsituation entschieden werden und mit dem jeweiligen Objekt sowie der Marktsituation korrespondieren. Hier gilt: Je schwieriger die Vermarktung, je weniger Interessenten / Anfragen und je länger die Vermarktungsdauer, desto höher das Incentive.

Siehe / Siehe auch: Marketing, Marketingmix, Preispolitik

Indexklausel und Indexmietvertrag
indexation clause / escalation clause / cost-of-living clause; rent indexation agreement / escalator lease

Gewerberaummietvertrag

Der Indexmietvertrag ist durch Mietvereinbarungen gekennzeichnet, in denen die weitere Entwicklung der Miete durch den Preis von anderen Gütern oder Leistungen bestimmt wird. Indexmietverträge sind im Gewerbemietrecht üblich. Die Vereinbarung

einer Indexklausel mit automatischer Anpassung an die veränderte Bezugsgrundlage (so genannte Gleitklausel) galt nach der Preisklauselverordnung als genehmigt.
Nachdem diese Verordnung am 07.09.2007 durch das Preisklauselgesetz abgelöst wurde, gibt es jetzt eine andere Rechtslage. Grundsätzlich brauchen Preisklauseln nicht mehr genehmigt zu werden. Es gibt auch keine Genehmigungsinstanz mehr. Wichtig aber ist, dass (eine monatlich vorschüssige Zahlungsweise unterstellt) als Laufzeit für den Mietvertrag nicht mehr zehn Jahre, sondern zehn Jahre und ein Monat vereinbart werden müssen, weil es für die Zehnjahresfrist jetzt darauf ankommt, wann die letzte Mietzahlung erfolgt und nicht, wann das Mietverhältnis endet. Alternativ könnte ein Mietvertrag mit monatlich nachschüssiger Mietzahlung vereinbart werden. Nach wie vor können Mietverträge mit einer Preisklausel ausgestattet werden, bei denen der Vermieter für zehn Jahre auf sein Kündigungsrecht verzichtet, also z. B. Mietverträge mit einer Laufzeit von fünf Jahren und eine Verlängerungsoption auf weitere fünf Jahre. Hier kommt es nicht darauf an, wann die Miete im letzten Zahlungsmonat bezahlt wird. Bezugsgrundlage für Mietanpassungen können nach wie vor der Verbraucherpreisindex des Statistischen Bundesamtes bzw. eines statistischen Landesamtes sein, oder ein Verbraucherpreisindex, der vom Statistischen Amt der Europäischen Gemeinschaft ermittelt wurde.
Automatische Anpassung bedeutet, dass die Mieterhöhung vom Vermieter gegebenenfalls auch rückwirkend geltend gemacht werden kann, denn der Anspruch auf erhöhte Miete entsteht zu dem Zeitpunkt, zu dem sich die Bezugsgrundlage ändert.

Wohnraummietvertrag

Seit dem 01.09.1993 kann eine Indexmiete auch für freifinanzierte Wohnungen vereinbart werden. Seit 01.09.2001 befinden sich die entsprechenden Vorschriften in § 557 b BGB. Die Indexmiete selbst muss schriftlich vereinbart werden. Die Mieterhöhungserklärung bedarf nur der „Textform", was nach (§ 126 b BGB) die Schriftform mit einschließt. Die Mieterhöhung kann verlangt werden, wenn sich der Verbraucherpreisindex (früher der Preisindex aller privaten Haushalte) nach den Feststellungen des Statistischen Bundesamtes um einen zu vereinbarenden Prozentsatz ändert. Eine Indexvereinbarung, die eine stärkere prozentuale Erhöhung der Miete als die prozentuale Änderung des Preisindexes vorsieht, ist nicht wirksam. Die Miete muss nach jeder Erhöhungserklärung mindestens ein Jahr unverändert bleiben. Mieterhöhungen bis zur ortsüblichen Vergleichsmiete sind während der Laufzeit des Indexmietvertrages ausgeschlossen. Eine Genehmigung der Vereinbarung ist nicht erforderlich. Die Anpassung erfolgt beim Wohnungsmietvertrag nicht automatisch, sondern kann nur ab dem übernächsten Monat, der auf den Zugang der Mieterhöhungserklärung des Vermieters folgt, geltend gemacht werden.
Siehe / Siehe auch: Bundesamt für Wirtschaft und Ausfuhrkontrolle

Indexmiete (Wohnungsmietvertrag)

indexed rent; rent with RPI (CPI) adjustment

Im Mietvertrag kann vereinbart werden, dass die Höhe der Miete durch den vom Statistischen Bundesamt ermittelten Preisindex für die Lebenshaltung aller deutschen Privathaushalte bestimmt wird. Indexmieten werden nur selten vereinbart.
Läuft eine solche Vereinbarung, muss die Miete jeweils mindestens für ein Jahr gleich bleiben Erhöhungen der Betriebskosten und Mieterhöhungen bei Modernisierungen dürfen trotzdem vorgenommen werden. Eine Mieterhöhung bei Modernisierung darf während der Indexmiete allerdings nur stattfinden, wenn die baulichen Maßnahmen aufgrund von Umständen nötig geworden sind, für die der Vermieter nichts konnte. Will der Vermieter die Miete an den Preisindex anpassen, muss er dies durch Erklärung in Textform dem Mieter bekannt geben. Die Erklärung muss enthalten:

- Eingetretene Änderung des Preisindex
- jeweilige Miete oder
- Erhöhung in einem Geldbetrag.

Ab Beginn des übernächsten Monats nach Zugang der Erklärung muss die erhöhte Miete gezahlt werden. Diese in § 557 b BGB geregelten Maßgaben sind nicht durch Mietvertrag zum Nachteil des Mieters abänderbar.
Siehe / Siehe auch: Mieterhöhung, Mieterhöhungsverlangen, Modernisierung, Textform

Individualvereinbarung

individual agreement

Individualvereinbarungen sind im Einzelnen zwischen zwei Vertragspartnern frei ausgehandelte Vertragsinhalte. Sie unterscheiden sich von Allgemeinen Geschäftsbedingungen dadurch, dass beide Partner die gleiche Chance und die gleichrangige Verhandlungsposition bei der Einflussnahme auf den Inhalt des Vertrages haben. Auch vorformulierte Vertragsbedingungen, die dem Augenschein nach Allgemeine Geschäftsbedingungen sind, können zu einer Individualvereinbarung werden, wenn sie von demjenigen Vertragspartner, der sie eingeführt hat, so deutlich zur Verhandlungsdisposition gestellt werden, dass der andere Vertragspartner seine Einflussnahmemöglichkeiten erkennt und von Ihnen Gebrauch machen kann. Da Makler, die vielfach auf der Basis von qualifizierten Alleinaufträgen arbeiten, zu deren Abschluss auf individuelle Absprachen angewiesen sind, gehört für sie das Verhandeln mit dem Auftraggeber auf einer gleichrangigen Ebene zur Vertragskultur. Individuell müssen z. B. ausgehandelt werden Verweisungs- und Hinzuziehungspflichten des Auftraggebers oder, falls der Makler ein Zwangsversteigerungsobjekt anbietet, die Vereinbarung einer Provision für den Fall des Zuschlags.

Indoor-Skipisten

indoor skiing facilities

Derzeit sind mehrere Ski-Domes fertig gestellt bzw. in Planung, wobei man u.U. einzelne dieser Indoor-Skipisten in großflächigen Ballungszentren in Nordrhein-Westfalen oder Norddeutschland wirtschaftlich betreiben könnte. Die Frage stellt sich nur, ob eine Massierung von zwei oder mehr derartigen Großeinrichtungen – teilweise sogar in einem 20-km-Radius – Sinn machen. In Holland erfreuen sich – mangels klassischer Skigebiete – Indoor-Pisten einiger Beliebtheit. Hier wurden Müllhalden verkoffert und in Indoor-Skipisten verwandelt. Im Gegensatz zu den deutschen Anlagen werden die Anlagen dort vormittags zu Schulsportzwecken genutzt, was für die Amortisation der Indoor-Skipisten sehr hilfreich ist. Gerade Menschen, die aus klassischen Skiregionen wie etwa Bayern oder der Schweiz kommen, mag der Gedanke an ein Indoor-Skivergnügen auf 300 bis 600 m langen Bahnen alles andere als eingängig erscheinen. Insofern kann man bei diesem Objekttyp eine relativ ungewisse Zukunft vermuten. Auch wenn jetzt noch einige Anlagen in Planung sind, stellt sich die Frage, wie lange die Wachstumsphase noch währt; auch muss vor einer Politik gewarnt werden, die in jeder Abraumhalde schon eine mögliche Skipiste sieht. Außerdem dürften die hohen Investitionssummen und das ökologisch relevante Thema „Energiebilanz“ die Entwicklung Indoor-Skipisten etwas bremsen. Eine Entwicklung, die sich hierbei abzeichnet, ist derzeit allerdings eine „Süd-Bewegung“ der Skihallen vom Ruhrgebiet bzw. dem Berliner Raum in Richtung klassische Skigebiete in Form halboffener Anlagen. Indoor-Skipisten sollen in den angestammten Skigebieten mildere Winter kompensieren.

Industrie- und Handelskammer (IHK)

Chamber of Industry and Commerce

Die Industrie- und Handelskammer ist eine für einen bestimmten Bezirk eingerichtete Körperschaft des öffentlichen Rechts, bei der alle Gewerbebetriebe (im Sinne des Einkommensteuergesetzes) Mitglied sein müssen. Es gibt in Deutschland insgesamt 82 Industrie- und Handelskammern. Ihr gesetzlicher Auftrag besteht darin, die Interessen der gewerblichen Wirtschaft zu vertreten. Sie haben in diesem Zusammenhang eine Reihe von Aufgaben zu erfüllen, die ihnen der Staat übertragen hat.
So ist jede IHK die für ihren Bezirk „zuständige Stelle“ für die Überwachung und Förderung der beruflichen Aus- und Fortbildung nach dem Berufsbildungsgesetz, soweit es sich um ein Berufsbild der gewerblichen Wirtschaft handelt. Die IHK ist dabei zuständig für die Überwachung der Ausbildungsverhältnisse und die Einrichtung und Betreuung der Prüfungsausschüsse. Viele Kammern unterhalten Akademien, die die organisatorische Basis für die Planung und Durchführung von Seminaren und anderen berufsbildenden Veranstaltungen sind. In diese Funktion haben die Industrie- und Handelskammern nicht nur als Seminarveranstalter sondern auch als Kooperationspartner eine besondere Bedeutung für die Immobilienwirtschaft und deren Verbände erlangt.
Industrie- und Handelskammern gehören im Rahmen der ihnen als Aufgabenbereich zugewiesenen Standortpolitik zu den Trägern öffentlicher Belange, wenn es um die Durchführung von Raumordnungsmaßnahmen, die Erstellung von Regionalplänen und die Erörterung von gemeindlichen Flächennutzungs- und Bebauungsplänen geht. Außerdem sind Industrie- und Handelskammern wichtige Informanten und Berater in allen wirtschaftlichen und rechtlichen Angelegenheiten, die die Mitgliedsbetriebe betreffen. Sie sind auch zuständig für die Verfahren zur öffentlichen Bestellung und Vereidigung von Sachverständigen. Auf Bundesebene üben sie ihre Lobbyfunktion über ihre Dachorganisation, dem Industrie- und Handelskammertag (DIHK) aus. Einzelne Industrie- und Handelskammern können, wenn es sinnvoll erscheint, einzelne Aufgabenbereiche an andere Industrie- und Handelskammern übertragen.
Oberstes Gremium jeder IHK ist die Vollversammlung, in der die Vertreter der gewerblichen Wirtschaft ihre Beschlüsse fassen. Hierzu gehört auch die Beitragsordnung die allerdings relativ enge gesetzliche Rahmenvorschriften beachten muss. Die Vollversammlungsmitglieder werden in ge-

heimer, brieflicher Wahl durch die IHK Mitglieder gewählt. Jedes IHK Mitglied gehört in einem der Wahlbezirke der IHK einer bestimmten Wahlgruppe an (Industrie, Handel, Dienstleistungen, Banken und Versicherungen usw.). Vertreten werden die Industrie- und Handelskammern durch ihren Präsidenten und den Hauptgeschäftsführer.

Industriegebiet (Bauplanungsrecht)

industrial zone; industrial district; industrial area; industrial region (planning law)

Industriegebiete dienen nach § 9 BauNVO ausschließlich Gewerbebetrieben, deren Unterbringung in anderen Baugebieten nicht zulässig ist. Was wegen seiner überdurchschnittlichen Belästigungen auf angrenzende Gebiete nicht gebaut werden darf, kann in Industriegebieten untergebracht werden. Zulässig sind Gewerbebetriebe aller Art, Lagerhäuser, Lagerplätze und öffentliche Betriebe sowie Tankstellen. Der Ausnahmenkatalog entspricht demjenigen der „normalen" Gewerbebetriebe. (Wohnungen für Aufsichts- und Bereitschaftspersonal, Betriebsleiter, sowie Anlagen für kirchliche, kulturelle, soziale, gesundheitliche und sportliche Zwecke).

Informationsfreiheitsgesetze (IFG)

German Freedom of Information Act

Was in anderen Ländern bereits seit langem selbstverständlich ist, wurde in Deutschland erst jetzt, wenn auch zögerlich, in Angriff genommen. Der Bürger soll – abgesehen von bestimmten Ausnahmen – unbeschränkt Informationen bei Landes- und Bundesbehörden abrufen können. Weltweit gibt es in 50 Ländern Informationsfreiheitsgesetze, darunter in fast allen europäischen Ländern. Mit den Informationsfreiheitsgesetzen soll dem Öffentlichkeitsprinzip, dem die Behörden in demokratischen Staaten unterliegen, Rechnung getragen werden. Auf der Ebene des Bundes ist am 1. Januar 2006 das Gesetz zur Regelung des Zugangs zu Informationen des Bundes (Informationsfreiheitsgesetz IFG) in Kraft getreten.

In den Bundesländern Brandenburg, Berlin, Schleswig-Holstein und Nordrhein-Westfalen gab es bereits vorher schon Informationsfreiheitsgesetze. Hamburg zog am 1.4.2006 nach. In den übrigen Bundesländern befasst man sich noch damit. Die Behörde hat die Wahl zwischen Auskunftserteilung, Gewährung von Akteneinsicht oder sonstiger Übermittlung der erbetenen Informationen. Den zur Information verpflichteten Behörden gleich gestellt sind natürliche und juristische Privatpersonen, soweit sich eine Behörde dieser Personen zur Erfüllung ihrer öffentlich-rechtlichen Aufgaben bedient. Da bei Behörden auch Informationen über Unternehmen gespeichert sind, bestand vielfach die Befürchtung, dass auch Geschäftsgeheimnisse solcher Unternehmen auf diesem Wege ausgespäht werden könnten. Im IFG des Bundes wurden Bestimmungen eingebaut, die personenbezogene Daten (§ 5), geistiges Eigentum und Betriebs- und Geschäftsgeheimnisse (§ 6) schützen. Wird jemandem ein Zugang zu einer bestimmten Information nicht gewährt, kann er sich an einen Bundesbeauftragten für die Informationsfreiheit wenden. Sofern es sich nicht um eine „einfache Information" handelt, kann der Bund für die Erteilung der Information Gebühren oder einen Auslagenersatz beanspruchen.

Informationspflichten des Maklers

real estate agent's duty to supply information

Nach den Vorschriften der MaBV ist der Makler verpflichtet, seinen Auftraggeber (= Suchauftraggeber) einerseits über Maklervertragsinhalte und andererseits über bestimmte Merkmale der von ihm angebotenen Objekte sowie über die zu zahlende Provision schriftlich und in deutscher Sprache zu informieren. Informiert muss der Interessent spätestens dann sein, wenn er über das vom Makler angebotene Objekt mit dem Eigentümer in Verhandlungen eintreten will. Da der Makler seine Informationen in der Regel mit Hilfe von Exposés liefert, spricht man auch von „Exposézwang". Die Informationen müssen vollständig und inhaltlich richtig sein. Ein Verstoß gegen die Informationspflicht stellt eine Ordnungswidrigkeit dar und kann von der Gewerbebehörde mit Bußgeld geahndet werden. Allerdings besteht in der Praxis ein über den in der Verordnung vorgeschriebenen Informationsumfang oft weit hinausgehendes Informationsbedürfnis der Interessenten. So würde z. B. jeden Interessenten interessieren, ob eine angebotene Eigentumswohnung vermietet ist und wenn ja zu welchen Bedingungen. Informationspflichtig nach § 11 MaBV ist dieser Umstand nicht. Makler informieren in der Regel ihre Kunden über wesentlich mehr, als vorgeschrieben ist.

Siehe / Siehe auch: Exposé

Infrastruktur

infrastructure; in German: often used to refer to local amenities (shops, restaurants, etc.) as well as roads and services

Der Begriff Infrastruktur ist lateinischen Ursprungs und bedeutet „Unterbau". Seit ca. 1960 wird dieser Begriff im Zusammenhang mit Raumplanung benutzt. Ursprünglich wurden mit Infrastruktur nur die dauerhaft im Boden verbauten Leitungssysteme und Kabel zur Ver-, Entsorgung und Kommunikation bezeichnet. Mit technischem Fortschritt zählen moderne Technologien, wie Funkantennen, IT-Netze, Fernsehen sowie grundlegende Einrichtungen zum Funktionieren einer Volkswirtschaft ebenfalls zur Infrastruktur. Die Planung und Herstellung von Infrastruktur ist eine hoheitliche Aufgabe des Staates, die aus Steuern und Anschlussbeiträgen finanziert wird. Im Zuge der zunehmenden Etablierung der Zusammenarbeit mit privatwirtschaftlichen Unternehmen wird die Ausführung der Herstellung von Infrastruktur auch Privaten übertragen. Die rechtliche Grundlage der Zusammenarbeit kann eine ARGE oder ein städtebaulicher Vertrag sein. Die Nutzung der öffentlichen Infrastruktur ist oftmals durch Gesetze verpflichtend (z. B. Müllentsorgung, Anschlusszwang bei Abwasser), ein Ausweichen auf alternative Anbieter unmöglich. Finanziert wird die Unterhaltung von Infrastruktur durch Nutzungsgebühren.

Als öffentliche Infrastruktur bezeichnet man:

- Kommunikation
- Energieversorgung
- Ver- und Entsorgungseinrichtungen
- Verkehrswege
- Immobilien

Den Begriff soziale oder rechtliche Infrastruktur verwendet man für:

- Rechtsordnung
- Verwaltung
- Krankenhäuser
- Polizei und Feuerwehr
- Bildungssystem

Siehe / Siehe auch: ARGE

Inhaltskontrolle der Geschäftsbedingungen

fair and reasonable test of General Terms and Conditions; terms control

Allgemeine Geschäftsbedingungen unterliegen der sogenannten Inhaltskontrolle. Sie müssen bestimmte Voraussetzungen erfüllen, um tatsächlich wirksamer Vertragsbestandteil zu werden. Erfüllen sie diese Voraussetzungen nicht, sind sie unwirksam und damit unbeachtlich. Die Voraussetzungen nennen die Paragrafen 307 bis 309 des Bürgerlichen Gesetzbuches. Nach § 307 Absatz 1 BGB sind Regelungen in Allgemeinen Geschäftsbedingungen unwirksam, wenn sie den Vertragspartner unangemessen benachteiligen. Eine solche Benachteiligung kann auch darin bestehen, dass die Bestimmung zu unklar ist. Grundsätzlich liegt eine unangemessene Benachteiligung dann vor, wenn es zu der entsprechenden Frage gesetzliche Regelungen gibt, von deren Grundgedanken durch den Vertrag allzu weit abgewichen wird, oder wenn wesentliche Rechte und Pflichten des Vertrages derart beeinträchtigt werden, dass der Zweck des Vertrages gefährdet ist.

Beispiele aus dem Mietrecht:

- „Der Mieter hat die Wohnung bei Abschluss des Mietvertrages ausführlich besichtigt und verzichtet auf Mietminderung und Schadensersatz."
- „Der Mieter hat unabhängig von der Dauer des Mietverhältnisses in jedem Fall bei Auszug die Schönheitsreparaturen durchzuführen."
- „Das Risiko des rechtzeitigen Auszuges des Vormieters liegt beim neuen Mieter."

Die Paragrafen 308 bis 309 BGB enthalten darüber hinaus konkrete Verbote bestimmter Vertragsklauseln. § 308 BGB betrifft dabei sogenannte Klauselverbote mit Wertungsmöglichkeit.

Beispiele:

- unzumutbarer Vorbehalt für den anderen Vertragspartner, einzelne Vertragsbestimmungen jederzeit zu ändern
- Zugangsfiktion („Schreiben an den Mieter gelten mit der Abgabe bei der Post als dem Mieter zugegangen").

§ 309 enthält die sogenannten Klauselverbote ohne Wertungsmöglichkeit (Regelungen, die generell die Aufrechnung mit einer rechtskräftigen Forderung verbieten, den Verzicht auf die Notwendigkeit einer Mahnung z. B. bei überfälliger Miete, die Vereinbarung einer Vertragsstrafe bei Vertragsauflösung, ein Haftungsausschluss bei Verletzungen von Leben, Körper, Gesundheit und bei grobem Verschulden). Auch derartige Regelungen sind daher in Allgemeinen Geschäftsbedingungen unwirksam.

Viele in Allgemeinen Geschäftsbedingungen unzulässige Regelungen können jedoch im Rahmen einer individuellen Vereinbarung zwischen den Vertragspartnern wirksam vereinbart werden.

Siehe / Siehe auch: Allgemeine Geschäftsbedingungen im Mietrecht, Allgemeine Geschäftsbedingungen (AGB), Aufrechnungsverbot im Mietvertrag

Initiator

initiator

Als Initiator bzw. Fondsinitiator wird derjenige bezeichnet, der einen geschlossenen Immobilienfonds

konzipiert, auflegt und am Markt anbietet. Kompetenz und Seriosität eines Initiators entscheiden maßgeblich mit über die Ergebnisse, die ein Anleger mit einer Fondsbeteiligung erzielt. Anhaltspunkte zur Beurteilung von Fondsinitiatoren unter diesen Aspekten bieten die Leistungsbilanzen.
Siehe / Siehe auch: Leistungsbilanz, Immobilienfonds - Geschlossener Immobilienfonds

Inklusivmiete / Teilinklusivmiete

inclusive rent (i.e. including service charges) / basic rent plus advance payment for some of the service charges, but generally excluding heating and hot water costs

Unter einer Inklusivmiete (auch: Bruttomiete, Warmmiete) versteht man eine Miete, durch die auch die entstehenden Betriebskosten mit abgegolten werden. Eine Abrechnung der Betriebskosten entfällt ebenso wie jährliche Nachzahlungen oder die Auszahlung eines Guthabens. Die Heizkostenverordnung schreibt eine verbrauchsabhängige Erfassung und Abrechnung der Heiz- und Warmwasserkosten vor. Mit Einführung dieser Regelung ist die Vereinbarung einer Inklusivmiete, die alle Betriebskostenarten umfasst, unzulässig geworden. Zulässig bleibt die Teilinklusivmiete, bei der nur ein Teil der Betriebskosten in der Miete enthalten ist. Der Rest – üblicherweise die verbrauchsabhängigen Positionen wie z.B. Heiz- und Warmwasserkosten – wird getrennt behandelt, verbrauchsabhängig erfasst und jährlich abgerechnet.

Mieterhöhungen während des laufenden Mietverhältnisses erfolgen meist als Mieterhöhung bis zur örtlichen Vergleichsmiete nach § 558 BGB. Die Vergleichsmiete wird in der Regel per Mietspiegel ermittelt. Dieser gibt meist die Miete ohne Nebenkosten (Nettomiete) an. Das bedeutet, dass der Vermieter bei einer Inklusiv- bzw. Teilinklusivmiete die mit der Miete abgegoltenen Betriebskosten aus der Miete herausrechnen muss. Dann kann er die Miete ohne Betriebskosten bis zur Vergleichsmiete z.B. laut Mietspiegel erhöhen und die enthaltenen Betriebskosten wieder addieren. Der Rechenweg ist dem Mieter bei der Aufforderung zur Zustimmung zur Mieterhöhung darzulegen.
Siehe / Siehe auch: Betriebskosten, Betriebskostenpauschale, Bruttomiete, Mieterhöhung, Mietspiegel

Innenbereich (Bauplanungsrecht)

interior area (planning law)

Beim „unbeplanten Innenbereich“ handelt es sich bauplanungsrechtlich um einen im Wesentlichen bebauten Bereich einer Gemeinde, für den kein Bebauungsplan aufgestellt ist, in dem aber auf Grund der Umgebungsbebauung trotzdem ein Baurecht besteht. Die Bebauung richtet sich dabei nach den faktischen Baugrenzen und Baulinien und hinsichtlich des Maßes der baulichen Nutzung nach der faktischen, d. h. in der Umgebung verwirklichten GFZ sowie der Höhe der baulichen Anlage. Wird für eine Innenbereichsfläche ein Bebauungsplan aufgestellt („beplanter Innenbereich“), sind dessen Festsetzungen maßgeblich. Soll der Innenbereich beplant werden, können Bebauungspläne der Innenentwicklung nach § 13 a BauGB aufgestellt werden, sofern die Voraussetzungen hierfür gegeben sind.
Siehe / Siehe auch: Abgrenzungssatzung (Klarstellungssatzung), Bebauungspläne der Innenentwicklung, Entwicklungssatzung, Ergänzungs- oder Einbeziehungssatzung, Geschossflächenzahl (GFZ) - Geschossfläche (GF)

Innenbereichssatzung

interior area statute

Siehe / Siehe auch: Abgrenzungssatzung (Klarstellungssatzung), Entwicklungssatzung, Ergänzungs- oder Einbeziehungssatzung

Innendämmung

internal insulation / interior insulation

Eine Innendämmung wird auf der Innenseite der Außenwände eines Gebäudes angebracht. Fachleute raten in den meisten Fällen davon, da sie weniger effektiv ist als eine Außendämmung und außerdem bauphysikalisch Probleme bereiten kann (Schimmelbildung etc.). Derartige Schäden haben ihre Ursache jedoch meist in der nichtfachgerechten Durchführung der Arbeiten. Zu empfehlen ist eine Innendämmung in folgenden Fällen:

- denkmalgeschütztes Gebäude
- Fassade soll erhalten bleiben
- Mieter will selbst dämmen
- unbeheizter Keller soll künftig beheizt werden
- Gebäude wird permanent nur teilweise genutzt und beheizt
- Außendämmung aufgrund von Grenzabständen etc. unmöglich.

Eine Innendämmung besteht meist aus vier Komponenten: den hölzernen Traglatten, dem Dämmstoff, einer Dampfbremse und der Innenverkleidung. Zur Wahl stehen unterschiedlichste Dämmstoffe: z. B. Polyurethanplatten, Schaumglasplatten, Zellulosedämmstoff, Holzweichfasermatten, Schafwollmatten. Die Dampfbremse oder – falls gewünscht

– völlig dampfdichte Dampfsperre kann in Form einer Folie oder auch von speziellen Dampfbremspapieren oder -pappen, Schaumglasplatten sowie dampfdichten Anstrichen ausgeführt werden. Bei einer Innendämmung wird eine Dämmstoffstärke von 6 bis 8 cm empfohlen. Eine dickere Schicht führt nicht zu größeren Energieeinsparungen und verkleinert allzu sehr die Wohnfläche. Der Dämmstoff sollte eine Wärmeleitfähigkeit von etwa 0,040 W/(m²K) haben. Bei einer nicht fachgerechten Installation der Dämmung und speziell der Dampfsperre kann es zu Schäden durch Feuchtigkeit in der Dämmschicht kommen, u.a. auch zu verringerter Dämmwirkung und Befall des Materials mit Schimmel und Mikroorganismen. Besonders sorgfältig ist z. B. an Fenstern und Heizkörpernischen zu arbeiten. Eine Dämmtapete ist kein geeignetes Mittel der Innendämmung. Sie ist zu dünn und begünstigt in vielen Fällen die Schimmelbildung.
Siehe / Siehe auch: Außendämmung, Dämmstoffe, Energetische Gebäudeoptimierung

Innenfinanzierung

self-financing; internal financing

Der Begriff der Innenfinanzierung tritt in immobilienwirtschaftlichen Zusammenhängen mit zwei unterschiedlichen Bedeutungen auf. In einem allgemeinen betriebswirtschaftlichen Sinne bezeichnet er die Finanzierung eines Unternehmens, soweit sie auf selbst erwirtschaftetem Kapital beruht. Dafür kommen beispielsweise einbehaltene Gewinne (Gewinnthesaurierung, offene Selbstfinanzierung), Abschreibungen oder die Auflösung stiller Reserven (verdeckte oder stille Selbstfinanzierung) in Betracht. Bei Geschlossenen Immobilienfonds wird unter einer Innenfinanzierung die Aufnahme von Fremdkapital auf der Ebene der Fondsgesellschaft verstanden, die für Zins und Tilgung aufkommen muss. Als Sicherheit für eine solche Finanzierung dient in der Regel ein Grundpfandrecht am Fondsobjekt.

Innenprovision

commission paid by owner

Unter Innenprovision versteht man die vom Objektauftraggeber an den Makler zu bezahlende Erfolgsprovision. Sie ist im Objektpreis enthalten und erscheint nach außen nicht als Erwerbsnebenkosten. Vor allem im Bereich des Vertriebs von Bauträgerobjekten wird mit Innenprovisionen gearbeitet. Ebenso legen auch andere professionelle Objektanbieter Wert darauf, dass der Erwerber nicht durch eine Außenprovision abgeschreckt wird. In steuerlicher Hinsicht sind Innenprovisionen, die für die Mietvertragsvermittlung bezahlt werden, stets Werbungskosten. Innenprovisionen, die im Zusammenhang mit dem privaten Verkauf eines vermieteten Wohngrundstücks bezahlt werden, können steuerlich nur im Zusammenhang mit einem „privaten Veräußerungsgeschäft" gewinnmindernd berücksichtigt werden. Erfolgt ein Verkauf aus einem Betriebsvermögen, handelt es sich bei der Innenprovision um Betriebsausgaben.
Siehe / Siehe auch: Maklerprovision, Außenprovision, Privates Veräußerungsgeschäft

Innentreppe

interior stairs

Innentreppen liegen im Inneren eines Gebäudes. Sie müssen feuerhemmend oder feuerbeständig sein. Treppen mit einer feuerhemmenden Wirkung von 30 oder 60 Minuten (F 30 und F 60) dürfen in Gebäuden bis zu 2 Vollgeschossen eingesetzt werden (bei nicht brennbaren, tragenden Treppenelementen bis zu 5 Geschossen). Treppen ab 5 Vollgeschosse müssen eine Feuerbeständigkeit von 90 oder 120 Minuten (F 90 und F 120) nachweisen. Raumspartreppen und Leitern sind platzsparend, aber sehr steil und entsprechen nicht dem vorgegebenen Steigungsverhältnis. Damit Treppen gefahrlos und bequem zu begehen sind, muss das Verhältnis zwischen Höhe und Tiefe der Stufen stimmen. Dieses Steigungsverhältnis orientiert sich an der durchschnittlichen Schrittmaßlänge des Menschen. Deshalb sind Raumspartreppen und Leitern nur eingeschränkt in Gebäuden zugelassen. Nach den Bestimmungen der Bauordnung muss zu jedem Aufenthaltsraum mindestens eine notwendige Treppe führen. Bei Wohnhäusern bis zu zwei Wohnungen beträgt die nutzbare Treppenlaufbreite 80 bis 90 Zentimeter. Ab zwei Wohnungen mindestens einen Meter, in einzelnen Bundesländern 1,10 Meter.
Mindestens zwei Meter betragen muss die lichte Treppendurchgangshöhe. Die Treppe ist in einem vertikalen Schacht untergebracht, dem sogenannten Treppenhaus.
Siehe / Siehe auch: Gebäudetreppen, Lichte Höhe / Lichtes Maß, Steigungsverhältnis, Treppenhaus und Hausflur

Insel

island

Juristisch ist die Insel ein Grundstück und wird nicht anders übertragen als ein ganz normales Stück Land. Ausnahme sind einige Länder, in denen Inseln juristisch einen Sonderstatus haben, d.h. in denen der Kauf von Inseln ausgeschlossen oder genehmigungspflichtig ist – wobei diese Beschränkungen dann häufig nur für Ausländer gelten. Auch sonst ist die Insel kein rechtsfreier Raum, d.h. es gilt z.B. das lokale Baurecht. Insel ist nicht gleich Insel. Der Käufer hat die Wahl zwischen vielen Regionen mit Unterschieden in Klima, Landschaft und soziologischem Umfeld. Bei der Vorauswahl sind einige Fakten zu prüfen: Sie beziehen sich auf Erdbeben, Hurrikane, das politische System, inseltypische Krankheiten, fehlende Versorgungsstandards (z.B. Strom, Lebensmittel und Trinkwasser). Die Ansammlung von Süßwasser als Grundwasservorkommen ist ein wichtiger Beurteilungsfaktor. Aufgrund des leichteren spezifischen Gewichtes lagert sich Süßwasser über dem umgebenden Salzwasser ab. Gespeist wird das Vorkommen durch Regenwasser. Auf Dauer kann nicht mehr Süßwasser entnommen werden als durch Regenwasser hinzukommt. Häufig werden bebaute Inseln auch über Wasserleitungen vom Festland aus versorgt. Das regionale Preisniveau bestimmt auch die Preiskategorie der Inseln. Der Preis hängt ab

- vom Erschließungsgrad,
- der Optik
- der Bodenbeschaffenheit und dem Bewuchs
- dem Klima
- einer etwa vorhandenen Besiedlung
- der Nähe und Erreichbarkeit von Hafen und Flughafen,
- dem Bekanntheitsgrad

Preise sind meist Liebhaberpreise. Feste Regeln, nach denen der Inselpreis bestimmt werden kann, gibt es nicht. Interessant sind festlandsnahe Inseln, für die ein Bootsshuttle eingerichtet werden kann oder die groß genug sind für die Anlage eines nicht störenden Flugplatzes. Sobald eine derartige Anlage steht, werden auch die umliegenden Privatinseln aufgewertet. Für den Investor ist bei Inseln der „richtige" Einkaufspreis entscheidend, dagegen weniger für den Nutzer, der sich das Inselvergnügen etwas kosten lässt. In der Praxis stehen für den Inselsuchenden, der sich auf eine bestimmte Region und einen gewissen Inseltyp festlegt, nur wenige Inseln zur Auswahl. Manchmal auch keine: So gibt es in der Nordsee – Großbritannien und Dänemark ausgenommen, keine Privatinseln.

Insel-Lagen

island position

Insel-Lagen sind durch eine minimale Lauffrequenz geprägte Standorte, bei denen es zumeist einen Quasi-Anker-Mieter gibt, vielfach Lebensmittelgeschäfte, an dem noch weitere kleinere Läden wie Kioske oder Zeitungsstände angesiedelt sind. Die Mieten in diesen Läden liegen zumeist deutlich unter denen von Nebenkernlagen. Nebenkernlagen gewinnen lediglich dann, wenn sie z.B. durch eine Trambahn oder Bushaltestelle aufgewertet werden und zusätzliche Kundenfrequenz anziehen können.

Inserate

advertisements; adverts; ads

Siehe / Siehe auch: Anzeigen (Inserate)

Insolvenz

insolvency; bankruptcy; inability to pay; business failure; commercial failure

Das Insolvenzrecht ist durch die am 1.1.1999 in Kraft getretene Insolvenzordnung neu geregelt. Es löst u.a. die frühere Konkursordnung ab. Gründe für die Beantragung des Insolvenzverfahrens sind zunächst Überschuldung und Zahlungsunfähigkeit. Überschuldung ist gegeben, wenn die Schulden das Vermögen übersteigen. Während sich die Schulden ziemlich einfach beziffern lassen, war es oft umstritten, wie die Vermögensgegenstände des Unternehmens zu bewerten sind. Hier gibt es Neuerungen. Der Insolvenzgrund der Zahlungsunfähigkeit ist gegeben, wenn der Schuldner seine fälligen Zahlungspflichten nicht mehr erfüllen kann. Neu ist der Tatbestand der „drohenden Zahlungsunfähigkeit". Er kann sich z.B. bereits ergeben durch Sperrung von Krediten, plötzlich geltend gemachte Steuerforderungen oder Schadenersatzansprüche, raschem Ertragsverfall ohne ausreichende Reserven oder durch Insolvenz eines wichtigen Abnehmers für die angebotenen Produkte.

Gekennzeichnet ist das neue Insolvenzrecht nicht nur durch eine neue Terminologie. Es zielt auch darauf ab, der bisher oft geübten Praxis, die Eröffnung des Konkurs- oder Vergleichs-verfahrens möglichst lange hinauszuziehen, entgegenzuwirken und dafür zu sorgen, dass durch geeignete Maßnahmen das Unternehmen erhalten bleibt. Mit Ausnahme der aufgrund von Sicherheiten bevorrechtigten Forderungen macht das Insolvenzrecht Schluss mit bisherigen Rangabstufungen. Alle ungesicherten Gläubiger erhalten die gleiche Quote. Der bisher geltende Vorrang von Löhnen, Sozialversicherungsbeiträgen, Steuern und dergleichen entfällt. Im Zentrum des Insolvenzverfahrens steht das Insolvenzplanverfahren, wozu auch ein Maßnahmenplan zur Sanierung oder Liquidation gehört. Plan-Bilanz, Plan- Verlust- und Gewinnrechnung und eine Plan-Liquiditätsrechnung sind dem Insolvenzplan beizufügen.

Wenn das Gericht dem von Insolvenzverwalter (oder vom Schuldner) vorgelegten Insolvenzplan zustimmt, so wird er der Gläubigerversammlung zur Abstimmung vorgelegt. Dort kann er geändert werden. Die Gläubiger werden in bestimmte Gruppen eingeteilt, von der jede mit Mehrheit dem Plan zustimmen muss. Die Forderungssumme der zustimmenden Gläubiger muss mehr als 50 Prozent betragen. Der Schuldner kann bei Einleitung oder während des Insolvenzverfahrens eine Restschuldbefreiung beantragen. Es wird dann ein sog. Restschuldbefreiungsverfahren einleitet, das dazu führt, dass der Schuldner nach Ablauf von sieben Jahren von seinen Restschulden befreit wird. Voraussetzung ist, dass der Schuldner seine gesamten pfändbaren Einnahmen aus einem Anstellungsverhältnis oder aus selbständiger Tätigkeit für sieben Jahre an einen vom Gericht zu bestimmenden Treuhänder abtritt. Weitere Voraussetzung ist, dass sämtliches übriges Vermögen des Schuldners verwertet wurde. Konkursordnung und Vergleichsordnung sind seit 1.1.1999 nicht mehr anzuwenden. Gerichtlichen Insolvenzverfahren können allerdings nach wie vor außergerichtliche Vergleichsverfahren vorangehen.

Insolvenz des Mieters

tenant's inability to pay; tenant's insolvency

Seit Einführung der Insolvenzordnung am 1.1.1999 können auch Privatpersonen Insolvenz anmelden. Sind diese Personen Mieter, hat der Insolvenzantrag erhebliche Folgen für das Mietverhältnis.

Mit der Eröffnung des Insolvenzverfahrens ist der Mieter nicht mehr selbst Herr über die von ihm abgeschlossenen Verträge. Zuständig ist nun der Insolvenzverwalter, der dazu befugt ist, die gesamte Insolvenzmasse und alle damit zusammenhängenden Verträge des Schuldners zu verwalten und darüber zu verfügen. Seine Aufgabe ist es zunächst, die noch vorhandenen Vermögenswerte zusammenzuhalten und Ausgaben einzuschränken. Miet- und Pachtverträge des Schuldners darf der Insolvenzverwalter im Rahmen eines Sonderkündigungsrechts mit gesetzlicher Frist kündigen, ohne dass es auf die vereinbarte Vertragsdauer ankäme.

Handelt es sich allerdings um die Wohnung des Schuldners, darf der Verwalter den Vertrag nicht kündigen, sondern gegenüber dem Vermieter nur die so genannte Entlastungserklärung abgeben. Er erklärt damit, dass alle nach Ablauf einer dreimonatigen Frist fällig werdenden Forderungen nicht mehr innerhalb des Insolvenzverfahrens geltend gemacht werden können. Die ersten drei Monatsmieten gehen also noch zu Lasten der Insolvenzmasse. Der Vermieter kann diese Forderungen nicht vom Mieter direkt einklagen. Alle späteren Monatsmieten muss der Vermieter außerhalb des Insolvenzverfahrens direkt gerichtlich geltend machen, was im Regelfall schwer fallen dürfte. Der Vermieter hat allerdings die Möglichkeit, als Insolvenzgläubiger Schadenersatz für seine durch die vorzeitige Beendigung des Mietvertrages oder die sonstigen Folgen der Entlastungserklärung bedingten Ausfälle zu fordern. Sind mehrere Personen Mieter der Wohnung, müssen die anderen Mieter keine Kündigung befürchten, da der Insolvenzverwalter kein Sonderkündigungsrecht für den Mietvertrag des Schuldners ausüben kann.

Die Insolvenz des Mieters allein ist nach der Insolvenzordnung für den Vermieter kein gesetzlich anerkannter Kündigungsgrund mehr. Bezahlt der Mieter die Miete trotz Insolvenz weiter – z. B. unter Verwendung seines Pfändungsfreibetrages – kann der Vermieter nicht kündigen. Stellt der Mieter (nach Stellung des Insolvenzantrages) die Mietzahlungen ein, kann nach den gängigen Regeln des Bürgerlichen Gesetzbuches wegen Verzuges mit der Mietzahlung gekündigt werden.

Zulässig sind auch weitere nach dem BGB gesetzlich zulässige Kündigungsgründe (z. B. Eigenbedarf). Es muss ein berechtigtes Interesse des Vermieters vorliegen, mit dem die Kündigung begründet wird. Es ist umstritten, wem gegenüber der Vermieter die Kündigung erklären muss. Sicherheitshalber sollte die Kündigung sowohl dem Mieter als auch dem Insolvenzverwalter zugestellt werden. Nach dem Antrag auf Eröffnung des Insolvenzverfahrens ist eine Kündigung durch den Vermieter aus folgenden Gründen gesetzlich ausgeschlossen:

- Verzug mit der Mietzahlung in der Zeit vor dem Insolvenzantrag
- Verschlechterung der Vermögensverhältnisse des Schuldners.

Eine Besonderheit gilt, wenn der Insolvenzantrag bereits gestellt ist, die Mietwohnung aber noch nicht an den Mieter übergeben wurde. Der Insolvenzverwalter (an Stelle des Mieters) und der Vermieter können vom Vertrag zurücktreten. Jede Seite kann die andere dazu auffordern, innerhalb einer zweiwöchigen Frist mitzuteilen, ob ein Rücktritt beabsichtigt ist. Äußert sich die andere Seite innerhalb der Frist nicht, ist das Rücktrittsrecht für sie verfallen.

Siehe / Siehe auch: Beendigung eines Mietverhältnisses, Insolvenz des Vermieters, Insolvenz im Gewerberaummietrecht

Insolvenz des Vermieters

landlord's inability to pay; landlord's sinsolvency

Bei Insolvenz des Vermieters bleibt der Mietvertrag bestehen. Der Mieter muss lediglich die Miete statt auf das Vermieter-Konto nun auf das des Insolvenzverwalters überweisen. Dieser muss den Mieter über den Insolvenzfall informieren. Zahlt der Mieter weiter an den Vermieter, droht die Kündigung. Da der insolvente Eigentümer keine Zahlungen mehr vornehmen kann und darf, ist der Insolvenzverwalter nun für notwendige Reparaturen, Instandhaltungsarbeiten, die Beseitigung von Wohnungsmängeln und auch für die Versorgung mit Strom, Heizenergie und Wasser zuständig. Er kann dem Mieter im Rahmen der mietrechtlichen Vorschriften kündigen. Ebenso kann er für leer stehende Wohnungen neue Mietverträge abschließen.
Der Vermieter ist verpflichtet, die Kaution getrennt von seinem übrigen Vermögen (insolvenzsicher) aufzubewahren. Findet keine Auszahlung der Kaution durch den Vermieter statt, kann der Mieter nach seinem Auszug vom Insolvenzverwalter die Auszahlung der Kaution verlangen. Der Insolvenzverwalter muss innerhalb der gesetzlich vorgegebenen Fristen auch die Nebenkostenabrechnung erstellen und mit dem Mieter abrechnen. Dabei hat er bestehende Vorauszahlungen zu berücksichtigen und muss gegebenenfalls ein Guthaben auszahlen. Wird die Mietwohnung zwangsversteigert, hat der neue Eigentümer ein Sonderkündigungsrecht nach §§ 57 ff. ZVG (Zwangsversteigerungsgesetz). Er kann mit dreimonatiger Frist bei berechtigtem Interesse (z. B. Eigenbedarf) kündigen. Dies ist nur zulässig, wenn die Kündigung zum erstmöglichen Termin durchgeführt wird. Danach gelten die gesetzlichen Kündigungsregeln.

Siehe / Siehe auch: Insolvenz, Insolvenz des Mieters, Insolvenz im Gewerberaummietrecht, Sonderkündigungsrecht nach Zwangsversteigerung

Insolvenz im Gewerberaummietrecht

insolvency in the field of tenant law for business premises

Grundsätzlich berechtigen weder die Insolvenz des Mieters noch die des Vermieters den anderen Teil zur Kündigung eines Miet- oder Pachtverhältnisses. Im Gewerberaummietrecht erhalten die speziellen insolvenzrechtlichen Kündigungsregelungen besondere Bedeutung, da der insolvente Mieter beziehungsweise Pächter hier nicht den Schutz des Wohnungsmieters erfährt. So besitzt der Insolvenzverwalter des Mieters ein Sonderkündigungsrecht. Er kann den Vertrag mit gesetzlicher Frist ohne Begründung und unabhängig von der Vertragslaufzeit kündigen. Die gesetzliche Frist ergibt sich aus § 580a BGB und beträgt für Geschäftsräume sechs Monate zum Quartalsende. Bei Insolvenz des Vermieters kommt es häufig zum Verkauf des Mietobjekts. Veräußert der Insolvenzverwalter das Objekt, tritt der Erwerber in den Mietvertrag als neuer Vermieter ein. Auch er hat nun ein Sonderkündigungsrecht. Dieses erlaubt ihm, das Mietverhältnis mit gesetzlicher Frist zum erstzulässigen Termin zu kündigen.
Wird das Sonderkündigungsrecht des Erwerbers nicht zum erstzulässigen Termin ausgeübt, verfällt es. Die Kündigungsmöglichkeiten durch den Erwerber sind bei Zwangsversteigerung und Erwerb vom Insolvenzverwalter identisch. Beim Erwerb wird allerdings der Käufer erst mit Grundbucheintragung Eigentümer, während er bei der Zwangsversteigerung durch den Zuschlagsbeschluss Eigentum erwirbt. Entsprechend früher kann und muss er auch sein Kündigungsrecht ausüben.
Das Kündigungsrecht ist nach der Abschaffung des § 57c ZVG nicht mehr eingeschränkt, wenn durch den Mieter Mietvorauszahlungen oder Baukostenzuschüsse an den bisherigen Vermieter gezahlt worden sind.
Gesetzliche Regelungen: § 57a ZVG (Zwangsvollstreckungsgesetz), § 111 InsO (Insolvenzordnung), § 566 BGB, § 580a Abs. 2 BGB.

Siehe / Siehe auch: Insolvenz des Mieters, Insolvenz des Vermieters, Sonderkündigungsrecht nach Zwangsversteigerung

Insolvenzunfähigkeit (Wohnungseigentümer-Gemeinschaft)

disqualified from bankruptcy (flat owners' association)

Die zunächst nach der BGH-Entscheidung zur Teilrechtsfähigkeit (BGH, B ZB 32/05, Beschluss vom 02.06.2005) strittig diskutierte Frage der Insolvenzfähigkeit ist durch gesetzliche Regelung gemäß § 11 Abs. 3 WEG dahingehend entschieden, dass die Wohnungseigentümer-Gemeinschaft nicht insolvenzfähig ist.

Siehe / Siehe auch: Haftung (Wohnungseigentümer), Insolvenz, Rechtsfähigkeit (Wohnungseigentümer-Gemeinschaft)

Instandhaltung / Instandsetzung (Mietrecht)

servicing / upkeep / maintenance / maintenance and repair; repair / overhaul / correc-

tive maintenance / reinstatement / restoration (law of tenancy)

Unter Instandhaltung versteht man alle Maßnahmen, die dazu dienen, den ursprünglichen Zustand eines Objektes und aller Einrichtungen zum Zwecke des bestimmungsmäßigen Gebrauchs bzw. deren Funktionsfähigkeit zu erhalten. Hierzu zählen neben Maßnahmen, die altersbedingte Abnutzungserscheinungen beseitigen, auch Wartungsarbeiten. Instandhaltung hat vorbeugenden Charakter. Es soll verhindert werden, dass „Instandsetzungsarbeiten" erforderlich werden. Dabei geht es nach dem Motto: Wer instand hält, braucht nicht instand zu setzen. Instandhaltung wird oft auch als Oberbegriff verwendet, der „Instandsetzung" mit umfasst (so z. B. die II. BV.). Im Mietrecht gehört die Instandhaltung zu den Hauptpflichten des Vermieters. Sie ist in § 535 Abs.1 BGB festgeschrieben. Die Mietwohnung muss gebrauchsfähig und in vertragsgemäßem Zustand gehalten werden. Der Vermieter muss verhindern, dass die Bewohnbarkeit durch Abnutzung oder Alterserscheinungen beeinträchtigt wird. Das bedeutet jedoch nicht, dass der Mieter nach einigen Jahren Ersatz des von ihm selbst durchgelaufenen Teppichbodens oder der schon beim Einzug überalterten Badewanne verlangen kann.

Die Instandhaltungspflicht schließt gemeinschaftlich genutzte Räume und Zugänge zur Mietwohnung ein. Der Vermieter eines Gebäudes muss also auch für Beleuchtung im Treppenhaus sorgen, das defekte Schloss der Außentür erneuern und dafür sorgen, dass die Heizanlage in Schuss gehalten wird. Auch mögliche Gefahren müssen beseitigt werden (lockeres Treppengeländer, marode Stromleitung). Der Vermieter muss, um dieser Pflicht gerecht werden zu können, das Mietobjekt in gewissen Zeitabständen kontrollieren. Dies bedeutet natürlich keine Berechtigung, ständig Wohnungsbegehungen durchzuführen (das Betreten der Wohnung durch den Vermieter zum Zählerablesen und ähnlichen Zwecken ist einmal im Jahr üblich und zulässig). Das Haus selbst sollte jedoch öfter auf seinen Zustand hin kontrolliert werden.

Notwendige Erhaltungsmaßnahmen des Vermieters und dadurch verursachte gewisse Unannehmlichkeiten (z. B. kurzfristiges Abstellen von Wasser oder Strom) muss der Mieter dulden. Mietrechtlich bedeutet Instandsetzung die Wiederherstellung des gebrauchsfähigen und vertragsgemäßen Zustands der Mietwohnung. Dies bedeutet, dass bestehende Schäden an der Wohnung in Ordnung gebracht werden müssen (Beispiel: Fenster sind bei starkem Wind aus dem Rahmen gefallen).

Der Vermieter ist auch zur Instandsetzung aus dem Mietvertrag und nach § 535 BGB verpflichtet. Die Mietsache muss nicht nur in gebrauchsfähigem und vertragsgemäßem Zustand gehalten, sondern dieser muss im Notfall auch wieder hergestellt werden. Üblich geworden und auch zulässig ist es allerdings, die so genannten Kleinreparaturen bis zu einer bestimmten Kostenobergrenze vertraglich auf den Mieter abzuwälzen.

Siehe / Siehe auch: Instandhaltung / Instandsetzung (Wohnungseigentum), Kleinreparaturen (Wohnungsmietvertrag)

Instandhaltung / Instandsetzung (Wohnungseigentum)

servicing / upkeep / maintenance / maintenance and repair; repair / overhaul / corrective maintenance / reinstatement / restoration (freehold flat)

Für die Instandhaltung und Instandsetzung des Sondereigentums ist der jeweilige Eigentümer verantwortlich (§ 14 Nr. 1 WEG). Er hat die Kosten in voller Höhe selbst zu tragen. Die Instandhaltung und -setzung des Gemeinschaftseigentums obliegt den Wohnungseigentümern gemeinschaftlich. Im Rahmen ordnungsmäßiger Verwaltung beschließen sie nach § 21 Ab. 3 und 5 Nr. 2 WEG über „ordnungsgemäße" Maßnahmen der Instandhaltung und -setzung hinsichtlich Art, Umfang und Durchführung durch mehrheitliche Beschlussfassung in der Wohnungseigentümer-Versammlung.

Ordnungsgemäß ist eine Instandhaltungs- oder Instandsetzungsmaßnahme dann, wenn sie der Erhaltung oder der Wiederherstellung des ursprünglichen baulich-technischen Zustandes der Anlagen oder Einrichtungen des gemeinschaftlichen Eigentums dient. Auch die erstmalige Herstellung von Anlagen und Einrichtungen nach den behördlich genehmigten Plänen bzw. die erstmalige Herstellung eines mängelfreien Zustandes des gemeinschaftlichen Eigentums zählt zur ordnungsgemäßen Instandhaltung beziehungsweisesetzung.

In bestimmten Fällen kann auch eine so genannte modernisierende Instandsetzung mit Mehrheit beschlossen werden, wenn mit dieser Maßnahme bei grundsätzlich notwendiger Instandsetzung eine technisch und wirtschaftlich sinnvollere Maßnahme durchgeführt wird. Dies gilt auch dann, wenn mit dieser Maßnahme bauliche Veränderungen verbunden sind. Geht eine Maßnahme über die ordnungsgemäße Instandhaltung und -setzung hinaus, bedarf sie als bauliche Veränderung im Sinne von § 22 Abs. 1 WEG im Regelfall der Zustimmung aller

im Grundbuch eingetragenen Wohnungseigentümer oder als Modernisierungsmaßnahme im Sinne von § 22 Abs. 2 WEG eines doppelt qualifizierten Mehrheitsbeschlusses (Mehrheit von drei Viertel aller stimmberechtigten Eigentümer nach Köpfen und mehr als die Hälfte der Miteigentumsanteile).
Die der Vorbereitung der Beschlussfassung dienenden Maßnahmen – Feststellung von Mängeln, Einholung von Kostenvoranschlägen beziehungsweise alternativen technischen Lösungsmöglichkeiten – sowie die Durchführung der beschlossenen Instandhaltungs- und Instandsetzungsmaßnahmen und die Auftragserteilung obliegen gemäß § 27 Abs. 1 und Abs. 3 WEG dem Verwalter als gesetzlicher Vertreter der Wohnungseigentümer-Gemeinschaft.
Die Kosten für die Durchführung von Instandhaltungs- und Instandsetzungsmaßnahmen sind von allen Eigentümern im Verhältnis ihres Miteigentumsanteils (§ 16 Abs. 2 WEG) zu tragen, wenn nicht eine abweichende Vereinbarung (§ 10 Abs. 2 Satz 2 WEG) getroffen oder im Einzelfall mit doppelt qualifizierter Mehrheit beschlossen (§ 16 Abs. 4 WEG) worden ist. Voraussetzung für eine mehrheitlich zu beschließende Änderung der Kostenverteilung ist allerdings, dass der abweichende Maßstab dem Gebrauch oder der Möglichkeit des Gebrauchs durch die Wohnungseigentümer Rechnung trägt.
Siehe / Siehe auch: Bauliche Veränderungen (Wohnungseigentum), Kleinreparaturen (Wohnungsmietvertrag), Verteilungsschlüssel (Wohnungseigentum), Kostenverteilung, Modernisierungsmaßnahmen (Wohnungseigentum), Instandhaltungsrückstellung (Instandhaltungsrücklage), Modernisierung, Modernisierende Instandsetzung

Instandhaltungsrückstellung (Instandhaltungsrücklage)

contingency / provision for renewals; reserve for renewals and replacements; structural reserves

Damit die Wohnungseigentümergemeinschaft bei notwendig werdenden Instandhaltungs- oder Instandsetzungsmaßnahmen auch über die notwendigen liquiden Finanzierungsmittel verfügen kann, gehört die Bildung einer angemessenen Instandhaltungsrückstellung zu den Maßnahmen, über die die Wohnungseigentümer-Gemeinschaft mit einfacher Mehrheit in der Wohnungseigentümer-Versammlung beschließen kann (§ 21 Abs. 5 Nr. 4 WEG). Kommt eine mehrheitliche Entscheidung nicht zustande, aus welchen Gründen auch immer, kann jeder Wohnungseigentümer im Rahmen seines individuellen Anspruchs auf ordnungsgemäße Verwaltung die Bildung einer solchen Rückstellung verlangen und diesen Anspruch auch gerichtlich durchsetzen. Was als „angemessen“ anzusehen ist, wird durch das Gesetz nicht geregelt. Als Orientierungsmaßstab können jedoch für die Praxis die Instandhaltungspauschalen gemäß § 28 Abs. 2 der II. Berechnungsverordnung dienen, die je nach Dauer seit Bezugsfertigkeit zwischen 7,87 und 12,74 Euro pro Quadratmeter und Jahr liegen (Stand: nach letzter Anpassung zum 01.01.2008).
Bei der Festlegung der Höhe der Beiträge zur Instandhaltungsrückstellung ist jedoch darauf zu achten, dass sich die anteilige Beitragsleistung der einzelnen Wohnungseigentümer zur Instandhaltungsrückstellung nach dem Verhältnis der Miteigentumsanteile richtet, wenn nicht eine abweichende Vereinbarung getroffen oder nach neuem Recht gemäß § 10 Abs. 2 Satz 3 WEG verlangt wird. Mit der Zuerkennung der Rechtsfähigkeit fällt die Instandhaltungsrückstellung in das Verwaltungsvermögen der Wohnungseigentümergemeinschaft gemäß § 10 Abs. 7 WEG und unterliegt trotz der grundsätzlichen Zweckbindung – ausschließlich zur Finanzierung von Instandsetzungsmaßnahmen – damit dem Pfändungsanspruch von Gläubigern der Wohnungseigentümer-Gemeinschaft. Die Beiträge zur Instandhaltungsrückstellung sind nicht bereits zum Zeitpunkt der Zahlung an die Wohnungseigentümer-Gemeinschaft steuerlich absetzbar, sondern können erst im Rahmen der Verwendung für tatsächlich durchgeführte Maßnahmen als Werbungskosten abgezogen werden. Die tatsächlich von den Wohnungseigentümern gezahlten Beiträge zur Instandhaltungsrückstellung sind als Einnahmen in der Jahresgesamt- und Einzelabrechnung und daneben in der Darstellung der Entwicklung der Instandhaltungsrückstellung auszuweisen. Zusätzlich sind die gemäß Wirtschaftsplan geschuldeten, aber noch nicht geleisteten Zahlungen anzugeben. Eine Buchung der tatsächlichen und geschuldeten Beiträge zur Instandhaltungsrückstellung als Ausgaben im Rahmen der Jahresabrechnung ist nach jüngster BGH-Rechtsprechung nicht zulässig (BGH, Urteil vom 4.12.2009, V ZR 44/09, DWE 2010, 20).
Im Falle eines Eigentümerwechsels geht der Anteil an der Instandhaltungsrückstellung von Gesetzes wegen auf den Erwerber über, ohne dass es einer entsprechenden Regelung im Kaufvertrag bedarf.
Siehe / Siehe auch: Bauliche Veränderungen (Wohnungseigentum), Instandhaltung / Instandsetzung (Wohnungseigentum), Kostenverteilung bei Instandhaltungs-, Instandsetzungs-, Modernisierungsmaßnahmen und baulichen Verände-

rungen, Jahresabrechnung (Wohnungseigentum), Rechtsfähigkeit (Wohnungseigentümer-Gemeinschaft), Vereinbarung (nach WEG), Verwaltungsvermögen (Wohnungseigentümer-Gemeinschaft), Wirtschaftsplan

Instandsetzung

repair; overhaul; corrective maintenance; reinstatement; restoration

Siehe / Siehe auch: Bauliche Veränderungen (Wohnungseigentum), Instandhaltung / Instandsetzung (Wohnungseigentum), Instandhaltungsrückstellung (Instandhaltungsrücklage), Kostenverteilung bei Instandhaltungs-, Instandsetzungs-, Modernisierungsmaßnahmen und baulichen Veränderungen, Modernisierende Instandsetzung (Wohnungseigentum), Modernisierung, Verteilungsschlüssel (Wohnungseigentum)

Institut der Wirtschaftsprüfer

German institute of certified public accountants

Das Institut der Wirtschaftsprüfer in Deutschland e.V. (IDW) ist ein eingetragener Verein mit Sitz in Düsseldorf. Die Mitgliedschaft steht den Wirtschaftsprüfern und Wirtschaftsprüfungsgesellschaft en Deutschlands auf freiwilliger Basis offen. Organe des IDW sind der wenigstens alle zwei Jahre zusammentretende Wirtschaftsprüfertag, der Verwaltungsrat und der Vorstand. Zum Stichtag 1. Januar 2006 gehörten dem IDW nach eigenen Angaben insgesamt 12.098 ordentliche Mitglieder an, davon 11.104 Wirtschaftsprüfer und 994 Wirtschaftsprüfungsgesellschaften. Damit vertritt das Institut rund 88 Prozent aller deutschen Wirtschaftsprüfer. Zu den Aufgaben und Zielen des IDW zählen die Interessenvertretung für den Wirtschaftsprüferberuf auf nationaler und internationaler Ebene, die Facharbeit zur Förderung der Tätigkeitsbereiche des Wirtschaftsprüfers, die Ausbildung des beruflichen Nachwuchses und die Fortbildung der Wirtschaftsprüfer sowie die Unterstützung der Mitglieder bei der Tagesarbeit.

Letzteres geschieht unter anderem durch die Erarbeitung und Veröffentlichung von Standards, Stellungnahmen und Hinweisen zu Prüfungs- und Rechnungslegungsthemen sowie verwandten Gebieten. Für die Immobilienwirtschaft ist insbesondere der Standard IDW S 4 von Bedeutung, der die inhaltlichen Anforderungen an die Prospekte geschlossener Immobilienfonds regelt.

Siehe / Siehe auch: IDW S 4

Institut für Handelsforschung (IfH)

Institut für Handelsforschung (Institute for Trade Research at Cologne University)

Das Institut für Handelsforschung ist an der Universität Köln angesiedelt. Eine der Einrichtungen des Instituts ist das „Competence Center Demographie". Es befasst sich mit den Herausforderungen, die der demographische Wandel und die zunehmende Migration für den Handel mit sich bringen. Außerdem befasst es sich mit Markt- und Unternehmensanalysen und erstellt in Zusammenarbeit mit verschiedenen Verbänden in anonymisierter Form jährliche Betriebsvergleiche für deren Mitglieder. Diese werden den beteiligten Unternehmen zur Verfügung gestellt. Im Fokus der dieser Forschungsarbeiten stehen der Handel (Einzel- und Großhandel) sowie die Handelsvermittlung. Derzeit werden für 28 Branchen des Groß- und Einzelhandels und des Dienstleistungsgewerbes Betriebsvergleiche durchgeführt. Der Betriebsvergleich ist ein Controllinginstrument für die beteiligten Unternehmen. Er liefert umfangreiche Benchmarks, die eine Stärken- / Schwächenanalyse erlauben.

Im Bereich der Immobilienwirtschaft besteht eine Kooperation mit dem Immobilienverband Deutschland (vormals mit dem Bundesverband des Ring Deutscher Makler). Erhoben werden bei diesem Betriebsvergleich für jedes Bundesland und für Deutschland insgesamt die Zahl der Beschäftigten zur Ermittlung der Größenstruktur, die Größe des Geschäftsraumes, der Gesamtumsatz und seine detaillierte Aufgliederung in bestimmte Geschäftsbereiche. Die Kosten werden nach folgendem Einteilungsschema erhoben:

- Personalkosten,
- Raumkosten,
- Gewerbesteuer,
- Reisekosten
- Kfz Kosten
- Porto- und Telekommunikationskosten
- Kosten für Inserate in Zeitungen
- Kosten für Internetdatenbanken
- sonstige Werbungskosten
- Abschreibung
- Zinsen für Fremdkapital,
- Bürokosten, sonstige Verwaltungskosten
- Sowie als Restposten alle übrigen Kosten.

Hinzu kommen kalkulatorische Kosten (Unternehmerlohn und Zinsen für Eigenkapital). Für die Ermittlung des Unternehmerlohnes werden Werte nach Größenordnungen vorgegeben. Der Eigenkapitalzinssatz wird mit sieben Prozent angesetzt.

Siehe / Siehe auch: Betriebsvergleich

Institut für Wirtschaft und Gesellschaft

- n.a. -

Das IWG BONN ist ein von Kurt Biedenkopf und Meinhard Miegel gegründetes privates, wissenschaftliches Forschungsinstitut. Es ist überparteilich, unabhängig und gemeinnützig. Zu den Arbeitsschwerpunkten des Instituts gehören auch die Wohnungspolitik, der Städtebau und die Bauwirtschaft. U. a. untersuchte das Institut im Auftrag des RDM-nahen Forschungsverbandes für Immobilien-, Hypotheken- und Baurecht e.V. die Bedeutung des privaten Grundeigentums für die Gesamtwirtschaft. Näheres siehe: http://www.iwg-bonn.de/

Institut für Wohnungsrecht und Wohnungswirtschaft an der Universität Köln

Institute for housing law and housing economics, University of Cologne

Das Institut für Wohnungsrecht und Wohnungswirtschaft in Köln wurde 1950 auf Initiative der Rechtswissenschaftlichen Fakultät der Universität zu Köln, mit dem Ziel gegründet, Fragen des Wohnungswesens wissenschaftlich zu analysieren und zugleich die Bereiche Wohnungswirtschaft und Wohnungsrecht in Lehre und Forschung an der Universität zu Köln zu verstärken. Zu den Forschungsgebieten gehören u.a.: der Bodenmarkt, das Mietrecht, steuerliche Fragen, die Wohnungsfinanzierung, das Immobilienmanagement, die Wohnungsbauförderung sowie wohnungspolitische Konzepte.Träger des Instituts ist die Gesellschaft für Wohnungsrecht und Wohnungswirtschaft e.V. Köln. Näheres siehe: http://www.uni-koeln.de

Institut Wohnen und Umwelt GmbH (IWU)

- n.a. -

Das Institut Wohnen und Umwelt GmbH (IWU) ist eine gemeinnützige Forschungseinrichtung des Landes Hessen und der Stadt Darmstadt. Gegenstand der Forschung des Instituts ist die Untersuchung der gegenwärtigen Formen des Wohnens und des Zusammenlebens mit dem Ziel einerseits der Verbesserung der Wohnsituation schwächerer Schichten der Bevölkerung und andererseits der sparsamen, umwelt- und sozialverträglichen Nutzung von Energie im Bereich der Wohnungswirtschaft. Finanziert wird das Institut vom Land Hessen. Das Institut ist durch seine „auf wissenschaftlicher Grundlage basierenden" Mietspiegelkonzepte bekannt geworden, die das Mietrecht beeinflusst haben (Einführung der so genannten „qualifizierten Mietspiegels"). Näheres siehe: http://www.iwu.de/

Institutioneller Anleger

institutional investor

Institutionelle Anleger sind Unternehmen und Institutionen, die über Sondervermögen verfügen, das zu verwalten ist. Zu Ihnen zählen insbesondere offene Immobilienfonds, Versicherungen und Pensionskassen. Von der Ertragsentwicklung des Sondervermögens hängt bei Fonds die Höhe der Ausschüttungen und bei Versicherungsgesellschaften die Entwicklung der Gewinnbeteiligung der Versicherten ab.

Siehe / Siehe auch: Anleger

Institutioneller Interessenkonflikt (Maklergeschäft)

institutionalised conflict of interest (brokerage)

Ein Makler kann in eine Konfliktsituation gelangen, die sich daraus ergibt, dass ein von ihm zu vermittelndes Geschäft einer Genehmigung bedarf, an deren Entscheidung er beteiligt ist. Der Makler genehmigt gewissermaßen das von ihm vermittelte Geschäft. Man spricht in einem solchen Fall von einer unechten Verflechtung bzw. einem institutionalisierten Interessenkonflikt.

Bewusst gemacht hat diesen Fall der Bundesgerichtshof (BGH Beschl. vom 28.04.2005 - III ZR 387/04 - WuM 2005, 470). Er entschied, dass ein Makler, der für die Vermittlung einer Eigentumswohnung Provision verlangte, diese nicht geltend machen könne, wenn er gleichzeitig Verwalter der Anlage ist, in der sich die Wohnung befindet und er nach einer Bestimmung der Gemeinschaftsordnung dem Kauf einer Eigentumswohnung im Interesse der Gemeinschaft seine Zustimmung erteilen muss.

Dies gilt, obwohl zwischen dem Makler und dem Verwalter eine natürliche Interessenidentität darüber besteht, dass der Käufer der Wohnung sich in die Gemeinschaft einfügt und keine Bedenken hinsichtlich seiner Zahlungsfähigkeit und Zahlungsmoral in Bezug auf das monatliche Hausgeld bestehen. Er würde sich sonst als Verwalter eine Menge Mehrarbeit und Ärger aufladen.

Der BGH hat dem Makler zwar den Provisionsanspruch abgesprochen, gleichzeitig als Ausweg jedoch den Hinweis gegeben, dass der Makler ja einen Anspruch im Wege der Vereinbarung eines selbständigen, also von einer Maklertätigkeit abgekoppelten Schuldversprechens in die notarielle

Urkunde aufnehmen lassen könne, mit der eine Zahlungspflicht begründet werde.
Siehe / Siehe auch: Verwalter als Makler

Integrierte Kommunikation
integrated communication

Die Integrierte Kommunikation umfasst die Analyse, Planung, Umsetzung und Kontrolle sämtlicher im Unternehmen angewandter und eingesetzter Kommunikationsaktivitäten. Alle Maßnahmen und Instrumente aus der Corporate Communications, aus Marketing, Werbung, Online und Vertrieb werden auf ihren Einsatz und ihre Effizienz hin systematisch geprüft und koordiniert eingesetzt. Mit dem Ziel, in der Öffentlichkeit ein widerspruchsfreies, konsistentes Vorstellungsbild vom Unternehmen, seinen Produkten und Dienstleistungen zu vermitteln, zu fördern und langfristig zu verankern.
Die Anwendung der Integrierten Kommunikation in der Immobilienwirtschaft ist bereits weit verbreitet. Wohnungsunternehmen, Genossenschaften und Maklerunternehmen setzen in ihrer operativen Kommunikation auf ein Mix aus Marketing- und PR-Instrumenten wie Anzeigenschaltung, Events, Unternehmens- und Imagefilmen, Pressemitteilungen und Anwenderberichten. Seltener hingegen erfolgt eine strategische Planung und stringente Umsetzung eines unternehmensspezifisch ausgearbeiteten und verbindlich festgelegten Kommunikationskonzeptes.
Die Integrierte Kommunikation gilt als das Zukunftsmodell der Unternehmenskommunikation.
Siehe / Siehe auch: Pressemitteilung, Anwenderbericht, PR-Instrumente

Interessenten-Profiling
profiling interested parties / prospective customers

Das Interessenten-Profiling ist eine Methode, um die wahren Handlungsmotive sowie die Bedürfnisstruktur des einzelnen Kunden, der aktuellen Interessenten oder der potenziellen Kundschaft ausfindig zu machen, insbesondere die kaufentscheidenden Motive zur Erhöhung des Geschäftserfolgs und zur Erreichung der sonstigen Unternehmensziele. Diese Informationen müssen zunächst gesammelt und zusammengefügt werden. Wichtig ist, einen Perspektivwechsel vorzunehmen und sich in die Rolle des Interessenten zu versetzen. Abgeleitet ist dieser Bereich aus der Kriminalistik. Dabei sollen systematisch die Kundenbedürfnisse herausgefiltert und entsprechende Lösungsmöglichkeiten gefunden werden. Hilfreich sind Statistiken über eigene Kunden und deren Profil, um damit auf potenzielle Kunden zu schließen. Dies ist eine konstruktive Betrachtungsweise des modernen Marketing, indem vom Markt her gedacht wird, anstatt Produkte zu entwickeln mit der erst späteren Überlegung, wie sie beim Kunden platziert werden können.
Makler können im Rahmen der Kunden-Akquise ein Profil des Interessenten erstellen, um über eine Zusammenarbeit zu entscheiden oder ihn für ein Immobilienobjekt in die engere Wahl zu nehmen.
Siehe / Siehe auch: Akquisitionsstrategien, Akquisitionsprospekt (Maklergeschäft), Marketing, Clienting (auch Kunden- oder Customer-Service)

Interkommunales Gewerbegebiet
intermunicipal business park

Wenn Kommunen bei der Schaffung neuer Gewerbegebiete über die eigenen Gemeindegrenzen hinaus zusammenarbeiten, spricht man von interkommunalen Gewerbegebieten. Inhalte der Zusammenarbeit können in den Aufgaben Planung, Vermarktung und Realisierung liegen. Durch die Zusammenarbeit beabsichtigt man, Mittel effektiver einsetzen zu können, vorhandene Flächen besser auszunutzen und juristische Restriktionen im Planungsrecht zu umgehen. Oftmals sind kleine Gemeinden gar nicht in der Lage, ein Projekt wie die Schaffung von Gewerbegebieten aus eigener Kraft umzusetzen. Bei der Motivation zur Schaffung interkommunaler Gewerbegebiete spielt auch oftmals die Nähe zu Ballungszentren eine Rolle. Durch die Zusammenarbeit entschärfen kleinere Gemeinden Ihre Konkurrenzsituation um Arbeitsplätze, Steuereinnahmen und strukturelle Entwicklung.
Die teilnehmenden Gemeinden bringen entweder eigene Flächen in das Gewerbegebiet ein oder lassen sich Kontingente an Flächen, die aus raumplanerischen Gründen zur Verfügung stehen, anrechnen. Die Ziele, die Gemeinden mit dieser Zusammenarbeit verfolgen, sind die Steigerung von Steuereinnahmen, Erträge aus dem Verkauf der Gewerbegrundstücke zu erzielen und Struktur und Entwicklung der Wirtschaftskraft der Region zu stärken. Unterschiedliche Hebesätze der teilnehmenden Gemeinden in einem interkommunalen Gewerbegebiet müssen durch Beschluss der Gemeindevertretungen in den gemeindlichen Satzungen harmonisiert werden.
Siehe / Siehe auch: Gewerbeparks

International Accounting Standards (IAS)
International Accounting Standards (IAS)

Siehe / Siehe auch: International Financial Reporting Standards (IFRS)

International Development Research Council (IDRC)

International Development Research Council (IDRC)

In den USA 1961 gegründeter Berufsverband von Corporate Real Estate Managern der Industrie, in dem auch unter gewissen Voraussetzungen Dienstleister Mitglied sein können. Mit dem IDRC Europe wurde 1991 ein entsprechender Verband für Europa ins Leben gerufen.

International Financial Reporting Standards (IFRS)

International Financial Reporting Standards (IFRS)

Eine EU-Verordnung aus dem Jahr 2002 schreibt vor, dass börsennotierte Unternehmen ab Geschäftsjahr 2005 zur Rechnungslegung nach dem IAS verpflichtet sind. Erreicht werden soll mehr Transparenz und Offenlegung von relevanten Details der Unternehmens-abschlüsse im Interesse der Aktionäre. Der International Accounting Standards Board, der für die Konzeption und den Aufbau der Standards zuständig ist, setzt sich aus Angehörigen von Berufsgruppen aus verschiedenen Ländern zusammen, die mit Fragen der Rechnungslegung beschäftigt sind, insbesondere Wirtschaftsprüfer und Unternehmensvertreter. Im Bereich der Immobilien wird dabei unterscheiden zwischen solchen, die dem Umlaufvermögen zugehören (IAS 2 – Immobilien sind im Rahmen der normalen Geschäftstätigkeit zum Verkauf bestimmt), Immobilien, die dem Betriebsvermögen zugehören (IAS 16 – die Immobilien werden für betriebliche Zwecke benötigt) und Immobilien des Finanzanlagevermögens (IAS 4 – Immobilien dienen der Einkunftserzielung und Wertsteigerung). Von besonderem Interesse sind die Bestandsimmobilien zu Finanzanlagezwecken. Unternehmen können hierbei wählen zwischen dem Wertansatz nach Anschaffungs-/Herstellungskosten (Cost-Model) oder dem „Fair Value". Dies kann auch der Verkehrswert i.S.d. § 194 BauGB sein, der im Wesentlichen dem Market Value entspricht. Der Wertansatz soll dem im Verkaufsfall am wahrscheinlichsten erziel-baren Preis entsprechen. Transaktionskosten werden nicht berücksichtigt. An Wertermittlungsmethoden stehen folgende Alternativen zur Verfügung: Unmittelbare Ableitung des Fair Value aus aktuellen Vergleichspreisen, Preisanpassung auf der Grundlage von Vergleichsobjekten und diskontierte Erträge. Dies entspricht weitgehend dem deutschen Vergleichs- bzw. Ertragswertverfahren. Dominieren wird dabei wohl das Ertragswertverfahren. Die Konzernabschlüsse können bereits heute nah IAS (anstelle HGB) erfolgen. Auf die Unternehmen kommt mit Einführung der IAS ein großer Bewertungsbedarf zu. Je nach Wertschwankungen sind immerhin Neubewertungen im Turnus zwischen ein und fünf Jahren erforderlich. Immobiliensachverständige tun gut daran, sich mit den Bewertungsregeln der IAS vertraut zu machen. Bei den International Financial Reporting Standards (IFRS) handelt es sich nicht etwa um eine Umbenennung der IAS. Vielmehr wird die Bezeichnung angewandt auf die Standards, die ab 2001 entwickelt werden. Werden geringe Änderungen der IAS durchgeführt, bleibt es bei der alten Bezeichnung IAS. Sind sie aber substanzieller Natur, dann werden sie in IFRS umgetauft. Das Regelwerk als Ganzes aber läuft unter IFRS.

Siehe / Siehe auch: Fairer Wert (fair value)

Internationale Gartenbauausstellung (IGA)

International Horticultural Exhibition (IGA)

Im 10 Jahresabstand findet in Deutschland eine internationale Gartenbauausstellung (IGA) statt. Die Tradition beginnt mit der ersten Ausstellung in Hamburg im Jahr 1869. Vorausgegangen sind Ausstellungen in Gent (1837) und in London (1866). Die letzte IGA in Deutschland fand 2003 in Rostock statt. An ihr nahmen 36 Nationen teil. 2013 soll die IGA wieder in Hamburg stattfinden. Internationale Gartenbauausstellungen haben ebenso wie die Bundesgartenschauen in der Regel aufgrund ihrer Nachwirkungen erhebliche Auswirkungen auf die umliegenden Wohngebiete. Viele Anlagen bleiben erhalten und bieten einen einmaligen Erholungsraum für die Anwohner. Integriert bleiben errichtete Gastronomiebetriebe, Cafés u.dergl. Dies alles führte auch zu einer Steigerung der Grundstückswerte in den angrenzenden Zonen.

Interne Kommunikation

internal or in-house communication

Die Interne Kommunikation (IK) ist Teil der Unternehmenskommunikation. Sie findet in der Immobilienwirtschaft vor allem im Dialog zwischen den Mitarbeitern und der Geschäftsführung im Unternehmen, aber auch mit Mietern, Eigentümern, und Dienstleistern, z. B. Handwerker, statt. Die Zielgruppen der Internen Kommunikation sind von Unternehmen zu Unternehmen unterschiedlich:

Sie können sich auf den engen Kreis der Mitarbeiter beziehen, aber auch einen erweiterten Kreis von Menschen umfassen. Die Definition der internen Zielgruppen hängen von der Unternehmensphilosophie und der Struktur des Immobilienunternehmens ab. Ziel der engen internen Kommunikation ist ein schneller und reibungsloser Informationsaustausch zwischen den Abteilungen im Unternehmen: von der Serviceabteilung über die Kundenbetreuung bis hin zur Mietbuchhaltung. Die Kommunikation kann auf formellen (hierarchisch strukturiert) oder auf informellen (nicht organisatorisch geregelten) Wegen stattfinden. Zu den formellen Kommunikationswegen zählen Versammlungen, Mitarbeitergespräche, Joure Fixes oder Hausmessen. Informelle Kommunikation zeichnet sich durch einen unstrukturierten Informationsfluss aus. Sie erfolgt zumeist über soziale Interaktionen, z. B. in Sozialräumen wie Kaffeeküchen, Meetingpoints oder bei Sportveranstaltungen und Events. Informeller Kommunikation wird auch Flurfunk genannt. Die Interne Kommunikation fördert das Verständnis für organisatorische und unternehmenspolitische Strukturen, bindet die Belegschaft in die Kommunikations- und Entscheidungsprozesse des Wohnungsunternehmens mit ein. Sie fördert den kollektiven Zusammenhalt und ist Ausdruck von Wertschätzung und Vertrauen der Geschäftsführung in ihre Mitarbeiter. Die Mitarbeiter identifizieren sich infolge mit dem Unternehmen und tragen als Botschafter und Multiplikatoren die Unternehmenswerte und Einstellungen glaubwürdig in die Öffentlichkeit, vor allem an die Mieter als ihre Kunden, heran. Zu den Instrumenten der internen Kommunikation zählen z.B. Informationsveranstaltungen, Haus- und Mieterfeste, Eigentümerversammlungen, Mitarbeiter- und Zielvereinbarungsgespräche, aber auch Mitarbeiterzeitung (MAZ), Broschüren und das Intranet.
Siehe / Siehe auch: Face-to-Face-Kommunikation

Internet
Internet
Ein weltumfassendes System von Computer-Teilnetzen, das weitgehend jedermann zugänglich ist. Voraussetzung für die Nutzung ist ein Computer, der über Datenleitungen an das Internet angeschlossen ist. Derzeit hat das Internet etwa 70 Mio. Nutzer, wobei die Tendenz steigend ist. Unter kommerziellen Aspekten ist vor allem der Teilbereich World Wide Web interessant, bei dem Inhalte multimedial (Bild, Ton, Video) dargestellt werden können. Immobilien eignen sich aufgrund ihres hohen Erklärungsbedarfs besonders für den Vertrieb (bzw. die Kontaktanbahnung) über das Internet. IMMONET und IRIS
Siehe / Siehe auch: Immobilienportale

Internet-Präsenz
website
Internet-Präsenz ist die Bezeichnung für alle Seiten eines Internet-Auftritts, also die Homepage eines Unternehmens mit allen Unterseiten (Informationen, Links, Angebote, E-Mail-Adressen, etc.). Für Immobilienmakler ist die Internet-Präsenz von besonderer Bedeutung. Der weitaus größte Teil aller Kontaktaufnahmen zu Maklern und daraus resultierender Provisionsumsätze geschieht via Internet. Die Homepage eines Maklers sollte aber nicht nur aus einer Angebotsplattform für seine Immobilien einschließlich der Verlinkung zu Immobilienportalen bestehen. Vielmehr hat der Makler im Internet auch die Chance sein Unternehmen, insbesondere seine Mitarbeiter, ihre Qualifikationen, ihre Geschäftsbereiche darzustellen und so Vertrauen aufzubauen. Makler, die sich lediglich im Impressum kenntlich machen, vergeben hier große Chancen.
In der Homepage sollte auch (mit Zustimmung der Eigentümer) auf Referenzobjekte verwiesen werden können. Potenzielle Anbieter von Immobilien können durch eine überzeugende Darstellung dieser Referenzobjekte und der klaren Beschreibung der Maklerleistung (entsprechend dem Inhalt von Verkaufsprospekten) bewegt werden, mit diesem Makler Verbindung aufzunehmen.
Siehe / Siehe auch: Immobilienportale

Inventarübernahme zum Schätzwert
assumption of inventory at the appraised / estimated value
Bei Pachtverträgen wird zum Teil eine Inventarübernahme zum Schätzwert vereinbart. Das bedeutet: Der Pächter eines Grundstücks übernimmt das vorhandene Inventar zum Schätzwert und verpflichtet sich, bei Ende des Vertrages auch Inventar zurückzugeben, das diesem Schätzwert entspricht. Unfälle oder zufällige Verschlechterungen des Inventars gehen also zu Lasten des Pächters.
Allerdings darf er – soweit es einer vernünftigen Bewirtschaftung entspricht – über einzelne Inventargegenstände verfügen, diese also verkaufen. Der Pächter ist verpflichtet, das Inventar in vernünftigem Zustand zu halten und abgenutzte Inventarstücke zu ersetzen. Was er als Ersatz anschafft, wird nicht sein Eigentum, sondern das des Verpächters. Am Ende der Pachtzeit wird der Wert der Inventar-

gegenstände festgestellt. Wenn der Pächter Dinge angeschafft hat, die allzu wertvoll oder für eine sinnvolle Bewirtschaftung nicht nötig sind, kann der Verpächter deren Übernahme ablehnen. Diese werden dann Eigentum des Pächters. Ansonsten gilt: Wenn der Schätzwert des Inventars am Ende der Pachtzeit höher oder niedriger ist als zu Beginn, muss der Überhang in Geld ausgeglichen werden. Die Schätzwerte richten sich nach dem Preis der Gegenstände bei Ende des Pachtvertrages.
Im Landpachtvertrag kann bestimmt werden, dass die Schätzung bei Beginn und Ende der Pachtdauer durch einen Schätzungsausschuss durchgeführt wird.
Siehe / Siehe auch: Kündigungsfrist beim Pachtvertrag, Pachtvertrag, Schätzungsausschuss bei Landpacht

Investitionsgrad

rate of investment

Der Investitionsgrad errechnet sich aus dem Fondsvermögen abzüglich der Barreserve. Dies ist der Anteil des Fondvermögens, der nicht in Immobilien angelegt ist. Ein offener Immobilienfonds ist gesetzlich verpflichtet ständig mindestens 51 Prozent seines Vermögens in Immobilien investiert zu haben.
Siehe / Siehe auch: Investitionsphase, Bewirtschaftungsphase

Investitionsphase

investment phase

Als Investitionsphase wird bei einem geschlossenen Immobilienfonds der Zeitraum bezeichnet, innerhalb dessen die Investitionsentscheidung umgesetzt wird. Dies erfolgt durch den Kauf oder die Errichtung einer oder mehrerer Immobilien, mit der bzw. mit denen in der anschließenden Bewirtschaftungsphase Erträge erwirtschaftet werden sollen.
Siehe / Siehe auch: Bewirtschaftungsphase, Immobilienfonds - Geschlossener Immobilienfonds

Investitionsrechnung

investment analysis; capital recovery factor; investment appraisal; capital budgeting; estimate of investment profitability; preinvestment analysis; reinvestment analysis

Die Lehre von den Investitionsrechnungen ist seit den 60-er Jahren fester Bestandteil der Allgemeinen Betriebswirtschaftslehre. Zu den Investitionsrechnungen zählen die (Wirtschaftlichkeitsrechnungen und die (Unternehmensbewertung. Investitionsrechnungen finden auch bei immobilienwirtschaftlichen Investitionen Anwendung.Investitionsrechnungen dienen der Unterstützung bzw. Rationalisierung von Investitionsentscheidungen. Allerdings muss darauf hingewiesen werden, dass alle derartigen Entscheidungsprozesse auch durch irrationale Faktoren getragen und von nicht quantifizierbaren Risiken begleitet werden. Die Ergebnisse der Investitionsrechnungen dürfen deshalb nicht überschätzt werden. Je länger der Investitionshorizont, desto geringer die Zuverlässigkeit der Rechenergebnisse als Entscheidungsgrundlage. Dies gilt insbesondere im Bereich der Immobilienwirtschaft, die überwiegend durch Langfristentscheidungen geprägt ist.
Siehe / Siehe auch: Wirtschaftlichkeitsrechnung, Unternehmensbewertung

Investmentgesellschaft

investment company; investment trust; investment enterprise; unit trust

Siehe / Siehe auch: Kapitalanlagegesellschaften

Investmentgesetz (InvG)

German investment company act

Das Investmentgesetz (InvG) regelt seit dem 1. Januar 2004 in 146 Paragraphen die Auflegung inländischer Investmentfonds, den öffentlichen Vertrieb ausländischer Fonds in Deutschland sowie die Möglichkeit der Errichtung ausländischer Zweigstellen. Es ersetzt sowohl Vorschriften des zuvor geltenden Gesetzes über Kapitalanlagegesellschaften (KAGG) als auch des Auslandinvestmentgesetzes (AuslInvestmG). Das InvG dient primär dem Anlegerschutz, vereinheitlich Auslandfonds betreffende Regelungen, bestimmt die Rechtsform der Kapitalanlagegesellschaften in ihrer Eigenschaft als Kreditinstitute, die Rechtverhältnis zwischen Gesellschaft, Anlegern und Investmentfonds sowie die Rolle, die die Depotbank dabei zu spielen hat.
Siehe / Siehe auch: Investmentmodernisierungsgesetz, Investmentsteuergesetz, Kapitalanlagegesellschaften

Investmentmodernisierungsgesetz

German investment modernisation act

Mit dem am 1. Januar 2004 in Kraft getretenen Gesetz zur Modernisierung des Investmentwesens und zur Besteuerung von Investmentvermögen (Investmentmodernisierungsgesetz) wurde die für Investmentgesellschaften maßgebliche Gesetzgebung in Deutschland reformiert. Das Investmentmodernisierungsgesetz umfasst das Investmentgesetz (InvG), das Investmentsteuergesetz (InvStG) sowie eine Reihe von Änderungen anderer Rechts-

vorschriften. Während zuvor die zentralen Rechtsvorschriften für Investmentfonds – das Gesetz über Kapitalanlagegesellschaften (KAGG) und das Auslandinvestmentgesetz (AuslInvestmG) – viermal durch Finanzmarktförderungsgesetze an aktuelle Erfordernisse angepasst worden waren, ersetzen die Regelungen des Investmentmodernisierungsgesetzes diese beiden Gesetze vollständig.
Siehe / Siehe auch: Investmentgesetz (InvG), Investmentsteuergesetz

Investmentsteuergesetz

German investment tax act

Das Investmentsteuergesetz (InvStG) trat am 1. Januar 2004 in Kraft, zuletzt geändert am 07.03.2009. Es regelt in 19 Paragraphen die Besteuerung inländischer und ausländischer Investmentfonds in Deutschland. Durch das Investmentsteuergesetz werden die bis Ende 2003 geltenden steuerlichen Vorschriften des Gesetzes über Kapitalanlagegesellschaften (KAGG) und des Auslandinvestmentgesetzes (AuslInvestmG) abgelöst. Neu ist unter anderem, dass steuerliche Benachteiligungen ausländischer Fonds beseitigt und die steuerneutrale Verschmelzung von Fonds ermöglicht werden.
Siehe / Siehe auch: Investmentmodernisierungsgesetz, Investmentgesetz (InvG)

Investor Relations

investor relations

Unter Investor Relations (Finanzkommunikation) wird die Unternehmenskommunikation mit Investoren verstanden. Sie gehört zur Kernaufgabe der Corporate Communications. Der Begriff lässt sich auch mit Anleger- beziehungsweise Kapitalgeberpflege übersetzen. Investor Relations (IR) umfasst die Gesamtheit aller Maßnahmen eines Unternehmens, die der objektiven Unternehmensbewertung und der Darstellung des Unternehmensimages dienen. Der Deutsche Investor Relations Kreis definiert IR wie folgt: „Investor Relations besteht in der zielgerichteten, systematischen und kontinuierlichen Kommunikation mit tatsächlichen und potentiellen Anteilseignern (Entscheidungsträgern) einer börsennotierten Aktiengesellschaft sowie mit Finanzanalysten und Anlageberatern (Meinungsbildnern) über das vergangene, laufende und vor allem zukünftige erwartete Geschäft des Unternehmens unter Berücksichtigung der Branchenzugehörigkeit und der gesamtwirtschaftlichen Zusammenhänge."
Siehe / Siehe auch: Corporate Communications, Unternehmenskommunikation

Investorenwettbewerb

investors' competition

Wettbewerbsverfahren, mit dessen Hilfe unter mehreren Interessenten für eine zu veräußernde Liegenschaft derjenige Investor ausgewählt werden soll, der aus Sicht der Planungsbehörde das beste Konzept für das betreffende Objekt vorlegt. Entscheidende Kriterien können dabei beispielsweise städtebauliche Aspekte, Nutzungskonzepte oder auch spezielle Lösungen für den Umgang mit denkmalgeschützter Bausubstanz sein.
Siehe / Siehe auch: Architektenwettbewerb, Kombinierter Wettbewerb

IRE I BS Immobilienakademie

IRE I BS Real Estate Business School

Aus der ebs Immobilienakademie, einer Institution für berufliche Weiterbildung in der Immobilienwirtschaft wurde im Oktober 2006 die IRE I BS Immobilien Akademie. Hauptsitz bleibt Östrich-Winkel. Ebenso bleiben die Standorte Berlin, München und Essen bestehen. Absolventen der Immobilienwirtschaftlichen Studiengänge erhalten die Titel „Immobilienökonom IRE I BS". Die IRE I BS Immobilienakademie ist nunmehr angesiedelt unter dem Dach der IREBS International Real Estate Business School. Diese Gesellschaft ist über das ihr zugehörige „Institut für Immobilienwirtschaft" mit der wirtschaftswissenschaftlichen Fakultät der Universität Regensburg verbunden.

IRE I BS International Real Estate Business School

IRE I BS International Real Estate Business School

Unter dem Dach der IRE I BS wurden im Oktober 2006 die frühere ebs Immobilien Akademie – jetzt IRE I BS Immobilien Akademie und das Institut für Immobilienwirtschaft an der ebs vereinigt. Damit erfolgte eine Trennung von der ebs.. Das Institut für Immobilienwirtschaft ist nunmehr Teil der wirtschaftswissenschaftlichen Fakultät der Universität Regenburg. Es stellt dort fünf Stiftungslehrstühle (auf Immobilienmanagement, Immobilienfinanzierung, Immobilien- und Regionalökonomie, Immobilien- und Stadtentwicklung sowie Immobilienrecht) und drei Honorarprofessuren.
Nach einer Verlautbarung des Instituts in Regensburg soll damit „das international führende Institut für Immobilienwirtschaft" entstanden sein.
Siehe / Siehe auch: IRE I BS Immobilienakademie

Irreführende geschäftliche Handlungen (Wettbewerbsrecht)

misleading / deceptive business practices / acts / activities (German law on competition)

Nach § 5 UWG handelt unlauter, wer eine irreführende geschäftliche Handlung vornimmt. Eine geschäftliche Handlung ist irreführend, wenn sie unwahre Angaben enthält. Irreführend sind insbesondere zur Täuschung geeignete Angaben über folgende Umstände:

- Täuschung über die wesentlichen Merkmale einer angebotenen Ware oder Dienstleistung (Verfügbarkeit, Art, Ausführung, Vorteile, Risiken, usw.).
- Täuschung über den Anlass des Verkaufs wie das Vorhandensein eines besonderen Preisvorteils, den Preis oder die Art und Weise, in der er berechnet wird, oder die Bedingungen, unter denen die Ware geliefert oder die Dienstleistung erbracht wird.
- Täuschung über die Person, Eigenschaften oder Rechte des Unternehmers (Identität, Vermögen Befähigung Beziehungen, usw.) Beispiel Hinweis auf Sachverständigeneigenschaft ohne die hierfür erforderliche Qualifikation.
- Täuschung über Aussagen oder Symbole, die im Zusammenhang mit direktem oder indirektem Sponsoring stehen oder sich auf eine Zulassung des Unternehmers, dessen Waren oder Dienstleistungen beziehen.
- Täuschung über die Notwendigkeit einer Leistung, eines Ersatzteils, eines Austauschs oder einer Reparatur.
- Täuschung über die Einhaltung eines Verhaltenskodexes, auf den sich der Unternehmer verbindlich verpflichtet hat, falls er darauf hinweist.
- Täuschung über die Rechte des Verbrauchers (Garantieversprechen, Gewährleistungsrechte bei Leistungsstörungen).
- Irreführungen sind schließlich auch im Zusammenhang mit einer vergleichenden Werbung denkbar.

Außerdem kann eine Irreführung auch durch Unterlassen hervorgerufen werden (§ 5a UWG), etwa durch Verschweigen von entscheidungsrelevanten Tatsachen, Beispielsweise ein Schimmelpilzbefall im Mauerwerk beim Hauskauf.

Siehe / Siehe auch: Wettbewerbsrecht

ISG

- n.a. -

Siehe / Siehe auch: Immobilien- und Standortgemeinschaften (ISG)

ISO

- n.a. -

Siehe / Siehe auch: Zertifizierung

Isolierte Reallast

isolated land charge

Eine herkömmliche Reallast dient der Absicherung eines Rechts. Die isolierte Reallast wird dagegen ohne ein dazugehöriges Recht gewährt. Beispiel: Ein Nachbar möchte dem anderen aus Dankbarkeit Geld zukommen lassen, hat aber derzeit keine freien finanziellen Mittel. Er kann dann eine isolierte Reallast (oder auch eine isolierte Grundschuld) an seinem Grundstück bestellen. Mit dem Nachbarn vereinbart er, dass dieser nach seinem Ableben aus der Verwertung des Grundstückes einen bestimmten Geldbetrag fordern kann. Eine vertragliche Vereinbarung zwischen den Beteiligten ist in Verbindung mit der Bestellung einer Reallast nicht zwingend notwendig.

Siehe / Siehe auch: Reallast, Grundschuld

Isolierverglasung

double glazing

Isolierverglasung dient der Wärmedämmung. Es gibt auch Isolierglasfenster, die speziell zur Schalldämmung ausgelegt sind und häufig in Wohnungen an viel befahrenen Straßen zum Einsatz kommen.

Die Nachrüstung von Isolierfenstern in einer Mietwohnung kann eine Modernisierungsmaßnahme sein, die den Vermieter berechtigt, die Miete zu erhöhen. Ausreichend ist die Isolierverglasung sämtlicher Fenster auf der Straßenseite einer Wohnung. Der Austausch eines einzigen Fensters rechtfertigt keine Mieterhöhung. Wenn durch die Isolierfenster derart viel zusätzliches Lüften nötig wird, dass dadurch die eingesparte Wärme komplett wieder verloren geht, liegt keine Gebrauchswertverbesserung der Wohnung vor.

Der Mieter muss grundsätzlich den Einbau von Isolierfenstern dulden, da diese Maßnahme der Energieeinsparung dient und die Wohnung qualitativ verbessert. Nach der Rechtsprechung muss der Mieter es jedoch nicht hinnehmen, wenn Fenster mit einer um ein Drittel geringeren Fensterfläche eingebaut werden.

Siehe / Siehe auch: Modernisierung

IVD-Preisspiegel

price level / standard of prices of the federal

association of real estate agents (brokers) in Germany

[früher RDM-Preisspiegel]

Der jeweils im Sommer eines jeden Jahres veröffentlichten IVD-Preisspiegel enthält Preise für eine Reihe von Miet- und Kaufobjekten in den deutschen Städten, wie sie im Frühjahr für die Objekte bezahlt wurden. Entstanden ist der Preisspiegel nach Vorarbeiten des RDM-Bayern im Jahre 1969 auf der Grundlage von definierten Normobjekten die den Gesamtmarkt repräsentieren. Ausgewählte Marktberichterstatter des IVD schließen von den tatsächlich am Markt erzielten Preisen ihrer individuellen Bezugsobjekte mit Hilfe von aus der Erfahrung gewonnener Umrechnungsfaktoren auf Preise dieser Normobjekte. Der erste bundesweite Preisspiegel erschien 1971. Bei den ermittelten Preisen des Preisspiegels handelt es sich um „Schwerpunktpreise" für genau gekennzeichnete Normobjekte, und nicht um Preisspannen. Er gilt deshalb heute auf Grund seiner Konstruktion als die einzige Informationsquelle, die es ermöglicht, Konjunkturschwankungen über einen derart langen Zeitraum zu verfolgen. Außerdem besteht die Möglichkeit, Raumindizes zu erstellen, die die verschiedenen Städte hinsichtlich ihrer Immobilienpreisniveaus vergleichbar macht. Neben Preisdaten werden auch die den Marktumfang und die Markttendenz kennzeichnenden Indikatoren ermittelt.

Gegenstand der Erfassung von Kaufpreisen sind folgende Objekte

- Baugrundstücke für Ein- und Zweifamilienhäuser (drei Lagekategorien)
- Baugrundstücke für Mehrfamilienhäuser mit einer GFZ von 0,8 für drei Lagekategorien
- Freistehende Einfamilienhäuser aus dem Bestand (vier Qualitätskategorien)
- Doppelhaushälften aus dem Bestand (drei Qualitätskategorien) – nur in Bayern
- Reiheneinfamilienhäuser aus dem Bestand (drei Qualitätskategorien)
- Eigentumswohnungen aus dem Bestand (vier Qualitätskategorien)
- Wohnhäuser zur Kapitalanlage (zwei Alterskategorien)
- Geschäfts-/Büro-/Logistikobjekte und Einkaufscenter – nur in Bayern

Außerdem werden Mietpreise erhoben für

- Altbauwohnungen (drei Wohnwertkategorien)
- Neubauwohnungen aus dem Bestand (drei Wohnwertkategorien)
- Neubauwohnungen Erstbezug (zwei Wohnwertkategorien)
- Reiheneinfamilienhäuser aus dem Bestand (drei Wohnwertkategorien) – nur in Bayern
- Reiheneinfamilienhäuser Erstbezug (drei Wohnwertkategorien) – nur in Bayern
- Ladenlokale 1a Geschäftskern (zwei Größenkategorien)
- Ladenlokale 1b Geschäftskern (zwei Größenkategorien)
- Ladenlokale 1a Nebenkern (zwei Größenkategorien)
- Ladenlokale 1b Nebenkern (zwei Größenkategorien)
- Büroobjekte (drei Nutzungswertkategorien)

Der frühere RDM-Preisspiegel war vielfach Grundlage zahlreicher wissenschaftlicher Arbeiten hierzu zählen:

- A.E. Holmans | „House Prices, Land Prices, the Housing Market and Housing Purchase Debt in the UK and other Countries" | Economic Modelling | 1994 Eine vergleichende Untersuchung der Immobilienpreisentwicklung in USA, Großbritannien, Deutschland, Frankreich, Niederlande, Schweden, Italien
- Thomas Altenseuer | Die Preisentwicklung von Wohnimmobilien
- Thomas Dopfer | „Eine empirische Untersuchung für die Bundesrepublik Deutschland von 1973 bis 1994" | Empirische Wirtschaftsforschung, Band 26 | 1995 „Der westdeutsche Wohnungsmarkt – ein dynamisches Teilmarktmodell" | München | 2000
- Jan Linsin | „Der westdeutschen Markt für Einzelhandelsimmobilien" | Freiburg | 2004 J. Linsin analysierte auf der Grundlage des RDM-Preisspiegels in seiner Dissertation die mietpreisdeterminierenden Faktoren im Kontext sich wandelnder Betriebsformen und der Änderungen im Konsumverhalten.

Daten aus dem IVD-Preisspiegel fließen auch regelmäßig in die Wohngeld- und Mietenberichte der Bundesregierung, sowie in zahlreichen Veröffentlichungen der Bundesländer und Städte, ein. Hinzuweisen ist darauf, dass auch der VDM seit 1986 Preisspiegel herausgab, der im Gegensatz zum RDM-Preisspiegel Preisspannen angibt. Nach Vereinigung von RDM und VDM zum Immobilienverband Deutschland (IVD) wurde der RDM-Preisspiegel 2005 erstmals unter der Bezeichnung IVD-Preisspiegel herausgebracht.

Siehe / Siehe auch: Normobjekt

Jahresabrechnung (Wohnungseigentum)

annual settlement / account; yearly settlement; year-end statement (freehold flat)

Zu den wichtigsten Aufgaben des Verwalters einer Wohnungseigentümer-Gemeinschaft gehört die Aufstellung einer Abrechnung über die tatsächlichen Einnahmen und Ausgaben im Rahmen der Verwaltung des gemeinschaftlichen Eigentums. Diese Abrechnung ist gesetzlich vorgeschrieben und vom Verwalter nach Ablauf eines Kalenderjahres vorzunehmen (§ 28 Abs. 3 WEG), und zwar in der Regel spätestens bis zum Ablauf von sechs Monaten nach Ende des Abrechnungszeitraums. Das Wohnungseigentumsgesetz selbst bestimmt keine Einzelheiten zu Form und Inhalt der Jahresabrechnung. Die Rechtsprechung hat sich jedoch in zahlreichen Entscheidungen mit Einzelfragen befassen müssen und dazu die folgenden wesentlichen Grundinhalte der Abrechnung festgelegt:

1. Die nach § 28 Abs. 3 WEG vorgeschriebene Abrechnung hat nur die tatsächlichen Einnahmen und Ausgaben während des jeweiligen Kalenderjahres auszuweisen. Sie ist keine Bilanz und keine Gewinn- und Verlustrechnung. Forderungen, Verbindlichkeiten und Rechnungsabgrenzungen gehören grundsätzlich nicht in die Abrechnung. Eine Ausnahme gilt für die Abrechnung der Heiz- und Warmwasserkosten.
2. Die Abrechnung besteht aus der Gesamtabrechnung und den Einzelabrechnungen für jeden einzelnen Wohnungseigentümer, wobei die Verteilung der Einnahmen und Ausgaben auf die einzelnen Eigentümer nach dem gesetzlichen, dem abweichend vereinbarten oder beschlossenen Verteilungsschlüssel vorzunehmen ist.
3. Zusätzlich zur Ausweisung der Einnahmen und Ausgaben in der Jahresgesamt- und Einzelabrechnung ist die Darstellung der Entwicklung der Instandhaltungsrücklage aufzunehmen. Dabei sind die tatsächlichen Zahlungen der Wohnungseigentümer auf die Rücklage als Einnahmen darzustellen. Zusätzlich sind auch die geschuldeten, noch nicht geleisteten Zahlungen anzugeben. Entgegen der früheren Abrechnungspraxis dürfen nach jüngster BGH-Rechtsprechung (Urteil vom 4.12.2009, V ZR 44/09, DWE 2010, 20) die tatsächlichen und geschuldeten Zahlungen der Wohnungseigentümer auf die Instandhaltungsrücklage in der Jahresgesamt- und Einzelabrechnung nicht mehr als Ausgabe oder als sonstige Kosten gebucht werden.
4. Die Gesamt- und die Einzelabrechnung muss vollständig, übersichtlich und für jeden einzelnen Eigentümer auch ohne Inanspruchnahme von sachverständigen Fachleuten nachvollziehbar sein.
5. Inhaltlich sollte die Gliederung der Einzelpositionen jener im Wirtschaftsplan entsprechen, um einen Vergleich der tatsächlichen mit den veranschlagten Einnahmen und Ausgaben zu gewährleisten.
6. Neben der Jahresabrechnung als reine Einnahmen- und Ausgabenrechnung ist in einem „Status" oder einer „Vermögensübersicht" das Verwaltungsvermögen auszuweisen, das unter anderem aus den Forderungen, den Verbindlichkeiten sowie der Instandhaltungsrückstellung besteht. Ferner sind die Kontenstände der für die Gemeinschaft geführten Konten jeweils zu Beginn und Ende des jeweiligen Kalenderjahres beziehungsweise des abweichend vereinbarten Rechnungszeitraumes anzugeben.

Die Beschlussfassung hat über die Gesamt- und Einzelabrechnungen zu erfolgen. Andernfalls werden keine rechtswirksamen Zahlungspflichten begründet. Ist eine mehrheitlich beschlossene Abrechnung fehlerhaft, weil sie beispielsweise verkehrte Verteilungsschlüssel enthält, bedarf sie dennoch der Anfechtung bei Gericht, um ihre Ungültigerklärung zu bewirken. Es handelt sich insoweit um einen gesetzeswidrigen Mehrheitsbeschluss, der nicht nichtig, sondern nur anfechtbar ist. Erfolgt keine Anfechtung, ist auch eine fehlerhafte, rechtswidrige, aber mehrheitlich beschlossene Abrechnung wirksam und verpflichtet jeden Eigentümer zur Zahlung eventuell noch zu leistender Fehlbeträge wegen zu niedriger Vorauszahlungen.

Die Prüfung der Jahresabrechnung soll gemäß § 29 Abs. 3 WEG durch den Verwaltungsbeirat erfolgen, sofern ein solcher von der Wohnungseigentümer-Gemeinschaft gewählt wurde. Sie soll sich nicht nur auf die rein rechnerische, sondern auch die sachliche Richtigkeit erstrecken, so zum Beispiel auch auf die Richtigkeit verwendeter Verteilungsschlüssel. Ungeachtet der Prüfung der Abrechnung durch den Verwaltungsbeirat hat jeder Wohnungseigentümer das Recht, in die Abrechnungsunterlagen Einsicht zu nehmen, und zwar selbst noch nach erfolgter Beschlussfassung in der Wohnungseigentümer-Versammlung.

Die Nichtvorlage oder vorsätzlich verspätete Vorlage der Abrechnung kann eine vorzeitige Abberufung des Verwalters aus wichtigem Grund rechtfertigen.

Siehe / Siehe auch: Belegprüfung (Jahresabrechnung / Wohnungseigentum), Einsichtsrecht (Wohnungseigentum), Instandhaltungsrückstellung (Instandhaltungsrücklage), Verteilungsschlüssel (Wohnungseigentum), Verwaltungsbeirat, Wirtschaftsplan, Verwaltungsvermögen (Wohnungseigentümer-Gemeinschaft)

Jahreseinkommen (Wohngeld)

annual income (rent allowance; housing assistance)

Das Jahreseinkommen dient als Rechengröße zur Ermittlung der Anspruchsberechtigung auf Wohngeld. Das zum 01.01.2009 geänderte Wohngeldgesetz (WoGG) versteht unter Jahreseinkommen die Summe der positiven Einkünfte (im Sinne des Einkommenssteuergesetzes) jedes Familienmitgliedes. Dabei findet kein Ausgleich mit negativen Einkünften aus anderen Einkunftsarten oder negativen Einkünften des mit dem Antragsteller zusammen veranlagten Ehegatten statt.
Ausdrücklich ins Jahreseinkommen einbezogen sind dabei zum Beispiel:

- Steuerfreie Versorgungsbezüge
- einkommensabhängige steuerfreie Versorgungsbezüge für Wehr-, Zivildienst- und Kriegs-Beschädigte sowie -Hinterbliebene
- Teile von Leibrenten, die den Ertragsanteil oder den besteuerten Anteil übersteigen
- Leistungen nach dem Unterhaltsvorschuss-Gesetz
- steuerfreie Krankentagegelder.

(die Aufzählung ist nicht abschließend, vergleiche § 14 WoGG).
Siehe / Siehe auch: Gesamteinkommen (Wohngeld), Wohngeld

Jahresheizwärmebedarf

annual heat demand / requirement

Der Jahresheizwärmebedarf eines Gebäudes ergibt sich aus dem Transmissionswärmebedarf, der durch den Wärmedurchgang der Außenteile eines Gebäudes verursacht wird und dem Lüftungswärmebedarf, der lüftungsbedingt durch den Austausch kalter Außenluft mit warmer Innenluft entsteht.
Hiervon werden die Wärmegewinne abgezogen, nämlich die internen Wärmegewinne, die sich aus verschiedenen Wärmequellen außerhalb der Heizung ergeben und die solaren Wärmegewinne, die sich aus der Sonneneinstrahlung durch Fenster und Außentüren mit Glasanteil ergeben. Nach der Wärmeschutzverordnung von 1995 durfte der Jahresheizwärmebedarf für Neubauten zwischen 50 und 100 kWh pro Quadratmeter der Wärme übertragenden Umfassungsflächen des Gebäudes betragen. Das Ergebnis wird mit einem Teilbeheizungsfaktor multipliziert. Die Kennzahlen für den Heizwärmebedarf können sich auf das beheizte Bauwerksvolumen oder die Gebäudenutzfläche beziehen. (Der k-Wert gibt den Wärmestrom an, der in stationärem Zustand durch eine Wandfläche von 1 Quadratmeter fließt, wenn in den auf beiden Seiten anschließenden Räumen ein Temperaturunterschied von 1° C = 1K herrscht.)

Jahresnettomiete

net annual rent

Unter der Jahresnettomiete versteht man die Mieteingänge eines vermieteten Hauses eines Jahres, vermindert um die Betriebs-, Heiz- und Warmwasserkosten. Ein Synonym hierzu ist „Jahresnettokaltmiete“. Sie enthält jedoch vermietungsabhängige Nebenkosten, z.B. Einnahmen aus Zuschlägen für eine erlaubte gewerbliche oder freiberufliche Nutzung von Wohnräumen oder aus einer Untervermietung sowie laufende Vergütungen (z.B. für die Anbringung einer Reklameschildes) durch den Eigentümer des Nachbargrundstücks.
Die Jahresnettokaltmiete ist der Mietansatz, von dem zur Ermittlung des Ertragswertes die weiteren Bewirtschaftungskosten abgezogen werden, nämlich die pauschalierten Instandhaltungskosten, Verwaltungskosten, und das Mietausfallwagnis.
Die Mietspiegelmieten basieren ebenfalls überwiegend auf den Jahresnettomieten allerdings ohne Zuschläge und Vergütungen.
Siehe / Siehe auch: Nettokaltmiete, Ertragswert, Mietspiegel

Jahresreinertrag und Jahresrohertrag

net annual rent and gross annual return

Der Jahresreinertrag einer Immobilie ist die Differenz zwischen den gesamten Mieteinnahmen einschließlich Umlagen und sonstigen mit der Vermietung zusammenhängen Vergütungen und den Bewirtschaftungskosten. Zu den Bewirtschaftungskosten zählen auch kalkulatorische Bestandteile wie Abschreibung und Mietausfallwagnis. Der so berechnete Jahresreinertrag ist die Grundlage zur Ermittlung der Gesamtkapitalrentabilität. Der für die Ermittlung des Ertragswertes maßgebliche Jahresreinertrag unterliegt einer Nachhaltigkeitsüberprüfung sowohl auf der Ertrags- als auch auf der Aufwandsseite. Vor allem auf der Aufwandsseite wird überwiegend mit pauschalen Erfahrungssätzen gerechnet, weil die im Jahre der Wertermittlung tatsächlich anfallenden Bewirtschaftungskosten meist nicht den langfristig entstehenden Kosten entspricht. So kann es in einem Jahr einen hohen Renovierungsaufwand geben, in einem andern gar

keinen. Aber auch die bezahlten Mieten können aufgrund von vertraglichen Bindungen über oder unter den am Markt im Falle einer Wiedervermietung erzielbaren Mieten liegen. Da bei der Ertragswertermittlung die Abschreibung durch Annahme einer bestimmten Restnutzungsdauer zusammen mit dem Liegenschaftszinssatz in den Vervielfältiger eingeht, bleibt sie beim Bewirtschaftungskostenabzug außer Betracht.
Siehe / Siehe auch: Bewirtschaftungskosten

Joint Venture

joint venture

Eine Form der Zusammenarbeit zwischen selbständig bleibenden Unternehmen zur Abwicklung eines gemeinsamen Geschäftes oder eines einmaligen Projektes. Diese Unternehmen unterhalten einen gemeinsamen Betrieb. Die Joint-Venture-Vereinbarung regelt die von jedem Partner aufzubringenden Kapitalien, das einzubringende Know-how und die Gewinnverteilung.

Justizvergütungs- und Entschädigungsgesetz (JVEG)

German Court Payment and Reimbursement Act

Zeugen, Sachverständige, Dolmetscher oder Übersetzer, die auf richterliche oder staatsanwaltschaftliche Anordnung bei Gericht erscheinen und / oder gutachterlich tätig werden müssen, erhielten früher eine Entschädigung und einen Aufwendungsersatz nach dem „Gesetz über die Entschädigung von Zeugen und Sachverständigen" (ZSEG), das noch aus dem Jahr 1875 stammte und mehrfach novelliert wurde. Dieses Gesetz wurde mit Wirkung zum 01.01.2004 durch das Justizvergütungs- und entschädigungsgesetz (JVEG) abgelöst. Sachverständige erhalten danach eine Vergütung zwischen 50 und 95 Euro pro Stunde je nach Zuordnung der Leistung zu einer Honorargruppe. Geblieben ist die Verpflichtung, auf Anforderung gutachtlich tätig zu werden. Der Sachverständige kann also nach wie vor eine Gutachtenerstellung nicht ablehnen.
Es gibt zehn Honorargruppen, die sich auf verschiedene Fachgebiete beziehen. So fallen Gutachten zu Mieten und Pachten in der Honorargruppe fünf mit einem Stundensatz von 70 Euro und die Bewertung von Immobilien in die Honorargruppe sechs mit einem Satz von 75 Euro. Nach altem Recht konnte der Bewertungssachverständige 78 Euro ansetzen. Am besten bezahlt werden Sachverständige für Unternehmensbewertung mit 95 Euro pro Stunde in Honorargruppe zehn.
Für hauptberufliche Sachverständige entfällt der früher bezahlte Zuschlag. Dagegen können die Sachverständigen nach wie vor einen Aufwendungsersatz geltend machen. Für den Ersatz der Fahrtkosten gilt: Bahnfahrten werden bis zur 1. Klasse ersetzt, PKW-Kosten mit 30 Cent pro Kilometer. Hinzu kommt ein pauschalierter Aufwendungsersatz, je nach Zahl der Stunden die der Sachverständige durch sein Erscheinen bei Gericht aufwenden musste (8 Euro bei weniger als 14 Stunden, 12 Euro für mindestens 14 und weniger als 24 Stunden und 24 Euro bei 24 Stunden. Übernachtungskosten müssen nachgewiesen werden. Ohne Nachweis werden 20 Euro pro Übernachtung gewährt. Alle Beträge verstehen sich zuzüglich Umsatzsteuer.
Siehe / Siehe auch: ZSEG

Kachelofen

tiled stove (for room heating)

Unter einem Kachelofen versteht man einen Zimmerofen, der meist aus Schamottesteinen gesetzt und dann mit Kacheln verkleidet wird. Der Ofen befindet sich oftmals im Wohnraum, wird jedoch von einem anderen Raum aus befeuert. Brennmaterial sind Holz oder Kohle.

Die ersten Kachelöfen soll es bereits im 14. Jahrhundert gegeben haben. Kachelöfen können über den angeschlossenen Schornstein sogar darüber liegende Wohnräume beheizen; sie speichern die erzeugte Wärme lange. In Deutschland erfreuen sich Kachelöfen immer größerer Beliebtheit, da sie eine größere Unabhängigkeit von Energieversorgungsunternehmen bedeuten. Inwieweit Kosten eingespart werden können, richtet sich allerdings nach dem jeweiligen Holz- beziehungsweise Kohlepreis. In Kachelöfen dürfen nur zugelassene Brennstoffe (z. B. abgelagertes Scheitholz) verheizt werden. Ein Nachteil von Holzfeuerungsanlagen im Allgemeinen ist der höhere Feinstaub-Ausstoß. Um diesen zu reduzieren, wird die für Ende 2009 geplante Novellierung der 1. Bundesimmissionsschutz-Verordnung (Kleinfeuerungsanlagen-Verordnung, 1. BImschV) Grenzwerte und für bestimmte Öfen die Pflicht zur Nachrüstung mit Filtern einführen. Es sind jedoch Übergangsfristen und Ausnahmen je nach Alter und Art der Öfen vorgesehen.

Siehe / Siehe auch: Kleinfeuerungsanlagen-Verordnung

Kängurusiedlung

„kangaroo“ estate: colloquial expression for new housing settlements, when the speaker wishes to imply that the inhabitants aim at making great leaps forward despite having nothing in their „pouch“ or „purse“

Der Begriff Kängurusiedlung wird umgangssprachlich für Neubausiedlungen verwendet, wenn der Sprecher andeuten möchte, dass deren Bewohner große Sprünge mit leerem Beutel machen.

Siehe / Siehe auch: Glaswarze, Heidihaus

Kaffeemühle

- n.a. -

Kaffeemühle ist die verschiedentlich anzutreffende Bezeichnung für bestimmte Gebäude mit quadratischem Grundriss und annähernd kubischer Form, die auf die Form mechanischer Kaffeemühlen anspielt.

In Hamburg wird der Begriff beispielsweise für zweigeschossige Backstein-Wohnhäuser mit quadratischem Grundriss aus den 1920er und 1930er Jahren verwendet.

Kaltakquise

cold calling

Unter Kaltakquise versteht man den Versuch von Immobilienunternehmen telefonisch mit einer Person, zu der es keine aktuellen Kontakte hat, ins Gespräch zu kommen. Zu denken ist etwa an Bauträger, die potentiellen Interessenten Wohnungen anbieten oder an Makler, die auf Immobilieninserate von Privatpersonen reagieren. Die Anbahnung eines Immobiliengeschäfts per Kaltakquise ist eine schwierige Mission.

Achtung!

Seit Inkrafttreten des Gesetzes zur Bekämpfung unerlaubter Telefonwerbung und zur Verbesserung des Verbraucherschutzes vom 29.07.2009 (am 04.08.2009 in Kraft getreten), ist diese Art der Kaltakquise verboten. Es handelt sich nicht nur um eine wettbewerbsrechtlich verfolgbare unlautere Handlung, sondern auch noch um eine Ordnungswidrigkeit, die von der Bundesnetzagentur mit Bußgeld bis zu 50.000 Euro geahndet werden kann.

Ein Makler oder Bauträger, der bisher auf Kaltakquise setzt, muss seine Strategie völlig ändern und einen Weg suchen, der die Vorgangsinitiative beim potentiellen Kunden belässt. Wenn ein Makler erfährt, dass jemand sein Haus oder seine Wohnung verkaufen will, muss er versuchen, diesen Kunden in eines seiner Beziehungsnetzwerke einzubeziehen, innerhalb dem er in seiner Eigenschaft als gewerbsmäßiger Makler bekannt ist. Wichtig ist, dass der Makler ohne vorherige telefonische Kontaktaufnahme zu Besichtigungsterminen gelangt, weil er vom Kunden dazu gebeten wird. Die neue Rechtssituation führt dazu, dass Makler zunehmend Wege der passiven Auftragsakquisition beschreiten müssen.

Siehe / Siehe auch: Akquisition, Beziehungsmarketing, Passive Auftragsakquisition (Maklergeschäft), Akquisitionsstrategien

Kaltverdunstungsvorgabe

amount specified for idle evaporation (of heat metering systems)

Trotz zunehmender Verbreitung von elektronischen Heizkostenverteilern sind viele Heizkörper noch mit so genannten „Verdunstungsröhrchen“ ausgestattet, deren Inhalt je nach Heizungsnutzung verdampft. Die Verbrauchsmessung auf Basis dieser Röhren ist relativ unzuverlässig. Viele Verdunster liefern lediglich Vergleichswerte; die Verdunstung

findet selbstverständlich abhängig von der Raumtemperatur auch bei ausgeschalteter Heizung statt. Die Hersteller regieren darauf, indem sie die Röhrchen überfüllen. Die zusätzlich zur Korrektur der „Kaltverdunstung“ eingefüllte Menge ist die Kaltverdunstungsvorgabe.
Siehe / Siehe auch: Betriebskosten

Kaltwasserzähler

cold water metre

Kaltwasserzähler sind für Mietwohnungen noch nicht überall obligatorisch. Die Ausstattungspflicht richtet sich nach den Bauordnungen der Bundesländer. So gibt es z. B. in Bayern keine Einbaupflicht, in Baden-Württemberg besteht eine Einbaupflicht für jede Wohnung, allerdings nicht bei Nutzungsänderungen, wenn der Einbau nur mit unverhältnismäßigem Aufwand möglich ist. In Schleswig-Holstein muss jede Neubauwohnung einen eigenen Wasserzähler bekommen. Für bestehende Gebäude gilt eine Nachrüstfrist bis 31.12.2020. Auch hier sind Ausnahmen möglich, wenn die Nachrüstung wegen besonderer Umstände z. B. durch einen unangemessenen Aufwand unverhältnismäßige Kosten verursachen würde. Der Trend geht hin zur Einbaupflicht, da man sich von einer genaueren Verbrauchserfassung Wassereinsparungen erhofft. Für Mieter hat die genauere Erfassung den Vorteil, dass nicht der Single den Wasserverbrauch der benachbarten Großfamilie mitfinanzieren muss. Sofern in einer Wohnung schon Kaltwasserzähler eingebaut sind, ist der Vermieter auch zur Verbrauchserfassung mit Hilfe dieser Zähler verpflichtet. Zu Rechtsstreitigkeiten kommt es manchmal, wenn nicht alle Wohnungen in einem Mehrfamilienhaus mit Kaltwasserzählern ausgestattet sind. Der Bundesgerichtshof entschied bereits einen Fall, bei dem lediglich eine einzige Wohnung keinen Zähler besaß. Das Urteil: Der Vermieter sei berechtigt, hier als Abrechnungsmaßstab für die Wasser- und Abwasserkosten bei allen Wohnungen den Anteil an der Wohnfläche heranzuziehen. Nach dem Verbrauch müsse nur abgerechnet werden, wenn alle Wohnungen im Haus mit Zählern ausgestattet seien (Az. VIII ZR 188/07, Urteil vom 12.03.2008).
Siehe / Siehe auch: Betriebskosten, Heiz- und Warmwasserkosten, Nebenkosten (mietrechtliche), Zählermiete

Kamera, digitale

camera, digital

Mit der digitalen Kamera fotografieren heißt Daten erzeugen. Gerade da, wo Fotomaterial für verschiedene Anwendungen vorliegen muss, bietet das digitale Fotografieren Vorteile. Die Daten stehen schnell zur Verfügung. Und sie sind mit wenigen Schritten den jeweiligen Vorgaben für Printerzeugnisse (wie z. B. Zeitungsanzeigen, Exposés, Broschüren) und für das Internet (Immobilienbörsen, Immobiliendatenbanken, Online-Exposés) angepasst und aufbereitet.

Kapital-Lebensversicherung

endowment insurance; endowment assurance; endowment policy

Lebensversicherung, die nicht nur der Todesfallabsicherung, sondern auch der Geldanlage dient. Der Versicherer ist sowohl im Todesfall als auch im Erlebensfall des Versicherungsnehmers zur Leistung verpflichtet. Die Versicherung zahlt grundsätzlich die vereinbarte Versicherungssumme plus Überschussbeteiligung, die sich aus Zins-, Risiko- und Kostenüberschüssen zusammensetzt. Der Gesamtbetrag heißt Ablaufleistung. Die Abschlusskosten werden bei normalen Tarifen durch die ersten Beiträge getilgt. Die Kapital-Lebensversicherung kann zur Rückzahlung eines Baudarlehens eingesetzt werden. Dabei tritt der Darlehensnehmer die Ansprüche aus der Kapital-Police an seinen Geldgeber ab. Die Baufinanzierung mit einer Kapitallebensversicherung ist in aller Regel allein beim Erwerb von Mietobjekten sinnvoll, da nur hier die Schuldzinsen als Werbungskosten bei den Einkünften aus Vermietung und Verpachtung steuermindernd geltend gemacht werden können.

Seit Beginn der Baisse an den internationalen Aktienmärkten im März des Jahres 2000 haben die in Deutschland tätigen Versicherungsgesellschaften die Überschussbeteiligung für ihre Kunden erheblich verringert. Dies ist zum einen darauf zurückzuführen, dass die Assekuranzen einen enormen Wertberichtigungsbedarf bei ihren Aktien-Portefeuilles hatten. Aber auch die Verzinsung von Staatsanleihen und anderen Festverzinslichen Wertpapieren sank hauptsächlich aufgrund der Turbulenzen an den Aktienmärkten auf ein rekordverdächtig niedriges Niveau, so dass es den Versicherungsgesellschaften mitunter schwer fiel, ihren Kunden auch nur den garantierten Rechnungszins von 3,25 Prozent (bis Ende 2003) zu überweisen. Seit 1. Januar 2004 beträgt der Rechnungszins nur noch 2,75 Prozent. Und die Gesamtverzinsung von Kapital- und privaten Renten-Policen ist im Branchenschnitt auf vier bis fünf Prozent zurückgenommen worden. Früher lag sie bei deutlich über sechs Prozent oder sogar bei mehr als sieben Prozent.

Folge: Wer seine Immobilienfinanzierung über die Kombination aus endfälligen Darlehen und einer Lebensversicherung realisiert hat, wird aufgrund der drastisch reduzierten Überschüsse häufig Nachfinanzierungsbedarf haben. Die bei Vertragsabschluss hochgerechneten Ablaufleistungen werden oft deutlich unter den tatsächlichen Auszahlungen liegen. Mittlerweile haben Kapital-Policen weitere Dämpfer erhalten. So wurden die Steuervorteile, die Kapital-Lebensversicherungen über Jahre und Jahrzehnte hatten, zum Jahreswechsel 2004/2005 weitgehend beseitigt. Konkret: Wer nach Silvester 2004 einen Versicherungsvertrag abgeschlossen hat, muss mindestens die Hälfte der in der späteren Ablaufleistung enthaltenen Überschüsse (= Gewinnanteile) versteuern. Altverträge hingegen lässt das Finanzamt weiterhin – Stichwort Vertrauensschutz – unbehelligt. Zudem wird ab dem Jahr 2007, und zwar für dann neu abgeschlossene Kapital-Verträge, der Garantiezins erneut abgesenkt, von derzeit 2,75 Prozent auf dann nur noch 2,25 Prozent. Dieser Garantiezins gilt übrigens nicht für den gesamten, sondern nur für den Sparanteil des Beitrags. Mit der Folge, dass die garantierte Verzinsung auf die gesamten Einzahlungen deutlich niedriger ausfällt. Steuerlich möglicherweise interessanter sind indes private Rentenversicherungen in der sogenannten Verzehrphase, sobald der Versicherungsnehmer also seine Leistungen erhält. Wurde doch mit dem Alterseinkünftegesetz, das ebenfalls seit dem 1. Januar 2005 gilt, der steuerpflichtige Ertragsanteil von privaten, in der Ansparphase staatlich nicht geförderten Rentenversicherungen, spürbar verringert.

Siehe / Siehe auch: Überschussbeteiligung / Lebensversicherung

Kapitalanlagegesellschaften

unit trust; investment trust; investment company; capital investment company

Kapitalanlagegesellschaften sind Investmentgesellschaften, die Geld von Anlegern in Wertpapiere, Grundstücke oder Beteiligungen investieren. Ziel der Kapitalanlagegesellschaften ist es, eine möglichst hohe Wertentwicklung des von ihnen verwalteten Sondervermögens zu erwirtschaften, um so dessen Ertrag zu maximieren. Die Unternehmen partizipieren in Form von Transaktionsgebühren („Ausgabenaufschläge") und Verwaltungskosten am Umsatz. Zu den Kapitalanlagegesellschaften gehören auch jene, die offene Immobilienfonds betreuen. Die gesetzlichen Regelungen finden sich seit dem 1.1.2004 im Investmentgesetz, das das Kapitalanlagegesetz (KAGG) abgelöst hat.

Kapitalanlagegesellschaften können verschiedene Fondstypen verwalten: Bei den Wertpapierfonds unterscheidet man zwischen Aktienfonds, Rentenfonds und gemischte Fonds, deren Sondervermögen sowohl aus Aktien also auch aus Rentenpapieren bestehen. AS-Fonds (AS = Altersvorsorge Sondervermögen) konzentrieren sich meist auf eine Mischung von Aktien und Immobilien. Das Sondervermögen von Dachfonds besteht in Anteilen unterschiedlicher Investmentfonds. Fonds können mit „Garantien" ausgestattet sein, die sich auf eine Mindestrendite oder auf die Rückzahlung des investierten Kapitals gemessen am Preis der am Tage der Auflegung des Fonds zu bezahlen war.

Geldmarktfonds stützen sich auf kurzfristige Geldmarktanlagen (z. B. Festgelder, kurzlaufende festverzinsliche Wertpapiere, Sparanlagen). Mit besonderen Risiken sind Hedgefonds behaftet die am Terminmarkt agieren. Indexfonds achten auf eine Mischung der Wertpapiere, die der Zusammensetzung eines bestimmten Index entspricht. Die Besonderheit von Laufzeitfonds besteht darin, dass für sie ein bestimmter Endtermin für die Fälligkeit des Fonds gilt. Auch offene Immobilienfonds gehören zu den Investmentfonds. Das von Kapitalanlagegesellschaften verwaltete Vermögen ist von 129 Milliarden im Jahr 1990 auf 1003 Milliarden Euro im Jahr 2004 angestiegen (siehe Monatsbericht der Deutschen Bundesbank März 2004). Das von Kapitalanlagegesellschaften verwaltete Vermögen ist von 129 Milliarden im Jahr 1990 auf 926 Milliarden Euro im April 2009 angestiegen (Kapitalmarktstatistik der Deutschen Bundesbank Juni 2009).

Siehe / Siehe auch: Immobilienfonds - Offener Immobilienfonds, Immobilienfonds - Geschlossener Immobilienfonds

Kapitalertragsteuer

capital gains tax; withholding tax on dividends

Die Kapitalertragsteuer ist eine besondere Erhebungsart der Einkommensteuer. Sie wird vom Schuldner (Bank, Sparkasse, Fondsgesellschaft usw.) direkt an das Finanzamt abgeführt. Bis 2008 schwankte die Höhe zwischen 20 und 35 Prozent. Bei Aktiendividenden, GmbH-Anteilen und Genossenschaftsanteilen waren es 20 Prozent, ebenso bei Genussscheinen als Dividendenpapier. Bei Wandelanleihen, Gewinnobligationen, stillen Beteiligungen, Zinsen auf Sparanteilen und bei kurz laufenden Lebensversicherungen waren es 25 Prozent. Bei Schuldverschreibungen der Öffentlichen Hand und von Banken, Pfandbriefen, Sparbuch, Festgeldanlagen, Sparverträgen u. a. waren es 30 Prozent und schließlich bei Tafelgeschäften (wenn die Einlösung des Zinsscheins am Bankschalter erfolgt) 35 Prozent. Ab 01.01.2009 beträgt die Kapitalertragsteuer bis auf zwei unwesentliche Ausnahmen 25 Prozent. Sie hat Abgeltungswirkung, daher spricht man auch von Abgeltungssteuer. Der Steuerabzug an der Quelle kann gegebenenfalls vermieden werden, sobald der Sparer respektive Anleger seinem Konto oder Depot führenden Institut einen so genannten Freistellungsauftrag vorgelegt hat. Das Freistellungsvolumen beträgt seit dem 01.01.2009 exakt 801 – für Alleinstehende und doppelt so viel, nämlich 1.602 – für gemeinsam zur Einkommensteuer veranlagte Eheleute.

Siehe / Siehe auch: Abgeltungssteuer, Freistellungsauftrag

Kapitalkosten (Baufinanzierung)

cost of capital; capital costs; capital charges (construction financing)

Unter den anlässlich der Finanzierung von Bauvorhaben entstehenden Kapitalkosten sind wohl die Fremd- wie auch die Eigenkapitalkosten zu subsumieren. Fremdkapitalkosten sind die Zinsleistungen für die aufgenommenen Endfinanzierungsmittel. Bauzeitzinsen gehören zu den Baunebenkosten und zählen nicht zu den Kapitalkosten. Diese Zinsen sind, weil es sich um pagatorische Kosten handelt, Bestandteil der Liquiditätsrechnung der Investition. Bei der Kalkulation der Wirtschaftlichkeit des Bauvorhabens sind darüber hinaus die kalkulatorischen Kapitalkosten, nämlich die Eigenkapitalverzinsung zu berücksichtigen. Sie können an den Einbußen gemessen werden, die dadurch entstehen, dass das investierte Kapital nicht anderweitig Ertrag bringend eingesetzt wurde („Opportunitätskosten"). Eine andere Möglichkeit des Ansatzes für den Eigenkapitalzins ergibt sich durch Investitionsrechnungen, bei denen ein Eigenkapitalzinssatz als vorgegebene Mindestgröße fungiert. Nach der Wirtschaftlichkeitsberechnung des früheren nach dem II WoBauG mit öffentlichen Mitteln geförderten Wohnungsbau war ein Eigenkapitalzins von vier Prozent für den Teil der Gesamtkosten des Bauvorhabens anzusetzen, der 15 Prozent nicht überstieg. Für das darüber hinaus erforderliche Eigenkapital durfte ein Zinssatz von 6,5 Prozent angesetzt werden. Bei der Finanzierungsabwägung spielt auch der so genannte „Leverage-Effekt" eine Rolle. Ergibt sich aus den kalkulierten Reinerträgen eine Eigenkapitalverzinsung, die über dem Zinssatz für Fremddarlehen liegt, führt ein zunehmender Fremdfinanzierungsanteil zu einer zunehmend höheren Verzinsung des (geringer werdenden) Eigenkapitalanteils.

Kapitalmarkt

capital / money market; wholesale money market; forward market for loans

Im Gegensatz zum Geldmarkt (Markt mit täglich oder kurzfristig zur Verfügung stehenden Finanzierungsmitteln, Bargeld und Sichteinlagen bei Kreditinstituten) handelt es sich beim Kapitelmarkt um einen Markt mittel- und langfristiger Finanzierungsinstrumente. Der Kapitalmarkt soll dafür sorgen, dass Unternehmen und staatliche Institutionen mit Finanzierungsmitteln für Investitionen ausgestattet werden können. Unterschieden wird zwischen organisiertem und nichtorganisiertem Kapitalmarkt. Der organisierte Kapitalmarkt findet in Wertpapierbörsen statt. Dessen Aufgabe ist es, für einen Marktausgleich zwischen Angebot von und Nachfrage nach Wertpapieren zu sorgen. Der Ausgleich erfolgt durch eine Kursbestimmung, durch den der Kapitalumsatz maximiert wird. Die Umsätze auf einer Wertpapierbörse beziehen sich auf Beteiligungspapiere (Aktien und den Emissionshandel von Aktien) und langfristige Kredite (Rentenpapiere, Schuldscheindarlehen). Der nicht organisierte (nur gering oder nicht geregelte) Kapitalmarkt findet außerhalb der Wertpapierbörsen statt.

Hierzu zählt auch der so genannten „graue Kapitalmarkt", der sich durch eine besondere Intransparenz der angebotenen Kapitalgüter auszeichnet und deshalb sehr risikoträchtig ist. REITs und offene Immobilienfonds werden dem Kapitalmarkt, geschlossene Immobilienfonds dem Immobilienmarkt zugeordnet.

Kappungsgrenze

capping limit

In verschiedenen Bereichen sind so genannte Kappungsgrenzen vorgeschrieben. Mit ihrer Hilfe soll die Veränderung wiederkehrender Zahlungen in der Regel nach oben, teilweise auch nach unten, begrenzt werden.

Kappungsgrenzen gelten z. B. bei der Budgetierung von Haushalten für öffentliche Einrichtungen (Universitäten, Krankenhäuser usw.). Im Bereich der Immobilienwirtschaft spielen sie in zwei Bereichen eine Rolle.

Mietrecht

Im Mietrecht bezeichnet die Kappungsgrenze bei nicht preisgebundenen Wohnungen das obere Limit, bis zu dem der Vermieter seine bisherige Miete an die ortsübliche Vergleichsmiete heranführen darf. Die Kappungsgrenze liegt seit 01.09.2001 bei 20 Prozent. Das bedeutet, dass jeweils in einem Zeitraum von drei Jahren die Miete höchstens um 20 Prozent erhöht werden darf, selbst wenn dadurch der Wert der ortsüblichen Vergleichsmiete noch lange nicht erreicht werden würde. Vor der Mietrechtsreform lag die Kappungsgrenze noch bei 30 Prozent. Die Kappungsgrenze ist auch bei einer freien Mieterhöhungsvereinbarung zu beachten (z. B. bei Gewerbemietverträgen).

Bauplanungsrecht

Bei einer bestimmten festgesetzten Grundflächenzahl (GRZ) darf die zulässige Grundfläche bis zu 50 Prozent mit der Errichtung von Nebenanlagen, Garagen, Zufahrten und dergleichen überschritten werden. Diese Überschreitungsmöglichkeit kann jedoch bei einer entsprechend hohen Ausgangs-GRZ durch eine Obergrenze der GRZ von 0,8 „gekappt" werden. Beispiel GRZ 0,6 plus 50 Prozent hieraus = 0,3 wäre 0,9. Über 0,8 hinaus darf aber der Boden nicht mit baulichen Anlagen versiegelt werden. Im Bebauungsplan kann eine abweichende GRZ festgelegt werden. Im Einzelfall können weitere Ausnahmen gemacht werden, wenn die Überschreitung nur geringfügige Auswirkungen auf die natürlichen Funktionen des Bodens hat oder die Einhaltung der Grenzen zu einer wesentlichen Erschwerung der zweckentsprechenden Grundstücksnutzung führen würde (§ 19 BauNVO).

Siehe / Siehe auch: Baunutzungsverordnung (BauNVO), Vergleichsmiete, ortsübliche (Wohnungsmiete), Grundflächenzahl (GRZ) - zulässige Grundfläche (GR), Mieterhöhung

Kataster

land register; cadastre

Siehe / Siehe auch: Liegenschaftskataster

Katasterbücher

lot book; cadastral survey

Teil des Katasters. Es setzt sich zusammen aus

- dem Flurbuch (Verzeichnis der Flurstücke in der Reihenfolge der Nummerierung)
- dem Liegenschaftsbuch (Verzeichnis der Grundstücke eines Gemeindebezirks)
- dem Eigentümerverzeichnis und
- dem alphabetischen Namensverzeichnis, das zum Auffinden der Grundstücke eines Eigentümers dient.

Das automatische Liegenschaftsbuch (ALB) oder das (AGLB) wird elektronisch geführt.

Siehe / Siehe auch: Grundstücks- und Bodeninformationssystem

Katasterkarten (Flurkarten)

index map; cadastral map or plan (land register map)

Katasterkarten enthalten die zeichnerischen Darstellungen der Flure und Flurstücke mit Grenzverläufen und Grenzsteinen in einer Gemarkung. Die Katasterkarten werden heute überwiegende elektronisch geführt (ALK = Automatisierte Liegenschaftskarte, bzw. DFK = digitalisierte Flurkarte). Der Vorteil: Sie sind maßstabsunabhängig und blattschnittfrei. Katasterkarten stellen die Ausgangsbasis für verschiedene Verwendungszwecke dar. (Lageplane, Leitungspläne, Bebauungspläne, Flächennutzungspläne, Erfassung von Altlasten und Altlastenverdachtsflächen usw.)

Katzen in der Mietwohnung

cats in a rented flat

Die Haltung von Katzen in einer Mietwohnung stellt einen Grenzfall dar. Mietvertragsklauseln, die pauschal die Haltung aller Haustiere verbieten, sind unwirksam. Grund: Der Mieter darf immer Kleintiere halten, z.B. Fische, Vögel, Meerschweinchen. Untersagt werden kann jedoch die Haltung größerer und / oder gefährlicher Tiere. Katzen werden von einigen Gerichten nicht mehr zu den Kleintieren gerechnet, von anderen schon. Zwar wird ein ausdrückliches mietvertragliches Verbot der Haltung von Katzen im Mietvertrag meist für wirksam gehalten (Landgericht Braunschweig, Az. 6 S 458/99, Landgericht Hamburg, Az. 307 S 155/04), ohne ausdrückliche Regelung im Vertrag wird die Haltung einer Katze aber oft für nicht genehmigungsbedürftig erachtet. Das Amtsgericht Hamburg (Az. 47 C 520/95) wies in diesem Zusammenhang darauf hin, dass dies auch dann gilt, wenn der Vermieter sich im Mietvertrag die Entscheidung über die Haustierhaltung vorbehält. Der Vermieter sei in seiner Entscheidung nicht völlig frei: Bei Tieren, von denen in der Regel keine Störung der Nachbarn oder Beeinträchtigungen der Mietsache ausgingen, müsse er seine Ablehnung auf einen triftigen Grund stützen. Andere Gerichte meinen, dass die Haltung einer Katze immer zulässig sei, solange es nicht zu Beeinträchtigungen der Nachbarn komme (Landgericht Mönchengladbach, Az. 2 S 191/88; Amtsgericht Schöneberg, Az. 6 C 550/89). Das Amtsgericht Bonn (Az. 8 C 731/93; WM 94, 823) hat Katzen nicht mehr als Kleintiere angesehen, einem Mieter aber trotzdem die Haltung einer Katze

gestattet, da dies aus gesundheitlich-psychischen Gründen notwendig gewesen sei. Untersagt werden kann jedoch die Haltung einer größeren Anzahl von Katzen oder einer Katzenfamilie (Landgericht Nürnberg-Fürth, Az. 8 O 3577/97; Landgericht Hamburg, Az. 316 S 195/96) insbesondere bei Belästigung anderer Hausbewohner.
Siehe / Siehe auch: Haustiere

Kaufmännisches Bestätigungsschreiben

commercial letter of confirmation; confirmation of order with contractual effect

Durch ein Kaufmännisches Bestätigungsschreiben kann zweierlei erreicht werden: Ist eine Vereinbarung bereits geschlossen, dient das Schreiben späteren Beweiszwecken. Oder: Durch das Kaufmännische Bestätigungsschreiben soll ein Maklervertrag stillschweigend herbeigeführt werden. Es stellt im deutschen Recht die einzige Möglichkeit dar, das Schweigen des Empfängers einer Erklärung als Willenserklärung zu sehen. Schweigen ist i.d.R. keine Willenserklärung, weder Zustimmung noch Ablehnung (vgl.BGH NJW 2002,3629). Hiervon haben sich Ausnahmen im Handelsverkehr entwickelt. Aus Gründen der Praktikabilität hat sich zunächst unter Vollkaufleuten der Grundsatz herausgebildet, dass der Empfänger eines kaufmännischen Bestätigungsschreibens unverzüglich widersprechen muss, wenn er den Inhalt des Schreibens nicht gegen sich gelten lassen will. Diese Möglichkeit ist heute nicht nur Vollkaufleuten eröffnet. Absender eines Bestätigungsschreibens kann jeder sein, der ähnlich wie ein Kaufmann am Rechtsverkehr teilnimmt, (vgl. BGH WM 1973, 1376), z.B. der Makler. Möglicher Empfänger ist jeder, der wie ein Kaufmann in größerem Umfang selbständig am Rechtsverkehr teilnimmt (vgl. BGH 1964, 1223), z. B. der Architekt. Widerspricht der Architekt nicht dem telefonischen Nachweis eines Maklers, in dem dieser auch auf seine Provisionsforderung hinweist, so muss er bei Kauf des nachgewiesenen Objekts Provision zahlen (vgl. OLG Düsseldorf NJW-RR 1995, 501). Dagegen braucht der Makler dem Käufer eines Einfamilienhauses oder einer Eigentumswohnung ein Bestätigungsschreiben nicht zu schicken. Dessen Schweigen hätte nicht die erhoffte Wirkung.

Inhalt des Bestätigungsschreibens:

Das Schreiben muss das Verhandlungsergebnis richtig wiedergeben. Weicht es zu sehr ab, kann der Absender nicht mit der Zustimmung des Empfängers rechnen. Dessen Schweigen gilt dann nicht als Zustimmung. Der Absender muss im Rechtsstreit beweisen, dass die Verhandlungen so geführt wurden, wie in dem Bestätigungsschreiben wiedergegeben. Dem Empfänger obliegt der Beweis, dass der Inhalt des Bestätigungsschreibens von dem der zuvor geführten Verhandlungen abweicht. Der Absender muss dafür sorgen, dass das Schreiben in zeitlich engem Zusammenhang mit den Vertragsverhandlungen versandt wird (vgl. BGH NJW 1964,1223). Fünf Tage sind noch für unbedenklich erklärt worden, jedoch ist diese Frist nicht allgemein verbindlich. Will der Empfänger widersprechen, muss er dies unverzüglich tun, i.d.R. innerhalb von 24 Stunden. Tipp: Der Absender muss es vermeiden, den Empfänger um eine Bestätigung zu bitten. Damit würde er dem Bestätigungsschreiben seine spezifische Wirkung nehmen. Er würde es zu einem Angebotsschreiben machen. Das Schweigen des Empfängers wäre gerade keine Annahme des Vertragsangebotes.
Siehe / Siehe auch: Formulare, Maklervertrag

Kaufmann / Kauffrau in der Grundstücks- und Wohnungswirtschaft (IHK)

businessman / trader in estate and housing management (CIC)

Siehe / Siehe auch: Aus- und Weiterbildung, Immobilienfachwirt, Fachkaufmann für die Verwaltung von Wohnungseigentum, Studiengänge (Immobilienwirtschaft), Immobilienkaufmann / Immobilienkauffrau

Kaufnebenkosten

additional / incidental expenses of purchase agreement

Siehe / Siehe auch: Grunderwerbsnebenkosten

Kaufvertrag

sales contract; purchase contract; purchase agreement; deed; contract of sale; deed of sale

Siehe / Siehe auch: Grundstückskaufvertrag

Kausalität

causality; causation

Siehe / Siehe auch: Ursächlichkeit (Maklertätigkeit)

Kaution

surety; deposit; caution money; bailment; security; security deposit; guarantee (deposit)

Siehe / Siehe auch: Mietkaution

Kaution per Wertpapier
using interest-bearing securities as a deposit

Ist in einem Mietvertrag die Form der fälligen Kaution nicht eindeutig geregelt – unter Umständen nur die Höhe – so kann der Mieter diese auch per Hinterlegung von Wertpapieren leisten. Das Landgericht Berlin (Az. 64 S 454/96) bejahte diese Möglichkeit, machte aber die Einschränkung, dass es sich hierbei um mündelsichere Wertpapiere (z. B. Pfandbriefe) handeln müsse.

Kehr- und Überprüfungsverordnung
German ordinance regulating the examination and sweeping of chimneys

Die auf Landesebene erlassenen Kehr- und Überprüfungsverordnungen (KÜVO) regeln, welche Anlagen vom Bezirksschornsteinfeger regelmäßig zu überprüfen sind und in welchen Intervallen dies zu erfolgen hat. Meist ist eine Überprüfung einmal jährlich vorgesehen; es gibt jedoch auch Anlagen, die zwei Mal im Jahr zu überprüfen sind. In gewissen Fällen ist auch eine mit der Prüfung einhergehende Reinigung z. B. des Schornsteines oder Abgasrohres vorgesehen. Teilweise wird dies von der Erforderlichkeit der Reinigung abhängig gemacht (z. B. Kehr- und Überprüfungsverordnung Mecklenburg-Vorpommern vom 14.12.1999). Im Rahmen der Abgaswegüberprüfung ist in der Regel eine Kohlenmonoxidmessung vorgeschrieben.

Siehe / Siehe auch: Bezirksschornsteinfegermeister, Schornsteinfegergesetz

Kehrmonopol
certified district chimney sweeper's monopoly for his district

Der Begriff „Kehrmonopol" bezeichnet die in Deutschland für Schornsteinfeger traditionell geltenden Sonderrechte. Diese sind rechtlich im Schornsteinfegergesetz und in den landesrechtlichen Kehr- und Überprüfungsverordnungen verankert. Nach geltendem Recht sind die von landesrechtlichen Verordnungen oder der Verordnung über kleine und mittlere Feuerungsanlagen vorgeschriebenen Schornsteinfegerarbeiten nur vom zuständigen Bezirksschornsteinfegermeister durchzuführen. Für dessen Bestellung gelten allerdings ab 01.01.2010 auf Druck der EU hin neue Regeln (Bestellung für sieben Jahre, EU-weite Ausschreibung). Nach dem 31.12.2012 wird das bisherige Schornsteinfegergesetz durch das Schornsteinfeger-Handwerksgesetz (Gesetz über das Berufsrecht und die Versorgung im Schornsteinfegerhandwerk vom 26.11.2008, SchfHwG) abgelöst.

Der bevollmächtigte Bezirksschornsteinfeger ist dann weiter ausschließlich für Bauabnahme, Feuerstättenschau, Datenverwaltung und umweltschutzrechtliche Messung nach der 1. Bundesimmissionsschutzverordnung (auch: Verordnung über kleine und mittlere Feuerungsanlagen) zuständig. Die Feuerstättenschau wird von ihm alle drei Jahre durchgeführt. Andere Schornsteinfegerarbeiten können ab 2013 alternativ durch einen nach SchfHwG registrierten Fachbetrieb des Schornsteinfegerhandwerks durchgeführt werden.

Siehe / Siehe auch: Bezirksschornsteinfegermeister, Kehr- und Überprüfungsverordnung, Schornsteinfegergesetz, Bezirksbevollmächtigter

Kehrwoche
tenant's turn to sweep communal facilities in his block of flats

Bei der Kehrwoche soll es sich Gerüchten zufolge um eine Erfindung aus Schwaben handeln. Der Begriff bezeichnet die Pflicht des Mieters, bestimmte Bereiche von Treppenhaus bzw. Flur des Gebäudes zu säubern. Dies wird in manchen Mietverträgen geregelt. Die Reinigungspflichten werden meist zwischen mehreren sich abwechselnden Mietern aufgeteilt. Auch das Schneeräumen oder Kehren auf dem Gehweg vorm Haus bzw. der Zufahrt können vertraglich dem Mieter auferlegt werden.

In Mehrfamilienhäusern regelt die Hausordnung oft genauer, wie und wann die entsprechenden Tätigkeiten durchzuführen sind. Wenn die Kehrwoche immer wieder und auch nach Aufforderung und Fristsetzung ignoriert wird, kann ein wichtiger Grund zur fristlosen Kündigung vorliegen. In vielen Hausordnungen wird zwischen kleiner und großer Kehrwoche unterschieden. Mit der kleinen Kehrwoche wechseln sich bei größeren Häusern wöchentlich die Mieter einer Etage ab. Geputzt werden meist der Treppenabsatz vor der Wohnungseingangstür, die Treppe abwärts bis zum Absatz des darunter liegenden Stockwerks sowie das Treppengeländer und das Treppenhausfenster mit Fenstersims.

Erdgeschossmieter müssen die Fläche vor ihrer Wohnungstür bis zur Haustür, die Haustür selbst, das Podest davor und z.T. die Briefkästen auf Hochglanz bringen. Die große Kehrwoche betrifft die einzelnen Mietparteien seltener, da sie alle Parteien des Hauses einbezieht. Gereinigt werden dabei Kellertreppe, Kellergänge, Kellerfenster, Treppengeländer sowie Gemeinschaftsräume (z.B. Waschküche und Trockenraum). In den entsprechenden Gegenden Deutschlands finden sich bereits

spezialisierte Reinigungsdienste, die Mietern die kleine und große Kehrwoche abnehmen.
Siehe / Siehe auch: Beendigung eines Mietverhältnisses, Hausordnung

Kennzahlen

index; code; figure; key indicator

Unter Kennzahl versteht man im Controlling in Zahlen verdichtete Informationsgrößen. Sie sind das Ergebnis einer Reihe von miteinander kombinierten Informationen und eine Entscheidungsgrundlage für die Bestimmung von Unternehmenszielen, für die Steuerung von Leistungsprozessen und deren Kontrolle. Grundsätzlich wird zwischen absoluten und relativen Kennzahlen unterschieden. Absolute Kennzahlen sind etwa Umsatzzahlen, deren Entwicklung betrachtet wird. Relative Kennzahlen setzen mindestens zwei Größen miteinander in Beziehung, z. B. die Erfolgsquote im Maklergeschäft. Durch Aufbau von Kennzahlen-Systemen können komplexe Zusammenhänge leichter erfasst werden. So kann beispielsweise ermittelt werden, ob der Umsatzrückgang auf Ursachen am Markt oder im Unternehmen selbst zurückzuführen ist. Auch Werbeaktivitäten (Ermittlung von Reaktionsgruppen auf Anzeigenwerbung) lassen sich in Kennzahlen fassen. Kennzahlen spielen darüber hinaus eine große Rolle im Benchmarking. Benchmarks werden in der Regel in Kennzahlen ausgedrückt. So handelt es sich z. B. bei der „Geislinger Konvention“ um ein Benchmark-Projekt, bei dem die einzelnen Betriebskosten der Wohngebäude der daran beteiligten Unternehmen miteinander verglichen werden. Dies deckt betriebliche Schwachstellen auf, so dass gezielt für Abhilfe gesorgt werden kann. Ein weiterer wichtiger Bereich, in denen Kennzahlen ermittelt werden, ist die Bewirtschaftung von Immobilien. Durch Kennzahlen, vor allem im Bereich der Betriebskosten, lassen sich ihre Schwachstellen ausmachen. Die Ermittlung von Branchenkennzahlen in der Immobilienwirtschaft steckt noch in den Anfängen. Eine der Ausnahmen bildet in diesem Zusammenhang der RDM-Betriebsvergleich, der seit 2005 als „IVD-Betriebsvergleich“ fortgesetzt wird. Es gibt verschiedene Arten von Kennzahlen-Systemen. So unterscheidet man zwischen absoluten Kennzahlen, z. B. Zahl der Beanstandungen bei der Abnahme eines Bauwerkes und relativen Kennzahlen, z. B. Anteil der Beanstandungen, die sich auf den Ausbau im sanitären Bereich beziehen – gemessen an allen vorgetragenen Beanstandungen. Beiden Kennzahlen-Systemen ist gemeinsam, dass sie quantifizierte Größen darstellen. Sie sagen nichts über Qualitäten aus. Um eine Vorstellung darüber zu vermitteln, welche Qualitäten bevorzugt oder weniger bevorzugt werden, kann man sich einer Rubrizierung von Qualitäten im Rahmen eines Ordinalzahlen-Systems bedienen. Die verschiedenen Qualitäten nehmen dabei unterschiedliche Rangstellen ein. Z. B. liegt die größte Bedeutung eines Einfamilienhauses in seiner Funktion des geschützten Wohnens – man kann nicht gekündigt werden. An zweiter Rangstelle steht die Wertbeständigkeit usw.
Siehe / Siehe auch: Betriebsvergleich, Reaktionsgruppen / Controlling der Werbeaktivitäten, Geislinger Konvention

Kerndämmung

core insulation

Die Kerndämmung ist eine innerhalb eines zweischaligen Mauerwerks eingebrachte Dämmschicht. Diese befindet sich zwischen der tragenden Wand und der so genannten Vorsatzschale aus Klinkerbausteinen als Wetterschutz. In älteren Gebäuden wurde das Mauerwerk oft zweischalig ohne Wärmedämmung ausgeführt. Zwischen Innen- und Außenwand wurden mehrere Zentimeter freigelassen. Dieser Zwischenraum kann zur Dämmung durch in die Außenmauer gebohrte Löcher nachträglich mit Dämmstoff aufgefüllt werden.
Siehe / Siehe auch: Zweischaliges Mauerwerk

Kerngebiet (nach BauNVO)

core of a city / of a district; central business district; central activities zone; core area; core district; core zone (in accordance with the German ordinance on land usage

Beim Kerngebiet handelt es sich um die Bezeichnung für eine bestimmte Baugebietsart, die durch einen Bebauungsplan festgesetzt bzw. in einem Flächennutzungsplan dargestellt werden kann. Das Kerngebiet dient vorwiegend der Unterbringung von Handelsbetrieben, der zentralen Einrichtungen der Wirtschaft, der Verwaltung und der Kultur. Kerngebiete entsprechen weitgehend der Vorstellung, die man von einer „City“ hat. Zulässig ist aufgrund der genannten Zwecksetzung die Errichtung von Geschäfts-, Büro und Verwaltungsgebäuden, Einzelhandelsbetriebe, Gastwirtschaften, Hotels und Vergnügungsstätten. Weiterhin sind zulässig nicht wesentlich störende Gewerbebetriebe, Anlagen für kirchliche, kulturelle, soziale, gesundheitliche und sportliche Zwecke, mit anderen Worten Kirchen, Theater, Kliniken. Tankstellen sind zulässig in Verbindung mit Parkhäusern und Großgaragen.

Die Gemeinde kann aber auch eine Wohnnutzung in einem Kerngebiet festsetzen. Wohnungen für Aufsichts- und Bereitschaftspersonen Betriebsinhaber und Betriebsleiter sind ohnehin zulässig. Kerngebiete zeichnen sich durch eine verdichtete Bebauung aus. Sie findet in einer bis zu 100 Prozent gehenden überbaubaren Fläche, in hohen Geschossflächenzahlen und entsprechenden Gebäudehöhen ihren Ausdruck. Im Interesse einer lebendigen Stadt kann die Gemeinde für Teile des Kerngebietes festsetzen, dass oberhalb eines bestimmten Geschosses nur Wohnungen zulässig sind.
Besonders in Kerngebieten taucht oft das Problem auf, dass für die erwähnten Wohnungen nicht die hierzu erforderlichen PKW-Stellplätze bereitgestellt werden können. Viele Gemeinden fordern dann zum Ausgleich dieses Mankos eine Stellplatzabgabe, die zur Verbesserung der Verkehrsinfrastruktur verwendet wird.
Siehe / Siehe auch: Bürogebäude, City, Stellplätze

Kernprodukt
core product

Letztlich können in Anlehnung an Jung (Jung, H. 1999, Allgemeine Betriebswirtschaftslehre) drei Bestandteile einer Immobilie differenziert werden: das Kernprodukt, das formale Produkt und das erweiterte Produkt:

- Kernvorteil eines Produktes ist die damit verbundene zentrale Problemlösungsfunktion. Im Falle einer Immobilie ist es das sprichwörtliche Dach über dem Kopf, die Möglichkeit hierin einer Bürotätigkeit nachzugehen, Güter zu produzieren, zu lagern oder Waren zu verkaufen.
- Das formale Produkt geht hier deutlich weiter und umfasst ebenfalls physische Komponenten. Im Bereich Immobilienwirtschaft sind dies der Mikro- und Makrostandort, das Image des Objektes, die Qualität und bestimmte Objekteigenschaften (z.B. große Terrasse, Südausrichtung, etc.). Letztendlich umfasst dann „das erweiterte Produkt die Gesamtheit aller Vorteile, die der Käufer mit dem Erwerb des formalen Produktes erhält oder erfährt" (Jung, H).
- Das erweiterte Produkt umfaßt zusätzlich noch Serviceleistungen wie etwa Verwalterdienstleistung, Vermietungsservice des Maklerunternehmens, Kundenbetreuung oder evtl. ein Relocationservice.

Siehe / Siehe auch: Relocation

KfW-Effizienzhaus
energy-efficient house defined by the KfW, the German state-owned bank

KfW-Effizienzhäuser sind Haustypen, die bestimmte Vorgaben in Bezug auf Energieeffizienz und Wärmedämmung einhalten. Die Einhaltung dieser Vorgaben ist Voraussetzung für Förderungen der KfW-Förderbank. Eine hinter dem Begriff KfW-Effizienzhaus genannte Zahl zeigt jeweils, welchen maximalen Energiebedarf das Gebäude gegenüber einem Standard-Neubau haben darf. Der zulässige Jahresprimär-Energiebedarf eines KfW-Effizienzhauses 85 beträgt daher nur 85 Prozent des für das Haus höchstzulässigen Energiebedarfs nach der Energieeinsparverordnung 2009. Seit Inkrafttreten der Energieeinsparverordnung 2009 am 01.10.2009 wird das sogenannte Referenzgebäudeverfahren verwendet. Der höchstzulässige Energiebedarf orientiert sich nun nicht mehr an fest definierten Werten, sondern am Energiebedarf eines vergleichbaren Referenzgebäudes. Ab 01.10.2009 wurden die KfW-Effizienzhäuser neu definiert, um sie an die verschärften Anforderungen der Energieeinsparverordnung 2009 anzupassen.
Siehe / Siehe auch: Energieeinsparverordnung (EnEV), KfW

Khaprakäfer
Khapra beetle

Der Khaprakäfer ist ein aus Indien stammender Getreideschädling, der zuweilen auch Wohnungen befällt. Der Khaprakäfer ist 2-3 mm lang, oval, überwiegend schwarz gefärbt und hat auf dem Rücken hellgraue Querbinden. Seine Larven sind gelbbraun. Khaprakäfer selbst können bis zu 12 Monate ohne Nahrung auskommen. Sie legen ihre Eier (bis zu 60 pro Käfer) an geeigneten Nahrungsmitteln ab, die dann von den Larven gefressen werden. Im Haushalt können alle Getreideprodukte, z. B. Nudeln, Brot, Mehl, aber auch Malz, Trockenmilch, Nüsse und manche Gewürze von den Käfern befallen werden. Der Befall einer Wohnung mit Khaprakäfern kann den Mieter zur Mietminderung berechtigen. Das Amtsgericht Aachen (80 C 569/97) gestand einer Mieterin sogar eine Mietminderung von 100 Prozent zu, da ihre Wohnung von Vertragsbeginn an durch extremen Käferbefall unbewohnbar war.
Zusätzlich wurde ihr auch Schadenersatz zugesprochen: Der Vermieter hatte auf das bekannte Problem nicht hingewiesen und die Wohnung vor der Vermietung mit einem sowohl gesundheitsschädlichen als auch nutzlosen Holzwurm-Mittel behandelt. Geeignete Maßnahmen gegen den Käfer sind

zunächst einmal die Entsorgung aller befallen Lebensmittel, die gründliche Säuberung und anschließende Trocknung aller Schränke und das Säubern von Ritzen mit der Fugendüse des Staubsaugers. Neue Vorräte müssen in geschlossenen Behältern untergebracht werden. Die Säuberungsaktion sollte nach 14 Tagen wiederholt werden. Bei starkem Befall muss mit für Wohnräume geeigneten Insektiziden aus dem Fachhandel gearbeitet werden, die jedoch nicht in Vorratsschränken oder in der Nähe von Lebensmitteln angewendet werden dürfen.
Siehe / Siehe auch: Ungeziefer

Kibbuz
kibbutz

Beim Kibbuz handelt es sich um eine ursprünglich ländliche israelische Siedlungsform, die sich dadurch auszeichnet, dass die Siedlung selbst und alle Produktionsmittel gemeinschaftliches Eigentum sind. Die Siedlung ist zuständig für die Befriedigung der wirtschaftlichen sozialen und kulturellen Bedürfnisse ihrer Mitglieder. Das Leben im Kibbuz richtet sich nach bestimmten Prinzipien. Hierzu gehören: gemeinschaftliche Produktion und Konsumtion. Es gilt das Prinzip der „Selbstarbeit". Ein Kibbuz ist ein geschlossener Arbeitsmarkt, die Arbeitskräfte stehen der Gemeinschaft zur Verfügung, jeder leistet nach seinen Fähigkeiten und erhält nach seinen Bedürfnissen einen Lohn (Absage an den leistungsbezogenen Lohn). Der Kibbuz ist ein sich selbst verwaltetes Kollektiv und ist nach demokratischen Ordnungsprinzipien verfasst. Die ca. 270 Kibbuzim mit ca. 130.000 Einwohnern stellen für Israel mittlerweile einen nicht unbedeutenden Wirtschaftfaktor in den Bereichen Landwirtschaft, Industrie und Handwerk dar. Der erste Kibbuz entstand 1909. Gegenüber dem Kibbuz unterliegen die Mitglieder eines Moschaw weniger Regeln. Es handelt sich um Genossenschaftssiedlungen auf staatlichem Grund, die ihre in Eigenarbeit produzierten Güter gemeinschaftliche vermarkten. Auch der Einkauf erfolgt auf genossenschaftlicher Basis.

Kinder in der Mietwohnung
children in a rented flat

Kinder dürfen in einer Mietwohnung spielen, solange...

- dies nicht zu einer Störung anderer Hausbewohner führt
- die in der Hausordnung festgelegten Ruhezeiten beachtet werden.

Normale Kindergeräusche – etwa Schreien und Weinen eines Kleinkinds oder Geräusche spielender Kinder – sind vom Nachbarn hinzunehmen. Nur wenn die Lärmbelästigung „mutwillige" Form annimmt (z. B. tägliches lang anhaltendes Trampolinspringen auf dem Bett oder dauerndes Hämmern auf den Fußboden) können andere Mieter Unterlassung fordern. Diese Grundsätze gelten auch für das Verhalten von Kindern außerhalb der Wohnung in der Wohnanlage bzw. bei der Nutzung der Gemeinschaftseinrichtungen. Hier ist auf den Nutzungszweck der jeweiligen Räume abzustellen. Treppenhäuser und Kellerräume dürfen nicht zum Fahrradfahren und Rollschuhlaufen zweckentfremdet werden. Immer wieder für Streit sorgt die Nutzung von Außenanlagen. Handelt es sich nur um kleine Ziergärten, kann die Nutzung zum Spielen untersagt werden. Auf größeren gemeinschaftlichen Grundstücksflächen dürfen Kinder sich jedoch austoben – auch mit ihren Freunden. Mieter dürfen hier auch Schaukeln und Sandkästen aufbauen (vgl. z. B. Amtsgericht Kerpen, ZMR 2002, 924).Voraussetzung: Es findet im Rahmen der mietvertragsgemäßen Nutzung statt. Verbietet der Mietvertrag ausdrücklich die Nutzung größerer Grünflächen für Kinderspiele, haben sich die Mieter daran zu halten. Beschließt der Vermieter, einen Sandkasten aufstellen zu lassen, können Mieter nicht dessen Beseitigung fordern. Auf einem Kinderspielplatz ist Lärm erlaubt. Nachbarn müssen dies hinnehmen (vgl. BGH, WM 93, 277). Wird ein Innenhof oder eine Rasenfläche in einer Wohnanlage gewohnheitsmäßig und mietvertragsgemäß zum Spielen benutzt, können andere Mieter nicht wegen des dabei erzeugten Lärms die Miete mindern.

Für Neubauten von Wohnanlagen sehen verschiedene Landesbauordnungen eine Pflicht des Bauherrn vor, für ausreichende Spielmöglichkeiten bzw. Spielplätze für Kinder zu sorgen. Nach einem Urteil des Bundesgerichtshofes (Az.: VIII ZR 244/02) darf ein Vermieter einen Nachmieter nicht allein deshalb ablehnen, weil dieser ein Kind hat und sich eine Mieterin früher einmal über Kinderlärm beschwert hatte. Das Landgericht Wuppertal entschied am 29.7.2008, dass die Kündigung des Mietvertrages einer Familie mit drei kleinen Kindern unwirksam ist. Kündigungsgrund war gewesen, dass die Kinder trotz eines Verbotsschildes mehrfach im Garagenhof gespielt hatten. Dies stellte nach Ansicht des Vermieters eine Verletzung mietvertraglicher Pflichten dar. Das Landgericht erläuterte, dass eine Kündigung erst in Betracht komme, wenn die Nachbarn durch den Kinderlärm derart gestört würden, dass sie die Miete mindern könnten.

Dies sei hier nicht der Fall gewesen: In der Wohnanlage gebe es viele andere Kinder, direkt neben dem Garagenhof liege ein Spielplatz. Auf Luftaufnahmen stellte das Gericht fest, dass der Spielplatz besonders beengte Platzverhältnisse aufwies. Von den im Garagenhof spielenden Kindern sei keine Belästigung ausgegangen, die über die Auswirkungen des Spielplatzes hinaus gehe (Az. 16 S 25/08).
Siehe / Siehe auch: Kinderwagen, Kinderspielplatz, Geburt eines Kindes / Mietwohnung

Kinderspielplatz

children's playground

Spielplätze für Kinder (bis zu 14 Jahren) sind in reinen und allgemeinen Wohngebieten nicht nur zulässig, sondern teilweise auch geboten. Sie müssen Kindern eine gefahrlose Spielmöglichkeit bieten. Gegen den von Kinderspielplätzen ausgehenden Lärm kann grundsätzlich rechtlich nicht vorgegangen werden. Er ist der Nachbarschaft zuzumuten. Dies gilt selbst dann, wenn die vorgegebenen Benutzungszeiten überschritten werden und die Benutzung von ortsfremden Kindern erfolgt.

Kinderwagen

pram

Kinderwagen dürfen vorübergehend im Hausflur abgestellt werden. Dies entschied das Oberlandesgericht Hamm am 03.07.2001 (Az. 15 W 444/00). Nachts muss der Kinderwagen jedoch in einen Abstellraum gebracht werden.
Im konkreten Fall waren im Hausflur nur noch 45 cm Platz zum Vorbeigehen neben den abgestellten Kinderwagen geblieben. Der Fahrstuhl führte nicht bis in den Keller. Das Gericht entschied, dass es für Eltern von Kleinkindern unzumutbar sei, den Kinderwagen nach jeder Benutzung in den Keller zu tragen oder in die Wohnung zu bringen. Bei tagelanger Nichtbenutzung oder über Nacht müssten die Kinderwagen allerdings in einen geeigneten Abstellraum gestellt werden.
Siehe / Siehe auch: Kinder in der Mietwohnung

Kinderzulage

child benefit; family allowance; allowance for children

Diese gehörte, neben der allgemein bekannten Eigenheimzulage, zur staatlichen Förderung selbstgenutzten Wohneigentums. Sie wurde mit Stichtag 1. Januar 2006 ersatzlos gestrichen. Dies bedeutet: Wer nach Silvester 2005 einen Bauantrag gestellt oder einen notariellen Kaufvertrag unterschrieben hat, der bekommt kein Geld mehr vom Staat für die eigenen vier Wände. Die Einbuße kann bei einer vierköpfigen Familie alles in allem bis 22.800 Euro betragen. Wichtig: Für alle sogenannten Altfälle gilt Vertrauensschutz. Dies bedeutet: Wurde der Bauantrag vor dem 1.1.2006 gestellt oder wurde der notarielle Kaufvertrag vor diesem Stichtag unterschrieben, besteht Anspruch auf Förderung, sofern die gesetzlichen Vorgaben (vor allem Einhaltung der Einkommensgrenzen) erfüllt waren. Diese Förderung ergibt sich aus acht Jahre lang jährlich bis 1.250 Euro Eigenheimzulage und 800 Euro Kinderzulage je Sprössling.
Siehe / Siehe auch: Eigenheimzulage

Kippfenster, -flügel

tilting window / bottom-hinged window / pivot-hung window; bottom-hinged sash / bottom hung window

Der Kippfensterflügel ist unten am Fensterrahmen angeschlagen. Beim Öffnen eines Kippfensters wird der Fensterflügel von oben horizontal in den Raum gekippt.
Siehe / Siehe auch: Drehfenster, -flügel, Drehkippfenster, -flügel, Fensterflügel

Klage

claim; action; law proceedings; case; legal action; lawsuit

Mit Klage ist in den meisten Fällen die Klageschrift des Klägers gemeint. Diese muss einen konkreten Antrag enthalten, der auf ein Tun oder Unterlassen des Anspruchsgegners gerichtet ist. Die Klageschrift muss weiterhin eine Begründung für den Antrag und eventuell das Angebot notwendiger Beweismittel enthalten.

Klageerwiderung

statement of defence; counterstatement; answer (to a complaint)

Auf eine Klage wird in der Regel mit einer Klageerwiderung reagiert. Dabei geht es darum, alles anzuführen, was den Rechtsstandpunkt des Klägers entkräftet. Beantragt wird, wenn sich der Beklagte im Recht fühlt, die kostenpflichtige Abweisung der Klage. Dazu muss ebenfalls eine mit Beweisangeboten versehene Begründung abgegeben werden. Reagiert der Beklagte nicht fristgerecht, obwohl er sich im Recht fühlt, droht ein Versäumnisurteil. Das Gericht unterliegt der sog. Parteimaxime. Das bedeutet, dass das Gericht nur über die Umstände urteilt, die ihm von beiden Parteien vorgetragen werden. Von sich aus ermittelt das Zivilgericht nicht.

Klarstellungssatzung

German byelaws on clarification requirements

Siehe / Siehe auch: Abgrenzungssatzung (Klarstellungssatzung)

Kleinbetragsregelung (Erhaltungsaufwand)

regulation of small sums (maintenance expenditures)

Die Kleinbetragsregelung gilt für Vermieter, die Renovierungs-und Bauarbeiten an ihrem Objekt durchführen lassen. Liegen die Kosten einer einzelnen Baumaßnahme insgesamt nicht höher als 4.000 Euro (Rechnungsbetrag ohne Umsatzsteuer), handelt es sich um „sofort abziehbaren Erhaltungsaufwand", den der Vermieter im selben Jahr steuermindernd als Werbungskosten bei seinen Einkünften aus Vermietung und Verpachtung gegenrechnen kann. Bis 31.12.2003 lag diese Grenze bei 2.100 Euro. Festgelegt ist diese Kleinbetragsregelung in der Einkommenssteuerrichtlinie 2003 (R 157 Abs.2 Satz 2). Übersteigen die Ausgaben der Renovierungsarbeiten die Grenze für die Kleinbetragsregelung, unterscheidet das Finanzamt nach den gängigen Regeln zwischen Herstellungs- und Erhaltungsaufwand.

Kleinfeuerungsanlagen-Verordnung

German ordinance on small combustion plants

Der Begriff bezeichnet umgangssprachlich die Verordnung über kleine und mittlere Feuerungsanlagen oder 1. Bundesimmissionsschutz-Verordnung (1. BImschV). Auf Grundlage des Bundesimmissionsschutzgesetzes hat der Gesetzgeber mehrere Verordnungen erlassen, die Teilbereiche der Luftreinhaltung reglementieren. Eine dieser Verordnungen ist die 1. Bundesimmissionsschutz-Verordnung (1. BImschV), auch Verordnung über kleine und mittlere Feuerungsanlagen genannt. Sie regelt Errichtung, Beschaffenheit und Betrieb von kleinen und mittleren Feuerungsanlagen einschließlich Heizungsanlagen in Wohngebäuden. Die Verordnung zählt alle zulässigen Brennstoffe auf. Sie legt z. B. fest, dass kein mit Holzschutzmitteln behandeltes Holz verfeuert werden darf. Verfeuert werden dürfen generell nur Brennstoffe, für die die jeweilige Heizungsanlage vom Hersteller zugelassen ist. Offene Kamine dürfen nicht als dauerhafte Heizung, sondern nur gelegentlich benutzt werden. Die Verordnung differenziert zwischen Anlagen mit einer Nennleistung bis 15 Kilowatt und solchen ab 15 Kilowatt. Anlagen bis 15 Kilowatt darf man der 1. BImschV zufolge nur mit Kohle, naturbelassenem Holz sowie Holzbriketts oder -presslingen betreiben. Für Anlagen ab 15 Kilowatt gibt es bei Verwendung von Scheitholz, Kohle oder Pellets einen Feinstaub-Grenzwert von 0,15 Gramm je Kubikmeter Abgas sowie Grenzwerte für Kohlenmonoxid. Die Grenzwerte gelten jedoch nicht für Grundöfen (etwa Kochheizherde oder Kachelöfen ohne Heizeinsatz) und Öfen mit einer Nennleistung unter 22 Kilowatt, die in den neuen Bundesländern vor dem 01.10.1988 eingebaut wurden. Diese dürfen nur mit bestimmten Brennstoffen befeuert werden (unter anderem Kohle, naturbelassenem Stückholz, Holzpresslingen). Die 1. BImschV enthält darüber hinaus Emissionsgrenzwerte für Öl- und Gasheizungen und Vorschriften über Emissionsmessungen. Bestimmte neue und geänderte Feuerungsanlagen sind z. B. innerhalb von vier Wochen nach Inbetriebnahme vom Bezirksschornsteinfeger auf Einhaltung der Vorschriften zu überprüfen. Für viele Heizungsanlagen schreibt die Verordnung jährliche Emissionsmessungen durch den Bezirksschornsteinfeger vor.

Im Jahr 2009 wurde eine Reform der 1. BImschV auf den Weg gebracht, bei der Emissionsgrenzwerte und gegebenenfalls eine Ruß- beziehungsweise Staubfilter-Pflicht für kleine Anlagen wie etwa Kachelöfen und Pellet-Einzelöfen festgelegt wurden. Die Neufassung des 1. BImschV wurde vom Bundesrat am 16.10.2009 verabschiedet. Das Gesetzgebungsverfahren war Anfang Dezember 2009 noch nicht abgeschlossen, da der Bundestag noch über Änderungswünsche des Bundesrats abstimmen musste. Die Reform soll zu einer erheblichen Reduzierung der Feinstaub-Emissionen aus Kleinfeuerungsanlagen führen.

Siehe / Siehe auch: Holzpellets und Umwelt, Filterpflicht für Holzheizungen, Bezirksschornsteinfegermeister

Kleingarten / Schrebergarten

allotment (garden)

Über Kleingärten wird ein Pachtvertrag abgeschlossen. Im Unterschied zum Mietvertrag ist es damit zulässig, Erträge aus dem Pachtobjekt zu ziehen. Der Kleingärtner darf daher Obst und Gemüse anbauen und die Erträge behalten. Spezielle Regelungen für Kleingärten finden sich im Bundeskleingartengesetz (BKleingG). Dieses Gesetz schreibt fest, dass für die Überlassung von Kleingärten die speziellen Vorschriften des Bürgerlichen Gesetzbuches über die Pacht Anwendung finden. Auch bei der Streitfrage, wo bei Dauernutzung die Nutzung

als Kleingarten aufhört und die Nutzung als Wohnung anfängt, sind die Vorschriften des BKleingG entscheidend. Kleingartenanlagen werden meist von Vereinen geführt. Der Nutzer muss daher zunächst in den Verein eintreten, einen Mitgliedsbeitrag entrichten und sich an die Vereinssatzung halten. Diese kann z.B. Vorschriften über die Nutzung von Gartenlauben, Ruhezeiten etc. enthalten.
Siehe / Siehe auch: Dauerkleingarten, Kleingartenpacht, Beendigung, Kleingarten, Pachtbetrag

Kleingarten, Pachtbetrag
allotment (garden), amount of rent

Die Pacht richtet sich nach der Größe des Kleingartens. Sie wird als Festbetrag pro Quadratmeter und Jahr berechnet. Nach dem Bundeskleingartengesetz ist die maximale Höhe der Pacht begrenzt. Sie darf höchstens das Vierfache der ortsüblichen Pacht im Obst- und Gemüseanbau betragen. Was ortsüblich ist, erfährt man beim Kleingartenverband des Ortes oder beim Gutachterausschuss der Gemeinde für die Ermittlung von Grundstückswerten.
Der Verpächter kann die Pacht auch anteilsmäßig auf Gemeinschaftseinrichtungen beziehen und z.B. zusätzliche Anteile für die Nutzungsmöglichkeit (nicht: tatsächliche Nutzung) von Toiletten, Parkplätzen und Wegen verlangen. Auch dies hat sich anteilsmäßig nach der Größe des Kleingartens zu richten. Liegt der Pachtbetrag über der oben erwähnten Grenze, muss der Pächter nur den gesetzlichen Höchstbetrag bezahlen. Zu viel gezahlte Beträge können nachträglich als ungerechtfertigte Bereicherung zurückverlangt werden.
Entspricht die Pacht nicht der örtlichen Höchstpacht, kann der Verpächter sie bis zu dieser Grenze erhöhen. Die Anpassung muss dem Pächter in Textform mitgeteilt werden. Allerdings kann eine Anpassung nur stattfinden, wenn seit Vertragsabschluss oder seit der letzten Anpassung mindestens drei Jahre vergangen sind. Wird die Pacht angepasst, hat der Pächter ein Sonderkündigungsrecht. Dieses muss bis zum 15. Werktag des Zahlungszeitraumes ausgeübt werden, ab dem die Erhöhung gelten soll.
Sinkt die ortsübliche Pacht im gewerbsmäßigen Obst- und Gemüseanbau, sinkt auch die Höchstgrenze der Kleingartenpacht. Zahlt der Pächter den Höchstbetrag, kann er eine entsprechende Korrektur nach unten verlangen.
Siehe / Siehe auch: Dauerkleingarten, Kleingarten / Schrebergarten, Kleingartenpacht, Beendigung

Kleingartenpacht, Beendigung
lease of allotment (garden), termination

Die Kleingartenpacht kann auf folgende Arten enden:

- Vertragsablauf
- Aufhebungsvertrag
- Tod des Pächters
- Kündigung
- öffentliche Enteignung, Flurbereinigung, städtebauliche Umlegung.

Todesfall: Stirbt der Kleingärtner, endet der Kleingartenpachtvertrag nach dem Bundeskleingartengesetz mit dem Ablauf des Kalendermonats, der auf den Tod des Kleingärtners folgt. Haben Eheleute oder Lebenspartner den Vertrag gemeinschaftlich abgeschlossen, wird er beim Tode eines Ehegatten oder Lebenspartners mit dem überlebenden Partner fortgesetzt. Dieser kann jedoch durch eine Erklärung in Textform gegenüber dem Verpächter erklären, den Vertrag nicht fortsetzen zu wollen, was zum Ende des Vertrages entsprechend der genannten Todesfallregelung führt.
Für die Kündigung gilt: Beide Seiten können kündigen. Auch Verträge mit ursprünglich vereinbarter längerer Laufzeit können vorzeitig beendet werden. Gekündigt werden muss schriftlich. Zu unterschieden sind ordentliche und außerordentliche / fristlose Kündigung. Kündigung durch Verpächter:
Voraussetzungen der ordentlichen Kündigung:

- Pflichtverletzung des Pächters (z. B. Garten wird zweckentfremdet, unerlaubte Unterverpachtung, Garten völlig verwahrlost, ständige Pachtrückstände)
- Vorherige schriftliche Abmahnung, die der Pächter nicht beachtet.

Oder:

- Sanierung der Kleingartenanlage, z.B. durch Veränderung der Parzellengröße oder
- Eigenbedarf des Eigentümers oder
- Fläche soll anders genutzt werden

Unzulässig ist die Kündigung wegen Eigenbedarfs oder zur anderen wirtschaftlichen Verwertung bei einer Verpachtung auf bestimmte Zeit.
Frist: Immer nur zum 30.11. jeden Jahres. Für einzelne Kündigungsgründe gelten unterschiedlich lange Fristen. Bsp.:

- Kündigung wegen unzulässiger Nutzung zum Wohnen: Kündigung spätestens am dritten Werktag des August zum 30.11.
- Kündigung wegen Neuordnung der Kleingartenanlage: Spätestens am 3. Werktag des Februar zum 30.11.

Außerordentliche Kündigung:Nur wenn der Kleingärtner besonders schwere Pflichtverletzungen begangen hat und die Fortsetzung des Vertrages für den Verpächter dadurch unzumutbar wird. Liegt vor bei:

- Verzug mit der Zahlung der Pacht für mindestens ein Vierteljahr, wenn innerhalb von zwei Monaten nach schriftlicher Mahnung keine Zahlung erfolgt ist.
- Kleingärtner oder seine Gäste begehen andere schwere Pflichtverletzungen (Lärmbelästigung, Streit, Beleidigungen, schwere Verstöße gegen Satzung oder Gartenordnung etc.) und stören dadurch den Frieden der Anlage.

Frist: Die außerordentliche Kündigung ist fristlos möglich.
Kündigung durch den Kleingärtner: Voraussetzungen und Fristen richten sich nach dem Pachtvertrag. Wenn darin keine Fristen festgelegt werden, gilt § 584 BGB. Danach besteht grundsätzlich eine Kündigungsfrist von einem halben Jahr. Es darf nur zum Ende des Pachtjahres gekündigt werden und spätestens am dritten Werktag des halben Jahres, mit dessen Ablauf der Pachtvertrag beendet sein soll.
Bei ordentlicher Kündigung eines Kleingartenpachtvertrages nach § 9 Abs. 1 Nr. 2 bis 6 Bundeskleingartengesetz kann der Pächter eine angemessene Entschädigung für die von ihm eingebrachten oder gegen Bezahlung übernommenen Anpflanzungen und Anlagen verlangen. Diese müssen jedoch für Kleingartenanlagen üblich sein. Der Verpächter muss diese Entschädigung bei einer Kündigung nach § 9 Abs. 1 Nr. 2 bis 4 bezahlen (Kündigungsgründe Neuordnung der Kleingärten, Eigenbedarf, beabsichtigte andere wirtschaftliche Verwertung). Liegt eine Kündigung nach § 9 Abs. 1 Nr. 5 oder 6 BKleingG vor (im Bebauungsplan festgesetzte andere Nutzung, Zuführung zu anderer Nutzung nach Planfeststellungsverfahren, Zweckbestimmungen des Landbeschaffungsgesetzes) ist derjenige entschädigungspflichtig, der die als Kleingarten genutzte Fläche in Anspruch nimmt. Fällig ist der Entschädigungsanspruch, wenn der Pachtvertrag beendet und der Kleingarten geräumt ist.
Siehe / Siehe auch: Dauerkleingarten, Kleingarten / Schrebergarten, Kleingarten, Pachtbetrag

Kleinreparaturen (Wohnungsmietvertrag)

minor / small repairs (residential tenancy agreement)

In der Regel wird der Mieter im Mietvertrag dazu verpflichtet, geringfügige Schäden auf eigene Kosten zu beheben, die in der Mietwohnung entstehen (Schalter, Steckdosen, Wasserhähne, Ventile, Brauseköpfe, Spülkästen, Fensterriegel, Türgriffe, Schlösser). Die Behebung eines Bagatellschadens darf den Mieter nach einem Urteil des Bundesgerichtshofs (Az. VIII ZR 129/91) nicht mehr als 75 Euro im Einzelfall und 150 bis200 Euro oder acht bis zehn Prozent der Miete pro Jahr kosten. Auch 100 Euro pro Einzelfall wurden teilweise von Gerichten akzeptiert (Amtsgericht Braunschweig, Az. 116 C 196/05 GE, Urteil vom 29.03.2005; Amtsgericht Brandenburg, Az. 31 C 306/07, Urteil vom 06.03.2008). In der Vertragsklausel muss außerdem der Höchstbetrag für Reparaturen genannt werden, bis zu dem der Mieter die Kosten innerhalb eines Jahres zu tragen hat.
Bei den zu reparierenden Gegenständen muss es sich um Einrichtungen handeln, die der Mieter häufig benutzt und auf die er direkten Zugriff hat, die sich insofern also besonders leicht abnutzen. Reparaturen an zerbrochenen Glasscheiben, nicht zugänglichen Bauteilen oder gar Elektroleitungen in der Wand fallen nicht unter die Kleinreparaturen-Klausel. Die 75 Euro sind dabei nicht als „Selbstbeteiligung" zu verstehen. Bei Rechnungsbeträgen über diesem Betrag handelt es sich nicht mehr um eine Kleinreparatur. Der Vermieter muss dann den Gesamtbetrag begleichen (so das Oberlandesgericht Düsseldorf, Az. 24 U 183/01).

Kleinsiedlungsgebiet (BauNVO)

area of small housing (or residential) estates in accordance with the German ordinance on land usage

Kleinsiedlungsgebiete dienen vorwiegend den Ansiedlungen von Wohngebäuden und Siedlerhäusern sowie landwirtschaftlichen Nebenerwerbsbetrieben. Charakteristisch hierfür ist die Ausweisung von relativ großen Baugrundstücksflächen mit einem hohen Nutzgartenanteil bei einer niedrigen zulässigen Grundfläche, die bebaut werden kann. Im Erscheinungsbild eines Kleinsiedlungsgebiets herrschen spitzgiebelige eineinhalbstöckige Einfamilienhäuser vor. Zulässig sind auch Gartenbaubetriebe, Einzelhandelsläden und Gaststätten die der Versorgung des Gebietes dienen, sowie nicht störende Handwerksbetriebe. Diese für ein Kleinsiedlungsgebiet typische Vorprägung kann durch Ausnahmeregelungen ergänzt werden, in dem auch Zweifamilienhäuser, Anlagen für kirchliche, kulturelle, soziale, gesundheitliche Zwecke zugelassen werden können. Denkbar sind auch nicht störende Gewerbebetriebe und Tankstellen. Werden Sportanlagen festgesetzt, ist zu beachten, dass gegebenenfalls dem Immissionsschutz vor Sportlärm nach

der Sportstättenlärmschutzverordnung Rechnung getragen wird. Das Kleinsiedungsgebiet ist vom Typ her einzuordnen zwischen dem Dorfgebiet und dem Allgemeinen Wohngebiet. Die Festsetzung von Kleinsiedlungsgebieten in einem Bebauungsplan ist typisch für ländliche Gemeinden. Heute gibt es wegen der großen Grundstücke und ihrer geringen baulichen Nutzung eine Tendenz zur Nachverdichtung, die oft in entsprechenden Revisionen des Bebauungsplans ihren Niederschlag findet.
Siehe / Siehe auch: Dorfgebiet, Nebenerwerbstelle (landwirtschaftliche), Wohngebiete (nach BauNVO)

Kleinunternehmer

small businessman/ trader

Für die Umsatzsteuer als Kleinunternehmer gilt derjenige, dessen Umsatz im Vorjahr unter 17.500 Euro lag. Im laufenden Jahr darf der Umsatz voraussichtlich nicht höher als 50.000 Euro sein. Wer als Kleinunternehmer gilt, kann umsatzsteuerpflichtige Lieferungen und Leistungen vornehmen und braucht keine Umsatzsteuer an das Finanzamt abzuführen Er darf allerdings keine Umsatzsteuer ausweisen und hat auch keine Berechtigung zum Vorsteuerabzug.

Kleinwindanlage

small wind turbine

Windrotoren zur Stromerzeugung können nicht nur im Rahmen von Windparks oder als große freistehende Einzelanlagen errichtet werden. In den letzten Jahren sind auch sogenannte Kleinwindanlagen auf den Markt gekommen, mit deren Hilfe private Hauseigentümer oder Gewerbebetriebe auf ihrem Hausdach oder in ihrem Garten Strom erzeugen können. Erhältlich sind Anlagen von zwei bis sechs Kilowatt bis zu 20 Kilowatt Nennleistung. Die klassische Propellerform wird teilweise durch sogenannte Vertikalpropeller abgelöst, die weniger Laufgeräusche und hohe Wirkungsgrade versprechen. Kleinwindanlagen können mit Fotovoltaik-Anlagen kombiniert werden. Staatliche Förderungen zur Anschaffung gibt es derzeit nicht; allerdings kann erzeugter überschüssiger Strom ins allgemeine Netz eingespeist und nach dem Erneuerbare-Energien-Gesetz vergütet werden. Käufer sollten sich gut über die Amortisationsdauer der Anlage informieren und verschiedene Angebote vergleichen. Für die Errichtung einer Kleinwindanlage kann eine Baugenehmigung erforderlich sein; dies wird von den Baubehörden bisher uneinheitlich gehandhabt.
Siehe / Siehe auch: Erneuerbare-Energien-Gesetz, Einspeisevergütung

Klöntür

horizontally divided house door that can be unbolted, allowing the upper half to swing out so that a person can chat with neighbours passing by

Die Klöntür lässt sich in einen oberen und einen unteren Flügel teilen. Früher lehnten die Hausbewohner an dem geschlossenen, unteren Teil der Tür und plauderten (plattdeutsch: klönen) über das geöffnete, obere Element mit Passanten.
Siehe / Siehe auch: Türen

Kniestock

jamb wall; knee wall (roof construction)

Siehe / Siehe auch: Drempel / Kniestock

Körperschaftsteuer

German corporate income tax

Kapitalgesellschaften, Genossenschaften, Versicherungs- und Pensionsvereine auf Gegenseitigkeit, sonstige juristische Personen des privaten Rechts, nicht rechtsfähige Vereine, Anstalten, Stiftungen und Gewerbebetriebe von juristischen Personen des öffentlichen Rechts unterliegen mit ihren Einkünften nicht der Einkommensteuer, sondern der Körperschaftsteuer. Es gibt allerdings zahlreiche Befreiungen.

Bemessungsgrundlage der Körperschaftsteuer ist das zu versteuernde Einkommen, das im Wesentlichen nach den Vorschriften des Einkommensteuergesetzes ermittelt wird. Bei den Aufwendungen wird zwischen abziehbaren und nicht abziehbaren Aufwendungen unterschieden. Sondervorschriften gelten für Organschaften, Versicherungsunternehmen, Pensionsfonds, Bausparkassen und Genossenschaften.

Die Körperschaftsteuer beträgt 15 Prozent des zu versteuernden Einkommens. Zu berücksichtigen sind unterschiedliche Freibeträge.

Kombibüro

combination office (part open plan office, part think tank)

Das Kombibüro ist ein Bürotyp, bei dem Elemente von Großraumbüros und von Zellenbüros miteinander kombiniert werden. In der Regel bestehen sie aus einem zentral angeordneten Kommunikations- und Technikbereich und davon abgeteilten Einzelbüros („Denkerzellen"). Letztere werden zum Teil nach dem Prinzip des Desksharing genutzt.

Siehe / Siehe auch: Denkerzelle, Desksharing, Großraumbüro, Gruppenbüro, Zellenbüro

Kombinierter Wettbewerb

combined competition

Wettbewerb, bei dem Planungs- und Bauleistungen zugleich ausgeschrieben werden. Ziel ist es, eine frühzeitige Kooperation von Planern und ausführenden Unternehmen zu erreichen und dadurch unnötige Kosten zu vermeiden.
Siehe / Siehe auch: Architektenwettbewerb, Investorenwettbewerb

Kommanditgesellschaft (KG)

limited partnership

Die Kommanditgesellschaft ist eine handelsrechtliche Personengesellschaft (Gegensatz: Kapitalgesellschaft, z. B. GmbH). Rechtsgrundlage sind die §§ 161 ff. des Handelsgesetzbuchs (HGB).

1. Wesen

Gesellschafter der KG sind die Komplementäre und die Kommanditisten. Die Komplementäre haften, wie die Gesellschafter der GbR oder der Offenen Handelsgesellschaft (OHG) persönlich und unbeschränkt. Die Haftung der Kommanditisten ist dagegen auf einen bestimmten Betrag beschränkt, nämlich die im Gesellschaftsvertrag festgelegte Einlage (§ 161 Abs. 1 HGB). Die Beschränkung der Haftung der Kommanditisten ist der wesentliche Unterschied zur OHG. Im Übrigen finden die Vorschriften über die OHG (§§ 105 ff. HGB) auf die KG nach § 161 II HGB ergänzend Anwendung. Komplementär einer KG kann auch eine weitere Personengesellschaft sowie, in der Praxis recht häufig, eine juristische Person, insbesondere eine GmbH, sein. Der Firmenzusatz lautet „GmbH & Co KG". Diese Rechtsform wird gewählt, wenn keiner der Gesellschafter die unbeschränkte Haftung übernehmen will.

2. Rechtsverhältnisse

Sie entsprechen grundsätzlich denen der OHG, mit folgenden Ausnahmen:

- In das Handelsregister sind die Namen der Kommanditisten, die Höhe ihrer Einlage, die Haftungssumme, einzutragen.
- Die Kommanditisten sind von der Geschäftsführung ausgeschlossen. Diese steht nach § 164 HGB allein den Komplementären zu.
- Nach § 166 HGB haben die Kommanditisten stets Kontrollrechte.
- Die persönliche Haftung der Kommanditisten entfällt mit der Einzahlung ihrer Einlage.
- Der Kommanditist nimmt eingeschränkt an Gewinn und Verlust teil (§§ 167, 168 HGB).
- Der Kommanditist ist nach § 170 HGB nicht zur Vertretung der Gesellschaft ermächtigt.
- Beim Tod eines Komplementärs scheidet dieser aus der Gesellschaft aus. Stirbt ein Kommanditist, kann die Gesellschaft mit dessen Erben fortgesetzt werden (§ 177 HGB).

3. Auflösung der Gesellschaft

Die Kommanditgesellschaft wird in entsprechender Anwendung von § 131 Abs. 1 und 2 HGB aufgelöst, z. B. durch Zeitablauf, Beschluss der Gesellschafter, Eröffnung des Insolvenzverfahrens über das Vermögen der Gesellschaft, gerichtliche Entscheidung (soweit ein Komplementär eine GmbH ist), die Ablehnung des Antrags auf Eröffnung des Insolvenzverfahrens.

4. Ausscheiden eines Gesellschafters

Der Gesellschafter der KG scheidet in entsprechender Anwendung von § 131 Abs. 3 HGB aus der Gesellschaft durch Tod, Kündigung, Eröffnung des Insolvenzverfahrens über sein Vermögen, Kündigung durch einen Privatgläubiger des Gesellschafters oder Beschluss der Gesellschafter aus.

5. Liquidation

Nach Auflösung der Gesellschaft erfolgt die Liquidation in entsprechender Anwendung der §§ 145 ff. HGB. Die Liquidatoren verteilen unter den Gesellschaftern nach § 155 HGB das verbleibende Gesellschaftsvermögen im Verhältnis der Anteile.
Siehe / Siehe auch: Gesellschaft bürgerlichen Rechts (GbR), Gesellschaft mit beschränkter Haftung (GmbH), GmbH und Co, Offene Handelsgesellschaft (OHG/oHG)

Kommunale Steuern

local tax

Zu den originären kommunalen Steuern gehören die Gewerbe- und die Grundsteuern. Sie unterstehen dem Verwaltungsrecht der Kommunen. Durch Festsetzung von Hebesätzen können sie das Steueraufkommen in gewissem Umfang verändern. 2008 stellten sich die Steuereinnahmen der Gemeinden wie folgt dar:

Kommunale Steuern

Grundsteuer A .... 356 Mio

Grundsteuer B	10.451 Mio
Gewerbesteuer	41.037 Mio
Anteil an Einkommen-/Lohnsteuer	27.969 Mio
Anteil an Umsatzsteuer	3.525 Mio
Gesamtsteuereinnahmen	**83.962 Mio**

Die Gemeinden können aber zusätzlich örtliche Verbrauchs- und Aufwandsteuern (z. B. Hundesteuer, Vergnügungssteuer, Zweitwohnungssteuern usw.) erheben. Die durch Abgaben finanzierte Einnahme pro Einwohner ist höchst unterschiedlich. Sie lag nach Recherchen des Bundesamtes für Bauwesen und Raumordnung im Jahr 2005 im Mittel in den neuen Bundesländern bei 309 Euro und in den alten Bundesländern bei 573 Euro. Die westdeutschen Großstädte (München, Frankfurt, Düsseldorf, Hamburg) verzeichnen steuerliche Einnahmen von über 700 Euro pro Einwohner. In den ländlichen Räumen liegt das mittlere Steuereinkommen der Gemeinden bei 253 Euro (neue Bundesländer) beziehungsweise 472 Euro (alte Bundesländer).
Durch ein Finanzausgleichssystem werden diese Unterschiede etwas geglättet. Die steuerlichen Grundlagen der Gemeinden sind weitgehend im Grundgesetz verankert.

Kommunikationspolitik
communication policy

Zu den klassischen Instrumenten der Kommunikationspolitik zählen Werbung und Öffentlichkeitsarbeit. Objektwerbung ist Werbung für das Objekt zur Erzielung des beabsichtigten Verkaufs- oder Vermietungserfolges und gehört damit zum derivaten Marketing. Bezogen auf den Auftraggeber steht die Festlegung eines Objektwerbeplanes im Vordergrund. Dabei sind sorgfältig die Werbeträger auszuwählen, der Inhalt der Werbeaussage zielgruppengerecht festzulegen und ein bestimmter Werbeetat einzuräumen.
Siehe / Siehe auch: Marketing

Kommunikationswege
communication channels

Kommunikationswege beschreiben die Richtungen, in denen die Informationsvermittlung innerhalb und außerhalb von Unternehmen erfolgt. In der Regel werden die Kommunikationswege in drei Kategorien unterschieden:

- Face-to-Face-Kommunikation,
- Print-Kommunikation und
- Elektronische Kommunikation.

Im Idealfall lassen sich Face-to-Face-Kommunikation, Print-Kommunikation und Elektronische Kommunikation miteinander kombinieren und zusammen mit den Instrumenten des Marketings in Form einer Integrierten Kommunikation umsetzen.

Unternehmenskommunikation

Face-to-Face-Kommunikation	Print-Kommunikation	Elektronische Kommunikation
• Messe • Journalistengespräche • Pressekonferenzen • Pressehintergrundgespräche • Tag der offenen Tür • Zusammenarbeit mit Universitäten, Hochschulen	• Pressemitteilungen • Anwenderberichte • Produktberichte • Verbandspublikationen • Messe-, Produkt- und Lieferantenkatalog • Unternehemenspublikationen	• Homepage • Newsletter • B2B-Portale • Online-Magazine • Weblogs • Communities • Twitter

Siehe / Siehe auch: Face-to-Face-Kommunikation, Print-Kommunikation, Elektronische Kommunikation

Kompostierung / Biomüll
compost preparation or formation / organic waste

Eigentümer von Eigenheimen mit Garten kompostieren oft ihren Biomüll zwecks späterer Verwendung als Dünger. Auch eine konsequente Mülltrennung mit Kompostierung aller biologischen Komponenten befreit jedoch nicht von der Pflicht zur Unterhaltung einer Restmülltonne und zur Bezahlung der entsprechenden Abfallgebühren. Die Gerichte argumentieren damit, dass auch bei größtmöglicher Sorgfalt Restabfälle nicht zu vermeiden sind (VG Koblenz, 30.8.2004, Az. 7 K 543/04).

Konkludentes Handeln (Mietrecht)
action implying intention (German law of tenancy)

Konkludentes bzw. einverständliches Handeln umschreibt in der juristischen Fachsprache ein Handeln, das als verbindliche Willenserklärung ausgelegt wird. Zwei Personen können zum Beispiel einen Vertrag abschließen, indem sie beide eine bestimmte Handlung vornehmen, die üblicherweise als auf den Vertragsabschluss gerichtete Willenserklärung gedeutet wird. Ist gesetzlich die Schriftform für einen Vertrag vorgeschrieben, kann

kein konkludenter Vertragsabschluss stattfinden. Ein Mietvertrag kann durch konkludentes Handeln zustande kommen: Zieht der Mieter bei einem befristeten Mietvertrag bei Vertragsende nicht aus der Wohnung aus, zahlt weiterhin pünktlich die Miete und der Vermieter nimmt die Miete kommentarlos entgegen, entsteht ein unbefristeter Mietvertrag.
Schweigen wird grundsätzlich nicht als konkludentes Handeln gewertet. Dies gilt auch dann, wenn eine Vertragspartei ein Schreiben formuliert, in dem es etwa heißt: „Sollten Sie sich bis zum nicht anderweitig geäußert haben, gehe ich davon aus, dass Sie einverstanden sind." Umstritten war lange die Frage, ob ein Mieter konkludent der Aufnahme neu hinzukommender Posten in die Betriebskostenabrechnung zustimmen kann. Das konkludente Handeln besteht dabei in der mehrfachen kommentarlosen Bezahlung der Nachzahlungen über mehrere Abrechnungszeiträume. Der Bundesgerichtshof hat am 29.05.2000 (Az. XII ZR 35/00) festgestellt, dass auch kommentarloses Zahlen über mehrere Jahre nicht ohne Weiteres ein konkludentes Handeln darstellt. Darin komme nur die irrtümliche Ansicht des Mieters zum Ausdruck, dazu verpflichtet zu sein. Eine konkludente Zustimmung liegt danach erst dann vor, wenn für den Mieter aufgrund zusätzlicher besonderer Umstände der Vertragsänderungswille des Vermieters erkennbar wird – etwa durch einen Vermieterwechsel, bei dem die neue Vermieterin umfangreiche zusätzliche Posten auf den Mieter umlegt, während vorher nur Heizung und Warmwasser abgerechnet worden waren (BGH, Az. VIII ZR 279/06, Urteil vom 10.10.2007).

Konkurrenzschutz

competition protection

Die Pflicht des Vermieters zur Gewährung des ungestörten vertragsgemäßen Gebrauchs von Flächen und Räumen zum Betrieb eines gewerblichen oder freiberuflichen Betriebes umfasst auch die Verpflichtung, Konkurrenz in anderen Räumen des Mietgrundstücks oder auf unmittelbaren Nachbargrundstücken – soweit sie dem Vermieter gehören – fernzuhalten. Dieser vertragsimmanente Konkurrenzschutz erstreckt sich jedoch nicht auf jegliche vom Mieter im Rahmen seines Gewerbes angebotene Artikel oder Leistungen, sondern nur auf den Kern des Sortiments (Hauptartikel) oder der Leistungen. Wettbewerb an der Peripherie des Leistungsspektrums ist dem Mieter zuzumuten, sofern nicht die Parteien ausdrücklich die Ausweitung des Konkurrenzschutzes auf Nebenartikel vereinbart haben.
Bei Ladenlokalen ist, speziell wenn sie in Gewerbekomplexen angesiedelt sind, auf den Konkurrenzschutz zu achten. Dort, wo ein solcher Konkurrenzschutz besteht oder vertraglich eingeräumt wird, werden zunächst einmal die Ertragschancen des Mieters deutlich erhöht. Gleichzeitig – dies gilt speziell für Shopping-Center – besteht die Gefahr, dass angesichts des Konkurrenzschutzes unter den Mietern eines größeren Komplexes kein Wettbewerb mehr besteht, was zu höheren Preisen der angebotenen Waren, schlechtem Kundenservice und daraufhin auch zu einem sinkenden Publikumsinteresse führt. Außerdem erschwert es die Suche weiterer Mieter im Konkurrenzschutz-Bereich.
Besteht allerdings kein Konkurrenzschutz, so ist die Gefahr eines überzogenen Wettbewerbs innerhalb des gleichen Gewerbeobjekts gegeben. Dies ist gerade dann, wenn Umsatzmieten vereinbart wurden, aus Vermietersicht ebenfalls problematisch, aber darüber hinaus auch wegen des Risikos eines Leerstandes. Insofern wird es sich vielfach anbieten, dieses Thema genau zu analysieren und u.U. einen Mittelweg zu gehen.
Siehe / Siehe auch: Konkurrenzverbot

Konkurrenzverbot

restraint of trade; prohibition to compete

Die Vereinbarung von Konkurrenzverboten in der Teilungserklärung ist als Nutzungsbeschränkung möglich, soweit sie sachlich gerechtfertigt sind. Da jedoch die Wirksamkeitsgrenzen schwierig zu bestimmen sind, empfiehlt sich die Eintragung einer Unterlassungsdienstbarkeit als der sichere Weg.
Siehe / Siehe auch: Konkurrenzschutz

Konkurs

liquidation; bankruptcy

Siehe / Siehe auch: Insolvenz

Konsensprinzip

principle of consensus

Siehe / Siehe auch: Antrag und Bewilligung (Grundbuch)

Konsortium

syndicate; consortium

Konsortien sind Gelegenheitsgesellschaften, üblicherweise in der Rechtsform einer Gesellschaft bürgerlichen Rechts. Es handelt sich um Unternehmensverbindungen auf vertraglicher Basis, die eingegangen werden, um bestimmte, vorab definierte Aufgaben zu lösen, nach deren Erfüllung sie wieder aufgelöst werden. Die Mitglieder des Konsortiums

werden als Konsorten bezeichnet. Sofern das Konsortium auch als Außengesellschaft in Erscheinung tritt, wird es gegenüber Dritten durch den von den Konsorten bestellten Konsortialführer vertreten, der zugleich auch das Konsortialkonto führt und die Verteilung des Konsortialergebnisses entsprechend dem Konsortialvertrag übernimmt.
Siehe / Siehe auch: Arbeitsgemeinschaft, Gelegenheitsgesellschaft

Konstruktionsgrundfläche (KGF)

the measured area of walls, pillars, chimneys and other non-accessible shafts in a building

Siehe / Siehe auch: Grundfläche nach DIN 277/1973/87

Konsumstandorte

retail locations; consumption / consumers' locations

Konsumstandorte sind Standorte, deren dauerhafter Zweck in der Befriedigung der konsumtiven Bedürfnisse der Standortnutzer besteht. Die konsumtiven Bedürfnisse der Standortnutzer (Essen, Trinken, Schlafen, Körperpflege, Lesen, Musikhören, Unterhaltung, Spielen, Ruhen usw.) bestimmen die typische Struktur der Konsumstandorte. Es handelt sich dabei um alle selbstgenutzten und gemieteten Wohnungen, Wochenendhäuser, Feriendomizile und dergleichen.

Die Standortwahl durch den Nutzer beruht auf der subjektiven Einschätzung des Konsumnutzens, den der Standort bietet. Während der Beitrag des Produktionsstandorts zum Produkt eine berechenbare Größe darstellt, ist der Konsumnutzen des Wohnens kalkulatorisch nicht erfassbar. Allerdings objektiviert er sich in dem Preis, bzw. der Miete, die der Wohnungskonsument zu zahlen bereit ist.
Siehe / Siehe auch: Produktionsstandorte, Lage

Kontaktmittler

intermediary contact

Gute Geschäftsbeziehungen beruhen auf guten Kontakten. Dieser Grundsatz gilt auch für das Maklergeschäft. Im Rahmen der Auftragsakquisition kommt es darauf an, dass der Makler in ein Netzwerk integriert ist, aus dem sich Aufträge durch Empfehlung generieren. Der Kontaktmittler stellt durch Kontaktvermittlung Geschäftsbeziehungen zwischen dem Makler und dem Maklerkunden her. Man unterscheidet dabei zwischen der passiven und aktiven Kontaktvermittlung. Passiv ist sie, wenn Personen und Institutionen damit einverstanden sind, dass man sich auf sie bei der Auftragsakquisition beruft. Von aktiver Kontaktvermittlung wird gesprochen, wenn der Kontaktvermittler von sich aus Empfehlungen für die Beauftragung eines bestimmten Maklers an seine Geschäftsfreunde bzw. Bekannten abgibt. Der Makler honoriert die Empfehlung mit einer kleinen Tipp-Provision, die auch die Form eines kleinen Geschenkes annehmen kann. Kontaktvermittlung findet allerdings dort ihre Grenze, wo der Kontaktmittler selbst ein verdecktes geschäftliches Interesse an der Beauftragung eines Maklers hat, etwa auf Grund einer zugesagten nicht unerheblichen Provisionsbeteiligung (ausgenommen „Tipp-Provisionen") oder gar auf Grund eines wie auch immer gearteten Abhängigkeitsverhältnisses des Maklers vom Kontaktvermittler.
Siehe / Siehe auch: Auftragsakquisition (Maklergeschäft), Finders Fee

Kontoführung

accountancy; account management

Der Verwalter einer Wohnungseigentumsanlage ist gemäß § 27 Abs. 1 Nr. 6 WEG berechtigt und verpflichtet, die für die Gemeinschaft eingenommenen Gelder zu verwalten. Er ist gemäß § 27 Abs. 3 Nr. 5 WEG berechtigt, im Rahmen dieser Verwaltung die Konten für die Gemeinschaft der Wohnungseigentümer, getrennt von seinen eigenen Konten, zu führen. Die Konten der Wohnungseigentümer sind nach Zuerkennung der Teilrechtsfähigkeit auf den Namen der Wohnungseigentümer-Gemeinschaft zu führen. Eine Kontoführung als Treuhandkonto, lautend auf den Namen des Verwalters, ist nicht mehr zulässig. Kontoinhaber ist nach der neuen Rechtslage die teilrechtsfähige Wohnungseigentümer-Gemeinschaft, die bei der Kontoeröffnung durch den Verwalter als gesetzlichen Vertreter der Gemeinschaft vertreten wird. Neben dem Legitimationsnachweis und der Identifizierung der verfügungsberechtigten Person entsprechend der Vorschriften des Geldwäschegesetzes ist bei Kontoeröffnung und in der Folge jährlich einmal dem kontoführenden Institut eine aktuelle Eigentümerliste einzureichen. Die Verfügung über die gemeinschaftlichen Gelder und damit über das Konto der Wohnungseigentümer-Gemeinschaft kann durch Vereinbarung oder Beschluss der Wohnungseigentümer gemäß § 27 Abs. 5 WEG von der Zustimmung eines Wohnungseigentümers oder eines Dritten abhängig gemacht werden.
Siehe / Siehe auch: Verwalteraufgaben / Verwalterbefugnisse (Wohnungseigentum)

Kooperationsvertrag (Wohnraumförderung)

cooperation agreement (housing subsidy)

Das Wohnraumförderungsgesetz sieht als eines der Förderinstrumente den so genannten Kooperationsvertrag vor. Wer über Wohnraum verfügt, kann mit der für ihn zuständigen Gemeinde einen Vertrag schließen, nachdem er seinen Wohnraum einer Belegungs- und Preisbindung zugunsten eines Personenkreises unterwirft, der förderberechtigt im Sinne des Wohnraumförderungsgesetzes ist. Die Gemeinde gewährt in der Regel als Gegenleistung ein zinsloses oder zinsverbilligtes Darlehen oder einen Zuschuss etwa für die Durchführung von Modernisierungsmaßnahmen. Im Rahmen von Kooperationsverträgen können aber auch andere Ziele verfolgt werden, etwa Verbesserung der Wohnumfeldes, Gewährleistung einer guten Mischung der Mieterstruktur, Überlassung von Räumen für Sozial- und Jugendarbeit. Leistung und Gegenleistung eines Kooperationsvertrages müssen angemessen und inhaltlich genau bestimmt sein.

Koordinationsfunktion des Controllings

coordinating functions of controlling

Zum Aufgabenbereich des Controllings gehört die Koordination von betrieblichen Leistungsprozessen. Es geht um die Frage der Klärung von Zuständigkeiten für Aufgaben im Rahmen eines Leistungsprozesses aber auch um die Koordination von Terminen im Zusammenhang mit der Durchführung von Maßnahmen.

Aufgabenkoordination

Bei der Aufgabenkoordination geht es darum, Doppelbearbeitungen zu vermeiden, die Aufgaben entsprechend der im Betrieb vorhandenen Potenziale („human factors“) zu verteilen und für einen einwandfreien Ablauf der Kooperation unter den Aufgabenträgern zu sorgen. Es geht um die Antwort auf die Frage, wer wofür innerhalb welcher Grenzen in welcher Position des Netzwerkes der Aufgabenträger zweckmäßigerweise zuständig sein soll. Bei der Baubetreuung geht es z. B. um die Frage der Abgrenzung der technischen und kaufmännischen Leistungsbereiche und der Abgrenzung und Zuordnung der einzelnen Leistungselemente an Personen/Abteilungen des Unternehmens.

Terminkoordination

Die Terminkoordination sorgt dafür, dass die einzelnen Leistungen zum richtigen Zeitpunkt erbracht werden und sich zeitlich genau in den Leistungsstrom einfügen. Damit sollen Verzögerungen bei der Fertigstellung des Endproduktes vermieden werden, um zum zugesagten Termin abgeliefert werden zu können. Bei der Durchführung von Bauvorhaben ist eines der Controlling-Instrumente der Bauzeitenplan, der die Phasen des Bauablaufs zeitlich miteinander verknüpft.

Siehe / Siehe auch: Controlling

Kopfprinzip

principle according to which each flat owner has one vote

Siehe / Siehe auch: Verteilungsschlüssel (Wohnungseigentum), Stimmrecht (Wohnungseigentümer-Versammlung)

Kopplungsgeschäft

tie-in arrangement; linked transaction; package deal

Von Kopplungsgeschäft spricht man, wenn in einem Vertrag eine dem Inhalt des Vertrages artfremde Zusatzleistung vom Vertragspartner gefordert wird. Solche „angekoppelten“ Vertragsleistungen sind nach den Vorschriften über Allgemeine Geschäftsbedingungen unwirksam, weil es sich um „Überraschungsklauseln“ handelt. Die Wettbewerbsregeln des IVD enthalten Kopplungsverbote., ebenso das Wohnungsvermittlungsgesetz. Ein Makler kann einen Wohnungssuchenden in einem Vertrag, der die Provisionszahlung zum Inhalt hat, nicht gleichzeitig verpflichten, über ihn eine Hausratversicherung abzuschließen oder mit dem Umzug einen dem Makler bekannten Spediteur zu beauftragen. Unter das Kopplungsverbot fällt auch die im Zusammenhang mit einem Grundstückskauf verbundene Architektenbindung.

Siehe / Siehe auch: Architektenbindung

Korrelation

correlation

Die Korrelation misst die Beziehung, die die Wertentwicklungen zweier verschiedener Investitionen untereinander haben. Es ist somit eine Gradzahl, mit der sich zwei oder mehr unabhängige Anlagen in die gleiche Richtung in Reaktion auf ein vorgegebenes Ereignis hinbewegen. Wenn die Preise zweier Anlagen sich ständig in dieselbe Richtung mit gleichem Aufschlag bewegen, sind sie perfekt korreliert. Der Korrelations-Koeffizient (Messzahl) bewegt sich zwischen plus 1,0 für Investitionen, deren Wertentwicklung absolut gleich verläuft, und minus 1,0 für Investitionen, deren Wertentwicklung

absolut gegensätzlich verläuft. Investitionen mit einer Korrelation von 0 haben keinerlei Übereinstimmung. Wichtig ist die Korrelation im Hinblick auf das Vermögensportfolio. Portefeuilles, die Anlagen mit geringer Korrelation kombinieren, bieten eine bessere Risikostreuung und ein vermindertes Risiko, ohne dabei den potentiellen Gesamtertrag des Portefeuilles zu verringern.
Siehe / Siehe auch: Portefeuille/Portfolio

Kostenanschlag (Baukosten)
cost estimate/account; rate; tender; estimate (of expenditures); quotation (building costs)

Der Kostenanschlag fließt als Grundleistung des Architekten im Sinne des HOAI (im Rahmen der „Mitwirkung bei Vergabe") in das Architektenhonorar ein. Im Gegensatz dazu gilt allgemein, dass die Kostenanschläge von Handwerkern nur dann zu vergüten sind, wenn dies individuell vereinbart ist (§ 632 BGB). Nach der DIN 276 sind Grundlagen für einen Kostenanschlag die endgültigen Ausführungs- und Konstruktionszeichnungen des durchzuführenden Bauwerkes, bautechnische Berechnungen (Standsicherheit, Wärmeschutz, usw.) Mengenberechnungen und Baubeschreibungen.
Bei der Erfassung der Kosten für den Kostenanschlag sind auch die bereits entstandenen Kosten zu berücksichtigen. Kostenanschläge haben einen hohen Verbindlichkeitsgrad. Werden sie garantiert oder wird eine vereinbarte Baukostenobergrenze nicht eingehalten, ist eine Überschreitung nicht zulässig. Bei nicht garantierten Kostenanschlägen kann eine Überschreitung um zehn Prozent zu einem Haftungsfall werden. Allerdings gibt es keine gültigen Toleranzgrenzen, sie hängen stark vom Einzelfall ab. Voraussetzung ist ein Verschulden des Architekten. Steht die Überschreitung in einem Zusammenhang mit einer besseren Bauausführung als der zunächst geplanten, ist davon auszugehen, dass dem Bauherrn kein Schaden entstanden ist. Der rechtliche Begriff des Kostenanschlages entspricht dem gängigen Begriff des Kostenvoranschlages.

Kostenberechnung (Baukosten)
costing; calculation of expenses; computation of cost(s) (building costs)

Die Kostenberechnung gehört zu den Grundleistungen eines Architekten. Während die Kostenschätzung auf einer Vorplanung beruht, setzt die Kostenberechnung bereits durchgearbeitete Planunterlagen (Entwurfszeichnungen) und teilweise auch Detailpläne) voraus. Zusätzlich sind die aus Zeichnungen nicht zu entnehmenden Details zu erläutern, die in die Kostenberechnung einfließen. Die Kostenberechnung ist die letzte rationale Entscheidungsgrundlage darüber, ob das geplante Bauvorhaben durchgeführt werden soll oder nicht.

Kostenelementeklausel
provision regarding cost elements

Soll eine wiederkehrende Leistung (z. B. die monatliche Bezahlung der Vergütung für einen Hausverwalter) veränderten Kalkulationsgrundlagen des Betriebes angepasst werden, die durch steigende Gehälter entstehen, kann dem durch eine Kostenelementeklausel Rechnung getragen werden.
Beispiel: „Der Verwalter kann jeweils eine Anpassung der Hausverwaltervergütung um 2/3 des jeweiligen Erhöhungsprozentsatzes des Tarifgrundgehalts für kaufmännische Angestellte der Gehaltsgruppe K 3 verlangen." Bezieht sich ein Unternehmen bei einer Kostenelementeklausel auf Tarifgehälter oder Tariflöhne, die zwischen Arbeitgebern und Arbeitnehmern ausgehandelt werden, muss klar sein, dass die Angestellten nach dem Anstellungsvertrag auch der Tarifvertragsregelung unterliegen.

Kostenermittlung
costing

Siehe / Siehe auch: Gesamtkosten (eines Bauwerks)

Kostenfeststellung (Baukosten)
determination of cost(s); cost finding (building costs)

Mit Hilfe der Kostenfeststellung wird der Nachweis der tatsächlich entstandenen Kosten erbracht. Es handelt sich um eine der Grundleistungen des Architekten. Grundlage sind die bereits auf sachliche und rechnerische Richtigkeit geprüften Abrechnungsbelege (insbesondere Schlussrechnungen) in Verbindung mit Abrechnungszeichnungen. Die Kostenfeststellung ist ein Instrument der Kostenkontrolle (Soll-Ist-Vergleich zwischen Kostenanschlag und tatsächlich entstandenen Kosten).

Kostenmiete
cost rent; rent that covers costs; economic rent

Kostenmiete ist die Höchstmiete für preisgebundenen Wohnraum, der mit öffentlichen Mitteln auf der Grundlage des II. Wohnungsbaugesetzes gefördert wurden. Sie setzt sich aus den Kapital- und Bewirtschaftungskosten der Wohnanlage zusammen. Zu den Kapitalkosten zählt auch eine Eigenkapitalverzinsung von vier Prozent, bezogen auf 15 Prozent

der Gesamtkosten, und sechs Prozent für den darüber hinausgehenden Anteil am Eigenkapital. Zu den Bewirtschaftungskosten zählen die Abschreibung, die Verwaltungs- und Instandhaltungskosten sowie das Miet- und Betriebskostenausfallwagnis. Hinzu kommen die Betriebskosten die neben der Miete auf die Mieter umgelegt werden. Darüber hinaus kann der Vermieter auch Zuschläge zur Einzelmiete verlangen. Die Ermittlung dieser Aufwendungen war Gegenstand einer Wirtschaftlichkeitsrechnung, mit der anschließend die Durchschnittsmiete ermittelt wurde. Je nach Ausstattung und Lage der einzelnen Wohnungen konnte die Einzelmiete von diesem Durchschnittswert abweichen. Falls die „Bewilligungsmiete" unter der Kostenmiete lag, musste das Wohnungsunternehmen „Aufwandsverzichte" hinnehmen, wenn es das Bauvorhaben dennoch durchführen wollte. Meist wurde in solchen Fällen ganz oder teilweise auf die Eigenkapitalverzinsung verzichtet. Beim neuen Förderungsrecht, nach dem Wohnraumförderungsgesetz, das am 1. Januar 2002 in Kraft trat, ist für die Wohnraumförderung nicht mehr die Kostenmiete maßgebend, sondern eine Miete, die zwischen der Förderungsstelle und dem Vermieter vereinbart wird. Sie liegt stets unterhalb der ortsüblichen Vergleichsmiete, die als Orientierungsgrundlage dient.
Siehe / Siehe auch: Bewirtschaftungskosten, Öffentliche Mittel, Wohnraumförderungsgesetz

Kostenschätzung (Baukosten)
cost estimate; estimate of costs (building costs)

Die Kostenschätzung gehört zu den Grundleistungen eines Architekten. Sie dient der überschlägigen Ermittlung der Gesamtkosten eines Bauvorhabens. Grundlage der Kostenschätzung ist eine Vorplanung und eine Feststellung der Inhalte oder Flächen, die eine Berechnung mit Hilfe von Pauschalsätzen ermöglicht.

Kostenverteilung
cost distribution; apportionment of costs

An den Lasten des gemeinschaftlichen Eigentums und an den Kosten der Instandhaltung, der Instandsetzung, der sonstigen Verwaltung und des gemeinschaftlichen Gebrauchs des gemeinschaftlichen Eigentums müssen sich alle Wohnungseigentümer beteiligen. Maßstab für die Verteilung dieser Kosten auf die einzelnen Wohnungseigentümer sind gemäß § 16 Abs. 2 WEG die für sie im Grundbuch eingetragenen Miteigentumsanteile. Von dieser gesetzlich vorgeschriebenen Kostenverteilung kann durch Vereinbarung gemäß § 10 Abs. 2 Satz 2 WEG abgewichen werden, gemäß § 16 Abs. 3 WEG bei Betriebs- und Verwaltungskosten auch durch einfachen Mehrheitsbeschluss, bei Kosten für Instandhaltungs-, Instandsetzungs- und Modernisierungsmaßnahmen sowie für bauliche Veränderungen gemäß § 16 Abs. 4 WEG im Einzelfall durch doppelt qualifizierten Mehrheitsbeschluss. Die danach von den einzelnen Wohnungseigentümern zu leistenden Zahlungen, die im Wirtschaftsplan und in den Jahresgesamt- und Einzelabrechnungen auf Grund entsprechender Beschlussfassung festgestellt sind, werden allgemein – in Abgrenzung zum staatlichen Wohngeld – als Hausgeld bezeichnet.
Siehe / Siehe auch: Betriebs- und Verwaltungskosten (Wohnungseigentum), Einzelabrechnung (Wohnungseigentum), Jahresabrechnung (Wohnungseigentum), Kostenverteilung bei Instandhaltungs-, Instandsetzungs-, Modernisierungsmaßnahmen und baulichen Veränderungen, Verteilungsschlüssel (Wohnungseigentum)

Kostenverteilung bei Instandhaltungs-, Instandsetzungs-, Modernisierungsmaßnahmen und baulichen Veränderungen
apportionment of costs for maintenance costs, repairs, cost of modernisation and structural alterations

Die Verteilung der Kosten für Instandhaltungs- und Instandsetzungsmaßnahmen, für bauliche Veränderungen und für Modernisierungsmaßnahmen erfolgt nach der gesetzlichen Regelung gemäß § 16 Abs. 2 WEG nach Miteigentumsanteilen, sofern keine abweichende Vereinbarung gemäß § 10 Abs. 2 Satz 2 WEG getroffen wurde. Nach der seit dem 01.07.2007 geltenden neuen Regelung können die Wohnungseigentümer bei diesen Maßnahmen gemäß § 16 Abs. 4 WEG jedoch im Einzelfall über eine von § 16 Abs. 2 WEG abweichende Kostenverteilung mit Mehrheit beschließen.
Für diese von der gesetzlichen Regelung abweichende Kostenverteilung bedarf es jedoch einer Beschlussmehrheit von drei Viertel aller stimmberechtigten Wohnungseigentümer (nach Köpfen) und der Mehrheit von mehr als der Hälfte der Miteigentumsanteile. Der abweichende Maßstab muss dem Gebrauch oder der Möglichkeit des Gebrauchs Rechnung tragen. Eine Kostenbefreiung derjenigen Wohnungseigentümer, die einem Beschluss über die abweichende Kostenverteilung nicht zugestimmt haben, ist gemäß § 16 Abs. 6 Satz 2 WEG ausdrücklich ausgeschlossen.

Siehe / Siehe auch: Bauliche Veränderungen (Wohnungseigentum), Instandhaltung / Instandsetzung (Wohnungseigentum), Kostenverteilung, Modernisierung

Kostenverteilungsschlüssel

cost apportioning formula

Siehe / Siehe auch: Kostenverteilung, Verteilungsschlüssel (Wohnungseigentum)

Kostenvoranschlag

quotation; commercial offer; estimate; estimate of costs; preliminary estimate

Siehe / Siehe auch: Kostenanschlag (Baukosten)

Kostenvorschuss für Mängelbeseitigung

advance payment for rectifying defects and deficiencies

Mieter können unter bestimmten Voraussetzungen einen Kostenvorschuss für die selbst durchgeführte bzw. in Auftrag gegebene Beseitigung von Mängeln der Mietwohnung haben. Das Recht des Mieters auf Selbsthilfe bezüglich der Mängelbeseitigung ergibt sich aus § 536a Abs.2 BGB. Voraussetzung ist, dass

- ein Mangel der Mietwohnung besteht und dass der Vermieter sich mit der Beseitigung des Mangels in Verzug befindet oder
- die umgehende Beseitigung des Mangels zur Erhaltung oder Wiederherstellung des Bestands der Mietsache notwendig ist.

In einem solchen Fall darf der Mieter selbst zum Werkzeug greifen oder selbst den Handwerker holen und dem Vermieter die Kosten in Rechnung stellen. Nach der Rechtsprechung kann er vom Vermieter auch einen Kostenvorschuss in Höhe der zu erwartenden Kosten für die Beseitigung des Mangels verlangen (BGH, Urteil vom 28. Mai 2008, Az. VIII ZR 271/07).

Voraussetzung: Die Beseitigung des Mangels ist nicht objektiv unmöglich. Der BGH hat ebenfalls entschieden, dass der Kostenvorschuss nicht gefordert werden kann, wenn die vom Mieter gewünschte Maßnahme ungeeignet zur Beseitigung des Mangels ist. Dies ist z. B. der Fall, wenn ein Haus in Mauern und Dach aus unbekannten Gründen erhebliche Rissbildung aufweist und der Mieter ein Verschließen der Risse mit Kunstharzmasse durchführen lassen will (BGH, Urteil vom 21.4.2010, Az. VIII ZR 131/09).

Bei unklarer Schadensursache machen derartige Arbeiten laut BGH keinen Sinn.

Siehe / Siehe auch: Sachmangel (im Mietrecht), Opfergrenze für Vermieter

Kraft-Wärme-Kopplung

cogeneration (heat and power)

Bei der Kraft-Wärme-Kopplung (KWK) wird Heizwärme aus der im Rahmen der Stromerzeugung entstehenden Abwärme gewonnen. Energie, die sonst als Abwärme an die Umgebung abgegeben würde, kann so genutzt werden. Kraftwerke, die die Methode der Kraft-Wärme-Kopplung nutzen, haben einen Wirkungsgrad von bis zu 90 Prozent. Herkömmliche Kraftwerke zur Stromerzeugung liegen bei circa 50 Prozent. KWK-Anlagen gibt es heute in einem Leistungsspektrum zwischen wenigen Kilowatt und einigen hundert Megawatt. Auch Mini-KWK-Anlagen für Objekte wie Hotels, Mehrfamilienhäuser und sogar Einfamilienhäuser sind auf dem Markt. Bei der städtischen Wärmeversorgung bietet sich die Möglichkeit, die Kraft-Wärme-Kopplung mit einem Fernwärmenetz zu kombinieren. Eine Variante der KWK-Anlage ist das Blockheizkraftwerk. Mit diesen kleinen bis mittelgroßen dezentralen Anlagen werden Häuser, Gebäudekomplexe oder Objekte wie Krankenhäuser und Hotels versorgt. Große KWK-Anlagen werden in Heizkraftwerken z. B. im Rahmen der Fernwärme-Versorgung oder in der Industrie eingesetzt. Fernwärme hat gegenüber Blockheizkraftwerken den Nachteil, dass dabei hohe Leitungsverluste entstehen. Durch die größere Leistung des zentralen Heizkraftwerkes bei der Fernwärme ist jedoch andererseits das Verhältnis der Stromausbeute zur erzeugten Wärme höher, was die Effektivität steigert. Gesetzliche Regelungen zu KWK-Anlagen finden sich im 2002 in Kraft getretenen Kraft-Wärme-Kopplungsgesetz. Das Gesetz regelt unter anderem die zu zahlenden Einspeisevergütungen für Strom aus KWK-Anlagen. Seit 01.01.2009 gilt ein novelliertes KWK-Gesetz. Ziel ist die weitere Reduzierung von CO2-Emissionen. Die Regelung sieht höhere Vergütungen für Strom aus modernisierten oder neuen Anlagen vor. Für ältere Anlagen gibt es jedoch weiterhin Vergütungen. Zwischen dem 01.01.2009 und dem 31.12.2016 in Betrieb gehende Anlagen werden nur noch gefördert, wenn sie hocheffizient sind. Dies ist generell der Fall, wenn gegenüber herkömmlichen Anlagen mindestens 10 Prozent Energie eingespart werden. Die Förderung ist zeitlich begrenzt. Nach der gesetzlichen Neuregelung werden ab 2009 auch Anlagen mit einer Leistung über 2 Megawatt gefördert, sofern sie keine bestehende Fernwärmeversorgung verdrängen.

Der Anschlussnehmer hat ab 2009 Anspruch auf einen abrechnungsrelevanten Zählpunkt gegenüber dem Netzbetreiber, was die Einspeisung von KWK-Strom aus kleinen Anlagen vereinfacht.
Nähere Informationen zur Kraft-Wärme-Kopplung gibt der Bundesverband Kraft-Wärme-Kopplung e.V. | www.bkwk.de
Siehe / Siehe auch: Blockheizkraftwerk, Energieeinsparverordnung (EnEV), EnEG, KfW

Kraftstoffe, Benzin, Diesel

fuels; petrol; diesel

Aus dem Mietvertrag ergibt sich für den Mieter ganz allgemein die Pflicht, mit dem Mietobjekt sorgfältig umzugehen und Schäden daran nach Möglichkeit zu vermeiden. Diese Sorgfalts- bzw. Obhutspflicht schließt auch den Umgang mit Kraftstoffen und Ölen auf dem gemieteten oder zur Mietwohnung gehörenden KfZ-Stellplatz mit ein. Grundsätzlich hat der Mieter eine Verschmutzung oder Kontamination von gemieteten oder gemeinschaftlich genutzten Flächen zu vermeiden bzw. rechtzeitig zu unterbinden (ggf. mit Hilfe einer Autowerkstatt, die sein Fahrzeug abdichtet). Hält er sich nicht daran, kann er sich schadenersatzpflichtig machen.
Kommt es auf vermieteten KfZ-Stellplätzen zu Verunreinigungen des Erdreichs durch Kraftstoffe oder Öl, kann der Vermieter vom Mieter die Beseitigung der Verschmutzung verlangen. Dies gilt allerdings nicht, wenn die Verschmutzung optisch oder in Hinblick auf die Umweltauswirkungen nur geringfügig ist: In gewissem Umfang wird es als normal angesehen, dass Fahrzeuge kleine Mengen an Öl oder Treibstoff verlieren, entschied zum Beispiel das Amtsgericht Hameln (Urteil vom 01.11.2002, Az. 23 C 335/01).
Mietverträge untersagen oft die Lagerung und Verwendung leicht brennbarer Flüssigkeiten in der Wohnung und in Nebenräumen. Bei Zuwiderhandlung des Mieters ist schon wegen der Brandgefahr eine Abmahnung mit Fristsetzung und bei deren Erfolglosigkeit in gravierenden Fällen eine Kündigung des Mietverhältnisses denkbar. Eine mietrechtliche Verbotsvorschrift gibt es jedoch nicht. Jedes Bundesland hat eigene Vorschriften (Landesbauordnungen), die die Lagerung von brennbaren oder umweltgefährdenden Flüssigkeiten reglementieren. Danach kann es erlaubt sein, kleinere Mengen bis zu bestimmten Grenzen in nicht speziell ausgestatteten Räumen zu lagern. Größere Mengen dürfen in der Regel nur in Spezialräumen untergebracht werden.
Siehe / Siehe auch: Brandschutz, Stellplätze

Kreditanstalt für Wiederaufbau (KfW)

German reconstruction loan corporation, which includes the KfW Mittelstandsbank

Die KfW wurde als Kreditanstalt für Wiederaufbau gegründet. Heute bezeichnet sie sich als KfW Bankengruppe. Diese besteht aus der KfW Mittelstandsbank, KfW Privatkundenbank, KfW Kommunalbank, KfW IPEX-Bank, KfW Entwicklungsbank. Die KfW versteht sich als eine Förderbank und befindet sich im Eigentum von Bund und Ländern. Sie unterstützt die Verbesserung der wirtschaftlichen, sozialen und ökologischen Lebens- und Wirtschaftsbedingungen unter anderem in den Bereichen Mittelstand, Existenzgründung, Umweltschutz, Wohnungswirtschaft, Infrastruktur, Bildungsförderung, Projekt- und Exportfinanzierung und Entwicklungszusammenarbeit. In den Bereichen Bauen, Wohnen und Modernisieren hat die KfW verschiedene Förderprogramme aufgelegt, die teils von Privatpersonen, teils von Unternehmen, teilweise aber auch von beiden Gruppen in Anspruch genommen werden können. Diese sind unter anderem:

- KfW-Wohneigentumsprogramm
- Energieeffizient Bauen
- Wohnraum Modernisieren – Standard
- Wohnraum-Modernisieren – Altersgerecht Umbauen
- Energieeffizient Sanieren

Die Finanzierung erfolgt durch Einschaltung der Hausbank des Kreditnehmers, bei der auch der Kredit vor Beginn der Investitionsmaßnahme beantragt werden muss. Die Hausbank ist auch für die Beschaffung der Sicherheiten (Eintragung einer Grundschuld, Bürgschaften) und die Auszahlung zuständig. Die KfW-Förderbank fördert energieeffizientes Bauen (KfW-Effizienzhaus, Passivhaus), energieeffiziente Sanierung von Altbauten, den Erwerb von Wohnungseigentum, die Modernisierung von Wohnraum, und Maßnahmen zur Gewinnung erneuerbarer Energien (Solaranlagen, Energie durch Biomasse, oder Tiefengeothermie). Die Förderung besteht aus Zuschüssen oder Zinsverbilligungen auf Bankdarlehen.
Nähere Informationen: www.kfw-foerderbank.de
Siehe / Siehe auch: Energieeinsparverordnung (EnEV), EEG, EnEG

Kreditinstitute

banks; credit institutes

Kreditinstitute sind nach §1 des Kreditwesengesetzes „Unternehmen, die Bankgeschäfte gewerbsmäßig oder in einem Umfang betreiben, der einen in kaufmännischer Weise eingerichteten Geschäftsbetrieb erfordert." Geschäftsbereiche der Kreditinstitute sind nach dem Kreditwesengesetzes:

- Einlagengeschäfte (Annahme fremder, rückzahlbarer Gelder)
- Pfandbriefgeschäfte, (Vergabe von Hypothekar-/Kommunalkrediten auf der Grundlage von Pfandbriefemissionen)
- Kreditgeschäfte (Gewährung von Darlehen und Krediten auf Wechselbasis)
- Diskontgeschäfte (Ankauf von Wechseln und Schecks)
- Finanzkommissionsgeschäfte (Handel mit Finanzinstrumenten, nämlich finanzielle Vermögensinstrumente, finanzielle Verpflichtungen und Eigenkapitalinstrumente)
- Depotgeschäfte (Verwahrung und Verwaltung fremder Wertpapiere)
- Darlehensrückerwerbsgeschäfte (Verpflichtung, veräußerte Darlehen vor Fälligkeit zurück zu erwerben
- Garantiegeschäfte (Übernahme von Bürgschaften, Garantien)
- Girogeschäfte (Abwicklung des bargeldlosen Zahlungsverkehrs)
- Emissionsgeschäfte (Übernahme von Finanzinstrumenten auf eigenes Risiko zum Zweck der Platzierung auf dem Kapitalmarkt)
- E-Geld-Geschäfte (Ausgabe und Verwaltung von elektronischem Geld)
- Geschäfte als zentraler Kontrahent (der als eigener Vertragspartner zwischen Käufer und Verkäufer von Finanzmarktprodukten fungiert)

Wer das Geschäft eines Kreditinstituts betreiben will, bedarf der Erlaubnis der Bundesanstalt für Finanzdienstleistungen (BAFin). Erlaubnisvoraussetzungen sind der Nachweis der für den Geschäftsbetrieb erforderlichen Mittel, die Angabe der Geschäftsleiter, Angaben, die eine Beurteilung der Zuverlässigkeit und der fachlichen Eignung der Antragsteller belegen sowie ein tragfähiger Geschäftsplan, aus dem die Art der geplanten Geschäfte, der organisatorische Aufbau und die geplanten internen Kontrollverfahren des Instituts hervorgehen sowie Angaben zu etwaigen bedeutenden Beteiligungsverhältnissen am Kreditinstitut.

Mit Erteilung der Erlaubnis erwächst dem Kreditinstitut eine Beitragspflicht zum Einlagensicherungsfonds, der die Anleger im Insolvenzfall schützt. Die Beaufsichtigung von Kreditinstituten obliegt der Bundesanstalt für Finanzdienstleistungen.

Die Begriffe Bank und Bankier sind geschützt. Ihre Führung bleibt ausschließlich Kreditinstituten vorbehalten, die über eine Erlaubnis verfügen.

Siehe / Siehe auch: Kreditwesen, Bundesanstalt für Finanzdienstleistungsaufsicht (BAFin), Bürgschaft

Kreditrahmen

credit line; bank line

Die Tabelle zeigt, wie hoch ein Darlehen bei einer ein-prozentigen Tilgung, verschiedenen Zinssätzen und Monatsraten ist (alle Angaben in Euro gerundet). Angenommen, es kann eine monatliche Rate von 1.600 Euro aufgebracht werden und es wird ein Darlehen zu einem Nominalzins von sieben Prozent (bei ein Prozent Tilgung) vereinbart, dann ist eine Darlehenshöhe von 225.000 Euro „realistisch".

Kreditrahmen

bei 1% Tilgung, 100% Auszahlung

Freie Liquidität pro Monat

▼EUR	6,5%	7,0%	7,5%	8,0%
400	64.000	60.000	56.500	53.000
500	80.000	75.000	70.500	66.500
600	96.000	90.000	84.500	80.000
700	112.000	105.000	99.000	93.000
800	128.000	120.000	113.000	106.000
900	144.000	135.000	127.000	120.000
1.000	160.000	150.000	141.000	133.000
1.100	176.000	165.000	155.000	146.500
1.200	192.000	180.000	169.000	160.000
1.300	208.000	195.000	183.500	173.000
1.400	224.000	210.000	198.000	186.500
1.500	240.000	225.000	212.000	200.000

Kreditrisiken

credit risks

Bei Kreditrisiken handelt es sich um Kreditausfallrisiken, d.h. um die Wahrscheinlichkeit, dass der Kreditnehmer nicht in der Lage ist, die vereinbarten Zinsen und Tilgungen zu erbringen. Sie finden ihren Niederschlag im Risikoanteil, der in den Zinssatz mit einkalkuliert wird. Zum Kreditausfallrisiko, das sich aus der Perspektive des Tages der Kreditgewährung ergibt, kommt das Risiko einer nicht vorhersehbaren Bonitätsverschlechterung des Kreditnehmers hinzu. Es führt zu einer Verschlechterung des ursprünglichen Kreditausfallrisikos. Die sich daraus ergebende Unsicherheit führt zu einer

entsprechenden Ratingherabstufung, die wiederum nach dem System von Basel II Einfluss auf die Eigenkapitaldeckung des durch ein solches Risiko betroffenen Kreditinstituts hat. Kreditrisiken sind ein wichtiger Teil der Risiken der Kreditinstitute.
Siehe / Siehe auch: Eigenkapitalrichtlinie (Basel II), Risiken der Kreditinstitute

Kreditvermittlung

loan procurement

Siehe / Siehe auch: Darlehensvermittlung (Verbraucherschutz)

Kreditwesen

credit system / sector; finance; banking; lending business

Das Bankensystem ist insbesondere durch seine Fähigkeit zur Geldschöpfung in der Lage, die öffentliche Hand, die Wirtschaft und die Privathaushalte mit Kredit zu versorgen. Das Kreditwesen ist ein hochkomplexer Bereich, der risikolos nur funktioniert, wenn einerseits wirtschaftliche andererseits finanztechnische Regeln beachtet werden. Hierzu gehören auch die kommenden Regeln von Basel II. Für die Überwachung des Kreditwesens ist die Bundesanstalt für Finanzdienstleistungen (BAFin) zuständig.
Siehe / Siehe auch: Bundesanstalt für Finanzdienstleistungsaufsicht (BAFin), Basel II

Kreditwesengesetz (KWG)

German banking act

Das Kreditwesengesetz (KWG) regelt das deutsche Kreditwesen, soweit damit Kreditinstitute, Finanzdienstleistungsinstitute, Finanzholdinggesellschaften, gemischte Finanzholdinggesellschaften Finanzkonglomerate und gemischte Unternehmen und Finanzunternehmen sowie auf der Aufsichtsseite die Bundesanstalt für Finanzdienstleistungsaufsicht befasst sind.

Das KWG enthält 7 Abschnitte.

Der ersten Abschnitt dient der Kodifizierung allgemeiner Vorschriften So werden im ersten Unterabschnitt die oben erwähnten Institute und Unternehmen begrifflich bestimmt und die für sie allgemein geltenden Vorschriften dargestellt, z.B. Führung von Handels und Anlagebüchern, Rechtsform, verbotene Geschäfte. Ein weiterer Unterabschnitt bezieht dich auf die BAFin. Der zweite Abschnitt enthält u.a. Bestimmungen über die Eigenmittelausstattung und vorzuhaltende Liquidität, Bestimmungen über das Kreditgeschäft, das Refinanzierungsregister, über Kundenrechte, Werbung, Vorschriften, die der Verhinderung von Geldwäsche und der Terrorismusfinanzierung dienen. Der dritte Abschnitt handelt von Vorschriften über die Zulassung und Beaufsichtigung der Institute, über den Bezeichnungsschutz für die Begriffe Bank und Sparkasse, über Auskunftspflichten und Prüfungen u.a. Der vierte Abschnitt ist besonderen Regelungen über Finanzkonglomeraten vorbehalten. Der fünfte Abschnitt bezieht sich auf Sondervorschriften für im Ausland tätige Unternehmen, soweit sie dort einen Sitz unterhalten. Der sechste Abschnitt regelt Straf- und Bußgeldvorschriften im Falle von Verstößen gegen das KWG. Wie fast jedes Gesetz, das laufenden Änderungen unterliegt, enthält das KWG im letzten Abschnitt Übergangs- und Schlussvorschriften.
Siehe / Siehe auch: Bundesanstalt für Finanzdienstleistungsaufsicht (BAFin), Kreditinstitute, Kreditrisiken, Kreditwesen

Kriechkeller

crawlway; crawl space

Kriechkeller sind Räume, die wegen der niedrigen Decken aufrecht nicht begehbar sind. Sie kommen häufig in Altbauten vor. Kriechkeller können der Verlegung von Leitungen dienen. Bei der Berechnung des Bruttorauminhalts werden Kriechkeller nicht berücksichtigt. Das gleiche gilt für Hohlräume in Gebäuden oberhalb des Kellergeschosses und für nicht nutzbare Dachflächen.
Siehe / Siehe auch: Bruttorauminhalt

Kündigung

termination; notice; notice to terminate; notice to quit

Durch die Kündigung wird ein vertraglich eingegangenes Dauerschuldverhältnis beendet. Der Zeitpunkt des Vertragsendes richtet sich nach den gesetzlichen bzw. vereinbarten Kündigungsfristen. Man unterscheidet – insbesondere im Mietrecht – die ordentliche bzw. fristgerechte und die außerordentliche bzw. fristlose Kündigung.
Siehe / Siehe auch: Berechtigtes Interesse, Darlehen, Beendigung eines Mietverhältnisses, Fristlose Kündigung des Mietverhältnisses, Kündigung einer Sozialwohnung

Kündigung einer Sozialwohnung

giving notice on a municipal housing unit / council flat or house

Dem Mieter einer Sozialwohnung bzw. von öffentlich geförderten Wohnräumen kann wie jedem anderen Mieter nur gekündigt werden, wenn der Vermieter ein berechtigtes Interesse an der Vertragsbeendigung hat. Welche Interessen berechtigt sind, regelt das Bürgerliche Gesetzbuch. Es gelten jedoch einige Besonderheiten:

- Eigenbedarf kann nur geltend gemacht werden, wenn auch der Vermieter bzw. sein einzugswilliges Familienmitglied einen Wohnberechtigungsschein besitzt. Die Größe der gekündigten Wohnung darf die im Schein angegebene angemessene Wohnungsgröße nicht überschreiten.
- Nach der Umwandlung einer Sozialmietwohnung in eine Eigentumswohnung darf der Käufer so lange nicht wegen Eigenbedarfs kündigen, wie die gekaufte Wohnung der Sozialbindung unterliegt. Auch bei vorzeitiger Rückzahlung der öffentlichen Gelder, mit denen der Bau der Wohnung finanziert wurde, kann diese Bindung bis zu zehn Jahre lang weiter bestehen. Maximal dauert die Bindung bis zum Ablauf des Kalenderjahres an, in dem die Darlehen nach den Tilgungsbedingungen vollständig zurückgezahlt wären.
- Hat der Vermieter ohne es zu wissen an einen nicht Wohnberechtigten vermietet, kann er diesem jederzeit kündigen. In diesem Fall muss der Vermieter damit rechnen, von der zuständigen Behörde zur Vermietung an einen Berechtigten aufgefordert zu werden.
- Verliert der Mieter während des Mietverhältnisses die Wohnberechtigung, weil sich z. B. seine finanziellen Verhältnisse verbessert haben, ergibt sich daraus kein Recht und auch keine Pflicht des Vermieters zur Kündigung. Der Mieter muss allerdings damit rechnen, von der Behörde zur Entrichtung einer Fehlbelegungsabgabe herangezogen zu werden.
- Will der Vermieter eine Mieterhöhung gemäß § 10 Wohnungsbindungsgesetz durchführen, hat der Mieter ein Sonderkündigungsrecht. Er kann spätestens am dritten Werktag des Monats, in dem die Erhöhung eintreten soll, zum Ende des darauf folgenden Monats kündigen. Die Mieterhöhung tritt dann für die verbleibende Zeit nicht in Kraft.

Siehe / Siehe auch: Fehlbelegung, Wohnberechtigungsschein, WoBindG

Kündigungsfrist beim Pachtvertrag

period of notice for a leasehold agreement

Für Pachtverträge über Grundstücke oder Rechte regelt § 584 BGB speziell, dass bei auf unbestimmte Zeit abgeschlossenen Verträgen die Kündigung nur zum Schluss eines Pachtjahres stattfinden kann. Die Kündigung muss spätestens am dritten Werktag des Halbjahres erfolgen, mit dessen Ablauf der Pachtvertrag beendet sein soll. Dies gilt auch für außerordentliche Kündigungen mit gesetzlicher Frist. Einige Kündigungsmöglichkeiten aus dem herkömmlichen Mietrecht sind bei der Pacht gesetzlich ausgeschlossen:

- die Kündigung des Mieters, weil der Vermieter grundlos die Untervermietung verweigert hat
- die außerordentliche Kündigung durch den Vermieter/Verpächter, wenn der Mieter/Pächter stirbt

Für die Kündigung eines Landpachtvertrages gelten jedoch einige Besonderheiten:

- Vertrag auf unbestimmte Zeit:
  Jeder Vertragspartner kann spätestens am dritten Werktag eines Pachtjahrs für das Ende des nächsten Pachtjahres kündigen. Im Zweifelsfalle ist das Kalenderjahr auch das Pachtjahr. Kürzere Kündigungsfristen können vertraglich vereinbart werden
- Vorzeitige außerordentliche Kündigung mit gesetzlicher Frist:
  Kündigung nur zum Ende eines Pachtjahres mit halbjähriger Frist; Kündigung muss spätestens am dritten Werktag des Halbjahres erfolgen, mit dessen Ablauf der Pachtvertrag enden soll (bei der Landpacht darf der Pächter z.B. außerordentlich mit gesetzlicher Frist kündigen, wenn er berufsunfähig geworden ist und der Verpächter die Überlassung an einen Dritten verweigert)
- Verträge mit Laufzeit über 30 Jahre:
  Nach 30 Jahren kann jeder Vertragspartner den Pachtvertrag kündigen – spätestens am dritten Werktag eines Pachtjahres für den Schluss des nächsten
- Verträge auf Lebenszeit:
  Keine Kündigung
- Tod des Pächters:
  Seine Erben und der Verpächter können innerhalb eines Monats, nachdem sie vom Tod des Pächters erfahren haben, den Pachtvertrag kündigen – mit einer Frist von sechs Monaten zum Ende eines Kalendervierteljahres
- Fristlose Kündigung:
  Auch der Pachtvertrag kann außerordentlich fristlos aus wichtigem Grund gekündigt werden. Hier gelten die wichtigen Gründe des Mietrechts, mit einer Ausnahme: Ein wichtiger Grund ist es auch, wenn die Pacht oder ein erheblicher Teil davon über mehr als drei

- Monate nicht bezahlt werden. Wenn die Pacht nach Zeitabschnitten von weniger als einem Jahr bemessen ist, kann erst gekündigt werden, wenn der Pächter für zwei aufeinander folgende Zahlungstermine mit der Zahlung in Verzug gekommen ist

Die Kündigung ist schriftlich vorzunehmen.

Für den Sonderfall eines befristeten Pachtvertrages mit Vereinbarung einer auflösenden Bedingung (hier: behördliche Nutzungsuntersagung) hat der Bundesgerichtshof entschieden: Der Pachtvertrag kann grundsätzlich auch ordentlich gekündigt werden, wenn dies nicht von beiden Vertragspartnern per Vereinbarung ausgeschlossen wurde. Ob die Vereinbarung der auflösenden Bedingung bedeutet, dass die Vertragspartner die ordentliche Kündigung ausschließen wollten, muss im Streitfall derjenige beweisen, der sich darauf beruft (Az. XII ZR 95/07, Urteil vom 01.04.2009).

Siehe / Siehe auch: Betriebsübergabe, Pachtvertrag

Kündigungsschreiben

written notice (of termination)

Mieter dürfen ohne weitere Begründung das Mietverhältnis kündigen. Dies muss jedoch schriftlich mit eigenhändiger Unterschrift passieren. Die Kündigung sollte zur Sicherheit per Einschreiben mit Rückschein abgeschickt werden. Eine mündliche Kündigung ist unwirksam.

Vermieter haben es schwerer: Ihr Kündigungsrecht ist nicht nur auf einige wenige Kündigungsgründe beschränkt, sondern diese Gründe müssen auch ausdrücklich im Kündigungsschreiben angegeben und so genau erläutert werden, dass sie in einem möglichen Gerichtsverfahren nachvollziehbar sind. Beispiel: Bei einer Eigenbedarfskündigung genügt es nicht, als Kündigungsgrund „Eigenbedarf" anzugeben. Es muss auch mitgeteilt werden, wer in die Wohnung einziehen soll und warum.

Beispiel: Die Tochter des Vermieters will in dieser Stadt ein Studium anfangen und braucht eine Einzimmerwohnung. Auch beim Vermieter ist das Einschreiben mit Rückschein unbedingt zu empfehlen: Er muss vor Gericht gegebenenfalls nachweisen, dass er gekündigt hat. Bei einer befristeten Kündigung muss der Vermieter den Mieter außerdem schriftlich darauf hinweisen, dass dieser das Recht hat, wegen eines Härtefalls der Kündigung zu widersprechen. Obwohl dies nicht im Kündigungsschreiben geschehen muss, sondern nur rechtzeitig vor Ablauf der Widerspruchsfrist (zwei Monate vor Ende des Mietverhältnisses), ist der Hinweis im Kündigungsbrief zu empfehlen. Auch auf den notwendigen Inhalt und die Frist für den Widerspruch sollte der Vermieter hinweisen. Zwar ist er dazu nicht gesetzlich verpflichtet. Jedoch sagt das Gesetz (§ 574b Abs. 2 BGB), dass sich die Widerspruchsfrist verlängert, wenn der Vermieter den rechtzeitigen Hinweis zum Widerspruchsrecht unterlässt. Der Mieter kann in diesem Fall noch im ersten Gerichtstermin des Räumungsrechtsstreits den Widerspruch nachholen.

Bei der Absendung des Kündigungsschreibens ist darauf zu achten, dass nach einer Entscheidung des Bundesgerichtshofes (Az. VIII ZR 206/04, Urteil vom 27.04.2005) der Samstag als Werktag zu betrachten ist. § 193 BGB, der etwas anderes aussagt, gilt demnach bei Kündigungsschreiben nicht. Muss spätestens am dritten Werktag eines Monats zum Ablauf des übernächsten Monats gekündigt werden und fällt dieser dritte Tag auf einen Samstag, so muss das Schreiben am Samstag beim Empfänger sein – und nicht erst am Montag, wie es früher gehandhabt wurde.

Siehe / Siehe auch: Beendigung eines Mietverhältnisses, Berechtigtes Interesse, Kündigung

Kündigungssperrfrist

non-calling period; period during which notice is barred; notice of withdrawal period

So bezeichnet man die Frist, die nach der Umwandlung einer Mietwohnung in eine Eigentumswohnung verstreichen muss, damit der neue Eigentümer den bisherigen Mietern ordentlich (z.B. wegen Eigenbedarfs) kündigen kann (§ 577a BGB).

Die Frist gilt nur, wenn drei Voraussetzungen erfüllt sind:

- Mieter hat bereits vor Umwandlung in der Wohnung gewohnt
- Wohnung wird in Eigentumswohnung umgewandelt
- Wohnung wird nach Umwandlung verkauft.

Sie beträgt drei Jahre ab Verkauf der Wohnung. In Gebieten mit Wohnungsmangel können die Landesregierungen abweichende Sperrfristen festsetzen: Bis zu zehn Jahre. Bei öffentlich gefördertem Wohnraum bzw. Sozialwohnungen wird die Kündigungssperrfrist durch die Dauer der Sozialbindung der Wohnung definiert. Eine Eigenbedarfskündigung kann nicht stattfinden, solange die Sozialbindung der Wohnung noch besteht.

Dies gilt auch nach Umwandlung und Verkauf. Auch bei vorzeitiger Rückzahlung der Fördermittel besteht die Sozialbindung noch bis zu zehn Jahre lang fort, maximal bis zum Ablauf des Kalenderjahres, in dem die Darlehen nach den Tilgungsbedingungen vollständig zurückgezahlt wären.

Siehe / Siehe auch: Beendigung eines Mietverhältnisses, Berechtigtes Interesse, Kündigungsschreiben, Kündigung einer Sozialwohnung, Umwandlung

Kündigungsverzicht

waiver of right to terminate

In einem Mietvertrag über Wohnraum kann vereinbart werden, dass beide Mietvertragsparteien für eine bestimmte Zeit auf die Inanspruchnahme Ihres Kündigungsrechts verzichten. Dies ist auch in Formularmietverträgen – also mittels Allgemeiner Geschäftsbedingungen – möglich. Allerdings hat der BGH entschieden, dass ein Kündigungsverzicht des Mieters für mehr als vier Jahre wegen unangemessener Benachteiligung des Mieters unwirksam ist, so dass - ähnlich wie beim Staffelmietvertrag über Wohnraum – dem Mieter das Recht eingeräumt werden muss, das Mietverhältnis spätestens zum Ablauf des vierten Jahres nach Mietvertragsbeginn kündigen zu können. Nach dem Bundesgerichtshof (Urteil vom 25.1.2006, Az.: VIII ZR 3/05) ist bei Vereinbarung eines unzulässigen längeren Kündigungsausschlusses die ganze Vertragsklausel und damit der gesamte Verzicht auf das Kündigungsrecht unwirksam. Es wird also nicht etwa der vereinbarte fünfjährige Kündigungsverzicht durch den zulässigen vierjährigen Verzicht ersetzt, sondern die Kündigung nach den gesetzlichen Fristen grundsätzlich wieder zugelassen. Der Mieter könnte also auch nach dem ersten Jahr schon mit gesetzlicher Frist kündigen. Kündigen Mieter bei einem vereinbarten gegenseitigen Kündigungsverzicht für zwei Jahre verfrüht mit dreimonatiger Frist, kann der Vermieter zumindest bis zur Neuvermietung der Wohnung innerhalb der Zweijahresfrist seinen Mietausfall gegen die Mieter geltend machen (BGH, Urt. v. 30.6.2004, Az. VIII ZR 379/03).

Siehe / Siehe auch: Beendigung eines Mietverhältnisses

Kundenschutz / Objektschutz (Gemeinschaftsgeschäft)

customer protection; non-interference with another's customer relations / property protection (joint business)

a. Kundenschutz beim Gemeinschaftsgeschäft

Vereinbaren Makler Gemeinschaftsgeschäfte, dann ist auf die Geschäftsbeziehungen zwischen den Maklern zunächst das gesetzliche Maklerrecht anzuwenden. Demnach muss ein Gemeinschaftsgeschäftspartner an der Provision beteiligt werden, wenn er zum Abschluss des Hauptvertrages ursächlich beigetragen hat. Dies geschieht in der Regel dadurch, dass er für ein vom Kollegen angebotenes Objekt einen kaufbereiten Interessenten beibringt, der dieses Objekt erwirbt. Dieser Interessent ist für ihn insofern ein geschützter Kunde. Da das gesetzliche Maklerrecht keine geeignete Grundlage für die Auslegung von Gemeinschaftsgeschäften darstellt, hat der IVD (Nachfolge des RDM) „Geschäftsgebräuche für Gemeinschaftsgeschäfte unter Maklern“ beschlossen, die eine Vereinbarungsgrundlage für die Vereinbarung eines Gemeinschaftsgeschäfts darstellt. Sie muss allerdings ausdrücklich von den Gemeinschaftsgeschäftspartnern zur Vertragsgrundlage gemacht werden. Nach diesen Regeln erstreckt sich der Kundenschutz auch darauf, dass mit dem von einem Partner beigebrachten Interessenten ein anderes als das ursprünglich vorgesehene Geschäft zustande kommt (Der Kunde erwirbt z. B. statt des Objektes A das vom Gemeinschaftsgeschäftspartner ebenfalls angebotene Objekt B). Auch dies begründet eine Pflicht zur Teilung der Gesamtprovision („Kundenschutz in der gleichen Sparte“). Die Schutzfrist beträgt ein Jahr, gerechnet von der namentlichen Benennung des Interessenten. Verfügt der Objektmakler über einen Alleinauftrag, der sich auf über ein Jahr erstreckt, verlängert sich die Kundenschutzfrist entsprechend. Was für den Schutz des Kunden des Interessentenmaklers gilt, gilt auch für den Schutz des Objektmaklers. Man spricht dann von Objektschutz. Der Anspruch auf Teilung der Gesamtprovision entsteht auch dann, wenn das angestrebte oder ein anderes sich auf das gleiche Objekt beziehende berufseinschlägige Geschäft zustande kommt, z. B. statt eines Kaufvertrages ein Mietvertrag (Objektschutz in allen Sparten). Die Schutzfrist läuft auch hier ein Jahr, gerechnet von der Abgabe des ordnungsgemäßen Objektangebotes.

b. Kundenschutz beim Maklervertrag

In der Geschäftsbeziehung zwischen einem Makler und einem Objektanbieter kann man insofern auch von Kundenschutz sprechen, als der Objektanbieter zur Provisionszahlung an den Makler verpflichtet ist, so lange davon auszugehen ist, dass die Maklertätigkeit ursächlich für einen nachfolgenden Vertragsabschluss ist. Dies kann auch nach Ablauf des Maklervertrages der Fall sein. Feste zeitliche Regelungen hat die Rechtsprechung nicht vorgegeben.

Kundenzeitschrift

customer magazine

Die Kundenzeitschrift ist ein herausragendes Medium zur Kundenkommunikation, das sich für die Immobilienbranche hervorragend eignet. Grund: Immobilien kosten (absolut) viel, daher besteht ein großer Informationsbedarf.

Kundenzeitschriften werden auch deshalb gut angenommen, weil sie unaufdringlich sind und nicht als reine „Werbung" wahrgenommen werden; sie können weggelegt und bei Bedarf oder Interesse gelesen werden. Der Kontakt mit dem Kunden bleibt erhalten. Die Kundendatenbank kann bei Bedarf auf den neuesten Stand gebracht werden. Außerdem können inhaltliche Argumente dafür gebracht werden, dass der Kunde gerade das Angebot des Immobilienunternehmens XY wahrnehmen soll. Damit kann die traditionelle Werbung unterstützt werden.

Kurs / Gewinn-Verhältnis

price earnings ratio; P/E ratio

Das Kurs/Gewinn-Verhältnis (KGV) ist die wichtigste Kennzahl bei der Bewertung eines Aktieninvestments und dient damit als Anhaltspunkt für den Vergleich verschiedener Kapitalanlagealternativen. Für die Berechnung wird der Aktienkurs durch den Gewinn pro Aktie geteilt. Das Ergebnis sagt aus, wie viel Jahre ein ebenso hoher Unternehmensgewinn ausgeschüttet werden müsste, um das eingesetzte Kapital zurückzubekommen. Je niedriger also das KGV ist, desto lohnender – zumindest im Grundsatz – ist die Anlage. Außer Acht gelassen werden dabei ein mögliches Gewinnwachstum in dem entsprechenden Unternehmen, Kursschwankungen und die sonstigen Risiken, die zu jedem Aktieninvestment gehören.

Kurtaxe

visitors' tax in a health resort

Eine Kurtaxe wird von Kurorten beziehungsweise Gemeinden mit erhöhtem Tourismus-Aufkommen erhoben. Abgabenrechtlich stellt sie eine Mischform aus Nutzungsgebühr und Beitrag dar: Die Kurtaxe wird unabhängig von der Nutzung gemeindlicher Einrichtungen von jedem Feriengast erhoben, der in der Gemeinde nächtigt. Der Gast hat jedoch nach Zahlung der Kurtaxe das Recht, bestimmte Einrichtungen zu benutzen. Rechtsgrundlage für die Kurtaxe ist § 43 Kommunalabgabengesetz (KAG). Nach dieser Vorschrift können Gemeinden eine Kurtaxe erheben, um „ihre Kosten für die Herstellung und Unterhaltung der zu Kur- und Erholungszwecken bereitgestellten Einrichtungen und für die zu diesem Zweck durchgeführten Veranstaltungen sowie für die, gegebenenfalls auch im Rahmen eines überregionalen Verbunds, den Kur- und Erholungsgästen eingeräumte Möglichkeit der kostenlosen Benutzung des öffentlichen Personennahverkehrs zu decken." Die Kurtaxe ist damit zweckgebunden. Die Gemeinden regeln Einführung und Einzelheiten der Kurtaxe in der Regel in einer Gemeindesatzung.

§ 42 Abs. 2 KAG bestimmt, dass die Kurtaxe von allen Personen erhoben wird, die sich in der Gemeinde aufhalten, aber nicht deren Einwohner sind und denen die Möglichkeit zur Benutzung der gemeindlichen Einrichtungen und zur Teilnahme an Veranstaltungen geboten wird. Zu den gemeindlichen Einrichtungen zählt dabei alles, was von Feriengästen benutzt wird – vom aufgespülten Badestrand bis zum Hallenbad. Ebenso wird die Kurtaxe auch von Einwohnern erhoben, die den Schwerpunkt ihrer Lebensbeziehungen in einer anderen Gemeinde haben. Die Kurtaxe wird jedoch nicht von Ortsfremden und Einwohnern mit Lebensmittelpunkt in einer anderen Gemeinde erhoben, die in der Gemeinde arbeiten, ihre Ausbildung machen oder sich aus beruflichen Gründen – etwa für Tagungen oder Veranstaltungen – dort aufhalten. Für Tagungs- und Veranstaltungsteilnehmer kann die Gemeinde jedoch per Satzung die Kurtaxe einführen. Sie kann ebenfalls bestimmen, dass die Betreiber von Campingplätzen oder Häfen mit Schiffsliegeplätzen Ortsfremde melden, die Kurtaxe einziehen oder eine Jahrespauschale zahlen. Reiseunternehmen können ebenfalls zur Meldung Ortsfremder und zum Einziehen und Abführen der Kurtaxe an die Gemeinde verpflichtet werden. In vielen Fällen ziehen auch Zimmervermieter die Kurtaxe für die Gemeinde ein.

Oft wird die Kurtaxe nur in der Hauptsaison erhoben. Ihre Höhe lag z.B. an der niedersächsischen Nordseeküste (Carolinensiel-Harlesiel) 2009 bei zwei Euro pro Tag und Person für Erwachsene ab 16 Jahren und bei einem Euro pro Tag und Person für Kinder zwischen vier und 15 Jahren.

Siehe / Siehe auch: Ferienwohnung, Fremdenverkehrsabgabe, Zweitwohnungssteuer

Kurzumtriebswald

short rotation forest

Siehe / Siehe auch: Energiewald

Ladungsfähige Anschrift

address for service of a court summons

Eine ladungsfähige Anschrift muss heute bei geschäftlichen Aktivitäten in bestimmten Bereichen zwingend angegeben werden – z. B. im Impressum einer gewerblichen Internet-Seite oder der Widerrufsbelehrung bei Verbraucherverträgen nach der BGB-Informationspflichten-Verordnung. Man versteht darunter eine Anschrift, unter der der Inhaber der Adresse tatsächlich persönlich erreichbar ist, damit ihm z. B. Übergabeeinschreiben oder Postzustellungsurkunden überreicht werden können. Im Normalfall wird darunter also die Wohn- oder Geschäftsanschrift mit Name, Straße, Hausnummer, Postleitzahl und Ort zu verstehen sein. Ein Postfach ist nicht mehr als ladungsfähige Anschrift anerkannt. Eine Domizil-Adresse oder die Verwendung der Anschrift eines Büroservice kann bei entsprechender Empfangsbevollmächtigung der dortigen Mitarbeiter als ladungsfähige Anschrift anzusehen sein, Rechtsprechung dazu ist noch nicht bekannt.

Siehe / Siehe auch: BGB-Informationspflichten-Verordnung (BGB-InfoV), Postfach, Domizil-Adresse

Ländliche Räume

rural areas; rural districts

In ländlichen Räumen herrschen dörfliche und kleinstädtische Strukturen vor. Kennzeichnend für diese Räume ist eine geringe Bevölkerungsdichte. Ländliche Räume haben ein unterschiedliches Gepräge. Es gibt ländliche Kreise mit höherer und solche mit geringerer Dichte. Die Grenzen hin zu den Ausläufern der verstädterten Räume sind oft nicht klar zu definieren. Sie verschieben sich aufgrund der unterschiedlichen Entwicklungsdynamik der Verdichtungsräume. Oft werden solche Räume als Verlierer-Regionen dargestellt. Doch es gibt auch gegenteilige Erfahrungen, die sich durch einen sehr hohen Zufriedenheitsindex der Bevölkerung auszeichnen. Zu nennen wären Südostoberbayern (Platz 1), das Allgäu (Platz 2) und das Oberland (Platz 3). 15 Prozent der Bevölkerung leben heute in ländlichen Regionen.

Siehe / Siehe auch: Entwicklung ländlicher Räume

Lärm, Belästigung durch

noise; pollution/ nuisance caused by

Wann Lärm zur Lärmbelästigung wird, richtet sich nach dem persönlichen Empfinden des Zuhörers. Eine Rolle spielen auch die Art des Lärms und die Tageszeit. Ruhezeiten sind nicht in bundeseinheitlichen Gesetzen, sondern in Verordnungen der Länder und Gemeinden geregelt – und können daher von Stadt zu Stadt unterschiedlich sein.

Meist muss Ruhe, das bedeutet Zimmerlautstärke, herrschen zwischen:

- 22 Uhr und 7 Uhr
- 13 Uhr und 15 Uhr
- an Samstagen zwischen 19 Uhr und 8 Uhr sowie 13 Uhr und 15 Uhr
- an Sonn- und Feiertagen ganztägig.

Für Mieter sind meist Ruhezeiten in der Hausordnung geregelt. Der Mieter hat zu diesen Zeiten aber keinen Anspruch auf Grabesstille: Gewisse Geräusche dürfen je nach Bauzustand des Gebäudes auch bei Einhaltung der Zimmerlautstärke durch den Nachbarn zu hören sein. Insbesondere darf zu jeder Tages und Nachtzeit geduscht werden – dies gehört zu den normalen Wohngeräuschen.

Kinderlärm per Hausordnung oder Gericht zu untersagen, dürfte sich schwierig gestalten: Kinder sind nun mal Kinder – und das sehen auch die Gerichte so. Es gibt Ausnahmen: Zum Beispiel, wenn die Eltern ihr Kind den ganzen Tag lang vor sich hin schreien lassen, ohne sich darum zu kümmern. Auch Trampolinübungen auf dem Sofa müssen nicht hingenommen werden. Die Belästigung muss „mutwillig“ erscheinen, um gerichtlich dagegen vorgehen zu können.

Kinderspielplätze in Wohngebieten sind von den Anwohnern in der Regel hinzunehmen. Private Basketballkörbe an Wohnhäusern können bei größerer Lärmbelastung unzulässig sein. Bei Bolzplätzen urteilen Gerichte oft strenger und zugunsten der Anwohner. Handelt es sich um eine regelrechte Sportanlage zur professionellen Nutzung durch Erwachsene, gilt die bundesweite Sportanlagenlärmschutzverordnung, welche verbindliche Richtwerte enthält. Verbreiteter Irrtum: Entgegen weit verbreiteter Meinung gibt es kein Recht darauf, einmal im Monat zu feiern. Auch bei gelegentlichen Festen müssen grundsätzlich die Ruhezeiten eingehalten werden. Vorheriges Fragen bei den Nachbarn schützt vor Streit.

Musizieren darf von Hausordnung oder Mietvertrag nicht untersagt werden. Derartige Regelungen sind unwirksam. Gerichte haben aktiven Musikanten bis zu zwei Stunden Übungszeit am Tag genehmigt – außerhalb der Ruhezeiten. Verschiedene bundesrechtliche Regelungen sollen den Lärmschutz in bestimmten Lebensbereichen durchsetzen. So existieren Lärmschutzverordnungen für Sportanlagen, Verkehrslärm, Maschinen und Geräte sowie Magnetschwebebahnen. Im Saarland existiert eine

Verordnung zum Schutz vor Geräuschimmissionen bei Musikdarbietungen auf Volksfesten. Die 32. Bundesimmissionsschutz-Verordnung („Geräte- und Maschinen-Lärmschutzverordnung") vom 29.8.2002 setzt Grenzwerte für die Lärmemissionen von 57 verschiedenen Geräte- und Maschinenarten fest. Für Wohngebiete, Kur- bzw. Klinikbereiche und Gebiete für die Fremdenbeherbergung verbietet sie den Betrieb etlicher lärmerzeugender Geräte (darunter Rasenmäher, Laubsammler, Graskantenschneider, Kettensägen, diverse Baumaschinen) ganztägig an Sonn- und Feiertagen, an Werktagen zwischen 20 Uhr und 07 Uhr. Bestimmte besonders laute Maschinen wie Laubsammler und Laubbläser dürfen nach der Verordnung in den genannten Gebieten auch an Werktagen zwischen 07 Uhr und 09 Uhr, zwischen 13 Uhr und 15 Uhr sowie zwischen 17 Uhr und 20 Uhr nicht betrieben werden.
Ausnahme: Die Maschinen bzw. Geräte verfügen über ein EU-Umweltzeichen.
Siehe / Siehe auch: Basketball, Bolzplatz, Hausordnung, Lärmschutz, Lärmbelästigung durch Garagentor, Lärmbelästigung, Gegenmaßnahmen, Sportanlagenlärmschutzverordnung

Lärmaktionspläne

action plans to reduce the level of noise

Lärmaktionspläne stellen auf der Grundlage von Lärmkarten, in denen die Lärmimmissionen für bestimmte Gebiete dargestellt werden, einen Katalog von Maßnahmen dar, die zur Eindämmung der gemessenen Lärmimmissionen („Umgebungslärm") in Angriff genommen werden müssen. Die Kriterien für die Festlegung von Maßnahmen in Lärmaktionsplänen sowie Inhalt, Format und Bestimmungen zur Datenerhebung und Datenübermittlung sollen in Rechtsverordnungen festgelegt werden. Die Lärmaktionspläne sollen bis zum 18. Juli 2008 für die Gebiete mit hohem Umgebungslärm erstellt werden.

Lärmbelästigung durch Garagentor

nuisance caused by the slamming of the garage door

In manchen Wohnanlagen befinden sich Garagen direkt unterhalb von Wohnungen oder Schlafzimmerfenstern. Wenn Mieter nachts durch lautes Schließen der Garagentore belästigt werden, können sie einen Anspruch auf Mietminderung haben (z.B. zehn Prozent nach LG Berlin, Az. 64 S 26/86). Eine gewisse Häufigkeit und Intensität der Lärmbelästigung ist allerdings Voraussetzung.
Siehe / Siehe auch: Garagen-Mietvertrag

Lärmbelästigung, Gegenmaßnahmen

noise nuisance, countermeasures / preventive measures

Werden Mieter durch Lärm belästigt, richten sich die zu ergreifenden Maßnahmen danach, ob der Lärm aus dem Haus (von anderen Mietern) oder aber von draußen (also von fremden „Störern") kommt. Belästigt ein Mieter die anderen Hausbewohner durch unangemessene Lärmentwicklung, kann der Vermieter zunächst die Einhaltung der in der Hausordnung niedergelegten Ruhezeiten fordern. Wenn alle Aufforderungen nichts helfen, kann zu den Mitteln der Unterlassungsklage oder der Kündigung gegriffen werden. Störungen von außen kann der Vermieter ebenfalls juristisch begegnen: Nach §§ 903, 1004 Abs.1 BGB hat jeder, der durch störende Einwirkungen von außen belästigt wird, einen Anspruch auf Beseitigung bzw. Unterlassung der Störung. Dies gilt auch dann, wenn der Störer ein Gewerbebetrieb ist.
Der Mieter kann bei Belästigung durch Lärm darauf drängen, dass der Vermieter für Ruhe sorgt. Der vertragsgemäße Gebrauch der Wohnung umfasst auch die von fremdem Lärm ungestörte Nutzung. Wenn eine solche längerfristig nicht mehr möglich ist, kann der Mieter per Mietminderung Druck auf den Vermieter ausüben. Natürlich kann der Mieter auch selbst rechtliche Maßnahmen gegen den Störenfried ergreifen. Er hat als „Besitzer" der Wohnung Anspruch auf Unterlassung störender äußerer Einwirkungen nach §§ 858 Abs.1, 862 Abs.1 BGB. Ins Leere gehen derartige Ansprüche allerdings dann, wenn es sich um Lärmbelästigungen handelt, die ortsüblich sind und die schon bei Einzug des Mieters existierten (Straßenlärm, Straßenbahntrasse, Einflugschneise zum Flughafen).
Siehe / Siehe auch: Beendigung eines Mietverhältnisses, Hausordnung, Lärm, Belästigung durch, Lärmbelästigung durch Garagentor

Lärmkarten

noise maps

Nach § 47c des Bundesimmissionsschutzgesetzes (BImSchG) sind die beim Bund und den Bundesländern zuständigen Behörden verpflichtet, strategische „Lärmkarten" für Ballungsräume mit mehr als 250.000 Einwohnern sowie für Hauptverkehrsstraßen mit einem Verkehrsaufkommen von über 6 Millionen Kraftfahrzeugen pro Jahr, Haupteisenbahnstrecken mit über 60.000 Zügen pro Jahr und im Bereich der Großflughäfen zu erstellen. Aus diesen Lärmkarten soll der durch bestimmte Verfahren ermittelte „Umgebungslärm" eingetragen werden.

Indikatoren für die Bewertung der Lärmbelastung sind ein „Nachtlärmindex" und ein „Tag-Abend-Nachtlärmindex". Lärmkarten sind getrennt nach Verursachergruppen (Straßenverkehr, Flugverkehr, Industrie usw.) zu erarbeiten. Die Lärmkarten müssen im Fünfjahresturnus überprüft und gegebenenfalls überarbeitet werden. In einem zweiten Schritt sollen bis 2012 für weitere Ballungsräume, Hauptverkehrsstraßen und Eisenbahnstrecken sowie Flughäfen Lärmkarten erstellt werden. Die Regelungen des BImSchG basieren auf der Richtlinie 2002/49/EG des Europäischen Parlaments. Auf der Grundlage der Lärmkarten sind Lärmaktionspläne aufzustellen, in denen Maßnahmen zur Bewältigung der Lärmprobleme und Lärmauswirkungen vorgesehen werden.
Die Lärmaktionspläne sind wie die Lärmkarten im Turnus von fünf Jahren zu aktualisieren. Lärmkarten und Lärmaktionspläne sind der Öffentlichkeit zugänglich zu machen.

Lärmschutz

noise insulation; noise protection; noise abatement

Lärmschutz umfasst alle Maßnahmen, mit denen belästigender oder gesundheitsschädigender Lärm vermieden wird. Im Gegensatz zum Schallschutz, bei dem die Schallquellen durch Maßnahmen der Schallreduzierung auch zur Reduzierung des Lärms beitragen (Beispiele Autobahntrassenausbau mit „Flüsterbeton", Dämmung von Industrieanlagen) bewirkt der Lärmschutz zudem eine Verringerung der Auswirkungen des Lärms auf die menschliche Gesundheit. Es handelt sich um Maßnahmen, die den entstehenden Lärm beim Lärmempfänger dämpft (z.B. Einbau von Schallschutzfenstern in der Wohnung). Die Lautstärke des Lärms (Schall) wird in Dezibel (db) gemessen. Sie allein ist als Beurteilungsgrundlage für mögliche Schädigungen jedoch nicht ausreichend. Es kommt vielmehr auf die Dauer, Frequenz und auch die Art des Lärms (z.B. Quietschgeräusche, Geräusche des Hämmerns usw.) an.
Lärm wirkt sich nicht nur auf das Gehör schädigend aus (Hörschwäche, Hörstörungen bis hin zur Taubheit), sondern auch auf das leibliche Wohlbefinden und die Konzentrationsfähigkeit. Lärm verursacht bei längerer Dauer Stress und führt zu Bluthochdruck und zu einem erhöhten Herzinfarktrisiko. Der Lärm am Tage ist anders zu beurteilen als der Lärm in der Nacht. Nachtlärm führt schon bei relativ niedrigen Schallpegel zu Schlaflosigkeit. Die Immissionsgrenzwerte (IGW) sind in verschiedenen Gebieten unterschiedlich festgelegt. Für Lärmschutzmaßnahmen bei Krankenhäusern, Schulen, Kurheimen und Altenheimen liegen sie am Tage (6.00h – 22.00h) bei 57 db und in der Nacht (22.00h – 6.00h) bei 47 db. In Kleinsiedlungsgebieten, reinen Wohngebieten und allgemeinen Wohngebieten am Tag bei 59 db und nachts bei 49 db. Am Ende der Skala stehen Gewerbe- und Industriegebiete mit IGW von 69 db am Tage und 59 db während der Nacht. Gesetzliche Vorschriften finden sich im Bundesimmissionsschutzgesetz und den hierzu ergangenen Verordnungen und Richtlinien. Dabei hatte der Gesetzgeber die auf europäischer Ebene ergangene Umgebungslärmrichtlinie 2002/49 EG umzusetzen. Sie enthält u.a. Bestimmungen zur Harmonisierung der Lärmbewertung und -bekämpfung und zur Umweltprüfung und schreibt die Aufstellung von Lärmkarten als Grundlage für Lärmaktionspläne vor. Wird durch eine Straßenbaumaßnahme die Lärmbelastung für Anwohner erhöht, können diese auch nachträglich die Durchführung von Lärmschutzmaßnahmen fordern. Dies entschied das Bundesverwaltungsgericht am 7.3.2007 (Az. 9 C 2/06). Nach dem Urteil kann dies in Fällen verlangt werden, in denen die Lärmbelastung nach der Baumaßnahme im Laufe mehrerer Jahre derart stark angestiegen ist, dass eine gleich starke Belastung zum Bauzeitpunkt Lärmschutzmaßnahmen erforderlich gemacht hätte. Bis zu 30 Jahre nach Ausbau einer Straße können Anwohner nach dem Gericht noch Lärmschutzmaßnahmen einfordern.
Siehe / Siehe auch: Basketball, Bolzplatz, Frösche, Kleinsiedlungsgebiet (BauNVO), Lärm, Belästigung durch, Lärmaktionspläne, Sportanlagenlärmschutzverordnung, Umweltverträglichkeitsprüfung / Umweltprüfung

Lage

position; situation; site; location; locality

Die Lage ist ein klassisches Qualitätskriterium für eine Immobilie. Zu unterscheiden sind die Makrolage und die Mikrolage, also das räumliche Umfeld in einem weiteren und in einem engeren Sinn.
Die Makrolage eines Grundstücks kennzeichnet die Erreichbarkeiten der überregional bedeutsamen Zentren aus der Lageperspektive dieses Grundstücks und legt deshalb Wert auf eine Analyse der Entfernungen und Verkehrsverbindungen (Flughäfen, Autobahnen, Zugverbindungen) zu diesen Zentren. Bei Beurteilung der Mikrolage spielen die kleinräumigen Erreichbarkeiten zwar auch eine Rolle. Je nach Nutzungsart sind für die Lageeinschätzung neben harten vor allem auch weiche

Lagefaktoren bedeutsam. Harte Lagefaktoren sind quantifizierbar z.B. Entfernungen, deren Überwindung Kosten für Verkehrsmittel oder Gütertransport verursacht. Weiche Lagefaktoren sind auf subjektive Einschätzungen von Lagequalitäten zurückzuführen, z.B. Milieu der Umgebung eines Standortes. Auch wenn weiche Lagefaktoren aus sich heraus nicht quantifizierbar sind, kann ihnen doch ein erheblicher Anteil am Gesamtlagewert zukommen. Bei der Lageanalyse kann ein Zensurierungssystem weiterhelfen. Wenn es beispielsweise darum geht, die Lagequalität eines Einfamilienhauses zu bestimmen, können die verschiedenen grundlegenden Lagefaktoren gewichtet werden, wobei man sich an einem Lageoptimum orientiert: Kurzbeispiel:

Lageoptimum (Orientierungsvorgabe der Lagen für Einfamilienhäuser)

- Verkehrslage: 30
- Ortslage: 30
- Umgebung/Milieu: 40
- Gesamt = 100

Lageeinschätzung eines bestimmten Einfamilienhauses: (Vergleich zum Lageoptimum)

- Verkehrslage: 15
- Ortslage: 30
- Umgebung/Milieu: 20
- Gesamt = 65

Die Lage des Einfamilienhauses würde hier im Vergleich zum Optimum eine noch befriedigende mittlere Wohnlage sein. Nun kann man nach der Zielbaummethode die Orientierungsvorgabe noch weiter auffächern, in dem z. B. die Verkehrslage (Erreichbarkeit) in folgende Komponenten zerlegt wird:

- Nähe zu Schulen: 3
- Nähe zum Kindergarten: 5
- Nähe zu Einkaufsmöglichkeiten (täglicher Bedarf): 6
- Nähe zu Sport- und Freizeiteinrichtungen: 3
- Nähe zur Kulturstätten: 2
- Nähe zu öffentlichen Verkehrsmitteln und deren Frequenz: 4
- Nähe zu Ärzten: 2
- Nähe zum Stadtzentrum: 5
- Gesamt = 30

Dies ist natürlich nur ein Beispiel. Wer sich mit Lageanalysen beruflich befassen muss, der müsste, bevor er solche leitbildhaften Orientierungsvorgaben für verschiedene Objektarten erstellt, die spezielle Raumstruktur erfassen. Man kann Lagespezifika eines Raumes nicht auf andere Räume übertragen. Hinzuweisen ist auch noch darauf, dass die Gewichtung zwischen harten und weichen Lagefaktoren von der Nutzung abhängt. So spielen die harten Lagefaktoren bei gewerblichen Immobilien (Produktionsstandorte) eine größere Rolle. Bei Konsumstandorten, also bei Wohnnutzung dominieren die weichen Lagefaktoren. Die Lage beschreibt einen objektiven Sachverhalt einer Immobilie, für bestimmte Nutzergruppen. Im Gegensatz dazu beschreibt der „Standort" einen subjektiven Sachverhalt aus der Perspektive eines ganz bestimmten Nutzers.

Literaturhinweis: Sailer/Kippes/Rehkugler: Handbuch für Immobilienmakler und Immobilienberater, München

Siehe / Siehe auch: Standort- und Marktanalyse, Zielbaummethode

Lageanalyse

analysis; analysis of a situation; locational analysis

Siehe / Siehe auch: Lage

Lageklassenmethode

location class method

Die „Lageklassenmethode" ist ein in der Schweiz gebräuchliches Verfahren zur Bewertung von Grund und Boden („Land"). Es wird wohl auch als Naegeli-Verfahren bezeichnet, weil Naegeli diese Methode in den 50er Jahren entwickelt hat. Die letzte Darstellung von Naegeli und Hungerbühler findet sich im „Handbuch des Liegenschaftsschätzers" (Zürich 1988). Die Lageklassenmethode ist vielfach Grundlage für die Ermittlung des Bodenwertanteils bebauter Grundstücke für steuerliche Zwecke (Steuerwerte). In einigen Kantonen der Schweiz werden zwar Bodenrichtwerte auf der Grundlage von erzielten Preisen für Vergleichsgrundstücke zur Bewertung von „Land" herangezogen. In anderen Kantonen herrscht die Lagenklassenmethode vor. Wo Richtwerte fehlen, greift man ohnehin zur Lageklassenmethode. Diese geht von der durch Untersuchungen gestützten Annahme aus, dass Liegenschaften mit gleichen Lagemerkmalen ein annährend gleiches Verhältnis von Boden- zu Bauwert aufweisen. Bei Ermittlung der Lageklassen werden vor allem Lage, Nutzung und Bauqualität berücksichtigt. Durch Zuweisung des Grundstücks zu einer Lageklasse und Ermittlung des Bauwertes kann auf den Bodenwert geschlossen werden. In der Vollziehungsverordnung zum Steuergesetz von Luzern vom November 1994

wird z. B. bestimmt, dass der „Bodenwert in einem angemessenen Verhältnis zur Nutzung und zum Gesamtanlagewert des Grundstücks (Lageklassen) stehen soll".Ermittelt wird zunächst der maßgebende Landbedarf – die nach den Bauvorschriften für den Baukörper notwendige Grundstücksfläche in Quadratmeter. Der Landbedarf wird in Raumeinheiten zum Ausdruck gebracht. Auch für die Ermittlung der Raumeinheiten gibt es ein bestimmtes Verfahren. Für eine ermittelte Anzahl von Raumeinheiten ist mit anderen Worten ein bestimmter Landbedarf gegeben. Den wertbildenden Merkmalen eines Grundstücks (z. B. Nutzungsintensität, Verkehrsrelation zur Großstadt, Wohnsituation usw.) werden bestimmte Werte zugemessen. Die Merkmalszahlen werden addiert. Man erhält so die provisorische Lageklassenzahl. Die Summe wird, falls erforderlich und bei der Quantifizierung eines Merkmals noch nicht berücksichtigt, mit Hilfe von Steigerungs- oder Reduktionsfaktoren korrigiert. Die Korrektur ist durch einen zulässigen Abweichungskorridor begrenzt. (Beispiel für Steigerungsfaktoren: Besonders attraktive Wohnlage bei Einfamilienhäusern, besonders hohe Passantenfrequenz bei Geschäftsgrundstücken, Beispiel für Reduktionsfaktoren: besondere Immissionsbelastungen, schlechte Grundstücksform).
Jeder Lageklasse (z. B. 1-8) entspricht ein Prozentsatz, der sich auf den Neuwert eines Gebäudes bezieht. Der Bodenwert des sog. maßgeblichen Landbedarfs wird durch Multiplikation des Prozentsatzes mit diesem Neuwert ermittelt. Da der maßgebliche Landbedarf mit der tatsächlichen Bodenfläche in der Regel nicht übereinstimmt, müssen auch die Werte der Mehrflächen ermittelt werden. Dabei wird wiederum unterschieden zwischen solchen Mehrflächen, die sich im Umgriff des Gebäudes befinden und wegen der Form und Größe keine weitere Bebauung zulassen, Mehrflächen, die abgetrennt und als Bauplätze einer baulichen Nutzung zugeführt werden können und schließlich nicht zu bewertende Mehrflächen (Verkehrsflächen, die auch anderen Grundstücken dienen, Gewässer, unkultiviertes Land). Für die Bewertung der Mehrflächen (zu Steuerzwecken) stehen auch hier wieder eigene Regelwerke zur Verfügung.

Lageplan

site plan; location plan; layout; plan of site

Der Lageplan gehört zu den Bauvorlagen und Beleihungsunterlagen. Soweit der Lageplan Bestandteil einer Bauvorlage ist, muss er bestimmte, in den Bauvorlagenverordnungen der Bundesländer bezeichnete Darstellungen enthalten. Sie sind länderunterschiedlich geregelt. In der Regel zählen hierzu der Maßstab (in der Regel 1:500) die Lage des Grundstücks zur Himmelsrichtung, die Bezeichnung des Grundstücks (Gemeinde, Straße, Hausnummer, Grundbuch, Gemarkung, Flur, Flurstück), Flächeninhalt und katastermäßige Grenzen des zu bebauenden Grundstücks und der Umgebungsgrundstücke, der vorhandene Gebäudebestand sowie im Liegenschaftsbuch enthaltene Hinweise auf Baulasten. In einigen Bundesländern wird unterschieden zwischen dem einfachen und dem qualifizierten Lageplan. Der einfache Lageplan enthält die oben dargestellten Angaben. Der qualifizierte Lageplan, der vor allem bei Grenzbebauungen benötigt wird, enthält außerdem noch Grenzlängen und Abstandsmaße und stellt den aktuellen Bebauungszustand der Nachbargrundstücke dar.

Siehe / Siehe auch: Bebauungsplan

Landesbauordnung

German state charter governing the erection of structures

In den Landesbauordnungen der Bundesländer ist das jeweils geltende Bauordnungsrecht kodifiziert. Inhaltlich stimmen sie nur teilweise überein. Vor allem im Bereich des genehmigungsfreien Bauens ist „Bewegung" in die Landesbauordnungen gekommen. Jede Landesbauordnung wird begleitet von einer Reihe von Nebengesetzen und Verordnungen, die dem Bauordnungsrecht zugehören.

Siehe / Siehe auch: Bauordnungsrecht

Landesplanung

regional planning (on state level)

Unter Landesplanung versteht man den Teil der Raumplanung, der auf der Grundlage des Raumordnungsgesetzes den Bundesländern als Aufgabe zugewiesen ist. Dabei ist zu beachten, dass im Zuge der Föderalismus-Reform die Planungskompetenz der Bundesländer erweitert wurde. Sie können von den Vorschriften des Raumordnungsgesetzes im Rahmen der Landesgesetzgebung abweichen. Rechtliche Grundlage der Landesplanung waren schon vorher die Landesplanungsgesetze der Bundesländer. Instrumente der Landesplanung sind die Landesentwicklungsprogramme und auf der Ebene der Planungsregionen die Regionalpläne beziehungsweise regionalen Raumordnungspläne und die Raumordnungsverfahren. Die Bauleitplanung ist mit den Regionalplänen durch die Vorschrift im BauGB verzahnt (die Bauleitpläne sind den Zielen der Raumordnung anzupassen).

Siehe / Siehe auch: Regionalplan, Raumordnung, Raumordnungsgesetz (ROG)

Landgericht

German regional court; district court

Das Landgericht steht als ordentliches Gericht im Gerichtsaufbau zwischen Amts- und Oberlandesgericht. Das jeweilige Landgericht ist für Berufungen gegen Entscheidungen der Amtsgerichte üblicherweise zuständig. Bei WEG-Streitigkeiten besteht jedoch gemäß § 72 Abs. 2 Gerichtsverfassungsgesetz (GVG) eine Sonderregelung, nach der Berufungs- und Beschwerdegericht das für den Sitz des Oberlandesgerichts zuständige Landgericht ist, und zwar für den Bezirk, in dem das Amtsgericht seinen Sitz hat. So ist beispielsweise das LG Dortmund Berufungs- und Beschwerdegericht gegen amtsgerichtliche Entscheidungen im OLG-Bezirk Hamm, weil es in Hamm kein Landgericht gibt, Hamm jedoch im Landgerichtsbezirk Dortmund liegt. Etwas anderes gilt dann, wenn die jeweilige Landesjustizverwaltung ein anderes Landgericht bestimmt hat. So ist beispielsweise das Landgericht Itzehoe alleiniges Berufungs- und Beschwerdegericht für Schleswig-Holstein. Anders als bei früheren WEG-Streitigkeiten gibt es keine sofortige weitere Beschwerde gegen die landgerichtlichen Entscheidungen beim Oberlandesgericht. Gegen die Entscheidung des Landgerichts kann das Berufungsgericht die Revision beim Bundesgerichtshof zulassen. Gegen die Nichtzulassung der Revision kann die Nichtzulassungsbeschwerde eingelegt werden, die jedoch durch die Neuordnung der WEG-Verfahren bis zum 01.07.2012 ausgesetzt ist. Während für das erstinstanzliche Verfahren beim Amtsgericht keine anwaltliche Vertretung vorgeschrieben ist, ist im Berufungsverfahren die Vertretung durch einen Anwalt erforderlich.

Siehe / Siehe auch: Amtsgericht, Bundesgerichtshof, WEG-Verfahren / ZPO-Verfahren

Landschaftsplan

landscape plan; landscape project

Das Bundesnaturschutzgesetz schreibt vor, dass die Gemeinden auf der Grundlage der Landschaftsprogramme der Bundesländer und der für die Regionen daraus entwickelten Landschaftsrahmenpläne sog. Landschaftspläne aufstellen müssen. Ein Landschaftsplan enthält einerseits Darstellungen einer Bestandsaufnahme des gegebenen Zustands von Natur und Landschaft und ihre Bewertung, andererseits die Darstellung des angestrebten Zustandes und der zur Erreichung dieses Zustandes erforderlichen Maßnahmen. Darstellungen des Landschaftsplanes können auf der Grundlage von Länderbestimmungen in die Bauleitplanung aufgenommen werden. Wie aus Flächennutzungsplänen Bebauungsplane entwickelt werden, sind Landschaftspläne Grundlage auch für Grünordnungspläne.

Siehe / Siehe auch: Bebauungsplan, Flächennutzungsplan (FNP), Grünordnungsplan

Landschaftsschutzgebiet

area of outstanding natural beauty; landscape conservation area; landscape preserve; (protected) nature reserve

Laut § 26 des Bundesnaturschutzgesetzes versteht man unter einem Landschaftsschutzgebiet rechtsverbindlich festgesetzte Gebiete in denen ein besonderer Schutz von Landschaft und Natur erforderlich ist. Bei Aufstellung von Bauleitplänen sind die Flächen zu berücksichtigen, die u.a. den Belangen des Naturschutzes genügen. Im Flächennutzungsplan werden die Flächen dargestellt, für die Maßnahmen zum Schutz der Natur vorzusehen sind. Entsprechende Festsetzungsmöglichkeiten sind auch für Bebauungspläne vorgesehen. Pflegemaßnahmen beziehen sich auf die Erhaltung oder Wiederherstellung der Leistungs- und Funktionsfähigkeit des Naturhaushalts oder der Regenerationsfähigkeit und Nutzungsfähigkeit der Naturgüter.

In den Schutzbereich von Landschaftsschutzgebieten können auch die Erhaltung der Vielfalt, Eigenart und Schönheit des Landschaftsbildes einbezogen werden oder seine besonderen Bedeutung für die Erholung. In einem Landschaftsschutzgebiet ist alles untersagt, was den Charakter des Gebietes verändern oder dem Schutzzweck zuwiderlaufen würde. In Deutschland gibt es etwa 750 Landschaftsschutzgebiete.

Siehe / Siehe auch: Naturdenkmäler

Landwirtschaft

agriculture; farming; husbandry

Landwirtschaft i.S.d. Baugesetzbuches ist der Ackerbau, die Wiesen- und Weidewirtschaft, die „Pensionstierhaltung“ auf überwiegend eigener Futtergrundlage, die gartenbauliche Erzeugung, der Erwerbsobstbau, der Weinbau, die berufsmäßige Imkerei und die berufsmäßige Binnenfischerei.
(§ 201 BauGB)

Die Landwirtschaft repräsentiert im Wesentlichen zwei Zweige der Urproduktion, nämlich die Viehzucht und den Anbau von Pflanzen. Zunehmende Beachtung findet dieser Wirtschaftszweig als potenzieller Lieferant erneuerbarer Energien (Strom-

und Wärmeerzeugung durch Biomasse, Biogas und Biodiesel als Kfz-Treibstoff).
Siehe / Siehe auch: Landwirtschaftlicher Betrieb

Landwirtschaftliche Nebenerwerbstelle

part-time farming job

Siehe / Siehe auch: Nebenerwerbstelle (landwirtschaftliche)

Landwirtschaftliche Produktionsgenossenschaft

collective farm; agricultural production cooperative

Landwirtschaftliche Produktionsgenossenschaften (LPG) wurden in der DDR seit 1952 auf Betreiben der SED im Rahmen ihrer Kampagnen zur Kollektivierung der Landwirtschaft gegründet. Bei den LPG des Typs I brachten die Genossen zunächst nur ihre landwirtschaftlichen Nutzflächen in die Genossenschaft ein, während Vieh, Maschinen und Geräte in Privatbesitz verbleiben. Später folgten Kampagnen zur Bildung von LPG des Typ II (zusätzliche Einbringung von Grünland, Wald und Maschinen) und des Typs III. Letztere beließen lediglich die häusliche Vieh- und Gartenwirtschaft in privater Hand und konnten gegen Ende der 1950er Jahre erst mit erheblichem Druck durchgesetzt werden.
Der Einigungsvertrag von 1990 sah die Aufhebung des Gesetzes über die LPG zum 31. Dezember 1991 vor, doch in vielen Fällen kam es lediglich zur Umwandlung in Genossenschaften nach bundesdeutschem Recht.

Landwirtschaftlicher Betrieb

agricultural operation; agricultural business

Bei landwirtschaftlichen Betrieben kann zwischen verschiedenen Betriebsformen unterschieden werden. In Gegenden mit durchschnittlich schlechteren Böden herrschen Betriebe vor, deren Haupterzeugnisse aus der Viehhaltung gewonnen werden, in Gegenden mit durchschnittlich besseren Böden überwiegen Höfe, die sich stärker dem Anbau von Pflanzen (Getreide, Kartoffel, Zuckerrüben, Erbsen, Bohnen und dergleichen) widmen. Zu den landwirtschaftlichen Betrieben zählen auch Gartenbau-, Geflügelhaltungs-, Fischerei- und Dauerkulturbetriebe wie Weinbau- und Obstanbaubetriebe.
Zu unterscheiden ist zwischen Haupterwerbsbetrieben sowie Klein- und Nebenerwerbsbetrieben. Von einem Haupterwerbsbetrieb wird dann gesprochen, wenn das betriebsleitende Ehepaar zu mehr als 50 Prozent der gesamten Arbeitszeit im landwirtschaftlichen Betrieb tätig ist. Teilweise wird bei der Definition auch auf das Einkommen abgestellt. Im Schnitt resultiert bei den Klein- und Nebenerwerbsbetrieben das Einkommen aus dem nicht-landwirtschaftlichen Bereich, meist aus unselbständiger Tätigkeit. Die Zahl der landwirtschaftlichen Betriebe sinkt kontinuierlich. Zwischen 1999 und 2007 ist die Zahl aller landwirtschaftlichen Betriebe um 25,5 Prozent von 470.000 auf 374.500 zurückgegangen. Mehr als die Hälfte der gesamten Fläche Deutschlands wird von Ackerböden und Feldern eingenommen. Die landwirtschaftliche Anbaufläche beträgt etwa 190.000 Quadratkilometer. 45 Prozent der landwirtschaftlich genutzten Fläche dient noch dem Getreideanbau. Zunehmend spielen Energiepflanzen wie der gelb blühende Raps eine Rolle, zumal Rapsöl auch zu Biodiesel weiterverarbeitet werden kann. Die Ertragsintensität pro Hektar hat sich seit 50 Jahren verdreifacht. In den letzten Jahren allerdings sank klimatisch bedingt der Ertrag. Der Anteil der Betriebe mit Viehhaltung sinkt stärker als der Anteil der übrigen landwirtschaftlichen Betriebe. Ausgeglichen wird dies durch eine stärkere Konzentration. Die Viehstückzahl pro Betrieb steigt laufend.
Der Anteil der ökologisch geführten landwirtschaftlichen Betriebe hat ebenfalls leicht steigende Tendenz und beträgt zur Zeit etwa fünf Prozent aller landwirtschaftlichen Betriebe. Der Anteil der Pachtflächen weist eine steigende Tendenz auf. Er liegt derzeit bereits bei 63 Prozent der agrarisch genutzten Gesamtfläche. Der steigende Pachtflächenanteil resultiert im Wesentlichen aus der Aufgabe der Eigenbewirtschaftung durch die kleineren Betriebe. Die Eigentümer verkauften die Flächen nicht, sondern verpachteten sie an andere Landwirte. Die landwirtschaftliche Fläche pro Betrieb lag 2007 bei durchschnittlich 45,3 Hektar. Die Zahl der Betriebe bis 75 Hektar sinkt beständig, über 75 Hektar steigt sie. Die Größenverhältnisse 2007 sahen wie folgt aus:

Grössenverhältnisse 2007:

Größe des Betriebes	Anzahl der Betriebe
2-10 ha	113.100
10-20 ha	67.900
20-30 ha	34.200
30-40 ha	27.400
40-50 ha	21.100
50-75 ha	34.400
75-100 ha	18.800
100-200 ha	21.700

200-500 ha	6.300
mehr als 500 ha	3.500

Der Durchschnittswert pro Hektar Fläche landwirtschaftlicher Nutzung beträgt in den alten Bundesländern circa 17.000 Euro, in den neuen Bundesländern nur 4.000 Euro. Allerdings streuen die Werte wegen der unterschiedlichen Bodenqualitäten erheblich.

Siehe / Siehe auch: Landwirtschaft

Landwirtschaftsgericht

agricultural tribunal

Das Landwirtschaftsgericht ist eine Abteilung beziehungsweise ein Senat des jeweiligen örtlichen Amtsgerichts. Es besteht aus einem Berufsrichter als Vorsitzendem und zwei Landwirten als ehrenamtlichen Richtern. Es ist zuständig für:

- Anträge auf Erteilung von Hoffolgezeugnissen
- Anträge auf Erteilung eines Erbscheines, wenn ein Hof nach der Höfeordnung zum Nachlass gehört
- Genehmigung von Hofübergabeverträgen
- Streitigkeiten, die mit der Anwendung der Höfeordnung zusammenhängen (Abfindungen, Altenteil)
- Streitigkeiten bei Abschluss und Abwicklung von Landpachtverträgen
- Gerichtsentscheidung bei Versagung einer Grundstücksverkehrsgenehmigung oder ihrer Erteilung unter Auflagen und Bedingungen.

Bei der Landpacht kann das Landwirtschaftsgericht unter Auflagen die vom Verpächter verweigerte Erlaubnis zur Änderung der bisherigen Nutzung (z. B. Beendigung der landwirtschaftlichen Nutzung) durch eine gerichtliche Erlaubnis ersetzen. Wenn es zur vorzeitigen Kündigung eines Landpachtvertrages kommt, kann das Landwirtschaftsgericht auf Antrag eines der Beteiligten Anordnungen über die Abwicklung des Vertrages treffen. Bei teilweiser Kündigung kann es z. B. die Höhe der Pacht für den Teil des Landes festsetzen, der noch verpachtet bleibt. Der Inhalt von gerichtlichen Anordnungen gilt dann als Vertragsinhalt. Anwendbares Verfahrensrecht: Bis August 2009 war für das Verfahren vor dem Landwirtschaftsgericht das FGG anzuwenden (Gesetz über die Angelegenheiten der freiwilligen Gerichtsbarkeit). Seit 01.09.2009 ist das neue FamFG (Gesetz über das Verfahren in Familiensachen und in den Angelegenheiten der freiwilligen Gerichtsbarkeit) maßgeblich. Speziellere verfahrensrechtliche Regelungen enthält zusätzlich das LwVfG (Gesetz über das gerichtliche Verfahren in Landwirtschaftssachen).

Siehe / Siehe auch: Höfeordnung, Pachtvertrag

Lasten (Gemeinschaftseigentum)

encumbrance; burden; load; pressure; weight

Gemäß § 16 Abs. 2 WEG haben sich Wohnungseigentümer anteilig an den Lasten des gemeinschaftlichen Eigentums zu beteiligen. Als Lasten im Sinne dieser Regelung gelten Leistungen, die aus dem Grundstück oder aus dem Verwaltungsvermögen der Gemeinschaft zu entrichten sind. Unterschieden wird nach öffentlich-rechtlichen und privatrechtlichen Lasten. Zu den öffentlich-rechtlichen Lasten des Grundstücks zählen Beiträge nach den Kommunalabgabengesetzen der Bundesländer (Steuern, Gebühren und Beiträge wie beispielsweise Straßenreinigung, Abfallentsorgungs-, Kanal- und Abwasser-Gebühren usw.) und die Schornsteinfegergebühren. Zu den privatrechtlichen Lasten des gemeinschaftlichen Eigentums gehören Leistungen auf Grundpfandrechten, die das gesamte Grundstück, in soweit alle Wohnungs- und Teileigentumsrechte, belasten.

Siehe / Siehe auch: Haftung (Wohnungseigentümer), Kostenverteilung

Lasten und Beschränkungen

encumbrances/burdens and restrictions

Siehe / Siehe auch: Grundbuch

Lastenberechnung

statement of public charges (tenancy); calculation of encumbrances and charges

Während die Wirtschaftlichkeitsberechnungen nach der II. BV dazu dienten, die Wirtschaftlichkeit eines Wohnbauvorhabens nachzuweisen, geht es bei der Lastenberechnung um die Ermittlung der tatsächlichen Belastung, die der Erwerber einer Immobilie zu tragen hat. Deshalb zählen dazu Teile der Bewirtschaftungskosten, nämlich die Ausgaben für die Verwaltung, sofern sie an einen Verwalter zu leisten sind, die Betriebskosten und die Ausgaben für die Instandhaltung. Abschreibung und Mietausfallwagnis werden nicht berücksichtigt. Ferner zählen zu den Lasten die Ausgaben für Fremdkapitalzinsen und die Tilgung des Fremdkapitals. Der Ansatz eines dagegen gerechneten Eigenkapitalzinses entfällt.

Siehe / Siehe auch: Wirtschaftlichkeitsrechnung, Wirtschaftlichkeitsberechnung (Wohnungswirtschaft)

Lastenzuschuss

hardship allowance

Der Lastenzuschuss für Haus- oder Wohnungseigentümer entspricht dem Mietzuschuss für Mieter. Beide Zuschüsse sind Wohngeld. Die Höhe des Zuschusses richtet sich nach der monatlichen Belastung durch den Kapitaldienst (Zins und Tilgung). Hinzugerechnet werden Instandhaltungskosten (15 Euro pro m² i.J.), tatsächlich bezahlte Verwaltergebühren sowie die Grundsteuer. Der Lastenzuschuss wird auf Antrag von der zuständigen Behörde der jeweiligen Stadt oder Gemeinde bewilligt.

Siehe / Siehe auch: Wohngeld

Latenter Leerstand

latent/ potential vacancy

Als latenter Leerstand werden Flächen bezeichnet, die zwar noch vermietet sind, vom Mieter jedoch nicht mehr genutzt und in der Regel zur Untervermietung angeboten werden. Anders als bei unvermieteten Flächen („normaler" Leerstand) entstehen dem Eigentümer einer Immobilie durch latenten Leerstand zunächst noch keine wirtschaftlichen Nachteile, da er ja unabhängig von Nutzungsintensität und Flächenbedarf seines Mieters für die Dauer der Mietvertragslaufzeit Anspruch auf den Mietzins hat. Bei Investitionsentscheidungen, Standortanalysen o. ä. sollte der latente Leerstand jedoch stets – soweit möglich und bekannt – berücksichtigt werden, weil sich darin ein über den „normalen" Leerstand hinaus gehender Angebotsüberhang ausdrückt. Dieser wirkt sich belastend auf die Mietpreisentwicklung aus.

Siehe / Siehe auch: Leerstand

Laube

arbour; bower; garden house; summer house

Laube ist die Bezeichnung für eine seitlich offene Halle beziehungsweise für die einem Platz oder einer Straße zugewandte offene Vorhalle eines Gebäudes. Lauben dienten vom Mittelalter bis etwa ins 18. Jahrhundert hinein zum Abhalten von Märkten, Versammlungen oder Gerichtsverhandlungen („Gerichtslaube"). Darüber hinaus werden kleine, meist leicht gebaute und seitlich offene Schutzhäuser in Gärten, und im weiteren Sinne auch kleinere geschlossene Gartenhäuschen, als Lauben (Gartenlauben) bezeichnet. Der Begriff wird auch für dreiseitig umschlossene Freisitze von Stockwerkswohnungen verwendet, doch ist hierfür die Bezeichnung Loggia – das italienische Pendant für Laube – üblicher.

Siehe / Siehe auch: Laubengang, Loggia

Laubengang

arcade; access balcony; exterior corridor; pergola

Laubengang nennt man den offenen, überdachten Außengang eines Mehrfamilienhauses, der den Zugang zu den Wohnungen auf einer oder mehreren Etagen ermöglicht. Er hat einen Zugang vom Treppenhaus. Laubengänge sind anfänglich wohl in Burgen, Klöstern sowie auch Erholungseinrichtungen als Wandelgänge gebaut worden. Sie verbinden verschiedene Gebäude oder Gebäudeteile und bieten den Benutzern Schutz vor Wettereinflüssen. Besonders in den 60er-Jahren finden sich in größeren Mehrfamilienhausanlagen diese Erschließungswege innerhalb eines Geschosses für die einzelnen Wohnungen wieder. Daraus resultierenden zwei völlig unterschiedliche Seitenansichten der Häuser. Nur relativ wenige Architekten haben dies für interessante Lösungen zu nutzen gewusst. Neuerdings gewinnen Laubengänge aus sozialökologischen Gründen wieder an Bedeutung. Um den Wärmeverlust des Gebäudes nach außen auf ein Minimum zu reduzieren, werden Flure aus dem Volumen des Kernhauses ausgelagert. Die thermische Hülle wird luft- und winddicht ausgeführt, während der Laubengang offen davor liegt und einen geschützten Raum für Begegnungen bietet.

Laubrente

annual foliage compensation

Als Laubrente bezeichnet man eine bestimmte Ausgleichszahlung im Nachbarrecht. Fallen von einem Baum Blätter oder Nadeln in größerer Menge auf das Nachbargrundstück, kann der Nachbar vom Grundstückseigentümer Ersatz der ihm für diesen Laubfall zusätzlich entstehenden Reinigungs- bzw. Laubentfernungskosten verlangen. Diese Zahlung bezeichnet man – da sie abhängig von der Jahreszeit regelmäßig wiederholt werden muss – als Laubrente. Ein maßgebliches Urteil dazu hat der Bundesgerichtshof am 14.11.2003 gefällt (Az. V ZR 102/03). Es ging dabei um herabgefallene Kiefernnadeln. Der Kläger hatte einen jährlichen Ausgleichsanspruch in Höhe von 204 Euro geltend gemacht. Voraussetzung ist nach dem BGH, dass kein Anspruch des Nachbarn auf Entfernung der überhängenden Zweige besteht und dass eine wesentliche Beeinträchtigung der Grundstücksnutzung durch das Laub / die Nadeln vorliegt. Ein Anspruch auf Beseitigung der Zweige kann sich z. B. ergeben, wenn die Bäume (ggf. infolge jahrelangen Wachstums) nach den landesrechtlichen Regelungen über Pflanzabstände zu nah an der Grundstücksgrenze stehen; hier regelt das Landesrecht jedoch auch Ausschlussfristen, nach deren Ablauf der Nachbar kein Recht auf ein Zurückschneiden mehr hat (z. B. Bayern: fünf Jahre).

Siehe / Siehe auch: Abstandsfläche, Pflanzabstand

Lebensdauer eines Gebäudes

life of a building

Welche Lebensdauer ein Gebäude hat, ist in erster Linie von den verwendeten Baustoffen und der Qualität der Bauausführung abhängig. Ein große Rolle spielt auch der Standort: Ist das Gebäude in besonderem Maße Wettereinflüssen oder Umweltschadstoffen ausgesetzt? Die Lebensdauer des Gebäudes setzt sich gewissermaßen aus der Lebensdauer seiner Bestandteile. Mauerwerk, Dachstuhl, Elektroinstallationen und Heizanlage zusammen. Die Bestandteile haben jeweils eine typische Lebensdauer, die natürlich auch von der Pflege und Wartung des Gebäudes abhängen. Nach deren Ablauf müssen Sanierungs- oder Modernisierungsmaßnahmen stattfinden. Der Zeitraum, in dem ein Gebäude wirtschaftlich genutzt werden kann – etwa ein vermietetes Wohnhaus oder Gewerbeobjekt – wird durch seine Lebensdauer nach oben hin begrenzt. Die Gesamtnutzungsdauer jedoch kann kürzer bemessen sein, wenn etwa das Gebäude von seiner Ausstattung, Raumaufteilung oder Lage her nicht mehr vermarktet werden kann.

Lebenshaltungskosten – Verbraucherpreisindex

cost-of-living index; consumer price index (CPI); general price level index

Zu den Kategorien der Lebenshaltungskosten eines Haushaltes zählen die Kosten für die Ernährung, die Kleidung, die Kosten des Wohnens, der Wohnungseinrichtung, der ärztlichen Versorgung, des Verkehrs, der Nachrichtenübermittlung, des Bildungswesens, sowie die Kosten für Freizeitgestaltung jeglicher Art und viele weitere Kosten. Um die Lebenshaltungskosten eines Haushaltes messen zu können, werden die Preise der von ihnen konsumierten Produkte und Dienstleistungen sehr detailliert und in den auf der Grundlage eines Wägungsschemas festgestellten Mengenproportionen in einem Warenkorb zusammengefasst. Im Warenkorb befinden sich derzeit etwa 750 Waren und Dienstleistungen.

Da sich die Verbrauchsgewohnheiten ändern, findet im Abstand mehrerer Jahre eine Überprüfung des Warenkorbes und des Wägungsschemas statt. Dabei finden vor allem auch Produkte und Dienstleistungen Eingang, die erst neu auf den Markt gekommen sind. Neuere Beispiel sind Digitalkameras, Blutdruckmessgeräte, Erweiterung der Telekommunikationsdienstleistungen um DSL und die Preselection-Tarife. Gleichzeitig werden nicht mehr gekaufte Produkte gestrichen. Dazu zählen beispielsweise Stabtaschenlampen und elektrische Schreibmaschinen. Damit keine Brüche in den Indexreihen entstehen, werden die alte und die neue Indexreihe mit Hilfe eines statistischen Verfahrens mit einander verkettet. Dabei wird die Veränderung der alten Indexreihe, die intern fortgeführt wird, auf die verkettete neue Indexreihe übertragen.

Auffällig ist in einem langfristigen Vergleich nach einer Darstellung des Statistischen Bundesamtes die Zunahme des Ausgabenanteils für „Wohnung, Wasser, Strom, Gas und andere Brennstoffe“. Entscheidend hierfür ist im Wesentlichen eine Erhöhung des Ausgabenanteils für die Nettokaltmiete. Das Statistische Bundesamt schließt daraus, dass offensichtlich aktuell größere und / oder besser ausgestattete Wohnungen gemietet oder gekauft werden als in früheren Zeiten.

Die Lebenshaltungskosten variieren auch zwischen den einzelnen Gegenden Deutschlands. Daher werden sie auch für jedes Bundesland von den Statistischen Landesämtern ermittelt, so dass es neben der Bundesstatistik auch Länderstatistiken gibt. Durch Indizierung auf der Grundlage eines Basisjahres = 100 ergibt sich der Verbraucherpreisindex (früher „Preisindex der Lebenshaltung“). Derzeitiges Basisjahr ist 2000 = 100. Gemessen wird dabei die Durchschnittsentwicklung der Verbrauchsausgaben aller Privathaushalte.

Für einen Teil der in den Warenkorb aufgenommenen Produkte und Dienstleistungen werden eigene Preisindices erstellt, z. B. für Nahrungsmittel

und alkoholfreie Getränke, alkoholische Getränke und Tabakwaren, Bekleidung und Schuhe aber auch für Wohnungsmiete, Wasser, Strom Gas und andere Brennstoffe, Haushalteinrichtungsgegenstände, Verkehr usw.. Bei einem Vergleich der Einzelindizes kann festgestellt werden, ob sie sich gegenüber dem gesamten Verbraucherpreisindex gleichförmig, über- oder unterproportional entwickelt haben.
Vergleicht man z. B. den Gesamtindexverlauf mit den Ausgaben für Wohnung einschließlich Wasser, Strom und Gas, stellt man fest, dass der Indexstand im Jahr 2006 (auf der Basis 2000 = 100) beim Gesamtindex bei 110,1 und bei den Ausgaben für die Wohnungsmiete einschl. Wasser, Strom und Gas bei 112,7 lag. Die Ausgaben für Gesundheitspflege, Verkehr und Bildungswesen sind noch stärker gestiegen (auf 125,4 bei der Gesundheitspflege, 117,1 beim Verkehr und 115,0 beim Bildungswesen). Am stärksten stiegen die Preise für alkoholische Getränke an (auf 133,7). Gesunken sind demgegenüber die Preis für die Nachrichtenübermittlung auf 91,5 und Bekleidung und Schuhe auf 97,2.
Auf der Europaebene gibt es den „Harmonisierten Verbraucherpreisindex" (HVPI), mit dessen Hilfe ein Vergleich der Preisänderungen der Mitgliedstaaten der Europäischen Union möglich wird. Um Vergleichbarkeit zu gewährleisten wird der Messung beim HVPI ein für alle Mitgliedsstaaten der EU einheitlicher Warenkorb zugrunde gelegt (der sich von den nationalen Warenkörben naturgemäß unterscheidet). Der Verbraucherpreisindex dient der Inflationsmessung. Aus ihr errechnet sich die jeweilige Inflationsrate.

Lebenspartner, Wohnungszuweisung

partner, housing allocation (especially e.g. after separation)

Im Falle der Trennung von eingetragenen Lebenspartnern sieht das Gesetz über eingetragene Lebenspartnerschaften (LPartG) vor, dass der fortziehende Partner auf Verlangen dem anderen die bis dahin gemeinsame Wohnung oder zumindest einen Teil derselben zur Alleinbenutzung überlässt – allerdings nur soweit dies auch bei Berücksichtigung der Belange des Fortziehenden nötig ist, um „eine unnötige Härte zu vermeiden". Ein solcher Härtefall kann sich z. B. ergeben, wenn im Haushalt Kinder leben. Dies gilt grundsätzlich nicht nur bei Mietwohnungen, sondern auch bei Eigentumswohnungen oder anderen Wohnrechten (z. B. Erbbaurecht, Nießbrauch). Die Belange des Rechteinhabers sind in diesen Fällen jedoch besonders zu berücksichtigen. Eine gerichtliche Zuweisung zur Alleinnutzung wird hier nur zur Vermeidung besonderer Härtefälle stattfinden. Hat ein Lebenspartner den anderen bedroht oder vorsätzlich am Körper, der Gesundheit oder in der Freiheit verletzt und besteht Wiederholungsgefahr, hat der in seinen Rechten Verletzte grundsätzlich Anspruch auf Überlassung der gesamten Wohnung. Derjenige Partner, der die Wohnung verlassen musste, kann eine angemessene Nutzungsvergütung verlangen. Zieht ein Partner aus, um getrennt zu leben und gibt keine ernsthaften Rückkehrabsichten zu erkennen, wird sechs Monate nach seinem Auszug von Gesetzes wegen vermutet, dass er dem anderen das alleinige Nutzungsrecht an der Wohnung überlassen hat. Diese Ansprüche bestehen zwischen den Lebenspartnern und können gerichtlich geltend gemacht werden. Da eingetragene Lebenspartner Ehepartnern in Wohnungsangelegenheiten gleichgestellt sind, ist der Vermieter im Falle einer entsprechenden gerichtlichen Wohnungszuweisung dazu verpflichtet, den in der Wohnung verbliebenen Partner in den Mietvertrag aufzunehmen (falls er vorher nicht mit unterschrieben hatte) beziehungsweise mit ihm einen Einzel-Mietvertrag abzuschließen (wenn der andere Partner endgültig auszieht). Auch bei eingetragenen Lebenspartnern unterscheidet man Trennung und endgültige Aufhebung der Lebenspartnerschaft. Seit dem 01.09.2009 ist der Verbleib von gemeinsamer Wohnung und Hausrat im Fall der Aufhebung der Lebenspartnerschaft nicht mehr im LPartG geregelt. Stattdessen verweist § 17 LPartG auf die entsprechenden Regelungen im Fall der Ehescheidung in § 1568a und 1568b BGB.
Siehe / Siehe auch: Ehewohnung, Gewaltschutzgesetz, Hausratverordnung, LPartG

Lebenspartnerschaftsgesetz (LPartG)

German Civil Partnership Act

Das Gesetz über die eingetragene Lebenspartnerschaft vom 16.02.2001 regelt die Begründung und die gegenseitigen Pflichten in einer eingetragenen Lebenspartnerschaft zwischen zwei Personen gleichen Geschlechts und stellt diese weitgehend der Ehe gleich. So sind die Regelungen über die Aufteilung von Wohnung und Hausrat bei Trennung von Ehepaaren auch auf Lebenspartnerschaften anwendbar. Seit dem 01.09.2009 ist der Verbleib von gemeinsamer Wohnung und Hausrat im Fall der endgültigen Aufhebung der Lebenspartnerschaft nicht mehr im LPartG geregelt. Stattdessen verweist § 17 LPartG auf die entsprechenden Regelungen im Fall der Ehescheidung in § 1568a und 1568b BGB.

Siehe / Siehe auch: Ehewohnung, Ehescheidung im Mietrecht, Lebenspartner, Wohnungszuweisung

Lebensversicherung

life insurance; life assurance; life policy

Die Lebensversicherung ist ein Instrument der privaten Altersvorsorge und – alternativ – der Versorgung der nach Eintritt des Todesfalls hinterbliebenen Angehörigen. Wer eine Lebensversicherung abschließt, bezahlt an den Versicherer in regelmäßigen Abständen so genannte Lebensversicherungsprämien. Diese werden von der Versicherungsgesellschaft nach Abzug der Vermittlungs- und der Bearbeitungskosten gewinnbringend angelegt.

Daraus ergibt sich im Versicherungsfall nicht nur ein Anspruch auf den Versicherungsbetrag, sondern auch auf die Beteiligung an dem erwirtschafteten Überschuss. Die Versicherungssumme samt Überschussbeteiligung wird beim Tod des Versicherten an die im Vertrag genannten Personen oder den bzw. die Erben des Versicherten ausbezahlt, spätestens aber an den Versicherten zu dem im Versicherungsvertrag bestimmten Termin. Bei der Lebensversicherung wird zwischen der Kapitallebensversicherung oder der Risikolebensversicherung unterschieden.

Bei der Risikolebensversicherung wird eine Auszahlung der Versicherungssumme nur dann gewährt, wenn der Versicherte innerhalb der im Versicherungsvertrag vereinbarten Zeit stirbt. Eine besondere Art der Vorsorge mit Hilfe einer Versicherung ist die private Rentenversicherung.

Siehe / Siehe auch: Kapital-Lebensversicherung, Risiko-Lebensversicherung, Rentenversicherung, private

Lebenszykluskosten

life cycle costs; whole life costs; life-cycle accounting; life-cycle costing

Der Lebenszyklus einer Immobilie beginnt mit ihrer Planung, setzt sich in der Realisierung der Planung fort, um in die Hauptphase, die Nutzung, einzumünden. Die vierte Phase bezieht sich auf die Verwertung (Abbruch des Gebäudes) und wird damit Basis für den Lebenszyklus eines neuen Immobilienprojektes. Bei dieser ganzheitlichen und den ganzen Lebenszyklus einer Immobilieninvestition übergreifenden Betrachtungsweise spielt der Aspekt der Lebenszykluskosten eine entscheidende Rolle. Parallel zur Baukostenplanung und der Baunutzungsplanung werden die entstehenden Kosten erfasst.

Nachdem die Baufolgekosten eines Gebäudes während der Nutzungsphase die ursprünglichen Investitionskosten um ein Vielfaches übersteigen, ist es erforderlich, dies schon bei Investitionsplanung zu berücksichtigen. Höhere Bauinvestitionskosten während der Bauphase können dazu beitragen, die Baufolgekosten während der Nutzungsphase im Vergleich zur Baukostensteigerung überproportional zu senken. Ziel des sog. Life-Cycle-Costing ist es, durch Planung, Steuerung und Kontrolle der gesamten Kosten eines Gebäudes über dessen gesamten Lebenszyklus zu minimieren.

Siehe / Siehe auch: Facility Management (FM)

Leerstand

void; vacancy

Leerstand bezeichnet nicht vermietete, aber unmittelbar beziehbare Flächen in Neubauten und Bestandsobjekten. Aufwendungen für das Objekt können steuerlich nur dann berücksichtigt werden, wenn die Immobilie vermietet werden soll. Steht das Objekt vor dem Verkauf leer, können die Kosten grundsätzlich mangels Weitervermietungsabsicht steuerlich nicht berücksichtigt werden. Unter Umständen kann der längerfristige Leerstand einer Wohnung von den Wohnungsämtern als Zweckentfremdung von Wohnraum angesehen werden. In einem solchen Fall drohen dem Vermieter Bußgelder. Seit 2003 ist es möglich, die Aufwendungen für Handwerkerleistungen bei Modernisierungs-, Renovierungs- oder Erhaltungsmaßnahmen einer selbst genutzten Wohnimmobilie bis zu einer Höhe von 20 Prozent der gesamten Arbeitslohnkosten bis zum Maximalbetrag von 6000 Euro steuerlich geltend zu machen. Dies bedeutet, dass (seit 1.1.2009) bis zu 1.200 Euro direkt von der Steuerschuld abgezogen werden können. Das Finanzgericht Niedersachsen (Urt. v. 9.11.2005, Az. 3 K 343/05) hat entschieden, dass dies auch für Arbeiten gilt, die während eines zeitweiligen Leerstands der Immobilie durchgeführt wurden. In dem entschiedenen Fall hatte sich die Eigentümerin eines Einfamilienhauses ein ganzes Jahr lang krankheitsbedingt in einem Pflegeheim aufhalten müssen und in der Zwischenzeit ihr Wohnhaus neu ausmalen lassen. Die gegen dieses Urteil beim Bundesfinanzhof zunächst eingelegte Revision (Az. VI R 75/05) wurde von der Finanzverwaltung zurückgenommen. Das Urteil ist damit rechtskräftig.

Stehen in einem Mehrfamilienhaus einzelne Mietwohnungen leer, kann der Vermieter nicht einseitig den Umlageschlüssel für die Betriebskosten so abändern, dass die Anteile der leeren Wohnungen

auf die verbliebenen Mieter umgelegt werden. Dies entschied der Bundesgerichtshof (Urt. v. 31.5.2006, Az. VIII ZR 159/05).
Siehe / Siehe auch: Latenter Leerstand, Zweckentfremdung, Betriebskosten, Leerstandsquote, Haushaltsnahe Dienstleistungen

Leerstandsquote

vacancy rate; vacancy ratio

Die Leerstandsquote ist eine wohnungswirtschaftliche Kennzahl. Sie bezeichnet die Anzahl leer stehender Wohneinheiten bezogen auf den gesamten Wohnungsbestand in Prozent. Gezählt werden nur marktbedingte Leerstände von mindestens drei Monaten. Eine dauerhaft hohe Leerstandsquote kann auf strukturelle Probleme des Wohnungsbestands hinweisen (z. B. überalterte Gebäude, unmoderne Gebäudetechnik, hohe Energiekosten). Auch äußere Faktoren (Gegend mit hoher Arbeitslosigkeit, „Landflucht") können jedoch eine Rolle spielen.
Von entscheidender Bedeutung ist, welche Art des Leerstands vorliegt. Es kann sich um einen dauerhaften Leerstand handeln (Beispiel: Die Räume sind dauerhaft nicht vermietbar oder werden am Markt nicht nachgefragt) oder auch um einen vorübergehenden Leerstand (während Umbauarbeiten oder Modernisierung). Zur Berücksichtigung des Leerstands bei der Wertermittlung werden je nach Art des Leerstands unterschiedliche Methoden verwendet. So kann etwa ein Mietausfallwagnis berücksichtigt oder es können die tatsächlichen Mieteinnahmen angesetzt werden.
Siehe / Siehe auch: Mietrückstandsquote

Lehmbauweise

clay construction

Lehm wurde bereits im Mittelalter in Deutschland als Baustoff verwendet – etwa als Brandschutz für Strohdächer oder zum Verputzen von Fachwerkhäusern. Heute wird er immer häufiger wieder verwendet. Grund sind seine vorteilhaften Eigenschaften. So lagert sich das Wasser aus der Luftfeuchtigkeit an den Lehmporen ab und wird bei trockener Luft wieder abgegeben. Resultat ist eine ständige Luftfeuchtigkeit von 50 Prozent im Innenraum, was trockene Schleimhäute verhindert und trotzdem keinen Schimmel aufkommen lässt. Ganze Häuser werden jedoch selten aus Lehm errichtet. Außenwände aus Lehm sind infolge der Bestimmungen der Energieeinsparverordnung durch eine Wärmedämmung zu isolieren. Um bei umweltgerechten Baustoffen zu bleiben, kann z. B. eine Strohballendämmung vorgenommen werden. Lehm gilt als schallisolierend und ist selbst ein guter Wärmespeicher, was zu Energieeinsparungen führen kann. Auch für die Baustoffherstellung ist ein geringerer Energiebedarf notwendig als bei herkömmlichen Baustoffen. Lehm ist nicht wasserfest; besonders in noch feuchtem Zustand während der Bauzeit ist er vor Regen und Frosteinwirkungen zu schützen. Hier sind überstehende Dächer, Spritzwassersockel und entsprechende Außenanstriche und -Putze unerlässlich. In Deutschland kann man sich bei der Handwerkskammer zur „Fachkraft Lehmbau" weiterbilden lassen. Der Dachverband Lehm e.V. setzt sich für das Bauen mit Lehm ein und hält weitere Informationen bereit.

Leibgeding

widow's dower

Unter Leibgeding (auch Altenteil) versteht man wiederkehrende, vertraglich abgesicherte Geld- oder Naturalleistungen an einen Berechtigten. In der Regel sind diese Leistungen noch mit einem unentgeltlichen Wohnungsrecht verbunden. Solche Vereinbarungen werden in der Regel im Zusammenhang mit der altersbedingten Übertragung des Eigentums an einem landwirtschaftlichen Hof auf einen der späteren Erben getroffen. Dieser (meist der älteste Sohn) verpflichtet sich zu lebenslangen Unterhaltsleistungen, der Gewährung von Unterkunft und nicht selten auch der Pflege in alten und kranken Tagen. Die Absicherung des Leibgedings im Grundbuch erfolgt hinsichtlich der laufenden Leistungen über eine Reallast und hinsichtlich des Wohnungsrechts über eine beschränkte persönliche Dienstbarkeit.

Leibrente (Verkauf einer Immobilie auf Rentenbasis)

life annuity; annuity benefit; single-life annuity (sale of property based on a life annuity)

Die Leibrente wird im Gegensatz zu einer Zeitrente nicht zeitlich befristet, sondern bis zum Tod des Rentenberechtigten bezahlt. Es gibt auch Gestaltungsformen, wonach die Zahlung nach dem Tode an einen Erben für eine befristete Zeit weiterläuft. Wird eine Immobilie „auf Rentenbasis" verkauft, dann ist zu beachten, dass der Rentenanspruch im Grundbuch als Reallast möglichst an erster Rangstelle abgesichert wird. Außerdem werden solche Leibrenten mit Hilfe einer Wertsicherungsklausel gegen den Geldwertschwund abgesichert. Die Höhe der Rente kann auf der Grundlage einer Rententabelle ermittelt werden, wobei es Wahlmöglichkeiten zwischen verschiedenen Zinsen gibt.

Üblicherweise wird eine Tabelle zugrunde gelegt, die auf einem Zinssatz von 5,5 Prozent beruht. Die Rentenhöhe hängt von der durchschnittlichen Lebenserwartung gleichaltriger Personen gleichen Geschlechts ab. Allerdings muss damit gerechnet werden, dass die Lebenserwartung einen steigenden Trend aufweist. Dieser Umstand sollte in die Rentenkalkulation mit einbezogen werden.
Die Rentenhöhe wird ferner bestimmt durch den Zinsfuß, mit der die Verzinsung erfolgt, sowie davon, ob die Rente monatlich vor- oder nachschüssig geleistet werden soll. Die Rentenzahlung verringert sich, wenn dem Verkäufer zusätzlich ein Wohnungsrecht eingeräumt wird. Dadurch verringert sich auch ein Teil des Rentenrisikos. Der Käufer, der sich zum Kauf eines Objektes auf Rentenbasis entschließt, sollte selbst über eine gesicherte Einnahmequelle in ausreichender Höhe und über eine gute Vermögensgrundlage verfügen. Um die Leibrente inflationssicher zu gestalten, empfiehlt sich die Ankoppelung der Renten an den Verbraucherpreisindex des Statistischen Bundesamtes. Eine solche Wertsicherung ist nach dem Preisklauselgesetz zulässig und unbedenklich.
Eine alternative Möglichkeit für den Käufer besteht darin, dass er anstelle einer direkten Verrentung des Kaufpreises den entsprechenden Kapitalbetrag über eine Lebensversicherungsgesellschaft verrenten lässt. Wird eine Immobilie gegen eine Leibrente verkauft, darf der Zahlende die Versorgungsleistung mit ihrem Ertragsanteil, als Sonderausgaben steuermindernd geltend machen, während der Zahlungsempfänger sie mit ihrem Ertragsanteil versteuern muss. Der Ertragsanteil hängt vom Alter des Rentenberechtigten bei Beginn der Rentenzahlung ab. Je älter der Rentenempfänger bei der ersten Zahlung, desto niedriger der steuerpflichtige Anteil.
Im Gegensatz dazu richtet sich der steuerpflichtige Ertragsanteil bei sogenannten abgekürzten Leibrenten, die zeitlich befristet sind, grundsätzlich nach der Rentendauer.
Siehe / Siehe auch: Lebensversicherung, Preisklauselgesetz (früher Preisklauselverordnung)

Leibung / Laibung

reveal; intrados; embrasure

Die Leibung ist die innere Schnittfläche einer Wandöffnung. Dabei kann es sich um die Begrenzungsfläche eines Bogens oder die vertikale Seite von Fenster- oder Türöffnung in der Wandebene handeln.

Leihe

gratuitous hire; (gratuitous lending of something

Der Begriff „Leihe“ wird im Bürgerlichen Gesetzbuch verwendet für die unentgeltliche Überlassung einer Sache zum Gebrauch für eine bestimmte oder nicht bestimmte Zeit. Der Unterschied zur Miete liegt also in der Unentgeltlichkeit. Falls der Verleiher dem Entleiher arglistig irgendwelche Fehler oder Mängel an der verliehenen Sache verschweigt, haftet er für alle dem Entleiher entstandenen Schäden. Die Leihe kann im Rahmen eines formlosen Vertrages vereinbart werden, der z. B. geschlossen wird, wenn ein Wohnungseigentümer einem Verwandten für eine Zeit lang ein Zimmer zur Verfügung stellt – oder ein Nachbar sich den Rasenmäher ausleiht. Der Entleiher ist in diesem Fall verpflichtet, das geliehene Objekt nach Ablauf der vereinbarten Zeit wieder zurück zu geben. Der Eigentümer hat einen Anspruch auf Herausgabe, der gerichtlich geltend gemacht werden kann. Fallen für die Erhaltung der ausgeliehenen Sache üblicherweise Kosten an, hat diese der Entleiher zu tragen. Im Falle lebender „Sachen“ gilt dies auch für die Futterkosten.Hat der Entleiher die Leihsache mit einer zusätzlichen Einrichtung versehen (z. B. einen Fernseher in das Zimmer gestellt) darf er diese Sache auch wieder entfernen.Eine Leihvereinbarung kann vor Ende der abgesprochenen Zeit vom Verleiher gekündigt werden wenn:

- Er aufgrund unvorhersehbarer Umstände den Gegenstand braucht,
- der Entleiher vertragswidrigen Gebrauch davon macht (unerlaubte Überlassung an Dritte, Gefährdung des Gegenstandes durch Vernachlässigung der nötigen Sorgfalt),
- beim Tod des Entleihers.

Ansprüche von Verleiher und Entleiher verjähren innerhalb einer kurzen sechsmonatigen Frist. Die gesetzliche Regelung findet sich in §§ 598 ff. BGB.

Leistungen, vermögenswirksame

capital-forming (employee) benefits; contributions to capital formation; tax-free payments to (low-income) employees for capital accumulation purposes

Seit Anfang der 60er Jahre praktizierte Form der Vermögensbildung für Arbeitnehmer. Die – abgekürzt – VL werden tariflich, also von Arbeitgeber- und Gewerkschaftsseite, oder per Arbeitsvertrag vereinbart und vom Arbeitgeber gezahlt. Abhängig von den jeweiligen tarifvertraglichen Vereinbarungen, demnach von der Branche, gibt es VL in unterschiedlicher Höhe. Als immer noch recht knauserig gilt dabei der öffentliche Dienst in Ost und in West. Deutlich mehr VL gibt es zum Beispiel in der Metallbranche. Sobald der Arbeitnehmer seine Vermögenswirksamen Leistungen in die vom Gesetzgeber vorgesehenen Anlageformen investiert, besteht ggf. Anspruch auf staatliche Förderung, nämlich über die sogenannte Arbeitnehmersparzulage. Die geförderten Anlageformen sind das Bausparen und das Beteiligungssparen, wozu in der Regel Aktienfonds zählen. Bei Bausparverträgen besteht möglicherweise zusätzlich Anspruch auf eine weitere staatliche Förderung, nämlich die sogenannte Wohnungsbauprämie. Gleichwohl ist ein doppelter Zuschuss für ein und dieselbe Bausparrate nicht möglich. Arbeitnehmersparzulage und Wohnungsbauprämie können Anleger nur dadurch nutzen, dass sie zum einen ihre Vermögenswirksamen Leistungen in einen Bausparvertrag investieren und dafür Arbeitnehmersparzulage erhalten. Andererseits mit eigenem Geld einen weiteren Bausparvertrag abschließen oder den alten VL-Vertrag aufstocken. Wichtig: Die staatliche Förderung kommt nur dann in Betracht, wenn der Arbeitnehmer bestimmte Einkommensgrenzen nicht überschreitet.

Leistungsarten (Maklerbetriebe)

types of services (real estate agent / brokerage operations)

Makler sind Dienstleiter. Die von ihnen zu erbringenden Leistungen sind im BGB als „Nachweis“ von Vertragsabschlussgelegenheiten und „Vermittlung“ von Verträgen definiert. Diese Leistungen sind unmittelbar ertragsorientiert, weil sie direkte Voraussetzungen für das Entstehen eines Provisionsanspruches sind. Das Geschäft der Makler wäre allerdings heute kaum denkbar, wenn sie darüber hinaus nicht noch weitere Nebenleistungen erbrächten, die in der Fachliteratur als mittelbar erfolgsorientiert bezeichnet werden. Zur Erbringung dieser Leistungen besteht zwar keine Verpflichtung, da sie aber den Eintritt des Erfolges im Maklergeschäft (Erfolgsprinzip) absichern und beschleunigen, sind sie unverzichtbar. Es handelt sich bei diesen Nebenleistungen um Beratung, Betreuung und Service. Außerdem treten häufig noch Bewertungsleistungen hinzu. Die Beratung bezieht sich auf den Markt und wird auch als Preisberatung bezeichnet. Dabei muss der Makler bestrebt sein, einen Preisansatz auszuhandeln, der einen Verkauf auf der Grundlage der Marktgegebenheiten ermöglicht, ohne dem Auftraggeber nicht erforderliche Zugeständnisse abzuverlangen. Es handelt sich um den wichtigsten Beratungsbereich von Maklern. Die Beratung kann sich ferner auf das Objekt selbst beziehen. Dies setzt eine eingehende Objektanalyse in den Bereichen Standort, Haustechnik, Rentabilität, Rechtsverhältnisse und dergleichen voraus. Eine von einem Maklervertrag unabhängige Rechts- und Steuerberatung als eigenständiger Leistungsbereich ist dem Makler grundsätzlich nicht gestattet. Hinweise auf rechtlich oder steuerlich relevante Sachverhalte (z. B. notarielle Beurkundungspflicht von Nebenabsprachen im Zusammenhang mit einem Grundstückskaufvertrag oder Hinweise über die Höhe der Grunderwerbsteuer, Behandlung des Zubehörs usw.) darf der Makler geben. Er kommt damit nicht mit dem Rechtsberatungs- oder Steuerberatungsgesetz in Konflikt. In Fällen, in denen der Auftraggeber erkenntlich beratungsbedürftig ist, besteht eine Beratungspflicht als Nebenpflicht aus dem Maklervertrag.

Die Betreuung bezieht sich vor allem auf Besorgungsleistungen im Zusammenhang mit Vertragsabschlüssen (Besorgung von Unterlagen, Betreuung bei der Finanzierung, Klärung von Baurechtsfragen bei den zuständigen Ämtern usw.). Der Service ist eine eher selbstverständliche Nebenleistung. Hier ist vor allem an die Besichtigungsorganisation, Vorbereitung der notariellen Beurkundung und die Herstellung von Kontakten zu wichtigen Stellen und Unternehmen (Spediteur für den Umzug, Handwerker für erforderliche Reparaturen) zu denken. Auf Nebenleistungen des Maklers besteht von Seiten des Auftraggebers kein Rechtsanspruch. Sie werden auch grundsätzlich nicht zusätzlich vergütet. Der hierfür erforderliche Zeitaufwand ist mit der Erfolgsprovision abgegolten. Überschreiten solche Nebenleistungen jedoch den üblichen Rahmen (beispielsweise Vorbereitung der Aufteilung eines Miethauses in Eigentumswohnungen als Voraussetzung für die Verkaufsvermittlung), kann hierfür eine eigene (vom Maklervertrag unabhängige) Vergütung vereinbart werden.

Siehe / Siehe auch: Erfolgsprinzip (Maklergeschäft), Immobilienberatung, Nachweis im Maklergeschäft, Wohnungsvermittlung, Vermittlungsmakler, Vermittlungsmethoden (Maklergeschäft)

Leistungsbeschreibung (Bauleistungen)

specification; output specification (building services)

Die Leistungsbeschreibung ist neben dem Leistungsverzeichnis eine Grundlage der Vergabe von

Leistungen. Sie enthält eine detaillierte Beschreibung der auszuführenden Bauleistungen unter Zugrundelegung der DIN-Normen der VOB Teil C. Zu den weiteren Unterlagen zählen auch Pläne und Skizzen zur Leistungsbeschreibung. Auf der Grundlage der Leistungsbeschreibung werden die zu vergebenden Arbeiten ausgeschrieben. Die einzelnen Angebote der Handwerker und Unternehmer werden auf diese Weise vergleichbar und der Bauherr kann feststellen, welcher Handwerker in den einzelnen Gewerken die optimalen Konditionen bietet.

Siehe / Siehe auch: Ausschreibung

Leistungsbilanz

current account (balance); balance of visible and invisible items; balance (of payments) on current account / transactions; balance on / of goods and services (and remittances); external current account; performance record

Leistungsbilanzen geben Auskunft darüber, wie sich die bislang von einem bestimmten Initiator platzierten Beteiligungsangebote – beispielsweise geschlossene Immobilienfonds – bisher im Vergleich zu den bei der Emission vorgelegten Prognosen entwickelt haben. Sie beinhalten im Wesentlichen einen Soll-Ist-Vergleich der Prognosen in den Fondsprospekten mit den tatsächlich erzielten Ergebnissen; hinzu kommen bestimmte Informationen über das Unternehmen und andere ergänzende Angaben. Um die Seriosität und Aussagekraft von Leistungsbilanzen zu gewährleisten, müssen sie hinsichtlich ihres Inhaltes und ihrer Gliederungsstruktur bestimmten Anforderungen genügen, beispielsweise dem Leistungsbilanzstandard des Verbandes Geschlossene Fonds (VGF).

Siehe / Siehe auch: Immobilienfonds - Geschlossener Immobilienfonds, Verband Geschlossene Fonds e. V. (VGF)

Leistungsmatrix (Maklergeschäft)

service matrix (brokerage)

Unter Leistungsmatrix versteht man im Maklergeschäft die Zusammenstellung der im Rahmen der Sachzielkonzeption vorgesehenen Leistungsarten und ihre Zuordnungen zu den Leistungsbereichen (Marktsegmenten). Je nach Leistungsbereich können Leistungsarten variieren. Kann es z. B. bei der Leistungsart Vermittlung bei Gewerbeverträgen wichtig sein, Vermittlungsfortschritte für den Leistungsnachweis zu dokumentieren, wird im Bereich der Wohnraumvermittlung darauf verzichtet werde können. Hier spielt eher die Methode der getrennten Verhandlungsführung im Vordergrund, die unmittelbar zu einem Mietvertragsabschluß führt. Zu den unverzichtbaren Leistungsarten zählen Nachweis und Vermittlung. Zur Absicherung und Beschleunigung des Erfolgseintritts können Beratungs- und Bewertungsleistungen, sowie Betreuungs- und Serviceleistungen innerhalb der Leistungsarten inhaltlich bestimmt werden. Die betriebliche Umsetzung der Leistungsmatrix setzt voraus, dass in einer parallelen Anforderungsmatrix die für die Leistungserbringung erforderlichen betrieblichen Anforderungen darstellt (Sollmatrix) werden. Eine Istanalyse ergibt, ob und inwieweit der Maklerbetrieb den gestellten Anforderungen gerecht werden kann.

Siehe / Siehe auch: Leistungsarten (Maklerbetriebe)

Leistungsphasen

work phases

Leistungsphasen sind in 9 Gruppen im § 3 Abs. 4 der HOAI von 2009 (Honorarordnung für Architekten und Ingenieure) eingeteilt. Um eine angemessene Honorarforderung zu gewährleisten, wird die standardmäßige Abfolge aller zu erwartenden Aufgaben eines Bauvorhabens erfasst und in ihrer Arbeitsintensität festgelegt. Im § 33 wird die Bewertung der Grundleistungen in Prozentsätzen des Gesamthonorars festgelegt. Da sich die Arbeit von Architekten und Ingenieuren, Landschaftsplaner und Innenarchitekten unterscheidet, werden sie in unterschiedliche Bewertungsgruppen zusammengefasst (Gebäude, Freianlagen, raumbildende Ausbauten). Die Leistungsphasen sind:

1. Grundlagenermittlung
2. Vorplanung
3. Entwurfsplanung
4. Genehmigungsplanung
5. Ausführungsplanung
6. Vorbereitung bei der Vergabe
7. Mitwirkung bei der Vergabe
8. Objektüberwachung
9. Objektbetreuung und Dokumentation

Siehe / Siehe auch: Ausführungsplanung, Entwurfsplanung, Genehmigungsplanung, Grundlagenermittlung, HOAI, Mitwirkung bei der Vergabe, Objektüberwachung, Vorplanung

Leistungsverweigerungsrecht: (Baurecht)

German right to withhold performance; recoupment (building law)

Dem Bauherrn steht gegenüber einem Bauunternehmer oder Bauhandwerker ein Leistungsverweigerungsrecht nach § 320 BGB zu, solange die vom Unternehmer erbrachte Bauleistung Mängel aufweist. Dieses Recht gilt sinngemäß auch bei VOB Vertrag. Der Bauherr gerät mit der Verweigerung der Zahlung der Vergütung auch nicht in Verzug.

Leistungsvorbehaltsklausel

lease clause providing for a rent review in certain circumstances, e.g. a rise of a given amount in the CPI (the rent is not indexed, but is to be renegotiated)

Eine Leistungsvorbehaltsklausel ist eine Wertsicherungsklausel, bei der zwar die Anpassung einer wiederkehrenden Leistung an eine veränderte Bezugsgröße (in der Regel Verbraucherpreisindex) vereinbart wurde, die Bestimmung der Änderungsrate aber unbestimmt bleibt und zum gegebenen Zeitpunkt nach Billigkeitsgrundsätzen erfolgen soll. In der Regel wird dabei vereinbart, dass die Neubestimmung der Leistung durch einen Sachverständigen erfolgen soll, zumindest für den Fall, dass beim Nachverhandeln keine Einigung erzielt wird.
Muster: „Ändert sich der Verbraucherpreisindex auf der Basis des Jahres 2000 = 100 des Statistischen Bundesamtes, ab Abschluss des Vertrages um mehr als zehn Prozent, kann jede der Parteien eine Anpassung der Miete verlangen. Die Neubestimmung der Miete soll von einem von der IHK zu benennenden Sachverständigen erfolgen."
Die Leistungsvorbehaltsklausel gehört nach § 1 (2) Nr. 1 des Preisklauselgesetzes zu den zulässigen Klauseln. Leistungsvorbehaltsklauseln sind häufig in Gewerberaummietverträgen zu finden.

Leitbilder

(role) models; overall concepts; mission statements

Leitbilder sind ein wichtiger Baustein in der Corporate Identity von Unternehmen. Sie haben eine Motivations-, Legitimations- und Orientierungsfunktion. Gleichzeitig ist ein Leitbild auch für die Mitarbeiter über die reine Motivationsfunktion hinaus eine wichtige Orientierung und besitzt eine handlungsleitende Funktion. Leitbilder könnten ein wichtiger Weg sein, das Selbstverständnis von Immobilienunternehmen zu hinterfragen und diese hin zu einem Dienstleistungsbetriebe moderner Prägung fortzuentwickeln.
Ein Leitbild ist also kein Luxus, den sich einige große Immobilienunternehmen leisten können. Ein Leitbild kann hinsichtlich seiner Zielgruppen grundsätzlich zwei verschiedene Ausrichtungen haben.

- Es kann mehr nach außen, d.h. in Richtung Anwohner, Kunden, breite Öffentlichkeit, Umweltschutzgruppen etc. angelegt sein. Im Bereich Immobilienwirtschaft wird ein nach außen gerichtetes Leitbild zweckmäßiger Weise vor allem an Kunden, wie auch die breite Öffentlichkeit adressiert sein. Indem es etwa eine klare Spezialisierung des Maklers deutlich macht, kann es auch eine akquisitionsunterstützende Funktion übernehmen.
- Darüber hinaus kann ein Leitbild aber auch primär nach innen, d.h. in Richtung eigene Mitarbeiter gerichtet sein.

Leitzinsen

base rate; key rate; central bank discount rate

Leitzinssätze sind Zinsbedingungen, die eine Zentralbank festsetzt. Die Festsetzungen dienen durch ihre Leitfunktion der Geldmengenregulierung mit dem Hauptziel der Erhaltung der Geldwertstabilität (Vermeidung von Inflation und Deflation). Zuständig für die Leitzinsfestlegung im Euro-Raum ist das Direktorium der europäischen Zentralbank (EZB) zusammen mit den Präsidenten von derzeit zwölf Zentralbanken der Staaten, die den Euro eingeführt haben. Beide Gremien zusammen bilden den EZB-Rat. Zu ihrem geldpolitischen Instrumentarium gehört die Festsetzung der Zinssätze für

- die Einlagefazilität, (Möglichkeit der Banken zur kurzfristigen Einlage nicht benötigter Gelder bei der EZB). Er schwankte bisher zwischen 3,75 Prozent um die Jahreswende 2000/2001 und 0,25 Prozent – einem historischen Tief) im April 2009;
- die Spitzenrefinanzierungsfazilität (Möglichkeit der Zentralbanken, sich kurzfristig Gelder von der EZB gegen Verpfändung notenbankfähiger Wertpapiere zu beschaffen), Schwankungsbreite zwischen 5,75 Prozent im Januar 2001 und 1,75 Prozent im Mai 2009;
- die Hauptrefinanzierung, (Zinssatz, durch den der wesentliche Einfluss auf die der Wirtschaft zufließenden Geldmenge ausgeübt wird).
- Die Einlage- und die Spitzenfazilität sind liquiditätspolitische Instrumente. Die Zinssätze der Einlage- und der Spitzenrefinanzierungsfazilität bilden den Zinskanal, innerhalb dessen sich der längerfristige Geldmarktzins bewegt. Der Hauptrefinanzierungszinssatz, der die längerfristige Geldvergabe steuert, ist der weitaus wichtigste Leitzins. Er steht vor

allem im Fokus der Öffentlichkeit, wenn über die Geldpolitik der EZB berichtet wird.

Die wiederholte Änderung dieses Leitzinses in einer Richtung wirkt sich unmittelbar auf die Zinssätze für Spareinlagen und für kurzfristige Zwischen- und Vorfinanzierungsaktionen in der Immobilienwirtschaft aus und schlägt in der Regel mit Zeitverzögerung auch auf die Zinsen für langfristige Kredite durch. Der Hauptrefinanzierungszinssatz ist auch die Bezugsgröße für den deutschen Basiszinssatz. Die prozentuale Änderung des Hauptrefinanzierungszinssatzes innerhalb einer Jahreshälfte ist bestimmend für die Änderung des Basiszinssatzes, der jeweils zum 1. Januar und zum 1. Juli eines Jahres von der Deutschen Bundesbank veröffentlicht wird. Der Hauptrefinanzierungszinssatz lag noch im September 2008 bei 4,25 Prozent und wurde bis Mai 2009 sukzessive auf ein Prozent abgesenkt, dem historisch niedrigsten Zinssatz. Daraus ergeben sich die Bemühungen der EZB, einen Beitrag zur Beseitigung der allseits festzustellenden Kreditklemme in Europa in der Zeit der Finanzkrise zu leisten. Der höchste Hauptrefinanzierungszinssatz lag um die Jahreswende 2000/2001 bei 4,75 Prozent.

Siehe / Siehe auch: Basiszinssatz

Letter of Intent (LOI)

letter of intent (LOI)

Siehe / Siehe auch: Absichtserklärung, Due Diligence, Vorvertrag

Letztverbraucher

ultimate consumer

„Letztverbraucher" ist ein Begriff aus der Preisangabenverordnung (PAngV). Er ist weitgehend identisch mit dem Verbraucherbegriff des BGB. Zwar ist er in der Preisangabenverordnung nicht definiert. Da nach § 9 PAngV die Verordnung nicht anzuwenden ist auf solche „Letztverbraucher", die die angebotene Ware oder Leistung in ihrer selbstständigen beruflichen oder gewerblichen oder in ihrer behördlichen oder dienstlichen Tätigkeit verwenden, wird klargestellt, wer tatsächlich unter den Verbraucherschutz der Preisangabenverordnung fällt. Der Begriff Letztverbraucher findet sich auch im Energiewirtschaftsgesetz und einigen anderen Vorschriften. Sie entsprechen inhaltlich im Wesentlichen dem Begriff, der aus der Preisangabenverordnung abzuleiten ist.

Siehe / Siehe auch: Preisangabenverordnung (PangV)

Leverage-Effekt

leverage effect

Als Leverage-Effekt wird die Hebelwirkung der Fremdkapitalkosten auf die Eigenkapitalrentabilität bezeichnet. Kann Fremdkapital zu einem Zins aufgenommen werden, der niedriger ist, als die mit einem Investment erwirtschaftete Verzinsung des eingesetzten Kapitals, so erhöht sich die Verzinsung des eingesetzten Eigenkapitals durch die Aufnahme von Fremdkapital. Umgekehrt verringert sich die Eigenkapitalrentabilität durch Aufnahme von Fremdkapital, wenn die Gesamtkapitalrentabilität niedriger ist als der Fremdkapitalzins. Im Zusammenhang mit Optionsgeschäften meint der Begriff Leverage-Effekt die überproportional starke Reaktion des Optionspreises auf Kursänderungen des Underlyings. Mathematisch ausgedrückt, ergibt sich der Hebel einer Option, indem der aktuelle Kurs des Basiswertes mit dem Bezugsverhältnis multipliziert und das Ergebnis durch den Optionspreis geteilt wird.

Lichte Höhe / Lichtes Maß

clear height; ceiling height; (free) headroom; overhead clearance / clearance; clear dimension

Lichte Höhe nennt man den freien – im Licht befindlichen – Raum zwischen der Oberkante des Fußbodens und der Unterkante der Raumdecke. Der Begriff wird verwendet, um Mindestanforderungen an Wohn- und Arbeitsräume zu definieren.

Bei Balkendecken ist die lichte Höhe der Raum zwischen der Oberkante des Fußbodens und der Unterkante des Deckenbalkens. Die aktuelle Arbeitsstättenverordnung vom 12.8.2004 setzt ausdrücklich keine Zahlenangabe für die lichte Höhe fest. Die Regelung sagt nur aus, dass die lichte Höhe in Abhängigkeit von der Größe der Grundfläche so ausreichend zu bemessen ist, dass die Beschäftigten ohne Beeinträchtigung ihrer Sicherheit, ihrer Gesundheit oder ihres Wohlbefindens ihrer Arbeit nachgehen können.

Die Vorgängerregelung enthielt konkrete Zahlenvorgaben, z. B. musste die lichte Höhe bei einer Grundfläche bis 50 Quadratmeter mindestens 2,50 m betragen. Bei über 2000 Quadratmeter war eine lichte Höhe von mindestens 3,25 m vorgeschrieben. Der verwandte Begriff lichtes Maß (auch: Lichte, Lichtmaß) bezeichnet den innen gemessenen, nutzbaren Abstand zwischen zwei Bauteilen bzw. zwischen den Begrenzungen einer Öffnung.

Lieberhaberwert

sentimental value; collector's value; value to a special purchaser

Der Liebhaberwert ist ein Wert, der einem Gegenstand nur aus einer besonderen, speziellen Interessenlage von einer Person zugemessen wird. Es handelt sich häufig um einen Sammlerwert, z. B. um den Wert einer besonderen Briefmarke, die in der Sammlung noch fehlt und für die deshalb auch ein besonders hoher Preis bezahlt wird. In der Versicherungswirtschaft spricht man auch von Affektionswert. Im Schadensfall wird der Liebhaberwert im Fall der Zerstörung des Gegenstandes nur dann ersetzt, wenn es auf dem Markt, auf dem die Sache gehandelt wird, mehrere Liebhaber gibt (z. B. bei Oldtimern, Antiquitäten, Gemälden usw.). Ist nach der Versicherungspolice nur der Wiederbeschaffungswert (Neuwert oder Zeitwert) im Fall der Zerstörung zu ersetzen, verbleibt beim Versicherten eine subjektive Schadensdifferenz.

Auch auf dem Immobilienmarkt kann Liebhaberei dazu führen, dass ein Interessent für ein Grundstück einen Preis zu bezahlen bereit ist, der nicht unbeachtlich über dem Verkehrswert liegt. Allerdings fehlt hier das Merkmal der Sammelleidenschaft. Liebhaberei bezieht sich hier in der Regel auf besondere Objekt- oder Lagemerkmale, mit denen ein Interessent, der das Objekt erwerben will, eine besondere subjektive Beziehung verbindet. Beispiele: Ein Interessent ist Bergsteiger. Er findet ein Grundstück, das einen Ausblick zu einem besonderen Alpenpanorama bietet, zu dem er als Bergsteiger eine besonders enge Beziehung hat. Verkauft ein weltberühmter Dirigent sein Haus, kann es sein, dass einer seiner besonderen Anhänger einen sehr hohen Preis bezahlt, weil er dann im Haus des großen Dirigenten wohnen kann. In einem solchen Fall spricht man auch von „Snobeffekt".

Liebhaberei

hobby activity; (tax:) activity carried out with no intention of making money

Liebhaberei ist ein Fachbegriff zur Bezeichnung eines bestimmten steuerlichen Sachverhaltes. Als Liebhaberei werden von der Finanzverwaltung solche Tätigkeiten eines Steuerpflichtigen eingestuft, bei denen eine Gewinnerzielungsabsicht fehlt. Kosten, die dem Steuerpflichtigen im Zusammenhang mit einer solchen Tätigkeit entstehen, werden der allgemeinen Lebensführung zugerechnet und sind daher aus versteuertem Einkommen zu bestreiten. Sie können steuerlich nicht als Betriebsausgaben oder Werbungskosten geltend gemacht werden.

Fallen im Zusammenhang mit einer bestimmten Tätigkeit vorübergehend Verluste an, so rechtfertigt dies allein noch nicht die Annahme von Liebhaberei, wenn diese Tätigkeit auf Dauer betrachtet zu positiven Einkünften führen kann. Auch ein unternehmerisches Engagement, das nach Anlaufverlusten wieder beendet wird, ist nicht zwangsläufig als Liebhaberei zu werten. Entscheidend für die Beurteilung ist, ob und innerhalb welches Zeitraumes die Erzielung eines Totalüberschusses der künftigen Gewinne über die entstandenen Verluste wahrscheinlich ist. Für die Beurteilung der Liebhaberei-Problematik durch die Finanzverwaltung im Zusammenhang mit Einkünften aus Vermietung und Verpachtung ist derzeit das Schreiben des Bundesministeriums der Finanzen an die Obersten Finanzbehörden der Länder vom 8. Oktober 2004 (sogenannter „Liebhaberei-Erlass") maßgeblich. Es ersetzte die zuvor relevanten BMF-Schreiben vom 23. Juli 1992, vom 29. Juli 2003, vom 15. August 2003 sowie vom 20. November 2003. Für die Annahme einer Einkunftserzielungsabsicht ist es demnach erforderlich, dass es sich um eine auf Dauer angelegte Vermietungstätigkeit handelt und dass nicht besondere Umstände oder Beweisanzeichen gegen das Vorliegen einer Einkunftserzielungsabsicht sprechen oder aber besondere Arten der Nutzung für sich allein Beweisanzeichen für eine private Veranlassung sind, die nicht mit der Erzielung von Einkünften zusammenhängt. Sprechen Beweisanzeichen gegen das Vorliegen einer Einkunftserzielungsabsicht, so ist zu prüfen, ob ein Totalüberschuss erzielbar ist (sogenannte Überschussprognose). Der Prognosezeitraum umfasst dabei einen Zeitraum von 30 Jahren, sofern nicht von einer zeitlich befristeten Vermietung auszugehen ist.

Liebhaberobjekte

collector's items

Als Liebhaberobjekte werden Immobilien bezeichnet, die besondere Merkmale aufweisen, bei denen der Verkehr annimmt, dass es Interessenten gibt, die deshalb eine besondere Affinität und damit Wertschätzung zu diesem Objekt verbinden könnte. Solche Merkmale können ein größerer Teich auf dem Grundstück sein, eine denkmalgeschützte Fassade, ein weiter, freier Ausblick auf eine reizvolle Landschaft oder Ähnliches. Die im Erwerbsfall von „Liebhabern" bezahlten Objektpreise sind in der Regel Ausreißer, die wegen der Ungewöhnlichkeit der Interessenten-Objektbeziehung als Referenzpreise für eine generelle Markteinschätzung ungeeignet sind. Nicht selten versuchen Verkäufer von gewöhnlichen Immobilien, ihr Objekt als „Liebhaberobjekt" anzubieten, obwohl hierfür die Grundlagen oder das Interessentenpotenzial fehlen. Solche Mühen sind regelmäßig vergeblich.

Liegenschaften

real property; landed property; property

Unter Liegenschaften sind bei Offenen Immobilienfonds die Immobilien zu verstehen, in die investiert wurde.

Liegenschaftskarte

cadastral map

Siehe / Siehe auch: Liegenschaftskataster, Katasterbücher, Katasterkarten (Flurkarten)

Liegenschaftskataster

cadastre; land survey register

Das Liegenschaftskataster ist nach § 2 der Grundbuchordnung (GO) das amtliche Verzeichnis der Grundstücke. Es wird bei den Katasterämtern geführt. Das Liegenschaftskataster besteht aus den Katasterbüchern und -karten. Die Katasterbücher enthalten das Flurbuch (Verzeichnis der Flurstücke in der Reihenfolge der Nummerierung), dem Liegenschaftsbuch (Verzeichnis der Grundstücke eines Gemeindebezirkes), dem Eigentümerverzeichnis und dem alphabetischen Namensverzeichnis, das zum Auffinden der Grundstücke eines Eigentümers dient. Sie werden überwiegend in automatisierter Form geführt (ALB und ALK). Buchungseinheit des Liegenschaftskatasters ist das Flurstück. Die im Liegenschaftsbuch aufgenommenen Eigentümer erhält das Liegenschaftsamt vom Grundbuch. Im Gegenzug teilt das Katasteramt Änderungen bei den Flurstücken mit. Der Austausch der Informationen erfolgt heute vollautomatisiert in elektronischer Form. Das Liegenschaftskataster enthält im Gegensatz zu den Bestandsverzeichnissen der Grundbücher alle Grundstücke einschließlich Erbbaurecht und Wohnungseigentum des Katasterbezirkes. Dies gilt auch für Grundstücke, die nicht im Grundbuch eingetragen sind. Einblick in das Liegenschaftskataster hat jeder. Für die Einsicht in personenbezogene Daten (Eigentumsverhältnisse) muss wie beim Grundbuch ein berechtigtes Interesse dargelegt werden.

Siehe / Siehe auch: Katasterbücher, Katasterkarten (Flurkarten)

Liegenschaftszinssatz

yield of real property

Der Liegenschaftszinssatz ist der Zinssatz, mit dem der Verkehrswert von Liegenschaften im Durchschnitt marktüblich verzinst wird. Es handelt sich um einen zentralen Faktor der Wertermittlung einer Immobilie im Ertragswertverfahren. Er ist nicht zu verwechseln mit einem normalen Anlagezinssatz. Die Höhe des Liegenschaftszinssatzes bestimmt sich nach der Art und Lage des Objektes. Mit ihm wird zunächst der Bodenwert eines bebauten Grundstücks verzinst. Außerdem geht er zusammen mit der Restnutzungsdauer in den Vervielfältiger (einem „Rentenbarwertfaktor") ein. Die Multiplikation des Vervielfältigers mit dem auf das Gebäude treffenden Reinertrag ergibt den Gebäudeertragswert. Der Liegenschaftszinssatz kann in der Regel bei den Gutachterausschüssen erfragt werden. Auch Makler können auf der Grundlage der von ihnen vermittelten Kaufverträge über Mietobjekte Liegenschaftszinssätze zuverlässig ermitteln.

Life-Cycle-Costing

life cycle costing

Siehe / Siehe auch: Lebenszykluskosten

Life-Style-Technik

lifestyle marketing

Life-Style-Technik ist eine Verkaufstechnik, bei der der zukünftige Lebensstil des potentiellen Käufers bzw. Mieters der Immobilie positiv dargestellt wird. Auf diese Weise kann der Leser den positiven Zustand, der nach dem Erwerb der Immobilie eintritt, mit den Unzulänglichkeiten seines derzeitigen Lebensstils vergleichen.

Line of Visibility

line of visibility

Dies sind in der Wertschöpfungskette des Unternehmens die Punkte, bei denen das Immobilienunternehmen jeweils von seinen Kunden – in welcher Form auch immer – wahrgenommen wird.

Liquidationsverfahren

liquidation proceedings; winding-up proceedings

Siehe / Siehe auch: Liquidationswert (Immobilienbewertung)

Liquidationswert (Immobilienbewertung)

liquidation value; forced sale value (real estate appraisal; property valuation)

In der Immobilienbewertung versteht man unter dem Liquidationswert einen Wert, der sich bei Anwendung des Ertragswertverfahrens dadurch ergibt, dass der Reinertrag ausschließlich durch die Bodenwertverzinsung absorbiert wird und auf das Gebäude deshalb kein Ertragsanteil mehr entfällt. Der Bodenwert ist um die Abbruchkosten zu mindern. Sollte ein Abbruch zum Bewertungsstichtag z. B. wegen einer vertraglichen Nutzungsvereinbarung nicht möglich sein, ist dies ebenfalls zu berücksichtigen, wobei der auf die Dauer der Nutzung entfallende kapitalisierte Betrag hinzuaddiert werden muss.

Liquidität

solvency; liquidity

Unter der Liquidität versteht man Zahlungsfähigkeit. Zur Aufrechterhaltung dieser Zahlungsfähigkeit müssen Mittel bereitstehen, über die sofort verfügt werden kann. Tritt wegen des Mangels an Liquidität ein Zustand der Zahlungsunfähigkeit ein, muss Insolvenz angemeldet werden. Schon bei drohender Zahlungsunfähigkeit kann auf Antrag des Betroffenen Insolvenz beantragt werden.

Der Liquiditätsgrad ist neben der Rentabilität eine wichtige Unternehmenskennzahl. Unterschieden wird zwischen verschiedenen Liquiditätsgraden (Verhältnisse von Barmitteln, kurzfristigen Forderungen oder dem Umlaufvermögen zu den entsprechenden kurzfristigen Verbindlichkeiten). Überliquidität vermindert die Rentabilität.

Bei Fonds besteht die Liquidität in frei verfügbare Mittel im Rahmen des Fondsvermögens. Die Immobilienfondsgesellschaften dürfen maximal 49 Prpzent des Sondervermögens liquide halten. Da manche Gesellschaften in der Vergangenheit bis dicht an diese Grenze gestoßen sind (Grund: mangelnde Auswahl an geeigneten Objekten), gab es zeitweilig sogar einen Vertriebsstopp.

Liquiditätsreserve

case reserve; margin of solvency; working capital

Geschlossene Immobilienfonds sollten aus Gründen der kaufmännischen Vorsicht mit einer Liquiditätsreserve ausgestattet sein. Sie dient dem Ziel, eventuelle Instandhaltungs- und Revitalisierungskosten oder auch Mietausfälle und andere unvorhergesehene Aufwendungen tragen zu können, ohne dass dadurch sofort die prognostizierten Ausschüttungen in Frage gestellt werden. Aus der Prognoserechnung sollten die Höhe und die angestrebte Entwicklung der Liquiditätsreserve erkennbar sein.

Siehe / Siehe auch: Immobilienfonds - Geschlossener Immobilienfonds

Liste qualifizierter Vereine (Wettbewerbsrecht)

list of qualified societies / associations (German law on competition)

In § 8 UWG ist geregelt, wer zur Geltendmachung von Unterlassungsansprüchen in Fällen wettbewerbsrechtlichen Fehlverhaltens aktiv legitimiert ist. Dazu gehören die Mitbewerber, rechtsfähige Verbände zur Förderung gewerblicher oder selbstständiger beruflicher Interessen und die Industrie- und Handels-, sowie Handwerkskammern.

Ferner sind die sogenannten qualifizierten Einrichtungen aktiv legitimiert, die nachweisen, dass sie in die Liste qualifizierter Einrichtungen nach § 4 des Unterlassungsklagegesetzes oder in einem Verzeichnis der Kommission der Europäischen Gemeinschaften eingetragen sind.

Die erste Liste wird beim Bundesjustizministerium geführt. Derzeit handelt es sich um 75 Vereine, hauptsächlich Mietervereine, aber auch Vereine die spezielle Verbraucherinteressen vertreten. Hierzu gehören z. B. der ADAC, der Bund der Energieverbraucher, die Deutsche Umwelthilfe e.V., der Bundesverband privater Kapitalanleger, usw.. Ein Einblick in die Liste kann unter www.bundesjustizamt.de genommen werden.

Darüber hinaus wird auf der europäischen Ebene ein Verzeichnis geführt, in dem qualifizierte Einrichtungen der Mitgliedsstaaten der EU eingetragen sind. Sie wird halbjährlich aktualisiert und im Amtsblatt veröffentlicht. Die Eintragungen erfolgen auf Initiativen, die von den Mitgliedsstaaten ausgehen. Die letzte im Amtsblatt der Europäischen Union veröffentlichte Liste vom 13.06.2009 (C 135/1) enthält die gleichen qualifizierten Einrichtungen wie die deutsche (Einsicht unter www./eur-lex.europa.eu).

Siehe / Siehe auch: Wettbewerbsrecht

Löschung

satisfaction (of a debt, etc.); extinction; extinguishment; cancellation; discharge; unloading

Löschung ist die Beseitigung einer Eintragung im Grundbuch. Die erledigte Eintragung wird jedoch nicht aus dem Grundbuch entfernt, sondern rot unterstrichen oder durchgestrichen. Unter der Spalte „Löschungen" wird anschließend ein spezieller Löschungsvermerk eingetragen. Damit soll auch später noch erkennbar sein, wann sich welche Eintragungen erledigt haben. Im Zweifel kommt es nicht auf die Rötung, sondern auf die Eintragung des Vermerks an. Die Löschung muss von demjenigen bewilligt werden, dessen Recht davon berührt wird.

Löschungsanspruch

right to have an entry expunged from a register; cancellation right

Dem nachrangigen Grundschuld- oder Hypothekengläubiger steht gegenüber dem Grundstückseigentümer ein Anspruch auf Löschung vorrangig eingetragener Grundpfandrechte zu, wenn sich diese durch Darlehensrückzahlung in Eigentümergrundschulden verwandeln. Der Anspruch kann durch Eintragung einer Löschungsvormerkung im Grundbuch abgesichert werden. Will der Eigentümer die Eigentümergrundschuld jedoch für weitere Beleihungen nutzen, muss er den Löschungsanspruch im Einvernehmen mit dem Gläubiger ausschließen.

Loft

loft

Nach Langenscheidt: Zur Wohnung (und/oder Arbeitsplatz) umgestaltete ehemalige Fabriketage. Sie zeichnet sich durch weitläufige, meist hohe und lichtoffene Raumgestaltung und großzügigen, individuellen Grundrissen fernab des Alltäglichen aus. Die Geburt des Loft-Living fand in den USA statt. In den späten 40er Jahren waren Künstler auf der Suche nach günstigen großen Atelier- und Wohnmöglichkeiten. Einer der Trendsetter der Loft-Bewegung war Andy Warhol (1928 - 1987). Sein Loft, die sogenannte „Factory" in Manhattan war in den 60er Jahren Kunsttreff, wie auch Atelier, Bühne und Wohnung. Seit dieser Zeit werden in vielen amerikanischen und europäischen Metropolen brachliegende Fabrikhallen in Wohnquartiere mit besonderem Charme umgenutzt. Lofts verbreiten sich zunehmend in Europa, z. B. in London (Docklands), Amsterdam, Paris. Sie hielten aber auch Deutschland Einzug. Man findet sie heute vor allem in Berlin (z. B. Paul Lincke Höfe. Steinhof an der Planke – eine ursprüngliche Nudelfabrik, das Königliche Leihamt), Hamburg (alte Speicherstadt), Köln (Stollwerk Fabrik) und Frankfurt. Die Größen der einzelnen Lofts bewegen sich in Deutschland zwischen 50 und 500 Quadratmeter Wohn- oder Nutzfläche – je nach Nutzungsart – bei Quadratmeter-Preisen zwischen 1.500 und 3.000 Euro.

Loggia

loggia; recessed balcony

Aus dem Italienischen: laubia = Laube.Gemeint ist ein offener, überdachter Freiraum innerhalb der Bauflucht eines Hauses (ein Balkon ragt im Gegensatz dazu über die Baufluchtlinie hinaus).

Logistikimmobilien

logistics real estate

Logistikimmobilien sind Grundstücke, Gebäude und andere bauliche Anlagen, die der Lagerung, dem Transport oder dem Umschlag von Gütern dienen. Dazu zählen beispielsweise Warenlager für Industrie und Handel, Luftfrachtzentren, Ver-

teilzentren, Cross Docking Centers und Transshipment Centers. Für Immobilieninvestoren, die sich im Bereich Gewerbeimmobilien engagieren, stellen Logistikimmobilien eine wichtige Investmentalternative zu Büros, Shopping-Centern und Hotels dar. Häufig werden mit Logistikimmobilien höhere Renditen erzielt als mit Immobilien anderer Nutzungsarten. Die Nutzungsdauer der Objekte ist im Bereich Logistik allerdings oft wesentlich kürzer, zudem sind in der Regel kaum Wertsteigerungen zu erwarten.
Ein wesentlicher Einflussfaktor für den Wert von Logistikimmobilien ist neben dem Standort und der Qualität des Gebäudes die Drittverwendungsfähigkeit.
Siehe / Siehe auch: Drittverwendungsfähigkeit, Cross Docking Center, Transshipment Center

Lücke-Plan / Lücke-Gesetz

law on the deregulation of controlled economy for housing, socially just tenancies and the right of residence, initiated by Paul Lücke, federal minister of construction (1960)

Auch: „Gesetz über den Abbau der Wohnungszwangswirtschaft und ein soziales Miet- und Wohnrecht"; in Kraft getreten 1960. Das vom damaligen Bundesbauminister Paul Lücke (CDU) initiierte Gesetz bewirkte die schrittweise Abschaffung der Mietpreisbindung für Altbauwohnungen.
Siehe / Siehe auch: Mietpreisbindung

Lüftungsanlage

ventilation system

Siehe / Siehe auch: Abluftanlage

Luftmakler

- n.a. -

Als Luftmakler werden Zwischenpersonen bezeichnet, die eingeschaltet werden, um aus zustande kommenden Verträgen Provisionsbeträge abzuzweigen, die dann zwischen dieser Person und demjenigen, der sie ins Spiel gebracht hat, aufgeteilt werden. Das Charakteristische ist, dass es sich bei dieser Person nicht um einen tatsächlichen Makler handelt. Es gibt verschiedene Konstruktionen:
Ein mit dem An- und Verkauf betrauter Angestellter einer Kapitalanlagengesellschaft lässt seiner Ehefrau oder Lebensgefährtin ein Maklerbüro gründen, das zum gegebenen Zeitpunkt eingeschaltet wird, um Maklerdienste vorzutäuschen. Eine andere Konstruktionsform besteht darin, dass eine Gesellschaft gegründet wird, an der der Angestellte als stiller Gesellschafter beteiligt ist. In jedem Fall liegt eine strafbare Handlung vor.
Für tatsächliche Makler entsteht das Problem, dass durch die Berichterstattung über solche Fälle ihr Ruf ebenfalls in Mitleidenschaft gezogen wird.
Siehe / Siehe auch: Pseudomakler

Luxuslagen

exclusive location

Siehe / Siehe auch: 1a-Lagen Geschäftskern

Mängel (-beseitigung, -protokoll, -rüge)

defects (rectification; punch list / checklist for quality assurance; claim / complaint / notice

Mängel an der Bauausführungen, die nicht mit den Plänen des Bauherrn oder mit Baurichtlinien übereinstimmen, aus denen sich die Regeln der Baukunst ergeben, muss der bauausführende Handwerker bzw. Unternehmer innerhalb der Verjährungsfrist für seinen Vertragspartner kostenlos beseitigen. Mängel, die der Bauherr an seiner Immobilie feststellt, sollten dem Vertragspartner unverzüglich schriftlich mitgeteilt werden. Werden sie bereits bei der Bauabnahme entdeckt, müssen sie in einem Protokoll festgehalten werden, da sonst Nacherfüllungsansprüche nicht mehr geltend gemacht werden können. Ratsam ist es, darin einen Termin für die Beseitigung der Mängel zu setzen. Das Protokoll wird anschließend vom Bauherrn und dem Vertragspartner unterzeichnet.

Siehe / Siehe auch: Rechtsmangel (Mietverhältnis), Sachmangel (im Mietrecht)

Mängelanzeige durch Mieter

tenant's notification of defects

Tritt während eines Mietverhältnisses ein Mangel an der Mietwohnung auf oder werden Maßnahmen zum Schutz der Wohnung gegen zuvor nicht absehbare Gefahren notwendig, (z. B. bei Auftreten von Schimmel, feuchten Wänden, undichten Fenstern, Hausschwammbefall, Wasserrohrbruch) ist der Mieter gesetzlich verpflichtet, dem Vermieter unverzüglich Mitteilung zu machen (§ 536c BGB). Ebenso muss er es dem Vermieter mitteilen, wenn eine dritte Person sich Rechte an der Mietwohnung anmaßt.

Unterlässt der Mieter die Mängelanzeige, kann ihn der Vermieter auf Ersatz der Schäden in Anspruch nehmen, die ihm dadurch entstehen. Konnte der Vermieter wegen des Unterbleibens der Mängelanzeige den Mangel nicht abstellen, entfallen die Rechte des Mieters auf Mietminderung, auf Schadenersatz wegen eines Wohnungsmangels oder auf außerordentliche Kündigung ohne Bestimmung einer Abhilfefrist (§ 543 Abs. 3 Satz 1 BGB).

Siehe / Siehe auch: Rechtsmangel (Mietverhältnis), Sachmangel (im Mietrecht), Mietminderung, Mieterhöhung bei Modernisierung

Magnet

magnet

Siehe / Siehe auch: Anchor

Mahnverfahren, gerichtliches

credit control procedures; collection proceedings, judicial / legal

Jede Geldforderung in inländischer Währung z.B. Miete, Betriebskosten, Immobilienkaufpreis, Hypothekenforderung kann nicht nur im Rahmen eines Rechtsstreites, sondern auch im Rahmen des gerichtlichen Mahnverfahrens geltend gemacht werden. Dadurch soll – wenn der Schuldner die Forderung nicht ernsthaft bestreitet, sie aber entweder nicht erfüllen kann oder will – dem Gläubiger über die Geldforderung schnell und einfach ohne mündliche Verhandlung ein Vollstreckungstitel verschafft werden. Zuständig für das Mahnverfahren sind ausschließlich die Amtsgerichte. Dort kann der Gläubiger (Antragsteller), ohne darlegen zu müssen, inwieweit er überhaupt anspruchsberechtigt ist, den Erlass eines Mahnbescheides beantragen. Das Gericht prüft lediglich, ob die gesetzlich vorgeschriebenen Formalismen eingehalten sind, nicht aber, ob der geltend gemachte Anspruch zu Recht besteht. Legt der Schuldner (Antragsgegner) gegen den Antrag keinen Widerspruch ein, so ergeht ein Vollstreckungsbescheid, der die Wirkung eines Versäumnisurteils hat. Aufgrund dieser Wirkung hat der Antragsgegner die Möglichkeit, gegen den Vollstreckungsbescheid Einspruch einzulegen. Tut er dies nicht, werden der Vollstreckungsbescheid und damit die Forderung rechtskräftig.

Mailing

mailings

Mailings sind ein wichtiges Instrument, um das Interesse potentieller Käufer zu finden, aber auch um den Bekanntheitsgrad und das Image des Unternehmens zu verbessern. Sie dienen neben der Schaltung von Anzeigen auch der Auftragsbeschaffung und sind die zielgerichtete Anwendung von Serienbriefen, die an bestimmte Haushalte in bestimmten Gebieten verteilt werden. Interessant ist das Mailing, da es eine hohe Präzision zur Erreichung der spezifischen Zielgruppe bietet und sowohl zur Auftragsbeschaffung als auch zu Vertriebszwecken eingesetzt werden kann. Auch kleine Zielgruppen können durch ein Mailing treffsicher angesprochen werden, so dass ein Mailing sehr viel persönlicher ist als andere Art der Kontaktaufnahme zu der Zielgruppe, ausgenommen der direkt persönliche Kontakt. In der Immobilienwirtschaft gibt es vier Formen des Mailings: Vorstellungsmailing, Kontaktmailing, Akquisitionsmailing und Verkaufsmailing. Mailings sollen nicht den Eindruck einer Werbe- oder Verkaufsmaßnahme erwecken, sondern Vorteile und Nutzen für die Zielperson hervorheben. Das Anschreiben soll wie ein individueller Brief wirken und nicht wie eine Massen-Aussendung.

Maisonette
maisonette

Maisonette (Maison = Haus) bezeichnet eine auf zwei Stockwerke verteilte Wohnung, deren Etagen mit einer internen Treppe verbunden sind. Häufig ist bei Maisonetten die Mansarde in den Wohnbereich mit einbezogen.

Majorisierung
defeating by majority vote

Siehe / Siehe auch: Stimmrecht (Wohnungseigentümer-Versammlung)

Makler
estate agent; broker

Makler sind Gewerbetreibende, die Verträge vermitteln. Zu unterscheiden ist zwischen Zivilmaklern und Handelsmaklern. Handelsmakler befassen sich nur mit der Vermittlung von Verträgen über Gegenstände, die im Rahmen des Handelsverkehrs eine Rolle spielen (Waren, Wertpapiere, Versicherungen, Güterbeförderungen, Schiffsmiete). Ihr Recht ist in den §§ 93 – 104 HGB geregelt. Zivilmakler befassen sich mit Verträgen, deren Regelung im BGB angesiedelt ist (Mietverträge, Kaufverträge über Grundstücke, Darlehensverträge). Für sie gelten die Vorschriften der §§ 652 – 654 BGB. Zivilmakler können – im Gegensatz zum Handelsmakler – also schon dann einen Provisionsanspruch erwerben, wenn es infolge ihres Nachweises einer Vertragsgelegenheit zu einem Vertragsabschluss kommt. Voraussetzungen für den Provisionsanspruch sind ein Provisionsversprechen dessen, der zahlen soll, eine Maklertätigkeit (Nachweis oder Vertragsvermittlung), Zustandekommen des mit der Maklereinschaltung beabsichtigten Vertrages (Kaufvertrag, Mietvertrag) und ein Ursachenzusammenhang zwischen der Maklertätigkeit und dem Zustandekommen des beabsichtigten Vertrages. Beim Vermittlungsmakler kann ein Provisionsanspruch auch dann entstehen, wenn der abgeschlossene Vertrag vom ursprünglich beabsichtigten abweicht. Voraussetzung aber ist, dass dieses Abweichen auf die Vermittlungsbemühungen des Maklers zurückzuführen ist. Das Problem des zivilen Maklerrechts besteht darin, dass einerseits der Makler nicht verpflichtet, sondern nur berechtigt ist, für den Auftraggeber tätig zu werden; andererseits der Auftraggeber nicht verpflichtet ist, erbrachte Maklerleistungen „abzunehmen". Er kann jederzeit den erteilten Auftrag widerrufen, andere Makler zusätzlich einschalten, die Objektangebotsbedingungen beliebig ändern usw. Das entzieht dem Makler die Möglichkeit, seinen Kosten- und Zeiteinsatz vernünftig zu kalkulieren. Makler weichen deshalb in der Regel auf die Vereinbarung von Alleinaufträgen aus. Wird ein Makler für beide Parteien provisionspflichtig tätig, spricht man von einem Doppelmakler. Während der Makler allgemein die Interessen seines Auftraggebers zu vertreten hat, muss er im Fall der Doppeltätigkeit bei der Vermittlung eine neutrale Position beziehen. Verletzt er die Neutralitätspflicht, verwirkt er seinen Provisionsanspruch gegenüber demjenigen der beiden Auftraggeber, der benachteiligt wurde.
Die beiden Positionierungen der Makler können zu unterschiedlichen wirtschaftlichen Ergebnissen führen. Ein Makler, der Interessen-Vertreter einer Partei ist, wird eine höhere Erfolgsquote haben als ein neutraler Vermittler, der durch seine Neutralitätspflicht in seinen Aktivitäten gehemmt wird. Andererseits gilt beim Makler als einseitigem Interessen-Vertreter natürlich auch der Grundsatz: „Wer zahlt schafft an". Sehr problematisch ist die Konstellation Makler zu Auftraggeber, wenn beide Seiten miteinander wirtschaftlich oder rechtlich verflochten sind. Wenn z. B. ein Bauträger an einer Makler GmbH beteiligt ist, die die Bauträgerobjekte vertreiben soll, dann ist wegen der wirtschaftlichen Verflechtung ein Provisionsanspruch gegenüber dem Erwerber eines Bauträgerobjektes ausgeschlossen. Der Bauträger kann natürlich eine Provision bezahlen. Wer das Gewerbe eines Immobilien-, Wohn- und Gewerberaummaklers betreiben will, muss hierfür eine Erlaubnis nach § 34c der Gewerbeordnung (GewO) beantragen. Die erlaubnispflichtige Tätigkeit wird hier mit dem Nachweis von Vertragsabschlussgelegenheiten oder Vermittlung von Verträgen über „Grundstücke, grundstücksgleiche Rechte, gewerbliche Räume, Wohnräume oder Darlehen" umschrieben. Die Erlaubnis wird nur erteilt, wenn der Antragsteller die für den Betrieb erforderliche Zuverlässigkeit besitzt und sich in geordneten Vermögensverhältnissen befindet. Wer ohne Erlaubnis gewerbsmäßig als Makler tätig wird, begeht eine Ordnungswidrigkeit und muss mit Verhängung eines Bußgeldes rechnen.

Siehe / Siehe auch: Alleinauftrag, Gewerbeerlaubnis, Neutralitätsprinzip (Maklergeschäft), Ursächlichkeit (Maklertätigkeit)

Makler / Untermakler

estate agent; broker / sub-broker; subagent

In einer Sonderform des Gemeinschaftsgeschäftes kann sich der Makler eines Untermaklers bedienen. Dabei beauftragt er einen weiteren Makler mit der Abwicklung eines Geschäfts. Voraussetzung ist ein Maklervertrag zwischen Hauptmakler und Auftraggeber sowie zwischen Haupt- und Untermakler.

Siehe / Siehe auch: Gemeinschaftsgeschäft

Makler als Erfüllungsgehilfe des Auftraggebers

broker as an subcontractor of the customer

Nach neueren Entscheidungen des Bundesgerichtshofes ist der Makler dann ein Erfüllungsgehilfe des Auftraggebers, wenn er über die „klassischen" Tätigkeiten (Nachweis und Vermittlung) hinaus Aufgaben übernimmt, die typischerweise Sache des Auftraggebers selbst wären. Je enger die Pflichtenstruktur zwischen dem Auftraggeber und dem Makler z.B. im Rahmen eines qualifizierten Alleinauftrages ist, desto größer die Wahrscheinlichkeit, dass der Makler in die Rolle des Erfüllungsgehilfen schlüpft. Ist der Makler im Vorfeld des Verkaufes als Erfüllungsgehilfe der Verkäuferpartei anzusehen, muss diese sich die Fehler seines Maklers zurechnen lassen. Der Käufer kann damit den Verkäufer etwa auf Schadensersatz wegen der vom Makler unterlassenen Aufklärung oder falschen Information verklagen. Allerdings wird der Makler damit nicht entlastet, denn der Auftraggeber wird in einem solchen Fall den Makler in Regress nehmen.

Makler als Verwalter

broker as an administrator

Siehe / Siehe auch: Verwalter als Makler

Makler- und Bauträgerverordnung (MaBV)

German brokers' and commercial developers' ordinance

Die MaBV regelt als Verbraucherschutzverordnung die Beziehungen zwischen den Auftraggebern einerseits und Maklern, Kapitalanlagevermittlern, Bauträgern und Baubetreuern andererseits. Im Mittelpunkt steht der Schutz des Vermögens der Auftraggeber. Die MaBV enthält Sicherungsvorschriften bei Verwendung von Geldern der Auftraggeber, Informations- und Buchführungsvorschriften, Vorschriften über die Sammlung und Aufbewahrung von Prospekten sowie Vorschriften über Pflichtprüfung, Prüfung aus besonderem Anlass und behördliche Nachschau.

Der mit „Buchführungspflicht" überschriebene § 10 bezieht sich nicht auf eine kaufmännische Buchführungspflicht im Sinne des HGB. Vielmehr müssen Makler, Bauträger und Baubetreuer, sobald sie einen Auftrag angenommen haben, Aufzeichnungen machen und Unterlagen übersichtlich sammeln, aus denen sich die Erteilung und die Bearbeitung des Auftrages nachvollziehbar ergibt. Für reine Maklerbetriebe ist die Pflicht zur jährlichen Abgabe eines Prüfungsberichts entfallen.

Sicherungspflichten entstehen dann, wenn ein Makler vom Kauf- oder Mietinteressenten (Auftraggeber) Gelder annimmt, um sie an den Verkäufer/Vermieter oder an eine andere von diesen zu nennende Person weiterzuleiten. Allein schon die Ermächtigung zur Verfügung über Gelder des Auftraggebers löst Sicherungspflichten aus. Die Sicherung kann im Abschluss einer Vertrauensschadenversicherung oder in der Zurverfügungstellung einer selbstschuldnerischen Bankbürgschaft bestehen. Rechtsgrundlage für diese Berufsausübungsregelung ist die Verordnungsermächtigung nach § 34 c der Gewerbeordnung. Auftraggeber im Sinne der MaBV ist beim Maklergeschäft stets nur der Objektsuchende. Zugunsten der Maklerbetriebe wurde durch das Deregulierungsgesetz ab 01.07.2005 die Vorschrift über die Sammlung von Inseraten und die jährliche Pflichtprüfung abgeschafft. Das bedeutet, dass Betriebe, die über eine Erlaubnis für die Maklertätigkeit verfügen im Jahr 2005 keinen Prüfungsbericht bei der zuständigen Behörde mehr abliefern müssen, auch wenn er sich auf das Geschäftsjahr 2004 bezieht. Für die übrigen Gewerbetreibenden gelten die Vorschriften über die Inseratesammlung und die jährliche Pflichtprüfung nach wie vor. Zahlreiche Vorschriften der MaBV sind Ordnungsvorschriften. Ein Verstoß gegen sie ist eine Ordnungswidrigkeit, die mit einem Bußgeld bis zu 5000 EURO geahndet wird. Darunter fallen vor allem Verstöße gegen die Sicherungspflichten nach §§ 2, 4 – 6 MaBV (für Baubetreuer von praktischer Bedeutung) die §§ 3 – 7 (für Bauträger wichtig) und die §§ 9 – 11 MaBV, nämlich Anzeigepflichten, Aufzeichnungspflichten, Informationspflichten (für Makler, Baubetreuer und Bauträger von praktischer Bedeutung).

Siehe / Siehe auch: Deregulierungsgesetz, Ordnungswidrigkeit, Bauträgervertrag

Makler-Zertifizierung

certification as a broker / real estate agent

Die DIA Consulting AG ist Deutschlands führende anerkannte Zertifizierungsstelle für Immobilienspezialisten. Sie ist bei der DGA (Deutsche

M

Gesellschaft für Akkreditierung mbH) beglaubigt und beim Deutschen Akkreditierungsrat (DAR) registriert. Die durch die DIA Consulting AG vergebenen Zertifikate beziehen sich auf die Personenzertifizierung nach DIN EN ISO/EC 17024 für die Immobilien- und Finanzwirtschaft und sind national und international anerkannt. Seit 2000 gibt es bei der DIA-Consulting AG bereits die Zertifizierung von Sachverständigen für die Immobilienbewertung. Einer Zertifizierung liegt die EU-Norm für Immobilienmakler (EN 15733) zugrunde. Die ersten Makler-Zertifizierungen erfolgten im August 2009. Jeder zertifizierte Immobilienmakler darf als Kompetenznachweis das Zertifikats-Signet „DIAZert" führen. Er ist verpflichtet in einem gewissen Umfange an Fort- und Weiterbildungsveranstaltungen teilzunehmen und unterwirft sich hinsichtlich seiner Pflichten der Überwachung durch die Zertifizierungsstelle. Die Makler-Zertifizierung kann auf drei Gebieten erfolgen, nämlich Vermittlung von vermieteten/selbstgenutzten Wohnimmobilien, vermieteten/selbst genutzten Gewerbeimmobilien und Anlageimmobilien. Wer eine Basiskompetenz z.B. als Immobilienfachwirt, Immobilienwirt DIA oder eine vergleichbare Qualifikation nicht nachweisen kann, muss sich vor der Zertifizierung einem Eingangstest unterziehen. Außerdem muss er mindestens drei Jahre in einem immobilienwirtschaftlichen oder immobilienwirtschaftlich orientierten Beruf tätig gewesen sein.

Zertifiziert wird nur, wer im Rahmen einer schriftlichen Prüfung seine fachliche Kompetenz nachweist. Zertifiziert wird für drei Jahre. Danach erlischt die Zertifizierung, es sei denn, der Makler beantragt eine Re-Zertifizierung für weitere drei Jahre. Erlischt die Zertifizierung, muss die Zertifizierungs-Urkunde zurückgegeben werden. Jeder zertifizierte Makler muss sich auf die Einhaltung eines „Moralkodex" verpflichten. Außerdem müssen bestimmte genau formulierte Qualitätsanforderungen eingehalten werden, die sich auf das Geschäftsverhältnis zwischen Makler und Auftraggeber (Verkäufer und Käufer) beziehen, z.B. umfangreiche Informationspflichten.

Nähere Informationen unter www.diaconsulting.de

Maklerangebot

estate agent / broker's offer

Versendet der Makler ein Exposé oder gibt er eine Anzeige auf, so wird zwar allgemein von Angebot gesprochen. Der Makler bietet jedoch nicht das Objekt an. Im Exposé kann er jedoch den Abschluss eines Maklervertrages anbieten. Dies geschieht durch die deutliche, unmissverständliche Mitteilung seiner Provisionsforderung für den Fall des Ankaufs. Die Klausel lautet etwa wie folgt: „Bei Abschluss des Kaufvertrages zahlt der Käufer an uns, die Firma X-Immobilien, Maklerprovision in Höhe von 7,14 Prozent vom Kaufpreis inklusive Mehrwertsteuer." Eine solche Mitteilung ist ein Vertragsangebot an den Empfänger zum Abschluss eines (vollständigen) Maklervertrages. Es verpflichtet den Kunden, wenn er das Angebot annimmt, zu Zahlung der Provision, legt aber auch beiden Seiten die üblichen Vertragspflichten auf und gibt ihnen die entsprechenden Rechte.

Doch der Vertrag muss erst einmal zustande kommen. Das Angebot des Maklers muss angenommen werden. Auf die Genauigkeit und Vollständigkeit dieser Mitteilung muss der Makler größten Wert legen. Ein Irrtum darüber, wer nun am Ende Provision zahlen muss, darf nicht möglich sein. Das ist aber dann der Fall, wenn nur neutral von „Provision" gesprochen wird. Auch das Wort „Käuferprovision" genügt nach der Rechtsprechung nicht, um jedem klarzumachen, dass der Käufer zusätzlich zum Kaufpreis und direkt an den Makler zu zahlen hat.

So sollten Provisionsmitteilungen nicht lauten:

- Kaufpreis 300.000 Euro, zuzüglich Provision
- Provision 7,14 Prozent inklusive Mehrwertsteuer
- Die Maklerprovision beträgt 7,14 Prozent vom Kaufpreis

Diese Mitteilungen der Provisionsforderung haben eines gemeinsam: Sie lassen nicht erkennen, dass der Makler die Provision später vom Käufer fordert. Es liegt daher kein Angebot zum Abschluss eines Maklervertrages vor. Mit der Zeitungsanzeige eins Objekts kann der Makler das Angebot zum Abschluss eines Maklervertrages nicht verbinden. Die Mitteilung der Provisionsforderung kann nur die Aufforderung an den Leser beinhalten, seinerseits ein Angebot zum Abschluss eines Maklervertrages abzugeben, natürlich mit dem Inhalt der Anzeige. Deshalb muss die Mitteilung in der Zeitungsanzeige, obwohl hier jedes Wort Geld kostet, so deutlich sein, dass auch der ungeübte Leser sich nicht darüber irren kann, dass er, der Käufer, später die Provision zahlen muss. Formulierungsvorschlag: „X-Immobilien bietet provisionspflichtig für den Käufer an."

Auch im Internet-Exposé sollte der Makler dafür sorgen, dass seine Provisionsforderung nicht versteckt unter Sonstige Angaben erscheint und nicht in der Kurzform der obigen Beispiele. In seinem Internet-Exposee hat der Makler genügend Platz.

Fazit: Will der Makler seinen Provisionsanspruch mit einer so mangelhaften Klausel durchsetzen, wird er damit keinen Erfolg haben. Der Kunde kann sich darauf berufen, er habe nicht gewusst, dass der Makler gerade von ihm und nicht vom Verkäufer Provision verlangt.
Siehe / Siehe auch: Maklervertrag

Maklerdienstvertrag
estate agent / broker's contract to render services

Der Makler kann mit dem Auftraggeber einen Dienstvertrag gemäß §§ 611 BGB abschließen. In diesem Fall werden die zu erbringenden Dienste genau beschrieben, ebenso die dafür zu zahlende Vergütung. Diese Vertragsart wird dann gewählt, wenn die Dienstleistungen die übliche Maklertätigkeit deutlich übersteigen und einen großen Zeitaufwand erfordern. Beispiel: Erstellung eines Gutachtens.
Die vereinbarte Vergütung wird in jedem Fall geschuldet, also auch dann, wenn der typische Erfolg einer Maklertätigkeit, der Abschluss des Hauptvertrages, nicht eintritt oder wenn der Dienstvertrag ohne gleichzeitige Erteilung des Maklerauftrages geschlossen wird. Ob der Maklerdienstvertrag in Zukunft in den Vordergrund treten wird, bleibt abzuwarten. Feststeht, dass das Erfolgsprinzip des Maklerrechts und die fehlende Leistungsbezogenheit der Maklervergütung zunehmend weniger überzeugt. Gegenwärtig enthält der Makleralleinauftrag Elemente des Dienstvertrages, der als Hauptmerkmal die Tätigkeitspflicht des Maklers aufweist. Trotz Pflichtenvermehrung auf Seiten des Maklers und stärkerer Bindung des Kunden untersteht der Alleinauftrag wie der einfache Maklervertrag dem Grundsatz der Abschlussfreiheit und dem Erfolgsprinzip.
Siehe / Siehe auch: Alleinauftrag

Maklerfaktor (Multiplikator)
broker faktor (income multiplier)

Der Maklerfaktor, auch Multiplikator genannt, ist ein Ertragsfaktor, mit dessen Hilfe man den Ertragswert eines Gebäudes ermitteln kann. Voraussetzung dafür ist, dass dieser Faktor der von verkauften Renditeobjekten (Referenzobjekte) abgeleitete wurde, sich auf ein Bewertungsobjekt bezieht, das mit dem Referenzobjekt nach Lage, Art und Maß der baulichen Nutzung sowie Größe und Alter gleichartig ist.
Diese Bewertungsmethode wird international angewendet und verhilft zu einer schnellen überschlägigen Einschätzung einer Immobilie. Sie liefert eine Entscheidungsgrundlage dafür, ob man sich mit einem Immobilienangebot befassen soll.

Maklergalgen
real estate agent's for-sale sign

Den Maklergalgen bilden zwei rechtwinklig angeordnete Balken. Der vertikale ist am Boden befestigt, an dem horizontalen hängt ein Schild mit dem Aufdruck. Er dient meist der Objektwerbung vor Ort, der Steigerung des Bekanntheitsgrades des Maklerunternehmens und ist bei guter Platzierung, Passantenfrequenz und / oder Verkehrsaufkommen ein wirksames Werbemittel.
Siehe / Siehe auch: Werbung, allgemein, Verkaufsschilder, Kommunikationspolitik, Marketingmix, Marketing, Absatzwege-Politik

Maklerimage
brokers' image

Immobilienmakler waren in einigen besonderen Zeitabschnitten im vergangenen Jahrhundert vor allem in Deutschland in der Öffentlichkeit oft heftiger Kritik ausgesetzt. Zu Beginn des 20. Jahrhunderts wurden sie einbezogen in die entstehende Kapitalismuskritik, vor allem durch Übertragung des Negativimages der untergehenden Bodenspekulation in der Zeit vor dem 1. Weltkrieg auf die Makler. Diese entwickelten sich gegenüber dem Boden- und Häuserhandel als neue alternative immobilienwirtschaftliche Vermarktungsform. Es entstand eine geschichtlich bedingte negative Imagevorbelastung der Maklertätigkeit aus dem Irrtum heraus, Makler würden ebenso wie vorher die Händler Herr des Preisgeschehens am Markt sein und im eigenen Provisionsinteresse die Preise nach oben treiben. Dass dies im Hinblick auf die Wirksamkeit des Erfolgsprinzips und des Prinzips der Entscheidungsfreiheit des Auftraggebers im Maklergeschäft gar nicht möglich ist, wurde damals noch nicht erkannt. Dies Vorurteil ist allerdings auch heute nicht ganz ausgestorben. Dies lässt sich daran erkennen, dass immer dann, wenn ein „Skandal" in der Immobilienwirtschaft öffentliches Interesse erregt – z.B. die Schneiderpleite – das Negativimage des Maklers als zurecht bestätigt gilt. Dabei waren Makler weder im Schneiderfall noch an den anderen wirklich großen Immobilienskandalen der Nachkriegszeit beteiligt. Der sozial besonders empfindliche Geschäftssektor der Wohnungsvermittlung blieb in dieser Anfangszeit – aus heutiger Sicht erstaunlich – von der Kritik weitgehend verschont. Dies rührt daher, dass vor dem 1. Weltkrieg die Provision für die Vermittlung

M

von Mietverträgen von den Vermietern getragen wurde und Makler sich um den Bereich der Vermietung von sogenannten „Kleinwohnungen" nicht kümmerten. Ihre Geschäftspartner zählten durchgehend zu denen, die der sozialen Oberschicht angehörten. Zu Beginn der Nazizeit wurde am Maklergewerbe eine grundsätzliche Kritik geübt, die allerdings stark antisemitische Züge trug und an die Systemkritiker der aus der Frankfurter Schule entstammenden Szene der 68er Studenten mit den organisierten Hausbesetzungen erinnert. Dabei wurden Makler mit Hausbesitzern, Haussanierern und Umwandlern in einen Topf geworfen wurden. Vor allem gegen Ende der 60er/Anfang der 70er Jahre wurden Makler das Ziel einer politisch gesteuerten Diffamierungskampagne. Sie ging nicht nur von den „Systemkritikern" aus, sondern auch von ideologisch weniger festgelegten Politikerkreisen, die das linke Agitationsfeld nicht den „Jungsozialisten" alleine überlassen wollten. Zu erinnern ist dabei an das Berufsverbot für Makler, das 1973 auf dem SPD-Parteitag in Hannover beschlossen wurde. An Demonstrationen gegen Makler auf Deutschen Maklertagen, an den Wahlkampf des Münchner SPD-Oberbürgermeisterkandidaten Georg Kronawitter gegen die Makler, der auch innerhalb der SPD zu Irritationen führte, bis hin zur Einführung von kommunalen Wohnungsvermittlungsstellen mit dem Ziel, dem privaten Maklergewerbe die Existenzgrundlage zu entziehen. Makler wurden schlicht mit Wohnungsvermittler identifiziert und diese als „Parasiten" gebrandmarkt – eine durch Agitationspropaganda („Agitprop") „gelenkte" Terminologie, die ihren Ursprung im sog. Parasitengesetz vom Mai 1961 in der damaligen Sowjetunion hatte. Von den annähernd 100 kommunalen Wohnungsvermittlungsstellen existiert heute keine mehr. Sie scheiterten als reine „Nachweisbüros" alle an Ineffizienz. Für Kritik am Maklergewerbe gab es stets einer Reihe tiefer liegender Ursachen, deren Wirkungszusammenhänge allerdings nur ungenügend erforscht sind. Als sicher kann gelten, dass der Maklerbegriff selbst Negativassoziationen hervorruft (Makler – Makel, Mäkler = mäkeln). Kennzeichnend dafür ist, dass in Ländern, in denen Makler völlig gleichartige Berufsfunktionen und eine von Erfolgsprovisionen abhängenden Maklertätigkeit ausüben, offensichtlich wegen ihrer anderen Berufsbezeichnung kein Imageproblem haben.

Schon am Anfang des 20. Jahrhundert gab es wohl aus diesen Gründen bei Maklerverbänden Bestrebungen, das Wort Makler durch eine andere Berufsbezeichnung zu ersetzen. So wurde dort bereits vor dem 1. Weltkrieg erwogen, den Begriff des Maklers durch den Begriff des „Sensalen" zu ersetzen. In den 50er und 60er Jahren bezeichneten sich viele, die das Maklergewerbe ausübten, nicht als Makler, sondern als Betriebs- oder Unternehmensberater. Bei den makelnden Kreditinstituten ist mittlerweile der Begriff des Immobilienberaters zur Standardbezeichnung für Makler geworden. Eine weitere Ursache der langfristigen negativen Determination des Maklerimages beruhte in den (aus Sicht von Auftraggebern und Öffentlichkeit) überhöhten Provisionen, die Makler für ihre Leistungen fordern. Da aber die an Immobiliengeschäften Interessierten stets die Wahl haben, die originäre Maklerleistungen der Markterschließung selbst zu übernehmen, anstatt von Maklern „einzukaufen" und es in vielen Fällen deshalb nicht tun, weil für sie die eigenen Recherchen teurer wären, reduziert sich dieses Imageproblem auf die Schwierigkeit, Maklerleistungen transparent zu machen und die aus der Natur der Sache heraus „latent prekäre Beziehungsebene" zwischen Makler und Auftraggeber in eine Vertrauensbeziehung umzuwandeln.

Hierauf zielt eine Untersuchung von Bonus und Pauk über den „Immobilienmakler in der Dienstleistungsgesellschaft" aus der Sichtweise der Institutionenökonomik ab. Die Untersuchung von Falk („Das Image der deutschen Immobilienwirtschaft" 1995) reduziert dagegen das Imageproblem des Maklers auf einen angeblich geringen Ausbildungsgrad der Makler. Die Schrift ist deshalb fragwürdig, weil sie das Produkt einer Untersuchung der Ansichten potentieller „Imagemitbewerber" ist und der dabei postulierte geringe Ausbildungsgrad von Maklern lediglich hypothetisch unterstellt wird. Maklerausbildung wird seit Jahren nicht nur im Rahmen des anspruchsvollen Ausbildungsberufes des Kaufmanns in der Grundstücks- und Wohnungswirtschaft (heutige Bezeichnung „Immobilienkaufmann/Immobilienkauffrau) betrieben, sondern an einer ganzen Reihe von Fachhochschulen, Universitäten (ebs) und universitätsnahen Instituten wie z. B. der Deutschen Immobilien Akademie an der Universität Freiburg. Deren Ergebnisse lassen sich durchaus mit dem Berufsbildungsstandard der Maklerausbildung im Ausland messen. Der im letzten Jahrzehnt eingetretene positive Imagewandel ist sicher auch auf die Anhebung der beruflichen Qualifikation der Makler zurückzuführen, im politischen Raum aber auch auf die Ernüchterungen, die nach dem Fall der Mauer bei einem dann möglich gewordenen realen „Systemvergleich" eintrat und zwangsläufig zu neuen Bekenntnissen für die

Marktwirtschaft führten. Schließlich haben Makler ihre Marktkompetenz auch im Rahmen ihrer Öffentlichkeitsarbeit wirksamer als in Zeiten einer Ghettoisierung des Berufsstandes vertreten können.
Siehe / Siehe auch: Erfolgsprinzip (Maklergeschäft), Prinzip der Entscheidungsfreiheit des Auftraggebers (Maklergeschäft), Wohnung

Maklerklausel im Grundstückskaufvertrag / Mietvertrag

broker clause in real property purchase agreement / tenancy agreement

Um Rechtssicherheit hinsichtlich der Provisionszahlungspflicht des Auftraggebers eines Maklers zu schaffen, besteht die Möglichkeit, in den vom Makler vermittelten Grundstückskauf- bzw. Mietvertrag eine Maklerklausel aufzunehmen. Man versteht darunter eine Klausel, wonach sich einer der beiden Parteien, für die der Makler tätig war, verpflichtet, dem Makler eine bestimmte oder bestimmbare Provision zu bezahlen. Es handelt sich dabei um einen „Vertrag zu Gunsten Dritter". Eine solche Klausel ist häufig dann in Grundstückskaufverträgen anzutreffen, wenn zu Gunsten eines Dritten ein Vorkaufsrecht im Grundbuch eingetragen wird. Auf diese Weise wird auch der Vorkaufsberechtigte zur Provisionszahlung verpflichtet. Dies wird durch die Tatsache gerechtfertigt, dass der Vorkaufsberechtigte bei Ausübung seines Vorkaufsrechts Nutznießer der Maklertätigkeit wird. Zwingend erforderlich wird eine Maklerklausel dann, wenn der Käufer sich bereits erklärt, eine vom Verkäufer geschuldete Provision zu übernehmen. Es handelt sich dann um eine Kaufvertragsbedingung, die Eingang in den Kaufvertrag finden muss. Die Provision wird dann auch Bestandteil des Wertes der Gegenleistung des Käufers i.S.d. Grunderwerbsteuergesetzes.
Siehe / Siehe auch: Grundstückskaufvertrag, Grunderwerbsteuer

Maklerkooperation

cooperation / collaboration between brokers

In allen Phasen des Immobilienmarktes – nicht nur in schlechten Zeiten – empfiehlt es sich für Makler bei ihrer Absatzwegepolitik zusammenzurücken und verstärkt Gemeinschaftsgeschäfte abzuschließen. Eine besonders interessante Form sind in zunehmendem Maße Immobilienbörsen und Maklerverbünde. Diese formen aus einer Vielzahl leistungsfähiger aber individualistischer Makler-Kollegen eine schlagkräftige Gemeinschaft, die jedem Mitglied Wettbewerbsvorteile bringt. Der entscheidende Vorteil für Objektanbieter ist, dass ihre Immobilie von einem an der Immobilienbörse beteiligten Makler in dessen Angebot aufgenommen wird. Anschließend wird die Immobilie – soweit gewünscht – über die gemeinsame Datenbank auch von den übrigen Maklern der Immobilienbörse mit angeboten. Hierdurch entstehen keine zusätzlichen Kosten. Einziger Ansprechpartner des Verkäufers bzw. Vermieters bleibt der von ihm persönlich beauftragte Makler. Dieser steuert auch die Aktivitäten der übrigen Makler der Immobilienbörse, die die Immobilien mit anbieten. Inseriert wird die Immobilie nur durch diesen Makler. Die übrigen Börsen-Makler bringen z.B. die bei ihnen vorgemerkten Interessenten ein. Diese breite Vertriebsbasis schlägt sich positiv in der Erfolgswahrscheinlichkeit bzw. der Vermarktungsdauer und dem erzielten Objektpreis nieder. Damit keine Probleme bei der Zusammenarbeit entstehen, einigen sich die Mitglieder einer Maklerkooperation auf strenge Regeln für Gemeinschaftsgeschäfte.
Speziell für potentielle Käufer und Mieter bieten Immobilienbörsen insbesondere durch ihre hohe regionale Marktkompetenz erhebliche Vorteile, die sich bei der Vermarktung von Objekten auszahlen: Kauf- und Mietinteressenten müssen nicht mühsam die Immobilienteile der Zeitungen wälzen oder zu einer Vielzahl von Maklern gehen, um einen guten Marktüberblick zu bekommen. Vielmehr können sie bei einem einzigen Makler das gesamte Angebot der übrigen Makler der Immobilienbörse abrufen. Die Nutzung dieser Absatzwege durch den Makler schafft für seine Kunden schnell ein hohes Maß an Markttransparenz, spart viel Zeit und Mühen und eröffnet eine interessante Absatzschiene.
Bei der Akquise ist Maklerkooperation ebenfalls höchst vorteilhaft. Die verschiedenen Formen der Maklerkooperation und die daraus erwachsenden Gemeinschaftsgeschäfte sind als eine Alternative oder Ergänzung zum Aufbau eines eigenen Außendienstmitarbeiterstammes zu betrachten. Das breit gefächerte und in zahllose Teilmärkte aufgesplitterte Immobilienangebot fordert eine Absatzschiene über Netzwerk und Datenbank geradezu heraus.

Maklerleistung

brokerage service

Der Makler hat im Ergebnis der Rechtsprechung der letzten Jahrzehnte immer mehr Leistungen zu erbringen. Der Umfang richtet sich nach den Umständen des Einzelfalls, insbesondere nach dem Bedarf des Kunden. Beispiel: Der Verbraucher benötigt bei Kauf eines Einfamilienhauses i.d.R. mehr Beratung als der Bauträger, dem der Makler Baugelände für

M

eine Investition verschaffen soll. Erfüllt der Makler diese Nebenpflichten nicht, kann dies durchaus Auswirkungen auf den Provisionsanspruch haben: Der schon entstandene Anspruch kann dadurch wieder entfallen. Um ihn jedoch zur Entstehung zu bringen, muss er eine der in § 652 BGB genannten Leistungen erbringen: Nachweis oder Vermittlung. Die noch so vorbildliche Erfüllung von Nebenpflichten nutzt nichts, wenn der Makler nicht vortragen und notfalls beweisen kann, dass er dem Kunden die Gelegenheit zum Abschluss des später geschlossenen Vertrages nachgewiesen oder diesen Vertrag vermittelt hat.

Siehe / Siehe auch: Leistungsarten (Maklerbetriebe)

Maklermethode

broker's valuation method (on the basis of yearly gross income)

Bei der Maklermethode handelt es sich um eine international gepflegte Bewertungsmethode, die den Wert von Renditeobjekten mit Hilfe eines Multiplikators bezogen auf die Jahresnettokaltmiete zum Ausdruck bringt. Der sich aus dem Multiplikator ergebende Preis für ein Objekt resultiert aus der aktuellen Verzinsung des eingesetzten Kapitels einerseits und Erwartungen über die zukünftige Ertragsentwicklung dieses Objektes andererseits. Die Höhe der Multiplikatoren schwankt je nach Art, Lage und Raumbezogenheit des Objektes. Die Erwartungen auf den in Frage kommenden Teilmärkten können sich beziehen auf

- nicht ausgeschöpfte Mietreserven, die dem künftigen Erwerber Ertragssteigerungsmöglichkeiten einräumen, sowie Ertragsreserven, die durch Umwidmungen in der Nutzung des Objektes realisiert werden können.
- externe Werterhöhungspotenziale, die auf zu erwartenden Lageverbesserungen beruhen. Sie können als Folge von Änderungen der verkehrsmäßigen Infrastruktur, des Siedlungswachstums an den Rändern oder der Schrumpfung des Siedlungsraumes infolge eines längerfristig negativen Wanderungssaldos oder durch erwartete öffentliche Investitionen, eintreten.
- langfristige Veränderungen der Wirtschaftsstruktur des Raumes, in dem sich die Immobilie befindet
- konjunkturell unterstützte, raumbezogene Entwicklungen, die sich auf das Einkommensniveau, aber auch die Entwicklung der Arbeitslosigkeit am Ort auswirken.

Neben den raumbezogenen Einflüssen auf die Multiplikatoren wirken sich regelmäßig alters- und nutzungsartbedingte Einflüsse aus. Dabei gilt, dass unterschiedliche Niveau der Multiplikatoren für Objekte gleicher Nutzungsart auf unterschiedliche Restnutzungs-Zeiträume zurückzuführen sind. Je länger die Restnutzungsdauer, desto niedriger der Multiplikator. Unterschiedliche Multiplikatoren zwischen Objekten unterschiedlicher Nutzungsart sind auf unterschiedliche Ertrags- und Kostenrisiken zurückzuführen. Je höher das Ertragsrisiko, desto niedriger der Multiplikator. Daneben spielen Entwicklungen auf den alternativen Anlagemärkten (Kapitalmarkt) eine nicht unerhebliche Rolle. Die verschiedenen, den Multiplikator bestimmenden Einflusskräfte können sich gegenseitig verstärken aber auch aufheben. In der nachfolgenden Grafik ist als Beispiel die Entwicklung der Multiplikatoren in den bayerischen Städten (ohne Kleinstädte) in der Zeit zwischen 1996 und 2006 dargestellt (Quelle: IVD Marktforschungsinstitut München).

Entwicklung der bayerischen Wohnhausmultiplikatoren

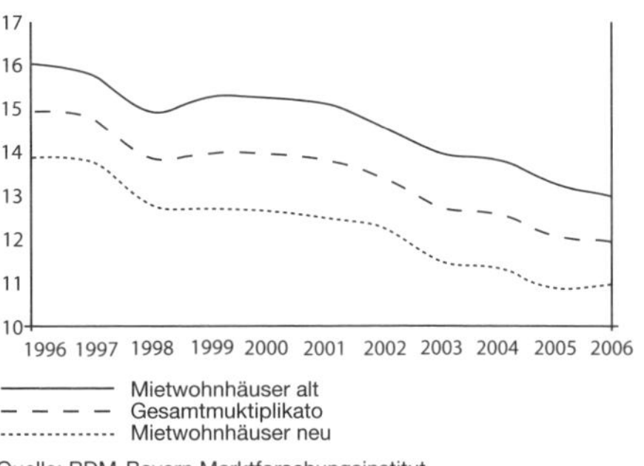

Quelle: RDM-Bayern Marktforschungsinstitut

Maklerpflichten

broker's duties/obligations

Die speziellen Pflichten des Maklers ergeben sich sowohl aus dem öffentlichen Recht als auch dem Zivilrecht, aus Standesregeln und Wettbewerbsregeln. Öffentlich-rechtliche Regelungen, die speziell die Tätigkeit des Maklers betreffen, sind die Zulassungsregelung in § 34 c der Gewerbeordnung, GewO, die Makler- und Bauträgerverordnung, MaBV, und das Wohnungsvermittlungsgesetz WoVermG.

Für alle Gewerbetreibenden gelten die Vorschriften des Wettbewerbsrechts, insbesondere des Gesetzes gegen den unlauteren Wettbewerb, UWG, und die

Preisangabenverordnung, PrAngVO, sowie das Unterlassungsklagengesetz, UklaG, speziell für die Abmahnung unzulässiger Allgemeiner Geschäftsbedingungen. Die Standesregeln und Wettbewerbsregeln der Berufsverbände haben dagegen nur verbandsinterne Wirkung. Da sie jedoch die Forderungen des Gesetzes praktisch wiederholen, werden sie von den Gerichten als Hinweis darauf gewertet, dass der Berufsstand diese Verhaltensregeln anerkennt. Aus dem zivilen Maklerrecht der §§ 652 ff. BGB ergeben sich zahlreiche Nebenpflichten, die gewährleisten sollen, dass der vertragstreue Kunde zu dem von ihm gewünschten Ziel kommt.
Siehe / Siehe auch: Maklervertrag, Alleinauftrag, Wohnungsvermittlung, Standesregeln des IVD

Maklerprovision

courtesy (to a broker); agent's fee; brokerage; leasing commission(s)

Die Maklerprovision, auch als Courtage oder Maklergebühr bezeichnet, ist die Vergütung für die erfolgreiche Tätigkeit des Maklers. Der Anspruch entsteht ausschließlich dann, wenn der mit der Einschaltung des Maklers erstrebte Erfolg eintritt. Die Höhe ist nach dem Willen des Gesetzgebers völlig unabhängig davon, welcher Sach- und Zeitaufwand beim Makler entsteht. Die Provision wird frei vereinbart und kann bei der Kaufvertragsvermittlung bis zu sechs Prozent des Kaufpreises zuzüglich Mehrwertsteuer betragen. Welchen Anteil davon Verkäufer und Käufer übernehmen, ist von Bundesland z.B.ndesland unterschiedlich. In manchen Bundesländern wird die Zahllast ganz auf den Käufer abgewälzt. Soweit der Objektanbieter zur Provisionszahlung verpflichtet wird, spricht man von einer Innenprovision. Zahlt dagegen der Käufer bzw. Mieter Maklerprovision, spricht man von Außenprovision. Besteht ein Provisionsanspruch, fehlt es aber an einer Vereinbarung über deren Höhe, ist die „übliche" Maklerprovision als vereinbart anzusehen. Eine erfolgsunabhängige Provision kann in den Allgemeinen Geschäftsbedingungen nicht vereinbart werden. Das deutsche Maklerrecht geht von der Fallgestaltung aus, dass eine der beiden Parteien, zwischen denen der Makler vermittelt, Auftraggeber ist. Welcher das ist – Objektanbieter oder Objektsuchender – bleibt offen. Das Gesetz erweist sich in diesem Punkt als lückenhaft. Denn so kann jede der beiden Vertragsparteien davon ausgehen, dass der jeweils andere Vertragspartner Auftraggeber des Maklers ist. Das Fehlen eines eindeutigen Provisionssystems ist Quelle für viele Rechtstreitigkeiten, wie sie in anderen Branchen völlig unbekannt sind. Solche Rechtstreitigkeiten sind z.B. auch im Maklergeschäft der Niederlande oder in Großbritannien nicht denkbar. Vorschriften über Provisionshöhen gibt es mit einer Ausnahme keine. Nur bei der Wohnungsvermittlung ist die Provision nach oben begrenzt. Sie darf nach dem Gesetz höchstens zwei Monatsmieten betragen zuzüglich Mehrwertsteuer, aber „ohne Nebenkosten, über die gesondert abzurechnen ist". Das bedeutet, dass nicht stets die Nettokaltmiete die Provisionsberechnungsgrundlage ist. Vielmehr können Nebenkostenbestandteile, die im Mietvertrag nicht separat als abzurechnende Umlagen ausgewiesen werden, in die Provisionsberechnung einbezogen werden. Dem Makler bleibt in solchen Fällen die Nachforschung über die Höhe der Nebenkostenbestandteile erspart, die in die Miete einbezogen wurden. Ein Wohnungsmieter, der mehr als die zwei Monatsmieten bezahlt hat, kann den überhöhten Teil zurückfordern. Außerdem handelt der Makler ordnungswidrig und muss zusätzlich mit einem Bußgeld rechnen.
Bei Ausstellung der Provisionsrechnung muss der Makler folgendes beachten: Sie muss den vollständigen Namen des Maklers (der Firma) und des Kunden enthalten. Die Rechnung muss ein Datum enthalten. Der Makler muss seine Steuernummer und die Umsatzsteuer-Identifikationsnummer angeben. Die Umsatzsteuer muss separat unter Angabe des Umsatzsteuersatzes ausgewiesen werden.
Siehe / Siehe auch: Innenprovision, Außenprovision

Maklerverbände

brokers' associations

Maklerverbände sind ein Zusammenschluss von Maklern in einer Berufsorganisation. Ursprünglich waren Makler als „halbamtliche" oder vereidigte Dienstleister in das Zunftwesen einbezogen. Es gab vielfach Maklermonopole. Mit Einzug der Gewerbefreiheit – 1866 trat die sie begründende Gewerbeordnung in Kraft – wurden aus Maklern Gewerbetreibende. Als solche gewannen sie ab 1890 zunehmend an Bedeutung. Makler schlossen sich zu Ortvereinen zusammen. Der „Berliner Maklerverein" von 1878 zählt zu den ältesten dieser Art. In Hamburg entstand 1897 der „Verein Hamburger Hausmakler". Es folgten Vereinsgründungen in Nürnberg (1902), Leipzig und Breslau (1905), Königsberg und Kassel (1906). 1908 wurde der Verein „Münchner Immobilien- und Hypothekenmakler" gegründet, wovon sich 1910 der „Verband zur Förderung des süddeutschen Immobilien- und

Hypothekenverkehrs" abspaltete. Der erste Maklerverband der bereits überregional auf Deutschland fokussiert war, entstand bereits 1893 in Frankfurt. Es war der Verein deutscher Immobilienmakler, der den vergeblichen Versuch unternahm, ein eigenes Maklergesetz anstelle der für das BGB vorgesehenen Regelungen durchzusetzen. Die in den verschiedenen Städten und Bezirken Deutschlands entstandenen Maklervereine schlossen sich 1924 in Köln zum Reichsverband Deutscher Makler zusammen. 1933 wurden die Verbände gleichgeschaltet und in ein Fachgruppensystem überführt. Diese Periode ging 1945 zu Ende. Anknüpfend an den vormaligen Reichsverband Deutscher Makler wurde im Jahr 1949 in Frankfurt der Ring Deutscher Makler (RDM) neu gegründet. 1964 entstand in Konkurrenz zum RDM der „Verband Deutscher Makler" (VDM).

2005 erfolgte die Verschmelzung der beiden Verbände. Der neue Verband nennt sich seitdem Immobilienverband Deutschland IVD Bundesverband der Immobilienberater, Makler, Verwalter und Sachverständigen e.V.. Der IVD hat heute ca. 5.000 Mitglieder. Durch den Namen sollte das mittlerweile breiter gewordene Berufsfeld der Verbandsmitglieder zum Ausdruck gebracht werden. Über diese Namensgebung kam es zu Auseinandersetzungen mit anderen immobilienwirtschaftlichen Verbänden. Allerdings haben nicht alle RDM-Verbände dem Zusammenschluss zugestimmt, so dass es neben dem IVD Bundesverband und den Regionalverbänden heute nach wie vor RDM Verbände gibt, nämlich RDM-Berlin-Brandenburg, RDM-Sachsen, RDM Sachsen-Anhalt, RDM-Saarland und aus dem Bereich der früheren RDM-Bezirksverbände RDM-Düsseldorf, RDM-Essen, RDM-Münster und RDM-Bremerhaven. Die RDM-Verbände verfügen über ca. 650 Mitglieder. Der IVD hat die Beteiligungen, die RDM und VDM früher eingegangen waren (Deutsche Immobilien Akademie an der Universität Freiburg, IMMONET GmbH, Marktforschungsinstitut des RDM Bayern) übernommen. Voraussetzung für die Mitgliedschaft bei beiden Verbänden ist der Nachweis der für die Berufsausübung erforderlichen Fachkenntnisse. Im Januar 2003 wurde in Frankfurt a.M. ein weiterer immobilienwirtschaftlicher Verband aus der Taufe gehoben, nämlich der „Bundesverband der Deutschen Immobilienwirtschaft e.V.". Der Name erregte bei den etablierten Verbänden Anstoß, so dass er sich einen neuen Namen gab: „Mit einer Stimme - Bündelungsinitiative in der deutschen Immobilienwirtschaft". Als Pendant zu dieser Bündelungsinitiative wurde die „Bundesarbeitsgemeinschaft der Deutschen Immobilienwirtschaft" ins Leben gerufen, der neben den Berufsverbänden auch der Haus- und Grundeigentümerverband angehört.

Siehe / Siehe auch: Bundesarbeitsgemeinschaft der Deutschen Immobilienwirtschaft

Maklervertrag

estate agent's contract; brokerage contract; listing contract

Immobilienmakler

Der Maklervertrag ist im Bürgerlichen Gesetzbuch geregelt. Nach dem gesetzlichen Leitbild handelt es sich um einen einseitigen Vertrag, bei dem derjenige zur Provisionszahlung verpflichtet wird, der eine Provision für den Fall versprochen hat, dass er durch Inanspruchnahme von Nachweis- oder Vermittlungsdiensten eines Maklers zu einem Vertragsabschluss gelangt. Der Makler selbst wird nicht verpflichtet, sondern nur berechtigt, für den Auftraggeber tätig zu werden. Der Vertrag ist jederzeit widerruflich. Im Maklervertrag ist die Höhe der Maklerprovision zu regeln. Besteht zwar Klarheit darüber, dass der Auftraggeber eine Provision bezahlen soll, wurde aber deren Höhe nicht festgelegt, schuldet der Auftraggeber im Erfolgsfall die übliche Provision. Eine Provision gilt als stillschweigend vereinbart, wenn die dem Makler übertragene Leistung nur gegen eine Provision zu erwarten ist.

Davon kann immer nur dann ausgegangen werden, wenn der Auftraggeber bei der Geschäftsanbahnung die Initiative ergreift und sich an einen gewerbsmäßig tätigen Makler mit der Aufforderung wendet, für ihn maklerisch tätig zu werden. Im Maklervertrag kann ein Aufwendungsersatz vereinbart werden. Da das Maklervertragsrecht des BGB abdingbar ist, können vom Gesetz abweichende Vereinbarungen getroffen werden. Hierzu zählt der Alleinauftrag. Allerdings ist dabei zu beachten, dass der Vereinbarungsspielraum im Rahmen vorformulierter Verträge durch die Vorschriften über die AGB erheblich eingeschränkt ist. Vielfach kommen heute Maklerverträge zwischen Makler und Interessenten für Immobilien dadurch zustande, dass der Makler unter Hinweis auf seine Maklerprovision Objektangebote in Immobilienportalen oder auf der eigenen Homepage abrufbar bereit hält. Setzt sich dann der Interessent mit dem Makler in Verbindung, nimmt er schlüssig das im Objektangebot enthaltene Angebot auf Abschluss eines Maklervertrags an. Allerdings ist darauf hinzuweisen, dass sich die Rechtsprechung hierzu noch in der Entwicklung befindet.

Wohnungsvermittler

Der Maklervertrag des Wohnungsvermittlers ist im Wohnungsvermittlungsgesetz geregelt. Im Gegensatz zum disponiblen Maklerrecht des BGB enthält das Wohnungsvermittlungsgesetz weitgehend zwingende Vorschriften von denen vertraglich nicht abgewichen werden kann. So entsteht auf der Grundlage eines Provisionsversprechens ein Provisionsanspruch immer nur dann, wenn der Makler nachweisend oder vermittelnd tätig war und diese Tätigkeit zu einem Mietvertrag über Wohnraum geführt hat.
Eine Provision kann nicht vereinbart werden, wenn der Makler selbst Eigentümer, Vermieter, Verwalter oder Mieter der angebotenen Wohnung ist. Das gleiche gilt, wenn der Makler mit dem Eigentümer, Vermieter oder Verwalter wirtschaftlich oder rechtlich verflochten ist. Vorauszahlungen auf Provisionen sind verboten. Vom Mieter kann auch bei Vorliegen der übrigen Voraussetzungen keine Provision verlangt werden, wenn es sich bei der vermittelten Wohnung um preisgebundenen Wohnraum handelt, die mit öffentlichen Mitteln gefördert ist.

Darlehensvermittler

Der Vertrag, in dem sich der Darlehensvermittler vom Darlehensnehmer eine Provision versprechen lässt, darf inhaltlich nicht mit dem Darlehensvertrag oder dem Darlehensantrag verbunden sein. Der Darlehensvermittler muss dabei offen legen, wenn er vom Kreditinstitut ebenfalls eine Vergütung oder einen Bonus erhält. Der Provisionsanspruch wird nicht – wie bei den anderen Maklerverträgen – bereits mit dem Zustandekommen des vermittelten Vertrages, sondern erst mit der Auszahlung des Darlehens fällig. Außerdem darf bezüglich dieses Darlehensvertrages kein Widerrufsrecht des Darlehensnehmers mehr bestehen. Für den Maklervertrag ist Schriftform erforderlich. Die Besonderheiten des Vertrages sind in den §§ 655a ff BGB geregelt.
Siehe / Siehe auch: Alleinauftrag, Makler, Maklerprovision, Wohnungsvermittlung, Provisionsanspruch nach § 354 HGB

Maklerwerkvertrag
contract for broker's services

Durch einen Werkvertrag gemäß §§ 631 ff. BGB wird der Unternehmer verpflichtet, einen genau bestimmten Erfolg, das „Werk", herbeizuführen.
Beispiele: Herstellung einer Maschine, Bau eines Bürohauses. Im Gegensatz hierzu verpflichtet sich der Immobilienmakler nicht, einen bestimmten Erfolg, nämlich den Abschluss eines Hauptvertrages herbeizuführen. Er kann dies auch gar nicht, da insbesondere der künftige Vertragspartner seines Auftraggebers von ihm wirtschaftlich unabhängig sein muss und persönlich mit ihm nicht zu eng verbunden sein darf. Andernfalls würde der Provisionsanspruch nicht entstehen. Nur dann kann er „Maklers Kunst" anwenden, nämlich zwei freie Partner davon zu überzeugen, einen Vertrag über den Kauf einer Immobilie miteinander zu schließen. Aus diesem Grund kann der Makler den Eintritt des Erfolges nicht versprechen, da er sich sonst womöglich Ansprüchen wegen Nichterfüllung des Vertrages aussetzen würde. Dagegen hat die neuere Rechtsprechung im Bereich der Finanzierungsvermittlung die Möglichkeit des Werkvertrages bejaht. Verpflichtet sich der Makler einem Kaufinteressenten den notwendigen Kredit zu beschaffen, werden die Bedingungen des Kredits, seine Höhe und Laufzeit festgelegt, so kann dies als Maklerwerkvertrag angesehen werden. Vor allem dort, wo der Makler ein eigenes Interesse an der Auszahlung des Kredits hat, z. B. weil er aus dem Ankauf des nachgewiesenen Grundstücks ebenfalls Provision verdienen will, spricht aus der beiderseitigen Interessenlage alles für einen Werkvertrag. Die Rechtsfolgen der Verweigerung des Kredits durch die Bank können in einen Schadensersatzanspruch gegen den Makler münden, z. B. weil der Kunde, der auf die Zusage des Maklers vertraut und den Kaufvertrag unterschrieben hat, seinerseits Schadensersatzansprüchen des Verkäufers ausgesetzt ist.
Anmerkung: Einen Provisionsanspruch aus dem Grundstückskaufvertrag kann der Makler auch dann nicht geltend machen, wenn dieser Vertrag wirksam zustande gekommen ist. Dieser Betrag steht daher nicht einmal zur Aufrechnung gegen den Schadensersatzanspruch zur Verfügung.
Siehe / Siehe auch: Maklervertrag, Werkvertrag

Makrolage
macro location; macro position; location

Siehe / Siehe auch: Lage

Mansarde
mansard

Die Mansarde bezeichnet Wohnräume im Dachgeschoss, benannt nach dem französischen Baumeister J. Hardouin-Mansart. Ihr Ursprung liegt im 17. Jahrhundert, wo Mansardenwohnungen nur als vorübergehende oder behelfsmäßige Wohnungen galten, z. B. für Studenten. Typisch für diese Art von Wohnung sind meist schräge Wände

und kleinere Fenster. Als Wohnung anerkannt wird eine Mansardenwohnung jedoch nur mit ordnungsgemäßem Ausbau und der entsprechenden Installation. Ebenfalls wichtig sind ausreichende Heizungsmöglichkeiten. Besonderheiten ergeben sich bei der Berechnung der Wohnfläche. Anders als bei Wohnungen mit geraden Wänden, werden hier, gemäß zweiter Berechnungsverordnung, Flächen mit einer Höhe von weniger als einen Meter nicht berücksichtigt und Flächen mit einer Höhe zwischen einem und weniger als zwei Meter nur zur Hälfte angerechnet.
Siehe / Siehe auch: Dachgeschossausbau, Wohnfläche

Maritime Raumordnung
maritime regional development

Am 26.09.2009 ist die Rechtsverordnung des Bundesministeriums für Verkehr, Bau und Stadtentwicklung über die Raumordnung in der deutschen Ausschließlichen Wirtschaftszone (AWZ) in der Nordsee in Kraft getreten (Bundesgesetzblatt BGBl. I S.3107). Diese schafft planungsrechtliche Grundlagen für unterschiedliche Nutzungen der deutschen AWZ in der Nordsee – für die Offshore-Windenergie-Wirtschaft, aber auch für Fischerei, Schifffahrt, Rohstoffgewinnung, Verlegung von Seekabeln und Rohrleitungen sowie Aquakulturen. Auch Forschung und Meeres-Umweltschutz werden berücksichtigt. Die in der Verordnung niedergelegte Raumordnung sorgt für größere Planungssicherheit insbesondere im Bereich der Offshore-Windenergie-Nutzung und reduziert Konflikte zwischen unterschiedlichen Nutzern. Der Raumordnungsplan AWZ Nordsee räumt der Offshore-Windenergie in den drei Gebieten „Östlich Austerngrund", „Nördlich Borkum" und „Südlich Amrumbank" höchste Priorität gegenüber allen anderen Nutzungsinteressen ein. Alle nicht mit der Windenergie-Nutzung zu vereinbarenden Nutzungen sind in diesen Gebieten ausgeschlossen. Die drei Vorranggebiete nehmen eine Fläche von circa 880 Quadratkilometer ein. Bei voller Ausnutzung dieses Potentials kann dort eine rechnerische Kapazität von bis zu 6.765 Megawatt (bei Verwendung von 5-Megawatt-Anlagen) an Windkraft-Anlagen errichtet werden.
Siehe / Siehe auch: EEG, Offshore-Windenergie-Anlagen

Market Value
market value

Der Market Value wird von der internationalen Grundstücksbewertungskommission (TEGOVA) wir folgt definiert: „Der Market Value (MV) ist der geschätzte Betrag, für welchen ein Immobilienvermögen am Tage der Bewertung zwischen einem verkaufsbereiten Veräußerer und einem kaufbereiten Erwerber nach angemessener Vermarktungsdauer in einer Transaktion im gewöhnlichen Geschäftsverkehr ausgetauscht werden soll, wobei jeder Partner mit Sachkenntnis, Umsicht und ohne Zwang handelt". Diese im Vergleich zum Verkehrswert etwas umständlich formulierte Definition soll inhaltlich derjenigen des Verkehrswertes (Marktwertes) und derjenigen des „Gemeinen Wertes" entsprechen.
Siehe / Siehe auch: Gemeiner Wert, Verkehrswert

Marketing
marketing

Unter Marketing sind alle Maßnahmen zu verstehen, die darauf ausgerichtet sind, die Leistungen des Unternehmens am Kundennutzen auszurichten. Das Unternehmen wird gewissermaßen „vom Markt her" geführt. Die zur Verfügung stehenden klassischen Marketinginstrumente beziehen sich auf die Gestaltung der Produkte und Leistungen, der Preise, der Absatzwege und der Kommunikation. Für Makler und Bauträger bedeutet „Produktpolitik" eine Objektsegmentierung, die sich auf die ins Auge gefassten Zielgruppen konzentriert. Dies wird auch als Objektauswahlpolitik bezeichnet.
Beim Bauträger bezieht sich die Preispolitik auf die Preisgestaltung (siehe Festpreise, Abrechnungspreise, Zahlung der Raten usw.). Beim Makler kommt neben der „Preisberatungspolitik" noch die eigene Provisionspolitik (Innenprovision, Provisionsteilung, Außenprovision, Provisionsdifferenzierung usw.) ins Spiel. Die Politik der Absatzwege beim Bauträger hat auch die Entscheidung zum Inhalt, ob ein Makler einbezogen oder ein Direktvertrieb vorgezogen wird. Makler können ausschließlich auf das Sologeschäft aber auch auf Gemeinschaftsgeschäfte, Börsen und Maklerverbände zur Absatzförderung setzen. Auch jede innerbetriebliche Verkaufsförderungsmaßnahme bis hin zur Verkaufsschulung kommt hier ins Spiel.
Die Kommunikationspolitik spielt im Immobiliengeschäft eine bedeutende Rolle. Man versteht darunter zielgruppenorientierte Werbemaßnahmen und PR-Aktivitäten. Dabei handelt es sich um die unternehmensbezogene Kommunikationspolitik des Maklers einerseits und andererseits – stellvertretend für den Auftraggeber – um Werbe- und PR-Maßnahmen, die das Objekt in den Mittelpunkt stellen.

Grundsätzlich kann gesagt werden, dass Makler die vier klassischen Marketinginstrumente auf Grund ihrer Drittstellung stets für

- das eigene (originäre) Marketing des Maklers in Bezug auf seine Leistungen und
- das derivate Marketing für die Kunden des Maklers

einsetzen sollten. Dieses Vorgehen wird als doppeltes Marketing bezeichnet und beide Richtungen müssen aufeinander abgestimmt werden.
Siehe / Siehe auch: Festpreis

Marketing-Maßnahmen
marketing instruments

Unter Marketing-Maßnahmen versteht man taktische Mittel und Werkzeuge, um mit Hilfe des Marketings die Ziele des Unternehmens zu erreichen. Je größer der Einsatz und je besser die Auswahl miteinander kombiniert werden, desto größer ist der Marketing-Erfolg. Folgende Instrumente könnten hierfür hilfreich sein:

- Flyer/Handzettel (z. B. in der Nachbarschaft des zu vermittelnden Objekts)
- Home-Staging
- Illustrationen / Visualisierungen
- Plakate in den Fenstern der Objekte, bestenfalls beleuchtet
- Akquisitionsprospekt, Imagebroschüren
- Homepage (Gestaltung, Design, Aufmachung, Benutzerfreundlichkeit, Farbauswahl, Übersichtlichkeit, modernes, zeitgerechtes Erscheinungsbild, Aktualität)
- professioneller Einsatz neuerer Medien (Präsentationstechniken, (Internet-) Videos, Werbefilme, Web-Exposés, Bildblocks, Web-Galerien, Satellitenbilder, Suchmaschinen-Marketing, Umkreissuche, Online-Rundgänge, Web-Cams an Bauprojekten, interaktive Fotos, Verwandlung von Architektenmodellen zu digitalen 3-D-Modellen etc.)
- Anzeigenschaltung (Wochenblatt, Fachzeitschriften, Tageszeitungen, Vereinszeitungen, lokale Kuriere)
- Anschlagtafeln / Schaukästen / Schwarzebretter
- professionell gestaltete Visitenkarten
- Netzwerke und Kontaktpflege
- Empfehlungsmarketing / Referenzen ausweisen
- Gemeinschafts- und Kollegengeschäfte
- Mitgliedschaft und aktive Mitarbeit in Vereinen und Verbänden
- gesellschaftliche Anlässe
- gesellschaftliches Engagement
- Aufbau eines kompetenten Images durch eigene Vorträge, Seminare, Fachartikel und durch Gründung eines Clubs und/oder Stammtischen
- Kunden-/Mieterzeitungen oder –zeitschriften
- zielgenauer Einsatz von Mailings
- persönliche Briefe (mit Betreff, persönlicher Anrede, Unterschrift mit Namen und Position, post scriptum)
- Nachfassen
- Schaufenster
- schnelle Reaktionen (auf Angebote, Trends, Entwicklungen)
- Erreichbarkeit (telefonisch / per Mail)
- einladend wirkendes, Interesse erzeugendes Schaufenster
- Listing in fachspezifischen Adressenverzeichnissen und den Gelben Seiten
- aktive Mitarbeit in der Lokalpolitik / in Gutachterausschüssen
- Schilder (Maklergalgen) an den Objekten
- Box für Exposés oder Imagebroschüren an den Objekten aufstellen
- Werbegeschenke (bestenfalls mit Bezug zu Immobilien wie Fußmatten, Schlüsselanhänger, Sparschwein in Form eines Hauses etc.)
- Werbung an Einkaufswagen, Toilettenwerbung, kostenlosen Orts- / Stadtkarten, Bussen, Zügen, LKWs, Autos, auf Segeln, auf Blickfängen wie Oldtimer / antiken Fahrrädern, Zeitungsbeilagen, aufblasbare Reklameflächen / Plakatwänden, bedruckter bemannter oder unbemannter Heißluftballon, Litfasssäulen
- Sponsoring (z.B. im Lokalverein gängiger Sportarten wie Fußball, Handball, Tennis, Volleyball, Basketball), Trikotwerbung auf Hemd, Hose, Trainingsanzug, Banden- / Hallenwerbung, Stadion- / Hallenheften, im Tennis auf Sichtblenden / Windschutzplanen, Schiedsrichterstühlen, Bänken, Abfallkörben und Abziehbesen
- Corporate Identity: Corporate Design (Firmenlogo, Gestaltung des Firmennamens, Uniformen, Farbe des Unternehmens, Briefkopf-Gestaltung, Geschäftsausstattung), Corporate Culture / Corporate Behaviour (interne Werte / Normen, Freundlichkeit, Telefonverhalten, Aufgeschlossenheit, Hilfsbereitschaft) und Corporate Communication (Werbung, Öffentlichkeitsarbeit / PR, Informationen, Mitteilungen etc.)

- Mund-zu-Mund-Propaganda
- persönliches Outfit und Erscheinungsbild

Siehe / Siehe auch: Crossmedia-Marketing, Database Marketing, Mailing, Akquisition, Akquisitionsstrategien, Akquisitionsprospekt (Maklergeschäft), Marketing, Anzeigen (Inserate)

Marketingmix

marketing mix

Grundsätzlich lässt sich der Marketing-Mix als alles das definieren, „was das Unternehmen veranlassen kann, um die Nachfrage nach seinem Produkt zu beeinflussen" (Kotler, et. al 2003, Grundlagen des Marketing).

Der Marketing-Mix ist Kernbestandteil des Marketing und lässt sich wiederum klassischer Weise in vier Bereiche, teilweise wird auch von Submix-Feldern gesprochen, aufteilen:

1. Angebotspolitik (Produktpolitik)
2. Preispolitik
3. Absatzwege-Politik (Vertriebspolitik)
4. Kommunikationspolitik

Im angelsächsischen Raum wird in diesem Zusammenhang auch häufig von den „vier P's" gesprochen und zwar „price" für Preispolitik, „product" für Produktpolitik, „promotion" als Kommunikationspolitik und schließlich „place" als Absatzwegepolitik. Der isolierte oder unkoordinierte Einsatz der oben beschriebenen Marketinginstrumente kann dazu führen, dass sich die Wirkungen beeinträchtigen, gegenseitig aufheben oder gar negativ beeinflussen. Deshalb ist es Aufgabe eines planvollen Marketing-Mix von Maklerunternehmen, die Marketinginstrumente so miteinander zu kombinieren und aufeinander abzustimmen, dass ein widerspruchsfreies Marketingkonzept entsteht.

Der Einsatz der Marketinginstrumente im Rahmen des Marketing-Mix erfordert also ein integriertes, sachlich und zeitlich aufeinander abgestimmtes Programm. Das bedeutet, dass nicht nur der Sachbezug, sondern auch der Zeitbezug hergestellt werden muss. Marketingziele sind Ziele, die man innerhalb eines bestimmten Zeitraums erreichen will. Normalerweise sind sie langfristig abgesteckt, wobei Ziele der Vermarktung eines Objektes natürlich eher kurz- bis mittelfristiger Natur sind. Deshalb spricht man auch von Strategien, von langfristigen Grundsatzentscheidungen, in die allgemeine Handlungsanweisungen einbezogen sind.

Siehe / Siehe auch: Akquisitionsstrategien

Markstein

landmark

Markstein ist eine historische Bezeichnung für Grenzstein.

Siehe / Siehe auch: Grenzstein, Grenzzeichen

Marktanalyse

market analysis; commercial survey

Die Marktanalyse betrachtet den Markt zu einem bestimmten Zeitpunkt. Ermittelt werden die Faktoren, die einen bestimmten Markt kennzeichnen. Dies geschieht einmalig oder in bestimmten Intervallen. Die Marktanalyse stellt die Struktur und die Beschaffenheit eines Marktes dar und gibt Auskunft über lokale, regionale und überregionale Teilmärkte inklusive der aktuellen Angebots- und Nachfragesituation. Zwingender Bestandteil jeder Analyse ist die Untersuchung der Wettbewerbssituation.

Zur Analyse gehören neben den genannten auch folgende Faktoren:

demographische Faktoren (z.B. Stand der Haushalte, Aufbau der Alterspyramide), wirtschaftliche Faktoren (Höhe des verfügbaren Einkommens, Höhe des Kapitalmarktzinses), Infrastruktur (Städtebau, Verkehr), Konkurrenzverhältnisse, Steuer- und Subventionspolitik, rechtliche Rahmenbedingungen, öffentliche Förderungsmodelle sowie die Objektbewertung bei Standortanalysen.

Marktanpassungsfaktor / Wertermittlung

adjustment factor; determined by the features of the property to reflect market value effects on a cost-based valuation method

Zu den Aufgaben der Gutachterausschüsse gehört es, Marktanpassungsfaktoren zu ermitteln, die sich aus der Differenz von errechneten Sachwerten und bereinigten Kaufpreisen ergeben. Die Sachwerte werden unter Zuordnung der verkauften Immobilien aus dem Gebäudetypenkatalog nach NHK 1995/2000 ermittelt, wobei bestimmte Kosten etwa für Außenanlagen mit pauschalen Prozentsätzen angesetzt werden. Eine Besichtigung der zu bewertenden Objekte findet in der Regel nicht statt.

Die ermittelten Marktanpassungsfaktoren, die positiv oder negativ sein können, ergeben sich aus der Formel:

Kaufpreis : Sachwert = Marktanpassungsfaktor

Der Sachverständige kann den Marktanpassungsfaktor bei der Ermittlung des Verkehrswertes eines „Sachwertobjektes" allerdings nicht ungeprüft übernehmen. Er muss vielmehr die besonderen Merkmale des Bewertungsobjektes berücksichtigen und den Anpassungsfaktor gegebenenfalls korrigieren.

Marktbeobachtung (Immobilienmarkt)

market survey / investigation / inquiry; market observation; market intelligence service (real estate market)

Während die sich Analyse des Immobilienmarktes mit der Erhebung von Daten befasst, die den Markt zu einem bestimmten Zeitpunkt widerspiegeln, befasst sich die Marktbeobachtung mit den Entwicklungstendenzen des Immobilienmarktes. Es handelt sich dabei um eine Vergangenheitsbetrachtung, die Erkenntnisse darüber vermitteln soll, wie sich die verschiedenen Teilmärkte des Immobilienmarktes entwickelt haben. Daraus können Schlussfolgerungen für die ihnen innewohnende Marktrisiken (Risikotypen) abgeleitet werden. Diese Erkenntnisse sind wichtig für die Zusammenstellung von Portfolios und den Stellenwert, der Immobilien innerhalb gesamter Vermögensportfolios zukommt. (Asset-Management/Vermögensmanagement). Bei der Marktbeobachtung spielt das Instrument von Zeitreihenindices eine große Rolle, während bei der Immobilienmarktanalyse vor allem Raumindices geographische Strukturmerkmale abbilden. In die Zukunft fortgeführt wird die Marktbeobachtung mit Hilfe von Marktprognosen.

Siehe / Siehe auch: Marktanalyse, Marktberichte (Immobilienmarkt), Vermögensmanagement (Assetmanagement), Marktprognosen (Immobilienmarkt)

Marktberichte (Immobilienmarkt)

market reports (real estate market)

Marktberichte zum Immobilienmarkt werden von Immobilienfirmen, Verbänden und Gutachterausschüssen veröffentlicht. Die Untersuchungen können sich auf einzelne Segmente und räumliche Teilmärkte beziehen (z. B. der Büromarkt in Stuttgart, der Markt für Einzelhandelsflächen in Deutschland). Neben einer Beschreibung des aktuellen Preisniveaus der wichtigsten Trends und einer Skizzierung der Entwicklung des Marktes enthalten viele Marktberichte auch eine Prognose der weiteren Marktentwicklung. Verbände verfügen teilweise über eigene Marktforschungseinrichtungen, wie z. B. das Marktforschungsinstitut des RDM Bayern in München (heute „IVD-Institut – Gesellschaft für Immobilienmarktforschung und Berufsbildung mbH“). Immobilienmarktberichte tragen wesentlich zur Transparenz des Immobilienmarktes bei. Für Marktberichte der Gutachterausschüsse wurden von der Gesellschaft für immobilienwirtschaftliche Forschung (gif) „Empfehlungen zu Aufbau und Inhalt von Grundstücksmarktberichten“ vorgelegt. Zu einer Vereinheitlichung der Marktberichte haben sie allerdings bisher nicht beigetragen.

Markteinflussfaktoren - Marktdeterminanten

factors that influence the market; market forces - market determinants

Markteinflussfaktoren sind Faktoren, die von außen auf Angebot und Nachfrage einwirken. Beim Immobilienmarkt sind es z. B. Kapitalmarktzinsen, Änderungen steuerliche Rahmenbedingungen, Einführung oder Streichung von Fördermitteln, Moden, usw.. Nicht zu den Markteinflussfaktoren zählen die Marktdeterminanten. Das sind die langfristigen Bestimmungsgründe für Angebot und Nachfrage, wie etwa die Baulandproduktion durch die Gemeinden, Entwicklungen innerhalb des Bauhandwerkes, der Baustoffe usw., auf der Angebotsseite, sowie auf der Nachfrageseite Wanderungsbewegungen, Bevölkerungsentwicklung (z. B. Verschiebungen im Generationengefüge), Entwicklung der Haushalte als Nachfrageeinheiten, sowie vor allem auch die Einkommens-/Kaufkraftentwicklung.

Marktdeterminanten bestimmen Trends, Einflussfaktoren Abweichungen von Trends.Daneben spielen für die Beurteilung der Marktentwicklung noch die sog. Indikatoren eine Rolle, wie etwa die Entwicklung der Baugenehmigungszahlen, der Bausparverträge, der Erbmassen usw. Aus ihnen lassen sich Schlussfolgerungen für die künftige Marktentwicklung ziehen.

Marktforschung

market research

Marktforschung ist das Bemühen eines Unternehmens, wichtige Erkenntnisse zu gewinnen, die für die Erreichung der Unternehmensziele notwendig sind. Gegenstand der Marktforschung sind neben den einzelnen Märkten die Markteinflussfaktoren, d.h. Faktoren die den Markt von außen beeinflussen. Zu diesen zählen ökonomische, rechtliche sowie soziale Rahmenbedingungen. Im Zusammenhang der Marktforschung kommen die Marktanalyse, die Marktbeobachtung und die Marktprognose zum Einsatz.

Siehe / Siehe auch: Markteinflussfaktoren - Marktdeterminanten

Marktprognosen (Immobilienmarkt)

market forecasts (real estate market)

Immobilienmarktprognosen befassen sich mit der Ermittlung von voraussichtlichen Entwicklungen

M

von Immobilienpreisen und von Mieten. Aus letzteren werden Kaufpreise abgeleitet. Prognosen sind vor allem bedeutsam für institutionelle Immobilieninvestoren. Prognosegrundlagen sind unter anderem in der Gegenwart feststellbare Indikatoren, die auf eine bestimmte Entwicklung in der Zukunft schließen lassen. So wird die Entwicklung von Baugenehmigungszahlen einen Schluss auf die Entwicklung von künftigen Baufertigstellungszahlen – sprich: Gebäudeangeboten – zulassen. Die Festsetzung von Basiszinssätzen durch die Zentralbanken im Interesse der Geldwertstabilität erlaubt eine Einschätzung der Entwicklung von Kreditspielräumen im Bankensystem und damit des realen Kaufkraftvolumens. Dieses wirkt sich auch auf die Immobiliennachfrage bzw. die Mietzahlungsfähigkeit von potentiellen Nachfragern aus.
Prognosen können sich auf statistische und ökonometrische Analysen, z.B. Regressionsanalysen, stützen. Zusammenhänge können auch mit Hilfe der Ermittlung von Korrelationskoeffizienten aufgezeigt werden. Die Eintrittswahrscheinlichkeit von Prognosen wird vielfach in Form eines Entwicklungskorridors dargestellt, der sich mit zunehmender Langfristigkeit öffnet. Bedeutsam für Marktprognosen sind Determinanten, die aus der Perspektive beider Marktseiten Aussagen über Trends erlauben. Dagegen können Markteinflussfaktoren Störfaktoren sein, die die Wahrscheinlichkeit einer Entwicklung mittel- bis langfristig beeinträchtigen können. Man denke an technische Fortschritte einerseits und politische Steuerungswirkungen andererseits.
Siehe / Siehe auch: Marktanalyse, Marktberichte (Immobilienmarkt), Vermögensmanagement (Assetmanagement)

Marktsegmentierung
market segmentation

Mit Hilfe sorgfältiger Marktforschung kann ein Gesamtmarkt in einzelne Betätigungsfelder unterteilt werden. Diese Segmente unterscheiden sich zum Beispiel nach soziodemographischen Merkmalen (Geschlecht, Alter, Einkommen, Beruf), geographischen Merkmalen (Wohnort), mikrogeographischen Merkmalen (Ortsteil, Straße) oder psychographischen Merkmalen (Einstellungen, Meinungen, Motive). Für Werbemaßnahmen ist es unerläßlich, die Zielgruppe einzugrenzen, also zu segmentieren.

Markttransparenz
market transparency

Die Verfügbarkeit von relevanten Marktinformationen bestimmt den Grad der Transparenz eines Marktes. Je mehr Marktinformationen zur Verfügung stehen bzw. zu eruieren sind, desto transparenter stellt sich der Markt dar. Eine vollkommene Markttransparenz, die eine Bedingung eines vollkommenen Marktes ist, liegt vor, wenn alle Marktteilnehmer umfassenden Zugriff zu sämtlichen Informationen haben. Der Immobilienmarkt ist aufgrund der Eigenschaften des Wirtschaftsgutes Immobilie (eingeschränkte Substituierbarkeit, lange Produktionsdauer, Standortgebundenheit etc.) ein heterogener Markt, der ein Mangel an Informationen (Immobilienarten, Angebot und Nachfrage, Preise, Verhalten der Marktteilnehmer etc.) zur Folge hat. Dies führt zu Entscheidungssituationen unter Unsicherheit.
Siehe / Siehe auch: Such- und Informationskosten

Marktwert
(open) market value; fair (market) value; actual cash value; trade value

Siehe / Siehe auch: Spiering-Marktwertverfahren, Vergleichswert, Verkehrswert

Marktzugangsstrategien (Maklergeschäft)
strategies for accessing a market (brokerage)

Das Maklergeschäft ist dadurch gekennzeichnet, dass es der Makler für die Anbahnung und den Abschluss eines Geschäftes nicht nur mit einem, sondern mit zwei Geschäftspartnern zu tun hat. Es sind einerseits die Anbieter von Objekten und andererseits die Objektsuchenden. Seine Maklerstellung wird dadurch charakterisiert, dass er von beiden wirtschaftlich und rechtlich unabhängig ist. Dies gilt im Wesentlichen nicht nur für deutsche Makler, sondern weltweit. Aus dieser Situation heraus gibt es grundsätzlich zwei Wege, sich den Markt, auf den ein Makler tätig werden will, zu erschließen. Er kann Vermarktungsaufträge von Objektanbietern annehmen, um für dieses Objekt passende Interessenten zu suchen. Der zweite Weg besteht umgekehrt darin, Suchaufträge von Interessenten zu übernehmen mit dem Ziel, ein den Wünschen dieses Interessenten entsprechendes Objekt zu finden.
In Deutschland erfolgt der Marktzugang der Makler überwiegend über Objektaufträge. Im Vordergrund stehen dabei Strategien der Auftragsakquisition (passive, aktive Auftragsakquisition). Das akquirierte Objekt wird zielgruppenbezogen beworben,

um Interessenten zu finden, die für einen Vertragsabschluss in Frage kommen. Der Marktzugang über das Interessentenpotenzial, also der potenziellen Immobiliennachfrager ist in Deutschland für den Durchschnittsmakler eher eine Ausnahme. Dort, wo sie anzutreffen ist, erfolgt sie überwiegend bei Anlageimmobilien. Dabei spielt die Vermögensberatung eine große Rolle. Ausgangspunkt ist die Ermittlung des Bedarfsprofils bzw. des Suchwunsches des Interessenten. Diesem Profil entsprechend werden die verschiedenen sich bietenden Objektangebote hinsichtlich ihrer Wirtschaftlichkeit, den rechtlichen Gegebenheiten, den steuerlichen Auswirkungen und den gegebenen technischen Standards analysiert und deren Stellenwert im Zusammenhang dem daraus entstehenden Vermögensmix ermittelt.
Immobilienberatung als Vermögensberatung ist eine wichtige Voraussetzung für die interessentenbezogene Marktzugangsstrategie. Sie dürfte auch in Deutschland an Bedeutung gewinnen.
Siehe / Siehe auch: Aktive Auftragsakquisition (Maklergeschäft), Passive Auftragsakquisition (Maklergeschäft), Anlageberatung, Immobilienberatung

Maschendrahtzaun
wire mesh fence; chain link fence

Zäune sind ein beliebtes Thema von Nachbarschaftsstreitigkeiten. Dies wurde vor einigen Jahren auch musikalisch aufbereitet. Gerichte müssen sich meist dann mit der Ausgestaltung von Zäunen befassen, wenn diese

- den örtlichen Bauvorschriften widersprechen
- durch allzu große Höhe, massiven Baustil etc. das Missfallen eines Nachbarn erregen
- durch Stacheldrahtbesatz spielende Kinder gefährden.

Wird vor einer Schiedsstelle zwischen zwei Nachbarn abgesprochen, dass die Grundstücksgrenze mit einem 1,25 Meter hohen Maschendrahtzaun markiert werden soll, darf davon nicht abgewichen werden. Errichtet einer der beiden statt dessen eine 2,50 Meter hohe, blickundurchlässige Wand aus Holz- und Eisenteilen, kann auf Entfernung der Wand und Errichtung des Maschendrahtzaunes geklagt werden (Amtsgericht Strausberg, Az. 9 C 205/04). Wird auf einem Zaun zwischen zwei Privatgrundstücken zusätzlich Stacheldraht angebracht, kann bei Gefährdung spielender Kinder die Bauaufsicht einschreiten. Dies entschied das Verwaltungsgericht Koblenz (Az. 7 K 2595/05). Der umstrittene Zaun war 1,80 Meter hoch und konstruktionsbedingt ersteigbar gewesen. Die Bauaufsichtsbehörde ordnete die Entfernung des Stacheldrahts an, da die öffentliche Sicherheit gefährdet sei. Das Gericht bestätigte ihr korrektes Vorgehen.

Maße der baulichen Nutzung
land use intensity; degree of building coverage

Zu den Maßen der baulichen Nutzung zählen die

- GRZ (Grundflächenzahl) oder GR = zulässige Grundfläche,
- GFZ (Geschossflächenzahl) oder GF = Geschossfläche,
- H (Höhe der baulichen Anlagen),
- Z (Zahl der Vollgeschosse) sowie die
- BMZ (Baumassenzahl) oder BM = Baumasse.

In einem Bebauungsplan muss stets die GRZ bzw. GR festgesetzt werden, sowie entweder H oder Z, wenn das Landschaftsbild erhalten bleiben soll. Im Flächennutzungsplan können GFZ oder BMZ und H dargestellt werden.
Siehe / Siehe auch: Baumassenzahl (BMZ) - Baumasse (BM), Bebauungsplan, Flächennutzungsplan (FNP), Geschossflächenzahl (GFZ) - Geschossfläche (GF), Grundflächenzahl (GRZ) - zulässige Grundfläche (GR), Höhe der baulichen Anlagen, Vollgeschoss

Massivbauweise
massive type of construction; solid construction

Die Massivbauweise ist eine Bauweise, bei der Gebäude aus ein- oder zweischaligem Mauerwerk errichtet werden. Als Material für das Mauerwerk kommen Backstein oder Naturstein in Frage.
Siehe / Siehe auch: Fachwerkbau, Skelettbauweise

Maßstab

scale; yardstick; gauge; criterion; benchmark; canon; standard

Der Maßstab zeigt das Größenverhältnis, in dem etwas proportional zeichnerisch dargestellt wird. Im Maßstab 1:1000 wird das Original in der Zeichnung 1000fach verkleinert dargestellt. So entspricht ein Zentimeter in der Zeichnung zehn Meter in der Realität. Trotzdem wird zur Verdeutlichung ein Detail durchaus im Maßstab 1:1 dargestellt. Die Zeichnung ist in diesem Fall so groß wie das Objekt in der Realität.

Siehe / Siehe auch: Ausführungszeichnungen, Entwurfszeichnungen, Lageplan

Master-Studiengänge (Immobilienwirtschaft)

Master's courses (real estate management)

Siehe / Siehe auch: Bachelor-Studiengänge (Immobilienwirtschaft)

Mauerwerk

brickwork; masonry

Man unterscheidet verschiedene Arten von Mauerwerk:

Sichtmauerwerk bleibt nach einer Seite unverputzt und ohne Wärmedämmung, es sei denn, es handelt sich um ein Element des zweischaligen Mauerwerks. Für die nach außen gewendete Sichtmauer müssen frostsichere Steine verwendet und mit Gießmörtel hohlraumfrei verfugt.

Verputztes Mauerwerk mit Innendämmung ist unter den einschaligen Mauerwerken eine bauphysikalisch weniger gute Lösung, was die nach der Energieeinsparverordnung vorgeschriebene Wärmedämmung betrifft. Sie ist billiger als die Außendämmung, jedoch nicht so effektiv.

Mauerwerk mit Außendämmung gibt es in mehreren Varianten. Die so genannte „Vorhangfassade" zeichnet sich dadurch aus, dass über der außen angebrachten Wärmedämmschicht eine auf Holzlatten befestigte Fassadenbekleidung angebracht ist.

Das Wärmeverbundsystem (WDVS) besteht einschließlich der Dämmschicht aus drei oder mehreren Schichten. Auf die Dämmschicht wird zur physikalischen Stärkung eine „Armierungsschicht" und zum Zweck des Wetterschutzes darauf eine Schlussbeschichtung aufgetragen.

Eine Alternative zum WDVS bietet die „Plattenverkleidung" eines nach außen wärmegedämmten Mauerwerkes. Neben den hier beschriebenen einschaligen Mauerwerken gibt es auch noch das zweischalige Mauerwerk. Die Errichtung von Wohn- und gewerblich genutzten Gebäuden ohne Wärmedämmung ist heute wegen der den Niedrigenergiehausstandard anstrebenden Energieeinsparverordnung kaum mehr möglich.

Siehe / Siehe auch: Energieeinsparverordnung (EnEV), Einschaliges Mauerwerk, Quadermauerwerk, Zweischaliges Mauerwerk

Maximalpreisvertrag

cost-plus-fee contract

Siehe / Siehe auch: Garantierter Maximalpreisvertrag (GMP)

Media-Planung

media planning

Die Auswahl der geeigneten Werbemaßnahmen oder Medien erfolgt mit Hilfe der Media-Planung. Dabei werden zunächst die Marketingziele definiert, etwa der geplante Umsatz oder der angestrebte Marktanteil. Danach werden die Werbeziele festgelegt, wobei die Präferenzen zum Beispiel auf dem Bekanntheitsgrad oder dem eigenen Unternehmensimage liegen können. Schließlich werden die Mediaziele im Hinblick auf die zu erreichende Zielgruppe oder die Häufigkeit, mit der die Angehörigen des Zielmarktes das Plakat, die Zeitung oder den Hörfunksender tatsächlich nutzen, beschrieben. Zeitungsverlage stellen als Informationsgrundlage in der Regel Mediamappen zur Verfügung. Aus ihnen ergeben sich das Verbreitungsgebiet und die quantitative Reichweite (Zahl der Leser im Vergleich zur Bewohnerzahl im Verbreitungsgebiet), häufig sogar auch die qualitative Reichweite (Zahl der Leser, die einer bestimmten Zielgruppe angehören).

Die Zeitungsanzeige ist nach wie vor eine wichtige Informationsquelle für Immobilienkunden. Darum sollte im Interesse der Minimierung der Streuverluste die Mediaplanung stets auf der Grundlage der Mediamappen der Zeitungsverlage erfolgen. Manche Zeitungsverlage machen ihren Anzeigenteil auch im Internet zugänglich.

Hinzu kommt die Planung der Immobilienangebote direkt im Internet entweder auf der eigenen Homepage oder durch Nutzung der Immobilienportale, die mit der eigenen Homepage verlinkt werden können. Auch hier ist nicht nur auf die jeweils für die gesamte Bundesrepublik veröffentlichte Besucherfrequenz der Immobilienportale zu achten, sondern auch zu hinterfragen, wie die Angebots- und Besucherfrequenz innerhalb speziell des Marktraumes beschaffen ist, auf dem die Immobilien erfolgreich angeboten werden können.

Mediapläne

media schedules

Mediapläne sind ein Instrument der Presse- und Öffentlichkeitsarbeit von Unternehmen. Sie stellen den „Fahrplan" für die operative PR-Umsetzung dar. Die Mediapläne werden in der Regel in Form einer Excel-Tabelle in den PR-Abteilungen der Immobilienunternehmen erstellt und beinhalten sämtliche Anzeigenschaltungen, Medien und Veranstaltungen der Branche, die für das jeweilige Unternehmen relevant sind. Die Medienauflistung umfasst zumeist die inhaltlichen Schwerpunkte der monatlichen Zeitschriften-Ausgaben eines Jahrganges sowie den voraussichtlichen Anzeigen- und Redaktionsschluss. Die Integration der geplanten Veranstaltungen beziehungsweise Anzeigenschaltungen stellt eine Ergänzung der Mediapläne dar. Mit Hilfe der Mediapläne lassen sich die Presse- und Öffentlichkeitsarbeit von Immobilienunternehmen langfristig und gezielt aufbauen und gestalten. Der Begriff Mediaplan, wie er in der Presse- und Öffentlichkeitsarbeit von Unternehmen verwendet wird, ist identisch mit den von Fachzeitschriften herausgegebenen Mediaplänen, die redaktionelle Inhalte, Schwerpunktthemen und Anzeigenpreise enthalten.

Siehe / Siehe auch: Public Relations

Mehrerlösklausel

additional/surplus proceeds clause

Die Höhe der Provision für das Zustandebringen von Grundstückskaufverträgen wird zumeist als Prozentsatz des Kaufpreises vereinbart. Möglich ist auch die Einigung auf eine Pauschale. Daneben kann zwischen dem Verkäufer und dem Makler ein Vertrag geschlossen werden, wonach der Verkäufer dem Makler einen bestimmten Betrag als Kaufpreis vorgibt. Gelingt es dem Makler, einen höheren Kaufpreis zu erzielen, soll er diesen Betrag als Provision vereinnahmen können. Solche Übererlösklauseln sind grundsätzlich wirksam (vgl. BGH NJW 1969, 1628). Der Makler ist nicht verpflichtet, im Interesse des Auftraggebers einen möglichst hohen Kaufpreis zu erzielen. Damit nimmt er vielmehr im Provisionsinteresse ein eigenes Geschäft wahr. Die Vereinbarung stellt sich auch nicht nachträglich als Wucher i.S.d. § 138 Abs.2 BGB dar. Die Vertragspartner konnten bei Abschluss des Vertrages nicht übersehen, ob überhaupt und wenn ja, in welcher Höhe ein Mehrerlös entstehen würde. Schon deshalb könne von einem auffälligen Missverhältnis i.S. d. § 138 Abs.2 BGB nicht gesprochen werden. Der Makler ist jedoch verpflichtet, den Verkäufer über die Höhe des erzielten Kaufpreises zu informieren. Unterlässt er dies und wird dadurch die Wirksamkeit des Kaufvertrages gefährdet und der gutgläubige Auftraggeber der Gefahr der Steuerhinterziehung ausgesetzt, verwirkt der Makler seinen Provisionsanspruch nach § 654 BGB. Dem Käufer muss der Makler seine Doppeltätigkeit und die Vereinbarung einer Verkäuferprovision oder eines Übererlöses dann nicht mitteilen, wenn dieser die Doppeltätigkeit kennt. Dies gilt jedenfalls dann, wenn der Makler für den Verkäufer als Vermittlungsmakler und für den Käufer als Nachweismakler tätig wird(vgl. BGH NJW 1970,1075).

Während der BGH in dem Urteil von 1969 von einem Sachverhalt ausgeht, in dem der Makler den erzielbaren Kaufpreis (vorher) nicht kennt und deshalb ein Missverhältnis zwischen Leistung und Gegenleistung verneint, wird die Höhe der Übererlöses begrenzt, wenn der Makler diese kennt: Mehr als 20 Prozent sind Wucher (vgl. BGH 125,135; Palandt-Heinrichs, § 138 Rdnr.68).

Achtung: Die Aussage des BGH aus dem Jahre 1969 (s.o.), wonach der Makler nicht verpflichtet sei, im Interesse des Verkäufers einen möglichst hohen Kaufpreis zu erzielen, ist nicht allzu wörtlich nehmen. Einmal gilt dies nicht allgemein, z.B. nicht bei Abschluss eines Alleinauftrages. Übersteigt der Mehrerlös die übliche Provision deutlich, könnte dem Makler, insbesondere gegenüber einem unerfahrenen Verkäufer, Verletzung seiner Beratungspflicht vorgeworfen werden.

Siehe / Siehe auch: Nebenpflichten des Maklers, Informationspflichten des Maklers

Mehrfamilienhaus

block of flats; residential building with three or more (usually horizontally divided) units; multiple dwelling unit

Beim Mehrfamilienhaus handelt es sich um ein Wohnhaus mit mindestens drei abgeschlossenen

M

Wohneinheiten. Es kann sich um ein Mietwohnhaus oder um ein Haus mit Eigentumswohnungen handeln. Bei der Planung eines Mehrfamilienhauses sollte heute von vornherein die Aufteilung des Gebäudes in Wohnungseigentum vorgesehen werden.Für die so entstehenden Eigentumswohnungen lässt sich eine sinnvolle Finanzierungs- und Steuerstrategie entwickeln, besonders wenn eine der Wohnungen durch den Bauherren oder Käufer wohnlich oder – sofern zulässig – gewerblich (als Büro) selbst genutzt werden soll.

Mehrgenerationenhaus

multi-generation / extended family household

Dieser Begriff bezeichnet ein Wohnkonzept, bei dem mehrere Generationen unter einem Dach leben – und die jeweiligen Teile des Hauses architektonisch auf ihre jeweiligen Bedürfnisse zugeschnitten sind. Das reicht vom kindgerechten Spielzimmer mit pflegeleichtem Bodenbelag bis zum barrierefreien Wohnungsteil für die ältere Generation.
Mit der Planung von Mehrgenerationenhäusern soll eine natürliche altersmäßige Durchmischung von Wohngebieten erzielt werden.

Mehrhausanlage (Wohnungseigentum)

several buildings on one property unit (freehold flats)

Eine Mehrhausanlage ist eine aus mehreren, oftmals gleichartigen Gebäuden bestehende Wohnungseigentumsanlage, die einer Wohnungseigentümer-Gemeinschaft gehört. Oftmals bestehen bei den Eigentümern hausspezifische Interessen. Die Begründung des Wohnungseigentums im Rahmen einer Mehrhausanlage sollte fachmännisch korrekt erfolgen und den Eigentümern in der Gemeinschaftsordnung ein Höchstmaß an individuellen Gestaltungsmöglichkeiten bieten. Dies gilt insbesondere für Vereinbarungen (§ 10 Abs. 2 Satz 2 WEG) oder Beschlüsse zur Kostenverteilung (§ 16 Abs. 3 und 4 WEG). Sind keine abweichenden Vereinbarungen oder Beschlüsse getroffen, müssen sich alle Eigentümer gemäß § 16 Abs. 2 WEG im Verhältnis der für sie im Grundbuch eingetragenen Miteigentumsanteile beteiligen. Danach sind beispielsweise auch die Aufzugskosten von allen Eigentümern zu tragen, und zwar auch von denjenigen, die in einem Haus ohne Aufzug wohnen.
Nach den am 1. Juli 2007 in Kraft getretenen Änderungen können die Eigentümer jedoch auch mit einfacher Mehrheit beschließen, dass nur die Eigentümer des Hauses mit Aufzug die Kosten für dessen Betrieb zu zahlen haben, es sei denn, dass diese Neuverteilung der Kosten gegenüber der bisherigen Regelung unbillig und deshalb der Beschluss für ungültig zu erklären ist.
Nach bisher vorherrschender Rechtsauffassung ist ebenfalls auch ein Beschluss wegen Unbilligkeit für ungültig zu erklären, wonach beispielsweise die Kosten für eine Dachsanierung nur von den Eigentümern des betreffenden Hauses zu zahlen sind. Grundsätzlich gilt für Mehrhausanlagen, dass sie rechtlich als Einheit zu behandeln sind. Das hat beispielsweise auch zur Folge, dass die Verwaltung einer Mehrhausanlage nur einem Verwalter übertragen werden kann. Die Bestellung von „Unterverwaltern" ist nicht zulässig.

Mehrheitsbeschluss

majority decision / vote; resolution adopted by the majority of votes

Angelegenheiten, über die die Wohnungseigentümer im Rahmen der ihnen durch Gesetz oder Vereinbarung übertragenen Beschlusskompetenz entscheiden können, werden gemäß § 23 Abs. 1 WEG durch Beschlussfassung in der gemäß § 25 Abs. 3 WEG beschlussfähigen Wohnungseigentümer-Versammlung geordnet. Handelt es sich dabei um Angelegenheiten einer ordnungsgemäßen Verwaltung, entscheiden die Wohnungseigentümer gemäß § 21 Abs. 3 WEG durch Stimmenmehrheit. Als Stimmenmehrheit gilt dabei das Verhältnis der Ja-Stimmen zu den Nein-Stimmen, wobei es für das Zustandekommen eines Beschlusses ausschließlich darauf ankommt, dass mehr Ja- als Nein-Stimmen abgegeben werden. Stimmen-Enthaltungen werden bei der Feststellung des Abstimmungsergebnisses nicht berücksichtigt, sofern nicht – was zulässig wäre – eine abweichende Vereinbarung getroffen wurde (vergleiche dazu auch BGH, V ZB 3/88, Beschluss vom 08.12.1988). Bei Stimmengleichheit (gleiche Anzahl von Ja- und Nein-Stimmen) ist ein Beschluss

nicht zustande gekommen. Durch Vereinbarung kann auch geregelt werden, dass für bestimmte Verwaltungsangelegenheiten ein qualifizierter Mehrheitsbeschluss erforderlich ist, beispielsweise eine Mehrheit von zwei Dritteln oder drei Vierteln der erschienenen und vertretungsberechtigten Eigentümer oder eine entsprechende Mehrheit bezogen auf alle im Grundbuch eingetragenen Wohnungseigentümer. Ein relativer Mehrheitsbeschluss – auch als Minderheitsbeschluss bezeichnet – liegt dann vor, wenn zu einer Beschlussfassung die Mehrheit der abgegebenen Stimmen erforderlich ist, diese Mehrheit aber nicht erreicht wird. Ein solcher Fall liegt vor, wenn zu einem bestimmten Antrag über mehrere Alternativen, wie beispielsweise bei der Verwalterwahl, die erforderliche Mehrheit von mehr als der Hälfte der abgegebenen Stimmen für keine der Alternativen erreicht wird. Wird allerdings ein relativer Mehrheitsbeschluss nicht angefochten, ist auch dieser Beschluss wirksam.
Siehe / Siehe auch: Beschluss (Wohnungseigentümer), Beschlussanfechtung (Wohnungseigentum), Negativbeschluss, Gesetzesändernder / vereinbarungsändernder Mehrheitsbeschluss, Gesetzeswidriger / vereinbarungswidriger Mehrheitsbeschluss, Gesetzesersetzender / vereinbarungsersetzender Mehrheitsbeschluss

Mehrspänner

block of flats with several units (accessed b the same stairway) on each storey

Unter einem Mehrspänner versteht man ein Treppenhaus, das für mehrere Wohnungen pro Treppenhauspodest einen Zugang erschließt. Je mehr Wohnungen pro Treppenhaus erschlossen werden, desto größer sind die Einsparungen bei den Baukosten. Werden viele Kleinwohnungen von einem Treppenpodest aus erschlossen, hat dies allerdings den Nachteil, dass sich die Bewohner fremd bleiben. Typische Mehrspänner dieser Art sind die Plattenbauten und Studentenwohnheime.

Meistbietender

highest bidder

Der Meistbietende hat im Versteigerungsverfahren das höchste Gebot abgegeben. Damit hat er jedoch noch nicht automatisch den Zuschlag erhalten. Liegt das Gebot unterhalb der festgesetzten Grenzen, bedarf es der Zustimmung des betreibenden Gläubigers – ansonsten wird es abgewiesen. Sind die Versteigerungsbedingungen erfüllt, besteht bei Abgabe des Höchstgebotes ein Anspruch auf den Zuschlag, mit dem die Immobilie erworben ist und der Meistbietende – obwohl noch ohne grundbuchliche Eintragung – ist der neue Eigentümer.

Meistgebot

highest bid; best offer

Meistgebot ist das höchste bei einer (Zwangs-) Versteigerung abgegebene Gebot. Der Meistbietende erhält den Zuschlag und wird dadurch zum Zuschlagsberechtigten (gesetzlich geregelt in § 81 ZVG, Gesetz über Zwangsversteigerung und Zwangsvollstreckung).
Siehe / Siehe auch: Sonderkündigungsrecht nach Zwangsversteigerung, Zwangsversteigerung

Meldepflicht

compulsory registration; obligation to notify; duty to report; (tax:) disclosure requirements

Die Meldepflicht ist im bundesweit wirksamen Melderechtsrahmengesetz und in den damit weitgehend übereinstimmenden Meldegesetzen der Länder geregelt. Unterschiede gibt es bei der Dauer der Frist, innerhalb der die Anmeldung erfolgen muss. In den meisten Bundesländern ist den Meldebehörden innerhalb einer Woche der Zuzug einer natürlichen Person in eine Wohnung zu melden.

Es gibt verschiedene abweichende Regelungen: So ist in Rheinland-Pfalz eine unverzügliche Ummeldung vorgeschrieben; in den Bundesländern Berlin, Brandenburg, Bremen, Schleswig-Holstein und Sachsen gilt eine Zweiwochenfrist. Meldepflichtig ist derjenige, der seinen Wohnort wechselt. Eine Abmeldung am früheren Wohnort ist nicht mehr erforderlich; die Meldebehörde am neuen Wohnort hat seit 01.01.2007 die Behörde am früheren Wohnort auf elektronischem Wege über die Wohnsitzänderung zu informieren. Lediglich bei einem Umzug ins Ausland oder der Aufgabe einer Nebenwohnung muss eine Abmeldung stattfinden. Auskunft über gemeldete Personen dürfen die Meldebehörden Dritten nur über Vor- und Familienname, akademische Grade und Anschrift von Personen erteilen. Ausnahmen bestehen bei Nachweis eines berechtigten Interesses. Die Gesetzgebungskompetenz für das Melderecht liegt infolge der Föderalismusreform beim Bundesgesetzgeber. Ein Bundesmeldegesetz wird zwar diskutiert, ist aber bisher noch nicht entscheidungsreif. Datenschützer kritisieren unter anderem Vorschläge zur Einführung eines Bundesmelderegisters. Ein Bundesmeldegesetz würde das bisherige Melderechtsrahmengesetz ablösen und als einheitliche Regelung die Meldegesetze der Länder ersetzen.

Siehe / Siehe auch: Abmeldung / Anmeldung des Mieters

Memorandum of Understanding (MOU)

Memorandum of Understanding

Siehe / Siehe auch: Letter of Intent (LOI)

Merkantiler Minderwert

decreased (commercial) value; inferior (commercial) value; loss in value upon resale; reduced market value

Siehe / Siehe auch: Minderwert, merkantiler (Wertermittlung)

Messermiete

rent for metre / measuring device (public utilities)

Unter Messermiete ist das Entgelt für die eingebaute Messeinrichtung (Strom, Wasser, Gas), die auch das Entgelt für die Verrechnung und das Inkasso enthält, zu verstehen. Der Begriff wird in Mietverträgen schon lange nicht mehr verwendet, da die Strom-, Wasser- und Gaskosten (Tarife) sich aufteilen in eine Grundgebühr und verbrauchsabhängige Kosten. Die Grundgebühr enthält heute auch die Kosten, die früher mit der Messermiete abgegolten wurde - soweit sie noch entstehen.

Messie als Mieter

compulsive hoarders as tenants

Als Messie – abgeleitet von engl. mess, Unordnung, Dreck, Schwierigkeiten – bezeichnet man umgangssprachlich einen Menschen, der erhebliche Probleme damit hat, seine Wohnung sauber zu halten und sein Alltagsleben zu organisieren. Es handelt sich dabei oft um eine krankhafte psychische Störung, man spricht dann vom Messie-Syndrom. Im Zusammenhang damit tritt oft das krankhafte Sammeln von Müll oder unbrauchbaren Gegenständen auf. Hilfen für „Messies“ bieten Selbsthilfegruppen oder spezielle Haushalts-Organisations-Programme, die Organisationen wie die Caritas anbieten. Dabei hilft ein Coach bei der Erstellung von Haushalts- und Arbeitsplänen, aber nicht bei der praktischen Durchführung. Als sinnlos gelten Ermahnungen oder die Einstellung einer Haushaltshilfe. Ist der Mieter wegen hohen Alters oder Krankheit nicht mehr in der Lage, seinen Alltag zu bewältigen, kann beim Amtsgericht / Betreuungsgericht die Bestellung eines Betreuers angeregt werden. Das Gericht wird auf Antrag des Betroffenen oder auch von Amts wegen tätig (§ 1896 BGB). Wird ein Betreuer für alle oder auch nur die finanziellen Angelegenheiten des Mieters bestellt, ist dieser künftig Ansprechpartner des Vermieters.

Rechtlich gesehen gibt es zwei Aspekte:

1. Das Verwaltungsrecht: Behörden wie das Gesundheitsamt erfahren von der Messie-Wohnung und überprüfen, ob eine unzulässige Mülllagerung besteht bzw. Gesundheitsgefahren durch Schädlinge etc. vorhanden sind. Gegebenenfalls werden behördliche Schritte eingeleitet. Beispiel: Das Oberverwaltungsgericht Lüneburg hat betont, dass auch ein krankhaftes „Messie-Syndrom“ den Bewohner nicht dazu berechtigt, in großem Maße Unrat in seiner Wohnung zu lagern. Im verhandelten Fall hatten sich 50 Kubikmeter Müll angesammelt. Ratten waren in der Wohnung und Fäkaliengestank war entstanden. Die zuständige Behörde forderte den Bewohner bei Androhung der Ersatzvornahme (Müllentsorgung durch Behörde auf seine Kosten) zur ordnungsgemäßen Abfallentsorgung auf, was dieser mit Hinweis auf seine Erkrankung verweigerte. Das Gericht befand, dass am behördlichen Vorgehen nichts auszusetzen sei (Beschluss vom 07.04.2009, Az. 7 LA 13/09).
2. Das Mietrecht: Der Vermieter kann eine Kündigung des Mietverhältnisses in Erwägung ziehen. Inwieweit tatsächlich ein Kündigungsgrund vorliegt oder ob auch fristlos gekündigt werden kann, richtet sich nach der konkreten Sachlage im Einzelfall.

Das Amtsgericht München hielt eine fristlose Kündigung für unzulässig, solange sich das Problem nur auf einen muffigen Geruch in der Wohnung selbst und das Ablagern von nicht-biologischen Gegenständen (Hausrat, Kleidung, Zeitungen) beschränke. Ein Kündigungsgrund liegt nach diesem Urteil nur vor, wenn das Messie-Verhalten eine Außenwirkung entfaltet, wenn also andere Mieter durch Gestank oder Ungeziefer belästigt werden (Urteil vom 12.12.2002; Az. 453 C 29264/02). In einem solchen Fall können die anderen Mieter bei erheblichen (!) Beeinträchtigungen das Recht zur Mietminderung haben. Die reine Lagerung von Sperrmüll ohne Substanzgefährdung der Wohnung reicht zur Kündigung nicht aus (AG Friedberg, Urteil vom 16.01.1991, Az. C 1690/90). Ein Grund für eine fristlose außerordentliche Kündigung liegt vor, wenn wegen biologischen Mülls in der Wohnung Ungeziefer angelockt wird oder eine Substanzgefährdung der Mietsache besteht (AG Saarbrücken, Urteil vom 29.10.1993, Az. 37 C 267/93).

Steht eine Wohnung unter Zwangsverwaltung, muss der Zwangsverwalter für die Erhaltung der Wohnung sorgen. Wiederholte Beschwerden der

Hausverwaltung oder anderer Mieter über von der Wohnung ausgehenden Gestank und Verschmutzungen und Hinweise darauf, dass der Mieter ein „Messie“ sei, darf er nicht ignorieren. Briefliche Abmahnungen des Mieters sind nicht ausreichend und können zu einem Schadenersatzanspruch gegen den Zwangsverwalter führen (BGH, Urteil vom 23. 06. 2005, Az. IX ZR 419/ 00).
Siehe / Siehe auch: Beendigung eines Mietverhältnisses, Mietminderung

Metropolregionen
metropolitan area / region

Nach einer Definition des Bundesministeriums für Verkehr, Bau und Stadtentwicklung handelt es sich bei einer Metropolregion um „hochverdichtete Agglomerationsräume mit mindestens 1 Mio. Einwohner, die sich – gemessen an ökonomischen Kriterien wie Wettbewerbsfähigkeit, Wertschöpfung, Wirtschaftskraft und Einkommen – besonders dynamisch entwickeln und international gleichzeitig besonders herausgehoben und eingebunden sind.“ Sie strahlen als europäische Metropolregionen mit ihren Funktionen im internationalen Maßstab über die nationalen Grenzen hinweg. In Deutschland zählen hierzu nach dem Beschluss der Ministerkonferenz für Raumordnung vom 3.6.1997: Berlin mit dem brandenburgischem Umland, Hamburg, München, Stuttgart, Region Rhein-Main mit Frankfurt als Zentrum, Rhein-Ruhr mit Köln, Düsseldorf mit den Ruhrstädten Duisburg-Dortmund-Essen, das Dreieck Halle-Leipzig-Dresden. Die 32. Ministerkonferenz hat nach Prüfung der entsprechenden Anträge im Mai 2005 beschlossen, folgende weiteren Verflechtungsräume als Metropolregion auszuweisen: Nürnberg-Erlangen-Fürth, Hannover-Braunschweig-Göttingen, Bremen-Oldenburg sowie den Rhein-Neckarraum.

Mezzanine-Darlehen
mezzanine financing / loan

Von einem Mezzanine-Darlehen wird im Rahmen der Immobilienfinanzierung gesprochen, wenn das gewährte Darlehen wegen Überschreiten der Beleihungsgrenze durch Grundpfandrechte nicht mehr vollständig abgesichert werden kann. Es müssen dann zusätzliche Sicherheiten geboten werden, wie Verpfändung von anderen Vermögenswerten oder Bürgschaften durch Dritte. Ein besonderer Wert wird auf die Bonität des Darlehnnehmers gelegt. Hier bleibt der Fremdkapitalcharakter jedoch erhalten. Im Rahmen einer Projektfinanzierung kann mit dem finanzierenden Kreditinstitut auch eine Gewinnbeteiligung vereinbart werden, wofür im Gegenzug niedrigere Darlehenszinsen gefordert werden. Bei der Unternehmensfinanzierung kann das von Kreditinstituten zur Verfügung gestellte Mezzaninekapital bei einer entsprechenden Gestaltung wegen seines Beteiligungscharakters als Eigenkapital ausgewiesen werden. Es handelt sich um eine speziell für mittelständische Unternehmen attraktiver Finanzierungsform.

MF-B
- n.a. -

Siehe / Siehe auch: Mietflächen für Büroräume

MF-G
rentable square footage for commercial premises

Siehe / Siehe auch: Flächendefinitionen nach MF-G (Mietfläche für den gewerblichen Raum)

MF-H
- n.a. -

Siehe / Siehe auch: Mietflächen für Handelsräume

Mietaufhebungsvertrag
agreement on termination of tenancy

Neben der einseitigen Möglichkeit der Beendigung eines Mietverhältnisses durch Kündigung kann ein Mietverhältnis auch durch Vertrag aufgehoben werden. Dieser Mietaufhebungsvertrag kann von Mieter- oder Vermieterseite angeregt werden. Er eröffnet dem Vertragspartner die Möglichkeit, ohne Rücksicht auf mietvertragliche oder gesetzliche Bestimmungen und ohne Respektierung von Kündigungsvoraussetzungen und -fristen, die „Partnerschaft Mietverhältnis“ zu beenden. Der Mietaufhebungsvertrag unterliegt keinem Formzwang – auch nicht bei Wohnraummietverhältnissen. Aus Beweisgründen ist eine schriftliche Vereinbarung mit ausdrücklicher Benennung des Auszugstermins jedoch dringend zu empfehlen. In vielen Fällen wird von Vermieterseite eine Abfindung für den schnellen Auszug des Mieters angeboten. Zieht der Mieter nicht termingerecht aus, verliert er meist seinen Anspruch auf die Abfindung. Dies soll allerdings laut dem Landgericht Nürnberg-Fürth (NJW-RR 93, 81) anders sein, wenn der Vermieter keinerlei Kündigungsgrund hatte: Der Mieter kann zwar die Abfindung fordern, ist dem Vermieter aber schadenersatzpflichtig (in Höhe der Miete, die für den Zeitraum zwischen vereinbartem Vertragsende und Auszug angefallen wäre).

Der Vermieter kann ferner vom Aufhebungsvertrag zurücktreten, dann wird der vor dem Aufhebungsvertrag bestehende Zustand wiederhergestellt (keine Abfindung, Mietvertrag bleibt bestehen). In einem Mietaufhebungsvertrag können noch weitere Punkte geregelt werden: Etwa eine besenreine Wohnungsrückgabe, die Befreiung des Mieters von den Schönheitsreparaturen oder die Verpflichtung zu deren Durchführung bzw. eine Entschädigungszahlung an den Vermieter anstelle einer Renovierung. Geregelt werden kann auch, dass die Nebenkostenvorauszahlungen nur bis zum Auszug des Mieters stattfinden und dass bei vertragsgerechter Wohnungsübergabe innerhalb einer bestimmten Zeit die Mietkaution zurückzuzahlen ist. Sind diese Fragen jedoch bereits geklärt, können die Vertragspartner im Aufhebungsvertrag auch schlicht vereinbaren, dass nun keine gegenseitigen Ansprüche aus dem Mietvertrag mehr bestehen.
Grundsätzlich kann ein Mietaufhebungsvertrag auch durch konkludentes, also schlüssiges Verhalten der Vertragspartner geschlossen werden. Vor Gericht hat dies allerdings nur in ganz eindeutigen Situationen Bestand.
Äußert zum Beispiel eine Partei im Streit, dass man nichts dagegen habe, wenn der andere das Vertragsverhältnis beende, wird dies in der Regel nicht als Angebot zum Abschluss eines Mietaufhebungsvertrages gewertet. Zieht etwa der Mieter aufgrund einer solchen Aussage des Vermieters aus, gilt der Mietvertrag weiter und es muss weiter Miete gezahlt werden – bis zum regulären Vertragsende nach Kündigung. Akzeptiert der Vermieter stillschweigend den Auszug der Mieter als Vertragsbeendigung, ist der Vertrag allerdings tatsächlich beendet. Spätere Mietnachforderungen sind dann ausgeschlossen. Ein Mietaufhebungsvertrag kommt nicht zustande, wenn die Mieter einfach ausziehen und der Vermieter von ihnen stillschweigend die Wohnungsschlüssel entgegennimmt oder in der Wohnung verbliebene Gegenstände aufbewahrt.
Siehe / Siehe auch: Beendigung eines Mietverhältnisses

Mietausfall durch Baulärm

loss of rent due to noise from construction work

Baulärm stellt einen Mangel dar, der bei nicht geringfügiger Lautstärke und Dauer zu einer Mietminderung berechtigen kann. Hier sind mietrechtlich zwei Aspekte zu unterscheiden:

- Baulärm durch Sanierungs- bzw. Modernisierungsmaßnahmen des Vermieters
- Baulärm durch Maßnahmen von Wohnungs- oder Grundstücksnachbarn.

Wird Baulärm durch Maßnahmen am Gebäude verursacht, die der Vermieter veranlasst hat, kann der Mieter abhängig von Dauer und Intensität des Lärms eine Mietminderung vornehmen. Auch wenn die durchgeführten Maßnahmen vom Mieter zu dulden waren, besteht das Recht auf Minderung der Miete. Der Vermieter hat ggf. die Möglichkeit, nach erfolgreichem Abschluss der Arbeiten eine Mieterhöhung wegen Modernisierung durchzuführen. Diese ist jedoch an besondere Voraussetzungen geknüpft und muss dem Mieter rechtzeitig angezeigt werden. Geht der Baulärm von einem Nachbargrundstück oder einer benachbarten Wohnung im Eigentum eines anderen Eigentümers aus, kann der Mieter trotzdem gegenüber seinem Vermieter eine Mietminderung geltend machen. Wird also z.B. ein Nachbarhaus grundlegend saniert, können sich für den Vermieter erhebliche Mietausfälle ansammeln. Es stellt sich damit die Frage, inwieweit der Vermieter gegen den Nachbarn vorgehen kann, von dem die Belästigung ausgeht. Da der Eigentümer des Nachbargrundstücks bzw. der Nachbarwohnung ebenfalls das Recht hat, sein Eigentum wirtschaftlich sinnvoll zu nutzen, zu modernisieren und im Rahmen des Baurechts nach seinem Geschmack zu gestalten, besteht kein Unterlassungsanspruch gegen lärmerzeugende Arbeiten. Lärmbegrenzende Maßnahmen wie Lärmschutzwände können meist nicht gefordert werden, da dies angesichts der Kosten für den Bauherrn unzumutbar wäre. Es kann jedoch ein Anspruch des Vermieters auf Ersatz des erlittenen Mietausfalles bestehen. Rechtsgrundlage für diesen Anspruch ist § 906 Abs. 2 BGB. Die Beweislast liegt hier beim Vermieter, der den Mietausfall geltend machen will. Er ist nicht gezwungen, das Verhältnis zu seinen Mietern durch gerichtliche Schritte gegen ihre Mietminderungen zu belasten. Der Vermieter muss sich lediglich über die Zustände am Gebäude informieren und sich durch einzelne Besichtigungen der Wohnungen vom Bestehen der Lärmbelästigung überzeugen. Einige Gerichte verlangen ein Lärmprotokoll mit Uhrzeit- und Datumsangaben. Das Landgericht Berlin etwa hat dies als entbehrlich angesehen, wenn der Vermieter nicht vor Ort wohnt. Bestimmte Arbeiten – namentlich das Zerkleinern von Gehwegplatten mit dem Presslufthammer, der Abriss eines Daches mit Beseitigung des Materials über Schuttrutschen, das Abschlagen des Fassadenputzes oder das Ausstämmen neuer Fensteröffnungen gelten nach dem Gericht auch ohne Lärmprotokoll als lärm- und

schmutzintensive Tätigkeiten (Landgericht Berlin, Az. 67 S 195/02, 67 S 287/02). Vor dem Landgericht Berlin wurde der Grundstücksnachbar zum Ersatz des Mietausfallschadens verurteilt.
Siehe / Siehe auch: Duldungspflicht des Mieters für Modernisierung, Mietminderung, Mieterhöhung bei Modernisierung

Mietausfallversicherung

rent and rental value insurance; tenant's (default) insurance; loss of rent insurance; insurance against loss of rent

Mietausfallversicherungen stellen eine wichtige Absicherung für Vermieter dar. Es gibt sie für den gewerblichen Bereich, aber auch für vermietete Wohngebäude. Meist wird von der Mietausfallversicherung der Mietverlust ersetzt, der entsteht, wenn die Mieträume durch Brand, Blitzschlag, Explosion, Leitungswasser, Rohrbruch oder Sturmschäden nicht mehr oder nur noch eingeschränkt benutzbar sind. Mieter können in solchen Fällen ggf. die Miete mindern. Die Versicherung ersetzt den Mietverlust meist für zwölf Monate. Die übliche Mietausfallversicherung deckt keinen Mietausfall ab, der durch Leerstände oder zahlungsunfähige bzw. unwillige Mieter verursacht wird. Einige Versicherungen bieten auch einen solchen Schutz zu speziellen Konditionen an. Im Rahmen einer Wohngebäudeversicherung wird oft ein Mietausfall infolge von Elementarschäden mitversichert. Vor Vertragsabschluss sollte der genaue Versicherungsumfang geprüft werden. Bei großen Mietobjekten mit vielen Wohneinheiten, hohem Anteil gewerblicher Nutzung und hohen Mieteinkünften ist es ratsam, den Versicherungsschutz zeitlich um weitere sechs bis zwölf Monate auszudehnen. Oft wird vertraglich ein Selbstbehalt von 20 Prozent je Schadensfall vereinbart. Kein Versicherungsschutz besteht üblicherweise für Mietwohnungen, die in einem Zeitraum von sechs Monaten vor Beginn des Versicherungsvertrages ganz oder zum Teil leerstanden oder für die es in diesem Zeitraum Mietrückstände gab. Die Beiträge für eine Mietausfallversicherung stellen keine umlagefähigen Betriebskosten im Sinne der Betriebskostenverordnung dar. Sie können daher nicht auf die Mieter umgelegt werden. Von der Mietausfallversicherung ist das Mietfactoring zu unterscheiden. Bei dieser Vertragskonstruktion veräußert der Vermieter seine Mietforderung an einen Dritten, der sie eintreibt.
Siehe / Siehe auch: Betriebskosten, Gebäudeversicherung, Mietfactoring

Mietausfallwagnis

(allowance for) risk of rent loss; (allowance for) vacancy and collection loss

Das Mietausfallwagnis ist eine kalkulatorische Größe, die dazu dient, das Risiko einer Ertragsminderung durch Mietminderung, uneinbringliche Forderungen und zeitweiligem Leerstand zu berücksichtigen. Da eine Mietsicherheit im preisgebundenen Wohnraum für Mietzahlungen nicht verlangt werden kann, ist das Mietausfallwagnis Bestandteil der Kostenmiete. Es gibt dem Vermieter die Möglichkeit, Rücklagen für Ausfälle zu bilden und kann mit zwei Prozent der Jahresmiete angesetzt werden. Ostdeutschland liegt zum Teil weit darüber. Ermittlungen des GdW zufolge soll es Wohnungsunternehmen geben, bei denen die Ertragsminderung durch Leerstand bis zu 30 Prozent beträgt. Für Geschäftsgrundstücke beträgt der Erfahrungswert drei bis vier Prozent des Rohertrages, bei Spezialimmobilien oft noch höher. Der Kalkulationssatz für das Mietausfallwagnis umfasst neben dem Leerstands- und Mietminderungsrisiko auch die uneinbringlichen Kosten eines Räumungs- oder Mietforderungsprozesses gegen den Mieter.
Beim Ansatz des Mietausfallwagnisses im Rahmen der Ertragswertermittlung wird nur die Ertragsminderung berücksichtigt, die durch Mietausfälle bei bestehenden Mietverhältnissen entstehen (Kosten gerichtlicher Maßnahmen zur Beitreibung, Leerstand bei Mieterwechsel). Struktur- und konjunkturbedingte Ausfälle schlagen sich im Rahmen der Nachhaltigkeitsprüfung der Mieterträge durch entsprechend verringerte Ansätze nieder.
Siehe / Siehe auch: Spezialimmobilien

Mietbeihilfe

rent allowance

Auf Antrag unterstützt der Staat Wehrpflichtige und Zivildienstleistende hinsichtlich der Wohnkosten während des Dienstverhältnisses. Wichtige Voraussetzung ist, dass das Mietverhältnis bei Beginn der Dienstzeit bereits mindestens seit sechs Monaten bestanden hat, oder dass dringender Bedarf besteht (vergleiche Verwaltungsgericht Koblenz, 7 K 1129/05, Urteil vom 17.01.2006). Dringender Bedarf liegt vor, wenn für den Abschluss des Mietvertrages zwingende Gründe vorliegen, denen sich der Antragsteller nicht entziehen kann – z.B. das Fehlen eines Zivildienstplatzes in der Nähe des bisherigen Wohnortes. Die Mietbeihilfe wird in Höhe der vollen Miete gewährt – allerdings nur bis zur Obergrenze von 298,50 Euro. Überschreitet die Miete diesen Betrag und liegt das durchschnitt-

liche Nettoeinkommen des Wehrpflichtigen über 663,50 Euro, erhöht sich die Mietbeihilfe bis zu 45 Prozent des durchschnittlichen Nettoeinkommens, höchstens aber auf 613,50 Euro im Monat. Eine Mietbeihilfe in Höhe von 70 Prozent der Miete (Obergrenze 209 Euro) kann auch gewährt werden, wenn die sechsmonatige Frist nicht beachtet wurde. Voraussetzung ist dann, dass das Mietverhältnis zumindest überhaupt zu irgendeinem Zeitpunkt vor Antritt des Dienstes begonnen hat. Rechtsgrundlage ist das Unterhaltssicherungsgesetz (USG).
Der Antrag kann beim Einwohneramt des Wohnortes gestellt werden. Einige Aussagen der Rechtsprechung:

- Mietbeihilfe wird nur für Wohnraum gewährt, der zum Wohnen geeignet ist. Nötig sind dazu: Ein Wohnraum, ein Raum zum Kochen, sanitäre Einrichtungen –gegebenenfalls Mitbenutzung (Bundesverwaltungsgericht, Az. 8 B 78/95, Beschluss vom 08.11.1995).
- Wegen regelmäßiger Besuche der anderenorts wohnenden Freundin, die keine Mietbeteiligung zahlt, darf die Mietbeihilfe nicht reduziert werden (Verwaltungsgericht Ansbach, Az. AN 17 K 86.01269, Urteil vom 05.11.1986).
- Bewohnt der Leistungsempfänger ein Zimmer einer Wohnung per Untermietvertrag allein und darf Küche, Bad usw. mitbenutzen, stellt dies keine Mitbenutzung der ganzen Wohnung dar, die zur anteiligen Aufrechnung der Miete führen könnte (Bundesverwaltungsgericht, Az. 8 C 31/92, Urteil vom 12.03.1993).
- Hat das Mietverhältnis gleichzeitig mit dem Zivildienst begonnen und wurde der Dienstort aus freien Stücken ausgesucht, wobei der Dienst auch am Heimatort hätte abgeleistet werden können, gibt es keine Mietbeihilfe (Verwaltungsgericht Koblenz, Az. 7 K 1129/05.KO, Urteil vom 17.01.2006).

Siehe / Siehe auch: Unterhaltssicherungsgesetz, Hartz-IV und Miete

Mietdatenbank

rent database

Die Mietdatenbank ist eine zur Ermittlung der örtlichen Vergleichsmiete fortlaufend geführte Sammlung von Mieten, die von der Gemeinde oder von Interessenvertretern der Vermieter und Mieter gemeinsam geführt und anerkannt wird (§558e BGB). Eine Auskunft aus der Mietdatenbank kann zur Begründung eines Mieterhöhungsverlangens hinsichtlich einer Mieterhöhung zur ortsüblichen Vergleichsmiete herangezogen werden. Der Vorteil von Mietdatenbanken besteht in ihrer jeweiligen Aktualität. Sie werden fortlaufend mit neuen Daten gefüttert. Mietdaten, die älter als vier Jahre werden, werden ausgesondert. Vorreiter in Deutschland war nur die Mietdatenbank in Hannover, die vom „Verein zur Ermittlung und Auskunftserteilung über die örtlichen Vergleichsmieten e.V. (MEA)“ betrieben wird. Die Datenbank enthält 14.000 Vergleichswohnungen. Interessenten werden jeweils drei „passende“ Mieten genannt. Die Inanspruchnahme der MEA kostet eine geringe Gebühr und erfordert das Ausfüllen eines Mietkatasterbogens, mit dem der Auskunftsuchende die Datenbank um die Angaben seiner Wohnung ergänzt. Der MEA gehören der Mieterverein, Haus & Grund Hannover, die Landeshauptstadt, der RDM sowie der Verband der Wohnungsverwalter an. Inzwischen sind in weiteren Gemeinden Mietdatenbanken entstanden.

Siehe / Siehe auch: Mietspiegel, Mietdatenbank und ALG II

Mietdatenbank und ALG II

rental database and ALG II unemployment compensation

Daten aus einer Mietdatenbank können auch dazu herangezogen werden, die Angemessenheit der Unterkunftskosten im Rahmen eines Antrags auf Arbeitslosengeld II zu prüfen. Das Bundessozialgericht hat dazu festgestellt, dass die Verwaltungsbehörde die Daten der Mietdatenbank sowohl aus dem Gesamtbestand an Wohnungen, als auch nur aus dem Bestand der Wohnungen mit einfachem Standard gewinnen könne. Die zuständige Behörde sei jedoch dazu verpflichtet, nachvollziehbar offen zu legen, nach welchen Kriterien sich die Entscheidung gerichtet habe. Der Träger der Grundsicherung müsse immer nachvollziehbar erläutern, nach welchen Kriterien die Entscheidung getroffen worden sei. Die Richter betonten, dass sowohl Datenerhebung als auch Datenauswertung den allgemein akzeptierten rechtlichen Standards zu genügen hätten(BSG22.09.2009, Az.B.4 AS 18/09, Urteil vom 22.09.2009).

Siehe / Siehe auch: Hartz-IV und Miete, Mieterhöhung zur ortsüblichen Vergleichsmiete, Mietspiegel

Miete

rent; rental; hire; leasing; lease; tenancy

Die Miete ist der Preis für eine vertragsgemäße Nutzung von „Sachen“ (Mietsache) insbesondere Räumen (z.B. Haus, Wohnung, Werkstatträume). Die Miete in weiterem Sinne umfasst die „Grundmiete“, den Betrag für Betriebskosten und Zuschläge. Beim preisgebundenen Wohnraum, sind die Betriebskosten stets durch Vorauszahlungen (mit jährlicher Abrechnung) umzulegen, beim freifinanzierten Wohnungsbau können die Betriebskosten als Vorauszahlung oder als Pauschale vereinbart werden. In welchem Turnus die Miete zu zahlen ist (monatlich, viertel-/halbjährlich oder jährlich), vereinbaren die Mietparteien im Mietvertrag. Bei Wohnraum kann der Vermieter die Zustimmung zur „Gebrauchsüberlassung an Dritte“ von einer angemessenen Erhöhung der Miete abhängig machen (Untermietzuschläge), wenn ihm dies anders nicht zuzumuten wäre. Bei Gewerberaum sind die Bedingungen für Mietzuschläge frei aushandelbar.

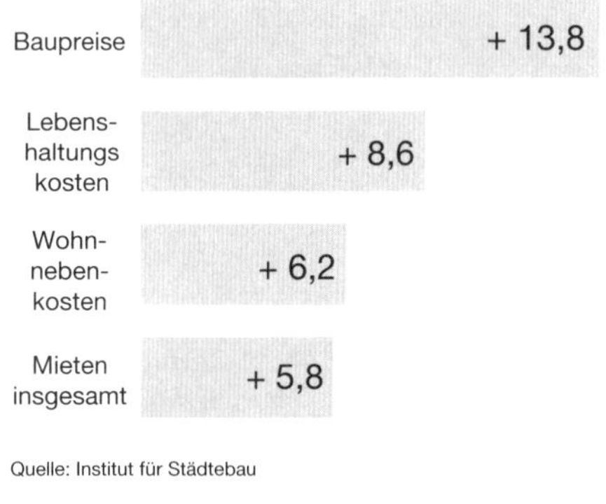

Miete und Unterhalt

rent and maintenance

Beide Ehepartner / Mieter können im Fall einer Trennung hinsichtlich Miete und Nebenkosten Ausgleichsansprüche untereinander haben. Beide haften für die Schuld aus dem Mietvertrag zu gleichen Teilen. Zahlt also z.B. die in der Mietwohnung gebliebene Ehefrau die gesamte Miete, hat sie gegen den in Trennung lebenden Ehemann Anspruch auf Ersatz der Hälfte der Miete. Dies gilt jedoch nur im „Innenverhältnis“ gegenüber dem Ehemann; sie kann nicht den Vermieter darauf verweisen, sich diese Hälfte vom Ehemann direkt bezahlen zu lassen. Zahlt der aus der Wohnung ausgezogene Ehemann die gesamte Miete weiter, hat er Anspruch auf Erstattung der halben Miete durch die in der Wohnung verbliebene Ehefrau. Anders kann dies sein, wenn der weggezogene Partner Ehegattenunterhalt zahlt: Dann kann er die von ihm gezahlte volle oder anteilige Miete für die Wohnung, in der er nicht mehr wohnt, bei der Unterhaltsberechnung von seinem Einkommen abziehen und somit seine Unterhaltspflicht reduzieren. Er kann dann aber nicht zusätzlich Erstattung der halben Miete verlangen. Was für ihn vorteilhafter ist, muss rechtzeitig ausgerechnet werden. Ist das Trennungsjahr abgelaufen oder der Scheidungsantrag eingereicht, kann der aus der Wohnung ausgezogene Partner verlangen, dass der weiter darin wohnende Partner die Miete allein bestreitet oder der gemeinsamen Kündigung des Mietvertrages zustimmt. Bleibt der finanzstärkere Ehepartner in der Wohnung und zahlt die Miete allein, kann auch er während des Trennungsjahres einen Teil der Miete bei der Unterhaltsberechnung von seinem Einkommen abziehen – aber nur, wenn die Wohnung für ihn und gegebenenfalls die bei ihm lebenden Kinder zu groß bzw. zu kostspielig ist. Abgezogen werden kann daher nur die Differenz zwischen der tatsächlichen Miete und einer für ihn angemessenen Miete. Ausziehen muss er vor Ende des Trennungsjahres oder Einreichen des Scheidungsantrages nicht – bei einem Zusammenleben mit gemeinsamen Kindern meist auch danach nicht. Sofern ein Ehepartner mietfrei wohnt – etwa weil sein bisheriger Partner die Kosten trägt, wird ihm dieser Wohnvorteil als zusätzliches Einkommen angerechnet. Für verbrauchsabhängige Wohnnebenkosten gilt: Wer in der Wohnung wohnt und diese Kosten bezahlt, kann sie nicht bei der Unterhaltsberechnung vom Einkommen abziehen. Wer als Unterhaltspflichtiger ausgezogen ist und die Kosten weiter zahlt, kann sie in voller Höhe direkt vom Unterhalt (nicht vom Einkommen) abziehen.

Siehe / Siehe auch: Ehescheidung im Mietrecht, Ehewohnung, LPartG, Lebenspartner, Wohnungszuweisung

Mieter-Mix

(retail) tenant mix; tenant mix

Bei Gewerbe-Objekten spricht man im Zusammenhang mit gemischt genutzten Objekten wie Shopping Center von Mieter-Mix. Dabei gilt es, eine gute Mischung bzw. Zusammensetzung von Dienstleistungen und Geschäften sowie kleinen Läden zu erreichen, da ein guter Mieter-Mix – neben dem eigentlichen Konzept – entscheidend für den

Erfolg des Centers bzw. des Gewerbe-Objektes ist. Erstrebenswert ist ein Mieter-Mix, der vor allem Kaufkraft aber auch qualifizierte Laufkundschaft in ein Objekt bringt. Wichtig sind in diesem Zusammenhang die Synergie-Effekte zwischen den einzelnen Mietern bzw. Betreibern. Erreicht wird ein guter Mieter-Mix durch eine enge Zusammenarbeit zwischen Center-Manager, Eigentümer, Initiatoren, Betreiber und Gewerberaummakler.

Mieterfluktuation

tenant rollover

Unter Mieterfluktuation versteht man die Häufigkeit, mit der Mieterhaushalte ihre Wohnung wechseln. Sie führt zu Umschichtungen im jeweiligen Bestand der Mietverhältnisse in den Mietwohnhäusern. Mieterfluktuation kann zu Wohnungsleerständen im Wohnungsbestand führen, bei gewerblich genutzten Mietgebäuden zu Gewerberaumleerstand. Hier soll nur die Fluktuation im Mietwohnbereich betrachtet werden. Für diese Mieterfluktuation gibt es drei Ursachengruppen: endogene, exogene und psychologische.

Endogene Ursachen

Zu den endogenen Ursachen zählen Haushaltneugründungen (z. B. durch Eheschließungen, Gründung von Lebenspartnerschaften und Wohngemeinschaften) Größenänderungen der Haushalte und Haushaltauflösungen (z. B. durch Tod, Ehescheidungen, Auflösung von Lebenspartnerschaften). Schließlich hat auch noch der demographische Wandel einen Einfluss auf die Veränderungen der Mieterschichten. Er führt einerseits zu Verringerung der Haushaltsgrößen, andererseits zur Verringerung der Zahl der konventionellen Wohnungsmieter durch altersbedingte Umorientierungen (Seniorenresidenzen, Pflegeheime usw.). Diese Fluktuationsursachen betreffen überwiegend den örtlichen Wohnungsmarkt.

Exogene Ursachen

Exogene Ursachen der Fluktuation beim Wohnungsbestand sind die auf Haushalte von außen einwirkenden Einflussgrößen. Sie lösen vor allem Wanderungsbewegungen aus. Zu nennen sind die regional verschiedene Entwicklung der Beschäftigungsverhältnisse und damit verbunden der Einkommen, die Entwicklung der Arbeitslosigkeit und damit verbunden mögliche Privatinsolvenzen, politisch erzeugte soziale Standards und dergleichen. Bei einer entsprechenden Mobilität des Faktors Arbeit bilden sich Wachstums- und Schrumpfungsregionen, die zu unterschiedlichen Fluktuationseffekten führen. In Wachstumsregionen führt Mobilität zu qualitativ und quantitativ steigendem Wohnkonsum, in Schrumpfungsregionen zur Vergrößerung der Leerstände. Hohe allgemeine Fluktuationsquoten gelten im Übrigen auch als Indiz für entspannte Wohnungsmarktverhältnisse, während niedrige Fluktuationsquoten eher auf angespannte Marktverhältnisse (Wohnungsmangel) hindeuten.

Psychologische Ursachen – Grad der Mieterzufriedenheit

Das von endogenen und exogenen Ursachen unabhängige besondere Fluktuationsniveau einer Wohnanlage oder eines Mietwohnhauses hängt schließlich noch von der Mieterzufriedenheit und der dadurch bedingten Bindung der Bewohner an die Umgebung und die Hausgemeinschaft ab. Aus der Perspektive von Wohnungsanbietern ist es deshalb von besonderer Bedeutung, durch geeignete Maßnahmen das Fluktuationsniveau zu senken bzw. gering zu halten und den Fluktuationssaldo (Gewinnung von Neumietern abzüglich Mieterverluste durch Wohnungsaufgaben) zu verringern. Dadurch werden Mietausfälle, Mieterwechsel- und Leerstandskosten erspart.
Nicht alle eine hohe Wohnzufriedenheit bedingenden Umstände können vom Vermieter herbeigeführt werden. Einfluss kann er nehmen durch einen ausgewogenen Mietermix, durch Instandhaltungs- und Modernisierungsmaßnahmen, ansprechende Gestaltung der Außenanlagen, Angebot besonderer Leistungen an Mieter, Kontaktförderung durch Mieterfeste usw. Keinen oder nur geringen Einfluss dagegen haben Vermieter auf die Wohngebietsgestaltung (Lage des Wohngebiets, Infrastruktur, Bewohner von Nachbarhäusern, störende Immissionen und dergleichen). Vermieter tun gut daran, durch Mieterbefragungen einen Zufriedenheitsindex zu erstellen und periodisch fortzuschreiben. Sie können damit auch die Wirksamkeit etwa getroffener Maßnahmen erkennen.
Siehe / Siehe auch: Fluktuationsquote (Wohnungsmieter), Leerstand, Privathaushalt

Mietergemeinschaft

tenants in common

Mietergemeinschaft ist ein Begriff aus der früheren DDR. Nicht zu verwechseln mit ähnlich bezeichneten Mietervereinen, der Wohngemeinschaft (WG) oder der Gemeinschaft nach dem Bürgerlichen Gesetzbuch. Nach § 97 Abs.2 Zivilgesetzbuch der DDR

hatten Mieter im Rahmen der Mietergemeinschaft die Pflicht, bei Instandhaltung, Pflege, Verschönerung und Modernisierung ihrer Wohnhäuser mitzuwirken. Das Zivilgesetzbuch enthielt noch weitere Pflichten der Mieter im Rahmen der Mietergemeinschaft sowie Regelungen zum Verhältnis der Mieter untereinander und zum Verhältnis der Mietergemeinschaft gegenüber Außenstehenden. Umstritten ist, ob Vereinbarungen einer Mietergemeinschaft nach der Wiedervereinigung noch wirksam sind. Nach dem Einigungsvertrag bleiben zivilrechtliche Verträge von vor dem 3.10.1990 grundsätzlich bestehen. Das früher geltende DDR-Recht ist auf vertragliche Schuldverhältnisse z.T. noch anwendbar. Ob ein Vertrag, der eine Mietergemeinschaft betrifft, noch gilt, ist jeweils im Einzelfall durch anwaltliche Beratung zu klären.
Siehe / Siehe auch: Gemeinschaft, Wohngemeinschaft

Mieterhöhung
rent increase

Unter Mieterhöhung versteht man die Neufestsetzung einer Miete, die über der bisher bezahlten Miete liegt. Dies kann durch einvernehmliche Vertragsänderung, durch einseitige Erklärung, durch Änderungskündigung oder durch das gesetzlich geregelte Mieterhöhungsverlangen erfolgen. Auf welche Weise eine Mieterhöhung stattfinden kann, richtet sich nach den vertraglichen Vereinbarungen, nach der Art des Mietverhältnisses und den jeweils zutreffenden Vorschriften. Die Erhöhung der Miete im Wege der Änderungskündigung ist nur bei Mietverhältnissen möglich, die sich nicht auf Wohnungen beziehen. Nach § 558 BGB kann der Vermieter von Wohnraum die Zustimmung zu einer Mieterhöhung bis zur ortsüblichen Vergleichsmiete verlangen, wenn die Miethöhe bei Inkrafttreten der Erhöhung seit 15 Monaten unverändert geblieben ist. Das Mieterhöhungsverlangen darf frühestens ein Jahr nach der vorangehenden Mieterhöhung vorgebracht werden. Ferner darf der Vermieter die Kappungsgrenze nicht überschreiten. Das bedeutet: Er darf die Miete innerhalb von drei Jahren nicht um über 20 Prozent erhöhen. Mieterhöhungen auf Grund einer Modernisierung und Betriebskostenerhöhungen werden bei den oben genannten Fristen und der Kappungsgrenze nicht berücksichtigt.
Stimmt der Mieter dem Mieterhöhungsverlangen nicht zu, muss der Vermieter auf Zustimmung klagen. Die Klage muss innerhalb von drei Monaten nach Verstreichen der Zwei-Monatsfrist Frist für die Zustimmung erhoben werden.
Es gelten außerdem besondere Vorschriften über die Staffelmiete, Indexmiete, die einseitige Mieterhöhung bei Modernisierungen sowie über Betriebskostenumlagen.
Siehe / Siehe auch: Mieterhöhungsverlangen, Indexmiete (Wohnungsmietvertrag), Modernisierung, Staffelmiete / Staffelmietvertrag

Mieterhöhung bei Modernisierung
rent increase after modernisation

Unter Modernisierungsmaßnahmen versteht man bauliche Maßnahmen, bei denen eine Wohnwert- bzw. Gebrauchswertverbesserung der Mieträume stattfindet, durch die nachhaltige Energieeinsparungen ermöglicht werden oder neuer Wohnraum geschaffen wird. Vermieter können bei frei finanziertem Wohnraum nach Abschluss der Arbeiten die Miete um jährlich elf Prozent der für die Modernisierung angefallenen Kosten erhöhen.
Voraussetzungen:

- Der Gebrauchswert der Wohnung wurde erheblich gesteigert oder
- die allgemeinen Wohnverhältnisse haben sich dauerhaft verbessert oder
- Die Modernisierung zieht nachhaltige Einsparungen von Energie bzw. Wasser nach sich.

Immer wieder entsteht Streit um die Frage, wann eine Modernisierung vorliegt, die den Vermieter zur Erhöhung der Miete berechtigt. Bloße Reparatur- oder Instandsetzungsarbeiten werden nicht als Modernisierung angesehen. Wird eine alte Einbauküche durch eine neue ersetzt, gilt dies nicht als Modernisierung. Wird erstmals eine Einbauküche eingebaut, stellt dies eine Modernisierungsmaßnahme dar (Erhöhung des Wohnwertes). Wird eine Wärmedämmung der Außenwand durchgeführt, liegt eine Modernisierung vor. Werden dabei gleichzeitig auch Schäden an der Fassade repariert, sind diese nicht Teil der Modernisierung und müssen bei der Mieterhöhung herausgerechnet werden.
Formalien:
Die Mieterhöhung muss in Textform erfolgen. Der Mieter muss daraus zweifelsfrei folgende Angaben entnehmen können:

- den nachvollziehbar errechneten Betrag der Erhöhung
- die gesamten für die Modernisierung angefallenen Kosten
- die Aufschlüsselung der Kosten für die einzelnen Baumaßnahmen
- Aufschlüsselung der Kosten von Modernisierung und Instandsetzung / Instandhaltung

- den Verteilerschlüssel, falls mehrere Wohnungen modernisiert wurden.

Bei einem Zahlenwerk ohne Erklärung hat der Mieter das Recht, die entsprechenden Unterlagen einzusehen. Zu den umlagefähigen Kosten der Modernisierung gehören nicht:

- Zinsen für Kredite
- Verwaltungskosten
- Erschließungskosten für Straßenbaumaßnahmen
- Mietausfälle durch zeitweise unbewohnbare Wohnungen / Mietminderungen
- Ansprüche des Mieters, die im Rahmen der Arbeiten entstanden sind (z. B. Hotelkosten).

Staatliche Fördergelder muss der Vermieter aus den Modernisierungskosten herausrechnen. Die erhöhte Miete wird erst mit dem Anfang des dritten Monats nach Zugang der Erhöhungserklärung fällig. Die Frist verlängert sich um sechs weitere Monate, wenn der Vermieter dem Mieter bei der ersten Ankündigung der Modernisierung die Mieterhöhung verschwiegen hat oder wenn die Mieterhöhung mehr als zehn Prozent höher ist als angekündigt.
Beispiel:
Zugang der Erhöhungserklärung am 23. März.
Erhöhte Miete fällig ab 1. Juni.
Bei unterlassener Mitteilung über Mieterhöhung bei Ankündigung der Modernisierung:
Erhöhte Miete fällig ab 1. Dezember.
Plant der Vermieter eine Modernisierungsmaßnahme, muss er den Mieter spätestens drei Monate vor Arbeitsbeginn darüber in Kenntnis setzen. Dabei muss neben der voraussichtlichen Art, der Dauer und dem Umfang der Arbeiten auch die voraussichtliche Mieterhöhung angegeben werden. Nach dem Bundesgerichtshof schließt eine verspätete Mitteilung der voraussichtlichen Mieterhöhung die Erhöhung nicht aus. Grund: Auch eine völlige Unterlassung der Mitteilung hat nur die Verschiebung des Beginns der Mieterhöhung um weitere sechs Monate zur Folge (BGH, Az. VIII ZR 6/07, Urteil vom 19.9.2007). Bei der Mieterhöhung wegen Modernisierung hat der Mieter ein Sonderkündigungsrecht: Er kann bis zum Ablauf des zweiten Monats nach dem Zugang der Erhöhungserklärung den Mietvertrag außerordentlich zum Ablauf des übernächsten Monats kündigen. Die Erhöhung tritt dann nicht in Kraft; gegenteilige Vereinbarungen sind nichtig.

Siehe / Siehe auch: Duldung der Modernisierung (Mietrecht), Mietermodernisierung, Wohnwertverbesserungen (Mietrecht)

Mieterhöhung bei Sozialwohnung

rent increase in a council flat / house

Bei einer Wohnung des preisgebundenen Wohnraums ist eine Mieterhöhung nur über § 10 Wohnungsbindungsgesetz möglich. Voraussetzung: Die bisherige Miete liegt unter dem Maximalbetrag, der nach dem Wohnungsbindungsgesetz zulässig ist. Die Miete kann bis zu dieser Grenze erhöht werden. Erklärt der Vermieter die Mieterhöhung, ist vom ersten Tag des auf die Erklärung folgenden Monats an das erhöhte Entgelt zu zahlen. Mieterhöhungen, die nach dem 15. eines Monats abgegeben werden, werden am Monatsersten des übernächsten Monats wirksam. Beruht die Erklärung auf einer rückwirkenden Erhöhung der Betriebskosten, kann sie auch rückwirkend gelten. Sie wirkt dann auf den Zeitpunkt zurück, an dem die Betriebskosten erhöht wurden. Maximal kann die Rückwirkung bis zum Beginn des der Erklärung vorausgehenden Kalenderjahres zurückreichen. Der Vermieter muss jedoch die Erklärung innerhalb von drei Monaten nach Kenntnisnahme von der Betriebskostenerhöhung abgeben. Vermieter und Mieter können wirksam vereinbaren, dass eine Mieterhöhung ausgeschlossen ist.

Siehe / Siehe auch: Fehlbelegung, Kostenmiete, Wohnberechtigungsschein, WoBindG

Mieterhöhung zur ortsüblichen Vergleichsmiete

rent increase up to customary comparable local rent

Eine Mieterhöhung bis zur ortsüblichen Vergleichsmiete kann der Vermieter vornehmen, wenn die Miete zum Zeitpunkt des Eintritts der geplanten Erhöhung seit 15 Monaten gleich geblieben ist. Das Mieterhöhungsverlangen – also die Aufforderung des Mieters zur Zustimmung zur Mieterhöhung – kann frühestens ein Jahr nach der letzten Mieterhöhung vorgebracht werden. Erhöhungen nach den §§ 559 (Mieterhöhung wegen Modernisierung) bis 560 BGB (Erhöhung der Betriebskosten) werden dabei nicht mitgezählt. Die ortsübliche Vergleichsmiete richtet sich nach dem, was in der Gemeinde für Wohnungen vergleichbarer Art, Größe, Ausstattung, Beschaffenheit und Lage in den letzten vier Jahren gezahlt worden ist. Nicht berücksichtigt werden dabei mietpreisgebundene bzw. öffentlich geförderte Wohnungen. Zusätzlich muss die sogenannte Kappungsgrenze beachtet werden: Die Miete darf sich innerhalb von drei Jahren, von Erhöhungen nach den §§ 559 bis 560 BGB abgesehen, um nicht mehr als 20 Prozent erhöhen.

Die Kappungsgrenze ist unbeachtlich, wenn:

- eine Pflicht des Mieters zur Ausgleichszahlung nach den Vorschriften über den Abbau der Fehlsubventionierung im Wohnungswesen wegen des Wegfalls der öffentlichen Bindung erloschen ist und
- soweit die Erhöhung den Betrag der zuletzt zu entrichtenden Ausgleichszahlung nicht übersteigt.

Die Regelungen über die Erhöhung bis zur ortsüblichen Vergleichsmiete dürfen nicht zum Nachteil des Mieters vertraglich abgewandelt werden.

Formell muss die Mieterhöhung bis zur Vergleichsmiete in Textform erfolgen – also als reproduzierbarer Text mit erkennbarem Absender / Urheber, aber nicht notwendigerweise mit eigenhändiger Unterschrift. Auch eine Übermittlung per Fax oder E-Mail ist damit zulässig. Zur Ermittlung der ortsüblichen Vergleichsmiete und damit zur Begründung der Mieterhöhung können laut Gesetz herangezogen werden:

- ein Mietspiegel,
- die Auskunft einer Mietdatenbank,
- ein mit Gründen versehenes Gutachten eines öffentlich bestellten und vereidigten Sachverständigen,
- die Nennung von mindestens drei vergleichbaren Wohnungen mit entsprechender Miethöhe.

Gibt es in der Gemeinde einen qualifizierten Mietspiegel mit Angaben für entsprechende Wohnungen, sind die Angaben des Mietspiegels im Mieterhöhungsverlangen auf jeden Fall mitzuteilen – auch wenn eines der anderen Begründungsmittel verwendet wird. Wird Bezug auf einen Mietspiegel genommen, der Spannen enthält, muss die verlangte Miete lediglich innerhalb der Spanne liegen. Das Gesetz (§ 558a BGB) sagt auch, was zu tun ist, wenn kein aktueller Mietspiegel zur Verfügung steht oder ein qualifizierter Mietspiegel nicht vorschriftsmäßig aktualisiert wurde: Es darf auch ein anderer, insbesondere ein veralteter oder ein Mietspiegel einer vergleichbaren Gemeinde verwendet werden. Nach dem Bundesgerichtshof (Az. VIII ZR 303/06, Urteil vom 20.06.2007) setzt eine Mieterhöhung bis zur Vergleichsmiete nicht voraus, dass die Miete seit Vertragsbeginn bereits erhöht wurde. Wurde also ursprünglich eine Miete unterhalb der damaligen ortsüblichen Vergleichsmiete vereinbart, kann der Vermieter später bis zur aktuellen ortsüblichen Vergleichsmiete erhöhen – allerdings unter Beachtung der oben genannten Einschränkungen (z.B. Kappungsgrenze).

Einem weiteren Urteil zufolge darf eine Erhöhung auch dann stattfinden, wenn die bisherige Miete sich bereits innerhalb der Spanne für die ortsübliche Vergleichsmiete bewegt hat (Az. VIII ZR 322/04, Urteil vom 06.07.2005). Jedoch muss auch die neue Miete innerhalb der Spanne für die ortsübliche Vergleichsmiete liegen. Bei einer Miet-erhöhung zur ortsüblichen Vergleichsmiete hat der Mieter ein Sonderkündigungsrecht. Er kann bis zum Ablauf des zweiten Monats nach dem Zugang der Erklärung des Vermieters das Mietverhältnis außerordentlich zum Ablauf des übernächsten Monats kündigen. Im Fall der Kündigung tritt die Mieterhöhung nicht in Kraft. Gibt es für eine Gemeinde keinen Mietspiegel, kann der Vermieter auch den Mietspiegel einer Nachbargemeinde mit vergleichbarer Marktlage zur Begründung der Mieterhöhung heranziehen. Der BGH entschied dies im Zusammenhang mit den beiden Gemeinden Backnang und Schorndorf bei Stuttgart (Urteil vom 16.6.2010; Az. VIII ZR 99/09). Der BGH betonte in diesem Urteil, dass auch ein einfacher Mietspiegel zumindest als Indiz für die vom Vermieter angegebene Spanne der ortsüblichen Vergleichsmiete herangezogen werden kann. Beim qualifizierten Mietspiegel wird demgegenüber von Gesetzes wegen vermutet, dass er die korrekte ortsübliche Vergleichsmiete aufzeigt.

Die Kosten für ein privates Sachverständigengutachten zur Ermittlung der ortsüblichen Vergleichsmiete kann der Vermieter nach dem Landgericht Mainz nicht auf den Mieter umlegen. Dem Gericht zufolge dient das Gutachten ausschließlich der wirtschaftlichen Vermögensverwaltung des Vermieters (Beschluss vom 20.01.2004, Az. 3 T 16/04).

Siehe / Siehe auch: Mieterhöhung, Mieterhöhung bei Modernisierung, Mieterhöhungsverlangen, Mieterhöhung bei Sozialwohnung, Mietspiegel, Sonderkündigungsrecht bei Mieterhöhung, Textform

Mieterhöhungsverlangen

rent increase demand

Das Verlangen des Vermieters von Wohnraum nach einer Mieterhöhung unterliegt bestimmten inhaltlichen und formalen Regeln. Das Mieterhöhungsverlangen ist demnach „in Textform" geltend zu machen und zu begründen. Ferner muss die bisherige Grundmiete (Miete ohne Betriebskosten und Erhöhungen wegen baulicher Veränderungen) zum Zeitpunkt der Erhöhungsverlangens ein Jahr und bis zum Inkrafttreten der Erhöhung 15 Monate unverändert geblieben sein. Das Mieterhöhungsverlangen muss die Höhe des neu verlangten Mietpreises, also den Endbetrag und den Erhöhungsbetrag enthalten. Zur Begründung kann Bezug genommen werden auf einen Mietspiegel, eine Auskunft aus einer Mietendatenbank, das Gutachten eines öffentlich bestellten und vereidigten Sachverständigen oder auf die Entgelte von drei vergleichbaren Wohnungen. Das vorrangige Begründungsmittel ist der sogenannte qualifizierte Mietspiegel, der nach anerkannten wissenschaftlichen Grundsätzen erstellt und von der Gemeinde anerkannt werden muss. Es gilt eine gesetzliche (widerlegbare) Vermutung für dessen Richtigkeit. Falls ein qualifizierter Mietspiegel existiert, der Angaben für die Mietwohnung enthält, muss der Vermieter diese Angaben im Mieterhöhungsverlangen mitteilen – und zwar auch dann, wenn die Mieterhöhung nicht mit dem qualifizierten Mietspiegel begründet wird. Unterlässt er dies, ist die Mieterhöhung unwirksam. Als Alternative zum qualifizierten Mietspiegel bleibt der „einfache“ Mietspiegel, der von der Gemeinde oder von den Interessenverbänden der Mieter und Vermieter einvernehmlich erstellt wird. Für die Gemeinden besteht allerdings keine Pflicht, einen Mietspiegel zu erstellen. Die verlangte neue Miete darf die ortsübliche Vergleichsmiete nicht übersteigen und nicht mehr als 20 Prozent der bisher bezahlten Miete betragen (Kappungsgrenze). Dem Mieterhöhungsverlangen kann der Mieter innerhalb von zwei Kalendermonaten nach Erhalt des Vermieterschreibens zustimmen. Tut er dies nicht, so muss der Vermieter zur Durchsetzung seines Verlangens Klage erheben, und zwar innerhalb von nunmehr drei weiteren Monaten. Der Mieter kann auch teilweise zustimmen. Er muss dann den von ihm anerkannten Erhöhungsbetrag ab Beginn des dritten Monats nach Zugang des Erhöhungsverlangens bezahlen. Dem Vermieter bleibt aber die Möglichkeit, auf Zustimmung in Höhe des Differenzbetrages zu klagen.

Siehe / Siehe auch: Kappungsgrenze, Mietdatenbank, Mietspiegel, Mieterhöhung, Mieterhöhung zur ortsüblichen Vergleichsmiete, Textform

Mietermodernisierung

tenant improvements

Seit 1981 können Mieter nach § 2 WoPG (Wohnungsbau-Prämiengesetz) Bausparmittel prämienbeziehungsweise steuerbegünstigt für Baumaßnahmen einsetzen, die der Modernisierung der Mietwohnung dienen. Sobald eine Maßnahme über den vertragsgemäßen Gebrauch der Wohnung hinausgeht und einen wesentlichen Eingriff in deren Beschaffenheit oder Bausubstanz darstellt, ist dazu die ausdrückliche Genehmigung des Vermieters erforderlich. Als wesentlich kann dabei alles gelten, was nach Ende des Mietverhältnisses nicht ohne großen Aufwand wieder entfernt werden könnte. Beispiele: Ersatz alter Fliesen im Bad durch moderne, Ersatz des Linoleumbodens durch Parkett, Einbau einer Einbauküche, Einbau neuer Waschbecken, Kabelanschluss einrichten. Oft ist bereits im Mietvertrag festgelegt, dass jede derartige Maßnahme der Zustimmung des Vermieters bedarf. Bestimmte, geringfügige Maßnahmen gehören jedoch zum vertragsgemäßen Gebrauch der Wohnung, sodass der Vermieter die Genehmigung nicht verweigern kann. Beispiele: Installation einer Markise, Verlegung der Telefonanschlussdose. Auch bei genehmigungspflichtigen Umbauten kann der Vermieter seine Zustimmung nicht verweigern, wenn:

- durch die Maßnahme erst die Wohnung bewohnbar wird (Verlegung einer Wasserleitung, Einbau einer Heizung)
- es sich auf Grund des technischen Fortschritts um eine Selbstverständlichkeit handelt (Kohle-Einzelofen wird gegen modernes Heizsystem ausgetauscht)
- der Mieter behindert ist und daher ein berechtigtes Interesse an dem Umbau hat (z. B. behindertengerechte Sanitäranlagen, Beseitigung von Türschwellen wegen Rollstuhl)

Für den korrekten Ablauf einer solchen Maßnahme sollte unbedingt ein Vertrag zwischen Mieter und Vermieter geschlossen werden, der folgende Punkte regelt:

- Welche bauliche Maßnahme soll im Einzelnen durchgeführt werden
- Zustimmung des Vermieters zu dieser Maßnahme
- gegebenenfalls Gegenleistung des Vermieters für Werterhöhung seines Eigentums
- Abschluss einer Haftpflichtversicherung durch den Mieter für etwaige Schäden, die beim Umbau entstehen.

Prämien nach dem Wohnungsbau-Prämiengesetz erhält nur derjenige, dessen Einkommen eine bestimmte Grenze nicht überschreitet. Diese liegt bei 25.600 Euro, für Ehepaare bei 51.200 Euro. Maßgeblich ist dabei das zu versteuernde Einkommen im Sinne des Einkommenssteuergesetzes.

Siehe / Siehe auch: Barrierefreiheit, Behindertengerechte Umbauten

Mieterprivatisierung

privatisation of residential property

Mieterprivatisierung ist der Begriff für eine umfassende, systematische Umwandlung von Miet- in

Eigentumswohnungen zum Zwecke der Veräußerung. Ziel ist es, die Wohnungen in der Mieterschaft, die ein gesetzliches Vorkaufsrecht und einen erweiterten Kündigungsschutz besitzen, zu verkaufen. Für die vorkaufsberechtigten Mieter bietet sich dabei die Möglichkeit, die oft langjährig genutzte Wohnung als Eigentum zu erwerben. Vor der Ausübung des Vorkaufsrechtes sollte jedoch eine seriöse Berechnung der tatsächlichen Kostenbelastung stehen, bei der auch Kaufnebenkosten (Grunderwerbssteuer, Grundbucheintragung, Notar) und mögliche fällige Renovierungen an Wohnung und Haus nicht vernachlässigt werden. Kommt ein Verkauf an Mieter nicht zustande, werden die Wohnungen üblicherweise an Dritte zur Eigennutzung (bei Leerstand) oder als Kapitalanlage verkauft.
Siehe / Siehe auch: Beendigung eines Mietverhältnisses, Gentrifizierung, Umwandlung

Mieterselbstauskunft
tenant's self-disclosure

Es liegt im Interesse des Vermieters, möglichst viel über seinen zukünftigen Mieter zu erfahren. Über die Frage, wie weit man dabei gehen darf, entsteht regelmäßig Streit. Empfehlenswert ist es, den Mietinteressenten eine Selbstauskunft in Formularform ausfüllen zu lassen. Dies hat nichts mit der Selbstauskunft bei der Schufa zu tun – diese kann der Mieter selbst über seine bei der Schufa gespeicherten Kreditwürdigkeitsdaten einholen. Übliche und zulässige Fragen bei der Selbstauskunft sind:

- Name und bisherige Adresse
- Geburtsdatum und Ort
- ausgeübter Beruf
- Netto-Monatseinkommen
- Anschrift des Arbeitgebers
- Seit wann dort beschäftigt
- Eidesstattliche Versicherung / Offenbarungseid abgegeben?
- Läuft eine Lohnpfändung oder ein Mietforderungsverfahren?
- Anzahl der zum Haushalt gehörenden Personen
- Anzahl der Kinder
- Werden Haustiere gehalten (welche)

Das Selbstauskunftsformular kann am heimischen PC erstellt oder auch an geeigneter Stelle aus dem Internet heruntergeladen werden. Es sollte vom Mietinteressenten unterschrieben werden. Vor der Unterschrift sollte die Zusicherung eingefügt werden, dass die Angaben wahrheitsgemäß sind und dass bei Falschangaben eine fristlose Kündigung des Mietvertrages erfolgen kann.

Von selbst muss der Mieter Auskunft geben:

- wenn er die Miete nur durch Zahlungen des Sozialamtes aufbringen kann
- wenn er eine eidesstattliche Versicherung abgegeben hat.

Gibt der Mieter zu diesen Themen eine falsche Auskunft, berechtigt dies den Vermieter allerdings nicht immer zur Kündigung des Mietvertrages. Die Gerichte berücksichtigen dabei, ob sich die Falschauskunft tatsächlich auf das Mietverhältnis ausgewirkt hat. So entschied das Landgericht Wiesbaden zugunsten eines Mieters, der in der Selbstauskunft fälschlicherweise angegeben hatte, keine eidesstattliche Versicherung abgegeben zu haben. Da der Mieter unabhängig von seinem länger zurückliegenden Offenbarungseid nun wieder solvent war und seine Miete von Anfang an termingerecht gezahlt hatte, sah das Gericht keinen Grund zur Anfechtung des Mietvertrages (Az. 2 S 112/03).
Siehe / Siehe auch: Anfechtung des Mietvertrages, Unzulässige Fragen

Mietervereine
tenants' associations

Mietervereine sind Interessenvertretung der Mieter und ein Pendant zu den Haus- und Grundbesitzervereinen. Die örtlichen Mietervereine wirken bei der Erstellung des Mietspiegels mit und erteilen Mitgliedern Rechtsberatung in allen Mietangelegenheiten. Die Dachorganisation der Mietervereine ist der Deutsche Mieterbund e.V. in Berlin, in dem im Rahmen von 15 Landesverbänden etwa 330 örtliche Mietervereine organisiert sind. Die Mieterorganisation beschäftigt etwa 1.300 hauptamtliche Mitarbeiter.Homepage: www.mieterbund.de

Mieterwohnung
rented flat

Siehe / Siehe auch: Eigentümerwohnung / Mieterwohnung

Mieterzeitung
tenants' magazine

Mieterzeitungen sind ein ideales Kommunikationsinstrument zwischen Wohnungsunternehmen bzw. Verwaltern und Mietern. Wichtig dabei ist, dass Informationen kommuniziert werden, die die Informationsinteressen der Mieter allgemein befriedigen. Darüber hinaus handelt es sich um ein Medium, mit dem besondere Maßnahmen (Modernisierung, Instandsetzungsmaßnahmen) aber auch Ereignisse (Mieterfest) angekündigt und Serviceangebote z.B. Essen auf Rädern dargestellt werden können. Mieterzeitungen erzeugen eine zusätzliche Bindungswirkung der Mieter an „ihr" Haus.

Mietfactoring

rent factoring

Unter einem Factoring versteht man den Aufkauf einer Forderung, die dann vom Käufer (dem sogenannten Factor) gegenüber dem Schuldner (Debitor) geltend gemacht werden kann. Als Gegenleistung für die Abtretung der Forderung entrichtet der Käufer an den ursprünglichen Gläubiger und Factoring-Kunden den Kaufpreis für die Forderung. Dieser entspricht in der Regel dem Betrag der Forderung abzüglich eines Diskonts für den Factor. Auch im Vermietungsbereich gibt es dieses Konzept. Beim Mietfactoring verkauft der Vermieter seine Mietforderungen aus einem Mietvertrag an einen Dritten. Dieser treibt die Miete dann vom Mieter ein.

Beim Mietfactoring tritt der Vermieter rückständige Mietforderungen an eine Factoringgesellschaft ab. Diese zahlt – teils rückwirkend nach Ablauf einer 90-tägigen Frist – Miete und Nebenkosten an den Vermieter. Bis zum Ende des Mietverhältnisses erhält er dann jeden Monat von der Gesellschaft die mietvertraglich vereinbarten Beträge für Miete und Nebenkosten. Die Mietforderung für den Zeitpunkt des Zahlungsausfalls geht auf die Factoringgesellschaft über. Mietfactoringgesellschaften werben damit, dass sie auch die Kosten für gerichtliche Schritte gegen den Mieter bis hin zu den kompletten Kosten des Räumungsverfahrens und der Reparatur von Schäden an der Wohnung übernehmen – nach ihren Angaben im Internet durchschnittlich ca. 10.000 – 15.000 Euro pro Wohnung. Vertriebsargumente sind die steigende Zahl von Mietnomaden und der desolate Zustand, in dem diese meist die Wohnung hinterlassen. Für den Vermieter stellt sich nun die Frage, wie sich der Ankauf einer Forderung von einigen Monatsmieten gegen einen möglicherweise insolventen Mieter für die Factoringgesellschaft derart lohnen kann, dass sich eine Investition von etwa 15.000 Euro auszahlt. Die Antwort findet sich in den Allgemeinen Geschäftsbedingungen von Mietfactoringgesellschaften. So werden grundsätzlich keine Forderungen akzeptiert, die sich gegen zahlungsunfähige Mieter richten. Ob Zahlungsunfähigkeit vorliegt, wird mit Hilfe von Bonitätsauskünften recherchiert, die der Vermieter zu bezahlen hat. Mietforderungen werden nur dann erworben, wenn diesen keine Einreden etwa wegen Wohnungsmängeln entgegenstehen. Der Factor geht hier also gar kein echtes Risiko ein. Die Verträge enthalten oft weitere Fallstricke für Vermieter. So sollen diese etwa bei Zahlungsausfall selbst den Mieter mahnen und dies gegenüber der Factoringgesellschaft nachweisen. Werden im Zeitraum der Forderungsabtretung vom Mieter Mängel geltend gemacht, zahlt die Gesellschaft für Mietausfälle teils erst dann, wenn gerichtlich festgestellt wurde, dass der Mieter im Unrecht ist. Verklagen kann den Mieter nur die Factoringgesellschaft. Gewinnt der Mieter den Prozess wegen tatsächlicher Wohnungsmängel, kann sich die Gesellschaft meist aus dem Factoringvertrag zurückziehen und der Vermieter wird mit den Prozesskosten belastet. Bezahlt werden müssen in der Regel Vertragsabschlussgebühren, Gebühren für die Bonitätsprüfung und sechs bis sieben Prozent der Monatsmiete (warm) als laufende Factoringgebühr. Enthält ein Factoringvertrag die oben beschriebenen Regelungen, ist er für den Vermieter in erster Linie teuer und stellt keinesfalls das angepriesene „Rundum-Sorglos-Paket" dar. Es mag auch Anbieter geben, die anders verfahren. In jedem Fall ist eine genaue Prüfung der Verträge sowie der Firma bzw. Identität des Anbieters zu empfehlen.

Als wenig seriös können Anbieter beurteilt werden, die noch nicht einmal die Impressumpflicht (Anbieterkennung) für Internetseiten korrekt erfüllen und ihre Firmendaten mit Gesellschaftsform, Namen des Geschäftsführers, Handelsregisternummer etc. nicht nennen. Eine herkömmliche Mietausfallversicherung, wie sie bei Versicherungen und über Eigentümerverbände abgeschlossen werden kann, stellt eine realistischere Absicherung gegen Mietausfälle dar.

Siehe / Siehe auch: Mietausfallversicherung

Mietflächen für Büroräume

rentable square footage for offices

Es handelt sich um eine von der Gesellschaft für immobilienwirtschaftliche Forschung (gif) in Zusammenarbeit mit dem Deutschen Institut für Normung entwickelte Richtlinie zur Berechnung von Mietflächen für Büroräume. Im Wesentlichen wurde unterschieden zwischen der Haupt- und Nebennutzfläche einerseits und den Verkehrsflächen andererseits. Die MF-B ist im November 2004 in der Richtlinie über Mietflächen für den in Gewerberaum (MF-G) aufgegangen.

Siehe / Siehe auch: Flächendefinitionen nach MF-G (Mietfläche für den gewerblichen Raum)

Mietflächen für Handelsräume

rentable square footage for commercial premises

Es handelt sich um eine von der Gesellschaft für immobilienwirtschaftliche Forschung (gif) in Zusammenarbeit mit dem Deutschen Institut für Normung entwickelte Richtlinie zur Berechnung von Mietflächen für Handelsräume. Im Wesentlichen wurde unterschieden zwischen Haupt- und Nebennutzflächen, Funktionsflächen, Verkehrsflächen und Luftgeschossflächen. Die MF-H ist im November 2004 in der Richtlinie über Mietflächen für den in Gewerberaum (MF-G) aufgegangen.
Siehe / Siehe auch: Flächendefinitionen nach MF-G (Mietfläche für den gewerblichen Raum)

Mietgarantie
rental/rent guarantee

Es gibt zwei Formen der Mietgarantie, nämlich die Erstvermietungsgarantie und die Mietausfallgarantie. Durch die Erstvermietungsgarantie soll erreicht werden, dass die von einem Investor oder Anleger zu erwerbende Immobilie bzw. der Immobilienfondsanteil zum Zeitpunkt der Fertigstellung zu den in der Garantie genannten Konditionen voll vermietet ist. Solche Garantien sind vor allem bei Projekten geschlossener Immobilienfonds üblich. Mit Mietausfallgarantien werden die Mietausfallrisiken während einer bestimmten Mietvertragslaufzeit abgesichert. Die Mietausfallgarantie tritt ein, wenn Mieter zahlungsunfähig werden. Entscheidend für den Wert der Garantie ist die Bonität des Garanten. Vorsicht ist geboten, wenn vom Initiator von Immobilienanlagen zum Zweck der Garantenstellung eine eigene GmbH mit niedrigem Stammkapital gegründet wird und keine Rückgriffsrechte auf den Anbieter der Immobilie oder des Fondsanteils bestehen.

Miethöhegesetz (MHG)
German Rent Act

Das Miethöhegesetz (MHG) regelte bis August 2001 Miet- und Betriebskostenerhöhungen in Mietwohnungen des frei finanzierten Wohnungsbaus. Es wurde mit Wirkung zum 01.09.2001 aufgehoben; die Vorschriften wurden in das Bürgerliche Gesetzbuch übernommen. Regelungen zur Mieterhöhung finden sich heute in § 557 bis § 561 BGB.
Siehe / Siehe auch: Mieterhöhung, Mieterhöhung bei Modernisierung, Mieterhöhung zur ortsüblichen Vergleichsmiete, Mieterhöhung bei Sozialwohnung, Mietspiegel, Mietpreis-Datenbank, Sonderkündigungsrecht bei Mieterhöhung

Mietkauf
hire purchase; installment purchase

Beim Mietkauf handelt es sich um eine vertragliche Vereinbarung mit dem Vermieter, die dem Mieter das Recht einräumt, das gemietete Objekt zu erwerben unter Anrechnung eines Teils der gezahlten Miete auf den im Mietvertrag bestimmten Kaufpreis innerhalb oder nach Ablauf einer bestimmten Zeit. Solche Mietkaufverträge bedürfen zu ihrer Wirksamkeit der notariellen Beurkundungsform. Das Ankaufsrecht wird durch eine Auflassungsvormerkung im Grundbuch abgesichert. Sofern der Mieter zum Ankauf verpflichtet werden soll, handelt es sich nicht mehr um einen Mietvertrag sondern um einen Grundstückskaufvertrag. In solchen Fällen geht das Eigentum auf den Käufer erst über, wenn die letzte Rate bezahlt ist. Der Verkäufer übernimmt die Finanzierung, der Käufer im Rahmen der „Mietrate“ deren Verzinsung und Tilgung sowie die Bewirtschaftungskosten. Da nicht alle Angebote seriös sind, sollten sie sorgfältig geprüft werden.

Mietkaution
rent deposit; deposit

Bei der Mietkaution handelt es sich um eine Sicherheitsleistung, die der Vermieter vom Mieter zu Beginn des Mietverhältnisses verlangen kann. Die Kaution ist sowohl im freifinanzierten als auch im öffentlich geförderten Wohnungsbau (hier aber nicht als Absicherung gegen Mietausfall) zulässig. Sie darf höchstens drei Monatsmieten (Grundmiete ohne Betriebskosten) betragen. Eine Klausel im Mietvertrag, nach der der Mieter zusätzlich zur Kaution von drei Monaten noch eine Mietbürgschaft (etwa von seinen Eltern) vorlegen muss, ist nach dem Bundesgerichtshof unwirksam (Az. VIII ZR 243/03, Urteil vom 30.06.2004). Die Kaution kann vom Mieter in drei gleichen Monatsraten geleistet werden. Der erste Teilbetrag wird zu Beginn des Mietverhältnisses fällig. Bei der Verwaltung der Kaution muss der Vermieter bestimmte Regeln beachten. Sie ist, wenn diese Anlageform gewählt wird, auf einem gesonderten Konto, für das die üblichen Sparzinsen für Guthaben mit dreimonatiger Kündigungsfrist anfallen, anzulegen. In jedem Fall muss die Kaution getrennt vom übrigen Vermögen des Vermieters angelegt werden, um vor dem Insolvenzrisiko geschützt zu sein. Die Guthabenzinsen für die Kaution unterliegen der Zinsabschlagsteuer. Den Kautionsbetrag einschließlich der Zinsen erhält der Mieter bei seinem Auszug zurück, vorausgesetzt, er hat alle Verpflichtungen aus dem Mietverhältnis erfüllt. Die Mietvertragsparteien können nach den ab 01.09.2001 geltenden Vor-

schriften jedoch auch eine andere ertragbringende Anlageform für die Mietkaution wählen. Als Form der Mietsicherheit kommt auch die Bankbürgschaft in Betracht, die aber nur dann sinnvoll ist, wenn es sich um eine selbstschuldnerische Bankbürgschaft handelt. Im gewerblichen Immobilienbereich gibt es keine Beschränkungen hinsichtlich der Mietkaution. Bei Filialunternehmen wird an Stelle von Kaution oder Bankbürgschaft oft auch eine „Patronatserklärung" von der Konzernmutter abgegeben, die die Wirkung einer Bürgschaft entfaltet.
Der Mieter hat nicht das Recht, die Kaution gegen Ende seines Mietverhältnisses „abzuwohnen" oder damit gegen Mietforderungen aufzurechnen. Wann die Kaution spätestens zurückgezahlt werden muss, ist bei den Gerichten umstritten. Dem Vermieter wird hier eine „Überlegungsfrist" eingeräumt. Diese ist dem Bundesgerichtshof zufolge einzelfallabhängig. Während manche Gerichte zwei bis drei Monate als angemessen ansehen, geht der BGH von einer bis zu sechsmonatigen Frist aus, die im Einzelfall überschritten werden kann. Dies gilt allerdings nur, wenn tatsächlich noch Forderungen aus dem Mietverhältnis offen sind, deren Höhe unklar ist. Zu den durch die Kaution abgesicherten Ansprüchen des Vermieters zählen auch Betriebskosten-Nachzahlungen. Daher darf der Vermieter nach Ende des Mietverhältnisses die Kaution beziehungsweise einen angemessenen Teil davon bei noch ausstehender Betriebskostenabrechnung bis zum Ablauf der ihm zustehenden Abrechnungsfrist einbehalten, wenn eine Nachforderung zu erwarten ist (BGH, Az. VIII ZR 71/05, Urteil vom 18.01.2006). Es kann jedoch unzulässig sein, wegen einer absehbar nur geringen Betriebskosten-Nachzahlung die gesamte Kaution von drei Monatsmieten zurückzuhalten. Hier ist es empfehlenswert, nur einen der voraussichtlichen Nachzahlung entsprechenden Teil der Kaution zunächst einzubehalten.
Wird das Mietobjekt während des laufenden Mietverhältnisses verkauft, tritt der neue Eigentümer gegenüber dem Mieter in alle Rechte und Pflichten aus dem Mietvertrag ein. Dies gilt nach § 566a BGB auch für die Kaution. Die Vorschrift bestimmt jedoch auch, dass der frühere Vermieter trotz Verkauf zur Rückzahlung der Kaution verpflichtet bleibt, wenn der Mieter bei Ende des Mietvertrages die Kaution nicht vom neuen Eigentümer zurückerlangen kann (z.B. aufgrund Zahlungsunfähigkeit). Wird das Mietobjekt nach Ende des Mietverhältnisses und Auszug des Mieters verkauft, tritt der neue Eigentümer nicht in die Rechte und Pflichten aus dem früheren Mietvertrag ein. Das bedeutet: Der bisherige Vermieter muss mit dem früheren Mieter über die Betriebskosten abrechnen und ihm – gegebenenfalls nach Abzug einer Betriebskosten-Nachzahlung – die Kaution zurückzahlen (BGH, Az. VIII ZR 219/06, Urteil vom 04.04.2007).
Siehe / Siehe auch: Kaution per Wertpapier, Insolvenz des Vermieters

Mietminderung
rent reduction

Der Vermieter ist verpflichtet, dem Mieter die Mieträume in einem zum vertragsgemäßen Gebrauch geeigneten Zustand zu überlassen und sie während der gesamten Mietzeit in diesem Zustand zu erhalten. Wenn den Mieträumen eine zugesicherte Eigenschaft fehlt oder sie mit einem Mangel – auch Rechtsmangel – behaftet sind, ist der Mieter für die Zeit, während der die Gebrauchstauglichkeit der Räume durch den Mangel ganz aufgehoben ist, von der Entrichtung der Miete völlig befreit. Für die Zeit, während der die Tauglichkeit lediglich eingeschränkt ist, ist er zur Entrichtung einer entsprechend der Beeinträchtigung geminderten (gekürzten) Miete berechtigt. Rechtsmangel bedeutet, dass jemand anders seine Rechte an der Wohnung geltend macht – z. B. wenn die Wohnung doppelt vermietet wurde und ein anderer Mieter schneller einzieht und sich auf seinen Mietvertrag beruft.
Eine nur unerhebliche Minderung der Tauglichkeit führt zu keinen Minderungsansprüchen des Mieters. Die Höhe der Mietminderung ist im Streitfall vom Richter zu bemessen und hängt insbesondere von der Schwere des Mangels und dem Grad und der Dauer der Minderung der Tauglichkeit zum vertragsgemäßen Gebrauch ab, wobei eine Gesamtschau anzustellen ist. Dabei kann und hat sich der Richter gegebenenfalls der Hilfe eines Sachverständigen zu bedienen, um Art und Umfang der streitigen Mängel festzustellen. Es muss betont werden, dass die Höhe der Mietminderung für ein und denselben Mangel bei verschiedenen Gerichten durchaus unterschiedlich beurteilt werden kann. Die bekannten Mietminderungstabellen haben daher nur begrenzte Aussagekraft. Der Zeitraum, in dem der Mangel bestand, ist bei der Berechnung der Minderung immer zu berücksichtigen. Beispiel: Es wurden lärmintensive Bauarbeiten ausgeführt, weswegen ein Minderungsanspruch von 20 Prozent im Monat bestehen würde. Die Arbeiten dauerten jedoch nur den halben Monat. Der Mieter kann daher in diesem Monat zehn Prozent Minderung geltend machen. Der Mieter kann keine Mietminderung geltend machen, wenn er bei Vertragsschluss

den Wohnungsmangel bereits gekannt hat – es sei denn, er behält sich eine Mietminderung wegen dieses Mangels ausdrücklich vor. Am 6.4.2005 hat der Bundesgerichtshof (Az. XII ZR 225/03) entschieden, dass die Mietminderung immer auf Grundlage der Bruttomiete berechnet wird (also der Miete einschließlich der Nebenkosten). Dies gilt bei der Nebenkostenvorauszahlung wie auch bei einer Nebenkostenpauschale. Für die Zulässigkeit einer Mietminderung kommt es allein darauf an, ob die Nutzungsmöglichkeit der Wohnung im betreffenden Zeitraum tatsächlich eingeschränkt war. Nicht von Belang ist also

- ob der Vermieter den Mangel verschuldet hat
- ob der Mieter im betreffenden Zeitraum die Wohnung wirklich genutzt hat (Urlaub, Krankenhausaufenthalt)
- ob der Mangel der Wohnung auf einer Maßnahme des Vermieters beruht, die der Mieter zu dulden hatte (z. B. Baumaßnahmen aufgrund behördlicher Anordnung).

Hat der Mieter einen Mangel der Wohnung mitverschuldet, kann er nur eine verringerte Minderung geltend machen. Hat er ihn allein verschuldet, scheidet eine Mietminderung aus. Mieter dürfen die Minderung nicht zu hoch ansetzen – sonst droht die fristlose Kündigung wegen Zahlungsverzuges. Das Landgericht Berlin bestätigte die Wirksamkeit einer solchen Kündigung in einem Fall, bei dem eine Mieterin wegen diverser Mängel ihre Miete um 37 Prozent gemindert hatte. Das Gericht wertete die Minderung in Anbetracht der Mängel als nicht angemessen, wodurch ein ungerechtfertigter Zahlungsverzug in Höhe von mehr als zwei Monatsmieten zustande kam (Az. 65 S 35/05).

Der Mieter muss während der Mietzeit auftretende Mängel am Mietobjekt unverzüglich dem Vermieter mitteilen. Unterlässt er diese Mängelanzeige und kann der Vermieter deshalb keine Abhilfe schaffen, hat der Mieter auch kein Recht auf Mietminderung. § 536 Abs. 4 BGB erklärt mietvertragliche Vereinbarungen, die das Recht des Mieters auf Mietminderung aufheben, für unwirksam. Der Bundesgerichtshof hat entschieden, dass Ansprüche aus Mängeln der Mietwohnung während der Laufzeit des Mietvertrages nicht verjähren. Das bedeutet: Zahlt der Mieter nach Auftreten des Mangels zunächst die Miete in voller Höhe weiter und besteht nicht auf Beseitigung des Problems, verliert er seinen Anspruch auf Beseitigung des Mangels bzw. Mietminderung nicht. Im BGH-Fall war ein Dachgeschoss zur Wohnung ausgebaut worden. Die Mieterin der darunter liegenden Wohnung hatte schnell festgestellt, dass die Trittschalldämmung mangelhaft war und forderte Abhilfe vom Vermieter. Da jedoch besonders leise Mieter über ihr einzogen, unternahm sie nichts weiter. Jahre später zog ein lauterer Mieter ein. Nun kam sie auf ihre ursprüngliche Forderung zurück. Der BGH räumte der Mieterin das Recht auf Mängelbeseitigung ein und betonte, dass der Vermieter die Wohnung während der gesamten Dauer des Mietverhältnisses mängelfrei und gebrauchsfertig halten müsse. Solange der Mangel bestehe, laufe keine Verjährungsfrist. Auch das Recht auf Mietminderung besteht demnach weiter, solange der Mangel vorhanden ist (BGH, Urteil vom 17.2.2010, Az. VIII ZR 104/09).

Siehe / Siehe auch: Mängelanzeige durch Mieter, Mietausfall durch Baulärm, Rechtsmangel (Mietverhältnis), Sachmangel (im Mietrecht)

Mietnomaden

nomad tenants (who move in, planning to live „for free" and then disappear, leaving damages and waste behind them, to repeat the procedure in another flat)

Unter Mietnomaden versteht man umgangssprachlich Personen, die Mietverträge von Anfang an in der Absicht abschließen, keine oder allenfalls die erste Miete zu bezahlen, einige Zeit „umsonst" zu wohnen und sich schließlich „aus dem Staub" zu machen, um den Vorgang in einer neuen Wohnung zu wiederholen. Der Vermieter findet dann oft nur noch eine leere Wohnung vor – im schlechtesten Fall auch zurückgelassenen Müll oder Schäden. Das „Mietnomadentum" wurde in Presse- und TV-Berichten oft beschrieben, kommt jedoch tatsächlich nicht so häufig vor, wie es nach der Berichterstattung der Fall zu sein scheint.

Das Verhalten von Mietnomaden kann einen strafbaren Betrug nach § 263 StGB darstellen. So entschied zumindest das Amtsgericht Berlin-Tiergarten. Eine Mieterin hatte in dem Wissen, dass sie keine Miete zahlen konnte, eine Wohnung gemietet. Sie hatte in der Selbstauskunft bei der Frage nach Mietschulden aus früheren Mietverhältnissen gelogen. Als sie nicht zahlte und ihre Lüge aufgedeckt wurde, erhob der Vermieter Räumungsklage und stellte Strafanzeige.

Die Frau wurde zu sechs Monaten Haft auf Bewährung verurteilt (Urteil vom 22.06.2005, Az.: (260 Ds) 61 Js 1479/05 (326/05)).

Siehe / Siehe auch: Beendigung eines Mietverhältnisses, Räumungsfrist, Räumung (Mietwohnung)

Mietoption

lease option

Die Mietoption ist das einem Vertragspartner – meist dem Mieter – eingeräumte Recht, durch einseitige Erklärung einen Mietvertrag zustande kommen zu lassen. Die Erklärung muss innerhalb einer bestimmten Frist erfolgen. Der andere Vertragspartner ist von Anfang an vertraglich gebunden und kann auf das Zustandekommen des Vertrages keinen Einfluss mehr nehmen. Wenn der Berechtigte seine Option nicht ausübt, wird der Mietvertrag unwirksam bzw. kommt nicht zustande. Eine Vereinbarung über eine Mietoption bedarf keiner bestimmten Form – nur dann, wenn die Mietdauer über einem Jahr liegen soll. In diesem Fall muss die Option schriftlich vereinbart werden. Dies gilt auch, wenn dadurch das Recht entsteht, durch einseitige Erklärung den Mietvertrag über ein Jahr hinaus zu verlängern. In der Praxis werden Mietoptionsvereinbarungen meist zur Verlängerung von Verträgen genutzt.

Siehe / Siehe auch: Anmietrecht, Mietvorvertrag, Vormietrecht

Mietpool, Risiken

pooling, risks

Mietpoolverträge sind in Verruf geraten, da sie teilweise erhebliche Risiken für die Eigentümer und Vermieter der Mietwohnungen mit sich bringen. So werden sie oft im Rahmen komplizierter Steuersparmodelle verwendet, bei denen ohne Eigenkapital Eigentumswohnungen erworben und vermietet werden. Zu Lasten des Mietpools gehen meist auch z. B. Reparatur- und Instandhaltungskosten, Instandhaltungsrücklagen und Verwaltungsgebühren. Diese Kosten können die ausgeschütteten Beträge erheblich reduzieren. Teilweise werden vom Eigentümer dann Nachschusszahlungen gefordert, die im Anlagemodell nicht einkalkuliert und bei der laufenden finanziellen Belastung nicht berücksichtigt sind. In manchem Fall hat der Vertrieb durch zwischengeschaltete Vermittler stattgefunden, die schnell selbst in Insolvenz gerieten. Die finanzierenden Banken sind bei vielen Anlagekonzepten nur Vertragspartner des Darlehensvertrages und damit kaum erfolgversprechende Klagegegner bei Mängeln der Immobilie oder Scheitern des Mietpoolvertrages. Weitere häufige Kritikpunkte derartiger Anlagemodelle sind:

- Für den Kunden unsichtbare Innenprovisionen des Vertriebs in erheblicher Höhe
- zu hoch angesetzter Wert der Immobilie
- Unvermietbarkeit wegen schlechtem Zustand/schlechter Lage
- geringer Einfluss des Eigentümers auf Verwaltung/Vermietung
- Mietpoolausschüttung zu Anfang absichtlich zu hoch angesetzt, um Kunden zu werben.

Der Bundesgerichtshof hat in jüngerer Zeit mehrere Urteile zum Mietpool gefällt:

- Urteil vom 14.01.2005 (Az. V ZR 260/03): Wenn der Käufer auf Empfehlung des beratenden Vertriebsmitarbeiters einen Mietpool-Vertrag abschließt, durch den die am Mietpool Beteiligten die gemeinsame Verwaltung und Instandhaltung des jeweiligen Sondereigentums übernehmen, muss der Beratende bei der Berechnung des Eigenaufwands auch das damit verbundene Kostenrisiko, etwa in Form einer angemessenen Instandhaltungsrücklage, berücksichtigen. Er verletzt seine Beratungspflichten, wenn er ein unzutreffendes, zu positives Bild der Ertragserwartung der Immobilie gibt.
- Urteil vom 13.10.2006 (Az. V ZR 66/06): Schließt der Käufer einer Eigentumswohnung auf Empfehlung des ihn beratenden Verkäufers einen Mietpoolvertrag ab, muss der Verkäufer bei der Berechnung des Eigenaufwandes des Käufers auch das Risiko der Vermietung fremder Wohnungen berücksichtigen. Dies kann durch Abschläge bei den Einnahmen oder Zuschläge bei den monatlichen Belastungen erfolgen.

In beiden Urteilen wurde das stillschweigende Zustandekommen eines Beratungsvertrages bejaht. Dafür genügt es nach dem BGH, dass sich als Ergebnis eines die Vorteile des Erwerbs hervorhebenden Verkaufsgesprächs eine Empfehlung zum Vertragsabschluss feststellen lässt (Az. V ZR 260/03). Mit einem Beratungsvertrag sind Aufklärungspflichten verbunden, die hier verletzt wurden.

- Urteil vom 18.03.2008 (Az. XI ZR 246/06): In diesem Urteil hat der BGH genauere Kriterien zu den Aufklärungspflichten der finanzierenden Bank entwickelt. Diese gelten insbesondere bei Bauherren- und Erwerbermodellen, bei denen die Darlehensvergabe vom Beitritt in einen Mietpool abhängig gemacht wird. Die Bank kann nach dem BGH „Aufklärungspflichten wegen eines durch sie bewusst geschaffenen oder begünstigten besonderen Gefährdungstatbestands bei Hinzutreten spezifischer Risiken des konkreten Mietpools treffen". Im konkreten Fall wurde eine solche Aufklärungspflicht aber gerade nicht angenommen, da durch die Pflicht zum Beitritt in den Mietpool eben nicht bewusst ein besonderer Gefährdungstatbestand geschaffen worden sei. Im Prinzip kann das Urteil so ausgelegt werden, dass die Bank nur in besonderen Ausnahmefällen eine Aufklärungspflicht über den Mietpool hat und dass sich der Verbraucher selbst rechtzeitig informieren muss.

Nicht jeder Mietpool-Vertrag ist unseriös. Es empfiehlt sich jedoch bei solchen Konstruktionen eine besonders sorgfältige Prüfung, welche unbedingt eine persönliche Besichtigung der zu erwerbenden Immobilie einschließen muss.

Siehe / Siehe auch: Mietpool-Vertrag

Mietpool-Vertrag

pooling agreement

Ein Mietpoolvertrag wird von allen Wohnungseigentümern einer Wohnanlage mit dem Ziel abgeschlossen, das Mietausfallrisiko zu minimieren. Grundkonzept ist, dass alle Mieteinnahmen in einen gemeinsamen „Topf" fließen. Die Vermieter erhalten dann nach einem bestimmten Verteilungsschlüssel – z. B. Quadratmeter der Wohnungen, Eigentumsanteile – ihre Anteile am Mietertrag. Stehen einzelne Wohnungen leer, trägt nicht mehr der einzelne Eigentümer, sondern die Gemeinschaft, der „Mietpool" das Risiko und der insgesamt zu verteilende Betrag verringert sich entsprechend.

Es sind unterschiedliche Ausgestaltungen möglich. Der Mietpoolvertrag kann als Teil eines Finanzierungskonzeptes zwischen den Eigentümern geschlossen werden. Die Verwaltung des Objektes einschließlich des Mietpools wird darin einem entsprechenden Verwaltungsbetrieb übertragen, bei dem es sich oft um eine Tochterfirma anderer an Verkauf oder Vermittlung der Immobilie beteiligter Firmen handelt. Manche Mietpools sind in Form einer eigenen Gesellschaft organisiert, der die Eigentümer als Gesellschafter beitreten. In diesem Fall handelt es sich beim Mietpoolvertrag gleichzeitig um den Gesellschaftsvertrag.

Siehe / Siehe auch: Mietpool, Risiken

Mietpreis-Datenbank

rental database

Die Verwendung von Vergleichsdaten aus einer Mietpreis-Datenbank ist einer der gesetzlich vorgesehenen Gründe, mit deren Hilfe nach § 558a BGB eine Mieterhöhung zur ortsüblichen Vergleichsmiete begründet werden kann. Nach § 558e BGB ist eine Mietdatenbank eine zur Ermittlung der ortsüblichen Vergleichsmiete fortlaufend geführte Sammlung von Mieten, die von der Gemeinde oder von Interessenvertretern der Vermieter und der Mieter gemeinsam geführt oder anerkannt wird und aus der Auskünfte gegeben werden, die für einzelne Wohnungen einen Schluss auf die ortsübliche Vergleichsmiete zulassen. Mietpreis-Datenbanken müssen laufend aktualisiert werden. Sie sind sehr aufwändig zu pflegen und daher eher selten.

Siehe / Siehe auch: Mieterhöhung, Vergleichsmiete, ortsübliche (Wohnungsmiete)

Mietpreisbindung

control of rent; rent control

Eine Mietpreisbindung ist vorgeschrieben in allen Fällen, in denen Mietwohnungen mit öffentlichen Mitteln gefördert wurden. Verlangt werden darf nur die „Bewilligungsmiete". Liegt die nach der II. Berechnungsverordnung ermittelte Kostenmiete über der Bewilligungsmiete, muss der Investor (in der Regel ein Wohnungsunternehmen) bei den kalkulatorischen Aufwendungen (z. B. Eigenkapitalverzinsung) „Aufwendungsverzichte" hinnehmen. Für Wohnraum, der nach dem 1.1.2002 (in einigen Bundesländern nach dem 1.1.2003) gefördert wurde bzw. wird, gelten die Vorschriften des Wohnraumförderungsgesetzes. Auch hier ist die Folge der Förderung eine Mietpreisbindung. Sie stellt aber nicht auf die Kostenmiete, sondern auf eine zu vereinbarende Miete ab, die stets unter der ortsüblichen Vergleichsmiete angesiedelt ist.

Siehe / Siehe auch: Kostenmiete, Wirtschaftsstrafgesetz

Mietpreisüberhöhung

exorbitant rent increase; excessive rent increase

Mietpreisüberhöhung ist ein Begriff aus dem Wirtschaftsstrafgesetz. Nach § 5 WiStG handelt ein Vermieter ordnungswidrig, der unter Nutzung eines geringen Angebots vorsätzlich oder leichtfertig für die Vermietung von Räumen oder damit zusammenhängende Nebenleistungen unangemessen hohe Entgelte verlangt. Man kann davon ausgehen, dass ein geringes Angebot dann nicht vorliegt, wenn die Leerstandrate bei den vergleichbaren Wohnungen mehr als zwei Prozent beträgt. Der Verstoß gegen § 5 WiStG ist eine Ordnungswidrigkeit die mit einem Bußgeld bis zu 50.000 Euro geahndet werden kann. Unangemessen hoch ist die Miete, wenn sie die ortsübliche Miete vergleichbarer Wohnungen (Vergleichsmiete) um mehr als 20 Prozent übersteigt. Die Vergleichsmiete kann z.B. durch einen Mietspiegel ermittelt werden. Bei Beurteilung der Vergleichbarkeit der Wohnungen sind folgende Merkmale zu berücksichtigen: Lage, Art, Größe, Ausstattung und Beschaffenheit. Auch das Baujahr kann ein wichtiges Vergleichskriterium bilden. Die Mietpreise der Vergleichswohnungen müssen sich in den letzten vier Jahren durch Vermietung oder Mietanpassung gebildet haben. Preisgebundene Wohnungen dürfen dabei nicht berücksichtigt werden. Bei der Frage, ob ein Mangel an vergleichbaren Wohnungen vorliegt, ist immer auf die jeweilige Wohnungsart bzw. den Teilmarkt abzustellen, in dem diese rangiert. Besteht in einem Ballungsgebiet ein Mangel an herkömmlichen Mietwohnungen sowie ein Zweckentfremdungsgebot, bedeutet dies nicht, dass ein Vermieter den Wohnungsmangel ausnutzt, wenn er eine exklusiv ausgestattete Luxuswohnung zu einem überdurchschnittlichen Preis vermietet. In diesem Marktsegment besteht nicht notwendigerweise ebenfalls Wohnungsmangel (BGH, Urteil vom 25.1.2006, Az. VIII ZR 56/04). Sofern die verlangte Miete allerdings nur ausreicht, die laufenden Aufwendungen zu decken, kann die 20 Prozent-Grenze überschritten werden. Nachgewiesen werden kann dies mit Hilfe einer Wirtschaftlichkeitsberechnung. Wird jedoch die 50 Prozent-Grenze überschritten, kann Wucher vorliegen. Wucher ist ein Straftatbestand und setzt die Ausnutzung der Unerfahrenheit, einer Zwangslage, eines Mangel des Urteilsvermögens oder einer erheblichen Willensschwäche des Mieters voraus. Der Bundesgerichtshof hat entschieden, dass bei größeren Städten die Wohnungsknappheit bei vergleichbaren Wohnungen in der gesamten Stadt vorliegen muss, um Mietpreisüberhöhung anzunehmen – und nicht nur in dem Stadtteil, den der Mieter bevorzugt (BGH Az.: VIII ZR 44/04 v. 13.04.2005).

Siehe / Siehe auch: Kostenmiete, Mietpreisbindung, Mietwucher, Wirtschaftsstrafgesetz, Wohnungsmangel, Vergleichsmiete, ortsübliche (Wohnungsmiete)

Mietrechtsreform 2001

reform of the German law of tenancy in 2001

Die am 1.9.2001 in Kraft getretenen Mietrechtsreform verfolgte das Ziel, den Mietvertragsparteien mehr Verhandlungsspielraum einzuräumen, das Mietrecht zu vereinfachen und durch Zusammenfassung verstreuter Vorschriften im BGB übersichtlicher, verständlicher und transparenter zu machen. In diesem Zusammenhang wurde das Miethöhegesetz aufgehoben. Dessen Vorschriften sind mit einigen Veränderungen im Wesentlichen in das BGB übernommen worden. Das neue Mietrecht im BGB enthält:

- Allgemeine Vorschriften über Mietverhältnisse (§§ 535-548)
- Mietverhältnisse über Wohnraum unterteilt in Allgemeine Vorschriften (§§ 549-555), Die Miete (§§ 556-561), Pfandrecht der Vermieters (§§ 562-562d), Wechsel der Mietvertragsparteien (§§ 563-567b), Beendigung des Mietverhältnisses (§§ 568-576b), Besonderheiten bei der Bildung von Wohneigentum an vermieteten Wohnungen (§§ 577-577a)
- Mietverhältnisse über andere Sachen (§§ 578-580a)
- Pachtvertrag (§§ 581-584b)
- Landpachtvertrag (§§ 585-597)

Wesentliche Änderungen gegenüber dem früheren Wohnungsmietrecht sind:

- Verkürzung der Kündigungsfrist für Mieter auf 3 Monate und für Vermieter auf 3-9 Monate (je nach Dauer des Mietverhältnisses),
- Vorrangstellung des „qualifizierten Mietspiegels“ als Begründungsmittel für das Mieterhöhungsverlangen,
- Senkung der Kappungsgrenze von 30 Prozent auf 20 Prozent,
- Keine Umlage mehr für erhöhte Kapitalkosten
- Übergang des Mietverhältnisses auf „Lebensgemeinschaftspartner“
- Anspruch behinderter Mieter auf behindertengerechten Umbau der Wohnung mit der Rückbauverpflichtung der Mieters bei Beendigung des Mietverhältnisses
- Streichung des „einfachen Zeitmietvertrages“
- Fälligkeit der Miete am Monatsanfang
- Kündigungsrecht des Vermieters gegenüber dem Erben des allein stehenden Mieters
- Senkung der Anforderungen an die Ankündigung von Wohnungsmodernisierung gegenüber dem Mieter und Ausdehnung des Energieeinsparungstatbestandes im Rahmen der Modernisierung

Ungeregelt bleiben die streitträchtigen Bereiche „Schönheitsreparaturen“ und „Kleinreparaturen“. Das „Gesetz zur Neugliederung, Vereinfachung und Reform des Mietrechts“, (Mietrechtsreformgesetz) wurde im BGBl. T. I, S. 1149 v. 19.06.01 veröffentlicht.

Siehe / Siehe auch: Mieterhöhungsverlangen, Mietspiegel, Kappungsgrenze, Zeitmietvertrag

Mietrückstandsquote

rate / ratio of arrears (of rent)

Die Mietrückstandsquote ist eine wohnungswirtschaftliche Kennzahl. Sie gibt den Anteil der Mietrückstände bezogen auf die Gesamtsumme der Mieteinnahmen in Prozent an.

Siehe / Siehe auch: Leerstandsquote

Mietschuldenfreiheitbescheinigung

proof of rent payment certificate; tenant recommendation letter

Mit der Mietschuldenfreiheitsbescheinigung bestätigt der bisherige Vermieter, dass sein aus dem Vertrag scheidender Mieter keine Mietschulden bei ihm hat. Die Bescheinigung wird dann dem künftigen Vermieter vorgelegt, um die gute Zahlungsmoral des Mietinteressenten zu untermauern. Mietschuldenfreiheitsbescheinigungen werden von verschiedenen Vermietern bereits zur Absicherung verwendet. Ohne ihre Vorlage findet kein Vertragsabschluss statt. Insbesondere wird mit ihnen das Ziel verfolgt, sogenannte Mietnomaden rechtzeitig zu erkennen. Der Bundesgerichtshof hat sich kritisch zur Mietschuldenfreiheitsbescheinigung geäußert. Ihre Abgabe durch den bisherigen Vermieter könne für diesen von Nachteil sein und seine Rechtsposition schwächen, da sie ihm als negatives Schuldanerkenntnis ausgelegt werden könne: Sie enthalte die Aussage, dass sein Mieter ihm keine Miete bzw. Betriebskosten mehr schulde. Falls dann doch noch Ansprüche geltend gemacht werden müssten, werde dies erheblich erschwert. Gerade im vor dem BGH verhandelten Fall zeigte sich, dass die Abgabe einer solchen Bescheinigung noch vor dem Auszug des Mieters aus der bisherigen Wohnung nicht unproblematisch sein kann: Betriebskostennachzahlungen sind noch offen, Betriebskostenabrechnungen noch nicht gestellt, womöglich besteht Streit über die vollständige Rückzahlung der Mietkaution.

Der BGH hat dementsprechend entschieden, dass der bisherige Vermieter nicht zur Ausfertigung einer Mietschuldenfreiheitsbescheinigung verpflichtet sei. Der Mieter habe allerdings Anrecht auf Quittungen für die Mieteingänge. Eine ausführlichere Bescheinigung könne allenfalls gefordert werden, wenn dies im Mietvertrag so vereinbart worden sei oder wenn es ortsüblich wäre – was der BGH im konkreten Fall verneinte (Urteil vom 30.09.2009, Az. VIII ZR 238/08).

Siehe / Siehe auch: Bürgschaft als Mietsicherheit, Mietkaution, Mietnomaden

Mietsicherheit

security for rent (e.g. tenant's deposit); landlord's lien on tenant's chattels

Siehe / Siehe auch: Mietkaution

Mietspiegel

rental table; representative list of rents; residential rent table

Im BGB ist bestimmt, dass Gemeinden einen Mietspiegel erstellen sollen, wenn hierfür ein Bedürfnis besteht und dies mit vertretbarem Aufwand möglich ist. Eine Anpassung an geänderte Marktverhältnisse soll alle zwei Jahre erfolgen. Zweck des Mietspiegels ist es, Vermietern und Mietern von Wohnraum eine Information über die Höhe der Vergleichsmiete zu geben. Vermieter können ein Mieterhöhungsverlangen mit dem zutreffenden Mietspiegelmietsatz begründen, Mieter ein überhöhtes Mieterhöhungsverlangen damit abwehren. Vom einfachen Mietspiegel ist der „qualifizierte Mietspiegel" zu unterscheiden, der nach anerkannten wissenschaftlichen Grundsätzen erstellt wird. Er muss von der Gemeinde, für die der Mietspiegel erstellt wurde, ausdrücklich anerkannt sein. Dieser Mietspiegel ist alle vier Jahre neu zu erstellen. Beim qualifizierten Mietspiegel spricht eine gesetzliche Vermutung dafür, dass die darin enthaltenen Entgelte die ortsübliche Vergleichsmiete widerspiegeln. Bei den Ermittlungen der Mieten, die zu Mietspiegeln führen, darf preisgebundener Wohnraum nicht berücksichtigt werden. Zu berücksichtigen sind dagegen Mieten, die innerhalb der letzten vier Jahre (ab Erhebung der Daten) vereinbart oder geändert worden sind. Mietspiegel hatten früher als Begründungsmittel für das Erhöhungsverlangen im Rechtsstreit eine relativ geringe Bedeutung. Überwiegend haben sich die Vertragsparteien einvernehmlich auf eine neue Miethöhe geeinigt. Durch die Mietrechtsreform 2001 erhielt der qualifizierte Mietspiegel für die Begründung der Vergleichsmiete nun allerdings eine Vorrangstellung. Die Richtigkeitsvermutung kann nur mit einem Sachverständigengutachten widerlegt werden. Auch ein einfacher Mietspiegel kann dem Bundesgerichtshof zufolge im Streitfall alleinige Grundlage der dem Gericht obliegenden Beurteilung der ortsüblichen Vergleichsmiete sein. Ihm wird dabei eine Indizwirkung zuerkannt, die vom Mieter allerdings durch substantiierte Gegenargumente erschüttert werden kann. Der Bundesgerichtshof entschied in diesem Urteil auch, dass bei Fehlen eines Mietspiegels in einer Gemeinde vom Vermieter auch der Mietspiegel der Nachbargemeinde herangezogen werden kann. Allerdings

dürfte dies nur für Gemeinden mit ähnlichem Mietniveau gelten (Urteil vom 16.6.2010, Az. VIII ZR 99/09). Für die Akzeptanz des Mietspiegels ist es wichtig, dass alle am Wohnungsmarkt Beteiligten an dessen Erstellung einvernehmlich teilgenommen haben. So wurde der Mietspiegel von Erfurt unter Beteiligung von Haus & Grund Erfurt, dem Vermieterbund Erfurt und dem Verband Thüringer Wohnungswirtschaft erstellt. In Deutschland gibt es nach Focus 316 Gemeinden mit über 20000 Einwohnern, die über einen Mietspiegel verfügen.
Hier finden Sie eine Link-Sammlung zu Mietspiegel in Deutschland: www.mietspiegeltabellen.de
Siehe / Siehe auch: Mietdatenbank, Mieterhöhung zur ortsüblichen Vergleichsmiete

Mietüberhöhung

excessive rent; extortionate rent; premium rent

Siehe / Siehe auch: Mietpreisüberhöhung, Wirtschaftsstrafgesetz, Wohnungsmangel

Mietvertrag

tenancy agreement; rental agreement; leasehold agreement; contract of lease; lease (contract); lease deed; rent contract

Der Mietvertrag ist als eigener Schuldrechtstypus im BGB ausgiebig geregelt. Das spezielle Wohnungsmietrecht ist in den §§ 549 – 577a mit zum großen Teil zwingenden Vorschriften zusammengefasst. Im Mietvertrag verpflichtet sich der Vermieter, dem Mieter den Gebrauch der Mietsache während der Mietzeit zu überlassen und der Mieter, die vereinbarte Miete zu bezahlen. Sie ist jeweils am Monatsanfang fällig. Allgemein gilt, dass ein Mietvertrag formlos abgeschlossen werden kann. Ist bei einem Wohnungsmietvertrag eine Laufzeit von über einem Jahr vorgesehen, bedarf er der Schriftform. Ein mit dieser Bedingung mündlich zustande gekommener Vertrag gilt als auf unbestimmte Zeit abgeschlossen. Zum Wesen des Mietvertrags gehört die Verpflichtung des Vermieters, die Mieträume in voll gebrauchsfähigem Zustand zu erhalten. Bedeutsam für den Abschluss eines Mietvertrages ist die Bestimmung der Mietvertragspartei. Bei Eheleuten oder Lebenspartnern empfiehlt sich der Abschluss des Vertrages mit beiden Partnern, da auf diese Weise beide vertraglich in die Pflicht genommen werden, auch wenn einer Partner auszieht. Gehört zum Mieterhaushalt ein pflegebedürftiger Erwachsener, sollte er nicht Mieterpflichten als Teil der Mietvertragspartei übernehmen, da er möglicherweise nicht in der Lage ist, als Mietvertragspartei Erklärungen abzugeben, die sich auf das Mietverhältnis beziehen. Hinsichtlich der Laufzeit des Mietvertrages gibt es eine Reihe von Gestaltungsmöglichkeiten. (Mietvertrag mit unbestimmter Laufzeit, Zeitmietvertrag mit fester Laufzeit, Ausschluss des gegenseitigen Kündigungsrechts für eine bestimmte Zeit). Gewerberaummietverträge enthalten häufig Mietvertragsv erlängerungsoptionen zu Gunsten des Mieters. Es können auch unterschiedliche Mietanpassungsmöglichkeiten vereinbart werden: Anpassung jeweils an die Vergleichsmiete, Staffelmiete, Indexmiete, Betriebskostenanpassungen. Beim Gewerbemietvertrag kommen alle weiteren nach dem Preiskauselgesetz zulässigen Anpassungsmöglichkeiten hinzu. Mietkautionen sind in Wohnraummietverträgen auf drei Monatsmieten begrenzt. In Gewerberaummietverträgen gibt es keine Begrenzung. Soweit der Mieter Mieträume mit Einrichtungsgegenständen versehen hat, kann er sie bei Beendigung des Mietverhältnisses wegnehmen. Soweit sie nicht unter Vollstreckungsschutz fallen, steht dem Vermieter ein Pfandrecht an diesen Gegenständen zum Ausgleich von Mietforderungen zu. Der Mieter haftet für Schäden an den Mieträumen, die nicht auf normale Abnutzung zurückzuführen sind. Der Tod des Vermieters berührt das Mietverhältnis nicht. Bei Tod des Mieters können sowohl der Vermieter als auch der Erbe das Mietverhältnis mit gesetzlicher Frist kündigen. Beim Wohnungsmietvertrag treten der Ehegatte oder der Lebenspartner und Familienangehörige sowie andere Personen, soweit sie mit dem verstorbenen Mieter einen gemeinsamen Haushalt führten, in das Mietverhältnis ein. Kauf bricht Miete nicht. Die Vermieterstellung erlangt der Käufer eines vermieteten Objektes mit seiner Eintragung ins Grundbuch.
Siehe / Siehe auch: Indexmiete (Wohnungsmietvertrag), Mieterhöhung, Staffelmiete / Staffelmietvertrag, Zeitmietvertrag, Gewerbemietvertrag

Mietvertrag mit GbR

lease agreement with a civil-law partnership

Ein Mietvertrag mit einer GbR (Gesellschaft bürgerlichen Rechts, BGB-Gesellschaft) auf Mieter- oder Vermieterseite ist nicht ohne Tücken. Ist ein Zeitmietvertrag von mehr als einem Jahr Dauer beabsichtigt, muss dieser nach § 550 BGB in Schriftform abgeschlossen werden. Die Schriftform ist jedoch nicht gewahrt, wenn eine nicht zur Vertretung der Gesellschaft berechtigte Person unterzeichnet hat oder Unklarheiten über die Vertretungsbefugnis bestehen. Anders als bei anderen Gesellschaftsformen ist dies nicht über das Handelsregister überprüfbar. Die Vertretungsbefugnis der GbR regelt allein deren Gesellschaftsvertrag. Der Bundesgerichtshof hat 2003 in mehreren Fällen, bei denen eine GbR auf Vermieterseite auftrat, den Mietvertrag aufgrund Missachtung der Schriftform für unwirksam erklärt mit der Folge, dass die Gewerbemieter vorzeitig das Mietverhältnis beenden konnten (Az. XII ZR 300/99 - Urteil vom 15.1.2003, Az. XII ZR 65/02 - Urteil vom 16.7.2003, Az. XII ZR 134/02 – Urteil vom 5.11.2003).

Problematisch sind meist Fälle, in denen

- mehrere Gesellschafter vorhanden sind, aber nur einer (ohne Hinweis auf seine Vertretungsbefugnis) unterschreibt
- die Unterschrift unleserlich ist und keiner Person zugeordnet werden kann
- im Kopf des Mietvertrages im Vergleich zur Unterschriftenzeile andere oder zusätzliche Gesellschafter ohne Hinweis auf ihre Vertretungsbefugnis genannt sind.

Eine GbR ist auf der sicheren Seite, wenn alle Gesellschafter im Kopf des Mietvertrages aufgeführt sind und auch alle tatsächlich unterschreiben. Sollen nur vertretungsberechtigte Gesellschafter genannt werden, muss zumindest aus dem Mietvertrag hervorgehen, ob diese Personen allein oder zusammen mit anderen zur Vertretung berechtigt sind. Soll eine Vollmacht zur Verwendung kommen, muss der Mietvertrag an zentraler Stelle einen Hinweis auf die Vollmacht enthalten, die Vollmacht muss dem Vertrag als Anlage beigefügt und fest mit diesem verbunden werden und die Unterschrift unter den Vertrag muss mit dem Hinweis versehen sein, dass der Unterzeichnende als Vertreter unterschreibt. Weitere Sicherheit bietet eine Klausel, nach der sich beide Parteien dazu verpflichten, alles zur Wahrung der Schriftform Erforderliche zu tun. Enthält der Vertrag eine solche Regelung, kann das Sich-Berufen auf die mangelnde Schriftform seitens einer Vertragspartei einen Verstoß gegen Treu und Glauben darstellen. Je nach Lage des Falles kann dies dazu führen, dass das Argument der fehlenden Schriftform nicht durchgreift.

Mietvertrag und Vorkaufsrecht

tenancy agreement and the right of pre-emption / first refusal

Siehe / Siehe auch: Vorkaufsrecht

Mietvorvertrag

provisional agreement for a tenancy agreement

Der Vorvertrag ist nicht ausdrücklich im Gesetz geregelt. Man leitet seine Zulässigkeit aus der so genannten Vertragsautonomie ab. Vorverträge sind Verträge, in denen sich die Vertragspartner verpflichten, später einen Hauptvertrag abzuschließen. Auch im Mietrecht kommt es in gewissen Fällen zu einem Vorvertrag. Sinnvoll ist dies, wenn sich die Vertragspartner im Prinzip einig sind, aber noch einige abschließende Punkte ausgehandelt werden müssen – oder wenn rechtliche oder tatsächliche Gründe einem sofortigen Abschluss des Hauptvertrages entgegenstehen. Gestattet der Mieter dem Vermieter, vor dem Beginn der Laufzeit des eigentlichen Mietvertrages Miete abzubuchen, gilt dies als Abschluss eines Vorvertrages. Der Vorvertrag muss nicht schriftlich abgefasst werden. Dies ist jedoch dringend zu empfehlen. Er sollte Details enthalten zum Mietobjekt, zum Mietzins und zum Vertragszweck (z. B. Gewerberaummiete). Mietvorverträge werden insbesondere im Rahmen des Projektmanagements abgeschlossen, um die Vermietung der zu errichtenden Gebäude zu sichern. Ein Vorvertrag muss ein solches Maß an Bestimmtheit oder Bestimmbarkeit und Vollständigkeit haben, dass im Streitfall der Inhalt des Vertrages richterlich festgestellt werden kann. Im Mietvorvertrag verpflichten sich die Parteien, vor Bezugsfertigkeit einen endgültigen Mietvertrag mit allen üblichen Regelungsinhalten abzuschließen.

Sind die zuvor festgestellten Hindernisse beseitigt und die letzten Unstimmigkeiten geklärt, sind beide Vertragspartner zum Abschluss des Mietvertrages verpflichtet. Andernfalls ist dies nicht der Fall. Legt z. B. der Vermieter einen Mietvertrag mit einer gegenüber dem Vorvertrag stark erhöhten Miete vor oder verlangt der Gewerbemieter die Einbeziehung einer bisher nicht vorgesehenen und für den Vermieter inakzeptablen Nutzung, kann ein Vertragsrücktritt vorgenommen werden (vgl. Oberlandesgericht Koblenz, Az. 10 U 1238/96).

Problematisch wird es, wenn einer der Vertragspartner trotz beseitigter Hindernisse und fertig ausgehandelter Einzelheiten vom Vertrag Abstand nehmen möchte. Er ist zum Abschluss des Mietvertrages verpflichtet. Daher bleibt ihm nur die Möglichkeit der Kündigung des Mietvertrages nach den gesetzlichen und vertraglichen Vorgaben. Dabei muss jedoch während der Kündigungsfrist die vereinbarte Miete entrichtet werden. Erfüllt einer der Vertragspartner seine Verpflichtungen aus dem Vorvertrag nicht, kann er auf Schadensersatz oder ggf. auch auf den Abschluss eines Mietvertrages zu den vorher vereinbarten Konditionen verklagt werden.

Das Landgericht Coburg verurteilte eine Mieterin zum Schadenersatz in Höhe von drei Kaltmieten, die kurz vor Mietvertragsbeginn den Vorvertrag fristlos „gekündigt“ hatte. Grund war das Fehlen eines Starkstromanschlusses in der Küche gewesen. Das Gericht hielt eine Vertragsbeendigung ohne vorherige erfolglose Aufforderung zur Installation des Anschlusses für unzulässig (Az. 33 S 16/04).
Eine Alternative zum Vorvertrag kann eine Widerrufsklausel bieten. Dabei wird ein normaler Mietvertrag abgeschlossen, der für eine begrenzte Zeit unter bestimmten Bedingungen ausdrücklich einen Rücktritt vom Vertrag zulässt.
Siehe / Siehe auch: Beendigung eines Mietverhältnisses

Mietwert

rental value; leasehold value; full rental value; letting value

Der Mietwert einer Immobilie ist Beurteilungsgrundlage für die Mietwertermittlung, für Mietvereinbarungen, sowie für den Ansatz kalkulatorischer Kosten bei gewerblicher oder freiberuflicher Eigennutzung von Räumen. Mietwerte benötigen auch Gemeinden, die eine Zweitwohnungssteuer erheben. Beurteilungsgrundlage für eine Mietpreisüberhöhung nach dem Wirtschaftsstrafgesetz ist allerdings nicht der Mietwert, sondern die ortübliche Vergleichsmiete, die mit dem Mietwert oft nicht übereinstimmt. Der Mietwert kann definiert werden als der nachhaltig am Markt zu erzielende Mietpreis für Räume. Dabei wird vorausgesetzt, dass Informationssymmetrie beider Parteien und Entscheidungsalternativen bestehen. Im Sinne des Bewertungsgesetzes ergibt sich der Nutzwert von Räumen (=Mietwert) aus den üblichen Mittelpreisen am Verbrauchsort. Der Mietwert ist im Wesentlichen abhängig von der Lage der Räume, deren Zustand, der vorhandenen Ausstattung und der Raumaufteilung. Bei Mietwohnungen entspricht der Mietwert dem Wohnwert, bei Gewerberäumen dem Nutzungswert der Räume.
Siehe / Siehe auch: Mietpreisüberhöhung, Wirtschaftsstrafgesetz, Zweitwohnungssteuer

Mietwucher

exorbitant rents; rental usury; rack renting; Rachmanism

Mietwucher ist ein Straftatbestand, der gegeben ist, wenn Leistung und Gegenleistung in einem auffälligen Missverhältnis zu einander stehen (§ 291 StGB). Vorausgesetzt wird dabei die Ausnutzung einer Zwangslage, der Unerfahrenheit, des Mangels an Urteilsvermögen oder einer erheblichen Willensschwäche des Mieters durch den Vermieter. Bei Wohnraum ist Mietwucher gegeben, wenn die Miete die ortsübliche Vergleichsmiete um mehr als 50 Prozent überschreitet. Bei der Miete von Geschäftsräumen ist umstritten, welches Maß der Überschreitung der ortsüblichen Miete als Mietwucher anzusehen ist. Einige Gerichte halten wie bei Wohnräumen eine Überschreitung von mehr als 50 Prozent für ausreichend; andere sehen ein auffälliges Missverhältnis zur Vergleichsmiete erst bei einer Überschreitung von mindestens 100 Prozent als gegeben an (so das Kammergericht Berlin, Az. 12 U 5939/99, Beschluss vom 22.01.2001). Der Bundesgerichtshof geht mittlerweile davon aus, dass eine Überschreitung von etwas über 100 Prozent ein auffälliges Missverhältnis begründet (Urteil vom 23.07.2008, Az. XII ZR 134/06).
Der Bundesgerichtshof hat zudem wiederholt klargestellt, dass die Grundsätze über Mietwucher bei Wohnräumen und über Wucher bei verschiedenen anderen Vertragstypen nicht ohne weiteres auf Gewerberäume übertragbar seien. Ein auffälliges Missverhältnis zwischen vereinbarter und ortsüblicher Miete oder Pacht reiche hier allein nicht aus; es müsse auch eine verwerfliche Gesinnung des Vertragspartners vorliegen. Davon könne erst ausgegangen werden, wenn das auffällige Missverhältnis für den begünstigten Vertragspartner zumindest erkennbar gewesen sei (BGH, Az. XII ZR 352/00, Urteil vom 14.07.2004). Strafrahmen für Wucher: Im Normalfall Freiheitsstrafe bis zu drei Jahren oder Geldstrafe. Im besonders schweren Fall (das heißt z. B. wenn der Mieter durch den Wucher in wirtschaftliche Not gerät, gewerbsmäßige Begehung) Freiheitsstrafe von sechs Monaten bis zu zehn Jahren. Zivilrechtlich hat das Vorliegen von Mietwucher die Folge, dass die Mietvertragsklausel über die Höhe der Miete unwirksam wird. Der Vertrag selbst bleibt jedoch bestehen. Der Mieter muss nur noch die ortsübliche Vergleichsmiete bezahlen. Er hat gegen den Vermieter einen Rückzahlungsanspruch auf die Differenz des tatsächlich gezahlten Betrages zur ortsüblichen Vergleichsmiete aus ungerechtfertigter Bereicherung.
Siehe / Siehe auch: Gaststättenpacht, Mietpreisüberhöhung, Ungerechtfertigte Bereicherung

Mietzahlung

payment of rent

Neben der Höhe ist die Fälligkeit der Miete zu vereinbaren. Seit 1.9.2001 ist sie am Anfang des Monats fällig. Dies entspricht der schon bisher vereinbarten Fälligkeitsregel. Üblicherweise wird für die Zahlungen heute innerhalb des Mietvertrages ein Abbuchungsauftrag vom Mieter erteilt. Mietzahlungen summieren sich im Laufe der Jahre zu einem erheblichen Betrag, wie aus nachfolgender Übersicht deutlich wird: Was bezahlt der Mieter innerhalb von 30 Jahren bei einer angenommenen Mietsteigerung von zwei Prozent im Jahr? Angegeben ist jeweils die Ausgangsmiete pro Monat.

Mietzahlungen in den nächsten Jahren

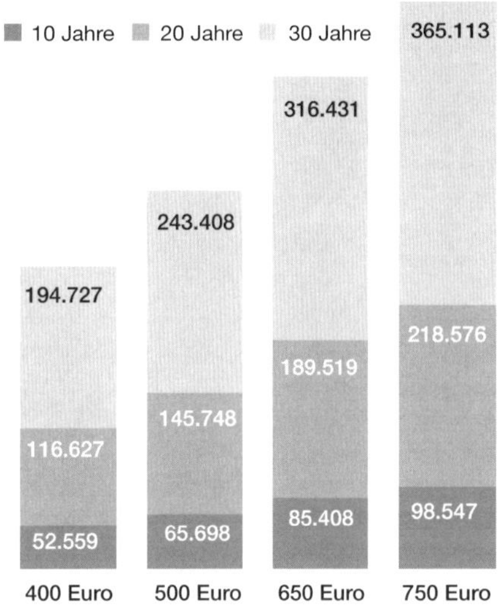

Mietzuschlag

extra charges on the rent

Zur Grundmiete können bei Vorliegen bestimmter Voraussetzungen Mietzuschläge im Mietvertrag vereinbart und gefordert werden. Sie beziehen sich auf besondere Vorteile, die einem Mieter gewährt werden. Hierzu zählt die Erlaubnis zu einer Untervermietung. In § 553 Abs. 2 BGB ist hierzu bestimmt, dass der Vermieter die Erlaubnis von einer angemessenen Erhöhung der Miete abhängig machen kann. Ein Mietzuschlag kann auch für den Fall vorgesehen werden, dass der Mieter einen Teil der Wohnräume als Büro nutzen will. Durch Vereinbarung eines Gewerbemietzuschlages wird kein Mischmietverhältnis begründet, so dass unabhängig davon, wie hoch der Anteil der Gewerberäume an der gesamten Wohnfläche ist, von einem Wohnungsmietvertrag auszugehen ist. Gibt der Mieter die gewerbliche Tätigkeit auf, entfällt die Verpflichtung zur Zahlung des Zuschlages. Mietzuschläge sind auch für die Einräumung besonderer Nutzungsrechte denkbar, z. B. Mitbenutzung eines Swimmingpools, eines Gartenanteils bei einem Mehrfamilienhaus oder die Nutzung mitvermieteter Möbel (Möblierungszuschlag).

Siehe / Siehe auch: Untermietzuschlag

Mietzuschlag bei unwirksamer Schönheitsreparaturen-Klausel

extra charge on rent if provision on cosmetic repairs is invalid

Der Bundesgerichtshof hat in den letzten Jahren diverse mietvertragliche Klauseln für unwirksam erklärt, die den Mieter zur Durchführung von Schönheitsreparaturen verpflichten. Dies führte wiederum zu der Rechtsfrage, ob ein Vermieter, wenn sich herausstellt, dass ein laufender Mietvertrag eine solche unwirksame Klausel enthält, einen Zuschlag zur Miete verlangen kann, um von diesem Geld dann Schönheitsreparaturen durchzuführen. Der Bundesgerichtshof hat grundsätzlich entschieden, dass ein Zuschlag zur ortsüblichen Miete zum Ausgleich einer unwirksamen Schönheitsreparaturen-Klausel unzulässig ist. Von Gesetzes wegen dürfe der Vermieter nämlich nur die Zustimmung des Mieters zu einer Erhöhung der Miete bis zur ortsüblichen Vergleichsmiete verlangen. Zusätzliche Zuschläge seien im Gesetz nicht vorgesehen. Der Maßstab für das Recht auf eine Mieterhöhung sei die Marktlage auf dem Mietwohnungsmarkt und nicht der Kostenaufwand für Handwerkerarbeiten. Auch die juristischen Argumentationen mit einer ergänzenden Mietvertragsauslegung oder einem Anspruch auf den Zuschlag wegen eines so genannten Wegfalls der Geschäftsgrundlage lehnte der BGH ab (Urteil vom 9.7.2008, Az. VIII ZR 181/07). Zulässig ist ein Mietzuschlag dem BGH zufolge allerdings bei preisgebundenen Mietwohnungen bzw. Sozialwohnungen. Gibt es hier eine unwirksame Schönheitsreparaturen-Klausel, darf die Kostenmiete erhöht werden. Rechtsgrundlage ist § 28 Absatz 4 der II. BV (Zweite Berechnungsverordnung). Das Urteil gilt ausdrücklich nicht für frei finanzierte Wohnungen (Urteil vom 24.3.2010, Az. VIII ZR 177/09).

Siehe / Siehe auch: Schönheitsreparaturen

Mietzuschuss

rent allowance; housing allowance; rent subsidy; rent supplement

Siehe / Siehe auch: Hartz-IV und Miete, Mietbeihilfe

Migrationshintergrund
persons of migrant origin
Siehe / Siehe auch: Ausländer, Binnenwanderungen

Mikrolage
micro-location; situation
Siehe / Siehe auch: Lage

Mikrozensus
micro / sample census
Die Statistischen Ämter des Bundes und der Länder führen jährlich eine Stichprobenbefragung der Haushalte durch, um Informationen über die Bevölkerungsstruktur und die wirtschaftliche und soziale Situation der Haushalte zu erhalten. Insgesamt nehmen 370.000 Haushalte mit 820.000 Personen daran teil. Das Erhebungsprogramm hinterfragt soziodemographische Fakten zur Person, Fragen zum Familien- und Haushaltszusammenhang sowie zu den Bereichen Erwerbstätigkeit, Einkommen und Ausbildung. Es besteht für die befragten Personen eine Auskunftspflicht. Daneben werden auf freiwilliger Basis vierteljährliche Erhebungen zur Gesundheit, Krankenversicherung, Wohnsituation oder Altersvorsorge durchgeführt. Rechtsgrundlage ist das Mikrozensusgesetz von 2004, das die Erhebungen bis zum Jahr 2012 rechtlich absichert. Für die Immobilienwirtschaft ergeben sich aus diesen Erhebungen wichtige Informationen über Art und Größe der Gebäude mit Wohnraum, Baualtersgruppen, Flächenproportionen der Wohnungen, Nutzung der Wohnungen als Eigentümer, Hauptmieter oder Untermieter. Weitere Erhebungen beziehen sich auf Eigentumswohnungen, Einzugsjahre der Haushalte, Ausstattung der Wohnungen mit Heiz- und Warmwasserbereitungsanlagen nach einzelnen Energieträgersystemen. Die wohnungsorientierten Erhebungsmerkmale wurden erstmals 2006 abgefragt. Bei Mietwohnungen interessiert ferner die Höhe der monatlichen Miete und der anteiligen Betriebs- und Nebenkosten. Die Angaben über die Entwicklung der Wohnversorgung der Haushalte und der Mieten sind insbesondere als Grundlage für wohnungspolitische Entscheidungen erforderlich.

Milieuschutzsatzung
conservation area regulations; environment protection act
Die Milieuschutzsatzung soll unerwünschte Veränderungen der Einwohnerstruktur eines Wohnviertels durch massenhaften Wegzug der bisherigen Bevölkerung verhindern. Sie ist eine Variante der Erhaltungssatzung und ist in § 172 Abs.1 Satz 1 Nr.2 Baugesetzbuch geregelt. Festgelegt werden können verschiedene Auflagen, z. B.:

- Genehmigungspflicht für Umbauten, Modernisierungen etc.
- Einschränkungen für die Umwandlung von Miet - in Eigentumswohnungen
- zeitlich begrenzte Mietobergrenzen für modernisierte Wohnungen.

Eine Genehmigung kann u.a. davon abhängig gemacht werden, dass der Eigentümer des Hauses sich verpflichtet, die durch Begründung von Wohnungseigentum entstandenen Eigentumswohnungen innerhalb von 7 Jahren nur an Mieter zu veräußern. Damit soll einer Verdrängung der ursprünglich ansässigen Bevölkerung entgegengewirkt werden. Die Genehmigungspflicht kann ins Grundbuch eingetragen werden. Wie generell bei der Erhaltungssatzung können auch bei der Milieuschutzsatzung z.B. bei ungenehmigten Modernisierungen Geldbußen fällig werden. So weist das Sozialreferat der Stadt München in seiner Internetpräsenz auf die Existenz von allein 18 Erhaltungssatzungen in München hin, mit denen der Zweck verfolgt werde, die ortsansässige Bevölkerung vor Verdrängung zu schützen. Alle Modernisierungsmaßnahmen, die zu einem überdurchschnittlichen Standard der Wohnungen in den betreffenden Gebieten führten, würden nicht genehmigt. Verstöße seien bußgeldbewehrt.
Siehe / Siehe auch: Erhaltungssatzung, Sanierung, Sanierungsträger

Minderheitenquorum
minority quorum
Der Verwalter hat eine Wohnungseigentümerversammlung durchzuführen, wenn dies schriftlich unter Angabe des Zwecks und der Gründe von mehr als einem Viertel der Wohnungseigentümer verlangt wird. Das Quorum errechnet sich grundsätzlich nach der Zahl der Wohnungseigentümer (Kopfprinzip), nicht nach der Größe der Miteigentumsanteile.

Minderheitsbeschluss
minority decision; minority vote
Siehe / Siehe auch: Mehrheitsbeschluss

Minderjährige Mieter
under-age tenants
Im Normalfall kann ein unter 18-Jähriger einen rechtsgültigen Mietvertrag nur mit vorheriger Zustimmung seiner gesetzlichen Vertreter (z.B. der Eltern) abschließen.

In folgenden Fällen ist die Zustimmung nicht erforderlich:

- Der nötige Geldbetrag bzw. sein Arbeitseinkommen wurde ihm von seinen gesetzlichen Vertretern zur freien Verfügung überlassen (z. B. bei Schülern, die in anderem Ort als dem Wohnort eine Schule besuchen). Die Art der Wohnung und die Höhe der Miete müssen jedoch zum überlassenen Betrag in einem vernünftigen Verhältnis stehen.
- Der Minderjährige hat mit Erlaubnis des gesetzlichen Vertreters in einem anderen Ort eine Arbeitsstelle angenommen.
- Der gesetzliche Vertreter hat dem Minderjährigen mit Genehmigung des Familiengerichtes erlaubt, eine eigene selbstständige Tätigkeit auszuüben. Der Minderjährige darf ohne weitere Zustimmung Mietverträge in Zusammenhang mit seinem Geschäftsbetrieb abschließen.

Minderwert, merkantiler (Wertermittlung)

decreased (commercial) value; inferior (commercial) value; loss in value upon resale; reduced market value

Ein merkantiler Minderwert wird in der Verkehrswertermittlung unterstellt, wenn bei einem Grundstück ein erheblicher Bauschaden behoben wurde. Die Teilnehmer am gewöhnlichen Geschäftsverkehr befürchten nämlich, dass sich Schäden, auch wenn sie beseitigt sind, noch nachteilig auswirken können. Ein Beispiel hierfür ist der Minderwert nach einer Schwammbeseitigung. Dies gilt auch dann, wenn die Befürchtung objektiv unbegründet ist. Ein Restmisstrauen bleibt. Dieser merkantile oder auch psychologische Minderwert lässt sich mathematisch nicht exakt ermitteln, sondern ist im Wege der Schätzung zu bestimmen. Dabei kann davon ausgegangen werden, dass der Abschlag für den merkantilen Minderwert umso kleiner wird, je länger das Ereignis zurückliegt, das ihn begründet hat. Neben dem „merkantilen" Minderwert können Umstände gegeben sein, die ebenfalls zu einer gewissen Distanzierung der Nachfrage vom Objekt und damit zu einem Minderwert führen. Wird beispielsweise eine Wohnung mit einem in ihr verbundenen Verbrechen in Beziehung gebracht, kann dies zu einem teilweisen Nachfrageausfall führen, obwohl die Wohnungsqualität objektiv nicht vermindert ist. Nicht zu verwechseln mit dem merkantilen Minderwert sind tatsächliche Wertbeeinträchtigungen. Wird etwa eine kontaminierte Bodenfläche saniert, verbleibt im Toleranzbereich ein zulässiger Rest an Verunreinigung, von dem nicht mehr befürchtet wird, dass von ihm gesundheitliche Schäden ausgehen. Trotzdem ist auch hier ein Minderwert zu unterstellen.

Mindestansparung

minimum amount to be saved

Vor der Zuteilung des Vertrags muss der Bausparer einen Mindestbetrag ansparen. Der beträgt je nach Bauspartarif 30 bis 50 Prozent der Bausparsumme.

Mindestgebot

minimum bid / offer

Siehe / Siehe auch: Gebot, geringstes (Zwangsversteigerungsverfahren)

Mindestwert

minimum value

Der Mindestwert spielt bei der Ermittlung von Einheitswerten und Grundbesitzwerten eine Rolle. Rechtsgrundlage ist in beiden Fällen das Bewertungsgesetz. Bei der Feststellung des Einheitswerts darf der für ein bebautes Grundstück anzusetzende Wert nicht geringer sein als der Wert, mit dem der Grund und Boden ohne Bebauung bewertet werden müsste (§ 77 BewG). Ist er geringer, muss der höhere Mindestwert als Bemessungsgrundlage angesetzt werden. Von diesem Mindestwert können allerdings die Kosten des Abbruchs der Gebäude abgezogen werden, wenn ein Abbruch des Gebäudes oder von Gebäudeteilen erforderlich ist. Ähnliches gilt für die sog. „Bedarfsbewertung", die im Zusammenhang mit der Veranlagung zur Erbschaft- und Schenkungsteuer vorzunehmen ist und zum sog. „Grundbesitzwert" führt. Auch hier darf bei bebauten Grundstücken der anzusetzende Wert nicht geringer sein als der, der sich bei einer Bewertung allein des Grund und Bodens ergäbe (§ 146 Abs. 6 BewG). Allerdings ist dem Grundstückseigentümer die Möglichkeit des Nachweises eines etwa niedrigeren Wertes eingeräumt. Der Nachweis kann durch ein Sachverständigengutachten geführt werden. Das Finanzamt selbst orientiert sich an dem zutreffenden Bodenrichtwert des Gutachterausschusses und zieht hiervon 20 Prozent ab. Für die Ermittlung des Grundbesitzwertes gelten die Wertverhältnisse zum 1. Januar 1996. Die Regelungen gelten – nach einer ersten Hinausschiebung des Verfallsdatums vom 31.12.2001 – bis 31.12.2006.

Siehe / Siehe auch: Einheitswert, Grundbesitzwert, Bewertungsgesetz, Erbschafts- und Schenkungssteuer, Bodenrichtwert

Mini-Schwein in der Mietwohnung

mini pig in a rented flat

Mini-Schweine sind Hausschweine, die keine Nutz-, sondern Haustiere sind und als solche speziell gezüchtet werden. Die Haltung dieser eher untypischen Haustiere im Wohnbereich hat in den letzten Jahren zugenommen und für verschiedene Gerichtsverfahren gesorgt. Mehrere Gerichte haben entschieden, dass Mini-Schweine als Kleintiere anzusehen sind (Amtsgericht München, Az. 413 C 1248/04, Urteil vom 06.07.2004; Amtsgericht Köpenick, Az. 17 C 88/00, Urteil vom 13.07.2000). Sie fallen damit unter die Tierarten, deren Haltung vom Vermieter im Regelfall nicht untersagt werden kann. Anders ist es jedoch, wenn eines dieser Tiere eine untypische Aggressivität zeigt und Personen beißt. Die Haltung von Tieren, die andere Mieter gefährden, darf der Vermieter untersagen. Im konkreten Fall entschied das Amtsgericht München, dass ein besonders nervöses Exemplar nach zwei Beißangriffen gegen eine Person entfernt werden müsse. Der Vermieter dürfe aber kein generelles Verbot der Haltung von Mini-Schweinen erlassen (Az. 413 C 12648/04).

In der Entscheidung des Amtsgerichts Köpenick ging es um die Frage der Geruchsbelästigung. Andere Hausbewohner gaben zu Protokoll, dass es im Hausflur ein- oder zweimal „nach Schwein" gerochen habe, aber seit zwei Monaten nicht mehr. Der zuständige Richter sah darin keine erhebliche Beläs-tigung anderer Mieter (Az. 17 C 88/00).

Abweichende Gerichtsurteile anderer Amtsgerichte sind nicht ausgeschlossen, übergeordnete Gerichte haben sich derzeit noch nicht mit der Schweinehaltung in Mietwohnungen auseinander gesetzt.

Siehe / Siehe auch: Tierhaltung in Wohnungen, Katzen in der Mietwohnung

Mischgebiet

mixed (use) area; mixed zone

Weist der Bebauungsplan ein Gebiet als Mischgebiet (MI) aus, dürfen dort nicht nur Wohngebäude errichtet, sondern auch Gewerbebetriebe ansiedelt werden, die das Wohnen nicht wesentlich stören. Allgemein zulässig sind dabei u.a. Geschäfts- und Bürogebäude, Einzelhandelsbetriebe, Gastwirtschaften, Einrichtungen für die Verwaltung, für kirchliche und kulturelle Zwecke aber auch Tankstellen.Besondere Typen eines Mischgebietes sind das Kerngebiet (MK) des Stadtkerns und das Dorfgebiet (MD).

Mischmietverhältnis

mixed tenancy (i.e. tenant rents residential and commercial space with a single contract)

Ein Mischmietverhältnis liegt vor, wenn in räumlichem Zusammenhang stehende Geschäfts- und Wohnräume an eine Mietpartei vermietet werden. Dabei ist zu prüfen, ob auf sie die gesetzlichen Bestimmungen des Geschäftsraummietrechts oder Wohnraummietrechts anwendbar sind. Da der Grundsatz der Einheitlichkeit des Mietverhältnisses gewahrt werden muss, unterliegt auch das Mischmietverhältnis immer entweder den Vorschriften des Wohnungsmietrechtes oder denen des Gewerbemietrechtes. Die vertragliche Vereinbarung eines Wohnungsmietverhältnisses ist in der Regel vor Gericht unproblematisch, da der Mieter hier stärkeren Schutz durch das Wohnraummietrecht des BGB genießt. Maßgeblich dafür, welches Recht gilt, ist in erster Linie der Vertragsinhalt bzw. der zwischen den Parteien vereinbarte Vertragszweck. Im Zweifelsfall können die Flächenproportionen des Mietobjekts (lediglich) als Indiz dafür dienen, ob es sich um ein Wohn- oder Gewerbeobjekt handelt.

Überwiegt der Wohnraumanteil, gelten die gesetzlichen Regelungen des Wohnungsmietrechts, überwiegt der Gewerberaum, dann gilt Gewerbemietrecht. Erwirtschaftet der Mieter in den Mieträumen seinen Lebensunterhalt, ist in der Regel unabhängig von der Flächenverteilung von einer Geltung des Gewerberaummietrechtes auszugehen. Hat der Mieter aber z.B. eine alte Werkhalle in eine Wohnung mit Künstleratelier umgebaut, wohnt dort mit Frau und Kind und erzielt durch künstlerisches Wirken keine hauptberuflichen Einkünfte, ist das Wohnraummietrecht anwendbar (Landgericht Berlin, 26.2.2002, Az. 25 O 78/02).

Siehe / Siehe auch: Gewerbemietvertrag, Mischnutzung

Mischnutzung

mixed use

Bei einer Mischnutzung sind in einer Anlage sowohl vermietete Wohnungen als auch Gewerberäume (Läden, Büros) vorhanden. Die Betriebskosten müssen meist getrennt umgelegt werden. Meist werden die Betriebskosten für die gewerbliche Nutzung ermittelt und von den Gesamtkosten abgezogen. Die verbleibenden Betriebskosten werden dann nach dem mit den Mietern vereinbarten Umlageschlüssel auf die einzelnen Mietwohnungen aufgeteilt. Auf diesen Vorwegabzug kann nur dann verzichtet werden, wenn durch den Gewerbebetrieb keine besonders hohen Betriebskosten entstehen

oder diese den Kosten bei der Wohnnutzung entsprechen. Geringfügige Mehrbelastungen sind nach einem Urteil des Landgerichts Braunschweig (ZMR 2003, 114) den Mietern jedenfalls zumutbar. Nicht mehr geringfügig sollen Mehrkosten durch den Gewerbebetrieb sein, welche die Gesamtbetriebskosten des Gebäudes um mehr als drei Prozent übersteigen (Landgericht Aachen, 11.08.2006, Az. 5 S 68/06). Der Bundesgerichtshof entschied mit Urteil vom 8.3.2006, dass kein Vorwegabzug der Betriebskosten der Gewerbeflächen erfolgen müsse, wenn durch diese Flächen keine erheblichen Mehrkosten anfielen. Auch habe ein Wohnungsmieter in dem gemischt genutzten Gebäude keinen Anspruch auf Zusendung von Kopien aller Abrechnungs- und Betriebskostenbelege. Eine Einsichtnahme im Büro des Vermieters reiche aus – zumindest wenn dieses sich in der gleichen Stadt befände (BGH, Az. VIII ZR 78/05). Der Begriff Mischnutzung wird auch für Objekte verwendet, bei denen innerhalb der gleichen Einheit eine gewerbliche und eine Wohnnutzung stattfinden. Dies kann z.B. bei einer Werkstatt oder einem Laden mit dazugehöriger Wohnung der Fall sein. Problematisch ist bei derartigen Objekten die Vertragsgestaltung. Ein Gewerbemietvertrag ohne Mieterschutz wird der Wohnnutzung nicht gerecht. In einigen Fällen kann trotz Abschluss eines Gewerbemietvertrages das Wohnraummietrecht zur Anwendung kommen. Dies richtet sich nach der vertraglich zwischen den Parteien verabredeten Nutzung des Objektes bzw. dem Vertragszweck. Wenn der Mieter in den Mieträumen hauptberuflich und in selbstständiger bzw. freiberuflicher Tätigkeit seinen Lebensunterhalt erwirtschaftet, ist das Gewerberaummietrecht anwendbar. Wird jedoch z. B. ein Gewerbemietvertrag über ein Loft mit einem Hobbykünstler abgeschlossen, der im Objekt wohnt und künstlerisch arbeitet, aber außerhalb der Wohnung seinem Beruf nachgeht, gilt das Wohnraummietrecht (vgl. Oberlandesgericht Düsseldorf, Urteil vom 16.04.2002, Az. 24 U 199/01). Wichtig ist bei derartigen Objekten ferner die rechtzeitige Prüfung, ob eine Mischnutzung vom Bebauungsplan her zulässig ist. Bei der Vertragsgestaltung ist hier besonders darauf zu achten, dass der Vertrag auf das Objekt abgestimmt ist, z. B. sollte ein Gewerbemietvertrag die vom Mieter geplante Nutzung erlauben und notwendige Umbauten zulassen.
Siehe / Siehe auch: Betriebskosten, Gewerbemietvertrag, Mischnutzung

Missbrauch (Abmahnbefugnis)

misuse; malpractice; fraudulent use; abuse; violation (authority to send a written warning)

Siehe / Siehe auch: Wettbewerbsrecht

Mitbestimmung im Mietrecht

co-determination in the law of tenancy

Siehe / Siehe auch: Betriebsrat

Mitbewerber

competitor; rival; co-applicant; contender

Das Gesetz gegen den unlauteren Wettbewerb hatte ursprünglich, als es 1909 in Kraft trat, die ausschließliche Funktion, Mitbewerber vor Gewerbetreibenden zu schützen, die mit unlauteren Mitteln versuchten, sich einen Wettbewerbsvorteil zu verschaffen. Hinzu kamen das Rabattgesetz und die Zugabeverordnung. 1965 wurde der Verbraucherschutz in das UWG integriert. Im Zuge der Europäisierung des Wettbewerbsrechts wurden das Rabattgesetz und die Zugabeverordnung wieder aufgehoben. 2004 wurde das Gesetz grundlegend überarbeitet, auch mit dem Ziel Missbrauchstatbestände („Abmahnmissbrauch“) einzudämmen. Unter der Berücksichtigung mehrerer EG-Richtlinien kam es 2008 zu der heutigen Fassung des UWG (UWG 2009). Danach dient es dem Schutz der Mitbewerber, der Verbraucherinnen und Verbraucher sowie der sonstigen Marktteilnehmer vor unlauteren geschäftlichen Handlungen. Es schützt zugleich das Interesse der Allgemeinheit an einem unverfälschten Wettbewerb. Der Begriff Mitbewerber wurde dabei wie folgt definiert: „Mitbewerber (ist) jeder Unternehmer, der mit einem oder mehreren Unternehmern als Anbieter oder Nachfrager von Waren oder Dienstleistungen in einem konkreten Wettbewerbsverhältnis steht“. Während schlicht von einem Wettbewerbsverhältnis gesprochen wird, wenn sich der Kundenkreis und die angebotenen Waren/Dienstleitung nur teilweise decken, stellt das „konkrete“ Wettbewerbsverhältnis in der Rechtsprechung auf einen gemeinsamen Kundenkreis ab. Dabei genügt es, wenn es sich für deren Verfolgung um eine konkret beanstandete Wettbewerbshandlung handelt. Die Parteien müssen durch eine Handlung miteinander in Wettbewerb getreten sein, unabhängig davon, ob ihre Unternehmen unterschiedlichen Branchen angehören. So kann z. B. ein Makler Mitbewerber eines Bauträgers sein, wenn es sich um ein Immobilienobjektangebot handelt. Bedeutsam ist das konkrete Wettbewerbsverhältnis, wenn es um die Klagebefugnis geht Ein abstraktes Wettbewerbsverhältnis reicht zur Klagebefugnis des Mitbewerbers nicht mehr aus. Hierfür können nur noch Verbände zuständig sein.

Siehe / Siehe auch: Unlautere und irreführende geschäftliche Handlungen (Wettbewerbsrecht), Wettbewerbsrecht

Miteigentumsanteil

co-ownership share; (residential) flat owner's share of common parts and of the land

Nach der gesetzlichen Regelung ist jedes Wohnungs- oder Teileigentum als Sondereigentum untrennbar mit einem Miteigentumsanteil am gemeinschaftlichen Eigentum verbunden (§ 1 Abs. 2 und 3 WEG). Ohne den zugehörigen Miteigentumsanteil kann das Sondereigentum weder veräußert noch belastet werden. Die Rechte am Miteigentumsanteil, erstrecken sich auf das zugehörige Sondereigentum (§ 6 WEG).

Die Festlegung und die Größe beziehungsweise Höhe des Miteigentumsanteils, die üblicherweise in 100stel, 1000stel oder auch 10.000stel-Anteilen ausgedrückt werden, ist gesetzlich nicht geregelt, sondern vielmehr in das Ermessen und Belieben des- oder derjenigen gestellt, die das Wohnungseigentum begründen. Meist erfolgt die Festlegung der Miteigentumsanteile im Verhältnis der Wohn- beziehungsweise Nutzflächen, so dass in diesen Fällen eine kleine Wohnung über einen niedrigen und eine große Wohnung über einen hohen Miteigentumsanteil verfügt.

Da ein bestimmtes Wert- oder Größenverhältnis für die Festlegung der Miteigentumsanteile jedoch nicht vorgeschrieben ist, können einzelne Wohnungseigentümer untereinander die Miteigentumsanteile ändern, ohne dass damit auch das Sondereigentum verändert wird. Eine allgemeine Änderung und Zuordnung der Miteigentumsanteile erfordert jedoch die Zustimmung beziehungsweise Mitwirkung aller Eigentümer.

Die besondere Bedeutung der Miteigentumsanteile liegt darin, dass dieser Anteil gesetzlicher Maßstab der Lasten- und Kostenverteilung unter den Wohnungseigentümern ist (§ 16 Abs. 2 WEG).

Ebenso können die Miteigentumsanteile durch Vereinbarung gemäß § 10 Abs. 2 Satz 2 WEG zum Maßstab der Stimmrechte anstelle des gesetzlich vorgesehenen Kopfprinzips (§ 25 Abs. 2 WEG) gemacht werden.

Siehe / Siehe auch: Kostenverteilung, Sondereigentum, Stimmrecht (Wohnungseigentümer-Versammlung), Teileigentum, Vereinbarung (nach WEG), Wohnungseigentum

„Mit einer Stimme"

(literally:) with one voice; unanimously

Siehe / Siehe auch: Bündelungsinitiative der Deutschen Immobilienwirtschaft

Mitteilungspflichten des Vermieters

landlord's duty of disclosure / obligation to provide information

Der Vermieter hat dem Mieter gegenüber folgende Mitteilungspflichten:

- Modernisierungsmaßnahmen müssen drei Monate vor Arbeitsbeginn in Textform angekündigt werden. Aus der Mitteilung müssen Art und voraussichtlicher Umfang der Maßnahme, absehbare Dauer und die zu erwartende Mieterhöhung hervorgehen. Unterlassen der Mitteilung bewirkt, dass der Mieter die Maßnahme nicht hinnehmen muss.
- Wenn ein vor dem 1.9.2001 geschlossener Zeitmietvertrag ausläuft, muss der Vermieter drei Monate vorher mitteilen, ob es bei der ursprünglich beabsichtigten anderweitigen Verwendung des Wohnraums bleibt. Unterlassen oder Verspätung der Mitteilung bewirken, dass der Mieter die Verlängerung des Mietverhältnisses um den jeweiligen Zeitraum fordern kann.
- Bei einem nach dem 1.9.2001 geschlossenen qualifizierten Zeitmietvertrag kann der Mieter frühestens vier Monate vor Ablauf der Mietzeit verlangen, dass der Vermieter ihm innerhalb eines Monats Mitteilung darüber macht, ob der Befristungsgrund noch besteht. Bei verspäteter Mitteilung kann der Mieter eine Vertragsverlängerung fordern.
- Beim ersten Verkauf einer in Eigentum umgewandelten Mietwohnung hat der Mieter ein Vorkaufsrecht. Dieses Recht besteht bei frei finanziertem und öffentlich gefördertem Wohnraum. Da der Mieter dieses Recht ohne Kenntnis vom Inhalt des Kaufvertrages nicht ausüben kann, muss der Vermieter ihn über diesen informieren und auf sein Vorkaufsrecht hinweisen.

Sofern der Mieter nach Vertragsende nicht aus der Wohnung auszieht, muss der Vermieter innerhalb von zwei Wochen der stillschweigenden Verlängerung des Mietverhältnisses widersprechen. Die Frist beginnt für den Vermieter mit dem Zeitpunkt, zu dem er von der Fortsetzung der Nutzung erfährt. Ohne den Widerspruch des Vermieters setzt sich das Mietverhältnis zu den bestehenden Konditionen fort – allerdings nur, wenn die stillschweigende Verlängerung nicht schon vertraglich ausgeschlossen wurde. Der zuständigen Behörde muss der Ver-

mieter schriftlich Mitteilung machen, wenn er eine belegungsgebundene oder mietpreisgebundene Wohnung verkauft oder in eine Eigentumswohnung umwandelt. Ein Unterlassen der Mitteilung kann mit einer hohen Geldbuße bestraft werden.
Siehe / Siehe auch: Anzeigepflicht, Modernisierung, Stillschweigende Verlängerung, Textform, Umwandlung, Zeitmietvertrag

Mittelbare Grundstücksschenkung

indirect endowment of a property

Finanzspritzen von Angehörigen sind beim Kauf einer Immobilie eine willkommene Hilfe. Wenn jedoch der Freibetrag für Schenkungen überschritten wird, droht der Fiskus mit schnellem Zugriff. Ein Ausweg ist hier die sogenannte mittelbare Grundstücksschenkung.
Beispiel: Gertrud Wagner will den Hausbau ihres Enkels mit einer großzügigen Schenkung fördern. Steuerfrei kann sie ihm innerhalb von zehn Jahren 51.200 Euro zukommen lassen. Schenken die Eltern, bleiben je Elternteil 205.000 Euro unversteuert. Wenn der Geldbetrag jedoch die Freigrenzen übersteigt, sollten beide Parteien den Weg zum Notar antreten. In einer Vereinbarung wird dann festgelegt, dass die Schenkung allein für den Hausbau oder -kauf verwendet wird. Die Begünstigten erhalten mit dieser Regelung also kein Geld, sondern eine Immobilie. Das Finanzamt geht in diesem Fall leer aus.
Der Steuervorteil: Der Fiskus bemisst Grundbesitz nur mit rund zwei Dritteln des Verkehrswertes. Vorsicht ist allerdings bei folgenden Fallstricken geboten: Finanziert der Bauherr den Immobilienkauf zunächst aus eigener Kraft, und übernehmen die Verwandten später Zins- und Tilgungsleistungen, so greift die beschriebene Steuerreglung nicht, da es sich in diesem Fall um eine Bargeld- und nicht um eine Immobilienschenkung handelt. Baufamilien, die ihr Domizil ausschließlich mit geschenktem Geld errichten, haben zudem keinen Anspruch auf die Eigenheimförderung.

Mittelbarer Besitz

indirect / constructive possession

Der Mittelbare Besitz ist ein Begriff des Bürgerlichen Gesetzbuches. Er bezeichnet ein Rechtsverhältnis, das eine Person zeitlich begrenzt zum Besitz berechtigt oder verpflichtet. Eine solche Konstellation bezeichnet man auch als Besitzmittlungsverhältnis. Beispiele dafür sind z.B. Miete, Pacht oder die Pfandbestellung.Bei einem Mietvertrag ist der Vermieter mittelbarer Besitzer, der Mieter unmittelbarer Besitzer (da er selbst in der Wohnung wohnt). Die gesetzliche Regelung findet sich in § 868 BGB.

Mitursächlichkeit

joint / concurrent causality

Die Ursächlichkeit ist neben dem Maklervertrag, der Maklerleistung in Form des Nachweises oder der Vermittlung und dem Hauptvertrag Voraussetzung des Provisionsanspruchs nach § 652 BGB. Häufig arbeiten jedoch an einem Objekt mehrere Makler gleichzeitig, oft ohne von einander zu wissen. Wenn es um den Nachweis geht, so ist nach dem Prioritätsgrundsatz derjenige Makler ursächlich, der den Nachweis zuerst erbracht hat. Dies schließt aber nicht aus, dass ein weiterer Makler für den Abschluss des Hauptvertrages mit seiner Tätigkeit ebenfalls ursächlich wird. Allerdings ist dies nicht möglich, wenn er auch nur den Nachweis erbringt. Vielmehr muss er mit seiner Information dem Interessenten den Anstoß gegeben haben, sich mit der Kaufgelegenheit näher zu befassen, so dass dies letztlich neben dem Erstnachweis zum Abschluss des Hauptvertrages führt. Dadurch wird die Tätigkeit des zweiten Maklers mitursächlich (vgl. BGH NJW 1983, 1949). Um diese Voraussetzung zu erfüllen, muss eine Information vorliegen, die der erste Makler noch nicht erteilt hat.
Erstes Beispiel: Der erste Makler hat den Kaufpreis für das Baugrundstück mit 180.000 Euro angegeben. Der zweite Makler nennt einen Kaufpreis von 170.000 Euro. Daraufhin schickt der Kaufinteressent einen Architekten zum Grundstück, der die Bebauungsmöglichkeit prüfen soll. Durch das zweite Angebot wird die Ursächlichkeit des ersten Nachweises nicht ohne Weiteres ausgeschlossen. Beide Makler sind mitursächlich, so dass der Interessent bei Vorliegen der übrigen Voraussetzungen zweimal Provision zahlen muss.
Zweites Beispiel: Der zweite Makler hat dem Kaufinteressenten zusätzliche Informationen erteilt bzw. Unterlagen ausgehändigt, die für die Beurteilung der Rentabilität des Objekts erforderlich sind (vgl. BGH WM 1985, 359). Ergebnis: Beide Makler sind mitursächlich.
Drittes Beispiel: Der erste Makler hat den Nachweis erbracht. Der zweite Makler leistet erfolgreich Vermittlungstätigkeit. Auch hier sind beide Makler ursächlich. Gegenüber dieser Leistung des zweiten Maklers kann sich der spätere Käufer nicht auf Vorkenntnis berufen.
Siehe / Siehe auch: Vorkenntnis (Maklergeschäft)

Mitwirkung bei der Vergabe

participation in the awarding of contracts

Die Mitwirkung bei der Vergabe ist die 7. Leistungsphase nach § 3 der HOAI (Honorarordnung für Architekten und Ingenieure). Sie wird mit vier Prozent (Gebäude) und je drei Prozent (Freianlagen und raumbildende Ausbauten) bewertet, bemessen am gesamten Honorar der Architekten und Ingenieure. Die ermittelten Leistungsverzeichnisse werden ausgeschrieben, eintreffende Angebote geprüft und eventuell verhandelt. Aufträge werden vergeben.

Siehe / Siehe auch: Ausschreibung, HOAI, Leistungsphasen, Vorbereitung bei der Vergabe

Mitwohnzentrale

central exchange for boarding houses / business flats

Mitwohnzentralen vermitteln Wohnraum auf Zeit. Hier finden Studenten ein WG Zimmer oder Berufstätige eine möblierte Zweitunterkunft am Arbeitsort. Mittlerweile gibt es in vielen deutschen Städten Mitwohnzentralen, die verschiedenartige Wohnungen anbieten. Mitwohnzentralen müssen sich wie alle anderen Wohnungsvermittler an das Wohnungsvermittlungsgesetz halten. Das heißt sie dürfen nur Gebühren beziehungsweise Provisionen für ihre Tätigkeit verlangen, die in einem Bruchteil oder Vielfachen einer Monatsmiete ohne Nebenkosten angegeben werden können. Nicht gefordert werden dürfen phantasievoll ausgedachte Pauschalen, Einschreibgebühren oder Aufwandsentschädigungen. Der Maximalbetrag darf bei zwei Monatsmieten ohne Nebenkosten liegen. Eine Gebühr darf erst anfallen, wenn tatsächlich eine erfolgreiche Vermittlung durch die Zentrale stattgefunden hat.

Meist orientiert sich die vereinbarte Provision bei Mitwohnzentralen außer an der Höhe der Miete auch an der geplanten Dauer des Mietverhältnisses. Während die Vermittlung eines Zimmers für ein halbes Jahr günstig sein kann, können für die Vermittlung eines unbefristeten Mietvertrages die gleichen Kosten entstehen wie bei einem Makler. Die Aufnahme in eine Interessenten-Kartei für einen Monatsbeitrag ohne Garantie, dass jemals eine freie Wohnung nachgewiesen wird, verstößt gegen das Wohnungsvermittlungsgesetz.Als eine Dachorganisation der Mitwohnzentralen versteht sich der Ring Europäischer Mitwohnzentralen e.V. (REM e.V.) in Berlin.

Hier werden Wohngelegenheiten in Deutschland und im europäischen Ausland vermittelt; die Internetseite www.mitwohnzentrale.de hält Informationen für Mieter und Vermieter bereit.

Siehe / Siehe auch: Wohnungsvermittlungsgesetz (WoVG)

Modellwohnung

model flat

Es existieren zumindest drei gängige Bedeutungen für diesen Begriff:

1. Wohnung, in der der Wohnungsprostitution nachgegangen wird. Die Verwendung des Begriffes in Wohnungsanzeigen spricht dafür, dass dies im konkreten Fall mit Zustimmung des Vermieters stattfindet. Eine stark überhöhte Miete darf auch für derartige Wohnungen nicht verlangt werden. Der Vermieter riskiert hier nicht nur, eine Ordnungswidrigkeit (Mietpreisüberhöhung) oder einen strafbaren Mietwucher zu begehen. Zusätzlich ist auch eine Strafbarkeit wegen Zuhälterei (Ausbeutung von Prostituierten) möglich.
2. Nicht bewohnte, aber voll eingerichtete Wohnung, die nicht dem Zweck des Wohnens dient, sondern gewissermaßen nur eine Kulisse darstellt – etwa für die Präsentation von Waren verschiedenster Art (z. B. Möbel, Bücher, Haushaltsgeräte). Sie kann temporär errichtet werden – z. B. auf einer Messe oder in Verkaufsräumen.
3. Musterwohnung im Immobilienvertrieb, die Kauf- oder Mietinteressenten vorgeführt werden kann. Sowohl eingerichtete als auch leer stehende Wohnungen werden dafür verwendet.

Schließlich kann der Begriff „Modellwohnung" auch z. B. für ein in verkleinertem Maßstab angefertigtes Modell einer Wohnung verwendet werden. Eine Lübecker Ganztagesschule hat eine so genannte Modellwohnung einschließlich Wohnküche, Bastelraum, Ruhezone und Sanitärbereich für die Freizeitgestaltung der Schüler geschaffen.

Siehe / Siehe auch: Prostitution in Mietwohnung

Moderation / Moderator

presentation (to moderate/facilitate) / moderator; facilitator

Die Moderation ist eine Methode, mit der innerhalb einer Gruppe mindestens aber zwischen zwei Personen durch den Moderator ein Konsens über einen Sachverhalt, ein Vorgehen oder eine zu gewinnende Haltung durch Ausschöpfung der geistigen Ressourcen aller Teilnehmer der Gruppe herbeigeführt werden soll. Die Funktion des Moderators besteht darin, die Teilnehmer zu ermuntern sich durch konstruktive oder kritische Beiträge an der Zielerreichung zu beteiligen. Eine Methode der Moderation ist ein vorgeschaltetes etwa 10- bis 20-minütiges Brainstorming. Beim Brainstorming werden zunächst nur Gesichtspunkte bzw. Ideen gesammelt, die für die Erreichung eines Zieles sprechen. Kritische Einwände sind dabei nicht zugelassen. Kritische Analysen werden erst im zweiten Schritt nach Abschluss des Brainstormings vorgenommen.

Modernisierende Instandsetzung

modernizing repairs

Siehe / Siehe auch: Modernisierende Instandsetzung (Wohnungseigentum), Modernisierende Instandsetzung (Mietwohnungen)

Modernisierende Instandsetzung (Mietwohnungen)

modernizing repairs (rented flats)

Instandhaltung, Instandsetzung und Modernisierung dienen der Sicherung einer nachhaltigen Nutzbarkeit einer Immobilie. Instandhaltung bedeutet die Aufrechterhaltung des Status quo der Gebäudesubstanz, Instandsetzung bedeutet die Wiederherstellung des Status quo und Modernisierung bedeutet die Aktualisierung der in einem Gebäude schlummernden Potenziale, um eine zeitgerechte Nutzung zu ermöglichen. Die Instandhaltung wirft in der Regel keine besonderen Fragen auf. Der Instandhaltungsbedarf richtet sich nach den unterschiedlichen Abnutzungsgraden von Bau- und Gebäudeeinrichtungsteilen. Instandsetzung wird heute fast stets mit dem Modernisierungsbegriff verbunden. Denn wenn schon ein Instandsetzungsbedarf besteht, dann stellt sich stets die Frage, ob aus ökonomischen und vielleicht auch ökologischen Gründen die Instandsetzung nicht mit der Herstellung eines zeitgerechten Bauzustandes verbunden werden sollte. Nutzungs- und Mietwerte werden dadurch erheblich beeinflusst. In der Regel führt ein etwa erforderlicher, modernisierungsbedingter Mehraufwand zu einer überproportionalen Nutzwertsteigerung. Zur modernisierenden Instandsetzung zählt bei Vorliegen von baulichen Mängeln auch die damit verbundene energetische Gebäudesanierung, deren Ziel Energieeinsparung und Reduktion des CO^2-Ausstoßes ist. Das Wohnraummietrecht unterscheidet bei Durchführung von Modernisierungsmaßnahmen zwischen einem Instandsetzungsanteil, d.h. einem Kostenanteil, der darauf entfällt, einen Zustand herzustellen, wie er gegeben wäre, wenn die modernisierten Gebäudeteile nur instand gehalten worden wären und dem Modernisierungsanteil, aus dem eine elf Prozentige Mieterhöhung resultieren kann. Im öffentlich rechtlichen Bereich sei auf § 177 BauGB hingewiesen, der Vorschriften über ein Modernisierungs- und Instandsetzungsgebot enthält. Es handelt sich um eines von mehreren städtebaulichen Geboten.

Voraussetzung für den Erlass eines Modernisierungs- und Instandsetzungsgebotes ist das Vorliegen von Missständen (Zustände, die zur Beeinträchtigung der Gesundheit führen) oder Mängeln, die durch Abnutzung, Alterung, Witterungseinflüsse und Beschädigungen entstanden sind. Ob und inwieweit zu einer modernisierenden Instandsetzung zu raten ist, hängt natürlich einerseits vom vorgegebenen baulichen Zustand des Gebäudes ab und andererseits von der Entwicklung der Nachfragesituation. Die Alternative wäre der Rückbau.

Siehe / Siehe auch: Altbaumodernisierung, Modernisierung, Modernisierungsmaßnahmen (Wohnungseigentum), Modernisierende Instandsetzung (Wohnungseigentum), Modernisierung, Modernisierungsmaßnahmen (Wohnungseigentum), Mietermodernisierung

Modernisierende Instandsetzung (Wohnungseigentum)

modernising improvements

Instandhaltungs- und Instandsetzungsmaßnahmen sind erforderlich, um den baulich-technischen Standard in einer Wohnanlage zu erhalten oder wiederherzustellen. Nach den Bestimmungen des Wohnungseigentumsgesetzes fällt auch die erstmalige Herstellung eines baulich-technisch einwandfreien Zustandes unter den Begriff der Instandsetzung.

Über diese Maßnahmen beschließen die Wohnungseigentümer im Rahmen ordnungsgemäßer Verwaltung gemäß § 21 Abs. 3 und Abs. 5 Nr. 2 WEG mit einfacher Stimmenmehrheit in der Wohnungseigentümer-Versammlung.

Handelt es sich dagegen um bauliche Veränderungen gemäß § 22 Abs. 1 WEG bzw. um Modernisierungsmaßnahmen gemäß § 22 Abs. 2 WEG reicht ein Mehrheitsbeschluss nicht aus. So bedarf beispielsweise eine Fassadensanierung zwecks Energieeinsparung durch Anbringung einer Vorhangfassade und der damit einhergehenden baulich-optischen Veränderung als Modernisierungsmaßnahme gemäß § 22 Abs. 2 WEG einer doppelt qualifizierten Mehrheit (drei Viertel nach Köpfen und mehr als die Hälfte der Miteigentumsanteile) oder als bauliche Veränderung gemäß § 22 Abs. 1 WEG der Zustimmung aller Wohnungseigentümer. Ist allerdings eine Fassadensanierung aufgrund von Feuchtigkeitsschäden als Instandsetzungsmaßnahme im Sinne der Wiederherstellung eines baulich-technisch einwandfreien Zustandes erforderlich und wird im Zuge dieser dann ohnehin erforderlichen Maßnahme die baulich-optische Gestaltung des Gebäudes durch Anbringung einer Fassadenverkleidung verändert, reichte schon nach früherer Rechtsprechung für eine solche Maßnahme als „modernisierende Instandsetzung" ein einfacher Mehrheitsbeschluss aus. Seit dem 01.07.2007 ist diese Rechtsauffassung durch § 22 Abs. 3 WEG gesetzlich normiert. Danach können „modernisierende Instandsetzungsmaßnahmen" mit einfacher Mehrheit beschlossen werden, allerdings immer unter der Voraussetzung, dass die „Modernisierungsmaßnahme" mit einer ohnehin erforderlichen Instandsetzung einhergeht.

Siehe / Siehe auch: Modernisierungsmaßnahmen (Wohnungseigentum), Altbaumodernisierung, Mieterhöhung bei Modernisierung, Mietermodernisierung, Modernisierung, Modernisierende Instandsetzung (Mietwohnungen), Bauliche Veränderungen (Wohnungseigentum), Kostenverteilung

Modernisierung

modernisation; redecoration

Unter Modernisierung versteht man die Gesamtheit aller baulichen Maßnahmen, die den Gebrauchswert einer Immobilie nachhaltig erhöhen, und speziell bei Wohnungen die allgemeinen Wohnverhältnisse auf Dauer verbessern oder nachhaltige Einsparung von Energie und Wasser bewirken (§ 559 BGB). Davon abzugrenzen sind Instandhaltungsmaßnahmen, die der Erhaltung des ursprünglichen Zustandes dienen und Instandsetzungsmaßnahmen, durch die der ursprüngliche Zustand nach Schadensbeseitigung wiederhergestellt wird. Behoben werden dabei Bauschäden, die infolge von Beschädigungen, Abnutzung, Alterung oder Witterungseinflüssen entstanden sind.

Die Modernisierung einer Mietwohnung setzt voraus, dass der Vermieter dem Mieter die geplanten Maßnahmen spätestens drei Monate vor Beginn der Arbeiten „in Textform" ankündigt. Nach Abschluss der Arbeiten kann der Vermieter bei freifinanzierten Wohnungen eine höhere Miete verlangen. Dabei stehen ihm folgenden Möglichkeiten offen:

- Er erhöht die Jahresmiete höchstens um bis zu elf Prozent der reinen Modernisierungsaufwendungen ohne begleitende Instandsetzungsaufwendungen (sog. Wertverbesserungszuschlag).
- Er erhöht die Miete auf die ortsübliche Vergleichsmiete für modernisierte Wohnungen.

Im Fall einer Modernisierung hat der Mieter ein Sonderkündigungsrecht, das er zum Ablauf des zweiten Monates nach Erhalt der Modernisierungsankündigung geltend machen kann. Bei mit öffentlichen Mitteln nach dem II. WoBauG geförderten Wohnungen kann mit Hilfe einer Teilwirtschaftlichkeitsberechnung eine neue Kostenmiete berechnet und verlangt werden. Die gilt nicht mehr für Wohnungen, bei denen öffentliche Mittel nach dem Wohnraumförderungsgesetz nach dem 01.01.2002 bewilligt wurden beziehungsweise werden. Hier wird auf vereinbarte Mieten abgestellt. Für Vermieter ist die Unterscheidung zwischen Herstellungs- bzw. Erhaltungsaufwand für die Art der steuerlichen Absetzbarkeit entscheidend. Darüber hinaus stellt der Bund über die Kreditanstalt für Wiederaufbau (KfW Förderbank) zinsverbilligte Kredite vor allem im Bereich der energieeinsparenden Maßnahmen bereit. Auch die Bundesländer und manche Städte und Gemeinden stellen hierfür Mittel bereit. Über die zuständige Stelle informiert das örtliche Bauamt.

Siehe / Siehe auch: Instandhaltung / Instandsetzung (Mietrecht), Kreditanstalt für Wiederaufbau (KfW), Wohnraumförderungsgesetz

Modernisierungs- und Instandsetzungsgebot

modernisation and repair order (similar to a repair notice)

Die Gemeinde kann dem Eigentümer eines Gebäudes (einer „baulichen Anlage") auferlegen, vorhandene Missstände durch Modernisierungsmaßnahmen zu beseitigen. Gleiches gilt bei Vorliegen baulicher Mängel. Hier kann die Gemeinde ihre Beseitigung durch Instandsetzungsmaßnahmen verlangen. Missstände liegen vor, wenn davon auszugehen ist, dass die Anlage den Anforderungen an gesunde Wohn- und Arbeitsverhältnisse nicht mehr entspricht. Von Mängeln, die hier relevant sind, ist auszugehen, wenn durch sie die bestimmungsgemäße Nutzung des Gebäudes nicht unerheblich beeinträchtigen wird, das Gebäude nach seiner äußeren Beschaffenheit das Straßen- oder Ortsbild nicht nur unerheblich beeinträchtigt oder wenn das Gebäude erneuerungsbedürftig ist und wegen seiner städtebaulichen insbesondere geschichtlichen oder künstlerischen Bedeutung erhalten bleiben soll. Modernisierungs- und Instandsetzungsgebote werden vor allem in Geltungsbereich von Erhaltungssatzungen angeordnet. Die Gemeinde muss allerdings dann die Kosten tragen, wenn sie der

Eigentümer selbst nicht tragen kann. Gemeinde und Eigentümer können auch einen Pauschalbetrag vereinbaren. Vor der Anordnung einer Modernisierungs- oder Instandsetzungsmaßnahme soll die Gemeinde mit den Eigentümern Mietern und Pächter die Maßnahme erörtern, beratend tätig werden und auch auf Finanzierungsmöglichkeiten aus öffentlichen Kassen hinweisen. Rechtsgrundlage für Modernisierungs- und Instandsetzungsgebote sind die §§ 175 und 177 BauGB.
Siehe / Siehe auch: Erhaltungssatzung, Instandsetzung, Modernisierung

Modernisierungsmaßnahmen (Wohnungseigentum)

modernisation measures (freehold flat)

Nach früherem geltenden Recht waren gemäß § 22 Abs. 1 WEG waren bauliche Anpassungsmaßnahmen, auch Neuerungen und Anpassungen an veränderte Standards und geänderte Komfortansprüche (unter anderem Anbringung von Markisen, Balkonanbauten, Einbau von Aufzügen, Ersatz der Gemeinschaftsantennen durch Breitbandkabel-Anschluss, Änderung von Bodenbelägen und Wandanstrichen oder Verkleidungen in gemeinschaftlichen Räumen wie dem Treppenhaus usw.) als so genannte bauliche Veränderungen in den meisten Fällen nur mit Zustimmung aller Eigentümer möglich. Die von der früheren Rechtsprechung entwickelten Grundsätze und inzwischen gesetzlich geregelten Bestimmungen (§ 22 Abs. 3 WEG) zur mehrheitlich beschließbaren modernisierenden Instandsetzung knüpfen einschränkend grundsätzlich daran an, dass eine Instandsetzung ohnehin oder in Kürze notwendig sein muss. Um hier den Wohnungseigentümern einen größeren Entscheidungsspielraum zu schaffen, können die Wohnungseigentümer nach jetzt geltendem Recht nunmehr mit qualifizierter Mehrheit Maßnahmen zur Modernisierung und zur Anpassung der Wohnanlage an den Stand der Technik beschließen, selbst wenn eine Instandsetzungsbedürftigkeit noch nicht gegeben ist. Voraussetzung hierfür ist ein Mehrheitsbeschluss von drei Viertel aller Eigentümer, berechnet nach der Mehrheit der Köpfe und zusätzlich mehr als die Hälfte der von ihnen repräsentierten Miteigentumsanteile (doppelt qualifizierter Mehrheitsbeschluss).
Die neue Bestimmung des § 22 Abs. 2 WEG erfasst alle Maßnahmen, die über die Instandhaltung und -setzung sowie über die modernisierende Instandsetzung hinausgehen und zur nachhaltigen Erhöhung des Gebrauchswertes, der dauerhaften Verbesserung der Wohnverhältnisse oder der Einsparung von Energie und Wasser oder zur Anpassung an den Stand der Technik geboten sind. Insoweit gilt unter anderem der Einbau eines Aufzuges oder der Anbau von Balkonen als mehrheitlich beschließbare Modernisierungsmaßnahme. Abgestellt wird dabei auf den mietrechtlichen Begriff der Modernisierung im Sinne des § 559 Abs. 1 BGB. Voraussetzung für eine mehrheitlich beschließbare Modernisierungsmaßnahme ist allerdings, dass durch diese Maßnahme die Eigenart der Wohnanlage nicht verändert wird. Das ist nach bisheriger Rechtsprechung beispielsweise beim nachträglichen Anbau eines Aufzuges dann der Fall, wenn diese Maßnahme einen massiven Eingriff in die bauliche Substanz darstellt und dadurch eine nachteilige Veränderung des architektonischen Gesamteindrucks der Wohnanlage erfolgt. Auch eine unbillige Beeinträchtigung anderer Eigentümer kann einem Mehrheitsbeschluss zur Modernisierung entgegen stehen. Das kann dann der Fall sein, wenn durch einen Balkonanbau die Belichtung und Besonnung eines schon vorhandenen, darunter liegenden Balkons oder einer unter dem geplanten Balkon liegenden Wohnung beeinträchtigt wird. Einem einzelnen Eigentümer wird ein Anspruch auf Modernisierungsmaßnahmen, anders als bei Instandhaltungs- und Instandsetzungsmaßnahmen, nicht eingeräumt, es sei denn, dass die von ihm geplante Maßnahme als bauliche Veränderung im Sinne von § 22 Abs. 1 WEG keinen der übrigen Eigentümer über das nach § 14 Nr. 1 WEG zulässige Maß hinaus beeinträchtigt und deshalb zu dulden ist. Insoweit sind auch Maßnahmen zu dulden, durch die beispielsweise ein barrierefreier Zugang geschaffen wird (Rollstuhlrampe, Schräglift im Treppenhaus).
Für modernisierende Instandsetzungsmaßnahmen verbleibt es allerdings hinsichtlich des individuellen Anspruchs und hinsichtlich des einfachen Mehrheitserfordernisses bei der bisherigen Rechtsauffassung (§ 22 Abs. 3 WEG).
Siehe / Siehe auch: Instandhaltung / Instandsetzung (Wohnungseigentum), Kostenverteilung, Bauliche Veränderungen (Wohnungseigentum), Modernisierende Instandsetzung (Wohnungseigentum), Modernisierungsmaßnahmen (Wohnungseigentum)

Möblierter Wohnraum

furnished accommodation / housing

Wohnraum, den der Vermieter ganz oder überwiegend mit Einrichtungsgegenständen ausgestattet hat. Der Vermieter muss nach dem Mietvertrag zur Möblierung verpflichtet sein. Auf die tatsächliche

M

Möblierung kommt es nicht an. Für möblierten Wohnraum gelten vom allgemeinen Wohnraummietrecht abweichende Vorschriften, wenn er als Teil der vom Vermieter selbst bewohnten Wohnung vermietet und nicht zum dauernden Gebrauch an den Mieter mit seiner Familie oder anderen Personen überlassen ist, mit denen der Mieter einen gemeinsamen Haushalt führt. Die Abweichungen bestehen in folgendem:

- abgekürzte Kündigungsfristen (spätestens am 15. eines Monats zum Ablauf des gleichen Monats)
- fehlender Kündigungsschutz, (das Widerspruchsrecht des Mieters gegen die Kündigung ist ausgeschlossen).
- Nichtanwendbarkeit der Vorschriften über die Mieterhöhung (z. B. kein Sonderkündigungsrecht des Mieters bei Mieterhöhung, § 561 BGB).
- Nichtanwendbarkeit der Regeln über den Mieterschutz bei Umwandlung der Mietwohnung in Eigentumswohnung

Siehe / Siehe auch: Beendigung eines Mietverhältnisses, Umwandlung

Monierbauweise
reinforced concrete construction

Monierbauweise ist die Bezeichnung für eine Stahlbetonbauweise, die auf ihren Erfinder, den Gärtner Joseph Monier (1823-1906) anspielt. Monier hatte bei der Herstellung von Blumenkästen aus Beton erstmals Eisenstäbe in das Material eingebracht, um die Belastbarkeit seiner Produkte zu erhöhen. Noch heute werden die im Stahlbeton enthaltenen Stahlbewehrungen teilweise auch als Moniereisen bezeichnet.

Siehe / Siehe auch: Beton, Moniereisen, Stahlbeton

Moniereisen
reinforcing bar

Moniereisen ist die Bezeichnung für in Beton eingegossene Stahlstäbe bzw. aus solchen gefertigte Geflechte. Die Bezeichnung erinnert an deren Erfinder Joseph Monier.

Siehe / Siehe auch: Beton, Monierbauweise, Stahlbeton

Monitoring
monitoring

Beim Monitoring handelt es sich um eine organisierte Beobachtung einer Entwicklung die entweder durch eine bestimmte Maßnahme angestoßen wird oder die sich aufgrund gesetzter Rahmenbedingungen entfaltet. Monitoring gibt es in vielen Bereichen. In der Immobilienwirtschaft ist z.B. den Gemeinden, die Flächennutzungspläne ausweisen, durch die letzte Novellierung des BauGB auferlegt worden, sie spätestens nach 15 Jahren den neuen Entwicklungserkenntnissen entsprechend anzupassen. Dies setzt eine ständige systematische Beobachtung der Entwicklung der Gemeinde voraus. Auch die in Umweltprüfungen festgestellten Umweltveränderungen, beruhen auf Ergebnissen eines Monitoring. Es gibt Stadtbeobachtungssysteme, etwa das Monitoring Soziale Stadtentwicklung des Berliner Senats. Dessen Ergebnisse werden in periodischen Berichten festgehalten.

Mono-Store-Konzepte
mono-store concepts

Unternehmen mit Mono-Store-Konzepten unterscheiden sich von den vertikalen Einzelhandelsunternehmen, die den gesamten Wertschöpfungsprozess von der Konzeption über die Produktion bis hin zur Vermarktung in eigenen Outlets und in eigener Regie durchführen, durch die Tatsache, dass sie ihre Produkte nicht ausschließlich in eigenen Einzelhandel-Outlets vertreiben.

Siehe / Siehe auch: Vertikale Einzelhandelsunternehmen

Multi-Problem-Immobilien
distressed property

Siehe / Siehe auch: Problemimmobilie

Multiplexkino
multiplex cinema

Dabei handelt es sich um Kinozentren bzw. -komplexe, die über eine ganze Reihe einzelner Kino-Säle für eine mindestens vierstellige Besucherzahl verfügen und die ergänzt werden durch Gastronomie und evtl. weitere Freizeitangebote. In den 90er Jahren schossen derartige Lichtspiel-Großbetriebsform, im Gefolge eines ähnlichen Booms in den USA, wie Pilze aus den Boden – obwohl vielerorts schon klar war, dass nicht nur ein, zwei sondern noch mehr konkurrierende Betreiber sich den nicht beliebig erweiterbaren Kuchen untereinander aufteilen müssten. Inzwischen ist in diesem Bereich ein weitestgehender Investitionsstop eingetreten und Multiplex-Kinos bzw. deren Betreiber haben bzw. werden zunehmend wirtschaftliche Schwierigkeiten bekommen. Es handelt sich hier um eine Entwicklung, die vergleichbar ist mit der Entwicklung vor ca. 25 Jahren, als jede Gemeinde eine eigene Tennisanlage oder ein Schwimmbad anschaffen wollte und vielfach das Nachfragepotential und vor allem die laufenden Betriebskosten völlig unterschätzt hatte. Nach Jahren heftiger Zuwächse hat dieser Objekttyp inzwischen die Wachstums- und Reifephase hinter sich gelassen und befindet sich in der Sättigungsphase; in einigen Regionen hat die heftige Angebotsausweitung der vergangenen Jahre sogar schon die Degenerationsphase eingeläutet. Es stellt sich bei einer Reihe dieser Anlagen die Frage, ob sie angesichts der deutlichen Überkapazität von Kinos und Freizeiteinrichtungen am Markt bestehen können. Auf jeden Fall kommt es hier zu Umschichtungen zu Lasten traditioneller, alteingesessener Stadt- bzw. Vorstadtkinos; diese befinden sich vielfach in der Degenerationsphase bzw. versuchen dieser Entwicklung durch neue Konzepte (z. B. als anspruchsvolle Programmkinos) entgegenzusteuern.

Muskelhypothek

sweat equity

Muskelhypothek ist der volkstümliche Ausdruck für die Eigenleistung des Bauherrn und seiner unentgeltlich helfenden Verwandten und Freunde. Die Muskelhypothek senkt den Fremdkapitalbedarf. Sie wird bei der Kapitalermittlung von Banken als Eigenkapital anerkannt, sollte allerdings nicht zu hoch eingeschätzt werden.

Siehe / Siehe auch: Fremdkapital

Nach-Kauf-Marketing

after-sales marketing

Siehe / Siehe auch: After-Sales-Service

Nachbarrecht

law concerning the respective interest of neighbour's or occupiers of adjoining property

Zu unterscheiden ist zwischen zivilrechtlichen Vorschriften des Nachbarrechts (§§ 906-924 BGB) und öffentlich rechtlichen Vorschriften – insbesondere das sog. Baunachbarrecht.

Ziviles Nachbarrecht:

Die zivilrechtlichen Regelungen beziehen sich auf den Schutz der Nachbarn vor störenden Geräuschen und Gerüchen, dem Überhang von Zweigen und dem Überfall von Früchten, gefahrdrohende Anlagen und Einrichtungen sowie auf das Notwegerechte und Rechtsansprüche die beim Überbau entstehen. Es verleiht dem benachteiligten Nachbarn Abwehransprüche. Einwirkungen („Immissionen") von geringfügiger Natur müssen hingenommen werden. Das zivile Nachbarrecht ist geprägt durch eine große Anzahl von Einzelfallentscheidungen nach dem Grundsatz von Treu- und Glauben unter Würdigung des sog. nachbarlichen Gemeinschaftsverhältnisses. Die Vorschriften des BGB sind über das BGB-Einführungsgesetz mit landesrechtlichen Vorschriften zum Nachbarrecht verzahnt. Den zivilrechtlichen Vorschriften des Nachbarrechts gemein ist, dass sie Ansprüche der Nachbarn untereinander begründen.

Öffentlich rechtliches Nachbarrecht:

Regelungen der Landesbauordnungen (Baunachbarrecht) der einzelnen Bundesländer gehören, soweit sie „nachbarschützend" sind, zum öffentlich rechtlichen Nachbarrecht. Das gleiche gilt auch von entsprechenden bauordnungsrechtlichen Bestimmungen. Dabei ist wegen der divergierenden Rechtsprechung nicht immer klar, ob Voraussetzung für das Entstehen von Abwehransprüchen des betroffenen Nachbarn eine tatsächliche (spürbare) Beeinträchtigung des Nachbarn ist. Bei nachbarschützenden Festsetzungen in einem Bebauungsplan (Baulinien, Baugrenzen) muss in der Regel eine tatsächliche Beeinträchtigung nicht nachgewiesen werden. Allerdings dienen nicht alle Festsetzungen (z.B. Geschossflächenzahlen) dem Nachbarschutz. Nachbarschützend sind zum Teil auch Festsetzungen der Art baulicher Nutzung im Bebauungsplan. Öffentliches Nachbarrecht begründet nicht - wie zivilrechtliches - Ansprüche gegen andere Nachbarn, sondern Ansprüche gegen Behörden. Teilweise nachbarrechtlichen Charakter hat im Bereich des öffentlichen Rechts auch das Bundesimmissionsschutzgesetz, das vor allem die besondere Genehmigungspflicht der Errichtung und des Betriebes von Anlagen zum Gegenstand hat, deren „Emissionen"die Allgemeinheit oder die Nachbarn stärker beeinträchtigen könnten. Beispiele: Heizkraftwerke, automatische Waschstraßen, Lackieranlagen, Anlagen zum Halten und zur Aufzucht von Geflügel oder zum Halten von Schweinen ab einer bestimmten Größenordnung und vieles mehr.

Siehe / Siehe auch: Bauordnungsrecht, Immission, Überbau

Nachbarschaftsausschuss

committee made up of neighbouring municipalities or counties

Der Nachbarschaftsausschuss ist eine in verschiedenen Bundesländern übliche Sonderform der kommunalen Arbeitsgemeinschaft. Er berät über Angelegenheiten, die mehrere angrenzende Gemeinden oder Landkreise betreffen. Der Nachbarschaftsausschuss besitzt keine Durchführungskompetenz.

Siehe / Siehe auch: Nachbarschaftsbereich, Nachbarschaftsverband

Nachbarschaftsbereich

area made up of neighbouring cities and municipalities

In Baden-Württemberg bilden die Städte und Gemeinden eines Nachbarschaftsbereiches den Nachbarschaftsverband. Man unterscheidet dabei zwischen Kernstädten (die den Kern des Nachbarschaftsbereiches bilden) und weiteren Städten und Gemeinden (Umlandgemeinden). Die Einteilung stammt aus dem Nachbarschaftsverbandsgesetz von 1974. In Rheinland-Pfalz stellt der Nachbarschaftsbereich eine spezielle Art der kommunalen Arbeitsgemeinschaft dar. Er soll eine bessere Koordination der beteiligten Gemeinden ermöglichen. Durchführungskompetenzen besitzt der Nachbarschaftsbereich nicht. Der Begriff taucht auch im Sozialgesetzbuch (SGB IX) auf. Hier geht es um die unentgeltliche Beförderung von Schwerbehinderten in Wasserfahrzeugen im Linien-, Fähr- und Übersetzverkehr – insbesondere in solchen, die der „Beförderung von Personen im Orts- oder Nachbarschaftsbereich" dienen. Der Nachbarschaftsbereich ist dabei „der Raum zwischen benachbarten Gemeinden, die, ohne aneinander angrenzen zu

müssen, durch einen stetigen, mehr als einmal am Tag durchgeführten Verkehr wirtschaftlich und verkehrsmäßig verbunden sind" (§ 147 Abs.1 SGB IX). Auch das Personenbeförderungsgesetz kennt den Begriff „Nachbarschaftsbereich"– im Zusammenhang mit der Definition der Straßenbahn.
Siehe / Siehe auch: Nachbarschaftsausschuss, Nachbarschaftsverband

Nachbarschaftshilfe

neighbourly help

Nachbarschaftshilfe ist die unbezahlte Hilfe bei Arbeiten (meist im Bereich von Haus, Garten oder Wohnung) für einen Nachbarn. Als Entlohnung für den Helfer dürfen ein Imbiss, eine Kiste Bier oder ein kleines Geschenk dienen – und die Kosten für diese Gegenleistungen können sogar steuerlich geltend gemacht werden: Arbeiten, die der Erhaltung des Gebäudes oder der Wohnung dienen, können als Werbungskosten im Jahr des Kostenanfalls abgezogen werden. Kosten für Arbeiten, die zum „Herstellungsaufwand" zu rechnen sind (Eigenheimbau), werden grundsätzlich über die Restnutzungsdauer des Gebäudes abgeschrieben. Der Zoll unterscheidet auf seiner Homepage (www.zoll-stoppt-schwarzarbeit.de) die Selbsthilfe (Beispiel: Fußballspieler hilft bei Renovierung des Vereinsheims), die Gefälligkeit (Beispiel: Automechaniker kommt zufällig an Pannenfahrzeug vorbei und macht es unentgeltlich wieder flott) und die Nachbarschaftshilfe (Beispiel: Nachbarn pflegen gegenseitig ihren Garten, wenn der andere in Urlaub ist). Nicht als Schwarzarbeit werden Hilfeleistungen durch Angehörige und Lebenspartner, Nachbarschaftshilfe oder Gefälligkeiten behandelt, wenn die Tätigkeiten nicht nachhaltig auf Gewinn ausgerichtet sind.

Das bedeutet: Im Vordergrund des Tätigwerdens muss die Hilfe für den Nachbarn stehen und nicht die Bezahlung. Mäht also der Nachbarsjunge für ein paar Euro den Rasen, ist keine Bestrafung wegen Schwarzarbeit zu befürchten. Sobald die Gewinnerzielung im Vordergrund steht, handelt es sich jedoch um Schwarzarbeit, die für Auftraggeber und Auftragnehmer zu Strafen, Bußgeldern und ggf. zu Nachzahlungen von Sozialversicherungsbeiträgen führen kann. Im Bereich auch kleinerer Baustellen muss mit Kontrollen gerechnet werden.
Siehe / Siehe auch: Abschreibung

Nachbarschaftsverband

association of neighbouring cities and municipalities

In Baden-Württemberg existieren seit 1976 Nachbarschaftsverbände als Körperschaften des öffentlichen Rechtes. Mitglieder sind die zum Nachbarschaftsbereich gehörenden Städte und Gemeinden. Rechtsgrundlage ist das Vierte Gesetz zur Verwaltungsreform (Nachbarschaftsverbandsgesetz).
Aufgabe der Verbände ist es, unter Berücksichtigung der Ziele der Raumordnung und Landesplanung eine geordnete Weiterentwicklung des Nachbarschaftsbereiches zu ermöglichen. Dabei soll unter den Mitgliedern ein Interessenausgleich stattfinden. Der Nachbarschaftsverband ist Träger der vorbereitenden Bauleitplanung und ist bei der verbindlichen Bauleitplanung als Träger öffentlicher Belange zu beteiligen. Seine Organe sind die Verbandsversammlung und der Verbandsvorsitzende.
Siehe / Siehe auch: Nachbarschaftsausschuss, Nachbarschaftsbereich

Nachbesserung

rectification of defects; finishing touches; repair(s)

Siehe / Siehe auch: Nacherfüllung

Nacherfüllung

subsequent fulfillment / performance

Nacherfüllung kann entweder in einer Nachbesserung bestehen, bei der die Mängel an erbrachten Leistungen vom Auftragnehmer (Unternehmer, Handwerker) beseitigt werden. Die Alternative hierzu ist Erbringung einer neuen, mängelfreien Leistung. Der in Anspruch genommene Unternehmer kann zwischen diesen beiden Arten der „Nacherfüllung" wählen. Dies gilt auch für Mängel an Bauleistungen, die bei Abnahme festgestellt werden. Das BGB-Werkvertragsrecht entspricht hier auch dem Recht nach VOB 2006. Gerät der Unternehmer (Bauhandwerker) mit der angemahnten Nacherfüllung in Verzug, kann nach der geltenden Regelung des Schuldrechts der Bauherr die „Selbstvornahme" auf Kosten des Unternehmers durch einen anderen Unternehmer ohne vorhergehende Nachfristsetzung veranlassen. Eine Minderung der Vergütung als Alternative zur Nacherfüllung muss vom Auftraggeber erklärt werden.

Dies setzt aber voraus, dass die Mangelbeseitigung für den Auftraggeber unzumutbar ist oder nur mit einem unverhältnismäßig hohen Aufwand möglich wäre und deshalb vom Auftragnehmer verweigert wird. Die Minderung kann bis zu 100 Prozent des Werklohnes gehen. Ein Rücktrittsrecht nach BGB hat bei einem Bauwerk keine Bedeutung und ist in der VOB auch nicht vorgesehen.

Nachfassen

to follow up; a follow-up action

Mit Nachfassen ist eine Aktion gemeint, die an eine angestoßene Geschäftsanbahnung oder an einen vorherigen Kontakt anknüpft. Immobiliengeschäfte, die in der Regel hohe Investitionsvolumina erfordern, benötigen einen längeren Entscheidungsprozess. Bis zum Kauf- / Mietvertragsabschluss sind mehrere Kontakte notwendig.

Dem Zuschicken von Exposees oder Prospekten kann nach etwa zwei Wochen eine Nachfass-Aktion folgen, es sei denn, der Interessenten reagiert vorher. Für Nachfass-Aktionen dient der Einsatz der Wiedervorlage. Der Erfolg ist von der Geübtheit des Maklers / Verkäufers / Vermieters (Hartnäckigkeit, Überzeugungsleistung) und von einer guten Datenlage abhängig. Diese kann in Briefen mit Fragebögen erweitert werden (mit und ohne adressierten und frankierten Rückumschlag), um herauszufinden, was dem Interessenten gefallen und was ihn gestört hat.

Die Antworten fließen in die statistischen Erhebungen des Immobilien-Unternehmens ein. Das Nachfassen kann telefonisch, per Brief, per E-Mail und persönlich erfolgen.

Siehe / Siehe auch: Akquisitionsstrategien, Akquisitionsprospekt (Maklergeschäft), Marketing-Maßnahmen

Nachfrist im Mietrecht

grace period / additional respite / extension of the original term under the law of tenancy

Siehe / Siehe auch: Nichtdurchführung von Schönheitsreparaturen durch Mieter

Nachhaltige Sanierung im Bestand

sustainable reorganisation of portfolio

Siehe / Siehe auch: Sanierung

Nachhaltigkeit

sustainability

Der Begriff der Nachhaltigkeit wurde 1987 durch die Brundtland-Kommission für Umwelt und Entwicklung geprägt und wurde zur wesentlichen Beurteilungsgrundlage politischer Programme und Entscheidungen besonders im Bereich des Umweltschutzes.

Der Grundgedanke: „Nachhaltige Entwicklung ist Entwicklung, die die Bedürfnisse der Gegenwart befriedigt, ohne zu riskieren, dass künftige Generationen ihre eigenen Bedürfnisse nicht befriedigen können.“ (Zitat aus dem Kommissionsbericht) Man spricht von einem Nachhaltigkeitsdreieck, wonach Maßnahmen ökologisch unbedenklich, ökonomisch effizient und sozial gerecht sein sollen.

Nachmieter

new / subsequent tenant

Mieter, die vor Ende der regulären Mietzeit ausziehen wollen, können einen Nachmieter benennen, der an ihrer Stelle die restliche Zeit das Mietverhältnis fortsetzt. Voraussetzung ist allerdings, dass der Mietvertrag eine sog. Nachmieterklausel enthält. Ohne eine solche Vereinbarung braucht der Vermieter den Mieter grundsätzlich nicht vorzeitig aus dem Mietverhältnis zu entlassen.

Ausnahmsweise kann der Mieter jedoch ein Recht darauf haben, gegen Nachmieterstellung aus dem Mietvertrag entlassen zu werden, wenn er ein berechtigtes Interesse an der vorzeitigen Beendigung des Mietvertrages nachweist. Dies ist von der Rechtsprechung zugelassen worden für:

- Zeitmietverträge
- Mietverträge mit einer Kündigungsfrist von über 6 Monaten.

Für alle seit der Mietrechtsreform abgeschlossenen unbefristeten Mietverträge gilt grundsätzlich eine Kündigungsfrist von 3 Monaten, sodass dieser Sonderfall nur noch selten eintreten kann. Ein berechtigtes Interesse wurde von Gerichten in folgenden Fällen angenommen:

- Mieter benötigt aus familiären Gründen (Heirat / Kinder) größere Wohnung
- Mieter muss beruflich in andere Stadt umziehen
- Mieter muss aus gesundheitlichen- / Altersgründen in Altenheim oder Pflegeeinrichtung ziehen
- Ähnlich schwerwiegende Gründe, die ein weiteres Bewohnen der bisherigen Wohnung unzumutbar machen – insbesondere gesundheitliche Gründe.
- Kein berechtigtes Interesse besteht, wenn der Mieter den Grund selbst herbeigeführt hat, um umziehen zu können oder wenn er die Wohnung nicht mehr bezahlen kann.

Siehe / Siehe auch: Nachmieter, Ablehnung, Nachmieterklausel

Nachmieter, Ablehnung

new / subsequent tenant, rejection of

In den (Ausnahme-) Fällen, in denen der Mieter durch Stellung eines Nachmieters aus dem Mietvertrag entlassen werden kann, muss der Vermieter nicht jeden Nachmieter akzeptieren. Der Nachmieter muss geeignet sein. Das heißt:

- Er muss einen Mietvertrag zu den bisherigen Bedingungen akzeptieren
- Er muss finanziell fähig sein, Miete und Nebenkosten zu bezahlen.

Der Vermieter darf den Nachmieter ablehnen, wenn es dafür wichtige Gründe hinsichtlich der Person oder der Zahlungsfähigkeit des Nachmieters gibt.
Wichtige Gründe hinsichtlich der Person liegen bei bloßer persönlicher Abneigung nicht vor. Eine subjektive negative Einstellung des Vermieters gegenüber bestimmten Mietergruppen – z.B. allein erziehende Mieter mit Kind, Ausländer – ist unbeachtlich (vgl. BGH, Az.: VIII ZR 244/02). Der Vermieter hat eine angemessene Überlegungsfrist für seine Entscheidung. Diese kann bis zu drei Monaten betragen (vgl. LG Gießen, WM 97, 264).
Siehe / Siehe auch: Nachmieter, Nachmieterklausel

Nachmieterklausel
clause regarding the acceptance of subsequent/ new tenants

Man unterscheidet die echte und die unechte Nachmieterklausel.
Echte Nachmieterklausel: Der ausscheidende Mieter hat einen Anspruch darauf, dass der Vermieter den Nachmieter akzeptiert. Das gilt nicht, wenn wichtige sachliche Gründe in der Person oder hinsichtlich der Finanzlage des Nachmieters dagegen sprechen.
Unechte Nachmieterklausel: Dem Mieter wird lediglich das Ausscheiden aus dem Mietverhältnis ermöglicht. Ob der Vermieter mit dem angebotenen Nachmieter einen Vertrag abschließt oder nicht, ist seine eigene Entscheidung. Meist sieht die Klausel die Benennung von mindestens drei wirtschaftlich und persönlich zuverlässigen Nachmietern vor. Akzeptiert der Vermieter keinen der drei, ohne einen wichtigen sachlichen Grund zu nennen, muss er den Mieter aus dem Vertrag entlassen.
Welche Klausel im Einzelfall vereinbart wurde, muss im Zweifel durch Vertragsauslegung ermittelt werden.
Siehe / Siehe auch: Nachmieter, Nachmieter, Ablehnung

Nachprüfungspflicht
subject to verification / duty to verify

a) Immobilienmakler

Den Immobilienmakler trifft grundsätzlich nicht die Verpflichtung, Angaben, die ihm im Rahmen seiner Auftragsdurchführung gemacht werden, nachzuprüfen. Nur wenn die Angaben aus objektiver Sicht und bei Anwendung normaler Sorgfalt falsch sein müssen, darf er sie nicht ungeprüft weitergeben. Beispiel: Der Verkäufer gibt die Grundstücksgröße mit 1000 Quadratmetern an. Der Makler weist in seinem Exposé nicht darauf hin, dass er die Angaben nicht überprüft hat. Der Makler wirbt mit der Ankündigung „geprüfte Objekte". Der Makler setzt sich für die Richtigkeit der Angaben persönlich ein (vgl. OLG Hamm MDR 1998, 269). Für allgemeine Anpreisungen haftet der Makler dagegen nicht (vgl. Palandt-Sprau § 652 Rdnr.14).

b) Versicherungsmakler

Der Versicherungsmakler hat weitergehende Pflichten gegenüber seinem Kunden, dem er eine fondsgebundene Lebensversicherung anbietet.
Ihm obliegt eine Tätigkeitspflicht. Er soll den gewünschten Abschluss herbeiführen. Daraus ergibt sich eine Prüfungspflicht. Der Makler prüft das Objekt, untersucht das Risiko und informiert seinen Auftraggeber ständig, unverzüglich und ungefragt über die für diesen wichtigen Zwischen- und Endergebnisse seiner Bemühungen. Wegen dieser umfassenden Pflichten kann der Versicherungsmakler für den Bereich des Versicherungsverhältnisses des von ihm betreuten Versicherungsnehmers als dessen treuhänderischer Sachwalterbezeichnet und insoweit mit sonstigen Beratern verglichen werden (vgl. BGH MDR 2007,1130).
Siehe / Siehe auch: Nebenpflichten des Maklers

Nachschusspflicht
liability to assessment; liability to make further contributions; reserve liability

Unter Nachschusspflicht versteht man die Pflicht eines Gesellschafters, der Gesellschaft im Bedarfsfall über seinen ursprünglichen Gesellschaftsanteil hinaus Geld zur Verfügung zu stellen. Die Nachschusspflicht beruht auf Gesetz, Satzung oder Gesellschaftsvertrag.
Die Nachschusspflicht kann Gesellschafter einer GmbH (§§ 26-28 GmbHG) genau so treffen wie die Genossen einer eingetragenen Genossenschaft (eG) oder die Mitglieder einer bergrechtlichen Gewerkschaft (hier wird sie „Zubuße" genannt). Die im GmbH-Gesetz geregelte Nachschusspflicht des Gesellschafters kann als betraglich beschränkte oder unbeschränkte Nachschusspflicht vereinbart werden.
Siehe / Siehe auch: Wohnungsgenossenschaft

Nachstellige Finanzierung

provision of money on second or junior mortgages

Die nachstellige Finanzierung ist eine Finanzierungsvariante unter Verwendung von Finanzmitteln, die durch nachrangig (also nicht an erster Stelle) im Grundbuch eingetragene Grundpfandrechte (Hypothek, Grundschuld) besichert werden. Einige Bundesländer gewähren zur Förderung des Wohnungswesens Dauerbürgschaften für nachstellige Darlehen. Die Bürgschaftsgewährung ist an den Zweck der Finanzierung geknüpft. Das Darlehen muss z.B. in Sachsen-Anhalt mindestens 5.000 Euro (Stand 2006) betragen, zur Finanzierung der Gesamtkosten bestimmt sein, als Tilgungsdarlehen zu marktüblichen Konditionen vereinbart und außerhalb der Beleihungsgrenze für erststellige Darlehen am Baugrundstück dinglich gesichert sein.
Die Zweite Berechnungsverordnung (II. BV) bestimmt in § 16 Abs. 2, dass die Bewilligungsstelle im öffentlich geförderten sozialen Wohnungsbau auf Antrag des Bauherrn unter anderem Fremdmittel ganz oder teilweise als Ersatz der Eigenleistung anerkennen kann, wenn diese im Rang nach dem der nachstelligen Finanzierung dienenden öffentlichen Baudarlehen auf dem Baugrundstück dinglich gesichert sind.
Siehe / Siehe auch: Bürgschaft, Grundpfandrecht

Nachtragsvereinbarung

endorsement to an original contract

Wird ein langfristiger Mietvertrag durch eine Zusatzvereinbarung nachträglich geändert, so genügt es zur Wahrung der gesetzlichen Schriftform des gesamten Vertragswerks, wenn eine Nachtragsurkunde auf den ursprünglichen Vertrag Bezug nimmt und zum Ausdruck bringt, es solle unter Einbeziehung des Nachtrags bei dem verbleiben, was früher bereits formgültig vereinbart war.
Siehe / Siehe auch: Schriftformerfordernis eines Vertrages (Mietvertrag)

Nachtruhe im Mietshaus

period during the night in which peace must be kept in a tenement house

Landesgesetze und Lärmschutzsatzungen von Gemeinden legen vielerorts fest, wann Nachtruhe zu herrschen hat. In dieser Zeit müssen Musik, Fernsehen etc. auf Zimmerlautstärke begrenzt werden (hörbar nicht außerhalb des jeweiligen Zimmers). Lärmerzeugende Tätigkeiten aller Art dürfen nicht stattfinden. Die Geräte- und Maschinen-Lärmschutzverordnung bestimmt bundesweit, dass lärmerzeugende Geräte wie Freischneider, Grastrimmer und Graskantenschneider, Laubbläser und Laubsammler in Wohngebieten nur werktags zwischen 9 Uhr und 13 Uhr und von 15 Uhr bis 17 Uhr eingesetzt werden dürfen. Eine ganze Reihe von weiteren Geräten vom Rasenmäher über Betonmischer, Bohrgeräte, Kreissägen, Schweißgeräte bis zur Pistenraupe dürfen werktags zwischen 20.00 und 7.00 Uhr sowie an Sonn- und Feiertagen ganztägig nicht verwendet werden. Es gibt jedoch Ausnahmeregelungen für besonders leise Geräte oder Sonderfälle (Schneeräumen im Winter).
In einer Mietwohnung enthält meist der Mietvertrag oder die Hausordnung eine Regelung zu den Ruhezeiten, oft auch mit Beispielen für lärmerzeugende Tätigkeiten, die in dieser Zeit unterbleiben müssen. Hier gibt es regionale Unterschiede. Gängig sind Ruhezeiten zwischen 22 Uhr und 7 Uhr sowie zwischen 13 und 15 Uhr. Bestimmte Geräusche gehören zum normalen Wohngebrauch und sind von den Nachbarn hinzunehmen. Dazu zählen auch bei Nacht das Duschen, Baden und Betätigen der WC-Spülung. Auch ein schreiendes Kleinkind gehört in diese Kategorie. Dauerndes nächtliches Herumtoben von Kindern muss jedoch nicht toleriert werden. Nächtliches Feiern hat generell immer im Rahmen der Zimmerlautstärke zu bleiben. Die Faustregel „einmal im Jahr ist eine Party erlaubt“ ist ein Mythos. Hier hilft nur eine freundliche Ankündigung und die Verständigung mit den Nachbarn.
Wird die Nachtruhe nachhaltig gestört, kann die Polizei eingeschaltet werden. Diese bittet in der Regel nur um Ruhe, kann jedoch auch eine Stereoanlage beschlagnahmen oder eine Anzeige wegen einer Ordnungswidrigkeit schreiben: Nach § 117 Abs. 1 Ordnungswidrigkeitengesetz (OWiG) handelt ordnungswidrig, wer ohne berechtigten Anlass oder in einem unzulässigen oder nach den Umständen vermeidbaren Ausmaß Lärm erregt, der geeignet ist, die Allgemeinheit oder die Nachbarschaft erheblich zu belästigen oder die Gesundheit eines anderen zu schädigen. Dies kann mit einer Geldbuße bis zu 5.000 Euro geahndet werden. Das Oberlandesgericht Düsseldorf hat dementsprechend entschieden, dass bei erheblicher Lärmbelästigung in der Zeit von 22 Uhr bis 6 Uhr ein Bußgeld verhängt werden kann (Az. 5 Ss (OWI) 149/95 und 5 Ss (OWI) 79/95 I). Im Mietverhältnis muss der Vermieter dafür sorgen, dass eine vertragsgemäße Nutzung der Mietwohnung möglich ist. Wird ein Mieter also durch ständigen nächtlichen Lärm eines anderen Mieters gestört, ist es Sache des Vermieters, auf Einhaltung der Nachtruhe hinzuwirken. Dies kann etwa durch

eine Abmahnung mit Hinweis auf die mietvertraglichen Ruhezeiten geschehen. Im extremen Ausnahmefall ist auch eine Kündigung denkbar. Der vom nächtlichen Lärm im Schlaf gestörte Mieter kann eine Mietminderung geltend machen – diese wird meist bei 10 bis 20 Prozent der monatlichen Miete liegen. Soll gegen nächtlichen Lärm mit rechtlichen Mitteln eingeschritten werden, empfiehlt sich die Anfertigung eines Lärmprotokolls mit genauen Angaben zu Datum, Uhrzeit und Art des Lärms.
Siehe / Siehe auch: Mietminderung, Baden

Nachtspeicherheizung

off-peak electric heating; thermal storage heating

Nachtspeicherheizungen werden auch als Nachtstromheizungen oder elektrische Speicherheizungen bezeichnet. Sie verfügen über einen Wärmespeicher, der nachts, wenn die Stromtarife günstiger sind, elektrisch aufgeheizt wird und seine Wärme tagsüber wieder abgibt. Um dieses Verfahren zu nutzen, muss ein spezieller Stromzähler vorhanden sein, der zwei Zählwerke besitzt und eine Umschaltung von Hoch-Tarif- auf Niedrig-Tarif-Strom ermöglicht. Die Umschaltung erfolgt durch den Stromversorger per Schaltuhr oder Fernsteuerung. Inzwischen sind in vielen Orten die günstigen Nachttarife der Stromversorger abgeschafft worden. Nachtspeicherheizungen kamen schon in den 50-er Jahren auf. Ihre Nutzung wurde unter anderem von den Stromversorgern propagiert, die ihre Kraftwerke auch nachts auslasten wollten. Erste Kritik kam auf, als Asbest als gesundheitsschädlich erkannt wurde: Das Material war in vielen Speicherheizungen eingebaut; es findet sich immer noch in alten Geräten. Zwar konnte Asbest durch andere Werkstoffe ersetzt werden. Die kontinuierliche Steigerung der Strompreise sowie ihr geringer Wirkungsgrad von nur 34 Prozent machen sie zunehmend unwirtschaftlich. Nachtspeicheröfen sind zudem unflexibel: Steigt oder sinkt die Außentemperatur unerwartet, kann die Wärmeabgabe der Heizung nicht sofort angepasst werden.

Asbest wurde insbesondere bei Wärmedämmungen und Isoliermaterial der älteren Geräte verwendet. Wenn Asbestfasern in die Luft gelangen, sind auch geringste Mengen gefährlich. Unproblematisch sind Geräte ab Baujahr 1977, bei denen der krebserzeugende Stoff nicht mehr verwendet wurde. Klärung, ob eine Nachtspeicherheizung asbesthaltige Fasern an die Umgebungsluft abgibt, kann ein Gutachten bringen (Kosten für Staubuntersuchung ab 75 Euro, Raumluftmessung circa ab 700 Euro). Das Gerät darf nur durch Fachpersonal geöffnet werden, da sonst Gesundheitsgefahren bestehen können. Wenn aus Alter und Bauart des Nachtspeicherofens hervorgeht, dass dieser Asbest enthält, kann der Mieter der Wohnung das Bauaufsichtsamt einschalten. Die Behörde kann die Anordnung treffen, dass die Notwendigkeit einer Sanierung durch ein (vom Eigentümer bezahltes) Sachverständigengutachten geprüft wird und dass anschließend gegebenenfalls ein Austausch des Heizsystems stattfindet. Wenn feststeht, dass in der Wohnung Asbestfasern freigesetzt werden, kann der Mieter vom Vermieter den Austausch des Nachtspeicherofens fordern. Bis zum Austausch kann eine Mietminderung von 50 Prozent vorgenommen werden. Der Gesetzgeber hat im Rahmen der ab 01.10.2009 wirksamen Energieeinsparverordnung 2009 Regelungen für eine stufenweise Abschaffung der Nachtspeicherheizungen getroffen. Der neue § 10a EnEV gilt für Wohngebäude mit mehr als fünf Wohneinheiten, die ausschließlich mit Speicherheizungen beheizt werden. Für Nichtwohngebäude gilt die Vorschrift, wenn diese mindestens vier Monate im Jahr auf mindestens 19 Grad Celsius beheizt werden und in ihnen über 500 Quadratmeter Nutzfläche elektrisch erwärmt werden. Die Neuregelung besagt, dass vor dem 01.01.1990 installierte Systeme nur noch bis zum 31.12.2019 weiter betrieben werden dürfen. Nach dem 31.12.1989 installierte elektrische Speicherheizungen können maximal dreißig Jahre lang genutzt werden. Fand nach dem 31.12.1989 eine Erneuerung wesentlicher Bauteile statt, dürfen die Heizungen nach der Erneuerung weitere dreißig Jahre laufen. Existieren in einem Gebäude mehrere Nachtspeicherheizungen, ist für den Lauf der 30-Jahres-Frist jeweils das Einbaudatum des zweitältesten Gerätes entscheidend.

Von der stufenweisen Außerbetriebnahme sind Geräte mit einer Heizleistung unter 20 Watt pro Quadratmeter Nutzfläche ausgenommen. Wurde der Bauantrag für das Gebäude nach dem 31.12.1994 gestellt oder entspricht dieses den Maßstäben der Wärmeschutzverordnung von 1994, ist die Vorschrift ebenfalls nicht anwendbar. Die Pflicht der Außerbetriebnahme gilt auch dann nicht, wenn ihr anderweitige öffentlich-rechtliche Vorschriften entgegenstehen oder wenn der Austausch des Heizsystems sich selbst bei Einsatz von Fördermitteln nicht innerhalb einer angemessenen Zeit durch Heizkosteneinsparungen rentieren würde. Im Rahmen ihres Programmes „Energieeffizient Sanieren" für Privatkunden bezuschusst die KfW-Förderbank den Austausch einer Nachtspeicherheizung gegen

ein moderneres Heizsystem und die fachgerechte Entsorgung des Altgerätes mit 150 Euro pro Gerät. Die Förderung kann von Eigentümern von Wohnräumen (Selbstnutzer und Vermieter) sowie von Mietern mit Zustimmung des Vermieters in Anspruch genommen werden. Der Antrag ist nach dem Umbau (spätestens drei Monate nach Einbau der neuen Heizung) bei der KfW zu stellen.
Siehe / Siehe auch: Energieeinsparverordnung (EnEV), Mietminderung, Sachmangel (im Mietrecht)

Nachtspeicherofen

night-storage heater; off-peak electric heater

Bei Nachtspeicheröfen beziehungsweise Nachtspeicherheizungen handelt es sich um ein elektrisches Heizsystem, dessen Kosten üblicherweise nicht über den Vermieter als Betriebskosten auf den Mieter umgelegt werden. Stattdessen zahlt der Mieter seine Heizkosten als Stromkosten meist direkt an den Stromversorger.
Nach der Energieeinsparverordnung 2009 (EnEV 2009) müssen viele Nachtspeicherheizungen bis 31.12.2019 ausrangiert und durch andere, modernere Heizsysteme ersetzt werden.
Siehe / Siehe auch: Nachtspeicherheizung

Nachweis im Maklergeschäft

proof / evidence / verification in a broker's business

Die Maklerdienstleistungen bestehen hauptsächlich in der Information über konkrete aktuelle Vertragsmöglichkeiten am Markt (= Nachweis), im aktiven Vermitteln von Verträgen zwischen dem Verkäufer und den potentiellen Käufern und letztlich in der Beratung der Auftraggeber. Das BGB beschreibt die Informationsleistung eines Maklers mit „Nachweis von Vertragsabschlussgelegenheiten". Die Informationen gehen in der Praxis jedoch weit darüber hinaus. Es wird von zwei Arten des Nachweises gesprochen, dem Objekt- und dem Interessenten-Nachweis. Beim Objektnachweis wird einem Interessenten ein miet- oder kaufbares Objekt genannt. Dies geschieht unter Nennung der genauen Objektanschrift und des Vermieters bzw. Verkäufers. Handelt es sich jedoch um einen Interessenten-Nachweis, so wird dem Verkäufer bzw. Vermieter (Objektanbieter) ein aktueller Interessent mit Namen und Anschrift genannt. Wichtig ist, dass der Nachweis die Informationen enthalten muss, die es dem Auftraggeber problemlos ermöglichen mit dem nachgewiesenen Geschäftspartner in Verbindung zu treten. Ein unvollkommener Nachweis, der dem Auftraggeber zumutet, selbst zu recherchieren z.B. mit wem er in Verbindung treten muss, wo der mögliche Geschäftspartner wohnt, begründet keinen Provisionsanspruch. Es handelt sich um einen unvollkommenen Nachweis. Der Nachweis setzt voraus, dass sowohl der Objektanbieter, d.h. der Verkäufer, als auch der Interessent, d.h. der Objektnachfrager, tatsächlich am Markt vorhanden ist. Ein Makler, der seinen Provisionsanspruch durch einen Nachweis begründet, wird am Markt als „Nachweismakler"bezeichnet.
Siehe / Siehe auch: Leistungsarten (Maklerbetriebe), Makler, Maklervertrag

Nachweisbestätigung

acknowledgement of referral

Der Makler muss von Anfang an die Beweise dafür sichern, dass er die Maklerleistungen erbracht hat, die Voraussetzung seines Provisionsanspruchs sind. Besonders häufig wird vom Kunden bestritten, dass der Makler ihm den Nachweis erbracht hat. Vorkenntnis ist einer der häufigsten Provisionskiller. Hiergegen kann sich der Makler nicht durch entsprechende Klauseln in seinen Allgemeinen Geschäftsbedingungen mit einer Vorkenntnisklausel schützen. Beweis kann der Makler durch Zeugen erbringen. Dies ist jedoch kein sehr sicheres Beweismittel, da der Zeuge, meist ein Mitarbeiter (nicht der Geschäftsführer der GmbH) zum Zeitpunkt des Rechtsstreits die Firma verlassen hat oder sich nach Monaten nicht mehr daran erinnern kann. Außerdem werden viele Objekte von mehreren Maklern gleichzeitig oder zusätzlich vom Verkäufer / Vermieter angeboten. Es ist also nicht immer die Absicht des Kunden, die Provision einzusparen, wenn er behauptet, das Objekt schon zu kennen.
Daher verwenden viele Makler schriftliche Nachweisbestätigungen, die der Kunde unterschreiben soll. Da der Makler Unternehmer i.S.d. § 14 BGB ist, sind solche Schriftstücke nach § 310 Absatz III BGB schon bei ihrer ersten Verwendung auf ihre Übereinstimmung mit den BGB-Vorschriften der §§ 305 ff. zu überprüfen, die an die Stelle des AGB-Gesetzes getreten sind.
Achtung: Zunächst sollte klar sein, dass ein solches Formular immer nur für ein Objekt verwendet wird! Der Beweiswert der Unterschrift des Kunden nimmt mit der Zahl der durch den Makler eingetragenen Objekte ab. Die Möglichkeit, dass der Interessent sich hinsichtlich eines einzelnen Objekts irrt, ist trotz der Unterschrift gegeben. Das bedeutet, dass ihm die Möglichkeit, seine Vorkenntnis zu beweisen, trotzdem gegeben ist. Will der Makler

den Interessenten gleichzeitig einen Maklervertrag unterschreiben lassen, muss dies dem Interessenten besonders deutlich gemacht werden. Erscheint die entsprechende Klausel mitten im Text der Nachweisbestätigung, auch wenn dafür eine eigene Ziffer vorgesehen wird, genügt dies nicht. Der Interessent bestätigt zwar den Nachweis des Objekts, verpflichtet sich aber nicht zur Provisionszahlung bei Ankauf des Objekts. Grund: Der Interessent muss in einer schriftlichen Nachweisbestätigung nicht mit einer Provisionsforderung rechnen. Diese wird als überraschende Klausel i.S.d. § 305 c BGB gewertet und wird nicht Vertragsbestandteil, haben Gerichte schon mehrfach entschieden, vgl. OLG Hamm NJW-RR 1988, 687.
Tipp: Um die Anforderungen des § 305 c BGB zu erfüllen, muss sich deutlich anhand der Gestaltung des Formulars ergeben, dass der Kunde nicht nur eine Nachweisbestätigung unterschreibt. Dies kann schon in der Überschrift geschehen. Formulierungsvorschlag: „Nachweisbestätigung und Provisionsverpflichtung". Zusätzlich sollte die Provisionsklausel durch Fettdruck hervorgehoben werden.
Siehe / Siehe auch: Nachweis im Maklergeschäft, Formulare

Nachwirkungsfrist
continued application time limit
Siehe / Siehe auch: Belegungsbindung (Wohnungsbindung)

Nationalpark
national park
Ein Nationalpark ist ein klar abgegrenztes, ausgedehntes Gebiet, das durch besondere Maßnahmen vor menschlichen Eingriffen und vor Umweltverschmutzung bewahrt wird. Es handelt sich dabei um Gebiete, die besondere natürliche Eigenarten oder Naturschätze aufweisen. Nationalparks werden im Auftrag der jeweiligen Regierung verwaltet. In ihnen verbinden sich zwei Zweckbestimmungen: Die Bewahrung der Natur und die Schaffung von Erholungsgebieten für den Menschen. Der erste deutsche Nationalpark war der 1970 errichtete Nationalpark Bayerischer Wald. Inzwischen bestehen in Deutschland 15 Nationalparks. Rechtlich gesehen stellen sie eine Möglichkeit des gebietsbezogenen Naturschutzes nach dem Bundesnaturschutzgesetz dar. Nach § 24 BNatSchG sollen sie dem großräumigen Schutz von Gebieten mit besonderer Eigenart dienen. Nationalparks müssen bei der Bauleitplanung berücksichtigt und nachrichtlich in Bebauungsplänen verzeichnet werden. Sie sind verbindlich festgelegt und können nicht im Rahmen einer Abwägung aus Allgemeinwohlgesichtspunkten aufgehoben werden. In Nationalparks sind alle Tätigkeiten, Eingriffe oder Vorhaben verboten, die dem Schutzzweck widersprechen. Allerdings sind Nationalparks oft in verschiedene Schutzzonen aufgeteilt, in denen je nach Schutzintensität eine genehmigte wirtschaftliche Nutzung stattfinden kann.
Siehe / Siehe auch: Natura 2000-Gebiet, Naturschutzgebiet

Natura 2000-Gebiet
NATURA 2000 area
Ein Natura 2000-Gebiet ist ein zusammenhängendes ökologisches Netzwerk von Schutzgebieten, zu dessen Ausweisung sich die Staaten der EU in der Flora-Fauna-Habitat-Richtlinie verpflichtet haben. Ziel ist die Erhaltung der ökologischen Vielfalt in Europa. Das ökologische Netzwerk besteht aus zwei Arten von Schutzgebieten:

- Vogelschutzgebiete nach der EU-Vogelschutz-Richtlinie
- „FFH-Gebiete" nach der EU-Richtlinie zur Erhaltung der natürlichen Lebensräume sowie der wild lebenden Tiere und Pflanzen.

Jeder Mitgliedsstaat muss auf seinem Gebiet entsprechende Schutzgebiete ausweisen. Nutzungseinschränkungen im Sinne einer naturschutzgerechten Bewirtschaftung sind möglich, insbesondere darf keine Verschlechterung für das Gebiet zugelassen werden, z.B. durch intensivere Landwirtschaft, Freizeitprojekte, Baumaßnahmen. Für Bauprojekte, die im öffentlichen Interesse liegen und die nicht anderswo durchgeführt werden können (z.B. Straßen) kann es Ausnahmen geben. Oft können bestehende landwirtschaftliche Nutzungen fortgesetzt werden, sofern sich ihre Intensität nicht ändert und die Erhaltungsziele des betreffenden Gebiets dadurch nicht beeinträchtigt werden. Genaueres regeln die Naturschutzgesetze der Länder. Wirtschaftliche Einbußen der Landeigentümer bzw. Pächter können nach dem jeweiligen Recht der Bundesländer durch Ausgleichszahlungen gemildert werden. Darüber hinaus hält die EU Fördermittel für Umweltprojekte in den Natura 2000-Gebieten bereit.
Siehe / Siehe auch: Entwicklung ländlicher Räume, Flora-Fauna-Habitat-Richtlinie, Vogelschutzgebiet

Naturdenkmäler
natural monuments
Naturdenkmäler sind „Einzelschöpfungen der Natur"oder entsprechender Flächen, soweit sie 5

ha nicht überschreiten. Sie erhalten ihren Rechtscharakter als Naturdenkmal durch Festsetzungen der Bundesländer. Die Festsetzungen erfolgen aus wissenschaftlichen, naturgeschichtlichen oder landeskundlichen Gründen oder zum Schutz wegen ihrer Seltenheit, Eigenart oder Schönheit. Alle Handlungen, die zu einer Zerstörung, Beschädigung oder Veränderung des Naturdenkmals führen, sind verboten. Zu solchen Naturdenkmälern können alte Bäume, Quellen, Wasserfälle und Wasserläufe ebenso zählen wie besondere Felsbildungen. Auch Landschaftsteile mit besonderem Gepräge (Heidelandschaften, Flussauen) können als Naturdenkmal festgesetzt werden.
Siehe / Siehe auch: Landschaftsschutzgebiet

Naturpark

nature recreational area; nature reserve

Naturparks sind nach dem Bundesnaturschutzgesetz einheitlich zu entwickelnde und zu pflegende großräumige Gebiete. Zu ihnen können Landschaftsschutzgebiete und Naturschutzgebiete gehören. Sie sollen eine Fläche von mindestens 20.000 ha haben und sich durch eine auf Dauer angelegte Arten- und Biotopvielfalt auszeichnen sowie der Erholung dienen. Derzeit gibt es in Deutschland 97 Naturparks. Die Ausweisung bzw. Feststellung und Anerkennung einer Landschaft als Naturpark liegt in der Kompetenz der Bundesländer. Die Erholungsfunktion eines Naturparks soll auch einen Anreiz für den Tourismus schaffen. Die größten Naturparks sind der Bayerische Wald (3.020 km^2), das Altmühltal (2.962 km^2), das niedersächsische Wattenmeer (2.363 km^2) und die Fränkische Schweiz (2.310 km^2).
Siehe / Siehe auch: Nationalpark, Naturschutzgebiet

Naturschutzgebiet

nature protection area; area of high landscape value; site of special scientific interest (SSSI); national preserved area; national park; nature reserve

Mit der Ausweisung von Naturschutzgebieten soll ein besonderer Schutzraum der Lebensgemeinschaften für wildlebende Tier und wild wachsende Pflanzen geschaffen und erhalten werden. Jegliche Art von Bodenversiegelungen (etwa durch Straßen, Wege und Gebäude) ist in Naturschutzgebieten verboten. Teilweise ist auch das Betreten eingeschränkt. Naturschutzgebiete können darüber hinaus ökologischen, wissenschaftlichen, naturgeschichtlichen und landeskundlichen Zwecken dienen. Die Zerstörung, Beschädigung oder Veränderung des Gebietes ist verboten. Die Verbotskataloge für Handlungen in Naturschutzgebieten werden in den Festsetzungsakten genau ausgeführt. Sie reichen vom Baumfällen über das Feuermachen, Zelten und Lagern, Abstellen, Warten und Reinigen von Fahrzeugen, Wohnwagen und Mobilheimen bis hin zum Badeverbot in den Gewässern des Naturschutzgebietes. Auch das Füttern von Enten und Fischen ist verboten. Zuwiderhandlungen stellen eine Ordnungswidrigkeit dar, die je nach Bundesland in unterschiedlicher Höhe ausfallen kann. Bei groben Verstößen droht auch eine Freiheitsstrafe. Im Bundesgebiet sind etwa zwei Porzent der Fläche als Naturschutzgebiet ausgewiesen.
Siehe / Siehe auch: Nationalpark, Naturpark, Naturdenkmäler

Nebenanlage - nach Baunutzungsverordnung

additional plant (or facility); subsidiary plant; extension; secondary structure - in accordance with the German ordinance on land usage

Unter einer Nebenanlage im Sinne des § 14 BauNVO versteht man Anlagen und Einrichtungen von untergeordneter Bedeutung, z. B. für die Tierhaltung, aber auch für die Versorgung der Baugebiete mit Elektrizität, Gas und Wärme. Auch fernmeldetechnische Anlagen und Anlagen für erneuerbare Energien zählen zu den Nebenanlagen. Sie können auch ohne besondere Festsetzung in einem Bebauungsplan errichtet werden.

Allerdings gibt es Grenzen, die für alle Anlagen gelten: Sie können im Einzelfall unzulässig sein, wenn Sie nach Zahl, Lage, Umfang oder Zweckbestimmung der Eigenart des jeweiligen Baugebietes widersprechen oder wenn Störungen davon ausgehen, die mit der Eigenart des Baugebietes nicht in Einklang zu bringen sind.

Bei Ermittlung der zulässigen Grundfläche können Flächen für Nebenanlagen (Garagen, Stellplätze und ihre Zufahrten) dazu addiert werden, sie dürfen aber 50 Prozent der für die Hauptanlage (Gebäude) zur Verfügung stehenden Fläche nicht überschreiten.
Siehe / Siehe auch: Grundflächenzahl (GRZ) - zulässige Grundfläche (GR)

Nebenerwerbsstelle

part-time job

Siehe / Siehe auch: Nebenerwerbstelle (landwirtschaftliche)

Nebenerwerbstelle (landwirtschaftliche)

part-time farming job

Landwirtschaftliche Nebenerwerbstellen sind Betriebe, die durch ihre Bewirtschaftung in mehr oder weniger großem Umfange zum Lebensunterhalt des Eigentümers (oder Pächters) beitragen. Im Zuge der betrieblichen Konzentration rutschen viele Vollerwerbsbetriebe (vor allem in ungünstigen Lagen, z.B. in Mittelgebirgen) auf das Niveau von Nebenerwerbstellen herab. Kennzeichnend hierfür ist die Tatsache, dass die Einkünfte der Eigentümer beziehungsweise Pächter überwiegend aus außerlandwirtschaftlicher Tätigkeit bezogen werden.

Nebenkosten (mietrechtliche)

additional charges; additional costs; additional expenses; accessory costs; ancillary expenses; attendant expenses; incidental expenses; incidental related costs; service charge (with regard to tenancy law)

Eine gesetzliche Definition des Begriffs Nebenkosten besteht nicht. Die Begriffe Nebenkosten und Betriebskosten werden daher oft gleichrangig nebeneinander benutzt. Grundsätzlich versteht man darunter alle laufenden Kosten einer Mietwohnung, die zusätzlich zur eigentlichen Miete (oft als „Grundmiete" bezeichnet) anfallen. In der Mietrechtsliteratur werden vor allem zu den Nebenkosten gerechnet:

- die Betriebskosten nach der Betriebskostenverordnung (früher II. BV),
- Vergütungen etwa für die Überlassung einer Gartennutzung oder eines Stellplatzes,
- Zuschläge (Untermietzuschläge, Zuschläge für teilgewerbliche Nutzung von Wohnräumen)

Nach § 1 Abs. 2 Betriebskostenverordnung sind folgende Kosten keine Betriebskosten:

- Verwaltungskosten einschließlich Personalkosten für Verwaltungsarbeiten, Kosten für Prüfungen des Jahresabschlusses und die Geschäftsführung,
- Instandhaltungs- und Instandsetzungskosten.

Die Rechtsprechung hat für diverse Unterfälle einzelner Kostenarten entschieden, ob es sich um umlagefähige Nebenkosten handelt. Hierzu existiert eine Vielzahl von Gerichtsurteilen. Werden im Zusammenhang mit Mietverträgen für die Mieter Leistungen der persönlichen Versorgung und Betreuung erbracht (Betreutes Wohnen), sollten hierüber eigene Vergütungsvereinbarungen getroffen werden. Im Zweifelsfall gelten sie sonst mit der Miete als abgegolten. Die Betrachtung der Nebenkosten wird im Zusammenhang mit dem Vordringen des Facility Managements und der damit zusammenhängenden „infrastrukturellen" Leistungen an Bedeutung gewinnen.

Siehe / Siehe auch: Baunebenkosten, Facility Management (FM), Grunderwerbsnebenkosten, Betriebskosten, Betriebskosten bei Leerstand, Betriebskostenverordnung, Heizkostenverordnung

Nebenleistungen (Kredit)

additional financial obligations / commitments (loan)

Alle zusätzlichen Zahlungsverpflichtungen des Kreditnehmers, die neben Zins- und Tilgungsvereinbarungen anfallen. Dazu zählen u.a. Bearbeitungsgebühren, Bereitstellungszinsen, Bürgschaftsgebühren, Kosten für Bautenstandsüberwachung, Schätzkosten, Vorfälligkeitsentschädigung.

Nebenpflichten

secondary obligations; collateral duties

Nebenpflichten aus Vertragsverhältnissen ergeben sich aus dem Grundsatz von Treu und Glauben. Sie brauchen nicht einzelvertraglich geregelt werden, um zu gelten. Gesetzliche Grundlage ist § 241 Abs. 2 BGB, wonach das Schuldverhältnis nach seinem Inhalt jeden Teil zur Rücksicht auf die Rechte, Rechtsgüter und Interessen des anderen Teils verpflichten kann. Beispiele:

Nebenpflichten bei Arbeitsverhältnissen zwischen Arbeitgeber und Arbeitnehmer, sind Schutz- und Fürsorgepflichten etwa bei Einrichtung des Arbeitsplatzes, andererseits Verschwiegenheitspflichten des Arbeitsnehmers über betriebliche Interna.

Der Vermieter von Gewerberäumen muss dulden, dass der Mieter die von ihm gemieteten Räume beschildern kann, damit er auffindbar wird.

Der Bauherr hat dem Architekten gegenüber Auskunftsansprüche z. B. über den mit Bauhandwerkern geführten Schriftwechsel, um etwaige Ansprüche begründen zu können.

Typische Nebenpflichten bestehen z. B. in Informations- bzw. Aufklärungspflichten bei Vertragsverhältnissen, die durch asymmetrische Informationslagen gekennzeichnet sind. Solche Situationen sind besonders im Bereich des Immobilienmarktes anzutreffen. Sie rufen Aufklärungspflichten durch Makler hervor, wenn diesen Umstände bekannt werden, die für die Vertragsentscheidung der von ihm zusammengeführten Vertragspartner bedeutsam sein können. Erfährt der Makler etwa, dass in 150 Meter

Entfernung vom angebotenen Baugrundstück eine Trasse für eine Bundesstraße geplant wird, besteht darüber eine Aufklärungspflicht. Für einige Interessenten mag dies ohne Belang sein. Der Makler muss aber damit rechnen, dass es Interessenten gibt, die nach Kenntnis dieses Umstandes vom Kauf des Grundstücks Abstand nehmen würden, weil der durch die Fertigstellung der Bundesstraße entstehende Lärmpegel für sie nicht akzeptabel ist. Die Aufklärung muss vor Abschluss von Verträgen erfolgen. Nebenpflichten treffen aber auch den Auftraggeber des Maklers. So muss er die Informationen des Maklers vertraulich behandelten. Der Kunde darf Angebote des Maklers nicht an Dritte weitergeben. Die schuldhafte Verletzung einer Nebenpflicht kann je nach Art zu Schadensersatzansprüchen führen, bei Dauerschuldverhältnissen auch zu fristlosen Kündigungen. Sie ist gleich zu behandeln wie die Verletzung einer Hauptpflicht.
Siehe / Siehe auch: Vertrag (Zivilrecht)

Nebenpflichten des Maklers
broker‘s secondary / accessory obligations

Schon aus dem Wortlaut des § 652 BGB ergibt sich, dass die Vertragspartner bei einem Maklergeschäft keine Hauptpflichten haben wie etwa beim Kaufvertrag – Übertragung von Eigentum und Besitz durch den Verkäufer, Bezahlung des Kaufpreises durch den Käufer. Vielmehr ist der Makler nicht zur Lieferung des Objekts verpflichtet, der Käufer zahlt nur bei Erfolg des Maklers. Dagegen ergeben sich aus dem Maklervertrag bestimmte Nebenpflichten des Maklers. Diese sollen sicherstellen, dass der Auftraggeber die Grundlagen für eine sachgerechte Entscheidung über einen Abschluss des Hauptvertrages erhält. Gerade auf dem Immobilienmarkt geht es um viel Geld, so dass die Wahrung von gegenseitiger Fairness besonders wichtig ist.

Zwischen Makler und Auftraggeber besteht nach allgemeiner Auffassung ein besonderes Treueverhältnis. Es verpflichtet den Makler, soweit ihm das zumutbar ist, das Interesse des Auftraggebers zu wahren und in einer Konfliktsituation den Interessen des Auftraggebers den Vorrang vor dem Provisionsinteresse einzuräumen. Daher ist der Makler allgemein und nicht nur im Rahmen eines Alleinauftrages zu einer treuen und gewissenhaften Ausführung des Auftrages verpflichtet, die den Interessen seines Auftraggebers entspricht. Diese Treuepflicht ist maßgebend für die Erfüllung seiner einzelnen Nebenpflichten. Besonders wichtig sind die Aufklärungspflicht (1), die Beratungspflicht (2) und die Unterlassungspflichten (3).

Zu 1: Der Makler ist verpflichtet, alle ihm bekannten Umstände mitzuteilen, die sich auf den angestrebten Vertrag beziehen und die nach objektiven Maßstäben für die Entscheidung des Auftraggebers von Bedeutung sein können. Das sind also nicht nur Umstände, die den Auftraggeber schädigen könnten, vergleiche BGH NJW 1981,2685. Ob zu den Tatsachen, die Information über die Größe der Wohnung gehört (vergleiche Schwerdtner, Maklerrecht, 4. Auflage Rdnr. 109) erscheint zweifelhaft. In der Praxis ist der Makler meist nicht in der Lage, die von ihm angebotene Wohnung zu vermessen, weil sie noch bewohnt ist. Gibt er nach den Informationen des Verkäufers im Exposé die Wohnungsgröße an, so sollte er dort oder in den Allgemeinen Geschäftsbedingungen darauf hinweisen, dass es sich nicht um seine Information haftet, dass er die Wohnung nicht selbst ausgemessen hat und dafür nicht haftet. Die Enthaftung durch solche Klauseln hat allerdings Grenzen. Beispiel: Steht im Exposé des Maklers nach den Angaben des Verkäufers eine Wohnungsgröße, deren Unrichtigkeit der Makler bei der Besichtigung merken muss, kann er sich auf die Klausel nicht berufen.

Dagegen muss der Makler informieren über

- Schwammbefall des Hauses
- Lage des Einfamilienhauses in der Flugschneise eines nahen Flughafens
- ständigen Streit in einer Wohnungseigentümergemeinschaft
- große Wohngeldrückstände in einer Wohnungseigentümergemeinschaft
- Bauverbote
- Trocken- und Nassfäule eines Gebäudes

Voraussetzung ist, dass der Makler von diesen Umständen Kenntnis hat. Er muss nicht von sich aus Untersuchungen anstellen. Der Makler hat in der Regel keine Erkundigungspflicht, wenn er hiermit nicht beauftragt ist.

Zu 2: Ergeben die Informationen, dass der unerfahrene Kunde auch rechtliche Hinweise benötigt, so ist der Makler auch hierzu verpflichtet. Beispiel: Der Makler hat den Kunden nicht darüber informiert, dass die Eigentumswohnung nicht zu dem gewünschten Termin gekündigt werden kann, wenn diese während der Mietzeit des Mieters in Wohnungseigentum umgewandelt wurde. Erwartet der Verkäufer eines Objekts steuerliche Auskünfte über Spekulationsgeschäfte, sollte der Makler diese Auskünfte nur erteilen – wie alle Rechtsauskünfte – wenn er sich über den Sachverhalt absolut sicher ist. Besser ist es, wenn er Kunden – wie das viele Notare tun – an einen Steuerberater verweist.

Gegenstand der Beratungspflicht ist in neuerer Zeit zunehmend die Grundstücksbewertung geworden. Vom Makler werden Kenntnisse in der Bewertung von Grundstücken erwartet. Weicht sein Ergebnis vom Verkehrswert deutlich ab, besteht die Gefahr der Haftung.

Zu 3: Der Makler hat alles zu unterlassen, was den Abschluss oder die Durchführung des Vertrages gefährden könnte. Er darf nicht den nachgewiesenen Kaufinteressenten vom Kauf durch die unwahre Behauptung abhalten, der Verkäufer habe das Objekt bereits verkauft. Dies ist insbesondere dann der Fall, wenn dies im Provisionsinteresse geschieht, weil ein anderer Kaufinteressent im Gegensatz zum Auftraggeber bereit ist, Provision zu zahlen. Er darf auch nicht entgegen dem Maklervertrag für die andere Seite tätig werden (verbotene Doppeltätigkeit). Dies ist der in § 654 BGB ausdrücklich genannte Hauptfall der Verwirkung. Wird die Doppeltätigkeit im Vertrag nicht ausgeschlossen, ist sie im Grundsatz erlaubt. Der Makler darf auch von beiden Seiten die volle Provision verlangen. Die Doppeltätigkeit ist, auch ohne, dass sie vertraglich verboten ist, generell unzulässig, wenn sie zu vertragswidrigen Interessenkollisionen führt. Die Gefahr besteht vor allem bei Vermittlungstätigkeit für beide Seiten.

Siehe / Siehe auch: Informationspflichten des Maklers, Nebenpflichten

Negativattest (Zweckentfremdung)

negative clearance certificate; negative confirmation; certificate of non-applicability of a restraint (misuse; change of use (e.g. office to residential); misallocation)

In Bundesländern, in denen eine Verordnung über die Zweckentfremdung von Wohnraum gilt, kann die zuständige Behörde ein Negativattest erteilen, in dem bescheinigt wird, dass keine Zweckentfremdung vorliegt.

Voraussetzungen (hier nach der bayerischen Zweckentfremdungsverordnung):

- Im Sinne des Gesetzes handelt es sich nicht um Wohnraum
- es liegt keine Zweckentfremdung vor
- es besteht ausdrücklich Genehmigungsfreiheit
- der Wohnraum ist nicht erhaltungswürdig (Instandsetzung oder Instandhaltung würden innerhalb von zehn Jahren einen Aufwand erfordern, der nur geringfügig günstiger als ein Neubau wäre).

Siehe / Siehe auch: Zweckentfremdung, Zweckentfremdungsgenehmigung

Negativattest / Negativbescheinigung (Vorkaufsrecht der Gemeinden)

negative clearance certificate; negative confirmation; certificate of non-applicability of a restraint (municipality's right of first refusal / first right to buy)

Nicht in allen Verkaufsfällen hat die Gemeinde ein Vorkaufsrecht nach den Bestimmungen des Baugesetzbuches. Die Gemeinde kann zur Klärung im Vorfeld eines Verkaufsgeschäftes in diesen Fällen aufgefordert werden, durch ein Negativattest zu bescheinigen, dass ihr ein Vorkaufsrecht nicht zusteht. Dies ist nicht zu verwechseln mit einer Erklärung, dass von einem gegebenen Vorkaufsrecht nicht Gebrauch gemacht wird.

Negativbeschluss

rejection of a motion made during a freehold flat owners' meeting

Bei einem Negativbeschluss handelt es sich um einen Beschluss, mit dem ein Beschlussantrag in der Wohnungseigentümer-Versammlung mehrheitlich abgelehnt worden ist. Entgegen früherer Rechtsauffassung kann ein solcher Negativbeschluss angefochten und mit dem Feststellungsantrag verbunden werden, dass ein positiver Beschluss zustande gekommen ist (vergleiche BGH, V ZB 10/01, Beschluss vom 23.08.2001). Ein solcher Negativbeschluss kann beispielsweise dadurch zustande kommen, dass wegen falscher Wertung der Stimmenthaltungen als Nein-Stimmen diese zusammen mit den tatsächlich abgegebenen Nein-Stimmen die Ja-Stimmen überwiegen und deshalb ein Beschluss als abgelehnt festgestellt wird.

Bei richtiger Stimmenwertung – Nichtberücksichtigung der Stimmenthaltungen – wäre die Zahl der abgegebenen Ja-Stimmen größer als die der Nein-Stimmen, so dass der Beschluss als angenommen hätte festgestellt werden müssen. In einem solchen Fall würde die Anfechtung dazu führen, dass der Negativbeschluss für ungültig erklärt wird und aufgrund des gleichzeitig gestellten Antrages die gerichtliche Feststellung mit dem positiven Ergebnis erfolgt, dass der Beschluss mehrheitlich angenommen wurde.

Siehe / Siehe auch: Beschluss (Wohnungseigentümer), Beschlussanfechtung (Wohnungseigentum), Mehrheitsbeschluss

Negativer Wert

negative value

Regelmäßig haben Immobilien einen positiven Wert. Sie sind verkäuflich und man erzielt dabei

einen Preis. Denkbar sind aber Fälle, in denen ein Wert negativ wird. Wenn beispielsweise die Abbruch- und Freilegungskosten eines nicht mehr nutzbaren Gebäudes oder die Kosten der Beseitigung von Altlasten den Bodenwert überschreiten, liegt ein negativer Wert vor. Es ist auch denkbar, dass nicht ablösbare Lasten, die auf dem Grundstück ruhen, in ihrer kapitalisierten Form den Wert des Grundstücks übersteigen. Allerdings handelt es sich nicht um einen Verkehrswert, da es für Immobilien mit negativen Werten keinen Markt gibt und daher auch kein Preis erzielt werden kann. Das Eigentum an einem solchen Grundstück kann jedoch durch Erklärung gegenüber dem Grundbuchamt aufgegeben werden. Der Verzicht wird in das Grundbuch eingetragen. Im Blue Book wird der negative Wert definiert als Wert, der für den Eigentümer eines Grundstücks eine rechtliche und damit auch wirtschaftliche Verbindlichkeit darstellt.
Siehe / Siehe auch: Blue Book

Negativerklärung (Bauspargeschäft)
negative pledge (building and loan business)

In der Negativerklärung (Negativklausel) wird die Verpflichtung des Schuldners zum Ausdruck gebracht, bis zur Tilgung seiner Schulden keinerlei Verbindlichkeiten einzugehen, die vorrangig abgesichert werden. Ähnlich verfahren Bausparkassen. Sie haben die Möglichkeit, kleinere Bauspardarlehen (bis zu 10.000 Euro) ohne Stellung von Sicherheiten an den Bausparer auszubezahlen. Dieser verpflichtet sich dann, während der Laufzeit des Bausparvertrages auf seiner Immobilie keine weitere Grundschuld eintragen zu lassen (die vorrangig zu bedienen wäre). Diese Verfahrensweise ist kostengünstig und einfach in der Abwicklung.

Neighbourhood Improvement Districts (NID)
NID, Neighbourhood Improvement Districts

Siehe / Siehe auch: Immobilien- und Standortgemeinschaften (ISG)

Net Asset Value (NAV)
NAV, Net Asset Value

Der Net Asset Value ist eine in den USA entstandene Methode der Bewertung von Immobilien-Aktiengesellschaften oder Aktiengesellschaften mit hohen Immobilienbeständen. Unternehmen werden in der Regel nach dem DCF-Verfahren bewertet. Bei Immobilien Aktiengesellschaften ergeben sich hier Probleme, die vor allem daraus resultieren, dass Abschreibungen oft mit der Realität (Wertzuwachs statt Wertverzehr) nicht übereinstimmen. Bei der Bewertung nach dem Net Asset Value wird dieser Tatsache Rechnung getragen. Sie setzt eine periodische Bewertung des Immobilienbestandes durch externe Sachverständige voraus. Der Net Asset Value stellt sich somit als Summe der aus den Ertragswerten abgeleiteten Verkehrswerte der Immobilien zuzüglich des Wertes des sonstigen Vermögens abzüglich der Verbindlichkeiten dar. Der Wert wird vom Analysten durch Zu-/Abschläge korrigiert. Sie ergeben sich aus einer Reihe von zu bewertenden Kriterien, nämlich der Qualität der Unternehmenstransparenz, der Qualität des Managements, der Beschränkung auf die Kernkompetenz, dem Zugang von neuem Kapital usw.
Siehe / Siehe auch: Immobilienaktiengesellschaften, Real Estate Investment Trust (REIT)

Nettoanfangsrendite
net initial yield

Der Begriff wird unterschiedlich interpretiert. Überwiegend werden unter Nettoanfangsrendite im Immobilienbereich die Nettomieteinnahmen des ersten Jahres ausgedrückt in Prozenten des Objektpreises einschließlich Erwerbsnebenkosten verstanden.Es handelt sich annähernd um den reziproken Wert des Multiplikators, bei dem allerdings die Erwerbsnebenkosten unberücksichtigt bleiben. Andere bereinigen die „Nettomieten" vorher von Verwaltungs- und Instandhaltungskosten sowie von nicht umlegbaren Betriebskosten.

Nettogrundfläche (NGF)
net internal area

Siehe / Siehe auch: Grundfläche nach DIN 277/1973/87

Nettokaltmiete
net rent

Bei der Nettokaltmiete handelt es sich um die Miete, die keine umlagefähigen Betriebskosten – also auch keine Heiz- und Warmwasserkosten – enthält. Nicht zu verwechseln ist sie mit der Grundmiete, die auch Betriebskosten enthalten kann, wenn diese nämlich nicht als umlagefähige oder pauschalierte Beträge extra ausgewiesen sind. In diesem Fall werden sie Bestandteil der Grundmiete. Die Ermittlung des Ertragswertes eines Grundstücks erfolgt auf der Basis von Nettokaltmieten. Allerdings ist dabei die Nachhaltigkeit dieser Mieten zu prüfen.

Nettorohbauland
land for future development that has been

divided into plots, but not yet provided with infrastructure
Siehe / Siehe auch: Rohbauland

Neubaumietenverordnung
German ordinance regulating publicly subsidised tenancies on controlled rents in newly-built houses

Die Verordnung über die Ermittlung der zulässigen Miete für preisgebundene Wohnungen von 1970 wird auch als Neubaumietenverordnung bezeichnet (abgekürzt NMV 1970, NMV 70). Die Verordnung ist eine der Rechtsgrundlagen für den nach dem II. Wohnungsbaugesetz geförderten Wohnungsbau. Sie war anzuwenden für die bis 31.12.2001 mit öffentlichen Mitteln geförderten Wohnungen und wirkt hinsichtlich der Vorschriften über die künftigen Veränderungen im Kostenmietgefüge fort, solange diese Wohnungen als öffentlich gefördert gelten. Sie enthält Bestimmungen über die Ermittlung der Kostenmiete und der Vergleichsmiete (im Sinne des Wohnungsbindungsgesetzes), ihre Erhöhung und Senkung infolge der Erhöhung bzw. Senkung der laufenden Aufwendungen oder wegen baulicher Änderungen, ihre Änderungen auf der Grundlage der Änderung sonstiger Bezugsgrößen u. dergl. Weitere Vorschriften beziehen sich auf Zuschläge und Vergütungen, die neben der Einzelmiete beim öffentlich geförderten Wohnungsbau zulässig sind.
Siehe / Siehe auch: Kostenmiete, Mieterhöhung bei Sozialwohnung, WoBindG

Neue Ökonomie
New Economy

Unter der „Neuen Ökonomie“ wird keine neue volkswirtschaftliche Lehrmeinung über Wirtschaftsprozesse und -strukturen verstanden. Vielmehr tritt eine neue Sichtweise des wirtschaftlichen Geschehens in den Vordergrund, die sich aus der zunehmenden Möglichkeit der schnellen Beschaffung und Verarbeitung von Informationen bei geringer werdenden Informationskosten ergibt. Dies führt zu zunehmend kürzeren Reaktionsdauern und schnelleren Reaktionsmöglichkeiten der am Wirtschaftsprozess Beteiligten auf von außen kommende Einflüsse. Grundsätzlich führt dies dazu, dass bestimmte traditionelle Haltungen (z. B. das sich Stützen auf eigene Erfahrungen) und Handlungsweisen (Nutzen von „Entscheidungen aus dem Bauch“) an Bedeutung verlieren. Die neue Wissensgesellschaft führt zunehmend zur Beschleunigung und Rationalisierung von Entscheidungsprozessen. Das Verlassen von Erfahrungsplattformen fördert zunehmend Innovation. Die neue Ökonomie, auch als „Netzwerkökonomie“, „Internet-Ökonomie“, „Wissensökonomie“ bezeichnet, verwischt zwangsläufig alte Grenzziehungen, fixierte Standortvorstellungen und verleiht den Wettbewerbswirkungen eine zusätzliche zeitliche Dimension. Die Halbwertzeit von Wissen wird dabei geringer. Geltendes Wissen, das heute abrufbar ist, kann morgen schon obsolet sein. Darum gilt es, das Wissen jetzt und nicht später auf den Markt zu bringen. Mit jedem zusätzlichen Informationsproduzenten, der im Internet auftritt und jedem zusätzlichen Nutzer wächst der Gesamtnutzen, der sich daraus für die Volkswirtschaft ergibt. Es handelt sich um eine umgekehrte Erscheinung dessen, was früher als das Gesetz des abnehmenden Ertragszuwachses bezeichnet wird. Der richtige Umgang mit Wissen und den daraus entstehenden Potentialen gibt heute kleineren Einheiten zunehmend mehr Chancen als großen, in Strukturen festgezurrten Unternehmen.
Auch die Immobilienwirtschaft wird von der Neuen Ökonomie erfasst. Zunehmend präsentieren sich Immobilienunternehmen im Internet. Die Zahl der Immobiliendatenbanken wächst. Der ökonomische Zwang zur Konzentration auf wenige Datenbanken, die den Markt repräsentieren, nimmt aber ebenfalls zu. Die Wohnlandschaft ändert sich. Die Zeit, in der es eine Ausnahme ist, wenn ein Privathaushalt am weltweiten Netz nicht kommunikativ teilnimmt, wo die Grenze zwischen Wohn- und Arbeitsstätte als Konsum- und Produktionsstätte sich auflöst, wo Gymnasiasten die Homepages von Unternehmen gestalten und pflegen, scheint vor der Türe zu stehen. Da das Wissen der Welt wesentlich leichter zugänglich und jederzeit abrufbar wird, dürfte sich der Zeiteinsatz zur Aneignung von Wissen in Form des Lernens künftig reduzieren. Dass damit mehr Freiraum für die Weisheit im Sinne des Nachdenkens über den Sinn des menschlichen Tuns bleibt, könnte als Chance der Neuen Ökonomie begriffen werden. Die Entwicklungen dieser Zeit bei der Planung von Gebäuden von morgen zu antizipieren gehört unter den Perspektiven der Neuen Ökonomie zu den immobilienwirtschaftlichen Aufgaben von heute. Es kann davon ausgegangen werden, dass traditionelle Einteilungsschemata von Wohnungen sich ändern werden. Neben Wohn- und Schlafzimmer werden beispielsweise Räume treten, die man als „Kommunikationsräume“– Verbindungsräume zur Welt – bezeichnen könnte.
Der rasche Niedergang der „Start Up-Unternehmen“, die im IT-Bereich wie Pilze aus dem Boden schossen, verführt nicht selten dazu, das Kapitel

Neue Ökonomie als Seifenblase abzutun. Tatsächlich aber hat die Branche die Welt bereits erheblich verändert.

Neutralitätspflichten im Maklergeschäft

duty / obligation to remain neutral in the brokerage business

Ein Immobilienmakler, der für beide Marktparteien (Objektanbieter und Objektsuchende) vermittelnd tätig werden will, muss sich streng neutral bei der Führung von Verhandlungen verhalten. Jedes Einwirken auf den Vertragsabschlusswillen eines der beiden möglichen Geschäftspartner in Richtung Annäherung an die Position der anderen Seite ist bereits problematisch. Seine Vermittlungsfunktion reduziert sich nahezu auf die Funktion eines Moderators. Dieser führt nicht Verhandlungen, sondern lenkt die Diskussion unter den Anwesenden allerdings unter Beachtung des Zieles, eine Einigung zwischen den Parteien über einen Vertragsabschluss herbei zuführen. Verletzt der Makler seine Neutralitätspflicht, verliert er den ihm im Erfolgsfall zustehende Provisionsanspruch gegenüber demjenigen, der durch die Verhandlungsführung des Maklers benachteiligt wird.

Siehe / Siehe auch: Neutralitätsprinzip (Maklergeschäft)

Neutralitätsprinzip (Maklergeschäft)

principle of neutrality (broker's business)

Das Selbstverständnis vieler deutscher Makler besteht darin, neutraler Vermittler zwischen den Parteien zu sein. Dieses (konservative) Selbstverständnis entspricht dem Ethos vom „ehrlichen Makler", das vor allem im späten Mittelalter und der beginnenden Neuzeit prägend war, als Makler noch auf ihr Amt vereidigt wurden. Bismarck hat sich dieser traditionellen Vorstellung bedient, als er seine Position 1878 auf dem Berliner Kongress beschrieb, wo es um einen Interessenausgleich zwischen den europäischen Großmächten und dem Osmanischen Reich im Balkankonflikt ging. Heute kommt das Neutralitätsprinzip dadurch zum Ausdruck, dass Makler mit beiden Vertragspartnern, die sie zusammenführen, Maklerverträge schließen und Provisionsvereinbarungen treffen. Die Provision stellt sich als auf die Parteien aufgeteilte Gesamtprovision dar, da die Leistung des neutralen Vermittlungsmaklers beiden Parteien in gleicher Weise zugutekommt. Diese Tätigkeit als „Doppelmakler" ist zwar – im Gegensatz zu Regelungen anderer Länder (z. B. Großbritannien, Niederlande) – nicht untersagt, führt in der Praxis jedoch zu Problemen. Da die maklervertraglichen Regelungen des BGB vom einseitig tätigen Makler ausgehen, muss die Rechtsposition für eine Doppeltätigkeit erst vertraglich hergestellt werden. Allerdings führt dann jede wie auch immer geartete Bevorzugung einer Parteiposition, z.B. bei Preisverhandlungen wegen Verstoß gegen die Neutralitätspflicht zum Provisionsverlust gegenüber der benachteiligten Partei.

Siehe / Siehe auch: Prinzipien des Maklergeschäfts

Neuwert eines Gebäudes

value as when new for a building; replacement value of a building

Der Neuwert einer Immobilie – als Gegenbegriff zum Zeitwert – ist der Wert, der den Herstellungskosten am Bewertungsstichtag entspricht. Er spielt in der Versicherungswirtschaft eine große Rolle. Dort spricht man von der gleitenden Neuwertversicherung. Basis für die Ermittlung der Herstellungskosten sind die Kosten des Basisjahres 1914. Der „Neuwertfaktor", der zum Neuwert führt, ergibt sich aus dem Baupreisindex. Für 2009 betrug er 15,0. Die überwiegende Zahl der Gebäudeversicherungen ersetzt im Fall des Totalschadens die Herstellungskosten vollständig, bzw. bei Teilbeschädigung diejenigen Kosten, die erforderlich sind, den zerstörten Gebäudeteil wieder herzustellen.

Siehe / Siehe auch: Gleitende Neuwertversicherung, Zeitwert / Tageswert

Newsletter

newsletter

Newsletter sind elektronische Rundschreiben, die der Pflege von bestehenden Beziehungen zwischen dem Versender und dem Empfänger dienen sollen. Dabei gibt es zwei Beziehungstypen, die den Inhalt der Newsletter bestimmen: Beziehungen zu Verbrauchern (B2C) und Beziehungen zu Geschäftsleuten (B2B). In der Regel haben Newsletter werbenden Charakter, sie können aber auch nützliche Informationen enthalten, so dass der eine oder andere Newsletter von Kunden durchaus positiv bewertet werden können. Dies gilt in der Regel z. B. bei Newslettern, die von Verbänden regelmäßig an ihre Mitglieder versendet werden. Allerdings ist dabei zu beachten, das unverlangt zugesendete Newsletter zu wettbewerbsrechtlichen Konsequenzen führen kann. Dies gilt auch für Newsletters, die an Geschäftsleute versendet werden (B2B). So entschied der BGH in seinem Urteil vom 20.05.2009 (Az. IZR 218/07). Aus den Leitsätzen:

1. „Bereits die einmalige unverlangte Zusendung einer E-Mail mit Werbung kann einen rechtswidrigen Eingriff in das Recht am eingerichteten und ausgeübten Gewerbebetrieb darstellen."
2. „Die unverlangte Zusendung von Werbung via E-Mail an Unternehmen beeinträchtigt regelmäßig deren Betriebsablauf. Mit dem Sichten und Aussortieren unerwünschter E-Mails ist ein zusätzlicher Arbeitsaufwand verbunden. Zudem können zusätzliche Kosten für die Herstellung der Online-Verbindung und die Übermittlung der E-Mail durch den Provider anfallen. Zwar können diese Kosten gering sein und auch der Arbeitsaufwand für das Aussortieren einer einzelnen E-Mails kann sich in engen Grenzen halten, wenn die E-Mail bereits durch den Betreff als Werbung erkennbar ist. Würde die Übermittlung einzelner E-Mails aber für zulässig erklärt, ist mit der häufigen Übermittlung von Newslettern ohne vorherige Einwilligung der Empfänger durch verschiedene Absender und mit einem immer weiteren Umsichgreifen dieser Werbeart zu rechnen."

Voraussetzung für die Unzulässigkeit des Versendens von Newslettern ist allerdings, dass es sich dabei um Werbung handelt. Werbung ist nach Auffassung des BGH jede Äußerung bei der Ausübung eines Handels, Gewerbes, Handwerks oder freien Berufes mit dem Ziel, den Absatz von Waren oder die Erbringung von Dienstleistungen zu fördern. In solchen Fällen handelt es sich um einen Verstoß gegen das Verbot der unzumutbaren Belästigung nach § 7 Abs. 2 Nr. 3 UWG. Danach liegt eine unzumutbare Belästigung bei Werbung unter Verwendung einer automatischen Anrufmaschine, eines Faxgerätes oder elektronischer Post vor, ohne dass eine vorherige ausdrückliche Einwilligung des Adressaten vorliegt. Eine unzumutbare Belästigung ist allerdings nicht anzunehmen, wenn der Empfänger der Newsletter seine E-Mail-Adresse dem Absender mitgeteilt hat oder der Empfänger (Kunde) nach der erstmaligen Zusendung nicht widersprochen hat. Der Versender muss dann allerdings dem Kunden klar machen, dass er die weitere Zusendung der Newletter per E-Mail durch entsprechende Mitteilung untersagen kann.

Siehe / Siehe auch: Unzumutbare Belästigung, Wettbewerbsrecht

Nichtabnahmeentschädigung

compensation for failure to take delivery

Wird ein von einem Kreditinstitut gewährtes Darlehen vom Darlehensnehmer nicht abgerufen, kann das Kreditinstitut eine Nichtabnahmeentschädigung verlangen. Sie wird neben etwa vereinbarten Bereitstellungszinsen fällig. Die Berechnung kann nach der sogenannten Aktiv-Aktiv-Methode als auch nach der Passiv-Aktiv-Methode erfolgen. Bei der Aktiv-Aktiv-Methode wird ein Vergleich gezogen zwischen den Darlehenszinsen, die der Darlehensschuldner hätte zahlen müssen und dem Zinsergebnis einer anderweitigen Ausleihung, des bereitgestellten Darlehensbetrages. Bei der Passiv-Aktiv-Methode ist die Nichtabnahmeentschädigung die Differenz zwischen der vom Darlehnsnehmer tatsächlich zu zahlenden Zinsen und der Rendite aus der fiktiven Anlage des nicht abgenommenen Darlehensbetrags am Kapitalmarkt abzüglich eines Risikoabschlages (ca. 0,05-0,06 Prozent) und der Verwaltungskosten des Kreditinstituts.

Komplizierter wird die Berechnung dann, wenn es sich um ein Tilgungsdarlehen handelt, weil dann bei der Differenzberechnung die zurückfließenden Tilgungsbeträge zu berücksichtigen sind. Die Berechnung der Nichtabnahmeentschädigung muss auf Angaben beruhen, die der Darlehensnehmer überprüfen kann.

Siehe / Siehe auch: Vorfälligkeitsentschädigung, Darlehen

Nichtabschlussklausel

clause that forces client to pay broker's commission even if his property is not sold or leased

Eine Klausel, in der sich der Auftraggeber verpflichtet, Provision auch für den Fall zu zahlen, dass er den Hauptvertrag mit dem vom Makler nachgewiesenen Partner nicht abschließt, beseitigt seine Abschlussfreiheit. Sie ist daher in Allgemeinen Geschäftsbedingungen und Formularverträgen unwirksam und kann vielmehr nur individualvertraglich wirksam vereinbart werden (vgl. BGH NJW 1967, 1225).

Hier ist jedoch die Höhe des Betrages zu beachten, den der Auftraggeber zahlen soll. Ist sie geeignet, wirtschaftlichen Druck auszuüben, den nicht gewünschten Kaufvertrag doch abzuschließen, bedarf die Individualvereinbarung darüber hinaus gemäß § 311 b BGB der notariellen Beurkundung. Ein Betrag von 5.000 Euro übt nach der Rechtsprechung auch dann Druck auf den Auftraggeber aus, wenn er zehn Prozent der vereinbarten Provision nicht übersteigt (vgl.OLG Frankfurt/Main, NJW-RR 1986, 597).

Siehe / Siehe auch: Maklervertrag, Allgemeine Geschäftsbedingungen (AGB)

Nichtdurchführung von Schönheitsreparaturen durch Mieter

non-execution of basic repairs / internal decorative repairs by the tenant

Ist der Anspruch auf Durchführung der Schönheitsreparaturen laut Mietvertrag fällig und findet keine Durchführung der Arbeiten durch den Mieter statt, kann der Vermieter ihm eine Frist setzen, bis zu deren Ablauf sie durchzuführen sind. Diese Frist wurde bis zur Schuldrechtsreform von 2002 als Nachfrist bezeichnet; heute wird sie vom Gesetzgeber nur noch „Frist" genannt. Im Internet wird oft fälschlich noch die alte Bezeichnung verwendet. Vorschrift: § 281 Abs. 1 BGB. Ist die Frist ergebnislos abgelaufen, kann der Vermieter die Arbeiten selbst durchführen (lassen) und die Kosten (als Schadenersatz) mit der Kaution verrechnen. Eine Ablehnungsandrohung ist seit der Schuldrechtsreform generell nicht mehr erforderlich. Anders kann dies allenfalls sein, wenn die Ablehnungsandrohung laut Mietvertrag ausdrücklich nötig ist (etwa in alten Verträgen).

Die Dauer der Frist muss angemessen sein, 14 Tage sind laut Kammergericht Berlin ausreichend (Kammergericht Berlin, 30.10.2006, Az. 8 U 38/06). Eine vom Gesetz abweichende vertragliche Regelung, nach der die Fristsetzung überflüssig ist, ist unwirksam (§ 307 BGB). Die Fristsetzung ist jedoch entbehrlich, wenn der Mieter die Durchführung der Schönheitsreparaturen ernsthaft und endgültig verweigert (§ 281 Abs. 2 BGB) – was grundsätzlich auch durch Auszug und Sich-nicht-mehr-Melden passieren kann. Aber: Darüber, was genau als ernsthafte Ablehnung gilt, sind die Gerichte unterschiedlicher Ansicht. Generell geht man davon aus, dass der Mieter in jedem Fall nur ernsthaft ablehnen kann, wenn er vorher darüber informiert worden ist, welche Arbeiten er im Einzelnen durchzuführen hat (Kammergericht Berlin, 30.10.2006, Az. 8 U 38/06).

Hat der Mieter vor seinem Auszug Schönheitsreparaturen vorgenommen und will der Vermieter diese als nicht ausreichend beanstanden, muss der Vermieter im Rahmen der Leistungsaufforderung nach § 281 BGB konkret die einzelnen Mängel darlegen und den von ihm beanstandeten Zustand beschreiben. Nur so kann der Mieter erkennen, inwieweit er seine vertraglichen Verpflichtungen nicht erfüllt haben soll. Der reine Hinweis auf „nicht fachgerechte Schönheitsreparaturen" ist ohne nähere Angaben nicht ausreichend (Kammergericht Berlin, 22.1.2007, Az. 12 U 28/06).

Siehe / Siehe auch: Schönheitsreparaturen

Nichtveranlagungs-Bescheinigung

non-assessment certificate (tax)

Die Nichtveranlagungs-Bescheinigung wird auf Antrag vom Finanzamt ausgestellt, wenn bestimmte Einkommensgrenzen pro Jahr nicht überschritten werden und keine Pflicht zur Abgabe einer Einkommensteuererklärung besteht. Die Folge davon ist, dass ein Sparer seine Zinsen und Dividenden ungeschmälert von der Abgeltungssteuer kassieren darf. Normalerweise werden Erträge bestimmter Wertpapiere „an der Quelle" (Abgeltungssteuer) besteuert, was bedeutet, dass von ihnen bei Auszahlung 25 Prozent zzgl. 5,5 Prozent Solidaritätszuschlag und ggf. Kirchensteuer einbehalten wird. Von den steuerlichen Vorteilen einer Nichtveranlagungs-Bescheinigung profitieren in der Hauptsache Rentner sowie Kinder ohne oder nur geringes eigenes Erwerbseinkommen.

Siehe / Siehe auch: Abgeltungssteuer

Niederschlagswasser

atmospheric water; precipitation water; (run-off) rainwater; storm water

Die Wasserversorgungsunternehmen vieler Gemeinden erheben Gebühren für Niederschlagswasser. Darunter ist das Wasser zu verstehen, das als Regen auf die durch Bebauung versiegelten Flächen des Grundstücks fällt und dann durch die Kanalisation abgeleitet werden muss. Meist bestehen für Regenwasser und Abwasser getrennte Kanäle, wobei den Gemeinden selbst auch Kosten für die „Entsorgung" des Regenwassers entstehen. Für Hauseigentümer empfiehlt sich eine genaue Prüfung, ob im Gebührenbescheid die versiegelte Fläche korrekt angegeben ist. Sparen lässt sich hier durch Maßnahmen der Grundstücksgestaltung: Zufahrt nicht betonieren oder pflastern, sondern mit Kies belegen, Autostellplatz mit Gras bepflanzen, das durch ein befahrbares Stahlgitter wächst.

Derartige Maßnahmen lohnen sich jedoch nur, wenn die betreffende Gemeinde die Gebühr zumindest teilweise anhand der versiegelten Fläche des jeweiligen Grundstücks ermittelt und nicht allein auf Basis des Trinkwasserverbrauchs. Wegweisend waren zu diesem Problem das Urteil des Bayerischen Verwaltungsgerichtshofes (Az. 23B02.1937-W2K01.997) und die Abweisung der dagegen gerichteten Revision durch das Bundesverwaltungsgericht (BVerwG, Az. 9B51.03).

Der Bayerische Verwaltungsgerichtshof hat entschieden, dass in bestimmten Fällen die Einführung einer gesplitteten Abwassergebühr erforderlich ist. Dabei werden die Kosten für die Schmutzwasser- und Niederschlagswasser-Beseitigung getrennt errechnet. Die Schmutzwasserkosten richten sich nach dem Trinkwasserverbrauch und die Kosten für die Niederschlagswasser-Beseitigung orientieren sich an der versiegelten Grundstücksfläche mit Kanalanschluss. Nach dem Urteil ist es bei einem Kostenanteil der Niederschlagswasser-Beseitigung von mehr als zwölf Prozent an den gesamten Abwasserkosten angezeigt, eine gesplittete Abwassergebühr einzuführen. Teilweise muss laut gemeindlicher Abwassersatzung eine Gebühr für Niederschlagswasser gezahlt werden, wenn ein Anschluss ans Abwasserkanalnetz oder auch nur die Möglichkeit eines solchen Anschlusses besteht. Im letzteren Fall kann die Behörde jedoch nicht zunächst einen Grundstückseigentümer dazu verpflichten, Sickermulden für Niederschlagswasser auf seinem Grundstück anzulegen, und ihn dann trotz nicht bestehendem Kanalanschluss zur Bezahlung einer Abgabe für eingeleitetes Niederschlagswasser heranziehen (OVG Rheinland-Pfalz zu Gewerbegrundstück, Az. 6 A 11142/06, Urteil vom 19.12.2006).

Siehe / Siehe auch: Betriebskosten

Niederschrift (Wohnungseigentümer-Versammlung)

record/ minutes (of a freehold flat owners' meeting)

Über die von den Wohnungseigentümern in der Versammlung gefassten Beschlüsse ist eine Niederschrift anzufertigen. Sie ist von dem Versammlungsvorsitzenden und einem der teilnehmenden Wohnungseigentümer sowie von dem Vorsitzenden des Verwaltungsbeirates oder seinem Stellvertreter – sofern ein Verwaltungsbeirat bestellt ist – zu unterschreiben (§ 24 Abs. 6 WEG). Die Anfertigung der Niederschrift durch den Verwalter muss so rechtzeitig erfolgen, im Regelfall spätestens eine Woche vor Ablauf der einmonatigen Anfechtungsfrist (§ 46 Abs. 1 Satz 2 WEG), dass jeder Wohnungseigentümer von seinem Einsichtsrecht Gebrauch machen kann, um sich über die Inhalte der gefassten Beschlüsse zu informieren und gegebenenfalls danach zu entscheiden, ob er von seinem Beschlussanfechtungsrecht Gebrauch machen will oder nicht. Eine Verpflichtung des Verwalters zur Übersendung der Beschlussniederschrift besteht allerdings nicht. Im Verwaltungsvertrag kann jedoch eine Regelung getroffen werden, die den Verwalter verpflichtet, den Wohnungseigentümern die Niederschrift rechtzeitig vor Ablauf der Anfechtungsfrist zu übersenden. Die Wirksamkeit der von den Wohnungseigentümern gefassten Beschlüsse hängt aber nicht von ihrer Aufnahme in die Niederschrift ab. Die Niederschrift ist insoweit nicht Voraussetzung für deren Gültigkeit. Vielmehr erlangen Beschlüsse der Wohnungseigentümer ihre Rechtswirkung mit der durch den Versammlungsvorsitzenden vorzunehmenden Feststellung des Beschlussergebnisses in der Wohnungseigentümer-Versammlung (konstitutive Beschlussfeststellung). Selbst die Feststellung eines falschen Ergebnisses aufgrund falscher Stimmenwertung (Wertung von Stimmenthaltungen als nein-Stimmen) oder falscher Stimmenauszählung bewirkt nicht die Unwirksamkeit eines Beschlusses, vielmehr ist auch ein „falscher“ Beschluss wirksam, wenn er nicht angefochten und durch das Gericht für ungültig erklärt wird. Der Niederschrift sind als Anlagen, die mit der Tagesordnung übersandten Beschlussunterlagen sowie die Anwesenheitsliste und die Stimmrechtsvollmachten, beizufügen. Neben der Niederschrift ist zusätzlich gemäß § 24 Abs. 7 WEG eine Beschluss-Sammlung zu führen, die nicht nur über die Beschlussinhalte Aufschluss gibt, sondern auch über Änderungen, Aufhebungen oder gerichtliche Entscheidungen zu den jeweiligen Beschlüssen und damit über deren aktuelle Rechtsfolgen informiert.

Siehe / Siehe auch: Beschluss (Wohnungseigentümer), Wohnungseigentümer-Versammlung, Beschluss-Sammlung

Niedrigenergiehaus

low-energy house

Das Niedrig-Energiehaus zeichnet sich vor allem dadurch aus, dass Wärmeverluste durch Verwendung wärmedämmender Baumaterialien vermieden werden. Die spart Energiekosten. Durch Energieeinsparung wird die CO^2-Emission verringert. Neben dem Niedrigenergiehaus soll auch das sog. Passivhaus höchst energiesparend sein. Die Entwicklung ist noch im Fluss und derzeit noch intransparent. Ob das Energieeinsparpotenzial des Niedrigenergiehauses aber tatsächlich ausgeschöpft wird, hängt naturgemäß von den Nutzern des Hauses, insbesondere von ihrem Lüftungsverhalten ab. Nutzer von Niedrigenergiehäusern können bis zu 40 Prozent Heizenergie einsparen im Vergleich zu Nutzern konventionell gebauter Häuser. Um den Niedrigenergiehaus-Standard zu erreichen, bietet sich die Kombination mehrerer technischer Komponenten an. Hierzu zählen eine Gebäudeform mit einem optimalen Verhältnis von umbautem Raum zur Fläche der Außenwände, Wärmeschutz an Außenwänden, Dach und Kellerdecke, luftdichte Gebäudehülle (zu messen im Blower-Door-Messverfahren), Wohnungslüftung mit Wärmerückgewinnung, regelbare Heizwärmeverteilung. Hinzu kommen Anlagen, die den Verbrauch von Primärenergie senken etwa durch effiziente Heizanlagen mit hohem Wirkungsgrad und Solaranlagen (Sonnenkollektoren und Photovoltaik).

Siehe / Siehe auch: Blower-Door-Test, Energieeinsparverordnung (EnEV), Passivhaus

Nießbrauch (allgemein)

life estate; life interest; usufruct; beneficial enjoyment of property; beneficial interest; lifehold; lifelong right of use; usufructuary right (general)

Beim Nießbrauch ist zwischen dem Nießbrauch an Sachen, dem Nießbrauch an Rechten und dem Nießbrauch an Vermögen zu unterscheiden. Beim Nießbrauch an Sachen ist wiederum zwischen dem Nießbrauch an beweglichen Sachen und dem Nießbrauch an Grundstücken zu unterscheiden. Ein Nießbrauch an Rechten ist nur möglich, wenn das Recht nutzbar ist. Ein Nießbrauch kann unentgeltlich, teilentgeltlich oder entgeltlich eingeräumt werden. Charakteristisch für alle Fallgestaltungen des Nießbrauchs ist dessen Unveräußerlichkeit. Nießbrauch kann auch nicht vererbt werden. Die Ausübung des Nießbrauchs kann aber Dritten überlassen werden. Man spricht hier von Übertragung des Nießbrauchs. Vor größerer Bedeutung ist der Nießbrauch an Grundstücken. Nießbrauch kann auch an Grundstücksteilen eingeräumt werden, z.B. an bestimmte Wohnungen eines Miethauses. Möglich ist auch die Einräumung eines Nießbrauchrechts an einer Eigentumswohnung. In der Regel handelt es sich bei der Einräumung von Nießbrauch an Grundstücken um eine steuerrechtliche Angelegenheit im Zusammenhang mit einer Erbschaft. Dabei wird zwischen dem Vorbehaltsnießbrauch und dem Zuwendungsnießbrauch unterschieden. Beim Vorbehaltsnießbraucht überträgt der Grundstückseigentümer das Grundstückseigentum an den vorgesehenen Erben und behält sich das Nutzungsrecht vor. Beim Zuwendungsnießbrauch räumt der Grundstückseigentümer dem vorgesehenen Erben den Nießbrauch ein. Der Nießbrauchberechtigte hat weitgehend die Stellung eines „wirtschaftlichen Eigentümers“. Das Nießbrauchrecht ist nicht nur ein Nutzungsrecht. Es beinhaltet auch die Verpflichtung der Tragung öffentlicher und privatrechtlicher Lasten, soweit diese bei Bestellung des Nießbrauchs bestanden haben. Zu den Lasten zählen auch Zinsen für bestehende Grundschulddarlehen. In beiden Fällen handelt es sich um die Vererbung eines Grundstücks in zwei Schritten und damit um zwei getrennt voneinander zu behandelnde erbschaftssteuerliche Vorgänge, wodurch zweimal Freibeträge ausgeschöpft werden können.

Siehe / Siehe auch: Nießbrauch (Wohnungseigentum)

Nießbrauch (Wohnungseigentum)

life estate; life interest; usufruct; beneficial enjoyment of property; beneficial interest; lifehold; lifelong right of use; usufructuary right (freehold flat)

Nießbrauch ist eine Form der Dienstbarkeit. Beim Nießbrauch wird ein Grundstück in der Weise belastet, dass derjenige, zu dessen Gunsten die Belastung erfolgt, berechtigt ist, entsprechende Nutzungen (z. B. Mietzahlungen) zu erhalten. Der Nießbrauch spaltet – vereinfacht ausgedrückt – das juristische Eigentum vom wirtschaftlichen Eigentum ab. Beim Nießbrauch an einer Immobilie hat der Nießbraucher die Pflicht, das Gebäude zu unterhalten, also die Kosten für Instandhaltungen, Steuern, Versicherungen usw. zu zahlen. Er muss auch für Darlehenszinsen aus einer Beleihung des Objektes aufkommen. Allerdings kann auch vereinbart werden, dass der Eigentümer alle Bewirtschaftungs- und Kapitalkosten übernimmt („Bruttonießbrauch“). Der Nießbrauch kann nicht nur bei Grundstücken oder beweglichen Sachen, sondern auch bei Vermögen, bei Rechten und an einer Erbschaft vereinbart werden. Der Nießbrauch ist ein nicht übertragbares und unvererbliches Recht.

Ein Nießbrauch kann sowohl dadurch zustande kommen, dass der Eigentümer das Eigentum am Grundstück einem Dritten überträgt und sich den Nießbrauch vorbehält („Vorbehaltsnießbrauch“) oder dadurch, dass er einem Dritten den Nießbrauch am Grundstück einräumt und das Eigentum behält („Zuwendungsnießbrauch“). Schließlich kann ein Eigentümer auch sein Testament so gestalten, dass der Erbe (z. B. sein Sohn) das Eigentum am Grundstück erhält und ein Dritter (z. B. sein Bruder) den Nießbrauch zugesprochen bekommt (Vermächtnisnießbrauch). In steuerlicher Hinsicht muss beim Nießbrauch folgendes bedacht werden: Steht dem Zuwendungsnießbrauch eine Gegenleistung (Einmalzahlung) gegenüber, dann handelt es sich beim Eigentümer um Einnahmen aus Vermietung und Verpachtung, die er jedoch auf bis zu zehn

Jahre verteilen kann. Erzielt der Nießbraucher bei entgeltlicher Bestellung des Nießbrauchs Einnahmen, handelt es sich dann um Einkünfte aus Vermietung und Verpachtung, die er durch von ihm übernommene Bewirtschaftungs- und Kapitalkosten (Werbungskosten) schmälern kann. Verbleiben die Kosten beim Eigentümer, kann auch er sie als Werbungskosten absetzen. Die AfA für den Nießbrauch wird dem Nießbraucher zugesprochen, diejenige für das Gebäude dem Eigentümer. Beim Vorbehalts- und Vermächtnisnießbrauch entfallen diese Gestaltungsmöglichkeiten, da eine entgeltliche Bestellung nicht möglich ist. Auch eine Eigentumswohnung kann mit einem Nießbrauch belastet sein. Damit stellt sich die Frage nach der Stellung des Nießbrauchers in der Wohnungseigentümergemeinschaft. Nach herrschender Rechtsauffassung ändert die Belastung eines Wohnungseigentums mit einem Nießbrauch nicht die Rechtsstellung des im Grundbuch eingetragenen Wohnungseigentümers. Ihm stehen weiterhin alle Rechte gemäß Wohnungseigentumsgesetz zu (BGH, Az. V ZB 24/01, Beschluss vom 07.03.2002).

Der Wohnungseigentümer kann jedoch gegenüber dem Nießbraucher verpflichtet sein, bei der Stimmabgabe in der Wohnungseigentümerversammlung dessen Interessen zu berücksichtigen oder auch nach dessen Weisung zu handeln. Auch eine Eigentumswohnung kann mit einem Nießbrauch belastet sein. Damit stellt sich die Frage nach der Stellung des Nießbrauchers in der Wohnungseigentümergemeinschaft. Nach herrschender Rechtsauffassung ändert die Belastung eines Wohnungseigentums mit einem Nießbrauch nicht die Rechtsstellung des im Grundbuch eingetragenen Wohnungseigentümers. Ihm stehen weiterhin alle Rechte gemäß Wohnungseigentumsgesetz zu (BGH, Az. V ZB 24/01, Beschluss vom 07.03.2002).

Folglich ist der Nießbraucher weder zur Wohnungseigentümerversammlung einzuladen, noch steht ihm ein Teilnahmerecht bzw. Stimmrecht zu. Eine Ausnahme gilt für den Fall, dass der eingetragene Eigentümer ihn zur Vertretung bevollmächtigt, sofern nicht eine Vertretungsbeschränkung gemäß Teilungserklärung oder Gemeinschaftsordnung entgegensteht. Ebenfalls ist er nicht berechtigt, Beschlüsse der Wohnungseigentümer gerichtlich anzufechten. Der Wohnungseigentümer kann jedoch gegenüber dem Nießbraucher verpflichtet sein, bei der Stimmabgabe in der Wohnungseigentümerversammlung dessen Interessen zu berücksichtigen oder auch nach dessen Weisung zu handeln. Auch eine Eigentumswohnung kann mit einem Nießbrauch belastet sein. Damit stellt sich die Frage nach der Stellung des Nießbrauchers in der Wohnungseigentümer-Gemeinschaft. Nach geltender Rechtsauffassung ändert die Belastung eines Wohnungseigentums mit einem Nießbrauch nicht die Rechtsstellung des im Grundbuch eingetragenen Wohnungseigentümers. Ihm stehen weiterhin alle Rechte gemäß Wohnungseigentumsgesetz zu (BGH, Az. V ZB 24/01, Beschluss vom 07.03.2002).

Folglich ist der Nießbraucher weder zur Wohnungseigentümer-Versammlung einzuladen, noch steht ihm ein Teilnahmerecht beziehungsweise Stimmrecht zu. Eine Ausnahme gilt für den Fall, dass der eingetragene Eigentümer ihn zur Vertretung bevollmächtigt, sofern nicht eine Vertretungsbeschränkung gemäß Teilungserklärung oder Gemeinschaftsordnung entgegensteht. Ebenfalls ist er nicht berechtigt, Beschlüsse der Wohnungseigentümer gerichtlich anzufechten. Der Wohnungseigentümer kann jedoch gegenüber dem Nießbraucher verpflichtet sein, bei der Stimmabgabe in der Wohnungseigentümer-Versammlung dessen Interessen zu berücksichtigen oder auch nach dessen Weisung zu handeln.

Siehe / Siehe auch: Stimmrecht (Wohnungseigentümer-Versammlung)

Nominalschuld

nominal value of a loan

Diese Darlehenssumme ist entscheidend für die Berechnung von Zinsen, Tilgung, Disagio und Bearbeitungsgebühr. Die Nominalschuld unterscheidet sich von dem tatsächlichen Auszahlungsbetrag, bei dem die Bearbeitungsgebühren oder das Disagio schon abgezogen wurden.

Nominalzins

nominal interest

Der Nominalzins bezieht sich auf den geschuldeten Kreditbetrag, ohne dass die Kreditnebenkosten dabei berücksichtigt werden. Er enthält also weder Bearbeitungsgebühren noch ein Disagio. Im Gegensatz dazu steht der Effektivzins, der diese Kosten mit berücksichtigt. Der Nominalzins wird auch als Gegenbegriff zum Realzins verstanden. Im Nominalzins ist die Inflationsrate enthalten, während der Realzins der inflationsbereinigte Zins ist. Im Vergleich zum Nominalzins ist der Liegenschaftszins ein Realzins, weil dieser sich nicht auf einen inflationsabhängigen Geldbetrag bezieht, sondern auf ein ertragsfähiges, inflationsunabhängiges Grundstück.

Siehe / Siehe auch: Liegenschaftszinssatz

Non-Performing Loans

non-performing loans

Eine einheitliche, allgemein anerkannte Definition für Non-Performing Loans existiert bislang nicht. Im engeren Sinne werden darunter ernsthaft ausfallgefährdete Kredite verstanden, die bereits zu drei oder mehr aufeinander folgenden Zahlungsterminen nicht mehr ordnungsgemäß bedient worden sind.Im weiteren Sinne wird die Bezeichnung für Kredite verwendet, bei denen es zu Abweichungen vom Tilgungsplan gekommen ist. Sie werden auch als Subperforming Loans bezeichnet. Weitere, häufig synonym für Non-Performing Loans oder Subperforming Loans verwendete Begriffe sind Faule Kredite, Notleidende Kredite, Problemkredite, Distressed Loans, Defaulted Loans, Non-Core Loans. Bei Non-Performing-Loans-Transaktionen werden Not leidende Darlehen an spezialisierte Abwickler wie Lone Star oder Goldmann Sachs veräußert, die sich aus diesem Geschäft überdurchschnittliche Renditen im zweistelligen Bereich erhoffen. Im Gegensatz zu den USA, Japan und anderen europäischen Ländern (z.B. Italien) hat sich der deutsche Markt erst in den letzten Jahren dieses Themas angenommen. Der Veräußerer nimmt zwar Abschläge auf die Nominalkreditsumme hin, gleichwohl bieten sich ihm folgende Vorteile:

- Reduzierung der Eigenkapitalunterlegung (Basel II) und Einsetzung des freigesetzten Kapitals im profitableren Neugeschäft
- Kreditrisikominimierung (sog. Risk Transfer) und Verbesserung des Rating
- Einsparung von Personalkosten und sonstiger eingesetzter Ressourcen (Intensivbetreuungs- und Abwicklungsabteilungen)
- Bilanzbereinigung und Erhöhung der Transparenz

Non-Recourse-Finanzierung

non-recourse financing

Die Non-Recourse-Finanzierung ist eine regresslose Finanzierung, d.h. ohne Rückgriff. Es ist eine Variante der internationalen Projektfinanzierung, bei der die beteiligten Banken alle Risiken übernehmen und auf jeden Rückgriff auf die Projektträger verzichten. Man versteht darunter eine Finanzierungen z.B. für Kapitalgesellschaften ohne persönliche Haftung der einzelnen Gesellschafter. Diese Finanzierungsvariante bietet sich beispielsweise für in- oder ausländische Beteiligungsgesellschaften an. Bei dieser Finanzierungsvariante beleihen Bankpartner Gewerbeimmobilien bis ca. 70 Prozent des Beleihungswertes bzw. wohnwirtschaftlich genutzte Immobilien bis ca. 80 Prozent des Beleihungswertes. Der Beleihungswert richtet sich vor allem nach dem sogenannten Ertragswert der Immobilie.

Nonterritoriales Büro

non-territorial office

Das nonterritoriale Büro ist ein Büro ohne feste persönliche Arbeitsplätze. Die vorhandenen Arbeitsplätze werden von den Beschäftigten nach dem Prinzip des Desksharing genutzt.

Siehe / Siehe auch: Desksharing

Normalherstellungskosten (Immobilienbewertung)

standard building costs 2000 (property valuation)

Die „Normalherstellungskosten 2000" sind eine Anlage der WertR 2006 und dient als Berechnungsgrundlage bei der Ermittlung des Sachwertes eines Gebäudes auf der Bezugsbasis 2000. Sie löst die NHK 95 ab. Diese sollten bereits die Berechnungsgrundlage der Baukosten des Jahres 1913, das vielfach als Basisjahr für die indizierte Baukostenentwicklung herangezogen wurde, ersetzen. Bei der NHK 2000 handelt es sich um ein Tabellenwerk mit 95 Gebäudetypen, wobei nach Objektart, Baualtersgruppe und Bauweise, Ausstattungsstandard usw. differenziert wird. Verbunden mit dieser Neueinführung ist eine „Systemänderung". Während die bisherigen Baukostenindices auf den umbauten Raum abstellten, beziehen sich die Normalherstellungskosten auf die Brutto-Grundfläche (BGF) im Sinne der DIN 277 in der Fassung von 1987. Diese ist gegenüber dem Brutto-Rauminhalt (BRI), dessen Kosten in den NHK 95 ebenfalls noch angegeben waren, nunmehr als ausschließliche Berechnungsgrundlage heranzuziehen. Lediglich für Objekttypen, bei denen die Brutto-Grundfläche keinen sinnvollen Berechnungsbezug herstellt (z. B. Lagergebäude, Industriegebäude, Werkstätten) wurden die Kosten pro Kubikmeter Brutto-Rauminhalt angegeben. Für Mehrfamilienwohnhäuser wurden zusätzlich Korrekturfaktoren für die Grundrissart (vom Einspänner = 1,05 bis zum Vierspänner = 0,95) und die Wohnungsgröße (von 50 Quadratmeter BGF beziegungsweise 35 Quadratmeter Wfl. = 1,10 bis 135 Quadratmeter BGF bzw. 100 Quadratmeter Wfl = 0,85 vorgeschlagen. Bei den NHK 2005 wurde das Gerüst der NHK 2000 weitgehend beibehalten. Die Nennung der Gebäudeart wurde in der Reihenfolge des Bauwerkzuordnungskatalog umgruppiert, bei der Brutto-Grundfläche wurde

nach Kostengruppen differenziert, 300 Bauwerk-Baukonstruktionen und 400 Bauwerk-technische Anlagen nach DIN 276. Nunmehr wurde bei allen Gebäudearten als Bezugsgröße die Brutto-Grundfläche (BGF) eingeführt und die Standardeinteilung erfolgt durchgehend nach einheitlichen drei Standards. Die Regionalfaktoren der NHK 1995 wurden nicht übernommen beziehungsweise weiterentwickelt. Sie beziehen sich auf Unterschiede der Baukosten zwischen den Bundesländern einerseits und den Ortsgrößen andererseits. Die Gutachterausschüsse sind gefordert diese Regionalfaktoren für ihren Bereich weiterzuentwickeln.
Siehe / Siehe auch: Herstellungskosten, Sachwert

Normobjekt
standard object
Ein Normobjekt ist ein hinsichtlich Größe, Alter, Lageeigenschaften und Qualität genau definiertes Immobilienobjekt. Normobjekte haben keine wertbeeinträchtigenden Zustandsmerkmale z. B. Reparaturanstau. Da die am Immobilienmarkt gehandelten Realobjekte in der Regel nicht in das Definitionsraster eines Normobjektes passen, erfolgt Bewertung eines Normobjektes aus der Ableitung der am Immobilienmarkt für Realobjekte erzielten Preise über Zu- und Abschläge. Normobjekte haben im Rahmen der Immobilienmarktforschung Bedeutung für Zeitreihenanalysen der Immobilienpreise aber auch für die Erstellung von Raumindizes. Sie sind Grundlage des RDM-Preisspiegels.
Siehe / Siehe auch: Raumindex, IVD-Preisspiegel

Notar
notary; notary public
Der Notar ist ein von der Justizverwaltung eines Bundeslandes nach dem Bedarfsprinzip bestellter Volljurist, der bestimmte Aufgaben im Rahmen der freiwilligen Gerichtsbarkeit und der Rechtspflege wahrzunehmen hat. Voraussetzung der Bestellung ist eine in der Regel dreijährige Anwärterzeit als Notarassessor. Bei Immobiliengeschäften ist die Mitwirkung des Notars vielfach erforderlich (notarielle Beurkundung). Bei den Rechtsgeschäften, die vom Notar beurkundet werden, hat der Notar nach dem Beurkundungsgesetz eine besondere Belehrungspflicht. Er muss die Parteien über die rechtliche Tragweite des Vertrages aufklären, den die Parteien schliessen wollen. Alle Beurkundungen die der Notar vornimmt, sind in zeitlicher Reihenfolge in ein gebundenes Register einzutragen (Urkundenrolle). Für seine Tätigkeit erhält der Notar Gebühren und Auslagen. Sie richten sich nach der Kostenordnung. Zur Absicherung der finanziellen Abwicklung eines beurkundeten Geschäftes kann der Notar ein besonderes Konto („Notaranderkonto“) zur Verfügung stellen, über das er treuhänderisch verfügt.

Notar-Anderkonto
notarial trust account; account kept by a notary in his or her own name for a third party
Siehe / Siehe auch: Anderkonto

Notargehilfe / Notargehilfin
notary's clerk
Nach der Beurkundung z. B. eines Grundstückskaufvertrages muss dieser Vertrag auch „vollzogen“ werden. Es müssen Anträge an das Grundbuchamt gestellt werden, die Unbedenklichkeitsbescheinigung des Finanzamtes muss besorgt werden usw. Dafür hat der Notar speziell ausgebildetes Personal, nämlich den/die Notargehilfen/in.

Notarielle Beurkundung
recorded by a notary
Bestimmte Verträge müssen vom Notar beurkundet werden, damit sie wirksam werden. Dies sind u.a. der Grundstückskaufvertrag, der Bauträgervertrag, die Bestellung eines Erbbaurechts, sowie die Einräumung von Wohneigentum. Die Rolle des Notars besteht darin, den Vertragswillen der Parteien zu erforschen und zu formulieren. Er muss die Vertragsparteien über die rechtlichen Konsequenzen des Geschäfts belehren und ihre Erklärungen klar und eindeutig in der Urkunde wiedergeben. Mit der Unterschrift der Parteien auf der Urkunde wird bestätigt, dass der formulierte Vertragsinhalt dem Vertragswillen beider Parteien entspricht.
Voraussetzung dafür, dass ein Notar einen Vertrag beurkunden kann, sind Informationen, die er sich über Vor- und Familienname, Anschriften und die Güterstände der an der Beurkundung teilnehmenden Parteien verschaffen muss. Diese identifizieren sich durch Vorlage eines Personalausweises oder eines Reisepasses. Daraus ergeben sich auch die Geburtsdaten der Parteien.

Notarielle Urkunde
deed
Die Urschrift einer notariellen Urkunde ist die Originalniederschrift einer notariell beurkundeten Willenserklärung und verbleibt in der Verwahrung des Notars. Die Ausfertigung vertritt die Urschrift im Rechtsverkehr. Damit kommt die Vorlegung der

Ausfertigung der Vorlegung der Urschrift gleich. Sie ist eine Abschrift der Urschrift mit der Überschrift „Ausfertigung“ und dem zwingenden Vermerk, dass sie mit der Urschrift übereinstimmt. Besondere Bedeutung kommt der Ausfertigung bei Vollmachtsurkunden zu. Bei der beglaubigten Abschrift handelt es sich um eine einfache Abschrift der Urschrift mit dem Vermerk des Notars, dass sie mit der Hauptschrift übereinstimmt. Dieser Beglaubigungsvermerk muss Ort und Tag der Ausstellung angeben und ist mit dem Siegel oder dem Stempel und der Unterschrift des Notars zu versehen. Der Besitz einer beglaubigten Abschrift ersetzt im Rechtsverkehr nicht den Besitz einer Ausfertigung.

Notleitungsrecht

German right of pipes and lines from owner's property through another person's property

Grundstücke, die durch Nachbargrundstücke vom Zugang zu Versorgungs- und Abwasserleitungen abgeschnitten sind, können ein Notleitungsrecht geltend machen. Vorschriften hierzu finden sich allerdings nicht in allen Nachbarschaftsgesetzen der Bundesländer. In der Rechtsprechung wird hier die analoge Anwendung des Notwegerechts als Beurteilungsgrundlage herangezogen. (BGH, Urteil vom 22.6.1990, Az. V ZR 59/89)

Siehe / Siehe auch: Notwegerecht

Notverwalter

emergency administrator

Siehe / Siehe auch: Bestellung des Verwalters (WEG), Verwalter (WEG)

Notwegerecht

right of an emergency way

Der Eigentümer eines Grundstückes, das keine direkte Anbindung an öffentliche Wege hat, kann von seinem Nachbarn verlangen, dessen Grundstück begehen zu dürfen, um sein Grundstück zu erreichen (§ 917 BGB). Dafür hat der Notwegeberechtigte jährlich im Voraus eine Geldrente zu bezahlen. Das Recht auf Rente geht allen anderen Rechten an dem belasteten Grundstück vor, auch wenn es nicht im Grundbuch eingetragen wird. Sträubt sich der Grundstücksnachbar, so können Richtung und Umfang des Notweges durch ein Gerichtsurteil bestimmt werden. Der Bundesgerichtshof hat klargestellt, dass es ein Notwegerecht nur für Eigentümer gibt, nicht aber für Mieter oder Pächter. In dem verhandelten Fall ging es um ein Bootshaus auf einem zugangslosen Seegrundstück in Mecklenburg-Vorpommern. Der BGH verwies den Mieter auf den Gesetzeswortlaut (Urteil vom 5.5.2006, Az. V ZR 139/05). Der Mieter hat hier allenfalls die Möglichkeit, sich an den Vermieter zu wenden, damit dieser gegenüber dem Nachbarn das Notwegerecht durchsetzt. Der Vermieter wiederum darf ohne Weiteres das Notwegerecht für den Mieter geltend machen, da es ja um die Nutzungsmöglichkeit seines eigenen Grundstückes geht und er selbst Anspruchsinhaber ist. Er kann gegenüber dem Mieter aus dem Mietvertrag sogar dazu verpflichtet sein, das Notwegerecht durchzusetzen, da ohne ein solches ggf. keine vertragsgemäße Grundstücksnutzung stattfinden kann.

Siehe / Siehe auch: Überbau

Notwendige Treppe

necessary staircase

Eine notwendige Treppe ist ein Begriff aus dem Baurecht. Für die notwendige Treppe sind die Sicherheitsbestimmungen und die vorgegebenen Abmessungen der Landesbauordnungen (LBO) ausschlaggebend. Im Gegensatz dazu gibt es die nicht notwendige Treppe. Obwohl diese als Haupttreppe genutzt werden kann, ist sie als zusätzliche Treppe anderen Abmessungen der LBO unterworfen.

Siehe / Siehe auch: Landesbauordnung, Treppe

Nutzerwechselgebühr

fee due when the user changes

Siehe / Siehe auch: Zwischenabrechnung

Nutzfläche (NF)

(usable) floor area; (usable) floor space; useful area

Siehe / Siehe auch: Grundfläche nach DIN 277/1973/87, WNFl., Wfl.-/Nfl.

Nutzflächenfaktor

efficiency ratio (gross to net area)

Der Nutzflächenfaktor ist eine Bezugsgröße, die das Verhältnis von Nutzfläche zu Geschossfläche bezeichnet. Mit ihrer Hilfe lassen sich aus Geschossflächen überschlägig Nutzflächen beziehungsweise Wohnflächen errechnen. Bei Bürogebäuden beträgt z. B. der Nutzflächenfaktor etwa 0,8 (1 Quadratmeter Geschossfläche = 0,8 Quadratmeter Nutzfläche). Bei Wohngebäuden (Geschossbau) wird – abhängig vom Baujahr – von einem Faktor zwischen 0,72 (Gebäude mit Baujahr vor 1900) und 0,78 (neue Gebäude) ausgegangen.

Siehe / Siehe auch: Grundfläche nach DIN 277/1973/87, Geschossflächenzahl (GFZ) - Geschossfläche (GF)

Nutzungsänderung (Wohnungseigentum)

change of use; alteration of use (freehold flat)

Die Nutzung des Wohnungseigentums zum Wohnen ist unproblematisch. Anders verhält es sich beim Teileigentum, für das in aller Regel in der Gemeinschaftsordnung die Nutzungsart bestimmt ist. Diese Nutzungsbeschränkung muss respektiert werden. Ausnahmen sind nur in einem sehr geringen, die übrigen Wohnungseigentümer nicht wesentlich beeinträchtigenden Umfange möglich. Soll eine Nutzungsänderung erlaubt werden, ist dafür die Zustimmung aller Wohnungseigentümer erforderlich.

Siehe / Siehe auch: Zweckentfremdung

Nutzungsentgeltverordnung (NutzEV)

German ordinance on compensation for use

Die Nutzungsentgeltverordnung (NutzEV), zuletzt geändert im Juni 2002, regelt die Entgelte, die für die Nutzung eines Erholungsgrundstücks im Sinne des früheren § 312 ZGB (Zivilgesetzbuch) der DDR von 1975 in den neuen Bundesländern zu zahlen sind. Sie gilt nicht für Grundstücke in einer Kleingartenanlage, die unter das Bundeskleingartengesetz fallen (die betreffenden Entgelte sind dort abweichend geregelt). Ähnlich wie bei der Miete für Wohnräume ist auch in der NutzEV eine Erhöhung bis zur Höhe des ortsüblichen Entgelts vorgesehen. Die zulässigen Erhöhungsschritte regelt § 3 NutzEV. Bei vertragswidriger Nutzung des Grundstücks darf der Eigentümer ohne Einschränkungen eine Erhöhung auf den ortsüblichen Betrag vornehmen. Der Nutzer hat im Fall einer Entgelterhöhung ein Sonderkündigungsrecht. Er darf den Nutzungsvertrag bis zum Ablauf des Monats, der auf den Zugang der Erklärung über die Entgelterhöhung folgt, für den Ablauf des letzten Monats, bevor die Erhöhung wirksam wird, kündigen.

Siehe / Siehe auch: Datscha / Datsche, Kleingarten / Schrebergarten, Schuldrechtsanpassungsgesetz

Nutzungsentschädigung

compensation for loss of use

Wenn ein Mieter nach Beendigung des Mietverhältnisses eine Wohnung oder ein Haus noch weiter bewohnt, hat der Vermieter nach § 546a BGB für die Dauer dieser Nutzung Anspruch auf eine Entschädigung für die Vorenthaltung der Mietsache in Höhe der vereinbarten Miete oder der für vergleichbare Mietobjekte ortsüblichen Miete (BGH, Az. VIII ZR 57/05, Urteil vom 05.10.2005).

Der Vermieter ist nicht gehindert, über die Nutzungsentschädigung hinaus Schadenersatzansprüche geltend zu machen. Eine Nutzungsentschädigung wird häufig auch in notariellen Grundstückskaufverträgen vereinbart für den Fall, dass der Verkäufer nach dem vereinbarten Besitzübergang auf den Käufer das verkaufte Grundstück noch eine bestimmte Zeit nutzen will. Ein Mietvertrag kommt dadurch nicht zustande. Im Bereich des Verbrauchsgüterkaufs wurde teilweise eine Nutzungsentschädigung verlangt, wenn ein Kunde einen gekauften Gegenstand wegen eines Sachmangels zurückgab und innerhalb der Gewährleistungszeit Nacherfüllung im Wege der Ersatzlieferung verlangte. So hatte der Bundesgerichtshof (BGH) einen Fall zu entscheiden, in dem eine Hausfrau eine Entschädigung für die eineinhalbjährige Nutzung ihres E-Herdes bezahlen sollte, den sie wegen eines Defektes umgetauscht hatte. Dieser Praxis hat der BGH jedoch einen Riegel vorgeschoben. Nach der Entscheidung (Az. VIII ZR 200/05, Urteil vom 26.11.2008) ist bei Ersatzlieferungen keine Nutzungsentschädigung zu zahlen. Dies bezieht sich allerdings nur auf private und nicht auf gewerbliche Käufer.

Siehe / Siehe auch: Beendigung eines Mietverhältnisses, Nutzungsvertrag / Nutzungsrecht, Nutzungsverhältnis

Nutzungsgestaltung Mieträume

permission given to tenant to use rented premises (e.g. drying loft)

Dieser Begriff bezeichnet die vom Vermieter ausgesprochene Genehmigung zu Gunsten des Mieters, bestimmte Räume oder Gegenstände während der Laufzeit des Mietvertrages zu nutzen (z.B. Geräteschuppen, Rasenmäher, Trockenboden).

Nutzungsverhältnis

proportion of use; ratio of net to gross; tenancy

Zieht ein Mieter nach Beendigung des Mietvertrages nicht aus der Wohnung aus, gewährt das Bürgerliche Gesetzbuch dem Vermieter einen Anspruch auf eine Nutzungsentschädigung. Das Verhältnis von Mieter und Vermieter zwischen Vertragsende und Zwangsräumung wird auch als Nutzungsverhältnis bezeichnet. Ein Nutzungsverhältnis kann auch dadurch entstehen, dass der Verkäufer einer Wohnung oder eines Hauses eine Übereinkunft mit dem Käufer trifft, nach der er noch einige Zeit nach Besitzübergang weiter in dem Objekt wohnen kann, ohne dass das Entstehen eines Mietverhältnisses von den Vertragsparteien gewollt ist.

Siehe / Siehe auch: Nutzungsentschädigung, Nutzungsvertrag / Nutzungsrecht

Nutzungsvertrag / Nutzungsrecht

leasing contract; licence agreement/ usage rights (or right of use) for a limited period (e.g. leasehold interest, software licence)

Nutzungsverträge oder Nutzungsrechte entstammen dem Recht der ehemaligen DDR. Sie konnten entstehen durch:

- Verleihung
- Zuweisung
- Einräumung eines Mitbenutzungsrechtes
- einen Vertrag über Nutzung von Bodenflächen zur Erholung

Geregelt war dies im Zivilgesetzbuch der DDR. Nutzungsverträge, mit denen von einer staatlichen oder öffentlichen Stelle ein Grundstück – gegebenenfalls mit Gebäude – gegen Zahlung eines Geldbetrages und Übernahme der öffentlichen Lasten überlassen wurde, bleiben nach der Wiedervereinigung wirksam. Nach Art. 232 § 4 Abs.1 EGBGB (Einführungsgesetz zum Bürgerlichen Gesetzbuch) gelten für Nutzungsverträge über Grundstücke zu Erholungszwecken weiterhin die Vorschriften des Zivilgesetzbuches der ehemaligen DDR. Es können jedoch per Rechtsverordnung neue Regelungen über eine angemessene Erhöhung der Nutzungsentgelte und im Erhöhungsfalle zulässige Sonderkündigungsrechte getroffen werden. Eine solche Regelung wurde mit der Nutzungsentgeltverordnung von 1993 getroffen (neu gefasst 2002). Diese Verordnung ersetzt vor dem 03.10.1990 getroffene Entgeltvereinbarungen. Danach getroffene Vereinbarungen bleiben unberührt. Die Verordnung gilt für Entgelte für die Nutzung von Bodenflächen auf Grund von Verträgen nach § 312 des Zivilgesetzbuches (ZGB) der DDR. Nicht jedoch für:

- Entgelte nach dem Bundeskleingartengesetz
- vor dem 03.10.1990 abgeschlossene unentgeltliche Nutzungsverhältnisse nach § 312 ZGB
- Überlassungsverträge

Bei den Vereinbarungen, für die die Verordnung gilt, dürfen die Nutzungsentgelte schrittweise bis zum ortsüblichen Entgelt angehoben werden. Eine weitere wichtige Regelung findet sich in § 20 a Abs. 1 Schuldrechtsanpassungsgesetz. Unter anderem können Eigentümer vom Nutzer eines kleingärtnerisch genutzten Grundstücks außerhalb einer Kleingartenanlage oder eines Erholungs- oder Freizeitgrundstückes die Erstattung der nach Ablauf des 30.06.2001 für den genutzten Grundstücksteil beziehungsweise das Grundstück anfallenden regelmäßig wiederkehrenden öffentlichen Lasten verlangen. Im Klartext: Erstattung der Grundsteuer kann gefordert werden.

Siehe / Siehe auch: Kleingarten / Schrebergarten, Nutzungsverhältnis, Schuldrechtsanpassungsgesetz

Nutzungswert

rental value (of an owner-occupied property); utility value; value in use

Bei Büros kann auf Basis der Marktberichte des RDM-Bayern Marktforschungsinstitutes zwischen drei Nutzungswerten unterschieden werden. Bei Angaben von Büromieten wird hier auf die Berücksichtigung von Extremwerten verzichtet, da sie nicht repräsentativ sind. Die Nutzungswerte „einfach“, „mittel“ und „gut“ werden durch Lagewerte (Adressen), nutzerbezogene Infrastruktur und Raumqualität bestimmt.

- Der einfache Nutzungswert wird vor allem durch Sekundärlagen des Objektes charakterisiert. Er erhebt vom Erscheinungsbild keinen Anspruch auf Repräsentation.
- Der mittlere Nutzungswert genügt durchschnittlichen Ansprüchen von Dienstleistungsbetrieben. Die Büros sind für Personal und Kunden gut erreichbar. Pkw-Stellplätze sind in ausreichender Zahl vorhanden.
- Beim guten Nutzungswert ist von einem Standard auszugehen, der durch ein repräsentatives Erscheinungsbild, durch eine den Ansprüchen des Managements entsprechende Infrastruktur einschließlich der Anforderungen an moderne Kommunikationsmöglichkeiten und durch ein den sozialen Betreuungsbedarf abdeckendes Raumangebot gekennzeichnet ist. Gute Verkehrsanbindung und Pkw-Abstellmöglichkeiten gehören dazu.

Nutzwertanalyse

cost-benefit analysis; (value) benefit analysis

Der Ausgangspunkt einer Nutzwertanalyse ist ein zu entwickelndes Grundstück, unbebaut oder bebaut, an einem für Projektentwicklung günstigen Standort. Es gibt jedoch noch keine Vorstellung über die neue, bevorstehende Nutzung. Vorab ist es wichtig, für möglichst viele Nutzungen die Eignung des vorhandenen Standortes zu prüfen, welche vergleichend dargestellt werden. Die Nutzwertanalyse prüft eine Vielzahl von Kriterien für die unterschiedlichen Nutzungsvorstellungen. Die verschiedenen Nutzungsideen werden durch die

Verwendung eines Punktesystems in eine wertende Reihenfolge sortiert. Oberstes Ziel dieses Punktesystems ist es, die Entscheidung einzuengen, um eine zielgerichtete Entwicklung voranzubringen. Bewertungskriterien können sein: Verkehrsanbindung, Nutzbarkeit der Bausubstanz, Umfeld / Standort, Marktsituation / Wirtschaftlichkeit.
Siehe / Siehe auch: Spiering-Marktwertverfahren

Obhutpflicht

duty to tolerate injury to one's own interests to save the interests of another party

Der Mieter ist während der Laufzeit des Mietvertrages verpflichtet, die Mietsache pfleglich zu behandeln und nach Möglichkeit vor Schaden zu bewahren. So muss der Mieter bei Sturm und Regen die Fenster schließen und im Winter dafür sorgen, dass auch bei Abwesenheit eine gewisse Mindesttemperatur in der Wohnung herrscht. Regelmäßiges Lüften und moderates Heizen zur Vermeidung von Feuchtigkeit und Schimmelbildung können ebenfalls vom Mieter verlangt werden. Zur Obhutpflicht gehört auch, dem Vermieter unverzüglich entstandene Schäden anzuzeigen – insbesondere Schäden, die sich noch verschlimmern oder Folgeschäden verursachen können (z. B. Schimmel, feuchte Wände, undichter Keller, schadhafte Elektroleitungen). Die Obhutpflicht existiert ohne ausdrückliche vertragliche Vereinbarung. Kommt es zum Rechtsstreit, liegt die Beweislast beim Vermieter, da er es ist, der in der Regel die Verletzung der Obhutpflicht vorträgt.

Siehe / Siehe auch: Anzeigepflicht

Objekt

property; object; piece of real estate; item; cost object

Objekte sind nach § 2 HOAI „Gebäude, raumbildende Ausbauten, Freianlagen und raumbildende Ausbauten, Ingenieurbauwerke, Verkehrsanlagen, Tragwerke und Anlagen der Technischen Ausrüstung", auf die sich Architektenleistungen beziehen. Gegenüber „vorhandener Objekten" bezieht sich der Begriff der Neubauten und Neuanlagen in der HOAI auf „neu zu errichtende oder herzustellende Objekte". Im Bereich der Umbauten, Modernisierungen und Instandsetzungsmaßnahmen wird der Objektbegriff der HOAI auch für Bestandsimmobilien verwendet. Im Maklergeschäft bezieht sich der Objektbegriff nach § 34c GewO auf „Grundstücke, grundstücksgleiche Rechte, gewerbliche Räume und Wohnräume", die Gegenstand der Vertragsvermittlung sind. Neubauten werden dort als „Bauvorhaben" bezeichnet. Im Maklergeschäft wird als Objekt der Gegenstand bezeichnet, auf den sich das Vermittlungsgeschäft bezieht.

Objekt-Präsentation per Video

video presentation of a property

Traditionell besichtigen Interessenten ein Immobilienobjekt, das ihnen angeboten wurde, wenn sie feststellen wollen, ob es für sie geeignet ist.

Die Besichtigungen sind für Makler und Interessenten zeitaufwändig. Unnötige Besichtigungen können indes vermieden werden und zwar durch Objekt-Präsentationen per Video. Der klassische Ablauf einer Videopräsentation sieht wie folgt aus: Der Makler stellt sich zunächst selbst vor, führt dann durch die Räume des Objektes einschließlich Keller und Dachboden, erklärt dabei alle Einzelheiten, sorgt für eine angenehme Hintergrundmusik. Auch die Außenanlagen und die Objektumgebung sollten in die Videopräsentation mit einbezogen werden. Aus- und Umbaumöglichkeiten können erörtert werden usw. Die erste Objektbesichtigung durch Interessenten findet somit nicht vor Ort statt, sondern zu Hause auf dem Computerbildschirm. Objekt-Präsentationen per Video eignen sich auch zum Vertrieb von Bauträgerobjekten und auch von Baugrundstücken. In manchen Fällen erledigt sich mit der Präsentation das Angebot, weil festgestellt wurde, dass dieses Objekt aus bestimmten Gründen doch nicht in Frage kommt. In anderen Fällen wird das Interesse gesteigert. Objekt-Präsentation per Video setzt besondere Kompetenzen des Maklers voraus. Hierzu gehören besondere rhetorische Fähigkeiten. Objektpräsentation kann auch an geeignete Personen übertragen werden. Es müssen keine Schauspieler sein. Der Makler kann diese Aufgaben auch an geeignete Personen delegieren. Ein Grundsatz, der für das Exposé gilt, muss auch für die Objekt-Präsentation per Video gelten. Sie muss Spiegelbild der Wirklichkeit sein. Auch negative Objektmerkmale müssen ins Bild gerückt und kommentiert werden.

Objekt-Tracking

object tracking

Objekt-Tracking bezog sich ursprünglich auf den Nachvollzug der Bewegung von Objekten auf einer (geographischen) Oberfläche. Der Begriff fand dann aber auch in vielen anderen Bereichen Eingang, vor allem im Automobilverkehr, für Computersimulationen (z. B. Flugsimulator) und neuerdings in der Immobilienwirtschaft. Hier wird unter Objekt-Tracking eine Methode verstanden, die die Bearbeitung von Aufträgen in chronologischer Reihenfolge der Bearbeitungsschritte nachvollziehbar machen soll. Bei Maklern geht es um die Erfassung dieser Schritte in Auftragsbearbeitungsbögen einschließlich der Erfassung der mit der Auftragsbearbeitung entstehenden Kosten. Im Interesse der Transparenz der Maklertätigkeit wurde Auftraggebern von Maklern neuerdings auch die Möglichkeit eingeräumt, den Stand der Auftragsbearbeitung auf der Maklerhomepage abzurufen und herunterzuladen. Makler erhoffen sich vom Objekt-Tracking einerseits eine Förderung des Verständnisses von Vermarktungsprozessen beim Auftraggeber und andererseits die Entlastung von Nachfragen von Auftraggebern über den Stand der Auftragsbearbeitung. Damit können auch vorschnelle Kündigungen von Maklerauftragen verhindert werden.

Objektakquisition
acquisition of property

Objektakquisition bezeichnet die Bemühungen, Objekte zu beschaffen. Dabei geht es darum, durch Einsatz der Instrumente des Beschaffungsmarketings zu einem, den Zielen des Unternehmens entsprechenden Akquisitionsergebnis zu gelangen. Bei Bauträgern und Projektentwicklern steht im Vordergrund die Beschaffung von Baugrundstücken oder von Bauerwartungsland, das in Verbindung mit einem städtebaulichen Vertrag zu Bauland entwickelt werden kann. Ziel der Objektakquisition ist die Realisierung von Kaufbedingungen, die nach Beschaffung, Entwicklung und Bebauung des Grundstücks beim Wiederverkauf die kalkulierte Gewinnmarge sichert.

Es gilt der Grundsatz: Im Einkauf liegt der Gewinn. Bauträger können sich zur Objektakquisition auch Makler bedienen. Diese erhalten dann einen genau umrissenen Suchauftrag.

Siehe / Siehe auch: Akquise

Objektanalyse
property analysis; (detailed property appraisal; task-oriented analysis

Die maklerische Objektanalyse dient einerseits der Zielgruppenfindung und damit der inhaltlichen Bestimmung der Werbebotschaften und andererseits der Preisfindung. Sie kann auch Grunddaten für eine Projektentwicklung liefern. Die Objektanalyse umfasst die Lageanalyse, die Grundstücks- und Gebäudeanalyse, die Analyse der Rechtsverhältnisse und die Analyse der Wirtschaftlichkeit und Rentabilität. Im Rahmen der Lageanalyse werden die objektspezifischen Lagekriterien (harte und weiche Lagefaktoren, Makro- und Mikrolage) untersucht. Die Grundstücksanalyse befasst sich mit Grundstücksgröße, Form des Grundstücks, Topographie und Bodenverhältnisse, sowie mit den baulichen Nutzungsmöglichkeiten (Baurechtsreserven). Die Gebäudeanalyse ermittelt Wohn- und Nutzflächen, Zahl und Anordnung der Räume, Alter und Modernisierungsgrad der baulichen Anlagen, Zustand, Ausstattung, Energieversorgung und der Energieeinsparung dienende Dämm- Materialien. Hinzu kommt die Erfassung und Bewertung der Außenanlagen sowie des Zubehörs. Zum Zweck der Analyse der Rechtsverhältnisse werden die Grundbuchdaten, insbesondere Eintragungen in Abteilung II des Grundbuches, etwaige Baulasten, denkmalgeschützte Objektteile, Miet- und Pachtverhältnisse und dergleichen durchleuchtet. Sofern es sich um ein Anlageobjekt handelt, steht die Analyse der Rendite im Vordergrund. Je nach Art des Objektes können unterschiedliche Aspekte bei der Analyse im Vordergrund stehen, so dass es ein allgemeingültiges Analyse-Schema und eine allgemeingültige Gewichtung der Analysebereiche nicht gibt.

Ergeben sich aus der Objektanalyse Hinweise für Umwidmungsmöglichkeiten, können Verwertungskonzepte erstellt und „Projektideen" entwickelt werden.

Siehe / Siehe auch: Lage

Objektangebotsschreiben
broker's letter of offer for a property

Das Objektangebotsschreiben eines Maklers gehört mit zu den Vorgängen, mit der die Beziehung des Maklers zu seinen Interessenten individualisiert werden kann. Der Makler sollte schon im ersten Satz seines Schreibens die besondere Beziehung des Maklers zu ihm zum Ausdruck bringen. Er kann z.B. zum Ausdruck bringen, dass er bei der Besichtigung des Objektes gleich an den Kunden gedacht hat, da es ziemlich genau den Wünschen entspreche, den der Kunde ihm gegenüber geäußert habe. Das geht natürlich nur, wenn es auch stimmt. Immerhin gibt es eine Vielzahl von Anknüpfungspunkten für den Einleitungssatz des Angebotsschreibens.

Völlig unabhängig davon, sollte der Makler im Zusammenhang mit einem Objektangebotsschreiben folgendes bedenken. Wenn nicht schon eine Provisionszusage des Interessenten vorliegt, dann sollte er im Angebotsschreiben nicht nur auf das beiliegende Exposé Bezug nehmen. Er sollte vielmehr auch auf seine Maklerbedingungen, insbesondere seine Provision im Abschlussfall, hinweisen. Dieses von ihm unterschriebene Angebotsschreiben wird damit gleichzeitig ein Angebot auf Abschluss eines Maklervertrages. Der Provisionshinweis im Exposé genügt nicht.

Das Exposé ist nur ein unverbindliches Objektangebot des Eigentümers, das der Makler im Exposé darstellt. Das Exposé wird vom Makler nicht unterschrieben, so dass der Provisionshinweis im Exposé keine Rechtswirkung entfaltet. Manche Makler gehen ein Provisionsrisiko ein, indem sie

im Angebotsschreiben die vollen Nachweisdaten preisgeben, ohne ein Provisionsversprechen des Interessenten nachweisen zu können. Man spricht hier von einem ungesicherten Nachweis. Probleme dieser Art entstehen im Übrigen nicht, wenn sich ausschließlich der Verkäufer zur Zahlung der Gesamtprovision verpflichtet. Das Objektangebotsschreiben sollte am Ende die Ankündigung enthalten, dass er den Interessenten wegen des Angebots in den nächsten Tagen anrufen werde. Der Nachfasskontakt ist wichtig, weil der Makler in Erfahrung bringen sollte, ob ein Besichtigungsinteresse besteht.
Siehe / Siehe auch: Provisionssysteme

Objektbetreuung und Dokumentation

property management and documentation

Die Objektbetreuung und Dokumentation ist die 9. Leistungsphase nach § 3 Abs. 4 der HOAI 2009 (Honorarordnung für Architekten und Ingenieure), die mit drei Prozent des gesamten Honorars bewertet wird. In dieser letzen Phase werden die Bauzeichnungen auf den aktuellen Stand gebracht und dem Bauherren übergeben.
Siehe / Siehe auch: HOAI, Leistungsphasen

Objektmanagement

facility management; property management

Siehe / Siehe auch: Property-Management

Objektpool

object pool

Der Objektpool bezeichnet das Immobilienangebot eines Maklerverbundes, bei dem sich jeder Makler verpflichtet, die von ihm akquirierten Objekte in eine gemeinsame Datenbank einzugeben, auf die jeder Interessent online Zugriff hat. E-Mail-Anfragen von Interessenten werden automatisch an den Makler geleitet, der das Objekt eingegeben hat. Der Vorteil von Objektpools besteht in der im Vergleich zu Angeboten von Einzelmaklern höheren Marktrepräsentanz. Eine ähnliche Funktion erfüllen auch Immobilienbörsen.
Siehe / Siehe auch: Immobilienbörsen, Immobilienportale

Objektprinzip

product departmentalisation

Siehe / Siehe auch: Verbrauchsprinzip, Verteilungsschlüssel (Wohnungseigentum), Stimmrecht (Wohnungseigentümer-Versammlung)

Objektschutz

property protection

Siehe / Siehe auch: Kundenschutz / Objektschutz (Gemeinschaftsgeschäft)

Objektsuchanzeigen

property advertisements

Objektsuchanzeigen sind Anzeigen, die geschaltet werden, um Objektanbieter anzusprechen und um über diese Aufträge zu akquirieren. Es gilt hierbei zwischen Anzeigen zu unterscheiden, die der Makler für vorgemerkte Kunden schaltet und solchen Anzeigen, die ein Objekt akquirieren, um anschließend dafür einen Käufer oder Mieter zu suchen.

Objektüberwachung

building inspection; building supervision; construction supervision

Die Objektüberwachung ist die 8. Leistungsphase nach nach § 3 Abs. 4 der HOAI 2009 (Honorarordnung für Architekten und Ingenieure). Sie wird mit 31 Prozent (Gebäude, raumbildende Ausbauten), 29 Prozent (Freianlagen) bewertet, bemessen am gesamten Honorar der Architekten und Ingenieure. Es ist die arbeitsintensivste und verantwortungsvollste Leistungsphase. Die Objektleitung wird auch Bauüberwachung oder Bauleitung genannt und beinhaltet die Überwachung des Bauleiters der einzelnen Gewerke auf der Baustelle. Der Bauleiter trägt die Verantwortung für alle Belange auf der Baustelle. Dies umfasst das Bauvorhaben mit den Normen und Bestimmungen und alle Gewerke inklusive der Arbeit der Handwerker vor Ort. Noch vor, aber spätestens nach Abschluss der Bautätigkeit werden Rechnungen überprüft und bezahlt, sowie auf sichtbare Mängel geprüft. Diese werden dann von den einzelnen verantwortlichen Gewerken beseitigt.
Siehe / Siehe auch: Bauleitung, HOAI, Leistungsphasen

Objektvorteil-Zielgruppen-Matrix

target group matrix to work out the advantages of a property (to obtain a Unique Selling Proposition, USP)

Objektvorteil-Zielgruppen-Matrix ist ein Hilfsmittel, um im Hinblick auf eine Zielgruppe einen möglichst wirkungsvollen USP (Unique Selling Proposition: der einzigartige, der Konkurrenz überlegene Wettbewerbsvorteil eines Produktes) herauszuarbeiten. Zielgruppen, die für die Immobilie relevant sind, werden in eine Spalte eingetragen. In der anderen Spalte werden denkbare Objekteigenschaften aufgelistet.

Objektwerbung

property/real estate advertising

Die Produkte, die ein Makler anbietet, bezeichnet man als „Objekte". Der Produktwerbung entspricht somit auch die „Objektwerbung" durch Makler. Das heute bedeutendste Medium für die Objektwerbung sind Internetportale, in denen bebilderte Exposés veröffentlicht werden können. Zeitungsinserate haben dagegen eine abnehmende Bedeutung. Ziel der Objektwerbung ist es, Kunden für ein bestimmtes oder mehrere Objekte anzuwerben, um damit ohne große Umwege einen Absatzerfolg zu generieren. Objektwerbung durch den Makler ist hochgradig zielgruppenorientiert. Es werden keine Massenwaren, sondern jeweils einzigartige Objekte angeboten. Das bedeutet, dass die Werbestrategie so angelegt sein muss, dass beginnend mit der ersten Werbebotschaft, die veröffentlicht wird, möglichst direkt ein Kunden-Kontakt zustande kommt, bei dem das Profil des beworbenen Objektes und der Suchwunsch des Interessenten ziemlich genau zusammenpassen. Generell gilt: Je allgemeiner Zielpersonen angesprochen werden, desto schwächer Reaktionswirkung („kommt vielleicht in Frage?"), je spezieller die Zielpersonen angesprochen werden, desto stärker ist die Anreizwirkung („Das muss ich ansehen!"). Dabei muss bedacht werden, dass sich der Absatzerfolg möglichst schnell einstellen sollte. Immobilien, die – möglicherweise wegen eines zu hohen Preisansatzes – mit sukzessiv abschmelzenden Preisen laufend angeboten werden, haben am Ende ihr „Image" eingebüßt und können auch zu einem Normalpreis nicht mehr verkauft werden. Auch der Aufbau der Werbebotschaft muss die Zielgruppenbezogenheit der Objektwerbung berücksichtigen. Er muss dem System der Zielgruppenpyramide folgen, wonach die für die Zielgruppe wichtigsten Merkmale ihrer Bedeutung nach von oben nach unten angeordnet sind. Das wichtigste Merkmal steht in der Headline, das am wenigsten wichtige am Ende. Dies gilt vor allem für Kurzexposés, die der Schnellinformation dienen.

Ein weiterer Grundsatz ist bei der Objektwerbung zu beachten: Die Aussagen über das Objekt dürfen nicht widersprüchlich sein und müssen einer Besichtigung standhalten. Die Objektwerbung zielt auf den Gegenwartserfolg ab. Sie wird oft auch mit Firmenwerbung verbunden. Dabei ist zu beachten, dass Kunden in erster Linie das Objekt und erst in zweiter Linie der Anbieter interessiert. Die Headline gilt somit dem Objekt und nicht der Firma. Firmenwerbung stellt auch nicht auf den Absatzerfolg in der Gegenwart ab, sondern ist zukunftsorientiert und sichert über die Steigerung des Bekanntheitsgrades den zukünftigen Absatzerfolg. Der heute wichtigste Werbeträger für die Immobilienwirtschaft sind Immobilienportale im Internet und eine eigene Homepage der Maklerunternehmen. Dies gilt vor allem für die Objektwerbung. Der weitaus größte Teil, der vom Makler vermittelten Umsätze, gehen heute auf die Objektwerbung im Internet zurück.

Siehe / Siehe auch: Exposé, Firmenwerbung, Imageanzeigen, Werbung, allgemein

Ödland

waste land

Im Gegensatz zu dem nicht bewirtschaftbaren Unland versteht man unter Ödland ein Gelände, das durch Bodenverbesserungsmaßnahmen (Meliorationen) einer ökonomischen Nutzung zugeführt werden kann. Beispiel für Ödland sind Heide- und Moorgebiete. Da im Ödland seltene Tier- und Pflanzenarten ihr Zuhause finden, handelt es sich um wertvolle Gebiete im Sinne des Naturschutzes.

Siehe / Siehe auch: Unland

Öffentliche Lasten

local land charges; public burdens; public charges (e.g. restriction on development of a property)

Öffentliche Lasten, die auf einem Grundstück ruhen, werden nicht in das Grundbuch eingetragen. Die jeweils im Grundbuch eingetragenen Eigentümer sind Schuldner. Im Zwangsversteigerungsverfahren werden Schulden aus öffentlichen Lasten auf der Ebene der Rangklasse 3 befriedigt. Ansprüche aus dinglich abgesicherten Rechten Dritter erhalten demgegenüber nur die Rangklasse 4. Zu den öffentlichen Lasten zählen unter anderem die Grundsteuer, Schornsteinfegergebühren, Kanalgebühren, Gebühren für die Straßenreinigung aber auch Erschließungsbeiträge.

Siehe / Siehe auch: Hausgeld, Lasten (Gemeinschaftseigentum)

Öffentliche Meinung

public opinion

Siehe / Siehe auch: Öffentlichkeit

Öffentliche Mittel

public funds; public funding

Im Rahmen der staatlichen Wohnungspolitik wurden öffentliche Mittel als zinsverbilligte Baudarlehen von den Bundesländern nach den Vorschriften des II. Wohnungsbaugesetzes vergeben, um den

Wohnungsbedarf einkommensschwacher Schichten der Bevölkerung abzusichern. Zu den Finanzierungshilfen zählen neben den Baudarlehen auch AufwendungsdarlehenundAufwendungszuschüsse. Ein Rechtsanspruch auf Förderung besteht nicht. Das II. Wohnungsbaugesetz wurde zum 1. Januar 2002 aufgehoben und durch das Wohnraumförderungsgesetz ersetzt.
Siehe / Siehe auch: Aufwendungsdarlehen und Aufwendungszuschüsse

Öffentliche Private Partnerschaft (ÖPP)

Public Private Partnership (PPP)

Deutscher Begriff für PPP Public Private Partnership zur Vermeidung des Anglizismus.
Siehe / Siehe auch: Public Private Partnership (PPP)

Öffentliches Interesse

public interest

Beim „öffentlichen Interesse" handelt es sich um einen unbestimmten Rechtsbegriff der, soweit öffentliches Interesse nicht gesetzlich unterstellt wird, einen rechtlichen Beurteilungsspielraum zulässt. Vor allem im Bauplanungs- und Bauordnungsrecht spielt das öffentliche Interesse eine besondere Rolle. Privates Interesse kann öffentlichem Interesse entgegenstehen. In vielen Fällen muss für private Bauplanungen, Vorhaben und Nutzungen, um genehmigungsfähig zu sein, öffentliches Interesse gegeben sein. Privatinteresse und öffentliches Interesse können, was die Zielsetzung angeht, also auch deckungsgleich sein. Probleme entstehen wenn ein Vorhaben oder eine Nutzung öffentlichem Interesse widerspricht, insbesondere wenn das Wohl der Allgemeinheit auf dem Spiele steht. Hier muss zwischen den Gewichten des privaten und des öffentlichen Interesses abgewogen werden. Die öffentliche Hand verfügt zur Durchsetzung des öffentlichen Interesses über ein vielfältiges Instrumentarium (von Genehmigungsvorbehalten über die Festsetzungen in Bebauungsplänen bis hin zur Enteignung). Voraussetzung für eine Enteignung ist stets, dass das Gemeinwohl das Privatinteresse überwiegt.

Öffentliches Recht / Gerichtsbarkeiten

public law / jurisdiction

Öffentliches Recht regelt die Rechtsverhältnisse des Staatsbürgers zu den Trägern öffentlicher Gewalt und der Träger öffentlicher Gewalt untereinander. Dazu zählen neben dem Staats- und Verwaltungsrecht auch das Straf- und Steuerrecht. Das öffentliche Recht kann auch in materielles Recht (z. B. Strafrecht) und Verfahrensrecht (z. B. Zivilprozessordnung) eingeteilt werden. Einen besonderen Rang nimmt das Staatsrecht ein, dessen Kern sich aus dem Grundgesetz ergibt. Es sorgt dafür, dass die Staatsbürger Grundrechte haben, die von den Trägern der Staatsgewalt beachtet werden müssen. Beim Verwaltungsrecht ist zu unterscheiden zwischen dem allgemeinen und besonderen Verwaltungsrecht, zu dem z. B. das Bauordnungs- und Bauplanungsrecht gehören. Es gibt viele Gesetze, die sowohl Privatrecht, als auch öffentliches Recht enthalten, beispielsweise das Wohnungsvermittlungsgesetz.
Das öffentliche Recht gewährt jeder Person Rechte (z.B. das Recht auf Information in den Informationsfreiheitsgesetzen auf Bundes- und Länderebene), erlegt ihm aber auch Pflichten (z.B. Zahlung von Steuern und Abgaben) auf. Dabei ist zu beachten, dass alle Bürger vor dem Gesetz gleich zu behandeln sind. Den verschiedenen Bereichen des öffentlichen Rechts entsprechen auch jeweils eigene Rechtsprechungsorgane. Dem allgemeinen und besonderen Verwaltungsrecht sind die Verwaltungsgerichte mit der obersten Instanz des Bundesverwaltungsgerichte mit Sitz in Leipzig zugeordnet. Dem Steuerrecht ist das Finanzgericht mit der obersten Instanz des Bundesfinanzhofes in München zugeordnet, dem Sozialrecht die Sozialgerichte mit der obersten Instanz des Bundessozialgerichts in Kassel, die Arbeitsgerichte mit der obersten Instanz des Bundesarbeitsgerichts mit Sitz in Erfurt. Der Bundesgerichtshof hat – soweit es um Strafrecht geht, seinen Sitz in Leipzig, in zivilrechtlichen Angelegenheiten in Karlsruhe. Damit benachbart ist schließlich das Bundesverfassungsgericht, das ebenfalls seinen Sitz in Karlsruhe und stets als letzte Instanz fungiert, wenn es darum geht, ob und inwieweit ein Gesetz, eine Verordnung oder ein Urteil mit dem Grundgesetz vereinbar ist.
Um die Einheitlichkeit der Rechtsprechung zu gewährleisten, wurde der Gemeinsame Senat mit Sitz in Karlsruhe eingerichtet, der sich aus den Präsidenten des Bundesgerichtshofes, des Bundesverwaltungsgerichts, des Bundesarbeitsgerichts, des Bundessozialgerichts und des Bundesfinanzhofes zusammensetzt. Mit dem Bundesgerichtshof im gemeinsamen Senat sind auch die Belange des Privatrechts in die Entscheidungsfindung mit einbezogen.

Öffentlichkeit

(the) public; publicity

Öffentlichkeit in einem engeren Sinne entsteht durch Meinungsäußerungen von freien Personen, die außerhalb privater Räume verbreitet werden. Sie finden entweder in öffentlich zugänglichen Bereichen statt – in Hörsälen, Versammlungsräumen, auf Volksfesten usw. oder findet über Medien ihre Verbreitung (Presse, Funk, Fernsehen, Literatur, Internet). Aus dem Konglomerat dieser Meinungsäußerungen entsteht das, was vielfach als öffentliche Meinung bezeichnet wird. Die Freiheitsgrade dieser öffentlichen Meinung sind ein Kennzeichen des Zustandes einer Demokratie, die von der Meinungsfreiheit gespeist wird. Die Möglichkeit, dass in der Öffentlichkeit Irrtümer verbreitet werden, darf sie nicht einschränken. Dasselbe gilt für die Verbreitung von negativen Wertungen.

Für Medien, die Nachrichten oder Meinungen verbreiten, gibt es besondere Schranken. So hat sich die Deutsche Presse im Deutschen Presserat zu einer freiwilligen Selbstkontrolle verpflichtet. Hier gelten auch ethische Regeln (nicht alles, was erlaubt ist, ist auch ethisch vertretbar). Als beispielhafte Regeln für den freien Journalismus gelten:

- Achtung vor der Wahrheit und Wahrung der Menschenwürde
- Gründliche und faire Recherche
- Klare Trennung von redaktionellem Text und Anzeigen
- Achtung von Privatleben und Intimsphäre
- Vermeidung unangemessen sensationeller Darstellung von Gewalt u. Brutalität

Der Deutsche Presserat ist Beschwerdeinstanz in Fällen, in denen solche Regeln verletzt werden. Andere Schranken finden sich im Strafgesetzbuch (z. B. § 130 Volksverhetzung). Bedenklich sind in einer Demokratie Quasiverbote, die unter dem Begriff der „political correctness“ einzuordnen sind, insbesondere dann, wenn damit Kritik an Maßnahmen der jeweils regierenden Parteien tabuisiert oder an einer Mehrheitsmeinung unterbunden werden soll. Auch Unternehmen, ganze Branchen und die Wirtschaft im Allgemeinen sind häufig Gegenstand von öffentlichen Meinungsäußerungen. Sie können deren Image positiv wie negativ beeinflussen. Dabei ist festzustellen, dass oft kleine Fehler durch die Multiplikatorwirkung von Medien bei gleichzeitiger Unterdrückung der positiven Aspekte zu einer Verzerrung der Wahrnehmung in der Wirklichkeit führen. Die erzeugten Vorurteile, halten sich oft lange in der öffentlichen Meinung und führen zu Verallgemeinerungen. (Ein tatsächlicher „Baulöwe“ generiert eine Menge vermeintlicher Baulöwen.) Sozialempfindliche Wirtschaftsbereiche, etwa die Wohnungswirtschaft, sollten in besonderer Weise über Kontakte mit Medien (PR-Kontakte) dafür sorgen, dass solche Fehleinschätzungen vermieden werden.

Siehe / Siehe auch: Public Relations

Öffentlichkeitsarbeit

public relations (PR); marketing; publicity work

Die Öffentlichkeitsarbeit ist ein wichtiges Feld, das bisher von den meisten Immobilienverwaltern vernachlässigt wird. Die Pressearbeit ist komplementär zu anderen Werbeaktivitäten; sie kann diese ergänzen und unterstützen, aber nie völlig ersetzen. Durch gezielte Pressearbeit kann die Bekanntheit des jeweiligen Unternehmens, beziehungsweise die bestimmter Objekte gefördert und das Image verbessert werden.

Siehe / Siehe auch: Marketing, Public Relations

Öffnungsklausel

exemption clause

Grundsätzlich können die Wohnungseigentümer abweichend von den Bestimmungen des Wohnungseigentumsgesetzes ihr Verhältnis untereinander gemäß § 10 Abs. 2 Satz 2 WEG durch Vereinbarung regeln. Diesen Vereinbarungen müssen alle im Grundbuch eingetragenen Wohnungseigentümer zustimmen. Damit sie im Falle eines Eigentümerwechsels auch gegenüber dem neuen Eigentümer (Sondernachfolger) gelten, bedürfen diese Vereinbarungen der Eintragung in das Grundbuch.

Grundsätzlich sind dabei auch Regelungen in einer Teilungserklärung beziehungsweise einer Gemeinschaftsordnung zulässig, wonach spätere Änderungen der abdingbaren Bestimmungen des Wohnungseigentumsgesetzes beziehungsweise abweichend getroffener Vereinbarungen durch mehrheitliche, gegebenenfalls auch qualifizierte Beschlussfassung zulässig sind. Die so getroffenen Regelungen werden als Öffnungsklausel bezeichnet. Diese Klauseln müssen allerdings hinreichend bestimmt sein, um Rechtswirkung erlangen zu können. Als Voraussetzung für entsprechende Änderungen aufgrund einer Öffnungsklausel müssen sachliche Gründe gegeben sein und im Übrigen darf kein Wohnungseigentümer im Falle einer solchen Änderung gegenüber dem früheren Rechtszustand unbillig benachteiligt werden (BGH, VII ZB 21/84, Beschluss vom 27.06.1985). Durch Vereinbarung getroffene Öffnungsklauseln können im Einzelfall den gesetzlichen Regelungen vorgehen. Ist beispielsweise durch eine Öffnungsklausel geregelt, dass die Wohnungseigentümer über die Vornahme von Modernisierungsmaßnahmen mit einer Zweidrittel-Mehrheit der in der Versammlung anwesenden Wohnungseigentümer beschließen können, hat diese Regelung vor der gesetzlichen Regelung gemäß § 22 Abs. 2 WEG Vorrang, nach der für diese Maßnahmen ein doppeltes Quorum (Mehrheit von drei Viertel aller stimmberechtigten Wohnungseigentümer und mehr als die Hälfte der Miteigentumsanteile) erforderlich ist. Gleiches gilt für eine entsprechende Regelung über abweichende Kostenverteilungen nach § 16 Abs. 4 WEG. Ist allerdings hier durch eine Öffnungsklausel geregelt, dass eine Mehrheit von vier Fünftel aller stimmberechtigten Wohnungseigentümer erforderlich ist, kommt diese Regelung nicht zum Tragen, sondern allein die gesetzliche Regelung, weil gemäß § 16 Abs. 5 WEG die nach § 16 Abs. 4 WEG geregelte Beschlussmehrheit nicht eingeschränkt werden darf.

Siehe / Siehe auch: Beschluss (Wohnungseigentümer), Vereinbarung (nach WEG)

Öko-Zulage

subsidy for the improved use of ecological resources

Bei der Öko-Zulage handelte es sich um zusätzliches Fördergeld nach dem Eigenheimzulagengesetz für ein Niedrigenergiehaus oder Ökoanlagen, die natürliche Ressourcen besser nutzen beziehungsweise den Energiebedarf einschränken. Nach Abschaffung des Eigenheimzulagengesetzes wurde die Öko-Zulage für energetische Gebäudesanierungen teilweise kompensiert durch Aufstockung verbilligter KfW-Darlehen.

Siehe / Siehe auch: Niedrigenergiehaus, Kreditanstalt für Wiederaufbau (KfW)

Öltankreinigungskosten / Umlage

cleaning cost for oil tank / apportionment of costs

Nach einem Urteil des Bundesgerichtshofes dürfen Vermieter die Kosten für eine Reinigung des Heizöltanks auf die Mieter umlegen. Nach dem BGH schließen die Kosten des Betriebes der zentralen Heizungsanlage nach § 2 Nr. 4 Buchst. a Betriebskostenverordnung ausdrücklich auch die Kosten für die Reinigung der Anlage ein, zu der auch der Öltank gehört. Nicht umlagefähig sind Kosten für die Instandhaltung oder Instandsetzung oder Kosten, die nur im Einzelfall entstehen. Der BGH betonte, dass es sich bei für die Öltankreinigung aufgewendeten Beträgen nicht um solche Kosten handelt. Die Reinigung werde in gewissen Zeitabständen immer wieder erforderlich und diene der Aufrechterhaltung der Betriebsfähigkeit der Anlage. Auch wenn die Arbeiten immer im Abstand von mehreren Jahren durchgeführt würden, verursachten sie laufend entstehende und immer wiederkehrende Kosten. Eine Umlage sei daher möglich. Die Beträge könnten jeweils komplett in dem Jahr umgelegt werden, in dem sie entstanden seien – eine Verteilung auf mehrere Jahre sei nicht notwendig (Az. VIII ZR 123/06, Urteil vom 14.02.2007).

Siehe / Siehe auch: Betriebskosten

Ofenheizung

stove heating

Unter einer Ofenheizung versteht man die Beheizung eines einzigen Raumes durch einen in diesem Raum installierten Heizofen. In älteren Wohnungen sind Ofenheizungen immer noch vielfach vorhanden, während sie in neueren Objekten wieder zunehmend in Mode geraten – oft in Form von effizienten Holzpelletöfen oder Scheitholzöfen als Allein- oder Zusatzheizsystem. Bei Ofenheizungen werden als Brennstoffe Öl, Gas, Kohle oder Holz verwendet.

Gute Ofenheizungen zeichnen sich dadurch aus, dass die Außenwände des Ofens effizient die Wärme aufnehmen und speichern, dass die Brennstoffe vollständig und sauber verbrennen und dass eine leichte Reinigung von Brennraum und Abgasrohren möglich ist. Einzelöfen bzw. ihre Abgasrohre müssen durch einen Schornsteinfeger regelmäßig gereinigt werden. Die Kosten können nach der Betriebskostenverordnung auf den Mieter umgelegt werden.

Einzelöfen zur Verbrennung von Holz können bei hohen Energiepreisen für Einsparungen sorgen. Durch die erheblich gestiegene Anzahl von Holzheizungen hat sich in den letzten Jahren allerdings auch der durch dieses Heizverfahren erzeugte Anteil an gesundheitsschädlichem Feinstaub in unserer Luft ganz erheblich erhöht. Die Bundesregierung plant daher eine Änderung der 1. Bundesimmissionsschutz-Verordnung (1. BImschV), nach der bestimmte alte Öfen mit Filtern nachzurüsten oder auszurangieren sind und für neue Öfen bestimmte Grenzwerte gelten. Dies bezieht sich auch auf kleine Öfen und Kaminöfen. Am 3. Juli 2009 wurde der Entwurf der Neufassung der 1. BImschV vom Bundestag verabschiedet. Das Gesetzgebungsverfahren ist noch nicht abgeschlossen.

Siehe / Siehe auch: Filterpflicht für Holzheizungen, Energieeinsparverordnung (EnEV)

Offene Handelsgesellschaft (OHG /oHG)

general partnership; ordinary partnership

I. Die offene Handelsgesellschaft ist eine Personenhandelsgesellschaft, in der sich zwei oder mehr natürliche und/oder juristische Personen, die sich zusammen geschlossen haben, um unter einer gemeinsamen Firma ein Handelsgewerbe zu betreiben. Handelsgewerbe ist jeder Gewerbebetrieb (z. B. ein Maklerbüro), es sei denn, dass das Unternehmen nach Art und Umfang einen in kaufmännischer Weise nach § 1 Abs. 2 HGB eingerichteten Geschäftsbetrieb nicht erfordert. Das Unternehmen ist der Name, unter dem ein Kaufmann oder eine Handelsgesellschaft, wie die OHG, ihre Geschäfte betreibt. Die OHG kann nach § 17 Abs. 2 HGB unter ihrem Namen klagen oder verklagt werden. Träger aller Rechte und Pflichten ist die OHG, nicht das Unternehmen. Die Gesellschaft ist Vertragspartei und im Rechtsstreit Prozesspartei.

Die Grundform der OHG ist die Gesellschaft bürgerlichen Rechts. Für die OHG gelten folgende Besonderheiten:

- Der Gesellschaftszweck ist gegenüber der GbR auf den Betrieb eines kaufmännischen Handelsgewebes eingeschränkt (§ 105 Abs. 1 HGB). Darüber hinaus wird eine Gesellschaft, deren Gewerbebetrieb nicht schon nach § 1 Abs. 2 HGB Handelsgewerbe ist, dass heißt wenn die Gesellschafter Kleingewerbetreibende sind, oder wenn die Gesellschaft nur eigenes Vermögen verwaltet, durch Eintragung ihrer Firma in das Handelsregister zur OHG.
- Die Gesellschaft – die Gesamtheit der Gesellschafter – muss unter der gemeinschaftlichen Firma handeln.
- Die Haftung gegenüber Gläubigern der Gesellschaft darf bei keinem Gesellschafter beschränkt sein. In einem solchen Fall würde statt einer OHG eine Kommanditgesellschaft entstehen.
- Die OHG ist keine juristische Person (wie z. B. die AG oder die GmbH). Sie ist dieser jedoch angenähert, da die Gesamtheit der Gesellschafter unter ihrer Firma Rechte, z. B. auch Eigentum erwerben kann. Die Zwangsvollstreckung in das Gesellschaftsvermögen erfordert nach § 124 Abs. 2 HGB einen Vollstreckungstitel gegen die OHG.

II. Das Recht der OHG ist in den §§ 105 bis 160 HGB geregelt. Subsidiär gelten die Regelungen der GbR. Soweit das Gesetz nachgiebiges (dispositives) Recht enthält, gehen die Regelungen des Gesellschaftsvertrages vor. Gesellschafter der OHG können natürliche und juristische Personen werden. Von der Möglichkeit des Eintritts einer GmbH als Gesellschafter ist In den letzten Jahren besonders häufig Gebrauch gemacht worden. Diese haftet zwar wie jeder OHG-Gesellschafter unbeschränkt, jedoch nur mit ihrem Vermögen, nicht mit dem ihrer Gesellschafter. Auch eine GbR kann Gesellschafter einer OHG sein.

III. Die Entstehung der OHG setzt den Abschluss eines Gesellschaftsvertrages nach § 109 HGB voraus. Dieser bedarf keiner Form. Der Vertrag regelt das Innenverhältnis. Nach außen entsteht die OHG durch Eintragung in das Handelsregister (§ 123 HGB). Nach § 106 HGB erfolgt die Anmeldung bei dem Gericht, in dessen Bezirk die Gesellschaft ihren Sitz hat. Die Anmeldung enthält

- den Namen, Vornamen, Geburtsdatum und Wohnort jedes Gesellschafters,
- die Firma der Gesellschafter und den Ort, an dem sie ihren Sitz hat, und
- die Vertretungsmacht der Gesellschafter.

IV. Die Geschäftsführung steht nach §§ 114 und 115 HGB grundsätzlich allen Gesellschaftern zu, und zwar jedem für sich allein. Der Gesellschaftsvertrag kann bestimmen, dass einzelne Gesellschafter von der Geschäftsführung ausgeschlossen werden oder nur alle gemeinsam handeln können. Ebenso wie die Geschäftsführung ist grundsätzlich die gesetzliche Vertretung in §§ 125 bis 127 HGB geregelt. Bei außergewöhnlichen Maßnahmen der Geschäftsführung ist ein Gesellschafterbeschluss herbeizuführen (§ 119 HGB).

V. Jeder Gesellschafter hat einen Anteil am Gesellschafts- und Kapitalvermögen, der zunächst auf Basis der geleisteten Einlage errechnet wird und sich durch weitere Einlagen, wie Gewinngutschriften oder Entnahmen, verändern kann. Der Gewinn wird in der Regel jedes Jahr ermittelt und auf die Gesellschafter entsprechend ihrem Anteil verteilt, indem er zunächst gemäß § 120 HGB den Kapitalanteilen gutgeschrieben wird. Soweit der Gesellschaftsvertrag nichts anderes bestimmt, kann ein Gesellschafter nur bis zu einem finanziellen Betrag bis zu vier Prozent seines Kapitalanteils aus der Gesellschaftskasse entnehmen (§ 122 HGB).

Für die Verbindlichkeiten der OHG haften alle Gesellschafter persönlich, unmittelbar und unbeschränkt, also auch mit ihrem Privatvermögen, als

Gesamtschuldner, dass heißt laut § 128 HGB jeder für den vollen Schuldbetrag. Achtung: Neu eintretende Gesellschafter haften auch für die früher entstandenen Verbindlichkeiten der OHG (§ 130 HGB). Eintritt und Ausscheiden eines Gesellschafters ist entsprechend der Gesellschaft bürgerlichen Rechts geregelt, allerdings mit einigen Besonderheiten. Insbesondere besteht die Gesellschaft, anders als die GbR, bei Ausscheiden eines Gesellschafters fort.

VI. Die OHG kann wie folgt aufgelöst werden:

- Ablauf der im Vertrag vereinbarten Zeit,
- Gesellschafterbeschluss,
- Eröffnung des Insolvenzverfahrens über das Vermögen der Gesellschaft nach § 131 HGB.
- Gestaltungsurteil des Gerichts auf Antrag eines Gesellschafters, sofern ein wichtiger Grund vorliegt (z. B. hat ein anderer Gesellschafter vorsätzlich oder grob fahrlässig eine wesentliche Pflicht aus dem Gesellschaftsvertrag gemäß § 133 HGB verletzt).

Mit der Auflösung tritt die Gesellschaft in das Stadium der Liquidation, sofern kein Insolvenzverfahren eröffnet worden ist oder die Gesellschafter eine andere Art der Auseinandersetzung nach § 145 HGB vereinbaren.

Siehe / Siehe auch: Gesellschaft bürgerlichen Rechts (GbR), Gesellschaft mit beschränkter Haftung (GmbH), Kommanditgesellschaft (KG)

Offener Immobilienfonds

open-end(ed) property fund; open real estate fund

Siehe / Siehe auch: Immobilienfonds - Offener Immobilienfonds

Office at Home

office at home; home office

Office at Home ist ein Büroarbeitsplatz eines Arbeitnehmers, der sich in seiner Privatwohnung befindet. Ein Office at Home gilt im Unterschied zum Home Office als Betriebsstätte und unterliegt daher den Arbeitsschutzvorschriften.

Siehe / Siehe auch: Home Office

Office Center

office centre

Siehe / Siehe auch: Business Center

Offshore-Windenergie-Anlagen

offshore wind energy / power plants

Offshore-Windenergie-Anlagen sind Windkraft-Anlagen, die innerhalb der 12-Seemeilen-Zone vor der Küste oder in bestimmten Seegebieten außerhalb davon (sogenannte Ausschließliche Wirtschaftszone) errichtet werden. Da an Land der Widerstand gegen die zunehmende Anzahl der stromerzeugenden Windräder wächst und höhere Stromausbeute durch stärkeren und kontinuierlicheren Wind winkt, betreibt die Windenergie-Wirtschaft die Expansion auf das Meer. Zuständige Genehmigungsbehörde ist das BSH (Bundesamt für Hydrografie und Seeschifffahrt in Hamburg). Deutschland ist gegenüber England und Dänemark in diesem Bereich bereits zum Nachzügler geworden, da hier weniger geeignete flache Küstengewässer vorhanden sind. Es muss daher auf tiefere Gewässer ausgewichen werden, die es wiederum erforderlich machen, weniger Windanlagen mit höherer Leistung zu installieren. Das Erneuerbare-Energien-Gesetz (EEG) regelt die Mindest-Einspeisungspreise für in derartigen Anlagen erzeugten Strom. Die Mindestpreise für Anlagen an Land wurden mittlerweile gesenkt, für Offshore-Anlagen wurden demgegenüber höhere Preise festgelegt. Bisher sind in der deutschen Ausschließlichen Wirtschaftszone (AWZ) in Nord- und Ostsee vom Bundesamt für Seeschifffahrt und Hydrographie (BSH) 25 Offshore-Windparks mit insgesamt 1.689 Rotoren genehmigt worden. Nach Fertigstellung können damit 7.500 Megawatt erzeugt werden. Umfangreichere Vorhaben sind in Planung.

Siehe / Siehe auch: EEG, SeeAnlV, Windpark, Windenergie-Fonds

Ombudsmann / Ombudsfrau

ombudsman

Ombudsmann und Ombudsfrau sind juristisch versierte neutrale Streitschlichter. Sie sind in vielen Bereichen institutionalisiert. So gibt es den Versicherungsombudsmann, einen Ombudsmann für den Online-Handel, den Ombudsmann im Bereich des Handwerks usw. Bei Rechtstreitigkeiten mit einem privaten Kreditinstitut z.B. wegen einer strittigen Vorfälligkeitsentschädigung helfen ebenfalls Ombudsleute. Die Schlichtungsstellen, die Ombudsleute beschäftigen, sind vielfach eingetragene Vereine. Die Inanspruchnahme einer solchen Schiedsstelle ist in der Regel kostenlos. Ombudsmänner und -frauen gibt es in vielen Ländern. Überwiegend sind sie auch Interessenvertreter von Bürgern gegenüber öffentlichen Dienststellen (z. B. in der Schweiz). In Österreich steht der Internet-Ombudsmann im Vordergrund. Eine Ombudsmannrolle spielt auch der „Europäische Bürgerbeauftragte" der sich aufgrund von Beschwerden mit Missständen in der Verwaltung von Organen und Einrichtungen der Europäischen Union (nicht aber nationalen, regionalen oder lokalen Behörden) befasst. Seit 1. August 2008 existiert in der Immobilienwirtschaft in Deutschland eine vom Immobilienverband Deutschland ins Leben gerufene Schlichtungsstelle in den Geschäftsräumen des IVD in Berlin. Sie kann von Verbrauchern angerufen werden, wenn der mögliche Streitwert über 3.000 EURO liegt. Das Verfahren selbst ist kostenlos. Der Ombudsmann muss die Befähigung zum Richteramt haben und wird für jeweils vier Jahre vom Präsidenten des IVD berufen. Voraussetzung für die Einleitung des Verfahrens ist, dass es nicht bereits gerichtsanhängig ist.

On-Site-Marketing

on-site marketing

On-Site-Marketing beinhaltet die marketing-technisch professionelle Präsentation vor Ort, d.h. am Grundstück bzw. der Baustelle sowie die Themenbereiche Verkaufsbüro und Musterwohnungen. Darüber hinaus versucht das „On-Site-Marketing" des Bauträgers ein emotional ansprechendes Bild der Immobilie und vor allem auch deren Umfelds zu vermitteln, um damit die Verkaufsaktivitäten zu fördern. Hierbei ist es hilfreich, die Immobilie mit den Augen des potentiellen Käufers zu betrachten.

One face to the Customer-Prinzip

principle of „one face to the customer"

Unter One face to the Customer-Prinzip ist der Versuch zu verstehen, den Kunden nicht von mehr oder weniger gut koordinierten verschiedenen Mitarbeitern zu betreuen, sondern durch einen einzigen Mitarbeiter. Der Kunde sieht quasi nur „ein Gesicht".

Open Market Value

open market value

Der verkehrsübliche Wert (Open Market Value) ist der beste Preis oder die beste Miete, die billigerweise für den Grundbesitz zum Zeitpunkt der Bewertung erwartet werden kann, wobei folgendes vorausgesetzt wird

- eine Person, die zum Verkauf oder zur Vermietung bereit ist;
- ein angemessener Zeitraum, in dem über den Verkauf oder die Vermietung verhandelt werden kann, unter Berücksichtigung des Grundbesitzes und der Marktlage;
- ein gleichbleibender Wert während dieses Zeitraumes;
- das Angebot des Grundbesitzes auf dem offenen Markt;
- keine Berücksichtigung von höheren Preisen oder höheren Mieten, die ein Käufer oder Mieter mit einem besonderen Interesse bezahlen würde.

Open Source

open source

Durch den Einsatz von Open-Source-Software entfallen die oft erheblichen Lizenzkosten kommerzieller Software völlig. Ein Beispiel für sehr erfolgreiche Open Source Software ist das Betriebssystem LINUX. Durch den offen zugänglichen Quellcode kann jeder Programmierer Anpassungen und Weiterentwicklungen am CMS vornehmen.

Opfergrenze für Vermieter

sacrifice limit (i.e. of action beyond that which the parties to a contract envisaged in good faith) for landlords

Der Begriff „Opfergrenze" wurde in der Presse im Zusammenhang mit einem Urteil des Bundesgerichtshofes geprägt, in dem es um die Beseitigung von Wohnungsmängeln durch den Mieter selbst mit Kostenerstattung durch den Vermieter ging. Gemeint ist damit eine Grenze, von der an ein finanzieller Aufwand zur Beseitigung von Mängeln so hoch wird, dass er dem Vermieter nicht mehr zugemutet werden kann. Wann die Opfergrenze überschritten ist, muss nach dem BGH von Fall zu Fall unter Abwägung der beiderseitigen Interessen entschieden werden. Es darf jedoch kein krasses Missverhältnis zwischen Gebäudewert und Mängelbeseitigungskosten bestehen. Bei der „Opfergrenze" sind zunächst jedoch immer auch andere Kriterien zu berücksichtigen, etwa ein etwaiges Verschulden des Vermieters. Je größer jedoch das Missverhältnis zwischen Gebäudewert und Reparaturkosten ist, desto weniger schwer wiegen andere Kriterien.

In dem verhandelten Fall ging es um Risse in den Wänden eines Reihenhauses in Dresden. Die Mieterin forderte für deren Beseitigung einen Kostenvorschuss von 47.500 Euro. Aus Sicht des Vermieters waren die Kosten für die Beseitigung der Schäden sogar doppelt so hoch. Eine Ursache konnte nicht festgestellt werden. Der BGH sah hier keine Zahlungspflicht des Vermieters: Zunächst habe der Mieter keinen Anspruch auf Kostenvorschuss für Maßnahmen, die zur nachhaltigen Mängelbeseitigung ungeeignet seien. Dies sei hier der Fall, da die Ursache der Mauerrisse unbekannt wäre. Zweitens sei die Opfergrenze für den Vermieter überschritten, da ein krasses Missverhältnis zwischen Reparatur-

kosten und Gebäudewert bestehe. Das Gebäude hatte nur noch einen Verkehrswert von 28.000 Euro gehabt, dem standen geschätzte Reparaturkosten von 95.000 Euro gegenüber. Dem BGH zufolge kann es dem Vermieter allerdings in einem besonderen Ausnahmefall verwehrt sein, sich auf die Zumutbarkeit zu berufen – auch dies sei eine Frage des Einzelfalles (BGH, Urteil vom 21.4.2010, Az. VIII ZR 131/09).
Siehe / Siehe auch: Sachmangel (im Mietrecht)

Opportunity Fonds
opportunity fund
Siehe / Siehe auch: Real Estate Opportunity Fonds

Optionsrecht (Mietvertrag)
option; preemptive right; right of option; right of choice
Das Optionsrecht gestattet dem Berechtigten, durch einseitige Erklärung ein Mietverhältnis zu begründen (Begründungsoption) oder ein bestehendes Mietverhältnis zu verlängern (Verlängerungsoption). Verlängerungsoption bedeutet, dass der Mieter vor Ablauf der vereinbarten Mietzeit durch einseitige Erklärung die Verlängerung der Mietzeit um einen weiteren Zeitraum herbeiführen kann. Die Verlängerungsoption muss vom Mieter ausdrücklich erklärt werden; das bloße Weiterzahlen der Miete genügt zur Ausübung der Option nicht. Die Erklärung über die Ausübung der Option muss dem Vermieter vor Ablauf der festen Mietzeit zugehen. Regelmäßig wird im Mietvertrag bestimmt sein, bis wann die Option spätestens ausgeübt sein muss. Ist die Mietzeit abgelaufen, ist die Ausübung des Optionsrechtes nicht mehr möglich.
Siehe / Siehe auch: Mietoption

Optionstarif (Bausparvertrag)
optional tariff (building loan contract)
Bauspartarifvariante für Bausparer, die nicht wissen, ob und wann sie bauen möchten. Bei diesem Tarif kann der Sparer auch nach Abschluss noch entscheiden zwischen preisgünstigem Bauspardarlehen oder höherem Sparzins.

Ordnungsmäßige Verwaltung (Wohnungseigentum)
orderly administration / management (German condominium act)
Über die ordnungsmäßige Verwaltung des gemeinschaftlichen Eigentums beschließen die Wohnungseigentümer mit einfacher Stimmenmehrheit. Sie kann auch von jedem einzelnen Eigentümer verlangt und gegebenenfalls auch gerichtlich durchgesetzt werden. Zur ordnungsmäßigen Verwaltung gehören gemäß § 21 Abs. 5 WEG

- Aufstellung einer Hausordnung,
- ordnungsgemäße Instandhaltung und Instandsetzung des gemeinschaftlichen Eigentums,
- Abschluss einer Feuerversicherung des gemeinschaftlichen Eigentums zum Neuwert und einer Haushaftpflichtversicherung,
- Ansammlung einer angemessenen Instandhaltungsrückstellung,
- Aufstellung eines Wirtschaftsplanes
- Duldung aller Maßnahmen, die zur Herstellung einer Fernsprecheinrichtung, einer Rundfunkanlage oder eines Energieversorgungsanschlusses zugunsten eines Wohnungseigentümers erforderlich sind.

Im Rahmen ordnungsmäßiger Verwaltung können die Wohnungseigentümer gemäß § 21 Abs. 7 WEG ferner mit einfacher Mehrheit Regelungen beschließen

1. zur Art und Weise von Zahlungen (z. B. Hausgeldzahlungen),
2. zur Fälligkeit und zu Folgen des Verzugs sowie zu Regelungen über
   a. Kosten für eine besondere Nutzung des gemeinschaftlichen Eingentums (z. B. Umzugskostenpauschale) oder
   b. Kosten für einen besonderen Verwaltungsaufwand (z. B. Ausstellung von Bescheinigungen für haushaltsnahe Dienstleistungen).

Diese Aufzählung im WEG ist nicht abschließend. Andererseits bedarf alles, was über die ordnungsmäßige Verwaltung hinausgeht, der Zustimmung aller Wohnungseigentümer. Probleme ergeben sich häufig bei der Frage, wo die Grenze zwischen einer Instandhaltung und einer Modernisierung oder baulichen Veränderung verläuft. So ist bereits eine Balkonüberdachung oder Balkonverkleidung eine bauliche Veränderung. Ähnliches gilt für einen Außenmauerdurchbruch oder eine Umstellung der Heizanlage auf eine neue Energieart, obwohl noch kein Reparaturbedarf gegeben ist. Werden Beschlüsse dieser Art nicht allstimmig gefasst, besteht für jeden Wohnungseigentümer, der mit der Maßnahme nicht einverstanden ist, die Möglichkeit der Anfechtung bei Gericht.
Siehe / Siehe auch: Beschluss (Wohnungseigentümer), Bauliche Veränderungen (Wohnungseigentum), Modernisierungsmaßnahmen (Wohnungseigentum), Modernisierende Instandsetzung

Ordnungswidrigkeit

breach of the law; offence; misdemeanour

Im Interesse der Durchsetzbarkeit von Ordnungsvorschriften enthalten viele Bundes- und Landesgesetze sowie Gemeindesatzungen Bestimmungen, wonach Verstöße gegen bestimmte Vorschriften ordnungswidrig sind und mit Bußgeld geahndet werden können. Hierzu gibt es als Rahmengesetz das Gesetz über Ordnungswidrigkeiten. Dieses Gesetz regelt sowohl Bundes- als auch Landesrecht. Es gibt danach keine Ordnungswidrigkeit ohne gesetzliche Grundlage. Als Ordnungswidrigkeit kann nur vorsätzliches Handeln geahndet werden, außer wenn das Gesetz fahrlässiges Handeln ausdrücklich mit Geldbuße bedroht (§ 10 OWiG).

Eine Ordnungswidrigkeit kann in einem Unterlassen oder dem Begehen einer Handlung bestehen. Wenn in einem Gesetz nichts anderes bestimmt ist, bewegt sich der Bußgeldrahmen zwischen 5 und 1.000 EURO. Ist die Ordnungswidrigkeit auf Fahrlässigkeit zurückzuführen, kann nur höchstens die Hälfte der Obergrenze von der zuständigen Behörde verlangt werden. Die Verjährungsfristen für die Verfolgung von Ordnungswidrigkeiten richten sich nach der Höhe des Bußgeldes, das im Falle der Verfolgung verhängt werden könnte. In minderschweren Fällen kann auch eine Verwarnung ausgesprochen werden, die sich mit einer Zahlung eines Verwarngeldes oder mit einer Ermahnung begnügt. Handelt es sich bei der Ordnungswidrigkeit allerdings gleichzeitig um eine Straftat, dann muss die zuständige Behörde den Fall an den Staatsanwalt übertragen. Zu beachten ist, dass Gesetze, in denen Ordnungswidrigkeiten definiert werden, auch von einigen gesetzlichen Rahmenvorgaben abweichen können. So können für Ordnungswidrigkeiten Bußgelder bis zu 50.000 EURO vorgesehen werden. Verhängte Bußgelder wegen einer gewerberechtlichen Ordnungswidrigkeit werden in das Gewerbezentralregister eingetragen, das beim Bundesamt der Justiz geführt wird und dem Bundesjustizministerium untersteht. In der Immobilienwirtschaft gibt es zahlreiche Gesetze und Verordnungen, die Ordnungsvorschriften enthalten, bei denen ein Verstoß mit Bußgeld geahndet werden kann. Hierzu zählen die Gewerbeordnung (§ 14, §34 c), die Makler-Bauträgerverordnung und das Wohnungsvermittlungsgesetz. Aber auch andere Vorschriften, die auch außerhalb der Immobilienwirtschaft zu beachten sind, enthalten Vorschriften über Ordnungswidrigkeiten z. B. die Preisangabenverordnung, das Telemediengesetz usw. Der Katalog der Ordnungswidrigkeiten ist ziemlich unüberschaubar.

Siehe / Siehe auch: Gewerbezentralregister, Makler- und Bauträgerverordnung (MaBV), Preisangabenverordnung (PangV), Wohnungsvermittlungsgesetz (WoVG), Telemediengesetz (TMG)

Ordoliberalismus

ordoliberalism

Der Blick auf die Wirtschaft wurde im 19. Jahrhundert vielfach noch durch altliberale Vorstellungen bestimmt, deren Ausgangspunkt die Lehre des Schottischen Moral-Philosophen Adam Smith war, wonach der durch Eigeninteresse gesteuerte Markt verbunden mit Arbeitsteilung zum Wohlstand der Nationen führe. Der Staat sollte nicht versuchen die „unsichtbare Hand" zu korrigieren. Die Gedanken von Smith fanden ein breites Echo. Das 19. Jahrhundert war ein Jahrhundert großer Unternehmer aber auch ein Jahrhundert des Entstehens großer monopolartiger Strukturen. Es entstand eine Klassengesellschaft, die Arbeiterbewegung entstand. Sozialistische Ideen zu einer vom Staat gelenkten Wirtschaft stellten den Markt insgesamt in Frage. Arbeiter-Parteien entstanden. Sie führten in Russland 1917 zur Oktober-Revolution und dem Entstehen der Sowjetunion. In Deutschland gewann die Nationalsozialistische Arbeiter-Partei die Oberhand was geradewegs in die Katastrophe führte. Von freien Märkten war nichts mehr übrig geblieben.

In dieser Situation entstand – Ende der 30er Jahre des 20. Jahrhunderts – in Freiburg im Breisgau das, was heute unter „Freiburger Schule" bekannt wurde: Ein ordoliberales Wirtschaftskonzept. Federführend war Walter Eucken. Im Gegensatz zu den altliberalen Vorstellungen eines schrankenlosen Wettbewerbs, der letztlich zur Weltwirtschaftskrise von 1929 geführt hat. Die Erkenntnis, dass sich eine funktionierende Wettbewerbswirtschaft nicht aus sich heraus entwickeln kann, führte zur Formulierung von Erkenntnissen, die Richtschnur politischen Handelns sein sollten. Grundprinzip war die Forderung nach einer aktiven staatlichen Wettbewerbspolitik ohne Marktzugang-Beschränkungen mit dem Ziel der Herstellung eines funktionierenden Preis-Systems. Im Vordergrund stand das Primat der Währungspolitik dem mit der gelungenen Währungsreform 1948 (der Einführung der Deutschen Mark durch Ludwig Erhard) gegen alle Skepsis auch der damaligen westlichen Besatzungsmächte Rechnung getragen wurde. Jeder Bürger bekam damals ein „Startkapital" von 40 DM). Weitere wichtige Ordnungsprinzipen waren das Prinzip der offenen Märkte (Abbau aller Handelsschranken), das ebenfalls verwirklicht wurde, die

Garantie des Privateigentums, die Vertragsfreiheit, das Haftungsprinzip, wonach jeder die Verantwortung für sein wirtschaftliches Handeln tragen muss und schließlich die Konstanz der Wirtschaftspolitik und damit die Schaffung politischen Vertrauens.

Ergänzt wurden die Ordnungsprinzipien durch regulierende Prinzipien, hier vor allem das Kartellverbot, das vor allem durch Franz Böhm von der Freiburger Schule im Bundestag mit Verabschiedung des Kartellgesetzes durchgesetzt wurde. Aber auch ein progressiver Einkommensteuer-Tarif und die Festsetzung von Minimallöhnen, die zur Aufrechterhaltung eines angemessenen Lebensstandards erforderlich sind, gehören zu den regulierenden Prinzipien der Freiburger Schule. Wirtschaftspolitische Anstrengungen sollten auch unternommen werden, um die Internalisierung negativer externer Effekte zu ermöglichen. Schäden sollten nach dem Verursacherprinzip jenen zugerechnet werden, deren Handlungen solche Effekte erzeugen. Einige Anhänger der Ordoliberalen (Wilhelm Röpke, Alexander Rüstow) haben sich auch zur Abgrenzung gegenüber den Altliberalen als neoliberal bezeichnet. Ein Begriff, der heute von Geschichtsagnostikern in einem völlig anderen Zusammenhang ideologisch verwendet wird. Der von Wolfram Engels 1982 mit ins Leben gerufene evangelische „Kronberger Kreis" hat sich in der Tradition der Freiburger Schule zum Ziel gesetzt, das „Ausufern staatlicher Bevormundung" zu verringern und einen Beitrag zur „Weiterentwicklung einer freiheitlichen Ordnung in Deutschland und Europa leisten". Er ist heute noch eine Institution, die ordoliberales Gedankengut in den Vordergrund ihrer Veröffentlichungen und Aktivitäten stellt und deren Devise lautet: „Mehr Mut zum Markt."

Siehe / Siehe auch: Externe Effekte

Organisationsbeschluss

organisational decision

Als Organisationsbeschluss gelten zunächst mehrheitlich zu treffende Regelungen zur Gewährleistung einer ordnungsgemäßen Verwaltung des gemeinschaftlichen Eigentums, auch zur Regelung eines ordnungsgemäßen Ablaufs der Wohnungseigentümer-Versammlung. Diese Regelungen erfolgen zweckmäßigerweise in einer mehrheitlich zu beschließenden Geschäftsordnung.

Soweit nach früherem Recht Organisationsbeschlüsse als „Zitterbeschlüsse" an sich erforderliche Vereinbarungen ersetzt haben, sind diese Beschlüsse nach der BGH-Jahrhundertentscheidung vom 20.09.2000 (Az. V ZB 58/99) nichtig.

Siehe / Siehe auch: Geschäftsordnung (Wohnungseigentümer-Gemeinschaft), Gesetzesändernder / vereinbarungsändernder Mehrheitsbeschluss, Gesetzeswidriger / vereinbarungswidriger Mehrheitsbeschluss, Gesetzesersetzender / vereinbarungsersetzender Mehrheitsbeschluss, Zitterbeschluss (Wohnungseigentümer-Versammlung), Vereinbarung (nach WEG)

Originäres Marketing

original/ initial marketing

Siehe / Siehe auch: Marketing

Ortsübliche Maklerprovision

customary estate agent's fee (for that locality)

Von ortsüblicher Maklerprovision wird gesprochen, wenn in einem Bundesland oder auch in kleineren Gebieten in der Mehrzahl der Fälle eine bestimmte Provisionshöhe vereinbart wird. Die Höhe der ortsüblichen Maklerprovision gewinnt für den Makler dann an Bedeutung, wenn mit dem Kunden ein Maklervertrag geschlossen wurde, jedoch über den Punkt der Provisionshöhe (noch) keine Einigung besteht. Der Kunde ist zwar zur Zahlung einer Provision bereit, jedoch soll die Höhe verhandelt werden. Im Maklerrecht verhält es sich anders als im Kaufrecht, und zwar zum Vorteil des Maklers. Solange sich Verkäufer und Käufer über die Höhe des Kaufpreises nicht einig sind, ist der Kaufvertrag nicht zustande gekommen. Der Makler dagegen kann mit dem Auftraggeber einen provisionspflichtigen Maklervertrag wirksam abschließen, ohne dass die Höhe der Provision feststeht. Hier gilt § 653 Abs. 2 BGB. Danach gilt die ortsübliche Provision als vereinbart, wenn die Parteien des Maklervertrages die Provisionshöhe nicht bestimmt haben.

Die ortsübliche Höhe der Provision ist je nach Bundesland oder auch Gegend verschieden. Sie ergibt sich daraus, welche Provisionshöhen durchschnittlich von den meisten Maklern vereinbart wurden. Über die Höhe geben Industrie- und Handelskammern Auskunft, eine weitere Möglichkeit besteht in der Beauftragung eines Gutachters. Üblich sind Provisionen von sechs Prozent. Von Verkäufer und Käufer sind je drei Prozent zu zahlen, aber auch die Begleichung der gesamten Provision durch den Käufer ist üblich. Dagegen sind Ortsüblichkeiten, wonach der Verkäufer die gesamte Provision zahlt, nicht bekannt. Mit der Höhe des Kaufpreises sinkt die ortsübliche Provisionshöhe.

Es sind verschiedene Fallvarianten zu unterscheiden: Beruft sich der Auftraggeber darauf, dass nachträglich eine geringere Provision vereinbart

wurde, muss er dies beweisen (vergleiche BGH NJW 1982,1523), hier ergibt sich für den Makler der Vorteil, dass der Kunde die Verpflichtung zur Provisionszahlung zugibt. Anders liegt der Fall, wenn der Kunde die Provisionsforderung des Maklers komplett ablehnt. Das wird er in einem Rechtsstreit im Zweifel behaupten. Dann findet der § 653 Abs. 2 BGB keine Anwendung, die ortsübliche Provision kann also nicht verlangt werden. Der Makler sollte sich, vor Einleitung gerichtlicher Schritte, juristisch beraten lassen.
Achtung: Das Bestehen einer ortsüblichen Provision ersetzt nicht den Maklervertrag. Auch wenn der Käufer die Ortsüblichkeit kennt, z. B. die Verpflichtung zur Zahlung der gesamten Maklerprovision in Höhe von sechs Prozent zuzüglich Umsatzsteuer, muss er nicht davon ausgehen, dass es sich bei dem von ihm geschlossenen Kaufvertrag ebenso verhält. Zumindest so lange er nicht durch den Makler darüber informiert wurde, dass die Maklerprovision durch den Verkäufer beglichen wird.
Siehe / Siehe auch: Provisionsanspruch nach § 652 BGB

Osmose-Kraftwerk
osmosis power plant

Bei einem Osmose- oder Salzgradienten-Kraftwerk wird der unterschiedliche Salzgehalt von Salz- und Süßwasser zur Energie-Erzeugung genutzt. Genutzt wird der Effekt der Osmose: Süßwasser drückt durch eine einseitig durchlässige Membrane in Salzwasser, welches aber nicht auf die andere Seite ausweichen kann. Mit dem so aufgebauten Wasserdruck werden Turbinen angetrieben. Das erste Osmose-Kraftwerk der Welt wurde im November 2009 in Norwegen in Betrieb genommen. Es handelt sich um eine experimentelle Anlage. Für das Jahr 2015 ist die Inbetriebnahme des ersten kommerziellen Kraftwerks dieser Art in Norwegen geplant. Dieses soll 25 Megawattstunden leisten und 10.000 Haushalte mit Strom versorgen. Theoretisch können Osmose-Kraftwerke überall dort eingerichtet werden, wo Flüsse in Ozeane münden.
Siehe / Siehe auch: EEG, EnEG, Energieeinsparverordnung (EnEV)

Pachtaufhebungsentschädigung

compensation for termination of a lease

Müssen aufgrund einer städtebaulichen Maßnahme Pachtverträge vorzeitig aufgelöst werden, haben die Pächter Anspruch auf eine Pachtaufhebungsentschädigung (§185 BauGB). Durch die Entschädigung werden die Vermögensnachteile ausgeglichen, die den Pächtern durch die Auflösung entstehen. Berechnungsgrundlage für die Entschädigung sind die durch den Entzug des Pachtgrundstücks bedingte Einkommensschmälerung und die durch die Einstellung des Pachtbetriebes entstehenden Investitionsverluste, die der Pächter erleidet. Wir nur ein Teil des Pachtgrundstücks umgewidmet oder enteignet, dann ist auch die Wertminderung des Restgrundstücks bzw. des Restbetriebes zu berücksichtigen, welche durch erforderlich werdende Umwege oder infolge von Durchschneidungen des Grundstücks entstehen.

Siehe / Siehe auch: Durchschneidungsschaden

Pachtvertrag

tenancy agreement; leasehold agreement; lease contract; contract of lease; lease (agreement)

Ein Pachtvertrag regelt die Überlassung von Grundstücken und Gebäuden mit dem im Vergleich zur Miete zusätzlichen Recht zur „Fruchtziehung". Das bedeutet, dass der Ertrag aus dem Grundstück (z. B. Kiesgrube) dem Pächter zusteht. Bei entsprechend ausgestatteten Gebäuden (z. B. Gasthäusern) steht der aus dem damit verbundenen Betrieb zu erzielende Ertrag ebenfalls dem Pächter zu. Die landwirtschaftliche Pacht umfasst auch das „lebende Inventar", d.h. das Nutzvieh. Das BGB enthält Grundregeln für Pachtverträge im Allgemeinen sowie Vorschriften speziell für den Landpachtvertrag. Während für den allgemeinen Pachtvertrag die meisten Vorschriften des Mietrechts anwendbar sind, gibt es für die Landpacht spezielle Regelungen – besonders hinsichtlich der Kündigung. Weitere Besonderheiten gelten für die Jagdpacht, Fischereirechte und Kleingärten. Gepachtet werden können auch Rechte (z.B. Patente). Pachtverträge werden i.d.R. langfristig geschlossen. Grundsätzlich ist die Schriftform zu empfehlen. Landpachtverträge mit einer Laufzeit von mehr als zwei Jahren, die nicht in Schriftform abgeschlossen werden, gelten für unbestimmte Zeit. Bei landwirtschaftlichen Pachtgrundstücken liegen die Vertragslaufzeiten teilweise bei 9 oder 18 Jahren. Daraus ergeben sich Notwendigkeiten zur Anpassung der Pacht, die früher im Landpachtgesetz, jetzt im BGB geregelt sind (§ 585 ff. BGB). Ein Landpachtvertrag kann auch auf Lebenszeit des Pächters geschlossen werden. Ähnlich wie bei der Miete gilt der Grundsatz: Kauf bricht nicht Pacht. Die Vermittlung von Pachtverträgen im Bereich der Landwirtschaft ist Geschäftszweck darauf besonders spezialisierter Makler für Land- und Forstwirtschaften. Im Übrigen befassen sich mit der Vermittlung von Pachtverträgen auch Spezialmakler für Geschäftsbetriebe.

Siehe / Siehe auch: Inventarübernahme zum Schätzwert, Kündigungsfrist beim Pachtvertrag, Landwirtschaftsgericht, Pächterpfandrecht, Unterverpachtung, Verpächterpfandrecht

Pächterpfandrecht

lessee's statutory lien

Ein Grundstückspächter hat ein Pfandrecht an den mitgepachteten Inventargegenständen des Pachtgrundstückes zur Absicherung möglicher Forderungen gegen den Verpächter hinsichtlich des Inventars. Die Geltendmachung dieses Pfandrechts kann der Verpächter verhindern, indem er durch Geldzahlung im Wert einzelner Pfandgegenstände Sicherheit leistet.

Siehe / Siehe auch: Pachtvertrag, Verpächterpfandrecht

Page-Ranking

Dabei handelt es sich um ein Verfahren zur Bewertung von Webseiten. Ziel ist es, ihre Relevanz für Suchmaschinen zu beurteilen. Dazu wird die Bedeutsamkeit einer Websites mit einer mathematischen Formel, dem Page Ranking Algorithmus, errechnet. Eine Website ist umso bedeutender, je bedeutender die darauf verlinkenden Dokumente sind.

Siehe / Siehe auch: Homepage

Panzerriegel-Schloss

armoured bolt lock

Beim Panzerriegel- oder Querriegel-Schloss verläuft ein Riegel innenseitig quer über die Wohnungseingangstür. Links und rechts neben der Tür befinden sich sogenannte Schließkästen, die die Riegelenden in geschlossenem Zustand aufnehmen. Wichtig ist eine sichere Verankerung der Schließkästen in der Mauer. Einige Panzerriegel-Schlösser verfügen über ein von außen bedienendes Schlüsselloch. In diesem Fall sollte zum Schutz des Schließzylinders eine Panzerplatte mit Ziehschutz montiert werden. Panzerriegel-Schlösser werden als ein erheblicher Sicherheitsgewinn für Wohnungstüren angesehen, da sie sich meist nicht ohne Lärm und zusätzlichen

Zeitaufwand öffnen lassen. Manche Panzerriegel-Schlösser verfügen über eine Sperrbügel-Funktion, so dass sich die Tür auch bei geschlossenem Riegel einen Spalt breit öffnen lässt. Es sind unterschiedliche Typen und Qualitäten von Panzerriegel-Schlössern im Einsatz.

Parabolantenne

parabolic (reflector) antenna; mirror reflector

Eine Parabolantenne ist eine Empfangsantennenform für Frequenzen oberhalb 1 Gigahertz. Sie ermöglichen bei richtiger Installation einen sehr guten Empfang von UKW- und Fernsehsendungen über Satelliten. Da die hohen Frequenzen lichtähnliches Ausbreitungsverhalten zeigen, liegen die Zeitverzögerungen zwischen Sende- und Empfangsort im Bereich der Verzögerung nahe der Lichtgeschwindigkeit. Im Zusammenhang mit der Installation von Parabolantennen bei Mietwohnungen kommt es immer wieder zu Rechtsstreitigkeiten. Inzwischen gilt als gesichert, dass der Mieter ein grundsätzliches Recht hat, eine Parabolantenne anzubringen. Dieses Recht wird durch die verfassungsrechtlich verankerte Informationsfreiheit garantiert (Art. 5 Abs.1 Grundgesetz). Der Mieter kann sich jedoch nur dann darauf berufen, wenn die vermietete Wohnung nicht an das Breitbandkabel angeschlossen ist. Will der Mieter eine Parabolantenne installieren, muss er vom Vermieter die Erlaubnis einholen. Der muss zustimmen, wenn das Haus weder über eine Gemeinschafts-Parabolantenne noch über einen Kabelanschluss verfügt. Die Parabolantenne muss auch baurechtlich zulässig sein und fachmännisch an einem Ort installiert werden, an dem sie optisch am wenigsten stört. Die Kosten hierfür trägt der Mieter (OLG Frankfurt 20 RE-Miet 1/91, WM 92, 458). Trotz Kabelanschluss kann der Mieter ausnahmsweise die Erlaubnis zum Aufstellen einer Parabolantenne verlangen, wenn er hierfür ein besonderes Interesse nachweisen kann. Das ist bei einem ausländischen Mieter zu bejahen, der nur über eine Parabolantenne seine Heimatsender empfangen kann (OLG Karlsruhe 3 RE-Miet 2/93, WM 93, 525; BVerfG 1 BvR 16 187/92, WM 94, 251). Kann der ausländische Mieter bereits über einen Kabelanschluss fünf Programme aus seinem Heimatland empfangen, hat er kein Anrecht auf die zusätzliche Installation einer Parabolantenne (BGH, Az. VIII ZR 118/04, Urteil vom 02.03.2005).

Nach dem Bundesgerichtshof kann der Vermieter verpflichtet sein, dem Wunsch des Mieters nach Aufstellung einer Parabolantenne zuzustimmen, wenn weder die Gebäudesubstanz verletzt noch das Eigentum des Vermieters optisch beeinträchtigt wird. Im verhandelten Fall sollte trotz vorhandenem Kabelanschluss eine Antenne ohne feste Installation im hinteren Bereich eines sichtgeschützten Balkons aufgestellt werden. (BGH, Az. VIII ZR 207/04, Urteil vom 16.05.2007).

Parkett

parquet; parquet blocks; parquetry

Parkett ist ein hochwertiger Holzfußboden, der aus Parkettstäben (ringsum genutete Parketthölzer), Parkettriemen (Parketthölzer mit Nut und Feder an den entgegengesetzten Kantenflächen), Mosaikparkettlamellen (ohne Nut und Feder) oder Fertigparkettelementen bestehen kann. Aus Hartholz bestehendes Parkett (z. B. Eiche) hat eine besonders lange technische Lebensdauer.

Parterre

ground floor

Das Parterre bezeichnet das Erdgeschoss. Im deutschsprachigen Raum hat sich aus dem frz. par terre (zu ebener Erde) ab dem 18. Jh. das Parterre abgeleitet. Ein halbes Geschoss höher liegt das Hochparterre, das vorwiegend über einem Souterrain liegt.

Siehe / Siehe auch: Souterrainwohnung

Partnerschaftsgesellschaften

partnership of professionals

Seit 1994 ist es möglich, eine Partnerschaftsgesellschaft für Angehörige freier Berufe zu gründen. Grundlage ist das Partnerschaftsgesellschaftsgesetz. Es handelt sich um eine Art BGB-Gesellschaft, allerdings mit dem Unterschied, dass die Partnerschaftsgesellschaft in das Partnerschaftsregister eingetragen werden muss. Für Verbindlichkeiten der Partnerschaft haften die Gesellschaft mit ihrem Vermögen, darüber hinaus aber die Partner als Gesamtschuldner. Im Gegensatz zur BGB Gesellschaft wird die Haftung für berufliche Fehler bei der Partnerschaftsgesellschaft neben der Haftung der Gesellschaft auf denjenigen Partner begrenzt, der mit der Bearbeitung eines Auftrages befasst war.Gewerbetreibende könne keine Partnerschaftsgesellschaft gründen oder sich an ihr beteiligen. Im Rahmen der Immobilienwirtschaft sind Partnerschaftsgesellschaften jedoch für Bewertungssachverständige interessant, sofern sie die Sachverständigentätigkeit hauptberuflich ausüben.

Parzellierung

parcelling; subdivision

Unter Parzellierung versteht man die Aufteilung eines Flurstücks in einzelne Teile (Parzellen). Sie wird von öffentlich bestellten Landvermessern und Vermessungsingenieuren der Vermessungsämter vorgenommen. Durch eine entsprechende Erklärung des Eigentümers gegenüber dem Grundbuch werden die neu entstandenen Flurstücke als Grundstücke unter neuen laufenden Nummern im Bestandsverzeichnis des Grundbuchs eintragen und gleichzeitig von der Ursprungsfläche „abgeschrieben". Das unter einer laufenden Nummer eingetragene Flurstück wird sachenrechtlich als Grundstück bezeichnet. Denkbar ist auch die Eintragung zweier oder mehrerer Flurstücke unter einer laufenden Nummer. Es handelt sich dann um eine Zuschreibung einer Parzelle als Bestandteil eines anderen Grundstücks, sofern sie aneinandergrenzen.

Passive Auftragsakquisition (Maklergeschäft)

passive acquisition of orders (brokerage)

Unter passiver Auftragsakquisition versteht man eine Methode der Hereinholung von Aufträgen, bei der der Makler eine passive Rolle übernimmt. Durch Beziehungsmarketing (Aufbau eines Netzwerkes) und/oder Öffentlichkeitsarbeit versucht er eine Position des öffentlichen Vertrauens und der Bekanntheit zu gewinnen, die ihm zu einer Magnetwirkung verhelfen. Es handelt sich deshalb um eine „Methode", weil sie gezielt die Bereitschaft künftiger Immobilienanbieter weckt, sich im Falle eines Objektverkaufes an solche positiv bekannten Makler zu wenden. Der große Vorteil diese Methode besteht darin, dass die potentiellen Auftraggeber sich für ihn bereits entschieden haben, wenn sie mit ihm Kontakt aufnehmen und er deshalb keine Überzeugungsarbeit dahingehend leisten muss, sich als den richtigen Partner darzustellen.

Siehe / Siehe auch: Aktive Auftragsakquisition (Maklergeschäft), Akquisitionsprospekt (Maklergeschäft)

Passivhaus

low-energy house; zero energy house (or building)

Im Gegensatz zum Niedrigenergiehaus, das durch eine entsprechende Wärmedämmung und durch Energieerzeugung über Solaranlagen Energieeinsparungspotenziale ausschöpft, kommt das Passivhaus mit einem Bruchteil der konventionellen Energiezufuhr zur Erwärmung des Hauses aus. Im Schnitt beträgt der Energieverbrauch des Passivhauses zwischen zwölf und 15 Prozent des Energieverbrauchs eines konventionellen Hauses des Baustandards um 1990. Grundgedanke des Passivhauses ist es, die ohnehin vorhandene Wärmeenergie optimal aufzufangen und zu nutzen. Zu dieser Wärmeenergie zählen u. a. Lampen, Fernsehgeräte und der „Wärmespeicher Mensch". In Verbindung mit einem besonderen Ent- und Belüftungssystem wird durch diese zusätzliche Energiequelle das konventionelle Lüften durch Öffnen der Fenster überflüssig. Eine Weiterentwicklung des Passivhauses zum „Plusenergiehaus" leistete der Architekt Rolf Disch. Er setzte konsequent alle Elemente der von der Natur angebotenen Möglichkeiten des Bauens ein (recyclingfähige Materialien, Nutzung von Abfällen für Kompost und Biogas, Nutzung von Regenwasser und Sonnenlicht).

Siehe / Siehe auch: Niedrigenergiehaus

Pauschale

lump sum; all-inclusive price

Als Pauschalen werden Ansätze für Kosten bezeichnet, die nicht nach Kostenelementen aufgegliedert sind. Das gleiche gilt für Preise. Über pauschal vereinbarte Kosten (z. B. Betriebskosten im Mietvertrag) und Preisen wird nicht abgerechnet.

Siehe / Siehe auch: Pauschalpreisvertrag

Pauschalpreisvertrag

lump-sum contract; all-inclusive contract

Alternativ zum Einheitspreisvertrag kann zwischen dem Bauherrn und der bauausführenden Firma ein Pauschalpreis für eine Bauleistung vereinbart werden. Regelungen hierfür finden sich in § 2 Nr. 4 -7 VOB/B. Im Gegensatz zum Einheitspreisvertrag wird dabei auf ein Aufmaß zur Feststellung des Leistungsumfanges verzichtet. Mehr- oder Minderleistungen werden nicht berücksichtigt. Ein Kalkulationsirrtum geht somit zu Lasten des Unternehmers.

Nur in Ausnahmefällen, wenn ein außergewöhnliches Missverhältnis zwischen dem vereinbarten Preis und dem Leistungsumfang besteht, kann nach Treu und Glauben eine Preisanpassung in Frage kommen. Probleme können bei der Pauschalpreisvereinbarung entstehen, wenn die Leistung nicht ganz klar definiert ist. Probleme entstehen auch, wenn wegen vorzeitiger Beendigung des Vertrages nur ein Teil der vereinbarten Leistungen erbracht wurde. Dann muss der Unternehmer die erbrachten Leistungen benennen und sie gegenüber dem nicht ausgeführten Teil abgrenzen und in ein Preisverhältnis transferieren. Werden nach Abschluss des Vertrages weitere Leistungen vereinbart, sind diese natürlich gesondert zu vergüten. Dies erfordert eine oft differenzierte „Nachtragskalkulation".
Siehe / Siehe auch: Einheitspreisvertrag

Pelletheizung
pellet heating

Pelletheizungen werden mit Holzpellets betrieben (kleinen Presslingen aus Holz bzw. Sägespänen). Es gibt Pellet-Zentralheizungssysteme und Pellet-Einzelöfen. Einige Anlagen sind so konzipiert, dass sie sowohl Pellets als auch Holz-Hackschnitzel oder Scheitholz verbrennen können. Pellet-Einzelöfen arbeiten im Leistungsbereich bis circa acht Kilowatt, Pellet-Zentralheizungen ab acht Kilowatt. Moderne Pelletheizungen arbeiten in vielen Fällen mit Brennwerttechnik und sind damit deutlich effektiver als ältere Modelle. Sie sind meist für den vollautomatischen Betrieb konzipiert. Oft ist nur einmal im Jahr eine Wartung erforderlich. Die Lagerung der Pellets erfordert einen eigenen trockenen Lagerraum beziehungsweise -Tank mit trichterförmigem Boden. Sie werden mittels eines automatischen Fördersystems, meist einer Förderschnecke, in den Heizkessel transportiert. Die Holzpellets werden per Tanklaster angeliefert und in den Lagerraum eingeblasen. Sie können auch in 20-Kilo-Säcken gekauft werden. Einzelöfen oder kleine Heizanlagen werden manuell befüllt.
Zuerst wurden Pelletheizungen in Kanada und Skandinavien eingeführt. In Deutschland steigt ihr Marktanteil zwar an, ist aber insgesamt noch gering: Ende 2006 existierten circa 70.000 Pelletheizungen, 2007 kamen nach Verbandsangaben 13.000 dazu. Auch die Produktionskapazität ist in den letzten Jahren gestiegen: 2008 stellten insgesamt 48 Betriebe an 55 deutschen Standorten Holzpellets her, insgesamt 2,6 Millionen Tonnen jährlich. 2007 lag die Gesamtkapazität noch bei 2 Millionen Tonnen und die Anzahl der Betriebe bei 36.
Die tatsächliche Produktionsmenge weicht jedoch von der theoretischen Kapazität ab: Wirklich hergestellt wurden 2008 etwa 2,2 Millionen Tonnen, in 2007 waren es tatsächlich nur etwa halb so viel. Für 2009 ist von einer tatsächlichen Produktionsmenge von 1,6 Millionen Tonnen auszugehen, von diesen wurden 70 Prozent in Deutschland verbraucht und 30 Prozent exportiert. Die Preise für Pellet-Einzelöfen beginnen bei etwa 1.600 Euro. Eine Komplettanlage zum Anschluss an die bestehende Zentralheizung liegt bei ca. 11.000 bis 20.000 Euro. Damit sind Pelletheizungen teurer als herkömliche Heizanlagen mit Öl- oder Gasfeuerung. Ein Öl-Brennwertkessel ist ab circa 3.100 Euro zu haben; eine komplette Heizanlage mit (herkömmlichem) Niedertemperaturkessel zum Anschluss an den bestehenden Heizkreislauf gibt es schon ab ca. 3.200 Euro zu kaufen (alle Preise ohne Brennstofftank). Es ist möglich, an einen bestehenden Öl- oder Holzheizkessel einen Anbaubrenner anzuschließen, der etwa 2.000 Euro kostet.
Zum Beheizen eines Einfamilienhauses mit 15-Kilowatt-Heizanlage sind etwa drei bis vier Tonnen Pellets im Jahr erforderlich. Diese nehmen etwa fünf bis sieben Kubikmeter Platz ein.
Siehe / Siehe auch: Energetische Gebäudeoptimierung, Holzpellets, Holzpellets und Umwelt

Penthousewohnung
penthouse

Ein Penthouse im ursprünglichen Sinne ist ein Haus auf dem Haus. Das untere Haus besitzt ein Flachdach, auf dem das Penthouse aufgesetzt ist. Unter einer Penthousewohnung versteht man eine großzügig bemessene und luxuriös ausgestattete Wohnung direkt unter dem Dach eines mehrstöckigen Wohnhauses, die mit einer Dachterrasse versehen ist. Penthousewohnungen verfügen teilweise auch über Schwimmbäder. Sie können als Maisonetten konzipiert sein.
Siehe / Siehe auch: Maisonette

Performance

performance

Performance („Leistung") zeigt die Wertentwicklung eines Investmentpapiers auf der Grundlage zweier Rücknahmepreise an, dem anfänglichen und dem am Ende einer Periode festzustellenden. Beträgt der Rücknahmepreis am Anfang 50 Euro und am Ende 55 Euro beträgt die Performance zehn Porzent. Die Rücknahmepreise werden dabei durch alle Ausschüttungen und Steuerabzüge bereinigt.

Pergola

pergola; bower; arbour

Unter Pergola versteht man einen auf Säulen und Pfeilern ruhenden, nach oben offenen Laubengang. Eine Pergola bedarf in der Regel keiner bauordnungsrechtlichen Genehmigung.

Persönliche Verhinderung des Mieters

situation in which personal reasons (e.g. illness) prevent a tenant from using his flat

Ist ein Mieter aus persönlichen Gründen (Krankheit, berufliche Abwesenheit) gehindert, die Mietwohnung zu benutzen, entfällt deshalb nicht die Pflicht zur Mietzahlung. Ob die Verhinderungsgründe verschuldet oder unverschuldet eintreten, spielt keine Rolle. Die gesetzliche Regelung (§ 537 BGB) schreibt jedoch vor, dass Vermieter sich auf ihre Mietforderungen den Wert ersparter Aufwendungen und der Vorteile anrechnen lassen müssen, die sie aus anderweitiger Verwendung des Mietobjekts erlangen. Ersparte Aufwendungen können z.B. im Wegfall von Instandhaltungs- und Wartungskosten oder nicht angefallenen Betriebskosten bestehen. Eine Pflicht des Vermieters, den verhinderten Mieter gegen Stellung eines Nachmieters aus dem Mietvertrag zu entlassen, besteht grundsätzlich nicht. Mietverträge können jedoch eine Nachmieterklausel enthalten, die die Benennung von Nachmietern ermöglicht. Überlässt der Vermieter die Wohnung trotz bestehenden Mietvertrages mit dem Verhinderten einer anderen Person oder nutzt er sie selbst, muss der Mieter mangels Gebrauchsmöglichkeit für den jeweiligen Zeitraum keine Miete bezahlen. Ist der Mieter vorher selbst endgültig ausgezogen, muss er auch bei Überlassung an Dritte bis zum Vertragsende weiter Miete zahlen. Vermietet der Eigentümer die Wohnung weiter, kann der Mieter sein Recht zur fristlosen Kündigung wegen Nichtgewährung des Gebrauchs nur dann nutzen, wenn seine Verhinderung inzwischen entfallen ist, z.B. wegen Genesung. Der Mieter muss ggf. auf die ordentliche fristgemäße Kündigung zurückgreifen.

Siehe / Siehe auch: Beendigung eines Mietverhältnisses, Nachmieter, Nachmieter, Ablehnung, Nachmieterklausel

Persönliches Erscheinen

personal appearance

Auch und gerade in Mietstreitigkeiten passiert es häufig, dass die Gerichte nicht nur die Anwälte der Parteien hören, sondern auch die Parteien persönlich befragen wollen. Dazu wird das Erscheinen zum Verhandlungstermin ausdrücklich angeordnet. Dieser Anordnung ist unbedingt Folge zu leisten, bzw. das Fernbleiben nachvollziehbar zu entschuldigen. Widrigenfalls kann ein empfindliches Ordnungsgeld festgelegt werden.

Personalisierung

personalisation

Immobilienkunden wollen kein anonymes Massenobjekt von der Stange kaufen, sondern eine ganz spezielle Immobilie, zu der sie – und sei es über positive Assoziationen – möglichst rasch und leicht eine persönliche Beziehung aufbauen können. Insofern macht es Sinn, das Objekt so stark wie möglich zu personalisieren (z.B. das „Hans-Albers-Haus", „Schwanen-Haus", „Checkpoint Charlie Businesscenter", „Wohnen im Maler-Winkel" u.s.w.).

Pfandbrief

debenture; mortgage-backed bond

Pfandbriefe sind nach § 1 des im Jahr 2005 in Kraft getretenen Pfandbriefgesetzes Hypothekenpfandbriefe, Öffentliche Pfandbriefe und Schiffspfandbriefe. Hypothekenpfandbriefe sind Schuldverschreibungen auf der Grundlage erworbener Hypotheken (bzw. auf Grundschulden basierten Darlehen). Öffentliche Pfandbriefe sind Schuldverschreibungen auf der Grundlage erworbener Forderungen gegen staatliche Stellen, u.a. Kommunalschuldverschreibungen (Kommunalobligationen). Schiffspfandbriefe sind Schuldverschreibungen auf der Grundlage von auf Schiffen eingetragenen Hypotheken. Nach dem Grundsatz der Deckungskongruenz muss der Gesamtbetrag der Pfandbriefe einer Gattung höchstens in Höhe des Nennwertes jederzeit durch Werte von mindestens gleicher Höhe und mindestens gleichem Zinsertrag gedeckt sein. Auf die vorschriftsmäßige Deckung hat ein von der Bundesanstalt für Finanzdienstleistungen bestellter Treuhänder zu achten. Hypothekenpfandbriefe werden zum großen Teil zur Finanzierung des Wohnungsbaus emittiert. Es können aber auch Beleihungen von Gewerbeimmobilien Grundlage für die Refinanzierung durch Pfandbriefe sein. Die Pfandbriefbanken müssen in Vierteljahresabständen einen Bericht veröffentlichen. Aus ihm ergeben sich u.a. der Betrag der im Umlauf befindlichen Pfandbriefe, Zinsbindungsfristen der ausgegebenen Darlehen, die Verteilung der Deckungsmassen (Darlehen) nach Höhengruppen, nach Staaten, in denen die Grundstückssicherheiten liegen sowie nach Arten der beliehenen Objekte. Die Pfandbriefe gehören zu den „mündelsicheren" Wertpapieren und werden am Kapitalmarkt gehandelt.

Pfandbriefbanken

mortgage bank

Pfandbriefbanken sind Kreditinstitute, die das Pfandbriefgeschäft betreiben. Sie bedürfen der schriftlichen Erlaubnis durch die Bundesanstalt für Finanzdienstleistungen. Nach § 2 PfandBG sind folgende Voraussetzungen für die Erlaubniserteilung zu beachten:

- Das Kreditinstitut muss über ein Kernkapital von mindestens 25 Millionen Euro verfügen.
- Das Kreditinstitut muss eine Erlaubnis für das Kreditgeschäft haben und dieses voraussichtlich betreiben.
- Das Kreditinstitut muss über geeignete Regelungen und Instrumente zur Steuerung, Überwachung und Kontrolle der Risiken für die Deckungsmassen und das darauf gründende Emissionsgeschäft verfügen.
- Aus dem der Bundesanstalt vorzulegenden Geschäftsplan des Kreditinstituts muss hervorgehen, dass das Kreditinstitut das Pfandbriefgeschäft regelmäßig und nachhaltig betreiben wird und dass ein dafür erforderlicher organisatorischer Aufbau vorhanden ist.
- Der organisatorische Aufbau und die Ausstattung des Kreditinstituts müssen, abhängig von der Reichweite der Erlaubnis, künftigen Pfandbriefemissionen sowie dem Immobilienfinanzierungs-, Staatsfinanzierungs- oder Schiffsfinanzierungsgeschäft angemessen Rechnung tragen.

Für Pfandbriefbanken wird von der BaFin ein Treuhänder bestellt, der die Einhaltung der „Deckungskongruenz" überwacht. Er muss fachlich geeignet sein, was bei Wirtschaftsprüfern unterstellt wird. Nach Angaben der Deutschen Bundesbank belief sich das von deutschen Pfandbriefbanken in Umlauf gebrachte Volumen der Hypothekenpfandbriefe Anfang 2008 auf 150 Milliarden Euro. Die durchschnittliche Umlaufrendite betrug 4,5 Prozent, seit 2009 mit fallender Tendenz.

Siehe / Siehe auch: Bundesanstalt für Finanzdienstleistungsaufsicht (BAFin), Pfandbrief

Pfandbriefgesetz (PfandBG)

German Pfandbrief Act

Das am 19.7.2005 in Kraft getretene Pfandbriefgesetz löste das bis dahin geltende Hypothekenbankengesetz ab. Es regelt die Erlaubnispflicht für das Pfandbriefgeschäft, das sich auf Hypothekenpfandbriefe, Kommunalobligationen und Schiffshypothekenpfandbriefe beziehen kann. Neben Bestimmungen über die Aufsicht durch die BaFin werden die allgemeinen Vorschriften über die Pfandbriefemissionen, die besonderen Vorschriften über Deckungswerte (Beleihungswerte bei Immobilien), das Pfandbriefgeschäft geregelt. Außerdem finden sich im PfandBG Regelungen über Arreste und Zwangsvollstreckungen bei beliehenen Objekten und die Insolvenz von Darlehensnehmern.

Siehe / Siehe auch: Pfandbriefbanken

Pfandbriefprivileg

special right to issue mortgage bonds

Realkreditinstitute (Pfandbriefbanken) verfügen über das so genannte Pfandbriefprivileg. Dieses berechtigt sie, Realkredite (Hypotheken bzw. durch Grundschulden gesicherte Hypothekendarlehen) auf der Refinanzierungsgrundlage der von ihnen herausgegebenen Pfandbriefe zu vergeben. Die Beleihungsgrenze für die aus dem Verkauf von Pfandbriefen resultierenden Darlehen liegt bei 60 Prozent des Beleihungswertes. Pfandbriefe sind mündelsicher. Zur Vor-und Zwischenfinanzierung müssen die reinen Realkreditinstitute allerdings andere Kreditinstitute einschalten. Im Jahr 2008 gibt es 21 Hypothekenbanken und vier Anstalten des öffentlichen Rechts, die das Realkreditgeschäft betreiben dürfen. Zu den gemischten Realkreditinstituten zählen allerdings auch die Landesbanken.

Siehe / Siehe auch: Pfandbrief, Pfandbriefbanken

Pflanzabstand

distance between plants (trees, hedges, etc.) and the boundary of the property on which they have been planted

In den meisten Bundesländern regeln landesrechtliche Vorschriften, dass Grundstückseigentümer Pflanzen nur in einem bestimmten Abstand zur Grundstücksgrenze anpflanzen dürfen. Beispiel: Nach Art. 47 ff. des Bayerischen AGBGB (Gesetz zur Ausführung des Bürgerlichen Gesetzbuches)

kann der Eigentümer eines Grundstücks verlangen, dass der Nachbar Bäume, Sträucher oder Hecken, Weinstöcke oder Hopfenstöcke nicht in einer geringeren Entfernung als 0,50 m oder, falls sie über 2 m hoch sind, in einer geringeren Entfernung als 2 m von der Grundstücksgrenze entfernt wachsen lässt. Für Waldgrundstücke und landwirtschaftliche Grundstücke gibt es besondere Regelungen. Gemessen wird der Abstand von der Mitte des Baumstammes an der Stelle, an der dieser aus dem Boden herauskommt, bei Sträuchern und Hecken von der Mitte der Triebe aus, die der Grenze am nächsten sind, bei Hopfenstöcken von der Hopfenstange oder dem Steigdraht ausgehend. Nicht anzuwenden ist die Regelung auf Bäume und andere Pflanzen, die hinter einer Mauer oder Ähnlichem wachsen und diese nicht oder nicht erheblich überragen. Ausgenommen sind auch Bepflanzungen längs einer öffentlichen Straße oder auf einem öffentlichen Platz und solche, die dem Uferschutz oder der Befestigung von Abhängen, Böschungen oder dem Schutz einer Eisenbahnlinie dienen. Der Anspruch auf Beseitigung von Bepflanzungen bzw. den Pflanzenteilen, die zu weit hervorragen, verjährt in fünf Jahren. Verjährungsbeginn ist der Ablauf des Kalenderjahres, in dem der Anspruch entstanden ist und der Eigentümer des Grundstücks von den dem Anspruch zugrundeliegenden Fakten erfahren hat oder hätte erfahren müssen, ohne grob fahrlässig zu sein.

Die Regelungen zu den Pflanzabständen sind in jedem Bundesland unterschiedlich. So gilt z.B. in Schleswig-Holstein die Faustregel, dass alle Bäume, Sträucher und Hecken über 120 cm Höhe einen Grenzabstand einhalten müssen, der für jeden Teil der Pflanze mindestens 1/3 der Höhe dieses Pflanzenteils oberhalb des Bodens beträgt. Gemessen wird hier z. B. bei Hecken nicht vom Stamm, sondern von der Seitenfläche aus. Einzelne Bundesländer (Hamburg, Bremen) haben keine derartigen Vorschriften. Im Zweifel empfiehlt sich eine Nachfrage bei den zuständigen örtlichen Behörden.

Siehe / Siehe auch: Abstandsfläche, Laubrente

Pflanzgebot

order to plant; planting order; requirement to carry out planting on a site

Enthält ein Bebauungsplan Festsetzungen über die Bepflanzung von Grundstücken, kann die Gemeinde den Eigentümer durch Bescheid verpflichten, das Grundstück innerhalb einer bestimmten Frist zu bepflanzen.

Pflasterungen

paved floor; pavement; paving

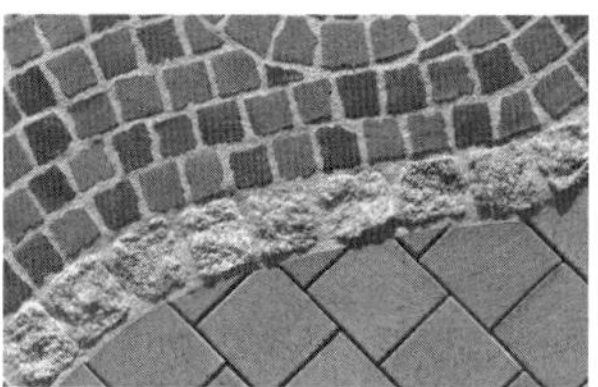

Die Pflasterung von Terrassen, Gartenwegen, Sitzplätzen oder Straßen ist eine Art der Befestigung der Oberfläche, die eine bessere Nutzung gewährleisten soll. Je nach Zweck stehen verschiedene Möglichkeiten zur Verfügung. Man unterscheidet zwischen gebundenen Pflasterungen, von denen das Regenwasser in einen Kanal abgeleitet wird und wasserdurchlässigen Pflasterungen, durch die das Regenwasser versickert. Bei der Berechnung der Gebühren für die kommunale Wasserentsorgung werden wasserdurchlässige Flächen nicht gezählt. In vielen Städten gibt es Förderprogramme zur Entsiegelung der Flächen. Modellrechnungen zeigen, dass bei einer weiterhin ungebremsten Flächenumwandlung die Fläche der Bundesrepublik in 80 Jahren nur noch aus Siedlungs- und Verkehrsfläche bestehen würde (Quelle: BM-Umwelt). Die Bundesregierung hat sich u.a. deshalb zum Ziel gesetzt, bis zum Jahr 2020 die tägliche Umwandlung in Siedlungs- und Verkehrsfläche auf 30 ha zu reduzieren. Es gibt eine große Zahl verschiedener Materialen und Methoden zur Pflasterung. Kosten und Zweck bestimmen neben dem Geschmack des Auftraggebers die Ausführung. Für die Haltbarkeit des Pflasters sind das Material und der Aufbau aus Untergrund, Unterbau und Oberbau entscheidend. Als Pflastersteine sind Natur- und Betonsteine verbreitet, die in Muster gelegt werden, z. B. als Fischgrät-, Diagonal-, Block-, Parkett-, Mittelstein- oder Läuferverband.

Pflegefall, Kündigung des Mietvertrages

termination of a rental agreement because the tenant requires nursing care / must go into a nursing home

Wird ein Mieter zum Pflegefall und muss in ein Pflegeheim umziehen, stellt sich die Frage nach einer möglichst kurzfristigen Vertragsbeendigung. Oft soll in derartigen Fällen ein Mietvertrag gekün-

digt werden, der schon sehr lange besteht. Dabei entsteht die Frage, ob die vertraglich vereinbarten Kündigungsfristen aus der Zeit vor der Mietrechtsreform vom 1.9.2001 gelten oder die jetzt gesetzlich geregelte Frist von drei Monaten.
Seit einer Gesetzesänderung von 2005 ist davon auszugehen, dass formularmäßig vereinbarte Kündigungsfristen aus der Zeit vor dem 1.9.2001 nicht mehr gelten, sondern durch die dreimonatige Kündigungsfrist ersetzt werden. Individuelle vertragliche Absprachen zu abweichenden Kündigungsfristen behalten jedoch – ebenso wie Zeitmietverträge nach altem Recht – ihre Gültigkeit. Abhilfe bietet hier § 543 BGB. Nach dieser Vorschrift können sowohl Mieter als auch Vermieter das Mietverhältnis aus einem wichtigen Grund außerordentlich fristlos kündigen. Ein wichtiger Grund liegt danach vor, wenn „dem Kündigenden unter Berücksichtigung aller Umstände des Einzelfalls, insbesondere eines Verschuldens der Vertragsparteien, und unter Abwägung der beiderseitigen Interessen die Fortsetzung des Mietverhältnisses bis zum Ablauf der Kündigungsfrist oder bis zur sonstigen Beendigung des Mietverhältnisses nicht zugemutet werden kann." Absatz 2 der Vorschrift nennt einige wichtige Gründe, diese Aufzählung ist jedoch nicht abschließend. Der Eintritt der Pflegebedürftigkeit gilt nach verschiedenen Gerichtsurteilen als wichtiger Grund: Amtsgericht Münster, Urteil vom 16.3.2000, Az. 54 C 6052/99, Amtsgericht Altötting, Urteil vom 14.2.1997, Az. 2 C 3625/96. Teilweise wird angenommen, dass die Kündigung nicht ganz ohne Frist, sondern mit einer stark verkürzten, angemessenen Frist erfolgen kann. Diese darf etwa vier bis sechs Wochen betragen.
Weitere Gerichtsurteile: Die Kündigung der ausschließlich über 100 Treppenstufen erreichbaren Wohnung mit verkürzter Frist durch einen herzkranken Mieter wegen Umzugs in ein Seniorenheim ist zulässig (Amtsgericht Calw, Az. 7 C 1251/98). Die Kündigung durch den Mieter wegen Umzugs in eine alten- oder behindertengerechte Wohnung ist bei Nachmieterstellung mit verkürzter Frist zulässig (Landgericht Duisburg, WM 99, 691). In vielen Fällen werden zwischen Mieter und Vermieter Mietaufhebungsverträge geschlossen, um den Mietvertrag vorzeitig zu beenden. Eine solche einverständliche Lösung sollte immer als erstes versucht werden.
Siehe / Siehe auch: Beendigung eines Mietverhältnisses, Betreutes Wohnen, Mietaufhebungsvertrag, Zeitmietvertrag

Pflegeverpflichtung
obligation to keep up a property

Nach dem Bundesnaturschutzgesetz können Eigentümer und Nutzungsberechtigte von Grundstücken im Siedlungsbereich zu einer angemessenen und zumutbaren Pflege des Grundstücks verpflichtet werden, wenn ohne diese Pflege Natur und Landschaft erheblich und nachhaltig beeinträchtigt werden. Eine nähere und weitergehende Ausgestaltung dieser Pflegeverpflichtung ist Sache der Bundesländer.

Pflegewohngeld
housing assistance for residents of nursing homes

Pflegewohngeld ist nicht zu verwechseln mit dem Wohngeld nach dem Wohngeldgesetz. Mit dem Pflegewohngeld werden die Investitionskosten für stationäre Pflegeeinrichtungen gefördert. Es kann bis zur Höhe der gesamten Investitionskosten des Heimes gewährt werden. Das Pflegewohngeld wird gezahlt an die Träger der Einrichtungen. Die Berechnungsgrundlage ist die Anzahl derjenigen pflegebedürftigen Bewohner, deren Einkommen eine bestimmte Grenze nicht überschreitet. Vorteil für die betreffenden Bewohner: Die von ihnen zu tragenden Unterbringungskosten werden um den auf den jeweiligen Bewohner entfallenden Anteil der Förderung gekürzt.
Rein informatorisch erhalten die Bewohner einen Bescheid über das Pflegewohngeld, obwohl es nicht an sie selbst ausgezahlt wird. Das Pflegewohngeld gibt es nur in den Bundesländern Schleswig-Holstein, Hamburg, Niedersachsen, dem Saarland und Nordrhein-Westfalen, sowie seit 01.01.2004 in Mecklenburg-Vorpommern. Es wird nur für Bewohner vollstationärer Einrichtungen gewährt.
Siehe / Siehe auch: Altengerechtes Wohnen, Altenheimvertrag, Seniorenimmobilien, Wohngeld

Pflichtprüfung (gewerberechtlich)
legally required assessment to determine that certain duties have been fulfilled (pertaining to trade and industry law)

Bauträger, wirtschaftliche Baubetreuer und Anlagevermittler (soweit sie nicht der Aufsicht der Bundesanstalt für Finanzdienstleistungsaufsicht unterstehen) müssen sich jährlich daraufhin überprüfen lassen, ob sie die Ihnen nach der Makler-Bauträger-Verordnung (MaBV) auferlegten Pflichten eingehalten haben. Es handelt sich um eine Ordnungsmäßigkeitsprüfung. Nicht Gegenstand der Prüfung ist die Einhaltung anderer öffentlich-rechtlicher Vorschriften wie die der Preisangabenverordnung oder des Wirtschaftsstrafgesetzes. Als Prüfer kommen Wirtschaftsprüfer, vereidigte Buchprüfer, Wirtschaftsprüfungsgesellschaften und Prüfungsverbände in Betracht. Die überprüften Gewerbebetriebe haben eine Mitwirkungspflicht. Sie müssen die zu überprüfende Unterlagen bereitstellen und Auskünfte erteilen. In einer „Vollständigkeitserklärung" versichern sie, dass dem Prüfer alle prüfungsrelevanten Unterlagen vorgelegt wurden. Der Prüfer muss alle von ihm festgestellten Verstöße in seinen Prüfungsbericht aufnehmen. Fehler können während der Prüfungshandlung – sofern möglich – behoben werden. Der Prüfungsbericht bezieht sich stets auf das vorangegangene Kalenderjahr. Er ist vom Gewerbetreibenden der zuständigen Gewerbebehörde bis 31.12. des Jahres zuzustellen, in dem die Prüfung durchgeführt wurde. Der Prüfer ist zu strengster Geheimhaltung über die ihm während der Prüfung bekannt werdenden geschäftlichen Angelegenheiten verpflichtet. Früher mussten sich auch Immobilienmakler der jährlichen Pflichtprüfung unterziehen. Dies wurde jedoch im Zuge der Bemühungen um den Bürokratieabbau ab dem Jahr 2005 abgeschafft.

Siehe / Siehe auch: Prüfung aus besonderem Anlass (gewerberechtlich)

Pflichtteil

legal portion of an inheritance; statutory share

Das im Bürgerlichen Gesetzbuch niedergelegte deutsche Erbrecht gibt dem Erblasser die Möglichkeit, seine gesetzlichen Erben ganz oder teilweise zu enterben. Dies kann testamentarisch geregelt werden. Bestimmte gesetzliche Erben behalten das Anrecht auf den Pflichtteil. Pflichtteilsberechtigt sind Abkömmlinge (Kinder und Enkelkinder), Eltern, Ehegatten und eingetragene Lebenspartner.

Nicht pflichtteilsberechtigt sind z.B. Geschwister, Onkel und Tanten, Nichten und Neffen, Nichteheliche Lebensgefährten. Der Pflichtteil beträgt 50 Prozent des gesetzlichen Erbteils. Haben Ehegatten in Zugewinngemeinschaft gelebt, sind Sonderregeln zu beachten (§ 1371 ff. BGB). Der Pflichtteil muss vom Pflichtteilsberechtigten bei den testamentarisch begünstigten Erben geltend gemacht werden. Es handelt sich um einen reinen Geldanspruch, es kann also nicht die Herausgabe eines bestimmten Erbschaftsgegenstandes, etwa eines Grundstücks oder Grundstücksteiles, verlangt werden. Seit 1. Januar 2010 ist eine Neufassung des Pflichtteilsrechts in Kraft. Geändert wurden insbesondere die Regelungen über die Entziehung des Pflichtteils – also die Voraussetzungen, unter denen der Erblasser dem ungeliebten Verwandten nicht nur das Erbe, sondern auch den Pflichtteil versagen kann. Insbesondere für Erben von Häusern oder Betrieben gibt es eine wichtige Neuregelung: Die Möglichkeit zur Stundung des Pflichtteilsanspruchs wurde erweitert. Sie gibt es jetzt nicht nur für gesetzliche Erben, die pflichtteilsberechtigt sind, sondern für alle Erben (also auch z. B. für einen Neffen). Will also der Pflichtteilsberechtigte ausgezahlt werden, obwohl dies für den Erben eine besondere Härte darstellt (etwa weil er lediglich das Haus geerbt hat, in dem er nun selbst wohnt), kann der Erbe beim Nachlassgericht die Stundung des Pflichtteilsanspruches beantragen. Das Gericht kann auch eine Ratenzahlung verfügen. Der Pflichtteilsanspruch verjährt in drei Jahren.

Siehe / Siehe auch: Erbrechtsreform 2009, Erbschaftssteuerreform, Ergänzungspflichtteil, Immobilienbewertung für Erbschaftssteuer, Restpflichtteil, Testament

Photovoltaik

photovoltaics

Ein Mittel, Energie zu sparen, ist die Ausnutzung der Sonne für den hauseigenen Strombedarf mittels Photovoltaik-Anlagen. Das Wort Photovoltaik ist eine Zusammensetzung aus dem griechischen Wort für Licht und dem Namen des Physikers Alessandro Volta. Es bezeichnet die direkte Umwandlung von Sonnenlicht in elektrische Energie mittels Solarzellen. Der Umwandlungsvorgang beruht auf dem bereits 1839 von Alexander Becquerel entdeckten Photoeffekt. Vorteile: Photovoltaik-Anlagen sind genehmigungsfrei, solange sie nicht auf Denkmal geschützten Gebäuden installiert werden. Sie sollten 15 Prozent der Gesamtlast, für die der Dachstuhl ausgelegt ist, nicht überschreiten. Optimal sind sie zum Süden ausgerichtet mit einer Neigung von 30 Grad. Selbst bei Neigungen zwischen 10 bis 50 Grad und Südost bis Südwest werden noch 95 Prozent der maximalen Energieausbeute erzielt. Auch Holzschuppen oder Garagen eignen sich zur Installation. Die Förderung kommt zum Umweltschon-Programm noch hinzu. 57,4 Cent je kWh (statt bisher 45,7 Cent) erhalten Sie für jede von Ihnen eingespeiste Kilowattstunde Solarstrom von ihrem Energieversorger bei gebäudeintegrierten Anlagen bis 30 kWp. Bei gebäudeintegrierten Anlagen mit mehr als 30 kWp Leistung erhalten Sie 54,6 Cent je kWh. (Fertigstellung der Anlage in 2004). Und das für 20 Jahre garantiert! Sie sind damit zugleich Kleingewerbe-Treibender in Sachen Strom und können die auf die Baukosten gezahlte

Mehrwertsteuer vom Finanzamt zurückfordern. Außerdem gewähren regionale Stromanbieter individuelle Förderunterstützung. Im Rahmen des KfW-Programms zur CO^2-Minderung wird zudem der Kauf von Photovoltaik-Anlagen mit günstigen Kreditzinsen gefördert, genauso wie die Verbesserung des Wärmeschutzes der Gebäudeaußenhülle und die Installation von Brennwert- oder Niedrigtemperaturheizanlagen.

Pinselsanierer

tradesmen who „repair" house facades by simply painting over them (cf. „Fassadenhai")

Siehe / Siehe auch: Fassadenhai

Planfeststellungsverfahren

public works planning procedure; zoning; plan/ project approval procedure

Ob raumbedeutsame Maßnahmen (Maßnahmen von überörtlicher Bedeutung) zulässig oder nicht zulässig sind, wird in einem Planfeststellungsverfahren geklärt. Es kann sich dabei um Straßenbau, Verkehrsflughäfen, Mülldeponien, Schienenstränge usw. handeln. Der Vorhabenträger reicht seine Pläne mit allen erforderlichen Unterlagen (detaillierte Beschreibung des Vorhabens, Umweltverträglichkeitsstudie, Begründung für die Notwendigkeit) bei der zuständigen Stelle (Planfeststellungsbehörde) ein. Diese fordert die in Frage kommenden Fachbehörden zur Stellungnahme auf. Die Pläne werden den betroffenen Gemeinden zur öffentlichen Auslegung zugeleitet. Diese Auslegung ist eine Woche vorher öffentlich bekannt zu machen. Die Auslegungsfrist beträgt einen Monat. Die Bevölkerung kann bis zwei Wochen nach Ende der Auslegungsfrist Bedenken gegen das geplante Vorhaben vorbringen und Anregungen äußern. Daran schließt sich der Planfeststellungsbeschluss an, der auch den Einwendungsführern, deren Einwendungen nicht berücksichtigt wurden, zuzustellen ist. Diese haben dann die Möglichkeit der Anfechtungsklage.
Bei der Planfeststellungsbehörde kann es sich – je nach Vorhaben – um ein Landratsamt, eine Bezirksregierung oder z.B auch das Eisenbahnbundesamt handeln.

Planungsfunktion des Controllings

planning functions of controlling

Rationales Handeln setzt stets Planen voraus. Planen setzt stets die Vorgabe von Zielen voraus, die es zu erreichen gilt. Vielfach ist in der Immobilienwirtschaft Planen gesetzlich vorgeschrieben. Man denke an die Aufstellung von Wirtschaftsplänen durch Wohnungseigentumsverwalter, an die Erstellung von Bauplänen, die vor Beginn einer Baumaßnahme angefertigt werden müssen. Aber auch dort, wo gesetzliche Vorgaben nicht vorhanden sind, muss geplant werden. So macht es keinen Sinn, ein Unternehmen zu gründen und eine Geschäftsidee zu haben, ohne einen Gründerfahrplan zu haben (Überlegungen zu den Leistungen, die erbracht werden sollen, Standortwahl, Rechtsform, Zielgruppenbestimmung, Aufbau- und Ablauforganisation, Marketingplanung usw.). Aber nicht nur die Gründung von Unternehmen muss geplant werden, sondern auch notwendig werdende Anpassungsvorgänge bei bestehenden Unternehmen und vor allem zur Sicherung von Wettbewerbsvorteilen (Initiierung von neuen Leistungsprozessen). Bei der Planung jeglicher Art von Leistungsprozessen geht es – vereinfacht ausgedrückt – um die Antworten auf die Fragen, was im Einzelnen, wann, auf welche Weise und durch wen zu tun ist. Planungen zu optimieren und am Ende durch einen Soll-Ist-Vergleich zu evaluieren ist Aufgabe des Controllings.

Siehe / Siehe auch: Controlling

Planungshoheit der Gemeinden

local / municipal planning competence / planning jurisdiction

Die Planungshoheit der Gemeinden ist verfassungsrechtlich verankert. Nach Artikel 28 Abs. 2 des Grundgesetzes muss den Gemeinden das Recht gewährleistet sein, alle Angelegenheiten der örtlichen Gemeinschaft selbst zu regeln. Konkretisiert wird dies im Bundesbaugesetz (BauGB). Nach § 1 Abs. 3 haben Gemeinden Bauleitpläne aufzustellen, sobald und soweit dies für die städtebauliche Entwicklung und Ordnung erforderlich ist. Teilweise können Gemeinden auf der Rechtsgrundlage des BauBG autonom Satzungen erlassen, teilweise sind ihre städtebaulichen Planungen von der Genehmigung der nächsthöheren Verwaltungsinstanz abhängig. Genehmigungspflichtig sind danach Flächennutzungspläne einschließlich Änderungen und Ergänzungen im vereinfachten Verfahren, selbstständige Bebauungspläne in den Fällen, in denen ein Flächennutzungsplan fehlt, vorgezogene, vorzeitige Bebauungspläne, wenn ein Flächennutzungsplan fehlt oder im Parallelverfahren zusammen mit dem Bebauungsplan aufgestellt wird. Die gilt auch für Änderungen von Bebauungsplänen, bei denen Flächennutzungspläne mit betroffen sind. Genehmigungsfrei sind dagegen alle Bebauungspläne, die aus einem bestehenden (genehmigten) Flächennutzungsplan entwickelt worden sind.

Außerdem sind die Gemeinden hinsichtlich vieler Gemeindesatzungen autonom und können ohne Genehmigungsvorbehalte Satzungen beschließen. Dies gilt etwa für die Klarstellungssatzungen, Entwicklungssatzungen, Ergänzungssatzungen, Außenbereichssatzungen, Satzungen über die Veränderungssperre einschließlich möglicher Verlängerungen, Fremdenverkehrssatzungen Vorkaufsrechtssatzungen, Erschließungsbeitragssatzungen, Kostenerstattungssatzungen, Sanierungssatzungen, Satzungen über Entwicklungsbereiche, Satzungen zur Sicherung von Durchführungsmaßnahmen in Stadtumbaugebieten und schließlich auch für Erhaltungssatzungen.

Siehe / Siehe auch: Außenbereich (§ 35 BauGB), Bauleitplanung, Bebauungsplan, Erhaltungssatzung, Erschließung / Erschließungsbeitrag, Flächennutzungsplan (FNP), Abgrenzungssatzung (Klarstellungssatzung), Stadtumbau

Planungsregion

planning region

Planungsregionen im Sinne der Regionalplanung sind Zusammenschlüsse zweier oder mehrerer Landkreise und/oder kreisfreien Städte, die in den verschiedenen Bundesländern unterschiedlich bezeichnet werden:

Planungsverband, Planungsgemeinschaft, regionaler Planungsverband Regionalversammlung. Rechtliche Grundlage ist das Landesplanungsgesetz der Bundesländer. Ausnahme ist Niedersachsen, wo jeder Landkreis die Funktion einer Planungsregion übernimmt. Ausgenommen sind ferner die Stadtstaaten Hamburg, Bremen und Berlin, die gleichzeitig die Funktion von Planungsverbänden auf der Grundlage von einheitlichen Flächennutzungsplänen übernehmen. Auch das Saarland ist selbst eine Planungsregion. Planungsregionen erfüllen die Aufgabe, für ihren Raum Entwicklungsvorgaben zu machen, die sich teils aus dem Charakter der Region ergeben, teils Ziele vorgeben, die bei der Bauleitplanung durch die Gemeinden beachtet werden sollen. Unterschieden wird zwischen fachlichen Zielen (z. B. Landschaftsplanung) und überfachlichen Zielen (Entwicklung der verkehrsmäßigen Infrastruktur, Vorgaben nach dem Zentralen-Orte-System). Die Regionalpläne sind Bestandteil der Landesplanung und haben sich an ihr zu orientieren. Regionalplane ihrerseits sind wiederum Orientierungsgrundlage für Flächennutzungspläne der Gemeinden und der gemeindlichen Planungsverbände.

Siehe / Siehe auch: Regionalplan, Regionalbeirat

Planungsverband

joint planning group; planning association

Zwei oder mehrere Gemeinden können sich zu einem Planungsverband zusammenschließen, um zu einem Ausgleich der verschiedenen Belange der Gemeinden bei der Bauleitplanung zu gelangen. Der Planungsverband tritt hinsichtlich der Bauleitplanung an die Stelle der im Verband zusammengeschlossenen Gemeinden.Benachbarte Gemeinden können aber auch – ohne sich zu einem Planungsverband zusammenzuschließen – einen gemeinsamen Flächennutzungsplan aufstellen.

Planzeichenverordnung

German regulations for the drafting of (development) plans

Gesetzliche Grundlage der Planzeichenverordnung ist das Baugesetzbuch. In ihr werden die Planzeichen einschließlich ihrer farblichen Gestaltung gekennzeichnet und dargestellt, die bei der Aufstellung von Bauleitplänen verwendet werden sollen. Planzeichen können verwendet werden für die Darstellung bzw. Festsetzung unter anderem der Art und des Maßes der baulichen Nutzung, von Bauweise, Baulinien und Baugrenzen, Flächen für den Gemeinbedarf und für Sport- und Spielanlagen, alle Arten von Verkehrsflächen und Verkehrszügen, Ver- und Entsorgungsanlagen, Grünanlagen, Wasserflächen, landwirtschaftliche Flächen, Wald usw.

Mit Hilfe der Planzeichenverordnung sollen die zeichnerische Darstellungen und Festsetzungen in Bauleitplänen nach einem einheitlichen Schema lesbar gemacht werden. Im Übrigen werden in der den Bauleitplänen hinzugefügten Legenden die verwendeten Planzeichen noch einmal erklärt.

Plattenbauten

concrete slab building

Mehrgeschossige Wohnbauten, die aus Großplatten in industrieller Bauweise erstellt werden. Die Errichtung von Plattenbauten war in den ehemaligen

Ostblockländern weit verbreitet. In der früheren DDR wurde 1971 mit dem Bau von Wohnhäusern in Form von Plattenbauten begonnen. Die Entwicklung von Plattenbauten begann bereits 1956 in der damaligen Sowjetunion. Ihr voraus ging eine von Nikita S. Chruschtschow inszenierte Kampagne gegen den Zuckerbäckerstil der Stalinäre. Er ermunterte Architekten zu neuen Lösungen. In der Sowjetunion wurden daraufhin ganze Siedlungskonstruktionen in gleichförmiger Weise in den verschiedenen Städten errichtet. Plattenbauten bestehen im Wesentlichen aus bereits vorgefertigten Bauelementen, die an der Baustelle montiert wurden. Auf diese Weise konnte der Bauvorgang erheblich beschleunigt werden. Bauzeiten von zwei Monaten waren keine Seltenheit. Allerdings war die Bauqualität außerordentlich niedrig.
Siehe / Siehe auch: Zuckerbäckerstil

Platzierungsgarantie
placement guarantee

Eine Platzierungsgarantie bei einem geschlossenen Immobilienfonds beinhaltet die Verpflichtung des Garanten, bis zu einem bestimmten Zeitpunkt die Differenz zwischen dem bis dahin eingeworbenen und dem benötigten Eigenkapital aufzubringen. Dadurch soll gewährleistet werden, dass die Investition auch dann planmäßig getätigt werden kann, wenn bis zu dem betreffenden Zeitpunkt noch nicht das gesamte einzuwerbende Eigenkapital vorhanden ist.
Siehe / Siehe auch: Immobilienfonds - Geschlossener Immobilienfonds

Plusenergiehaus
plus energy house

Unter einem Plusenergiehaus versteht man ein Gebäude, das mehr Energie erzeugt, als es verbraucht. „Plusenergiehaus" ist eine geschützte Marke des Architekten Rolf Disch. Das von Disch konzipierte Plusenergiehaus verfügt über ein Dach, das ausschließlich aus Solarpaneelen besteht. Die Brauchwassererwärmung erfolgt über Solarthermie, es wird jedoch auch über Photovoltaik Strom erzeugt. Die Gebäudeform ist so angelegt, dass das Haus die größtmögliche Menge an Tageslicht einfängt. Die Gebäudehülle ist abgedichtet und ohne Wärmebrücken gedämmt. Die Frischluftzufuhr erfolgt über ein Lüftungssystem mit Wärmerückgewinnung. Das Konzept soll nach Angaben des Architekten an jedem Standort funktionieren und an individuelle Bedürfnisse anpassbar sein. Als Prototyp wurde 1994 in Freiburg im Breisgau das Haus „Heliotrop" gebaut. Ab 2000 entstand ebenfalls in Freiburg die sogenannte Solarsiedlung mit 59 Plusenergiehäusern.
Siehe / Siehe auch: Energieausweis / Energiepass, Niedrigenergiehaus, Passivhaus

Polder
polder

Polder sind Gebiete, die heute dazu dienen, bei Hochwasser ähnlich wie Rückhaltebecken und Auenwälder Wassermassen zu binden und damit zu verhindern, dass sich die Hochwasserwelle zu stark aufbaut. Polder wurden früher auch zur Landgewinnung für Siedlungszwecke genutzt. Es entstanden auf diese Weise an der Nordseeküste in Schleswig-Holstein und Niedersachsen durch Eindeichung so genannte Kooge, auch Köge. Die gegenwärtig neu geschaffenen Polder dienen ausschließlich der Hochwasservorsorge.

Policendarlehen
policy / premium loan

Versicherungsunternehmen bieten häufig zinsgünstige Darlehen ohne Stellung besonderer Sicherheiten. Die Höhe dieser Darlehen orientiert sich an den vorhandenen Rückkaufswerten.

Portefeuille / Portfolio
portfolio

Unter dem Portefeuille (franz.) oder Portfolio (engl.) versteht man die Zusammensetzung des Vermögens.

Portfolio-Analyse
portfolio analysis

Mit Hilfe der Portfolio-Analyse kann das Unternehmen bestimmte Geschäftsfeldbereiche in eine Matrix einordnen und dann für diese entsprechende Strategien erarbeiten. Hierfür ist zunächst ein Schema zur Abgrenzung der strategischen Geschäftsfelder notwendig.

Portfoliomanagement (Assetmanagement)
portfolio management (asset management)

(immobilienwirtschaftlich) Beim Portfoliomanagement (auch: Assetmanagement / Investment Management) handelt es sich um ein aktiv planendes und steuerndes auf dauerhafte Gewinnoptimierung ausgerichtetes Management eines Vermögensbestandes. Gemessen wird der Erfolg des Managements an den Ergebnissen. Die Höhe der Rendite steht dabei in einem engen Verhältnis zur Risiko-

bereitschaft. Die Grundlage des Portfoliomanagements bildet die Portfoliotheorie, die im Rahmen von Korrelationsanalysen Berechnungsmethoden für die Optimierung von Portfolios anbietet. Dabei kommt es auf das richtige Mischungsverhältnis bei der Vermögenszusammensetzung an. Prof. Markowitz hat für seinen Beitrag zur Portfoliotheorie den Wirtschaftsnobelpreis erhalten.In den letzten Jahren wurden in Deutschland auch Immobilien Betrachtungs- und Handlungsgegenstand des Portfoliomanagements. Die einzelnen Immobilien werden analysiert und vorausschauend auf mittel- und langfristige Chancen und Risiken überprüft. Je nach Ergebnis werden bestimmte Immobilien behalten, optimiert oder verkauft und/oder durch weitere Objekte ergänzt. Eine Streuung nach Anlageregionen und -arten wird in der Regel berücksichtigt, um die Anlagerisiken zu minimieren. Ein Portfolio, das sich ausschließlich aus einer Vermögensklasse zusammensetzt (z. B. Aktien), ist naturgemäß risikoempfindlicher als ein Portfolio mit einer noch breiteren Vermögensstreuung (neben Aktien, Immobilien, Rentenpapiere, Gold). Ein Gesamtportfolio zeichnet sich jedoch dadurch aus, dass die Anlagemischung aus Kapitalmarktpapieren und Immobilien besteht. Man spricht von einem „multi asset portfolio“. Die Einbeziehung der Immobilien setzt voraus, dass das Transparenzgefüge auf dem Immobilienmarkt ein nachvollziehbares Portfoliomanagement ermöglicht.
Siehe / Siehe auch: Performance

Positive Vertragsverletzung
contract default
Die positive Vertragsverletzung (abgekürzt pVV, auch positive Forderungsverletzung, pFV) stellt eine Anspruchsgrundlage für Schadenersatzansprüche dar und ist eine rechtliche Konstruktion aus der Anfangszeit des Bürgerlichen Gesetzbuches. Sie wurde entwickelt, um schuldhafte Verletzungen vertraglicher (Neben-)Pflichten, die nicht von den gesetzlich geregelten Leistungsstörungen (Unmöglichkeit, Verzug, Gewährleistung für Mängel) erfasst werden, zu regeln. Sie war lange Zeit nicht gesetzlich geregelt und lediglich durch Gewohnheitsrecht und Rechtsprechung im deutschen Recht verankert. Mit der Schuldrechtsreform zum 1.1.2002 hat die pVV Eingang ins Bürgerliche Gesetzbuch gefunden, wobei der Begriff jedoch nicht auftaucht. Im Mietrecht ist sie auf Wohnungsmängel nicht anzuwenden, da diesbezüglich spezielle Vorschriften existieren. Bei schuldhafter Verletzung nicht anderweitig geregelter vertraglicher Nebenpflichten hat der Schädiger jedoch den entstandenen Schaden unter den Gesichtspunkten der neuen „pVV“-Regelung in § 241 Abs.2 BGB in Verbindung mit den Regelungen über die Leistungsstörungen (z.B. § 280 Abs.1 BGB) zu ersetzen.Beispiel: Schadenersatzanspruch Mieter gegen Vermieter wegen vorgeschobenem Eigenbedarf (BGH, Urt. v. 18. 5. 2005 - VIII ZR 368/ 03).

Post-Sale-Selling
post-sale selling
Siehe / Siehe auch: After-Sales-Service

Postfach
p.o. box
Klassische Postfächer werden von der Deutschen Post AG in Postfilialen geführt. Der Kunde gibt als Absender seine Postfachadresse an – im Fall von Großunternehmen wird hier teilweise eine eigene Postleitzahl zugeteilt. Eingegangene Post wird in das Postfach einsortiert und kann vom Kunden nach Belieben während der Öffnungszeiten abgeholt werden. Der Kunde erhält einen Postfachschlüssel; er muss bei Anmeldung des Postfaches meist eine einmalige Gebühr von 15 Euro inklusive Mehrwertsteuer zahlen. Auch ein Zustellservice für im Postfach eingegangene Briefe ist möglich.
In verschiedenen Bereichen darf heute keine Postfachadresse angegeben werden, da eine sogenannte ladungsfähige Anschrift gesetzlich vorgeschrieben ist – etwa im Impressum einer gewerblichen Internetseite.
Auch Büroserviceanbieter unterhalten Postfachsysteme für ihre Kunden. Diese unterscheiden sich von den Postfächern der Deutschen Post AG dadurch, dass sie monatlich Miete kosten. Teilweise können diese jedoch als ladungsfähige Anschrift angesehen werden, da hier ein Mensch (Sekretärin, Pförtner) mit entsprechender Bevollmächtigung auch Zustellungsurkunden und Einschreiben für den Kunden annehmen kann. Gerichtlich ist dazu jedoch noch nicht entschieden worden.
Siehe / Siehe auch: Domizil-Adresse, Ladungsfähige Anschrift

Postwurfsendung
direct mail advertising / shot; mailshot; bulk mail
Siehe / Siehe auch: Unerwünschte Werbesendungen

Potenzielle Marktteilnehmer
potential market players

Als potentielle Marktteilnehme bezeichnet man natürliche oder juristische Personen, aus deren Interessenlage heraus der Schluss nahe liegt, dass sie in absehbarer Zeit in den Markt auf der Nachfrage- oder Anbieterseite eintreten wollen. Im Maklergeschäft zählen insbesondere Personen dazu, bei denen damit zu rechnen ist, dass sie ihre Immobilie verkaufen oder vermieten wollen. Potenzielle Marktteilnehmer in diesem Bereich sind z.B. Erbengemeinschaften, bei denen mit einer Erbauseinandersetzung zu rechnen ist, aber auch Eigentümer oder Verwalter großer Mietwohnungsbestände, da hier stets Wohnungen wegen Mieterwegzugs frei werden. Auch Landwirte, die über Bauerwartungsland verfügen, gehören zu den potenziellen Marktteilnehmern, wenn nach Aufstellung eines Bebauungsplanes damit zu rechnen ist, dass sie einen Teil des neu gewonnenen Baulandes veräußern wollen. Es gilt als Akquisitionsgrundsatz, dass ein Makler möglichst zu einem Zeitpunkt mit einem potenziellen Marktteilnehmer Kontakt aufnehmen sollte, zu dem dieser selbst noch keine eigenen Marktaktivitäten entfaltet hat.

Siehe / Siehe auch: Aktuelle Marktteilnehmer

PR-Evaluation

PR evaluation

Die Evaluation von Public Relations ist die planmäßige und zielgerichtete Erfassung, Bewertung und Kontrolle aller Kommunikationsmaßnahmen innerhalb eines PR-Prozesses. Wichtig ist hierbei die kontinuierliche Überprüfung der Qualität und Effektivität der angewandten PR-Instrumente vor, während und nach ihrem Einsatz.

Erfolgskontrollen sind ein wichtiger Bestandteil der PR-Arbeit. Sie geben Auskunft über Wirkung und Erfolg von Kommunikationsaktivitäten im Rahmen unternehmensstrategischer Entscheidungsprozesse. Die Rentabilität von Public Relations entscheidet in zunehmendem Maße über ihren Stellenwert innerhalb eines Unternehmens – und damit über Personalressourcen, Verantwortlichkeiten und PR-Budget.

In der Immobilienwirtschaft wird der Planung und Evaluation von PR-Maßnahmen bislang kein hoher Stellenwert beigemessen. Sie findet in geringem Maße lediglich in Form quantitativer Erfolgsmessung, z. B. über die Sammlung und Auszählung von Abdruckbelegen in den Medien (Presseclippings) statt.

Siehe / Siehe auch: Presseclipping, PR-Maßnahmen, PR-Instrumente

PR-Instrumente

PR instruments

Die PR-Instrumente sind das Handwerkzeug, mit dem Öffentlichkeitsarbeit umgesetzt wird. Hierzu zählen Face-to-Face-Instrumente, Print- und Online-Instrumente wie z.B. Textmeldungen und PR-Artikel, Anwenderberichte, auch Success Story genannt, Flyer, Produkt- und Unternehmensbroschüren, Internetauftritte und Weblogs. Es werden aber auch Instrumente der Pressearbeit wie z. B. Pressemitteilungen, Redaktionsbesuche oder Pressekonferenzen zur PR-Arbeit hinzugezogen. Teilweise finden bewährte Instrumente des Marketings ihren Einsatz in der PR, wie z. B. Anzeigenschaltungen oder Messestände.

Ausschlaggebend für den Einsatz der PR-Instrumente sind die Aufgabenstellung und das zu erreichende PR-Ziel. Wird der Einsatz der PR-Instrumente mit denen des Marketing oder der PR-Arbeit gekoppelt, spricht man auch von Integrierter Kommunikation.

Siehe / Siehe auch: Integrierte Kommunikation

PR-Maßnahmen

PR measures

Zur Realisierung von Presse- und Öffentlichkeitsarbeit stehen Unternehmen eine Vielzahl kommunikationsspezifischer PR-Maßnahmen zur Verfügung. Sie werden entsprechend der Zielgruppen und der Unternehmensbotschaften ausgewählt und in der Stakeholder-Kommunikation unter anderem mit Kunden, Mitarbeitern, Partnern und der Presse eingesetzt. Zu den PR-Maßnahmen zählen z. B. der „Tag der offenen Tür", Mitarbeiter- und Kunden-Events oder Anwendertage.

Siehe / Siehe auch: Stakeholder

Präkarium (österreichisch)

non-contractual loan of accommodation / living quarters for temporary use, recallable by lender at will (Austrian)

In Österreich bezeichnet man als Präkarium die kostenlose Zurverfügungstellung von Wohnraum. Es handelt sich um einen „Bittleihvertrag", der jederzeit widerrufen werden kann. Im Gegensatz zum Wohnungsrecht, das im Grundbuch abgesichert ist und dem Wohnungsberechtigten auch Instandhaltungspflichten auferlegt, handelt es sich beim Präkarium um eine Wohnbenutzungsgewährung ohne jegliche Leistungspflicht des Bewohners.

Präqualifikation (Vergaberecht)

pre-qualification (public procurement law)

Bauunternehmen haben die Möglichkeit, sich in die „Liste des Vereins für die Präqualifikation von Bauunternehmen e.V." eintragen zu lassen. Mit diesem Eintrag weisen sie nach, dass sie bestimmte Eignungskriterien erfüllen, die sonst im beschränkten oder freihändigen Vergabeverfahren bei der Bewerbung um Bauaufträge im Einzelnen nachgewiesen werden müssten. Zu den Eignungskriterien zählen insbesondere Fachkunde, Zuverlässigkeit und finanzielle Leistungsfähigkeit. Über die Präqualifikation entscheiden eigens hierfür eingerichtete Zertifizierungsstellen. Inzwischen vergeben Bundesbehörden Bauaufträge im beschränkten oder freihändigen Vergabeverfahren generell nur noch an solche Unternehmen, die in die Präqualifikationsliste eingetragen sind. Es ist damit zu rechnen, dass sich auch die Bundesländer und Gemeinden dieser Praxis anschließen. Erreicht werden soll durch die Einführung der Präqualifikation eine Wettbewerbsgleichstellung mit ausländischen Bauunternehmen bei ausländischen wie inländischen Projekten, zumal solche Präqualifikationssysteme in anderen Ländern schon längere Zeit existieren. Deutschland zieht hier nach.

Siehe / Siehe auch: Vergabe- und Vertragsordnung für Bauleistungen (VOB 2006)

Präqualifikation, Auswahl von Interessenten

prequalification; selection of potential buyers / prospective customers

Die Präqualifikation ist ein Auswahlverfahren bzw. die Einstufung und Auslese eines einzelnen Interessenten. Im Prozess der Präqualifikation gilt es, sich ein Bild vom Interessenten zu machen, ihn zu analysieren, um damit Erkenntnisse zu sammeln. Hierfür müssen bestimmte Fragen gestellt werden:

- Was müsste ein Objekt haben, damit er es kaufen würde?
- Wie lange ist er bereits auf der Suche?
- Warum ist er noch nicht fündig geworden?
- Mit wem hat er schon über die Finanzierung gesprochen (bestenfalls gibt es prüfbare Finanzierungsunterlagen seiner Bank)?
- Wie sieht der Interessent seine Zukunft?

Hiernach und aufgrund der anschließenden Kontakthäufigkeit lassen sich verschiedene Typen herausfiltern, die gesondert eingeordnet werden können (zum Beispiel als bloßer Kontakt, Interessent, Bewerber, Kandidat, Anwärter, Zielperson, Kunde, Klient o.ä.). So lässt sich der Grad an Bemühungen dosieren, die ein Makler zu investieren bereit ist. Selbstverständlich gilt es im Rahmen der Präqualifikation, die Bonität und Finanzstärke des Interessenten herauszufinden, um festzustellen, ob dieser die für ein bestimmtes Objekt erforderlichen Mittel überhaupt aufbringen kann. Dabei ist zu unterscheiden, ob es sich um einen potenziellen, „echten" Käufer oder einen Nichtkäufer handelt. Entscheidend ist, die in der Branche ungeliebten so genannten „Seh-Leute", „Immobilientouristen" und „Exposeesammler" auszusortieren. Der Begriff der Präqualifikation stammt ursprünglich aus der Bauwirtschaft und stellt im Rahmen einer Ausschreibung eine vorwettbewerbliche Eignungsprüfung dar.

Siehe / Siehe auch: Akquisition, Akquisitionsstrategien, Akquisitionsprospekt (Maklergeschäft)

Preisangabenverordnung (PangV)

price regulation

Die Preisangabenverordnung (Fassung vom 18.10. 2004) dient der Herstellung von Preisklarheit und Preiswahrheit. Soweit eine Pflicht zur Preisangabe besteht, müssen sie dem angebotenen beziehungsweise beworbenen Objekt beziehungsweise der angebotenen Leistung leicht erkennbar zugeordnet werden. Die Preisangabenverordnung (PangV) bestimmt, im Einzelnen, dass beim Anbieten von Waren oder Leistungen gegenüber Endverbrauchern stets auch Endpreise anzugeben sind. Endpreise sind Preise einschließlich etwaiger Umsatzsteuer oder sonstiger Preisbestandteile. Nicht zum Endpreis gehören Leistungen, die gegenüber Dritten im Zusammenhang mit einem Angebot erbracht werden müssen (Beispiel: Wird ein Immobilienobjekt angeboten, gehören die Notargebühren oder etwaige Maklergebühren nicht zum Endpreis.). Der Begriff des Anbietens ist nicht zivilrechtlich zu verstehen. Anbieten ist nicht nur ein verbindliches Vertragsangebot, sondern auch jede „Einladung" an die Adressaten des Angebots, ihrerseits hierzu ein Kaufangebot zu unterbreiten. Typisch ist dies bei Angeboten in Schaufenstern. Von Angeboten im Sinne der PangV kann allerdings nur gesprochen werden, wenn es inhaltlich so präzisiert wird, dass ein Kaufentschluss möglich ist. „Immobilienangebote" im Anzeigenteil der Zeitung genügen diesen Anforderungen nicht. Ein Kaufentschluss bei Bestandsimmobilien setzt regelmäßig eine Objektbesichtigung voraus. Objektinserate sind deshalb kein Angebot im Sinne der PangV, sondern lediglich „Werbung". Allerdings muss man davon ausgehen, dass Exposés, wie sie heute im Internet veröffentlicht werden, Angebotscharakter im Sinne der PangV haben, dass also in Exposés (auch in Papier-

form) der Endpreis angegeben werden muss. Ferner ist darauf hinzuweisen, dass bei Mietwohnungen in Inseraten wegen einer anderen Vorschrift im Wohnungsvermittlungsgesetz stets die Mieten für jede einzelne inserierte Wohnung anzugeben sind. In Exposés ist die Preisangabe auch auf Grund der Informationspflicht nach § 11 MaBV geboten. Wird ansonsten nur mit Waren oder Leistungen geworben, besteht keine Preisangabepflicht. Nur dann, wenn in der Werbung ein Preisbestandteil genannt wird, z. B. Anzahlung, erforderliches Eigenkapital, monatliche Belastung durch Zins- und Tilgungsleistungen, ist auch der Endpreis – und zwar in hervorgehobener Form – anzugeben. Erlaubt ist der Hinweis, dass über den angegebenen Preis verhandelt werden kann.
Mit Novellierung der PangV im August 2000 wurde zusätzlich eine Pflicht zur Grundpreisangabe eingeführt, soweit Waren in Fertigpackungen, offenen Packungen oder als Verkaufseinheiten ohne Umhüllung nach Gewicht, Volumen, Länge oder Fläche angeboten werden. Nach Auskunft des Bundeswirtschaftsministeriums fallen jedoch Immobilien nicht unter Waren, die als Verkaufseinheiten nach Fläche angeboten werden. Bei Darlehensangeboten muss der „effektive Jahreszins" angegeben werden. Wenn eine Änderung der Zinskonditionen während der Laufzeit vorbehalten wurde – was bei Immobiliendarlehen üblich ist – muss sich die Berechnung des effektiven Jahreszinses auf den Zeitraum beziehen, in dem die Konditionen fest vereinbart sind. Bezeichnung dann: „anfänglicher effektiver Jahreszins". Bei Immobiliendarlehen gehören weder die Maklerprovision noch die Kosten für die Grundschuldbestellung zu den Preisbestandteilen. Zu berücksichtigende Konditionen bei Berechnung des effektiven Jahreszinses sind ein etwaiges Disagio sowie etwaige Bearbeitungskosten. Verstöße gegen die PangV sind Ordnungswidrigkeiten mit der Folge, dass Bußgeld verhängt werden kann. Sie sind aber auch wettbewerbsrechtlich relevant und oft Gegenstand von Abmahnungen, auch wenn Abmahnvereine – im Gegensatz zu Mitbewerbern – hier wegen der Vorschrift über nicht abmahnungsfähige Bagatellverstöße nicht durchdringen. Immerhin ergibt sich die Verbindung zum UWG aus § 4 Nr. 11, nach welcher unlauter handelt, wer einer gesetzlichen Vorschrift zuwiderhandelt, die auch dazu bestimmt ist, im Interesse der Marktteilnehmer das Marktverhalten zu regeln.

Siehe / Siehe auch: Exposé, Wohnungsvermittlungsgesetz (WoVG), Grundpreis, Abmahnung

Preisansatz als Verhandlungsbasis

quotation as a basis for negotiation

Während Bauträgerobjekte, die auf einer Baukalkulation beruhen, in der Regel zu Festpreisen angeboten werden, gibt es für Bestandsimmobilien keine vergleichbare Kalkulationsgrundlage. Interessenten, die eine Immobilie aus dem Bestand erwerben wollen, rechnen nicht die Baukosten nach, um zu einer Preiseinschätzung zu gelangen. Das bedeutet, dass sich Preise für Bestandsimmobilien auf der Grundlage von individuellen Verhandlungen zwischen dem Anbieter und dem Interessenten bilden. Als Grundlage wird ein Preisansatz gewählt, über den verhandelt werden kann („Verhandlungsbasis"). Dabei sollten allerdings einige Regeln vor allem von Maklern beachtet werden:

- Festpreisangaben widersprechen dem Interesse des Verkäufers. Wer für eine Bestandsimmobilie einen tatsächlichen Festpreis ansetzen will, muss ihn so niedrig beziffern, dass ein Verkauf an einen der angesprochenen Interessenten auf jeden Fall zustande kommt. Andernfalls wäre der Begriff Festpreis irreführend.
- Der Ansatz des Verhandlungspreises entscheidet über die Höhe der Transaktionskosten. Je mehr die Verhandlungspreise der akquirierten Objekte von den Marktpreisen abweichen, desto höher sind die mit der Auftragsbearbeitung zusammenhängenden Kosten und damit die aus Provisionen resultierenden Deckungsbeiträge umso geringer.

Das bedeutet, dass ein Makler bestrebt sein sollte, einen marktrealistischen Preisansatz anzustreben, der von Beginn der Verkaufsaktivitäten an aus der Perspektive der Interessenten Verhandlungschancen eröffnet. Der Angebotspreis sollte am Ende nicht mehr als 10 bis 15 Prozent über dem Abschlusspreis liegen. Allerdings bestätigen auch hier Ausnahmen die Regel. Immerhin – der Wettbewerb des Interessenten um ein Objekt führt dazu, dass der Makler verkauft, der in den Augen des Anbieters die besten Konditionen bietet, mögen sie auch noch so weit unterhalb des Angebots liegen.

Preisgestaltung

pricing

Zwei Preise sind für die Immobilienbranche von besonderer Bedeutung: die Preise für die jeweilige Dienstleistung und die Preise für das jeweilige Objekt. Bei der Wertermittlung von Immobilien wird der Makler üblicherweise auf seine Erfahrung und seine Datensammlung zurückgreifen. Bei den

Preisen für die Verwaltungs- oder Vermittlungsleistung dagegen müssen in erster Linie die beiden folgenden Fragen beantwortet werden:
Wie nimmt der Kunde meine Leistung wahr? Falls nötig, müssen mit Hilfe weiterer Marketinginstrumente das Image des Unternehmens oder die Kompetenz der Mitarbeiter besser dargestellt werden. Wie sehen die Preise meiner Konkurrenten aus? Ein Preisbrecher wird Preissenkungen der Mitbewerber hervorrufen, eine Firma mit „Mondpreisen" mangels Aufträgen verkümmern.

Preisklauselgesetz (früher Preisklauselverordnung)

Price Clause Act (formerly: German ordinance regulating price clauses)

Am 1.1.1999 löste die Preisklauselverordnung den § 3 des Währungsgesetzes ab. Die Preisklauselverordnung sah verschiedene Ausnahmeregelungen vom Verbot der Vereinbarung von Wertsicherungsklauseln vor. Diese Verordnung wurde am 7. Sept. 2007 mit Geltung vom 14. Sept. 2007 ersetzt durch das Preisklauselgesetz. Sinn des Preisklauselgesetzes ist, zu verhindern, dass durch inflationsgesicherte Gestaltungen von Verträgen selbst Inflationsimpulse ausgehen. Es sieht deshalb ein generelles Verbot von Wertsicherungsklauseln („Preisklauseln") vor. Gestattet werden aber zahlreiche Ausnahmen, wie sie schon in der Preisklauselverordnung verankert waren. Darunter fallen die schon vorher genehmigungsfreien Klauseln (Leistungsvorbehaltsklauseln, Spannungsklauseln, Kostenelementklauseln und Klauseln in Erbbauverträgen). Neu ist, dass keine Genehmigungen mehr erforderlich sind. Es gibt auch keine Genehmigungsinstanz mehr.
Siehe / Siehe auch: Erbbauzinsen, Gleitklausel im Bauwerkvertrag, Wertsicherungsklausel, Indexmiete (Wohnungsmietvertrag), Spannungsklausel, Indexklausel und Indexmietvertrag

Preisklauselverordnung

German ordinance regulating price clauses

Siehe / Siehe auch: Preisklauselgesetz (früher Preisklauselverordnung)

Preislimitierendes Vorkaufsrecht

price-limited preemptive right

Siehe / Siehe auch: Vorkaufsrecht

Preispolitik

price policy; pricing policy

Ein Instrument, das im Rahmen des Marketingmix zur Verfügung steht, um die Marketingziele zu erreichen, ist die Preisgestaltung (Preispolitik). Grundsätzlich kommt den monatlichen Gebühren von Immobilienverwaltern, dem Stundensatz für Mitarbeiter eines FM-Unternehmens, den Immobilienpreisen eine Signalfunktion zu. Ebenso haben Preisänderungen eine Signalfunktion – dies umso mehr, wenn beispielsweise nach einigen Wochen vergeblichen Inserierens der Preis für eine Immobilie nach unten korrigiert werden muss oder wenn ein Gebäudemanagementunternehmen die Gebühren substantiell erhöht. Angesichts der Bedeutung der Signalfunktion ist es in der Vermarktung wichtig, mit marktgerechten Preisen zu arbeiten. Hierbei ist auch zu bedenken, dass die Preis-Stetigkeit eines der wichtigsten Erkennungsmerkmale von Markenprodukten ist. Hieran sollte man sich bei der Vermarktung von Immobilien bzw. immobilienwirtschaftlichen Dienstleistungen jedweder Art orientieren; insofern verbieten sich auch Versuche, Objekte zunächst einmal mit „Mond-Preisen" anzubieten, um das Marktgeschehen auszutesten und sich dann allmählich an den marktgängigen Preis heranzutasten.
Immobilienunternehmen haben zumindest theoretisch eine wesentlich höhere Flexibilität als Anbieter in anderen Branchen wie etwa in der Automobilindustrie, wo ein einmal geforderter Preis in den entsprechenden Preislisten nur schwer korrigiert werden kann und wo Veränderungen vielfach eine sehr große Signalwirkung zukommt. Letzteres erkennt man auch daran, wir häufig bei anderen Branchen in der Presse über derartige Preisänderungen berichtet wird. In der Immobilienwirtschaft gibt es bei Bauträgern eine Preisdifferenzierung nach dem Verkaufszeitpunkt, wobei hier etwa ein Frühkauf-Bonus oder aber auch ein Rabatt gegen Ende des Vermarktungsprozesses bei Restantenwohnungen denkbar ist. In einzelnen Baumaßnahmen ist auch eine Preisdifferenzierung nach Abnehmergruppen denkbar. So können mit der Penthouse-Wohnung etwa Kunden des obersten Preissegments angesprochen werden, während vielleicht etwas weniger luxuriös ausgestattete Wohnung in den darunter liegenden Stockwerken sich eher an Personen des mittleren Segments wenden. Bei der Preispolitik sind die Einflussmöglichkeiten der immobilienwirtschaftlichen Akteure sehr unterschiedlich. Ein Bauträger, Projektentwickler oder Developer ist in seiner Preispolitik zunächst einmal relativ frei. Der Entscheidungsspielraum wird allerdings durch die Grundstücks-, Bau- sowie Finanzierungskosten deutlich eingeschränkt. Unter Umständen machen auch Kapitalgeber hier Vorgaben. Ganz anders ist

die Situation bei Maklerunternehmen. Die Flexibilität ist hier bezüglich der Objektverkaufspreise bzw. des Mietzinses primär durch die Bereitschaft des Eigentümers oder – vor allem, wenn es sich um Erbengemeinschaften handelt – der Eigentümer zu Preiszugeständnissen limitiert.

Siehe / Siehe auch: Marketingmix

Presse-Hintergrundgespräche

background discussions with selected members of the press

Der Unterschied zwischen Presse-Hintergrundgesprächen und Pressekonferenzen liegt in der Auswahl der Medien und der Journalisten sowie in der öffentlichen Wahrnehmung. Während Pressekonferenzen über Zeitungen und Online-Medien bekannt gemacht und eine Vielzahl von Journalisten aus Print, Hörfunk und TV eingeladen werden, gelten Presse-Hintergrundgespräche als exklusive Veranstaltungen für wenige Journalisten ausgewählter Medien. Die Gespräche haben den Charakter individueller Pressekonferenzen. Ziel ist es, einen elitären Kreis von Journalisten auf das eigene Unternehmen aufmerksam zu machen, ihnen spezielle Einblicke und Hintergrundinformationen zum Unternehmen und seinen Dienstleistungen zu vermitteln und sie in das immobilienwirtschaftliche Marktumfeld einzuordnen. In der Regel bauen sich Unternehmen auf diese Weise langjährige und gute Medienbeziehungen auf.

Siehe / Siehe auch: Pressearbeit, Pressekonferenzen

Pressearbeit

press relations

Pressearbeit beschreibt die Informationspolitik eines Unternehmens gegenüber den Medien. Sie umfasst Aktivitäten, mittels derer relevante Informationen über das Unternehmen, seine Produkte und Dienstleistungen in sachlich-informativem Ton an die lokalen, regionalen und überregionalen Tageszeitung sowie an Zeitschriften, Fachmagazine und Online-Medien übermittelt werden. Ziel ist es, dass Journalisten über das Immobilienunternehmen positiv berichten. Als Multiplikatoren stellen die Journalisten eine wichtige Zielgruppe für Unternehmen dar, um in der Öffentlichkeit, also bei Kunden, Mietern, Geschäftspartnern und Interessenten, verstärkt wahrgenommen zu werden. Zu den Instrumenten der Pressearbeit zählen z.B. Presse- und Produktmeldungen, Pressekonferenzen, Interviews oder Redaktionsbesuche.

Siehe / Siehe auch: Pressekonferenzen

Presseclipping

newspaper clippings / cuttings

Unter einem Presseclipping wird die Sammlung von in Medien veröffentlichten Presseberichten und Artikeln verstanden. Sie gilt als ein Nachweis für die erfolgreiche Arbeit von Presse- und Öffentlichkeitsabteilungen von Unternehmen. Die Clippings werden der quantitativen Erfolgskontrolle (Evaluation) zugerechnet. Sie geben Auskunft über Umfang und Häufigkeit von Beiträgen zu einem Unternehmen, Produkt oder einer Dienstleistung in unterschiedlichen Print-, Online-, Hörfunk- und TV-Medien. Aus der Auflagenhöhe der veröffentlichten Medien lässt sich die voraussichtliche Anzahl der Leserkontakte und damit der Zielgruppenerreichung (Reichweitenmessung) abschätzen.

Presseclippings lassen sich in einem so genannten Pressespiegel zusammenfassen, der unterschiedlichen internen und externen Interessengruppen zur Verfügung gestellt werden.

Siehe / Siehe auch: PR-Evaluation

Pressekonferenzen

press conferences

Die Pressekonferenz ist eine Veranstaltung für Journalisten. Sie wird von Unternehmen mit dem Ziel organisiert und durchgeführt, Journalisten aus der Wirtschafts- und Fachpresse über neue Unternehmensentwicklungen zu informieren. Bei den Informationen handelt es sich um Zahlen, Daten und Fakten aus der strategischen und operativen Geschäftsentwicklung, beispielsweise Unternehmensübernahmen, Immobilienzukäufe, neue Bauvorhaben, Modernisierung im Bestand, Aktienrückkäufe, Jubiläen oder Auszeichnungen.

Pressekonferenzen zählen zu den PR-Maßnahmen eines Unternehmens. Ihr Vorteil liegt in der persönlichen Kommunikation.

Siehe / Siehe auch: Face-to-Face-Kommunikation

Pressemitteilung

press release

Die Pressemitteilung ist ein klassisches Instrument der Unternehmenskommunikation, über das unternehmens- und marktrelevante Informationen an die Presse übermittelt werden. Sie stellen ein Informationsangebot dar, über deren Inhalt die Medien in ihren Print-Ausgaben berichten können. Ob eine Veröffentlichung stattfindet, hängt von mehreren Faktoren ab:

- fachlicher Schwerpunkt und Rubrizierung des Printmediums,

- thematische Relevanz der Information für Markt und Öffentlichkeit,
- Bedeutung des Produktes oder des Unternehmens für den Markt sowie
- Objektivität und Neutralität der Informationen.

In den Fachzeitschriften „Immobilienwirtschaft, „Die Wohnungswirtschaft“, „Modernisierungs-Magazin“ oder „BundesBauBlatt“ beispielsweise werden den Informationen aus den Unternehmen jeweils separate Rubrik mit Namen „Aktuelles“, „Neues aus der Branche“ oder „Szene“ eingeräumt. Je nach Medium, Platzkapazität und Verlagsphilosophie werden hier Pressemitteilungen vollständig abgedruckt oder in journalistisch aufbereiteter, zumeist gekürzter, Form wiedergegeben. Inhaltlich wird über Informationen berichtet wie:

- „Gesundheitsimmobilien: Focus Healthcare gestartet“
- „DEKA Immobilien: Büroobjekt für Fonds erworben“
- „Neues Jahr, neue Gesellschafter“
- „Unipor meistert Wohnbaukrise“

Siehe / Siehe auch: Pressekonferenzen

Pretest

pretest

Test bei dem z. B. durch Imagetrackings bzw. auch durch sonstige Befragungen vor dem Einsatz eines Werbemittels eine umfassende Werbeerfolgskontrolle durchgeführt wird. Z. B. Test von verschiedenen Anzeigenmotiven bei einigen Testlesern, um das optimale Motiv für eine Anzeigenkampagne herauszufinden.

Preußische Kappe

vaulted ceiling

Die Preußische Kappe ist ein flaches Tonnengewölbe. Wegen der geringen Pfeilhöhe dieses Gewölbetyps ist der horizontale Gewölbeschub größer als die vertikal wirkende Kraft. Stoßen zwei Gewölbekappen mit annähernd gleicher Spannweite und Belastung aneinander, so heben sich die Gewölbeschübe beider Kappen an dieser Stelle auf. Am Rand einer aus aneinander gereihten preußischen Kappen gebildeten Decke sind jedoch besondere Konstruktionen zur Aufnahme des Gewölbeschubes – beispielsweise Zuganker – erforderlich. Preußische Kappen wurden seit etwa Mitte des 19. Jahrhunderts sehr häufig im Wohnungsbau aber auch bei Gewerbebauten verwendet. Im Vergleich zu anderen gewölbten Massivdecken ermöglichen sie wegen der flachen Wölbung der Tonnensegmente eine geringere Bauhöhe der Decken. Als Auflager der Preußischen Kappen dienen I-Träger, Eisenbahnschienen, Gurtbögen oder Wandmauerwerk.

Primärenergiebedarf

primary energy demand / requirement

Der Primärenergiebedarf zeigt die Gesamtenergieeffizienz eines Gebäudes auf. Neben der Endenergie berücksichtigt er auch die sogenannte Vorkette aus Erkundung, Gewinnung, Verteilung und Umwandlung der jeweils eingesetzten Energieträger, zum Beispiel Heizöl, Gas, Strom oder erneuerbare Energien. Ein geringer Bedarf und damit eine hohe Energieeffizienz werden durch kleine Werte signalisiert.

Eine hohe Energieeffizienz zeichnet sich eine Energienutzung aus, die Ressourcen und die Umwelt schont.

Siehe / Siehe auch: Endenergiebedarf, Primärenergiekennwert

Primärenergiekennwert

primary energy consumption

Der Primärenergiekennwert wird im Energieausweis für Gebäude angegeben. Er stellt den Vergleichswert für die primärenergetischen Anforderungen an ein Gebäude gemäß der Energieeinsparverordnung dar.

Siehe / Siehe auch: Endenergiebedarf, Primärenergiebedarf, Energieausweis / Energiepass, Energieeinsparverordnung (EnEV)

Print-Kommunikation

print communication

Die Print-Kommunikation stellt neben der Face-to-Face- und der Elektronischen Kommunikation einen dritten Weg der Zielgruppenansprache dar. Mit den Instrumenten der Print-Kommunikation lassen sich differenzierte Informationen an eine Vielzahl von Adressaten gleichzeitig vermitteln. Zu den Kommunikationsinstrumenten zählen Druckmedien wie Unternehmensbroschüren und Produktflyer, Anwender- oder Geschäftsberichte, Success Stories oder Artikel in Fach- und Wirtschaftsmedien. Sie eignen sich besonders zur detaillierten Darstellung von Hintergrundinformationen über Unternehmen, Produkte, Dienstleistungen und Services.

Ein Beispiel für Instrumente der Print-Kommunikation in der Immobilienwirtschaft stellen Anwenderberichte dar.

Siehe / Siehe auch: Anwenderbericht

Prinzip der Entscheidungsfreiheit des Auftraggebers (Maklergeschäft)

principle of the customer's freedom of decision (brokerage)

Das Prinzip der Entscheidungsfreiheit des Auftraggebers besagt, dass der Auftraggeber eines Maklers in seiner Entscheidung darüber, ob er das mit dem Maklervertrag angestrebte Geschäft tatsächlich durchführen will, frei bleibt. Erteilt der Auftraggeber einem Makler den Auftrag zur Vermittlung eines Kaufvertrages über ein Grundstück, kann er seine Verkaufsabsicht jederzeit aufgeben, die Angebotskonditionen jederzeit ändern, sich weigern mit herbeigeführten Vertragspartnern zu verhandeln usw. Weil er keine Abschlussverpflichtung hat, kann der Auftraggeber auch mehrere Makler gleichzeitig beschäftigen. Die Auswirkungen dieses Prinzips führen dazu, dass der Makler ein sehr hohes Kosteneinsatzrisiko eingeht, das ihm verwehrt, einen Auftrag kosten- und zeitintensiv zu bearbeiten. Wenn die Wirksamkeit des Prinzips der Entscheidungsfreiheit auch nicht vertraglich außer Kraft gesetzt werden kann, so können – auch im Interesse des Auftraggebers – die Auswirkungen durch maklervertragliche Gestaltungen verringert werden.

Siehe / Siehe auch: Prinzipien des Maklergeschäfts, Alleinauftrag

Prinzip der Interessenidentität (Maklergeschäft)

principle of identity of interest (brokerage)

Das Prinzip der Interessenidentität besagt, dass zwischen dem Auftraggeber eines Maklers, der ernsthaft ein Immobilienobjekt verkaufen will oder sucht und dem Makler eine Interessenidentität gegeben ist. Beide wollen, dass das angestrebte Geschäft zustande kommt – der Auftraggeber aus seiner originären Interessenlage heraus, der Makler, weil er nur auf diese Weise eine Provision erhält. Da in Deutschland der Marktzugang der Makler in der Regel über die Objektakquisition erfolgt, muss hier vornehmlich auf die Identität der Interessen von Objektanbieter als Auftraggeber und dem Makler abgestellt werden. Der Makler kann – im auch Interesse seines Auftraggebers – Objekte nur zu marktgerechten Angebotsbedingungen akquirieren. Darüber hinaus muss es ihm darum gehen, Maklervertragsbedingungen auszuhandeln, die jedes Konkurrenzverhältnis zwischen Auftraggeber und Makler und damit ein mögliches opportunistisches Verhalten der beiden Seiten ausschalten. Als Maklervertrag kommt hier nur der qualifizierte Alleinauftrag in Frage. Er ist die einzige Vertragsart, die es dem Makler erlaubt, am Markt offen zu agieren ohne befürchten zu müssen, dass der Auftraggeber einen Vertrag unter Umgehung des Maklers schließt. Der qualifizierte Alleinauftrag liegt im Ergebnis somit auch im Interesse des Auftraggebers. Andererseits ist es dabei ausgeschlossen, Provisionsvereinbarungen mit der Interessentenseite zu treffen, da die ausschließliche Vertretung der Interessen des Auftraggebers sonst nicht mehr möglich ist.

Prinzip der Unabhängigkeit (Maklergeschäft)

principle of independence (brokerage)

Das Prinzip der Unabhängigkeit hat im Maklergeschäft eine besondere Bedeutung. Der Makler ist immer „Dritter". Immer dann, wenn er mit einem Auftraggeber wirtschaftlich oder rechtlich verflochten ist verliert er seine Unabhängigkeit und damit seine Maklereigenschaft. Er kann dann keinen Provisionsanspruch geltend machen, selbst wenn er eine Nachweis- oder Vermittlungsleistung erbracht hat. Durch seine Mittlerstellung grenzt er sich auch gegenüber Immobilienhändlern ab, die selbst Partei sind und Grundstücke kaufen und verkaufen.

Denkbar ist zwar, dass bei Fehlen der Maklereigenschaft dennoch eine Vergütung vereinbart wird, durch die die Bemühungen des „Nichtmaklers" abgegolten werden. Es handelt sich dann nicht um eine Maklerprovision, sondern um ein von der Art seiner Tätigkeit unabhängiges Schuldversprechen. Die Generierung eines Provisionsanspruchs durch jemanden, der nicht als unabhängiger Dritter tätig wurde, ist nicht möglich. Die Eigenschaft des unabhängigen Dritten büßt der Makler auch ein, wenn er gleichzeitig als Genehmigungsinstanz für den von ihm vermittelten Vertrag fungiert. Dies ist etwa bei der Vermittlung eines Kaufvertrages über eine Eigentumswohnung der Fall, wenn der Makler gleichzeitig in seiner weiteren Eigenschaft als Verwalter der Wohnanlage aufgrund einer entsprechenden Regelung in der Gemeinschaftsordnung die Zustimmung erteilen muss. Der BGH sprach in diesem Zusammenhang von einem institutionalisierten Interessenkonflikt.

Siehe / Siehe auch: Makler, Institutioneller Interessenkonflikt (Maklergeschäft)

Prinzipien des Maklergeschäfts

brokerage principles

Das Maklergeschäft wird durch einige Prinzipien charakterisiert, deren Beachtung einen entscheidenden Einfluss auf den Provisionsanspruch hat.

Das erste hier zu nennende Prinzip ist das sogenannte Erfolgsprinzip. Es besagt, dass der Makler nur dann einen Anspruch auf Provision erhält, wenn seine maklerische Tätigkeit von Erfolg gekrönt ist, d.h. wenn es ihm gelungen ist, zwischen den Parteien einen Vertrag zustande zu bringen. Ob sich dieser Erfolg einstellt, ist beim Objektmakler in erster Linie eine Frage der Objektangebotsbedingungen, zu denen der Makler einen Auftrag übernimmt. Gibt es auf dem Markt Interessenten, die bereit sind, zu diesen Bedingungen das Objekt zu erwerben bzw. zu mieten, dürfte die Herbeiführung eines Vertragsabschlusses keine Schwierigkeiten bereiten. Es liegt in der Hand des Maklers, für seinen Auftraggeber den Markt entsprechend zu erschließen. Objektangebotsbedingungen werden zwar vom Auftraggeber gestellt, der Makler hat jedoch die Möglichkeit durch Beratung und Bewertung auf deren Gestaltung Einfluss zu nehmen. Hat der Auftraggeber irreale Preisvorstellungen, wird der Makler auf den Auftrag verzichten. Er kann also durchaus die Auftragsakquisition vernünftig steuern. Das zweite Prinzip, das der Makler mit seinen Rechtswirkungen gegen sich gelten lassen muss, ist das Prinzip der Entscheidungsfreiheit des Auftraggebers. Selbst wenn es dem Makler gelungen ist, für seinen Auftraggeber einen Interessenten herbeizubringen, der bereit ist, das angebotene Objekt zu den Bedingungen des Auftraggebers zu erwerben, bleibt dieser in seiner Entscheidung frei, ob er den beabsichtigten Vertrag schließen will oder nicht.

Daraus folgt, dass der Auftraggeber jederzeit beliebig viele Makler einschalten, die Objektangebotsbedingungen beliebig ändern, den erteilten Maklerauftrag jederzeit widerrufen und es ablehnen kann, mit bestimmten abschlussbereiten Interessenten überhaupt zu verhandeln usw.. Der Makler würde damit quasi „ins Blaue hinein“ arbeiten, wenn er auf dieser Grundlage einen Auftrag annehmen würde. Die Negativauswirkungen, die Auftraggeber und Makler gleichermaßen betreffen, können durch vertragliche Absprachen, insbesondere durch Alleinaufträge begrenzt werden. Für eine große Anzahl von Maklergeschäften ist ferner das Prinzip der Unabhängigkeit relevant. Makler und Auftraggeber müssen voneinander unabhängig sein. Fehlt diese Unabhängigkeit und ist damit der Makler einer Vertragspartei zuzurechnen, verliert er seine Maklereigenschaft. Dies spielt dann keine Rolle, wenn der Makler eine Erfolgsprovision ausschließlich mit seinem Auftraggeber, von dem er abhängig ist, vereinbart. In ähnlich eingeschränktem Umfange gilt in Deutschland das Neutralitätsprinzip, das in der Vorstellung vom „ehrlichen Makler“ seinen Ausdruck findet. Vermittelt der Makler ein Vertragsergebnis im Auftrag beider Parteien, ist er bei seinen Vermittlungsbemühungen zu strenger Neutralität verpflichtet. Hat er dagegen nur zu einer der beiden Parteien eine Vertragsbeziehung, ist er nur diesem gegenüber zur Interessenwahrung verpflichtet.

Das letzte Prinzip des Maklergeschäfts ist das der „Interessenidentität“ zwischen Auftraggeber und Makler. Das Hauptinteresse beider besteht darin, dass der Makler Erfolg hat. Der Auftraggeber hat damit sein Ziel erreicht und der Makler erhält nur dann einen Anspruch auf Provision. Beide wollen also dasselbe. Dass Vorstellungen über Angebotspreis und Maklervertragsbedingungen auseinander klaffen können, berührt diesen Kernsatz nicht. Die Herbeiführung des vom Auftraggeber gewünschten Erfolgs setzt vielmehr voraus, dass der Auftraggeber dem Makler auf der Grundlage realistischer Objektangebotsbedingungen eine Rechtsposition verschafft, die ihm wirtschaftlich ermöglicht, in den erteilten Auftrag so zu investieren, dass der Erfolg mit hoher Wahrscheinlichkeit eintritt.

Siehe / Siehe auch: Neutralitätsprinzip (Maklergeschäft), Erfolgsprinzip (Maklergeschäft), Prinzip der Entscheidungsfreiheit des Auftraggebers (Maklergeschäft)

Private Equity

private equity

Private-Equity-Fonds entstanden in den siebziger Jahren in den USA und Großbritannien. Durch den Einsatz von Eigenkapital (Equity) werden Unternehmen, die vorübergehend von der Börse genommen werden oder dort nicht notiert sind (Private), übernommen und umgebaut. Im weitesten Sinne handelt sich um Risikokapital, vergleichbar mit dem so genannten Venture Capital für junge Unternehmen. Die Fonds werden voll haftende Anteilseigner beziehungsweise Mitgesellschafter. Sie erhalten so Mitsprache-Rechte und Einfluss auf das Management des Unternehmens. Nach vier bis acht Jahren wird das Unternehmen mit Gewinnen, die ein Vielfaches des ursprünglich getätigten Kapitaleinsatzes betragen, an die Börse gebracht, an ein anderes Unternehmen oder auch an andere Private-Equity-Fonds verkauft. Seit Mitte der neunziger Jahre sind Private-Equity-Fonds in Deutschland aktiv.

Der neu aufgelegte Fonds speist sich zunächst aus dem Kapital von Pensionsfonds, Banken oder Versicherungen und erwirbt damit die Mehrheit an einem Unternehmen, finanziert zu einem Drittel mit dem Eigenkapital des Fonds und zu zwei

Dritteln über Bankkredite. Die Kredite werden aus den Erlösen der gekauften Unternehmen, dem Verkauf des Unternehmens oder aus dem Börsengang zurückgezahlt. Fondsinvestoren erwarten zwischen 20 und 40 Prozent Rendite pro Jahr. Kritiker bemängeln, dass die gekauften Unternehmen die für den Kauf gemachten Schulden größtenteils selbst bezahlen. Politiker bezeichneten solche Unternehmen gelegentlich auch als Heuschrecken. Befürworter sprechen beim Private-Equity-Sektor von „Eliteförderung von Unternehmen, in der nur die besten etwas zu suchen haben." Im positiven Fall wird das Management des gekauften Unternehmens am Umbau beteiligt und das Unternehmen erhält mit dieser Form der Beteiligungsfinanzierung eine neue Chance.

Siehe / Siehe auch: Real Estate Investment Trust (REIT)

Private Vermögensverwaltung

private asset management; private property management; private investment management; private portfolio management; private property administration

Wer sein Privatvermögen verwaltet, unterhält keinen Gewerbebetrieb. Er unterliegt weder der Gewerbesteuer, noch erzielt er Betriebseinnahmen. Dies gilt auch für die Verwaltung des eigenen Immobilieneigentums, selbst wenn es noch so umfangreich ist. Allerdings kann die private Vermögensverwaltung in einen „Gewerbebetrieb" umschlagen, wenn mit den Immobilien gehandelt wird und die Charakteristika eines Gewerbebetriebes erfüllt sind. Zu beachten ist, dass ein Umschlag von der privaten Vermögensverwaltung in einen Gewerbebetrieb erfolgen kann, wenn im Zusammenhang mit Immobilienverkäufen die 3-Objektegrenze innerhalb eines 5-Jahreszeitraumes nicht beachtet wird. Bei dieser Grenze sind nur solche Objekte schädlich, die innerhalb dieses Zeitraumes erworben, gebaut oder modernisiert wurden.

Private Vermögensvorsorge

private financial planning

Zum Ausgleich für das auf Dauer relative Sinken der Renten aus der Sozialversicherungskasse wird durch das Altersvermögensgesetz die Möglichkeit geboten, eine kapitalgestützte private Altersvorsorge zunächst auf freiwilliger Basis aufzubauen. Der Aufbau dieser privaten Zusatzrente wird vom Staat gefördert. Der Arbeitnehmer kann danach in vier Schritten, von 2002 an bis zur Endausbaustufe im Jahr 2008, ein Altersvermögen durch entsprechende Einzahlungen aufbauen. Die Zahlungen erreichen im Jahre 2008 vier Prozent des Bruttogehalts des Arbeitnehmers bzw. höchsten der jeweiligen Beitragsbemessungsgrenze. In diesen vier Prozent sind staatliche Zuschüsse enthalten. Sie verdoppeln sich bei Verheirateten von 154 bzw. 308 Euro im Jahr und steigen pro Kind um jeweils weitere. 185 Euro an. Wer dennoch nicht soviel sparen will oder kann, hat die Möglichkeit, auch unterhalb der vier Prozent anzusparen. Er bekommt dann entsprechend weniger vom Staat. Alternativ besteht die Möglichkeit, die Zahlungen als Sonderausgaben bei der Einkommensteuer geltend zu machen. Dabei soll das Finanzamt verpflichtet werden, automatisch die für den Steuerzahler günstigere Version zu berücksichtigen. Die Beträge sind in der Ansparphase nicht zu versteuern. Im Gegenzug soll aber die spätere Zusatzrente in die Einkommensteuer einbezogen werden. Man spricht von einer nachgelagerten Versteuerung.

Die Anlageform für die geförderte private Vermögensvorsorge muss bestimmte Kriterien erfüllen, damit sie von der Bundesanstalt für Finanzdienstleistungsaufsicht (BAFin) ein Zertifikat erhält, das sie förderungsfähig macht. In Frage kommen vor allem Rentenversicherungsverträge mit Lebensversicherungsgesellschaften, Einzahlungen in Fonds, die bestimmte Garantien übernehmen, Pensionskassen, Einrichtungen der betrieblichen Altersvorsorge. Derzeit sind etwa 3.600 Finanzprodukte zertifiziert. Der erwartete Erfolg dieses neuen Altersvorsorgekonzeptes („Riesterrente") ist bisher nicht eingetreten. Obwohl auch die Immobilie ein hervorragendes Instrument für die Alterssicherung ist, wurde sie nur höchst unvollkommen berücksichtigt.

Privates Veräußerungsgeschäft

private sale

Seit Inkrafttreten des Steuerentlastungsgesetzes am 01.01.1999 werden Spekulationsgeschäfte als „Private Veräußerungsgeschäfte" bezeichnet.

Die Änderung in der Terminologie trägt der Tatsache Rechnung, dass durch die Ausweitung der so genannten Spekulationsfrist von zwei auf zehn Jahre bei Grundstücken von einer „Spekulation" nicht mehr gesprochen werden kann. Ein privates Veräußerungsgeschäft unterliegt also gemäß § 23 EStG der Besteuerung, wenn es in den zeitlichen Grenzen des § 23 EStG getätigt wird. Ein etwaiger Verlust kann bis zur Höhe eines Gewinns aus Veräußerungsgeschäften im gleichen Jahr verrechnet werden. Die Berechnung des Gewinns bei einem

privaten Veräußerungsgeschäft einer Immobilie erfolgt nach folgender Formel:
Veräußerungspreis minus veräußerungsbedingte Werbungskosten plus in Anspruch genommene AfA Ergebnis minus Anschaffungskosten plus Werbungskosten der Anschaffung
Als Zahlenbeispiel:
Veräußerungspreis: 500.000 Euro minus Werbungskosten der Veräußerung (z. B. Maklergebühr): 15.000 Euro plus in Anspruch genommene AfA: 60.000 Euro = 545.000 Euro
Hiervon werden die Anschaffungskosten abgezogen: 420.000 Euro + Werbungskosten der Anschaffung: 32.000 Euro = 452.000 Euro
Die Differenz von 545.000 und 452.000 Euro (93.000 Euro) ist zu versteuern.
Wird auf einem Grundstück innerhalb der Zehnjahresfrist ein Gebäude errichtet, ausgebaut oder erweitert, ist dies bei Berechnung des Spekulationsgewinns zu berücksichtigen.
Problematisch erscheint die Tatsache, dass die Zehnjahresfrist rückwirkend zu laufen beginnt. Der Bundesfinanzhof hatte in diesem Zusammenhang einen Unterschied zwischen einer echten Rückwirkung (verfassungsrechtlich bedenklich) und einer unechten Rückwirkung (auch im Lichte der Verfassung hinzunehmen) unterschieden (Az. IX B 90/00, Beschluss vom 05.03.2001). Der Fall führte zur Aussetzung der Vollziehung des Verwaltungsaktes (Festsetzung von Einkommensteuer und Solidaritätszuschlag) wegen schwerwiegender Zweifel an der Verfassungsmäßigkeit. Wenn in diesem Streitfall im Hauptsacheverfahren die Bedenken aufrechterhalten bleiben, wird sich das Bundesverfassungsgericht damit beschäftigen müssen. Zur Schonung des eigen genutzten Wohnraums gilt allerdings, dass die zwischen Anschaffung und Veräußerung ausschließlich zu eigenen Wohnzwecken genutzten Gebäude bzw. Gebäudeteile nicht von der Steuer erfasst werden. Dabei reicht es aus, dass das Gebäude im Jahr der Veräußerung und in den zwei vorhergegangenen Jahren zu eigenen Wohnzwecken genutzt wird. Hier kann es Abgrenzungsprobleme geben. Ein häusliches Arbeitszimmer dient z. B. nicht Wohnzwecken. Zu Wohnzwecken dient allerdings auch der hierfür erforderliche Anteil am Grundstück, nicht aber ein Garten oder weitere Grundstücksparzellen, die nicht unmittelbar der Wohnung zugerechnet werden können. Geht ein Grundstück innerhalb der Zehnjahresfrist im Wege der Erbfolge auf den Erben über, ist für die Berechnung der Zehnjahresfrist der Erwerbszeitpunkt des Erblassers maßgeblich.
Anschaffungs- und Veräußerungszeitpunkte sind die Tage des Abschlusses der notariellen Kaufverträge und nicht – wie sonst im Steuerrecht definiert – die Tage der Besitzübergänge. Hängt die Wirksamkeit des Vertrages von einer Genehmigung ab, ist der Tag der Genehmigung maßgeblich.
Siehe / Siehe auch: Private Vermögensverwaltung

Privathaushalt
private household

Unter Privathaushalt versteht man die in einer Wohnung zusammenlebende Gruppe von Menschen mit gemeinsamer konsumtiver Zwecksetzung. Die Haushaltführung obliegt dem Haushaltvorstand. Dies ist in der Regel diejenige Person, die für die Finanzierung des Haushaltes alleine oder überwiegend zuständig ist. Der Privathaushalt wurde auch als „Familienhaushalt" bezeichnet – von Einfamilienhaushalt bis zum Dreigenerationenhaushalt. Heute gibt es mehrere Typen von Haushalten. So wird grundsätzlich unterschieden zwischen Ein- und Mehrpersonenhaushalten, bei den Mehrpersonenhaushalten zwischen Familien- und Nichtfamilienhaushalten.Insgesamt gab es 2004 in Deutschland 39.122.000 Haushalte. 37,2 Prozent davon sind 1-Personenhaushalte gefolgt von 34,1 Prozent 2-Personenhaushalten 13,8 Prozent 3-Personenhaushalten 10,8 Prozent 4-Personenhaushalten und 4,0 Prozent. Haushalten mit 5 und mehr Personen. 22.350.000 Haushalte sind Familienhaushalte im weitesten Sinne (Eheleute und allein erziehende Väter und Mütter). 2.37.000 Haushalte bestehen aus nichtehelichen Lebensgemeinschaften. Neue Haushalte entstehen durch Haushaltsteilung (Haushaltsmitglied gründet eigenen Haushalt). Anlässe dazu sind Heiraten, Wegzug aus dem gemeinsamen Haushalt aus beruflichen oder anderen Gründen und zum Teil durch Ehescheidungen / Trennung von Lebensgefährten. Haushalte hören auf zu existieren durch den Tod (beim Einpersonenhaushalt) oder durch Umzug in einen Kollektivhaushalt, z.B. in ein Pflegeheim ohne eigene Wohnungen, in eine „Kommune" oder durch Einweisung in eine Anstalt oder ein Gefängnis, sofern dadurch ein bestehender Haushalt aufgelöst wird.Die Zahl der in Wohnungen lebenden Haushalte entspricht der Zahl der in der Vergangenheit insgesamt befriedigten Wohnungsnachfragen. Die Summe der innerhalb eines Gemeindegebietes umziehenden und in das Gemeindegebiet zuziehenden Haushalte in einem bestimmten Zeitraum entspricht der dort innerhalb dieses Zeitraums befriedigten Wohnungsnachfrage.

Da statistisch nicht die wandernden Haushalte, sondern die wandernde Bevölkerung erfasst wird, muss von der wandernden Bevölkerungszahl auf wandernde Haushaltszahlen umgerechnet werden.

Privatklage

private prosecution

Die Privatklage ist ein besonderes Verfahren nach der Strafprozessordnung. Nicht zu verwechseln mit der Zivilklage. Die strafrechtliche Privatklage zielt auf Bestrafung des Täters ab, nicht auf Schadenersatz. § 374 StPO nennt verschiedene Delikte, bei denen das Opfer ohne vorherige Anrufung der Staatsanwaltschaft Privatklage erheben darf. Die wichtigsten sind: Beleidigung, Bedrohung, Hausfriedensbruch, Körperverletzung, Verletzung des Briefgeheimnisses, Sachbeschädigung.

Der Staat bzw. die Staatsanwaltschaft verfolgt diese Delikte als so genannte Antragsdelikte nur auf besonderen Strafantrag des Bürgers hin. Auch dann findet eine Strafverfolgung durch die Staatsanwaltschaft nur statt, wenn diese in öffentlichem Interesse ist (Beispiel Sachbeschädigung: Ein Graffito an einer Hauswand ist uninteressant, außer für den Eigentümer, aber 5.000 Graffiti vom gleichen Urheber bedeuten öffentliches Interesse). Oft werden Ermittlungsverfahren in diesem Bereich wegen fehlendem öffentlichen Interesse an der Strafverfolgung eingestellt und das Opfer wird auf den Privatklageweg verwiesen. Das bedeutet: Das Opfer muss Privatklage beim Amtsgericht erheben, die Anklageseite selbst vertreten, selbst Beweise vorlegen. Die Staatsanwaltschaft wird in diesem Verfahren nicht aktiv. Ggf. verhängt der Richter eine Strafe nach dem Strafgesetzbuch. Diese Regelung ist bundeseinheitlich (§ 374 StPO). Der Zivilrechtsweg kann mit dem Ziel einer Schadenersatzzahlung zusätzlich beschritten werden – sinnvollerweise nach Abschluss des strafrechtlichen Verfahrens, da dann die Sachlage geklärt ist. Generell muss bei den genannten Delikten eine Schlichtung bzw. ein „Sühneversuch" durchgeführt werden, bevor ein Gerichtsverfahren eingeleitet werden kann.

Siehe / Siehe auch: Schiedsverfahren / Streitschlichtung

Privatvermögen (Steuerrecht)

private property / assets/ means; personal assets; individual / separate property (fiscal law)

Von Privatvermögen spricht man bei privatem Vermögen eines Steuerzahlers, das nicht betrieblichen Belangen dient und deshalb dem Betriebsvermögen auch nicht zugerechnet wird. Unter steuerlichen Gesichtspunkten hat Privatvermögen vor allem für Immobilienanleger Vorteile. Denn realisierte Gewinne beim Verkauf einer Immobilie im Privatvermögen sind außerhalb der Spekulationsfrist von zehn Jahren steuerfrei. Nach dem Steuerreformgesetz vom 14.07.2000 können private Anteilseigner an Kapitalgesellschaften ihre Beteiligungen nach Ablauf der Spekulationsfrist steuerfrei verkaufen, wenn sie nicht „wesentlich" beteiligt sind. Eine wesentliche Beteiligung wird ab dem Veranlagungszeitraum 2002 allerdings schon ab ein Prozent (vorher zehn Prozent) angenommen.

Siehe / Siehe auch: Halbeinkünfteverfahren, Privates Veräußerungsgeschäft

Problem-Frequenz-Relevanz-Analyse

problem frequency significance analysis

Sind auf die eine oder andere Weise Probleme oder Fehler festgestellt worden, so kann mit dieser Methode analysiert werden, wie häufig ein Problem auftritt und wie hoch dessen Relevanz in den Augen des Kunden ist. Fehler, die auftreten, werden in einer aus diesen beiden Achsen gebildeten Matrix positioniert. Auf diese Art und Weise kann sich das Immobilienunternehmen bewusst machen, welche Fehler überhaupt und wie oft auftreten und wie relevant diese für den Kunden sind.

Problemimmobilie

distressed property

Unter einer Problemimmobilie versteht man ein Immobilienobjekt, dessen Zustandsmerkmale – rechtliche Besonderheiten, Beschaffenheit oder auch Lage – Verwertungsprobleme aufwerfen. Um Problemimmobilien vermarkten und richtig bewerten zu können, ist eine genaue Objekt- und Lageanalyse erforderlich. Dies kann zu „Problemlösungsvorschlägen" führen, soweit die Probleme behebbar sind. Bei nicht behebbaren Problemen (z. B. ungünstige Lage mit starken Lärmimmissionen) muss eine Vermarktungsstrategie eingesetzt werden, die bewusst auf Interessenten abzielt, für die die Problemschwelle nicht hoch oder überhaupt nicht vorhanden ist. So ist es möglich, dass eine in unmittelbarer Bahnhofsnähe befindliche Wohnung für einen Interessenten in Frage kommt, der ein Eisenbahnfan ist, bei dem die Möglichkeit, Züge und Lokomotiven zu studieren, die Hemmschwelle Lärm aufhebt oder mindert.

Produkt-PR

Product PR

Unter Produkt-PR wird der Teil der Kommunikationsarbeit von Unternehmen verstanden, der sich mit den Produkten und seinen Leistungsmerkmalen beschäftigt. Es werden Eigenschaften, Nutzen und Mehrwerte von Produkten kommuniziert und diese in einen informativen, produktübergreifenden Zusammenhang zum Unternehmen gestellt.
Ziel ist es, für Bekanntheit der Produkte am Markt zu sorgen, ihre Profilierung voranzutreiben und für einen langfristigen Vertrauensaufbau beziehungsweise für ein positives Image zu sorgen. Zur Erreichung dieser Ziele werden PR-Instrumente wie Pressemitteilungen, Produktflyer und -broschüren eingesetzt oder Informationsveranstaltungen durchgeführt. Ergänzend kommen Instrumente aus der Werbung zum Einsatz, z. B. Werbeanzeigen, TV-Spots oder Werbebeiträge im Hörfunk. Die Qualität der Produkt-PR reicht von der sachlich-journalistischen Darstellung von Informationen bis hin zu werblich formulierten Texten und Botschaften.
Funktional und organisatorisch ist Produkt-PR in unternehmensinternen Stabstellen angesiedelt: im Bereich Marketing und Werbung oder in der Unternehmenskommunikation. Wichtige Zielgruppen der Produkt-PR sind B2B- Kunden, Journalisten oder Entscheidungsträger aus Verbänden und Politik. Darüber hinaus gelten auch B2C-Kunden oder die allgemeine Öffentlichkeit als Zielgruppe.
Siehe / Siehe auch: Public Relations, B to B / B2B, B to C / B2C

Produktberichte
product reports; product reviews

Im Vergleich zu den Pressemitteilungen konzentrieren sich Produktberichte fast ausschließlich auf die Darstellung und Beschreibung von Produkten, ihrer Funktionsweise und ihrem Nutzen. Sie sind zur Veröffentlichung in Fachmagazinen und auch auf der eigenen Homepage des Unternehmens gedacht. Sie sollen für die Bekanntheit des Produktes sorgen, seine Funktionsweise erläutern sowie Einsatzmöglichkeiten und Nutzen aus Sicht der Kunden darstellen.
Siehe / Siehe auch: Pressemitteilung

Produktionsstandorte
plant locations; places of production; production centres; productive bases; manufacturing plants

Unter Produktionsstandorten versteht man Standorte, die der Produktion in einem umfassenden volkswirtschaftlichen Sinne dienen. Es handelt sich also um Standorte, an denen Sach- und /oder Dienstleistungen für Dritte erzeugt werden. Hierzu zählen nicht nur die Standorte von Gewerbebetrieben, sondern auch von Freiberuflern wie Rechtsanwälte, Ärzte, Wirtschaftsprüfer aber auch Kreditinstituten, Hotels, Gastronomiebetriebe usw.. Der Entscheidung eines Nutzers für einen Produktionsstandort beruht in der Regel auf einer Standortkalkulation, bei der der Standortbeitrag zum Endprodukt des Nutzers erfasst wird.
Siehe / Siehe auch: Konsumstandorte, Lage

Produktlebenszyklen
product life cycles

Produktlebenszyklen spiegeln die Zeit wieder, in der eine Immobilie in einer bestimmten Nutzungsform wirtschaftlich betrieben werden kann. Es ist wichtig immer im Auge zu haben, in welchem Lebenszyklus-Abschnitt sich die einzelnen Immobilien-Objekttypen befinden. Bei der Betrachtung von Produktlebenszyklen lässt sich zwischen Einführungs-, Wachstums-, Reife-, Sättigungs- und schließlich Degenerationsphase, in der die wirtschaftliche Nutzung zu Ende geht, unterscheiden.

Produktpolitik
product policy

Die Produktpolitik (andere branchenspezifische Bezeichnungen: Sortimentspolitik, Leistungspolitik und beim Makler Objekt- bzw. Angebotspolitik) bildet die Basis für alle anderen Entscheidungen im Marketing-Mix. Grundsätzlich umfasst die Produktpolitik „die Gesamtheit aller Entscheidungen, die das Marktleistungsangebot eines Unternehmens betreffen. Versteht man das Produkt als ein Bündel Nutzen stiftender Eigenschaften, so beinhaltet die Produktpolitik sowohl die Gestaltung von Sach- als auch von Dienstleistungen.“ (Diez, W. 2000, Automobilmarketing)

Prognoserechnung
forecast

Initiatoren geschlossener Fonds erstellen für ihre Emissionsprospekte Prognoserechnungen, die die erwartete künftige Ergebnisentwicklung der Fondsgesellschaft und die sich daraus ergebende Rendite für die Anleger darstellen. Prognostiziert werden z. B. Ausschüttungen, Liquiditätsentwicklung und steuerliches Ergebnis.
Siehe / Siehe auch: Fondsinitiator, Leistungsbilanz, Immobilienfonds - Geschlossener Immobilienfonds

Progressionsvorbehalt

retention of progression; clause in double-taxation treaties under which income is still taken into account for progressive tax rate purposes

Beim Progressionsvorbehalt handelt es sich um eine steuerrechtliche Regelung. Sie beinhaltet, dass bestimmte Einkünfte, z. B. Arbeitslosengeld oder ausländische Einkünfte, zwar nicht besteuert, aber dennoch zur Ermittlung des individuellen Durchschnittssteuersatzes herangezogen werden. Derartige Regelungen sind in vielen Doppelbesteuerungsabkommen vereinbart.

Siehe / Siehe auch: Doppelbesteuerungsabkommen, Freistellungsmethode

Projekt

project

Nach DIN 69901 kennzeichnet ein Projekt ein definiertes Projektziel, die Einmaligkeit (Erstmaligkeit) des Projektes, das besondere Risiko wegen fehlender Erfahrungsgrundlagen, eine projektspezifische Organisation und die zeitliche und sachliche Begrenzung. Im Bereich der Immobilienwirtschaft, in der Bauprojekte verwirklicht werden, hat die Projektentwicklung wegen der Individualität vieler Baumaßnahmen (z. B. Entwicklung von Spezialimmobilien in einem einmaligen Umfeld) eine besondere Bedeutung. Bauträger sind insoweit Projektentwickler, als sie innovative Produkte am Markt platzieren. Soweit Projekte zum Standard und damit wiederholt verwirklicht werden, verlieren sie ihren Projektcharakter.

Projektcontrolling (Bauprojekte)

project controlling (construction projects)

Die Durchführung komplizierter Bauprojekte ist ohne effektives Projektcontrolling kaum denkbar. Zuständig sind hierfür im Wesentlichen die Projektsteuerer. Projektcontrolling umfasst die Planung, Steuerung (Koordination) und Kontrolle aller projektbezogenen Leistungen, die im Zusammenhang mit der Konzeption eines Bauprojekt und dessen Durchführung anfallen. Es gilt, Termineinhaltungen auf der Grundlage eines Bauzeitenplanes zu überwachen, die Kostenentwicklung auf der Grundlage einer Investitionsrechnung und des Investitionsbudgets zu steuern. Ein wesentliches Instrument hierfür ist die auftragsbezogene Kostenträgerrechnung. Zum Projektcontrolling gehört auch die permanente Beobachtung und Dokumentation des Zielerreichungsgrades. Projektcontrolling kann unternehmensintern als Stabstelle oder als Leistungspart des Projektmanagements angesiedelt sein. Die Alternative ist ein unternehmensexternes Projektcontrolling. Dieses hat den Vorteil, dass es nicht zu einer Überlappung von Controllingaufgaben mit dem zeitlich nicht begrenzten Unternehmenscontrolling kommt. Es ist streng projektbezogen ausgerichtet.

Siehe / Siehe auch: Baucontrolling, Controlling, Projekt, Projektentwickler, Projektmanagement (immobilienwirtschaftlich), Projektsteuerung

Projektentwickler

real estate developer; (project) developer; promoter

Projektentwickler sind Betreuer oder Unternehmer, die allein oder gemeinsam mit anderen für alle Untersuchungen, unternehmerischen Entscheidungen, Planungen und bauvorbereitenden Maßnahmen zuständig sind, soweit sie erforderlich und zweckmäßig sind, um eines oder mehrere Grundstücke dem Projektziel entsprechend zu bebauen oder eine sonstige Nutzung vorzubereiten. Dabei gibt es zwei Ansatzpunkte für die Entwicklung eines Projektes: Entweder es wird versucht, auf der Grundlage eines vorhandenen Grundstücks ein Projektziel zu definieren und deren Machbarkeit zu prüfen oder auf der Grundlage eines Projektzieles ein Grundstück zu suchen, das für die Zielerreichung geeignet ist. Der Projektentwickler muss in der Lage sein, auf der Grundlage einer Standort- und Marktanalyse, der Analyse des grundstückbezogenen Bau- und Bauplanungsrechts, der gegebenen grundstücksrechtlichen Fakten und unter Berücksichtigung steuerlicher Gesichtspunkte eine Entscheidungsgrundlage für die Durchführung des projektierten Vorhabens zu schaffen.

Siehe / Siehe auch: Projektentwicklung, Projektmanagement (immobilienwirtschaftlich)

Projektentwicklung

development

Unter Projektentwicklung versteht man im Immobilienbereich die Konzeption und Erstellung meist größerer Immobilienprojekte. Aufgabe der Projektentwicklung ist es eine sinnvollen Kombination der Faktoren Standort, Kapital und Projektidee zu entwickeln und diese auch zu realisieren. Das Projektmanagement muss daher neben Standortuntersuchungen und einer Vielzahl von unternehmerischen Entscheidungen in Bezug auf Planungen und Bauvorbereitung auch die Durchführung eines oder mehrere Bauvorhaben gewährleisten. Im Fondsbereich sind Projektentwicklungen risikoreicher

als Bestandsimmobilien. Der Bonität des Projektentwicklers und der Werthaltigkeit von Garantien kommt hier eine besondere Bedeutung zu.
Siehe / Siehe auch: Projektentwickler

Projektmanagement (immobilienwirtschaftlich)

project management (with regard to real estate management)

Das Projektmanagement umfasst die Wahrnehmung aller Führungsaufgaben im Rahmen der Projektrealisierung, insbesondere die verantwortliche Projektleitung (nicht delegierbare Entscheidungsbefugnisse) und die Projektsteuerung. (Wahrnehmung delegierbarer Bauherrenfunktionen bei komplexen Baumaßnahmen). Nach anderer Auffassung versteht man unter Projektmanagement schlicht Projektentwicklung und Projektsteuerung.
Siehe / Siehe auch: Projektentwicklung, Projektsteuerung

Projektsteuerung

project management/ scheduling

Die Projektsteuerung beschreibt einen besonderen Leistungsbereich im Zusammenhang mit der Entwicklung und Durchführung eines Bauprojektes. Es ist davon auszugehen, dass die Notwendigkeit des Einsatzes von Projektsteuerern mit zunehmender Komplexität wächst. Projektsteuerer sind Projektcontroller, deren Aufgabe darin besteht, den Bauherrn durch Übernahme seiner Funktionen zu entlasten, ohne indes selbst unternehmerische Entscheidungen zu treffen. Er bereitet sie nur vor.
Konkret geht es vor allem darum, durch Informations-, Beratungs-, Koordinations-, und Kontrollleistungen eine termingerechte und kostensparende Abwicklung der Baumaßnahme sicher zu stellen. Projektsteuerungsaufgaben werden auf der Grundlage eines Projektsteuerungsvertrages einem Architekten oder einem Projektsteuerer übertragen. Überwiegend wird der Projektsteuerungsvertrag als Werkvertrag interpretiert. Der Projektsteuerer begleitet das Bauvorhaben beginnend mit der Projektvorbereitung über die Planung, die Ausführungsvorbereitung, die Ausführung bis hin zum Projektabschluss. Wichtig dabei ist, dass die Leistungen des Projektsteuerers hinreichend definiert und in Bezug auf das besondere Bauvorhaben konkretisiert sind. Der Bauherr sollte hier durchaus die Notwendigkeit einzelner Leistungen kritisch hinterfragen. Honorare können frei vereinbart werden. Wird kein Honorar vereinbart, gelten die Leistungen, die der Projektsteuerung durch einen Architekten zuzuordnen sind, mit dem Architektenhonorar als abgegolten. Ansonsten sind Richtschnur für die Beurteilung übliche Honorare. Projektsteuerer sind im Deutschen Verband der Projektmanager (DVP) organisiert. Der Verband zählte im März 2006 163 Mitglieder und repräsentiert etwa 2 800 Fach- und Führungskräfte, die im Bereich des Objektmanagements im Bauwesen tätig sind.
Siehe / Siehe auch: Projektmanagement (immobilienwirtschaftlich)

Projektwerkstatt

- n.a. -

Siehe / Siehe auch: Atmendes Büro

Prokurist

authorised signatory; authorised representative; proxy; holder of a Prokura

Grundsätzlich bezieht sich die Vertretungsvollmacht eines Prokuristen auf alle Rechtsgeschäfte, die der Betrieb eines Gewerbes mit sich bringt. Er kann sogar die Branche des Gewerbebetriebes ändern. Grundstücke veräussern oder belasten darf der Prokurist für den Gewerbebetrieb jedoch ohne zusätzliche Vollmacht ausdrücklich nicht. Dabei bezieht sich diese Immobiliarklausel nur auf Geschäfte, deren unmittelbarer Gegenstand das Grundstück ist. Keiner besonderen Ermächtigung bedarf der Prokurist, wenn die Geschäfte, die er durchführen soll, nur mittelbar ein Grundstück betreffen, wie z.B. eine Verfügung über ein schon bestehendes Pfandrecht. Die Immobiliarklausel betrifft auch nicht den Erwerb von Grundstücken.

Property-Management

property management

Unter diesem Begriff werden die Tätigkeiten verstanden, die im deutschen Sprachgebrauch mit dem Begriff der Hausverwaltung umschrieben werden. Es handelt sich um die renditeorientierte Betreuung fremder Objekte. Man spricht auch von Objektbzw. Immobilienmanagement.
Siehe / Siehe auch: Hausverwalter, Immobilienmanagement

Prospekt

brochure; prospectus; leaflet

Im Prospekt wird ein Vorhaben beschrieben, das in der Zukunft durchgeführt werden soll. Da es sich also nicht um bestehende Objekte handelt, die beschrieben werden sollen und der Besichtigungskontrolle unterliegen, sondern um Projekte, die erst in Angriff genommen werden, gibt es für Prospekte

erhöhte Anforderungen an die Prospektinhalte. Im Immobilienbereich werden Prospekte vor allem für Bauvorhaben erstellt, mit denen Anleger angesprochen werden sollen. Der Prospektinhalt soll so dimensioniert sein, dass er dem Informationsbedarf des Anlegers Rechnung trägt. Zwar besteht zumindest im Bereich des sogenannten grauen Kapitalmarktes keine Prospektpflicht. Wenn aber Angaben im Prospekt gemacht werden, müssen sie so vollständig sein, dass kein unzutreffender Erwartungshorizont beim Anlegerpublikum entsteht. Dies gilt sowohl für Tatsachenangaben wie für Werturteile und Prognosen. Prospekte sollten von einem Wirtschaftsprüfer überprüft werden. Er stellt dann fest, ob der Prospekt die für die Entscheidung des Kapitalanlegers wesentlichen und nachprüfbaren Angaben vollständig und richtig enthält.
Siehe / Siehe auch: Prospekthaftung

Prospekthaftung

liability for statements made in a prospectus

Die Prospekthaftung bezieht sich auf Prospektangaben bei bestimmten Kapitalanlagen und bei Baumodellen. Haftbar gemacht werden können Initiatoren, Gründer und Gestalter einer Kapitalanlagegesellschaft. Diese müssen den Interessenten in den Verkaufsunterlagen über alle wichtigen Daten der Anlage informieren und ihn so in die Lage versetzen, das Risiko einer Investition richtig einschätzen zu können. Dazu zählt, dass alle wirtschaftlichen und insbesondere rechtlichen Verhältnisse des Investments offengelegt werden. Darüber hinaus dürfen auch die aktuelle Steuergesetzgebung sowie die Verwaltungspraxis nicht außer Acht gelassen werden. Für die Information gelten die Grundsätze der Prospektwahrheit und der Prospektklarheit. Das heißt: Die gemachten Angaben müssen vollständig und richtig sein. Wer einen finanziellen Schaden durch falsche oder fehlende Angaben des Prospektherausgebers erleidet, wird so gestellt, als hätte er überhaupt keinen Vertrag mit ihm abgeschlossen; vorausgesetzt, die Schadenersatzansprüche sind noch nicht verjährt. Die Verjährungsfrist für Verkaufsprospekte beträgt nach § 127 Investment-Gesetz regelmäßig ein Jahr ab Kenntnis und wird auf drei Jahre ab Veröffentlichung des Prospektes begrenzt.
Siehe / Siehe auch: Prospekt

Prostitution in Mietwohnung

prostitution in rented flats

Die Ausübung der Prostitution in einer Mietwohnung muss vom Vermieter nicht geduldet werden. Das Oberlandesgericht Frankfurt a. M. hat dies am 7.6.2004 in einem Urteil bestätigt (Az. 20 W 59/03). Im konkreten Fall war die gewerbliche Nutzung der Mietwohnung vertraglich ausgeschlossen worden. Das Gericht betonte, dass die häufigen „Kundenbesuche“ in der Wohnung eine erhebliche Belastung der Hausgemeinschaft mit sich brächten. In einem solchen Fall sei die Kündigung des Mietvertrages gerechtfertigt; konkrete Beeinträchtigungen der anderen Hausbewohner müssten nicht nachgewiesen werden. Andere Mieter im Haus können bei Ausübung der Prostitution in einer Nachbarwohnung 10 bis 30 Prozent Mietminderung geltend machen (z.B. 22 Prozent nach Amtsgericht Regensburg, 20.06.1990, Az. 3 C 1121/90 und 3 C 1146/90, WM 1990, S. 386). Dies setzt allerdings voraus, dass von der Tätigkeit konkrete Störungen oder Belästigungen ausgehen. Rein moralische oder religiöse Gründe gewähren keinen Anspruch gegen den Vermieter auf Unterbindung der Prostitution (BGH, Urteil vom 12.07.1985, Az: V ZR 172/84).

Seit 2001 ist die Ausübung der Prostitution nicht mehr generell sittenwidrig. Das Prostitutionsgesetz schreibt u.a. vor, dass für sexuelle Handlungen rechtswirksam ein Entgelt vereinbart werden kann. Im mietrechtlichen Bereich kann die nicht vom Vermieter erlaubte Ausübung der Prostitution trotzdem ein Kündigungsgrund sein. Auch Mietminderungen von Nachbarn sind weiterhin bei konkreten Beeinträchtigungen möglich. Trotz der genannten gesetzlichen Liberalisierung wird die Ausbeutung einer Prostituierten weiterhin als Zuhälterei mit empfindlichen Freiheitsstrafen geahndet. Die Vermietung einer Wohnung zu einem stark überhöhten Mietzins, der nur durch eine derartige Nutzung von der Mieterin erwirtschaftet werden kann, wird regelmäßig als „Ausbeutung“ anzusehen sein. Zivilrechtlich gesehen wäre in diesem Fall der Mietvertrag nichtig. Bisher war es gängige Rechtsprechung, dass sogenannte Wohnungsbordelle – also gewerblich arbeitende Bordellbetriebe mit mehreren Prostituierten – nach dem Bauordnungsrecht nicht in einem Mietshaus untergebracht werden durften, das sich nach dem Bebauungsplan in einem gemischten Gewerbe- und Wohngebiet befand. Das Berliner Verwaltungsgericht entschied am 5.5.2009 nach ausführlicher Beweisaufnahme und Ortsbegehung, dass ein sogenanntes Wohnungsbordell mit 25 Mitarbeiterinnen in einem solchen Gebiet nicht unzulässig war (Az. VG 19 A 91.07). Das Gericht hatte keine tatsächlichen Beeinträchtigungen des Wohnumfelds feststellen können, offenbar wussten viele Hausbewohner nicht einmal von dem

Bordellbetrieb. Im fraglichen Fall hatte es keine Sperrbezirksverordnung gegeben.
Siehe / Siehe auch: Beendigung eines Mietverhältnisses, Modellwohnung, Berufsausübung durch Mieter, Sperrbezirksverordnung

Provision (bei Zwangsversteigerung)
commission (for compulsory auctions/ forced sales)

Makler stehen oft vor der Situation, dass ein von ihnen zum Verkauf angebotenes Objekt hoch verschuldet ist, so dass mit einer Zwangsversteigerung zu rechnen ist. Die Situation verschärft sich, wenn im Grundbuch bereits ein Zwangsversteigerungsvermerk eingetragen ist. Kaufinteressenten werden in solchen Fällen nur dann zu Verkauf bereit sein, wenn der gebotene Kaufpreis ausreicht, die dinglich abgesicherten Forderungen zu befriedigen.
Um dies zu ermitteln, muss der Makler den effektiven Schuldenstand (Darlehens- und ausstehende Zins- / Tilgungsforderungen) ermitteln und mit den Gläubigern ein Moratorium (Stillhalteabkommen) gegenüber dem Schuldner herbeiführen. Weist der Makler solche Objekte nach, wird in der Regel mit den Käufern eine Provision für den Fall des käuflichen Erwerbes vereinbart. Oft wird in die Vereinbarung auch eine Provisionspflicht des Interessenten für den Fall des Erwerbs im Zwangsversteigerungsverfahren mit aufgenommen. Sofern eine solche zusätzliche Vereinbarung den Charakter einer „Allgemeinen Geschäftsbedingung" trägt, ist sie unwirksam. Es besteht jedoch die Möglichkeit, eine solche Provisionspflicht durch eine Individualvereinbarung zu erreichen. Zu diesem Ergebnis kam der BGH in seinem Urteil vom 20.01.1997 (III ZR 208/95).
Anders verhält es sich, wenn der Makler ein Objekt von vornherein nicht als Kaufgelegenheit sondern als „Zwangsversteigerungsobjekt" nachweist. Das gleiche gilt wenn der Makler bei einem zum Kauf nachgewiesenen Objekt den Interessenten über die Möglichkeit eines Erwerbs im Zwangsversteigerungsverfahren informiert und hierfür auf Anforderung des Interessenten die nötigen Unterlagen beschafft und das Verfahren begleitet. In diesem Fall ist zumindest bei einer wirtschaftlichen Gleichwertigkeit des Erwerbsergebnisses zwischen Zuschlag und den ursprünglichen Kaufbedingungen ein Ursachenzusammenhang und damit die Provisionspflicht zu bejahen.
Siehe / Siehe auch: Allgemeine Geschäftsbedingungen im Mietrecht, Zwangsversteigerung

Provisionsanspruch
accrued commission

Siehe / Siehe auch: Maklerprovision

Provisionsanspruch nach § 354 HGB
accrued commission in acc. with Section 354 of the German Commercial Code

Der Makler als Gewerbetreibender, der nicht im Handelsregister eingetragen ist, braucht als erste Voraussetzung für seinen Provisionsanspruch nach § 652 BGB einen Maklervertrag. Der Auftraggeber muss sich zumindest zur Zahlung der Provision verpflichtet haben. Sobald der Makler Kaufmann durch Eintragung in das Handelsregister ist, kann er sich auf § 354 HGB berufen. Nach dieser Vorschrift steht dem Kaufmann, der in Ausübung seines Handelsgewerbes einem anderen ein Geschäft besorgt oder Dienste leistet, auch ohne Vereinbarung die ortsübliche Provision zu. Die Vorschrift des § 354 HGB ist grundsätzlich auf den Makler anwendbar (vergleiche BGH RDM-Rspr. A 121 Bl.8).
Der Makler gibt auf seinem Geschäftspapier seine Eigenschaft als eingetragener Kaufmann (e. K.) mit Handelsregisternummer an. Wer sein Exposé erhält, weiß daher, dass der Makler Kaufmann ist. Der Makler muss nicht auf die Rechtsfolgen von Tatsachen hinweisen. Trotzdem darf er sich auf seine Kaufmannseigenschaft nicht einfach verlassen. Folgt man dem Wortlaut des § 354 HGB, brauchte der Makler im Exposé seine Provisionsforderung nicht mitzuteilen, da ein Maklervertrag nicht erforderlich ist. Die Mitteilung der Provisionsforderung macht dem Empfänger des Exposés klar, dass der Makler für ihn tätig werden will. Genau das verlangt die Vorschrift: Der Makler soll für den Kaufinteressenten „erkennbar" tätig werden. Grund: Der Kaufinteressent kann dies nicht ohne Weiteres erkennen, da der Makler in der Regel zunächst einen Auftrag vom Verkäufer erhält. Würde sich der Makler allein auf die Mitteilung seiner Provisionsforderung im Exposé verlassen, wäre die Situation nicht anders als die des Nichtkaufmanns. Der Interessent müsste dieses Angebot des Maklers zum Abschluss eines Maklervertrages durch entsprechende Handlungen annehmen. Andererseits hat § 354 HGB nicht die Bedeutung, dass der Makler einem anderen gegen dessen Willen seine Tätigkeit aufdrängen kann, mit der Folge, dass dieser Provision zahlen muss (vergleiche BGH WM 1963, 165,167). Ergebnis: Der Makler kann sich nur dann auf den gesetzlichen Provisionsanspruch des § 354 HGB berufen, wenn der Kunde sich zwar nicht zur Provisionszahlung verpflichtet hat aber damit einverstanden war und

gewusst hat, dass der Makler (auch) für ihn „das Geschäft besorgen will". Dies ist z.B. der Fall, wenn der Maklervertrag aus formalen Gründen unwirksam ist, (vergleiche Schwerdtner, Maklerrecht, Rdnr.150). Hat der Makler als Kaufmann dagegen vom Interessenten einen mündlichen oder schriftlichen Auftrag erhalten, für ihn ein Objekt zu suchen, so sollte der Makler in einem Begleitschreiben oder direkt im Exposé ausdrücklich darauf hinweisen, dass der Nachweis im Auftrag des Kunden erfolgt.

Siehe / Siehe auch: Provisionsanspruch nach § 652 BGB, Stillschweigender Maklervertrag

Provisionsanspruch nach § 652 BGB

entitlement to/accrued commission in accordance with Section 652 of the German Civil Code

Die Aufmerksamkeit des Maklers kann nicht allein dem Dienst am Kunden gelten, so wichtig dieser vor allem auf lange Sicht ist. Zunächst muss er, und zwar bei jedem Auftrag, den er hereinholt, auf die Sicherung seines Provisionsanspruchs achten. Er muss von Anfang an dafür sorgen, dass die Voraussetzungen des gesetzlichen Provisionsanspruchs vorliegen und notfalls beweisbar sind:

1. Maklervertrag
2. Maklerleistung
3. Hauptvertrag
4. Ursächlichkeit
5. Kenntnis der Maklertätigkeit

Zu 1) Der Maklervertrag ist die erste und schwierigste Hürde zum Erfolg. Viele zögern oder sträuben sich sogar, einen Vertrag zu unterschreiben, obwohl dies für sie Vorteile hätte, die ihnen der Makler leicht erklären kann. Dieser verlässt sich daher häufig auf den stillschweigenden Vertragsschluss. Ausgangspunkt ist die Provisionsforderung in der Anzeige oder im Exposé. Achtung: An dieser Stelle steht und fällt der Provisionsanspruch mit der Sicherung des Beweises.

Zu 2) Wird die Maklerleistung als Nachweis erbracht, kommt der Beweissicherung eine ebenso zentrale Bedeutung zu wie beim konkludenten Maklervertrag. Da oft mehrere Makler ein Objekt anbieten, ist es sehr leicht für den Interessenten sich auf Vorkenntnis zu berufen. Dies wird ihm durch die Rechtsprechung noch in der Hinsicht erleichtert, dass der Kunde auf seine Vorkenntnis nicht hinweisen muss, nicht einmal bei der Besichtigung.

Zu 3) Auf den Inhalt des Hauptvertrages hat der Makler dann Einfluss, wenn er von einer Seite mit der Vermittlung beauftragt wird und durch Beeinflussung der anderen Seite die Vorstellungen seines Auftraggebers in den Hauptvertrag einbringen kann. Stellt er dagegen fest, dass der Inhalt des Hauptvertrages erheblich vom Maklerauftrag abweicht, bleibt ihm nur der Versuch, den Maklervertrag nachträglich anzupassen.

Zu 4) Auf die Ursächlichkeit hat der Makler nur insofern Einfluss, als er versuchen muss, den Nachweis als Erster zu erbringen und den Beweis dafür zu sichern.

Zu 5) In bestimmten Fällen kann der Provisionsanspruch davon abhängen, dass der Auftraggeber über die Tätigkeit des Maklers vor Abschluss des Kaufvertrages informiert ist. Beim Nachweis ist das kein Problem: Beides fällt zwangsläufig zusammen. Anders kann es dagegen bei der Vermittlungstätigkeit sein. Ergreift der Makler die Initiative, und handelt er für den Käufer eine Herabsetzung des Kaufpreises aus, muss er danach im eigenen Interesse darüber informieren. Ist ein Nachweis nicht mehr möglich (z. B. wegen Vorkenntnis), so hängt der Anspruch des Maklers von erfolgreicher Vermittlung ab. Diese kann auch in der Veränderung des Kaufpreises zugunsten des Auftraggebers bestehen. Schließt der Käufer hiernach den Kaufvertrag ab, ohne dass er von der erfolgreichen Tätigkeit des Maklers erfährt, so kann er die anfallende Vermittlungsprovision nicht einkalkulieren. Im Einzelfall wird es darauf ankommen, wie hoch die Herabsetzung ist, ob sie den Provisionsbetrag übersteigt oder nur einen Bruchteil darstellt.

Fazit: Schweigen gegenüber dem eigenen Auftraggeber ist fast immer von Nachteil.

Provisionsklausel in notariellen Kaufverträgen

commission clause in sales contracts concluded by a notary public

Siehe / Siehe auch: Vertrag zu Gunsten Dritter (Provisionsabsicherung)

Provisionsoptimum

optimum commission

Im Maklergeschäft kommt es nicht nur auf die vereinbarte Provisionshöhe und die Maklervertragsbedingungen an. Wesentlich sind auch die Angebotsbedingungen, mit denen der Makler das zu veräußernde Objekt am Markt platziert. Zu hohe Preisansätze verlängern die Verkaufsbemühungen und erhöhen damit die Auftragsbearbeitungskosten progressiv. Zu niedrige Objektangebotsbedingungen sind in der Regel gegenüber dem Verkäufer nicht durchsetzbar. Das Provisionsoptimum stellt

sich als die Größe dar, bei der die Provisionseinnahme abzüglich der Auftragsbearbeitungskosten das Maximum erreicht. Dies ist nicht identisch mit der erzielbaren Maximalprovision.
Literaturhinweis: Sailer/Langemaack Kompendium für Immobilienberufe, Stuttgart, 2008, S. 259 f.

Provisionssysteme
commission system
Provisionen von Maklern sind erfolgsabhängige Vergütungen, die fällig werden, wenn es infolge der Tätigkeit des Maklers zwischen den vom ihm zusammengeführten Personen zu einem Vertragsabschluss kommt. Im Zweifelsfalle gelten die üblichen Provisionen als vereinbart. Es gibt in Deutschland allerdings kein einheitliches Provisionssystem. Der Marktzugang des Maklers erfolgt üblicherweise über die Objektakquisition. Trotz dieser Ausgangslage gibt es verschiedene Vereinbarungspraktiken. In der Regel werden von Maklern Alleinaufträge angestrebt. Auf dieser Grundlage werden im Wesentlichen drei verschiedene Provisionssysteme praktiziert:

- Die Provision bezahlt der Verkäufer
- Die Provision wird zwischen Verkäufer und Käufer aufgeteilt
- Die Provision wird auf den Käufer abgewälzt

Die Vereinbarungspraktiken sind teilweise regionaltypisch. So ist es in Berlin üblich, dass nur der Käufer die Provision bezahlt. In Bayern und Baden-Württemberg wird die Provision üblicherweise auf beide Parten aufgeteilt. Die Vereinbarung einer ausschließlichen Verkäuferprovision ist relativ selten anzutreffen. Aus der Perspektive der Vertragsökonomie ergeben sich aus diesen Provisionssystemen unterschiedliche Anreiz- bzw. Abwehrwirkungen. Dies gilt vor allem auch deshalb, weil bei der relativ geringen Anerkennung von Maklerleistungen in der Öffentlichkeit jedenfalls von dem opportunistisch eingestellten Teil der potenziellen Vertragspartner des Maklers Maklerprovisionen grundsätzlich in Frage gestellt werden. Analysiert man die Provisionssysteme hinsichtlich ihrer Rechtsrisiken und der mit ihnen verbundenen Erfolgsaussichten, schneidet die erste Vereinbarungspraxis am besten ab. Vereinbarte Verkäuferprovisionen sind relativ rechtssicher. Sie sind in der Regel Bestandteil von schriftlichen Maklerverträgen, die der Auftraggeber per Unterschrift akzeptiert. Die Vereinbarung ist nicht bestreitbar. Eine relativ hohe Erfolgsaussicht ergibt sich aus der Tatsache, dass dem Weg des Interessenten zum Maklerangebot kein „Provisionshindernis" im Wege steht, so dass das gegebene Marktpotenzial durch den Makler optimal erfasst werden kann. Die Übernahme der Gesamtprovision durch den Verkäufer liegt deshalb auch in dessen Interesse. In den Fällen der Provisionsaufteilung zwischen Verkäufer und Käufer ist der Provisionsanteil des Verkäufers rechtssicher. Der Käuferprovisionsanteil ist mit nicht zu unterschätzenden Rechtsrisiken behaftet, weil es oft schwierig ist, mit allen Interessenten, die vom Makler angesprochen werden, zu einer beweisbaren Provisionsvereinbarung zu gelangen. Im Fall des Bestreitens der Vereinbarung trägt die Beweislast der Makler. Ein weiteres Rechtsrisiko ergibt sich daraus, dass der Makler als Vermittler bei diesem Provisionssystem zu strenger Neutralität verpflichtet ist. Eine mögliche Verletzung dieser Neutralität (z. B. durch einseitige Beratung), kann zum Provisionsverlust führen. Außerdem ist damit zu rechnen, dass der Interessent auf dem Weg zum Makler das Provisionshindernis überwinden muss, was dazu führt, dass manche dieser Interessenten opportunistisch agieren und Wege suchen die Provisionslast abzuschütteln. Daraus ergibt sich, dass das zuletzt genannte Provisionssystem – Provision nur vom Käufer (trotz Auftrag vom Verkäufer) – im Ranking am schlechtesten abschneidet. Die Provisionsforderung steht und fällt mit dem Beweisantritt, dass der Interessent eine Provision versprochen hat. Die Übernahme der gesamten Provisionslast durch den Käufer schreckt manche Interessenten, die für das Objekt in Frage kämen, davon ab, mit dem Makler Kontakt aufzunehmen. Für sie ist es schwer nachvollziehbar, dass sie für die in ihren Augen als gering wahrnehmbare Maklerleistung eine sehr hohe Vergütung zahlen sollen. Dies führt verstärkt zu dem Versuch, die Provisionszahlung durch „hidden actions" zu umgehen. Aus der Marketingperspektive der Preispolitik des Maklers ist die Wahl des richtigen Provisionssystems jedenfalls einer der wichtigsten Erfolgsfaktoren.

Prozesskostenhilfe (Mietrecht)
(civil) legal aid (German law of tenancy)
Viele Mietstreitigkeiten enden vor Gericht. Nicht immer sind die Beteiligten jedoch in der Lage, das finanzielle Risiko des Verfahrens zu tragen. Auch eine Rechtsschutzversicherung ist nicht immer vorhanden. Für derartige Fälle gibt es die staatliche Prozesskostenhilfe (PKH). Diese übernimmt die Prozesskosten, also bei einem verlorenen Prozess die Gerichtskosten und den eigenen Anwalt. Die Kosten für den gegnerischen Anwalt werden nicht übernommen und sind vom Prozessverlierer immer selbst zu bezahlen.

Prozesskostenhilfe kann unter folgenden Voraussetzungen beantragt werden:

- der Antragsteller hat nicht die finanziellen Mittel für einen anstehenden Prozess,
- die Klage des Antragstellers hat Aussicht auf Erfolg,
- die Klage ist nicht mutwillig.

Der Antrag auf Prozesskostenhilfe ist beim zuständigen Amtsgericht vor dem Verfahren oder während des laufenden Verfahrens zu stellen. Der Antragsteller muss seine finanziellen Verhältnisse offenlegen.

Bei Überschreitung bestimmter Einkommensgrenzen wird keine Prozesskostenhilfe, sondern ein zinsloses Darlehen für die Prozesskosten gewährt. Bei allzu hohem Einkommen wird keinerlei staatliche Hilfe gewährt.

Prüffähige Honorarschlussrechnung

auditable/ verifiable final fee account

Die Vergütung des Architekten wird fällig, wenn er seine Leistungen vollständig erbracht hat und dem Bauherrn eine prüffähige Honorarschlussrechnung zur Verfügung stellt. Diese liegt vor, wenn die Rechnung aufgeschlüsselt und gegliedert ist. Der Bauherr muss ohne Schwierigkeiten erkennen können, ob die Rechnung sachlich und rechnerisch richtig ist.

Prüfung aus besonderem Anlass (gewerberechtlich)

investigation for a special reason (pertaining to trade and industry law)

Gewerbebetriebe, die für ihren Geschäftsbetrieb eine Erlaubnis nach § 34 c der Gewerbeordnung (GewO) bedürfen, müssen damit rechnen, dass die Gewerbebehörde hinsichtlich ihres Betriebes eine „Prüfung aus besonderem Anlass" anordnet. Dies gilt vor allem dann, wenn sich Beschwerden über den Betrieb beim zuständigen Gewerbeamt häufen und daraus zu schließen ist, dass der Betrieb nicht ordnungsgemäß geführt wird und gegen gewerberechtliche Vorschriften verstoßen wird. Das Gewerbeamt bestellt zu diesem Zweck einen geeigneten Prüfer, der die Prüfungshandlung auf Rechnung des zu Überprüfenden durchführt. Prüfungsgegenstand sind dann insbesondere die Bereiche im Rahmen der Gewerbevorschriften, auf die sich die etwaigen Beschwerden beziehen.

Siehe / Siehe auch: Pflichtprüfung (gewerberechtlich)

Prüfungsfrist Betriebskostenabrechnung

deadline for checking overhead cost account

Siehe / Siehe auch: Einwendungsfrist für Betriebskostenabrechnung

Pseudobeschluss

- n.a. -

Siehe / Siehe auch: Zitterbeschluss (Wohnungseigentümer-Versammlung)

Pseudomakler

pseudo estate agent

Im Bereich des Versicherungsgeschäfts gibt es Fälle, in denen sich Versicherungsvertreter als Versicherungsmakler bezeichnen. Während der Versicherungsmakler aus der Vielzahl der Angebote verschiedener Versicherungsgesellschaften das für den Kunden geeignetste heraussucht und zum Abschluss bringt (er vertritt die Interessen der Kunden gegenüber der Gesellschaft), ist der Pseudomakler für wenige Gesellschaften (aus meist unterschiedlichen Versicherungszweigen) tätig. Er kann wegen dieser Einschränkung Angebote nicht selektieren, sondern handelt wie ein Versicherungsvertreter.

Schließt der Kunde des Pseudomaklers einen Versicherungsvertrag zu Bedingungen ab, die ihn im Vergleich zu vorhandenen Angeboten anderer Versicherungsgesellschaften benachteiligen, haftet der Pseudomakler wie ein echter Versicherungsmakler.

Psychisch kranker Mieter

tenant who is mentally ill

Ist der Mieter oder ein mit in der Wohnung wohnender Angehöriger psychisch krank und selbstmordgefährdet, kann dies zu einer Verlängerung der Räumungsfrist führen. Der Bundesgerichtshof entschied 2005 einen Fall, in dem es wegen Mietschulden zu Kündigung und Räumungsverfahren gekommen war (Az. I ZB 10/05).

Die Richter gestanden dem Mieter auf Grund der psychischen Erkrankung seines Vaters zwar einen Räumungsaufschub zu. Sie betonten aber, dass der Mieter eine Mitwirkungspflicht habe. Er müsse sich nach dem Aufschub intensiv um eine neue Wohnung kümmern. Der erkrankte Angehörige dürfe sich einer Behandlung – gegebenenfalls auch stationär – nicht verweigern. Es sei eine sorgfältige Abwägung der Rechte der Beteiligten vorzunehmen. Auch im Falle einer Suizidgefahr dürfe das grundgesetzlich garantierte Recht des Vermieters an seinem Eigentum nicht vernachlässigt werden. Gerichte müssen nach dem BGH bei Anordnung

einer Zwangsräumung in einem solchen Fall Auflagen treffen, um einer Gesundheitsgefährdung des Mieters möglichst vorzubeugen (z. B. Anwesenheit eines Amtsarztes).
Der Bundesgerichtshof wies im Fall einer psychisch kranken 77jährigen Mieterin eine Räumungsklage ab. Der Frau war gekündigt worden, nachdem sich andere Mieter über wiederholte nächtliche Lärmbelästigungen beschwert hatten. Sie hatte auf Abmahnungen nicht reagiert. Der BGH betonte, dass bei der Missachtung von Abmahnungen zwar grundsätzlich auch bei unverschuldetem Fehlverhalten eine außerordentliche Kündigung zulässig sei. Dies sei aber anders, wenn – wie hier – im Falle der Räumung konkrete Lebensgefahr bestünde (BGH, Urteil vom 08.12.2004, Az. VIII ZR 218/03, Urteil vom 08.12.2004).
Siehe / Siehe auch: Räumungsfrist, Räumung (Mietwohnung)

Public Private Partnership (PPP)

Public Private Partnership (PPP)

PPP oder ÖPP (Öffentlich Private Partnerschaft) bedeutet die Teil-Privatisierung öffentlicher Bauaufgaben oder anderer Projekte, mit dem Ziel die Effizienz dieser Maßnahmen zu verbessern und den Nutzen für den öffentlichen Nutzer zu erhöhen.
In einem PPP Projekt erwirbt ein privater Investor Eigentum Grund und Boden mit den ggf. öffentlich genutzten vorhandenen Gebäuden. Statt des Erwerbs von Eigentum ist auch die Überlassung in Form von Erbpacht möglich. Der private Investor führt die Baumaßnahmen mit eigenem Projektmanagement aus. Nach Fertigstellung mietet oder least der Nutzer das Gebäude zurück. Am Ende des langfristigen Mietverhältnisses kann dem Nutzer eine Option auf Verlängerung oder eine Kaufoption eingeräumt werden oder das Gebäude wird an den privaten Investor zurückgegeben.
Juristisch betrachtet ist PPP ein Miet- oder Pachtvertrag. Für die öffentliche Hand wirkt PPP wie ein Kredit, der im Haushalt berücksichtigt werden muss und auf die Kreditlinie angerechnet wird.
Über die Finanzierung hinaus ist eine PPP die langfristig vertraglich geregelte Zusammenarbeit zwischen öffentlicher Hand und Privatwirtschaft, bei der die Partner die erforderlichen Ressourcen (z. B. Know-how, Betriebsmittel, Kapital, Personal etc.) zum gegenseitigen Nutzen in einen gemeinsamen Organisationszusammenhang einstellen und vorhandene Projektrisiken entsprechend der Risikomanagementkompetenz der Projektpartner optimal verteilen.
Ein Business Improvement District (BID) ist ein typisches Beispiel einer Öffentlich-Privaten Partnerschaft (PPP).
Siehe / Siehe auch: Business Improvement District (BID)

Public Real Estate Management

public real estate management

Ähnlich wie bei den privaten Gesellschaften, die über umfangreichen Grundbesitz verfügen, ist auch in der Liegenschaftsverwaltung der Gebietskörperschaften zunehmend ein „Immobilienbewusstsein" eingekehrt, das sporadisch bereits zu einem Public Real Estate Management (PREM) geführt hat. In Zeiten knapper Haushalte entsteht ein zunehmender Zwang zur Nutzung oder Verwertung von bisher ungenutzten öffentlichen Liegenschaften, zur Kostensenkung, sinnvollen Bewirtschaftung und auch zur Optimierung der Ertragspotentiale. Die Problemfelder mit denen es PREM zu tun bekommt, liegen im Bereich der fehlenden Organisation zur Erfassung von Bewirtschaftungskosten, einer dezentralen Verwaltungsstruktur mit fehlender Datengrundlage und der Schwierigkeit, langfristig (über die kommenden Haushaltjahre hinaus) zu planen.
Ähnlich wie beim Corporate Real Estate Management setzt PREM an bei einer Bestandaufnahme der vorhandenen Liegenschaften, wobei eine Analyse der Arbeitsplatzstruktur und der Arbeitsabläufe in diesen Gebäuden mit einbezogen wird. Daraus wird ein Optimierungskonzept entwickelt, wobei zwischen notwendigen und nicht notwendigen Liegenschaften unterschieden wird. Im Gefolge der Umsetzung des Konzepts kommt es zu einer Flächenoptimierung unter Berücksichtigung der Betriebsabläufe und der Verwertung nicht notwendiger Liegenschaften.
Siehe / Siehe auch: Corporate Real Estate Management (CREM)

Public Relations

public relations

Public Relations (PR) bezeichnet die Öffentlichkeitsarbeit von Unternehmen. Sie hat zum Ziel, relevante Interessens-, Bezugs- oder Anspruchsgruppen (auch Zielgruppen genannt) über das Unternehmen und seine Dienstleistungen zu informieren, Bekanntheit aufzubauen, Vertrauen zu schaffen, Präferenzen zu erzeugen und ein positives Image zu erlangen. Dies wird über unterschiedliche PR-Maßnahmen und PR-Instrumente erreicht. Der Einsatz von Öffentlichkeitsarbeit ist für alle Branchen der Immobilienwirtschaft sinnvoll und realisierbar.

Sie wird bislang überwiegend von Wohnungsunternehmen, Maklern, Software- und Beratungshäusern betrieben. Die Öffentlichkeitsarbeit gilt in der Kommunikationswissenschaft als strategisches Managementinstrument, das Unternehmen bei der Realisierung ihrer angestrebten Unternehmensziele unterstützt.
Siehe / Siehe auch: PR-Maßnahmen, PR-Instrumente

Public-Private-Partnership-Gesellschaft (PPP-Gesellschaft)
public-private partnership company (PPP company)

Hinter dem Begriff der Public-Private-Partnership verbergen sich Formen der Zusammenarbeit zwischen einer Gebietskörperschaft (z. B. einer Gemeinde) und privaten Unternehmen und Freiberuflern bei der Bewältigung von Aufgaben, die in öffentlichem Interesse liegen. Es kann sich um Entwicklungsmaßnahmen (Autobahnbau, Bau von Flughäfen, Kraftwerken, Kultureinrichtungen oder Maßnahmen der Sanierung und Revitalisierung öffentlicher Gebäude der unterschiedlichsten Zwecksetzung handeln. Im Bereich der Bauwirtschaft haben sich verschiedene PPP-Modelle entwickelt. Hierzu zählen Finanzierungsmodelle (Immobilienleasing, Mietkauf) und vor allem Organisationsmodelle, insbesondere Betreibermodelle und Kooperationsmodelle. Public-Private-Partnership-Gesellschaften sind der strategische Anker von Kooperationsmodellen. Sie zeichnen sich dadurch aus, dass die Gebietskörperschaft daran mehrheitlich gegenüber dem privaten PPP-Konsortium vertreten ist. Der letztlich bestimmende Einfluss der Gebietskörperschaft kann auch durch Stimmrechtsregelungen erreicht werden. Die auch als Besitzergesellschaft oder Projektgesellschaft bezeichnete PPP-Gesellschaft, die die Planung, Auftragsvergabe, Errichtung und Finanzierung des Projektes übernimmt, schließt für die Zeit nach der Fertigstellung mit einer Betreibergesellschaft einen Betriebsführungs- und Pachtvertrag. Die Betreibergesellschaft deckt aus den von ihr vereinnahmten Nutzungsentgelten ihre Kosten und zahlt daraus die Pacht an die Besitzergesellschaft. Der Vorteil der PPP-Gesellschaft für die Gebietskörperschaft gegenüber einem reinen Betreibermodell (ohne Besitzergesellschaft) besteht darin, dass sie durch ihre Beteiligung an der Gesellschaft einen unmittelbaren Gestaltungs- und Kontrolleinfluss geltend machen kann. Beim Betreibermodell sorgt hierfür ein externes eigens installiertes Aufsichtsgremium.
Siehe / Siehe auch: Public Private Partnership (PPP), Wettbewerblicher Dialog (Vergaberecht)

Push- und Pull-Strategien
push-and-pull strategies

Beim Marketing kann man grundsätzlich zwischen Push- und Pull-Strategien unterscheiden. Bei Push-Strategien wird ein Produkt, etwa eine Eigentumswohnungsanlage, errichtet bzw. eine bestimmte Facility Dienstleistung kreiert und anschließend wird mit mehr oder weniger intensiven Marketing-Bemühungen versucht, die einzelnen Wohneinheiten abzusetzen, also in den Markt zu „pushen".
Bei Pull-Strategien wird genau der umgekehrte Ansatz gewählt; es findet eine umfassende Analyse der Kundenbedürfnisse statt. Hierauf aufbauend werden entsprechende Produkte und Dienstleistungen entwickelt. Dies ist etwa bei Bauträgern denkbar, die Grundstücke erwerben und diese dann entsprechend den Wünschen ihrer Kunden maßgeschneidert bebauen.

Quadermauerwerk

ashlar stone work; ashlaring; ashlar

Das Quadermauerwerk besteht aus allseitig bearbeiteten, quaderförmigen Steinen. Dabei kann es sich um künstliche Steine, zum Beispiel Ziegel oder Klinker, aber auch um entsprechend behauene Natursteine handeln. Lager- und Stoßfugen erstrecken sich über die gesamte Mauertiefe. Die Höhen der einander abwechselnden Läufer- und Binderschichten können von Schicht zu Schicht variieren, sind jedoch innerhalb einer Schicht über die gesamte Länge der Mauer gleich.

Siehe / Siehe auch: Bruchsteinmauerwerk, Schichtmauerwerk, Trockenmauerwerk, Zyklopenmauerwerk

Quadruple Play

quadruple play

Quadrupel Play oder Quad Play bezeichnet eine Variante des Breitbandkabel-Anschlusses. Dabei werden Fernsehen, Internet- und Festnetz-Telefonanschluss von einem einzigen Anbieter und über ein einziges Kabel angeboten. Diesem meist als Triple Play bezeichneten Leistungspaket wird dann noch ein Mobilfunkangebot – oft mit einer Flatrate – hinzugefügt. Positiv ist, dass hier nun alle Dienstleistungen der Kommunikation aus einer Hand bezogen werden können. Der Kunde bekommt nur noch eine Rechnung und hat nur noch einen Ansprechpartner bei Problemen. Trotzdem wird Quadruple Play von den Kunden in Deutschland bisher zurückhaltend angenommen. Oft bringen die Angebote in Punkto Preis/Leistung keine echten Verbesserungen. Im Gegensatz zum Triple Play findet beim Quadruple Play auch keine technische Vereinfachung statt; hier handelt es sich lediglich um ein Marketingkonzept. Für den Anbieter ist dessen Umsetzung mit der Schwierigkeit verbunden, dass eine Kooperation mit anderen Unternehmen oder Tochterunternehmen innerhalb eines Konzern erforderlich wird – etwa zwischen einem Pay-TV- und einem Mobilfunk-Anbieter. Diese Zusammenarbeit verursacht Kosten und muss zunächst effektiv organisiert werden.

Siehe / Siehe auch: Breitbandkabel, Triple Play

Qualifizierte Einrichtungen

qualified bodies/entities

Nach dem Gesetz über Unterlassungsklagen bei Verbraucherrechts und anderen Verstößen (UKlaG) handelt es sich bei qualifizierten Einrichtungen um Institutionen, die ein Verbandsklagerecht haben. Dies ermöglicht ihnen Unterlassungs- und Widerrufsansprüche auf dem Gerichtswege gegen Personen durchzusetzen, die in Allgemeinen Geschäftsbedingungen Bestimmungen verwenden oder für den rechtsgeschäftlichen Verkehr empfehlen, die nach den §§ 307 bis 309 des Bürgerlichen Gesetzbuchs unwirksam sind. Das Verbandsklagerecht bezieht sich nach § 8 UWG auch auf Wettbewerbsverstöße.

Die Unterlassungsansprüche können sich zudem auf alle anderen verbraucherschutzgesetz-widrige Praktiken beziehen, die in §2 UKlaG aufgeführt sind. Qualifizierte Einrichtungen müssen in einer Liste eingetragen sein, die jährlich einmal mit dem Stand zum 1. Januar der Kommission der Europäischen Gemeinschaften zuzuleiten ist. Die Eintragung erfolgt durch das Bundesamt für Justiz in Bonn. Bei den qualifizierten Einrichtungen muss es sich um rechtsfähige Verbände handeln, die Verbraucherinteressen vertreten, Verbraucher beraten und über mindestens 75 Mitglieder verfügen. Die Liste qualifizierter Einrichtungen ist aus dem Internet abrufbar: www.bundesjustizamt.de. Aktuell zählen hierzu die deutschen Verbraucherzentralen, der Deutsche Mieterbund und die meisten Mietervereine, aber z.B. auch der ADAC. Verbandsklagebefugnis haben neben qualifizierten Einrichtungen auch rechtsfähige Verbände zur Förderung gewerblicher oder selbständiger beruflicher Interessen, die nach ihrer personellen, sachlichen und finanziellen Ausstattung imstande sind, diese Aufgaben zu erfüllen. Im Immobilienbereich zählen hierzu der Immobilienverband Deutschland (IVD), die Verwalterverbände, der GdW Bundesverband deutscher Wohnungs- und Immobilienunternehmen e.V. und der Bundesverband freier Immobilien- und Wohnungsunternehmen e.V. Ferner sind alle Industrie- und Handelskammern sowie Handwerkskammern klagebefugt.

Siehe / Siehe auch: Wettbewerbsrecht

Qualifizierter Alleinauftrag

qualified exclusive listing / sole right to sell or rent

Der normale Makleralleinauftrag ist in der Praxis oft nicht viel mehr „wert“ als der einfache Maklervertrag. Der wesentliche Unterschied besteht darin, dass der Auftraggeber während der Vertragsdauer keine anderen Makler einschalten darf. Dafür ist der Makler verpflichtet, Tätigkeit zu entfalten, was mit einem erhöhten Kostenaufwand verbunden ist. Auf der anderen Seite bleibt der Auftraggeber berechtigt, den Hauptvertrag mit selbst gefundenen Interessenten abzuschließen. Dazu darf er selbst

Interessenten suchen und sein Objekt in den Medien anbieten. Mancher Makler findet daher in der Zeitung neben seiner eigenen Anzeige die des Auftraggebers. Die Makler haben versucht, dieses Problem mit Hilfe ihrer Allgemeinen Geschäftsbedingungen zu lösen. Der Verkäufer soll dadurch verpflichtet werden, jeden Interessenten an den beauftragten Makler zu verweisen (Verweisungsklausel) oder diesen wenigstens zu den Verhandlungen hinzuzuziehen (Hinzuziehungsklausel). Durch die erste Bestimmung soll der Makler, falls der Interessent, der nicht sein eigener Kunde sein muss, dem Verkäufer seine persönlichen Daten noch nicht genannt hat, die Nachweisleistung erbringen, wenigstens aber vermitteln. Die zweite Klausel geht davon aus, dass die Verhandlungen zwischen dem Verkäufer und dem Kaufinteressenten schon begonnen haben. Hier soll der Makler noch vermittelnd eingreifen dürfen. Beide AGB-Klauseln sind vom Bundesgerichtshof für unwirksam erklärt worden. Dies ergibt sich aus § 307 BGB: Sie weichen zum Nachteil des Kunden vom Kerngehalt des Maklerrechts ab, dem Prinzip der Abschlussfreiheit, das auch den Alleinauftrag beherrscht. Die einzige Möglichkeit, den Verkaufsauftraggeber fester an den Makler zu binden, bietet daher der Qualifizierte Alleinauftrag. Er kann wegen des oben Gesagten, nur als Individualvereinbarung geschlossen werden. Durch diesen Vertrag kann der Verkäufer nicht nur zur Hinzuziehung bzw. Verweisung verpflichtet werden. Ihm kann darüber hinaus untersagt werden, Eigengeschäfte vorzunehmen, d.h. ohne Einwilligung und Mitwirkung des Maklers einen Hauptvertrag abzuschließen (vgl. OLG Zweibrücken RDM-Rspr. A 101 Bl.5). Durch die genannten Bestimmungen wird der Kunde in der geschilderten Weise verpflichtet. Verletzt eine Vertragspartei ihre Pflichten, gibt dies dem anderen Teil einen Schadensersatzanspruch, der allerdings dem Makler nur den entstandenen Aufwand ersetzt, aber keinesfalls die Höhe der Provision erreicht. Eine Individualvereinbarung zu schließen, ist für den Makler, der Unternehmer gemäß § 14 BGB ist, äußerst schwierig. Schließt er mit einem Privatkunden ab, und das ist auch der Unternehmer, der eine Villa zum privaten Gebrauch sucht, so ist dieser Verbraucher i.S.d. § 13 BGB. Der Maklervertrag ist Verbrauchervertrag gemäß § 310 Abs.3 BGB. Danach finden die Kontrollbestimmungen der §§ 307 bis 309 BGB auf vorformulierte Bestimmungen auch dann Anwendung, wenn diese nur zur einmaligen Verwendung bestimmt sind und wenn der Verbraucher wegen der Vorformulierung ihren Inhalt nicht beeinflussen konnte. Es ergibt sich hier also dasselbe Problem wie bei der Umgestaltung einer AGB-Klausel in eine Individualvereinbarung durch Aushandeln. Durch die Formel „Aushandeln ist mehr als Verhandeln“, hat der BGH klar gemacht, dass die einfache Zustimmung des Kunden zu der betroffenen Bestimmung nicht genügt. Es ist eine für den objektiven Beobachter überzeugende Begründung erforderlich, warum der Kunde mit der an sich unwirksamen Bestimmung einverstanden sein soll. Ein Anhaltspunkt hierfür sind Vorteile, die der Makler als der Verwender zugestanden hat. Sind diese Vorteile zu geringfügig, werden sie von der Rechtsprechung nicht anerkannt. Beispiel: Eine AGB-Klausel verpflichtet den Verkäufer zur Zahlung von Provision auch für den Fall, dass er von seiner Kaufabsicht Abstand nimmt. Diese Klausel ist wegen Verletzung des Prinzips der Abschlussfreiheit und des Erfolgsprinzips unwirksam. Durch Veränderung dieser Klausel dahingehend, dass der Makler auf die Mehrwertsteuer verzichtet, war nach Meinung des BGH eine Individualvereinbarung nicht entstanden.

Die Entscheidung des Auftraggebers, dem Makler einen qualifizierten Alleinauftrag zu erteilen, wird umso eher dann zu erwarten sein, wenn wegen der vorhersehbaren Schwierigkeit der Veräußerung der Verkäufer zu der Einsicht gelangt, dass er selbst diesen Verkauf nicht bewerkstelligen kann und daher einen Makler damit beauftragt und ihm bewusst die alleinigen Verhandlungen überlässt. Diese Voraussetzungen sollten in einem schriftlichen Vertrag detailliert niedergelegt werden. Wird eine Laufzeit von mehr als einem Jahr vereinbart, spricht man vom „Vertrauensmakler“.

Siehe / Siehe auch: Alleinauftrag, Allgemeine Geschäftsbedingungen (AGB)

Qualifizierter Bebauungsplan

qualified development plan, i.e. including certain minimum requirements

Siehe / Siehe auch: Bebauungsplan

Qualifizierter Mehrheitsbeschluss

extraordinary resolution

Die Wohnungseigentümer entscheiden über Angelegenheiten der Verwaltung des gemeinschaftlichen Eigentums in der Wohnungseigentümer-Versammlung durch Beschluss. In Angelegenheiten der ordnungsgemäßen Verwaltung und des ordnungsgemäßen Gebrauchs reicht dazu die einfache Mehrheit der in der beschlussfähigen Versammlung anwesenden und vertretenen Wohnungseigentümer. Etwas anderes gilt dann, wenn nach dem Gesetz

oder nach einer Vereinbarung andere Mehrheiten erforderlich sind. So ist beispielsweise gemäß § 16 Abs. 4 WEG für eine von § 16 Abs. 2 WEG abweichende Kostenverteilung bei Instandhaltungs- und Instandsetzungsmaßnahmen sowie bei baulichen Veränderungen und Modernisierungsmaßnahmen eine qualifizierte Mehrheit, und zwar eine doppelt qualifizierte Mehrheit erforderlich. Das bedeutet, dass in diesem Fall eine Dreiviertel-Mehrheit nach Köpfen erforderlich ist, die zusätzlich mehr als die Hälfte der Miteigentumsanteile vertreten. Ebenso kann durch Vereinbarung geregelt werden, dass bauliche Veränderungen grundsätzlich mit einer Zweidrittel-Mehrheit beschlossen werden können.
Siehe / Siehe auch: Beschluss (Wohnungseigentümer), Mehrheitsbeschluss

Qualitätsmanagement

total quality management (TQM)

Qualitätsmanagement bezeichnet die Gesamtheit von Merkmalen bezüglich ihrer Eignung, um festgelegte und vorausgesetzte Erfordernisse eines Unternehmens zu erfüllen: die Forderung des Kunden (Kundenzufriedenheit) und interne Anforderungen. Dies kann nur erfolgen, wenn den Mitarbeitern bewusst ist, dass sämtliche Bemühungen darauf ausgerichtet werden müssen, eine Übereinstimmung mit den Kundenerwartungen und des Produktes zu erzielen, damit Produkte entstehen können, welche die Käufer / Kunden zufrieden stellen.

Quorum

quorum

Damit eine Wohnungseigentümer-Versammlung wirksame Beschlüsse fassen kann, muss sie beschlussfähig sein. Das bedeutet, dass eine bestimmte Anzahl von Wohnungseigentümern in der Versammlung anwesend oder vertreten sein muss. Danach ist gemäß § 25 Abs. 3 WEG die Wohnungseigentümer-Versammlung erst dann beschlussfähig, wenn die erschienenen stimmberechtigten Wohnungseigentümer mehr als die Hälfte der Miteigentumsanteile, berechnet nach der im Grundbuch eingetragenen Größe dieser Anteile, vertreten, also das so genannte Quorum (für die Beschlussfähigkeit eines Gremiums erforderliche Anzahl von Mitgliedern) erreicht ist. Durch Vereinbarung kann allerdings vom gesetzlichen Quorum abgewichen werden, so dass auch in der Gemeinschaftsordnung eine Regelung getroffen werden kann, wonach die Versammlung grundsätzlich mit den erschienenen und vertretenen Wohnungseigentümern beschlussfähig ist, unabhängig von der Größe der durch die anwesenden Eigentümer repräsentierten Miteigentumsanteile.
Siehe / Siehe auch: Mehrheitsbeschluss, Negativbeschluss

Quotenabgeltungsklausel

general release clause for quotas

Siehe / Siehe auch: Abgeltungsklausel

Rabitzwand

wire fabric wall; Rabitz plaster fabric wall

Die Rabitzwand ist eine nach ihrem Erfinder benannte Drahtputzwand, die als besonders feuerfest galt. Auf ein an kreuzweise verlegten Rundstählen befestigtes Geflecht aus verzinktem Stahldraht wurde ein Putzmörtel aus einem Gips-Kalk-Gemisch aufgebracht. Als weitere Bestandteile dieses Putzmörtels fanden Sand, Kälber- oder Rehhaare, Werg sowie zum Teil auch Leim oder Tonerde Verwendung.

Siehe / Siehe auch: Drahtputzwand, Scheidewand, Trennwand

Radiator

radiator

Als Radiator wird ein Körper bezeichnet, der in der Regel aus einem wärmeleitfähigen Material besteht und so gestaltet ist, dass er eine große Oberfläche aufweist. Radiatoren dienen zur Übertragung von Wärme aus einem in ein anderes Medium. Sie werden als Heizkörper aber auch als Kühlkörper eingesetzt. Bei so genannten passiven Radiatoren erfolgt die Wärmeübertragung vorwiegend durch Konvektion; Beispiele dafür sind die herkömmlichen Rippenheizkörper. Für ihren Betrieb ist keine zusätzliche Energie erforderlich, zudem arbeiten sie geräuschlos. So genannte aktive Radiatoren verfügen über einen Ventilator, was bei gleicher Heiz- oder Kühlleistung eine kleinere Dimensionierung im Vergleich zu einem passiven Radiator ermöglicht. Nachteile sind der zusätzliche Energiebedarf sowie die Geräusch- und ggf. auch Vibrationsbelastung.

Siehe / Siehe auch: Heizkörper

Radon

radon

Ein in der Natur vorkommendes radioaktives Edelgas, das Lungenkrebs verursacht. In bestimmten Gegenden Deutschlands tritt Radon in erhöhtem Maße aus dem Erdboden aus und kann durch schlecht gedämmte Fundamente und Kellerwände in Häuser und Wohnungen eintreten. Auch bestimmte Baustoffe (u.a. Basalt, Tuff, Granit) können das Gas absondern. Das Bundesamt für Strahlenschutz (BfS) hat eine Karte erstellt, die die Höhe der Belastung bundesweit wiedergibt. Wenig betroffen ist danach die norddeutsche Tiefebene (Ausnahme Ostseeküste); höher belastet sind Eifel, Erzgebirge, Fichtelgebirge, Schwarzwald, Bayerischer Wald. Das Radon-Handbuch-Deutschland des BfS gibt Informationen auch zu Schutzmaßnahmen. Je nach Strahlenbelastung der Bodenluft hat das Bundesamt für Strahlenschutz Deutschland in drei Vorsorgegebiete unterteilt, in denen unterschiedliche bauliche Maßnahmen zum Schutz vorgeschlagen werden:

- Vorsorgegebiet I: Einziehen einer 15 cm dicken Betonplatte in Keller oder Fundament/ Abdichtung von Leitungen
- Vorsorgegebiet II: (Folien-) Abdichtung unterhalb der Bodenplatte und Abluftdränage
- Gebiet III: Anstelle Betonplatte spezielle Fundamentplatte.

Generell in Radongebieten empfohlen:

- Verstärktes Lüften in Keller – und Erdgeschoss
- Schlafzimmer in Einfamilienhäusern in oberen Stockwerken anlegen.

Für Altbauten bietet sich die Nachrüstung mit Absauganlage / Abluftventilator an. Sicherheit über eine mögliche Belastung kann nur eine Messung durch ein privates Messbüro erbringen. Dazu muss eine Messdose über längere Zeit im Raum angebracht werden. Erdwärmetauscher (insbesondere offene Kieswärmetauscher) können in radonbelasteten Gebieten Radon ins Haus befördern.

Weitere Infos: www. bfs.de

Siehe / Siehe auch: Mietminderung, Sachmangel (im Mietrecht)

Räum- und Streupflicht

duty to clear street or footpaths from snow and ice and strew sand or other suitable materials on icy surfaces

Zur Verkehrssicherungspflicht der Hauseigentümer gehört es, in der Winterzeit nach Schneefall und gefrierender Nässe Unfällen durch Ausrutschen von Passanten, Besuchern oder Nachbarn durch Schneeräumen und – bei Eisglätte durch Streuen von Streukies bzw. Streusalz vorzubeugen. Die Pflicht bezieht sich auf Privatwege, Hauszugänge und Garagenvorplätze. In Bezug auf öffentliche Bürgersteige sind die Straßenanlieger für die Einhaltung der Räum- und Streupflicht verantwortlich. Ein Fußgänger muss die Möglichkeit haben auf Gehwegbreite den Bürgersteig ohne Rutschgefahr entlang gehen zu können. Die ganze Bürgersteigfläche ist dann zu räumen bzw. zu bestreuen, wenn – wie in einem Großstadtzentrum üblich, eine hohe Passantenfrequenz vorherrscht, so dass in der Regel mehrere Personen nebeneinander den Bürgersteig benutzen.

Räumung (Mietwohnung)

removal; vacating; clearance; eviction; evacuation

Räumung beschreibt das Verlassen einer Mietwohnung meist auf Aufforderung des Vermieters nach Ende des Mietverhältnisses. Leistet der Mieter dieser Aufforderung nicht Folge, kann der Vermieter den Gerichtsweg einschlagen und eine Räumungsklage einreichen.Verurteilt das Gericht den Mieter zur Räumung, bleibt ihm eine angemessene Räumungsfrist (meist drei Monate, höchstens aber ein Jahr). Durch ein Räumungsurteil wandelt sich das Mietverhältnis in ein Nutzungsverhältnis um. Räumt der Mieter auch nach Ablauf der Räumungsfrist die Wohnung nicht, kann der Vermieter mit dem Räumungsurteil den Gerichtsvollzieher zur Zwangsräumung heranziehen. Dies ist allerdings für den Vermieter mit Kostenrisiken verbunden. So muss eine Sicherheit für das Einlagern der Wohnungseinrichtung des ehemaligen Mieters hinterlegt werden, deren Höhe sich nach der Zimmeranzahl der Wohnung richtet.

Siehe / Siehe auch: Nutzungsverhältnis, Räumungsfrist, Wiedereinweisung, Zwangsräumung

Räumungsfrist

period of notice; time set for vacating rented property

Die Räumungsfrist soll einem Mieter, der seine Wohnung räumen muss, die Möglichkeit geben, sich um eine neue Wohnung zu kümmern und Obdachlosigkeit zu vermeiden. Die Räumungsfrist muss der auf Räumung verklagte Mieter beantragen, und zwar bis Ende der letzten mündlichen Gerichtsverhandlung in der Sache. Über die Dauer der Frist entscheidet das Gericht, sie muss „den Umständen nach angemessen“ sein. Üblicherweise beträgt sie drei Monate. Bei fristloser Kündigung wegen Zahlungsverzuges gestatten z.T. Gerichte eine Räumungsfrist von zwei Monaten ab Zustellung des Urteils. Sie kann allerdings von der Bedingung abhängig gemacht werden, dass bis zum Auszug pünktlich die Miete – bzw. eine Nutzungsentschädigung in Höhe der Miete – gezahlt wird. Im Einzelfall kann auch einem Mieter, der selbst gekündigt hat, eine Räumungsfrist eingeräumt werden. Eine Räumungsfrist kann mehrfach verlängert werden. Gründe dafür können besondere Härtefälle sein (Obdachlosigkeit droht, Familie müsste in Notunterkunft ziehen, Risikoschwangerschaft). Ihre maximale Dauer beträgt ein Jahr. Eine derart lange Frist wird auch als gerechtfertigt angesehen, wenn dadurch z.B. ein Zwischenumzug umgangen werden kann. Der Verlängerungsantrag muss bis spätestens zwei Wochen vor Ablauf der Räumungsfrist beim zuständigen Gericht gestellt werden. Er muss mit einer Begründung versehen sein. Während die Räumungsfrist läuft, muss der Mieter weiter Miete zahlen – und er ist verpflichtet, sich intensiv um eine neue Wohnung zu kümmern. Ein längerer Urlaub des Mieters kann eine Fristverlängerung verhindern (so das Landgericht Stuttgart, WM 90, 447). Der Mieter kann auch vor Ende der Frist ausziehen – sobald er eine neue Wohnung gefunden hat.

Keine Räumungsfrist gibt es für gewöhnlich bei Zeitmietverträgen. Allerdings können in ganz besonderen Härtefällen auch hier über den allgemeinen Vollstreckungsschutz der Zivilprozessordnung Räumungsfristen zugestanden werden. Vollstreckungsschutz kann auch bei unbefristeten Mietverträgen beantragt werden, selbst nach Ablauf einer einjährigen Räumungsfrist. Er wird jedoch nur in ganz besonderen Härtefällen gewährt, in denen eine Zwangsräumung als sittenwidrig erscheinen würde (Beispiel: Mieter ist alt und gebrechlich, bei Zwangsräumung besteht Lebensgefahr).

Siehe / Siehe auch: Beendigung eines Mietverhältnisses, Nutzungsentschädigung, Räumung (Mietwohnung)

Rahmenfüllungstür

panel framed door

Die Rahmenfüllungstür ist eine Tür, deren Türblatt aus einer mehrere Felder bildenden Rahmenkonstruktion besteht, in die Holztafeln – oder auch Verglasungen – als Füllungen eingesetzt werden. Rahmenfüllungstüren sind noch heute in zahlreichen Altbauten anzutreffen. Es handelt sich um eine anspruchsvollere Bauart, die historisch vor allem in Bürgerhäusern und Repräsentationsbauten verwendet wurde, während in Bauernhäusern oft eher einfache Bretter- oder Bohlentüren anzutreffen waren.

Rahmenmaklervertrag

general brokerage contract

Die erste Voraussetzung des Provisionsanspruchs nach § 652 BGB ist der Maklervertrag. Er muss für jedes Objekt, das der Makler vermittelt oder nachweist, vorher geschlossen werden. Wer sich auf den konkludenten Abschluss des Maklervertrages beruft, muss daher die Beweise für jeden Auftrag sichern.

Beispiel:

Der Makler M hat dem Interessenten ein Exposé für das Objekt A übersandt. Das Exposé enthält die Provisionsforderung, die als Angebot zum Abschluss eines Maklervertrages zu werten ist. Später erwirbt der Interessent das Objekt B, das der Makler ihm telefonisch angeboten hat. Von einer telefonisch mitgeteilten Provisionsforderung des M hat der Interessent nichts gehört. Er verweigert die Zahlung der Provision. M beruft sich auf sein Exposee zum Objekt A. Daraus habe der Kunde gewusst, dass M vom Käufer Provision verlangt.

Lösung:

Damit dringt M vor Gericht nicht durch. Der Kunde, so die Begründung, muss nicht wissen, dass M auch für den Nachweis des Objekts B Provision verlangt. Hier kann ein Rahmenmaklervertrag mit dem Kaufinteressenten hilfreich sein. Er wird, schon aus Beweisgründen, i.d.R. schriftlich abgeschlossen. Er bezieht sich nicht auf ein konkretes Objekt. Vielmehr nennt der Auftraggeber seine Vorstellungen über die Art des Objekts, Lage, Baujahr usw. und den Preis. Der Makler nennt seine Provisionsforderung für jeden von ihm nachgewiesenen oder vermittelten Vertrag. Dieser Vertrag hat für beide Seiten den Vorteil der Rechtssicherheit. Der Auftraggeber ist selbstverständlich berechtigt, einen solchen Vertrag auch mit anderen Maklern abzuschließen. Andererseits wird der Kaufinteressent davor bewahrt, mit einer Vielzahl von Maklern in Kontakt zu treten, meist telefonisch, und schließlich in die Gefahr zu geraten, nach Erwerb eines Objekts sich mehreren Provisionsforderungen gegenüberzusehen. Die späteren Angebote müssen dem Rahmenvertrag vor allem hinsichtlich der Objektart, der Lage und des Preises im Wesentlichen entsprechen. Wie beim Einzelnachweis schaden unwesentliche Änderungen nicht. Will der Makler andere Angebote zusenden und sich auch dafür auf den Rahmenvertrag stützen, muss dieser geändert werden. Andernfalls muss wegen eines aus diesem Rahmen fallenden Objekts ein gesonderter Maklervertrag geschlossen werden.

Beispiel:

Der Makler ist im Rahmenvertrag beauftragt, Baugrundstücke für Ein- und Zweifamilienhäuser nachzuweisen. Bietet er daneben auch Miethäuser an, kann er sich bei Geltendmachung seines Provisionsanspruchs auf den Rahmenvertrag nicht berufen.

Siehe / Siehe auch: Maklerangebot, Maklervertrag

Rampe

ramp; (loading) platform

Eine Rampe ist eine schiefe Ebene zum Überbrücken von Höhenunterschieden. Der Begriff stammt aus dem Französischen rampe und bedeutet geneigte Fläche, Abhang oder Verladerampe. Rampen werden in ihrem Steigungsverhältnis und Neigungswinkel unterschieden. Während die Flachampe (bis 6 Grad Neigung) keine besondere Behandlung bei der Rutschfestigkeit des Belages benötigt, unterstützen Trittleisten oder Flachstufen das gefahrlose Begehen der Steilrampen (bis 24 Grad Neigung). Wie bei der Treppe sollte bei den Stufen und Leisten einer Rampe das regelmäßige Steigungsverhältnis eingehalten werden. Wegen ihres geringen Steigungsmaß oder Neigungswinkels sind Rampen einerseits bequem zu begehen, andererseits benötigen sie mehr Platz als Treppen. Sie treten dort auf, wo Höhenunterschiede mit Rädern überwunden werden müssen (Rollstuhlfahrer, Fahrräder, Autos etc.). Zwischen Treppe und Rampen gibt es einige Mischformen, wie die Treppenrampe, die Kinderwagenrampe und Treppe mit Fahrradrampe. Die ungewöhnlich tiefen und stark geneigten Stufen der Treppenrampe stellen selbst eine Folge kleiner Rampen dar und ermöglichen so einen leichteren, müheloseren Aufstieg als es bei einer Treppe möglich wäre. Die Kinderwagenrampe ist eine Kombination aus einer schmalen Treppe, die beidseitig von einer steilen Rampe flankiert wird. Dagegen benötigt die Treppe mit Fahrradrampe nur eine flankierende Rampe zum Hochschieben oder Herunterrollen des Rades. Wegen ihres großen Platzbedarfs werden die meisten Rampen überwiegend im Außenbereich verwendet.

Siehe / Siehe auch: Freitreppen, Gebäudetreppen, Steigungsverhältnis

Rang im Grundbuch

priority in the Land Register

Der Rang von Eintragungen in den Abteilungen II und II des Grundbuchs ist bedeutsam für die Beurteilung des Sicherheitsgrades der eingetragenen Last, Beschränkung oder des eingetragenen Grundpfandrechts. Dies spielt dann eine große Rolle, wenn der Grundstückeigentümer Verbindlichkeiten beziehungsweise Berechtigungen Dritter, die im Grundbuch abgesichert werden, im Falle der Überschuldung nicht mehr befriedigen oder gewähren kann. Kommt es dann zur Zwangsversteigerung werden die Ansprüche nach dem Rang ihrer Absicherung befriedigt. Abgesehen von öffentlichen Lasten, die auch ohne Eintragung im Grundbuch privilegiert sind und vorab befriedigt werden, sind die eingetragenen Lasten, Beschränkungen und Grundpfandrechte ihrer Rangreihenfolge nach eingestuft. Je nach Gebot entscheidet der Zuschlag,

R

welche Eintragungen noch Bestand haben und welche ihre dingliche Rechtswirkung verlieren.
Hinsichtlich der gesetzlichen Rangfolge gelten folgende Grundregeln: Bei Eintragungen innerhalb einer Abteilung ist die Reihenfolge der Eintragung für die Rangfolge maßgebend. Bei Eintragungen in sowohl der I als auch der II Abteilungen ist das Datum der Eintragung im Hauptbuch zur Bestimmung der Rangfolge maßgeblich. Am selben Tag eingetragene Rechte haben Gleichrang.

Rangänderungen:

Vertraglich kann die Rangreihenfolge zwischen den am Grundstück Berechtigten durch Vereinbarung geändert werden. Sind Grundpfandrechte davon betroffen, ist die Zustimmung des Grundstückseigentümers hierfür erforderlich. Rangänderungen sind in manchen Fällen die Voraussetzung für Neueintragungen. So muss beispielsweise ein Erbbaurecht stets an erster Rangstelle eingetragen werden. Ist das Grundstück an erster Rangstelle mit einem Vorkaufsrecht belastet, muss der Vorkaufsberechtigte mit seinem Vorkaufsrecht im Rang zurücktreten. Weigert er sich, ist eine Begründung des Erbbaurechts ausgeschlossen. In vielen Fällen ist die Einräumung der ersten Rangstelle eines Grundpfandrechts Vorbedingung für die Beleihung. Vorrangige Rechte müssen dann zurücktreten, wenn die Beleihung nicht scheitern soll. Dies gilt vor allem bei wertmäßig bedeutsamen Rechten wie eine Reallast oder einem Nießbrauchrecht. Nachrangig abgesicherte Gläubiger lassen für den Fall der Befriedigung der vorrangig abgesicherten Forderungen in der Regel eine Löschungsvormerkung eintragen. Ihr liegt die Verpflichtung des Eigentümers zugrunde, in solchen Fällen das vorrangige Grundpfandrecht löschen zu lassen.

Rangvorbehalt:

Der Rangvorbehalt ermöglicht dem Eigentümer eines Grundstücks, bei Begründung eines Rechtes an seinem Grundstück durch einen Dritten, eine vorausgehende Rangstelle für sich offen zu halten. Der Rangvorbehalt wird im Grundbuch eingetragen. Der Eigentümer kann dies dazu nutzen, später vorrangige dinglich absicherbare Rechte an rangbesserer oder ranggleicher Stelle eintragen zu lassen. Durch den Rangvorbehalt wird das Prinzip, wonach sich die Rangstelle nach der zeitlichen Reihenfolge der Eintragungen bestimmt, außer Kraft gesetzt. Das bedeutet für den Eigentümer ein Stück Eigentumsvorbehalt. Der Rangvorbehalt ist weder abtretbar noch pfändbar. Für den Inhaber des nachrangigen Rechtes bedeutet der Rangvorbehalt eine inhaltliche Beschränkung.
Siehe / Siehe auch: Löschungsanspruch, Öffentliche Lasten

Rangänderung (der im Grundbuch eingetragenen Rechte)

change in priority (of the rights entered in the Land Register)
Siehe / Siehe auch: Rang im Grundbuch

Rangstelle / Rangverhältnis (Grundbuch)

specific rank; place in order or priority / rank; priority (Land Register)
Siehe / Siehe auch: Öffentliche Lasten, Rang im Grundbuch

Rangvorbehalt

(entry of) reservation of priority
Siehe / Siehe auch: Rang im Grundbuch

Ratcheteffekt

ratchet effect
Der Wohnungsmarkt kennt eine Reihe von Erscheinungen, die die sich auf die Entwicklung von Einkommens-/Mietenrelation beziehen. Hierzu zählt der Racheteffekt. Früher stand im Zentrum der Betrachtung die Starrheit des sogenannten Notbedarfs. Zu diesem Notbedarf zählt das „Dach über dem Kopf". Für die Befriedigung dieses Notbedarfs sind Haushalte mit geringem Einkommen bereit einen sehr hohen Anteil hiervon zu Lasten anderer Konsummöglichkeiten auszugeben (Schwabe´sches Gesetz). Lütge hat dies modifiziert, in dem er die soziale Statuskomponete berücksichtigte. (Gesetz des sozialbedingten Wohnungsaufwandes). Der Ratchet- oder Einklinkeffekt beschreibt ein Phänomen, das sich aus der Veränderung der Konsumstruktur der Haushalte bei steigendem Einkommen ergibt. Unter dem Einfluss des Sozialprestiges leisten sich Haushalte mit steigendem Einkommen einen zunehmend höherwertigen Wohnkonsum und legen sich damit auf ein hohes Wohnkonsumniveau langfristig fest. Sie „klinken" die Entwicklung ihres Konsumniveaus an ihre positive Einkommensentwicklung an. Nach James S. Duesenberry, der dieses Verhalten analysiert hat, wird das hohe Konsumniveau aber bei sinkendem Einkommen beibehalten. Die Entscheidung zum hohen Wohnkonsum ist in vielen Fällen sogar irreversibel. Dies führt zunächst dazu, dass sich die Sparquote der betroffenen Haushalte vermindert. Bei weiterem Sinken des Einkommens

können die aufgenommenen Kredite nicht mehr bedient werden. Ein rechtzeitiges Ausklinken, das wiederum mit Kosten verbunden ist, unterbleibt, so dass am Ende die Zwangsversteigerung steht. Um diesem Effekt entgegenzuwirken, sollte im Zusammenhang mit der Finanzierungsberatung von Immobilieninteressenten dessen individuelle Einkommensentwicklung genau analysiert werden. Die daraus entstehenden Risiken sollten zusätzlich abgesichert werden. Ziel sollte es stets sein, dass zum voraussichtlichen Zeitpunkt einer Einkommensschrumpfung (beispielsweise beim Übergang ins Rentnerdasein) die Schulden getilgt sind.

Rating
rating

Rating ist eine Methode mit welcher die Qualität, Performance bzw. der Stellenwert eines Produktes, einer Dienstleistung, einer Person oder eines Unternehmens im Vergleich zu anderen Produkten, Dienstleistungen oder Unternehmen oder zu bestimmten Benchmarks bewertet (benotet). wird. Der Begriff des Rating spielt aber auch bei der Einwertung von Anleihen eine Rolle. Selbst Länder werden „geratet" um herauszufinden, mit welchem Investitionsrisiko aufgrund der gegebenen Ordnungsstrukturen und Rahmenbedingungen (politische Stabilitäten) gerechnet werden muss oder wie Staatsschuldverschreibungen einzuwerten sind. Beim Rating werden bestimmte definierte Ratingcodes verwendet. Internationale Ratingagenturen verwenden keine Nummerncodes sondern sortieren alphabethisch. AAA steht für „sehr gut". Es geht weiter über AA +, AA-, A+, - A, gefolgt von BBB + usw. bis man schließlich D anlangt, was man als katastrophal gleichsetzen könnte. Von großer Bedeutung sind die Ratings von Kreditinstituten im Zusammenhang mit der Bemessung der Eigenmittel, die im Verhältnis zum Kreditvolumen vorhanden sein müssen. Je geringer das Ausfallrisiko und damit die notwendige Eigenkapitalunterlegung, desto besser der Stellenwert. Nach der internationalen Ratingagentur von Standard & Poor´s entspricht ein Kreditausfallrisiko von nur 0,02 Prozent einer Eigenkapitalunterlegung von 1,6 Prozent und bekommt die Bewertung AAA +. Dies ist außergewöhnlich gut. Ein Kreditausfallrisiko von 0,06 bis 0,11 Prozent ist dagegen noch überdurchschnittlich gut. Der Eigenkapitalunterlegungssatz liegt hier bei vier Prozent (Bewertung AA + bis AA -). Ganz am Ende rangieren Kreditinstitute mit einem Ausfallrisiko von 17 Prozent bis 20 Prozent (Insolvenz steht quasi vor der Tür, Bewertung CC - D).

Siehe / Siehe auch: Eigenkapitalrichtlinie (Basel II), Ratingagenturen

Ratingagenturen
(credit) rating agencies

Ratingagenturen befassen sich mit der Bewertung von Personen, Unternehmen, öffentlich rechtlichen Körperschaften (einschließlich Staaten) nach einem bestimmten Ratingsystem. Grundvoraussetzung für die Betätigung einer Ratingagentur ist eine entsprechende Qualifizierung. Zu unterscheiden sind Ratinganalysten, die für das interne Rating insbesondere das Rating von Bankkunden und deren Beratung zuständig sind und Ratingadvisoren, die sich mit dem externen Rating befassen. Letztere benötigen beim Bankenrating nach Basel II eine Genehmigung des Bundesaufsichtsamtes für Finanzdienstleistungen. Ratingagenturen sind im Bundesverband der Ratinganalysten und Ratingadvisoren e.V. (BdRA) organisiert. Die Geschäftsstelle befindet sich in München. Aufnahmevoraussetzung ist das Bestehen einer verbandsinternen Prüfung oder der Qualifikationsnachweis durch Abschluss einer anerkannten Bildungseinrichtung. Ratingagenturen rekrutieren sich vor allem aus den Bereichen der Steuer- Rechts- und Unternehmensberatung sowie der Wirtschaftsprüfung. Die Aus- und Weiterbildung zum Ratinganalysten bzw. Ratingadvisoren erfolgt an Universitäten und universitätsnahen Instituten und enden mit der Prüfung zum zertifizierten Ratinganalysten (CRA) bzw. dem zertifizierten Ratingadvisoren.

Siehe / Siehe auch: Rating

Rauchen in der Mietwohnung
smoking in a rented flat

Rauchende Mieter sorgen immer wieder für Prozesse. Die Rechtsprechung zu diesem Thema ist uneinheitlich. Fest steht, dass Rauchen in der Wohnung und auf dem Balkon erlaubt ist. Gemäß von Formular-Mietvertragsklauseln, die es verbieten, sind überraschend und daher unwirksam (z. B. LG Köln, Az. 9 S 188/98, AG Albstadt Az. 1 C 288/92). Der Mieter muss vor Vertragsabschluss keine Auskunft darüber geben, ob er Raucher ist. Als individuelle Vereinbarung im Mietvertrag wird ein Rauchverbot als zulässig angesehen (AG Rastatt, Az. 3 C 341/04, Urteil vom 26.04.2005). Ob es jedoch auch Gäste und Lebenspartner bindet, ist fraglich. Unterschiedlicher Ansicht sind die Gerichte jedoch, wenn es um die Beseitigung der Folgen des Tabakkonsums geht. Einige Gerichte sehen das Rauchen generell als von der vertragsgemäßen

Wohnungsnutzung umfasst an. Damit hat der Vermieter keinen Anspruch auf Schadenersatz für vergilbte Teppichböden, Tapeten, Kunststoffteile oder auf Schönheitsreparaturen über das vertraglich festgesetzte Maß hinaus (LG Hamburg, Az. 333 S 156/00, LG Landau, Az. 1 S 125/01).
Andere Gerichte machen dies vom Umfang des Rauchens abhängig und sehen starke Raucher sehr wohl in der Pflicht, derartige Schäden auf eigene Kosten zu beseitigen (LG Baden-Baden, Az. 2 S 138/00, AG Tuttlingen, Az. 1 C 52/99, AG Cham, 1 C 0019/02). Problematisch ist in derartigen Fällen die Beweisführung für starkes Rauchen. Wenn eine Schönheitsreparaturen-Klausel unwirksam ist, kann der Vermieter seine Forderung nach gründlicher Endrenovierung der Wohnung nicht auf exzessives Rauchen des Mieters stützen. So entschied der Bundesgerichtshof (Az. VIII ZR 124/05, Urteil vom 28.06.2006). Ein individualvertragliches Rauchverbot bestand in diesem Fall nicht. Exzessives Rauchen gilt aus Sicht des Bundesgerichtshofes jedoch nicht mehr als von der vertragsgemäßen Wohnungsnutzung erfasst, wenn es Schäden verursacht, die nicht mehr durch herkömmliche Schönheitsreparaturen (Tapezieren, Malerarbeiten) zu beseitigen sind. Ist also eine gelbliche Nikotinschicht nicht mehr mit herkömmlichen Farben zu überstreichen und der entsprechende Geruch nicht mehr durch eine normale Renovierung zu beseitigen, kann der Vermieter durchaus Schadenersatz in Höhe der Kosten für gründlichere Arbeiten verlangen. Dies gilt auch dann, wenn der Mieter so schnell wieder auszieht, dass laut Vertrag noch keine Schönheitsreparaturen fällig wären (BGH, Urteil vom 05.03.2008, Az. VIII ZR 37/07).
In Gemeinschaftsräumen (Flur, Treppenhaus, Keller) kann der Vermieter das Rauchen untersagen (AG Hannover, Az. 70 II 414/99). Tabakrauch, der durch ein Fenster hereinzieht, weil der Nachbar auf dem Balkon oder bei offenem Fenster raucht, muss akzeptiert werden (AG Hamburg, Az. 102 e II 368/00). Zieht allerdings der Rauch aufgrund von Baumängeln in eine Nichtraucher-Wohnung, kann deren Mieter Anspruch auf eine Mietminderung haben (LG Stuttgart, Az. 5 S 421/97).
Siehe / Siehe auch: Schönheitsreparaturen

Rauchmelder

smoke detector

Bei Wohnungsbränden fordert nicht das Feuer selbst, sondern der Rauch die meisten Todesopfer. In einigen Bundesländern ist daher der Einbau von Rauchmeldern zur Pflicht gemacht worden. Dies wird in der jeweiligen Landesbauordnung geregelt. In Schleswig-Holstein ist seit 2004 für Neubauwohnungen vorgeschrieben, dass in Schlafräumen, Kinderzimmern und im Flur zumindest ein Rauchmelder installiert sein muss. Bestehende Objekte müssen bis 31.12.2010 mit Rauchmeldern ausgestattet werden. In Rheinland-Pfalz müssen seit 2003 Neubauten mit Rauchmeldern ausgerüstet werden und bis Juli 2012 auch bestehende Wohnungen. Im Saarland gibt es seit 2004 eine Rauchmelderpflicht für Neubauten. In Hamburg besteht seit Inkrafttreten der neuen Bauordnung am 01.04.2006 die Pflicht, Schlafräume, Kinderzimmer und als Rettungswege dienende Flure von Neubauten mit Rauchmeldern auszustatten. Für Bestandswohnungen existiert eine Nachrüstpflicht bis 31.12.2010. Auch Mecklenburg-Vorpommern hat mit Wirkung zum 01.09.2006 eine Rauchmelderpflicht für Neubauwohnungen eingeführt. Bestandswohnungen sind bis 31.12.2009 nachzurüsten. Besonderheit: In Mecklenburg-Vorpommern ist der Besitzer der Wohnung der Verpflichtete – nicht der Eigentümer. Gegebenenfalls hat also der Mieter die Rauchmelder zu installieren und zu bezahlen. Hessen verlangt seit 2005 Rauchmelder in Neubauten, bis 2014 müssen Bestandsgebäude nachgerüstet werden. Auch in Thüringen gibt es seit 2008 eine Rauchmelderpflicht für Neubauten. In Bremen tritt voraussichtlich ab 01.05.2010 eine Rauchmelderpflicht für Neu- und Umbauten in Kraft. Bestehende Gebäude müssen bis 31.12.2015 nachgerüstet werden. Moderne optische Rauchmelder besitzen eine Messkammer, in die eine Leuchtdiode regelmäßig Lichtstrahlen sendet. Im Normalfall trifft das Licht nicht auf das eingebaute Fotoelement. Wenn Rauch in den Rauchmelder eintritt, wird das Licht vom Rauch reflektiert, trifft auf die Fotolinse und löst Alarm aus. Tabakrauch löst bei modernen Geräten keinen Alarm aus. Optische Rauchmelder sollten folgende Merkmale erfüllen:

- VdS-Prüfzeichen
- Hinweis auf die DIN EN 14604
- Warnfunktion bei Nachlassen der Batterieleistung
- batteriebetrieben
- Testknopf zur Funktionsüberprüfung
- Rauch kann von allen Seiten in Melder eindringen

Seit 01.08.2008 dürfen nur noch Rauchmelder in den Handel gebracht werden, die der Norm DIN EN 14604 entsprechen. Dies muss auf dem Gerät vermerkt sein. Außer den üblichen netzunabhängigen Rauchmeldern gibt es auch vernetzte Geräte.

Stellt ein Gerät Rauch fest, lösen alle Geräte Alarm aus. Funkvernetzte Rauchmelder können auch im privaten Wohnbereich eingesetzt werden. Ihre Installation erfordert meist keinen Fachmann. Anders ist es bei kabelvernetzten Rauch- und Brandmeldern, die Teil einer Brandmeldeanlage sind. Solche Anlagen sind z. B. im gewerblichen Bereich vorgeschrieben. Nach der DIN 14676 sollten Rauchmelder zumindest in Wohn-, Kinder- und Schlafzimmer angebracht sein, sowie in Fluren, die als Rettungswege dienen. Sie sind waagerecht in der Mitte der Zimmerdecke zu befestigen.

Siehe / Siehe auch: Brandschutz, Verband der Sachversicherer / VdS, Feuerversicherung (Brandversicherung), Rauchmelder in der Mietwohnung, Rauchmelder-Wartung

Rauchmelder in der Mietwohnung

smoke detector in a rented flat

Die Installation von herkömmlichen Rauchmeldern durch den Mieter wird nicht als schwerwiegender Eingriff in die Substanz der Mietwohnung angesehen. Eine Genehmigung durch den Vermieter ist nicht erforderlich. Die Wartung wird vom Mieter durchgeführt. Möglich, aber rechtlich umstritten sind Vereinbarungen, nach denen der Mieter für Installation und Wartung der Rauchmelder zuständig sein soll. Besteht eine derartige Übereinkunft und besteht im jeweiligen Bundesland Rauchmelderpflicht, muss der Vermieter weiterhin kontrollieren, ob der Mieter seinen übernommenen Pflichten auch korrekt nachkommt. Die Wartungskosten für Rauchmelder stellen „sonstige Betriebskosten" im Sinne der Betriebskostenverordnung dar. Sie können daher grundsätzlich auf die Mieter umgelegt werden. Findet nach Einführung der Rauchmelderpflicht in einem Bundesland eine Neuvermietung statt, empfiehlt es sich, die Wartungskosten für Rauchmelder im Mietvertrag unter den sonstigen Betriebskosten aufzuführen. Bei schon laufenden Mietverträgen ist der Vermieter auf der sicheren Seite, wenn der Mietvertrag eine Mehrbelastungsklausel enthält, nach der infolge von Modernisierungen oder Gesetzesänderungen zusätzlich anfallende Betriebskosten auf den Mieter umgelegt werden können. Ist keine solche Vereinbarung getroffen worden, empfiehlt sich zur Schaffung klarer Verhältnisse eine schriftliche Vertragsergänzung. Einige Gerichte halten diese allerdings auch für überflüssig (Amtsgericht Lübeck, Urteil vom 5.11.2007, Az. 21 C 1668/07). Ein höchstrichterliches Urteil dazu exis-tiert bisher nicht. Vermieter müssen grundsätzlich das Wirtschaftlichkeitsgebot beachten.

Die Beauftragung von Drittfirmen zur Wartung der Rauchmelder ist zulässig, es muss jedoch auf eine marktübliche Preisgestaltung geachtet werden (Amtsgericht Lübeck, s.o.).

Siehe / Siehe auch: Brandmeldeanlage, Feuerwehreinsatz, Kosten, Rauchmelder, Rauchmelder-Wartung

Rauchmelder-Wartung

maintenance of smoke detectors

Rauchmelder müssen regelmäßig überprüft und gewartet werden. Ohne diese Maßnahmen sind sie sinnlos. Zur regelmäßig Prüfung und Wartung gehören:

- Möglichst monatliche Prüfung mit Hilfe der Prüftaste auf Funktionieren des Alarms
- Einmal jährlich: Standardbatterien austauschen (Lithiumbatterien halten zehn Jahre), Innenreinigung des Gerätes (Fotozelle verschmutzt mit der Zeit durch Staub, Spinnweben, Zigarettenrauch, Fettdämpfe.) sowie Prüfung, ob Installationsort weiterhin optimal ist oder ob z. B. auf Umbauten reagiert werden muss.
- Komplettaustausch des Gerätes alle 10 Jahre.
- Insbesondere nach stauberzeugenden Handwerksarbeiten ist das Innere des Rauchmelders unbedingt von Staub zu reinigen.

Im Mietverhältnis gilt: In Bundesländern mit Rauchmelderpflicht muss der Vermieter für Einbau und Wartung der Rauchmelder entsprechend der einschlägigen Norm (DIN 14676) sorgen. Hierzu ist er nicht nur nach der Landesbauordnung, sondern auch im Rahmen seiner Verkehrssicherungspflicht verpflichtet. Verletzt er diese, ist er im Schadensfall den Mietern gegenüber schadenersatzpflichtig und darf keine Zahlungen von seiner Feuerversicherung erwarten. Übliche Versicherungsverträge schließen eine Zahlung nämlich aus, wenn gesetzliche Sicherheitsvorschriften missachtet wurden. Die Verkehrssicherungspflicht kann bis zu einem gewissen Grad auf den Mieter übertragen werden. Der Mieter verpflichtet sich dann – sinnvollerweise im Rahmen einer schriftlichen Ergänzung zum Mietvertrag – zur Übernahme der Installation und Wartung der Rauchmelder. Diese Konstruktion ist jedoch riskant. Nimmt der Mieter seine Pflichten nicht ernst und vergisst z. B. den rechtzeitigen Austausch der Batterien, kann der Vermieter weiterhin haften und riskiert weiter seinen Versicherungsschutz. Er kann seine Verkehrssicherungspflicht nämlich nur zum Teil auf jemand anderen übertragen: Der Vermieter hat weiterhin die Pflicht, den Betreffenden

bei der Ausführung der Pflicht zu kontrollieren und zu überwachen. Dies bedeutet ebenso viel Aufwand wie die Durchführung der Wartung durch den Vermieter. Vermieter lösen dieses Problem oft, indem sie den Hausmeister oder externe Dienstleister mit der Durchführung der Wartung beauftragen. Hausmeisterdienste, Brandschutzfirmen, aber auch Ableseunternehmen bieten solche Leistungen an. Im letzteren Fall kann die Rauchmelderwartung mit der Jahresablesung von Zählern verbunden werden. Unbedingt erforderlich ist eine schriftliche Dokumentation der Wartungsarbeiten für den Kunden zu Beweiszwecken im Schadensfall. Auch Mietangebote für Rauchmelder gibt es bereits – selbst angeschaffte Geräte sind jedoch in der Regel preisgünstiger.
Siehe / Siehe auch: Brandmeldeanlage, Feuerwehreinsatz, Kosten, Feuerversicherung (Brandversicherung), Rauchmelder, Rauchmelder in der Mietwohnung, Fehlalarmierung der Feuerwehr

Rauchverbot im Mietverhältnis
ban on smoking in the lease

Das Rauchen gehört nach Ansicht vieler Gerichte immer noch zur normalen Nutzung einer Mietwohnung (so auch der BGH, Urteil vom 28.6.2006, Az. VIII ZR 124/05). Ein Rauchverbot im Formularmietvertrag ist als unwirksame Klausel anzusehen. Aber Vermieter und Mieter können sich im Rahmen einer individuellen Vereinbarung darauf verständigen, dass in der Wohnung nicht geraucht werden darf. An diese Individualvereinbarung im Mietvertrag muss sich der Mieter halten. Über die vertragsgemäße Nutzung einer Mietwohnung geht das Rauchen dann hinaus, wenn es exzessiven Umfang annimmt und dadurch so starke Schäden verursacht werden, dass sie nicht mehr durch gängige Schönheitsreparaturen wie Malerarbeiten beseitigt werden können und zusätzliche Arbeiten erforderlich sind. In diesem Fall besteht eine Schadenersatzpflicht des Mieters (BGH, Urteil vom 5.3.2008, Az. VIII ZR 37/07). Das Rauchen im Treppenhaus von Mehrfamilienhäusern kann per Hausordnung untersagt werden. Es gibt sogar erste Gerichtsurteile, nach denen ein explizites Verbot nicht einmal notwendig ist: Das Amtsgericht Hannover (Az. 70 II 414/99) meinte, dass es der Zweckbestimmung eines Treppenhauses widerspreche, dieses nur zum Rauchen und für die Dauer des Rauchens aufzusuchen. Bewohner von Mehrfamilienhäusern unterlägen einem generellen Gebot der gegenseitigen Rücksichtnahme. Gegen dieses werde verstoßen, wenn Raucher gemeinschaftlich genutzte Bereiche als Raucherraum zweckentfremdeten. Vermietet ein Immobilieneigentümer Gastronomieräume, in denen laut Gesetz nicht geraucht werden darf, ist es nicht seine Obliegenheit, das Rauchverbot durchzusetzen. Für die Einhaltung derartiger öffentlichrechtlicher Vorschriften ist der Betreiber des jeweiligen Gewerbes zuständig, für die Kontrolle das Ordnungsamt. Grundsätzlich verringern Schäden durch Rauchen (Geruch, Nikotinablagerungen) den Verkaufswert einer Immobilie erheblich. Eine gründliche Renovierung des Objekts zahlt sich aus.
Siehe / Siehe auch: Hausordnung

Raumentwicklung (Leitbilder)
spatial development (policy guidelines)

Durch die Ministerkonferenz für Raumordnung (MKRO) wurden 2006 neue Leitbilder und Handlungsstrategien für die Raumentwicklung in Deutschland verabschiedet. Dabei wurden drei strategisch bedeutsame Leitbilder aufgestellt:

- Wachstum und Innovation
- Öffentliche Daseinsvorsorge sichern
- Ressourcen bewahren und Kulturlandschaften gestalten

Die Leitbilder sind gleichwertig und gelten für alle Raumtypen, für den ländlichen Raum ebenso wie für großstädtische Räume. Während die vorangegangenen Leitlinien von 1992 auf die Schaffung gleichwertiger Lebensbedingungen in allen Räumen setzte, geht es jetzt darum, den auseinander laufenden Entwicklungstrend zu begleiten und darauf zu setzen, dass vorhandene Stärken eines Raumes unterstützt werden sollen, um Wachstum und Innovation zu fördern und um im neuen Zeitalter der Globalisierung bestehen zu können. Der Weiterentwicklung der Metropolregionen gilt dabei ein besonderes Augenmerk. Zudem muss die Vernetzung durch den weiteren Ausbau der großräumigen Verkehrsinfrastruktur stärker berücksichtigt werden. Das Leitbild der Sicherung der Daseinsvorsorge zielt darauf ab, im Hinblick auf den demographischen Wandel und auf Zentralisationstendenzen in der Gesellschaft mit sozialverträglichen Standards die Daseinsvorsorge in allen Teilräumen zu sichern. Es geht auch um die Schaffung von familien- und kinderfreundlichen Rahmenbedingungen, die bei raumentwicklungspolitischen Entscheidungen einen höheren Stellenwert haben sollen. Auch in Räumen, die durch einen nicht aufzuhaltenden Bevölkerungsrückgang gekennzeichnet sind, muss die Versorgungsqualität gesichert werden. Das letzte Leitbild ist auch ökologisch ausgerichtet. Ressourcenschutz und Sicherung der Entwicklungspotenzi-

ale stehen im Vordergrund. Dabei soll auch stärker auf eine interkommunale Zusammenarbeit gesetzt werden. Die Verringerung der Inanspruchnahme von Flächen im Interesse der Erhaltung der ökologischen Funktionen als Lebensgrundlage und Lebensraum für Menschen, Tiere und Pflanzen als Bestandteil der Natur tritt ebenfalls stärker in den Fokus der Raumentwicklung. Bei alle dem muss die gewachsene Kulturlandschaft mit ihren Kultur- und Naturdenkmälern erhalten bleiben.
Siehe / Siehe auch: Metropolregionen, Naturdenkmäler, Ländliche Räume

Raumindex

room index

Im Gegensatz zum Zeitreihenindex ist der Raumindex eine Vergleichsbasis für Preisniveaus von Immobilien für unterschiedliche Teilräume. Der übergeordnete Raum (z. B. ein Bundesland) erhält als Basisraum die Indexzahl 100. Das Preisniveau untergeordneter Räume (z.B. Regierungsbezirke, Land- und Stadtkreise) kann an dieser Raumbasis gemessen werden. Dabei haben die Teilräume mit einer Indexzahl von >100 ein höheres und die Teilräume mit einer Indexzahl von
Siehe / Siehe auch: IVD-Preisspiegel

Raumordnung

town and country planning; land use planning; regional planning; land use regulation

Grundlage der Raumordnung ist das Raumordnungsgesetz. Es wurde 2008 novelliert. Ursprünglich beim Bund angesiedelte Kompetenzen sind im Zuge der Föderalismus-Reform auf die Bundesländer übertragen worden. Die Länder können vom Bundesgesetz künftig eigenverantwortlich abweichen. Wiedergegeben sind im Raumordnungsgesetz (ROG) die Aufgaben, Leitvorstellungen und Grundsätze der deutschen Raumordnung. Zu den Aufgaben der Raumordnung zählt die Entwicklung, Ordnung und Sicherung des Gesamtraumes der Bundesrepublik Deutschland durch zusammenfassende überregionale Raumordnungspläne und durch Abstimmung raumbedeutsamer Planungen und Maßnahmen. Die dabei zu beachtenden Grundsätze sind vielfältig. Sie reichen von der Entwicklung und Erhaltung einer ausgewogenen Siedlungs- und Freiraumstruktur über die Erhaltung der dezentralen Siedlungsstruktur und die Sicherung der Verdichtungsräume als Wohn-, Produktions- und Dienstleistungsschwerpunkte bis hin zum Schutz von natürlichen Lebensgrundlagen und der Pflege von Natur und Landschaft.
Eine der Leitvorstellungen besteht darin, dass auf gleichwertige Lebensbedingungen in den Teilräumen hingewirkt werden soll. In die Leitvorstellungen und Grundsätze sollen alle Planungsebenen eingebunden werden – die Landesentwicklungspläne, die Regionalpläne bis hin zu den Flächennutzungsplänen. In den Ländern Berlin, Hamburg und Bremen erfüllen die Flächennutzungspläne die Funktion eines Regionalplanes. Die Verzahnung der Bauleitplanung mit den Zielen der Raumordnung ist im Baugesetzbuch vorgeschrieben.
Siehe / Siehe auch: Raumordnungsverordnung (RoV), Raumordnungsgesetz (ROG)

Raumordnungsgesetz (ROG)

German regional planning act

Im Zuge Föderalismus-Reform sind die Raumordnungskompetenzen weitgehend auf die Bundesländer übertragen worden. Die verpflichtende Rahmengesetzgebung des Bundes ist damit entfallen. Das bedeutet, dass die Bundesländer von den reduzierten bundesgesetzlichen Vorgaben nach Bedarf durch ländergesetzliche Regelungen abweichen können. Das neue Raumordnungsgesetz des Bundes wurde am 22.12.2008 in diesem Sinne novelliert. Die Neufassung trat am 31.12.2008 und teilweise am 01.10.2009 in Kraft. Die ursprünglich 15 Grundsätze der Raumordnung wurden im Bundesgesetz überarbeitet und auf acht Grundsätze reduziert. Dabei wird im Sinne des Baugesetzbuches jetzt mehr Wert auf die Entwicklung der Innen-Städte und damit der Verringerung der Flächeninanspruchnahme gelegt. Der Klimaschutz spielt eine größere Rolle, ebenso die Daseinsvorsorge im Hinblick auf die demographische Entwicklung. Die interkommunale Zusammenarbeit soll gestärkt werden (Stichwort „Stadt-Land-Partnerschaften") Zudem wurde eine EU-Richtlinie im Zusammenhang mit der strategischen Umweltprüfung umgesetzt (die im BauGB bereits berücksichtigt ist). Wer sich über die Bestimmungen der Raumordnung orientieren will wird künftig einen Blick in das jeweilige Landesplanungsgesetz werfen müssen. Bindungswirkung hat allerdings nach wie vor die Bundeskompetenz bei raumbedeutsamen Planungen und Maßnahmen des Bundes selbst, z. B. Planung von neuen Trassen für eine Bundesautobahn oder Bundesstraße.
Dem Bundesamt für Bauwesen und Raumordnung ist künftig dafür zuständig, in regelmäßigen Abständen Berichte über die räumliche Entwicklung des Bundesgebiets, die durchgeführten oder beabsichtigten Planungen und Maßnahmen, deren räumliche Verteilung und die Auswirkung der euro-

päischen Integration auf die räumliche Entwicklung des Bundesgebietes dem zuständigen Ministerium und dem Bundestag zu erstatten.
Siehe / Siehe auch: Raumordnung, Regionalplan

Raumordnungskataster (ROK)

regional planning (or policy) masterplan; 1:2500 plan showing all planning-related measures, development plans, etc.

Das Raumordnungskataster ist eine kartographisch aufbereitete Sammlung von Daten, in denen raumbedeutsame Planungen, Maßnahmen und Daten eingetragen werden. Es enthält farblich und zeichensymbolhaft gekennzeichnete bestehende Bauplanungsgebiete, Gebiete, für die ein Bebauungsplan vorgesehen ist, Gebiete die dem Natur- und Landschaftsschutz, der Kultur- und Denkmalpflege unterstellt sind, land- und forstwirtschaftliche Flächen und infrastrukturell genutzte Flächen (Verkehr, Energie, Deponien, Freizeiteinrichtungen). Das Raumordnungskataster soll dazu beitragen, Nutzungskonflikte zwischen den Planungen auf den verschiedenen Ebenen zu erkennen und Planungs- und Genehmigungsverfahren zu beschleunigen. Das durch das Geographische Informationssystem (GIS) entwickelte Kartenwerk ist in der Regel im Maßstab 1 : 25.000 oder 1 : 10.000 angelegt.
Siehe / Siehe auch: Raumordnung

Raumordnungsverordnung (RoV)

German ordinance on regional planning

Die Raumordnungsverordnung (RoV) basiert auf § 6a des Raumordnungsgesetzes. Es bestimmt ausschließlich die Planungen und Maßnahmen, für die ein Raumordnungsverfahren durchgeführt werden soll, sofern sie im Einzelfall raumbedeutsam sind und überörtliche Bedeutung haben.

Bei Raumordnungsverfahren wird festgestellt, ob und wie raumbedeutsame Planungen und Maßnahmen mit den Erfordernissen der Raumordnung und Landesplanung übereinstimmen und unter den Gesichtspunkten der Raumordnung und Landesplanung untereinander und aufeinander abgestimmt werden können. Man bezeichnet dies als Raumverträglichkeitsprüfung. Bei den Planungen und Maßnahmen, die einem Raumordnungsverfahren unterzogen werden handelt es sich um:

- Errichtung einer Anlage im Außenbereich im Sinne des Baugesetzbuchs, die der Genehmigung in einem Verfahren unter Einbeziehung der Öffentlichkeit bedarf und die im Anhang zu Nummer 1 der Anlage zu § 3 des Gesetzes über die Umweltverträglichkeitsprüfung aufgeführt ist; sachlich und räumlich miteinander im Verbund stehende Anlagen sind dabei als Einheit anzusehen;
- Errichtung einer ortsfesten kerntechnischen Anlage, die der Genehmigung in einem Verfahren unter Einbeziehung der Öffentlichkeit nach § 7 des Atomgesetzes bedarf;
- Errichtung einer Anlage zur Sicherstellung und zur Endlagerung radioaktiver Abfälle, die einer Planfeststellung nach § 9b des Atomgesetzes bedarf;
- Errichtung einer Anlage zur Ablagerung von Abfällen (Deponie), die der Planfeststellung nach § 31 Abs. 2 des Kreislaufwirtschafts- und Abfallgesetzes bedarf;
- Bau einer Abwasserbehandlungsanlage, die einer Zulassung nach § 18c des Wasserhaushaltsgesetzes bedarf;
- Errichtung und wesentliche Trassenänderung einer Rohrleitungsanlage zum Befördern wassergefährdender Stoffe, die der Genehmigung nach § 19a des Wasserhaushaltsgesetzes bedürfen;
- Herstellung, Beseitigung und wesentliche Umgestaltung eines Gewässers oder seiner Ufer, die einer Planfeststellung nach § 31 des Wasserhaushaltsgesetzes bedürfen, sowie von Häfen ab einer Größe von 100 ha, Deich- und Dammbauten und Anlagen zur Landgewinnung am Meer;
- Bau einer Bundesfernstraße, die der Entscheidung nach § 16 des Bundesfernstraßengesetzes bedarf;
- Neubau und wesentliche Trassenänderung von Schienenstrecken der Eisenbahnen des Bundes sowie Neubau von Rangierbahnhöfen und von Umschlagseinrichtungen für den kombinierten Verkehr;
- Errichtung einer Versuchsanlage nach dem Gesetz über den Bau und den Betrieb von Versuchsanlagen zur Erprobung von Techniken für den spurgeführten Verkehr;
- Ausbau, Neubau und Beseitigung einer Bundeswasserstraße, die der Bestimmung der Planung und Linienführung nach § 13 des Bundeswasserstraßengesetzes bedürfen;
- Anlage und wesentliche Änderung eines Flugplatzes, die einer Planfeststellung nach § 8 des Luftverkehrsgesetzes bedürfen;
- Errichtung von Renn- und Teststrecken für Automobile und Motorräder;
- Errichtung von Freileitungen mit 110 kV und mehr Nennspannung und von Gasleitungen

mit einem Betriebsüberdruck von mehr als 16 bar;
- Errichtung von Feriendörfern, Hotelkomplexen und sonstigen großen Einrichtungen für die Ferien- und Fremdenbeherbergung sowie von großen Freizeitanlagen;
- bergbauliche Vorhaben, soweit sie der Planfeststellung nach § 52 Abs. 2a bis 2c des Bundesberggesetzes bedürfen;
- andere als bergbauliche Vorhaben zum Abbau von oberflächennahen Rohstoffen mit einer vom Vorhaben beanspruchten Gesamtfläche von 10 ha oder mehr;
- Neubau und wesentliche Trassenänderung von Magnetschwebebahnen;
- Errichtung von Einkaufszentren, großflächigen Einzelhandelsbetrieben und sonstigen großflächigen Handelsbetrieben.

Das Raumordnungsverfahren ist dem Planfeststellungsverfahren vorgeschaltet. Letzteres ist ein Verwaltungsverfahren und führt zur konkreten Genehmigung einer durchzuführenden Maßnahme. Teilweise überschneiden sich die Regelungen.

Siehe / Siehe auch: Planfeststellungsverfahren, Raumordnung

Raumtemperatur im Mietobjekt

room temperature in a rented object

Unter der Raumtemperatur versteht man den Wert, der sich aus der örtlichen Lufttemperatur und den Strahlungstemperaturen der vorhandenen Umgebungsflächen zusammensetzt. Eine weitere Definition liefert die Arbeitsstättenrichtlinie: Danach ist die Raumtemperatur die mit einem Thermometer gemessene Temperatur in einer Höhe von 0,75 m über dem Fußboden in der Mitte des geschlossenen Raumes.

Gewerberäume

Als gesund und konzentrationsfördernd gelten Temperaturen zwischen 21 und 22°C. Arbeitgeber müssen sich an die Vorgaben der Arbeitsstättenverordnung und der Arbeitsstättenrichtlinien halten. Sollen gemietete Gewerberäume grundsätzlich dem vertragsgemäßen Zweck der Nutzung als Arbeitsstätte entsprechen, müssen auch Vermieter beziehungsweise Verwalter der Objekte diese Vorschriften berücksichtigen ebenso wie der Architekt. Individuelle abweichende Temperaturregelungen im Gewerbemietvertrag sind jedoch zulässig, was nichts an den Verpflichtungen des Mieters als Arbeitgeber ändert. Die Arbeitsstättenverordnung in ihrer im August 2007 gültigen Fassung besagt lediglich, dass in Arbeitsstätten eine „gesundheitlich zuträgliche Raumtemperatur" herrschen muss (Anhang 3.5 der Verordnung). Laut § 8 Abs. 2 der Verordnung sind die 1976 geschaffenen Arbeitsstättenrichtlinien bis zur Ausarbeitung einer Neufassung und maximal bis 2010 weiter in Kraft. In der Arbeitsstättenrichtlinie 6/1,3 wird der Gesetzgeber konkret: Danach muss in Arbeitsräumen zum Arbeitsbeginn mindestens eine der folgenden Raumtemperaturen erreicht sein:

- bei überwiegend sitzender Tätigkeit +19°C
- bei überwiegend nicht sitzender Tätigkeit +17°C
- bei schwerer körperlicher Arbeit +12°C
- in Büroräumen +20°C
- in Verkaufsräumen +19°C.

Bei Nr. 2, 3 und 5 dürfen die Temperaturen aus betriebstechnischen Gründen unterschritten werden. Bei sitzender Verkaufstätigkeit (z. B. an der Kasse) kann nach der Richtlinie eine höhere Temperatur als 19°C erforderlich sein. In Arbeitsräumen sollen + 26°C nicht überschritten werden; Arbeitsräume mit Hitzearbeitsplätzen sind davon ausgenommen. Die Richtlinie enthält weitere Temperaturangaben für verschiedene Nebenräume, Flure usw..

Wichtige Gerichtsurteile zur Raumtemperatur in Gewerberäumen

- Landgericht Bielefeld, Az. 30411-01, Urteil vom 16.04.2003: Die Raumtemperatur in einem Büro darf 26°C nicht überschreiten. Ausnahme: Die Außentemperatur überschreitet 32°C.
- Oberlandesgericht Hamm, Az. 30 U 131/06, Urteil vom 28.02.2007: Die Obergrenze von 26°C muss auch bei einem Gewerbemietobjekt eingehalten werden, das als Spielsalon genutzt wird. Nur bei Außentemperaturen von über 32°C ist eine Überschreitung zulässig; dann muss die Innentemperatur mindestens 6°C unter der Außentemperatur liegen.

Wohnräume

In Wohnräumen gelten 18 bis 21°C als der gesündeste Temperaturbereich. Im Internet findet sich eine Vielzahl belehrender Seiten, die für eine weitestgehende Reduzierung der Raumtemperatur im Wohnbereich eintreten – in Zeiten hoher Energiekosten ein beliebtes Argument. Was oft vergessen wird: Allzu geringe Temperaturen können – besonders im Verein mit feuchter Luft – Schimmelbildung verursachen und die Bausubstanz schädigen. Das Aufheizen eines völlig ausgekühlten Raumes z. B. nach nächtlichem Dauerlüften kann mehr an Heiz-

energie kosten, als bei kontinuierlicher Heiztemperatur verbraucht wird. Vermieter sind durch § 535 BGB in der Pflicht, die Mietwohnung in einem zum vertragsgemäßen Gebrauch geeigneten Zustand zu halten. Das bedeutet, dass der Mieter sie bewohnen kann und der Aufenthalt in ihnen zumutbar ist. Die Gerichte gehen davon aus, dass 20 bis 22°C in Wohnungen üblich und ausreichend sind. 20°C werden jedoch als Untergrenze angesehen. Ist im Mietvertrag eine Heizperiode vereinbart (zB. 1. Oktober bis 30. April, zum Teil auch 15. September bis 15. Mai) muss in dieser Zeit auf jeden Fall geheizt werden. Die Mindesttemperatur von 20°C muss nicht 24 Stunden lang eingehalten werden, sondern nur tagsüber (das heißt 6 bis 24 Uhr). Nachts werden 18°C als ausreichend angesehen. Im Mietvertrag enthaltene Klauseln mit abweichenden Regelungen (zum Nachteil des Mieters) sind unwirksam. Ist es außerhalb der (mietvertraglich vereinbarten) Heizperiode ungewöhnlich kalt, muss die Heizung wieder in Betrieb gehen. Faustregel: Sinkt die Temperatur in der Wohnung (Zimmermitte) drei Tage lang auf 16°C ab oder beträgt die Außentemperatur drei Tage lang unter 12°C, muss geheizt werden. Andernfalls hat der Mieter ein Recht auf Mietminderung.
Beispiele für einschlägige Gerichtsurteile

- Unterdimensionierte Heizkörper in der Mietwohnung, die eine Erwärmung der Mieträume auf 20°C nicht erlauben, sind als Mangel der Mietwohnung anzusehen. In den Wintermonaten ist eine Mietminderung von fünf bis zehn Prozent möglich (Amtsgericht Münster, Az. 28 C 330/86, WM 1987, S. 382, Urteil vom 05.05.1987).
- Kein zur Mietminderung berechtigender Wohnungsmangel liegt vor, wenn die notwendige Raumtemperatur nur bei voll aufgedrehten Thermostatventilen erreicht werden kann (Amtsgericht Münster, Az. 6 C 218/81, WM 1984, S. 198, Urteil vom 07.03.1984).
- Ist die Heizungsanlage (Heizkörper/Heizkessel) so unterdimensioniert, dass bei Außentemperaturen von –7°C oder weniger keine Innenraumtemperaturen von 21°C erzielt werden können, kann die Miete an diesen kalten Tagen gemindert werden (Amtsgericht Kerpen, Az. 6 C 249/85, WM 1990, S. 62, Urteil vom 05.11.1987).
- Ist dauerhaft nur eine Raumtemperar zwischen 15 und 18°C, aber nicht über 18°C zu erzielen, räumen folgende Gerichte dem Mieter die Möglichkeit zu einer 30-prozentigen Mietminderung ein: Landgericht Düsseldorf, Az. 12 S 382/72, WM 1973, S. 187, Urteil vom 17.05.1973; Landgericht München I, Az. 20 S 3739/84, Urteil vom 25.05.1984; Amtsgericht Görlitz, Az. 1 C 1320/96, WM 1998, S. 180, Urteil vom 03.11.1997.
- Eine Nachtabsenkung darf zwar stattfinden, aber nur in Grenzen. 18°C müssen auch nachts erreicht werden (Landgericht Berlin, Az. 64 S 266/97).

Der Mieter ist für die Einhaltung einer Raumtemperatur verantwortlich, die Schäden am Mietobjekt vorbeugt. Ausreichendes Heizen und Lüften sind erforderlich, um Feuchtigkeit im Mauerwerk und Schimmelbildung zu verhindern. Der Mieter darf bei Abwesenheit im Winter die Heizung nicht ganz abstellen. Etwa 6°C werden als ausreichend angesehen, um Frostschäden an den Installationen zu verhindern. Ein Ausfall der Heizung im Winter muss dem Vermieter unverzüglich mitgeteilt werden; ansonsten kann der Mieter schadenersatzpflichtig werden. Auch technische Normen enthalten Hinweise zur Raumtemperatur: So regelte etwa die DIN 4701 (Regeln für die Berechnung des Wärmebedarfs von Gebäuden), dass für Wohn- und Schlafräume, Büroräume, Bibliotheken sowie Fertigungs- und Werkstatträume bei sitzender Beschäftigung eine Norminnentemperatur von 20°C einzuhalten sei. Die DIN 4701 wurde im Oktober 2004 durch die DIN EN 12831 abgelöst, die nun unter anderem folgende Werte enthält:

- Wohn- und Schlafräume +20°C
- Büroräume, Sitzungszimmer, Ausstellungsräume, Haupttreppenräume, Schalterhallen +20°C
- Hotelzimmer +20°C
- Verkaufsräume und Läden allgemein +20°C
- Bade- und Duschräume, Bäder, Umkleideräume, Untersuchungszimmer (generell jede Nutzung für den unbekleideten Bereich) +24°C
- WC-Räume +20°C.

Vermieter sollten sich jedoch im Zweifel eher an den oben erwähnten Ansichten der Gerichte als an der DIN EN 12831 orientieren.
Siehe / Siehe auch: Arbeitsstätte

RDM-IMMONET

Internet portal established by the former association of real estate agents (brokers) in Germany

Siehe / Siehe auch: IMMONET - RDM IMMONET

RDM-Preisspiegel

RDM standard of prices (IVD standard of prices)

Siehe / Siehe auch: IVD-Preisspiegel

Reaktionsgruppen / Controlling der Werbeaktivitäten

response groups / controlling advertising activities

Als Reaktionsgruppen bezeichnet man die in einem Einteilungsraster erfassten Gruppen von Personen bzw. Institutionen, die auf Werbemaßnahmen reagieren. Beim Controlling der Werbeaktivitäten von Maklern (Objektwerbung in Zeitungsanzeigen oder Internetwerbung) wird zwischen drei verschiedenen Personengruppen unterschieden.

1. Die erste Reaktionsgruppe stellen die „Direktinteressenten" dar. Sie kommen unmittelbar als Verhandlungs- und Vertragspartner in Frage. Dabei ist zu unterscheiden, ob es sich um Erstkontakte handelt oder um Kontakte von bereits im Maklerunternehmen registrierten Interessenten.
2. Die zweite Gruppe sind potentielle Interessenten, die zwar nicht für das beworbene Objekt in Frage kommen, aber Interessenten für andere Objekte des vom Makler bearbeiteten Objektsortiments sein können. Auch hier wird unterschieden zwischen Erstkontakten und Wiederholungs-kontakten von bereits registrierten Kunden.
3. Zur dritten Gruppe zählen die „Nichtinteressenten".

Eine Analyse der Reaktionsgruppen lässt Schlüsse auf den Werbeerfolg zu. Beim vorzunehmenden Ranking nimmt die Bewertung der geschilderten Gruppen nach der oben geschilderten Reihenfolge ab: Gruppe IA und IB (Direktinteressenten), Gruppe IIA und IIB (mögliche Interessenten) und Gruppe III (keine Interessenten.). Dominiert unter den Reaktionsgruppen Gruppe IA / IB, kann von einer hohen Wahrscheinlichkeit ausgegangen werden, dass die Werbemaßnahme zum Erfolg führt. Bei der Gruppe IIA / IIB ist ein Erfolgsbeitrag möglich, während die Gruppe III keinem Erfolgsbeitrag liefern kann. Die Struktur der Reaktionsgruppen spiegelt die Werbequalität wieder.

Real Estate Asset Management

real estate asset management

Im Gegensatz zum Real Estate Investment Management, bei dem ausschließlich An- und Verkaufsentscheidungen zur Optimierung der Struktur des Immobilieneigentums im Vordergrund steht, befasst sich das strategisch ausgerichtete Real Estate Asset Management mit der Optimierung eines vorhandenen Immobilienbestandes im Auftrag des Eigentümers. Hierzu zählen auch Maßnahmen der Entwicklung von Bestandsimmobilien einschließlich möglicher Revitalisierungsmaßnahmen. Zu den wertsteigernden Maßnahmen gehören auch Ertragsverbesserungen durch Ausschöpfung vorhandener Mietreserven und Kosteneinsparungen. Endziel ist eine Performanceoptimierung des Immobilienbestandes.

Real Estate Investment Management

real estate investment management

Unter dem Begriff des Real Estate Investment Management (REIM) versteht man die Umsetzung von Investorenvorgaben für Immobilieninvestitionen, bei denen die Immobilie als Kapitalanlage im Vordergrund steht. Das Management befasst sich mit Zu- und Verkäufen im Immobilienbereich, um das Immobilienportfolio eines Eigentümers zu optimieren. Dabei kann die ganze Palette der Investitionsmöglichkeiten (direkte und indirekte Immobilienanlage, Immobilienanlagen im In- und Ausland, vermietete und vom Eigentümer selbstgenutzte Immobilien) ausgeschöpft werden.

Real Estate Investment Trust (REIT)

Real Estate Investment Trust (REIT)

REITs in USA

In den Vereinigten Staaten gibt es seit Anfang der 60er Jahre des 20. Jahrhunderts Real Estate Investment Trusts. Die Entwicklung war anfänglich nicht Aufsehen erregend. Erst ab der 90er Jahre begann der große Aufschwung. Heute liegt dort das Volumen der Marktkapitalisierung bei mindestens 250 Milliarden US-Dollar.

Bei Real Estate Investment Trusts (REITs) handelt es sich um börsennotierte US-Aktiengesellschaften, die zu mindestens 75 Prozent ihres Kapitals in Immobilien investiert haben. Parallel dazu müssen 75 Prozent des Bruttogewinnes aus Mieteinnahmen von Immobilien stammen. Weitere Kennzeichen amerikanische REITs sind:

- 95 Prozent ihrer erwirtschafteten Erträge müssen die REITs an ihre Anteilseigner ausschütten.
- Durchschnittsrendite in den letzten 25 Jahren 12,8 Prozent
- Geringe Kursschwankungen (Schwankungsbreite im Vergleich zu Industrieaktien das 0,43-fache)

- Die Zahl der Aktionäre muss mindestens 100 betragen
- 5 Aktionäre dürfen nicht mehr als 50 Prozent der Anteile halten
- REITs unterliegen nicht der amerikanischen Körperschaftssteuer

Das Konzept wurde von anderen Ländern als Vorbild gesehen und hat sich weltweit bereits in mehr als 20 Staaten etabliert. So gibt es z.B. REITs in Belgien („SICAFI"), den Niederlanden („FBI"), Frankreich („SIIC"), Italien (FII), Australien, Kanada, Japan, Südkorea, Singapur, Malaysia und Hongkong. In Großbritannien wurden die gesetzlichen Grundlagen für REITs (Property Investment Fund) geschaffen. Bei den europäischen REITs gibt es unterschiedliche Ausschüttungsvorschriften. Sie liegen zwischen 80 und 100 Prozent.

REITs in Deutschland („G-REITs")

In Deutschland wurde mit dem „Gesetz zur Schaffung deutscher Immobilien-Aktiengesellschaften mit börsennotierten Anteilen" (REIT-Gesetz) der Startschuss für deutsche REITs gegeben. Die Aktiengesellschaften sind von der Körperschafts- und Gewerbesteuer befreit, wenn sie die im Gesetz vorgegebenen Bedingungen erfüllen. Dazu gehört unter anderem, dass die Aktiengesellschaft mindestens 75 Prozent ihrer Erträge aus Immobilien erzielen und mindestens 75 Prozent ihres Vermögens in Immobilien anlegen muss. Mindestens 90 Prozent ihrer Erträge hat die Gesellschaft an die Aktionäre auszuschütten, bei denen die Gewinne dann aber voll versteuert werden. Das Halbeinkünfteverfahren gilt hier nicht.

Die Höchstbeteiligungssumme pro Aktionäre liegt bei zehn Prozent des Aktienkapitals. Ein besonderer Anreiz zur Einbringung von Immobilien in REITs besteht darin, dass die sogenannte „Exit Tax", also die Besteuerung von dabei aufgedeckten Gewinnen nur den halben Wertansatz dieser Gewinne erfasst. Man erhofft sich dadurch, dass viele Unternehmer ermutigt werden, Ihre Betriebsgrundstücke in eine REIT-AG zu einzubringen. Inländische Wohnimmobilien, die vor 2007 errichtet wurden, können nicht in den Vermögensstock einbezogen werden. Damit wurde speziellen deutschen Befürchtungen Rechnung getragen, REITs könnten wegen ihrer Gewinnorientierung den Interessen von Wohnungsmieter zuwiderlaufen.

Eine in Deutschland ansässige REIT-AG (deutscher REIT) muss zwingend an der Börse notiert sein. Immobilienaktiengesellschaften, die kurz vor der Börsenzulassung stehen, erhalten zwei Jahre Zeit, die an deutsche REITs gestellten Auflagen zu erfüllen. Damit soll ein Ventil für die Realisierung aufgestauter Gründungsabsichten geöffnet werden. Ausschüttungen, aus den seit dem 01.01.2009 erworbenen Anteilen unterliegen der Abgeltungssteuer in Höhe von 25 Prozent. Der Gewinn aus Verkäufen dieser Anteile unterliegt ebenfalls der Abgeltungssteuer, es sei denn sie wurden vor dem 01.01.2009 erworben.

Siehe / Siehe auch: Immobilienaktiengesellschaften

Real Estate Norm

real estate standard

Instrumentarium zur Grundstücksflächen- und Gebäudeanalyse, das in einem Handbuch eine eindeutige und unmissverständliche Definition von Kriterien auf einer festgelegten Skala liefert und damit den Vergleich von Grundstücken, Gebäuden und Projekten objektiviert. Herausgeber des Handbuchs ist die Real Estate Norm Netherlands Foundation.

Real Estate Opportunity Fonds

real estate opportunity fund

Real Estate Opportunity Fonds sind Opportunity Fonds, die sich auf Investitionen am Immobilienmarkt fokussiert haben. Diese noch vergleichsweise junge Klasse von Fonds hat sich in den vergangenen Jahren, zunächst ausgehend vom angelsächsischen Sprachraum, immer stärker an den internationalen Immobilienmärkten etabliert und spielt hier eine ähnliche Rolle wie Private-Equity-Fonds am Markt für Unternehmensbeteiligungen. Im Unterschied zu langfristig orientierten Immobilieninvestoren streben Real Estate Opportunity Fonds bei ihren Investitionen vor allem die Realisierung von Wertsteigerungen nach relativ kurzer Haltedauer von etwa fünf Jahren, oft auch weniger, an. Dabei kalkulieren sie mit Eigenkapitalrenditen in der Größenordnung von etwa 20 Prozent.

Als Investitionsobjekte kommen Immobilien unterschiedlichster Nutzungsarten in Frage; die Palette reicht dabei von Grundstücksentwicklungen über Projektentwicklungen bis hin zu Bestandsimmobilien mit entsprechendem Wertsteigerungspotenzial. Die von den Fonds genutzten Möglichkeiten zur Realisierung von Wertsteigerungen ergeben sich beispielsweise aus der Optimierung des Vermietungsmanagements, der Nutzung von Baureserven, Privatisierungsaktivitäten oder aus der Entwicklung von Bestandsobjekten, die revitalisiert oder für neue Nutzungen aufbereitet werden. Darüber hinaus nutzen Real Estate Opportunity Fonds häufig

die zyklischen Entwicklungen an den Immobilienmärkten, indem sie in Marktabschwungphasen antizyklisch investieren und die erworbenen Objekte in Aufschwungphasen wieder veräußern.
Siehe / Siehe auch: Immobilienfonds

Real Estate Portfoliomanagement (REPM)

Real Estate Portfolio Management (REPM)

Beim Real Estate Portfoliomanagement handelt es sich um Verwaltung und Zusammenstellung von Immobilienobjekten nach portfoliotheoretischen Grundsätzen. Dabei geht es auf der Grundlage einer realistischen Zielsetzung um eine systematisch Portfolioplanung, die eine laufende Allokation des Immobilienvermögens zum Ziel hat. Eine Erfolgsoptimierung wird erreicht durch Diversifikation des Immobilienbestandes (Portfoliostruktur) was die Nutzung, die Entwicklungszustände als auch die regionale Streuung der einzelnen Immobilienobjekte anlangt. Damit werden systematische (marktbedingte) als auch unsystematische, in den einzelnen Objekten steckende, Risiken, ausgeglichen. Ein gutes Portfoliomanagement setzt ein Monitoring des Bestandes einschließlich einer permanenten Performancemessung voraus.
Siehe / Siehe auch: Allokation, Portfoliomanagement (Assetmanagement)

Realkredit

real estate loan; collateral loan

Realkredite sind langfristige Kredite (Kredite mit einer Mindestlaufzeit von vier Jahren) die durch im Grundbuch eingetragene Grundpfandrechte abgesichert sind. Sie werden nach einer Beleihungsprüfung des zu beleihenden Objektes gewährt.

Die Beleihungsgrenze für einen Realkredit liegt bei 60 Prozent des Beleihungswertes. Sofern die Beleihungsgrenze überschritten wird, hängt die Gewährung des Kredits in besonderem Maße von der persönlichen Kreditwürdigkeit des Darlehensnehmers ab.Realkredite werden nicht nur durch Realkreditinstitute gewährt (Pfandbriefbanken und Landesbanken mit Pfandbriefprivileg) sondern auch durch Sparkassen, Bausparkassen und in eingeschränktem Umfange Genossenschaftsbanken.

Auch Versicherungsgesellschaften gewähren aus ihrem Deckungsstock Realkredite. Je nach Art der Gewährung und der Refinanzierung der Realkredite sind besondere Gesetze und Vorschriften zu beachten, die der jeweils besonderen Form des gesicherten Realkredites Rechnung tragen, so vor allem das Kreditwesengesetz, aber auch das Pfandbriefgesetz, das Gesetz über Bausparkassen und das Gesetz über die Beaufsichtigung der Versicherungsunternehmen.

Reallast

land charge; ground rent

Eine Reallast belastet ein Grundstück dergestalt, dass dieses für wiederkehrende Leistungen des Berechtigten dinglich haftet. Mit einer Reallast können sowohl wiederkehrende Geldleistungen (Erbbauzinsen, Kaufpreisrenten, Überbaurenten) als auch Naturalleistungen und -Lieferungen (z.B. von elektrischem Strom, Wärme, Wasser und Bodenerzeugnissen) etwa im Rahmen eines Leibgedings abgesichert werden. Auch die Absicherung von Pflegeverpflichtungen oder der Unterhaltung eines Gebäudes ist über eine Reallast möglich. Bei Reallasten werden oft Wertsicherungsvereinbarungen getroffen. Diese können z.B. an den Verbraucherpreisindex anknüpfen. Nicht zulässig, da allzu unbestimmt, sind sogenannte Leistungsvorbehaltsklauseln, nach denen bei Eintritt bestimmter Voraussetzungen erst noch über die genaue Höhe der Wertsicherung verhandelt werden soll.

Ist der durch die Reallast Begünstigte eine bestimmte Person, spricht man von einer subjektiv persönlichen Reallast. Diese Reallast kann nicht mit dem Eigentum an einem Grundstück verbunden werden. Andererseits kann Begünstigter auch der jeweilige Eigentümer eines anderen Grundstücks sein. Dann spricht man von einer subjektiv dinglichen Reallast. Diese kann nicht vom Eigentum am Grundstück getrennt werden; die Berechtigung aus der Reallast ist ein wesentlicher Bestandteil des Grundstücks. Der Eigentümer des belasteten Grundstücks haftet für die Erbringung der Leistungen nicht nur dinglich, sondern auch persönlich. Es ist allerdings möglich, die persönliche Haftung aus der Reallast auszuschließen oder einzuschränken (§ 1108 Abs. 1 BGB). Eine solche Einschränkung bedarf zu ihrer Wirksamkeit nicht der Eintragung ins Grundbuch. Ein Eintrag ist jedoch zu empfehlen – insbesondere für den Notar, der sich sonst einer Haftung ausgesetzt sehen kann. Bei der schweizerischen Grundlast beschränkt sich die Haftung generell auf das belastete Grundstück.
Siehe / Siehe auch: Erbbauzinsen, Isolierte Reallast, Leibgeding, Überbau

Realteilung

de facto splitting

Von Realteilung im Grundstücksverkehr wird dann gesprochen, wenn Miteigentumsanteile an einem

Grundstück so aufgeteilt werden, dass jeder Miteigentümer des Gesamtgrundstücks Alleineigentümer eines Grundstücksteils wird. Der Vollzug erfolgt durch Vermessung und Zuschreibung der neu entstandenen Grundstücke in die für die neuen Alleineigentümer anzulegenden Grundbücher.

Rechenschaftsbericht

account (rendered); (business / directors') report; financial statement; statement of account; report and accounts

Zur Information der Anleger bei offenen Immobilienfonds wird zum Geschäftsjahresende ein Rechenschaftsbericht erstellt, der über die Entwicklung des Fonds, das Immobilienportfolio, die Ausschüttung sowie die Anlagepolitik des jeweiligen Fonds informiert. Darüber hinaus erscheint jeweils zur Mitte des Geschäftsjahres für jeden Fonds ein Halbjahresbericht.

Rechenschaftsbericht bei offenen Immobilienfonds

financial statement for open real estate funds

Offene Fonds müssen einmal jährlich einen Rechenschaftsbericht erstellen sowie zwei Halbjahresberichte. Ein Verkaufsprospekt muss parallel dazu über die Anlagegrundsätze und Kosten informieren. Diese Unterlagen müssen dem Käufer zur Einsicht in geeigneter Weise angeboten werden. Der Rechenschaftsbericht erscheint einmal jährlich und beinhaltet eine Vermögensaufstellung, eine Aufwands- und Ertragsrechnung, die Höhe der eventuellen Ausschüttung sowie Informationen zur Geschäfts- und Fondsentwicklung. Die genauen inhaltlichen Anforderungen sind im Paragraf 44 Investmentgesetz festgelegt, die Veröffentlichungsfristen in Paragraf 45 InvG.

Rechnungslegung

accountancy; accounting; rendering of accounts; (financial) reporting

Rechnungslegung bezieht sich auf Berichte aus dem Rechnungswesen und der Geschäftsführung dessen, der fremdes Vermögen verwaltet. Inhalt und Umfang der Rechnungslegung sind im Einzelnen nicht vorgeschrieben, doch sind alle Einnahmen/Ausgaben des Abrechnungszeitraums nach Kostenarten gegliedert mit Bankkonten, Geldkonten, Geldanlagen und Rücklagen nachzuweisen. Die Belege sind geordnet vorzulegen. Im immobilienwirtschaftlichen Bereich unterliegen der Miethaus- und Vermögensverwalter, Wohnungseigentums-Verwalter und Baubetreuer der Pflicht zur Rechnungslegung.

Siehe / Siehe auch: Rechnungsprüfung

Rechnungsprüfung

audit; auditing (accounts); accounting control; auditing / checking of accounts

In § 29 (3) WEG wird vorgeschrieben, dass der Wirtschaftsplan, die Abrechnung über den Wirtschaftsplan, Rechnungslegungen und Kostenanschläge vom Verwaltungsbeirat geprüft werden sollen. Diese Aufgabe kann delegiert werden. Der Prüfung unterliegen nur die gemeinschaftlichen Gelder, nicht etwa Buchungsvorgänge aus dem Bereich der Sondereigentumsverwaltung.

Siehe / Siehe auch: Jahresabrechnung (Wohnungseigentum), Verwaltungsbeirat, Belegprüfung (Jahresabrechnung / Wohnungseigentum)

Rechtsanwaltsvergütungsgesetz (RVG)

German Lawyers' Fees Act

Das Gesetz über die Vergütung der Rechtsanwältinnen und Rechtsanwälte (Rechtsanwaltsvergütungsgesetz – RVG) regelt die Vergütung dieses Personenkreises. Die in diesem Gesetz geregelten Vergütungssätze kann der Verwalter als Maßstab für eine Sondervergütung zugrunde legen, die er vertraglich mit der Wohnungseigentümer-Gemeinschaft für die Fälle vereinbart, wo er die Wohnungseigentümer beziehungsweise die Wohnungseigentümer-Gemeinschaft gerichtlich vertritt. Entsprechende Regelungen können im mehrheitlich zu beschließenden Verwaltungsvertrag vereinbart werden.

Siehe / Siehe auch: Sonderleistungen, Sondervergütung, Verwaltervergütung

Rechtsbehelf

remedy; means of recourse; (legal) remedy

Fachausdruck für die Möglichkeit eines Bürgers, sich gegen amtliche Entscheidungen (z.B. Gebührenbescheid) zu wehren. Als Rechtsbehelfe gelten zum Beispiel: Einspruch, Widerspruch und Klage.

Rechtsberatung

legal advice

Siehe / Siehe auch: Rechtsdienstleistungsgesetz (RDG)

Rechtsdienstleistungsgesetz (RDG)

German Legal Services Act

Das frühere Rechtsberatungsgesetz wurde durch das Rechtsdienstleistungsgesetz vom 12.12.2007 ersetzt. Die Änderung trat am 1.7.2008 in Kraft.

Es sichert einerseits Rechtsanwälten ihre Position als Ansprechpartner für alle Fälle echter Rechtsanwendung und umfassender Rechtsberatung. Andererseits wird klargestellt, dass das Auffinden und die Wiedergabe von Rechtsnormen, die allgemeine Aufklärung über rechtliche Hintergründe von Vorgängen, die Geltendmachung von unstreitigen Ansprüchen und die Mitwirkung bei Vertragsabschlüssen (z.B. bei Vertragsvermittlung durch Makler) und Vertragslösungen keine Rechtsdienstleistungen sind. Hierfür gilt folgende Definition: „Rechtsdienstleistung ist jede Tätigkeit in konkreten fremden Angelegenheiten, sobald sie eine rechtliche Prüfung des Einzelfalls erfordert". Zudem wird klargestellt, dass das RDG allen Berufsgruppen Rechtsdienstleistungen als Nebenleistung aus ihrer Tätigkeit erlaubt. So kann ein Makler den Vermieter von Räumen im Rahmen eines Vermietungsauftrages über die zweckmäßige Vertragsgestaltung aufklären. Wer Immobilien-, Vermögens- oder Unternehmensberater ist, braucht die Rechtsberatung im Rahmen seines Beratungsauftrages nicht auszuschließen. Für die Vertretung vor Gericht gilt, wenn kein Anwaltszwang gegeben ist, dass die Vertretung neben der Vertretung durch Rechtsanwälte nur zulässig ist

- durch Beschäftigte der Prozesspartei,
- durch unentgeltlich tätige Familienangehörige der Prozesspartei,
- durch unentgeltlich tätige Volljuristen oder
- durch unentgeltlich tätige Streitgenossen.

Ferner ist darauf hinzuweisen, dass bestimmte Berufsgruppen gesetzlich zur Erbringungen von Rechtsdienstleistungen im Rahmen ihrer Berufstätigkeit verpflichtet sind. Hierzu zählen z.B. Versicherungsvermittler und Versicherungsberater. Unentgeltliche Rechtsdienstleistung ist im Übrigen grundsätzliche erlaubt.

Siehe / Siehe auch: Versicherungsberater, Versicherungsmakler

Rechtsentscheid

legal decision

Der Rechtsentscheid war ein Instrument der Rechtsprechung, das nur für den Bereich des Wohnungsmietrechts eingeführt wurde. Er wurde allerdings im Zuge der Reform der Zivilprozessordnung vom 1.1.2002 wieder abgeschafft. Allerdings wirken ergangene Rechtsentscheide nach, so dass sie für die Beurteilung mietrechtlicher Sachverhalte weiterhin von großer Bedeutung sind. Um den Entscheidungsprozess in mietrechtlichen Angelegenheiten zu beschleunigen, wurde jedoch für bestimmte Fälle eine Sprungrevision vom Amtsgericht zum Bundesgerichtshof zugelassen. Die Sprungrevision muss beim Revisionsgericht beantragt werden und ist zuzulassen, wenn die Rechtssache von grundlegender Bedeutung ist oder der Fortentwicklung des Rechts dient. Der Prozessgegner muss mit einer Sprungrevision damit einverstanden sein.

Rechtsfähigkeit (Wohnungseigentümer-Gemeinschaft)

legal capacity; capacity to act (freehold flat owners' association)

Nach früherem Recht wurde die Wohnungseigentümer-Gemeinschaft, anders als eine natürliche Person oder ein Unternehmen oder ein Verein in der Form der juristischen Person, nicht als selbstständiges Rechtssubjekt anerkannt. Auch wenn Verträge im Namen der Wohnungseigentümer-Gemeinschaft abgeschlossen wurden, war nicht die Gemeinschaft als solche, sondern die jeweils zum Zeitpunkt des Vertragsabschlusses im Grundbuch eingetragenen einzelnen Wohnungseigentümer Vertragspartner. Nachdem der BGH (Az. V ZB 32/05, Beschluss vom 02.06.2005) entschieden hatte, dass die Wohnungseigentümer-Gemeinschaft rechtsfähig ist, soweit sie im Rahmen der Verwaltung des gemeinschaftlichen Eigentums am Rechtsverkehr teilnimmt, ist die Rechtsfähigkeit der Wohnungseigentümer-Gemeinschaft (insoweit auch als Verband bezeichnet) seit dem 01.07.2007 auch gesetzlich geregelt (WEG § 10 Abs. 1, 6 bis 8 WEG). Die Rechtsfähigkeit beschränkt sich dabei nicht nur auf das so genannte Außenverhältnis, also auf Rechtsgeschäfte und Rechtshandlungen mit Dritten, die Lieferungen oder Leistungen für die Gemeinschaft erbringen. Die Rechtsfähigkeit erstreckt sich auch auf das Innenverhältnis der Wohnungseigentümer, so unter anderem auch auf die Geltendmachung von Beitrags- und Hausgeldvorschüssen, von Schadensersatzansprüchen oder anderen Forderungen (Sonderumlagen) der Gemeinschaft gegen einzelne Miteigentümer. Nicht der Rechtsfähigkeit unterliegen das Sonder- und das Gemeinschaftseigentum. Von der Rechtsfähigkeit ausgenommen bleibt auch die Anfechtung von Beschlüssen der Wohnungseigentümer. Hierbei handelt es sich um die Willensbildung innerhalb der Gemeinschaft und nicht um eine Angelegenheit des rechtsgeschäftlichen Verkehrs bei der Verwaltung des gemeinschaftlichen Eigentums. Beschlussanfechtungen sind deshalb grundsätzlich gegen die übrigen Wohnungseigentümer gerichtet (§ 46 Abs. 1 WEG). Konkret wirkt sich die Rechtsfähigkeit insbesondere auch auf das

Haftungssystem aus. Andererseits ergeben sich auch verfahrensrechtliche Konsequenzen insoweit, als die Wohnungseigentümer-Gemeinschaft als solche klagen oder verklagt werden kann, wenn es um Forderungen oder Verbindlichkeiten geht, die das Verwaltungsvermögen betreffen. Insofern wird bei der gerichtlichen Geltendmachung dieser Forderungen die Vorlage von Eigentümerlisten entbehrlich. Auch bei der Eintragung von Sicherungs-Hypotheken oder bei der Konto-Eröffnung kann nunmehr die Wohnungseigentümergemeinschaft als solche eingetragen werden, ohne dass sich alle Wohnungseigentümer persönlich ausweisen müssen. Aus dem Recht der Gemeinschaft, Rechte zu erwerben, folgt auch das Recht, Immobilien zu erwerben, wenn dies im Rahmen ordnungsgemäßer Verwaltung liegt und dem Interesse aller Wohnungseigentümer dient. Dies ist beispielsweise dann der Fall, wenn die Wohnungseigentümergemeinschaft eine Hausmeisterwohnung in der eigenen Anlage erwirbt oder auch Stellplätze in der Tiefgarage mit dem Zweck, diese zu vemieten. Die Wohnungseigentümer-Gemeinschaft ist grundbuchfähig. Mit der Zuerkennung der Teilrechtsfähigkeit der Gemeinschaft ist nunmehr auch die früher strittige Frage des anteiligen Übergangs an der Instandhaltungsrückstellung in der Zwangsversteigerung dahingehend geklärt, dass der Anteil automatisch auf den Käufer übergeht. Auch bei rechtsgeschäftlichem Erwerb ist eine gesonderte Regelung über den Übergang des Anteils an der Instandhaltungsrückstellung auf den Erwerber nicht mehr erforderlich.

Siehe / Siehe auch: Gesamtschuldnerische Haftung (Wohnungseigentümer), Haftung (Wohnungseigentümer), Insolvenzunfähigkeit (Wohnungseigentümer-Gemeinschaft), Verwaltungsvermögen (Wohnungseigentümer-Gemeinschaft)

Rechtshängigkeit

pendency; lis pendens

Von Rechtshängigkeit spricht man, wenn eine Klage nicht nur beim zuständigen Gericht eingegangen, sondern auch der Gegenseite zugestellt worden ist. Die Unterscheidung zwischen Anhängigkeit und Rechtshängigkeit kann aus Kosten-/Fristgründen relevant sein.

Rechtsmangel (Mietverhältnis)

title defect; gap in title; deficiency in title; defect of title; legal infirmity; legal imperfection in title (tenancy)

Ein Rechtsmangel liegt vor, wenn durch das Recht eines Dritten dem Mieter der vertragsgemäße Gebrauch der gemieteten Sache ganz – oder zum Teil – entzogen wird. Dies ist z.B. dann der Fall, wenn der Vermieter zur Gebrauchsüberlassung nicht in der Lage ist, weil ein Vormietberechtigter in den Vertrag eintritt oder der vorherige Mieter zu Recht die Rückgabe der Mietsache verweigert. Auch wenn der Vermieter gleichzeitig mit zwei Mietinteressenten Verträge abgeschlossen hat und ein Mieter eingezogen ist, liegt aus Sicht des anderen Mieters ein Rechtsmangel vor.

Siehe / Siehe auch: Sachmangel (im Mietrecht)

Rechtsschutzversicherung

legal expenses insurance; insurance for legal costs

Versicherungsschutz, mit dem im Falle einer rechtlichen Auseinandersetzung die Streitkosten im Rahmen gehalten werden können. Je nach Risiko, gegen das versichert werden soll, kann zwischen unterschiedlichen Bausteinen gewählt werden. Kosten aus Rechtsstreitigkeiten mit Nachbarn, sowie rechtliche Konflikte aus Miet- und Pachtverhältnissen sind z. B. durch eine Haus- und Grundbesitzerrechtsschutzversicherung gedeckt.

Streitigkeiten, die beim Errichten eines Bauwerks entstehen können, sind mit der Bauausschlussklausel jedoch grundsätzlich vom Versicherungsschutz ausgenommen.

Rechtsstreit, bürgerlicher

lawsuit; law proceedings; legal action; litigation (civil)

Wenn der Mieter dem Mieterhöhungsverlangen des Vermieters nicht zustimmt, muss zur Durchsetzung des Mieterhöhungsbegehrens Klage vor dem Zivilgericht erhoben werden. Bevor die Zwangsversteigerung in ein Grundstück betrieben werden kann, muss zuerst die Forderung gerichtlich festgestellt werden. In beiden Fällen kommt es zu einem bürgerlichen Rechtsstreit. Der Rechtsstreit, die bürgerlich rechtliche Streitigkeit oder das streitige Verfahren – die Begriffe können synonym verwendet werden – haben festgelegte Vokabeln und unterliegen speziellen Regeln. Sie sind zu unterscheiden von dem Strafverfahren und dem verwaltungsgerichtlichen Verfahren. Den Ablauf eines bürgerlichen Rechtsstreits regelt die Zivilprozessordnung.

Siehe / Siehe auch: Privatklage

Rederecht (Wohnungseigentümer-Versammlung)

right to speak; right to address a meeting (freehold flat owners' meeting)

Grundsätzlich hat jeder Wohnungseigentümer in der Wohnungseigentümer-Versammlung das Recht, sich zu allen Angelegenheiten der Verwaltung des gemeinschaftlichen Eigentums gemäß Tagesordnung zu äußern. Das Rederecht ist deshalb „wesentliches Teilhaberecht" des Wohnungseigentümers, das ihm das Recht und die Möglichkeit gewährt, an der Verwaltung des gemeinschaftlichen Eigentums über die Ausübung des Stimmrechts hinaus teilzunehmen und auf die Meinungsbildung in der Versammlung Einfluss einzuwirken.

Es ist insoweit dem Anspruch auf rechtliches Gehör vergleichbar. Ein Entzug des Rederechts durch den Vorsitzenden der Versammlung ist, ausgenommen die Fälle einer Überschreitung der Redezeit, unzulässig. Selbst im Falle eines Stimmrechts-Ausschlusses kann das Rederecht nicht entzogen werden. Allerdings wäre ein entsprechender Geschäftsordnungsbeschluss auch im Falle der Annahme nicht selbstständig anfechtbar.

Siehe / Siehe auch: Geschäftsordnung (Wohnungseigentümer-Gemeinschaft), Redezeit (Wohnungseigentümer-Versammlung)

Redevelopment
redevelopment

Unter Redevelopment versteht man alle Maßnahmen, die ergriffen werden müssen, um eine nicht mehr den gewandelten Marktgegebenheiten entsprechende Immobilie so umzugestalten, dass sich die Ertrags- und/oder Nutzungssituation merklich verbessert und auf längere Zeit auf höherem Niveau als vorher stabilisiert wird. Redevelopment ist somit ein umfassender Begriff, der alle Maßnahmen abdeckt, die diesem Ziele dienen, insbesondere Instandhaltung, Modernisierung, Umbau, Revitalisierung, Flächenrecycling und dergleichen mit oder ohne Implementierung neuer Nutzungskonzepte. Redevelopment wird häufig mit dem Begriffspaar der Sanierung und Neuentwicklung in Verbindung gebracht.

Siehe / Siehe auch: Revitalisierung

Redezeit (Wohnungseigentümer-Versammlung)
speaking time (freehold flat owners' meeting)

Insbesondere in großen Eigentümergemeinschaften und bei umfangreicher Tagesordnung ist es grundsätzlich zulässig, die Redezeit und damit auch das Rederecht zu beschränken. Dies auch unter dem Gesichtspunkt, eine Versammlung nicht ungebührlich in die Länge zu ziehen. Eine solche Beschränkung der Redezeit kann generell in einer von den Wohnungseigentümern beschlossenen Geschäftsordnung geregelt sein. Es kann jedoch auch spontan in einer konkreten Versammlung verlangt und beschlossen werden, sowohl die Dauer der Aussprache zu einzelnen Tagesordnungspunkten zu begrenzen, als auch die Redezeit der einzelnen Redner zu beschränken. Durch eine konkrete zeitliche Beschränkung der Redezeit eines einzelnen Eigentümers wird grundsätzlich dessen Recht auf rechtliches Gehör nicht verletzt. Eine Beschränkung der Redezeit muss jedoch stets vom Grundsatz der Gleichbehandlung ausgehen und die Eigentümer nicht unterschiedlich behandeln. In der Regel wird davon auszugehen sein, dass eine Beschränkung auf fünf Minuten als angemessen anzusehen ist, sofern nicht im Ausnahmefall der konkrete Sachverhalt längere Ausführungen erforderlich macht. Die Entscheidung, ob in solchen Fällen eine Überschreitung zulässig ist, liegt im Ermessen des Versammlungsleiters.

Siehe / Siehe auch: Geschäftsordnung (Wohnungseigentümer-Gemeinschaft), Rederecht (Wohnungseigentümer-Versammlung)

Reetdach
thatched roof

Reetdächer sind besonders in Regionen mit weiten Uferzonen verbreitet. Reet ist als Baustoff seit 4000 Jahren bekannt. Bereits die Ägypter haben Schilf geerntet, um es als Baumaterial zu benutzen. In Europa beginnt der Einsatz von Stroh als Dachdeckung bei den Pfahlbauten am Bodensee. Bei Ausgrabungen wurden gut erhaltene Häuser gefunden, von denen authentische Nachbauten im Pfahlbaumuseum Unteruhldingen präsentiert werden. Regional sind verschiedene Bauweisen typisch.

Da Reet ein elastisches und leicht zu formendes Dachmaterial ist, sind die Möglichkeiten bei der Gestaltung des sogenannten Weichdaches groß. Vom konventionellen, schlichten Dach über ausgestaltete Entwürfe reicht die Palette. Die fließenden

Übergänge der Dachbestandteile machen die Reetdächer markant. Die Firstabdeckung erfolgt regional mit verschiedenen Materialien, z. B. Stroh, Heidekraut oder Gras – in Dänemark sind dafür Grassoden verbreitet, in Schleswig-Holstein wird mit dem „Angeliter Reiter", das sind geviertelte Holzbalken, die Heide von oben gesichert. Auch ausgefallene Ideen können realisiert werden, wenn es das Bauamt genehmigt, z. B. durch die Dachhaut wachsende Bäume oder ein anschließendes Atrium. Reetdächer sind beliebt wegen ihres außerordentlich hohen Dämmwertes, ihrer Elastizität und ihrer Festigkeit. Sie wirken klimaausgleichend und sind wegen der Verwendung von nachwachsenden Rohstoffen ökologisch. Das Ausgangsprodukt Schilf wächst in den feuchten Niederungen nahe an Gewässern im Sommer als etwa 1,80 m hohe Halme mit buschiger Fahne. Der Anbau von Schilf ist auch eine Perspektive für Bauern in Deutschland, die damit gleichzeitig Landschaftsschutz betreiben und vielen Tierarten eine Heimat bieten. Geerntet wird im Winter. Das Reet wird zu Hocken von 60 cm Umfang zusammengestellt und transportfertig gemacht. Nur geringe Mengen des Rohstoffes kommen aus Deutschland, die Masse wird aus Ungarn, Polen, Rumänien und der Türkei importiert.
Ein Reetdach hält je nach Witterung durchschnittlich 40 bis 60 Jahre, aber auch 100 Jahre alte Reetdächer sind keine Seltenheit.
Siehe / Siehe auch: Dachformen

Regelsparbeitrag (Bausparen)
amount to be saved regularly (building and loan savings)

Der Regelsparbeitrag im Rahmen eines Bausparvertrages richtet sich nach der vereinbarten Bausparsumme sowie nach dem Tarif und ist vom Bausparer in monatlichen, immer gleich hohen Raten zu leisten. Ein Rechtsanspruch auf diese Zahlungen hat die Bausparkasse jedoch nicht. Andererseits können im Interesse einer möglichst raschen Zuteilung des Bausparvertrages zusätzliche Einmalzahlungen geleistet werden.

Regionalbeirat
Regional Advisory Board / Council

Regionalbeiräte gibt es in verschiedenen Berufsorganisationen. Eine davon ist der Immobilienverband Deutschland (IVD). Dort vertreten Regionalbeiräte die Interessen des IVD in den Planungsregionen und sind gleichzeitig für die Netzwerkarbeit der IVD-Mitglieder ihrer jeweiligen Region zuständig. Außerdem berichten Sie dem Vorstand über besondere Ereignisse ihrer Region, die die Interessen der Mitglieder oder die Verhältnisse am regionalen Immobilienmarkt berühren beziehungsweise beeinflussen können. Institutionalisiert wurden sie zuerst im IVD-Süd.
Siehe / Siehe auch: IVD

Regionalfaktoren
regional factors

Der Regionalfaktor ist eine Kennzahl, die eine Aussage über die wirtschaftliche Entwicklung eines regionalen Raumes im Vergleich zur gesamtwirtschaftlichen Entwicklung zulässt. Bei einem Regionalfaktor = 1 verläuft die Entwicklung identisch. Liegt der Regionalfaktor über 1, ist dies ein Zeichen dafür, dass das wirtschaftliche Wachstum der Region schneller vor sich geht als das gesamtwirtschaftliche Wachstum. Das bedeutet gleichzeitig, dass wachs-tumsorientierte Branchen in der Region stärker als im Gesamtdurchschnitt vertreten sind. Ein Regionalfaktor unter 1 zeigt ein Zurückbleiben des Wirtschaftswachstums der Region hinter dem gesamtwirtschaftlichen Wachstum an. Die Regionalanalyse kann sich auch auf einzelne Branchen (z.B. Baubranche) beschränken. Für die Immobilienwirtschaft sind solche Regionalfaktoren deshalb von Bedeutung, weil sie eine Prognosegrundlage auch für die voraussichtliche Entwicklung im Immobilienbereich liefern. Verschiedentlich wird in der Literatur darauf hingewiesen, dass die Entwicklung der Bauwirtschaft und die durch sie angestoßene Entwicklung der Immobilienwirtschaft mit einem bestimmten „timelag", also einer Zeitverzögerung der gesamtwirtschaftlichen Entwicklung folge (so Th. Dopfer „Der westdeutsche Wohnungsmarkt" München 2000). Erste Auslöser für die Entwicklungsreihenfolge sind Änderungen im Realeinkommen bzw. im Bruttoinlandsprodukt. Die regionale Entwicklungsdifferenzierung hat ihre Ursachen in unterschiedlichen wirtschaftsstrukturellen Vorgegebenheiten. Als Regionalfaktoren werden auch die im Rahmen der NHK 95 zur Verfügung gestellten „Korrekturfaktoren" bezeichnet, die bei der Bewertung von Immobilien im Sachwertverfahren verwendet werden. Sie ermöglichen, die Unterschiede in den Baukosten der verschiedenen Bundesländer auszugleichen, was bei einem bundeseinheitlichen Baupreisindex früher nicht üblich war. Für die einzelnen Bundesländer werden folgende Korrekturfaktoren genannt:

- Baden-Württemberg: 1,00 bis 1,10
- Bayern: 1,05 bis 1,10
- Berlin: 1,25 bis 1,45

- Brandenburg: 0,95 bis 1,10
- Bremen: 0,90 bis 1,00
- Hamburg: 1,25 bis 1,30
- Hessen: 0,95 bis 1,00
- Mecklenburg-Vorpommern: 0,95 bis 1,10
- Niedersachsen: 0,75 bis 0,90
- Nordrhein-Westfalen: 0,90 bis 1,00
- Rheinland-Pfalz: 0,95 bis 1,00
- Saarland: 0,85 bis 1,00
- Sachsen: 1,00 bis 1,10
- Sachsen-Anhalt: 0,90 bis 0,95
- Schleswig-Holstein: 0,90 bis 0,95
- Thüringen: 1,00 bis 1,05

In den NHK 2000 wurde von der Veröffentlichung von Regionalfaktoren abgesehen. Es wurde dabei davon ausgegangen, dass die Gutachterausschüsse für ihren Bereich solche Faktoren künftig feststellen.

Regionalplan

regional economic plan; regional plan

Eine Planungsregion umfasst in der Regel das Gebiet einiger Stadt- und Landkreise. Der hierfür aufgestellte Regionalplan stellt die fachlichen und überfachlichen Ziele für die Entwicklung der Planungsregion dar. Die überfachlichen Ziele beziehen sich auf die Konkretisierung der Versorgungsaufgaben und der Versorgungsreichweiten der zentralen Orte für das Umland wie auch die Entwicklung der Verkehrsachsen. Das Zentrale-Orte-System unterscheidet dabei zwischen Oberzentrum, mögliches Oberzentrum, Mittelzentrum und Unterzentrum.
Die fachlichen Ziele zeigen die gewollten Entwicklungs- Erhaltungs- und Sicherungsperspektiven auf, die für die einzelnen Bereiche (Gewerbe, Siedlungswesen, Landwirtschaft, Kultur, Landschaft usw.) angestrebt werden. Jeder Regionalplan enthält umfangreiches kartographisches Material. Er kann bei den Geschäftsstellen der regionalen Planungsverbände auch erworben werden. Der Regionalplan ist für Makler, Bauträger und Projektentwickler eine bedeutende Informationsquelle, die sie für Exposés bzw. Prospekte gut nutzen können.

Reihenhaus / Reiheneinfamilienhaus

(individually owned) terraced house / row house

Reiheneinfamilienhäuser sind in geschlossener Bauweise errichtete Einfamilienhäuser (eine sog. Hausgruppe). Die an beiden Enden der Reihenhauszeile liegenden Häuser werden in der Bewertungsliteratur als Kopfhäuser und in der Praxis als Reiheneckhäuser bezeichnet. Die dazwischen liegenden Häuser sind Reihenmittelhäuser. Eine besondere Form der Reihenhausbebauung stellen die Kettenhäuser dar, bei denen Reihenmittelhäuser durch beidseitig angebaute Garagen in einer Zeile mit anderen Reihenmittelhäusern verbunden sind. Die durchgehende Reihe bezieht sich damit auf die Erdgeschosshöhe. Reiheneinfamilienhäuser sind wegen des geringen Grundstücksanteils relativ kostengünstig. Die Grundrisse sind weitgehend standardisiert. Es gibt allerdings nur einen geringen Spielraum für Aus- und Umbauten. Reihenhäuser werden von Bauträgern und Wohnungsunternehmen errichtet.

Reihenhäuser können – mangels Parzellierungsmöglichkeit der Grundstücke – auch in der Rechtsform des Wohnungseigentums errichtet werden. In diesen Fällen sind die Vorschriften des Wohnungseigentumsgesetzes uneingeschränkt anzuwenden.
Siehe / Siehe auch: Einfamilienhaus, Mehrhausanlage (Wohnungseigentum), Wohnungseigentum

Reihenmittelhaus

one of a row of terraced houses that is not at the end of the row

Siehe / Siehe auch: Reihenhaus / Reiheneinfamilienhaus

Reinertrag

net profit; net operating income; net proceeds; net return

Zieht man vom Rohertrag (Nettokaltmiete) die Bewirtschaftungskosten ab, erhält man den Reinertrag. Der Reinertrag ist Ausgangsgröße für verschiedene Arten der Wirtschaftlichkeitsrechnungen. Der Reinertrag ist auch die Grundlage für die Ermittlung des Ertragswertes. Je nach Anwendungsbereich kann der Reinertrag eine unterschiedliche Größe darstellen.
Siehe / Siehe auch: Ertragswert, Wirtschaftlichkeitsrechnung

Reines Wohngebiet WR (Bauplanungsrecht)

purely residential area; purely housing zone (planning law)

Ein reines Wohngebiet ist eine der vier Wohngebietsarten, deren Nutzungsprofil in der Baunutzungsverordnung festgelegt ist. Was in reinen Wohngebieten Vorhaben zulässig ist, ergibt sich aus § 3 BauNVO definiert. Bei reinen Wohngebieten stehen die Wohnbedürfnisse der dort siedelnden Menschen im Vordergrund, insbesondere die Wohnruhe. Diese Baugebietsart zeichnet sich dadurch aus, dass stringent alle Nutzungen, die das Wohnklima stören könnten, nicht zugelassen werden. Möglich ist (als Ausnahme gedacht) eine Berufsausübung die keine störenden Auswirkungen hat. Aber auch Läden, die der täglichen Versorgung der Bewohner dienen, sowie kleine Beherbergungsgewerbe können in reinen Wohngebieten als Ausnahme zugelassen werden, ebenso Anlagen für kirchliche, soziale, kulturelle, gesundheitliche und sportliche Zwecke. Gleiches gilt für andere Anlagen, die den Bedürfnissen der Bewohner dieses Gebietes dienen. Klargestellt ist auch, dass in reinen Wohngebieten Gebäude zulässig sind, die der Betreuung und Pflege von Personen dienen, die das Gebäude bewohnen, also Altenwohnheime und Pflegeheime. Unzulässig sind aber Heime oder Unterkünfte, die nur für die temporäre Unterbringung von Personen bestimmt sind. Garagen und Stellplätze sind zulässig, soweit damit der durch die Wohnbebauung verursachte Bedarf gedeckt wird. Die Lärm-Immissionsrichtwerte liegen im reinen Wohngebiet tagsüber bei 50 Dezibel und nachts bei 35 Dezibel. Die Verletzung der erhofften Wohnruhe im reinen Wohngebiet oder sonstige den Charakter der reinen Wohngebietes beeinträchtigende Einrichtungen auch außerhalb der Baugebietsgrenzen führt vielfach zu Klagen vor den Verwaltungsgerichten, denen allerdings nur teilweise Erfolg beschieden ist.

- So hat das OVG Niedersachsen mit Beschluss V. 29.06.06 - 9 LA 113/04 entschieden, dass auch ein großzügig bemessener und mit einer überdurchschnittlichen Spielgeräteausstattung versehener Spielplatz mit dem Ruhebedürfnis der Bewohner eines unmittelbar angrenzenden Wohngebiets vereinbar sei.
- Eine private Schwimmhalle in einem reinen Wohngebiet ist als Nebenanlage anzusehen. Sie ist nicht zulässig, wenn sie das Merkmal der „funktionellen und räumlich-gegenständlichen Unterordnung nicht erfüllt". Dem Nachbarn steht insoweit ein subjektives Abwehrrecht zu. (BVerwG, Urteil vom 28.04.2004 - 4 C 10.03).
- Eine in einer Garage mit den Abmessungen von 4 m x 0,9 m geplante Montagegrube ist in einem reinen Wohngebiet unzulässig. (VGH Baden-Württemberg, Urt. vom 10/15/90, Az.: 8 S 1889/90).
- In einem keine weiteren Einrichtungen dieser Art aufweisenden reinen Wohngebiet ist ein kleiner Betrieb des Beherbergungsgewerbes, der nach seiner Lage der Eigenart des Baugebiets nicht widerspricht, zuzulassen, wenn er keine unzumutbaren Belästigungen oder Störungen hervorruft (VGH Baden-Württemberg, Urt. V. 31.03.1997).

Im Vergleich zu den anderen Wohngebietsarten können in reinen Wohngebieten bei einem vergleichbaren Maß der baulichen Nutzung die höchsten Grundstückspreise erzielt werden. Die Verdichtungsgrenzen liegen bei 0,4 Gundflächenzahl und 1,2 Geschossflächenzahl.

Siehe / Siehe auch: Wohngebiete (nach BauNVO), Geschossflächenzahl (GFZ) - Geschossfläche (GF), Grundflächenzahl (GRZ) - zulässige Grundfläche (GR)

Reisekosten

travel expenses

Als „sonstige Werbungskosten" kann der Vermieter gegenüber dem Finanzamt bestimmte Reisekosten, die in Zusammenhang mit seiner Vermietertätigkeit stehen, steuermindernd geltend machen. Dazu zählen Fahrten, um eine Immobilie, die den Vermieter interessiert, vor Ort zu besichtigen, Fahrten zur Baustelle sowie Fahrten zum Mietobjekt, um verschiedene Sachverhalte mit den Mietern zu besprechen. Vermieter, die mit dem eigenen Wagen unterwegs sind, können eine Pauschale von 0,30 Euro je tatsächlich gefahrenem Kilometer geltend machen. Gegebenenfalls lässt sich auch Verpflegungsmehraufwand mit dem Fiskus abrechnen. Bei einer Reisedauer von mindestens 8 Stunden können pauschal 6 Euro, bei einer Reisedauer von mind. 14 Stunden 12 Euro und bei einer Reisedauer ab 24 Stunden 24 Euro pauschal abgerechnet werden. Diese Reisekostenregelungen sind nicht zu verwechseln mit den neuen Regelungen zur Entfernungspauschale für Arbeitnehmer.

Relativer Mehrheitsbeschluss

relative majority vote

Siehe / Siehe auch: Mehrheitsbeschluss

Relocation

relocation

Relocation bezieht sich auf Umzüge im Rahmen eines dienstlich veranlassten Ortswechsels. Dahinter verbirgt sich ein Dienstleistungsbündel, das die umfassende Betreuung solcher Umzüge, insbesondere von Führungskräften vorsieht. Entstanden ist diese Art der Umzugsdienstleistung in den USA etwa 1960. In Europa gibt es sie seit ca. 1980, in Deutschland seit etwa 1985. Zum Leistungsspektrum gehört u.a. auch die interkulturelle Betreuung (Sprachkurse), praktische Hilfe (Wohnraumbeschaffung, Versorgung mit Gas/Wasser/Strom, Kraftfahrzeug), Behördengänge (Schule, Kindergarten, Ordnungsamt, Ausländerbehörde etc.), Formalitäten (Kündigungen, Abmeldung, Umzugsorganisation), sowie Krisenmanagement. Eine enge Zusammenarbeit mit der Immobilienbranche in den Bereichen Wertermittlung, Immobilienverkauf, Wohnraumbeschaffung, Mietwertermittlung, Suche von Nachmietern wird dabei angestrebt.

Renaturierung

renaturation

Unter Renaturierung im Zusammenhang mit Stadtumbauprojekten versteht man Maßnahmen, die darauf abzielen, ehemalige Bauflächen dauerhaft in Grün- und Freilandflächen umzuwandeln. Dabei können parkartige extensiv gepflegte Erholungsflächen oder alternativ hierzu Landschaften entstehen, die land- und fortwirtschaftlich genutzt werden. Von Renaturierung wird aber allgemein auch dann gesprochen, wenn Flächen – die durch menschliches Einwirken verändert (in ihren Naturfunktionen zerstört) wurden – in ihren ursprünglichen Naturzustand versetzt werden. Von einer Renaturierung von Feuchtgebieten wird gesprochen, wenn Gebiete, die durch Bau- und andere Maßnahmen ihre natürlichen Qualitäten (Wasserqualitäten, Fischreichtum, Fauna, Flora usw.) verloren haben, auf ihren Ursprungszustand zurückgeführt werden. So können begradige Flussläufe, die ihre natürlichen Überschwemmungsgebiete verloren haben, wieder in einen naturnahen Zustand zurückgeführt werden. Von Renaturierung wird auch gesprochen, wenn z. B. Kies- und Sandabbaustellen in ihrer weiteren Entwicklung der Natur überlassen werden.

Allerdings ist nicht jede Renaturierung sinnvoll. Sonst würden auch historisch gewachsene Kulturlandschaften Opfer von Renaturierungsmaßnahmen sein. Eingriffe in die Natur hat es in einer Jahrtausende währenden Geschichte in oft erheblichen Umfang gegeben.

Rendite

(rate of) return; return on investment (ROI); yield

Der Renditebegriff ist ein betriebswirtschaftlich nicht definierter Begriff. In der Praxis ist Rendite ein Synonym für Gesamtkapitalrentabilität und bezeichnet den Prozentsatz, der dem Verhältnis des Jahresreinertrages einer Kapitalanlage und der ihr zugrunde liegenden Investitionssumme, entspricht. Wird der Jahresreinertrag des ersten Investitionsjahres der Berechnung zugrunde gelegt, spricht man von Nettoanfangsrendite. Häufig bezieht sich der in der Rendite zum Ausdruck gebrachte Prozentsatz nicht auf das erste Jahr der Investition, sondern auf den (angenommenen) Investitionszeitraum. Er drückt dann einfach das Verhältnis der ausgezahlten zu den eingezahlten Beträgen unter Berücksichtigung aller Kosten und Zahlungstermine aus.

Siehe / Siehe auch: Jahresreinertrag und Jahresrohertrag

Renovierung

redecoration; renovation; refurbishment; home improvement

Siehe / Siehe auch: Instandhaltung / Instandsetzung (Mietrecht), Instandhaltung / Instandsetzung (Wohnungseigentum)

Rentabilität

profitability; viability; rate of return

Unter Rentabilität versteht man eine betriebswirtschaftliche Kennziffer, mit der der Unternehmenserfolg gemessen werden kann. Man unterscheidet zwischen der Kapital- und der Umsatzrentabilität. Die Kapitalrentabilität misst den Gewinn am Kapitaleinsatz. Dabei kann unterschieden werden zwischen der Gesamtkapitalrentabilität und der Eigenkapitalrentabilität. Da das Eigenkapital eines Unternehmens das eigentliche Risikokapital darstellt, sollte wegen dieser Risikokomponente die Eigenkapitalrentabilität zumindest über der Fremdfinanzierungsmarge liegen und damit größer sein, als die Gesamtkapitalrentabilität.

Die Umsatzrentabilität ist eine Messzahl, die den Gewinnanteil am Umsatz zum Ausdruck bringt. Rentabilitätskennziffern können Benchmarks für Betriebsvergleiche sein, insbesondere wenn es darum geht, sich an einem bestimmten Unternehmen zu beteiligen. Bei Immobilienobjekten kommt es ausschließlich auf die Kapitalrentabilität an. In Beziehung gesetzt werden hier die Reinerträge des Objektes mit den Anschaffungskosten.

Rente

annuity; old-age pension; pension; regular annual payment; retirement pension

Staatliche oder private Versorgungsleistung, die der Rentenbezieher während seines Ruhestands erhält. Bei der gesetzlichen Rentenversicherung gilt im Rahmen des sogenannten Generationenvertrages das sogenannte Umlageverfahren, bei dem die Erwerbstätigen durch ihre Beiträge zur gesetzlichen Rentenversicherung die Versorgungsleistungen der Rentner finanzieren. Die Hauptleistungsbereiche sind die Zahlung von Altersruhegeld, Witwen- und Waisenrenten und in eingeschränktem Umfange auch Erwerbsunfähigkeitsrenten. Zum Kreis der Versicherten gehören die Angestellten (Bundesversicherungsanstalt) und die Arbeiter (Landesversicherungsanstalten). Private Rentenversicherungen basieren auf der Grundlage des „Kapitaldeckungsverfahrens". Hierbei bemisst sich die Rentenleistung im Alter nach dem zuvor angesparten Vermögen.

Siehe / Siehe auch: Rentenversicherung, private, Altersvorsorge

Rentenbarwertfaktor

annuity factor; annuity value factor; present value of annuity factor; years' purchase; present value of 1 EUR per annum

Um den Barwert von künftigen gleichbleibenden Zahlungen zu ermitteln, müssen diese auf den Zeitpunkt abgezinst („diskontiert") werden, zu dem der Barwert festgestellt werden soll. Der Abzinsungsfaktor wird als Rentenbarwertfaktor bezeichnet.

Rentenschuld

rent charge

Die Rentenschuld ist eine besondere Art der Grundschuld. Bei einer Rentenschuld werden jedoch zu regelmäßig wiederkehrenden Terminen bestimmte Geldsummen aus der Grundschuld gezahlt. Die Eintragung erfolgt in Abt. III des Grundbuches. Als Grundpfandrecht hat sie heute jedoch kaum mehr eine Bedeutung.

Rentenversicherung, private

private pension (insurance) policy / annuity insurance / pension fund / pension scheme

Die private Rentenversicherung ist eine Alternative oder Ergänzung zu staatlichen Altersrente. Es ist möglich, mit einer Lebensversicherungsgesellschaft einen Vertrag dergestalt abzuschließen, dass aufgrund laufender Beitragszahlung von einem bestimmten Alter ab der Betrag, der sonst als Ablaufleistung ausbezahlt wird, in Form einer monatlichen Rente geleistet wird. Der gleiche Effekt kann aber auch dadurch erreicht werden, dass ein Einmalbetrag in die private Rentenversicherung einbezahlt wird. So kann beispielsweise der Verkaufspreis, den ein Immobilienverkäufer erlöst, für eine solche Rentenversicherung verwendet werden. Er hat dann indirekt – also unter Einschaltung einer Lebensversicherung – sein Objekt „verrentet". Eine Variante bildet die fondsgebundene Rentenversicherung, bei der der Sparanteil in Investmentfonds einbezahlt wird. Die Rente ist dann – je nach Entwicklung des Fonds und der Laufzeit höher aber auch risikoreicher.

Siehe / Siehe auch: Ablaufleistung

Reparaturstau / Reparaturanstau

backlog of maintenance and repair

Ein Reparaturstau bei einer Immobilie entsteht durch Vernachlässigung von turnusmäßigen Instandhaltungsmaßnahmen an Immobilien. Sie führt zur Minderung der Nutzungsqualität und im Gefolge damit zu Ertragsminderungen. Außerdem kann ein Reparaturstau zur Verkürzung der Nutzungsdauer der Immobilie führen. Bei der Bewertung der Immobilien ist der Reparaturstau mit dem Betrag zu berücksichtigen, der aufgewendet werden muss, um den Reparaturstau zu beheben. Hiervon ist allerdings der Betrag abzuziehen, der sich aus der natürlichen, abnutzungsbedingten Alterswertminderung ergibt, da durch Behebung des Reparaturanstaus ein neuer Zustandswert geschaffen würde, der die Restnutzungsdauer – weil er nur Teilbereiche des Gebäudes betrifft – nicht erhöht. Anders ist zu verfahren, wenn in Verbindung von Modernisierungsmaßnahmen die Restnutzungsdauer erhöht wird.

Reputation

reputation

Der Begriff der Reputation wird häufig synonym mit dem Begriff Image verwendet. Die Reputation eines Unternehmens ist im Vergleich zum Image jedoch stärker positiv besetzt. Sie zeichnet sich durch Beständigkeit von Wertvorstellungen und Handlungen eines Unternehmens aus. Durch sie wird das Verhalten von Unternehmen für die Zielgruppen vorhersehbar und verlässlich.

Wohnungsbaugenossenschaften z. B. stehen für Genossenschaftsanteile, Mietsicherheit und Mitspracherecht. Unter jungen Menschen gilt das Wohnen in einer Genossenschaft zwar als „unsexy" (Image), bietet im Gegenzug aber Sicherheit und kalkulierbare Kosten (Reputation). Die Reputation stellt entsprechend eine auf langfristigen Erfahrungswerten

beruhende und bewusste Bewertung von Unternehmenseigenschaften dar.
Siehe / Siehe auch: Image

Reservierungsvereinbarung

reservation agreement

Reservierungsvereinbarungen – genauer Aufträge zur Vermittlung einer Reservierung – werden im Zusammenhang mit einem Maklergeschäft dann eingesetzt, wenn ein Immobilieninteressent ein Objekt kaufen will, den Kaufvertrag aber aus irgend einem Grunde erst später abschließen kann. Der Makler sollte immer auch den Eigentümer mit unterschreiben lassen. Sofern ein solcher Reservierungsbedarf seitens des Interessenten besteht und der Makler keine unangemessen hohe Reservierungsgebühr zur Abdeckung des Reservierungsrisikos (entgangene anderweitige Abschlussmöglichkeiten) fordert, sind solche Vereinbarungen legitim. Sofern die Reservierungsvereinbarung hinsichtlich des beabsichtigen Immobilienerwerbs nicht die Rechtsqualität eines Vorvertrages annimmt, sondern ein „letter of intent" bleibt, unterliegen sie nicht der notariellen Beurkundungspflicht. Reservierungsvereinbarungen dieser Art werden von der Rechtsprechung allerdings höchst unterschiedlich beurteilt. Nicht selten werden sie dabei in Zusammenhang mit einem Maklervertrag gebracht. Soweit sich der Bundesgerichtshof mit Reservierungsvereinbarungen befassen musste, sah er keinen Anlass zur Klärung der Frage ihrer Rechtswirksamkeit.
In der Praxis sind Reservierungsvereinbarungen auch im Hotel- und Reisegewerbe und bei Seminarveranstaltern üblich. Gemeinsame Grundlage ist dabei stets die Absicht derjenigen, die „buchen", beziehungsweise reservieren lassen, einen Vertrag abschließen zu wollen.
Siehe / Siehe auch: Vorvertrag

Residualwertverfahren (Immobilienbewertung)

residual method (of valuation); residual valuation method; development appraisal

Das Residualwertverfahren gehört in Deutschland zu den nicht normierten Bewertungsverfahren. Bewertet werden mit diesem Verfahren bebaubare Grundstücke. Ein solches Verfahren ist dann nützlich, wenn es keine aussagekräftigen Bodenrichtwerte gibt. Ausgegangen wird von dem Preis, der am Markt für das bebaute Grundstück zum Bewertungsstichtag zu erzielen wäre bei Nutzung des gesamten Baurechts. Hieraus wird der Preis pro Nutz- oder Geschossfläche ermittelt. In Abzug gebracht werden ein Wagnis- und Gewinnzuschlag und die Baukosten jeweils pro Quadratmeter Nutz- oder Geschossfläche. Daraus ergibt sich als Residuum der Bodenpreis pro Quadratmeter Nutz- / bzw. Geschossfläche. Verringert werden kann er noch um die Erwerbsnebenkosten, die beim tatsächlichen Ankauf anfallen. Der Grundgedanke des Residualwertverfahrens ist auf die Theorie der städtischen Bodenrente von Friedrich von Wieser zurückzuführen. Man nennt das Residualwertverfahren auch das Bauträgerverfahren, weil Bauträger bei der Ermittlung des Preises, den sie für ein Baugrundstück bezahlen können, nach dieser Rechenmethode vorgehen.

Restforderung

residual claim; claim for the remaining balance; outstanding amount; unpaid balance

Siehe / Siehe auch: Abrechnungsspitze

Restitutionsobjekte

restitution object

Restitutionsobjekte sind Grundstücke und Gebäude, die zu Zeiten der DDR oder des Deutschen Reiches während der Herrschaft des Nationalsozialismus enteignet, geraubt oder entzogen wurden. Die Rechtswirksamkeit dieser Enteignung wird zum gegenwärtigen Zeitpunkt nicht anerkannt, insbesondere dann, wenn sie auch zu damaligen Zeitpunkt gegen geltendes Recht verstieß, so dass ein Anspruch auf Rückübereignung der Alteigentümer besteht.

Restnutzungsdauer von Gebäuden

remaining life expectancy; useful life remaining; unexpired life (of a building)

Siehe / Siehe auch: Gesamtnutzungsdauer von Gebäuden (Wertermittlung)

Restpflichtteil

residual / remaining legal portion of an inheritance

Versucht ein Erblasser, den Pflichtteil eines Erben noch weiter zu verringern, indem er ihn nicht ganz enterbt, sondern ihm nur ein besonders kleines Erbe zuwendet, hat der pflichtteilsberechtigte Erbe immer noch Anspruch auf den Rest- oder Zusatzpflichtteil. Der Anspruch richtet sich gegen den oder die Miterben und bezieht sich auf die Auszahlung des jeweiligen Betrages in Geld. Als Restpflichtteil ist die Differenz zwischen dem vollen Pflichtteil und dem per Testament Zugewendeten auszuzahlen. Insgesamt erhält der Erbe dann also einen Betrag, der

der Höhe seines gesetzlichen Pflichtteils entspricht. Wenn der Pflichtteilsberechtigte jedoch das unterhalb des Pflichtteils angesiedelte Erbe ausschlägt, kann er nur den Restpflichtteil einfordern. Die gesetzliche Regelung findet sich in § 2305 BGB.
Siehe / Siehe auch: Erbrechtsreform 2009, Erbschaftssteuerreform, Ergänzungspflichtteil, Immobilienbewertung für Erbschaftssteuer, Pflichtteil, Testament

Restschuldversicherung

mortgage protection insurance; residual debt insurance

Die Restschuldversicherung ist eine besondere Variante einer Risikolebensversicherung, mit der der Bauherr die Hinterbliebenen im Todesfall absichert. Die Versicherungssumme fällt mit der Kredittilgung. Bausparkassen verlangen in aller Regel eine Restschuldversicherung bei Inanspruchnahme eines Bauspardarlehens.
Siehe / Siehe auch: Risiko-Lebensversicherung

Restwert

residual value; recovery value; remaining value; terminal value; written-down value

Der Restwert im Sinne der Kostenrechnung ist die Differenz, die sich aus dem Anschaffungspreis oder den Herstellungskosten eines Wirtschaftsgutes und dessen aktuellem Wert nach Abzug der durch technische Abnutzung erfolgten planmäßigen Abschreibungen ergibt. Ist die Summe der Abschreibungen zu hoch bemessen, liegt der Veräußerungswert über dem Restwert und ergibt einen positiven Beitrag zum Betriebsergebnis, ist sie zu gering bemessen, ergibt sich bei Veräußerung ein negativer Beitrag. In der Immobilienwirtschaft sind Restwertbetrachtungen nur bei abschreibungsfähigen Immobilien möglich, soweit es sich um Anlagegüter handelt, nicht z.B. bei unbebauten Grundstücken die keinem technischen Verschleiß unterliegen. Selbst genutzte Wohnimmobilien sind als Konsumgut nicht abschreibbar.

Retailimmobilien

retail property; retail real estate

Retailimmobilien sind Einzelhandelsimmobilien (Fachmärkte, Einkaufszentren).
Siehe / Siehe auch: Einkaufszentrum

Rettungserwerb

bail-out purchase

Um im Zwangsversteigerungsverfahren von Immobilien Verluste zu verhüten, bietet sich Gläubigern die Möglichkeit, das Grundstück selbst zu erwerben bzw. ersteigern. Man spricht dabei vom Rettungserwerb. Wird dem Gläubiger aufgrund seines Meistgebotes der Zuschlag erteilt, sind bei der Grunderwerbsteuer die im Zuschlag enthaltenen Darlehensbeträge, die er dem Schuldner gewährt hat, mit zu berücksichtigen. Sie bezieht sich also auch auf den „Eigenanteil“ am Versteigerungsobjekt. Ähnliches gilt auch für die Gerichts- und Grundbuchgebühren.

Reverse Mortgage

reverse mortgage

Beim Reverse Mortgage (umgekehrte Hypothek) handelt es sich um eine amerikanische Variante der Alterssicherung durch Einsatz von Immobilienvermögen. Der Immobilieneigentümer erhält vom Darlehensgeber ein grundbuchmäßig gesichertes Darlehen in Form von Raten ausbezahlt, die sich im Laufe der Zeit zu der vereinbarten Darlehensschuld summieren. Der Darlehensnehmer bleibt der Eigentümer der Immobilie und kann auch darüber verfügen. Beim Verkauf fließt ihm der Differenzbetrag zwischen der aktuellen Darlehenssumme und dem Kaufpreis zu, der Rest wird zur Darlehenstilgung verwendet. Beim Tod des Darlehensnehmers sind die Erben, an die die Immobilie übertragen wird, zur Darlehenstilgung verpflichtet.
Siehe / Siehe auch: Immobilienverrentung

Revision

appeal (on issues / points of law); auditing, accounting control

Siehe / Siehe auch: Berufung, Wohnungseigentumsverfahren

Revitalisierung

revitalisation

1. Unter Revitalisierung wird die Anpassung einer Immobilie an geänderte Marktverhältnisse unter der Bedingung der Beibehaltung oder Erhöhung des Nutzungswertes verstanden. Revitalisierung ist dann erforderlich, wenn die bisherige Nutzungsgestaltung nicht mehr aufrechterhalten werden kann. Die Immobilie unterliegt Erosionserscheinungen, die objektbedingte aber auch umweltbedingte Ursachen haben können. Auf der Grundlage von Standort- und Marktanalysen werden neue Nutzungskonzepte für die betroffene Immobilie entwickelt. Sie wird dann zeitgerecht nutzungsbezogen nachgerüstet.
2. Die Revitalisierung der Innenstädte zielt darauf ab, den Abwanderungstrend der Wohnbevölkerung

und der Geschäfte zu stoppen und die verödenden Innenstädte wieder zu beleben. Maßnahmen sind die Ausdünnung des Individualverkehrs, Schaffung von Fußgängerzonen, Verdichtung des U- und S-Bahnsystems (bessere Erreichbarkeiten), Verbesserung der Aufenthaltsqualität, Durchsatz der Innenstadt mit mehr Wohnnutzung. Zunehmend wird von den Städten die Freizeitnutzung als Chance für eine Revitalisierung der Innenstädte erkannt. Besondere Anstrengungen sind in den Städten der östlichen Bundesländer zu beobachten.

3. Im Bereich der ökologischen Revitalisierung geht es um die Wiederherstellung von funktionsfähigen Naturlandschaften durch Rückgängigmachung von Verbauungen. Im Vordergrund steht die Belebung von Auengebieten durch wiederhergestellte Flussdurchläufe. Sie dienen als Rückhaltebecken auch dem Hochwasserschutz. Hochwasser selbst verjüngt die natürlichen Lebensräume Die Revitalisierung „degradierter Auen“ basiert auf der Wiederherstellung der Gewässerdynamik. Rechtsgrundlage der ökologischen Revitalisierung ist die „Verordnung über den Schutz von Auengebiete von nationaler Bedeutung“.

Siehe / Siehe auch: Standort- und Marktanalyse

Richtfest

topping out ceremony; roof wetting party; topping off party

Das Richtfest gilt in erster Linie als das klassische Fest der an einem Bauprojekt beteiligten Gewerke, denen der Bauherr dankt, indem er sie bewirtet. Das Richtfest markiert die Fertigstellung des Rohbaus und der Dachkonstruktion. Als weithin sichtbares Zeichen, dass der Rohbau vollendet ist, wird auf dem meist noch ungedeckten Dachstuhl die Richtkrone aufgezogen.

Siehe / Siehe auch: Baufeste, Baustellenmarketing, Erster Spatenstich, Grundsteinlegung

Richtwerte

guide(line) values; indicatory values; recommended values; benchmarks; base values; standard values

Siehe / Siehe auch: Bodenrichtwert

Ring Deutscher Makler

former association of real estate agents (brokers) in Germany

Während mit Verschmelzung des Bundesverbandes der Ring Deutscher Makler mit dem Verband Deutscher Makler VDM letzterer aufgelöst wurde, existieren einige Bezirks- und Landesverbände, die der Verschmelzung nicht zugestimmt haben, weiter unter dem Namen „Ring Deutscher Makler, Verband der Immobilienberufe und Hausverwalter Landesverband / Bezirksverband e.V..“ Es handelt sich im Einzelnen um die Landesverbände Berlin, Sachsen, Sachsen-Anhalt und Saarland, sowie um die Bezirksverbände Essen, Düsseldorf, Münster, Südwestfalen und Bremerhaven. Insgesamt haben die RDM Verbände 650 Mitglieder. Näheres hierzu siehe: www.rdm-berlin-brandenburg.de

Risalit

projection

Risalit ist ein meist mehrachsiger, selten einachsiger Teil eines Bauwerks, der – im Unterschied zu Anbauten, Vorbauten usw. – in voller Höhe aus der Fassade hervortritt und vor allem bei Gebäuden mit repräsentativem Anspruch anzutreffen ist. Je nach seiner Lage wird er als Mittelrisalit, Seitenrisalit oder Eckrisalit bezeichnet.

Risiken der Kreditinstitute

risks faced by banks and credit institutes

Kreditinstitute unterliegen mit ihrem Geschäft verschiedenen Risiken. Hierzu zählen

- Marktpreisrisiken, die sich auf Eigenanlagen der Kreditinstitute beziehen, die bekanntlich konjunkturell bedingten Zins- Währungs- und Kursrisiken ausgesetzt sind,
- Liquiditätsrisiken, die dann Bedeutung erlangen, wenn die Laufzeitstrukturen zwischen dem Aktiv- und Passivgeschäft zu finanziellen Engpässen führen
- Operationelle Risiken, die auf Unzulänglichkeiten in der Sachbearbeitung, in Rechtsrisiken, Betrugsrisiken usw. bestehen
- Kreditausfallrisiken, die die eigentlichen Kreditrisiken darstellen. Man spricht auch von Adressausfallrisiken. Sie ergeben sich aus den unterschiedlichen Risikogewichten, die den Ausleihungen der Kreditinstitute beizumessen sind.

Seit Novellierung des Kreditwesengesetzes aufgrund der europäischen Eigenkapitalrichtlinie gelten zum 1.1.2007 besondere Vorschriften, die Kreditinstitute im Hinblick auf die Steuerung der Adressausfallrisiken beachten müssen.

Die Kreditausfallrisiken müssen entweder bankintern oder durch Ratingagenturen ermittelt werden. Vom kumulierten Risikogewicht aller von einem Kreditinstitut vergebenen Kredite hängt die Eigenkapitalunterlegungsquote ab. Je höher das Kreditausfallrisiko aus der Summe der Risikogewichte,

desto größer die erforderliche Eigenkapitalunterlegung und damit desto geringer das vom Kreditinstitut ausschöpfbare zulässige Kreditvergabevolumen. Ein Risikogewicht von 100 Prozent führt zu einer Eigenkapitalunterlegungsquote von acht Prozent, ein Risikogewicht von 20 Prozent führt zu einer Eigenkapitalunterlegungsquote von nur noch 1,8 Prozent. Im Immobilienbereich gelten folgende Risikogewichte: 35 Prozent, wenn das vergebene Darlehen durch Grundpfandrechte an von den Eigentümern selbst genutzten oder vermieteten Wohnimmobilien abgesichert ist. Es steigt auf 50 Prozent für im Inland belegene Gewerbeimmobilien mit grundpfandrechtlicher Absicherung. Bei Bauspardarlehen liegt das Risikogewicht ebenfalls bei 50 Prozent. Kommt der Schuldner in Zahlungsverzug, steigt das Risikogewicht auf 150 Prozent. Aus diesen Zusammenhängen ergibt sich, dass die Bereitschaft zur Kreditvergabe durch Kreditinstitute viel stärker als dies früher der Fall war, von der Bonität des Kunden und der Art Kredits abhängt.
Siehe / Siehe auch: Eigenkapitalrichtlinie (Basel II), Solvabilitätsverordnung

Risiko

risk; venture; peril; hazard

Es gibt zwei verschiedene Begriffsauslegungen von Risiko. Risiko in weiterem Sinne bezeichnen Wirkungen, die dazu führen, dass die tatsächlichen Ergebnisse eines Handelns oder Unterlassens zu einem Abweichen von erwarteten bzw. geplanten Ergebnissen führen. Das abweichende Ergebnis kann wirtschaftlich positiv oder negativ zu Buche schlagen. In diesem Begriff kommen die beiden Dimensionen des Risikos zu Ausdruck. Wird nur die negative Seite betrachtet und die positive (Chance) ausgeblendet, haben wir es mit dem eindimensionalen Risikobegriff zu tun.

Risiko ist Unsicherheit. Im Gegensatz dazu steht die Ungewissheit, die nicht kalkulierbar ist. Risiko als Unsicherheit dagegen ist eingrenzbar, quantifizierbar bzw. auch kalkulierbar. Grundlage der Risikokalkulation ist die Wahrscheinlichkeitsrechnung. Das Risiko nimmt die Größenordnung Häufigkeit x Schadenshöhe pro (langem) Zeitraum an. Auch immobilienwirtschaftliche Unternehmen unterliegen – je nach Geschäftsfeld – unterschiedlich beachtlichen Risiken. Zu bedenken sind die zeitlichen Bindungen, die mit der Errichtung und Bewirtschaftung von Gebäuden verbunden sind: Projekt-, Finanzierungs- und Kapitaleinsatzrisiken der Bauherren, die Vermietungsrisiken der Bestandshalter, die Kosteneinsatzrisiken, der Makler, die Rechtsrisiken der Berater usw. Zu beachten ist, dass nicht alle Risiken versicherbar sind. Dies gilt insbesondere für typische Unternehmerrisiken.

Unternehmerische Risiken, die ja nicht versicherbar sind, können durch geeignete Maßnahmen begrenzt werden. Dabei können z. B. portfoliotheoretische Aspekte eine Rolle spielen. Durch Aufbau einer risikoarmen Hausverwaltungsabteilung kann z. B. das hohe Risiko des Maklerunternehmens abgemildert werden. Die Hausverwaltungsabteilung sorgt für konstante Erträge und kann mit Ertragsüberschüssen einen Deckungsbeitrag für die Fixkosten des Maklerbereiches erwirtschaften, wenn dort die Geschäfte konjunkturell bedingt einbrechen.
Siehe / Siehe auch: Risikomanagement

Risiko-Lebensversicherung

term assurance; temporary assurance; term / temporary / credit life insurance

Eine Risiko-Lebensversicherung wird in der Regel im Zusammenhang mit einer Baufinanzierung abgeschlossen. Gegenüber der Kapital-Lebensversicherung erbringt sie nach Ablauf der Versicherungsdauer keine Leistung. Wenn der Bauherr oder Käufer der finanzierten Immobilie jedoch stirbt, schützt die Versicherung die Erben vor der Gefahr, dass diese wegen der durch den Tod hervorgerufenen Einkommensminderung oder gar des gänzlichen Einkommensverlustes den Kapitaldienst nicht mehr leisten zu können. Es gibt verschiedene Varianten der Risiko-Lebensversicherung.
Siehe / Siehe auch: Restschuldversicherung

Risikobegrenzungsgesetz

German Risk Limitation Act

Immer häufiger kommt es vor, dass Kreditinstitute Darlehen an Finanzinvestoren verkaufen, etwa um Bilanzzahlen aufzubessern. Kreditnehmer befürchten häufig, dass den Aufkäufern eher an einer schnellen Aufkündigung des Kredits und dem Verkauf des Hauses gelegen ist als an einer langfristigen Vertragsbeziehung. Abhilfe schaffen soll das sogenannte Risikobegrenzungsgesetz. Die Regelung wurde am 04.07.2008 vom Bundesrat verabschiedet. Das neue Gesetz schafft zwar mehr Transparenz, verhindert aber derartige Geschäfte nicht. Kreditinstitute müssen nun schon bei Vertragsabschluss ihre Kunden darüber informieren, dass der Verkauf des Darlehens oder die Abtretung der Forderung möglich sind. Auch beim Verkauf eines laufenden Kreditvertrages oder der Abtretung einer Forderung muss der Kunde informiert werden. Er kann jedoch nichts dagegen tun, dass er nun einen neuen und gegebenfalls unerwünschten Vertragspartner bekommt. Verstößt das Geldinstitut gegen die Informationspflichten, macht es sich schadenersatzpflichtig. Eine weitere Neuerung besteht darin, dass das Geldinstitut verpflichtet ist, dem Kunden drei Monate vor Ablauf der Zinsbindungsfrist ein Folgeangebot zu unterbreiten. So erfährt der Darlehensnehmer rechtzeitig, ob überhaupt eine Verlängerung beabsichtigt ist und wenn ja, zu welchen Konditionen. Gegebenenfalls kann ein neuer Vertragspartner für die Anschlussfinanzierung gesucht werden. Eine Möglichkeit der Absicherung für den Kreditnehmer besteht darin, beim Abschluss des Darlehensvertrages auf einer Vertragsklausel zu bestehen, mit der die Bank ausdrücklich auf den Verkauf des Vertrages beziehungsweise die Abtretung der Forderung verzichtet – beziehungsweise ein Kreditangebot bei einem Anbieter auszuwählen, der eine solche Regelung in seinen Vertrag einschließt. Geldinstitute sind nicht verpflichtet, sich auf eine solche Vereinbarung einzulassen.

Risikomanagement

risk management; exposure management

Das Risikomanagement eines Unternehmens umfasst die Teilaufgaben der Risikoidentifizierung, der Analyse und Bewertung festgestellter Risiken, der Risikosteuerung und der Risikoüberwachung. In Unternehmen, deren Kerngeschäft in der Entwicklung und Bewirtschaftung von Immobilien besteht, ist das Risikomanagement Bestandteil des Immobilienmanagements. Das Risikomanagement bezieht sich nicht nur auf unternehmensinterne, sondern auch externe („systematische") Risiken, z.B. Marktrisiken. Das Problem, dass im Rahmen des Risikomanagements nicht alle potenziellen Risiken für das Unternehmen identifiziert werden können, ist selbst ein unternehmensimmanentes Risiko. Je nach Gewicht und Möglichkeit können identifizierte Risiken vermieden, mit Hilfe von Versicherungen überwälzt und unvermeidbare Risiken verringert werden. Dennoch bleiben stets Restrisiken, die „in Kauf genommen" werden müssen.

Seit Inkrafttreten des Gesetzes zur Kontrolle und Transparenz im Unternehmensbereich (KonTraG) vom 1.5.1998 ist Risikomanagement für Aktiengesellschaften ab einer bestimmten Größenordnung vorgeschrieben. Unter anderem müssen Wirtschaftsprüfer nach diesem Gesetz ihren Bestätigungsvermerk versagen, wenn im Lagebericht des Vorstandes Risiken des Unternehmens unzutreffend dargestellt werden. Zu den weiteren rechtlichen Rahmenbedingungen des Risikomanagements gehört das Transparenz- und Publizitätsgesetz (TransPuG) vom 26.07.2002, mit dem die Berichtspflicht des Vorstandes gegenüber dem Aufsichtsrat verschärft wird. Vor allem sind im Bericht Abweichungen von früher festgelegten Unternehmenszielen darzustellen und zu begründen. Außerdem müssen Vorstand und Aufsichtsrat jährlich erklären, ob sie den durch eine Regierungskommission des Bundesjustizministeriums aufgestellten und empfohlenen „Corporate Governance Kodex" („Cromme-Codex") entsprochen haben. In Anlehnung an diesen Kodex wurde für deutsche Immobilienaktiengesellschaften von der „Initiative Corporate Governance der Deutschen Immobilienwirtschaft e.V." der „Corporate Governance Kodex der deutschen Immobilienwirtschaft" entwickelt.

Siehe / Siehe auch: Corporate Governance Kodex der deutschen Immobilienwirtschaft

Risikoquote (Maklergeschäft)

risk rate/ risk ratio (brokerage)

Die Risiken des Maklergeschäftes ergeben sich zu einem erheblichen Teil aus den Prinzipien, nach denen dieses Geschäft funktioniert. Dabei fällt ins Gewicht die Tatsache, dass nach dem geltenden Maklerrecht ein Vergütungsanspruch nur im Erfolgsfalle entsteht. Der Makler wird deshalb immer nur mit einer gewissen Wahrscheinlichkeit einen Auftrag erfolgreich zum Abschluss bringen. Die Risikoquote repräsentiert den Geschäftsanteil bei der Auftragsbearbeitung, der nach Abzug der Erfolgsquote verbleicht. Liegt die Erfolgsquote bei 0,75, dann ist die Risikoquote (Rq) 1 – 0,75 = 0,25.

Im Rahmen des Risikomanagements ist es wichtig, den Ursachen des „Nichterfolges" auf die Spur zu kommen. Als Quellen dieses Nichterfolges können z.B. identifiziert werden die Fälle, in denen der Auftraggeber seine Verkaufsabsicht aufgibt oder die angestrebten Vertragskonditionen verschlechtert. Andere Ursachen liegen darin, dass der vom Verkäufer verlangte Preis vom Markt nicht akzeptiert wird. Provisionsausfall kann auch durch ungenügende Absicherung im Maklervertrag entstehen. Die Summe der einzelnen Risiken (r1, r2, r3 usw. ergibt das Gesamtrisiko R. Hat man die einzelnen Risiken identifiziert und quantifiziert, ist zu untersuchen, welche dieser Risiken unvermeidbar sind, welche in ihren Auswirkungen reduziert werden können und welche „in Kauf" genommen werden können.

Siehe / Siehe auch: Erfolgsquote (Maklergeschäft), Risikomanagement

Rohbauland

greenfield site; land zoned for development in a local plan; unservices building land; undeveloped land

Rohbauland bezeichnet den Entwicklungszustand von Flächen mit Baurecht, deren Erschließung noch nicht gesichert ist oder das von der Flächengestaltung (Lage, Form und Größe) durch ein Umlegungsverfahren noch so parzelliert werden muss, dass die zulässige Bebauung erst möglich wird („Bruttorohbauland"). Ist die Parzellierung erfolgt, die Erschließung aber noch nicht gesichert, spricht man von „Nettorohbauland". Sind Flächen nach den öffentlich rechtlichen Vorschriften baulich nutzbar, spricht man von baureifem Land.

Rohbauversicherung

policy covering carcass work

Zur Rohbauversicherung gehören eine Leitungswasserversicherung (Schäden am Rohbau durch austretendes Leitungswasser – ohne Frostschäden) eine Feuerversicherung, die auch die an der Baustelle gelagerten Baumaterialien umfasst (soweit der Versicherungsnehmer dafür die Gefahr trägt) sowie eine Sturmversicherung (die allerdings erst zum Tragen kommt, wenn das Haus durch Dacheindeckung, Türen und bereits verglaste Fenster nach außen abgeschlossen ist).

Rohertrag (Wertermittlung)

gross yield; gross income; gross proceeds; gross revenue (valuation)

Beim Rohertrag handelt es sich um eine wichtige Rechengröße für die Wertermittlung eines Renditeobjektes. Dem Rohertrag entspricht in der Regel die gezahlte Nettokaltmiete. Entspricht diese nicht den Marktverhältnissen, wird als Rohertrag die nachhaltig erzielbare ortsübliche Vergleichsmiete angesetzt. Bei Prüfung der Nachhaltigkeit ist auch zu berücksichtigen, ob die aktuell bezahlten Mieten sich im zulässigen Rahmen bewegen und bei Wohnraum nicht etwa die Wesentlichkeitsgrenze überschreiten. Auf den Rohertrag bezieht sich auch der Multiplikator, der zur überschlägigen Ermittlung des Kaufpreises von Renditeobjekten verwendet wird.

Siehe / Siehe auch: Reinertrag

Room Yield

room yield

Kennziffer aus der Hotelbranche, die den Umsatzerlös pro verfügbares Zimmer angibt und damit wichtige Anhaltspunkte zur Beurteilung der Wirtschaftlichkeit von Hotelimmobilien bzw. zum Vergleich mehrerer Hotels untereinander liefert. Die Bezeichnung Revenue per available room (abgekürzt RevPAR oder Revpar) wird teilweise synonym für Room Yield, teilweise auch etwas weiter gefasst für „Gesamtertrag Logis pro verfügbares Zimmer" verwendet.

Royal Institution of Chartered Surveyors (RICS)

Royal Institution of Chartered Surveyors (RICS)

1868 gegründeter, international tätiger Berufsverband von Immobilienexperten mit Sitz in London. Die Mitgliedschaft bei der RICS setzt eine durch ein Universitätsstudium erworbene fachliche Qualifikation voraus. Die RICS nehmen für sich in Anspruch, im Rahmen der EU, Berufsregelungskompetenz zu haben. Mit dem deutschen Berufsbildungssystem in der Immobilienwirtschaft ist RICS nur schwer vergleichbar. Eine berufliche Ausbildung nach dem dualen System wie in Deutschland ist dort unbekannt, so dass berufliche Grundlagenkompetenz, die in Deutschland beispielsweise bereits durch die berufliche Ausbildung zum Immobilienkaufmann in der Grundstücks- und Wohnungswirtschaft gewährleistet wird, dort erst im Rahmen eines Universitätsstudiums erworben werden kann. Diese Ausbildung erreicht allerdings zusätzlich akademisches Niveau, so dass das fachliche Niveau des Studiums das in Großbritannien Voraussetzung für eine Mitgliedschaft bei RICS ist, eher vergleichbar ist mit dem der deutschen Fachhochschulen und Berufsakademien mit immobilienwirtschaftlichen Studiengängen. RICS bemüht sich seit mehreren Jahren durch Akkreditierungsvereinbarungen mit solchen Fachhochschulen und Berufsakademien mit Erfolg, auch deutsche Studienabgänger innerhalb der RICS zu organisieren.

RSS-Feed

RSS feed

Auf vielen Internetsites ist der RSS-Button oder ein Hinweis auf ein RSS-Feed RSS (Rich Site Summary) zu finden. Mit RSS hat der Nutzer die Möglichkeit, alle relevanten Informationen einer Internetsite zeitgleich mit der Veröffentlichung auf den eigenen Desktop zu erhalten. Ermöglicht wird dies durch ein spezielles Leseprogramm, den sogenannten RSS-Reader. Aktuelle Browser können diese Feeds ohne zusätzliche Software lesen. Im Internet stehen überdies RSS-Reader wie beispielsweise FeedReader oder auch iPodder kostenfrei zum Download zur Verfügung. Nutzer abonnieren auf diese Weise die aktuellen Informationen bestimmter Websiten oder Blogs und müssen dann diese diese Website nicht mehr auf Neuigkeiten überprüfen. Sie werden automatisch über neue Inhalte informiert, sparen dadurch viel Zeit und sind immer auf dem Laufenden.

Rückauflassungsvormerkung

priority notice protecting a claim for transfer of title back to a former owner; priority notice (in the land register) often used for land sold by e.g. local authorities

Eine Rückauflassungsvormerkung sichert den Anspruch eines Verkäufers einer Immobilie auf Rückübertragung des Eigentums (Eigentumsvormerkung). Sie wird in der Regel als Sicherungsinstrument des Verkäufers verwendet. Für den Fall, dass der Käufer bestimmte vertraglich vereinbarte Bedingungen nicht erfüllt (Beispiel Bebauung eines Grundstücks innerhalb einer bestimmten Zeit), kann der Rückerwerb der verkauften Immobilie durch den Verkäufer von Interesse sein. Die Rückerwerbsmöglichkeit kann im Grundbuch durch eine Rückauflassungsvormerkung abgesichert werden. Probleme kann die Rückauflassungsvormerkung bereiten, wenn dadurch eine Finanzierung des Kaufpreises blockiert wird. Gemeinden, die sich z. B. im Rahmen von Einheimischenmodellen den Rückkauf vorbehalten, sichern in solchen Fällen einen Rangrücktritt zu. Bei Eigentumsübertragungen von Immobilien an künftige Erben wird nicht selten eine Rückauflassungsvormerkung eingetragen. Dadurch soll erreicht werden, dass eine weitere Verfügung des Erben während der Lebenszeit des Erblassers über das Grundstück blockiert wird.

Rückbau- und Entsiegelungsgebot

demolition order

Das Rückbau- und Entsiegelungsgebot gehört neben dem Bau- Modernisierungs-/ Instandsetzungs- sowie dem Pflanzgebot zu dem städtebaulichen Instrumentarium, mit dem die Gemeinde ihre Planungen durchsetzen kann. Früher wurde für den Rückbau der Begriff Abbruch verwendet. Die neue Terminologie macht deutlich, dass sich das Gebot nicht nur auf ganze bauliche Anlagen, sondern auch auf Teile von baulichen Anlagen unter Erhaltung des Restbestandes beziehen kann.

Voraussetzung ist, dass diese Anlage den Festsetzungen eines geltenden Bebauungsplans widerspricht. Handelt es sich um ein Wohn- oder Geschäftshaus, muss die Gemeinde für zumutbaren Ersatzraum sorgen. Entstehende Vermögensnachteile des Eigentümers, Mieters oder Pächters müssen ausgeglichen werden.

Siehe / Siehe auch: Entsiegelungsgebot, Versiegelte Fläche

Rückbaupflicht (Mietrecht)

obligation to restore to original condition; obligation to demolish, e.g. included in temporary planning consent (law of tenancy)

Mieter sind grundsätzlich dazu verpflichtet, beim Auszug eigene Einbauten aus der Wohnung zu entfernen und die Wohnung wieder in den bei Vertragsbeginn vorgefundenen Zustand zu versetzen. Diese Verpflichtung nennt man auch Rückbaupflicht.

Sie umfasst nicht nur die Beseitigung neu vorgenommener Einbauten, sondern ggf. auch die Wiederinstallation von in der Wohnung vorgefundenen Einbauten (z. B. alte Küchenelemente). Hat der Mieter den mitvermieteten intakten E-Herd gegen einen eigenen ausgetauscht, darf er diesen also beim Auszug nicht einfach entfernen, sondern muss das Altgerät wieder fachgerecht anschließen lassen. Oft regeln Mietverträge, dass Einbauten mit vorheriger Genehmigung des Vermieters zulässig sind. Diese Zustimmung kann bei Vorliegen eines wichtigen Grundes versagt werden oder von einem Rückbau beim Auszug des Mieters und auf Kosten des Mieters abhängig gemacht werden. Wurde auf dieser Basis bereits von einem Vormieter ein genehmigter Einbau vorgenommen, der bei dessen Auszug in der Wohnung geblieben ist, kann vom Nachmieter nicht die Beseitigung des Einbaus verlangt werden. Die Zustimmung des Vermieters erlischt nicht mit Einzug eines neuen Mieters.

Dies entschied das Landgericht Kiel im Falle einer Holzverkleidung, die ein Vormieter mit Erlaubnis angebracht hatte und die der nächste Mieter beim eigenen Auszug entfernen sollte (Landgericht Kiel, Urteil vom 13.1.2005, Az.: 10 S 30/04).

Rückfrageklausel

clause that requires client to contact broker for confirmation that broker was responsible for finding buyer/tenant of the property before client signs a contract with the buyer/tenant

Rückfrageklauseln sind in Allgemeinen Geschäftsbedingungen und Alleinaufträgen von Maklern neuerdings häufiger zu finden. In beiden Fällen unterliegen sie der Inhaltskontrolle nach den Vorschriften der §§ 305 ff. BGB. Mit dieser Klausel soll verhindert werden, dass der Auftraggeber am Makler vorbei mit dem von diesem nachgewiesenen Partner den Hauptvertrag abschließt. Am besten erreicht wird diese Wirkung mit der Hinzuziehungsklausel bzw. der Verweisungsklausel. Durch diese Bestimmungen soll der Verkäufer verpflichtet werden, dafür zu sorgen, dass der Makler direkt in die Kontaktaufnahme mit dem Kaufinteressenten einbezogen wird. Es soll ihm die Möglichkeit verschafft werden, wenn er schon einen Nachweis nicht mehr erbringen kann, wenigstens zu vermitteln und so den Provisionsanspruch zu sichern. Diese Klauseln sind in Allgemeinen Geschäftsbedingungen und Formularverträgen unwirksam. Dasselbe gilt für die Vorkenntnisklauseln, die den Käufer, der sich auf die Übersendung des Exposés nicht meldet, daran hindern will, sich darauf zu berufen, dass er das Objekt bereits kennt. Die Rückfrageklausel ist bisher, soweit bekannt, noch nicht höchstrichterlich auf ihre Übereinstimmung mit den Maßstäben der §§ 305 ff. BGB untersucht worden. Daher rückt sie stärker ins Blickfeld der Praxis. Fraglich ist, ob sie ebenso zu bewerten ist, wie die oben genannten Klauseln. Die Rückfrageklausel will den Verkäufer, wenn auch auf etwas andere Art, in die Bemühungen des Maklers einbeziehen. Auch hier soll der Verkäufer aktiv im Interesse des Maklers tätig werden. Er soll verpflichtet sein, jeden Kaufinteressenten, bei dem dies nicht von vornherein klar ist, zu fragen, ob er den Nachweis von dem allein beauftragten Makler erhalten hat. Dies wäre zweifellos eine Erleichterung für den Makler. Nicht jeder Verkäufer dürfte sich jedoch verpflichtet fühlen, dem Makler bei der Sicherung seines Provisionsanspruchs zu helfen. Der Verkäufer will in erster Linie einen möglichst hohen Kaufpreis erzielen. In Allgemeinen Geschäftsbedingungen könnte die Rückfrageklausel von der Rechtsprechung für unwirksam erklärt werden. Die allgemeinen Pflichten des Auftraggebers zu Sorgfalt, Vertraulichkeit, Aufklärung usw. gelten im Rahmen des Zumutbaren. Die Rückfrageklausel verlangt vom Verkäufer sogar noch mehr als die Hinzuziehungs- oder die Verweisungspflicht. Danach soll der Verkäufer lediglich den Makler hinzuziehen bzw. den Kaufinteressenten an diesen verweisen. Dagegen verpflichtet ihn die Rückfrageklausel, eigene Nachforschungen anzustellen. Dies wäre mehr als vom Makler verlangt wird. Er ist nach allgemeiner Ansicht zu Nachforschungen nicht verpflichtet, wenn er diese Aufgabe nicht ausdrücklich übernommen hat. Für den Alleinauftrag könnte dasselbe gelten. Mit Ausnahme der engeren Bindung an den Makler durch das Verbot der Einschaltung eines weiteren Maklers erhöhen sich die allgemeinen Treuepflichten gegenüber dem einfachen Maklerauftrag nicht. Auch hier dürfte also die Klausel möglicherweise als Versuch gewertet werden, den Verkäufer über die allgemeinen Treuepflichten hinaus zum Gehilfen des Maklers zu machen. Fazit: Bevor durch die Rechtsprechung die Rückfrageklausel auch in Formularverträgen für wirksam erklärt wird, sollte sie nur in Individualvereinbarungen verwendet werden.

Siehe / Siehe auch: Alleinauftrag, Allgemeine Geschäftsbedingungen (AGB), Vorkenntnis (Maklergeschäft), Hinzuziehungsklausel / Verweisungsklausel (Maklergeschäft)

Rückkaufswert (Versicherung)

cash value; surrender value; redemption value; repurchase value (insurance)

Geldsumme, die ein Versicherter von der Lebensversicherung erhält, wenn er seine Kapital-Lebensversicherung vorzeitig kündigt. Der Rückkaufswert ist in den ersten Jahren nach Vertragsabschluss deutlich geringer als die Summe der eingezahlten Beiträge. Bauherren oder Käufer einer Immobilie können das Guthaben allerdings auch im Rahmen ihrer Finanzierung beleihen.

Rücklagen

reserve (fund); allocation to reserves; appropriated retained earnings; surplus funds

Siehe / Siehe auch: Instandhaltungsrückstellung (Instandhaltungsrücklage)

Rücklassungspflicht des Pächters

tenant's obligation to leave a minimum amount of agricultural products (seeds) for his successor

Rücklassungspflicht bedeutet, dass der scheidende Pächter eines (z.B. landwirtschaftlichen) Betriebes seinem Nachfolger zumindest soviel von den landwirtschaftlichen Erzeugnissen (Saatgut) hinterlassen muss, dass dieser bis zur nächsten Ernte den Betrieb fortführen kann. Ob er selbst am Anfang seiner Pachtzeit auch in den Genuss einer solchen Startausstattung gekommen ist, spielt keine Rolle. Allerdings kann der Pächter vom Verpächter Wertersatz verlangen, wenn er aufgrund dieser gesetzlichen Regelung verpflichtet ist, mehr oder bessere Erzeugnisse zurückzulassen, als er selbst bei Pachtbeginn erhalten hat.

Siehe / Siehe auch: Pachtvertrag, Schätzungsausschuss bei Landpacht, Verpächterpfandrecht

Rücknahme der Erlaubnis

withdrawal of permission

Siehe / Siehe auch: Widerruf der Erlaubnis

Rücknahmepreis

repurchase / redemption / reserve / cash-in / withdrawal / bid price

Unter Rücknahmepreis versteht man bei offenen Immobilienfonds den Preis, zu dem Anteile von der Investment-Gesellschaft zurück genommen werden. Die Differenz zwischen Rücknahme- und Ausgabepreis ist der Ausgabeaufschlag. Bei offenen Fonds kann der Anleger grundsätzlich Fondsanteile jederzeit kaufen und verkaufen. Die Fondsgesellschaft ist verpflichtet, die Anteile zum gültigen Tageskurs, dem Rücknahmepreis, zurück zu nehmen. Diese Rücknahmekurse findet man in den größeren Tageszeitungen, im Videotext und im Internet.

Rückstand

(to be in) arrears

In Rückstand gerät, wer gegenüber dem Gläubiger fällige Zahlungen nicht begleicht bzw. Termine für vereinbarte Leistungen nicht überschreitet. Rechtlich spricht man von Verzug.

Siehe / Siehe auch: Zahlungsverzug

Rücktritt

cancellation of / withdrawal from a contract

Rücktritt ist die Rückgängigmachung eines wirksam zustande gekommenen Vertrages durch einseitige Erklärung einer Vertragspartei. Voraussetzung ist, dass ein gesetzliches Rücktrittsrecht vorliegt oder ein solches Recht im Vertrag vereinbart wurde. Wirkung: Durch den Rücktritt wird der Vertrag nach § 346 ff. BGB in ein Rückabwicklungsverhältnis, das weiterhin ein Vertragsverhältnis ist, umgestaltet. Daher wird nach § 325 BGB durch den Rücktritt, im Gegensatz zum früheren Recht, die Geltendmachung von Schadensersatz nicht ausgeschlossen. Nach § 346 BGB sind die empfangenen Leistungen zurückzugewähren. Beispiel: Das erworbene Grundstück ist, falls der Kaufvertrag schon vollzogen wurde, zurückzuübereignen und herauszugeben. Der Kaufpreis ist zurückzuzahlen. Auf die Maklerprovision wirkt sich der Rücktritt nicht aus. Der Anspruch bleibt bestehen.

Siehe / Siehe auch: Rücktrittsrecht, Rücktrittsvorbehalt

Rücktrittsrecht

right of cancellation; right to withdraw from a contract

Man unterscheidet vertragliche und gesetzliche Rücktrittsrechte. Das vertragliche Rücktrittsrecht, meist als Rücktrittsvorbehalt bezeichnet, hat i.d.R. den Zweck, den Eintritt eines Ereignisses abzuwarten, ehe der Vertrag wirksam werden soll. Möglich ist auch, der noch unentschlossenen Partei eine Überlegungsfrist, die zeitlich begrenzt sein muss, einzuräumen. Gesetzliche Rücktrittsrechte stellen den Hauptanwendungsfall der §§ 346 ff. BGB dar. Erbringt der Schuldner die vereinbarte Leistung überhaupt nicht oder nicht so, wie es vertraglich vereinbart ist, kann der Gläubiger nach § 323 BGB zurücktreten. Verletzt der Schuldner eine Nebenpflicht nach § 241 Abs.2 BGB, kann der Gläubiger gemäß § 324 BGB zurücktreten. Was schon früher Rechtsgrundsatz war, der beachtet werden musste, steht jetzt im Gesetz, wenn auch die einzelnen Pflichten nicht ausdrücklich aufgelistet werden.
Beispiele:

- Pflicht zur Rücksicht. Neben der eigentlichen Leistungspflicht besteht die Verpflichtung, die Rechte und sonstigen Rechtsgüter der anderen Vertragspartei zu wahren (vgl. Palandt-Heinrichs, § 241 BGB, Rdnr. 6,7.
- Aufklärungspflichten entstehen nach Abschluss des Vertrages, wenn sich Gefahren für die Belange des Vertragspartners ergeben, von denen dieser keine Kenntnis hat. Der Makler muss auch nach Abschluss des Maklervertrages Informationen weiterleiten, die für den Auftraggeber objektiv wichtig sind, beispielsweise über Schwamm, Baumängel, aber auch die Verhandlungsbereitschaft der anderen Seite (vgl. Palandt-Sprau, § 654 BGB Rdnr. 6)
- Schutzpflicht. Das ist die Pflicht, sich bei Abwicklung des Schuldverhältnisses so zu verhalten, dass Körper, Leben, Eigentum und sonstige Rechtsgüter des anderen Teils nicht verletzt werden. Für den Vermieter ist im Rahmen des Mietverhältnisses die Verkehrssicherungspflicht auch vertragliche Nebenpflicht nach § 241 Abs.2 BGB.

Gesetzliche Rücktrittsrechte bestehen außerdem für den Gläubiger (§ 326 Abs.5 BGB), wenn der Schuldner von der Leistung wegen Unmöglichkeit frei wird (§ 275 BGB) oder bei einem Sach- oder Rechtsmangel, wenn die Nacherfüllung gem. § 439 BGB beim Kaufvertrag oder nach § 634 BGB beim Werkvertrag gescheitert ist.

Siehe / Siehe auch: Rücktritt, Rücktrittsvorbehalt

Rücktrittsvorbehalt

reservation of the right to cancel; escape clause

Ein Rücktrittsvorbehalt einer Partei des Kaufvertrages ist ein Vertrag, da die andere Seite zustimmen muss. Je nach dem Grund eines solchen Rücktrittsrechts hat dies Auswirkungen auf den Provisionsanspruch des Maklers. Wiederholt der Rücktrittsvorbehalt nur gesetzliche Rücktrittsrechte, ändert sich die Rechtslage nicht. Liegen deren Voraussetzungen vor, bestehen diese Rechte ohnehin. Die betroffene Vertragspartei gewinnt nichts hinzu. Beispiele:

- Der Verkäufer behält sich das Recht zum Rücktritt vor, falls der Käufer den Kaufpreis bis zum vereinbarten Zeitpunkt nicht belegt.
- Dem Käufer wird ein Rücktrittsrecht für den Fall eingeräumt, dass der Verkäufer eine seiner Hauptpflichten, z. B. die Übergabe des Objekts zu dem vereinbarten Zeitpunkt, nicht erfüllt.

In bei den Fällen besteht ein gesetzliches Rücktrittsrecht. Ist der Vertrag wirksam geworden, berührt seine Durchführung, also die Belegung des Kaufpreises bzw. die Übergabe, den Provisionsanspruch des Maklers nicht. Häufig wird mit der Vereinbarung eines Rücktrittsrechts im Kaufvertrag angestrebt, dass der Kaufvertrag vor Eintritt eines bestimmten Ereignisses nicht wirksam wird. Es handelt sich um Ereignisse, die von dem, der sich den Rücktritt vorbehält, nicht (allein) herbeigeführt werden können. Beispiele:

- Der Grundstückskäufer will sicherstellen, dass sein Bauvorhaben genehmigt wird oder die Finanzierungszusage der Bank abwarten. Andernfalls könnte er das Grundstück nicht gebrauchen.
- Der Verkäufer eines Einfamilienhauses möchte die Wirksamkeit des Kaufvertrages hinausschieben, bis er sicher ist, dass die Eigentumswohnung, die er erworben hat, rechtzeitig frei wird. Er möchte verhindern, dass er als Verkäufer schadensersatzpflichtig wird.

Diese Rücktrittsvoraussetzungen entsprechen rechtlich der Bedingung i.S.d. § 158 Abs.1 BGB. Sie sind zukünftige ungewisse Ereignisse, von denen die Rechtswirksamkeit des Kaufvertrages abhängig gemacht wird. Um zu erreichen, dass der Rücktrittsvorbehalt als Vereinbarung einer aufschiebenden Bedingung wirkt, muss er zeitlich eingegrenzt sein. Beispiele

- „Der Käufer behält sich den Rücktritt von diesem Vertrag bis zum 30. Juni 2010 vor, falls bis zu diesem Zeitpunkt nicht die Genehmigung der Gemeinde nach § 144 Abs.2 BauGB vorliegt.“ (Genehmigung der Veräußerung eines Grundstücks im festgelegten Sanierungsgebiet). Wichtig für den Makler: Er hat in keinem Fall gegen denjenigen, der sich den Rücktritt vorbehält, darauf, dass dieser die notwendigen Ansprüche stellt. Der Rücktrittsvorbehalt kann auch ohne Nennung eines künftigen Ereignisses, aber mit zeitlicher Begrenzung vereinbart werden.
- „Der Käufer (Verkäufer) behält sich den Rücktritt von diesem Vertrag bis zum 31. Otober 2010 vor.“ So wird formuliert, wenn sich die Kaufvertragspartei innerhalb der vereinbarten Frist klar werden will, ob sie den Kaufvertrag überhaupt abschließen will.

Siehe / Siehe auch: Hauptvertrag, Rücktritt, Rücktrittsrecht

Rückwärtshypothek

reverse mortgage

Viele Immobilieneigentümer scheuen davor zurück, ihr Haus gegen eine Leib- oder Zeitrente an einen privaten Käufer zu veräußern. Grund: Der Käufer mag zwar derzeit noch solvent sein, ist dies aber in einigen Jahren vielleicht nicht mehr. Die eigene Altersvorsorge hängt dann von der Finanzlage eines relativ Unbekannten ab. Jedoch kann ein Immobilienverkauf auf Rentenbasis nicht nur mit Privatkäufern vereinbart werden. Aus den USA kommt das Konzept der Rückwärtshypothek oder „reverse mortgage“. Dabei tritt als Vertragspartner eine Bank auf. Diese zahlt eine lebenslange Rente an den Hauseigentümer, dem ein lebenslanges Wohnrecht in seinem Objekt eingeräumt wird. Abgesichert wird per Hypothek auf die Immobilie. Oft bürgt die Bank im Verbund mit einer Lebensversicherung für die Rente. Ein wichtiger Unterschied zur herkömmlichen Leibrente besteht darin, dass der Hauseigentümer bzw. Verkäufer bei der Rückwärtshypothek weiter für die Instandhaltung seiner Immobilie verantwortlich und dazu ggf. auch verpflichtet ist. Der Rentner bleibt zunächst Eigentümer – sogar ein Verkauf durch den Rentenempfänger zu dessen Lebzeiten bleibt möglich. Erst bei seinem Ableben wird die Immobilie verwertet; der Verkaufserlös dient zur Tilgung des Darlehens. Den Rest bekommen die Erben, die die Möglichkeit haben, das Haus gegen Ablösung der Hypothek selbst zu erwerben. In Deutschland ist die Rückwärtshypothek noch wenig gebräuchlich. Es werden jedoch derzeit bei einigen Anbietern entsprechende Konzepte erarbeitet.

Siehe / Siehe auch: Hypothek, Leibrente (Verkauf einer Immobilie auf Rentenbasis)

Sachenrechtsbereinigungsgesetz

German law on the adjustment of law of property

Das Auseinanderdriften des Grundstücksrechts zwischen der Bundesrepublik Deutschland und der damaligen DDR führte nach der Wiedervereinigung zu der Notwendigkeit der Anpassung des teils diffusen DDR-Grundstücksrechts an das Grundstücksrecht der Bundesrepublik. Dies geschah durch das Sachenrechtsbereinigungsgesetz vom 1.10.1994.
Gebaut werden konnte in der DDR seit 1954 nur noch auf staatseigenem Grund und Boden. Hauptziel des Gesetzes ist eine Rechtsangleichung des ehemaligen DDR-Rechts an das der Bundesrepublik Deutschland, um das dort entstandene bauliche Nutzungsrecht an Grundstücken und das selbständige Gebäudeeigentum in die Rechtssphäre des BGB zu führen. Dies geschieht durch ein Ankaufsrecht des Nutzers bzw. Gebäudeeigentümers für das Grundstück, auf dem das Gebäude errichtet wurde oder alternativ durch eine Erbbaurechtslösung.

Sachmängelhaftung des Immobilienverkäufers

estate agent/broker's liability for defects; implied warranty for proper quality

Weisen Immobilien, die verkauft werden, nach dem Besitzübergang Mängel auf, die der Käufer vorher nicht erkannt hat, stellt sich die Frage, welche Rechtsfolgen dies haben kann. Ist der Fehler so groß, dass der nach dem Vertrag vorausgesetzte Gebrauch nicht unerheblich gemindert wird, dann liegt ein Sachmangel vor, der eine Pflicht zur Mängelbeseitigung begründet. Weigert sich der Verkäufer, einer entsprechenden Forderung nachzukommen, dann kann der Käufer den Kaufpreis mindern oder Schadensersatz verlangen bzw. wenn der Verkäufer den Mangel zu vertreten hat, auch vom Vertrag zurücktreten und Schadensersatz verlangen (großer Schadensersatzanspruch). Ist der Mangel allerdings unerheblich, besteht weder ein Rücktrittsrecht noch ein Anspruch auf großen Schadensersatz. Wird ein Immobilienobjekt aus dem Bestand verkauft, wird in der Regel vermerkt, dass der Käufer das Objekt genau besichtigt hat und er im derzeitigen Zustand erwirbt. Eine bestimmte Beschaffenheit oder Garantie (früher „zugesicherte Eigenschaft") wird nicht zugesagt und eine Mängelhaftung ausgeschlossen. Nicht auszuschließen ist eine Haftung für vorsätzliches oder arglistiges Verschweigen eines Mangels. Es ist aber auch denkbar, dass der Käufer auf eine bestimmte Beschaffenheit der Immobilie großen Wert legt. In diesem Fall kann er sich diese Beschaffenheit im Kaufvertrag garantieren lassen. Dann haftet der Verkäufer dennoch, wenn diese Beschaffenheit zum Zeitpunkt des Besitzüberganges nicht gegeben ist. Hat ein Makler allerdings vor dem Abschluss des Kaufvertrages eine bestimmte Beschaffenheit z.B. im Exposé dargestellt, die dann nicht gegeben ist, kann der Käufer den Makler haftbar machen. Darauf haben kaufvertragliche Haftungsausschlüsse keinen Einfluss. Denkbar wäre allerdings, im Kaufvertrag den Haftungsausschluss auf den Makler zu erweitern.
Siehe / Siehe auch: Haftung des Maklers

Sachmangel (im Mietrecht)

defect as to quality; redhibitory defect; redhibitory vice (under the law of tenancy)

Die Mietsache leidet an einem Sachmangel, wenn die Tauglichkeit zum vertragsgemäßen Gebrauch aufgehoben oder erheblich gemindert ist oder wenn eine zugesicherte Eigenschaft fehlt oder später wegfällt (vgl. §§ 536 ff. BGB). Eine zugesicherte Eigenschaft fehlt, wenn der Vermieter diese Eigenschaft ausdrücklich und termingebunden zugesagt hat – z.B. wenn bei der Übergabe vereinbart wurde, dass der Vermieter bis zu einem bestimmten Termin ein marodes Fenster austauschen wird.
Mit vertragsgemäßem Gebrauch ist normalerweise der Gebrauch zum Wohnen gemeint. Dieser ist z.B. beeinträchtigt, wenn die Heizung im Winter nicht funktioniert, wenn es kein heißes Wasser gibt oder Fenster undicht sind. Ob ein erheblicher Mangel vorliegt, richtet sich nach dem allgemein (orts-)üblichen Gebäudezustand und der Art des Gebäudes. Für das Bauernhaus von 1820 gelten dabei andere Maßstäbe als für einen Neubau. Ein erheblicher Mangel kann zu folgenden Ansprüchen des Mieters führen:

- Mietminderung
- Selbstabhilfe (Handwerker beauftragen, Rechnung an Vermieter)
- Schadenersatz (sofern dem Mieter Folgeschäden entstehen, z. B. Wasserschäden an Möbeln)

Soll wegen eines Mangels der Mietwohnung eine Mietminderung vorgenommen werden, ist diese auf Basis der Bruttomiete zu berechnen – unabhängig davon, ob die Nebenkosten als Vorauszahlung oder Pauschale bezahlt werden (Bundesgerichtshof, Az. XII ZR 225/03). Der Mieter darf aufgrund einer Gesundheitsgefährdung (z. B. Schimmelbefall) erst dann die fristlose außerordentliche Kündigung des Mietvertrages aussprechen, wenn er dem Vermieter zuvor eine angemessene Frist zur Abhilfe gesetzt hat und diese ergebnislos verstrichen ist (BGH, Az. VIII ZR 182/06, Urteil vom 18.04.2007). Das Recht des Mieters auf Mängelbeseitigung bzw. Mietminderung aufgrund von Wohnungsmängeln kann nicht vertraglich ausgeschlossen werden, etwa durch eine Klausel, die sinngemäß „gemietet wie besehen“ lautet (Amtsgericht Charlottenburg, Az. 215 C 270/02). Nach einem Urteil des Bundesgerichtshofes verjähren Ansprüche aufgrund von Wohnungsmängeln während der Mietdauer nicht. Beispiel: Ein Dachgeschoss wird mit ungenügendem Trittschallschutz ausgebaut. In der darunter liegenden Wohnung kommt es zu Geräuschbelästigungen. Da oben jedoch besonders ruhige Mieter einziehen, lässt der Mieter darunter die Sache auf sich beruhen. 16 Jahre später will er jedoch – nach Einzug lauterer „Obermieter“ den Einbau einer vorschriftsmäßigen Trittschalldämmung durchsetzen. Der Vermieter kann sich hier laut BGH nicht auf Verjährung berufen, da es nur darauf ankommt, ob der Mangel weiterhin besteht. Er ist verpflichtet, die Mietwohnung während der gesamten Mietzeit in einem vertragsgemäßen Zustand zu halten (BGH, Urteil vom 17.2.2010, Az. VIII ZR 104/09). Eine Klage wegen eines Sachmangels erfordert oft ein Sachverständigengutachten, für das teure Vorschüsse zu leisten sind. Dies gilt auch für Vermieter, die den geminderten Betrag der Miete einklagen möchten.

Siehe / Siehe auch: Kostenvorschuss für Mängelbeseitigung, Opfergrenze für Vermieter, Schadenersatzansprüche des Mieters, Schadenersatzansprüche des Vermieters

Sachverständige für die Bewertung von Grundstücken

expert/ valuer for the appraisal of real estate

bebaute und unbebaute Grundstücke sowie Mieten und Pachten

Zu unterscheiden ist zwischen öffentlich bestellten und vereidigten, zertifizierten, institutsanerkannten sowie freien Sachverständigen. Die öffentlich bestellten und vereidigten Sachverständigen werden von einer Industrie- und Handelsklammer bestellt. Voraussetzung ist, dass derjenige, der den Antrag stellt, seine besondere Sachkunde nachweisen kann und die persönlichen Voraussetzungen gegeben sind. Die IHK legt dabei die „Fachlichen Bestellungsvoraussetzungen für das Sachgebiet Bewertung von bebauten und unbebauten Grundstücken sowie Mieten und Pachten“ zugrunde. Regelvoraussetzung ist die Ablegung einer Prüfung vor einem Fachausschuss, der aus Sachverständigen besteht. Eine weitere Möglichkeit, sich als Sachverständiger eine gewisse Verkehrsgeltung zu verschaffen, besteht in seiner Zertifizierung, die innerhalb der Europäischen Union anerkannt wird. Die Zertifizierung erfolgt über zwei Zertifizierungsstellen, (die DIA Consulting AG in Freiburg – „ZIB-DIAZert“ – oder den Verband privater Pfandbriefbanken – „Hyp-Zert“), die wiederum beim Deutschen Akkreditierungsrat „akkreditiert“ und damit als Zertifizierungsstelle anerkannt sind. Das Verhältnis zwischen den öffentlich bestellten und vereidigten Sachverständigen und den zertifizierten Sachverständigen bedarf noch eines gewissen Klärungsprozesses. Institutsanerkannte Sachverständige sind solche, die auf der Grundlage eines entsprechenden Studiengangs des jeweiligen Instituts oder einer Hochschule in einer Prüfung ihre Qualifikation nachgewiesen haben. Schließlich kann sich aber jeder, der über die entsprechende Fachkunde verfügt, als „freier“ Sachverständiger betätigen. Öffentlich bestellte und vereidigte Sachverständige für die Bewertung von bebauten und unbebauten Grundstücken sowie Mieten und Pachten sind verpflichtet, auf Anforderung durch Privatpersonen Behörden oder Gerichten Bewertungsgutachten über Grundstücke oder Rechte an Grundstücken zu erstellen. Dabei wenden sie in der Regel die in der Wertermittlungsverordnung festgeschriebenen Bewertungsverfahren an. Für die Beurteilung von Bauschäden oder Baumängel sind nicht Bewertungssachverständige zuständig, sondern Bauschadenssachverständige. Auch in dieser Sparte gibt es „öffentlich bestellte und vereidigte Sachverständige“. Ursprünglich rekrutierten sich die Sachverständigen für die Immobilienbewertung nahezu ausschließlich aus studierten Architekten und Bauingenieuren. Seit Einführung des Kontaktstudienganges für Sachverständige an der Deutschen Immobilien Akademie (DIA) 1992 nimmt der Anteil der Berufsgruppe, die für eine Immobilienbewertung besonders geeignet erscheint, nämlich der Immobilienmakler unter den Sachverständigen beständig zu.

Siehe / Siehe auch: Deutsche Immobilien Akademie (DIA), DIA Consulting AG, Gutachter, Gutachterausschuss

Sachverständigen-Zertifizierung

certification as an expert

Siehe / Siehe auch: Zertifizierte Sachverständige für Immobilienbewertung (DIA)

Sachwert

real asset; asset value; depreciated replacement cost

Der Sachwert ist das Ergebnis einer Wertermittlung nach dem Sachwertverfahren, das sich an den Herstellungskosten des Bewertungsgegenstandes orientiert. Sie sind die Basis für die Ermittlung des Herstellungswertes. Da die Kosten nicht mit Preisen identisch sind, muss die Lücke zwischen Herstellungswert und dem tatsächlichen „Preis" (Verkehrswert) stets im Wege der Marktanpassung überwunden werden. Gutachterausschüsse stellen teilweise Marktanpassungsfaktoren zur Verfügung. Das Sachwertverfahren wird eingesetzt, um den Verkehrswert von Objekten zu ermitteln, bei denen Vergleiche mit anderen Grundstücken für ein Vergleichswertverfahren nicht tauglich sind und auch Ertragsgesichtspunkte vor allem wegen bevorzugter Eigennutzung keine Rolle spielen. Typisches Beispiel ist das freistehende Einfamilienhaus. Beim Sachwertverfahren werden getrennt Bodenwert einerseits und Gebäudewert einschließlich Wert der Außenanlagen und sonstigen Betriebseinrichtungen andererseits ermittelt. Der Bodenwert und der Wert der baulichen Anlagen bilden den Sachwert des Objektes. Der Bodenwert wird durch ein Vergleichswertverfahren ermittelt. Die Wertermittlung des Gebäudeanteils richtet sich vor allem nach dessen technischen Aspekten. Die Herstellungskosten werden durch Hochrechnen der Baukosten eines bestimmten Basisjahres über den Baukostenindex ermittelt und durch die Alterswertminderung bereinigt. Baunebenkosten werden durch einen Zuschlag berücksichtigt. Der Wertminderung wegen Baumängel und Bauschäden wird durch Abschläge Rechnung getragen. Zu berücksichtigen sind auch sonstige wertbeeinflussende Umstände (z.B. wirtschaftliche Überalterung oder überdurchschnittlicher Erhaltungszustand). Auch die Außenanlagen müssen dann berücksichtigt werden, wenn ihnen eine besondere Bedeutung zukommt.

Üblicherweise werden heute zur Ermittlung des Herstellungswertes die NHK 2000 verwendet. Das Sachwertverfahren wird in erster Linie bei Einfamilienhäusern angewendet. Die Schwachstelle des Verfahrens beruht in einer gewissen Marktferne, so dass die Ermittlung des Verkehrswerts mit Hilfe dieses Verfahrens hauptsächlich von der richtigen Wahl der Marktanpassungsfaktoren abhängt.

Siehe / Siehe auch: Alterswertminderung, Gesamtnutzungsdauer von Gebäuden (Wertermittlung), Normalherstellungskosten (Immobilienbewertung), Verkehrswert

Sachwertverfahren

cost approach; depreciated replacement cost approach; asset value method; real value method

Bei der Bewertung von bebauten Grundstücken für Zwecke der Erbschaft- und Schenkungsteuer ab 2009 ist für Wohnungseigentum, Teileigentum und Ein- und Zweifamilienhäusern, bei denen kein Vergleichswert vorliegt, für Geschäftsgrundstücke und gemischt genutzte Grundstücke, für die sich auf dem örtlichen Grundstücksmarkt keine übliche Miete ermitteln lässt und sonstige bebaute Grundstücke, das Sachwertverfahren anzuwenden. Beim Sachwertverfahren werden zunächst getrennt der Bodenwert und der Gebäudesachwert ermittelt. Auf diese Summe wird eine Wertzahl (Marktanpassungsfaktor) angewandt, um den Grundbesitzwert zu erhalten.

Siehe / Siehe auch: Sachwert, Erbschaftssteuerreform, Ertragswertverfahren, Vergleichswertverfahren, Immobilienbewertung für Erbschaftssteuer

Sägedach

double-ridged roof; saw-tooth roof

Sägedach ist die deutsche Bezeichnung für Sheddach, die auf das sägezahnartige Querschnittsprofil eines Sheddaches anspielt.

Sale-and-lease-back

sale and lease back

Das Sale-and-lease-back-Verfahren stellt eine Sonderform des Leasings dar. Der Leasinggeber erwirbt vom Leasingnehmer das überwiegend eigengenutzte Objekt und vermietet es an diesen wieder zurück. Dieses Verfahren hat in den letzten drei Jahren zunehmend an Bedeutung gewonnen, da der Leasingnehmer durch den Verkauf stille Reserven im Anlagevermögen heben kann. Das gebundene Kapital wird freigesetzt und in profitablere Anlagen (vor allem im Kerngeschäft) investiert. Aber auch die öffentliche Hand (u. a. das Land Hessen in 2005) nutzt diesen Weg, um die finanziell angespannte Haushaltslage zu verbessern.

Sammelanzeigen

composite advertisements

Anzeigen, in denen der Makler seine Angebote zusammenfasst, sind eine Alternative zu Einzelanzeigen. Vorteil einer Sammelanzeige kann sein, dass den Kunden u.U. mehrere Objekte ansprechen. Er wird daher eher einen Makler kontaktieren, bei dem er mit einem einzigen Anruf Informationen über eine ganze Palette relevanter Angebote erhält, als einen, der lediglich verstreute Einzelanzeigen schaltet.

Sammelheizung

central heating

Sammelheizung ist der Oberbegriff für Heizanlagen, bei denen die Wärmeversorgung von einer zentralen Stelle aus stattfindet. Die Art der Heizungsanlage ist wichtiges Ausstattungskriterium für Mietwohnungen bei Mieterhöhungen und beim Antrag auf Wohngeld. Bei derartigen Beurteilungen setzt man Sammelheizungen den Etagenheizungen oder Einzelöfen gleich, sofern die Brennstoffversorgung der Anlage automatisch (nicht per Hand) stattfindet und sämtliche Wohnräume ebenso wie Küche und Bad vollwertig beheizbar sind.

Siehe / Siehe auch: Energieeinsparverordnung (EnEV), Etagenheizung, Heiz- und Warmwasserkosten

Sandstrahlen

(sand)blasting

Sandstrahlen ist ein technologisches Verfahren zur Bearbeitung von harten Oberflächen. Dabei wird mittels Druckluft oder durch ein Schleuderrad ein Strahlmittel in hoher Geschwindigkeit auf die zu behandelnde Fläche geblasen, um diese zu reinigen, zu schleifen oder aufzurauen. Das Verfahren und das dazu verwendete Sandstrahlgebläse wurden von dem Amerikaner Benjamin Chew Tilghman entwickelt, der 1870 das Patent dafür erhielt und einige Jahre später ein darauf spezialisiertes Unternehmen gründete. Als Strahlmittel werden neben Sand je nach Anwendungsbereich und gewünschtem Effekt auch andere Stoffe wie beispielsweise Hochofenschlacke, Korund, Glas- Stahl- oder Kunststoffgranulat, gemahlene Nussschalen, Granat, Soda oder Eiskristalle verwendet. Der beim Sandstrahlen erzielte Effekt ähnelt dem des Abschleifens mit Sandpapier, doch lassen sich insbesondere Flächen mit Vertiefungen, Vorsprüngen o.ä. wesentlich besser und gleichmäßiger behandeln.

Wegen der mit dem Sandstrahlen verbundenen Staubbelastung sind entsprechende Schutzmaßnahmen wie Be- und Entlüftung, Schutzkleidung, Atemschutzmasken usw. erforderlich, um dem Entstehen der so genannten Staublungenkrankheit (Silikose) vorzubeugen.

Siehe / Siehe auch: Absanden

Sanierung

refurbishment; restoration; rehabilitation; redevelopment; reconstruction; reclamation; clean-up; recapitalisation

Städtebauliche Sanierung

Städtebauliche Sanierungsmaßnahmen werden durchgeführt, wenn ein Stadtgebiet den allgemeinen Anforderungen an gesunde Wohn- und Arbeitsverhältnisse oder an die Sicherheit der in dem Gebiet wohnenden und arbeitenden Menschen nicht mehr entspricht oder wenn seine Funktionen (etwas im Hinblick auf den Verkehr) erheblich beeinträchtigt sind. (siehe § 136 BauGB). Beurteilungskriterien dabei sind u.a. Belichtung, Besonnung und Belüftung der Gebäude, deren bauliche Beschaffenheit, die Zugänglichkeit zu den Grundstücken, Art, Maß und Zustand der baulichen Nutzung, die vorhandene Erschließung usw.. Mit den Betroffenen (Eigentümern, Mietern, Pächtern) soll die Sanierungsmaßnahme erörtert werden. Ebenso sind öffentliche Aufgabenträger einzubeziehen. Für dieses Gebiet wird eine Sanierungssatzung erlassen, in der die Sanierungsziele festgelegt werden. Damit einher geht eine Veränderungssperre, die alle das Gebiet verändernden Vorhaben und Rechtsvorgänge genehmigungsabhängig machen. Die Sanierung umfasst nicht nur Einzelobjektsanierungen, sondern kann auch in einer Flächensanierung bestehen, die meist Maßnahmen der Bodenordnung voraussetzen. Die Sanierung kann auch einem privaten Sanierungsträger im Rahmen eines städtebaulichen Vertrages übertragen werden. Für nach dem 1.7.2007 erlassene Satzungen gilt eine zeitliche Befristung zur Durchführung der Sanierungsmaßnahme von höchstens 15 Jahren. Finanziert wird die Sanierungsmaßnahme durch Abschöpfung der sanierungsbedingten Bodenwertsteigerungen. Dabei werden vom Gutachterausschuss die sanierungsunbeeinflussten Anfangswerte und die Endwerte nach Abschluss der Sanierung ermittelt. Die Eigentümer zahlen den Differenzbetrag als Ausgleich für die erfolgte Sanierung. Der Ausgleichsbetrag wird nach den Flächenanteilen ihrer Grundstücke am Sanierungsgebiet von der Gemeinde in Rechnung gestellt. Der Ausgleichsbetrag kann auch in ein Tilgungsdarlehen umgewandelt werden. Seit 1.1.2007 haben die Gemeinden die alternative Möglichkeit, den Ausgleichsbetrag kostenorientiert zu ermitteln. Bestimmt wird dies in einer eigenen Satzung. Zugrunde gelegt werden nur die Kosten für die Erweiterung und Verbesserung der Erschließungsmaßnahmen, soweit sie sich auf die zum Anbau bestimmte Anliegerstraßen, Wege und Plätze, Fuß- und Wohnwege sowie um Sammelstraßen innerhalb des Sanierungsgebietes beziehen. Hiervon wird ein bestimmter Prozentsatz, der 50 Prozent der Gesamtkosten nicht übersteigen kann, in der Satzung festgelegt. Eine Entscheidung der Gemeinde für die neue Berechnungsalternative ist nur möglich, wenn keine Anhaltspunkte dafür sprechen, dass eine sanierungsbedingte Erhöhung des Bodenwerts die Hälfte des Gesamtaufwandes nicht übersteigt. Im Rahmen eines Sozialplanes wird dafür gesorgt, dass nachteilige Auswirkungen der Sanierung gemildert werden. Über Härteausgleichsregelungen wird den betroffenen Mietern und Pächtern geholfen. Miet- und Pachtverhältnisse können im Rahmen von Sanierungsmaßnahmen durch die Gemeinde auf Antrag des Gebäudeeigentümers aufgehoben werden. Bei Mietverträgen ist dies nur zulässig, wenn angemessener Ersatzwohnraum zur Verfügung gestellt wird (§ 182 BauGB). Der Ersatz von Umzugskosten für Mieter kann im Sozialplan vorgesehen werden. In Härtefällen sieht das Gesetz einen finanziellen Ausgleich für beide Vertragspartner und damit auch für den Vermieter vor, wenn die Kündigung zur Durchführung städtebaulicher Maßnahmen erforderlich war oder wenn ohne Kündigung des Mietvertrages das Miet- bzw. Pachtobjekt aufgrund städtebaulicher Maßnahmen vorübergehend unbenutzbar ist (vgl. § 181 BauGB).

Gebäudesanierung

Der Begriff der Sanierung im Rahmen von Instandhaltungs- und Modernisierungsmaßnahmen ist nicht eindeutig. In der Regel werden darunter grundlegende Erneuerungsmaßnahmen verstanden die bis zur Entkernung eines Gebäudes führen können. Teilweise wird der Sanierungsbegriff auch auf die Erneuerung von bestimmten Gebäudeteilen beschränkt (Beispiel „Flachdachsanierung"). Sanierung im umgangssprachlichen Sinne ist immer entweder Instandsetzung in großem Umfange plus Modernisierung oder nur Instandsetzung. In den neuen Bundesländern wurde vor der Wiedervereinigung der Begriff der „Rekonstruktion" für Sanierung gebraucht.

„Nachhaltige Sanierung im Bestand"

Das Projekt „Nachhaltiges Sanieren im Bestand – integrierte Dienstleistungen für zukunftsfähige Wohnstile" war ein vom Bundesministerium für Bildung und Forschung gefördertes Projekt im Förderschwerpunkt „Modellprojekte für nachhaltiges Wirtschaften – Innovation durch Umweltvorsorge". Es begann am 1.11.1998 und endete am 31.3.2001. Beteiligt waren daran:

- Institut für sozial-ökologische Forschung (ISOE), Frankfurt am Main (verantwortlich für das Gesamtprojekt)
- Öko-Institut e.V. (ÖI) Darmstadt (verantwortlich für alle mit baulich-technischen Fragen)
- Institut für ökologische Wirtschaftsforschung GmbH (IÖW), Berlin (verantwortlich für Koordination)
- Nassauische Heimstätte – Gesellschaft für innovative Projekte im Wohnungsbau mbH, Frankfurt am Main (verantwortlich für die Vermittlung der Kontakte mit den verschiedenen Abteilungen der Nassauischen Heimstätte und für die Kommunikation mit dem Mieterbeirat)
- Nassauische Heimstätte (verantwortlich für Vorbereitung und Durchführung der Modernisierungsmaßnahmen an insgesamt 3 Projekten aus der Baualtersklasse 1950/1960)

Es ging um Projekte mit dem Versuch, die Bewohner der Siedlungen in die Projektarbeit mit einzubeziehen, wobei nicht nur bautechnische Maßnahmen sondern auch andere integrative Maßnahmen im ökologisch-sozialen Bereich eine Rolle spielten. Damit soll eine nachhaltige Wirkung in der Bestandssicherung erreicht und ein erneutes Abgleiten des Quartiers in Richtung „Slum" verhindert werden. Die gewonnenen Erkenntnisse flossen auch in Projekte der „Sozialen Stadt" ein.

Siehe / Siehe auch: Ausgleich für sanierungsbedingte Werterhöhungen (städtebauliche Sanierung), Bodenordnung, Erhaltungssatzung, Milieuschutzsatzung, Sanierungsträger, Soziale Stadt

Sanierungsträger

redeveloper; redevelopment contractor; organisation sponsoring redevelopment

Ein Unternehmen, das die Aufgaben eines Sanierungsträgers im Rahmen städtebaulicher Sanierungsmaßen in eigenem Namen auf eigene Rechnung („Unternehmensträger) oder auf Rechnung der Gemeinde (als deren Treuhänder) übernehmen will, muss bestimmten Anforderungen genügen, um eine „Bestätigung" als Sanierungsträger zu erhalten. Hierzu gehört, dass das Unternehmen nicht selbst als Bauunternehmen tätig oder von einem Bauunternehmen abhängig sein darf. Die wirtschaftlichen Verhältnisse der Trägers müssen für die Übernahme solcher Aufgaben gegeben sein. Schließlich muss sich das Unternehmen einer jährlichen Prüfung seiner Geschäftstätigkeit unterziehen. Weitere Voraussetzung ist, dass die zur Vertretung des Unternehmens berechtigten Personen und deren leitende Angestellte die erforderliche geschäftliche Zuverlässigkeit besitzen müssen. Wichtig ist, dass Sanierungsträgern keine hoheitlichen Befugnisse übertragen werden dürfen, die den Gemeinden im Rahmen ihrer Satzungsgewalt vorbehalten bleiben, z. B. Beschluss zur Einleitung eines Umlegungsverfahren, Beschluss zur Stellung eines Enteignungsantrages, Erklärung über den Abschluss der Sanierung für einzelne Grundstücke, Beschluss zur Aufhebung der förmlichen Festlegung des Sanierungsgebietes durch Satzung usw. Dagegen können Sanierungsträger bei der Vorbereitung der Beschlüsse mitwirken und selbständig zur Durchführung von Sanierungsmaßnahmen erforderliche Verträge mit Privatpersonen abschließen, Grundstücke erwerben und über die Mittel verfügen, die der Durchführung von Sanierungsaufgaben dienen. Als Treuhänder haben sie das Treuhandvermögen getrennt vom eigenen Vermögen zu halten. Im Insolvenzfall des Trägers gehört das Treuhandvermögen nicht zur Insolvenzmasse.

Hat der Sanierungsträger zur Durchführung seiner Aufgaben Grundstücke gekauft, dürfen diese nur unter Beachtung sanierungsrechtlicher Bestimmungen und gemeindlicher Auflagen wieder verkauft werden. Nicht veräußerte Grundstücke muss der Träger bei der Gemeinde angeben und auf Verlangen an diese – oder an Dritte – veräußern. Bleibt der Sanierungsträger Eigentümer von Sanierungsgrundstücken, muss er der Gemeinde dafür finanziellen Ausgleich leisten.

Siehe / Siehe auch: Erhaltungssatzung, Milieuschutzsatzung, Sanierung

Satellitenstadt

satellite town; overspill town; new town

Siehe / Siehe auch: Trabantenstadt

Schadenersatzansprüche des Mieters

tenant's claims for damages / claims to compensation

Der Mieter kann gegen den Vermieter Schadenersatzansprüche haben, wenn

- bei Vertragsabschluss ein Mangel der Mietsache vorhanden ist
- später ein Mangel durch Umstände entsteht, die der Vermieter zu vertreten hat
- der Vermieter mit der Beseitigung eines Mangels in Verzug kommt.

Der Mieter darf den Mangel selbst beseitigen und dem Vermieter die Kosten in Rechnung stellen, wenn:

- der Vermieter mit der Beseitigung dieses Mangels in Verzug ist oder
- die umgehende Beseitigung des Mangels zur Erhaltung oder Wiederherstellung des Bestands der Mietsache erforderlich ist.

Beispiele:

- Der Vermieter hat nach Aufforderung mit angemessener Fristsetzung die Mängelbeseitigung nicht vorgenommen.
- Ein altersschwaches Wasserrohr ist geplatzt, der Vermieter ist in Urlaub und nicht zu erreichen.

Keine Ansprüche kann der Mieter anmelden, wenn er Mängel bereits bei Vertragsschluss gekannt und trotzdem unterschrieben hat. Das Gleiche gilt, wenn der Vermieter von dem Mangel aufgrund fehlender / verspäteter Mängelanzeige des Mieters nicht rechtzeitig erfahren hat.

vgl. §§ 536a, 536b BGB

Siehe / Siehe auch: Schadenersatzansprüche des Vermieters

Schadenersatzansprüche des Vermieters

landlord's claims for damages / claims to compensation

Der Vermieter kann Schadenersatzansprüche gegen den Mieter geltend machen, wenn:

- der Mieter die Mietsache schuldhaft beschädigt (z. B.: Überschwemmung durch abgerissenen Waschmaschinenschlauch, wenn die Maschine beim Waschen allein gelassen wurde)
- wenn der Mieter seiner Anzeigepflicht über Gefahren für die Mietsache nicht nachkommt, sodass ein Schaden entsteht (z.B.: Feuchter Fleck an der Wand wird nicht gemeldet, es entstehen schwere Feuchtigkeitsschäden)
- wenn der Mieter die Wohnung Personen überlässt, die an Wohnung, Zubehör oder Haus Schäden anrichten (Untermieter, Gäste)
- wenn der Mieter die Wohnung nach Kündigung verspätet zurückgibt, d.h. nicht pünktlich zum Vertragsschluss (dann Mietzahlung bis Schlüsselübergabe)
- die pünktliche Wohnungs – und Schlüsselübergabe bei Verweigerung fälliger Schönheitsreparaturen bedeutet nicht, dass die Wohnungsrückgabe verspätet wäre. Sie kann aber zu Schadenersatzansprüchen (Durchführung der Arbeiten durch eine Fachfirma auf Kosten des Mieters) führen.

vgl.: §§ 536 c Abs.2, 540 Abs.2, 546 a BGB

Siehe / Siehe auch: Schadenersatzansprüche des Mieters

Schadensersatz im Zivilrecht

compensation for damage under German civil law

Schadensersatz hat eine Person zu leisten, die einer anderen Person Schaden zufügt. Voraussetzung ist stets, dass zwischen der Handlung oder dem Unterlassen einer Handlung, weswegen der Schadensersatz gefordert wird, und dem entstandenen Schaden ein Ursachenzusammenhang besteht. Der Handelnde bzw. Unterlassende muss darüber hinaus in Kauf genommen haben, dass durch sein Verhalten ein Schaden entstehen konnte. (Vorhersehbarkeit des Schadens). Eine Ausnahme besteht in der Gefährdungshaftung, bei der auch ein rechtmäßiges Handeln zu Schadenersatzansprüchen führen kann. Wer z. B. auf einem Spielpark für Kinder eine Rutsche aufstellt, dem ist klar, dass nicht auszuschließen ist, dass sich ein Kind bei der Benutzung einmal verletzt. Trifft dies zu, haftet er für den Personenschaden. Zu unterscheiden ist auch zwischen gesetzlichen und vertraglichen Schadensersatzansprüchen. Zu den gesetzlich geregelten Schadensersatzansprüchen zählen vor allem Ansprüche aus unerlaubter Handlung und aus unwahren Behauptungen über eine Person, die dadurch einen Schaden erleidet.

Vertragliche Schadensansprüche ergeben sich aus der Verletzung von Haupt- und Nebenpflichten eines Vertrages. Schadensersatzpflichten können auch vertraglich vereinbart aber auch innerhalb bestimmter Grenzen abbedungen werden. Schließlich gibt es in besonderen Fällen auch eine Haftung für Schäden, die bei einem Dritten, nicht am Vertrag Beteiligten entstehen. So haftet beispielsweise ein vereidigter Sachverständiger, der ein fehlerhaftes Bewertungsgutachten erstellt, nicht nur dem Gutachtensauftraggeber gegenüber, sondern jedem Dritten, der auf der Grundlage eines solchen Gutachtens Entscheidungen trifft, die zu einem Vermögensschaden führen.

Die Risiken von Schadensersatzpflichten können durch Abschluss von Vermögens,- Sach- und Personenschadensversicherungen abgemildert werden. Risiken einer grob fahrlässigen oder vorsätzlichen Herbeiführung eines Schadens können durch eine Vertrauensschadenversicherung zumindest teilweise abgesichert werden.

Siehe / Siehe auch: Nebenpflichten, Schadenersatzansprüche des Mieters, Schadenersatzansprüche des Vermieters, Berufshaftpflichtversicherung / Vermögensschadenhaftpflichtversicherung, Vertrag (Zivilrecht), Vertrauensschadenversicherung

Schadenskataster

damage registry

Schadenskataster ist die systematische zeichnerische oder fotografische Darstellung der bei einer Schadensaufnahme an einem Bauwerk festgestellten Schäden, in der Regel mit Angaben zu Art und Ausmaß der Schäden. Schadenskataster sind vor allem in der Denkmalpflege von Bedeutung, wo sie eine wichtige Grundlage für die Planung von Instandsetzungs-, Sanierungs- und Restaurierungsmaßnahmen an Baudenkmalen bilden.

Schadenspauschale (Mietrecht)

flat fee for damages (law of tenancy)

In Mietverträgen werden teilweise so genannte Schadenspauschalen vereinbart. Beispiel:
Pauschale Mahngebühr bei Verzug mit der Mietzahlung von 2,50 Euro, Schadenspauschale bei vorzeitiger Beendigung des Mietverhältnisses 300 Euro. Seit der Mietrechtsreform vom 1.9.2001 ist dabei zu beachten, dass dem Mieter durch eine entsprechende Formulierung im Mietvertragsformular ausdrücklich der Nachweis erlaubt sein muss, dass der jeweilige Schaden oder die geltend gemachte Wertminderung gar nicht entstanden ist oder zumindest wesentlich niedriger ist als die Schadenspauschale. Steht dies nicht im Vertrag, ist die Regelung unwirksam. Nach § 309 Nr. 5 BGB ist die Vereinbarung einer Schadenspauschale im Formularmietvertrag ebenfalls unwirksam, wenn die Pauschale den Schaden übersteigt, der „nach dem gewöhnlichen Lauf der Dinge" zu erwarten ist. Dem Vermieter bleibt natürlich die Möglichkeit, seinen konkret entstandenen Schaden vom Mieter einzufordern – z. B. bei einer Mahnung Portokosten.

Nicht zu verwechseln ist die Schadenspauschale mit einer Vertragsstrafe. Bei dieser wird dem Verwender des Vertrages im Falle der Nichtabnahme der Leistung, der verspäteten Abnahme, des Zahlungsverzuges oder der Lösung des Vertragspartners vom Vertrag Zahlung eines bestimmten Geldbetrages versprochen. In Formularverträgen gegenüber Privatleuten verabredete Vertragsstrafen sind unwirksam.

Siehe / Siehe auch: Mietrechtsreform 2001

Schädliche Bodenveränderungen

harmful changes to the soil

Siehe / Siehe auch: Altlasten

Schädliche Verwendung (Wohn-Riester)

detrimental use („Wohn-Riester“: Home Ownership Pensions Act

Siehe / Siehe auch: Wohn-Riester

Schätzgebühr (Baufinanzierung)

appraisal fee (construction finance)

Nebenkosten der Baufinanzierung. Schätzgebühren werden vom kreditgebenden Institut für die Ermittlung des Beleihungswerts der Immobilie berechnet. Die Spannen hierbei sind groß. Es gibt Banken und Sparkassen, die für ihre gutachterliche Tätigkeit kein Geld verlangen. Andere nehmen einen Festbetrag von beispielsweise 2502. Viele berechnen jedoch einen festen Prozentsatz vom Darlehen, der üblicherweise zwischen 0,2 und 0,6 Prozent liegt. Die Schätzgebühr ist bei der Berechnung des Effektivzinses nicht berücksichtigt.

Schätzungsausschuss bei Landpacht

appraisal committee for the lease of property

Der Schätzungsausschuss im Landpachtrecht besteht aus Sachverständigen. In vielen Pachtverträgen über landwirtschaftlich genutzte Betriebe und Flächen wird vereinbart, dass er im Auftrag der Vertragspartner bestimmte Bewertungen vornehmen soll. Unter anderem werden jeweils bei Beginn und Ende der Pacht geschätzt:

- Wert von lebendem und totem Inventar
- Wert des Feldinventars
- Wert der Verwendungen auf die Pachtsache, die der Pächter getätigt hat
- Wert von Baumängeln

Wichtig ist dies z. B. bei einer vertraglich vereinbarten Inventarübernahme zum Schätzwert. Der Schätzungsausschuss wird gebildet, wenn es im Pachtvertrag vorgesehen ist. Die meisten Pachtverträge bestimmen, dass jede Partei einen Sachverständigen ihrer Wahl bestimmt. Die beiden Sachverständigen wählen einen Obmann. Falls dies innerhalb einer Frist von z. B. zwei Wochen nicht passiert, wird der Obmann von einem Verband (z. B. Bauernverband) bestimmt. Die Tätigkeit des Ausschuss richtet sich nach §§ 317 ff. BGB („Bestimmung der Leistung durch einen Dritten“) und der Schätzungsordnung für das landwirtschaftliche Pachtwesen. Der Schätzungsausschuss arbeitet nicht umsonst: Jeder Sachverständige erhält ein Prozent aller vom Ausschuss bearbeiteten Werte. Der Obmann erhält 1,1 Prozent. Eine exakte schriftliche Formulierung der Aufgabe des Schätzungsausschusses und der Hononarvereinbarung bewahrt vor späteren Streitigkeiten. Auch nach dem Bodenschätzungsgesetz sind Schätzungsausschüsse zu bilden. Sie dienen jedoch u.a. der Bemessung von Steuern. Für jeden Finanzamtsbezirk existiert ein Schätzungsausschuss, dem der Leiter des örtlichen Finanzamtes vorsteht. Gegen Schätzungsergebnisse kann vom Grundeigentümer nach der Abgabenordnung Einspruch erhoben werden; über diesen entscheidet dann die Finanzbehörde.

Siehe / Siehe auch: Inventarübernahme zum Schätzwert

Schätzwert

appraised value; assessed value; assessment; estimated value

Der Schätzwert einer Immobilie ist ein durch Schätzung ermittelter Wert, von dem angenommen wird, dass er im gewöhnlichen Geschäftsverkehr als Preis realisierbar ist. Die Ausgangsgrundlage für die Schätzung kann eine berechnete oder eine auf reiner Erfahrung beruhende Beurteilungsgrundlage sein. Die berechnete Beurteilungsgrundlage beruht auf Bewertungsverfahren, die zu einer Annährungsgröße führen und durch abschließende Schätzung nach oben oder unten korrigiert werden. Man bezeichnet dies als Marktanpassung. Eine Reihe von Gutachterausschüssen liefern Marktanpassungsfaktoren. Auch die Rundung eines berechneten Ergebnisses ist eine Schätzgröße. Beruht die Schätzung ausschließlich auf Erfahrung, ergibt sich daraus das Problem, dass der geschätzte Wert in der Regel nicht plausibilisiert oder begründet werden kann. Das Schätzergebnis hängt dann wegen seiner Subjektivität von der Unabhängigkeit und Glaubwürdigkeit des Schätzers ab. Im Rahmen der normierten Immobilienbewertung nach WertV ist ein solches Schätzverfahren nicht zulässig. Es gibt jedoch eine Methode, im Rahmen reiner Schätzungen zu einer relativen Wertsicherheit dadurch zu gelangen, dass mehrere erfahrene, glaubwürdige, voneinander unabhängige Schätzer befragt werden und das sich daraus ergebende arithmetische Mittel der Schätzwerte gerundet wird. Der Tatsache, dass ermittelte Immobilienwerte am Ende stets Schätzgrößen sind, auch wenn sie auf einem Bewertungsverfahren beruhen, wird in der Rechtsprechung dadurch Rechnung getragen, dass für die Annahme der Richtigkeit einer Schätzgröße ein Wertkorridor z. B. +/- 20 Prozent zugelassen wird.

Siehe / Siehe auch: Marktanpassungsfaktor / Wertermittlung

Schallschutz

noise insulation; sound insulation; sound proofing

Übermäßige Lärmimmissionen erfordern einen Schallschutz. Störender Lärm kann von außerhalb des Gebäudes oder auch von Nachbarwohnungen und Hausinstallationen (Sanitäranlagen, Aufzügen) herrühren. Bei den gesetzlichen Rahmenbedingungen sind der Schallschutz im Städtebau und der Schallschutz bei der Errichtung von Gebäuden zu unterscheiden.Grundsätzlich müssen nach § 1 Abs. 5 Baugesetzbuch (BauGB) die Belange des Umweltschutzes bei der Bauleitplanung beachtet werden. Dazu gehört auch der Schallschutz. § 50 Bundesimmissionsschutzgesetz (BImschG) schreibt vor, dass für eine bestimmte Nutzung vorgesehene Flächen einander so zugeordnet werden müssen, dass schädliche Umwelteinwirkungen auf Wohngebiete möglichst nicht stattfinden. Der Schallschutz soll nach diesen Vorschriften soweit wie möglich berücksichtigt werden, er hat jedoch keinen Vorrang gegenüber anderen Belangen.Werkzeug der sachgerechten Schallschutzplanung ist die DIN 18005 Teil 1, die sowohl Orientierungswerte für Schallimmissionen im Städtebau, als auch Berechnungsverfahren enthält. Die Orientierungswerte sind dabei nicht Teil der Norm, da sie nur in einem Beiblatt erwähnt werden. Sie sind nicht rechtsverbindlich. Die Planungsbehörde kann bei der Erstellung des Bebauungsplanes Lärmschutzmaßnahmen vorsehen. Dies können z. B. Lärmschutzwände, nicht bebaubare Flächen zur Abstandswahrung oder Maßnahmen an Gebäuden wie z. B. Schallschutzfenster sein.

Als weitere wichtige Vorschrift ist die TA Lärm (Technische Anleitung zum Schutz gegen Lärm) zu nennen. In dieser Regelung finden sich Immissionsrichtwerte für Schallimmissionen von Gewerbebetrieben und genehmigungsbedürftigen sowie bestimmten nicht genehmigungsbedürftigen Anlagen. Diese Richtwerte dürfen nur in einem bestimmten (meist tageszeitabhängigen) Maße überschritten werden. Die VDI-Richtlinie 2058 enthält Richtwerte zur Beurteilung von Lärm am Arbeitsplatz. Ferner behandelt die VDI-Richtlinie 3724 von Freizeiteinrichtungen (z. B. Sportstätten) ausgehende Geräusche.Bei Errichtung und Umbau von Gebäuden ist die DIN 4109 (Schallschutz im Hochbau) zu beachten. Diese Norm enthält verbindliche Grenzwerte z.B. für den in einer Wohnung hörbaren Trittschall aus der darüber liegenden Wohnung.

Siehe / Siehe auch: Lärm, Belästigung durch, Trittschallschutz

Schattenwurf durch Bäume

shade from large trees on the property

Stehen auf dem Grundstück eines Mietshauses große Bäume, kann es zur „Beschattung" von Wohnungen kommen. Einen Grund zur Mietminderung stellt selbige nicht dar. Allenfalls beim Vertragsabschluss kann der Mieter den Wunsch nach einem verringerten Mietzins äußern – es ist jedoch dem Vermieter überlassen, ob er dem nachkommt.

Wegen verringerten Lichteinfalls in der Mietwohnung ist der Vermieter nicht verpflichtet, die Bäume auszulichten oder gar zu fällen. Unter Umständen ist ihm dies sogar durch eine örtliche Baumschutzverordnung untersagt. Seine Verkehrssicherungspflicht verpflichtet ihn jedoch dazu, regelmäßig (etwa alle sechs Monate) eine Sichtkontrolle der Bäume auf morsche Äste hin vorzunehmen und derartige Gefahrenquellen zu entfernen.

Siehe / Siehe auch: Baumschutzsatzung

Scheidewand

partition; (fig.) barrier

Seit Mitte des 19. Jahrhunderts wurden Wände innerhalb von Gebäuden zunehmend als leichte Wandkonstruktionen ausgeführt. Diese Wände wurden auch als Scheidewand, Leichtwand, Teilungs- oder Trennwand bezeichnet. Sie ermöglichten eine Aufteilung der Räume unabhängig vom System der tragenden Wände. Da sie im Vergleich zu den tragenden Wänden eine deutlich geringere Stärke (z. B. 50 mm) hatten, ergab sich zudem ein Raumgewinn bei gleichzeitiger Materialersparnis.

Leichte Trennwände sind heute noch in vielen Altbauten, insbesondere in großstädtischen Mietshäusern, zu finden. Ihre Nachteile sind die geringe Belastbarkeit, z. B. im Hinblick auf das Anbringen von Wandschränken oder Regalen, sowie die schlechte Geräuschdämmung. Letztere kann insbesondere dort zum Problem werden, wo leichte Trennwände nicht nur zwischen Räumen innerhalb einer Wohnung sondern auch zwischen unterschiedlichen Wohnungen errichtet wurden.

Siehe / Siehe auch: Drahtputzwand, Rabitzwand, Trennwand

Scheinbestandteil

temporary element of a property that does not form part of e.g. the freehold, e.g. contractor's huts on a building site

Im Gegensatz zum wesentlichen Bestandteil eines Grundstücks, der auf Dauer fest mit dem Grundstück verbunden ist, ist die feste Verbindung des Scheinbestandteils mit dem Grundstück nur

vorübergehender Natur. So sind z.B. die von einem Gärtner eingepflanzten, aber zum Verkauf und damit zur Umpflanzung bestimmten Bäume Scheinbestandteil. Das gleiche gilt von festen Einbauten eines Mieters in der Wohnung, der diese Einbauten nach Beendigung des Mietverhältnisses wieder entfernen muss. Vom Zubehör unterscheidet sich der wesentliche Bestandteil dadurch, dass Zubehör beweglich und nicht mit einer anderen Sache bzw. einem Grundstück fest verbunden ist.
Siehe / Siehe auch: Wesentlicher Bestandteil, Zubehör

Scheinselbstständigkeit
pseudo self-employment

Was Scheinselbstständigkeit ist, wurde erstmals mit Wirkung zum 1.1.1999 im Sozialgesetzbuch geregelt. Die Kritik veranlasste den Gesetzgeber allerdings, die Vorschriften wiederholt zu korrigieren. Während früher die Vermutungsregel galt, nach der bei Vorliegen von drei der nachstehenden fünf Anhaltspunkte eine Scheinselbständigkeit unterstellt wird und das Gegenteil, nämlich die Selbständigkeit vom Betroffenen nachgewiesen werden musste, ist es seit 2003 die Aufgabe der Sozialversicherungsträger, die Scheinselbständigkeit zu beweisen. Anhaltspunkte dafür sind:

- keine sozialversicherungspflichtigen Arbeitnehmer werden beschäftigt (es können jetzt auch Familienmitglieder sein), die mehr als 322 Euro verdienen
- dauerhafte Tätigkeit im wesentlichen nur für einen Arbeitnehmer
- Erbringung von Arbeitsleistungen, die der Betrieb des Auftraggebers (oder vergleichbare Betriebe) regelmäßig auch von abhängig Beschäftigten ausführen lässt
- typische Merkmale unternehmerischen Handelns sind nicht erkennbar
- Anstellungsverhältnis vor dem Schritt zur Selbstständigkeit beim gleichen Auftraggeber bei im wesentlichen gleicher Arbeit oder bei einem anderen Auftraggeber als Angestellter bei gleicher Arbeit

Handelsvertreter fallen nicht unter die Vorschrift, wenn sie ihre Tätigkeit im Wesentlichen frei gestalten und ihre Arbeitszeit frei bestimmen können. Mit der Neuregelung ist klar gestellt, was vorher in vielen Einzelentscheidungen besonders von Arbeits- und Sozialgerichten so gesehen wurde. Stellt sich nach Prüfung durch die Sozialversicherungsträger (oder Krankenkasse) heraus, dass keine Selbständigkeit vorliegt, ergeben sich als Folgen:

- der freie Mitarbeiter ist Angestellter
- der Arbeitgeber muss rückwirkend bis vier Jahre den vollen Beitrag zur Renten-, Kranken- Pflege- und Arbeitslosenversicherung nachentrichten,
- der „freie" Mitarbeiter muss wegen Nichtanerkennung geltend gemachter Werbungskosten mit Steuernachforderungen rechnen
- der Scheinselbstständige schuldet die von ihm berechnete Umsatzsteuer, aber
- der Auftraggeber verliert trotzdem seinen Vorsteuerabzug aus berechneten Leistungen des Scheinselbstständigen

Von der Regelung sind Maklerunternehmen nur betroffen, wenn sie „freie Mitarbeiter" beschäftigten, die keinen tatsächlichen Handelsvertreterstatus hatten, die also ihre Arbeitszeit und Tätigkeit nicht frei bestimmen konnten. Wer dagegen seinen Außendienst auf die Handelsvertreterbasis gestellt hat (Handelsvertreter sind Kollegen und keine weisungsgebundenen Abhängigen) muss von der neuen Regelung nichts befürchten. Treten Zweifel darüber auf, ob Scheinselbständigkeit gegeben ist, können sowohl Auftraggeber als auch Auftragnehmer im Rahmen eines sogenannten Antragverfahrens eine Feststellung des sozialversicherungsrechtlichen Status durch die Bundesversicherungsanstalt oder der Krankenkasse herbeiführen, die dies dann auch begründen muss.
Siehe / Siehe auch: Handelsvertreter, Arbeitnehmerähnliche Selbstständige

Schichtmauerwerk
coursed (rubble) masonry

Das Schichtmauerwerk ist ein Mauerwerksverband, bei dem Bruchsteine oder Quadersteine zu einem regelmäßigen oder hammerrechten Mauerwerk geschichtet werden. Dabei sind sowohl durchgehende als auch wechselnde Lagerfugen möglich.
Siehe / Siehe auch: Bruchsteinmauerwerk, Quadermauerwerk, Trockenmauerwerk, Zyklopenmauerwerk

Schiedsverfahren / Streitschlichtung
arbitration; arbitration procedure; conciliation; mediation; settlement in arbitration proceedings / procedure to settle disputes

Im Streitfalle muss der erste Weg nicht immer vor Gericht führen. In allen Bundesländern gibt es – mit unterschiedlichen landesrechtlichen Regelungen – Schiedspersonen, die im Streitfall zwischen den Beteiligten schlichten sollen, um eine gütliche Einigung herbeizuführen.

Meist schreiben die Landesgesetze vor, dass in bestimmten Fällen eine gerichtliche Klage erst dann erhoben werden kann, wenn zuvor ein erfolgloses Schlichtungsverfahren durchgeführt wurde. Die Schlichter oder Schiedsleute sind meist Privatpersonen, die sich für das Amt zur Verfügung gestellt haben. Zwingend ist ein Schlichtungsversuch z. B. in Nordrhein-Westfalen in folgenden bürgerlichen Rechtsstreitigkeiten:

- Vermögensrechtliche Streitigkeiten mit Streitwert bis 600 Euro (außer Familiensachen)
- Nachbarschaftsstreitigkeiten
- Ehrverletzungen, die nicht in den Medien begangen wurden.

Eine Klage ist in diesen Fällen erst bei Vorlage einer schriftlichen Bescheinigung über die Erfolglosigkeit des Schiedsverfahrens zulässig. Ist das Verfahren erfolgreich, wird eine schriftliche Vereinbarung erstellt. Deren Einhaltung ist einklagbar. Schiedsverfahren sind kostengünstig, die Kosten liegen zum Teil nur bei 25 Euro. Auch im Strafrecht muss in bestimmten Fällen ein Schiedsverfahren oder „Sühneversuch" durchgeführt werden, bevor es vor Gericht geht. Betroffen sind hiervon die so genannten „Privatklagedelikte", z. B. Hausfriedensbruch, Beleidigung, Bedrohung.

Siehe / Siehe auch: Grenzbaum, Privatklage, Rechtsstreit, bürgerlicher

Schimmelbefall / Mietwohnung

mold growth/mildew attack in a rented flat

Erheblicher Schimmelbefall in der Mietwohnung stellt immer einen Wohnungsmangel dar. Er kann den Mieter zur Mietminderung oder in schlimmen Fällen zur fristlosen Kündigung berechtigen. Schimmelpilze können ernsthafte Erkrankungen verursachen und sind in Wohnräumen nicht zu tolerieren. Darüber hinaus führen sie oft – meist in der Zusammenwirkung mit Feuchtigkeit – zu erheblichen Bauschäden (z. B. Oxidation von Metallteilen, Zerrüttung von Baustoffen, Verfärbungen, abgeplatzter Putz, Verlust der Dämmwirkung von Dämmstoffen). Streit zwischen Mietern und Vermietern entsteht immer wieder darüber, wer für die Entstehung des Schimmelproblems verantwortlich ist. Denn der Verantwortliche hat auch für die Entfernung des Schimmels aufzukommen. Oft wird pauschal von Mieterseite mit Baumängeln und von Vermieterseite mit unzureichendem Lüften und Heizen argumentiert. Schimmelbildung in Wohnräumen kann jedoch eine Vielzahl von Gründen haben.

Ein derzeit häufiger Grund für Schimmelbefall besteht in der zunehmenden Nachrüstung von Altbauten mit Wärmedämmungen. Häufig werden dabei wasserdampfundurchlässige Folien oder Baustoffe und Isolierfenster nachgerüstet. Beides führt dazu, dass der durch Atmung, Zimmerpflanzen, Duschen, Kochen, Wäschewaschen etc. entstehende Wasserdampf nicht mehr aus der Wohnung entweichen kann. Bei gut gedämmten Wohnungen muss deutlich häufiger gelüftet werden als vor der Sanierung. Empfohlen werden zwei bis drei Mal täglich circa 15 Minuten Stoßlüften. Gekippte Fenster sind nicht ausreichend. Nach Sanierungsmaßnahmen kann eine Aufklärungspflicht des Vermieters über das notwendige neue Lüftungsverhalten bestehen. Weitere Ursachen können z. B. vor Außenwänden abgestellte Möbelstücke sein, Dämmtapeten, Wärmebrücken, Baumängel wie unsachgemäß eingebaute Dachfenster oder fehlerhafte Wärmedämmungen, Restfeuchtigkeit im Neubau oder undichte Rohrleitungen. Welche Ursache im Einzelnen vorliegt, kann oft nur ein Gutachter entscheiden. Im Handel sind jedoch Schnelltests, mit denen für wenig Geld jeder nachprüfen kann, ob in der Wohnung ein Schimmelbefall vorliegt. Ob es sich um gefährliche Schimmelarten handelt, kann meist nur ein Labortest ergeben. Von Mietern kann nicht verlangt werden, dass sie übermäßig heizen (z. B. über 20 Grad Celsius, Landgericht Lüneburg, Az. 6 S 70/00), um einer Schimmelentwicklung vorzubeugen. Mieter sind jedoch grundsätzlich zum ausreichenden Heizen und Lüften der Wohnung verpflichtet. Zu den einzuhaltenden Temperaturen und Lüftungsintervallen entscheiden die Gerichte unterschiedlich. Es ist in der Praxis schwierig, die Missachtung dieser Pflichten nachzuweisen – es sei denn, ein Gutachter hat Baumängel oder Gebäudeschäden als Ursache ausgeschlossen. Baulich bedingte Ursachen liegen im Verantwortungsbereich des Vermieters. Nach einem Urteil des Amtsgerichts Hamburg-St. Georg kann dem Mieter keine Schuld an einer Schimmelentwicklung zugeschrieben werden, weil er die Möbel seiner Wohnung ungünstig angeordnet hat. In diesem Fall war ein Kleiderschrank an einer Außenwand platziert worden; der Vermieter hatte auf Schadenersatz geklagt (Az. 915 C 515/08, Urteil vom 19.02.2009). Ist unklar, ob Baumängel oder falsches Mieterverhalten Ursache für die Feuchtigkeits- beziehungsweise Schimmelschäden sind, muss nach dem Bundesgerichtshof zunächst der Vermieter beweisen, dass die Ursache nicht in seinem Pflichtenbereich, sondern in dem des Mieters liegt (Az. XII ZR 272/97).

Kann der Vermieter diesen Nachweis erbringen und steht fest, dass die Schadensursache im Bereich der betroffenen Wohnung liegt, müssen die Mieter beweisen, dass sie nicht durch vertragswidriges Verhalten wie unzureichendes Heizen und Lüften den Schimmelbefall verursacht haben (OLG Karlsruhe Az. 3 RE Miet 6/84).

Siehe / Siehe auch: Feuchtigkeit / Feuchte Wände

Schlichtungsgesetze

mediation laws

Auf der Grundlage von § 15a der Einführungsgesetz-Zivilprozessordnung (EGZPO) wurden bisher von acht Bundesländern sogenannte Schlichtungsgesetze erlassen. Hierzu zählen Bayern, Baden-Württemberg, Brandenburg, Hessen, Nordrhein-Westfalen, Saarland, Sachsen-Anhalt und Schleswig-Holstein. Damit soll der Prozessflut entgegengewirkt werden. Die Gesetze schreiben vor, dass Amtsgerichte eine Klage nur dann annehmen können, wenn vorher ein Schlichtungsverfahren durch einen Notar oder Rechtsanwalt, der als Schlichter bestellt ist, ohne Ergebnis durchgeführt wurde. Dabei geht es um vermögensrechtliche Streitigkeiten bis zu einer Geldsumme von 750 Euro, um nachbarschaftsrechtliche Streitigkeiten und Streitigkeiten wegen Verletzung der persönlichen Ehre, soweit sie nicht durch Rundfunk oder Presse begangen wurden. Geht es bei Vermögensstreitigkeiten um eine den genannten Betrag übersteigende Summe, ist die Schlichtung freiwillig. Für rechtsstreitanfällige Gewerbezweige, wozu wegen der oft unklaren Rechtslage und den veralteten BGB-Vorschriften auch das Maklergewerbe zählt, ist dies eine interessante Entwicklung. Solche Schlichtungen gab es allerdings in der Wirtschaft schon vor diesem Gesetz, wenn es um hohe Streitwerte ging. Ein großer Teil formeller Gerichtsverfahren wird auf diese Weise auf freiwilliger Basis verhindert.

Schlüsseldienst

emergency locksmith service

Schlüsseldienste beschäftigen sich überwiegend mit der Öffnung von Türschlössern im Fall verlorener Schlüssel oder zugefallener Haus- und Wohnungstüren. Weitere Einsatzgebiete sind Schlossreparaturen und Absicherung gegen Einbrüche. Im Schlüsseldienst-Gewerbe sind einige Anbieter tätig, die sich zweifelhafter Methoden bedienen. So werden extrem überhöhte Stundensätze, Wochenend- und Nachtzuschläge gefordert, die Beträge müssen sofort und in bar bezahlt werden. Häufig werden unnötige Arbeiten durchgeführt. Auch die Werbemethoden der Branche sind teilweise umstritten. Werden über 100 Prozent höhere Sätze verlangt, als dies ortsüblich ist, handelt es sich um Wucher. Damit ist ein Straftatbestand erfüllt (§ 291 StGB). Zulässig und üblich sind allerdings Nacht-, Wochenend- sowie Feiertagszuschläge von 150 Prozent. Ab 18 Uhr wird meist der erste Zuschlag fällig. Zuschläge dürfen nur auf den Arbeitslohn und lohnabhängige Kosten wie die Anfahrt erhoben werden, aber nicht auf die Gesamtrechnung inklusive Material. Barzahlung per Sofortkasse ist auch bei seriösen Unternehmen branchenüblich. Bedrohungen zur Zahlung des Gesamtbetrages können als Nötigung strafbar sein (§ 240 StGB). Erscheint der nachts geforderte Preis zu hoch, sollte der Kunde zunächst einen angemessenen Teilbetrag begleichen und tagsüber die ortsübliche Höhe der Sätze nachprüfen (IHK, Verbraucherschutz, Preisvergleich). Liegen die Beträge um mehr als das Doppelte über dem ortsüblichen Satz, muss nur der angemessene Teil bezahlt werden. Gegebenfalls sind gerichtliche Rückforderungen möglich (AG Bremen, Az. 4 C 12/08, Urteil vom 21.04.2009; OLG Frankfurt/M., Az. 6 W 218/01, Urteil vom 04.01.2002). Unzulässig ist das Aufbohren der Türschlösser von lediglich ins Schloss gefallenen (nicht abgeschlossenen) Türen. Meist ist hier eine Drahtöffnung ohne Beschädigung möglich und das Einbauen eines neuen Türschlosses nicht erforderlich (AG Leverkusen, Az. 23 C 366/96, Urteil vom 28.07.1997). Bei telefonischer Beauftragung eines Schlüsseldienstes sollte darauf geachtet werden, ortsansässige Firmen auszuwählen. Viele Anbieter mit Großanzeigen in Adressverzeichnissen oder Anfangsbuchstaben wie „AAAA“ in der Firmenbezeichnung vermitteln nur die Aufträge, teilweise an nicht ortsansässige Betriebe. Diese verlangen hohe Fahrtkosten und lassen lange auf sich warten. Es ist sinnvoll, bereits am Telefon genau zu schildern, welche Art des Notfalls vorliegt (Tür verschlossen oder ins Schloss gefallen) und frühzeitig einen Festpreis zu vereinbaren.

Siehe / Siehe auch: Schlüsselverlust durch Mieter, Schlüsselnotdienst

Schlüsselfertig

turnkey

Planmäßiger Endzustand eines Neubaus. Beim Kauf eines „schlüsselfertigen Hauses“ braucht sich der Bauherr bzw. Käufer nicht um die Fertigstellung zu kümmern. Er hat von der Planung bis zur Schlüsselübergabe nur einen Bauträger oder

Generalunternehmer als Ansprechpartner. In aller Regel errichten Bauträger schlüsselfertige Häuser und verlangen dafür einen Festpreis.

Schlüsselnotdienst

lock and key service; emergency locksmith service

Schließt sich der Mieter aus der Wohnung aus, kann oft nur noch der Schlüsselnotdienst helfen. Die Kosten trägt der Mieter. Auch in dieser Branche gibt es jedoch „schwarze Schafe", die Notlagen ausnutzen: So werden zum Teil völlig überhöhte Sätze und enorme Nacht- und Feiertagszuschläge verlangt. Den Verbraucherzentralen sind Fälle bekannt geworden, in denen über 1.000 Euro für einen einzigen Schlüsselnotdienst-Einsatz verlangt wurden. Als Kunde sollte man darauf achten, dass keine überflüssigen Arbeiten durchgeführt werden. Eine nur zugefallene und nicht verschlossene Tür kann meist geöffnet werden, ohne das Schloss zu zerstören und anschließend ein neues einbauen zum müssen. Werden über 100 Prozent höhere Sätze verlangt, als dies ortsüblich ist, handelt es sich um Wucher. Damit ist ein Straftatbestand erfüllt (§ 291 StGB). Zulässig und üblich sind allerdings Nacht- sowie Wochenend- und Feiertagszuschläge von circa 150 Prozent. Ab 18 Uhr wird meist der erste Zuschlag fällig. Zuschläge dürfen nur auf den Arbeitslohn und lohnabhängige Kosten wie die Anfahrt erhoben werden, aber nicht auf die Gesamtrechnung inklusive Material. Barzahlung per Sofortkasse ist auch bei seriösen Unternehmen branchenüblich. Den Teil des Betrages, der das übliche Maß überschreitet, kann der Auftraggeber zurückfordern.

Nicht gezahlt werden müssen Kosten für einen überflüssigen zweiten Monteur, Pkw-Bereitstellungskosten, „Sofortdienste" oder nicht durchgeführte Reparaturen. Die Allgemeinen Geschäftsbedingungen des Notdienstes müssen jedoch klarstellen, dass Zuschläge z. B. für Nachtarbeit nur einmalig anfallen. Der Vermieter ist hier nur im Ausnahmefall in der Zahlungspflicht. Solche Ausnahmen sind:

- Mieter hat sich wiederholt über klemmendes Schloss beschwert, Vermieter hat nicht reagiert, Mieter kommt nicht mehr in die Wohnung.
- Unbekannte haben Türschloss mit Klebstoff verklebt oder beschädigt, Vermieter hat Reparatur verweigert.

Zunehmend wird beobachtet, dass Schlüsselnotdienste mit Hilfe unseriöser Werbemethoden zu überteuerten Aufträgen kommen. So werben Betriebe über Anzeigen im Telefonbuch, die im jeweiligen Ort gar nicht ansässig sind. Bei Auftragserteilung wird der Auftrag an einen Vertragspartner in einem Nachbarort vermittelt – der dann erhebliche Fahrtkosten abrechnet. Auch Provisionen und Werbeanzeigen sind hier selbstverständlich indirekt mit zu bezahlen. Bei Telefongesprächen werden falsche oder ungenügende Auskünfte über den Preis erteilt oder es wird der Endpreis verschwiegen. Firmen geben im Telefonbuch nicht ihre Adresse an, damit nicht ersichtlich ist, in welchem Ort sie ihren Sitz haben (damit hohe Fahrtkosten). In einigen Fällen wurden Schlüsseldienste bereits in Form einer englischen Limited Company (Ltd.) mit Sitz in Großbritannien (und ohne maßgebliches Haftungskapital) betrieben, um Schadenersatzansprüchen vorzubeugen. Derartige Praktiken sind natürlich rechtlich durchweg unzulässig – teils als Verstöße gegen das Wettbewerbsrecht, teils als Straftaten. Geprellte Kunden haben in vielen Fällen erfolgreich vor Gericht geklagt. Hier einige Beispiele:

- Strafbare irreführende Werbung: Telefonbucheinträge in circa 70 Gemeinden unter verschiedenen Bezeichnungen ohne Betrieb vor Ort, Weiterleitung der Anrufe an ein auswärtiges Call-Center, Durchführung der Türöffnungen durch Subunternehmer, dadurch erhöhte Anfahrzeit und -kosten (Amtsgericht Königstein, Az. 50 Cs 7400 Js 205867/02 WI, Urteil vom 15.03.2007).
- Wucher, telefonische Kostenvoranschläge (Endpreisangabe inklusive MwSt.) und Gewaltanwendung zur Erzwingung der Bar-Zahlung/Nötigung. (Oberlandesgericht Frankfurt, Az. 6 W 218/01, Beschluss vom 04.01.2002).
- Englische Firma in der Rechtsform der „Limited", die auf Rechnungen lediglich Londoner Briefkastenanschrift angibt, um damit zu erwartende Kundenbeschwerden abzuwehren. (Landgericht Frankfurt, Az. 2/6 O 446/02, Urteil vom 02.07.2003).
- Unzulässige Vertragsklauseln bezüglich Anerkenntnis, vollste Zufriedenheit, Ausgleich des Rechnungsbetrages in vollem Umfang, Haftungsfreistellung, unverzügliche Reklamation, Mängelanzeige, Erfüllungsort, Gerichtsstand, mündliche Absprachen, Nettopreise zuzüglich MwSt., Barzahlung (Landgericht Frankfurt, Az. 02 2/2 O 112/01, Urteil vom 28.03.2000; Landgericht Frankfurt, Az. 2/2 O 120/01, Urteil vom 27.2.2002).

Auskünfte über seriöse Dienstleister erteilen in vielen Fällen die Industrie- und Handelskammern

(IHK) und die zuständigen Handwerkskammern beziehungsweise Innungen.
Siehe / Siehe auch: Schlüsseldienst

Schlüsselverlust durch Mieter

loss of key by the tenant

Mietverträge enthalten üblicherweise eine Klausel, nach der der Mieter beim Verlust von Haus- oder Wohnungsschlüsseln die Kosten zu tragen bzw. für Ersatz zu sorgen hat. Nicht in allen Fällen haftet der Mieter jedoch für alle entstehenden Kosten. Geht etwa ein Schlüssel für eine Schließanlage in einem Mehrfamilienhaus verloren, müsste aus Sicherheitsgründen die gesamte Anlage ausgetauscht werden. Hier können leicht vier- oder fünfstellige Kosten entstehen. Nach der Rechtsprechung sind formularmäßige Mietvertragsklauseln, die dem Mieter bei Schlüsselverlust generell einen kompletten Austausch der Schließanlage auferlegen, unwirksam (Landgericht Berlin, Az. 64 S 551/99). Dies kann dem Gericht zufolge nur verlangt werden, wenn eine konkrete Gefahr des Missbrauchs des verlorenen Schlüssels besteht. Auch wenn beim Auszug nicht mehr alle Schlüssel vorhanden sind, kann dem Mieter nicht auf Basis eines Kostenvoranschlages der Austausch der ganzen Schließanlage aufgegeben werden. Der Vermieter kann allenfalls Schadenersatz für einen tatsächlich erfolgten Austausch der Anlage fordern (Amtsgericht Rheinbach, Az. 3 C 199/04). Hat der Mieter den Schlüsselverlust fahrlässig verschuldet, ist er leichter haftbar zu machen. So entschied das Kammergericht Berlin, dass ein Mieter die Kosten für den Austausch einer Schließanlage zu zahlen hat. Dieser hatte Wohnungs- und Haustürschlüssel zusammen mit einem Notebook sichtbar im geparkten Auto liegen lassen – woraufhin dieses aufgebrochen und die Gegenstände gestohlen worden waren. Aus den in der Tasche aufbewahrten Unterlagen ging die Adresse der Wohnung hervor (Az. 8 U 1517/07).

Schlussrechnung

final account; final billing

Mit der Schlussrechnung werden erbrachte Bauleistungen abgerechnet. Die Berechnung der einzelnen Leistungen muss mit den in der Leistungsbeschreibung aufgeführten Leistungen korrespondieren. Hinzu kommen die später noch ausgehandelten Leistungen und solche, die sich aus besonderen und zusätzlichen Vertragsbedingungen (allgemeine und zusätzliche technische Vorschriften ATV und ZTV) ergeben. Die Schlussrechnung muss nachvollziehbar und überprüfbar sein. Die zusätzlich erbrachten Leistungen müssen in der Rechnung deutlich unterscheidbar sein von den vertraglich vereinbarten Leistungen. Leitet der Unternehmer trotz Aufforderung durch den Auftraggeber eine nachprüfbare Schlussrechnung nicht in einer angemessenen Frist zu, kann dieser bei Vorliegen eines VOB-Vertrages selbst eine Schlussrechnung erstellen (lassen) (§ 14 Nr. 4 VOB/B). Die Kosten der Erstellung der Schlussrechnung hat in einem solchen Fall der Unternehmer zu tragen.

Schlusszahlung: (Bauvertrag)

final payment (building contract)

Die Schlusszahlung setzt eine prüfbare Schlussrechnung (Abrechnung) des Unternehmers voraus. Außerdem muss die Bauleistung abgenommen worden sein. Die Schlusszahlung ist nach der VOB/B innerhalb von zwei Monaten nach Zugang zu leisten. Sofern sich bei Prüfung der Schlussrechnung herausstellt, dass bestimmte berechnete Leistungen nicht oder nicht vereinbarungsgemäß erbracht worden sind, ist jedenfalls der unbestrittene Teil der Schlussrechnung als Abschlagszahlung zu leisten. Mit der Schlusszahlung werden früher geltend gemachte aber nicht erledigte Forderungen des Unternehmers ausgeschlossen, es sei denn, der Unternehmer behält sich deren Geltendmachung innerhalb von 24 Werktagen nochmals vor. Der Vorbehalt wird allerdings wieder hinfällig, wenn nicht innerhalb von weiteren 24 Werktagen über die nicht erledigte Forderung eine prüfbare Rechnung dem Auftraggeber (Bauherrn) zugesandt wird (es sei denn, der Betrag ist bereits in der prüfbaren Schlussrechnung im einzelnen aufgeführt).
Siehe / Siehe auch: Schlussrechnung

Schmerzensgeld für Mieter

financial compensation for tenants for pain and suffering

Neben dem erlittenen materiellen Schaden kann auch Schmerzensgeld verlangt werden, wenn eine Verletzung des Körpers, der Gesundheit, der persönlichen Freiheit oder sexuellen Selbstbestimmung stattgefunden hat. Ein Mieter, der Gesundheitsschäden erlitten hat, weil die Wohnung schon bei Beginn des Vertragsverhältnisses Mängel aufwies oder der Vermieter mit der Mängelbeseitigung in Verzug gekommen ist bzw. später aufkommende Mängel zu vertreten hat, kann Schmerzensgeld fordern. Der Vermieter muss sich dabei das Verhalten von Personen zurechnen lassen, die für ihn oder in seinem Auftrag tätig sind (Handwerker, Hausmeister). Das Landgericht Berlin sprach am 19.2.2004

einem Mieter 2.500 Euro Schmerzensgeld zu, der mit zwei Kohleneimern bei defekter Kellerbeleuchtung in den Keller gestiegen war, um Brennstoffnachschub für seinen Ofen zu holen. Der Mann war über einen 80 cm in den Gangbereich hineinragenden Holzbalken gestolpert und hatte sich so schwer verletzt, dass eine Notoperation mit zehntägigem Krankenhausaufenthalt erforderlich wurde (Az. 67 S 319/03). Die verschuldensunabhängige Haftung kann der Vermieter im Mietvertrag ausschließen. Nicht ausgeschlossen werden kann die Haftung für fahrlässig verursachte Körper- oder Gesundheitsschäden.
Siehe / Siehe auch: Schadenersatzansprüche des Mieters, Schadenersatzansprüche des Vermieters

Schneeräumpflicht für Mieter
tenants' obligation to clear away snow

Die Schneeräumpflicht ist Teil der Straßenreinigungspflicht. Diese obliegt grundsätzlich der Gemeinde. Hinsichtlich der Bürgersteige werden diese Pflichten in der Regel per Satzung auf die jeweiligen Grundeigentümer übertragen. Ist das Grundstück vermietet, kann der Eigentümer die Pflicht zur Gehwegereinigung und auch zum Schneeräumen auf den oder die Mieter übertragen. Als wirksam übernommen gilt die Reinigungspflicht, wenn sie mietvertraglich vereinbart oder durch tatsächliche Übernahme der Arbeiten akzeptiert wurde. Eine nachträgliche Verpflichtung des Mieters über eine Änderung der Hausordnung ist nicht möglich. Gereinigt bzw. von Schnee befreit werden müssen Gehwege vor dem Grundstück, der Weg zum Hauseingang und ggf. der Zugang zu den Müllbehältern. Die Einzelheiten der Schneeräumpflicht werden meist in der Hausordnung geregelt. Besonders bei größeren Wohnanlagen muss eine Regelung getroffen werden, wer zu welchem Zeitpunkt zuständig ist. Es empfiehlt sich eine „Schneeräumkarte“, die eine Streupflicht für einen Tag mit sich bringt und nur bei tatsächlicher Durchführung von Schneeräumarbeiten an den nächsten Mieter weitergegeben wird. Wer zum Schneeräumen verpflichtet ist, muss morgens ab sieben Uhr und abends bis 20 Uhr Schnee und Eis beseitigen und gegebenenfalls streuen (vorzugsweise Sand). Immerhin darf er nach Ende eines Schneefalles ca. 30 Minuten abwarten, um festzustellen, ob es weiter schneien wird. Geräumt werden muss erst nach Ende des Schneefalles. Fällt permanent Schnee, muss aber trotzdem tagsüber mehrfach geräumt werden. Ist der Betreffende abwesend (Urlaub, Arbeit), muss er dafür sorgen, dass ein Vertreter seine Pflichten erfüllt. Mietrechtliche Probleme kann es bei älteren oder kranken Mietern geben, die nicht in der Lage sind, ihren Pflichten nachzukommen. Einige Gerichte verlangen von diesen die Bereitstellung eines Vertreters, ggf. einer Firma für die Schneeräumung (z. B. LG Kassel, WM 91, 580). Es existieren auch Urteile, die Senioren von der Schneeräumpflicht freistellen (z. B. LG Münster, WM 2004, 193).
Kommt es zu einem Unfall, weil der Mieter seine Pflichten vernachlässigt hat, erwarten ihn hohe Schadenersatzforderungen. Auch eine Strafbarkeit wegen fahrlässiger Körperverletzung ist möglich.
Siehe / Siehe auch: Verkehrssicherungspflicht

Schnellspartarif
fast saving tariff

Beim Schnellspartarif handelt es sich um eine Bauspartarifvariante, die bei Soforteinzahlung des Mindestsparguthabens die dann optimalen Zuteilungsvoraussetzungen nutzt. Im Gegenzug muss der Darlehensnehmer höhere Tilgungsraten und kürzere Kreditlaufzeiten akzeptieren.

Schönheitsreparaturen
basic repairs; (internal) decorative repairs

Unter Schönheitsreparaturen versteht man Renovierungsarbeiten, mit denen gebrauchsbedingte Abnutzungserscheinungen in Räumen beseitigt werden. Dazu zählt man:

- Streichen und Tapezieren von Wänden und Decken
- Streichen von Fußböden bzw. Reinigen von Teppichböden
- Lackieren von Heizkörpern und -rohren
- Streichen von Holzfenstern und Außentüren jeweils von innen
- Reparatur kleiner Putz- und Holzschäden

Nicht dazu gehören z. B.:

- Austausch des vom Vermieter verlegten durch normalen Gebrauch abgenutzten Teppichbodens
- Abschleifen und Versiegeln des Parkettbodens
- Streichen von Treppenhäusern und Gemeinschaftsräumen
- Streichen der Fenster von außen

Nach den gesetzlichen Vorschriften ist der Vermieter für die Schönheitsreparaturen zuständig. Durchführung und Kostentragung dürfen jedoch vom Vermieter auf den Mieter im Mietvertrag abgewälzt werden. Angemessene Zeiträume, nach deren Ablauf Schönheitsreparaturen durchgeführt werden müssen, sollten im Mietvertrag vereinbart werden. Allgemein wird von folgenden Zeitintervallen ausgegangen: Küche, Bäder und Duschräume alle drei Jahre; Toiletten, Dielen, Flure, Wohn- und Schlafräume alle fünf Jahre sowie Nebenräume alle sieben Jahre. Allerdings sind vertraglichen Vereinbarungen in Formularmietverträgen und anderen vorformulierten Vereinbarungen über Schönheitsreparaturen Grenzen gesetzt. So darf beispielsweise nicht verlangt werden, dass der Mieter – unabhängig vom Zustand der Räume – bei Auszug alle Schönheitsreparaturen durchführen muss. Enthält der gleiche Mietvertrag unterschiedliche Klauseln, nach denen der Mieter einerseits regelmäßig Schönheitsreparaturen durchführen muss, aber zusätzlich bei Auszug eine Endrenovierung durchzuführen hat, sind beide Klauseln unwirksam (BGH, Az. VIII ZR 308/02, Urteil vom 14.5.2003). Auch im Rahmen von isolierten Endrenovierungsklauseln, bei denen der Vertrag ansonsten nichts zu den Schönheitsreparaturen regelt, darf keine Endrenovierung unabhängig vom Zustand der Wohnung und dem Zeitabstand zur letzten Renovierung verlangt werden (BGH, Az. VIII ZR 316/06, Urteil vom 12.9.2007). Der BGH hat in einem weiteren Urteil vom 6.4.2005 (XII ZR 308/02) die Unwirksamkeit einer Kombination zweier unterschiedlicher Renovierungsklauseln in einem Formularmietvertrag über Wohnraum auch auf Gewerberaummietverträge erstreckt.

Leitsatz: „Wie im Wohnraummietrecht führt auch in Formularmietverträgen über Gewerberäume die Kombination einer Endrenovierungsklausel mit einer solchen über turnusmäßig vorzunehmende Schönheitsreparaturen wegen des dabei auftretenden Summierungseffekts zur Unwirksamkeit beider Klauseln." Der BGH (VIII ZR 361/03) hat ferner eine Klausel für unwirksam erklärt, nach der der Mieter auf seine Kosten die Schönheitsreparaturen wenn erforderlich, mindestens aber in der nachstehenden Zeitfolge (dem bekannten Fristenplan) durchzuführen hatte. Grund: Hier war ein starrer Fristenplan vereinbart worden, bei dem die Renovierung unabhängig vom Wohnungszustand immer nach Fristablauf erfolgen musste. Wirksam wäre die Klausel gewesen, wenn der Vermieter statt „mindestens" die Ausdrücke „im Allgemeinen" oder „in der Regel" verwendet hätte (vgl. Bundesgerichtshof, Az. VIII ZR 77/03, VIII ZR 230/03). Üblich und wirksam sind so genannte Prozentual-Klauseln bzw. Abgeltungs-Klauseln, nach denen der Mieter bei Auszug vor Ablauf der im Fristenplan genannten Zeiträume einen bestimmten Prozentsatz der für die Schönheitsreparaturen anfallenden Kosten trägt. Diese richten sich nach dem Kostenvoranschlag einer Fachfirma. Die Klauseln müssen allerdings vorschreiben, dass die Beteiligungsquote des Mieters nicht nur von Zeitablauf bzw. Mietdauer, sondern auch vom tatsächlichen Zustand und Renovierungsbedarf der Wohnung abhängt (Bundesgerichtshof, Az. VIII ZR 52/06, Urteil vom 18. Oktober 2006). Zusätzlich müssen die Vertragsklauseln nach dem Bundesgerichtshof so formuliert werden, dass auch Nichtjuristen sie noch verstehen (Az. VIII ZR 143/06, Urteil vom 26.9.2007). Weitere Beispiele für unwirksame vertragliche Regelungen:

- Renovierung allein „nach Bedarf"
- Durchführung von Schönheitsreparaturen nur durch Fachbetrieb
- Renovierung immer alle zwei Jahre
- Renovierung bei Ein- und Auszug.
- Entfernung aller Tapeten bei Auszug unabhängig vom Zustand und vom Zeitpunkt der letzten Renovierung
- Wohnung muss unabhängig vom Zeitpunkt der letzten Renovierung bei Auszug „weiß gestrichen" sein (handschriftlicher Vertragszusatz).
- Mieter muss im Rahmen der Schönheitsreparaturen Wände und Decken „weißen" (gesamte Schönheitsreparaturenklausel unwirksam).
- Außenanstrich von Fenstern und Türen erforderlich (Folge: gesamte Schönheitsreparaturen-Regelung im Mietvertrag unwirksam).

Einige Gerichte sehen ferner die Erstreckung des üblichen Fristenplans auf Lackierarbeiten an Fenstern und Türen (innen) sowie Rohren und Heizkörpern als unwirksam an, wenn hierbei nicht zusätzlich auf die Erforderlichkeit abgestellt wird. Argumentiert wird damit, dass es üblicherweise kaum erforderlich sein kann, einen Heizkörper im Bad alle drei Jahre neu zu lackieren. Derartige Lackierarbeiten können also nur gefordert werden, wenn sie tatsächlich vom Zustand der Bauteile her angezeigt sind (vgl. Landgericht Köln, Az. 1 S 63/96). In einem extremen Fall sprach der BGH einem Vermieter einen Kostenvorschuss von mehreren Tausend Euro für Schönheitsreparaturen zu. Der Mietvertrag hatte nur allgemein festgelegt, dass der Mieter Schönheitsreparaturen durchführen musste. Das hatte dieser jedoch trotz Aufforderung unterlassen – 47 Jahre lang (BGH, Urt. v. 6.4.2005, Az. VIII ZR 192/04). Der Fall ist jedoch derart extrem gelagert, dass das Urteil nicht unbedingt auf andere Fälle übertragbar sein dürfte. Dass eine mietvertragliche Schönheitsreparaturen-Klausel unwirksam ist, rechtfertigt nach dem Bundesgerichtshof keine Erhöhung der Miete über die ortsübliche Miete hinaus. Eine entsprechende Ergänzungsvereinbarung zum Mietvertrag muss der Mieter nicht unterschreiben (BGH, Urt. v. 9.7.2008, Az. VIII ZR 181/07 und Urt. v. 11.2.2009, Az. VIII ZR 118/07). Die Beurteilung des Wohnungszustandes erfolgt im Streitfall durch Sachverständige und kann sehr unterschiedlich ausfallen. Die Mietrechtsreform 2001 hat hinsichtlich der Schönheitsreparaturen für keine klarstellenden Regelungen gesorgt, so dass es hier weitgehend beim „Richterrecht" verbleibt. Im Mai 2009 entschied der BGH, dass der Mieter gegen den Vermieter einen Schadenersatzanspruch haben kann, wenn er im guten Glauben an die Wirksamkeit einer in Wahrheit unwirksamen Endrenovierungsklausel Schönheitsreparaturen durchgeführt hat. In solchen Fällen geht der BGH von einer rechtsgrundlos erfolgten Leistung aus (Urteil vom 27.05.2009, Az. VIII ZR 302/07). Die Durchführung von Schönheitsreparaturen ausschließlich durch einen Fachbetrieb kann im Formularmietvertrag nicht wirksam vereinbart werden. Auch Klauseln, die dies lediglich nahelegen („der Mieter hat die Schönheitsreparaturen ... durchführen zu lassen") sind unwirksam (BGH, Urteil vom 9.6.2010, Az VIII ZR 294/09). Der Mieter muss immer die Möglichkeit haben, die Arbeiten auch selbst auszuführen. Bei Mietvertragsende kann der Vermieter nur noch sechs Monate lang (ab Rückgabe der Wohnung) die Durchführung von Schönheitsreparaturen oder einen Ersatz der entsprechenden Kosten wegen unterlassener Renovierung fordern. Danach tritt Verjährung ein (BGH, Urteil vom 15.3.2006, Az. VIII ZR 123/05).

Siehe / Siehe auch: Abgeltungsklausel, Endrenovierungsklausel, Farbwahlklausel im Mietvertrag, Mietzuschlag bei unwirksamer Schönheitsreparaturen-Klausel, Nichtdurchführung von Schönheitsreparaturen durch Mieter, Holzklausel

Schornsteinfeger-Handwerksgesetz

German chimney sweepers' craft and trade act

Gesetz über das Berufsrecht und die Versorgung im Schornsteinfegerhandwerk vom 26.11.2008.

Siehe / Siehe auch: Bezirksschornsteinfegermeister, Kehr- und Überprüfungsverordnung, Schornsteinfegergesetz, Bezirksbevollmächtigter

Schornsteinfegergesetz

German act regulating the work of chimney sweeps

Das Schornsteinfegergesetz (SchfG) in seiner heutigen Form wurde 1969 erlassen und seitdem verschiedentlich geändert. Es regelt das Schornsteinfegerwesen. Nach § 1 müssen die Eigentümer von Grundstücken und Räumen kehr- und überprüfungspflichtige Anlagen fristgerecht vom Schornsteinfeger überprüfen lassen. Das Gesetz enthält unter anderem Regelungen über Kehrbezirke, über den Bezirksschornsteinfegermeister und seine Bestellung, über die Berufsausübung, Aufsichtsbehörden und Versorgungsansprüche. Es ermächtigt die Länder zum Erlass von Gebührenordnungen für die Dienstleistungen der Schornsteinfeger. Da die Europäische Kommission gegen die Bundesrepublik Deutschland in Sachen Schornsteinfegergesetz ein Vertragsverletzungsverfahren eingeleitet hat, wurde eine Reform der Regelung beschlossen. Ab 31.12.2012 wird das Schornsteinfegergesetz vom neuen Schornsteinfeger-Handwerksgesetz (SchfHwG) abgelöst. Übergangsregelungen sollen die Umstellung für Schornsteinfeger und Hauseigentümer erleichtern. Ab 2013 wird das Amt des Bezirksschornsteinfegermeisters durch das eines bevollmächtigten Bezirksschornsteinfegers ersetzt. Dieses Amt wird nach öffentlicher Ausschreibung für sieben Jahre vergeben. Grundsätzlich herrscht dann im Schornsteinfegerwesen freier Wettbewerb. Bestimmte Tätigkeiten (insbesondere Feuerstättenschau, Bauabnahme, umweltschutzrechtliche Messungen) müssen jedoch vom bevollmächtigten Bezirksschornsteinfeger durchgeführt werden. Bereits ab 01.01.2010 sind auch Bewerber aus anderen EU-Staaten bei entsprechender Qualifikation als Bezirksschornsteinfegermeister zu bestellen. Von diesem Datum an werden frei werdende Kehrbezirke öffentlich ausgeschrieben und es findet eine Bestellung für sieben Jahre statt (siehe § 5 geändertes Schornsteinfegergesetz).

Siehe / Siehe auch: Bezirksschornsteinfegermeister, Bezirksbevollmächtigter

Schornsteinreinigung

chimney sweeping

Verfügt ein Gebäude nicht über eine Fernheizung, ist meist ein Schornstein vorhanden, der vom Bezirksschornsteinfegermeister vor der Inbetriebnahme abgenommen und dann regelmäßig, meist vor Beginn der Heizperiode, überprüft und gereinigt werden muss. Ohne regelmäßige Reinigung besteht die Gefahr von Rußablagerungen oder Verstopfungen, was im schlimmsten Falle zu einem Brand oder einer Kohlenmonoxydvergiftung der Hausbewohner führen kann. Eigentümer von Heizungsanlagen mit Schornstein sind nach dem Schornsteinfegergesetz verpflichtet, die Überprüfung der Anlage zuzulassen. Die Kosten richten sich nach der Schornsteinfeger-Gebührenordnung des jeweiligen Bundeslandes.

Die Bewohner – egal ob Mieter oder Vermieter – müssen dem Schornsteinfegermeister Zutritt zur Heizanlage verschaffen. Und dies nicht nur dann, wenn die jährliche Reinigung oder Überprüfung mit Terminabsprache ansteht. Das Oberverwaltungsgericht Rheinland-Pfalz entschied, dass der Schornsteinfeger selbst dann eingelassen werden muss, wenn er tagsüber auf Grund eines anonymen Anrufs die Quelle angeblicher „schlechter Gerüche" feststellen will (OVG Rheinland-Pfalz, Az. 11 A 12019/99, Urteil vom 17.02.2000).

Der Vermieter kann die Kehrgebühren nach der Gebührenordnung der Schornsteinfeger als Betriebskosten auf den Mieter umlegen. Allerdings ist darauf zu achten, dass keine Doppeltumlage stattfindet, weil die Kehrgebühren etwa schon bei den Betriebskosten der Heizanlage einberechnet sind. Ab 31.12.2012 löst das Schornsteinfeger-Handwerksgesetz (SchfHwG) das bisherige Schornsteinfegergesetz ab. Übergangsregelungen sollen die Umstellung für Schornsteinfeger und Hauseigentümer erleichtern. Ab 2013 ersetzt der bevollmächtigte Bezirksschornsteinfeger den bisherigen Bezirksschornsteinfegermeister. Im Schornsteinfegerwesen wird damit zum Teil ein freier Wetttbewerb eingeführt. Bestimmte Tätigkeiten (insbesondere Feuerstättenschau, Bauabnahme, umweltschutzrechtliche Messungen) müssen jedoch vom bevollmächtigten Bezirksschornsteinfeger durchgeführt werden, der daher weiterhin ins Haus gelassen werden muss.

Siehe / Siehe auch: Betriebskosten, Schornsteinfegergesetz

Schriftformerfordernis eines Vertrages (Mietvertrag)

stipulation in a contract requiring written form for changes / amendments (rental agreement)

Ein Vertrag genügt dann dem Erfordernis der Schriftform, wenn die Vertragsparteien die im Vertrag zum Ausdruck kommenden Willenserklärungen durch ihre Unterschrift bestätigen. Auch einseitige Willenserklärungen (z. B. Kündigung eines Mietvertrages) können an die Schriftform gebunden werden. Normalerweise führt der Verstoß gegen eine Formvorschrift zur Unwirksamkeit. Anders beim Mietvertrag: Wird er für längere Zeit als ein Jahr geschlossen, bedarf er zwar der schriftlichen Form. Wird diese Schriftform nicht beachtet, gilt der Vertrag dennoch als geschlossen, aber nur auf unbestimmte Zeit, und kann mit der gesetzlichen Frist gekündigt werden. Die Schriftform erfordert eine körperliche Verbindung der einzelnen Blätter der Urkunde. Der BGH hat neuerdings entschieden, dass auf die feste Verbindung verzichtet werden kann, wenn sich die Einheit der Urkunde aus fortlaufender Seitennummerierung oder einzelnen Bestimmungen, einheitlicher grafischer Gestaltung, inhaltlichem Zusammenhang des Textes oder vergleichbaren Merkmalen zweifelsfrei ergibt. Allerdings wird vom BGH in einem anderen Urteil gefordert, dass die Vertragsparteien im Mietvertrag im Einzelnen bezeichnet werden müssen. So genügt nicht „Erbengemeinschaft Schmidt vertreten durch den Hausverwalter Mayer", sondern Erbengemeinschaft Schmidt, bestehend aus Herrn sowie Frau usw.). Wird dies nicht beachtet, fehlt es an der Schriftform mit den entsprechenden Konsequenzen (BGH - XII ZR 187/00). Ebenso wenig genügt es, dass ein Mietvertrag für eine aus mehreren Personen bestehende Gesellschaft des bürgerlichen Rechts von deren Anwalt unterschrieben wird (BGH – VII ZR 65/02).

Schriftlicher Beschluss

resolution passed in writing

Im Regelfall beschließen die Wohnungseigentümer über Verwaltungs-Angelegenheiten in der Wohnungseigentümer-Versammlung durch mehrheitliche Beschlussfassung. Das Gesetz räumt ihnen jedoch gemäß § 23 Abs. 3 WEG auch das Recht ein, ihre Angelegenheiten außerhalb der Versammlung zu regeln. Insoweit ist auch ohne Versammlung ein Beschluss gültig, wenn alle Wohnungseigentümer ihre Zustimmung zu diesem Beschluss durch eigenhändige Unterschrift schriftlich erklären, wobei auch telegrafische Zustimmung oder Telefax für

ausreichend gehalten wird. Diese allstimmige Zustimmungserfordernis gilt auch für die Angelegenheiten, für die in der Versammlung ein Mehrheitsbeschluss ausgereicht hätte. Erst wenn die letzte Zustimmungserklärung vorliegt, kann der Verwalter das Zustandekommen des Beschlusses durch Mitteilung an alle Wohnungseigentümer verkünden. Mit der Mitteilung des Verwalters beziehungsweise dem Zugang der Mitteilung bei den Wohnungseigentümern beginnt die einmonatige Frist der Beschlussanfechtung. Die Tatsache, dass alle Eigentümer schriftlich zugestimmt haben, hindert allerdings keinen Eigentümer daran, den schriftlich zustande gekommenen Beschluss anzufechten. Schriftliche Beschlüsse sind in die gemäß § 24 Abs. 7 WEG zu führende Beschluss-Sammlung aufzunehmen.
Siehe / Siehe auch: Beschluss (Wohnungseigentümer), Beschlussanfechtung (Wohnungseigentum), Beschluss-Sammlung

Schufa
German Protection Association for General Credit Security
Schufa bedeutet „Schutzgemeinschaft für allgemeine Kreditsicherung". Es handelt sich um ein Unternehmen, das für seine Vertragspartner Informationen über die Kreditwürdigkeit von Kunden sammelt, um die Vertragspartner vor finanziellen Einbußen zu schützen. Kunden sind Geldinstitute und Kreditkartenunternehmen, aber auch Versandhäuser oder Kaufhäuser (da auch diese Kredite gewähren). Die Schufa bezieht ihr Wissen aus den bei den Amtsgerichten geführten Schuldnerverzeichnissen, aber auch von ihren Kunden. Wenn z. B. bei einer Bank ein Kredit abgeschlossen wird, meldet die Bank dessen Kerndaten (Betrag, Laufzeit, Kreditnehmer) an die Schufa weiter. Wird der Kredit nicht rechtzeitig zurückgezahlt, erfolgt ebenfalls Meldung. Dies gilt nicht nur für größere Kredite z. B. für den Eigenheimbau, sondern auch für den geleasten Fernseher. Da die Tätigkeit der Schufa dem Bundesdatenschutzgesetz unterliegt, darf sie nur Daten bekommen und speichern, wenn der Betroffene eingewilligt hat. Jeder Kreditvertrag enthält heute daher eine „Schufa-Klausel".
Siehe / Siehe auch: Schufa-Klausel, Schufa-Selbstauskunft

Schufa-Klausel
clause allowing banks to give personal information to the German Protection Association for General Credit Security
Passus im Kontoeröffnungsantrag, der das Kreditinstitut berechtigt, Daten an die zuständige Schufa-Filiale (Schutzgemeinschaft für Allgemeine Kreditsicherung) weiterzuleiten.Der Kontoinhaber muss die Schufa-Klausel mit seiner Unterschrift anerkennen. Er kann den Passus jedoch auch aus dem Antrag streichen.
Siehe / Siehe auch: Auskunfteien

Schufa-Selbstauskunft
disclosure of information in a person's file from the German Protection Association for General Credit Security
Jeder Bundesbürger kann gegen Vorlage des Personalausweises bei der zuständigen Schufa-Filiale eine Selbstauskunft verlangen. Diese gibt Einblick in die bei der Schufa gespeicherten Daten des Betreffenden – und zeigt ihm auch, wer wann und wozu Einsicht in diese Daten beantragt hat. Vermieter verlangen häufig von Mietinteressenten die Vorlage einer solchen Selbstauskunft. Sie erhalten so zusätzliche Sicherheit hinsichtlich der finanziellen Solidität des Interessenten. Die Auskunft muss vom Mietinteressenten selbst eingeholt werden, da die Schufa Auskünfte nur an Kreditinstitute und ähnliche Unternehmen erteilt. Der Mieter ist zur Einholung einer Selbstauskunft jedoch nicht verpflichtet. Die Auskunft kann brieflich oder auch per Internet mit Hilfe eines Kontaktformulars unter www.schufa.de angefordert werden und kommt dann per Post. Die Kosten dafür betragen 7,60 Euro. Mittlerweile besteht für jeden Interessierten auch die Möglichkeit, eine Online-Selbstauskunft anzufordern. Erforderlich ist hierzu eine Registrierung bei der Schufa. Näheres im Internet www.meineschufa.de.
Siehe / Siehe auch: Score-Wert

Schuldner - rechtliches Gehör
debtor's opportunity of being heard in court
Liegt ein Antrag auf Vollstreckungsversteigerung oder Zwangsverwaltung eines Grundstücks vor, so sehen die Gerichte in der Regel von der Anhörung des Schuldners ab. Dies erweist sich als zweckmäßig, weil sie die gebotene Sicherung gefährdeter Interessen eines Gläubigers mit wirksamer Beschlagnahme beeinträchtigen würde, die den sofortigen Vollstreckungszugriff notwendig macht.

Schuldrechtsanpassungsgesetz
German law on the adjustment of the law of contract
Das Schuldrechtsanpassungsgesetz ist am 01.01. 1995 in Kraft getreten. Sein Zweck ist die Regelung

von Rechtsfragen, die bei der Wiedervereinigung offen geblieben waren. Nutzungsverträge z. B. über Grund und Boden wurden zunächst unberührt gelassen. Zur Anpassung der beiden Rechtssysteme und insbesondere zur Regelung von Eigentums- und Vermögensverhältnissen schuf der Gesetzgeber dann das Sachenrechtsbereinigungsgesetz und das Schuldrechtsanpassungsgesetz. Auch das Zivilgesetzbuch der DDR enthielt bereits Regelungen über Nutzungsverträge. Diese waren jedoch von der sozialistischen Gesellschaftsordnung geprägt und enthielten nur eingeschränkte Möglichkeiten für Nutzer und Grundstückseigentümer, ihre Vertragsverhältnisse frei zu gestalten. Die beiden genannten Gesetze sorgten für mehr Vertragsfreiheit und für die Angleichung des Grundstücksrechts in den neuen und alten Bundesländern. Das Schuldrechtsanpassungsgesetz befasst sich unter anderem mit Nutzungsverträgen über Grundstücke, bei denen keine Wohnnutzung stattfindet. In erster Linie sind dies Erholungsgrundstücke, auf denen der Nutzer nach DDR-Recht eine sogenannte Baulichkeit (Garage, „Datsche") errichten und nutzen konnte. Ferner enthält es Vorschriften über Überlassungsverträge zu Wohnzwecken und Nutzungsverträgen, auf deren Grundlage der Nutzer mit staatlicher Erlaubnis auf einem Grundstück ein Eigenheim gebaut hat. Das Gesetz unterstellt derartige Verträge grundsätzlich dem Miet- und Pachtrecht des Bürgerlichen Gesetzbuches, trifft aber eine Reihe von Sonderregelungen in den Bereichen Entgeltzahlung, Kündigung und Wertersatz bei Vertragsbeendigung. Das Schuldrechtsanpassungsgesetz gilt nur für Verträge, die bis 02.10.1990 abgeschlossen worden sind. Später geschlossene Verträge fallen unter das BGB. Haben die Nutzer nach dem Stichtag einen neuen Vertrag (Miet- oder Pachtvertrag) abgeschlossen, gelten allein die BGB-Vorschriften. Wurden nur einzelne Punkte geändert, gilt der Altvertrag weiter. Für ihn gilt das Schuldrechtsanpassungsgesetz.

Das Schuldrechtsanpassungsgesetz enthält für Erholungsgrundstücke einen weitreichenden Kündigungsschutz, eine Einschränkung der Nutzungsentgelte und Regelungen über eine Entschädigung bei Vertragsbeendigung. Nach einem Urteil des Bundesverfassungsgerichts vom 14.07.1999 ist dieser Nutzerschutz verfassungsgemäß. Das Gericht verlangte jedoch einige Änderungen zugunsten der Eigentümer, z. B. eine höhere Beteiligung der Nutzer an den öffentlichen Lasten des Grundstücks und ein Teilflächenkündigungsrecht des Eigentümers bei großen Grundstücken. Beides wurde mit einer Gesetzesänderung am 01.06.2002 eingeführt.

Siehe / Siehe auch: Datscha / Datsche, Kleingarten / Schrebergarten, Sachenrechtsbereinigungsgesetz

Schuldübernahme

assumption of debt; assumption of liabilities

Beim Erwerb eines mit einem valutierten Grundpfandrecht vorbelasteten Objektes kann es für den Erwerber interessant sein, in das zwischen dem Verkäufer und dem Kreditinstitut bestehende Darlehensverhältnis als neuer Schuldner einzutreten. Dies ist vor allem dann der Fall, wenn die aktuellen Finanzierungskonditionen über dem Zinssatz des bestehenden Darlehens liegen. Das trifft häufig bei Bauspardarlehen zu. Auch zinsverbilligte öffentliche Mittel, die für ein Eigenheim aufgenommen wurden, können übernommen werden, wenn der Käufer die Voraussetzungen (Einkommensgrenzen, Eigennutzung) erfüllt. Stammen die Baudarlehen von Kreditinstituten, wird eine Schuldübernahme allerdings meist von einer Anpassung der Zinskonditionen abhängig gemacht. In diesem Fall sollte durch Konditionenvergleiche genau gerechnet werden, ob sich die Einsparung der Kosten für die Löschung der alten und Bestellung einer neuen Grundschuld durch die Schuldübernahme noch lohnt. Die Schuldübernahme kann durch einen Vertrag zwischen dem Käufer und dem Kreditinstitut oder durch einen Vertrag zwischen Verkäufer und Käufer erfolgen. Im letzten Fall ist natürlich die Genehmigung des Kreditinstituts erforderlich. Wird sie verweigert, muss der Käufer für eine Ersatzfinanzierung sorgen, wenn er nicht von einem für diesen Fall vorbehaltenen Rücktrittsrecht Gebrauch machen will. Es ist deshalb stets besser, wenn vor Abschluss des Kaufvertrags die Schuldübernahme zwischen Käufer und Kreditinstitut vereinbart wird. Möglich ist auch die Übernahme einer nicht valutierten Grundschuld. Dies bietet sich vor allem dann an, wenn der Käufer der Immobilie einen Kaufpreisteil mit Hilfe dieser bereits im Grundbuch stehenden Grundschuld finanzieren will.

Siehe / Siehe auch: Grundschuld

Schuldzinsen

interest on debts

Schuldzinsen sind Zinsen, die ein Kreditnehmer seiner Bank für ein Darlehen bezahlt. Bei Selbstnutzern sind diese seit 1995 nicht mehr steuerlich absetzbar. Vermieter dürfen weiterhin die Schuldzinsen als Werbungskosten von den Mieteinnahmen abziehen. Stehen sie im Zusammenhang mit Kapitalerträgen (z. B. kreditfinanzierte Investmentanlage), sind sie

ab 2009 nach Einführung der Abgeltungssteuer nicht mehr dort abziehbar.
Siehe / Siehe auch: Abgeltungssteuer, Privates Veräußerungsgeschäft

Schutzschrift (Wettbewerbsrecht)
caveat / pre-emptive brief (German law on competition)

Wird ein Unternehmer wegen eines angeblichen Wettbewerbsverstoßes abgemahnt, kann der Abgemahnte versuchen, den drohenden Erlass einer einstweiligen Verfügung durch Einreichung einer Schutzschrift bei dem Landgericht zu verhindern, bei dem der Antrag auf einstweilige Verfügung eingehen wird. Die Schutzschrift hat nur Sinn, wenn sie begründet wird und sich aus der Begründung auch ergibt, dass ein Wettbewerbsverstoß nicht vorliegt. Mit der Schutzschrift kann erreicht werden, dass ein Antrag auf eine einstweilige Verfügung wieder zurückgenommen wird oder der Richter am Landgericht einen Verhandlungstermin anberaumt. Sind die Argumente der Schutzschrift aus der Perspektive des Gerichts nicht stichhaltig, kann es dennoch eine einstweilige Verfügung erlassen. Zu bedenken ist, dass die Einreichung einer Schutzschrift Anwaltsgebühren verursacht. Außerdem ist nicht auszuschließen, dass der Antrag auf einstweilige Verfügung bei einem anderen Landgericht eingereicht wird, und die Schutzschrift damit ins Leere stößt. Ein Wettbewerbsverstoß kann sich ja an verschiedenen Orten auswirken, vor allem, wenn man bedenkt, dass z. B. Maklerangebote zunehmend in Immobilienportalen veröffentlicht werden, die überall abrufbar sind. Man spricht vom so genannten „fliegenden Gerichtsstand". Dies alles gilt es vor Einreichung einer Schutzschrift zu bedenken.
Siehe / Siehe auch: Wettbewerbsrecht

Schwalbennester an Gebäuden
swallow's nests on buildings

Ob Schwalbennester an Gebäuden willkommen sind, richtet sich oft nach der Tierliebe des Eigentümers. Allerdings hat hier auch der Gesetzgeber mitzureden. Schwalben können nämlich als schützenswerte Art anzusehen sein: Die Tiere dürfen nicht getötet und ihre Behausungen nicht zerstört werden dürfen. In einem Urteil des Verwaltungsgerichts Düsseldorf (20.3.2009, Az. 25 K 64/09) ging es um einen Fall, in dem sich am Gebäude eines Cateringservice etwa 70 Nester von Mehlschwalben befunden hatten. Diese waren während der winterlichen Abwesenheit der Tiere entfernt worden – von wem, ließ sich nicht feststellen. Die zuständige Umweltbehörde verpflichtete den Gebäudeeigentümer dazu, anstelle der entfernten Nester künstliche anzubringen – für etwa 2.000 Euro. Das Verwaltungsgericht entschied auf die Klage des Eigentümers hin, dass der Bescheid der Behörde rechtens gewesen sei: Mehlschwalben gehörten zu den besonders geschützten Arten nach dem Bundesnaturschutzgesetz. Ihre Nester dürften nicht aus ihrem natürlichen Lebensraum entfernt werden – und bei diesem handele es sich nun einmal heutzutage um Gebäude. Auch eine Ausnahme wegen des Cateringservice schied aus: Speisenlieferungen müssten bei Verlassen des Gebäudes in jedem Fall abgedeckt und verpackt sein. Der Eigentümer musste daher die künstlichen Nester anbringen lassen.

Schwarzbau
illegal construction / built without construction permit

Errichtung eines Gebäudes ohne die erforderliche Baugenehmigung. Wer schwarz baut, riskiert im schlimmsten Fall den Abriss. Ansonsten kann die Baubehörde Bußgelder verhängen oder die Baustelle stilllegen. Der Nachbar hat keinen Anspruch auf ein Eingreifen der Behörde. Ob Maßnahmen eingeleitet werden, ist eine Ermessensentscheidung. Auch auf die Eigentumsgarantie des Grundgesetzes (Art.14) kann sich der Grundstücksnachbar des Schwarzbaues nicht berufen, da in der Regel sein eigenes Grundstück nicht unmittelbar betroffen ist. Anders sieht es jedoch aus, wenn so genannte nachbarschützende Vorschriften verletzt worden sind. Dabei kann es sich z.B. um Regelungen der Landesbauordnungen über Abstandsflächen bei Grenzbebauung handeln. Ignoriert der Bauherr ohne Genehmigung der Baubehörde derartige Vorschriften, kann der Nachbar nach § 1004 BGB in Verbindung mit den jeweiligen baurechtlichen Regelungen vor dem Zivilgericht den Rückbau oder die Beseitigung des Bauwerks fordern (Oberlandesgericht München, Az. 25 U 6426/91).
Siehe / Siehe auch: Baugenehmigung

Schwarze Wohnungen
flats full of black dust from the heating system; fogging; magic dust

Bei dem Phänomen der „schwarzen Wohnungen" handelt es sich um plötzlich auftretende Ablagerungen innerhalb von Wohnungen, sog. schwarzen Staub, der vorwiegend während der Heizperiode bestimmte Stellen der Wohnungen schwarz einfärbt. Das Phänomen wird auch als „Fogging" bzw. Magic Dust" bezeichnet. In der Regel tritt das

Phänomen bei Neubauten oder frisch renovierten Wohnungen auf. Es verschwindet im Sommer, tritt aber in der folgenden Heizperiode wieder auf. Die Ablagerungen sind nicht auf Heizmaterial, sondern auf bestimmte chemische Substanzen in den beim Bau verwendete Materialien (Weichmacher, langkettige Alkane, Alkohole und Carbonsäuren) zurückzuführen. Sie treten vor allem dort auf, wo Wärmebrücken oder Risse vorhanden sind und wo in der Ausstattung der Wohnungen ebenfalls die erwähnten Materialien konzentriert vorkommen. Schwarzer Staub wird auch erzeugt durch brennende Kerzen und Öllampen. Durch ausreichende Lüftung der Räume vor allem im Winter kann der Konzentration der Stoffe, die zu solchen Staubablagerungen führen, entgegengewirkt werden. Auftretender schwarzer Staub bei Mietwohnungen kann zu Mietminderungen führen. Der Bundesgerichtshof hat im Mai 2008 zum Fogging entschieden. Im verhandelten Fall ging es um eine Mietwohnung, in der nach einer Renovierung durch die Mieterin (Neuverlegung von Teppichböden und Neuanstrich der Wände mit handelsüblichen Farben, Putzen der Fenster im Winter mit üblichen Reinigungsmitteln) alle Decken und Wände der Wohnung von Schwarzstaubablagerungen betroffen waren. Der Bundesgerichtshof entschied, dass zwar nur die genannten Maßnahmen der Mieterin als Ursache in Betracht kämen. Eine freiwillige Renovierung und regelmäßiges Fensterputzen seien jedoch als vertragsgemäßer Gebrauch der Wohnung zu werten. Damit habe die Mieterin die Entstehung des Wohnungsmangels nicht zu vertreten. Den Schaden (rund 5.400 Euro) hatte damit der Vermieter zu tragen (BGH, Urteil vom 28.5.2008, Az. VIII ZR 271/07).

Schwarzer Staub

black dust

Siehe / Siehe auch: Schwarze Wohnungen

Schwarzkauf

purchase with „under-the-table" payment (e.g. to evade taxes)

Wenn die Beteiligten eines Grundstückskaufvertrages bei der Beurkundung einen niedrigeren Preis angeben als den tatsächlich vereinbarten, um Grunderwerbsteuer, Maklergebühren, Notarkosten usw. zu sparen, so liegt ein Scheingeschäft vor, das nach § 117 Abs. 1 BGB nichtig ist. Dies gilt auch für die tatsächlich gewollte Preisvereinbarung, da sie nicht der Beurkundungsform des § 311b BGB genügt. Geheilt wird der Vertrag jedoch durch Eintragung des Erwerbers in das Grundbuch. Der Schwarzkauf (auch Unterverbriefung genannt) erfüllt den Tatbestand der Steuerhinterziehung.

Schwengelrecht

special right to cross the neighbour's land to have access to one's own land while farming

Alter Begriff aus dem Nachbarrecht. Auch: Anwenderecht. Mit dem Schwengel ist der Querbalken eines Pfluges gemeint, an dem das Zuggeschirr eines Zugtieres eingehängt wurde. Das Schwengelrecht sorgt dafür, dass ein Landwirt sein Feld bis an die Grundstücksgrenze heran bewirtschaften kann. Es gibt ihm nämlich die Befugnis, diese Grenze mit einem landwirtschaftlichen Gerät (früher: Zugtier) teilweise zu überfahren. Er kann vom Nachbarn verlangen, bei der Errichtung von Zäunen einen bestimmten Grenzabstand zu wahren, damit dieses Recht nicht vereitelt wird und er ohne Zusammenstoß mit einem Weidezaun ganz an die Grenze heranpflügen kann. Der Nachbar kann sich gegen die Überschreitung seiner Grenze nicht mit Hilfe der Eigentumsstörungs-Regeln des Bürgerlichen Gesetzbuches wehren. In den Nachbargesetzen einiger Bundesländer ist das Schwengelrecht immer noch enthalten. So haben Grundstückseigentümer in Nordrhein-Westfalen nach § 36 des Nachbarrechtsgesetzes bei Einfriedigungen einen Grenzabstand von 50 cm zu beachten – sofern es sich um Grundstücke im Außenbereich handelt, die der Bebauungsplan nicht als Bauland ausweist und bei denen eine landwirtschaftliche Nutzung in Frage kommt.

Schwimmende Häuser

floating houses

Sieht man einmal von der Arche Noah ab und den aus dem Kulturraum von Thailand, China, Indien oder vom Amazonas in Südamerika ab, wo es schon seit langer Zeit schwimmende Häuser gab, dann sind sie in Europa eine relativ neue Erfindung. Im Gegensatz zu sogenannten Hausbooten, die teils Umbauten außer Dienst gestellter Nutzschiffe sind (vom ehemaligen Minensuchboot bis zum Frachter) oder Schiffen, mit denen Reisen möglich sind, werden Schwimmende Häuser fest verankert und von vornherein für einen bestimmten Nutzungszweck geplant und gebaut, bei dem vor allem Wohnen, Urlaubsgestaltung und Gastronomie oder Hotellerie bis hin zum schwimmenden Warenhaus im Vordergrund steht. Verbreitet sind schwimmende Häuser (und Hausboote) vor allem in Norwegen, Schweden, Irland, Holland und Frankreich. Auch in Deutschland werden Schwimmende Häuser zur Miete angeboten. In Russland ist sogar ein schwimmendes Atomkraftwerk geplant.Sind Schwimmende Häuser mit entsprechenden Motoren und Antriebsaggregaten ausgerüstet, können sie selbstständig ihre Lage verändern. Ansonsten müssen sie von einem Schlepper bewegt werden. Schwimmende Häuser sind wegen ihrer örtlichen Beweglichkeit die einzigen Gebäude, die keine Immobilien sind.

Science Parks

science parks

Science Parks sind in Deutschland ein relativ neuer Objekttyp, der sich bestenfalls in der Einführungsphase befindet, wenn gleich es ihn in Amerika in Form des Epcot-Centers von Disney schon über ein Vierteljahrhundert gibt. In England entstand in London ebenfalls ein Science Park in Form des von der Regierung Blair geförderten Millenium Domes an der Themse. Dieser konnte aber – trotz vollmundiger Ankündigungen – den Beginn des neuen Jahrtausends nur um wenige Monate überleben. Anschließend kam es zu dem bei Sonder- und Spezialimmobilien klassischen Folgenutzungsproblem im Form langen Leerstandes und der Suche nach einem neuen Investor. Dennoch können gut konzipierte, an einem Standort mit hohem Besucherpotenzial gelegene Science Parks, allein schon wegen ihrer Einzigartigkeit, als interessanter Objekttyp angesehen werden. Eine neue Erlebniswelt ist auch in Bremen mit dem Universum Science Center auf 4.000 Quadratmeter Ausstellungsfläche entstanden.

Score-Wert

score value

Score-Wert ist ein Ausdruck aus der Kreditwirtschaft. Der von der Schufa verwendete Score-Wert gibt an, welche Wahrscheinlichkeit für einen ordnungsgemäßen Vertragsablauf bei einem Kreditvertrag besteht. In den Wert fließen Erfahrungen aus der Vergangenheit ein. Mit Hilfe eines mathematischen Verfahrens werden statistische Werte mit Erfahrungen bezogen auf den Kreditantragsteller kombiniert. Der Score-Wert liegt zwischen 0 und 1000. Je höher der Wert, desto wahrscheinlicher soll die pünktliche Rückzahlung des Kredites sein. Der Score-Wert ist nicht unumstritten, da er lediglich das mögliche zukünftige Verhalten von Personen vorhersagt. In rechtlicher Hinsicht herrscht keine Einigkeit darüber, ob er unter die „personenbezogenen Daten" fällt, bei denen der Betroffene u.a. einen Auskunftsanspruch nach dem Datenschutzgesetz hat. Die verwendeten Daten dürfen nur zu einem Score-Wert verrechnet werden, wenn der Betroffene vorher zugestimmt hat – was mit jeder Unterschrift unter jeden Kreditvertrag per „Schufa-Klausel" erfolgt. Datenschützer zweifeln an, dass die gängige Schufa-Klausel das Verfahren des Scoring abdeckt, da auch bei einer Zustimmung der Kreditnehmer die Folgen oft nicht überblicken kann. Früher floss auch die Anzahl der vom Betroffenen eingeholten Schufa-Selbstauskünfte in den Score-Wert ein – eine hohe Anzahl wurde nachteilig für den Betroffenen ausgelegt. Diese Praxis wurde inzwischen abgeschafft. Banken und Schufa ermitteln den Score-Wert nach unterschiedlichen Verfahren und daher mit unterschiedlichem Ergebnis. Der Score-Wert wird bei der Schufa anlassbezogen ermittelt und ist daher kein Bestandteil der Selbstauskunft. Er wird gegen eine geringe Gebühr errechnet und dem Betroffenen mitgeteilt.

Siehe / Siehe auch: Datenschutz, Schufa, Schufa-Klausel, Schufa-Selbstauskunft

Seeanlagenverordnung (SeeAnlV)

German offshore installations ordinance

SeeAnlV ist eine Vorschrift, die über die Zulässigkeit von Vorhaben in Seegebieten außerhalb der eigentlichen Küstengewässer und damit des deutschen Hoheitsgebietes (in der AWZ – der Ausschließlichen Wirtschaftszone und auf hoher See, wenn der Anlagen-Eigentümer Deutscher ist) entscheidet. Die Verordnung ist unter anderem relevant für das Genehmigungsverfahren für Offshore-Windanlagen. Eine Anlage kann nach der Verordnung nicht genehmigt werden, wenn sie den Schiffsverkehr gefährdet oder die Meeresumwelt beeinträchtigt und dies nicht durch Auflagen verhindert werden kann. Die SeeAnlV kennt insbesondere vier Versagungsgründe für eine Genehmigung:

- Beeinträchtigung von Schifffahrtsanlagen und -zeichen

- Beeinträchtigung der Nutzung der Schifffahrtswege, des Luftraums oder der Schifffahrt
- Mögliche Verschmutzung der Meeresumwelt
- Gefährdung des Vogelzuges

Grundsätze für die an Offshore-Windenergie-Anlagen zu stellenden technischen Anforderungen wurden durch das BSH (Bundesamt für Seeschifffahrt und Hydrografie in Hamburg) erarbeitet. Bestimmte Anlagentypen einfacher Bauart, von denen keine der oben genannten Gefahren ausgehen, kann das BSH von der Genehmigungspflicht befreien.

Siehe / Siehe auch: EEG, Windpark, Offshore-Windenergie-Anlagen, Windenergie-Fonds

Seeling-Urteil

Seeling judgment

In dem in Steuerkreisen oft zitierten Urteil hat der Europäische Gerichtshof entschieden, dass die private Nutzung einer zum Betriebsvermögen gehörenden Wohnung umsatzsteuerpflichtig ist. Dies führt dazu, dass die Vorsteuer für alle für die Wohnung anfallenden Kosten abzugsfähig ist (EuGH, 8.5.2003, Az. C-269/00). Die dadurch entstandenen Vorteile sind teilweise durch eine schärfere Besteuerung des Eigenverbrauchs seit 1.7.2004 wieder aufgehoben worden.

Segregation

segregation

Unter Segregation versteht man die räumliche Absonderung bestimmter Teile der Bevölkerung einer Stadt von der übrigen Bevölkerung, was zu bestimmten Quartiersbildungen führt. Der Vorgang dieser Entmischung der Bevölkerung wurde zuerst in den USA untersucht, wo es im 18. und 19. Jahrhundert nach der Sklavenbefreiung zu starken Abgrenzungserscheinungen zwischen der schwarzen und weißen Bevölkerung kam. Aber auch andere Bevölkerungsgruppen wie etwa Chinesen („Chinesenviertel" von San Francisco) Italiener und Mexikaner lebten in ihren Quartieren „unter sich". In Europa waren die jüdischen Gettos Ausdruck einer Segregation. Allgemeiner formuliert kann unter Segregation eine disproportionale Bevölkerungsverteilung über die Teilgebiete einer Stadt verstanden werden. Die Segregation entsteht auf der Grundlage einer sozialen, religiösen, oder ethnischen Distanz zwischen verschiedenen Bevölkerungsgruppen. Soziale Statusmerkmale, die bestimmte Bevölkerungsteile miteinander verbinden, ergeben sich z.B. durch Unterschiede in der Bildung, der Sprache, der Hautfarbe aber auch durch Altersunterschiede, Unterschiede in der Haushaltsgröße, Kinderzahl, der Lebensphilosophie. Segregation kann angestrebt werden. Sie kann Personen aber auch gesellschaftlich aufgezwungen werden (passive Segregation). Je nach Ursache des Phänomens kann Segregation zu einem positiven oder zu einem negativen Image von Stadtteilen (und ganzen Städten) führen. Das Segregationsphänomen hat sich in allen Kulturen, die ein Mindestmaß an sozialer Differenzierung kennen, nachweisen lassen. Heute wird Segregation vielfach aus einer kritischen Distanz als ein Phänomen beurteilt, das im Zeitalter der Gleichheit aller Menschen und der Nichtdiskriminierung zurückgedrängt werden sollte. Andererseits macht sich auch die Erkenntnis breit, dass die Ungleichheit die Wurzel aller Kulturen ist. Die Segregationsforschung ist Teil der Soziologie, genauer der soziologischen Stadtforschung.

Siehe / Siehe auch: Gentrifizierung, Soziales Milieu

Selbstauskunft

self-disclosure

Siehe / Siehe auch: Mieterselbstauskunft, Unzulässige Fragen

Selbsthilfe

self-help

Nach § 229 des Bürgerlichen Gesetzbuches sind bestimmte Handlungen, die normalerweise eine Strafe nach sich ziehen, unter bestimmten Bedingungen nicht widerrechtlich.

So darf zum Zweck der Selbsthilfe

- eine Sache weggenommen, zerstört oder beschädigt oder
- ein Verpflichteter, der der Flucht verdächtig ist, festgenommen oder
- der Widerstand eines Verpflichteten gegen eine Handlung, die dieser zu dulden hat, beseitigt werden.

Wegen eines Zahlungsanspruches kann eine pfändbare Sache weggenommen werden. Die Zivilprozessordnung enthält einen ganzen Katalog unpfändbarer Sachen, wie z.B. Haushaltsgegenstände oder Gegenstände, die der Berufsausübung dienen.

Voraussetzungen:

- Dem Handelnden steht ein Rechtsanspruch zu und
- obrigkeitliche Hilfe ist nicht rechtzeitig zu bekommen und
- ohne sofortiges Eingreifen würde die

Verwirklichung des jeweiligen Anspruchs vereitelt oder wesentlich erschwert.

Das Gesetz regelt jedoch auch die Grenzen der Selbsthilfe. So darf sie keinesfalls weiter gehen, als dies zur Gefahrenabwehr unbedingt notwendig ist. Sie dient nur der vorläufigen Sicherung. Die endgültige Entscheidung erfolgt gerichtlich. Für weggenommene Sachen muss der so genannte „dingliche Arrest" beim Gericht beantragt werden. Festgenommene Personen müssen unverzüglich dem örtlichen Amtsgericht zugeführt werden, auch hier muss ein „persönlicher Sicherheitsarrest" beantragt werden. Ablehnung oder Verzögerung der Anträge verpflichten zur sofortigen Rückgabe der Sachen bzw. Freilassung der Personen. Wer irrtümlich zur Selbsthilfe greift, obwohl er keine ausreichenden Gründe dafür hat, macht sich in jedem Fall unabhängig von einem Verschulden schadenersatzpflichtig. Bestehen keine ausreichenden Gründe, riskiert der Gläubiger auch eine Strafverfolgung. Aus diesen Gründen ist die Selbsthilfe in der Praxis kaum relevant. Das Selbsthilferecht des Vermieters ist etwas abweichend von dieser allgemeinen Regelung gestaltet und gesetzlich geregelt (§ 562 BGB). Es darf nur angewendet werden, wenn der Mieter beim Auszug oder auch unabhängig davon Gegenstände des Vermieterpfandrechts wegschafft. Der Mieter darf mit angemessenen Mitteln am Wegschaffen der Sachen gehindert werden. Was noch angemessen ist, kann jedoch von Gerichten unterschiedlich beurteilt werden. Von Gewalt ist in jedem Fall dringend abzuraten, da hier die Möglichkeit der Strafbarkeit besteht. Ein Aufbrechen der Wohnung durch den Vermieter oder gewaltsames Eindringen in diese ist unzulässig und ggf. als Hausfriedensbruch strafbar.

Siehe / Siehe auch: Vermieterpfandrecht

Selbstkontrahierungsverbot

regulation forbidding deals in which the same person is both principal and agent

Es kann passieren, dass der Vertreter einer Person selber Interesse an einem Geschäft hat, das diese Person durchführen will. Um dieses Geschäft zustande zu bringen, müsste der Vertreter dazu mit sich selber das Geschäft durchführen. Die Vorschrift des § 181 BGB verbietet grundsätzlich ein derartiges „Selbstkontrahieren". In vom Notar vorbereiteten Grundstückskaufverträgen findet sich am Schluss meistens eine Bestimmung, dass einem bestimmten Mitarbeiter des Notars die Vollmacht zur Durchführung des Vertrages erteilt wird und dass er befreit wird von der Bestimmung des § 181 BGB. Diese Befreiung hat ihren Sinn darin, dass dieser damit berechtigt ist, z. B. vom Grundbuchamt geforderte Änderungen des Vertrages für die Vertragsparteien und auch für den Notar zu erklären, ohne dass die Vertragsparteien jedes Mal wieder beim Notar erscheinen müssen. Vom Selbstkontrahierungsverbot lassen sich auch Hausverwalter und Baubetreuer befreien, um zu ermöglichen, dass sie aus dem verwalteten Konto die ihnen zustehende Verwaltungs- bzw. Baubetreuungsgebühr abbuchen können.

Selbstnutzung

self occupancy

Darunter versteht man die Nutzung eigener Räume. Solange es die Eigenheimzulage noch gab, war die Selbstnutzung eine wichtige Voraussetzung für die staatliche Förderung von Wohneigentum. Seit dem 1. Januar 2006 ist die Eigenheimzulage allerdings Geschichte. Abgewickelt werden nur noch Hunderttausende sogenannter Altfälle. Diese erhalten die staatliche Finanzspritze, also Eigenheim- und Kinderzulage, so lange, bis der achtjährige Förderzeitraum beendet ist. Als Nutzung zu eigenen Wohnzwecken, also Selbstnutzung, gilt auch die unentgeltliche Überlassung von Wohnraum an Angehörige. Dazu zählen geschiedene Ehegatten, Kinder, Eltern oder Geschwister. Auch für solche Objekte konnten Eigentümer früher Eigenheimzulage erhalten.

Selbstschuldnerische Bankbürgschaft

facility letter; bank guarantee

Der Bankbürgschaft liegt ein Vertrag zwischen der bürgenden Bank und einem Schuldner zugrunde, in der sich die Bank verpflichtet, für die Verbindlichkeit des Schuldners gegenüber dessen Gläubiger einzustehen. Die Bürgschaftserklärung bedarf der Schriftform. Der Bürge kann die Einreden geltend machen, die dem Schuldner zustehen. In der Regel wird die Einrede der Anfechtbarkeit, der Aufrechenbarkeit und der Vorausklage ausgeschlossen. Die Bürgschaft kann zeitlich befristet oder unbefristet gewährt werden. Die Bürgschaft endet, wenn die ihr zugrunde liegende Forderung erlischt oder die Bürgschaftsurkunde zurückgegeben wird. Befriedigt die bürgende Bank den Gläubiger, geht dessen Forderungsrecht auf die Bank über. Bei einer selbstschuldnerischen Bankbürgschaft wird die Einrede der Vorausklage ausgeschlossen. Das bedeutet, dass die Bank auf die erste Anforderung des durch die Bürgschaft Begünstigten zu zahlen hat. Bankbürgschaften spielen bei der Baufinanzierung eine große Rolle. Eine Bankbürgschaft wird gegen eine Bürgschaftsgebühr (Aval) gewährt, die eine Risikoprämie darstellt und zusätzlich den Prüfungs- und Verwaltungsaufwand abdeckt. Diese Gebühr wird entweder einmalig oder laufend in Rechnung gestellt.

Selbstständiges Beweisverfahren / Beweissicherungsverfahren

independent proceedings for the introduction / preservation of evidence

Wie in vielen anderen Rechtsbereichen ist es auch im Mietrecht immer wieder erforderlich, vorhandene Beweise zu sichern – besonders wenn es um Mietminderung wegen Mängeln oder Schadenersatzansprüche des Vermieters wegen Schäden an der Wohnung geht. Diesem Zweck dient das selbstständige Beweisverfahren. Das selbstständige Beweisverfahren heißt deshalb so, weil es sowohl innerhalb eines Gerichtsprozesses, als auch ganz ohne Prozess eingeleitet werden kann. Man kann damit also erst einmal die Beweise sichern und die Sachlage feststellen, bevor man über die Klageerhebung entscheidet. Bis April 1991 hieß das Verfahren „Beweissicherungsverfahren". Dann wurde die Bezeichnung – ohne große inhaltliche Reformen – in „selbstständiges Beweisverfahren" geändert. Das Verfahren wird auf Antrag einer Partei beim Gericht eingeleitet. Es ermöglicht die Beweiserhebung durch Augenschein (Ortsbesichtigung), Zeugenvernehmung oder Sachverständige. Voraussetzung für ein selbstständiges Beweisverfahren ist, dass der Gegner zustimmt oder dass die Gefahr besteht, dass ein wichtiges Beweismittel verloren geht bzw. seine Nutzung erschwert wird. Ohne eingereichte Klage kann ein schriftliches Sachverständigengutachten nur eingeholt werden, wenn der Betreffende ein rechtliches Interesse an der Beweiserhebung z. B. über den Zustand der Mietwohnung, eine Schadensursache oder die Kosten für die Schadensbeseitigung hat. Wohnungseigentümer können als Maßnahme ordnungsgemäßer Verwaltung beschließen, ein selbstständiges Beweisverfahren zur Feststellung von Mängeln am Gemeinschaftseigentum einzuleiten, wenn zu befürchten ist, dass Beweismittel verloren gehen oder ihre Benutzung erschwert wird, aber auch zur Hemmung der Verjährung.Rechtliches Interesse ist immer vorhanden, wenn die Beweiserhebung helfen kann, einen Rechtsstreit zu vermeiden. Die Einzelheiten zum selbstständigen Beweisverfahren sind in §§ 485 ff. ZPO (Zivilprozessordnung) geregelt.

Selbstvornahme im Mietrecht

self-remedy under the German law of tenancy

Der Begriff der Selbst- bzw. Ersatzvornahme wird im Mietrecht meist im Zusammenhang mit Mängeln an der Mietwohnung genannt. Gemeint ist eine Selbstvornahme der Mängelbeseitigung durch den Mieter. Der Mieter darf diese allerdings nur unter bestimmten Voraussetzungen durchführen. Diese ergeben sich aus § 536a Abs. 2 BGB:

- der Vermieter ist mit der Beseitigung des Mangels in Verzug oder
- die umgehende Beseitigung des Mangels ist zur Erhaltung oder Wiederherstellung des Bestands der Mietsache notwendig.

Damit der Vermieter in Verzug kommt, muss der Mieter ihm den Mangel zunächst einmal melden. Dann muss der Mieter den Vermieter in Verzug setzen, indem er ihn nach der Schadensmeldung gesondert dazu auffordert, innerhalb einer angemessenen Frist den Mangel zu beseitigen. Die so genannte „Fristsetzung mit Ablehnungsandrohung" ist übrigens seit der Schuldrechtsreform von 2002 nicht mehr erforderlich; eine einfache Frist reicht aus. Die Frist muss angemessen sein. Ihre Dauer richtet sich danach, wie schwerwiegend der Mangel ist. Je schwerwiegender er ist, desto kürzer darf die Frist sein. Nur in wirklichen Notfällen ist eine Fristsetzung entbehrlich. Verstreicht die Frist, ohne dass der Vermieter den Mangel beseitigt, kann der Mieter selbst zum Werkzeug greifen oder einen Handwerker beauftragen. Die entstehenden Kosten kann er dem Vermieter in Rechnung stellen bzw. mit der Miete aufrechnen. Bei der Aufrechnung ist § 556b BGB zu beachten. Danach muss der Mieter dem Vermieter einen Monat vor Fälligkeit der Miete, mit der er aufrechnen will, die beabsichtigte Aufrechnung in Textform ankündigen. Diese gesetzliche Regelung lässt sich nicht vertraglich abändern.

Siehe / Siehe auch: Nichtdurchführung von Schönheitsreparaturen durch Mieter, Sachmangel (im Mietrecht), Textform

Selektionsmerkmale

screening/ selection characteristics

Siehe / Siehe auch: Zielgruppenselektion

Seniorenimmobilien

facilities/ housing/ residences for the elderly

Seniorenimmobilien gibt es in verschiedenen Ausprägungsformen. Sie gehen vom schlichten Altenwohnheim, bei dem die Bewohner ihren Haushalt selbst führen, über das Altenheim, bei dem für volle Verpflegung und Betreuung gesorgt wird bis hin zum Altenpflegeheim, bei denen die Bewohner Pflegedienste in Anspruch nehmen müssen. Vom „Heimgedanken" weg bewegen sich die „Seniorenresidenzen" die eine altersaktive Autonomie der Bewohner weitgehend respektieren und der Bewohner als Kunde wahrgenommen wird. Starker Nachfrage erfreuen sich Konzepte des „Betreuten Wohnens". Dabei werden altersgerechte Wohnungen in größeren Objekten einzeln an Investoren verkauft, die sich dabei die Eigennutzung im Alter vorbehalten. Bis zu diesem Zeitpunkt erzielt der Anleger Mieteinnahmen. Auch über Geschlossene Immobilienfonds ist die Beteiligung an derartigen Projekten möglich. Altersgerechte Immobilien sind gekennzeichnet durch eine Architektur, die der abnehmenden Beweglichkeit Rechnung trägt. Zudem werden ein Grundservice (Notruf) und ein Zusatzservice (Verpflegung, Reinigung, Einkaufsdienst) angeboten.

Sensitivitätsanalyse

sensitivity analysis

Durch die Sensitivitätsanalyse („Verfahren kritischer Werte") wird ermittelt, welche Einflüsse auf die Wirtschaftlichkeit einer Investition bzw. einer Anlage bedeutsam sind und daher besonders sorgfältig überwacht werden müssen. Dabei werden kritische Werte festgestellt, die nicht über- oder unterschritten werden dürfen, wenn die Wirtschaftlichkeit nicht gefährdet werden soll. Sie stellen das als zulässig erachtete Schwankungsintervall dar. Es soll erkannt werden, bei welchen kritischen Werten aus einer vorteilhaften eine nicht mehr vorteilhafte Anlage wird. Die Sensitivitätsanalyse wird vor allem im Rahmen von Prospektprüfungen angewandt, um die Wirkung von Abweichungen von Wirtschaftlichkeitsprognosen deutlich zu machen. Allerdings kann durch solche Analysen das Ungewissheitsproblem nicht gelöst werden. Die Sensitivitätsanalyse wird auch auf vielen anderen Gebieten angewandt, z. B. bei Analyse des Energieverbrauches, bei Standortanalysen, beim Ertragswertverfahren zur Ermittlung von Bandbreiten, in der Medizin, der Logistik, der Bautechnik usw..

Separate Office

separate office

Separate Office ist ein Bürokonzept, das auf der Kombination von fest zugeordneten, abgeteilten Zellenbüros mit vergleichsweise kleinen, von den Beschäftigten gemeinsam genutzten Kommunikations- und Technikflächen basiert.

Siehe / Siehe auch: Kombibüro, Zellenbüro

Service-Angebot

service offer

Dienstleistungsangebot in Zusammenhang mit einer Immobilie, das die Attraktivität des Objektes für den Nutzer erhöht. In Bürogebäuden können das moderne Telekommunikationskonzepte mit Least-Cost-Routing, Restaurants im Gebäude, Catering-Service, Einkaufs-Service, Schreib- oder Fahrdienste sein. Solche Service Angebote sind funktionaler Teil eines Facility Management.

Siehe / Siehe auch: Facility Management (FM)

Service-Vertrag

fee-for-service contract in an assisted living facility

Der Begriff „Service-Vertrag" taucht immer wieder im Zusammenhang mit dem Betreuten Wohnen auf. Der Begriff „Betreutes Wohnen" ist nicht gesetzlich geschützt oder klar definiert, darunter können verschiedenste Vertragskonstruktionen zu verstehen sein. Darin liegt für Senioren eine erhebliche Gefahr, da sie mit dem „Betreuten Wohnen" oft bestimmte Inhalte verbinden und zu spät feststellen, dass die ausgewählte Einrichtung noch nicht einmal über ein Hausnotrufsystem oder vor Ort anwesende Pflegekräfte verfügt oder dass diese umgehend wegrationalisiert werden. Oft werden beim Betreuten Wohnen ein Mietvertrag für die Wohnräume und ein Vertrag über bestimmte regelmäßige Dienstleistungen für die Senioren – der Service-Vertrag – getrennt abgeschlossen. Der Service-Vertrag kann z.B. den Anbieter dazu verpflichten, ein Hausnotrufsystem vorzuhalten, einen 24-Stunden-Notdienst mit Pflegepersonal zu betreiben und bestimmte Hausmeisterdienste durchzuführen. Eine echte Pflege oder Hilfe im Krankheitsfall sind in der Regel nicht mit enthalten. Diese müssen als zusätzliche Dienstleistungen gebucht werden und werden dann auch extra berechnet. Einige Institutionen können keine vollwertige Pflege anbieten; hier ist bei Eintreten der Pflegebedürftigkeit ein Umzug ins Pflegeheim notwendig. Generell wird ein eventueller Pflegebedarf durch die Pflege- oder Krankenkasse festgestellt; die Kosten werden im Rahmen von deren Leistungen erstattet. Werden dadurch nicht abgedeckte Leistungen gewünscht, sind diese privat zu bezahlen. Meist wird der Service-Vertrag mit dem gleichen Vertragspartner abgeschlossen wie der Mietvertrag. Es gibt jedoch auch Konstruktionen, bei denen es der Bewohner mit unterschiedlichen Vertragspartnern zu tun hat.

Dann gibt es etwa einen Mietvertrag mit dem Eigentümer der Räume und einen Servicevertrag mit einem Pflegedienst oder einer sozialen oder kirchlichen Einrichtung, die die Leistungen durchführt. Zusätzlich kann mit dem Anbieter des Service-Vertrages auch eine Vollpflege vereinbart werden. Generell kann sich der Bewohner seinen Pflegedienst selbst aussuchen; der Betreiber einer Einrichtung für Betreutes Wohnen kann den Bewohnern nicht vorschreiben, welcher Pflegedienst eingesetzt werden soll. Erwünscht ist jedoch meist der Einsatz eines bestimmten Dienstes. Derartige Fragen sollten vor Vertragsabschluss geklärt werden. Sind Vermieter und Serviceanbieter identisch, können Service- und Mietvertrag einem Bundesgerichtshofs-Urteil zufolge (Az. III ZR 167/05, Urteil vom 23.02.2006) aneinander gekoppelt werden, so dass der Mietvertrag ebenfalls endet, wenn der Mieter den Service-Vertrag kündigt. Der BGH betonte in diesem Urteil, dass der Mieter trotzdem nicht rechtlos sei: Er könne den Service-Vertrag bei Unzufriedenheit mit den Leistungen außerordentlich kündigen, ohne seine Wohnung zu verlieren. Ferner könne er auch die Zahlung der Service-Gebühr verweigern oder Klage auf Schadenersatz erheben.

Siehe / Siehe auch: Betreutes Wohnen, Heimgesetz

Set-Top-Box

set-top box

Abkürzung: STB. Set-Top-Box heißt übersetzt etwa „Draufstellkasten". Es ist die Bezeichnung für ein Zusatzgerät, das die Inanspruchnahme weiterer Funktionen ermöglicht. Es handelt sich um einen Oberbegriff, der vom Videorecorder bis zum Digitalreceiver diverse Gerätetypen umfassen kann. Fernsehgeräte älterer Bauart können durch einen Digitalreceiver als Set-Top-Box für den Digitalempfang aufgerüstet werden. In Gebieten, in denen die analoge Fernsehübertragung komplett durch Digitalfernsehen (DVBT) ersetzt wurde, bietet die Set-Top-Box in Verbindung mit einer Zimmerantenne eine Alternative zum Kabel- oder Satellitenempfang. Eine besondere Art des Digitalreceivers sind Pay-TV-Decoder, mit deren Hilfe „Bezahlfernsehen" zu empfangen ist. Mietwohnungen: Auch in Gebieten ohne analoge terrestrische Fernsehübertragung muss der Mieter selbst die Kosten für eine Set-Top-Box tragen, die sein Gerät zum Digitalempfang per Zimmerantenne befähigt. Vermieter sind allenfalls im Ausnahmefall einer möblierten Vermietung bei mitvermietetem Fernsehgerät in der Pflicht.

Siehe / Siehe auch: Parabolantenne

Share Deal

share deal

Als Share Deal werden im Zusammenhang mit Immobilieninvestitionen solche Transaktionen bezeichnet, bei denen Investoren nicht die betreffenden Immobilien selbst erwerben, sondern Anteile an einer Objektgesellschaft, die ihrerseits eine oder mehrere Immobilien hält. Eigentümer der Immobilie bleibt weiterhin die Objektgesellschaft, während der Investor durch den Share Deal mit seiner Gesellschafterstellung nur mittelbares Eigentum an der Immobilie erlangt. Rechtlich handelt es sich um den Kauf eines Unternehmens beziehungsweise einer Unternehmensbeteiligung, und nicht um einen Immobilienkauf. Die möglichen Gründe, sich statt eines Asset Deals für einen Share Deal zu entscheiden, sind vielfältig. Insbesondere bei Engagements im Ausland stehen Immobilieninvestoren vor dem Problem, dass der Direkterwerb von Immobilieneigentum durch Ausländer in einigen Staaten aufgrund gesetzlicher Bestimmungen erheblichen Restriktionen unterworfen oder sogar völlig unmöglich ist. In diesen Fällen bilden Share Deals oft den einzigen gangbaren Weg, um in die Immobilienmärkte dieser Länder zu investieren. So hat der Erwerb von Beteiligungen an Grundstücksgesellschaften beispielsweise im Zusammenhang mit den zunehmenden Auslandsinvestitionen Offener Immobilienfonds stark an Bedeutung gewonnen. Darüber hinaus wird die Entscheidung zwischen Asset Deal und Share Deal häufig unter steuerlichen Aspekten getroffen. So fällt beispielsweise keine Grunderwerbsteuer an, wenn der Käufer nicht mehr als 95 Prozent der Anteile an einer Objektgesellschaft erwirbt und der Verkäufer auf Dauer mehr als fünf Prozent der Gesellschaftsanteile behält. Bei den Objektgesellschaften, deren Anteile im Wege eines Share Deals übertragen werden, kann es sich sowohl um Personen- als auch um Kapitalgesellschaften handeln. Personengesellschaften werden vor allem dann gewählt, wenn eine direkte Zuweisung von Verlusten aus der Objektgesellschaft zu deren Gesellschaftern erwünscht ist. Aus Verkäuferperspektive kann der Verkauf von Anteilen an einer Kapitalgesellschaft steuerlich interessant sein, weil dabei entstehende Veräußerungsgewinne nicht besteuert werden, sofern die Anteile von einer Kapitalgesellschaft gehalten und verkauft werden. Die Due Diligence ist bei einem Share Deal im Vergleich zum Asset Deal wesentlich aufwendiger und umfangreicher, da sie sich nicht nur auf die Immobilie beschränkt, sondern die gesamte Objektgesellschaft als Unternehmen einbeziehen muss. Auch wenn die durch die Transaktion unmittelbar ausgelösten Transaktionskosten (z. B. Grunderwerbsteuer, Notarkosten) beim Share Deal häufig niedriger sind als bei einem Asset Deal, ist dieser Vergleich allein wenig aussagekräftig, da beim Share Deal mit höheren Kosten für Due Diligence und Beratung zu rechnen ist.

Siehe / Siehe auch: Asset Deal, Due Diligence, Grunderwerbsteuer

Sheddach

shed roof; double-ridged roof; saw-tooth roof

Als Sheddach wird eine Dachform bezeichnet, die sich aus einer Folge hintereinander angeordneter Pultdächer ergibt. Dabei werden die steileren Stütz- bzw. Rückwände der einzelnen Pultdachelemente in der Regel verglast, um eine großzügige natürliche Belichtung der überdachten Fläche zu erreichen. Der Name leitet sich ab von dem englischen Begriff „shed", was mit Fach, Regendach, Lagerhaus, Schuppen, Speicher, Verschlag o. ä. übersetzt werden kann. Sheddächer werden häufig zur Überdachung von Produktionsräumen, Lagerhallen, Markthallen oder Messe- bzw. Ausstellungshallen verwendet. Um eine möglichst blendfreie und gleichmäßige Beleuchtung zu erreichen, wird das Dach vorzugsweise so angeordnet, dass der Lichteinfall von Norden erfolgt.

Siehe / Siehe auch: Sägedach

Shopping Center

shopping centre

Shopping-Center sind abgegrenzte Einkaufszentren, innerhalb der Handelsbetriebe verschiedener Branchenzugehörigkeit Waren und Dienstleistungen anbieten. Entscheidend für den Erfolg ist der richtige Branchenmix, der auf der Grundlage einer kundenorientierten Wichtigkeitsskala ermittelt wird und an deren Spitze ein Anchor (Publikumsmagnet) steht. Zu unterscheiden sind Shopping Center in den Innenstädten und in Stadtteilzentren von Shopping Center an Stadträndern oder „auf der grünen Wiese". Etwa 60 Prozent der rund 460 deutschen Shopping Centers befinden sich in den Stadt- oder Stadtteilzentren. Shopping Center verfügen im Schnitt über 25000 Quadratmeter. Die Shopping Center auf der grünen Wiese sind im Schnitt doppelt so groß (circa 35000 Quadratmeter) als in den Stadtzentren angesiedelten Shopping Center (knapp 19000 Quadratmeter). Aus der Perspektive der Handelsbetriebe sind entscheidende Größen die erreichbare Flächenproduktivität (Umsatz je Quadratmeter Geschäftsfläche), der Umsatz je Beschäftigter und der Mietkostenanteil am Umsatz. Zum Imageaufbau eines Shoppings Centers sind einerseits mietvertraglich vereinbarte Betriebspflichten, andererseits Werbekonzepte erforderlich, die im Rahmen von Werbegemeinschaften konzipiert und realisiert werden. Das Shopping Center ist eine Erfindung aus den USA. Dort wurde bereits 1923 das Kansas-City Einkaufszentrum realisiert. In Deutschland entstand in Berlin-Charlottenburg 1961 ein Shopping Center und auf der grünen Wiese das Main-Taunus-Zentrum (1968).

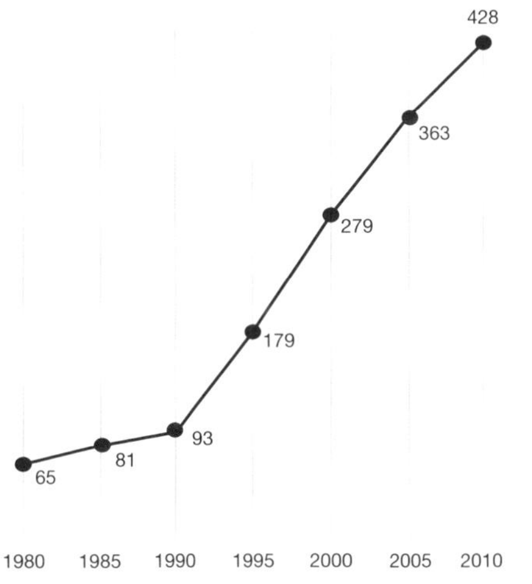

Siehe / Siehe auch: Einkaufszentrum, German Council of Shopping Centers e.V. (GCSC)

Sicherheitsleistung (Zwangsversteigerung)

surety; bail; payment bond (compulsory auction/ forced sale)

Siehe / Siehe auch: Zwangsversteigerung

Sick Building Syndrom

sick building syndrome

Das Sick Building Syndrom ist ein Sammelbegriff, für Krankheitserscheinungen, deren Ursache in den Raumausdünstungen liegt. Diese Erscheinungen treten vor allem auf, wenn Klimaanlagen nicht richtig eingestellt sind. Untersuchungen wurden erstmals in amerikanischen Geschäfts- und Verwaltungsräumen durchgeführt. Diese Ursachen sind oft schwer festzustellen. In Gebäude verwendete Baustoffe aber auch in Möbel und Teppichen verwendete Chemikalien (Formaldehyd) können zu Kopfschmerz, Müdigkeit, Augenreizung, Schwindel oder Atembeschwerden führen. Die Beseitigung solcher Ursachen kann sehr kostspielig sein. Ist ein solches Syndrom festgestellt führt in der Regel zu Mietminderungen.

Siehe / Siehe auch: Mietminderung

Sickertheorie

trickle-down theory

Die Sickertheorie geht davon aus, dass durch Wohnungsneubau nicht nur die Nachfrage nach den neu gebauten Wohnungen befriedigt, sondern dass damit gleichzeitig eine Umzugskette ausgelöst wird. Ein Teil der nachfragenden Haushalte macht bisher bewohnte Wohnungen frei, die dann wieder als Angebot dem Markt zur Verfügung stehen. Die Umzugskette endet jedoch dann, wenn lediglich eine Haushaltsteilung stattfindet (meist bei Haushalten, die durch Eheschließungen entstehen) oder wenn der leer werdende Wohnraum abgerissen oder einer nicht wohnwirtschaftlichen Nutzung zugeführt wird. Zunehmender Wohnungsbau führt nach dieser Theorie somit zu verstärkten Marktaktivitäten auch im Wohnungsbestandsmarkt.

Die Sickereffekte lassen sich nur schwer berechnen, weil die ausgelösten Umzugsketten nur innerörtlich erfasst werden. Über die Ortsgrenzen hinausgehende Sickereffekte bleiben unberücksichtigt. Untersuchungen des Bundesamtes für Bauwesen und Raumordnung haben ergeben, dass der Anteil der innerörtlichen Umzüge etwa zwischen 55 Prozent und 65 prozent liegt. Der Rest sind Wanderungen in die Umgebung und Fernwanderungen.

Siebener

settler of boundary disputes (Bavaria)

Siehe / Siehe auch: Feldgeschworene

Siebenergeheimnis

secret kept by (civilian) settlers of boundary disputes regarding symbols that mark land marks / boundary stones (used in Franconian parts of Bavaria)

Siehe / Siehe auch: Feldgeschworene

Siebenerzeichen

secret symbols that mark land marks / boundary stones (used in Franconian parts of Bavaria)

Siehe / Siehe auch: Feldgeschworene

Siedlungs- und Verkehrsfläche

residential areas and public thoroughfares

In periodischen Abständen wird im Rahmen der amtlichen Bodennutzungsstatistik auch die Siedlungs- und Verkehrsfläche ermittelt. Es handelt sich für die jeweiligen Gebiete um die Summe der Gebäude- und Freiflächen, um Verkehrsflächen, Erholungsflächen, Friedhofsflächen sowie um Teile der Betriebsflächen, die nicht Abbauflächen sind. In Deutschland betrug die Siedlungs- und Verkehrsfläche 2006 13 Prozent der Gesamtfläche. Davon entfallen 28 811 km^2 oder 8,1 Prozent auf die Siedlungsfläche und 17 627 km^2 oder 4,9 Prozent auf die Verkehrsfläche.

Da die Entwicklung der Siedlungs- und Verkehrsfläche Ausdruck der Entwicklung des Versiegelungsgrades der Erdoberfläche ist, gehen die Bestrebungen dahin, das Wachstum dieser Flächen im Interesse der Erhaltung naturnaher Räume und der natürlichen Bodenfunktionen so gut wie möglich zu bremsen. Nach den Vorstellungen des Bundesumweltamtes soll die Zunahme bis zum Jahr 2020 bis auf 30 ha pro Tag gesenkt werden. Im Jahr 2006 waren es noch 106 ha pro Tag. Dies soll durch eine Reihe von Maßnahmen erreicht werden, zu denen insbesondere die Förderung der Innenentwicklung der Städte gehören, aber auch eine sinnvolle Entsiegelung von Bodenoberflächen, Wiedernutzung von Brachen, Schließung von Baulücken usw.

Zunehmend wird für die Erreichung der Verringerungsziele das bauplanerische Instrumentarium eingesetzt (tendenzielle Verringerung der Grundflächenzahlen bei gleichzeitiger Erhöhung der Geschossflächenzahlen).

Skelettbauweise
skeleton construction

Die Skelettbauweise ist eine Bauweise, bei der ein Gerüst aus Holz (Fachwerkbau) oder Eisen bzw. Stahl (Eisenskelettbau, Stahlskelettbau) die tragenden Funktionen übernimmt. Die Wände verlieren dabei ihre Rolle als tragende Bauelemente und dienen nur noch der Begrenzung der Räume.
Siehe / Siehe auch: Massivbauweise, Fachwerkbau

Slogan
slogan
Ein Slogan ist die übergreifende Werbebotschaft, die von einem Unternehmen über einen längeren Zeitraum bei seinen verschiedenen Kommunikationsaktivitäten (Werbung, Pressearbeit) verwendet wird.

Social Media
Darunter versteht man soziale Netzwerke welche dem gegenseitigen Meinungs- und Erfahrungsaustausch dienen. Ermöglicht wird dies durch Internettechnologien, mit denen die Nutzer ohne Programmierkenntnisse Inhalte selbst beitragen können. Zu den bekanntesten Plattformen, die dies ermöglichen, zählen Facebook, Youtube, Myspace und Xing.
Siehe / Siehe auch: Web 2.0

Sofortfinanzierung
immediate financing
Siehe / Siehe auch: Vorfinanzierung

Sofortrente
immediate annuity
Zunehmende Bedeutung für die private Altersversorgung kommt der Sofortrente zu. Es handelt sich um eine besondere Form der privaten Rentenversicherung. Wer z.B. aus einer fällig gewordenen Lebensversicherung, einer Erbschaft oder dem Verkauf einer Immobilie über eine größere Barsumme verfügt, kann diese in eine mit Rentenversicherungen befasste Versicherungsgesellschaft einbezahlen (Einmalzahlung) und erhält ab sofort lebenslang eine monatliche Rente ausbezahlt. Die Höhe der Sofortrente ist naturgemäß abhängig vom Eintrittsalter. Je älter der Einzahler ist, desto höher ist die Rente. Sofortrenten eignen sich vor allem für Personen, die sich schon im Rentenalter befinden und ihr Monatseinkommen aufbessern wollen. Ein Vorteil dabei ist, dass der zu versteuernde Ertragsanteil mit zunehmendem Alter geringer wird. Die Rente besteht aus einer garantierten Rentenzahlung und einer Überschussbeteiligung, die sich aus Erträgen der Anlage des eingezahlten Geldes finanziert wird. Die Überschussbeteiligung ist deshalb variabel. In der Regel wird auch eine Garantielaufzeit vereinbart, die dazu führt, dass nach dem Tod des Rentenempfängers während der Garantielaufzeit der nicht verbrauchte Teil der Rente an die Erben ausgezahlt wird. Wer über keine Erben verfügt, kann darauf verzichten, was sich positiv auf die Rentenhöhe auswirkt. Eine Sofortrente kann auch als Verbundrente (z. B. für Ehegatten) vereinbart werden. Die Rente läuft dann bis zum Tod des länger lebenden Ehegatten. Konstruktionsmerkmal der Rente kann auch eine Art Inflationsausgleich sein. So kann etwa eine Rentenerhöhung von zwei Prozent pro Jahr vereinbart werden. Wer eine Sofortrente anstrebt, sollte sich mit einem von keiner Versicherungsanstalt abhängigen Versicherungsmakler in Verbindung setzen, der dann den jeweils optimalen Versicherungsvertrag vermitteln wird.

Sohlbank
window sill/ ledge
Siehe / Siehe auch: Fensterbank

Solaranlagen
solar collector system; solar power plant

Solaranlagen nutzen die Sonnenstrahlen hauptsächlichen zur Gewinnung von Wärme oder mit Hilfe der Fotovoltaik zur Stromerzeugung. Die Solaranlage besteht aus Sonnenkollektoren und einem Wärmespeicher die über Rohrleitungen hydraulisch mit einander verbunden sind. Praktische Bedeutung hat die Solaranlage vor allem im Sommer zu Erwärmung des Brauchwassers. Je nach geographischem Raum ergibt sich ein unterschiedliches Strahlungsangebot der Sonne. In Deutschland liegt es im Schnitt pro Tag zwischen 860 (Norddeutschland) und 1100 kWh pro Quadratmeter (Süddeutschland). Zum Vergleich: Sahara 2500 KWh/Quadratmeter.

Solidaritätszuschlag

„solidarity" surcharge; additional income tax originally intended to contribute towards German reunification

Der Solidaritätszuschlag ist ein Zuschlag zur Einkommensteuer, der von allen Steuerzahlern zu entrichten ist. Im Steuerjahr 1997 betrug er 7,5 Prozent auf die Einkommensteuerschuld. Ab 1998 wurde er auf 5,5 Prozent reduziert. Die Mittel werden in den neuen Bundesländern zum Aufbau einer mit den alten Bundesländern vergleichbaren Infrastruktur verwendet. Ob der Solidaritätszuschlag noch verfassungskonform ist, wird vom Bundesverfassungsgericht überprüft, nach dem das Niedersächsische Finanzgericht mit Beschluss vom 25.11.2009 (Az. 7 K 143/08) diese Frage dem Verfassungsgericht vorgelegt hat.

Solvabilitätsverordnung

German Solvency Regulation

Die Solvabilitätsverordnung (Verordnung über die angemessene Eigenmittelausstattung von Instituten, Institutsgruppen und Finanzholding-Gruppen) ist eine sehr umfangreiche Verordnung mit 340 Paragrafen und 3 Anlagen. Sie dient der Umsetzung der Richtlinien 2006/48/EG und 2006/49 EG über die angemessene Eigenkapitalausstattung von Kreditinstituten und Wertpapierfirmen. Die Verordnung ist Ergebnis der langjährigen Vorarbeiten des Baseler Ausschusses für Bankenaufsicht (Basel II).

Unter Solvabilität versteht man die Ausstattung mit Eigenmitteln, mit denen das Kreditgeschäft der Banken abgesichert wird. Eine Reihe von Risiken (Adressausfallrisiken, Marktpreisrisiken und Risiken aus dem operationellen Geschäftsfeld der Banken) müssen von den Kreditinstituten nach bestimmten Regeln quantifiziert werden und bestimmen dadurch das Ausmaß der Eigenkapitalunterlegung. Je niedriger die erforderliche Eigenkapitalausstattung, desto größer ist das mögliche Kreditgeschäftsvolumen und umgekehrt. Aus diesem Grunde streben Kreditinstitute danach, die Risikoschwelle für die Vergabe von Krediten so weit wie möglich zu senken. Die Adressausfallrisiken werden beeinflusst durch die unterschiedlichen Bonitäten der Kreditnehmer. Je besser Kreditnehmer durch Ihre Bonität zur Reduzierung der Kreditausfallrisiken einer Bank beitragen, desto besser schneiden sie im Rating ab. Das Ratingverfahren erfolgt entweder nach dem Kreditstandardansatz (KSA) durch Ratingagenturen oder durch bankinterne Ermittlungen (ein auf interne Ratings basierender Ansatz (IRBA). Marktpreisrisiken können sich insbesondere aus Wechselkurs- und Zinsänderungen ergeben. Auch Marktpreisrisiken sind durch bestimmte Verfahren zu quantifizieren. Das operationelle Risiko hängt vor allem von der Zuverlässigkeit und Kompetenz der Mitarbeiter und der Qualität der Organisation der Geschäftsabläufe ab. Der Begriff der Solvabilität wird auch in der Versicherungswirtschaft verwendet. Gesetzliche Reglungen hierüber finden sich in im Versicherungsaufsichtsgesetz.

Solvency (Versicherungswirtschaft)

solvency (insurance business)

Die Solvenzregeln der Europäischen Union für die Versicherungsgesellschaften von 2002 sehen Solvenzanforderungen (Anforderungen an die Sicherstellung der Zahlungsfähigkeit) vor, die bekannt wurden unter der Bezeichnung Solvency I. Die Grundgedanken entsprechen jenen von Basel II für das Kreditgewerbe, nämlich der Kapitalunterlegung, hier der Versicherungswirtschaft. Allerdings besteht hier noch ein Nachbesserungsbedarf, der mittlerweile zu einem Vorschlag für neue Solvenzanforderungen (Solvency II) geführt hat. Solvabilität II basiert auf einer Drei-Säulen-Struktur. Die erste Säule enthält die quantitativen Anforderungen. (Solvenzkapitalanforderung und Mindestkapitalanforderung). Die Solvenzkapitalanforderung an Versicherungsgesellschaften soll alle quantifizierbaren Risiken des Versicherers oder Rückversicherers deutlich werden lassen. Die zweite Säule umfasst die qualitativen Anforderungen an Versicherungsunternehmen. Gedacht ist an Anforderungen an das Risikomanagement und Bestimmungen zum Aufsichtsrecht. Die dritte Säule umfasst Vorschriften zur Berichterstattung und Offenlegung. Versicherungsunternehmen sollen bestimmte Informationen öffentlich bekanntmachen müssen, die zur Marktdisziplin beitragen. Die Umsetzung der Richtlinie ist bis zum Jahr 2010 vorgesehen.

Sonderabschreibung (Einkommensteuer)

additional capital allowance; special depreciation; special tax alloance; extraordinary depreciation; extraordinary write-off (income tax)

Sonderabschreibungen für vermietete Objekte in den neuen Bundesländern auf der Grundlage des so genannten Fördergebietsgesetzes waren möglich. Das Fördergebietsgesetz ist in 2002 ausgelaufen.
Statt der Sonderabschreibung für manche Immobilien in den neuen Bundesländern gab es eine Investitionszulage, die direkt an den Bauherrn ausgezahlt wurde. Die Investitionszulage galt nur noch für Objekte, die vor dem 1.1.2005 abgeschlossen waren.

Sonderausgaben

special allowance / expenses; incidental charges / expenses / expenditure

Bestimmte Ausgaben eines Steuerzahlers, die der privaten Lebensführung zuzurechnen sind, werden als Sonderausgaben steuermindernd berücksichtigt. Dazu zählen beispielsweise Vorsorgeaufwendungen (Versicherungsbeiträge für gesetzliche Sozialversicherung oder freiwillige Versicherungen wie Lebensversicherung). Nach wie vor können „wie Sonderausgaben" abgezogen werden zehn Jahre lang jeweils neun Prozent von jenen Herstellungskosten, die im Zusammenhang mit selbstgenutzten Baudenkmälern oder Gebäuden in Sanierungsgebieten und städtebaulichen Entwicklungen entstehen.

Sondereigentum

(individual freehold ownership) in a particular (commonhold) apartment, plus (part ownership) of non-habitable rooms

Das Wohnungseigentumsgesetz unterscheidet zwischen dem Gegenstand des Sondereigentums und dem Inhalt des Sondereigentums.
Gegenstand des Sondereigentums sind zunächst die jeweiligen Wohnungen (Wohnungseigentum) beziehungsweise die nicht zu Wohnzwecken dienenden Räume (Teileigentum), die in sich abgeschlossen sein müssen (§§ 1 und 3 WEG). Zum Gegenstand des Sondereigentums zählen darüber hinaus die zu den Räumen gehörenden Bestandteile des Gebäudes, die verändert, beseitigt oder eingefügt werden können, ohne dass das gemeinschaftliche Eigentum oder das Sondereigentum beziehungsweise die Rechte der übrigen Eigentümer beeinträchtigt oder die äußere Gestaltung des Gebäudes verändert wird (§ 5 Abs. 1 und 2 WEG).
Zum Sondereigentum zählen zum Beispiel die Heizkörper in der Wohnung, die Sanitär- und Elektroinstallationen ab Abzweigung in die Sondereigentumsräume sowie Wand- und Deckenputz und die Fußbodenbeläge. Soweit Balkone gemäß Teilungserklärung dem Sondereigentum zugeordnet sind, bezieht sich diese Zuordnung nur auf die Bestandteile, die dem Sondereigentum zuordnungsfähig sind: auf den Balkonraum, die begehbaren Boden-/Plattenbeläge und innenseitig angebrachte und von außen nicht einsehbare Verkleidungen der Balkonbrüstung und -rückwand. Die konstruktiven Bestandteile des Balkons wie die (tragende) Balkonplatte und deren Isolierungsschicht sowie die Balkonbrüstung beziehungsweise Balkongitter sind zwingend gemeinschaftliches Eigentum. Ebenso zählen auch nachträglich angebrachten Balkontrennwände oder -verglasungen zum gemeinschaftlichen Eigentum. Diese Abgrenzung und Zuordnung zum Sondereigentum ist für den Gebrauch und die Nutzung, aber auch für die Instandhaltung und die -setzung und somit auch für die Kostenverteilung von Bedeutung. So hat jeder Wohnungseigentümer für die Instandhaltung und -setzung der im Sondereigentum stehenden Balkonteile selbst zu sorgen und die dafür erforderlichen Kosten zu tragen. Die Instandhaltung und -setzung der im gemeinschaftlichen Eigentum stehenden Balkonbestandteile ist dagegen grundsätzlich Sache aller Wohnungseigentümer, die deshalb auch die Kosten anteilig zu tragen hat. Allerdings können die Wohnungseigentümer nach neuem Recht gemäß § 16 Abs. 4 WEG jetzt auch im Einzelfall mit doppelt qualifizierter Mehrheit beschließen, dass jeder Wohnungseigentümer die Kosten für die Sanierung seines Balkons selber trägt. Als Inhalt des Sondereigentums werden die Regelungen bezeichnet, die als Vereinbarung abweichend von den gesetzlichen Regelungen beziehungsweise entsprechender Regelungen in der Teilungserklärung beziehungsweise in der Gemeinschaftsordnung getroffen werden (§ 10 Abs. 2 Satz 2 und Abs. 3 WEG). Diese als Inhalt des Sondereigentums in das Grundbuch eingetragenen Vereinbarungen binden grundsätzlich alle Eigentümer, auch die neuen Eigentümer (Sondernachfolger) im Falle des Eigentümerwechsels. Das Sondereigentum gehört gemäß § 10 Abs. 1 WEG nicht zum Verwaltungsvermögen.
Siehe / Siehe auch: Teilungserklärung, Gemeinschaftsordnung, Gemeinschaftseigentum, Vereinbarung (nach WEG), Wohnungseigentum, Verwaltungsvermögen (Wohnungseigentümer-Gemeinschaft), Teileigentum

Sondergebiete

special zones (for planning purposes)

Unter Sondergebiet versteht man eine Baugebietsart nach der Baunutzungsverordnung. Dabei wird unterschieden zwischen Sondergebieten, die der Erholung dienen und sonstigen Sondergebieten.

Sondergebiete die der Erholung dienen (§10 BauNVO)

Sondergebiete, die der Erholung dienen, sind Wochenendhausgebiete, Feriengebiete und Campingplatzgebiete. Um welche dieser Nutzungsarten es sich bei der Aufstellung eines Bebauungsplanes handeln soll, muss bestimmt werden. In Wochenendhausgebieten sind Wochenendhäuser als Einzelhäuser zulässig. Es kann allerdings auch festgesetzt werden, dass Hausgruppen zulässig sein sollen. In Ferienhausgebieten sind Ferienhäuser zulässig, die aufgrund ihrer Eigenschaften (Lage, Größe, Ausstattung, Erschließung und Versorgung) für den Erholungsaufenthalt geeignet sind. Ein Ferienhaus ist dadurch gekennzeichnet, dass es auf Dauer einem wechselnden Personenkreis zur Verfügung steht. Ein Hauptwohnsitz kann in Ferienhausgebieten nicht begründet werden. Die Festsetzung von Wohnhäusern (für den dauernden Wohnaufenthalt von Haushalten) ist in solchen Gebieten auch nicht zulässig. Die zulässige Grundfläche von Wochenendhausgebieten und Ferienhausgebieten kann im Bebauungsplan stärker begrenzt werden, als in der Baunutzungsverordnung vorgegeben. In Ferienhausgebieten ist sie in der BauNVO auf 0,4 begrenzt. Die zulässige Geschossfläche beträgt 1,2. Die Schallrichtwerte liegen in beiden Gebietsarten am Tag bei 50 Dezibel und nachts zwischen 35 und 40 Dezibel. Campingplatzgebiete dienen dem Campen und Zelten für Touristen. Da die Erholungsfunktion hier in den Hintergrund tritt, kommen Lärmschutzmaßnahmen für solche Gebiete nur selten in Betracht.

Sonstige Sondergebiete (§ 11 BauNVO)

Sonstige Sondergebiete unterscheiden sich von den übrigen Baugebietsarten im Wesentlichen dadurch, dass sie für eine eng begrenzte besondere großflächige Nutzung vorgesehen sind, die in anderen Baugebieten nicht festgesetzt werden kann. Insbesondere kommen in Betracht:

- Gebiete für den Fremdenverkehr (z.B. Kurgebiete und Gebiete für die Fremdenbeherbergung)
- Ladengebiete
- Gebiete für Einkaufszentren und großflächige Handelsbetriebe
- Gebiete für Messen, Ausstellungen und Kongresse
- Hochschulgebiete, Klinikgebiete, Hafengebiete
- Gebiete für Anlagen, die der Erforschung, Entwicklung oder Nutzung erneuerbarer Energien, wie Wind- und Sonnenenergie, dienen

Großflächige Einkaufszentren und sonstige großflächige Handelsbetriebe sind außer in Kerngebieten nur in sonstigen Sondergebieten zulässig. Großflächige Handelsbetriebe sind nach der Rechtsprechung des Bundesverwaltungsgerichtes solche, die eine größere Verkaufsfläche als 800 m² haben (Urteil des 4. Senats vom 24.11.2005 BVerwG 4 C 10.04). Zur Verkaufsfläche zählen Flächen, die von Kunden betreten werden können oder die er einsehen kann. Nicht dazu zählen Lagerflächen und Arbeitsräume des Personals. Bei Festsetzung von großflächigen Einzelhandelsbetrieben gibt es einen Abstimmungsbedarf mit angerenzenden Gemeinden gleicher oder höherer Zentralitätsstufe, da solche Betriebe in ihren Auswirkungen auch die Bauleitplanung dieser Gemeinden beeinflussen und den Zielen der Raumordnung möglicherweise widersprechen können. Sonstige Sondergebiete können einen relativ hohen baulichen Verdichtungsgrad aufweisen. Die Obergrenzen der Grundflächenzahl liegen bei 0,8, der Geschossflächenzahl bei 2,4 und der Baumassenzahl bei 10,0.

Siehe / Siehe auch: Baumassenzahl (BMZ) - Baumasse (BM), Geschossflächenzahl (GFZ) - Geschossfläche (GF), Großflächige Einzelhandelsbetriebe, Grundflächenzahl (GRZ) - zulässige Grundfläche (GR), Kerngebiet (nach BauNVO)

Sonderimmobilien

special (types of) property

Siehe / Siehe auch: Spezialimmobilien

Sonderkündigungsrecht bei Mieterhöhung

extraordinary right to end or terminate a lease when the rent is increased

Das Gesetz schreibt für den Fall der Geltendmachung einer Mieterhöhung durch den Vermieter ein Sonderkündigungsrecht des Mieters vor. Das Sonderkündigungsrecht gilt für Mieterhöhungen bei Modernisierung und Mieterhöhungen bis zur örtlichen Vergleichsmiete. Der Mieter kann eine außerordentliche Kündigung vornehmen, und zwar bis zum Ablauf des zweiten Monats nach dem Zugang der Mieterhöhungserklärung des Vermieters.

Die Kündigung erfolgt zum Ablauf des übernächsten Monats. Die Mieterhöhung tritt dann nicht in Kraft. Das Sonderkündigungsrecht kann nicht per Mietvertrag ausgeschlossen werden. Eine solche Klausel wäre unwirksam.
Siehe / Siehe auch: Mieterhöhung, Mieterhöhungsverlangen, Modernisierung

Sonderkündigungsrecht des Insolvenzverwalters

insolvency administrator's extraordinary right to end or terminate a lease

Besteht bei einem Schuldner im Insolvenzverfahren ein Miet- oder Pachtverhältnis über unbewegliche Sachen oder Räume, kann der mit der Verwaltung seines Vermögens betraute Insolvenzverwalter dieses Vertragsverhältnis kündigen. Das Sonderkündigungsrecht kann mit gesetzlicher Frist ausgeübt werden und gilt unabhängig davon, welche Vertragsdauer vereinbart war. Es kann vom Insolvenzverwalter jederzeit während des Insolvenzverfahrens ausgeübt werden. Die vor Ende der Kündigungsfrist zu zahlenden Mieten gehen – soweit der Insolvenzantrag bereits gestellt war – zu Lasten der Insolvenzmasse. Sinn ist es, die Insolvenzmasse vor einer Belastung durch Miete oder Pacht zu schützen. Keine Gültigkeit hat das Sonderkündigungsrecht, soweit die Wohnung des Insolvenzschuldners betroffen ist. Dadurch soll der Schuldner vor dem Verlust seiner Wohnung geschützt werden – auch unter dem Aspekt, dass er weiterhin die Möglichkeit haben soll, einer geordneten Erwerbstätigkeit nachzugehen und seine Gläubiger zu befriedigen.
Siehe / Siehe auch: Insolvenz, Insolvenz des Mieters, Insolvenz im Gewerberaummietrecht

Sonderkündigungsrecht nach Zwangsversteigerung

extraordinary right to end or terminate a lease after a compulsory auction / forced sale

Wer bei der Zwangsversteigerung einer Immobilie den Zuschlag erhält, hat nach § 57 a ZVG (Gesetz über die Zwangsversteigerung und die Zwangsverwaltung) das Recht, Mietern im ersteigerten Gebäude mit gesetzlicher Kündigungsfrist zu kündigen. Von Bedeutung ist dies bei auf einen bestimmten Zeitraum abgeschlossenen Mietverträgen oder wenn aufgrund langer Mietzeit für den Vermieter eine verlängerte Kündigungsfrist gelten würde.
Obwohl es sich um ein Sonderkündigungsrecht handelt, darf der neue Eigentümer Wohnungsmietern nur bei berechtigtem Interesse kündigen und muss die üblichen Formalien einer Kündigung beachten. Entscheidend ist, ob er selbst ein berechtigtes Interesse vorweisen kann (z.B. Eigenbedarf). Die Kündigung muss zum erstmöglichen Termin erfolgen - nämlich bis zum dritten Werktag des auf den Zuschlag folgenden Monats. Danach darf dieses Recht nicht mehr ausgeübt werden.
Siehe / Siehe auch: Beendigung eines Mietverhältnisses, Eigenbedarf, Insolvenz des Mieters, Insolvenz des Vermieters, Insolvenz im Gewerberaummietrecht, Zwangsversteigerung

Sonderleistungen

extras; extra performance; special services

Neben den dem Verwalter durch Gesetz gemäß § 27 WEG auferlegten Aufgaben und Befugnissen können die Wohnungseigentümer mit dem Verwalter im Verwaltervertrag zusätzliche Leistungen vereinbaren. Das betrifft unter anderem die gerichtliche Vertretung der Wohnungseigentümer oder der Wohnungseigentümer-Gemeinschaft in gerichtlichen Verfahren, Bauaufsichts- und Baubetreuungsmaßnahmen, Anfertigung von Kopien von Verwaltungsunterlagen, die Ausstellung von Bescheinigungen für Haushaltsnahe Dienstleistungen sowie für die nachträgliche Erstellung einer Beschluss-Sammlung für den Zeitraum vor Inkrafttreten der WEG-Reform am 01.07.2007. Für alle diese Sonderleistungen können Sondervergütungen vereinbart werden, die sich an anderen Vergütungsregelungen wie beispielsweise der HOAI oder des RVG orientieren sollten, um nicht mit AGB-Vorschriften in Kollision zu geraten.
Siehe / Siehe auch: Allgemeine Geschäftsbedingungen (AGB), HOAI, RVG, Verwaltervertrag

Sondermerkmale einer Mietwohnung

special features for rented flats

Mit Hilfe eines örtlichen Mietspiegels kann herausgefunden werden, welche Miete für eine bestimmte Wohnung ortsüblich ist. Übliche Einteilungsmerkmale für Wohnungsklassen sind dabei z. B. Baualter, Wohnfläche und Wohnlage. Auch die Sondermerkmale einer Wohnung können eine entscheidende Rolle spielen. Hier handelt es sich um Ausstattungsmerkmale, die nicht in jeder Wohnung zu erwarten sind und die Wohnwert und Mietpreis meist erhöhen. In manchen Mietspiegeln sind die Sondermerkmale in speziellen Aufstellungen berücksichtigt. Bei Wohnungen mit Sondermerkmalen kann die örtliche Vergleichsmiete nicht einfach eins zu eins angewendet werden. Wohnwerterhöhende Sondermerkmale sind z. B.:

- Modernes Bad (Bodenfliesen, Einbauwanne

oder -Dusche, Wände mindestens bis 1,80 m Höhe gefliest),
- Dusche und getrennte Badewanne,
- Moderne Küche (Küchenschränke, Einbauspüle, Dunstabzugshaube, Einbauherd mit mindestens vier Kochplatten sowie Backofen, Wandfliesen im Arbeitsbereich),
- Hochwertiger Boden bzw. Bodenbelag (Parkettboden, Natur- oder Kunststein, Fliesen oder gleichwertig. Bodenbelag muss in überwiegender Zahl der Wohnräume verlegt sein),
- Zweites WC / Gäste-WC.

Bei den genannten Ausstattungsmerkmalen versteht es sich von selbst, dass diese nur zu einer höheren Miete führen können, wenn sie zeitgemäß und in gutem Zustand sind. Es gibt auch Sondermerkmale, die sich negativ auf Wohnwert und Mietenhöhe auswirken können. Beispiel: Bad mit WC ohne Fenster.

Siehe / Siehe auch: Extremwertbereinigung für Mietspiegel, Mietspiegel

Sondernutzung von Straßen

special / separate use of roads (e.g. private use)

Unter einer Sondernutzung öffentlicher Verkehrswege versteht man jede Nutzung, die nicht vom zulässigen Gemeingebrauch umfasst wird – die sich also nicht mehr im Rahmen der üblichen Benutzung einer Straße abspielt. Darunter fallen z. B. die Veranstaltung von Festumzügen, die Aufstellung von Verkaufs- oder Infoständen, die Anbringung von Werbemitteln. Die Sondernutzung ist erlaubnispflichtig. Die Gemeinden verlangen dafür je nach Nutzungsart und z.T. auch Stadtteil unterschiedliche Gebühren.

Siehe / Siehe auch: Anliegergebrauch

Sondernutzungsrecht

right of separate use (e.g. of part of a common property); special use right

Während jeder Wohnungseigentümer mit seinem Sondereigentum im Rahmen der gesetzlichen und vertraglichen Regelungen nach Belieben verfahren kann, es also insbesondere bewohnen, vermieten und verpachten kann (§ 13 Abs. 1 WEG), steht jedem Eigentümer am gemeinschaftlichen Eigentum – nur – ein Mitgebrauchsrecht (§ 13 Abs. 2 WEG) zu und zwar völlig unabhängig von der Größe seines Miteigentumsanteils. In der Praxis besteht nun allerdings das Bedürfnis, insbesondere an Grundstücksflächen, an denen gemäß § 1 Abs. 5 WEG kein Sondereigentum begründet werden kann, einzelnen Eigentümern ein alleiniges Nutzungsrecht einzuräumen, beispielsweise an ebenerdigen Terrassen vor den Erdgeschosswohnungen oder an Kfz-Stellplätzen. Dies kann dadurch geschehen, dass das grundsätzlich bestehende Mitgebrauchsrecht am Gemeinschaftseigentum durch eine Vereinbarung (§ 10 Abs. 2 Satz 2 und Abs. 3 WEG) in der Weise beschränkt wird, dass einzelnen oder mehreren Eigentümern ein so genanntes Sondernutzungsrecht als alleinige Gebrauchs- und Nutzungsrecht eingeräumt wird. Das bedeutet, dass außer den Sondernutzungs-Berechtigten alle übrigen Miteigentümer vom Mitgebrauch der Sondernutzungsflächen oder Sondernutzungsräume ausgeschlossen sind. Ungeachtet dieser Sondernutzungsrechte verbleiben allerdings die entsprechenden Flächen oder Räume im gemeinschaftlichen Eigentum mit der Folge, dass die Instandhaltungs- und Instandsetzungspflichten und die damit verbundene Pflicht der Kostentragung allen Wohnungseigentümern gemeinschaftlich obliegt, wenn nicht eine abweichende Vereinbarung gemäß § 10 Abs. 2 Satz 2 WEG getroffen wurde.

Nach neuem Recht können die Wohnungseigentümer auch durch mehrheitliche Beschlussfassung eine abweichende Regelung zur Verteilung der Betriebskosten und der Kosten für die Instandhaltung und -setzung des gemeinschaftlichen Eigentums treffen (§ 16 Abs. 3 und 4 WEG).

Siehe / Siehe auch: Sondereigentum, Gemeinschaftseigentum, Vereinbarung (nach WEG), Betriebskosten, Instandhaltung / Instandsetzung (Wohnungseigentum), Kostenverteilung

Sondertilgung

extraordinary redemption payment

Kreditnehmer, die ihre Immobilie möglichst bald schuldenfrei haben oder ihre jährliche Belastung senken wollen, können – falls vertraglich vereinbart – Sondertilgungen vornehmen. Dies sind Zahlungen, die die vereinbarte Tilgungsrate übersteigen. Solche Sondertilgungen sind bei Bauspardarlehen ohne gesonderte Vereinbarungen möglich. Bei Darlehen mit variabler Verzinsung bestehen ebenfalls keine Probleme, weil diese Darlehen unter Einhaltung einer vierteljährlichen Kündigungsfrist rückzahlbar sind. Bei Darlehen mit Zinsbindungsdauer müssen Sondertilgungen innerhalb dieses Zeitraums zu genau fixierten Terminen vereinbart werden. Übersteigt die Darlehenslaufzeit 10 Jahre, können aufgrund der gesetzlichen Sonderkündigungsmöglichkeit unter Einhaltung einer Frist von drei Monaten beliebige Teile des Kredits oder der gesamte Darlehensbetrag zum Ablauf des zehnten Jahres zurück gezahlt werden.

Sonderumlage

special assessment; special payment (e.g. for additional repair costs)

Die Kosten der laufenden Ausgaben für die Verwaltung des gemeinschaftlichen Eigentums werden aus den gemäß Wirtschaftsplan – in der Regel monatlich – zu leistenden Hausgeldvorauszahlungen gezahlt. Die Deckung notwendiger Instandhaltungs- und Instandsetzungsmaßnahmen erfolgt im Normalfall aus Mitteln der gemäß § 21 Abs. 5 Nr. 4 WEG gebildeten Instandhaltungsrückstellung. In der Praxis kommt es aber immer wieder vor, dass sowohl die laufenden Hausgeldvorauszahlungen als auch die vorhandene Instandhaltungsrückstellung nicht ausreichen, um die entstandenen Kosten zu decken. Um das Entstehen von Liquiditätsengpässen zu vermeiden oder bereits entstandene Lücken zu decken, können die Wohnungseigentümer im Rahmen ordnungsgemäßer Verwaltung Sonderumlagen in der notwendigen Höhe beschließen. Auch eine in ausreichender Höhe vorhandene Instandhaltungsrückstellung schließt im Einzelfall nicht aus, dass diese bei notwendigen Instandsetzungsmaßnahmen nur zur Teilfinanzierung in Anspruch genommen und die restlichen Kosten durch Sonderumlagen gedeckt werden. Dies ist immer dann als Maßnahme ordnungsgemäßer Verwaltung anzusehen und folglich mit einfacher Mehrheit zu beschließen, wenn noch weitere Instandsetzungsmaßnahmen absehbar sind und insoweit ein gewisses „Polster" zur Finanzierung dieser Maßnahmen erhalten bleiben soll.

Siehe / Siehe auch: Wirtschaftsplan, Instandhaltungsrückstellung (Instandhaltungsrücklage)

Sonderungsplan

demarcation concept, consisting of a map and a list of the properties in question

Der Sonderungsplan besteht aus Grundstückskarte und Grundstücksliste und ist relevant in den neuen Bundesländern für Grundstücke ohne Vermessung bzw. katastermäßige Erfassung (Anteile an ungeteiltem Hofraum). Im Rahmen eines Sonderungsverfahrens / einer Bodensonderung wird die Reichweite der Rechte der beteiligten Eigentümer festgestellt, danach ergeht ein Sonderungsbescheid, der den Sonderungsplan festlegt.

Siehe / Siehe auch: Bodensonderung, Bodensonderungsgesetz, Hofraumverordnung, Ungeteilter Hofraum

Sondervergütung

bonus; extra pay; special allowance (remuneration)

Siehe / Siehe auch: HOAI, RVG, Sonderleistungen

Sondervermögen

special/ separate assets; separate property / estate; several estate; trust; special (equalisation) fund

Das Sondervermögen ist die Summe des bei einer Kapitalanlagegesellschaft oder eines institutionellen Anlegers (Versicherungen, Pensionskassen) durch die Anteilseigner bzw. Versicherten eingezahlten Kapitals (Investments) und den damit angeschafften Vermögensgegenständen (Aktien, Immobilien, festverzinsliche Wertpapiere etc.). Das Sondervermögen eines Investmentfonds oder einer Versicherungsgesellschaft wird von der jeweiligen Kapitalanlagegesellschaft bzw. von der Versicherungsgesellschaft verwaltet und muss vom eigenen Vermögen des Unternehmens getrennt verwaltet werden. Für jeden Fonds einer Kapitalanlagengesellschaft gibt es ein eigenes Sondervermögen.

Sonderwünsche (Bauträgerobjekte)

special requests; special requirements; extras (real estate development)

Unter Sonderwünsche versteht man die vom Bauträger angebotene Möglichkeit, von der Standardausführung eines Bauvorhabens in einem festgelegten Rahmen abweichen zu können. Die Äußerung eines solchen Wunsches führt zu einer entsprechenden Vereinbarung. Anhand der Bau- und Leistungsbeschreibung erkennt der Käufer beim schlüsselfertigen Bau, ob die Ausstattung einer Immobilie seinen Vorstellungen entspricht oder nicht. Alternativen im Rahmen von Sonderwünschen können für den Interessenten kaufentscheidend sein.

Sonn- und Feiertagsgesetze

German laws regulating trade on Sundays and public holidays

Sonn- und Feiertagsgesetze sind Landesrecht. In ihnen wird bestimmt, was Feiertage und Stille Tage bzw. Gedenk- und Trauertage sind. An Sonn- und Feiertagen sind in der Regel alle öffentlich bemerkbaren gewerblichen Arbeiten verboten. Das gleich gilt auch für nichtgewerbliche öffentliche Arbeiten, die die äußere Ruhe des Tages stören. Arbeiten im Privatbereich (Haus und Garten) müssen hinsichtlich der hiervon ausgehenden Lärmbelästigungen dem Charakter des Sonn- oder Feiertags angepasst

werden. Die Gesetze sehen weitreichende Ausnahmebestimmungen vor. Zugelassen sind insbesondere Tätigkeiten des Verkehrsgewerbes (Personen- und Güterbeförderung), fremdenverkehrsübliche Dienstleistungen, Tätigkeiten zur Verhinderung von Unglücken, eines Notstandes und zur Schadenabwendung. Sonderregelungen gibt es für Apotheken. Aber auch strittige Bereiche vor allen aus der Perspektive der unmittelbaren Nachbarschaft, z. B. Öffnungszeiten von Videotheken und Biergärten, können in Sonn- und Feiertagsgesetzen geregelt werden. Neben den Sonn- und Feiertagsgesetzen gibt es ergänzende Gesetze wie z. B. die Ladenschlussgesetze, die im Zuge der Föderalismusreform in den ausschließlichen Zuständigkeitsbereich der Bundesländer überführt wurden. Hier finden sich z. B. Regelungen über die maximale Zahl der verkaufsoffenen Sonntage im Jahr, wozu die Gemeinden nähere Regelungen erlassen können.
Die Regelungen für Makler sind unterschiedlich. Es gibt teilweise Bestimmungen, nach denen die Besichtigung von Immobilien durch Makler an Sonn- und Feiertagen nicht erlaubt ist (so ein Merkblatt des Landratsamts München). Überwiegend gibt es für solche Aktivitäten jedoch keine Verbotsnorm. Gleiches gilt für die Kundenberatung an Baustellen durch Makler- oder Bauträgerfirmen.

Sonnenschutzanlagen

sun protection equipment / sunshade devices

Die Lichtzufuhr in Gebäuden erfolgt über Fenster, Türen mit Glasflächen, Dachfenster, Glaskugeln u.a. Lichtöffnungen. Vielfach werden Wohnhäusern auch noch Wintergärten hinzugefügt, die vor allem im Winter den Wohnbereich nach außen öffnen. Im Sommer kann durch erhöhte Sonneneinstrahlungen vor allem bei großflächigen Verglasungen der Außenfront erhebliche Wärmeenergie ins Haus einströmen. An einem wolkenlosen Sommertag produziert die Sonneneinstrahlung eine Energiemenge von 600 bis 800 W/m^2. Vor allem die Temperatur im Wintergarten kann damit überdimensional bis auf 60°Celsius steigen. Dagegen helfen nur Sonnenschutzvorrichtungen. Hierzu gehören Jalousien, Faltstores, Rollos, Markisen, Lamellenanlagen und Fensterläden. Jalousien (Außenrolladen) sind außen vor den Fenstern angebracht. Sie können Räume je nach Lichtdurchlässigkeit bis zu 100 Prozent verdunkeln. Faltstores sind Plissee-Konstruktionen, die vor senkrechten, waagerechten, oder schräg verlaufenden Fenstern angebracht werden und mit Schnüren, Kurbeln oder Stäben betrieben werden können. Werden Faltstores zusammengezogen, dann ergibt sich ein relativ kleines Faltpaket. (Bei einer Raumhöhe von 2 m beträgt das Faltpaket etwa 6 cm. Rollos werden in der Regel aus lichtdurchlässigen bzw. lichtdämpfenden Stoffen hergestellt, die in den Räumen vor den Fenstern angebracht werden. Solche Rollos, können auch an schrägen Dachfenstern angebracht werden. Bei den Rollos muss darauf geachtet werden, dass durch UV-Strahlen keine Farbveränderungen oder Verblassungen stattfinden. Man spricht von Lichtechtheit. Je höher die Lichtechtheit eingestuft wird, desto besser die Qualität. Markisen sind schräg nach unten ausfahrbare Stoffvorrichtungen, die eine bestimmte Bodenfläche vom Lichteinfall abdecken. Markisen können auf der Grundlage verschiedener Techniken funktionieren (Fallarmmarkise, Gelenkarmmarkise, Kassettenmarkise). Sie werden meist über Terrassen angebracht. Es gibt allerdings auch andere Anwendungsbereiche z. B. für Biergärten oder innerhalb von Wintergärten. Lamellenanlagen findet man überwiegend in Büros. Es handelt sich um senkrecht aneinandergereihte Lamellen. Sie sind, je nach gewünschtem Lichteinfall, um 180° drehbar. Lamellen können zu einem Paket zusammengefahren werden. Fensterläden sind die älteste Form der Sonnenschutzanlagen. In der Regel handelt es sich um Klappläden, die an der Außenwand befestigt werden und auf und zugeklappt werden können. Quer verlaufende lamellenförmige Elemente sorgen für eine Belichtung des Raumes auch bei geschlossenen Läden. Heute werden auch Fensterläden mit beweglichen Lamellen zur Regulierung des Lichteinfalls angeboten. Moderne Formen von Fensterläden sind Schiebeläden, die an der Hauswand entlang nach rechts oder links geschoben werden können. Sonnenschutzanlagen sind nicht nur im Hinblick auf den gewährten Sonnenschutz bedeutsam. Sie erfüllen auch andere Funktionen. Sie dienen z. B. als Sichtschutz, Einbruchshemmung, aber auch der Dämpfung des Außenlärms.

Sonstige Betriebskosten

other operating expenses

§ 2 der Betriebskostenverordnung enthält eine Liste der umlagefähigen Betriebskosten. Nr. 17 der Liste nennt auch die „Sonstigen Betriebskosten.“ Bei diesen handelt es sich jedoch nicht um beliebige Kostenarten. Die Vorschrift definiert die Sonstigen Betriebskosten als solche, die zwar nicht unter den übrigen 16 Punkten aufgeführt werden, aber doch der allgemeinen Definition der Betriebskosten in § 1 Betriebskostenverordnung entsprechen. Diese definiert Betriebskosten als Kosten, welche dem

Eigentümer durch das Eigentum am Grundstück und Gebäude laufend entstehen. Ausgeschlossen sind Verwaltungskosten sowie Instandhaltungs- und Instandsetzungskosten. Ausgeschlossen sind ferner eine ganze Reihe von Kostenarten, für die die Rechtsprechung im Laufe der Jahre festgestellt hat, dass es sich bei ihnen nicht um umlagefähige Betriebskosten handelt. Beispiele: Umlagefähig als Sonstige Betriebskosten sind die Kosten für: regelmäßige Reinigung der Dachrinnen (BGH, 7.4.2004, Az. VIII ZR 167/03), Abwasserreinigung, Wartung von Abwasser-Rückstausystemen, Wartung von Alarmanlagen, Wartung von automatischen Tor- und Rolladenschließsystemen, Wartung von Blitzschutzsystemen und von CO^2-Warnanlagen in Tiefgaragen, Sicherheitsbeleuchtung von Fluchtwegen, Wartung von Spielplatzgeräten (wenn nicht schon unter „Gartenpflege" abgerechnet), Wartung von Druckerhöhungsanlagen für Löschwasser, Wartung für Rauchabzüge und Feuerlöscher, Allgemeinstrom (z. B. Treppenhausbeleuchtung, elektrischen Tiefgaragentor). Vermieter sollten unbedingt die sonstigen Kosten im Mietvertrag genau benennen und aufschlüsseln. Es muss sich um regelmäßig und nicht nur um gelegentliche oder einmalige Kosten handeln.

Siehe / Siehe auch: Betriebskosten, Betriebskosten bei Leerstand, Betriebskostenverordnung, Einwendungsfrist für Betriebskostenabrechnung, Umlage (Mietrecht)

Souterrainwohnung

lower ground floor/ semi-basement flat

Die Souterrainwohnung liegt teilweise unter der Geländeoberfläche. Es handelte sich früher meist um Hausmeisterwohnungen. Nach heutigem Bauordnungsrecht werden Wohnungen im Kellergeschoss nur dann genehmigt, wenn sie mindesten 1,2-1,6 m (je nach Landesbauordnung) über die festgesetzte Geländeoberfläche hinausragen und über zwei Drittel ihrer Grundfläche eine lichte Höhe von mindestens 2,30 m haben. Außerdem muss für eine ausreichende natürliche Belichtung durch Außenfenster gesorgt werden.

Soziale Netzwerke

social networks

Die meisten Menschen pflegen ihre sozialen Kontakte, treffen gerne Gleichgesinnte und tauschen sich mit ihnen aus. Es verwundert daher nicht, dass für diese Bedürfnisse auch im Internet zahlreiche Angebote entstanden sind. Das Prinzip ist dabei immer ähnlich. Nach erfolgreicher Anmeldung, kann man neue Kontakte schließen, die nach der Bestätigung durch den Kontaktierten zum eigenen Netzwerk hinzugefügt werden. Dabei verweist ein Abgleich mit Interessensprofilen auf potenziell Gleichgesinnte, die wiederum kontaktiert werden können. Schnell kommt so ein großes Netzwerk zusammen, frei nach dem Motto „Jeder kennt jemanden, der jemanden kennt". Zu den wichtigsten Adressen in dieser Kategorie zählen: www.youtube.de, www.facebook.de, xing.com, twitter.com.

Bei XING geht es eher businessorientiert zu. Mit dem Ziel Business-Kontakte zu vereinfachen, zu verwalten und anzuregen, ist die Seite vor einigen Jahren (damals noch unter dem Namen openBC für open business community) an den Start gegangen. Tatsächlich sind hier inzwischen so viele Menschen Mitglied geworden, dass es leicht fallen dürfte, bereits einige Kollegen oder Bekannte vorzufinden. Frei nach dem Motto „Wen kennt mein Kollege?". XING bietet als Plattform auch einige interessante Foren an. So gibt es zum Beispiel ein Forum ausschließlich für die Belange der Immobilienverwalter.

Soziale Stadt

The Socially Integrative City - Districts with Special Development Needs

Durch die für den Städtebau zuständigen Länderminister wurde 1996 eine Gemeinschaftsinitiative entwickelt, die den plakativen Titel Soziale Stadt erhielt. Problemhintergrund dieser Initiative war die in vielen Städten der Bundesrepublik sich abzeichnende Gefahr, dass ganze Stadtviertel durch den Prozess einer problematischen Entmischung der Bevölkerung, des Verfalls und der öffentlichen Verwahrlosung in eine sozial nicht tragbare Ghettosituation zu geraten drohten. Einerseits wurde die Situation durch den zunehmenden Anteil der ausländischen Bevölkerung aus den Problemzonen Europas und Afrikas verschärft, der sich in den Großstädten auf wenige Stadtviertel konzentrierte. Andererseits führte der zunehmende Verlust des auf der früheren Industriegesellschaft beruhenden Sozialgefüges zu einer schichtspezifischen Ausgrenzung ganzer Bevölkerungsteile, die den Gesellschaftswandel nicht mitvollziehen konnten und die mit dem Etikett Langzeitarbeitslose sozial ausgegrenzt wurden. Die fehlende Integrationsbereitschaft bzw. Integrationskraft der Gemeindeverwaltungen verschärfte die Situation. Nachdem sich das Bundesbauministerium der Länderinitiative angeschlossen hat, wurde 1999 ein Modellprogramm entwickelt, mit dessen Hilfe die vom ökonomischen und baulichen Abstieg bedrohten Wohnquartiere (Stadtteile mit besonderem Entwicklungsbedarf) vor dem Umkippen in die Slum-Bildung bewahrt werden sollte. Die Anzahl der Programmgebiete beträgt 161. Sie befinden sich in 123 Gemeinden. In jedem Bundesland steht ein Gebiet unter der besonderen Obhut des Bundes und hat Modellcharakter. Im Jahr 2000 kamen noch 49 weitere Gebiete dazu. Zum Teil handelt es sich um innerstädtische Altbauquartiere (Beispiel Innenstadt Neunkirchen im Saarland) zum Teil um Großwohnsiedlungen aus der Nachkriegszeit (Beispiel Siedlung Hasenbergl in München). Die Grundidee der Sozialen Stadt ist es, mit Hilfe eines integrierten Maßnahmebündels alle das Zusammenleben betreffenden Lebensbereiche des geförderten Wohnquartiers zu erfassen. Es bezieht sich auf Handlungsfelder wie Arbeit und Beschäftigung z. B. Jobvermittlung für Schulabgänger, soziale, kulturelle, bildungs- und freizeitbezogene Infrastruktur, Teilnahme der Bewohner am Stadtteilleben, integrierte Förderung und Finanzierung von Gemeinschaftsanlagen. Zwischen 1999 und 2004 haben Bund, Länder und Gemeinden die Entwicklung in den Quartieren der Sozialen Stadt mit 1,2 Milliarden Euro gefördert. Es wurde eine Bundestransferstelle eingerichtet, die einen bundesweiten Informations- und Datenaustausch ermöglichen soll. Die Anzahl der Programmgebiete beträgt (Stand 12/2004) 363. Sie befinden sich in 260 Gemeinden. Im Zusammenhang mit der Änderung des BauGB am 20.07.2004 wurde den Maßnahmen eine gesetzliche Grundlage gegeben. Städtebauliche Maßnahmen der Sozialen Stadt werden in § 171e definiert als Maßnahmen zur Stabilisierung und Aufwertung von durch soziale Missstände benachteiligte Ortsteile des Gemeindegebietes, in denen ein besonderer Entwicklungsbedarf besteht. Das Gebiet, auf das sich die Maßnehmen beziehen, muss förmlich festgelegt werden.

Die Städte und die Zahl der Projekte, in denen Soziale-Stadt-Maßnahmen durchgeführt werden, verteilen sich auf die Bundesländer wie folgt:

Bundesland:	Städte	Maßnahmen
Baden-Württemberg:	25	35
Bayern:	47	57
Berlin:	1	17
Brandenburg:	12	13
Bremen / Bremerhafen:	2	10
Hamburg:	1	9
Hessen:	25	31
Mecklenb.-Vorpommern:	8	12
Niedersachsen:	28	33
Nordrhein-Westfalen:	33	51
Rheinland-Pfalz:	16	29
Saarland:	12	13
Sachsen:	16	17
Sachsen-Anhalt:	9	12
Schleswig-Holstein:	11	14
Thüringen:	13	15

Siehe / Siehe auch: Sanierung

Sozialer Wohnungsbau

public housing; low-income housing; council housing; social housing; social housebuilding; subsidised housing; low-cost house-building

Der Soziale Wohnungsbau stellt ein besonderes Segment der Wohnungswirtschaft dar, bei dem der Staat zusätzliche öffentliche Mittel gewährt. Während des zeitlichen Geltungsbereichs des II. Wohnungsbaugesetzes, das mit Wirkung vom 1. Januar 2002 (bzw. – optional 1. Januar 2003) durch das Wohnraumförderungsgesetz abgelöst wurde, war es das Ziel, die Versorgung breiter Schichten des Volkes mit Wohnraum zu tragbaren Bedingungen sicherzustellen. Um öffentliche Mittel bewilligt zu bekommen, mussten bestimmte gesetzlich definierte Standards eingehalten werden. Bestimmte Wohnflächengrenzen durften nicht überschritten werden und die Mietbelastung durfte nicht über die Bewilligungsmiete hinausgehen. Für die damals geförderten Wohnungen gilt auch noch heute, dass sie nur Wohnungssuchenden mit Wohnberechtigungsschein überlassen werden dürfen. Mieterhöhungen bei solchen Wohnungen (durch einseitige Mieterhöhungserklärung) sind nach wie vor durch die Kostenmiete beschränkt. Altes Recht wirkt hier fort. Die Einhaltung der Vorschriften wird überwacht. Einen Rechtsanspruch auf eine Sozialwohnung gibt es nicht. Makler dürfen bei Vermittlung von Sozialwohnungen vom Mieter keine Provision fordern, wohl aber vom Vermieter. Die Berechtigung zum Bezug einer Sozialbauwohnung, die im 1. Förderweg gefördert wurde, ist davon abhängig, dass bestimmte Einkommensgrenzen nicht überschritten werden (Alleinstehende 11.760 Euro, 2 Personenhaushalt 17.077 Euro und jede weitere Person 4.090 Euro. Beim 2. Förderweg ist eine Überschreitung dieser Einkommensgrenzen bis 60 Prozent zulässig. Auch die Höchstwohnflächen dürfen um 20 Prozent überschritten werden. Der 2. Förderweg spielt heute keine Rolle mehr.

Der 3. Förderweg bestand in einer vereinbarten Förderung. Vereinbart wurden Art und Umfang der finanziellen Förderung, Zweckbestimmung und Belegungsbindung (nicht nach dem Wohnungsbindungsgesetz), Beachtung der Einkommensgrenzen sowie Höhe der Anfangsmieten und Mieterhöhungen, die dann später in die Vergleichsmiete einmünden soll. Nicht in allen Bundesländern gibt es diese Art der Förderung. Wesentliche Elemente dieses Förderweges wurden in das neue Fördersystem des Wohnraumfördergesetzes übernommen. Im Rahmen des sozialen Wohnungsbaus wurden aber auch (selbst genutzte) Eigenheime und Eigentumswohnungen gefördert. Auch hier war Voraussetzung für den Erwerb, dass bestimmte Einkommensgrenzen nicht überschritten wurden. Neben Wohnbaudarlehen wurden häufig auch noch Familienzusatzdarlehen gewährt. Am 1. Januar 2002 ist das Wohnraumförderungsgesetz in Kraft getreten, das für den Sozialen Wohnungsbau eine Zäsur bedeutet. Manche Bundesländer – wie Bayern – machten von der Möglichkeit Gebrauch, das Wohnraumförderungsgesetz erst am 1.1.2003 in Kraft treten zu lassen. Es wird nicht mehr auf die Förderung breiter Schichten der Bevölkerung, sondern nur noch auf bedürftige Haushalte abgestellt, die sich am Markt nicht selbst versorgen können und auf Unterstützung angewiesen sind. Außerdem wird jetzt auch der Wohnungsbestand und der Erwerb von bestehenden Wohnungen in die Förderung mit einbezogen werden.

Siehe / Siehe auch: Wohnraumförderungsgesetz

Soziales Milieu

(social) milieu

Alle Individuen und Gruppen sind den sozialen Bedingungen, Normen, Gesetzen, wirtschaftlichen und politischen Faktoren ihrer Lebenswelt ausgesetzt. Die sich daraus entwickelnden Strukturen wurden in der Sozialgeschichte nach religiösen oder politischen Zugehörigkeiten unterschieden. Seit den 1980er Jahren fand der Begriff verstärkt Eingang in die Gesellschaftsgeschichte und kennzeichnet unterschiedliche Lebensstile und andere Merkmale sozialer Differenzierung. In der neuen Sozialstrukturforschung wurden ab 1990 mit Hilfe von Lebensstiluntersuchungen Typologien formuliert. Das SIGMA-Institut unterscheidet die folgenden sozialen Milieus in Deutschland:

- Etabliertes Milieu
- Traditionell Bürgerliches Milieu
- Traditionelles Arbeitermilieu
- Konsummaterialistisches Milieu
- Aufstiegsorientiertes Milieu
- Liberal-Intellektuelles Milieu
- Modernes Bürgerliches Milieu
- Modernes Arbeitnehmer Milieu
- Hedonistisches Milieu
- Postmodernes Milieu

Das Sinus-Institut (heute: Sinus Sociovision) hat das Modell 2001 weiter entwickelt und unterscheidet inzwischen 10 sogenannte Sinus-Milieus, in die Menschen mit ähnlicher Lebensauffassung und Lebensweise gruppiert werden. Milieus können neu entstehen und sich verändern. In die Analyse geht die grundlegende Wertorientierung ebenso ein, wie die Alltagseinstellung zu Arbeit, Familie, Freizeit, Geld und Konsum. Die unterschiedlichen Milieus berühren und überschneiden sich teilweise:

- Traditionsverwurzelte
- Konservative
- DDR-Nostalgiker
- Etablierte
- Bürgerliche Mitte
- Konsummaterialisten
- Postmaterielle
- Moderne Performer
- Hedonisten
- Experimentalisten

Der Haupteinsatzzweck der Sinus-Milieus liegt in der Marktforschung und im Marketing, wo Produkte zielgerichtet auf dem Markt platziert werden sollen. In der Immobilienwirtschaft können Angaben zum sozialen Milieu beispielsweise im Rahmen der Standort- und Marktanalyse Verwendung finden.

Siehe / Siehe auch: Standort- und Marktanalyse, Segregation, Gentrifizierung

Sozialhilfeempfänger als Mieter

social security / welfare recipients as tenants

Für Empfänger von Sozialhilfe oder Arbeitslosengeld II wird die Mietzahlung von der Gemeinde übernommen. Sie kommt damit ihrer Verpflichtung nach, der Obdachlosigkeit entgegenzuwirken. Voraussetzung für die Übernahme der Mietzahlung ist, dass die Wohnung angemessen ist. Gegebenenfalls werden zum Abgleich von Mietrückständen Einmalzahlungen von der Gemeinde geleistet. Aus der Perspektive der Vermieter wird dadurch das Mietausfallrisiko begrenzt. Aus der Perspektive der Gemeinde ergeben sich gegenüber der Betreuung von Obdachlosen in Obdachlosenasylen Kosteneinsparungen.

Sozialklausel

social hardship clause

In bestimmten Fällen kann der Mieter einer Kündigung widersprechen. Dies ist der Fall, wenn eine besondere Härte vorliegt, die auch durch die berechtigten Interessen des Vermieters nicht gerechtfertigt wäre. Eine solche Härte kann vorliegen, wenn der Mieter mit Kind und Kegel keine andere Wohnung findet und mit Vertragsende auf der Straße stehen würde. Das Gesetz sieht auch die Unmöglichkeit, zu zumutbaren Preisen eine angemessene Ersatzwohnung zu finden, als Härtegrund an. Nicht widersprechen kann der Mieter der Kündigung trotz Härtefall, wenn der Vermieter Grund zur fristlosen außerordentlichen Kündigung hat. Vermieter müssen beachten, dass nur die im Kündigungsschreiben erwähnten Gründe bei der Würdigung ihrer berechtigten Interessen zu Buche schlagen. Unter der „Sozialklausel" versteht man die gesetzliche Regelung dieses Sachverhalts – heute § 574 BGB.
Siehe / Siehe auch: Berechtigtes Interesse, Sozialklauselgesetz, Ersatzwohnraum

Sozialklauselgesetz
German law on the social hardship clause
Siehe / Siehe auch: Umwandlung

Spannbeton
pre-stressed concrete
Beim Spannbeton handelt es sich um Stahlbeton, für dessen Herstellung vorgespannte Stahleinlagen (Spannglieder) verwendet werden. Das Verfahren wurde durch den französischen Ingenieur Eugene Freyssinet (1879-1962) erfunden und in den 1930er Jahren erstmalig in der Praxis eingesetzt. Durch die Vorspannung der Stahleinlagen wird auf den Beton eine Druckbelastung ausgeübt, die an dem betreffenden Bauteil auftretenden Zugbelastungen entgegenwirkt. Spannbeton kann daher höhere Zugbelastungen aufnehmen als gewöhnlicher Stahlbeton. In der Praxis wendet man die Spannbetonbauweise vor allem im Brückenbau, aber auch bei der Herstellung von Decken- oder Dachkonstruktionen an. Spannbetonteile können vor Ort hergestellt oder industriell vorgefertigt werden; als Beispiel für Letzteres seien die häufig verwendeten Spannbeton-Fertigdecken genannt.
Siehe / Siehe auch: Beton, Monierbauweise, Moniereisen, Stahlbeton

Spannungsklausel
indexation clause; rise or fall clause
Bei der Spannungsklausel handelt es sich nach § 1 Nr. 2 des Preisklauselgesetzes (früher Preisklauselverordnung) um eine Preisklausel, die eine Anpassung nach Maßgabe der Entwicklung von Preisen ermöglicht, bei denen das Verhältnis der zueinander gesetzten Güter oder Leistungen im Wesentlichen gleichartig oder zumindest vergleichbar sind. Es handelt sich um eine der Ausnahmen vom Preisklauselverbot. Spannungsklauseln finden häufig Eingang in Gewerberaummietverträgen. Es geht es um die Anpassung der Miete an die tatsächlich gezahlten Mieten vergleichbarer Objekte. Wenn die Miete des Mietobjekts vom Mietniveau gleichartiger Objekte abweicht, kann eine Mietanpassung erfolgen. Eine Zustimmung zur Anpassung ist nicht erforderlich. Vergleichbarkeit ist gegeben, wenn die Vergleichsobjekte im Nahbereich liegen, gleichartig sind und in gleicher Weise genutzt werden. Die Anpassung mit Hilfe eines amtlichen Mietindexes zu untermauern, ist deshalb auch nicht möglich. Das Mietniveau, mit dem die Miete verglichen werden soll, ist aus den Mieten der bekannt gewordenen Vergleichsobjekte zu berechnen. Nicht vergleichbar sind Wohnungsmieten mit Gewerberaummieten (BGH, NJW, RR 1986, 877,878)
Siehe / Siehe auch: Leistungsvorbehaltsklausel, Wertsicherungsklausel, Kostenelementeklausel

Spekulationsfrist
period of capital gains tax liability
Die Spekulationsfrist für Wertpapiere wie Aktien und Anleihen beträgt bis 2008 zwölf Monate, bei vermieteten Immobilien weiterhin zehn Jahre. Diese Spekulationsfrist beginnt an dem Tag, an dem ein Wertpapier erworben bzw. der Immobilien-Kaufvertrag abgeschlossen wurde. Für den Privatinvestor bedeutet dies: Kauft und verkauft er eine fremdgenutzte Immobilie innerhalb des Zehnjahreszeitraums, so müssen die dabei realisierten Wertgewinne mit dem individuellen Einkommensteuersatz versteuert werden. Spekulationsverluste können mit Spekulationsprofiten Steuer sparend verrechnet werden, allerdings nicht mit Gewinnen aus anderen Einkunftsarten. Bei Kapitalanlagen ist ab 2009 die Spekulationsfrist im Privatvermögen entfallen. Dies bedeutet, dass Kursgewinne unabhängig von der Haltensdauer steuerpflichtig sind und der Abgeltungssteuer unterliegen.
Siehe / Siehe auch: Privates Veräußerungsgeschäft, Abgeltungssteuer

Spekulationsgeschäft
speculative transaction (or investment); gamble
Frühere Bezeichnung für „Privates Veräußerungsgeschäft" i.S.d. § 23 EStG

Siehe / Siehe auch: Privates Veräußerungsgeschäft

Sperrbezirksverordnung

German ordinance on prohibited areas (for prostitution)

Eine Sperrbezirksverordnung wird von der Gemeinde erlassen, um in einem bestimmten Wohngebiet die Ausübung der Prostitution zu untersagen. Diese ist in Deutschland grundsätzlich nicht verboten. Sperrbezirksverordnungen dienen insbesondere dem Jugendschutz. Rechtsgrundlage der Sperrbezirksverordnungen ist Art. 297 Einführungsgesetz zum Strafgesetzbuch (EGStGB). Diese Regelung hat das Bundesverfassungsgericht am 28.04.2009 als verfassungsgemäß bestätigt (Az: 1 BvR 224/07). Im entschiedenen Fall war eine Bauvoranfrage abgelehnt worden, mit der die Nutzung einer Wohnung im Sperrbezirk für die Prostitution beantragt worden war.

Siehe / Siehe auch: Berufsausübung durch Mieter, Prostitution in Mietwohnung, Modellwohnung

Sperrmüll (Mietwohnung)

bulky waste (rented flat)

Sperrmüllablagerungen sind in Mehrfamilienhäusern manchmal ein Problem. Die Kosten für die Entsorgung von Sperrmüll können Vermieter im Rahmen der Betriebskostenabrechnung generell nur dann auf alle Mieter umlegen, wenn die Abholung regelmäßig stattfindet. In diesem Fall entstehen laufende Kosten, die im Rahmen der ordnungsgemäßen Bewirtschaftung des Mietobjekts umlagefähig sind. Im Rahmen des Wirtschaftlichkeitsgebots muss der Vermieter jedoch zunächst versuchen, wilde Sperrmüllablagerungen nach Möglichkeit zu unterbinden, etwa durch Aushänge im Treppenhaus oder Rundschreiben an die Mieter. Einmalige Aktionen dagegen verursachen keine laufenden Kosten und sind nicht umlagefähig. Liegt auf dem Grundstück Sperrmüll herum, muss zunächst versucht werden, den Verursacher zu ermitteln. Dieser hat dann ggf. die Kosten für die Abfuhr alleine zu tragen. Ist kein Verursacher feststellbar, können die Kosten grundsätzlich nicht umgelegt, sondern allenfalls steuerlich als Werbungskosten berücksichtigt werden. In den letzten Jahren haben allerdings einige Amtsgerichte die Ansicht vertreten, dass auch im Einzelfall die Sperrmüllabfuhr umlagefähig ist, wenn der Vermieter nicht oder nur mit unzumutbarem Aufwand (24-Stunden-Überwachung) den Müllverursacher feststellen kann (Amtsgericht Hohenschönhausen, Az. 10 C 173/00; Amtsgerichts Lichtenberg, Urteil vom 08.01.2008, Az. 13 C 127/07). Es ist jedoch darauf hinzuweisen, dass es sich um Einzelfallentscheidungen handelt und dass andere Gerichte abweichend urteilen können.

Siehe / Siehe auch: Betriebskosten, Betriebskostenverordnung

Spezialfonds

special fund

Beim Spezialfonds handelt es sich um eine besondere Art des offenen Immobilienfonds. Im Gegensatz zu Publikumsfonds, deren Zielgruppe für die angebotene Geldanlage das Publikum ist, handelt es sich bei den Spezialfonds um Immobilienvermögen, deren Anteilscheine nach den Vorschriften des Investmentgesetzes von nicht mehr als zehn institutionellen Anlegern (also keine natürlichen Personen) gehalten werden dürfen und insgesamt mindestens 150 Millionen EURO betragen müssen.

Siehe / Siehe auch: Immobilienfonds - Offener Immobilienfonds

Spezialimmobilien

special use property; special purpose property; specialised property

Spezialimmobilien, auch Sonderimmobilien genannte, sind ein Mixtum Kompositum unterschiedlichster Objekttypen; sie sind ein Oberbegriff, unter dem relativ heterogene Objekttypen subsummiert werden. Sie umfassen beispielsweise Arenen, Autohöfe, Autobahnrastanlagen, Bahnhöfe, Flughafenterminals, Kraftwerksgebäude, Hotels, Kureinrichtungen, High-way-Hotels, Freizeitparks, Logistikzentren, Musicaltheater, Großdiskotheken, Motor-Dromes, Parkierungsanlagen, Pflegeheime, Sporteinrichtungen/-anlagen, Sporteinrichtungen / -anlagen, Sakralimmobilien (etwa Kirchengebäude, Pfarrsäle), Science Parks, Technologiezentren, Brand Lands großer Markenhersteller, Multiplex-Kinos oder gar Exoten wie Speedway-Anlagen,

Strafanstalten bis hin zu Objekten aus dem Bereich des Betreuten Wohnens. Bei Sonder- und Spezialimmobilien ist das eigentlich prägende Element, dass das Objekt sich im hohen Maße an den spezifischen Nutzungserfordernissen eines bestimmten Nutzers orientiert. Eine andersartige Folgenutzung, d.h. eine sogenannte Drittverwendung, ist entweder nicht oder nur mit exorbitanten Kosten möglich, was das ökonomische Risiko derartiger Objekte erheblich erhöht. Dort wo keine Drittverbindungsmöglichkeit möglich ist, bleibt bei einem Scheitern der Immobilieninvestition lediglich eine völlig nutzlose Ruine zurück. Daher ist es besonders wichtig, immer im Auge zu haben, in welchem Lebenszyklus-Abschnitt sich die einzelnen Sonder- / Spezialimmobilien-Objekttypen befinden. Neben der stark reduzierten, wenn überhaupt noch gegebenen Drittverwendungsmöglichkeiten, einer damit verbundenen wesentlich geringeren Fungibilität ist dieser Objekttyp durch die Notwendigkeit einen vom fachlichen wie auch finanziellen Background geeigneten Betreiber zu haben der das Objekt nachhaltig erfolgreich betreibt, sehr risikobehaftet. Außerdem ist die Wertermittlung bei Sonder- und Spezialimmobilien wesentlich diffiziler.
Siehe / Siehe auch: Bahnhöfe

Spielstraße

play street

Spielstraßen sind Straßen, die für Fahrzeuge aller Art gesperrt sind. Sie sind ausschließlich der Benutzung durch spielende Kinder und durch Fußgänger vorbehalten. Spielstraßen müssen durch entsprechende Hinweisschilder gekennzeichnet werden. Zeitlich Benutzungseinschränkungen durch Kinder, etwa Ruhepausen zur Mittagszeit, sind nicht möglich. Der von Kindern verursachte Lärm muss geduldet werden. Reine Spielstraßen sind relativ selten. Häufiger anzutreffen sind verkehrsberuhigte Straßen, bei denen Fußgänger, Rad- und Rollerfahrer sowie Kraftfahrzeuge gleichberechtigte Nutzer sind, weshalb dort nur im Schritttempo gefahren werden darf.

Spiering-Marktwertverfahren

market value method (of valuation) developed by Hauke Petersen, Messrs. Spiering, Kiel

Das Spiering (Kiel)-Marktwertverfahren ist ein von Hauke Petersen entwickeltes spezielles Vergleichswertverfahren bei dem die wertbildenden Grundelemente des Bewertungsobjektes, Lage, Ausstattung und Optik, auf Basis der Daten, die für den Vergleich herangezogenen Normobjekten nach dem RDM Preisspiegel, „bepunktet“ werden. Wohnflächenabweichungen werden mit Hilfe der „Streichformel 1980“ vergleichbar gemacht. Es handelt sich um ein Zensursystem das mit einer Nutzwertanalyse vergleichbar ist.
Näheres hierzu: Petersen, Hauke, „Verkehrswertermittlung von Immobilien – Praxisorientierte Bewertung“, Stuttgart, 2005
Siehe / Siehe auch: Normobjekt, Nutzwertanalyse, IVD-Preisspiegel, Vergleichswert

Spindeltreppe

spiral staircase; solid newel stair

Die Stufen der Spindeltreppe, auch Spiraltreppe genannt, sind gleichmäßig und spiralförmig um einen Mittelpfosten angeordnet. Dieser Mittelpfosten wird als Spindel bezeichnet. Dadurch sind die Stufen gleichmäßig keilförmig. Die Verjüngung der Stufen zur Spindel hat zur Folge, dass die Spindeltreppe unsicher zu begehen sind. Mit der Festlegung der Treppenlauflinie wird diese Unsicherheit auf ein Minimum reduziert. Seitlich der Lauflinie muss im Bereich der nutzbaren Treppenlaufbreite das erforderliche Steigungsverhältnis eingehalten werden. Bei Wohnhäusern beträgt die nutzbare Treppenlaufbreite mindestens 80-90 Zentimeter. Der Vorteil der Spindeltreppe liegt in ihrem kompakten, raumsparenden Grundriss.
Siehe / Siehe auch: Gebäudetreppen, Steigungsverhältnis, Treppenlauflinie, Wendeltreppe, Wendelung

Sponsoring

sponsoring

Sponsoring ist eine innovative Form der Zielgruppenansprache, die im Bereich Immobilienwirtschaft erst zögerlich und wenig planvoll eingesetzt wird. Im Gegensatz zu Spenden etc. ist eine vertraglich fixierte Gegenleistung (z. B. ein Hinweis auf die sponsernde Immobilienverwaltung im Programmheft und bei der Eröffnung einer Veranstaltung) eine unabdingbare Voraussetzung eines wirklichen Sponsorings.

Sportanlagenlärmschutzverordnung

noise protection ordinance for sports grounds / facilities

Die achtzehnte Verordnung zur Durchführung des Bundes-Immissionsschutzgesetzes (18. BlmSchV) vom 18.07.1991 wird auch als Sportanlagenlärmschutzverordnung bezeichnet. Sie bezieht sich auf Errichtung, Beschaffenheit und Betrieb von Sportanlagen. Dies sind ortsfeste Einrichtungen, die zur

Sportausübung bestimmt sind. Die bundesweit gültige Verordnung legt fest, wieviel Lärm von einer Sportanlage ausgehen darf. Die Richtwerte in dB (A) sind dabei gestaffelt je nachdem, ob die Anlage z.B. in einem reinen Wohngebiet, Mischgebiet oder Gewerbegebiet liegt und ob z.B. ein Krankenhaus oder Pflegeheim in der Nähe liegt. Auch die Tageszeit spielt eine Rolle. Es gibt allerdings einige Ausnahmen: So sind die niedrigeren Werte zu den mittäglichen Ruhezeiten am Sonntag von 13.00 bis 15.00 Uhr nur zu beachten, wenn die Anlage an diesem Tag tagsüber mindestens vier Stunden lang in Betrieb ist. Die zuständige Behörde kann Betriebszeiten für Sportanlagen festsetzen – wovon jedoch u. a. dann abzusehen ist, wenn der Betrieb dem Schulsport, dem Hochschulstudium im Sport oder dem Sport im Rahmen der Landesverteidigung dient. Die Behörden können bei Austragung bedeutender Wettbewerbe Ausnahmen genehmigen. Grundsätzlich müssen Sportanlagen so errichtet und betrieben werden, dass die Einhaltung der in der Verordnung genannten Richtwerte gewährleistet ist. Auch das Messverfahren legt die Verordnung fest. Werden die Werte nicht eingehalten, muss der Betreiber bestimmte Maßnahmen ergreifen, wie etwa die dezentrale Aufstellung von Lautsprechern und den Einbau von Schallpegelbegrenzern, lärmmindernde Bodenbeläge, Ballfangzäune und Lärmschutzwälle, Verbot von Druckgasfanfaren für Zuschauer, Umgestaltung von Zufahrtswegen. Die Sportanlagenlärmschutzverordnung kommt nicht zur Anwendung bei Veranstaltungen, die nicht sportlicher Natur sind. Findet also im Stadion ein Rockkonzert statt, sind die Richtwerte nicht einzuhalten. Dann greifen andere Lärmschutzregelungen aus den Landesgesetzen. Von Kindern bis 14 Jahre genutzte Bolz- und Skateplätze sind nicht ohne weiteres als Sportanlagen nach der Verordnung anzusehen. Ob die Richtwerte auf sie entsprechend anzuwenden sind, muss nach dem Bundesverwaltungsgericht das zuständige Gericht jeweils im Einzelfall entscheiden (Beschluss vom 11.02.2003, Az. 7 B 88.02).

Siehe / Siehe auch: Basketball, Bolzplatz, Frösche, Lärmschutz, Lärm, Belästigung durch

Sprinkleranlage

sprinkler system

Unter einer Sprinkleranlage versteht man eine stets betriebsbereite Löschanlage, die bei Ausbruch von Feuer automatisch in Funktion tritt. Aus ortsfest verlegten Rohren wird über „Sprinkler“ Löschwasser abgeben. Sprinkleranlagen reduzieren das Brandschadenrisiko erheblich. Sprinkler reagieren, sobald eine bestimmte (hohe) Temperatur erreicht wird. Sie reagieren nicht auf Rauch. Da Sprinkler nur dort reagieren, wo tatsächlich Brandherde sind, ist der Löschwasserverbrauch mit den sich daraus ergebenden Folgeschäden deutlich niedriger als bei einem Feuerwehreinsatz. Nach Versicherungsstatistiken arbeiten Sprinkleranlagen mit einer Erfolgsquote von über 98 Prozent. Versicherungsgesellschaften gewähren bei sprinklergeschützten Risiken Rabatte von bis zu 65 Prozent auf die Prämien für Feuer- und Betriebsunterbrechungsversicherungen. Ein weiterer Effekt besteht darin, dass durch eine installierte Sprinkleranlage auf einen Teil anderer, dem Brandschutz dienende Investitionen verzichtet werden kann. Durch geschickte Auslegung des Rohrleitungsnetzes und Verbindung mit einer Niedertemperaturheizung lässt sich die Sprinkleranlage in bestimmten Fällen auch als Heizung einsetzen. Dadurch können Kosten gespart werden.

Stadt

town; municipality; city

Die Stadt ist rechtlich eine „politische“ Gemeinde und geographisch ein Siedlungszentrum, das eine mehr oder weniger weitreichende Versorgungsfunktion für das Umland wahrnimmt. Die Stadt weist einen Stadtkern mit hoher Bebauungsverdichtung auf, die nach den Stadträndern hinzu abnimmt. Die Stadt ist ein in sich relativ abgeschlossenes Siedlungsgebilde, deren Bewohner bestimmte, von einem städtischen Bewusstsein geprägte, Lebensformen pflegen. Die Stadtteile sind unterschiedlich geprägt, was vielfach Ausdruck von Erscheinungen einer stark imageprägenden Segregation ist. Typenbilder von Stadtteilen ergeben sich aus den inhaltlichen Bestimmungen von Baugebietsarten, wie sie in Bebauungs- und Flächennutzungsplänen festgesetzt oder dargestellt werden. Städte unterscheiden sich in vielfacher Hinsicht. Je nach hervorstechendem Merkmal spricht man von Seestädten, Industriestädten, Kulturstädten, Garnisonsstädten, Universitätsstädten, Hauptstädten usw.. Die Stadtkultur lässt sich weit zurückverfolgen. Antike Städte hatten zum Teil eine hohe Einwohnerzahl (Rom in seiner Blütezeit über 600.000, Konstantinopel nahezu 700.000). Die mittelalterlichen Städte in Deutschland hatten weitaus geringere Einwohnerzahlen, etwa zwischen 10.000 und 50.000, wie etwa Köln als größte deutsche Stadt im 13.-14. Jahrhundert, während in Italien Palermo mit 100.000 so groß war wie Paris. Neapel überschritt im 16. Jahrhundert die 200.000-Einwohnergrenze.

Relativ groß waren auch die niederländischen Städte. Bedeutung erlangten die Städte durch das ihnen verliehene Marktrecht, besonders im Hinblick auf den Fernhandel. Das Marktrecht entwickelte sich zum Stadtrecht fort, das auch das Kaufmannsrecht, das Erbrecht, die Besteuerungshoheit, die Gerichtsbarkeit, Zollrechte usw. umfasste. Der Übergang von der Stadtherrschaft zur Selbstverwaltung mit ihrer Stadtverfassung und mit dem Bürgermeister an der Spitze begann im 12. Jahrhundert. Stadtmauern schlossen das Stadtgebiet nach außen ab. Mit zunehmender Bevölkerung verdichteten sich die Städte. Einen Mietwohnungsbau gab es nicht. Es entstand einerseits das „Stockwerkseigentum" (horizontale Eigentumstrennung) andererseits das „Teilhaus" (vertikale Eigentumstrennung). In der Neuzeit begann ein Verstädterungsprozess. Paris und London zählten Ende des 17. Jahrhunderts 500.000 bzw. 670.000 Einwohner. Das Wachstum der Städte beschleunigte sich im Zeitalter der industriellen Revolution erheblich. In Deutschland lebten 1815 erst zwölf Prozent der Bevölkerung in „Städten" (mit über 5000 Einwohner) 1900 dagegen schon 42 Prozent. Parallel hierzu entwickelte sich das Wachstum der einzelnen Städte. Die Zahl der Großstädte (mit über 100.000 Einwohner stieg von 8 im Jahre 1871 auf 48 im Jahre 1910. Im Zuge der Auflockerung der Städte durch Grünanlagen fand auch ein Übergang vom Giebel- zum Fassadenhaus statt. Ideen der „Gartenstadtbewegung" (Begründer dieser Bewegung war der Engländer Ebenezer Howard) fanden zunehmend Eingang in den Städtebau. Dieser wurde von städtischer Seite allerdings nur „baupolizeilich" gelenkt. Das Städtewachstum selbst fand – wie in England – unter privater Regie statt. Es war Angelegenheit von Terraingesellschaften und von ihnen häufig abhängigen Bauunternehmen. Die Innenstädte von heute, soweit sie sich von der „Altstadt" vorbei entwickelten, sind trotz der Zerstörungen im 2. Weltkrieg noch weitgehend das Ergebnis dieser unternehmerischen Städtebauaktivitäten des 19. Jahrhunderts. Eine Funktionstrennung im Städtebau wurde 1933 in der „Charta von Athen" gefordert – und auch in Deutschland mit Verspätung weitgehend befolgt. Heute lautet das Motto im Hinblick auf die wachsenden Verkehrsprobleme „Funktionsmischung".

Die heutige amtliche Statistik unterscheidet zwischen:

Landstädten 2000 – unter 5000 Einwohner
Kleinstädten 5000 – unter 20.000 Einwohner
Mittelstädten 20.000 – unter 100.000 Einwohner
Großstädten mit 100.000 Einwohnern und mehr.

Im Hinblick auf das mittlerweile eingetretene Städtewachstum, vor allem im internationalen Vergleich, erscheint diese Einteilung, die noch aus dem Jahre 1860 stammt, veraltet. Wenn man bedenkt, dass es mittlerweile auf dieser Erde 33 „Megastädte" mit jeweils über 8 Millionen Einwohnern gibt, erscheint manche deutsche Großstadt als „klein".

Siehe / Siehe auch: Zentrale Orte, Stockwerkseigentum, Soziale Stadt

Stadtrendite

city's added value (in a social and ecological sense) on urban investments / formerly public housing projects

Der Begriff der Stadtrendite geht auf eine neue Sichtweise des Verhältnisses des Zusatznutzens von Stadtbewohnern zurück, die zu einer Entlastung der Sozialbudgets der Gemeinden führen. Er wurde 2005 erstmals vom Bundesverband deutscher Wohnungs- und Immobilienunternehmen thematisiert. Im Fokus stehen hier die Beiträge von Wohnungsunternehmen zur Erzeugung von Stadtrenditen. Allerdings gab es schon vorher Diskussionen über die gesellschaftliche Verantwortung von Unternehmen aller Art die unter dem Begriff Corporate Social Responsibility geführt wurden. Die Stadtrendite ergibt sich nicht nur aus den Wertschöpfungsbeiträgen, die Unternehmen für eine Stadt erbringen, sondern bewertet dazu auch nachhaltige gesellschaftliche und ökologische Aspekte. Das Problem bei einer solchen Sichtweise dieser ist ihre Messbarkeit. Der Erträge aus Maßnahmen, die zur Stadtrendite beitragen, fallen direkt sowohl bei den Unternehmen als auch bei der Stadt sofort oder zeitverzögert an. Zu den sofort wirkenden Maßnahmen zählen Förder- und Spendenaktivitäten von Unternehmen, in die auch die Bevölkerung mit einbezogen wird. Ebenso wirkt die Zurverfügungstellung von mietfreiem oder verbilligtem Wohnraum sofort, sofern dies zu einer positiven Sozialbilanz beiträgt. Verhindert werden dadurch soziale Segregationserscheinungen mit der Folge der Verschlechterung des Wohnklimas. Aktivitäten von Unternehmen, die z. B. die Attraktivität der Stadt erhöhen, führen durch Zuzüge und Unternehmensneugründungen in der Stadt, Belebung des Fremdenverkehrs usw. zu erhöhten Steuereinnahmen. In all den Fällen, in denen originäre städtische Aufgaben von Unternehmen übernommen werden, etwa auch in Zusammenhang mit städtebaulichen Verträgen, ergeben sich Einsparungen zu Gunsten der Stadt aber nicht selten auch Beschleunigungseffekte bei der Durchführung von Maßnahmen, die der Verwirklichung der Unternehmensziele dienen.

Wohnungsprivatisierungen, denen häufig mit großen Bedenken begegnet wird, können unter der Zielsetzung der Erhöhung der Stadtrendite durchaus positive Auswirkungen haben.

Stadtumbau

urban renewal

Die Bevölkerungsverschiebungen in diesem Jahrhundert führen zu der Notwendigkeit, einerseits den Schrumpfungsprozess von Städten und andererseits die Veränderung der Altersstruktur städtebaulich so zu begleiten, dass sie den gewandelten Bedürfnissen der Wohnbevölkerung gerecht werden. Im Fokus steht der Abriss nicht mehr nutzbarer Gebäude in Verbindung mit einer Neugestaltung des Wohnumfeldes. Da die Probleme in Ostdeutschland besonders offenkundig sind, konzentrierten sich die Bemühungen zunächst auf den Stadtumbau Ost. Mittlerweile gibt es auch Modellprojekte für den Stadtumbau West. Die zunehmende Bedeutung des Stadtumbaus ergibt sich aus der Tatsache, dass er seit 20. Juli 2004 im Baugesetzbuch in den §§ 171a bis 171b geregelt ist. In förmlich festgesetzten Stadtumbaugebieten stehen der Gemeinde ein gesetzliches Vorkaufsrecht und Enteignungsansprüche zu. Durch den Stadtumbau sollen erhebliche Funktionsverluste eines Gebietes, die sich aus einem dauerhaften Überangebot an baulichen Anlagen, insbesondere an Wohnraum ergeben, beseitigt werden. Mit Hilfe eines städtebaulichen Vertrages (Stadtumbauvertrag) sollen die Gemeinden bei den erforderlichen Maßnahmen insbesondere die Eigentümer in die Durchführung der Maßnahmen einbeziehen. Der Stadtumbau Ost wird bis 2009 mit 2,7 Mrd. EURO gefördert, wovon 46 Prozent für den Abriss und 54 Prozent für die Erhaltung und Aufwertung bestehender Quartiere eingesetzt werden sollen. Bis 2007 wurden hiervon 1,82 Mrd. Euro ausgegeben. Damit wurde u.a. der Rückbau von 220.000 Wohnungen im Osten durchgeführt. Ziel ist der Rückbau von 350.000 Wohnungen. Im Gespräch ist die Fortsetzung des Stadtumbauprogramms für den Osten bis zum Jahr 2016. Begründet wird dies u.a. mit dem voraussichtlichen Rückgang der Zahl der Haushalte um 3,2 Prozent. Damit soll die Zahl der Wohnungen um weitere 200.000 bis 250.000 verringert werden. Auch der Stadtumbau West steht zunehmend im Focus der Wohnungspolitik. Dabei werden Erfahrungen aus den zwischen 2002 und 2007 durchgeführten 16 Pilotstädten ausgewertet. Für den Stadtumbau West standen – vornehmlich für Forschungszwecke – 15 Millionen EURO zur Verfügung. Im Unterschied zum Stadtumbau Ost ging es hier darum, die möglichen Varianten des Vorgehens bei unterschiedlichen Ausgangslagen zu testen. Zu den Pilotstädten zählen Albstadt, Bremen-Osterholz-Tenever, Bremerhaven, Essen, Gelsenkirchen, Hamburg-Wilhelmsburg, Lübeck-Buntekuh, Oer-Erkenschwick, Pirmasens, Saarbrücken-Burbach, Salzgitter, Schwalm-Eder-West, Selb, Völklingen, Wildflecken und Wilhelmshaven. In den Pilotstädten wurden die Stadtteile bestimmt, die aufgrund bestimmter Kriterien in das Programm einbezogen werden sollten. Auch verschiedene Kooperationsformen wurden getestet und Finanzierungsmodelle wurden im Zusammenhang mit dem Einsatz von Fördermitteln evaluiert. Wesentlich war die Erkenntnis, dass auch die Eigentümer kooperationsbereit waren und bei den Pilotprojekten teils engagiert mitarbeiteten.

Siehe / Siehe auch: Städtebaulicher Vertrag

Städtebauliche Sanierung

urban redevelopment/ renewal

Siehe / Siehe auch: Sanierung

Städtebaulicher Vertrag

planning agreement

Bei städtebaulichen Verträgen handelt es sich um Verträge zwischen Kommunen und Privatunternehmen (Investoren, Projektentwicklern, sonstige Maßnahmeträger), bei dem die Kommune die Durchführung von städtebaulichen Aufgaben, die ihr nach dem Baugesetzbuch obliegen, auf das Privatunternehmen auf deren Kosten überträgt. Die rechtlichen Grundlagen hierzu finden sich in § 11 BauGB. Vertragsgegenstände können u.a. sein:

- Vorbereitung und Durchführung städtebaulicher Maßnahmen (Sanierungs- und Entwicklungsmaßnahmen, Ausarbeitung städtebaulicher Planungen d.h. von Flächennutzungsplänen und Bebauungsplänen einschl. der Erstellung eines Umweltberichts - Bodenordnungsmaßnahmen, Maßnahmen der Bodensanierung und der Erschließung)
- Verträge über die Grundstücksnutzung insbesondere im Zusammenhang mit Projekten der „Sozialen Stadt“ oder von Einheimischenmodellen sowie Übernahme von Maßnahmen des Ausgleichs für die Bodenversiegelung (Anlage von Biotopen und Durchführung sonstiger, auch externer Ausgleichsmaßnahmen usw.)
- Die Übernahme von sog. Folgekosten, die als Voraussetzung oder Folge des Vorhabens

entstehen, über das ein städtebaulicher Vertrag geschlossen wurde.

Die Aufzählung ist nicht erschöpfend. Auch der Durchführungsvertrag im Rahmen eines Vorhaben- und Erschließungsplanes zählt zu den städtebaulichen Verträgen. Die Motive zum Abschluss von städtebaulichen Verträgen bestehen seitens der Gemeinde darin, sich finanziell zu entlasten, seitens der Privatunternehmen bzw. Investoren darin, zu Baurechten unter Mitwirkung bei deren Gestaltung und Beschleunigung der Vorhaben zu gelangen. Ein städtebaulicher Vertrag bedarf der Schriftform bzw. der notariellen Beurkundung, wenn damit die Verpflichtung zum Erwerb oder der Veräußerung oder sonstigen Eigentumsübertragung von Grundstücken verbunden ist.

Siehe / Siehe auch: Entwicklungsmaßnahme, städtebauliche, Sanierung, Vorhaben- und Erschließungsplan

Staffelmiete / Staffelmietvertrag

stepped rent; graduated rent / lease contract with stepped rent (or predetermined rent increase)

Eine Staffelmiete ist eine im Mietvertrag bereits festgelegte Vereinbarung über künftige Mietsteigerungen. Die Erhöhungsbeträge sind von Vertragsbeginn an exakt bestimmt. Dem Mieter ist also bekannt, um wie viel Euro in welchem Jahr die Miete ansteigt.

Bei Wohnraum:

In einem Mietvertrag über Wohnraum kann bestimmt werden, dass sich die Monatsmiete im Verlauf der Mietzeit ändert. Dabei müssen die Mieten oder die Änderungsbeträge betragsmäßig bestimmt werden. Eine Angabe in Prozenten ist unwirksam. Eine weitere Voraussetzung für die Wirksamkeit der Vereinbarung ist, dass die Mietstaffel jeweils mindestens ein Jahr unverändert bleiben muss. Das Kündigungsrecht des Mieters kann bei einem Staffelmietvertrag höchstens auf die Dauer von vier Jahren ab Vertragsbeginn ausgeschlossen werden. Neben den Mietstaffeln können Betriebskostenanpassungen vereinbart werden. Zu beachten ist, dass die Mietstaffeln nicht zu einer Überhöhung der Miete führen dürfen, die dann gegeben ist, wenn die Miete mehr als 20 Prozent der Vergleichsmiete übersteigt.

Bei Gewerberaum:

Die Vereinbarung einer Staffelmiete ist auch bei Gewerberaum möglich. Die für Wohnraum geltenden Beschränkungen brauchen hier nicht beachtet zu werden. Das bedeutet, dass die Intervalle für die Geltung von Mietstaffeln unterhalb eines Jahres liegen können, dass auch eine prozentuale Steigerung der Miete vereinbart werden kann und dass Kombinationsmöglichkeiten mit anderen Mietänderungsregelungen zulässig sind (z. B. Staffelmiete als Grundmiete zuzüglich Umsatzmiete).

Staging

staging

Unter Staging versteht man die gezielte Gestaltung und Inszenierung einer Wohnung, um den Vermarktungsprozess zu unterstützen. Hierbei wird versucht, durch eine geschmackvolle und zielgruppenorientierte Ausstattung der Immobilie die Nachfrage nach der Immobilie zu stimulieren. Es gibt Anbieter, die Staging-Dienstleistungen offerieren.

Stahlbeton

reinforced concrete

Als Stahlbeton bezeichnet man Beton, in dessen Inneres bei der Herstellung Bewehrungen aus Stahl eingebracht worden sind. Die Kombination der Druckfestigkeit des Betons mit der Zugfestigkeit des Stahls ermöglicht es, dass aus Beton hergestellte Bauelemente neben Druckbeanspruchungen auch Beanspruchungen auf Zug besser widerstehen können. Die stärksten Stahlbewehrungen werden an den Stellen positioniert, an denen in dem betreffenden Bauteil die stärksten Zugbelastungen auftreten. In den meisten Fällen werden Betonbauteile heute als Stahlbeton ausgeführt. Unbewehrter Beton wird in der Praxis nur in wenigen Fällen verwendet, zum Beispiel für Gehwegplatten, die nur Druck- aber keinen Zugbelastungen ausgesetzt sind.

Siehe / Siehe auch: Beton, Monierbauweise, Moniereisen, Spannbeton

Stakeholder

stakeholder

Unter Stakeholdern werden Anspruchsgruppen verstanden, die in einem Interessens- beziehungsweise Abhängigkeitsverhältnis zu einem Unternehmen und seinen Entscheidungen stehen oder selbige mit ihrem eignem Einfluss, Handlungen und Machtpotenzial beeinflussen können. Ihre Interessen und Erwartungen sollten seitens des Managements ernst genommen und in Kommunikations- und Unternehmensentscheidungen einbezogen werden. Zu den typischen Anspruchsgruppen zählen unter anderem Kapitalgeber (Shareholder), Mieter, Kunden, Mitarbeiter, Lieferanten, Medien, Behörden und Regierungen, spezielle Interessen- und Umweltgruppen oder auch lokale Organisationen und Vereine.

Stakeholder in der Immobilienwirtschaft

stakeholder in the real estate industry

Die Beziehungsstruktur immobilienwirtschaftlicher Unternehmen ist höchst vielfältig. Dies gilt umso mehr das geschäftliche Geflecht, in der sie einbezogen werden, auf Grund einer Strategie des Beziehungsmarketings vernetzt vernetzt werden. Es gehört deshalb zur Aufgabe des Stakeholder-Managements, bei der Planung immobilienwirtschaftlicher Projekte im Rahmen des Stakeholder-Analyse den „Einfluss der Projektbeteiligten auf das Projekt und deren Einstellung (positiv oder negativ) zum Projekt" (DIN 69901-5:2009) richtig einzuschätzen. Hat man die Tragweite der Möglichkeiten der Einflussnahme erkannt, geht es darum Prioritäten zu setzen, auf deren Grundlage die Steuerungsmaßnahmen entweder gestärkt oder abgeschwächt werden können. Ein Projektentwickler, der z. B. auf der Grundlage eines Vorhaben- und Erschließungsplanes zur Verabschiedung eines entsprechenden Bebauungsplanes gelangen will, muss alle am Anhörungsverfahren Beteiligten (Behörden, Träger öffentlicher Belange, die Öffentlichkeit, insbesondere Bürger, die von der Realisierung des Bauvorhaben betroffen sind) in die Planung der Maßnahmen mit einbeziehen. Diese können darin bestehen, dass die sich daraus etwa für die Gemeinde ergebenden Vorteile aufgelistet und den für die Vorbereitung der Verabschiedung des Bebauungsplanes zuständigen Planungsausschuss der Gemeinde vorgelegt werden. Es können speziell für Bürger Aufklärungsveranstaltungen durchgeführt werden usw.. Auch in anderen immobilienwirtschaftlichen Bereichen, vor allem im Nachbarschaftsbereich werden Stakeholder-Positionen im Bauordnungsrecht berücksichtigt. Aber auch ohne gesetzliche Rahmenbedingungen gilt es, Stakeholder-Interessen zu erkennen, z. B. beim Verkauf von ganzen Wohnungsbeständen durch Kommunen oder Wohnungsgesellschaften. Hier liegen wegen der großen Unsicherheiten vor allem bei den Mietern Interessenkonflikte auf der Hand. Sie müssen durch kluge Entscheidungen, durch Transparenz und Berücksichtigung von Interessen abgebaut werden. Das ist Aufgabe des Stakeholder-Relationship-Managements, das bewusst in großen Unternehmen institutionalisiert werden sollte. Nicht selten scheitern Vorhaben daran, dass mit Widerständen gegen Projekte nicht gerechnet und deshalb auch keine Vorsorge getroffen wurde. Solche Erscheinungen bekommen oft ein starkes Presseecho, insbesondere dann wenn sich Parteien oder andere große Interessengruppen einschalten, die mit Volksbegehren ein bestimmtes negatives Meinungsklima erzeugen wollen. Einem solchen, in der Sache oft unangemessenen öffentlichen Aufbauschungsprozess hätte bei einem klugen Stakeholder-Management vorgebeugt werden können.

Neben den externen Stakeholders (gesellschaftliche Gruppierungen, Gemeinden, Staat) ist auch die Interessenlage der internen Stakeholders zu berücksichtigen. Dies gilt insbesondere im Rahmen der betrieblichen Ablauforganisation. Der Erfolg eines Maklerbetriebes hängt z. B. in erster Linie vom „Mitmachen" der Mitarbeiter ab, vor allem derer, die im Außendienst tätig sind. Deren Intentionen, was die Vertragsbedingungen angeht, sollten im Gesamtinteresse des Maklerunternehmens berücksichtigt werden (z. B. Höhe der Akquisitionsprovision, Höhe der Abschlussprovision, Gestaltung von Wettbewerbsverboten usw.).

Siehe / Siehe auch: Handelsvertreter, Stakeholder, Vorhabenbezogener Bebauungsplan, Vorhaben- und Erschließungsplan

Standesregeln des IVD

code of practice of the federal association of real estate agents (brokers) in Germany

Die ursprünglich für den RDM geltenden Standesregeln sind 2006 übertragen worden auf den Immobilienverband Deutschland IVD Bundesverband der Immobilienberater, Makler, Verwalter und Sachverständigen e.V.. Sie sind in ihrem I. Teil („Standespflichten") eine konkretisierte Aneinanderreihung von zehn Verhaltensvorschriften und in ihrem II. Teil eine Darstellung von sieben Fällen standeswidrigen Verhaltens. Sie entsprechen zu einem großen Teil dem, was durch Gesetz und Rechtsprechung vorgegeben ist. Die Präambel sieht eine Art „Generalklausel" vor, die über die Verbandsebene hinausgreift. Danach soll sich jeder Makler und jeder Hausverwalter innerhalb und außerhalb seines Berufes der besonderen Vertrauensstellung und seiner volkswirtschaftlichen Verantwortung würdig erweisen. Die Regeln sehen folgende Verpflichtungen vor:

- Weiterbildung und Mitwirkung an berufsständischen Aufgaben,
- wahrheitsgemäßen Werbung bei der Auftragsakquisition,
- Kundenservice und Kundenberatung,
- Kundenaufklärung über die Marktlage,

- Neutralität bei Doppeltätigkeit,
- unverzügliche Unterrichtung des Auftraggebers bei Eigeninteresse am zu vermittelnden Objekt,
- Abschluss einer Vermögensschadenversicherung,
- Verschwiegenheit und vertrauliche Behandlung von Kundeninformationen,
- Kollegialität und
- getrennte Vermögensverwaltung bei Entgegennahme von Kundengeldern.

Standort

location; locality; site; situation

Der Standort ist der elementare Teil einer Immobilie, die – wie der Name schon sagt – unbeweglich ist. Ein Standort steht immer in einem Bezug zu einer bestimmten Standortnutzung. In der Immobilienwirtschaft ist daher eine Standortanalyse von besonderer Bedeutung, um Rückschlüsse auf den Erfolg eines standortgebundenen Projektes oder einer Immobilie ziehen zu können und gegebenfalls konzeptionelle Maßnahmen zu berücksichtigen. Eine Standortanalyse kann als systematisches Sammeln, Auswerten und Analysieren von Informationen, die direkt und indirekt mit der Immobilie in Zusammenhang stehen, bezeichnet werden. Zu unterscheiden sind weiche und harte Standortfaktoren. Zu den harten Standortfaktoren zählen die Verkehrsanbindung, Topographie, technische Ver- und Entsorgung, Umfeldnutzungen sowie sozioökonomische Faktoren (Einwohner im Einzugsgebiet, Bevölkerungsstruktur, Wettbewerbssituation, vorhandene Wirtschaftskraft). Als weiche Standortfaktoren bezeichnet man die Faktoren, die subjektive und emotionale Eindrücke und Bewertungen der Rahmenbedingungen darstellen. Solche Faktoren sind Verwaltungs- / politische Strukturen, Wirtschaftsklima, Image des Mikrostandortes sowie Kultur-, Wohn- und Freizeitqualität.

Siehe / Siehe auch: Standort- und Marktanalyse, Lage

Standort- und Marktanalyse

situational / site (suitability) / location and market analysis

Der Begriff „Standort- und Marktanalyse“ (STOMA) wird im Rahmen des Aufgabenbereichs der Projektentwicklung verwendet. Durch eine gründliche Standort- und Marktanalyse soll ermittelt werden, ob eine Projektidee unter Inkaufnahme welcher Risiken und Ertragschancen realisierbar ist. Bei der Vorgehensweise ist zu unterscheiden zwischen Fällen, in denen ein Grundstück erst gesucht werden muss, um die Projektidee zu verwirklichen oder ob auf einem bereits vorhandenen Grundstück die Projektidee realisiert werden kann. Muss ein Grundstück erst gesucht werden, wird eine Konfiguration des idealen Standorts als Maßstab erstellt. Konkrete Grundstückangebote werden daran gemessen. Die Marktanalyse bezieht sich auf die Untersuchung der für das Projekt relevanten Marktstrukturen.

Siehe / Siehe auch: Lage, Soziales Milieu

Standortfaktoren

location factors

Im Gegensatz zu Lagefaktoren, die auf der Grundlage von Lageanalysen objektive Lagezustände beschreiben, beziehen sich Standortfaktoren auf die Einschätzung eines Standorts aus der Perspektive potenzieller Nutzer.

Ein Lagefaktor X hat je nach Nutzer einen unterschiedlichen Standortwert. Lagefaktoren, deren Beschreibung z. B. in Exposés und in Internetpräsentationen von Maklern ihren Niederschlag finden, sind aber Grundlage für Standortkalkulationen aus der Perspektive von Immobilieninvestoren und Nutzern von Betreiberimmobilien. Je nach Zieldefinition der verschiedenen Nutzer kommt z. B. die Nähe zu einem Flughafen oder einem Autobahnanschluss oder der Infrastruktur des Öffentlichen Personennahverkehrs unterschiedliches Gewicht zu. Jeder Nutzer entwickelt ein auf seinen Betrieb zugeschnittenes Standortprofil.

Unterschieden werden – ähnlich wie bei den Lagefaktoren – harte, messbare Standortfaktoren (z. B. Gewerbesteuer, Arbeitskräftepotenziale, Reichweiten, Frequenzen) von weichen, nicht messbaren, Standortfaktoren (landschaftliche Reize, kulturelle Angebote, klimatische Besonderheiten usw.). Unterschiede gibt es auch je nach Standortzweck. Hier wird zwischen Konsum- und Produktionsstandort unterschieden. Bei Konsumstandorten steht die Befriedigung der konsumtiven Bedürfnisse insbesondere des Wohnbedürfnisses im Vordergrund, bei Produktionsstandorten, zu denen auch die Standorte von Dienstleistern gerechnet werden, steht die Eignung des Standortes für die Erbringung produktiver Leistungen im Vordergrund.

Siehe / Siehe auch: Betreiberimmobilien, Konsumstandorte, Lage, Produktionsstandorte, Standort, Standort- und Marktanalyse

Statik

statics; structural analysis

Notwendige Berechnungen zu Bauelementen, die Belastungen durch Druck, Zug oder Schub erfahren. Die Berechnungen schreiben Mindestwerte vor, wie tragfähig, steif und fest ein Bauteil sein muss. Zudem soll ein ausgewogenes Verhältnis von Materialaufwand und statischer Sicherheit erreicht werden. Die Berechnungsgrundlage des Statikers ist der Bauplan des Architekten.

Staude

shrubby tree; shrub

Bei der Anpflanzung von Bäumen und Sträuchern müssen Grenzabstände eingehalten werden (Beispiel Baden-Württemberg: Sträucher 0,5 Meter, schwachwüchsige Obstbäume bis 4 Meter Höhe 2 Meter Grenzabstand, über 4 Meter Höhe je nach Baumart 3 Meter, starkwüchsige Bäume wie Buche und Eiche 8 Meter. Bei innerörtlichen Grundstücken reduziert sich der Grenzabstand z. B. für schwachwachsende Bäume auf die Hälfte). Als Strauch gelten Holzgewächse mit mehreren sich direkt über dem Boden teilenden Ästen (z. B. Flieder, Holunder). Keine Grenzabstände sind jedoch bei Stauden einzuhalten. Stauden zeichnen sich dadurch aus, dass die über dem Boden gewachsenen Pflanzenteile im Herbst absterben (z. B. Rittersporn, Sonnenblumen). Eine Zwischenform sind die so genannten Halbsträucher, bei denen nur die Frucht tragenden Äste im Winter absterben (z. B. Brombeeren). Die Grenzabstände sind Landesrecht und unterscheiden sich von Bundesland zu Bundesland. In einigen Ländern wird bei der Berechnung des Grenzabstandes auf einzelne Pflanzenarten abgestellt, in anderen werden nur grobe Gruppen von Pflanzen gebildet, deren Höhe letztlich entscheidend ist (Bayern, Niedersachsen).

Siehe / Siehe auch: Baumschutzsatzung

Steigungsverhältnis

rise-run ratio

Das Steigungsverhältnis findet Anwendung bei Treppen oder Rampen, und es regelt das Verhältnis zwischen Steigung und Auftritt. Die Steigung s ist die Höhe, der Auftritt a ist die Tiefe der Trittfläche. Das Steigungsverhältnis einer Treppe soll sich in der Lauflinie nicht ändern. In Ausnahmefällen sind minimale Toleranzen erlaubt. Eine bequem zu begehende Treppe kann mit Hilfe der Schrittlänge des Menschen berechnet werden, wie 1683 der Franzose Francois Blondel mit seiner Regel über das Steigungsverhältnis und das Schrittmaß bewies. Seine Berechnung des Steigungsverhältnisses: 2s + a = 59 bis 65 Zentimeter ist noch heute gültig. Der Mittelwert beträgt circa 62 cm, das Steigungsverhältnis s/a z. B. 17/28. Die genauen maßlichen Anforderungen einer Treppe können der Tabelle 1 der DIN 18065 Gebäudetreppen-Hauptmaße entnommen werden.

Siehe / Siehe auch: Freitreppen, Gebäudetreppen, Rampe

Steinsetzer

pavior; paver

Steinsetzer ist eine Berufsbezeichnung, die in zwei unterschiedlichen Bedeutungen verwendet wird. Zum einen bezeichnet sie einen Bauberuf, dessen Tätigkeitsschwerpunkt das Setzen und Verlegen von Natur- oder Betonsteinpflastern einschließlich der zugehörigen Randeinfassungen bildet. Steinsetzer/Steinsetzerinnen arbeiten im Straßenbau sowie im Garten- und Landschaftsbau. Darüber hinaus ist Steinsetzer eine historische, regional verbreitete Bezeichnung für Feldgeschworene, die auf das Setzen von Grenzsteinen als eine ihrer Hauptaufgaben anspielt.

Siehe / Siehe auch: Feldgeschworene

Stellplätze

parking spaces

Nach den Landesbauordnungen sind Bauherrn verpflichtet, Stellplätze oder Garagen in ausreichendem Umfange zu Verfügung zu stellen. Die Zahl der Garagen bzw. Stellplätze richtet sich nach der Art der baulichen Anlage. In Nordrhein-Westfalen z. B. bei Einfamilienhäusern 1-2, bei Miethäusern 1-1,5 je Wohnung, bei Büro- und Verwaltungsgebäuden 1 Stellplatz je 40 m² Nutzfläche, bei Läden etwa 1 Stellplatz je 30 m² Verkaufsfläche. Ist die Errichtung von Garagen oder Stellplätzen baurechtlich oder faktisch nicht möglich, kann der Bauherr sich durch Ablösevereinbarungen mit der Gemeinde hiervon befreien lassen. Entsprechende Ablösesatzungen der Gemeinden müssen von der übergeordneten Bauaufsichtsbehörde genehmigt werden.

Die Höhe dieser Ablösesummen ist vielfach ein Stein des Anstoßes. Sie kann sich z. B. an den durchschnittlichen anteiligen Kosten der Errichtung eines Stellplatzes im Rahmen einer gemeindlichen Tiefgarage oder eines Parkhauses orientieren, darf aber 60 Prozent dieser kosten nicht überschreiten. Die Gemeinde ist allerdings auch verpflichtet, die aus solchen Vereinbarungen resultierenden Geldbeträge für öffentliche Parkeinrichtungen oder die Schaffung zusätzlicher privater Stellplätze zu verwenden. Ein Anspruch aus dem Vertrag zur Errichtung solcher Anlagen ergibt sich für den Stellplatzpflichtigen allerdings ebenso wenig wie ein Rückerstattungsanspruch, wenn die Gemeinde ihrer Verpflichtung nicht nachkommt. Bezahlte Ablösebeträge sind steuerrechtlich wie Herstellungskosten zu behandeln.

Stellplatzverordnung

German ordinance regulating parking spaces

Stellplatzverordnungen enthalten verschiedene Vorgaben für Autostellplätze und meist auch für Garagen. Sie sind teilweise als eigenständige Landesverordnung geregelt, teilweise finden sich einschlägige Vorschriften in der Landesbauordnung. Geregelt sein können z.B. die Länge von Zufahrten zwischen Garage und öffentlicher Straße, die Fahrbahnbreite bei Rampen zu Großgaragen, eine Pflicht zum Anlegen von Gehwegen neben Zufahrten sowie die Maße von Stellplätzen. Auch Brandschutzvorschriften und Regelungen über Rettungswege sind möglich. Die Landesbauordnungen erlauben es den Gemeinden, Stellplatzsatzungen zu erlassen. Diese regeln Anzahl und Gestaltung der bei einem Neubau herzustellenden Stellplätze und die Ablösung der Stellplätze.

Siehe / Siehe auch: Ablösung von Stellplätzen

Steuerbescheid

(notice of) tax assessment; tax assessment notice

Amtlicher Bescheid des Finanzamts, in dem die Steuerschuld des Steuerpflichtigen für ein bestimmtes Jahr festgestellt wird. Ebenso werden die geleisteten Vorauszahlungen festgestellt und von der Steuerschuld abgezogen. Hinsichtlich der Differenz ergeht unter Setzung eines Termins eine Zahlungsaufforderung. Übersteigen die Steuervorauszahlungen die Steuerschuld, ist der Steuererstattungsbetrag im Steuerbescheid ausgewiesen, verbunden mit der Ankündigung der Rückzahlung auf das Konto des Steuerpflichtigen. Weicht das Finanzamt in seinem Steuerbescheid von Angaben in der Steuererklärung ab, wird im Steuerbescheid unter Bezugnahme auf die dabei zum Zuge kommende Vorschrift hingewiesen.

Steuererklärung

tax return

Die Steuererklärung ist ein Instrument, mit dem Steuerzahler ihre Jahresabrechnung mit dem Finanzamt machen. Die Steuererklärung besteht – formal betrachtet – aus einem Mantelbogen, in den persönliche Angaben wie Name, Anschrift, Geburtsdatum und Beruf eingetragen werden. Je nachdem, welche der sieben Einkunftsarten vorhanden sind, müssen diese im Mantelbogen angekreuzt werden – der entsprechende Vordruck (z.B. Anlage V für Einkünfte aus Vermietung und Verpachtung) wird beigelegt. Die Abgabefrist für die Steuererklärung ist grundsätzlich der 31. Mai. des auf das Steuerjahr folgenden Kalenderjahres. Die gleich lautenden Erlasse der obersten Finanzbehörden der Länder über Steuererklärungsfristen vom 23.02.2006 sehen eine allgemeine Fristverlängerung für durch Steuerberater erstellte Steuererklärungen zum 31.12. des Folgejahres vor. Aufgrund begründeter Einzelanträge kann die Frist bis zum 28.2. des Zweitfolgejahres verlängert werden. Darüber hinaus kommen Fristverlängerungen grundsätzlich nicht in Betracht.

Siehe / Siehe auch: Einkommensteuergesetz (EStG)

Steuerhinterziehung / Steuerverkürzung

tax evasion / tax reduction; unlawful curtailment of taxes

Steuerhinterziehung ist dann gegeben, wenn ein Steuerpflichtiger den

- Finanzbehörden oder anderen Behörden über steuerlich erhebliche Tatsachen unrichtige oder unvollständige Angaben macht,
- die Finanzbehörden pflichtwidrig über steuerlich erhebliche Tatsachen in Unkenntnis lässt oder
- pflichtwidrig die Verwendung von Steuerzeichen oder Steuerstemplern unterlässt

und dadurch Steuern verkürzt oder für sich oder einen anderen nicht gerechtfertigte Steuervorteile erlangt (§ 370 Abgabenordnung - AO). Steuerhinterziehung setzt Vorsatz oder grobe Fahrlässigkeit voraus. Beispiel für eine Steuerhinterziehung: Um die Werbungskosten aus Einkünften aus Vermietung und Verpachtung zu erhöhen, lässt sich der Hauseigentümer von einem Malermeister eine Rechnung

ausstellen, die höher als der zu bezahlende Betrag ist. Mit dem Unterschiedsbetrag reduziert er das zu versteuernde Einkommen und verkürzt damit die Einkommensteuer. Steuerhinterziehung wird mit Geld- oder Freiheitsstrafe bis zu fünf Jahren bestraft.
Steuerverkürzung ist kein Straftatbestand sondern eine Ordnungswidrigkeit, daher wird sie in der Abgabenordnung auch als „leichtfertige Steuerverkürzung" bezeichnet. Sie ist dann gegeben, wenn jemand als Steuerpflichtiger oder bei Wahrnehmung der Angelegenheiten eines Steuerpflichtigen (Steuerberater) eine der oben bezeichneten Taten leichtfertig begeht. Die Ordnungswidrigkeit wird mit Geldbuße bis zu 50.000 EURO bestraft. Beispiel für eine Steuerverkürzung: Beim Ausfüllen einer Steuererklärung passiert dem Steuerpflichtigen ein Zahlendreher. Er gibt z.B. bei den Instandhaltungskosten 996 EURO statt 969 EURO an.
Siehe / Siehe auch: Ordnungswidrigkeit, Unterverbriefung

Steuerliche Förderung

tax break; tax relief

Die Art und Weise der staatlichen Förderung von Immobilieneigentümern unterscheidet sich nach der Nutzungsart. Sie hängt also davon ab, ob das Objekt vom Eigner selbst bewohnt oder vermietet wird. Bei selbst genutzten Immobilien gibt es jene staatliche Förderung in Form der Eigenheimzulage seit dem 1.1.2006 nicht mehr. Dies bedeutet konkret: Wer nach Silvester 2005 einen Bauantrag gestellt oder einen notariellen Kaufvertrag unterschrieben hat, der bekommt weder Eigenheim- noch Kinderzulage. Zuvor bestand, sofern die gesetzlichen Voraussetzungen erfüllt waren, Anspruch auf acht Jahre lang bis 1.250 Euro Grundförderung und ebenfalls acht Jahre lang jeweils 800 Euro Kinderzulage je Sprössling. Auf diese Weise konnte sich eine vierköpfige Familie insgesamt bis 22.800 Euro staatliche Finanzspritze sichern. Nach dem Wegfall der staatlichen Förderung werden nunmehr nur noch die Altfälle abgewickelt. Vermieter dürfen ihre Mieteinnahmen mit dem finanziellen Aufwand, der im Zusammenhang mit der Immobilie entsteht, abziehen. Als Werbungskosten, so der Fachausdruck, sind anzusetzen: Schuldzinsen, Finanzierungsnebenkosten sowie Geldbeschaffungskosten, Erhaltungsaufwand, Absetzung für Abnutzung (AfA) und sonstige Werbungskosten. Zu diesen zählen vor allem Ausgaben für Hausverwaltung, Fahrten zum Mietobjekt usw.. Allgemein also solche, die sich nicht auf den Mieter umlegen lassen. Um die Steuervorteile möglichst früh zu nutzen, ist es ratsam, auf der Lohnsteuerkarte einen entsprechenden Freibetrag eintragen zu lassen, möglich wenn der Eigentümer Arbeitnehmer ist. Auch bei vermieteten Immobilien gibt es seit Jahresbeginn 2006 eine gravierende Änderung. Aufgehoben wurde nämlich die degressive Abschreibung (AfA) bei neuen Objekten. Dort gilt, wie bei Immobilien aus zweiter Hand, nunmehr allein die lineare Abschreibung. Diese beträgt zwei Prozent im Jahr, so dass die Gebäudekosten über fünfzig Jahre abgeschrieben werden können. Bei älteren Objekten, die vor dem Jahr 1925 errichtet worden sind, beträgt der AfA-Satz immerhin 2,5 Prozent im Jahr.
Siehe / Siehe auch: Eigenheimzulage, Absetzung für Abnutzung (AfA)

Steuermessbetrag

basic tax assessment figure

Siehe / Siehe auch: Grundsteuer

Steuerungsfunktion des Controllings

management function of controlling

Control ins Deutsche übersetzt, heißt steuern. Daraus ergibt sich bereits das Wesen des „Controllings". Ein Vorgang soll so gesteuert werden, dass am Ende das Ziel erreicht wird. Allerdings erschöpft sich Controlling nicht im Steuern eines Vorganges. Vielmehr handelt es sich um ein Element des Controllings, neben der Planungs-, Koordinations,- und Überwachungsfunktion. In diesem Zusammenhang kommt dem Controlling allerdings die Aufgabe zu, die auf dem Weg zur Zielerreichung bestehenden Hindernisse durch Umsteuern zu umgehen.
Beispiel: Wird ein Bauunternehmen während der Durchführung des Bauvorhabens insolvent und erklärt der Insolvenzverwalter, dass er weitere Leistungen nicht mehr erbringen will, dann muss der Bauträger beziehungsweise der Baubetreuer „umsteuern", indem er ein anderes geeignetes Unternehmen einschaltet, das möglichst im vorgegebenen Zeitrahmen mit der Fertigstellung der angefangenen Arbeiten beginnt.
Bei umfangreichen und komplexen Baumaßnahmen werden heute ohnehin vom Unternehmen Projektsteuerer eingesetzt, die im Wesentlichen Controllingfunktionen übernehmen.
Siehe / Siehe auch: Controlling, Projektcontrolling (Bauprojekte), Baucontrolling, Planungsfunktion des Controllings, Koordinationsfunktion des Controllings, Überwachungsfunktion des Controllings

Steuerveranlagung
tax assessment
Unterschieden wird bei Ehegatten zwischen der gemeinsamen und der getrennten Veranlagung. Ehegatten haben nur dann die Möglichkeit zur Zusammenveranlagung, wenn sie nicht dauernd getrennt leben. Liegen diese Voraussetzungen vor, können Ehegatten zwischen Zusammenveranlagung oder getrennter Veranlagung wählen. Bei der Zusammenveranlagung wird das Einkommen der Eheleute zusammengerechnet. Es wird jedoch nur der Steuersatz angewendet, der auf das hälftige Einkommen entfällt (Splittingtabelle). Entscheiden sich Ehegatten, für die getrennte Veranlagung, werden sie aus steuerlicher Sicht wie Ledige behandelt. Jeder zahlt dann gemäß der Grundtabelle wie ein Alleinstehender. In der Regel übersteigen die Steuern bei getrennter Veranlagung nach der Grundtabelle die Steuern, die bei der Berechnung nach der Splitting-Tabelle anfallen. Vorsichtshalber sollten Vor- und Nachteile der getrennten Veranlagung mit einem Fachmann (Steuerberater) im Einzelfall vorab geklärt werden.

Steuerwert
assessed value for tax purposes; tax(able) value
Siehe / Siehe auch: Grundbesitzwert

Stillschweigende Abnahme
tacit/ implied acceptance
Von stillschweigender Abnahme spricht man, wenn die Abnahme eines Bauwerks durch schlüssiges Verhalten erfolgt. Im Gegensatz zur fiktiven Abnahme entspricht hier die Ingebrauchnahme des Bauwerks durch Einzug oder Benutzung einer Einverständniserklärung mit dem Bauwerk, wie es am Tage der ersten Benutzung vorgefunden wird. Die Möglichkeit, bei später auftretenden Baumängeln Nacherfüllungsansprüche zu stellen, wird durch die stillschweigende Abnahme nicht ausgeschlossen.
Siehe / Siehe auch: Bauabnahme, Fiktive Abnahme

Stillschweigende Verlängerung
automatic / tacit renewal
Ein Mietvertrag kann nach § 545 BGB auch verlängert werden, indem beide Vertragspartner einfach nichts tun. Nach dem Gesetz verlängert sich das Mietverhältnis auf unbestimmte Zeit, wenn der Mieter nach Ablauf der Mietzeit den Gebrauch der Mietsache fortsetzt und der Vermieter nicht innerhalb von zwei Wochen erklärt, dass er den Mietvertrag beenden will. Die Zwei-Wochen-Frist beginnt für den Mieter mit der Fortsetzung des Gebrauchs der Wohnung und für den Vermieter zu dem Zeitpunkt, in dem er von dieser Fortsetzung erfährt.
Siehe / Siehe auch: Mitteilungspflichten des Vermieters

Stillschweigender Maklervertrag
implied brokerage agreement
Der stillschweigende Abschluss eines Maklervertrages ist in der Praxis sehr häufig. Solche sogenannten konkludenten Vertragsschlüsse sind im modernen Wirtschaftsverkehr weit verbreitet und aus dem täglichen Leben nicht wegzudenken. Definition: Ein konkludenter Vertragsschluss liegt vor, wenn ein Angebot durch entsprechendes Verhalten oder eine schlüssige Handlung angenommen wird. Eine solche liegt vor beim Angebot von Waren oder Dienstleistungen gegen Entgelt. Beispiele: das Entnehmen von Ware aus dem Regal eines Supermarktes, das Einsteigen in ein öffentliches Verkehrsmittel. Beiden Situationen ist eines gemeinsam: Die Ware bzw. die Fahrt werden entgeltlich angeboten. Die Ware ist mit einer Preisauszeichnung versehen, vor dem Bahnsteig oder der Haltestelle findet sich ein Fahrkartenautomat. Doch selbst wenn das Preisschild einmal fehlt oder der Fahrkartenautomat nicht gleich zu sehen ist, weiß jeder, dass diese Leistungen nicht unentgeltlich sind. Das Verhalten wird also als Einverständnis mit dem Preis gewertet. Der Nutzer hat das Angebot durch sein Verhalten angenommen. Der Kaufvertrag bzw. der Beförderungsvertrag ist stillschweigend abgeschlossen worden. Anders ist die Situation beim Makler. Durch seine Stellung zwischen Anbieter und Nachfrager steht für denjenigen, der mit ihm Kontakt aufnimmt, nicht von vornherein fest, dass gerade er durch eine telefonische Anfrage und die Mitteilung des Maklers dessen später provisionspflichtiger Auftraggeber wird. Er kann, bis zur Mitteilung des Gegenteils, davon ausgehen, dass der jeweils andere Kunde bereits zur Zahlung der Provision verpflichtet ist.
Folge: Nimmt der Anrufer die Mitteilung des Maklers über das Objekt schweigend entgegen, liegt darin nicht das Einverständnis mit einer Provisionsforderung. Ein Maklervertrag kommt nicht zustande. Der Kunde weiß vor der Entgegennahme der Information nicht, dass diese Leistung nur entgeltlich erbracht wird. Er hat also nicht die Möglichkeit, darüber zu entscheiden, ob er unter diesen Umständen die Leistung annehmen will (vgl. BGH NJW-RR 1987,173).

Ergebnis: Der Makler muss vor Erbringung der Nachweisleistung seine Provisionsforderung unmissverständlich nennen. Dies kann schriftlich, z. B. im Exposé oder, notfalls beweisbar, mündlich erfolgen. Beispiel: Bei Abschluss des Kaufvertrages zahlt der Käufer an uns, die Firma XY-Immobilien, 7,14 Prozent Provision inklusive Mehrwertsteuer.
Darin, und nur darin, liegt das Angebot des Maklers auf Abschluss eines Maklervertrages. Eine Nennung der Maklerprovision, die lediglich als Mitteilung verstanden werden kann, dass der Makler (von irgendjemand) Provision erhält, reicht nicht. Die Mitteilung der Provisionsforderung muss absolut unmissverständlich sein. Dadurch, dass der Leser oder Hörer in dem genannten Beispiel weiß, dass er die Provision zahlen muss, und zwar neben dem Kaufpreis und direkt an den Makler, verpflichtet er sich durch die Entgegennahme des Nachweises zu Provisionszahlung für den Fall, dass er später das Objekt erwirbt. Lehnt der Interessent jedoch die Provisionsforderung ab, nachdem er davon erfährt, kann der Makler keine weiteren provisionspflichtigen Leistungen erbringen. Er erlangt keinen Provisionsanspruch.

Die Provisionsforderung des Maklers kann mündlich oder schriftlich mitgeteilt werden, z. B. im Exposé. Bei der mündlichen Mitteilung hat es der Makler in der Hand, die Reihenfolge einzuhalten: erst die Provisionsforderung, dann die Information. Bei der Mitteilung durch das Exposé empfiehlt sich dasselbe (vgl. BGH NJW 1967, 1365): Das Exposé schildert das Objekt nach seinen Eigenschaften, nennt aber nicht die genaue Lage. Die Provisionsforderung wird als vom Käufer zu zahlen genannt. Lässt sich der Interessent daraufhin den Rest der Information geben, dann hat er den Nachweis im Wissen um seine Entgeltlichkeit angefordert. Der Maklervertrag ist konkludent zustande gekommen. Wird das Objekt in der Zeitung angeboten, so streiten bei einer Fließanzeige die Kosten für jedes Wort mit der unbedingt erforderlichen Deutlichkeit. Beispiel: Bei Kolonnenanzeigen könnte die erste Zeile lauten: „Wir bieten an, provisionspflichtig für den Käufer „

Siehe / Siehe auch: Exposé, Maklervertrag, Provisionsanspruch nach § 652 BGB

Stimmenthaltung

abstention

Siehe / Siehe auch: Stimmrecht (Wohnungseigentümer-Versammlung), Mehrheitsbeschluss, Negativbeschluss

Stimmrecht (Wohnungseigentümer-Versammlung)

voting right; right to vote; voting power (freehold flat owners' meeting)

In der Wohnungseigentümer-Versammlung hat jeder Wohnungseigentümer gemäß § 25 Abs. 2 WEG eine Stimme. Damit gilt, wenn in der Teilungserklärung oder der Gemeinschaftsordnung nicht etwas anderes ausdrücklich geregelt ist, das sogenannte Kopfprinzip. Gehört eine Wohnung mehreren Eigentümern gemeinsam, beispielsweise Eheleuten jeweils zur Hälfte, können sie gemäß § 25 Abs. 2 Satz 2 WEG das Stimmrecht nur gemeinsam ausüben. Abweichend vom gesetzlichen Kopfstimmrecht kann durch entsprechende Vereinbarung gemäß § 10 Abs. 2 Satz 2 WEG in der Gemeinschaftsordnung oder in der Teilungserklärung das Stimmrecht auch nach dem Objekt- oder dem Wertprinzip geregelt sein. Beim Objektprinzip entfällt auf jede Wohnung eine Stimme. Beim Wertprinzip ist das Stimmrecht nach der Höhe der Miteigentumsanteile geregelt. In beiden Fällen kann es dazu kommen, dass ein einzelner Eigentümer, dem mehrere oder sogar die meisten Wohnungen (noch) gehören, über die Stimmenmehrheit in der Wohnungseigentümer-Versammlung verfügt und er damit die Beschlussfassung in seinem Sinne beeinflussen kann. Eine solche Majorisierung führt nach geltender Rechtsauffassung selbst bei beherrschender Stimmrechtsausübung durch einen einzigen Wohnungseigentümer nicht zur Unwirksamkeit der mit seiner Stimmenmehrheit gefassten Beschlüsse. Sie sind allerdings anfechtbar und unterliegen insoweit der richterlichen Überprüfung, werden aber nur im Falle des Missbrauchs bei der Stimmrechtsausübung, also bei Verstoß gegen die Grundsätze ordnungsgemäßer Verwaltung, für ungültig erklärt.
Das Stimmrecht in der Versammlung steht nur dem im Grundbuch eingetragenen Wohnungseigentümer zu. Deshalb ist auch der Käufer einer Eigentumswohnung erst dann stimmberechtigt, wenn er in das Grundbuch als Eigentümer eingetragen ist. Allerdings kann auch dem noch nicht eingetragene neue Eigentümer Vertretungsvollmacht durch den noch eingetragenen alten Eigentümer erteilt werden. Dies ist allerdings nur dann möglich, wenn keine Vertretungsbeschränkung vereinbart ist, wonach beispielsweise nur Ehegatten, Miteigentümer und der Verwalter als Vertreter mit der Stimmrechtswahrnehmung in der Versammlung bevollmächtigt werden können. Nießbraucher sind nicht stimmberechtigt. Strittig ist, ob dem Zwangsverwalter das Stimmrecht in der Versammlung zusteht.

Mehrheitlich wird dabei die Auffassung vertreten, dass er allein stimmberechtigt ist. Vom Stimmrecht ausgeschlossen sind Wohnungseigentümer gemäß § 25 Abs. 5 WEG grundsätzlich dann, wenn es bei der Beschlussfassung darum geht, mit ihnen ein Rechtsgeschäft im Zusammenhang mit der Verwaltung des gemeinschaftlichen Eigentums abzuschließen, um die Einleitung oder Erledigung eines mit ihnen geführten Rechtsstreits oder wenn ihm das Wohnungseigentum rechtskräftig entzogen wurde.
Siehe / Siehe auch: Wohnungseigentümer-Versammlung

Stirling-Motor
Stirling engine

Ein Stirling-Motor ist eine Wärmekraftmaschine, die Wärme in mechanische Arbeit umsetzt. Neuerdings verstärkt propagiert für Hausheizanlagen (Mini-Blockheizkraftwerk). Arbeitsmedium ist Heißluft, die in einem geschlossenen Gefäß (Verdrängerkolben) erhitzt wird, dadurch ihr Volumen ändert und einen Arbeitskolben bewegt. Anschließend wird die Luft abgekühlt und komprimiert. Dann beginnt der Vorgang von Neuem. Der 1816 von dem schottischen Geistlichen Robert Stirling erfundene Motor wurde bereits für verschiedenste Anwendungen eingesetzt, konnte sich aber bisher nicht durchsetzen. Ein Vorteil besteht darin, dass das erhitzte Gas in einem geschlossenen Kreislauf verbleibt und keine Abgase entstehen. Der Motor erzielt einen höheren Wirkungsgrad als ein Verbrennungsmotor. Inwieweit er tatsächlich abgasfrei arbeitet, hängt von der Art der verwendeten Wärmeerzeugung ab. Hier kann Solarenergie verwendet werden. Auch Kombinationen mit einem Holzpellet-Heizkessel sind möglich. Weitere Vorteile:

- Verwendbarkeit beliebiger Brennstoffe bei Energieerzeugung durch Verbrennung
- Geringe Geräuschentwicklung durch fehlende Explosions- und Abgasgeräusche
- Geringer Verbrauch an Schmierstoffen
- Vielfältige Bauarten mit unterschiedlichen Anwendungsmöglichkeiten
- Geringer Wartungsaufwand

Nachteile:

- Leistungsänderung erfolgt durch Steuerung des Wärmestromes und ist sehr langsam
- Hoher Arbeitsdruck, große Wärmetauscher erforderlich, hohes Gewicht

Mögliche Anwendungen:

- Kühlaggregat
- Wärmepumpe
- Kleine Blockheizkraftwerke, Erzeugung von Strom und Heizwärme
- Bootsantriebe bei großer Laufruhe
- Solarbetriebene Pumpen für Brunnen in Entwicklungsländern

Siehe / Siehe auch: Allesbrenner, Blockheizkraftwerk

Stockwerkseigentum
freehold flat

Stockwerkseigentum ist ein ideeller Vorläufer des Wohnungseigentums. Im Rahmen der Vertragsfreiheit konnte vor Inkrafttreten des BGB und der Grundbuchordnung in einigen Ländern des Deutschen Reiches (z. B. Bayern, Baden-Württemberg, Hessen) Stockwerkseigentum begründet werden. Am 1.1.1900 bestehendes Stockwerkseigentum konnte mit Hilfe von Vorschriften in den jeweiligen Einführungsgesetzen zum BGB fortgeführt werden. Es spielt heute faktisch kaum mehr eine Rolle.

Stoßlüften
ventilating a room by opening doors and windows wide for a brief period

Beim Stoßlüften werden – anders als beim Dauerlüften – Fenster und Türen für kurze Zeit weit geöffnet. Auch gelegentliches Stoßlüften spart gegenüber dem Dauerlüften bereits viel Energie ein. Der Unterschied: Beim Dauerlüften gelangt kontinuierlich Wärme von drinnen nach draußen. Beim Stoßlüften dagegen wird der gesamte Luftinhalt des Raumes bzw. der Wohnung einmal ausgetauscht. Mauerwerk und Inneneinrichtung bleiben dabei warm, es kommt nicht zu einer allmählichen Auskühlung. Entsprechend schneller erwärmt sich die Raumluft nach dem Schließen der Fenster. Tägliches Stoßlüften stellt auch eine sinnvolle Vorbeugung gegen Schimmelbildung in der Wohnung dar. Mauerwerk und Tapeten nehmen dabei nicht so viel Feuchtigkeit auf wie beim Dauerlüften.
Siehe / Siehe auch: Feuchtigkeit / Feuchte Wände

Straßen
streets; roads

Öffentliche Straßen sind Verkehrswege, die von Jedermann genutzt werden können. Zum Begriff Straße zählt nach dem Straßenrecht mehr, als allgemein angenommen wird. Nach den Straßen- und Wegegesetzen der Bundesländer gehören dazu:

1. Die Bestandteile der Straßenkörper.
   Dazu zählen der Straßengrund, der Straßenunterbau, Fahrbahndecke, Brücken, Tunnels, Durchlässe, Dämme, Gräben,

Entwässerungsanlagen, Böschungen, Stützmauern und Lärmschutzanlagen. Außerdem gehören zu den Straßen die Fahrbahnen, die Trenn-, Seiten-, Rand- und Sicherheitsstreifen und die Omnibushaltebuchten, ferner die mit Straßen gleichlaufenden Gehwege und Radwege. (So genannte „unselbständige Gehwege und Radwege")
2. der Luftraum über dem Straßenkörper,
3. das Zubehör, nämlich Verkehrszeichen, Verkehrseinrichtungen und Verkehrsanlagen aller Art, die der Sicherheit oder Leichtigkeit des Straßenverkehrs oder dem Schutz der Anlieger dienen, sowie die Bepflanzung,
4. die Nebenanlagen; die überwiegend den Aufgaben der Straßenbauverwaltung dienen, z.B. Straßenmeistereien, Gerätehöfe, Lager, Lagerplätze, Ablagerungs- und Entnahmestellen, Hilfsbetriebe und Hilfseinrichtungen.

Siehe / Siehe auch: Straßen- und Wegerecht, Spielstraße, Straßennamen, Sondernutzung von Straßen

Straßen- und Wegerecht

law of public streets and roads

Das Straßen- und Wegerecht in Deutschland ist in verschiedenen Bundes- und Landesgesetzen geregelt. Hierzu gehören das Bundesfernstraßengesetz für die Bundesautobahnen und Bundesstraßen mit den Ortsdurchfahrten und auf Landesebene die Straßen- und Wegegesetze für Staatsstraßen, Kreisstraßen, Gemeindeverbindungsstraßen und Ortsstraßen. Die Straßen sind in Straßenverzeichnisse oder – auf der Gemeindeebene – in Bestandsverzeichnisse eingetragen. Sofern der Träger der Straßenbaulast (Land, Gemeinde) nicht über das Eigentum an den als Straße gewidmeten Grundstücken verfügt, muss er entweder über ein dingliches Recht über das als Straße dienende Grundstück verfügen oder auf der Grundlage eines sonstigen geregelten Verfahrens das Nutzungsrecht für eine Straße erlangen. Je nach Verkehrsbedeutung erhalten die Straßen ihren Rang. Die einzelnen Straßen können mit dem Wandel ihrer Verkehrsbedeutung herauf- oder herabgestuft werden. Die Straßenbaulast umfasst alle mit dem Bau und der Unterhaltung der Straße zusammenhängenden Aufgaben. Die Träger der Straßenbaulast haben nach ihrer Leistungsfähigkeit die Straßen in einem dem gewöhnlichen Verkehrsbedürfnis und den Erfordernissen der öffentlichen Sicherheit und Ordnung genügenden Zustand zu bauen und zu unterhalten. Die Errichtung neuer Straßen erfolgt auf der Grundlage eines Planfeststellungsverfahrens. Gesichert wird die Durchführung durch eine Veränderungssperre. Regelmäßig ist im Rahmen des Planfeststellungsverfahrens eine Umweltverträglichkeitsprüfung durchzuführen. Die Straßen unterliegen der Straßenaufsicht, die je nach Straßenrang bei der Landesregierung, der Regierungs- oder Kreisbehörden angesiedelt ist. Die Straßenaufsicht überwacht die Erfüllung der Aufgaben, die den Trägern der Straßenbaulast und den Straßenbaubehörden obliegen. Zu deren Aufgabenbereich zählt der Abschluss von Grunderwerbsverträgen für die Realisierung von Straßen- und Brückenbauvorhaben, Erteilung von Sondernutzungserlaubnissen, die Genehmigung von Großraum- Schwerlast- und Gefahrenguttransporten und auf der Gemeindeebene die Verkehrslenkung und Verkehrssicherung in den Orten, Aufstellen von Verkehrszeichen und Ampelanlagen. Als Träger der Straßenbaulast sind die Gemeinden verpflichtet für eine ausreichende Beleuchtung und Reinigung der Straßen zu sorgen. Es trifft sie auch eine Räum- und Streupflicht.

Der Straßengebrauch ist jedermann gestattet (Gemeingebrauch). Für Straßenbauarbeiten und zur Verhütung außerordentlicher Schäden an der Straße, die durch deren baulichen Zustand bedingt sind, kann die Straßenbaubehörde den Gemeingebrauch vorübergehend beschränken. Eine Sondernutzung von Straßen (z.B. Nutzung als Wochenmarkt) muss genehmigt werden.

Siehe / Siehe auch: Sondernutzung von Straßen, Straßen, Umweltverträglichkeitsprüfung / Umweltprüfung

Straßennamen

street names

Für fast jede Stadt finden sich in Archiven der Städte und im Internet oft umfangreiche Informationen über die Bedeutung der Straßennamen. Es ist üblich Straßen nach berühmten oder herausragenden Personen zu benennen: Konrad Adenauer Damm, Frau-Klara-Straße,

- nach Zielen: Hamburger Chaussee,
- nach Flurbezeichnungen: Am Rethwisch,
- nach geografischen Besonderheiten: Bergstraße,
- nach Ereignissen: Straße des 17. Juni,
- oder örtlichen Besonderheiten: Waisenhofstraße, Bahnhofstraße.

Gebräuchliche Bezeichnungen für Straße sind auch Allee, Chaussee, Weg, Gang, Damm, Gasse, Pfad, Promenade, Boulevard, Ring, Platz, Carree, Avenue. Ortsangaben wie „Außerhalb", „Am Rand", „Hackesche Höfe" können ebenfalls

Straßenbezeichnungen sein. Straßen müssen nicht immer Namen bekommen, sondern können auch mit Nummern oder Buchstaben bezeichnet werden. Das betrifft nicht nur die Bundes-Autobahnen oder Landesstraßen, sondern ist bekannt aus New York. Nach einem Zonenplan wurden dort bereits 1811 die 12 nummerierten von Norden nach Süden verlaufende Avenues und Seitenstraßen geplant. Nur der Broadway führt quer durch das Gitternetz. Nummern als Straßen sind aber auch eine Besonderheit Mannheims. Das Herz der Altstadt bildete die alte kurfürstliche Festung, die von einer Stadtmauer umgeben war. Sie hat ziemlich genau die Form eines Halbkreises, in dem Quadrate liegen. Die Anordnung der Häuserblocks wurde auf dem Reißbrett entworfen und wird in ihrer Exaktheit mit der Anordnung der Blocks in Manhattan / New York verglichen. In Mannheim sind nicht wie in Manhattan die Straßen, sondern Blöcke nummeriert, z. B. A1, B3 oder F5. Eine Adresse lautet z. B. Vorname Name; C 3, 8; 68161 Mannheim. Die Ratsversammlungen der Städte und Gemeinden können nach der jeweiligen Landes-Kommunalordnung in öffentlicher Sitzung Straßen umbenennen oder Straßen in Neubaugebieten Namen geben. Die Bürger können sich an der Namensfindung beteiligen. Die neuen Straßenbezeichnungen werden öffentlich bekannt gegeben und – wenn kein begründeter Widerspruch erhoben wird – zu einem fest gelegten Zeitpunkt wirksam.
Siehe / Siehe auch: Hausnummer

Strategische Umweltprüfung (SUP)
Strategic Environmental Assessment

Im Zusammenhang mit der Richtlinie 2001/42/EG des EU-Parlaments und unter Berücksichtigung der Vorgaben des UN-ECE-Protokolls über strategische Umweltprüfung muss in Deutschland in Ergänzung zur bisherigen Umweltverträglichkeitsprüfung für bestimmte Planungen und Programme eine Strategische Umweltprüfung durchgeführt werden.
Betroffen davon sind z. B. Verkehrswegeplanungen auf Bundesebene, Ausbaupläne nach dem Luftverkehrsgesetz für größere Ausbauten von Flughäfen, Planung von Seeanlagen, Abfallwirtschaftspläne, soweit sie sich auf gefährliche Abfälle beziehen, Festsetzungen von Überschwemmungsgebieten, Hochwasserschutzpläne, forstliche Rahmenpläne usw. Die Vorschriften über die Strategische Umweltprüfung befinden sich seit Juni 2005 im Umweltverträglichkeitsprüfungs-Gesetz (UVPG).
Am Verfahren werden wie bei der Bauleitplanung Behörden und die Öffentlichkeit beteiligt. Die Ergebnisse und die Feststellungen im Umweltbericht sind bei der weiteren Entscheidungsfindung zu berücksichtigen. Außerdem sollen die Auswirkungen der Maßnahmen nach ihrer Durchführung ständig beobachtet werden („Monitoring“). Mit der strategischen Umweltprüfung soll innerhalb der Europäischen Union ein hohes Umweltschutzniveau hergestellt werden.
Siehe / Siehe auch: Umweltverträglichkeitsprüfung / Umweltprüfung

Strategisches Management
strategic management

Marktorientiertes strategisches Management dient der Früherkennung von Chancen und Risiken, die auf ein Unternehmen zukommen. Grundlage ist eine Definition langfristig angelegter Zielsetzungen, die unter Abwägung der Risiken und Chancen des einzuschlagenden Weges zu Grundsatzentscheidungen führen. Ob eine Strategie richtig ist, entscheidet am Ende der Markt. In der Immobilienwirtschaft spielt Langfristigkeit eine besondere Rolle. Sie betrifft sowohl die Investitionsphase als auch die Bewirtschaftungsphase. Hier geht es primär um Festlegungen auf Märkte, die bedient werden sollen. Für sie werden strategische Geschäftsfeldeinheiten gebildet. Dabei sind die prägenden Determinanten von Angebot und Nachfrage und ihre voraussichtliche Entwicklung zu analysieren. Der Realitätsbezug der Strategie wird mit Hilfe einer Stärken-Schwächeanalyse festgestellt. Die Umsetzung der gewählten Strategie hat Auswirkung auf das Marketing, auf die Personalentwicklung, die betriebliche Organisation, die Fokussierung des Controlling auf den Zielerreichungsgrad, Möglichkeiten von Kooperationen und Fusionen und schließlich das herzustellende und zu wahrende Finanzierungspotential.

Streulagen
scattered locations

Siehe / Siehe auch: Insel-Lagen

Stromversorgung in der Mietwohnung
power / electricity supply in a flat

Mieter haben nach ständiger Rechtsprechung deutscher Gerichte Anspruch auf eine Elektrizitätsversorgung, die es zumindest ermöglicht, ein größeres Haushaltsgerät wie eine Waschmaschine und gleichzeitig weitere haushaltsübliche Geräte, z. B. einen Staubsauger, zu betreiben. Daran führt auch in unrenovierten Altbauwohnungen kein

Weg vorbei. In einem Urteil des Bundesgerichtshofes ging es um eine Mietvertragsklausel, der zufolge der Mieter bei Netzüberlastung selbst für die notwendige Verstärkung oder Änderung des Stromnetzes verantwortlich sein sollte. Diese Vertragsklausel erklärte der BGH für unwirksam. Eine mietvertragliche Regelung, mit der eine unter dem Mindeststandard liegende Stromversorgung vereinbart werde, sei allenfalls wirksam, wenn dies ausdrücklich aus dem Mietvertrag hervorgehe. Der Mietvertrag müsse also die Aussage treffen, dass in der Wohnung nicht einmal ein einziges größeres Haushaltsgerät zusammen mit Kleingeräten betrieben werden könne. Zusätzlich könne keine Kostenübernahmepflicht des Mieters ohne jede Einschränkung vereinbart werden, die ihn verpflichte, sogar bei vollständigem Ausfall des Stromnetzes selbst alle Reparaturen zu bezahlen (Urteil vom 10.2.2010, Az. VIII ZR 343/08).

Studentenwohnheim

student hostel; hall of residence

Ein Studentenwohnheim ist ein Gebäude, das vom Eigentümer dem Zweck des studentischen Wohnens gewidmet wurde. Es muss für diesen Zweck auch geeignet sein; die Miete muss gegenüber der örtlichen Vergleichsmiete günstig sein. Bestimmte Gemeinschaftseinrichtungen oder die ausschließliche Belegung mit Studenten sind nicht vorgeschrieben. Treffen diese Rahmenbedingungen auf ein Wohnheim zu, gelten besondere Regeln. Der gesetzliche Mieterschutz ist hier sehr reduziert. Der Vermieter muss kein berechtigtes Interesse anführen, um den Mietvertrag zu kündigen. Trotzdem darf die Kündigung nur schriftlich erfolgen. Für die ordentliche Kündigung gilt die für Wohnräume übliche dreimonatige Frist. Der Vermieter muss in der Kündigung auf die Möglichkeit hinweisen, wegen eines Härtefalles der Kündigung zu widersprechen. Auch Form und Frist dieses Widerspruches sind zu nennen. Allein die „Sozialklausel" ermöglicht es den Studenten im Ausnahme- bzw. Härtefall, eine Verlängerung des Mietvertrages zu verlangen. Examensvorbereitungen werden hier als Begründung akzeptiert. Die meisten Mietverträge sehen eine ordentliche Kündigungsmöglichkeit zum Semesterende vor. Das Ende des Studiums muss dem Vermieter mitgeteilt werden, auch dann darf der Vermieter kündigen. Zeitmietverträge dürfen für Zimmer in Studentenwohnheimen nicht mehr abgeschlossen werden. Auch die Mieterschutzregelungen hinsichtlich einer Mieterhöhung gelten bei Studentenwohnheimen nicht. Die Miete kann praktisch beliebig erhöht werden; Kündigungen zum Zweck der Mieterhöhung sind zulässig. Die Mietkaution muss wie bei gewöhnlichen Mietwohnungen vom Vermieter getrennt von seinem übrigen Vermögen angelegt werden. Verzinst werden muss sie nach § 551 Abs.3 BGB nicht.

Siehe / Siehe auch: Studentenzimmer, Vermietung

Studentenzimmer, Vermietung

student room, renting out a

Für Studenten gelten grundsätzlich keine anderen mietrechtlichen Vorschriften als für andere Mieter. Ausnahmen:

- Kurzfristiges Mietverhältnis: Es wird Wohnraum nur zur vorübergehenden Nutzung vermietet.
- Möbliertes Zimmer: Es wird ein Zimmer vermietet, dass der Vermieter überwiegend mit Einrichtungsgegenständen ausgestattet hat; dieses Zimmer befindet sich in der vom Vermieter selbst bewohnten Wohnung; es darf dem Mieter nicht zum dauerhaften Gebrauch mit Familie oder anderen Personen, mit denen er einen gemeinsamen Haushalt führt, überlassen werden.

In diesen Fällen gelten folgende Mieterschutz-Vorschriften nicht:

- Regelungen zur Mieterhöhung
- Beendigung des Mietverhältnisses / Kündigungsfristen
- Begründung von Wohneigentum (Kündigungsschutz bei Umwandlung von Miet- in Eigentumswohnungen).

Bei nur zum vorübergehenden Gebrauch vermietetem Wohnraum ist generell eine kürzere als die gesetzliche Kündigungsfrist (drei Monate) zulässig. Bei möblierten Zimmern innerhalb der Wohnung des Vermieters kann spätestens am 15. eines Monats zum Ablauf des gleichen Monats gekündigt werden.

Siehe / Siehe auch: Studentenwohnheim

Studiengänge (Immobilienwirtschaft)

courses of studies (real estate management/ economics)

An verschiedenen Fachhochschulen und Berufsakademien werden immobilienwirtschaftliche Studiengänge oder Studiengänge (Immobilienwirtschaft) angeboten. Sie führen bereits überwiegend zu Bachelor- und Master-Studienabschlüssen. Diplomstudiengänge sind ein Auslaufmodell. Zu den Anbietern zählen Universitäten, Fachhochschulen und

Berufsakademien. Eine Liste der Fachhochschulen, die immobilienwirtschaftliche Studiengänge anbieten, findet man mit Hilfe eines Auswahltools unter www.studienwahl.de.
Siehe / Siehe auch: Bachelor-Studiengänge (Immobilienwirtschaft), Master-Studiengänge (Immobilienwirtschaft), Immobilienfachwirt, Fachkaufmann für die Verwaltung von Wohnungseigentum, Kaufmann/Kauffrau in der Grundstücks- und Wohnungswirtschaft (IHK), Immobilienkaufmann / Immobilienkauffrau, Aus- und Weiterbildung

Stufe

step; tread

Der wohl wichtigste Teil einer Treppe ist die Stufe. Sie wird unterteilt in Tritt- und Setzstufe. Nur die horizontale Trittstufe ist als Auftrittfläche erforderlich. Die vertikale Setzstufe, auch Futterstufe genannt, macht aus einer offenen eine geschlossene Treppe. Die Höhe der Setzstufe und die Tiefe der Trittstufe stehen in einem bewährtem Verhältnis zueinander, dem sogenannten Steigungsverhältnis. Abhängig von der Treppennutzung gibt das Steigungsverhältnis stets gleichmäßigen Abmessungen sowohl der Tritt- als auch der Setzstufe in der Treppenlauflinie vor. Die Stufe wird von verschiedenen Unterkonstruktionen getragen. So wird sie auf flankierende Wangen, einem Mittelholm oder einer Laufplatte integriert. Ausschließlich im Außenbereich kann die Stufe als Massivplatte in einem Bett verlegt werden. Das Material im Außenbereich sollte witterungsbeständig und rutschfest sein. Aber auch im Innenbereich müssen Stufen sicher begehbar sein. Ein rutschfester Kantenschutz oder eine aufgeraute Oberfläche ermöglichen dies.
Siehe / Siehe auch: Gebäudetreppen

Stundenlohnvertrag

employment contract based on an hourly wage rate

Der Stundenlohnvertrag regelt eine Art der Vergütung von Bauleistungen, die in der Baubranche als Ausnahme gilt. Nach § 5 Abs. 2 der Vergabe- und Vertragsordnung (VOB 2006) können Bauleistungen geringeren Umfanges, die überwiegend Lohnkosten verursachen, im Stundelohn vergeben werden. Die näheren Regelungen über Stundenlohnarbeiten sind in § 15 VOB 2006 zu finden. Der Stundenlohnvertrag bezieht sich in der Regel auf Nebenleistungen oder Reparaturleistungen. Er bedarf immer einer besonderen Vereinbarung. Grundlage für die Berechnung sind Stundenlohnzettel, die vom Bauherrn unterschrieben werden. Werden die Stundenlohnzettel vom Bauherrn nicht unterschrieben, obliegt dem Unternehmer die Beweislast hinsichtlich der ausgeführten Leistungen. Wenn die Bauleistungen vor Vergabe nicht eindeutig und so erschöpfend bestimmt werden können, dass eine einwandfreie Preisermittlung nicht möglich ist, kann auch ein Selbstkostenvertrag geschlossen werden. Allerdings müssen in diesem Fall Vereinbarungen darüber getroffen werden, wie Löhne, verarbeitetes Material, Gerätevorhaltung und Gemeinkosten zu vergüten sind und wie hoch der Gewinn sein darf.
Siehe / Siehe auch: Einheitspreisvertrag, Vergabe- und Vertragsordnung für Bauleistungen (VOB 2006)

Stundenzettel

time sheet

Der Stundenzettel oder Stundenlohnzettel dient bei Bauleistungen im Fall der vereinbarten Abrechnung nach Stunden zum Nachweis der geleisteten Arbeitszeiten. Stundenlohn kann in Werkverträgen nach dem Bürgerlichen Gesetzbuch (BGB) oder auch z.B. nach der Vergabe- und Vertragsordnung für Bauleistungen (VOB/B) vereinbart werden. Bei BGB-Bauverträgen gelten die Regeln des § 15 VOB/B nicht direkt. Sie werden aber von Gerichten oft zumindest als Entscheidungshilfe verwendet.
§ 15 VOB/B schreibt vor: Wurde vertraglich keine Stundenvergütung vereinbart, gilt der ortsübliche Satz. Dem Auftraggeber ist der Arbeitsbeginn mitzuteilen. Auf den Stundenzetteln müssen die gearbeiteten Stunden vermerkt werden – und zusätzlich auch ggf. ein besonders zu vergütender Aufwand für verbrauchte Materialien, Geräte, Maschinen, Frachtkosten oder angefallene besondere Kosten. Fehlt eine andere Vereinbarung, sind die Stundenzettel je nach Ortsüblichkeit werktäglich oder wöchentlich beim Auftraggeber einzureichen. Dieser hat die unterzeichneten Stundenzettel innerhalb von sechs Werktagen zurückzugeben. Hat er Einwände, kann er diese direkt auf den Zetteln oder gesondert schriftlich geltend machen. Nicht fristgemäß zurückgegebene Stundenlohnzettel werden als anerkannt angesehen. Zu einem Fall, in dem ein Handwerksbetrieb auf seinen Stundenzetteln nur die gearbeitete Stundenzahl pro Tag und das verwendete Material vermerkt hatte, entschied der Bundesgerichtshof: Der Auftragnehmer müsse nicht im Einzelnen darlegen, mit welchen Tätigkeiten seine Arbeitnehmer zu welchem Zeitpunkt befasst waren. Die geleistete Stundenzahl pro Tag reiche aus. Eine Ausnahme liege nur vor, wenn ei-

ne genauere Aufstellung vereinbart sei (BGH, Az. VII ZR 74/06, Urteil vom 28.05.2009). In einem anderen Fall war zwar auf den Stundenzetteln genau aufgeschlüsselt worden, für welche Arbeiten wieviele Mitarbeiter wann eingesetzt worden waren. Dem Auftraggeber war jedoch die Stundenzahl zu hoch. Auch bestand Streit über den vereinbarten Stundensatz. Der BGH entschied: Nach § 632 BGB sei der ortsübliche Stundensatz maßgeblich. Bei einem Stundenlohnvertrag könne der Auftragnehmer nicht beliebig viele Stunden abrechnen, sondern im Rahmen einer wirtschaftlichen Betriebsführung handeln. Andernfalls habe sein Vertragspartner einen Gegenanspruch. Die Beweislast liege jedoch beim Auftraggeber (BGH, Az. 21 U 106/02, Urteil vom 10.12.2002). Zeichnet der Auftraggeber zunächst die Stundenzettel ab, verweigert aber später die Unterzeichnung, hat er schlechte Karten: Nach dem Oberlandesgericht Köln gilt seine Unterschrift als Genehmigung der Stundenzettel und ist bindend. Der Auftraggeber muss die aufgeführten Arbeitsstunden bezahlen – außer wenn er beweisen kann, dass die Angaben auf den Zetteln falsch waren und dass er davon bei Unterzeichnung nichts wusste (OLG Köln, Az. 24 U 167/07, Urteil vom 16.09.2008).

Siehe / Siehe auch: Stundenlohnvertrag

Sturmschaden / Haftung

storm loss / liability

Bei Schäden durch Stürme und Unwetter kann in manchen Fällen der Eigentümer eines Gebäudes haftbar gemacht werden. In erster Linie ist dies bei Schäden der Fall, die an fremdem Eigentum durch herabgefallene Gebäudeteile wie etwa Dachziegel oder durch umfallende Bäume auf dem Grundstück entstehen. Die Haftung nach dem Bürgerlichen Gesetzbuch ist allerdings verschuldensabhängig, d.h. der Gebäudeeigentümer haftet nur dann, wenn er Verkehrssicherungspflichten missachtet hat. Er ist dazu verpflichtet, sein Gebäude regelmäßig auf lose Bauteile und andere Gefahrstellen zu untersuchen und ggf. Abhilfe zu schaffen. Auch Bäume auf dem Grundstück müssen zumindest optisch auf ihre Standfestigkeit geprüft und bei vorhandenen Krankheitsanzeichen von einem Fachmann begutachtet werden (halbjährlich, vgl. z. B. Urteil des Amtsgerichts Hermeskeil v. 9.9.2002, Az.: 1 C 288/01). Fällt ein gesunder Baum im Sturm um und trifft des Nachbarn Dach, haftet der Eigentümer des Baumes nicht. Absichern können sich Hauseigentümer durch eine Haftpflichtversicherung. Für selbstnutzende Eigentümer ist meist eine gängige Privathaftpflichtversicherung ausreichend, für Vermieter ist eine spezielle Hauseigentümerhaftpflicht zu empfehlen.

Siehe / Siehe auch: Sturmschaden / Versicherung, Überspannungsschäden, Wohngebäudeversicherung, Verkehrssicherungspflicht

Sturmschaden / Versicherung

storm loss / insurance

Sturmschäden haben in den letzten Jahren deutlich zugenommen. Immer öfter müssen Hauseigentümer und Mieter nach Schadensfällen ihre Versicherung in Anspruch nehmen. Für Hauseigentümer ist die Wohngebäudeversicherung von entscheidender Bedeutung. Diese muss jedoch eine Versicherung gegen Sturm- bzw. Elementarschäden ausdrücklich einschließen. Bei den vom Versicherungsverband GDV ausgearbeiteten Musterbedingungen für Wohngebäudeversicherungen 2008 ist dies der Fall. Versichert sind u.a. Schäden durch

- direkte Einwirkung von Sturm oder Hagel
- herumfliegende Gebäudeteile, Bäume etc.
- Folgeschäden derartiger Einwirkungen
- Blitzschlag.

Nicht versichert sind in der Regel Wasserschäden nach Überschwemmungen, Hochwasser etc. sowie Überspannungsschäden an Elektrogeräten durch Blitzeinschläge in Stromleitungen. Derartige Schäden können jedoch oft gegen Aufpreis versichert werden. Für selbstnutzende Eigentümer und Mieter lohnt sich eine Hausratsversicherung. Grundregel: Die Gebäudeversicherung versichert das Gebäude selbst; die Hausratsversicherung versichert die darin befindlichen losen Gegenstände – etwa Möbel, Kleidung, Dekoration, Elektrogeräte. Wichtig kann auch die KFZ-Teilkasko werden – wenn etwa durch einen Sturm Gegenstände auf das Auto fallen. Ein Hagelschaden wird ebenfalls von der Teilkasko abgedeckt. Nicht versichert ist jedoch ein Unfall – wenn z.B. während der Fahrt vom Sturm herabgewehte Äste oder gar ein umgeworfener Baum gerammt werden. Hier zahlt allenfalls eine Vollkaskoversicherung. Die Gebäude-, Hausrat- und KFZ-Teilkaskoversicherung akzeptieren Unwetterschäden dann als Sturmschäden, wenn mindestens Windstärke 8 geherrscht hat. Im Schadensfall empfiehlt es sich, örtliche Zeitungsberichte über den Sturm aufzubewahren. Windstärke 8 wird von den Versicherungen unterstellt, wenn der Sturm in der Umgebung auch einwandfreie, intakte Gebäude beschädigt hat oder das geschädigte Gebäude sich selbst in einwandfreiem Zustand befand, so dass der Schaden nur durch Sturm entstanden sein kann

(Musterversicherungsbedingungen GDV 2008). Grundsätzlich muss nach einem Sturmschaden sofort die Versicherung informiert werden. Ein allzu langes Abwarten kann dem Versicherungsnehmer als Verletzung seiner vertraglichen Pflichten ausgelegt werden mit der Folge, dass die Versicherung leistungsfrei wird.
Siehe / Siehe auch: Sturmschaden / Haftung

Sturz
lintel

Ein Sturz ist eine tragende Überdeckung einer Öffnung an einem Bauwerk (Türsturz, Fenstersturz). Der Sturz kann vorgefertigt oder auf der Baustelle hergestellt werden. Seine Form kann gerade oder gebogen sein.

Subjektiv dingliche Rechte (Grundbuch)
right ad rem; right in rem (land register)

Dingliche Rechte sind Rechte Dritter, die im Grundbuch des Verpflichteten als Last oder Beschränkung eingetragen und damit an entsprechender Rangstelle abgesichert werden. Bei subjektiv dinglichen Rechten handelt es sich um solche, die sich auf den jeweiligen Eigentümer eines bestimmten Grundstücks (meist des Nachbargrundstücks) beziehen, der das eingetragene Recht ausüben kann. Man spricht beim belasteten Grundstück vom „dienenden Grundstück“, beim berechtigten Grundstück vom herrschenden Grundstück. Bei letzterem ist die Eintragung im Bestandsverzeichnis als Vermerk möglich.
Zu den subjektiv dinglichen Rechten gehören alle Grunddienstbarkeiten (z.B. Geh- und Fahrtrecht, das Hammerschlags- und Leiterrecht usw.). Auch eine Reallast kann ein subjektiv dingliches Recht sein, wenn nämlich der zur wiederkehrenden Leistung Verpflichtete nicht eine bestimmte Person ist, sondern der jeweilige Eigentümer eines anderen Grundstücks. Schließlich zählen dazu die subjektiv dinglichen Vorkaufsrechte, wenn der jeweilige Eigentümer eines anderen Grundstücks das Vorkaufsrecht ausüben darf. Im Falle von Eigentumsübertragungen des belasteten Grundstücks geht die Last auf den Rechtsnachfolger über, es sei denn, es erlischt aufgrund einer entsprechenden Vereinbarung. Der Löschung eines subjektiv dinglichen Rechts im Grundbuch muss ein Grundpfandgläubiger zustimmen, da dieses Recht wesentlicher Bestandteil ist und das Grundpfandrecht somit auch auf diesem Recht ruht. Im Gegensatz zum subjektiv dinglichen Recht steht das subjektiv persönlich Recht einer bestimmten natürlichen oder juristischen Person zu und ist weder veräußerbar noch vererbbar ist.
Siehe / Siehe auch: Grunddienstbarkeit, Vorkaufsrecht, Reallast, Subjektiv persönliche Rechte (Grundbuch)

Subjektiv persönliche Rechte (Grundbuch)
an individual's personal right / entitlement (land register)

Bestimmte persönliche Rechte an einem Grundstück können in das Grundbuch eingetragen werden. Man bezeichnet diese Rechte als subjektiv persönliche Rechte im Gegensatz zu den subjektiv dinglichen Rechten, bei denen die Rechtsausübung dem jeweiligen Eigentümer eines anderen Grundstücks zusteht. Zu den ins Grundbuch eintragungsfähigen subjektiv persönlichen Rechten gehören die beschränkten persönlichen Dienstbarkeiten, zu denen auch das Wohnungsrecht zählt, der Nießbrauch an einem Grundstück und die Reallast, sofern im Grundbuch das Recht einer bestimmten Person als Empfänger der in der Reallast vereinbarten Leistung eingetragen ist. Subjektiv persönlichen Charakter hat auch das ins Grundbuch eingetragener Vorkaufsrecht, sofern nur eine bestimmte Person zur Ausübung des Vorkaufsrechts berechtigt wird. Bei den Berechtigten kann es sich um natürliche aber auch juristische Personen handeln. Die Rechte erlöschen mit dem Tod der natürlichen Person bzw. mit dem Ende der juristischen Person (z. B. durch Löschung im Handelsregister). Da Körperschaften des öffentlichen Rechts in der Regel nicht aufgelöst werden, sind die zu deren Gunsten eingetragenen subjektiv dinglichen Rechte zeitlich unbeschränkt.
Siehe / Siehe auch: Beschränkte persönliche Dienstbarkeit, Nießbrauch (allgemein), Reallast, Vorkaufsrecht, Wohnungsrecht

Subprime-Krise
subprime crisis

Als Subprime-Kredite bezeichnet man Hypothekendarlehen an Kreditnehmer, die zwar grundsätzlich regelmäßig Rückzahlungen und Zinszahlungen leisten, deren Bonität aber als vergleichsweise schlecht bewertet wird. Als Subprime-Krise wird die Krise des US-Amerikanischen Hypothekenmarktes bezeichnet, die auf dem Markt für Subprime-Darlehen ihren Anfang nahm. Die US-Hypothekenmarktkrise begann bereits 2006, wurde in Europa aber erst 2007 ernst genommen. Sie hält auch 2009 und 2010 noch an. Die Krise begann in einer Situation stagnierender oder sinkender Immobilienpreise bei steigenden Zinsen in den USA. Eine immer größere Zahl von Kreditnehmern war nicht mehr zur Tilgung ihrer Kredite in der Lage. Es kam zur massenhaften Zwangsversteigerung von Immobilien verbunden mit einem weiteren Preisverfall. Die Subprime-Kredite waren über den Kapitalmarkt refinanziert worden – man hatte die Forderungen gegen die Schuldner auf Rück- und Zinszahlung in Form von forderungsbesicherten Wertpapieren verbrieft und veräußert. Als Käufer traten oft Fonds (risikobereite Hedgefonds wie auch konservativere Investmentfonds) sowie Banken und Versicherungen auf. Die Zahlungsunfähigkeit von immer mehr Schuldnern führte dazu, dass viele spezialisierte amerikanische Baufinanzierungsgesellschaften Gläubigerschutz beantragen mussten. Eine Vielzahl von Hedgefonds musste geschlossen werden; auch Banken gerieten in finanzielle Schwierigkeiten. Anleger zogen ihr Kapital aus dem Markt ab, was zu einem hohen Liquiditätsbedarf und steigenden Geldmarktzinsen führte. Auch Banken untereinander waren bald nicht mehr bereit, Liquidität zur Verfügung zu stellen. Dies führte zu Unterstützungsaktionen einiger nationaler Zentralbanken. Die Krise hatte schließlich auch Auswirkungen in Europa: Diverse europäische Banken und Fondsgesellschaften hatten sich über Tochtergesellschaften am US-Hypothekenmarkt engagiert oder forderungsbesicherte Wertpapiere gekauft. Auch einige deutsche Banken gerieten in Schwierigkeiten und mussten finanziell gestützt werden. Gerüchte über hohe Abschreibungen im Bereich von Immobilien-Darlehen führen immer wieder zu Einbrüchen der internationalen Aktienmärkte insbesondere im Hinblick auf Bank- und Finanztitel. Die Krise griff auf die Realwirtschaft über und führte zur Insolvenz von Unternehmen und zum Verlust vieler Arbeitsplätze. Die Zentralbanken wie etwa die EZB (Europäische Zentralbank) versuchten wiederholt, den Finanzmärkten mehr freies Kapital zur Verfügung zu stellen, um die Wirtschafts- und Finanzmärkte zu stützen. Dazu wurden die Leitzinsen gesenkt. Folge waren günstige Zinsen für Immobilienkäufer und Bauherren, aber geringe Zinssätze für Sparer. Die Niedrigzinspolitik kann sich ferner inflationssteigernd auswirken. Prognosen über ein Ende der Subprime- beziehungsweise Weltfinanzkrise sind kaum möglich.

Siehe / Siehe auch: Forderungsbesichertes Wertpapier, Hedgefonds, Immobilienkrise

Subsidiärhaftung
secondary liability

Von Subsidiärhaftung wird gesprochen, wenn es neben dem an erster Stelle für ein Verschulden Haftenden eine Person oder Institution gibt, die als zusätzlich Haftende dann in Anspruch genommen werden können, wenn der Haftungsanspruch gegen den „primär" Haftenden nicht durchgesetzt werden kann. In Bauträgerverträgen wird häufig der Anspruch wegen Baumängel gegen Bauunternehmen, die an der Erstellung des Bauwerks beteiligt waren an den Erwerber abgetreten. Der Erwerber muss also etwaige Haftungsansprüche gegen den Bauunternehmer geltend machen. Für den Fall, dass dieser z. B. wegen Insolvenz zur Nacherfüllung nicht mehr in der Lage ist, muss der Bauträger als subsidiär Haftender für Abhilfe sorgen.

Subtraktionsmethode
residual value costing

Die Subtraktionsmethode ist eine Methode zur Feststellung des Abstimmungsergebnisses einer Eigentümerversammlung. Sofern Teilungserklärung oder Gemeinschaftsordnung keine anderen Regelungen treffen, bestimmt der Versammlungsleiter darüber, wie das Ergebnis einer Abstimmung festzustellen ist. Die Subtraktionsmethode setzt sich dabei zunehmend durch. Statt einzeln über „Ja", „Nein" und „Enthaltung" abzustimmen und jeweils die Stimmen auszuzählen, muss nur über zwei dieser Fragen abgestimmt werden. Die dritte Zahl wird dann durch Subtraktion der anwesenden Stimmen von den bereits gezählten ermittelt. Z. B. werden zuerst die Ja-Stimmen gezählt, dann die Nein-Stimmen. Die Enthaltungen werden als Differenz der anwesenden / vertretenen Stimmen und der gezählten Ja/Nein Stimmen durch Subtraktion festgestellt. Dieses gerade bei großen Versammlungen zeitsparende Verfahren war gerichtlich zeitweise umstritten. Der Bundesgerichtshof (Az. V ZB 37/02, Beschluss vom 19.9.2002) hat es für zulässig erklärt, sofern die Anzahl der Abstimmenden durch geeignete Zugangskontrollen feststehe. Das Bayerische Oberlandesgericht (Az. 2 Z BR 109/04, 10.11.2004) hat noch liberaler entschieden: Danach sind keine besonderen organisatorischen Schritte erforderlich - solange eindeutige Mehrheitsverhältnisse gegeben sind. Damit kann die Subtraktionsmethode unbedenklich angewendet werden, wenn die bei der Abstimmung anwesenden Eigentümer ganz offensichtlich die Mehrheit darstellen.

Siehe / Siehe auch: Gemeinschaftsordnung, Teilungserklärung, Wohnungseigentümer-Versammlung

Subunternehmer
sub-contractor

Als Subunternehmer bezeichnet man alle Auftragnehmer (i.d.R. Handwerker, Unternehmen der Bauindustrie), die von einem Hauptunternehmer (Generalunternehmer oder Generalübernehmer) mit der Erbringung einzelner Werkleistungen beim Errichten eines Bauwerks betraut werden. Der Subunternehmer tritt in keine Rechtsbeziehung mit dem Bauherrn. Die Abnahme von Bauleistungen des Subunternehmers ist Sache des Generalunternehmers. Den Subunternehmer trifft eine Mängebeseitigungspflicht nur gegenüber dem Generalunter-/übernehmer nicht aber gegenüber dem Bauherrn. Grundsätzlich darf ein Hauptunternehmer einen Subunternehmer nur mit Genehmigung des Bauherrn oder auf der Grundlage einer entsprechenden Vereinbarung mit ihm einschalten.

Siehe / Siehe auch: Generalübernehmer, Generalunternehmer

Subvention (Wohnungswirtschaft)
subsidy; grant (housing industry)

Unterschieden werden kann zwischen direkten und indirekten Subventionen. Bei den direkten Subventionen handelt es sich um direkte (meist) Geldleistungen zur Förderung bestimmter Vorhaben oder eines bestimmten Konsumniveaus. Bei der indirekten Subvention handelt es sich um Ausnahmen von sonst einzuhaltenden Vorschriften, um dem Ausnahmeberechtigten Kosten zu ersparen oder um verbilligte Zurverfügungstellung von Ressourcen aller Art. Betrachtungsgegenstand sind in aller Regel nur die direkten Subventionen. Sie spielten – und spielen teilweise auch heute noch – vor allem im Bereich der Wohnungswirtschaft eine große Rolle. Bei den direkten Subventionen ist wieder zu unterscheiden zwischen Kapitalsubventionen und Aufwandsubventionen. Kapitalsubventionen sind entweder Zuschüsse im Zusammenhang mit der Durchführung von Wohnbauvorhaben oder die Gewährung von zinsverbilligten Darlehen. Im ersten Fall bezahlt der Staat aus Haushaltmitteln die Fördergelder, im zweiten Fall gewährt der Staat Zinszuschüsse aus Haushaltmitteln, die direkt den Kreditinstituten zufließen, die die entsprechend verbilligten Darlehen gewähren. Bei den Aufwandsubventionen ist ebenfalls zwischen Zuschüssen und verbilligten Darlehen zu unterscheiden, die zur Decken von laufenden Aufwendungen eines Wohnobjektes dienen. Sie bewirken eine Verbilligung der Miete des Mieters oder direkt der Aufwendungen des Eigenheimers.

Die Verbilligungseffekte im öffentlich geförderten Wohnungsbau nach dem zum 31.12.2001 bzw. 2002 aufgehobenen II. Wohnungsbaugesetz wirken sich noch bis zum Auslaufen der Bindungsfristen aus. Seit Inkrafttreten des Wohnraumförderungsgesetzes liegt der Schwerpunkt der Subventionen auf dem Erwerb von Belegungsrechten von Wohnraum gegen Fördermittel, Bürgschaften und Zurverfügungstellung von verbilligtem Bauland. Allerdings stehen auch für den Neubau, den Erwerb von Bestandobjekten und die Modernisierung von Wohnraum Fördergelder zur Verfügung. Im Übrigen ist auch auf die verschiedenen Programme der Kreditanstalt für Wideraufbau (KfW) zu verwiesen, bei denen sowohl Zuschüsse als auch verbilligte Darlehen gewährt werden. Zu den wohnungswirtschaftlichen Subventionen zählen auch die Wohnungsbauprämie für Bausparer und die Arbeitnehmersparzulage, die oft im Rahmen des Bausparens genutzt wird. Früher hatte Subventionscharakter die Eigenheimzulage. Sie soll durch eine neue wohnungswirtschaftliche Subvention rückwirkend zum 01.01.2008 abgelöst werden. Es handelt sich um die Einführung von Wohn-Riester.

Siehe / Siehe auch: Arbeitnehmersparzulage, Kreditanstalt für Wiederaufbau (KfW), Sozialer Wohnungsbau, Wohnraumförderungsgesetz

Such- und Informationskosten
cost of searching and information

Such- und Informationskosten sind eine unmittelbare Folge der fehlenden Transparenz (insbesondere des Immobilienmarktes) eines Marktes. Sie entstehen durch

- unmittelbare Aufwendungen (z. B. Marketingaufwendungen, Kundenbesuche, Suchanzeigen)
- mittelbare Aufwendungen durch den Aufbau organisierter Märkte (z. B. Immobilienmessen, Dimax, Gefox)
- Kommunikationskosten zwischen potentiellen Tauschpartnern (Telekommunikationskosten, Aufwendungen für Vertreter und Makler usw.)
- Kosten im Zuge von Informationserhebungen und zum Vergleich von Preisen (Research, Marktberichterstellungen, Bewertungen etc.)
- Kosten durch Tests und Qualitätsurteile (Bonitäts- und Eignungsüberprüfungen von Marktteilnehmern)

Siehe / Siehe auch: Markttransparenz

Suchmaschinenmarketing

search engine marketing (SEM)

Unter Suchmaschinenmarketing versteht man verschiedenste Maßnahmen, um Besucher für eine Website zu gewinnen. Ein Aspekt davon ist die Suchmaschinenoptimierung mit dem Ziel, ein besseres Ranking zu erreichen. Eine weitere Methode ist das Erkaufen von Spitzenpositionen in den Suchmaschinen. Dabei wird das Budget vom Websitebetreiber selbst bestimmt. Eine Bezahlung ist nur dann erforderlich, wenn die Verlinkung zur Website durch den Besucher angeklickt wird.

Siehe / Siehe auch: Suchmaschinenoptimierung

Suchmaschinenoptimierung

search engine optimization

Google, Yahoo und Bing sind die derzeit gängigsten Suchmaschinen im Internet. Um mit der eigenen Internetpräsenz Erfolg zu haben ist es wichtig, bei einer Suchanfrage in diesen Suchmaschinen weit vorn gelistet zu werden. Dazu ist eine Optimierung der Firmen-Homepage unabdingbar. Die wichtigsten Fakten zur Optimierung im Überblick:

- Optimale Programmierung: Vermeiden Sie alles, was die Suchmaschinen bei der Arbeit behindert, wie z. B. Framesets, Flashintros etc.
- Passende Schlagworte: Das Ranking in den Suchmaschinen hängt auch davon ab, ob Sie die richtigen Suchbegriffe (Keywords) verwenden. Dabei wird das Vorkommen des Suchbegriffs nach Kriterien wie der relativen Häufigkeit oder der Position des Vorkommens gewichtet.
- Webgerechte Texte: Suchmaschinen sind Programme, die Texte auswerten. Schreiben Sie Ihre Texte nicht nur für die Leser, sondern auch speziell für die Suchmaschinen.
- Durchdachtes Konzept: Suchmaschinen lieben Seiten, die klar strukturiert und intern gut verlinkt sind und sprechende Dateinamen besitzen.

Siehe / Siehe auch: Suchmaschinenmarketing

Superädifikat

building erected on land owned by another person

Superädifikate sind Gebäude, die auf fremden Grund errichtet sind, ohne ein Erbbaurecht zu sein. Die Errichtung erfolgt auf der Grundlage eines zeitlich befristeten Nutzungsvertrages (Grundbenützungsübereinkommen). Schuldrechtlich kann es sich um Miete, Pacht oder auch kostenlose Überlassung (Präkarium) handeln. Der Begriff des Superädifikats wird in Österreich verwendet und ist dort in § 435 ABGB definiert. In der Regel handelt es sich um geringwertige Gebäude, die einem bestimmten Zweck dienen (Haus in Kleingartensiedlungen, ein Würstlstand, Spielhalle, Turnhalle, Lagergebäude). Zu unterscheiden ist in Österreich zwischen dem Superädifikat und dem Baurecht. Das bis 1990 nur auf öffentlichem oder kirchlichem Grund einräumbare Baurecht kann seitdem von privaten Grundstückseigentümern vergeben werden. Das Baurecht wird im Grundbuch an erster Rangstelle eingetragen. Das dingliche Baurecht ist veräußerbar und vererblich. Die Regelungen entsprechen weitgehend denen des Schweizer Baurechts und denen des deutschen Erbbaurechts. In Deutschland kann auf fremdem Boden ein Gebäude mit einer zeitlich beschränkten Nutzungsdauer errichtet werden. Es wird dann aber nicht wesentlicher, sondern nur Scheinbestandteil des Grundstücks.

Siehe / Siehe auch: Erbbaurecht

SWOT-Analyse

SWOT analysis

Die SWOT-Analyse (Strengths, Weaknesses, Opportunities und Threats) ist der englische Ausdruck für eine Stärken-Schwächen-Chancen-Risiken-Analyse. Sie ist ein Werkzeug des strategisches Managements von Unternehmen oder Produkten. Auf dessen Basis werden Strategien für die weitere Unternehmensentwicklung abgeleitet.

Sylter Fußleistenmaß

size of a holiday flat calculated on the distance between skirting boards (so-called „Sylt measurement“ because it is used on the island of Sylt)

Vermieter von Ferienobjekten an der Deutschen Nordseeküste, beispielsweise auf Sylt aber auch auf anderen Inseln, geben die Größe der Häuser oder Wohnungen gelegentlich nach dem sogenannten Sylter Fußleistenmaß an. Diese ortsübliche Angabe richtet sich nicht nach der Wohnflächenverordnung oder nach der Berechnungsart nach DIN, sondern berechnet die Grundfläche des Raums von Fußleiste zu Fußleiste, ohne die darüber liegende Höhe zu berücksichtigen. Diese Angabe bezieht oft auch Loggien, Terrassen, den Raum unter Treppen und unterhalb einer Höhe von zwei Metern vollständig mit ein.

Siehe / Siehe auch: Wohnfläche, Lichte Höhe / Lichtes Maß, Flächendefinition (außerhalb DIN und II BV), Grundfläche nach DIN 277/1973/87

Szenario-Technik

scenario technique

Die Szenario-Technik wird für Zukunftsprognosen eingesetzt, um die Wirkungsrichtung und -intensität bei Veränderung eines oder mehrerer Einflussfaktoren innerhalb eines Szenarios festzustellen. Die Entwicklung verläuft zwischen einem positiven (best-case) und einem negativen (worst case) Extremverlauf. Die einfachste Methode besteht in der Trendfortschreibung. Die bisherige Entwicklung wird in die Zukunft projiziert. Sie lässt allerdings qualitative Änderungen von Einstellungen der in der Szenariolandschaft angesiedelten Personen meist außer Betracht. Mit der Szenario Technik wird gerade versucht, quantitative Grunddaten mit qualitativen Informationen und Einschätzungen zu verbinden. Szenarioanalysen sind oft Entscheidungsgrundlagen in Politik und Wirtschaft.

Täuschung der Hausratsversicherung

(wilful intent to) deceive the household and personal effects insurance

Wer mehrere Schäden nacheinander bei seiner Hausratsversicherung meldet, sollte korrekt vorgehen und darauf achten, nicht die gleichen Belege zweimal einzureichen. Dies kann als arglistige Täuschung ausgelegt werden mit der Folge, dass gegen ihn Rückzahlungsansprüche geltend gemacht werden. Werden etwa nach einem Einbruch Gegenstände als gestohlen gemeldet, die schon zuvor bei einem Leitungswasserschaden als zerstört gemeldet und von der Versicherung ersetzt wurden, hat der Versicherte schlechte Karten. Er bekommt nicht nur die Gegenstände nicht ersetzt, sondern muss auch die zuvor bereits erstatteten Beträge zurückzahlen (Landgericht Köln, Az. 24 O 207/06). Auch eine Strafbarkeit wegen Betruges ist möglich. Ersetzt werden von der Hausratsversicherung meist nur Gegenstände, für die es Kaufquittungen gibt. Es empfiehlt sich daher unbedingt, Quittungen lange aufzubewahren. Eingereicht werden müssen übrigens Originalquittungen – nicht nachgefertigte und rückdatierte (Amtsgericht Wittenberg, Az. 8 C 70/05 (V)). Auch derartige Handlungen sind eine arglistige Täuschung. Als Beweis dafür, dass ein bestimmter Gegenstand vorhanden war, können auch Fotos dienen (Wohnung vor und nach dem Schadenseintritt), ebenso Zeugenaussagen.

Siehe / Siehe auch: Hausratversicherung (Hausratsversicherung)

Tafelgeschäft

over-the-counter trade/ business / transaction

Unter Tafelgeschäft versteht man Transaktionen von Wertpapieren, bei denen kein Bankdepot eingeschaltet wird. Kauf und Verkauf erfolgen gegen Bargeld am Bankschalter. Auch die Zins- und Dividendenscheine werden am Bankschalter gegen Barauszahlung eingelöst.

Tagesmutter

child minder

Eine Tagesmutter betreut tagsüber die Kinder berufstätiger Eltern. Mietrechtlich sorgt diese Betätigung immer wieder für Probleme, da sich andere Mieter über Kinderlärm beschweren oder der Vermieter eine Zweckentfremdung der Wohnung befürchtet. Die Gerichte haben entschieden, dass Tagesmütter ihrer Tätigkeit auch in der Mietwohnung nachgehen dürfen. Allerdings müssen die räumlichen Verhältnisse berücksichtigt werden. Nach einem Urteil des Landgerichts Hamburg (LG Hamburg, NJW 82, 2387) durfte die Mieterin einer 90-Quadratmeter-Wohnung mit eigenem vierjährigen Kind nicht mehr als drei fremde Kleinkinder gleichzeitig betreuen. Das Landgericht Berlin hielt den Rahmen des Zumutbaren bei der Beaufsichtigung von fünf Kindern in einer Mietwohnung für überschritten (Urteil vom 6.7.1992, Az. 61 S 56/92). Grundsätzlich ist für eine Berufsausübung in der Wohnung immer eine Genehmigung des Vermieters notwendig. Hat der Vermieter die Tätigkeit als Tagesmutter gestattet, müssen kurzfristige Ruhestörungen im Haus durch Holen und Bringen der Kinder hingenommen werden. Dies gilt auch für kurzzeitige Parkplatzprobleme vor dem Haus oder das zeitlich begrenzte Abstellen von Kinderwagen im Treppenhaus. All dies ist bei der Tagesmutter-Tätigkeit nicht zu vermeiden und stellt – wenn diese erlaubt wurde – keinen Kündigungsgrund dar. Anders ist es jedoch, wenn ohne Erlaubnis des Vermieters eine solche Tätigkeit ausgeübt wird. Erlaubt jedoch der Vermieter die Tätigkeit und trifft er sogar eine schriftliche Vereinbarung mit der Mieterin über eine Erhöhung der Betriebskostenanteile für Wasser und Abwasser, kann der Vermieter später nicht nachträglich einseitig seine Zustimmung zurückziehen. Dies entschied das Amtsgericht Wiesbaden in einem Fall, bei dem es um die Tagesbetreuung von regelmäßig acht bis neun Kindern in einer Dreizimmerwohnung über einen Zeitraum von 14 Jahren ging (Urt. v. 26.11.2002, Az. 92 C 546/02-34).

Siehe / Siehe auch: Berufsausübung durch Mieter, Zweckentfremdung, Zweckentfremdungsgenehmigung

Tagesordnung (Wohnungseigentümer-Versammlung)

agenda (freehold flat owners' meeting)

Zur Gültigkeit eines Beschlusses der Wohnungseigentümer-Versammlung ist es erforderlich, dass der Gegenstand der Beschlussfassung bei der Einberufung der Versammlung bezeichnet ist. Deshalb ist der Einladung eine Tagesordnung beizufügen. Sie soll den Eigentümern die Möglichkeit geben, zunächst zu entscheiden, ob sie an der Versammlung teilnehmen wollen, und ihnen im Übrigen die Gelegenheit verschaffen, sich über Inhalt und rechtliche Folgen der vorgesehenen Beschlussfassungen vorab zu informieren. Die Aufstellung der Tagesordnung für die Wohnungseigentümer-Versammlung erfolgt üblicherweise durch den Verwalter, zweckmäßigerweise in Abstimmung mit dem Verwal-

tungsbeirat, wenn ein solcher bestellt ist. Einzelne Wohnungseigentümer können die Aufnahme bestimmter Tagesordnungspunkte verlangen. Der Verwalter muss diesem Verlangen stattgeben, wenn es sich um Angelegenheiten der ordnungsgemäßen Verwaltung handelt, auf die jeder Wohnungseigentümer einen individuellen, auch gerichtlich durchsetzbaren Anspruch hat. Wird in der Versammlung über Angelegenheiten beschlossen, die nicht in der Tagesordnung angekündigt waren, sind diese Beschlüsse jedoch nicht unwirksam, sondern bedürfen der Anfechtung innerhalb einer Monatsfrist (seit Beschlussfassung in der Versammlung). Erfolgt eine Anfechtung, werden Beschlüsse über nicht in der Tagesordnung angekündigte Angelegenheiten im Regelfall für ungültig erklärt.
Siehe / Siehe auch: Wohnungseigentümer-Versammlung, Beschluss (Wohnungseigentümer)

Tageswert

market value; current value

Siehe / Siehe auch: Zeitwert / Tageswert

Tankstellen

petrol service station; filling / service station

Tankstellen sind Abfüllplätze an ortsfesten Anlagen für Benzin und Dieselkraftstoff. Beim Betrieb von Tankstellen sind die von den Bundesländern erlassenen Tankstellenverordnungen zu beachten. Dabei geht es darum, zu verhindern, dass Benzin und Dieselkraftstoff nicht den Boden und die darunter liegenden Bodenschichten, in das Grundwasser oder Abwasser oder in andere Gewässer eindringen kann. Abfüllplätze müssen dauerhaft flüssigkeitsundurchlässig und beständig sein. Zapfautomaten müssen mit einer automatischen Abschalteinrichtung versehen sein. Tankstellen sind nach der BauNVO zulässig in Dorf-, Misch-, Gewerbe- und Industriegebieten. In Kleinsiedlungsgebieten, in allgemeinen oder besonderen Wohngebieten, sowie in Kerngebieten können sie ausnahmsweise zugelassen werden. Auf keinen Fall zulässig sind sie in reinen Wohngebieten.

Tarif (Bausparvertrag)

tariff (building loan contract)

Je nach Wunsch kann der Bausparer beim Abschluss eines Bausparvertrags zwischen unterschiedlichen Tarifgestaltungen wählen. Dabei variieren die Zinssätze für das Bauspardarlehen und das Bausparguthaben sowie die Voraussetzungen für die Zuteilung. Ebenso sind im Tarif der Regelsparbeitrag der Tilgungsbeitrag und die Gebühren festgelegt. Üblicherweise wird zwischen Standardtarif und Optionstarif unterschieden. Es gibt auch einen Schnellspartarif.
Siehe / Siehe auch: Schnellspartarif

Tatsächliche Flächennutzung

actual / effective land utilisation

Neben der Statistik über die geplante Flächennutzung wird im Abstand von vier Jahre vom Statistischen Bundesamt die „tatsächliche Bodennutzung" erfasst. Datenquellen sind hier nicht die Flächennutzungspläne, sondern die in Liegenschaftskatastern ausgewiesenen Flächennutzungskategorien. Die letzte Erhebung gibt den Stand vom 31.12.2004 wieder. Insgesamt wird unterschieden zwischen Gebäude- und Freiflächen, Betriebsflächen (einschließlich Abbauland), Erholungsflächen, Verkehrsflächen, Landwirtschaftsflächen, Waldflächen, Wasserflächen und Flächen anderer Nutzungsarten (darunter Friedhofsflächen). Ein Teil dieser Flächen ist unter dem Begriff der Siedlungs- und Verkehrsfläche zusammengefasst. Jede dieser Flächenarten ist wieder mehrfach unterteilt, so dass sich daraus ein sehr differenziertes Flächennutzungsraster aus 55 Endpositionen auf der Grundlage des jeweiligen Istzustandes ergibt. So teilt sich die Gebäude- und Freifläche (GF) in 10 Unterarten, darunter die dem Wohnen dienende Gebäude- und Freifläche (GFW) auf. Diese wiederum gliedert sich in 9 verschiedene Haustypen u.a. Wohnhaus in der Reihe, freistehender Wohnblock, Einzelhaus, Doppelhaus, Reihenhaus, Hochhaus usw.. Politisch wird angestrebt, die Zunahme des Flächenverbrauchs durch Bodenversiegelung sukzessive zu senken. Bis 2020 soll der zusätzliche tatsächliche Flächenverbrauch auf 30 ha pro Tag zurückgeschraubt werden (derzeitiger Verbrauch 100 ha pro Tag).
Siehe / Siehe auch: Siedlungs- und Verkehrsfläche, Bauflächen, Geplante Flächennutzung

Technische Anleitungen (TA)

technical directives

Verwaltungsvorschriften des Bundes, die sich auf einheitliche Anforderungen und Regeln zur Begrenzung von Immissionen beziehen nennt man Technische Anleitungen (TA). TA-Luft dient der Reinhaltung von der Luft. Sie richtet sich an Betreiber von Anlagen, bei deren Betrieb gas- oder staubförmige Stoffe entstehen. TA-Lärm soll die im Bereich von Gewerbe- und Industrieanlagen entstehenden Lärm-Emissionen begrenzen, wobei die Art der umliegenden Nutzungen (z. B. Krankenhaus, Wohngebiet) besonders berücksichtigt wird.

Technische Regeln für Flüssiggas-Installation

German technical regulations for the installation of LPG

Es handelt sich um ein technisches Regelwerk, das bei der Errichtung von Anlagen zu beachten ist, die mit Flüssiggas arbeiten.

Siehe / Siehe auch: DVGW, TRWI, TRGI

Technische Regeln für Gas-Installation

German technical regulations for gas installation

Dabei handelt es sich um ein von der DVGW (Deutsche Vereinigung des Gas- und Wasserfaches) geschaffenes technisches Regelwerk. Die darin festgelegten Regeln gehören zu den „anerkannten Regeln der Technik". Die Zweite Verordnung zur Durchführung des Energiewirtschaftsgesetzes vom 14.01.1987 schreibt vor, dass bei der Einrichtung und Erhaltung von Anlagen zur Erzeugung, Fortleitung und Abgabe von Gas die allgemein anerkannten Regeln der Technik beachtet werden müssen. § 2 Abs.2 der VO weist zusätzlich auf die Regeln der DVGW hin. Daher sind die Vorgaben der TRGI zu beachten, obwohl sie nicht vom Gesetzgeber selbst stammen.

Siehe / Siehe auch: DVGW, TRWI, TRGI

TEGOVA (The European Group of Valuers' Associations)

The European Group of Valuers' Associations, TEGOVA

Die TEGOVA ist eine europäische Institution in Form einer Nichtregierungsorganisation (NRO), die sich der Schaffung einheitlicher Standards für die Bewertungspraxis in Europa widmet. Es handelt sich wegen der unterschiedlichen kulturellen, politischen und wirtschaftlichen Entwicklung in den einzelnen EU-Ländern um ein schwieriges Unterfangen. Der TEGOVA gehören 38 Berufsverbände für Immobilienbewertung aus 27 Ländern an. Die Immobilienverbände vertreten etwa 500.000 Immobilienspezialisten. Deutschland ist vertreten durch den

- Bund der öffentlich bestellten Vermessungsingenieure (BDVI)
- Bundesverband öffentlich bestellter und vereidigter, sowie qualifizierter Sachverständiger (BVS)
- Deutscher Verein für Vermessungswesen (DVW)
- Ring Deutscher Makler (RDM), nunmehr Immobilienverband Deutschland (IDV)
- Verband deutscher Pfandbriefbanken
- (VdH)+Bundesverband öffentlicher Banken Deutschlands (VÖB)

Die TEGOVA veröffentlichte im April 2003 die fünfte Auflagen ihrer European Valuation Standards (das „Blue Book").

Siehe / Siehe auch: Blue Book

Teilabnahme

partial acceptance

Im Gegensatz zur Gesamtabnahme eines Bauwerks, das alle Bauleistungen erfasst, spricht man von einer Teilabnahme, wenn Gegenstand der Abnahme nur ein in sich abgeschlossener Teil des Bauwerks abgenommen werden soll, z. B. ein Gebäude innerhalb eines Gebäudeensembles. Eine Teilabnahme kann sich aber auch auf die Planung oder ein bestimmtes Gewerk beziehen. Werden mehrere Teilabnahmen vereinbart, dann handelt es sich bei der Schlussabnahme um die letzte Teilabnahme. Über Teilabnahmen ist – wie bei einer Gesamtabnahme – ein Abnahmeprotokoll anzufertigen, in dem alle festgestellten Mängel und die Frist für ihre Beseitigung einzutragen sind. Bei Teilabnahmen gilt die Gewährleistungsfrist mit der jeweiligen Abnahme zu laufen. Außerdem bewirkt die Teilabnahme, dass die durch die Teilabnahme erfassten Leistungen bezahlt werden können. Von der beschriebenen „echten" Teilabnahme unterscheidet sich die unechte Teilabnahme. Diese dient lediglich der Beweissicherung und wird durchgeführt, wenn die abzunehmenden Teile durch den weiteren Baufortschritt nicht mehr einer Abnahme zugänglich wären. Sie bewirkt keine Zahlungspflichten und hat keinen Einfluss auf den Beginn der Gewährleistungspflichten.

Siehe / Siehe auch: Bauabnahme

Teilbaugenehmigung

partial building permit, e.g. for excavation to start or for individual buildings or construction phases

Will der Bauherr sein Bauvorhaben so schnell wie möglich realisieren und nicht erst den Abschluss des gesamten Baugenehmigungsverfahrens abwarten, kann er eine Teilbaugenehmigung beantragen. Damit spaltet er das Genehmigungsverfahren in einzelne Bauabschnitte auf. Im Unterschied zum Vorbescheid aufgrund der Bauvoranfrage erhält der Bauherr mit einer Teilbaugenehmigung die Erlaubnis zum sofortigen Baubeginn für die beantragten Arbeiten. Gegen die Möglichkeit, die

Durchführung von Bauvorhaben, die aus mehreren Gebäuden bestehen, durch Teilbaugenehmigungen zu beschleunigen, muss das Risiko der Nichtgenehmigung einzelner Bauabschnitte abgewogen werden. Das abschnittweise Genehmigungsverfahren sollte – zumindest wenn es sich um die Bebauung von unbeplantem Innenbereich handelt – durch Bauvoranfragen, die sich auf das Gesamtvorhaben beziehen, abgesichert werden.

Teilbausparsumme

partial amount of a building loan contract

Die ursprünglich vereinbarte Bausparsumme kann je nach Tarif bei Bedarf des Bauherrn in Teilsummen aufgeteilt werden. Dadurch wird ein Teilbetrag kurzfristig zugeteilt und der Bauherr kann so mit seinem Bauvorhaben beginnen.

Teilbetreuung

- n.a. -

Siehe / Siehe auch: Baubetreuung

Teileigentum

part ownership; (residential) ownership of part of a co-woned otherwise residential property used for commercial purposes (e.g. office) and therefore not treated as a freehold flat

Als Teileigentum bezeichnet das Wohnungseigentumsgesetz das Sondereigentum (Alleineigentum) an Räumen, die nicht Wohnzwecken dienen in Verbindung mit einem Miteigentumsanteil am gemeinschaftlichen Eigentum zu dem es gehört (§ 1 Abs. 3 WEG). Ebenso wie bei der gesetzlichen Definition des Wohnungseigentums wohnt dem Begriff Teileigentum eine vom Gesetzgeber vorgegebene Zweckbestimmung inne, nämlich die Nutzung für Nicht-Wohnzwecke und damit allgemein für jede gewerbliche Nutzung, sei es als Laden, Büro, als Keller oder Bodenraum oder auch als Garage. Ausdrücklich ausgeschlossen ist gemäß gesetzlicher Regelung die Nutzung für Wohnzwecke.

In den meisten Teilungserklärungen ist die generell zulässige, allgemeine gewerbliche oder berufliche Nutzung von Räumen, die als Teileigentum ausgewiesen sind, durch Vereinbarungen im Sinne von § 10 Abs. 2 Satz 2 und Abs. 3 WEG dadurch eingeschränkt, dass eine ergänzende Zweckbestimmung mit Vereinbarungscharakter zur Nutzung als „Büro", „Laden", „Praxisräume" usw. aufgenommen wurde. In diesen Fällen ist nur die insoweit typische Nutzung zulässig, allerdings auch hier mit der Ausnahme, dass abweichende Nutzungen dann zulässig sind, wenn die dabei auftretenden Störungen nicht größer sind als die bei einer bestimmungsgemäßen Nutzung typischerweise zu erwarten sind. Unter diesem Gesichtspunkt ist beispielsweise die Nutzung eines „Ladens" als „Gaststätte" nicht zulässig.

Siehe / Siehe auch: Wohnungseigentum, Sondereigentum, Gemeinschaftseigentum, Vereinbarungsänderungen

Teileigentumsgrundbuch

land title register for commercial freehold units

Siehe / Siehe auch: Wohnungs- und Teileigentumsgrundbuch, Wohnungsgrundbuch

Teileinkünfteverfahren

partial income procedure

Seit dem 01.01.2009 ersetzt das Teileinkünfteverfahren das Halbeinkünfteverfahren im Bereich des Betriebsvermögens von natürlichen Personen und Personengesellschaften. Waren bis einschließlich 2008 Einkünfte von natürlichen Personen und Personengesellschaften im Bereich der Dividendenerträge zur Hälfte steuerfrei, sind dies ab 2009 nur noch 40 Prozent, daher Teileinkünfte.

Siehe / Siehe auch: Halbeinkünfteverfahren

Teilgrundstück

part of a plot of land

Unter einem Teilgrundstück versteht man eine Fläche, die Teil eines Flurstücks ist und erst durch Teilung dieses Flurstücks im Wege der Vermessung und Eintragung ins Bestandsverzeichnis des Grundbuchs zu einem handelbaren eigenen Grundstück wird. Soll ein Teilgrundstück Gegenstand eines Kaufvertrages werden, muss das Teilgrundstück auf einem Lageplan so genau durch entsprechende Linienziehung gekennzeichnet werden, dass beim Vermessen am Ort der Wille der Vertragsparteien nachvollzogen werden kann. Dieser Lageplan wird Bestandteil des Kaufvertrages und ist gesondert zu unterschreiben. Zweckmäßig ist es, sich dabei eines vergrößerten amtlichen Lageplans zu bedienen. Die Erklärung der Parteien, dass Eigentum am Grundstücksteil auf den Erwerber übergehen soll, kann nicht – wie sonst üblich – im Kaufvertrag abgegeben werden. Sie setzt vielmehr den Vollzug der Teilung des Grundstücks und damit die rechtliche Existenz des Grundstücks voraus. Die Parteien müssen zur Abgabe dieser Erklärung also nochmals zum Notar.Die frühere Teilungsgenehmigung, die sich Gemeinden durch Satzung vorbehalten konnten, ist mittlerweile durch die Änderung des § 19 BauGB abgeschafft worden. Nach wie vor gilt aber,

dass die Grundstücksteilung keine Verhältnisse entstehen lassen dürfen, die den Festsetzungen eines Bebauungsplanes widersprechen.
Siehe / Siehe auch: Grundstück

Teilkündigung des Vermieters

partial termination by the landlord

Unter bestimmten Voraussetzungen kann ein Vermieter eine auf Teile des Mietobjekts beschränkte Kündigung aussprechen, bei der er nicht wie sonst üblich ein berechtigtes Interesse nachweisen muss. Diese Möglichkeit besteht für nicht zum Wohnen bestimmte Nebenräume oder Teile eines Grundstücks, wenn der Vermieter

- neu zu vermietenden Wohnraum schaffen möchte
- neuen oder vorhandenen Wohnraum mit Nebenräumen oder Grundstücksteilen ergänzen möchte.

Die Kündigung muss sich ausdrücklich auf diese konkreten Grundstücksteile oder Nebenräume beschränken.Sie muss spätestens am dritten Werktag eines Monats zum Ablauf des übernächsten Monats vorgenommen werden. Der Mieter ist berechtigt

- bei verzögertem Baubeginn eine entsprechende Verlängerung des Mietverhältnisses für die Räume zu verlangen
- eine angemessene Senkung der Miete zu fordern.

Zum Nachteil des Mieters von dieser gesetzlichen Regelung (vgl. § 573 b BGB) abweichende Vereinbarungen sind unwirksam.
Siehe / Siehe auch: Berechtigtes Interesse

Teilmarkt

submarket; sub-segment

Unter einem Teilmarkt versteht man einen durch bestimmte besondere Merkmale gekennzeichneten Teil des Marktgutes innerhalb des Gesamtmarktes. So gliedert sich der Kapitalmarkt in einen Markt für Beteiligungsfinanzierung (z.B. Aktienmarkt, Markt für festverzinsliche Wertpapiere) und Kreditfinanzierung (z. B. Markt für Schuldscheindarlehen, Anleihen, Bankkredit usw.). Der Immobilienmarkt ist ein relativ heterogenes Gebilde. Man kann hinsichtlich der Teilmarktbildung unterscheiden zwischen Teilmärkte nach Objektarten (z.B. Wohnen, Gewerbe), Vertragsarten (z. B. Miete, Kauf), Entwicklungszuständen (z. B. Märkte für unbebaute Grundstücke, bebaute Grundstücke) und räumliche Reichweiten (lokaler, regionaler, überregionaler Markt). Jeder dieser Teilmärkte lässt noch weitere Untergliederungen zu. So kann beim Wohnungsmarkt z.B. unterschieden werden zwischen Ein- und Zweizimmerwohnungen, Drei- und Vierzimmerwohnungen und Fünf- und Mehrzimmerwohnungen. Solche Teilmärkte bilden Nachfragestrukturen ab. Wer – um im Beispielsfall Wohnungsmarkt zu bleiben – eine Ein- oder Zweizimmerwohnung sucht, der wird seine Nachfrage nicht auf dem Markt für Fünf- und Mehrzimmerwohnungen befriedigen. Teilmärkte überschneiden sich teilweise an den Rändern. So kann ein Nachfrager, der eine Dreizimmerwohnung benötigt, mangels Angebot auch auf eine Vierzimmerwohnung ausweichen.
Siehe / Siehe auch: Immobilienmarkt

Teilmieten

basic rent plus advance payment for heating costs, parking spaces, etc.

Teilmiete ist ein Begriff für die unterschiedlichen Miet- und Vorauszahlungsarten, die auf einem Mietenkonto zum Fälligkeitsdatum ins Soll, d.h. als Verbindlichkeit des Mieters gebucht werden. Typische Teilmieten sind Grundmiete, Vorauszahlungen für Betriebs- und Heizkosten, Zuschläge zur Grundmiete für die Nutzung von Stellplätzen, der Genehmigung von Untermietern etc.

Teilrechtsfähigkeit (Wohnungseigentümer-Gemeinschaft)

partial legal capacity (freehold flat owners' association)

Siehe / Siehe auch: Rechtsfähigkeit (Wohnungseigentümer-Gemeinschaft)

Teilungserklärung

shared ownership deed

Ein Grundstückseigentümer kann gemäß § 8 Abs. 1 WEG sein Alleineigentum an einem Grundstück in der Weise in Miteigentumsanteile aufteilen, dass jeder Miteigentumsanteil am Grundstück mit dem Sondereigentum an einer bestimmten Wohnung (Wohnungseigentum) oder an nicht zu Wohnzwecken bestimmten Räumen (Teileigentum) in einem bereits bestehenden oder erst noch zu errichtenden Gebäude verbunden wird (§ 8 Abs. 1 WEG). Die Wohnungen oder die nicht zu Wohnzwecken dienenden Räume müssen in sich abgeschlossen sein (§ 8 Abs. 2 WEG). In der Teilungserklärung, die gegenüber dem Grundbuchamt abzugeben ist, erfolgt die gegenständliche und räumliche Abgrenzung und Zuordnung der Grundstücks- und Gebäudeteile zum Sonder- und Gemeinschaftseigentum, sowie die Festlegung der Höhe der Miteigentumsanteile und die Abgrenzung und Zuordnung von

Sondernutzungsrechten. Man spricht in diesem Fall von der Begründung des Wohnungseigentums durch Teilungserklärung. Handelt es sich bei dem Grundstückseigentümer bereits um mehrere Eigentümer (z.B. Erbengemeinschaft) erfolgt diese Begründung gemäß § 3 Abs. 1 WEG durch einen Einräumungsvertrag, also durch eine vertragliche Regelung zur Aufteilung des Grundstücks in Miteigentumsanteile bei entsprechender Verbindung mit dem Sondereigentum an einer bestimmten Wohnung oder an nicht zu Wohnzwecken dienenden Räumen eines bestehenden oder noch zu errichtenden Gebäudes. Teilungserklärung und Einräumungsvertrag können später nur mit Zustimmung aller Eigentümer geändert werden. Änderungen bedürfen der Eintragung in das Grundbuch.

Siehe / Siehe auch: Abgeschlossenheit / Abgeschlossenheitsbescheinigung, Sondereigentum, Gemeinschaftseigentum, Miteigentumsanteil, Sondernutzungsrecht

Teilungsgenehmigung

approval for subdivision (of e.g. a building plot)

Die Gemeinde konnte früher durch Satzung bestimmen, dass die Teilung eines Grundstücks im Geltungsbereich eines Bebauungsplanes der Genehmigung bedurfte. Wurde die Teilungsgenehmigung nicht innerhalb der geltenden Frist abgelehnt, galt sie als erteilt (sogenannte fiktive Teilungsgenehmigung). Die Genehmigung konnte versagt werden, wenn die Teilung oder die mit ihr bezweckte Nutzung den Festsetzungen des Bebauungsplans widerspricht. Mit dem Europarechtsanpassungsgesetz vom Juli 2004 wurden die Vorschriften über Teilungsgenehmigung aus dem Baugesetzbuch ersatzlos gestrichen. Soweit Gemeinden entsprechende Satzungen erlassen haben, müssen sie diese jetzt aufheben.

Teilungsmasse - Teilungsplan (Zwangsversteigerung)

estate to be divided up / apportioned - scheme of partition / distribution (compulsory auction / forced sale)

Nachdem im Zwangsversteigerungsverfahren der Zuschlag erteilt worden ist, beraumt das Versteigerungsgericht einen Verteilungstermin an und stellt dort fest, wie viel die zu verteilende Masse beträgt. Zu dieser Teilungsmasse gehören der im Zuschlagsbeschluss genannte, bar zu zahlende Betrag des Meistgebots – das sog. bare Meistgebot – die Zinsen des Bargebots, der Erlös aus einer etwaigen besonderen Versteigerung oder anderweitigen Verwertung, Zuzahlungen gemäß §§ 50, 51 ZVG sowie etwaige Ansprüche auf Versicherungsgelder, die gegebenenfalls nicht zur Masse gelangen, aber mitversteigert wurden. Im Teilungsplan wird bestimmt, wie viel und in welcher Reihenfolge der Ersteher eines zwangsversteigerten Grundstückes an wen zu zahlen hat. Er wird nach Anhörung der Beteiligten im Verteilungstermin aufgestellt. Dazu wird zunächst die Teilungsmasse festgestellt. Dann wird die Schuldenmasse ermittelt, und schließlich erfolgt die Zuteilung der Masse auf die Ansprüche. Gegen den Teilungsplan kann Widerspruch eingelegt werden. Dazu berechtigt sind alle Beteiligten, die ein Recht auf Befriedigung aus dem Versteigerungserlös haben, aber im Teilungsplan durch einen anderen ganz oder zum Teil verdrängt wurden, sowie der Vollstreckungsschuldner und – bei Eigentumswechsel nach Beschlagnahme – der neue Grundstückseigentümer.

Teilungsversteigerung

compulsory partition by public auction

Kommt es zwischen mehreren Eigentümern einer Immobilie – z. B. einer Erbengemeinschaft oder Ehepartnern – zu keiner Einigung über den Verkauf, kann jeder Miteigentümer Antrag auf Teilungsversteigerung stellen. Der Versteigerungserlös wird auf die Parteien aufgeteilt. Zahlungsunfähigkeit ist für eine Teilungsversteigerung nicht nötig. Die Teilungsversteigerung kann testamentarisch oder vertraglich ausgeschlossen werden. Ist Testamentsvollstreckung angeordnet, kann sie nur der Testamentsvollstrecker einleiten. Kommt es zur Teilungsversteigerung einer vermieteten Wohnung, tritt der Erwerber anstelle des bisherigen Vermieters in den Mietvertrag ein. Anders als bei einer Zwangsversteigerung wegen Zahlungsunfähigkeit gibt es bei der Teilungsversteigerung kein Sonderkündigungsrecht des Erwerbers hinsichtlich des Mietvertrages. Dieser darf nur mit gesetzlicher Frist und bei Vorliegen eines gesetzlich zulässigen Kündigungsgrundes kündigen.

Siehe / Siehe auch: Beendigung eines Mietverhältnisses, Sonderkündigungsrecht nach Zwangsversteigerung

Teilwert

fraction(al) value; going-concern value; value to the business; reduced current value

Der Teilwert ist der Betrag, den ein (fiktiver) Erwerber eines Betriebes einem dem Betrieb zugehörigen Wirtschaftsgut im Rahmen des Gesamtpreises

zuordnen würde. Es wird also so getan, als würde ein Erwerber den Kaufpreis aus der Summe der Teilwerte aller zum Betrieb gehörenden und mitverkauften Bestandteile bilden, um den Preis zu plausibilisieren. Orientierungsgrundlage sind in der Regel Marktpreise oder Anschaffungs- / Herstellungskosten. Konkrete Bedeutung hat der Teilwert für die Ermittlung der Abschreibungssumme, da die Gegenstände des Betriebes eine unterschiedlich lange Nutzungsdauer haben können. Der Teilwert ist identisch mit dem Gebrauchtwert des Einzelgegenstandes, allerdings nach oben durch den Wiederbeschaffungswert begrenzt. Ausgegangen wird davon, dass der fiktive Erwerber den Betrieb bzw. das Unternehmen fortführt.
Siehe / Siehe auch: Fortführungswert, Gebrauchtwert, Teilwertabschreibung

Teilwertabschreibung

current-value depreciation conditional on distribution; distribution-induced write-off of a shareholding

Art der Abschreibung für Immobilien im Betriebsvermögen. Hier kann neben den anderen Abschreibungsmethoden eine Abschreibung auf den niedrigeren Teilwert erfolgen.
Durch eine Teilwertabschreibung kann beim Sinken des Verkehrswertes der Immobilienwert „bilanzmäßig" angepasst werden.

Teilzeit-Wohnrechtevertrag

time-sharing

Auch bekannt als „Time-Sharing". Bei Ferienwohnanlagen beliebtes Modell, bei dem ein Anteil einer Immobilie oder Gesellschaft gekauft wird und der Käufer dafür das Recht erhält, dort jedes Jahr einen gewissen Zeitraum zu verbringen, um Urlaub in „seiner" Ferienwohnung zu machen. Im Rahmen der Umsetzung einer EU-Richtlinie wurde 2002 ein eigener Abschnitt über Teilzeit-Wohnrechteverträge in das Bürgerliche Gesetzbuch eingefügt.
Nach der gesetzlichen Definition handelt es sich um Verträge, durch die ein Unternehmer einem Verbraucher gegen Zahlung einer Gesamtsumme das Recht einräumt oder verspricht, für mindestens drei Jahre ein Wohngebäude oder einen Teil davon für einen begrenzten Zeitraum des Jahres für Erholungs- oder Wohnzwecke zu nutzen. Unwichtig ist dabei, ob es sich von der juristischen Ausgestaltung her um ein dingliches oder ein anderes Recht, eine Vereinsmitgliedschaft oder einen Gesellschaftsanteil handelt. Für derartige Verträge gelten folgende Rahmenbedingungen:

- Der Unternehmer ist verpflichtet, jedem Interessenten einen Prospekt auszuhändigen.
- Der Prospekt muss bestimmte gesetzlich geregelte Mindestangaben enthalten.
- Prospekt und Vertrag müssen in der Amtssprache des EU-Mitgliedsstaates sein, in dem der Verbraucher wohnt. Ist der Verbraucher Bürger eines anderen EU-Staates, kann er statt der Sprache seines Wohnsitzstaates auch eine Amtssprache des Staates, dem er angehört, auswählen.
- Ein derartiger Vertrag bedarf mindestens der Schriftform. Eine elektronische Form ist unzulässig.
- Die Prospektangaben werden Vertragsbestandteil, wenn nicht beide Vertragspartner etwas anderes schriftlich vereinbaren.
- Auch der Vertrag muss bestimmte Pflichtangaben enthalten.
- Der Verbraucher hat nach dem Vertragsabschluss ein Widerrufsrecht. Der Widerruf muss innerhalb von zwei Wochen stattfinden, die Frist beginnt mit dem Erhalt der Widerrufsbelehrung. Wird er erst nach Vertragsschluss über sein Widerrufsrecht aufgeklärt, beträgt sie einen Monat. Die im Widerrufsfall entstehenden Kosten müssen in der Belehrung angegeben sein.
- Anzahlungen sind verboten. Vor Ablauf der Widerrufsfrist darf der Unternehmer keinerlei Geld annehmen.
- Unwirksam sind laut Gesetz auch jegliche intelligenten Umgehungen dieser Regeln.

Der Prospekt, den der Unternehmer dem Verbraucher auszuhändigen hat, muss Angaben enthalten über die Größe der Wohnräume und des Grundstücks, die Zahl der Wohnungen, Bauart, technische Einrichtungen, Parkplätze, Lage, unmittelbare Umgebung und die Verkehrsanbindung. Außerdem alle Angeben nach § 2 BGB Info V, insbesondere den Hinweis auf das Widerrufsrecht.
Bei Verstoß gegen die §§ 482 bis 485 BGB muss mit der Geltendmachung eines Unterlassungsanspruchs nach dem Unterlassungsklagengesetz, UklaG gerechnet werden.
Siehe / Siehe auch: Unterlassungsklagengesetz (UklaG), BGB-Informationspflichten-Verordnung (BGB-InfoV)

Telefon-Akquise

telephone acquisition

Siehe / Siehe auch: Telefonwerbung, Kaltakquise

Telefonwerbung
telephone advertising

Mit der Anfang August 2009 in Kraft getretenen Änderung des UWG ist der Einsatz von Telefon, Fax, SMS und E-Mail zu Werbezwecken problematischer geworden. Durch Rechtsprechung und UWG in § 7 war das sogenannte Cold-Calling (Anruf, Fax oder E-Mail ohne Einwilligung) bei Verbrauchern und teilweise bei Gewerbetreibenden schon vorher verboten, und Verstöße konnten auch schon immer abgemahnt werden. Neu sind Sanktionsmöglichkeiten: Die Bundesnetzagentur kann jetzt ein Bußgeld bis zu 50.000 Euro verhängen. Zu unterscheiden ist, ob der Einsatz dieser Kommunikationsmittel gegenüber dem private" Verbraucher oder anderen Marktteilnehmern (Firmen, Freiberufler, Gewerbetreibende) erfolgt.

Telefonwerbung bei Verbrauchern

Schon ein Anruf bei einem Verbraucher ohne vorherige ausdrückliche Einwilligung ist unzulässig (§ 7 Abs. 2 Nr. 2 UWG) und kann – neben einer Abmahnung – auch zusätzlich mit einem Bußgeld durch die Bundesnetzagentur geahndet werden. Das bedeutet, dass Makler, Verwalter oder Bauträger den Inserenten einer Anzeigen mit angegebener Telefonnummer nicht anrufen dürfen. Die früher von der Rechtsprechung teilweise unterstellte Einwilligung durch Angabe der Telefonnummer in Anzeigen, gilt nicht mehr. Der Verbraucher muss vorher eine ausdrückliche Genehmigung erteilt haben. Dies ist nur durch einen eindeutigen Willensakt möglich, zum Beispiel durch Ankreuzen auf einem Formular oder setzen eines Häkchens im Internet. Letztere muss unter Beachtung des Datenschutzes zu Beweiszwecken gespeichert werden.

Fax und E-Mail

Hier gibt es keine Änderung gegenüber der bisherigen Regelung des UWG. Faxe und E-Mails sind nur mit vorheriger ausdrücklicher Einwilligung zulässig (§ 7 Abs. 2 Nr. 3 UWG). Für E-Mails gelten die vom Gesetz erwähnten Ausnahmen in § 7 Abs. 3 Nr. 1, 2, 3 und 4 kumulativ. Sicherheitshalber sollte man Verbrauchern oder anderen Marktteilnehmern nicht ohne vorherige Einwilligung Werbung per Fax oder E-Mail zukommen lassen.

Telefonwerbung bei anderen Marktteilnehmern

Der Einsatz von Telefonanrufen oder Faxen gegenüber anderen Marktteilnehmern (Firmen, Freiberufler, Gewerbetreibende) ist eingeschränkt zulässig, wenn eine mutmaßliche Einwilligung vorliegt. Diese liegt z.B. vor, wenn auf Grund konkreter Umstände ein sachliches Interesse des Anzurufenden vermutet werden kann. Das könnte z.B. eine Anzeige zur Suche nach neuen Geschäftsräumen sein. Es ist jeweils auf den Einzelfall abzustellen und die Rechtsprechung zu beachten. Für E-Mails gelten die vom Gesetz erwähnten Ausnahmen in § 7 Abs. 3 Nr. 2. Besonders die hohe Bußgeldandrohung aus dem geänderten UWG hat bei Marktteilnehmern zur Sorge geführt. Inzwischen sieht es so aus, dass die Änderung im UWG möglicherweise weniger drastisch gehandhabt wird, als zunächst angenommen. Ein Urteil bestätigt dies jetzt. Wenn das erste Ordnungsgeld nach einem gerichtlichen Verbot 300 Euro beträgt, wird nach einer ersten Beschwerde bei der Bundesnetzagentur ein Bußgeld vermutlich nicht höher ausfallen. Erst ein mehrmaliger Verstoß gegen ein gerichtliches Unterlassungsverbot wegen E-Mail-Spam kostete 5.000 Euro Ordnungsgeld. (Entscheidung des AG Rendsburg, 16.10.2009, Az. 3 C 218/07). Diese Entscheidung ist möglicherweise auch ein Hinweis auf die Höhe der Bußgelder bei der verbotenen Telefon-, Fax-, SMS- oder E-Mail-Werbung. Die Bußgelder nach einem Erstverstoß liegen sicher unter den genannten 300 Euro für den ersten Wiederholungsverstoß nach einem gerichtlichen Urteil. Die Entscheidung sollte nicht zum Anlass genommen werden, ständig gegen das Verbot der Telefonwerbung ohne Genehmigung zu verstoßen, kann aber eventuell bestehende Ängste mindern. Auf jeden Fall ist es sicherer, Telefon-, Fax-, SMS- oder E-Mail-Werbung nur mit vorheriger Einwilligung des Kunden durchzuführen. Die Einwilligung kann über ein Formular mit Unterschrift in Schriftform oder durch die Bestätigung durch Anklicken im Internet erfolgen. Der nachfolgende Text für eine Einwilligungserklärung kann (Rechtsstand Dezember 2009) ausreichend sein: Ja, ich bin damit einverstanden, dass die Firma XY-Immobilien mich künftig per Telefon und / oder Fax, SMS, E-Mail über neue Angebote informiert. Mein Einverständnis kann ich jederzeit widerrufen. Besondere Kosten entstehen dafür nicht (Bestätigungsklick). Vom Werbeverbot ausgenommen könnten solche Fälle sein, in denen der Makler mit einem festen Auftrag und alleiniger Bezahlung durch diesen Auftraggeber Immobilienanbieter oder -interessenten per Telefon, Fax oder E-Mail kontaktiert. Dabei ist zu beachten, dass damit keine allgemeine Werbung für das Unternehmen verbunden sein darf. In diesen Fällen bleibt die Entwicklung der Rechtsprechung aber abzuwarten.

Siehe / Siehe auch: Wettbewerbsrecht

Telemediengesetz (TMG)

German Act for Telemedia Services

Das Telemediengesetz (TMG) vom 26.02.2007 regelt das Internetrecht. Es ist das Nachfolgegesetz des Teledienstgesetzes und des Teledienstedatenschutzgesetzes. In TMG werden, wie schon in den vorangegangenen Gesetzen, einige EG-Richtlinien in deutsches Recht umgesetzt. Das Gesetz gilt für die Anbieter von elektronischen Informations- und Kommunikationsdiensten, unabhängig davon ob die Nutzung kostenpflichtig ist. Es regelt vor allem die allgemeinen und besonderen Informationspflichten der kommerziellen Diensteanbieter. Zu den allgemeinen Informationspflichten, zählen jene, die sich aus dem Impressum ergeben müssen. Die Nichteinhaltung der im Impressum zu liefernden Informationen ist eine Wettbewerbsverletzung. Private Internethomepages ohne kommerziellen Hintergrund benötigen kein Impressum. Darüberhinaus gibt es zusätzliche besondere Informationspflichten für kommerzielle Kommunikationen. Diese müssen als solche deutlich erkennbar sein. Personen, in deren Auftrag die Dienste angeboten werden, müssen klar identifizierbar sein, die Bedingungen für Geschenke, Preisnachlässe, Zugaben, die als Mittel der Verkaufsförderung eingesetzt werden, müssen klar und eindeutig angegeben werden. Weitere Vorschriften beziehen sich auf die Verantwortlichkeit hinsichtlich der übermittelten eigenen (voll verantwortlich) und fremden Informationen, so genannte Mitstörerhaftung (bedingt verantwortlich), und die Zwischenspeicherung. Im TMG sind Datenschutzgrundsätze verankert, nach denen die Verwendung datengeschützter Angaben vorbehaltlich anderer gesetzlicher Regelungen der ausdrücklichen Zustimmung des Nutzers bedarf. Außerdem müssen Nutzer ganz am Anfang über Art, Umfang und Zweck der erhobenen personenbezogenen Daten sowie über die Verarbeitung der Daten im nichteuropäischen Ausland verständlich unterrichtet werden und hierzu die eindeutige Einwilligung geben. Personenbezogene Bestandsdaten und die Nutzerdaten, aus denen sich die abgerufenen Dienste ergeben, dürfen nur zu Abrechnungszwecken zusammengeführt werden. Der Katalog der Ordnungswidrigkeiten hat sich erweitert. Die Versendung von Spam kann jetzt als Ordnungswidrigkeit mit einem Bußgeld bis zu 50.000 Euro verfolgt werden. Dies ist eine eher theoretische Neuerung, da Spamversender in der Regel nicht identifizierbar sind und der überwiegende Teil der Spams aus dem Ausland stammt. Besondere Bedeutung kommt dem Telemediengesetz aber im Hinblick auf das Wettbewerbsrecht zu. Bestimmte Verstöße gegen dieses Gesetz sind gleichzeitig auch unlautere geschäftliche Handlungen im Sinne des UWG und können damit auch wettbewerbsrechtlich verfolgt werden. Dies gilt vor allem, wenn ein Diensteanbieter irreführende Informationen über sich selbst insbesondere seine tatsächliche Identität im Rahmen der kommerziellen Kommunikation liefert oder wenn er erforderliche Informationen einfach unterschlägt.

Siehe / Siehe auch: Impressum (Pflichtangaben auf der Homepage), Wettbewerbsrecht

Tennis- und Squash-Anlagen

tennis and squash courts

Tennis- und Squash-Anlagen sind derzeit ein Beispiel für problematische Immobilien, besonders der Bereich Squash ist problematisch geworden. Teilweise wurden hier Umwandlungen in Go-Kart-Bahnen aber auch in Hallen für Flohmärkte vorgenommen. In Einzelfällen wird sogar ein Abriss ins Auge gefasst. Teilweise wurden auch Verkleinerungen vorgenommen, indem etwa bei Fitness-Studios mit Squash-Anlage ein Teil der Squash-Courts zurückgebaut und dem Fitness-Bereich zugeschlagen wurden. Teilweise werden Courts auch zeitweise für andere Sportangebote etwa Spinning genutzt. Beim Squash wirkt sich negativ aus, dass die Öffentlichkeit diesen Sport unter Gesundheitsaspekten (Verletzungsgefahr, aber auch Schädigung der Gelenke) zunehmend kritisch sieht, es kaum gezielte Jugendarbeit durch Vereine gibt, die diesem Sport Nachwuchs zuführen und es hier – ganz im Gegensatz zum Tennis – keine Squash-Idole gibt, die immer wieder im Fernsehen zu bewundern sind und dieser Sportart Impulse verleihen.

Teppichboden

fitted carpet; wall-to-wall carpeting

Vor dem Einzug des Mieters in einer Mietwohnung verlegte Teppichböden gelten grundsätzlich als mitvermietet. Dies gilt auch, wenn der Teppichboden vom Vormieter angeschafft wurde. Anders ist es nur, wenn im Mietvertrag etwas Abweichendes vereinbart wurde oder der Mieter den Bodenbelag vom Vormieter gegen Ablöse erworben hat. Gehört der Teppich dem Vermieter, muss der Mieter ihn pfleglich behandeln und ihn wenn nötig auch reinigen. Die Teppichreinigung gehört nicht zu den üblichen Schönheitsreparaturen. Dem Mieter kann jedoch vertraglich auferlegt werden, beim Auszug eine Grundreinigung vorzunehmen.

Diese muss fachgerecht erfolgen, allerdings sind Vertragsklauseln unwirksam, die eine Reinigung durch eine Fachfirma verlangen (Oberlandesgericht Stuttgart, WM 93, 528). Eine normale Abnutzung des Teppichbodens lässt sich bei Nutzung der Wohnung nicht vermeiden; ein abgenutzter Teppichboden muss daher nicht bei Auszug vom Mieter ersetzt werden. Unwirksam sind auch formularmäßig vereinbarte Teppichbodenabnutzungsgebühren (Amtsgericht Hamburg, WM 86, 310). Hingegen gestehen manche Gerichte dem Mieter bei völlig verschlissenem (vermietereigenem) Teppichboden sogar einen Anspruch auf Austausch oder Mietminderung zu. Darüber, wann ein Teppichboden verschlissen ist, gibt es bei den Gerichten verschiedenste Ansichten. Meist werden Zeiträume von fünf bis zehn Jahren angesetzt, auch der wirkliche Zustand spielt eine Rolle. Vermieter können nicht zum Austausch nach einem bestimmten Zeitablauf gezwungen werden.

Beschädigt der Mieter den vermietereigenen Teppichboden durch Rotweinflecke oder Brandlöcher, muss er Schadenersatz leisten bzw. einen Austausch bezahlen. Kommt es zum Streit vor Gericht, berechnen die Gerichte bei der Schadenshöhe einen Abzug „neu für alt". Kein Schadenersatz ist für Uralt-Böden zu leisten, die bereits die normale Lebensdauer von 10-15 Jahren überschritten haben. Möbelabdrücke oder kleine Flecken gelten nicht als Beschädigungen. Wurde die Wohnung ohne Bodenbelag vermietet, darf der Mieter ohne weitere Genehmigung Teppichboden verlegen und diesen auch wieder entfernen. Beim Auszug des Mieters kann der Vermieter die restlose Entfernung des Teppichbodens und ggf. aller Klebstoffreste verlangen. Einen vom Vormieter verlegten Teppich muss der Mieter nur bei entsprechender vertraglicher Absprache entfernen.

Siehe / Siehe auch: Schadenersatzansprüche des Mieters, Schadenersatzansprüche des Vermieters

Terrasse
terrace

Unter Terrasse versteht man eine mit einem massiven Unterbau versehene Nutzungsebene über dem natürlichen Geländeniveau. Darin unterscheidet sie sich von einem Freisitz, der eine befestigte Fläche auf der Ebene des Gartens darstellt. Der Unterschied ist bauordnungsrechtlich relevant. Terrassen sind im Grenzabstandsbereich nicht zulässig, Freisitze (ohne Überdachung) jedoch schon. Terrassen werden häufig auch auf Garagendächern angelegt.

Auch hier gilt, dass dies nur zulässig ist, wenn sich die Dächer nicht im Grenzabstandsbereich befinden. Als Terrassenhaus wird eine Hausanlage bezeichnet, die auf mehreren Geschossebenen über Terrassen verfügen, deren Anlage durch sukzessive Verkleinerung der jeweils darüber liegenden Geschosse ermöglicht wird. Oft wird jedoch nur dem obersten Geschoss eine „Dachterrasse" beigefügt.

Terrassenhaus
terraced house

Siehe / Siehe auch: Terrasse

Terrorversicherung (Mietverhältnis)
terror insurance (tenancy)

In Zeiten der allgegenwärtigen Angst vor dem Terrorismus kann man auch eine Versicherung gegen dessen Folgen abschließen. Im Mietverhältnis kann mithin Streit darüber entstehen, ob der Mieter dem Vermieter die Kosten für eine Terrorversicherung für das Gebäude zu erstatten hat. Nach einem Urteil des Oberlandesgerichts Frankfurt/Main handelt es sich bei der Terrorversicherung für gewerblich genutzte Mieträume um eine Sachversicherung – sofern zumindest eine gewisse Grundgefährdung des Gebäudes abhängig von dessen Art und Lage gegeben ist. Versichert wird die Gebäudesubstanz. Die Kosten dürfen auf den Mieter umgelegt werden, wenn diese Kostenposition im Mietvertrag erwähnt wurde. Nicht bezahlen muss der Mieter allerdings, wenn der Abschluss einer solchen Versicherung als unwirtschaftlich anzusehen ist (OLG Frankfurt, Urteil vom 26.6.2009, Az. 2 U 54/09). Das Oberlandesgericht Stuttgart hat die Kosten für eine Terrorversicherung auch dann als umlagefähig angesehen, wenn es sich um kein besonders gefährdetes Gebäude handelt. Auch hier wurde gefordert, dass der Mietvertrag die Kosten für Sachversicherungen als umlagefähige Betriebskosten ausweist

(Urteil vom 15.2.2007, Az.: 13 U 145/06). Sollen die Kosten während des laufenden Mietverhältnisses neu umgelegt werden, muss der Mietvertrag dem Vermieter von Anfang an die Möglichkeit der Umlage neu entstehender Betriebskosten geben.
Siehe / Siehe auch: Betriebskosten, Verbundene Wohngebäudeversicherung

Testament
will; testament

Das Testament ist eine Verfügung von Todes wegen. In diesem Schriftstück kann der Erblasser zum Beispiel eine oder mehrere Personen als Erben seines Vermögens einsetzen und eine Aufteilung seines Nachlasses auf diese vornehmen. Mit einem Testament kann der Erblasser aber auch eine Enterbung durchführen, ein Vermächtnis aussetzen, Auflagen oder Teilungsanordnungen treffen, die Testamentsvollstreckung anordnen oder den Pflichtteil eines Erben entziehen bzw. beschränken. Wer ein Testament eröffnen will, muss testierfähig sein. Dies ist der Fall, wenn er oder sie das 16. Lebensjahr vollendet hat und im Vollbesitz seiner geistigen Kräfte ist. Minderjährige ab 16 oder Leseunkundige sind nur beschränkt testierfähig. Sie können ein Testament nicht durch eine eigenhändig niedergeschriebene Erklärung errichten, sondern nur zur Niederschrift beim Notar. Ein Testament kann grundsätzlich entweder zur Niederschrift beim Notar oder eigenhändig errichtet werden. Im ersten Fall erscheint der Betreffende beim Notar, teilt ihm seinen letzten Willen mit und dieser fertigt eine Niederschrift an. Bei schwer kranken Personen sind auch Hausbesuche des Notars möglich, wobei in bestimmten Fällen auch eine Kommunikation mit Nicken oder Augenbewegungen ausreichen kann. Der Erblasser kann dem Notar auch ein Schriftstück übergeben und dazu erklären, dass dies sein letzter Wille sei. Er braucht diesen Text dann nicht selbst geschrieben zu haben. Ein eigenhändiges Testament schreibt der Erblasser selbst handschriftlich (wichtig) nieder und unterschreibt es auch. Es sollte unbedingt mit Ort und Datum versehen werden.

Ein eigenhändiges Testament kann an einem beliebigen Ort aufbewahrt werden. Es kann auch dem Nachlassgericht zur amtlichen Verwahrung übergeben werden. Hat jemand ein Testament zur Aufbewahrung und der Erblasser verstirbt, muss der Aufbewahrer das Testament sofort beim Nachlassgericht abliefern. Dies gilt auch für Behörden. Ein Testament kann zu Lebzeiten des Erblassers jederzeit widerrufen und z.B. durch ein neues Testament ersetzt werden. Ehegatten haben die Möglichkeit, ein gemeinschaftliches Testament zu errichten. Ein verbreiteter Irrtum ist, dass in einem Testament frei alles geregelt werden kann, was der Erblasser möchte – etwa eine völlige Enterbung naher Verwandter oder die Übertragung des Vermögens auf den Familienhund. In Wahrheit setzt das Erbrecht des BGB der Regelungsfreiheit jedoch deutliche Grenzen. Die Nichtbeachtung der komplizierten Regelungen führt oft zu Rechtsstreitigkeiten unter den Erben, so dass bei der Erstellung eines Testaments anwaltliche Beratung angezeigt ist.
Siehe / Siehe auch: Testamentsvollstrecker, Erbrechtsreform 2009, Erbschaftssteuerreform, Erbvertrag, Pflichtteil, Restpflichtteil, Vermächtnis

Testamentsvollstrecker
executor (of a will); administrator (of a will)

Wer Vermögen vererben und sicher gehen will, dass sein Wille auch von den Erben respektiert wird, kann einen Testamentsvollstrecker einsetzen. Die Einsetzung geschieht im Testament oder Erbvertrag. Der Erbe kann die Einsetzung eines Testamentsvollstreckers auch dem Nachlassgericht übertragen. Der Testamentsvollstrecker handelt im Auftrag des Erblassers. Er ist für die Erbteilung und für die Verfügung über das Vermögen und gegebenenfalls für die Verwaltung zuständig. Die Befugnisse des Testamentsvollstreckers können vom Erblasser auch eingeschränkt werden. Der Testamentsvollstrecker muss die Annahme dieses Amtes dem Nachlassgericht gegenüber erklären. Damit beginnt seine Tätigkeit. Sie endet nach der im Testament bestimmten Frist (spätestens in 30 Jahren), mit dem Tod oder mit der Kündigung durch den Testamentsvollstrecker. Die Erben können auch nicht mit Mehrheitsbeschluss den Testamentsvollstrecker entlassen. Gehört zur Erbmasse auch Grundvermögen, wird mit Eintragung der Erben ins Grundbuch auch ein Testamentsvollstreckungsvermerk eingetragen. Dieser stellt sicher, dass nur der Testamentsvollstrecker über das Grundstück verfügen kann.

Der Testamentsvollstrecker ist zur ordnungsgemäßen Ausübung seines Amtes verpflichtet. Er darf keine Geschenke aus der Erbmasse machen. Er darf auch keine das Erbvermögen betreffende Geschäfte mit sich selbst abschließen. Den Erben gegenüber ist er zur Auskunft und im Bereich der Verwaltung zur Rechnungslegung verpflichtet.

Ist die Vergütung des Testamentsvollstreckers nicht vom Erblasser bestimmt, muss sie „angemessen" sein. Sie richtet sich im Fall der Abwicklung nach dem Wert des Vermögens (zwischen ein bis fünf Prozent). Bei einer auf Dauer angelegten

Verwaltung kann er sich an den üblichen Hausverwaltergebühren orientieren.

Testimonial
testimonial

Unter einem Testimonial versteht man eine kurze Aussage des Kunden über erbrachte Leistungen. Das Unternehmen bittet seine Kunden um eine kurze Rückmeldung über erbrachte Leistungen mit dem Ziel, die Antworten im Internet oder in einer Broschüre werblich verwenden zu dürfen.

Textform
text form

In Gesetzen war früher oft von der „Schriftform“ die Rede. Mit Rücksicht auf den technischen Fortschritt ist dieser Ausdruck nun zum Teil durch „Textform“ ersetzt worden. Im Mietrecht sind z.B. Mieterhöhungen, Modernisierungen und Erhöhungen von Nebenkostenvorauszahlungen in Textform anzukündigen. Bei einer Nachricht in Textform ist eine eigenhändige Unterschrift nicht mehr notwendig. Ausreichend ist es, wenn der Absender lesbar und klar erkennbar ist und am Ende des Textes eine Unterschrift zumindest maschinell nachgebildet ist (Name mit Maschine oder PC geschrieben, künstlich nachgeahmte Unterschrift). Mieterhöhungen können durch den Vermieter also z. B. per E-Mail oder Fax angekündigt werden. Dies gilt aber nicht für alle Arten von Erklärungen: Zum Beispiel sind Kündigungen und Vollmachten immer noch in Schriftform zu erklären und nur mit eigenhändiger Unterschrift wirksam. Die Einberufung zur Wohnungseigentümer-Versammlung erfolgt gemäß § 24 Abs. 4 Satz 1 WEG „in Textform“. Das bedeutet, dass die Einladung zur Wohnungseigentümer-Versammlung nicht – wie nach früherem Recht – der eigenhändigen Unterzeichnung des Verwalters bedarf. Es reicht vielmehr die Einladung in kopierter oder sonstiger vervielfältigter Form, beispielsweise auch EDV-gefertigt. Grundsätzlich zulässig ist auch die Einladung per Fax, per E-Mail oder auch als SMS. Die letztgenannten Formen der Einberufung bedürfen allerdings derzeit noch der Zustimmung aller Eigentümer. Ein Mehrheitsbeschluss dürfte allerdings nicht nichtig, sondern nur anfechtbar sein. Wird gegen die Textform verstoßen, führt dies als Ladungsmangel nicht automatisch zur Ungültigkeit gefasster Beschlüsse, sondern nur zu deren Anfechtbarkeit.

Thermalbäder
spa

Die Geschichte der Thermalbäder reicht in Altertum zurück. Berühmt waren die groß angelegten Thermen der Römer, die von der Bevölkerung genutzt werden konnten. Relikte finden sich z.B. in Rom, Pompeji und Trier. Unter Thermalbäder sind heute Kureinrichtungen zu verstehen, die therapeutischen Zwecken dienen. Der Begriff des Thermalbades ist geschützt. Sie müssen über ein Thermalsolewasser verfügen, das über einen Mindestgehalt an Mineralstoffen verfügt. Meist unterhalten Thermalbäder auch Kurmittelabteilungen, in denen Einzelanwendungen möglich sind. Zunehmend kommen Wellnessaspekte hinzu. In Deutschland gibt es heute ca. 265 Thermalbäder.

Thermen
boilers

Thermen sind Geräte zur Erzeugung von Warmwasser. Sie verbrennen Gas und werden z.B. in Etagenheizungen verwendet. Grundsätzlich können Kosten für die Wartung von Heizanlagen und Warmwassergeräten per Vereinbarung im Mietvertrag als Betriebskosten auf den Mieter umgelegt werden. Hinsichtlich der Thermen kommt es auf die genaue Formulierung an: Instandhaltungsklauseln, nach denen der Mieter generell verpflichtet ist, die Kosten der Thermenwartung zu tragen, sind unwirksam. Ebenso darf der Mieter nicht verpflichtet werden, selbst einen Wartungsvertrag mit einem Fachbetrieb abzuschließen. Wirksam ist eine Vereinbarung, die den Mieter verpflichtet, die Wartungskosten für die Therme bis zu einem bestimmten Höchstbetrag zu übernehmen. Die Gerichte ziehen hier Parallelen zu Kleinstreparaturen (Landgericht Braunschweig, Az.: 6 S 784/00). Es besteht keine Pflicht des Mieters, die Arbeiten selbst in Auftrag zu geben. Die Wartung ist vom Vermieter zu veranlassen, auch wenn der Mieter die Kosten übernehmen muss.

Siehe / Siehe auch: Betriebskosten

Thermohaut
thermal cladding

Die so genannte Thermohaut dient der Wärmedämmung eines Gebäudes von außen. Sie ist ein preisgünstiges Wärmedämmsystem sowohl für Alt- als auch für Neubauten. Bei dem Verfahren werden Platten aus Mineralwolle oder Hartschaum auf den Außenputz geklebt und zusätzlich verdübelt. Auf den Platten wird in Armierungsmörtel ein Armierungsgewebe aufgebracht, darauf der neue Außenputz. Eine Dämmschichtdicke von 15 Zentimeter ist damit einfach zu erreichen und reduziert den Wärmeverlust erheblich. Auch dickere Dämmschichten sind möglich und zu empfehlen. Eine Thermohaut sollte immer von einem Fachbetrieb installiert werden. Bei unsachgemäßer Ausführung besteht die Gefahr, dass sich innerhalb der Wandkonstruktion Feuchtigkeit sammelt und zu Schimmelpilz und anderen Schäden wie einer Unwirksamkeit der Dämmschicht führt.

Siehe / Siehe auch: Einschaliges Mauerwerk, Energieeinsparverordnung (EnEV), Kerndämmung, Umkehrdach, Zweischaliges Mauerwerk

Thesaurierung

earnings/ income retention; hoarding; accumulation

Thesaurierung bezeichnet die Erweiterung eines Kapitalanlagevolumens durch Zuführung der jeweiligen Kapitalerträge zum Kapital. Bei einem Fonds mit Thesaurierung werden die erwirtschafteten Gewinne im Gegensatz zu ausschüttenden Fonds im Fonds reinvestiert. Es entsteht ein wachstumsfördernder Zinseszinseffekt. Eine Ausschüttung an den Anleger findet nicht statt.

Tiefbau

civil engineering; underground construction engineering; heavy engineering

Tiefbau umfasst die Planung, Erstellung und Koordination von Bauwerken, die ebenerdig, in oder unter der Erdoberfläche liegen, wie z. B. Straßenbau, Kanalisationsbau, Wasserbau, Brückenbau und Bergbau. Im Vordergrund steht die Konstruktion und nicht die Ästhetik, weshalb sich fast ausschließlich der Bauingenieur mit diesem Zweig des Bauwesens beschäftigt. Das Gegenteil des Tiefbaus ist der Hochbau.

Siehe / Siehe auch: Hochbau

Tierhaltung in Wohnungen

keeping of animals / pets in flats

Mietwohnung

Dem Mieter einer Wohnung ist Tierhaltung grundsätzlich gestattet. Ein in einem Formularmietvertrag vereinbartes generelles Verbot der Tierhaltung ist unwirksam. Im November 2007 hat der Bundesgerichtshof entschieden (Az. VIII ZR 340/06, Urteil vom 14.11.2007), dass auch Klauseln in Formularmietverträgen unwirksam sind, nach denen die Haltung aller Tiere mit Ausnahme von Zierfischen und Ziervögeln zustimmungsbedürftig ist. Allerdings kann der Vermieter die Haltung von Tieren, z. B. Hund oder Katze, durch den Mieter von seiner Zustimmung abhängig machen, die er aber nur aus wichtigem Grund (z. B. Haltung eines Kampfhundes oder wenn eine artgerechte Tierhaltung ausgeschlossen ist) verweigern darf. Grundsätzlich sei bei allen Kleintieren – also auch etwa Hamstern und Schildkröten – davon auszugehen, dass von ihnen keine Störung ausgehe. Sei dies ausnahmsweise doch der Fall, könne der Vermieter auf Unterlassung klagen. Die auch in diesem Verfahren aufgetauchte Frage, ob Katzen noch Kleintiere sind, hat der BGH nicht entschieden. Ob die Haltung von gängigen Hunderassen oder Katzen von der Erlaubnis des Vermieters abhängig gemacht werden kann, beurteilen die Gerichte je nach Fall und Tier unterschiedlich. Eindeutig ist die Rechtslage nur bei wirklich großen oder gefährlichen Tieren – etwa Kampfhunden oder Würgeschlangen. Deren Haltung kann von der Zustimmung des Vermieters abhängig gemacht oder – z. B. bei Kampfhunden – ganz untersagt werden. Dies ist auch noch nach einer irrtümlich erteilten Zustimmung des Vermieters möglich (Landgericht München, Az. 13 T 14 638/93, Urteil vom 10.09.1993). Per Individualvereinbarung kann zwischen Mieter und Vermieter immer ein Tierhaltungsverbot für die Mietwohnung festgelegt werden. Enthält der Mietvertrag keine Regelung zur Tierhaltung, entscheiden die Gerichte im Einzelfall im Rahmen einer Abwägung der Interessen der Beteiligten. Dabei können z. B. das besondere Interesse eines alleinstehenden älteren Mieters an tierischer Gesellschaft und das Maß der von dem Tier ausgehenden Belästigung für die Hausgemeinschaft in Betracht gezogen werden. Aus einer Internet-Umfrage des Deutschen Mieterbundes geht hervor, dass 44 Prozent der befragten Mieter sich gegen ein Verbot der Tierhaltung aussprechen, 39 Prozent nur bei großen und gefährlichen Tieren, 17 Prozent sind für ein Verbot.

Eigentumswohnung

Ob die Haltung von Haustieren in Eigentumswohnungen zulässig ist, ist nach §14 (1) WEG daran zu messen, ob und inwieweit für die anderen Wohnungseigentümer hieraus Nachteile entstehen. Dies wurde z. B. bejaht bei einer übermäßigen Haustierhaltung, da hier eine störende Geruchsbelästigung und auch die Ausbreitung von Ungeziefer befürchtet werden können. Der BGH hat auch einen einstimmigen Beschluss der Wohnungseigentümer nicht beanstandet, der ein generelles Verbot der Hundehaltung zum Inhalt hatte. Sofern allerdings nach der Gemeinschaftsordnung die Hundehaltung erlaubt wäre, wäre ein Mehrheitsbeschluss, der diese Vereinbarung ersetzen würde, von vornherein unwirk-

sam. Allerdings können die Wohnungseigentümer mehrheitlich beschließen, dass Hundehalter dafür sorgen müssen, dass ihre Hunde nicht in den Außenanlagen herumlaufen.
Siehe / Siehe auch: Zitterbeschluss (Wohnungseigentümer-Versammlung), Katzen in der Mietwohnung, Hausordnung (Wohnungseigentum)

Tilgung

repayment; liquidation; acquittance; amortisation; liquidation; payback; redemption; erasure; deletion

Betrag, mit dem ein Kreditnehmer seine Schuld (meist in Raten) zurückbezahlt. Überwiegend wird im Immobilienbereich noch mit jährlichen Raten von ein oder zwei Prozent des Anfangsdarlehens getilgt, ausser bei Bausparkassen. Hier sind es normalerweise rund sieben Prozent. Der Anfangstilgungssatz kann auch einem individuell gewünschten zeitlichen Tilgungsziel (zum Beispiel Tilgung in 18 Jahren) angepasst werden. Der Anfangstilgungssatz beträgt im Beispielsfall 3,25 Prozent, bei sechs Prozent Zins. Bei einem Darlehen mit gleichbleibender Annuität (Annuität = Zins- + Tilgungsbetrag pro Jahr) wächst der Verzinsungsbetrag, der durch die geringer werdende Darlehensschuld erspart wird, der Tilgung zu.

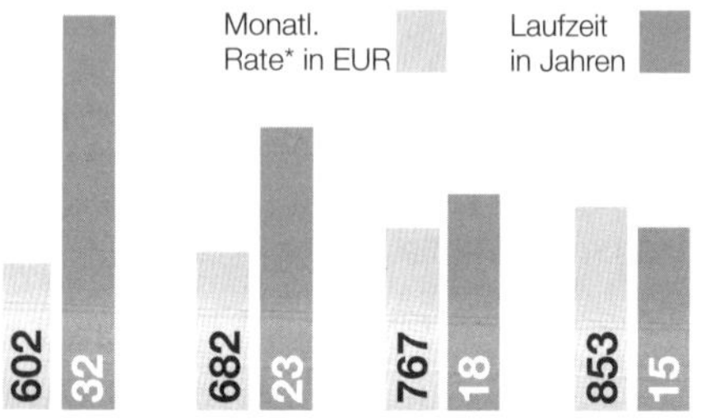

* Monatliche Belastung (Zinsen + Tilgung) bei einem Hypothekendarlehen von 102.301,79 EUR, Zinssatz 6%

Siehe / Siehe auch: Annuitätendarlehen

Tilgungsaussetzung

suspension of redemption payments

Die Tilgungsaussetzung kann ein wirkungsvolles Instrument sein, um gefährdete Darlehen zu sichern und somit den Fortbestand der ursprünglich beabsichtigten Baufinanzierung zu gewährleisten. Meist wird die Tilgungsaussetzung im Rahmen einer besonderen Finanzierungsstrategie vereinbart, wenn ein Tilgungsersatz vorgesehen ist. Dies kann beispielsweise eine Lebensversicherung sein, die besonders bei vermieteten Objekten ein geeigneter Finanzierungsbaustein ist. Ohne die Tilgung bleibt das Fremdkapital gleich hoch, so dass die Zinsbelastung während der Finanzierungszeit bei gleich bleibendem Zinssatz ebenfalls konstant bleibt.
Die Immobilienfinanzierung mit Tilgungsaussetzung, abgesichert durch eine Kapital-Lebensversicherung, bietet Vermietern durchweg attraktive Steuervorteile.

Tilgungsdarlehen

repayment loan / mortgage; redeemable loan; self-amortising loan / mortgage; direct eduction loan

Siehe / Siehe auch: Annuitätendarlehen

Tilgungsdauer

repayment period; redemption period

Die Tilgungsdauer eines Darlehens mit gleichbleibender Annuität hängt von verschiedenen Faktoren ab. Dies sind insbesondere:

- die Höhe der Tilgungsleistung,
- Tilgungsverrechnung (monatlich, vierteljährlich, halbjährlich oder jährlich),
- Höhe des Zinssatzes und
- der laufend steigende Tilgungsanteil, der sich aus der Differenz zwischen dem Anfangszins und dem durch vermehrte Darlehenstilgung verringerten Zins ergibt.

Durch Tilgungsstreckung verlängert sich die Tilgungsdauer um die Jahre, in denen von der Darlehensauszahlung an gerechnet, keine Tilgung bezahlt wird.
Dieser Effekt kann aber auch durch Reduzierung der Anfangstilgung erreicht werden. Bei Darlehen mit laufend gleichbleibender Tilgung („Abzahlungsdarlehen) ist die Tilgungsdauer der Quotient aus dem nominalen Darlehensbetrag und der Jahrestilgung. Bei Festdarlehen richtet sich die Tilgung nach der vereinbarten Laufzeit. In Verbindung mit einer Lebensversicherung gilt dies ebenfalls, wobei im Fall des vorzeitigen Todes des Darlehensnehmers die Auszahlung an die Erben schon entsprechend vorher vorgenommen wird. Diese Formen des Darlehens werden auch als „endfällige" Darlehen bzw. Fälligkeitsdarlehen oder – fälschlicherweise – als „tilgungsfreie" Darlehen bezeichnet.
Darlehen, die nie getilgt werden müssen, wären Schenkungen.

Siehe / Siehe auch: Annuitätendarlehen, Lebensversicherung

Tilgungsstreckung

rescheduling of debts; stretching of the redemption period; repayment deferral

Siehe / Siehe auch: Tilgungsdauer

Tilgungsverrechnung

interest-wise application of repayments to the loan principal

Siehe / Siehe auch: Zins- und Tilgungsverrechnung

Timesharing

time-sharing

Beim Timesharing handelt es sich um ein zeitlich begrenztes Nutzungsrecht (z. B. ein, zwei oder mehrere Wochen im Jahr) an einem Hotel-Appartement. Solche Objekte sind besonders in Spanien, Frankreich und Italien anzutreffen. Dabei erwirbt der Anleger/Urlauber über eine einmalige Investition – meist deutlich mehr als 10.000 Euro zuzüglich Kosten – das Recht, jedes Jahr für eine bestimmte Dauer eine (Ferien-) Immobilie zu nutzen. Neben dem Kaufpreis für die Wochen muss der zeitanteilige Eigentümer zusätzliche Kosten für die Bewirtschaftung der Immobilie berücksichtigen. Die restlichen Jahreswochen, die der Anleger nicht erwirbt, werden von anderen Investoren gekauft, so dass, vereinfacht formuliert, das Eigentum an einem bestimmten Hotelobjekt nach Wochen auf unterschiedliche „Teilzeit-Eigentümer" verteilt wird. Geregelt wurden die Rechtsverhältnisse der „Veräußerung von Teilzeitnutzung an Wohngebäuden" im Teilzeitwohnrechtsgesetz vom 20.12.1996.

Tipp: Bei Fragen zum Bereich „Timesharing" bieten sich folgende Gesprächspartner an:

- Bundesverband für Teilzeitwohnrechte e.V., Bonn.
- Schutzvereinigung für Timesharing- und Ferienwohnrechts-Inhaber in Europa e.V., Wiesbaden. Von Seiten der Anbieter: Mondi Ferienclub mit Sitz in München, Hapimag mit Geschäftssitz in CH-Baar.

Siehe / Siehe auch: Teilzeit-Wohnrechtevertrag

Timesharing (Unternehmensbeispiel Hapimag)

time-sharing (using Hapimag as an example)

Die 1963 gegründete Hapimag (Hotel- und Appartmenthaus Immobilien Anlage AG) hat heute 4.500 Wohnungen an 53 Orten in 15 Ländern.

Rund 120.000 Anteilseigner sind an dem Genossenschaftsmodell beteiligt und bekommen dafür jährlich zwölf „Wohnrechtspunkte", die gegen Urlaubswochen in den Hapimag-Wohnanlagen eingetauscht werden können. Dabei gibt es durchaus Kritik an dem Modell: Bei Anteilspreisen von 8.500 Schweizer Franken ist die Wahl des Urlaubsortes nur bedingt möglich. Zudem kosten beliebte Ziele zur Ferienzeit mehr als das Dutzend jährlich ausgegebener Punkte.

Tod des Mieters

death of a tenant

Verstirbt ein Mieter, endet dadurch das Mietverhältnis nicht, es sei denn, es wäre auf Lebenszeit abgeschlossen worden. Im Normalfall wird das Mietverhältnis entweder durch Verwandte, Mitmieter oder Erben fortgesetzt oder gekündigt.

Fortsetzung mit überlebenden Mietern

Haben mehrere Personen den Vertrag gemeinsam als Mieter unterzeichnet, führen die überlebenden Mieter den Mietvertrag ohne weitere Formalitäten fort. Sie können den Mietvertrag allerdings mit einer Frist von drei Monaten kündigen. Die Kündigung muss innerhalb eines Monats nach Kenntnisnahme vom Todesfall stattfinden.

Eintritt in den Mietvertrag

Folgende Personengruppen treten auch ohne Unterschrift unter den bisherigen Mietvertrag automatisch beim Tod des Mieters in den Vertrag ein, sofern sie mit ihm einen auf Dauer angelegten gemeinsamen Haushalt geführt haben:

- Ehepartner/eingetragener Lebenspartner
- Kinder (sofern nicht Ehegatte eintritt)
- Verwandte (sofern nicht Ehegatte oder Lebenspartner eintritt)
- jedes andere dauerhafte Haushaltsmitglied (sofern nicht Ehegatte oder Lebenspartner eintritt).

Der Vertrag besteht unverändert weiter, die genannten Personen werden automatisch zu Mietern. Alle diese Personen können jedoch innerhalb eines Monats nach der Kenntnisnahme vom Tod des Mieters erklären, dass sie nicht in den Vertrag eintreten wollen. Dann ist der Mietvertrag beendet. Bei Eintritt mehrerer Personen kann jeder Einzelne die Erklärung für sich abgeben. Findet keine Fortsetzung mit überlebenden Mietern und auch kein Eintritt in den Vertrag statt, kommt es zur Vertragsfortsetzung mit den Erben. Diese müssen keinen gemeinsamen Haushalt mit dem Mieter geführt haben. Die Erben können den Mietvertrag mit einer dreimonatigen Frist kündigen. Dafür haben sie einen Monat Zeit, gerechnet von dem Zeitpunkt an, zu dem sie vom Tod des Mieters und von der Nichtfortsetzung des Mietverhältnisses mit anderen Personen erfahren haben.

Der Vermieter hat folgende Kündigungsmöglichkeiten

- Bei Fortsetzung durch überlebende Mieter: Es gelten die gesetzlichen Kündigungsregeln.
- Bei Eintritt in den Mietvertrag: Kündigung mit Dreimonatsfrist, zulässig innerhalb eines Monats ab Kenntnisnahme vom Vertragseintritt. Voraussetzung: Wichtiger Grund in der Person des künftigen Mieters.
- Bei Vertragsfortsetzung mit Erben: Dreimonatige Kündigungsfrist, zulässig innerhalb eines Monats ab Kenntnisnahme vom Todesfall und von der Nichtfortsetzung des Vertrages mit anderen Personen. Kein berechtigtes Interesse an der Kündigung erforderlich.

Für alle Forderungen aus dem Mietvertrag bis zum Tod des Mieters haften die Erben und gleichermaßen die in den Vertrag eintretenden Personen sowie ggf. die überlebenden Mieter, mit denen der Vertrag fortgesetzt wird. Falls der Verstorbene keine Kaution gestellt hat, kann der Vermieter von den Personen, die in den Vertrag eingetreten sind oder mit denen er fortgesetzt wird, die Stellung einer Mietkaution verlangen.
Siehe / Siehe auch: Beendigung eines Mietverhältnisses, Betreutes Wohnen, LPartG, Mietkaution, Service-Vertrag, Tod des Vermieters

Tod des Vermieters
death of the landlord

Beim Ableben des Vermieters werden seine Erben neue Eigentümer des Mietobjekts und treten in den Mietvertrag als neue Vermieter ein. Handelt es sich um mehrere Personen (Erbengemeinschaft), ohne dass ein für die Vermietungsangelegenheiten bevollmächtigter Vertreter bestimmt wurde, muss der Mieter Erklärungen (z. B. Mängelrüge, Kündigung) jeder dieser Personen einzeln zukommen lassen. Umgekehrt müssen auch alle Vermieter gegenüber dem Mieter abgegebene Erklärungen unterschreiben. Findet infolge eines Todesfalles ein Vermieterwechsel statt, können beim Mieter Unsicherheiten darüber entstehen, an wen künftig die Miete zu zahlen ist. Die Rechtsverhältnisse können – z.B. im Hinblick auf Erbengemeinschaften, Nießbrauchsrechte und Testamentsvollstreckung – kompliziert sein. Der Bundesgerichtshof hat entschieden, dass der Mieter seine Mietzahlung so lange vorläufig zurückhalten darf, bis ihm zweifelsfrei nachgewiesen wird, wer zum Empfang der Miete berechtigt ist. Bis zu diesem Nachweis kommt der Mieter nicht in Zahlungsverzug. Eigene Nachforschungen durchführen oder Grundbucheinsicht vornehmen muss der Mieter nicht (BGH, Urteil vom 7.9.2005, Az. VIII ZR 24/05).
Siehe / Siehe auch: Beendigung eines Mietverhältnisses, Tod des Mieters

Topographie
topography

Die Topographie befasst sich mit der Vermessung, Darstellung und Beschreibung eines begrenzten Teils der Erdoberfläche. Der Veranschaulichung dienen maßstabsgerechte Geländereliefs und Kartenwerke. Dabei sind nicht nur die natürlichen Oberflächenformen des zu betrachtenden Gebietes, sondern auch vom Menschen erzeugte Oberflächenveränderungen z.B. Bauwerke mit einzubeziehen. Die Topographie gibt den jeweiligen Istzustand wider. Je nach Auflösungsgrad unterscheidet man Kartenwerke nach unterschiedlichen Maßstäben, von 1 : 10.000 bis 1 : 1.000.000. In den Fokus der Kartenwerke stehen unterschiedliche Betrachtungsgegenstände: Siedlung, Verkehr, Vegetation, Wasser und besondere Geländeoberflächen (Reliefs) mit ihren jeweiligen Tiefengliederungen. Seit 1990 erfolgt mit Hilfe des Amtlichen Topographisch-Kartographischen Informationssystems (ATKIS) die topographische Landesaufnahme in digitaler Form. Alle geplanten digitalen Landschaftsmodelle (DLM) sollen im Jahr 2007 komplett vorliegen. Mit der Topographie befassen sich Vermessungsingenieure.

Total Quality Management
Total Quality Management (TQM)

Total Quality Management (TQM) bietet den Ansatz für eine Managementmethode, die alle Mitarbeiter einbezieht. Das Leistungsangebot des Unternehmens sollte mit der Kundenanforderung übereinstimmen. Des Weiteren sollte das Unternehmen Qualitätsversprechen gegenüber den Kunden einhalten. Auch die Motivation der Mitarbeiter ist von Bedeutung, denn nur ein motivierter Mitarbeiter, der seinen Job gerne ausübt, kann Kunden zufrieden stellen – und: zufriedene Kunden motivieren gleichzeitig die Mitarbeiter. Dem Qualitätsmanagement kann ein Handbuch für Mitarbeiter zu Grunde liegen. Um das Qualitätsmanagement voran zu bringen werden Qualitätssicherungsprozesse, Audits und ständige Verbesserungsprozesse benötigt. Eine Strukturierung der Ziele ist wichtig, ebenso wie die Dokumentation und die Zugänglichkeit für die Mitarbeiter. Als Folge von Qualitätsmanagement kann die Verbesserung der Wettbewerbsfähigkeit gesehen werden. Qualität als Garantie ist für den Kunden wichtig. Bei der Beantwortung der Frage „Was ist Qualität?" helfen folgende Stichwörter:

- Kundenzufriedenheit (durch Umfragen ermitteln)
- Betreuung des Kunden über den Kauf hinaus
- Produkt ohne Mängel, Zuverlässigkeit, Langlebigkeit, Alltagstauglichkeit
- Benchmarking: Vergleichbarkeit der Produkte, Dienstleistungen, Unternehmen als Anreiz der Qualitätsverbesserung
- Herkunft
- Preis-Leistungs-Verhältnis
- Marke / Image

Auf die Immobilienwirtschaft übertragen bedeutet das beispielsweise bei der Vermietung: Termine eingehalten, Schlüsselservice, freundliche Beratung, Service für Mieter, pünktliche Nebenkostenabrechnungen, Sozialberatung für „Problemfälle", unverzügliche Mängelbeseitigung, Hausmeisterservice usw.. Vorteile durch das Qualitätsmanagements: Neue Kunden, Mitarbeitermotivation als Voraussetzung für das Qualitätsmanagements, Kosteneinsparung durch Fehlervermeidung von Anfang an, Wettbewerbsfähigkeit, Kundenorientierung, Imageverbesserung, Transparenz durch Systematik, Organisationszwang, Prozesskontrolle statt Ergebniskontrolle, Reduzierung von Fehlern und Reklamationen, Kosteneinsparung durch Beseitigung von Fehlerquellen, Kostensenkung, zufriedene Kunden sparen Geld, Zeit und Nerven, Mitarbeiterzufriedenheit. Audits dienen der systematischen und unabhängigen Untersuchung einer Aktivität. Deren Ergebnisse werden durch das Vorhandensein und die sachgerechte Anwendung spezifischer Anforderungen beurteilt und dokumentiert. Dadurch sollen Schwachstellen aufgezeigt werden und Verbesserungsmaßnahmen angeregt werden, wobei die Wirkung der Verbesserung überwacht wird.

Totalunternehmer

full service general contractor

Totalunternehmer ist, wer alle für die Vorbereitung und Durchführung von Baumaßnahmen zu erbringenden Leistungen übernimmt und dabei Subunternehmer einschaltet. Im Gegensatz zum Generalunternehmer, dem die Entwurfs- und Planungsleistungen vorgegeben werden, sind Totalunternehmen auch für die Erbringung dieser Leistungen zuständig.

Siehe / Siehe auch: Generalunternehmer

Trabantenstadt

satellite town

Trabantenstädte („Satellitenstädte") entstanden in Deutschland nach 1968 als Teil von Großstädten an deren Rändern.Als Beispiel kann das „Olympische Dorf" in München dienen. Ähnliches gilt für Neuperlach, einer „Entlastungsstadt" für 80.000 Einwohner im Münchner Südosten. Eine solche Trabantenstadt zeichnet sich durch einem sehr hohen Anteil von vielstöckigen, oft die Hochhausgrenze überschreitenden Mietshäusern und Eigentumswohnanlagen aus. Im Volksmund wurde von „Betonburgen" oder von „Mietghettos" gesprochen. Es hat sich deutlich gezeigt, dass eine solche „Stadt in der Stadt" der Komplexität einer Stadtkultur nur in geringem Umfange gerecht werden kann. Lebendige Nachbarschaftsverhältnisse können sich kaum entwickeln.

Träger öffentlicher Belange / Behörden

government body; public authority

Nach dem BauGB sind bei der Bauleitplanung öffentliche und private Belange gegeneinander und untereinander gerecht abzuwägen. Das bedeutet, dass den Behörden und sonstigen Trägern öffentlicher Belange (TÖB) ebenso wie der Öffentlichkeit (Bürger und Bürgerinnen) Gelegenheit zur Mitgestaltung aus ihrer jeweiligen Perspektive gegeben werden muss. Das Begriffspaar „Träger öffentlicher Belange" und „Bürger" wurde mit der vor Novellierung des BauGB 2004 durch das Begriffspaar „Behörden" und „Öffentlichkeit" ersetzt. Es wird nur noch von „sonstigen Trägern öffentlicher Belange" gesprochen, die keine Behörden sind und damit jetzt der „Öffentlichkeit" zugerechnet werden. Als Behörden kommen unterschiedliche Bundes- Landes- Kreis- und Gemeindebehörden, sowie öffentlich rechtiche Fachkörperschaften (z.B. Industrie- und Handelskammern, Handwerkskammern, Denkmalschutzbehörden usw.) und die Kirchen in Frage. Sonstige Träger öffentlicher Belange sind „Nichtbehörden", die aber öffentliche Aufgaben erfüllen. Hierzu können gehören der Bauernverband, das Deutsche Rote Kreuz, der Jagdverband, Post, Bahn und Telekom, Versorgungsunternehmen, freiwillige Feuerwehr, der Bund Naturschutz, Hotel-

und Gaststättenverband. Welche Behörden und sonstigen Träger öffentlicher Belange im Einzelfall zu beteiligen sind, ergibt sich aus der Zielausrichtung der Planung (Art der baulichen Nutzung) und den Belangen, die durch die Planung berührt werden können. Soweit im Einzelfall kein absoluter Planungsvorrang einer Behörde zu beachten ist, kann sich die Gemeinde im Rahmen der Abwägung auch zur Nichtberücksichtigung einer Fachplanung entschließen. Träger öffentlicher Belange und Behörden kommen auch bei Planfeststellungsverfahren für Baumaßnahmen von überörtlicher Bedeutung und bei der Landschaftsplanung zu Wort. Die frühere Bürgerbeteiligung mündet jetzt ein in die Beteiligung der Öffentlichkeit.
Siehe / Siehe auch: Bauleitplanung

Transshipment Center
transshipment centre
gehören zu den Logistikimmobilien. Teilweise werden die Begriffe Transshipment Center, Cross Docking Center oder Transitterminal synonym verwendet. Es handelt sich um Warenumschlagzentren, in denen ankommende Sendungen von verschiedenen Absendern eingehen und ohne Zwischenlagerung zu Sendungen für verschiedene Empfänger neu zusammengestellt werden. Da sie lediglich dem Warenumschlag, nicht aber der Lagerung dienen, werden sie auch als „bestandslose Umschlagpunkte“ bezeichnet. Im engeren Sinne meint der Begriff Transshipment Center ein Warenumschlagzentrum, in dem artikel- bzw. sortenreine Sendungen angeliefert und erst hier empfängerbezogen kommissioniert werden. Demgegenüber werden in Cross Docking Centers bereits empfängerbezogen vorkommissionierte Sendungen angeliefert.
Beispielsweise könnten in einem Transshipment Center Waren unterschiedlicher Hersteller von Käse, Schokolade und Kosmetikprodukten eintreffen, aus denen dann die Lieferungen nach den Bestellungen einzelner Supermärkte zusammengestellt werden.
Siehe / Siehe auch: Cross Docking Center, Logistikimmobilien

Traufe
eaves
Siehe / Siehe auch: Dachtraufe

Traufkante
eaves
Siehe / Siehe auch: Dachtraufe

Traufständiges Haus
house with roof ridge and eaves parallel to the street
Haus, das mit Firstlinie und Dachtraufe parallel zur Straße steht. Die Giebel eines traufständigen Hauses bilden mit der Straße einen rechten Winkel.
Siehe / Siehe auch: Dachtraufe, Giebel

Traufwasser
storm water
Das Traufwasser ist vom Niederschlagswasser zu unterscheiden, also dem Regen oder Schneewasser, das unmittelbar auf den Boden fällt. Fällt dieses Niederschlagswasser zunächst auf eine bauliche Anlage eines Grundstückes und von dort auf den Erdboden, so handelt es sich um Traufwasser. Bezüglich dieses Niederschlages trifft den Grundstückseigentümer gegenüber Grundstücksnachbarn eine Sicherungspflicht.
Siehe / Siehe auch: Niederschlagswasser

Trend / Tendenz
trend / tendency
Tendenz und Trend unterscheiden sich durch ihre zeitliche Perspektive. Die Tendenz zeigt Entwicklungen auf, die sich auf die gegenwärtige Situation beziehen, Trends beziehen sich auf langfristige Entwicklungsstränge. Man spricht insbesondere auch bei Markterscheinungen von Tendenzen und Trends. Tendenzen spiegeln hier die aktuellen Einflussgrößen auf den Markt wider, z.B. die Auswirkung einer Zinserhöhung auf die Immobilienpreise, die Einflüsse, die von einer geplanten Großveranstaltung (etwa eine Europameisterschaft) ausgehen, ein für Investoren günstiges / ungünstiges Wahlergebnis, eine Modeerscheinung usw.. Trends ergeben sich auf den Märkten aus der Wirksamkeit langfristig angelegter Determinanten. So wird ein Bevölkerungsschwund in einem Wirtschaftsraum zu dauerhaft sinkenden Immobilienpreisen führen, die zunehmende Ausschöpfung einer endlichen Ressource wie etwa das Erdöl oder Erdgas zu langfristig steigenden Energiekosten.

Trennkanalisation
two-pipe (drainage) system
Bei einer Trennkanalisation werden Schmutzwasser (z. B. aus Bad, WC und Küche) und Regenwasser in zwei getrennten Abwasserkanälen abgeleitet. Das Regenwasser fließt dabei ungeklärt ins nächste natürliche Gewässer, das Schmutzwasser gelangt in die Kläranlage. Der Vorteil einer Trennkanalisation besteht in der Entlastung der Kläranlage und

des Vorfluters (Gewässers). Die Kläranlage muss nämlich bei Regenwetter keine größere Abwasserfracht bewältigen, die durch die Verdünnung des Schmutzwassers mit Regenwasser entsteht. Die Vorfluter-Gewässer können verschmutzt werden, wenn bei starken Niederschlägen und Mischkanalisation die Kläranlage die Abwassermenge nicht mehr bewältigt und der verdünnte Schmutzwasserüberschuss direkt in den nächsten Fluss gelangt.
Da den Gemeinden bei der entsprechenden Kläranlage je nach eingeleiteter Abwassermenge Kosten entstehen, ist eine Trennung auch wirtschaftlich sinnvoll. In vielen Gemeinden ist die bauliche Ausführung der Trennkanalisation nicht korrekt durchgeführt worden. Die Gemeinden überprüfen deshalb teilweise, ob Regenwasser auf den Einzelgrundstücken tatsächlich in den Regenwasserschacht gelangt und Abwasser in die Abwasserleitung. Dafür gibt es verschiedene Überprüfungsverfahren – etwa die Leitungsprüfung mit einer Rohrkamera oder – einfacher – die Einleitung von Rauch über einen Arbeitsschacht in der Straße. Raucht das angrenzende Gebäude dann aus den Regenrinnen, ist eine Änderung der Rohrleitungen angesagt – auf Kosten des Eigentümers.
Siehe / Siehe auch: Abwassersatzung / Entwässerungssatzung, Autowäsche

Trennwand

partition (wall); division; party (or parting) wall; dividing wall

Eine Trennwand ist eine leichte Wandkonstruktion, die zur Abteilung von Räumen dient. In der Regel sind Trennwände von vergleichsweise geringer Stärke und haben keine tragende Funktion.
Siehe / Siehe auch: Drahtputzwand, Rabitzwand, Scheidewand

Treppe

stairs; staircase

Siehe / Siehe auch: Freitreppen, Gebäudetreppen, Rampe

Treppenauge

stair well; well hole

Das Treppenauge ist der vertikale Luftraum, der außerhalb der Treppe entsteht und mit dem Geländer gesichert wird.
Siehe / Siehe auch: Gebäudetreppen, Wendeltreppe, Wendelung

Treppenhaus und Hausflur

stairwell/ staircase/ stairs and hallway

In einem Mehrfamilienhaus gelten Treppenhäuser und Flure als gemeinschaftlich genutzte Räume. Streit entsteht meist wegen darin abgestellter Gegenstände (Fahrräder, Rollstühle, Kinderspielzeug). Ein Beschluss der Wohnungseigentümer-Versammlung, nach dem einem behinderten Hausbewohner das Abstellen seines Rollstuhles im Hausflur verboten wird, ist nach dem Oberlandesgericht Düsseldorf sittenwidrig und unwirksam (OLG Düsseldorf, ZMR 84, 161). Kinderwagen dürfen zumindest vorübergehend im Hausflur abgestellt werden (Oberlandesgericht Hamm, Az. 15 W 444/00, Urteil vom 03.07.2001). Die Gestaltung des Treppenhauses muss ein Mieter dem Vermieter überlassen. So kann ein evangelischer Mieter nicht die Miete mindern, weil der katholische Vermieter in einer Treppenhaus-Nische eine Madonna aufgestellt hat (Amtsgericht Münster, Az. 3 C 2122/03). Zettelaushänge im Treppenhaus, auf denen der Vermieter kritisiert wird, bewegen sich am Rande übler Nachrede. Stellt ein Mieter jedoch nur objektiv bestehende Missstände dar (monatelanger Heizungsausfall im Winter ohne Reparatur), muss sich der Vermieter die Kritik gefallen lassen (Landgericht Berlin, Az. 53 S 25/04).
Siehe / Siehe auch: Treppenlift, Kinderwagen

Treppenholm

tread support

Der Treppenholm wird auch als Treppenbalken oder Treppenlaufträger bezeichnet. Er verläuft schräg unter der Treppe und trägt die Treppenstufen. Statt eines Holmes wird auch die Treppenlaufplatte oder die zwei treppenflankierenden Wangen zur Konstruktion der Treppe eingesetzt.
Siehe / Siehe auch: Gebäudetreppen, Wange

Treppenkonstruktion

stairs

Die Treppenkonstruktion ist das statische System einer Treppe. Dieses erschließt sich aus der Lastenannahme durch das Eigengewicht und die Belastung durch die Nutzung. Hierbei ist es von großer Bedeutung, ob es sich um eine Massivtreppe (üblicherweise eine Stahlbetontreppe) oder um eine leichtere Ausführung (Holz- oder Stahltreppe) handelt. Zudem werden freitragende Treppen oder an vorhandene Bauteile befestigte Treppen unterschieden. Im Wesentlichen besteht die Treppe aus dem tragenden Element, wie Laufplatte, Wangen oder Holmen, den Stufen und dem sichernden und abschließenden Geländer mit Handlauf. Unterschiedliche Materialien stellen unterschiedliche

Anforderung an die Konstruktion. So ist der Fertigungsprozess einer massiven Stahlbetontreppe eine andere als die der Stahltreppe. Die tragende Laufplatte der Massivtreppe stützt die darauf betonierten Stufen. Bei leichteren Treppenkonstruktionen wie der Stahl- und Holztreppe werden die Einzelteile von Schrauben zusammen montiert oder geschweißt. Die Treppenkonstruktion ist abhängig von dem verwendeten Material.
Siehe / Siehe auch: Gebäudetreppen, Stufe, Treppenholm, Wange

Treppenlauf

flight of stairs

Bei der Grundrissform wird in ein- oder mehrläufige Treppen unterschieden. Als einläufig wird eine ununterbrochene Folge von mehreren Stufen bezeichnet. Unterbricht beispielsweise ein Zwischenpodest eine Lauffolge, so wird dies als zweiläufig bezeichnet. Folgerichtig hat eine dreiläufige Treppe zwei Zwischenpodeste.Es gibt repräsentative Treppen, deren gerade Abfolge mehrere Läufe von Podesten unterbrochen wird. Aus Platzgründen knicken die Läufe in der Regel im 90 Grad-Winkel ab. In diesem Fall beschreibt die Lauflinie der Treppe eine Halbkurve. Deshalb wird eine Treppe mit einem Richtungswechsel Halbtreppe genannt. Eine Vierteltreppe knickt zweimal ab und beschreibt in der Lauflinie eine Viertelkurve.
Siehe / Siehe auch: Gebäudetreppen, Treppenlauflinie, Treppenlaufrichtung

Treppenlauflinie

line of stair flight

Die sogenannte Lauflinie definiert den tatsächlichen mittleren Gehbereich einer Treppe. Diese unsichtbare Linie regelt das Verhältnis der Höhe und Tiefe der Stufen zueinander (Steigungsverhältnis), und sie muss nicht der Mittellinie einer Treppe entsprechen, wie an der gewendelten Treppe zu sehen ist.Um ein sicheres Begehen der Treppe mit einer Wendelung zu ermöglichen, errechnet sich entlang der Lauflinie stets die gleiche Stufenhöhe, Auftritttiefe und -breite. Dargestellt wird sie am unteren Antritt durch ein Kreissymbol und im oberen Austritt durch ein Pfeilsymbol.
Siehe / Siehe auch: Gebäudetreppen, Steigungsverhältnis, Stufe

Treppenlaufrichtung

direction of the flight of stairs

Die Benennung der Laufrichtung einer Treppe verhindert Missverständnisse in der Planung und am Bau. Sie richtet sich nach der Aufwärtsbewegung der Treppe. Eine im Uhrzeigersinn verlaufende Treppe ist eine Rechtstreppe. Dagegen ist eine Treppe gegen den Uhrzeigersinn eine Linkstreppe.
Siehe / Siehe auch: Gebäudetreppen

Treppenlift

stairlift (for disabled people)

Wird ein Mehrfamilienhaus von einer Eigentümergemeinschaft bewohnt, hat ein behinderter Eigentümer das Recht, ohne Zustimmung der anderen Eigentümer auf eigene Kosten in dem zum Gemeinschaftseigentum gehörenden Treppenhaus einen Treppenlift installieren zu lassen. Voraussetzung ist allerdings, dass die bauordnungsrechtlichen Regeln beachtet werden und die Nutzungsmöglichkeit des Treppenhauses nicht über das unvermeidliche Maß hinaus eingeschränkt wird. Nach einem Beschluss des Bayerischen Obersten Landesgerichts durfte der Eigentümer zur Installation des Lifts sogar den zweiten Handlauf des Geländers entfernen (BayObLG, Beschl. v. 25.9.2003, Az. 2 Z BR 161/03).
Auch ein Mieter kann einen Anspruch darauf haben, dass der Hauseigentümer der Installation eines Treppenliftes für den behinderten Lebenspartner zustimmt - wobei die Einbaukosten der Mieter trägt (Bundesverfassungsgericht, WM 2000, 298).
Siehe / Siehe auch: Treppenhaus und Hausflur

Treu und Glauben / treuwidrig

good faith; bona fide / in breach of trust

Nach § 242 BGB ist derjenige, der eine vertragliche Leistung zu erbringen hat, „verpflichtet, die Leistung so zu bewirken, wie Treu und Glauben mit Rücksicht auf die Verkehrssitte es erfordern“. Die Gerichte haben dazu eine Menge Grundsätze entwickelt, mit deren Hilfe offensichtliche Ungerechtigkeiten bei der Ausübung von Rechten vermieden werden sollen. In jedem Fall findet bei Anwendung der Vorschrift eine Abwägung aller beteiligten Interessen statt. Obwohl die Vorschrift keinen konkreten Anspruch auf etwas gewährt und keinen Freibrief für jeden darstellt, der sich ungerecht behandelt fühlt, kann sie praktische Auswirkungen haben. Z. B. im Mietrecht: Eine Eigenbedarfskündigung, bei der ein Vermieter schon bei Vertragsabschluss absehen konnte, dass er diese aussprechen würde, ist treuwidrig. Folge: Kündigung ist unwirksam.
Siehe / Siehe auch: Eigenbedarf

Treuhänder

trustee; fiduciary; feoffee to uses; custodian; bailee; escrow (holder)

Treuhänder handeln im eigenen Namen für fremde Rechnung. Bei Treuhändern handelt es sich oft um Rechtsanwälte, Vermögensverwalter, Steuerberater oder Wirtschaftsprüfer und deren Gesellschaften. Sie verwalten das Vermögen ihrer Kunden und können aufgrund ihrer Vollmacht darüber verfügen. Besteht das Treugut in Geldvermögen, ruht es auf Treuhandkonten die auf den Namen des Treuhänders lauten, über die der Treuhänder nach Maßgabe vertraglicher Vereinbarungen oder nach eigenem Ermessen im Interesse des Treugebers verfügen kann. Besteht das Treugut in Immobilienvermögen, sind die Treuhänder auch im Grundbuch eingetragen, wie etwa bei geschlossenen Immobilienfonds.

Treuhandkommanditist

trustee; fiduciary; feoffee to uses; custodian; bailee; escrow (holder)

Um die Verwaltung des Fonds zu vereinfachen, wird bei geschlossenen Immobilienfonds in der Rechtsform einer Kommanditgesellschaft oftmals auf die Handelsregistereintragung jedes einzelnen Fondszeichners als Kommanditist verzichtet. Stattdessen wird im Handelsregister ein Treuhandkommanditist eingetragen, der als Treuhänder für die Kommanditisten fungiert. Der Treuhandkommanditist hält die Fondsbeteiligungen auf eigenen Namen, aber auf Rechnung des Treugebers, d.h. des jeweiligen Anlegers. Siehe hierzu: www.dvgw.de

Siehe / Siehe auch: Direktkommanditist, Immobilienfonds - Geschlossener Immobilienfonds

Trinkwasserverordnung

German Drinking Water Ordinance

Ab 1. Januar 2003 gilt die neue Trinkwasserverordnung. Sie dient dem Gesundheitsschutz. Sie verpflichtet die Hauseigentümer (als Inhaber von Wasserversorgungsanlagen), sofort die Gesundheitsbehörde zu informieren, wenn sich die Trinkwasserqualität („grobsinnlich wahrnehmbar") verschlechtert hat (z. B. braune Färbung, Geruch).
Entsprechende Meldungen von Mietern muss sofort nachgegangen werden. Gegenüber den Mietern besteht eine Informationspflicht in Bezug auf das Trinkwasser. Per Aushang oder per Post müssen die alle Wasserdaten der Wasserkraftwerke bekannt gegeben werden. Unter Trinkwasser versteht die Verordnung Wasser in ursprünglichen Zustand oder nach Aufbereitung, das zum Trinken, Kochen, zur Zubereitung von Speisen und Getränken und zu anderen häuslichen Zwecken bestimmt ist, nämlich zur Körperpflege, Reinigung von Gegenständen, die mit Lebensmittel in Berührung kommen und Gegenständen die nicht nur vorübergehend mit dem menschlichen Körper in Kontakt kommen. Auch Betreiber öffentlicher Gebäude (z.B. Schulen, Kindergärten, Gaststätten, Krankenhäuser) sind in die Pflicht genommen. Sie müssen die Wasserqualität regelmäßig überprüfen lassen und zusätzliche Untersuchungen veranlassen, wenn Verdacht auf Verunreinigungen des Wassers besteht. Für den Neubau und Instandsetzungsmaßnahmen dürfen künftig nur noch bestimmte vorgegebene Werkstoffe verwendet werden. Außerdem wird die Art von Zusatzstoffen für Wasseraufbereitungsanlagen mit Reinheitsanforderungen, Verwendungszweck Zugabemengen und Höchstkonzentration von im Wasser verbleibenden Restmengen und Restprodukten vorgegeben. Die Grenzwerte für mikrobiologische und chemische Inhaltsstoffe wurden zum Teil erheblich herabgesetzt. Dies gilt insbesondere für neue Hausinstallationen mit Kupfer und für Blei in alten Installationen. Besondere Gesundheitsrisiken bestehen, wenn die Wasserversorgung über Bleirohre verläuft. Dies ist im süddeutschen Raum praktisch nicht der Fall in anderen Gegenden Deutschlands dann nicht, wenn das Haus innerhalb der letzten 30 Jahre gebaut wurde.

Triple Play

triple play

Der Begriff „Triple Play" bezeichnet die über Breitbandkabel mögliche Versorgung des Anschlussinhabers mit Telefon, Internet sowie Fernsehempfang. Nicht alle Kabelanschlüsse bieten die Möglichkeit für alle drei Dienstleistungen, die Kabelbranche arbeitet jedoch am Netzausbau. 2006 gab es in Deutschland 390.000 Breitband-Internet-Anschlüsse, 293.000 Breitband-Telefonnutzer und 1.234.000 Pay-TV-Kunden. Ende 2008 waren 1,9 Millionen Haushalte über das Fernsehkabel mit dem Internet verbunden, dazu kamen 21,2 Millionen Breitbandanschlüsse über das Telefonnetz. In anderen Ländern ist Triple Play bereits gebräuchlicher als in Deutschland, etwa in der Schweiz und in Österreich. Erklärtes Ziel der Bundesregierung ist die flächendeckende Versorgung der Bevölkerung – speziell auch in ländlichen Gegenden – mit schnellen Internet-Verbindungen bis Ende 2010.

Siehe / Siehe auch: Breitbandkabel, Quadruple Play

Triple-Net-Mietvertrag

triple net rental agreement

Von einem Triple-Net-Mietvertrag wird gesprochen, wenn der Mieter neben den Betriebskosten auch die Instandhaltungskosten an Dach und Fach übernimmt. Dies bezieht sich auf Instandhaltungsmaßen am Dach, an der Fassade, an Fenstern und Außentüren. Ein solcher Mietvertrag ist nur bei Gewerberaummietverträgen möglich. Die Verpflichtung des Mieters aus einem Triple-Net-Mietvertrag entspricht dem englischen Vertragstyp, bei dem der Mieter „Full Repair and Insurance Lease", d.h. volle Reparatur- und Versicherungszahlungen zur Miete übernimmt.

Trittschallschutz

impact noise insulation; subsonic sound insulation

Trittschall ist das von Schritten in einer Wohnung erzeugte Geräusch. Da dieses abhängig von der Bauausführung für Bewohner darunter liegender Wohnungen zu einer Belästigung führen kann, gibt es hierzu spezielle Regelungen. Die DIN 4109 schreibt vor, welche dB-Werte maximal noch erreicht werden dürfen und welche technischen Gegenmaßnahmen zur Schalldämmung bei Neubauten zu treffen sind. Derzeit gilt die Version der DIN 4109 von 1989. Man unterscheidet zwischen erhöhtem Schallschutz, hier dürfen in der darunter liegenden Nachbarwohnung höchstens 46 dB messbar sein – und einfachem Schallschutz mit maximal 53 dB. Nach der Rechtsprechung gelten bei Altbauten die Grenzwerte der maßgeblichen Normen zum Zeitpunkt der Errichtung des Gebäudes; eine Anpassung an heute gültige Richtlinien kann von Mietern nicht gefordert werden (vgl. BGH, 6.10.2004, Az. VIII ZR 355/03). Allerdings ist bei Aufstockung oder sonstigem maßgeblichem Umbau von Altbauten der einfache Schallschutz auf Basis der zum Umbauzeitpunkt geltenden Normen maßgeblich. Nach einem Urteil des Bundesgerichtshofes vom 17.06.2009 (Az. VIII ZR 131/08) ist ein bloßer Austausch des Bodenbelages (hier: PVC durch Bodenfliesen ersetzt) kein Umbau in diesem Sinne. Mieter der darunter liegenden Wohnung können in diesem Fall also keine Mietminderung geltend machen, weil die Anforderungen an den Trittschallschutz zum Umbauzeitpunkt nicht gewahrt wurden. Die Grenzwerte der DIN 4109 in der bei Bau des Hauses geltenden Fassung sind jedoch einzuhalten. Als weitere Orientierungshilfe für Bauherren kann außer dem Beiblatt 2 zur DIN 4109 (Vorschläge für erhöhten Schallschutz) die Richtlinie VDI 4100 herangezogen werden. Sie enthält keine rechtsverbindlichen Vorgaben; mit Hilfe ihrer Empfehlungen kann jedoch ein höheres Schallschutzniveau als nach den Regelungen der DIN 4109 erreicht werden. Bei einem Bauprojekt sollte vertraglich vereinbart werden, nach welcher Norm bzw. Richtlinie vorzugehen ist. Hier wird von vielen Baufachleuten empfohlen, ein höheres Anforderungsniveau als das der DIN 4109 zu vereinbaren, da deren Werte mittlerweile nicht mehr zeitgemäß sind. Eine Reform der DIN 4109 ist in der Diskusion. Wohnungseigentümer haben nach dem WEG das Recht, mit dem im Sondereigentum stehenden Fußboden ihrer Wohnung nach Belieben zu verfahren, sofern sie nicht Gesetze oder Rechte Dritter verletzen. Der Austausch von Bodenbelägen (Teppichboden gegen Parkett, Fliesenerneuerung) ist sogar dann zulässig, wenn die Trittschallbelastung steigt. Allerdings dürfen nicht die Grenzwerte der DIN 4109 (vom Zeitpunkt der Gebäudeerrichtung) überschritten werden. Steigt die Trittschallbelastung durch Handwerkerfehler, hat der darunter wohnende Nachbar einen Anspruch auf Beseitigung bzw. Rückbau. Es existieren weitere Regelungen und Normen, die einen bestmöglichen Schallschutz für Wohnräume bzw. Wohngebiete zum Ziel haben. Als Beispiel ist hier die Technische Anleitung Lärm (TA Lärm) zu nennen. Bei der Stadtplanung ist der Schallschutz inzwischen ein wichtiges (aber nicht unbedingt vorrangiges) Planungsziel.

Siehe / Siehe auch: Schallschutz

Trockenmauerwerk

dry masonry wall

Das Trockenmauerwerk ist ein Mauerwerksverband, der aus Bruchsteinen ohne Verwendung von Mörtel hergestellt wird. Die verwendeten Steine werden derart zusammengefügt, dass sich möglichst nur geringe Hohlräume und schmale Fugen ergeben. Die Außenseite (Sichtseite) einer Trockenmauer sollte so ausgeführt werden, dass sie mit einer Neigung von acht bis zwölf Prozent zur Senkrechten aufsteigt. Die Fugen des Trockenmauerwerks können mit Erde o. ä. ausgefüllt und mit Pflanzen (z.B. Ziergräser oder Stauden) besetzt werden, um einen Bewuchs der Trockenmauer zu erreichen. Trockenmauerwerk wird heute beispielsweise noch zur Herstellung von Weinbergsmauern sowie im Garten- und Landschaftsbau verwendet.

Siehe / Siehe auch: Bruchsteinmauerwerk, Quadermauerwerk, Trockenmauerwerk, Zyklopenmauerwerk

Türarten

types of doors

Für jeden Bedarf und Geschmack gibt es anders geartete Türen. Schiebetüren hängen an Schienen an

der Decke oder dem Sturz. Manche Schiebetüren haben zusätzlich eine Führungsschiene im Fußboden. Sie werden seitlich in einen Wandschlitz oder vor eine Wand geschoben. Dieser Platzbedarf muss bei der Planung mit berücksichtigt werden. Mit Hilfe von Raum hohen Schiebetüren ist es möglich, variablere, größere oder kleinere Räume zu schaffen, wie es in traditionellen japanischen Häusern der Fall ist. Falttüren können ebenso an einer Schiene hängen, lassen sich aber in Pakete zusammenfalten. Scherengittertüren können ihre Eigenlast selbst tragen und lassen sich ebenfalls zu einem kompakten Paket zusammen falten. Es gibt sie mit sichtbarer, unkaschierter Konstruktion oder mit Textilien bespannt. Pendel- oder Schwingtüren pendeln in beide Richtungen und benötigen besonders belastungsstarke Türbeschläge, die sogenannten Bommerbänder. Im Gegensatz zu den beschriebenen Türen in der vertikalen Ebene, liegen Falltüren im horizontalen Bereich, dem Fußboden bzw. der Decke. Üblicherweise führen sie auf Dachböden oder in Kellerräume.
Siehe / Siehe auch: Drehtür, Klöntür, Türen

Türblatt / Türflügel

door leaf / door wing

Das Türblatt oder der Türflügel ist der beweglich Teil einer Tür und wird mit Bändern oder Scharnieren am Türfutter angeschlagen. Zum Schließen einer Tür werden für das Schloss und die Drückergarnitur Öffnungen in das Türblatt und in dem Türfutter für das Schließblech eingefügt. Türblätter bestehen üblicherweise aus Holz, Metall oder Sicherheitsglas. Die klassische Zimmertür ist aus Holz. In seltenen Fällen sind Holztüren aus Massivholz, meistens werden Türen mit einem Kern aus anderen Materialien eingesetzt. Diese Füllungstürblätter haben einen massiven Rahmen, der mit einer massiven oder einer furnierten Sperrholzplatte beplankt oder mit einem anderen Material gefüllt ist. Ein preiswertes Türblatt hat oft einen Kern aus wabenähnlichen Pappen, der von einem dünnen Rahmen umgeben ist.
Siehe / Siehe auch: Türen, Türfüllung

Türdichtung

door seal

Die Dichtung bzw. die Dichtungsprofile von Türen haben unterschiedliche Anforderungen. Sie behindern den Eintritt von Kälte oder Wärme, Nässe, Gerüche, Luftzug und Schall. Zudem schließen Türen mit einer Dichtung leiser. In neueren Türen sind die Dichtungen in eine Nut eingeleimt. Auf Dauer lohnt es sich, bei älteren Modellen diese Nut mit Dichtung anfertigen zu lassen, denn angeklebte Dichtungen haften nicht. Es gibt sie als Lippen- oder Schlauchdichtung, die aus einem der Türfarbe entsprechenden oder transparenten elastischen Kunststoff bestehen. Ein Überstreichen ist zu vermeiden.
Siehe / Siehe auch: Türen

Türen

doors

Eine Tür schließt eine Öffnung in einer Fläche, wie z.B. einer Wand, einer Hecke, einem Auto oder einem Schrank. Weitere Aufgaben der Tür liegen in dem Schutz vor Lärm, Geruch, Kälte oder Wärme. Darüber hinaus gibt es Funktionstüren, die Nässe (z. B. in Badeanstalten), Einbruch und Überfällen, Brand, Rauch und Strahlung (z. B. im Röntgenraum) abwehren sollen. Besondere Anforderungen werden an behindertengerechte Türen und notwendige Fluchttüren gestellt. Behindertengerechte Türen müssen eine lichte Breite von mindestens 90 Zentimeter aufweisen. Die notwendige Fluchttür ist als Rettungsweg z. B. beim Brand im ansonsten unerreichbaren Dachgeschoss vorgeschrieben. Die Hauseingangstür schützt das Haus vor unberechtigtem Zutritt. Sie sollte deshalb dem üblichen Sicherheitsstandard entsprechen. Als Außentür ist sie wie die Wand die thermische Sperre des Hauses und muss Temperaturschwankungen zwischen innen und außen ausgleichen. Sie muss regendicht und witterungsbeständig sein. Die Ansprüche an Schallschutz und Einbruchsicherheit sind ähnlich wie an die Wohnungseingangstür, die von Treppenhäusern und Fluren in die Wohnung führt. Eine herkömmliche Innentür im Wohnungsbau dagegen muss sich einfach nur öffnen und schließen lassen. Sie ist auch heute oft aus Holz. Stahltürkonstruktionen setzen sich ebenfalls durch. In Sicherheitsbereichen sind Stahltüren unerlässlich. Eine Glastür mit Stahlzarge sieht auch im Wohnbereich freundlich aus. Eine Tür besteht aus mehreren Elementen: der Türzarge, dem Rahmen, der die Lasten der gesamten Konstruktion trägt und an der Wand befestigt ist, dem beweglichen Türblatt und der Schwelle, die je nach Funktion unterschiedlich ausgeführt ist.
Siehe / Siehe auch: Türarten

Türfüllung

door panel

Neben der Flächentür die aus einer glatten Sichtfläche besteht, gibt es profilierte Türflügeln. Der Flügelrahmen trägt die Lasten des Türblattes. Deshalb

ist es möglich, in den Zwischenräumen Materialen einzusetzen, die keine Belastungen vertragen. Dies ist die so genannte Türfüllung, ausgefüllt mit Materialen wie Glas mit und ohne Sprossen, Sperrholz oder Lamellen. Da der Rahmen deutlich breitere Querschnitte aufweist, liegt die Füllung etwas tiefer als der Rahmen. Mit Profilleisten werden die Füllungen dekorativ umfasst.
Siehe / Siehe auch: Türen, Türblatt / Türflügel

Türfutter / Türbekleidung

jamb / door lining; door panel

Als Türfutter und Türbekleidung wird die Holzverkleidung einer Türleibung bezeichnet. Das Türfutter ist der belastete innere Rahmen, der die Leibung abdeckt. In das Futter wird der Türanschlag eingesetzt, der das Türblatt trägt. Die Türbekleidung ist der äußere Rahmen, der auf der Wandebene die Türöffnung umfasst. Die Bekleidung kaschiert den unschönen Anschluss von der Wand an das Türfutter. Häufig wird sie aus dekorativen Gründen besonders bearbeitet. Die Türbekleidung wird auch Einfassung oder Türstock genannt.
Siehe / Siehe auch: Leibung / Laibung, Türen

Türleibung

door reveal; door surround

Siehe / Siehe auch: Leibung / Laibung

Türschilder

doorplate; name plate

Mieter haben das Recht – und nach manchen Mietverträgen auch die Pflicht – Hauseingang und Wohnungstür mit Namensschildern zu versehen. Ziehen weitere Personen in die Wohnung ein, z.B. ein Lebensgefährte, dürfen die Namensschilder entsprechend ergänzt werden. Bei Beendigung des Mietvertrages müssen die Schilder wieder abgenommen werden. Gewerbliche Mieter haben ein Anrecht darauf, ihren Firmennamen zumindest in der im jeweiligen Gebäude üblichen Größenordnung anzubringen. Dies gilt nur dann, wenn das Gewerbe auch tatsächlich dort ausgeübt wird, wo das Namensschild aufgehängt werden soll. Die Angehörigen einiger freier Berufe (Ärzte, Rechtsanwälte) dürfen für eine Übergangszeit einen Hinweis auf ihre neue Adresse anbringen.

Türspion

peephole

Ein Türspion ist ein auf Augenhöhe in Eingangs- oder Wohnungstüren eingelassener optischer Glaseinsatz mit Weitwinkellinse. Der Türspion erlaubt es, von innen festzustellen, wer vor der Tür steht, ohne selbst gesehen zu werden. Ein Vermieter kann Mietern nicht untersagen, einen Türspion installieren zu lassen: Der Mieter hat ein berechtigtes Interesse daran, zu erfahren, wer an seiner Tür klingelt. Auch als Türspion getarnte Minikameras mit Bildschirmanschluss sind bereits im Handel.

Türsturz

brow piece; door lintel

Der Türsturz ist ein Balken in der Wandebene über der Türöffnung. Er soll die Lasten aus den über ihn liegenden Gebäudekonstruktionen wie den Wänden, den Decken oder dem Dach aufnehmen. Im Mauerwerksbau handelt es sich in der Regel um einen vorgefertigten Sturz aus Stahlbeton. Im Stahlskelettbau oder Fachwerkbau besteht er aus Stahl oder Holz.
Siehe / Siehe auch: Fachwerkbau, Mauerwerk, Skelettbauweise, Stahlbeton, Türen

Türzarge

door frame; door case; door casing

Als Türzarge wird der feststehende Rahmen einer Türkonstruktion bezeichnet. Sie wird an der Wand befestigt und trägt den Türflügel. Die Wand wird entweder von den Seitenteilen der Zarge umfasst oder schließt bündig mit der Wandebene ab. Es gibt Holz- und Stahlzargen, die aus einem oder mehreren Elementen bestehen.
Siehe / Siehe auch: Türen

Twitter

Twitter

Twitter zählt zu den neuen Kommunikations- und Interaktionsplattformen im Web 2.0. Das Web 2.0 ist die technische und inhaltliche Weiterentwicklung des herkömmlichen Internets. Es ist durch vielfältige Formen der Interaktion zwischen Sender und Empfänger gekennzeichnet. Die Zwei-Wege-Kommunikation steht für eine neue Qualität von Kommunikation im Internet. Sie wird auch als „Social Media“, „Mitmach-Web“ oder „User generated content“ betitelt. Eine dieser interaktiven Kommunikationsformen stellt Twitter dar. Twitter ist eine Art der elektronischen Kommunikation, die sich auf eine Kurznachricht mit 140 Zeichen – analog einer SMS – beschränkt. Die Inhalte dieser Nachrichten, Tweets („Gezwitscher“) genannt, sind frei wählbar. Sie folgen keinen thematischen Beschränkungen. Sie werden vom Handy oder Computer aus versendet und empfangen. Um Tweets selbst zu schreiben oder zu empfangen, müssen Nutzer bei dem Micro-Blogging-Dienst Twitter, dem englischsprachigen Betreiber der Webseite, angemeldet sein. Twitter ist somit ein Online-Dienst, der gleichzeitig auch als soziales Netzwerk fungiert. Es beruht im Kern auf der Lesebereitschaft und dem Abonnement von Tweets zwischen verschiedenen Personen, die miteinander in Verbindung stehen. Benutzer, die den Informationen anderer Benutzer folgen, werden „Follower" genannt. Sie können vom Sender der Tweets zugelassen oder beschränkt werden. Der Einsatz des Micro-Blogging-Dienstes Twitter für die Presse- und Öffentlichkeitsarbeit von Unternehmen aus der Immobilienwirtschaft ist bislang sehr gering. Die wenigen am Markt befindlichen Twitter-Accounts der Branche werden vorwiegend von Verlagen und Fachzeitschriften oder von Maklerunternehmen betrieben. Letztere setzen das Online-Instrument überwiegend zu Präsentations- und Akquisezwecken ein.

U-Wert

heat transfer coefficient

Früher: K-Wert. Maß für den Wärmedurchgang eines Bauteils. Der U-Wert hängt vom verwandten Material und der Dicke des Baustoffes ab. Die verwendete Maßeinheit ist W/qm x K (= Watt pro Quadratmeter mal Grad Kelvin). Der Wert gibt an, welche Wärmemenge durch einen Quadratmeter eines Bauteiles in einer Stunde bei einem Temperaturunterschied von 1° K hindurchströmt.Bei modernen Niedrigenergiehäusern sollte der U-Wert nach der Energieeinsparverordnung zum Beispiel beim Dach unter oder gleich 0,15, bei einer Massivwand unter oder gleich 0,20 liegen.Teilweise werden Abwandlungen wie Ug und Uw verwendet. Diese stehen für die U-Werte bestimmter Baustoffe / Bauteile. Z. B. bei Glasflächen Ug und für das gesamte Fenster inklusive Rahmen Uw.

Siehe / Siehe auch: k-Wert

Überbau

superstructure; structure extending over a boundary

Überschreitung der Grundstücksgrenze durch eine bauliche Anlage. Nach § 912 BGB hat der Grundstücksnachbar einen Überbau zu dulden, wenn dem Bauherrn dabei weder Vorsatz noch grobe Fahrlässigkeit zur Last gelegt werden kann („entschuldigter Überbau"). Dies gilt nicht, wenn der beeinträchtigte Nachbar vor oder sofort nach Grenzüberschreitung Widerspruch erhoben hat. Er kann jedoch als Entschädigung eine jährlich im Voraus zu bezahlende Rente verlangen und sie im Grundbuch des anderen Eigentümers als Reallast absichern lassen.

Die Berechnung der Rente erfolgt stets auf der Basis des Wertes des überbauten Grundstücksteils zum Zeitpunkt des Überbaues. Da spätere Wertsteigerungen des Grundstücks nicht die Rente erhöhen, ist in solchen Fällen stets zu raten, einen höheren Zinssatz für die Berechnung der Rente anzusetzen. Der BGH hat z. B. einen Zinssatz von zehn Prozent akzeptiert. Ein Überbau, bei dem die Baumaßnahme gegen geltendes Baurecht verstößt oder nicht den allgemein geltenden Regeln der Baukunst entspricht, braucht nicht geduldet zu werden.

Überbaubare Grundstücksfläche

developable area; area (of a site) on which building is allowed

Die überbaubare Grundstücksfläche stellt den Teil eines Grundstücks dar, auf dem Gebäude errichtet werden dürfen. Sie wird im Bebauungsplan durch die Festsetzung von Baulinien, Baugrenzen und Bebauungstiefen bestimmt. Man spricht in der Praxis von Baufenster. Ein geringfügiges Vor- und Zurücktreten von Gebäudeteilen kann als Befreiung (§ 31 BauGB) zugelassen werden. Zu unterscheiden ist die überbaubare Grundstücksfläche von der zulässigen Grundfläche, die über die Grundflächenzahl bestimmt wird. Die Festsetzungen von überbaubaren Flächen können dazu führen, dass nicht die ganze zulässige Grundfläche auf einem Grundstück baulich genutzt werden kann. Neben der überbaubaren Grundstücksfläche und der zulässigen Grundfläche sind u.a. auch Festsetzungen zur Höhe der baulichen Anlage und der Geschossflächenzahl (GFZ) bei der Beurteilung der Nutzbarkeit eines Grundstücks zu beachten.

Siehe / Siehe auch: Grundflächenzahl (GRZ) - zulässige Grundfläche (GR), Höhe der baulichen Anlagen, Geschossflächenzahl (GFZ) - Geschossfläche (GF)

Überbelegung

overcrowding; overoccupation

Eine Überbelegung der Mietwohnung mit mehr Personen, als im Mietvertrag vorgesehen sind, kann einen Grund für eine außerordentliche Kündigung des Mietvertrages darstellen. Die Überbelegung allein reicht jedoch dafür nicht aus. Es kommt zusätzlich darauf an, ob die Wohnung aufgrund von Ausstattung, Grundriss etc. für die Personenzahl ungeeignet ist. Auch die Lebensgewohnheiten der Bewohner können eine Rolle spielen (Belästigung anderer Mieter). Die Rechte des Vermieters müssen in erheblicher Weise verletzt sein. Die außerordentliche Kündigung ist ausgeschlossen, wenn sich die Personenzahl allmählich durch Zuzug von Lebensgefährten und Geburt von Kindern erhöht hat. Will der Vermieter in einem solchen Fall kündigen, muss er den Weg der entsprechend begründeten ordentlichen Kündigung mit gesetzlicher Frist einschlagen. Hat er die Überbelegung längere Zeit hingenommen, ist auch dieser Weg versperrt.

Siehe / Siehe auch: Beendigung eines Mietverhältnisses

Überdachentlüfter

sanitary ventilation system through the roof (vapour hood)

Ein Überdachentlüfter wird für die Entlüftung von Sanitäreinrichtungen oder Küchen über das Dach benötigt. Eine andere Bezeichnung dafür lautet „Dunsthut". Im Handel sind unterschiedliche Formen, Materialien können z. B. Kunststoff oder Aluminium sein. Zum Überdachentlüfter gehören

die Abdeckung, der Dichtring und ein Anschlussschlauch. Ein farblich passender Durchlassziegel ist ebenfalls erforderlich.
Siehe / Siehe auch: Dachformen

Übergabeprotokoll

record of delivery of possession

Werden Mieträume an einen neuen Mieter übergeben, wird hierüber in der Regel ein Übergabeprotokoll in zweifacher Ausfertigung angefertigt. Es dient der Feststellung des Zustandes der Mieträume einschließlich der mitvermieteten Einrichtung und des Zubehörs. Aufgezeichnet werden auch die Zählerstände für Gas, Strom und Wasser, sowie die Zahl der übergebenen Wohnungsschlüssel. Das Übergabeprotokoll wird vom Übergeber (Vermieter oder Verwalter) und dem Mieter unterzeichnet und hat Beweiskraft. Auf diese Weise sollen Rechtsstreitigkeiten vermieden werden. Dem Übergabeprotokoll entspricht das Abnahmeprotokoll bei Beendigung des Mietverhältnisses.
Siehe / Siehe auch: Abnahmeprotokoll, Beendigung eines Mietverhältnisses

Überhöhter Wohnbedarf

excessive housing requirement

Spricht ein Vermieter eine Eigenbedarfskündigung aus, muss die Größe der Wohnung seinem tatsächlichen Wohnbedarf entsprechen. Er darf keinen überhöhten Wohnbedarf geltend machen. Dies ist der Fall, wenn z. B. ein allein stehender Vermieter eine 90 qm-vier-Zimmer-Wohnung beziehen möchte oder für seine studierende Tochter eine Haushälfte „freikündigen“ will. Auch mit der Kündigung eines zweistöckigen Hauses, von dem der Vermieter jedoch nur das Erdgeschoss nutzen will, wird überhöhter Wohnbedarf geltend gemacht. Eine darauf gestützte Eigenbedarfskündigung ist unwirksam. Die Kündigung einzelner Zimmer zur Umgehung dieser Grundsätze ist unzulässig. Ein Vermieter kann jedoch bei entsprechender Begründung durchaus das Recht haben, auch für ein größeres Mietobjekt die Eigenbedarfskündigung auszusprechen. Es kommt auf eine nachvollziehbare Begründung und die konkreten Lebensumstände des Vermieters an. So kann die Kündigung eines Einfamilienhauses durch ein Vermieterehepaar zulässig sein, wenn z.B. ein Stockwerk zum Leben und eines für Geschäftsräume genutzt werden soll, um Büroräume in der Nähe zur Wohnung zu besitzen.
Siehe / Siehe auch: Beendigung eines Mietverhältnisses, Eigenbedarf

Übermäßige Abnutzung

excessive wear and tear

Mieter haften gegenüber dem Vermieter nicht für Veränderungen oder Verschlechterungen der Mietsache, die durch den vertragsmäßigen Gebrauch der Wohnung entstehen (§ 538 BGB). Hat jedoch eine vom Mieter verschuldete, übermäßige Abnutzung stattgefunden, ist der Mieter schadenersatzpflichtig. Dies gilt auch dann, wenn keine wirksame mietvertragliche Verpflichtung zur Durchführung von Schönheitsreparaturen besteht. Beispiele für übermäßige Abnutzung sind etwa Vergilbungen und Nikotin-Flecken durch übermäßiges Rauchen, durch Pfennigabsätze oder Möbelrücken beschädigte Fußböden, Risse oder Brandflecken sowie nicht entfernbare Flecken im Teppichboden. Nach einem Urteil des Landgerichtes Görlitz liegt die Beweislast bei Schadenersatzforderungen für einen abgenutzten Teppichboden beim Vermieter (Az: 2 S 4/00). Der Mieter kann dann um eine Haftung herum kommen, wenn er anschließend beweist, dass er nicht für den Schaden verantwortlich ist. Haben Besucher oder Mitbewohner des Mieters den Schaden verursacht, ist der Mieter verpflichtet, diesen zu ersetzen. Maßstab für die Bemessung des Schadenersatzes ist der Zeitwert der beschädigten Sache, nicht der Neupreis.
Siehe / Siehe auch: Rauchen in der Mietwohnung, Wohnungsabnutzung

Überregionaler Immobilienmarkt

national real estate / property market

Das entscheidende Merkmal des überregionalen Immobilienmarktes besteht im Gegensatz zum regionalen oder lokalen Immobilienmarkt darin, dass die Nachfrage nach Immobilien räumlich nicht determiniert ist. Das Entscheidungskriterium für die Nachfrager ist nicht die Notwendigkeit, innerhalb eines bestimmten Raumes eine Standortentscheidung treffen zu müssen. Vielmehr spielen andere Faktoren, in der Regel Rendite und Entwicklungschancen, als Entscheidungsgrundlage die dominierende Rolle. Im Gegensatz zum Angebot auf den regionalen Märkten führt das Fehlen einer räumlichen Determinierung der Nachfrage beim überregionalen Immobilienmarkt zu überregionalen Konkurrenzbezügen zwischen den Anbietern. Vor allem Objektangebote aus den verschiedenen Metropolregionen treten mit einander in Konkurrenz. Der viel zitierte Spruch „all business is local“ gilt für den überregionalen Immobilienmarkt nicht. Ob der überregionale Immobilienmarkt noch in einen nationalen und internationalen Marktbereich aufzugliedern ist, spielt bei der zunehmenden Globalisierung eine immer geringere Rolle. So haben auch deutsche offene Immobilienfonds dank der Kapitalmarktförderungsgesetze eine sukzessive Erweiterung ihres räumlichen Anlagespektrums erfahren und damit ihre ursprüngliche Begrenzung auf den deutschen Markt aufgehoben. Entscheidend für das Funktionieren des überregionalen Immobilienmarktes ist die Qualität des Immobilienmanagements, dessen Stärke darin liegen muss, die unterschiedlichen nationalen Rahmenbedingungen der jeweiligen Immobilienmärkte (Gesetze, Steuern, wirtschaftliche und gesellschaftliche Wirkungskräfte und dergleichen) in quantifizierbare Risikoprofile umzusetzen, um damit zu einem realistischen Investitionsvergleich zu gelangen.

Überschussbeteiligung / Lebensversicherung

surplus sharing / life insurance

Seit Beginn der Baisse an den internationalen Aktienmärkten im März des Jahres 2000 haben die in Deutschland tätigen Versicherungsgesellschaften die Überschussbeteiligung für ihre Kunden erheblich verringert. Dies ist zum einen darauf zurückzuführen, dass die Assekuranzen einen enormen Wertberichtigungsbedarf bei ihren Aktien-Portefeuilles hatten. Aber auch die Verzinsung von Staatsanleihen und anderen festverzinslichen Wertpapieren sank hauptsächlich aufgrund der Turbulenzen an den Aktienmärkten auf ein rekordverdächtig niedriges Niveau, so dass es den Versicherungsgesellschaften mitunter schwer fiel, ihren Kunden auch nur den garantierten Rechnungszins von 3,25 Prozent (bis Ende 2003) zu überweisen. Seit 1. Januar 2004 beträgt der Rechnungszins nur noch 2,75 Prozent. Und die Gesamtverzinsung von Kapital- und privaten Renten-Policen ist im Branchenschnitt auf vier bis fünf Prozent zurückgenommen worden. Früher lag sie bei deutlich über sechs Prozent oder sogar bei mehr als sieben Prozent. Folge: Wer seine Immobilienfinanzierung über die Kombination aus endfälligen Darlehen und einer Lebensversicherung realisiert hat, wird aufgrund der drastisch reduzierten Überschüsse häufig Nachfinanzierungsbedarf haben. Die bei Vertragsabschluss hochgerechneten Ablaufleistungen werden oft deutlich unter den tatsächlichen Auszahlungen liegen. Zwar haben praktisch alle Lebensversicherer bis heute (Anfang des Jahres 2006) ihre so genannten stillen Lasten, also die Verluste während der Baisse an den internationalen Aktienmärkten, abbauen können. Dennoch hat sich an der vergleichsweise mageren Gesamtverzinsung von Kapital-Policen bis dato nichts geändert. Weiterhin beträgt die Rendite zwischen vier und fünf Prozent auf den Sparanteil des Versicherungsbeitrags.Verantwortlich dafür sind die stetig niedrigen Renditen für festverzinsliche Wertpapiere. Hinzu kommt, dass auch die Garantieverzinsung erneut verringert werden soll. Und zwar bereits zum Jahr 2007 von 2,75 auf dann nur noch 2,25 Prozent. Betroffen davon sind sämtliche neu abgeschlossenen Kapital-Lebensversicherungen und privaten Rentenversicherungen. Bei Altverträgen gelten die hohen Garantiezinsen, die in der Spitze – abhängig vom Abschlussdatum – vier Prozent betragen können, weiter fort.

Siehe / Siehe auch: Ablaufleistung, Risiko-Lebensversicherung

Überspannungsschäden

damage from excess voltage

Zu einem Überspannungsschaden kann es infolge eines Blitzschlages oder auch eines Defektes in der Hauselektrik kommen. Er kann Strom-, Antennen- und Telefonleitungen betreffen. Angeschlossene Geräte werden dadurch beschädigt oder zerstört. Technisch bedingte Überspannungsschäden sind nicht versicherbar. Nach den Allgemeinen Wohngebäude Versicherungsbedingungen 2008 des Versicherungsverbandes GDV (unverbindliche Musterbedingungen) gilt: Durch Blitzschlag verursachte Überspannungsschäden werden erstattet, wenn auf dem versicherten Grundstück weitere Schäden durch Blitzschlag feststellbar sind. Nicht versichert sind demnach Schäden durch Blitzeinschläge in entfernte Stromleitungen und Trafostationen. Ähnliche Regelungen enthalten die Musterbedingungen für Hausratsversicherungsverträge. Es empfiehlt sich, den genauen Inhalt des eigenen Versicherungsvertrages in Hausrat- und Gebäudeversicherung auf Regelungen zu Überspannungsschäden hin zu prüfen: Die Anzahl der in Deutschland registrierten Blitze hat sich in den letzten zehn Jahren vervierfacht. Ein zusätzlicher Versicherungsschutz ist oft gegen Aufpreis möglich. Nach einem Urteil des Bundesgerichtshofes haften Vermieter nicht für Überspannungsschäden, die durch einen Defekt in einem verplombten Sicherungskasten verursacht werden. Im verhandelten Fall waren die empfindlichen und teuren Geräte einer Arztpraxis durch einen 400-Volt-Stromstoß zerstört worden, da sich in dem Sicherungskasten aus DDR-Zeiten eine Klemme gelöst hatte. Der BGH wies darauf hin, dass der Vermieter nicht für Defekte in einem Sicherungskasten verantwortlich sei, der dem Elektrizitätswerk gehöre, verplombt sei und vom Vermieter weder gewartet noch geöffnet werden dürfe. Der Stromversorger habe durch die Plombe jeden Zugriff anderer Personen untersagt. Er allein sei damit für die Wartung zuständig und auch gegenüber dem Stromkunden dazu verpflichtet (BGH, Az. XII ZR 23/04, Urteil vom 10.5.2006).

Übertragung von Immobilien

grant (or transfer) of real estate; conveyance

Immobilien können bereits zu Lebzeiten als Schenkung an Verwandte oder andere Dritte übertragen werden. Bei Übertragung fällt insoweit keine Grunderwerbsteuer an, als sie nicht mit Auflagen verbunden ist. Eine solche Auflage besteht oft darin, dass sich der Übertragende ein Nießbrauch an dem Grundstück einräumen lässt (Vorbehaltsnießbrauch). Auflagen gelten als Wert der Gegenleistung. Sie unterliegen der Grunderwerbsteuer, sofern es sich bei dem Beschenkten nicht um den Ehegatten oder einen Verwandten gerader Linie oder dessen Ehegatten oder um ein Stiefkind handelt. Die schenkungsweise Übertragung unterliegt aber der Erbschaft- und Schenkungsteuer.

Siehe / Siehe auch: Erbschafts- und Schenkungssteuer, Grunderwerbsteuer, Nießbrauch (Wohnungseigentum)

Überwachungsfunktion des Controllings

controlling: supervising function

Controlling wird oft wegen der Sprachverwandtschaft mit dem deutschen Begriff Kontrolle gleich gesetzt. Dies ist indes eine stark verkürzte Sichtweise des Controllings. Es handelt sich zwar auch ein Überwachungsprozess, dessen Aufgabe aber darin besteht, die Erreichung der vielen Teilziele im Zielsystem eines Leistungsprozesses festzustellen. Aber darüber hinaus entsprechende Maßnahmen zu ergreifen, wenn sich die Nichterreichung eines Teilziels anbahnt. Festgestellt werden kann dies durch Abweichungsanalysen, und bei bereits feststellbarer Nichterreichung durch „Soll-Ist-Vergleiche".

Wird das Erreichen von Planvorgaben überwacht, dann besteht die Möglichkeit, rechtzeitig steuernd einzugreifen, wenn Abweichungen von Sollvorgaben festgestellt werden. Möglicherweise liegen die Ursachen im Bereich der Aufgabenkoordination oder der terminlichen Abstimmungen. Möglicherweise muss aber auch umgeplant werden, weil ersichtlich ist, dass das angepeilte Ziel nicht mehr erreichbar ist. Das bedeutet, dass neue Ziele vorgegeben werden müssen oder der Leistungsprozess schlicht abgebrochen werden muss, um nicht noch mehr Geld in ein aussichtsloses Projekt zu investieren.

Siehe / Siehe auch: Controlling, Projektcontrolling (Bauprojekte), Baucontrolling, Steuerungsfunktion des Controllings, Koordinationsfunktion des Controllings, Planungsfunktion des Controllings

Überwuchs

outgrowth

Wenn Anpflanzungen mit ihren Zweigen oder Wurzeln über die Grenze zum Nachbargrundstück wachsen, spricht man von Überwuchs bzw. Überhang. Gegen den Überwuchs hat der Nachbar ein Selbsthilferecht nach § 910 BGB. Diese Vorschrift berechtigt ihn, über die Grundstücksgrenze gewachsene Wurzeln von Bäumen oder Sträuchern abzuschneiden. Auch überhängende Äste dürfen abgeschnitten werden, aber nur, wenn dem Besitzer des Nachbargrundstücks vorher eine angemessene Frist zur Beseitigung der Zweige gesetzt wurde und dieser sich nicht darum gekümmert hat. Grundvoraussetzung für Abschneide - und Absägeaktionen ist jedoch, dass durch die überhängenden bzw. herübergewachsenen Pflanzenteile die Nutzung des Grundstücks beeinträchtigt wird. Findet keine Nutzungsbeeinträchtigung statt, muss die Kettensäge im Keller bleiben. Beim Entfernen von Überhängen sollte jedoch nicht übertrieben werden: Wer fremde Pflanzen so stark zurück schneidet, dass sie eingehen, muss Schadenersatz leisten und eine Ersatzbepflanzung finanzieren. Immerhin darf er dem unkooperativen Pflanzeneigentümer auch die Unkosten für die Gartenarbeit mit Schere oder Säge in Rechnng stellen, so dass die Beträge gegeneinander aufgerechnet werden. Die Kosten für zerstörte Ziergehölze können jedoch die Kosten für wenige Stunden Gartenarbeit durchaus erheblich übertreffen (vgl. Beschlüsse des Landgerichts Coburg, Az. 32 S 83/06 vom 25.9.2006 und 13.10.2006).

Siehe / Siehe auch: Grenzbaum, Schiedsverfahren / Streitschlichtung

Übliche Maklergebühren

normal / standard commission / agent's fee / brokerage fee / commission

Wird in einem Maklervertrag vereinbart, dass der Auftraggeber im Erfolgsfall eine Provision bezahlen soll, aber deren Höhe nicht bestimmt, dann gilt nach § 653 (2) BGB die übliche Provision als vereinbart. Für diese Fälle hat der RDM (jetzt IVD) mit Unterstützung der Hochschule Anhalt in Bernburg eine auf wissenschaftlicher Basis beruhende

Zusammenstellung üblicher Gebühren für Makler, Hausverwalter und Baubetreuer herausgebracht. Sie beruht auf einer Umfrage, die sowohl in Verbänden organisierte als auch nicht organisierte Gewerbetreibende umfasste. Wichtig ist, dass es sich um keine verbindliche Gebührenordnung handelt. Vielmehr sind mit Ausnahme des Bereichs der Wohnungsvermittlung Makler, Hausverwalter- und Baubetreuergebühren frei vereinbar.

Übliche Vergütungen

customary payments; usual fees

In vielen Fällen nimmt der Gesetzgeber zur Klärung von Fragen, welche Leistung geschuldet wird, wenn darüber keine ausdrückliche Vereinbarung getroffen wird, auf die Üblichkeit Bezug. Die gilt etwa beim Dienstvertrag. Dort lautet die Vorschrift des § 612 Abs. 2 BGB: „Ist die Höhe der Vergütung nicht bestimmt, so ist bei dem Bestehen einer Taxe die taxmäßige Vergütung, in Ermangelung einer Taxe die übliche Vergütung als vereinbart anzusehen." Diese Vorschrift kann z.B. auf einen Hausverwaltervertrag oder einen wirtschaftlichen Baubetreuungsvertrag angewendet werden, bei dem die Höhe der Vergütung nicht vereinbart wurde. Gleiches gilt wortgleich für den Werkvertrag (§ 632 BGB, Abs. 2) mit dem Zusatz von Abs. 3: „Ein Kostenanschlag ist im Zweifel nicht zu vergüten." Wenn z.B. ein Haus renoviert werden soll und klar ist, dass der Handwerker dafür bezahlt werden will, aber die Höhe der Vergütung nicht besprochen wurde, gilt der übliche Werklohn als vereinbart.

Für den Maklervertrag lautet der entsprechende Gesetzestext in § 653 Abs. 2 BGB wie folgt: „Ist die Höhe der Vergütung nicht bestimmt, so ist bei dem Bestehen einer Taxe der taxmäßige Lohn, in Ermangelung einer Taxe der übliche Lohn als vereinbart anzusehen".

Siehe / Siehe auch: Übliche Maklergebühren

Umbauter Raum

building volume; cubic content; enclosed area; cubage; enclosed space

Der umbaute Raum wird in der DIN 277 in der Fassung von 1950 definiert. Er ist in m³ anzugeben. Unterschieden wird dabei zwischen voll anzurechnenden Räumen (der wesentliche Teil des Baukörpers), mit einem Drittel anzurechnenden Räumen (z.B. nicht ausgebautes Dachgeschoss) und Bauteile die nicht erfasst werden (z.B. Freitreppen mit mehr als drei Stufen, Brüstungen von Balkonen und begehbaren Dachflächen usw.Der umbaute Raum spielt auch heute noch eine Rolle im Sachwertverfahren zur Ermittlung des Verkehrswertes, obwohl andere Bezugsgrundlagen (z.B. Normalherstellungskosten 2000) in den Vordergrund treten. Unterschiede gibt es auch gegenüber den Festlegungen in der DIN 277 in der Fassung von 1973 und der neuesten Fassung von 1987, in der der Begriff des umbauten Raumes nicht mehr verwendet, sondern durch den Begriff des siehe Bruttorauminhaltes (BRI) ersetzt wird.

Siehe / Siehe auch: Normalherstellungskosten (Immobilienbewertung), Bruttorauminhalt

Umfinanzierung

refinancing; refunding; rescheduling

Siehe / Siehe auch: Umschuldung

Umgebindehaus

traditional „Umgebinde" house, a unique, historical building type primarily found in the relatively isolated and self-contained region of the Oberlausitz (Upper Lusatia), situated in the south-eastern corner of Saxony in eastern Germany. It has an `envelo

Das Umgebindehaus ist ein Haus, bei dem vor die Außenwände des Erdgeschosses bzw. einer so genannten Umgebindestube ein hölzernes Stützgerüst, das so genannte Umgebinde, gestellt wurde. Umgebindehäuser wurden vom 17. bis zum 19. Jahrhundert vor allem in wald- und holzreichen Gegenden wie dem Oberpfälzer Wald, dem Erzgebirge, dem Egerland, der Oberlausitz und in Oberschlesien errichtet. Die Umgebindestuben können Wände in Holzblock-, Fachwerk- oder Lehmbauweise, aber auch Blockbohlenwände haben. Zum Teil sind Block-Außenwände von Umgebindehäusern im Zuge von Umbaumaßnahmen durch Massivwände ersetzt worden. Statisch bietet das Umgebindehaus im Vergleich zur Holzblockbauweise den Vorteil, dass die Lasten zum großen Teil über die Stützen des Umgebindes abgeleitet und dadurch die Wände der Umgebindestuben entlastet werden.

Umkehrdach

inverted roof

Das „Umkehrdach" ist eine Methode zur nachträglichen Wärmedämmung bei Flachdächern. Dabei wird folgendermaßen vorgegangen: Ist eine Kiesaufschüttung vorhanden, muss diese abschnittsweise abgeräumt werden. Die Dachhaut im freigemachten Teilbereich wird dann auf Schäden geprüft und wenn notwendig abgedichtet. Danach werden auf der Dachfläche spezielle Hartschaumplatten in einer Dicke von mindestens 10 cm verlegt.

Über diesen kann eine Trennlage aus einer wasserableitenden Folie angebracht werden. Eine Kiesschicht von mindestens 5 cm Stärke wird darauf verteilt und verhindert ein Davonfliegen der Dämmschichten bei Starkwind.
Siehe / Siehe auch: Einschaliges Mauerwerk, Energieeinsparverordnung (EnEV), Kerndämmung, Zweischaliges Mauerwerk

Umlage (Mietrecht)

assignment of costs; apportionment of costs; cost allocation (law of tenancy)

Unter einer Umlage versteht man im Mietrecht die neben der Grundmiete zu zahlenden Betriebskostenvorauszahlungen, über die jährlich abzurechnen ist. Im Wohnungsmietrecht des freifinanzierten Wohnungsbaus kann zwischen einer abrechenbaren Umlage bzw. Betriebskostenvorauszahlung und einer nicht abrechenbaren Pauschale gewählt werden. Zu den umlagefähigen Betriebskosten zählen insgesamt 17 Positionen, die in § 2 der Betriebskostenverordnung (früher in Anlage 3 zu § 27 der II. Berechnungsverordnung) aufgelistet sind. In der gesetzlichen Aufzählung werden auch die „Sonstigen Betriebskosten" genannt. Hier dürfen jedoch nicht einfach beliebige Kostenpositionen untergebracht werden. Laut Rechtsprechung oder Betriebskostenverordnung sind nicht umlagefähige Kostenarten auch hier nicht zulässig. Verteilungsmaßstab für die Umlage sind teils Wohnflächenproportionen und teils Verbrauchseinheiten, soweit die Betriebskosten verbrauchsbedingt sind. Die Abrechnung der Umlage muss innerhalb von zwölf Monaten nach Ende des Abrechnungszeitraumes dem Mieter übersandt werden. Nachforderungen können später nicht mehr geltend gemacht werden, es sei denn, der Vermieter hat die Verspätung nicht zu vertreten. Andererseits kann der Mieter Einwendungen gegen die Abrechnung spätestens bis zum Ablauf des zwölften Monats nach Erhalt der Abrechnung geltend machen. Nach Ablauf dieser Frist kann der Mieter Einwände nur noch vorbringen, wenn er selbst die verspätete Geltendmachung nicht zu vertreten hat. Heiz- und Warmwasserkosten müssen stets nach einem in der Heiz- und Warmwasserkostenverordnung vorgegebenen Schlüssel (teils flächenbezogen, teils verbrauchsbezogen) umgelegt werden. Beispiele für nicht umlagefähige Kosten sind:

- Instandsetzungs- und Reparaturkosten
- Anliegerbeiträge (z. B. Straßenbaubeiträge)
- Verwaltungskosten
- Kontoführungsgebühren für das Mietkonto
- Instandhaltungsrücklagen
- Rechtsschutzversicherung des Vermieters
- Mietverlustversicherung
- Reparaturkostenversicherung des Vermieters
- Kreditzinsen
- Portokosten.

Bei preisgebundenem Wohnraum müssen die Betriebskosten stets umgelegt werden. Hinzu kommt zusätzlich noch das Umlageausfallwagnis (zwei Prozent der Betriebskosten). Bei der Vermietung von Gewerberäumen ist die Umlagefähigkeit von Nebenkosten nicht gesetzlich geregelt. Die Umlage kann sich auch auf Kosten beziehen, die keine Betriebskosten im Sinne der Betriebskostenverordnung sind, z.B. Umlagen für einen beschäftigten Sicherheitsdienst.
Siehe / Siehe auch: Betriebskosten, Betriebskostenpauschale, Heiz- und Warmwasserkosten, Sonstige Betriebskosten, Umlageausfallwagnis, Umlageschlüssel im Mietrecht

Umlageausfallwagnis

(risk of) non-recoverable operating costs on vacant space

Für Sozialwohnungen, die vor dem 1.1.2002 nach dem II. Wohnungsbaugesetz gefördert wurden, dürfen nach wie vor nur so genannte Kostenmieten gefordert werden. Deren Höhe wurde bestimmt durch eine Wirtschaftlichkeitsberechnung, die Voraussetzung für die Bewilligung von öffentlichen Mittel war. In sie floss auch das Mietausfallwagnis mit zwei im Hundert der Jahresmiete ein. Da seit 1984 die Betriebskosten kein Bestandteil der Kostenmiete mehr sind, wurde das Risiko der Einnahmeminderung durch uneinbringliche Rückstände von Betriebskosten kalkulatorisch durch ein Umlageausfallswagnis abgedeckt (§ 25a NMV 1970). Es darf zwei Prozent der auf einen Abrechungszeitraum entfallenden Betriebskosten nicht übersteigen.
Siehe / Siehe auch: Aufwendungsbeihilfe, Fehlbelegung, Kostenmiete, Wirtschaftlichkeitsberechnung (Wohnungswirtschaft), Wohnberechtigungsschein

Umlageschlüssel im Mietrecht

apportionment / allocation formula; basis of apportionment in the German law of tenancy

Sollen laut Mietvertrag die Betriebskosten als Vorauszahlung bzw. im Wege einer Umlage entrichtet werden, muss eine Abrechnung erfolgen, bei der die für das Gebäude entstehenden Betriebskosten auf die einzelnen Mieter umgelegt, also verteilt werden. Der Maßstab für diese Kostenverteilung ist der Umlageschlüssel, der je nach Kostenart unterschiedlich zur Anwendung kommt. Die gesetzliche Regelung dazu findet sich in § 556a BGB. Danach sind Betriebskosten vorbehaltlich anders lautender Vereinbarungen im Mietvertrag nach dem Anteil der Wohnfläche (der Wohnung an der Wohnfläche des Hauses) umzulegen. Hängen die Betriebskosten jedoch vom erfassten Verbrauch oder der erfassten Verursachung durch den einzelnen Mieter ab, sind sie nach dem Maßstab des Verbrauchs beziehungsweise der Verursachung umzulegen. Das bedeutet: Sind Zähler oder Messgeräte vorhanden, müssen die entsprechenden Messwerte auch berücksichtigt und die Kosten danach aufgeteilt werden. Sind keine Messgeräte installiert, ist die Umlage nach dem Anteil an der Wohnfläche durchzuführen. Vorgeschrieben ist die Erfassung des Verbrauchs durch Zähler für Heiz- und Warmwasserkosten laut Heizkostenverordnung. Sind in den meisten Wohnungen Zähler installiert worden, in einer aber noch nicht, kann es der Vermieter jedoch ausnahmsweise bei der vorher praktizierten Abrechnung nach Quadratmetern belassen. Zweifel des Mieters an der Gerechtigkeit der Umlage rechtfertigen in diesem Fall keine Änderung des Umlageschlüssels (Bundesgerichtshof, Az. VIII ZR 188/07, Urteil vom 12.03.2008). Sollen von der gesetzlichen Regelung abweichende Umlageschlüssel verwendet werden, ist dies mietvertraglich zu regeln. Ohne explizite Vereinbarung gilt die gesetzliche Regelung. Als andere Umlageschlüssel werden zum Beispiel die Eigentumsanteile des Gebäudes verwendet (insbesondere bei Eigentumswohnanlagen), ferner die Anzahl der in der Wohnung lebenden Personen oder auch der Rauminhalt der Wohnungen.

Bei Heiz- und Warmwasserkosten ist eine Änderung des gesetzlichen Umlageschlüssels nur sehr eingeschränkt möglich. Die Heizkostenverordnung erlaubt eine nicht am gemessenen Verbrauch ausgerichtete Abrechnung nur für Gebäude mit bis zu zwei Wohnungen, von denen eine der Vermieter bewohnt (§ 2 HeizKV). § 11 Heizkostenverordnung erlaubt weitere Ausnahmen von den Vorschriften über die Pflichten zur Verbrauchserfassung und zur verbrauchsabhängigen Abrechnung zum Beispiel für Fälle, in denen sich der Einbau entsprechender Zähler auch in zehn Jahren nicht amortisieren würde. Eine Änderung des Umlageschlüssels kann auch während eines laufenden Mietverhältnisses durchgeführt werden. Der Vermieter kann dann den Umlageschlüssel mit Hilfe einer Erklärung in Textform auch ohne Zustimmung des Mieters ändern und bestimmen, dass bestimmte Kostenpositionen künftig verbrauchsabhängig umgelegt werden sollen. Die Änderung kann allerdings nur für den kommenden, noch nicht laufenden Abrechnungszeitraum stattfinden. Bei Inklusiv- beziehungsweise Teilinklusivmieten gelten besondere Regeln.

Siehe / Siehe auch: Abrechnungsfrist Betriebskosten, Betriebskosten, Heizkostenverordnung, Sonstige Betriebskosten, Textform, Umlage (Mietrecht), Inklusivmiete / Teilinklusivmiete

Umlaufbeschluss

circulation resolution; per rolam

Im Regelfall beschließen die Wohnungseigentümer über Verwaltungsangelegenheiten in der Wohnungseigentümer-Versammlung durch mehrheitliche Beschlussfassung. Das Gesetz räumt ihnen jedoch gemäß § 23 Abs. 3 WEG auch das Recht ein, ihre Angelegenheiten außerhalb der Versammlung zu regeln. Insoweit ist auch ohne Versammlung ein Beschluss gültig, wenn alle Wohnungseigentümer ihre Zustimmung zu diesem Beschluss durch eigenhändige Unterschrift schriftlich erklären, wobei auch telegrafische Zustimmung oder Telefax für ausreichend gehalten wird. Dieses allstimmige Zustimmungserfordernis gilt auch für die Angelegenheiten, für die in der Versammlung ein Mehrheitsbeschluss ausgereicht hätte. Erst wenn die letzte Zustimmungserklärung vorliegt, kann der Verwalter das Zustandekommen des Beschlusses durch Mitteilung an alle Wohnungseigentümer verkünden. Mit der Mitteilung des Verwalters beziehungsweise dem Zugang der Mitteilung bei den Wohnungseigentümern beginnt dann auch die Frist der Beschlussanfechtung von einem Monat. Die Tatsache, dass alle Eigentümer schriftlich zugestimmt haben, hindert keinen Eigentümer daran, den schriftlich zustande gekommenen Beschluss anzufechten.

Siehe / Siehe auch: Beschluss (Wohnungseigentümer), Beschlussanfechtung (Wohnungseigentum), Beschluss-Sammlung, Schriftlicher Beschluss

Umlegung

allocation; apportionment; distribution; consolidation and reallocation or reorganisation, especially parcels of land

Siehe / Siehe auch: Bodenordnung, Umlegungsvermerk

Umlegungsvermerk

entry in the land register concerning a reallocation process, indicating that a parcel of

land is, or will be, affected by a reallocation process

Mit Einleitung eines Umlegungsverfahrens (Bodenordnung) hat das Grundbuchamt in die Grundbücher der vom Umlegungsverfahren betroffenen Grundstücke nach entsprechender Mitteilung der Umlegungsstelle einen Umlegungsvermerk einzutragen. Dieser Vermerk signalisiert den Grundstückseigentümer und den am Grundstück Berechtigten, dass ein Umlegungsverfahren im Gange ist mit der Folge, dass Verfügungen über das Grundstück oder wertändernde Maßnahmen am Grundstück genehmigungsbedürftig sind.

Siehe / Siehe auch: Bodenordnung, Veränderungssperre

Umlegungsverzeichnis und Umlegungskarte

reallocation register, showing details of parcels included in a reallocation; and land reallocation map, showing the new boundaries and parcel areas after a reallocation

Die durch das Umlegungsverfahren (Bodenordnung) neu entstandenen Grundstücke sind in ein Umlegungsverzeichnis einzutragen. Die zeichnerische Darstellung des Neuzustandes der Grundstücke ergibt sich aus der Umlegungskarte. Das Umlegungsverzeichnis ist die Grundlage für die Berichtigung des Liegenschaftskatasters und der Grundbücher.

Siehe / Siehe auch: Bodenordnung

Umnutzung

reuse; redevelopment of buildings; commercial-to-residential conversions

Durch gesellschaftliche und soziale Veränderungen kommt es immer wieder vor, dass bestimmte Gebäudearten verstärkt von Leerständen betroffen sind. Insbesondere sind hier Bauernhöfe zu nennen. In den letzten Jahrzehnten besteht eine Grundtendenz zur Bildung größerer Wirtschaftseinheiten in der Landwirtschaft mit sinkender Anzahl von in der Landwirtschaft beschäftigten Personen. Andere Bereiche sind z.B. ehemals militärisch genutzte Gebäude oder -Gelände, ehemalige Gewerbeobjekte oder nicht mehr benötigte Kirchen und Gemeindehäuser. In diesen Fällen wird oft eine Umnutzung vorgenommen. Bei dieser handelt es sich um eine genehmigungspflichtige Nutzungsänderung eines Gebäudes, welche die Vorlage genauer Baupläne erfordert. Steht das jeweilige Gebäude unter Denkmalschutz, sind Auflagen der Denkmalschutzbehörde wahrscheinlich. In einigen Bundesländern können bei bestimmten Umnutzungsprojekten Fördergelder beantragt werden. Ein Beispiel ist das Förderprogramm in Nordrhein-Westfalen: Hier können aktive Landwirte in Orten bis 10.000 Einwohner für eine Umnutzung landwirtschaftlich genutzter Gebäude zu Wohn- oder Gewerbezwecken oder zur Sicherung eines nichtlandwirtschaftlichen Zusatzeinkommens Förderungen erhalten. Gewährt werden bei Umnutzung zu Mietwohnungen zehn Prozent des Investitionsbetrages, maximal 50.000 Euro, bei Umnutzung zu sonstigen Zwecken einkommensabhängig zehn bis 25 Prozent und maximal 100.000 Euro. Voraussetzung ist jedoch, dass das umzunutzende Gebäude erhaltenswert ist und sich ins Gesamtbild des Dorfes einfügt. Auch darf die Aufgabe der landwirtschaftlichen Nutzung nicht mehr als sieben Jahre zurückliegen. Auskünfte erteilen Landwirtschaftskammern und Baubehörden.

Siehe / Siehe auch: Ländliche Räume, Entwicklung ländlicher Räume

Umrechnungskoeffizienten

conversion coefficients; conversion factors

In Wertermittlungsverfahren wird mit Umrechnungskoeffizienten gearbeitet, um beim Vergleich eines zu bewertenden Grundstücks mit einem Referenzobjekt den Werteinfluss von Abweichungen herausrechnen zu können. Die bekanntesten Umrechnungskoeffizienten beziehen sich auf Ermittlung von Bodenwerten, wenn das Vergleichsgrundstück (oder Richtwertgrundstück) mit einer anderen GFZ (Geschossflächenzahl) bestückt ist, als das zu bewertende. Solche Umrechnungskoeffizienten werden von Gutachterausschüssen ermittelt.

In ähnlicher Weise können Umrechnungskoeffizienten bei Mietwertermittlung auch herangezogen werden, um Abweichungen in den Flächen von Wohnungen oder Läden gegenüber der Fläche der zu bewertenden Räume auszutarieren. Auch bei Abweichungen bezüglich der Tiefe von Ladenlokalen können die Wertunterschiede mit Hilfe von Umrechnungskoeffizienten quantifiziert werden.

Siehe / Siehe auch: Sachwert

Umsatzmiete

turnover rent; percentage rent; participating lease; overage

Bei der Vermietung von Geschäftsräumen kann eine umsatzabhängige Miete vereinbart werden. Dies kann in der Weise geschehen, dass der Mieter als Überlassungsentgelt einen bestimmten Prozentsatz seines in den Mieträumen erzielten Umsatzes zu zahlen hat. Umsatzmieten werden in der Regel bei

Vermietung von Ladenlokalen an einen Einzelhändler vereinbart. Da der Vermieter sich jedoch kaum in großem Umfang am Geschäftsrisiko des Mieters beteiligen und seine Kosten auch bei niedrigem Umsatz sichern will, wird üblicherweise zusätzlich eine bestimmte Mindestmiete vereinbart. Auch eine Begrenzung der Miete nach oben ist möglich.

Um Streitigkeiten über die Höhe des Mietzinses zu vermeiden, empfiehlt sich eine genaue Definition von „Umsatz" im Mietvertrag. Meist wird der Nettoumsatz (ohne Mehrwertsteuer) verwendet, wobei genau festgelegt werden kann, welche Umsätze im Einzelnen eingerechnet werden sollen. Bei der Vertragsgestaltung ist zu berücksichtigen, dass in einigen Fällen eine allzu enge Definition des Umsatzbegriffes zu Nachteilen für den Vermieter führen kann. Beispiele sind:

- Untervermietung von Geschäftsräumen durch Mieter (Umsatzvereinbarung im Mietvertrag betrifft nur Verkaufsumsatz des Hauptmieters)
- Änderung der Geschäftstätigkeit (Vereinbarung betrifft Umsatz aus Warenverkauf; es werden jedoch nur noch Beratungsdienstleistungen angeboten)

Derartige Veränderungen sollten in die Umsatzklausel des Mietvertrages eingeschlossen werden. Die Vereinbarung einer Umsatzmiete allein bringt für den Mieter noch keine Betriebspflicht mit sich. Diese muss zusätzlich vereinbart werden. Bei Mietverträgen über Apotheken sind Umsatzmietverträge nach § 8 S.2 Apothekengesetz verboten. Ausnahme ist die Verpachtung einer Apotheke, die jedoch nur unter sehr engen Voraussetzungen zulässig ist (z.B. Apotheker kann selbst seinen Beruf nicht mehr ausüben).

Siehe / Siehe auch: Apothekengesetz (ApoG), Apotheken, Miete und Pacht, Betriebspflicht

Umsatzsteuer (bei Vermietung)

value-added tax (VAT); turnover tax (when renting out)

Vermietungen unterliegen nicht der Umsatzsteuer. Im Bereich der Wohnungsvermietung ist dies auch optional ausgeschlossen. Ausgenommen sind Leistungen von Unternehmern, die Wohn- und Schlafräume vorübergehend an Fremde vermieten. (§ 4 Nr. 12 UStG). Dies gilt für alle Fälle – also auch ohne Option. Dagegen kann zur Umsatzsteuer bei Gewerbeimmobilien optiert werden. Sinnvoll ist dies dann, wenn über eine Vorsteuererstattung ein Liquiditätszufluss zu Gunsten des Bauherrn und späteren Vermieters stattfindet oder bei umfangreichen Modernisierungsmaßnahmen der Finanzierungsspielraum erweitert wird. Allerdings ist die Option nur dann sinnvoll, wenn der Bauherr das errichtete Gebäude oder Räume an Unternehmen vermietet, die ihrerseits darin während eines „Beobachtungszeitraums" von 10 Jahren umsatzsteuerpflichtige Leistungen erbringen. Dies ist beispielsweise nicht der Fall, wenn an Kreditinstitute, Versicherungen oder Ärzte vermietet wird. Die von den Mietern bzw. Pächtern zu erbringenden Umsätze müssen mindestens zu 95 Prozent umsatzsteuerpflichtig sein.

Ausnahme: Bei Objekten, mit deren Errichtung vor dem 11.11.1993 begonnen worden ist und die vor dem 1.1.1998 fertig gestellt worden sind (ein späterer Erwerb ist nicht schädlich), ist eine umsatzsteuerpflichtige Vermietung auch an Mieter, die keine oder nur geringe umsatzsteuerpflichtige Leistungen ausführen, z.B. Kreditinstitute, Versicherungen oder Ärzte) möglich. Wenn zur Umsatzsteuer optiert wird, werden die Mieten zuzüglich Umsatzsteuer berechnet. Der Mieter selbst erleidet dadurch keinen Nachteil, weil er diese Umsatzsteuer seinerseits wieder als Vorsteuer bei seiner Umsatzsteuererklärung geltend machen kann. Voraussetzung ist wiederum, dass der Mieter selbst vorsteuerabzugsberechtigt ist (Kleinunternehmer mit geringem Umsatz müssen ebenfalls zur Umsatzsteuer optiert haben). Wenn in den vermieteten Räumen nicht während der ganzen zehn Jahre umsatzsteuerpflichtige Leistungen erbracht werden, kommt es zur Vorsteuerberichtigung, die zur entsprechend zeitanteiligen Rückzahlung der erstatteten Vorsteuer ans Finanzamt führt.

Siehe / Siehe auch: Geschäftsräume, Gewerbemietvertrag

Umschlagsgeschwindigkeit

turnover rate; speed of turnover

Die Umschlagsgeschwindigkeit ist eine Kennziffer, aus der hervorgeht, in welchem Ausmaß und Tempo Immobilien-Objekte bzw. Flächen veräußert, vermietet oder vermittelt werden. Sie kann einerseits berechnet werden, indem umgeschlagene Objekte oder die jeweiligen Quadratmeter ins Verhältnis zum durchschnittlich abzusetzenden Bestand innerhalb einer bestimmten Zeitperiode gesetzt werden (z. B. anhand der Objektanzahl, der Quadratmeter oder anhand des Marktwerts). Im Maklerwesen ist eine ähnliche Kennziffer die Vermittlungsquote, die die Anzahl der vermittelten Objekte ins Verhältnis zu dem Gesamtbestand an Vermittlungsaufträgen setzt. Die Umschlagsgeschwindigkeit lässt sich

ebenso als die Dauer ausdrücken, in der Immobilien bzw. Flächen im Angebot bzw. in der Kartei des Maklers, des Veräußerers oder des Vermieters verbleiben, bis sie vermittelt, veräußert oder vermietet worden ist. In Bezug auf eine Vermittlung stellt dies beispielsweise die Zeitspanne von der Auftragsakquisition bis zum notariellen Kaufvertragsabschluss dar (derzeit i.d.R. 6-14 Monate). Der Begriff Umschlagsgeschwindigkeit stammt ursprünglich aus der Warenwirtschaft von Handelsunternehmen und lässt sich gut auf die Immobilienwirtschaft übertragen. Insbesondere für Makler ist diese Messgröße wichtig, weil hauptsächlich durch den Umschlag von Immobilien bzw. von Flächen Rückflüsse über Provisionen erzeugt werden. Anhand der Umschlagsgeschwindigkeit lassen sich Rückschlüsse darauf ziehen, welche Art von Flächen und Objekten zu einem bestimmten Zeitpunkt auf dem Markt besonders angenommen werden und welche Absatz- bzw. Vermittlungsschwierigkeiten bereiten. Es geht darum, Kartei- oder Bestandsleichen zu identifizieren und bestenfalls zu eliminieren.
Dies hat wiederum Auswirkungen darauf, auf welche Nutzungs- und Objektarten zukünftig fokussiert wird und wie die Preis- sowie die Kommunikationspolitik (Herausstellen von Vorzeigeobjekten als Lockmittel in den Medien oder im Schaufenster) gestaltet wird. Der Handel unterscheidet in so genannte „Schnelldreher" und „Langsamdreher", die auf so genannte „Renner- und Pennerlisten" klassifiziert werden.
Siehe / Siehe auch: Kennzahlen, Marketing, Marketingmix, Kommunikationspolitik, Preispolitik, Reaktionsgruppen / Controlling der Werbeaktivitäten

Umschuldung

rescheduling (of debts); debt restructuring; refinancing; refunding

Als Umschuldung wird die Ablösung laufender Kredite durch neue Kredite bezeichnet. Das wichtigste Motiv eines Darlehensnehmers für eine Umschuldung ist in der Regel die Möglichkeit, bei einem anderen Darlehensgeber günstigere Konditionen zu erhalten. Ob sich eine Umschuldung lohnt, hängt davon ab, ob die mit dem neuen Darlehen verbundenen Kosten einschließlich der Zinsen insgesamt geringer sind als diejenigen für das ursprüngliche Darlehen unter Berücksichtigung eventueller Vorfälligkeitsgebühren, Kosten für Notar und Grundbuch usw.. Im Rahmen der Immobilienfinanzierung ergeben sich Umschuldungsmöglichkeiten beispielsweise nach dem Auslaufen der Zinsfestschreibung eines bestehenden Darlehens, bei der Umwandlung von Zwischenfinanzierungen mittels kurzfristiger Bankkredite in langfristige Darlehen oder beim Ersetzen von Gleitzinsdarlehen durch Festzinshypotheken. Im weiteren Sinne wird unter Umschuldung auch die strukturelle Optimierung der bestehenden Verbindlichkeiten – beispielsweise eines Unternehmens, eines Staates oder eines anderen Kreditnehmers – verstanden. Dabei kann neben dem Ablösen bestehender Kredite durch andere mit günstigeren Konditionen auch das Ablösen mehrerer Kredite bei einer Vielzahl von Gläubigern durch einen oder wenige größere Kredite eines Gläubigers oder einer geringeren Zahl von Gläubigern verstanden werden. Außer einer Verringerung der Kreditkosten insgesamt kann auch die Reduzierung der laufenden Zins- und Tilgungsbelastungen und somit die Verbesserung der Liquidität ein entscheidendes Motiv für eine Umschuldung sein.
Siehe / Siehe auch: Ablösesumme, Gleitzinsdarlehen, Vorfälligkeitsentschädigung

Umwandlung

change; transformation; conversion; commutation; reconversion; reorganisation

Als Umwandlung bezeichnet einen Vorgang, bei dem Miethäuser in die Rechtsform von Wohnungs- und Teileigentum überführt werden, meist zu dem Zweck, bei Verkauf der einzelnen Einheiten einen höheren als der für den Erwerb bezahlten Gesamtpreis zu erzielen. Die Möglichkeit der Begründung von Wohnungs- und Teileigentum durch Umwandlung führte Ende der 80er Jahre zu einem Umwandlungsboom mit sozial nicht mehr hinnehmbaren Erscheinungsformen. Es kam zu so genannten „Entmietungen". Erschweren wollten deshalb die Baubehörden die Umwandlung von Altbauten dadurch, dass sie die Anforderungen für die Erteilung von Abgeschlossenheitsbescheinigungen in die Höhe schraubten. Sie sollte nur noch erteilt werden, wenn alle geltenden bauordnungsrechtlichen Bestimmungen hinsichtlich Schall-, Wärme- und Brandschutz erfüllt waren. Dieser Praxis hat der gemeinsame Senat der obersten Gerichtshöfe des Bundes mit seinem Beschluss vom 30.06.1992 einen Riegel vorgeschoben. Für die Erteilung von Abgeschlossenheitsbescheinigungen ist also nach wie vor lediglich der Nachweis der räumlichen Abgeschlossenheit in einem physischen Sinne erforderlich. Eine Umwandlung bewirkt, dass den zum Umwandlungszeitpunkt im Objekt wohnenden Mietern ein besonderer Kündigungsschutz zuwächst. Es gilt im Fall der Umwandlung nach den Vorschriften des

BGB generell eine drei-jährige Kündigungssperrfrist, an die die normale Kündigungsfrist anschließt. Allerdings sind die Bundesländer ermächtigt, durch Verordnung Gemeinden oder Gemeindeteile festzulegen, in denen die Kündigungssperrfrist auf bis zu zehn Jahren erhöht werden kann. Es darf sich dabei nur um Gebiete handeln, bei denen die Versorgung der Bevölkerung mit Wohnraum erheblich gefährdet ist. Aber auch hier kann der Vermieter das Mietverhältnis nach Ablauf von drei Jahren auf der Grundlage eines berechtigten Interesses kündigen. Er muss dann allerdings eine vergleichbare Ersatzwohnung nachweisen. Zu Gunsten des Mieters besteht ferner nach Umwandlung seiner Mietwohnung in eine Eigentumswohnung ein gesetzliches Vorkaufsrecht, das innerhalb einer Frist von zwei Monaten nach Eingang der Verkaufsmitteilung beim Mieter ausgeübt werden kann. Das gesetzliche Vorkaufsrecht bei Umwandlung mit öffentlichen Mitteln geförderter Wohnungen nach dem Wohnungsbindungsgesetz, das dem Mieter eine Zeit von sechs Monaten für die Entscheidung einräumt, wurde von den Neuregelungen im BGB nicht berührt. Heute sind Umwandlungen vor allem in Ostdeutschland im Rahmen der Privatisierung des Wohnungsbestandes gewollt. Dabei stehen vor allem Bemühungen im Vordergrund, die Mieter als Käufer für das durch Umwandlung entstehende Wohneigentum zu gewinnen.

Siehe / Siehe auch: Abgeschlossenheit / Abgeschlossenheitsbescheinigung, Kündigungssperrfrist, Wohnungseigentum, Teileigentum

Umweltbericht

environmental report

Im Zusammenhang mit der Aufstellung von Bauleitplänen haben die Gemeinden nach § 2 Abs. 4 BauGB grundsätzlich eine Umweltverträglichkeitsprüfung durchzuführen und das Ergebnis im Umweltbericht festzuhalten. Der Umweltbericht besteht gemäß einer Anlage zum BauGB aus einer Einleitung mit folgenden Angaben: Kurzdarstellung des Inhalts und der wichtigsten Ziele des Bauleitplans, einschließlich der Beschreibung der Festsetzungen des Plans mit Angaben über Standorte, Art und Umfang sowie Bedarf an Grund und Boden der geplanten Vorhaben. Ferner die Darstellung der in einschlägigen Fachgesetzen und Fachplänen festgelegten Ziele des Umweltschutzes, die für den Bauleitplan von Bedeutung sind, und der Art, wie diese Ziele und die Umweltbelange bei der Aufstellung berücksichtigt wurden. Der Umweltbericht enthält außerdem eine Beschreibung und Bewertung der Umweltauswirkungen, die in der Umweltprüfung ermittelt wurden, mit Angaben der

- Bestandsaufnahme der einschlägigen Aspekte des derzeitigen Umweltzustands, einschließlich der Umweltmerkmale der Gebiete, die voraussichtlich erheblich beeinflusst werden,
- Prognose über die Entwicklung des Umweltzustands bei Durchführung der Planung und bei Nichtdurchführung der Planung,
- geplanten Maßnahmen zur Vermeidung, Verringerung und zum Ausgleich der nachteiligen Auswirkungen und
- in Betracht kommenden anderweitigen Planungsmöglichkeiten, wobei die Ziele und der räumliche Geltungsbereich des Bauleitplans zu berücksichtigen sind.

Zusätzliche Inhalte sind:

- eine Beschreibung der wichtigsten Merkmale der verwendeten technischen Verfahren bei der Umweltprüfung sowie Hinweise auf Schwierigkeiten, die bei der Zusammenstellung der Angaben aufgetreten sind, zum Beispiel technische Lücken oder fehlende Kenntnisse,
- eine Beschreibung der geplanten Maßnahmen zur Überwachung der erheblichen Auswirkungen der Durchführung des Bauleitplans auf die Umwelt und
- eine allgemein verständliche Zusammenfassung der erforderlichen Angaben nach dieser Anlage.

Umweltbundesamt

Federal Office for the Environment

Das Umweltbundesamt ist die wissenschaftliche Umweltbehörde im Geschäftsbereich des Bundesministeriums für Umwelt, Naturschutz und Reaktorsicherheit (BMU). Es hat seinen Sitz in Dessau und verfügt über weitere Dienststellen in Berlin-Grunewald, Berlin Dahlem und Berlin-Marienfelde. Das Amt ist für alle umweltrelevanten Fragestellungen forschend, beratend und informierend tätig. In seinen fachlichen Bereich fallen – um nur einige mit beispielhaften Stichwörtern zu nennen – der Bodenschutz (Stichwort Altlasten), Abfallbehandlung (Stichworte Elektroschrott, Biogasanlagen usw.), Energiesparen (Stichwort erneuerbare Energien), Klimaschutz (Stichwort Reduzierung der CO^2-Emissionen), Lärmschutz (Stichwort Lärmgrenzwerte), Wasser-/Gewässerschutz (Stichworte Trinkwasser, Kläranlagen), Umweltbeobachtung (Stichwort Mess- und Erhebungsinfrastruktur), Luftreinhaltung (Stichwort Feinstaub), raumbezogene Umweltplanung (Stichworte demographischer Wandel und Umwelt, Flächensparen), Verkehr (Stichwort Geschwindigkeitsbegrenzung). Das Umweltbundesamt verfügt über eine Reihe von Umweltdatenbanken, deren Daten teilweise über zahlreiche eigene Messstationen gewonnen werden. Informationen sind abrufbar über: www.env-it.de.

Siehe / Siehe auch: Altlasten, Bodenschutz, Wasserflächen / Gewässerschutz

Umweltverträglichkeitsprüfung / Umweltprüfung

environmental impact assessment; assessment of environmental effects / environmental assessment

Mit Hilfe der Umweltprüfung wird ermittelt, welche Einflüsse die Verwirklichung eines umweltkritischen großen Bauvorhabens auf die Umwelt hat. Diese Prüfung ist im „Gesetz über die Umweltverträglichkeitsprüfung" (UVPG) vom 5. September 2001 geregelt. Zweck des Gesetzes ist die Sicherstellung der Ermittlung, Beschreibung und Bewertung der Umwelteinflüsse bei bestimmten großen umweltkritischen Vorhaben und deren Berücksichtigung bei allen behördlichen Entscheidungen (Umweltvorsorge). Die Prüfung bezieht sich auf die Auswirkungen von Vorhaben auf,

- Menschen Tiere und Pflanzen,
- Boden, Wasser, Luft, Klima und Landschaft
- Kultur- und sonstige Sachgüter und die
- Wechselwirkung zwischen diesen „Schutzgütern"

Im Rahmen der Bauleitplanung sind die sich aus der Umweltprüfung ergebenden Erkenntnisse in die Abwägung einzubeziehen. Durch die Novellierung des BauGB (Europarechtsanpassungsgesetz vom 24. Juni 2004) wurden vorrangige Vorschriften zur Umweltverträglichkeitsprüfung – nunmehr Umweltprüfung – eingeführt. Nach dem neuen § 2 Abs. 4 ist im Zuge der Aufstellung der Bauleitpläne (Flächennutzungs- und Bebauungspläne) für die Belange des Umweltschutzes eine Umweltprüfung durchzuführen, in der die voraussichtlichen erheblichen Umweltauswirkungen ermittelt werden und in einem Umweltbericht beschrieben und bewertet werden. Damit entfällt für alle nach dem 20. Juli 2004 durch Aufstellungsbeschluss neu zu erstellenden Bauleitpläne die bis dahin durchzuführende Vorprüfung. Eine weitere Ausnahme von der Umweltprüfungspflicht wurde durch eine die letzte Gesetzesnovellierung vom 21.12.2006 für „Bebauungspläne der Innenentwicklung" nach § 13a BauGB eingeführt. Woraus der Umweltbericht besteht, ist in einer Anlage zum BauGB genau beschrieben.

Siehe / Siehe auch: Baugesetzbuch (BauGB), Bauleitplanung, Bebauungspläne der Innenentwicklung, Strategische Umweltprüfung (SUP), Umweltbericht

Umweltzone

environmental zone

Umweltzonen sind bestimmte Gebiete im Stadtbereich, in denen nur noch Fahrzeuge einer bestimmten Emissionsklasse fahren dürfen. Ziel ist die Verringerung von Schadstoffen, wobei die Reduzierung der Belastung mit Feinstaub im Vordergrund steht. Die Verordnung über die Kennzeichnung emissionsarmer Fahrzeuge ist zum 1.3.2007 in Kraft getreten. Sie teilt alle PKW, LKW und Busse in vier Schadstoffgruppen ein. Fahrzeuge der Schadstoffgruppe 1 erhalten keine Plakette, Fahrzeuge der Schadstoffgruppen 2 bis 4 bekommen Plaketten in den Farben rot, gelb und grün. Die StVO wurde um zwei neue Verkehrszeichen bereichert, die Anfang und Ende der Umweltzone markieren; ein Zusatzzeichen zeigt die dort jeweils zulässige Plakettenfarbe an. Für alle Fahrzeuge ohne eine solche Plakette besteht in der Umweltzone permanentes Fahrverbot. In zwei bis drei Jahren soll die Regelung verschärft werden: Während jetzt meist alle drei Farbplaketten in der Umweltzone willkommen sind, dürfen dann nur noch Fahrzeuge der Schadstoffgruppen 3 (gelb) oder 4 (grün) hineinfahren. Ausnahme generell: Der Transport von Behinderten in der Umweltzone ist auch Fahrzeugen ohne Plakette gestattet. Wer ohne Plakette und ohne Sondergenehmigung in eine Umweltzone einfährt, riskiert 40 Euro Bußgeld und einen Punkt in Flensburg.

Umzugskosten

moving/ relocation expenses

Umzugskosten sind sowohl bei beruflich bedingten, als auch bei privat veranlassten Umzügen steuerlich abzugsfähig.

Beruflich bedingte Umzüge

Als beruflich veranlasst gelten Umzüge, bei denen sich die Entfernung zum Arbeitsplatz um mindestens eine Stunde Fahrzeit reduziert. Auch Versetzungen an einen anderen Einsatzort oder Bezug beziehungsweise Kündigung einer Werks-/ Dienstwohnung usw. werden anerkannt. Die entstehenden Kosten können bei Nichtselbstständigen als Werbungskosten und bei Selbstständigen als Betriebsausgaben steuerlich geltend gemacht werden. Dabei kann entweder ein Einzelnachweis der entstandenen Kosten vorgenommen oder aber ein Pauschalbetrag angesetzt werden. Bei Einzelnachweis durch Belege sind zum Beispiel abzugsfähig die Kosten für:

- Wohnungssuche und Besichtigung (Fahrtkosten mit 0,30 Euro/Kilometerm, Zeitungsanzeigen)
- Schönheitsreparaturen beim Auszug
- Transportkosten für Umzugsgut (sowohl Speditionskosten als auch Miete für Leih-LKW)
- Miete (bei Doppelzahlung für höchstens sechs Monate: Miete für neue Wohnung bis Einzugsdatum und Miete für alte Wohnung ab Tag des Auszugs)
- Maklerprovision
- umstritten: Anschaffungskosten bestimmter Geräte (Elektroherd, Heizgeräte, Öfen).

Die Pauschalen betragen für Umzüge nach dem 01.07.2009: (Az. IV C 5 – S 2353- 167/03, Schreiben des Bundesfinanzministeriums vom 05.08.2003):

- Verheiratete: 1.256 Euro pro Ehepartner
- Ledige: 628 Euro
- Weitere mit umgezogene Haushaltsmitglieder: 277 Euro pro Person
- Höchstbetrag umzugsbedingte Unterrichtskosten für ein Kind: 1.584 Euro.

Werden die Umzugskosten vom Arbeitgeber erstattet, können sie nicht mehr steuerlich geltend gemacht werden.

Private Umzüge

Auch die Kosten für private Umzüge sind seit 01.01.2006 teilweise abzugsfähig. Sie fallen unter die Regelungen über haushaltsnahe Dienstleistungen. Abgesetzt werden können 20 Prozent der beim Umzug anfallenden Arbeitskosten, seit 2009 maximal 4.000 Euro im Jahr. Materialkosten usw. sind nicht absetzbar. Wer also mit einem gemieteten LKW umzieht, statt eine Spedition zu beauftragen, kann nichts absetzen. Dem Finanzamt muss die Rechnung des Spediteurs und zwingend ein Kontoauszug mit erfolgter Abbuchung vorgelegt werden. Quittungen für Barzahlung sind nicht ausreichend.

Siehe / Siehe auch: Erstattung von Umzugskosten, Haushaltsnahe Dienstleistungen, Umzugskostenpauschale

Umzugskostenbeihilfe

relocation benefit; relocation grant

Vermieter und Mieter können vereinbaren, dass der Vermieter dem Mieter im Falle des Auszuges eine Umzugskostenbeihilfe zahlt. Zweck: Ein Anreiz für den Mieter, innerhalb eines abgesprochenen Zeitraumes auszuziehen. Es handelt sich dabei um eine einmalige Abstandszahlung im Rahmen eines Mietaufhebungsvertrages. Sinnvoll, wenn die Wohnung dringend für neue Bewohner benötigt wird oder größere Modernisierungsmaßnahmen anstehen.

Die Vereinbarung sollte in jedem Fall schriftlich geschlossen werden. Ein Anspruch auf Umzugskostenbeihilfe besteht nicht.

Siehe / Siehe auch: Abstandszahlung

Umzugskostenpauschale

flat rate / lump sum for damages caused while moving in or out of a flat / building

Eine Umzugskostenpauschale fordern manche Vermieter insbesondere größerer Wohnanlagen von ihren Mietern für den Ein – beziehungsweise Auszug. Hier handelt es sich um Pauschalbeträge, die jeder Mieter einmalig zu zahlen hat, um mutmaßliche Schäden am Gebäude (zum Beispiel Beschädigungen der Wandfarbe im Treppenhaus beim Möbeltransport) abzudecken. Eine derartige Regelung im Mietvertrag ist unzulässig und unwirksam. Schadenersatzansprüche entstehen nach dem BGB nur dann, wenn tatsächlich ein Schaden entstanden ist und der Betreffende die Entstehung des Schadens schuldhaft verursacht hat. Eine Wohnungseigentümer-Gemeinschaft darf nach einem Beschluss des Landgerichts München I mit einfachem Mehrheitsbeschluss festlegen, dass jeder Eigentümer bei jedem seine Wohnung betreffenden Umzug pauschal eine Unkostenpauschale (hier: 100 Euro) zu entrichten hat. Eine Vereinbarung aller Miteigentümer ist nach neuem WEG-Recht nicht mehr erforderlich. Das Gericht sah Umzüge als besondere Nutzung des Gemeinschaftseigentums an und stützte seine Entscheidung auf § 21 Abs. 7 WEG (Az. 36 S 3314/08, Urteil vom 04.09.2008). Ein einzelner Eigentümer, der im Gegensatz zu den übrigen an Studenten vermiete und deshalb eine höhere Mieterwechselrate habe, könne nicht mit Unverhältnismäßigkeit argumentieren, da seine Mieter ja auch für größere Abnutzung des Treppenhauses, mehr Verbrauch des Allgemeinstroms usw. sorgten.

Siehe / Siehe auch: Umzugskosten, Erstattung von Umzugskosten

Unabhängiges Provisionsversprechen

independent / separate promise / pledge to pay a real estate agent his commission

Der Provisionsanspruch nach § 652 BGB hat vier Voraussetzungen, nämlich Abschluss eines Maklervertrages, Erbringung der Maklerleistung in Form des Nachweises oder der Vermittlung, Abschluss des Hauptvertrages und Ursächlichkeit der Maklertätigkeit für den Hauptvertragsschluss. Nach dem Grundsatz der Vertragsfreiheit kann vereinbart werden, dass der Auftraggeber auch dann zur Provisionszahlung verpflichtet ist, wenn eine dieser Voraussetzungen fehlt. Diese Vereinbarung ist nur als Individualvereinbarung wirksam, nicht dagegen in Allgemeinen Geschäftsbedingungen oder Formularverträgen. Mietwohnungsmakler können solche Vereinbarungen überhaupt nicht wirksam abschließen, vgl. § 2 Abs.5 WoVermittG.

Das unabhängige Provisionsversprechen ist kein eigener Vertragstyp. Vielmehr ist entscheidend, welche rechtlichen Folgen angestrebt werden. Es kann sich

- um einen verschleierten Teil des Kaufpreises,
- um die Vergütung von Leistungen, die nicht einen Provisionsanspruch nach § 652 BGB auslösen, oder
- um ein Schenkungsversprechen handeln, wenn es an jeder Gegenleistung des Maklers fehlt (vgl.BGH MDR 1987, 912).

Der Makler steht häufig vor dem Problem, dass er trotz vieler Bemühungen, die dem Kunden objektiv von Nutzen waren, z. B. Beschaffung der Grundstücksunterlagen, Suche nach unbekannten Miterben auf der Verkäuferseite, Anfragen bei Behörden, die eigentliche (erfolgreiche) Maklerleistung nicht erbringen kann. Beispiele: Der Makler ist mit dem Verkäufer wirtschaftlich verflochten. Das Objekt wird zwangsversteigert. Hier kann sich der Makler in einer Individualvereinbarung die Provisionszahlung zusichern lassen. In Grundstückskaufverträgen ist die Verpflichtung des Käufers, an den Makler Provision zu zahlen, wirksam, auch wenn eine Voraussetzung des § 652 BGB nicht vorliegt. Voraussetzung: Der Käufer kennt die Tatsachen, die den Provisionsanspruch ausschließen. Über die rechtliche Folge dieser Tatsachen, dass also der gesetzliche Provisionsanspruch nicht besteht, muss der Kunde nicht aufgeklärt werden. Ergebnis: Der Makler muss später nur beweisen, dass der Auftraggeber die den Provisionsanspruch ausschließenden Tatsachen kannte. Meistens kommt es dem Auftraggeber in solchen Fällen auf den Erwerb gerade dieses Objekts an. Er nimmt die Zahlung der Provision in Kauf, wenn der Makler ihn vor die Alternative stellt, dass Objekt anderweitig zu verkaufen. Achtung: Hier muss der Makler die Interessen des Verkäufers berücksichtigen. Weigert sich der Käufer, die Verpflichtungserklärung abzugeben, darf der Makler im Interesse seines Provisionsanspruchs den Kaufvertrag daran nicht scheitern lassen. Er darf auch nicht einen anderen Interessenten vorziehen, der zwar die Maklerprovision zahlen will, aber einen geringeren Kaufpreis bietet. Anderenfalls drohen Schadensersatzansprüche des Verkäufers und die Verwirkung des Provisionsanspruchs gemäß § 654 BGB. Der Verkäufer sollte also in jedem Fall informiert und um Zustimmung gebeten werden. Kommt der angestrebte Kaufvertrag überhaupt nicht wirksam zustande, z. B. weil die erforderliche Genehmigung nicht erteilt wird, so entfällt i.d.R. die Motivation des Interessenten, an den Makler Provision zu zahlen. Es fehlt die Hauptsache: der Erfolg. In solchen Fällen genügt auch nicht die vorformulierte Klausel: „Die Provision ist verdient und fällig mit Abschluss des Kaufvertrages" (vgl. OLG Hamm, NJW-RR 1996, 1526). Diese Klausel besagt nicht, trotz der Verstärkung durch den Begriff „fällig", dass der Auftraggeber auf die Wirksamkeit des Kaufvertrages verzichtet. Will der Makler auf Grund einer Verpflichtung des Kunden auch ohne Hauptvertrag Provision verlangen, muss er eine Vereinbarung vorweisen, die die Gründe für die Zahlung (andere Leistung des Maklers, Schenkung, Schuldentilgung) genau benennt. Daher sind solche Vereinbarungen in der Praxis selten. Eine Nichtabschlussklausel, in der sich der Auftraggeber verpflichtet, an den Makler Provision auch dann zu zahlen, wenn er vom Abschluss des Kaufvertrages Abstand nimmt, soll individualvertraglich wirksam sein, vgl. Palandt-Sprau, § 652 Rdnr.87). Achtung: Hier ist die Höhe der Zahlung zu beachten, zu der sich der Auftraggeber für diesen Fall verpflichtet. Ist sie geeignet, auf den Auftraggeber wirtschaftlich Druck auszuüben, den Hauptvertrag doch abzuschließen, muss sie gemäß § 311 b BGB beurkundet werden.

Siehe / Siehe auch: Allgemeine Geschäftsbedingungen (AGB), Nichtabschlussklausel, Provisionsanspruch nach § 652 BGB

Unbedenklichkeitsbescheinigung

certificate of compliance; (tax) clearance certificate

Bei der Unbedenklichkeitsbescheinigung handelt es sich um eine Erklärung des Finanzamtes, dass die Person, zu deren Gunsten die Bescheinigung ausgestellt wird, ihre steuerlichen Verpflichtungen erfüllt hat. Sie wird zu unterschiedlichen Anlässen ausgestellt.

Besondere Bedeutung hat die Unbedenklichkeitsbescheinigung im Hinblick auf den Grundstückserwerb. Der Notar hat dem örtlich zuständigen Finanzamt auf einem vorgeschriebenen Formblatt innerhalb von 14 Tagen nach Beurkundung Mitteilung über den Erwerbsvorgang unter Beifügung der Erwerbsurkunde (in der Regel Kaufvertrag) zu machen. Das Finanzamt erlässt daraufhin den Grunderwerbsteuerbescheid. Nach Eingang der Zahlung wird die Unbedenklichkeitsbescheinigung ausgestellt, die Voraussetzung für die Eintragung des Erwerbers im Grundbuch ist.

Unerwünschte Werbesendungen

unrequested / undesired advertising

Jeder Mieter darf auf seinem Briefkasten einen Aufkleber mit der Aufschrift „Keine Werbung einwerfen" anbringen. Wurfzettel, Prospekte und Postwurfsendungen dürfen dann nicht mehr eingeworfen werden. Bei Zuwiderhandlung kann der Mieter über die örtliche IHK eine wettbewerbsrechtliche und kostenpflichtige Abmahnung des Werbetreibenden veranlassen. Werbung gegen den ausdrücklichen Wunsch des Empfängers zu verteilen, gilt rechtlich als unzumutbare Belästigung und damit als unlauterer Wettbewerb. Es handelt sich somit um einen Verstoß gegen § 7 UWG (Gesetz gegen den unlauteren Wettbewerb). Aber: Der BGH urteilte am 5.12.1991 zugunsten eines Lotterieanbieters, der seine Werbung über die Post hatte verteilen lassen: Eine unzumutbare Belästigung komme schon deshalb nicht in Frage, weil nur ein geringer Eingriff in die persönliche Sphäre des Empfängers vorliege und man sich der Werbesendungen durch Wegwerfen schnell entledigen könne. Die Gefahr der Überfüllung des Briefkastens (wie bei Handzettelwerbung) bestehe hier nicht (BGH, Az. I ZR 53/90, 5.12.91). Das OLG Frankfurt a.M. entschied am 1.6.1995, dass ein Briefkasteninhaber Postwurfsendungen mit Werbematerial auch von der Post nicht mehr entgegenzunehmen braucht (OLG Frankfurt a. M., Az. 1 U 80/94).

Siehe / Siehe auch: Briefkasten

Unfallversicherung für Helfer

accident insurance for helpers

Siehe / Siehe auch: Bauhelferversicherung

Ungerechtfertigte Bereicherung

undue / unjustified / unjust enrichment; unjustified benefit; gain without legal cause

Eine ungerechtfertigte Bereicherung ist eine Anspruchsgrundlage aus dem Bürgerlichen Gesetzbuch. Nach § 812 BGB kann vereinfacht gesagt jede Leistung, die ohne Rechtsgrund geleistet wurde, zurückgefordert werden. Im Mietrecht erlangt diese Vorschrift in mehreren Bereichen Bedeutung. Beispiel: Der Vermieter verlangt von einem unerfahrenen Ausländer erheblich mehr Miete als ortsüblich und begeht damit einen Mietwucher. Die Mietvertragsklausel über die Höhe der Miete wird unwirksam. Zumindest für den Betrag, der über die ortsübliche Vergleichsmiete hinausgeht, gibt es keinen Rechtsgrund (keinen gültigen Vertrag) mehr. Dieser Betrag kann zurückgefordert werden.

Siehe / Siehe auch: Mietwucher, Mietpreisüberhöhung

Ungeteilter Hofraum

undivided farmyard

Auch: Ungetrennter Hofraum.

So genannte Anteile an ungeteilten Hofräumen existieren noch in den früheren preußischen Gebieten der neuen Bundesländer. Darunter versteht man Innenstadt-Grundstücke, bei denen zwar die Außengrenzen, aber nicht die einzelnen Grundstücksflächen innerhalb des Hofraumes vermessen worden sind. Gemäß Kataster sind diese Flächen nicht erfasst. Das Grundbuch sagt in diesen Fällen nichts über die genaue Lage und Größe der Teilflächen aus, sondern führt sie nur als „Anteil an einem ungetrennten Hofraum". Diese Erscheinung ist eine Folge der preußischen Grundsteuerreform von 1861. Die für die damals vorgesehene Besteuerung in einigen Gegenden nötige Vermessung der Grundstücke konnte nicht im erforderlichen Tempo durchgeführt werden – also verzichtete man darauf und ließ als amtliches Verzeichnis im Sinne der Grundbuchordnung das damalige Gebäudesteuerbuch ausreichen. Nach der Wiedervereinigung steht man oft vor dem Problem, dass das Gebäudesteuerbuch nicht mehr vorhanden ist, so dass notwendige Angaben fehlen. Das Problem zeigt sich an einem Urteil des Bezirksgerichts Erfurt (DNotZ 1992, 804). Danach kann Grundbesitz, der im Grundbuch nur als Anteil am ungetrennten Hofraum mit Angabe der Flur- und Hausnummer eingetragen ist, kein Grundstück im Sinne des BGB sein. Aus ungeteiltem Hofraum wird erst dann ein Grundstück, wenn die preußische Bezeichnung des Grundbesitzes mit dessen alter Gebäudesteuerrollennummer ins Grundbuch eingetragen ist. Ohne Gebäudesteuerbuch also kein Grundstück, das verkauft oder belastet werden kann. Zur Rechtsklarheit trägt nun die Hofraumverordnung von 1993 bei, mit der formal die Grundbuchfähigkeit der Anteile an ungeteilten

Hofräumen hergestellt werden soll. Dadurch wird die Eintragung, Belastung und Übertragung von derartigen Flächen ermöglicht, wobei bestimmte Ersatzangaben im Grundbuch eingetragen werden können. Die Grundstücke sind jedoch weiterhin nicht vermessen. Hier soll das Bodensonderungsgesetz Abhilfe schaffen. Danach kann für Grundstücke in den neuen Bundesländern durch einen mit einem so gennaten Sonderungsbescheid festgelegten Sonderungsplan bestimmt werden, wie weit die Eigentumsrechte reichen. Der Sonderungsplan enthält eine Grundstückskarte, auf der die einzelnen Grundstücke eingezeichnet sind.
Die Hofraumverordnung tritt am 31.12.2010 außer Kraft. Der Gesetzgeber geht davon aus, dass bis zu diesem Zeitraum keine „ungetrennten Hofräume" mehr existieren.
Siehe / Siehe auch: Bodensonderung, Bodensonderungsgesetz, Hofraumverordnung, Sonderungsplan

Ungeziefer

vermin; pest

Die für die Ungezieferbekämpfung in Mietwohnungen anfallenden Kosten sind grundsätzlich umlagefähige Betriebskosten nach der Betriebskostenverordnung. Der Vermieter kann die Kosten also anteilig auf die Mieter verteilen. Dies ist jedoch nicht in allen Fällen möglich. Nach einem Urteil des Amtsgerichts Hamburg (Urt. v. 15.8.2001, Az. 45 C 35/01) setzt eine Umlage voraus, dass es sich um regelmäßig anfallende und gleichzeitig vorbeugende Maßnahmen gehandelt hat, die sich auf alle Wohnungen bzw. auf Gemeinschaftsflächen erstreckt haben. Tritt ein akuter Ungezieferbefall in einzelnen Wohnungen auf, der deutlich höhere Kosten verursacht als vorbeugende Maßnahmen in früheren Jahren, gilt: Wer es eingeschleppt hat, bezahlt den Kammerjäger. Die Kosten werden in diesem Fall nicht über die Betriebskostenabrechnung auf alle Mieter umgelegt, sondern sind von den Mietern der befallenen Wohnungen zu tragen.
Tritt Ungeziefer ohne Zutun des Mieters auf, ist der Vermieter in der Pflicht. Es liegt grundsätzlich ein Wohnungsmangel vor, der zur Mietminderung berechtigt. Der Mieter hat Anspruch auf Beseitigung des Problems. Speziell bei einem Befall ab Beginn des Mietvertrages ist Ungeziefer Vermietersache.
Tritt das Getier erst während der Laufzeit des Mietvertrages auf den Plan, hat der Mieter zunächst die Pflicht, dem Vermieter Mitteilung zu machen. Unterlässt er dies und das Ungeziefer verbreitet sich im ganzen Haus, macht er sich schadenersatzpflichtig. Vertragsklauseln, nach denen der Mieter die Wohnung ungezieferfrei halten muss, sind unwirksam.
Stellt sich nach dem Einzug heraus, dass eine Wohnung erheblich mit Ungeziefer verseucht ist, kann der Mieter im Extremfall das Recht zur fristlosen Kündigung sowie Anspruch auf Ersatz der Umzugskosten haben. Hat der Mieter jedoch die Tierchen selbst eingeschleppt, muss er – wiederum im Extrem- bzw. Wiederholungsfall – mit der fristlosen Kündigung des Vermieters und mit Berechnung der Kosten für die Ungezieferbekämpfung rechnen.
Reagiert der Vermieter auf mehrfach gemeldeten Ungezieferbefall nicht, darf der Mieter schon einmal selbst tätig werden. So musste ein Vermieter, der nach wiederholtem Auftreten von Ratten im Treppenhaus nicht reagiert hatte, für das fachgerechte Zumauern des Einschlupflochs auf Betreiben eines Mieters zahlen (Amtsgericht Osnabrück, Az.: 7 C 335/03). Die Bekämpfung von Ungeziefer muss fachgerecht und ohne Gesundheitsgefährdung der Hausbewohner erfolgen. Das Amtsgericht Köln verurteilte eine Vermieterin zur Zahlung von 1.000 DM Schmerzensgeld an ihre Mieter, nachdem diese durch Einsatz eines für Wohnräume unzulässigen Insektizids durch den Hausmeister Gesundheitsschäden erlitten hatten (Az. 207 C 609/93).
Siehe / Siehe auch: Khaprakäfer, Schmerzensgeld für Mieter

Unique Selling Proposition (USP)

unique selling proposition (USP)

Unique Selling Proposition (USP) ist der einzigartige Produktnutzen, d.h. ein Vorteil, den keine konkurrierende Immobilie bieten kann. Den USP gilt es im Hinblick auf die jeweilige Immobilie zunächst zu suchen und dann in der Werbung gezielt herauszuarbeiten.

Universalmakler

universal broker

Siehe / Siehe auch: Makler

Unland

wasteland

Unter Unland versteht man Flächen, die wegen ihrer Art nicht land- und forstwirtschaftlich genutzt und auch nicht durch Kultivierungsmaßnahmen einer solchen Nutzung zugeführt werden können. Es handelt sich um Sandflächen, Felsen und Schutthalden. Nach dem Bewertungsgesetz wird Unland als eine Betriebsfläche bezeichnet, die auch bei geordneter Wirtschaftsweise keinen Ertrag abwirft. Unland wird nicht bewertet.

Ökologisch kann Unland eine Nische für besonders widerstandsfähige Reliktpflanzen sein.
Siehe / Siehe auch: Ödland

Unlautere und irreführende geschäftliche Handlungen (Wettbewerbsrecht)

dishonest and deceiving business practices / acts (German law on competition)

Unlautere geschäftliche Handlungen, die die Interessen von Mitbewerbern, Verbrauchern oder sonstigen Marktteilnehmern spürbar zu beeinträchtigen, sind nach § 3 UWG unzulässig. Dabei geht es auch um den Verbraucherschutz. Im Anhang zu § 3 UWG sind 30 solcher Handlungsweisen im Einzelnen aufgeführt, die Verbrauchern gegenüber stets unzulässig sind. Hierzu zählen, um nur einige Handlungen zu nennen, z. B.

- die Verwendung von Gütezeichen, Qualitätszeichen oder Ähnlichem ohne erforderliche Genehmigung.
- die unwahre Angabe, eine vom Unternehmer vorgenommene geschäftliche Handlung oder Dienstleistung sei von einer öffentlichen oder privaten Stelle bestätigt, gebilligt oder genehmigt.
- eine als objektive Information getarnte Werbung.
- Lockangebote, wenn sie nicht auf einem entsprechenden Angebotsvorrat basieren.
- die unwahre Angabe, bestimmte Dienstleistungen zu bestimmten Bedingungen nur für einen sehr begrenzten Zeitraum verfügbar, um den Verbraucher zu einer sofortigen geschäftlichen Entscheidung zu veranlassen.
- die unwahre Angabe oder das Erwecken des unzutreffenden Eindrucks, gesetzlich bestehende Rechte stellten eine Besonderheit des Angebots dar.

Weitere Beispiele unlauterer Geschäftlicher Handlungen sind in § 4 UWG aufgeführt, so z. B. die Behauptung von Tatsachen über Dienstleistungen oder Unternehmen eines Mitbewerbers, die den Betrieb des Unternehmens schädigen können, sofern die Tatsachen nicht erweislich wahr sind. Beispiele für speziell irreführende geschäftliche Handlungen sind in § 5 UWG gelistet, z. B. unwahre Angaben über Befähigung, Status, Zulassung, Mitgliedschaften oder Beziehungen, Auszeichnungen oder Ehrungen, des werbenden Unternehmers. Ebenso unwahre Angaben über die Ergebnisse oder wesentlichen Bestandteile von Tests der Dienstleistungen. Auf das Maklergeschäft übertragen ist z. B. der unwahre Hinweis darauf unzulässig, der Kunde müsse sich schnell entscheiden, denn ein kaufentschlossener Interessent sei bereits vorhanden. Unlauter wäre auch der scheinbar objektive Bericht über bevorstehende steigende Preise bei bestimmten Immobilien, der aus der Feder eines Maklers stammt, wenn er auf der gleichen Seite der Zeitung entsprechende Objekte zum Sonderpreis anbietet, für den Fall dass der Vertrag innerhalb einer bestimmten Frist abgeschlossen würde.
Siehe / Siehe auch: Wettbewerbsrecht

Unlauteres Verhalten

unfair/dishonest behaviour

Siehe / Siehe auch: Wettbewerbsrecht, Unlautere und irreführende geschäftliche Handlungen (Wettbewerbsrecht)

Unterbrechung des Kausalzusammenhangs

interruption of the causal link

Hat der Makler zunächst die Vertragsmöglichkeit nachgewiesen, ist es nicht ausgeschlossen, dass der Auftraggeber einwendet, diese Ursächlichkeit sei nachträglich durch ein bestimmtes Ereignis entfallen. Dies sind Umstände, die sich zu Gunsten des Kunden auswirken können, indem sie seine Provisionspflicht beseitigen. Daher hat er die Darlegungs- und Beweislast. Die Rechtsprechung legt dafür strenge Maßstäbe bei der Prüfung der Voraussetzungen an (vgl. OLG Bamberg RDM-Rspr. A 110 Bl.28; OLG Bamberg RDM Rspr. A 110 Bl.30)
Der einzige Fall der Unterbrechung ist nach der Rechtsprechung dann gegeben, wenn die Verhandlungen sich „zerschlagen", später jedoch, unabhängig von der Tätigkeit des beauftragten Maklers „völlig neue" Verhandlungen aufgenommen werden (vgl. OLG Bamberg NJW-RR 1998,565).
Allein das Tätigwerden eines zweiten Maklers unterbricht den Kausalzusammenhang nicht. Der Interessent soll die Ursächlichkeit des von ihm beauftragten Maklers aus subjektiven Motiven nicht beseitigen können. Objektiv muss sich eine völlig neue Geschäftsgrundlage darstellen, die unabhängig ist von der Tätigkeit des ersten Maklers. Dies ist nicht der Fall, wenn der zweite Makler auf der Tätigkeit des ersten Maklers aufbaut. Hat dieser bereits wichtige Einzelheiten genannt, z.B. Wohnfläche, Raumaufteilung und Lage, wird die Ursächlichkeit nicht unterbrochen, wenn der zweite Makler darauf hinweist, der Dachboden könne die Funktion des fehlenden Kellers übernehmen (vgl. Hans. OLG Hamburg RDM Rspr. A 110 Bl.55). Auch die

Vereinbarung eines geringeren Kaufpreises unterbricht den Kausalzusammenhang zwischen dem Nachweis des ersten Maklers und dem Kaufvertrag nicht. Eine Unterbrechung des Kausalzusammenhangs liegt nicht vor, wenn die Verhandlungen nur ausgesetzt werden, z. B. weil die Finanzierung durch den Kaufinteressenten geklärt werden soll, oder wegen Urlaubs, Krankheit usw. Werden danach die Verhandlungen wieder aufgenommen, so werden sie nur weitergeführt. Die Ursächlichkeit ist nicht berührt. Dagegen ist der Zeitabstand zwischen dem Nachweis und dem Abschluss des Kaufvertrages keine Frage der Unterbrechung des Kausalzusammenhangs sondern der Vermutung der Ursächlichkeit.
Siehe / Siehe auch: Ursächlichkeit (Maklertätigkeit), Vermutung der Kausalität

Untergänger

judges in border disputes
Siehe / Siehe auch: Feldgeschworene

Unterhaltssicherungsgesetz

German law regulating the provision of security for maintenance obligations / substitute maintenance to dependants of draftees
Genauer: Gesetz über die Sicherung des Unterhalts der zum Wehrdienst einberufenen Wehrpflichtigen und ihrer Angehörigen (USG). Das weiterhin wirksame Gesetz vom 26.7.1957 gewährt Wehr- und Zivildienstleitenden eine Reihe von Beihilfen zum Lebensunterhalt. Dazu zählt u.a. die Mietbeihilfe, aber auch die Wirtschaftsbeihilfe für Dienstpflichtige, die bei Dienstantritt bereits über zwölf Monate lang Inhaber eines eigenen Gewerbebetriebes, einer eigenen Land- und Forstwirtschaft oder sonst selbstständig waren. Für nichtselbstständig tätige Dienstverpflichtete kann eine Verdienstausfallentschädigung gewährt werden. Auch bei Ruhezahlungen für private Krankenversicherungen hilft der Staat - unter den gesetzlich geregelten Bedingungen und nach Anrechnung der steuerpflichtigen Einkünfte des Antragstellers.
Siehe / Siehe auch: Mietbeihilfe

Unterkunft

lodging; dwelling; accommodation; housing
Eine Unterkunft – auch Obdach genannt – ist alles, was Schutz vor Wind und Wetter bietet und entweder zum bloßen Übernachten oder zum vorübergehenden oder dauerhaften Wohnen dient. Ein Zelt fällt darunter, ebenso wie Gebäude und Fahrzeuge. Unterkünfte in Form von Gebäuden sind z. B. Wohnheime, Kasernen, Krankenhäuser, Alten- und Pflegeheime, Ferienhäuser, Ferienwohnungen, Hotelzimmer, Pensionen, Baracken, Lauben, Gartenhütten, Almhütten, Jugendherbergen, Wohncontainer und auch Gefängnisse. Gebäude mit ein bis zwei Freizeitwohneinheiten werden nur dann als Unterkünfte angesehen, wenn ihre Wohnfläche insgesamt unter 50 qm liegt. Unterkünfte in Form von Fahrzeugen werden meist eher vorübergehend benutzt: Z. B. Wohnwagen, Wohnmobile, Wohnschiffe, Hausboote, Yachten, Kreuzfahrtschiffe und Eisenbahnzüge. Statistische Datenerhebungen erfassen nur bewohnte Unterkünfte. Wohnwagen und Gartenlauben werden nur mitgezählt, wenn deren Bewohner dort permanent wohnen und keine andere Wohnmöglichkeit haben.
Siehe / Siehe auch: Wohnung, Zubehörräume

Unterlassungsanspruch

injunctive relief; claim (or petition) for restraint
Entspricht im konkreten Fall der Gebrauch oder die Nutzung von Wohnungen oder von gewerblichen Räumen in einer Wohnungseigentumsanlage nicht den getroffenen Vereinbarungen oder Beschlüssen der Wohnungseigentümer, kann jeder Wohnungseigentümer die Unterlassung des bestimmungswidrigen Gebrauchs verlangen und gegebenenfalls auch individuell gerichtlich durchsetzen. Dieser Anspruch kann auch gegenüber dem zweckwidrig nutzenden Mieter eines Wohnungs- oder Teileigentums geltend gemacht werden. Voraussetzung ist allerdings, dass die zweckwidrige Nutzung mehr stört als die bestimmungsgemäße Nutzung. So kann beispielsweise auch die Nutzung von Räumen, die gemäß Teilungserklärung als Wohnungseigentum bezeichnet sind, als Anwaltspraxis zulässig sein. Die Nutzung eines „Büros" für Wohnzwecke ist in der Regel jedoch nicht zulässig und begründet einen Unterlassungsanspruch. Auch bei Verstößen gegen Regelungen einer Hausordnung können Unterlassungsansprüche geltend gemacht werden.
Grundsätzlich kann jeder Wohnungseigentümer den Unterlassungsanspruch individuell geltend machen. Ebenso kann aber auch die rechtsfähige Wohnungseigentümer-Gemeinschaft durch mehrheitliche Beschlussfassung in der Wohnungseigentümer-Versammlung den Unterlassungsanspruch an sich ziehen, der dann durch den Verwalter als gesetzlicher Vertreter gerichtlich durchgesetzt werden könnte. Strittig ist allerdings derzeit noch, ob in diesem Fall der individuelle Beseitigungsanspruch ebenfalls noch geltend gemacht werden kann.
Siehe / Siehe auch: Beseitigungsanspruch

(Bauliche Veränderungen), Gebrauchsregelungen (Wohnungseigentum), Hausordnung (Wohnungseigentum), Wettbewerbsrecht

Unterlassungserklärung

declaration of discontinuance

Siehe / Siehe auch: Wettbewerbsrecht

Unterlassungsklagengesetz (UklaG)

German act on cease and desist actions

Wer unwirksame Bestimmungen in Allgemeinen Geschäftsbedingungen oder Formularverträgen verwendet, muss damit rechnen, dass er in einem Rechtsstreit unterliegt (Beispiele: Hinzuziehungsklausel, Verweisungsklausel, Vorkenntnisklausel). Darüber hinaus muss der Verwender solcher Klauseln damit rechnen, dass er abgemahnt wird. Diese Abmahnung erfolgte ursprünglich nach § 13 AGB-Gesetz. Dieses Gesetz ist außer Kraft getreten. Die Vorschriften, die die Wirksamkeit bzw. Unwirksamkeit von AGB-Klauseln regeln, sind in das BGB übernommen worden und zwar in §§ 305 ff. Im Wesentlichen sind diese Regelungen unverändert geblieben. Die Verfahrensregeln sind dagegen in das Unterlassungsklagengesetz übernommen worden. Nach § 1 UKlaG besteht gegen die Verwendung und Empfehlung von unwirksamen AGB Bestimmungen ein Anspruch auf Unterlassung und Widerruf. Nach §§ 307 bis 309 BGB (früher: §§ 9 bis 11 AGBG) wird festgestellt, ggfs. durch das Gericht, ob die angegriffene Bestimmung unwirksam ist. Nicht erforderlich ist, dass die AGB bereits in einen Vertrag einbezogen sind (Bespiel: Der Makler versendet sein Exposé, auf dessen Rückseite die AGB abgedruckt sind.). Voraussetzung eines Unterlassungsanspruchs ist wie im Wettbewerbsrecht die Wiederholungsgefahr. Diese wird bereits auf Grund der Existenz der unwirksamen Klauseln vermutet. Die Beseitigung der angegriffenen Klausel und das Versprechen, sie in Zukunft nicht mehr zu verwenden, reichen nicht aus. Ein Unterlassungsanspruch besteht nach § 1 UKlaG auch gegen denjenigen, der die unwirksamen Klauseln empfiehlt (Beispiel: Druck und Vertrieb von Formularmustern durch Verlage). Nach § 2 UKlaG besteht ein Unterlassungsanspruch bei verbrauchergesetzwidrigen Praktiken. Es handelt sich also um die Verletzung von Verbraucherschutzgesetzen, die in das BGB eingegliedert sind, z.B. §§ 655 a BGB (Darlehensvermittlungsvertrag), § 312 BGB (Haustürgeschäfte), §§ 482 ff. BGB (Teilzeitwohnrechtevertrag), §§ 491 ff. BGB (Verbraucherdarlehensvertrag).

In §§ 3,4 UKlaG sind die Stellen aufgeführt, die Unterlassungs- und Widerrufsansprüche geltend machen können. Es sind dies die Industrie- und Handelskammern, rechtsfähigen Berufsverbände zur Förderung gewerblicher Interressen und qualifizierten Einrichtungen (neu) nach Europarichtlinien. Der Konkurrent hat nach dem Unterlassungsklagengesetz keinen Anspruch. In §§ 5 ff. UKlaG ist das Verfahren der Geltendmachung der Unterlassungsansprüche geregelt. Es beginnt mit einer Abmahnung zur Vermeidung eines Rechtsstreits. Da eine Wiederholungsgefahr vermutet wird, kann diese nur durch eine strafbewährte Unterlassungserklärung beseitigt werden. Wird die Abgabe dieser Erklärung verweigert, kann eine einstweilige Verfügung beantragt oder auf Unterlassung geklagt werden. Das Verfahren ähnelt somit stark dem Gesetz gegen den unlauteren Wettbewerb, UWG.

Siehe / Siehe auch: Allgemeine Geschäftsbedingungen (AGB), Darlehensvermittlung (Verbraucherschutz), Haustürgeschäft, Teilzeit-Wohnrechtevertrag, Verbraucherdarlehen

Untermakler

sub-broker; subagent

Siehe / Siehe auch: Makler

Untermiete

subletting; underlease; sublease; sandwich lease

Das Gesetz schützt das Vertrauen und die Zielsetzung, aufgrund derer der Vermieter nach Prüfung des Mieters den Vertrag abgeschlossen hat. Es gibt daher dem Mieter grundsätzlich kein Recht zur Untervermietung ohne entsprechende Erlaubnis des Vermieters. Der Gesetzgeber unterscheidet zwischen der Untervermietung von Teilen der Wohnung und der Untervermietung der gesamten Wohnung. Soll nur ein Teil der Wohnung, etwa ein Zimmer, untervermietet werden, kann der bisherige Mieter in bestimmten Fällen ein berechtigtes Interesse an der Untervermietung haben. Beispiele: Arbeitslosigkeit des Mieters, mehrmonatiger Auslandsaufenthalt des Mieters, Verkleinerung der Familie, eigene Pflegebedürftigkeit usw.. In einem solchen Fall kann der Mieter die Zustimmung des Vermieters zur Untervermietung (Gebrauchsüberlassung an Dritte) verlangen. Dies gilt nur dann nicht, wenn in der Person des Untermieters ein wichtiger Grund für die Versagung der Erlaubnis liegt, oder es zu einer übermäßigen Belegung der Wohnung käme oder andere wichtige Gründe die Untervermietung für den Vermieter unzumutbar machen (z. B. geplante

Gewerbeausübung in der Wohnung durch Untermieter). Dass Nationalität, Geschlecht, Hautfarbe, Religion etc. keine akzeptablen Gründe für die Ablehnung eines Untermieters sind, versteht sich von selbst. Dem stehen auch die Regelungen des Allgemeinen Gleichbehandlungsgesetzes (AGG) entgegen. Wenn dem Vermieter die Untervermietung nur gegen eine angemessene Erhöhung der Miete zuzumuten ist, kann er die Erlaubnis davon abhängig machen. Soll die ganze Wohnung untervermietet werden, ist die Erlaubnis des Vermieters erforderlich. Ein Anspruch auf Erteilung der Erlaubnis bei berechtigtem Interesse besteht hier nicht. Wird die Erlaubnis nicht erteilt, hat der Mieter das Recht zur außerordentlichen Kündigung mit gesetzlicher Frist – sofern nicht in der Person des Untermieters ein wichtiger Ablehnungsgrund vorliegt (z. B. Zahlungsunfähigkeit).

Die Erteilung der Erlaubnis durch den Vermieter bedeutet nicht, dass dieser für etwaige Schäden haftet, die der Untermieter an der Wohnung anrichtet. Für jedes dem Untermieter zur Last fallende Verschulden muss der Mieter geradestehen. In Geschäftsraummietverträgen ist es üblich, Regelungen über das Recht zur Untervermietung zu treffen.

Für einen Gewerbemietvertrag hat der Bundesgerichtshof am 08.07.2009 entschieden (Az. XIII ZR 76/08), dass der Eigentümer gegen den Hauptmieter einen Anspruch auf Herausgabe des Mehrerlöses aus einer Untervermietung haben kann. Dies gilt ausschließlich für den Zeitraum nach Beendigung des Hauptmietvertrages, in dem der Untermieter das Mietobjekt weiter nutzt. Im verhandelten Fall war ein Gewerbeobjekt für 1.000 DM gemietet und für 7.000 DM untervermietet worden. Nach Kündigung des Hauptmietverhältnisses durch den Vermieter war eine Räumungsklage erfolglos geblieben. Der Hauptmieter zahlte weiterhin 1.000 DM im Monat. Nach etwa vier Jahren wurde der Untermietvertrag einvernehmlich beendet, der Untermieter zahlte an den Hauptmieter eine Entschädigung von über 14.000 Euro wegen vorzeitiger Vertragsbeendigung. Der Bundesgerichtshof entschied, dass der Hauptmieter ab Zeitpunkt der ersten, wirksamen Kündigung des Hauptmietvertrages bis zum Zeitpunkt der Beendigung des Untermietvertrages den laufenden Mehrerlös aus der Untervermietung (6.000 DM im Monat) sowie die Entschädigung von 14.000 Euro an den Vermieter herausgeben müsse.

Die Entscheidung beruht auf § 546 Abs. 1, § 292 Abs. 2, 987 Abs. 1 BGB (Herausgabe von gezogenen Nutzungen nach Rechtshängigkeit).

Siehe / Siehe auch: Allgemeines Gleichbehandlungsgesetz, Daueraufnahme in Mietwohnung, Untermietvertrag

Untermiete bei Gemeinde

sublease with a legal entity under public law (municipality / local authority)

Untermietverträge können auch mit einer juristischen Person des öffentliches Rechts (Gemeinden) oder mit anerkannten privatrechtlichen Trägern der Wohlfahrtspflege abgeschlossen werden. Diese Institutionen mieten z.T. im Rahmen ihrer vom Gesetzgeber erteilten Aufgaben und Befugnisse Wohnungen an, die dann z. B. an Personen mit besonders dringendem Wohnungsbedarf untervermietet werden. Ein Mieterschutz besteht bei derartigen Untermietverhältnissen kaum. Die gesetzlichen Vorschriften über die Mieterhöhung, den Mieterschutz bei Beendigung des Mietverhältnisses und bei der Umwandlung von Miet- in Eigentumswohnungen gelten nicht für Mietverhältnisse über Wohnraum, den eine juristische Person des öffentlichen Rechts oder ein anerkannter privater Träger der Wohlfahrtspflege angemietet hat, um ihn Personen mit dringendem Wohnungsbedarf zu überlassen (vgl. § 549 Abs.2 BGB).

Voraussetzung: Der öffentliche Träger hat den künftigen Mieter beim Vertragsabschluss auf die Zweckbestimmung des Wohnraums und die Ausnahme von den genannten Vorschriften hingewiesen. Eine ordentliche Kündigung kann durch die Gemeinde nur mit gesetzlicher Frist erfolgen, erfordert aber kein berechtigtes Interesse.

Siehe / Siehe auch: Beendigung eines Mietverhältnisses, Räumungsfrist, Sozialklausel, Untermiete

Untermietvertrag

sublease; sandwich lease

Soll eine Wohnung oder ein Zimmer untervermietet werden, ist ein schriftlicher Untermietvertrag dringend zu empfehlen. Muster sind im Internet erhältlich.

Einige wichtige Regelungen sind z. B.:

- Genaue Beschreibung der Mietsache, welche Räume darf der Untermieter (mit-)benutzen?
- Mietzins und Zahlungstermin
- Miet- und Nebenkostenerhöhungen des Eigentümers gegenüber dem Mieter führen zu entsprechender Erhöhung der Untermiete
- gegebenenfalls Zahlung einer Mietkaution
- Geltung der Regelungen des Hauptmietvertrages z. B. hinsichtlich Nutzung der

Wohnung, Hausordnung; Nutzung von Nebenräumen etc.
- Benutzung von Mobiliar / Einrichtung des Hauptmieters
- Verbot der Unteruntervermietung
- Kündigung nach den gesetzlichen Vorschriften (s.u.).

Für Missverständnisse sorgt oft das Verhältnis der verschiedenen Mietverträge. Zwischen Mieter und Untermieter gilt allein der Untermietvertrag. Wenn der Mieter nicht zur Untervermietung berechtigt war, bleibt der Untermietvertrag dennoch wirksam. Der Untermieter kann die Miete mindern, fristlos kündigen oder Schadenersatz fordern, wenn er die Wohnung auf Grund fehlender Untervermietungserlaubnis nicht nutzen kann. Mieter und Untermieter haben untereinander grundsätzlich die gleichen Pflichten wie Vermieter und Mieter in einem gängigen Mietvertrag. Ausnahmen gibt es z. B. hinsichtlich der Kündigungsschutzregeln besonders bei möblierten Zimmern (s.u.). Wird der Hauptmietvertrag gekündigt, ist es Sache des Hauptmieters, auch den Untermietvertrag rechtzeitig zu kündigen. Beide Verträge sind rechtlich unabhängig. Der Vermieter (Eigentümer) besitzt allerdings nach Ende des Hauptmietvertrages ein eigenes Recht auf Rückgabe der Mietwohnung gegenüber dem Untermieter (§ 546 Abs.2 BGB). Wurde ein möbliertes Zimmer der Wohnung untervermietet, können der Hauptmieter und der Untermieter jeweils bis zum 15. eines Monats zum Ende dieses Monats kündigen. Eine Begründung ist nicht erforderlich. Die gesetzlichen Vorschriften über die Mieterhöhung, den Mieterschutz bei Beendigung des Mietverhältnisses und bei der Begründung von Wohneigentum (Umwandlung) gelten nicht.
Bei einem unmöblierten Zimmer kann der Hauptmieter dem Untermieter mit einer Frist von drei Monaten kündigen, wenn er ein berechtigtes Interesse an der Kündigung hat (z. B. Eigenbedarf) und die Kündigung entsprechend begründet. Fehlen berechtigtes Interesse und Begründung, beträgt die Kündigungsfrist sechs Monate. Für den Untermieter beträgt die Kündigungsfrist drei Monate.
Achtung: Bei Untervermietung der gesamten Wohnung hat der Untermieter den gleichen Kündigungsschutz wie jeder andere Mieter auch. Liegt ein Härtefall vor, kann er Widerspruch gegen die Kündigung einlegen (gegenüber dem Hauptmieter).
Siehe / Siehe auch: Untermiete

Untermietzuschlag
surcharge / increase for a sublease

Die Untervermietung einer Mietwohnung bedarf der Erlaubnis durch den Vermieter. Dieser kann seine Zustimmung davon abhängig machen, dass ein Untermietzuschlag auf die Miete gezahlt wird. Der Zuschlag muss jedoch in einem angemessenen Rahmen bleiben. Seine Höhe muss sich an den für den Vermieter entstehenden Mehrkosten orientieren. Voraussetzung ist, dass dem Vermieter eine Untervermietung im Einzelfall nur gegen Erhöhung der Miete zumutbar ist. Dies ist insbesondere der Fall, wenn zwischen Vermieter und Mieter eine Inklusivmiete vereinbart wurde, bei der die Nebenkosten mit der Miete abgegolten sind. Die durch Aufnahme einer zusätzlichen Person ansteigenden Nebenkosten können durch die Mieterhöhung aufgefangen werden. Findet in der Wohnung durch die Untervermietung nur ein Bewohnerwechsel statt, ohne dass sich die Anzahl der Bewohner erhöht, kann kein Zuschlag verlangt werden. Für Sozialwohnungen ist die Höhe des Untermietzuschlags gesetzlich festgelegt: Pro Monat 2,50 Euro für einen Untermieter, 5,00 Euro für zwei oder mehr Untermieter (§ 26 Abs.3 NMV – Neubaumietenverordnung).
Siehe / Siehe auch: NMV 70, Untermiete

Unternehmensbewertung
appraisal of a business; business valuation; evaluation of an enterprise as a whole

Unternehmensbewertungen sind in der Regel im Vorfeld von Unternehmensverkäufen, Fusionen und Beteiligungen an Unternehmen erforderlich. Die traditionellen Verfahren der Unternehmensbewertung beruhen auf der Vorstellung, dass es einen objektiven Unternehmenswert („Wert an sich") gibt, der als Orientierungsmaßstab fungieren könne. Im Gegensatz hierzu steht die subjektive Unternehmensbewertung, die eine Entscheidungsgrundlage in einer konkreten subjektiven Entscheidungssituation liefern soll.
Zu den älteren Methoden zählen Multiplikatormethoden, (Unternehmenswert als Multiplikator von Gewinn, Umsatz) wobei vor allem letztere wenig aussagekräftig ist. Der Multiplikator wird als branchentypische Erfahrungsgröße aufgefasst. Wird er aus konkreten Gewinnerwartungen abgeleitet, handelt es sich um eine Ertragswertmethode. Eine andere Methode stellt darauf ab, Wertelemente zu ermitteln und zu einem gesamten Unternehmenswert zusammenzufügen, der dann noch um wertmindernde Faktoren zu bereinigen ist. Vor allem bei Industrieunternehmen wird oft der Substanzwert (der auf den Zeitwert reduzierten Wiederbeschaffungswert) ermittelt, der auf einer Einzelbewertung

der in der Bilanz enthaltenen Wirtschaftsgüter beruht. Der immaterielle Geschäftswert (Goodwill), der sich aus verschiedenen Faktoren wie Qualitätsmanagement, Name, Ansehen, Qualität der Verkaufsorganisation, Patente, Lizenzen, Werte aus dem Stand von Forschung und Entwicklung, bestehende Verbindungen usw. zusammensetzt, wird zusätzlich berücksichtigt. Berechnet wird der Goodwill durch Kapitalisierung des Gewinnanteils, der über eine konstante marktübliche Verzinsung des Substanzwertes hinausgeht. Dabei wird davon ausgegangen, dass dieser Geschäftswert innerhalb eines bestimmten Zeitraumes „abgeschrieben" wird, weil er durch auftretende Konkurrenz seine besondere Ertragsfähigkeit im Wettbewerb zunehmend einbüßt. Bei Dienstleistungsunternehmen, bei denen der „Persönlichkeitserfolg" stark im Vordergrund steht, z. B. bei Maklerunternehmen, ist es erforderlich, hiervon zu abstrahieren und den vom Unternehmer geschaffenen und übertragbaren Geschäftswert (übertragbares Image, übertragbare Geschäftsverbindungen, vorhandene Organisation und dergleichen) in den Vordergrund zu stellen. Die in den Personen der Verkäufer und Käufer solcher Unternehmen selbst steckenden unterschiedlichen Erfolgspotentiale werden auf diese Weise ausgeblendet. Der Käufer kann eine bestimmte Zeit vom übertragbaren Geschäftswert „leben". Taugt er nicht für das Unternehmen, wird es zugrunde gehen. Der übertragene Geschäftswert ist damit verbraucht. Für den tüchtigen Käufer ist er dagegen ein immaterielles Startkapital für zusätzliche zukünftige Erfolge, die er sich selbst zuschreiben kann. Die neuere (subjektive) Unternehmensbewertung beruht auf der Anwendung von Kapitalwertmethoden (englisch „Discounted Cashflow Method"). Hier wird konsequent versucht, Zukunftserfolge eines bestimmten Zeitraumes (z. B. acht oder zehn Jahre), die sich in Ausschüttungen ausdrücken, auf den Bewertungszeitpunkt durch Barwertkalkulationen zu verdichten. Hinzu kommt der Restwert nach Ablauf des Prognosezeitraums, der auf den Bewertungszeitpunkt diskontiert wird. Zwar überwiegen derzeit die traditionellen Unternehmensbewertungen. Die Discounted Cashflow Methoden sind jedoch auf dem Vormarsch.

Unternehmensethik in der Immobilienwirtschaft

business ethics in the real estate industry

Lange Zeit galt in den Wirtschaftswissenschaften die von Adam Smith aufgestellte These, dass die wirtschaftlich erstrebenswerte Wohlfahrt bei gerechter Güterverteilung sich einstelle, wenn jeder Mensch seine eigenen Interessen verfolge. Wohlfahrt und gerechte Güterverteilung sind ethisch gebotene anzustrebende Zwecke. Die Steuerung wird einer unsichtbaren Hand zugeschrieben. Das so genannte Pareto-Optimum als Wohlfahrtsoptimum spitzt dies zu, indem Vilfredo Pareto unterstellt, dass nur rationales und eigennütziges Verhalten aller Wirtschaftsakteure erforderlich sei, um das Wohlfahrtsoptimum zu erreichen. Dies ist die neoliberale Sichtweise von Wirtschaft. Die Institutionenökonomie hat inzwischen neue Grenzen gezogen. Die Grunderkenntnis bleibt auch hier bestehen. Wirtschaft funktioniert durch Gütertausch. Dieser aber ist mit Transaktionskosten verbunden.

Diese Erkenntnis wurde in der klassischen und neoliberalen Theorie nicht genügend berücksichtigt. Die Transaktionskosten können aber durch opportunistisches Verhalten erheblich in die Höhe getrieben werden. Unter einem opportunistischen Verhalten ist „die Verfolgung des Eigeninteresses unter Zuhilfenahme von List" (einschließlich Rechtsverstöße wie Lügen, Unterschlagen und Betrügen) zu verstehen (Oliver Williamson 1990). Krimineller List kann allerdings durch ein scharfes, prohibitiv wirkendes juristisches Regelwerk begegnet werden. Da aber nicht jeder Opportunismus auch schon einen juristischen relevanten Tatbestand darstellt, gilt es in der Wirtschaft, Regelwerke aufzustellen, die eine Orientierungsgrundlage für ein Verhalten vorgeben, das opportunistisches Verhalten zum Schaden der Vertragspartner als Ausdruck von Unlauterkeit brandmarkt. Es sind ethische Regeln für den Bereich der Wirtschaft. Ausgangslage für denkbares opportunistisches Verhalten ist die Grundtatsache, dass zwischen Anbietern von und Nachfragern nach Gütern, die auch in Dienstleistungen bestehen können, ein asymmetrischen Informationsverteilung vorherrscht. Dies kann durch Informationsverweigerung, Schließung von unvollkommenen Verträgen und sonstigen „hidden actions" dazu führen, dass Transaktionen erheblich verteuert werden. Nur wenn es einen Verhaltens-Kodex gibt, dessen Grundnorm auf Ehrlichkeit beruht und wenn er von den Marktakteuren schon wegen der zu verlierenden Reputation ernst genommen wird, liefert Wirtschafts- und Unternehmensethik einen Beitrag zur Optimierung der gesellschaftlichen Wohlfahrt.

In der Immobilienwirtschaft gibt es eine Reihe von Ansätzen zur Formulierung von Verhaltenskodices. Bekannt sind die Standesregeln der Maklerverbände aber auch der Corporate Governance Kodex der deutschen Immobilienwirtschaft.

Die Royal Institution of Chartered Surveyors haben ebenfalls die Mitglieder verpflichtende „Rules of Conduct“ aufgestellt, die erst 2003 wieder neu formuliert wurden. Die Wirksamkeit der Regelwerke hängt einerseits von der öffentlichen Kenntnisnahme (dem Bekanntheitsgrad) und andererseits vom Funktionieren der Verbandskontrolle ab sowie von der Durchsetzung von Sanktionen durch die Verbände bei Verstößen.

Siehe / Siehe auch: Standesregeln des IVD

Unternehmenskommunikation

corporate communications

Die Unternehmenskommunikation stellt einen Geschäftsprozess und eine funktionale Einheit innerhalb von Organisationen dar. Auf Grund ihrer strategischen Position wird die Unternehmenskommunikation in der Regel als Stabsstelle an die Geschäftsführungsebene, also beim Vorstand oder dem Geschäftsführer eines Wohnungs-, Software- oder Maklerunternehmens angegliedert. Aufgabe der Unternehmenskommunikation ist die Planung und Realisierung aller Kommunikationsmaßnahmen im Unternehmen. Die Planungen umfassen unter anderem die Festlegung und Verfolgung strategischer Kommunikationsziele, die Entwicklung und Bereitstellung übergreifender Kommunikationsplattformen und -medien oder auch die Beratung und Unterstützung von Vorständen, Führungskräften und Projektleitern bei ihren jeweiligen Kommunikationsaufgaben: Dabei kann es sich um die inhaltliche Vorbereitung auf Gespräche mit Fach- oder Lokaljournalisten handeln, die z.B. über die energetische Sanierung eines Altbaus informiert werden wollen. Ferner kann es Aufgabe der Kommunikationsaufgaben sein, die Führungsebene einer Wohnungsgesellschaft mit den neuesten Entwicklungen in der Internen Kommunikation vertraut zu machen, um einen reibungslosen innerbetrieblichen Informationsfluss zu gewährleisten.

Die Unternehmenskommunikation stellt demnach ein wichtiges strategisches Bindeglied im Unternehmen zwischen Management, Führungsebene, Mitarbeiter, Kunden und Mietern dar. Für die operative Umsetzung einzelner kommunikativer Maßnahmen wie die Erstellung von Mediaplänen, Unternehmensbroschüren oder Mieterrundschreiben ist die Stabstelle Unternehmenskommunikation nur in geringem Umfang zuständig.

Siehe / Siehe auch: Corporate Communications, Mediapläne

Unternehmenskultur

corporate culture

In der Unternehmenskultur spiegelt sich die Identität eines Unternehmens wieder: seine implizierten Werte, Normen, Ansichten, Denkhaltungen und Verhaltensmuster. Die Kultur äußert sich im Umgang mit Kollegen, Kunden und der Öffentlichkeit (Corporate Behaviour), im äußeren Erscheinungsbild (Corporate Design) und in der Kommunikation des Unternehmens mit seinen Stakeholdern (Corporate Communications). Kultur wirkt demnach nach innen ins Unternehmen und nach außen in die Öffentlichkeit. Es beeinflusst Image und Reputation. Eine zeitgemäße Führungs- und Unternehmenskultur ist die Basis für einen langfristigen Unternehmenserfolg.

Siehe / Siehe auch: Corporate Behaviour, Corporate Design, Corporate Communications, Reputation

Unternehmenspublikationen

corporate publications

Unter Unternehmenspublikationen werden firmeneigene Printprodukte verstanden. Sie werden zumeist hausintern verfasst und dienen der Informationsvermittlung und der positiven Unternehmensdarstellung. Sie sind an Kunden, Partner, Mitarbeiter, Medien und Interessenten gerichtet. Zu den bekanntesten Print-Produkten zählen:

- Imagebroschüren,
- Unternehmens- und/oder Produktflyer,
- Pressemappen,
- Quartals- und Geschäftsberichte und
- in jüngster Zeit auch umfassende CSR-Reports beziehungsweise separate Broschüren zur Umwelt- und Sozialverantwortung von Unternehmen (CSR).

Siehe / Siehe auch: Print-Kommunikation, Produkt-PR

Unternehmererklärung

manufacturer's statement (new German energy conservation regulation)

Die Unternehmererklärung wird von der Energieeinsparverordnung 2009 (EnEV) eingeführt, welche ab 1.10.2009 in Kraft ist. Darin bestätigt ein Unternehmer, der an einem Gebäude zum Beispiel Modernisierungsarbeiten ausgeführt hat, gegenüber dem Hauseigentümer, dass bei den Arbeiten die EnEV beachtet wurde. Der Unternehmer bzw. Handwerksbetrieb ist zur Ausstellung der Erklärung verpflichtet; die Nichtausstellung ist eine Ordnungswidrigkeit.

§ 26a der EnEV 2009 besagt, dass jeder, der geschäftsmäßig an oder in bestehenden Gebäuden Arbeiten zur Änderung von Außenbauteilen, zur Dämmung oberster Geschossdecken, zum erstmaligen Einbau oder zur Ersetzung von Heizkesseln und sonstigen Wärmeerzeugersystemen, Verteilungseinrichtungen oder Warmwasseranlagen, Klimaanlagen oder sonstigen Anlagen der Raumlufttechnik durchführt, dem Eigentümer unverzüglich nach Abschluss der Arbeiten schriftlich bestätigen muss, dass die Bauteile den Anforderungen der EnEV entsprechen. Damit wird die Erfüllung der Pflichten des Eigentümers nachgewiesen. Dieser muss die Unternehmererklärung mindestens fünf Jahre lang aufbewahren. Der Eigentümer muss die Unternehmererklärungen der nach Landesrecht zuständigen Behörde auf Verlangen vorlegen.
Die EnEV 2009 besagt, dass die Bezirksschornsteinfeger Sichtprüfungen an Heizanlagen durchführen müssen. Alternativ kann der Hauseigentümer dem Schornsteinfeger auch eine Unternehmererklärung vorlegen, um zu beweisen, dass er die gesetzlichen Vorgaben eingehalten hat.

Unternehmergesellschaft (UG)

enterprise company with limited liability, a new form of private limited company without minimum equity capital

Die Unternehmergesellschaft oder Mini-GmbH ist eine abgewandelte Form der GmbH, die mit der Reform des Gesellschaftsrechts vom 01.11.2008 in Deutschland eingeführt wurde. Basis ist die gesetzliche Regelung in § 5a GmbHG. Auch in der Immobilienbranche firmieren bereits einige Unternehmen unter dieser Bezeichnung. Die korrekte Bezeichnung einer solchen Gesellschaft lautet „XY Unternehmergesellschaft (haftungsbeschränkt)" oder „XY UG haftungsbeschränkt". Die Gesellschaft darf nur mit dem voll ausgeschriebenen Zusatz „haftungsbeschränkt" im Rechtsverkehr auftreten. Die UG ist eine juristische Person. Sie unterliegt der Körperschafts- und Gewerbesteuer und der Pflicht zur Veröffentlichung ihrer Jahresabschlüsse. Als Stammkapital der UG haftungsbeschränkt reicht bereits ein (1) Euro aus. Es sind nur Bar- und keine Sacheinlagen zulässig. Jedes Jahr sind 25 Prozent des Jahresüberschusses in eine Rücklage einzustellen, um das Stammkapital einer herkömmlichen GmbH zu erreichen. Erreichen Rücklage und ursprüngliches Stammkapital zusammen 25.000 Euro, kann die Gesellschaft durch einen Kapitalerhöhungsbeschluss in eine GmbH umgewandelt werden. Handelsregistereintrag und notarieller Gesellschaftsvertrag sind erforderlich. Allerdings kann, wenn die Gesellschaft maximal drei Gesellschafter und einen Geschäftsführer hat, bei ihrer Gründung ein vereinfachtes Verfahren angewendet werden. Dabei wird als Gesellschaftsvertrag ein vorgedrucktes Musterprotokoll mit bestimmten Pflichtangaben verwendet. Es entstehen lediglich geringfügige Gründungskosten; jedoch fehlen im Musterprotokoll viele wichtige Regelungen einer herkömmlichen Satzung (Kündigung, Abfindungen usw.).
Für Gläubiger besteht die einzige Absicherung im Umgang mit einer UG in der Warnung durch den zwingenden Zusatz „haftungsbeschränkt". Dieser wird jedoch in der Praxis oft regelwidrig weggelassen. Gründer sollten bedenken, dass eine Beschränkung ihrer Haftung auf 1 Euro nicht unbedingt ein gutes Licht auf ihre Kreditwürdigkeit wirft. Vorteile der UG sind die vereinfachte und schnelle Gründung. Konkurrierende Gesellschaftsformen sind die Limited nach britischem Recht und die für 2010 geplante Europäische Privatgesellschaft.

Untersagung

prohibition; injunction; interdiction

baurechtlich

Untersagung ist eine Maßnahme der Bauaufsichtsbehörde zur Gefahrenabwehr, ein anzeigepflichtiges Bauvorhaben zu stoppen, da in einem vereinfachten Verfahren nach den Landesbauordnungen eine Genehmigung der Bauaufsichtsbehörden nicht erteilt werden muss. Die Untersagung kann auch die Nutzung eines genehmigungspflichtigen Bauwerkes, das ohne Genehmigung erstellt oder umgebaut wurde, verhindern, wenn die Bauaufsichtsbehörde von der rechtswidrigen Nutzung Kenntnis erlangt.

gewerberechtlich

Die Gewerbebehörde kann die Ausübung eines Gewerbes untersagen, wenn Tatsachen vorliegen, die auf die Unzuverlässigkeit des Gewerbetreibenden oder einer mit der Leitung des Gewerbebetriebes beauftragten Person schließen lassen. Auf Antrag des Gewerbetreibenden kann der Gewerbebetrieb durch einen Stellvertreter fortgeführt werden.
Meist geht dem gewerberechtlichen Untersagungsverfahren ein Strafverfahren voraus. Die im rechtskräftig gewordenen Urteil enthaltenen Gründe sind dann auch maßgebend für die Begründung der Untersagung.
Bei erlaubnispflichtigen Gewerben (Immobilienmakler, Bauträger, Baubetreuer) wirkt der Widerruf

der einmal erteilten Erlaubnis wie eine Gewerbeuntersagung.

Unterverbriefung

undervaluation (in the purchase contract)

Als Unterverbriefung oder Schwarzbeurkundung wird ein Tatbestand bezeichnet, bei dem die Parteien eines Grundstückskaufvertrages vereinbaren, einen Teil des Kaufpreises bei der notariellen Beurkundung des Kaufvertrages nicht anzugeben. Gleiches gilt, wenn sie einen sonstigen geldwerten Vorteil für den Verkäufer vereinbaren, der in der notariellen Urkunde nicht erscheinen soll (z.B. dass der Verkäufer die verkaufte Wohnung noch ein Jahr lang kostenlos nutzen kann). Es gibt zwei Hauptmotive für solche Vereinbarungen, nämlich Ersparnis von Erwerbsnebenkosten (Notar- und Grundbuchgebühren, Grunderwerbsteuer, evtl. auch Maklergebühren) oder Geldwäsche. Rechtlich gesehen ist ein Kaufvertrag, der unter solchen Bedingungen geschlossen wird, unwirksam, weil er gegen die Formvorschrift des § 311b BGB verstößt. Außerdem handelt es sich um ein nichtiges Scheingeschäft. Geheilt wird der Vertrag allerdings durch Umschreibung im Grundbuch, da die Eintragungen in Abteilung I öffentlichen Glauben genießen. Bei der Unterverbriefung kommt noch der Straftatbestand der Steuerhinterziehung in Bezug auf die gewollte Steuerverkürzung bei der Grunderwerbsteuer hinzu. Wirkt ein Makler bei dem Grundstücksgeschäft mit, macht er sich ebenfalls strafbar. Vorausgesetzt wird dabei, dass er einen strafbaren Tatbeitrag leistet, indem er etwa das Schwarzgeld in Empfang nimmt und nach Beurkundung an den Verkäufer weiterleitet. Reines „Mitbekommen" der Unterverbriefung ist nicht strafbar. Es gehört allerdings zu den Sorgfaltspflichten jeden Maklers, seine Auftraggeber vor einer Unterverbriefung eindringlich zu warnen und sie über die Folgen aufzuklären. Wurde Schwarzgeld aus Gründen der Geldwäsche bezahlt, ist der Makler ohnehin verpflichtet, die Zentralstelle für Verdachtsanzeigen und die Staatsanwaltschaft zu informieren. Die Parteien gehen bei solchen Manipulationen ein erhebliches Risiko ein. Zahlt der Käufer das Schwarzgeld vor der Verbriefung und weigert sich dann der Verkäufer zur Beurkundung zu erscheinen, dann ist das Geld schlicht verloren. Soll der Käufer das Schwarzgeld nach der Beurkundung zahlen, und weigert er sich, hat der Verkäufer keine Anspruchsgrundlage zur Durchsetzung seiner Forderung. Schließlich kann das Schwarzgeschäft noch durch Selbstanzeige eines der Beteiligten beim Finanzamt auffliegen.

Siehe / Siehe auch: Geldwäschegesetz (GwG), Grunderwerbsteuer, Steuerhinterziehung / Steuerverkürzung

Unterverpachtung

sublease; underlease

Die „Nutzungsüberlassung an Dritte" ist beim Pachtvertrag von der Erlaubnis des Verpächters abhängig. Dies gilt sowohl für eine komplette Weiterverpachtung an einen einzelnen „Unterpächter", als auch für die komplette oder teilweise Unterverpachtung an einen Zusammenschluss von Landwirten zur gemeinsamen Nutzung. Auch wenn der Verpächter die Erlaubnis erteilt, bleibt die Unterverpachtung für den Pächter riskant: Er hat in jedem Fall für ein Verschulden des Dritten (= „Unterpächters") bei der Nutzung des Betriebes oder Grundstücks einzustehen.

Siehe / Siehe auch: Pachtvertrag

Unterversicherung

underinsurance

Wer ein Risiko versichert und dafür den Wert-– um die Prämie niedrig zu halten – zu niedrig angibt, riskiert, unterversichert zu sein. Man spricht von „Unterversicherung", wenn im Vertrag der Wert des versicherten Gegenstandes deutlich zu niedrig angegeben worden ist. Nach den Bestimmungen ist es der Versicherungsnehmer, der dafür verantwortlich ist, den Wert (vom Hausrat bis zur Immobilie) richtig und zeitgerecht anzugeben. Oft wird auch einfach vergessen, den Wert nach einigen Jahren anzupassen. Der Wille zu sparen kann zu bösen Überraschungen führen, denn im Schadensfall rechnet die Versicherung wie folgt:

Versicherungssumme x Schaden : Wiederbeschaffungspreis = Entschädigung

Beispiel: Im Vertrag wird die Versicherungssumme mit 100.000 Euro angegeben. Der Wiederbeschaffungswert beläuft sich nach Eintritt des Versicherungsfalles lt. Gutachten auf 200.000 Euro. Der Schaden liegt bei 20.000 Euro.

Rechnung der Versicherung nach obiger Formel:
100.000 Euro x 20.000 Euro : 200.000 Euro
= 10.000 Euro

Die festgestellte Unterversicherung führt zu einem Verlust von 10000 Euro.

Bei der Hausratversicherung wird als Versicherungsstandard mit einem Versicherungswert von 650 Euro pro Quadratmeter Wohnfläche gerechnet.

Siehe / Siehe auch: Hausratversicherung (Hausratsversicherung)

U

Unterwerfungsklausel (Zwangsvollstreckung)

submission to an execution clause; cognovit clause; sharp clause (compulsory auction / forced sale)

Die Unterwerfungsklausel findet man meist in Grundstückskaufverträgen und in der Regel in Grundschuldbestellungsurkunden. Beim Kaufvertrag unterwirft sich der Käufer wegen seiner Zahlungsverpflichtungen der „sofortigen Zwangsvollstreckung in sein gesamtes Vermögen“. Voraussetzung dafür, dass der Verkäufer vollstrecken kann, ist eine vollstreckbare Ausfertigung. Bei der Unterwerfungsklausel in Grundschuldbestellungsurkunden ist zu unterscheiden zwischen der dinglichen und der persönlichen Zwangsvollstreckung.

Die dingliche Zwangsvollstreckung wirkt gegen den jeweiligen Eigentümer des Grundstücks und bezieht sich auf das Grundstück und auf dessen Zubehör. Die persönliche Zwangsvollstreckungsunterwerfung wirkt gegen den Schuldner und bezieht sich auf dessen gesamtes Vermögen, z. B. auch auf Bankguthaben. Eine vollstreckbare Ausfertigung der Urkunden darf der Notar nicht mehr erteilen, wenn er weiß, dass der Anspruch nicht entstanden oder bereits erfüllt ist.

Unzulässige Fragen

inadmissible questions / queries / issues

Vor dem Abschluss des Mietvertrages informiert sich so mancher Vermieter mit Hilfe eines Selbstauskunft-Fragebogens oder auch durch persönliches Gespräch über die Verhältnisse des Mietinteressenten. Einige Fragen sind bei dieser Gelegenheit jedoch unzulässig. Generell sind alle Fragen des Vermieters unzulässig, deren Beantwortung keine unmittelbare Auswirkung auf das Mietverhältnis haben kann. In manchen Fällen wiegt das Persönlichkeitsrecht des Mieters auch schwerer als das Informationsbedürfnis des Vermieters, so dass hier sogar unwahre Angaben gemacht werden dürfen (Klassischer Fall: „Sind Sie schwanger??“).

Unzulässig sind Fragen nach:

- Krankheit oder Behinderung
- Staatsangehörigkeit des Ehepartners
- Kinderwunsch
- Mitgliedschaft im Mieterverein
- Vorstrafenregister
- Mitgliedschaft in Rechtsschutzversicherung
- Partei-oder Gewerkschaftsmitgliedschaft
- Politischen Ansichten
- Aufenthaltserlaubnis

Siehe / Siehe auch: Mieterselbstauskunft

Unzumutbare Belästigung

unreasonable nuisance

Unzumutbare Belästigung gehört zur „belästigenden Werbung“ die im UWG in die Kategorie des unlauteren Wettbewerbs eingestuft wurde. Dies gilt im Grundsatz für jegliche Werbung, zu der der Beworbene nicht sein Einverständnis erteilt hat. Eine unzumutbare Belästigung nach § 7 UWG ist bei einer Werbung durch Telefonanrufe anzunehmen:

- Gegenüber Verbrauchern ohne deren Einwilligung. Die Einwilligung muss vorher und für den konkreten Fall erteilt sein. Verstöße können mit einem Bußgeld bis zu 50.000 Euro geahndet werden.
- Gegenüber sonstigen Marktteilnehmern ohne deren zumindest mutmaßliche Einwilligung. Eine mutmaßliche Einwilligung eines Unternehmens in die Telefonwerbung liegt in der Regel vor, wenn eine laufende Geschäftsbeziehung zwischen dem werbenden und dem angerufenen Unternehmen und ein sachlicher Zusammenhang mit dieser Geschäftsbeziehung bestehen.

Unzumutbar ist ferner eine Werbung unter Verwendung von automatischen Anrufmaschinen, Faxgeräten oder elektronischer Post, ohne dass eine Einwilligung der Adressaten vorliegt. Schließlich wird eine unzumutbare Belästigung bei einer Werbung mit Nachrichten unterstellt, bei der die Identität des Absenders, in dessen Auftrag die Nachricht übermittelt wird, verschleiert oder verheimlicht wird oder bei der keine gültige Adresse vorhanden ist, an die der Empfänger eine Aufforderung zur Einstellung solcher Nachrichten richten kann, ohne dass hierfür andere als die Übermittlungskosten nach den Basistarifen entstehen. Wer Rufnummern unterdrückt, muss ohnehin mit einem Bußgeld bis zu 10.000 Euro rechnen. Voraussetzung für die Zulässigkeit jeder Werbung ist, dass die Identität des Absenders oder Auftraggebers klar und eindeutig angegeben ist. Eine unzumutbare Belästigung im Maklergeschäft kann sich durch die Methode der „Kaltakquise“ ergeben, mit der Makler durch Anrufe, Fax oder E-Mail versuchen, einen Verkaufsauftrag von einem Immobilienanbieter zu erhalten, dessen Verkaufsabsichten dem Makler bekannt wurden. Seit Inkrafttreten des Gesetzes zur Bekämpfung unerlaubter Telefonwerbung und zur Verbesserung des Verbraucherschutzes am 04.08.2009 mit der Ergänzung des § 7 UWG dürfen Gewerbetreibende Verbraucher nicht mehr von sich aus telefonisch kontaktieren. Sie müssen vorher eine nachweisbare Erlaubnis einholen. Das wirkt

sich auch auf das Maklergeschäft aus, da dann eine „Kaltakquise" die durch einen Telefonanruf des Maklers beim Verkäufer oder Vermieter eingeleitet wird, nicht mehr möglich ist. Der Makler kann auch keine möglichen Interessenten von sich aus anrufen, um sie über ein Objektangebot zu informieren. Erlaubt sind jedoch Telefonanrufe, wenn bereits ein Auftragverhältnis, bzw. eine Geschäftsbeziehung besteht. Zuwiderhandlungen stellen eine Ordnungswidrigkeit dar, die mit einem Bußgeld bis zu 50.000 Euro bei Vorsatz, ansonsten mit 25.000 Euro geahndet wird.
Siehe / Siehe auch: Kaltakquise, Wettbewerbsrecht

Urban 21
URBAN 21

Auf der „Urban 21", der „Weltkonferenz zur Zukunft der Städte", die zwischen dem 4. und 6. Juli 2000 in Berlin stattfand – eine Fortsetzung von der Rio-Konferenz – wurde der von der Weltkommission Urban 21 erarbeitete „Weltbericht für die Zukunft der Städte" vorgelegt, der beim Bundesministerium für Verkehr, Bau- und Wohnungswesen über Internet abrufbar ist. Das Ergebnis der Urban 21 ist wiederum Beratungsgegenstand der Nachfolgekonferenz von HABITAT II, die 2001 in New York stattfand. Der Weltbericht enthält auf der Grundlage einer Typisierung von Stadtentwicklungen (von übermäßigem Wachstum, von dynamischem Wachstum und von Überalterung geprägte Stadt) Trendfeststellungen und Empfehlungen für ein politisches Handeln, das zur Trendumkehr führt.
Siehe / Siehe auch: Agenda 21

Urban Entertainment Center (UEC)
urban entertainment centre (UEC)

Im Gegensatz zum Shopping Center, bei dem die Erlebniswelt des Einkaufens immer noch im Vordergrund steht, handelt es sich beim Urban Entertainment Center um einen Erlebnisbereich, bei dem die Freizeit- und Unterhaltungskomponenten prägend sind. Es handelt sich um ein konzentriertes privatwirtschaftlich organisiertes Angebot für individuelle Freizeitgestaltung Hierzu können zählen Kinos, Bowling, Billiard, Ausstellungen, Internet Cafés, Bühnen für Varietés und Musicals. Die Erfahrung hat allerdings gezeigt, dass auf den in das Freizeitarrangement eingebundene Einzelhandel als Besuchermagnet kaum verzichtet werden kann. Im Vordergrund steht der Freizeit- und Unterhaltungsbezogener Handel. Aber auch themen- und erlebnisgastronomische Betriebe dürfen nicht fehlen. Das Investitionsrisiko ist keinesfalls gering. Als Standorte kommen vor allem zentral gelegene Liegenschaften (Bahnhöfe, alte Industriekomplexe) in Betracht. Das Frankfurter UEC liegt 5 Gehminuten vom Hauptbahnhof im Europa Viertel. Ein typisches UEC ist der Space Park, der in Bremen, das 2003 vollendet, 2004 aber mangels Besucherzahlen vorübergehend wieder geschlossen wurde. Derzeit wird es umstrukturiert. Amerikanischen Erfahrungen zufolge besteht die Hauptbesuchergruppe aus 16-40-Jährigen vor allem Singles und Touristen. Die Verweildauer beträgt zwischen 3 und 4 1/2 Stunden. Im Gegensatz zu UEC werden große Freizeitparks mit großem Einzugsbereich nicht in Stadtzentren, sondern – ähnlich wie bei Factory Outlet Centers in Gegenden platziert, deren Verkehrsinfrastruktur mehrere Regionen abdeckt.
Siehe / Siehe auch: Factory Outlet Center (FOC), Freizeitpark

Urban Improvement District
Urban Improvement District

Siehe / Siehe auch: Immobilien- und Standortgemeinschaften (ISG)

Urban Land Institute
Urban Land Institute (ULI)

Das Urban Land Institute (ULI) ist eine 1936 gegründete Non-Profit-Organisation, die sich der Forschung, der Weiterbildung und dem Erfahrungsaustausch zu stadtplanerischen und immobilienwirtschaftlichen Fragen widmet. Heute zählt das ULI nach eigenen Angaben weltweit mehr als 30.000 Mitglieder. Neben dem Hauptsitz in Washington und dem Europäischen Büro in London bestehen weitere Servicebüros und Repräsentanzen in Australien, Brasilien, Hong Kong, Japan, Mexico und Singapur. Auf lokaler Ebene wird die Arbeit des ULI von den District Councils getragen. Der Mitgliederkreis des ULI umfasst Einzelpersonen, Unternehmen und Institutionen sowohl aus der Privatwirtschaft und als auch aus dem öffentlichen Sektor. Sie repräsentieren das gesamte Spektrum der unterschiedlichen Fachrichtungen aus den Bereichen Flächennutzung und Immobilienentwicklung. So sind unter den Mitgliedern Immobilieneigentümer, Investoren, Berater, Entwickler, Architekten, Juristen, Finanzierer, Planer, Behörden, Bauunternehmen, Ingenieure und Hochschullehrer, aber auch Studenten und Referendare vertreten. Mehr als 20 Prozent der ULI-Mitglieder arbeiten in Regierungsbehörden, Hochschulen und Public-Private-Partnerships.

In seiner Tätigkeit widmet sich das ULI gleichermaßen ökonomischen, sozialen und ökologischen Aspekten und versteht sich als interdisziplinäres Forum für den offenen Austausch zwischen Führungskräften aus der Wirtschaft und politischen Entscheidungsträgern. Das Institut betreibt Untersuchungen zu neuen Trends auf dem Gebiet der Stadtplanung und des Bauwesens und erarbeitet auf der Basis seiner Forschungsergebnisse neue Lösungsansätze. Neben den eigenen Forschungsergebnissen und Marktdaten publiziert das ULI Erfahrungsberichte aus der Praxis; zudem werden regelmäßig Fachkonferenzen in den USA und anderen Ländern veranstaltet. Das Monatsmagazin „Urban Land" deckt mit seiner Berichterstattung entwicklungsbezogene Themen aus allen Immobilienmarktsegmenten wie Büro, Einzelhandel, Industrie oder Wohnen rund um die Welt ab. Wegen seines unabhängigen Status zählt das ULI zu den international am häufigsten zitierten Organisationen in Fragen der Stadtplanung, der Flächennutzung und des Bauwesens.Website: www.uli.org

Urheberrecht - Architektenplanung

copyright (law); proprietary right - architectural planning

Dem Architekten steht ein Urheberrecht an den von ihm entworfenen Plänen zu. Dies gilt allerdings nur in einem eingeschränkten Umfang. Der Entwurf von Zweckbauten, der keine besonderen schöpferisch-architektonischen Leistungen erfordert, wird vom Urheberrechtsschutz nicht erfasst. Wenn ein Bauherr allerdings die vom Architekten erstellte Planung mehrfach nutzt, kann für den Architekten ein zusätzlicher Honoraranspruch entstehen.

Urkundenprozess

trial by the record; proceedings restricted to documentary evidence

Wem ein Anspruch aus einer Urkunde zusteht, der hat die Möglichkeit, statt eines langwierigen Rechtsstreites einen so genannten Urkundenprozess zu führen. Die den Anspruch begründenden Tatsachen müssen sich unmittelbar aus der Urkunde ergeben. Als Beweismittel stehen nur Urkunden zur Verfügung, aus denen sich die zugrunde liegende Forderung ergibt. Der Prozess ist damit in der Regel sehr schnell beendet.

Der Sinn besteht darin, dass dem Kläger im Urkundenprozess schnellstmöglich ein vollstreckbares Urteil zur Verfügung steht, wenn zu befürchten ist, dass möglicherweise gegen den Schuldner wegen Zahlungsunfähigkeit oder Überschuldung ein Insolvenzverfahren eingeleitet wird oder der Schuldner an einen unbekannten Ort verzieht. Auf den Urkundenprozess folgt das so genannte Nachverfahren, in dem alle Beweismittel zugelassen sind. Hier hat der Beklagte nun auch bessere Verteidigungsmöglichkeiten. Nach einer Entscheidung des Bundesgerichtshofes (Az. XII ZR 321/97) können auch Mietforderungen im Urkundenprozess geltend gemacht werden. Dem Urteil lag ein Gewerberaummietverhältnis zugrunde. Am 01.06.2005 entschied der Bundesgerichtshof, dass dies auch für Mietforderungen aus Wohnraummietverträgen gilt - und zwar selbst dann, wenn der Mieter mit Mängeln der Mietwohnung gegen die Forderung argumentiert. Der Gerichtshof entschied, dass der Mieter seine Argumente, wenn er sie nicht per Urkunde beweisen kann, im Nachverfahren geltend machen muss. Allerdings muss der Vermieter für einen eventuellen Schaden des Mieters aus der Vollstreckung aufkommen, wenn der Mieter in diesem Nachverfahren den Sieg davonträgt (BGH, Az. VIII ZR 216/04).

Am 8.7.2009 entschied der Bundesgerichtshof (Az. VIII ZR 200/08), dass bei einem Wohnraummietvertrag auch dann die Miete im Urkundenprozess eingeklagt werden kann, wenn der Mieter mit einer Mietminderung wegen von Anfang an vorhandener Mängeln dagegen hält, die er bisher nicht gerügt hatte. Im Urkundenprozess kann demnach eine Klage auf Mietzins in einem solchen Fall stattfinden, wenn sich entweder die Vertragspartner darüber einig sind, dass der Mieter ursprünglich die Wohnung als mangelfrei übernommen hat oder wenn der Vermieter ein derartiges Verhalten des Mieters durch Urkunden beweisen kann – z. B. durch ein unterschriebenes Übergabeprotokoll oder Kontoauszüge, nach denen der Mieter zunächst die verlangte Miete in voller Höhe gezahlt hat.

Siehe / Siehe auch: Sachmangel (im Mietrecht)

URL (Uniform Ressource Locator)

URL (Uniform Resource Locator)

Jeder Internetauftritt ist über eine eigene eindeutige Adresse in Form eines Zahlencodes erreichbar. Diese Zahlencodes sind in der Regel recht lang und außer für Zahlentalente nur schwer zu merken. Hier kommt das Domain Name System (DNS) ins Spiel. Der eindeutige Zahlencode wird in den eigentlichen Domainnamen umgewandelt.

- Bsp: 101.563.326.18 = http://www.grabenerverlag.de.

Die komplette URL wird aus folgenden Daten zusammengesetzt:

- http = Das Hypertext Transfer Protocol teilt dem Rechner den Aufruf einer Seite mit.
- www = das ist die Mitteilung, dass die Inhalte sich im World Wide Web befinden.
- grabenerverlag = Das ist der frei gewählte Domainname (Second Level Domain).
- de = Zeigt die Länder- oder Bereichskennung an (Top Level Domain), in diesem Fall Deutschland.

Die Wahl des Domainnamens hat eine große Bedeutung. Er muss leicht zu merken sein und sollte möglichst ein Merkmal des Anbieters enthalten.

Ursachenzusammenhang

causal connection

Siehe / Siehe auch: Ursächlichkeit (Maklertätigkeit)

Ursächlichkeit (Maklertätigkeit)

causality

Der Makler erhält seine Provision nur dann, wenn infolge seiner Maklertätigkeit der (Haupt-) Vertrag zustande kommt. Das bedeutet, dass er zumindest zum Zustandekommen beigetragen haben muss („Mitursächlichkeit" genügt). Beim Makler, der seinen Provisionsanspruch auf einen vorangegangenen Nachweis stützt (Nachweismakler), muss der Ursachenzusammenhang unmittelbar sein.

Das vom Makler angebotene Geschäft muss mit dem tatsächlich zustande gekommenen Geschäft hinsichtlich Objekt, Art des Vertrages und den vom Makler zusammengeführten Personen identisch sein. Kommt statt einem angebotenen Mietvertrag ein Kaufvertrag zustande, oder tritt als Käufer nicht der vom Makler benannte X sondern Herr Y auf, ist Ursächlichkeit nicht mehr gegeben. Gleiches gilt, wenn z.B. der Makler eine Eigentumswohnung Nr. 45 anbietet, bei der Besichtigung zeigt der Hausmeister auch die ebenfalls noch verkäufliche Eigentumswohnung Nr. 42, über die dann der Vertrag zustande kommt (fehlende Objektidentität).

Denkbar aber ist auch, dass die Identität zwischen angebotenem und abgeschlossenem Geschäft gegeben ist und es dennoch an der Ursächlichkeit mangelt: Dann liegt eine Unterbrechung des Ursachenzusammenhanges vor. Das ursprünglich vom Makler entfachte Interesse ist völlig erloschen. Ausschließlich durch einen neuen Anstoß von außen (z. B. nochmaliges Angebot eines anderen Maklers) wird neues Kaufinteresse entfacht, das dann zum Abschluss führt.

In diesem Fall geht der erste Makler leer aus. Beim Vermittlungsmakler spielt das Identitätserfordernis dann keine Rolle, wenn auf seine Bemühungen hin ein anderes als das ursprünglich vereinbarte Geschäft zustande kommt.

U

Vandalismus

vandalism

Vandalismus kann verschiedene Ursachen haben. Hierzu zählen Zerstörungswut, Demonstration jugendlicher Kraftmeierei, Psychopathie aber auch Selbstverwirklichungssyndrome.

Im Rahmen der Immobilienwirtschaft tritt Vandalismus überwiegend auf durch Sprayen von Graffitis an Hauswänden, Mauern, Schaufenstern. Aber auch Eisenbahn und S-Bahnwaggons sind Zielscheiben des Vandalismus. Um die Kosten der Beseitigung der Schäden steuern zu können, ist ratsam, die Risiken in die verbundene Wohngebäudeversicherung mit einzubeziehen.

Veränderungssperre

freeze on development; demolition and building alteration in a planning area; (general) barrier (or block) on change(s)

Die Veränderungssperre ist ein Instrument zur Sicherung der Bauleitplanung. Reichen Bauherren nach Erlass einer Veränderungssperre einen Bauantrag ein, wird dieser in aller Regel unter Hinweis auf die Veränderungssperre abgelehnt. Die Veränderungssperre wird aber in Verbindung mit einer zusätzlichen Verfügungssperre auch eingesetzt zur Abwehr von Behinderungen im Zusammenhang mit städtebaulichen Sanierungs- und Entwicklungsmaßnahmen, Umlegungen zur Neugestaltung der Grundstücksverhältnisse auf der Grundlage eines Bebauungsplanes, sowie der Einleitung von Enteignungsverfahren. Während zur Sicherung der Bauleitplanung, genehmigungsbedürftige oder sonstige wertsteigernde bauliche Anlagen zu errichten oder andere wertsteigernde Veränderungen des Grundstücks schlicht nicht zugelassen sind, können solche Veränderungen bei Maßnahmen der Bodenordnung genehmigt werden. Eine Veränderungssperre tritt erst nach Ablauf von zwei Jahren außer Kraft, sie kann jedoch bei Vorliegen bestimmter Voraussetzungen bis auf vier Jahre verlängert werden. Werden Verfügungs- und Veränderungssperren erlassen, schlägt sich dies auch im Grundbuch durch Eintragung eines entsprechenden Vermerks nieder.

Siehe / Siehe auch: Sanierung, Umlegungsvermerk

Veräußerbarkeit / Fungibilität

sal(e)ability / fungibility; quality of being capable of exchange

Mit Fungibilität oder Veräußerbarkeit bezeichnet man die Handelbarkeit und die Weiterveräußerbarkeit von Anteilen an geschlossenen Immobilienfonds. Die Veräußerbarkeit dieser Anteile ist derzeit noch relativ eingeschränkt, da für Beteiligungen an geschlossenen Immobilienfonds – anders als bei Aktien oder Anteilen an offenen Immobilienfonds – noch kein geregelter Markt existiert. Im Rahmen der Weiterveräußerung geschlossener Fondsanteile ist daher noch immer ein hohes Maß an Eigeninitiative seitens des Anlegers wie beispielsweise durch Inserate in Wirtschaftszeitungen und die Hilfestellung des Projektinitiators erforderlich.

Veräußerungsbeschränkung (Wohnungseigentum)

limitation of (the right to) alienation (freehold flat)

Um den Wohnungseigentümern die Möglichkeit einzuräumen, das Eindringen „unerwünschter Personen" in die Gemeinschaft zu verhindern, kann nach § 12 Abs. 1 WEG eine Vereinbarung getroffen werden, die die Veräußerung eines Wohnungseigentums von der Zustimmung Dritter, beispielsweise des Verwalters, abhängig macht. Diese Zustimmung darf jedoch nur bei Vorliegen eines wichtigen Grundes verweigert werden, wobei der wichtige Grund stets in der Person des Erwerbers liegen muss. Hausgeldrückstände des veräußernden Eigentümers sind deshalb kein Grund, um die Zustimmung zu verweigern. Auch wenn sich diese Vorschrift in der Verwaltungspraxis als wenig praktikabel erwiesen hat, hat der Gesetzgeber davon abgesehen, sie im Zuge der Reform aufzuheben. Die Wohnungseigentümer haben jedoch gemäß § 12 Abs. 4 WEG die Möglichkeit, in der Teilungserklärung beziehungsweise in der Gemeinschaftsordnung durch Vereinbarung geregelte Veräußerungsbeschränkungen durch einfachen Mehrheitsbeschluss aufzuheben. Diese neue Regelung ist unabdingbar. Der Aufhebungsbeschluss soll dem Grundbuchamt gegenüber in entsprechender Anwendung von § 26 Abs. 3 WEG nachgewiesen werden, das heißt durch Vorlage der entsprechenden Beschlussniederschrift, bei der die Unterschriften des Versammlungsleiters, eines Wohnungseigentümers und des Vorsitzenden des Verwaltungsbeirates oder seines Stellvertreters öffentlich beglaubigt sind.

Veräußerungskosten

costs of disposal

Aufwendungen anlässlich des Verkaufs einer Immobilie, wie zum Beispiel Renovierungskosten, Maklerprovision und Grundschuldlöschungskosten. Veräußerungskosten können steuerlich in der Regel nicht abgezogen werden. Dies gilt auch dann, wenn die Immobilie vorher vermietet war.

Verband der Sachversicherer / VdS

association of property insurers in Germany

Die VdS Schadenverhütung GmbH ist eine Einrichtung des Gesamtverbandes der Deutschen Versicherungswirtschaft (GDV). Sie prüft und zertifiziert Produkte und Dienstleister des Sicherheitsmarktes. Hauptthemen sind dabei Brandschutz und Einbruchdiebstahlschutz. Ferner vertreibt sie ein eigenes Richtlinienwerk sowie Aus- und Weiterbildungen. Bestimmte Produkte, z.B. Rauchmelder, werden nach entsprechender Qualitätsprüfung mit dem VdS-Gütesiegel versehen.

Siehe / Siehe auch: Brandschutz, Rauchmelder

Verband Deutscher Haushüter-Agenturen e.V. / VDHA

association of homesitter agencies in Germany, a registered association

Der Verband Deutscher Haushüter-Agenturen e.V. mit Sitz in Münster / Westfalen ist ein Zusammenschluss von behördlich zugelassenen Haushüter-Agenturen. Er informiert über das Haushüten und stellt Kontakt zu örtlichen Anbietern her.
Internetadresse: www.haushueter.org

Siehe / Siehe auch: Haushüter / Homesitter

Verband deutscher Pfandbriefbanken (vdp)

association of German mortgage banks

Der Verband deutscher Pfandbriefbanken (früher Verband deutschen Hypothekenbanken) vereinigt als Mitglieder 18 Pfandbriefbanken und drei außerordentliche Mitglieder. Sie nimmt satzungsgemäß die Rechte und Interessen der Pfandbriefbanken wahr und übernimmt die Öffentlichkeitsarbeit auf den Politikfeldern Kapitalmarkt, Staat, Immobilien, Schiffsfinanzierung und Steuern sowie der Rechtsgestaltung. Sie erfüllt für ihre Mitglieder Lobbyfunktion bei den gesetzgebenden Körperschaften und Behörden auf nationaler, europäischer und internationaler Ebene und ist Sprecher gegenüber anderen nationalen, europäischen und internationalen Berufsverbänden. Zum Verbandszweck zählt auch die Mitgliedschaft in nationalen, europäischen oder internationalen Berufsverbänden oder die Beteiligung an Unternehmen gleich welcher Gesellschaftsform, soweit Mitgliedschaft oder Beteiligung dem Verbandszweck oder den Mitgliedern des Verbandes dienlich sind. Die Mitgliedsunternehmen widmen sich auf internationaler Ebene dem Finanzierungsgeschäft auf Pfandbriefbasis bei der Immobilienfinanzierung, der Schiffsfinanzierung und der Finanzierung der Körperschaften des öffentlichen Rechts (Kommunen, Bundesländer, Bund). Der Stand des langfristigen Wohnbaukreditvolumens belief sich bei den Mitgliedsunternehmen Ende Mai 2005 auf 207 Milliarden Euro. Davon entfielen auf Ein-/Zweifamilienhäuser knapp 80 Milliarden Euro, Eigentumswohnungen 48 Milliarden und den übrigen Wohngebäuden 79 Milliarden Euro. Auf dem gewerblichen Sektor lag der Darlehensbestand (überwiegend Büro- und Verwaltungsgebäude, gefolgt von Handels- und Lagergebäuden) zum gleichen Zeitpunkt bei knapp 135 Milliarden Euro.
Weitere Informationen unter www.hypverband.de

Verband Geschlossene Fonds e.V. (VGF)

association of closed-end investment companies / funds in Germany, a registered association

Der VGF Verband Geschlossene Fonds e.V. mit Sitz in Berlin versteht sich als Fachverband, Dienstleister und Serviceeinrichtung mit dem Ziel, die Interessen von Initiatoren geschlossener Fonds gegenüber der Politik, den Medien und der Öffentlichkeit zu vertreten. Die Mitgliedschaft steht in erster Linie Banken und Emissionshäusern offen, die geschlossene Fonds auflegen. Der VGF ist aus dem VGI Verband Geschlossene Immobilienfonds hervorgegangen. Dessen Mitgliederversammlung hatte am 3. September 2004 beschlossen, den Verband auch für Initiatoren anderer geschlossener Fonds zu öffnen, die beispielsweise in den Bereichen Schiffe, regenerative Energien, Leasing oder Private Equity investieren. Seither firmiert der Verband unter der Bezeichnung VGF Verband Geschlossene Fonds e.V.. Zum Leistungsangebot des VGF gehören die Kommunikation mit politischen Entscheidungsträgern, Beratung in Gesetzgebungsverfahren und Präsenz bei Anhörungen im Bundestag, in Ministerien sowie in europäischen Institutionen, die Organisation und Durchführung von Fachseminaren, die Klärung rechtlicher Grundsatzfragen und die Förderung des Informationsaustausches zwischen den Marktteilnehmern. Anfang Oktober 2006 gehörten dem VGF 40 Mitglieder an. Bezogen auf den Gesamtmarkt der geschlossenen Fonds in Deutschland mit insgesamt rund 344 aktiven Anbietern und einem Fondsvolumen von 24,1 Mrd. Euro (Stand 2005) repräsentieren die Mitglieder des VGF mit einem realisierten Investitionsvolumen von ca. 14,5 Mrd. Euro (davon ca. 6,8 Mrd. Euro Eigenkapital) einen Marktanteil von rund 60 Prozent.

Siehe / Siehe auch: Immobilienfonds - Geschlossener Immobilienfonds

Verband Wohneigentum e.V.

association of home ownership in Germany, a registered association

2006 wurde der frühere „Deutsche Siedlerbund e.V. – „Gesamtverband für Haus- und Wohneigentum“ – in Verband Wohneigentum e.V. umbenannt. Damit sollte seine Hauptzielrichtung – Förderung des selbstgenutzten Wohneigentums – stärker zum Ausdruck gebracht werden. Der in Bonn ansässige Verband verfügt über 370.000 Mitglieder.

Er ist gemeinnützig. Die 16 Landesverbände sind teilweise noch in selbständige Bezirksverbände untergliedert. Näheres siehe: http://www.verband-wohneigentum.de

Verbilligte Vermietung

reduced rental/ leasing

Eine verbilligte Vermietung ist eine Vermietung zu einem Mietzins, der unter der ortsüblichen Marktmiete liegt. Bevorzugt verwendet bei der Vermietung an nahe Familienangehörige. Eine verbilligte Vermietung stellt aus Sicht des Finanzamtes die Absicht der Einkünfteerzielung durch Vermietung in Frage, so dass ein steuerlicher Abzug der mit der Vermietung verbundenen Aufwendungen an besondere Voraussetzungen geknüpft wird.

Siehe / Siehe auch: Einkünfteerzielungsabsicht beim Vermieter, Vermietung an Angehörige

Verbraucher

consumer

Unter Verbraucher versteht man nach § 13 BGB jede natürliche Person, die ein Rechtsgeschäft zu einem Zweck abschließt, der weder ihrer gewerblichen noch selbständigen beruflichen Tätigkeit zugerechnet werden kann. Verbraucher genießen einen besonderen zivilrechtlichen Schutz, insbesondere ein Widerrufsrecht bei Haustürgeschäften (§ 312 BGB) bei Abschluss eines Darlehensvertrages §§ 419 ff BGB, Teilzeit-Wohnrechtsverträgen (§§ 481 ff BGB) und bei Fernabsatzverträgen (§ 312e BGB). Verbraucherschützende Bestimmungen finden sich auch im Investmentgesetz und im Fernunterrichtsgesetz. Im weiteren Sinne haben auch die Vorschriften des BGB über das Wohnungsmietrecht verbraucherschützenden Charakter. Öffentlich rechtliche Schutzvorschriften für Verbraucher finden sich in der Preisangabenverordnung, der Makler-Bauträger-Verordnung, dem Wohnungsvermittlungsgesetz.

Siehe / Siehe auch: Makler- und Bauträgerverordnung (MaBV), Preisangabenverordnung (PangV), Wohnungsvermittlungsgesetz (WoVG)

Verbraucherdarlehen

consumer loan

Ergänzend zu den Vorschriften über das Darlehen im BGB wurden im Zuge der BGB Reform Vorschriften über den Verbraucherdarlehensvertrag eingefügt. Danach ist strikt Schriftform vorgeschrieben. Der Abschluss des Vertrags in elektronischer Form ist ausgeschlossen. Zwingend müssen im Darlehensvertrag nach § 492 BGB enthalten sein:

- der Nettodarlehensbetrag, gegebenenfalls die Höchstgrenze des Darlehens,
- der Gesamtbetrag aller vom Darlehensnehmer zur Tilgung des Darlehens sowie zur Zahlung der Zinsen und sonstigen Kosten zu entrichtenden Teilzahlungen, wenn der Gesamtbetrag bei Abschluss des Verbraucherdarlehensvertrags für die gesamte Laufzeit der Höhe nach feststeht, bei Darlehen mit veränderlichen Bedingungen, die in Teilzahlungen getilgt werden, einen Gesamtbetrag auf der Grundlage der bei Abschluss des Vertrags maßgeblichen Darlehensbedingungen,
- die Art und Weise der Rückzahlung des Darlehens oder, wenn eine Vereinbarung hierüber nicht vorgesehen ist, die Regelung der Vertragsbeendigung,
- der Zinssatz und alle sonstigen Kosten des Darlehens, die, soweit ihre Höhe bekannt ist, im Einzelnen zu bezeichnen und dem Grunde nach anzugeben sind, einschließlich etwaiger vom Darlehensnehmer zu tragende Vermittlungskosten,
- der effektive Jahreszins oder, wenn eine Änderung des Zinssatzes oder anderer preisbestimmender Faktoren vorbehalten ist, der anfängliche effektive Jahreszins.

Zusammen mit dem anfänglichen effektiven Jahreszins ist auch anzugeben, unter welchen Voraussetzungen preisbestimmende Faktoren geändert werden können und auf welchen Zeitraum Belastungen, die sich aus einem Disagio oder aus einem Zuschlag zu dem Darlehen ergeben, bei der Berechnung des effektiven Jahreszinses verrechnet werden. (Dies gilt jedoch nicht grundbuchlich abgesicherten Immobiliendarlehen mit Verbrauchern.) Fehlt die Angabe des effektiven oder anfänglichen effektiven Jahreszinses, ermäßigt sich der dem Verbraucherdarlehensvertrag zugrunde gelegte Zinssatz auf den gesetzlichen Zinssatz!),

- die Kosten einer Restschuld- oder sonstigen Versicherung, die im Zusammenhang mit dem Verbraucherdarlehensvertrag abgeschlossen wird,
- etwa zu bestellende Sicherheiten.

Endet eine vereinbarte Zinsbindung, muss der Darlehensgeber den Darlehensnehmer spätestens drei Monate vor Ende der Zinsbindung darüber unterrichten, ob er zu einer neuen Zinsbindungsabrede bereit ist. Dem Darlehensnehmer steht bei einem Verbraucherdarlehensvertrag ein Widerrufsrecht nach § 355 BGB zu, es sei denn, der Darlehensnehmer kann nach dem Vertrag das Darlehen jederzeit ohne Einhaltung einer Kündigungsfrist und ohne zusätzliche Kosten zurückzahlen. Wie andere Verbraucherschutzvorschriften sind auch die des Verbraucherkreditgesetzes in das BGB eingefügt worden. Auch hier soll die Umsetzung der Vorschriften überwacht und notfalls gerichtlich geltend gemacht werden können. Ein Verstoß gegen die §§ 491 bis 498 BGB kann daher auch eine Abmahnung nach dem Unterlassungsklagengesetz, UklaG, zur Folge haben.

Siehe / Siehe auch: Darlehensvermittlung (Verbraucherschutz), Darlehen, Darlehenssicherung, Unterlassungsklagengesetz (UklaG)

Verbraucherkreditgesetz

German Consumer Credit Act

Das Verbraucherkreditgesetz in seiner letzten Fassung vom 29.6.2000 trat zum 1.1.2002 außer Kraft. Die dem Verbraucherschutz dienenden Vorschriften befinden sich jetzt im BGB (§§ 491 ff und – den Darlehensvermittlungsvertrag mit einem Verbraucher betreffend – §§ 655a ff).

Siehe / Siehe auch: Darlehensvermittlung (Verbraucherschutz), Darlehen

Verbraucherpreisindex

consumer price index; cost-of-living index; general price level index

Siehe / Siehe auch: Lebenshaltungskosten - Verbraucherpreisindex

Verbrauchsprinzip

principle of payment based on consumption

Betriebs- und Verwaltungskosten in Wohnungseigentumsanlagen können gemäß § 16 Abs. 3 WEG abweichend von der gesetzlichen Bestimmung gemäß § 16 Abs. 2 WEG (Verteilung nach Miteigentumsanteilen) nach Verbrauch oder nach Verursachung erfasst und nach diesem oder nach einem anderen Maßstab verteilt werden, soweit dies ordnungsgemäßer Verwaltung entspricht. Nach Verbrauch werden allgemein die Wasserkosten und die Kosten der Versorgung mit Wärme und Warmwasser abgerechnet. Gleiches gilt für die Abwasserkosten, die in der Regel nach dem Frischwasserverbrauch erfasst und entsprechend abgerechnet werden. Nach dem Verursacherprinzip können beispielsweise die Betriebskosten bei gemeinschaftlichen Anlagen und Räumen abgerechnet werden, die nur von bestimmten Eigentümern, beispielsweise Sondernutzungsberechtigten, genutzt werden. Alternativ kann beispielsweise das Kopfprinzip zugrunde gelegt werden, das jedoch in der Praxis im Regelfall deshalb zu Streitigkeiten führt, weil über die Zahl der zu berücksichtigenden „Köpfe" gestritten wird. Sinnvoll kann die Abrechnung nach Wohn- und/oder Nutzfläche sein, sofern sie eindeutig zu ermitteln sind, vor allem in den Fällen, in denen die Miteigentumsanteile nach dem Verhältnis der Wohnflächen ermittelt und festgelegt worden sind. Auch eine Abrechnung nach Wohneinheiten, dem so genannten Objektprinzip, kann ordnungsgemäßer Verwaltung entsprechen. So können die Breitbandkabelkosten, wie es inzwischen überwiegend geschieht, nach diesem Maßstab abgerechnet.

Siehe / Siehe auch: Betriebs- und Verwaltungskosten (Wohnungseigentum), Kostenverteilung, Miteigentumsanteil, Verteilungsschlüssel (Wohnungseigentum)

Verbundene Wohngebäudeversicherung

householder's comprehensive insurance

Die verbundene Wohngebäudeversicherung vereinigt in sich mehrere Versicherungsrisiken in einer Versicherung. Hierzu zählen Schadensrisiken am Gebäude, Zubehör und außen am Gebäude angebrachten Sachen, die auf Feuer, Leitungswasser, Hagel und Sturm (bei Mindestwindstärke von 8) zurück zuführen sind. Unterversicherungen werden durch eine gleitende Neuwertversicherung vermieden, die überwiegend noch auf die Wertebasis von 1914 zurückgreift. Die Prämie richtet sich nach Versicherungssumme, Bauartklasse und Tarifzone. Durch einzelvertragliche Gestaltung kann der Versicherungsumfang erweitert werden, z. B. auf Regulierung von Schäden durch Aquarien, Klima-, Wärmepumpen- und Solaranlagen, Gebäudebeschädigungen durch unbefugte Dritte usw..

Siehe / Siehe auch: Gleitende Neuwertversicherung, Unterversicherung

Verdachtsflächen

potentially contaminated areas

Verdachtsflächen sind Bodenflächen, bei denen der Verdacht auf schädliche Bodenveränderungen besteht. Verdachtsflächen sind zu registrieren. Gibt es Anhaltspunkte für schädliche Bodenveränderungen, hat die Behörde entsprechende Maßnahmen zu ergreifen und festzustellen, ob die Schadstoffkonzentration bestimmte – in einer Verordnung festgelegte – Grenzwerte überschreitet.Grundsätzlich sind Bodeneigentümer, Pächter und Personen, die „Verrichtungen“ (z. B. Bebauung) auf dem Grundstück durchführen, verpflichtet, Vorsorge zu treffen, damit es nicht zu schädlichen Bodenveränderungen kommt. Verdachtsflächen werden in das Altlastenkataster eingetragen.

Siehe / Siehe auch: Altlastenkataster

Verdingungsordnung für Bauleistungen (VOB)

rules for awarding contracts for public building works

Siehe / Siehe auch: Vergabe- und Vertragsordnung für Bauleistungen (VOB 2006)

Verein für Präqualifikation von Bauunternehmen e.V.

[Association for the pre-qualification of construction companies, a registered association]

Der Verein für Präqualifikation von Bauunternehmen ist eine Institution, die sich mit der Einführung und Weiterentwicklung eines Präqualifizierungssystems solcher Bauunternehmen befasst, die sich an Vergabeverfahren als Bieter bei der Ausschreibung von öffentlichen Bauaufträgen beteiligen wollen. Bieter müssen die notwendigen Unterlagen zum Nachweis ihrer Eignung gemäß § 8 VOB/A insbesondere bezüglich Fachkunde, Zuverlässigkeit und Leistungsfähigkeit für jedes einzelne Vergabeverfahren durch Vorlage entsprechender Unterlagen nachweisen, um überhaupt bei der Vergabe öffentlicher Bauaufträge berücksichtigt werden zu können. Um dies zu vereinfachen und dabei gleichzeitigen die damit verbundenen Kosten erheblich zu reduzieren, hat der Verein für Präqualifikation eine Liste derjenigen Bauunternehmen aufgelegt die diese Nachweise erbracht haben. Wer die Anforderungen erfüllt, kann in die Liste als präqualifiziertes Unternehmen eingetragen werden. Die Liste ist im Internet veröffentlicht und wird laufend aktualisiert. Den öffentlichen Auftraggebern werden eigene Nachforschungen über das Vorhandensein der erforderlichen Qualifikationen erspart. Die Anerkennung der Liste ist in der VOB 2006 verankert. Der Präqualifikationsnachweis selbst wird durch private Präqualifizierungsstellen nach einem einheitlichen, vom Verein entwickelten System abgenommen und beurteilt.

Siehe / Siehe auch: Präqualifikation (Vergaberecht)

Vereinbarung (nach WEG)

agreement / contract in accordance with the German condominium act

Das Verhältnis der Wohnungseigentümer untereinander richtet sich gemäß § 10 Abs. 2 Satz 2 WEG nach den Vorschriften des Wohnungseigentumsgesetzes und, soweit dieses Gesetz keine besonderen Bestimmungen enthält, nach den Vorschriften des Bürgerlichen Gesetzbuches über die Gemeinschaft. Als Rahmengesetz lässt das Wohnungseigentumsgesetz den Wohnungseigentümern jedoch weitestgehend Vertragsfreiheit. Sie können gemäß § 10 Abs. 2 Satz 2 WEG von den Vorschriften des Wohnungseigentumsgesetzes abweichende Vereinbarungen treffen, soweit nicht etwas anderes ausdrücklich – durch so genannte unabdingbare oder zwingende Vorschriften – bestimmt ist. Bei den Vereinbarungen im Sinne dieser Vorschrift handelt es sich um Regelungen, denen alle im Grundbuch eingetragenen Eigentümer zustimmen müssen. Eine nur mehrheitliche Zustimmung reicht nicht aus, um solche abweichenden oder das Gesetz ergänzende Regelungen zu treffen. Damit diese vom Gesetz abweichenden oder das Gesetz ändernden Regelungen auch im Fall des Eigentümerwechsels Rechtswirkung gegenüber dem neuen Eigentümer entfalten, müssen diese Vereinbarungen gemäß § 10 Abs. 3 WEG als sogenannter Inhalt des Sondereigentums in das Grundbuch eingetragen werden.

Änderungen von Vereinbarungen oder deren Aufhebung bedürfen grundsätzlich einer neuen Vereinbarung, also einer Regelung, der wiederum alle Wohnungseigentümer zustimmen müssen und die zwecks Wirkung auch gegenüber neuen Eigentümern im Fall eines Eigentümerwechsels der Eintragung in das Grundbuch bedürfen. Ohne Eintragung in das Grundbuch wirken Vereinbarungen als (nur) schuldrechtliche Vereinbarungen zwar unter den jeweiligen Eigentümern, die die vom Gesetz abweichenden Regelungen getroffen haben, verlieren jedoch ihre Rechtswirkung unter allen Beteiligten, wenn ein neuer Eigentümer in die Gemeinschaft eintritt. Von einer Vereinbarung ist der Beschluss zu unterscheiden. Vereinbarungen sind immer dann erforderlich, wenn vom Gesetz abweichende Regelungen getroffen werden sollen, während Beschlüsse der Wohnungseigentümer Verwaltungsangelegenheiten regeln, für die das Gesetz den Wohnungseigentümern ausdrücklich die so genannte Beschlusskompetenz einräumt. Nach den neuen Bestimmungen können jedoch bestimmte Regelungen, die früher einer Vereinbarung bedurft hätten, auch durch mehrheitliche Beschlussfassung getroffen werden. Dies gilt in erster Linie für Kostenverteilungsregelungen gemäß § 16 Abs. 3 und 4 WEG und für Modernisierungsmaßnahmen gemäß § 22 Abs. 2 WEG).

Siehe / Siehe auch: Beschluss (Wohnungseigentümer), Kostenverteilung, Mehrheitsbeschluss, Modernisierungsmaßnahmen (Wohnungseigentum), Negativbeschluss, Sondereigentum

Vereinbarungsändernder Mehrheitsbeschluss

resolution passed by a majority of the voters that results in an amendment to an agreement

Siehe / Siehe auch: Gesetzesändernder Mehrheitsbeschluss, Gesetzesändernder / vereinbarungsändernder Mehrheitsbeschluss

Vereinbarungsänderungen

amendments to an agreement

Einen Anspruch auf Änderung von Vereinbarungen für die Fälle, in denen mangels Zustimmung aller Eigentümer eine Änderung nicht zustande kam, billigte die frühere Rechtsprechung einem Wohnungseigentümer dann zu, wenn außergewöhnliche Umstände ein Festhalten an der geltenden Regelung als grob unbillig und damit als Verstoß gegen Treu und Glauben erscheinen ließen (BGH, Az. V ZB 21/03, Beschluss vom 25.09.2003). Dieser von der Rechtsprechung entwickelte Grundsatz hat mit der am 01.07.2007 in Kraft getretenen Reform des Wohnungseigentumsgesetzes seinen Niederschlag in der gesetzlichen Regelung nach § 10 Abs. 2 Satz 3 WEG gefunden, wobei die bislang hohen Voraussetzungen an die Abänderbarkeit von Vereinbarungen deutlich herabgesetzt wurden. So kann eine vom Gesetz abweichende Vereinbarung oder die Anpassung einer Vereinbarung verlangt werden, wenn ein Festhalten an der geltenden Regelung aus schwerwiegenden Gründen unter Berücksichtigung aller Umstände des Einzelfalles, insbesondere der Rechte und Interessen der anderen Wohnungseigentümer, unbillig erscheint. Der Änderungsanspruch erstreckt sich jedoch nur auf die (schuldrechtlichen) Vereinbarungen im Sinne von § 10 Abs. 2 WEG, nicht aber auf Änderungen der sachenrechtlichen Regelungen über die Abgrenzung und Zuordnung von Sonder- und Gemeinschaftseigentum und ebenfalls nicht auf Änderungen der Miteigentumsanteile. Soweit Änderungen von Vereinbarungen zustande gekommen waren, war nach herrschender Meinung zusätzlich die Zustimmung der Grundpfandrechtsgläubiger erforderlich, wenn deren Rechte nicht nur wirtschaftlich, sondern auch rechtlich betroffen sind. Das galt beispielsweise für solche Fälle, in denen Eigentümern Sondernutzungsrechte an Kfz-Stellplätzen oder an Gartenflächen eingeräumt werden sollen. Gemäß § 5 Abs. 4 Satz 2 WEG ist nunmehr die Zustimmung von Grundpfandrechtsgläubigern zur Änderung einer Vereinbarung erforderlich und ausschließlich auf diese Fälle beschränkt. Sie ist daher nur noch dann erforderlich, wenn ein Sondernutzungsrecht begründet oder ein mit dem Wohnungseigentum verbundenes Sondernutzungsrecht aufgehoben, geändert oder übertragen wird. Wird im Rahmen der Vereinbarung auch das belastete Wohnungseigentum mit einem Sondernutzungsrecht verbunden, soll die Zustimmung allerdings entbehrlich sein.

Bei anderen Vereinbarungen (Verfügungsbeschränkungen gemäß § 12 WEG, Zweckänderungen gemäß § 13, Gebrauchsbeschränkungen gemäß § 15, Kostentragungs- und Verteilungsregelungen gemäß § 16 WEG) sowie bei Dienstbarkeiten, Vorkaufsrechten und im Falle des Nießbrauchs ist die Zustimmung nicht erforderlich. Die Geltendmachung des Anspruchs nach § 10 Abs. 2 Satz 3 WEG erfolgt im Verfahren nach § 43 WEG. Sind allerdings vom Gesetz oder von einer Vereinbarung dauerhaft abweichende Regelungen auch durch Beschlussfassung möglich, beispielsweise bei einer Änderung der Verteilung der Betriebskosten gemäß § 16 Abs.3 WEG, muss vorher der (vergebliche)

Versuch einer Beschlussfassung in der Wohnungseigentümerversammlung unternommen worden sein.
Siehe / Siehe auch: Vereinbarung (nach WEG), Beschluss (Wohnungseigentümer)

Vereinbarungsersetzender Mehrheitsbeschluss

resolution passed by a majority of the voters that results in a replacement of a law or an agreement

Bei einem vereinbarungsersetzenden Mehrheitsbeschluss handelt es sich um einen Beschluss in Angelegenheiten, die den Rahmen

- des ordnungsgemäßen Gebrauchs im Sinne des § 15 Abs. 2 WEG,
- der ordnungsgemäßen Verwaltung im Sinne des § 21 Abs. 3 WEG oder
- der ordnungsgemäßen Instandhaltung und -setzung im Sinne des § 22 Abs. 1 WEG

überschreiten und zu deren Regelung deshalb eine Vereinbarung oder ein einstimmiger Beschluss erforderlich ist. In diesem Fall ersetzt aber ein unangefochtener (Nur-) Mehrheitsbeschluss die an sich erforderliche Vereinbarung oder den einstimmigen Beschluss (BGH, Az. V ZB 58/99, Beschluss vom 20.09.2000). Die Rechtswirksamkeit dieser vereinbarungsersetzenden Mehrheitsbeschlüsse ergibt sich daraus, dass es sich bei den genannten Regelungen um Angelegenheiten handelt, für die das Gesetz den Wohnungseigentümern ausdrücklich die Möglichkeit einer Mehrheitsentscheidung im Rahmen „ordnungsgemäßer Maßnahmen" einräumt, die Beschlusskompetenz damit ausdrücklich vorgegeben ist. Im Rahmen dieser ordnungsgemäßen Maßnahmen reicht ein Mehrheitsbeschluss aus, wenn eine gesetzliche Regelung oder eine Vereinbarung nicht entgegensteht (§§ 15 Abs. 2, 21 Abs. 3 WEG).
Handelt es sich um Maßnahmen, die über den ordnungsmäßigen Rahmen hinausgehen, ist grundsätzlich ein einstimmiger Beschluss erforderlich. Da den Wohnungseigentümern aber für beide Fälle die Beschlusskompetenz eingeräumt ist, gilt grundsätzlich die Bestimmung des § 23 Abs. 4 WEG, wonach ein Beschluss nur ungültig ist, wenn er innerhalb einer Monatsfrist angefochten und durch das Gericht rechtswirksam für ungültig erklärt wird. Damit gilt, dass für Gebrauchs-, Verwaltungs- und Instandhaltungs- beziehungsweise Instandsetzungsmaßnahmen oder bauliche Veränderungen an der bisherigen Rechtsprechung festzuhalten ist, wonach in diesen Angelegenheiten bestandskräftige (nicht angefochtene und nicht für ungültig erklärte) Mehrheitsbeschlüsse (Ersatzvereinbarung beziehungsweise Zitterbeschlüsse) gültig sind, auch wenn der Regelungsgegenstand mangels „Ordnungsmäßigkeit" an sich eine Vereinbarung im Sinne von § 10 Abs. 2 Satz 2 WEG oder einen einstimmigen Beschluss erforderlich gemacht hätte. Vereinbarungsersetzende Mehrheitsbeschlüsse sind daher nicht nichtig, sondern – nur – anfechtbar.
Von besonderer Bedeutung für die Praxis ist die Tatsache, dass für die Aufhebung solcher vereinbarungsersetzenden Mehrheitsbeschlüsse ein einfacher Mehrheitsbeschluss als Beschluss im Rahmen ordnungsgemäßer Verwaltung dann wiederum ausreicht, wenn mit dieser Beschlussfassung die ursprünglich geltende Regelung wiederhergestellt wird (OLG Karlsruhe, Az. 11 Wx 96/00, Beschluss vom 31.05.2000). Nach dieser jetzt geltenden Rechtsauffassung ist auch ein (nur) mit Mehrheit beschlossenes generelles Tierhaltungsverbot wirksam und bindet alle Wohnungseigentümer, im Falle des Eigentümerwechsels auch den neuen Eigentümer, wenn der Beschluss nicht angefochten und für ungültig erklärt wird. Voraussetzung für eine mehrheitliche Beschlussfassung ist für einen solchen Fall allerdings, dass keine entgegenstehende Tierhaltungsregelung in der Teilungserklärung oder der Gemeinschaftsordnung enthalten ist. Im Übrigen kann das nur mehrheitlich beschlossene Tierhaltungsverbot jederzeit durch mehrheitliche Beschlussfassung als Maßnahme ordnungsgemäßer Gebrauchsregelung wieder aufgehoben werden.
Siehe / Siehe auch: Vereinbarung (nach WEG), Tierhaltung in Wohnungen, Gesetzesändernder / vereinbarungsändernder Mehrheitsbeschluss, Gesetzeswidriger / vereinbarungswidriger Mehrheitsbeschluss

Vereinbarungswidriger Mehrheitsbeschluss

resolution passed by a majority of the voters that is against the agreement

Siehe / Siehe auch: Gesetzeswidriger Mehrheitsbeschluss, Gesetzeswidriger / vereinbarungswidriger Mehrheitsbeschluss

Vereinfachtes Verfahren (Bauleitplan)

simplified procedure (general development plan)

Die Ausweisung von Flächennutzugsplänen und Bebauungsplänen sieht eine möglichst frühzeitige Beteiligungen der Öffentlichkeit (aller Bürger) und der Behörden und sonstigen Träger öffentlicher Belange vor. Diese Beteiligung erfolgt durch

Einräumung der Möglichkeit, die Pläne zu erörtern, sich zu ihnen zu äußern und ihrerseits Vorschläge zu unterbreiten. Beim vereinfachten Verfahren entfällt deren frühzeitige Einbindung. Das Verfahren kann sich allerdings nur auf (unwesentliche) Änderungen und Ergänzungen eines bestehenden Bauleitplanes beziehen. Dessen Grundzüge dürfen nicht berührt werden. Der eingeschränkte Kreis der unmittelbar betroffenen Bürger und die von der Änderung bzw. Ergänzung des Bauleitplanes tatsächlich berührten Behörden und sonstiger Träger öffentlicher Belange haben jedoch die Möglichkeit zur Äußerung innerhalb einer festgesetzt Frist. Das vereinfachte Verfahren kann auch zum Zweck der Aufhebung eines vorhabenbezogenen Bebauungsplanes angewandt werden. Seit 2007 entfällt eine Umweltprüfung beim vereinfachten Verfahren mit der Folge, dass auch kein Umweltbericht mehr angefertigt werden muss.
Siehe / Siehe auch: Bauleitplanung

Verfahren

procedure; method; process; proceedings

Siehe / Siehe auch: WEG-Verfahren / ZPO-Verfahren, Wohnungseigentumsverfahren

Verfahrensstandschaft

representative action

Die Wohnungseigentümer können den Verwalter durch Mehrheitsbeschluss oder durch eine Vereinbarung im Verwaltervertrag ermächtigen, Ansprüche der Wohnungseigentümer in eigenem Namen geltend zu machen (Prozessstandschaft).

Verflechtung

linkage; complication; integration; interweaving

Der Hauptvertrag – als dritte Voraussetzung nach dem Maklervertrag und der Maklerleistung – muss seinerseits eine Reihe von Voraussetzungen erfüllen. Dazu gehört, dass dieser Hauptvertrag (z. B. Kauf oder Miete) mit einem „Dritten" abgeschlossen wird. Dritter ist der potentielle Vertragspartner des Auftraggebers dann, wenn er vom Makler unabhängig ist. Das gesetzliche Leitbild des § 652 BGB geht davon aus, dass der Makler seinem Auftraggeber einen Interessenten (für den Kauf oder Verkauf eines Objekts nachweisen muss, der von ihm wirtschaftlich, rechtlich und persönlich weitgehend unabhängig ist – und umgekehrt. Nur dann ist Vermittlung überhaupt denkbar. Diese Voraussetzung muss immer gegeben sein, also auch dann, wenn der Makler nur Nachweistätigkeit ausübt. Liegt diese Voraussetzung nicht vor, spricht man von Verflechtung. Echte Verflechtung liegt dann vor, wenn der Makler mit dem Vertragspartner seines Auftraggebers wirtschaftlich identisch ist, wenn eine selbständige Entscheidungsbefugnis des Maklers oder der Partei fehlt, wenn also auf Grund organisatorischer Gegebenheiten der Makler auf die Vertragspartei des Hauptvertrages (vgl. BGH NJW 1971,1839) oder die Vertragspartei auf den Makler (vgl. OLG Karlsruhe NJW-RR 1996,629) einen beherrschenden Einfluss ausübt. Eine solche echte Verflechtung liegt auch dann vor, wenn ein Dritter beide, den Makler und den Vertragspartner des Hauptvertrages, beherrscht. Es ist leicht einsehbar, dass der Makler hier, weil er echte Maklerleistung gar nicht erbringen kann, den gesetzlichen Provisionsanspruch nicht hat. Der Provisionsanspruch wird auch durch die sogenannte unechte Verflechtung ausgeschlossen. Diese ist gegeben, wenn der Makler zum Vertragspartner seines Auftraggebers in einer Beziehung steht, die bewirkt, dass er sich unabhängig von seinem Verhalten im Einzelfall wegen eines institutionalisierten Interessenkonflikts im Streitfall bei regelmäßigem Verlauf auf die Seite des Vertragspartners seines Auftraggebers stellen wird (vgl. Palandt-Sprau,68. Auflage, § 652 Rdnr.29). Kennt der Auftraggeber die tatsächlichen Umstände, die eine Verflechtung zwischen dem Makler und dem Dritten begründen, kann eine Individualvereinbarung vorliegen, die den Auftraggeber zur Provisionszahlung unabhängig von den Voraussetzungen des § 652 BGB verpflichtet (vgl Palandt-Sprau a.a.O.).
Siehe / Siehe auch: Institutioneller Interessenkonflikt (Maklergeschäft)

Verfügung über Gesamtvermögen

disposition of total estate

Gilt der gesetzliche Güterstand der Zugewinngemeinschaft, dann kann ein Ehepartner nur mit Zustimmung des anderen über sein Vermögen als Ganzes oder über den wesentlichen Teil seines Vermögens verfügen. Bedeutsam ist diese Vorschrift vor allem dann, wenn ein Grundstück dieses Vermögen darstellt. In einem solchen Fall muss der im Grundbuch nicht eingetragene Ehepartner dem Verkauf des Grundstücks durch den anderen Ehepartner zustimmen.

Verfügungssperre

restraint on disposal

Im Zusammenhang mit Maßnahmen der Bodenordnung und städtebaulichen Sanierung können

Gemeinden eine Verfügungs- und Veränderungssperre erlassen. Die Verfügungssperre bedeutet nicht, dass das Grundstück nicht verkauft werden kann. Vielmehr wird die Verfügung von einer Genehmigung abhängig gemacht. Das gleiche gilt für eine Grundstücksteilung, eine Belastung des Grundstücks in Abt. II oder das Eingehen von Baulasten.
Siehe / Siehe auch: Veränderungssperre, Bodenordnung

Vergabe

award (e.g. of a contract); lacing; allocation

Die Vergabe von Aufträgen ist in der VOB (Vergabe und Vertragsordnung für Bauleistungen) und in der VOL Ausgabe 2006 (Verdingungsordnung für Leistungen). Bei letzterer handelt es sich um Leistungen, die nicht in die Kategorie der Bauleistungen fällt. Auch Leistungen, die im Rahmen einer freiberuflichen Tätigkeit oder einem freiberuflichen Wettbewerb zuzuordnen sind, fallen nicht unter die VOL. Die Vergabe freiberuflicher Leistungen ist in der „Verdingungsordnung für freiberufliche Leistungen (VOF) geregelt. Hierzu zählen auch die Architekten- und Ingenieurleistungen. Die Vergabe von freiberuflichen Leistungen erfolgt in einem besonderen Verhandlungsverfahren oder durch Auslobung eines Wettbewerbs. Sowohl die VOB also auch die VOL und VOF zielen darauf ab, einen Leistungswettbewerb durchzusetzen sowie wettbewerbsbeschränkende Verhaltensweisen und die Diskriminierung von Unternehmen zu bekämpfen. Zu unterscheiden ist zwischen öffentlichen Ausschreibung, der beschränkten Ausschreibung und der freihändigen Vergabe. Bei der öffentlichen Ausschreibung sind allen Mitbewerbern die sich auf die Ausschreibung melden, die Unterlagen zuzustellen und bei der beschränkten Ausschreibung mindestens drei Bewerbern. In Ausnahmefällen ist die freihändige Vergabe zulässig, wenn z. B. nur ein Unternehmen in Betracht kommt, wenn es sich um Anschlussaufträge handelt, wenn gewerbliche Schutzrechte bestehen oder die Leistung besonders dringlich ist.
Siehe / Siehe auch: Vergabe- und Vertragsordnung für Bauleistungen (VOB 2006)

Vergabe- und Vertragsordnung für Bauleistungen (VOB 2006)

German Construction Contract Procedures (VOB 2006)

Die VOB ist keine Rechtsvorschrift mit Gesetzesrang. Es handelt sich vielmehr um Normen, die vom Deutschen Vergabe- und Vertragsausschuss für Bauleistungen (DVA) in Berlin (früher Deutscher Verdingungsausschuss für Bauleistungen) erarbeitet und herausgegeben werden. Die VOB A, B und C entsprechen jeweils einer DIN. Die letzte Novellierung der VOB erfolgte 2006. Die Gesamtausgabe der Neufassungen der VOB Teile A, B und C wurde vom Deutschen Institut für Normung e.V. im November 2006 herausgegeben.

VOB A – Vergaberecht

VOB Teil A enthält die Allgemeinen Bestimmungen für die Vergabe von Bauleistungen und zwar in vier Abschnitten:

- Abschnitt 1 mit den Basisparagraphen,
- Abschnitt 2 mit zusätzlichen Bestimmungen nach der EG-Baukoordinierungsrichtlinie in der Fassung von 1989,
- Abschnitt 3 mit zusätzlichen Bestimmungen nach der EG-Sektorenrichtlinie von 1990 und
- Abschnitt 4 mit einer weiteren speziellen Richtlinie im Bereich der Wasser-, Energie- und Verkehrsversorgung.

Die Neufassung der VOB A (2006) wurde bedingt durch eine Änderung der EU-Richtlinien von 2004. Im Zusammenhang mit der Neufassung wurde unter anderem bestimmt, dass bei Vergabe von Bauleistungen durch öffentliche Auftraggeber Unternehmen ihre (auftragsunabhängige) Eignung als Auftragnehmer durch den Eintrag in eine Liste „präqualifizierter Bauunternehmen" nachweisen können. Der Eintrag wird von der Erfüllung bestimmter Eignungskriterien abhängig gemacht, die früher in jedem Vergabefall vom Bauunternehmen einzeln dargelegt werden mussten. Dies gilt für öffentliche Aufträge mit einer Bausumme von über 6.242.000 Euro. Die Liste wird in Deutschland von dem „Verein für Präqualifikation von Bauunternehmen e.V." geführt.

VOB B – Vertragsrecht

Die VOB B wurde in Zusammenhang mit der Novellierung des Schuldrechts im BGB neu gefasst. Eine weitere Überarbeitung unter Berücksichtigung der zwischenzeitlichen Rechtsprechung und von Anregungen der Fachliteratur erfolgte in der Neufassung der Bekanntmachung vom 04.09.2006. Die Anpassung an das neu gefasste Schuldrecht des BGB erfolgte bereits in der VOB B 2002. Dabei war ein großer Teil der Änderungen redaktioneller Natur, soweit es sich z. B. um terminologische Anpassungen an das neue BGB-Recht handelt (etwa Ersatz des alten Begriffs der Gewährleistung durch Mängelanspruch). VOB B muss für Bauverträge in

jedem Einzelfall vereinbart werden, wenn sie Vertragsinhalt werden soll. Die VOB B enthält Rahmenbestimmungen über Art und Umfang insbesondere auch die Einbeziehung der VOB C, die Vergütung auf der Grundlage von Einheitspreisen, Ausführungsunterlagen und Ausführung der Leistungen und Ausführungsfristen, Risiken, Vertragskündigung, Haftung, Vertragsstrafen, Abnahme, Mängelansprüchen und Abrechnung. Ferner sind Vorschriften über den Stundenlohnvertrag, Zahlungen (Abschlagzahlungen) die Sicherheitsleistung, Zuständigkeiten bei Streitigkeiten.
Hinsichtlich des AGB-Rechts gilt VOB Teil B (Vertragsrecht) insoweit als privilegiert, als eine Inhaltskontrolle durch die Gerichte nicht stattfindet, wenn alle VOB/B-Bestimmungen Inhalt des Bauvertrags werden. Werden nur einzelne VOB-Bestimmungen in den Bauvertrag eingeführt, sind sie der Inhaltskontrolle unterworfen. So war bisher schon klar, dass z. B. die für den Unternehmer günstigere Regelung der Verjährungsfrist (die jetzt im VOB-Vertrag auf vier Jahre angehoben wurde) in einem BGB-Vertrag unwirksam ist.

VOB C – Technische Normen

Im Teil C der neuen VOB sind unter anderem zwei neue Normen hinzugekommen, 19 Normen wurden fachtechnisch und 19 redaktionell überarbeitet. Die technischen Normen beziehen sich auf 61 Gewerke aus den Bereichen Tiefbau, Rohbau und Tragwerk, Ausbau und Haustechnik.
Siehe / Siehe auch: VOB-Vertrag

Vergleich

comparison; agreement; settlement

Gerichtsverfahren enden normalerweise mit einem Urteil. Aber auch ein Vergleich oder Prozessvergleich ist durchaus üblich. Man unterscheidet:

- Außergerichtlicher Vergleich: Im Zivilprozess sind im Gegensatz zum Strafprozess die Parteien „Herren des Verfahrens". Sie können sich daher auch außergerichtlich darauf einigen, eine für beide Seiten akzeptable Lösung zu finden und den Rechtsstreit dann für erledigt zu erklären. Auch ein außergerichtlicher Vergleich sollte gerichtlich protokolliert werden. Dadurch wird das Abgesprochene einklagbar.
- Gerichtlicher Vergleich: Vor Gericht geschlossener Vergleich. Ein derartiges „Abkommen" kommt oft durch die Anregung des Richters zu Stande. Dieser kann z.B. andeuten, dass er die Beweislage zu Gunsten einer Partei nicht für ausreichend hält. Besteht der Beteiligte dann auf „seinem Recht", ohne sich auf einen Vergleich einzulassen, kommt es ggf. zu einem für ihn nachteiligen Urteil.
- Als Unterart des gerichtlichen Vergleichs existiert seit einiger Zeit der „schriftliche gerichtliche Vergleich". Dabei unterbreitet entweder das Gericht den Parteien vor der Verhandlung einen schriftlichen Vergleichsvorschlag oder dieser wird von den Parteien selbst dem Gericht schriftlich unterbreitet. Nehmen die Parteien an, ist gar keine mündliche Verhandlung mehr notwendig. Es folgt ein Gerichtsbeschluss über das Zustandekommen des Vergleichs. Die Regelung findet sich in § 278 Abs.6 der Zivilprozessordnung.

Siehe / Siehe auch: Insolvenz

Vergleichende Werbung

comparative advertising

Vergleichende Werbung ist nach § 6 UWG jede Werbung, die unmittelbar oder mittelbar einen Mitbewerber oder die von einem Mitbewerber angebotenen Waren oder Dienstleistungen erkennbar macht. Vergleichende Werbung ist in einem bestimmten Rahmen zulässig. Unlauter aber sind Vergleiche, wenn sie sich nicht auf Waren oder Dienstleistungen für den gleichen Bedarf oder die gleiche Zweckbestimmung bezieht, sondern

- der Vergleich nicht die wesentlich relevanten, nachprüfbaren und typischen Eigenschaften berücksichtigt,
- eine Verwechselungsgefahr mit anderen Mitbewerbern oder dessen Angebote heraufbeschwört,
- der Ruf des von einem Mitbewerber benutzten Kennzeichens ausnutzt oder beeinträchtigt
- die Waren oder Dienstleistungen von Mitbewerbern, oder Mitbewerber selbst herabsetzt oder verunglimpft.

Ins Blickfeld gelangen dabei oft Slogans, die harmlos klingen, aber geeignet sind, andere herabzusetzen, z. B. „halten, was andere versprechen!" Unlautere, vergleichende Werbung kann ebenso wettbewerbsrechtlich wie andere unlautere Wettbewerbshandlungen verfolgt werden.
Siehe / Siehe auch: Wettbewerbsrecht

Vergleichsfaktoren (Wertermittlung)

comparable factors (appraisal)

Vergleichsfaktoren dienen der Plausibilisierung von Wertermittlungsergebnissen. Es kann sich um Er-

tragsfaktoren handeln, denen der nachhaltig erzielbare jährliche Rohertrag zugrunde liegt, oder um Gebäudefaktoren. Ermittelt wird der Ertragsfaktor durch Division der im gewöhnlichen Geschäftsverkehr erzielten Preise von Ertragsimmobilien durch deren Jahresroherträge. Gebäudefaktoren sind die im gewöhnlichen Geschäftsverkehr für Immobilien erzielbaren Quadratmeterpreise. Die Kaufpreise, die zur Ermittlung von Ertrags- und Gebäudefaktoren herangezogen werden, müssen nach Art und Maß der baulichen Nutzung genau definiert und hinsichtlich der Lage bestimmten Lagekategorien zugeordnet sein. Dies ist die Voraussetzung, dafür, dass ein zu bewertendes Grundstück in seinem Profil mit dem Vergleichsgrundstück, für das der Faktor ermittelt wurde, einigermaßen übereinstimmt und damit vergleichbar wird. Der Ertragsfaktor wird auch als Maklerfaktor oder schlicht als „Multiplikator" bezeichnet.
Siehe / Siehe auch: Maklerfaktor (Multiplikator)

Vergleichsmiete, ortsübliche (Wohnungsmiete)

comparable rent, based on a representative cross-section of local residential lettings (flat / residential rent)

Die ortsübliche Vergleichsmiete ist ein Maßstab für Mieterhöhungsverlangen (§ 558 BGB) und für Neuvermietungen (§ 5 WiStG). Als Bezugsgröße für den Vergleich sind Mieten heranzuziehen, die in den letzten vier Jahren neu vereinbart oder im Rahmen bestehender Mietverträge angepasst wurden. Vergleichbar müssen die Wohnungen hinsichtlich Art, Größe, Ausstattung, Beschaffenheit und Lage innerhalb der Gemeinde oder vergleichbaren Gemeinden sein. Orientierungsgrundlage sind so genannte Mietspiegel. Zu unterscheiden ist zwischen einem einfachen und einem qualifizierten Mietspiegel. Letzterer wird unterstellt, wenn er nach anerkannten wissenschaftlichen Grundsätzen erstellt und von den Interessenvertretern der Mietvertragsparteien anerkannt wurde. Der Vermieter kann sich zur Begründung seines Mieterhöhungsverlangens aber auch auf die Mieten von drei vergleichbaren Wohnungen stützen, die die Vergleichsmiete annähernd repräsentieren. Eine weitere Möglichkeit besteht darin, das Gutachten eines öffentlich bestellten und vereidigten Sachverständigen einzuholen. Zu beachten ist allerdings, dass eine gesetzliche Vermutung dafür spricht, dass ein qualifizierter Mietspiegel die ortsübliche Vergleichsmiete widerspiegelt und damit Vorrang hat. Der Vermieter kann die Zustimmung zur Mieterhöhung grundsätzlich verlangen, wenn die neue Miete die ortsübliche Vergleichsmiete nicht überschreitet. Allerdings ist auch noch eine Kappungsgrenze zu beachten. Der Mieterhöhungsbetrag darf danach innerhalb von drei Jahren 20 Prozent der Ausgangsmiete nicht übersteigen. Bei niedrigem Ausgangsmietniveau kann die Anpassung an die Vergleichsmiete damit viele Jahre dauern.
Siehe / Siehe auch: Mietspiegel

Vergleichswert

comparative value; standard value; reference value

Der Vergleichswert spielt im Rahmen der Ermittlung von Verkehrswerten eine große Rolle. Verglichen wird das zu bewertende Grundstück mit den Preisen von Vergleichsgrundstücken die am Immobilienmarkt möglichst nahe am Bewertungszeitpunkt veräußert wurden. Ungleiche Grundstücke können, wenn die Abweichungen vom zu bewertenden Grundstück nicht zu groß sind, durch Umrechnungskoeffizienten vergleichbar gemacht werden. Da das Vergleichswertverfahren das Marktgeschehen am besten nachzeichnet, genießt es den Vorzug vor den anderen Verfahren (Ertragswert- und Sachwertverfahren). Bei unbebauten Grundstücken ist stets der Vergleichswert zu ermitteln (siehe Bodenwert). Hier stehen Bodenrichtwerte der Gutachterausschüsse zur Verfügung (mittelbarer Preisvergleich), wenn es nicht genügend Verkaufsfälle (unmittelbarer Preisvergleich) an vergleichbaren Bodenflächen gibt. Problematisch sind in der Regel Bodenrichtwerte von Geschäftsgrundstücken im Geschäftskern, bei denen oft nur Erfahrungswerte vorhanden sind, die weit in der Vergangenheit wurzeln.

Bei bebauten Grundstücken kann der Vergleichswert auch mit Hilfe von Vergleichsfaktoren ermittelt werden. Unterschieden wird dabei im Wesentlichen zwischen Gebäudefaktoren z. B. m^2-Preise, m^3-Preise und Ertragsfaktoren (siehe Ertragswert / Multiplikatoren). Gebäudefaktoren können bei verschiedenen Gebäudearten eingesetzt werden, vor allem bei Eigentumswohnungen und Reihenhäusern, aber auch bei Lagergebäuden. Ertragsfaktoren werden vor allem bei der Bewertung von Mietobjekten eingesetzt. In der Regel kommt den Ertragsfaktoren allerdings nur eine Plausibilitätsfunktion zu. Sie sollen das Ergebnis eines im Ertragswertverfahrens ermittelten Wertes absichern.
Siehe / Siehe auch: Bodenwert, Bodenrichtwert, Ertragswert, Spiering-Marktwertverfahren

Vergleichswertverfahren

comparable method of valuation; comparison method; sales comparison approach

Bei der Bewertung von bebauten Grundstücken für Zwecke der Erbschaft- und Schenkungsteuer ab 2009 ist für Wohnungseigentum, Teileigentum und Ein- und Zweifamilienhäusern das Vergleichswertverfahren anzuwenden.

Hierbei sind Kaufpreise von Grundstücken heranzuziehen, die mit dem übertragenen Grundstück hinreichend übereinstimmen. Grundlage sind vorrangig die von den Gutachterausschüssen mitgeteilten Vergleichspreise. Besonderheiten, insbesondere die den Wert beeinflussenden Belastungen privatrechtlicher und öffentlich-rechtlicher Art werden dürfen in diesem Verfahren nicht berücksichtigt werden.

Bei der Immobilienbewertung nach dem Vergleichswertverfahren gibt es zwei Variationen: das Vergleichspreisverfahren und das Vergleichsfaktorverfahren. Beim Vergleichspreisverfahren verwendet man die Verkaufspreise von vergleichbaren Grundstücken. Die Gutachterausschüsse der Gemeinden bilden dazu Vergleichspreise. Teils werden jedoch auch Unterlagen herangezogen, die den Finanzämtern nach Verkäufen ähnlicher Grundstücke vorliegen. Belastungen des Grundstücks werden nicht berücksichtigt. Statt der Vergleichsgrundstücke können Vergleichsfaktoren verwendet werden. Diese werden von den Gutachterausschüssen für vergleichbare Bezugseinheiten wie Raum- und Flächeneinheiten eines Gebäudes festgelegt. Bei Verwendung von nur auf das Gebäude bezogenen Vergleichsfaktoren bezieht man auch den Bodenwert nach § 179 BewG ein.

Beim Vergleichsfaktorverfahren errechnet man den Vergleichswert durch Vervielfältigung des Jahresertrages (oder einer anderen Bezugseinheit) des Grundstücks mit dem Vergleichsfaktor des Gutachterausschusses.

Siehe / Siehe auch: Erbschaftssteuerreform, Ertragswertverfahren, Sachwertverfahren, Immobilienbewertung für Erbschaftssteuer, Vergleichswert, Bodenrichtwert

Verhandlungstermin

date of hearing; hearing; day of appearance

Irgendwann in einem Rechtsstreit wird vor Gericht verhandelt. Dies soll nach dem Gesetz so früh wie möglich geschehen, so dass das Gericht entweder einen „frühen ersten Termin" bestimmt, oder das schriftliche Vorverfahren.

Verjährung

lapse of time (legal); limitation; statute of limitation(s); prescription

Ansprüche, von einem anderen ein Tun oder Unterlassen zu verlangen, unterliegen der Verjährung. Das bedeutet, dass die Ansprüche nicht zeitlich unbegrenzt geltend gemacht werden können. Die regelmäßige Verjährungsfrist beträgt drei Jahre (früher 30 Jahre!). Entscheidend ist die Frage, wann die Verjährungsfrist zu laufen beginnt. Die regelmäßige Verjährungsfrist beginnt mit dem Schluss des Jahres, in dem der Anspruch entstanden ist und der Anspruchsberechtigte Kenntnis von dem die Verjährung auslösenden Umständen und die Person des Schuldners erlangt hat oder (ohne grobe Fahrlässigkeit) hätte erlangen müssen. Das bedeutet, dass sich die Frist verlängern kann, wenn zwischen dem Zeitpunkt, in dem der Anspruch entsteht und dem Zeitpunkt der Kenntnisnahme des Umstandes, der den Anspruch entstehen ließ, eine längere Zeit verstreicht. Denn dann ist maßgebend für den Beginn der Frist die spätere Kenntnisnahme.

Allerdings kann der Anspruch nach Ablauf von zehn Jahren nach seiner Entstehung nicht mehr geltend gemacht werden. Bei bestimmten Schadensersatzansprüchen (etwa bei Verletzung der Gesundheit) liegt die Höchstfrist für die Geltendmachung des Schadens bei 30 Jahren. Entsteht aufgrund einer Handlung, einer Pflichtverletzung oder eines anderen Schaden verursachenden Ereignisses der Schaden erst viel später, dann beginnt die dreijährige Verjährungsfrist erst ab dem Eintritt des Schadens und seiner Kenntnisnahme. Nach Ablauf von 30 Jahren aber kann auch hier kein Anspruch mehr geltend gemacht werden. Die Verjährung kann gehemmt werden, etwa durch Verhandlungen, durch Klageerhebung, Mahnbescheid usw. Sie kann aber auch neu beginnen, wenn der Anspruch von dem in Anspruch genommenen anerkannt wird (z. B. durch Teilzahlung). Neben der dreijährigen Regelfrist kennt das BGB 10- und 30-jährige Fristen. So verjähren in zehn Jahren Ansprüche auf Eigentumsübertrag an Grundstücken, auf Begründung, Übertragung oder Aufhebung von Rechten an Grundstücken. Die 30 jährige Verjährungsfrist bezieht sich unter anderem auf Herausgabeansprüche aus Eigentum und anderen dinglichen Rechten, familien- und erbrechtliche Ansprüche, rechtkräftig festgestellte Ansprüche. Schließlich muss noch auf schuldrechtstypische Verjährungsregelungen hingewiesen werden. Hierzu gehören im immobilienwirtschaftlichen Bereich besonders miet-, kauf- und werkvertragliche Verjährungsfristen.

Ferner gibt es in anderen Gesetzen außerhalb des BGB weitere Verjährungsregelungen.
Siehe / Siehe auch: Verwirkung, Bauliche Veränderungen (Wohnungseigentum)

Verjüngungsprinzip
prinicple of regeneration/ rejuvenation

Die Gesamtnutzungsdauer eines Gebäudes ist eine feststehende Größe. Sie kann sich jedoch faktisch verlängern, wenn Modernisierungsmaßnahmen durchgeführt werden. Anstatt aber entsprechende Jahre daran zu hängen (Verlängerungsprinzip), geht man heute so vor, dass das Baujahr fiktiv in Richtung Bewertungsstichtag herangezogen wird, wodurch die Gesamtnutzungsdauer gleich bleibt und sich nur die Restnutzungsdauer verlängert.

Verkaufsbetreuung
sales support

Verkaufsbetreuung ist eine Dienstleistung, die alternativ zu einer Maklertätigkeit zur Förderung des Verkaufs einer Immobilie angeboten werden kann. Der Unterschied zur Maklertätigkeit besteht im Wesentlichen darin, dass der Verkaufsbetreuer für seine Dienstleistung und nicht für den Verkaufserfolg vergütet wird. Der Leistungskatalog des Verkaufsbetreuers ist Gegenstand des Betreuungsvertrages. Er dürfte auch die Leistungen umfassen, die ein guter Makler im Falle seiner Beauftragung erbringen würde, um zum Erfolg zu gelangen. Der Leistungskatalog umfasst im Wesentlichen:

- Objektanalyse
- Preisberatung / Objektbewertung
- Erstellung eines Werbekonzepts und eines Exposés,
- Durchführung der geplanten Werbemaßnahmen,
- Interessentenbegleitung bei Besichtigungen,
- Beschaffung und Zurverfügungstellung von Beleihungsunterlagen,
- Beschaffung der Finanzierung
- Verhandlungsführung
- Vorbereitung der notariellen Beurkundung des Kaufvertrages.
- Nachbetreuung bei Erfüllung der Kaufvertragsverpflichtungen (z. B. Umzugsservice usw.)

Das Dienstleistungshonorar wird analog zum Honorar des Baubetreuers als vom Hundertsatz des Geschäftswertes (Wert des Kaufgegenstandes) berechnet. Da der Verkaufsbetreuer keinem „Nichterfolgsrisiko" ausgesetzt ist, liegt das Betreuungshonorar unterm dem eines Maklers, wenn von Sonderleistungen abgesehen wird. Verkaufsbetreuung ist in Deutschland noch nicht weit verbreitet. Hier überwiegt die erfolgsorientierte Maklertätigkeit. Auch wenn der Verkaufsbetreuer kein Erfolgshonorar verlangt, bedarf er, wie ein Makler, einer Erlaubnis nach § 34 c GewO, es sei denn, er klammert die Erbringung von Vermittlungs- und Nachweisleistungen aus seinem Leistungskatalog aus.
Siehe / Siehe auch: Verkaufsbetreuungsvertrag

Verkaufsbetreuungsvertrag
sales support contract

Die Vereinbarung von qualifizierten Makler-Alleinaufträgen in Form von Formularverträgen stößt an ihre Grenzen. Hinzuziehungsklauseln und Verweisungsklauseln müssen, um rechtswirksam zu sein, individuell ausgehandelt werden. Daran entzündete sich eine Diskussion, ob nicht auf einer anderen Rechtsebene ein Vertrag konzipiert werden sollte, dessen gesetzliches Leitbild nicht die veralteten §§ 652- 654 BGB sind. Es bot sich ein Vertrag der entgeltlichen Geschäftsbesorgung auf der Grundlage des Dienstvertragsrechts an. Gegenstand des neuen Vertrages ist die Betreuung des Immobilienverkäufers mit dem Ziel, in seinem Namen und auf seine Rechnung alle Leistungen zu erbringen, die zu einem Kaufvertragsabschluss führen. Im Gegensatz zum Makler, der zwischen den Parteien vermittelt und quasi Dritter im Bunde ist, ist der Verkaufsbetreuer reiner Interessenvertreter wie etwa ein Anwalt, der die Interessen seines Mandanten vertritt. Der Verkaufsbetreuungsvertrag entspricht etwa dem Vertrag, den man mit einem wirtschaftlichen Baubetreuer schließt, wenn ein Bauherr ein Bauvorhaben vorbereiten und durchführen will. Allerding kann beim Verkaufsbetreuungsvertrag keine Wertgebühr sondern nur ein Stundenhonorar vereinbart werden, weshalb der Verkaufsbetreuer die von ihm erbrachten Leistungen genau dokumentieren muss. Immobilienmakler sollen mit dem Verkaufsbetreuungsvertrag neben der Möglichkeit, Makler-Alleinaufträge zu akquirieren, für besondere Fälle anstelle von Alleinaufträgen auch Verkaufsbetreuungsverträge abschließen können. Dies empfiehlt sich vor allem dann, wenn aus Gründen, die im Objekt liegen, umfangreiche Recherchen und Analysen erforderlich sind, die ein Makler wegen der Erfolgsbezogenheit seiner Tätigkeit so kaum leisten kann. Außerdem kann man einem solchen Vertragsverhältnis dann den Vorzug geben, wenn die Marktverhältnisse unklar sind (Schwierigkeiten bei der Vermarktung). Die wesentlichen Unterschiede zum Makler-Alleinauftrag sind neben der neuen

Rechtsgrundlage die Fixierung eines detaillierten Leistungsstandards, die Erweiterungsmöglichkeit dieses Leistungskatalogs im Rahmen besonderer Dienstleistungen, die Tatsache, dass das Vertragsverhältnis nicht vorweg zeitlich befristet ist, andererseits jedoch von Seiten des Aufraggebers problemlos gelöst werden kann, sowie die Pflicht zur Beratung, wenn ein Beratungsbedarf unterstellt werden muss. Wichtig erscheint in diesem Zusammenhang, dass die Verkaufsbetreuereigenschaft gegenüber dem möglichen Auftraggeber eindeutig zu Ausdruck gebracht wird. In der Website und auf dem Briefbogen sollte sie neben den Maklerleistungen, Hausverwalterleistungen usw. als neuer eigenständiger Leistungsbereich gesondert aufgenommen werden. Der Verkäufer bleibt auch beim Verkaufsbetreuungsvertrag in seiner Entscheidung frei, ob er am Ende tatsächlich sein Objekt verkaufen soll oder nicht.

Siehe / Siehe auch: Alleinauftrag, Verkaufsbetreuung

Verkaufsfaktor

sales factor

Der Verkaufsfaktor gibt an, wie vielen Jahresnettomieten der beim Verkauf einer Immobilie erzielte Erlös entspricht. So wird beispielsweise in Prognoserechnungen von Initiatoren geschlossener Immobilienfonds der zu einem bestimmten Zeitpunkt erwartete Veräußerungserlös errechnet, indem die für diesen Zeitpunkt prognostizierte Jahresnettomiete mit dem angestrebten Verkaufsfaktor multipliziert wird. Unter dem Aspekt der kaufmännischen Vorsicht sollte für den Verkaufsfaktor in der Regel kein höherer Wert als der Einkaufsfaktor beim Erwerb der Immobilie veranschlagt werden. Eher ist es sinnvoll, im Sinne einer konservativen Kalkulation Abschläge vom ursprünglichen Einkaufsfaktor vorzunehmen.

Siehe / Siehe auch: Einkaufsfaktor für Immobilien

Verkaufsförderung (Immobilienwirtschaft)

sales promotion (real estate management)

Zur Verkaufsförderung zählen im Rahmen des Absatzmarketings alle Maßnahmen, die geeignet sind, den betrieblichen Verkaufserfolg zu erhöhen. Zu unterscheiden sind betriebsinterne Maßnahmen und Aktivitäten, die im öffentlichen Raum stattfinden.

Zu den internen Verkaufsförderungsmaßnahmen zählt eine zielgerichtete Personalentwicklung (Training und individuelles Coaching). Die Vermittlung entsprechender Marktkompetenzen erfolgt am besten im Rahmen von Inhouse-Seminaren. Fähigkeiten, die sich Makler und engagierte Außendienstler im Immobilienvertrieb aneignen müssen, bestehen in einer kundenorientierte Rhetorik, in der Beherrschung verkaufs-psychologischer Techniken und in der professionellen Handhabung von Präsentationstechniken (zielgruppenorientierte Exposé-Gestaltung, virtuelle Objektbesichtigungen auch via Internet). Verkaufsförderungsaktivitäten, die im Außenbereich stattfinden, zielen auf Aktionen ab, mit dem Anreize geschaffen werden, sich mit dem Makler und seinen Produkten zu beschäftigen. Sponsoring, die Ausrichtung von Richtfesten, Einladungen zur Eröffnung einer Filiale, soziale Engagements in der Gemeinde usw. zielen darauf ab, mit einem breiteren Publikum in Tuchfühlung zu kommen und positive Einstellungen zum Unternehmen zu erzeugen.

Siehe / Siehe auch: Marketing

Verkaufsschilder

sales signs

Während regelmäßig über sinkende Anzeigenerträge und hohe Werbekosten lamentiert wird, vergessen Makler und Bauträger häufig eine interessante Werbevariante: Verkaufsschilder an den jeweiligen Objekten. Dies ist umso verwunderlicher, als in vielen anderen Ländern, speziell in den anglo-amerikanischen, Schilder eine große Marketing-Bedeutung haben und vielerorts bereits zum festen Stadtbild gehören – ob man das nun ästhetisch findet oder nicht. Ein solches Schild aufzustellen ist dort auch das erste, was ein Makler, nachdem er einen Auftrag akquiriert hat, angeht. Bei uns erfreuen sich Verkaufsschilder allerdings nur bei Bauträgerobjekten großer Beliebtheit. Makler verzichten meist auf das Anbringen von Verkaufsschildern – ein Fehler, weil diese Schilder hervorragende Werbeträger für das Objekt wie auch den Makler sein können.

Verkaufstechnik

sales technique; sales pitch

Die Verkaufstechnik beschreibt Geschick und Methodik, ein Objekt oder ein Immobilienprodukt (inkl. Anteile an offenen und geschlossenen Immobilienfonds oder REITS) zu vertreiben. In vielen Bereichen der Immobilienwirtschaft sind durch Vermitteln, Vermieten und Verkaufen Techniken erforderlich, um ein Geschäft zielgerecht abzuschließen. Beispielhaft sind folgende Mittel/Techniken genannt:

- positive Atmosphäre schaffen
- Einwandbehandlung (Widerstände auflösen

wie: „zu teuer“ oder „Die Provision ist zu hoch!“)
- Misstrauen / Skepsis abbauen
- Präqualifikation (Interessenten bewerten und potenzielle Anwärter herausfiltern)
- „Drehbuch“ anfertigen bei Besichtigungen, Verhandlungen und (Telefon-)Gesprächen
- Fragetechniken (geschickter, dosierter Einsatz von Gegenfragen und das Stellen der richtigen Fragen)
- Körpersprache (Beachten von nonverbalen Signalen, Gestik und Mimik des Gegenübers beurteilen sowie eigene Körpersprache zielgerichtet einsetzen)
- Abschlusssignale richtig deuten
- eigenen Sprachklang untersuchen und Sprache richtig einsetzen
- Sprechpausen
- künstliches Verknappen des Produkts
- Bedenkzeit
- Zögern
- Blickkontakt
- Ausweichen
- Einfühlungsvermögen
- Entgegenkommen
- Etikette / Kleidung nutzen

Verkaufstechniken kommen ausführlich in der Literatur vor und lassen sich leicht auf die Immobilienwirtschaft anwenden.

Siehe / Siehe auch: Akquisition, Akquisitionsprospekt (Maklergeschäft), Akquisitionsstrategien

Verkehrsberuhigte Straßen

traffic-calming streets

Siehe / Siehe auch: Spielstraße, Straßen

Verkehrsberuhigung

traffic reduction; traffic calming

Verkehrsberuhigung hat vornehmlich die Verringerung und die umweltschonende Abwicklung des Autoverkehrs zum Ziele. Es sollen dabei auch die Lärm- und Schadstoffemissionen reduziert werden. Man erhofft sich durch Geschwindigkeitsbegrenzungen auch einer Erhöhung der Verkehrssicherheit. Fußgängerzonen, Spielstraßen und Tempo-30-Zonen sind die gängigen Maßnahmen einer flächendeckenden Verkehrsberuhigung. Erreicht wird insbesondere eine Verringerung des gebietsfremden Durchgangsverkehrs. Verkehrsberuhigte Zonen werden an ihrem Beginn in der Regel durch Bremsschwellen markiert, die farblich gekennzeichnet sind und – bei Tempo-30-Zonen - bis zu 7 cm Höhe erreichen können. Sie zwingen den schnellen Autofahrer zur Drosselung seines Tempos. Verkehrsberuhigte Zonen steigern in der Regel den Wohnwert des davon betroffenen Gebietes nicht unerheblich.

Verkehrsfläche

public thoroughfare; land occupied by roads (or other transport facilities)

Siehe / Siehe auch: Grundfläche nach DIN 277/1973/87, Siedlungs- und Verkehrsfläche

Verkehrssicherungspflicht

liability for premises

Derjenige, der eine Gefahrenquelle schafft (Haus, Schwimmbad, usw.), ist verpflichtet, alle zumutbaren Maßnahmen zu treffen, damit die Gefahrenquelle beseitigt wird. Unterlässt er diese Sicherungsvorkehrungen, kann er schadensersatzpflichtig werden. Kommt beispielsweise ein Passant vor einem Haus zu Fall, weil der Grundstückseigentümer im Winter nicht den Schnee geräumt hat, kann der Fußgänger Ansprüche gegen den Grundstückseigentümer geltend machen. Ebenso muss der Eigentümer in der Eigenschaft als Vermieter dafür sorgen, dass seine Mieter ohne Gefahr für Körper und Gesundheit die Mietwohnung vertragsgemäß nutzen können. Dies bezieht sich z. B. auf sicheren Zustand der Leitungen, funktionierende Treppenhausbeleuchtung, mögliche Gefahrenquellen in Hof, Treppenhaus oder gemeinschaftlich genutzter Gartenanlage. Regelmäßige Kontrollen der Sicherheit sind erforderlich. Kommt es in den Mieträumen oder in Gemeinschaftsräumen, die der Mieter normalerweise berechtigtermaßen benutzt, zu einem Unfall mit Verletzungen, haftet der Vermieter unter Umständen auch auf Schmerzensgeld. So gestand das Landgericht Berlin einem Mieter, der beim Herauftragen von Kohlen aus dem Keller bei defekter Beleuchtung über einen vorstehenden Balken gestolpert war und sich erheblich verletzt hatte, 2.500 Euro Schmerzensgeld zu (Az. 67 S 319/03, Urteil vom 5.3.2007). Die Beauftragung einer Hausverwaltungsfirma befreit den Vermieter nicht von seiner Haftung aus der Verletzung von Verkehrssicherungspflichten, da er nach dem Bürgerlichen Gesetzbuch für etwaige Pflichtverletzungen seiner Erfüllungsgehilfen – also der von ihm im Rahmen seiner vertraglichen Pflichten gegenüber den Mietern beauftragten Personen oder Unternehmen – haften muss. Gewisse Einschränkungen dieser Vermieterhaftung ergeben sich für die Mieträume selbst. Treten hier Gefahren auf, muss der Mieter sie dem Vermieter melden.

Tut er dies nicht, kann der Vermieter nicht reagieren. Damit haftet er nicht und kann gegebenenfalls vom Mieter Schadenersatz verlangen. Auch muss der Vermieter nicht gegen jede nur entfernt denkbare Gefahr Sicherheitsmaßnahmen treffen: Die Vorsichtsmaßnahmen müssen zumutbar bleiben. Beispiel: Ein Berliner Mieter scheiterte mit seiner Klage auf Schadenersatz und Schmerzensgeld, nachdem er in seiner Garagenzufahrt im August auf einer Öllache ausgerutscht war, die sich unter herabgefallenem Laub befand. Die Zufahrt war erst am Tag zuvor vermieterseitig gesäubert und kontrolliert worden. Eine tägliche Reinigung und Kontrolle war laut Gericht unzumutbar, weil kein besonderer Anlass bestand, wie etwa größere Mengen von Herbstlaub. Damit müsse jedoch im August noch nicht gerechnet werden (Kammergericht Berlin, Az. 9 U 185/05 vom 24.10.2006). Gängige Mietverträge enthalten Regelungen, durch die ein Teil der Verkehrssicherungspflichten auf den Mieter abgewälzt wird – so z.B. die Räum- und Streupflicht. Ein durch die Schuld des Mieters Geschädigter kann in diesem Fall sowohl Vermieter als auch Mieter in Anspruch nehmen. Kann der Vermieter nachweisen, dass er mit Bedacht einen zuverlässig erscheinenden Mieter ausgewählt hat, haftet er nicht. Gelingt der Nachweis nicht, muss er zwar Schadenersatz leisten, kann aber seinerseits den Mieter in Anspruch nehmen. Gegen Schadensersatzansprüche wegen Verletzung von Verkehrssicherungspflichten können sich Hausbesitzer durch den Abschluss einer Haushaftpflichtversicherung schützen. Mieter können sich durch den Abschluss einer Privathaftpflichtversicherung absichern.

Siehe / Siehe auch: Schadenersatzansprüche des Mieters, Schadenersatzansprüche des Vermieters

Verkehrswert

(current) market value; sale(s) value; fair market value

Der Verkehrswert wird durch den Preis bestimmt, der zum Wertermittlungsstichtag im gewöhnlichen Geschäftsverkehr am Grundstücksmarkt im Falle eines Verkaufes am Bewertungsstichtag zu erzielen wäre. Dabei sind rechtliche Gegebenheiten (Beispiel Grunddienstbarkeit wie etwa ein Wegerecht, vertraglich vereinbarte Mietbindungen) tatsächliche Eigenschaften (Beispiel: Entwicklungszustand des Grundstücks – erschlossen, nicht erschlossen) sowie die sonstige Beschaffenheit (Beispiel: großer Reparaturanstau) zu berücksichtigen. Außer Betracht bleiben persönliche und ungewöhnliche Verhältnisse, die das Marktgeschehen beeinflussen könnten. Hierzu zählt etwa die Gewährung eines Freundschaftpreises, die Zahlung eines Monopolpreises weil der Erwerber nicht auf ein anderes Grundstück ausweichen kann oder ein Zwangsverkauf. Die Definition des Verkehrswertes ergibt sich aus § 194 Baugesetzbuch. Im Zusammenhang mit der Änderung des BauGB durch EAG-Bau 2004 wurde bei der Verkehrswertdefinition zu Zwecken der Klarstellung noch der Klammerzusatz „Marktwert“ eingefügt. Damit soll die Identität des Begriffs mit dem des international gebräuchlichen Begriffs des „Market Value“ klargestellt werden. Damit wird auch klargestellt, dass der Verkehrswert die tatsächlichen Marktverhältnisse widerspiegeln soll. Denkbar ist, dass für den Wertermittlungsstichtag ein anderer als der zu diesem Tag tatsächlich gegebene Zustand des Grundstücks zu unterstellen ist. Beispiel: Bewertung eines erst nach dem Bewertungsstichtag auf dem Grundstück zu verwirklichenden Projektes. Den Verkehrswert stellen „Sachverständige für die Bewertung von bebauten und unbebauten Grundstücken“ fest. Auch der Gutachterausschuss kann hierzu beauftragt werden.

Die Anlässe hierfür können vielfältig sein: Vermögensauseinandersetzungen zwischen Erben oder Eheleuten bei Ehescheidung, Zwangsversteigerungen, Überprüfung von finanzamtlichen Wertfestsetzungen, Beleihungen usw. Zu unterscheiden ist hinsichtlich der Adressaten für solche Bewertungen zwischen Gerichtsgutachten und Privatgutachten.

Verkündungstermin

judgment date

Jede Entscheidung eines Gerichtes muss in einem gesonderten Termin öffentlich verkündet werden. Damit sollen gerichtliche Entscheidungen hinter verschlossenen Türen vermieden werden. In der Regel erscheint außer dem Richter zu diesem Termin niemand, da die Entscheidung den Parteien danach auch noch schriftlich mitgeteilt wird und eventuelle Fristen erst mit schriftlicher Zustellung zu laufen beginnen.

Verluste aus Vermietung und Verpachtung (Steuerrecht)

loss from letting and leasing (tax law)

Verluste aus Vermietung und Verpachtung darf der Vermieter im Rahmen seiner Steuererklärung steuersparend geltend machen. Sie kommen dadurch zustande, dass die tatsächlichen und/oder buchmäßigen Werbungskosten für die vermietete Immobilie (Abschreibung, Hypothekenzinsen,

Reparatur- und Instandhaltungskosten) höher sind als die steuerpflichtigen Mieteinnahmen. Die Differenz aus beiden sind „Verluste aus Vermietung und Verpachtung". Sie können mit positiven Einkünften aus anderen Einkunftsarten verrechnet werden, sofern es sich nicht um negative Einkünfte aus Steuerstundungsmodellen handelt.
Siehe / Siehe auch: Vorweggenommene Werbungskosten, Verlustverrechnungsbeschränkung

Verlustverrechnungsbeschränkung

restriction on set-offs

Durch das Gesetz zur Beschränkung der Verlustverrechnung im Zusammenhang mit Steuerstundungsmodellen vom 22.12.2005 ist der § 2b EStG rückwirkend durch § 15 b EStG ersetzt worden. Damit sind die Steuersparmöglichkeiten mit Windkraftfonds und Medienfonds aber auch Leasingfonds seit 11.11.2005 nur noch ganz begrenzt möglich. Die Verlustzuweisung wird jetzt bei allen „Steuerstundungsmodellen" auf maximal zehn Prozent des gezeichneten Kapitals begrenzt. Darüber hinaus gehende Verluste sind nur mit späteren Gewinnen aus demselben Steuerstundungsmodell verrechenbar.
Bauträgermodelle müssen nicht zwangsläufig unter die Verlustverrechnungsbeschränkung fallen. Dies gilt auch dann, wenn die Erwerber aus den erworbenen Objekten im Weiteren negative Einkünfte z. B. aus Vermietung und Verpachtung erzielen. Ein Kauf vom Bauträger hat – und das gilt auch in Sanierungsgebiets- und Denkmalsanierungsfällen, in denen erhöhte Absetzungen für Abnutzungen nach §§ 7h und 7i EStG geltend gemacht werden können – nur dann einen modellhaften Charakter, wenn der Bauträger neben dem Verkauf und ggf. der Sanierung noch weitere Leistungen erbringt. Hierzu zählen z.B. Mietgarantien, Übernahme der Finanzierung und rechtliche Beratung.

Vermächtnis

legacy; bequest; will

Beim Vermächtnis wird vom Erblasser nur ein einzelner Vermögensgegenstand dem Bedachten zugewendet. Dieser wird durch die Zuwendung nicht zu einem Erben. Das Vermächtnis kann durch Testament oder Erbvertrag festgelegt werden. Mit einem Vermächtnis kann der Erblasser verfügen, dass der Bedachte (Vermächtnisnehmer) einen Anspruch gegen den Beschwerten (einen Erben) haben soll. Dieser Anspruch kann sich auf die Herausgabe bestimmter Sachen richten, auf einen Geldbetrag, die Übertragung einer Forderung, ein Wohnrecht oder eine Handlung (im Sinne von Tun oder Unterlassen) des Beschwerten. Letzteres können auch Dienstleistungen oder der Erlass einer Forderung sein. Auch ein Vermächtnisnehmer kann mit einem Vermächtnis zugunsten eines anderen Vermächtnisnehmers beschwert werden.
Siehe / Siehe auch: Testament, Erbrechtsreform 2009, Erbschaftssteuerreform, Erbvertrag, Immobilienbewertung für Erbschaftssteuer, Pflichtteil, Restpflichtteil

Vermessungsingenieur

surveyor; land surveyor

Siehe / Siehe auch: ÖbVI

Vermessungspunkt

fixed point

Der Vermessungspunkt ist ein Lagefestpunkt, der an Hausecken, Mauern oder im Boden durch Bolzen oder Nägel dauerhaft markiert ist und der Orientierung über Grenzverläufe dienen. Es gibt auch Höhenfestpunkte, die der Orientierung der Höhenlage dienen. Höhenmesspunkte findet man häufig an Bahnhöfen oder an Kirchen.

Vermietergemeinschaft

association of landlords

Als Vermieter kann nicht nur eine Einzelperson oder ein Unternehmen auftreten, sondern auch eine Gemeinschaft von Personen. Dies können Ehegatten sein, die als Miteigentümer einer Mietwohnung auftreten, oder auch die Mitglieder einer Erbengemeinschaft. Eine Kündigung des Mietvertrages kann dann nur von allen Mitgliedern der Gemeinschaft zusammen vorgenommen werden; sie muss von allen eigenhändig unterzeichnet sein.
Ausnahme: Die Mitglieder der Gemeinschaft haben einen der ihren dazu bevollmächtigt, derartige Handlungen in ihrem Namen vorzunehmen. Die Zahlung der Miete gilt als so genannte unteilbare Leistung (§ 432 BGB), d.h. der Mieter kann nur an alle Vermieter gemeinsam bezahlen und jeder einzelne Mit-Vermieter kann die Mietzahlung nur als Ganzes an alle verlangen – also nicht die Zahlung seines Anteils an sich selbst. Bei Mieterhöhungen müssen deshalb auch wieder alle gemeinsam in Aktion treten – oder einen Bevollmächtigten ernennen. Von der Vermietergemeinschaft zu unterscheiden ist die Eigentümergemeinschaft, bei der die Einzeleigentümer ihre jeweilige Wohnung selbst vermieten oder selbst bewohnen. Hier findet nur eine gemeinsame Verwaltung des gemeinschaftlichen Eigentums statt, zu dem die vermietete Einzelwohnung nicht gehört.

Vermieterpfandrecht

landlord's lien; legal mortgage by way of demise

Der Vermieter eines Grundstücks oder einiger Räume erwirbt ein Pfandrecht an den eingebrachten Sachen des Mieters. Dieses Pfandrecht entsteht kraft Gesetzes. Begründet wird es durch „Einbringen". Hierunter ist das bewusste Hineinschaffen in die Mieträume zu verstehen. Sachen, die in den Mieträumen hergestellt worden sind, gelten gleichfalls als eingebracht. Nicht eingebracht sind Gegenstände, die sich nur vorübergehend in den Mieträumen befinden. Stellt der Mieter regelmäßig sein Kraftfahrzeug auf dem Mietgrundstück ab, z.B. in einer mit gemieteten Garage oder auf einem mit gemieteten Stellplatz, so ist es eingebracht. Das Landgericht Neuruppin hat im Falle einer Spedition entschieden, dass die LKW auch dann noch als eingebracht gelten, wenn sie täglich im Rahmen des Betriebes vom Grundstück entfernt und abends wieder dort abgestellt werden (Landgericht Neuruppin, Urteil vom 09.06.2000, Aktenzeichen 4 S 272/99). Sobald die eingebrachten Sachen vom Grundstück entfernt werden, erlischt das Pfandrecht, außer die Entfernung erfolgt ohne Wissen oder mit Widerspruch des Vermieters. Nicht widersprechen darf der Vermieter, wenn die Gegenstände im Rahmen gewöhnlicher Lebensverhältnisse (z.B. Berufsausübung) vom Grundstück entfernt werden oder wenn das, was übrig bleibt, seine Forderungen abdeckt.
Soweit der Vermieter in diesem Rahmen der Entfernung von Gegenständen widersprechen darf, hat er ein Selbsthilferecht. Das heißt: Er darf die Entfernung der Sachen vom Grundstück verhindern, ohne gerichtliche Hilfe in Anspruch zu nehmen. Dies gilt insbesondere beim Auszug des Mieters. Hat es der Mieter trotzdem geschafft, seine Wertgegenstände in Sicherheit zu bringen, hat der Vermieter das Recht auf Herausgabe zum Zwecke der Zurückschaffung auf das Grundstück. Allerdings erlischt das Pfandrecht, wenn der Vermieter innerhalb eines Monats nach Kenntniserlangung vom Wegschaffen der Sachen nicht gerichtlich vorgeht. Solange der Mieter nicht auszieht und keine eingebrachten Sachen wegbringt, kann der Vermieter nicht zur Selbsthilfe greifen. Ein gewaltsames Eindringen in die Wohnung ist strafbarer Hausfriedensbruch. Der Vermieter kann sein Pfandrecht jedoch gerichtlich durchsetzen. Das Vermieterpfandrecht gibt ihm einen Herausgabeanspruch. Das Vermieterpfandrecht geht anderen Pfandrechten vor. Allerdings müssen die eingebrachten Sachen im Eigentum des Mieters stehen und dürfen nicht dem Pfändungsschutz unterliegen. Nicht pfändbar sind z. B. Sachen, die dem persönlichen Bedarf oder Haushalt dienen (z. B. Kleidung, Herd, Kühlschrank, Fernseher), sowie Haustiere und auch Gegenstände, die der Berufsausübung des Schuldners dienen.
Wegen des Pfändungsschutzes hat das Vermieterpfandrecht bei Wohnraum (gegenüber Gewerberäumen) nur eine eingeschränkte Bedeutung. Der Vermieter kann selbst oft kaum beurteilen, ob die in Frage kommenden Gegenstände eventuell dem Pfändungsschutz nach § 811 Zivilprozessordnung unterliegen. Darüber hinaus kann ein Vermieter sich in diesem Bereich leicht strafbar machen, da die Grenzen zwischen erlaubter Selbsthilfe und Straftat (Hausfriedensbruch, Nötigung, bei Gewaltanwendung Körperverletzung) fließend sind.
Gesetzliche Regelung: §§ 562 ff. Bürgerliches Gesetzbuch.
Siehe / Siehe auch: Selbsthilfe

Vermieterwechsel

change in landlords

Der Wechsel des Vermieters wirft oft rechtliche Fragen auf. Hier einige Hinweise:

- Bei Verkauf gilt der Grundsatz „Kauf bricht nicht Miete": Der Mietvertrag bleibt so bestehen, wie er mit dem alten Vermieter abgeschlossen wurde.
- Umwandlung: Wird eine Mietwohnung in eine Eigentumswohnung umgewandelt, bedeutet dies nicht die sofortige Kündigung des Mieters. Erst nach einer Frist von drei Jahren darf der neue Eigentümer die Kündigung wegen Eigenbedarfs aussprechen.
- Betriebskostenabrechnung: Wechselt der Vermieter während des laufenden Abrechnungszeitraumes, muss nicht der bisherige, sondern der neue Vermieter über die Betriebskosten des gesamten Abrechnungszeitraumes abrechnen. Auch über bisher geleistete Vorauszahlungen muss der bisherige Vermieter nicht mehr abrechnen (vergleiche BGH, Az. VIII ZR 168/03, WM 2004, 94).
- Für Abrechnungszeiträume, die vor dem Wechsel beendet waren, gilt dies nicht: Hier muss der frühere Vermieter abrechnen.
- Kaution: Für alle nach dem 01.09.2001 geschlossenen Mietverträge gilt: Der Erwerber der Wohnung haftet dem Mieter für die Kaution. Dies gilt unabhängig davon, ob er das Geld vom bisherigen Vermieter erhalten hat. Bei Altverträgen ist der Erwerber verpflichtet, den Mieter darüber zu informieren, ob er

die Kaution vom Voreigentümer erhalten und korrekt angelegt hat. Ist dies nicht geschehen, hat der Mieter einen Anspruch gegen den alten Eigentümer auf Herausgabe der Kaution an den neuen Vermieter.

Siehe / Siehe auch: Betriebskosten, Insolvenz des Vermieters, Mietkaution, Umwandlung

Vermietung an Angehörige

renting / leasing to relatives

Die Überlassung einer Wohnung an einen nahen Angehörigen kann prinzipiell entgeltlich oder unentgeltlich stattfinden. Im Falle der Vermietung werden in vielen Fällen Aufwendungen (z.B. Darlehenszinsen) als Werbungskosten steuerlich geltend gemacht. Meist wird ein Mietzins unter dem ortsüblichen Niveau vereinbart, man spricht dann von „verbilligter Vermietung". Das Finanzamt erkennt eine Vermietung an nahe Angehörige (z. B. Eltern oder Kinder) steuerlich nur an, wenn das vermietete Objekt eine abgeschlossene Wohnung mit eigenem Eingang ist, eine Kochgelegenheit besitzt und wenn ein herkömmlicher Mietvertrag besteht. Dieser muss so gestaltet sein, als ob er unter Fremden geschlossen wäre und er muss auch so eingehalten werden („Fremdvergleich"). Nach der Rechtsprechung des Bundesfinanzhofes muss die Miete eindeutig als Kalt- oder Warmmiete vereinbart werden (Az. IX B 50/04, Urteil vom 28.07.2004). Es darf für den Vermieter keine Möglichkeit geben, die Wohnung mit zu benutzen (Az. IX R 121/92, Urteil vom 07.06.1994). Auch eine Vermietung innerhalb einer familiären Hausgemeinschaft hat schlechte Chancen auf steuerliche Anerkennung (Az. IX R 16/04, Urteil vom 15.02.2005).

Wichtigstes Kriterium für das Finanzamt ist die so genannte Einkünfteerzielungsabsicht. Wird eine zu niedrige Miete verlangt, zweifelt das Finanzamt die Absicht zur Erzielung von Einkünften an. Die damit verbundenen Aufwendungen sind dann nicht abzugsfähig. Bei einer verbilligten Vermietung gilt seit dem Veranlagungszeitraum 2004: Vom Vorliegen der Einkünfteerzielungsabsicht wird ausgegangen, wenn die vereinbarte Miete mindestens 75 Prozent der ortsüblichen Marktmiete beträgt. Dann ist der Abzug der Vermietungsaufwendungen in voller Höhe möglich. Beträgt die vereinbarte Miete unter 75 Prozent, aber mindestens 56 Prozent der ortsüblichen Marktmiete, wird die Einkünfteerzielungsabsicht vom Finanzamt anhand einer Prognoserechnung überprüft. Dabei wird abgeschätzt, ob bei der Vermietung innerhalb des Prognosezeitraumes (meist: 30 Jahre) ein Totalüberschuss erzielt werden kann. Fällt die Prüfung positiv aus, sind die Aufwendungen in voller Höhe absetzbar. Bei negativem Ergebnis ist die Vermietungstätigkeit in einen entgeltlichen und einen unentgeltlichen Teil aufzuspalten. Nur die anteilig auf den entgeltlichen Teil entfallenden Aufwendungen sind dann absetzbar. Unterschreitet die vereinbarte Miete 56 Prozent der Marktmiete, können die Aufwendungen nur im Verhältnis der vereinbarten Miete zur Marktmiete berücksichtigt werden. Wer eine Wohnung verbilligt an Angehörige vermietet, sollte regelmäßig prüfen, ob es auf Grund einer Änderung der gesetzlichen Grenzwerte Bedarf zur Anpassung der Miethöhe gibt. Problematisch ist, dass Vermieter nach § 558 Abs. 3 BGB die Miete innerhalb von drei Jahren um maximal 20 Prozent erhöhen dürfen. Geht die Mieterhöhung über diesen Prozentsatz hinaus, kann die Gefahr bestehen, dass die Finanzämter einen Missbrauch von Gestaltungsmöglichkeiten annehmen und keinen Werbungskosten-Abzug zulassen. Die Finanzverwaltungen einiger Bundesländer wollen bei Mieterhöhungen zur Erreichung der 75 Prozent-Grenze ausnahmsweise Kulanz walten lassen (z.B. Bayern und Baden-Württemberg). Vermieter sollten sich in solchen Fällen über das konkrete Vorgehen ihres Finanzamtes informieren. Bei der Berechnung der genannten Werte werden die umlagefähigen Nebenkosten einbezogen. Verglichen wird also die vereinbarte Kaltmiete plus vereinbarte Umlagen mit der ortsüblichen Warmmiete.

Siehe / Siehe auch: Einkünfteerzielungsabsicht beim Vermieter, Kappungsgrenze, Ferienwohnung, Verbilligte Vermietung

Vermietung und Verpachtung

letting and leasing

Siehe / Siehe auch: Einkünfte aus Vermietung und Verpachtung

Vermietung zur Gefälligkeitsmiete

renting out for a sum that is significantly less than the rent that is customary in this place

Siehe / Siehe auch: Gefälligkeitsmiete

Vermietungsleistung

letting performance; volume of space let; take-up (of space); absorption (of space)

Die Vermietungsleistung ist eine Kennzahl, die angibt, wie viel Quadratmeter Bürofläche in einem bestimmten Gebiet innerhalb eines bestimmten Zeitraums vermietet wurde. Es handelt sich um einen Bruttobetrag, der sich sowohl aus den in diesem Zeitraum neu errichteten Büroflächen als auch

aus den Flächen zusammensetzt, die aus dem Bestand vermietet wurden. Da Vermietungen aus dem Bestand zum großen Teil eine Tauschaktionen darstellen (Standortwechsel), bei der wiedervermietete Flächen freigesetzten Flächen entsprechen, muss zur Beurteilung des Büromarktes parallel hierzu die durch die Vermietungsleistung erfolgte Flächenabsorption aus dem Markt mit betrachtet werden (Nettoabsorptionsrate). Daraus lassen sich Wachtums- / Schrumpfungsraten am Markt ableiten. Sinkt durch Vermietungen die Leerstandsquote, kann von einem wachsenden Markt ausgegangen werden.
Wachstumsmärkte zeichnen sich durch steigende Mieten aus. Damit verbunden ist in der Regel ein „Filtering up-Prozess", der bedeutet, dass Büronutzer jeweils einen höheren Qualitätsstandard anstreben. Dabei spielen neben der technischen Ausstattung vor allem die infrastrukturellen Verhältnisse der Bürolagen eine Rolle. Die Restflächen am unteren Ende der Merkmaleskala werden dann im Rahmen von Revitalisierungsmaßnahmen umgewidmet oder zurückgebaut.

Vermietungsmanagement

rental management

Siehe / Siehe auch: Mieter-Mix

Vermittler-Richtlinie

Directive on Insurance Mediation

Die EU-Vermittlerrichtlinie hat den Zweck, die Berufsausübung von Versicherungsmaklern und Versicherungsagenten im Rahmen der Dienstleistungs- und Niederlassungsfreiheit innerhalb der EU-Staaten zu erleichtern. Gleichzeitig soll im Bereich der Versicherungsvermittlung ein bestimmtes Maß an Verbraucherschutz gewährleistet werden. So sollen Versicherungsvermittler über die angemessenen Kenntnisse und Fertigkeiten verfügen, die der Herkunftsmitgliedsstaat verlangt und überprüft. Versicherungsvermittler müssen auch über einen guten Leumund verfügen, dürfen also keine schweren Straftaten im Bereich der Eigentums- und Finanzkriminalität begangen haben.
Die nachzuweisende Berufshaftpflichtversicherung muss mindestens 1 Million Euro pro Haftpflichtfall und 1,5 Millionen Euro im Jahr betragen. Die geforderte Informationspflicht bezieht sich auf unternehmensbezogene Verhältnisse (Name, Anschrift, etwaige Beteiligungen an Versicherungsunternehmen, etwaige vertragliche Bindungen zu Versicherungsunternehmen usw.) sowie Regelungen über Beschwerdeverfahren. Die Richtlinie sieht eine Eintragungspflicht in ein Register im EU-Herkunftsstaat vor. Soweit der Vermittler in anderen EU-Staaten tätig werden will, muss er dies der zuständigen Behörde im EU-Herkunftsstaat mitteilen, die dies dann, wenn diese es wünschen, den zuständigen Behörden der anderen Mitgliedstaaten mitteilt. Die Mitgliedsstaaten, die dies wünschen, müssen dies der EU-Kommission mitteilen.
Siehe / Siehe auch: Versicherungsmakler

Vermittlerregister

online registries kept by local CCIs in which insurance intermediaries are registered

Jede Industrie- und Handelskammer muss ein Vermittlerregister führen, in dem zugelassene Versicherungsvermittler und Versicherungsberater eingetragen werden. Rechtsgrundlage ist das Gesetz zur Neuregelung des Versicherungsvermittlerrechts.
Damit wird eine Informationsgrundlage für Versicherungsnehmer und Versicherungsunternehmen geschaffen. Das Register gibt Auskunft über die Zulassung, darüber, worauf sich die Zulassung bezieht und den Umfang der Zulassung. Wer nicht eingetragen ist, ist nicht zugelassen.
Auskünfte aus dem Register werden auf dem Weg des automatisierten Abrufs über das Internet oder schriftlich erteilt. Das Versicherungsregister ist Teil eines europäischen Registrierungsnetzwerkes. Die Zusammenarbeit der zuständigen Stellen mit den zuständigen Behörden der anderen Mitgliedstaaten der EU ist detailliert geregelt. Einerseits kann der Datenaustausch zwischen den entsprechenden Stellen automatisiert werden, andererseits unterliegen alle in diesem Bereich beschäftigten Personen aus Datenschutzgründen dem Berufsgeheimnis.
Siehe / Siehe auch: Versicherungsberater, Versicherungsmakler, Versicherungsvertreter

Vermittlungsmakler

intermediary broker; negotiating broker

Als Vermittlungsmakler wird ein Makler bezeichnet, der auf der Grundlage der Vermittlung von Verträgen Provisionsansprüche erwerben will. Während das Recht des Handelsmaklers ausschließlich Vermittlungsleistungen honoriert, erkennt das Recht des Zivilmaklers (Immobilienmakler, Wohnungsvermittler) neben der Vertragsvermittlung auch den „Nachweis von Geschäftsabschlussgelegenheiten" als provisionsrelevante Leistung an.
Allerdings ist die Vermittlungsleistung eines Maklers längst nicht so anfällig für Provisionsstreitigkeiten, als der reine Maklernachweis, zumal im Zeitalter zunehmender Immobilienangebote in Immobilienportalen im Internet der Ursächlichkeitsbeweis

des Nachweises für den Vertragsabschluss immer schwerer zu führen ist.
Siehe / Siehe auch: Makler, Nachweis im Maklergeschäft

Vermittlungsmethoden (Maklergeschäft)

methods of negotiation / brokerage (broker's business)

Makler können ihre Provision durch Nachweis einer Vertragsabschlussgelegenheit oder durch Vermittlung eines Vertrages verdienen. Bei der Vertragsvermittlung ist grundsätzlich zwischen zwei Vermittlungsmethoden zu unterscheiden. Der Makler kann zwischen den beiden anwesenden Parteien versuchen, eine Einigung über die Vertragsinhalte herbeizuführen. Er kann aber auch mit den Parteien getrennte Verhandlungen führen. Welche der beiden Methoden zielführender ist, muss im Einzelfall entschieden werden. So kann eine Verhandlung bei Anwesenheit beider potentieller Vertragspartner dann sinnvoll sein, wenn der Verkäufer selbst ein verkäuferisches Talent hat, redegewandt ist und den Makler in seinen Bemühungen unterstützen kann. In Fällen, in denen einer der beiden Parteien eine pessimistische Einstellung hat, kann seine Gegenwart beim Verhandeln hinderlich sein. Die Verhandlungen können auch aus rein organisatorischen Gründen getrennt oder telefonisch geführt werden, wenn ein Verhandlungstermin in Anwesenheit beider Parteien aus Zeitgründen nicht zustande kommt oder einer der beiden Parteien weitab entfernt seinen Wohnsitz hat. Der Makler muss dann nur erkennen, wann alle für die Vereinbarung eines Termins beim Notar für den Abschluss eines Kaufvertrages wichtigen Verhandlungsaspekte geklärt sind. Die Kaufvertragsparteien lernen sich dann erst beim Kaufvertragstermin persönlich kennen.
Die gewählte Vermittlungsmethode hängt auch davon ab, welches Provisionssystem der Makler pflegt. Soll die Provision auf beide Parteien aufgeteilt werden, muss er sich streng neutral verhalten. In einem solchen Fall ist das Verhandeln in Anwesenheit beider Seiten zu bevorzugen. Der Makler wird hier zum Mediator. Führt er getrennte Verhandlungen, kann leicht der Verdacht aufkommen, der Makler habe mit einer der beiden Parteien Verhandlungsstrategien zu Lasten der anderen Parteien vereinbart. Andererseits ist die Führung getrennter Verhandlungen dann zu bevorzugen, wenn der Makler zum Interessenvertreter einer Partei wird, weil er nur mit einer Partei eine Provisionsvereinbarung trifft. Dabei ist zu bedenken, dass er dann auch zum „Erfüllungsgehilfen" seines Auftraggebers wird.
Siehe / Siehe auch: Makler als Erfüllungsgehilfe des Auftraggebers, Makler, Vermittlungsmakler

Vermögensgesetz

asset management

Auch: VermG, Gesetz zur Regelung offener Vermögensfragen. Das Vermögensgesetz vom 18.4.1991 regelt die Rückübertragung von unrechtmäßig enteigneten Grundstücken in der ehemaligen DDR auf den früheren Eigentümer. Miet- oder Nutzungsverhältnisse werden normalerweise durch eine Rückübertragung nicht beeinträchtigt und bestehen weiter. Der neue Eigentümer tritt auf der Vermieterseite in den Vertrag ein. War der Mieter oder Nutzer bei Abschluss des Mietvertrages „nicht redlich", ist der Vertrag jedoch durch behördlichen Bescheid aufzuheben. Darunter fallen Verträge, die gegen DDR-Recht verstoßen haben, auf Korruption oder einer persönlichen Machtstellung beruhen oder denen eine Zwangslage oder Täuschung zugrunde liegt.
Siehe / Siehe auch: Entschädigungsgesetz, Vorkaufsrecht

Vermögensmanagement (Assetmanagement)

asset management

Vermögensmanagement bezieht sich auf die Betreuung und Verwaltung von Kundenvermögen. Als Asset Manager (Vermögensmanager, Verwalter von Sachanlagen) werden Anlageberater und Vermögensverwalter bezeichnet, deren Aktivitäten darauf gerichtet sind, den Vermögensbestand des Kunden durch Umschichtung (einschl. Kauf und Verkauf), Refinanzierung, Herstellung eines optimalen Mietermix usw. auf einem hohen gewinnorientierten Bewirtschaftungsniveau zu halten. Die Grenzziehung zum Portfolio-Management ist fließend, teilweise damit auch identisch, wenn der portfoliotheoretische Ansatz beim Vermögensaufbau des Kunden im Mittelpunkt steht. Ein Studiengang zum Dipl. Vermögensmanager wird von der Deutschen Immobilien Akademie angeboten.
Siehe / Siehe auch: Portfoliomanagement (Assetmanagement), Deutsche Immobilien Akademie (DIA)

Vermögensschadenhaftpflichtversicherung

pecuniary damage liability insurance

Siehe / Siehe auch: Berufshaftpflichtversicherung / Vermögensschadenhaftpflichtversicherung

Vermögensteuer

wealth tax; capital tax; net capital tax

Die Vermögensteuer bezieht sich auf das Vermögen. Sie kommt in den Ausgestaltungsformen einer Vermögensertragsteuer (wenn die Vermögenswerte sich aus kapitalisierten Erträgen ableiten) oder einer Vermögenssubstanzsteuer (hier wird auf einen Sachwert abgestellt) vor.

Nach einem Urteil des Bundesverfassungsgerichts, das die Verletzung des Halbteilungsgrundsatzes bemängelte, wurde die Erhebung der deutschen Vermögensteuer mit der Neuregelung der Erbschaft- und Schenkungsteuer im Jahressteuergesetz 1997 ausgesetzt. Nach einer Entscheidung des Bundesfinanzhofes war es jedoch rechtens, wenn auch 1997 noch Vermögensteuer für die Vergangenheit festgesetzt oder eingezogen wird. Die prozentuale Steuerhöhe (Steuersatz) war abhängig von der Vermögensart. Von wenigen Ausnahmen abgesehen, betrug der Steuersatz ein Prozent.

Vermögensverfügungen durch Makler

disposition of property / pecuniary disposition by a real estate agent

In der Praxis kommen Fälle, in denen Makler in Deutschland beauftragt werden, über Vermögen des Auftraggebers zu verfügen, kaum vor. Für den seltenen Fall, dass der Erwerber einer Immobilie jedoch den Makler einschalten will, damit dieser Kaufpreisteile an den Verkäufer oder einen Dritten weiterleitet, wenn bestimmte vertragliche Bedingungen erfüllt sind, muss er eine Vorschrift beachten, die sich aus der Makler- und Bauträgerverordnung ergibt. Danach muss er entweder vor Empfang des Betrages oder seiner Ermächtigung über ein Konto des Auftraggebers in Höhe des Betrags eine Vertrauensschadenversicherung abschließen oder eine Bürgschaft eines Kreditinstituts beibringen und solange aufrechterhalten, bis er den Auftrag erledigt hat. Ermächtigt er einen Mitarbeiter mit diesen Transaktionen muss er auch diese verpflichten die Gelder vertragsgemäß zu verwenden.

In Deutschland sind – wie schon ausgeführt – solcher Vermögensverfügungen durch Makler höchst selten, da die notariellen Kaufverträge sicher stellen, dass der Makler als Dritter in die Geldtransaktionen nicht eingeschaltet werden muss. Im Zweifel bietet sich die Errichtung eines Anderkontos beim Notar an.

Siehe / Siehe auch: Anderkonto

Vermögenswirksame Leistungen

capital-forming (employee) benefits; contributions to capital formation; tax-free payments to (low-income) employees for capital accumulation purposes

Siehe / Siehe auch: Leistungen, vermögenswirksame

Vermutung der Kausalität

assumption of causality

In der Praxis kommt es häufig vor, insbesondere, wenn der Makler lediglich eine Nachweistätigkeit erbringt, dass zwischen der Maklerleistung und dem Abschluss des Hauptvertrages ein längerer Zeitraum liegt, oft mehrere Monate. Hier entsteht die Frage, ob von der Ursächlichkeit der Maklertätigkeit noch auszugehen ist, wenn mehrere Monate vergehen, in denen der Makler keinerlei Kontakt zu seinem Auftraggeber hat und auch sonst keine Tätigkeiten erbringt, die die Verhandlungen zwischen dem Auftraggeber und dem Dritten fördern könnten. Inwieweit der Makler hier gut beraten wäre, den Kontakt überhaupt gar nicht erst abbrechen zu lassen, steht auf einem anderen Blatt. Möglich ist jedoch, dass der Auftraggeber Anrufe des Maklers nicht wünscht. Hier hilft die Rechtsprechung dem Makler, indem sie für die Ursächlichkeit eine Vermutung sprechen lässt, wenn zwischen dem Nachweis und dem Abschluss des Hauptvertrages lediglich ein angemessener Zeitraum vergangen ist. Was ein angemessener Zeitraum ist, kann nicht generell gesagt werden. Allgemein ist nach der Rechtsprechung ein Zeitraum von drei bis vier Monaten noch nicht provisionsschädlich, d.h. die Ursächlichkeit wird vom Gericht als gegeben angesehen. Im Übrigen kommt es auf den Einzelfall an, es ergibt sich aus den Umständen und der Art des Objekts. Beispiel: Für den Erwerb eines Reihenhauses ist eine Zeitspanne von fünf Monaten jedenfalls noch ein angemessener, die tatsächliche Vermutung der Kausalität nicht berührender Zeitraum (vgl. Hans.OLG Hamburg RDM-Rspr. A 110.Bl.55). Bei Geschäften mit größerem Volumen (Anmietung eines Ladengeschäfts) kann auch ein Zeitraum von acht Monaten noch angemessen sein (vgl.OLG München RDM Rspr. A 110 Bl.23). Bei dem Angebot eines Möbelhauses zu einem Kaufpreis von vier Mio. DM ist der Ursachenzusammenhang nicht durch Zeitablauf von zwei Jahren unterbrochen. Tipp: Lässt der Makler einen längeren Zeitraum als drei oder vier Monate tatenlos vergehen, muss er damit rechnen, dass der Auftraggeber behauptet, ein kürzerer Zeitraum wäre angemessen gewesen.

Siehe / Siehe auch: Unterbrechung des Kausalzusammenhangs, Ursächlichkeit (Maklertätigkeit)

Verordnung über die Versicherungsvermittlung und -beratung

German ordinance on insurance brokerage and consultancy

Gesetzesgrundlage dieser Verordnung sind die §§ 11a, 34d und 34e der Gewerbeordnung. Es handelt sich bei der Verordnung um Berufsregeln für Versicherungsvermittler und Versicherungsberater. Sie gliedert sich in 7 Abschnitte. Der erster Abschnitt bezieht sich auf die vorgeschriebene Sachkundeprüfung (Grundsatz, Prüfungsausschuss der IHK, Prüfungsverfahren und Gleichstellung anderer Berufsqualifikationen). Im Anhang 1 befindet sich ein Katalog zu den inhaltlichen Anforderungen an die Sachkundeprüfung. Anhang 2 enthält das Muster einer Bescheinigung über die erfolgreich abgelegte Prüfung. Der zweite Abschnitt behandelt die Ausführungsbestimmungen zu dem in der GewO vorgeschriebenen Vermittlerregister, das in allen Mitgliedstaaten der Europäischen Union zu führen ist. Im dritten Abschnitt werden Einzelheiten zum Unterhalt einer Haftpflichtversicherung für Versicherungsvermittler und Versicherungsberater geregelt. Der vierte Abschnitt enthält die Informationspflichten, denen Versicherungsvermittler und Versicherungsberater gegenüber Versicherungsnehmern nachzukommen haben. Im fünften Abschnitt werden die Sicherheiten geregelt, die Versicherungsmakler und -berater für den Fall erbringen müssen, dass Zahlungen an Versicherungsgesellschaften über sie abgewickelt werden. Darauf beziehen sich auch Aufzeichnungspflichten und Prüfungen, denen sich Versicherungsmakler und -berater unterziehen müssen. In Abschnitt 6 sind die Ordnungswidrigkeiten und Straftaten aufgelistet, die sich aus Verstößen gegen die Verordnung ergeben. Der letzte Abschnitt enthält Schlussbestimmungen insbesondere auch Bestimmungen zur örtlichen Zuständigkeit von Industrie- und Handelskammern.

Die Verordnung ist vergleichbar mit der MaBV, soweit sie sich auf Immobilienmakler bezieht. Der wesentliche Unterschied besteht darin, dass bei Immobilienmaklern keine Vorschriften für einen abzulegenden Sachkundenachweis existieren.

Siehe / Siehe auch: Vermittlerregister

Verordnung über Formblätter für die Gliederung des Jahresabschlusses von Wohnungsunternehmen (JAbschlWUV)

German ordinance regulating the forms for the classification of accounts in the annual financial statement drawn up by housing companies

Die Grundvorschriften das Handelsbilanzrecht befinden sich im Handelsgesetzbuch. Sie sind aufgebaut nach den Prinzipien „vom Einfachen zum Komplizierten" (d.h. vom Einzelkaufmann bis hin zur Kapitalgesellschaften und Konzernen) und „vom Allgemeinen zum Besonderen". (Allgemeinen Vorschriften folgen spezielle für Kapitalgesellschaften, Genossenschaften, Kredit- und Finanzdienstleistungsinstitute, Versicherungsunternehmen). Auch der Größe des Unternehmens nach der Größenklassifizierung des HGB wird dabei Rechnung getragen. Die Entwicklung ist im Fluss. Zunehmend überlagern internationale Standards im Interesse der Unternehmenstransparenz und der Erleichterung von Anlageentscheidungen die ursprünglichen HGB-Vorschriften. Es handelt sich um die International Financial Reporting Standards (IFRS) und darin die International Accounting Standards (IAS). Die Abschlüsse danach sollen aktuelle mit Abschlüssen anderer Unternehmen vergleichbare Informationen über die Vermögens-, Finanz- und Ertragslage des Unternehmens zur Verfügung stellen. So sollen die Bilanzen tatsächliche Werte von Sachanlagen (Grundstücke, Gebäude, usw.) enthalten anstelle von stillen Reserven, die sich durch Abschreibungen bilden. Pflichtbestandteile eines IFRS Abschlusses sind Bilanz, Gewinn. und Verlustrechnung, Eigenkapitalspiegel, eine Cashflow-Rechnung sowie ein kommentierender Anhang.

Für Wohnungsunternehmen in der Rechtsform von Kapitalgesellschaften, von Kommanditgesellschaften auf Aktien und Genossenschaften spielt zusätzlich die Verordnung über Formblätter für die Gliederung des Jahresabschlusses von Wohnungsunternehmen eine Rolle. Sie beruht auf einer Ermächtigung des Bundesjustizministeriums auf der Grundlage des § 161 des Aktiengesetzes. Die Verordnung wurde erlassen zu einer Zeit, als es das Wohnungsgemeinnützigkeitsgesetz noch gab. Dabei wird den Besonderheiten der Wohnungsunternehmen Rechnung getragen, die in den Vorschriften des HGB nicht genügend berücksichtigt sind. So sind z.B. die im HGB nicht differenzierten Umsatzerlöse von Wohnungsunternehmen aufzugliedern nach den Bereichen Hausbewirtschaftung, Verkauf von Grundstücken, Betreuungstätigkeit und anderen Lieferungen und Leistungen. Auf der Aktivseite der Bilanz steht vor allem eine detaillierte Gliederung der Grundstücksarten des

Unternehmens im Fokus usw.. Die letzte Fassung der Verordnung stammt aus dem Jahr 1987. Der Verordnung liegt das Formblattmuster bei, das bei der Erstellung des Jahresabschlusses beachtet werden soll. Wer sich als Vorstand /Geschäftsführer des Unternehmens nicht daran hält, begeht eine Ordnungswidrigkeit, die mit Bußgeld geahndet werden kann.

Verordnung zur Anpassung gewerberechtlicher Verordnungen an die Dienstleistungsrichtlinie

German ordinance on adjusting trade legislative ordinances to the directive on services

Am 9. März 2010 wurde u.a. die Makler-Bauträger-Verordnung (MaBV) an die EU-Dienstleistungsrichtlinie angepasst. Es handelt sich um die „Verordnung zur Anpassung gewerberechtlicher Verordnungen an die Dienstleistungsrichtlinie". Dabei geht es vor allem um die Klarstellung, welches Recht bei grenzüberscheitenden Dienstleistungen Anwendung finden soll. Wer seinen Geschäftssitz nicht im Inland, sondern in einem Mitgliedstaat der Europäischen Union oder einem anderen Vertragsstaat des Abkommens über den Europäischen Wirtschaftsraum hat, benötigt für eine grenzüberschreitende Tätigkeit in Deutschland keine Erlaubnis nach § 34 c GewO. Allerdings wird bestimmt, dass für Makler mit Geschäftssitz in einem EU-Mitgliedsstaat, wenn er über Vermögenswerte eines inländischen Auftraggebers verfügen soll und er dafür in Form einer Vertrauensschadenversicherung oder eine Bankbürgschaft Sicherheit zu leisten hat, der Nachweis von ausländischen Versicherungen oder Bankbürgschaften ausreicht. Allerdings müssen die Sicherheiten mit denen vergleichbar sein, die von der MaBV gefordert werden. Geregelt ist dies nunmehr in § 2 Abs. 6 MaBV. Auf Gewerbetreibende, die ihren Geschäftssitz in Deutschland haben, und mit inländischen Geschäften befasst sind, hat die Verordnung keine Auswirkungen.

Siehe / Siehe auch: Makler- und Bauträgerverordnung (MaBV)

Verpächterpfandrecht

lessor's lien

Beim Pachtvertrag haben sowohl Pächter als auch Verpächter ein Pfandrecht. Der Verpächter kann für seine Forderungen aus dem Pachtvertrag (z. B. ausstehende Pacht) ein Pfandrecht an den vom Pächter eingebrachten Sachen (z. B. bei einem Landwirtschaftsbetrieb vom Pächter mitgebrachte Fahrzeuge) und an den Früchten der Pachtsache (z. B. landwirtschaftliche Erzeugnisse) geltend machen. Für Schadenersatzforderungen, die erst zukünftig zu erwarten sind, kann der Verpächter sich nicht auf sein Pfandrecht berufen.Wie auch das Vermieterpfandrecht erlischt das Verpächterpfandrecht mit Entfernung der betreffenden Gegenstände vom Grundstück. Dies gilt nicht, wenn der Verpächter vom Abtransport nichts weiß oder ihm widersprochen hat. Er darf nicht widersprechen, wenn sich der Abtransport im Rahmen der normalen Lebensverhältnisse (d.h. im Rahmen der in einem Landwirtschaftsbetrieb üblichen Tätigkeiten) abspielt oder wenn die verbleibenden Sachen zu seiner Absicherung ausreichen. Soweit der Verpächter dieses Widerspruchsrecht besitzt, darf er einen Versuch des Pächters, die Sachen zu entfernen, im Rahmen seines Selbsthilferechts verhindern. Er darf bei heimlicher Entfernung der Pfandsachen auch fordern, dass diese zurückgebracht werden. Dieses Recht erlischt jedoch einen Monat nach Wegschaffen der Sachen, falls der Verpächter bis dahin seine Ansprüche nicht vor Gericht geltend gemacht hat. Das Selbsthilferecht ist äußerst problematisch, da der Verpächter hier leicht mit anderen Gesetzen – auch dem Strafgesetzbuch – in Konflikt kommt. Er darf zwar das Wegschaffen von Gegenständen verhindern; Gewalt anwenden darf er jedoch nicht. Das Eindringen auf das Pachtgrundstück ohne Erlaubnis des Pächters ist Hausfriedensbruch. Zu empfehlen ist ein rechtzeitiges gerichtliches Vorgehen. Die Zivilprozessordnung zählt eine Reihe von Dingen auf, die unpfändbar sind – und an denen es damit auch kein Verpächterpfandrecht geben kann. Die Liste reicht vom Bettlaken und der Arbeitskleidung bis zu künstlichen Gliedmaßen und Brillen. Hier sind speziell für Landwirte auch das für den Betrieb erforderliche Vieh, Gerät, der Dünger und zur Existenzsicherung nötige landwirtschaftliche Erzeugnisse genannt. Achtung: Für alle „normalen" Pfändungen sind diese für Landwirtschaftsbetriebe nötigen Wirtschaftsgüter unpfändbar. Für das Verpächterpfandrecht gilt das nicht: Der Verpächter kann auch daran ein Pfandrecht geltend machen.

Siehe / Siehe auch: Pachtvertrag, Pächterpfandrecht

Versäumnisurteil

judgment by default; default judgment

Hat ein Gericht z.B. dem Mieter, gegen den ein Mieterhöhungsbegehren rechtshängig gemacht worden ist, zum Verhandlungstermin geladen, und folgt der Mieter dieser Ladung nicht, so kann der Vermieter den Erlass eines Versäumnisurteils be-

antragen. In der Regel wird dem Vermieter dann alles zuerkannt, was er beantragt hat. Gegen dieses 1. Versäumnisurteil ist das Rechtsmittel des Einspruchs gegeben. Legt der Mieter Einspruch ein, so geht der Rechtsstreit normal weiter. Ist gegen ein Versäumnisurteil Einspruch eingelegt worden und hat darauf das Gericht einen neuen Verhandlungstermin anberaumt, ohne dass die schon einmal säumige Partei erscheint, ergeht auf Antrag der anderen Partei ein 2. Versäumnisurteil. Gegen dieses ist die Möglichkeit des Einspruchs nicht mehr gegeben. Das Urteil ist unanfechtbar.
Siehe / Siehe auch: Rechtshängigkeit

Versammlungsort / Versammlungstermin (Wohnungseigentümer-Versammlung)

place and date of meeting

Als Ort der Wohnungseigentümer-Versammlung sind Räumlichkeiten am Ort der Wohnanlage oder in deren verkehrsmäßig gut erreichbarer Nähe zu wählen. Es muss ein räumlicher Bezug gegeben sein. Bei einer Entfernung zwischen Versammlungsort und Wohnanlage von 100 Kilometer fehlt ein solcher räumlicher Bezug. Bei dem Versammlungsraum muss es sich um Räume handeln, die einen ungestörten Verlauf unter Ausschluss Dritter ermöglichen, um die „Nicht-Öffentlichkeit" der Versammlung zu gewährleisten. Dies gilt auch für Versammlungen in Gaststätten. Im Übrigen gibt es hinsichtlich der Art der Räumlichkeiten keine allgemein verbindlichen Regeln. So hat die Rechtsprechung beispielsweise auch die Durchführung einer (kurzen) Versammlung in der Waschküche einer Wohnungseigentümer-Gemeinschaft für zulässig erachtet. Eine Zufallsversammlung („Stammtisch-Versammlung") stellt jedoch keine ordnungsmäßige Versammlung dar. Der Termin ist so zu wählen, dass er für alle Wohnungseigentümer auch unter Berücksichtigung der berufstätigen Eigentümer verkehrsüblich und insoweit zumutbar ist. Damit scheiden zumindest nach derzeit noch geltender Rechtsauffassung Termine zur frühen Nachmittagszeit an Werktagen aus, von Ausnahmefällen abgesehen. Andererseits werden Termine auch an Sonn- und Feiertagen unter bestimmten Voraussetzungen noch als verkehrsüblich angesehen (Karfreitag, Sonntagvormittag). Grundsätzlich gilt aber auch hinsichtlich des Ortes und des Termins der Versammlungen bei Nichtbeachtung dieser rechtlichen Vorgaben, dass Beschlüsse nicht ordnungsmäßig durchgeführter Versammlungen nicht nichtig, sondern nur anfechtbar sind.
Im Falle der Nichtanfechtung der insoweit ordnungswidrig gefassten Beschlüsse sind sie wirksam und binden alle Wohnungseigentümer.
Siehe / Siehe auch: Wohnungseigentümer-Versammlung, Beschluss (Wohnungseigentümer)

Versammlungsprotokoll

record/ minutes of a meeting

Siehe / Siehe auch: Niederschrift (Wohnungseigentümer-Versammlung), Wohnungseigentümer-Versammlung, Beschluss-Sammlung

Versammlungstermin

date for a meeting

Siehe / Siehe auch: Versammlungsort / Versammlungstermin (Wohnungseigentümer-Versammlung), Wohnungseigentümer-Versammlung

Versammlungsvorsitz

chairmanship of a meeting

Den Vorsitz in der Wohnungseigentümer-Versammlung führt im Regelfall der Verwalter (§ 24 Abs. 5 WEG). Handelt es sich beim Verwalter um eine juristische Personen, können auch Angestellte des Verwaltungsunternehmens den Vorsitz in der Versammlung führen. Andererseits bleibt es den Wohnungseigentümern unbenommen, auch aus ihrem Kreis, beispielsweise den Vorsitzenden des Verwaltungsbeirates, ein anderes Beiratsmitglied oder einen Miteigentümer zum Versammlungsvorsitzenden zu wählen. Der Vorsitzende leitet die Versammlung und hat bei den nach der Tagesordnung vorgesehenen Beschlussfassungen die Abstimmung vorzunehmen und das Beschlussergebnis festzustellen und zu verkünden. Mit der (konstitutiven) Feststellung des Beschlussergebnisses durch den Versammlungsvorsitzenden werden die Beschlüsse wirksam und binden alle Wohnungseigentümer, und zwar auch diejenigen, die nicht an der Versammlung teilnehmen.
Selbst wenn der Versammlungsvorsitzende einen Beschluss als mehrheitlich angenommen und deshalb wirksam verkündet hat, obwohl wegen falscher Stimmenwertung oder falscher Stimmenauszählung die an sich erforderliche Mehrheit nicht erreicht wurde, ist ein solcher Beschluss wirksam, wenn er nicht angefochten und durch das Gericht für ungültig erklärt wird.
Siehe / Siehe auch: Wohnungseigentümer-Versammlung, Beschluss (Wohnungseigentümer), Verwaltungsbeirat

Verschlechterung der Mietsache, Verjährung

deterioration of the rented property, limitation

Hat der Mieter eine Veränderung oder Verschlechterung des Mietobjekts zu vertreten, kann der Vermieter einen Schadenersatzanspruch haben. Beispiel: Das Dach ist undicht, der Mieter meldet den Schaden nicht, dadurch kommt es zu Schäden an der Bausubstanz (Anspruch nach § 536 c Abs. 2 BGB). Derartige Ansprüche verjähren nach § 548 BGB in sechs Monaten. Die Verjährungsfrist beginnt zu laufen, sobald der Vermieter das Mietobjekt zurückerhält. Kein Schadenersatzanspruch besteht bei regulärer Abnutzung des Mietobjekts (z.B. Abnutzung des Teppichbodens). Dies gilt allgemein für durch vertragsgemäßen Verbrauch verursachte Verschlechterungen der Mietsache. Nach einem Urteil des Bundesgerichtshofes ist der Vermieter dazu verpflichtet, den Gebäudeversicherer und nicht den Mieter in Anspruch zu nehmen, wenn ein Versicherungsfall vorliegt, ein Regress des Versicherers gegen den Mieter ausgeschlossen ist und kein Ausnahmefall vorliegt, in dem der Vermieter ein besonderes Interesse an einem Schadensausgleich durch den Mieter selbst besitzt (BGH, Urteil vom 03.11.2004, Az. VIII ZR 28/04). Dies führt dazu, dass der Mieter, wenn der Schaden durch die Gebäudeversicherung des Vermieters abgedeckt ist, nur bei Vorsatz und grober Fahrlässigkeit haftet. Für Besucher der Mietwohnung gilt diese Haftungserleichterung nicht (OLG Hamm, Urteil vom 14.09.2000, Az. 6 U 87/00).

Siehe / Siehe auch: Aufwendungsersatzanspruch des Mieters, Betriebskostenabrechnung, Verjährung, Verjährung

Versicherungen (Immobilienbereich)

insurances (real estate sector)

Versicherungen, die im Zusammenhang mit der Errichtung und Bewirtschaftung eines Hauses oder dem Erwerb von Immobilieneigentum von Bedeutung sein können, sind:

- Bauhelferversicherung
- Bauherrenhaftpflichtversicherung
- Bauleistungsversicherung
- Feuerversicherung (sofern nicht in der verbundenen Gebäudeversicherung enthalten)
- Hausratversicherung
- Haus- und Grundbesitzer-Haftpflichtversicherung
- Rechtschutzversicherung
- Wohngebäudeversicherung

Versicherungsberater

actuarial consultant

Der Versicherungsberater wird definiert als ein Gewebetreibender, der Dritte über Versicherungen berät, ohne von einem Versicherungsunternehmen einen wirtschaftlichen Vorteil zu erhalten oder von einem Versicherungsunternehmen abhängig zu sein. Er vertritt ausschließlich die Interessen des potenziellen Versicherungsnehmers und erhält ausschließlich von ihm ein Beraterhonorar. Er darf als keine Versicherungen vermitteln. Versicherungsberater ist ein geschützter Begriff. Das Recht der Versicherungsberater ist wie dasjenige der Versicherungsvermittler neu geregelt. Versicherungsberater bedürfen seit 22.05.2007 zur Ausübung ihrer Tätigkeit einer Erlaubnis. Durch das Gesetz zur Neuregelung des Versicherungsvermittlerrechts wurden die Voraussetzungen für die Erteilung einer Erlaubnis für Versicherungsberater geregelt. Sie ergeben sich aus § 34 e GewO. Erlaubnisvoraussetzung ist der Nachweis der für die Berufsausübung erforderlichen „fachspezifischen Produkt- und Beratungskenntnisse“. Was alles darunter fällt, ist in der Versicherungsvermittlungsverordnung geregelt. Er kann durch eine Prüfung, vor einem Prüfungsausschuss der IHK erfolgen. Wird sie bestanden, qualifiziert sie zum „Geprüften Versicherungsfachmann/-frau (IHK)“. Die Prüfung entfällt, wenn die erforderliche Sachkunde durch eine ihrem Niveau gleichgestellte Berufsqualifikation nachgewiesen werden kann, z.B. durch Abschlusszeugnisse über ein Studium der Rechtswissenschaften, eines betriebswirtschaftlichen Studiengangs der Fachrichtung Versicherungswirtschaft, als Versicherungskaufmann/-frau als Fachwirt/-in für Finanzberatung (IHK). Interessant ist, dass auch Fachberater/-in für Finanzdienstleistungen (IHK), in Verbindung mit einer einjährigen Berufspraxis in der Versicherungswirtschaft und Bankkaufleute und Investmentfondskaufleute mit einer zweijährigen versicherungswirtschaftlichen Berufspraxis hinsichtlich der Sachkunde als qualifiziert gelten.

Zuständig für die Erlaubniserteilung ist nicht das Gewerbeamt, sondern die Industrie- und Handelskammer, in deren Kammerbereich der Berater seinen Geschäftssitz hat. Außerdem müssen diese sich gleichzeitig mit Erteilung der Erlaubnis in der Vermittlerregister, das bei der Industrie- und Handelskammer geführt wird, eintragen lassen. Zweck des Registers ist es insbesondere, der Allgemeinheit, vor allem Versicherungsnehmern und -unternehmen, die Überprüfung der Zulassung sowie des Umfangs der zugelassenen Tätigkeit des Versicherungsberaters

zu ermöglichen. Die Erlaubnis ist ausdrücklich mit der Befugnis des Beraters verbunden, Kunden bei der Vereinbarung, Änderung oder Prüfung von Versicherungsverträgen oder bei der Wahrnehmung von Ansprüchen aus dem Versicherungsvertrag gegenüber Versicherungsunternehmen rechtlich zu beraten und sie gegenüber Versicherungsunternehmen außergerichtlich zu vertreten. Die Einschaltung eines Rechtsanwaltes wird erst erforderlich, wenn der Gerichtsweg beschritten werden soll.
Versicherungsberater müssen darüber hinaus eine ausreichende Haftpflichtversicherung mit einer Mindestversicherungssumme von 1 Million Euro für jeden Versicherungsfall und 1,5 Millionen Euro für alle Versicherungsfälle eines Jahres abgeschlossen haben und vorhalten. Wie der Versicherungsmakler unterliegt auch der Versicherungsberater bestimmten Anzeige und Informationspflichten. Sicherheit muss der Versicherungsberater leisten, wenn bestimmte Zahlungen an das Versicherungsunternehmen über ihn laufen sollen. Die Überwachung des Nichtannahmeverbots von Provisionen wird vor allem durch umfangreiche Aufzeichnungspflichten und Überprüfungen abgesichert. Verstöße gegen die Vorschriften der Versicherungsvermittlungsverordnung sind überwiegend Ordnungswidrigkeiten.
Siehe / Siehe auch: Vermittlerregister, Verordnung über die Versicherungsvermittlung und -beratung, Versicherungsmakler, Versicherungsvertreter

Versicherungsfall

claim; event insured; insurance case

Tritt ein Schadensfalls ein, der durch eine Versicherung abgedeckt werden kann, sind einige Regeln zu beachten, um etwaige Ersatzansprüche nicht aufs Spiel zu setzen. Die Versicherungsgesellschaften weisen in ihren Allgemeinen Versicherungsbedingungen darauf hin, wie man sich verhalten soll. In der Regel geht es um folgendes:
Der Schadensfall muss sofort der Versicherungsgesellschaft schriftlich gemeldet werden. Macht der Geschädigte seine Ansprüche geltend, ist dies ebenfalls unverzüglich der Versicherung zu melden. Gleiches gilt, wenn Ansprüche aus dem Schadensfall gerichtlich geltend gemacht werden, ein Beweissicherungsverfahren eingeleitet wird usw. Das bedeutet, dass der Versicherte die Versicherungsgesellschaft über alle im Zusammenhang mit dem Versicherungsfall stehenden Zusammenhänge informieren muss. Eine weitere Verpflichtung besteht darin, dass der Versicherungsnehmer alles tun muss, um zur Minderung des Schadens beizutragen und dabei muss er etwaige Weisungen der Versicherungsgesellschaft beachten. Kommt es zum Rechtsstreit, muss der Versicherte die Prozessführung der Versicherungsgesellschaft überlassen. Er darf schließlich nicht ohne vorherige Einwilligung der Versicherungsgesellschaft einen Anspruch des Geschädigten anerkennen oder gar befriedigen. Tut er dies, befreit er damit die Versicherungsgesellschaft von ihrer Leistungspflicht.

Versicherungsmakler

insurance broker

Im Gegensatz zum Versicherungsvertreter, der eine Versicherungsgesellschaft (und damit auch deren Interessen) vertritt, ist der Auftraggeber des Versicherungsmaklers der Kunde. Kennzeichen des Versicherungsmaklers ist seine Unabhängigkeit von einer Versicherungsgesellschaft.
Aufgabe des Versicherungsmaklers ist es, den genauen Versicherungsbedarf des Kunden zu ermitteln, um ihm dann nach Verhandlungen mit verschiedenen Versicherungsgesellschaften das beste Angebot zu unterbreiten. Auch wenn der Versicherungsmakler Interessenvertreter des Kunden ist, erhält er seine Provision unmittelbar von der Versicherungsgesellschaft. Die Einschaltung von Versicherungsmaklern empfiehlt sich auf jeden Fall bei einem komplexen Versicherungsbedarf. Am 19.12.2006 wurden neue Zulassungsvorschriften für Versicherungsmakler erlassen. Eingefügt wurde in die Gewerbeordnung der neue § 34 d. Danach bedarf der Versicherungsmakler einer gewerberechtlichen Erlaubnis. Sie ist zu versagen, wenn

- die für den Gewerbebetrieb erforderliche Zuverlässigkeit nicht gegeben ist. Dies ist anzunehmen, wenn der Antragsteller in den letzten fünf Jahren vor Stellung des Antrages wegen eines Verbrechens oder wegen Diebstahls, Unterschlagung, Erpressung, Betruges, Untreue, Geldwäsche, Urkundenfälschung, Hehlerei, Wuchers oder einer Insolvenzstraftat rechtskräftig verurteilt worden ist,
- der Antragsteller in ungeordneten Vermögensverhältnissen lebt. Davon wird ausgegangen wenn über das Vermögen des Antragstellers das Insolvenzverfahren eröffnet worden oder er in das vom Insolvenzgericht oder vom Vollstreckungsgericht zu führende Schuldnerverzeichnis eingetragen ist,
- der Antragsteller den Nachweis einer Berufshaftpflichtversicherung nicht erbringen kann
- der Antragsteller nicht durch eine vor der

Industrie- und Handelskammer erfolgreich abgelegte Prüfung oder durch eine andere gleichrangige Qualifikation nachweist, dass er die für die Versicherungsvermittlung notwendige Sachkunde verfügt.

Die nachzuweisende Sachkunde bezieht sich auf versicherungsfachliche Kenntnisse, insbesondere hinsichtlich Bedarf, Angebotsformen, Leistungsumfang und auf rechtliche Grundlagen sowie auf die Kundenberatung. Es reicht aus, wenn der Nachweis durch eine angemessene Zahl von beim Antragsteller beschäftigten natürlichen Personen erbracht wird, denen die Aufsicht über die unmittelbar mit der Vermittlung von Versicherungen befassten Personen übertragen ist und die den Antragsteller vertreten dürfen. Die einem Versicherungsmakler erteilte Erlaubnis beinhaltet die Befugnis, Dritte, die nicht Verbraucher sind, bei der Vereinbarung, Änderung oder Prüfung von Versicherungsverträgen gegen gesondertes Entgelt rechtlich zu beraten. Jeder Versicherungsmakler muss sich in ein Vermittlerregister eintragen lassen, das von der örtlich zuständigen Industrie- und Handelskammer geführt wird. Zweck des Registers ist es insbesondere, der Allgemeinheit, vor allem Versicherungsnehmern und Versicherungsunternehmen, die Überprüfung der Zulassung sowie des Umfangs der zugelassenen Tätigkeit der Eintragungspflichtigen zu ermöglichen. Nach dem Gesetz über den Versicherungsvertrag besteht für den Versicherungsmakler gegenüber dem Versicherungsnehmer eine Informations-, Beratungs- und Dokumentationspflicht. Soweit für Versicherungsunternehmer bestimmte Zahlungen über ein Konto der Versicherungsmaklers laufen sollen, besteht eine Verpflichtung zur Sicherheitsleistung oder zum Abschluss einer Vertrauensschadenversicherung. Näheres ist durch die Verordnung über die Versicherungsvermittlung und -beratung geregelt.

Siehe / Siehe auch: Vermittlerregister, Versicherungsberater, Versicherungsvertreter, Verordnung über die Versicherungsvermittlung und -beratung

Versicherungspolice

(insurance) policy; certificate of insurance

Die Versicherungspolice ist eine Urkunde der Versicherungsgesellschaft, aus der sich die im Versicherungsantrag enthaltenen Versicherungsleistungen ergeben. Es handelt sich um eine Beweisurkunde für das Bestehen der abgeschlossenen Versicherung. Deckungszusagen können bereits vor Aushändigung der Versicherungspolice vom Versicherungsvertreter gegeben werden. Maßgeblich ist der Tag des Versicherungsbeginns und nicht der Urkundenausfertigung.

Versicherungssumme

sum insured; sum assured; insured capital; face amount (insured); insurance sum

Die Summe, die der Versicherer bei Eintritt des Versicherungsfalls nach dem Versicherungsvertrag zu leisten hat. Bei Kapitallebensversicherungen werden außer der Versicherungssumme auch noch die Gewinnbeteilungen (Überschussanteile) und zum Teil auch eine Schlussdividende ausbezahlt. Die Gewinnbeteiligung ergibt sich aus dem Ergebnis der Anlage des Sondervermögens (Prämieneinzahlungen der Versicherungsnehmer) durch die Versicherungsgesellschaft.

Beitragseinnahmen der Versicherungswirtschaft in Deutschland

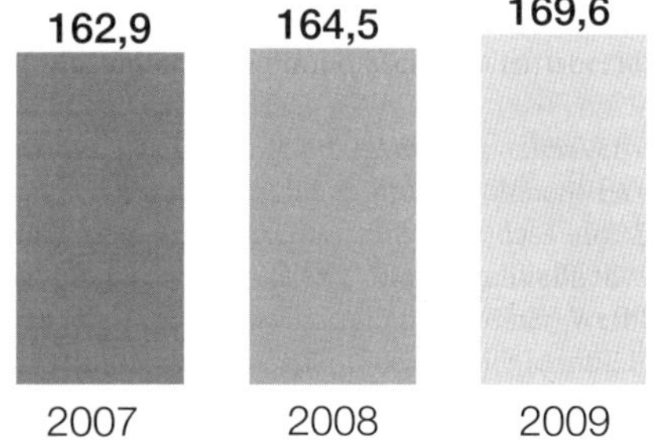

Versicherungsvermittler

insurance intermediary/broker

Versicherungsvermittler ist ein Oberbegriff für Versicherungsvertreter und Versicherungsmakler. Ihr gemeinsamer Geschäftszweck besteht in der Vermittlung von Versicherungsverträgen auf Provisionsbasis. In beiden Fälle wird die Provision im Fall des Abschlusses eines Versicherungsvertrages von der Versicherungsgesellschaft übernommen. Versicherungsvertreter und Versicherungsvermittler unterscheiden sich dadurch, dass der Versicherungsvertreter bei Angebot eines Versicherungsproduktes ein bestimmtes Versicherungsunternehmen vertritt und dessen Interessen wahrnimmt, während der Versicherungsmakler unternehmensunabhängig agiert und für den Versicherungsinteressenten die für dessen Bedarf optimale Lösung aus den Angeboten verschiedener Versicherungsgesellschaften herausfiltert.

Siehe / Siehe auch: Versicherungsmakler, Versicherungsvertreter

Versicherungsvermittlerrecht (Neuregelung)

German insurance agent regulation for brokers

Im Gesetz zur Neuregelung des Versicherungsvermittlerrechts wurden Erlaubnisvoraussetzungen für die gewerbliche Tätigkeit als Versicherungsvermittler (Versicherungsmakler) und Versicherungsberater in die Gewerbeordnung aufgeführt. Die Erlaubnisvoraussetzungen gehen über jene von Immobilienmaklern weit hinaus. So ist ein Fachkundenachweis zu erbringen und eine Berufshaftpflichtversicherung nachzuweisen. Die Regelungen befinden sich in den §§ 34d (Versicherungsvermittler) und 34e GewO (Versicherungsberater). Außerdem wurde bestimmt, dass bei den Industrie- und Handelskammern Vermittlerregister zu führen sind. Der öffentliche Teil des Vermittlerregisters ist für jedermann einsehbar. Daraus kann entnommen werden, wer über welche Erlaubnis verfügt (Versicherungsmakler, Versicherungsberater) beziehungsweise wer ein an eine Versicherungsgesellschaft gebundener Versicherungsvertreter ist, der keiner Erlaubnis bedarf. Die Industrie- und Handelskammern sind auch zuständig für die Erlaubniserteilung.

Versicherungsvertragsgesetz (VVG)

German Insurance Act

Das am 19. Dezember 2006 wesentlich geänderte Gesetz über den Versicherungsvertrag gliedert sich in fünf Abschnitte. Der erste befasst sich mit Vorschriften für sämtliche Versicherungszweige. Der zweiten bezieht sich auf Vorschriften zur Schadensversicherung, der dritte Abschnitt sich auf Lebens- und Krankenversicherungen und der vierte auf Unfallversicherungen. Der letzte Abschnitt behandelt Schlussvorschriften. Geregelt werden im 1. Abschnitt u.a. allgemein die Rechte und Pflichten von Versicherern und Versicherungsnehmern. (z. B. Anzeigepflichten bei Gefahrenerhöhung und Regelungen zu den Prämien). Außerdem sind darin die zivilrechtlichen Grundlagen der Versicherungsvermittler und Versicherungsberater kodifiziert. Bei den Versicherungsvermittlern wird zwischen Versicherungsvertretern und Versicherungsmaklern unterschieden. Versicherungsvertreter ist demnach, wer von einem Versicherer oder einem Versicherungsvertreter damit betraut ist, gewerbsmäßig Versicherungsverträge zu vermitteln oder abzuschließen. Versicherungsmakler ist, wer gewerbsmäßig für den Auftraggeber die Vermittlung oder den Abschluss von Versicherungsverträgen übernimmt, ohne von einem Versicherer oder von einem Versicherungsvertreter damit betraut zu sein. Als Versicherungsmakler gilt, wer gegenüber dem Versicherungsnehmer den Anschein erweckt, er erbringe seine Leistungen als Versicherungsmakler.

Siehe / Siehe auch: Verordnung über die Versicherungsvermittlung und -beratung, Versicherungsberater, Versicherungsmakler, Versicherungsvertreter

Versicherungsvertreter

insurance agent

Ein Versicherungsvertreter ist ein Versicherungsvermittler, der im Gegensatz zum Versicherungsmakler im Auftrag einer bestimmten Versicherungsgesellschaft Versicherungsverträge vermittelt. Er kann auch für verschiedene Versicherungsunternehmen tätig werden, wenn die vermittelten Versicherungsprodukte nicht miteinander in Konkurrenz stehen. Vom Versicherungsmakler unterscheidet sich der Versicherungsvertreter auch dadurch, dass er keiner behördlichen Erlaubnis bedarf. Allerdings muss klar sein, dass das Versicherungsunternehmen die uneingeschränkte Haftung für den Vertreter übernimmt. Versicherungsvertreter dürfen nach § 34d Abs. 6 GewO direkt bei der Vermittlung mitwirkende Personen nur beschäftigen, wenn sie sicherstellen, dass diese Personen über die für die Vermittlung der jeweiligen Versicherung angemessene Qualifikation verfügen und geprüft haben, ob sie zuverlässig sind.

Versicherungswesen (BAV / BAFin)

insurance industry (or business); actuarial science (German federal insurance supervisory office)

Bis 30. April 2002 war das Bundesaufsichtsamt für das Versicherungswesen (BAV) Kontrollbehörde für alle Versicherungsgesellschaften, die auf dem deutschen Markt tätig sind. Das Amt ist danach der Bundesanstalt für Finanzdienstleistungsaufsicht angegliedert worden. Die Funktionen des BAV werden nunmehr von dort im Bereich Versicherungswesen wahrgenommen. Nach der Liberalisierung des europäischen Versicherungsmarktes zum 1. Juli 1994 hatte das BAV bereits an Bedeutung verloren. Versicherungsnehmer haben jedoch immer noch die Möglichkeit, sich bei der BAFin zu beschweren, wenn Ärger und Streitigkeiten mit einer Versicherungsgesellschaft entstehen.

Siehe / Siehe auch: Bundesanstalt für Finanzdienstleistungsaufsicht (BAFin), BAKred

Versiegelte Fläche

sealed surface (areas); (hard) surfaced area

Versiegelt ist eine Fläche, die in irgendeiner Weise zugebaut, -gepflastert oder -betoniert wurde. Dies kann durch ein Gebäude wie auch durch eine Straße geschehen. Unter gewissen Voraussetzungen können Grundstückseigentümer zur Entsiegelung versiegelter Flächen verpflichtet werden. Regelungen dazu finden sich im Baugesetzbuch und im Bundesbodenschutzgesetz. Die m^2-Größe der versiegelten Fläche eines Grundstücks ist Maßstab für die Bemessung der gemeindlichen Niederschlagswassergebühren.

Siehe / Siehe auch: Entsiegelungsgebot, Niederschlagswasser, Rückbau- und Entsiegelungsgebot

Versiegelung

sealing; encapsulation

Bauordnungsrecht

Wird eine Baustelle von Amtswegen stillgelegt, kann die Behörde eine Versiegelung des Gebäudes oder einzelner Räume anordnen. Es handelt sich um eine Zwangsmaßnahme, mit der ein Weiterbau (oder eine weitere ordnungswidrige Nutzung von Gebäuden und Räumen) verhindert werden soll. Die Beschädigung oder Entfernung des Siegels ist strafbar.

Bauplanungsrecht

Die Bebauung von Flächen führt zu Bodenversiegelung. Dies ist stets verbunden mit einem Eingriff in die Natur. Im Interesse des Naturschutzes sind mit der Baulandausweisung durch die Gemeinden Ausgleichsflächen darzustellen oder festzusetzen oder Ausgleichsmaßnahmen durchzuführen. Der Ausgleich kann auch auf Flächen außerhalb des Bebauungsplangebietes erfolgen („externe Kompensation").

Bautechnik

Bei der Versiegelung von Oberflächen handelt es sich um Anstriche, die nach Verdünstung des Lösungsmittels eine bestimmte Trockenschichtdicke aufweisen und wasserabweisend sind. Die für die Versiegelung in Frage kommenden Anstriche können farbig oder farblos sein.

Siehe / Siehe auch: Ausgleichsflächen

Versorgungssperre bei Mietwohnung

supply cut (of public utilities) in a rented flat

Das Absperren von Versorgungsleistungen (Strom, Gas, Wasser) bei einer Mietwohnung durch den Vermieter als Druckmittel bei Zahlungsverweigerung ist rechtlich umstritten. Das Bestehen eines allgemein anerkannten Zurückbehaltungsrechtes an den Versorgungsleistungen bei ausbleibenden Miet- bzw. Betriebskostenzahlungen ist ein Mythos.

Zwei Berliner Urteile sind dazu interessant:

- Berliner Kammergericht, 29.08.2005, Az. 8 U 70/05: Eine Gewerbeeinheit war zum Teil auch als Wohnraum vermietet worden. Da Zahlungen des Mieters ausblieben, sperrte der Vermieter die Versorgungsleistungen und berief sich auf ein Zurückbehaltungsrecht. Das Gericht sah dies als verbotene Eigenmacht des Vermieters an. Gerade bei Wohnräumen existiere ein solches Zurückbehaltungsrecht nicht; die Sperrung sei unzulässig.
- Berliner Kammergericht, 08.07.2004, Az. 12 W 21/04: Der Mieter eines Gewerbeobjektes war in Zahlungsverzug. Er blieb auch nach Ende des Mietverhältnisses noch im Objekt. Der Vermieter kappte die Wasserversorgung. In diesem Fall entschied das Kammergericht zugunsten des Vermieters und bejahte ein Zurückbehaltungsrecht. Betont werden muss, dass es um ein reines Gewerbeobjekt ging.

Hauptunterschied zwischen beiden Fällen war, dass im ersten Fall der Mietvertrag noch lief, während im zweiten Fall der Vertrag bereits beendet war. Während des laufenden Mietverhältnisses ist der Vermieter nach Ansicht vieler Gerichte unabhängig von den Zahlungseingängen dazu verpflichtet, die Wohnung bewohnbar und im vertragsgemäßen Zustand zu halten. Eine Versorgungssperre stellt jedoch einen vertragswidrigen Zustand mit einer nicht nutzbaren Wohnung her. Nach Beendigung des Mietverhältnisses hat der Mieter derartige vertragliche Rechte nicht mehr auf seiner Seite.

Eine Sperrung von Versorgungsleistungen kann auch durch die Versorgungsunternehmen stattfinden, wenn deren Rechnungen nicht bezahlt werden. Im Regelfall (außer meist bei Strom und teilsweise bei Wasser) ist der Vermieter der Vertragspartner der Versorgungsbetriebe. Stellt er die Zahlungen ein und erfolgt deshalb eine Versorgungssperre, muss er mit einer fristlosen außerordentlichen Kündigung des Mietvertrages rechnen oder alternativ mit einer Mietminderung. Diese kann im Extremfall bei bis zu 100 Prozent betragen, wenn die Wohnung (z. B. wegen Abstellens der Heizung im Winter) nicht mehr nutzbar ist (vgl. Landgericht Berlin, 20.10.1992, Az. 65 S 70/92). Der Mieter hat in derartigen Fällen auch ein Zurückbehaltungsrecht

an den Betriebskosten-Vorauszahlungen. Sobald die Heizung wieder läuft, muss er jedoch den ausstehenden Betrag bezahlen. Ist der Mieter Vertragspartner des Versorgungsunternehmens, kann natürlich ebenfalls wegen ausbleibender Zahlungen die Lieferung eingestellt werden. Gesetzliche Grundlagen dafür sind die Grundversorgungsverordnungen für Strom und Gas (StromGVV, GasGVV).
Folgende Voraussetzungen müssen erfüllt sein, damit die Versorgung unterbrochen werden darf:

- Der Kunde muss eine Mahnung vom Versorgungsunternehmen erhalten haben.
- Die Unterbrechung der Versorgung muss dem Mieter angekündigt worden sein (ggf. im Rahmen der Mahnung).
- Der Kunde hat innerhalb von vier Wochen nach Zugang der Androhung der Versorgungssperre noch immer nicht gezahlt.
- Bei Strom muss ein Zahlungsrückstand von mindestens 100 Euro bestehen.
- Mindestens drei Werktage vor der Unterbrechung muss diese noch einmal angekündigt werden.
- Der Versorger muss das Verhältnismäßigkeitsgebot beachten. Die Folgen für die jeweiligen Kunden (z. B. Gassperre im Winter, Senioren, Familien mit Kindern) sind dabei einzubeziehen.

Zahlt der Kunde vor Beginn der Versorgungssperre, schließt er eine Ratenzahlungs- oder Stundungsvereinbarung mit dem Versorger ab oder besteht eine hinreichende Aussicht auf Zahlungseingang, muss die Sperre in der Regel unterbleiben. Dies gilt auch dann, wenn ein zahlungsunfähiger Kunde Hilfe beim Sozialamt gesucht hat und Aussicht besteht, dass dieses die Kosten übernehmen wird.
Siehe / Siehe auch: Betriebskosten, Umlage (Mietrecht)

Versorgungstechnik

building services engineering; supply (or utilities) engineering

Siehe / Siehe auch: Haustechnik (Versorgungstechnik)

Versteigerer

auctioneer

Siehe / Siehe auch: Auktion (Immobilien)

Versteigerung

auction; public sale; sale by auction

Siehe / Siehe auch: Auktion (Immobilien), Zwangsversteigerung, Teilungsversteigerung

Versteigerungsgericht

court in charge of a public sale

Die Zwangsvollstreckung in ein Grundstück in Form der Zwangsversteigerung wird ausgeführt durch das Vollstreckungsgericht in dessen Bezirk das fragliche Grundstück liegt.
Siehe / Siehe auch: Versteigerungstermin

Versteigerungstermin

auction day; date of the auction

Soll die Zwangsversteigerung eines Grundstückes durchgeführt werden, hat das zuständige Versteigerungsgericht nach Beschlagnahme des Grundstückes und nach Eintragung des Versteigerungsvermerks im Grundbuch einen Termin zu bestimmen. Zwischen Anberaumung und Durchführung sollen nicht mehr als sechs Monate liegen. Wenn aber das Verfahren zwischenzeitlich einstweilig eingestellt war, soll die Frist nicht mehr als zwei Monate, (sie muss aber mindestens einen Monat) betragen.
Siehe / Siehe auch: Versteigerungsgericht

Verteilungsschlüssel (Wohnungseigentum)

distribution ratio; allocation / apportionment formula; basis of allocation / apportionment; scale (freehold flat)

Die Verteilung von Lasten und Kosten der Verwaltung des gemeinschaftlichen Eigentums, seiner Instandhaltung und -setzung, des gemeinschaftlichen Gebrauchs und der sonstigen Verwaltung richtet sich nach dem Verhältnis der für die einzelnen Wohnungseigentümer im Grundbuch eingetragenen Miteigentumsanteile (§ 16 Abs. 2 WEG), oder abweichend von § 16 Abs. 2 WEG nach einem anderen Verteilungsschlüssel, entweder auf Grund einer Vereinbarung gemäß § 10 Abs. 2 Satz 2 WEG oder, soweit das Gesetz dies zulässt, auf Grund einer mehrheitlichen Beschlussfassung gemäß § 16 Abs. 3 und 4 WEG. Abweichend vereinbarte oder beschlossene Verteilungsschlüssel können sich nach der Größe der Wohnfläche, der Zahl der Wohnungen (Objektprinzip) oder auch nach der Personenzahl (Kopfprinzip) beziehungsweise nach dem Verbrauchs- oder Verursacherprinzip richten, oder aber nach einem anderen Verteilungsschlüssel, sofern dies ordnungsgemäßer Verwaltung entspricht. Abweichende Regelungen können bereits in der Teilungserklärung oder der Gemeinschaftsordnung durch den teilenden Eigentümer vorgenommen werden, also durch denjenigen, der die Eigentumswohnungen errichtet. Sie können aber auch durch eine Vereinbarung gemäß § 10 Abs. 2 Satz 2 WEG durch die späteren Eigentümer erfolgen. Abweichend gemäß § 10 Abs. 2 Satz 2 WEG vereinbarte Verteilungsschlüssel bedürfen, damit sie im Falle eines Eigentümerwechsels auch gegenüber dem neuen Eigentümer gelten, der Eintragung in das Grundbuch.

Werden Verteilungsschlüssel gemäß § 16 Abs. 3 WEG abweichend von § 16 Abs. 2 WEG generell oder im Einzelfall gemäß § 16 Abs. 4 WEG durch Mehrheitsbeschluss geändert, sind diese Beschlüsse wie alle anderen Beschlüsse in die Beschluss-Sammlung gemäß § 24 Abs. 7 WEG aufzunehmen. Die fehlende Aufnahme und damit auch der fehlende Nachweis stehen allerdings der Wirksamkeit des beschlossenen Verteilungsschlüssels nicht entgegen.

Siehe / Siehe auch: Beschluss-Sammlung, Betriebs- und Verwaltungskosten (Wohnungseigentum), Instandhaltung / Instandsetzung (Wohnungseigentum), Kostenverteilung, Miteigentumsanteil, Teilungserklärung, Vereinbarung (nach WEG), Wirtschaftsplan

Verteilungstermin

date of distribution

Der Verteilungstermin im Rahmen der Zwangsversteigerung findet in der Regel vier bis acht Wochen nach der eigentlichen Versteigerung statt. Am Verteilungstermin werden für den Ersteigerer die restlichen 90 Prozent des Erwerbspreises fällig. Der erzielte Erlös wird durch den Rechtspfleger an die Gläubiger des vorherigen Eigentümers (meist Banken, Sparkassen, Versicherungen) „verteilt".

Vertikale Einzelhandelsunternehmen

vertical retail businesses

Vertikale Einzelhandelsunternehmen führen den gesamten Wertschöpfungsprozess von der Konzeption, Produktion bis hin zur Vermarktung in eigenen Outlets und in eigener Regie durch. Angesichts der kummulierten Margen, die sie auf jeder einzelnen Stufe erzielen, gelingt es diesen Unternehmen deutlich höhere Margen zu erzielen, als Unternehmen die lediglich auf einzelnen Stufen agieren. Gleichzeitig können Sie wesentlich schneller als ihre Wettbewerber auf neue Trends am Markt reagieren und haben dadurch klare Wettbewerbsvorteile. Beispiele für vertikale Einzelhandelsunternehmen sind H&M oder Zara.

Siehe / Siehe auch: Mono-Store-Konzepte

Vertikale Verlustverrechnung

„vertical upward" set-off

Bei Immobilieninvestitionen fallen des Öfteren auch steuerliche Verluste an – sei es durch Zinsen, die bei vermieteten Immobilien steuerlich geltend gemacht werden können oder durch erhöhte Abschreibungen. Durch die 1999 eingeführte Einschränkung des vertikalen Verlustausgleichs war eine Verrechnung dieser Verluste mit positiven Einkünften jedoch nur noch eingeschränkt möglich.

In Paragraf 2 Abs. 3 des Einkommensteuergesetzes war bislang geregelt worden, dass steuerliche Verluste – beispielsweise aus der Vermietung einer Immobilie – nur bis zu einem Betrag von 51.500 Euro in voller Höhe verrechnet werden dürfen. Dies hatte zu zahlreichen Klagen vor den Finanzgerichten geführt – einige Prozesse wurden bis zum BFH getragen. Führende Verfassungsrechtler hatten die Verfassungsmäßigkeit dieser komplizierten Regelung angezweifelt. Selbst Steuerberater oder Finanzbeamte konnten die steuerlichen Auswirkungen nur noch mit sehr komplexer Software berechnen. Seit Beginn des Jahres 2004 ist die Regelung gekippt worden. Die Mindestbesteuerung nach §2 Abs. 3 EStG ist komplett gestrichen. Steuerliche Verluste können unbegrenzt verrechnet werden.

Vertrag (Zivilrecht)

contract (German Civil Code)

Von einem Vertrag spricht man, wenn eine natürliche oder juristische Person einer anderen natürlichen oder juristischen Person ein Angebot unterbreitet, das diese annimmt. Der Anbietende wird in § 146 BGB als „Antragender" bezeichnet. Unter Anwesenden muss die Vertragspartei, derjenigen gegenüber der Antrag gemacht wurde, sofort und vorbehaltlos annehmen, es sei denn, der Antragende räumt eine Frist zur Annahme ein. Grundsätzlich gilt Vertragsfreiheit, so dass bei Begründung eines Vertrages der Inhalt frei bestimmt werden kann. Zu unterscheiden ist bei schuldrechtlichen Verträgen zwischen solchen, die einem bestimmten Schuldrechtstypus zugerechnet werden können (z.B. Kaufvertrag, Mietvertrag, Dienstvertrag, Maklervertrag) und solchen, deren Inhalt nicht durch einen solchen Typus definiert werden können. Im letzteren Fall spricht man von einem Vertrag sui generis, bzw. Vertrag eigener Art. Hierzu können auch Mischformen zwischen typischen Verträgen gerechnet werden. Zu beachten ist allerdings, dass die Vertragsfreiheit durch zwingende Vorschriften, z.B. Formvorschriften (z. B. Grundstückskaufvertrag), gesetzliche Verbote, Verstoß gegen die guten Sitten usw. begrenzt sein kann. Bei schuldrechtlichen Verträgen kommt ein Vertrag zustande, wenn eine

Einigung über eine bestimmte oder bestimmbare Leistung und über eine bestimmte oder bestimmbare Gegenleistung erzielt wird. Die sich aus dem Vertrag ergebenden Leistungs- und Gegenleistungspflichten werden als Hauptpflichten bezeichnet. So besteht die Hauptpflicht des Vermieters von Räumen in der Gebrauchsüberlassung für die vereinbarte Zeit und die Hauptleistung des Mieters in der Entrichtung der Miete. Es gibt allerdings auch Verträge, bei denen nur eine der Vertragsparteien eine Hauptpflicht trifft. Man spricht von einseitigen Verträgen. Das immobilienwirtschaftlich relevante Beispiel hierfür ist der Maklervertrag. Nur den Auftraggeber trifft eine Hauptpflicht, nämlich die der Provisionszahlung für den Fall, dass er einen vom Makler vermittelten Vertrag schließt oder von einer vom Makler nachgewiesenen Geschäftsgelegenheit Gebrauch macht und dadurch zum Erfolg kommt. Der Makler hingegen ist zu keiner Leistung verpflichtet. Falls der Makler sich in Abweichung vom gesetzlichen Leitbild zu einem Tätigwerden verpflichtet, was bei Alleinaufträgen der Fall ist, dann wird aus dem Maklervertrag ein atypisches Vertragsverhältnis, ein Vertrag sui generis.

Aus Vertragsverhältnissen ergeben sich nicht nur Hauptpflichten, sondern auch Nebenpflichten, die nicht expressis verbis vereinbart sein müssen, sondern sich aus dem Gebot von Treu- und Glauben ergeben. Der Grundsatz von Treu und Glauben gilt sowohl für die Auslegung von Verträgen, als auch hinsichtlich der Erbringung der Leistung.

Immobilienwirtschaftlich relevante Schuldvertragstypen sind:

- Hausverwaltervertrag und der Vertrag über die wirtschaftliche Baubetreuung (Geschäftsbesorgungsvertrag auf dienstvertraglicher Basis)
- Architektenvertrag und der Vertrag über die technische Baubetreuung (Geschäftsbesorgungsvertrag auf der Basis des Werkvertrages)
- Bauträgervertrag, bei dem neben dem Werkvertrag auch Pflichten aus dem Kaufvertrag hinzukommen
- Maklervertrag

Atypische Verträge sind etwa der Leasingvertrag, der Factoringvertrag, der Makler-Alleinauftrag, der Vertrag über ein Gutachten mit einem Sachverständigen uns andere. Verträge, für die keine bestimmte Form vorgeschrieben ist, können stillschweigend durch schlüssiges Handeln zustande kommen. Dies ist bei Alltagsgeschäften meist der Fall (z.B. Einkauf von Waren in einem Geschäft).

In manchen Fällen ist die Schriftform vorgeschrieben, z.B. beim Darlehensvertrag. Sie kann ersetzt werden durch die elektronische Form. Diese zeichnet sich dadurch aus, dass die elektronischen Vertragsdokumente mit einer qualifizierten elektronischen Signatur durch beide Vertragspartner versehen sein müssen. Ist Textform vorgeschrieben, dann müssen die Willenserklärungen des Vertrag auf einer Urkunde abgegeben werden oder auf einer anderen zur dauerhaften Wiedergabe in Schriftzeichen geeigneten Weise. Sie müssen mit der Nachbildung einer Namensunterschrift oder auf andere, die Vertragspartner erkennbar machende Weise versehen werden. Für Willenserklärungen und Verträge mit besonders bedeutenden Inhalten ist die notarielle Beurkundungsform vorgeschrieben. Die Vertragsformulierung erfolgt durch den Notar, der durch seine Unterschrift gleichzeitig bestätigt, dass es sich um die von ihm ermittelten Willenserklärungen der Parteien handelt. Der Notar ist auch zuständig für Beglaubigungen. Sie beziehen sich auf die notarielle Bestätigung der Echtheit von Unterschriften auf einem Vertrag.

Verträge können die Form von Allgemeinen Geschäftsbedingungen annehmen, die immer dann gegeben sind, wenn sie vom Vertragsanbietenden vorformuliert und dem Vertragspartner „gestellt" werden. Es reicht, wenn der Vertragsanbietende den Eindruck erweckt, dass über die Bedingungen nicht verhandelt werden kann. Bei Verbraucherverträgen genügt es bereits, wenn sie einmal im Geschäftsverkehr verwendet wurden. Ansonsten müssen sie für eine „Vielzahl" von Fällen vorformuliert sein. Vielzahl kann auch „wenig" bedeuten. Allgemeine Geschäftsbedingungen unterliegen der Inhaltskontrolle der Gerichte, die sie dann für unwirksam erklären, wenn sie den Vertragspartner unangemessen benachteiligen.

Siehe / Siehe auch: Alleinauftrag, Allgemeine Geschäftsbedingungen (AGB), Baubetreuungsvertrag (wirtschaftliche Baubetreuung), Bauträgervertrag, Hausverwaltervertrag, Maklervertrag, Nebenpflichten

Vertrag zu Gunsten Dritter (Provisionsabsicherung)

contract to the benefit of third parties (safeguarding commission)

Zur Absicherung einer Maklerprovision kann im notariellen Kaufvertrag oder in einem Mietvertrag ein Vertrag zu Gunsten Dritter (zu Gunsten des Maklers) nach § 328 BGB vereinbart werden. Daraus erhält der Makler einen unmittelbaren

Zahlungsanspruch gegenüber derjenigen Partei, die die Zahlung im Kauf-/Mietvertrag verspricht. Wichtig ist, dass sich aus der Formulierung der Bedingung eindeutig der Verpflichtungscharakter des Versprechenden und der unmittelbare Anspruch des Begünstigten ergeben. Ein reiner Hinweis darauf, dass der Käufer oder der Verkäufer bzw. der Mieter oder Vermieter an den Makler eine Provision zu zahlen habe, genügt nicht.Beim notariellen Kaufvertrag ist eine solche Vertragskonstruktion dann von Bedeutung, wenn für einen Dritten ein Vorkaufsrecht besteht. Verpflichtet sich der Käufer zur Provisionszahlung, dann muss in diese Kaufvertragsbedingung auch der Vorkaufsberechtigte eintreten. Fehlt eine solche Bedingung, verliert der Makler seinen Anspruch, obwohl er den Vertrag vermittelt hat.

Die erfolgreiche Sicherung des Maklerprovisionsanspruchs durch eine Maklerklausel, d.h. der Vertrag zu Gunsten Dritter im Kaufvertrag, gelingt nur, wenn die dazu vom Bundesgerichtshof entwickelten Grundsätze beachtet werden. In mehreren Entscheidungen, der sog. Fremdkörperrechtsprechung, hat der BGH präzisiert, dass wegen der Verpflichtung einer Kaufvertragspartei nach § 328 BGB vor der Beurkundung zwischen dem Makler und einer der Parteien ein Maklervertrag geschlossen worden sein muss. Andernfalls entspricht der Vertrag zu Gunsten Dritter nicht dem wahren Parteiwillen und stellt einen Fremdkörper innerhalb des Kaufvertrages dar, mit der Folge, dass er unwirksam ist. Der Makler kann sich darauf nicht berufen.

Siehe / Siehe auch: Maklerprovision, Fremdkörperrechtsprechung

Vertragsfiktionsklausel
clause regarding the fictional conclusion of a brokerage contract

Die erste Voraussetzung des Provisionsanspruchs nach § 652 BGB ist der Maklervertrag. Hier können Schwierigkeiten entstehen, wenn Makler und Interessent einander nicht kennen. Aber auch wenn der Interessent schon einmal ein Objekt über den Makler erworben hat, bedeutet das nicht, dass weniger Aufmerksamkeit erforderlich wäre. Der Makler fängt immer wieder „von vorn“ an, d.h. vor jedem neuen Angebot muss ein eigener Maklervertrag geschlossen werden. Ausnahme: Der Makler kennt den Kunden nicht nur, sondern er hat mit ihm einen Rahmenmaklervertrag geschlossen, in dem der Makler beauftragt wird, eine bestimmte Art von Objekten anzubieten und der Kunde sich verpflichtet, nach jedem Kauf eines vom Makler angebotenen Objekts Provision zu zahlen. Der Makler, der es erreicht hat, einen solchen Rahmenvertrag zu schließen, ist dadurch der Konkurrenz einen Schritt voraus. Er muss nicht bei jedem Angebot die Provisionspflicht erneut ansprechen. Manche Makler versuchen, sich die Sache einfacher zu machen. Sie wollen schon durch Übersendung des Exposés oder der Allgemeinen Geschäftsbedingungen den Abschluss des Maklervertrages sichern. Beispiele: Das Exposé enthält folgenden Satz: „Mit der Entgegennahme des Exposés erkennt der Empfänger an, bei Abschluss des Kaufvertrages der Firma XY-Immobilien die genannte Provision zu schulden.“ In den Allgemeinen Geschäftsbedingungen sind folgende Klauseln enthalten: „Der Kunde erkennt unsere Allgemeinen Geschäftsbedingungen als verbindlich an. Er ist mit ihrer Geltung einverstanden. Er erkennt ferner an, dass mit Entgegennahme dieser Allgemeinen Geschäftsbedingungen zwischen ihm und unserer Firma ein Maklervertrag zustande kommt.“ Beide Klauseln haben denselben Zweck. Sie sollen den fehlenden Maklervertrag fingieren, und dadurch Arbeit ersparen und dem Makler das Risiko abnehmen, seine Maklerleistung ohne die erforderliche rechtliche Grundlage zu erbringen. Damit verstoßen sie gegen das Maklerrecht. Da es sich in beiden Fällen um vorformulierte Klauseln handelt, sind sie gemäß § 307 Abs.2 BGB unwirksam. Wird die Provisionsforderung erst im Exposé genannt, also gleichzeitig mit dem Nachweis, ist die zwingende Reihenfolge nicht eingehalten. Ergebnis: Mit der Entgegennahme und Verwertung des Exposés kommt ein Maklervertrag nicht zustande.

Allgemeine Geschäftsbedingungen sind, wie ihr Name schon sagt, generelle Regelungen, die nach dem Willen des Verwenders für alle Verträge, die er zukünftig schließen will, gelten sollen. Für jeden einzelnen Vertrag braucht er jedoch einen Vertragspartner, und der muss gefragt werden, ob er mit der Geltung der AGB in dem konkreten Vertrag, den der Verwender mit ihm schließen will, einverstanden ist. Ergebnis: Die Parteien müssen zunächst vereinbaren, dass die AGB in den konkreten Vertrag einbezogen werden sollen. Dies sagt § 305 Abs.2 BGB: Die Vertragsparteien müssen den sogenannten Einbeziehungsvertrag schließen. Logische Voraussetzung: Der konkrete Vertrag, in den die AGB einbezogen werden sollen, muss zunächst geschlossen werden. Eine bestimmte Form ist auch hier nicht erforderlich.

Siehe / Siehe auch: Allgemeine Geschäftsbedingungen (AGB), Exposé, Rahmenmaklervertrag

Vertragsfreiheit

freedom of contract; contract liberty; free contracts

Das Zivilrecht wird vom Grundsatz der Vertragsfreiheit beherrscht. Rechtsbeziehungen können von den Vertragspartnern frei gestaltet werden. Gesetzliche Regelungen greifen ein, soweit vertragliche Lücken bestehen. Die Vertragsfreiheit kann jedoch durch zwingende Vorschriften und gesetzliche Verbote außer Kraft gesetzt werden. Nichtig sind auch Vereinbarungen, die gegen die guten Sitten verstoßen. Das öffentliche Recht kennt im Rahmen des Verwaltungshandelns keine Vertragsfreiheit.

Vertragsstrafe

contract penalty; contractual penalty (allowed under German law: often referred to as „liquidated damages" in common-law countries where contract penalties are not legal)

Die Vertragsstrafe ist eine Geldsumme, die der Schuldner seinem Gläubiger für den Fall verspricht, dass er mit der zugesagten Leistung in Verzug gerät, oder diese Leistung nicht mängelfrei erbringt. Die Vertragsstrafe kann vom Gericht herabgesetzt werden. In der Bauwirtschaft handelt es sich um ein Instrument, mit dem abgesichert werden soll, dass Bauzeiten-Pläne eingehalten werden. Bei der Abnahme der Bauleistung ist im Protokoll gegebenenfalls zu vermerken, dass die Vertragsstrafe verwirkt ist. Fehlt der Hinweis, kann sich der Bauherr nicht mehr auf die vereinbarte Vertragsstrafe berufen. Vertragsstrafen werden auch im Zusammenhang mit einer wettbewerbsrechtlichen Unterlassungsverpflichtung versprochen, um die Wiederholungsgefahr unlauterer Handlungen zu verringern.

Grundsätzlich regelt § 339 BGB im deutschen Recht die Vertragsstrafe. Für den Bauvertrag enthält § 11 der Vergabe-und Vertragsordnung für Bauleistungen (VOB/B) eine Regelung über die Vertragsstrafe; hier wird auf die §§ 339 ff. BGB verwiesen. Im Mietrecht ist die Vereinbarung einer Vertragsstrafe zwischen Mieter und Vermieter unzulässig. Dies ist eindeutig in § 555 BGB geregelt. Eine entsprechende vertragliche Vereinbarung wäre unwirksam.

Siehe / Siehe auch: Mietvertrag, Mietpreis-Datenbank, Vergabe- und Vertragsordnung für Bauleistungen (VOB 2006), Werkvertrag

Vertragsstrafe im Maklervertrag

contractual penalty in a brokerage contract

Durch die Vereinbarung einer Vertragsstrafe verspricht der Schuldner eine Leistung in Geld an die andere Seite für den Fall, dass er seine Vertragspflicht nicht oder nicht richtig erfüllt. Die Vertragsstrafe nach §§ 339 bis 343 BGB hat also den Zweck, als Druckmittel die Erfüllung des Hauptvertrages zu sichern und dem Gläubiger den Beweis des Schadens zu ersparen. Durch diese doppelte Funktion unterscheidet sie sich von der Schadenspauschale.

Der Makler, der sich gegen Vertragsverletzungen durch den Auftraggeber schützen will, kann mit diesem eine Vertragsstrafe vereinbaren. Allerdings sind solche Vereinbarungen nach § 309 Nr. 6 in Allgemeinen Geschäftsbedingungen unwirksam. Es bleibt dafür nur die Individualvereinbarung – wie bei der Hinzuziehungsklausel, Verweisungsklausel oder Vorkenntnisklausel. Das Vertragsstrafeversprechen ist eine vertragliche Abrede. Es fällt daher unter § 310 BGB. Ist der Auftraggeber des Maklers Verbraucher im Sinne des § 13 BGB, so stellt das Versprechen, da der Makler Unternehmer gemäß § 14 BGB ist, einen Verbrauchervertrag dar. Daher wird eine solche Vereinbarung, wenn sie wie üblich vom Makler formuliert ist, nach § 310 Abs.3 Ziffer 2 BGB als AGB behandelt und nach den §§ 307 bis 309 BGB überprüft. Ergebnis: Ein Vertragsstrafeversprechen in einem Maklervertrag eines Grundstücksmaklers ist unwirksam. Dagegen ist die Vereinbarung einer Vertragsstrafe auch in Formularverträgen über die Wohnungsvermittlung wirksam! Der ausdrückliche Zweck des Gesetzes, nämlich der Schutz der finanzschwächeren Bevölkerungskreise, wird dadurch jedoch nicht beeinträchtigt. Die Vertragsstrafe, die der Wohnungssuchende zu zahlen hat, wenn er z. B. dem Makler nicht rechtzeitig mitteilt, dass er weitere Maklerdienste nicht mehr benötigt, beträgt nicht mehr als zehn Prozent der Provision, höchstens 25 Euro. In der Praxis hat diese Vorschrift keine größere Bedeutung.

Wird ein Vertragsstrafeversprechen in einem notariell beurkundeten Kaufvertrag vereinbart, so wird zunächst davon ausgegangen, dass es sich hier um eine Individualvereinbarung handelt, die somit wirksam ist. Möglich ist aber auch, dass es sich bei den in großer Zahl beurkundeten Kaufverträgen des Hausnotars eines Bauträgers um vorformulierte Verträge handelt, so dass ein Vertragsstrafeversprechen unwirksam ist.

Siehe / Siehe auch: Alleinauftrag, Allgemeine Geschäftsbedingungen (AGB), Hinzuziehungsklausel / Verweisungsklausel (Maklergeschäft), Vorkenntnis (Maklergeschäft)

Vertragstypische Pflichten

obligations typical for this type of contract

Siehe / Siehe auch: Hauptpflichten (vertragstypische)

Vertragsverlängerung, stillschweigende (Mietrecht)

tacit renewal of a contract (law of tenancy)

Hat der Vermieter den Mietvertrag gekündigt und zieht der Mieter nach Ablauf der Kündigungsfrist nicht aus, kann es zu einer stillschweigenden Vertragsverlängerung kommen. Diese kommt zu Stande, wenn keiner der Vertragspartner innerhalb von zwei Wochen dem anderen mitteilt, dass er den Vertrag beenden will. Rechtlich geht man dann davon aus, dass beide Parteien durch ihr Verhalten ihren Willen bekundet haben, am bisherigen Vertrag festzuhalten. Der Mieter kann dann – gegen Weiterzahlung der vertragsgemäßen Miete plus Betriebskosten – in der Wohnung bleiben. Wichtig: Die zweiwöchige Frist beginnt für den Mieter mit dem Ende der Kündigungsfrist. Für den Vermieter jedoch beginnt sie erst zu dem Zeitpunkt, an dem er vom Verbleiben des Mieters in der Wohnung erfährt. Der Vermieter hat drei Möglichkeiten, die Verlängerung zu verhindern:

- Er widerspricht der stillschweigenden Vertragsverlängerung schriftlich innerhalb von zwei Wochen.
- Er widerspricht vorsorglich schon im Kündigungsschreiben.
- Er schließt die stillschweigende Verlängerung von vornherein im Mietvertrag aus.Die gesetzliche Regelung findet sich in § 545 BGB.

Siehe / Siehe auch: Beendigung eines Mietverhältnisses

Vertrauensschadenversicherung

fidelity insurance; (blanket) crime insurance

Die Vertrauensschadenversicherung gewährt dem Versicherten Versicherungsschutz gegen Schäden aus vorsätzlichen Straftaten (Unterschlagung, Veruntreuung, Manipulationen an der Software usw.) die innerhalb des Unternehmens von Vertrauenspersonen begangen werden, z. B. durch Geschäftsführer, Angestellte und sonstige für das Unternehmen handelnde Personen. Unter Umständen bietet die Versicherung darüber hinaus auch Schutz für vorsätzliche Handlungen durch betriebsfremde Dritte. Die Vertrauensschadenversicherung deckt nicht nur die Schäden des Firmeninhabers, sondern auch diejenigen der geschädigten Kunden. Gedeckt werden Schäden auch dann, wenn der Schädiger (z.B. ein Hacker) nicht identifiziert werden kann. Je mehr Mitarbeiter ein Unternehmen beschäftigt und je komplexer das Geschäftsfeld ist, desto größer ist das Straftatenrisiko und desto notwendiger ist der Schutz durch eine Vertrauensschadenversicherung. Baubetreuer und Immobilienmakler, die über Vermögenswerte der Auftraggeber verfügen sollen, müssen entweder eine Vertrauensschadenversicherung abschließen oder eine selbstschuldnerische Bankbürgschaft bereitstellen (§ 2 Abs. 2 und 3 MaBV).

Vertretung (Wohnungseigentümer-Versammlung)

representation; substitution; standing-in-for (freehold flat owners' meeting)

Jeder Wohnungseigentümer kann sich im Falle der persönlichen Verhinderung wegen Urlaub, Krankheit oder aus anderen Gründen in der Wohnungseigentümer-Versammlung durch jede beliebige Person, also durch Familienmitglieder, Anwälte, Steuerberater oder – im Falle der Vermietung – auch durch seinen Mieter vertreten lassen. Außerhalb der Vertretung bei Nichtteilnahme dürfen jedoch andere außenstehende Personen wegen der Nicht-Öffentlichkeit an den Versammlungen der Wohnungseigentümer nicht teilnehmen, auch nicht als Berater. Ausnahmen gelten nur in solchen Fällen, wo ein Wohnungseigentümer aus gesundheitlichen oder anderen körperlichen Gründen auf die Hilfe Dritter angewiesen ist. Das grundsätzlich uneingeschränkte Vertretungsrecht kann durch Vereinbarungen in der Teilungserklärung oder der Gemeinschaftsordnung auf bestimmte Personenkreise beschränkt werden, so im Regelfall auf Ehepartner, Miteigentümer oder auf den Verwalter. Auch im Falle solcher Beschränkungen werden jedoch nach neuerer Rechtsauffassung auch die Partner aus eheähnlichen, auf Dauer angelegten Lebensverhältnissen als vertretungsberechtigt angesehen. Sind Vertretungsbeschränkungen vereinbart, braucht die Anwesenheit von Nicht-Wohnungseigentümern in der Versammlung nicht geduldet zu werden. Davon sind auch die Käufer von Eigentumswohnungen betroffen. Sie sind erst nach ihrer Eintragung in das Grundbuch berechtigt, an der Wohnungseigentümer-Versammlung teilzunehmen, selbst wenn der Verkäufer sie im Kaufvertrag zur Vertretung bevollmächtigt haben sollte.

Siehe / Siehe auch: Wohnungseigentümer-Versammlung

Verunstaltungsverbot

prohibition against disfiguration / disfigurement / spoilage

Jede Landesbauordnung kennt das sog. Verunstaltungsverbot (Ästhetikklausel). Danach sollen bauliche Anlagen mit ihrer Umgebung so in Einklang gebracht werden, dass sie das Straßen-, Orts- und Landschaftsbild nicht verunstalten und deren künftig beabsichtige Gestaltung nicht beeinträchtigen. Bei Beurteilung der Verunstaltung spielen Form, Maßstab, Farbe und Verhältnis der Baumassen und Bauteile zueinander eine Rolle. Auch auf Werbeanlagen und Automaten im öffentlichen Verkehrsraum ist das Verunstaltungsverbot anzuwenden.

Verursacherprinzip

polluter-pays principle; perpetrator principle

Siehe / Siehe auch: Verbrauchsprinzip, Verteilungsschlüssel (Wohnungseigentum)

Vervielfältiger (Ertragswertverfahren)

multiplier; years' purchase or annuity factor (valuation); (investment capitalization valuation method)

Der Vervielfältiger ist im Ertragswertverfahren die zentrale Größe, mit der der Ertragswert eines Gebäudes (ohne Bodenwertanteil) ermittelt wird. Man spricht vom Gebäudeertragswert. Der Vervielfältiger stellt eine Verknüpfung des Liegenschaftszinssatzes mit der Restnutzungsdauer des Gebäudes dar. Finanzmathematisch gesehen, handelt es sich um einen Rentenbarwertfaktor. Dabei wird eine gleichbleibende jährliche nachschüssig zu zahlende Rente (Zinsbetrag) für einen bestimmten Zeitraum (Restnutzungsdauer) unterstellt. Es kann von folgender Regel ausgegangen werden: Mit zunehmender Restnutzungsdauer steigt der Vervielfältiger. Mit höher werdendem Liegenschaftszinssatz sinkt die der Vervielfältiger.

Beispiele: Bei einem Liegenschaftszinssatz von fünf Prozent und einer Restnutzungsdauer von 40 Jahren und liegt der Vervielfältiger bei 17,16, bei einer Restnutzungsdauer von 60 Jahren steigt er auf 18,93. Bei einer Restnutzungsdauer von 50 Jahren und einem Liegenschaftszinssatz von vier Prozent liegt der Vervielfältiger bei 21,48 und bei einem Zinssatz von sechs Prozent bei 15,76. Die Wahl des Liegenschaftszinssatzes hängt von den Marktgegebenheiten ab. Dies ergibt sich aus seiner Definition in § 11 WertV, wonach der Liegenschaftszinssatz der Zinssatz ist, „mit dem der Verkehrswert von Liegenschaften im Durchschnitt marktüblich verzinst wird".

Um zum Ertragswert einer Liegenschaft zu gelangen, muss der Bodenwert zum Gebäudeertragswert addiert werden.

Siehe / Siehe auch: Bodenwert, Ertragswert, Verkehrswert

Verwalter (WEG)

manager / estate manager / administrator / service agent/ managing agent (freehold flat owners' association)

In einer Wohnungseigentumsanlage obliegt die Verwaltung des gemeinschaftlichen Eigentums gemäß § 20 Abs. 1 WEG dem Verwalter. Die Bestellung des Verwalters durch mehrheitliche Beschlussfassung kann zwar nicht ausgeschlossen werden, ist aber auch nicht zwingend vorgeschrieben. Die Wohnungseigentümer sind also nicht gezwungen, einen Verwalter zu bestellen. Wenn jedoch nur ein einzelner Wohnungseigentümer die Bestellung des Verwalters verlangt, müssen die übrigen Eigentümer diesem Verlangen nachkommen. Gegebenenfalls ist die Bestellung gerichtlich durchsetzbar.

Zum Verwalter kann sowohl eine natürliche als auch eine juristische Person bestellt werden, nicht jedoch eine BGB-Gesellschaft. Im Übrigen kann für jede Wohnungseigentumsanlage nur ein Verwalter bestellt werden. Dies gilt auch für die Verwalterbestellung in einer Mehrhausanlage. Die Bestellung von „Unterverwaltern" auch nur für einzelne bestimmte Verwaltungsangelegenheiten ist nicht zulässig. Ein Mehrheitsbeschluss wäre nichtig. Besondere fachliche Qualifikationen schreibt das Gesetz (leider) nicht vor. Die Rechtsprechung hat inzwischen zwar gewisse Grundsätze für eine ordnungsmäßige Verwalterbestellung entwickelt, unterscheidet allerdings hinsichtlich der fachlichen Anforderungen nach wie vor zwischen einem gewerblich tätigen Verwalter und einem nebenberuflichen (Hobby-) Verwalter. Fehlende rechtliche und kaufmännische Kenntnisse werden allerdings in der Regel als Grund angesehen, einen Beschluss über die Verwalterbestellung für ungültig zu erklären. Der Bestellungszeitraum ist bei Erstbestellung, die im Regelfall durch den Bauträger erfolgt, auf drei Jahre begrenzt, bei nachfolgenden Bestellungen auf fünf Jahre. Wiederholte Bestellungen sind zulässig. Das Vertragsverhältnis zwischen der (teilrechtsfähigen) Wohnungseigentümer-Gemeinschaft und dem Verwalter kommt durch Annahme des Bestellungsbeschlusses und Abschluss eines schriftlichen Vertrages zustande oder aber auch stillschweigend durch Aufnahme der Tätigkeit durch den Verwalter. Neben den gesetzlich geregelten Aufgaben und Befugnissen können im Rahmen ordnungsgemäßer Verwaltung dem Verwalter zusätzliche Aufgaben übertragen werden. Sie sind in der Regel zusätzlich zu vergüten. Im Übrigen ist die Verwaltervergütung frei vereinbar, richtet sich jedoch nach den üblichen Sätzen, die sich meist an den Verwaltungspauschalen der Zweiten Berechnungsverordnung orientieren. Die Abberufung des Verwalters ist grundsätzlich jederzeit durch mehrheitliche Beschlussfassung möglich, kann jedoch auf das Vorliegen eines wichtigen Grundes beschränkt werden. Bei einer Abberufung aus wichtigem Grund kann regelmäßig auch der Verwaltungsvertrag mit sofortiger Wirkung gekündigt werden. Die Verwalterbefugnisse können ohne Zustimmung der Wohnungseigentümer nicht auf Dritte übertragen werden, selbst wenn dies nach einer Vereinbarung zulässig sein sollte. Entsprechende Vereinbarungen sind nichtig.

Siehe / Siehe auch: Abberufung (Wohnungseigentumsverwalter), Bestellung des Verwalters (WEG), Entlastung (Wohnungseigentumsverwalter), Hausverwalter, Ordnungsmäßige Verwaltung (Wohnungseigentum), Verwalteraufgaben / Verwalterbefugnisse (Wohnungseigentum), Verwaltervertrag, Verwalterwechsel

Verwalter als Makler

estate manager / managing agent acting as a broker

Eine nicht unbeachtliche Zahl von Verwaltern betätigt sich auch als Makler. Unbedenklich ist dies in allen Fällen, in denen zwischen dem Verwalter als Makler und dessen Auftraggeber keine das Verwaltergeschäft berührenden Verbindungen bestehen, die beiden Geschäftsbereiche also nicht miteinander in Berührung kommen. Gibt es jedoch Überlappungen, dann stellt sich die Frage, ob und in welchen Fällen der Verwalter als Makler einen Provisionsanspruch erwerben kann. Folgende Fälle sind zu betrachten:

- Der Makler verwaltet Mietwohnungen über die er einen Mietvertrag vermitteln will. Ein Provisionsanspruch ist hier nach dem Wohnungsvermittlungsgesetz ausgeschlossen. Dies gilt auch, wenn der Makler mit dem Verwalter zwar nicht identisch, aber doch wirtschaftlich oder rechtlich mit ihm verflochten ist. Gleiches gilt, wenn der Makler selbst Vermieter oder Mieter der zu vermittelnden Wohnung ist. Die Provisionsverbote sind zwingend, können also durch eine vertragliche Vereinbarung nicht außer Kraft gesetzt werden. Was für die Vermittlung eines Mietvertragsabschlusses mit einem neuen Mieter gilt, gilt auch für die Vermittlung von Vertragsänderungen oder Vertragsverlängerungen, selbst wenn sie für den Mieter zu günstigeren Mietbedingungen führen. Auch hier gilt bei Wohnungen ein Provisionsverbot.
- Handelt es sich um Gewerberäume, die der Makler verwaltet, kann er jedenfalls vom Mieter keine Provision verlangen. Da aber keine gesetzlichen Provisionsverbote bestehen, kann jedenfalls eine von der rechtlichen Ausgangslage abweichende Vereinbarung getroffen werden. Es handelt sich dann nicht um eine Provision, sondern um ein von einer Maklerleistung unabhängiges selbständiges Schuldversprechen des Mieters. Dies muss in der Vereinbarung auch zum Ausdruck kommen.
- Ist der Makler Sondereigentumsverwalter einer vermieteten Eigentumswohnung, über die ein Kaufvertrag vermittelt werden soll, ist eine provisionspflichtige Maklertätigkeit für den Verkäufer wie auch für den Käufer, der nicht der Mieter ist, möglich, da in einem solchen Fall kein Interessenkonflikt besteht. Bei Doppeltätigkeit muss sich der Makler allerdings neutral verhalten.
- Ist der Makler Verwalter des gemeinschaftlichen Eigentums, kann er bei Verkauf einer Wohnung (Sondereigentum) für den Käufer als Makler tätig werden und mit ihm eine Provision vereinbaren. Dies entschied erst jüngst der BGH (Beschl. vom 28.04.2005 - III ZR 387/04 - WuM 2005, 470). Ein so genannter institutionalisierter Interessenkonflikt tritt aber dann auf, wenn der Makler gleichzeitig aufgrund einer Bestimmung in der Gemeinschaftsordnung dem Kaufvertrag, den er vermittelt hat, seine Zustimmung als Verwalter erteilen muss. Ein Provisionsanspruch – auch gegenüber dem Verkäufer – ist damit ausgeschlossen. Die Möglichkeit der Vereinbarung einer von einer Maklerleistung abgekoppelten Zahlungspflicht bleibt aber bestehen.
- Klar ist, dass ein Verwalter von Grundstücken jeder Art auch beim Verkauf der von ihm verwalteten Objekte auch für den Käufer als Makler fungieren darf.

Siehe / Siehe auch: Makler, Verwalter (WEG)

Verwalteraufgaben / Verwalterbefugnisse (Wohnungseigentum)

duties / authority of an estate manager / managing agent (freehold flat)

Durch die Zuerkennung der Teilrechtsfähigkeit wird der nach § 26 Abs. 1 WEG zu bestellende Verwalter in einer Doppelfunktion tätig. Seine Aufgaben und Befugnisse sind gemäß § 27 Abs. 1 bis 3 WEG danach zu unterscheiden, ob er für die Wohnungseigentümer oder für die teilrechtsfähige Wohnungseigentümer-Gemeinschaft tätig wird.

Deshalb ist zwischen den Aufgaben und Befugnissen des Verwalters zu unterscheiden,

- zu denen er gemäß § 27 Abs. 1 WEG gegenüber den Wohnungseigentümern und der Gemeinschaft berechtigt und verpflichtet ist (unter anderem Beschlüsse durchzuführen und für die Durchführung der Hausordnung zu sorgen);
- die ihn gemäß § 27 Abs. 2 WEG berechtigen, im Namen aller Wohnungseigentümer und mit Wirkung für und gegen sie tätig zu werden (unter anderem Willenserklärungen und Zustellungen entgegen zu nehmen, soweit sie an alle Wohnungseigentümer gerichtet sind);
- die ihn gemäß § 27 Abs. 3 WEG berechtigen, im Namen der Gemeinschaft und mit Wirkung für und gegen sie im rechtsgeschäftlichen Verkehr zu handeln (unter anderem Maßnahmen zur erforderlichen Instandhaltung und -setzung zu treffen und auch mit einem Anwalt besondere Vergütungsregelungen zu vereinbaren).

Diese dem Verwalter nach den Vorschriften des § 27 Abs. 1 bis 3 WEG zugewiesenen Aufgaben und Befugnisse können gemäß § 27 Abs. 4 WEG nicht eingeschränkt oder ausgeschlossen werden. Darüber hinaus ist der Verwalter gemäß § 27 Abs. 5 WEG verpflichtet ist, das Verwaltungsvermögen der Gemeinschaft getrennt von seinem Vermögen zu verwalten. Dabei kann die Verfügung des Verwalters über die gemeinschaftlichen Gelder auf Grund eines Beschlusses oder einer Vereinbarung von der Zustimmung eines Wohnungseigentümers oder eines Dritten abhängig gemacht werden. Auf sein Verlangen können die Wohnungseigentümer gemäß § 27 Abs. 6 WEG die Vertretungsvollmacht des Verwalters durch Ausstellung einer Vollmachts- oder Ermächtigungsurkunde regeln. Zu den weiteren Aufgaben des Verwalters zählen

- die Einberufung der Wohnungseigentümer-Versammlung (§ 24 Abs. 1 WEG),
- die Anfertigung einer Beschlussniederschrift (§ 24 Abs. 6 WEG),
- die Führung der Beschluss-Sammlung (§ 24 Abs. 7 WEG) und
- die Anfertigung und Vorlage des jährlichen Wirtschaftsplans und der Jahresgesamt- und Einzelabrechnungen (§ 28 Abs. 1 und 3 WEG).

Zusätzlich zu den gesetzlichen Pflichten können dem Verwalter weitere Aufgaben als Sonderleistungen im Verwaltungsvertrag gegen entsprechende Sondervergütungen übertragen werden. Der Verwaltungsvertrag ist zwischen dem Verwalter und der (teilrechtsfähigen) Wohnungseigentümer-Gemeinschaft abzuschließen und durch ein oder zwei durch Beschluss der Wohnungseigentümer-Versammlung bevollmächtigte Wohnungseigentümer (Verwaltungsbeiräte) zu unterzeichnen.

Siehe / Siehe auch: Verwalter (WEG), Verwaltervergütung, Sonderleistungen, Sondervergütung

Verwaltervergütung

remuneration of an estate manager / managing agent

Zu den Kosten der Verwaltung des gemeinschaftlichen Eigentums im Sinne des § 16 Abs. 2 WEG gehört auch die an den Verwalter zu zahlende Vergütung. Die Höhe dieser Vergütung ist gesetzlich nicht geregelt und kann demnach zwischen Verwalter und Wohnungseigentümern frei vereinbart werden. Als allgemeiner Orientierungsmaßstab für die „übliche Vergütung“ können die für den preisgebundenen Wohnungsbau in §§ 26 Abs. 2, 41 Abs. 2 der Zweiten Berechnungsverordnung geregelten Verwaltungskosten dienen. Nach der erstmaligen – gesetzlich geregelten – Anpassung am 01.01.2005 können sie seither zum 1. Januar des dritten aufeinander folgernden Jahres angepasst werden. Die Änderung richtet sich nach den Veränderungen des Verbraucherpreisindex in diesem Zeitraum. Nach der letzten Anpassung zum 01.01.2008 liegen die jährlichen Verwaltungskosten derzeit bei 254,79 Euro pro Wohnung und 33,23 Euro pro Garage. In der Praxis schwanken die Sätze zwischen 15,00 und 25,00 Euro pro Wohnung und Monat beziehungsweise zwischen 180,00 und 300,00 Euro pro Jahr.

Die konkrete Höhe der Verwaltervergütung wird im Verwaltervertrag bei oder nach der Bestellung des Verwalters geregelt. Die für die gesamte Wohnungseigentums-Anlage nach der Anzahl der Wohnungen errechnete Gesamtvergütung war nach altem Recht im Verhältnis der Wohnungseigentümer untereinander entsprechend § 16 Abs. 2 WEG nach Miteigentumsanteilen zu verteilen, soweit nicht durch Vereinbarung gemäß § 10 Abs. 2 Satz 2 WEG oder nach der Teilungserklärung beziehungsweise der Gemeinschaftsordnung eine andere Verteilung erfolgte.

Nach den ab 01.07.2007 geltenden neuen Bestimmungen des WEG können die Wohnungseigentümer gemäß § 16 Abs. 3 WEG nunmehr auch die Verwaltervergütung abweichend von § 16 Abs. 2 WEG durch mehrheitliche Beschlussfassung regeln und folglich die Höhe der Vergütung pro Wohnung statt nach Miteigentumsanteilen verteilen. Mit der üblichen Vergütung sind sämtliche Leistungen des Verwalters abgegolten, die ihm nach dem Gesetz im Rahmen seiner „Kardinal-Pflichten" obliegen. Die vom gewerblich tätigen Verwalter zu zahlende Umsatz-/Mehrwertsteuer kann auf die vereinbarte Verwaltervergütung aufgeschlagen werden, jedoch bedarf es dazu einer ausdrücklichen vertraglichen Regelung. Zusatzvergütungen für Sonderleistungen sind grundsätzlich zulässig, beispielsweise im Falle der gerichtlichen Vertretung oder im Zusammenhang mit der Überwachung größerer baulicher Maßnahmen oder aber auch für die Ausstellung von Bescheinigungen für haushaltsnahe Dienstleistungen. Diese Vergütungen müssen jedoch angemessen und überschaubar sein und den entsprechenden Zeit- und Arbeitsaufwand berücksichtigen. Dabei empfiehlt sich hinsichtlich der genannten Leistungen eine Orientierung an den Sätzen der HOAI beziehungsweise des RVG.

Siehe / Siehe auch: Haushaltsnahe Dienstleistungen, RVG, Kostenverteilung, Sondervergütung, Sonderleistungen, Honorarordnung für Architekten und Ingenieure (HOAI), Verwalteraufgaben / Verwalterbefugnisse (Wohnungseigentum)

Verwaltervertrag

contract for management services

Grundlage für den Abschluss eines Verwaltervertrages mit einer Wohnungs-/Teileigentümergemeinschaft ist die Bestellung des Verwalters. Ohne Bestellung wäre ein Verwaltervertrag unwirksam. Übernimmt der Verwalter – ohne bestellt zu sein – Verwaltungsaufgaben, handelt er als Geschäftsführer ohne Auftrag, mit der Folge, dass ihm nur ein Aufwendungsersatz zusteht. Im Außenverhältnis kann er in die Situation geraten, dass er als vollmachtloser Vertreter handelt. Der Verwaltervertrag wir zwischen Verwalter und (teilrechtsfähiger) Wohnungseigentümer-Gemienschaft geschlossen. Der Abschluss eines formellen Vertrages ist aber nicht zwingend erforderlich. Übernimmt der Verwalter nach Kenntnisnahme seiner Bestellung die Verwaltung, kommt auf diese Weise stillschweigend ein Verwaltervertrag zustande. Regelmäßig wird ein Verwalter, der bestellt werden soll, im Vorfeld seiner Bestellung seine Vertragsvorstellungen darlegen und wenn möglich ein Angebot auf Abschluss eines Verwaltervertrages vorlegen, das dann auch Grundlage für den Bestellungsbeschluss ist. Der Bestellungsbeschluss kann hier gleichgesetzt werden mit der Annahme des Angebots auf Abschluss eines Verwaltervertrages. Überwiegend wird aber im Bestellungsbeschluss der Verwaltungsbeirat ermächtigt, den Vertrag mit dem Verwalter auch formell abzuschließen. Ähnliches gilt auch für die erstmalige Bestellung eines Verwalters in der Teilungserklärung. Auch hier wird im Vorfeld mit dem in Aussicht genommenen Verwalter der Inhalt des Verwaltervertrags abgesprochen. Die Bestellung erfolgt hier mit Wirksamwerden der Gemeinschaftsordnung. Da die Aufgaben und Befugnisse des Verwalters im WEG weitgehend geregelt sind und zumindest die in § 27 WEG genannten nicht eingeschränkt werden können, geht es beim Verwaltervertrag vorwiegend darum, festzulegen, ob der Verwalter noch weitergehende Verpflichtungen als im WEG genannt übernehmen soll. Dies kann sich teilweise aus der Gemeinschaftsordnung ergeben (z.B. Zustimmung zur Wohnungsveräußerung, wenn nach der Gemeinschaftsordnung eine solche Zustimmung erforderlich ist). Andere Aufgaben, die sich nicht aus dem WEG ergeben, können z.B. sein Planung und Durchführung von Um- und Ausbauten, Verfolgung von Mängelbeseitigungsansprüchen, Beschaffung fehlender Verwaltungsunterlagen usw.. Weiterer Gegenstand des Verwaltervertrages ist die Festlegung der Verwaltervergütung für reguläre und besondere Leistungen. Sofern sich aus der Gemeinschaftsordnung nichts anderes ergibt, ist Maßstab für die Verteilung der Verwaltervergütung auf die Wohnungseigentümer deren Miteigentumsanteil. Wenn die Verwaltervergütung nach Wohneinheiten umgelegt werden soll, kann dies nach § 16 Abs. 3 WEG auch mehrheitlich beschlossen werden. Im Verwaltervertrag ist in solchen Fällen die Höhe der Vergütung pro Wohnungs-/Teileigentumseinheit zu bestimmen. Ebenso sind im Verwaltervertrag besondere Vergütungen zu regeln z. B. Vergütung für die Zustimmungserklärungen des Verwalters bei Wohnungsveräußerungen, Höhe einer Mahngebühr (als Aufwendungsersatz), Höhe der Vergütung für die Betreuung von großen Instandsetzungs- Modernisierungs,- oder Umbauarbeiten. Hier reicht ebenfalls auch ein gesonderter Mehrheitsbeschluss aus. Weitere Regelungen des Verwaltervertrages beziehen sich auf Pflichten des Verwalters bei Beendigung des Vertragesverhältnisses, sowie auf Haftung und Verjährung von Ansprüchen.

Siehe / Siehe auch: Verwalteraufgaben / Verwalterbefugnisse (Wohnungseigentum), Bestellung des Verwalters (WEG), Abberufung (Wohnungseigentumsverwalter), Verwaltervergütung, Sonderleistungen

Verwalterwechsel

change in estate managers/ managing agents

Der Verwalter hat nach Ablauf des Wirtschaftsjahres – in aller Regel das Kalenderjahr – seine Abrechnung zu erstellen. Der zum Jahresende (31. Dezember) ausscheidende Verwalter ist dann nicht mehr im Amt, so dass der neue Verwalter zur Abrechnung verpflichtet ist. Der Vorgänger hat eine Rechnungslegung – unter Beifügung sämtlicher Belege – vorzunehmen. Auch bei einem Verwalterwechsel während des Jahres ist der ausscheidende Verwalter zur Rechnungslegung verpflichtet.

Siehe / Siehe auch: Verwalter (WEG), Verwalteraufgaben / Verwalterbefugnisse (Wohnungseigentum)

Verwaltungsbeirat

advisory board

Die Verwaltung des gemeinschaftlichen Eigentums obliegt den Wohnungseigentümern, dem Verwalter und dem Verwaltungsbeirat, sofern dieser bestellt ist (§ 20 Abs. 1 WEG). Die Wohnungseigentümer entscheiden über die Verwaltung, der Verwalter ist verantwortlich für die Durchführung der Verwaltung und der Verwaltungsbeirat unterstützt den Verwalter bei der Durchführung seiner Aufgaben. Daneben weist ihm das Gesetz im Rahmen der Verwaltung des gemeinschaftlichen Eigentums besondere Aufgaben zu, nämlich die Prüfung des Wirtschaftsplans, der Jahresabrechnung, der Rechnungslegung und der Kostenvoranschläge. Vor der Beschlussfassung hierüber soll der Verwaltungsbeirat gegenüber den Wohnungseigentümern in der Versammlung schriftlich oder auch mündlich eine entsprechende Stellungnahme abgeben (§ 29 Abs. 2 und 3 WEG). Darüber hinaus kann der Vorsitzende des Verwaltungsbeirates gemäß § 24 Abs. 3 WEG die Versammlung der Wohnungseigentümer einberufen, falls ein Verwalter fehlt oder dieser pflichtwidrig die Einberufung verweigert. Im konkreten Einzelfall können dem Beirat auch weitere Aufgaben durch mehrheitliche Beschlussfassung übertragen werden, soweit diese Aufgaben ordnungsgemäßer Verwaltung entsprechen und dadurch die ureigenen Rechte und Pflichten der Wohnungseigentümer und des Verwalters nicht beeinträchtigt, eingeschränkt oder aufgehoben werden. Dazu kann unter anderem auch der Abschluss (Unterzeichnung) oder unter bestimmten Voraussetzungen auch das Aushandeln des Verwaltungsvertrages gehören. Erforderlich ist hierzu die entsprechende Ermächtigung durch Beschlussfassung in der Wohnungseigentümer-Versammlung. Der Verwaltungsbeirat wird von der Wohnungseigentümer-Versammlung gewählt beziehungsweise bestellt. Er setzt sich aus drei Wohnungseigentümern zusammen, von denen einer als Vorsitzender und die beiden weiteren als Beisitzer fungieren. Bestellt die Wohnungseigentümer-Versammlung im konkreten Fall mehr als drei Mitglieder als Verwaltungsbeirat und gegebenenfalls auch nur einen oder mehrere Nicht-Eigentümer, zum Beispiel einen Mieter, ist der konkrete mehrheitliche Bestellungsbeschluss nur gesetzwidrig, nicht aber nichtig (BGH, Urteil vom 5.2.2010, V ZR 126/09). Erfolgt also keine Anfechtung und Ungültigerklärung durch das Gericht, ist auch ein Beirat wirksam bestellt, dessen Zahl und Zusammensetzung der gesetzlichen Regelung widerspricht.

Siehe / Siehe auch: Belegprüfung (Jahresabrechnung / Wohnungseigentum), Verwaltervertrag

Verwaltungskosten, Verwaltergebühren

administrative overheads (or expenses); management costs / estate manager's fees

Nach der Definition der Zweiten Berechnungsverordnung sind Verwaltungskosten die Kosten für die zur Verwaltung eines Gebäudes oder der jeweiligen Wirtschaftseinheit erforderlichen Arbeitskräfte und Einrichtungen, ferner die Kosten der Aufsicht und der Wert der persönlichen Verwaltungsarbeit des Verwalters. Auch die Kosten der gesetzlichen oder freiwilligen Prüfungen des Jahresabschlusses und der Geschäftsführung gehören dazu. Bei Wohnanlagen, die einer Wohnungseigentümergemeinschaft gehören, ist zwischen der Verwaltung des Gemeinschaftseigentums und der des Sondereigentums (einzelne Wohnung des Eigentümers) zu unterscheiden. Grundsätzlich verwaltet der Verwalter das Gemeinschaftseigentum und setzt dafür einen Gebührensatz an. Eine Verwaltung des Sondereigentums – z.B. der vermieteten Eigentumswohnung – wird meist gegen Aufpreis angeboten. Die Höhe der Verwaltergebühren kann sehr unterschiedlich ausfallen. Einfluss haben darauf u.a. Art, Größe, Alter und Lage der Wohnanlage. Gesetzliche Grenzen setzt die Zweite Berechnungsverordnung, nach der die Verwaltungskosten höchstens 230 Euro im Jahr pro Wohnung, bei Eigenheimen, Kaufeigenheimen

V

und Kleinsiedlungen je Wohngebäude betragen dürfen. Für Garagen und Einstellplätze liegt die Grenze bei 30 Euro jährlich. Diese Beträge sind jedoch nicht fest, sondern an die allgemeine Preisentwicklung gekoppelt. Am 1. Januar 2005 und danach am 1. Januar jedes dritten Jahres verändern sich die Maximalbeträge um den Prozentsatz, um den sich der Verbraucherpreisindex des Statistischen Bundesamtes für den der Veränderung vorausgehenden Monat Oktober gegenüber dem Index für den der letzten Veränderung vorausgehenden Oktober erhöht oder verringert hat. Für Januar 2005 war die Veränderung des Verbraucherpreisindexes entscheidend, die zwischen Oktober 2001 und Oktober 2004 stattgefunden hat.

Für die Frage, welche Kostenarten der Vermieter auf den Mieter umlegen kann, ist nach der Zweiten Berechnungsverordnung nun die Betriebskostenverordnung maßgeblich. Danach können bei einer Mietwohnung die Verwaltungskosten nicht auf den Mieter umgelegt werden.

Siehe / Siehe auch: Betriebskosten, Betriebskostenverordnung, Zweite Berechnungsverordnung, II. BV, Verwaltervergütung

Verwaltungsvermögen (Wohnungseigentümer-Gemeinschaft)

administrative property (freehold flat owners' association)

Als teilrechtsfähige Gemeinschaft verfügt die Wohnungseigentümer-Gemeinschaft über ein ihr als Rechtssubjekt zugeordnetes Verwaltungsvermögen (§ 10 Abs. 7 WEG). Mit diesem Verwaltungsvermögen haftet sie gegenüber Dritten. Dieses Vermögen umfasst alle im Rahmen der gesamten Verwaltung des gemeinschaftlichen Eigentums gesetzlich und rechtlich erworbenen Sachen und Rechte sowie die bei der Verwaltung entstandenen Verbindlichkeiten. Damit gehören zum Verwaltungsvermögen sämtliche Guthaben bei Kreditinstituten, einschließlich der Instandhaltungsrückstellung, ebenso sämtliche Forderungen gegenüber Dritten und Wohnungseigentümern. Ebenfalls gehören zum Verwaltungsvermögen alle mobilen Gegenstände (z.B. Rasenmäher) sowie alle eingenommenen Gelder (Erträge aus der Vermietung und Verpachtung gemeinschaftlichen Eigentums, Zinserträge und Erträge beispielsweise aus dem Verkauf von Waschmünzen). Auch Immobilienvermögen kann zum Verwaltungsvermögen gehören. Das bedeutet, dass die rechtsfähige Wohnungseigentümer-Gemeinschaft Wohnungs- oder Teileigentum in der eigenen Wohnungseigentums-Anlage erwerben kann, auch im Wege der Zwangsversteigerung. Ferner gehören zum Verwaltungsvermögen sämtliche Ansprüche und Befugnisse aus Rechtsverhältnissen mit Dritten und Wohnungseigentümern. Darunter fallen Forderungen gegen jeden Einzeleigentümer aus seiner sich aus § 16 Abs. 2 WEG ergebenden Zahlungsverpflichtung, unabhängig davon, ob bereits ein Beschluss unter entsprechender Fälligstellung gefasst ist. Ausdrücklich zählt das Gesetz auch die entstandenen Verbindlichkeiten zum Verwaltungsvermögen. Das so definierte Verwaltungsvermögen geht bei jedem Eigentümerwechsel, unabhängig vom rechtsgeschäftlichen Erwerb oder vom Erwerb in der Zwangsversteigerung anteilig auf den Sondernachfolger, also den neuen Wohnungs- oder Teileigentümer, über. Jeder Gläubiger der Gemeinschaft hat einen vollstreckbaren Anspruch auf das Verwaltungsvermögen. Nicht zum Verwaltungsvermögen zählen dagegen das Sondereigentum und das Gemeinschaftseigentum (§ 10 Abs. 1 WEG).

Siehe / Siehe auch: Rechtsfähigkeit (Wohnungseigentümer-Gemeinschaft)

Verwaltungsvertrag

management/investment contract

Siehe / Siehe auch: Verwalteraufgaben / Verwalterbefugnisse (Wohnungseigentum), Verwaltervertrag

Verwertungsanalyse (Immobilien)

utilisation/exploitation analysis (real estate)

Unter einer Verwertungsanalyse versteht man eine Analyse der in einer Immobilie steckenden Ertragspotenziale. Sie befasst sich damit, Informationsgrundlagen für sichere Entscheidungen zu liefern, die dieses Ziel im Auge haben. Verwertungsanalysen sind dann wichtig, wenn eine Immobilie, die zum Verkauf oder zu einer Verwertung innerhalb des eigenen Immobilienbestandes ansteht, mehrere potenzielle Nutzungsmöglichkeiten bietet. Wichtige Bestandteile sind die Analyse von rechtlichen, steuerlichen, und bautechnischen Gestaltungsmöglichkeiten. Die verschiedenen Verwertungskonzepte müssen auf ihre Wirtschaftlichkeit mit Hilfe von Investitionsrechnungen überprüft und durch Marktanalysen und Marktprognosen abgesichert werden.

Verwirkung

forfeit; forfeiture

Nachdem für die Verjährung von Beseitigungsansprüchen an die Stelle der früheren 30-jährigen die dreijährige Verjährungsfrist getreten ist, hat die Frage der Verwirkung dieser Ansprüche praktisch

keine Bedeutung mehr. Von der Verwirkung eines Anspruchs, beispielsweise im Falle von Eigentumsstörungen, wie sie im Bereich des Wohnungseigentums durch eigenmächtige bauliche Veränderungen auftreten können, spricht man dann, wenn dieser Anspruch über einen längeren Zeitraum nicht geltend gemacht wurde (Zeitmoment) und im Übrigen besondere Umstände hinzutreten, auf Grund derer, die verspätete Geltendmachung als unzulässige, unzumutbare Rechtsausübung und insoweit als Verstoß gegen Treu und Glauben anzusehen ist. Von diesem so genannten Umstandsmoment ist dann auszugehen, wenn der Schuldner, im Falle der eigenmächtigen baulichen Veränderung also der betreffende (störende) Eigentümer, wegen des passiven Verhaltens und der Duldung der Maßnahme durch die übrigen Eigentümer, annehmen konnte, dass ein Beseitigungsanspruch nicht geltend gemacht wird. Diese Rechtsauffassung hat in der Vergangenheit dazu geführt, dass dann, wenn eine Berufung auf Verwirkung nicht möglich war, Beseitigungsansprüche bei baulichen Veränderungen selbst noch nach Ablauf von zehn und mehr Jahren geltend gemacht werden konnten. Vor dem Hintergrund der jetzt verkürzten Regelverjährungsfrist auf drei Jahre dürfte die Berufung auf die Verwirkung jedoch an Bedeutung verlieren.
Siehe / Siehe auch: Verjährung

Verwirkung der Maklerprovision

forfeiture of the broker's commission

Nach § 654 BGB verwirkt der Makler seinen Provisionsanspruch gegenüber dem Auftraggeber, „wenn er dem Inhalt des Vertrags zuwider auch für den anderen Teil tätig gewesen ist." Ist eine Doppeltätigkeit nur einem der beiden Geschäftspartner des Makler im Vertrag untersagt, bleibt der Provisionsanspruch derjenigen Seite gegenüber bestehen, mit der kein Provisionsverbot für die andere Seite vereinbart wurde.

Der Verwirkungsvorschrift des § 654 BGB wurde durch die Rechtsprechung auf zahlreiche weitere Tatbestände ausgedehnt. Allgemein kann davon ausgegangen werden, dass der Makler seinen Provisionsanspruch dann verwirkt, wenn er in einem so hohen Maße gegen seine Treuepflicht verstößt, dass er sich des Provisionsanspruchs als unwürdig erweist. Drei Beispiele für solche Fälle:

- Der Makler verschweigt gravierende Mängel des angebotenen Objektes, von denen er Kenntnis hat.
- Der Makler sichert zu, dass im vermittelten Objekt ein bestimmtes Gewerbe ausgeübt werden kann, was sich dann als falsch herausstellt.
- Der Makler lässt einem Interessenten eine formnichtige Ankaufsverpflichtung unterschreiben und gaukelt ihm vor, er sei daran gebunden.

Die Verwirkung bezieht sich auf einen Provisionsanspruch, der nach den Voraussetzungen des § 652 BGB tatsächlich gegeben wäre. Sie setzt grobe Fahrlässigkeit oder Vorsatz voraus. Die Verwirkung eines Provisionsanspruches schließt darüber hinaus Schadensansprüche gegen den Makler nicht aus.
Siehe / Siehe auch: Maklervertrag, Nebenpflichten, Doppelte Provisionszahlung

Verzug

delay; default; arrears

Siehe / Siehe auch: Zahlungsverzug

Verzugszinsen

interest on / for arrears; interest on delinquent accounts / for default

Siehe / Siehe auch: Zahlungsverzug

VGF

association of closed-end investment companies / funds in Germany

Siehe / Siehe auch: Verband Geschlossene Fonds e.V. (VGF)

vhw Bundesverband für Wohneigentum und Stadtentwicklung

national German association for private property and urban development

Der vhw Bundesverband für Wohneigentum und Stadtentwicklung (ursprünglich „Deutsches Volksheimstättenwerk") ist, eine Nachfolgeorganisation des Bundes Deutscher Bodenreformer und des Deutschen Vereins für Wohnungsreform mit Sitz in Berlin. Der vhw setzt sich dafür ein, dass der Bürger seine Vorstellungen von angemessenem Wohnen – vor allem durch die Bildung von selbst genutztem Wohneigentum – verwirklichen kann. Er will seine Position durch eine nachfrageorientierte Wohnungs- und Städtebaupolitik aktivieren und stärken. Politikberatung und Fortbildung in den Bereichen Stadtplanung, Städtebaurecht, kommunale Organisation und Wirtschaft sowie Immobilienwirtschaft sind Schwerpunkte der Vereinsaktivitäten. Der vhw verfügt über einen eigenen Verlag mit Veröffentlichungen zu den Bereichen Planungsrecht, Umweltrecht, Bodenordnung, Erschließungsrecht, Immobilienwirtschaft und Vergaberecht.

Die Verbandszeitschrift „vhw Forum Wohneigentum" erscheint mit wissenschaftlichen Beiträgen alle zwei Monate. Näheres siehe: http://www.vhw-online.de/verlag/index.html

Videoüberwachung im Mietobjekt

video surveillance (CCTV) in a rented property

Im öffentlichen Raum kommt die Überwachung mit Videokameras immer stärker in Gebrauch. Relevant ist hier § 6b Bundesdatenschutzgesetz, der Voraussetzungen und Umstände der Überwachung regelt. Auch Vermieter oder Mieter interessieren sich aus Sicherheitsgründen verstärkt für derartige Geräte. Die rechtlichen Voraussetzungen für eine Überwachung im privaten Bereich unterscheiden sich von denen für die Überwachung öffentlicher Räume. Videoüberwachung ist rechtlich bedenklich, da sie in jedem Fall einen Eingriff in die Persönlichkeitsrechte anderer darstellt. Sie sollte daher immer der Ausnahmefall bleiben. Im Gemeinschaftsbereich einer Wohnanlage sind Kameras unter folgenden Voraussetzungen zulässig:

- Sie sind zur Wahrnehmung des Hausrechts erforderlich.
- Es wird durch deutliche Hinweisschilder darauf hingewiesen.
- Es findet keine Speicherung der Aufnahmen statt.

Die verdeckte Videoüberwachung durch versteckte Kameras ist unzulässig.Erlaubt sind Kameras, die direkt mit einem Bildschirm verbunden sind, ohne dass eine Aufzeichnung stattfindet (vgl. OLG Koblenz, NJW-RR 99, 1394). Auch ein Mieter darf Kameras verwenden. So existieren bereits Systeme, bei denen eine Minikamera an Stelle des Türspions eingebaut wird und ihr Bild auf einen Monitor in der Wohnung überträgt. Gerichtlich zugelassen wurde dies insbesondere für behinderte Bewohner. Voraussetzung für Mieter und Vermieter: Die Überwachung darf den Bereich nicht überschreiten, in dem der Überwacher sein Hausrecht ausüben kann. Eine flächendeckende Überwachung des gesamten Hausflurs ist unzulässig. Der Mieter darf z. B. keine Besucher anderer Wohnungen überwachen (OLG Karlsruhe, WM 2000, 128), der Vermieter darf keine Wohnungstüren filmen, um zu überprüfen, welche Besucher der Mieter empfängt. Nur in einem Ausnahmefall erlauben die Gerichte eine Speicherung von privaten Überwachungsaufzeichungen: Wenn konkrete Anhaltspunkte dafür bestehen, dass unmittelbare Angriffe auf bestimmte Personen zu erwarten sind und diese Gefahr nicht in anderer zumutbarer Weise abgewehrt werden kann.

Das Landgericht Koblenz wies am 22.3.2006 die Klage eines Grundstückseigentümers ab, der sich durch Videokameras des Nachbarn überwacht fühlte. Letzterer hatte wegen wiederholter Übergriffe durch Unbekannte auf dem Grundstück die Kameras installiert. Das Gericht sah eine Überwachung hier als rechtmäßig an. Zusätzlich stellte es fest, dass die Kameras nicht schwenkbar seien und daher das Nachbargrundstück kaum erfassen konnten (Az.12 S 17/06). Öffentliche Straßen und Wege oder Nachbargrundstücke dürfen nicht aufgenommen werden. So wurde ein Berliner Kaufhausbetreiber auf die Klage eines Passanten hin dazu verurteilt, den Überwachungsradius der an der Gebäudeaußenseite montierten Kameras erheblich einzuschränken, damit Fußgänger auf dem öffentlichen Gehweg nicht mehr flächendeckend erfasst werden konnten (Amtsgericht Berlin-Mitte, Az.: 16 C 427/02, 18.12.2003). Hier kam das Bundesdatenschutzgesetz zur Anwendung, da es um öffentliche Wege ging.

Siehe / Siehe auch: Datenschutz

Villa

villa; mansion

Villa war ursprünglich die Bezeichnung für vornehme Landhäuser von Familien, die Ihren Hauptwohnsitz in einem Stadthaus hatten. Mit landwirtschaftlichen Gütern verbundene Villen bezeichnete man dagegen als Herrenhäuser. Der Übergang von der Villa zum kleinen Schloss ist fließend. Die Villeneinteilung geht auf das römische Reich zurück. Dort unterschied man zwischen der Villa Urbana (städtische Villa), der Villa suburbane (vorstädtische Villa) und Villa rustica, (ländliche Villa).

Eine ausgesprochene Villenkultur ist heute noch in Italien anzutreffen. Man denke an die Villen der Dogen an der Brenta zwischen Venedig und Padua, die zwischen 1500 und 1700 erbaut wurden. In Deutschland entstanden seit der Mitte der 19. Jahrhunderts die Villenviertel der Großstädte, die

noch heute ihr großbürgerliches Gepräge haben: Berlin-Grunewald, Berlin-Dahlem, Elbchaussee in Hamburg, Bogenhausen in München, Bredney in Essen mit der Villa Hügel usw.. Wegen ihrer Vielfalt und den großen Zeiträumen, in denen Villen gebaut wurden, kann von einem einheitlichen Villenstil nicht gesprochen werden. Villen sind vielmehr hinsichtlich ihres Stils der jeweiligen Zeitepoche zuzuordnen, in der sie entstanden sind. Charakteristisch ist dagegen ihre jeweils individuelle Prägung. Villen befinden sich in der Regel lange Zeiten im Familienbesitz. Selten wird eine Villa zu einem Objekt des Immobilienmarktes.
Siehe / Siehe auch: Einfamilienhaus

VOB-Vertrag

contract based on German Construction Contract Procedures

Die Beauftragung von Bauunternehmen zur Erbringung von Bauleistungen erfolgt durch einen Vertrag, der als Werkvertrag im Sinne des Bürgerlichen Gesetzbuchs (§ 631 BGB) klassifiziert wird. Der Beauftragung können durch ausdrückliche Vereinbarung die Bedingungen der VOB (Vergabe- und Vertragsordnung für Bauleistungen) Teil B zugrunde gelegt werden. Sie gelten dann vorrangig vor dem BGB-Recht. Die Rechtsprechung hat anerkennt, dass die Zugrundelegung der VOB als Ganzes im Lichte der Vorschriften über AGB unbedenklich ist. Problematisch wird es jedoch dann, wenn nur einzelne Teile der VOB gelten sollen, im Übrigen aber BGB-Recht. Dies gilt vor allem dann, wenn isoliert nur die für das Bauunternehmen günstigeren Mängelbeseitigungsvorschriften dem Vertrag zugrunde gelegt werden. Eine solche Vertragsgestaltung widerspräche den Vorschriften über AGB im BGB mit der Folge Unwirksamkeit der entsprechenden VOB-Bedingung.
Auch beim VOB-Vertrag handelt es sich um einen Werkvertrag im Sinne des BGB. In einigen Punkten werden jedoch die gesetzlichen Bestimmungen durch die speziellen Regelungen der Verdingungsordnung (VOB) ersetzt. Wichtige Unterschiede bestehen bei der

- möglichen Reaktion auf Verzögerungen bei der Bauausführung: Die VOB enthält Regelungen über Ausführungsfristen. Werden die vertraglich vereinbarten Fristen vom Unternehmen nicht beachtet, muss der Bauherr im Gegensatz zum BGB-Recht eine weitere angemessene Frist setzen. Erst wenn diese verstreicht, kann er vom Vertrag zurücktreten, wenn er das angekündigt hat.
- Verjährung der Mängelbeseitigungsansprüche (früher „Gewährleistungsansprüche): Im Gegensatz zum BGB-Vertrag (fünf Jahre Verjährungsfrist) beträgt die Verjährungsfrist für Bauwerke und für Holzerkrankungen beim VOB-Vertrag vier Jahre. Für Arbeiten an einem Grundstück sowie für Teile des Bauwerks, die vom Feuer berührt werden (z.B. Kamin), zwei Jahre. Mängel, die nach Ablauf der Gewährleistungsfrist auftreten, muss der Bauherr (Auftraggeber) grundsätzlich aus der eigenen Tasche zahlen. Nach Untersuchungen von Experten treten die meisten Bauschäden innerhalb der ersten sieben Jahre auf. Nach seiner Geltendmachung verjährt der Anspruch auf Mängelbeseitigung in zwei Jahren
- Vergütung: Der Unternehmer erhält schon vor Fertigstellung des gesamten Bauvorhabens Teilzahlungen, soweit abgeschlossene Teile des Bauwerkes abgenommen sind. Allerdings gewährt seit 1.5.2000 auch das BGB (§ 632 a) dem Unternehmer einen der VOB nachgebildeten Anspruch auf Abschlagszahlungen. Die Schlusszahlung muss der Bauherr binnen zweier Monate, nachdem der Handwerker eine nachprüfbare Rechnung vorgelegt hat, begleichen. Nach dem BGB-Recht ist dagegen die Vergütung „bei Abnahme" des Werks zu entrichten (§ 641 BGB).

Seit dem 01. November 2006 gilt die Neufassung der VOB / B, die neue Regelungen zu Abschlagszahlungen, Einwendungen des Auftraggebers gegen die Schlussrechnung, Sicherheitsleistungen und zur Kündigung im Insolvenzfall enthält.
Siehe / Siehe auch: Werkvertrag

Vogelfütterung

bird feeding

Viele Mieter hängen im Winter Futterglocken oder Futterhäuschen auf oder servieren Singvögeln auf der Fensterbank die eine oder andere Körnermahlzeit. Dies ist zulässig und bewegt sich im Rahmen der vertragsgemäßen Nutzung der Mietwohnung. Anders ist es mit der Fütterung von Tauben. Diese sammeln sich schnell in großen Mengen an, verursachen gesundheitsgefährdenden Schmutz und stören eventuell durch kollektives Gurren die Morgen- oder Abendruhe gestresster Mitbewohner. Die Taubenfütterung kann daher vom Vermieter untersagt oder vertraglich ausgeschlossen werden. In norddeutschen Landen gilt dies auch für Möwen.

Vogelschutzgebiet

bird sanctuary

Nach der EU-Vogelschutz-Richtlinie von 1979 sind alle Mitgliedsstaaten zur Ausweisung von Vogelschutzgebieten verpflichtet. Diese Gebiete sind nun auch Teil des Natura 2000-Netzwerkes von Schutzgebieten. Die EU-Vogelschutz-Richtlinie wird durch Ausweisung von Natur- und Landschaftsschutzgebieten umgesetzt. Zum Teil werden auch Vereinbarungen mit den betroffenen Nutzern oder Eigentümern der Grundstücke getroffen. Die wirtschaftliche Nutzung ist teilweise eingeschränkt möglich, die Durchführung von Baumaßnahmen meist nicht. Es existieren Regelungen über Ausgleichszahlungen nach den Landesnaturschutzgesetzen; ökologische Projekte in Schutzgebieten können mit EU-Geldern gefördert werden.

Siehe / Siehe auch: Entwicklung ländlicher Räume, Flora-Fauna-Habitat-Richtlinie, Natura 2000-Gebiet

Volatilität

volatility

Als Volatilität wird die Schwankungsbreite eines Wertes im Zeitverlauf (z. B. innerhalb von drei Monaten oder eines Jahres) bezeichnet. Es handelt sich um eine mathematische Größe (Standardabweichung) In ihr kommt das Risiko zum Ausdruck, das dem Wert anhaftet. Je höher die Volatilität, desto höher das Risiko und umgekehrt. Die historische Volatilität zeichnet das Risikobild einer Anlage in der Vergangenheit. Die implizite Volatilität ist ein Maß der erwarteten Fluktuation des Wertes, das auf der Grundlage aktueller Marktpreise berechnet wird.

Volks- Gebäude- und Wohnungszählung 2011

2011 census of population, buildings and flats

Die letzten Volkszählungen fanden in der Bundesrepublik Deutschland 1987 und in der DDR 1981 statt. Seitdem haben erhebliche Verschiebungen der Bevölkerung und Änderungen im Gebäude- und Wohnungsbestand stattgefunden. Zwar gibt es auf der Grundlage von Stichprobenerhebungen aktuelle Daten. Die Fortschreibungsergebnisse bewegen sich im Kaufe der Zeit jedoch vom tatsächlichen Istbestand weg. Einer der Gründe besteht darin, dass es bei dem Abgang von Gebäuden, der zwar auch statistisch erfasst wird, eine zunehmende Dunkelziffer gibt. Aber auch bei der Bevölkerung driften die amtlichen Zählungsergebnisse von den tatsächlichen ab. So wird vermutet, dass die amtliche Bevölkerungszahl aus der Fortschreibung nach Schätzungen des Statistischen Bundesamtes etwa um 1,3 Millionen Menschen über der vermuteten liegt. Es soll auch zwischen 500.000 und 600.000 Ausländer weniger geben, als die Statistik ausweist. Die Europäische Union hatte ihren Mitgliedstaaten für die Jahrtausendwende 2000/2001 eine Volkszählung empfohlen, der man jedoch in Deutschland nicht nachgekommen ist. Für 2011 soll nun die Durchführung einer Volkszählung in allen Mitgliedsstaaten der Europäischen Union verpflichtend sein. Um dem nachkommen zu können, wurde in Deutschland am 8. Dezember 2007 ein Zensusvorbereitungsgesetz verabschiedet. Dieses Gesetz regelt den Aufbau eines Anschriften- und Gebäuderegisters zur Vorbereitung einer Volks-, Gebäude- und Wohnungszählung, die im Wege der Auswertung der in den Melderegistern und anderen Verwaltungsregistern gespeicherten Daten durchgeführt werden soll.

Das Statistische Bundesamt soll dabei zur Vorbereitung des Zensus ein Anschriften- und Gebäuderegister erstellen, das u.a. der Steuerung des Ablaufs der Gebäude- und Wohnungszählung sowie der Ablaufkontrolle aller primärstatistischen Erhebungen des Zensus dienen soll. Das Anschriften- und Gebäuderegister muss nach den gesetzlichen Vorgaben für die Durchführung des Zensus spätestens ab dem 31. Dezember 2010 nutzbar sein. Die Ämter die über das Informationsmaterial verfügen (z.B. Vermessungsämter, Grundbuchämter, Meldebehörden) werden zur zeitgerechten Lieferung der erforderlichen Daten gesetzlich verpflichtet. Einbezogen werden in die Erhebungen auch „Sondergebäude" (Gemeinschafts-, Anstalts- und Notunterkünfte, sowie Wohnheime und Gebäude, die durch Angehörige ausländischer Streitkräfte, diplomatischer oder berufskonsularischer Vertretungen bewohnt werden). Zu den Vorbereitungsarbeiten gehört auch eine postalische Befragung der rund 17,5 Millionen Gebäude- und Wohnungseigentümer zur Gewinnung der Wohnungs- und Gebäudedaten. Die Datenqualität wird durch zusätzliche Stichproben abgesichert. Auf Immobilienverwalter dürfte mit der Durchführung der Gebäude- und Wohnungszählung eine Menge Mehrarbeit zukommen.

Vollbetreuung

full (nursing) care

Siehe / Siehe auch: Baubetreuung

Vollfinanzierung

full financing; 100% mortgaging

Unter Vollfinanzierung wird eine Finanzierung verstanden, bei der der gesamte Kaufpreis eines Objektes bzw. die gesamte Investitionssumme eines Bauvorhabens ausschließlich mit Hilfe von Fremdmitteln finanziert wird.

Vollgeschoss

entire floor; full storey

Bauordnungsrechtlich ist jedes Geschoss ein Vollgeschoss. Überwiegend ist in den Landesbauordnungen eine Mindesthöhe von 2,30 m bestimmt, soweit die Räume zum dauernden Aufenthalt von Personen geeignet sein sollen. Gemessen wird von der Fußbodenoberkante zur Fußbodenoberkante des darüber liegenden Geschosses (Bayerische Bauordnung). In der Musterbauordnung wird die „lichte Höhe" vorgeschlagen. Aufenthaltsräume in Kellergeschossen sind nach den meisten Landesbauordnungen möglich, wenn ihre Fußbodenoberkante nicht mehr als 0,7 m (teilweise sind 0,5 m vorgeschrieben) unter der natürlichen Geländcoberfläche liegt und die natürliche Belichtung durch ein Fenster einen Lichteinfallswinkel von 45° ermöglicht. Nach der Musterbauordnung muss die Deckenoberkante mehr als 1,4 m über die festgelegte Geländefläche hinausragen, wenn das Kellergeschoss als Vollgeschoss gelten soll. Ausnahmen sind nach den Länderbauordnungen möglich (Verkaufsräume, Räume für Gaststätten und sonstige Aufenthaltsräume, wenn sie zusätzlichen bauordnungsrechtlichen Anforderungen genügen. Aufenthaltsräume in Dachgeschossen müssen zur Hälfte ihrer Grundfläche mindesten eine lichte Höhe von 2,3 m haben (Sächsische Bauordnung). Die Darstellung zeigt, dass gerade im Bereich der Festlegung dessen, was ein Vollgeschoss ist, die Bestimmungen in den einzelnen Landesbauordnungen doch auseinandergehen. Es ist deshalb ratsam, die für das jeweils zu beurteilende Objekt oder Bauvorhaben maßgebliche Bauordnung zu Rate zu ziehen. Die Musterbauordnung hat nur empfehlenden Charakter.

Vollmacht

power of attorney; warrant; proxy; mandate; letter of attorney; authority; power of representation

Die Vollmacht ermächtigt den Bevollmächtigten, für den Vollmachtgeber zu handeln. Grundsätzlich ist die Vollmacht formfrei und richtet sich nicht nach der Form, die gegebenenfalls für das Rechtsgeschäft vorgeschrieben ist. Wenn aber u.a. die Vollmacht bereits dem selben Zweck dienen soll, wie das Hauptgeschäft – so z.B. beim Grundstückserwerb oder der Grundstücksveräußerung – dann entfällt grundsätzlich die Formfreiheit der Vollmacht. Die Form richtet sich dann nach § 311b BGB (notarielle Beurkundung). Dieses gilt immer dann, wenn die Grundstücksveräußerung oder Erwerbsvollmacht unwiderruflich erteilt ist. Unter den genannten Voraussetzungen ist die grundsätzlich ebenfalls formfreie Auflassungsvollmacht auch zu beurkunden.

Vollmachtloser Vertreter - Genehmigung

representative without authorisation / power of attorney - approval / sanction / ratification

Der vollmachtlose Vertreter („Falsus Prokurator") handelt für einen anderen, ohne die erforderlich Vertretungsvollmacht zu besitzen. Die von ihm für den Vertretenen abgegebenen Willenserklärungen müssen von diesem genehmigt werden (§ 177 BGB). Dies kommt manchmal auch bei der Beurkundung von Grundstückskaufverträgen vor. Diese werden erst dann wirksam, wenn der Kaufvertrag vom Vertretenen genehmigt wird. Grundsätzlich ist die Genehmigung formfrei. Ist aber die Vollmacht formbedürftig, dann ist es grundsätzlich auch die Genehmigung. Der Notar kann auch die Unterwerfung unter die sofortige Zwangsvollstreckung durch den vollmachtlosen Vertreter beurkunden, wenn eine nachträgliche Genehmigung erwartet werden kann.

Vollstreckungstitel

sheriff's deed; executory title

Ein Vollstreckungstitel findet Eingang in ein Endurteil, das rechtskräftig oder für vorläufig vollstreckbar erklärt ist oder in einem sonstigen vereinbarten Schuldtitel (z. B. vollstreckbare Ausfertigung eines Kaufvertrages). Diese müssen den zu vollstreckenden Anspruch des Gläubigers ausweisen.

Volltilgungsdarlehen

- n.a. -

Siehe / Siehe auch: Annuitätendarlehen

Vorauspauschale (Mietrecht)

advanced down payment on ancillary expenses (rent law)

Im Mietrecht unterscheidet man bei der Nebenkostenabrechnung zwischen einer Pauschale (Bruttomiete, es wird der Gesamtbetrag einschließlich Nebenkosten berechnet, keine Nebenkostenabrechnung nach Verbrauch) und einer Vorauszahlung (gleich bleibender Betrag als Vorauszahlung, am Jahresende Abrechnung nach Verbrauch, ggf.

Anpassung / Nachzahlung / Guthaben). Der Begriff der Vorauspauschale ist missverständlich und sollte nicht verwendet werden. Der Bundesgerichtshof hatte einen Fall zu entscheiden, in dem vertraglich eine monatlich zu zahlende „Vorauspauschale" vereinbart worden war, über die laut Vertrag abgerechnet werden sollte. Der Mieter hatte 20 Jahre lang einen festen Betrag überwiesen, eine Nebenkostenabrechnung war nicht erfolgt. Als der Sohn der Vermieterin die Geschäfte übernahm, rechnete er erstmals für das letzte vergangene Kalenderjahr die Betriebskosten korrekt ab – und kam auf eine Nachzahlung von ca. 1.000 Euro. Der Bundesgerichtshof vertrat die Ansicht, dass hier eine Vorauszahlung und keine Pauschale vereinbart worden sei. Die Vermieterseite sei grundsätzlich zur Abrechnung verpflichtet gewesen. Auf den innerhalb der Abrechnungsfrist für das betreffende Jahr geltend gemachten Anspruch auf Nachzahlung wirke sich dies freilich nicht aus. Der Vermieter könne auch dann Nachzahlungen fordern, wenn er dies 20 Jahre lang unterlassen habe. Der Mietvertrag werde durch ein Unterlassen von Abrechnungen und Nachzahlungsforderungen nicht in einen Mietvertrag mit Nebenkostenpauschale abgeändert. Der Mieter war daher zur Zahlung des Betrages verpflichtet (BGH, Urteil vom 13.2.2008, Az. VIII ZR 14/06). Nach dem Urteil kann jedoch nur der für das letzte Kalenderjahr angefallene Nachzahlungsbetrag verlangt werden und nicht die Gesamtsumme der in 20 Jahren aufgelaufenen Nebenkostennachzahlungen.

Siehe / Siehe auch: Betriebskosten, Betriebskostenabrechnung, Verjährung

Voraussetzungen für Provisionsanspruch

requirements for the right to a commission

Nach § 652 BGB ist der Auftraggeber eines Maklers zur Entrichtung des versprochenen Maklerlohnes nur verpflichtet, wenn der Vertrag infolge des Nachweises oder infolge der Vermittlung des „Mäklers" zustande kommt".

Diese gesetzliche Vorschrift enthält somit 4 Voraussetzungen, die gegeben sein müssen, damit ein Makler für seine Tätigkeit eine Provision in Rechnung stellen kann:

- ein Provisionsversprechen,
- der Nachweis einer Vertragsabschluss-Gelegenheit oder die Vermittlung des Vertrages,
- das Zustandekommen des durch die Maklereinschaltung angestrebten Vertrages und
- ein Ursachenzusammenhang zwischen der Maklertätigkeit und dem Vertragsabschluss.

Das Provisionsversprechen bedarf keiner Form. Es besteht auch die Möglichkeit, es aus schlüssigem Verhalten des Auftraggebers abzuleiten. Wird die Provision mündlich zugesagt, muss dies der Makler, wenn es der Auftraggeber bestreitet, beweisen. Als Beweismittel kann der Makler dann oft nur einen (oft unsicheren) Zeugenbeweis anbieten. Der Nachweis der Vertragsabschluss-Gelegenheit muss unmittelbar und konkret die Vertragsabschluss-Gelegenheit bezeichnen und beinhaltet Name und Anschrift des möglichen Vertragspartners sowie beim Objektnachweis Art und Anschrift des Objektes.

Vermitteln des Vertrages bedeutet Einwirken auf den Willen zum Vertragsabschluss der Parteien durch Verhandlungen. Der Vertrag zwischen den Parteien, die der Makler zusammengeführt hat, muss rechtswirksam sein. Der Provisionsanspruch entsteht an dem Tage, an dem die Rechtswirksamkeit des Vertrages eintritt. Bei einem Vertrag mit aufschiebenden Bedingungen entsteht der Provisionsanspruch erst mit Eintritt der Bedingung. Die nachweisende oder vermittelnde Tätigkeit des Maklers muss schließlich ursächlich für den Vertragsabschluss sein. Mitursächlichkeit genügt. Indirekte Ursächlichkeit aber genügt nicht. Beim Nachweis muss eine Identität zwischen dem nachgewiesenen Partner und den Personen gegeben sein, die den Vertrag schließen. Der nachgewiesene Vertrag muss identisch sein mit dem abgeschlossenen und das nachgewiesene Objekt muss das Objekt sein, über den Vertrag zustande kommt und kein anderes.

Siehe / Siehe auch: Beweislast (Beweismittel), Makler

Vorausverfügung über Miete

anticipatory disposal of rent

Eine Vorausverfügung des Vermieters über die Miete kann z.B. durch Abtretung seines Anspruches oder durch Aufrechnung mit Ansprüchen des Mieters stattfinden. Probleme können beim Verkauf des Mietobjekts entstehen, wenn der Veräußerer im Voraus über Mietzahlungen in einem Zeitraum verfügt hat, der nach dem Eigentumsübergang liegt. Das Gesetz schreibt für diesen Fall vor, dass die Verfügung wirksam ist, soweit sie sich auf die Miete für den zur Zeit des Eigentumsübergangs laufenden Monat bezieht.

Falls der Eigentumsübergang nach dem 15. eines Monats stattfindet, sind auch Vorausverfügungen über die Miete des folgenden Monats gültig. Wenn der Käufer bei Übergang des Eigentums darüber Bescheid weiß, dass der Verkäufer auch die Miete für weitere Monate bereits verplant hat, kann er

sich auch in diesen Zeiträumen keine Hoffnung auf Mieterträge machen.
Siehe / Siehe auch: Aufrechnung

Vorauszahlungen nach VOB/B

advance payments / payments on account in accordance with VOB/B

Vorauszahlungen können in einem nach den VOB/B abgeschlossenen Vertrag über Bauleistungen vereinbart werden. Eine solche Vereinbarung ist auch nach Vertragsschluss möglich. Dann ist auf Verlangen des Auftraggebers ausreichende Sicherheit zu leisten. Solche Vorauszahlungen sind – wenn nichts anderes vereinbart wurde – mit drei Prozent über dem Basiszinssatz zu verzinsen. Im Gegensatz zu Abschlagszahlungen setzen Vorauszahlungen keine erbrachten Bauleistungen voraus. Sie sind auf die nächstfälligen Abschlagszahlungen anzurechnen soweit die Vorauszahlungen für die dabei zu bezahlenden Leistungen erbracht wurden. Für Vorauszahlungen auf noch nicht erbrachte Leistungen wird die gesetzliche Mehrwertsteuer fällig. Im Rahmen der Mehrwertsteuererhöhung von 16 Prozent auf 19 Prozent zum 01.01.2007 ist zu beachten, dass sich die Umsatzsteuer nach dem Zeitpunkt der Leistungserbringung richtet. Bei in 2006 geleisteten Vorauszahlungen auf Leistungen, die in 2007 erbracht werden, muss der Unternehmer zunächst 16 Prozent Umsatzsteuer abführen. Bei Erbringung der Leistung in 2007 muss er zusätzliche drei Prozent nachträglich entrichten. Er kann diesen Betrag dem Auftraggeber allerdings nur zusätzlich in Rechnung stellen, wenn dies im Vertrag zuvor ausdrücklich so vereinbart wurde.(Vgl. § 16 VOB/B 2002)
Siehe / Siehe auch: Abschlagszahlung

Vorbehalt der Vertragsstrafe

subject to a contractual penalty

Siehe / Siehe auch: Vertragsstrafe

Vorbehaltsgebiet (Raumordnung)

reserve area/site (regional planning)

Vorbehaltsgebiete sind nach § 7 Abs. 4 Nr. 2 des Raumordnungsgesetzes (ROG) Gebiete, in denen bestimmten raumbezogenen Funktionen oder Nutzungen bei der Abwägung mit konkurrierenden raumbedeutsamen Nutzungen besonderes Gewicht beigemessen werden soll. Vorbehaltsgebiete werden in Regionalplänen ausgewiesen. Wird z. B. ein Vorbehaltsgebiet für die Landwirtschaft ausgewiesen, um einer Existenzgefährdung von landwirtschaftlichen Betrieben zu begegnen, dann müssen andere Nutzungsarten, z. B. die Durchführung einer Umgehungsstraße, beim Abwägungsprozess schon von erheblicher Bedeutung sein, um den Landwirtschaftsvorbehalt unberücksichtigt zu lassen.
Siehe / Siehe auch: Raumordnung, Regionalplan

Vorbereitung bei der Vergabe

preparation when awarding a building contract

Die Vorbereitung bei der Vergabe ist die 6. Leistungsphase nach § 3 Abs. 4 der HOAI (Honorarordnung für Architekten und Ingenieure). Sie wird mit zehn Prozent (Gebäude), sieben Prozent (Freianlagen, raumbildende Ausbauten) bewertet, bemessen am gesamten Honorar der Architekten und Ingenieure. In dieser Planungsphase ermittelt der Architekt oder Bauleiter die Massen der benötigten Bauteile (Massenermittlung für die Ausschreibung). Er erstellt Leistungsverzeichnisse für einzelne Gewerke und koordiniert diese mit den am Bau beteiligten Fachleuten.
Siehe / Siehe auch: Ausschreibung, Honorarordnung für Architekten und Ingenieure (HOAI), Leistungsphasen, Mitwirkung bei der Vergabe

Vorbescheid

official letter; preliminary answer; provisional decree; preliminary ruling; preliminary determination, e.g. of compliance with building law

Siehe / Siehe auch: Bauvoranfrage

Vorfälligkeitsentschädigung

prepayment penalty; pay-off penalty; early repayment penalty; early redemption charge

Mit der Vorfälligkeitsentschädigung lassen sich Kreditinstitute für den Fall einer Darlehensrückzahlung vor Ende der vereinbarten Laufzeit den Differenzbetrag entschädigen, der dadurch entsteht, dass die Bank den zurückfließenden Darlehensbetrag nur unter für sie ungünstigeren Bedingungen wieder anlegen kann. Als Anlagemöglichkeiten kommen Pfandbriefe, Kommunalobligationen und öffentliche Anleihen in Frage. Deren Konditionen stimmen aber oft nicht überein. Der BGH hat deshalb am 7.11.2000 entschieden, dass für die Berechnung der Vorfälligkeitsentschädigung der für den Darlehensnehmer günstigste Zinssatz für eine Anlage des zurückfließenden Darlehensbetrages anzusetzen ist (XI ZR 27/00). Damit können Umfinanzierungen, die den Ersatz teurer Darlehen durch billige Darlehen bewirken sollen, durchaus interessant sein. Die Darlehnsnehmer haben Anspruch auf die Offenlegung der Berechnung der Vorfälligkeitsentschädigung.

Die gleichen Grundsätze gelten für die Nichtabnahmeentschädigung. Für den besonderen Fall, dass ein Darlehen im Zuge des Hausverkaufes zurückgeführt werden soll, weil der Erwerber das Darlehen nicht übernehmen will und der Verkäufer mit dem Kaufpreis den Erwerb eines anderen Hauses finanzieren will, hat der BGH eine Möglichkeit aufgezeigt, keine Vorfälligkeitsentschädigung bezahlen zu müssen. Urteil (Az. XI ZR 398/02). Das Darlehen kann nämlich bei gleichwertiger Besicherung fortgeführt werden. Allerdings ändert sich dann auch nichts an den Darlehenskonditionen. Bauherren brauchen dann nur die Gebühren für den Austausch der Sicherheiten zahlen. Ob sich dies rechnet, sollte sorgsam überprüft werden. Tipp: Bauherren, die eine Immobilie mit Grundstück verkaufen und gleichzeitig eine andere bereits besitzen oder erwerben wollen, sollten ihrer Bank unter Hinweis auf das Urteil den Austausch der Sicherheiten dann vorschlagen, wenn die Aufnahme eines neuen Darlehens nur zu deutlich ungünstigeren Bedingungen möglich ist.
Siehe / Siehe auch: Darlehen, Nichtabnahmeentschädigung

Vorfinanzierung

advance financing; prefinancing; preliminary financing

Vorfinanzierung ist die Bereitstellung von kurz- bis mittelfristigen Krediten, die zur Finanzierung der Herstellungskosten bei Bauvorhaben oder Kaufpreisen bei Häusern mit der Absicht eingesetzt werden, diese später durch langfristige Darlehen zu ersetzen. Eine Vorfinanzierung kann z. B. sinnvoll sein, um niedrigere Zinsen abzuwarten oder um die Zeit bis zur Zuteilung eines Bausparvertrags zu überbrücken. Bei Bausparverträgen kann die Bausparsumme, wenn das vertraglich festgelegte Mindestguthaben noch nicht erreicht ist, Darlehen und Guthaben jedoch früher benötigt werden, von der Bausparkasse vorfinanziert werden. Damit wird die Zeit bis zur Zuteilungsreife überbrückt. Dies geschieht allerdings meist zu höheren, von den Marktverhältnissen abhängigen Zinsen, als sie beim Bauspardarlehen anfallen. Ist die Mindestbausparsumme oder die für die Zuteilung erforderliche Bewertungszahl erreicht, der Bausparvertrag also zuteilungsreif, spricht man von Zwischenfinanzierung, wenn der Auszahlung des Bauspardarlehens noch Hinderungsgründe im Wege stehen. Im Bauträgergeschäft gibt es eine besondere Art der Vorfinanzierung. Es handelt sich um den Grundstücksankaufkredit, der – wie der Name schon sagt – zum Kauf des Baugrundstücks verwendet wird. Der Bauträger kann erst nach Vorliegen bestimmter Voraussetzungen Gelder der Auftraggeber verwenden. Bis dahin müssen viele Bauträger, deren Liquidität beschränkt ist, auf Fremdmittel zur Finanzierung des Erwerbs des Baugrundstücks zurückgreifen.
Siehe / Siehe auch: Zwischenfinanzierung (Zwischenkredit)

Vorhaben

scheme; intention; purpose; proposition; project; proposal

Vorhaben im Sinne des Bauplanungsrechts beziehen sich auf die Errichtung, Änderung und Nutzungsänderung baulicher Anlagen. Außerdem gehören dazu Aufschüttungen und Abgrabungen größeren Umfanges, sowie Ausschachtungen, Ablagerungen und Lagerstätten. Die Zulässigkeit von Vorhaben ergibt sich aus den §§ 30 sowie 33-35 BauGB. Sind mit Vorhaben bestimmte Eingriffe mit Beeinträchtigungen von Erhaltungszielen im Sinne des Bundesnaturschutzgesetzes verbunden, sind die Bestimmungen dieses Gesetzes zu beachten.Im Interesse der Erhaltung von Vogelschutzgebieten ist bei bestimmten Vorhaben vorher eine Stellungnahme der Europäischen Kommission einzuholen.

Vorhaben- und Erschließungsplan

projects and infrastructure plan

Unternehmen („Vorhabenträger") können mit einer Gemeinde einen Plan zur Durchführung eines bestimmten Bauvorhabens und den dazugehörenden Erschließungsmaßnahmen aushandeln. Voraussetzung ist, dass sich das geplante Vorhaben in die Vorgaben des Flächennutzungsplanes einfügt. Der Vorhabenträger verpflichtet sich zur Durchführung des Vorhabens und der Erschließung innerhalb einer im „Durchführungsvertrag" vereinbarten Frist und zur Tragung der Planungs- und Erschließungskosten. Der Vorhaben- und Erschließungsplan wird Bestandteil des von der Gemeinde als Satzung zu beschließenden „vorhabenbezogenen Bebauungsplan". Das „Gesetz zur Erleichterung von Planungsvorhaben für die Innenentwicklung der Städte" vom 21.12.2006 ermöglicht es nun, im Rahmen der Festsetzung des Baugebietes beim vorhabenbezogenen Bebauungsplan lediglich auf die Inhalte des Durchführungsvertrages zu verweisen, die dann ausschließlich gelten. Der Durchführungsvertrag selbst kann aber geändert werden. Wird das Vorhaben nicht innerhalb der vereinbarten Frist ausgeführt, soll die Gemeinde den Bebauungsplan aufheben. Der Vorhabenträger kann seine Pflichten aus dem Durchführungsvertrag auch an einen anderen Vorhabenträger übertragen. Allerdings muss die Gemeinde dem zustimmen. Sie kann die Zustimmung nur verweigern, wenn davon auszugehen ist, dass die fristgemäße Durchführung des Vorhaben- und Erschließungsplanes gefährdet ist. Für das Aufstellungsverfahren des vorhabenbezogenen Bebauungsplans gelten die gleichen Vorschriften wie beim normalen Bebauungsplan. Das bedeutet, dass die Öffentlichkeit und die Behörden beteiligt werden müssen. Ebenso ist auch hier eine Umweltverträglichkeitsprüfung durchzuführen. Der Umweltbericht wird Bestandteil der Begründung des Bebauungsplanes.

Vorhabenbezogener Bebauungsplan

local development plan linked to a specific project

Ein vorhabenbezogener Bebauungsplan kommt auf der Grundlage des Vorhaben- und Erschließungsplanes eines Bauinvestors zustande, der Gegenstand eines mit der Gemeinde abzuschließenden Durchführungsvertrages wird. Voraussetzung für die Erstellung eines solchen Bebauungsplanes ist das Bestehen eines Flächennutzungsplanes, in dem die dem Vorhaben entsprechende allgemeine Art der Nutzung der in Anspruch genommenen Fläche dargestellt ist. Wird in einem vorhabenbezogenen Bebauungsplan ein Baugebiet oder auf sonstige Weise eine bestimmte Nutzung nur allgemein festgesetzt, dann kann seit 01.01.2007 gleichzeitig festgesetzt werden, dass in diesem Rahmen nur Vorhaben zulässig sind, zu deren Durchführung sich der Vorhabenträger verpflichtet hat. Es kommt dann in erster Linie darauf an, was im Durchführungsvertrag vereinbart wurde. Er wird zur entscheidenden Informationsgrundlage über den vorhabenbezogenen Bebauungsplan.

Vorkaufsrecht

right of pre-emption; right of first refusal; option; first right to buy; pre-emptive right

Das Vorkaufsrecht verleiht dem Vorkaufsberechtigten das Recht, mit dem Verkäufer eines Grundstücks einen Kaufvertrag zu den Bedingungen zu schließen, zu denen vorher ein Kaufvertrag mit einem Dritten abgeschlossen wurde. Damit der Vorkaufsberechtigte in der Lage ist, sein Recht zu wahren, hat der Verkäufer die Verpflichtung, ihm unverzüglich den erfolgten Verkauf mitzuteilen. Diese Mitteilung wird in der Regel vom Notar übernommen. Das Vorkaufsrecht wird durch eine entsprechende Erklärung gegenüber dem Verkäufer ausgeübt, die innerhalb von zwei Monaten nach Eingang der Verkäufermitteilung abzugeben ist. Bei Vorkaufsrechten ist einerseits zwischen gesetzlichen und vertraglichen und andererseits zwischen schuldrechtlichen und dinglichen Vorkaufsrechten zu unterscheiden. Gesetzliche Vorkaufsrechte haben für eine große Anzahl von Verkaufsfällen die Gemeinden nach dem BauGB. Diese können sie in beschränktem Umfange auch zu Gunsten Dritter ausüben. Überschreitet in Kaufverträgen der vereinbarte Kaufpreis den Verkehrswert in einer „dem Rechtsverkehr erkennbaren Weise" deutlich, kann das Vorkaufsrecht zum Verkehrswert ausgeübt werden (preislimitierendes Vorkaufsrecht). Der Verkäufer kann dann allerdings vom Vertrag zurücktreten, mit der Folge, dass die Gemeinde die Kosten des Vertrages (einschließlich einer etwaigen Maklergebühr) zu zahlen hat. Weitere gesetzliche Vorkaufsrechte gibt es im Rahmen des Reichssiedlungsgesetzes (Verkauf landwirtschaftlicher Flächen über 2 Hektar Größe) und der Denkmalschutzgesetze einiger Bundesländer. Auch die Mieter von vorher in Wohnungseigentum umgewandelten Wohnungen haben im Verkaufsfalle ein gesetzliches Vorkaufsrecht. Soweit es sich um eine mit öffentlichen Mitteln geförderte Wohnung handelt, beträgt die Erklärungsfrist des Mieters für das Vorkaufsrecht sechs Monate. Nach einem Urteil des Bundesgerichtshofes haben Mieter nicht nur nach einer Umwandlung in Wohneigentum, sondern auch im Falle einer Realteilung des Gesamtgrundstücks mit darauf folgendem Verkauf der Einzelgrundstücke ein Vorkaufsrecht entsprechend der Regelung in § 577 BGB. Ebenso genießen sie gemäß § 577a BGB auch Kündigungsschutz wie bei einer Umwandlung (Urteil vom 28.5.2008, Az. VIII ZR 126/07). In den neuen Bundesländern haben Mieter und Nutzer auch nach dem Vermögensgesetz ein Vorkaufsrecht.

Gesetzliche Vorkaufsrechte sind nicht im Grundbuch eingetragen.Schuldrechtliche Vorkaufsrechte machen nur dann Sinn, wenn mindestens eine Vormerkung im Grundbuch eingetragen ist. Dingliche, also im Grundbuch eingetragene Vorkaufsrechte können eine bestimmte Person berechtigen (subjektiv persönliches Vorkaufsrecht), oder den jeweiligen Eigentümer eines anderen Grundstücks (subjektiv dingliches Vorkaufsrecht). Hat ein Makler ein mit einem Vorkaufsrecht belastetes Grundstück vermittelt, und wird vom Vorkaufsrecht Gebrauch gemacht, kann er nur eine etwa vereinbarte Verkäuferprovision erhalten. Die Käuferprovision entfällt. Allerdings kann der Makler seinen Provi-

V

sionsanspruch sichern, wenn der Verkäufer bereit ist, die Zahlung der Maklergebühr zu einer echten Kaufvertragsbedingung im Grundstückskaufvertrag zu machen. Es handelt sich um die so genannte Maklerklausel, ein Vertrag zugunsten Dritter, der als selbstständiges Schuldversprechen ausgestattet ist. In einem solchen Fall muss dann auch der Vorkaufsberechtigte diesen Teil des Kaufvertrages erfüllen und die Provision bezahlen. Wurde in einem Mietvertrag ein Vorkaufsrecht vereinbart, ist es unwirksam, wenn es nicht notariell beurkundet wurde. Es kann auch sein, dass nicht nur die entsprechende Klausel, sondern der gesamte Mietvertrag unwirksam ist, dann nämlich, wenn durch das Vorkaufsrecht Investitionen des Mieters gesichert werden sollten und es damit für den Mieter eine wesentliche Bedeutung hatte. (OLG Düsseldorf, Urt. v. 25.03.2003, Az. I 24 U 100/1)
Siehe / Siehe auch: Maklerprovision, Innenprovision, Umwandlung

Vorkenntnis (Maklergeschäft)
previous knowledge (brokerage)
Provisionszahlungen an Maklern werden oft mit dem Hinweis verweigert, das angebotene Objekt sei bereits bekannt gewesen. In diesem Fall wird „Vorkenntnis" geltend gemacht. Die Ursächlichkeit scheint damit zu fehlen und der Provisionsanspruch entfällt. Wenn allerdings der Makler durch weitere Informationen oder Übergabe von Unterlagen die Entscheidungsbasis des Interessenten nicht unerheblich erweitert hat, bleibt die Ursächlichkeit erhalten und damit der Provisionsanspruch des Maklers trotz Vorkenntnis bestehen.

Vormerkung
priority notice; caution; marking; reservation
Die Vormerkung sichert nach dem §883 BGB einen zukünftigen Rechtsanspruch oder eine zukünftige Aufhebung eines Rechtes im Grundbuch ab. Die Vormerkung ist eine Anwartschaft auf ein Recht, die einseitig nicht mehr vom eingetragenen Eigentümer eines Grundstückes zerstört werden kann. Eine Verfügung, die nach Eintragung der Vormerkung in das Grundbuch getroffen wird, ist unwirksam, wenn der Anspruch des vorgemerkten Rechtes zerstört würde. Insbesondere sichert die Vormerkung vor dem Verlust des Rechtes bei gutgläubigem Eigentumserwerb durch einen Dritten bei unrichtigen Grundbuch.

Vormietrecht
right of first refusal on letting
Das Vormietrecht ist gesetzlich nicht geregelt. Es kann nur auf einer vertraglichen Vereinbarung zwischen Vermieter und Vormietberechtigtem beruhen. Das Vormietrecht bezeichnet das Recht eines Dritten (Vormietberechtigten), in einem zwischen Vermieter und Mieter geschlossenen Vertrag die Rolle des Mieters einzunehmen. Der Vormietberechtigte kann gegenüber dem Verpflichteten (Vermieter) erklären, dass er sein Vormietrecht ausüben will. Dadurch kommt ein neuer Mietvertrag zu den von den ursprünglichen Vertragsparteien vereinbarten Bedingungen nunmehr zwischen dem Vormietberechtigten und dem Vermieter zustande. Dies bezieht sich auch auf Vertragsdauer und Kündigungsfristen. Die gesetzlichen Regeln des Vorkaufsrechts sind analog anwendbar.
Entsprechend den Regelungen zum Vorkaufsrecht muss der Vormietberechtigte sein Vormietrecht innerhalb einer Frist von zwei Monaten nach Mitteilung des Vormietfalles durch den Vermieter geltend machen (vgl. § 469 Abs.2 BGB). Dieser ist zur unverzüglichen Mitteilung bei Abschluss eines Mietvertrages mit einem Dritten verpflichtet. Er muss den Vormietberechtigten auch über den genauen Vertragsinhalt in Kenntnis setzen. Für die Ausübung des Rechtes kann vertraglich eine Frist vereinbart werden, die von der gesetzlichen Zwei-Monats-Frist abweicht. Die Schriftform ist für die Vereinbarung eines Vormietrechtes nicht vorgeschrieben, aber dringend zu empfehlen. Zur Anwendung kommt das Vormietrecht meist bei der Geschäftsraummiete, wenn kein Mietoptionsrecht vereinbart wurde.
Siehe / Siehe auch: Anmietrecht, Mietoption, Mietvorvertrag

Vorplanung
(preliminary) planning; prearrangement
Die Vorplanung ist die zweite Leistungsphase nach § 3 Abs. 4 der HOAI (Honorarordnung für Architekten und Ingenieure). Sie wird mit sieben Prozent (Gebäude, raumbildende Ausbauten), zehn Prozent (Freianlagen) bewertet, bemessen am gesamten Honorar der Architekten und Ingenieure. In dieser Planungsphase wird auf Basis der Grundlagenermittlung gearbeitet, entwurfsrelevante Fragen aufgeworfen und ein Vorentwurf skizziert.
Werden mehrere Vorentwürfe vom Bauherren gefordert, kann der Architekt oder Ingenieur dem Auftraggeber für jede weitere umfassende Entwurfsplanung grundsätzlich nach verschiedenen Anforderungen ein höheres Honorar in Rechnung stellen.

Siehe / Siehe auch: Architekt, Entwurfszeichnungen, Honorarordnung für Architekten und Ingenieure (HOAI), Leistungsphasen

Vorranggebiete (Raumordnung)

priority areas (regional planning)

Bei Vorranggebieten handelt es sich um den Ausweis von Flächen in Regionalplänen, denen eine besondere Funktion zukommt, z. B. die Sicherung und Ordnung der Rohstoffversorgung und Rohstoffgewinnung (Kiesabbau, Wasserversorgung). Die Aufrechterhaltung der Vorrangfunktionen in den entsprechend ausgewiesenen Gebieten hat Vorrang vor einer diese Funktionen beeinträchtigenden Nutzung.

Siehe / Siehe auch: Raumordnung, Regionalplan

Vorratsbau

advance building

Siehe / Siehe auch: Bestellbau

Vorschaltdarlehen

preliminary bank loan

Kurzfristiges Darlehen mit durchweg zwei Jahren Laufzeit und einem festen Zins, das während der Laufzeit jederzeit gekündigt oder verlängert werden kann. Bei sinkenden Zinsen kann der Kreditnehmer sich schnell die günstigeren Konditionen sichern. Vorschaltdarlehen dienen besonders in Hochzinsphasen zur Überbrückung. Sie sind teurer als andere Festzinsdarlehen.

Vorsteuerberichtigung (Option zur Umsatzsteuer bei Vermietung)

input tax adjustment (option for turnover tax when renting out)

Eine Vorsteuerberichtigung führt zur Rückzahlung von erhaltenen Vorsteuerbeträgen aus den Baukosten an das Finanzamt. Innerhalb eines Zeitraumes von zehn Jahren nach der erstmaligen Verwendung kann das Finanzamt unter bestimmten Voraussetzungen Vorsteuerbeträge zurückfordern. Dies kann bei einer umsatzsteuerlich freien Vermietung oder auch beim Immobilienverkauf passieren, wenn zuvor nach Option eine Vermietung mit Umsatzsteuer vorlag. Zurückgezahlt werden muss nur zeitanteilig, d.h. für jeden Monat, in dem die Voraussetzungen nicht vorliegen. Vorteil: Die Rückzahlungsbeträge können steuerlich als Werbungskosten bei den Einkünften aus Vermietung und Verpachtung geltend gemacht werden.

Siehe / Siehe auch: Umsatzsteuer (bei Vermietung)

Vorvertrag

provisional agreement; letter of intent; tentative agreement

Vorverträge enthalten verbindliche Erklärungen, die eine oder beide Parteien verpflichten, einen bestimmten Vertrag abzuschießen. Vorverträge kommen vor allem im Geschäftsverkehr zwischen Architekten und Bauherrn vor. Der Architekt will im Vorplanungsstadium sicherstellen, dass er dann, wenn sich der Bauherr zur Durchführung des Bauvorhabens entschließt, auch eingeschaltet wird. Solche Vorverträge sind wirksam. Im Gegensatz hierzu ist ein so genannter „Letter of Intent" eine Absichtserklärung, in der zwar bestimmte Absprachen und wirtschaftliche Eckdaten eines kommenden Vertrages formuliert werden. Der Abschluss des Vertrages wird aber nur unverbindlich in Aussicht gestellt.

Ähnliches gilt für „Vorverhandlungen". Allerdings kann hier ein Vertrauensverhältnis entstehen, das dem eines Vorvertrages ähnelt und das bei schuldhafter Verletzung der Pflicht zur Rücksichtnahme zu Schadensersatzansprüchen führen kann (culpa in contrahendo). Einseitige Vorverträge (Optionen) sind Vorkaufs- und Ankaufsrechte. Vorverträge zwischen Grundstückskaufsvertragsparteien bedürfen zu ihrer Wirksamkeit der notariellen Form. Makler, die Vorverträge vermitteln, die nicht dieser Form genügen, verlieren selbst dann ihren Provisionsanspruch, wenn auf der Grundlage solcher nichtigen Vorverträge ein wirksamer notarieller Vertrag zustande kommt.

Siehe / Siehe auch: Letter of Intent (LOI), Absichtserklärung, Mietvorvertrag

Vorweggenommene Werbungskosten

anticipated income-related expenses

Vorweggenommene Werbungskosten sind Aufwendungen vor der Vermietung einer Immobilie. Die Kosten dürfen nicht zu den Anschaffungs- oder Herstellungskosten gehören. Damit die Aufwendungen steuerlich geltend gemacht werden können, muss man dem Finanzamt gegenüber nachweisen, dass man zumindest beabsichtigt hat, Einkünfte aus Vermietung /Verpachtung zu erzielen.

Beispiele für vorweggenommene Werbungskosten: Bauzeitzinsen, Finanzierungs- und Geldbeschaffungskosten, Grundsteuer sowie Kosten für Fahrten zum Mietobjekt, die im Zusammenhang mit der Verwaltung des Objektes stehen.

Vorzeitiges Pachtende, Ersatzpflicht

premature termination of lease, obligation to render compensation

Wenn ein Pachtvertrag vorzeitig während des laufenden Pachtjahres beendet wird, gibt es gerade bei landwirtschaftlichen Betrieben das Problem, was mit den noch ungeernteten Feldfrüchten zu geschehen hat. Das Gesetz regelt dies folgendermaßen: Der Verpächter muss dem Pächter den Wert der Feldfrüchte ersetzen, die zwar noch nicht geerntet sind, die aber bei ordnungsgemäßer Bewirtschaftung noch vor Ende des Pachtjahres geerntet werden müssen. Das Ernterisiko muss bei der Berechnung berücksichtigt werden. Wenn sich dieser Wert nicht feststellen lässt, weil z. B. noch nichts aufgegangen ist, muss der Verpächter dem Pächter seine darauf getätigten Aufwendungen ersetzen, soweit diese sich noch im Rahmen einer ordnungsgemäßen Bewirtschaftung bewegen. Die Ersatzpflicht des Verpächters gilt bei Forstbetrieben auch für zum Einschlag vorgesehenes, aber noch nicht geschlagenes Holz. Hier kann jedoch auch der Pächter zu Zahlungen herangezogen werden: Wenn er mehr Holz geschlagen hat, als bei ordnungsgemäßer Nutzung zulässig gewesen wäre, muss er den Wert des Überhanges ersetzen. Viele Pachtverträge sehen vor, dass bei Streitigkeiten über den Wert von Feldfrüchten, Vieh, Betrieben etc. der „Schätzungsausschuss" anzurufen ist, der aus Sachverständigen besteht.

Siehe / Siehe auch: Pachtvertrag, Schätzungsausschuss bei Landpacht

Wachstumsbeschleunigungsgesetz

German law to promote the acceleration of economic growth

Das Gesetz zur Beschleunigung des Wirtschaftswachstums wurde vom Deutschen Bundesrat am 18. Dezember 2009 verabschiedet. Mit ihm sollten Sofortmaßnahmen umgesetzt werden, um in Deutschland den Auswirkungen der Weltfinanzkrise entgegenzusteuern. Erklärte Ziele waren, die Steuergesetzgebung zur Förderung des Wirtschaftswachstums einzusetzen und an bestimmten Punkten des Wirtschaftssystems durch gezielte Förderungen Wachstumsimpulse zu geben – sei es beim Kindergeld oder der Förderung erneuerbarer Energien.

Hauptregelungen des Wachstumsbeschleunigungsgesetzes:

- Anhebung der Steuerfreibeträge für jedes Kind (von insgesamt 6.024 Euro auf 7.008 Euro).
- Anhebung des Kindergeldes um 20 Euro. Eltern bekommen nun für das erste und zweite Kind je 184 Euro im Monat, für das dritte 190 und ab dem vierten Kind je 215 Euro.
- Senkung der Erbschaftssteuersätze in der Steuerklasse II (Geschwister, Nichten, Neffen). Die zum 1. Januar 2009 erhöhten Sätze wurden von 30 bis 50 Prozent auf 15 bis 43 Prozent gesenkt.
- Erleichterungen für Erben von Betrieben bei den Voraussetzungen, die erfüllt sein müssen, um in den Genuss von Erbschaftssteuererleichterungen zu kommen (Senkung von Behaltensfrist, Lohnsummenfrist, einzuhaltender Lohnsumme). Dadurch erleichterte Entlassung von Mitarbeitern ohne Steuernachteile möglich.
- Senkung der Umsatzsteuer für Übernachtungsbetriebe wie Hotels, Campingplätze, Pensionen auf sieben Prozent. Gilt nicht für Ferienwohnungen.
- Vergünstigungen bei der Grunderwerbssteuer bei Umstrukturierung eines Konzerns.
- Abmilderung sogenannter krisenverschärfender Elemente der Unternehmenssteuerreform: U.a. verbesserter Abzug von Zinsaufwendungen durch Änderung der Zinsschranke (höhere Freigrenze von 3 Mio Euro).
- Verringerung des gewerbesteuerlichen Hinzurechnungssatzes bei Miet- und Pachtzinsen für die Nutzung unbeweglicher Wirtschaftsgüter von 65 Prozent auf 50 Prozent.
- Wirtschaftsgüter bis 410 Euro können sofort abgeschrieben werden.
- Förderung regenerativer Energien: Erhöhte Einspeisevergütung für modular aufgebaute Anlagen, die vor dem 1. Januar 2009 in Betrieb gegangen sind.

Die Regelung trat zum 1. Januar 2010 in Kraft.

Siehe / Siehe auch: Erneuerbare-Energien-Gesetz, Erbschaftssteuerreform

Währungsrisiko

(foreign) exchange / currency risk

Bei international ausgelegten Vermögensportfolios sind neben den jedem einzelnen Vermögensbestandteil innewohnenden Risiken, den Markt- und Zinsrisiken zusätzlich die Währungsrisiken zu berücksichtigen. Sie sind zu jedem Zeitpunkt latent gegeben und realisieren sich im Falle einer Vermarktung. Dies gilt auch für Immobilienanlagen. Das Währungsrisiko entsteht durch Wechselkursschwankungen. Der Kursrückgang der Währung des Landes, in dem die Immobilie liegt, bedeutet im Verkaufsfall für einen Anleger aus einem Land mit stabiler Währung ein entsprechender Kapital-(Vermögens-)verlust.

Währungsrisiken mit umgekehrter Wirkungsrichtung können auch durch Beleihung von inländischen Immobilien mit Fremdwährungsdarlehen entstehen. Fondsprospekte sollten genau darauf analysiert werden in welchen Ländern der Fonds investiert hat.

Wärmebrücke

thermal bridge

Eine Wärmebrücke – oft fälschlich als Kältebrücke bezeichnet – ist ein Teil eines Bauwerks, welcher Wärme schneller nach außen ableitet als die anderen Bauteile. Es gibt zwei Arten von Wärmebrücken: konstruktive und geometrische. Von konstruktiven Wärmebrücken ist die Rede, wenn Bauteile mit überdurchschnittlich hoher Wärmeleitfähigkeit oder fehlender Wärmedämmung verwendet werden. Beispiel: Ein Stahlbetonteil durchstößt eine gedämmte Außenwand. Eine geometrische Wärmebrücke leitet aufgrund ihrer Form zuviel Wärme ab – etwa weil die Außenfläche größer ist als die Innenfläche. Dies kann bei Vorsprüngen oder Ecken an einem sonst gleichmäßigen Bauteil der Fall sein. Bei beiden Arten von Wärmebrücken sinkt die Oberflächentemperatur des jeweiligen Bauteils schneller ab als die der umgebenden Bauteile. Dies kann dazu führen, dass sich durch Kondensation Tauwasser auf dem Bauteil niederschlägt, was meist zur Bildung von Schimmel führt. Häufige

Wärmebrücken sind Balkone, Gebäudeecken, Rollladenkästen, Heizkörpernischen in Außenwänden und ungedämmte Bauteile aus Stahlbeton.
Siehe / Siehe auch: Energetische Gebäudeoptimierung

Wärmecontracting

heat contracting

Siehe / Siehe auch: Contracting

Wärmedämmverbundsystem (WDVS)

thermal insulation composite system; external insulated facade system

Beim Wärmedämmverbundsystem handelt es sich um ein System, bei dem Dämm-Material, Putzträger und Außenputz eine Einheit bilden. Das System will nicht nur positive ökologische Effekte erzielen, sondern auch Einspareffekte. So soll sich der Aufwand für die Implementierung eines solchen Systems im Schnitt innerhalb von acht Jahren und vier Monaten amortisieren. Als weiterer Vorteil des Systems wird die Dämmwirkung an heißen Sommertagen herausgestellt. Schließlich soll durch dieses System die Restnutzungsdauer des rundum gedämmten Gebäudes erhöht werden.
Siehe / Siehe auch: Energetische Gebäudeoptimierung, Wärmebrücke, Energieausweis / Energiepass

Wärmedurchgangskoeffizient

heat transfer coefficient; thermal transmission coefficient

Der k-Wert als Maß für den Wärmedurchgang eines Bauteils wurde aufgrund Europäischer Normsetzung durch den U-Wert ersetzt. k- und U-Wert sind nicht identisch. Der k-Wert bezeichnet den Wärmedurchgang durch eine ein- beziehungsweise mehrlagige Baumaterialschicht, auf deren Seiten unterschiedliche Temperaturen herrschen. Der k-Wert wird nach der Formel W/(K x Quadratmeter) berechnet. Er gibt die Menge an Wärmeenergie an, die in einer Sekunde durch eine Fläche von einem Quadratmeter fließt, wenn sich die beiderseits anliegenden Lufttemperaturen um ein Kelvin unterscheiden. Faustregel: Je höher der Wärmedurchgangskoeffizient, desto schlechter die Wärmedämm-Eigenschaften des Baustoffes.
Siehe / Siehe auch: U-Wert

Wärmegesetz

German law on heating: Renewable Energies Heat Act

Seit 01.01.2009 gilt in Deutschland das „Gesetz zur Förderung erneuerbarer Energien im Wärmebereich“. Bekannt ist es auch als „Erneuerbare-Energien-Wärmegesetz“, als „Wärmegesetz 2009“ oder unter der Abkürzung EEWärmeG. Mit diesem Gesetz beabsichtigt der Gesetzgeber, den Anteil erneuerbarer Energien im Wärmebereich von sechs Prozent (Ende 2008) bis 2020 auf 14 Prozent zu erhöhen. Umgesetzt werden soll dies mit einer zwingenden Verpflichtung von Bauherren, bei Neubauten Anlagen zur Energieerzeugung mittels regenerativer Energien einzubauen. Die Neuregelung ist verbindlich für jeden, der seit 01.01.2009 neu baut oder der einen Bauantrag oder eine Bauanzeige ab diesem Datum einreicht. Er ist nun verpflichtet, für Heizung, Warmwassererzeugung und Kühlung zumindest teilweise erneuerbare Energien zu verwenden. Hinsichtlich bestehender Gebäude sind die Bundesländer ermächtigt, eigene Regelungen einzuführen. Wird solare Strahlungsenergie genutzt, muss der Bauherr mindestens 15 Prozent des Wärmeenergiebedarfs daraus decken. Bei anderen Energieträgern gelten folgende Pflichtquoten:

- Biomasse gasförmig (Biogas): Mindestens 30 Prozent,
- Biomasse flüssig (Bioöl): Mindestens 50 Prozent,
- Biomasse fest (z.B. Holzpellets): Mindestens 50 Prozent,
- Geothermie (Erdwärme) / Umweltwärme: Mindestens 50 Prozent.

Allerdings kann der Bauherr seinen Pflichten auch nachkommen, indem er Ersatzmaßnahmen durchführt. Diese sind:

- Nutzung von Abwärme oder Kraft-Wärme-Kopplung (mindestens 50 Prozent),
- Energiesparmaßnahmen nach Anlage VI des Gesetzes,
- Deckung des Wärmeenergiebedarfs unmittelbar aus einem Netz der Nah- oder Fernwärmeversorgung.

Das EEWärmeG ist mit anderen Gesetzen verzahnt. So richten sich die Energiesparmaßnahmen nach Anlage VI an der jeweils gültigen Energieeinsparverordnung (EnEV) aus. Deren Höchstwerte beim Jahres-Primärenergieverbrauch und der Wärmedämmung der Gebäudehülle müssen um 15 Prozent unterschritten werden, damit die Energiesparmaßnahmen als Ersatzmaßnahme im Sinne des EEWärmeG anerkannt werden. Als Nachweis dient der Energieausweis. Die Nutzung von Nah- und Fernwärmenetzen gilt nur dann als Ersatzmaßnahme, wenn die Wärme zum Großteil aus regenerativen

Energien erzeugt wird – oder zu mindestens 50 Prozent aus Abwärme, Kraft-Wärme-Kopplung oder einer Kombination aus diesen drei Bausteinen.
Die Nutzungspflicht für regenerative Energien oder Ersatzmaßnahmen entfällt, wenn ihr andere öffentlich-rechtliche Pflichten entgegenstehen (z.B. Denkmalschutz), eine Erfüllung der Pflichten technisch unmöglich ist oder die zuständige Behörde (Bauamt) den Betreffenden auf Antrag davon befreit. Eine Befreiung hat die Behörde auszusprechen, wenn eine Erfüllung der Pflichten im Einzelfall etwa wegen eines unangemessenen Aufwands eine besondere Härte bedeuten würde. Keine Nutzungspflicht besteht u.a. für Gebäude unter 50 m^2 Nutzfläche, für nach außen offene Betriebsgebäude, unterirdische Anlagen, Treibhäuser, Traglufthallen, provisorische Gebäude, Gebäude für Gottesdienste, Wohngebäude mit einer Nutzungsdauer unter vier Monaten jährlich, Betriebsgebäude mit geringem Heizungs- bzw. Kühlungsbedarf.
Die Erfüllung der Pflichten muss gegenüber der zuständigen Behörde (dem Bauamt) nachgewiesen werden. Dort müssen die Nachweise innerhalb von drei Monaten ab Inbetriebnahme der Heizanlage und danach auf Verlangen vorgelegt werden. Die Nachweise sind fünf Jahre lang aufzubewahren. Bei Verwendung von gasförmiger / flüssiger Biomasse müssen die Rechnungen des Lieferanten in den ersten fünf Jahren ab Inbetriebnahmejahr jeweils bis 30.06. des Folgejahres der Behörde vorgelegt werden; in den folgenden zehn Kalenderjahren sind sie jeweils mindestens fünf Jahre ab Lieferung aufzubewahren und auf Verlangen der Behörde vorzulegen. Bei fester Biomasse ist es wieder anders: Hier sind die Rechnungen für die ersten 15 Jahre jeweils mindestens fünf Jahre ab Lieferung aufzubewahren und auf Verlangen vorzuzeigen. Die Erfüllung der einzelnen Pflichten ist teilweise durch den Energieausweis, teilweise durch andere jeweils unterschiedliche technische Nachweise zu dokumentieren. Diese können teils vom Installateur, teils vom Hersteller ausgestellt werden. Bauherren müssen darauf achten, ob es zusätzlich zum EEWärmeG als Bundesgesetz und zur EnEV noch Landesregelungen gibt. Werden die genannten Pflichten nicht erfüllt, drohen Bauherrren, aber auch den Ausstellern von Nachweisen und den sonstigen Baubeteiligten Bußgelder bis zu 50.000 Euro.

Siehe / Siehe auch: Biomasse, Biogasanlage, Energieeinsparverordnung (EnEV), Erneuerbare-Energien-Gesetz

Wärmepumpen

heat pump; reverse cycle heating system

Wärmepumpen gehören zu den Systemen, mit denen erneuerbare Wärmeenergie erzeugt werden kann. Mit Wärmepumpen wird Wärme von einem niedrigeren auf ein höheres Temperaturniveau gehoben, bzw. gepumpt. Es gibt vier verschiedene Arten von Wärmepumpen:

- die Luft-Wasser-Wärmepumpe, sie gebraucht die rundherum liegende Außenluft als Wärmequelle
- die Sole-Wasser-Wärmepumpe, welche die übers Jahr nahezu konstante Erdwärme nutzt
- die Wasser-Wasser-Wärmepumpen, welche die Wärme des Grundwassers nutzt.

Die Wärmepumpe entzieht der Außenluft, der Erde oder dem Grundwasser Wärme. Sie wird mit Hilfe eines Ventilators einem Verdampfer zugeführt. Dort wird sie auf das eingesetzte Kältemittel (meist Fluor-Kohlenwasserstoffe oder Propan) übertragen, das dann verdampft. Im Verdichter wird dieser Dampf wiederum komprimiert und dadurch erhitzt. Diese Hitze wird an das Heiz- bzw. Warmwassersystem abgegeben. Der durch die Kompression entstehende Druck wird durch ein Expansionsventil abgebaut und der Kreislauf beginnt mit einem neuen Pumpvorgang. Die gewonnene Wärmeenergie entspricht etwa dem 2- bis 5-Fachen der zur Komprimierung erforderliche Antriebsenergie (Strom, Gas). Neu entwickelte Wärmepumpen können durch eine Umkehrschaltung auch zur Raumkühlung benutzt werden. Mietrechtlich ist bei der Nachrüstung von Wärmepumpen darauf zu achten, dass der Einbau keine anderweitigen negativen Folgen für das Gebäude hat. So entschied das Oberlandesgericht München, dass eine durch die im Keller eines vermieteten Hauses installierte Wärmepumpe verursachte Schallimmission von über 25 Dezibel im Schlafzimmer des Mieters nicht hinnehmbar sei. Dem Vermieter wurde aufgegeben, für zusätzlichen Schallschutz zu sorgen (Az. 34 Wx 23/07).

Wärmerückgewinnung

heat recovery

Der Begriff Wärmerückgewinnung fasst unterschiedliche technische Verfahren zusammen, mit denen die Abwärme eines Gebäudes wieder genutzt bzw. für die Erwärmung des Innenraums verwendet werden kann. Die Wärmerückgewinnung verringert den Primärenergieverbrauch des Gebäudes. Sie hilft, Energiekosten zu sparen und reduziert klimaschädliche Emissionen. Bei Einbau im Neubau ermöglicht sie eine kleinere Auslegung

oder ein Wegfallen von anderen Bauelementen der Heiztechnik (z.B. Heizkessel, Kältemaschine, Rückkühlwerk, Verrohrung, Technikzentrale, Schornstein). Ein Einbau ist auch in Altbauten oder Etagenwohnungen möglich. Durch die Wärmerückgewinnung können je nach System bis zu 90 Prozent der in der Abluft enthaltenen Energie zurückgewonnen werden. Es gibt eine Reihe von Verfahren, die der Wärmerückgewinnung dienen. Am effektivsten sind davon Kreislaufverbundsysteme (Kompakt-Wärmetauscher, Gegenstrom-Schichtwärmetauscher) und Wärmepumpen (Kompressor-Wärmepumpen, Adsorptions-Wärmepumpen).
Auch rotorbetriebene Systeme sind im Handel. Grundsätzlich wird die Anlage in ein Be- und Entlüftungssystem für das ansonsten luftdichte Gebäude integriert. Meist verwendet die Wärmerückgewinnung die Abluft des Hauses, um die Zuluft zu erwärmen. Dieses Verfahren wird insbesondere bei klimatisierten Gebäuden und Passivhäusern eingesetzt. Neue energiesparende Gebäude sind besonders luftdicht ausgeführt. Hier wird bei geschlossenen Fenstern durch ein Lüftungssystem Frischluft zugeführt, gleichzeitig werden verbrauchte Luft und Feuchtigkeit nach draußen geleitet. Bei der Wärmerückgewinnung wird mit Hilfe etwa eines Wärmetauschers der abströmenden Luft die Wärme entzogen. Im Sommer kann eine Wärmerückgewinnung auch der Kühlung des Gebäudes dienen. Auch mit Hilfe von Abwasser kann Wärmerückgewinnung stattfinden. Aufgrund der relativ geringen Temperatur des Abwassers ist in Wohnhäusern dazu meist eine Wärmepumpe erforderlich. Derzeit werden erste Produkte entwickelt, mit deren Hilfe direkt das z. B. beim Duschen entstehende Abwasser zur Kaltwassererwärmung genutzt und so Heißwasser gespart werden kann.
Siehe / Siehe auch: Passivhaus, Wärmepumpen

Wärmeschutzverordnung
German ordinance on heat insulation

Die Bestimmungen der Verordnung über einen energiesparenden Wärmeschutz bei Gebäuden (Wärmeschutzverordnung – WärmeschutzV vom 16.08.1994, BGBl. I S. 2121) sind in die neuen Vorschriften der Energieeinsparverordnung übernommen worden.
Siehe / Siehe auch: Energieeinsparverordnung (EnEV)

Wäsche trochnen in der Mietwohnung
drying laundry in a rented flat

Das Trocknen von Wäsche in der Wohnung gehört zum normalen Wohngebrauch. Es kann daher nicht vom Vermieter untersagt werden. Dies gilt selbst dann, wenn im Keller des Gebäudes ein Trockenraum zur Verfügung steht. Das Amtsgericht Düsseldorf hatte einen Fall zu entscheiden, in dem die Hausordnung eines Mehrfamilienhauses das Wäschetrocknen nur im gemeinschaftlichen Trockenkeller erlaubte. Eine Mieterin bestand jedoch darauf, ihre Wäsche an drei Tagen im Monat in der Wohnung zu trocknen. Der Vermieter bestand auf Einhaltung der Hausordnung, da er Schimmelbefall in der Wohnung befürchtete. Das Gericht entschied, dass die Wäsche in der Wohnung getrocknet werden durfte. Die Hausordnung regle nur das Verhältnis der Mieter untereinander und nicht das Verhältnis Mieter – Vermieter. Im Übrigen gehöre das Trocknen von Wäsche – solange es sich noch im üblichen Rahmen bewege – zum normalen Wohngebrauch und könne der Mieterin daher nicht vertraglich oder per Hausordnung verboten werden (Az. 53 C 1736/08).
Siehe / Siehe auch: Wäschetrockner

Wäschetrockner
tumble dryer

Ein Wäschetrockner, der bei Abschluss des Mietvertrages in der Wohnung steht und den die Mieter tatsächlich auch benutzen können, gilt als Zubehör des Mietobjektes. Der Trockner wird dann als „maschinelle Wascheinrichtung" angesehen, deren Kosten (z.B. Stromverbrauch) über die Betriebskostenabrechnung auf den Mieter umzulegen sind. Fällt das Gerät jedoch aus, sind Reparatur oder Ersatzbeschaffung Sache des Vermieters. Reparatur- und Instandsetzungskosten sind generell nicht umlagefähig. Ersatzlos entfernt werden darf der mitvermietete Trockner nicht. Gleiches gilt für Waschmaschinen. Gibt es kein vermietereigenes Gerät, darf der Mieter einen Wäschetrockner aufstellen. Dabei muss jedoch darauf geachtet werden, dass in der Wohnung keine Schäden z.B. durch Feuchtigkeit entstehen. Ist eine ordnungsgemäße Entlüftungsmöglichkeit/Abluftrohr vorhanden, muss das Gerät auch daran angeschlossen werden. Nicht zulässig ist es für den Mieter, die feuchte Abluft einfach per selbst gebasteltem Schlauch nach draußen abzuleiten. Dabei können nämlich Nebelschwaden entstehen, die wiederum berechtigten Ärger bei Nachbarn auf den Plan rufen. Diese haben bei derartiger Vernebelung unter Umständen einen Anspruch auf Mietminderung. Ein Anspruch des Mieters auf Aufstellung eines eigenen Wäschetrockners in der

Gemeinschaftswaschküche besteht nicht. In vielen Fällen wird dies jedoch nach Absprache und in Abhängigkeit vom zur Verfügung stehenden Platz und natürlich der Entlüftung möglich sein.
Siehe / Siehe auch: Betriebskosten

Wange

cheek; side plate; string board; stringer

Die Wangen sind die seitlichen Bauteile beidseitig der Treppe. Die Treppenwangen tragen neben ihrer Eigenlast die Lasten der Stufen. Die Stufen werden in eingestemmte Ausschnitte der Wange eingesetzt oder in stufenförmige Einschnitte oberhalb der Wange aufgesattelt und fest mit der Wange verbunden.Im Gegensatz zur selbsttragenden Wange ist die Wandwange an der Wand befestigt. Statt der Wangen kann der Holm, auch Treppenbalken genannt, die Stufen tragen oder unterstützen.
Siehe / Siehe auch: Gebäudetreppen, Stufe, Treppenholm

Warmmiete

rent including heating

Siehe / Siehe auch: Bruttomiete

Wartezeit (Bausparvertrag)

waiting period (building loan contract)

Wartezeit ist die Zeitspanne zwischen Abschluss und Zuteilung eines Bausparvertrags. Einer Bausparkasse ist es laut Bausparkassengesetz verboten, verbindliche Zusagen über den Zeitpunkt der Zuteilung eines Bausparvertrags zu machen.

Wartung

servicing; maintenance; repair; upkeep; service

Durch Wartung, die im Allgemeinen in regelmäßigen Zeitabständen durchgeführt wird, soll die Betriebssicherheit von Anlagen und Einrichtungen aufrechterhalten werden. Dazu gehören das Überprüfen, Einstellen, Reinigen der Anlage sowie das Austauschen kleinerer Verschleißteile. Durch Abschluss eines Wartungsvertrages können diese Leistungen gegen ein pauschales Wartungsentgelt eingekauft werden. Bei maschinellen oder elektronischen Anlagen verkürzt sich die Mängelbeseitigungsfrist auf zwei Jahre, wenn VOB/B 2002 vereinbart ist und ein Wartungsvertrag nicht abgeschlossen wird. (Mit Wartungsvertrag beträgt sie vier Jahre.)

Waschmaschine in der Mietwohnung

washing machine in a rented flat

Mieter dürfen in ihrer Wohnung grundsätzlich eine Waschmaschine aufstellen. Dies gilt auch bei Vorhandensein einer Gemeinschaftswaschmaschine. Der Vermieter ist jedoch nicht verpflichtet, einen Waschmaschinenanschluss neu installieren zu lassen. Das Gerät muss vom Mieter fachgerecht angeschlossen werden. Der Wasserhahn zur Maschine darf ohne zusätzliche Sicherheitseinrichtung („Aqua Stop“) nicht ständig offen bleiben. Kommt es zu einem Wasserschaden, weil der Mieter jahrelang den Wasserhahn geöffnet gelassen hat, ohne den festen Sitz der Schläuche zu kontrollieren, haftet der Mieter wegen grober Fahrlässigkeit (vgl. OLG Oldenburg, 5.5.2004, Az. 3 U 6/04).
Beim Waschen sind die meist in der Hausordnung geregelten Ruhezeiten einzuhalten. Gibt es Trockenräume, so müssen diese zumindest für größere Wäschestücke benutzt werden. Der Vermieter kann das Trocknen der Wäsche in der Wohnung vertraglich untersagen.
Siehe / Siehe auch: Wäschetrockner

Wasserflächen / Gewässerschutz

water area / water pollution control; prevention of water pollution

Bei Wasserflächen handelt es sich um Flächen, die ständig oder zeitweise mit Wasser bedeckt sind, unabhängig davon, ob es sich um natürliche oder künstliche Gewässer handelt. Zu den Wasserflächen zählen Seen, Weiher, Teiche (so genannte Stillgewässer) sowie Flüsse, Bäche und Kanäle (so genannte Fließgewässer). In Deutschland sind knapp 2,3 Prozent der Bodenfläche Wasserfläche. Oberflächengewässer werden auf unterschiedliche Weise in Anspruch genommen bzw. benutzt (Schifffahrt, Wasserentnahmen, Abwassereinleitungen). Dadurch wird die Gewässergüte beeinträchtigt. Dies führte zum Aufbau eines Gewässerschutzrechtes, auf europäischer Ebene zur EG-Wasserrahmenrichtlinie. Sie verpflichtet die Staaten der EU zur schrittweisen Umsetzung bestimmter Maßnahmen bis 2015. Ziel ist die Erreichung eines einheitlichen hohen ökologischen Qualitätsstandards des Wassers. Bestimmte Grenzwerte dürfen dann nicht mehr überschritten werden. Die Richtlinie trat am 22.12.2000 in Kraft.
Die wichtigsten Rechtsgrundlagen auf Bundesebene sind das Wasserhaushaltgesetz, das einen Rahmen für gesetzliche Vorschriften (Landeswassergesetze) durch die Bundesländer enthält, die Abwasserverordnung, das Abwasserabgabengesetz und das Pflanzenschutzgesetz.

Wasserkosten

cost of water consumption

Entgegen früherer Auffassung zählen die Kosten der Wasserversorgung der einzelnen Sondereigentumseinheiten einschließlich der hieran gekoppelten Kosten der Abwasserentsorgung nicht zu den Kosten des gemeinschaftlichen Gebrauchs gemäß § 16 Abs. 2 WEG. Deshalb konnten die Wohnungseigentümer über die Verteilung der Kosten der Wasserversorgung – auch der Abwasserentsorgung – der Sondereigentumseinheiten im Rahmen ordnungsgemäßer Verwaltung durch Mehrheitsbeschluss entscheiden und die verbrauchsabhängige Abrechnung einführen, wenn über die Verteilung der Kosten des Sondereigentums nicht bereits eine abweichende Vereinbarungen im Sinne von § 10 Abs. 1 und 2 WEG getroffen worden war (BGH, 25.9.2003, V ZB 21/03). War allerdings eine solche Vereinbarung in der Teilungserklärung oder der Gemeinschaftsordnung – beispielsweise eine Verteilung der Wasserkosten nach Köpfen oder Wohnfläche – getroffen, konnten die Wohnungseigentümer eine Umstellung auf eine verbrauchsabhängige Abrechnung nur dann beschließen beziehungsweise verlangen, wenn außergewöhnliche Umstände ein Festhalten an der bisherigen Regelung als grob unbillig und damit als gegen Treu und Glauben verstoßend erscheinen ließen.

Nach der jetzt geltenden Regelung über eine von § 16 Abs. 2 WEG abweichende Verteilung von Betriebskosten durch mehrheitliche Beschlussfassung kann eine Umstellung auf die verbrauchsabhängige Abrechnung der Wasserkosten auch dann vorgenommen werden, wenn bisher schon eine abweichende Vereinbarung bestand (§ 16 Abs. 3 und 5 WE). Bei der Einführung der verbrauchsabhängigen Wasserkostenabrechnung im Rahmen ordnungsgemäßer Verwaltung haben die Wohnungseigentümer im Übrigen einen breiten Ermessensspielraum, der es ihnen ermöglicht, alle für und gegen die verbrauchsabhängige Abrechnung sprechenden Umstände abzuwägen, also insoweit die Kosten der Einführung einerseits den Kosten der Einsparung andererseits gegenüber zu stellen. Ob für die Kosten der Anschaffung und der Installation, der Wartung und der Eichung beziehungsweise Nacheichung der Erfassungsgeräte eine von § 16 Abs. 2 WEG abweichende Kostenverteilung durch mehrheitliche Beschlussfassung gemäß der Neuregelung nach § 16 Abs. 3 WEG getroffen werden kann, könnte strittig sein.

Es handelt sich bei den Erfassungsgeräten um gemeinschaftliches Eigentum, so dass insoweit die Kostenverteilung nach der gesetzlichen Regelung des § 16 Abs. 2 WEG beziehungsweise einer entsprechend abweichend getroffenen Vereinbarung gemäß § 10 Abs. 2 Satz 2 WEG vorzunehmen ist. Dies gilt zumindest für die Kosten der Anschaffung und der Installation der Wasserzähler. Dagegen dürften die Kosten für die Wartung und Nacheichung und gegebenenfalls an deren Stelle der Austausch zu den Betriebskosten zählen, für die eine abweichende Verteilung durch Mehrheitsbeschluss zulässig ist. Der gesondert zu erfassende gemeinschaftliche Wasserkostenverbrauch ist dagegen nach Miteigentumsanteilen zu verteilen.

Der bei der Warmwasserversorgung entstehende Wasserverbrauch ist gegebenenfalls gesondert zu erfassen und nach den Vorschriften der Heizkostenverordnung abzurechnen.

Siehe / Siehe auch: Betriebs- und Verwaltungskosten (Wohnungseigentum), Heiz- und Warmwasserkosten

Wassermengenregler / Umlage

water volume controller / apportionment of costs

Wassermengenregler werden an Wasserverbrauchsstellen mit hohem Durchfluss (z.B. Waschtisch im Bad, Dusch- und Küchenarmaturen) eingesetzt, um den Verbrauch zu reduzieren. Im Gegensatz zu einfacheren Strahlreglern, die den Wasserstrahl formen und Luft beimischen, oder zum Durchflussbegrenzer, der die durchfließende Gesamtmenge reduziert, berücksichtigt ein Wassermengenregler auch den Wasserdruck und sorgt für eine davon abhängige konstante Durchflussmenge. Dies ist wichtig, weil der Wasserdruck in der Leitung nicht immer konstant bleibt: So sinkt er speziell in Mehrfamilien oder Hochhäusern in Zeiten hohen Verbrauchs.

Die Wasserversorger müssen von vornherein einen relativ hohen Wasserdruck gewährleisten, damit das Leitungswasser problemlos in höhergelegene Gebäude bzw. Stockwerke kommt. Wassermengenregler werden ab 0,5 bar Wasserdruck eingesetzt. Sie können für erhebliche Wassereinsparungen sorgen.

Laut Betriebskostenverordnung gehört die Wartung von Wassermengenreglern zu den Betriebskosten einer Mietwohnung, die bei Vereinbarung im Mietvertrag auf die einzelnen Mieter umgelegt werden können.

Siehe / Siehe auch: Betriebskosten, Betriebskostenverordnung

Wasserverbrauch

water consumption / usage

Die Deutschen gehen sparsam mit Trinkwasser um. Der durchschnittliche Haushaltswasserverbrauch pro Einwohner und Tag sank nach Erhebungen des Bundesverbandes der Energie- und Wasserwirtschaft. zwischen 1990 und 2008 von 147 um 24 auf 123 Liter. Die Kosten für Trinkwasser betrugen 2008 pro Kubikmeter 1,86 Euro. Die Bundesbürger zahlen im Schnitt täglich 0,23 Euro für Trinkwasser. Betrachtet man die Wasserpreise im europäischen Vergleich, ergeben sich deutliche Preisunterschiede.

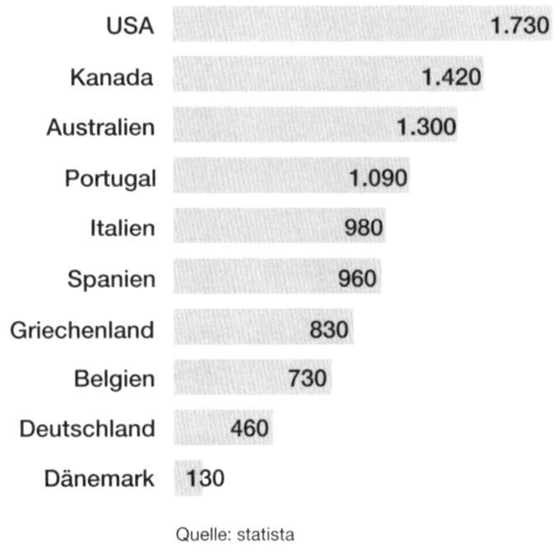

Bei der Preisbildung spielen unterschiedliche Faktoren eine Rolle: Kosten bei der Gewinnung, unterschiedliche Steuern, Abgaben und Abschreibungen, Aufbereitung und Verteilung, der Wasserverbrauch selbst und nicht zuletzt die Qualität des Wassers. Deutsches Wasser ist zwar eines der teuersten, aber auch eines der besten, auch dank der außerordentlich guten Wasserleitungssysteme. Die Preissteigerungsraten lagen im Schnitt zwischen 2000 und 2009 aber unter der Inflationsmarke, so dass das Wasser in realen Größen ausgedrückt in diesem Zeitraum eher billiger wurde.
In Deutschland gilt seit 01.02.2003 eine neue Trinkwasserverordnung.
Siehe / Siehe auch: Trinkwasserverordnung

Web 2.0

Web 2.0

Das Thema Web 2.0 kursiert derzeit (2010) in allen Medien. Wer den amerikanischen Wahlkampf von Obama beobachtet hat, realisiert schnell, dass Web 2.0 das Medium Internet elementar verändert. Informationen fließen noch schneller und Meinungen werden immer mehr über das Internet gemacht. Vereinfacht gesagt, ermöglichen die neuen Internettechnologien jedem Nutzer durch einfache Bedienelemente, selbst Inhalte beizutragen, zu bewerten und beliebige Verknüpfungen zu erstellen. Diese Vereinfachung und die Unabhängigkeit von Programmierern haben das neue Internetzeitalter – Web 2.0 – ermöglicht.

Weblog

weblog; blog

Der Weblog, kurz Blog genannt, ist eines der vielfältigen Instrumente der Web 2.0-Kommunikation. Analog des sozialen Kommunikationsnetzwerkes Twitter zählt der Weblog zu den modernen Interaktionsplattformen des 21. Jahrhunderts. Beim Weblog handelt es sich in der Regel um eine nicht kommerziell geführte Webseite, die in periodischen Abständen mit neuen Informationen zu einem bestimmten Thema gefüllt wird. Inhaber von Weblogs und Produzenten von Inhalten sind zumeist private Personen, Institutionen oder auch Unternehmen, die sich thematisch auf ein Fachgebiet oder auf ein inhaltliches Problem konzentrieren und interessierten Lesern neue Informationen, Meinungen oder Lösungsvorschläge unterbreiten. Im Fokus der Weblogs stehen die Vermittlung von Informationen, der gedankliche Austausch mit Interessierten oder auch das Fachgespräch unter Kollegen.
Weblogs werden in der Praxis in thematische Kategorien unterteilt: Es gibt unter anderem

- Fach-Blogs,
- Medien-Blogs,
- Fan-Blogs,
- Wahl-Blogs und
- Multimedia-Blogs. Die wenigen immobilienwirtschaftlich ausgerichteten Weblogs zählen zu den Fach-Blogs.

Sie können auch als Instrument zur Unternehmenskommunikation herangezogen werden, als Messe- und Fachforum dienen oder als zusätzliches Online-Kommunikationsangebot von Zeitschriften und Verlagen gelten. Der Begriff Weblog wird ursprünglich mit „Online-Tagebuch“ übersetzt. In den Anfängen seiner Entstehung waren die Tagebücher auf persönliche Botschaften von Privatpersonen an ihre Umwelt beschränkt. Sie beinhalteten Gedanken und Geschichten aus dem Alltag.

Webstatistiken

web statistics

Webstatistiken helfen dabei, den Erfolg einer Website zu beurteilen. Sie geben an, wie viele Besucher tatsächlich auf einer Seite waren und welche Seiten besonders häufig besucht werden. Es gibt verschieden Tools zur Erstellung einer Statistik. Meistens ist ein Programm bei Ihrem Provider vorinstalliert. Die meisten CMS-Lösungen bieten ebenfalls eine Statistik an. In den Statistiken wird unterschieden zwischen Besuchern und Seitenaufrufen (Hits). Die Seitenaufrufe sind viel höher, da hier jede einzelne besuchte Seite dokumentiert wird. Für Websitebetreiber ist es wichtig zu wissen, wieviele Seiten sich der Benutzer anschaut. Ein Durchschnittswert von etwas über drei ist schon ganz in Ordnung. Es besteht auch die Möglichkeit zu verfolgen, wie die Besucher auf die Seite gekommen sind. Wenig überraschend hat hier Google de Nase ganz weit vorne.

WEG-Verfahren / ZPO-Verfahren

abbreviation for: German Condominium Act: proceedings according to this Act that are dealt with according to the German code of civil procedure

Anders als nach früherem Recht, wird bei rechtlichen Streitigkeiten in Sachen des Wohnungseigentums nicht mehr im Verfahren der Freiwilligen Gerichtsbarkeit (FGG-Verfahren), sondern im Verfahren nach den Vorschriften der Zivilprozessordnung (ZPO) entschieden. Das hat für die Wohnungseigentümer im Vergleich zur früheren FGG-Gerichtsbarkeit insbesondere den Nachteil, dass nicht mehr der Amtsermittlungsgrundsatz zur Anwendung kommt und darüber hinaus grundsätzlich die im Prozess Unterlegenen grundsätzlich die vollen Verfahrenskosten zu tragen haben.

Siehe / Siehe auch: Amtsgericht, Beschlussanfechtung (Wohnungseigentum), Bundesgerichtshof, WEG-Verfahren / ZPO-Verfahren

Wegerecht

way-leave; right of way; right of passage; easement of access; access right

Siehe / Siehe auch: Geh- und Fahrtrecht, Notwegerecht, Grunddienstbarkeit

Wegfall des Eigenbedarfsgrundes

lapse of reason for personal use

Der Bundesgerichtshof hat im November 2005 entschieden, wie Vermieter zu verfahren haben, wenn nach einer berechtigten Eigenbedarfskündigung unerwartet der Eigenbedarfsgrund entfällt. Grundsätzlich wird die wirksame Kündigung nachträglich unwirksam, wenn der Eigenbedarf des Vermieters vor Ende der Kündigungsfrist entfällt. Unsicher war bisher, inwieweit der Vermieter den Mieter über den Wegfall informieren muss. Im verhandelten Fall hatte der Vermieter die Wohnung für seine Schwiegermutter beansprucht. Die Mieter wurden zur Räumung verurteilt. Während der Räumungsfrist verstarb die Schwiegermutter. Die Mieter erhoben nach dem Auszug Schadenersatzklage mit der Begründung, der Vermieter hätte sie informieren müssen. Grundsatzurteil des BGH: Der Vermieter muss im Rahmen seiner vertraglichen Treuepflicht den Mieter über den Wegfall des Eigenbedarfsgrundes (und damit über die Unwirksamkeit der Kündigung) informieren, allerdings nur bis zum regulären Ende der Vertragslaufzeit, d.h. bis zum letzten Tag der Kündigungsfrist. Danach existiert kein Vertrag mehr und somit keine Treuepflicht. Da die gerichtliche Räumungsfrist nur einen Räumungsaufschub nach Ablauf der Kündigungsfrist darstellt, braucht zu diesem Zeitpunkt keine Information mehr zu erfolgen. Der Mietvertrag ist bereits wirksam beendet (Bundesgerichtshof, Urteil vom 9.11.2005, Az.: VIII ZR 339/04).

Siehe / Siehe auch: Beendigung eines Mietverhältnisses, Eigenbedarf

Wegnahme von Einrichtungen

seizure / privation / removal of facilities / fixtures and fittings

Bei Rückgabe der Mietwohnung darf der Mieter Einrichtungen wegnehmen, mit denen er die Wohnung versehen hat. Der Vermieter kann dies verhindern, indem er eine angemessene Entschädigung für die Gegenstände bezahlt. Macht der Mieter ein berechtigtes Interesse daran geltend, diese Sachen mitzunehmen, muss der Vermieter dies hinnehmen. Einrichtungen im Sinne dieser gesetzlichen Regelung (§§ 539, 552 BGB) sind für die vorübergehende Nutzung eingebaute bewegliche Sachen, die durch den Mieter mit der Mietwohnung körperlich verbunden worden sind. Sie müssen sich von der Mietsache unterscheiden und auch von dieser wieder trennbar sein. Nicht dazu gehören fest eingefügte Sachen, durch deren Einbau die Wohnung erst in vertragsgemäßen Zustand versetzt oder verändert wird. Auch Einbauten im Rahmen baulicher Veränderungen gehören nicht dazu. Beispiele für wegnehmbare Einrichtungen: Öfen, Teppichböden,

Schlösser, Steckdosen, Lichtschalter, Wandschränke, Rollläden, umpflanzungsfähige Sträucher, Stauden und andere Pflanzen. Nicht wegnehmbar sind Böden, neu verlegte Rohr- und Elektroleitungen, Einbauküche, Fliesen. Als nicht wegnehmbare Sache gilt auch das Heizöl im Tank eines Einfamilienhauses (LG Mannheim, ZMR 1975, 304).
Ansprüche des Mieters auf Ersatz von Aufwendungen oder auf Gestattung der Wegnahme einer Einrichtung verjähren in sechs Monaten nach der Beendigung des Mietverhältnisses (§ 548 BGB).
Siehe / Siehe auch: Staude

Weiche Kosten

soft costs

Bei den so genannten weichen Kosten handelt es sich um Aufwendungen von Fondsgesellschaften, die Anlegern im Zusammenhang mit ihrer Beteiligung an geschlossenen Fonds in Rechnung gestellt werden. Dazu gehören beispielsweise Kosten für Vertriebsprovisionen, Platzierungsgarantien oder Entgelte für Treuhänder, Steuerberater und die Verwaltung des Fonds. Je höher die Weichkosten, desto geringer ist derjenige Anteil an der Zeichnungssumme des Anlegers, der tatsächlich in das Fondsobjekt investiert wird.

Weitergabeklausel

German clause regarding the passing on or transmission of information to third parties

Gibt der Auftraggeber die Informationen, die er vom Makler erhalten hat, an einen Dritten weiter, ergibt sich nach § 652 BGB folgende Rechtslage: Mit dem Auftraggeber besteht zwar ein Maklervertrag, jedoch ist in seiner Person der Erfolg nicht eingetreten, da er nicht kauft. Mit dem Dritten, der den Kaufvertrag abschließt, besteht kein Maklervertrag. Ergebnis: Kein Provisionsanspruch des Maklers.
Zwar hat der Makler einen Schadensersatzanspruch gegen den Auftraggeber wegen Vertragsverletzung. Dieser ist jedoch wirtschaftlich uninteressant. Nach §§ 280 ff. BGB kann er i.d.R. nur den Ersatz nutzloser – und nachgewiesener – Aufwendungen verlangen. Entgangene Provision kann er als Schadensersatz nur fordern, wenn er beweisen kann, dass er einen solventen anderen Interessenten hatte, der vor Gericht aussagt, dass er das Objekt erworben hätte. Außerdem muss der Verkäufer (Stichwort: Abschlussfreiheit) bereit gewesen sein, auch an diesen Interessenten zu verkaufen. Um sich hiergegen zu schützen, kann der Makler mit dem Auftraggeber vereinbaren, dass dieser bei unbefugter Weitergabe der Informationen an den Makler die vereinbarte Provision zahlen muss. Eine solche Klausel ist auch in Allgemeinen Geschäftsbedingungen wirksam, hat der BGH in seinem Urteil vom 14.01.1987, IV a ZR 130/ 85, entschieden. Die Klausel in dem zu entscheidenden Sachverhalt lautet: „Unsere Angebote erfolgen unter der Voraussetzung, dass der Empfänger das angebotene Objekt selbst erwerben oder nutzen will. Sie sind streng vertraulich. Jede unbefugte Weitergabe an Dritte, auch Vollmacht- oder Auftraggeber des Interessenten, führt in voller Höhe zur Provisionspflicht." Der BGH begründet ausführlich, warum diese Klausel nach den gesetzlichen Regeln auch in Allgemeinen Geschäftsbedingungen wirksam ist. Seitdem findet sie sich in vielen Makler-AGB. Achtung: Diese Klausel sichert den Provisionsanspruch. Eine Klausel, die „Schadensersatz in Höhe der vereinbarten Provision" vereinbart, nutzt dem Makler nichts. Sie gibt ihm nur einen Schadensersatzanspruch, der in der Höhe durch die Provision begrenzt ist. Der Makler muss beweisen, dass er den Kaufwilligen an der Hand hatte (vgl. OLG Frankfurt-Main, Urteil vom 02.03.1993, 5 U 27/92, MDR 1994,35).
Siehe / Siehe auch: Prinzip der Entscheidungsfreiheit des Auftraggebers (Maklergeschäft), Allgemeine Geschäftsbedingungen (AGB)

Wellnessimmobilien

spa facilities

Wellnessimmobilien sind Wohlfühlimmobilien, d.h. Immobilien, deren Zweck darin besteht, den Besuchern ein Wohlgefühl zu vermitteln. Es handelt sich um eine Erfindung des antiken Roms. Seit 20 Jahren, zuerst in der Vereinigten Staaten, dann bei uns wieder belebt, bringt es den Betreibern teilweise gute Gewinne ein. Im Gegensatz zu Fitnessstudios, die dem Besucher Vergnügen dadurch bereiten wollen, dass sie Ihnen harte Arbeit aufbürden, setzt Wellness auf die sanfte Tour: Sauna, Fußpflege, Massage bei freundlicher (sanfter) Musik. Zu Wellnessimmobilien rechnen sich auch die „Romantik-Hotels". Die Trends bei Wellnessimmobilien verlaufen in Richtung medizinische Vorsorge, ein Aspekt der dazu führt, dass zunehmend auch Fitnessbereiche integriert werden. Die Zahl der in Wellness- und Fitnessstudios organisierten Well- und Fitnessfreunde nahm jahrelang stetig zu, in den letzten Jahren allerdings spricht man von einem stagnierenden Wachstum. Nach einer Untersuchung von Detoilette & Touche vom Juni 2004 zählten die rund 5.600 Wellness- und Fitnessstudios immerhin 4,5 Millionen Mitglieder.

Wendeltreppe

spiral stairs; spiral staircase; helical staircase

Die Stufen einer Wendeltreppe sind gleichmäßig und kreisförmig um ein Treppenauge angeordnet. Dadurch sind die Stufen gleichmäßig keilförmig. Durch die Verjüngung der Stufen zum Treppenauge sind diese Stufen schwieriger zu begehen. Mit der Festlegung der Treppenlauflinie wird diese Unsicherheit auf ein Minimum reduziert. Seitlich der Lauflinie muss im Bereich der nutzbaren Treppenlaufbreite das erforderliche Steigungsverhältnis eingehalten werden. Bei Wohnhäusern beträgt die nutzbare Treppenlaufbreite mindestens 80-90 Zentimeter. Der Vorteil der Wendeltreppe liegt in ihrem kompakten, raumsparenden Grundriss.

Siehe / Siehe auch: Gebäudetreppen, Spindeltreppe, Wendelung

Wendelung

turn (in a staircase)

Die Wendelung der Treppe ist eine Abfolge angeschnittener Stufen. Dabei kann es sich um eine Spindel-, Wendel- oder auch gewendelte Treppe handeln. Wegen ihrer Kompaktheit werden gewendelte Treppen oft im Eigenheimbau verwendet. Der Antritt (und Austritt) ist gerade, aber wenn der Treppenlauf die Kurve beschreibt, müssen die Stufen angeschnitten werden.

Im Gegensatz zur Spindel- und Wendeltreppe ähnelt bei der gewendelten Treppe keine Stufe der vorherigen, denn die angeschnittenen Stufen folgen im Innenbereich einem Mittelpunkt, der sich nach außen hin unregelmäßig verbreitert. Folgerichtig bildet die Lauflinie der gewendelten Treppe einen Halb- oder Viertelkreis. Die Lauflinie von Spindel- und Wendeltreppe ist kreisförmig.

Siehe / Siehe auch: Gebäudetreppen, Spindeltreppe, Wendeltreppe

Werbung des Immobilienunternehmens

advertising by the real estate company

Bei der Kostenstruktur von Immobilienunternehmen spielen Werbekosten eine bedeutende Rolle. Hinzu kommt, dass weitere Kosten für Werbe- und Öffentlichkeitsarbeit in den Kostenblöcken „Personal“ und „sonstige Kosten“ speziell in Form des in der Werbe- und Öffentlichkeitsarbeit eingesetzten Personals enthalten sind. Grundsätzlich gilt: Werbung ist letztendlich „eine Investition in das Bewusstsein von Menschen“. Werbung wird in der Werbelehre oft definiert als planvoller Einsatz von Werbemitteln zur Erzielung eines bestimmten Absatzerfolges. Diese Definition trifft vor allem beim Makler nur eine Seite, wenn auch die wichtigste des von ihm abzudeckenden Werbeumfeldes. Der Makler muss aber nicht nur verkaufen und damit Objekte bewerben. Er befindet sich, ähnlich wie auch der Bauträger bei der Grundstücksbeschaffung, auch auf der Einkaufsseite in einer Wettbewerbssituation, die ihn zur Werbung zwingt (Akquisitionswerbung beziehungsweise Beschaffungsmarketing). Worauf es bei dieser Definition der Werbung aber ankommt, ist die Einbeziehung des Werbeplanes in die Überlegungen. Werbung ist „planvoller Einsatz von Werbemitteln“. Damit ist klar, dass jene in der Branche so oft praktizierte Ad-hoc-Entscheidung darüber, welches Objekt mit welchem Text übermorgen im Zeitungsinserat angepriesen werden soll, kaum etwas mit planvoller Werbung zu tun haben kann. Natürlich gehen die Kosten für das Inserat in die Werbungskosten ein. Ob aber das Werbeergebnis das Betriebsergebnis positiv oder negativ beeinflusst, ist eine andere Sache. Die Wichtigkeit einer solchen begrifflich auch die Öffentlichkeitsarbeit umfassenden Werbeplanung ergibt sich aus der Bedeutung der hier anfallenden Kosten für das Immobilienunternehmen – insbesondere für Makler. So zeigt der jährlich beim Institut für Handelsforschung an der Universität Köln für die Mitglieder des IVD durchgeführte Betriebsvergleich, dass der Werbeetat eines Maklers allein für Inseratewerbung zwischen zehn und 14 Prozent des Umsatzes beträgt. Hinzu kommen weitere Werbeausgaben von eins bis zwei Prozent. 1998 wurden 13,9 Prozent für Inserate und 2,3 Prozent für sonstige Werbekosten ausgegeben.

Werbung, allgemein

advertising, general

Werbung ist der Versuch einer gezielten Beeinflussung von Entscheidungen des Menschen durch Wecken von Begehrlichkeiten. Betriebswirtschaftlich definiert stellt Werbung auf die Herbeiführung eines Absatzerfolges ab. Dabei ist Werbung nur ein Bestandteil eines Marketingmixes, d.h. eines Zusammenspiels beim Einsatz der Marketinginstrumente, um das anvisierte wirtschaftliches Ziel zu erreichen. Zwei Komponenten müssen bei der Werbung zusammengeführt werden. Die Werbung für das Unternehmen (Unternehmens-, Imagewerbung) und die Werbung für das Produkt beziehungsweise die Dienstleistung (Produktwerbung). Dabei geht es häufig darum, Produkte und Dienstleistungen mit dem Unternehmen zu identifizieren. Mit Produkten kann man sich einen Namen machen.

In der Immobilienwirtschaft gilt die Besonderheit, dass nicht nur das Absatzerfolg, sondern auch der Beschaffungserfolg eine Rolle spielt. Es geht also nicht nur um die Kombination von Unternehmens-/Image- mit Produktwerbung – hier in der Erscheinungsform der Objektwerbung – sondern auch um eine Werbung, die der Beschaffung dient. So können Makler nichts anbieten, wenn sie sich keine Aufträge beschafft haben. Bei der Anzeigenwerbung stehen daher Objektangebotsanzeigen Objektsuchanzeigen gegenüber. Beide können mit dem dahinterstehenden Namen (Image) verbunden werden. Allerdings dürfen Objektsuchanzeigen nicht so formuliert werden, dass sie sinnlos werden („Suche laufend „). Vielmehr muss hinter jeder Suchanzeige das Suchprofil eines konkreten Interessenten stehen. Was auf der Anzeigenebene gilt, das gilt auch für die Werbung im Internet. Hier ist die Beschaffungswerbung im Immobilienbereich jedoch noch nicht weit entwickelt. Darin liegen jedoch Zukunftschancen.
Siehe / Siehe auch: Firmenwerbung, Image, Objektwerbung, Werbung des Immobilienunternehmens

Werbungskosten, allgemein

professional outlay; tax allowable expenses; income-related expenses; expenses incurred with the generation of income - general

Werbungskosten sind Aufwendungen, die dazu dienen, Einnahmen aus einer Einkunftsart zu erwerben, zu sichern und zu erhalten. Sie können bei den „Überschusseinkünften" geltend gemacht werden. Das sind Einkünfte aus nichtselbstständiger Arbeit, aus Vermietung und Verpachtung sowie sonstige Einkünfte. Werbungskosten im Bereich der privaten Kapitaleinkünfte sind seit 2009 nicht mehr absetzbar. Steuerzahler, die die Aufwendungen in ihrer Höhe nicht einzeln nachweisen wollen, können teilweise eine Pauschale geltend machen. Diese fällt je nach Einkunftsart unterschiedlich hoch aus und ist im Einkommensteuergesetz festgelegt. Bei der Einkunftsart Vermietung und Verpachtung gibt es die Möglichkeit einer Pauschale nicht.

Werbungskosten bei Vermietung und Verpachtung

expenses incurred when letting and leasing

Der Werbungskostenkatalog bei der Einkunftsart Vermietung und Verpachtung ist sehr umfangreich. Zum ihm gehören neben den Fremdkapitalzinsen und Finanzierungsnebenkosten alle Betriebskosten, Instandhaltungskosten, Verwaltungskosten sowie die AfA. Steuerlich werden die Werbungskosten dem Jahr zugeordnet, in dem der Zahlungsabfluss stattfindet. Findet der Zahlungsabfluss bei regelmäßig wiederkehrenden Leistungen innerhalb von 10 Tagen vor Jahresbeginn oder nach dem Jahresende statt, sind sie dem Jahr zuzuordnen, in dem die Aufwendungen zu leisten sind. Die Verteilung von größeren Instandhaltungskosten bei Wohngebäuden auf zwei bis fünf Jahre ist seit 1.1.2004 wieder möglich. Bei Verkauf einer Immobilie ist zu beachten, dass für Aufwendungen, die mit dem Verkauf der Immobilie zusammenhängen, ein Werbungskostenabzug nicht möglich ist. Das bedeutet, dass z. B. die Renovierung einer Eigentumswohnung nach Auszug des Mieters und vor Abschluss des Kaufvertrages durch den Verkäufer aus steuerlicher Perspektive uninteressant ist. Nach dem auch der Vorkostenabzug zugunsten des erwerbenden Selbstnutzers der Wohnung nicht mehr möglich ist, bleiben diese Kosten quasi in der Luft hängen. Etwas anderes gilt jedoch, wenn die Aufwendungen im Rahmen der Vermietung entstanden sind, aber erst nach dem Verkauf bezahlt werden. Auch ein Wohnungskäufer, der vermieten will, kann diese Renovierungskosten als Werbungskosten geltend machen.
Siehe / Siehe auch: Absetzung für Abnutzung (AfA), Anschaffungsnaher Erhaltungsaufwand, Einkünfte aus Vermietung und Verpachtung, Verluste aus Vermietung und Verpachtung (Steuerrecht), Vermietung und Verpachtung

Werdender Wohnungseigentümer

flat owner to be

Siehe / Siehe auch: Wohnungseigentümer

Werkmietwohnung

factory-owned flat

Eine Werkmietwohnung / Werkwohnung wird mit Rücksicht auf das Bestehen eines Arbeitsverhältnisses vermietet. Der Vermieter kann mit Ende des Arbeitsvertrages mit folgenden besonderen Fristen den Mietvertrag kündigen:

- Wenn der Mieter weniger als zehn Jahre lang in der Wohnung gewohnt hat und diese für einen anderen Mitarbeiter benötigt wird: drei Monate (d.h. Kündigung spätestens am dritten Werktag eines Monats zum Ablauf des übernächsten Monats)
- Wenn das jeweilige Arbeitsverhältnis die Überlassung einer Wohnung in unmittelbarer Nähe zur Arbeitsstätte erfordert hat und diese jetzt für einen anderen Mitarbeiter

benötigt wird: spätestens am dritten Werktag eines Monats zum Ablauf dieses Monats. (vgl. § 576)

Siehe / Siehe auch: Betriebsbedarf, Dienstwohnung, Widerspruchsrecht bei Werkmietwohnungen

Werkwohnung

tied cottage; tied accommodation; factory-owned flat

Siehe / Siehe auch: Werkmietwohnung

Werkstättenverordnung

German ordinance on workshops for the disabled

Auch: WVO. Sie regelt die rechtlichen Gegebenheiten für Behinderten-Werkstätten. Dort soll behinderten Menschen die Möglichkeit gegeben werden, am Arbeitsleben teilzunehmen bzw. wieder in das Arbeitsleben eingegliedert zu werden. Die Aufnahme ist nur nach einem Eingangsverfahren möglich, mit dem die Eignung des Betreffenden überprüft wird. Es finden berufsbildende Kurse statt, um eine Teilnahme am Arbeitsleben zu ermöglichen.

Werkvertrag

contract for work and services

Mit dem Abschluss eines Werkvertrags verpflichtet der Auftraggeber („Besteller") den Unternehmer zur Errichtung des versprochenen „Werks". Im Gegenzug muss der Auftraggeber das Werk abnehmen und die vereinbarte Vergütung zahlen. Wichtig ist die Erfolgsbezogenheit dieses Vertragstyps. Der Unternehmer schuldet also immer einen bestimmten Erfolg, z. B. die fachgerechte Installation der Sanitäranlagen. Ist im Werkvertrag die Erbringung von Bauleistungen vereinbart, wird der Vertrag auch als Bauvertrag bezeichnet.Mit dem „Gesetz zur Beschleunigung fälliger Zahlungen" vom 30.3.2000 wurde dem Unternehmer gegenüber dem Auftraggeber ein gesetzlicher Anspruch auf Abschlagszahlungen „für in sich abgeschlossene Teile des Werkes" eingeräumt (§632a BGB). Ähnliches galt bisher schon beim so genannten VOB-Vertrag, einem Bauvertrag, dem die VOB/B zugrunde gelegt wurden. Die Rechtsposition des Unternehmers wurde gegenüber dem Auftraggeber auch dadurch gestärkt, dass bei unberechtigter Verweigerung der Abnahme durch den Auftraggeber (wegen unwesentlicher Mängel) der Werklohn auch ohne Abnahme nach der dem Auftraggeber gesetzten Frist eingeklagt werden kann. Die Abnahme kann durch eine Fertigstellungsbescheinigung eines Gutachters ersetzt werden, in der bestätigt wird, dass die erbrachte Bauleistung frei von solchen Mängeln ist, die der Auftraggeber gegenüber dem Gutachter gerügt hat. Allerdings kann der Auftraggeber bei tatsächlich vorhandenen Baumängeln die Zahlung eines angemessenen Teils der Vergütung verweigern (mindestens in Höhe des Dreifachen der Kosten, die zur Beseitigung des Mangels erforderlich sind).

Siehe / Siehe auch: VOB-Vertrag, Werkvertrag / Maklervertrag / Auslobung

Werkvertrag / Maklervertrag / Auslobung

contract for work and services / brokerage contract / general offer/public competition

Im Bürgerlichen Gesetzbuch (BGB) sind im Abschnitt 8 des zweiten Buches die einzelnen typisierten Schuldverhältnisse geregelt. Titel 9 bezieht sich auf den Werkvertrag und ähnliche Schuldverhältnisse, Titel 10 auf den Maklervertrag (im Gesetz immer noch als Mäklervertrag bezeichnet) und Titel 11 auf die Auslobung. Die Systematik der Reihenfolge lässt eine Gemeinsamkeit erkennten. Bei diesen drei Vertragstypen handelt es sich um Schuldverhältnisse, bei denen der herbeigeführte Erfolg entlohnt wird. Beim Werkvertrag spricht man von einer Vergütung bzw. einem Werklohn, beim Maklervertrag von Maklerlohn und bei der Auslobung von Belohnung. Von der Rechtskonstruktion her ist der Maklervertrag näher bei der Auslobung angesiedelt als beim Werkvertrag. Der gravierende Unterschied zwischen Werkvertrag und Maklervertrag besteht darin, dass der Makler keine Verpflichtung zum Tätigwerden hat und infolgedessen der Auftraggeber auch keine Verpflichtung zur Abnahme der Maklerleistung. Beim Werkvertrag bestehen dagegen Leistungs- und Abnahmepflichten. Der Unterschied zwischen Maklervertrag und Auslobung besteht darin, dass beim Maklervertrag eine konkrete Person als Makler durch den Auftraggeber als Vertragspartner angesprochen wird, während sich die Auslobung durch öffentliche Bekanntmachung an jedermann richtet, der von der Auslobung Kenntnis erlangt. Der Stellenwert des Maklervertrages könnte dadurch auf einen internationalen Standard gebracht werden, dass er auf die Ebene eines Alleinauftrags angehoben und mit einer Abnahmeverpflichtung durch den Auftraggeber verbunden wird. Das Schuldrechtsmodernisierungsgesetz ist jedoch erstaunlicherweise am Maklervertrag spurlos vorübergegangen.

Siehe / Siehe auch: Werkvertrag

Wertentwicklung (Anlagen)

growth; performance (investment)

Ein Vergleich der Wertentwicklung für verschiedene Anlageformen über einen Zeitraum von 31 Jahren bringt es an den Tag: Als Wertanlage folgt das Eigenheim den Aktien. Wuchs der Wert von 1970 investierten 100.000 Euro in Spareinlagen nur auf rund 368.000 Euro im Jahr 2001, so belief sich der Wert der Aktien auf 1.814.000 Euro (wobei im Jahr 2000 für Aktien Spitzenwerte erreicht wurden, dem 2003 ein erheblicher Einbruch folgte). Die Jahresrendite lag immerhin bei 9,8 Prozent. Beim Einfamilienhaus wurden aus 100.000 Euro immerhin 1.026.000 Euro. Die gute Performance der Einfamilienhäuser beruht allerdings nicht so sehr auf Vermietungsergebnissen sondern auf Wertsteigerungen. Der durchschnittliche Wertzuwachs belief sich damit auf jährlich 7,8 Prozent. Bei festverzinslichen Wertpapieren betrug im Jahr 2001 der Wert 914.000 Euro. Die Rendite lag bei 7,4 Prozent. Danach rangiert Gold mit 440.000 Euro (4,9 Prozent Rendite) gefolgt vom Sparbuch mit 368.000 Euro und einer jährlichen Rendite von 4,3 Prozent. Die durchgeführten Untersuchungen lassen Eigenheimer zumindest in Wachstumsregionen auch optimistisch in die Zukunft sehen.

Wertentwicklung einzelner Anlageformen

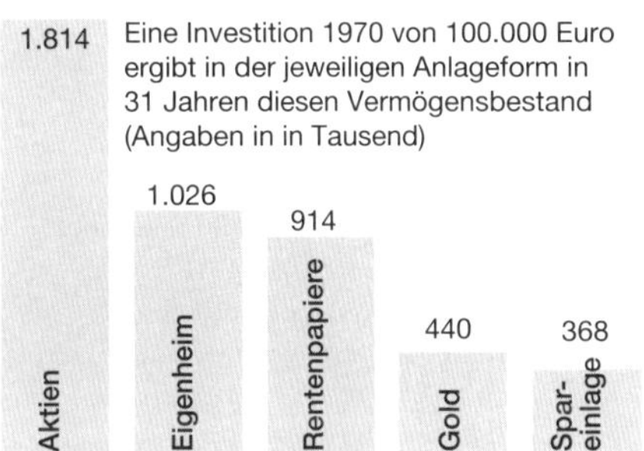

Die Wertentwicklung von Eigenheimen wird dort auch in den nächsten Jahren weiter nach oben gerichtet sein. Die Finanzmarktkrise seit 2008 dürfte allerdings die Wertentwicklungsproportionen zu Lasten der Aktien deutlich verschoben haben. Grundlage für die Messung der Wertentwicklung von Eigenheimen war die Annahme der durchschnittlichen Mietentwicklung eines 120 Quadratmeter großen Einfamilienhauses. Da die Mietentwicklung für Einfamilienhäuser in Deutschland höchst unterschiedlich verlief, kommt es im Einzelfall darauf an, herauszufinden, ob sich das Einfamilienhaus in einer mietpreislichen Wachstums- oder Schrumpfungsregion befindet.

Im Übrigen ist auch zu berücksichtigen, dass die Mieten für Einfamilienhäuser im Zeitraum zwischen 2001 und 2009 im Durchschnitt relativ konstant blieben, so dass sich der Stellenwert von 2001 nicht wesentlich verändert haben dürfte. Neuere Untersuchungen liegen aber nicht vor.

Siehe / Siehe auch: Einfamilienhäuser als Kapitalanlage

Wertermittlungsrichtlinien (WertR 2006)

German administrative regulations for valuation

Die WertR interpretieren die Vorschriften der Wertermittlungsverordnung. Sie bieten eine Hilfestellung zur Ermittlung von Verkehrswerten und von grundstücksbezogenen Rechten und Belastungen für die Gutachterausschüsse. Dabei werden in der Anlage Wertermittlungsformulare zur Verfügung gestellt Die Richtlinien sind zu beachten, wenn sie angeordnet wurden. Außerdem enthalten sie Grundsätze der Enteignungsentschädigung.

Aber auch für Sachverständige ergeben sich nützliche Hinweise. Überarbeitet wurden in der Neufassung des Jahres 2006 vor allem die Bereiche Erbbaurecht, Wohnungs- und Nießbrauchrecht, Wege- und Leitungsrecht sowie der Überbau.

Die Anlagen enthalten u.a. den Bewirtschaftungskostenkatalog mit Kostenansätzen, die durchschnittlichen Gesamtnutzungsdauern der verschiedenen Gebäudearten, Vervielfältigertabellen für das Ertragswertverfahren, das Schema für die Ermittlung der Brutto-Grundfläche, die NHK 2000, Tabellen zur Berechnung der Alterswertminderung, Diskontierungsfaktoren, Abschreibungsdivisoren, einen Mustererbbauvertrag, und Berechnungshinweise im Bereich des Erbbaurechts und Umrechnungskoeffizienten (GFZ:GFZ).

Siehe / Siehe auch: Bewirtschaftungskosten, Erbbaurecht, Gesamtnutzungsdauer von Gebäuden (Wertermittlung), Gutachterausschuss, Nießbrauch (Wohnungseigentum), Überbau, Umrechnungskoeffizienten

Wertermittlungsverordnung (WertV)

German federal ordinance for valuation

Die Wertermittlungsverordnung 1988 war bis zum März 2010 die Vorschrift, an die sich Gutachterausschüsse und Sachverständige zu halten hatten, wenn es darum ging den Verkehrswert für ein Grundstück zu ermitteln, der für den Vollzug des Baugesetzbuches heranzuziehen war, soweit Bewertungsfragen hierbei eine Rolle spielten. Beispiele für solche Bewertungserfodernisse:

- Ermittlung einer Enteigungsentschädigung
- gemeindliches Vorkaufsrecht zum Verkehrswert
- Durchführung von Bodenordnungsmaßnahmen
- Bemessung von Ausgleichs- und Entschädigungsleistungen im Zusammenhang mit der Durchführung von städtebaulichen Sanierungsmaßnahmen usw.

Unabhängig von dieser Zwecksetzung wurde aus der Wertermittlungsverordnung eine allgemeine Grundlage für normierte Wertermittlungsverfahren auch für Wertermittlungen in privaten Angelegenheiten. Diese WertV wurde im März 2010 von der Nachfolgeverordnung – der Immobilienwertermittlungsverordnung (ImmoWertV) – abgelöst.
Diese dient einer gleichen Zwecksetzung, berücksichtigt aber die inzwischen eingetretenen Entwicklungen und Änderungen im Bereich der Immobilienbewertung.
Siehe / Siehe auch: Immobilienwertermittlungsverordnung (ImmoWertV), Verkehrswert

Wertprinzip
demand-oriented pricing
Siehe / Siehe auch: Stimmrecht (Wohnungseigentümer-Versammlung)

Wertsicherungsklausel
(rent) adjustment clause; fluctuation clause; index(ation) clause
Langjährige wiederkehrende Leistungen werden normalerweise gegen den Geldwertschwund durch Wertsicherungsklauseln abgesichert. In der Immobilienwirtschaft sind sie deshalb in Miet- und Pacht-, Erbbau- und Kaufverträgen üblich, wenn ein Teil des Kaufpreises verrentet wird. Grundsätzlich gilt ein allgemeines Verbot von Preisklauseln in Verträgen, mit denen für die Zukunft vereinbarte Leistungen abgesichert werden sollen. Gesetzliche Grundlage ist das Preisklauselgesetz. Es gibt aber eine Reihe von Ausnahmen. Hierzu zählen:

- Leistungsvorbehaltsklauseln, die es ermöglichen, bei Änderung des Verbraucherpreisindex um eine vereinbarte Marge „die neue Höhe der Geldschuld nach Billigkeitsgrundsätzen zu bestimmen". Leistungsvorbehaltsklauseln finden sich häufig in Gewerberaummietverträgen. In der Regel bestimmt im Falle der Nichteinigung ein unabhängiger Sachverständiger die neue Höhe der Leistung.
- Spannungsklauseln, bei denen die in ein Verhältnis zueinander gesetzten Güter oder Leistungen im Wesentlichen gleichartig oder zumindest vergleichbar sind. Bei ihnen wird die Höhe des geschuldeten Betrages vom künftigen Preis oder Wert eines gleichartigen Gutes abhängig gemacht. (Beispiel: Baupreis wird an der Entwicklung des Baukostenindex gekoppelt). Diese Klausel wird wegen der schwierigen Nachweissituation relativ selten verwendet.
- Kostenelementklauseln sind ebenfalls genehmigungsfrei. Bei ihnen wird der geschuldete Betrag insoweit von der Entwicklung der Preise oder Werte für Güter oder Leistungen abhängig gemacht, „als diese die Selbstkosten des Gläubigers bei der Erbringung der Gegenleistung unmittelbar beeinflussen". Beispiel: ein Vertrag mit einem Generalunternehmen der seinen Preis von der Entwicklung der Löhne der am Bau Beschäftigten abhängig machen will).
- Langfristige Verträge, bei denen wiederkehrende Leistungen auf Lebenszeit zu erbringen sind. Hier kann Anpassungsgrundlage ein Index sein, aus dem sich die Entwicklung der Löhne, Gehälter, Ruhegehälter oder Renten ergibt.
- Verträge, bei denen für zehn Jahre ein Kündigungsverzicht des Gläubigers vereinbart wird oder der Schuldner das Recht hat, die Vertragsdauer auf mindestens zehn Jahre zu verlängern, (häufig in Gewerberaummietverträgen). Bemessungsgrundlage kann hier nach wie vor der Verbraucherpreisindex sein.
- Gleiches gilt für Zahlungsvereinbarungen auf Grund einer Verbindlichkeit aus der Auseinandersetzung zwischen Miterben, Ehegatten, Eltern und Kindern, auf Grund einer Verfügung von Todes wegen oder zur Abdeckungen von Verpflichtungen für den Übernehmer eines Betriebes oder sonstigen Sachvermögens. Voraussetzung ist, dass zwischen der Begründung der Verbindlichkeit und der Endfälligkeit zehn Jahre verstreichen oder die Zahlungen nach dem Tode eines Beteiligten zu erfolgen haben.

Zulässig sind nach wie vor auch Preisklauseln in Erbbaurechtsverträgen und Erbbauzinsreallasten mit einer Laufzeit von mindestens 30 Jahren. Dabei sind bei Erbbaurechten, die Wohnzwecken dienen, ohnehin die Vorschriften des § 9a des Erbbaurechtsgesetzes zu beachten, wonach maßgeblich für die Erhöhungsobergrenze die Entwicklung der allgemeinen wirtschaftlichen Verhältnisse ist. Nicht unter den Regelungsbereich des Preisklauselgesetzes fallen Indexmietverträge über Wohnraum.

Siehe / Siehe auch: Erbbauzinsen, Erbpacht, Bundesamt für Wirtschaft und Ausfuhrkontrolle, Spannungsklausel, Erbbauvertrag, Kostenelementeklausel, Leistungsvorbehaltsklausel, Preisklauselgesetz (früher Preisklauselverordnung)

Wesentlicher Bestandteil

(essential) constituent

Wesentliche Bestandteile einer Sache sind nach § 93 BGB solche, die von ihr nicht ohne Zerstörung oder Veränderung ihres Wesens getrennt werden können. Deshalb sind z.B. Gebäude oder Bäume und Sträucher wesentlicher Bestandteil eines Grundstücks. Wesentliche Bestandteile eines Gebäudes sind fest mit ihm verbundene Einrichtungen, z.B. eingebaute Badewannen. Bei Einbauküchen ist zu prüfen, ob sie tatsächlich „eingebaut", also nicht mehr ohne Zerstörung herausnehmbar sind, oder ob es sich nur um ins Raumgefüge eingepasste Möbelteile handelt.Wesentlicher Bestandteil kann nicht Gegenstand besonderer Rechte sein. Bei einem bebauten Grundstück ist es nicht möglich, das Eigentumsrecht am Gebäude vom Eigentumsrecht am Grundstück zu trennen. Eine Ausnahme bildet das „grundstücksgleiche" Erbbaurecht. Im Gegensatz zum wesentlichen Bestandteil sind einfache Bestandteile eines Grundstücks handelbar. Über Bestandteile eines Gebäudes, z.B. Feuermelder, Antennen usw., also alles, was abmontierbar ist, kann verfügt werden. Eigentumsvorbehalte bleiben nach Montage bestehen. Auch Rechte, die mit dem Grundstück verbunden sind (z.B. ein Geh- und Fahrrecht an einem anderen Grundstück), sind einfache Bestandteile.

Siehe / Siehe auch: Erwerbsnebenkosten beim Grundstückskauf, Grundstück, Zubehör

Wesentlichkeitsgrenze (Vermietung von Wohnraum)

quantitative threshold (renting out accommodation)

Nach § 5 WiStG darf bei Vermietung von Wohnraum eine neu vereinbarte Miete bis höchstens 20 Prozent über der Vergleichsmiete liegen. Wird diese Grenze überschritten, handelt es sich um eine Ordnungswidrigkeit, es sei denn, die Miete deckt lediglich die laufenden Aufwendungen. Anwendung findet die Vorschrift im Übrigen nur dann, wenn der Vermieter ein „geringes Angebot" an vergleichbaren Mietobjekten zur Vereinbarung einer überhöhten Miete ausnutzt. Liegt das Angebot deutlich über der Nachfrage, kann davon im Regelfall nicht ausgegangen werden. Das geringe Angebot, das für die zu betrachtende Wohnungsgruppe zu prüfen ist, muss sich auf einen räumlichen Teilmarkt beziehen, der nicht zu eng (z.B. nur auf ein Stadtviertel) gefasst werden darf.

Siehe / Siehe auch: Mietwucher

Wespen / Hornissen

wasps / hornets

Nester von Wespen und Hornissen dürfen nicht ohne Weiteres entfernt werden. Es gibt eine Vielzahl von Wespenarten, von denen viele unter Schutz stehen. Nur die „Deutsche Wespe" und die „Gemeine Wespe" sind anerkannte Lästlinge, deren Nester zerstört werden dürfen – aber auch das nur im Ausnahmefall, etwa bei Nestbau vor dem Fenster des Kinderzimmers. Fachleute, die die jeweilige Art bestimmen und womöglich auch das Nest entfernen oder schonend umsiedeln können, kann häufig die örtliche Umweltbehörde nennen. Die Entfernung von Wespennestern übernimmt oft auch die Feuerwehr – meist gegen Gebühr. Besondere Angst haben viele Menschen vor Hornissen – schon wegen deren Größe. Gerüchte besagen, dass sieben Hornissenstiche ein Pferd, drei einen Menschen töten können. Wahr ist: Hornissengift ist nicht stärker als das einer Honigbiene. Hornissen werden nicht von Süßem angelockt – sie sind Insektenfresser und vertilgen durchaus auch Wespen. Sie sind zudem deutlich weniger aggressiv als Wespen. Hornissennester darf man nur mit amtlicher Genehmigung entfernen lassen.

Wettbewerb

competition

Kennzeichen jeder Marktwirtschaft ist der Wettbewerb. Man kann die Marktwirtschaft auch als Wettbewerbswirtschaft bezeichnen. Der freie Wettbewerb muss nach zwei Seiten hin gesichert werden:

- Damit Wettbewerb funktioniert, muss sichergestellt werden, dass es weder Zugangsbarrieren auf der Anbieter- wie auf den Nachfrageseite gibt. Außerdem muss verhindert werden, dass durch wettbewerbsbeschränkende Absprachen (Kartelle) die Funktion des Wettbewerbs außer Kraft gesetzt wird. Die

Sicherung des Wettbewerbs auf dieser Seite obliegt dem Bundeskartellamt.

- Der Wettbewerb kann aber auch durch Verhaltensweisen außer Kraft gesetzt werden, die unlauter sind. Durch Irreführungen und Handlungen, die Mitbewerber in eine sachlich nicht gerechtfertigte Nachteilsposition am Markt versetzen. Hiergegen schützt in Deutschland das Gesetz gegen den unlauteren Wettbewerb. Die Grundidee des Wettbewerbs besteht in der Erkenntnis, dass sich durch freies Anbieten und Nachfragen am Markt für Waren und Leistungen Preise herausbilden, die zu einem optimalen Versorgungsniveau der Marktteilnehmer in einer Volkswirtschaft führen.

Ob der Wettbewerb zu den erwarteten Allokationsergebnissen führt, hängt aber vom Grad der Markttransparenz ab. Sie ist von Marktgut zu Marktgut unterschiedlich. Je schwerer miteinander konkurrierende Güter vergleichbar sind, desto größer ist die Wahrscheinlichkeit, dass durch Wettbewerb das angestrebte Optimum nicht erreicht wird. Jede andere Lösung, die auf die Wirkungen des Marktes verzichtet, wäre aber eine schlechtere Lösung. Der Immobilienmarkt ist ein typischer Markt heterogener Güter. Jede Immobilie ist allein schon durch ihre fest gefügte Lage ein besonderes unverwechselbares Marktgut. Hinzu kommt, dass der Markt nur in einem beschränkten Umfang organisierbar ist, so dass die unterschiedlichsten Wettbewerbskräfte wirksam werden. Vom professionell aufbereiteten Angebot eines Maklers über Bauträger mit eigener Vertriebsorganisation und institutionalisierte Anbieter bis hin zum privaten Einmalanbieter reichen die Mitbewerber. Sie agieren, ausgestattet mit den unterschiedlichsten Wettbewerbsfähigkeiten und Marketingstrategien im Marktszenarium der Immobilienwirtschaft. Während der Markt für Bauträgerobjekte auf einer vom Bauträger kalkulierten Preisbasis auf der Angebotsseite beruht, bestimmen bei Bestandsimmobilien letztlich die Nachfrager den Preis, zu dem ein Vertrag zum Abschluss kommt.
Immerhin ist der Immobilienmarkt ein Musterbeispiel für das Funktionieren des Marktes, wenn der Wettbewerb als „Entdeckungsverfahren" (Wirtschaftsnobelpreisträger August Friedrich v. Hayek) verstanden wird. Es geht um das zielorientierte Entdecken des richtigen Objektes und des richtigen Käufers, das den konventionellen Immobilienmarkt mehr als andere Märkte auszeichnet.
Siehe / Siehe auch: Wettbewerbsrecht, Unlautere und irreführende geschäftliche Handlungen (Wettbewerbsrecht)

Wettbewerblicher Dialog (Vergaberecht)
competitive dialogue (law for awarding contracts)

Die zunehmende Bedeutung von Public-Private-Partnerships kam in dem Versuch zum Ausdruck, die gesetzlichen Rahmenbedingungen für PPP durch das Gesetz zur Verbesserung der Grundlagen für öffentlich-private Partnerschaften (ÖPP-Gesetz) zu verbessern, das am 30. Juni 2005 verabschiedet wurde. In das Vergaberecht wurde dabei der so genannte „wettbewerbliche Dialog" als eine dem Ausschreibungsverfahren vorgezogene Vorbereitungs- und Klärungsinstanz eingeführt. In diesem Verfahren des wettbewerblichen Dialogs sollen zunächst die oft sehr komplexen Vergabebereiche und -modalitäten des staatlichen/kommunalen Auftraggebers mit potentiellen Vertragspartnern geklärt werden. Diese bringen ihr Know-how ein.
Dadurch soll die Leistungsbeschreibung so konkretisiert werden, dass eine mängelfreie Ausschreibung möglich wird. Eine solche ist ja bei Public-Private-Partnerships europaweit vorgeschrieben, wenn der behördliche Auftraggeber über einen bestimmenden Einfluss beim vorgesehenen Projekt verfügt.
Siehe / Siehe auch: Garantierter Maximalpreisvertrag (GMP), Public-Private-Partnership-Gesellschaft (PPP-Gesellschaft)

Wettbewerbsgesetze
competition laws

Siehe / Siehe auch: Wettbewerbsrecht

Wettbewerbsrecht
German law on competition

Grundlage des Wettbewerbsrechts im engeren Sinne ist das Gesetz gegen den unlauteren Wettbewerb (UWG). Dieses ist nach größeren Änderungen 1984, 2000 und 2004 zum Jahresende 2008 novelliert worden. Geändert haben sich einige Begriffe und Paragraphen. Wettbewerbsrechtlich relevant sind darüber hinaus die Preisangabenverordnung und speziell für Makler das Wohnungsvermittlungsgesetz mit seinen öffentlich-rechtlichen Vorschriften, sowie zahlreiche weitere Gesetze, Verordnungen und Wettbewerbsregeln. Das Wettbewerbsrecht zielt darauf ab, Störungen des gesunden Leistungswettbewerbs insbesondere durch unlautere geschäftliche Handlungen (§ 3 UWG) und irreführende Werbung (§§ 5 und 5a UWG), die zu einer Benachteiligung der Mitbewerber führen, wirksam begegnen zu können. Mit dem neuen UWG ist die so genannte UGP-Richtlinie der EU in deutsches

Recht überführt worden. Zahlreiche bisher nur als Rechtsprechung existierende Tatbestände sind jetzt gesetzlich normiert. Unter „Mitbewerber" ist jeder Unternehmer zu verstehen, der mit einem oder mehreren Unternehmern als Anbieter oder Verbraucher von Waren oder Dienstleistungen in einem konkreten Wettbewerbsverhältnis steht. Im Übrigen sollen auch Verbraucher und das Interesse der Allgemeinheit an einem unverfälschten Wettbewerb geschützt werden. Den Mitbewerbern wird zu diesem Zweck eine eigene Aktivlegitimation (Klagebefugnis) zur Verfolgung unlauteren Wettbewerbs eingeräumt. Einzelne Branchen – so auch die Makler – haben eigene Wettbewerbsregeln mit Geboten und Verboten erlassen, die allerdings die Rechtsprechung nur eingeschränkt binden. Der Rechtsprechung dienen sie aber als Orientierungsgrundlage dafür, was innerhalb der Branche als wettbewerbsschädliche Verhaltensweise (Unlauterkeit) angesehen wird.

Solche Wettbewerbsregeln müssen vom Bundeskartellamt genehmigt und in das dort geführte Register eingetragen werden. Sie werden dann genehmigt, wenn das Bundeskartellamt keine kartellrechtlichen Bedenken gegen die Regeln einzuwenden hat. Neben jedem einzelnen Mitbewerber, der in einem konkreten Wettbewerbsverhältnis stehen muss, können Wettbewerbsvereine – auch Abmahnvereine genannt – wettbewerbsrechtliche Unterlassungsansprüche (neu § 8 UWG) geltend machen. Sie müssen bestimmten Anforderungen genügen. Gleiches gilt für Verbrauchervereine, die gegen unlauteren Wettbewerb dann vorgehen können, wenn ein Wettbewerbsverstoß auch Verbraucherinteressen berührt, weil Verbraucherschutzgesetze verletzt werden. Der Gesetzgeber hat als vierte Gruppe den Industrie- und Handelskammern und den Handwerkskammern ein eigenes Klagerecht eingeräumt. In den ersten drei Gruppen tauchen immer wieder unseriöse Vereine und Mitbewerber auf, die ihre Befugnis, unlauteren Wettbewerb verfolgen zu können, vornehmlich zu Zwecken des Gelderwerbs missbrauchen. Wer wettbewerbsrechtlich abgemahnt wird, sollte daher grundsätzlich prüfen um wen es sich bei dem „Abmahner" handelt. Der Bundesgerichtshof hat z.B. in zwei Entscheidungen vom 05.10.2000 (I ZR 210/98 und ZR 237/98) gegen einen bundesweit bekannten Münchner Abmahner entschieden. In der ersten Entscheidung wurde erkannt, dass wegen der Besonderheiten des Immobilienmarktes zwischen bundesweit tätigen Anbietern von Immobilien nicht ohne weiteres ein konkretes Wettbewerbsverhältnis besteht und die Angabe nur des Quadratmeter-Preises für eine Immobilie grundsätzlich nicht geeignet sei, den Wettbewerb auf dem Immobilienmarkt wesentlich zu beeinträchtigen. In der zweiten Entscheidung wurde dem Abmahner, einem Rechtsanwalt, der zugleich als Bauträger und Altbausanierer tätig ist, die Klagebefugnis entzogen, weil die Abmahnbefugnis zur Erreichung sachfremder Ziele missbraucht wurde. Diese bedeutsamen Entscheidungen sollten jedoch nicht zu der Auffassung verleiten, jegliche Abmahnung im Immobilienbereich sei wegen des fehlenden Wettbewerbsverhältnisses zum Scheitern verurteilt. Es gibt nach wie vor Fallgestaltungen, bei denen Abmahnungen durchaus zulässig und auch sehr nützlich sind.

Der größte und einer der ältesten und seriösen Wettbewerbsvereine ist die Zentrale zur Bekämpfung unlauteren Wettbewerbs. Dort sind neben den Industrie- und Handelskammern auch zahlreiche Berufsverbände auch aus dem Immobilienbereich Mitglied. Die Wettbewerbszentrale ist deshalb in Hinsicht auf die Zusammensetzung der Mitglieder praktisch immer klagebefugt. Bei anderen Vereinen hilft nur ein Blick in die Mitgliedslisten beziehungsweise in die Liste der „qualifizierten Einrichtungen" gemäß § 4 UKlaG beim Bundesamt für Justiz. Die Klärung einer Wettbewerbshandlung in einem Wettbewerbsverfahren geht in folgenden Schritten vor sich:

1.) Abmahnung

Die Abmahnung ist eine Aufforderung, eine unzulässige wettbewerbsrechtliche Handlung oder Werbung in Zukunft zu unterlassen. Hierfür wird eine kurze Frist (etwa acht bis zehn Tage) gesetzt.

Die Abmahnung soll der schnellen außergerichtlichen Beilegung von Auseinandersetzungen über Wettbewerbshandlungen zwischen Konkurrenten dienen und eine vergleichsweise kostengünstige Möglichkeit zu ihrer Beilegung sein. Sie ist verbunden mit der Aufforderung, eine strafbewehrte Unterlassungserklärung abzugeben, worin sich der Abgemahnte zur Zahlung einer Vertragsstrafe für jeden künftigen Wiederholungsfall verpflichtet.

Die Abmahnung löst einen Kostenerstattungsanspruch des Abmahnenden gegenüber den Abgemahnten aus (§ 12 Abs. 1 UWG).

Die Reaktion auf eine Abmahnung sollte immer nur nach Absprache mit einem Anwalt oder dem Berufsverband innerhalb der gesetzten Frist erfolgen.

2.) Unterlassungserklärung

Die Unterlassungserklärung hat die Verpflichtung

des Abgemahnten zum Inhalt, die gerügte unzulässige Wettbewerbshandlung in Zukunft zu unterlassen. Das zu unterlassende Verhalten sollte sehr genau in der Unterlassungserklärung aufgeführt werden. Das ist zu empfehlen, um nicht mehr in Zukunft zu unterlassen, als erforderlich ist. Man kann dies z. B. dadurch erreichen dass man die angegriffene Werbung als Zitat einfügt. Zur Einhaltung muss eine angemessene Vertragsstrafe versprochen werden, diese beträgt heute in der Regel zwischen 3.000 und bis zu 10.000 Euro. Es ist aber auch möglich, eine Unterlassungserklärung nach so genanntem „Neuen Hamburger Brauch" mit einer unbestimmten Vertragsstrafenhöhe abzugeben.

Die Unterlassungserklärung hat Bindungswirkung bis zur Aufhebung des Vertrages und solange die Vertragspartner existieren. Eine Änderung der höchstrichterlichen Rechtssprechung oder einer Gesetzesänderung bewirkt nicht automatisch die Nichtigkeit der abgegebenen Unterlassungserklärung. Für diesen Fall besteht aber ein Kündigungsrecht. Man sollte die Unterlassungserklärung deshalb mit einer entsprechenden auflösenden Bedingung für die vorgenannten Fälle abgeben. Bei einem Verstoß gegen die Unterlassungserklärung wird die Vertragsstrafe fällig. Wichtig ist es, einen kurzen Termin für die Abgabe der Unterlassungserklärung zu setzen um die Wiederholungsgefahr schnell auszuräumen. Lässt man sich etwa 14 Tage Zeit, dann wird das Gericht den Erlass einer einstweiligen Verfügung ablehnen, weil eine Grundvoraussetzung für die Verfügung, nämlich eine Eilbedürftigkeit offenkundig nicht mehr gegeben ist.

3.) Einstweilige Verfügung

Wird keine Unterlassungserklärung abgegeben, wird meistens unmittelbar nach Ablauf der gesetzten Frist im Regelfall beim zuständigen Landgericht (Eingangsinstanz) eine einstweilige Verfügung beantragt. Erlässt das Gericht die einstweilige Verfügung, kann diese vom Abgemahnten endgültig durch die so genannte Abschlusserklärung anerkannt werden, es kann aber auch Widerspruch eingelegt werden, dann kommt es zu einer mündlichen Verhandlung. Die dort gefällte Entscheidung kann noch vor dem OLG angefochten werden, ein weiterer Rechtsweg zum BGH ist aber nicht möglich.

4.) Hauptsacheverfahren

Verweigert der Abgemahnte die Anerkennung, kommt es auf Betreiben des Abmahners zur Hauptsacheverhandlung. Dort bestehen – allerdings bei einem hohen Kostenrisiko – bessere Möglichkeiten, sich zu wehren, insbesondere bei Zweifel über die Klagebefugnis des Abmahners. Der weitere Rechtsweg verläuft über das OLG und – wenn die Revision zugelassen wird – zum BGH. Oft wiederkehrende Verstößen sind: Verstöße gegen die Impressumspflicht aus § 5 TMG, Verstöße gegen das Urheberrecht an Karten und Stadtplänen oder Fotos und Texten, Werbung mit Quadratmeter-Preisen, Anzahlungen, monatlichem Aufwand u. dergl. ohne Endpreisangabe; das Verschweigen der Maklereigenschaft, Irreführung über Steuervorteile, fehlender Hinweis auf Miete und/oder Nebenkosten (Kalt-/Warmmiete) oder ein falscher Name im Inserat eines Wohnungsvermittlers, Hinweise auf günstige Darlehen ohne Angabe des anfänglich effektiven Jahreszinses, Abkürzungen für Wohn- und Nutzflächen wie WNFl. oder Wfl/Nfl, Deklarierung des Preises als „notarieller Festpreis" usw..

Berufsverbände (IVD oder BFW) und Industrie- und Handelskammern können den Gewerbetreibenden Informationen und Hilfe zur Verfügung stellen. Es gibt dort sowohl Tipps für die richtige Werbung, als auch Informationen über Wettbewerbshüter.

Siehe / Siehe auch: Abmahnung, Impressum (Pflichtangaben auf der Homepage), WNFl., Wfl.-/Nfl., Wohnflächenangaben in der Werbung, Unlautere und irreführende geschäftliche Handlungen (Wettbewerbsrecht)

Wettbewerbsregeln des IVD

rules on competition issued by the Association of German Real-Estate Agents

Der Immobilienverband Deutschland (IVD) hat auf seiner Mitgliederversammlung vom 20.05.2006 Wettbewerbsregeln beschlossen, die vom Bundeskartellamt anerkannt und auf der Grundlage § 27 GWB im Bundesanzeiger bekanntgemacht wurden. Die Regeln sind für die Mitglieder des IVD bindend. Sie enthalten allgemeine Bestimmungen über den lauteren Wettbewerb und die guten kaufmännischen Sitten, verbieten unlauteres Verhalten und regeln maklerspezifische Wettbewerbsfragen. Hierzu gehören:

- Das Gebot klarer Werbung
- Das Verbot von Kennziffernanzeigen zum Zweck der Verschleierung der Maklereigenschaft
- Unerlaubtes Führen von Titeln und früheren Berufsbezeichnungen (ausgenommen akademische Grade), soweit dadurch eine sachlich nicht begründete Leistungsfähigkeit vorgetäuscht wird
- Verbot unwahrer, missverständlicher und

unvollständiger Angaben in der Werbung
- Übertreibungen in der Werbung
- Versprechen von Sondervorteilen (z. B. „kostenlose Beratung“)
- Verbot von Kopplungsgeschäften
- Verbot des Forderns von Einschreibe- und Bearbeitungsgebühren

Mit diesen Wettbewerbsregeln erfüllte der IVD auch die per Satzung vorgegebene Aufgabe, der Förderung des Verbraucherschutzes und des lauteren Wettbewerbs und der Bekämpfung unlauteren Wettbewerbs.

Siehe / Siehe auch: Wettbewerbsrecht, Unlautere und irreführende geschäftliche Handlungen (Wettbewerbsrecht)

Widerruf der Erlaubnis

retraction of permission; revocation of a licence

Wurde einem Makler, Baubetreuer, Bauträger oder Anlageberater eine Gewerbeerlaubnis nach § 34c GewO erteilt, kann sie nach § 49 des Verwaltungsverfahrensgesetzes (VwVfG) von der zuständigen Gewerbebehörde widerrufen werden, wenn die Behörde auf Grund nachträglich eingetretener Tatsachen berechtigt wäre, den Verwaltungsakt nicht zu erlassen und wenn ohne den Widerruf das öffentliche Interesse gefährdet würde. Ein solcher Fall liegt vor, wenn der Gewerbetreibende wegen eines Vermögensdeliktes oder eines ähnlichen Vergehens nicht mehr über die persönliche Zuverlässigkeit verfügt, die im Interesse des Verbraucherschutzes unterstellt werden muss. Zu unterscheiden ist der Widerruf von der Rücknahme der Erlaubnis (§ 48 VwVfG), die dann erfolgt, wenn die Erlaubniserteilung rechtswidrig war, z. B. weil die Unterlagen unrichtig oder gefälscht waren, die der Gewerbetreibende zum Zweck der Erlaubniserteilung vorgelegt hat, oder weil bei der Erlaubniserteilung Korruption im Spiel war.

Siehe / Siehe auch: Gewerbeerlaubnis

Widerspruch

appeal; contradiction; disagreement; discrepancy; inconsistence; protest

Abwehrmaßnahme gegen einen behördlichen Bescheid, z. B. gegen einen Steuer-, Gebühren- oder Baubescheid. Die Widerspruchsfrist beträgt einen Monat ab Bekanntwerden des Bescheids. Der Widerspruch muss schriftlich oder zur Niederschrift bei der Behörde erhoben werden, die den angegriffenen Bescheid erlassen hat. Er kann auch bei der nächsthöheren Behörde eingereicht werden, die im Normalfall den Widerspruchsbescheid zu erlassen hat.Nicht ausreichend ist es, mündlich oder telefonisch Widerspruch bei der Behörde einzulegen – auch dann nicht, wenn ein Beamter darüber eine Aktennotiz anfertigt.

Es ist nicht zwingend erforderlich, dass der Widerspruch ausdrücklich als solcher bezeichnet wird. Es muss nur klar daraus hervorgehen, dass der Betroffene sich durch den Bescheid bzw. Verwaltungsakt der Behörde belastet fühlt und eine formelle Überprüfung wünscht.

Die Behörde, gegen deren Bescheid ursprünglich Widerspruch eingelegt wurde, kann dem Widerspruch abhelfen – z.B. durch Erlass eines neuen Bescheides im Sinne des Bürgers. Soll der Widerspruch abgewiesen werden, ergeht ein Widerspruchsbescheid. Diesen erlässt die nächsthöhere Behörde. Sowohl die Abhilfe als auch der Widerspruchsbescheid können für den Widerspruchsführer mit Kosten verbunden sein.Mit Zustellung des Widerspruchsbescheids beginnt die Frist zu laufen, innerhalb welcher der Empfänger ggf. Klage vor dem Verwaltungsgericht einreichen kann. Diese beträgt bei den gängigen Klagearten der Anfechtungs- und Verpflichtungsklage einen Monat.

Widerspruchsrecht bei Werkmietwohnungen

right to object with regard to factory-owned flats

Nach dem BGB darf ein Mieter unter bestimmten Voraussetzungen der Kündigung der Wohnung durch den Vermieter widersprechen (§ 574 BGB, „Sozialklausel“). Dies gilt grundsätzlich auch für Werkmietwohnungen. Hier sind jedoch auch die Belange des Arbeitgebers zu berücksichtigen (§ 576 a BGB). Ein Widerspruch wegen eines Härtefalles ist ausgeschlossen, wenn der Arbeitgeber eine so genannte funktionsgebundene Werkmietwohnung gekündigt hat, die in unmittelbarer Beziehung oder Nähe zur Arbeitsstätte steht (z. B.: Pförtnerwohnung, Hausmeisterwohnung) und die nun für den neuen Stelleninhaber benötigt wird.

Auch bei Kündigung des Arbeitsverhältnisses durch den Arbeitnehmer / Mieter ohne dass der Arbeitgeber dazu einen Anlass gegeben hat, gelten die Härtefallvorschriften nicht. Ebenso wenig dann, wenn der Arbeitnehmer die Kündigung durch sein Verhalten herausgefordert hat.

Siehe / Siehe auch: Betriebsbedarf, Dienstwohnung, Sozialklausel, Werkmietwohnung

Wiedereinweisung
recommitment
Die Wiedereinweisung ist eine Verfügung der Gemeinde gegen einen Wohnungseigentümer, nach der er einen bereits gekündigten Mieter trotz beendeten Mietvertrages weiter in der Wohnung wohnen lassen muss. Juristisch gesehen gilt die Wiedereinweisung als Beschlagnahme. Sie wird nur in Extremfällen drohender Obdachlosigkeit vorgenommen und ist zeitlich auf drei bis sechs Monate begrenzt. Für ihre Dauer muss die Gemeinde die Miete begleichen. Sie haftet dem Vermieter auch, wenn der Zugewiesene sich nach Ablauf der Zuweisungsdauer nicht freiwillig entfernt oder wenn er Schäden an der Wohnung anrichtet. Endet der in der Verfügung gesetzte Zeitrahmen, kann der Vermieter wieder die Räumung betreiben. Für ihn ist es sinnvoll, sich schon vorher ein Räumungsurteil zu besorgen. Dieses Urteil bzw. der Titel bleibt trotz Wiedereinweisung erhalten. Die Wiedereinweisung gilt als letztes Mittel im Extremfall. Wenn die Ordnungsbehörde dem gekündigten Mieter irgendeine Art von Notunterkunft zur Verfügung stellen kann, die seine notwendigsten Wohnbedürfnisse erfüllt, wird keine Wiedereinweisung vorgenommen (OV G Münster, WM 90, 581 f.,). Auch die Unterbringung in einer Obdachlosenunterkunft ist nicht ausgeschlossen.
Siehe / Siehe auch: Räumung (Mietwohnung), Räumungsfrist

Wiederholungsversammlung
repeat meeting, held if it is not possible to obtain a majority vote at the first meeting
Ist eine Wohnungseigentümerversammlung nicht beschlussfähig, beruft der Verwalter eine neue Versammlung ein und zwar mit der gleichen Tagesordnung. Diese Versammlung ist dann unabhängig von der Zahl der anwesenden oder vertretenen Versammlungsteilnehmer und der Höhe der von ihnen repräsentierten Miteigentumsanteile beschlussfähig. Darauf ist bei der Einladung zur „Zweit-“ oder „Wiederholungsversammlung“ hinzuweisen (§ 25 Abs. 4 WEG). Um eine solche Versammlung zu einem neuen (anderen) Termin zu vermeiden, besteht grundsätzlich die Möglichkeit, durch eine sogenannte „Eventualeinladung“ gleichzeitig mit der Einladung zur ersten Versammlung zu einer neuen Versammlung am gleichen Tage mit gleicher Tagesordnung, lediglich zeitverschoben um eine viertel oder halbe Stunde später, für den Fall einzuladen, dass die Erstversammlung nicht beschlussfähig sein sollte. Eine solche Eventualeinladung bedarf jedoch einer Vereinbarung gemäß § 10 Abs. 2 Satz 2 WEG, also einer Regelung, der alle Eigentümer zustimmen müssen und die in das Grundbuch einzutragen ist, damit sie im Falle eines Eigentümerwechsels auch gegenüber den neuen Eigentümern gilt.
Siehe / Siehe auch: Wohnungseigentümer-Versammlung, Beschlussfähigkeit (Wohnungseigentümer-Versammlung)

Wiederkaufsrecht
right of repurchase
Das Wiederkaufsrecht verleiht das Recht, ein Grundstück bei Eintritt bestimmter vertraglich vereinbarter Voraussetzungen zurückzukaufen. Dinglich abgesichert werden kann das Wiederkaufsrecht nur durch eine Auflassungsvormerkung.

Wildabfließendes Wasser
natural waterflow
Bei wildabfließendem Wasser handelt es sich im Gegensatz zu Niederschlags- und Traufwasser um Wasser, das nur durch das natürliche Gefälle eines Geländes oberirdisch von einem Grundstück zum anderen abfließt. Die Wassergesetze der Bundesländer regeln, wie der Grundstückseigentümer mit dieser Art von Wasser zu verfahren hat.

Windenergie-Fonds
wind energy funds
Die Finanzierung der Windenergie erfolgt weitgehend über Windenergiefonds. Es handelt sich um Gesellschaften meist in Form einer GmbH & Co, bei denen die voll haftende GmbH die Stellung des Komplementärs und der Anleger die des Kommanditisten übernimmt. In den Prospekten der Fonds werden Ausschüttungen von bis zu 18 Prozent jährlich versprochen werden. Der Anteilseigner partizipiert in der Investitionsphase an den steuerlichen Abschreibungen. Er kann negative Ergebnisse maximal bis zur Höhe seiner Einlage mit positiven Einkünften verrechnen. Gehen sie darüber hinaus, kann der Verlust mit den Gewinnen der Folgejahre verrechnet werden. Durch den neuen § 15 b EStG (Verluste im Zusammenhang mit Steuerstundungsmodellen) ist die Verrechnungsmöglichkeit von Verlusten mit Einkünften aus anderen Einkunftsarten weggefallen.

Windpark
wind farm / park
Windparks (Gruppierungen von Windrotoren zur Stromerzeugung) sind in den letzten Jahren immer

mehr zum begehrten Anlageobjekt z.B. im Rahmen von Windanlagen-Fonds geworden. Ursache waren insbesondere die zur Förderung regenerativer Energien staatlich festgesetzten erhöhten Einspeisungspreise für Strom in die Netze der Stromversorger. In Deutschland arbeiteten Mitte 2009 20.674 Windenergie-Anlagen mit einer installierten Leistung von 24.694,46 Megawatt. Die Windenergie deckt damit einen potenziellen Anteil von 7,25 Prozent am Nettostromverbrauch in Deutschland ab. Einige Zahlen für Schleswig-Holstein (Stand Mitte 2009):

- Installierte Windrotoren: 2.772
- Gesamtleistung: 2.775,51 Megawatt

Mitte 2009 wurden bereits über 34 Prozent des Stromverbrauchs in Schleswig-Holstein durch Windenergie erzeugt. Die Anlagenbetreiber erhielten bereits 2002 von den Netzbetreibern 275 Millionen Euro an Einspeisungsvergütungen. Die gesetzlichen Grundlagen sind im Erneuerbare-Energien-Gesetz (EEG) geregelt. Mit der am 07.07.2005 geänderten Fassung des EEG wurde die Förderung für Windkraft-Anlagen an Land verringert und auf Anlagen mit einem gesetzlich festgelegten Wirkungsgrad konzentriert. Dies geschah durch eine Reduzierung der für die ersten fünf Jahre festen und dann etappenweise absinkenden garantierten Einspeisungsvergütungen. Erhöhte Vergütungen wurden für Anlagen auf See vorgesehen.
Bei Investitionen in Windfonds ist auf realistische Prognosen von Windgeschwindigkeit und Rendite Wert zu legen. Nach Pressemeldungen muss davon ausgegangen werden, dass diese nicht immer selbstverständlich sind.
Siehe / Siehe auch: EEG, Offshore-Windenergie-Anlagen, Windenergie-Fonds

Wintergarten

conservatory; winter garden

Beim Wintergarten handelt es sich um eine bauliche Anlage. Soll er nachträglich angebaut werden, ist derzeit noch eine Baugenehmigung erforderlich. Sie kann mit Hilfe einer Bauvoranfrage abgesichert werden. Sofern ein Wintergarten in den Abstandszonenbereich hineingebaut werden soll, ist die Zustimmung des Nachbarn erforderlich. Ein Wintergarten kann je nach seiner Ausrichtung und Größe zeitweise – insbesondere im Sommer – als Wohnraum genutzt werden. Dies gilt vor allem dann, wenn die Verglasung mit Wärmeschutzgläsern erfolgt. Soll er im Winter wohnlich genutzt werden ist der Anschluss an das Heizsystem des Hauses erforderlich. Abgesehen von seinen Nutzungsmöglichkeiten wirkt er im Winter als Heizenergie sparende Pufferzone. Wintergärten sind in den letzten Jahren besonders beliebt geworden. Rund 55.000 Wintergärten werden pro Jahr angebaut. Pro m² muss mit Kosten zwischen 1.000 und 1.500 Euro gerechnet werden.
Siehe / Siehe auch: Bauvoranfrage

Wirtschaftliche Baubetreuung

economic building supervision / management

Siehe / Siehe auch: Baubetreuung

Wirtschaftliche Restnutzungsdauer

economically efficient remaining life

In Wertermittlungsverfahren für Gebäude spielt die wirtschaftliche Restnutzungsdauer des zu bewertenden Gebäudes eine wichtige Rolle. Sie gibt Auskunft darüber, wie lange ein Gebäude bei einer ordnungsgemäßen Bewirtschaftung einschließlich Instandhaltung wirtschaftlich noch nutzbar ist. Es handelt sich stets um eine Prognose, die mit zunehmendem Zeithorizont unsicherer wird. Die wirtschaftliche Restnutzungsdauer ist von einer Reihe von Faktoren abhängig. Hierzu zählt in erster Linie der Gebäudezustand zum Wertermittlungsstichtag. Aber auch Ausstattungsmerkmale, Raumaufteilung, Sicherheitsaspekte, die Variabilität der Nutzungsmöglichkeiten usw. müssen bei Abschätzung der Restnutzungsdauer berücksichtigt werden. Die technische Restlebensdauer kann in bestimmten Fällen die wirtschaftliche Restnutzungsdauer begrenzen. Im Ertragswertverfahren findet die wirtschaftliche Restnutzungsdauer zusammen mit dem gewählten Liegenschaftszinssatz im „Vervielfältiger" i.S.d WertV Eingang.
Siehe / Siehe auch: Ertragswert, Wertermittlungsverordnung (WertV)

Wirtschaftlichkeitsberechnung (Wohnungswirtschaft)

evaluation of economic efficiency; calculation of profitability (housing industry)

Mit Hilfe einer Wirtschaftlichkeitsberechnung wird das Verhältnis von Kosten und Erlösen eines Projektes ermittelt. In der Wohnungswirtschaft spielte die Wirtschaftlichkeitsberechnung insbesondere beim sozialen Wohnungsbau eine Rolle. Im Hinblick auf das Kostendeckungsprinzip wird dabei festgestellt, ob und inwieweit die laufenden Aufwendungen eines Wohngebäudes durch Mieterträge gedeckt werden. Für die Mieterträge war während des Geltungsbereichs des II. Wohnungsbaugesetzes als Obergrenze die Bewilligungsmiete zu berücksichtigen. Lag sie unterhalb der Kostenmiete,

musste das Wohnungsunternehmen Aufwendungsverzichte hinnehmen, wenn es das Bauvorhaben durchführen sollte. Grundlage ist die Ermittlung der Gesamtkosten des Bauvorhabens, aus denen sich die Abschreibung ergibt, und der Finanzierungsplan, dem die Kapitalkosten zu entnehmen sind.
Die Wirtschaftlichkeitsberechnung berücksichtigte folgende laufende Aufwendungen:
Kapitalkosten, nämlich

- Fremdkapitalzinsen
- Erbbauzinsen
- Eigenkapitalzinsen
- begrenzt Tilgungsleistungen, die einen Tilgungssatz von einem Prozent überschreiten (Tilgungen werden kalkulatorisch aus der Abschreibung finanziert)

Bewirtschaftungskosten, nämlich

- Abschreibung (Gebäudeabschreibung ein Prozent)
- Verwaltungskosten (Pauschale)
- Instandhaltungskosten (Pauschale) und
- Mietausfallwagnis (2 von Hundert der laufenden Aufwendungen)
- Betriebskosten (Abrechnung durch Umlage)
- Umlagenausfallwagnis (2 von Hundert der Betriebskosten)

Die Summe aus Kapital- und Bewirtschaftungskosten werden als laufenden Aufwendungen bezeichnet. Aus ihnen ließ sich die Durchschnittsmiete pro Quadratmeter Wohnfläche errechnen und daraus die Einzelmiete für jede Wohnung. Änderungen in den Ansätzen z. B. der Verwaltungskosten oder der Instandhaltungskosten führen zur Fortschreibung der Kostenmiete im Rahmen von so genannten Teilwirtschaftlichkeitsberechnungen. Auf Wohnraum, der seit 1.1.2002 nach dem Wohnraumförderungsgesetz gefördert wurde bzw. wird, ist die Wirtschaftlichkeitsberechnung nicht anzuwenden. An die Stelle der Kostenmiete tritt hier die vereinbarte Miete.

Wirtschaftlichkeitsgebot (Betriebskosten)

dictate of cost efficiency (operating expenses)

Nicht nur im preisgebundenen Wohnungsbau, sondern auch bei frei finanzierten Mietwohnungen müssen Vermieter hinsichtlich der Betriebskosten das Wirtschaftlichkeitsgebot beachten. Normiert ist dies in § 556 Abs. 3 BGB. Das Wirtschaftlichkeitsgebot bedeutet, dass Einkäufe zu überhöhten Preisen zu vermeiden sind. Wirtschaftlich bedeutet nicht immer billig: Der Vermieter ist nicht gezwungen, immer das billigste Angebot anzunehmen. Er hat ein Auswahlermessen und kann auch Qualität, Zuverlässigkeit und spezielle örtliche Gegebenheiten in seine Entscheidung einbeziehen. Er darf jedoch nicht ohne Preis- und Leistungsvergleich den teuersten Anbieter auswählen. Für Vermieter ist die Ausübung dieses Auswahlermessens oft schwierig. Ob die Auswahl des teureren Angebotes bei einer Preisabweichung um ca. 20 Prozent unwirtschaftlich ist, ist umstritten. Die Auswahl eines um 100 Prozent teureren Angebotes kann auf unwirtschaftliches Handeln schließen lassen. Die Gerichte verlangen in solchen Fällen vom Vermieter eine überzeugende Darlegung seiner Gründe für diese Entscheidung. Er trägt die Beweislast dafür, wirtschaftlich gehandelt zu haben. Kann er dies nicht beweisen, geht er jedoch nicht völlig leer aus: Als Betriebskosten können immer noch die Kosten umgelegt werden, die das günstigere Angebot verursacht hätte (vgl. Landgericht Berlin, Urteil vom 25.03.2003, Az. 64 S 283/02; Amtsgericht Berlin-Mitte, Urteil vom 16.01.2002, Az. 114 C 7/01).
Siehe / Siehe auch: Betriebskosten, Betriebskosten bei Leerstand, Betriebskostenverordnung

Wirtschaftlichkeitsrechnung

calculation of profitability; assessment (or evaluation) of economic efficiency; capital budgeting; capital expenditure evaluation; efficiency calculation; estimate of operating economy; estimate of investment profitability; feasibility study; investment

Nach der allgemeinen Betriebswirtschaftslehre gehören Wirtschaftlichkeitsrechnungen zu den Investitionsrechnungen. Es soll die Vorteilhaftigkeit einer oder mehrerer geplanter Investitionen ermittelt werden. Unterschieden wird zwischen statischen und dynamischen Modellen. Investitionsrechnungen liefern Entscheidungsgrundlagen für mögliche Investitionen.
Kennzeichnend für die statischen Wirtschaftlichkeitsrechnungen ist die Ermittlung einer auf einen bestimmten Zeitpunkt oder Zeitraum bezogenen Wirtschaftlichkeit, wobei zeitliche Unterschiede im Verlauf der Einnahmen und Ausgaben innerhalb des Investitionszeitraums nicht oder nur durch Durchschnittsbildungen berücksichtigt werden. Neben Kostenvergleichs-, Gewinnvergleichs- und Amortisationsrechnungen zählt auch die Rentabilitätsrechnung zu den statischen Verfahren.
Die Kostenvergleichsrechnung wird angewandt, um für die kostengünstigere Version zweier oder mehrere verschiedener Investitionsalternativen zu ermitteln. In Betracht gezogen werden dabei sowohl

die Betriebs- als auch die Kapitalkosten der Investition. Erstreckt sich die Nutzungsdauer des Investitionsgutes auf mehrere Perioden, geht man von Durchschnittskosten aus. Die Gewinnvergleichsrechnung stellt auf den Vergleich der sich aus zwei oder mehreren verschiedenen Investitionsalternativen ergebenden Gewinne (Erlöse – Kosten) ab. Die Ermittlung der Eigenkapitalrentabilität, der Gesamtkapitalrentabilität, des erweiterten „Return on Investment" (ROI) bezieht sich auf durchschnittliche Verzinsung des für eine Investition eingesetzten Kapitals. Die Amortisationsrechnung ermittelt die Amortisationsdauer einer Investition. Es wird keine Veränderung der Zahlungsströme im Laufe der Zeit unterstellt. Bei den dynamischen (finanzmathematischen) Investitionsrechnungen werden hauptsächlich drei verschiedene Verfahren unterschieden, nämlich die Kapitalwertmethode, die Annuitätenmethode und die interne Zinsfußmethode. Sie berücksichtigen im Gegensatz zu den statischen Berechnungen die Unterschiede in der zeitlichen Entwicklung der sich aus der Investition ergebenden Einnahmen und Ausgaben. Diese werden auf den Investitionszeitpunkt abgezinst.Bei der Kapitalwertmethode wird der Kapitalwert der Überschüsse berechnet, der sich aus den abgezinsten Ein- und Ausgaben einschl. Kapitalamortisation während des Investitionszeitraumes abzüglich des Barwertes der geforderten (Mindest-)Verzinsung, ergibt. Es handelt sich also um die Feststellung des Kapitalwertes der in den künftigen Perioden über die geforderte Kapitalverzinsung hinaus entstehenden Gewinne. Bei der Annuitätenmethode wird dieser Kapitalwert auf die Perioden des Investitionszeitraumes gleichmäßig „aufgeteilt". Die interne Zinsfußmethode stellt auf die Entwicklung einer Rentabilitätskennzahl ab. Der interne Zinsfuß ist das Ergebnis der auf den Investitionszeitpunkt diskontierten Ein- und Auszahlungen (Überschüssen) zuzüglich der Kapitalamortisation, die sich aus der Differenz zwischen den Überschüssen und den erwirtschafteten Rückflüssen ergibt.

Wirtschaftsjahr

business / fiscal / financial / marketing / tax(able) year; accounting period / year

Das Wirtschaftsjahr kann abweichend vom Kalenderjahr bestimmt werden. Damit einher gehen entsprechende Verlagerungen von Bilanzstichtagen, Abrechnungsstichtagen und dergl. Kalenderjahr und Wirtschaftsjahr können auch im Rahmen einer einheitlichen Verwaltungseinheit für unterschiedliche Bereiche festgelegt werden. (Beispiel Jahresabrechnung bei der Wohnungseigentümergemeinschaft nach Kalenderjahr, bei gleichzeitiger Abrechnung von Heizperioden, Juni - Juli.) Einer einheitlichen Abrechnung auf der Basis von Kalenderjahren sollte im Zweifel der Vorzug gegeben werden.

Wirtschaftsplan

budget; economic plan

Dem Wohnungseigentumsverwalter obliegt gemäß § 20 Abs. 1 WEG die Verwaltung des gemeinschaftlichen Eigentums nach den entsprechenden Vorschriften des Gesetzes (§§ 26 bis 28 WEG). Um jederzeit über die zur Verwaltung des gemeinschaftlichen Eigentums erforderlichen finanziellen Mittel verfügen zu können, sind die Wohnungseigentümer verpflichtet, entsprechende Vorschüsse an den Verwalter zu zahlen (§ 28 Abs. 2 WEG). Dazu hat der Verwalter gemäß § 28 Abs. 1 WEG jeweils für ein Kalenderjahr einen Wirtschaftsplan zu erstellen, der folgende Mindestangaben enthalten muss:

- die voraussichtlichen Einnahmen und Ausgaben bei der Verwaltung des gemeinschaftlichen Eigentums;
- die anteilmäßige Verpflichtung der Wohnungseigentümer zur Lasten- und Kostentragung;
- die Beiträge zu der nach dem Gesetz vorgesehenen Instandhaltungsrückstellung, die jeder Wohnungseigentümer zu leisten hat.

Die konkrete Ausgestaltung des Wirtschaftsplans hängt unter anderem von den Gegebenheiten in der Wohnungseigentums-Anlage ab und obliegt im Übrigen der Entscheidung der Wohnungseigentümer. Im Einzelfall sind auch die in Teilungserklärung und Gemeinschaftsordnung getroffenen Regelungen zu beachten, so insbesondere von der gesetzlichen Regelung (§ 16 Abs. 2 WEG) abweichende Verteilungsschlüssel, Ausnahmeregelungen hinsichtlich der Beteiligung nicht aller Eigentümer an einzelnen Verwaltungskosten (z. B. Fahrstuhlkosten) oder auch Regelungen zu Terminen oder Fristen, innerhalb derer der Wirtschaftsplan zur Beschlussfassung vorzulegen ist. Die Entscheidung zur Gliederung des Wirtschaftsplans in Einzelpositionen sollte sich sinnvollerweise an den Vorschriften der seit 01.01.2004 geltenden Betriebskosten-Verordnung orientieren, um bei vermieteten Eigentumswohnungen dem jeweiligen Eigentümer die Abrechnung der Betriebskosten zu erleichtern. Die Beschlussfassung erfolgt durch mehrheitliche Entscheidung in der Wohnungseigentümer-Versammlung, und zwar über den Gesamt- und die Einzelwirtschaftspläne.

Letztere legen die Zahlungsverpflichtung der einzelnen Wohnungseigentümer fest und sind deshalb unverzichtbarer Bestandteil der Beschlussfassung über den Wirtschaftsplan. Ein Mehrheitsbeschluss, der lediglich den Gesamtwirtschaftsplan zum Inhalt hat, ist auf Anfechtung hin für ungültig zu erklären (BGH, V ZB 32/05, Beschluss vom 02.06.2005). Enthält ein Wirtschaftsplan falsche Angaben, z.B. einen falschen Verteilungsschlüssel, löst er dennoch für alle Eigentümer die Zahlungspflicht aus, wenn der Beschluss nicht bei Gericht angefochten wird und folglich für ungültig erklärt wird.
Sinnvoll ist es, mit der Beschlussfassung über den konkreten Wirtschaftsplan eines Kalenderjahres dessen Fortgeltung bis zur Beschlussfassung über den Wirtschaftsplan des Folgejahres zu beschließen. Nach den ab 01.07.2007 geltenden Bestimmungen können die Wohnungseigentümer nunmehr – entgegen der früheren Rechtslage – gemäß § 21 Abs. 7 WEG mehrheitlich auch die generelle Fortgeltung des Wirtschaftsplans beschließen.
Die Abrechnung über die tatsächlichen Einnahmen und Ausgaben hat der Verwalter in der ebenfalls vorzunehmenden Jahresgesamt- und Einzelabrechnung vorzunehmen und der Wohnungseigentümer-Versammlung zur genehmigenden Beschlussfassung vorzulegen (§ 28 Abs. 3 und 5 WEG).
Siehe / Siehe auch: Jahresabrechnung (Wohnungseigentum), Verteilungsschlüssel (Wohnungseigentum), Einzugsermächtigung (Wohnungseigentum), Einzelwirtschaftsplan, Einzelabrechnung (Wohnungseigentum)

Wirtschaftsstrafgesetz

German economic offences act

Das Wirtschaftsstrafgesetz regelt die Verfolgung von zu ahndendem wirtschaftlichen Fehlverhalten. Wichtig für die Wohnungswirtschaft ist § 5, wonach es ordnungswidrig ist, ein geringes Angebot an Wohnraum zur Erlangung überhöhter Mieten auszunutzen.
Eine Mietüberhöhung liegt vor, wenn die geforderte oder angenommene Miete 20 Prozent der ortsüblichen Vergleichsmiete überschreitet. Wenn der Vermieter allerdings nachweisen kann, dass eine solche Miete erforderlich ist, um die laufenden Aufwendungen zu decken, greift die Vorschrift nicht. Mietpreisüberhöhung wird mit Bußgeld bis zu 50.000 Euro belegt.
Siehe / Siehe auch: Wohnungsmangel, Mietpreisbindung, Mietpreisüberhöhung

Wohn- / Nutzfläche

usable area; literally: residential and usable area / space

Siehe / Siehe auch: Kostenverteilung, Verbrauchsprinzip

Wohn- und Betreuungsvertragsgesetz (WBVG)

German law on contracts for sheltered living and nursing care facilities

Das zum 01.10.2009 in Kraft getretene Wohn- und Betreuungsvertragsgesetz (WBVG) trifft Regelungen über Verträge im Bereich der Altenheime. In das Gesetz wurden die Regelungen zum Heimvertrag übernommen, die sich bis dahin im Heimgesetz fanden. Die Neuregelungen verbessern den Verbraucherschutz und erweitern die Rechte der Bewohner. Einige wichtige Regelungen sind:

- Wohninteressenten haben Anspruch auf vorvertragliche Informationen in leicht verständlicher Sprache über Leistungen, Entgelte und das Ergebnis von Qualitätsprüfungen.
- Verträge werden grundsätzlich auf unbestimmte Zeit und schriftlich abgeschlossen. Eine Befristung ist nur erlaubt, wenn sie nicht gegen die Interessen des Verbrauchers verstößt.
- Das vereinbarte Entgelt hat angemessen zu sein. Eine Erhöhung ist nur unter gewissen Voraussetzungen zulässig und muss begründet werden.
- Ändert sich der Pflege- oder Betreuungsbedarf, muss der Unternehmer eine Anpassung des Vertrages anbieten. Ausnahmen bedürfen einer gesonderten Vereinbarung.
- Die Kündigung des Vertrages ist für den Betreiber nur aus wichtigem Grund möglich. Für die Bewohner gibt es besondere Kündigungsmöglichkeiten.

Neu ist, dass die Regelungen nun auch typische Formen des betreuten Wohnens einbeziehen – zumindest solche, bei denen der Betreiber selbst Pflege- oder Betreuungsleistungen zur Verfügung stellt.
Die Vorschriften gelten nicht für das sogenannte „Service-Wohnen“, bei dem der Anbieter nur den Wohnraum vermietet, Serviceeinrichtungen wie Notrufsysteme und hauswirtschaftliche Unterstützung anbietet, die Pflege aber durch Fremdanbieter erbracht und vom Betreiber nur vermittelt wird. Der Gesetzestext kann unter: www.bmfsfj.de eingesehen werden.
Siehe / Siehe auch: Altengerechtes Wohnen, Altenheimvertrag, Betreutes Wohnen, Heimgesetz

Wohn-Riester

Home Ownership Pensions Act (named after Walter Riester, former Minister of Labour and Social Affairs, who created a grant-aided privately funded pension scheme)

Der Begriff „Wohn-Riester" umschreibt das Konzept, mit dessen Hilfe die Immobilie ab 2008 in die staatliche Förderung von privat finanzierten Altersvorsorgeprodukten einbezogen wurde. Rechtsgrundlage ist das Eigenheimrentengesetz, das am 04.07.2008 vom Bundesrat verabschiedet wurde und das mit seiner Veröffentlichung rückwirkend ab 01.01.2008 in Kraft trat.

Die Grundzüge

Aus bisher schon verfügbaren Riester-Anlageprodukten (etwa Banksparplänen, Fondsparplänen, privaten Rentenversicherungen, fondsgebundenen Rentenversicherungen, bestimmten Pensionsfonds) kann nun der angesparte Betrag wahlweise bis zu 75 oder 100 Prozent entnommen werden, um damit z. B. den Erwerb oder Bau einer eigenen Immobilie zu finanzieren. Zusätzlich wurden Bausparverträge und Darlehen zum Zwecke des Immobilienerwerbs in die Liste der Produkte aufgenommen, die als förderungswürdige Riester-Produkte zertifiziert werden können. Die Tilgung eines Baudarlehens kann damit ebenso gefördert werden wie zuvor ein Riester-Fondsparplan.

Nur zertifizierte Produkte

„Geriestert" werden kann nur mit entsprechend zertifizierten Produkten. Um das Zertifikat zu erhalten, müssen die Anbieter dafür sorgen, dass die Verträge bestimmte Voraussetzungen einhalten – z.B. die Beachtung von Informationspflichten gegenüber dem Kunden etwa über die Höhe der Verwaltungskosten und den Stand der Altersvorsorge. Neue zertifizierte Produkte (etwa Bausparverträge und Darlehen, aber auch Kombinationen von Vorsorge- und Darlehensverträgen) gibt es auf Grund einer Übergangsregelung seit November 2008.

Geförderte Anlageziele

Gefördert werden Kauf oder Errichtung einer inländischen, selbst genutzten Wohnimmobilie, die Tilgung eines dafür verwendeten Darlehens und der Kauf von mit einem Wohnrecht verbundenen Genossenschaftsanteilen. Nicht gefördert wird unter anderem der Kauf von Auslandsimmobilien, Ferienhäusern oder Vermietungsobjekten oder z.B. die energetische Sanierung bestehender Gebäude.

Höhe der Förderung

Seit 2008 beträgt der staatliche Zuschuss für ein förderfähiges Riester-Produkt 154 Euro jährlich für den Förderberechtigten. Dazu kommen für jedes Kind, für welches Kindergeld gezahlt wird, noch einmal 185 Euro pro Jahr. Für ab 01.01.2008 geborene Kinder beträgt der Zuschuss 300 Euro im Jahr. Voraussetzung: Der Sparer zahlt mindestens vier Prozent seines Jahresbruttoeinkommens in den Riester-Vertrag ein. Bei geringeren Einzahlungen verringert sich die Zulage. Der geförderte Höchstbetrag beträgt pro Jahr 2.100 Euro. In dieser Höhe kann der Sparer einen Sonderausgabenabzug beim Finanzamt geltend machen.

Anreize für junge Leute

Zusätzlich zur Grundzulage von 154 Euro bekommen Personen unter 25 Jahren, die einen Riester-Vertrag abschließen, einen einmaligen Extrazuschuss von 200 Euro auf das Riester-Konto.

Begünstigte

Unmittelbar zulagenberechtigt sind alle unbeschränkt Steuerpflichtigen, die in der gesetzlichen Rentenversicherung pflichtversichert sind. Berechtigt sind nicht nur beschäftigte Arbeitnehmer, sondern z.B. auch Empfänger von ALG I oder ALG II sowie etwa Bezieher von Kranken- und Vorruhestandsgeld.

Auch Wehrpflichtige, Berufssoldaten, Beamte und Arbeitssuchende, die wegen vorhandenen Vermögens keine Leistungen beziehen, können „riestern". Neuerdings sind auch Personen unmittelbar berechtigt, die wegen voller Erwerbs- oder Dienstunfähigkeit eine Rente oder Versorgung bekommen. Diese muss aus einem der bisher schon begünstigten staatlichen Versorgungs-Systeme stammen; der Empfänger muss unmittelbar vor dem Rentenbezug pflichtversichert gewesen sein.Als mittelbar zulagenberechtigt bezeichnet man den Ehepartner eines Förderberechtigten, der den Mindestbetrag einzahlt.

Gemeint sind Fälle, in denen beide Riester-Verträge besitzen, jedoch nur ein Partner förderberechtigt ist. Dauerhaft getrennt lebende Ehepartner kommen nicht in den Genuss der Förderung.

Nicht begünstigt

sind z.B. nicht rentenversicherungspflichtige Selbstständige, freiwillig gesetzlich Rentenversicherte, Studenten, versicherungsfreie geringfügig Beschäftigte, Angestellte und Selbstständige als Mitglieder

einer berufsständischen Rentenversicherung (z. B. Apotheker). Solche Personen können jedoch Riester-Verträge ohne Förderung abschließen.

Mindestkontostand für Entnahmen

Zunächst konnte auch nach der Gesetzesänderung vom Riester-Konto nur dann Geld entnommen werden, wenn der Mindestkontostand bei 10.000 Euro lag. Diese Regelung entfiel am 01.01.2010.

Besteuerung

Riester-Produkte unterliegen der nachgelagerten Besteuerung. Das bedeutet: Während der Ansparphase fällt keine Steuer an. In der Rentenauszahlungsphase – diese beginnt je nach Vertrag zwischen dem 60. und dem 68. Lebensjahr – müssen eingezahlte Beträge und Zulagen zum persönlichen Steuersatz versteuert werden. Bei „Wohn-Riester" ist das Geld dann bereits in eine Immobilie geflossen – daher werden die geförderten Beträge und Zulagen auf einem fiktiven „Wohnförderkonto" verbucht. Zum Kontostand des Wohnförderkontos kommen jedes Jahr zwei Prozent fiktive Zinsen hinzu. Der Gesamtbetrag dient in der Auszahlungsphase als Besteuerungsgrundlage. Der Steuerzahler kann bei Beginn der Rentenauszahlungsphase wählen, ob er die Steuern gleich insgesamt bezahlen oder in monatlichen Raten über eine Zeit von 17 bis 25 Jahren abbezahlen möchte. Wählt er die Einmalzahlung, muss er nur 70 Prozent der Bemessungsgrundlage versteuern. Verkauft er das Haus innerhalb von 20 Jahren wieder, muss er jedoch den nicht versteuerten Betrag nachversteuern. Mit Erreichen des 85. Lebensjahres muss die Steuerzahlung beendet sein.

Schädliche Verwendung

Eine schädliche Verwendung liegt vor, wenn der Sparer das geförderte Ansparkapital für einen Zweck einsetzt, den der Gesetzgeber nicht fördern wollte – etwa für den Bau eines Hauses, das vermietet werden soll oder einer Ferienwohnung. Auch Verkauf oder Vermietung oder generell der Auszug aus dem mit Riester-Geldern erworbenen Eigenheim gelten als schädliche Verwendung. In derartigen Fällen kann der Betreffende sofort zur Entrichtung der Steuern herangezogen werden – bei Aufgabe der Selbstnutzung innerhalb von zehn Jahren ist das 1,5-fache des Wohnförderkontos zu versteuern, bei Nutzungsaufgabe innerhalb von 10 bis 20 Jahren wird nur der einfache Betrag des Wohnförderkontos besteuert. Die erhaltenen Zulagen und die durch den Sonderausgabenabzug entstandenen Steuervorteile sind zurückzuzahlen. Keine Auswirkungen hat z. B. ein Verkauf der geförderten Wohnung, wenn der geförderte Geldbetrag innerhalb von vier Jahren wieder in eine andere selbst genutzte Immobilie investiert oder innerhalb eines Jahres in eine andere zertifizierte Altersvorsorge eingezahlt wird. Weitere Zulagen gibt es dann jedoch nicht. Wenn die Selbstnutzung der Immobilie vorübergehend zugunsten einer Vermietung aufgegeben wird, weil der Nutzer beruflich auswärts eingesetzt wird, gilt dies nicht als schädliche Verwendung. Allerdings muss die Selbstnutzung bis zur Vollendung des 67. Lebensjahres wieder einsetzen. Auch für Ehepartner gibt es Ausnahmen – so liegt keine schädliche Verwendung vor, wenn der Zulageberechtigte verstirbt und der Ehepartner innerhalb eines Jahres Eigentümer der Wohnung wird und diese selbst bewohnt.

Wohnbauförderung

subsidy for residential / house building

Siehe / Siehe auch: Wohnraumförderung durch Bundesländer und Bund

Wohnberechtigungsschein

residence permit

Der Wohnberechtigungsschein ist eine amtliche Bescheinigung, mit deren Hilfe ein Mieter nachweisen kann, dass er berechtigt ist, eine mit öffentlichen Mitteln geförderte Wohnung („Sozialwohnung") zu beziehen. Der Wohnberechtigungsschein wird vom Wohnungsamt der Gemeinde an Personen ausgestellt, deren Einkommen die Grenzen nach dem Wohnraumförderungsgesetz nicht übersteigt. Die Grenzen sind:

- 12.000 Euro für einen Einpersonenhaushalt
- 18.000 Euro für einen Zweipersonenhaushalt
- plus 4.100 Euro für jede weitere Person (wenn die Person ein Kind ist nur plus 500 Euro).

Die Bundesländer können abweichende Grenzen festlegen.Bei der Berechnung des Haushaltseinkommens (auch: Gesamteinkommen) werden die Jahreseinkommen aller Haushaltsmitglieder addiert. Unter dem Jahreseinkommen ist das Bruttoeinkommen zu verstehen, abzüglich der Werbungskosten und einer zehn-prozentigen Pauschale für die Entrichtung der Einkommenssteuer und der gesetzlichen Sozialversicherungsbeiträge.

Werden keine Beiträge für gesetzliche Sozialversicherungen gezahlt, können auch die Prämien für private Versicherungen in gewissen Grenzen abgezogen werden. Vom Gesamteinkommen des Haushalts sind neben Unterhaltsleistungen noch verschiedene Freibeträge abzuziehen (z.B. für Schwerbehinderte,

junge Ehepaare, Kinder unter 12 Jahren). Bei einer gewissen Überschreitung der angegebenen Maximalbeträge des Gesamt-Haushaltseinkommens (20 Prozent, z.T. weniger abhängig vom Bundesland) entfällt die Berechtigung. Es können Ausgleichszahlungen fällig werden; vgl. WoFG § 9.
Siehe / Siehe auch: Ausgleichszahlung für Sozialwohnungen, Fehlbelegung, Wohnraumförderungsgesetz

Wohneigentumsquote

home ownership rate

Die Eigentumsquote besagt, welcher Anteil der Haushalte die eigene Wohnung bewohnt. In Deutschland liegt sie bei nur 43 Prozent, in den alten Bundesländern bei etwa 44,6 Prozent und in den neuen bei 34,8 Prozent. Damit ist die Wohneigentumsquote in Deutschland im europäischen Vergleich sehr niedrig. Der Durchschnitt innerhalb der Europäischen Union liegt bei 61 Prozent.
Bei der Ermittlung der (deutschen) Wohneigentumsquote wird lediglich die selbstgenutzte eigene Wohnung erfasst. Man spricht von Eigentümerhaushalten. Über die tatsächliche Streubreite der Vermögenswerte von Immobilien in deutschen Haushalten macht diese Messgröße keine Aussagen. Das mittlerweile breit gestreute fremd genutzte Immobilieneigentum von Mieterhaushalten wird in die Berechnung der Wohneigentumsquote nicht einbezogen.
Die Wohneigentumsquote variiert in der Regel nach Haushalts- und Wohnungsgrößen, Alter des Haushaltvorstandes, Familienstand und Zahl der Kinder.
Von den deutschen Einpersonenhaushalten verfügen z. B. nur über 19 Prozent über eine eigene selbst genutzte Wohnung, von den Zwei-Personenhaushalten über 38 Prozent. Dagegen wohnen 48 Prozent der Drei-Personenhaushalte in ihren eigenen vier Wänden und 66 Prozent der Fünf-Personenhaushalte. In Bezug auf das Alter des Haushaltvorstandes ergibt sich folgende Struktur: Bei den 30- bis 40-Jährigen liegt der Eigentümeranteil bei 30,6 Prozent, bei den 50- bis 60-Jährigen dagegen bei 53,5 Prozent. Ebenso gibt es unterschiedliche Eigentumsquoten auf dem Lande und in der Stadt. Vor allem in den Großstädten über 500.000 Einwohner liegt sie sehr niedrig (zwischen elf Prozent in Berlin und 19 Prozent in Dortmund). Großstädte werden von Singles bevorzugt.

Wohnungseigentumsanteil in Deutschland

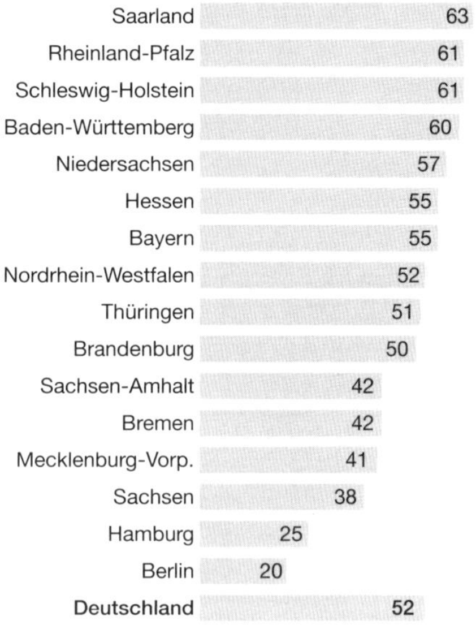

Saarland	63
Rheinland-Pfalz	61
Schleswig-Holstein	61
Baden-Württemberg	60
Niedersachsen	57
Hessen	55
Bayern	55
Nordrhein-Westfalen	52
Thüringen	51
Brandenburg	50
Sachsen-Amhalt	42
Bremen	42
Mecklenburg-Vorp.	41
Sachsen	38
Hamburg	25
Berlin	20
Deutschland	52

Angaben in Prozent, private Haushalte in eigenen Wohnungen oder Häusern, Quelle: Stat. Bundesamt, ifs, LBS Research – 2008 – gerundete Werte

Siehe / Siehe auch: Eigentümerwohnung / Mieterwohnung, Privathaushalt

Wohnfläche

living space; (residential) floor area; living area

Bei der Wohnfläche einer Wohnung handelt es sich um die Summe aller Grundflächen in den Räumen, die ausschließlich zu dieser Wohnung gehören. Diese Grundflächen werden jedoch bei bestimmten Flächen nur teilweise angerechnet. Wie im Einzelnen zu rechnen ist, ergibt sich aus der Wohnflächenverordnung. Diese ist allerdings nur verpflichtend für nach dem Wohnraumförderungsgesetz geförderten Wohnraum, anzuwenden. Zur anrechenbaren Grundfläche nach der Wohnflächenverordnung gehören:

- Wintergärten, Schwimmbäder und ähnliche nach allen Seiten geschlossene Räume. Sie werden allerdings nur zur Hälfte angerechnet, wenn sie nicht beheizbar sind
- Raumteile mit einer lichten Höhe von über zwei Meter Höhe werden stets ganz angerechnet, zwischen ein und zwei Meter zur Hälfte, darunter keine Anrechnung

- Balkone, Loggien, Dachgärten und Terrassen in der Regel zu einem Viertel, höchstens jedoch zur Hälfte
- Fenster- und offene Wandnischen, die mehr als 0,13 Quadratmeter tief sind

Nicht angerechnet werden Treppen mit über drei Steigungen und die Treppenabsätze, sowie Mauervorsprünge mit mehr als 0,1 Quadratmeter Fläche. Nicht zur Wohnfläche gehören die Flächen von Zubehörräumen (z. B. Keller, Waschküchen, Heizungsräumen), sowie Räume, die nicht den an ihre Nutzung zu stellenden Anforderungen des Bauordnungsrechts der Länder genügen (z. B. in der Regel Hobbyräume im Kellergeschoß) sowie Geschäftsräume. Die Wohnflächenverordnung, die am 01.01. 2004 in Kraft trat, knüpft inhaltlich weitgehend an die außer Kraft getretene II. Berechnungsverordnung an. Die Wohnfläche spielt eine wichtige Rolle als Umlagemaßstab bei der Berechnung der auf die einzelnen Mieter eines Mehrfamilienhauses entfallenden Betriebskostenanteile. Stellt sich nach Abschluss eines Mietvertrages heraus, dass die tatsächliche Wohnfläche geringer ist als die im Vertrag genannte, liegt ein Mangel der Mietwohnung vor. Auch ohne verringerte Gebrauchstauglichkeit der Wohnung kann der Mieter eine Mietminderung durchführen, wenn die Wohnfläche um mehr als zehn Prozent kleiner ist als im Mietvertrag vereinbart (BGH, Urteil vom 24.03.2004, Az. VIII ZR 295/03). Für Vermieter ist es daher besonders wichtig, von Anfang an auf eine korrekte Flächenangabe zu achten. Auch eine nachträgliche Verringerung der Wohnfläche stellt einen Wohnungsmangel dar (z. B. Reduzierung der Fläche einer Dachterrasse wegen Baumängeln um 50 Prozent = Mietminderung um 15 Prozent (AG Hamburg, Az. 46 C 86/05). Im Mai 2007 hat der Bundesgerichtshof betont, dass die mietvertragliche Zusage einer bestimmten Wohnfläche eine verbindliche Beschaffenheitszusage hinsichtlich des Mietobjektes dargestellt. Stellt der Vermieter nach Vertragsabschluss fest, dass die Wohnfläche größer ist als vereinbart, kann er damit keine Mieterhöhung begründen. Maßgeblich ist die vertraglich festgesetzte Wohnungsgröße (hier: tatsächlich 131,80 statt vertraglich 121,49 Quadratmeter). Nach dem Bundesgerichtshof gilt dies nicht für Abweichungen von mehr als 10 Prozent der Wohnfläche und für vertragliche Abweichungen, die auf arglistiger Täuschung beruhen (BGH, Az. VIII ZR 138/06, Urteil vom 23.05.2007). Auch beim Gewerbemietvertrag ist nach Ansicht einiger Gerichte eine Mietminderung möglich, wenn die Wohnfläche um mehr als zehn Prozent geringer ist als im Vertrag angegeben (OLG Düsseldorf, Urteil vom 02.12.2004, Az. I-10 U 77/04). Im Jahr 2009 traf der Bundesgerichtshof mehrere wichtige Entscheidungen zum Thema Wohnfläche: Im Urteil vom 29.04.2009 (Az. VIII ZR 142/08) entschied der BGH, dass Mieter den Mietvertrag fristlos kündigen dürfen, wenn sich nach drei Jahren Mietzeit herausstellt, dass die tatsächliche Wohnfläche um 22 Prozent kleiner ist als im Vertrag angegeben (77 statt der vereinbarten 100 Quadratmeter). Dies gilt nicht, wenn der Mieter schon bei Vertragsschluss feststellt, dass eine Abweichung von über zehn Prozent vorliegt und trotzdem zunächst nicht kündigt. Im Urteil vom 22.04.2009 (Az. VIII ZR 86/08) beschäftigte sich der BGH mit der Frage, nach welcher Berechnungsvorschrift die Flächen von Terrassen, Balkonen und Dachschrägen in die Wohnflächenberechnung einzubeziehen sind. Je nach angewendeter Vorschrift kommt man zu unterschiedlichen Ergebnissen. Der Gerichtshof betonte, dass der Begriff „Wohnfläche" auch bei frei finanziertem Wohnraum grundsätzlich anhand der für preisgebundenen Wohnraum geltenden Bestimmungen auszulegen sei. Demnach sei die Wohnfläche für Mietverhältnisse aus der Zeit vor dem 01.01.2004 aufgrund der §§ 42 bis 44 der Zweiten Berechnungsverordnung (II. BV) und für Mietverhältnisse jüngeren Datums nach der ab 01.01.2004 geltenden Wohnflächenverordnung (WoFlV) zu ermitteln. Dies gilt nicht, wenn die Parteien eine abweichende Vereinbarung getroffen haben oder am jeweiligen Ort ein anderes Verfahren üblich ist. Im verhandelten Fall ging es um einen Mietvertrag von 2003. Zur Anwendung kam § 44 Abs. 2 der II. BV. Damit konnte der Vermieter die Fläche einer Dachterrasse bis zur Hälfte auf die Wohnfläche anrechnen. Nach der von der Vorinstanz angewendeten DIN 283 (üblich bis 1983) wären maximal 25 Prozent anrechenbar gewesen. Nach § 4 Nr. 4 WoFlV sind solche Flächen höchstens zur Hälfte, in der Regel aber mit 25 Prozent anzurechnen.

Werden im Formularmietvertrag hinsichtlich der Wohnfläche unklare Begriffe verwendet, geht dies zu Lasten des Vermieters. So entschied der BGH im Fall um eine Dachgeschosswohnung, bei der eine „Mietraumfläche" von 61,5 Quadratmeter vereinbart worden war. Tatsächlich lag die Wohnfläche bei 54,27 Quadratmeter. Nach dem BGH war hier davon auszugehen, dass die Wohnfläche gemeint sei. Es liege damit nach der Wohnflächenverordnung eine Flächenabweichung von über zehn Prozent vor, weshalb eine Mietminderung gerechtfertigt wäre (Urteil vom 21.10.2009, Az. VIII ZR

244/08). Wird die Wohnfläche einer Mietwohnung in einer Zeitungsannonce falsch und überhöht angegeben, kann für den Mieter die Möglichkeit zur Mietminderung bzw. zur Rückforderung zuviel gezahlter Miete eröffnet sein. Dies geht aus einem Urteil des Bundesgerichtshofes vom 23.6.2010 hervor. Im konkreten Fall war die Wohnfläche einer Dachgeschosswohnung in der Annonce mit ca. 76 m² angegeben worden. Dies entsprach der Angabe in einer Grundriss-Skizze, die bei der Besichtigung übergeben wurde. Im Mietvertrag selbst wurde die Wohnungsgröße nicht erwähnt. Der neue Mieter fand heraus, dass die Wohnfläche bei nur 53 m² lag. Nach dem BGH lässt die fehlende Vereinbarung im Mietvertrag nicht darauf schließen, dass die Vertragspartner die Frage der Wohnfläche offen lassen wollten (Az. VIII ZR 256/09).

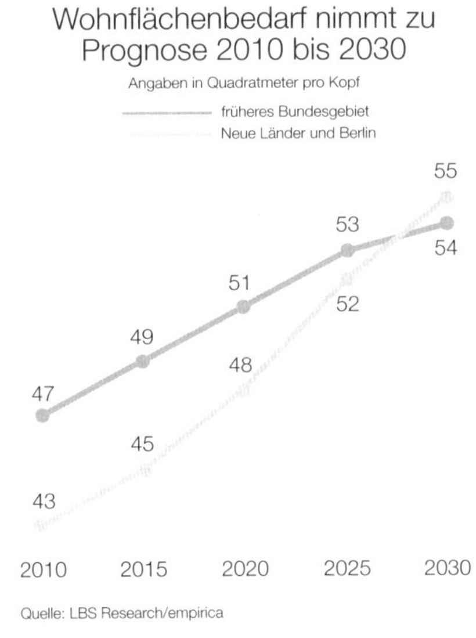

Siehe / Siehe auch: WNFl., Wfl.-/Nfl., Sachmangel (im Mietrecht), Umlage (Mietrecht)

Wohnflächenangaben in der Werbung

information on residential floor area given in advertising

Gibt der Anbieter Wohnflächen an, was nicht sein muss, sollten diese richtig bezeichnet sein. Generell gilt für die Berechnung von Wohnflächen, dass – vom öffentlich geförderten Wohnungsbau abgesehen – zur Zeit keine gesetzliche Regel existiert, die eine bestimmte Berechnungsart verlangt. So kann sowohl nach DIN-Norm aber auch nach der Wohnflächenverordnung (WoFlV) gerechnet werden. Die Gerichte wenden aber auch im freifinanzierten Wohnungsbau immer mehr die Wohnflächenverordnung als Maßstab an. Vorteilhaft ist es, wenn bei Flächenangaben im Exposé angegeben ist, nach welcher Norm oder Verordnung die Flächenermittlung erfolgte.

Siehe / Siehe auch: WNFl., Wfl.-/Nfl.

Wohnflächenverordnung (WoFlV)

German ordinance on living space/ (residential) floor area

Die Wohnflächenverordnung ist eine im Zusammenhang mit der Aufhebung des II Wohnungsbaugesetzes stehende Nachfolgeverordnung des Teils der II. Berechnungsverordnung, der sich auf die Berechnung der Wohnfläche bezieht. Die Wohnflächenverordnung trat am 01.01.2004 in Kraft und muss lediglich angewendet werden bei der Ermittlung von Wohnflächen für Wohnungen, die nach dem Wohnraumförderungsgesetz (WoVG) öffentlich gefördert werden. Nach § 10 des WoVG muss die Größe der zu fördernden Wohnung entsprechend ihrer Zweckbestimmung angemessen sein. Nach § 19 WoVG ist die Wohnfläche die Summe der anrechenbaren Grundflächen der ausschließlich zur Wohnung gehörenden Räume. Zur Wohnfläche gehören nach der Wohnflächenverordnung auch die Grundflächen von Wintergärten, Schwimmbädern und ähnlichen nach allen Seiten geschlossenen Räumen, sowie Balkone, Loggien, Dachgärten und Terrassen, wenn sie ausschließlich räumlich mit einer Wohnung verbunden sind. Nicht zur Wohnfläche gehören Geschäftsräume und Räume, die den bauordnungsrechtlichen Anforderungen für eine Wohnnutzung nicht genügen. Die Wohnflächenverordnung gilt bundesweit, obwohl die Regelungskompetenz bei den Bundesländern liegt. Die Bundesländer bestimmen allerdings in Rahmenrichtlinien, welche Wohnungsgrößen nicht überschritten werden sollen, damit eine Förderung möglich ist. So ergibt sich aus den Förderrichtlinie des Landes Schleswig Holstein eine Größenbeschränkung

- von 50 Quadratmetern für einen Einpersonenhaushalt,
- von 60 Quadratmetern für einen Zweipersonenhaushalt,
- von 75 Quadratmetern für einen Dreipersonenhaushalt und
- von 85 Quadratmeter für einen Vierpersonenhaushalt.

Im Saarland werden die Grenzen anders berechnet:

- 45 Quadratmeter für den Einpersonenhaushalt,
- 60 Quadratmeter für den Zweipersonenhaushalt,
- 75 Quadratmeter für den Dreipersonenhaushalt und
- 90 Quadratmeter für den Vierpersonenhaushalt).

Außerdem werden in der Regel Qualitätsstandards verabschiedet, die nicht unterschritten werden dürfen, z.B. Anforderungen an die Bausubstanz der förderfähigen Alt- oder Neubauwohnung, an die Heizanlagen, an das verwendete Baumaterial, usw. Schließlich können auch im Interesse eines guten Wohnklimas sozial-orientierte Fördervoraussetzungen für den Einsatz von Fördermittel definiert werden. Die Wohnflächenverordnung gibt somit nur den Flächenberechnungsrahmen vor. Die inhaltliche Ausgestaltung verbleibt bei den Bundesländern, die auch die Förderlast zu tragen haben.

Siehe / Siehe auch: Wohnfläche, Wohnraumförderungsgesetz

Wohnförderkonto

fictitious account used for calculating the income tax on a home ownership pension

Siehe / Siehe auch: Wohn-Riester

Wohngebäudeversicherung

householder's comprehensive insurance

Siehe / Siehe auch: Verbundene Wohngebäudeversicherung

Wohngebiete (nach BauNVO)

residential areas / housing areas / residential zones in accordance with the German ordinance on land usage

Wohngebiete können in Flächennutzungsplänen dargestellt werden, müssen aber – soweit eine Wohnnutzung im Vordergrund stehen soll – in Bebauungsplänen verbindlich festgesetzt werden. Wohngebietsarten sind nach der Baunutzungsverordnung das Kleinsiedlungsgebiet, das reine Wohngebiet, das allgemeine Wohngebiet und das besondere Wohngebiet. Art der baulichen Nutzung:

- Kleinsiedlungsgebiete (WS) dienen vorwiegend dem Bau von Kleinsiedlungen mit Häusern, deren besondere Merkmal größere Nutzgärten oder landwirtschaftliche Nebenerwerbsstellen sind. Zulässig sind in diesen Gebieten auch Läden, Gastwirtschaften und nicht störende Handwerksbetriebe.
- Reine Wohngebiete (WR) dienen dem Wohnen. Ausnahmsweise können auch Läden, nicht störende Handwerksbetriebe (z.B. Schneiderei) die zur Deckung des täglichen Bedarfs der Bewohner dienen und kleine Pensionen zugelassen werden. Seit 1990 können auch Anlagen für soziale Zwecke (z.B. Pflegeheime) sowie für kirchliche, kulturelle und sportliche Zwecke in reinen Wohngebieten errichtet werden.
- Allgemeine Wohngebiete (WA) dienen vorwiegend dem Wohnen. Zulässig sind wie bei den Kleinsiedlungsgebieten auch Läden, Gastwirtschaften und nicht störende Handwerksbetriebe sowie Anlagen für soziale, kirchliche, kulturelle und sportliche Zwecke. Das allgemeine Wohngebiet kann sich dem Mischgebiete dadurch annähern, dass in Ausnahmefällen auch nicht störende Gewerbebetriebe, Pensionen, Gebäude der öffentlichen Verwaltung, Gartenbaubetriebe und Tankstellen zugelassen werden können.
- Besondere Wohngebiete (WB) haben eine Sonderstellung. Es handelt sich stets um bereits bebaute Gebiete, die den Status eines „Innenbereichs" haben. Durch entsprechende Festsetzungen soll die besondere Eigenart dieser Gebiete erhalten und noch weiter entwickelt werden. Einige nicht störender weitere Nutzungsarten sind wie beim reinen Wohngebiet zulässig. Allerdings ist der Katalog der Ausnahmen relativ groß und nähert sich dem des allgemeinen Wohngebietes. Durch die Festsetzung als besonderes Wohngebiet soll einem Abgleiten in Richtung Mischgebiet entgegen gesteuert werden. Aus diesem Grunde kann auch bestimmt werden, dass ab einer bestimmten Geschosszahl nur Wohnungen zulässig sind oder dass ein bestimmter Mindestgeschossflächenanteil dem Wohnen vorbehalten bleiben muss.

Die Gemeinden können bei ihren Festsetzungen von den Vorgaben der BauNVO zwar abweichen, jedoch nicht in einem Umfang, der den Wohngebietscharakter gefährden würde.

Siehe / Siehe auch: Art der baulichen Nutzung, Bebauungsplan, Flächennutzungsplan (FNP)

Wohngeld

accommodation / rent / housing allowance; housing assistance

Das Wohngeld ist ein staatlicher Zuschuss für sozial schwache Mieter (Mietzuschuss) und Eigenheimer

(Lastenzuschuss). Es differiert nach Gemeindegrößenklasse, Familiengröße und Qualitätsklasse der bewohnten Wohnung. Die Zahlung von Wohngeld hängt von drei Faktoren ab:

- die Anzahl der zum Haushalt gehörigen Familienmitglieder
- die Höhe des Gesamteinkommens
- die Höhe der Miete beziehungsweise der Belastung

Man nennt dieses Wohngeld „Tabellenwohngeld", weil es aus entsprechenden Tabellen ermittelt werden kann. Daneben gibt es das pauschalierte Wohngeld für Empfänger von Sozialhilfeleistungen, das sich nach einem Prozentsatz der sozialhilferechtlich anerkannten Aufwendungen für die Miete bemisst. Auf Wohngeld besteht Rechtsanspruch, wenn die Voraussetzungen für die Wohngeldberechtigung vorliegen. Das Wohngeldsondergesetz, das nur für die neuen Bundesländer gilt, sieht gegenüber den Regelungen des Wohngeldgesetzes abweichende Wohngeldhöhen vor. Vorab muss immer ein Antrag gestellt werden, der nach Bewilligung alle zwölf Monate neu gestellt werden muss. Anträge erhalten Sie bei der örtlichen Wohngeldstelle der Gemeinde-, Stadt- oder Kreisverwaltung. Das Wohngeld ist nicht mit dem Hausgeld zu verwechseln, das Wohnungseigentümer für die gemeinschaftliche Verwaltung zahlen müssen. Ratschläge und Hinweise finden Sie auf der Internetseite des Bundesministeriums für Verkehr, Bau und Stadtentwicklung, www.bmvbs.de.

Haushalte mit Bezug von Wohngeld
am 31.12.2008

Land	insgesamt	Veränderung gegenüber Vorjahr
Baden-Würt.	51.895	- 9,4 %
Bayern	51.716	- 4,3 %
Berlin	25.947	8,6 %
Brandenburg	26.321	5,5 %
Bremen	5.171	- 9,6 %
Hamburg	12.136	- 3,8 %
Hessen	28.483	- 1,1 %
Meckl.-Vorp.	28.118	2,4 %
Niedersachsen	41.724	- 23,9 %
Nordrh.-Westf.	129.099	1,9 %
Rheinl.-Pfalz	24.439	4,1 %
Saarland	5.316	0,8 %
Sachsen	64.393	0,6 %
Sachsen-Anhalt	24.097	26,3 %
Schleswig-Holst.	23.928	- 10,5 %
Thüringen	26.526	4,2 %
Deutschland	**569.309**	**- 1,9 %**
früheres Bundesgebiet	**399.854**	**- 4,6 %**
Neue Länder	**169.455**	**5,3 %**

Quelle: Statisches Bundesamt

Siehe / Siehe auch: Hausgeld

Wohngemeinschaft

flat sharing

Zweckgemeinschaft mehrerer Personen, die gemeinsam in einer Wohnung leben. Es gibt drei mögliche Konstruktionen:

- Ein Hauptmieter, mehrere Untermieter
- Alle als gleichberechtigte Hauptmieter
- Jeder mit Einzel-Mietvertrag.

Alternative 1:

Der Hauptmieter schließt den Mietvertrag mit dem Vermieter und untervermietet einzelne Räume. Der Hauptmieter ist dann in einer starken Position gegenüber den Untermietern, denen er ggf. kündigen kann. Es besteht keine Vertragsbeziehung zwischen Untermietern und Vermieter (=Wohnungseigentümer). Der Hauptmieter muss für Miete und Nebenkosten geradestehen und ist für deren pünktliche Zahlung verantwortlich.

- Vorteile: Einzelne Bewohner können ggf. einzeln (gegenüber dem Hauptmieter) kündigen und ausziehen. Hauptmieter kann „Störenfried" kündigen.
- Nachteil: Wenn Hauptmieter kündigt oder gekündigt wird, ist WG beendet. Wenn Hauptmieter z. B. Stromrechnung nicht bezahlt, wird allen der Strom abgestellt.

Alternative 2:

Alle unterschreiben einen Mietvertrag gemeinsam. Bezüglich der Miete, der Nebenkosten und eventueller weiterer Ansprüche haften alle als Gesamtschuldner, d.h. jeder muss notfalls für den gesamten Betrag der Forderungen (d.h. z. B. die gesamte Wohnungsmiete) geradestehen. Der Vermieter kann sich aussuchen, an wen er sich notfalls klageweise wendet. Die Bewohner haben untereinander Ausgleichsansprüche.

- Vorteil: Kein Hauptmieter.
- Nachteile: Mietvertrag kann nur durch alle

gemeinsam gekündigt werden. Führt zu Streitigkeiten, da oft ein Bewohner kündigen möchte und andere bleiben wollen. Da eine WG auch als „Gesellschaft bürgerlichen Rechts“ betrachtet wird, kann in manchen Fällen eine Kündigung durch einen Einzelmieter nach § 723 BGB erfolgen („Kündigung durch Gesellschafter“). Der Vermieter kann nur allen gemeinsam kündigen und die Kündigung nicht auf Gründe stützen, die vor Eintritt der letzten WG-Bewohner entstanden sind.

Alternative 3:

Vermieter schließt mit allen Mietern separate Verträge über ihr jeweiliges (Schlaf-) Zimmer. Alle zahlen ihre Miete getrennt. Die Verträge beinhalten Mitbenutzungsrechte für Küche, Bad, Flur, Wohnzimmer.

- Vorteil: Mieter können separat kündigen und gekündigt werden.
- Nachteil: Die WG hat kein Mitspracherecht, wer einzieht. Komplizierte Vertragskonstruktion mit der Gefahr der Überreglementierung.

Qualifizierte Zeitmietverträge oder Verträge mit befristetem gegenseitigem Verzicht auf das Recht der ordentlichen Kündigung widersprechen dem Zweck einer Wohngemeinschaft und führen mit fast an Sicherheit grenzender Wahrscheinlichkeit zu Problemen oder gar kostenintensiven Gerichtsverfahren. – Kündigungswillige WG-Mieter kommen dabei oft auf die Idee, einfach keine Miete mehr zu zahlen, um selbst außerordentlich gekündigt zu werden. Der Vermieter hat in diesem Fall Schadenersatzansprüche wegen entgangener Mietzahlung zumindest bis zur Neuvermietung der Wohnung.

Empfehlung:

Abwandlung von Alternative 2.: Mietvertrag mit allen Mietern gemeinsam als ausdrücklicher „WG-Mietvertrag“. Auszug einzelner Mieter gestattet. Neuvermietung des Zimmers möglich. Mieterauswahl durch Bewohner, aber mit Mitspracherecht des Vermieters. Gesetzliche Kündigungsfrist. Diese Variante kommt beiden Seiten zugute.

Siehe / Siehe auch: Untermiete

Wohnräume

living space; living area; living quarters

Ein Wohnraum ist eine abgeschlossene Wohneinheit, die der Wohnnutzung dient. Zu den Wohnräumen einer Wohnung zählen alle Räume mit mindestens 6 Quadratmeter, sofern sie zu Wohnzwecken bestimmt sind, einschließlich der Küchen.
Küchen (sowohl Koch- als auch Wohnküchen) müssen in den Bauplan als solche ausgewiesen werden. Wohnräume zwischen 6 und 10 Quadratmeter werden im Verkehr häufig als halbe Zimmer bezeichnet. Bauordnungsrechtlich gibt es bestimmte Anforderungen an Wohnräume. Sie dürfen eine bestimmt Mindesthöhe nicht unterschreiten. Nebenräume sind Dielen, Abstellräume, Windfänge, Baderäume, Toiletten, wobei hier keine Größenbeschränkung gilt. Sie zählen zur Wohnfläche. Zubehörräume dagegen sind Räume außerhalb der Wohnung, die aber entweder der Wohnung zugewiesen sind oder vom Wohnungsbesitzer mitbenutzt werden können. Hierzu zählen Keller- und Speicherabteile, Waschküchen, Heizungsräume und Garagen.

Siehe / Siehe auch: Ersatzwohnraum, Möblierter Wohnraum

Wohnraumförderung durch Bundesländer und Bund

federal and state subsidies for residential accommodation

Auch nach Beendigung der Förderung durch die Eigenheimzulage können bestimmte Bauherren für ihr Eigenheim gegebenenfalls die Wohnbauförderung durch ihr Bundesland in Anspruch nehmen. Rechtsgrundlage ist das Wohnraumfördergesetz, das das II. Wohnungsbaugesetz abgelöst hat. Voraussetzung ist, dass bestimmte Einkommensgrenzen nicht überschritten werden (§ 9 WoFG). Zuständig für die Förderung sind die Bundesländer. Die Förderung kann bestehen in der Zurverfügungstellung von zinslosen oder zinsverbilligten Baudarlehen, Zusatzdarlehen für kinderreiche Familien und Aufwendungsbeihilfen (Aufwendungsdarlehen und Aufwendungszuschüsse).
Die Förderung beschränkt sich nicht nur auf den Wohnungsbau, Nutzungsänderungen an Gebäuden oder den Ausbau zur Schaffung zusätzlichen Wohnraums, sondern kann auch gewährt werden für den Ankauf einer Wohnimmobilie aus dem Bestand und deren Modernisierung.
Weitere Fördermöglichkeiten gewährt der Bund über die KfW Programme (KfW-Wohnungseigentumsprogramm, KfW-Programm Ökologisch Bauen, KfW-CO^2-Gebäude-Sanierungsprogramm, KfW-Programm Wohnraum Modernisieren, KfW-Programm Solarstrom Erzeugen).

Siehe / Siehe auch: Wohnraumförderungsgesetz

Wohnraumförderungsgesetz

regulations on the promotion of residential

housing in Germany

Am 01.01.2002 trat das „Gesetz zur Reform des Wohnungsbaurechts" („Wohnraumförderungsgesetz") in Kraft. Nach § 9 Abs. 3 konnten die Bundesländer das Inkrafttreten dieses neuen Gesetzes auf 01.01.2003 verschieben. Gleichzeitig wurde das II. Wohnungsbaugesetz im Hinblick auf die künftigen Fördermaßnahmen aufgehoben. Aufgehoben wurde auch das Modernisierungs- und Energieeinsparungsgesetz. Änderungen erfuhren unter anderem das Wohnungsbindungsgesetz, die Neubaumietenverordnung das Wohngeldgesetz und die II. Berechnungs-Verordnung (II. BV). Teile der II BV wurden auf der Grundlage des § 19 des Wohnraumförderungsgesetzes ersetzt. Dabei handelt es sich um die Betriebskostenverordnung und die Wohnflächenverordnung. Sie traten am 01.01.2004 in Kraft. Im Zuge der Föderalismusreform ist auch die Kompetenz der Wohnraumförderung im Jahre 2006 auf die Bundesländer übergegangen. Verbunden damit war auch der Rückzug des Bundes aus der Zurverfügungstellung von Fördermitteln, sieht man von Ausgleichbeträgen ab, die noch bis 2013 bezahlt werden. Allerdings haben nur wenige Bundesländer von ihrer Gesetzgebungskompetenz Gebrauch gemacht, so dass die Förderungsmaßnahmen überwiegend auf dem Bundesgesetz beruhen.

Die Konzeption des Wohnraumfördergesetzes des Bundes wurde in die Ländergesetze weitgehend übernommen. Ziel ist auch in den Ländergesetzen die Unterstützung von Haushalten, die sich am Markt nicht angemessen mit Wohnraum selbst versorgen können. Zu den Bundesländern, die ein eigenes Wohnraumförderungsgesetz verabschiedet haben zählen Bayern (zum 01.05.2007), Schleswig-Holstein (zum 01.07.2009) und Niedersachen (zum 05.11.2009). Gefördert wurde und wird der Wohnungsbau, der Ersterwerb und die Modernisierung von Wohnraum. In den Förderbereich werden ferner der Erwerb von Belegungsrechten an bestehendem Wohnraum auf der Grundlage von Kooperationsverträgen und der Erwerb bestehenden Wohnraums mit einbezogen. Die Förderung erfolgt durch Fördermittel und Bereitstellung von Bürgschaften, teilweise auch durch Zurverfügungstellung verbilligten Baulands. Nach wie vor sind Einkommensgrenzen für die Förderung zu beachten. Neu ist das Institut des Kooperationsvertrages, den die Gemeinden mit den Eigentümern von Wohnraum abschließen können. Gegenstände sind insbesondere die Begründung von Belegungsrechten zugunsten der Gemeinde einschließlich der im Rahmen der Förderung zu vereinbarenden Bindung an eine „höchstzulässige Miete". Gegenstand kann auch die Übernahme von wohnungswirtschaftlichen, baulichen und sozialen Maßnahmen sein, die der Verbesserung des Wohnumfeldes, der Behebung sozialer Missstände und der Quartiersverwaltung dienen. Es soll damit vor allem einer Ghettobildung von sozialschwachen Bevölkerungsschichten entgegen gewirkt werden.

Siehe / Siehe auch: Wohnberechtigungsschein

Wohnrecht

right of residence

Siehe / Siehe auch: Wohnungsrecht

Wohnstift

residential home for the elderly

Wohnstifte sind Einrichtungen, die älteren Menschen ermöglichen, unter Wahrung ihrer Selbstbestimmung den Lebensabend in einer freundlichen naturnahen Umgebung verbringen zu können. Ein Wohnstift enthält neben Wohnungen auch Gemeinschaftsräume (Hobbyräume, Cafeteria). Neben Standardleistungen für ein und zwei Personen werden zusätzliche Wahlleistungen angeboten. Für Besucher stehen häufig Gästezimmer zur Verfügung. Teilweise sind hauswirtschaftliche Dienste im Grundpreis ebenso wie das Frühstück enthalten. Wahlleistungen werden zusätzlich abgerechnet. Manche Wohnstifte übernehmen für Bewohner des Wohnstiftes im Bedarfsfall auch Pflegeleistungen. Wohnstifte haben nicht den Charakter eines Pflegeheims. Die Preise richten sich nach Größe, Ausstattung der Wohnung und die angebotenen Dienste. Die Größe soll so bemessen sein, dass der Bewohner genügend Bewegungsspielraum hat (für eine Person 40-50 m², für 2 Personen 50-60 m² jeweils einschließlich Küche oder Kochnische).

Abgesichert werden die Wohnrechte durch Vertrag (Dauermietvertrag) oder, wenn der Bewohner Finanzierungsmittel zur Verfügung stellt, durch ein Wohnungsrecht.

Wohnung

residence; habitation; dwelling; flat

Wohnung ist ein wirtschaftliches Gut, das das menschliche Bedürfnis eines „Daches über dem Kopf" befriedigt. Es genügt darüber hinaus kulturellen, gesundheitlichen, sozialen und technischen Ansprüchen der Wohnungsnutzer. Teilweise sind Wohnungsstandards durch den Gesetzgeber (Bauordnungsrecht) vorgegeben, teilweise entsprechen sie einer Übereinkunft von Fachleuten, die sie definieren. So ist nach DIN 283 Blatt 1 unter einer Wohnung die Summe aller Räume zu verstehen, die

die Führung eines Haushalts ermöglichen. Darunter muss sich eine Küche oder ein Raum mit Kochgelegenheit befinden. Nach den Landesbauordnungen muss außerdem jede Wohnung von anderen Wohnungen und fremden Räumen baulich abgeschlossen sein und einen eigenen abschließbaren Zugang unmittelbar vom Freien, von einem Treppenhaus, einem Flur oder Vorraum haben. Jede Wohnung, die heute gebaut wird, muss über ein WC und ein Bad mit Badewanne oder Dusche verfügen. Von den Größenverhältnissen her betrachtet, wurde in der früheren Statistik zwischen Klein- Mittel- und Großwohnungen unterschieden (klein: bis 65 Quadratmeter Wohnfläche, mittel: zwischen 65 Quadratmeter und 90 Quadratmeter, groß: über 90 Quadratmeter). Eine Sondergröße bildeten die „Kleinstwohnungen" bis 45 Quadratmeter Wohnfläche. Diese Größeneinteilung ist überholt. Als repräsentative Normgröße, die die Gesamtheit des marktwirksamen Mietwohnungsbestandes repräsentiert, gilt nach dem RDM-Preisspiegel (seit 2005 IVD-Preisspiegel) die 70 Quadratmeter Wohnung. (siehe Normobjekt) Steuerrechtlich muss eine Wohnung 23 Quadratmeter nutzbarer Fläche umfassen, um als Wohnung anerkannt zu werden. In der Vergangenheit gab es Überlegungen, die Wohnung zu einem „meritorischen Gut" zu erklären. Das bedeutet, dass von der Befriedigung eines subjektiven Wohnbedürfnisses abstrahiert wird – das im Einzelfall sehr niedrig angesiedelt sein kann. Es kommt vielmehr auf einen definierten objektiven Wohnbedarf an, der im Interesse der Gesundheit der Bevölkerung ein bestimmtes Wohnkonsumniveau vorschreibt. Insoweit besteht ein Verpflichtungsanspruch an die Haushalte hinsichtlich ihrer nachgefragten Wohnnutzung. So darf eine Überbelegung der Wohnung etwa durch übermäßige Untervermietung nicht stattfinden. Die Wohnung wurde in der Vergangenheit auch als „Sozialgut" definiert, wobei allerdings der Sinn verschwommen bleibt. Soweit die Wohnung einem Haushalt als sozialer Einheit zur Daseinsverwirklichung dient, ist dagegen nichts einzuwenden. Sofern aber damit der Gedanke verbunden wird, die Wohnnutzung sei von wirtschaftlichen Interessenlagen abzukoppeln und damit auch generell unterhalb kostendeckender Marktpreise zur Verfügung zu stellen, kann dies nur vorübergehend und in Ausnahmezeiten (etwa der Zeit kurz nach dem 2. Weltkrieg) gelten. Die Konsequenz der aus einer solchen Haltung heraus praktizierten Wohnungspolitik zeigte sich offen im Schicksal des Wohnungsbestandes der früheren DDR. Während die Wohnung im vorindustriellen Zeitalter gleichzeitig Produktionsstätte war, fand im Zuge der industriellen Revolution eine Trennung von Wohnen und Arbeiten statt. Dies führte im weiteren Verlauf auch städteplanerisch zu einer funktionalen Trennung in Wohn- und Gewerbegebieten. Dies wurde vor allem durch die „Charta von Athen" (1933) als Zielvorstellung proklamiert. Heute gehen die städtebaulichen Konzepte umgekehrte Wege. Es geht zur Vermeidung bzw. Verringerung von Verkehrswegen im Interesse der Umwelt um Mischung der Funktionen. Die künftige Entwicklung wird im Rahmen der „Neuen Ökonomie" dadurch geprägt sein, dass die strenge Unterscheidung zwischen Wohnen und Arbeiten erheblich relativiert wird. Bestandteil künftiger Wohnungen wird zunehmend ein privat und geschäftlich zu nutzender virtueller Kommunikationsraum als Verbindungsstelle nach außen sein. Die demographische Entwicklung führt sukzessive zu einer weiteren Änderung der Wohnbedürfnisse. Der Anteil der alten Bevölkerung steigt ständig. Hinter dem Schlagwort „altersgerechte Wohnungen" verbergen sich mittlerweile viele Initiativen. Zum einen geht es darum, Wohnungsbestände an die neuen Anforderungen an altengerechtes Wohnen anzupassen. Zum anderen ist bei der Planung neuer Wohnanlagen darauf zu achten, dass sie auf Dauer eine gute Durchmischung von Haushalten verschiedener Altersgruppen ermöglichen und damit Segregationserscheinungen entgegenwirken.

Siehe / Siehe auch: Normobjekt, Wohnungsmarkt

Wohnungs- und Teileigentumsgrundbuch

register of freehold flats and part ownership

Auf der Grundlage einer Teilungserklärung oder eines Teilungsvertrages nach dem WEG legt das Grundbuchamt von Amts wegen so genannte Wohnungs- und Teileigentumsgrundbücher an, die in Aufbau und Inhalt im Wesentlichen dem herkömmlichen Grundbuch entsprechen. Es enthält auf dem Deckblatt den zusätzlichen Hinweis „Wohnungsgrundbuch" (bei Nichtwohnräumen „Teileigentumsgrundbuch"). Im Bestandsverzeichnis wird jeweils der Miteigentumsanteil an dem Grundstück eingetragen mit dem Vermerk: „verbunden mit dem Sondereigentum an der im Aufteilungsplan mit Nr. x bezeichneten Wohnung im 1. Obergeschoss. Für jeden Anteil ist ein besonderes Grundbuchblatt angelegt (Blatt 345-355)". Außerdem wird vermerkt, dass der hier eingetragene Miteigentumsanteil durch die zu den anderen Miteigentumsanteilen

gehörenden Sondereigentumsrechte beschränkt ist. Ebenfalls im Bestandsverzeichnis werden etwaige Veräußerungsbeschränkungen (Zustimmungserfordernisse des Verwalters) eingetragen. Die Abteilungen I, II und III entsprechen im Übrigen dem normalen Grundbuchaufbau. Der Aufteilungsplan ist Bestandteil der Grundakte des Grundbuchs.
Siehe / Siehe auch: Grundbuch, Aufteilungsplan, Wohnungsgrundbuch

Wohnungsabnahmeprotokoll

certificate of acceptance of a flat

Kurz vor dem Auszug des Mieters aus der Wohnung schriftlich verfasster Bericht über deren Zustand. Das Wohnungsabnahmeprotokoll wird von Vermieter und Mieter unterzeichnet und gibt dem ehemaligen Mieter Rechtssicherheit gegenüber finanziellen Nachforderungen des Vermieters. Für Schäden, die ins Abnahmeprotokoll nicht aufgenommen wurden, muss der Mieter nicht mehr einstehen. Im Abnahmeprotokoll werden auch die Zählerstände (Strom, Gas usw.) vermerkt. Der Vermieter kann sich im Nachhinein nicht darauf berufen, dass bestimmte Schäden bei der Abnahme nicht erkennbar waren. Ist eine Wohnungsübergabe im Beisein des Vermieters oder seines Beauftragten nicht möglich, kann der Mieter einen Fachmann (Malermeister etc.) hinzuziehen und diesen eine Beschreibung des Wohnungszustandes unterschreiben lassen. Weder Mieter noch Vermieter haben Anspruch auf Ersatz der Kosten für einen Sachverständigen, wenn für die Begutachtung der Wohnung keine besonderen Fachkenntnisse nötig sind und jeder beliebige neutrale Zeuge über deren Zustand ausreichend Auskunft geben kann.

Wohnungsabnutzung

wear and tear of a flat

Wohnungsabnutzung nennt man die Abnutzung einer Wohnung oder eines Hauses durch den normalen, vertragsgemäßen Gebrauch. Der Vermieter darf den Mieter dafür nicht zur Rechenschaft ziehen oder von ihm verlangen, die Abnutzungsschäden zu beheben. Klassisches Beispiel:
Abnutzung des Teppichbodens. Bei normalem gebrauchsbedingtem Verschleiß kann der Vermieter bei Auszug des Mieters oder im Rahmen von Schönheitsreparaturen nicht den Ersatz des Teppichbodens fordern. Anders verhält sich dies jedoch, wenn regelrechte Beschädigungen vorhanden sind (Brandlöcher von Zigaretten, Farbflecken etc.). Auch Abschleifen und neues Versiegeln eines Parkettbodens können wegen normaler Abnutzung nicht verlangt werden.
Siehe / Siehe auch: Schönheitsreparaturen, Übermäßige Abnutzung

Wohnungsbau

housing; house bilding/construction; residential construction

Der Wohnungsbau dient der Befriedigung der Nachfrage nach Wohnraum. Diese Nachfrage ergibt sich aus der Bevölkerungsentwicklung. Sie ist ein Ergebnis der natürlichen Bevölkerungsbewegung und der Wanderungen. Der überwiegende Teil der Nachfrage wird unter Marktbedingungen durch Wohnungswechsel infolge von Wanderungen befriedigt. Der mit öffentlichen Mittel geförderte Wohnungsbau wurde mit Einführung des Wohnraumförderungsgesetzes eingestellt. Da ein Teil des Wohnungsbestandes abgeschrieben werden muss, ergibt sich daraus selbst bei stagnierender oder schrumpfender Bevölkerung stets ein Ersatzbedarf nach neu zu errichtenden Wohnungen. Der überwiegende Teil des Wohnungsbaus findet heuten im „Bauen im Bestand" statt. Die Bevölkerungsbewegung spiegelt nur indirekt den Wohnungsbedarf wider. Am Markt sind Nachfrager Haushalte. Außerdem Ist die Bevölkerungsentwicklung nicht die einzige Ursache für das Entstehen der Wohnungsnachfrage. Vor großer Bedeutung ist die allgemeine wirtschaftliche Entwicklung d.h. die Konjunktur insbesondere die Entwicklung der Realeinkommen. Schließlich wurde der Wohnungsbau zudem über Jahrzehnte unterschiedlich gefördert. Dies alles erklärt die hohen Unterschiede der Baugenehmigungen und der daraus resultierenden Baufertigstellungen beim Wohnungsneubau. Wichtige Erkenntnisquellen für die Entwicklung des Wohnungsbaus sind die Baugenehmigungs- und Baufertigstellungsstatistiken. Die Baugenehmigungen sind ein Indikator für die Fertigstellungen. Nachfolgend wird die Entwicklung in den alten Bundesländern in den Zeiträumen zwischen 1960 und 2007 betrachtet. Hier schwankten die Baugenehmigungszahlen zwischen 768.000 Wohneinheiten im Jahr 1972 und 155.000 Wohneinheiten im Jahr 2007 – ein Fünftel des Rekordjahres! Dagegen blieben die Zahlen für die Baugenehmigungen im Wohnbaubereich Einfamilienhäuser etwas stabiler. Sie erreichten im Jahr 1978, dem Jahr der Erholung nach der Immobilienkrise von 1975 bis 1978, den Spitzenwert von 183.000, während in den Jahren 1987 und 2007 nur noch 65.000 Einfamilienhäuser genehmigt wurden – etwas über ein Drittel des Rekordjahres. Bei den Baufertigstellungen vermindern sich die Ausschläge, weil vor allem in Zeiten, in denen die Konjunktur kippt, nicht alle genehmigten Vorhaben zur Ausführung gelangen. Im Jahr 1973 wurden mit 714.000 die meisten Wohnungen im alten Bundesgebiet fertiggestellt. Die geringste Fertigstellungszahl weist das Jahr 2007 mit 193.000 Wohneinheiten auf. In den östlichen Bundesländern war 1996 das Jahr mit den höchsten Baugenehmigungen: insgesamt für 159.000 Wohnungen. 2007 waren es nur noch 22.000, knapp 14 Prozent. Ähnlich verhält es sich mit den Fertigstellungen von Wohneinheiten. 1997 lag die Zahl bei 155.000, 2007 nur noch bei 23.000 Einheiten (knapp 15 Prozent). Allerdings ist zu berücksichtigen, dass sich die Qualität des Wohnungsbaus einmal durch bauordnungsrechtliche Änderungen aber auch zu verbesserte energetische Standards und der Zunahme von Konzepten des barrierefreien Wohnens geändert hat. Dem quantitativen Rückgang steht eine Qualitätssteigerung gegenüber. Der Wohnungsbau hat innerhalb der Bauwirtschaft jahrelang dominiert. Dank der relativ starken Bauaktivitäten auf dem Sektor des Nichtwohnungsbaus und des Tiefbaus konnte der Einbruch etwa abgemildert werden.

Genehmigte Wohnungen in Deutschland

	2007	2008	2009
Einfamilienhaus	79.000	73.000	75.000
Zweifamilienhaus	16.000	15.000	15.000
Eigentumswohn.	33.000	31.000	31.000
Mietwohn./sonstige	54.000	55.000	57.000
insgesamt	**182.000**	**175.000**	**178.000**

Quelle: Destatis

Siehe / Siehe auch: Bauwirtschaft, Wohnungsmarkt

Wohnungsbauförderung

housing subsidy; subsidy for house building

Siehe / Siehe auch: Öffentliche Mittel

Wohnungsbauprämie

premium for financing the construction of residential property

Nach dem Wohnungsbauprämiengesetz werden seit dem 1. Januar 2004 8,8 Prozent der dem Bausparkonto gutgeschriebenen Beträge als Prämie gewährt, allerdings nur bis zu folgenden Höchstbeträgen: Alleinstehende 512 Euro, Verheiratete 1.024 Euro pro Jahr. Die Einkommensgrenze, bis zu der Bausparer einen Anspruch auf Wohnungsbauprämie haben, beträgt 25.600 bzw. 51.200 Euro (Alleinstehende / Verheiratete) zu „versteuerndes Jahreseinkommen". Das Bruttoeinkommen darf also wesentlich höher ausfallen.

Wohnungsbauzyklus

housing cycle

Im Rahmen der Entwicklung einer dynamischen Theorie in der Volkswirtschaftlehre wurden in der ersten Hälfte des 20. Jahrhunderts die zyklischen Bewegungen auf verschiedenen Märkten untersucht. Bekannt geworden ist der „Schweinezyklus" von Prof. Hanau. Ein ähnlicher Zyklus wurde für den Schiffsbau ermittelt. Erstaunlicherweise wird der von dem niederländischen Wirtschaftsnobelpreisträger Jan Tinbergen festgestellte Wohnungsbauzyklus in der Literatur kaum erwähnt. Er wies als erster mit Hilfe von Modellberechnungen nach, dass in bestimmten Abständen die Wohnungsproduktion ihre Impulse aus jeweiligen Angebotsdefiziten vorhergehender Perioden erhält. Die zyklischen Bewegungen beim Wohnungsbau sind heute leicht an der Entwicklung der Wohnungsproduktion nachzuweisen. Was allerdings kaum zur Kenntnis genommen wird, ist die Tatsache, dass die Ausschläge nach oben und unten durch politische Einflussnahmen insbesondere im Bereich des Mietrechts und der steuerlichen Subventionen verstärkt und beschleunigt werden. Ein Umkippen des Wohnungsmarktes von einem Mieter- zu einem Vermietermarkt wurde in der Vergangenheit regelmäßig begleitet durch eine Verschärfung des Mieterschutzes, was zu weiteren Anpassungsverzögerungen führte. Diese mussten dann durch Subventionsschübe im steuerlichen Bereich wieder ausgeglichen werden. Die Subventionen führten dann wiederum zu Wohnbauaktivitäten, an deren Ende das Überangebot stand. Begleitet wird diese politisch verschärfte Sonderkonjunktur des Wohnungsmarktes regelmäßig durch erhebliche nachhinkende Kapazitätsauf- und -abbauten in der Bauwirtschaft, die per Saldo enorme volkswirtschaftliche Verluste zur Folge hatten.

Wohnungsbedarfsprognose

forecast for housing requirements/demand

Der künftige Wohnungsbedarf wird durch Wohnungsbedarfsprognosen ermittelt. Hierbei ist zwischen dem subjektiven und dem objektiven Wohnungsbedarf zu unterscheiden. Der subjektive Wohnungsbedarf (Wohnraumbedürfnisse) ergibt sich aus den Anforderungen, die ein Haushalt an seine Wohnung, insbesondere an die Größe seiner

Wohnung stellt. Da diese Vorstellungen statistisch nicht erfassbar sind, beziehen sich Wohnungsbedarfsprognosen auf objektive Kriterien. Dabei gilt als Grundsatz, dass jedem Haushalt eine Wohnung zustehen soll. Hinsichtlich der Wohnungsgröße wird von der Formel ausgegangen, wonach jedem Mitglied eines Haushalts ein Wohnraum zuzurechnen ist. Hinzu kommt unabhängig von der Haushaltgröße ein weiterer Wohnraum. Bei der Wohnungsprognose werden der Neu- und der Ersatzbedarf berechnet. Hinzu kommt ein etwaiger Nachholbedarf, falls der Sollbestand zu Beginn der Prognose den Istbestand nicht erreicht und deshalb eine Unterversorgung besteht. Aber auch eine etwaige Überversorgung ist zu berücksichtigen. Als erforderliche Leerstandsreserve werden zwei Prozent des jeweiligen Wohnungsbestandes angenommen. In die Prognoseberechnung fließen die prognostizierten Wanderungsbewegungen und Veränderungen der Haushalte (z. B. das Wachstums der Einpersonenhaushalte) mit ein. Obwohl nach Prognosen des Statistischen Bundesaktes die Bevölkerungszahl in Deutschland bis 2020 um drei Prozent zurückgehen soll, ist im gleichen Zeitraum nach wie vor mit einer Steigerung der Privathaushalte um ebenfalls drei Prozent zu rechnen. Zu Lasten der Haushalte mit drei und mehr Personen werden die Haushalte mit ein bis zwei Personen überproportional stark zunehmen. Wohnungsbedarfsprognosen auf Bundesebene sind indes wenig aussagekräftig. Es finden nach wie vor Bevölkerungsverschiebungen zwischen Bundesländern statt, was in den Ländern Sachsen-Anhalt, Thüringen, Sachsen und Mecklenburg-Vorpommern und im Saarland zu einer Verringerung der Haushalte führen soll. In den westlichen Bundesländern, vor allem in Baden-Württemberg und Bayern, wird dagegen ein starker Anstieg prognostiziert. Dies lässt einen Schluss darauf zu, wie sich die Wohnbauaktivitäten zur Deckung des Wohnungsbedarfs entwickeln werden.

Wohnungsbestand
housing supply

Ausgewählte Ergebnisse in Prozent pro Jahr

Wohnungsbestand Deutschland

	2005	2006	2007	2008
Wohnungen in Tausend (Wohn- u. Nichtwohngebäude)	39.551	39.754	39.918	40.058
davon mit ... Räumen				
1	844	846	847	850
2	2.433	2.439	2.447	2.454
3	8.536	8.551	8.562	8.577
4	11.686	11.712	11.733	11.751
5	7.704	7.757	7.800	7.834
6	4.239	4.287	4.327	4.357
7 und mehr	4.109	4.159	4.201	4.235
Räume insg.	174.076	175.196	176.114	176.862
Wohnfläche insg. in Mio. m^2	3.395	3.421	3.444	3.462
Strukturdaten zum Wohnungsbestand				
Wohnungen je 1.000 Einwohner	480	483	486	488
Wohnfläche je Wohnung in m^2	85,8	86,1	86,3	86,4
Wohnfläche je Einwohner in m^2	41,2	41,6	41,9	42,2
Räume je Wohnung	4,4	4,4	4,4	4,4

Quelle: Stat. Bundesamt – 2010, Werte gerundet

Die Übersicht gibt die aktuellen Werte des Wohnungsbestandes in Deutschland wieder, zeigt gleichzeitig die Entwicklung der letzten Jahre und bietet zusätzlich wichtige Strukturdaten an.

Wohnungseigentümer
flat owner

Wohnungseigentümer ist der Eigentümer, der als Eigentümer eines Wohnungs- oder Teileigentums im Wohnungsgrundbuch eingetragen ist. Der eingetragene Eigentümer ist Träger aller Rechte und Pflichten nach dem Wohnungseigentumsgesetz. Da die Vorschriften über das Wohnungseigentum entsprechend auch für das Teileigentum gelten, ist auch der Eigentümer eines Teileigentums als Wohnungseigentümer zu bezeichnen. Der Erwerber eines Wohnungseigentums, der den Kaufvertrag unterschrieben hat und noch nicht als Eigentümer in das Grundbuch eingetragen ist, für den aber eine Auflassungsvormerkung im Grundbuch eingetragen ist und der die Wohnung in Besitz genommen hat, wird als „werdender Wohnungseigentümer“ dann bezeichnet, wenn außer dem Bauträger oder dem Veräußerer noch kein weiterer Eigentümer in das Grundbuch eingetragen ist. In diesem Fall hat auch der werdende Wohnungseigentümer alle Rechte und Pflichten nach dem Wohnungseigentumsgesetz. Er ist Mitglied der „werdenden Wohnungseigentümergemeinschaft“. Mit der Eintragung des zweiten Eigentümers entsteht die rechtlich in Vollzug gesetzte Wohnungseigentümergemeinschaft. Auch in diesem Fall behalten allerdings die bisherigen werdenden Wohnungseigentümer ihre vollen Rechte und Pflichten nach dem Wohnungseigentumsgesetz. Dies gilt selbst dann, wenn – aus welchen Gründen auch immer – sich ihre Eintragung in das Grundbuch noch über einen längeren Zeitraum, möglicherweise auch über mehrere Jahre hinziehen sollte. Wer dagegen als Erwerber in eine rechtlich in Vollzug gesetzte, also in eine aus mindestens zwei in das Grundbuch eingetragenen Wohnungseigentümern bestehende Wohnungseigentümergemeinschaft eintritt, erwirbt die Rechte und Pflichten eines Wohnungseigentümers – anders als der werdende Wohnungseigentümer – erst mit der Eintragung in das Grundbuch. Dies gilt auch dann, wenn für ihn nach Abschluss des Kaufvertrages eine Auflassungsvormerkung in das Grundbuch eingetragen ist und er die Wohnung bereits in Besitz genommen hat. Als faktischer Wohnungseigentümer ist der noch nicht eingetragene Eigentümer nur gegenüber dem Veräußerer aus dem Kaufvertrag verpflichtet, der ihn allerdings als Vertreter bevollmächtigen kann, an der Wohnungseigentümer-Versammlung teilzunehmen und für den noch eingetragenen Veräußerer das Stimmrecht auszuüben. Die Zulässigkeit einer solchen Vertretung steht allerdings unter dem Vorbehalt, dass keine Vertretungsbeschränkung vereinbart ist. Eine Zahlungspflicht des faktischen Eigentümers gegenüber der Wohnungseigentümergemeinschaft besteht aber nicht.

Siehe / Siehe auch: Wohnungseigentümer-Versammlung, Wohnungseigentümer-Gemeinschaft, Vertretung (Wohnungseigentümer-Versammlung)

Wohnungseigentümer-Gemeinschaft

condominium owners' association

Die Wohnungseigentümer-Gemeinschaft ist eine besondere Personen-Gemeinschaft, deren Mitglieder durch das Sondereigentum an einer Wohnung und das Miteigentum am gemeinschaftlichen Eigentum miteinander verbunden sind. Sie entsteht mit ihrer rechtlichen Invollzugsetzung, das heißt mit der Eintragung des ersten Erwerbers als Eigentümer in das Grundbuch neben dem bisherigen Alleineigentümer, meistens der Bauträger. Eine Wohnungseigentümer-Gemeinschaft im rechtlichen Sinne besteht also erst dann, wenn mindestens zwei Eigentümer in das Grundbuch eingetragen sind. Mitglieder der Wohnungseigentümer-Gemeinschaft sind somit alle im Grundbuch eingetragenen Eigentümer. Von einer werdenden Wohnungseigentümer-Gemeinschaft spricht man dann, wenn der Bauträger noch als alleiniger Eigentümer aller Wohnungen im Grundbuch eingetragen ist, einzelne Wohnungen aber bereits veräußert worden sind, Kaufverträge abgeschlossen und Auflassungsvormerkungen für die Erwerber eingetragen sind. Mit der Zuerkennung der Teilrechtsfähigkeit gemäß § 10 Abs. 6 bis 8 WEG ist die Wohnungseigentümer-Gemeinschaft in bestimmten Bereichen zum selbstständig handelnden Rechtssubjekt geworden. Das betrifft insbesondere das Handeln im rechtsgeschäftlichen Verkehr, und zwar die gesamte Verwaltung des gemeinschaftlichen Eigentums betreffen. Sie ist als „Verband" selbstständiges rechtliches Subjekt und damit rechtlich selbstständiger Inhaber von Rechten und Pflichten, und zwar unabhängig von der jeweiligen Zusammensetzung der Mitglieder der Wohnungseigentümer-Gemeinschaft.

Siehe / Siehe auch: Haftung (Wohnungseigentümer), Rechtsfähigkeit (Wohnungseigentümer-Gemeinschaft)

Wohnungseigentümer-Versammlung

freehold flat owners' meeting

Die Verwaltung ihres gemeinschaftlichen Eigentums steht allen Wohnungseigentümern gemeinschaftlich zu, wenn nicht das Gesetz selbst oder entsprechende Vereinbarungen etwas anderes vorschreiben (§ 21 Abs. 1 WEG). Ist für die Verwaltung keine Vereinbarung getroffen, entscheiden die Wohnungseigentümer über alle Angelegenheiten und Maßnahmen der ordnungsgemäßen Verwaltung durch mehrheitliche Beschlussfassung (§ 21 Abs. 3 WEG). Soll über Angelegenheiten entschieden werden, die über die ordnungsgemäße Verwaltung hinausgehen, wie beispielsweise über bauliche Veränderungen, von denen alle Eigentümer betroffen sind, ist die Zustimmung aller im Grundbuch eingetragenen Eigentümer erforderlich (ein- oder allstimmiger Beschluss). Die so zu treffenden Entscheidungen werden durch Beschlussfassung in der Wohnungseigentümer-Versammlung geregelt (§ 23 Abs. 1 WEG). Auch außerhalb der Wohnungseigentümer-Versammlung können die Wohnungseigentümer die Verwaltung des gemeinschaftlichen Eigentums regeln, und zwar auf schriftlichem Wege. Dazu bedarf es jedoch ausnahmslos der Zustimmung aller Wohnungseigentümer (§ 23 Abs. 3 WEG). Üblicherweise erfolgt die Einberufung der Wohnungseigentümer-Versammlung mindestens einmal jährlich durch den Verwalter mit einer Mindestfrist von zwei Wochen (§ 24 Abs. 4 WEG). Die Einberufung hat in Textform zu erfolgen, den

Eigentümern ist gleichzeitig mit der Einberufung die Tagesordnung zu übersenden (§ 24 WEG). Damit die Versammlung beschlussfähig ist, müssen die anwesenden oder vertretenen Wohnungseigentümer mehr als die Hälfte der für sie eingetragenen Miteigentumsanteile repräsentieren (§ 25 Abs. 3 WEG). Den Versammlungsvorsitz führt in der Regel der Verwalter der Wohnungseigentümergemeinschaft, sofern die Versammlung nichts anderes beschließt (§ 24 Abs. 5 WEG). Über die in der Versammlung gefassten Beschlüsse hat der Verwalter gemäß § 24 Abs. 6 WEG eine Niederschrift anzufertigen, die vom Versammlungsvorsitzenden und einem Wohnungseigentümer und gegebenenfalls auch vom Verwaltungsbeirats-Vorsitzenden beziehungsweise seinem Stellvertreter zu unterzeichnen ist. Sie braucht den Wohnungseigentümern zwar nicht übersandt zu werden, muss aber rechtzeitig, spätestens eine Woche vor Ablauf der Anfechtungsfrist zur Einsichtnahme zur Verfügung stehen.
Nach neuem Recht ist unabhängig von der Beschluss-Niederschrift gemäß § 24 Abs. 7 WEG eine Beschluss-Sammlung zu führen.
Siehe / Siehe auch: Beschlussfähigkeit (Wohnungseigentümer-Versammlung), Beschluss-Sammlung, Einberufung der Wohnungseigentümer-Versammlung, Niederschrift (Wohnungseigentümer-Versammlung), Tagesordnung (Wohnungseigentümer-Versammlung), Textform, Versammlungsvorsitz, Wiederholungsversammlung

Wohnungseigentum

commonhold ownership; flat ownership; freehold flat

Wohnungseigentum ist nach der gesetzlichen Regelung das Sondereigentum (Alleineigentum) an einer Wohnung in Verbindung mit einem Miteigentumsanteil am gemeinschaftlichen Eigentum, zu dem es gehört (§ 1 Abs. 2 WEG). Dieser gesetzlich definierte Begriff steht für das, was im allgemeinen Sprachgebrauch als Eigentumswohnung bezeichnet wird. Mit dieser Zweckbestimmung sind grundsätzlich Art und Umfang der zulässigen Nutzung der so bezeichneten Räume festgelegt. Räume, die in der Teilungserklärung als Wohnungseigentum bezeichnet sind, dürfen grundsätzlich nur für Wohnzwecke genutzt werden, wenn nicht bereits in der Teilungserklärung selbst oder in der Gemeinschaftsordnung eine ergänzende oder abweichende Vereinbarung getroffen wurde. Nach geltender Rechtsprechung sind aber von der grundsätzlichen Zweckbestimmung (Nutzung für Wohnzwecke) abweichende Nutzungen dann zulässig, wenn die von der zweckwidrigen Nutzung ausgehenden Störungen nicht größer sind als die Störungen, die sich auch bei bestimmungsgemäßer Wohnnutzung ergeben würden. Danach können auch als Wohnungseigentum bezeichnete Räume für bestimmte berufliche Zwecke genutzt werden (Anwalts-, Steuerberaterkanzlei, Architekturbüro, Arztpraxis, allerdings keine Kinderarztpraxis). Einer besonderen Zustimmung bedarf eine solche Nutzung nicht, wenn keine weitergehenden Störungen auftreten oder die Teilungserklärung beziehungsweise die Gemeinschaftsordnung ausdrücklich die Zustimmung zur beruflichen Nutzung vorschreiben. Das Wohnungseigentum gehört als Sondereigentum ebenso wie das gemeinschaftliche Eigentum nicht zum Verwaltungsvermögen der Wohnungseigentümergemeinschaft. Eine Ausnahme gilt allerdings für den Fall, dass die teilrechtsfähige Wohnungseigentümergemeinschaft durch Erwerb einer Wohnung in der betreffenden Anlage Wohnungseigentümer wird. Dies wird nach inzwischen geltender Rechtsprechung für zulässig erachtet.
Siehe / Siehe auch: Eigentumswohnung, Miteigentumsanteil, Gemeinschaftseigentum, Sondereigentum, Vereinbarung (nach WEG), Gemeinschaftsordnung, Wohnungseigentümer, Teilungserklärung

Wohnungseigentumsgesetz

German condominium act

Nach den Vorschriften des Bürgerlichen Gesetzbuches können an den wesentlichen Bestandteilen einer Sache keine besonderen Rechte eingeräumt werden (§ 93 BGB). Da Gebäude zu den wesentlichen Bestandteilen des Grundstücks zählen, kann folglich an einzelnen Wohnungen oder Räumen in dem Gebäude auch kein selbstständiges Eigentum gebildet werden (§ 94 BGB). Da es nach dem Zweiten Weltkrieg darum ging, möglichst schnell Wohnraum für breite Bevölkerungskreise zu schaffen und Kapital für den Wohnungsneubau zu mobilisieren, wurden deshalb bereits im Jahre 1951 die gesetzlichen Grundlagen geschaffen, um die Bildung von Einzeleigentum an Wohnungen und anderen Räumen und damit gleichzeitig eine breite Eigentumsbildung zu ermöglichen. Mit dem Wohnungseigentumsgesetz, abgekürzt WEG, vom 15.03.1951 wurde der gesetzliche Grundstein für das „Eigenheim auf der Etage“ gelegt. Als Rahmengesetz regelt dieses Gesetz neben den eigentumsrechtlichen Grundlagen unter anderem die Verteilung der gemeinschaftlichen Lasten und Kosten, den Gebrauch von Sonder- und Gemeinschaftseigentum, die gemeinschaftliche Verwaltung durch Wohnungseigentümer, Verwalter und Verwaltungsbeirat, die Instandhaltung und Instandsetzung von Sonder- und Gemeinschaftseigentum sowie Abrechnungs-, Rechnungslegungs- und Zahlungspflichten. Die weiteren Rechte und Pflichten der Wohnungseigentümer ergeben sich aus der Teilungserklärung, der Gemeinschaftsordnung, Vereinbarungen und Beschlüssen der Wohnungseigentümer sowie aus dem mit dem Verwalter zu schließenden Verwaltungsvertrag. Soweit sich im Übrigen aus diesen Bestimmungen keine Regelungen ergeben, gelten die entsprechenden Regelungen des Bürgerlichen Gesetzbuches. Inzwischen sind nach diesen Vorschriften des Wohnungseigentumsgesetzes mehr als fünf Millionen Wohnungen in der Rechtsform des Wohnungseigentums entstanden, die etwa zur einen Hälfte von ihren Eigentümern selbst genutzt beziehungsweise. zur anderen Hälfte vermietet sind.

Siehe / Siehe auch: Beschluss (Wohnungseigentümer), Gemeinschaftseigentum, Gemeinschaftsordnung, Sondereigentum, Teilungserklärung, Wohnungseigentümer, Wohnungseigentumsgesetz - Novellierung 2007, Verwalter (WEG)

Wohnungseigentumsgesetz - Novellierung 2007

German condominium act - reenactment 2007 (with amendments)

Am 01.07.2007 sind mit der umfassenden Novellierung des Wohnungseigentumsgesetzes grundlegende Änderungen in Kraft getreten. Die Änderungen betrafen letztlich die konsequente Umsetzung der beiden Grundsatzentscheidungen des Bundesgerichtshofes zum „Zitterbeschluss" (BGH, Az. V ZB 58/99, Beschluss vom 20.09.2000) und zur Teilrechtsfähigkeit (BGH, Az. V ZB 32/2005, Beschluss vom 02.06.2005). Dabei stand die Erleichterung der Willensbildung der Wohnungseigentümer im Vordergrund. So wurde das früher geltende starre Einstimmigkeitsprinzip, zum Beispiel bei Änderungen der Kostenverteilung, durch Einführung der Mehrheitsentscheidung aufgehoben. Gleiches gilt für Modernisierungsmaßnahmen und für Maßnahmen zur Anpassung des Gemeinschaftseigentums an den Stand der Technik. Im Übrigen wurden durch die Gesetzesänderung neben verfahrensrechtlichen Änderungen mit der Einführung der Teilrechtsfähigkeit insbesondere auch die Haftungsbestimmungen zugunsten der Wohnungseigentümer verbessert. Zudem wurde die seit mehr als drei Jahrzehnten erhobene Forderung nach einer bevorrechtigten Behandlung von Hausgeldforderungen der Wohnungseigentümer-Gemeinschaft in der Zwangsversteigerung realisiert. Damit wurde die Stellung der Wohnungseigentümer gegenüber den Kreditinstituten in der Zwangsversteigerung deutlich verbessert. Im Einzelnen geht es um die nachstehenden Regelungen:

- Zustimmungserfordernis Dritter zu Vereinbarungen – § 5 Abs. 4 Satz 2 WEG,
- Ausfertigung und Bescheinigung von Aufteilungsplan und
- Abgeschlossenheitsbescheinigung – § 7 Abs. 4 Satz 3 WEG,
- Abgrenzung der Rechte und Pflichten zwischen Wohnungseigentümern und teilrechtsfähiger Wohnungseigentümer-Gemeinschaft – § 10 Abs. 1 WEG,
- Anspruch auf Änderung von Vereinbarungen – § 10 Abs. 2 Satz 3 WEG,
- Rechtsfähigkeit der Wohnungseigentümer-Gemeinschaft – § 10 Abs. 6 WEG,
- Verwaltungsvermögen der Wohnungseigentümer-Gemeinschaft – § 10 Abs. 7 WEG,
- Begrenzung der Haftung der Wohnungseigentümer – § 10 Abs. 8 WEG,
- Insolvenzunfähigkeit der Gemeinschaft – § 11 Abs. 3 WEG,
- Aufhebung von Veräußerungsbeschränkungen – § 12 Abs. 4 WEG,
- Änderung der Verteilung der Betriebs- und Verwaltungskosten durch mehrheitliche Beschlussfassung – § 16 Abs. 3 WEG,
- Änderung der Kostenverteilung bei Instandhaltung, -setzung und baulichen Veränderungen durch doppelt qualifizierten Mehrheitsbeschluss – § 16 Abs. 4 WEG,
- Ausübung des Entziehungsrechts – § 18 Abs. 1 Satz 2 WEG,
- Wirkung des Entziehungsurteils – Berechtigung zur Zwangsvollstreckung § 19 Abs. 1 Satz 2 WEG,
- Erweitere Beschlusskompetenz bei Verwaltungsmaßnahmen und Zahlungsmodalitäten – § 21 Abs. 7 WEG,
- Gerichtliche Ersatzregelungen bei Verwaltungsangelegenheiten – § 21 Abs. 8 WEG
- Beschlusskompetenz bei baulichen Veränderungen – Erfordernis und Entbehrlichkeit der Zustimmung – § 22 Abs. 1 WEG
- Mehrheitsbeschluss bei Modernisierungsmaßnahmen / Abgrenzung zur modernisierenden Instandsetzung – § 22 Abs. 2 und 3 WEG

- Verlängerung der Einladungsfrist – § 23 Abs. 4 WEG
- 19.Bestellung eines Notverwalters entfällt – § 26 Abs. 3 WEG
- Pflicht zur Führung einer Beschluss-Sammlung – § 24 Abs. 7 und 8 WEG
- Nicht ordnungsgemäße Führung einer Beschluss-Sammlung als Abberufungsgrund – § 26 Abs. 1 Satz 4
- Aufgaben und Befugnisse des Verwalters gegenüber Wohnungseigentümern und Wohnungseigentümer-Gemeinschaft – § 27 WEG
- Regelung der WEG-Streitigkeiten im ZPO-Verfahren – § 43 WEG
- Begrenzter Vorrang für Hausgeldforderungen in Zwangsversteigerung – § 10 ZVG

Wohnungseigentumsverfahren

German ordinance on home ownership

Nach den seit dem 01.07.2007 geltenden Bestimmungen ist über Streitigkeiten in Wohnungseigentumssachen nach den Vorschriften der Zivilprozessordnung zu entscheiden. Die Änderungen betreffen zum einen den Wegfall der Amtsermittlungspflicht und zum anderen die neue Kostenregelung, wonach die im Verfahren Unterlegenen sämtliche Kosten des Verfahrens zu tragen haben. Für die Verwalter ist die neue Regelung des § 49 Abs. 2 WEG von besonderer Bedeutung, weil sie mit den gesamten Verfahrenskosten belastet werden können, wenn sie durch grob schuldhaftes Verhalten Anlass zur Beschlussanfechtung gegeben haben.
Die Regelungsinhalte des § 43 WEG wurden im Wesentlichen übernommen. Zuständig bleibt weiterhin das Amtsgericht, in dessen Bezirk die Wohnungseigentumsanlage liegt. Damit bleibt die Nähe zum Gericht erhalten, ein Anwaltszwang besteht auch weiterhin nicht. Weiterhin ist ausdrücklich geregelt, dass sich Beschlussanfechtungen gegen die übrigen Wohnungseigentümer richten, nicht gegen die Wohnungseigentümer-Gemeinschaft (§ 46 Abs. 1 WEG). An die Stelle des bisherigen drei- beziehungsweise vierstufigen Verfahrens ist das zwei- beziehungsweise dreistufige Verfahren getreten (Amtsgericht, Landgericht (Berufung) und Bundesgerichtshof (Revision).

Siehe / Siehe auch: Rechtsfähigkeit (Wohnungseigentümer-Gemeinschaft), Mehrheitsbeschluss, Zivilprozessordnung

Wohnungserbbaugrundbuch

register of residential building (or ground) leases

Wohnungseigentum kann auch auf der Grundlage eines Erbbaurechts begründet werden. In diesem Falle wird pro Wohn-/Teileigentum ein Wohnungs-/Teileigentumserbbaugrundbuch angelegt. Die Struktur entspricht dem des Erbbaugrundbuchs, wobei lediglich der Miteigentumsanteil und das damit verbundene Sondereigentum im Bestandsverzeichnis zusätzlich mit aufgeführt sind. Für den Erbbauzins haften die Wohnungseigentümer gesamtschuldnerisch, wenn nicht eine Aufteilung nach Miteigentumsanteilen mit dem Grundstückseigentümer und damit die Begründung einzelner Schuldverhältnisse zwischen Wohnungseigentümer und Erbbaurechtsgeber vereinbart wird.

Siehe / Siehe auch: Wohnungs- und Teileigentumsgrundbuch

Wohnungsgenossenschaft

housing cooperative; housing trust; housing association

Wohnungsgenossenschaften sind wie die übrigen Arten von Genossenschaften Gesellschaften mit einer nicht geschlossenen Zahl von Mitgliedern (Genossen), die einen wirtschaftlichen Zweck verfolgen und sich dabei eines gemeinsamen Geschäftsbetriebes bedienen. Das Geschäftsprinzip ist Selbsthilfe der Mitglieder durch gegenseitige Förderung. Sie entstehen mit Eintragung in das Genossenschaftsregister. Finanzielle Geschäftsgrundlage der Genossenschaften sind die von den Mitgliedern eingezahlten Geschäftsanteile. Die Geschäftsanteile vermehren sich um die Gewinne. Je nach Art der Wohnungsgenossenschaft ist es ihr Zweck, entweder an Mitglieder Genossenschaftswohnungen zu vermieten bzw. Ihnen die Nutzung der Wohnung zu überlassen oder bei Wohnbaugenossenschaften, an Mitglieder Eigenheime zu verkaufen. Eine Besonderheit der Genossenschaften besteht in der Identität von Träger und Kunden. Sie funktionieren auf der Grundlage genossenschaftlicher Solidarität – jedes Mitglied hilft dem anderen, zum Ziele zu gelangen. Der Vorstand hat alle Mitglieder gleich zu behandeln. Zum Beispiel müssen Mieterhöhungen deshalb für alle Mitglieder in gleicher Höhe vorgenommen werden. Mietverträge mit einer Genossenschaft richten sich nach den üblichen mietrechtlichen Regelungen. Jedoch wirken auch das Genossenschaftsgesetz und die von der Genossenschaft selbst beschlossene Satzung ins Mietverhältnis hinein.Besonderheiten im Mietverhältnis:

- Beim Eintritt sind Genossenschaftsanteile zu erwerben. Genossenschaftsmieter entrichten üblicherweise keine Mietkaution.

Die Höhe der Anteile übersteigt meist die einer Kaution.
- Vorteil einer Genossenschaftswohnung aus Mietersicht ist die meist im Vergleich niedrigere Miete.
- Zur Vermeidung von Wohnungsleerständen darf die Genossenschaft den Mietzins für eine oder mehrere Wohnungen senken, ohne das die Mieter anderer Wohnungen Anspruch auf eine entsprechende Senkung haben.
- Eine Erhöhung der Miete für einzelne Wohnungen widerspricht dem genossenschaftlichen Gleichbehandlungsgrundsatz und ist unzulässig.
- Wenn das Genossenschaftsmitglied verstirbt, wird das Mietverhältnis nach den gesetzlichen Bestimmungen mit dem Ehegatten fortgesetzt. Der Erbe des „Genossen" erbt auch die Genossenschaftsanteile und damit den Anspruch auf eine Wohnung.
- Eine Eigenbedarfskündigung gibt es nicht. Allerdings hat die Genossenschaft ein berechtigtes Interesse an der Kündigung, wenn ein Mieter wegen genossenschaftswidrigen Verhaltens ausgeschlossen wird und die Wohnung für ein anderes Mitglied benötigt wird.
- Die Genossenschaftsanteile werden bei Ende des Mietverhältnisses zurückgezahlt. Bei manchen Genossenschaften kann die Kündigungsfrist für die Anteile länger als die für die Wohnung ausfallen, da die Einlagen in laufenden Projekten gebunden sind.
- Manche Genossenschaften beteiligen den Mieter / das Mitglied an ihren Gewinnen.
- Geht eine Genossenschaft in Konkurs, fallen die Genossenschaftsanteile in die Konkursmasse. Eine Nachschusspflicht oder eine über den Anteil hinaus gehende Haftung des Mieters gibt es nicht.
- Hartz IV: Genossenschaftsanteile werden (wie die Mietkaution) nicht zum Vermögen gerechnet. Wenn nach einem Wohnungswechsel die Genossenschaftsanteile zurückgezahlt und wieder auf dem Konto gutgeschrieben sind, müssen sie beim nächsten Antrag als Vermögen angegeben werden.

Zum 18. August 2006 sind erhebliche Änderungen des Genossenschaftsgesetzes in Kraft getreten. Die Reform soll die Genossenschaft als Rechtsform attraktiver machen. Die Gründung kleiner Genossenschaften wurde erleichtert; Genossenschaften mit einer Bilanzsumme bis zu 1 Mio Euro oder mit Umsatzerlösen bis zu 2 Mio. Euro sind von der Pflicht zur Prüfung des Jahresabschlusses befreit. Weitere Regelungen sollen eine bessere Informationsversorgung der Mitglieder sicher stellen.

Siehe / Siehe auch: Eigenbedarf, Nachschusspflicht

Wohnungsgröße
size of a flat

Die Wohnungsgröße hat bei preisgebundenen Wohnungen („öffentlich geförderter Wohnraum") eine erhebliche Bedeutung. Sie kann hier nicht vom Mieter nach freiem Belieben gewählt werden. Damit keine Unterbelegung von mit öffentlichen Geldern geförderten Wohnungen stattfindet, wird im Wohnberechtigungsschein durch die Behörde angegeben, welche Wohnungsgröße für den jeweiligen Mieter maximal noch als angemessen betrachtet wird. Der Vermieter muss sich daran halten. Nach welchen Kriterien die zulässige Wohnungsgröße bestimmt wird, ist in allen Bundesländern in eigenen Verwaltungsvorschriften geregelt. So kann für eine Einzelperson z.B. maximal eine Wohnung von 40 oder 45 Quadratmetern zulässig sein.

Siehe / Siehe auch: Angemessene Miete, Hartz-IV und Miete, Wohnberechtigungsschein

Wohnungsgrundbuch
land register for commonhold flats

Sowohl bei der vertraglichen Begründung von Wohnungseigentum (§ 3 WEG) wie auch bei der Begründung durch Teilungserklärung (§ 8 WEG) wird vom Grundbuchamt für jeden Miteigentumsanteil ein besonderes Grundbuchblatt angelegt, das als Wohnungsgrundbuch (bei Wohnungen) oder als Teileigentumsgrundbuch (bei nicht zu Wohnzwecken dienenden Räumen) bezeichnet wird. Im Bestandsverzeichnis wird der jeweilige Miteigentumsanteil eingetragen mit dem zusätzlichen Vermerk „verbunden mit dem Sondereigentum an der mit Nr. xx bezeichneten Wohnung und (gegebenenfalls) dem zugehörigen Kellerraum Nr. xx und dem Kfz.-Stellplatz Nr. xx". Ergänzend wird vermerkt, dass der eingetragene Miteigentumsanteil durch die zu den anderen Miteigentumsanteilen gehörenden Sondereigentumsrechte beschränkt ist. Ebenfalls im Bestandsverzeichnis eingetragen sind als Inhalt des Sondereigentums weitere Regelungen – vielfach Beschränkungen – hinsichtlich der Veräußerung oder des Gebrauchs, ebenso vom Gesetz abweichende Vereinbarungen (§ 10 Abs. 2 Satz 2 WEG), beispielsweise zur abweichenden Kostenverteilung. Zur näheren Bezeichnung des Gegenstandes und des Inhalts des Sondereigentums kann auf die Eintragungsbewilligung Bezug genommen werden (§ 7 Abs. 4 WEG). Diese Eintragungen sind deshalb von besonderer Bedeutung, weil vom Gesetz abweichende Vereinbarungen im Falle des Eigentümerwechsels gemäß § 10 Abs. 3 WEG gegenüber dem neuen Eigentümer nur dann Rechtswirkung entfalten, wenn sie im Grundbuch eingetragen sind. Durch Erweiterung der Beschlusskompetenz im Rahmen der am 1. Juli 2007 in Kraft getretenen WEG-Reform, insbesondere hinsichtlich abweichender Kostenverteilungsregelungen durch mehrheitliche Beschlussfassung, ist jedoch zu berücksichtigen, dass die bis dahin geltende „Verlässlichkeit" auf die als Inhalt des Sondereigentums im Grundbuch eingetragenen Vereinbarungen nur noch beschränkt Geltung hat. Ergänzend ist deshalb die ab 1. Juli 2007 zu führende Beschluss-Sammlung auf vom Gesetz oder von einer Vereinbarung abweichende Beschlüsse zu prüfen. Die Abteilungen I, II und III entsprechen dem normalen Grundbuchaufbau.

Siehe / Siehe auch: Miteigentumsanteil, Vereinbarung (nach WEG), Wohnungs- und Teileigentumsgrundbuch, Grundbuch, Beschluss-Sammlung, Sondereigentum, Wohnungseigentum, Teileigentum

Wohnungsmangel

housing shortage

Von Wohnungsmangel wird dann gesprochen, wenn die sich am Markt artikulierende Nachfrage nach Wohnraum zu angemessenen Bedingungen durch das Angebot nicht befriedigt werden kann. Als allgemeine Kennzahl für Wohnungsmangel wird in der Regel das Verhältnis der Zahl der Haushalte zur Zahl bewohnbarer Wohnungen herangezogen. Allerdings hat bei der sehr differenzierten Teilmarktstruktur des Wohnungsmarktes eine solche allgemeine Kennzahl keine besondere Aussagekraft. Bei der Vielzahl der Teilmärkte kann zum gleichen Zeitpunkt in einem Teilmarkt ein Angebotsmangel, in einem anderen ein Angebotsüberschuss bestehen. Wird in Deutschland ein „geringes Angebot" zur Erzielung „überhöhter" Mieten ausgenutzt, liegt der Tatbestand der „Mietpreisüberhöhung" vor, die als Ordnungswidrigkeit mit Bußgeld geahndet werden kann. In einem Urteil des BGH zur Mietpreisüberhöhung (Az.: VIII ZR 44/04, Urteil vom 13.04.2005) wird klargestellt, dass der Wohnungsmangel nicht nur in einem einzigen Stadtteil vorliegen darf, um bei entsprechend überhöhter Miete den Tatbestand dieser Ordnungswidrigkeit zu erfüllen. Es muss sich vielmehr um einen Wohnungsmangel in der gesamten Stadt bezogen auf vergleichbare Wohnungen handeln.In deutschen Großstädten wird von machen Experten und Verbänden in den nächsten Jahren ein verstärkter Wohnungsmangel befürchtet. So wird z. B. in der Metropolregion Hamburg ein Bevölkerungsanstieg erwartet, der bei gleich bleibender Bautätigkeit im Jahr 2020 zum Fehlen von 35.000 Wohnungen führen könnte. Der Begriff „Wohnungsmangel" ist nicht zu verwechseln mit dem Sachmangel der Mietwohnung, der deren Gebrauchsfähigkeit beeinträchtigt.

Siehe / Siehe auch: Mietwucher, Mietpreisüberhöhung, Sachmangel (im Mietrecht), Wirtschaftsstrafgesetz

Wohnungsmarkt

housing market

In der Skala des Bedürfnisbewusstseins rangiert in unserem Kulturkreis die Wohnung an erster Stelle. Der größte Teil der Versorgung der Bevölkerung mit Wohnraum findet auf dem Wohnungsmarkt statt. Er ist deshalb Gegenstand zahlreicher Untersuchungen und politischer Steuerungsversuche. Im Zentrum der Betrachtung steht dabei die Mietpreisbildung. Der Staat will sie nicht dem ungebremsten Spiel der Marktkräfte überlassen. Dies führte zu Gunsten einkommensschwacher Schichten zum Aufbau eines neben dem Wohnungsmarkt agierenden Wohnungszuteilungssystems mit Mietpreis- und Wohnungsbindung. Aber auch der Markt selbst wurde und wird auch heute noch trotz des relativ guten Versorgungsgrades durch zahlreiche miet- und mietpreisrechtliche Vorschriften gesteuert. Nach einer Verlautbarung des Bundesministeriums für Verkehr, Bau- und Stadtentwicklung soll immerhin der größte Teil der Haushalte mit niedrigem Einkommen, darunter zwei Drittel aller Wohngeldempfänger, in frei finanzierten Mietwohnungen wohnen. Die Wohnungsmärkte in Deutschland weisen höchst unterschiedliche Entwicklungen auf. In Schrumpfungsgebieten gibt es einen permanenten Angebotsüberhang mit sinkenden Preistendenzen. Hierzu gehört ein großer Teil der östlichen Bundesländer. In Wachstumsregionen wird oft ein Mietpreisniveau erreicht das bei vergleichbarem Wohnungsstandard mehr als das Doppelte der Mietpreise in Schrumpfungsregionen erreicht.
Im Laufe der Zeit wurden verschiedene „Gesetzmäßigkeiten", denen der Wohnungsmarkt unterworfen ist, formuliert. Es begann mit dem Schwabe´schen Gesetz. Der Statistiker Schwabe hat nachzuweisen versucht, dass Haushalte mit niedrigen Einkommen einen relativ größeren Einkommensteil für

die Miete ausgeben müssen, Haushalte mit höheren Einkommen dagegen einen relativ niedrigen Einkommensteil. Lütge hat in seinem „Gesetz des sozialbedingten Wohnungsaufwandes" festgestellt, dass z.B. bei vergleichbaren Einkommen bestimmte Schichten, hier die Beamten, mehr für die Miete ausgeben als andere Schichten.Nachgegangen wurde auch der Frage, wie lange die durchschnittliche Umzugskette ist, die durch den Wohnungsbau hervorgerufen wird, bis sie schließlich versickert (Kurzfristig wirksame Sickerprozesse). Die Filteringtheorie erörtert die Frage, wie durch den alterungsbedingten Qualitätsschwund des Wohnungsbestandes Haushalte mit höherem Einkommen in bessere Wohnquartiere übersiedeln und damit qualitativ geringwertigen Wohnraum Haushalten mit geringerem Einkommen zur Verfügung gestellt werden („Filtering-down"). Andererseits aber werden durch Modernisierungs- und Revitalisierungsmaßnahmen in alten Stadtvierteln Haushalte mit hohem Einkommen angezogen („Filtering-up"). Die Filteringtheorie beschreibt langfristige Wirkungen des Wohnungsmarkts. Das Arbitragemodell zeigt, wie Wohnungsmärkte durch die Entwicklung von homogenen Nachbarschaften in Untermärkte aufgespalten werden, die zu Gettobildungen aber auch zu Erscheinungen der Gentrification (Aufwertung von Wohnquartieren) führen. Der Ratcheteffekt beschreibt das Phänomen, dass Haushalte mit steigendem Einkommen ihr Konsumniveau auch im Wohnbereich ständig nach oben anpassen. Sie „klinken" sich in diesen Prozess des steigenden Konsums ein. In Zeiten sinkender Einkommen halten sie jedoch an dem einmal erreichten Niveau aus Prestigegründen fest. Sie verzehren damit ihr Vermögen und fallen schließlich nach Eintritt der Zahlungsunfähigkeit der Armut anheim.
Siehe / Siehe auch: Gentrifizierung, Filtertheorie, Ratcheteffekt

Wohnungsprivatisierung

privatisation of residential property

Wohnungsprivatisierung handelt von der Überführung von Wohnungsbeständen der öffentlichen Hand (insbesondere Bund Länder und Gemeinden) in den privatwirtschaftlichen Bereich. Während der Bund seinen Wohnungsbestand weitgehend verkauft hat, verfügen die Bundesländer noch über einen Bestand von ca. 320.000 Wohneinheiten, die Gemeinden von ca. 2.500.000 Wohneinheiten. Die Privatisierung kann erfolgen durch Verkauf direkt an Mieter nach Begründung von Wohneigentum („Mieterprivatisierung"), durch Verkauf an eine Privatisierungsgesellschaft, die sich dann um den Einzelverkauf an die Mieter kümmert, durch „Blockverkauf" an einen privaten Investor oder ein Wohnungsunternehmen, durch Unternehmensverkauf oder durch Gründung einer Wohnungsgenossenschaft. Da sich die Privatisierung sozialverträglich steuern lässt, gibt es heute kaum mehr gewichtige Argumente gegen die Wohnungsprivatisierung, die vor allem Kommunen erheblich entlasten würde. Anreize für den Kauf der Wohnungen durch Mieter bestehen in der Gewährung von Sozialrabatten auf den Kaufpreis und die Gewährung von günstigen Finanzierungskonditionen.

Wohnungsreallast

land charge on a flat

Eine Wohnungsreallast unterscheidet sich von einem Wohnungsrecht dadurch, dass sie sich nicht auf die Zurverfügungstellung einer konkreten Wohnung zugunsten einer bestimmten Person bezieht, sondern auf die Absicherung der Verpflichtung des Eigentümers, eine oder mehrere Wohnungen (meist unter Bestimmung ihrer Größe) dem Berechtigten zur Verfügung zu stellen und instand zu halten. Nutzer sind die vom Berechtigten bestimmten Personen.

Wohnungsrecht

German housing law

Ein Wohnungsrecht, auch Wohnrecht genannt, ist ein subjektiv persönliches, also an eine bestimmte Person gebundenes Recht, das im Grundbuch als beschränkte persönliche Dienstbarkeit eingetragen wird. Es wird dem Berechtigten meist im Gegenzug zur Übertragung, (Erbschaft oder Schenkung oder Verkauf) eines Wohnhauses eingeräumt. In der Regel ist das Wohnungsrecht unentgeltlich. Es kann aber vereinbart werden, dass der Berechtigte bestimmte Unterhaltungspflichten (laufende Instandhaltung der Wohnung) übernimmt. Die dem Eigentümer obliegenden Grundstückslasten können nicht mit dinglicher Wirkung auf den Wohnungsberechtigten im Rahmen des Wohnungsrechts übertragen werden. Da die Zweckbestimmung des Wohnungsrechts ausschließlich das Wohnen durch den Berechtigten ist, kann ein Wohnungsrecht nicht an einem Teileigentum nach dem WEG begründet werden. Das Wohnungsrecht kann nicht entgeltlich bestellt werden. Ausgewichen wird deshalb in seltenen Fällen auf eine schuldrechtliche Entgeltvereinbarung, in der die Verpflichtung zur Entgeltzahlung zur Bedingungen für die Ausübung des Wohnungsrechts gemacht wird. Es erlischt mit dem

Tode des Berechtigten oder mit der Zerstörung des Gebäudes. Im Gegensatz zum Wohnungsrecht steht eine Wohnungsreallast, die zum Inhalt die Gewährung von Wohnraum (nicht an einer bestimmten Wohnung) hat. Die Verpflichtung des Gebäudeeigentümers besteht in der Zurverfügungstellung von Wohnraum und seiner Erhaltung. In einigen Fällen werden auch unentgeltliche schuldrechtliche Wohnungsrechte vereinbart. Beispiel: Erben lassen Hausangestellte eines verstorbenen Elternteils unentgeltlich in einem Teil des geerbten Hauses wohnen. Meist werden in diesen Fällen die Wohnräume unentgeltlich zur Nutzung auf Lebenszeit zur Verfügung gestellt. Besondere Formalien oder eine notarielle Beurkundung sind nicht erforderlich. Bei dieser Konstruktion kann vertraglich vereinbart werden, dass der Wohnberechtigte auch die für die Wohnung anfallenden Nebenkosten nicht zahlen muss. Ohne besondere Vereinbarung muss er diese übernehmen, außer wenn der zugrunde liegende Vertrag „Versorgungscharakter" hat, das heißt zum Beispiel einen Teil der Altersversorgung einer Person darstellt. Problematisch ist, was mit einem schuldrechtlichen unentgeltlichen Wohnrecht bei Verkauf der Wohnung passiert: Es ist umstritten, ob der Käufer das Wohnungsrecht beachten muss.

Siehe / Siehe auch: Grunderwerbsteuer, Reallast

Wohnungsschlüssel für Mietwohnung

key to a rented flat

Mieter können vom Vermieter die Anzahl von Schlüsseln für die Mietwohnung verlangen, die sie benötigen. Üblich wie auch angemessen sind je zwei bis drei Schlüssel für Haustür, Wohnungstür, Briefkasten und gegebenenfalls Keller- und Garagentüren. Benötigt der Mieter eine größere Anzahl von Schlüsseln, weil der Haushalt aus mehr Personen besteht, muss der Vermieter die benötigte Anzahl zur Verfügung stellen. Der Mieter darf selbst ohne Weiteres Schlüssel für seine Wohnung nachfertigen lassen. Schlüssel für die Hauseingangstür gehören meist zu einer Schließanlage und dürfen nur mit Genehmigung des Hauseigentümers nachgefertigt werden. Alle nachgefertigten Schlüssel sind beim Auszug dem Vermieter auszuhändigen. Vermieter sollten dies im Mietvertrag regeln. Der Vermieter ist ohne Zustimmung des Mieters nicht berechtigt, Zweitschlüssel zur Mietwohnung zu besitzen. Besteht eine solche Zustimmung, darf er die Wohnung nicht ohne Erlaubnis des Mieters betreten, da dieser dort das Hausrecht inne hat. Schlüsselverluste müssen dem Vermieter gemeldet werden. Bei Verschulden des Mieters muss der Mieter die Anfertigung von Ersatzschlüsseln oder den Austausch der Schlösser bezahlen. Handelt es sich um Schlüssel einer Schließanlage, kann dies teuer werden: Gegebenenfalls kann vom Mieter der Austausch aller Schlösser der Schließanlage und damit an allen Wohnungs- und Haustüren des Gebäudes gefordert werden. Diese Verpflichtung trifft den Mieter nur bei Verschulden, dass heißt Vorsatz oder Fahrlässigkeit. Werden dem Mieter Schlüssel gestohlen, muss der Vermieter die Kosten tragen. Daran ändern entsprechende gegenteilige Vertragsklauseln nichts.

Siehe / Siehe auch: Hausrecht

Wohnungstausch

exchange of dwellings; (colloq.) house (or flat) swap

Es gibt Fälle, in denen ein Wohnungstausch unter Mietern sinnvoll sein kann. Denkbar ist dies z. B., wenn im gleichen Haus ein Mieter wegen einer Trennung eine kleinere Wohnung und ein anderer wegen Familienzuwachs eine größere Wohnung sucht. Der Vermieter muss jedoch einen solchen Tausch nicht akzeptieren, wenn er nicht will. Ein anderer Wohnungstausch findet statt, wenn z. B. zwei Wohnungsinhaber vereinbaren, ihre Wohnungen gegenseitig zu Urlaubszwecken benutzen zu dürfen. Richtet der Tauschpartner Schäden in der Mietwohnung oder am Haus an, haftet dafür jedoch der Mieter selbst – wie bei jedem geladenen Gast oder Besucher auch. Der urlaubsbedingte Wohnungstausch stellt eine vertragswidrige Nutzung der Wohnung dar und ist nur mit vorheriger Erlaubnis des Vermieters zulässig.

Siehe / Siehe auch: Besucher, Haushüter / Homesitter

Wohnungsunternehmen

housing company; housing firm

Von Wohnungsunternehmen spricht man, wenn die Zwecksetzung des Unternehmens ganz oder überwiegend in der Errichtung und Bewirtschaftung von eigenen Wohngebäuden, der Errichtung von Eigenheimen und Eigentumswohnungen für den Markt sowie der Verwaltung fremden Wohnungsbestandes besteht. Die frühere Abgrenzung zwischen gemeinnützigen und freien Wohnungsunternehmen ist nach Aufhebung des Wohnungsgemeinnützigkeitsgesetzes hinfällig geworden. Allerdings haben viele Wohnungsunternehmen, vor allem die kommunalen und kirchlichen die Wohnungsgemeinnützigkeit weiterhin in ihrer Satzung verankert.

Wer ausschließlich für den Markt produziert wird auch als Bauträger bezeichnet. Wohnungsunternehmen sind überwiegend im GdW Bundesverband deutscher Wohnungsunternehmen e.V. oder im Bundesverband Freier Wohnungsunternehmen e.V. (beide mit Sitz in Berlin) organisiert.

Siehe / Siehe auch: Bauträger

Wohnungsvermittlung

estate agent; housing agency; accommodation bureau

Wohnungsvermittlung ist ein Teilbereich des Geschäftsfeldes von Maklern. Im Schnitt entfallen circa zehn Prozent der Provisionserlöse der Maklerunternehmen auf diesen Bereich. Wohnungsvermittler müssen zusätzlich zum BGB-Maklerrecht die Spezialvorschriften des Wohnungsvermittlungsgesetzes beachten, die dem besonderen Schutzbedürfnis von Wohnungssuchenden dienen. Der Geschäftsbereich der Wohnungsvermittlung zeichnet sich durch eine relativ hohe Erfolgsquote aus und ist wegen der schnellen Umschlagsgeschwindigkeit des Marktgutes Wohnung trotz der Provisionsbegrenzung in normalen Zeiten ein stabiles Basisgeschäft.

Siehe / Siehe auch: Wohnungsvermittlungsgesetz (WoVG)

Wohnungsvermittlungsgesetz (WoVG)

German rental property law

Das WoVermG regelt einerseits die Beziehungen zwischen Mietinteressent und Wohnungsvermittler (Makler). Einbezogen werden auch sogenannte Gelegenheitsvermittler, die kein Maklergewerbe betreiben. Andererseits enthält es öffentlich-rechtliche Vorschriften, die dem Verbraucherschutz dienen.

Die zivilrechtlichen Vorschriften sind weitgehend zwingend. Hierzu gehören hauptsächlich die so genannten „Provisionsverbote", also die Fallgestaltungen, in denen der Wohnungsvermittler keine Provision verlangen darf. Dies ist gegeben, wenn er gleichzeitig Eigentümer, Vermieter, Verwalter oder Mieter der Wohnung ist oder wenn zwischen dem Wohnungsvermittler einerseits und dem Eigentümer/Vermieter/Verwalter andererseits eine wirtschaftliche oder rechtliche Beteiligung besteht.

Gegenüber dem Mieter darf der Wohnungsvermittler keine Provision verlangen, wenn es sich um öffentlich geförderten Wohnraum handelt. Die Wohnungsvermittlungsprovision, die der Mieter zu zahlen hat, darf zwei Monatsmieten, zuzüglich Umsatzsteuer, abzüglich Nebenkosten, über die gesondert abzurechnen ist, nicht übersteigen. Außer der Provision dürfen für Tätigkeiten, die mit der Vermittlung oder dem Nachweis der Gelegenheit zum Abschluss von Mietverträgen über Wohnräume zusammenhängen, sowie für etwaige Nebenleistungen keine Vergütungen irgendwelcher Art, insbesondere keine Einschreibgebühren, Schreibgebühren oder Auslagenerstattungen, vereinbart oder angenommen werden, es sei denn, die nachgewiesenen Auslagen übersteigen eine Monatsmiete. Für den Fall, dass kein Mietvertrag zustande kommt, gibt es keine Begrenzung für die Vereinbarung eines Aufwendungsersatzes. Zu Unrecht bezahlte Provisionen kann der Mieter innerhalb von drei Jahren zurückfordern.

Öffentlich-rechtliche Vorschriften beziehen sich auf das Anbieten von Wohnungen in Zeitungen. Der Makler muss seinen Namen, seine Wohnungsvermittlereigenschaft und die Mieten der angebotenen Wohnungen mit einem klarstellenden Zusatz hinsichtlich der Nebenkosten in das Inserat aufnehmen. Ferner muss er die Provision in einem Bruchteil oder Vielfachen der Monatsmiete angeben und darf Wohnungen nicht ohne Auftrag des Vermieters anbieten. Verstöße gegen diese Vorschriften sind Ordnungswidrigkeiten und werden mit Bußgeld bis zu 2.500 Euro geahndet. Wer für die Wohnungsvermittlung mehr als zwei Monatsmieten verlangt, dem droht sogar ein Bußgeld bis zu 25.000 Euro. Darüber hinaus können Verstöße gegen die öffentlich-rechtlichen Vorschriften des Wohnungsvermittlungsgesetzes auch wettbewerbsrechtlich als unlautere geschäftliche Handlung verfolgt werden. (Siehe § 4 Nr. 11 UWG)

Siehe / Siehe auch: Gewerbe, Ordnungswidrigkeit

Wohnungswirtschaft

housing industry; housing economics

Die Wohnungswirtschaft ist ein wesentlicher Teil der Immobilienwirtschaft. Sie umfasst im Wesentlichen die Dienstleistungsbereiche und Marktvorgänge der wohnungswirtschaftlich ausgerichteten Immobilienentwicklung, der Errichtung von Miet- und Eigentümerwohnungen, der Bewirtschaftung, Instandhaltung, Modernisierung und Sanierung des Wohnungsbestandes. Nachfolgend werden die Strukturdaten der Wohnungsnutzung dargestellt.

Im Jahr 2006 waren 41,6 Prozent aller Haushalte Eigentümerhaushalte. Der Rest wohnt zur Miete. Mit zunehmender Haushaltsgröße steigt die Wohneigentumsquote. Dreipersonenhaushalte sind zu 48 Prozent, Fünfpersonenhaushalten zu 66 Prozent Eigentümerhaushalte. Die durchschnittliche Bruttokaltmiete, die ein Hauptmieter zu zahlen hatte, lag 2006 bei 412 Euro. In der Summe gaben die Haushalte in Deutschland für Wohnung, Wasser, Strom, Gas im Jahr 2008 330,4 Milliarden Euro aus (einschließlich Mietwerte eigen genutzter Wohnungen). Dies sind 24,7 Prozent aller konsumtiven Ausgaben im Inland. Die nachfolgenden Zahlen für 2006 (Quelle Statistisches Bundesamt) geben einen Einblick über das wohnungswirtschaftliche Versorgungsniveau und die Mietbelastung.

Deutschland	2006	2008
Wohnungsbestand (x 1.000)	39.753,7	40.057,9
Wohnfläche je Wohnung (m^2)	86,1	86,4
Wohnfläche je Einwohner (m^2)	41,6	42,2
Anzahl Räume je Wohnung	4,4	4,4
Hauptmieterhaushalte (in %)	56,1	56,8
Eigentümerquote (in %)	41,6	43,2
Eigentümer-1-Personenhaushalte (in %)	24,6	24,0
Eigentümer-2-Personenhaushalte (in %)	47,8	48,0
Eigentümer-3 und mehr-Personenhaushalte (in %)	55,6	57,0
Durchschnittsmiete (Euro / m^2)	5,94	6,00

Quelle: Statistisches Bundesamt

Wohnwertverbesserungen (Mietrecht)

improvements on residential value/ value for residential purposes (law on tenancy)

Wohnwertverbesserungen gehören zu den Modernisierungsmaßnahmen, die einen Vermieter zur Mieterhöhung bei Modernisierung berechtigen. Unter Wohnwertverbesserungen versteht man Maßnahmen, die die Mieträume oder das Wohnumfeld außerhalb der Wohnung selbst verbessern.

Beispiele:

- Einbau von Isolierglasfenstern an Stelle Einfachverglasung
- Einbau einer Zentralheizung statt Einzelöfen
- Einbau neuer Bäder und Toiletten
- Wärmedämmung von Außenmauern
- Befestigung des Hofes
- Anschluss an Breitbandkabelnetz
- Einrichtung neuer Kfz-Stellplätze

Nicht als Wohnwertverbesserungen werden von den Gerichten anerkannt:

- Neue Hauseingangstür
- Einbau einer Zentralheizung statt einer Gasetagenheizung
- Erneuerung von Fliesen
- jegliche Erhaltungsmaßnahmen (Instandhaltung und -setzung)

Siehe / Siehe auch: Duldung der Modernisierung (Mietrecht), Mieterhöhung bei Modernisierung, Mietermodernisierung

Wohnwirtschaftliche Verwendung (Bausparvertrag)

use as residential property (building loan contract)

Wer die staatlichen Subventionen für Bausparverträge (z. B. Wohnungsbauprämie, Sonderausgabenabzug, Sparzulage) nutzt, muss bestimmte Sperrfristen (sieben beziehungsweise zehn Jahre) beachten. Grundsätzlich kann der Bausparer erst nach Ablauf dieser Sperrfristen über das angesammelte Guthaben verfügen.

Diese Sperrfristen müssen nicht eingehalten werden, wenn der Bausparvertrag zur Finanzierung so genannter wohnwirtschaftlicher Maßnahmen verwendet wird. Dies bedeutet, dass beispielsweise ein zuteilungsreifer Bausparvertrag bereits vier Jahre nach Abschluss für den Erwerb eines Grundstückes oder die Modernisierung einer Wohnung verwendet werden kann, ohne dass dem Bausparer hierdurch Nachteile entstehen.

Wolkenkratzer

skyscraper

Siehe / Siehe auch: Hochhaus

Zählermiete

metre rent

Der Vermieter muss zur Erfassung des Verbrauchs an Wärme, Warm- und Kaltwasser die Mieträume mit Zählern bzw. Messuhren (Fernheizung: Heizkostenverteiler) ausstatten. Für Kaltwasserzähler besteht noch keine bundeseinheitliche Einbaupflicht. In vielen Bundesländern muss inzwischen jedoch jede Wohnung mit einem Kaltwasserzähler ausgestattet sein. Der Vermieter kann diese Geräte auswählen und entscheiden, ob er sie kauft, mietet oder least. Der Mieter muss die Zähleinrichtungen bezahlen. Bei gekauften Zählern kann die Miete um jährlich elf Prozent des Kauf- und Einbaupreises erhöht werden. Diese Erhöhung stellt eine Modernisierungsumlage dar. Bei gemieteten Zählern können die anfallenden Kosten im Rahmen der Nebenkostenabrechnung auf den Mieter umgelegt werden. Gemietete Zähler haben den Vorteil, dass die Einhaltung der gesetzlich vorgeschrieben Eichfristen durch die Firma (Stadtwerke, Ableseunternehmen) überwacht wird, die Eigentümer der Zähler ist. Der Austausch der Zähler wird kostenfrei vorgenommen. Es sollte jedoch vor dem Abschluss längerfristiger Verträge ein Vergleich der anfallenden Gebühren für die Zählermiete mit dem Kauf- und Einbaupreis der Zähler stattfinden. Entscheidet sich der Hauseigentümer für die Anschaffung eigener Zähler, muss er selbst auf die Einhaltung der Eichfristen achten. Die Eichfristen betragen für Wärme- und Warmwasserzähler fünf und für Kaltwasserzähler sechs Jahre. Gaszähler müssen alle acht Jahre, Stromzähler alle 16 Jahre geeicht werden. Anbringen und Ablesen der Geräte sind vom Mieter zu dulden. Wenn Zähler eingebaut sind, hat der Vermieter die Pflicht, den Verbrauch regelmäßig zu erfassen und dem Mieter auf Wunsch Einblick in die Originalunterlagen der Ablesefirma zu geben.

Siehe / Siehe auch: Betriebskosten, Heiz- und Warmwasserkosten, Nebenkosten (mietrechtliche)

Zahlungspflichten

duty/obligation to pay; pecuniary obligations

Siehe / Siehe auch: Hausgeld, Hausgeldrückstände

Zahlungsverzug

late payment; delayed payment; default of payment; delay in paying (a debt)

Seit Inkrafttreten des „Gesetzes zur Beschleunigung fälliger Zahlungen" am 30. Mai 2000 kommt ein Schuldner automatisch in Verzug, wenn er nach Ablauf von 30 Tagen nach Zugang der Rechnung bzw. dem in der Rechnung ausgewiesenen Fälligkeitstermin nicht gezahlt hat. Eine etwaige zusätzliche Mahnung berührt die 30-Tagefrist nicht. Allerdings kann in einem Vertrag abweichend von der neuen Regelung vereinbart werden, dass der Verzug mit der Mahnung einsetzt – auch vor Ablauf der 30-Tagefrist. Bei Schuldverhältnissen, die zu wiederkehrende Zahlungen an bestimmten Kalendertagen verpflichten, tritt nach wie vor Verzug bereits ein, wenn die Zahlung zu einem dieser Termine nicht erfolgt. Ab Verzug entstehen Verzugszinsen in Höhe von nunmehr fünf Prozent über dem Basiszinssatz, der von der Bundesbank in viermonatlicher Abständen (1.1., 1.5. und 1.9.) an die Entwicklung des Zinssatzes für längerfristige Refinanzierungsgeschäfte, einem der Leitzinsen der Europäischen Zentralbank, angeglichen wird.

Zarge

frame

Als Zarge werden Rahmen bezeichnet, die stehend Lasten aufnehmen. Ihrer Funktion entsprechend werden sie z. B. als Türzarge, Fensterzarge oder Bettzarge bezeichnet.

Siehe / Siehe auch: Fensterrahmen

Zebra-Gesellschaft

„zebra" partnership, a partnership that merely holds assets (i.e. non-commercial) while at least one of its partners gains commercial income

Als Zebra Gesellschaft wird eine ausschließlich vermögensverwaltende Personengesellschaft bezeichnet, an der neben Personen, die ihre Beteiligung im Privatvermögen halten, mindestens ein Gesellschafter beteiligt ist, dessen Anteil zu einem steuerlichen Betriebsvermögen zählt. Anteilseigner, deren Anteile sich im steuerlichen Privatvermögen befinden, beziehen Einkünfte aus Vermietung und Verpachtung. Werden die Anteile hingegen im Betriebsvermögen gehalten, so liegen Einkünfte aus Gewerbebetrieb vor.

Zeichner

subscriber; allottee; applicant

Zeichner werden diejenigen Personen genannt, die Anteile an einer Fondsgesellschaft erwerben („zeichnen"). Teilweise werden synonym auch die Begriffe Anleger oder – je nach Rechtsform der Fondsgesellschaft – Kommanditist bzw. Gesellschafter verwendet.

Siehe / Siehe auch: Fondsinitiator, Leistungsbilanz, Immobilienfonds - Geschlossener Immobilienfonds

Zeichnungsfrist

subscription period

Die Zeichnungsfrist ist der Zeitraum, innerhalb dessen sich Anleger an einem neu aufgelegten geschlossenen Fonds beteiligen oder Kaufaufträge für neu zu emittierende Wertpapiere abgeben können.
Siehe / Siehe auch: Immobilienfonds - Geschlossener Immobilienfonds

Zeichnungsschein

subscription form / blank / slip; application form/ blank

Durch seine Unterschrift auf dem Zeichnungsschein erklärt ein Anleger seinen Beitritt zu einer geschlossenen Fondsgesellschaft. Auf dem Zeichnungsschein ist daher neben den persönlichen Daten des Anlegers auch die von ihm übernommene Zeichnungs- / Eigenkapital-Summe zu dokumentieren.
Siehe / Siehe auch: Beitrittserklärung

Zeitmietvertrag

tenancy (or lease) for a fixed period

Zu unterscheiden ist zwischen einem Mietvertrag, der ohne Verlängerungsklausel für eine bestimmte Laufzeit abgeschlossen wurde und einem Zeitmietvertrag, dessen Terminierung zusätzlich verbunden wurde mit dem Hinweis auf eine besondere Verwendungsabsicht des Vermieters nach Ablauf der Mietzeit. Die erste Variante des Zeitmietvertrags kann nur noch bei Mietverträgen über Gewerberäume abgeschlossen werden. Die Mietrechtsreform 2001 sieht eine solche Vereinbarungsmöglichkeit für Wohnraum nicht vor.

Bei der zweiten Variante des Zeitmietvertrages kann der Mieter frühestens vier Monate vor Ablauf der Frist verlangen, dass der Vermieter ihm binnen eines Monats mitteilt, ob der Grund für die Befristung noch besteht.

Als Verwendungsabsicht kann nur geltend gemacht werden, wenn der Vermieter

- Eigenbedarf für sich, eine zu seinem Hausstand gehörende Person oder einen Familienangehörigen geltend machen will
- die Beseitigung, wesentliche Veränderung oder Instandsetzung der Mieträume beabsichtigt und die Fortsetzung des Mietverhältnisses dieses Vorhaben wesentlich erschweren würde oder wenn
- die Räume an einen Dienstverpflichteten (z. B. Angestellten des Vermieters) vermietet werden sollen.

Darüber hinaus kann bei einem gängigen unbefristeten Mietvertrag das Kündigungsrecht für eine bestimmte Zeit beiderseitig ausgeschlossen werden. Der Vertrag hat damit eine bestimmte vertraglich vereinbarte Mindestdauer. Ein gegenseitiger Ausschluss des Kündigungsrechtes ist nach höchstrichterlicher Rechtsprechung allerdings für maximal vier Jahre zulässig.
Siehe / Siehe auch: Mietrechtsreform 2001

Zeitrente

annuity certain; temporary/terminable annuity

Eine Zeitrente wird im Gegensatz zur Leibrente nicht lebenslänglich ausgezahlt, sondern für einen fest vereinbarten Zeitraum. Der auszuzahlende Gesamtbetrag steht von vornherein fest. Zeitrenten sind z.B. Renten wegen Erwerbsminderung. Diese können jedoch nach Ende der Zahlungsphase verlängert werden oder abhängig vom Gesundheitszustand auch als unbefristete Rente gewährt werden.

Im Gegensatz zur Leibrente besteht bei der Zeitrente ein weniger hohes Risiko für den Zahlungspflichtigen, weswegen sie auch im Rahmen des Immobilienkaufs auf Rentenbasis Bedeutung erlangt.
Siehe / Siehe auch: Leibrente (Verkauf einer Immobilie auf Rentenbasis)

Zeitwert / Tageswert

current (market) value; actual cash value; present value; depreciated costs

Der Zeitwert ist der Wert, zu dem ein Wirtschaftsgut am Bewertungsstichtag ausgewiesen werden kann. Man spricht deshalb auch von Tageswert. Der Ermittlung des Zeitwertes kann der Tagesbeschaffungswert zugrundegelegt werden, der sich aus dem Einstandswert am Tage der (gedachten) Wiederbeschaffung ergäbe oder aus dem Tagesveräußerungswert, der im Falle des gedachten Verkaufswertes erzielt würde. Zu berücksichtigen ist dabei, dass sich die Bewertung nur auf die Veräußerung des Wirtschaftsgutes selbst beziehen kann, nicht aber auf die Ermittlung eines Anteilswerts bei Veräußerung eines ganzen Betriebes.

In der Versicherungswirtschaft handelt es sich beim Zeitwert um einen Gegenbegriff zum Neuwert. Der Zeitwert ist dort der Wert, den die versicherte Sache an dem Tage hatte, an dem sie durch ein Ereignis beschädigt oder zerstört wurde.
Siehe / Siehe auch: Neuwert eines Gebäudes

Zellenbüro
cellular/ cubicle office

Das Zellenbüro ist eine traditionelle Form des Büros, die auch heute nach wie vor weit verbreitet ist. Zellenbüros sind nach den angrenzenden Räumen hin abgeschlossen und werden in der Regel von ein bis zwei, seltener auch von mehr Personen genutzt. Sie gelten insbesondere für solche Tätigkeiten als vorteilhaft, die ein hohes Maß an Konzentration erfordern. Als Nachteil kann sich die vergleichsweise geringe Flexibilität der Raumstrukturen erweisen.
Siehe / Siehe auch: Großraumbüro, Gruppenbüro, Kombibüro

Zentrale Orte
central places

Zentrale Orte sind solche Gemeinden bzw. Städte, denen im Hinblick auf das Umland eine bestimmte Versorgungsfunktion zukommt. Es handelt sich um Versorgungsfunktionen im Bereich privater und öffentlicher Dienstleistungen, deren Angebot über die engen Gemeindegrenzen wirksam wird. Zu solchen Versorgungsleistungen zählen Schulen, Gymnasien, Universitäten, Bibliotheken, Sportanlagen, Krankenhäuser aber auch Einrichtungen der öffentlichen Verwaltung, Banken und Versicherungsgesellschaften. Von entscheidender Bedeutung für die Bewertung der Zentralität sind auch Verkehrswege, mit denen Umland und Zentrum vernetzt sind. Im Rahmen der Landesplanung unterscheidet man verschiedene Zentralitätsstufen. Die Hierarchie der Zentralität (vom Unter- und Kleinzentrum über das Mittelzentrum bis zum Oberzentrum) kennzeichnet die zunehmende Reichweite der Versorgungsleistungen. Orte höchster Zentralitätsstufe, auf die sich vor allem der öffentliche Verwaltungsbereich konzentriert, die aber auch in der Regel Kultur- und Wirtschaftszentren darstellen, sind Hauptstädte: In Deutschland sind das Berlin und die Landeshauptstädte. Ihnen kommt häufig eine Metropolfunktion zu, insbesondere wenn sie wegen internationaler Einrichtungen oder Veranstaltungen von internationalem Rang besondere Bedeutung erlangen.
Zu beobachten sind Tendenzen von Wanderungen aus den Kernstädten in das Umland, des Abbaus alter Industrien in den Kernstädten und des Aufbaus neuer Industrien im Umland und damit verbundenen eine Verdichtung der Region. Oberzentren geraten dadurch zunehmend in das Spannungsfeld, einerseits erhöhte überregional wirksamen Leistungen für das Umland erbringen zu müssen, andererseits aber mit relativ sinkenden Steuereinnahmen fertig werden zu müssen.
In Deutschland gibt es nach einer Einstufung vom Januar 2004 insgesamt 91 Oberzentren und 6 mögliche Oberzentren. Hinzu kommt eine Reihe von mit einander zu jeweils einem Oberzentrum verbundenen Städten z.B. Nürnberg-Erlangen-Fürth. Einige Mittelzentren übernehmen darüber hinaus Teilfunktionen eines Oberzentrums. Außerdem gibt es 728 Mittelzentren. Untersuchungen haben ergeben, dass sehr große Unterschiede zwischen den Bundesländern bestehen, was die Differenzierung der Stufigkeit der Zentrale-Orte-Hierarchie und die Mindestbevölkerungszahlen der zentralörtlichen Verflechtungsbereiche angeht. Im Zuge der Novellierung des Baugesetzbuches wurde Wert darauf gelegt, bei den Abstimmungsprozessen von Bauleitplänen zwischen den Gemeinden auf deren unterschiedliche Zentralitätsfunktionen stärker Rücksicht zu nehmen. Das Modell der zentralen Orte (Zentrale-Orte-System ZOS) wurde in den 30er Jahren des 20. Jahrhunderts von W. Christaller entwickelt und gehört zu den Ursprungsgrundlagen der heutigen Raumordnung und Landesplanung. In der Wissenschaft gehört die Zentralitätstheorie zu einem selbständigen Theoriegebäude innerhalb der Geographie.

Zentraler Immobilienausschuss (ZIA)
central real estate committee in Germany

In Anlehnung an den „Zentralen Kreditausschuss“ wurde von den Initiatoren der Bündelungsinitiative „Mit einer Stimme“ im Juni 2006 der Zentrale Immobilien-Ausschuss (ZIA) gegründet, dem namhafte Unternehmen (u.a. Deutsche Bank, Allianz Immobilien, Degi, DeTe-Immobilien, Deutsche Wohnen AG, IVG Immobilien AG usw.) und Verbände (darunter auch der Immobilienverband Deutschland“) angehören. Ferner ist eine enge Kooperation mit der Bundesvereinigung der Landesentwicklungs- und Immobiliengesellschaften (BVLEG) vereinbart. Der ZIA will die gesamte Breite der modernen Immobilienwirtschaft repräsentieren. Das von den Mitgliedsunternehmen verwaltete Immobilienvermögen wird derzeit auf 300 Mrd. Euro geschätzt. Angestrebt wird eine Mitgliedschaft beim Bundesverband der deutschen Industrie. Die ZIA ist ein eingetragener Verein und hat ihren Sitz in Berlin, www.zia-deutschland.de.

Zentralstelle für Verdachtsanzeigen
Financial Intelligence Unit of the Federal German Criminal Police Office

Beim Bundeskriminalamt wurde eine Zentralstelle für Verdachtstanzeigen eingerichtet. Im internati-

onalen Sprachgebrauch nennt man vergleichbare Einrichtungen in den Mitgliedsstaaten der EU „Financial Intelligence Unit“ (FIU). Sie ist zuständig für die Entgegennahme von Anzeigen im Zusammenhang mit Verstößen gegen das Geldwäschegesetz. Diese Anzeigen werden ausgewertet und mit Erkenntnissen anderer nationaler Stellen abgeglichen. Für den Fall, dass sich Verdachtsmomente so verdichten, dass eine Verfolgung angezeigt erscheint, werden die Erkenntnisse an die Strafverfolgungsbehörden des Bundes und der Länder übermittelt.
Durch die Novellierung des Geldwäschegesetzes vom 15.02.2002 wurden neben Rechtsanwälten und Wirtschaftsprüfer auch die Immobilienmakler in den Pflichtenkreis des Gesetzes mit einbezogen. Im Jahr 2005 gingen bei der Zentralstelle 8.241 Verdachtsanzeigen ein.
Siehe / Siehe auch: Geldwäschegesetz (GwG), Geldwäschebekämpfungsgesetz

Zersiedelung

urban sprawl

Zersiedelung ist der Begriff für die Neubautätigkeit außerhalb geschlossener Ortschaften oder einhergehend die Abwanderung von Teilen der Bevölkerung in das ländliche Umland von Ballungszentren (Landflucht). Das Anwachsen kleinerer Umlandgemeinden um Ballungszentren wird „Speckgürtel“ genannt, da sich die wirtschaftlich starken und mobilen Bevölkerungsschichten in diesen oft stark anwachsenden Ortschaften ansiedeln.
Für die Zersiedelung ist der private Individualverkehr von herausragender Bedeutung mit der Folge, dass alte und sozial schwache Menschen in den Ballungszentren zurückbleiben. Insbesondere in den sogenannten „Trabantenstädten“, Großsiedlungen der 60er und 70er Jahre des letzten Jahrhunderts, entstehen einseitig besetzte Bewohnerstrukturen (Ghettoisierung).

Zerstörung der Wohnung

destruction / ruin / demolition of a flat

Im Mietrecht bezeichnet der Begriff der Zerstörung einer Wohnung eine Beschädigung in so hohem Maße, dass eine Wiederherstellung zum Zwecke des Wohnens gar nicht oder nur mit unverhältnismäßig hohen Kosten möglich ist. Dies kann passieren durch Feuer, Blitzschlag, Explosionen, Überschwemmungen, Erdrutsch, Einsturz des gesamten Gebäudes und ähnliche katastrophale Ereignisse. Die Haftung richtet sich danach, ob die Ursache der Zerstörung einem bestimmten Verursacher zugerechnet werden kann. Ist dies nicht der Fall, kann der Mieter keine Wiederherstellung der Wohnung mehr fordern. Der Vermieter verliert im Gegenzug jeden weiteren Mietzinsanspruch.Ist die Zerstörung dem Vermieter zuzurechnen - z. B. Explosion wegen fehlerhaft gewarteter Gasheizung - hat der Mieter zwar ebenfalls kein Recht auf Wiederaufbau; er kann jedoch Schadenersatz für alle Kosten fordern, die ihm im Zusammenhang mit Wohnungssuche und Umzug entstehen. Ein formularmäßiger Ausschluss der Haftung des Vermieters für durch leichte Fahrlässigkeit verursachte Schäden ist unwirksam. Durch individuelle Absprachen ist ein solcher Haftungsausschluss möglich. Hat der Mieter die Zerstörung zu verantworten (Katze spielt mit Christbaum - Haus brennt ab) kann er ebenfalls keinen Wiederaufbau fordern. Zu seinem Pech muss er jedoch weiter Miete zahlen. Der Vermieter muss lediglich den Betrag, den er selbst durch die Zerstörung des Gebäudes einspart (Betriebskostenvorauszahlungen etc.) von der Warmmiete abziehen. Der Mieter ist dem Vermieter zusätzlich zur Schadenersatzleistung verpflichtet - ggf. für das ganze Haus (und für den entgangenen Gewinn aus Vermietung), wenn dessen Zerstörung auf der gleichen Ursache wie die Zerstörung der Wohnung beruhte.
Der Mieter kann nur ordentlich mit dreimonatiger Frist kündigen. Eine fristlose außerordentliche Kündigung wegen Nichtüberlassung der Mietsache kommt hier nicht in Frage. Für Vermieter und Mieter empfehlen sich geeignete Versicherungen (Wohngebäude-Versicherung gegen Feuer, Sturm etc., Hauseigentümerhaftpflicht, Privathaftpflicht).
Siehe / Siehe auch: Schadenersatzansprüche des Vermieters, Schadenersatzansprüche des Mieters

Zertifizierte Makler

certified real estate agent

Siehe / Siehe auch: Makler-Zertifizierung

Zertifizierte Sachverständige für Immobilienbewertung (DIA)

certified experts for real estate appraisal

Die DIA Consulting AG ist Deutschlands anerkannte und führende Zertifizierungsstelle für Immobilienspezialisten. Sie ist bei der DGA (Deutsche Gesellschaft für Akkreditierung mbH) beglaubigt und beim Deutschen Akkreditierungsrat (DAR) registriert. Die von der DIA Consulting AG verliehenen Zertifikate beziehen sich auf die Personen-Zertifizierung nach DIN EN ISO/EC 17024 für die Immobilien- und Finanzwirtschaft und sind national und

international anerkannt. Seit dem Jahr 2000 gibt es bereits die Zertifizierung von Bewertungssachverständigen durch die DIA-Consulting. Sie wurde in der Folge auf weitere Sachverständigenbereiche erweitert. Voraussetzung für die Zertifizierung ist eine Ausbildung bei der Deutschen Immobilien Akademie zum Diplom Sachverständigen (DIA) für die Bewertung von bebauten und unbebauten Grundstücken, Mieten und Pachten oder der Nachweis eines vergleichbaren Abschlusses. Die gilt, soweit eine Zertifizierung im Bereich der Ermittlung von Verkehrswerten beantragt wird. Es besteht die Möglichkeit, Kenntnisse mit Hilfe eines Eingangstests zu überprüfen – bei erfolgreicher Absolvierung erfolgt die Zulassung zur Zertifizierung.
Es gibt sechs Tätigkeitsfelder in denen heute eine Zertifizierung erfolgen kann:

- Verkehrswertermittlung für Wohn- und Gewerbeimmobilien,
- Bewertung von komplexen Immobilien im Investmentbereich,
- Bewertung von agrar- und forstwirtschaftlicher Liegenschaften,
- Beleihungswertermittlung für Kreditinstitute,
- Bewertungen im Zusammenhang mit städtebaulichen Maßnahmen (Umlegung, Sanierung, Enteignung usw.)
- sowie internationale Immobilienbewertung.

Im letzten Fall ist Voraussetzung für die Zulassung eine erfolgreich beendete Ausbildung an der DIA zum „International Appraiser (DIA)". Weitere Voraussetzungen sind ein abgeschlossenes Hochschulstudium in einer einschlägigen Fachrichtung und eine fünfjährige berufspraktische Tätigkeit in den Bereichen Immobilienwirtschaft, Architektur, Kreditwirtschaft einschließlich entsprechender kaufmännischer Ausbildungen. Wer sich der Prüfung unterzieht, muss ferner eine Reihe von ihm angefertigter, anonymisierter Gutachten über unterschiedliche Bewertungsobjekte vorlegen. Nähere Informationen unter www.diaconsulting.de

Siehe / Siehe auch: Deutsche Immobilien Akademie (DIA), DIA Consulting AG, Makler-Zertifizierung, Sachverständige für die Bewertung von Grundstücken

Zertifizierung
certification

Unter Zertifizierung ist die Überprüfung des Unternehmens nach einer bestimmten ISO-Norm (ISO 9000 ff) zu verstehen. Dabei werden diverse Produktionsabläufe auf Effizienz und Funktionsfähigkeit untersucht.

ZIA
central real estate committee in Germany

Siehe / Siehe auch: Zentraler Immobilienausschuss (ZIA)

Zielbaummethode
diminution in value; target tree method

Bei der Zielbaummethode handelt es sich um eine von Auernhammer Ende der 70er Jahre entwickelte Bewertungsmethode für Grundstücke, die durch fortschreitende Analyseschritte versucht, den „Globalwert" des Bewertungsobjektes (=100 Prozent) durch Definition und Gewichtung seiner Wertbestandteile mit zunehmender Verästelung zu verfeinern. Es entsteht dabei ein System von drei bis vier Differenzierungsebenen. Die Summe der Wertanteile auf jeder Ebene entspricht dem Globalwert=100 Prozent. Für jeden jeweils festgelegten Teilbereich (Teilziel) der über die Analyse erreicht werden soll, ist eine Entscheidung über seine Bewertung bzw. Gewichtung im Gesamtsystem erforderlich.

Globalwert		100%		
Oberwerte	60%		40%	
Unterwerte	35%	25%	15%	25%

Zielbewertungszahl
target valuation score

Die Zuteilung eines Bauspardarlehens ist u.a. abhängig von der Bewertungszahl. Sie erfolgt in der Reihenfolge der erreichten Bewertungszahlen.
Die niedrigste ausreichende Bewertungszahl wird Zielbewertungszahl genannt. Den Bausparern, die an den vorgegebenem Stichtagen die Zahl erreicht oder überschritten haben, teilt die Bausparkasse die Zuteilungsreife ihres Bausparvertrages mit.

Zielgruppenselektion
target group selection

Ein wichtiger Erfolgsfaktor für einen Makler ist die Fähigkeit, sich bei seinen Werbeaktivitäten an den richtigen Zielgruppen auszurichten. Dennoch ist diese Zielgruppen orientierte Werbearbeit in der Praxis häufig leider nur ein frommer Wunsch. Oft wird geworben, koste es was es wolle; an Zielgruppen wird dabei nur am Rande gedacht. Oder es wird eine sehr große Zielgruppe, z.B. die gesamte erwachsene Bevölkerung des Großraums Dresdens, oder es werden mehrere Zielgruppen gleichzeitig gewählt. Dabei erschwert die Wahl einer zu großen Zielgruppe die Werbearbeit ganz erheblich. Denn je kompakter, je eingegrenzter die Zielgruppe ist, um so intensiver kann sie bearbeitet werden. Es sollten nicht möglichst viele Personen, sondern möglichst viele Zielpersonen angesprochen werden. Mit dieser Zielgruppenverdichtung sollen Personen selektiert werden, die auch wirklich interessiert oder hoch motiviert (hohe Antriebsstärke) sind, statt einer Vielzahl gering interessierter Personen, die den Makler nur unnötig Zeit und Geld in Form von Exposés und Besichtigungsterminen kosten. Gefragt ist also Qualität hinsichtlich der Zielgruppe und nicht unreflektierte Quantität um jeden Preis.

Zins- und Tilgungsverrechnung

interest and interest-wise application of repayments to the loan principal

Die Bank kann die Zins- und Tilgungsrate je nach Vereinbarung monatlich, vierteljährlich, halbjährlich oder jährlich einziehen. Je häufiger die Zinszahlung erfolgt, um so stärker wachsen der Effektivzins und die Kostenbelastung für den Bauherrn, denn ihm fehlen die Finanzmittel vorzeitig. Bei jährlicher Zahlung liessen sich die bis dahin angesammelten Gelder anlegen und Guthabenzinsen erzielen. Tilgungszahlungen sollten von der Bank tagegenau mit der Restschuld verrechnet werden. Nur so ist sicher, dass der Kreditnehmer nicht Zinsen auf einen Darlehensanteil bezahlt, der bereits zurückgezahlt wurde.

Zinsabschlagsteuer

withholding tax; tax on interest (payments); advance levy on income derived from securities

Mit Einführung der Abgeltungssteuer ist die Zinsabschlagsteuer nicht mehr relevant.

Siehe / Siehe auch: Abgeltungssteuer

Zinsänderungsrisiko

(change in interest) rate risk

Das Zinsänderungsrisiko, vereinfachend auch als Zinsrisiko bezeichnet, ist das Risiko eines Kreditnehmers beziehungsweise eines Kreditgebers, infolge einer Veränderung des Zinsniveaus wirtschaftliche Nachteile zu erleiden. Für den Kreditgeber realisiert sich das Zinsänderungsrisiko dann, wenn er einen Anstieg der Zinsen aufgrund einer vereinbarten Zinsfestschreibung nicht auf den Kreditnehmer umlegen kann. Er erhält dann für den gewährten Kredit unverändert denselben Zins, während sich seine eigene Refinanzierung verteuert. Aus Sicht eines Kreditnehmers besteht das Zinsänderungsrisiko darin, dass die Zinsen für ein aufgenommenes Darlehen während der Laufzeit des Darlehens steigen. Durch die Vereinbarung einer Zinsfestschreibung kann dieses Risiko zumindest für eine bestimmte Zeit ausgeschlossen werden.

Siehe / Siehe auch: Darlehen, Gleitzinsdarlehen

Zinsbindung - Wahl

linking the interest rate to a fixed interest period - selecting

Unter Zinsbindung versteht man die Vereinbarung im Darlehensvertrag, mit der das Kreditinstitut sich verpflichtet, den Darlehenszinssatz für eine vereinbarte Zeit unverändert zu lassen. Im Rahmen der Kaufpreis- oder Baufinanzierung empfehlen Finanzierungsberater grundsätzlich, bei hohen Zinsen kurzfristige und bei niedrigen langfristige Bindungen einzugehen. Welche Bindungfrist vorteilhafter ist, hängt von der Situation ab. Rein rechnerisch gibt es Eckwerte, die zu beachten sind: Wenn ein Darlehen mit einer Laufzeit von 5 Jahren derzeit 5,5 Prozent kostet und ein anderes mit einer Laufzeit von zehn Jahren 6,5 Prozent ergibt sich für die ersten fünf Jahre ein Vorteil für das erste Angebot. Wer den Vorteil auch danach erhalten will, muss darauf achten, dass der anschließende Vertag nicht soviel ungünstiger ist, dass der Vorteil aus den ersten fünf Jahren aufgefressen wird. Rechnerisch ergibt sich bei diesem Beispiel, dass der nächste Vertrag acht Prozent Zinsen nicht überschreiten darf. Wird das neue Darlehen unter diesem Wert abgeschlossen, hat man „Gewinn" gemacht, liegt man aber darüber, dann wäre es vorteilhafter gewesen, gleich das Darlehen über 10 Jahre mit einem Zins von 6,5 Prozent abgeschlossen zu haben.

Zinsbindungsfrist

period during which the interest rate is fixed

Die Zinsbindungsfrist ist der Zeitraum, in dem ein bestimmter Darlehenszins, den der Kreditnehmer mit seiner Bank vereinbart hat, fest und unabänderlich gilt. Übliche Zinsbindungszeiten sind 5, 8, zehn oder 15 Jahre. Mit zunehmender Zinsbindungsdauer steigt im Allgemeinen der Zins. Eine Umkehrung dieser Regel („inverse Zinsstruktur") gilt als Ausnahme.

Zinsen

interest

Der Zins ist der Preis für die zeitweise Überlassung eines Darlehens, der an den Darlehensgeber zu zahlen ist. Der Zinssatz richtet sich nach den Verhältnissen am Geld- und Kapitalmarkt. Bei Baukrediten wird er meist für mehrere Jahre (5 bis 15) festgeschrieben. Bei Bauspardarlehen steht der Zinssatz bei Vertragsabschluss fest und wird durch Kapitalmarktschwankungen nicht verändert. Der Zinsbegriff hat nicht nur als Zahlungs-, sondern auch als Rechnungsgröße (Kostenrechnung, Investitionsrechnung) eine Bedeutung. Volkswirtschaftlich gesehen, sind Zinsen Einkommen aus dem Produktionsfaktor Kapital. Eine zinsähnliche Funktion haben „Erbbauzins" und „Mietzins".

Siehe / Siehe auch: Nominalzins

Zinshistorie (Hypothek)

mortgage interest rate history

Für unterschiedliche Laufzeiten werden regelmäßig unterschiedliche Zinssätze berechnet. Die Zinskurve macht deutlich, wie sich die Zinssätze mit zunehmender Laufzeit verändern. Der Abstand zwischen kurz- und langfristigen Zinsen ist geringer geworden. Die Folge: Langfristige Zinssicherheit kann mit relativ geringen Zusatzkosten erkauft werden. Bei einer „inversen" Zinsstruktur sinken die Zinssätze für langfristige Ausleihungen unter die Zinssätze für mittelfristige Ausleihungen. Ursache für solche (vorübergehenden) Erscheinungen sind besondere Knappheitsverhältnisse am Geldmarkt.

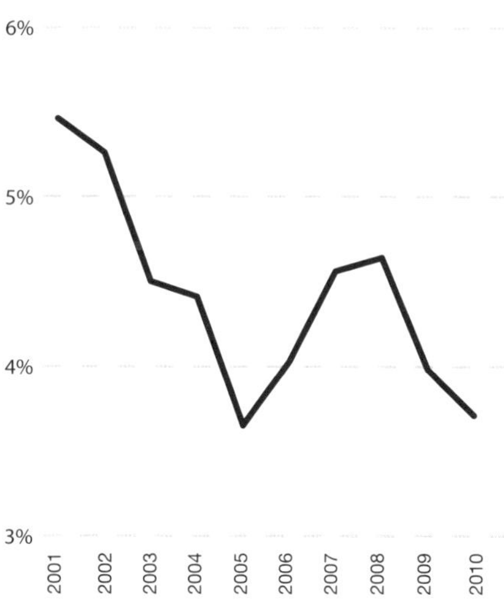

Zitterbeschluss (Wohnungseigentümer-Versammlung)

shaky resolution (freehold flat owners' meeting)

Beschlüsse der Wohnungseigentümer sind grundsätzlich gültig, solange sie nicht nach erfolgter Anfechtung innerhalb Monatsfrist (§ 46 Abs. 1 Satz 2 WEG) durch rechtskräftiges Urteil für ungültig erklärt sind (§ 23 Abs. 4 WEG). Dies gilt grundsätzlich auch für mehrheitlich gefasste Beschlüsse, die an sich der Zustimmung aller Eigentümer bedürfen. So ist beispielsweise ein lediglich mit Mehrheit gefasster Beschluss über die Vornahme baulicher Veränderungen trotz an sich erforderlicher Zustimmung aller Wohnungseigentümer wirksam, wenn er nicht angefochten und durch das Gericht für ungültig erklärt worden ist. Man „zittert" also einen Monat, ob eine Anfechtung und damit eine Ungültigerklärung erfolgt oder ob die Anfechtung unterblieb, und damit der nur mehrheitlich gefasste Beschluss trotz an sich erforderlicher Allstimmigkeit in sogenannte Bestandskraft erwächst. Die an sich nur für Beschlussangelegenheiten geltende Regelung des § 23 Abs. 4 WEG wurde seit Ende der 80-er Jahre bis zur Jahrhundertentscheidung des BGH vom 20. September 2000 (Az. V ZB 658/99) über lange Zeit auch auf Angelegenheiten bzw. in Fällen angewendet, die eigentlich nur durch eine Vereinbarung gemäß § 10 Abs. 2 WEG, nämlich durch Zustimmung aller Eigentümer und Eintragung in das Grundbuch, hätten geregelt werden dürfen. Dies betraf insbesondere Regelungen, durch die die gesetzliche oder in Teilungserklärungen bzw. Gemeinschaftsordnungen getroffene Kostenverteilung durch mehrheitliche Beschlussfassung geändert wurde. Unterblieb die Anfechtung, wurden diese Zitterbeschlüsse, auch als Pseudovereinbarung oder Ersatzvereinbarung bezeichnet, bestandskräftig.

Mit seiner Jahrhundertentscheidung zog der BGH unter diese Rechtsauffassung einen Schlussstrich. Seither sind Mehrheitsbeschlüsse, durch die gesetzliche Bestimmungen oder davon abweichend getroffene Vereinbarungen geändert oder aufgehoben werden, als gesetzes- oder vereinbarungsändernde Mehrheitsbeschlüsse von Anfang an nichtig und zwar auch rückwirkend.

Siehe / Siehe auch: Beschluss (Wohnungseigentümer), Eventual-Einladung, Gesetzeswidriger / vereinbarungswidriger Mehrheitsbeschluss, Gesetzesersetzender / vereinbarungsersetzender Mehrheitsbeschluss, Wiederholungsversammlung, Wohnungseigentümer-Versammlung, Vereinbarungsersetzender Mehrheitsbeschluss

Zivilprozessordnung

German code of civil procedure

Die Zivilprozessordnung dient der Regelung der Verfahren der ordentlichen Gerichte in bürgerlichen Rechtsstreitigkeiten. Mit der WEG-Reform wurden auch die WEG-Streitigkeiten aus dem bisherigen Verfahren der freiwilligen Gerichtsbarkeit (FGG-Verfahren) in das Verfahren nach der Zivilprozessordnung (ZPO) überführt. Neben den allgemeinen Änderungen im gerichtlichen Verfahren haben sich für die Wohnungseigentümer vor allem nachteilige Änderungen dadurch ergeben, dass der bisher geltende Amtsermittlungsgrundsatz weggefallen ist und grundsätzlich die gesamten Verfahrenskosten von der im Verfahren unterlegenen Partei zu tragen sind.

Siehe / Siehe auch: WEG-Verfahren / ZPO-Verfahren, Wohnungseigentumsverfahren

Zoning

zoning

Unter Zoning versteht man eine Formel für die genaue Mietpreisberechnung von Ladenflächen. Die Ladenfläche wird dabei in mietwertrelevante „Zonen" eingeteilt. Eine Spitzenmiete betrifft in aller Regel nie die gesamte Fläche eines Geschäftes, sondern nur die besonderen Verkaufsbereiche im Frontbereich.

Mit der Zoning-Methode werden Mietflächen in mehrere Mietpreis-Zonen aufgeteilt. Z. B.

- Von 7 Meter Ladentiefe: 100 Prozent Mietansatz bis 100 m², 90 Prozent über 100 m²
- Von 7 bis 14 Meter Ladentiefe: 50 Prozent Mietansatz
- Über 14 Meter Ladentiefe: 25 Prozent Mietansatz

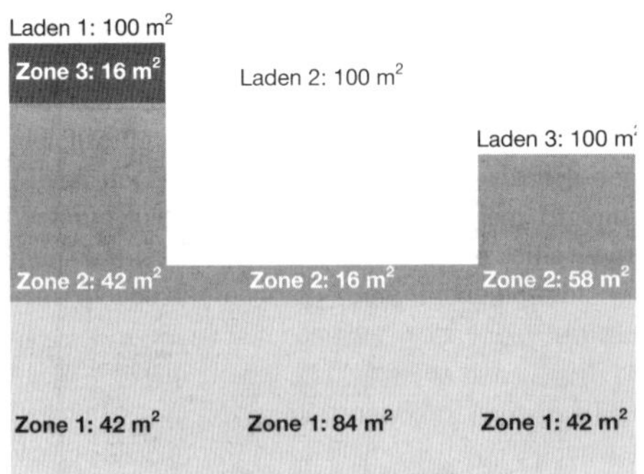

Mietwertdifferenzen resultieren aus der Tatsache, dass der Umsatz in den verschiedenen Ladenbereichen unterschiedlich hoch ist. Das gleiche gilt auch bei einer Verteilung der Ladenfläche auf mehrere Etagen (ausführlich beschrieben von Kemper's Immobilien, Düsseldorf, Müller International und Comfort).

Das Zoning

anhand eines einfachen Beispiels:

Es werden drei Läden zur Vermietung angeboten. Der Hauseigentümer will nun wissen, wie hoch die Miete ist. Der Maximal-Preis liegt bei 51 Euro je m².

Mietpreisermittlung:

Zone 1	42 m²	x 51 EUR	= 2.147 EUR
Zone 2	42 m²	x 25,50 EUR	= 1.074 EUR
Zone 3	16 m²	x 12,80 EUR	= 205 EUR
Gesamtfläche (100 m²)			**= 3.426 EUR**
Zone 1	84 m²	x 51 EUR	= 4.295 EUR
Zone 2	16 m²	x 25,50 EUR	= 409 EUR
Zone 3	0 m²		
Gesamtfläche (100 m²)			**= 4.704 EUR**
Zone 1	42 m²	x 51 EUR	= 2.147 EUR
Zone 2	58 m²	x 25,50 EUR	= 1.483 EUR
Zone 3	0 m²		
Gesamtfläche (100 m²)			**= 3.630 EUR**

Quelle: Grabener Verlag

ZPO-Verfahren

proceedings in accordance with the German code of civil procedure

Siehe / Siehe auch: WEG-Verfahren / ZPO-Verfahren

Zubehör

appurtenances; accessories; attachments; fittings

Zubehör sind nach § 97 BGB bewegliche Sachen, die dem wirtschaftlichen Zweck der Hauptsache zu dienen bestimmt sind, ohne Bestandteil der Hauptsache zu sein. Ein wichtiges Merkmal des Zubehörs besteht darin, dass die Sache in der Verkehrsauffassung auch als Zubehör betrachtet wird. Dies kann von Land zu Land, ja von Ort zu Ort unterschiedlich sein. Zubehör zu einer Immobilie gilt beim Verkauf im Zweifel als mitverkauft, auch wenn darüber im notariellen Kaufvertrag nichts vereinbart wurde. Es gilt im Zwangsversteigerungsverfahren oder bei einer Beleihung als mitverpfändet. Besonderes Gewicht kommt dem Zubehör bei gewerblichen

und landwirtschaftlichen Betrieben zu. Zubehör des Gewerbebetriebes können z. B. Maschinen und sonstige bewegliche Betriebseinrichtungen sein, bei einem landwirtschaftlichen Betrieb gehören das Vieh und die landwirtschaftlichen Geräte zum Zubehör. Da im Verkaufsfall Zubehör nicht mit der Grunderwerbsteuer belastet wird, ist es zweckmäßig, es in der notariellen Urkunde mit aufzuführen und einen Wert hierfür anzusetzen.
Siehe / Siehe auch: Wesentlicher Bestandteil

Zubehörräume
basement and storage rooms outside the flat

Nach der Wohnflächenverordnung sind Zubehörräume innerhalb eines Wohngebäudes solche Räume, deren Grundflächen nicht zu den Wohnräumen zählen. Dies sind Kellerräume, Abstellräume und Kellerersatzräume außerhalb der Wohnung, Waschküchen, Bodenräume, Trockenräume, Heizungsräume und Garagen.

Zuckerbäckerstil
wedding-cake style

Als Zuckerbäckerstil wurde der bürgerliche Baustil bezeichnet, der in der früheren Sowjetunion während der Stalinära bei der Errichtung von Repräsentativbauten gepflegt wurde. Vor allem in Moskau aber auch in anderen sowjetischen Großstädten (Leningrad, Tiflis, Kiew, Charkow, Minsk usw.) wurden solche Gebäude errichtet. Der Stil zeichnete sich durch überreiche Verzierungen an den Fassaden, Säulen, Säulenhallen, komplizierten Gesimsen, Turmaufbauten usw. aus. Ins Schussfeld geriet z. B. das Hotel Leningrad auf dem Kalantscha Platz in Moskau, wo die Fläche der dort untergebrachten 1.000 Zimmer nur 22 Prozent der Gesamtfläche betrugen. Auch die Lomonossow-Universität in Moskau wurde auf dem „Lenin-Hügel" im Zuckerbäckerstil errichtet. Ein Verwaltungsgebäude in Tiflis erhielt einen 55 m hohen Turm. Allein die Ausgaben für die Verkleidung der Fassade verschlangen nach einem Bericht der Prawda vom 10. November 1955 33 Prozent der gesamten Baukosten. Nach dem Tode Stalins unterzog Chruschtchow im Herbst 1955 diesen Stil einer radikalen Kritik. Die Namen der missliebigen Architekten wurden veröffentlicht. Unter Chruschtchows Ägide wurden dann die Plattenbauten eingeführt. In der früheren DDR wurden vor der Plattenbauära Häuser in der Karl-Marx-Allee in Berlin – damals „Stalinallee" – im Zuckerbäckerstil (nach dem Vorbild der Lomonossow-Universität) errichtet. Teilweise mussten sie 1971 wegen Baumängel wieder abgerissen werden. Heute bezeichnet man den Stil als „Sozialistische Klassik".
Siehe / Siehe auch: Plattenbauten

Zündstrahlaggregat
pilot injection unit for generating energy in biogas plants

Zündstrahlaggregate werden zur Energieerzeugung bei Biogasanlagen verwendet. Es handelt sich dabei um speziell an den Gasbetrieb angepasste Dieselmotoren mit Leistungen etwa zwischen 40 KW und 265 KW. Biogas ist als Brennstoff problematisch, da seine Qualität innerhalb von wenigen Minuten stark schwanken kann. Dies kann den Verbrennungsmotor überbeanspruchen oder überhitzen. Als Zündstrahlmotoren werden oft umgebaute LKW-Diesel benutzt. Der Komplex aus Pumpe, Düse und Einspritzung wird beim Umbau durch eine elektronisch regelbare Einspritzanlage ausgetauscht. Nun kann die Arbeitstemperatur von jedem Zylinder einzeln gemessen und der jeweilige Einspritzzeitpunkt individuell geregelt werden. Auch die Menge des eingespritzten Treibstoffes wird elektronisch geregelt. So wird eine Verringerung des Zündölverbrauchs erreicht. Beim Zündstrahlmotor wird Zündöl benötigt, weil sich das angesaugte Gas-Luft-Gemisch nicht von allein entzündet. Ältere Modelle hatten einen Zündölverbrauch von zehn Prozent, aktuell sind zwei Prozent. Eine zusätzliche Kühlung sowie die Anpassung der Pumpe-Düse-Elemente an den Pflanzenölbetrieb verlängern bei heutigen Zündstrahlaggregaten gegenüber früheren Geräten die Standzeiten. Im Vergleich zu den sonst in diesem Bereich üblichen Gas-Ottomotoren haben Zündstrahlaggregate einen höheren elektrischen Wirkungsgrad und sind kostengünstiger in der Anschaffung. Gas-Ottomotoren („Benziner") benötigen kein Zündöl. Zündstrahlaggregate sollen es auf etwa 42.000 Stunden Standzeit bringen, während

Gas-Ottomotoren auf über 50.000 Stunden kommen. Allerdings haben moderne Gas-Ottomotoren mit höherer Verdichtung eine geringere Lebensdauer. Am 01.01.2007 ist eine wichtige Gesetzesänderung für Zündstrahlanlagen in Kraft getreten: Nach der Neuregelung im EEG (Erneuerbare-Energien-Gesetz) in Verbindung mit § 4 Abs. 2 Biomasseverordnung dürfen bei der Stützfeuerung von Zündstrahlmotoren nur noch biogene Treibstoffe verwendet werden – also Pflanzenöl oder Biodiesel, aber kein herkömmliches Diesel- oder Heizöl. Ein Zündstrahlaggregat ermöglicht es, bereits während der Bauzeit einer Biogasanlage das dazu gehörige Blockheizkraftwerk unter Volllast mit reinem Pflanzenöl zu betreiben und bereits die volle Einspeisevergütung zu erzielen. Später wird dann auf Biogas umgestellt. Auch bei späteren Störungen im Gärprozess kann das Blockheizkraftwerk mit Pflanzenöl befeuert werden, so dass eine konstante Energieerzeugung gewährleistet ist. Besonders im Rahmen von Wärmelieferungsverträgen ist dies vorteilhaft. Dies gilt nur für Pflanzenöl. Biodiesel (Rapsmethylester) darf nur als Stützfeuerung, aber nicht im Volllastbetrieb eingesetzt werden.

Siehe / Siehe auch: Biogasanlage, Biomasse, Erneuerbare-Energien-Gesetz, Energieeinsparverordnung (EnEV), Wärmegesetz

Zufallschaden

casualty loss

Schadensereignis, dass weder der Mieter noch der Vermieter verursacht hat und durch das der vertragsgemäße Gebrauch der Mietwohnung eingeschränkt wird. Für die Schadensbeseitigung (und die damit anfallenden Kosten) ist der Vermieter zuständig. Man unterscheidet Schäden durch höhere Gewalt und Schäden durch Einwirkung Dritter. Höhere Gewalt sind z. B. Blitzschlag, Hochwasser, Erdrutsch - allgemein jedes unvorhersehbare von außen einwirkende Ereignis. Schäden durch Einwirkungen Dritter entstehen, wenn z. B. Fassaden beschädigt, Fenster eingeworfen, Türen beim Einbruch beschädigt oder Mülltonnen angezündet werden. Dazu gehören auch Schäden durch Dritte, die dem Mieter oder Vermieter bekannt sind. Für Zufallschäden haftet der Mieter nicht. Dies gilt auch für Schönheitsreparaturen, die als Folge von Zufallsschäden nötig werden (z. B. Malen und Tapezieren nach Hochwasser). Der Vermieter muss die Wohnung aufgrund seiner Instandsetzungspflicht wieder in vertragsgemäßen Zustand bringen und ggf. auch Renovierungsarbeiten bezahlen. Er kann die Haftung für Zufallschäden nicht auf den Mieter abwälzen (eine solche Vertragsklausel wäre ein Verstoß gegen die guten Sitten im Sinne von § 138 BGB und damit unwirksam). Der Mieter haftet allerdings für Schäden an Wohnung oder Haus, die durch von ihm selbst eingeladene Besucher oder Gäste verursacht werden. Beispiel:

- Der in die Wohnung eingezogene Freund der Mieterin wirft nach einem Streit im Treppenhaus alle Fenster ein: Die Mieterin ist schadenersatzpflichtig.
- Der bereits aus der Wohnung ausgezogene Exmann der in Trennung lebenden Mieterin reist an, um im Zorn die Fenster einzuwerfen: Höhere Gewalt, Vermieter muss neue Fenster einbauen.

Siehe / Siehe auch: Schadenersatzansprüche des Vermieters, Schadenersatzansprüche des Mieters

Zugesicherte Eigenschaften einer Mietwohnung

assured / guaranteed features of a rented flat

Macht der Vermieter im Vorfeld des Vertragsabschlusses Zusicherungen über bestimmte Details der Mietwohnung, spricht man von Zugesicherten Eigenschaften. Diese können im Mietvertrag niedergelegt sein, wie üblicherweise die Quadratmeterzahl der Wohnung (zugesicherte Eigenschaft laut BGH, Urteil vom 24.03.2004, Az. VIII ZR 133/03). Sie können aber auch mündlich vereinbart werden, wie etwa der Austausch des Teppichbodens oder eines defekten Fensters durch den Vermieter bis zu einem bestimmten Termin oder die Überlassung eines Kühlschrankes. Als zugesichert gilt eine Eigenschaft der Mietwohnung nur, wenn der Vertragspartner zu erkennen gibt, dass er dafür auch tatsächlich rechtlich einstehen will. Voraussetzung ist also eine eindeutige Erklärung des Vermieters, die zur Vermeidung von Missverständnissen schriftlich niedergelegt oder in den Mietvertrag integriert werden sollte. Insbesondere empfiehlt sich dies für den Vermieter bei aufwändigeren baulichen Änderungen, bei denen es ansonsten später leicht zum Streit über Umfang oder Termine der versprochenen Arbeiten kommen kann. Fehlt einer Mietwohnung eine zugesicherte Eigenschaft, kann der Mieter nach § 536 BGB eine Mietminderung vornehmen. Hier ist dann die Zusicherung selbst entscheidend und nicht, ob etwa die alten Holzfenster, deren Austausch versprochen wurde, noch funktionsfähig sind.

Siehe / Siehe auch: Mietminderung, Wohnfläche

Zurückbehaltungsrecht

right of retention; possessory lien; lien

Kommt der Vermieter seiner Pflicht zur Beseitigung von Wohnungsmängeln nicht nach, kann der Mieter abhängig von der Erheblichkeit des Mangels die Miete mindern. Erfolgt auch hierauf keine Reaktion, steht ihm als weitere Möglichkeit das Zurückbehaltungsrecht zur Verfügung. Dieses entstammt § 320 des Bürgerlichen Gesetzbuches. Danach kann, wer aus einem Vertrag Verpflichtungen hat, die Zahlungen bis zur Bewirkung der Gegenleistung verweigern, wenn er nicht vorleisten muss („Einrede des nicht erfüllten Vertrages"). Konsequenz im Mietrecht: Der Mieter zahlt vorläufig weniger oder gar keine Miete mehr. Vorläufig, weil er bei Beseitigung der Mängel den vollen Betrag nachzahlen muss – denn es geht hier nicht um geminderte Miete, sondern nur um einen „Zahlungsaufschub" als Druckmittel. Die Höhe des Zurückbehaltungsrechts wird von Gerichten unterschiedlich beurteilt. Manche setzen als Maximalbetrag das Dreifache der Kosten der Mängelbeseitigung an (BGH WM 2003, 439), andere das Drei- bis Fünffache der zulässigen Mietminderung (Mietminderung fünf Prozent = Zurückbehaltung 15 bis 25 Prozent der Miete). Im Extremfall kann die Zurückbehaltung die gesamte Miete umfassen.Seit der Mietrechtsreform von 2001 ist dieses Recht des Mieters in § 556b BGB näher geregelt. Danach kann der Mieter ein Zurückbehaltungsrecht bei der Mietzahlung geltend machen, wenn er gegen den Vermieter eine offene Forderung wegen Schadenersatz aufgrund von Wohnungsmängeln, aus ungerechtfertigter Bereicherung wegen zu viel gezahlter Miete oder auf die Mietsache getätigten Aufwendungen hat. Er muss diese Absicht jedoch mindestens einen Monat vor Fälligkeit der Miete, die er zurückbehalten will, dem Vermieter in Textform ankündigen. Alternativ kann der Mieter in diesen Fällen auch mit Gegenforderungen des Vermieters aufrechnen. Soll jedoch Druck ausgeübt werden, um die Beseitigung von Mängeln zu bewirken, wird das Zurückbehaltungsrecht in der Regel das sinnvollere Mittel sein.

Siehe / Siehe auch: Mietminderung, Sachmangel (im Mietrecht)

Zurückstellung von Baugesuchen

postponement of applications for building consent

Hat die Gemeinde den Beschluss zur Aufstellung eines Bebauungsplanes gefasst und keine Veränderungssperre erlassen, kann sie bei der Baugenehmigungsbehörde beantragen, dass diese Entscheidungen über bei ihr eingehende Baugesuche für höchstens zwölf Monate aussetzt. Damit soll verhindert werden, dass Bauvorhaben durchgeführt werden, die den kommenden Festsetzungen in dem Bebauungsplan widersprechen. In Fällen, in denen mit Bauvorhaben ohne Genehmigung begonnen werden darf, kann die Baugenehmigungsbehörde auf Antrag der Gemeinde eine vorläufige Untersagung der Durchführung des Bauvorhabens für ebenfalls bis zwölf Monate anordnen. Wurde eine Veränderungssperre beschlossen, ist eine Zurückstellung von Baugesuchen oder die Untersagung der Durchführung eines Bauvorhabens nicht erforderlich, weil mit der Veränderungssperre der Zweck, der mit der Zurückstellung bzw. Untersagung erreicht werden soll, bereits erreicht ist. Wurde ein Bauvorhaben vor Aufstellung genehmigt oder mit dem Bauvorhaben ohne Genehmigung zulässigerweise begonnen, ist eine Zurückstellung des Baugesuches oder eine Untersagung des Vorhabens nicht mehr möglich.

Siehe / Siehe auch: Bauantrag

Zusatzpflichtteil

additional legal portion of an inheritance

Siehe / Siehe auch: Restpflichtteil, Testament

Zuschlag

surcharge; award; increase; bonus; supplement; agio; loading (insurance); acceptance (of a bid or tender)

Im Zwangsversteigerungsverfahren die rechtliche Übereignung einer Immobilie an den Meistbietenden im Versteigerungstermin. Mit dem Zuschlag wird der Meistbietende Eigentümer des ersteigerten Grundstücks. Der Zuschlag muss dem Meistbietenden nicht zwingend am Ende der Bietzeit erteilt werden. Er kann auf Antrag des Gläubigers ausgesetzt und erst nach Tagen oder sogar Wochen erteilt werden. Er kann auf Antrag des Gläubigers ausgesetzt werden und erfolgt dann erst oft nach Tagen oder sogar Wochen.

Zustandekommen eines Vertrages

formation of a contract

Siehe / Siehe auch: Vertrag (Zivilrecht)

Zustandsstörer

disturber of public order; someone who is disturbing the peace

Siehe / Siehe auch: Beseitigungsanspruch (Bauliche Veränderungen)

Zuteilung (Bausparvertrag)

allocation; assignment (building loan contract)

Zeitpunkt, zu dem die Bausparkasse die Bausparsumme zur Auszahlung bereithält. Die Zuteilung erfolgt meist drei bis neun Monate nach dem Stichtag, an dem Mindestguthaben und Zielbewertungszahl erreicht sind.

ZVG

German law on judicial foreclosure and forced administration of property

Abkürzung für das Gesetz über die Zwangsvollstreckung und Zwangsverwaltung. Es regelt z.B. in seinem ersten Abschnitt die Zwangsversteigerung und Zwangsverwaltung von Grundstücken im Wege der Zwangsvollstreckung.

Siehe / Siehe auch: Sonderkündigungsrecht nach Zwangsversteigerung, Zwangsversteigerung, Hausgeldrückstände

Zwangshypothek

compulsory mortgage to enforce payment of debts; judgment lien; forced registration of a mortgage

Die Zwangshypothek ist neben Zwangsversteigerung und Zwangsverwaltung eine der drei Möglichkeiten der Immobiliarvollstreckung. Die Vollstreckungsmaßnahme dient der Sicherung von Forderungen und wird im Grundbuch eingetragen. Voraussetzung dafür ist ein Vollstreckungstitel, beispielsweise ein vollstreckbares Urteil oder ein Vollstreckungsbescheid.

Siehe / Siehe auch: Zwangsversteigerung, Zwangsverwaltung

Zwangsräumung

eviction; actual eviction; ouster

Die Zwangsräumung ist die Räumung einer Wohnung oder eines Hauses, die der Vermieter nur mit gerichtlicher Hilfe durchsetzen kann. Allerdings hat der Mieter, der durch das Gericht zur Räumung verurteilt wurde, bei besonderer Härte einen so genannten Vollstreckungsschutz (Räumungsschutz). Das bedeutet, dass die Zwangsräumung nicht sofort stattfindet. Durchgeführt wird die Zwangsräumung durch den Gerichtsvollzieher.

Siehe / Siehe auch: Räumungsfrist, Räumung (Mietwohnung)

Zwangsversteigerung

compulsory auction; judicial sale; forced sale

Die gesetzliche Grundlage für die Zwangsversteigerung von Grundstücken ist das Gesetz über die Zwangsversteigerung und Zwangsverwaltung, das in seiner novellierten Fassung am 16.02.2007 in Kraft trat. Die Ersteigerung einer Immobilie stellt oftmals eine interessante Alternative zum Bau oder zum Kauf eines vergleichbaren Objektes dar. Denn in der Regel erhält der Ersteigerer den Zuschlag zu einem niedrigeren Betrag als dem Verkehrswert. Zwangsversteigerungen werden von dem Amtsgericht durchgeführt, in dessen Zuständigkeitsbereich die Immobilie liegt. Die Versteigerungstermine können daher auch beim jeweiligen Amtsgericht in Erfahrung gebracht werden. Darüber hinaus werden sie als amtliche Bekanntmachungen in der Tagespresse veröffentlicht. Manche Verlage bieten so genannte Versteigerungskalender an, die regelmäßig die aktuellen Termine mit Beschreibung der Objekte enthalten (z. B. Argetra Verlag, Ratingen). Für die Zwangsversteigerung von Immobilien gelten besondere Regeln, über die sich Interessierte vorab informieren sollten. Einige davon:

- Die so genannte Bietzeit („Bietstunde") dauert mindestens 30 Minuten.
- Als Sicherheit sind zehn Prozent des Verkehrswertes zu hinterlegen.
- Eine Sicherheitsleistung durch Bargeld ist seit 16.02.2007 ausgeschlossen. Sie muss vielmehr so rechtzeitig auf das Konto des zuständigen Amtsgerichts unter Angabe des Aktenzeichens überwiesen werden, dass der Betrag der Gerichtskasse vor dem Verteilungstermin gutgeschrieben ist und ein Nachweis hierüber im Termin vorliegt. Der Einzahler und der Bieter sollten identisch sein damit das Gericht beim Termin erkennen kann, welcher Bieter bereits Bietsicherheit den Sicherheitsbetrag überwiesen hat.
- Zur Sicherheitsleistung sind aber auch Bundesbankschecks und Verrechnungsschecks geeignet, die frühestens am dritten Werktag vor dem Versteigerungstermin ausgestellt worden sind. Dies gilt nur, wenn sie von einem zum Betreiben von Bankgeschäften berechtigten Kreditinstitut oder der Bundesbank ausgestellt und im Inland zahlbar sind. Als berechtigt gelten Kreditinstitute, die in der Liste der zugelassenen Kreditinstitute aufgeführt sind.
- Wenn der Bieter nicht zum Zuge kommt, wird der von ihm bezahlte Betrag unverzüglich zurück überwiesen.

Der Erwerb des Immobilieneigentums im Zwangsversteigerungsverfahren erfolgt bereits durch Zuschlag und nicht erst mit der darauf folgenden

Umschreibung im Grundbuch. Zu unterscheiden ist die Zwangsversteigerung, die ein Gläubiger betreibt, von der Zwangsversteigerung zum Zwecke der Aufhebung der Gemeinschaft. Letztere kommt vor, wenn sich z.B. eine Erbengemeinschaft nicht auf einen Verkauf des gemeinsam geerbten Hauses einigen kann. Die Aufhebung einer Wohnungseigentümergemeinschaft ist dagegen nicht möglich, es sei denn, das Gebäude wird ganz oder teilweise zerstört. Für diesen Fall muss das Recht auf Aufhebung der Gemeinschaft in der Gemeinschaftsordnung vereinbart sein.

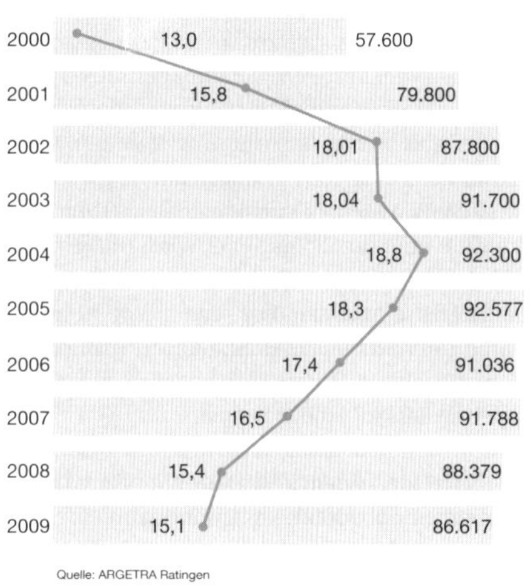

Siehe / Siehe auch: Sonderkündigungsrecht nach Zwangsversteigerung, Zuschlag, Hausgeldrückstände

Zwangsverwalter

official receiver; sequestrator

Der Zwangsverwalter wird im Rahmen des Zwangsverwaltungsverfahrens vom Gericht bestimmt. Er muss die Verwaltung des Grundstücks führen wie ein sparsamer ordentlicher Eigentümer und dabei ständig bemüht sein, die Gläubiger zu befriedigen. Dabei handelt er selbstständig und ist nicht an die Wünsche und Anweisungen der Beteiligten gebunden. Die Festsetzung der Vergütung und die Beaufsichtigung des Zwangsverwalters erfolgen durch das Gericht. Dieses kann gegebenenfalls ein Zwangsgeld gegen den Verwalter festsetzen und / oder ihn entlassen. Dennoch ist der Zwangsverwalter allen Beteiligten gegenüber verantwortlich und hat diesen in regelmäßigen Abständen bzw. bei Beendigung seiner Tätigkeit Rechnung zu legen.

Siehe / Siehe auch: Verwalter (WEG), Hausverwalter, Zwangsverwalter bei Mietobjekt

Zwangsverwalter bei Mietobjekt

official receiver; sequestrator for a rented property

Steht eine vermietete Immobilie unter Zwangsverwaltung, ergeben sich für den Zwangsverwalter spezielle Sorgfaltspflichten. Er muss im Rahmen seiner Erhaltungspflicht von den in seine Obhut gegebenen Eigentumsgegenständen Schaden abwenden und ihren Wert bewahren. Erhält der Zwangsverwalter Hinweise, nach denen z. B. durch das Verhalten eines Mieters wesentliche Schäden für die Immobilie drohen, muss er dem persönlich vor Ort nachgehen und Gegenmaßnahmen ergreifen. Der Bundesgerichtshof erklärte einen Zwangsverwalter für haftbar, der Beschwerden von Wohnungsnachbarn und Hausverwaltung nicht nachgegangen war. Danach wurde eine unter seiner Verwaltung stehende Wohnung von einem psychisch kranken Müllsammler bewohnt. Der Zwangsverwalter hatte lediglich briefliche Abmahnungen des Mieters vorgenommen. Dies war nach dem BGH nicht ausreichend (BGH, Az. IX ZR 419/00, Urteil vom 23.06.2005). Wird ein Mietobjekt unter Zwangsverwaltung gestellt, muss der Zwangsverwalter die Mieter darüber informieren. Die Miete ist von diesem Zeitpunkt an nicht mehr auf das gewohnte Konto des Vermieters, sondern an den Zwangsverwalter zu überweisen. Wird dies nicht beachtet, droht die Kündigung wegen Verzuges mit der Mietzahlung (vergleiche Landgericht Berlin, Az. 63 S 278/98). Der Zwangsverwalter muss notwendige Reparaturen und Instandsetzungsmaßnahmen am Mietobjekt durchführen lassen, wenn dessen Substanz gefährdet ist. Er muss Mietrückstände eintreiben. An bestehende Mietverträge ist er gebunden. Nicht vermietete Räumlichkeiten muss er nach Möglichkeit vermieten. Der BGH hat am 26.03.2003 entschieden, dass der Zwangsverwalter die Betriebskosten des Mietobjekts wenn erforderlich auch für Zeiträume abrechnen muss, die vor seiner Bestellung liegen. Er muss Betriebskosten-Guthaben an die Mieter auszahlen, auch wenn er selbst keine Vorauszahlungen für den betreffenden Abrechnungszeitraum bekommen hat (Az. VIII ZR 333/02). Ferner ist der Zwangsverwalter verpflichtet, mit einem Wohnraummieter nach dessen

Auszug über die Mietkaution abzurechnen und diese auszuzahlen – und zwar auch dann, wenn der Zwangsverwalter den Kautionsbetrag nicht vom Vermieter bekommen hat (BGH, Az. VIII ZR 11/03, Urteil vom 16.07.2003). Allerdings muss der Zwangsverwalter die Mietkaution nicht an einen Mieter auszahlen, dessen Mietvertrag vor Wirksamwerden der Anordnung der Beschlagnahme der Wohnung bereits beendet war und der die Wohnung bereits geräumt hatte (BGH, Az. VIII ZR 210/05, Urteil vom 03.05.2006).

Siehe / Siehe auch: Abmahnung, Zwangsverwalter, Zwangsvollstreckung

Zwangsverwaltung

forced administration of property; receivership; insolvency administration

Die Zwangsverwaltung ist eine Art der Immobilienzwangsvollstreckung. Der eingesetzte Zwangsverwalter soll dafür sorgen, dass aus den laufenden Einnahmen eines Grundstücks dessen laufende Kosten und darüber hinaus die Forderungen der Gläubiger gedeckt werden. Neben der Zwangsversteigerung läuft das Zwangsverwaltungsverfahren als eigenständiges Verfahren, auch wenn es Gemeinsamkeiten bei der Anordnung und der Beschlagnahme gibt.

Zwangsvollstreckung

judicial sale; judicial foreclosure; execution; distraint; compulsory execution; levy on property

Die Voraussetzung für eine Zwangsvollstreckung ist ein Zwangsvollstreckungstitel, der sich insbesondere aus einem Urteil, aus einem Prozessvergleich oder einer vollstreckbaren Urkunde (z. B. vollstreckbare Kaufvertragsurkunde eines Notars) ergeben kann. Weiter vorausgesetzt wird eine Vollstreckungsklausel, mit der das Urteil bzw. die Urkunde versehen wird („vollstreckbare Urkunde"). Schließlich muss durch Zustellung dafür gesorgt werden, dass der Schuldner Kenntnis von der gegen ihn eingeleiteten Zwangsvollstreckung erhält.

Die Zwangsvollstreckung von Immobilienvermögen erfolgt durch Eintragung einer Zwangshypothek und der Anordnung der Zwangsversteigerung bzw. Zwangsverwaltung. Wird die Zwangsversteigerung über ein Grundstück angeordnet, dann gilt die Anordnung als Beschlagnahme des Grundstücks zugunsten des Gläubigers. Dadurch wird das Recht des Gläubigers begründet, seine Forderung aus dem Grundstück zu befriedigen. Durch die Beschlagnahme wird nicht nur das Grundstück selbst erfasst, sondern auch alle wesentlichen und nicht wesentlichen Bestandteile, sowie das Zubehör. Die Unterwerfung eines Grundstückserwerbers in die „sofortige Zwangsvollstreckung" in sein Vermögen bei Nichteinhaltung der Fristen für die Zahlung des Kaufpreises bzw. von Kaufpreisteilen bedeutet, dass der Vollstreckung keine gerichtliche Entscheidung vorausgehen muss. Die Zwangsvollstreckung könnte vom Verkäufer sofort nach Verstreichen des Tages, für den die Fälligkeit vereinbart wurde, eingeleitet werden.

Zwangsvollstreckungsklauseln in notariellen Verträgen

foreclosure clauses in notarial deeds

In der Regel wird in notarielle Kaufvertragsurkunden eine Zwangsvollstreckungsklausel aufgenommen. In ihr unterwirft sich der Käufer der sofortigen Zwangsvollstreckung in sein gesamtes Vermögen, wenn er den vereinbarten Kaufpreis zum Fälligkeitszeitpunkt nicht oder nicht ganz entrichtet. Der Notar bezieht die Notargebühren – für die beide Parteien gesamtschuldnerisch haften – in die Zwangsvollstreckungsklausel mit ein. Schließlich kann auch für Maklerprovisionen, die zum Kaufvertragsbestandteil gemacht werden, eine Zwangsvollstreckungsklausel vereinbart werden. In einem solchen Fall erhält auf Anforderung auch der Makler eine Vollstreckbare Ausfertigung, die sich auf die Maklergebühr bezieht.

Zweckbasis (Maklerunternehmen)

basic purpose (of a brokerage firm)

Wer ein Maklerunternehmen gründet oder ein bestehendes Unternehmen umstrukturieren will, muss eine Entscheidung darüber treffen, welche Marktsegmente abgedeckt werden sollen. Jedes Marktsegment stellt eigene Anforderungen an vorhandene oder noch anzueignende Fachkenntnisse, Erfahrungen, den optimalen Betriebsstandort, erforderliche Betriebsgröße, vorhandene oder noch zu schaffende Beziehungsnetzwerke, Ausstattung, Liquiditätsspielräume und schließlich auch an die Marktverhältnisse. Daraus ergibt sich die Notwendigkeit, die Zweckbasis des Unternehmens abzuleiten oder die Voraussetzungen zu schaffen, um die in einer vorbestimmten Zweckbasis zum Ausdruck kommenden Sachziele zu erreichen. Die Entscheidung kann erleichtert werden, indem Zielvorstellungen im Rahmen einer Anforderungsmatrix überprüft werden, in der die dargestellten Kriterien abgefragt werden können. Daraus ist eine Leistungsmatrix zu entwickeln, in der die in den gewählten Bereichen zu erbringenden Leistungen in den gewählten Marktsegmenten definiert werden. Grundsätzlich bestehen alternative Möglichkeiten, sich für eine breite oder schmale Zweckbasis zu entscheiden. Im letzten Fall haben wir es mit einer Strategie der Spezialisierung zu tun. Im ersten Fall mit einer Strategie, die möglichst alle Leistungen „aus einer Hand" anbietet. Dabei ist grundsätzlich zu beachten, dass, je breiter die Zweckbasis gewählt wird, desto größer muss der Maklerbetrieb sein, um alle Leistungen auf einem hohen Qualitätsniveau erbringen zu können. Spezialkenntnisse, Fach- und Methodenkompetenzen in einem Bereich spricht für eine Spezialisierung. Bei einer breiten Zweckbasis stellt sich dagegen die Frage, welche Kompetenzen im Bereich des Personals eingestellt werden müssen.

Siehe / Siehe auch: Leistungsmatrix (Maklergeschäft)

Zweckentfremdung

misuse; change of use (e.g. office to residential); misallocation

In den von mehreren Bundesländern erlassenen Verordnungen über Zweckentfremdung sind die Gemeinden aufgeführt, in denen die Bestimmungen über die Zweckentfremdung von Wohnraum anzuwenden sind. In solchen Gemeinden muss jede Nutzungsänderung einer Wohnung von der Gemeinde genehmigt werden. Die Verordnungen gelten auch für Mieter, die z. B. Teile ihrer Wohnung als Büro nutzen wollen. Auch der längere Leerstand von Wohnraum gilt als Zweckentfremdung. Verstöße gegen das Zweckentfremdungs-Gebot sind Ordnungswidrigkeiten, die mit Bußgeld geahndet werden (bis zu 50.000 Euro pro Verstoß beziehungsweise Wohneinheit). Möglich sind auch Nutzungsuntersagungen oder – wie in Hamburg – die vorübergehende Zuweisung des Besitzes der Wohnung an einen Treuhänder, der dafür zu sorgen hat, dass die Räumlichkeiten wieder in einen für Wohnzwecke geeigneten Zustand zurückgeführt werden. Im Bereich der Verordnungen über Zweckentfremdung der Länder finden ständig Änderungen statt. So wurde in Niedersachsen die entsprechende Verordnung zum 01.01.2004 außer Kraft gesetzt. Nach den Verordnungen über Zweckentfremdung kann unter bestimmten Bedingungen ein Negativattest oder eine Zweckentfremdungs-Genehmigung erteilt werden. Ein Mieter, der seine Wohnung zweckentfremdet, kann vom Vermieter abgemahnt und im Fortsetzungsfall gekündigt werden, da er sich nicht an die vertraglich vereinbarte Nutzung der Wohnung gehalten hat. Auch in Gemeinden ohne Verordnung über Zweckentfremdung bedarf die berufliche oder gewerbliche Nutzung einer Mietwohnung grundsätzlich der Zustimmung des Vermieters.

Siehe / Siehe auch: Berufsausübung durch Mieter, Negativattest (Zweckentfremdung), Zweckentfremdungsgenehmigung

Zweckentfremdungsgenehmigung

permission to carry out change of use (e.g. residential to office)

In Bundesländern, in denen eine Verordnung über die Zweckentfremdung von Wohnraum gilt, kann unter bestimmten Voraussetzungen eine Zweckentfremdungsgenehmigung erteilt werden. Die Voraussetzungen dafür sind meist erfüllt, wenn ...

- entsprechender Ersatzwohnraum nachgewiesen wird
- eine Ausgleichszahlung nachgewiesen wird
- nachgewiesen wird, dass ohne die geplante Nutzung der Räume zu konkreten beruflichen oder gewerblichen Zwecken eine Existenzgefährdung des Antragstellers eintreten würde
- bei bestimmten öffentlichen Belangen (z.B. Wohnraum soll für die Versorgung der Bevölkerung mit sozialen oder medizinischen Dienstleistungen verwendet werden).

Mietvertragsklauseln, nach denen der Mieter eine fehlende Zweckentfremdungsgenehmigung für die Mieträume selbst und auf eigene Kosten einholen muss, sind unwirksam. Mit derartigen Regelungen wird nach dem Kammergericht Berlin gegen vertragliche Hauptpflichten des Vermieters verstoßen, da bei Vertragsabschluss keine Überlassung der Mieträume zum vertragsgemäßen Gebrauch (z. B. Gewerbebetrieb) möglich bzw. zulässig ist (Urt.v. 01.04.2004, Az. 8 U 219/03).

Siehe / Siehe auch: Negativattest (Zweckentfremdung), Zweckentfremdung

Zweckerklärung

declaration of purpose (of a bank loan)

Die Finanzierung von Bauvorhaben oder Grundstückserwerben erfolgt meist unter Einsatz von Fremdmitteln. Die Absicherung erfolgt in der Regel über eine Grundschuld. Diese erfüllt ihre Absicherungsfunktion aber erst dann, wenn der Schuldner bestimmt, welchem Zweck diese Grundschuld dienen soll. Diese Erklärung, die gegenüber dem Grundschuldgläubiger abzugeben ist, nennt man Zweckerklärung oder Zweckbestimmungserklärung. Das Grundstück ist dann nur hinsichtlich der in der Zweckerklärung genannten Verbindlichkeit Pfandobjekt.

Zweifamilienhaus

house with two (horizontally divided) flats

Haus mit zwei abgeschlossenen Wohneinheiten, von denen eine in der Regel vom Eigentümer genutzt und die andere vermietet ist. Es kann sich dabei auch um ein Doppelhaus auf einem Grundstück handeln.Bauherren, die bei der Finanzierung eines Zweifamilienhauses Schuldzinsen in voller Höhe als Aufwand für die vermietete Wohnung geltend machen wollen, müssen besondere Regeln bei der Finanzierung beachten. Nach der neueren Rechtsprechung des BFH (Urt. vom 27.10.98 IX R 44/95) kann nämlich ein einheitliches auf dem Grundstück abgesichertes Darlehen nur dann ausschließlich dem fremdvermieteten Teil zugeordnet werden, wenn der Bauherr die für das Zweifamilienhaus entstehende Baukosten getrennt den Wohnungen zuordnet. Es wird ihm dadurch möglich, die Rechnungen, die sich auf den fremdvermieteten Teil der Wohnung beziehen mit Fremdmittel zu finanzieren und die eigene Wohnung betreffenden Herstellungskosten mit Eigenmitteln. Zu einem anderen Ergebnis kam der BFH allerdings in einem Fall, in dem der Bauherr die Kosten nicht den beiden von ihm errichteten Eigentumswohnungen getrennt zugeordnet, sondern alle Aufträge und damit die berechneten Leistungen für das Gesamtgebäude zusammengefasst hatte (Urt. vom 27.10.98, IX R 29/96). Hier kam nur eine nach dem Wohn-/Nutzflächenanteil ermittelte Zurechnung der Zinsen für die vermietete Wohnung in Betracht. Es empfiehlt sich also in solchen Fällen stets, schon die Auftragsvergabe und damit die Berechnung der Leistungen so zu gestalten, dass eine Kostenaufspaltung für die beiden Wohnungen möglich ist. Außerdem sollte im Darlehensvertrag klar gestellt werden, dass das Darlehen für die Finanzierung der vermieteten Wohnung verwendet werden soll. Bewohnt der Eigentümer eine der beiden Wohnungen und hat er die andere vermietet, dann braucht er im Falle der Kündigung kein berechtigtes Interesse nachweisen. Die Kündigungsfrist verlängert sich dafür um drei Monate.Nicht zu den Zweifamilienhäusern zählen Doppelhäuser mit je einer Wohnung pro Doppelhaushälfte. Doppelhäuser im klassischen Sinne verfügen über zwei Vollgeschosse. Deren Merkmal besteht darin, dass sie aneinander und nicht übereinander gebaut sind. Jede Doppelhaushälfte ist ein Einfamilienhaus. Es gibt allerdings auch Doppelhäuser, bei denen jede Doppelhaushälfte zwei oder drei Wohnungen beinhaltet, also Zwei-, bzw. Dreifamilienhäuser sind.

Siehe / Siehe auch: Berechtigtes Interesse, Doppelhaus, Einfamilienhaus

Zweiläufige Treppe

dog-legged stair

Siehe / Siehe auch: Treppenlauf

Zweischaliges Mauerwerk

cavity walls

Das zweischalige Mauerwerk gibt es in unterschiedlichen Ausführungen. Beim Verblendmauerwerk übernimmt die Innenmauer die statische Funktion und den Wärme- und Schallschutz, die individuell zu gestaltende Außenschale den Witterungsschutz. Beliebt sind für die Außenschale Klinkersteine. Die beiden Schalen sind mit Drahtankern aus nicht rostendem Stahl zu verbinden, die bestimmten DIN-Normen entsprechen müssen. Außerdem gibt es Konstruktionen, die zwischen Außen- und Innenschale eine Dämmschicht haben. Die beiden Schalen sollten mindestens 11,5 cm dick sein, die Dämmschicht 15 cm. Eine weitere Variante sieht eine zusätzliche Luftschicht von 4 cm vor. Die Luft- und Dämmschicht betragen zusammen 15 cm. Die Außenschale soll in diesem Fall mindestens 9 cm stark sein. Die Außenschale ist das aus Kalksandstein oder Ziegel bestehende Sichtmauerwerk. Auf die Außenschale kann ein Putz aufgetragen werden. Auch früher schon war zweischaliges Mauerwerk beliebt, speziell im Norden Deutschlands zwischen 1900 und 1970. Heute haben Eigentümer von entsprechenden Gebäuden die Möglichkeit, die Wärmedämmung ihrer Außenwände durch das Einblasen einer Kerndämmschicht in den Zwischenraum der beiden Mauerschichten zu verbessern. Dabei wird über einen Schlauch der Dämmstoff mit Druckluft in die zu dämmenden Hohlräume eingebracht. Das Verfahren kann auch bei Hohlräumen in Decken oder bei Anbringen einer Dämmschicht zwischen den Dachsparren Anwendung finden. Es entsteht eine lückenlose Dämmschicht. Auch in nicht gleichmäßig ausgestalteten Hohlräumen verteilen sich die Dämmstoffflocken gleichmäßig und liegen schließlich an den sie umgebenden Bauteilen fugenlos an. Als Materialien kommen z. B. Baumwolle, Zelluloseflocken oder Getreide in Frage. Als Dämmstoff kommen nur Materialien in Betracht, die durch eine spezielle Behandlung schwerer entflammbar sind (z. B. Behandlung mit Boraten gegen den Befall mit Mikroorganismen und zur Verringerung der Feuergefährlichkeit).

Siehe / Siehe auch: Energieeinsparverordnung (EnEV), Energieausweis / Energiepass, Niedrigenergiehaus, Einschaliges Mauerwerk

Zweite Berechnungsverordnung, II. BV

computation ordinance

Die II. BV legt fest, wie verschiedene wohnungswirtschaftliche Größen zu berechnen sind.
Anzuwenden ist sie bei der Berechnung von

- Wirtschaftlichkeit, Belastung, Wohnfläche oder angemessenem Kaufpreis für öffentlich geförderten Wohnraum (bei Anwendung des Zweiten Wohnungsbaugesetzes oder des Wohnungsbindungsgesetzes)
- Wirtschaftlichkeit, Belastung oder Wohnfläche für steuerbegünstigten oder freifinanzierten Wohnraum (bei Anwendung des Zweiten Wohnungsbaugesetzes)
- Wirtschaftlichkeit, Wohnfläche oder angemessenem Kaufpreis (bei Anwendung der Verordnung zur Durchführung des Wohnungsgemeinnützigkeitsgesetzes).

Ein Anhang zur Zweiten Berechnungsverordnung beantwortete lange Zeit auch die wichtige Frage, welche Betriebskostenarten auf den Mieter einer Wohnung umgelegt werden konnten. In der neuen Fassung der Zweiten Berechnungsverordnung wird auf die neue Betriebskostenverordnung hingewiesen, die nunmehr diesen Bereich regelt.

Siehe / Siehe auch: Betriebskostenverordnung

Zweite-Haut-Fassade – Doppelte Fassade

double-skin facade

Bei der Zweite-Haut-Fassade ist der einfachen Gebäudehülle eine Glasfront vorgelagert. Zwischen den zwei Schichten entsteht ein Luftspalt, der mit der Außenluft in Verbindung steht. Dieses aus Kostengründen bisher fast nur bei hochwertigen Bürohäusern angewandte Fassadensystem erzeugt ein natürliches Klima im Büroraum und senkt die Energiekosten.

Zweitmarkt

secondary market

Als Zweitmarkt wird die Gesamtheit der Angebote und Kaufgesuche zu „gebrauchten“ Anteilen an geschlossenen Fonds bezeichnet.
Da es hierzu keine einheitlichen Regelungen gibt, ist es für Anbieter oder Nachfrager von Fondsanteilen oft schwierig, den jeweils passenden Transaktionspartner zu finden. Einige Fondsinitiatoren organisieren deshalb für ihre Anleger einen Zweitmarkt, indem sie Angebote und Kaufgesuche sammeln und veröffentlichen, beispielsweise auf einer entsprechenden Internetplattform. Darüber hinaus gibt es Anbieter, die Handelsplattformen für Zweitmarktanteile unterschiedlicher Initiatoren unterhalten, ohne dass sie selbst Fondsinitiatoren sind.
Zentrales Problem am Zweitmarkt und zugleich wichtigstes Hindernis auf dem Weg zu einer größeren Fungibilität der Anteile an geschlossenen Fonds ist bislang die Frage der transparenten Bewertung der Fondsanteile und der Preisfindung am Zweitmarkt.

Siehe / Siehe auch: Immobilienfonds - Geschlossener Immobilienfonds

Zweitmarktbörse

secondary market for closed-end funds

Zweitmarktbörsen sind Einrichtungen, mit deren Hilfe das Zweitmarktproblem geschlossener Fonds gelöst werden soll. Im Vergleich zu den direkten Zweitmarktangeboten der Investoren wird Wert darauf gelegt, dass eine möglichst große Transparenz des jeweils aktuellen Angebots an Fondsbeteiligungen erreicht wird. Die Angebote werden gelistet und via Internet veröffentlicht.
Jeder Anbieter bestimmt seinen Angebotspreis. Kommt über die Börse eine Transaktion zustande, ist eine Maklergebühr zu zahlen. Solche Zweitmarktbörsen existieren an der Börse Hamburg und an der Börse Düsseldorf.

Zweitmarktfonds
secondary fund

Es handelt sich bei Zweitmarktfonds um eine Fondskonstruktion, deren Zweck darin besteht, Anteile von verschiedenen geschlossenen Immobilienfonds zu kaufen und zu verwalten. Zur Qualitätssicherung werden nur Anteile von solchen Fonds erworben, die bestimmte Merkmale aufweisen, u.a. positive Entwicklung der Fondsbeteiligung, Begrenzung des Volumens pro Fonds, von einem Wirtschaftprüfer attestierter Jahresabschluss.

Zweitmarktfonds wurden bisher durch die zur Deutschen Bankgruppe gehörenden DB Real Estate Management GmbH und die zur HypoVereinsbank AG gehörenden H.F.S Hypo-Fondsbeteiligungen für Sachwerte GmbH aufgelegt.

Zweitwohnungssteuer
tax on a second home

Die Zweitwohnungssteuer wird von der Gemeinde erhoben. Zunächst wurde sie von Gemeinden in Fremdenverkehrsgebieten eingesetzt, zuerst von Überlingen 1973, mittlerweile ist sie auch in Gemeinden in Nicht-Fremdenverkehrsgebieten üblich (z.B. Köln ab 1.1.2005, Berlin ab 19.12.1997).

Eine Zweitwohnung (auch: Nebenwohnung) im Sinne der Zweitwohnungssteuer-Satzungen ist eine Wohnung, die der Inhaber unterhält:

- neben seiner Hauptwohnung
- zu Zwecken seines persönlichen Lebensbedarfs oder des persönlichen Lebensbedarfs seiner Familie.

Eine vorübergehende Nutzung der Wohnung zu anderen Zwecken (Vermietung an Dritte) schließt nicht aus, dass die Wohnung als Zweitwohnung gilt.

Steuerpflichtig ist der Inhaber (also der tatsächliche Nutzer der Wohnung), unabhängig davon, ob er:

- Eigentümer oder
- Mieter oder
- Nutzungsberechtigter

seiner Zweitwohnung ist.

Bemessungsgrundlage ist die Nettokaltmiete der Wohnung. Die Kölner Zweitwohnungssteuer beträgt z. B. zehn Prozent der Jahresnettokaltmiete. Bei eigengenutzten Wohnungen wird die Miete nach dem jeweils gültigen Mietspiegel der Stadt herangezogen.

Wenn mehrere Personen die Wohnung nutzen, wird der auf den einzelnen Bewohner entfallende Wohnungsanteil als Zweitwohnung gerechnet, es kommen entsprechende Anteile für Küche und andere gemeinsam genutzte Räume hinzu. Bei zwei Personen, von denen eine ihren Nebenwohnsitz an der Adresse hat, ist Bemessungsgrundlage also die halbe Nettokaltmiete.

Von der Besteuerung sind meist verschiedene Arten von Wohnungen ausgenommen. Z.B.:

- Wohnungen in Pflegeeinrichtungen
- Wohnungen, die unentgeltlich zu Therapie- oder sozialpädagogischen Zwecken zur Verfügung gestellt wurden
- Wohnungen, die von Trägern der Jugendhilfe entgeltlich / unentgeltlich zur Verfügung gestellt wurden
- Zufluchtswohnungen in Frauenhäusern
- Räume zum Zwecke des Strafvollzugs.

(Nach: Satzung Köln; je nach Gemeinde unterschiedliche Regelungen möglich). Bei Studenten geht man davon aus, dass der Hauptwohnsitz am Wohn- und Studienort liegt. Ehemalige „Kinderzimmer" bei den Eltern im Heimatort sind meist von der Zweitwohnungssteuer ausgenommen. Der Wohnungsinhaber muss sich bereits beim Einzug Gedanken über den Status der Wohnung machen, da er sich ggf. mit dem Nebenwohnsitz in der betreffenden Gemeinde anmelden muss. Inhaber von Nebenwohnungen fallen unter die Zweitwohnungssteuer. Es handelt sich um eine Jahressteuer, die per Quartal fällig wird.

Das Bundesverfassungsgericht (Beschluss vom 11.10.2005, Az. 1 BvR 1232/00 und 1 BvR 2627/03) hat entschieden, dass die Erhebung einer Zweitwohnungssteuer für die beruflich genutzte Nebenwohnung eines verheirateten, nicht getrennt lebenden Berufstätigen unzulässig ist. Im verhandelten Fall ging es um einen Ehemann, der sich in Hannover eine Nebenwohnung gemietet hatte, um dort während der Woche seiner Arbeit nachzugehen. Frau und Kind wohnten weiter anderenorts in der Hauptwohnung.

Das Gericht befand, dass die Erhebung der Zweitwohnungssteuer hier gegen Art.6 Abs.1 des Grundgesetzes (Schutz von Ehe und Familie) verstoße. Die entsprechende Satzung der Stadt Hannover sei in diesem Punkt nichtig. Die meisten gemeindlichen Satzungen sind inzwischen dementsprechend geändert worden. Soweit dies noch nicht geschehen ist, können Steuerpflichtige unter Hinweis auf das Urteil gegen einen Steuerbescheid Widerspruch einlegen.

Wird eine Zweitwohnung als reine Kapitalanlage ohne Möglichkeit der Eigennutzung ausschließlich an Fremde vermietet – etwa als Ferienwohnung – scheidet eine Besteuerung mit der Zweitwohnungssteuer aus. Dies hat das Bundesverwaltungsgericht mehrfach betont (Urteil vom 30.6.1999, Az. 8 C

6.98, Urteil vom 26.09.2001, Az. 9 C 1.01). Probleme entstehen jedoch bei einer Mischnutzung. Bei einer mit der beauftragten Vermittlerin vereinbarten Eigennutzungsmöglichkeit von vier Wochen pro Jahr ist nach dem Bundesverwaltungsgericht eine Erhebung der Zweitwohnungssteuer auf Basis der Jahreskaltmiete unverhältnismäßig (Urteil vom 30. 6. 1999, Az. 8 C 6. 98). Hat der Eigentümer dagegen eine rechtlich abgesicherte Eigennutzungsmöglichkeit von mindestens zwei Monaten, ist bereits eine Besteuerung auf Basis der Jahreskaltmiete zulässig (Urteil vom 26.09.2001, Az. 9 C 1.01). Maßgeblich ist dabei die theoretische Nutzungsmöglichkeit und nicht die tatsächlich erfolgte Nutzung. Ob eine anteilige Nutzung besteuert wird, ist Sache der Gemeinde; dies kann satzungsmäßig bestimmt werden. Ein Nachweis gegenüber dem Finanzamt kann etwa durch Vorlage eines Vertrages mit einem Vermittlungsunternehmen stattfinden, in dem eine Eigennutzung durch den Eigentümer ausgeschlossen wird.
Nach einem Urteil des Bundesfinanzhofes vom 15.10.2002 (Az. IX R 58/01) ist die vom Inhaber einer Ferienwohnung gezahlte Zweitwohnungssteuer mit dem auf die Vermietung der Wohnung an wechselnde Feriengäste entfallenden zeitlichen Anteil als Werbungskosten bei den Einkünften aus Vermietung und Verpachtung abziehbar.
Siehe / Siehe auch: Ferienwohnung

Zwischenabrechnung

intermediate account

Zieht ein Mieter während eines laufenden Abrechnungszeitraumes aus, muss eine Zwischenablesung der Verbrauchszähler in der Mietwohnung sowie eine Zwischenabrechnung der verbrauchsabhängigen Betriebskosten stattfinden. Dies ergibt sich z.B. für die Heizkosten aus § 9b Heizkostenverordnung. Führt der Vermieter diese Ablesung nicht durch, billigen einige Gerichte dem Mieter eine Reduktion der abgerechneten Heiz- und Warmwasserkosten um 15 Prozent zu (Amtsgericht Charlottenburg, Az. 218 C 382/05, Urteil vom 1.12.2005). Die Abrechnungsunternehmen stellen dem Vermieter für diese Dienstleistung meist eine so genannte Nutzerwechselgebühr in Rechnung. Der Vermieter kann diese Gebühr allerdings nicht auf den Mieter umlegen: In einer Entscheidung vom 14.11.2007 erläuterte der Bundesgerichtshof, dass Betriebskosten nach § 556 Abs.1 BGB nur solche Kosten seien, die dem Vermieter laufend für den bestimmungsgemäßen Gebrauch des Gebäudes oder durch sein Eigentum am Grundstück entstünden. Die Wechselgebühr falle jedoch während des Mietverhältnisses nur einmalig und nicht laufend an. Der Betrag – im Streitfall rund 30 Euro – sei vom Vermieter zu tragen (Az. VIII ZR 19/07). Allerdings haben Vermieter die Möglichkeit, im Mietvertrag mit ihrem Mieter zu vereinbaren, dass dieser bei seinem Auszug die Nutzerwechselgebühr tragen soll.
Siehe / Siehe auch: Betriebskosten, Heizkostenverordnung, Umlage (Mietrecht)

Zwischenfinanzierung (Fonds)

bridge financing; interim financing; intermediate financing (fund)

Eine Zwischenfinanzierung für ein geschlossenes Immobilienfondsprojekt wird immer dann erforderlich, wenn bereits vor Einzahlung der Eigenkapitaleinlagen durch die Gesellschafter erste Ausgaben getätigt werden müssen wie beispielsweise Gebühren, Anzahlungen. Für diese zwischenzeitliche Fremdfinanzierung sollte stets eine Zwischenfinanzierungsgarantie vorhanden sein, die den Fondsgesellschafter davor schützt, dass das Gesamtprojekt bereits zu Beginn an der Abdeckung eher geringer Anlaufausgaben scheitert. Wie bei jeder Garantie ist auch hier die Bonität und Seriosität des Garantiegebers zu verifizieren.

Zwischenfinanzierung (Zwischenkredit)

bridge financing; interim financing; intermediate financing (bridge / gap / interim loan)

Bestehen Ansprüche auf Auszahlung langfristiger Darlehen zur Endfinanzierung im Rahmen der Erstellung eines Gebäudes und sind die Auszahlungsbedingungen noch nicht erfüllt, da das Bauvorhaben z.B. noch nicht fertig gestellt ist, kann die Zeit bis zur Auszahlungsreife durch Zwischenfinanzierung überbrückt werden. Der Auszahlungsanspruch gegen das Kreditinstitut, das die Endfinanzierung zur Verfügung stellt, wird dabei an das zwischenfinanzierende Kreditinstitut abgetreten. Im Gegensatz zur Zwischenfinanzierung liegen bei einer Vorfinanzierung keine Zusagen eines Kreditinstituts für eine Endfinanzierung vor.
Siehe / Siehe auch: Vorfinanzierung

Zyklopenmauerwerk

cyclopean masonry

Zyklopenmauerwerk ist die Bezeichnung für eine Sonderform des Bruchsteinmauerwerks ohne durchgehende Lagerfugen. Die unregelmäßigen, polygonalen Sichtseiten der meist relativ großen, gebrochenen Natursteine ergeben ein netzartiges

Fugenbild. Zyklopenmauerwerk wurde bereits in alten Hochkulturen, beispielsweise in der griechischen Antike, hergestellt. Der Name spielt auf die Zyklopen, riesenhafte Wesen der altgriechischen Sagenwelt, an.
Siehe / Siehe auch: Bruchsteinmauerwerk, Quadermauerwerk, Schichtmauerwerk

Immer aktuell

Sie halten die 9. Auflage des Lexikons Immobilien-Fachwissen von A–Z in den Händen, dessen Ziel es ist, einen umfassenden und aktuellen Einblick in die Immobilienwirtschaft zu bieten. Deshalb ist mit diesem Lexikon ein besonderer Service verbunden.

Internetservice

Unter der Adresse www.grabener-verlag.de sowie unter den Adressen unserer Sponsoren finden Sie eine stets tagaktuelle Ausgabe des Lexikons im Internet. Hier können Sie kurz nachsehen, ob sich bei der Erklärung eines Sachverhaltes zwischenzeitig etwas verändert hat. Sie sind damit immer auf der sicheren Seite, wenn es um aktuelles Wissen geht. Die Redaktion arbeitet regelmäßig an Neuerungen, an Aktualisierungen, wie auch an nötigen Berichtigungen.

Ihr Henning J. Grabener
Redaktionsleiter im Grabener Verlag

Auf der Startseite von **www.grabener-verlag.de** finden Sie in der oberen Zeile einen Button für das **Online-Lexikon**. Ständig aktualisiert – komplett – mit Nennung der Autoren und Sponsoren.

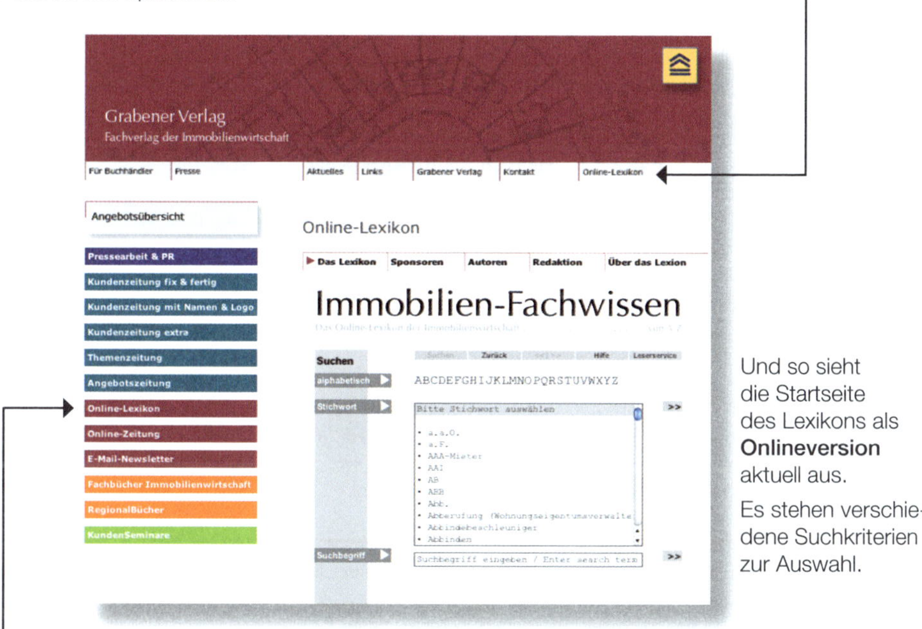

Und so sieht die Startseite des Lexikons als **Onlineversion** aktuell aus.

Es stehen verschiedene Suchkriterien zur Auswahl.

Und wer das Online-Lexikon auf seiner Firmen-Website einsetzen will, findet hier alle Vorgehensweisen, Informationen und Preise.

Jetzt sind Sie gefragt, gefordert und ganz persönlich gemeint …

Sie haben mit diesem Buch gearbeitet, haben unter Umständen den zusätzlichen Service im Internet www.grabener-verlag.de schon ausprobiert und genutzt – und sich eine Meinung gebildet. Dieses Lexikon ist eine Gemeinschaftsarbeit von verschiedenen Autoren und beteiligten Fachleuten, einer eigenständigen Redaktion, Mitarbeitern aus den unterschiedlichsten Disziplinen der Technik bis hin zum Internet, Grafikern, Druckern und Mitarbeitern aus dem Verlag. Sie sehen, an diesem Buch ist eine Vielzahl von Menschen beteiligt – und da können sich hier und da auch einmal Fehler einschleichen.

Genau hierbei können Sie uns helfen

Haben Sie etwas gesucht und nicht gefunden? Dann nehmen Sie bitte umgehend Kontakt mit uns auf! In aller Regel hat der gesuchte Begriff sich als Bestandteil unter einem anderen Stichwort „versteckt", wo er in einem größeren Zusammenhang erklärt wird. Aber es kann auch vorkommen, dass Sie auf eine Lücke gestoßen sind. Und dann werden wir uns umgehend daran setzen, das neue Stichwort erklären, erst einmal ins Online-Lexikon einbinden und später dann auch in das Buch aufnehmen. Natürlich informieren wir Sie auch direkt über das Ergebnis.

Oder: eine Darstellung gefällt Ihnen nicht, ist unzureichend, nicht mehr aktuell, missverständlich oder aus Ihrer Sicht schlichtweg falsch. Was dann? Der beste Weg ist, die Redaktion im Grabener Verlag kurz zu informieren. Sagen Sie uns in Stichworten, was Sie gefunden haben, das einer Überarbeitung bzw. Richtigstellung bedarf. Wir prüfen den Vorgang – und reagieren umgehend.

Wenn Sie nun ein Stichwort nicht finden, ein neues gerne einbringen wollen, ein anders vielleicht verändern möchten, und Sie können auch die nötige Erklärung dazu verfassen – prima! Schicken Sie sie an uns, und vergessen Sie auch nicht, Ihren Namen zu nennen! Wir prüfen Ihren Vorschlag, und wenn er gut ist, übernehmen wir ihn. Das Recht der Überarbeitung behalten wir uns natürlich vor.

Unsere Leser sind die besten Tipp- und Hinweisgeber. Eine Vielzahl von Ihnen beteiligt sich ganz aktiv an der genauen Beschreibung von einzelnen Stichworten und einige liefern uns auch gleich ihre kompletten Texte. Gerade in den letzten drei Jahren haben uns viele Spezialisten aus ihrem Fachbereich umfassend mit ihren Hinweisen unterstützt. Für uns als Redaktion ist diese Hilfe und Unterstützung mehr als willkommen!

Und so sind wir immer gerne bereit, uns für diese Hilfe sichtbar zu bedanken: Ab einem bestimmten Umfang des Beitrages wird Ihr Name im Abschnitt „Autoren" genannt. Gleichzeitig erhalten alle Autoren beim Wechsel der Auflage ein neues Exemplar des Buches geschenkt. Damit nicht genug – alle Autoren nehmen an der Jahresverlosung mit interessanten Preisen teil. Ist das was?

Wir möchten, dass die 10. Auflage noch besser wird als diese. Helfen Sie uns mit Ihrem Wissen und Können – unterstützen Sie uns, damit wir dieses Ziel erreichen!

Wie können Sie uns erreichen?

Den leichtesten Weg bietet das Internet per E-Mail: **info@grabener-verlag.de.**
Im Bereich des Online-Lexikons finden Sie ein vorbereitetes Formular, mit dem Sie zum einen den Verlag, zum anderen die Redaktion oder auch einzelne Autoren ansprechen können (Zusendungen an Letztere werden vom Verlag weitergeleitet).
Sie können uns aber auch per **Fax 0431-560 1 580** oder per Brief kontaktieren:

Grabener Verlag GmbH
Lexikon-Redaktion
Niemannsweg 8
24105 Kiel

Wir freuen uns auf Ihre konstruktive Unterstützung. Auf ein gutes Miteinander!

Ihr Henning J. Grabener
Redaktionsleiter im Grabener Verlag

Die Autoren

Prof. Dr. Hansjörg Bach

Studium der Wirtschafts- und Sozialwissenschaften an der Technischen Hochschule Stuttgart und der Universität Erlangen-Nürnberg. Promotion zum Dr. rer. pol. an der Universität Regensburg. Studien- und Forschungsjahr an der University of Michigan als Stipendiat der Max Kade und Fulbright Stiftungen. Leitende Tätigkeit in Immobilienunternehmen seit 1972, derzeit: Mitglied des Vorstands der Siedlungsbau Neckar Fils Bau- und Wohnungsgenossenschaft eG Nürtingen. Berufung zum Hochschullehrer für Immobilienwirtschaft an die Hochschule Nürtingen zum Wintersemester 1996/97. Prorektor der HfWU Hochschule für Wirtschaft und Umwelt Nürtingen-Geislingen. Juryvorsitz und wissenschaftliche Betreuung des „Zukunftspreises der Immobilienwirtschaft" der „DW Die Wohnungswirtschaft". Vorsitzender des Fachausschusses „Betriebswirtschaft" des GdW Bundesverband deutscher Wohnungs- und Immobilienunternehmen e.V., Mitglied des Kuratoriums des vhw, Bundesverband für Wohneigentum und Stadtentwicklung e.V.

Dipl.-Volkswirt Volker Bielefeld

Studium der Volkswirtschaft in Hamburg mit Abschluss als Diplom-Volkswirt, Berufseinstieg 1968 bei der GEWOS im Bereich der Stadtsanierung und Stadtentwicklung, 1969 bis 1972 beim RDM-Bundesverband bzw. Landesverband Berlin, u.a. Chefredakteur der Allgemeinen Immobilien-Zeitung (AIZ). Von 1972 bis 2006 beim Zentralverband Haus & Grund Deutschland (seit 2001 in Berlin) als Leiter des Referats Wohnungseigentumsrecht, zuletzt stellvertretender Genaralsekretär sowie Chefredakteur der Zeitschrift „DER WOHNUNGSEIGENTÜMER". Seit 1976 gleichzeitig Geschäftsführer des Josef-Humar-Institut e.V., Institut für Wohnungseigentum und Wohnungsrecht (Düsseldorf). Autor von zahlreichen Fachpublikationen zum Wohnungseigentum (u.a. „Ratgeber zum Wohnungseigentum", aktuell 8. Auflage), Autor und Mitherausgeber von Fachzeitschriften, Schriftenreihen und Festschriften, Referent und Leiter zahlreicher Seminare und Fortbildungsveranstaltungen zum Wohnungseigentum in wohnungswirtschaftlichen Verbänden und Verwaltungsunternehmen.

Thordis Eckhardt

Thordis Eckhardt, Jahrgang 1969, ist Journalistin und PR-Beraterin. Sie volontierte bei der Emder Zeitung und arbeitete als Redakteurin und freie Journalistin bei verschiedenen Printmedien in Deutschland und Brasilien. Von 1996 bis 2000 studierte Eckhardt Romanische Philologie, Psychologie und Politik an den Universitäten Greifswald, Münster und Oviedo/Spanien mit Abschluss Magister Artium. Es folgten journalistische Aufträge beim Hörfunk, u.a. beim Norddeutschen Rundfunk, Landesstudio Vorpommern und beim spanischen Sender „Radio Vetusta", sowie in verschiedenen Pressestellen von Unternehmen und Hochschulen. Im Jahre 2002 gründete Eckhardt die inhabergeführte PR-Agentur otexto | Markt- und Unternehmenskommunikation, Köln, mit Schwerpunkt Social Media Kommunikation, sowie Presse- und Öffentlichkeitsarbeit für die Immobilienbranche. Seit 2007 ist Thordis Eckhardt an der Macromedia Hochschule für Medien und Kommunikation, Campus Köln, mit der Dozentur „Public Relations" im Studiengang Medienmanagement beauftragt. Sie lehrt ferner im Fachbereich Journalistik theoretische Grundlagen und praktische Anwendungsfelder der Unternehmenskommunikation.

Carmen Fröhlich

ist seit vielen Jahren als Public Relations Fachwirtin (BAW) und Mediengestalterin (IHK) in der Werbebranche zuhause und seit 2005 als Expertin für Marketing und Werbung verstärkt im Bereich "Marketing in der Immobilienverwaltung" tätig. Im Verband der Immobilienverwalter Bayern e.V. ist sie als Referentin für Verbandskommunikation zuständig für Marketing, Eventmanagement und Öffentlichkeitsarbeit und hält diverse Vorträge unter anderem zu den Themen: Konzeption, Gestaltung und Programmierung von Internetauftritten, Marketing für Immobilienverwalter und erfolgreiche Öffentlichkeitsarbeit. Ihre Kenntnisse und Erfahrungen sind in dem Buch „Marketingkonzepte für den Hausverwalter" erschienen. Als einer der kreativen Köpfe der Werbeagentur somann & froehlich hat sie schon etlichen Immobilienverwaltern zu einem erfolgreichen Auftritt im Internet verholfen.

Henning J. Grabener

Fachjournalist und Publizist, von 1986 bis Anfang 1997 Chefredakteur der IMMOBILIEN WIRTSCHAFT heute, IWh, Autor für Wirtschaftswoche, Handelsblatt und Fachmagazine, Leiter von Vortrags- und Unterrichtsreihen, Pressesprecher verschiedener Unternehmen im Bereich der Immobilienwirtschaft. Verleger und Autor von Fachbüchern. Als Leiter des Grabener Verlages ist er für den redaktionellen Bereich und die Entwicklung von Kunden- und Hauszeitungen für Unternehmen aus der Wohnungswirtschaft zuständig.

Dr. Karina Junghanns

Studium an der Ruprecht-Karls-Universität in Heidelberg, Germanistik, Politische Wissenschaft, Studienreferendarin, II. Staatsexamen, Journalistin in einer Stuttgarter PR-Agentur, freie Mitarbeiterin WDR Köln, Volontariat bei der Kölnischen Rundschau, Promotion, Redakteurin bei der Zeitschrift „Das Wertpapier", Redakteurin beim „Handelsblatt" (Bau- und Immobilienwirtschaft), Leiterin Unternehmenskommunikation der Corpus Sireo.

Prof. Dr. Stephan Kippes

Prof. Dr. Stephan Kippes, Jahrgang 1963, lehrt seit 1999 an der Hochschule für Wirtschaft und Umwelt Nürtingen. Er ist Inhaber der auch im internationalen Raum einzigen ordentlichen Hochschul-Professur für Immobilienmarketing. Zudem steht er dem IVD-Institut – Gesellschaft für Immobilienmarktforschung und Berufsbildung mbh in München vor. Im Wintersemester 2004/2005 verbrachte er ein Forschungssemester in Sydney. Er ist u.a. Autor der Fachbücher „Immo-Profitexter", „Hausverwaltungsmarketing" und „Professionelles Immobilienmarketing" sowie zahlreicher weiterer Veröffentlichungen. Prof. Kippes war Mitglied im Gründungs-Fachbeirat der Expo Real. Darüber hinaus ist er ein gefragter Trainer und gehört dem Editorial Board der „Zeitschrift für Immobilienökonomie" (ZIÖ) an. Weiter ist er Vorsitzender der Jury des Immobilienmarketing-Awards. Prof. Kippes studierte an der LMU-München und war bis 1994 Referent in der international agierenden Zentralabteilung für Öffentlichkeitsarbeit und Marktkommunikation der BASF. 1994 wechselte er als Nachfolger von Dipl.-Volkswirt Erwin Sailer als Geschäftsführer zum heutigen IVD-Institut. 1999 erhielt er einen Ruf an die FHTW-Berlin, den er zu Gunsten der Professur an der HfWU Nürtingen ablehnte. Aktuelle Forschungsschwerpunkte: Farming-Strategien, Immobilien-Marktforschung, Hausverwaltungs-Marketing, Shopping-Center, Büroimmobilien, Marketing-Controlling, Internet-Marketing, wohnungspolitische Grundsatzfragen und Bauträger-Marketing.

Rudolf Koch

Jahrgang 1949, Immobilienmakler, Mitglied der Mietspiegelkommission der Stadt Gelsenkirchen, ehrenamtlicher Rechtsreferent, Seminarleiter bei IHK und Verbänden, Dozententätigkeit bei verschiedenen Bildungsträgern im Immobilienbereich mit den Themen: Immobilienwerbung und Wettbewerbsrecht, Existenzgründung Immobilienmakler, Maklerrecht, Autor verschiedener Titel zum Thema Wettbewerbsrecht für Immobilienfirmen, Mitglied im Regionalausschuss Gelsenkirchen der IHK Nord Westfalen, Mitglied im Gutachterausschuss der Stadt Gelsenkirchen, ehrenamtlicher Vizepräsident des Immobilienverband Deutschland IVD Bundesverband der Immobilienberater, Makler, Verwalter und Sachverständigen e.V.

Ulf Matzen

Geboren 1967 in Flensburg. Studium der Betriebswirtschaftslehre und der Rechtswissenschaften in Augsburg. Rechtsreferendariat mit dem Schwerpunkt Wirtschaftsrecht. Auslandsstationen in Istanbul, Amsterdam und Iraklion. Abschluss als Assessor. Tätigkeit bei den WEKA Baufachverlagen als Kundenbetreuer Firmenkunden für baurechtliche Literatur und Software. Immobilienvermittlung im Bereich Mietwohnungen und Auslandsimmobilien. Umzug nach Hamburg und Tätigkeit für die BDO Warentreuhand Wirtschaftsprüfungsgesellschaft. Ab 1.1.2003 freie journalistische Tätigkeit. Tätigkeit für Anwalts-Nachrichtendienste, Mitarbeit bei Aufbau und Pflege des Rechtsportals der D.A.S. Rechtsschutzversicherung, Pressearbeit für Unternehmen, Mitarbeit an juristischen Internetseiten, Autor von mehreren Ratgebern (u.a. Der Energieausweis / D.A.S.; Nebenkosten und Abrechnung / D.A.S.; Die neue Abgeltungssteuer / ciando books sowie Immobilienkauf in Griechenland / Grabener-Verlag).

Henning von Muellern

Rechtsanwalt und Notar a.D. Nach dem Studium der Rechtswissenschaft an der Freien Universität Berlin seit 1976 Rechtsanwalt, seit 1987 Notar in Berlin. Von 1977 bis 2007 ständig als Referent in der Maklerfortbildung tätig. Autor des „Fachwörterbuchs für Immobilienmakler" 1982, von 1985 bis 2003 Herausgeber und Mitautor (Maklerrecht) des Loseblattwerks „Rechtshandbuch für Immobilienmakler", beide WEKA-Verlag. Mitautor „Basiswissen Immobilienwirtschaft", 2008, Grundeigentum-Verlag. Autor zahlreicher Fachaufsätze. Als Rechtsanwalt vor allem im Immobilienrecht tätig, spezialisiert auf Maklerrecht.

Tim Rentsch

Studium Immobilienwirtschaft an der Hochschule für Wirtschaft und Umwelt Nürtingen-Geislingen in Geislingen an der Steige (B-W) und Abschluss zum Diplom-Betriebswirt (FH) mit dem Schwerpunkt Immobilienwirtschaft, vorherige Berufsausbildung zum Kaufmann der Grundstücks- und Wohnungswirtschaft in einem größeren norddeutschen kommunalen Wohnungs- und Immobilienunternehmen und der Landesberufsschule Bad Malente absolviert, beides mit jeweils ausgezeichneten Leistungen abgeschlossen, Berufseinstieg in seinem Ausbildungsbetrieb im Bereich Bauträgergeschäft, Verkauf, Marketing, WEG-Verwaltung, Projektentwicklung und Bau-Controlling, freiwilliges Praxissemester im technischen Controlling als Projektmitarbeiter der damaligen Deutschen Grundvermögen AG, halbjähriges Auslandspraktikum in Atlanta, Georgia / U.S.A. in einem Asset-Management-Unternehmen mit überwiegend geschlossenen Immobilienfondsobjekten, Diplomarbeit „Wirtschaftliche

Erfolgsfaktoren geschlossener Immobilienfonds“ bei der HGA Capital und Anlage GmbH in Hamburg, aktuell Mitarbeiter von Pirelli RE in Hamburg, einem der größten Wohnungsanbieter in Deutschland, in der Unternehmensplanung und Unternehmenssteuerung großer Portfolien mit mehreren Tausend Wohneinheiten.

Erwin Sailer

Nach dem Studium der Volkswirtschaft in München ab 1955 Immobiliemakler in Augsburg, 1966 Wechsel als volkswirtschaftlicher Referent und später Geschäftsführer zum RDM Bayern, Gründungsgeschäftsführer der Süddeutschen Immobilienbörse und des heutigen IVD-Instituts für Marktforschung und Berufsbildung, langjähriger Vorsitzender des Berufsbildungsausschusses beim früheren RDM Bundesverband, Mitinitiator des ersten deutschen Studienganges für Makler an der VWA Freiburg, Dozent an der Deutschen Immobilien-Akademie (DIA) an der Universität Freiburg, wissenschaftlicher Beirat an der DIA, Sachverständiger für berufliche Aus- und Fortbildung am Bundesinstitut für Berufsbildung (Konzeption der Verordnungen für den Immobilienfachwirt und den Ausbildungsberuf Immobilienkaufmann). Herausgeber und Mitautor von Fach- und Lehrbüchern, Veröffentlichung zahlreicher Aufsätze. Ehrenmitglied des IVD-Süd und der Süddeutschen Immobilienbörse. Weitere Informationen unter: http://www.erwin-sailer.de

Dietmar Wenderoth

Geboren 1968 in Kiel. Nach dem Abitur Ausbildung zum Steuerfachangestellten, 1995 Bestellung zum Steuerfachwirt, 2003 erfolgreich abgelegte Prüfung und Bestellung zum Steuerberater durch die Steuerberaterkammer Schleswig-Holstein. Langjährige Tätigkeit in einer überregionalen Steuerberatungs- und Wirtschaftsprüfungsgesellschaft, zuletzt als Büroleiter einer Niederlassung. Übernahme der Steuerberatungskanzlei Petersen in 24105 Kiel, Schauenburgerstraße 36 mit zwei Steuerberatern, einem Wirtschaftsprüfer und drei weiteren Steuerfachangestellten. Langjährige Erfahrung im Bereich der Wirtschaftsprüfung bei kleinen und mittelgroßen Gesellschaften. Im prüfenden Bereich umfangreiche Tätigkeiten und spezielle Kenntnisse in der Wohnungswirtschaft. Steuerliche Beratung und Betreuung von Unternehmen und Privatpersonen. Im Rahmen der Tätigkeit Betreuung von Mandanten mit umfangreichem Immobilienvermögen. Erfahrungen mit steuerlich interessanten Vermögensanlagen. Seit vielen Jahren Erfahrungen im Bereich Immobilienanlagen und -besteuerung.

Am Lexikon haben außerdem mitgewirkt:

Winfried Aufterbeck
Befasst sich seit 1978 mit Zwangsversteigerungen. Sein Versteigerungskalender erscheint nun im 16. Jahr in 12 Regionalausgaben. Argetra GmbH, Verlagsagentur.

Siegfried Bertram
Schreibt und doziert seit mehr als 20 Jahren über die Fachbereiche Immobilien-Verwaltung und -Management. Herausgeber des BEIRATInfo und geistiger Vater des PuR, dessen Herausgeber und Chefredakteur er acht Jahrelang war.

René Boehm
Jahrgang 1942. Nach Verkauf einer Insel an ein Hamburger Triumvirat Konversion zum Inselmakler (1971) mit einer heimlichen Liebe für Gewerbeimmobilien (seit dem Verkauf eines Bürohauses in Boston an deutsche Industriellendynastie).

Beatrix Boutonnet
Dipl. Betriebswirtin (FH), Hotelkauffrau, Pressesprecherin und stellvertretende Marketingleiterin der Ibis-Hotels, München, Mitarbeiterin Presseagentur CMC, Paris, Marketingberatung für den Dienstleistungsbereich, seit 2000 Journalistin.

Peter Dietze-Felberg
Jahrgang 1968. Studium der Kunstgeschichte und der Betriebswirtschaftslehre an der Humboldt-Universität in Berlin, Semiotik an der Technischen Universität Berlin. Journalistische, redaktionelle Tätigkeit / Mitarbeiter des Jahrbuches „Bau und Raum“ des Bundesamtes für Bauwesen und Raumordnung / Wirtschaftsredakteur bei n-tv.de.

Timo Graf
Mitarbeiter bei GEWOS, unabhängiges Beratungsinstitut, das seit über 30 Jahren erfolgreich am Immobilienmarkt operiert, seit Anfang der neunziger Jahre zunehmend auch international. GEWOS hat Büros in Hamburg, Berlin und Leipzig.

Steffen Haase
Immobilienverwalter. Die Immobilienverwaltung Haase & Partner GmbH verwaltet Immobilien im Bereich der Wohnungseigentumsverwaltung und Mietverwaltung in Bayern. Als Dozent in der Aus- und Weiterbildung von Verwaltern für Miet- und für Wohnungseigentumsrecht ist er für Kammern, Unternehmen, Verbände und Volkshochschulen tätig. Im Verband der Immobilienverwalter Bayern ist er Stellvertretender Vorsitzender und Vizepräsident im Dachverband Deutscher Immobilienverwalter.

Bernd-C. Hunneshagen
Rechtswissenschaftliches Studium in Freiburg und Kiel. Als Anwalt in verschiedenen Kanzleien tätig, seit 1987 selbständig in Osdorf bei Kiel. Seit 1991 Privatdozent an der FH Kiel, seit 1996 an der Nordakademie in Elmshorn im Bereich Wirtschaftsrecht. Seit 1998 Fachbuchautor im Immobilienbereich für den WEKA-Verlag.

Stefan Loipfinger
Bankkaufmann, Betriebswirt VWA, Freier Wirtschaftsjournalist, Fondsanalyst und Fachautor.

Liane Mletzko
Studium der Romanischen Philologie in Mainz und Paris, 1990 Magister Artium. Seit 1993 Spezialisierung auf die Immobilienbranche als Leiterin der Marketing/ PR-Abteilung einer großen internationalen Immobilienberatung. Seit Januar 1996 selbständig als PR-Beraterin und freie Autorin in der Immobilienwirtschaft.

Manfred Mletzko
Seit April 1995 selbständig als freier Journalist für Fachzeitschriften unter anderem der Immobilienwirtschaft, PR-Agenturen und PR-Abteilungen von Großunternehmen. Seit 1. Januar 1997 Chefredakteur des Newsletters IMMOBILIEN Wirtschaft heute aus dem WEKA-Baufachverlag. Davor 10 Jahre Journalist / Redakteur und Pressefotograf für verschiedene regionale Tageszeitungen, unter anderem für die Frankfurter Rundschau und Frankfurter Neue Presse.

Nadine Mohr
Geboren 1976 in Hamburg, Studium der Immobilienwirtschaft an der Fachhochschule Nürtingen am Standort Geislingen, Abschluss 2003 als Dipl.-Betriebswirtin Fachrichtung Immobilienwirtschaft. Diplomarbeit über „Franchise in der Immobilienwirtschaft – Praxisbeispiel Dahler & Company GmbH". Die Diplomarbeit erhielt einen vom RDM verliehenen Preis als beste Diplomarbeit im Bereich Immobilienmarketing und Maklerwesen. Seit 2003 als freiberufliche Immobilienmaklerin tätig.

Irma Petersen
Jahrgang 1948, Inhaberin der Steuerkanzlei Petersen in Kiel. Beratung und Betreuung von Unternehmen und Privatpersonen. Erfahrung mit steuerlich interessanten Vermögensanlagen. Seit vielen Jahren spezialisiert im Bereich Immobilienanlagen und -besteuerung.

Marc Reisner
Geboren 1963 in Berlin, Studium der Wirtschafts- und Organisationswissenschaften an der Universität der Bundeswehr in Hamburg, Diplom-Kaufmann und Hauptmann der Reserve. Nach der Bundeswehr journalistische Ausbildung bei einer großen regionalen Tageszeitung, leitender Redakteur bei der Allgemeinen-Immobilien Zeitung, heute Ressortchef bei einem überregionalen Wirtschaftsmagazin; daneben Fachautor und Dozent für Internet und Immobilien.

Guido Schröder
Geboren 1968 in Hamburg, Studium Wirtschaftswissenschaften und Kulturwissenschaften an der Fernuni Hagen. Berufliche Weiterbildung zum Gepr. Immobilienfachwirt (IHK), Kontaktstudium an der DIA (Deutsche Immobilien Akademie an der Universität Freiburg) zum Dipl.-Immobilienwirt (DIA). Tätigkeit für die BIG BAU Unternehmensgruppe in Kronshagen bei Kiel, sowie für die Liegenschaftsverwaltung des Landes Schleswig Holstein als Immobilienspezialist.

Dipl. Ing. Heike Schwertfeger
Geboren 1966. Studium der Architektur an der Muthesius Kunsthochschule mit Exkursionen in andere Fachbereiche (Kommunikationsdesign / Fotografie / Freie Kunst / Maltechnik). Langjährige freiberufliche Mitarbeit in einem Bauingenieurbüro. Angestellte für Ausführungsplanung. Längere Auslandaufenthalte. Zur Zeit beschäftigt in einem Kieler Architekturbüro.

Heinz-Josef Simons
Geboren 1956, Pressesprecher des Bundes der Steuerzahler NRW, Leiter der Presse- und Öffentlichkeitsarbeit eines großen deutschen Finanzvertriebs, Redaktionsleitung der Anleger-Beilage „Portfolio" für Financial Times Deutschland bis Mitte 2001, freier Autor für BÖRSE ONLINE, Süddeutsche Zeitung, DAS WERTPAPIER, Handwerkmagazin, Autor und als Co-Autor von mehr als 20 Büchern.

Claus Volk
Jahrgang 1958, Spark. Betriebswirt/Verbandsprüferexamen, langjährige Tätigkeit in verschiedenen Funktionen im Bankbereich, seit 1993 Inhaber eines unabhängigen Beratungsbüros mit den Schwerpunkten Immobilienfinanzierung und Altersversorgung.

Eine unentbehrliche Hilfestellung für die Ausbildung und Prüfung zum/zur Immobilienkaufmann/-frau, für das Selbststudium erfahrener Makler und als Seminargrundlage im Unternehmen.

Grabener Verlag | Autor: Erwin Sailer
1. Auflage 2010 | ca. 292 Seiten
17 x 27 cm | Broschur

ISBN 978-3-925573-415
Preis: 20,00 Euro [D]

Über das Buch

Die Immobilienwirtschaft ist ein komplexes Fachgebiet. Da geht es um Recht und Steuern, Marketing und Wettbewerb, um Versicherungen und Akquisition, um Controlling, Verträge, Finanzierung und Management, um Verwaltung, Bewertung, Projektentwicklung und vieles mehr ...

Dieses Buch richtet sich an alle, die in der Immobilienwirtschaft beruflich tätig sind oder es bald sein wollen. Die Voraussetzungen für den Berufseinstieg sind unterschiedlich: Die Basis kann eine immobilienwirtschaftliche Ausbildung sein oder ein Hochschulstudium. Erfolgreich ist, wer neben Methoden- und Sozialkompetenz über viel aktuelles Fachwissen verfügt. Hilfreich ist in jedem Fall die Lektüre von Fachbüchern oder der Besuch von Seminaren und Berufsbildungsmaßnahmen.

Wie auch immer: Vieles von dem, was gelernt wurde, verliert in oft atemberaubendem Tempo seine Gültigkeit – vor allem durch die Änderungen rechtlicher, steuerlicher, ökonomischer oder ökologischer Grundlagen. Deshalb ist es gut, von Zeit zu Zeit zu prüfen, ob das Wissen noch aktuell ist. Dieses Buch bietet dafür eine verlässliche Grundlage an und ist auch als Testmaterial für Schulungen gut geeignet.

Der Autor war jahrzehntelang in der Berufsbildung als Dozent und Prüfer tätig. Vor dem Hintergrund seiner auch praktischen, umfangreichen Erfahrung hat er die verschiedenen Themenbereiche gewichtet und bietet gleichzeitig eine Fülle von Hinweisen und Hilfen. Dadurch wird das Buch selbst zu einem Fortbildungsinstrument und stellt zusammen mit den genannten Quellen und Literaturhinweisen eine echte Arbeitsgrundlage für ein aktives und erfolgreiches Lernen dar. Nur wer weiß, ob er etwas weiß, kann einschätzen, wie gut er ist. Fachwissen ist der sicherste Schritt für mehr Erfolg im Berufsleben.

Grabener Verlag GmbH · Niemannsweg 8 · 24105 Kiel · www.grabener-verlag.de
Tel. 0431/5601560 · Fax 0431/5601580 · info@grabener-verlag.de

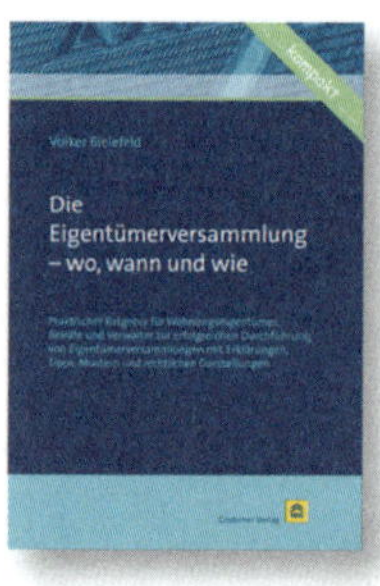

Die Eigentümerversammlung – wo, wann und wie

Praktischer Ratgeber für Wohnungseigentümer, Beiräte und Verwalter zur erfolgreichen Durchführung von Eigentümerversammlungen mit Erklärungen, Tipps, Mustern und rechtlichen Darstellungen.

Autor: Volker Bielefeld | 1. Auflage 2009
ca. 104 Seiten | 15 x 21 cm | Broschur
ISBN 978-3-925573-408 | Preis: 19,80 Euro [D]

Hausordnung für Wohnungseigentümer

Praktischer Ratgeber mit Darstellung der rechtlichen Vorgaben und individueller Möglichkeiten, Formulierungsbeispielen und Muster-Hausordnung für Wohnungseigentümer, Verwalter und Juristen

Autor: Volker Bielefeld | 1. Auflage 2009
84 Seiten | 15 x 21 cm Broschur
ISBN 978-3-925573-361 | Preis: 16,50 Euro [D]

Der Verwaltungsbeirat in der Praxis

Ein Ratgeber für Wohnungseigentümer, Verwaltungsbeiräte und Verwalter: Aufgaben, Funktion, Haftung, Pflichten und Rechte des Verwaltungsbeirates im Überblick.

Autor: Steffen Haase | 4. Auflage 2009
ca. 152 Seiten | 15,5 x 22 cm | Broschur
ISBN: 978-3-925573-378 | Preis: 24,20 Euro [D]

Immobilienwerbung – sicher vor Abmahnungen

Ratgeber im Umgang mit berechtigten und unberechtigten Abmahnungen, Erläuterungen zum Wettbewerbsrecht und Abmahnwesen, Gesetze und Mustertexte.

Autor: Rudolf Koch | 10. Auflage 2010
ca. 136 Seiten | 15,5 x 22 cm | Broschur
ISBN 978-3-925573-422 | Preis: 22,50 Euro [D]

Marketing-Konzepte für den Hausverwalter

Vorgaben | Ideen | Strategien.

Autoren: Steffen Haase, Carmen Fröhlich
1. Auflage 2010
ca. 196 Seiten
15,5 x 22 cm | Broschur
ISBN 978-3-925573-385 | Preis: 32,50 Euro [D]

Grabener Verlag GmbH · Niemannsweg 8 · 24105 Kiel · www.grabener-verlag.de
Tel. 0431/5601560 · Fax 0431/5601580 · info@grabener-verlag.de

Helaba
IMMOBILIEN ZEITUNG
Asset-Manager, die Alleskönner?

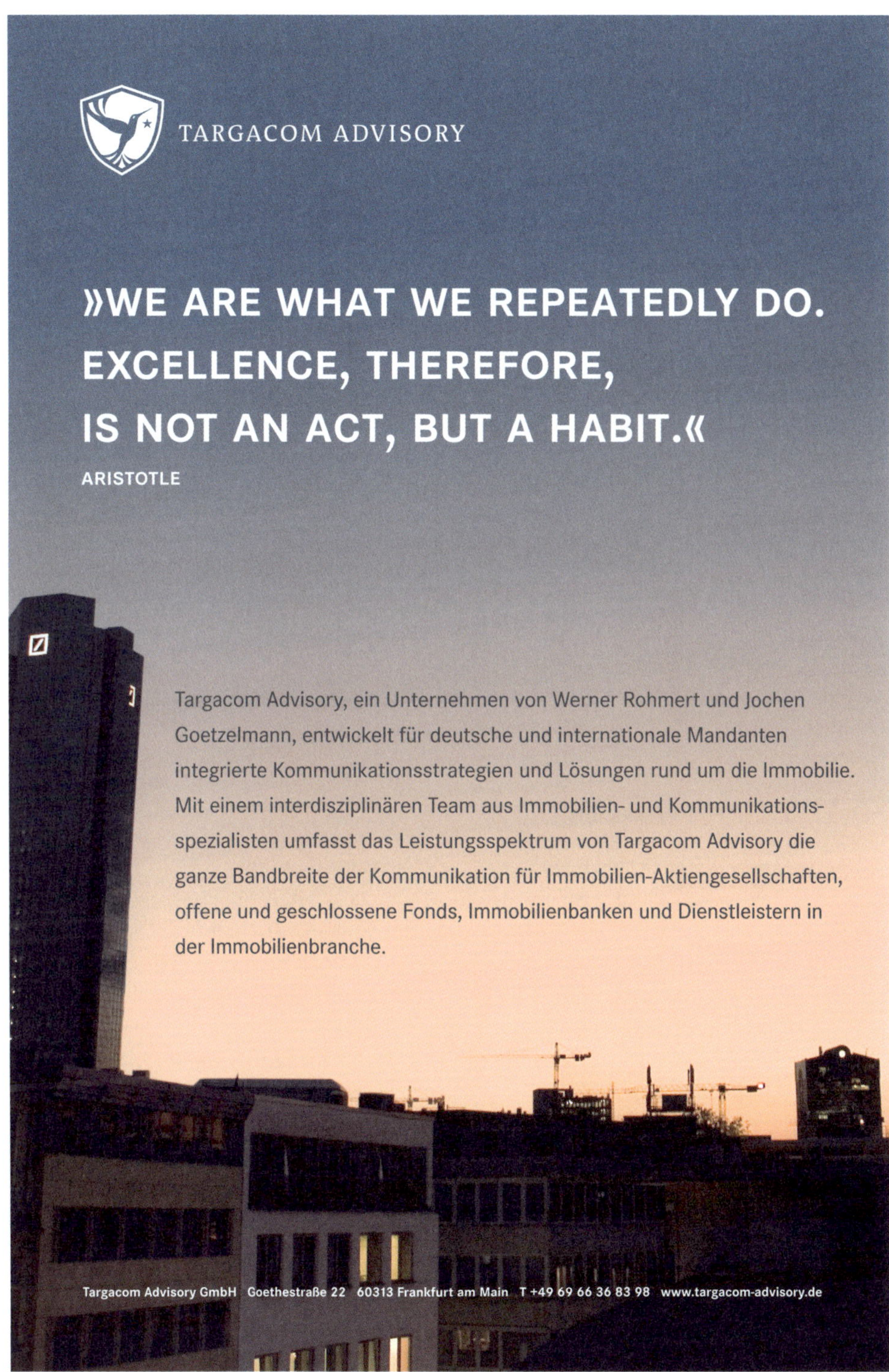
TARGACOM ADVISORY
»WE ARE WHAT WE REPEATEDLY DO.
EXCELLENCE, THEREFORE,
IS NOT AN ACT, BUT A HABIT.«
ARISTOTLE
Targacom Advisory, ein Unternehmen von Werner Rohmert und Jochen Goetzelmann, entwickelt für deutsche und internationale Mandanten integrierte Kommunikationsstrategien und Lösungen rund um die Immobilie. Mit einem interdisziplinären Team aus Immobilien- und Kommunikationsspezialisten umfasst das Leistungsspektrum von Targacom Advisory die ganze Bandbreite der Kommunikation für Immobilien-Aktiengesellschaften, offene und geschlossene Fonds, Immobilienbanken und Dienstleistern in der Immobilienbranche.
Targacom Advisory GmbH Goethestraße 22 60313 Frankfurt am Main T +49 69 66 36 83 98 www.targacom-advisory.de

Das große Online-Lexikon „Immobilien-Fachwissen von A-Z“

Durch Service überzeugen – ein Gewinn für die Homepage: Mit fast 4.000 Stichwörter bieten Sie Ihren Kunden eine zuverlässige und kompetente Quelle für Informationen.

Das Online-Lexikon

- erhöht die Besucherzahl,
- bietet erstklassige Fachinformationen,
- bringt Empfehlungen,
- sorgt für ein positives Feedback und
- wirbt für Sie.

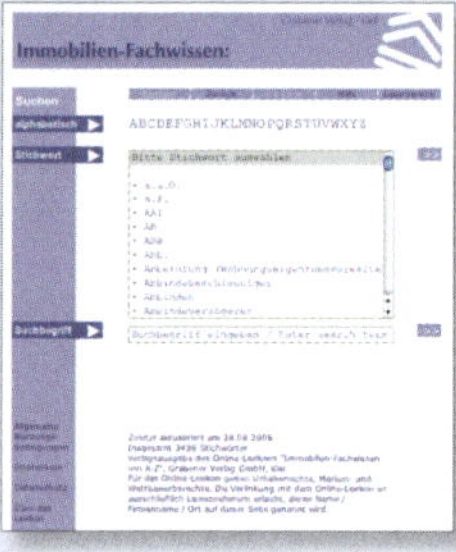

Es kann an Ihre Website angepasst werden, wird regelmäßig von namhaften Autoren aktualisiert und erweitert – und ist immer auf dem neuesten Stand.

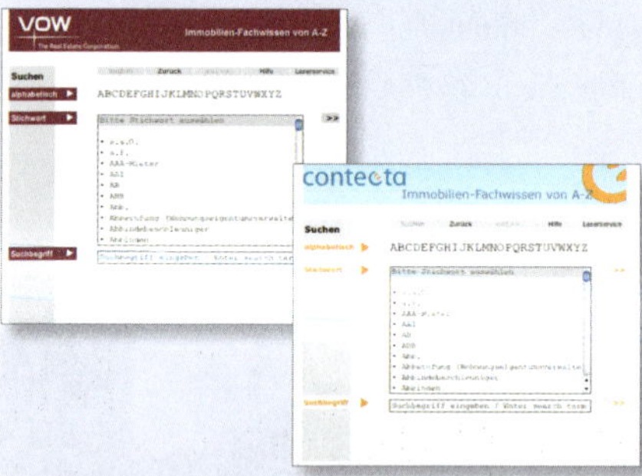

Es gibt 3 Angebotsvarianten zu **5 Euro*, 10 Euro* oder 20 Euro* / Monat.**

Alle Preise zzgl. MwSt., Angebot für den gewerblichen Bedarf

E-Mail-Newsletter

- Kunden einen Anstoß geben
- im Gespräch bleiben
- willkommene Informationen übermitteln

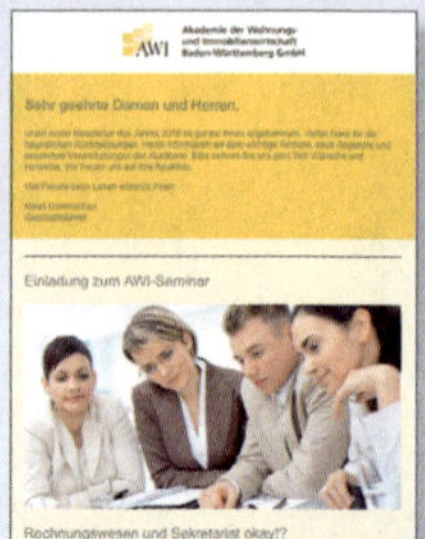

Der E-Mail-Newsletter richtet sich an Ihren bestehenden Kundenkreis, Partner und Geschäftsfreunde oder an neue Kunden, die den E-Mail-Newsletter in Ihrer Internetpräsenz als Service bestellen. Vorteile:

- Kundenbindung & Aktivierung
- schnell & direkt
- persönlich & kostengünstig

Sie haben die Wahl:

- **Texte aus der Immobilienwirtschaft**

Wir liefern Ihnen fünf bis sechs aktuelle Texte zur Wahl für Ihren E-Mail-Newsletter, den Sie selbst gestalten und versenden.

- **Alles fix & fertig nach Ihren Vorgaben**

Sie lassen Ihren E-Mail-Newsletter komplett von uns erstellen und versenden.

Ab 86 Euro* je Ausgabe oder mit Komplettservice inklusive Gestaltung und Versand.

Alle Preise zzgl. MwSt., Angebot für den gewerblichen Bedarf

Grabener Verlag GmbH · Niemannsweg 8 · 24105 Kiel · www.grabener-verlag.de
Tel. 0431/5601560 · Fax 0431/5601580 · info@grabener-verlag.de